Der Kleine Pauly
Lexikon der Antike in 5 Bänden

Der Kleine Pauly

Lexikon der Antike

Auf der Grundlage von
Pauly's Realencyclopädie
der classischen Altertumswissenschaft
unter Mitwirkung zahlreicher Fachgelehrter
bearbeitet und herausgegeben von

Konrat Ziegler
und
Walther Sontheimer

Band 1

Aachen – Dichalkon

Deutscher Taschenbuch Verlag

März 1979
Deutscher Taschenbuch Verlag GmbH & Co. KG,
München

Umschlaggestaltung: Celestino Piatti
Gesamtherstellung: C. H. Beck'sche Buchdruckerei,
Nördlingen
Printed in Germany · ISBN 3-423-05963-X

weiligen Verfasser abhängig gewesen ist und keiner strikten Regelung unterlegen hat. Hierzu kommt, daß die Fortschritte der Forschung auf den verschiedenen Gebieten sehr unterschiedlich sind. So ergibt es sich, daß mancher spaltenlange Artikel der RE im Kl. P. mit wenigen Zeilen abgetan werden kann, während umgekehrt mancher Kl. P.-Artikel hinter demjenigen der RE nicht weit im Umfang zurückbleibt. In jedem Falle legt die Nötigung, das Wesentliche mit wenigen Worten zu sagen, dem Bearbeiter einen harten Zwang und manchen persönlichen Verzicht auf.

Wenn der I. Band des Werkes verhältnismäßig zahlreiche Nachträge enthält, so hat das seinen Grund darin, daß es im ersten Stadium der Vorbereitungsarbeit unvorhergesehene Ausfälle in dem – inzwischen auf fast hundert Personen angewachsenen – Mitarbeiterstab gegeben hat, was eine zeitraubende Neuverteilung der Arbeitsgebiete notwendig machte, während zugleich der Fortgang des alphabetisch-lexikalisch angelegten Werkes nicht verzögert werden durfte. Diese Anfangsschwierigkeiten, welche das Einhalten der für das Erscheinen der einzelnen Lieferungen vorgesehenen Termine immer wieder hemmten, dürfen jetzt als überwunden gelten, ein rasches, termingerechtes Erscheinen der weiteren Lieferungen und Bände dürfte somit gewährleistet sein.

Daß die wissenschaftliche Verantwortung für die einzelnen Artikel den jeweiligen, am Schluß vermerkten Verfassern obliegt, versteht sich wohl von selbst.

Die Herausgeber

Walther Sontheimer Konrat Ziegler

VORWORT

Der »Kleine Pauly« ist, wie sein Name sagt, eine verkürzte Ausgabe der großen Pauly'schen Realencyclopädie der classischen Altertumswissenschaft, deren zweite Bearbeitung, 1890 von Georg Wissowa begonnen (daher »Pauly-Wissowa«), in wenigen Jahren ihrer Vollendung entgegengeht.
Allen an der Welt der Antike Interessierten, welche sich die Anschaffung des – demnächst an 80 Bände umfassenden – »Großen Pauly« aus räumlichen oder finanziellen Gründen versagen müssen, will der »Kleine Pauly« in knappster Form alles bieten, was zu den Grundlagen des Wissens über die Welt der Antike gehört, unter Einbeziehung der orientalischen Kulturen, soweit sie sich mit dem »klassischen«, dem griechisch-römischen Altertum berührten, und der werdenden christlichen Welt bis zur Barbarisierung des Westens und der Entfaltung der byzantinischen Kultur im Osten.
In seinem Aufbau schließt sich der »Kleine Pauly« im allgemeinen der Stichwörterfolge des »Großen Pauly« an, jedoch mit der durch den beschränkten Raum gebotenen Ausschaltung des minder Wichtigen, nur den Fachgelehrten Interessierenden, und andererseits den durch die Fortschritte der Altertumswissenschaft gebotenen Ergänzungen. Daß die Entscheidung, was unentbehrlich und was minder wichtig sei, nicht leicht und notwendig subjektiv ist, daß darum manche Benützer, je nach ihrem besonderen Interessengebiet, manches vermissen und anderes überflüssig finden werden, liegt in der Natur der Sache begründet. Unser redliches Bemühen, die rechte Mitte zu finden, wird der wohlwollende Beurteiler, so hoffen wir, nicht verkennen.
Die einzelnen Artikel werden aus der RE nicht einfach verkürzt übernommen, sondern von berufenen Fachvertretern neu bearbeitet und unter Verzicht auf veraltete Literatur mit der wichtigsten neuen Literatur ausgestattet. Der Zwang, jeden Artikel in einen vorher abgegrenzten Raum zu pressen, bereitet den Verfassern und nicht minder den Herausgebern beträchtliche Schwierigkeiten. Der Umfang der Artikel der RE kann für die Bemessung des ihnen im Kl. P. zuzuteilenden Raumes nur einen vagen Anhalt bieten, weil in der RE der Umfang der Artikel in hohem Maße von den individuellen Neigungen der je-

VORBEMERKUNGEN
FÜR DIE BENÜTZUNG DES WERKES

1. Jeder Artikel ist mit den Anfangsbuchstaben des Namens seines Bearbeiters gekennzeichnet. Die Aufschlüsselung der Initialen bringt das am Schluß des Bandes abgedruckte Mitarbeiterverzeichnis.
2. In der alphabetischen Anordnung der Stichwörter ist bei Artikeln aus der griechischen Antike die griechische, aus der römischen Antike die lateinische Wortform maßgebend.
3. Eine Anzahl von Stichwörtern, die sich im laufenden Alphabet nicht finden, sind in den Nachträgen enthalten (s. S. 1519ff.).
4. Die allgemeinen Abkürzungen sowie solche, die für die Zitate antiker Belegstellen und sekundärer Literatur verbindlich sind, enthält das Verzeichnis der Abkürzungen (Seite IXff.). Sie sind auf die am häufigsten vorkommenden beschränkt. Wo in Einzelfällen Abkürzungen benutzt werden, die in dem Verzeichnis nicht stehen, wird angenommen, daß sie dem Leser bekannt sind. Bücher, Kapitel und Paragraphen antiker Autoren werden in der Regel in arabischen Zahlen angegeben und durch Kommata getrennt, römische Ziffern nur für die Bände der Realencyclopädie und der Inschriftensammlungen verwendet. Aufeinanderfolgende Zitate eines antiken Autors werden durch Punkte, Stellen aus verschiedenen Schriften desselben Autors durch Semikolon getrennt. Bei der sekundären Literatur folgt dem Autornamen Haupttitel (ohne Untertitel), Bandzahl, Erscheinungsjahr mit hochgestellter Ziffer der Auflagenzahl und Seitenzahlen. Bei Zeitschriften und Reihen folgen dem Autornamen Bezeichnung der Zeitschrift oder Reihe, Nummer, Jahreszahl und Seitenzahlen.

ABKÜRZUNGS-VERZEICHNIS

1. Allgemeine Abkürzungen

a. = anno
Abb. = Abbildung
Abdr. = Abdruck
abgedr. = abgedruckt
Abh. = Abhandlung
Abs. = Absatz
Abt. = Abteilung
a. E. = am Ende
Äg., äg. = Ägypten, ägyptisch
Ak. = Akademie
allg. = allgemein
Alt. = Altertum
Anf. = Anfang
Anh. = Anhang
Anm. = Anmerkung (2,1 = S. 2, Anm. 1)
anon. = anonym
ant. = antik
Anz. = Anzeiger
a. O. = am angef. Ort
App. = Appendix
Arch. = Archäologie
Astr. = Astronomie
astr. = astronomisch
A.T., at. = Altes Testament, alttestamentlich
att. = attisch
Aufl. = Auflage (^{3}1950 = 3. Aufl. 1950)
Ausg. = Ausgabe
Ausw. = Auswahl
B. = Buch (2,1,1 = Buch 2, Kapitel 1, Paragr. 1)
Bd.(e.) = Band (Bände)
bearb. = bearbeitet
begr. = begründet
Bh. = Beiheft
Beil. = Beilage
Bem. = Bemerkung
Ber. = Bericht
bes. = besonders
betr. = betreffend
bzw. = beziehungsweise
Bibliogr. = Bibliographie
Bibl. = Bibliothek
Bl. = Blatt
Bull. = Bulletin
byz. = byzantinisch
Cap. = Kapitel
carm. = carmen
chr. = christlich
Chr. = Christus
Chronol. = Chronologie
delph. = delphisch
Dép. = Département
ders. = derselbe
d. h. = das heißt
d. i. = das ist
Dict. = Dictionnaire
Diss. = Dissertation
dor. = dorisch
dt. = deutsch
E. = Ende
ebd. = ebenda
ed. (edd.) = edidit (-erunt), edited by
Einl. = Einleitung
ep. = episch
epist. = epistula
epit. = epitome
erg. = ergänzt
erkl. = erklärt
etc. = et cetera
Ethn. = Ethnographie
etr. = etruskisch
etym. = etymologisch
exc. = Excerpta
Expl. = Exemplar
f. (ff.) = folgend (e)
Festg. = Festgabe
Festschr. = Festschrift
Fig. = Figur
f. l. = falsa lectio
Forts. = Fortsetzung
Frg. = Fragment
* = geboren
gedr. = gedruckt
Geogr. = Geographie

Geom. = Geometrie
germ. = germanisch
Ges. = Gesellschaft
Gesch. = Geschichte
gesch. = geschichtlich
† = gestorben
griech. = griechisch
H. = Heft
h. = heute
HB. = Handbuch
hg. = herausgegeben
hist. = historisch
hom. = homerisch
Hs. (Hss.) = Handschrift (en)
hsl. = handschriftlich
HWB = Handwörterbuch
illyr. = illyrisch
Ind. = Index
Inschr. = Inschrift
inschr. = inschriftlich
Inscr. = Inscriptiones
itin. = itineraria
Itp. = Interpolation
itp. = interpoliert
J. = Jahr
Journ. = Journal
Kat. = Katalog
kath. = katholisch
kelt. = keltisch
KG. = Kirchengeschichte
Kl. = Klasse
Kl. Schr. = Kleine Schriften
km = Kilometer
Komm. = Kommentar
kret. = kretisch
l. (leg.) = lex (leges)
lat. = lateinisch
Lex. = Lexikon
Lfg. = Lieferung
lib. = liber
Lit. = Literatur
LXX = Septuaginta
m, m^2 = Meter, Quadratmeter
MA. = Mittelalter
ma. = mittelalterlich
Masch. = Maschinenschrift
m. a. W. = mit anderen Worten
m. E. = meines Erachtens
med. = medizinisch
Mél. = Mélanges
Metr. = Metrik
metr. = metrisch
Metrol. = Metrologie
mil. = militärisch
Mitt. = Mitteilungen
Ms. = Manuskript
Mus. = Museum
Myth. = Mythologie
Mz. = Münzen
N. (n.) = Norden, nördlich

Nachdr. = Nachdruck
Nachr. = Nachrichten
n. Chr. = nach Christus
NF. = Neue Folge
NO. (n.ö.) = Nordost (nordöstlich)
Nr. = Nummer
NS. = Neue Serie
NT., nt. = Neues Testament, neutestamentlich
NW. (n.w.) = Nordwest (nordwestlich)
O. = Osten
o. = oben
ö. = östlich
öst. = österreichisch
o.J. = ohne Jahr
Ol. = Olympiade
Op., Opp. = Opus, Opera
Orig. = Original
p. = pagina
Pap. = Papyrus
§ = Paragraph
Par. = Parallele(n)
ph.-h. Kl. = phil.-hist. Klasse
Phil. = Philologie
phil. = philologisch
Philos. = Philosophie
philos. = philosophisch
Photogr. = Photographie
praef. = praefatio
proc. = proceedings
Ps. = Psalm
publ. = publiziert
R. = Reihe
r. = recto
Reg. = Register
Rel.-Gesch. = Religionsgeschichte
R.-Gesch. = Rechtsgeschichte
Rev. = Revue
rf. = rotfigurig
Rhet. = Rhetorik
rhet. = rhetorisch
Riv. = Rivista
röm. = römisch
rom. = romanisch
Rs. = Rückseite
S. (s.) = Süden (südlich)
sc. = scilicet
Sch. = Scholion, -lia
Ser. = Serie
sf. = schwarzfigurig
Slg. = Sammlung
→ = siehe Artikel (→ Arcadius)
SO. (s.ö.) = Südosten (südöstlich)
s. o. = siehe oben
sog. = sogenannt
Stud. = Studien
s.u. = unten
Suppl. = Supplement
s. v. = sub voce
SW. (s.w.) = Südwesten (südwestlich)
syn. = synonym

T. = Tafel
Ta. = Textausgabe
Top. = Topographie
Trag. = Tragödie, Tragiker
t. t. = terminus technicus
u. a. = und andere
u. ä. = und ähnlich
u. a. m. = und anderes mehr
u. dgl. = und dergleichen
Übers. = Übersetzung
Univ. = Universität
Unt. = Untersuchung
u. ö. = und öfters
urspr. = ursprünglich
u. s. = und sonst
usw. = und so weiter
u. U. = unter Umständen
V. = Vers
v. = via
v. Chr. = vor Christus
Verh. = Verhandlung
Vf. = Verfasser
vgl. = vergleiche
Vs. = Vorderseite
W. (w.) = Westen (westlich)
WB. = Wörterbuch
Wz. = Wurzel
Z. = Zeit
z. B. = zum Beispiel
Zit. = Zitat
zit. = zitiert
z. St. = zur Stelle
z. T. = zum Teil
Ztg. = Zeitung
Ztschr. = Zeitschrift
z. Z. = zur Zeit

2. Sammelwerke und Lexika

AOB = Altorientalische Bilder zum AT, hg. v. H. Gressmann, 2. Aufl. 1927
AOT = Altorientalische Texte zum AT, hg. v. H. Gressmann, 2. Aufl. 1926
Bauer = W. Bauer, Griechisch-deutsches Wörterbuch zu den Schriften des NT und der übrigen urchr. Lit., 5. Aufl. 1957 f.
Berl KlT = Berliner Klassikertexte, 1904 ff.
BGU = Ägypt. Urkunden (Gr. Urkunden) aus den K. (ab Bd. 6 Staatl.) Museen zu Berlin, 1895 ff.
BKV 1.2. = Bibliothek der Kirchenväter (Kemptener Ausg.); 1. Aufl. 1869–1888, 2. Aufl. 1911 ff.
BMCGr = A Catalogue of the Greek Coins in the Brit. Mus., 1873 ff.
BMCByz = Imperial Byzantine Coins in the Brit. Mus., hg. v. W. Wroth, 1908 ff.
BMCRomEmp = Coins of the Roman Empire in the Brit. Mus., hg. v. H. Mattingly, 1923 ff.
BMCRomRep = Coins of the Roman Republic in the Brit. Mus., hg. v. H. A. Grueber. 1910
Boisacq = Dictionnaire étymologique de la langue grecque, ed. E. Boisacq
Bruns-Grad. = Fontes iuris Romani antiqui, ed. C. E. G. Bruns–O. Gradenwitz, 7. Aufl. 1909
CAF = Comicorum Atticorum Fragmenta, ed. Th. Kock
CatLitPap = Catalogue of the Literary Pap. in the Brit. Mus.
CEpigr = Carmina Latina Epigraphica, conleg. ed. Fr. Bücheler et E. Lommatzsch
CGF = Comicorum Graecorum Fragmenta, ed. G. Kaibel
CGlL = Corpus glossariorum Latinorum, ed. G. Götz
CIA = Corpus Inscriptionum Atticarum
CIC = Corpus Iuris Canonici
CIE = Corpus Inscriptionum Etruscarum
CIG = Corpus Inscriptionum Graecarum
CIL = Corpus Inscriptionum Latinarum
CIS = Corpus Inscriptionum Semiticarum
ClintonFG = H. F. Clinton Fasti Graeci
ClintonFR = H. F. Clinton Fasti Romani
CMG = Corpus Medicorum Graecorum
CML = Corpus Medicorum Latinorum
CRF = Comicorum Romanorum Fragmenta, ed. O. Ribbeck
CSEL = Corpus Scriptorum ecclesisticorum Latinorum
DACl = F. Cabrol et H. Leclercq, Dictionnaire d'Archéologie chrétienne et de Liturgie. 1907 ff.
Dar-Sagl. = Dictionnaire des antiquités grecques et romaines, ed. Ch. Daremberg et Edm. Saglio
DB = Dictionnaire de la Bible

DegrI = Inscriptiones Italiae, ed. A. Degrassi
DemSupplCom = Supplementum comicum comoediae Graecae fragmenta, ed. J. Demiańczuk
DessILS = Inscriptiones Latinae selectae, ed. H. Dessau
DHGE = Dictionnaire d'Histoire et de Géographie Ecclésiastiques
DielsDoxGr = H. Diels, Doxographi Graeci
DielsVorsokr = H. Diels, Fragmente der Vorsokratiker. 6. verb. Aufl., hg. v. W. Kranz. 1951 ff.
Dig. = Digesta (corpus iuris civilis), ed. Th. Mommsen–P. Krüger. 1886
EGF = Epicorum Graecorum Fragmenta, ed. G. Kinkel
EpGr = Epigrammata Graeca ex lapidibus conlecta, ed. G. Kaibel
Dict.étym. = Dictionnaire étymologique de la langue latine, ed. A. Ernout–A. Meillet
FGrH = Fragmente der griech. Historiker, ed. F. Jacoby
FHG = Fragmenta Historicorum Graecorum, ed. C. Müller
FPR = Fragmenta Poetarum Romanorum, ed. Aemilius Bährens
Frisk = Frisk, Griech. etymol. Wörterbuch, 1960 ff.
FunGrRF = Grammaticae Romanae Fragmenta, ed. H. Funaioli
GCS = Die griech. christl. Schriftsteller der ersten Jahrhunderte
Georg. = K. E. Georges, Ausführliches latein.-deutsches Handwörterbuch. 10. Aufl. 1959
GGM = Geographi Graeci Minores, ed. C. Müller
GLM = Geographi Latini Minores, ed. A. Riese
GrenierMAN = A. Grenier, Manuel d'archéologie gallo-romaine
HBArch = Handbuch der Archäologie, hg. v. W. Otto, fortges. v. R. Herbig
Heumann-Seckel = Handlexikon zu den Quellen des röm. Rechts. 9. Aufl. 1914. 2. Neudr. 1926, hg. v. H. G. Heumann und E. Seckel
HRR = Historicorum Romanorum Reliquiae, ed. H. Peter
HRW(L) = Handbuch der Religionswissenschaft, hg. v. J. Leipoldt. 1922
HRW(M) = Handbuch der Religionswissenschaft, hg. v. G. Mensching. 1948 ff.
IG = Inscriptiones Graecae
IGA = Inscriptiones Graecae Antiquissimae
IGRom = Inscriptiones Graecae ad res Romanas pertinentes
ILCV = Inscriptiones Latinae Christianae Veteres
IPE = Inscriptiones orae septentrionalis Ponti Eux., ed. V. Latychew
KeilGrL = Grammatici Latini, ed. H. Keil
KernOrphF = Orphicorum Fragmenta, ed. O. Kern
KUB = Keilschrifturkunden von Boghazköi
LFE = Lexikon des frühgr. Epos
Lidd.-Sc. = A Greek English Lexicon ... by H. G. Liddell and R. Scott. A New Edition by H. St. Jones 1940
MAMA = Monumenta Asiae Minoris Antiqua
MeinFCG = Fragmenta Comicorum Graecorum, ed. A. Meineke
MG = Monumenta Germaniae Historica
MGAA = MG Auctores Antiquissimi
MGDD = MG Diplomata
MGEpp = MG Epistulae
MGPL = MG Poetae Latini
MGSS = MG Scriptores
MGrecs = Monuments Grecs
MignePG = J. P. Migne, Patrologiae cursus completus, series Graeca
MignePL = J. P. Migne, Patrologiae cursus completus, series Latina
Mon.Ant.ined. = Monumenti Antichi inediti
MorelFPL = Fragmenta Poetarum epicorum et lyr., hg. v. W. Morel
MPiot = Monuments Piot
Myth.Lex. = Ausführliches Lexikon der griech. und röm. Mythologie, hg. v. W. H. Roscher
OA = Oratores Attici, ed. J. G. Baiter u. H. Sauppe
OGIS = Orientis Graeci Inscriptiones, selectae ed. W. Dittenberger
PA = Prosopographia Attica
Pape = Pape's Handwörterbuch der griech. Sprache, 3. Aufl. 1880
Pape Bens. = Pape's Wörterbuch der griech. Eigennamen, 3. Aufl. v. G. E. Benseler, 1870
Passow = Passow-Rost-Palm, Wörterbuch d. griech. Spr. 5. Aufl. 1841–57
PGM = Papyri Graecae magicae, ed. K. Preisendanz, 2. Aufl. 1931
PIR = Prosopographia Imperii Romani
POxy = The Oxyrhynchus Papyri, ed.

B. P. Grenfell u. A. S. Hunt

RACh = Reallexikon für Antike und Christentum, hg. v. Th. Klauser

RÄRG = Reallexikon der ägyptischen Religionsgeschichte

RE (z. B. IX A, 72, 6) = Realencyclopädie d. class. Altertumswissensch. Neue Bearb. 1894 ff. (Band IX A Spalte 72 Zeile 6)

Rer. nat. scr. Gr. min. = Rerum naturalium scriptores Graeci minores

RGG 1. 2. 3. = Die Religion in Geschichte und Gegenwart, 1. Aufl. 1909 bis 1913; 2. Aufl. 1927–1932; 3. Aufl. 1957 ff.

RLV = Reallexikon der Vorgeschichte

SEG = Supplementum Epigraphicum Graecum

SGDI = Sammlung der griech. Dialektinschriften, ed. H. Collitz u. a.

SNG = Sylloge Nummorum Graecorum

SpengelRhet. = Rhetores Graeci, ed. L. Spengel

SVF = Stoicorum veterum fragmenta, ed. H. v. Arnim

Sylloge³ = W. Dittenberger, Sylloge inscriptionum Graecarum. 3. Aufl. 1915–1924

TAM = Tituli Asiae Minoris

TGF = Tragicorum Graecorum Fragmenta, ed. A. Nauck. 2. Aufl.

ThWB = Theologisches WB zum NT, begr. v. G. Kittel, hg. v. G. Friedrich, 1933 ff.

TodIGH = Greek Historical Inscriptions, ed. M. N. Tod

TRF = Tragicorum Romanorum Fragmenta, ed. O. Ribbeck

Vaniček = A. Vaniček, Etymol. Wörterbuch. 2. Aufl. 1881

Walde-Hof.³ = A. Walde u. J. B. Hofmann, Lat. etymol. Wörterbuch, 3. Aufl. 1938 f.

Walde-Pok. = A. Walde u. J. Pokorny, Vergleichendes Wörterbuch der indogermanischen Sprachen

3. Zeitschriften und Reihen

A = Die Antike. Zeitschr. für Kunst und Kultur des klass. Altertums. Berlin und Leipzig

AA = Archäologischer Anzeiger. Beiblatt zum Jahrbuch des Deutschen Archäologischen Instituts. Berlin

AAA = Annual of Archaeology and Anthropology

AAG = Abhandlungen der Akademie der Wissenschaften zu Göttingen. Göttingen

AAHG = Anzeiger für die Altertumswissenschaft, hg. von der Österreichischen Humanistischen Gesellschaft. Innsbruck

AAMz = Abhandlungen der Akademie der Wissenschaften und der Literatur Mainz. Mainz

AASO = The Annual of the American Schools of Oriental Research. New Haven

AAWW = Anzeiger der Österreichischen Akademie der Wissenschaften in Wien. Wien

ABAW = Abhandlungen der Bayerischen Akademie der Wissenschaften. München

ABSA = Annual of the British School at Athens. London

AC = L'Antiquité Classique. Louvain

ADAW = Abhandlungen der Deutschen Akademie der Wissenschaften zu Berlin. Berlin

AE = L'Année épigraphique. Paris

AEA = Archivo Español de Arqueologia. Madrid

AEMÖ = Archäologisch-epigraphische Mitteilungen aus Österreich-Ungarn

AeR = Atene e Roma. Messina – Firenze

ÄZ = Ägyptologische Zeitung

AGG = Abhandlungen der Gesellschaft der Wissenschaften zu Göttingen. Göttingen

AGM = Archiv für Geschichte der Medizin

AHAW = Abhandlungen der Heidelberger Akademie der Wissenschaften. Heidelberg

AIIN = Annali dell'Istituto Italiano di Numismatica. Roma

AJA = American Journal of Archaeology. Princeton

AJPh = American Journal of Philology. Baltimore

AKM = Abhandlungen für die Kunde des Morgenlandes

ALex = Archiv für lateinische Lexikographie und Grammatik

Alt = Das Altertum

Ann Inst = Annali dell' Istituto di corrispondenza archeologica

AO = Der Alte Orient

AOS = American Oriental Series. New Haven, Conn.

APF = Archiv für Papyrusforschung und verwandte Gebiete. Leipzig

APh = L'Année philologique. Paris

APr AW = Abhandlungen der Preußischen Akademie der Wissenschaften zu Berlin. Berlin
ArchClass = Archeologia Classica. Roma
'Αρχ. Δελτ. = *'Αρχαιολογικὸν Δελτίον*
ARW = Archiv für Religionswissenschaft
ASAA = Annuario della Scuola Archeologica di Atene e delle Missioni Italiane in Oriente. Roma
ASpr = Die Alten Sprachen. Frankfurt a. M.
Ath = Athenaeum. Pavia
AZ = Archäologische Zeitung
BAB = Bulletin de l'Académie Royale de Belgique, Bruxelles
BAO = Beihefte zum Alten Orient
BASO = Bulletin of the American Schools of Oriental Research in Jerusalem and Baghdad. New Haven
BB = Bezzenbergers Beiträge zur Kunde der indogerm. Sprachen
BCH = Bulletin de Correspondance Hellénique. Paris
BIAB = Bulletin de l'Institut Archéologique Bulgare
BICS = Bulletin of the Institute of Classical Studies of the University of London. London
BIES = The Bulletin of the Israel Exploration Society. Jerusalem
BIFAO = Bulletin de l'Institut français d'Archéologie Orientale. Le Caire
BJ = Bonner Jahrbücher des Rheinischen Landesmuseums in Bonn und des Vereins von Altertumsfreunden im Rheinlande. Kevelaer
BJPES = Bulletin of the Jewish Palestine Exploration Society. Jerusalem
BN = Beiträge zur Namenforschung. Heidelberg
BollFcl = Bollettino di filologia classica. Torrino
Bphcl = Bibliotheca Philologica Classica
BRGK = Berichte der Römisch-Germanischen Kommission des Deutschen Archäologischen Instituts. Berlin
BSL = Bulletin de la Société de Linguistique de Paris. Paris
BSO(A)S = Bulletin of the School of Oriental (Vol. 10 ff.: and African) Studies. London
BursJb = Bursians Jahresbericht über die Fortschritte der klassischen Altertumswissenschaft
ByzZ = Byzantinische Zeitschrift. München
Byzantion = Byzantion. Revue internationale des études byzantines. Bruxelles
CPh = Classical Philology. Chicago
CQ = Classical Quarterly. Oxford
CR = Classical Review. Oxford
CRAI = Comtes Rendus de l'Académie des Inscriptions et Belles-Lettres. Paris
CW = The Classical World. Formerly The Classical Weekly. New York
DLZ = Deutsche Literaturzeitung für Kritik der internationalen Wissenschaft. Berlin
EA = *'Εφημερὶς 'Αρχαιολογική*. Athen.
EDelph = École française d'Athènes, Fouilles de Delphes
EE = Ephemeris Epigraphica
EF = Erlanger Forschungen. Erlangen
Eranos = Eranos. Acta Philologica Suecana. Uppsala
Eranos-Jb = Eranos-Jahrbuch. Zürich
Erasmus = Erasmus. Speculum Scientiarum. Internationales Literaturblatt der Geisteswissenschaften. Bruxelles (ab Vol. 7 Darmstadt)
FF = Forschungen und Fortschritte. Berlin
FRLANT = Forschungen zur Religion und Literatur des Alten und Neuen Testaments, hg. v. R. Bultmann. Göttingen
G = Gymnasium. Zeitschr. für Kultur der Antike und humanist. Bildung. Heidelberg
Germania = Germania. Anzeiger der Röm.-Germ. Kommission des Dt. Archäol. Instituts. Berlin
GGA = Göttingische Gelehrte Anzeigen. Göttingen 1739 ff.
Glotta = Glotta. Zeitschrift für griechische und lateinische Sprache. Göttingen
Gn = Gnomon. Kritische Zeitschrift für die gesamte klassische Altertumswissenschaft. München
HAT = Handbuch zum Alten Testament, hg. v. O. Eissfeldt
H = Hermes. Zeitschrift für klassische Philologie. Wiesbaden
Hesp. = Hesperia. Journal of the American School of Classical Studies at Athens. Athens
Hist. = Historia. Revue d'histoire ancienne. Wiesbaden
HJ = Historisches Jahrbuch. Köln
HNT = Handbuch zum NT, begr. v. H. Lietzmann, hg. v. G. Bornkamm
HSPh = Harvard Studies in Classical Philology. Cambridge, Mass.
HZ = Historische Zeitschrift. München
IF = Indogermanische Forschungen. Berlin
JBAA = The Journal of the British Archaeological Association. London
JbAC = Jahrbuch für Antike und Christentum. Münster
JDAI = Jahrbuch des Deutschen Archäologischen Instituts. Berlin

JfLW = Jahrbuch für Liturgiewissenschaft, Münster
JHS = Journal of Hellenic Studies. London
JNES = Journal of Near Eastern Studies. Chicago
JOEAI = Jahreshefte des Oesterreichischen Archäologischen Instituts. Wien
JbPhPäd = Jahrbücher für Philologie und Pädagogik, hg. v. Chr. Jahn; Neue Jahrbücher für Philol. und Pädagogik, hg. v. A. Fleckeisen
JRGM = Jahrbuch des Röm.-Germ. Zentralmuseums, Mainz
JRS = Journal of Roman Studies. London
JSOR = Journal of the Society of Oriental Researches
Klio = Klio. Beiträge zur alten Geschichte. Berlin
KlT = Kleine Texte für (theol. und philol.) Vorlesungen und Übungen, begr. v. H. Lietzmann, hg. v. K. Aland
KZ = Zeitschrift für vergleichende Sprachforschung auf dem Gebiete der indogermanischen Sprachen, begr. v. A. Kuhn. Göttingen
Latomus = Latomus. Revue d'études latines. Bruxelles
Lustrum = Lustrum. Internationale Forschungsberichte aus dem Bereich des klassischen Altertums. Göttingen
LUÅ = Lunds Universitets Årsskrift / Acta Universitatis Lundensis. Lund
LZ = Literarisches Zentralblatt für Deutschland. Leipzig 1850–1944
MAB = Mémoires de l'Académie Royale de Belgique/Bruxelles
MDAI(A) = Mitteilungen des Deutschen Archäologischen Instituts (Athen. Abt.) Stuttgart
MDAI(R) = Mitteilungen des Deutschen Archäologischen Instituts (Röm. Abt.) Heidelberg
MDOG = Mitteilungen der Deutschen Orientgesellschaft. Berlin
MEFR = Mélanges d'Archéologie et d'Histoire de l'École Française de Rome. Paris
MH = Museum Helveticum. Schweizerische Zeitschr. für klass. Altertumswissenschaft. Basel
MIO = Mitteilungen des Instituts für Orientforschung, Dt. Akad. d. Wiss. Berlin
Mnem = Mnemosyne. Bibliotheca Classica Batavica. Leiden
MNDPV = Mitteilungen und Nachrichten des Deutschen Palästinavereins. Leipzig
Muséon = Muséon. Revue d'Études Orientales. Louvain
Mus Not = Museum Notes. American Numismatic Society. New York
MVA(Ä)G = Mitteilungen der Vorderasiatischen (Ägyptischen) Gesellschaft
MVPhW = Mitteilungen des Vereins klassischer Philologen. Wien
NAG = Nachrichten von der Akademie der Wissenschaften in Göttingen. Göttingen
NC = Numismatic Chronicle and Journal of the Numismatic Society. London
NClio = La Nouvelle Clio. Bruxelles
NGG = Nachrichten der Gesellschaft der Wissenschaften in Göttingen. Göttingen
NSA = Notizie degli Scavi di Antichità. Roma
OLZ = Orientalistische Literaturzeitung. Berlin
PAPhS = Proceedings of the American Philosophical Society
PCA = Proceedings of the Classical Association. London
Philol. = Philologus. Zeitschrift für das klassische Altertum. Berlin und Wiesbaden
PhQ = Philological Quarterly. Iowa
PhU = Philologische Untersuchungen
PhW = Berliner Philologische Wochenschrift. Berlin
QSt = Quellen und Studien zur Geschichte und Kultur des Altertums und des Mittelalters. Heidelberg
RA = Revue Archéologique. Paris
RAC = Rivista di Archeologia Cristiana. Roma
RAL = Rendiconti della Classe di Scienze morali, storiche e filologiche dell'Accademia dei Lincei. Roma
RAss = Revue d'Assyriologie et d'Archéologie Orientale. Paris
RBA = Revue Belge d'Archéologie et d'Histoire de l'Art. Anvers.
RBPh = Revue Belge de Philologie et d'Histoire. Bruxelles
REA = Revue des Études Anciennes. Bordeaux et Paris
REByz = Revue des Études Byzantines. Paris
REG = Revue des Études Grecques. Paris
REL = Revue des Études Latines. Paris
RFIC = Rivista di Filologia e di Istruzione Classica. Torino.
RhM = Rheinischen Museum für Philologie. Frankfurt a. M.
RHPhR = Revue d'Histoire et de Philosophie Religieuses. Paris
RHR = Revue de l'Histoire des Religions. Paris
RIA = Rivista dell'Istituto Nazionale di Archeologia e Storia dell'Arte. Roma

RIL = Rendiconti dell'Istituto Lombardo, Classe di Lettere, Scienze morali e storiche. Milano
RN = Revue Numismatique. Paris
RPAA = Rendiconti della Pontificia Accademia di Archeologia. Roma
RPh = Revue de Philologie. Paris
RQA = Römische Quartalschrift für christliche Altertumskunde und für Kirchengeschichte. Freiburg
RSC = Rivista di Studi Classici. Torino
RVV = Religionsgeschichtliche Versuche und Vorarbeiten
Saec. = Saeculum. Jahrbuch für Universalgeschichte. Freiburg
SAWW = Sitzungsberichte der Akademie der Wissenschaft in Wien. Wien
SBAW = Sitzungsberichte der Bayerischen Akademie der Wissenschaften. München
SDAW = Sitzungsberichte der Deutschen Akademie der Wissenschaften zu Berlin. Berlin
SE = Studi Etruschi. Firenze
SGAW = Sitzungsberichte der Göttinger Akademie der Wissenschaften. Göttingen
SGK = Schriften der Königsberger Gelehrten-Gesellschaft. Königsberg
SHAW = Sitzungsberichte der Heidelberger Akademie der Wissenschaften. Heidelberg
SIFC = Studi Italiani di Filologia Classica. Firenze
SMSR = Studi e Materiali di Storia delle Religioni. Roma
SPrAW = Sitzungsberichte der Preußischen Akademie der Wissenschaften. Berlin
StStA = Studi Storici della Antichità Classica
TAPhA = Transactions and Proceedings of the American Philological Association. New York
ThLZ = Theologische Literaturzeitung. Berlin
TPhS = Transactions of the Philological Society. Oxford
TU = Texte und Untersuchungen zur Geschichte der altchristl. Literatur
VT = Vetus Testamentum. A Quarterly publ. by the International Organization of Old Testament Scholars. Leiden
WG = Die Welt als Geschichte. Stuttgart
WJ = Würzburger Jahrbücher. Würzburg
WO = Die Welt des Orients. Wiss. Beitr. zur Kunde des Morgenlandes. Göttingen
WS = Wiener Studien. Zeitschrift für klassische Philologie. Wien
WVDOG = Wissenschaftliche Veröffentlichungen der Deutschen Orientgesellschaft. Berlin
WZKM = Wiener Zeitschrift für die Kunde des Morgenlandes. Wien
YClS = Yale Classical Studies. New Haven
ZAW = Zeitschrift für die Alttestamentliche Wissenschaft. Berlin
ZDMG = Zeitschrift der Deutschen Morgenländischen Gesellschaft. Wiesbaden
ZDPV = Zeitschrift des Deutschen Palästina-Vereins. Wiesbaden
ZKG = Zeitschrift für Kirchengeschichte. Stuttgart
ZNW = Zeitschrift für die Neutestamentliche Wissenschaft
ZÖG = Zeitschrift für die österreichischen Gymnasien
ZRG = Zeitschrift der Savigny-Stiftung für Rechtsgeschichte. Weimar
ZVS = Zeitschrift für Vergleichende Sprachforschung. Göttingen

4. Einzelwerke

Abel Géogr. = F.M. Abel, O.P. Histoire de la Palestine depuis la conquête d'Alexandre jusqu'à l'invasion Arabe, 2 Bde. 1952
Alt I. II. III. = A. Alt, Kleine Schriften zur Geschichte des Volkes Israel, 3 Bde., 1953–1959 (3. Bd. hg. v. M. Noth)
Altaner = B. Altaner, Patrologie. Leben, Schriften und Lehre der Kirchenväter, 5., völlig neu bearb. Aufl. 1958
Arangio-Ruiz Stor. = V. Arangio-Ruiz, Storia del diritto romano, 2. ed. riveduta, 1940
Babelon Descr. = E. Babelon, Description historique et chronologique des monnaies de la république romaine, vulgairement appelées monnaies consulaires, Tom 1.2. 1885/86
Babelon Traité = E. Babelon, Traité des monnaies grecques et romaines, 1901–1927
Bardenhewer GAL = O. Bardenhewer, Gesch. der altkirchl. Literatur, 5 Bde., 2. Aufl. 1913/32
Bardenhewer Patr. = O. Bardenhewer, Patrolo-

gie, 3. Aufl. 1910

Baum. Denkm. = A. Baumeister, Denkmäler des klassischen Altertums 3 Bde., 1885/88

Beazley AV 1. = J. D. Beazley, Attische Vasenmaler des rotfigurigen Stils, 1925

Beazley AV 2. = J. D. Beazley, Attic Black-figure Vase-Painters, 1956

Beazley BV = J. D. Beazley, Bilder griech. Vasen, hg. v. J. D. Beazley und Paul Jakobsthal, Heft 1–6, 1930 ff.

Bechtel Dial. = Fr. Bechtel, Die griech. Dialekte, 3 Bde., 1921/24

Bechtel HP = Fr. Bechtel, Die historischen Personennamen des Griechischen bis zur Kaiserzeit, 1917

Beloch GG = K. J. Beloch, Griechische Geschichte, 4 Bde., 2. Aufl. 1912/27

Beloch RG = K. J. Beloch, Römische Geschichte bis zum Beginn der Punischen Kriege, 1926

Bengtson GG = H. Bengtson, Griechische Geschichte von den Anfängen bis in die römische Kaiserzeit, 1950

Berger Erdk. = H. Berger, Geschichte der wissenschaftlichen Erdkunde der Griechen, 2. Aufl. 1903

Bernhart HB = M. Bernhart, Handbuch zur Münzkunde der röm. Kaiserzeit, 1926

Berve Alex. = H. Berve, Das Alexanderreich auf prosopographischer Grundlage. 2 Bde. 1926

Blass Att.Bereds. = Fr. Blass, Die attische Beredsamkeit, 2. Aufl. 1887/98

Blass-Debr. = Fr. Blass, Grammatik des neutestamentl. Griechisch, bearb. v. A. Debrunner, 10. Aufl. 1959

Blümner PrAlt. = H. Blümner, Die römischen Privataltertümer, 1911

Blümner Techn. = H. Blümner, Technologie und Terminologie der Gewerbe und Künste bei Griechen und Römern, 1. Aufl. 1875/87; 2. Aufl. 1912 ff.

Borghesi = B. Borghesi, Oeuvres complètes, Tom. 1–10, 1862/97

Broughton = T. R. S. Broughton, The Magistrates of the Roman Republic. Vol. 1. 2. 1951/52, Suppl. 1959

Brugmann Gramm. = C. Brugmann, Griechische Grammatik, 4., verm. Aufl., bearb. v. A. Thumb. 1913

Brugmann Grdr. = C. Brugmann u. B. Delbrück, Grundriß der vergleichenden Grammatik der indogermanischen Sprachen, 2 Bde. 2. Bearb. 1897–1916

Brunn Denkm. = H. Brunn, Denkmäler griechischer und römischer Sculptur. 1903–1947

Brunn-Arndt = H. Brunn u. P. Arndt, Griechische und römische Porträts, 1891–1938.

Bury Hist. G = J. B. Bury, A History of Greece to the death of Alexander the Great, 1937

Bury Hist. R = J. B. Bury, The History of the Later Roman Empire

Busolt GStk. = G. Busolt, Griechische Staatskunde, 3. Aufl. v. H. Swoboda, 1920/26

CAH = The Cambridge Ancient History, ed. by J. B. Bury (u. a.)

Chantepie = Chantepie-de la Saussaye, Lehrbuch der Religionsgeschichte, 4. Aufl. hg. v. A. Bertholet u. E. Lehmann, 1925

Christ-Schmid = W. Christ, W. Schmid, O. Stählin, Geschichte der griech. Literatur bis auf die Zeit Justinians, 5. Aufl. u. ff. 1908 ff.

Cohen emp. = H. Cohen, Description historique des monnaies frappées sous l'empire Romain, communément appelées Médailles Imperiales, 2. Aufl. 1955, Suppl. 1957

Cohen rép. = H. Cohen, Description générale des monnaies de la république Romaine, communément appelées Médailles Consulaires, 1857

Cumont = F. Cumont, Les Religions orientales dans le paganisme romain, 4. Aufl. 1931; dt. 3. Aufl. nach der 4. franz. 1931

Degrassi FCap. = A. Degrassi, Fasti Capitolini, 1954 (Corpus scriptorum latinorum Paravianum)

Degrassi FImp. = A. Degrassi, I Fasti consolari dell'Impero Romano, 1952

Desjardins = E. Desjardins, Géographie historique et administrative de la Gaule Romaine, 1876–1893

Drumann = W. Drumann, Geschichte Roms in seinem Übergange von der republikanischen zur monarchischen Verfassung, 2. Aufl., v. P. Gröbe, 1899–1929

Duhn = F. v. Duhn, Italische Gräberkunde I. II 1924-1939.

Eckhel = J. Eckhel, Doctrina numorum veterum, 1892/1898

Espér. Rec. = (J.) E. Espérandieu, Recueil général des bas-reliefs de la Gaule Romaine, 1907–1925

Espér. Inscr. = (J.) E. Espérandieu, Inscriptions latines de Gaule, 1929

Fick-B. PN = A. Fick, Die griechischen Personennamen 2. Aufl., v. F. Bechtel und A. Fick, 1894

Frank ESAR = T. Frank, An exonomic survey of ancient Rome, ed. by T. Frank, Vol. 1 ff., 1933 ff.

Frazer GB = J.G. Frazer, The golden Bough. A study in magic and religion. 3. Aufl. 1927–1936

Friedländer-Wiss. = L. Friedländer, Darstellungen aus der Sittengeschichte Roms 9. Aufl., von G. Wissowa, 1919–1921

Gardner = P. Gardner, A History of ancient coinage, 700–300 b.c., 1918

Gardthausen = V. Gardthausen, Augustus und seine Zeit, 1891–1929

Geffcken GrLG = J. Geffcken, Griechische Literaturgeschichte, 1926–1934

Gerh.ESp. = E. Gerhard, Etruskische Spiegel, T. 1–4., 1843 bis 1867; T. 5 v. A. Klügmann u. G. Körte, 1884–1897

Ginzel HB. = F.C. Ginzel, Handbuch der mathematischen und technischen Chronologie. Das Zeitrechnungswesen der Völker, 1906–1914

Gruppe Gr.Myth. = O. Gruppe, Griechische Mythologie und Religionsgeschichte. 1906

Haeberlin Agr. = E.J. Haeberlin, Aes grave, Das Schwergeld Roms und Mittelitaliens einschließlich der ihm vorausgehenden Rohbronzewährung, Bd. 1., 1910

Haeberlin Syst. = E.J. Haeberlin, Die Systematik des ältesten römischen Münzwesens, 1905

Head HN² = B.V. Head, Historia numorum 2. Aufl.

Hill = G.F. Hill, Historical Roman coins, 1909

Hirschfeld VB = O. Hirschfeld, Die kaiserlichen Verwaltungsbeamten bis auf Diocletian, 2., neubearb. Aufl. 1905

Holder = A. Holder, Altceltischer Sprachschatz, 1896–1919

Hopfner = Th. Hopfner, Griechisch-ägyptischer Offenbarungszauber, 1921–1924

How.-Meyer = E. Howald, u. E. Meyer, Die römische Schweiz. 1940

Jaffé Reg. = Ph. Jaffé, Regesta pontificum Romanorum a condita ecclesia ad annum 1198, 2. Aufl. 1885–1888

Jord.Top. = H. Jordan, Topographie der Stadt Rom im Altertum, 1871–1907

Jullian HG = C. Jullian, Histoire de la Gaule, 1909–1926

Karlowa = O. Karlowa, Römische Rechtsgeschichte, 1885–1901

Kaser AJ = M. Kaser, Das altrömische Jus. 1949

Kiepert FOA = H. Kiepert, Formae orbis antiqui, 1894 ff.

Krom.-Veith = J. Kromayer und G. Veith, Heerwesen und Kriegführung der Griechen und Römer, 1928

Krumbacher = C. Krumbacher, Gesch. der byzantinischen Litteratur von Justinian bis zum Ende des oströmischen Reichs, 2. Aufl. 1897

Kühner-Blass = R. Kühner, Ausführliche Grammatik der griechischen Sprache. 3. Aufl., v. F. Blass und B. Gerth, 1890–1904

Kühner lat Gr. = R. Kühner, Ausführliche Grammatik der lateinischen Sprache. 2. Aufl., v. F. Holzweißig und C. Stegmann, 1912–1914

Lange RA = C. C. L. Lange, Römische Altertümer, 1876–1879

Lanciani FUR = R. Lanciani, Forma urbis Romae, 1893–1901

Larfeld Epigr. = W. Larfeld, Handbuch der griechischen Epigraphik, Bd. 1.2., 1902–1907

Latte, RRel = Kurt Latte, Röm. Religionsgeschichte, 1960

Lesky GGrL = A. Lesky, Geschichte der griechischen Literatur, 1957/1958

Lietzmann AK = H. Lietzmann, Geschichte der Alten Kirche, Bd. 1, 3. Aufl. 1953; Bd. 2–4, 2. Aufl. 1953

LugliF = G. Lugli, Fontes ad topographiam veteris urbis Romae pertinentes, 1952–1960

LugliM = G. Lugli, I Monumenti antichi di Roma e suburbio, 3 Bde. 1930–1938, Suppl. 1940

Manitius = M. Manitius, Geschichte der lateinischen Literatur des Mittelalters, 1911–1931

Marqu.-Mau = J. Marquardt und Th. Mommsen, Handbuch der römischen Alterthümer, 2. Aufl. 1876–1886. Bd. 7, 1.2. von A. Mau, Privatleben der Römer

Marqu.RStV = J. Marquardt und Th. Mommsen, Handbuch der römischen Altertümer, 2. Aufl. 1876–1886. Bd. 4.5. von H. Dessau und A. v. Domaszewski. Bd. 6 von G. Wissowa, Römische Staatsverwaltung

Mattingly = H. Mattingly, Roman Coins from the earliest times to the fall of the western empire, 2. Aufl. 1960

Mattingly RIC = H. Mattingly and E. A. Sydenham, The Roman imperial Coinage, 1923 ff.

Meyer Forsch. = Ed. Meyer, Forschungen zur alten Geschichte, 1892–1899

Meyer GdA = Ed. Meyer, Geschichte des Altertums, Bd. 1–5, 1884–1902

Mitt.-Wilcken Grdz. = L. Mitteis und U. Wilcken, Grundzüge und Chrestomathie der Papyruskunde, 1912

Mommsen GSchr. = Th. Mommsen, Gesammelte Schriften, Bd. 1–8., 1905 ff.

Mommsen RF = Th. Mommsen, Römische Forschungen, Bd. 1.2., 1864–1879

Mommsen RG = Th. Mommsen^{9}, Römische Geschichte, Bd. 1–3.5., 9. Aufl. 1903–1904. 1921

Mommsen RW = Th. Mommsen, Geschichte des römischen Münzwesens, 1860

Mommsen RStrR = Th. Mommsen, Römisches Strafrecht, 1899.

Miller ItR = K. Miller, Itineraria Romana, 1916

Müllenh. DA = C. Müllenhoff, Deutsche Altertumskunde, Bd. 1–5, 1. Aufl. 1870–1900; 2. Aufl. von Bd. 1 von M. Rödiger 1890, Bd. 4, 1920, Bd. 5, 1908

Münzer Adelsp. = F. Münzer, Römische Adelsparteien und Adelsfamilien, 1920

Nash = E. Nash, Bildlexikon zur Topographie des antiken Rom, Bd. 1. 1961

Niese-Hohl Grdr. = B. Niese, Grundriß der römischen Geschichte, 5. Aufl. 1923, v. E. Hohl.

Niese St = B. Niese, Geschichte der griechischen und makedonischen Staaten seit der Schlacht von Chäronea, 3 Bde., 1893–1903

Nilsson GgrR = M. P. Nilsson, Geschichte der griechischen Religion, 2 Bde., 1. Aufl. 1941. 1950; 2. Aufl. 1955. 1961

Nissen It.Ldk. = H. Nissen, Italische Landeskunde, 2 Bde., 1883–1902

Norden AKpr = Ed. Norden, Die antike Kunstprosa vom 6. Jh. bis in die Zeit der Renaissance, 2. Aufl. 1909

Pais Storia = E. Pais, Storia critica di Roma durante i primi cinque secoli, 4 Bde., 1913–1921, mit 4 Volumi di complemento, 1915–1921

Pfuhl = E. Pfuhl, Malerei und Zeichnung der Griechen, 3 Bde., 1923; Bd. 3, Tausend Jahre griech. Malerei, Neuausgabe 1940

Philipps.-Kirst. = A. Philippson, Die griechischen Landschaften. Eine Länderkunde, hg. unter Mitwirkung v. H. Lehmann, Bd. 1–4, 1950–1959 mit jeweiligem Anh. v. E. Kirsten

v. Planta = R. v. Planta, Grammatik der oskisch-umbrischen Dialekte, 2 Bde., 1892/97

Platner-Ashby = S. B. Platner and T. S. Ashby, A Topographical Dictionary of Ancient Rome, 1929

Prell.-Jord. = L. Preller, Römische Mythologie, 2 Bde., 3. Aufl. hg. v. H. Jordan, 1881/83

Prell.-Rob. = L. Preller, Griechische Mythologie, 3 Bde., 4. Aufl. bearb. v. C. Robert, 1894 bis 1926

Quasten = J. Quasten, Patrology, Vol. I. II., 1950. 1953

Richter Top. = O. Richter, Topographie von Rom, 2. Aufl. 1901

Rohde Psyche = E. Rohde, Psyche. Seelenkult und Unsterblichkeitsglaube der Griechen, 9. und 10. Aufl. mit einer Einf. v. O. Weinreich, 2 Bde., 1925

Rostovčev GuW = M. I. Rostovčev, Gesellschaft und Wirtschaft im römischen Kaiserreich, Bd. 1.2., 1931

Rostovčev Soc. a. Ec. Hell. W. = M. I. Rostovčev, Die hellenistische Welt. Gesellschaft und Wirtschaft, Bd. 1–3., 1955 bis 1956

Rubin Iust. = B. Rubin, Das Zeitalter Justinians, 1960 f.

Sanctis StR = G. de Sanctis, Storia dei Romani; la conquista del primato in Italia, 1907

Schanz-Hos. = M. Schanz und C. Hosius, Geschichte der römischen Literatur, 4. Aufl. 1927

Schrötter WBMzK = Fr. v. Schrötter, Wörterbuch der Münzkunde, 1930

Schulze Eigenn. = Wilh. Schulze, Zur Geschichte lateinischer Eigennamen, 1904.

Schürer = E. Schürer, Geschichte des jüdischen Volkes im Zeitalter Jesu Christi, 3. Aufl. Bd. 1–3, 1898. 4. Aufl. Bd. 2–3., 1901–1909

Seeck Reg. = O. Seeck, Regesten der Kaiser und Päpste für die Jahre 311 bis 476 n. Chr.

Seeck Unterg. = O. Seeck, Geschichte des Untergangs der antiken Welt, Bd. 1–6, 1895–1921. Bd. 1–3, 2. Aufl. 1897–1921

Sommer HB = F. Sommer, Handbuch der lateinischen Laut- und Formenlehre. 2., 3. Aufl. 1914.

Stein I. II. = E. Stein, Geschichte des spätrömischen Reiches, Bd. 1.2., 1928–1949

Stengel = P. Stengel, Die griechischen Kultusaltertümer, 3. Aufl. 1920

Stolz LGr. = Fr. Stolz und J. H. Schmalz, Lateinische Grammatik. 5. Aufl. v. M. Leumann und J. B. Hofmann, 1928

Susemihl = F. Susemihl, Geschichte der griechischen Literatur in der Alexandrinerzeit, 1891–1892

Teuffel-Kr.-Sk. = W. S. Teuffel, Geschichte der römischen Literatur. 6. Aufl. v. W. Kroll und F. Skutsch, 1910–1916; Bd. 2. 7. Aufl. 1920

Toutain Cult. = J. F. Toutain, Les cultes paiens dans l'empire romain, 1907–1920

Überw.-Prächt. = Fr. Überweg, Grundriß der Geschichte der Philosophie, T. 1, Die Philosophie des Altertums, 12. Aufl. v. K. Prächter, 1926

Vetter HB = E. Vetter, Handbuch der italischen Dialekte, 1953 ff.

Wilam. Eur. = U. v. Wilamowitz-Moellendorff, Euripides' Herakles, 2. Aufl. 1959

Wilam. GldH. = U. v. Wilamowitz-Moellendorff, Der Glaube der Hellenen 3. Aufl. 1959

Wilhelm Urk. = A. Wilhelm, Urkunden dramatischer Aufführungen in Athen, 1906.

Zeller PhdGr = Eduard Zeller, Die Philosophie der Griechen, in ihrer geschichtl. Entwicklung dargestellt, 1869–1881. – 1,1 (1919), 1,2 (1920) hg. von W. Nestle

Zeuss = J. C. Zeuss, Die Deutschen und die Nachbarstämme, 1837, 2., Aufl., 1904

Zschietzschmann H. u. RK. = W. Zschietzschmann, Die hellenistische und römische Kunst, 1939.

5. Abkürzungen griechischer Autornamen und Werktitel

Ach. Tat. = Achilleus Tatios
Aët. = Aëtios
Ail. nat. = Ailianos de natura animalium
  var. = varia historia
Ain. takt. = Aineias taktikos
Aischin. = Aischines
Aischyl. Ag. = Aischylos Agamemnon
  Choeph. = Choephoroi
  Eum. = Eumenides
  Hept. = Hepta
  Hik. = Hiketides
  Pers. = Persai
  Prom. = Prometheus
Aisop. = Aisopos
Alex. Aphr. = Alexandros von Aphrodisias
Alk. = Alkaios
Alkm. = Alkman
Anakr. = Anakreon
Anaxag. = Anaxagoras
Anaximand. = Anaximandros
Anaximen. = Anaximenes
And. = Andokides
Anecd. Bekk. = Anecdota Graeca ed. I. Bekker
Anecd. Par. = Anecdota Graeca ed. J. A. Kramer
Anth. lyr. = Anthologia lyr. Gr.
Anth. Pal. = Anthologia Palatina
Anth. Plan. = Anthologia Planudea
Antiph. = Antiphon
Antisth. = Antisthenes
Apollod. = Apollodoros βιβλιοθήκη
Apoll. Rhod. = Apollonios Rhodios
App. civ. = Appianos bella civilia
  Celt. = Celtica
  Hann. = Hannibalica
  Ib. = Iberica
  Ill. = Illyrica
  It. = Italica
  Lib. = Libyca
  Mac. = Macedonica
  Mithr. = Mithridatius
  Num. = Numidica
  reg. = regia
  Samn. = Samnitica
  Sic. = Sicula
  Syr. = Syriaca
Arat. = Aratos
Archil. = Archilochos
Archim. = Archimedes
Archyt. = Archytas

Aristain. = Aristainetos
Aristeid. = Ailios Aristeides
Arist. Quint. = Aristeides Quintilianus
Aristob. = Aristobulos
Aristoph. Ach. = Aristophanes Acharnenses
  Av. = Aves
  Eccl. = Ecclesiazusae
  Equ. = Equites
  Lys. = Lysistrata
  Nub. = Nubes
  Pax = Pax
  Plut. = Plutus
  Ran. = Ranae
  Thesm. = Thesmophoriazusae
  Vesp. = Vespae
Aristot. an. post. = Aristoteles analytica posteriora
  an. pr. = analytica priora
  an. = de anima
  Ath. pol. = Ἀθηναίων πολιτεία
  aud. = de audibilibus
  cael. = de caelo
  cat. = categoriae
  col. = de coloribus
  div. = de divinatione
  eth. Eud. = ethica Eudemia
  eth. Nic. = ethica Nicomachea
  gen. an. = de generatione animalium
  gen. corr. = de generatione et corruptione
  hist. an. = historia animalium
  m. mor. = magna moralia
  metaph. = metaphysica
  meteor. = meteorologica
  mir. = mirabilia
  mot. an. = de motu animalium
  mund. = de mundo
  oec. = oeconomica
  part. an. = de partibus animalium
  phys. = physica
  phgn. = physiognomonica
  poet. = poetica
  pol. = politica
  probl. = problemata

rhet. = rhetorica
rhet. Alex. = rhetorica ad Alexandrum
sens. = de sensu
somn. = de somno et vigilia
soph. el. = sophistici elenchi
spir. = de spiritu
top. = topica
Aristox. harm. = Aristoxenos harmonica
Arr. an. = Arrianos anabasis
Ind. = Indike
kyn. = kynegetikos
per. p. E. = periplus ponti Euxini
takt. = taktika
Athen. = Athenaios
Babr. = Babrios
Bakchyl. = Bakchylides
Batr. = Batrachomyomachia
Chr. pasch. = Chronikon paschale
Cass. Dio = Cassius Dio
Clem. Al. = Clemens Alexandrinus
Deinarch. = Deinarchos
Demad. = Demades
Demokr. = Demokritos
Demosth. = Demosthenes
Diod. = Diodorus Siculus
Diog. Laert. = Diogenes Laertios
Dion Chrys. = Dion Chrysostomos
Dion. Hal. = Dionysios Halikarnasseus
ant. = antiquitates Romanae
comp. = de compositione verborum
rhet. = ars rhetorica
Dion. Per. = Dionysios Periegetes
Dion. Thrax = Dionysios Thrax
Emp. = Empedokles
Epikt. = Epiktetos
Epik. = Epikuros
Eratosth. = Eratosthenes
Etym. gen. = Etymologicum genuinum
Gud. = Gudianum
m. = magnum
Eukl. elem. = Eukleides elementa
Eun. = Eunapios
Eur. Alc. = Euripides Alcestis
Andr. = Andromache
Bacch. = Bacchae
Cycl. = Cyclops
El. = Electra
Hec. = Hecuba
Hel. = Helena
Heraclid. = Heraclidae
Herc. = Hercules
Hipp. = Hippolytus
Ion = Ion
Iph. A. = Iphigenia Auliden-sis
Iph. T. = Iphigenia Taurica
Med. = Medea
Or. = Orestes
Phoen. = Phoenissae
Rhes. = Rhesus
Suppl. = Supplices
Tro. = Troades
Eus. = Eusebios
Eust. = Eustathios
Gal. = Galenos
Geop. = Geoponica
Gorg. = Gorgias
Greg. Naz. = Gregorius Nazianzienus
Greg. Nyss. = Gregorius Nyssenus
Harpokr. = Harpokration
Hekat. = Hekataios
Hell. Oxyrh. = Hellenica Oxyrhynchia
Heph. = Hephaistion
Herakl. Pont. = Herakleides Pontikos
Herakl. = Herakleitos
Herm. Trism. = Hermes Trismegistos
Hermog. = Hermogenes
Herodian. = Herodianos
Hdt. = Herodotos
Heron = Heron
Hes. erg. = Hesiodos ἔργα καὶ ἡμέραι
theog. = theogonia
Hesych. = Hesychios
Hippokr. = Hippokrates
Hom. Il. 1, 270 = Homeros Ilias A 270
Od. 1, 270 = Odyssee α 270
Hom. h. = hymni Homerici
Hyp. = Hypereides
Iambl. v. P. = Iamblichos de vita Pythagorica
Ioh. Chrys. = Iohannes Chrysostomos
Ios. ant. Iud. = Iosephos antiquitates Iudaicae
bell. Iud. = bellum Iudaicum
c. Ap. = contra Apionem
vita = de sua vita
Isokr. = Isokrates
Iul. = Iulianos
Kall. = Kallimachos
h. = hymni
frg. ... Pf. = fragmentum ... Pfeiffer
epigr. = epigramma
Lukian. = Lukianos
Lyd. mag. = Lydos de magistratibus
mens. = de mensibus
Lykophr. = Lykophron
Lykurg. = Lykurgos
Lys. = Lysias
LXX = Septuaginta
M. Aur. = Marcus Aurelius Augustus
Melanipp. = Melanippides
Men. Dysk. = Menandros Dyskolos
Epitr. = Epitrepontes
frg. ... K. = fragmentum ... Körte
Pk. = Perikeiromene

Sam. = Samia
Mimn. = Mimnermos
Mosch. = Moschos
Nik. Alex. = Nikandros Alexipharmaka
Ther. = Theriaka
Nikom. = Nikomachos
Nonn. Dion. = Nonnos Dionysiaka
NT = Novum Testamentum
Opp. hal. = Oppianos Halieutika
ix. = Ixeutika
kyn. = Kynegetika
Oreib. = Oreibasios
or. Sib. = oracula Sibyllina
Orig. = Origenes
Orph. Arg. = Orpheus Argonautika
h. = hymni
frg. = frg. . . . Kern
Paroem. = Paroemiographi Graeci
Paus. = Pausanias
peripl. m. Eux., m. m., m. r. = Periplus maris Euxini, magni, rubri
Philod. = Philodemos
Phil. = Philon
Philop. = Philoponos
Philostr. = Philostratos
Phot. = Photios
Phryn. = Phrynichos
Pind. I. = Pindar, Isthmien
N. = Nemeen
O. = Olympien
P. = Pythien
Plat. Alk. 1, 2 = Platon, Alkibiades 1, 2
apol. 18 a = apologia 18 a der Stephanusausgabe
Ax. = Axiochos
Charm. = Charmides
def. = definitiones
Dem. = Demodokos
epin. = epinomis
epist. = epistulae
erast. = erastai
Eryx. = Eryxias
Euthyd. = Euthydemos
Euthyphr. = Euthyphron
Gorg. = Gorgias
Hipparch. = Hipparchos
Hipp. mai., min. = Hippias maior, minor
Ion = Ion
Kleit. = Kleitophon
Krat. = Kratylos
Kritias = Kritias
Krit. = Kriton
Lach. = Laches
leg. = leges
Lys. = Lysis
Mx. = Menexenos
Men. = Menon
Min. = Minos
Parm. = Parmenides
Phaid. = Phaidon
Phaidr. = Phaidros
Phil. = Philebos
polit. = politikos
Prot. = Protagoras
rep. = de re publica
Sis. = Sisyphos
soph. = sophistes
symp. = symposion
Thg. = Theages
Tht. = Theaitetos
Tim. = Timaios
Plot. = Plotinos
Plut. mor. = Plutarchos moralia (nach Seitenzahlen zu zit.) (Vitae nach Kap. zu zit.)
Poll. = Pollux
Polyain. = Polyainos strategemata
Pol. = Polybios
Porph. = Porphyrios
Poseid. = Poseidonios
Prokl. = Proklos
Prok. = Prokopios
Ptol. = Ptolemaios
Q. Smyrn. = Quintus Smyrnaeus
Sch. (vor dem Autornamen) = Scholia zu dem betr. Autor
S. Emp. = Sextus Empiricus
Simpl. = Simplikios
Skyl. = Skylax periplus
Skymn. = Skymnos periegesis
Sokr. = Sokrates hist. eccles.
Sol. = Solon
Soph. Ai. = Sophokles, Aias
Ant. = Antigone
El. = Elektra
Ichn. = Ichneutai
Oid. K. = Oidipus auf Kolonos
Oid. T. = Oidipus Tyrannos
Phil. = Philoktetes
Trach. = Trachiniai
Soz. = Sozomenos hist. eccl.
Steph. Byz. = Stephanos Byzantios
Stob. = Stobaios
Strab. = Strabon
Suda = Suda = Suidas
Synk. = Synkellos
Thgn. = Theognis
Theokr. = Theokritos
Theophr. c. plant. = Theophrastos de causis plantarum
char. = *χαρακτῆρες*
h. plant. = historia plantarum
Theop. = Theopompos
Thuk. = Thukydides
Tzetz. anteh. = Tzetzes antehomerica
chil. = chiliades
posth. = posthomerica
Xenophan. = Xenophanes
Xen. Ag. = Xenophon Agesilaos

an.	= anabasis
apol.	= apologia
Ath. pol.	= Ἀθηναίων πολιτεία
equ.	= de equitandi ratione
hell.	= hellenika
Hier.	= Hieron
hipp.	= hipparchikos
kyn.	= kynegetikos
Kyr.	= Kyrupaideia
Lak. pol.	= Λακεδαιμονίων πολιτεία
mem.	= memorabilia
oik.	= oikonomikos
symp.	= symposion
vect.	= de vectigalibus
Zen.	= Zenon
Zenob.	= Zenobios
Zenod.	= Zenodotos
Zon.	= Zonaras
Zos.	= Zosimos

6. Abkürzungen lateinischer Autornamen und Werktitel

Ps.-Acro	= Ps.-Acro in Horatium
Act. Arv.	= acta fratrum Arvalium
Act. lud. saec.	= acta ludorum saecularium
Aeth.	= Aetheriae peregrinatio
Ambr.	= Ambrosius
Amm.	= Ammianus Marcellinus
Anth. Lat.	= Anthologia Latina
Apul. apol.	= Apuleius apologia
flor.	= florida
met.	= metamorphoses
Arnob.	= Arnobius
Aug. civ.	= Augustinus de civitate dei
conf.	= confessiones
Aur. Vict.	= Aurelius Victor
Auson.	= Ausonius
Bell. Afr.	= Bellum Africanum
Alex.	= Bellum Alexandrinum
Hisp.	= Bellum Hispaniense
Boeth.	= Boethius
Caes. civ.	= Caesar de bello civili
Gall.	= de bello Gallico
Calp. ecl.	= Calpurnius Siculus eclogae
Cassiod. var.	= Cassiodorus variae
Cato agr.	= Cato de agricultura
Catull.	= Catullus
Cels.	= Celsus
Cens.	= Censorinus de die natali liber
Chalc.	= Chalcidius
Charis.	= Charisius
Chr. min.	= Chronica minora
Cic.	= M. Tullius Cicero
ac. 1	= Lucullus sive Academicorum priorum libri
ac. 2	= Academicorum posteriorum libri
Arat.	= Aratea
Arch.	= pro Archia poeta
Att.	= epistulae ad Atticum
Balb.	= pro L. Balbo
Brut.	= Brutus
ad Brut.	= epistulae ad Brutum
Caec.	= pro A. Caecina
Cael.	= pro M. Caelio
Catil.	= in Catilinam
Cato	= Cato maior de senectute
Cluent.	= pro A. Cluentio
Deiot.	= pro rege Deiotaro
div.	= de divinatione
div. in Caec.	= divinatio in Q. Caecilium
dom.	= de domo sua
fam.	= epistulae ad familiares
fat.	= de fato
fin.	= de finibus
Flacc.	= pro L. Valerio Flacco
Font.	= pro M. Fonteio
har.	= de haruspicum responso
inv.	= de inventione
Lael.	= Laelius de amicitia
leg.	= de legibus
leg. agr.	= de lege agraria
Lig.	= pro Q. Ligario
Manil.	= pro lege Manilia de imperio Cn. Pompei
Marc.	= pro M. Marcello
Mil.	= pro T. Annio Milone
Mur.	= pro L. Murena
nat.	= de natura deorum
off.	= de officiis
opt. gen.	= de optimo genere oratorum
or.	= orator
de or.	= de oratore
parad.	= paradoxa
part.	= partitiones oratoriae
Phil.	= in M. Antonium oratio Philippica
phil. frg.	= librorum philosophicorum fragmenta
Pis.	= in L. Pisonem
Planc.	= pro Cn. Plancio
prov.	= de provinciis consularibus
ad Q. fr.	= epistulae ad Quintum fratrem
Quinct.	= pro Quinctio
Rab. perd.	= pro C. Rabirio perduellionis reo

Rab. Post.	=	pro C. Rabirio Postumo
p. red. in sen.	=	oratio post reditum in senatu
p. red. ad Quir.	=	oratio post reditum ad Quiriles
rep.	=	de re publica
Q. Rosc.	=	pro Q. Roscio comoedo
S. Rosc.	=	pro Sex. Roscio Amerino
Scaur.	=	pro M. Aemilio Scauro
Sest.	=	pro P. Sestio
Sull.	=	pro P. Sulla
Tim.	=	Timaeus
top.	=	topica
Tull.	=	pro M. Tullio
Tusc.	=	Tusculanae disputationes
Vatin.	=	in P. Vatinium testem interrogatio
Verr. 1, 2	=	in Verrem actio 1, 2
Claud.	=	Claudius Claudianus
Cod. Greg.	=	Codex Gregorianus
Herm.		Hermogenianus
Iust.		Iustinianus
Theod.		Theodosianus
Colum.	=	Columella
Comm.	=	Commodianus
Cor.	=	Corippus
Curt.	=	Q. Curtius Rufus
Cypr.	=	Cyprianus
Dig.	=	Digesta Iustiniani
Diom.	=	Diomedis ars grammatica
Don.	=	Aelius Donatus grammaticus
Enn. ann.	=	Ennius annalium fragmenta
sat.	=	saturarum fragmenta
scaen.	=	fragmenta scaenica
Eutr.	=	Eutropius
Fast. Cap.	=	Fasti Capitolini
Fest. 376 M.	=	Festus S. 376 Müller
Firm.	=	Firmicus Maternus
Flor.	=	Florus epitoma de Tito Livio
Front.	=	Fronto
Frontin.	=	Frontinus
Fulg. myth.	=	Fulgentius mythologiae
Gai.	=	Gaius
Gell.	=	Gellius
Greg. M.	=	Gregorius Magnus
Greg. Tur.	=	Gregorius Turonensis
Heges.	=	Hegesippus (= Flavius Iosephus)
Hier. chron.	=	Hieronymus chronicon
Hil.	=	Hilarius
H. A.	=	Historia Augusta
Hor. c.	=	Horatius carmina
c. s.	=	carmen saeculare
epod.	=	epodi
s.	=	sermones
epist.	=	epistulae
ars	=	ars poetica
Hyg. astr.	=	Hyginus astronomica
fab.	=	fabulae
Iord. Get.	=	Iordanes de origine Getarum
Iren.	=	Irenaeus
Isid. orig.	=	Isidorus origines
Itin. Anton.	=	Itinerarium Antonini
Burdig.	=	Burdigalense vel Hierosolymitanum
Iul. Vict. rhet.	=	C. Iulii Victoris ars rhetorica
Iust.	=	Iustinus
Iuv.	=	Iuvenalis
Lact.	=	Lactantius
Lex XII tab.	=	lex duodecim tabularum
Liv.	=	Livius
Lucan.	=	Lucanus
Lucil.	=	Lucilius
Lucr.	=	Lucretius
Macr. Sat.	=	Macrobius Saturnalia
somn.	=	commentarius in Ciceronis somnium Scipionis
Manil.	=	Manilius
Mar. Vict.	=	Marius Victorinus
Martial.	=	Martialis
Mart. Cap.	=	Martianus Capella
Mela	=	Pomponius Mela
Min. Fel.	=	Minucius Felix
Mon. Anc.	=	Monumentum Ancyranum
Nemes.	=	Nemesianus
Nep.	=	Cornelius Nepos
Non.	=	Nonius Marcellus
Not. dign. occ.	=	Notitia dignitatum occidentis
or.	=	orientis
episc.	=	episcoporum
Obseq.	=	Obsequens prodigia
Oct. pr.	=	Octavia praetexta
Oros.	=	Orosius
Ov. am.	=	Ovidius amores
ars	=	ars amatoria
fast.	=	fasti
her.	=	heroides
Ib.	=	Ibis
met.	=	metamorphoses
Pont.	=	ex Ponto
rem.	=	remedia amoris
trist.	=	tristia
Paneg.	=	Panegyrici
Paul. Fest.	=	Pauli Diaconi epitoma Festi
Paul. Nol.	=	Paulinus Nolanus
Pers.	=	Persius
Petron.	=	Petronius
Phaedr.	=	Phaedrus
Philarg. Verg. ecl.	=	Philargyrii explanatio in eclogas Vergilii
Plaut. Amph.	=	Plautus Amphitruo
Asin.	=	Asinaria
Aul.	=	Aulularia
Bacch.	=	Bacchides

Capt. = Captivi
Cas. = Casina
Cist. = Cistellaria
Curc. = Curculio
Epid. = Epidicus
Men. = Menaechmi
Merc. = Mercator
Mil. = Miles
Most. = Mostellaria
Persa = Persa
Poen. = Poenulus
Pseud. = Pseudolus
Rud. = Rudens
Stich. = Stichus
Trin. = Trinummus
Truc. = Truculentus
Vid. = Vidularia
Plin. nat. = Plinius maior naturalis historia
Plin. epist. = Plinius minor epistulae
paneg. = panegyricus
Trog. = Pompeius Trogus
Porph. Hor. c. = Porphyrionis commentum Horatii carmina
Priap. = Priapea
Prisc. = Priscianus
Prob. Verg. ecl. = Probi in Vergilium commentarius
Prop. = Propertius
Prud. = Prudentius
Quint. decl. = Quintilianus declamationes
inst. = institutio oratoria
Rhet. Her. = Rhetorica ad C. Herennium
Sall. Cat. = Sallustius coniuratio Catilinae
hist. frg. = historiarum fragmenta
Iug. = bellum Iugurthinum
Ps. Sall. ep. = Pseudo-Sallustius epistulae ad Caesarem
in Tull. = in M. Tullium invectiva
Sen. contr. = Seneca maior controversiae
suas. = suasoriae
Sen. apocol. = Seneca minor apocolocyntosis
benef. = de beneficiis
clem. = de clementia
dial. = dialogi
epist. = epistulae ad Lucilium
nat. = naturales quaestiones
Ag. = Agamemno
Herc. f. = Hercules furens
Herc. Oet. = Hercules Oetaeus
Med. = Medea
Phaedr. = Phaedra
Phoen = Phoenissae
Oed. = Oedipus
Thy. = Thyestes
Tro. = Troades
Serv. Aen. = Servius commentarius in Vergilii Aeneida
ecl. = in eclogas
georg. = in georgica
Serv. auct. = Servius auctus Danielis
Sidon. = Apollinaris Sidonius
Sil. = Silius Italicus
Solin. = Solinus
Soran. = Soranus
Stat. = Statius
Suet. Aug., Cal. usw. = Suetonius Augustus, Caligula usw.
Symm. = Symmachus
Tab. Peut. = Tabula Peutingeriana
Tac. Agr. = Tacitus Agricola
ann. = annales
dial. = dialogus
Germ. = Germania
hist. = historiae
Ter. Ad. = Terentius Adelphoe
Andr. = Andria
Eun. = Eunuchus
Haut. = Hautontimorumenos
Hec. = Hecyra
Phorm. = Phormio
Tert. = Tertullianus
Tib. = Tibullus
Ulp. = Ulpianus (Ulpiani regulae)
Val. Fl. = Valerius Flaccus
Val. Max. = Valerius Maximus
Varro l. l. = Varro de lingua Latina
Men. = Menippeae
rust. = res rusticae
Veg. mil. = Vegetius de re militari
Vell. = Velleius Paterculus
Ven. Fort. = Venantius Fortunatus
Verg. Aen. = Vergilius Aeneis
Aet. = Aetna
Cat. = Catalepton
Cir. = Ciris
Cul. = Culex
ecl. = eclogae
georg. = georgica
Mor. = Moretum
Vir. ill. = De viris illustribus
Vitr. = Vitruvius
Vulg. = Vulgata

A

Aachen s. Aquae

Aal (ἔγχελυς, anguilla). In der Ilias (21,203. 353) noch nicht als Fisch erkannt. Lebensweise: Aristot. hist. an. 591 b. 30ff. (vgl. 489 b. 29); part. an. 696 a 5ff. Theophr. pisc. in sicc. 9f. Ail. Dion. fr. 145. Angeblich geschlechtslos: Aristot. 517 b 7 al. (vgl. aber 538 a 10). Theophr. Plin. nat. 9,74 f., abweichend Ps. Aristot. fr. 105 R. Plin. 9,160. Wanderung ins Meer: Aristot. 589 a 8. Plin. 32,145. Galen. 6,795. Aalfang, bes. im Herbst: Aristot. 592 a 6. Athen. 7,298 b; in Kammern oder Tongefäßen: Plin. a. O. Aristot. 534 a 20. Wichtigste Fanggebiete: Strymon, Kopaissee; Gardasee, sizil. Meerenge. Große Exemplare im Ganges: Plin. 9,4. Züchtung des A.: Aristot. 592 a 2. Athen. 7,298 b. Bei att. Komikern oft Bestandteil üppiger Speisefolgen; nach Iuv. 5,103 Speisefisch des einfachen Volkes; von Ärzten unterschiedlich geschätzt (Athen. 7,298 b. Galen. 6,796). Die Haut als Zuchtrute in der Schule: Plin. nat. 9,77. Heilig gehalten in Ägypten (Hdt. 2,72; vgl. Athen. 7,299 c), in Sizilien (Athen. 8,331 e. Ail. nat. 8,4 u. a.; vgl. Diod. 5,3. Sch. Pind. Nem. 1) und an mehreren anderen Orten. Wegen seiner Glätte sprichwörtlich: Aristoph. Equ. 864; Nub. 559. Plaut. Ps. 747 u. a. W. R.

Ab actis **1.** Milit. Verwaltungsbeamter (*optio ab a.* CIL VI 3884). **2.** Ab a. senatus. Im 2. und 3. Jh. n. Chr. Titel des die Senatsprotokolle führenden Beamten (früher *curator actorum sen.*). Er wird vom Kaiser aus den Quaestoriern ernannt, wahrscheinlich auf unbestimmte Zeit. **3.** Ab a. urbis, das kaiserliche Bureau zur Vorbereitung und Veröffentlichung der *acta diurna*, geleitet von einem *procurator Augusti ab a. u.* W. S.

Abacus (ἄβαξ, ἀβάκιον) **1.** Ursprünglich eine mit Sand bestreute Zeichentafel mit (Nr. 6–7 ohne) erhöhtem Rand, für Mathematiker. **2.** Spieltafel (auch *alveus*) für Brett- und Würfelspiele, mit entsprechender Feldereinteilung. **3.** Backtrog. Hesych. s. *μάκτρα*. Cato agr. 10. **4.** Servierbrett, Schüssel. Poll. X 105.106. **5.** Prunktisch zur Schaustellung von Gefäßen. **6.** Deckplatte des Säulenkapitells (Vitr.). **7.** Marmorplatten der Wanddekoration, auch deren Nachahmung in Stuck (Vitr. Plin. nat.). **8.** Rechenbrett der Ägypter, Griechen, Römer, in Kolumnen eingeteilt, die linksläufig aufsteigend Einer, Zehner, Hunderter ff., bzw. Geld- oder Maßeinheiten bedeuten. Man rechnet mit verschiebbaren Stiften, Steinchen oder Marken (*ψῆφος*, *calculus*, *aes*), deren 4 (bei Duodezimalrechnung 5) in der unteren Hälfte der Spalte Platz haben, eines mit dem Wert 5 (6) in der abgeteilten oberen Hälfte. Gesonderter Platz zur Notierung der Faktoren ist bei gefundenen griechischen a. seitlich, bei den Römern wohl oben. Auf den a. kann addiert, subtrahiert, multipliziert (auch mit Brüchen) und dividiert werden. Sie waren bei den Griechen vor allem bis ins 3. Jh. v. Chr., bei den Römern immer in Gebrauch; die Technik wurde bei eigenen Rechenlehrern erlernt. W. G.

Nagl SAWW CLXXVII, 1914.

Abai (Ἄβαι). Stadt in Phokis, nach Aristot. bei Strab. 10,1,3 p. 445 von Thrakern gegründet, mit einem schon von Kroisos befragten, im 5. Jh. an Votiven reichen Apollon-Orakel (Hdt. 1,46. 8, 27.134. Soph. Oid. t. 899. Strab. 9,3,13 p. 523. Hesych. Steph. Byz.), 480 durch Xerxes (Hdt. 8,33), 352 durch die Thebaner erobert (Brand des Heiligtums: Paus. 10,35,3. Diod. 16,58. Eus. praep. ev. 8,14, de prov. 2,28), 346 als neutral von Philipp II. verschont (Paus. 10,3,2), 208 von makedon. Truppen angegriffen, die Abgabenfreiheit des Heiligtums aber im Brief Philipp V. 208 anerkannt (IG 9,1,78. Sylloge ^{3}552). Im Hellenismus steht A. im Schatten des nahen Hyampolis. Das noch von Hadrian mit einem 2. Tempel ausgestattete Heiligtum, Theater und Agora der Stadt (Paus. 10,35,3) sind nicht mit Sicherheit wiedergefunden, die Lage in der Nähe von Exarcho gesichert (Befestigungsreste und ein Tempel). E. K.

F. Schober Phokis, Diss. Jena 1924, 20f. *Philipps-Kirst.* 1,427.652.669 (Karte Nr. 117). *U. Kahrstedt* Wirtschaftl. Gesicht Grlds., Bern 1954, 23f.

Abakainon (Ἀβάκαινον). Alte siculische Stadt auf steilem Hügel beim heutigen Tripi, etwa 10 km s.ö. Tyndaris, bei dessen Gründung im J. 396 Dionysios der Stadt A. einen großen Teil ihres Gebietes abnahm (Diod. 14,78,5); seitdem unbedeutend, doch bis in die Spätantike bestehend, vielleicht *municipium.* – Griech. Inschr.: IG XIV 382 a–d. Münzen: HEAD HN^2 118. Neue Grabungen: AA 1954, 616. K. Z.

Aballo. Stadt der Haedui in Gallia Celtica, später Lugdunensis, heute Avallon. Altertümer: CIL XIII 2889–91. 11264. ESPÉR. Rec. 2214-17. P. W.

Abantes (Ἄβαντες), frühgeschichtl. Stamm zuerst in → Abai, dann auf Euboia (Hom. Il. 2, 536ff. 4,464. Hes. frg. 96,13. Archil. frg. 3), nach Hdt. 1,146 als Ioner an der Kolonisation Kleinasiens, nach Ion frg. 16 (Paus. 7,4,9) an der von

Chios beteiligt, dann nur im Phylennamen Abantis in Chalkis (IG XII 9, 946) fortlebend; ganz Euboia heißt nach ihnen Abantis (Hes. Aigim. frg. 186,1 f. Eur. Herc. 185. Apoll. Rhod. 4,1135. Strab. 10,1,3 p. 445 Kall. h. 4, 20. Fgr. H 131 F 7 = Plin. nat. 4, 12, 63. GGM 2, 135. 195. 316. 462. Steph. Byz. Suda). Die Namensparallele zu den Amanten in Epeiros (Philipps.-Kirst. 2,58. 211. 252), im Altertum durch Abwanderung (Lykophr. 1043. Apoll. Rhod. 4,1214. Paus. 5,22,4) dorthin erklärt (bei Steph. Byz. sprachlich), beruht auf der gemeinsamen thrak. Herkunft (Strab. 10, 1, 3 Arr. FgrH 156 F 68 bis). Die ihnen eigentümliche Haartracht wird auch den Kureten zugeschrieben (Strab. 10, 3,6. Plut. Thes. 5). E. K.

F. Geyer Topogr. u. Gesch. Ins. Eub. (1903) 19 ff. *S. Lauffer*, Lexfrühgr. Epos 1, 13. *Philipps.-Kirst.* 1, 652. 666.

Abantiades (Ἀβαντιάδης). Nachkomme des Abus, Beiname des Akrisios (Ov. met. 4,697), ferner des Kanethos (Apoll. Rhod. 1,78), des Idmon (Apoll. Rhod. 2,815) und des Perseus, des Urenkels des Abas (Ov. met. 4,673 u. ö.). W. S.

Abantidas (Ἀβαντίδας) **1.** Erschlug 264 in Sikyon Kleinias, den Vater des Aratos. Als Tyrann wurde er 252 von Deinias und Aristoteles dem Dialektiker bei Disputierübungen auf dem Markt getötet. Plut. Arat. 2,2. 3,4. Paus. 2,8,2. A. J. Koster Plutarchi vita Arati, 1937, S. LIII § 4 a. 38. H. V.

Abantis s. Abantes.

Abrabaree (Ἀβαρβαρέη). **1.** Quellnymphe, Mutter der tyrischen Quelle Kallirhoe (Nonn. Dion. 40,363 u. ö.). **2.** Najade, Geliebte des Bukolion, eines unehelichen Sohnes des Königs Laomedon von Troia, Mutter des Aisepos und Pedasos (Hom. Il. 6,21 ff. Nonn. Dion. 15,377. Orph. Lith. 461. Hesych.). W. S.

Abaris (Ἄβαρις). Ein hyperboreischer (skyth.) Theologe und Wundermann, der seinen Ruhm, wenn nicht seine Existenz, der Mystik des 6./5. Jh. verdankt. Pind. frg. 270 setzt ihn in die Zeit des Kroisos, andere in eine erheblich frühere Zeit. Hdt. 4,36 deutet Beziehungen zum delph. Apollon an: A. habe »den Pfeil« (des Gottes) über die ganze Erde getragen, ohne Nahrung zu sich zu nehmen. Plat. Charm. 158 b erwähnt A. als Urheber von Zaubersprüchen. Lykurg. frg. 85 Bl. zeigt ihn schon mit dem att. Apollonkult verknüpft: in einer Zeit allgemeiner Pest (λοιμός, vielleicht ist λιμός zu lesen) habe A. in Athen ein großes Sühnopfer dargebracht (→ Προηρόσια). Der erste Gestalter einer A.-legende ist Herakl. Pont., sein Dialog A. war nach Plutarch eine beliebte Jugendlektüre. Ob sein Bericht von dem Ritt des A. auf den Pfeilen des Gottes (d. h. den Sonnenstrahlen) wirklich eine ältere Überlieferung darstellt (K. Meuli H 70,1935,121.159) als die o. erwähnte Nachricht Herodots, in der er eine kritische Umbiegung sieht, ist fraglich. Später benutzte Hekat. v. Abd. den A. in seinem Hyperboreerroman. Neupythagoreer machten ihn zu einem Lehrer und Vorläufer des Pythagoras. So ist die Tradition über A. ebenso apokryph wie das umfangreiche Schriftenverzeichnis bei Suda. H. v. G.

Rohde Psyche 2,90. *Lesky* GGrL. 150. *Nilsson* GgrR 1, 583 f. 588.

Abarnias (Ἀβαρνίας Orph. Arg. 489. Ἄβαρνις Xen. Hell. 2,2,29 u. ö.). Stadt und Vorgebirge an der Grenze zwischen Lampsakos und Parion am Hellespont. W. S.

Abartos (Ἄβαρτος), als Nachkomme des athenischen Königs Kodros zusammen mit Deoites und Periklos aus Erythrai und Teos in die Stadt Phokaia geholt, die die Ioner nicht eher zum Bundesheiligtum am Berge Mykale zulassen wollten, als bis sie Kodriden zu Königen hätte, Paus. 7,3,10. Einer der Sagenzüge, die den Anspruch Athens auf die führende Rolle bei der Besiedlung Ioniens bestätigen sollten. H. v. G.

Abas (Ἄβας). König von Argos, Sohn des Lynkeus und der Hypermnestra, Gemahl der Aglaia, Vater u. a. der Zwillinge Akrisios und Proitos. Paus. 2,16,2. Apollod. 2,2,1. Schol. Pind. P. 8.73. Bei anderen ist A. ein Sohn des Sehers Melampus (Apollod. 1,103), des attischen Heros Alkon oder des Kekropsabkömmlings Chalkon, schließlich des Poseidon und der Arethusa. A. gründete Abai in Phokis (Paus. 10,35,1) und eroberte Euboia, das nach ihm Abantis hieß; A. ist Stammvater der Abanten (Hom. Il. 2,536). Als A. seinem Vater den Tod von dessen tyrannischem Vater Danaos meldete, schenkte jener dem A. den Schild des Danaos, den dieser in den Tempel der argol. Hera geweiht hatte. A. hängte ihn wieder im Heratempel auf und stiftete die Ἡραῖα, bei denen der Sieger den Schild aus dem Tempel holen und in einer Prozession tragen durfte (Hyg. fab. 170.273). Vgl. das Sprichwort Zenob. 6,52 ὡς τὴν ἐν Ἄργει ἀσπίδα καθελὼν σεμνύεται. Diesem Schild schrieb man die magische Wirkung zu, Aufruhr zu beschwichtigen (Serv. Aen. 3,286). H. v. G.

Abaskantos (Abascantus). **1.** Sohn des Eumolpos, Athener aus Kephisia, παιδευτὴς τῶν ἐφήβων um 124/125 n. Chr. (CIA III 1104), von 138/39 34 Jahre παιδοτρίβης διὰ βίου (CIA III 1112.740 u. ö.), † zwischen 172–176 (CIA 1137. 1440), sein Sohn A. κοσμητὴς τῶν ἐφήβων zwischen 190–200 (CIA III 1159). **2.** Abascantus (Flavius) Aug. lib. ab epistulis, Sekretär des Kaisers Domitian, Gemahl der Priscilla. Nach seinem Freund Statius hatte er eine besonders einflußreiche Stellung, die ihn in schriftliche Verbindung mit der ganzen griech. und röm. Welt brachte, wobei er seine Rechtschaffenheit und Bescheidenheit bewahrte (Stat. silv. 5,1,85 ff.). Vgl. Friedländer-Wiss. 1,56. W. S.

Abaskoi (Ἀβασκοί Arr. per. P. E. 15). Westkaukasisches Aboriginervolk n. von Kolchis von dem Flusse Singames (Inguri) bis Pityus (h. Pitzunda) seßhaft. Ihr Land heißt bei den byz. Autoren Ἀβασγία. Sie waren zur röm. Kaiserzeit halb abhängig. Hadrian setzte über sie Resmages als *regulus;* unter Theodosius I. hatte die ala I Abasgorum ihren Standort in der großen Oase der Thebais. Bis auf Iustinian blieben sie Heiden, pflegten einen Baumkultus und trieben Menschenhandel (Prok. bell. Got. 4,3. Iust. Nov. 28). Um 546 nahmen sie das Christentum an. W. S.

Abaton (*ἄβατον*). Heilige Stätte, die als Sitz einer numinosen Kraft gegen die profane Umwelt abgegrenzt ist (*τέμενος, φράγμα*) und zum Schutz dieser Kraft vor Verunreinigung und Schwächung (vgl. Clem. Al. strom. 5,1,13. Porph. abst. 2,19) entweder grundsätzlich (Soph. Oid. K. 125ff. Paus. 8,31,2. 38,5) oder zu bestimmten Zeiten bzw. für nicht befugte Personen (Paus. 6,20,4. 8,31,5) im Sinne eines Tabus als »unbetretbar« gilt (L. ZIEHEN Leges sacrae Graec. 1, 1908, 117,12. Vgl. G. VAN DER LEEUW Phänomenologie der Religion, 1956², 445ff. 642f.). Es kann sich im Freien befinden und ist dann gewöhnlich durch ein Wirkungsmal des Numens bezeichnet (göttl. Fußspur Aristot. mir. 97; Blitzmal des Zeus *Καταιβάτης* CIA IV 2, 1659 b. e. Paus. 5,14,8. Vgl. Artemid. 2,9. H. USENER Kl. Schr. 4, 1913, 477ff. 480. A. B. COOK Zeus 2, 1925, 21f.; der Berg Karmel als Thron Jahwes Iambl. v. P. 2,15), oder in einem geschlossenen Raum, dem, besonders wenn es sich um ein Hypogäum handelt (Paus. 2,2,1. 7,27,1. Vgl. W. F. JACKSON KNIGHT Cumaean Gates, 1936, 7), der Name Adyton (*ἄδυτον*) zukommt Hom. Il. 5,448. 512. Hdt. 7,140. Paus. 10,24,5. Dion. Hal. ant. 1,69, 2. Verg. Aen. 3,90ff. O. WEINREICH Genethliakon W. Schmid, 1929, 251, 92. Katachrestisch allg. für die Cella des Tempels, in Epidauros für den Inkubationsraum des Asklepiosheiligtums SYLL.³ 802–804. U. v. WILAMOWITZ PhU 9, 1886, 11f. 186. R. HERZOG Ph. Suppl. 22,3, 1931, 5ff. 59f. W. F.

1. *Th. Wächter* Reinheitsvorschriften im griech. Kult, RVV 9,1, 1910, 6ff. 2. *P. Stengel* Griech. Kultusaltertümer, 1926³, 18. 25f. 76. 3. *R. Herzog* RAChr 1,7f. 4. *Chantepie* 2,283f.

Abba. Stadt in Africa proconsularis, in die sich Syphax nach der Zerstörung des numidischen Lagers durch Scipio am Ende des 2. pun. Krieges flüchtete (Pol. 14,6,12. Liv. 30,7,10: hier *Obba* genannt), 8 Meilen von *Anda* entfernt, wohin gleichzeitig Hasdrubal floh (w. sw. von Utica). Die Lage ist nicht genau festzustellen. A. ist zweifellos zu unterscheiden von *Orba* der Tab. Peut. (bei Theveste). Atl. Arch. Tun. fe Ksour 87f. M. L.

Abbir. Mindestens zwei Städte trugen diesen Namen in Africa proconsularis: 1. Heute Hr. el-Khandak, wo die Reste einer kleinen Stadt (Amphitheater, Zisternen, Brücke, Grabanlage) vorhanden sind. Atl. Arch. Tun. fe Zaghouan, 130 2. Heute Hr. en-Naam = *Abbir Cella*, 42 km von Tunis. Bescheidene *civitas* CIL VIII 893, dann *municipium* unter Philippus Arabs CIL 12344. Atl. Arch. Tun. fe 37, Zaghouan 6. M. L.

Abdagaeses, vornehmer Parther, Vater des Sinnaces (Tac. ann. 6,36f. 43f.). W. S.

Abdalonymos (Schreibung des Namens unklar: *Βαλλώνυμος* Diod. 17,47, *'Αβδελώνυμος* Pollux). Verarmter Abkömmling des sidonischen Königshauses, wurde er durch Alexander nach Vertreibung des Straton 332 zum König eingesetzt. Diodor verlegt die Handlung nach Tyros, Plutarch nach Paphos, Arrian erwähnt sie nicht. Über die Herrschaft des A. ist nichts bekannt. G. Wi.

Abdemon (Abdymon). Phoiniker aus Tyros, stürzte um 415 von Kition aus den phoinikischen Machthaber in Salamis auf Kypros. Euagoras mußte hierauf emigrieren, kehrte jedoch 411 mit seinen Anhängern zurück und vertrieb A. durch einen Staatsstreich. Isokr. Euag. 28–32. Diod. 14, 98,1. Theop. FGrH 115 F 103. Fr. Kie.

K. Spyridakis Euagoras I. 1935, 42ff. *G. Hill* A Hist. of Cyprus, 1949, 125ff.

Abdera 1. Griech. Stadt im ägäischen Thrakien bei der Mündung des Nestos; Ruinen auf dem heut. Kap Bulustra. Erste Siedlung von Klazomeniern gegründet 656 v. Chr. (Hdt. 1, 168). Bald nachher von Thrakerstämmen zerstört. Neugründung (ca. 543) von Teos aus. Wohlstand u. Blüte im 6. u. 5. Jh. verdankte A. seinem fruchtbaren Boden u. den regen Handelsbeziehungen mit dem Hinterland. Nach kurzer Perserherrschaft wurde A. Mitglied des Delisch-Attischen Bundes. Nach einer Niederlage durch die Triballer (376) büßte A. seine wirtschaftliche u. politische Bedeutung ein. Von 352 bis 198 unter maked. Herrschaft. Nachher »freie Stadt« unter röm. Obhut. Heimat von Protagoras, Demokritos u. a. Chr. D.

Strack Die ant. Münzen v. Thrak. 1912. *Feyel* Bull. Hell. 66/67, 1942–1943, 176ff. *Bérard* L'expansion et la colonisation grecques, Paris 1960, 94ff.

2. A. war eine alte Phoinikerstadt (Strab. 3,4,3, Münzen mit phoinikischer Aufschrift, s. auch Font. Hisp. Antiquae [Barcelona, seit 1925] I² 33. 118), später römisches municipium nach Inschriften (CIL II p. 267. Suppl. p. 877. 1136) und Münzen (phoinikische und römische Münzen s. FLOREZ 1,118ff. 3, 3, ECKHEL 1,13. DELGADO 1,1ff. HÜBNER Mon. Ling. Iber. n. 136), heute Adra, Prov. Almería, an der spanischen Südküste (AA 1933, 563. Font. Hisp. Ant. VI 225). In westgotischer Zeit wird A. als Bischofstadt erwähnt (MANSI 10,451: Concil. Hispalense I, 590 n. Chr. Weitere Literatur s. Font. Hisp. Ant. IX 217). Die späteren Schicksale der Stadt s. Encicl. Univ. Ilustr. 2,1608 s. ADRA. Außerdem: RE I 23,2. Font. Hisp. Ant. II 156. Für die Münzen s. auch ANT. VIVES La moneda hispánica, 4 Bde. Madrid 1924. 1926. R. G.

Abderos (*Ἄβδηρος*). Sohn des Hermes bzw. Poseidon (Pind. Paian 2), Lokrer, Liebling des Herakles, für den er die dem Bistonenkönig Diomedes geraubten, mit Menschenfleisch gefütterten Stuten bewacht, bis er von ihnen gefressen wird. An seinem Grabe gründet Herakles die thrak. Stadt Abdera und setzt jährliche Wettspiele ohne Pferderennen ein. Apollod. 2,97. Philostr. Imag.

2,25. H. v. G.

Oldfather Philol. 67, 441. *Jurenka* Philol. 71,175.

Abdias. Angeblich Apostelschüler, erster Bischof von Babylon und Verfasser einer im Mittelalter viel benutzten Sammlung von fabelhaften Apostelgeschichten. W. S.

Abdicatio bezeichnet das Verhalten und den Vorgang des Sich-von-etwas-Lossagens. Dies konnte Personen oder Sachen, aber auch Ideen und Bestrebungen gelten (etwa der *vanitas* bei Leo d. Gr., Serm. 72,5 oder den *voluptates* bei Tert. Spect. 1). Besondere, geradezu technische Bedeutung erlangte der Ausdruck im Rechtsleben. So hieß die freiwillige Niederlegung eines Amtes vor Ablauf der Amtszeit a. Völlig frei stand solcher Amtsverzicht freilich nur in republik. Zeit und da nur mit Ausnahme des vom *imperium militiae* erfaßten Bereichs. Typische Anlässe eines Amtsverzichts waren Krankheit (Cass. Dio 49,43,7) und Gewissensbedenken (Liv. 4,7,3). Natürlich war die Freiwilligkeit des Verzichts manchmal nur formal: Unfähigkeit (Liv. 5,9), Straftaten (Cic. Cat. 3,15) oder gesellschaftliche Kritik (Liv. ep. 19) führten mitunter zu unter massivem Druck erfolgender a. (kennzeichnend Fest. s. abacti, ed. Lindsay 21). Auch die zum Ablauf der Amtszeit erfolgende Niederlegung eines Amtes nannte man oft a.; in der Amtssprache hieß sie freilich korrekt *magistratu abire*. Dabei erschien der Magistrat am letzten Tag seiner Amtszeit auf den *rostra*, beschwor, die Gesetze beobachtet zu haben, und hielt noch eine Rede über seine Amtsführung. Rechtliche Bedeutung hatte dies nicht, auch ohne Abdankungsakt setzte der Zeitablauf der Magistratur ihr Ende; eine Ausnahme mag das 2. Triumvirat gebildet haben. Im röm. Privatrecht führen zwei Institute den Namen a. Das ius civile gab dem testamentarisch berufenen Vormund *(tutor)* das Recht, die Tutel durch Erklärung abzulehnen. Davon weiß noch die Epit. Ulp. (E. 3. Jh. n. Chr.?) 11,17: *Abdicare autem est dicere nolle se tutorem esse*. So wie den Beamten der Kaiserzeit der Amtsverzicht nicht mehr freistand, so engte man nun auch die a. des Testamentsvormunds mehr und mehr ein. Seit Claudius konnten die Consuln dekretieren, daß die a. auf eigene Gefahr erfolge. Dies führte dazu, daß eine Ablehnung der Altersvormundschaft begründet werden mußte und damit an die Stelle der a. die *excusatio* trat, die Modestinus in einer ausführlichen Monographie behandelte. Bei der Frauentutel freilich blieb das Recht der a. länger bestehen. Nicht bei den Juristen, wohl aber bei Rhetoren und Literaten heißt auch die Verstoßung eines Hauskindes a. Diese zunächst auch *relegatio* genannte Ausweisung aus dem Haus erfolgte formfrei und war widerruflich. Die rechtliche Zugehörigkeit zum Hausverband wurde durch sie nicht aufgehoben. Th. M.-M.

Mommsen RStR I^3 624ff. *S. Solazzi* Rendiconti dell'Istit. Lomb. 48, 985ff. 51, 864ff. *R. Düll* ZRG. 63, 66ff. *U. v. Lübtow* Das römische Volk 1952, 357ff. *L. F. Janssen* Abdicatio 1960.

Abecedarii (sc. psalmi oder hymni). Lieder, deren Verse oder Strophen mit je einem Buchstaben des Alphabets der Reihe nach beginnen, zuerst aufgetreten als Klagelieder bei Jerem. 1–4 und in einigen Psalmen. Am bekanntesten ist von der chr. Literatur Augustins Psalm contra partem donati (Migne L 43,25ff.), gedichtet 393 oder 394 für die »ganz Ungebildeten zum Auswendiglernen«. →. Akrostichon. W. S.

Abella (NISSEN It. Ldk. 2,755. BELOCH Kamp. 411; RG 588. DEVOTO Ant. It.^{2} 144. THES. L. L. 1,64. CIL X p. 136: *trib. Galeria*), kampan. Stadt n. ö. Nola a. d. Straße v. Capua n. Abellinum (Stein v. Roccaraiano CIL X 6951); Strab. 249. Plin. nat. 3,63. Ptol. 3,1,68. Sagenhafter Name Moera (Serv. auct. Aen. 7,740) nach Kg. Muranus (= Latiner Murranus Verg. Aen. 12,529.639?); angebl. Gründg. von Chalkis (Iust. 20,1,13), später samnit. (Strab. a. O.), im Bundesgenossenkriege zerstört (Gran. Lic. 26f.). Geringer Ackerbau (Sil. 8,543), jedoch Äpfel (Verg. Aen. 7,740; zum Namen WALDE-HOF.^{3} 1, 3) und bes. Nüsse (Cato agr. 8,2. Colum. 5,10. Plin. 15,88 u. a.). Herculeskult gemeinsam mit Nola (osk. Inschr. d. 2. Jh. b. VETTER HB Nr. 1; vgl. PETERSON Cults of Camp. 382). G. R.

Abellinum (NISSEN It. Ldk. 2,822. BELOCH RG 493. THES. L. L. I 65. CIL X p. 127: *trib. Galeria*), hirpin. Stadt (Ptol. 3,1,71) d. 1. Reg. (Plin. nat. 3,63; kampan. Feldm. 229), j. Civita zw. Avellino u. Atripalda a. d. Straße n. Benevent (MILLER Itin. 371. Tab. Peut. 6,5, wo die Entf. XVI in XXI zu korr. ist). *Abellinates cogn. Protropi* und *cogn. Marsi* d. 2. Reg.: Plin. 3,105. G. R.

Abeona. In den Polemiken Aug. civ. 4,21 und Tert. nat. 2,11,9 zusammen mit Adeona erwähnte →»Sondergottheit«. Der Name stammt aus Varro, der aus den → Indigitamenta schöpfte. Nach Aug. gehören beide zu den Gottheiten des Kindesalters; ihnen wurden die Kinder bei den ersten Gehversuchen anvertraut. Die auf der etym. Ausdeutung der Namen *(abire, adire)* beruhende Erklärung ist verdächtig. W. E.

Aberglaube (δεισιδαιμονία), kleinliche Furcht vor Göttlichem und Dämonischem, *superstitio*, ängstliche Scheu, Wahnglaube; bei Sen. de clem. 2,5.1 Gegensatz zu *religio*). Erklärung zweifelhaft: Überschritt (über den Staatsglauben) oder Überbleibsel (des alten Volksglaubens, *superstes*); δεισιδαίμων: bis Aristoteles der wahrhaft Fromme, später: der vom göttlichen Wesen irrige Meinung hegt (ROHDE Kl. Schr. 2,326). So galt auch der frühe Christenglaube als *superstitio exitiabilis* und *malefica* (Suet. Nero 16. Tac. Ann. 15, 44). Im Gesamtbereich der Antike blieb der A. durch die aus primitiver Zeit überkommene Annahme von überall immer wirksamen Geistern (Plin. nat. 28,5,27), gestärkt durch Magie, Astrologie und religiösen Synkretismus, bis ins Christliche hinein lebendig, das ihn so wenig wie fortschreitende Kultur, Naturwissenschaft und Weltanschauung beseitigen konnte. Fanden auch Erscheinungsformen des A. wie Schadenzauber und Geisterglauben mitunter Widerspruch von aufgeklärter Seite, so von Platon, der sich freilich über die Wirksamkeit der Magie im Zweifel wußte (nom. 933 A), Epikur, Menander, Theophrast [2], 31, 1955, 157–161, Lukian, Seneca, Plutarch u.a. (s. Eitrem Symb. Osl. 21, 1941, 48–54), verbieten ließ er sich nicht, abgesehen von Verfolgungen der Zauberei und Astrologie, die sich wohl auf den A. stützen, doch im Wesen von ihm zu trennen sind. Urtümlicher A. will sich gegen dämonische Mächte schützen, die sich Magie, überwiegend exotisches Wahnwissen, zu unterwerfen anmaßt, und wenn A. die Sterne in gewisse Verbindung mit dem Menschen bringt, schreibt er ihnen doch kein bestimmendes Einwirken auf seine Entwicklung zu wie der Sternenglaube der fremdländischen Astrologie. Doch hat jeder in diesen Künsten so sehr wie in primitiven Vorstellungen und Bräuchen eines antiquierten Volks- und Wunderglaubens Befangene als abergläubisch zu gelten, wobei der abschätzige Sinn des Wortes auch im Altertum nur den wenigen bewußt sein konnte, denen A. schon »geschichtlicher Begriff und psychologischer Atavismus« geworden war (G. Björck Fluch des Christen Sabinus, Upps. 1938, 35,1), und erst der geistig Fortgeschrittene weiß, daß vernunftwidriges Tun und Glauben A. ist (Wilam. GldH. 1,28).

Gewiß beherrschte abergläubisches Denken die gesamte physische, psychische und instinktiv geleitete Existenz des frühantiken Menschen, auch wenn im gehobenen Kreis der homer. Epen nur in beschränktem Maß Belege des urtümlichen A. begegnen, der wohl auch als Abwehr des bösen Blicks in der Blendung des Kyklopenauges (Od. 9,383) sich verbirgt (Eitrem Symb. Osl. 21,42. Seligmann 2,163). Hält es schon Platon für schwer (nom. 933 AB), Zaubergläubige zu bekehren, so traut lang nach ihm Plinius (nat. 28,19) jedem Zeitgenossen Furcht vor dem A. der Schadenmagie zu, die ja feindlich gelenkte Dämonen wirksam machten. Sie, nicht dem Auge sichtbar, nur in angstbedrängten Phantasien des Menschen lebend, zählten zu den verhängnisvollsten Mächten des antiken A., der ihnen ein Mittelreich zwischen Göttern und Menschen zuwies. Doch wissen die ältesten literar. Zeugnisse nichts Verläßliches davon, wie sich der Deisidaimon, unabhängig von der Kunst, diese Dämonenwelt vorstellte (Th. Hopfner Griech.-äg. Offenbarungszauber 1, 1921, 4f.). Erst für nachchr. Zeit unterrichten darüber primitive Darstellungen der Zauberpapyri, Defixionslamellen und Amulette, die z.T. an den weit älteren etruskischen Strafdämon *Tuchulcha* (Mon. d. Inst. 9 T 15) erinnern.

Doch diese literaturfernen Zeugnisse eines weltweit gewordenen A. stehen schon im Zeichen des synkretistischen Dämonenglaubens, in dem sich indigene frühantike Anteile nur selten rein erhielten. Sie lebten seit dem ungehemmten Eingang fremder Kulte in die hellenist.-röm. Welt abseits der großen Städte auf dem Land weiter, wo sich allmählich unter chr. Einwirkung ihre bodenständige Eigenart veränderte oder verlor.

Die uferlose Fülle von Vorstellungen und Bräuchen des A. bei Griechen und Römern verbietet hier jedes Eingehen auf Einzelheiten, möglich schien nur ein kurzer Blick über die [1], 33–93 zusammengefaßten wichtigsten Formen, wie sie sich im Verkehr des superstitiosus mit seiner Umwelt ergaben – ohne jede Aussicht, alle Äußerungen des antiken A. einzufangen.

Viele ins Leben eingreifende Bräuche des A. entstanden aus der schon Homer und späterhin Platon (nom. 933 A) bekannten »Bindung« oder »Bannung«, durch die auf verschiedene, dem Wissenden vertraute Weise Personen, Dämonen und Lebewesen, ja beseelt gedachte Pflanzen außer Kraft gesetzt werden können ([3], 20f.). Bräuche des A. erfolgen aus der Forderung, gewisses Tun zur Verhütung von Nachteil und Unheil zu unterlassen: Gebote zur Enthaltung, Keuschheit, zu kathartischen Maßnahmen im privaten und öffentlichen Leben ([3], 28–37), sakralem Schweigen *(favere linguis, εὐφημεῖν)*; dazu Eitrem Opferritus und Voropfer, 1915; Beiträge zur griech. Rel.-Gesch., 1917. Dann aus der Ansicht, Übel und Schuld anderswohin, auf Lebendes, Orte und Dinge übertragen zu können (»Sündenbock«, Stellvertretung); s. Wünsch Mitteil. Schles. Ges. f. Volkskunde 13/14, 1911, 17f. [3], 21–26. Ferner aus sympathetischer und antipathischer Wechselbeziehung von Mensch, Tier, Geistern, Pflanzen, Metallen (Hopfner 1,91–156. [3], 17–20); oder aus der Homoiopatheia *(similia similibus;* Kroll 26); aus Beobachtung anormaler Erscheinungen in Natur- und Menschenleben (Kroll 27f.); aus Abwehr bestimmter Begebnisse und beseelt geglaubter Hinderungsobjekte: schlimme Omina, *offensio pedis*, Böser Blick (O. Jahn Über den A. des b. Blickes bei den Alten in BSG 7, 1855. Seligmann 1,29–31. 110f.). A. knüpft sich an alles, was den Menschen mit Natur und ihren Vorgängen unerklärbar freundlich wie feindlich verbindet und Gedanken an übersinnliche Wirkungsmächte hervorruft. So mußten die unerreichbaren Himmelskörper als Träger rätselhafter Kräfte erscheinen, die Gedeih und Verderb von Landbau, Seefahrt und anderes irdisches Geschehen sichtlich beeinflußten. Aus genauerem Verfolgen der Sonne, des Mondes und seiner Phasen ([3], 18f.), der Sterne ergab sich für die antike Landwirtschaft, Schifffahrt und Volksmedizin neben zweckdienlichen Maßnahmen unbegrenztes abergläubisches Tun und Brauchtum von zäher Dauer. Sonnen- und

Mondfinsternisse wurden als Zauberwerk bekämpft, das mit Hekate, der gespenstischen Senderin von Wahnsinn und Epilepsie, Herrin aller Schadenzauberei, zusammenhing (Rohde Psyche 2,407–413). Im röm. A. hat jedermann seinen Stern, der ihn begleitet, aber trotz aller Bedeutung der Sterne im Volksglauben trat hier die Astrologie selbst zurück (Fr. Boll Sternglaube und Sterndeutung^4 hrsg. von W. Gundel, 1931). Den Winden mißt der antike A. befruchtende Wirkung bei; Unwetter, oft aus zauberischer Ursache, löste wie Blitz, Donner, Regen, Hagel abergläubische Bräuche zur Schadenabwehr aus (W. Fiedler Ant. Wetterzauber, 1931. [3], 15f. [1], 42f.). Viel A. hat sich erhalten, wo Wasser im Seelen- und Geisterglauben, Volksmedizin und Götterkult zu religiösen Verrichtungen gebraucht wurde: Eitrem Opferritus 76–132. [3], 33f. [1], 44, wo zur zauberbrechenden wie bindenden Kraft der Erde im A. Belege gegeben sind; in weiten religionsgeschichtlichen Zusammenhang mit verwandten urtümlichen Vorstellungen anderer Völker fügte A. Dieterich die griech.-röm.: Mutter Erde ^{2}Lpz. 1913, Eitrem Opferritus 2. Auf ältesten A. geht die kathartische und apotropäische Verwendung des Feuers zurück; dazu (Fackel, Lampe, Kerze) ausführlich Eitrem Opferritus 133–197; Beiträge im Reg. 198.

Vielen Steinen spricht der A. magische und therapeutische Wirkung zu: mit übelwehrenden Charakteren und Zeichnungen versehen, energetisch geweiht (Eitrem Symb. Osl. 19, 1939, 57–85), dienten sie als Phylakterien gegen dämonischen Angriff, Gefährdung durch Krankheiten, ja auch zu Offenbarungszwecken; s. Orphei Lithica (Abel Orphica 1881). Mély-Ruelle Les Lapidaires grecs (Par. 1898); Campb. Bonner Studies in magical Amulets (Ann Arbor 1950). Verschiedenartig erweisen sich die Kräfte der Metalle, die der A. nach ihrem sympathetischen Verhältnis zu Dämonen und Göttern nützt. Eisen wirkt wie Erz abweisend gegen störende Geister, eiserne Nägel, Griffel und Werkzeuge sichern bei allen Handlungen vor dämonischem Zugriff, während Blei, Sympathiemetall des Kronos-Saturn, sich als zauberkräftiger Beschreibstoff für Schadenpraktiken zum Binden, Lähmen und Töten des fluchgetroffenen Wesens eignet; s. [1], 50f. A. Abt Die Apologie des Apuleius, 1908, 85f. A. Audollent Defixionum Tabellae, 1904). Wünsch Ant. Fluchtafeln, 1907. Preisendanz APF 9, 1930, 119–154. 11, 1935, 153–164. Gold, Silber, solare Sympathiemetalle, wirken als unheilbannende Phylakterien, die magisch präpariert gespenstische Bedrohung, Fieber und sonstige Krankheit vereiteln. Aber auch die gesamte, beseelt gedachte Pflanzenwelt lieferte dem ant. A. ein unbegrenztes Feld phantastischer Vorstellungen eines Wirkungsvermögens, das sich nur vom Wissenden gewinnen ließ. Unübersehbar sind die in naturkundlichen und medizinbotanischen Schriften genannter und anonymer Autoren mitgeteilten Virtutes aller Pflanzen, mit denen die antike Volksheilkunde praktizierte; s. die zahlreichen Belege aus Theophrast, Dioskorides, Plinius u.a. bei [1], 51–68. A. Delatte Herbarius ^{3}1961. O. v. Hovorka-A. Kronfeld, 1908.

Der Antike war kaum ein Lebewesen des Tierreiches bekannt, das über keinerlei abergläubische Funktion verfügt hätte. Fast ausnahmslos bezweckte sie den Vorteil des Menschen, der sich auf sympathetischer Basis Heilung und sonstigen Nutzen von der oft grausam erreichten Verwertung des Tieres im ganzen oder einzelner seiner Organe und Glieder versprach. Allein die gehäuften Beispiele, mit denen Plinius den Volksglauben an animalische Heil- und Wunderkräfte nach griech.-röm. Quellen für alle Gebiete der Tierwelt aufzeigt, läßt über die endlose Weite dieses oft so bedenklichen A. nicht im Zweifel. Dazu reiche Übersicht bei [1], 68–82 (Plin., Colum., Veg., Ail., Geop. usw.); s. auch C. hippiatr. graec. ed. Oder-Hoppe 1924. 1927, dazu G. Björck Apsyrtus, Iul. Africanus et l'hippiatrique grecque, Upps. 1944.

Und schließlich war der Mensch selbst, Mann wie Frau und Kind, mit allen seinen Teilen Träger des A., so sehr, daß er, was einst nur Göttern und Dämonen zustand, durch geheimes Wissen andere Gestalten annehmen kann, so von Vögeln (Plin. nat. 7,174. Apul. met. 2,22) oder Wölfen (Prop. 5,5.14. Plin. nat. 8,22. Petron. 62,13. Paus. 2,2.1); der »böse« Blick mancher Menschen übt die Wirkung der *fascinatio* aus, während Speichel sie wie vieles sonstige Unheil abwehrt (Plin. nat. 28, 35 bis 39).

Die genaue Kenntnis sämtlicher Partikeln der Physis des Menschen, seines Wortes und Namens, seines bewußten wie zufälligen Tuns und Verhaltens erforderte eine ausgedehnte, auf älteste Bräuche und Überlieferungen zurückgehende Geheimwissenschaft, die den antiken Menschen durch Jahrhunderte von der Stunde seiner Geburt bis zum Tod und noch nach ihm vom A. umgeben und ihm, mit höchst geringen Ausnahmen, unterworfen zeigt ([1], 82–93). K. P.

1. *E. Rieß* RE I 29–93. 2. *S. Eitrem* Zur Deisidämonie, Symb. Osl. 31, 1955, 155–169. 3. *W. Kroll* Antiker A., Hamb. 1897. 4. *J. v. Negelein* Weltgeschichte des A. 2, 1935, 174–256. 5. *W. G. Soldan–H. Heppe* Hexenprozesse 1, 1911, 31–69. 6. *E. Stemplinger* Ant. Volksglaube, 1948. 7. *H. Leclercq* Superstition, Dict. d'Archéol. chrét. 15,2. 1730–1736. Zum späteren griech. A. 8. *K. Krumbacher* 619f. 9. *A. Delatte* Anecdota Atheniensia 1, Liège 1927, Der ant. A. wird berücksichtigt von 10. *E. Hoffmann-Krayer* A. im H. W. B. des deutschen A. 1, 1927, Sp. 64–87.

Aberkiosinschrift nennt man eine 22zeilige metr. Grabinschr. eines in den letzten Jahrzehnten des 2. Jh. n. Chr. lebenden A. aus Hierapolis in Phrygien. In der Inschr. werden in der Art des hell. Mysterienwesens chr. Lehren und Kultgeheimnisse mit symbolischen, für den Uneingeweihten unverständlichen Ausdrücken angedeutet. Zwei

Frge. der A. liegen heute im Lateranmuseum in Rom. Diese, eine Inschr. aus dem J. 216, in der die A. zit. wird, und eine legendarische Vita des Bischofs A. v. Hierapolis ermöglichen eine vollständige Rekonstruktion dieser religionsgesch. bedeutsamen Inschr. Kl. W.

F. Cabrol – H. Leclerq Dict.d'Arch. Chrét. et de Lit. 1, 1907ff., 66ff. RGG 1^3, 1957, 63. RAChr. 1, 1941ff., 12ff. (Alle mit Lit.)

Abessinien s. Aithiopia

Abgar (Abgaros). Name mehrerer Könige von Osrhoene, zwischen 132 v. Chr. und 216 (244) n. Chr. **1.** A. I. Pêqâ (der Stumme), regierte von 94 bis 68 und wurde wahrscheinlich im J. 69 von Sextilius, einem Legaten des Lucullus, geschlagen. **2.** A. II. Ariaramnes bar Abgar, 68–53 v. Chr., mit den Römern verbündet. Angeblich hat er durch verstellte Freundschaft die Katastrophe des Crassus bei Carrhae (53) verschuldet. Trotzdem wurde er anschließend von den Parthern wahrscheinlich entthront. **3.** A. V. Ukkâmâ (der Schwarze), 4 v. bis 7 n. Chr. und 13–50 n. Chr. (bei Tac. ann. 12, 12,2 *rex Arabum Acbarus*). **4.** A. VII. bar Izât, 109–116 n. Chr. **5.** L. Aelius Septimius Abgarus IX., der Große, 179–216 n. Chr. H. G. G.

Abguß. Ein Abgußverfahren im modernen Sinn gibt es antik nicht. Abdrücke von Siegeln oder Formen in Ton oder deren Ausguß in Gips kann man nicht so nennen, selbst wenn zwei Formen zu einer Statuette vereint waren; dasselbe gilt von den Sandgußformen, die erst in der Kaiserzeit aufkommen. Großbronzen sind stets Wachsguß aus verlorener Form. Daran ändert nichts, daß Teilformen aus Teer (Lukian. Jup. trag. 33) oder Gips (Theophr. de lapid. 67 und Plin. nat. 35,153: Lysistratos formt vom lebenden Modell) erwähnt werden. Die zahlreichen Terrakottaformen, die E. Kunze 1958 in der olympischen Werkstatt des Pheidias fand, dienten nicht zum ausgießen, sondern sind Modeln, in die das Goldblech gehämmert wurde. A. R.

Kluge Die ant. Erzgestaltung (Kluge-Lehmann-Hartleben Die ant. Großbronzen I) Berl./Lpz. 1927. *G. M. A. Richter* in AJA 62, 1958, 369ff.; *Dies.* in *Θεωρία* (Festschr. W. H. Schuchhardt) Baden-Baden 1960, 179ff.

Abia (*Ἀβία*). Küstenstadt des ö. Messenien, kaum mit → Hire gleichzusetzen, Perioikenpolis von Sparta, seit 338 von Messene, nur 183–146 v. Chr. (als Glied des Achäischen Bundes) selbständig (Polyb. 23,17. 25,1), nach Paus. 4,30,1 mit Heiligtümern des Herakles und Asklepios. In der Kaiserzeit ist sie wieder selbständige Polis. Spärliche Reste bei Palaeochora und Megali Mantinia, auch von antiken Molen (K. Lehmann-Hartleben Hafenanlagen 240). IG V 1, 1351 ff. E. K.

N. Valmin Étude topographique sur la Messénie ancienne, Lund 1930, 181f. *U. Kahrstedt* Wirtschaftl. Gesicht Grlds. 233. *Philipps.-Kirst*, 3,432.

Abila 1. Einer der vielen Orte gleichen Namens im syr.-phoinik. Raume. Er wird in 2. Sam. 20,15 Abel-Beth-Maacha genannt. Wohl identisch mit der von Steph. Byz. (s. *Ἀβίλη*, p. 6 M.) erwähnten *πόλις*. Dieses A. befand sich etwa 19 km n. des Sees Merom, 11 km w. der Jordanquelle, auf phoinik. Boden (Gr. Hist. Weltatl. I, S. 27a). Daß A. ein phoinik. Name ist, beweist sein Vorkommen an den »Säulen des Hercules«, von denen die eine, Libyen zugewandte, Abila hieß (Avien. or. m. 85–88. 343–347); gingen doch durch diese Meerenge einst die Fahrten der Phoiniker und später die der Karthager. **2.** Der nördlichste der syrischen Orte dieses Namens. Für die Position siehe Ptol. 5,14,18 p. 979 M.) und die röm. Itin., identisch mit dem h. Nebi Habil. Sein Name verrät phoinik. Ursprung (s. 1). Erstmalig wird das umgebende Land, Abilene, im Ev. Luk. 3,1 genannt. Später tritt A. noch einmal im Rahmen von Ereignissen des J. 41 n. Chr. auf (s. Ios. ant. 19,5,1). H. T.

Abioi. Skythischer Volksstamm, bereits bei Hom. Il. 13,6 neben den Hippemolgen u. Galaktophagen als der gerechteste unter den Menschen geschildert (Idealisierung des fernen Nordens u. seiner Bewohner). Steph. Byz. hält die A. für identisch mit den Gabiern des Aischyl. Auch sie sollen die gerechtesten u. die gastfreundlichsten Menschen gewesen sein. Ihr Land war so gesegnet, daß es ohne Bebauung die reichste Ernte brachte. Die Ansichten des Altertums über d. A. waren sehr geteilt. Die einen hielten sie für eine dichterische Schöpfung Homers, während die anderen, mit Strab. 7,3,3 (Poseidonios) an der Spitze, in ihnen ein wirkliches Volk im skythischen N. sahen. Chr. D.

Rostowtzew Skyth. u. d. Bosporus.

Abis(s)areis. Nur von Megasthenes (Arr. Ind. 4,12) genannter Volksstamm Vorderindiens. Die Wohnsitze der Ab. ergeben sich aus der Ansetzung des Flusses *Σόανος*, der dem h. Swan entspricht und an dem die A. nach Megasth. wohnten. Hiermit werden wir in das Gebiet des Indus an die Stelle seines letzten Durchbruchs in das Flachland geführt, wo der Swan als östlicher Nebenfluß einmündet. H. T.

Abisares (*Ἀβισάρης*). Indischer König im Kaschmirgebiet. Er unterwarf sich bei Alexanders Ankunft 327–326, unterstützte später jedoch auch Poros. Zur Rechenschaft gezogen, versöhnte er Alexander durch reiche Geschenke (Arr. an. 5,20, 6). Nach seinem Tode 325 bestimmte Alexander den gleichnamigen Sohn zum Nachfolger (Curt. 10,20–21). G. Wi.

Berve Alexanderreich 2, 2.

Abiuratio. Ein bei den Fachjuristen seltener Ausdruck für die eidliche Ableugnung einer eingeklagten Schuld. Solches Abschwören war im Zug des Schiedseidverfahrens vor der *litis contestatio* (s. *iusiurandum in iure*) möglich. Schob der Kläger dem Beklagten den Schiedseid zu und fürchtete dieser die Folgen eines Zurückschiebens des Eides, hatte der Beklagte nur die Wahl zwischen Zahlung der Schuld und Losschwören. Die unter diesen

Umständen wohl recht häufigen Meineide nennen die Quellen bald *periurium*, bald auch bloß a. Die meisten Einzelheiten des Rechtsinstituts sind strittig, so ob es wahrscheinlicher der Legisaktionenzeit entstammt oder eine prätorische Neuerung darstellt, dann auch, ob der Nachweis eines Meineides nur strafrechtliche oder auch vermögensrechtliche Folgen hatte. Th. M.-M.

Leop. Wenger Institut. des röm. Zivilprozeßr. 1925, 114ff. *Ligui Amirante* Il giuramento prestato prima della litis contestatio 1954.

Ablabius. 1. Armer Heiden Kind aus Kreta, Liban. or. 42,23 (3 p. 318,15 F), Eunap. vit. soph. 462 Bois. Christ geworden, spielte er eine große Rolle bei Konstantin. Er war 315 *vicarius Italiae*, Cod. Theod. 11,27,1; ca. 326–338 *praefectus praetorio* des Ostens, CIL III 352.7000. Cod. Theod. 16,8,2. *Cos. ord.* im J. 331. Auf seinen Rat soll der Sophist Sopatros vom Kaiser getötet worden sein, Zosim. 2,40,3. A. war noch im J. 338 im Amt, AE 1925, 72 (aus Tunis), in diesem Jahr wurde er getötet, Hieron. a. 2354 (p. 234 H). Seine Tochter Olympia war mit Constans verlobt, RE XVIII 183 Nr. 9. Sein Haus in Konstantinopel gehörte später der Galla Placidia, Synes. ep. 61 p. 673 H. – J. R. Palanque Essai sur la Préf. du Prétor. 7. – **2.** Rhetor aus Galatien aus der Wende 4./5. Jh.; er stand in Briefverkehr mit Libanios, ep. 921. 1015 (11, p. 65.143 F) und Gregor v. Nazianz, ep. 233 (PG 37,376). Nach Anth. Pal. 9,762 war er *vir illustrissimus*. Er wurde Novatianer, erst Presbyter, dann Bischof von Nicaea, Socrat. h. e. 7,12. **3.** Verfasser einer Gotengeschichte, Iordan. Get. 4,28. 14, 82. 23,117. R. H.

Abnoba mons (τὰ Ἄβνοβα, Ἀβνοβαῖα ὄρη Ptol. 2,11,5.6), heute der Schwarzwald. Gebirge, auf dessen Höhen die Donau entspringt (Plin. nat. 4,79. Tac. Germ. 1). Bei Caesar (Caes. Gall. 6,25) gehört das Waldgebirge noch zum hercynischen Gebirge. Die Ränder, besonders die fruchtbaren Westhänge sind seit der Frühzeit dicht besiedelt, während das Innere, abgesehen von wenigen Siedlungen entlang den Militärstraßen, fast fundleer ist. Die hier verehrte Gottheit als *Abnoba* oder *Diana Abnobae* mehrfach bezeugt. Ein Tempel der Göttin wurde bei Rötenberg, an der Römerstraße Offenburg–Rottweil gefunden. H. C.

K. Schumacher Siedelungs- und Kulturgeschichte der Rheinlande 2,157.341 Anm. 51.

Abolitio (aus *aboleo*, zu ἀπόλλυμι?) bedeutet allgemein Tilgung (auch aus dem Gedächtnis), Beseitigung, Aufhebung von etwas. Als *pactum abolitionis* im Sinne einer Amnestie (ἀμνηστία = Vergessen des Gewesenen) zuerst bei Sen. contr. 5,8. In den röm. Rechtsquellen begegnet der Ausdruck seit dem 1.(?)/2. Jh. n. Chr. für Niederschlagung und Tilgung anhängiger Strafsachen durch Senatsbeschluß oder kaiserl. Akt *(indulgentia)*, auch zum Zwecke der Begnadigung *(abolitio publica)*; überdies für Verfahrensbeendigung durch den Richter bei Rücktritt des Anklägers *(abolitio privata)* oder Wegfall der Anklage aus anderen Gründen *(abolitio ex lege)*. W. W.

Rein Criminalrecht, Lpz. 1844, 273ff.; *Leschtsch* Die a. paschalis, Lpz. 1904.

Abolla. Kurzer Mantel unbekannter Form, als Kleidung der Soldaten und Bauern dem Friedens- und Stadtgewand entgegengesetzt, satirisch auch das Philosophenkleid. Im 1. Jh. n. Chr. wird eine a. aus feinem Stoff in kostbaren Farben (Martial. 8,48. Suet. Cal. 35) gelegentlich von excentrischen Stutzern in Rom getragen. W. G.

Abonuteichos. Küstenstadt in Paphlagonien (Strab. 12, 545. Ptol. 5,4,2. Arrian. per. P. E. 19), bekannt durch das unter den Antoninen dort befindlische Asklepios-Orakel des falschen Propheten Alexander (Lukian. Pseud. 1. 9 ff.). A. hatte einen Hafen und schlug Münzen mit dem Namen Ἀβώνου τεῖχος, von Verus bis Geta mit dem Namen Ἰωνόπολις (davon h. Ineboli). W. S.

Aborigines (Nissen It. Ldk. 2,555. Schwegler RG 1,198. Norden Altgerm. 108. Calestani Hist. 7, 1933, 374. Sanctis StR[2] I 172), Urbewohner (Dion. Hal. ant. 1,10. Lyd. mag. 1,22. Serv. Aen. 8,328 cod. D; vgl. Plin. nat. 3,56. Solin. 2,3. Strab. 228) Latiums (a. d. Küste Cic. rep. 2,5; i. d. Ebene Cato frg. 7; n. ö. Laurentum u. Ardea Lykophr. 1254), Griechen (Cato frg. 6. Dion. 1,11.13.29 f. Tuditan. frg. 1 P. Macr. Sat. 1,7,28) oder Ligurer (Dion. 1,10), deren (Βορειγόνων Lykophr. 1253, *Cascei* Serv. Aen. 1,6) Name (Walde-Hof.[3] 1, 5. Thes. l. L. 1, 125) *ab origine* (Verg. Aen. 7,180 m. Serv. Dion. 1,10), von Irrfahrten (Fest. p. 328,10. Paul. Fest. p. 17,19 L. Aur. Vict. or. 4,3. Dion. 1,10) oder Wohnsitz i. d. Bergen (Aur. a. O. 4,2. Dion. 1,13; vgl. Zielinski b. Cichorius 107) erklärt, mit Boreas (Geffcken Tim. Geogr. d. Westens 41. Kretschmer Gl 20,198. Norden 111) oder Abruzzen (Pais St. d. Sic. 1,477) verbunden wird. Das Nebeneinander d. Deutungen, deren keine überzeugt, spricht für hist. Echtheit d. Namens A. Sie kamen aus d. Gebiet v. Reate (Cato b. Dion. 2,49. Varro 1. 1. 5,53. Dion. 1,13 f. 2,48. Solin. 1,14; Hauptort Lista Dion. 1,14), verdrängten Sacrani (Serv. auct. Aen. 11,317) oder Sikuler (Dion. 1,16. 20. Serv. Aen. 8,328) aus Latium u. besiegten d. Umbrer (Dion. 1,13.16.20; Cameria ebd. 50). Als Könige gelten Saturnus (Iust. 43,1,3), Thybris (Serv. Aen. 8,72), Aventinus (Serv. Aen. 7,657), Picus (Fest. p. 228,33 L.), Faunus (Dion. 1,31. Suet. Vit. 1,2. Prob. Verg. georg. 1,10; vgl. Gell. 5,21,7. 16,10,7), Latinus (Kallias b. Dion. 1,72. Charax u. Juba b. Steph. Byz. s. v. Liv. 1,1,5. Dion. 1,9. Strab. 229). A. u. Euander: Fest. a. O. Iust. 43,1,3. Tac. ann. 11,14. Serv. Aen. 8,51; A. u. Troianer: Cato frg. 5. Sall. Cat. 6,1. Serv. Aen. 1,6. Liv. 1,2,1 ff. Dion. 1,9. Romulus als A.: Iust. 38,6,7. G. R.

Abortio. Abtreibung, wird bei Griechen und Römern schon früh geübt. Da der nasciturus erst dem Christentum als Mensch gilt, qualifizierte man die a. nicht als Mord. Verworfen wurde sie freilich schon immer; Romulus soll sie als Scheidungsgrund angesehen haben (Plut. Rom. 22,3), worin sich gewiß altes Sakralrecht widerspiegelt. Später drohte eine *nota censoria;* echt strafrechtliche Sanktionen finden wir erst bei den Severen. Hier gilt die a. als *crimen extraordinarium*, die *l. Corn. de sicariis et veneficis* wird auf sie angewandt. Man sah die a. als Delikt gegen den Ehemann an und ließ die ledige Abtreiberin unbehelligt. Als Strafe treffen wir Vermögensentzug und Verbannung. Scharfe christliche Kritik an der Häufigkeit der Abtreibung (Tert. de anima 37,2; c. 63 der Synode von Elvira) führt zur Ausdehnung und Verschärfung des Abtreibungsverbotes, die sich in der Interpolation von Dig. 48,8,8 widerspiegelt. Th. M.-M.

Waszink Art. A. in RAC. *Biondi* Il diritto rom. crist. 3, 1954, 487f.

Abradatas, angeblicher König von Susiana, wird nur von Xenophon in der Cyropaedie, und zwar als Bundesgenosse des Assyrierkönigs im Kampfe gegen Kyros erwähnt. Aus Xenophon kennen die Geschichte A.s und seiner Gemahlin Panthea Lucian und Philostratos. RE Suppl. I 5. J. D.-G.

Abraham. Um 530 wurde A., ehemaliger Sklave eines Römers in Adulis (Prok. 1, 20), gegen den Willen des Axomitenherrschers Elesbaas König der Himyariten (Jemen). A., Byzanz freundschaftlich verbunden, erkannte nach 535 formell die axomit. Oberherrschaft an, erreichte aber doch eine erhebliche Steigerung seiner Macht. Um 547 unternahm er den in der arab. Tradition berühmt gewordenen (falsch datierten) Zug nach Mekka. Für seine Söhne, die sich bis etwa 575 halten konnten, setzte A. das Prinzip der Erbmonarchie durch. In seinem Namen gab der Bischof Gregentius einen Gesetzeskodex heraus. A. L.

B. Rubin Justinian 1, 1960, 16ff. *Th. Nöldeke* Aus d. arab. Chronik des Tabari 1879. *A. Vasiliev* Justin the first 1950, 298. *W. Caskel* Entdeckungen in Arabien 1954, 27ff.

Abrasax erscheint im 2. Jh. n. Chr. als göttliche Dynamis, nach Irenaeus, adv. haer. 1,19,4, vom Haeretiker Basileides als Herr über 365 Himmel gedacht mit Verweis auf den zahlenmystischen Wert der 7 Stoicheia des Wortes (365), mit dem A. die Tage des Sonnenjahres, Unendlichkeit, Ewigkeit umfaßt; ähnl. bei Ps. Tertullian, Hippolytus, Hieronymus u. a. Ein A.-Kult ist unbekannt. Fälschlich heißen die spätantiken Phylakterien mit dämonischen Gestalten (Hahnenkopf, Schlangenbeine, Schild, Peitsche) »gnostische A.-Gemmen«. Der Name A. (noch unerklärt; s. EISLER bei Dornseiff, Alphabet 42,5) wurde als magisches Machtwort bes. in synkretistischen Zaubertexten (PGrM 1.2.) zu Schutz- wie Schadenzweck gebraucht. Neben A. steht metrisch bedingt und lat. *Abraxas* (Thes. L L 1,130), wie Hyg. fab. 183,3 R. eines der »homerischen« Sonnenpferde nennt.

Langes Nachleben im Christlichen, Koptischen, in spätgriech. Gebeten (jüdisch). K. P.

C. Bonner Studies in magical Amulets (Ann Arb. 1950). *Leclercq* Dict. d'Arch. chrét. 1,137; bei *A. Dieterich* Abraxas (1891) nur erwähnt, S. 45.

Abrettene, Landschaft im n. Mysien, s. vom Olympos (Strab. 12,574.576. Plin. nat. 5,123), n. von der Berglandschaft Abbaitis. W. S.

Abritus (Abrittus, Ἄβριττος). Römisches Kastell (später Stadt), das seiner Lage nach genau der h. Stadt Razgrad in NO-Bulgarien entspricht. Die wahre Lage von A. konnte erst vor einigen Jahren durch neue Inschriftenfunde sicher festgestellt werden. Früher identifizierte man A. ohne genügende Gründe mit dem Dorfe Aptaat (h. Abrit) im Kreise der h. Stadt Tolbuchin (Dobrudscha). Ursprünglich ein thrakisches Siedlungszentrum, das bis zur Mitte des 1. Jh. n. Chr. fortbestand; an seiner Stelle wurde ein röm. Kastell im 1. Jh. n. Chr. gegründet, das im 2. Jh. zur Stadt heranwuchs und in dem 6. Jh. von den Awaren zerstört wurde. Bei A. wurde Kaiser Decius im J. 251, als er mit dem Statthalter Niedermoesiens C. Vibius Trebonianus Gallus den von Philippopel zurückkehrenden beutebeladenen Goten den Weg verlegen wollte, vernichtend geschlagen und fand den Tod. Die Römerstadt A., die kürzlich bei den großen öffentlichen Bauten in Razgrad freigelegt wurde, hat eine Wohnfläche (innerhalb der Stadtmauer) von 10 Hektar. Außerhalb der Mauer lagen die Canabae sowie Wohnviertel aus späterer Zeit. Auch zwei Nekropolen (eine davon Hügelnekropole) wurden bei A. entdeckt (beide aus Römerzeit). Chr. D.

Ivanov Zwei Inschr. aus der antiken Stadt in der Nähe von Razgrad (bulg. mit deutscher Zusammenf.), Serta Kazaroviana, Sofia 1955, 175ff.

Abrogatio bezeichnet Akte des Aufhebens und des Wegnehmens, besonders im Sinn von Amtsentzug oder von Gesetzesaufhebung. Obwohl die römische Tradition (z. B. Cic. off. 3,40) schon für das 1. Jahr der Republik die a. eines consularischen imperium annimmt, dürfte sich erst z. Z. der Gracchen die a. als spezielle Rechtsform der Amtsentsetzung ausgebildet haben. An faktischen Absetzungen fehlte es auch vorher kaum, doch ließen sie das imperium als solches wohl unberührt. Die a. des letzten republik. Jh. stützte sich nicht auf die eigene Gewalt eines anderen Magistrats, namentlich nicht auf ein Interzessionsrecht, sondern auf Volksgesetz oder Senatsbeschluß, zu denen der Absetzungsantrag des magistratischen Kollegen den Akt der Verfahrenseinleitung darstellte. Dieser Grundsatz leuchtet sogar noch aus der Auseinandersetzung über die a. des Marc Anton durch Octavian (vgl. Plut. Ant. 60) hervor. In der Principatszeit kleidete der Senat die Absetzung von Nero, Didius Iulianus und Maximinus Thrax in die Form der a. Als Gesetzesaufhebung ist a. speziell die ausdrückliche und vollständige

Außerkraftsetzung einer *lex rogata*, also der *contrarius actus* zur *rogatio legis*. Dadurch unterscheidet sie sich in der Regel von der *derogatio* (teilweise Aufhebung), *obrogatio* (teilweise Abänderung) und *subrogatio* (Ergänzung). Th. M.-M.

Mommsen RStR I³ 628ff. *Rotondi* Leges publicae pop. Rom., 1912, 163ff.

Abrokomas 1. S. d. Dareios von Phratagune, fiel bei den Thermopylen, Hdt. 7,224. **2.** Einer der Satrapen des Artaxerxes Mnemon, befehligte im J. 401 in Syrien ein gegen Ägypten bestimmtes Heer. Zur Abwehr des jüngeren Kyros herangezogen, kam er zur Schlacht von Kunaxa zu spät (Xen. Anab., Harpokrat. u. Suid.). Kämpfte erfolglos gegen die Ägypter (Isokr.). J. D.-G.

Abrote (Ἀβρώτη). Nach Plut. Quaest. gr. 16 die verständige Gattin des Königs Nisos von Megara. Nach ihrem Tode führte Nisos ihre Tracht, genannt ἀφάβρωμα, zu ihrem ewigen Gedächtnis allgemein in Megara ein. Das Orakel verbot später ihre Abschaffung. H. v. G.

Abrotonon. 1. Griech. Name der Stadt → Sabrata (Skyl. 110. Strab. 17,835. Steph. Byz. Plin. nat. 5,27: Habrotonum). **2.** Angebliche Mutter des Themistokles, deren Heimat nach Thrakien, Karien oder Akarnanien verlegt wird (Plut. Them. 1. Athen. 13,576 C. Ail. var. 12,43. Nep. Them. 1). W. S.

Abrupolis. Dynast der thrakischen Sapaioi, nach 200 v. Chr. *socius et amicus* der Römer. Nach 179 besetzte er die Bergwerke im Pangaion, wurde aber anschließend von Perseus v. Makedonien aus seiner Herrschaft verjagt. Erst 172 verlangte Rom seine Wiedereinsetzung im Zusammenhang mit der Kriegserklärung gegen Makedonien. Liv. 42, 13,6 u. ö. H. G. G.

Abrus. Unter dem arab., urspr. vielleicht ind. Namen *abrus* wurden die korallenroten, giftigen Samen der Viciee Abrus precatorius L., die aus Indien, wo sie schon im Altertum vielfach medizinisch, kriminalistisch u. unter dem Namen *rati* ähnlich wie die von Ceratonia (karat) als Gewichtseinheit gebraucht wurden, wohl erst nach 1550 nach Europa gebracht (nach Prosper Alpinus 1592, bei K. Gesner Horti Germ. »Pisa rubra«, bei C. Bauhin Pinax 343 »pisum indicum minus coccineum«, bei andern als »Semen Jequiritii«, »Paternostererbsen« u. a. besonders zu Rosenkränzen, ähnlich den Steinkernen des Paternosterbaums. H. Ga.

Absentia, die Abwesenheit einer Person als rechtserhebliche Tatsache.

1. Staatsrecht: Beim *census* war persönliche Anwesenheit in Rom erforderlich (vgl. Vell. 2,7,7. Ausnahmen: Gell. 5,19,16); wer ihm unentschuldigt fernblieb, mußte mindestens mit einer ungünstigen Einschätzung seines Vermögens rechnen (Cic. Att. 1,18,8. Über Verkauf des *incensus* und seines Vermögens s. Zon. 7,19). Seit 63/62 v. Chr. hatte sich jeder Amtsbewerber beim Wahlleiter in Rom zu melden (Terminus post quem dieser Vorschrift: Cic. leg. agr. 2,24. Terminus ante quem: Cass. Dio 37,44,3. Unrichtig Plut. Mar. 12,1). Da Caesar hiervon nicht dispensiert wurde, verzichtete er auf einen Triumph, um für das Consulat des Jahres 59 kandidieren zu können (Plut. Caes. 13,2. App. civ. 2,8 u. ö.). Hingegen erhielt er 52 durch ein Plebiszit das Privileg, sich abwesend um sein zweites Consulat (für das Jahr 48) zu bewerben (Caes. civ. 1,32,3. Cic. Att. 7,3,4; Phil. 2,24. Liv. per. 107 u. ö.). Die bald darauf von Pompeius eingebrachte *lex de iure magistratuum* machte indes diesen Dispens illusorisch; → Iulius Caesar sowie [2]. Seit 43 hatte das Gebot persönlicher Meldung von Kandidaten keine Bedeutung mehr.

2. Strafprozeß: Über die Behandlung abwesender Bürger im magistratisch-comitialen Kapitalprozeß und im Quaestionenprozeß der Republik → *exilium, interdictio*. Statthalter durften abwesende Provinziale kapital verurteilen (Cic. Verr. 2,2,101f.). Auf Geldstrafen konnte auch gegen abwesende Bürger erkannt werden. In der Kaiserzeit waren Kapitalurteile gegen Abwesende verboten (Paul. sent. 5,5,9. Dig. 48,19,5 pr.); die Beschuldigten wurden requiriert (Dig. 48,17. Cod. Iust. 9,40). Über das Verfahren bei geringeren Strafen → *contumacia*. Unentschuldigtes Ausbleiben des Anklägers machte den Prozeß hinfällig (Cic. Verr. 2,2,99. Cod. Iust. 9,2,4).

3. Privatprozeß: War die Ladung wegen *a.* des Gegners unmöglich und trat kein Dritter für ihn ein, so gewährte der Prätor *missio in bona* und meist auch *venditio*; dasselbe galt, wenn der Gegner sich trotz Vereinbarung eines *vadimonium* nicht einfand (Cic. Quinct. 60. Dig. 42,4). Über die zunächst ungeprüften Voraussetzungen der *missio in bona* konnte durch ein nachträgliches Verfahren entschieden werden (Cic. Quinct.). Bei unentschuldigter *a.* vor dem *iudex* wurde der Prozeß durch Urteil zugunsten des Anwesenden beendet (XII-Tab. 1,8. 2,2. Dig. 42,1,60). Über *a.* bei der *cognitio extra ordinem* → *contumacia*.

Über privatrechtliche Nachteile, die durch unverschuldete *a.* erwachsen konnten, → *postliminium* und *restitutio in integrum*. M. F.

1. *Mommsen*, RStR 2³, 366ff. 1³, 503f. 2. *R. Sealey*, CeM 18, 1957, 75ff. (dort die ältere Lit. zur Rechtsfrage zwischen Caesar und Senat). 3. *Mommsen*, RStrR 333ff. 397f. 4. *L. Wenger* Institutionen des röm. Zivilprozeßrechts, 1925, 195f. 234.

Absolutio ist im Strafprozeß das freisprechende, im Zivilprozeß des klagabweisende Urteil. Im Strafprozeß beruht es auf dem *absolvo* der Stimmtäfelchen, im Zivilprozeß auf dem *absolvito* der Schriftformel. Die Stimmtäfelchen gehen auf *leges tabellariae* aus 137 und 107 v. Chr. zurück, das für Freispruch geltende Exemplar trägt ein *A* als Abkürzung für *absolvo*. Die Entscheidung fiel mit einfacher Mehrheit; kam es zu Stimmengleichheit, galt der Angeklagte als freigesprochen *(in* *dubio pro reo)*. Im Zivilprozeß stellt jede Formel, auch die der Teilungsklagen, den *iudex* vor die Entscheidung zwischen *condemnare* und *absolvere*. Maßgebend ist dabei die Rechtslage zur Zeit der *litis contestatio*, doch lassen die Sabinianer sogar bei strengrechtlichen Klagen eine zur *a.* führende Leistung noch während des Prozesses zu. Dies meint der Spruch *omnia iudicia absolutoria sunt* (Gai. 4,114). Mit der *a.* verlor der Kläger Anspruch und Klagerecht, einer Wiederholung des Begehrens stand die *res iudicata* (Rechtskraft) entgegen. Zahlte freilich der absolvierte Beklagte dennoch, konnte er dies später nicht mit der *condictio indebiti* zurückfordern, da man eine Naturalobligation annahm, vgl. Dig. 12,6,60 pr. und dazu nun BURDESE La nozione classica di naturalis obligatio, 1955, 122ff. A. hieß weiters die Befreiung von dem *patronus* versprochenen *operae*, die Schuldlösung und auch die Erlösung der Seelen (Cod. Theod. 9,35,5). Th. M.-M.

Mommsen RStR 445. *Keller* Der röm. Civilprozeß § 67.

Absyrtos s. Apsyrtos

Abthugni. Stadt in Byzacene, heute Hr. es-Souar, mit beträchtlichen Ruinen: Bäder, Grabanlage, Tempel, darunter das Capitolium. P. GAUCKLER Temples païens en Tunisie 4. Atl. Arch. Tun. f^e 41, Dj. Fkirine 52. Die *fossa regia* lief hier durch: CIL VIII 23084. A. wurde unter Hadrian *municipium:* CIL 11206. 23085. M. L.

Abudius, Ruso. Ehemaliger Ädil und Befehlshaber einer Legion, der seinen früheren Vorgesetzten anklagte, weil er den Sohn des Seian zum Schwiegersohn ausersehen habe, aber dann selbst verurteilt wurde (Tac. ann. 6,30). W. S.

Abulites, persischer Satrap von Susiana, übergab Alexander 331 die Stadt, erhielt dafür die Satrapie (Arr., Diod., Curt.). Nach der Rückkehr Alexanders aus Indien wurde A. mit seinem Sohne Oxathres wegen schlechter Amtsführung hingerichtet (Arr.; etwas anders Plut. Al.). J. D.-G.

Abundantia, gehört zu den → Personifikationen abstrakter Begriffe, tritt aber nur auf Münzen von Elagabal bis Galerius Maximinus auf, bezeichnet durch die Umschrift *A. Aug.* oder *A. Augg et Caess* oder *A. temporum.* (KOEHLER 9ff., will sie schon auf Münzen ab Traian, ohne Umschrift, erkennen.) A. verkörpert den Überfluß, ist von → Copia kaum verschieden. Ständiges Attribut ist das Füllhorn, zuweilen Ähren. – Nicht zu verwechseln damit sind Münzen mit Umschrift A., die aber durch die Darstellung von Flußgott, Galeere, Opferschale auf die andere Bedeutung des Wortes A. (»Überschwemmung«) hinweisen. Erkennen wollte man A. in einigen Plastiken, doch ganz unsicher, da Füllhorn Attribut auch anderer Gottheiten ist. W. E.

W. Koehler Personif. abstr. Begriffe auf röm. Münzen, Diss. Kbg. 1910, 9 ff. (vgl. *Wissowa* PhW 1910, 1349ff.).

Aburius. 1. C., Gesandter an Masinissa und die Karthager (Liv. 42,35). **2.** M., *tribunus plebis* 187 (Liv. 39,4), *praetor inter peregrinos* 176 (Liv. 41,14.15). W. S.

Zu 1. *Brougthon* Mag. 1,418; zu 2. ebd. 1,369.

Aburnius. 1. Q. A. Caedicianus, leg. Aug. (von Dacien), Besitzer der Figilinae Furianae, CIl III 1089 (Apulum), zwischen 123 und 140 n. Chr., und der Tempesinae im J. 123 (CIL XV 603ff.). **2.** A. Valens → Fulvius. W. S.

Abusimbel. Name eines Punktes auf dem Westufer des Nils in Nubien, 208 km s. von Assuan, wo Ramses II. zwei Felsentempel anlegen ließ, auch Ibsambul genannt. Der südlich gelegene, größere Tempel ist den drei Hauptgöttern Amonre, Ptah, Reharachte geweiht und hat eine Tiefe von 63 m. Vor der Fassade stehen vier aus dem Stein gehauene Statuen Ramses' II. von 20 m Höhe. Auf ihnen befinden sich Graffiti von griech. Söldnern aus dem Zug Psammetichs II. gegen Nubien (CIG 5126); die dabei genannten Führer der fremden wie der ägyptischen Soldaten, Potasimto und Amasis, sind durch eigene Denkmäler bekannt (ASAE 38,157–95). – Der kleinere, nördliche Tempel war der Hathor geweiht; die 10 m hohen Statuen vor der Fassade stellen Ramses II. und seine Gemahlin Nofretari stehend dar. Der Grundriß des kleineren Tempels ist bedeutend einfacher als der des großen. Beide Anlagen zeigen im Inneren die üblichen Szenen des Königs vor den Göttern opfernd, oder Kriegsszenen, so besonders aus der Schlacht Ramses' II. gegen die Hethiter bei Kadesch am Orontes. In den Magazinräumen sind die einstmals darin aufbewahrten Kultgeräte abgebildet. W. H.

Abusina. Ort in Rätien, h. Eining bei Regensburg (Itin. Ant. 250. Not. Dign. occ. 35,25. Tab. Peut. *Arusena*, verschrieben), Standort der coh. III Britannorum Antoniniana (CIL III 11950). Inschr.: CIL III 5935f. 1942–1958. 1411. Der Name hat sich in Abens, Nebenfluß der Donau, erhalten. W. S.

Abydenos schrieb eine chaldäische Geschichte (nach Eus. praep. ev. 9,41,1 *περὶ Ἀσσυρίων*) *Ἀσσυριακὰ καὶ Βαβυλωνιακά*, in ionisierendem Dialekt, von Eusebios und dessen Ausschreibern benützt. Er selbst hat die Exzerpte des Alexander Polyhistor u. a. seiner Geschichte zugrunde gelegt. Die Sprache weist ihn in die Zeit der Antonine (FHG 4,279–285). W. S.

Abydos (*Ἄβυδος*). **1.** Stadt an der engsten Stelle der Dardanellen, dem → Heptastadion, bei Hom. Il. 2,837 von Asios, in 17,584 seinem Sohn Phainops, in 4,500 von Demokoon beherrscht, Gründung der thrak. Trerer, seit der Zeit des Gyges (Strab. 13,1,22) milesische Kolonie (FGr. H 72 F 26), seit 514 und 496 persisch (Hdt. 7,117). Xerxes hielt 480 hier seine Heerschau ab (Hdt. 7,43f.) an der Stelle der Hellespont-Brücke (Hdt. 7,33f.). 477–412 gehörte A. zum Attischen Seebund (MERITT Athenian Tribute Lists 1,216f.) und war seit seinem Abfall (Thuk. 7,62,1) Basis der Spartaner

(Xen. Hell. 4,8,35). Im Hellenismus standen die Bewohner in schlechtem Ruf (Athen. 12.524. 14,641 u. a.). Sie leisteten 200 vergeblich Philipp V. Widerstand (Pol. 16,29f. Liv. 31,17f. 33,30,3). 197 bis 189 gehörte A. Antiochos III. Ab 451 sind Bischöfe von A. bekannt, seit Justinian ist A. Zollstation (Stein Gesch. II 442). Die Ortslage ist nach der Schilderung bei Pol. 16,29,3ff. Strab. 13,1,18 u. 22 von LEAF Strabo on the Troad 117 bestimmt: s. Kap Nagara (Bild bei C. BLEGEN Troy I Abb. 24f.). Ausgrabungen waren hier im türk. Militärgebiet noch nicht möglich. Zu A. gehörten Goldgruben von → Astyra. E. K.

B. D. Meritt Athenian Tribute Lists 1,463. *E. Kirsten* Lex. frühgr. Epos 1,19. *D. Magie* Roman Rule in Asia minor, Princeton 1950, 752. 1012f. *V. Schultze* Altchr. Städte 2, 379.

2. Jetzt Arabat el-madfune in Mittelägypten, war älteste Königsnekropole (j. Umm el-Gaab). Später wurde es wichtigster Kultort des Totengottes Osiris, für den man Mysterien seines Begräbnisses und Wiederauferstehung feierte. Besonders im Mittl. Reich errichteten die Gläubigen Kenotaphe und Stelen an der Prozessionsstraße, um der göttlichen Wiederauferstehung teilhaftig zu werden. Kenotaphe errichteten auch Könige in A., von denen die des Sethos I. und Ramses II. noch stehen. Der Tempel des Osiris ist stark zerstört; er war zunächst einem Hundegott Chontamenti geweiht, mit dem am Ende des Alten Reiches Osiris identifiziert wurde. In griech. Zeit war A. nach Strab. 17,813 verfallen. W. H.

Acacius s. Akakios

Acca Larenti(n)a. 1. Name. 2. Sage. 3. Fest. 4. Deutung. – 1. Acca ist urspr. Lallwort für Mutter ([8],5. [9],4). Larenti(n)a ist von * *Lārenta* und *Lārunda* nicht zu trennen ([3],40f. [8],763. [7],92); andererseits macht die etym. Verbindung mit *Lăres* und *larvae* Schwierigkeiten. Beide Sippen sind wahrscheinlich sekundär zusammengeschlossen ([8],763). 2. Die Sage ist in zwei Hauptfassungen überliefert, a) ohne, b) mit Einbeziehung der röm. Gründungssage. a) Geht auf Varro zurück: Einst forderte der Tempeldiener des Hercules den Gott zu einem Würfelspiel um eine Mahlzeit und ein Mädchen heraus. Der Diener, der einmal für sich, einmal für den Gott würfelt, verliert. Die Speisen verzehrt eine Flamme, das Mädchen träumt, der Gott wohne ihr bei und verspreche, sie werde den Lohn von dem Manne bekommen, der ihr zuerst begegne. Dieser ist der reiche Tarutius, der sie heiratet. Später dessen Erbin, vermacht sie alles dem röm. Volk, weshalb ihr zu Ehren die Larentalia gefeiert werden. b) A. L. ist Frau des Faustulus, des Hirten des Königs, und Ziehmutter des Romulus und Remus. Da sie früher *lupa* = Dirne war, sei die Meinung entstanden, eine Wölfin habe die Zwillinge gesäugt. Nach dem Tode des Faustulus heiratet sie Tarutius und setzt das röm. Volk oder Romulus zum Erben ein. – Auch wird berichtet (vielleicht erst seit der augusteischen Restauration), A. L. habe 12 Söhne gehabt. Als einer starb, sei Romulus an seine Stelle getreten, das Kollegium habe den Namen → Arvales fratres bekommen. – Sie soll auch den Beinamen Fabula gehabt haben, womit sie zur Ahnherrin des Fabischen Geschlechts wird (dieses stellt die *luperci Fabiani*!). 3. Die Larentalia sind nach allgemeiner Meinung ein Totenfest, das die Pontifices und der flamen Quirinalis an ihrem am velabrum gelegenen Grabe (ob ein mundus, ist sehr zweifelhaft: WAGENVOORT Stud. in Rom. Lit., Cult. and Rel. 122f.) am 23. Dez. begingen. LATTE ([7],92) macht jedoch geltend, daß es urspr. kein Totenfest sein könne, und der flamen Quir. sei wohl erst dazugekommen, als die Beziehung L.–Romulus' Ziehmutter bereits hergestellt war. Vielleicht galt ihr auch ein Fest im April ([4], 13,30. [1],73. dgg. [2],133. [7],92,6); dafür spricht, daß nach Plut. Qu. R. 272 F der Romulus-Amme, die er von der Dirne trennt, im April geopfert wurde (G. ROHDE RVV 25, 1936, 122ff. meint, das Fest im Dez. sei von den Pontifices, das im April vom fl. Quir. begangen worden). 4. Die Deutung ist eines der schwierigsten Probleme, da Altüberliefertes und Spekulationen kaum mehr zu trennen sind ([11],241. [7],93). Die Wölfin der Gründungssage ist das Tier des Mars, die menschliche Pflegemutter sekundär ([11],242 gg. [10]), noch später (Licinius Macer: [4],14. [1],69. [3],47) die Verbindung mit der Hercules-Dirne. Die Gleichsetzung *lupa* = Wölfin = Dirne ist eine Art euhemerist. Sagendeutung. Damit hat die Amme der Zwillinge einen Namen. Gerade diese beiden Legenden sind verbunden, weil Hercules oft als Doppelgänger des Faunus ([1],71), des Gottes des Lupercal, dessen Priester *luperci* sind, erscheint. A. L. entstammt wölfischem Kultkreis. Der Name Larentalia ist nicht von L. abgeleitet, eher L. aus dem Festnamen ([7],92,6). Außerdem wurde A. L. neben Mania als »Mater Larum« angesehen ([3],39ff.; aber unrichtig, daß Larentalia urspr. Totenfest der Laren). W. E.

1. *W. F. Otto*, WSt 35, 1913, 62ff. 2. *Wissowa* RE I 131ff. 3. *E. Tabeling*, Frankf. Stud. 1, 1932, 39ff. 4. *Mommsen* RF 2,1ff. 5. *Müller-Deecke* Die Etrusker 2,105ff. 6. *F. Altheim* R. Rel.-Gesch. 2, 1956, 11. 7. *Latte* RRelG. 92f. 8. *Walde-Hof.*³ 1, 5.762f. 9. *Ern.-M.* Dict. étym.⁴ 4.341f. 10. G. *Hermansen* Stud. üb. d. ital. u. d. röm. Mars, Kopenh. 1940. 11. *C. Koch* Gn 18, 1942, 241ff.

Accensi. Nach Fest. 369 M *(velati appellabantur vestiti et inermes, qui exercitum sequebantur, quique in mortuorum militum loco substituebantur)* handelte es sich bei den *a.* um Ersatzmannschaften. Dagegen wies DELBRÜCK 274 auf ihre geringe Zahl hin. Sie bildeten in der Frühzeit des Milizheeres eine Zenturie, die einem Heer von 8400 Mann gegenüber eine zu niedrige Zahl für den Ersatz darstellt. Andererseits ist zu bedenken, daß solche Mannschaften in jeder Hinsicht geübt und zuverlässig gewesen sein müssen. Dagegen spricht aber Liv. 8,8,10, wo sie als wenig zuverlässig, und Fest. 369 M, wo sie als unbewaffnet geschildert werden. Ein Ersatz ist aber nur dann einer, wenn er rasch erfolgen kann, der Ersatzmann also von vornherein schon bewaffnet ist und nicht erst einem Toten die Waffen abnehmen muß. DELBRÜCK 275 weist mit Recht auf die privilegierte Stellung der *centuria accensorum velatorum* hin und MOMMSEN RStR 3, 289 schließt auf ursprüngl. Tätigkeit in öffentlichen Geschäften. Es könnte sich also eher um administratives Personal gehandelt haben, worauf auch Varro bei Non. 520 und Veg. mil. 2,19 hinzuweisen scheinen. A. N.

Dar.-Sagl. 1,16f. *H. Delbrück* Gesch. d. Kriegskunst I, Berl. 1920, 274f. *Krom.-Veith* 268.

Accentus. In der vorliterarischen Zeit wies die lateinische Sprache – abweichend von dem freien indoeuropäischen Akzentuationssystem – Anfangsbetonung auf, die entweder nach dem etruskischen (so VENDRYES) oder nach dem keltischen (so ALTHEIM Gesch. d. lat. Sprache 304f.; Untersuch. zur röm. Gesch. 1,71f.) Vorbild entstanden ist. Auf die Anfangsbetonung weisen folgende Tatsachen hin: 1. Schwächung der kurzen Vokale und Diphthonge in Mittelsilben (vgl. *confiteor* gegenüber *fateor*, *incido* gegenüber *caedo* usw.). 2. Synkope der mittleren Silbe (*gaudeo* <* *gavideo*, vgl. *gavisus*, *dexter* < *dexteros* vgl. δεξιτερός usw.). 3. Iktierung der prokeleusmatischen Worte in der lateinischen Bühnendichtung, wo *fácilius*, *mémoria* usw. meistenteils vorzukommen pflegen. Seiner Natur nach war der vorhistorische A. exspiratorisch.

Was die Natur des historischen A. anbelangt, so gehen die Meinungen stark auseinander: die französische Schule hält ihn für musikalisch, die deutsche Schule für exspiratorisch: die französische Auffassung findet ihre Stütze in den Äußerungen der röm. Grammatiker, während die deutsche Schule dieselben für sinnlose Übertragung des im griech. herrschenden A.-systems hält. Tatsache ist, daß die romanischen Sprachen exspiratorischen A. übernommen haben: nach der französischen Auffassung soll sich ein Wandel im lat. A.-system vollzogen haben, während die deutsche Schule keine Zuflucht zu einer solchen Veränderung des A. nimmt. Für die französische Auffassung spricht dagegen die Metrik, die doch quantitativ ist.

In der historischen Zeit herrscht das sog. Paenultimagesetz (vgl. Cic. or. 58): den Wortton trägt in mehr als zweisilbigen Worten entweder die Paenultima, wenn dieselbe lang ist (z.B. *amī́cus*) oder die Antepaenultima, wenn die Paenultima kurz ist (z.B. *ánĭmus*), wobei die muta c. liquida keine Längung des vorangehenden Vokals hervorrief (z.B. *ténebrae*). Wie entwickelte sich dieses System aus der Anfangsbetonung der vorhistorischen Zeit? Nach KURYŁOWICZ soll die Längung der einsilbigen Worte (z.B. **prŏ* > *prō*) dazu beigetragen haben, da zwei Kürzen in Worten vom Typus ⏑ ⏑ × zu einem untrennbaren Block geworden wären: das hatte zur Folge, daß die erste von zwei Kürzen, die der letzten Silbe vorangingen, zum Sitz des A. wurde. Ausnahmen von der Paenultimaregel: 1. Der A. fällt auf die letzte Silbe, die ehemals vorletzte war (z.B. *abdúc* < *abduce*). 2. Die Wörter *exinde*, *deinde* erhalten in Anlehnung an die Formen *exin*, *dein* den A. auf die erste Silbe. 3. In Worten mit hinzugefügter Enklitik (*-que*, *ve* usw.) fällt der A. auf die vorletzte kurze Silbe (*armắque*, *scelerắque*), was entweder analogisch (nach *magnusque*) entstand oder durch einen ehemaligen Nebenton (*scéleràque*) hervorgerufen wurde. W. Str.

Vendryes Recherches etc., 1902. *Sommer* HB$^{2-3}$ 83ff. *Stolz-Leumann* ^{5}180ff. *Kuryłowicz* L'accentuation des langues indo-européennes ^{2}1958, 381ff.

Acceptilatio war förmliches, mündliches Erlaßgeschäft. Während die altröm. *nexi liberatio* durch Libralakt begründete Schulden tilgte, galt die a. Stipulationsschulden. Auf die Frage des Schuldners »*Quod ego tibi promisi, habesne acceptum?*« antwortete der Gläubiger »*Habeo*«. Ursprünglich wirkte dieser *contrarius actus* zur *stipulatio* wohl nur, wenn wirkliche Zahlung vorangegangen war. Aber schon im 3. Jh. v. Chr. genügte die Beobachtung der Form der a. auch dann für ein Erlöschen der Schuld, wenn wirkliche Zahlung unterblieb. Dies machte die bloße Verbalquittung zu konstitutivem Schulderlaß. Die lex Aquilia (angeblich 286 v. Chr.) gab *adversus adstipulatorem, qui pecuniam in fraudem stipulatoris acceptum fecerit* (Gai. 3,215) eine Strafklage. – Auch im klassischen Recht blieb die a. auf Verbalkontrakte beschränkt, andere Verbindlichkeiten mußten vorher noviert werden, wenn man sie einer a. zuführen wollte. Wie die *stipulatio* war die a. abstrakt, d.h. ihr Rechtsgrund hatte keinen Einfluß auf ihre Wirkung. Diese Wirkung bestand in einer ipso iure gebotenen Abweisung der Klage aus erlassener Schuld, während die formlose Erlaßabrede (*pactum de non petendo*) durch Einrede (*exceptio*) geltend zu machen war. Th. M.-M.

Meylan Acceptilation et paiement, 1934; *Solazzi* L'estinzione dell'obblig. nel dir. rom., 1935^2, 245ff.

Accessio hat als Bezeichnung des Hinzukommens in mehrfacher Hinsicht privatrechtliche Bedeutung erlangt. So versteht man im Anschluß an Dig. 44,3,14 pr. unter *a. possessionis* die Hinzurechnung der Besitz- und Ersitzungszeit eines Rechtsvorgängers bei Singularsukzession (z.B. Kauf); sie wurde von Reskripten der Severen gestattet, setzte aber zum Unterschied von der *successio in possessionem* bei Universalsukzession *bona fides* des Zweiterwerbers voraus. Auch das Hinzukommen eines weiteren Subjektes oder Objektes einer Obligation, z.B. eines Bürgen, nannte man a. (vgl. Dig. 44,7,44,4). In erster Linie aber meint a. die zu einer Hauptsache hinzutretende Nebensache, wobei die Maxime gilt: *accessio cedit* *principali*, Dig. 34,2,19,13. Demnach führt beiordnende Sachverbindung *(ferruminatio, tinctura)* zu originärem Eigentumserwerb durch den Eigentümer der Hauptsache. Bei Verbindung beweglicher mit unbeweglichen Sachen vereint sich dieses Prinzip mit der Regel *superficies solo cedit*, Gai. 2,73. Th. M.-M.

Zur a. poss. *Zanzucchi* Arch. giur. 76, 1908; zum Eigentumserwerb durch a. *Voci* Modi acquisto della proprietà, 1952, 253 ff.

Acci(s) war eine Stadt der Bastetani, heute Guadix el viejo in der Prov. Granada (CIL II p. 458, Suppl. p. 952. RE I 139). In der Kaiserzeit war sie *colonia Iulia Gemella* (CIL II 3391–3394. Münzen: Florez 1, 122 ff. Eckhel 1,34. Delgado 3, 1 ff. Hübner Mon. Ling. Ib. n. 113). Nach Plin. n. h. 3,25 besaßen die Bewohner das *ius Italiae*. Wenn ebd. 33,97 statt *Aquitani Accitani* gelesen wird, trieben sie Bergbau (Font. Hisp. Antiquae [Barcelona 1925 ff.] III 45), nach Macrob. Saturn. 1,19,5 verehrten sie den Kriegsgott Neto (Font. Hisp. Ant. VIII 407. RE XVII 146 s. Netos). Später spielte A. eine Rolle als Bischofstadt, so schon auf dem Concil. Eliberitanum (gew. unrichtig genannt C. v. Elvira. 306 [?] n. Chr. Mansi 2, 3–4. Font. Hisp. Ant. VIII 59), dann während der ganzen Westgotenzeit (Font. Hisp. Ant. IX, s. Index s. v.). Damals war A. auch Münzstätte (ebd. 281. 294.372.384). In eine noch spätere Zeit gehört wahrscheinlich A. Blazquez La hitación de Wamba p. 63 (Font. Hisp. Ant. IX 3). Über die Schicksale der Stadt nach 711 s. Encicl. Univ. Ilustr. 26,1532 s. Guadix. Für die Münzen s. auch Ant. Vives La moneda hispánica, 4 Bde. Madrid 1924. 1926. R. G.

Accipere heißt empfangen, annehmen, vgl. Dig. 50,16,71 pr. *Censum a.* bezeichnet die Entgegennahme der Deklaration des Steuerpflichtigen durch den Censor; *nomen a.* heißt die Annahme der Meldung eines Kandidaten durch den Wahlwerber; *legem a.* ist Annahme eines Gesetzes. – Große juristische Bedeutung hat *iudicium a.* Die Wendung begegnet in der lex Rubria de Gallia cisalpina I 48, bei Gai. und in den Dig. sehr oft, meistens mit *litem contestari* sinngleich. Ihre Bedeutung war in der Forschung Gegenstand lebhafter Diskussion. Kellers Lehre, das *a. iudicium* bestehe im Empfang der vom Praetor durch das *dare actionem* ausgefertigten Formel seitens des Beklagten, wurde von Wlassak bekämpft, der das *a. iudicium* als Empfang der vom Kläger zum Zweck der *litis contestatio* edierten Formel erklärte. Mit der neuerdings um sich greifenden Kritik an Wlassaks Lehre von der *litis contestatio* als prozeßbegründendem Parteienvertrag wurde auch Wlassaks Deutung des *a. iudicium* in Frage gestellt. Jahr lehrt, die Wendung bezeichne das Einverständnis beider Parteien, hauptsächlich aber des Klägers, mit der Formelfassung. Diese Unterwerfung unter die Formelfassung werde nach der Feststellung des

Formelwortlauts durch den Praetor, und zwar durch Zeugenaufruf erklärt. Demnach wäre das *iudicium a.* der sachliche Gehalt des *litem contestari.* Der praetorischen Richterbestellung schließlich entspricht ein *a. iudicem* der Parteien.

F. L. Keller Über Litis Contestation und Urteil, 1827. *Wlassak* Die Litiskontestation, Bresl. Festschr. f. Windscheid, 1889, 53 ff. *Jahr* Litis contestatio, 1960. Th. M.-M.

Accius, L., latein. Dichter und Gelehrter der archaischen Zeit; * 170 v. Chr. von freigelassenen Eltern, sicher zu Pisaurum (Hier. chron. 1878; über das Geschlecht der Accii Schanz-Hos. 1,132), lebte in Rom, wo er freundschaftliche Beziehungen zu D. Brutus Callaicus hatte (Cic. Arch. 27) und, wie es scheint, dem Scipionenkreis fernblieb (auf eine Reise nach Asien weist Gell. 13,2,2 hin). Das älteste und jüngste bekannte Datum von Aufführungen seiner Tragödien zu seinen Lebzeiten sind die J. um 140 (Cic. Brut. 229. [2], 385,2) und um 104 v. Chr. (Tereus, Cic. Phil. 1,36). Man weiß, daß er die Verurteilung eines Mimus erreichte, der ihn auf offener Szene angegriffen hatte (Rhet. Her. 1,24. 2,19). † nicht vor ca. 86 v. Chr., wenn Cicero mit ihm verkehrte (Cic. Brut. 107; ein grammat. Werk von Varro scheint ihm gewidmet zu sein; Keil GrL 5,98,23). Seinen Stolz und seine Freiheitsliebe kennzeichnen einige Anekdoten: die Antwort, die er in Tarent dem alten Pacuvius bei einer Begegnung gegeben haben soll, die als Symbol der *traditio lampadis* von einem Tragiker an den anderen gilt (Gell. a. O.), ferner die Gewohnheit, sich beim Eintritt des Julius Caesar Strabo ins Kollegium der Dichter nicht zu erheben (Val. Max. 3,7,11). Auf die Satire des Lucilius, der ihn mehrmals angriff (Hor. s. 1,10,53 und Porph. z. St.), wird die Notiz von einer Statue zurückgehen, die ihn überlebensgroß darstellte und im Tempel der Camenae gewiß als Weihgeschenk aufgestellt war (Plin. nat. 34,19. C. Cichorius Unters. zu Lucil. 153 f.).

A. hielt sich fern von forensischer Tätigkeit (Quint. 5,13,43). Er war ein Literat alexandrin. Typs, der dichterische und gelehrte Interessen verband und sich auf der Linie der ennianischen Tradition bewegte, ja sogar noch über Ennius hinausging, wenn er, da die alte Polemik bereits eingeschlafen war, den saturnischen Vers verwendete (Schol. Cic. Bob. p. 179 St.).

Bezeichnend für den Dramatiker Ennius war die entschiedene Bevorzugung der Tragödie vor der Komödie gewesen, auf die sich schon damals bestimmte Dichter spezialisierten. Wie der Neffe des Ennius, Pacuvius, schrieb A. nur Tragödien, deren erhaltene Titel und Frg. zahlreicher sind als bei seinen Vorgängern. Mit Ausnahme zweier *praetextae*, Brutus (über die Vertreibung der Tarquinier; erinnert an die Beziehungen des A. zu einem bedeutenden Vertreter des Brutusgeschlechts) und Aeneadae oder Decius (über den Opfertod des jüngeren P. Decius Mus bei Sentinum im J. 295), handelt es sich um Stücke griech. Inhalts. Die bevorzugten Stoffe stammen gewöhnlich aus der trojan. Sage (Armorum iudicium, Eurysaces, Philocteta, Telephus etc.; Titel nach homer. Liedern: Epinausimache, Nyctegresia), doch sind auch gut vertreten die Pelopidensage (Atreus [ein Jugendwerk], Oenomaus etc.), die theb. Sage (Antigona, Phoenissae etc.) u.a. (Amphitruo, Andromeda, Athamas, Medea, Meleager, Tereus etc.). Selten sind griech. Vorlagen erhalten oder bezeugt (für die Epigoni Sophokles, Cic. opt. gen. 18; meistens vermutet man sie nach unsicheren Hypothesen); direkt vergleichbar mit den Frg. sind die Bacchen und Phoenissen des Euripides, nicht ohne daß man bei dem latein. Dichter bemerkenswerte Freiheit in der Bearbeitung feststellen kann ([7], 3ff. 18f.). Verschiedene Tragödientitel haben ihre Bezeichnung vom Chor (Hellenes, Myrmidones, Troades etc.), doch ist das Vorhandensein von Chorliedern nur für die einzige sicher dionysische Tragödie des A. bezeugt, die Bacchae ([7], 18ff.; nichts beweist, daß die Stasiastae etwas mit Dionysos zu tun haben; vgl. Sc. Mariotti, Gn 29, 1957, 316f.). Im allgemeinen findet sich bei A. die Tendenz der ganzen archaischen röm. Tragödie zum feierlichen Pathos und zu einem manchmal übertriebenen Gebrauch rhetorischer Stilmittel ([6], 185ff. [2], 400ff.); aber auch eine bewußte, wirkungsvolle Kürze fühlt man z.B. in dem berühmten *oderint dum metuant* des Atreus (v. 203f.R.). Das »ὑψηλόν« wurde von der Nachwelt an A. am meisten geschätzt (Hor. epist. 2,1,55f. Ov. am. 1,15,19 u.s.). Cicero beurteilte ihn als einen *gravis et ingeniosus poeta* (Planc. 59) trotz seiner Vorliebe für Pacuvius; schon zu seiner Zeit sind die Wiederaufführungen von Tragödien des A. sehr zahlreich bezeugt (Eurysaces, Clutaemestra, Tereus), und das Urteil über seine Vorrangstellung befestigte sich später (Vell. 1,17,1).

Von den nicht dramat. Werken des A. lehnen sich zwei auch in den Titeln an Ennius an: die Annales (mindestens 27 B., wenn das Zitat bei Fest. 131 M. genau ist), ein histor. Epos, das auch antiquarische Argumente behandelte (frg. 3 M.; vgl. Fab. Pict. frg. 16 P. mit Berufung auf griech. Institutionen) und die Sotadica (vgl. Enn. Sota). Wie das zuletzt genannte, so sind in gewisser Weise auch andere Werke des A., die ihm seine alexandrin. Gelehrsamkeit eingab, mit den kleineren Werken des Ennius vergleichbar. Besonders hervorzuheben sind die Didascalica (vgl. Aristot. *Διδασκαλίαι*?), zumindest 9 B. mit Mischung von Versen in verschiedenen Maßen und Prosa, gewissermaßen Vorläufer der menipp. Satire ([1], 146), über histor.-literar. Stoffe, vor allem aus der Geschichte des griech. und latein. Theaters (bemerkenswert u.a. frg. 17 M. über die Authentizität von Komödien, die dem Plautus zugeschrieben wurden). Verwandte Stoffe behandelten die Pragmatica (Ed. Norden, RhM 48, 1893, 531ff.), mindestens 2 B. (Frg. in Septenaren). Ein Frg. ländlichen Inhalts ist aus den Parerga erhalten (mindestens 2 B.), doch ist die Zugehörigkeit des von Plin. nat. 18,200 (vgl. 18 ind.) zit. Praxidicus (oder Praxidica) zu A. sehr zweifelhaft (U. v. Wilamowitz H 34, 1899, 367f.).

Wie für Ennius, so ist auch für A. das Interesse an orthograph. Problemen bezeugt; aber weder mit seiner Verdoppelung der langen Vokale (nach dem Vorbild italischer Dialekte) noch mit der Schreibung *gg*, *gc* für *ng*, *nc* (nach griech. Vorbild) noch mit seiner Opposition gegen die Buchstaben *z* und *y* (aus archaisierendem Geschmack?) hatte er Glück. Erfolgreicher war dagegen seine Gewohnheit, griech. Formen vom Typus Hectora anzuwenden (Varro l. l. 10,70). Sc. M.

Frg.: Tragödie in TRF^3 157ff. 326ff. *Klotz* Trag. Frg. 190ff. 363ff.; andere Werke *Morel* FPL 34ff. Grammatisches *Fun.* GrRF 22ff. Vollständige Slg. *E. H. Warmington* Remains of Old Latin, 2, 320ff. 598f. 604ff.
1. *F. Marx* RE I 142ff. 2. *F. Leo* Gesch. d. röm. Lit. 1, 384ff. 3. *O. Ribbeck* Die röm. Tragödie im Zeitalter der Rep., Lpz. 1875, 340ff. 4. *L. Müller* De Accii fabulis disputatio, Berl. 1890. 5. *A. Goette* De L. Accio et M. Pacuvio etc., Progr. Gymn. Rheine 1892. 6. *L. Koterba* De sermone Pacuviano et Acciano, Diss. philol. Vindob. 8, 1905, 111ff. 7. *F. Leo* De tragoedia Romana, Göttingen 1910 (Ausgew. Kl. Schr. 1, 191ff.).

Acclamatio. Zuruf einer Menge (auch Einzelner), meist rhythmisch formuliert und zu wiederholten Malen vorgebracht, diente dem Ausdruck von Freude, Beifall, Mißbilligung oder Wünschen sowohl bei privaten (z.B. *Talasse* beim Hochzeitszug: Liv. 1,9,12) wie bei öffentlichen Anlässen (*io Triumphe* beim Triumphzug: Varr. l. l. 6,68). Seit spätrepublikanischer Zeit gab sich die öffentliche Meinung durch *a.* kund; die bevorzugte Gelegenheit waren die Spiele. Die Zurufe galten den führenden Staatsmännern, in der Kaiserzeit vor allem dem *princeps* und seinen Angehörigen, ferner den Spielgebern (Cic. Att. 1,16,11. 2,19,3; Sest. 115ff. Suet. Iul. 79,1. Prop. 3,18,18. Plut. Oth. 3,1. Cass. Dio 73,2,3. Schmähungen z.B. Tac. ann. 11,13,1; hist. 1,72,4. Tert. spect. 16). Außerdem wurden Rezitatoren, Schauspieler, Rennfahrer usw. mit *a.* bedacht (Cic. de or. 3,101. Hor. ars 428. Mart. 10,50. 10,53. Claqueurs: Suet. Ner. 20,3. Cass. Dio 61,20,4f. Plin. ep. 2,14). Auch im Senat war die *a.* üblich (Tac. ann. 2,38,4. Plin. epist. 4,9, 18; paneg. 54,3). Man nahm dort ihren Wortlaut in das Protokoll auf; sie ersetzte mehr und mehr das förmliche Beschlußverfahren (or. Claudii CIL XIII 1668 = Dess. ILS 212 II 20. CIL II 6278 = Dess. ILS 5163 1.56. Plin. paneg. 75,1–3. Mit Angabe der Zahl der Wiederholungen: Cod. Theod. praef. 5. Die Fälschungen der Script. H. A. spiegeln den Zustand um 400 n. Chr.; s. z.B. vit. Avid. 13. Comm. 18f. Macrin. 2,4). – Über die Ausrufung des Imperators durch *a.* → *imperator*.

1. *O. Hirschfeld*, Kl. Schr. 1913, 689ff. 2. *Friedländer-Wiss.* 2^{10}, 4ff. 3. *O'Brien Moore*, RE Suppl. VI 773ff. 4. *Th.*

Klauser, RAChr 1,216ff. (Lit.). 5. *Joh. Stroux*, Philol. 98, 1954, 150ff. M. F.

Acco, sennonischer Gallier, der im J. 53 seinen Landsleuten zum Aufruhr riet. Durch das plötzliche Erscheinen Caesars wurde dieser verhindert und A. hingerichtet. Caes. Gall. 6,4,44. W. S.

Accusatio bezeichnet vor allem die Anklage im Strafprozeß. Sie war bis zur Dominatszeit Sache eines *delator* und erfolgte nicht von Amts wegen. Dem Magistrat oblag bloß das *nomen recipere*. Beschuldigung durch einen Magistrat war nicht *a.*, sondern *anquisitio*. Regelmäßig überreichte der *accusator* einen *libellus accusatorius*. Dem *semel delatus* war die *a.* des eigenen Anklägers nicht gestattet. Auch konnte er sich seit der ausgehenden Republik nicht um Ämter bewerben. In der Terminologie der nachkonstantin. Constitutionen meint *a. coepta* wohl den Zeitpunkt der subskribierten Delation (WLASSAK). Unter *a. mota* wird die Einleitung des Verfahrens durch Ladung des Beschuldigten zu verstehen sein. – Die privatprozessuale Verwendung von *a.* knüpft zumeist bei strafrechtlichen Momenten an. So war die *a. suspecti tutoris* im Zwölftafelrecht wohl primär kriminal. Sie richtet sich gegen einen testamentarischen *tutor*, der der Untreue verdächtig ist; jedermann ist zur Anklage berechtigt. Wird durch *suspectum pronuntiare* der Treubruch festgestellt, ist der infam gewordene *tutor* vom *praetor* abzusetzen. Wohl schon von den Spätklassikern wurde dieses Verfahren auf alle Tutoren erstreckt; in der nachklass. Zeit wird es zu einem Absetzungsprozeß ohne Schuldvorwurf umgebildet. Die lex Aelia Sentia bedrohte den *libertus*, der seine Pflicht zu *reverentia* und *obsequium* gegen den *patronus* verletzte, mit einer pönalen *a. ingrati liberti*. Th. M.-M.

Wlassak Anklage und Streitbefestigung im Kriminalrecht der Römer, 1917, SAWW. *Lauria* Atti Acad. Napoli 1934. *Laprat* Le crimen suspecti tutoris, 1926.

Acerra. Nach Paul. Fest. hat a. zwei Bedeutungen: 1. Räucheraltar für Bestattungen; wurde u.a. als zu großer Aufwand untersagt (Cic. leg. 2,60). Dem → turibulum recht ähnlich. 2. Kästchen, aus dem Weihrauch für das Opfer entnommen wurde; von einem Gehilfen, meist einem *camillus*, gehalten. Darstellungen z. B. Fries der Ara Pacis. W. E.

1. *Marqu.-Mau* 345. 2. *Marqu.* RStV 3,167.

Acerrae 1. (NISSEN It. Ldk. 2,754. BELOCH Camp. 382; RG 584. DUHN It. Gkd. 1,620. THES. L. L. 1,373. CIL X p. 362: *trib. Falerna*; zu Ἀχέρραι SCHULZE Eigennamen 577), kampan. Stadt (Strab. 247.249) d. 1. Reg. (Plin. nat. 3,63) am Clanius (Verg. georg. 2,225 m. Serv. Sil. 8,537), sidikin. Gründung (Serv. auct. a. O.), dann samn. (Strab. 249), 332 v. Chr. *civ. s. suffr.* (Liv. 8,17,12. Vell. 1,14,4. MOMMSEN RStR 3,573.581), *praefectura* (Fest. p. 126,22. 262,10. Paul. Fest. p. 117,10 L.), 216 v. Chr. von Hannibal zerstört (Liv. 23,17,7. 19,4. App. Lib. 63. Sil. 12,422. Serv. auct. a. O.; vgl. Liv. 27,3,6), umkämpft 90 v. Chr. (App. civ. 42.45). Ausgrabg. NSA 1889, 367. **2.** (NISSEN 192), insubr. Stadt (Pol. 2,34,4. Plut. Marc. 6. Strab. C. 249. Steph. Byz. s. v. Tab. Peut. 4,2), j. Gera b. Pizzighettone. **3.** A. Vafriae, untergeg. Stadt. d. umbr. Sarranates (Plin. 3,114). G. R.

Acerronius. 1. Cn. A. Proculus, *cos. ord.* 37 n. Chr., Inscr. It. XIII 1, p. 188f. Cas.. Dio 59,6,5. Suet. Tib. 73. IGR 4,251. **2.** Cn. A. Proculus, *procos. Achaiae*, Sohn von Nr. 1, IG III^2 418. Bull. hell. 50, 1926, 442,79. **3.** Acerronia, Vertraute der Agrippina, umgekommen 59 n. Chr. Tac. ann. 14,5. Cass. Dio 61,13,3. R. H.

Aceruntia (NISSEN It. Ldk. 2,908. BELOCH RG 508. CIL IX p. 43), lukan. (Porph. Hor. c. 3,4,14. Prok. b. Goth. 3,23) oder apul. (Ps. Acro 3,4,14) Stadt d. 3. Reg. (Plin. nat. 3,73) s. Venosa (Hor. a. O.) in 833 m Höhe. Name wechselt zw. A. (CIL IX 417) u. Acerentini (CIL X 482; vgl. j. Acerenza). Kolonie in rep. Zeit (CIL IX 6193); Herculeskult (CIL IX 947). G. R.

Acestes s. Aigestes

Acetabulum (ὀξίς, ὀξύβαφον) **1.** Gefäß für Essig, dann allgemein Gefäß mit schmalem Rand, weiter Öffnung, Leib erst sich verbreiternd, danach zum Fuß verengend, aus beliebigem Material. **2.** Bei Plin. für ähnlich geformte Höhlungen bei Tieren und Pflanzen verwandt. **3.** Becher der Taschenspieler, Sen. epist. 45,7. **4.** Gefäße, die mit einem Stäbchen geschlagen einen harmonischen Ton von sich gaben. **5.** Römisches Hohlmaß = $^1/_8$ sextarius = ½ quartarius (nach dem Gewicht flüssigen Inhalts = 2½ römische unciae). → Maße und Gewichte. W. G.

Achaia (Ἀχαΐα). Die Geltung der homer. Bezeichnung Ἀχαιΐς (γαῖα, αἶα Il. 1,254 u. ö.) für die Heimat der griech. Helden, der → Ἀχαιοί (BURR 88), ist in histor. Zeit eingeengt auf die thessalische, zu Phthia gehörige Perioiken-Landschaft Achaia → Phthiotis (PHILIPPS.-KIRST. 1,209. 267) und auf die nordpeloponn. Küsten-Landschaft zwischen der W.-Grenze von Sikyon und der NO.-Grenze von Elis, die nach S. an Arkadien grenzt (PHILIPPS.-KIRST. 3,197f. 537f.). Der Name A. hat hier den älteren Aigialos (Αἰγιάλεια bei Strab. 8,7,1 p. 383. Paus. 2,5,6 = 7,1,1. 5,1,1) ersetzt, der bei Hom. Il. 2,257 (Strab. 8,3,24 p. 349. 8,6,25 p. 383) nur den flacheren w. Küstenstreifen bezeichnete (BURR 52). Die Besiedlung setzt mit der Einwanderung der Griechen (mittelhellad. Funde bei Pharai) ein, ist in der myken. Blütezeit noch selten nachweisbar (bei Gumenitsa), dagegen für die Epoche 1230–1000 (Späthellad. III B/C – Protogeometrisch) durch viele Fundorte an der Küste, in der tief landeinwärts ziehenden Anbauzone von Pharai-Chalandritsa, in der Vorhöhenzone und (zuletzt) bis ins Gebirgsland belegt (ANDERSON; Karte bei VERMEULE). In dieser Spätzeit steht sie in Beziehung zu den Westgriech. Inseln (KIRSTEN 100), von denen Zakynthos aus A. besiedelt wurde (Thuk. 2,66,1. Kiechle, Hist. 9, 1960, 5) und zum n. Adria-Gebiet (Vermeule). Nach Hdt. 1,145f. 7,94. Paus. 7,1,1f. 7,6,1f. folgten den Ionern als den Verehrern des Poseidon Helikonios von → Helike nach Kämpfen um Helike (Kiechle Mess. Studien, Kallmünz 1959, 39) Achaioi (ein Pelopide: Paus. 5,4,3. J. Bingen BSA 78, 1954, 74), deren Gebiet dann von der dorischen Wanderung umgangen wurde (Leahy, Hist. 4, 1955, 32f.). Im Schiffskatalog (Hom. Il. 2,569f.) gehört A. zum Reich von Mykene (Burr 49ff.). Dabei werden außer Aigion keine Orte mit myken. Funden genannt, vor allem nicht der in submyken. Zeit dichtbesiedelte Westteil. Die Bewohner A.s im 1. Jt. – nach einer Fundlücke im 10. Jh. (Vermeule 18) – gehören der nw.-griech., den Doriern nahestehenden Dialektgruppe an mit Beziehungen zur aitol. Gegenküste. Sie übernahmen von den Vorbewohnern den Landschaftsnamen, nach Hdt. 1,145 von den Ionern auch die Siedlungsform als Dodekapolis und den kultischen Mittelpunkt im Heiligtum des Poseidon von Helike. Die Angaben über Demoi gelten der myk. Zeit.

Die Aufzählung dieser 12 Poleis ergibt die Ausdehnung der Landschaft (Curtius, Bursian, Lolling) und ermöglicht die Eintragung ihrer Grenzen (FOA 16, Westermann-Atlas 18, bestimmt durch die Fixierung von Tritaia und Leontion); im W. wird der Larisos-Fluß (Paus. 7,17,5, jetzt Mana), im O. der Sythas (Paus. 7,27,12, jetzt Trikalitikos: RE IV A 1836ff.) als Grenze bezeichnet. Den ältesten Bestand bildeten, mit Hdt., Ps. Skyl. 42 und Strab. von O. nach W. aufgezählt: Pellene, → Aigeira, Aigai, Bura (Meyer 1957, 81ff.), Helike (s. u.), → Aigion, Rhypes (Meyer 1939, 123), Patrai, Pharai (RE XVIII 2. H., 2191ff. XIX 1796ff.), Olenos (RE XVII 2455ff. Meyer 1939, 119ff.), Dyme (J. Bingen, BCH 78, 1954, 82ff.), Tritaia (RE VII A 237ff. Philipps.-Kirst. 3,326. Nerantzulis, Polemon ^{3}3, 1947, 67). Später wurde Aigai (nach 370) in Aigeira (Strab. 8,7,4 p. 386), Olenos vielleicht in Dyme (Strab. 8,7,1. Paus. 7,18,1) einverleibt, nach der Zerstörung von Helike (373) die Zwölfzahl durch Karyneia (Meyer 1939, 127ff. Anderson, BSA 48, 1953, 154ff., 49, 1954, 87), Leontion (Meyer 1939, 111ff. J. Bousquet, BCH 64/65, 1940, 110ff.) und Kallistai (Meyer 1957, 80 f.) vollgemacht. Erineos, Ascheion (Meyer 1939, 145), Bolina traten später hinzu; von den in Hom. Il. 2,573/75 erwähnten Orten ist Hyperesia die Burg von Aigeira (Paus. 7,26,2ff.), Gonoessa oder Donussa wohl bei Lalioti gelegen gewesen (Meyer 1939, 11. Burr 52). In WO.-Richtung beschreibt Paus. 7,17,5–27,12 die Landschaft (vgl. die Kommentare von Frazer und Hitzig-Blümner); Eintragung der Stätten bei Kirsten 89 und Philipps.-Kirst. 2 Karte 2 Nr. 29–47; 3 Karte 10. So umfaßte A. den Küstensaum auf dem Südufer des Golfs von Korinth-Patras vom Hafen Aristonautai w. Xylokastro (Anderson BSA 49, 1954, 74,19) bis über Kap Araxos nach SW. hinaus, das nach der Landschaft genannte Gebirge Panachaikon (Pol. 5,30,4, jetzt Voidias, 1927 m), die es umgreifenden Täler des Peiros und Selinus, dazu das Gebirgsland bis zur Wasserscheide gegen den Peneios und oberen Karynitis (Kalavrytikos), im O. bis zum Kamm der Kyllene (2374 m). Die Polis-Gebiete (Dorfmarken: Kirsten 88ff., dazu Geolog. Karte bei Philippson 1891) hatten im O. teils in Talmulden, teils in den Schwemmlandkammern im Mündungsgebiet der Torrenten ihr Ackerland, im W. in der breiten Küstenebene, aber auch im Peiros-Tal und wieder in Talweitungen im Gebirge (Tritaia, Leontion; nur letztere hatten keinerlei Zugang zum Meer, wie ihn Hdt. 1,145 meint). Schilderung bei Anderson 1954. Philipps.-Kirst. 3,155ff. 326.

G e s c h i c h t e: Am Anfang der Geschichte von A. (Überblick bei Pol. 2,41f. Strab. 8,7,3 p. 385. Paus. 7,6,3/5; Anderson 1954 bis zum Hellenismus) steht zwischen 720 und 670, gleichzeitig mit korinthischem Einfluß (Vermeule 17), die Aussendung von Kolonisten nach dem im Landschaftscharakter verwandten Gebiet am Golf von Tarent mit Metapont, Sybaris, Kroton, Kaulonia (T. J. Dunbabin The Western Greeks, Oxford 1948, 24ff.). Dorthin wurde das Alphabet von A. und der Kult des Zeus Hamarios (zum Namen Anderson 80,77) übernommen (Pol. 2,39,4 mit Walbanks Kommentar). Trotz zeitweiliger Sonderstellung von Aigai (Münzprägung 500–370) und Pellene (FGrH 105 F 2) bildete A. eine ethnisch begründete politische Einheit mit dem Heiligtum des Zeus Hamarios oder Amarios als kultischer Mitte (Aymard Mélanges Cumont, 1936, 1ff., zum Ort Bingen, BCH 77, 1953, 626f.); als Einheit nehmen es Hdt. 8,73 (Ἀχαικὸν ἔθνος), Thuk. (passim) und noch Strab. 8,7,2 (Larsen 1953); selbständige Politik trieb wegen seiner Grenzlage im O. Pellene (Thuk. 2,9. Busolt-Swob. GStK 1532. RE XIX 367ff.), wird daher auch von Aristot. frg. 567 in den Politien neben A. gesondert behandelt. Am Perserkrieg und zunächst am Peloponnes. Bund nicht beteiligt, ward A. 453–446, 429, 419 von Athen, nach 417 von Sparta beansprucht (Larsen) und von diesem auch zur Umgestaltung der ursprüngl. Demokratien der Kleinbauern in Oligarchien gezwungen. A. kämpfte 400, 394, 390 (seit 378 als eigener Aushebungskreis) unter Spartas Oberbefehl (Xen. Hell. Diod. Pol.). Das durchschnittliche Aufgebot der auf 2335 qkm geschätzten Landschaft betrug 36000 Krieger (Beloch GG 3,1,280). Zum Zug der Zehntausend stellte A. wie → Arkadien viele Söldner (Xen.). Spartanische Hilfe ermöglichte 391 das Übergreifen nach Kalydon und 389? nach Naupaktos (Xen. Hell. 4,6,1), wohl auch ein Einschreiten gegen Aufständische in Dyme (Diod. 15,35,2). Der Zerstörung von Bura und Helike (Sp. Mari-

NATOS, Archaeology 13, 1960, 186ff.) durch Erd- und Seebeben in einer Winternacht 373 (ANDERSON 87f.) folgte 367 die Demütigung beim Einmarsch des Epameinondas (BUSOLT-SWOB., GStK 1532f. 1535f.). Doch kamen die von theban. Harmosten vertriebenen Oligarchen bald wieder an die Macht (Xen. Hell. Syll.³ 181 und Naupaktos jenseits des Golfs wurde wieder (bis 338) achäisch. Ein Schiedsgericht A.s zwischen Theben und Sparta 371 (Pol. 2,39,8) ist unhistorisch. 360–320 (wie schon einmal nach 371 oder 367) prägte A. Bundesmünzen (ANDERSON 89f.), hatte also, wie damals auch Aitolien, Koinon-Charakter angenommen. Schon 391 wurde Kalydon in die Sympoliteia aufgenommen; als Koinon verhandelte A. 367 mit dem Panionion-Bund (BUSOLT-SWOB. GStK 1535. ANDERSON 87ff.). Im 3. und 4. Phoker-Krieg stand A. gegen die Makedonen, ebenso 331/30 im Krieg des → Agis von Sparta. Erst nach 324 (nach Hyp. 1,18) wurde das Koinon aufgelöst. Demetrios Poliorketes legte Garnisonen in die Städte und setzte Tyrannen ein. (Pol. Diod. 19,66. 20,103).

Die Geschichte von A. als die eines hellenist. Koinon (NICCOLINI. BUSOLT-SWOB. GStK 1536ff. AYMARD) begann 281/80 v. Chr. (zum Datum AYMARD, REA 39, 1937, 17ff.) neu mit dem Zusammenschluß der W.-Städte Tritaia, Dyme, Pharai und Patrai unter Führung von Patrai. Die Vertreibung der makedon. Besatzungen, Sturz oder Abdankung der Tyrannen ermöglichten den Anschluß von Aigion, Bura, Karyneia 275, von Leontion, Aigeira, Pellene 274. Nach Anlehnung an Pyrrhos und im Chremonideischen Krieg an Athen gewann der Achäische Bund größere Bedeutung erst 251 dank der Hilfe des → Aratos durch den Beitritt von Sikyon, das sogleich zur neuen Vormacht ward. Er griff nun über A. hinaus. Bündnisse mit Arkadien (Schlacht bei Mantineia 249 (? BELOCH GG 4,2,523ff.). Boiotien 245 mit Angriffen auf W.-Lokris und Kalydon (Plut. Arat. 16,1), erst seit 241 wieder mit Sparta werden möglich (BELOCH 623), seit 239 sogar mit Aitolien (ebd. 630), das eben noch sein Feind gewesen war (Pol. 2,4,9. 44,1). Entscheidend als Schlag gegen Makedonien wird die Einnahme von Korinth 242 durch Aratos. Ptolemaios III. von Äg. wurde 243/242 zum σύμμαχος ἡγεμονίαν ἔχων gewählt (Plut. Arat. 24. Philop. 8), konnte jedoch A. nur durch eine Jahreszahlung von 6 Talenten unterstützen. Megara, Troizen und Epidauros (IG² IV 1, 70f.) wurden 243/42 achäisch. Eine neue Phase der Ausbreitung, die den Gegensatz zu Sparta verstärken mußte, begann mit dem Anschluß von Kleitor und Thelpusa (vor 236), Heraia (236), Alea und Stymphalos (vor 234), Orchomenos (Syll.³ 490), Megalopolis (Pol. 2,44,5) und Pheneos, ebenfalls in Arkadien (234). Dann folgten Hermione, Aigina, Argos und Phleius (228), Kaphyai (227), schließlich 222 noch Tegea, Mantineia und Kynaitha (Karte des Besitzstandes von 228: FOA 16, zur Entwicklung BELOCH GG 4,1,632ff. 4,2,525. NICCOLINI. BUSOLT-SWOB., GStK 1537ff.). Schließlich zwang der unglückliche Krieg mit Kleomenes III. von Sparta 228–222 bei zeitweisem Verlust der Argolis, die Hilfe Makedoniens zu suchen (RE I 170f. BELOCH, GG 4,1,706ff.) und dafür Korinth, Heraia und Orchomenos aufzugeben, wo auch nach der Vernichtung des Kleomenes bei Sellasia 221 makedon. Besatzungen blieben (auf Megara ward schon 224 verzichtet. Pol. 20,6,7). Diese Schwächung, auch die der Bundesfinanzen (Pol. 4,60), nützten die → Aitoler 220 (Kynaitha), dann im Bundesgenossenkrieg 219 und 218 zu Einfällen in A. aus; Dorimachos nahm 219 Aigeira. A. mußte sich nun ganz den Wünschen des Makedonenkönigs Philipp V. fügen (auch bei der Strategenwahl von 219; die Ereignisse ausführlich bei Pol. und nach ihm in Plut. Arat. und Philop., später auch in Liv. geschildert). Nach Roms Bündnis mit den Aitolern 212 weiter geschädigt, erholte sich das Besitzbürgertum von A. und der Bund erst unter → Philopoimen wieder. Ihm gelang nach der Reorganisation der Reiterei seit 208 auch die des Bundesheeres, Die Geschichte dieser Zeit hat Polybios wohl seit 183 in der Biographie Philopoimens, dann in »Achaika« darzustellen begonnen, die an sein Werk über Aratos anschlossen (M. GELZER, APrAW 1940, 2. AHAW 1956, 3,16f. M. TREU, Hist. 3, 1954/55, 219ff.). Im Exkurs 2,37ff. und in vielen Teilen des späteren Geschichtswerkes bietet Pol. auch das reichste Material für die verfassungsgeschichtliche Entwicklung des Bundes der → Achaioi 2.

Der Aufstieg von A. zu einer Vormacht Griechenlands war die Folge der Anlehnung an Rom seit 198, aber getragen von einer irrigen Einschätzung des durch Rom gelassenen Spielraums (AYMARD). Mit ihr verband sich auch eine Intensivierung der Münzprägung (ROSTOVTZ. Soc. a. Ec. H. Hell. W. 628.755.1469.1629, dazu pergamenische Geldangebote ebd. 1467). Bereits 199 kamen w.-arkadische Städte und Triphylien durch Philipp V., dann nach dem Abschluß eines Foedus mit Rom (M. HOLLEAUX, Études 5,121ff. AYMARD 261ff. E. BADIAN, JRS 42, 1952, 76ff.) durch Roms Hilfe 194 Korinth, 193 die nunmehrigen Eleutherolakones-Städte an Lakoniens Küsten und das 198–193 spartanische Argos, schließlich 192 Sparta, die messenischen Küstenstädte und erneut Megara und Pagai (L. ROBERT, RPh. 65, 1939, 97ff.), 191 Messene und Elis zu A. (BUSOLT-SWOB., GStK 1543f.). Der Achäische Bund umfaßte 191–146 mit maximal rund 60 Poleis verschiedenster Größe (BUSOLT-SWOB., GStK 1550, Liste bei NICCOLINI 243ff.) die gesamte Peloponnes, doch mußten 189, 183 Unruhen in Sparta, 183/82 in Messene unterdrückt werden. Insbesondere die Auflösung von Bundesstaaten in ihre Poleis (Pol. 23,17,2) stieß auf Widerstand. Die Unterstützung der Reichen durch Rom schürte innere Zwistigkeiten. Die 168 v. Chr. makedon. Sympathien verdächtigten Kreise mußten nach Perseus' Niederlage (bis 150) 1000 Geiseln nach Rom stellen (darunter Polybios). 148 fand Sparta bei Rom Unterstützung. 147 verlangten röm. Legaten die Umwandlung A.s aus einem Bundesstaat in einen Staatenbund. Wie später anderwärts wurde der Widerstand gegen Rom zum Aufstand der Verarmten, der auch die Freilassung der in A. geborenen Sklaven (Rostovtz. a. O. 1501 f.) durchsetzte. Die Eroberung von Korinth durch L. Mummius 146 und ein Strafgericht über die Römerfeinde bedeutete das Ende des Bundes, der nur (SEG XV 254) als sakrales Koinon fortlebte. In den Poleis wurde die Demokratie durch die Timokratie ersetzt (Paus. 7,16,6. Syll.³684). Patrai war zeitweise im Foedus mit Rom und prägte Münzen. Dyme wurde 67 von Pompeius mit kilik. Seeräubern besiedelt und dann zur Colonia Julia Augusta (S. Accame Dominio Rom. in Grecia, Rom 1946, 147 ff. U. Kahrstedt, Hist. 1, 1950, 549 ff.); seine Centuriatio ist kenntlich (R. Chevalier, BCH 82, 1958, 635). 14 v. Chr. wurde → Patrai römische Colonia (RE XVIII 2210), erhielt die Gegenküste zwischen dem Acheloos und Naupaktos, seit Traian bis vor Amphissa ostwärts (Philipps.-Kirst. 2,592) und auch das Gebiet von Dyme, Rhypes, Pharai, Triteia. Kleine Küstenorte im O., *villae rusticae* im W. des fortbestehenden Dyme, ebensolche bei Aigion und Aigeira, wo noch eine Abschrift des Höchstpreistarifs Diokletians (CIL III 2328,58 f.; W. Heraeus Kl. Schriften 1937, 43 ff.) aufgestellt wurde, erweisen die wirtschaftliche Blüte von A. in der Kaiserzeit (U. Kahrstedt Das wirtschaftliche Gesicht Griechenlands, Bern 1954, 246 ff.) Aigion ist als Sitz des Koinon τῶν Ἀχαιῶν (Paus. 7,24,4. U. Kahrstedt, Symb. Oslo. 28, 1950, 70 ff.) weiterhin sakraler Mittelpunkt der Peloponnes, nicht nur von A. (wie Accame 147 f. annahm). Die Landesschilderung bei Paus. ist archäologisch bestätigt (unhistorisch die Städteliste bei Ptol. 3,16,5). Hierocles 646/48 kennt noch Patrai, Aigion, Aigeira. Eine Römerstraße folgte der Küste (CIL III 14206, 26. Tab. Peut. Geogr. Rav. 5,13 p. 94. Guido) und berührte dieselben Orte, dazu Dyme. Nur Patrai wurde Bischofssitz: A. Bon Le Péloponnèse byzantin, Paris 1951, 8 ff. 19 ff. 183. E. K.

Topographie: *C. Bursian*, Geogr. 2, 1868, 309 ff. *H. Lolling* Hellen. Landeskunde 166 ff. (IG VI nicht erschienen). *A. Philippson* Der Peloponnes, 1892, 115 ff. 258 ff. *E. Meyer* Peloponnes. Wanderungen, Zürich 1939, mit neuen Lokalisierungen der Flüsse und Städte um Bura. *E. Kirsten* Die griechische Polis, Bonn 1956. *E. Meyer* Neue peloponnes. Wanderungen, Bern 1957. *Philipps.-Kirst.* 3, 1959, 155 ff. *J. K. Anderson*, BSA 49, 1954, 72 ff.
Geschichte: *E. Townsend-Vermeule*, AJA 64, 1960, 1 ff. *V. Burr* Neon Katalogos, Klio-Beih. 49, 1944. *Anderson* s. o. *J. A. O. Larsen* in: Studies presented to D. M. Robinson 2, 1953, 797 ff. *G. Niccolini* La confederazione achea, Pavia 1914. RE I 156 ff. *Busolt-Swob.*, GStK 1531 ff. *A. Aymard* Les premiers rapports de Rome et de la confédération achaienne, Bordeaux 1938. Vgl. → Achaioi 2. Aratos.

2. Die römische Provinz Achaia. Über die Verhältnisse der republikanischen Zeit → Macedonia. Erst seit 27 v. Chr. bildete das griech. Kernland mit den Inseln und Thessalien, Aetolien, Acarnanien und Teilen von Epirus (Strab. 17,3,25, s. aber Mommsen RG 5,234,1) eine besondere Provinz Achaia, die von einem in der Regel jährlich wechselnden, durch das Los bestimmten senatorischen *proconsul* praetorischen Ranges mit Hilfe eines *legatus pro praetore* und eines *quaestor* verwaltet wurde. Die Interessen des Kaisers wurden durch verschiedene *procuratores* wahrgenommen. In den Jahren 15–44 n. Chr. bildeten Achaia, Macedonien und Moesien ein großes Militärkommando unter consularischen Legaten (→ Moesien), im J. 67 kündigte Nero den Griechen die Gewährung der Freiheit an, die freilich von Vespasianus widerrufen wurde. Spätestens unter Antoninus Pius ist Thessalien zu Macedonien geschlagen, Epirus nebst Acarnanien zu einer procuratorischen Provinz gemacht worden (→ Epirus). Die Hauptstadt von A. war die röm. Colonie Corinth, freie Städte u. a. Athen, Führer des panhellenischen Bundes, und Sparta. Aufsicht über die freien Städte übten, seit dem 2. Jh. immer häufiger, *correctores* consularischen Ranges, die vom Proconsul unabhängig waren. Sie erscheinen noch im Anfang der Regierung des Diocletianus. Derselbe hat vorübergehend die Verwaltung von A. ritterlichen *praesides* übergeben, schon Constantinus hat sie aber wieder senatorischen Proconsuln anvertraut, die dem *praefectus praetorio Illyrici* unterstanden. Im 4. Jh. gehörte A. bisweilen zum w. Reichsteil, seit der Teilung 395 zum ö. (Arcadius), es litt in diesen Zeiten schwer unter gotischen Plünderungszügen (Alarich), als Retter trat der weströmische Feldherr Stilicho auf. Iustinianus hat für die Sicherheit der Provinz gut gesorgt, als er aber 529 u. a. auch die Philosophenschule in Athen schloß, bereitete er ihrer hellenischen Tradition das Ende. B. E. T.

1. CAH 11, 556–65. 2. *J. A. O. Larsen* Roman Greece. (An economic survey of ancient Rome, ed. by Tenney Frank, vol. 4, 1938, p. 436–496.) 3. *Edmund Groag* Die römischen Reichsbeamten von Achaia bis auf Diokletian. [Akad. der Wissensch. Wien, Schr. der Balkankomm., Antiquar. Abt. 9.] 1939. 4. *Edmund Groag* Die Reichsbeamten von Achaia in spätrömischer Zeit. [Dissert. Pann. 1,14] 1946. 5. *U. Kehrstedt* Das wirtschaftliche Gesicht Griechenlands, Bern 1954, 246 ff.

Achaimenes (Ἀχαιμένης) **1.** Mythischer Stammvater und Eponymos des persischen Königshauses (Hdt.), als Vertreter persischen Reichtums betrachtet (Hor. carm., Ov. met.). Nach ihm wurde auch das Land der Perser benannt. Er galt als Sohn eines Aigeus oder des Perseus. Er sollte von einem Adler genährt worden sein. **2.** Vorfahr des Dareios im fünften Gliede, auf der Behistuninschrift genannt (Hakhāmanish), von Herodot in seiner fehlerhaften Aufzählung der Ahnen des Xerxes erwähnt. Vielleicht mit 1. identisch. **3.** Bruder des Xerxes, Satrap unter ihm und Artaxerxes I. (Hdt. Diod.), von Ktesias Achaimenides genannt. J. D.-G.

Achaimenidai (*'Αχαιμενίδαι*) **1.** Persischer Clan (*φρήτρη*), zum Stamme der Pasargadai gehörig (Hdt.). **2.** Das persische Königshaus, dessen Glieder sich im engeren Sinne Achaimeniden nannten, das jedoch vom Clan der Achaimeniden scharf zu unterscheiden ist. Der Name ist für die Familie des Kyros durch Herodot, für die des Dareios bezeugt durch altpersische Inschriften. Um die Verwandtschaft zwischen Kyros und Dareios nachzuweisen und den Stammbaum der älteren Achaimeniden zu rekonstruieren, dienen, außer der Behistuninschrift (17) der babylonische Kyroscylinder (ediert u. übers. u. a. von Weissbach Inschr. der Achäm. 1911) und die Aufzählung der Vorfahren des Xerxes bei Hdt. (7,11). Schwierigkeit macht der Widerspruch zwischen Herodot und der Behistuninschrift, da auf dieser Achaimenes Vater des Teispes genannt wird, während bei Herodot Kyros, Kambyses und in einigen Hss. noch ein zweiter Teispes zwischen Teispes und Achaimenes aufgeführt werden. Der Widerspruch stellt sich als unlösbar heraus. So ist es unvermeidlich, Herodot zugunsten des einheimischen Zeugnisses preiszugeben. Nach Weissbach (RE Suppl. IV 1132) läßt sich der Stammbaum wie folgt rekonstruieren (vgl. Kent Old Persian, ^{2}1953, 158):

Achaimenes
Teispes
Kyros — Ariaramnes
Kambyzes — Arsames
Kyros II. d. Gr. — Hystaspes
Kambyzes, Smerdis — Dareios d. Gr.
Xerxes I.
Artaxerxes I Longimanus
Xerxes II. — Sogdianus — D. II Nothus
Artaxerxes II Mnemon — Kyr. d. J. — Artostes
Artaxerxes III Ochus — Arsames
Arses — Dareios III. Codomannus

J. D.-G.

Achaimenides. Gefährte des Odysseus, den dieser bei seiner Flucht aus der Höhle des Polyphem zurückließ und der nach drei Monaten von Aeneas aufgenommen wurde. Nur von Verg. Aen. 3,588 f. und von Ov. met. 14,160 f.; Pont. 2,2,25; Ib. 413 f. genannt. Wahrscheinlich freie Erfindung Vergils. W. S.

Achaioi. 1. Die mykenischen Griechen haben sich, wie aus Homer und anderen Anzeichen (hethitische Texte, wo sich »*Achiijava*« auf die Achaier bezieht) hervorgeht, selbst »Achaioi« genannt und damit dem Bewußtsein einer Stammeszugehörigkeit Ausdruck gegeben, so eine erste griech. Nationalbildung bekundend. Diese deckt sich räumlich und zeitlich mit der → mykenischen Kultur und tritt mit dem Heereszug der Achaier gegen Troia in Erscheinung. Mit dem Einbruch der Dorer und Nordwestgriechen in Hellas wurde ein Teil der Achaier zur Auswanderung über See gezwungen, aus Thessalien und Boiotien nach Lesbos und der benachbarten Festlandküste (mit dem späteren aiolischen Dialekt), aus dem Sammelbecken und Ausgangspunkt Attika nach den Kykladen, nach Samos oder Ephesos (Ausgestaltung des ionischen Dialekts), aus Argos und Lakonien nach Kypros. So verlagerte sich das Schwergewicht des aus der mykenischen Zeit stammenden Griechentums von dem Festland auf den überseeischen Bereich. W. S.

Fritz Schachermeyr Griech. Geschichte, 1959, 58 ff.

2. A. ist die amtliche Bezeichnung der Mitglieder des 281/80 in → Achaia gegründeten, in wechselvoller Entwicklung den klassischen Peloponnesischen Bund Spartas erneuernden Achäischen Bundes (*Κοινὸν τῶν 'Αχαιῶν*). Im Gegensatz zum Bund der Aitoloi kennt dieser keinen Vorrang der ältesten Mitglieder-Poleis, unter denen es nur bis 255 einen Beamtenturnus gab (Pol. 2,43,1 mit Busolt-Swob. GStK 1537); als Bundessitz wird Aigion nur bis 188 beibehalten. Die Geschichte zeigt trotz Betonung demokratischer Gleichberechtigung (Pol. 2,38.44 u. a. Syll.^{3} 665,17 ff.) den Einfluß weniger großer Persönlichkeiten aus Sikyon, Megalopolis, Argos bei zugleich militär. und polit. Aufgaben des Strategos. Kennzeichnend ist die konservative Haltung eines Besitzbürgertums, gegen das sich erst zum Schluß die Unterschicht einer Großstadt wie Korinth erhebt. Der Bundeszweck ist die Defensive gegen feindliche Angriffe und Hegemonie-Bestrebungen (Makedoniens, Spartas, Aitoliens).

Durch den Eintritt einer Polis in den Bund (Sympoliteia) werden alle ihre Bürger mit Doppelbürgerrecht zu A. (erhalten *ὄνομα* und *πολιτεία*: Pol. 2,38,1. 4,1,7). Der Eintrittsvertrag (*ὁμολογία*, Beispiel IG V 2,344 = Syll. ^{3}490) mit Errichtung einer Vertragsstele (Pol. 2,4.12.23,17,2) gehört nach Pol. 24,8,4 zu dem *ἃ συνέχει τὴν κοινὴν συμπολιτείαν*. Die Poleis konstituieren den Bund (Busolt-Swob., GStK 1549, 5). Alle A. in diesem weiteren Sinne sind zur Teilnahme an den regelmäßigen, vor allem zu Wahlen dienenden Bundes-Versammlungen (Synodoi, überholt RE IV A 1415ff.) und an den ausdrücklich zweckbestimmt einberufenen, daher meist stärker besuchten außerordentlichen Tagsatzungen (Synkletoi) berechtigt, stimmen jedoch in beiden (zum Unterschied AYMARD; LARSEN 75ff. 165ff.) nach Städten ab (BUSOLT-SWOB. 1558). Auf den Bronzemünzen der Städte heißen ihre Bewohner z.B. *Ἀχαιοὶ Κορίνθιοι* (HEAD HN^2 417), in Inschriften der einzelne z.B. *Ἀχαιὸς ἀπ' Ἄργους*. Münzwesen und Polis-Verfassung sind in allen Städten gleich. Alle Bundesstädte haben → Damiurgoi an ihrer Spitze nach altem Brauch von Achaia (BUSOLT-SWOB. 505f. K. MURAKAWA, Hist. 6, 1957, 389f.), können ihrerseits das Bürgerrecht ihrer Polis verleihen und ziehen die Bundessteuer ein; wechselseitige *ἔγκτησις γῆς* ist unsicher (IG ^{2}IV 1,28,59). Abhängigkeitsverhältnisse, Koina-Bildung oder Krieg innerhalb des Bundes sind nicht zugelassen. Der Bund übt die Schiedsgerichtsbarkeit aus und verhindert Bürgerkrieg (BUSOLT-SWOB. 1553f.). Eine die Poleis bindende gesetzgebende Gewalt (IG^2 IV 1,73. SEG I 74) hat das Kollegium der Nomographoi, in dem einzelne Städte vertreten sind. Vergehen gegen den Bund bestraft die Bundesversammlung oder ein bestelltes Richterkollegium. Die Außenpolitik mit allen diplomatischen Vorgängen, die Prägung des *ἀργύριον συμμαχικόν* (IG V 2,345,21) mit dem Bild des Zeus Hamarios von Aigion und dem A.-Monogramm) und die Kriegführung sind ausschließlich Sache des Bundes. Seine Exekutive mit Rechenschaftspflicht sind 10 Damiurgoi (aus allen Städten für ein Jahr gewählt), dazu bis 255 zwei Strategoi, dann ein Strateg, der auch das Staatssiegel führt; sie werden als Synarchiai zusammengefaßt. Nach dem Strategen (und seinem Grammateus in Urkunden (A. AYMARD Mélanges N. Jorga 1933, 71ff.) wird datiert, auch mit Angabe der Iteration, die in der Regel beim Strategen indes nur mit jährlicher Unterbrechung zulässig ist (chronolog. Strategenliste bei A. AYMARD REA 30, 1928, 1ff.); für die Wahl ist im allgemeinen eher polit. als militär. Tüchtigkeit maßgebend. Unter dem Strategen stehen in der Führung des Aufgebots für die Reitertruppe aus den Reichen der Hipparchos, für die Hopliten Hypostrategoi und Apoteleioi, diese als Führer der Poleis-Kontingente. Die Wahlen erfolgen vor 217 im Januar, der Amtsantritt bei Jahresanfang im Mai, später im Herbst. Nur wenige Bundesbeschlüsse sind erhalten und verstreut veröffentlicht (AYMARD, 4,278, dazu neu J. BINGEN, BCH 77, 1953, 616ff.). Die Synodoi treten (bis zu viermal jährlich) bei Aigion im Heiligtum des Zeus Hamarios, ab 255 auch in der Stadt Aigion, seit der Betonung des bundesstaatlichen Prinzips ab 188 auch an anderen Orten zusammen (Liv. 38,30,2. BUSOLT-SWOB. 1557). Die Synkletoi finden zunächst an wechselnden Orten, ab 218 meist in Aigion statt (Liste bei F. GHINATI Parola del Passato 15, 1960, 359ff.). Jeder Bundesbürger über 30 Jahre kann teilnehmen. Daneben gibt es als vorberatende Körperschaft eine *βουλή* oder *γερουσία* (M. GELZER, Gn 15, 1939, 615f.). Ihre Stellung ist noch umstritten. Vielleicht trat sie erst seit der Vergrößerung des Bundes, um 217, allein mit den Synarchiai als Synodos zusammen (LARSEN). Als Ekklesia (Pol. 22,10,10) bleibt die Synkletos auch dann Primärversammlung aller waffenfähigen A., kann daher auch von der Heeresversammlung ersetzt werden. Die Zahl der Wehrfähigen betrug um 169 nach Pol. 29,24,8 etwa 30000 bis 40000, doch war ihr militär. Wert lange Zeit gering, der einer Garde der Epilektoi (3000 zu Fuß, 300 zu Pferd, seit 213 als ständige Truppe: Pol. 5,91,6) und der seit 217 verwendeten Söldner, erst recht der der Flotte kaum höher (BELOCH GG 4,1,609). Die Eroberung von Korinth und der Bundesstädte durch L. Mummius 146 v. Chr. bezeichnet das Ende dieser Bundes-Organisation, aber nicht das der Verwendung des Begriffs A. über → Achaia hinaus. E. K.

G. Niccolini La confederazione achea, Pavia 1914. *Busolt-Swob.* GStK 1548ff. *A. Aymard* Les assemblées de la confédération achaienne (Thèse Paris), Bordeaux 1938. *K. v. Fritz* The Theory of the mixed Constitution, New York 1954, 1ff. *J. A. O. Larsen* Representative Government in Greek and Roman History, Berkeley 1955. *V. Ehrenberg* Staat der Griechen 1, Lpz. 1957, 96ff.

Achaios (*Ἀχαιός*) **1.** Sohn des Xuthos und der Kreusa, Enkel des Hellen, Bruder des Ion, Apollod. 1,50. Durch diese Genealogie werden innerhalb des griech. Stammesgefüges die Ioner und Achaier als näher verwandt begriffen. A. soll von Athen aus die Pelasger in Argos unterworfen haben oder in seine thessal. Heimat zurückgekehrt sein, von wo aus seine Söhne Archandros und Architeles (Hdt. 2,98) nach Argos gegangen seien. Andere Geneal. Myth. Lex. I 6, XI. H. v. G.

2. aus Eretria, Tragiker, Sohn d. Pythodoros oder Pythodorides, in Athen seit Ol. 83 (448–445), * Ol. 74 (484–481). 44 oder 30 oder 24 Stücke, ein Sieg (Suda). A.s Satyrspiele nur denen d. Aischylos nachgestellt: Menedemos v. Eretria b. Diog. Laert. 2,133. Bekannt 19 Titel, davon 9 Satyrspiele (5 bezeugt, 4 wahrscheinlich), 56–58 Fragmente erhalten. **3.** D. jüngere, aus Syrakus. Verfasser von 10 Tragödien. Sud. s.v. IG II ^{2}2325, col. IV. F. St.

4. Sohn des Seleukos I. Nikator. Von seinen Töchtern heiratete Antiochis 270 Attalos, Laodike 267 Antiochos II. (Strab. 13, 624. FGrH 260, F 32, 6). F. W. WALBANK A historical commentary on Polybius, 1957, 501. – **5.** Enkel des vorigen, durch Heirat seiner Schwester Laodike mit Seleukos II. Onkel des Seleukos III. und Antiochos III., Schwager des letzteren. Als Reichsverweser des Antiochos III. gewann A. 223 das von Attalos I. von

Pergamon besetzte seleukidische Gebiet Kleinasiens zurück, nahm aber 221 in Laodikeia (Phrygien) Königstitel und Diadem an. Pol. 4,48,5 ff. 5, 57. In Sardes wurde er 215–213 belagert, durch Verrat gefangen und hingerichtet. 8,15 ff. H. V.
Zu Münzen des »Königs Achaios« *G. Kleiner* JNG 5/6, 1955, 143 ff.

Acharnai (*'Αχαρναί*). Nach Thuk. 2,19 ff. der größte der Demoi Attikas und so auch einziger Ort der Mesogeion-Trittys der Phyle Oineis, 60 Stadien von Athen in Öl- und Weinpflanzungen (Lukian. Icaromen. 18) gelegen, von Bewässerungskanälen umgeben, mit dem Mittelpunkt auf dem Gerovuno w. Menidi. Ein Teil der 425 v. Chr. von Aristoph. Ach. 180 f. charakterisierten (3000?) Einwohner wirkte als Kohlenbrenner im nahen Parnes. Im Sommer 431 verheerten die Spartaner das Demos-Gebiet (Thuk. 2,19.21). Im Winter 404 kämpfte hier Thrasybul mit den Dreißig (Diod. 14,32). Die Kulte zählt Paus. 1,41,6 auf; zum Ares-Kult s. Robert 293 ff. Aus A. stammt die Wiedergabe (mit Varianten) des Ephebeneides von Lykurg. Leokr. 76 und des Athener-Eides vor der Schlacht von Plataiai (RE XX 2287), im 4. Jh. im Heiligtum von Ares und Athena Areia aufgezeichnet (Robert 296 ff. Tod, IGH 2,204). Athleten aus A.: Pind. N. 2. E. K.
Wilamowitz Pindaros, 1922, 156 ff. *L. Robert* Études épigr. et philol., Bibl. Ec. H. Ét. 272, 1938, 293 ff. *A.W. Gomme* Hist. Comm. on Thuc. 2,71 ff. *Philipps.-Kirst.* 1,876.986.1007 (Karte Nr. 109).

Acharrai. Stadt im s.w. Thessalien, vermutlich nicht weit von der Grenze der Dolopia gelegen, unterwarf sich 198 v. Chr. den Ätolern bei ihrem Einfall in Thessalien (Liv. 32,13). W. S.

Achates. 1. → Edelstein. **2.** Gefährte des Aeneas von sprichwörtl. Treue. Ob von Verg. griech. Quellen entlehnt (Roscher Myth. Lex. 1,6) oder – wahrscheinlich – eine Schöpfung Vergils (Rossbach RE I 212. Bömer Ov. fast. 3,603), läßt sich nicht entscheiden, da Schol. Il. 2,701 (ebenso. Eustath. 326) nachvergilisch sein kann: Einige hielten A. (andere Aineias oder Hektor) für den Mann, der Protesilaos tötete. Servius' Deutungen des Namens (Aen. 1,174) sind unverbindlich. W. E.

Acheloides (*'Αχελοίδες*). Bei Sil. Ital. 12,34 *Acheloias, Sirenum una*, bei Ov. met. 14,87 *Acheloidas*). **1.** Die Seirenen (Ov. met. 5,552. 14,87), als Töchter des Acheloos und der Melpomene (Apollod. 1,3,4. Hyg. fab. 125.141) oder der Terpsichore (Apoll. Rhod. 4,891. Tzetz. Lyk. 653) oder der Kalliope (Serv. Aen. 5,864) oder der Sterope (Apollod. 1,7,10). → Acheloos. Seirenen. **2.** Allgem. Bezeichnung für Flußnymphen, bes. des Acheloos. W. S.

Acheloos (*'Αχελῷος*). **1.** Fluß des w. Griechenland, nach Thuk. 2,102 im Gebiet der Doloper entspringend (wo es eine Parachelois gab: Philipps.-Kirst. 2,180), also im Oberlauf mit dem h. Megdova identisch, dann mit dem (als → Inachos aus Zagoria vom Lakmon kommenden) Aspropotamos oder Aspros; diese Bezeichnung »der weiße« trifft auf das Wasser des Stroms noch zu (Hes. theog. 340: *ἀργυροδίνης*). Er floß durch die Gebiete der Agraier und Amphilocher (Strab. 10,2,1 p. 450. Philipps.-Kirst. 1,576 f.) und bildete von Pras ab die Grenze zwischen Aitolien und Akarnanien. Nahe der Mündung lag auf ursprünglich akarnanischem (Strab. 8,2,3), dann aitolischem Gebiet eine Paracheloitis (ebd. 402). Hier war der Strom mit Schiffen oder Flößen befahrbar. Im Peloponnes. Krieg (Furt bei Stratos: Thuk. 3,106,1) und bei den Feldzügen Philipps V. 219 und 218 wird er oft genannt. (Thuk. 3,7,3. Pol. 4,63 ff. 5,5) Die Mündungsstadt → Oiniadai hatte keinen Flußhafen, sondern unmittelbar Zugang zur Bucht von Petala. Die Mündung verlagerte sich durch die Verlandung der Echinades-Inseln im Altertum, doch hörte das vor Pausanias auf (Hdt. 2,10. Thuk. 2,102. Strab. 1,3,18 p. 59. 10,2,19 p. 458. Paus. 8,24,11). Nach Thuk. 2,102 war diese Erscheinung der Anlaß für den Mythos vom Abbrechen des Horns des A. durch Herakles.
E. Oberhummer Akarnanien, 1887. *Philipps.-Kirst.* 2,147. 174.576.673, Karte S. 691.

2. A. bezeichnet nach Orph. frg. 344. Aristoph. Lys. 381. Ephoros FGrH 70 F 20. Macr. Sat. 5,18, 4 ff. alles Süßwasser und dessen Vergöttlichung (Hom. Il. 21,194. Hes. theog. 337 ff.), nach Akusilaos FGrH 2 F 1 den ältesten der Flüsse, daher auch den Vater der Nymphen (Hom. Il. 24,616. Plat. Phaid. 263 d). Als solcher wird er, meist mit den Nymphen, vielerorts kultisch verehrt. Die Anregung zum Kult gab das Orakel von Dodona (Ephoros a. O.). Im Mythos wird er nur mit Herakles verbunden als sein Rivale um die Hand der Deianeira (Stellen bei Oberhummer 16,4). Im Ringkampf zeigen beide archaische Vasenbilder, eine der kleineren Metopen von Selinunt (um 550); MonAL 1, 1892, 959 Taf. 3. Kaehler Arch. Metopenbild 97) wie bezeugte Kunstwerke (Paus. 3,18,6. 6,19,2. Philostr. Imag. 1,23,1). Der Bildtypus des A. geht in regionalen Varianten wie der Ringkampf-Mythos von der Wandelbarkeit des Wasserwesens aus (Menschenstier, Stierkentaur, einmal Fischmensch, Mann mit Stierohren, in Unteritalien im 4. Jh. ganz als Stier). In Korinth und Athen erscheint A. zwischen 550 und 490 als Stier mit Menschenkopf mit Stierhörnern. E. K.
Myth. Lex. 1,6 ff. RE VI 2791 ff. *Nilsson* GgrR 1,238 ff. 247. *F. Matz* Naturpersonifikation in der griech. Kunst, Diss. Gött. 1913, 90 ff. *St. Luce*, AJA 27, 1923, 425 ff., zu ergänzen nach den Registern (s. v. Herakles) in *Beazley*, BAV 725. ARF 981. Enciclopedia dell'Arte antica 2,151.

Acherbas. Bei Iustin (18,4,5 f.) Priester der Hera, Gatte der Elissa, von seinem Schwiegervater Pygmalion wegen seiner Schätze ermordet. Daher identisch mit dem Sychaeus bei Verg. Aen. 1,343, der bei Serv. auch Sicharbas hieß. W. S.

Acherini s. Schera

Acheron (Ἀχέρων), **1.** Fluß in Thesprotien in Epirus nach Liv. 8,24,2 im Molosser-Gebiet entspringend und in den Golf von → Elea mündend, also der heutige Mavros, Lakkiotikos, dann Glykys (PHILIPPS.-KIRST. 2,39.104.214). Die Beschreibung des Mündungsgebietes mit dem Γλυκὺς λιμήν enthält Unklarheiten (A.W. GOMME Histor. Comm. on Thuc. 1,179ff. PHILIPPS.-KIRST. 2,105.697f.; zu Hom. Od. 11,14 und Cheimerion s. HUXLEY). Der Fluß quert vor ihm die → Ἀχερουσία λίμνη; die Seefläche ist seit dem Altertum zum Sumpf verlandet und heute Reisanbaugebiet (PHILIPPS.-KIRST. 2,104f.). Historisch wird A. nur wegen der Wiederkehr der Namen A. und → Pandosia in Unteritalien erwähnt: König Alexander der Molosser wurde vom Orakel von Dodona vor beiden gewarnt und bezog die Namen auf die epirotischen (Strab. 6,1,5 p. 256. Liv. 8,24,1ff. Iustin. 12,2,14). Das Totenorakel (*νεκυομαντεῖον* Hdt. 5,92,7. Paus. 9,30,6. RE XVI 2232) am A. im Gebiet von Ephyra – also wohl durch Kolonisten aus Ephyra-Korinth gegründet (FRANKE 1,301, 15) – ist neuerdings durch S. DAKARIS identifiziert worden (ORLANDOS, Ergon Arch. Het. 1958, 98ff., 1960, 102ff. BCH 85, 1961, 729ff. KIRSTEN-KRAIKER, ^{4}712.); heute trägt die Stätte ein Kloster des Johannes Prodromos (PHILIPPS.-KIRST. 2,104, Karte Nr. 67).

G. L. Huxley Parola del Passato 13, 1958, 254ff. *P. R. Franke* Die antiken Münzen von Epirus 1, 1961.

2. A. ist primär der Totenfluß, vielleicht etymol. – so Melanipp. frg. 3 (BERGK 3^4, 594) – der Fluß des Stöhnens (Hom. Il. 10,513, auch 23,72f. nach ROHDE Psyche 54. Aischyl. Ag. 1160. Pind. P. 11, 21; N. 4,85. frg. 143. Aristoph. Ran. 471. Plat. Phaid. 112e. Orph. frg. 123.125). Als solcher wird er gegen Sonnenuntergang angesetzt und rückt mit der Erweiterung der Erdkenntnis immer weiter nach W.: zuerst nach Thesprotien (Nr. 1), zuletzt nach NW.-Europa (Orph. Arg. 1135ff. ROHDE Psyche 1,214). Die Grundvorstellungen behandelte Apollod. FGrH 244 F 102a, f. Proklos = Orph. frg. 222; viele Stellen in RE I 218f. Thes. 1.1.1,389ff. (dort auch Etymologien 390,14); dazu kommen zahlreiche Grabepigramme, in denen ebenfalls A. das Totenreich oder seine Grenze bezeichnet (z. B. SEG 15,174.876). Die Etrusker kannten nach Arnob. 2,62. Serv. Aen. 8,398 *Acherontici libri* (RE I 219), wohl als Darstellungen der nekromant. Riten. Die röm. Dichter folgen den griech. mit der Verwendung von A. für »Unterwelt«: Verg. Aen. 6,295 (m. Nordens Komm.) u. a. Als myth. Gestalt wird A. bei Ov. met. 5,539 mit Orphne, bei Apollod. 1,5,3. FGrH 244 F 102 mit Gorgo-Gorgyra als Gattin verbunden. Darstellung vielleicht mit Kokytos in den beiden Flußgöttern der Nekyia-Szene der Esquilin. Odyssee-Landschaften. E. K.

Myth. Lex. 1,9ff. RE VI 2791. *W. Peek* Griech. Vers-Inschriften I, 1955. *H. G. Beyen* Die pompejan. Wanddekoration 2. 1 (Haag 1960) 284f.

Achillas. General des jungen äg. Königs Ptolemaios XIII. (51–48), Caes. civ. 3,104,2. Er führte den Befehl zur Ermordung des Pompeius durch, leitete die Kämpfe gegen Caesar 48/7 und wurde im Zusammenhang mit der Rückkehr der Arsinoe aus Caesars Gewahrsam ermordet. H. G. G.

Achilleion, h. Kumkale. Befestigter Ort beim Vorgebirge Sigeion, nicht weit von der gleichnamigen Stadt in der Troas; von Mytilene aus errichtet (Hdt. 5,94. Skyl. 95. Strab. 13,1,39.46). A. führte seinen Namen von dem angeblichen Grab des Achilleus, das von Alexander d. G., Caesar, Germanicus u. Caracalla besucht wurde. Chr. D.

Head HN^2 540.

Ἀχιλλέως δρόμος (*Cursus Achillis*), Hdt. 4, 55.76. Strab. 7,3,19. Eine sich am Meer hin erstreckende sandige Landzunge an der Nordküste des Pont. Eux. zwischen der Mündung des Borysthenes und dem Karkinit. Meerbusen, die nur an einer Stelle mit dem Festlande verbunden ist. Hier soll → Achilleus einen Wettlauf abgehalten haben. Chr. D.

Achilleus (Ἀχιλλεύς, hom. auch Ἀχιλεύς, lat. meist *Achilles*, etrusk. *Achle*) **1.** Der Hauptheld der Ilias. Etymologien RE I 221 und Suppl. I 7. ESCHER entscheidet sich für Mannhardts Deutung, A. als Kurzform für Ἀχιλόγονος »Schlangensohn« (da Thetis sich vorzugsweise in eine Schlange verwandle); ZIELINSKI deutet A. als Koseform von Ἀχαιός, USENER als Wassergott (vgl. Acheloos), wenngleich in der uns vorliegenden Sagengestalt außer der Abstammung von Thetis und dem Kampf mit dem Skamandros nichts an einen solchen erinnert. Daß A. vielerorts als Heros, ja als Gott verehrt wurde, zeigt eine Übersicht seiner Kultstätten: in Lakonien Brasiai und Sparta, Paus. 3,24,5. 20,8, in Elis, wo die Frauen vor einem Kenotaph trauerten, ebd. 6,23,3, in Korinth, ebd. 2,1,8, bei Tanagra in Boiotien, Plut. quaest. graec. 37. Für thessal. Kult spricht das Bild des A. auf den Münzen und die jährliche Festgesandtschaft nach Sigeion (s. u.). In Epeiros, dessen spätere Könige sich auf A. zurückführten, wurde er als Aspetos (unsagbar, sc. groß) verehrt, Plut. Pyrr. 1; in Pharsalos gab es ein Thetideion. In Unteritalien wurde A. in Tarent, Lokroi und Kroton verehrt, Lykophr. 856, im griech. Osten auf der Sporadeninsel Astypalaia, Cic. nat. 3,45, in Milet (mit A.-Quelle), Erythrai und vor allem auf dem Kap Sigeion, wo sich sein Grab und ein zu Lesbos gehöriger Flecken Achilleion befand, Strab. 13,596. Philostr. Her. 208ff. Dazu kommen Kultstätten am Pontos: Byzanz, Insel Leuke u. a. (s. u.); dort nannte man ihn Pontarches. An den Küsten des Schwarzen Meeres war sein Kult wohl schon heimisch, ehe die Milesier dorthin kamen; anders ER. BETHE Homer, Dichtung und Sage 3, 1927, 66ff., der A. als Repräsentanten der Aioler von

Thessalien über Mittelgriechenland nach der Aiolis wandern läßt und sein Grab am Hellespont erst um 600 ansetzt. Gewiß hat A. durch die homer. Dichtung gemeingriechische Geltung gewonnen, ist von Dichtern, besonders den Tragikern (über die A.-Trilogie bzw. Tetralogie des Aischylos METTE G 62, 1955, 398) und bildenden Künstlern häufig dargestellt worden und erscheint auch uns noch im Lichte Homers als der Jüngling, der in Liebe und Haß keine Grenzen kennt, dem Verstellung verhaßt ist wie die Pforten des Hades, dem außer Apollon alle Götter hold sind, der einem langen, ruhmlosen Leben ein kurzes, aber ruhmvolles vorzieht und im Bewußtsein eines frühen Todes sich zu innerer Größe läutert.

Eine Scheidung der Sagen in vorhomer., homer. und nachhomer. ist nach den neueren Forschungen weniger als je möglich, WOLFG. KULLMANN Die Quellen der Ilias, H (ES 14) 108 ff. u. sonst. Sie werden daher hier in biograph. Rahmen vorgeführt. Ob die einzelnen Sagenzüge früh oder spät sind, ergibt sich im allgemeinen aus den Belegstellen; die Bildüberlieferung, die manche Korrekturen ermöglicht, kann hier nicht behandelt werden; es wird dafür auf RE I 141 ff. verwiesen. Das Exzerpt des Proklos über die kykl. Epen wird nach der Paragraphenzählung bei KULLMANN a. O. 52 ff. zitiert. A. stammt über Peleus, den Herrscher der Myrmidonen in Phthia (daher *Πηλείων*, *Πηλεΐδης*, *Πηληιάδης*, *Pelides*) und Aiakos (daher *Αἰακίδης*, *Aeacides*) von Zeus selbst ab. Seine Mutter ist nach der verbreitetsten Sage die Nereide Thetis. Um ihren Sohn unsterblich zu machen, salbt sie ihn mit Ambrosia und, um sein sterbliches Teil zu vernichten, taucht sie ihn bei Nacht in Feuer oder siedendes Wasser; als Peleus sie überrascht und ihr den Jungen entreißt, kehrt sie zu den Nereiden zurück; so schon in dem alten Epos Aigimios (Sch. Apoll. Rhod. 4,816). Apoll. Rhod. 4,869. Apollod. 3,13,6. Das Motiv der Achillesferse begegnet erst Stat. Ach. 1,269. Hyg. fab. 107: Thetis taucht ihn in die Styx, um ihn unverwundbar zu machen, die Ferse, an der sie ihn hält, wird nicht benetzt, hier trifft ihn später der Pfeil. Peleus bringt A. zum Kentauren Chiron, der ihn Ehrfurcht vor Zeus und den Eltern und ritterliche Übungen, ferner Heilkunde und Musik lehrt und ihm, der bisher Ligyron geheißen, den Namen A. gibt, Pind. N. 3,43 ff.; P. 6,21. Paus. 3,18,12. Als Jüngling kehrt A. zum Vater zurück. Die Ilias kennt Chiron nur als Lehrmeister der Musik und weiß nichts von mutterloser Erziehung. Sie erzählt, daß Peleus ihn noch als kriegsunerfahrenen Jungen mit Phoinix zu Agamemnon geschickt habe, um dort Reden und Handeln zu lernen, Hom. Il. 9,438. Anderer Art ist die Erzählung, daß Thetis A. bei Kriegsausbruch nach Skyros schickt, wo er verkleidet unter den Töchtern des Lykomedes weilt; seiner Verbindung mit Deidameia entspringt hier der Sohn Pyrrhos, später Neoptolemos genannt, Apollod. 3,13,8. Hyg. fab. 96. Bion 2,5. Stat. Ach. 1,42. 2,229. Odysseus, von Kalchas nach Skyros gewiesen, entdeckt A. durch eine List. Nach Plut. Thes. 35 erobert A. Skyros, als er schon erwachsen ist, aber noch vor dem Troischen Kriege, um Theseus, den Gastfreund seines Vaters, den Lykomedes getötet hat, zu rächen, und erhält nach der Versöhnung mit Lykomedes dessen Tochter Deidameia zur Frau. In diese Zeit fällt auch sein Sieg über Alexandros (Paris) am Spercheios, ebd. 34, sein Vorgehen gegen Poimandros von Tanagra, Plut. quaest. graec. 37, seine Werbung um Helena bei Tyndareos, Paus. 3,24,10.

Als Nestor und Odysseus nach Phthia kommen, um A. zur Teilnahme am Zuge gegen Ilion aufzufordern, folgt er gern, Il. 11,765. Von Patroklos und dem alten Phoinix begleitet, zieht er mit 50 Schiffen ins Feld, ebd. 2,681. 16,168. Die Kyprien schicken dem eigentlichen Troischen Kriege eine Art Vorspiel voraus: die Achaier landen in Teuthranien (Mysien) in der Meinung, es sei Ilion, und erst der zweite Zug, 8 Jahre später unternommen, führt sie nach der Stadt des Priamos und Paris. Auf dem ersten Zuge nun geschieht die Verwundung und Heilung des → Telephos durch A. und auf der stürmischen Rückfahrt die schon erwähnte Eroberung von Skyros und Vermählung mit Deidameia, Prokl. § 25–28. Bei der zweiten Sammlung der Flotte in Aulis wird Iphigeneia durch das Vorgeben der Verlobung mit ihm nach Aulis gelockt, Prokl. § 30. Eur. Iph. A. Auf Tenedos, wo A. den → Tenes tötet, kommt es zum ersten Streit mit Agamemnon, und zwar wegen einer verspäteten Einladung zum Mahl, was Odysseus als bloßen Vorwand erklärt, Prokl. § 34. Im Schiffslager vor Troia hat A. seinen Platz auf dem äußersten rechten Flügel, Il. 8,222. 11,8. In den ersten 9 Jahren des Krieges stehen, was A. betrifft, die Geschichten von → Kyknos, → Troilos und → Lykaon im Vordergrunde, Prokl. § 37.45.46. Thetis und Aphrodite vermitteln dem A. eine geheimnisvolle Begegnung mit Helena, § 41. Als die Achaier abfahren wollen, rettet A. die Lage, § 42. Dazu kommen viele Beutezüge in der Troas und auf den Inseln, § 40.43 f.47, später z. T. romanhaft ausgeschmückt: Peisidike, Trambylos, Parthen. 21.26. Auch ein Skythenzug des A. wird später in diese Zeit verlegt, Mela 2,5. Malal. 4,125 bc. Zwölf Städte zur See und elf zu Lande hat A. erobert, Il. 9,328. In die Geschichte vom Tode des → Palamedes, Prokl. § 48, wird A. später hineingezogen, Philostr. Her. 180 ff. K. Die A.-Handlung der Ilias braucht hier nicht dargestellt zu werden.

An die Erzählung der Ilias schließt sich die der Aithiopis und der Kleinen Ilias, Prokl. § 51–68. 69–85. Die Amazone → Penthesileia kommt den Troern zu Hilfe und wird von A. erlegt. Er bewundert die Schönheit der Toten und wird deshalb von Thersites verleumdet und geschmäht, den A. mit einem Faustschlag niederstreckt. Aus den Vorwürfen des Thersites machen Spätere eine Tatsache, Nonn. Dion. 35,28. Serv. Aen. 11,661. Aus der Tötung des Thersites entsteht ein Zwist unter den Feldherren, schließlich fährt A. nach Lesbos, opfert dem Apollon, der Artemis und Leto und wird durch Odysseus vom Morde gereinigt. Nun kommt → Memnon, der Sohn der Eos, den Troern zu Hilfe. Er tötet Antilochos, A.' besten Freund, und muß deshalb von A. den Tod erleiden; Memnons Tod wird schon von Pind. O. 2,91 u. sonst erwähnt, in Dramen des Aischylos und Sophokles behandelt, später ausführlich von Q. Smyrn. dargestellt. A. treibt die fliehenden Troer vor sich her bis an die Tore der Stadt. Da blitzt Apollon ihn von der Zinne der Mauer nieder; diese erst bei Q. Smyrn. 3,60 belegte Version hält ER. BETHE Theban. Heldenlieder 124 für die älteste. Daß A. durch Apollon allein den Tod findet, wird bei den Tragikern gesagt oder vorausgesetzt, auch in der Weissagung der Thetis Il. 21,277, während A.' Roß Xanthos und Hektor den Tod durch Paris und Apollon voraussagen, Il. 19,416. 22,359, so auch Prokl. § 62. Nach einer andern Version tötet Paris A. meuchlings im Apollontempel zu Thymbra, wo A. mit dessen Schwester → Polyxene eine Zusammenkunft vereinbart hat, Hellanik. frag. 135 M. Sch. Lykophr. 269. 307. Hyg. fab. 110. Am skaiischen Tor entbrennt über A.' Leiche ein erbitterter Kampf, Aias rettet sie, während Odysseus die drängenden Feinde abwehrt. Dann wird Antilochos begraben und der Leichnam des A. ausgestellt. Thetis kommt mit den Musen und Nereiden und beweint den Sohn. Darauf entreißt sie ihn dem Scheiterhaufen und bringt ihn nach der Insel Leuke (s. u.). Die Achaier aber schütten einen Grabhügel auf und feiern Leichenspiele, Prokl. § 63–67. Auf anderer Grundlage beruht die Darstellung der Totenklage und Bestattung, Hom. Od. 24,43 ff. 74 ff. Über den Streit um A.' Waffen → Aias und Odysseus.

A.' Leben nach dem Tode. Die Odyssee hält sich an die üblichen Vorstellungen vom Schattendasein im Hades und von der Bedeutung des Grabhügels. Doch schon früh taucht das Motiv der Entrückung auf die Inseln der Seligen auf, als allgemeines Los der Kriegshelden bei Hes. erg. 156, für A. insbesondere bei Pind. O. 2,77, der ihn neben Rhadamanthys, Kronos, Peleus, Kadmos als Totenrichter kennt; Ibykos und Semonides versetzen ihn ins Elysion. Bald glaubte man dieses Jenseits in der Insel Leuke vor der Donaumündung gefunden zu haben, Pind. N. 4,49. Eur. Andr. 1260; Iph. T. 435. Der A.-Tempel auf dieser unbewohnten Insel erhielt reiche Weihgaben von den benachbarten Festlandsbewohnern und den Seefahrern, als deren Helfer A. galt. Mit weiterem Vordringen in den Pontos wurde der Name auch auf entferntere Orte übertragen, wie auf die Insel Borysthenis, auch Achillea genannt. Unweit der Stadt Olbia, die einen A.-Tempel besaß, lag eine langgestreckte schmale Halbinsel, die »Rennbahn des A.«, Hdt. 4,55. 76, u. ö. des kimmer. Bosporos ein Ort Achilleion mit einem Tempel des A., Strab. 7,310. Auf Leuke lebt A. mit Medeia vereinigt, Apoll. Rhod. 4,811. Andere gaben ihm als Gefährtinnen Iphigeneia (Orsilochia), Polyxene oder Helene; aus dem Bunde mit Helene entsproß der geflügelte Euphorion. Philostr. Her. 215 f. erdichtet einen Einfall der Amazonen auf Leuke, die das A.-Heiligtum plündern wollten, aber völlig vernichtet wurden. Den epizephyr. Lokrern half A. in einer Schlacht gegen Kroton, Sch. Plat. Phaidr. 243 a. H. v. G.

A. de Vita Il mito di A., Turin 1932. *A. Rivier* La vie d'A. illustrée par les vases grecs, Lausanne 1936. *Heinr. Pestalozzi* Die Achilleis als Quelle der Ilias, Erlenbach-Zürich 1945. *G. Méautis* Mythes inconnus de la Grèce antique, Paris 1949, 93–248.

2. A. (Aurelius Achilleus, so P. Cair. Isidor. 62, 24, sonst nur Achilleus) unterstützte 296/7 als ἐπανορθωτής *(corrector)* in Äg. den Usurpator L. Domitius Domitianus gegen Diokletian. Eutr. 9,22,1. 23. Aur. Vict. Caes. 39,23. 38. epit. 39,3. FHG 4,601. Zon. 12,31,640 C. H. V.

A.E. Boak und *H.C. Youtie* The archive of Aurelius Isidorus, 1960, 17 ff.

Achlis. Sagenhaftes elchähnliches Tier nordischer Länder (Scandinavia oder Gangavia), in dessen Schilderungen (Plin. nat. 8,38 ff. Solin. 20,3) wahrscheinlich echte Erinnerungen an den in histor. Zeit ausgestorbenen Riesenhirsch mit zool. Mirabilia anderer Tiere (Elch, Elefant, Nashorn) vermischt sind. Der Plin.-Bericht lebt fort im Nibelungenlied (16,937), wo die A. durch den Schelch ersetzt ist. W. R.

Richter Philol. 103, 1959, 281 ff.

Achlys ('Αχλύς). Der dunkle Nebelschleier des Todes, z. B. Hom. Il. 5,696; personifiziert mit dämonisch-gorgohaften Zügen Hes. asp. 264 ([1], 16 f. [2], 12 f.). Gespannführerin der Nyx Orph. Arg. 431. Orphisch beeinflußt scheint auch die kosmogonische Konzeption vom Dunkelnebel (Caligo = A.) als prächaotischem Urzustand Hyg. fab. praef. 1. W. F.

1. *L. Petersen* Zur Gesch. der Personifikation, 1939. 2. *C.A. Russo* Hesiodi Scutum, 1950.

Achradina s. Syrakusai.

Acholla. Stadt in Byzacene, 45 km n.ö. von Sfax, heute Bou-Tria, am Meer gelegene karthagische Kolonie. Sie ergab sich den Römern mit sechs anderen Ortschaften vor dem Fall Karthagos (App. Lib. 94. S. GSELL Hist. Anc. Afr. N. 2, 130). Ihre Lage ist festgestellt von CH. SAUMAGNE Bull. Comité 1928/9, 86. Die Ausgrabungen haben seit 1947 reiche Landhäuser des 2. Jh. mit Mosaiks und Inschriften aufgedeckt: G. PICARD Bull. Comité 1947, 300. 1954, 113. RA 1948, 810. CRA 1953, 322; Karthago 1953, 119. Et. Arch. Class. 1959, 73. Encicl. dell'arte antica I, s. v. A. M. L.

Acilius. Römischer Gentilname, nachweisbar seit dem 3. Jh. v. Chr. Familien: Aviolae, Balbi,

Canini, Faustini, Fusci und vor allem Glabriones, die bis zum Ende des 5. Jh n. Chr. blühten. In Rom gab es einen *campus Acilius*, auf dem 219 v. Chr. der erste griech. Arzt angesiedelt wurde, und *horti Aciliorum*. (E. NASH Bildlex. z. Topogr. d. ant. Rom 1, 1961, 488).

I. Republikanische Zeit: **1.** A., tapferer Soldat Caesars in der 10. Legion. Val. Max. 3,2,22. Suet. Iul. 68,4. Plut. Caes. 16. **2.** C. A. im J. 155 v. Chr. als Senator Betreuer und Dolmetscher der berühmten Philosophengesandtschaft der Athener in Rom, Gell. 6,14,9. Er ist als Annalist hervorgetreten (Cic. off. 3,113 *Graece scripsit historiam*). Von seiner Darstellung (jüngste erhaltene Nachricht zum J. 184, HRR 1,44ff.) gab es eine von einem Claudius (Quadrigarius?) stammende lat. Übertragung. Liv. 25,39,12. 35,14,5. **3.** L. A., Legat im J. 181 v. Chr. **4.** L. A., Rechtsgelehrter, Zeitgenosse des älteren Cato (Cic. Lael. 6), bei Pompon. Dig. 1,2,2,38 irrtümlich P. Atilius genannt. Er war einer der *veteres interpretes* der XII Tafeln (Cic. leg. 2,59). **5.** M'. A. wurde im J. 210 v. Chr. als Gesandter nach Ägypten geschickt und trat im J. 208 als Antragsteller im Senat auf. **6.** M. A., Münzmeister um 119–110 (BROUGHTON Mag. 2, 430). Gleichzeitig mit ihm war M'. Acilius Balbus, um 55 v. Chr. M'. Acilius (Glabrio?) als Münzmeister tätig. **7.** M'. A. Balbus, Consul 150 v. Chr. **8.** M'. A. Balbus, Praetor um 117, Consul 114 v. Chr. Vgl. o. Nr. 6. **9.** M. A. Caninus (oder Caninianus), Legat Caesars im J. 48, anschließend wohl Praetor (BROUGHTON Mag. 2, 287), 46–45 Proconsul in Sicilien (10 Empfehlungsschreiben an ihn bei Cic. fam. 13,30–39), 45–44 in Griechenland als Befehlshaber der (für den beabsichtigten Partherkrieg vorausgeschickten) Legionen. **10.** M'. A. Glabrio. Volkstribun 201. Lex Acilia Minucia, RE XII 2319f., Xvir sacr. f. 200, Aedil 197, Praetor 196 (unterdrückt eine Sklavenverschwörung in Etrurien), Consul 191 (schlägt Antiochos bei den Thermopylen, bekämpft Aitoler und belagert Amphissa). Triumph 190. 191 Lex Acilia de intercalando, RE Suppl. VII 378. **11.** M'. A. Glabrio weihte 181 v. Chr. den von seinem Vater (Nr. 10) gelobten Tempel der Pietas in Rom. Aedil 166, Consul suff. 154. **12.** M'. A. Glabrio, Volkstribun 122 v. Chr. (?), Urheber einer lex Acilia repetundarum (RE XII 2319) und der lex Acilia Rubria (RE Suppl. VII 379). **13.** M'. A. Glabrio, Sohn von Nr. 12. 70 v. Chr. Praetor de repetundis (Verres-Prozeß), 67 Consul (lex Acilia Calpurnia de ambitu), 66 Procos. in Bithynia und Pontus, wo er den Oberbefehl an Pompeius übergab. 63 stimmte er gegen die Catilinarier. Pontifex seit vor 73 bis mindestens 57. H. G. G.

II. Kaiserzeit: **1.** P. A. Attianus Praefectus praetor. unter Traian-Hadrian H. A. vit. Hadr. 5,5ff. PIR I² 6 Nr. 45. **2.** A. Aviola Legat der Gallia Lugdunensis 21 n. Chr. Tac. ann. 3,41,1. **3.** M.' A. Aviola, cos. ord. 54, Tac. ann. 12,64,1, Procos. Asiae 65/66, Curator aq. 74–79, Frontin. aq. 102. PIR I² 6 Nr. 49. D. MAGIE Roman Rule Asia 2,1432ff. **4.** M.' A. Aviola, cos. ord. 122, DESS. 9060. PIR I² 7 Nr. 50. **5.** M.' A. Aviola, cos. ord. 239, CIL VI 1159 b, PIR I² 7, Nr. 51. **6.** A. Glabrio, cos. unter Nero oder Domitian, Iuv. 4,94f. **7.** M. A. Glabrio, cos. suff. 33 v. Chr., Dess. 6123, Procos. Africae 25, B. THOMASSON Statthalter Afr. 2, 10. **8.** M. A. Glabrio, cos. ord. 91, im J. 95 von Domitian getötet, Suet. Dom. 10,4. PIR I², 9, Nr. 67. **9.** M.' A. Priscus Egrilius Plarianus, Cos. suff. 128 n. Chr., Inscr. It. XIII 1,204f. 234. AE 1945, 35f. NSA 1953, 249f. PIR 3² 76, Nr. 48. **10.** L. Acilius Rufus, Cos. suff. 107 n. Chr., Inscr. It. XIII 1,198f. Plin. ep. 5,20,6. 6,13,5. **11.** L. A. Strabo, im J. 59 in praetorischer Amtsgewalt nach Kyrene geschickt, Tac. ann. 14,18,2f. Cos. suff. 71 n. Chr., Dess. 6460. PIR I² 14 Nr. 82. R. H.

Acipenser (gr. ἀκιπήσιος; Etym. ungeklärt). Seltener Seefisch (Plin. nat. 9,60. Macr. Sat. 16,1–8. Athen. 7,294 F), in Rom als Leckerbissen hochgeschätzt (Plaut. b. Macr. a. O. Lucil. 1240 M. Mart. 13,91; weniger im Anf. der Kaiserzeit: Hor. sat. 2,2,46. Plin. a. O.). Zool. Bestimmung schon im Altertum umstritten (Plin. nat. 32,153. Athen. a. O.); die heute übliche Gleichsetzung mit dem Stör (KELLER Ant. Tierwelt 2, 375. SCHRADER Reall. 2² 485) wegen der angebl. Seltenheit fraglich; am ehesten der Sterlett. W. R.

Ackerbau. Der A., dessen Bedeutung als Vorbedingung aller seßhaften Kultur stets anerkannt wurde, ist bereits in den mykenäischen Texten reich bezeugt und wurde von griech.-röm. Sage mit Recht als in der Vorgeschichte erfunden (Geschenk der Demeter oder anderer Gottheiten) betrachtet. Er läßt sich durch archäol. und phil. Beweise auf das Mesolithikum oder Frühneolithikum zurückführen, wurde aber durch die Erfindung des Eisens (bes. des eisernen Pfluges) stärkstens beeinflußt.

Trotz nicht ungünstigem, obgleich im Sommer zu trockenem Klima war der gebirgige und humusarme Boden großer Teile Griechenlands (etwa 75%), wie auch heute noch, zum A. ungeeignet. Dieser erstreckte sich hauptsächlich auf die Ebenen (bes. die böotische, thessalische und messenische) und befaßte sich unter den Getreidearten namentlich mit Gerste (κριθή) und (Nackt-) Weizen (πυρός) daneben auch Rispen- und Kolbenhirse (κέγχρος, ἔλυμος), mit Hülsenfrüchten und mit Flachs. Roggen wurde höchstens im N und Hafer wahrscheinlich gar nicht angebaut. Im Anbau hatte die Gerste, z. T. als Futter verwandt, das Übergewicht, verlor es aber in der menschlichen Nahrung, sobald der Weizenbedarf großenteils durch Einfuhr gedeckt werden konnte. Die Spelzweizen (bes. ζειά, Emmer) waren durchaus weniger bedeutend als in Italien. Gewinnreicher als der A. war oft die Baum- (bes. Oliven-) und Weinkultur, sowie die Weidenwirtschaft (→ Landwirtschaft).

Zur Verbesserung des Bodens wurden sowohl Entwässerungsanlagen wie Regulation des Wasserabflusses (aber wohl wenig Irrigation im eigentlichen Sinne) verwandt. Trotzdem erzwang die lang übliche Klassifikation der Kulturarten lediglich nach Lage und Boden einen regelmäßigen Wechsel zwischen Fruchtjahr und Brache (νειός), die gewöhnlich dreimal umgepflügt wurde. Die Erkenntnis der Vorteile des Fruchtwechsels machte nur langsame Fortschritte, scheint aber schon im 4. Jh. v. Chr. zu einer Art von Dreifelderwirtsch. geführt zu haben, wobei sowohl der Wechsel zwischen Winter- und Sommersaat wie der zwischen verschiedenen Arten eine Rolle spielte. Diese intensivere Kultivierung wurde z. T. durch besseres Verständnis und zunehmenden Gebrauch des jeweils geeigneten Düngers ermöglicht und hat wohl dazu beigetragen bei wachsendem Bedarf den Bodenertrag zu vervielfältigen. Auch brachte diese Entwicklung größere, von Pächtern bearbeitete Betriebe mit sich; doch war und blieb in Griechenland das Kleingrundstück, vom Bauern mit wenigen Sklaven oder auch Freien bewirtschaftet, die Regel.

In den hellenistischen Königreichen führten neue Erfindungen, bes. im Bereiche der Irrigation, sowie die von wachsendem Überseehandel begleitete Verpflanzung mancher Kulturarten in neue, besser zu ihrem Anbau geeignete Gebiete, zu zunehmender Rationalisierung des A. Gleichzeitig stieg auch die Durchschnittsgröße der Betriebe, ohne jedoch anderswo der staatlich geplanten und streng kontrollierten Wirtschaft des ptolemäischen Äg. nahe zu kommen, welches dadurch zu einer der Hauptkornkammern der Alten Welt wurde.

Auch in Italien, wo früher der A. der Hauptberuf gewesen war, entwickelte sich mit der röm. Eroberung von Kornprovinzen (bes. Sizilien und Sardinien), wie auch der Verarmung der Bauern im 2. punischen Kriege, eine auf billige Sklaven gestützte Großwirtschaft, die den A. weithin zugunsten der rentableren Viehzucht und des Oliven- und Weinbaues verdrängte, obgleich Klima und Boden, namentlich in Campanien und der Poebene, aber auch in Etrurien und Apulien, oft gepriesen und gut zu einträglichem A. geeignet waren, wenn auch mancher Boden später an Erschöpfung und Erosion gelitten haben muß. Etwa gleichzeitig wurde die Rolle des Emmers *(far)*, des ursprünglichen röm. Hauptgetreides, von den Nacktweizen übernommen, unter welchen *triticum* wohl mit den tetraploiden Hartweizen, *siligo* mit dem hexaploiden Brotweizen zu identifizieren ist. In geringerem Ausmaße wurden Gerste, Hirse und im kelt. N auch Roggen (aber kaum Hafer), sowie Mischfutter, Hülsenfrüchte und andere Gemüse angebaut, wobei die technische Entwicklung von Fruchtwechsel, Entwässerung, Irrigation, Düngung und Wirtsch.-Organisation weit gedieh und bald auch die Provinzen beeinflußte. Auch die

landwirtsch. Fachliteratur (bes. Cato, Varro, Columella, später Palladius), z. T. auf alexandrinische Quellen gestützt, kam jetzt zur Geltung und blieb lange einflußreich.

Trotz vielfachen Bestrebungen zur Wiederbelebung des Getreidebaues vom 2. Jh. v. Chr. bis ins 4. Jh. n. Chr. (→ ager publicus, colonus) blieb Rom für sein Getreide auf lange Zeit großenteils von den Provinzen (jetzt auch Africa und Äg.) abhängig, erwirkte aber durch seine Herrschaft sowohl die noch heute sichtbare Vereinheitlichung des A. im Mittelmeerraum wie die Entwicklung von Kultivationsmethoden, auch in den nördl. Provinzen, welche das röm. Reich lang überlebten. L. A. M.

RE VII 126–187. 1336–52. XII 624–676; Suppl. IV 83–108. 227–268; Suppl. VI 819–892. *V. Hehn–O. Schrader* Kulturpflanzen und Haustiere, 1911[8]. *W. E. Heitland* Agricola, 1921. *M. Schnebel* Die Landwirtsch. im hellenist. Äg., I 1925. *A. Jardé* Les Céréales dans l'antiquité grecque, I, 1925. *E. Bréhaut* Cato the Censor on Farming, 1933. *Tenney Frank* (ed.) Economic Survey, I–V, 1933–1940, Ind. s. v. agriculture. *C.E. Stevens* Cambridge Econ. Hist., I, 1941, 89–117. 1941 I. *G. Papasogli* L'agricoltura degli Etruschi e dei Romani, 1942. *N. Jasny* Amer. Hist. Rev. 47, 1941–1942, 747–764; The Wheats of Classical Antiquity, 1944. *L.A. Moritz*, CQ 43, 1949, 113–117; NS. 5, 1955, 129–141. *Ch. Singer* u. a. A History of Technology, II, 1956, Kap. 3. *Z. Gansiniec*, Archeologia 8, 1956, 1–48.

Acoetes s. Akoites

Acquisitio (und *acquirere*) für Erwerb und Erwerben finden wir als Bezeichnung eines Vermögenszuwachses, besonders durch Eigentumserwerb, aber auch als Ausdruck der Herstellung einer persönlichen Rechtsbeziehung *(acquirere libertum, socium, cognationes)*. Bedeutungsvoll war die Unterscheidung zwischen Einzelerwerb und *a. per universitatem*, vgl. Gai. 2,97. Ferner gliederte man die a. in Erwerb nach *ius civile* und nach *ius naturale*, vgl. Gai. 2,66 ff. Th. M.-M.

Voci Modi di acquisto della proprietà, 1952.

Acratus s. Akratos

Acro. 1. Nach Verg. Aen. 10,719 ff. Grieche aus Korythos (Cortona) im Heer des Aeneas; von Mezentius getötet. Nach Serv. ist A. von Geburt Grieche, kam aber aus der etr. Stadt K. **2.** König von Caecina. Romulus tötet ihn im Zweikampf und weiht die → *spolia opima* dem → Iuppiter Feretrius. Zuerst bei Prop. 4,10,7 ff. genannt (nur hier »*Herculeus*«). Auch die späteren Schriftsteller und CIL X 809 kennen den Namen, während die frühere annalist. Überlieferung nur vom »König von C.« spricht. (In den fasti tr. Capit. stand der Name offensichtlich ebenfalls nicht.) Ob der Name von Varro eingeführt wurde (Cichorius RE I 1199) und inwieweit die ausgeschmückte Erzählung Properz' Eigentum ist, läßt sich nicht sicher entscheiden. W. E.

Acta, Entscheidungen und Verfügungen staatlicher Organe, Protokolle von Verhandlungen und

Beschlüssen; s. auch *commentarii.* Über *a.* als Rechtsurkunden s. *instrumenta.*

1. a. senatus. Die Beschlüsse des Senats wurden seit frührepublikanischer Zeit aufgezeichnet (Liv. 3,55,13. 39,4,8. Vgl. *senatus consultum*). Von den Verhandlungen dagegen gab es bis 59 v. Chr. keine offiziellen Niederschriften. Einzelne Senatoren machten sich Notizen (Cic. fam. 12,23,2. 12,28,3. 15,6,1); Cicero mußte bei einer wichtigen Angelegenheit eigens einige Anwesende mit der Nachschrift beauftragen (Cic. Sull. 40 ff.). Caesar schrieb während seines Consulates die Abfassung vollständiger amtlicher Sitzungsprotokolle sowie deren Publikation in den *a. urbis* vor (Suet. Iul. 20,1). Zwar schaffte bereits Augustus die Veröffentlichung wieder ab (Suet. Aug. 36,1); die Protokolle aber wurden bis in die späteste Zeit weitergeführt (Cod. Theod. praef. [438 n. Chr.], zugleich das einzige erhaltene Beispiel eines authentischen Protokolltextes). Die Aufsicht über Redaktion und Verwahrung der *a.* oblag einem Vertrauensmanne des Kaisers, dem *curator actorum senatus* (zuerst bezeugt für 29 n. Chr.: Tac. ann. 5,4,1. Seit dem 2. Jh. lautete sein Titel *ab actis senatus;* vgl. *ab actis*). Inhalt der *a.* waren außer den Beschlüssen die Vorschläge und die darüber abgegebenen *sententiae*, ferner Verhöre, eingegangene Schriftstücke, die *orationes* der Kaiser u. a. (s. z. B. Tac. ann. 15,74,3. Suet. Aug. 5,2; Tib. 73,1); selbst anonyme Zurufe aus dem Kreis der Anwesenden wurden aufgenommen (→ *acclamatio*). Die Senatoren hatten vermutlich Zutritt zum Senatsarchiv; die *a.* konnten demnach als Geschichtsquelle benutzt werden.

2. a. urbis (auch *a. populi Romani, a. diurna*), die durch Anschlag *(in albo)* veröffentlichte amtliche Tageszeitung, von Caesar 59 v. Chr. eingeführt (Suet. Iul. 20,1). Sie enthielten offenbar in der ersten Zeit nur dürftige Informationen: der Briefwechsel Cicero–Caelius zeigt, daß bei der Vermittlung von Neuigkeiten noch 51 v. Chr. private Initiative vorherrschte (Cic. fam. 8,1 ff. fam. 2,8,1 läßt auf private Nachrichtenbüros schließen). In der Kaiserzeit wurden die *a.* von einem Presseamt *(ab actis urbis)*, das einem Procurator unterstand, redigiert. Zitate von 58 v. Chr. bis ins 3. Jh. zeigen ihren Inhalt: Staatsangelegenheiten, die Kaiser und Senat mitzuteilen für gut befanden (bis Augustus auch die Senatsbeschlüsse. S. z. B. Asc. p. 19.44.49 Cl. Cic. Att. 6,2,6. Tac. ann. 12,24,2. 13, 31,1. Plin. epist. 7,33,3; paneg. 75,1), Hofereignisse (Geburtstage u. a. m. S. z. B. Cass. Dio 48,44,4. Suet. Gai. 8,3. Tac. ann. 3,3,2), mannigfache Tagesneuigkeiten (s. z.B. Sen. benef. 2,10,4. Plin. nat. 7, 60. 7,186. 8,145. Iuv. 9,84). Parodie der *a. urbis:* Petron. 53.

3. a. principis, Sammelausdruck für sämtliche Regierungshandlungen der Kaiser (Verordnungen, richterliche Entscheidungen; → *constitutio, edictum, decretum, epistula, rescriptum, subscriptio, privilegium.* Die vom *princeps* veranlaßten Senatsbeschlüsse und Gesetze gehörten nicht zu seinen *a.*, ebensowenig seine *mandata*). Caesar ließ 45 v. Chr. die Beamten (nach Analogie des herkömmlichen Eides auf die Gesetze) die Beachtung seiner *a.* beschwören (App. civ. 2,106). Nach seiner Ermordung wurden sie durch Senatsbeschluß und Gesetz bestätigt; über die Einzelheiten → M. Antonius. Die Triumvirn beschworen die *a. Caesaris* und veranlaßten die Magistrate, ein Gleiches zu tun (Cass. Dio 47,18,2). Seit 29 v. Chr. gehörte die Bindung an die *a.* des Augustus und seiner Nachfolger zum alljährlichen Eid der Magistrate und Senatoren (Cass. Dio 51,20,1. 53,28,1. Tac. ann. 1, 72,1 u.ö.). Von dem Eid ausgenommen waren die Kaiser, deren *a.* der Senat nach ihrem Tode für nichtig erklärt hatte (*rescissio actorum.* So bei Caligula, Nero, Galba, Otho, Vitellius, Domitian, Caracalla. S. Cass. Dio 47,18,2. 57,8,4. CIL VI 930 = Dess. ILS 244 1. 19 ff. Über Tiberius s. [4] 75 f.); zweckmäßige Vorschriften wurden jedoch weiterhin beachtet (s. z. B. Gai. inst. 1,33: Konstitution Neros. Dig. 48,3,2,1: Edikt Domitians).

4. a. ordinis (auch *commentarius cottidianus*), die Protokolle der munizipalen Ratsorgane (z. B. CIL XI 3614).

5. a. militaria, die Bücher der Truppenkörper; sie enthielten nach Veg. mil. 2,19 die Guthaben der Soldaten.

6. a. triumphorum, inschr., später wohl in Buchform veröffentlichte Berichte triumphierender Feldherren (s. Plin. nat. 37,12 ff. u.ö.). M. F.

1. *Mommsen*, RStR I^3, 621 ff. 2^3, 909 f. 1129 ff. 2. *A. Stein* Protokolle des Senats, 1904. 3. *O. Hirschfeld*, Kl. Schr. 1913, 682 ff. 4. *O'Brien Moore*, RE Suppl. VI 718 f. 770 f. 5. *F. Vittinghoff* Der Staatsfeind in der röm. Kaiserzeit, Diss. Bonn 1936, 75 f. 91 ff. 6. *P. Jörs–W. Kunkel* Röm. Privatrecht 1949^3, 14 ff. (Lit.).

Acta martyrum s. Märtyrerakten

Acta sanctorum. Titel der 1643 in Antwerpen von Jean Bolland S.J. begründeten Slg. der Geschichten der chr. Heiligen, geordnet nach den Festtagen vom 1. Jan.–10. Nov. (65 Bde.); an der Fortsetzung und Ergänzung arbeitet die Société des Bollandistes in Brüssel. Antike Formen von A. s. sind: 1. A. martyrum, Berichte über Prozeß und Sterben der Glaubenszeugen. Die A. m. im engern Sinne haben oft die Form des Gerichtsprotokolls mit Befehlen und Verhörfragen des Magistrats und den Antworten der Märtyrer, z. B. die Passio Scilitanorum (a. 180). Andere gehen als Brief der Gemeinde an auswärtige Gemeinden, z. B. das Martyrium Polycarpi (a. 156), der Brief der Gemeinden von Lyon und Vienne (a. 177/78) bei Eus. hist. 5,1,1 ff. Eigenberichte der Eingekerkerten fügt die Passio Felicitatis et Perpetuae ein (a. 202/03). Im weitern Sinne treten hinzu die Märtyrerlegenden, Zeugnisse für Leben, Religiosität und Sprache des Volkes, fast ohne hist. Gehalt, voll von Wundern und Abenteuern im Stile des profanen → Romans. Sie beginnen gleichfalls E. 2. Jh. mit den apokryphen A. der Apostel. – 2. Lebensbeschreibungen von Mönchen, Bischöfen und andern Nichtmärtyrern. Das Muster stellte → Athanasios auf mit der Vita Antonii. Slgen. des 5. Jh. sind die Historia Lausiaca des → Palladios und die anon. Apophthegmata patrum. Hist. wichtig z. B. die Vita Severini des Eugippius. O. H.

Ta. (Auswahl): 1. *Theodoricus Ruinart* A. martyrum, ^{2}1859. 2. *Rud. Knopf – Gustav Krüger* Ausgew. Märtyrerakten, ^{3}1929. 3. Bibliogr.: *Altaner* 192 bis 204.

Actarius. 1. Im Privatleben a): Rechnungsbeamter bei Petron. 52 im Gastmahl des Trimalchio *(actuarius)*, der den Wirtschaftsbericht *tamquam urbis acta* verlas, b) der Stenographist beim Protokollieren einer Gerichtsrede (Suet. Caes. 55), eines philosoph. Vortrages (Sen. epist. 4,4,9). Actarii: (inschr.) von Privaten oder aus dem kaiserl. Haushalt (CIL VI 5 182. 6 244.9106 f.).

2. Im militärischen Bereich: Beamter für das Verpflegungswesen, zuerst nachweisbar unter Severus (CIL XIV 2255). Rang und Gehalt wird durch die Rechtsstellung seines Truppenteils bestimmt (Cod. Theod. 8,1,10). Angabe des Truppenteils gehört zur vollen Titulatur (z. B. *legionis VII gem.* CIL II 2063), anfangs aus den Soldaten gewählt, und zwar meist aus den Principales, im 4. Jh. waren sie zu reinen Zivilbeamten geworden. Sie hatten die Aufgabe, täglich von den *susceptores* der Naturalsteuern das für ihren Truppenteil erforderliche Korn zu erheben, später die Gelder auszuzahlen. Sie nahmen eine angesehene Stellung ein und erhielten nach der Niederlegung ihres Amtes (seit Valentinian die Dauer auf zehn Jahre festgesetzt) die Würde eines *perfectissimus*. W. S.

Actio heißt vornehmlich die den Zivilprozeß auslösende Handlung, die Klage. Die Grundbedeutung freilich ist weiter und erfaßt jedes förmliche und daher Rechtswirkungen auslösende Handeln. Dies zeigt sich schon am Ausdruck *lege agere*, der im altröm. Recht die der Bürgerordnung gemäße Rechtsverfolgung bezeichnete. Deutlicher noch wird die weite Basis des Begriffs der a. an der Qualifikation von *mancipatio* und *in iure cessio* (Gai. 2,24), ja sogar der *stipulatio* als a. (D 17,2, 65 pr). Im hochklassischen Recht dagegen erfuhr der zunächst auf die den Formularprozeß einleitende Klage eingeengte Begriff der a. eine neuerliche Umgestaltung: Iuventius Celsus zog ihn zur Erfassung des Anspruchs heran und verlieh ihm so materiell-rechtliche Bedeutung. Dies zeigt uns D 44,7,51: *Nihil aliud est actio quam ius quod sibi debeatur iudicio persequendi.*

Schon diese Entwicklung zeigt, daß das römische Rechtsdenken weithin von der Klage, nicht vom materiellen, subjektiven Recht ausgegangen ist. Dies hatte zur Folge, daß Zahl und Art der wohl schon im 3. Jh. v. Chr. im *edictum* des Praetor zusammengefaßten *actiones* darüber entschieden, welche Rechtsinstitute sich ausbildeten. Insbesondere der Typenzwang des Sachen- und Schuldrechts geht hierauf zurück. Im Prozeß der Legisaktionenzeit bestand die a. in einer streng einzuhaltenden Spruchformel, im *ordo iudiciorum* stellt sie sich als Parteienurkunde dar, im Kognitionsprozeß ist sie der einer Behörde eingereichte Schriftsatz.

Arten von actiones:

a. nes adiecticiae qualitatis: gehen regelmäßig gegen einen Gewalthaber, den einer seiner Gewaltunterworfenen durch rechtsgeschäftliches Handeln Dritten gegenüber verpflichtet hat; ihre Bezeichnung rührt daher, daß die Klage gegen den Gewalthaber der Klage gegen den Gewaltunterworfenen hinzugefügt wird *(adicitur)*.

a. nes aediliciae: beruhen nicht auf dem Edikt des Praetors, sondern auf dem des kurulischen Aedils; gelten vor allem der Sachmängelhaftung beim Kauf.

a. nes annales: müssen binnen eines Jahres ab Entstehung des Anspruchs angestellt werden.

a. nes arbitrariae: enthalten den Vorbehalt der *absolutio* im Fall der auf richterlichen Rat *(iussum de restituendo)* erfolgenden Klaglosstellung des Klägers.

a. nes bonae fidei: legen dem Urteil des *iudex* die Maßstäbe von Treu und Glauben an Stelle des *ius strictum* zugrunde.

a. nes certae: gehen auf eine bestimmte Geldsumme *(certa pecunia)* oder ein bestimmtes anderes Objekt *(certa res)*; ihre *intentio* beginnt mit *si paret*, die der *a. nes incertae* dagegen mit *quidquid* und fordert eine *demonstratio*.

a. nes civiles: beruhen auf aus dem *ius civile* erwachsenden Ansprüchen, während *a. nes honorariae* praetorisches Recht durchsetzen.

a. nes directae: setzen typische Hauptpflichten durch, während *a. nes contrariae* Gegenansprüche, insbesondere auf Aufwandersatz, schützen.

a. nes famosae: machen den Kondemnierten infam.

a. nes ficticiae: enthalten wie die *a. Publiciana* in der Anspruchsvoraussetzung eine Fiktion.

a. nes in factum: bei ihnen geht die Umschreibung der Urteilsvoraussetzungen von einer Tatsachenbeschreibung, nicht von festgefügten Rechtsbegriffen aus.

a. nes in personam: setzen schuldrechtliche Ansprüche durch und können daher nur gegen von Anfang an individualisierte Personen angestellt werden; zum Unterschied hiervon stehen *a. nes in rem* gegen alle Personen zu, die der Ausübung dinglicher Rechte im Wege stehen.

a. nes populares: können von jedermann aus dem Volk angestrengt werden (z. B. *a. de positis ac suspensis* wegen öffentliche Verkehrsflächen gefährdender Aufstellung von Sachen in Fenstern, auf Dächern).

a. nes rei persequendae gratia comparatae: dienen im Fall einer Beschädigung nur dem Wertersatz, während *a. poenales* auch Bußfunktionen haben und daher auf ein Mehrfaches des Schadens gehen.

a. nes utiles: beruhen auf Anwendung des Rechtsgedankens einer schon anerkannten a. auf verwandte Fälle (Analogie). Th. M.-M.

Albertario Studi 4,219ff. *Arangio-Ruiz* Les actions, 1935. *Pugliese* Actio e diritto subiettivo, 1939; dazu *Kaden* ZRG 60, 1940, 256ff. *Kaser* Röm. Privatrecht 1, 1955, 196ff. *Casavola* Studi sulle azioni popolari romane, 1958. *Wesener* A. nes ad exemplum, ZRG 75, 1958, 220ff.

Actium s. Aktion

Actor. 1. Im Privatprozeß *(is. qui agit)* wird jemand a., der sein Recht verfolgt, erst durch die förmliche mit dem Gegner *(cum quo agitur)* in iure zustande gekommene Litiscontestatio. A. und reus (Kläger und Beklagter) stehen sich von der Streitbefestigung bis zum Urteil gegenüber. Den Sklaven fehlt die Fähigkeit, *a. suo* oder *alieno nomine* zu sein; die Prozeßunfähigen (Unmündige oder geistig Unzurechnungsfähige) werden durch einen *tutor* oder *curator* vertreten. 2. A. hieß auch der Geschäftsführer, Verwalter (*οἰκονόμοι* IG 5875a = CIL IX 425), rechtliche Vertreter von Vereinigungen, meist zuverlässige Sklaven, seltener Freigelassene, in den Munizipien auch Freigeborene. Bei Tac. ann. 2,30. 3,67 übt der *a.* richterliche Funktionen aus. In der Kaiserzeit genossen die *a.es* z. T. hohes Ansehen *(ordo splendidissimus)*. 3. A. ist neben *ludius, histrio, cantor, saltator* Bezeichnung des Schauspielers zunächst in bezug auf seine Rolle: *a. primarum, secundarum partium* (Cic. div. in Caec. 35; de or. 3,26 u.ö.), dann auch absolut der »Darsteller«. W. S.

Actorius. M. A. Naso (Suet. Iul. 9,3. 52,1), Zeitgenosse Caesars, schrieb ein geschichtliches Werk über Caesar oder über die Zeit Caesars, nach Sueton im Sinne der *obtrectatores Caesaris*. W. S.

Schanz-Hosius 1,351. *M. Haupt Opusc.* 1,72.

Actuariae waren schnelle Schiffe, die Segel, eine unbestimmte Zahl an Riemen und verschiedene Größe und Bestimmung (Non. 534. Isid. orig. 19,1) hatten. Von Caesar wurden sie für verschiedene Transporte bei der Überfuhr nach Britannien eingesetzt. Sie zählten zur Kriegsmarine und wurden bloß im Notfall durch Anbringung eines Rammsporns als Kampfschiffe (Bell. Alex. 44) verwendet. In diesem Fall dürfte der Segelapparat abmontiert worden sein, da durch Rammstöße die Takellage sehr gefährdet war. Schließlich ist auch die Verwendung der a. als Piratenschiffe (Non. 535) bezeugt. A. N.

Dar.-Sagl. 1,59f. RE Suppl. V 958. *Krom.-Veith* 620. JÖAI XXIV 89 Anm. 4.

Actus 1. Ist zum einen die Handlung, besonders das Rechtsgeschäft oder die Geschäftsführung (vgl. Dig. 50,16,99,2 und 50, 17,77), zum andern das *ius agendi vel iumentum vel vehiculum* (Inst. Iust. 2,3 pr.). Als solche Felddienstbarkeit gehört der a. zu den *res mancipi* und umschließt wohl schon seit den Spätklassikern (Dig. 8,3,1 pr.) das *ius eundi*. Th. M.-M.

Solazzi Specie ed estinzione delle servitù prediali, 1948, 27ff.

2. Ist a. ein Längenmaß von 120 Fuß (zu 296 mm) = 35,2 m. Den Namen erklärt Plin. nat. 18,5: *in quo boves agerentur cum aratro uno impetu iusto*, also als Furchenlänge. b. Ein Flächenmaß, auch a. quadratus genannt, von 1262 m² = ½ iugerum. c. Als a. minimus ein Streifen von 120 Fuß Länge und 4 Fuß Breite, wohl der vom Areal abgehende Weganteil. H. Ch.

Thes. l. l. s. v. *Hultsch* RE I 334 f.

3. Akteinteilung im Drama. Seit dem Plutos des Aristophanes finden wir statt des Chorliedes nur den Vermerk *χοροῦ*, wobei es sich sicher um eine Tanzeinlage, vermutlich auch um Gesang handelt. In der Neuen Komödie ist diese Trennung die Regel, weshalb wir von einer Akteinteilung reden können. Die Fünfzahl der Akte ist vermutlich schon bei Menander in seinen Epitrepontes durchgeführt (RE XV 754f.). Aber erst Horaz (ars 189) hat für die Gliederung eines Dramas das Gesetz der fünf Akte aufgestellt. A. auch in der bildlichen Sprache der Römer, z. B. bei Cic. fam. 5,12,6.

Lesky GGrL 425. 603. 609 (dort auch weitere Lit.). *Schanz-Hos.* 1,129f. W. S.

Acus (gr. *βελόνη*, vereinzelt *ῥαφίς* oder *ἀβλεννής*, Athen. 7,305 d. 319 cd. 8,355 f), ein Seefisch (Plin. nat. 32,145) der Syngnatus-Familie, im Schwarm lebend (Aristot. hist. an. 610b 6), wegen seiner Laichart oft behandelt (Aristot. 543b 11. 567b 23. 571a 2; gen. an. 755a 33. Plin. 9,166). Er wurde gefangen (Opp. hal. 3,577.605) und gegessen, doch wenig geschätzt (Athen. Mart. 10,37,6. Cael. Aur. acut. 2,37). W. R.

2. s. Nadel

Acutius, röm. Familienname. **1.** M. A., Volkstribun 401 v. Chr. BROUGHTON Mag. I 84. **2.** A. Rufus, Anhänger des Pompeius. Caes. civ. 3,83,2. **3.** (Q.) A. Nerva, Cos. suff. im J. 100 n. Chr. **4.** Acutia, Gemahlin des P. Vitellius († 31), wurde 37 n. Chr. wegen Majestätsbeleidigung verurteilt. Tac. ann. 6, 47,1. H. G. G.

Ada, Tochter des Hekatomnos, Schwester des Maussolos, herrschte seit 344/3 als pers. Vasall über Karien. 340 von ihrem Bruder Pixodaros vertrieben, schloß sie sich 334 Alexander d. Gr. an und adoptierte ihn. Als Dynastin über Karien eingesetzt, ließ sie vielleicht erst nach 333 das Maussoleum vollenden. Fr. Kie.

H. Berve Alexanderreich II Nr. 20. Klio 31, 1938, 136f. *E. Buschor* Maussolos u. Alexander, 1950, 13. 54ff.

Adad s. Baal

Adaeratio (*ἐξαργυρισμός*) ist die Ersetzung von Naturalbezügen und -lieferungen, bes. von Getreide *(annona)*, aber auch von anderen Lebensmitteln (Fleisch, Öl, Salz), von Kleidern, Pferden u. a. durch Geld. Das Wort zuerst bezeugt 409 n. Chr. bei Cod. Theod. 7,18,8, später Cod.

Theod. 8,4,19. Amm. 31,14,2. Die a. tritt in Kraft bei Lieferungsrückständen gegenüber dem Staat, wenn dessen Jahresbedarf durch die regelmäßig eintreffenden Naturallieferungen gedeckt war und daher alte Steuerschulden in natura nicht mehr verwendet werden konnten. Den Wert in Geld bestimmte der Kaiser oder sein beauftragter Praefectus auf Grund einer Schätzung. W. S.

Humbert in Dar.-Sagl. s. v.

Adaios 1. Aus Makedonien, Epigrammdichter aus dem Kranz des Philippos, in der Anth. Pal. mit 10 Epigrammen vertreten, von denen 4 ihm nur mit Wahrscheinlichkeit zugeschrieben werden können (7,51.238.240.694). Sie tragen meist epideiktischen Charakter, bemerkenswert 9,544 auf ein Werk des Gemmenschneiders Tryphon und 7,694 auf den Heros Philopragmon. A. ist wahrscheinlich mit dem Rhetor A. (Nr. 2) identisch. 7,305, *Ἀδαίου Μιτυληναίου* überschrieben, wird von Neueren Alkaios von Messene zugeteilt. R. K.

2. (Adaeus), asianischer Rhetor zur Zeit Senecas, der ihm zu 5 *controversiae* die *colores* mitteilt (1,7,18. 9,1,12. 2,29. 10,4,19. 5,21). Seneca nennt ihn 9,6,16. 1,12 *Adaeus, rhetor ex Asianis non proiecti nominis* und weist darauf hin, daß viele lat. Rhetoren der damaligen Zeit Wendungen aus seinen Schulreden nachahmten, darunter der angesehene Rhetor Arellius Fuscus. W. S.

H. Buschmann Chrakeristik d. griech. Rhet. bei dem Rhetor Seneca, 1878, 11. *Schanz-Hos.* 2,351.

3. Von Mytilene, Kunstschriftsteller. Athen. 11,471 F. 13,606 A erwähnt zwei Werke *περὶ διαθέσεως* (über Raumverteilung in der Architektur) und *περὶ ἀγαλματοποιῶν*. Ihm und einem Antigonos (Erzgießer und Schriftsteller über Toreutik und Malerei) am Hof des Königs Attalos galt eine Streitschrift des Polemon von Ilion. W. S.

FHG 3,132. *Christ-Schmid* ^{6}1920, 2,1,236.

Adamantios (*Ἀδαμάντιος*), Arzt aus Alexandria, lebte im 4. Jh. n. Chr. Er verfaßte eine noch erhaltene Paraphrase der Physiognomik des Polemon (ed. FÖRSTER Physiognomonici 1,295 bis 426), außerdem ein Buch *Περὶ ἀνέμων* (die Bruchstücke ed. ROSE Anecd. Gr. 1,29–52). Einige Arzneimittel von ihm sind bei Oreib. erwähnt. F. K.

Val. Rose 18–26. *Rich. Förster* C–CIX.

Adamas, ein nur in der Geographia des Ptolemaios (7,1,17.41) erwähnter Fluß Vorderindiens am Golf von Bengalen, mit der jetzigen Subarna rekha identisch. Der Name bedeutet »Diamantenfluß«. Weiter binnenwärts sind bis heute die Diamantgruben von Chota Nagpur bekannt. H. T.

Adamklissi (Tropaeum Traiani), der moderne Name (türkischer Herkunft) der Stadt und des Denkmals, die von Traian in der Dobrudscha nach seinen großen Siegen über die Daker (102 n. Chr.) errichtet wurden (109). Die Stadt Tr. Tr. sollte neben der anderen Stadt Nicopolis ad Istrum an die röm. Siege im Dakerkrieg erinnern. Im Feldzuge Traians in Moesien unterscheidet man hauptsächlich auf Grund der Reliefdarstellungen der → Columna Traiana zwei Hauptschlachten bei Nicopolis ad Istrum u. bei Tr. Tr. Daß die zweite Schlacht den 1. Dakerkrieg entschied, zeigen die röm. Baudenkmäler u. Denkmalsreste, die das Andenken dieser Ereignisse verewigen sollten. Die erste Stelle nimmt das Tropaeum selbst ein, das auch der in seiner Nachbarschaft gegründeten Stadt den Namen gab. Das Tropaeum Tr. (Adamklissi – auf türkisch »Männerkirche«) stellt einen stattlichen, tumulusähnlichen Rundbau aus Stein u. Zement von 30 m Dm. dar. Zahlreiche Reliefs, hauptsächlich gefangene Daker. Oberhalb dieses Rundbaus war auch das Tropaeum errichtet. Chr. D.

Gr. Gr. Tocilescu Das Monum. von A. *Fl. B. Florescu* Monumentu de la A. Trop. Traiani, Bukar. 1959.

Adana (*Τὰ Ἄδανα*). Stadt in Cilicia campestris, am linken Ufer des Saros an der Straße nach Issos, halbwegs zwischen Tarsos und Mopsuestia (h. noch Adana), in fruchtbarer Gegend. Zur Zeit der syrischen Könige hieß sie Antiocheia ad Sarum (Münzen). Pompeius siedelte dort kilikische Seeräuber an (Appian. Mithr. 96). Bedeutender Handelsplatz. W. S.

Adara (*Τὰ Ἀδαρά*), Ort in der Krim, von Konstant. Porphyrogen. erwähnt, heute Tenderskaia Halbinsel; vielleicht skythischer Name »Niederlände«, vgl. avest. *adara* »unterer«. J. D.-G.

Duchesne-Guillemin Byzantion 1937, 737.

Addicere heißt vor allem richterlich Zuerkennen. Es zählt zu den drei verba legitima und meint nach Festus s. v.: *proprie idem dicere et adprobare dicendo*, überdies *damnare*. Durch die Norm »*Post meridiem praesenti litem addicito*« (Gell. 17,2,10) ist diese Bedeutung schon für das Zwölftafelrecht belegt. Während WLASSAK dieser decemviralen *addictio* durch einen Magistrat nur deklarative Bedeutung zubilligen wollte, wird sie mit KASER als konstitutiver Rechtszuspruch anzusehen sein. Dies gilt auch für jene *addictio*, mit der der Prätor bei der in iure cessio die Eigentumsbehauptung des Erwerbers bestätigt. Im Sinn von Zuerkennen beziehen dann die Klassiker a. auf *bona, pignus, potestas* und *res. Iudicem a.* meint die Richterbestellung.

Der Vorbehalt eines besseren Käufers (Bessergebotsklausel) heißt *in diem addictio*. Diese zählte zu den *ex fide bona* klagbaren Nebenabreden beim Kauf und findet sich hauptsächlich bei Versteigerungen, wo sie schon durch Plaut. Capt. 179 ff. bezeugt wird. Fand sich bis zu einem bestimmten Termin *(dies)* ein besserer Käufer, konnte der Verkäufer vom ersten Geschäft zurücktreten. Zunächst sah man darin eine aufschiebende Bedingung, seit Julian wurde aber erkannt, daß eine auflösende Abrede vorlag Die klassische Kasuistik wird in Dig. 18,2 geboten. Th. M.-M.

Zur addictio im Prozeß: *Mor. Wlassak*, ZRG 25, 1904, 104 ff. *H. Pflüger*, ebd. 63, 1943, 301 ff. *Max Kaser* Festschr.

Wenger I, 1944, 117ff. zur in diem addictio: *Harald Sieg* Quellenkrit. Studien zur Bessergebotsklausel, 1933. *Alvaro d'Ors* In diem addictio, 1945.

Addictus ist im altröm. Recht jener verurteilte Schuldner *(iudicatus)*, dem es innerhalb der Lösungsfrist von 30 Tagen nicht gelang, die Schuld zu zahlen *(iudicatum facere)*, und der daher zum Objekt einer *manus iniectio* seines Gläubigers wurde. Die darauf folgende magistratische *addictio* an den Gläubiger beließ ihm zwar, wie KASER zeigen konnte, Rechts- und Vermögensfähigkeit (vgl. den Zwölftafelsatz »*si volet suo vivito*« sowie Quint. inst. or. 7,3,26), gab aber dem Gläubiger ein Tötungsrecht, überdies das Recht zum Verkauf *trans Tiberim* und zur Verfügung über die Arbeitskraft des a. Bei Gläubigermehrheit galt Zerstückelungsrecht *(partes secare)*. Th. M.-M.

Max Kaser Das altrömische ius 1949, 236f.

Addua (NISSEN It. Ldk. 1,188. 2,188), Nebenfl. d. Po (j. Adda), durchfließt den lac. Larius (Lago di Como); vgl. Pol. 2,32,2. Strab. 192.204.209.213. Plin. nat. 2,224. 3,118.131 u. a. G. R.

Ἄδεια (ἀ-δεής), allgemein Freiheit von Furcht, Angst, Sorge; juristisch Freiheit von Strafe bzw. Strafverfolgung für einen Rechtsunterworfenen, zu dessen Gunsten der Staat auf an sich rechtmäßige Straf- bzw. Verfolgungsansprüche verzichtet. Dieser Verzicht wird in Athen durch Volksbeschluß ausgesprochen (Demosth. 24,45. And. 1,77. 1, 12. Lys. 13,55. IG I^2 302 Z. 29,54. I^2 92 Z. 47), ausnahmsweise durch Ratsbeschluß (And. 1,15). A. M.

Adeimantos. 1. Befehlshaber der Korinther im Krieg gegen Xerxes, von der athen. Überlieferung als Feigling (z. B. Hdt. 8,5) und Opponent des Themistokles verleumdet. Die angebliche Flucht der Korinther in der 1. Phase der Seeschlacht bei Salamis (Hdt. 8,94) stellte in Wirklichkeit wohl ein Umgehungsmanöver um die Insel H. Georgios dar (F. MILTNER JÖAI 26, 1930, 125f.). A.' Sohn Aristeas (oder Aristeus) befehligte das 432 nach Poteidaia gesandte korinthische Hilfskorps und wurde später von den Athenern gefangengenommen und hingerichtet (Hdt. 7, 137). **2.** Vornehmer Athener, Anhänger der oligarch. Richtung, mit Alkibiades befreundet und mit ihm in den Mysterienprozeß verwickelt. Im letzten Abschnitt des Peloponnesischen Krieges war A. mehrfach Stratege, so unter Alkibiades 407 bei der Expedition nach Andros (Xen. Hell. 1,4,21) und in den Seeschlachten bei den Arginusen 406 (ebd. 1,7,1) und bei Aigospotamoi 405. Daß er hier Verrat geübt habe, ist wohl nur Verleumdung (BUSOLT GG 3,2,1622f. U. HACKL Die olig. Bewegung in Athen, Diss. Münch. 1960, 71f.). Bei der darauffolgenden Hinrichtung der gefangenen Athener durch Lysandros wurde A. verschont, weil er in Athen gegen das Psephisma des Philokles, den Gefangenen aus der bevorstehenden Seeschlacht die rechte Hand bzw. den rechten Daumen (vgl. F. KIECHLE, Historia 7, 1958, 141f.) abzuhacken, Widerspruch erhoben hatte (Xen. Hell. 2,1,30.32). **3.** Athener, Sohn des Ariston, Bruder des Glaukon, Verwandter Platons. Fr. Kie.

Ademptio legati ist der Widerruf eines förmlichen Vermächtnisses. Zunächst galt er nur bei förmlicher Erklärung *(non do; heres ne dato)* in Testament oder testamentarisch konfirmiertem Kodizill, seit den Hochklassikern gab man bei formloser Betätigung eines der Zuwendung entgegengesetzten Willens, namentlich bei Veräußerung des Objekts eines Damnationslegats, eine *exceptio doli*. A. als Entziehung findet man auch bei der Konfiskation *(a. bonorum)*, der Pekuliumseinziehung *(a. peculii)* und beim Widerruf testamentarischer Freilassungen *(a. libertatis)*. Th. M.-M.

Carlo Arnò L'alienazione della cosa legata, 1939.

Adeona s. Abeona

Adfinitas bezeichnet die Schwägerschaft, also das Verhältnis eines Gatten zu den Verwandten des anderen. Der Spätklassiker Ulpian definiert und erklärt den Ausdruck so: *Adfines sunt viri et uxoris cognati, dicti ab eo, quod duae cognationes, quae diversae inter se sunt, per nuptias copulantur et altera ad alterius cognationis finem accedit* (D. 38,10,4,3). Rechtliche Bedeutung hatte die außer durch Ehe in einem gewissen Maß auch durch Verlobung begründete Schwägerschaft als Ehehindernis in gerader Linie, also zwischen Schwiegereltern und Schwiegerkindern. Das Ehehindernis entstammt wohl dem augusteischen Recht, im 4. Jh. (Cod. Theod. 3,12,2) wird es auf den 1. Grad der Seitenlinie (Schwager und Schwägerin) ausgedehnt. Th. M.-M.

A. Guarino Adfinitas, 1939.

Adherbal (griech. Ἀτάρβας, karthagischer Personenname). **1.** Karthag. Feldherr im J. 307 v. Chr. im Kampf gegen Agathokles. **2.** Feldherr der Karthager auf Sizilien. Er errang im 1. pun. Krieg im J. 249 einen Seesieg über die Römer bei Drepana und Lilybaion. Polyb. 1,46,1. 49,4. 51. 53,1. **3.** Führer karthag. Schiffe im J. 206 v. Chr. Er wurde in der Straße von Gades von C. Laelius geschlagen. Liv. 28,30,4ff. **4.** Ältester Sohn des Königs Micipsa, wurde nach dessen Tod im J. 118 v. Chr. zusammen mit seinem Bruder Hiempsal und seinem Vetter Iugurtha Erbe von Numidien. Sall. Iug. 5,7ff. Im J. 117 floh er nach Rom, erhielt 115 bei der Teilung des Landes Ostnumidien (Sall. Iug. 13–16), wurde später von Iugurtha angegriffen, in Cirta eingeschlossen und im J. 112 getötet. Sall. a. O. 20–26. Liv. epit. 62.63. H. G. G.

Adiabene (Ἀδιαβηνή) bezeichnet ursprünglich das Flußgebiet der beiden Zab im n. Mesopotamien und in den n. anschließenden Gebieten (Plin. nat. 5,66 u. ö. Amm. 23,6. H. A. Sev. 9,18. Strab. 11,503.530. 16,736.745. Ptol. 6,1,2) und wird dann auch als Name für Assyrien gebraucht, weil es politisch den größten Teil der Landschaft Assyrien umfaßte. A. wurde im 1. Jh. n. Chr. von eigenen Königen regiert, die von den Parthern abhängig waren und in die parth. Thronkämpfe wie auch in die röm.-parth. Kriege verwickelt wurden (Ios. ant. 20,35. Tac. ann. 12,13. Cass. Dio 62,20. 68,28). Von Traian im J. 116 erobert, wurde A. unter dem Namen → Assyria röm. Provinz. Nach Unterwerfung der Adiabener im J. 195 nahm Septimius Severus den Beinamen »Adiabenus« an. W. S.

Adiudicatio bezeichnet ursprünglich und allgemeiner jeden zuweisenden (so D 20,1,16,5), im klassischen Formularprozeß aber speziell den rechtsgestaltend Eigentum begründenden Richterspruch und den entsprechenden Formelbestandteil. Wir finden diese a. im engeren Sinne bei den drei Teilungsklagen (*actio familiae erciscundae* für die Erbteilung, *a. communi dividundo* für Teilung von sonstigem Miteigentum, *a. finium regundorum* für Neuaufteilung des 5 Fuß breiten, *confinium* genannten Grenzstreifens zwischen Äckern). Nach Gaius 4,42 lautete diese Adjudikationsklausel der Schriftformel: *Quantum adiudicari oportet, iudex Titio* (Blankettname) *adiudicato.* Th. M.-M.

Wenger Institutionen des röm. Zivilprozeßrechts, 1925, 135. *Broggini* Iudex arbiterve, 1957, 67ff.

Adiutor ist der einem Oberbeamten zugeteilte Gehilfe oder Subalternbeamte. Er begegnet uns im kaiserlichen Haushalt ebenso wie in den verschiedensten Zweigen der Zentral- und Provinzialverwaltung. Am Kaiserhof sind meist Freigelassene einem *procurator, praepositus, magister* usw. als a. beigegeben. So kennen wir etwa einen a. *a vinis* (CIL VI 9091), einen a. *ab auro gemmato* (CIL VI 8736), einen a. *ab admissione* (CIL VI 8700). Größere Bedeutung kommt den *adiutores* in Behörden wie *a libellis* (CIL VI 8615), *a codicillis* (CIL VI 8442), *a cognitionibus dominicis* (CIL VI 8653) zu. Daneben sind in den Finanzverwaltungen, im Militärwesen, sowie bei einer Fülle anderer Ämter der hauptstädtischen-, Provinzial- und Munizipalverwaltung *adiutores* unterschiedlichen (manchmal sogar ritterlichen und senatorischen) Ranges belegt. Sie gehören mit dem *princeps* und *cornicularius* zu den *primates officii.* Ihnen und dem nachgeordneten Beamtenstab obliegt die Ausführung der Anordnungen (Cod. Theod. 14,10,1,1 *per quos statuta complentur ac necessaria peraguntur*) des Oberbeamten, sie tragen gemeinsam mit diesem die Verantwortung für die Gesetzmäßigkeit der Verwaltung. H. Ha.

Arnold Jones JRS 39, 1949, 54. *Adolf Berger* CPh. 43, 1948, 233.

Adiutrix. In den Jahren 68 und 70 n. Chr. wurden 2 Legionen aus peregrinen Flottenmannschaften errichtet, die erst bei ihrer Entlassung das röm. Bürgerrecht erhielten. Sie waren Legionen zweiter Klasse und darauf weist der ihnen gemeinsame Beiname a. hin. A. N.

RE XII 1381ff.

Adlectio ist die Aufnahme in eine Körperschaft oder Rangklasse mit allen damit verbundenen Rechten. So bedeutet *a.* insbesondere die Übertragung von Titel und Vorrechten eines ehemaligen Magistrats (*a. inter consulares, praetorios, quaestorios, aedilicios, tribunicios*; vgl. CIL XIV 3611. IX 5533. II 4114. Plin. epist. 1,14,5. Suet. Vesp. 9) auf Personen, die vorher überhaupt kein oder ein niedrigeres Amt bekleidet haben. Der derart Ausgezeichnete *(adlectus)* erwirbt dadurch das Bewerbungsrecht für die nächsthöhere Magistratur. So kann ein *adlectus inter praetorios* für das Konsulat kandidieren. Außerdem werden die *adlecti* Mitglieder des Senats in der entsprechenden Stimmklasse. Von der *a.* zu unterscheiden ist die Verleihung der *ornamenta,* d. h. die Übertragung von bloßen Ehrenprivilegien einer bestimmten Rangstufe (Titel, Kleidung, Festteilnahme, Begräbnis usw.) unter Ausschluß der politischen Rechte (Senatssitz und Bewerbungsqualifikation). Die *a.* war in der Republik Ausnahme, später eine beliebte Prärogative des mit der Zensur *(lectio senatus)* ausgestatteten Kaisers. Eine *a. in senatum* fand häufig hinsichtlich kaiserlicher Prokuratoren des Ritterstandes statt. – *A.* wird auch die Zulassung von Plebejern zum Patriziat genannt (CIL VI 1383), ebenso die Verleihung des Ritterpferdes (CIL VIII 937). – *A.* heißt ferner die Aufnahme eines neuen Mitglieds in eine Korporation (CIL 5738). – *A. inter cives* ist die Verleihung der Munizipalbürgerschaft (CIL II 3423); ein neuer Ratsherr kann unter anderem durch *a. in ordinem decurionum* bestellt werden. H. Ha.

Theodor Mommsen RStR, 1952^{3}, 1,939ff. *Otto Hirschfeld* VB^{2} 415f.

Adler (ἀετός, aquila). Angesehenster Vogel der alten Welt (Il. 8,247.315. Aisch. Ag. 113. Pind. Pyth. 1,13 al. Plin. nat. 10,6). Wichtigste Darstellungen Aristot. hist. an. 9,32,618 b 18 – 619 b 12, danach (mit Abweichungen und Zusätzen) Plin. 10, 6–18. Man unterschied 6 Arten: 1. πύγαργος, νεβροφόνος (bei Plin. Nr. 2), Aquila fulva (?), in Ebenen, Wäldern, Bergen und bei Städten lebend: 2. πλάγγος, auch νηττοφόνος *(anataria)* oder μορφνός, hom. περκνός, in feuchten Niederungen, ein großer und starker Vogel (b. Plin. Nr. 3); 3. μελανάετος oder λαγωφόνος *(valeria)*, Aquila minuta (?), im Gebirge und in Wäldern, kleinste, aber stärkste Art (b. Plin. Nr. 1); 4. περκόπτερος (»Sperberflügel«, vgl. Aristot. 620 a 20; diese Form der Hss. ist durch die Überl. bei Plin § 8 gesichert), ὀρειπέλαργος, ὑπάετος, in Hainen lebend, die größte Art, kurzflügelig, langschwänzig, einziger Aasfresser unter den A., degeneriert, minderwertig, selbst den Raben unterlegen; 5. ἁλιάετος (Nr. 6 b. Plin.), Pandion Haliaetus, mit langem, starkem Hals, am Wasser von Fischjagd lebend; 6. der sog. γνήσιος, weil allein sich reinrassig fortpflanzend, während alle anderen (abweichend Plin. § 11) sich mit fremden Arten kreuzen. Plin. § 11 kennt eine 7. Art, die *a. barbata,* etrusk. *ossifraga.* – Alle, außer Nr. 4, fangen lebende Beute; zur Jagdweise Aristot. 619 a 31ff. 620 a 6ff. Plin. § 9.14. Als Krummschnäbler trinken sie nicht: Aristot. 601 b 1 gegen Hes., vgl. Ausg. CZACH S. 226. Über Kämpfe mit Stieren, Hirschen, Schlangen Aristot. b. Ail. 2,36. Plin. § 17. Fortpflanzung: Aristot. 563 a 19 ff. Plin. § 12 f. (dort auch über den *lapis aëtites* im A.-Nest); Tötung und Verstoßung der Jungen aus Futterneid: Aistot. 553 a 27 ff. al. Plin. § 6.13 f. (Ausnahme: Art Nr. 3); Aufzucht der Verstoßenen durch die φήνη (Lämmergeier?): Aristot. 592 b 6 ff. Plin. § 14. Vielbeachtet war die Notiz (Aristot. 620 a 1), der scharfäugige Seeadler ziehe nur Junge auf, die, ohne zu tränen, in die Sonne blicken können. Andere mirabilia s. RE I 372 f., darunter die Heilkraft der A.-Gliedmaßen (Plin. 29,118.123 a. Diosc. 2,96. Galen. 10,1012 a.). Selbst gegen den Blitz immun (Plin. § 15), schützte er vor Hagel (Geop. 1,14,2) und anderen Schäden (ib. 13,8,8. Plin. 37,124). – A. wurden oft gezähmt, in Indien auch zur Jagd verwendet (Ktes. b. Ail. 4,26). – Als θεῖος ὄρνις (Aristot. 619 b 6. Anth. Pal. 9,222,2) und mantischer Vogel (Hes. b. Aristot. 601 b 2. Sen. nat. 2,32 u. a.) steht er in vielfachen Beziehungen zu Zeus als Siegverkünder, Bote, Helfer (seit Il. a. O.; vgl. COOK Zeus 1. 2 pass., s. die Indices; von NILSSON GgrR 1, 392 nur als Symbol des Blitzes gedeutet; über die beiden A. am delph. Omphalos s. COOK 2, 178 ff.; RE Suppl. V 124) sowie zu vielen Königen des Orients, bes. den Achämeniden (danach bei Alexander d. Gr., den Diadochen und Augustus als Münz- und Wappentier, vgl. KELLER Tiere d. Alt. 241 ff.). Zeus selbst verwandelt sich in einen A. (Ov. met. 6,108. 10,255. Lukian. dial. 4 al.); über Verwandlung des Periphas, Merops, Nisos, Pandareos, Periklymenos vgl. jeweils dort. Der A. als → Sternbild: Arat. 313 f. Hyg. fab. 10 u. a.; als Symbol der Herrscherapotheose: LATTE Rel.[2] 309,1. Zur Verwendung als Feldzeichen s. Art. Aquila. W. R.

Lenz Zoologie d. alt. Gr. u. R. 276 ff. *Keller* Thiere d. cl. Alt. 236 ff. 430 ff.; *ders.* Ant. Tierwelt 2, 1 ff.

2. s. Aquila (Feldzeichen)

Adlocutio. Das Wort *a.* ist weder literarisch noch inschriftlich belegt, kommt aber sehr häufig auf Münzen vor, auf denen auch der Akt der *a.* dargestellt ist *(a. coh., a. coh. praet.)*, sowie auf Denkmälern (Traianssäule, Antoninssäule, Triumphbögen). A. bezeichnet die feierliche Ansprache des Kaisers, die ihm allein zusteht, an seine Truppen (davon zu unterscheiden die *cohortatio* vor der Schlacht) und findet statt bei bes. wichtigen und festlichen Veranstaltungen (Regierungsantritt des Kaisers, Adoption eines Thronfolgers), vor allem aber im Felde. Auf der Traianssäule findet die *a.* nur nach dem Eintreffen des Kaisers bei dem Heere, vor seiner Abreise nach Ende des Krieges, nach großen Schlachten zur Belobung des Heeres, regelmäßig von dem Tribunal im Lager, statt. W. S.

Adluvio ist allmähliche Anschwemmung von Land. Sind die so vergrößerten Uferstücke *agri arcifinii*, bewirkt a. originären, also vom Recht eines Vormannes unabhängigen Eigentumserwerb; andernfalls ist das Schwemmland der Okkupation ausgesetzt. Einige Agrimensoren fassen aber den Begriff der a. weiter und beziehen alle Bodenveränderungen durch Flußströmung, insbesondere das Wegreißen von Land *(avulsio)* ein. Th. M.-M.

Voci Modi di acquisto della proprietà, 1952, 254.

Admete (Ἀδμήτη). Tochter des Eurystheus, Herapriesterin in Argos, für die Herakles den Gürtel der Amazonenkönigin Hippolyte holte (Apollod. 2,5,9). Sie flieht mit dem Kultbild nach Samos und wird dort Herapriesterin. Seeräuber entführen das Bild, werfen es aber aus Angst an den Strand, wo die Samier es mit Weidenzweigen an einem Baumstumpf befestigt finden. Athen. 15,672. H. v. G.

Admetos (Ἄδμητος »unbezwungen«, urspr. Unterweltsgott). Sohn des Pheres und der Klymene (Periklymene), Bruder des Lykurgos, König von Pherai in Thessalien, dem auch Iolkos und andere Orte unterstehen. Im hom. Schiffskatalog (Il. 2,714.764) führt sein Sohn Eumelos die besten und schnellsten Pferde vor Troia. Die beliebten Sagen von Apollons Hirtendienst bei A. und A.s Ehe mit → Alkestis stehen schon seit Hes. in den Grundzügen fest. Apollon, dessen Sohn Asklepios Zeus mit dem Donnerkeil erschlagen hat, tötet die Verfertiger des Donnerkeils, die Kyklopen; dafür muß Apollon 1 Jahr als Hirte bei A. dienen (Kall. h. 2,48. Verg. georg. 3,2). Hellenist. Dichter gaben als Grund Apollons Liebe zu dem schönen A. an (Kall. a. O. Ovid. Tib.). Der Gott segnet die Herden mit doppelter Fruchtbarkeit. Das Apollonheiligtum Eretria bei Pharsalos wird auf A.s Gründung zurückgeführt (Strab. 10,447). Mit Apollons Hilfe löst A. die ihm als Freier der Alkestis von dem Brautvater Pelias gestellte Aufgabe, einen Löwen und einen Eber vor den Wagen zu spannen (dargestellt auf dem amykläischen Thron), Paus. 3,18,16. A. wird noch als Teilnehmer an der kalydon. Jagd, an den Leichenspielen für Pelias, am Argonautenzug und den nemeischen Spielen erwähnt und in der Kunst dargestellt. Spätere att. Sage wußte von A.s Einwanderung in Attika. H. v. G.

A. Lesky Alkestis, der Mythos und das Drama. SAWW 1925; *ders.* G 67, 1960, 25. *O. Vicenzi* G 67, 1960, 517 ff. *Wilam.* Gr. Trag. 9, 1 ff. *L. Radermacher* Mythos und Sage 301.

Adminius, britannischer Fürstensohn, ergab sich dem Caligula (Suet. Gai. 44. Cass. Dio 60,20,1). W. S.

Admissio bedeutet technisch Zulassung zur Audienz beim Kaiser oder bei höheren Beamten. Die zur morgendlichen *salutatio* Vorsprechenden wurden in mehrere Klassen eingeteilt (H. A. Alex. 20), die *amici primae admissionis* wurden mit einem Kuß begrüßt. Am Kaiserhof war ein eigenes Amt *ab admissione* (Cod. Theod. 6,35,3) für die Audienzordnung zuständig, *admissionales* unter der Leitung eines *magister admissionum* versahen den Kammerherrendienst. H. Ha.

Ludwig Friedländer Sittengesch. Roms, 1, 1910[8], 155ff.

Adnotatio ist eine Anmerkung, Aktennotiz, wie etwa die Vormerkung eines Beschuldigten zur Vorladung (Dig. 48,17,4) oder eines Verurteilten zur Deportation (Cod. Iust. 9,51,10). Zur Zeit des Dominats wird als a. vor allem der Vermerk bezeichnet, den der Kaiser selbst auf eine Eingabe schreibt. Sie ist ursprünglich wohl als Anweisung an die Kanzlei aufzufassen, die auf dieser Grundlage die Antwort an den Gesuchsteller ausfertigt (Cod. Theod. 1,2,1). Die spätere Praxis stellt die *a. sacra* dem *simplex rescriptum* gegenüber (Nov. Val. 19,1,3. Cod. Theod. 5,14,30). In diesem Fall ist unter a. eine selbständige Urkunde zu verstehen, ein Reskript, dessen Ausfertigung die eigenhändige Unterschrift des Kaisers trägt (vgl. Cod. Theod. 8,5,14). H. Ha.

Paul Krüger Gesch. der Quellen u. Lit. des röm. Rechts, 1912[2], 306f. *Leopold Wenger* Die Quellen des röm. Rechts, 1953, 423f.

Adolenda. In den Akten der Arvales fratres des J. 183 erscheinen zweimal (8. Febr., 13. Mai) A., Commolenda, Deferunda, in denen d. J. 224 A. und Coinquenda: Das ist jeweils ein *lustrum missum*, das u. a. diesen Gottheiten dargebracht wurde; 183 für Herabnehmen *(deferre)*, Zerteilen *(commolere)* und Verbrennen *(adolere)* des auf dem Dach des Tempels der Dea Dia gewachsenen, das Dach schädigenden Feigenbaumes; im J. 224 um das Zerhacken *(coinquere)* und Verbrennen der im Hain vom Blitz getroffenen Bäume. Der seit MARINI herrschenden Auffassung, es seien→»Sondergötter«, widersprechen (Bedenken schon [6],37f.) WAGENVOORT und ihm zustimmend LATTE, die die Formen auf *-unda* für Gerundiva mit medio-passiver Bedeutung halten; folglich sei *arbor* zu ergänzen. KRETSCHMER Gl 24, 1936, 228, und BÖMER 354f. sehen in der Wortform kein unüberwindliches Hindernis für die Deutung »dea A.« usw. Da dieses *lustrum* erst spät erscheint und die Bedeutung »verbrennen« für *adolere* sich erst ziemlich spät entwickelt haben kann ([9],45,2 gegen WALDE-HOF.[3] und VOLLMER Thes.), haben wir nicht nur mit priesterlicher Konstruktion (alphabet. Ordnung statt natürl. Ablauf!), sondern sogar mit kaiserzeitl. Neuschöpfung zu rechnen ([9],54); folglich liegt kein Beweis für »dynamistische« (so [7],80) Stufe der röm. Rel. vor. Zur Zeit dieser *lustra* (auch [7],80 zugegeben) werden die Gottheiten als *dea adolendi* usw. aufgefaßt. W. E.

1. *Henzen* Acta fratrum Arvalium, Bln. 1874. 2. *Wissowa* Ges. Abh. 310ff. 3. *Wissowa* RE II 1482f. 4. *Richter* RE IX 1352ff. 5. *Peter* Myth. Lex. II 188f. 6. *Weisweiler* NJb 139, 1889, 37ff. 7. *H. Wagenvoort* Roman Dynamism, Oxf. 1947, 47. 80ff. 8. *F. Bömer* Gn 21, 1949, 354f. 9. *Latte*, RRelGesch 54. 207.

Adolius, Armenier, Sohn des Acacius (Statthalter von Armenia I), kaiserl. Silentarius, befehligte 542/43 gegen die Perser eine armen. Reitertruppe. 543 fiel er auf der Flucht nach der Niederlage der Römer unter Narses bei Anglon. Prok. 2,3.21.24.25. A. L.

B. Rubin Justinian 1, 1960, 340/43.

Adonis (Ἄδωνις), Sohn des Phoinix und der Alphesiboia Hes. frg. 32 Rz., des phöniz. Königs Agenor Antim. frg. 102 W., des syr. Königs Theias bzw. des kypr. Priesterfürsten Kinyras und seiner Tochter Smyrna-Aoa Panyassis frg. 25 Kink. Etym. m. 117,35; die geneal. Varianten und den Mythos von der Liebe der Smyrna zu ihrem Vater, ihrer Verwandlung in den gleichnamigen Baum und der Geburt des A. (A. H. KRAPPE Rev. Rel. 6, 1941/42, 3ff.), von der Liebe der Aphrodite zu ihm, der Übergabe des Knaben in einem Kasten an Persephone und dem anschl. Streit der Göttinnen (W. v. BAUDISSIN ZDMG 70, 1916, 442ff. Neutest. Stud. für Heinrici, 1914, 13ff. Vgl. P. LAMBRECHTS Mél. I. Levy, 1953, 236f. NILSSON GgrR 2,622,6), schließlich von seinem Tod durch den Eber bietet Apollod. 3, 182ff. Vgl. Anton. Lib. 34. Ov. met. 10, 431ff. Bion, epitaph. 1ff. Orph. h. 56. Einzelheiten bei FRAZER GB 4,1,223ff. H. J. ROSE Griech. Mythologie, 1955, 125f. ROSCHER Myth. Lex. 1,69ff. Genealogie und Sage weisen eindeutig auf vorderoriental. Herkunft des A., ebenso der Name, der trotz P. KRETSCHMER Gl 7, 1916, 29ff. 10, 1920, 235f., mit BAUDISSIN ZDMG 70, 423ff. von semit. (phöniz.) 'adôn »Herr« herzuleiten ist. Vgl. zuletzt E. DHORME Mana 1,2, 1949[2], 115. 134. O. EISSFELDT RGG[3] 1,97. A. ist als sterbender Vegetationsdämon Parhedros der großen syrophöniz. Fruchtbarkeitsgöttin Aštart-Aphrodite, der Baalat von Gebal ([1] 69f.). Byblos-Gebal (Lukian, dea Syr. 6f. Strab. 16,755. S. RONZEVALLE Mél. Univ. Beyrut 15, 1930, 139ff. H. SEYRIG Syria 21, 1940, 113ff.), Aphaka und Laodikeia am Libanon (Etym. m. 175,6. Euseb. v. Const. 3,55. Mus. 47. Zosim. 1,58) und Antiocheia in Syrien (Amm. 22,9,15. FRAZER a. O. 11ff. 28f.) waren die Hauptkultorte des Paares innerhalb des Ursprungsgebiets ([1],71ff. LAMBRECHTS a. O. 226). Berührung mit dem mesopot. Dumuzi-Tammuz (vgl. Hesek. 8,14. BAUDISSIN ZDMG 70,426. K. PRUEMM Ztschr. kath. Theol. 58, 1934, 471) und dem ugarit. Alijan-Môt (W. BAUMGARTNER Theol. Rundschau 13, 1941, 92. EISSFELDT a. O. 98) sind erwiesen. Vgl. zum Motiv der Tötung des A. durch Ares (Schol. Hom. Il. 5,385) und seiner ugarit. Parallele W. KULLMANN Das Wirken der Götter in der Ilias, 1956, 13,2. Zwischen Byblos und den Zentren der ägypt. Osiris-Religion bestand eine enge Verbindung (Plut. mor. 357a–d. [1], 185ff. CH. VIROLLEAUD Eranos-Jb. 6, 1939, 131ff. R. DE VAUX Rev. Bibl. 42, 1933, 31ff.). Kultausstrahlungen erreichten Nordafrika (H. STOCKS Berytus 3, 1936, 31ff.), Spanien (F. CUMONT, Syria 8, 1927, 330ff.), Kleinasien und Kypros (FRAZER a. O. 6ff. 13ff.), wo Fusion mit verwandten Gestalten (Abobas von

Perge, Kiris-Pygmalion von Kypros) wahrscheinlich ist (Baudissin ZDMG 70,441 f.). Auf Lesbos hatte der Kreis um Sappho Beziehung zum Kult des A.-Phaon und der Aphrodite (Sappho frg. 21.107.132 D. E. Reiner Die rit. Totenklage, 1938, 106f. G. Thomson Prehistoric Aegean, 1949, 498f. Vgl. H. Usener Götternamen, 1948³, 328f.). In Griechenland sind Adonien für Argos (Paus. 2,20,6) und seit dem 5. Jh. für Athen bezeugt (Kratin. frg. 15. Pherekr. frg. 170 K. Aristoph. Lys. 389ff. Plut. Alkib. 18; Nik. 13. L. Deubner Att. Feste, 1932/56, 220ff. F. R. Walton HThR 31, 1938, 65ff.). Einzelheiten der A.-Feiern im hellenist. Alexandreia überliefert Theokr. id. 15,112ff. Vgl. G. Glotz REG 33, 1920, 169ff. A.S.F. Gow JHS 58, 1938, 180ff. Im Mittelpunkt stand überall das Fruchtbarkeitssymbol der sog. A.-Gärten (H. Sulze Angelos 2, 1926, 44ff. 3, 1927, 72ff. W. Baumgartner Schweiz. Arch. f. Volksk. 43, 1946, 122ff. A. Neppi-Modona Rend. Pont. Acad. Arch. 27, 1952/53, 177ff.), sowohl beim Hieros Gamos des A. mit Aphrodite (Reiner a. O. 109f.) als auch bei den Klageriten anläßlich seines Todes, bei denen feierliche Prothesis und Ekphora, Kathedra und Lamentatio stattfanden, während die meist weibl. Verehrerschar mit pantomim. Tanz und Flötenspiel (K. Latte RVV 13,2, 1913, 100), Haaropfer und z. T. sakraler Prostitution dem toten Gotte huldigte (Reiner a. O. 106ff. Nilsson Griech. Feste, 1906, 384ff.). W. F.

1. *W. v. Baudissin* A. und Esmun, 1911. 2. *J. Leipoldt* Sterbende und auferstehende Götter, 1923, 17ff. 3. *F. Nötscher* Altoriental. und alttest. Auferstehungsglaube, 1926. 4. *P. Lambrechts* Meded. Vlaamse Ak. Wetensch. Kl. de Lett. 16, 1954, 1.

Adoption bezeichnet ganz allgemein jede Annahme an Kindes Statt, spezieller (nach röm. Recht) die Aufnahme eines bisher einem anderen Hausverband angehörenden, also gewaltunterworfenen Menschen in einen anderen Hausverband.

Im Recht von Gortyn heißt die A. ἄμπασις, im attischen Recht ποίησις. Anders als die A. von Gortyn ist die attische A. Ausnahmegestaltung für den Fall des Fehlens männlicher Erben. In Gortyn dagegen konnten alle erwachsenen Männer adoptieren, auch wenn sie Söhne hatten. Vollzug und allfällige Aufhebung einer A. mußten in Gortyn am Marktplatz vor der Volksversammlung erfolgen. In Athen konnten nur attische Bürger legitimer Abkunft adoptiert werden, die Form der A. bestand in der nach einem Opfer zu vollziehenden Eintragung in die Liste der Phratrie und der Eintragung ins Gemeindebuch an den Archairesien. Im Recht der gräko-äg. Papyri heißt die A. ϑέσις, steht Männern und Frauen ohne weitere Voraussetzungen offen und erfolgt durch συγγραφαὶ τεκνοϑεσιῶν.

Das älteste röm. Adoptionsgeschäft ist die *arrogatio*. Sie war staatsrechtlicher Sakralakt in Gesetzesform und wurde vor den Kuriatkomitien vollzogen. Ihre mit *Velitis iubeatis* beginnende Formel wird uns von Gell. 5,19,9 bezeugt. Die politische Bedeutung dieser Form lag darin, daß derart dem Volk eine Kontrolle der Machtballung ermöglicht wurde, die in der Vergrößerung eines Hausverbandes um einen bisher eigenberechtigten Mann lag.

Die eigentliche, nur zur Annahme bisher Gewaltunterworfener geeignete A., ist jünger als die XII Tafeln, da sie den Satz, daß dreimaliger Verkauf aus der väterlichen Gewalt befreit, nutzbar macht. Daraus entwickelte pontifikale Interpretationskunst ein Treuhandgeschäft: Der bisherige Gewalthaber manzipiert drei Male fiuziarisch dem Adoptivvater oder einem Dritten, der *mancipio accipiens* läßt die beiden ersten Male sogleich frei; nach der dritten *mancipatio* behauptet der Adoptivvater vor dem Magistrat seine *patria potestas*, der bisherige Gewalthaber unterläßt den Widerspruch. Unsere Kenntnis des Vorgangs beruht vor allem auf Gaius 1,134. Bei Töchtern genügte einfache *mancipatio*. Jede A. wirkte als *capitis deminutio minima*.

Dieses alte Ritual behauptete sich im klassischen Recht erstaunlich zäh, auch in den Provinzen wurde es geübt. In den nichtjuristischen Quellen der jüngeren Republik und der Prinzipatszeit finden wir freilich auch testamentarische Adoptionen, für die griech. Vorbild wahrscheinlich ist. Dieser Art war auch die Adoption des Octavian durch Caesar: Zunächst bewirkte dieses Testament nur die sittliche Pflicht des Erben, den Namen des Testators zu führen. Ein auf Betreiben des Augustus gesetzter Kurialakt (Cass. Dio 45,5. 46,47) gab ihm jedoch nachträglich die Wirkungen einer *arrogatio*.

Im weströmischen Vulgarrecht erfolgte die A. durch Erklärung vor der *curia* des Ortes, im Osten vor Behörden mit dem *ius actorum conficiendorum*. Nach hellenistischem Vorbild drangen volksrechtliche Adoptionen, υἱοϑεσία genannt, vor, die in der Hauszugehörigkeit keinen Wechsel eintreten ließen und nur Erziehungspflichten sowie Erbrechte begründeten. Im Jahr 530 (C. 8,47,10) beschränkte Justinian auch reichsrechtlich den Wechsel der Familienzugehörigkeit auf Adoption durch Aszendenten. Alle anderen, unrömisch *adoptio minus plena* genannten Adoptionen wirken nur erbrechtlich. Th. M.-M.

A. griechisch: *U.E. Paoli* in: Scritti Ferrini Pavia, 1946, 585. *Taubenschlag* The Law of Greco-Roman Egypt, ²1955, 133ff. *H.J. Wolff* Beitr. z. Rechtsgeschichte Altgriechenlands, 1961, 214f.

A. römisch: *Bergmann* Beitr. z. röm. Adoptionsrecht, 1912. *Pitzorno* L'adozione privata, 1914. *Lavaggi* Studia et Documenta Historiae et Iuris 12, 1946, 45ff. *M.H. Prevost* Les adoptions politiques à Rome, 1949.

Adoratio. 1. → Gebet, röm. 2. Die Einführung der *a.*, gr. προσκύνησις, in die Hofetikette geht auf Diocletian zurück; vorher gelegentl. als bes. Schmeichelei. Die zur Audienz Zugelassenen warfen sich nieder und küßten einen Zipfel des kaiserl. Gewandes. Die Zulassung galt als Gunst, die mit Privilegien verbunden war. Die a. der Herrscherbilder begann in der frühen Kaiserzeit: Zunächst wurden Bilder in den Tempeln zu Ehren des Herrschers aufgestellt (schon Caesar), die bald Mittelpunkt der Verehrung wurden. Weigerung galt als Majestätsbeleidigung (→ Christentum). W. E.

1. *Friedländer-Wiss.* 1,96. 3,58f. 2. *Seeck* RE I 400f. 3. *Dar.-Sagl.* 1, 80ff. 4. CAH 12,356ff. 388.

Adramys (Ἄδραμυς). König von Lydien, der in der Geschichte der Verweichlichung der Lyder eine Rolle spielte (FHG I 39f.), Sohn des Alyattes und Bruder des Kroisos. Er (oder Hermon) gilt als Gründer der mysischen Stadt Adramytteion. Nach Dikaiarch (FHG 2,238) ist ein Pelasger A., dessen Tochter Herakles im Wettlauf gewann, Gründer der Stadt: darin steckt eine falsche etymol. Erklärung (von (δραμεῖν). H. v. G.

Adramyttion (Ἀδραμύττιον oder Ἀτρα-), Stadt im N.-Teil W.-Kleinasiens, nach Strab. 13,1,4 zur Troas gerechnet, urspr. Pedasos (Plin. nat. 5, 122) oder Lyrnessos (Hierocl. 661,10) im Kiliker-Land genannt – oder von dort aus umgesiedelt –, Gründung von Kroisos' Bruder Adramys, vom pers. Satrapen Pharnakes 422 den durch die Athener vertriebenen Deliern zugewiesen, daher »Griechenstadt« bei Ps. Skyl. 89, obwohl die vornehmsten Bewohner schon 411 durch Arsakes umkamen (Thuk. 8,108,4). Aristot. frg. 484 beschrieb ihre Verfassung. Lysimachos' General Prepelaos eroberte A. 302, Philipp V. plünderte es 201 (M. Holleaux Etudes 4,249). Vor Antiochos III. wurde A. durch eine röm. Flotte gerettet und kam dann an Pergamon. A. ist Fundort eines röm. Senatsbeschlusses von 129 v. Chr. (Streit zwischen Publicani und Pergamon), dessen Wiederholung in Smyrna stand (IGRom 4,262. A. Passerini, Ath. 2,15, 1937, 252ff. Rostovtz. Soc. a. Ec. Hell. W. 813.1525f.). Die Teilnahme am Italiker-Massaker 88 zog das röm. Strafgericht nach sich. Doch gewann A., auch als Hauptort eines *conventus* (Plin.), rasch wieder Bedeutung dank seinem guten Hafen (Lehmann-Hartleben Hafenanlagen 240) und Werftanlagen (Naustathmos: Strab.), seiner günstigen Straßenlage (Gren 14,45ff.), auch einer Rhetorikschule (Cic. Brut. 316. Strab. 13,1,66). Es hatte auch eine jüdische Kolonie (Cic. Flacc. 28. NT Act. Ap. 27,2). Die Münzprägung endet erst unter Gallienus im 3. Jh. n. Chr.; ab 431 sind Bischöfe überliefert. Kaum schon unter Traian (Lyd. mens. 4,23), sondern nach 1100 erfolgte die Verlegung vom Küstenplatz Karatasch (Alatschali-Kalkhügel) w. Kemer, s. der Euenos-Mündung, nach der Stätte des antiken Thebe, das wie Lyrnessos und Iolla im Hellenismus einverleibt worden war (Strab. 13,1,61f. L. Robert Études anatol. 166. Études numism. 16). Diese Nachfolgesiedlung heißt fortan A., danach h. Edremid. Nach A. hieß der durch Lesbos s. abgeriegelte Golf vom Kap Lekton oder von Gargara bis Kane (Strab. 13,1.49.51.68). E. K.

RE I 404. V A 1595ff. *Th. Wiegand*, AM 29, 1904, 264 (Funde). *A. Philippson*, Erg.-Heft 167 zu Petermanns Mitteil., 1910, 30f. *E. Gren* Kleinasien und der Ostbalkan, Uppsala 1941. *D. Magie* Roman Rule in Asia minor, Princeton 1950, 83.798.905. *V. Schultze* Altchristl. Städte und Landschaften 2,2,15f. *H. v. Fritze* Ant. Münzen Mysiens 1, 1913, 1ff.

Adrana, von Tac. ann. 1,56 erwähnt, die heutige Eder im Lande der Chatten (Hessen). W. S.

Adranodorus. Schwiegersohn des Königs Hieron II. von Syrakus. Er wurde im J. 215 v. Chr. mit anderen zum Vormund des damals 15jährigen Enkels und Nachfolgers des Hieron, Hieronymus, eingesetzt. Zusammen mit Zoippus war er verantwortlich für eine radikale Hinwendung der syrakusanischen Politik zu Karthago. Nach dem Tode des Hieronymus im J. 214 (RE VIII 1538) befestigte er die Ortygia und wurde zum Strategen gewählt. Seine von seiner Gattin Demarata unterstützten Pläne, sich zum Herrscher zu machen, führten zu seiner und des Themistus Ermordung im Rathaus von Syrakus im J. 214. Polyb. 7,2,1. 5,4f., Liv. 24,4,3f. u. ö. H. G. G.

A. Holm Gesch. Sic. 3, 46.49. *W. Hoffmann*, 89, 1961, 482.

Adranon (Ἀδρανόν, lat. Hadranum). Alte Sicilersiedlung am Westhang des Aetna an dem gleichnamigen, in den Symaithos (Simeto) mündenden Flüßchen (Ἀδρανός), neugegründet 400 v. Chr. von Dionysios bei dem alten Tempel des Gottes Adranos, 263 von den Römern erobert (Diod. 14,37. 16,68. 23,4). Jetzt Adernò mit bedeutenden Ruinen. Inschr.: IG XIV 567–572, Münzen: Head HN² 118. K. Z.

Adrasteia (Ἀδράστεια), thrakophryg. Berggöttin der Troas Aischyl. frg. 158 N., deren Diener die idäischen Daktylen waren Phoron. frg. 2 K.; ihr Kult in der gleichnamigen Stadt am Aisepos in Mysien von dem Heros Eponymos Adrastos (Hom. Il. 2,825ff.) gegründet Antim. frg. 53 W. (E. Maass Byz.-Neugr. Jb. 5, 1926/7, 179ff.). Apoll. Rhod. 1,1116 m. Schol. Strab. 13,588c. H. Usener Kl. Schr. 4, 1913, 235. F. Pfister RVV 5, 1909, 292. A. ist eine Hypostase der kret.-kleinasiat. Rhea-Kybele ([1], 26.68.[3],391), daher identisch mit der Melisseustochter A., der Amme des kret. Zeus, Kall. h. 1,46ff. Apoll. Rhod. 3,132ff. Apollod. 1,5. Plut. mor. 657e ([1], 70f. [2], 17. A. B. Cook Zeus 1, 1925, 933); in Athen zusammen mit der thrak. Bendis verehrt IG I 310, 207. Wilam. GldH. 1,125, 3; mit Artemis gleichgesetzt Harpokr. s. v. Suid. s. v. Vgl. Paus. 10,27,8. Usener a. O. 73; der artemis. Nemesis angenähert Men. frg. 266 K. Antim. frg. 53 W. ([1], 78ff.). Ihr sicher ungriech. Name wurde offenbar als »die Unentrinnbare« gedeutet (Orph. frg. 105. Hesych. s. v. Vgl. A. Pott KZ 9,

1860, 349 ([1], 72), sie selbst wohl unter orph. Einfluß als Verkörperung der Dike oder Ananke aufgefaßt Aischyl. Prom. 936 ([3], 663. W. K. C. Guthrie Orpheus and Greek Religion, 1935, 233), Eur. Rhes. 468. Demosth. or. 25,37. Plat. pol. 451 a. So ist sie Tochter des Zeus Eur. Rhes. 342. Plut. mor. 564e, Weltengöttin und Totenrichterin des orph. Jenseitsglaubens Orph. frg. 20 (= Plat. Phaidr. 248c). 105a.b. A. Dieterich Nekyia, 1893, 123f., Amme des Demiurgen Orph. frg. 162, als mannweibl. Erzeugerin von allem mit Ananke gleich Orph. frg. 54. Guthrie a. O. 101, ihrem Gesetz ist alles untertan Orph. frg. 152 ([1], 74ff.); im Corpus Hermeticum heißt sie die *ἐπόπτειρα ὀξυδερκὴς θεός* Stob. ecl. 1,401,18 ([3], 736). W. F.

1. *H. Posnanski* Nemesis und A., 1890. 2. *E. Neustadt* De Iove Cretico, 1906. 3. *R. Eisler* Weltenmantel und Himmelszelt 2, 1910. 4. *K. Kerényi* Niobe, 1949, 125 ff.

Adrastos (*Ἄδραστος*) **1.** Heros aus aiolischem Geschlecht in Argos, Sohn des Talaos und der Lysimache, Vetter und Gemahl der Amphithea. Bei einem Streit der führenden Familien in Argos von Amphiaraos vertrieben, flieht er zu seinem Großvater Polybos nach Sekyon, wo er nach dessen Tode die Herrschaft übernimmt und pythische Spiele einführt, Pind. N. 9,9. Später mit Amphiaraos ausgesöhnt, kehrt er als Herrscher nach Argos zurück; er gibt ihm seine Schwester Eriphyle zur Frau, sie soll in allen künftigen Streitigkeiten zwischen ihnen entscheiden. Eines Nachts weckt ihn die Schlägerei zweier Flüchtlinge, des Tydeus aus Kalydon und des Polyneikes aus Theben, um ein Nachtquartier in seiner Vorhalle. Er erkennt in ihnen die vom Orakel verheißenen Schwiegersöhne – sie trugen Felle von Eber und Löwen oder entsprechende Schildzeichen –, gibt ihnen seine Töchter Argeia und Deipyle und verspricht, sie in ihre Heimat zurückzuführen und in ihre Rechte wiedereinzusetzen. Apollod. 3,6f. So kommt es zu dem Zug der → Sieben gegen Theben. A. unternimmt es, mit seinen Schwiegersöhnen und 4 oder 5 anderen, Polyneikes anstelle seines Bruders Eteokles zum Herrscher Thebens zu machen. Der Seher Amphiaraos, der Unglück ahnt, kann nur durch Ränke zum Mitgehen veranlaßt werden. Die erste Station des Zuges ist Nemea. Hier ereignet sich in dem Unglücksfall des Königskindes Opheltes, das in Abwesenheit seiner Wärterin → Hypsipyle von einer Schlange getötet wird, ein böses Omen; Amphiaraos nennt das Kind → Archemoros »Beginner des Verhängnisses«. Die Sieben richten die Nemeen als Leichenspiele für Opheltes ein, Pind. N. 10,28. Eur. Hypsipyle. Der Angriff auf Theben scheitert völlig. Hom. Il. 4,409 und Hes. erg. 162 sprechen vom Untergang sämtlicher Argiverhelden. Nach dem alten Epos Thebais und der späteren Überlieferung indes entkommt A. auf seinem schnellen Rosse → Areion. Nach attischer Tradition bittet er die Athener, die von Kreon verweigerte Auslieferung

der Gefallenen durchzusetzen. Das geschieht, und die Gefallenen werden in Athen beigesetzt. Zehn Jahre später führt A. die Söhne der Gefallenen, die → Epigonen, gegen Theben, diesmal mit vollem Erfolge, der aber durch den Tod seines Sohnes Aigialeus erkauft wird. Aus Kummer darüber starb A. auf dem Rückweg in Megara. Verehrt wurde A. in Megara, Sekyon und Athen. Während eines Krieges mit Argos versuchte der Tyrann Kleisthenes in Sekyon, den einheimischen Kult des A. mit »tragischen Chören«, auf Dionysos zu übertragen, Hdt. 5,67. Nilsson GgrR 1,173. Man sieht in A. ein ursprünglich göttliches Wesen entweder chthon. oder dionys. Art oder rückt ihn in die Sphäre der → Adrasteia.

2. Troischer Bundesgenosse, Sohn des Sehers Merops aus Perkote, zog mit seinem Bruder Amphios trotz dringender Abmahnung ihres Vaters in den Krieg. Beide wurden von Diomedes getötet, Hom. Il. 2,828. 11,328. Durch seine Tochter Eurydike, die Ilos heiratete, erscheint er mit dem troischen Königshaus verbunden, Apollod. 3,12,3,8. Nach ihm ist die Stadt Adrasteia benannt, Apoll. Rhod. 1,1116, mit einem Altar der Adrasteia, Strab. 13,588 (Kallisthenes, Antimachos). Seit Welcker Kl. Schr. 5,34 wird dieser A. mit dem festländischen gleichgesetzt; der Name seines Bruders ist offenbar eine Kurzform für Amphiaraos. H. v. G.

3. Von Aphrodisias, peripatet. Philosoph Mitte des 2. Jh. n. Chr., schrieb u. a. anschließend an Andronikos über die Ordnung der aristotel. Schriften, ferner histor. und lexikograph. Untersuchungen zu Aristot. eth. Nic. und bes. zu Theophrasts Ethik in 6 B., ferner einen Kommentar zu Plat. Tim. Er schloß sich eng an Aristoteles an, wurde viel benützt, von Porphyrios und Simplikios öfters zitiert und von Plotin (Porph. vit. 147) in den Kanon aufgenommen. Wahrscheinlich benützte Theon von Smyrna (unter Hadrian) in seiner »Mathem. Einleitung zu Platon« den Timaios-Kommentar des A., der seinerseits Poseidonios benutzte. W. S.

Zeller PhdGr 4, 780, 9f. *Lesky* GrL 795.

Adria (Nissen It. Ldk. 1,89. Lehmann-Hartleben 37. E. Zechlin Maritime Weltgesch. 124), seit Hekat. b. Steph. Byz. s. v. (vgl. Hdt. 1,163. 4,33. 5,9) gebräuchlicher (selbständig stets maskul.) Name für den Nordteil d. adriat. Meeres nahe der Pomündung (Eur. Hipp. 736), nach der Stadt (bzw. Landschaft oder Fluß) → Atria benannt (Liv. 5,33, 8. Strab. 214. Iust. 20,1,9. Plin. nat. 3,120); später wurde der Name bis zum Mte. Gargano (Ptol. 3,1,1), zur Straße v. Otranto (Plin. 3,100) und darüber hinaus (Serv. auct. Aen. 11,540. Paus. 5,25,3. 8,54,3) ausgedehnt. Die Seefahrt auf dem A. galt als gefährlich (Lys. frg. 1,4. Hor. c. 1,3,15. 33,15. 2, 14,14. 3,3,5. 9,25 u. a.). Bei den Römern heißt der A. gelegentlich *mare superum* (Plaut. Men. 236. Cic. de or. 3,69. Verg. georg. 2,158 u. a.). Über den A. kamen illyrische u. korinthische Einflüsse nach Italien. G. R.

Adrianos s. Hadrianus

Adrogatio. Das älteste überlieferte Adoptionsgeschäft des röm. Rechts. Sie gibt einer gewaltfreien männl. Person die Rechtsstellung eines gewaltunterworfenen Sohnes des Arrogierenden (wohingegen die *adoptio* einen Gewaltunterworfenen einem anderen Gewalthaber unterstellt; zu ihrer Form Gai. 1,134. Gell. 5,19,3). Die *a.* soll die Fortsetzung kinderloser Ehen sichern und den Kult der Hausgötter erhalten; in der Kaiserzeit dient sie auch polit. Zwecken (*a.* des zum Nachfolger Ausersehenen durch den Kaiser). Die *a.* verlangt Vorprüfung durch das Priesterkollegium und Einverständnis beider Beteiligter. Sie geschieht durch Befragung der Kuriatkomitien (= *rogatio*; daher der Name; Mißdeutung bei Gai. 1,99), später der 30 Liktoren (Gai. 1,98 ff. Gell. 5,19). Wohl eine Sonderform der a. ist das *testamentum calatis comitiis*: beim Tode des Testators erhält der Bedachte die Stellung eines Sohnes und Erben ([5],1, 58 f.). Diokletian führt für die Provinzen, wo die *a.* wegen ihrer Form unanwendbar ist, eine *a. per rescriptum principis* ein, die sich später allgemein durchsetzt (Inst. Iust. 1,11). Auch Frauen und Unmündige können jetzt arrogiert werden. D. M.

Ältere Lit. RE I 420 f. Dazu 1. *Gunnar Bergmann* Beitr. z. Adoptionsrecht, 1912. 2. *Gius. Lavaggi* Stud. et doc. hist. et iur. 12, 1946, 45 ff. 3. *Gian. Longo* Dir. rom., dir. di famiglia, 1953^{2}, 165 ff. 4. *Biondo Biondi* Dir. rom. crist. 3, 1955, 59 ff. 5. *Max Kaser* Röm. Privatrecht 1, 1955, 58 f. 292 f. 2, 1959, 147 f.

Adrumetum s. Hadrumetum

Adryades s. Hamadryades

Adscripticius s. Colonus

Adsectator. Begleiter, Anhänger, insbesondere in der Gefolgschaft des sich um ein Amt bewerbenden Kandidaten. Die *a.es* sind meist dessen Freunde oder Klienten *(homines tenui)*, die dem Amtsbewerber irgendwie verpflichtet sind. Cic. Mur. 70 unterscheidet *tres partes adsectationis: una salutatorum, cum domum veniunt, altera deductorum, tertia adsectatorum.* Die lex Fabia (im J. 66) und ein SC des J. 64 suchten vergebens die Zahl der *a.es* zu beschränken (Cic. Mur. 69). → Ambitus, Petitio. W. S.

Adsertor heißt der, der vor Gericht eine Behauptung, insbesondere die der Freiheit eines bisher als Sklaven behandelten Menschen aufstellt. Den ältesten Beleg hierfür gibt der Virginiaprozeß, Liv. 3,44 ff. Bei der *manumissio vindicta* übernimmt ein Bürger die Rolle des *adsertor in libertatem* und ermöglicht so die Freilassung durch Prozeßnachformung. Th. M.-M.

Nicolau Causa liberalis, 1933, 120 ff.

Adsessor heißt der ständige Berater eines Magistrats, der als dessen frei gewählter und beliebig gewechselter Vertrauensmann regelmäßig großen Einfluß ausübt. Aus ursprünglich nur gelegentlicher Mitwirkung im *consilium (adsidere)* entwickelt sich eine besoldete Assessur. Für die Stellung des *a.* ist keine Qualifikation nötig, auch Freigelassene können sie bekleiden, zumeist wird jedoch ein gelehrter Jurist herangezogen. Dieser konzipiert die Edikte und Dekrete des Verwaltungsbeamten und erledigt den gesamten juristischen Schriftverkehr. Nicht selten entscheidet er selbständig im Namen des Magistrats. Der *a.* ist insbesondere dem Provinzstatthalter unentbehrlich; in der Spätzeit steht ihm ein eigener cursus honorum mit Aufstiegsmöglichkeit zu höherem Rang in der Ämterhierarchie offen. Verschiedentlichen Privilegien des *a.* entspricht eine besondere Verantwortlichkeit (Dig. 1,22; Cod. Theod. 1,34; Cod. Iust. 1,51). H. Ha.

Hermann F. Hitzig Die Assessoren der röm. Magistrate u. Richter, 1893. *Wolfgang Kunkel* Herkunft und soziale Stellung der röm. Juristen, 1952, 331 ff.

Adsiduus *(qui in ea re, quam frequenter agit, quasi consedisse videatur*, Fest. ep. p. 9), in der Servianischen Verfassung (Cic. rep. 2,40) synonym mit *locuples* (Cic. a.O., Quint. inst. 5,10,55. Gell. 16,10.15 aus den XII Taf. Ael. Stilo bei Cic. top. 10. Fest. a.O. Varr. bei Non. 67,25 M.) und *pecuniosus* (Quint. a.O. *a pecorum copia*), auf die Steuerfähigen bezogen im Gegensatz zu den *capite censi* oder *proletarii.* Stilo suchte das Wort *a.* von *ab asse* abzuleiten und zu erklären. Es sind die »Ansässigen« = auf eigenem Grund und Boden Sitzenden. W. S.

Mommsen, RStR 3, 237 f. *Marqu.*, RStV 2, 314.

Adsignatio bedeutet ganz allgemein die Zuteilung eines Vermögensobjektes an eine Person, so durch privaten Rechtsakt (Scaev. Dig. 10,2,39, 5) oder durch den Teilungsrichter (Ulp. Dig. 10,2, 22,1). Spezielle Bedeutung hat die *a. liberti*: Nach einem claudian. Senatusconsultum (Ulp. Dig. 38, 4,1 pr.) durfte der Patron für den Fall seines Todes oder Bürgerrechtsverlustes sein Patronatsrecht einem seiner Kinder allein zuweisen (Dig. 38,4. Inst. Iust. 3,8). – Im röm. Staatsrecht ist *a. (publica)* die Zuweisung von Teilen des → *ager publicus* an Privatpersonen oder Gemeinden. Diese Zuweisung erfolgt zu freiem Eigentum oder zu bloßer Nutzung. Politisch bezweckt die a. entweder eine Versorgung des Begünstigten, besonders von Veteranen *(a. viritana)*, oder die Koloniegründung *(a. coloniaria)*. Die Befugnis zur *a.* steht anfangs dem König zu; nach der Sage (Varro rust. 1,10,12. Plin. nat. 19,2,7) soll Romulus jedem Bürger zwei *iugera* assigniert haben. In der Republik bedarf die *a.* zu Eigentum eines Volksgesetzes. Diese Gesetze *(→ leges agrariae)* werden durch besondere Magistrate ausgeführt (Mommsen RStR $1887^{3} = 1952^{4}$, 2,624 ff.). Spätestens mit Sulla geht das Recht zur a. auf den Senat über (Cic. fam. 11,20,3), später auf den Kaiser. D. M.

Vgl. die u. ager publicus aufgeführte Lit. (ältere RE I 426), dazu noch *Plinio Fraccaro* Scr. Ferrini Milano 1, 1947, 262 ff.

Adstipulator ist ein Nebengläubiger, der sich sogleich nach dem Abschluß einer Stipulation die eben dem Hauptschuldner versprochene Leistung vom Schuldner nochmals (mit den Worten: *Idem dari spondes? spondeo*) versprechen läßt. Er wird als Vertrauensmann des Gläubigers für die Einziehung einer Forderung eingesetzt und übt anders als der *solutionis causa adiectus* ein Klagerecht aus. Daher kann er auch die Schuld erlassen. Tut er dies aber treuwidrig, so haftet er auf Grund des 2. Kapitels der Lex Aquilia mit einer Bußklage. Im 2. Jh. n. Chr. begegnet der *a.* zwar noch (Gaius 3,117), doch meist nur bei einer *stipulatio post mortem*. Th. M.-M.

Pernice, ZRG 19, 1898, 178 ff. *Solazzi* L'estinzione dell obbligazione, ^{2}1935, 72 ff.

Aduatuci, nach Caes. Gall. 2,29 Abkömmlinge der Cimbern und Teutonen. Der Stamm gehört zur Gruppe der *Germani cisrhenani* und wohnte beidseits der Maas zwischen Lüttich-Namur und Limburg. Wohl Teil der von Caesar vernichteten Eburonen, wurde der verbliebene Rest der A. den unter Augustus hier angesiedelten Tungri untergeordnet. Seit dem Ende des 1. Jh. der Provinz Niedergermanien zugeschlagen. Hauptort des Stammesgebietes ist Aduatuca, das unter den Tungri weiterbesteht und den alten Ortsnamen als Aduatuca Tungrorum, heute Tongern, bewahrt hat. Eine bedeutende Siedlung am Knotenpunkt wichtiger Straßen zum Rhein, besteht A. vom 1. bis zum 4. Jh. n. Chr. H. C.

J. Breuer La Belgique Romaine, Brüssel 1946, 67.

Adule. Wichtige Handelsstadt am arab. Golf, 8 Tagereisen von Aksum entfernt, vielleicht in den Trümmern zu suchen, die s. Massaua am Habas-Fluß liegen. Dort war in ptolemäischer Zeit eine Handelsniederlassung errichtet, in der die afrikanischen Produkte durch Zwischenhandel zusammenströmten. Die Inschrift eines Ptolemaios Euergetes von dort überliefert Kosmas Indikopleustes. W. H.

Adulterium. Den Ehebruch bestrafte zwar schon das staatliche Recht der jüngeren Republik, doch ist unser Wissen von diesen durch die lex Iulia de adulteriis aufgehobenen Gesetzen (vgl. Paulus libro singulari de adulteriis in Coll. 4,2,2) ebenso dürftig wie von der sicher älteren Bestrafung der Frau im *iudicium domesticum* (vgl. Cato bei Gell. 10,23,4 ff.). Die augusteische lex Iulia de adulteriis entstammt dem Jahr 18 v. Chr. (vgl. Suet. Aug. 34) und steht im Zeichen eines Versuchs der Sittenreform. Zwar wurde das Tötungsrecht des betrogenen Gatten gegenüber der Frau aufgehoben, gegenüber dem Verführer stark eingeschränkt, doch trafen Relegation und Verlust der halben *dos* sowie eines Vermögensdrittels die Frau sehr empfindlich. Für freigeborene Bürger wurde die Ehe mit beim Ehebruch ertappten Personen untersagt; zunächst trafen dennoch Heiratende nur die Nachteile der Ehelosigkeit, ein Senatskonsult unter Marc Aurel und Commodus (D 23,2,16 pr.) statuierte aber die Nichtigkeit der verbotenen Ehen.

Seit Constantin erhält der Ehebruch eine weitere rechtliche Bedeutung, da er nach der Aufhebung der freien Scheidbarkeit der Ehe zum Scheidungsgrund wird. Zunächst (331, C. Theod. 3,16,1) kann sich nur der Mann auf a. berufen, seit Theodosius II. (449, C. 5,17,8) aber auch die Frau. Im Strafrecht leiteten schon Konstitutionen aus dem 3. Jh. zu schärferer Behandlung des a. über (C. 2,4, 18), Kapitalstrafe wird rasch zur Regel (vgl. Cod. Theod. 9,38). Justinians Novelle 117 (aus 542) nimmt der Frau das Scheidungsrecht wieder und macht das des Mannes vom gerichtlichen Nachweis des a. abhängig. Th. M.-M.

Westrup Observations sur la notion de la fidelité, 1927. *Corsanego* La repressione romana dell'adulterio, 1936. *De Dominicis* in: Studia et Documenta Historiae et Iuris 16, 1950, 221 ff. *Biondi* Il diritto romano cristiano 3, 1954, 117 ff. und 473 ff.

Advocatus. Die römische Advokatur unterscheidet sich von der modernen grundlegend dadurch, daß sie weder typische Prozeßvertretung noch typische Rechtsanwaltschaft war. Prozessuales Handeln für andere war Sache der *cognitores* und *procuratores*, die ihre Dienste als Prozeßvertreter bald aus Freundschaft, bald gewerbsmäßig und dann gegen recht geringes Entgelt zur Verfügung stellten. Rechtsfreundliche Beratung und Betreuung dagegen war in erster Linie Sache der zumeist den oberen Gesellschaftsschichten entstammenden, einen relativ geschlossenen Stand bildenden *iuris periti*.

Der a. war zunächst, wie schon der Name zeigt, ein von der Prozeßpartei herbeigerufener Beistand. Seine Beistandschaft bedeutete nicht auch Vertretung, sondern bloß Unterstützung durch Einsatz des persönlichen Ansehens (hierin berühren sich die Funktionen von *a.* und *patronus*), bisweilen auch durch Rat auf Grund größerer, eben beim angesehenen Bürger besserer Rechtskenntnisse. So begegnet er uns bei Ter. Ad. 645 f. und Eun. 763 f., so definiert ihn Pseudoasconius zu Cic. in Caec. 11 *(advocatus ... aut ius suggerit aut praesentiam suam accommodat amico ...)*. Ergaben sich schwierigere Rechtsfragen, wandte man sich aber an einen *iuris peritus*, wollte man einen guten Redner, war ein *orator* zuständig.

Zur Zeit des Tacitus (dial. 1) war die Bezeichnung des Gerichtsredners als *orator* jedoch außer Übung gekommen, er hieß nun einfach a. Die Trennungslinie gegenüber der Jurisprudenz wurde dann im 2. und 3. Jh. n. Chr. mehr und mehr verwischt. Über Titius Aristo sagt sein Zeitgenosse und Freund Plinius minor (ep. 1,22), daß er *multos advocatione iuvat*. Insbesondere zur Prozeßführung für den *fiscus* stellt auch der Staat *advocati* an, sogar ein Papinian war zu Beginn seiner Laufbahn *a. fisci*. Angesichts der Sonderstellung solcher Staatsadvokaten kann freilich aus ihrer juristischen Qualifikation kein allgemeiner Schluß auf eine sich schon zu dieser Zeit vollziehende Eroberung der Advokatur durch die Jurisprudenz gewagt werden. Vielmehr haben Juristen mit *ius respondendi* sich wohl nur in Ausnahmefällen als *advocati* zur Verfügung gestellt.

Zwar keine völlige Durchdringung, aber doch eine erhebliche Durchsetzung der Advokatur durch Juristen vollzieht sich im 3. und 4. Jh. Die Entstehung juristischer Ausbildungsstätten in den Provinzen sowie ein gewisses Zurücktreten des rhetorischen Unterrichts (vgl. Libanius, Orat. 62, 21 f.) haben daran großen Anteil. Diocletians Preisedict redet sogar vom *advocatus sive iurisperitus* (7,72). Ein wohl zu scharfes Sittenbild des Advokatenstandes dieser Zeit zeichnet Amm. 30,4. Die korporative Ständeordnung der Dominatszeit ließ *corpora* von *advocati* entstehen, ihre Rechte und Pflichten spiegelt C. 2,7. Th. M.-M.

Pierantoni Gli avvocati di Roma antica, 1900; Wenger Die Anwaltschaft im röm. Recht, in: J. Magnus Die Rechtsanwaltschaft, 1929, 452ff. *De Robertis* I rapporti di lavoro, 1946, 189ff. *Kunkel* Herkunft und soziale Stellung der röm. Juristen, 1952, 325ff. *Neuhauser* Patronus und orator, 1958, 169ff.

'Αδύνατοι, in Athen belegt als term. für die Gruppe der Erwerbsunfähigen, die bei Invalidität staatliche Unterstützung bezogen (gesetzliche Grundlage bei Kriegsinvalidität gelegt von Solon oder Peisistratos, Plut. Sol. 30,12; Aristoteles spricht allgemein von einem Nomos, der Ansprüche auf »Sozialrente« Bürgern bei weniger als 3 Minen Vermögen und weitgehender Erwerbsunfähigkeit gewährt (Aristot. Ath. pol. 49,4). Dokimasie der Bewerber durch den Rat (vgl. Lysias' 24. Rede). A. M.

Adyton s. Abaton

Aebutius, röm. Gentilname, seit dem 5. Jh. v. Chr. und dann bes. in der röm. Republik belegt. Nach Ausweis der Fasten stellte die patricische Familie Helva in den J. 499, 463 und 442 jeweils einen Consul.

1. Ae., wahrscheinlich Volkstribun, Urheber einer lex Aebutia, die vor 63 v. Chr. und vielleicht nach den Gracchen zu datieren ist, Cic. leg. agr. 2,21. RE XII 2320. Wenn er im 2. Jh. v. Chr. gelebt hat, kann er identisch sein mit einem von Gai. 4,30 erwähnten Ae., der als Urheber einer anderen lex Aebutia (Einführung des Formularverfahrens im Prozeß) bekannt ist. RE VI 2859. XII 1840, 43 ff. BROUGHTON Mag. 2, 468. **2.** P. Ae., Sohn eines Ritters, führte zur Aufdeckung und Unterdrückung der Bacchanalien im J. 186 v. Chr. Liv. 39,9–19. **3.** T. Ae. Carus führte als IIIvir im J. 183 v. Chr. Colonien nach Parma und Mutina; im J. 178 war er Praetor auf Sardinien. Liv. 39,55,8. 40, 6,5 und behielt das Kommando bis 176 (Liv. 41, 15,6). 173 gehörte er zum Collegium der *Xviri agris dandis assignandis.* Cognomen nach BROUGHTON Mag. 1,380 wohl richtiger Parrus. **4.** L. Ae. Helva, cos. 463, starb im Amt. **5.** M. Ae. Helva, Praetor 168 v. Chr. **6.** Post. Ae. Helva Cornicen, Consul 442, mag. equ. 435. **7.** T. Ae. Helva, Consul 499 v. Chr. **8.** Ae. Liberalis, aus Lugdunum; an ihn richtete Sen. seine 7 Bücher de beneficiis. H. G. G.

Aecae (NISSEN It. Ldk. 2,844. BELOCH RG 367. DEVOTO Ant. It.^{2} 129. THES. L. L. 1, 906. CIL IX p. 85). KUBITSCHEK Imp. Rom. 36: *trib. Papiria*), apul. Stadt (Pol. 3,88,9. Liv. 24,20,5) der 2. Reg. (Plin. 3,105) an der via Traiana (It. Ant. 116,1. Burd. 610,6. Tab. Peut. 6,3); j. Troia. G. R.

Aec(u)lanum (NISSEN It. Ldk. 2,817. BELOCH RG 502. DUHN It. Gkd. 1, 609. THES. L. L. 1,906. CIL IX 98: *trib. Cornelia*), hirpin. Stadt (Ptol. 3,1, 71) d. 2. Reg. (Plin. nat. 3,105) a. d. via Appia (Cic. Att. 7,3,1. 16,2,4) 15 mp s. ö. Benevent (It. Ant. 102,2. Tab. Peut. 6,5. MILLER Itin. 341); j. Grotte b. Mirabella-Eclano mit Ruinen. Kämpfe im Bürgerkriege (App. civ. 1,51. Vell. 2,16,1). Osk. Inschr. b. VETTER HB Nr. 162 ff. G. R.

Aedes. Die Grundbedeutung des lat. Wortes ist »Haus«, speziell »Wohnhaus«. Wohnhäuser in Rom waren anfangs einfache, oft hüttenähnliche Bauwerke, von denen Reste z. B. auf dem Palatin gefunden sind. Seit der frühen Republik wurde nach wohl etruskischem Muster das Atriumhaus (→ Atrium) in Rom heimisch, das dann seit dem 1. Jh. v. Chr. allmählich vom großen Mietshaus verdrängt wurde; solche → insulae sind besonders aus Ostia bekannt. Übertragen bedeutet ae. »Haus einer Gottheit«, »Tempel«. Eine klare sakralrechtliche Abgrenzung gegen den Begriff → templum besteht nicht, doch bezeichnet ae. notwendig stets ein Tempelgebäude. In die urspr. bildlose röm. Religion drangen Kultstatuen und die sie beherbergenden Tempel erst gegen Ende der Königszeit ein: Der erste nachweisbare Tempel Roms, der des Jupiter Capitolinus, war in Idee und Form etruskisch. Bis in die Kaiserzeit bildlos war jedoch der ebenfalls alte Vestatempel als Ort des heiligen Herdfeuers der Stadt. Ungeachtet des stetig zunehmenden Eindringens griech. Bau- und Dekorationselemente blieb für den röm. Tempel der republ. Zeit vor allem ein hohes Podium mit breiter Freitreppe kennzeichnend; die Grundrißform des → Prostylos war häufig, daneben erscheinen Rundtempel und typisch röm. Formen wie der → Pseudoperipteros. Abweichende Raumformen, wie z. B. die des Veiovistempels, hatten als Ursache wohl besondere Bedingungen des Bauplatzes; während das republ. Rom auch urspr. nicht einheimische Götter in Tempeln traditionell röm. Charakters verehrte, haben später Fremdkulte, wie der des Mithras, eigene Typen des Gotteshauses hervorgebracht. In der Kaiserzeit wurden die überkommenen Raum- und Dekorationsformen zu einer großartigen Tempelarchitektur weiterentwickelt, für die originelle Entwürfe, riesige Abmessungen und kostbare Ausstattung kennzeichnend waren; ein gutes Beispiel für diese Tempelbaukunst bietet das erhaltene Pantheon, ein

Bau hadrianischer Zeit. Auch in der Bedeutung »Grabstätte« ist das Wort ae. häufig gebraucht worden. G. F.

Aedicula. Ae.ae hießen in Rom kleine, zur Aufnahme eines Götterbilds bestimmte Bauwerke recht offenen Charakters und von nur geringer Tiefe. Meist standen sie auf etwa mannshohen Podien; an der Rückseite stets massiv verschlossen, verfügten sie entweder über geschlossene Seitenwände oder auch nur über zwei Frontsäulen, wie die ae. Vestae neben dem Vestatempel auf dem Forum Romanum. Ihrem Charakter als »kleine Tempel« entsprach meist ein flach geneigtes Dach mit ornamentiertem Giebel. Als ae.ae konnten auch in Grabgebäuden angebrachte Nischen bezeichnet werden, in denen Urnen oder die Bilder von Verstorbenen standen. G. F.

Aedificatio s. Bauwesen

Aediles, ursprünglich eine Institution der röm. → plebs mit schwer bestimmbarem Aufgabenkreis (dazu [3] und [4]); ob den Volkstribunen als Gehilfen nachgeordnet, ist streitig (dafür [1],2,473 f., dagegen [4],8 und [5],115 f.). Von den vielen Versuchen, die Bezeichnung des Amtes zu erklären, ist am wahrscheinlichsten die Ableitung von der *aedes Cereris*, weil dieser Tempel für die plebeische Gemeinde besondere Bedeutung hatte. Seit 366 v. Chr. kommen zu diesen beiden *a. plebi* noch zwei *a. curules* hinzu, angeblich, weil die *a. plebi* den Aufwand für die Spiele (s. u.) nicht tragen konnten (Liv. 6,42,13). Die *a. cur.* sind Beamte des Gesamtvolkes. Ihnen steht zwar kein *imperium* zu, aber doch eine beschränkte Jurisdiktion (s. u.) und damit auch die *sella curulis* (hiervon die Amtsbezeichnung). *A. plebi* können, wie es der Herkunft des Amtes entspricht, stets nur Plebeier werden; sie werden von der *plebs* gewählt. Dagegen steht das angesehenere Amt der *a. cur.* auch Patriziern offen; die *a. cur.* werden von den *comitia tributa* gewählt. Das Amt ist in jedem Fall auf ein Jahr befristet. Die Befugnisse gliedern sich in solche verwaltender Art, die allen *a.* zustehen, und die den *a. cur.* vorbehaltene Jurisdiktion. Die Verwaltungsbefugnisse gliedert Cic. leg. 3,7 so: *curatores urbis annonae ludorumque sollemnium.* Dabei umfaßt die *cura urbis* die Aufsicht über den Straßen- und Marktverkehr, Bäder und Bordelle sowie Überwachungsbefugnisse bei Begräbnissen und der Wasserversorgung. Inwieweit die Ädilen selbst Strafen verhängen oder solche nur beantragen können, ist zweifelhaft (vgl. [6], 297 f. und [7],111). Die *cura annonae* soll die Versorgung der wachsenden Hauptstadt mit Lebensmitteln sichern. Hierzu haben die a. aus den Kolonien Getreide einzuführen und die Preise für die Abgabe an die Bevölkerung festzusetzen. Caesar bestimmt für die *cura annonae* besondere *a. plebei Ceriales*; Augustus schließlich überträgt diese Aufgabe wegen ihrer polit. Bedeutung auf kaiserl. Verwaltungsbeamte. Die *cura ludorum sollemnium* endlich umfaßt die Sorge für die öff. Spiele, bes. die Finanzierung und Überwachung. Diese Befugnis erlaubt es den a., sich beim Volke beliebt zu machen und dadurch ihre Wahl für höhere Ämter zu sichern.

Die nur den *a. cur.* zustehende Jurisdiktion beschränkt sich auf Marktstreitigkeiten und Schädigungen durch wilde Tiere. Hierüber verhält sich ein besonderes *edictum aedilium curulium* (OTTO LENEL Edictum perpetuum, 1927^3, 554 ff.). Es begründet die Pflicht des Verkäufers von Sklaven (Ulp. Dig. 21,1,1,1) und Zugvieh (Ulp. Dig. 21,1, 38 pr.), die Abwesenheit bestimmter Mängel zu versichern. Treten sie auf, so kann der Käufer mit der *actio redhibitoria* Rückgängigmachung des Kaufvertrages oder mit der *actio quanti minoris* Preisminderung verlangen. Außerdem verbietet das Edikt das Halten wilder Tiere in der Öffentlichkeit und gibt dem Geschädigten eine Ersatzklage (Ulp. Paul. Dig. 21,1,40,1–42). Eine den stadtröm. a. ähnliche Institution gibt es auch in vielen Stadt- und Landgemeinden: die *duoviri aediles.* Sie stehen unter den *duoviri iure dicundo* und werden von den *decuriones* gewählt; ihre Aufgaben entsprechen etwa denen der stadtröm. *a.* Vorwiegend in ital. Landstädten finden sich auch Beamte mit dem Titel *aedilicia potestate*; sie nehmen die ädilizischen Geschäfte wahr. Dagegen gibt die vereinzelt vorkommende Verleihung der *aedilicia ornamenta* durch Ratsbeschluß nicht die Befugnisse, sondern nur die Ehrenstellung eines Ädilen; sie ähnelt der Verleihung der *ornamenta duoviralicia* oder *quinquennalicia.* D. M.

Ältere Lit. RE I 458, bes. 1. *Mommsen* RStR $1887^3 = 1952^4$, 2,470 ff. 2. *Karlowa* 1,1885, 249 ff. 3. *Gaetano De Sanctis* RFIC 60, 1932, 433 ff. 4. *Heinr. Siber* Die plebej. Magistraturen, 1936. 5. *Ders.*, Röm. Verfassungsrecht, 1952, 98 f. 115 f. 6. *Chr. H. Brecht* ZRG 59, 1939, 297 f. 7. *Jochen Bleicken* Volkstribunat der klass. Republik, 1955, 111. – Zur Jurisdiktion der A. cur. vgl. 8. *Raymond Monier* La garantie contre les vices cachés, 1930, 19 ff. 9. *Fritz Pringsheim* ZRG 69, 1952, 234 ff. 10. *V. Arangio-Ruiz* La compravendita in dir. rom., 1954^2, 361 ff. 11. *Giambatt. Impallomeni* L'editto degli edili curuli, 1955.

M. Aedinius Iulianus. Praefectus Aegypti 222/223, POxy 1,35. Noch 223 wurde er *vir clarissimus*, CIL IX 338. Kaiserlicher Legat prokuratorischen Ranges in Gallia Lugdunensis, CIL XIII 3162. Praefectus praetorio unter Papienus und Balbinus 338. STEIN, Praefekt. Aegypt. 127. R. H.

Aedinius. *M. Aed. Iulianus patronus c[larissimus] (vir)* im J. 223 n. Chr. (CIL IX 338 Album Canusinum). Nach der Inschrift von Thorigny (CIL XIII 3162) *legatus Lugdunensis* um 230 und um 238 *praefectus praetorio.* Nicht identisch mit dem gleichnamigen Praefekten von Ägypten im J. 223 (POxy 1,75,3). S. auch RE Suppl. I 12. W. S.

Aedituus. Die urspr. Form ist *aeditumus* (oder *-imus*); erst seit Cic. ausschließlich *a.* (im Anschluß an *tueor:* WALDE-HOF.^{3} 16 mit Lit. Thes. 1,934). I. Der *a.* erfüllt unter Oberaufsicht der Aedilen die Aufgaben eines Tempelhüters und -verwalters; er wohnt im Tempelbezirk. Er regelt den Zutritt zum Tempel, meldet im Tempelbereich vorgefallene Prodigien, verwaltet den Tempelschatz usw. Seine Funktionen sind profaner Natur zum Unterschied von asiat. Tempelsklaven ([5],21 f.). Im allg. hat jeder Tempel einen a., es kommen aber auch mehrere vor (mit *magister aedituum*). Neben Bürgern begegnen später immer mehr Freigelassene und Sklaven. Der Stand richtet sich meist danach, ob ein Kult sich einen Freien leisten kann ([5],22). Vornehmere haben die Verwaltergeschäfte Freigelassenen oder Sklaven übertragen (die aber nicht a. hießen). Eine offizielle Zweiteilung in *a. magister* und *a. minister* (so [2],214 ff.) gab es nicht ([1], 410 f.). II. Auch für andere öffentl. Gebäude gab es Verwalter, die manchmal a. genannt wurden. W. E.

1. *Latte* RRelGesch. 410 f. 2. *Marqu.* RStV 3,214 ff. 3. *Habel* RE I 465 f. 4. *Dar.-Sagl.* 1,101. f. 5. *Bömer* Unters. üb. d. Rel. der Sklaven in Griechld. u. Rom (AbhAkMainz 1957,7) 20 ff.

Aëdon (Ἀηδών, Nachtigall). Der Mythos von A. geht auf ein altes Tiermärchen zurück, hat sich aber durch Einfügung in die thebanische Heroensage, durch die Eindichtung eines »thyesteischen Mahles« u. a. von den einfachen Zügen des Märchens entfernt und eine anspruchsvolle und phantastische Gestaltung bekommen. Hom. Od. 19,518 erinnert Penelope an die mit jedem Frühjahr wieder einsetzenden Klagelieder der A. Diese Stelle und die Schol. dazu, die z. T. auf Pherekydes zurückgehen, ergeben etwa Folgendes: A., Tochter des Milesiers Pandareos und der Harmothoe, Gemahlin des thebanischen Königs Zethos (oder des Boreassohnes Zetes), Mutter des Itylos (bei Aisch. und Soph. Itys), eifersüchtig auf den Kinderreichtum ihrer Schwägerin Niobe, will deren ältesten Sohn beseitigen, tötet aber aus Versehen ihren eigenen Sohn oder beide zusammen. Die Verwandlung in eine Nachtigall erklärt sich daraus, daß die Griechen die Töne dieses Vogels als klagend empfanden. In der att. Fassung der Sage ist A. Tochter des att. Königs Pandion, der sie mit dem verbündeten thrak. König Tereus verheiratet. Dieser vergreift sich an seiner Schwägerin Philomele. Beide Schwestern töten Itys und setzen ihn dem Vater zum Mahle vor. Zeus verwandelt die ganze Familie in Vögel. Für A. tritt übrigens häufig → Prokne ein. In der kleinasiat. Sagenfassung ist A. Gattin des → Polytechnos. H. v. G.

I. Cazzaniga La saga di Itis.., Mail. 1950/51.

Aedui s. Haedui

Aefulae (NISSEN It. Ldk. 2,614. CIL XIV p. 364. THES. L. L. 1,936. BELOCH RG 168. SCHULZE Eigennamen 117. ALTHEIM Rel. 1, 1951, 304 zu Diod. 14,102,4), Ort am mons Aeflanus (XIV 3530) ca. 5 km s. Tibur; von Rom sichtbar (Hor. c. 3,29,6), zur 1. Reg. gehörig (Plin. nat. 3,63). Ruinen am Mte. S. Angelo in Arcese: LANCIANI RM 1891, 153. G. R.

Aegates insulae (Αἴγουσσαι Polyb. 1,44,2). Inselgruppe vor der Westspitze Siciliens, berühmt durch den Seesieg des C. Lutatius Catulus 241 v. Chr., der den 1. punischen Krieg beendete. Einzelnamen Aegusa (oder Bukinna?) = Favignana und Phorbantia = Levanza. K. Z.

Aegaeische Sprachfamilie s. Vorgriechische Sprachen.

Aegidius. Gallier, Vater des → Syagrius; Kaiser Maiorian (457–61) ernannte Ae. zum *comes et mag. utriusque militiae per Gallias.* Nach Maiorians Tod erkannte er dessen Nachfolger nicht an. Bis zu seinem Tode (464) behauptete er, vor allem gegen gotische Angriffe, ein größeres Territorium in Nordgallien (Prisk. frg. 27,30. Greg. Tur. 2,11, 18. Hydat.). A. L.

J. Sundwall Weström. Stud. 1915, 39 f. *K. F. Stroheker* Senat. Adel in Gallien 1948, 141 f.

Aegissus (Αἴγισσός). Befestigte Stadt in Scythia minor zwischen Noviodunum und Salsovia, vor der Delta-Gabelung des Hister, h. Fuldza. Bei Ov. Pont. 1,8,13. 4,7,21. 53 *Aegisos.* W. S.

Aegritudo Perdicae. Ein aus 290 Hexametern bestehendes anonymes Gedicht, das in einem Codex Harleianus des 15. Jh. überliefert ist. Es scheint im 5. Jh. in Africa entstanden zu sein; FRIEDR. VOLLMER, RE V 1644, vermutet Dracontius als Vf. Der Stoff entstammt wohl einer hellenist. Quelle; vgl. Pseudo-Soran. Vita Hippocr. 2. Über die Motive ROHDE Rom. 47 ff. TA. VOLLMER PLM 5, ²1914, 238 ff. M. F.

Aegypten s. Aigyptos

Ἀειφυγία = »ewige« Verbannung; in Athen archaische Strafe bei *φόνος, τραῦμα, τυραννίς* (seit 510), vom Areopag als »Sondergerichtshof« ausgesprochen (nicht von der Heliaia in normalen Dikasterien). Es besteht »Sippenhaftung«, die Lebenden eines Geschlechts gehen in die Verbannung, die Toten werden aus den Gräbern gerissen, das Vermögen konfisziert (Demosth. 21,43 zu IG I² 115. Aristot. Ath. pol. 1,1. 20, 2. frg. 8. Plut. Sol. 12). A. M.

Kahrstedt Staatsgeb. 97 ff.

Ἀείσιτοι (ἀΐσιτοι). »Ehrengäste« der Polis, die berechtigt sind, an den öffentlichen Mahlzeiten *ἀεί* – nicht nur einmalig – teilzunehmen. Die Gruppe der *ἀείσιτοι* sondert Poll. 9,40, indem er unterscheidet: *οἵ τε κατὰ δημοσίαν πρεσβείαν ἥκοντες καὶ οἱ διὰ πρᾶξίν τινα σιτήσεως ἀξιωθέντες, καὶ εἴ τις ἐκ τιμῆς ἀείσιτος ἦν.* Die *ἀείσιτοι* treten in Athen wie ein Verein auf und ehren ihrerseits andere (IG II. III² 678 Z. 42. 864. 912. 918. 1048). A. M.

Kahrstedt Staatsgeb. 334 ff.

Aelia Capitolina s. Hierosolyma

Aelius. Name eines röm. plebeischen Geschlechts, urspr. Ailius. Er ist nachweisbar vom 4. Jh. v. Chr. bis zum Ende der Antike, in der Kaiserzeit bes. häufig. Die Familie der Paeti stellte erstmals im J. 337 v. Chr. einen Consul (Nr. 9) und trat im 2.Jh. v.Chr. hervor. Seit um 200 v.Chr. sind die Tuberones emporgekommen, zu deren Familientradition Einfachheit und Strenge gehörten. Im 1.Jh. v.Chr. kommen hinzu die Familien der Galli und Lamiae. Seit → Hadrian, dem berühmtesten Träger des Namens, ist Ae. sehr stark verbreitet (vgl. Flavius, Aurelius). Von den kaiserzeitlichen Namensträgern seien hier nur genannt: Aelianus, Marcianus, Paulinus, Seianus, Verus und die Frauen Galla Placidia und Pulcheria (Einzelverweise → Kaiserzeit).

I. Republikanische Zeit: **1.** Ae.Unbekannte Urheber von zwei leges: a) lex Aelia, 2. oder 1.Jh. v.Chr., RE XII 2320, 61 ff. b) lex Aelia, CIL I 1409. Bruns font.[7] 158. RE I 489,16ff. **2.** C. Ae. Volkstribun 285 v.Chr. (?), wurde von den Thuriern mit einer Statue und einem goldenen Kranz geehrt. Plin.nat.34,32. **3.** C. Ae. Gallus. Rechtsgelehrter, Verfasser von Erklärungen von Begriffen des ius civile (2 B.), Gell.16,5,3 u.a. Er lebte vor Verrius Flaccus und gehört damit wohl noch in die republik. Zeit. B. Kübler G. d. röm. Rechts 141. **4.** L. Ae. Lamia, angesehener Ritter, mit Cic. befreundet. Als Aedil im J.45 erhielt er Briefe von Caesar mit der Aufforderung zur Vorbereitung der ludi Romani (Cic.Att.13,45,1; fam.11,17,1). Praetor 42(?), Plin.nat.7,173. Broughton Mag. 2, 359. **5.** Ae. Ligus, Volkstribun 58 v.Chr., trat im Verein mit Clodius gegen Cicero auf. Cic.har.resp. 5; Sest. 63f. u.a. Münzer Adelspart. 220. **6.** P. Ae. Ligus, prominentester Vertreter dieser Familie. Praetor 175 (?, vgl. Broughton Mag. 1,402). Als Consul 172 gehörte er mit P. Popillius Laenas zum ersten rein plebeischen Consulnpaar und war in Ligurien tätig (daher wohl das Cognomen). Im J. 167 wurde er als legatus zusammen mit 4 weiteren Persönlichkeiten zur Unterstützung des Anicius nach Illyrien zur Regelung der dortigen Angelegenheiten geschickt. **7.** (Aelius?) Paetus, Münzmeister um 155–150. Broughton 2, 430. **8.** C. Ae. Paetus, Consul 286 v.Chr. Degr. I 13,112. 428f. **9.** P. Ae. Paetus, wurde im J. 337 v.Chr. als erster Aelier Consul und kämpfte gegen die Sidiciner (Liv.8,15,1). 321 war er magister equitum des Dict. Q. Fabius Ambustus (Liv.9,7,13). Nach der Zulassung der Plebeier zum Augurat durch die lex Ogulnia gehörte er im J. 300 zu den ersten fünf augures de plebe. Broughton Mag.1,172f. **10.** P. Ae. Paetus (Paitus), wohl Bruder von Nr.13, Pleb.Aedil 204 v.Chr., Praetor 203, Mag. equ. des Dict. C. Servilius Geminus 202. Als Consul 201 griff er in Gallia Cisalpina die Boier an. 201–200 war er Xvir agris assig. (Münzer Adelspart.146). 199 bekleidete er zusammen mit P. Cornelius Scipio Africanus die Censur und war IIIvir ad colonos scribendos (zur Auffüllung von Narnia). 196(?)–195 gehörte er zum Kollegium von 10 Legaten zur Vorbereitung des Friedens mit Philipp V., 193–192 zu den Gesandten an Antiochos. Augur war er von 208 bis zu seinem Tod (infolge der

Pest) im J. 174. Er wird auch unter den ältesten Juristen genannt. **11.** P. (Aelius?) Paetus, Münzmeister um 135–126. Broughton Mag. 2,430. **12.** Q. Ae.Paetus, Volkstribun (?) 177, Praetor 170, Consul (zusammen mit M. Iunius Pennus) 167 (Kommando in Gallia Cisalpina), Augur 174. **13.** Sex. Ae. Paetus Catus, Bruder von Nr.10. Cur. Aedil 200, zusammen mit seinem Bruder im folgenden J. IIIvir col. scrib. Consul 198 (zusammen mit T. Quinctius Flamininus) mit der Provinz Italia und Tätigkeit in Gallia Cisalpina. 194 zusammen mit P. Cornelius Cethegus Censor (erstmals bes. Sitze für Senatoren bei Spielen). Gebildeter Mensch, berühmter Jurist und Schriftsteller (Tripertita, auch Ius Aelianum genannt, Cic. de orat. 1,240; fam.7,22 u.a.). **14.** C. Ae. Tubero, Praetor, Datierung unbestimmt. Broughton Mag. 2,462. Plin.nat.10,41 u.a. **15.** L. Ae. Tubero, Bekannter Ciceros (Cic. Lig. 10). 58 v.Chr. Legat des Q. Cicero in Asia. 49 als Pompeianer in Africa, 48 nach Pharsalus von Caesar begnadigt. Der Skeptiker → Ainesidemos widmete ihm eine Schrift. Er beschäftigte sich mit historischen Arbeiten. **16.** P. Ae. Tubero. Mit ihm trat die Familie der Tuberones in die Politik ein. Pleb. Aedil 202, Praetor in Sicilien 201. Als Legatus 189/8 gehörte er zur Zehnmännerkommission für Asia. Praetor (iterum) urbanus 177, IIIvir col. deduc. 177. Broughton Mag. Suppl. 2. **17.** Q. Ae. Tubero. Als Volkstribun (?) wahrscheinlich im J. 130 (Broughton Mag. 1,502) opponierte er gegen P. Africanus. Eine Bewerbung um die Praetur (nach 129) blieb erfolglos, angeblich wegen seiner einfachen Lebensweise (Cic. Mur. 75f.). Als Stoiker war er Schüler des Panaitios (Cic. off. 3,63), als Rechtsgelehrter hatte er einen Namen. Bei Cic. rep. 1,31 tritt er als Gesprächspartner auf. **18.** Q. Ae. Tubero, Sohn von Nr. 15, Ankläger des Q. Ligarius im J. 46 v.Chr., trat nach seinem Mißerfolg gegen Cicero als Redner nicht mehr auf (Quint. inst. 5,13,20 u.ö.), wurde aber ein berühmter Jurist (Dig. 32,29,4 u.ö.). Er verfaßte iuristische Schriften (nach 43), aber auch historiae (in mindestens 14 Büchern). HRR 311. Senator vor 31 (Broughton Mag. Suppl. 2). Dionys. Hal. widmete ihm eine Schrift. **19.** Q. Ae. Tubero, Cos. 11 v.Chr., Sohn von Nr. 18. **20.** Aelia, 2. Frau Sullas. H.G.G.

II. Kaiserzeit: **1.** P. Ae. Aristides → Aristides. **2.** L. Ae. Aurelius Verus Commodus → L. Ceionius Commodus. **3.** M. Ae. Aurelius Verus Caesar → M. Annius Verus. **4.** Imp. Caesar L. Ae. Aurelius Commodus → Aurelius. **5.** Sex. Ae. Catus cos. ord. 4 n.Chr., Vell. 2,103,3. Strab. 7,303, PIR I² 25 Nr. 157. **6.** P. Ae. Coeranus, Ägypter, Cass. Dio 70,5,3, im J. 212 cos. suff., Barbieri Albo senat. 11 Nr. 6. **7.** P. Ae. Coeranus, cos. (unter Caracalla), procos. Macedoniae, Inscr. It. I 1,99. **8.** Ae. Donatus → Donatus. **9.** L. (C.?) Ae. Gallus, Praefekt von Äg. ca. 26–24 v.Chr.; Feldzug nach Arabia Felix, Ios. ant. Iud. 15,317. Stein Praef.

Ägypt. 16. RE XXII 2368. **10.** P. Ae. Hadrianus → imp. Caes. Traianus H a d r i a n u s. **11.** L. Ae. Lamia, Freund des Horaz, Od. 1,36; cos. 3 n. Chr., Vell. 2,116,3, procos. Africae 15/16, AE 1940, 69, Tac. ann. 4,13, praefect. urbi 32, † 33, Tac. ann. 6,27. **12.** L. Ae. Plautius Lamia Aelianus, cos. suff. 80, AE 1948, 56, von Domitian getötet, Suet. Dom. 1. 10. **13.** P. Ae. Seianus → *Seianus*. **14.** L. Ae. Stilo Praeconinus, Ritter aus Lanuvium, Suet. gramm. 2. Cic. Brut. 205–207, ca. 154–90 v. Chr.; Stoiker, erster römischer Grammatiker (Lehrer Varros und Ciceros), sichtete das Corpus Plautinum, Gell. 3,3,12. Logograph und Verfasser exegetischer Schriften, FUN. GrRF 51–76. R. H.

Aelius Festus Aphthonius s. Aphthonius

Aelius pons, zwischen 130 und 134 n. Chr. von Kaiser P. Aelius Hadrianus als Zugang zu seinem Mausoleum, vom Marsfeld aus, erbaut. Im Mittelalter Pons Hadriani, heute Ponte S. Angelo. Drei Bögen noch antik, die übrigen Teile von Umbauten (unter Papst Nikolaus V. 1450 und im J. 1892). Cass. Dio 59,23. H. A. Hadr. 19. R. G.

G. *Lugli* I Monumenti Ant. Di Roma, 2,310ff.

Aello s. Harpyien

Aemilianus. Cognomen verschiedener vornehmer gentes der Kaiserzeit, s. PIR I^2 p. 49f. **1.** Imp. Caes. M. Aemilius Ae. Aug., Maure, epit. Caes. 31,2. Statthalter von Mösien im J. 252/53, Eutr. 9,5. STEIN Legaten v. Mösien 104. Nach erfolgreichen Kämpfen gegen die Goten riefen ihn seine Soldaten im Juli oder August 253 zum Kaiser aus (nach MATTINGLY RIC 4,3,190 schon im J. 252), Zos. 1,28,1. Lybica 1, 1953, 151ff. Iord. Get. 205. Er zog nach Italien, doch kam es mit den Augusti Gallus und Volusianus nicht zur Schlacht, da diese von ihren Soldaten getötet wurden; schon im September oder Oktober 253 fiel Ae. selbst der Soldateska bei Spoleto zum Opfer, als Valerian heranrückte. PIR I^2 50 Nr. 330. G. BERSANETTI RFIC 76, 1948, 257–279. G. BARBIERI Albo senat. 246 Nr. 1417. M. DELBRÜCK Münzbildnisse 94f. Taf. 11. A. PINK Num. Ztschr. 29, 1936, 25ff. **2.** L. Mussius Ae. Seine ritterliche Laufbahn bis 247 n. Chr. verzeichnet CIL VI 1624 = Dess. 1433. Von 257–259 war er Praefectus Aegypti, P Oxy 9, 1201, 21 bis 22, s. RE XVI 901f.; als solcher hatte er eine Christenverfolgung durchzuführen, Euseb. hist. 7, 11. Als er sich zum Kaiser ausrufen ließ, wurde er von Galliens General Theodotus gefangen und getötet. H. A. Gallienus 4,1. trig. tyr. 22,8. 26,4. STEIN Praefekten v. Aegypten 143–145. R. H.

Aemilia basilica. 179 v. Chr. an der N.seite des Forums von den Censoren M. Aemilius Lepidus u. M. Fulvius Nobilior als zweigeschossige Halle errichtet (Liv. 40,51,5; MOMMSEN RMW 633). Prachtvoller Umbau, mit Unterstützung Caesars, 54 v. Chr. durch den Bruder des Triumvirn Lepidus (Cic. Att. 4,16,14. Plut. Caes. 29. App. civ. 2,26). Über ihr Aussehen und den 180 m langen Fries im Inneren s. LUGLI Suppl. p. 67ff. Über weitere Restaurationen Cass. Dio 49,42. 54,24. Tac. hist. 3,72. Die auf den sog. Anaglypha Traiani dargestellte Halle ist nach CURTIUS (Das ant. Rom) die basilica Iulia, nicht die bas. Aemilia. R. G.

Lugli I Monumenti Antichi Di Roma a. O.

Aemilia tribus (KUBITSCHEK Imp. Rom. 240. BELOCH RG 579); ihr gehören seit 188 v. Chr. Fundi, Formiae, seit 90 v. Chr. Suessa Aur., Vibo, Copia, Mevania an. A. via (NISSEN It. Ldk. 2,243 CIL I 535. MILLER Itin. 205. MANSUELLI Atti e mem. deput. stor. patr. Emilia 7, 1941, 49), erbaut v. M. Aemilius → *Lepidus* cos. 187 v. Chr. (Liv. 39,2,10) mit For. Lepidi (Fest. p. 332,25 L.) als Mitte d. 116 mp langen Strecke v. Plac. bis zum Silarus (mil.: CIL I^2 617: 287 mp von d. Tiberbrücke b. Ocriculum über Sena; 618: 268 mp), nach den Gebietsverlusten v. 177 v. Chr. (Liv. 41, 14,2) als cos. II 175 v. Chr. von Plac. bis Caesena (156 mp = 1300 polyb. Stad. b. Strab. 217; mil. 619 zählt über For. Sempronii) erneuert; z. Z. d. Augustus von Ariminum bis Plac.-Trebia (NSA 1902, 539. 1955, 12; vgl. die Station *Ad medias* It. Burd. 616,7). Zur Route vgl. It. Ant. 98,7ff. 126, 10ff. 286,7ff. Burd. 615,6ff. Gad. 82ff. Tab. Peut. 4,3ff. Andere viae dieses Namens: Strab. 217. CIL I^2 620. XI 6664. G. R.

Aemilia porticus. 192 v. Chr. von den Ädilen M. Aemilius Lepidus und M. Aemilius Paullus erbaut (Liv. 35,10). 174 v. Chr. Umbau durch die Censoren Q. Fulvius Flaccus und A. Postumius Albinus (Liv. 41,27,8); sie diente den gesteigerten Bedürfnissen der Lebensmittelgroßhändler. Lage hinter dem Emporium, außerhalb der Serv. Mauer im 13. Bezirk, in einer Länge von 487 m ungefähr parallel zum Tiberufer sich hinziehend. Beschreibung vgl. GATTI Bull. Arch. Com. 1934, 123ff. LUGLI 3,595ff. R. G.

G. *Lugli* I Monumenti Ant. Di Roma a. O.

Aemilius. Name eines sehr alten patrizischen Geschlechts (auch Aimilius), nach dem auch die tribus Aemilia, eine der ältesten Landtribus, genannt ist. Später führte man die Gens auf Mamercus (vgl. Nr. 8ff.), den angeblichen S. d. Pythagoras bzw. des Numa, zurück oder auf Aemilia, eine T. d. Aeneas, oder auf Aimylos, einen S. d. Ascanius. Die Aemilii gehörten zu den angesehensten Geschlechtern in der Republik und der frühen Kaiserzeit, bis ihre führenden Familien im 1. Jh. n. Chr. ausstarben (Tac. ann. 6,27,4). – Bereits 484 v. Chr. erreichte der erste Ae. das Consulat. Unter den verschiedenen Familien traten die Mamerci und Mamercini zuerst (5. Jh.) hervor; es folgten die Papi und Barbulae seit dem ausgehenden 4. Jh., die Paulli (cos. 302), aus deren Reihen im 2. Jh. der Macedonicus Nr. 22 und → *Scipio* Africanus Minor hervorging, die Lepidi (seit dem cos. 285), deren Angehörige nach 200 und im 1. Jh. v. Chr. bes. hervorgetreten sind und im Art. Lepidus gesondert behandelt werden, die Regilli seit dem 2. Pun. Krieg und die Scauri (seit dem ausgehenden 2. Jh. v. Chr.). Drumann^2 1,1 ff. Münzer Adelspart. 155 ff. Broughton Mag. 2,526 ff.; Suppl., 1960, 2 ff. – In Rom gab es eine (von L. Ae. Lepidus) erbaute Aemilia porticus (s. o.) unterhalb des Aventin und eine Basilica Aemilia auf dem Forum, die der Censor M. Aemilius Lepidus zusammen mit M. Fulvius Nobilior im J. 179 errichtete (vgl. G. Fuchs RM 63, 1956, 14 ff. E. Nash Bildlex. z. Topogr. d. ant. Roms 1, 1961, 174 ff.). – Die via Aemilia wurde von dem cos. M. Aemilius Lepidus im J. 187 als Fortsetzung der via Flaminia von Ariminum nach Placentia angelegt; eine weitere via Aemilia stammt aus dem J. 109 (M. Ae. Scaurus) als Fortsetzung der via Aurelia von Vada Volaterrana über Genua nach Dertona. – Verschiedene leges Aemiliae sind bekannt (vgl. Nr. 11. 27). Münzmeister s. Nr. 6.29. Broughton Mag. 2,431.

I. Republikanische Zeit: **1.** M. Ae., Consul (?) 349, nur bei Diod. 16,59,1. Broughton Mag. 1,128. **2.** L. Ae. Barbula, S. von Nr. 5, Consul 281. 280 triumphierte er als Procos. über Tarentiner, Samniter und Sallentiner. 269 Censor. Degr. I 13,40 f. 114 f. 432 f. **3.** M. Ae. Barbula, Dict. zw. 292–285. **4.** M. Ae. Barbula, Consul 230, Sohn von Nr. 2. **5.** Q. Ae. Barbula, erster Vertreter der Familie im polit. Leben: 317 Consul (mit C. Iunius Bubulcus). Als cos. II triumphierte er 311 über die Etrusker (Act. tr., umstritten). **6.** L. Ae. Buca, IVvir monetalis 44 v. Chr. Broughton Mag. 2,430. Wahrscheinlich identisch mit dem Fürsprecher des Scaurus, Ascon. p. 25,9 K.-S.

7. Aemilii Lepidi, s. Art. Lepidi.

8.–17. Aemilii Mamerci und Mamercini. Mamercus ist ein von Mars abgeleiteter altital. Name, der bei den Ae. als Praenomen (Nr. 11) und Cognomen vorkommt, zu dem es die Weiterbildung Mamercinus (Mommsen RF 1,18) gibt, vgl. RE XIV 950. Mamerci für Aemilii bei Iuv. 8,192.

8. C. Ae. Mamercinus, Consulartribun 394 und 391 v. Chr. Broughton Mag. 1,90. **9.** L. Ae. Mamercinus, Consulartribun 391, 389,387,383,382, 380. **10.** L. Ae. Mamercinus, Consulartribun 377, Mag. equitum 368, Consul I 366, II 363, Interrex 355, Mag. equ. 352. Broughton Mag. 1,124. Möglich bleibt die Aufteilung der Ämter an verschiedene Personen. RE I 569 f. Nr. 94.95. **11.** Mam. Ae. (Mamercinus). Quaestor 446, Consulartribun 438, Dictator I 437, II 434, wobei er gegen Veienter und Fidenaten zog, triumphierte und durch eine lex Aemilia die Maximaldauer der Censur auf 1½ Jahre beschränkte (RE IV 1906). 428 Mitglied einer Untersuchungskommission (Liv. 4,30,5 f.). Als Dict. III eroberte er 426 Fidenae. **12.** M'. Ae. Mamercinus, Consul 410, Consulartribun 405, 403, 401. **13.** Ti. (oder T.) Ae. Mamercinus (Mamercus) war Vvir mensarius 352, Praetor 341, Consul 339. **14.** L. Ae. Mamercinus Privernas, Mag. equ. (?) 352, 342. Als Consul I 341 trat er mit seinem Collegen C. Plautius frühzeitig wegen des Latinerkrieges zurück. Dict. comit. habend. causa 335. Als cos. II 329 erhielt er den Oberbefehl in Gallia, eroberte Privernum, triumphierte und nahm den Siegesbeinamen an. Als Dict. II 316 *(rei gerundae caussa)* kämpfte er gegen die Samniter. Sohn von Nr. 10? **15.** C. (Ae.) Mamercus, Dictator (?), vielleicht Interrex 463. Lyd. mag. 1,38. Broughton Mag. 1,35. **16.** L. Ae. Mamercus, ältester Vertreter des Geschlechts im polit. Leben, Consul 484, 478, 473 (jeweils zusammen mit einem Fabier, Servilier, Verginier). **17.** Ti. (oder T.) Ae. Mamercus, Consul 470 und 467 (mit einem Valerier bzw. Fabier). Er trat nach später Überlieferung (Liv. 3,1) wie sein Vater (Nr. 16) für die Plebeier ein. **18.** L. Ae. Papus, Enkel von Nr. 21, Consul 225 (mit C. Atilius Regulus), besiegte bei Telamon die Gallier und triumphierte großartig (Polyb. 2,23–31). Censor mit C. Flaminius 220. Liv. 23,23,5. IIIvir mensarius 216 (Liv. 23,21,6). **19.** L. Ae. Papus, Praetor 205 v., kämpfte in Sicilien (Liv. 28,38,11. 13. Suet. Aug. 2,2). Vor 172 war er Xvir sacr. f. Broughton 1,414. **20.** M. Ae. Papus, Dictator zur Abhaltung der Wahlen 321 (Liv. 9,7,14). Seine Geschichtlichkeit ist fraglich, Münzer Adelspart. 159. **21.** Q. Ae. Papus siegte als Consul I 282 über Etrusker und Boier, 280 ging er mit Luscinus (s. u.) und P. Cornelius Dolabella als legatus zu Verhandlungen im Anschluß an die Schlacht bei Heracleia zu Pyrrhus. Als Cos. II 278 kämpfte er in Unteritalien und schloß mit Pyrrhus, der nach Sicilien abgerückt war, keinen Frieden. Censor 275. Alle Ämter bekleidete er mit C. Fabricius Luscinus, Cic. Lael. 39. Val. Max. 4,4,3. 11 (als moralische exempla). **22.** L. Ae. Paullus (Macedonicus), geb. um 228, S. von Nr. 23. Hauptquellen: Elogium CIL I^2 1 p. 194; Degr. I 13,13.81. Bios des Plut. (RE XXI 899), Nachrichten bei Polyb. und Liv. Seine Quaestur fiel wohl ins J. 195. 194 war er IIIvir coloniae deducendae (nach Croton), Liv. 34,45,5. Curulischer Aedil 193 (Plut. 3). Praetor 191 mit Kommando in Hispania ulterior, wo er auch 190–189 mit proconsularischem imperium blieb; dabei wurde er 190 im Gebiet der Bastetaner erheblich geschlagen (Liv. 37,2,11), siegte aber bald darauf über die Lusitaner und erhielt als *imperator* eine *supplicatio*. Nach dieser Bewährung wurde er 189/8 Mitglied einer Zehnmännerkommission zur Regelung der Verhältnisse in Asien, Liv. 37,55,7. Consul I war er 182 (mit Cn. Baebius Tamphilus) und blieb 181 mit prorogiertem imperium in Ligurien, wo er einen Erfolg erzielte und dann triumphierte, Liv. 40,25–28. 171 befand er sich in einem Sonderauftrag in Spanien. Im J. 168 war er Consul II (mit C. Licinius Crassus), erhielt den Oberbefehl im 3. Makedon. Krieg und besiegte König Perseus bei Pydna am 22. Juni 168, Liv. 44,23–46. Plut. 12–27. J. Kromayer Ant. Schlachtfeld. 2,310 ff. Bengtson GG^2, 1960, 476. Als Proconsul blieb er 167 zur Ordnung der Verhältnisse auf dem Balkan, unterstützt von einer Senatskommission; dabei Strafgericht in Epirus; zum Denkmal in Delphi s. RE Suppl. V 104f. (Pydna-Monument mit Reiterstatue). Der Triumph in Rom wurde glänzend *per triduum* gefeiert; durch die Beute wurde das aerarium so aufgefüllt, daß kein tributum mehr gezahlt wurde; zahlreiche Kunstschätze wurden nach Rom gebracht und dort in Tempeln und Staatsgebäuden aufgestellt. 164 war er mit Q. Marcius Philippus Censor, 162 (?, oder 175) Interrex (vgl. BROUGHTON Mag. 1,442). Augur war er etwa von 192 bis 160, d.h. bis zu seinem Tode, der nach schwerer Krankheit eintrat. Bei den Leichenspielen, die seine natürlichen Söhne Q. Fabius Maximus und → L. Cornelius *Scipio* (der spätere Africanus Minor) gaben, wurden die Hecyra und die Adelphoe des Terenz aufgeführt. Mit ihm starb die Linie der Paulli aus. Seine Hinterlassenschaft war unbedeutend. Strenge und Gewissenhaftigkeit, Uneigennützigkeit, Gerechtigkeit und Milde zeichneten ihn aus. Er war ein Philhellene, verstand die griech. Sprache und führte trotzdem als bewußter Vertreter der röm. Politik seiner Zeit zum Untergang des Antigonidenreichs (vgl. H.E. STIER Roms Aufstieg z. Weltmacht u.d. gr. Welt, 1957, 186.192). Auch als Redner leistete er Tüchtiges (Cic. Brut. 20). **23.** L. Ae. Paullus, S. von Nr. 25, Consul I 219 (mit M. Livius Salinator), triumphierte nach Erfolgen in Illyrien. 218 ging er als Gesandter nach Karthago (Liv. 21,18,1) Consul II 216 (mit C. Terentius Varro), kämpfte und fiel bei Cannae, nachdem die Schlacht gegen seinen Willen von seinem Collegen angenommen war. Polyb. 3,107–117. Liv. 22,38–50. Hor. c. 1,12, 38 u.ö. Pontifex (?) vor 216, Vater von Nr. 22. **24.** M. Ae. Paullus stieg als erster seiner Familie im J. 302 zum Consulat auf (Sieg bei Thurii). Als Mag. equ. wurde er 302 (301?) von den Etruskern geschlagen. **25.** M. Ae. Paullus, Consul 255, begab sich mit s. Collegen Serv. Fulvius Nobilior nach Africa (Rettung des Heeres des Regulus), besiegte die karth. Flotte am Hermäischen Vorgebirge, erlitt auf der Rückfahrt Schiffbruch bei Camarina (RE VIII A 2271) und triumphierte trotzdem (254 als Proconsul mit Flottenkommando). **26.** L. Ae. Regillus, Praetor mit Flottenkommando 190, besiegte bei Myonesos die Flotte des Antiochos und feierte 189 (als Propraetor) einen triumphus navalis. Liv. 37,14–31.58. **27.** M. Ae. Regillus, Praetor (?) vor 217, starb als Flamen Martialis im J. 205. **28.** M. Aemilius Scaurus, geb. 163/2, Curul. Aedil 122 (?), Praetor 119 (?), Consul 115, triumphierte über Ligurer und Gantisker, gab eine lex Ae. sumptuaria (RE XII 2323) und eine lex Ae. de libertinorum suffragiis (RE XII 2322f. IV A 905). 112 ging er als Mitglied einer Senatskommission nach Africa (Sall. Iug. 25,4), ebenso als legatus des cos. Vestia 111 (Sall. Iug. 28,4. 40,4), ließ sich von Iugurtha bestechen, ohne dafür 110 in Rom bestraft zu werden. Als Censor 109 (mit M. Livius Drusus) baute er die via Aemilia nach Genua und

stellte den pons Mulvius wieder her. Die cura annonae erhielt er 104, legatus war er vor 93, Pontifex seit etwa 123, Princeps senatus wohl seit 115 bis zu seinem Tode (89/8). Als bewußter Optimat (Cic. Sest. 101 von Cic. verherrlicht, von Sall. Iug. 15,4 auch mit seinen vitia charakterisiert) wurde er in viele Prozesse verwickelt, trat als erfolgreicher Redner auf (Cic. Brut. 110–116) und schrieb Memoiren in 3 B., HRR 185. **29.** M. Ae. Scaurus, S. von Nr. 28, Ankläger des Cn. Dolabella, Quaestor des Pompeius 66, als Proquaestor in Syrien (65–61) erfolgreich gegen den Nabatäerkönig Aretas. Curul. Aedil 58 (verschwenderische Spiele, Schulden, Münzemission), Praetor (de vi) 56, anschließend in Sicilien; Cicero verteidigte ihn 54 erfolgreich; wegen ambitus wurde er aber trotz der Verteidigung Ciceros verurteilt und verbannt. Pontifex seit etwa 60 bis zu seinem Tode im Exil. Auf dem Palatin hatte er ein Haus, in Tusculum eine Villa; er besaß eine Sammlung geschnittener Steine.

30. Aemilia, Vestalin bis 114, wegen Incests verurteilt. Außer ihr ist eine nicht näher bestimmbare Obervestalin Ae. bekannt, nach MÜNZER Adelspart. 174ff. eine Tochter des M. Lepidus und 179 im Amt. **31.** Aemilia, T. von Nr. 28, in 2. Ehe mit Pompeius verheiratet. H. G. G.

II. Kaiserzeit: **1.** Imp. Caes. M. Ae. Aemilianus, s. *Aemilianus*. – **3.** L. Ae. Carus. Seine Laufbahn verzeichnet CIL VI 1333 = Dess. 1077; er war Statthalter von Arabien 142/43, IGR III 1364, Suffektconsul 143 oder 144, und fand als *legat. Aug. pr. pr.* in Gallia Lugdunensis und Kappadokien Verwendung; zwischen 161–164 war er (vielleicht der erste) Consularlegat der *tres Daciae*, PIR I² 53 Nr. 338. **3.** L. Ae. Carus, Suffektconsul vor 172, Sohn des Vorigen, zwischen 172–177 gleichfalls Consularlegat der *tres Daciae*, CIL III 7771 = DESS. 4398. A. STEIN Statthalter v. Dazien 44ff. **4.** L. Ae. Iuncus aus Tripolis in Phönikien, Suffektconsul von Oktober-Ende 127, L. VIDMAN Inscr. Ostiens. 70. CIL XVI 72. Iuven. 15,27. Corrector von Achaia, BCH 68/69, 1944/45, 76. IG III² 4210. J.H. OLIVER, AJPh 69, 1948, 438ff. Vielleicht später Statthalter von Asia, IGR IV 1275. **5.** Q. Ae. Laetus, *praefectus praetorio* 192, AE 1949, 38; er tötete Commodus, H.A. Comm. 17, 1f., später auch Pertinax, Cass. Dio 73,8f., bis ihn Didius Iulianus hinrichten ließ, Dio 73,16,5. CH. PICARD, Rev. hist. Relig. 1, 1959, 41ff. **6.** Ae. → Macer, Dichter aus Verona; Hauptwerke: Ornithogonia, Theriaka, de herbis, FPR 344ff. SCHANZ-HOSIUS 2,164f. **7.** Ae. Macer, Rechtsgelehrter unter Caracalla, LENEL Palingenesia 1,561ff. **8.** Ae. Papinianus, → Papinianus. **9.** L. Ae. Paullus, Sohn des *cos.* 34 v. Chr. und der Cornelia, selbst cos. 1 n. Chr., CIL VI 36841. Gatte der Iulia, der Enkelin des Augustus, Suet. Aug. 64. Im J. 13 oder 14 hingerichtet, Suet. Aug. 19. **10.** Mamercus Ae. Scaurus, *cos. suff.* 21 n. Chr., CIL VI 2023. IV 1553. Schon im J. 14 beleidigte er den Tiberius, Tac. ann. 1,13. Bedeutender Redner, Sen. contr. 10 pr. 2,3. Im J. 32 wegen *maiestas* (Tac. ann. 6,9,3), im J. 34 wegen Ehebruches mit Livilla angeklagt (Tac. ann. 6,29 f.), kam er der Verurteilung durch Selbstmord zuvor. Verheiratet mit Ae. Lepida, Tac. ann. 3,23, dann mit Sextia, Tac. ann. 6,29. Über seine Tragödie Atreus Cass. Dio 58,24,4. R. H.

Aemilii Lepidi s. Lepidi.

Aemilius Asper. Lateinischer Grammatiker. Sein Leben ist nach Cornutus, gegen den er sich wendet (vgl. Sch. Veron. Aen. 3,691) und vor Iulius Romanus, der ihn benutzt, zu setzen. Alles andere sind Kombinationen, die keinen Anspruch auf Wahrscheinlichkeit haben dürfen. A. schrieb Kommentare zu Terenz (benutzt von Donat), Sallust und Vergil, die auf uns nicht gekommen sind. Außerdem gab er eine grammatische Schrift über Vergil heraus, die auch verlorengegangen ist; dieselbe wird wohl den Titel Quaestiones Vergilianae grammaticae gehabt haben. Die unter dem Namen Aspers auf uns gekommenen Artes sind zweifellos unecht (G. L. V 547 ff., HAGEN Anecd. Helv. 39 ff.), vgl. Keil V 529. W. Str.

Goetz, RE I 547. *Schanz-Hos.* 3³,161 ff. Fragmente bei *Wessner* Aemilius Asper 1905.

Aemilius ludus. Gladiatorenschule in Rom, benannt nach einem Aemilius Lepidus; Lage unbekannt; erwähnt bei Hor. ars 31. R. G.

Aemilius pons. Errichtet zwischen 181 und 179 v. Chr. von den Censoren M. Aemilius Lepidus und M. Fulvius Nobilior, den Erbauern der bas. Aemilia. 142 v. Chr. Umbau durch die Censoren P. Scipio Africanus und L. Mummida (Liv. 50,51,4). Sie führte vom Forum boarium über den Tiber, oberhalb des alten Pons sublicius. Erste Steinbrücke Roms, daher *pons lapideus* genannt (Aethicus ed. RIESE 83). 1598 durch Hochwasser zerstört, seither Ponte rotto. 1893 bis auf einen Bogen abgebrochen. R. G.

G. Lugli I Monumenti Ant. Di Roma, 2,298 ff.

Aenaria (NISSEN It. Ldk. 1,266. BELOCH Kamp. 202; RG 585. BUCHNER-RITTMANN Ischia 1948, 27), Insel am Nordrand d. Golfs v. Neapel (Plin. nat. 3,82. App. civ. 5,71.81. Plut. Mar. 37.40. It. mar. 515,8), die früher → Pithecusa (App. civ. 5,69) oder nach einer Mißdeutung von Hom. Il. 2,783 (Plin. a. O. Strab. 626) → Inarime (Serv. auct. Aen. 9,712) hieß. A. wurde von Chalkis aus kolonisiert (Liv. 8,22,5 f.), die Kolonisten jedoch, durch Vulkanausbruch (Strab. 247) vertrieben, gründeten Cumae (Vulkanausbr. als *prodigium* 91 v. Chr.: Obseq. 54). Die warmen Quellen wurden zur Heilung von Steinleiden benutzt (Plin. 31,9; vgl. Stat. s. 3,5,104 nach der ed. Calderini 1475). G. R.

Aeneatores hießen im röm. Heer der Kaiserzeit allgemein *tubicines*, *cornicines* und *bucinatores* zusammen (Suet. Caes. 32. Fest. 20 M). CIL XIII 6503 erwähnt die ae. einer *cohors Seq(uanorum) et Raur(acorum) eq(uitata)*. Die Bezeichnung wurde noch in der Zeit des Amm. Marc. (16,12,36. 26,4,22) angewendet. A. N.

Dar.-Sagl. 1,107. MZ 7, 1912, 46.

A(h)enobarbus s. Domitius

Aenona (*Αἰνῶνα* Ptol. 2,16,2), Stadt in Liburnia an der Küste n. von Jader (Zara), h. Nin in Kroatien. Inschr. (meist a. d. Zeit des Augustus und Tiberius) CIL III 2969–2990. Plin. nat. 3,140. W. S.

Aenus, Grenzfluß zwischen Rätien und Noricum (Tac. hist. 3,5. Ptol. 2,16,2 *Αἶνος*), der Inn (bei Rosenheim). Pons Aeni (Innsbruck) → Pons. W. S.

Aeoliae Insulae → *Αἰόλου νῆσοι*.

Aequi (NISSEN It. Ldk. 2,461. MOMMSEN CIL IX p. 388. BELOCH RG 115.294. DUHN It. Gdk. 1,601. DEVOTO Ant. It.² 129. ALTHEIM Rel. 1, 1951, 308), mittelital. Volk, dessen Namensformen *aiq-o-* (Aecae RE I 443; *Αἰκοί* Strab. 228.237. Diod. 13, 6,8. 42,6. 14,106,4; 14,102,4?), * *aiq-ano-* (*Αἰκανοί* Dion. Hal. ant. 6,34. 10,24. App. Hann. 39. Lib. 58. Plut. Cam. 2,1 u. a.), * *aiq-l̥lo-* (*Αἰκαλοί* Diod. 10, 101,5 cod. F. Steph. Byz. s. *Αἴκαλον*), * *aiq-iq-lo-* (*Αἴκικλοι* Dion. 2,72. Diod. 14,117,4) denen mit Suffix *-i̯o-* gegenüberstehen: * *aiq-i̯o-* (A.; vgl. *Αἴκουοι* Cass. Dio frg. 22,1 M. Zon. 7,17), * *aiq-u̯-ano-* (Aequana RE I 597), * *aiq-(u)-lo-* (*Αἶκλοι* Diod. 12,64,1. 14,117,4 codd. VF. 20,101,5 cod. R) * *aiq-u-l-ano-* (*Αἰκουλανοί* Diod. 11, 40, 5. 14, 117,4 cod. P; Aeculanum Cic. Att. 7,3,1 u. a.) und * *aiq-u̯-iq-lo-* (Aequiculi Liv. 1.32,5. Verg. Aen. 7,744. Ov. fast. 3,93 u. a.); *Αἰκουικλοί* Ptol. 3,1, 56; *[Αἰ]κου[ί]κουλον* Strab. 238). Während d. 5. Jh. v. Chr. sind die A. erbitterte Feinde Roms, die aus dem oberen Aniotal bis Bola (Liv. 2,39,1. 4,49,3), Tusculum (Diod. 11,40,5. Liv. 4,49,3), Labicum (Liv. 4,47,4) und zum Algidus (Liv. 3,25, 6. 4,26,3) vordrangen. Die wechselvollen (Cic. rep. 2,36) Kämpfe (eher gegenseitige Raubzüge: Liv. 3,7,1. 2,22,3. 3,25,9) wurden mit der Unterwerfung (schon Camillus: CIL I² p. 191 VII) der A. durch Sempronius Sophus 304 v. Chr. beendet (Diod. 20,101,5. Liv. 9,45,17); *civitas s. suffr.* Cic. off. 1,35), der Sieg durch Anlage d. Kolonien Alba Fucens (303 v. Chr.: Liv. 10,1,1) und Carsioli (298 v. Chr.: Liv. 10,13,1) gesichert. Im Saltotal (»Cicolana«) blieben Reste mit der jüngeren (Diod. 14, 117,4) Namensform Aequiculi, die später zur trib. Claudia (CIL a. O.) der 4. Reg. (Plin. nat. 3,106) gehörten. Das Land ist gebirgig (Liv. 2,30,9). Volksversammlungen: Liv. 3,2,3. 9,45,8. Die Verbindung des *ius fetiale* m. d. Aequiculi (Liv. 1,32,5. Dion. 2,72) dürfte auf etym. Spielerei beruhen. Der März ist der 10. Monat ihres Kalenders (Ov. a. O.). G. R.

Aequimelium. Platz an der S.seite des Capitols, unterhalb des Juppitertempels, angeblich benannt nach dem Hause des Sp. Maelius, das dort gelegen haben soll (Dion. Hal. 12,4. Varro 1.1. V 157. Liv. 4,16. Cic. dom. 101). Nach Cic. div. 2,39 wurden dort Opfertiere für den Hauskult verkauft (vgl. Liv. 24,47,15. 38,28,3). R. G.

Aequinoctium s. Himmelskreise

Aequitas, bezeichnet im Rechtsdenken der Römer einen speziellen Aspekt der Gerechtigkeit. Ihr schon sprachlicher Zusammenhang mit der Gleichheit meint nicht formale Gleichbehandlung, sondern gleiche Entscheidung gleichartiger Fälle. In diesem Sinne billige Entscheidungen entsprechen der a. Versteht man derart a. als Billigkeit im Recht, meint sie nicht unbesonnene Aufweichung fester Rechtstradition (im Sinne einer modernen Billigkeitsjurisprudenz), sondern Konkretisierung der Gerechtigkeit im Recht, vor allem materielle Richtigkeit der Fallentscheidung. Damit wird die Konfrontation von Norm und Leben zur Kunst, das *ius* zur *ars boni et aequi*, als die es der Hochklassiker Celsus in der einzigen uns erhaltenen juristischen Begriffsbestimmung des ius (D 1,1,1 pr.) denn auch definiert.

Zwar wirkt in dieser Definition und ihrer Verwertung für die Naturrechtslehre durch den Spätklassiker Paulus (D 1,1,11: *quod semper aequum ac bonum est . . . est ius naturale*) hellenistische Rechtsphilosophie und ihre Ausprägung bei Cicero, doch ist der *aequitas*-Bezug des römischen Rechtsdenkens viel älter. Dies zeigt der schon in vielen plautinischen Texten völlig selbstverständliche Zusammenhang von *aequitas* und *ius* (z.B. Cistell. 4,2,94; Pers 4,4,38; Poen. 5,2,121). Folgerichtig durchdringt die a. viele Rechtsinstitute so stark, daß sie sogar in den Prozeßformeln ihren Niederschlag findet: Bei der *actio rei uxoriae* verurteilt der *iudex* auf das, *quod eius aequius melius erit*, bei anderen Klagen wie denen aus *iniuria* geht das Urteil auf *quantum bonum et aequum videbitur*.

Den klassischen Juristen wird allerdings die Möglichkeit einer Divergenz von *ius* und *aequitas* in zunehmendem Ausmaß bewußt: Der Hochklassiker Celsus wendet sich zwar in D 45,1,91,3 mit all seinem Temperament gegen den Versuch, die Maßgeblichkeit der a. im Bereich des *ius aequum* prinzipiell zu bestreiten, doch rechnen später sowohl Paulus D 39,3.2,5 *(haec aequitas suggerit, etsi iure deficiamur)* wie auch Ulpian D 15,1,32 pr. *(sed licet hoc iure contingat, tamen aequitas dictat)* klar mit der Eventualität einer Divergenz von a. und *ius*. Diese ist denn auch eines der großen Themen der Rechtstheorie der Dominatszeit, wobei die Kaiser in oft bizarrer Heuchelei, manchmal aber auch in ehrlicher Überzeugung, *lex animata* zu sein, am Vorrang der a. festzuhalten vorgeben. So sagt Constantin C. 3,1,8: *Placuit in omnibus rebus praecipuam esse iustitiae aequitatisque quam stricti iuris rationem.* Was *aequum* sei, wird aber alsbald (Cod. Theod. 1,2,3, aus 316) der kaiserlichen Kanzlei zur Entscheidung vorbehalten. Doch noch im 5. Jh. sagt eine dalmatinische Dedikationsinschrift (Bruns Fontes [7]327): *Ius ad iustitiam revocare aequumque tueri Dalmatio lex est.*

Erst nach dieser späten Sonderung von a. und *ius* wird a. primär Maßstab der Kritik und Mittel zur Interpretation des *ius*; bis dahin war sie auch dessen Wertgehalt. Th. M.-M.

W.W. Buckland Equity in Roman Law, 1911. *Ragusa* Archivio giuridico 103, 1930, 87ff. *v. Lübtow* ZRG 66, 1948, 458ff.; *Mayer-Maly*, Öst. Ztschr. f. öffentl. Recht 9, 1958, 156ff. *Pringsheim* Ges. Abh. 1, 1961, 131–252.

Aequum Faliscum (Hülsen RE VI 1970. Nissen It. Ldk. 2,364), nach Strab. 226 a. d. via Flaminia, nach Tab. Peut. 5,4 *(Aequo Falsico)* jedoch ö. d. Tiber (Miller Itin. 320). Fraglich, ob mit → Falerii identisch und ob unter Aequi Falisci b. Verg. Aen. 7,695. Sil. 8,490 zu verstehen. G. R.

Aequum Tuticum (Nissen It. Ldk. 2,816. Beloch RG 542. Mommsen Unterit. Dial. 305. Thes. l. L. 1, 1028. CIL IX p. 122), samnit. Stadt (Ptol. 3,1,67) a. d. via Traiana 22 mp ö. Benevent (It. Ant. 112,2. Burd. 610,9. Tab. Peut. 6,4), als deren Gründer Diomedes gilt (Serv. Aen. 8,9); von Porph. irrig mit Hor. s. 1,5,87 verbunden (Radke G 66, 1959, 336); j. S. Eleuterio. G. R.

Aera s. Zeitrechnung

Aerarium bedeutet in erster Linie als *a. populi Romani* das mobile Vermögen des röm. Volkes, also den Staatsschatz, dem keine Rechtspersönlichkeit zukommt ([4],1 ff. und [10],615 geg. [5],261). Das a. wird von den → *quaestores* im Saturntempel verwahrt (daher auch *a. Saturni* genannt). Es besteht aus Kupfer, Gold, Silber, anderen Wertgegenständen und auch den Urkunden über staatl. Forderungen und Schulden. Das *a.* dient zugleich als Archiv für andere Urkunden: Pachtverträge über Gemeindeland, Steuerlisten, Abrechnungen über öff. Gelder, Geschworenenliste, Volksbeschlüsse und Senatusconsulta. Sogar die Feldzeichen werden dort aufbewahrt. Die Befugnis der *quaestores* hinsichtlich des a. beschränkt sich auf die Verwaltung; das Dispositionsrecht dagegen steht in der republik. Zeit allein dem Senat zu. Dabei bleibt es zunächst auch im Prinzipat, nur tritt jetzt neben das *a.* der → fiscus als kaiserl. Sondervermögen, das einen Teil der bisher dem *a.* zustehenden Einkünfte erhält. Jedoch verringert sich die Bedeutung des Dispositionsrechts des Senats immer mehr: die dem *a.* zustehenden Einnahmen werden weiter beschnitten; die *quaestores* werden von Augustus durch *praetores aerarii* und diese von Nero durch kaiserl. *praefecti aerarii* ersetzt. Schließlich geht das *a.* ganz im *fiscus* auf ([4],76f.), wenngleich die Bezeichnung bisweilen noch in Kaisergesetzen vorkommt. – Hauptsächliche Einnahmen des *a.* sind die Erträge aus den *locationes* von Steuern und Gemeindeland, aus Abgaben, Geldstrafen und Kriegskontributionen sowie die Überschüsse aus der Provinzialverwaltung. Von diesen Überschüssen bleiben im Prinzipat nur noch die aus den Senatsprovinzen; die aus den kaiserlichen Provinzen gehen an den *fiscus*.

Sonderformen des *a.* sind: a) das *a. sanctius p.r.*, eine Rücklage für Notfälle, gespeist aus der durch eine lex Manlia von 357 v. Chr. eingeführten 5%-

igen Freilassungssteuer (Liv. 7,16; dazu [6] und [9]); b) das *a. militare*; von Augustus zur Altersversorgung der Veteranen gegründet und vor allem aus der 5%igen Erbschaftssteuer gespeist (Quellen und Lit. bei BIONDI Acta divi Augusti 1, 1945, 219 ff.). An der Verwaltung war zunächst der Senat beteiligt, doch ging sie bald ganz auf den Kaiser über. c) Als *a. publicum* endlich wird bisweilen die Gemeindekasse wie auch ihr Aufbewahrungsort in den Munizipien und Landgemeinden bezeichnet. D. M.

Aerarius heißt urspr. der Gemeindeangehörige ohne Grundbesitz, der dem Staat nur mit seiner Steuer dient. Später wird mit *a.* der mit einer zensorischen Strafe Belegte bezeichnet: Er ist aus den *tribus* ganz ausgeschlossen oder in eine mindere *tribus* versetzt und vielleicht mit einer besonderen Steuer belegt. – Zu ab aerario vgl. E. DE RUGGIERO Bull. ist. dir. rom. 1, 1885, 65 ff. D. M.

Ältere Lit. RE I 671.674.676, bes. 1. *Mommsen* RStR 1887[3] = 1952[4], 2,544 ff. (a.p.r.); 1010 ff. (a. militare); 392 ff. (Aerarii). 2. *Karlowa* 1, 1885, 258 ff. 3. *O. Hirschfeld* Die kais. Verwaltungsbeamten bis auf Diokletian, 1905. Dazu noch 4. *Syb. v. Bolla* Entwicklung des fiscus z. Privatrechtssubjekt, 1938. 5. *Ludw. Schnorr von Carolsfeld* ZRG 60, 1940, 260 ff. (Rez. zu 4). 6. *Tenney Frank* AJPh 53, 1932, 360 ff. 7. *Gius. Cardinali* Augustus (Studi), 1938, 161 ff. 8. *Heinr. Siber* Röm. Verf.-Recht, 1952, 320 ff. 9. *Rodolfo Danieli*, Stud. et doc. hist. et iur. 19, 1953, 342 f. 10. *Ulr. von Lübtow* Das röm. Volk, 1955, 614 ff.

Aëria. 1. Bezeichnung Äg. bei Aischyl. Hik. 75. Steph. Byz. s. *Αἴγυπτος*; vgl. Eust. zu Dion. Per. 239. **2.** Alter Name für Kreta bei Gell. 14,6,4. Plin. nat. 4,58. Steph. Byz. und für Thasos bei Plin. nat. 4,73. Euseb. praep. ev. 5,33. **3.** Bei Strab. 4,185 eine Stadt in Gallia Narb. (*ἀερία διὰ τὸ ἐφ' ὕψους ἱδρῦσθαι*, nach Artemidor), vermutlich das h. Mont Venteux. **4.** Name der Aphrodite in Paphos → Aërias. **5.** Mutter des Aigyptos, Gemahlin des Belos (Steph. Byz. s. *Αἴγυπτος*). W. S.

Aërias (*Ἀερίας*). König von Kypros, Gründer des Tempels der Aphrodite Aëria (so benannt, weil ihr Altar, im Freien gelegen, nicht von Regen benetzt werde) in Paphos (*vetus memoria:* Tac. hist. 2,3; → Kinyras). Sein Sohn Amathus gründet den Aphroditetempel in Amathus (Tac. ann. 3,62). H. v. G.

Aërope (*Ἀερόπη*). Kreterin, Tochter des → Katreus, Enkelin Minos' II. Da Katreus nach einem Orakel durch eines seiner Kinder ums Leben kommen soll, so übergibt er sie und ihre Schwester Klymene dem Nauplios zum Verkauf in die Fremde. Nach Argos gebracht, heiratet A. den Pleisthenes und gebiert ihm Agamemnon und Menelaos. Nach den »Kreterinnen« des Euripides bekommt Nauplios den Auftrag, A. ins Meer zu stürzen, weil sie sich von einem Sklaven habe entehren lassen; er schont sie und gibt sie dem Pleisthenes zur Frau. Gewöhnlich erscheint → Atreus als Vater (oder Ziehvater) ihrer Kinder. A. war ein beliebtes Thema im epischen Kyklos und in der att. Tragödie. Parthen. 20: *Ἀερώ.* H. v. G.

Aerophone. Gesamtheit der durch Luft erregten, in den überwiegenden Fällen mit dem Mund angeblasenen Musikinstrumente aller Zeiten und Völker, gegenüber den »Idiophonen« oder »Autophonen« (Selbstklinger durch Schlagen, Schütteln), den »Membranophonen« (Fellklinger) und den »Chordophonen« (Saitenklinger). Zur Einteilung der Musikinstrumente, die modernen Ursprungs ist, vgl. C. SACHS Reallex. d. Musikinstr., Bln. 1912. H. H. DRAEGER Prinzip einer Systematik der Musik-Instr., Kassel 1948. Der Begriff ist neulat. – In der griech. Musik ist die Gruppe der Aerophone vertreten durch Aulos, Syrinx, Salpinx. Am wichtigsten Aulos, eine Klarinetten- (nicht Flöten-) Art, die, meist paarig geblasen (Doppel-Aulos), als »volltönend«, »mit allen Tönen« (*πάμφωνος* Pindar, O. 7,21), auch »süß« (*γλυκύς* ebd. 10,114) empfunden wurde. Demgegenüber treten die (erst spät belegte) Querflöte (querstehender Aulos, *πλάγιος αὐλός*, alexandrin. *φῶτιγξ*), die Syrinx (5,7,9 brett- oder floßförmig aneinandergeklebte Mundpfeifen verschiedener Länge, Dicke und Höhlung, bei den Hirten oft in Gebrauch), und die Salpinx (Trompetenart, ein langgestrecktes Rohr aus Eisen oder Bronze, mit Hornmundstück [= *γλῶττα ὀστίνη*], eher bei kriegerischen Anlässen). Von der Syrinx abzuleiten ist der Typ der in hellenistischer Zeit erfundenen Wasserorgel (Hydraulis), einer Pfeifenkombination, die ein durch Wasserdruck (*ὕδωρ*) konstant gehaltener Luftstrom zum Tönen brachte. Näheres vgl. unter den Stichwörtern der Instrumente. Blasinstrumente sind *τὰ ἐμπνευστὰ ὄργανα*, speziell Musikinstrumente blasen, vgl. das denominative Verb *αὐλέω* (ion., att.), Aulosspiel *αὔλησις*, Auloskomposition (-stück) *αὔλημα*, Aulosspieler *αὐλητήρ* und *αὐλητής* (feminin: *αὐλητρίς*). W. B.

Aëropos. 1. A. I., König der Makedonen, Urenkel des Dynastiegründers Perdikkas (Hdt. 8, 139), als historisch zu betrachten (F. GEYER Makedonien bis zur Thronbesteigung Philipps II., 1930, 37). **2.** A. II., Vormund des Orestes (400/399 bis 397/96), nach dessen Ermordung König der Makedonen (397/6 bis etwa 393; die Angaben der Chronographen schwanken, vgl. GEYER a. O. 106). Er gehörte schwerlich dem lynkestischen Fürsten-, sondern wohl dem makedon. Königshaus an (GEYER a. O. 107). 394 v. Chr. versuchte er, Agesilaos den Durchzug durch sein Gebiet zu verweigern, mußte aber mit ihm einen Vertrag schließen (Polyain. 2,1,17). **3.** Makedon. Offizier in Philipps II. Heer, wegen Verstoßes gegen die Disziplin entlassen (Polyain. 4,2,3). Fr. Kie.

Ärzte und Ärzteschulen s. d. Einzelartikel

Aerugo (*aeruca, ἰός*). Grünspan, entsteht durch Einwirkung von feuchter Luft oder Säuren auf Kupfer. Abgekratzter G. (*ξυστὸς ἰός*) oder eine andere Art namens *σκώληξ* wurde, allein oder mit anderen Stoffen (z.B. Bimsstein) vermischt, wegen der adstringierenden Wirkung zu medizinischen Zwecken verwendet (vgl. Diosk. 5,79 = 3, 49,4ff. Wellm.). F. K.

Aes. Kupfer, Erz, war das älteste und noch lange Zeit wichtigste Währungsmetall in Rom und Italien (→ a. grave, a. rude) und steht daher oft einfach für Geld, vgl. Dig. 50,16,159 und Ausdrücke wie *aes alienum, aerarium* usw. Es begegnet besonders im Kriegswesen als t.t.: *a. militare* = Sold, → *a. equestre* und *hordiarium* (Varro l.l. 5, 181; Gai. 4,27), auch ohne Zusatz. Da bis auf Caesar die Soldzahlung jährlich erfolgte, erlangte a., gleich *stipendium*, die Bedeutung: Dienstjahr. Dieser Gebrauch findet sich noch in der Kaiserzeit auf Grabinschriften, endet aber, von 2 oder 3 möglichen Ausnahmen abgesehen, um 100 n. Chr. Er begegnet vor allem bei Spaniern und bei in Spanien garnisonierenden oder einst dort stationierten Truppen. H. Ch.

Kubitschek RE 1, 680 f. *Ritterling* RhM 59, 1904, 55 ff. *Schrötter* WBMzK s.v.

Aes equestre und **a. hordiarium** war Geld (→ Aes), das die römischen *equites equo publico*, die Staatspferdeinhaber, zur Anschaffung des Pferdes = a.e., und zur Fütterung = a.h., vom Staat erhielten. Diese Summen – wie die wohl ursprünglichen Lieferungen in natura – wurden anfangs durch Zwangsanleihe (vor allem?) von vermögenden Waisen und Witwen beschafft, aber seit 167 gleich den anderen *tributa* nicht mehr eingetrieben. Das a.e. beziffert Liv. 1,43,9 auf 10000 As, während nach Varro l.l. 8,71 der *equus publicus* 1000 *assarii* wert war, das a.h. betrug laut Liv. 2000 As jährlich. Eine Umsetzung in moderne Währung ist eine Rechnung mit zu vielen Unbekannten. Auch scheinen die Reiter der 3 ersten Centurien (die Ramnes, Titienses, Luceres priores) bis zum 2. pun. Krieg, wenn nicht länger, 2 Pferde erhalten zu haben, also doch wohl höhere Beträge. Umstritten ist, wann das a.h. wegfiel, ob schon im 2. Jh. (so Hill wegen Pol. 6,39,12) oder wesentlich später (so Alföldi u.a. wegen Gai. 4,27). Nicht recht klar ist auch die Regelung bei Verlust des Pferdes im Krieg und beim von den Censoren verfügten Verkauf. H. Ch.

Mommsen RStR 3, 195. 236. 256 f. *Kubitschek* RE I 682 ff. *Krom.-Veith* 268 f. *Alföldi* Frühröm. Reiteradel, 1952, 95 ff. *Hill* The Roman Middle Class, 1952, 10 ff. 18 ff. 42 f.

Aes grave. Schwerkupfer, -erz, löste nach Plin. nat. 33,43 das → a. rude ab. Heute versteht man darunter die ältesten gegossenen italischen Bronzemünzen vollen oder reduzierten Gewichts einschließlich geprägter Teilstücke. Das a. g. erscheint bald nach 300 v. Chr. in Rom, Etrurien, Umbrien, Picenum und Apulien, meist ohne Aufschrift und daher schwer zuzuweisen. Die Prioritätsfrage ist noch offen. Das Einheitsstück, der → As, ist, wo erkennbar, ursprünglich libral, pfündig, d.h., von der Schwere der jeweiligen Gewichtseinheit, wird aber später auf die Hälfte herabgesetzt (Semilibralfuß), schließlich auf ein Sechstel (Sextantalfuß) und von nun ab geprägt. Die Einzelstücke sind schlecht justiert, metrologische Schlüsse daher nur aus dem Durchschnittsgewicht zu ziehen. → As und a. signatum. H. Ch.

Haeberlin Aes grave, 1910. *Sydenham* Aes grave, 1926. *Schrötter*, WBMzK. s.v. *Thomsen* Early Rom. Coin. 1, 1957, 19 ff. 59 ff. 210 ff.

Aes rude. Rohkupfer, Roherz, ging nach antiker Tradition (Plin. nat. 33,43, nach Timaios) dem → a. grave voraus und ist in Ober- und Mittelitalien sicher, in Süditalien und Sizilien jedoch nicht einwandfrei als Geld nachgewiesen. Es begegnet seit dem Beginn des 1. Jt. in völlig ungeformten Brocken (*raudera*, s. Fest. 265 M) oder als ganze bzw. zerbrochene Stangen, Platten, Gußkönige (auch *a. formatum* genannt). Gelegentlich erscheinen Marken. Legierung (Verunreinigung) und Gewicht variieren. Die Geldqualität des a. r. ergibt sich durch Beifunde (z.B. Münzen) und die Fundstelle: Quellen, Brunnen, Heiligtümer (Weihefunde), Gräber. Die zu zahlenden Beträge wurden vermittels der Waage fixiert (vgl. Ausdrücke wie *per aes et libram*). H. Ch.

Schrötter WBMzK. s.v. *v. Duhn-Messerschm.* Ital. Gräberkunde im Index s.v.

Aes alienum s. obligatio

Aesculapius s. Asklepios

Aesculetum. Bei Plin. nat. 16,37 als Versammlungsplatz des Volkes bei Annahme der lex Valeria Horatia während der Sezession der Plebs auf das Janiculum genannt (vgl. Varro 1.1. V. 152). Am Tiberufer, dem Janiculum gegenüber, lag ein *vicus Aescleti*. R. G.

G. Lugli I Monumenti Ant. Di Roma, 2,266. 3,11.

Aesernia (Nissen It. Ldk. 2,795. Thes. l. L. 1, 1083. Beloch RG 450. CIL IX p. 245. Kubitschek Imp. Rom. 58: *trib. Tromentina*), samnit. Stadt (Strab. 238), seit 263 v. Chr. lat. Kolonie (Liv. ep. 16. Vell. 1,14,8. Kornemann RE IV 515), spielt im 2. pun. Krieg (Liv. 27,10,8. Sil. 8,568) u. im Bundesgenossenkrieg (Liv. ep. 72.73.89. App. civ. 1,41) eine Rolle. A. gehört zur 4. Reg. (Plin. nat. 3,107); Straßen: It. Ant. 102,4. Tab. Peut. 6,3; j. Isernia. G. R.

Aeserninus, Gladiator aus Samnium, von Lucilius erwähnt und sprichwörtlich geworden (Cic. opt. gen. 17; ad Q. fr. 3,4,2; Tusc. 4,48). W. S.

Aesis 1. (Nissen It. Ldk. 2,386. Thes. l. L. 1, 1084. Duhn-Messerschmidt It. Gkd. 2,168. CIL XI p. 920. Kubitschek Imp. Rom. 68: *trib. Pollia*), umbr. Stadt (Strab. 227. Ptol. 3,1,53. Plin. nat. 3, 113) d. 6. Reg., berühmt durch Käseherstellung (Plin. 11,97); j. Jesi. **2.** (Nissen 1,71), Fluß, der in die Adria mündet und als Grenze zeitweilig Bedeutung besitzt (Liv. 5,35,3. Strab. 217. Ptol. 3,1, 22. App. civ. 1,87. Sil. 8,444); j. Esino. G. R.

Aeso, Stadt der Lacetaner in Hispania Cit., j. Isona (CIL II p. 594.981. Die Einwohner *(Aesonenses)* auf Inschr.: CIL II 4462.4465.4473. W. S.

Aesopus s. Aisopos

Aestii. Nach Tac. Germ. 45 *(Aestiorum gentes)* die von der Mündung der Weichsel bis zu der Düna hin wohnenden baltischen Stämme der Litauer, Letten und Preußen, die im Aussehen den Sueben, in der Sprache aber den Briten verwandt gewesen sein sollen. Ihr Name, aus germanischer Wurzel abgeleitet (got. *aisteis* = achtbar, ehrenwert) soll ihnen wegen ihres friedsamen Charakters zugelegt worden sein. Grundlage der Wirtschaft dieser Völker war der Ackerbau, doch sammelten die Küstenbewohner schon frühzeitig den → Bernstein, der bei ihnen *glesum* hieß (lett. *glisis*, ostgerm. *glisaz*, preuß. *glisis*). Nach Cassiod. var. 5,2 schickten die A. Theoderich d. Gr. eine Gesandtschaft mit reichen Bernsteingeschenken. H.C.

Aestimatio litis. a) Im Zivilprozeß: Der Grundsatz, daß alle Urteile auf Geld zu lauten hätten *(omnis condemnatio pecuniaria*, Gaius 4,48), machte es notwendig, bei allen nicht von Anfang an auf Geld gerichteten Klagen den Streitwert zu ermitteln. Dies geschah durch einen Schätzungseid des Klägers (*iusiurandum in litem*) oder durch richterliche, mitunter durch *taxatio* gebundene Schätzung. Bezahlung der a.l. verschaffte zwar nicht ziviles Eigentum, wohl aber eine der *exceptio rei venditae et traditae* nachgebildete Einrede, die *actio Publiciana* und die Möglichkeit der *usucapio*. b) Im Strafprozeß: Hier bezeichnet a.l. die Schätzung eines Schadens, zu dessen Ersatz im Anschluß an die Aburteilung einer Straftat verurteilt wurde. Th. M.-M.

A. Ehrhardt Litis aestimatio, 1934. *Kaser* Quanti ea res est 1935. *Mommsen* RStrR 725ff.

Aetas. Die Römer messen folgenden Altersstufen allgem. rechtl. Bedeutung zu: a) Wer nicht sprechen kann *(infans)*, fallweise wohl auch der *infanti proximus* (wohl nicht überall unecht; anders [3],7ff.), ist geschäftsunfähig (Gai. 3,109). – b) Wer die Geschlechtsreife noch nicht erreicht hat *(impuber)*, steht unter → *tutela* (Dig. 26,1ff. Inst. Iust. 1,13ff.). Ist er *infantia maior*, so haftet er für die altzivilen Delikte und kann auch selbst Rechtsgeschäfte abschließen, wenn ihm diese nur rechtlichen Vorteil bringen oder der *tutor* seine → *auctoritas* erteilt. Der Eintritt der Geschlechtsreife wird bei Mädchen seit alters mit dem 12. Lebensjahr angenommen (Cass. Dio 54,16). Bei Knaben wird ihr Eintritt zunächst nach der körperlichen Reife individuell festgestellt und durch Anlegung der *toga virilis* manifestiert. Später setzt sich jedoch die Ansicht der Prokulianer durch, nach der generell die Vollendung des 14. Lebensjahres entscheidet (Gai. 1,196. Inst. Iust. 1,22 pr.). – c) Wer danach mündig ist, hat ursprünglich die volle Geschäftsfähigkeit. Ihr derart früher Eintritt erweist sich jedoch als gefährlich. Darum schafft um 200 v. Chr. (dazu [1], 194ff.) eine lex Plaetoria (oder Laetoria) eine weitere Grenze: das 25. Lebensjahr. Wer es vollendet hat, unterliegt auch weiterhin keinen Beschränkungen. Der *minor XXV annis* dagegen kann beim *praetor* einen → *curator* als Beistand erbitten, doch bedingt dessen Zustimmung nicht die Wirksamkeit der Geschäfte des *minor*. Ist kein *curator* bestellt, so erhält der *minor* gegen den Partner, der ihn übervorteilt hat, eine *exceptio* oder *restitutio in integrum*. Auch sieht die lex Plaet. eine populare Strafklage vor (Dig. 4,4. Inst. Iust. 1,23). Seit Konstantin werden Männer vom vollendeten 20. und Frauen vom vollendeten 18. Lebensjahr an von den Beschränkungen der lex Plaet. auf Antrag befreit *(venia aetatis)*, wenn sie ihre *honestas morum* und *probitas animi* nachweisen (Cod. Theod. 2,17,1). – Spezielle rechtl. Bedeutung hat noch das 17. Lebensjahr; mit ihm beginnt der Kriegsdienst (Gell. 10,28) und seit Justinian die Fähigkeit zur Freilassung (Inst. Iust. 1,6,7), die früher nach der lex Aelia Sentia mit dem 20. Jahr begonnen hatte (Gai. 1,40). – Außerdem kommen Jugend oder hohes Alter als Entschuldigungsgrund für Irrtum oder als Grund für die Ablehnung öffentlicher Ämter in Betracht. D. M.

Ältere Lit. RE I 694, vgl. auch RE XV 1889, bes. *Siro Solazzi* La minore età, 1912. Dazu noch 1. *J. M. Naap* Tijdschrift voor Rechtsgesch. 13, 1934, 194ff. 2. *Siro Solazzi* Bull. ist. dir. rom. 49/50, 1947, 354ff. 3. *Ders.*, Labeo 1, 1955, 7ff. 4. *Ernst Levy* ZRG 68, 1951, 375ff. 5. *Andreas B. Schwarz* ZRG 69, 1952, 345ff. 6. *Max Kaser* Röm. Privatrecht 1, 1955, 74f. 238f. 2, 1959, 78ff. 7. *Alberto Burdese* Archivio giur. 150, 1956, 10ff.

Aeternitas, aeternus. Personifikation der Ewigkeit. *A. Aug.* erscheint als Münzumschrift seit Augustus ([3], 23ff. MATTINGLY RIC Reg. vgl. BMC RomEmp. 2 p. XXXIXf. LXXVI). Als Gestalt findet sich A. auf Münzen seit Vespasian, stehend oder auf einem von Löwen oder Elefanten gezogenen Wagen. Als Attribute erscheinen bes. häufig Himmelskugel und der (ewige) Phoenix (auch Phoenix auf Kugel); außerdem Sonne und Mond und gelegentl. Sterne (die die Ewigkeit teilen), auch Füllhorn, Szepter, die einen Ring bildende Schlange, der (langlebige) Elefant und *gubernaculum*. Z. T. handelt es sich um Übernahmen oriental.-hellenist. → Aion-Vorstellungen ([8], 327ff.). Die Münzen beziehen sich üblicherweise auf die Konsekration der Kaiser ([3], 23 ff. BMC RomEmp a. O.). Vorstellungen von der *aeternitas imperii* spielen mit hinein ([9]. [8], 329. [4], 323). Die Verbindung der A. mit dem Kaiser geht vom Osten aus ([4], 323). Als *pignus imperii* muß der Kaiser selbst *aeternus* sein ([11], 137. [10], 91); zurückhaltend noch im Anfang (Tiberius: *natus ad aeternitatem Romani nominis* CIL XI 4170). Aion-Vorstellungen sind auch hier nicht zu übersehen. Kult: »Unter Nero konnte man *pro aeternitate imperii*, ja sogar der *A. imperii* opfern, unter Augustus noch nicht.« ([9], 167). *Aeternus* kann auf Kosmos, Götter und Seele bezogen werden. Anders als *sempiternus* steht es bes. an feierlichen Stellen ([9], 152, 10. [9], 165, 38); allerdings ist *semp.* im Hexameter unbrauchbar. Die Rechtssprache verwendet a. (XII-Tab.) früher als die Sakralsprache ([9],165,38). Götter werden erstaunlich selten a. genannt ([7],697. APPEL RVV 7,2,98), am häufigsten Götter, die mit den syrischen Ba'alim (Iuppiter und Sol bzw. Apollon) identifiziert werden ([7],696). Ein *(deus)* Aeternus auf Inschr. des 2. und 3. Jh. ist wohl syrischen Ursprungs; er wird als der höchste Gott verehrt. Inschr. mit A. bes. häufig in Dacien (vgl. CIL Reg. zu Bd. III. [7] 696. WISSOWA Rel. ²365 mit Stellen). Als weibl. Entsprechung erscheint gelegentlich Diana bzw. Luna auf Inschr. W. E.

1. *Aust* RE I 694ff. 2. *Roscher* Myth. Lex. 1,88. 3. *W. Koehler* Personif. abstr. Begriffe auf röm. Münzen, Diss. Kbg. 1910 23 ff. 4. *Latte* RRelGesch. 323. 5. *M. P. Charlesworth* Providentia und A. Harvard theol. rev. 29, 1936, 107 ff. 6. *F. Cumont* Rev. d'Hist. et de Litt. rel. 1, 1896, 435ff. 7. *Cumont* RE I 696f. 8. *H. U. Instinsky* H 77, 1942, 313ff. 9. *C. Koch* Religio, Erlg. Beitr. 7 142ff. 10. *K. Groß* Die Unterpfänder der röm. Herrschaft (Neue dt. Forsch., Alte Gesch. 1, 1935, 91ff. 11. *F. Sauter*, TübBeitr. 21, 116ff.

Aetheriae peregrinatio s. Peregrinatio Ae.

Aethlios s. Endymion

Aëtion. Maler, blühte nach Plin. nat. 35,78 Ol. 107 (352 v. Chr.). Doch malte er nach Lukian. Aetion noch die 328 gefeierte Hochzeit des Alexander mit Roxane. Die dortselbst gegebene ausführliche Beschreibung des Bildes lehrt uns leider nichts über den Stil des Meisters. A. R.

HB Archäol. IV 1 (6. Lfg. 1953) 147f.

Aëtios (Ἀέτιος). **1.** Sohn des Anthas, des Königs von Troizen, Ahn der Gründer von Halikarnassos und Myndos (Paus. 2,30,8). **2.** Doxograph. Verfaßte um 100 n. Chr. ein umfangreiches Werk ξυναγωγὴ περὶ τῶν ἀρεσκόντων (über die Sätze der Naturlehre). Unter dem Namen des Plutarch ist uns ein wertvoller Auszug περὶ τῶν ἀρεσκόντων φιλοσόφοις φυσικῶν δογμάτων und außerdem Vieles durch Stobaios und Theodoret erhalten (DIELS Dox. Gr. Prol. 45 ff.; Stob. und Aetios RhM 36, 343 ff. H. USENER Kl. Schr. 1,345). W. S.

Aëtius. 1. Schwiegersohn des Septimius Sev., von diesem zum Konsul ernannt (Jahr unbestimmt). H. A. Sever. 8,1. **2.** Stadtpräfekt von Constantinopel 419 (Cod. Theod. 14,6,5. Cod. Iust. 1,2,4 = 4,63,5 mit falscher Datierung), *praef. praet.* 425 (Cod. Theod. 15,4). **3.** A. Flavius*. Um 390 als Sohn *des mag. equitum* Gaudentius in Durostorum (Silistria). Vermutlich von 405 an war A. 3 Jahre als Geisel bei Alarich, dann bei den Hunnen. 425 suchte er mit einem hunn. Hilfsheer den Usurpator Johannes zu stützen. Die siegreiche kaiserliche Partei mußte A. Amnestie gewähren, wofür er seine Hunnen zur Rückkehr bewog (Greg. Tur. 2,8. Philostorg. 12,14. Chr. min. 1,471,658). Man setzte nun A. unter Beförderung zum *comes et mag. mil. per Gallias* gegen die Westgoten in Gallien ein (ENSSLIN Klio 24,776). Nach glücklichen Kämpfen gegen Goten und Franken wurde A. 429 *mag. utriusque militiae.* 433/34 setzte A. schließlich mit Hilfe der Hunnen, welchen er die Abtretung Pannoniens versprochen hatte, seine Anerkennung als oberster Heermeister und die Ernennung zum Patricius durch (Prisk. frg. 7. FHG IV 76. Chr. min. 1,473f. 2,22. ENSSLIN RE XX 1925f.). Weitgehend leitete A. nun die Außenpolitik des Westens, und Ioh. Antiochenus (frg. 201,3) spricht geradezu von einer Vormundschaft des A. über Placidia und Valentinian III. Viermal erreichte A. das Konsulat (432,437,446,454). Seit 434 war A. mehrfach für längere Zeit in den stark gefährdeten gall. Provinzen gebunden. Den Höhepunkt seiner Macht erreichte er, als er 451 im Bündnis mit den Westgoten den Hunnenkönig → Attila auf den katalaunischen Feldern besiegt hatte, und nach dem weiteren Rückzug der Hunnen im Jahre 453 eine außenpolit. Entspannung eingetreten war (Iord. Get. 38,41. Greg. Tur. 2,7. Sidon. c. 7,316ff. u. a.). Damals verlobte Valentinian III. seine Tochter mit dem Sohn des A. (Chr. min. 1,483). Einflußreiche Hofkreise (vor allem der Eunuch Heraclius, wahrscheinlich auch der Patricius Petronius Maximus) hetzten nun den Kaiser gegen A. auf. Valentinian ermordete bei einer Audienz A. (Chr. min. 1,303.483. Ioh. Ant. frg. 200. Sid. carm. 5,305. 7,359). A. hatte lange Zeit mit den Hunnen paktiert und das Reich geschädigt und die eigene Macht gestärkt. Auch den Westgoten und anderen Germanen gegenüber verhielt er sich manchmal zweideutig. Pannonien, Britannien, Afrika gingen Rom in der Zeit höchster Macht des A. endgültig verloren. Aetius' Verdienst ist es, die röm. Oberherrschaft in Gallien gegen stärkste Bedrohungen aufrecht erhalten zu haben (vgl. Merobaudes Paneg. 2,5ff. von 446 u. a.). Ohne A., der sich in seinen letzten Jahren auch um einen Ausgleich mit dem Osten bemühte (vgl. ENSSLIN RE VII A2251 zu Ioh. Ant. frg. 201,4), ist der Fortbestand des w. Kaisertums zwischen 425 und 454 kaum denkbar. A. L.

W. Enßlin RE XX 1925ff. VII A 2235ff. *Sundwall* Weström. Studien 1915, 40f. *F. Altheim* Attila und die Hunnen 1951, 134ff. *E. Stein* I pass.

Aetna s. Aitne

Aetna (Gedicht) s. Vergilius

Aetoma (ἀέτωμα, auch ἀετός), lat. meist *fastigium*, der Giebel des griech. Tempels. Das auf dem Gebälk aufliegende Giebelfeld, → τύμπανον, wird überkragt von dem ornamentierten Giebelgeison, auf dem sich in klassischer Zeit stets drei → Akrotere befinden. Herkunft und frühe Entwicklungsstufen des flach geneigten Tempeldaches und seiner beiden Giebel sind noch wenig geklärt, doch läßt sich seit spätestens dem frühen 6. Jh. v. Chr. die Geschichte des mit Reliefs oder rundplastischen Figurengruppen geschmückten Giebels gut verfolgen. G. F.

Etienne Lapalus Le fronton sculpté en Grèce des origines

à la fin du IVe siècle: Bibliothèque des écoles franç. d' Athènes et de Rome, 1947, 165.

Aetos *(Ἀετός)* s. Adler und Sternbilder

Afer. Cognomen, das die Herkunft (oder den Wohnort) kennzeichnet, vgl. den Redner Cn. Domitius Afer und den Dichter P. Terentius Afer. Ferner: **1.** Afer, 1. Jh. n. Chr., mehrfach bei Mart. erwähnt, wobei wahrscheinlich nicht nur eine Person gemeint ist. **2.** Afer, ein Vetter *(patruelis)* Caracalla's, 212 n. Chr. von diesem ermordet. H.G.G.

Afer (s. a. Domitius, Terentius)

Affe (*πίθηκος*, *simia*, vulg. *clura*). Nur in Afrika und Südasien; früh. Vorkommen auf Pithekusa (Ischia) schon im Alt. umstritten (Xenag. frg. 13. Plin. nat. 3,82; vgl. die Sage Ov. met. 14,92). Den Alten (Aristot. hist. an. 502a. 17ff. Plin. 8,215f. 246f.) waren geläufig: 1. der schwanzlose türk. A. (*πίθηκος*), 2. die geschwänzte Meerkatze (*κῆβος*, *κερκοπίθηκος*); 3. der Mantelpavian (*κυνοκέφαλος*, lat. auch *satyrus*). Bes. die Arten 1 u. 2 waren beliebte, oft dargestellte, vielfach dressierte (vgl. das Affentheater bei Iuv. 5,153f. und Friedlaender z. St.; Mart. 14,202) Haustiere. Bekannt waren auch der Babuin, Guereza, Hulaman, Schimpanse, bes. der Gorilla (Hanno Geogr. min. I p. 13. Plin. 6,200. 8,70). Der A. galt als häßlich und bösartig (Archil. frg. 81; 83 [Luria Philol. 85,1 ff.]. Semon. 7,71. Aristoph. Ach. 906. Plaut. Mil. 179f. u. a.); sein Erscheinen war ominös (Cic. div. 1,34. Artemid. 2,12 u. a.). »A.« als Schimpfwort: Plaut. Most. 887. Hor. s. 1,10,18 u. a.), so auch *καλλίας* Herond. 3,41. »Affenliebe«: Plin. 8,216. Babr. 35. Fabuloses über A.-Jagd: Diod. 17,90. Strab. 15,699. Die Ärzte benützten den A. zu Sektionen (Galen. 2,222 al.); sein Fleisch galt zuweilen als Heilmittel (Ail. nat. 5,39 al.), nie als Speise. W. R.

Afilae (Nissen It. Ldk. 2,618. Beloch RG 146. 422. Devoto Ant. It.^{2} 129. Thes. l. L. 1, 1249. CIL XIV p. 351: *trib. Aniensis*), j. Affile s. Subiaco im Aniotale (lib. colon. p. 230 setzt A. nach Campania, was damals Latium einbegreift!). G. R.

Afranius. Pleb. Geschlecht, aus dem schon im 2. Jh. v. Chr. senatorische Vertreter hervorgegangen sind. **1.** L. A., nach dem Urteil der Alten (Quint. inst. 10,1,100) der größte Vertreter der *comoedia togata*, lebte in der Zeit der Gracchen und betätigte sich auch als Redner (Cic. Brut. 167). Von seiner dramat. Produktion ist mehr erhalten als von der des Titinius und Atta zusammen, ungefähr 43 Titel und 200 Frg. Seine literar. Stellung ist vor allem bestimmt durch die Vorliebe für Terenz (Suet. vita Ter. p. 8 W.) und die Benützung Menanders (Macr. Sat. 6,1,4. Cic. fin. 1,7), dem ihn Kritiker aus der Zeit des Horaz als ebenbürtig zur Seite stellen (Hor. epist. 2,1,57). Einen polemisch-literar. Prolog in der Art des Terenz hatten die Compitalia (v. 25–30 R.), auch sind Götterprologe menandrischen Charakters bezeugt (277. 298f. 403f. R.). Fremd bleiben der menandrisch-terenzianischen Tradition, der mit A. die Komödie röm. Inhalts stark verpflichtet ist, der reichliche Gebrauch der cantica (Mar. Vict. Keil GrL 6,79, 4ff.), den wir übrigens auch bei Titinius finden, und die päderastischen Themen, die der Atellana wohl bekannt sind. Unter seinen Komödien, die nur selten und meistens in Einzelheiten rekonstruierbar sind ([2], 378ff.), sind die am häufigsten zitierten Emancipatus, Epistula, Exceptus, Fratriae (der Titel schlecht überliefert bei Non. und Prisc.), Privignus, Vopiscus. Man weiß von Wiederaufführungen des Simulans (Cic. Sest. 118) und des Incendium (Suet. Nero 11). Von den archaisierenden Interessen der Hadrian. Zeit ist der Kommentar eingegeben, den ihm ein gewisser Paulus widmete (Charis. Keil GrL 1,241,1 f.).

Frg.: CRF^{3} 193ff. *E. Diehl* Poet. Rom. vet. rell., ^{4}1957, 95ff. (Auswahl). Lit.: 1. *F. Marx* RE I 708ff. 2. *F. Leo* Gesch. d. röm. Lit. 1, 374ff.

2. L. A. A. f., Anhänger des Pompeius. Von niederer Herkunft, zeichnete er sich als dessen Legat in den Kriegen gegen Sertorius (Plut. Sert. 19,3ff. Oros. 5,23,14) und Mithridates (Plut. Pomp. 36,2. 39,2) aus. Dank der Unterstützung durch Pompeius wurde er, zusammen mit Q. Metellus Celer, im J. 60 v. Chr. Konsul (vgl. Broughton Mag. 2,182f.). Zusammen mit M. Petreius im J. 55 nach Spanien geschickt, um das Land im Auftrag des Pompeius zu verwalten, mußte er sich später während des Bürgerkriegs nach der langen Schlacht um Ilerda am 2. 8. 49 Caesar ergeben (Caes. civ. 1,37ff.). Von dort begab er sich mit überlebenden Kohorten nach Dyrrachium (Caes. civ. 3, 88, 2), nahm an der Schlacht von Pharsalus teil (App. civ. 2,316), von wo er von neuem nach Dyrrachium und dann nach Africa flüchtete (Cass. Dio 42,10), kämpfte bei Thapsus mit (Plut. Caes. 53, 1f.), wurde von P. Sittius gefangengenommen und dann getötet (Bell. Afr. 95. Suet. Iul. 75).

1. *E. Klebs* RE I 710ff. 2. *Drumann*^{2} 1, 26ff.

3. Sex. A. Sex. f. Burrus, wahrscheinlich aus Vasio Vocontiorum, Militärtribun, Procurator der Livia, des Tiberius und Claudius (CIL XII 5842), wurde im J. 51 n. Chr. durch den Einfluß der Agrippina (Tac. ann. 12,42) alleiniger *praefectus praetorio* und hatte nach dem Tode des Claudius zusammen mit Seneca im sogenannten *quinquennium* Neros praktisch die Herrschaft in Händen (Tac. 13,2.6 u. ö. CAH X 711ff.), wobei er im J. 55 einigen Gefahren entging (Tac. 13,20 [mit Vorbehalt anzunehmen]. 23). Der Ermordung der Agrippina stand er im wesentlichen fern (Tac. 14,7) und widersetzte sich auch der Verstoßung der Octavia (Cass. Dio 62, 13,1f.). Sein Tod (62), von der Mehrzahl der Quellen mit geringer Wahrscheinlichkeit Gift zugeschrieben (Suet. Nero 35, u. s.; Tac. 14,51: *plures adseverabant*), begünstigte die Wendung der Politik Neros. Sc. M.

PIR I^{2},74 Nr. 441. 1. *P. von Rohden* RE I 712f. 2. *H. de la Ville de Mirmont* RPh n. s. 34, 1910, 73ff. 3. *R. Waltz* ebd. 244ff. 4. *W. C. McDermott* Latom. 8, 1949, 229ff.

Africa. 1. Territorium. Mit dem Namen Africa, dessen Herkunft zweifelhaft ist, bezeichnet man im weiteren Sinne das Gebiet, das die Griechen *Λιβύη* nannten, d.h. zuerst einen Teil von Asien, dann später einen der drei Erdteile: Europa, Asien (mit Ägypten), Libyen (Plin. nat. 3,3. Mela 1,8. Sall. Iug. 17). Im engeren Sinne bezeichnet A. das punische Gebiet, das nach der Eroberung von Karthago (146 v. Chr.) römische Provinz *(provincia A.)* geworden ist (= der NO des jetzigen Tunesiens) von Thabraca bis Thaenae (Golf von Gabes). Im J. 46 v. Chr. nach Thapsus wurde das numidische Königreich Jubas annektiert und *Africa nova*, unterschieden von *A. vetus*, zusammen *A. proconsularis* bildend. 2. Bevölkerung. Bewohnt seit dem Beginn des Quartärs (Schicht von Ain-Hanech zwischen Sétif und Constantine), hat A. eine sehr alte Bevölkerung (paläolithisch mit atlanthropus mauretanicus, entdeckt in Ternifine – Oranie – im J. 1954. Während eine mediterrane Bevölkerung den Osten Algeriens besiedelte, besetzten im Neolithikum die Iberomaurusier vom Typ Mechta-el-Arbi das Küstengebiet und den Tell. Es sind dies die Berber, in Stämme aufgeteilt, die die Phönizier antrafen.

3. Geschichte: Sie beginnt mit der Ankunft der Phönizier im 12./11. Jh. v. Chr. und der Gründung von Karthago im 9. Jh., das vom 6. Jh. an die punischen «Leitern» gegen O. bis nach Lepcis Magna und gegen W. bis Lixus und Cerné (= Ile Hern? oder Iles du Cap-Vert?) aussendet. In Karthago und seinen Niederlassungen laufen die Erzeugnisse aus dem Schwarzen A. (Elfenbein und besonders Gold) zusammen. Neben Karthago bestehen Königreiche der Berber (massylische und masaesylische Numider, Mauren); im S. die Gaetuler und Äthiopier. Über die libysch-orientalischen Stämme J. Leclant Per Africae Sitientia BIFAO 1950, 250. Nach dem Fall von Karthago vollzieht sich die Eroberung A.s durch die Römer von O. nach W.: 146 Einrichtung der *prov. A.* (Hauptstadt Carthago); 46 Annexion von Numidien *(A. nova)*, das 198 n. Chr. *provincia Numidia* (Hauptstadt Lambaesis) wird; 40 n. Chr. Annexion von Mauretanien, das zwei Provinzen bildet (*Maur. Caesariensis*, Hauptstadt Caesarea, und *Maur. Tingitana*, Hauptstadt Tingi). Das röm. A. wird ein Land, das dank der Herstellung von Wasserleitungen Korn und Öl produziert, mit zahlreichen Städten (Karthago, Lepcis Magna, Sabratha, Thugga, Bulla Regia, Mactar, Theveste, Hippo Regius, Thamugadi, Lambaesis, Cuicul, Caesarea, Tipasa, Volubilis, Banasa). Seine Blüte erreicht es im 2./3. Jh. n. Chr. in der Zeit von Apuleius, Fronto, Tertullian. Das Christentum entwickelt sich dort: 565 afrikanische Bischöfe nehmen an dem Konzil von Karthago des J. 411 teil. Unter Diokletian wird A. in eine Diözöse umgewandelt, umfassend die Provinzen Tripolitana, Byzacena, Proconsularis oder Zeugitana; Numidiae Militaris und Cirtensis; Mauretaniae Sitifensis und Caesariensis. Tingitana wird Spanien zugeteilt. In den J. 429 bis 439 besetzen die Vandalen A., dann die Byzantiner von 533 bis 670, dem Zeitpunkt des Erscheinens der Araber. M. L.

S. Gsell Hist. Anc. A. Nord, 8 vol. 1913–1928. *Ch. A. Julien* Hist. de l'A. du N. ^{2}1951 (Bibliographie). *L. Balout* Préhist. de l'A. du N. 1955. *P. Romanelli* Stor. d. prov. rom. dell'A. 1959. *G. Ch. Picard* La civilisation de l'A. rom. 1954; Les religions de l'A. antique 1954. *J. Toutain* Les cités rom. de Tunisie 1896. *L. Leschi* L'Algérie ant. 1952. *J. Carcopino* Le Maroc ant. 1943. *J. Mesnage* L' A. chrétienne 1913. *C. Courtois* Les Vandales et l'A. 1955. *Ch. Diehl* L'A. byzant. 1896.

Africanus. Cognomen (Ehrenname) bes. in den Familien der Cornelii Scipiones und Fabii Maximi, aber auch bei den Caecilii, Iulii, Pupieni, Sextii, Terentii und außerdem bei mehreren Consuln (vgl. RE I 716). Als Nomen ist A. bei verschiedenen Personen nachweisbar, z.B.: **1.** A., Arzt, lebte wahrscheinlich im 1. Jh. v. Chr. Zeitgenosse eines Königs Antigonos. Auf dem Gebiet der Medikamentenlehre dürfte er schriftstellerisch hervorgetreten sein. **2.** A., Statthalter einer Provinz im J. 387, Stadtpraefekt von Konstantinopel 395–397. **3.** A., Arzt, Zeitgenosse eines Antigonos, lebte spätestens im 1. Jh. n. Chr., schrieb über Arzneimittellehre. H. G. G.

Africus ventus. Lat. Transskription des griech. Namens *Λίψ*, eines aus den Gegenden von Libyen – oder allgemein Afrika – wehenden SW.-Windes. Auf der astronomischen Strichrose wird er als vom Sonnenuntergangspunkt der Winterwende wehend angesetzt bei Plin. nat. 2,119, vgl. 126. Sen. nat. 5,16,6. Seine physikalischen Eigenschaften erwähnen Verg. Aen. 1,85. Hor. c. 1,3,12. 3,29,57; epod. 16,22: stürmisch. Isid. de nat. rer. 37: gewitternd, wolken- und regenbringend, Hor. c. 3,23,5: *pestilens* (also sciroccoartig). Bei Prop. 4,3,48 begegnen wir einem *Africus pater* als Gott des Windes, doch ist die Lesung nicht ganz sicher. Der Name A. findet sich mehrfach auf Denkmälern röm. Windrosen des acht- und auch des zwölfstrichigen Typs. Als ö. Nachbar zwischen ihm und dem reinen Südwind *(Auster)* wird gelegentlich ein *Austroafricus* (= griech. *Λιβόνοτος*) angeordnet, vgl. Art. »Winde«, RE VIII A 2355. 2365. 2288. R. B.

Agaclytus. 1. Freigelassener des Kaisers Verus, der ihm die Gemahlin des Libo gab (H. A. Ver. 9,3. 10,5. Marc. 15,2). **2.** M. Aurelius A., ein römischer Ritter (CIL VI 1592). Vermutlich derselbe in CIL VI 12 995. W. S.

Agalma (*ἄγαλμα*), allg. »etwas, das schmückt und dadurch erfreut« (von *ἀγάλλειν* Schol. Aristoph. Thesm. 773. Vgl. Archil. frag. 6 D. W. Porzig Die Namen für Satzinhalte im Griechischen und Indogermanischen, 1942, 241), also zunächst »Schmuckstück, Zier« Hom. Il. 4,144; Od. 4,602. 18,300, auch im übertrag. Sinne Aischyl.

Ag. 207. Eur. Herc. 358.425; Suppl. 370.631. U. v. Wilamowitz Euripides Herakles 3, 1959^{2}, 16; dann das den Göttern zugedachte wertvolle Objekt Emp. frg. 128,4 D., als Weihgeschenk = ἀνάθημα Gorg. frg. 6 D., so z. B. Od. 3,274.438. 8,509. Hdt. 5,60. Plat. nom. 956b, weiterhin die menschl. Votivstatue IGA 488, schließlich das (ikon. oder anikon.) Idol Hdt. 1,131. 2,42.46. Isokr. 9,57. Paus. 6,26,5. Vgl. Plat. nom. 931a. W. F.

1. *A. Schubart* Ph 24, 1866, 561 ff. 2. *P. Stengel* Griech. Kultusaltertümer, 1920^{3}, 26ff. 3. *H. Bloesch* Agalma, 1943.

Agamede (Ἀγαμήδη). Tochter des Augeias, Kennerin der Heilkräuter, eine zweite Medeia (Eust. Dion. Per. 322), Gemahlin des Mulios (Hom. Il. 11,740 f.). Nach Hyg. fab. 157 hatte sie 3 Söhne von Poseidon: Belos, Aktor, Diktys. Bei Theokr. 2,16. Prop. 2,4,8 heißt sie Perimede. H. v. G.

Agamedes s. Trophonios

Agamemnon (Ἀγαμέμνων, mit durchsichtiger Etymologie: Plat. Krat. 395a). Ursprünglich ein an verschiedenen Orten der Peloponnes und Boiotiens verehrter Heros chthonischen Charakters, gelegentlich Beiname des Zeus (Lykophr. 335 u. a., Wilam. GldH. 2,10 Anm. 3). Altertümliche Verehrung genoß A. in Chaironeia in Gestalt eines hölzernen Stabes, dem der jeweilige Priester täglich Speiseopfer darbrachte und den man später mit dem aus Hom. Il. 2,100 bekannten Zepter A.'s gleichsetzte, Paus. 9,40,11. Nilsson GgrR 2,193. Verehrt wurde A. auch bei heißen Quellen in der Gegend von Smyrna und Klazomenai. Sein Grab zeigte man in Mykenai und Amyklai, hier im Heiligtum der Alexandra (= Kassandra), Paus. 3,19,6. 2,16,6. Bei Hom. erscheint A. als Sohn des Pelopiden Atreus (Ἀτρείδης), Bruder des Menelaos und Gemahl der Klytaimestra; seine Kinder sind Chrysothemis, Laodike, Iphianassa und Orestes. Während er nach Il. 2,108 über »viele Inseln und ganz Argos« herrscht, spricht der »Schiffskatalog« ebd. 559 ff. Argos nebst Tiryns, Troizen, Epidauros und Aigina dem Diomedes zu; A. beherrscht Mykenai, Korinth, Kleonai, Sikyon und das nördliche Achaia. Nachdem der Troer Paris dem Menelaos die Gattin Helene entführt hat, ist A. die Seele des Rachezuges. Als Oberfeldherr der verbündeten Achaier stellt er die meisten Schiffe (100) und gibt den seeunkundigen Arkadern noch 60, a. O. 569 ff. 612. Die achaiischen Fürsten hat er z. T. persönlich zur Teilnahme am Kriege geworben, Il. 23,296 ff. Od. 24,115. Nach einem glücklichen Wahrzeichen fährt er von Aulis ab, Il. 2,300 ff., das Opfer seiner Tochter an Artemis ist nur angedeutet, 1,70 ff. 106 ff. Über A.'s Tätigkeit in den ersten 9 Jahren vor Troia erfahren wir aus der Ilias kaum etwas; einige Anspielungen auf Ereignisse, die in den sog. kyklischen Epen berichtet werden, hat Wolfg. Kullmann Die Quellen der Ilias H(ES 14) 91, 271.279 ins Licht gerückt; er meint, das Verhalten A.'s in der Il. werde nur auf dem Hintergrund ganzer Motivzusammenhänge aus den Kyprien

und anderen kyklischen Epen verständlich. Was berichtet die Ilias von A.? Durch den Spruch des Kalchas gezwungen, seine Beutefrau Chryseis herauszugeben, verlangt er die Briseis des Achilleus und verschuldet dadurch dessen grollendes Abseitsstehen. Im 2. Gesang stellt er, durch einen täuschenden Traum des Zeus veranlaßt, das Griechenheer auf die Probe; im 3. wird er in seiner echt königlich wirkenden äußeren Erscheinung von Helene von der Mauer her dem Priamos gezeigt; es folgt der Vertrag, daß ein Zweikampf zwischen Menelaos und Paris den Krieg entscheiden solle. Im 4. Gesang mustert A. das Heer, nachdem er den Vertragsbruch und die Verwundung seines Bruders erlebt hat; im 7. hält er Menelaos davon ab, mit Hektor zu kämpfen. Nach der unglücklich verlaufenen Schlacht ist er im 9. Gesang bereit, die Briseis zurückzugeben; die Bittgesandtschaft ist aber vergeblich. Der Anfang des 11. Gesanges stellt eine besondere Aristie A.'s dar; trotz einer Verwundung am Arm kämpft er heldenhaft weiter, muß sich aber schließlich ins Lager zurückziehen. 14,75 macht er resigniert den Vorschlag heimzufahren, der aber von den Geronten abgelehnt wird. Erst der Tod des Patroklos bringt die endgültige Aussöhnung mit Achilleus, 19,55 ff. Bei den Leichenspielen für Patroklos erhält A. den Preis für den Speerwurf von Achilleus ohne Kampf zugesprochen, 23,884 ff. E. Kalinka A. in der Ilias, Wien 1943. Die Odyssee weiß sodann von dem Streit des A. mit Menelaos wegen der Abfahrt aus der eroberten Stadt, von seiner Heimfahrt mit der kriegsgefangenen Seherin Kassandra, von seiner Ermordung durch Aigisthos, den Verführer seiner Gattin, auch von der Blutrache des Orestes zu erzählen, 3,262 ff. 305 ff. 4,519 ff. Aigisthos erscheint bei Hom. als der Hauptschuldige; immerhin beteiligt sich Klytaimestra an der Mordtat durch die Tötung Kassandras, 11,422. Vom Muttermord des Orestes ist nicht die Rede; wie Klytaimestra zu Tode gekommen ist, wird nicht gesagt, 3,309; nach Robert Bild und Lied 162 hat sie Selbstmord verübt. Eine einschneidende Umgestaltung der Atridensage beginnt mit Hesiodos. Aus dem veränderten Bild derselben, einer Verkettung von Gräueln, blickt möglicherweise verzerrende Erfindung der neuen Herren der Peloponnes, der Dorier, hervor, Robert a. O. 187 ff. Wahrscheinlich hat schon Hes. den Pleisthenes in die Genealogie eingeschoben, als Sohn des Atreus und der Kreterin Aërope und als Vater des A. Stesichoros machte Klytaimestra zur Hauptschuldigen und zur Mörderin ihres Gatten beim Bade; bei ihm schon tötet Orestes auf Apollons Geheiß die Mutter, nachdem die Geschwister, Elektra und Orestes, sich am Grabe des Vaters erkannt haben. Die Tragödie schließt sich in den Hauptzügen an die Darstellung der Lyriker an, bietet aber natürlich in Motivierung und Darstellung manche neue Erfindung und Übersteigerung. So führte z. B. Aischylos den bösen Geist des Atridenhauses ein (→ Alastor). Auch wurde die Jugendgeschichte der Atriden weiter ausgebildet: Atreus ließ Aerope wegen ihrer Buhlschaft mit Thyestes ins Meer werfen. Thyestes und sein Sohn Aigisthos ermordeten Atreus und erwarben so die Herrschaft über Mykenai. A. und Menelaos flüchteten nach Sparta zu Tyndareos und vermählten sich mit dessen Töchtern. Sie vertrieben Thyestes und Aigisthos, und A. ward König in Mykenai, Menelaos in Sparta. Zur Entlastung Klytaimestras erzählt dann z.B. Eur. Iph. A. 1148 ff., A. habe ihren ersten Gemahl, Tantalos, erschlagen, ihr ihr Kind entrissen und sie mit Gewalt zur Heirat gezwungen. – In der bildenden Kunst wurde A. häufig dargestellt. Erwähnt sei das Wandbild der Opferung Iphigeniens aus Pompeji mit dem verhüllten A., vielleicht nach dem von Plin. nat. 35,73 angeführten Gemälde des Timanthes. H. v. G.

Ἀγαμίου δίκη. In Sparta eine Strafklage, die von jedermann gegen denjenigen erhoben werden konnte, der nach Erreichung eines gewissen Alters sich nicht verheiratete (Plut. Lyk. 15). Durch diese Klage wurde ein mittelbarer Zwang zur Ehe ausgeübt, denn dem Übertreter drohte eine teilweise Aufhebung der Bürgerrechte (Athen. 13,2 p. 556). Die Klage mag auch sonst noch im dorischen Rechtsbereich vorgekommen sein (vgl. Strab. 10,482). Im attischen Rechtsleben war eine *ἀ. γραφή*, die dort der *ἀ. δ.* entsprochen hätte, fremd. Wenn Platon (nom. 4,11,721 b. 6.17,774 a) in seinem Idealstaat einen indirekten Ehezwang – allerdings nicht durch eine Klage, sondern durch eine Junggesellensteuer – einführen wollte, so wird ihm hier die spartanische Einrichtung als Vorbild vorgeschwebt haben. E. B.

W. Erdmann Die Ehe im alten Griechenl. 113.

Aganippe (*Ἀγανίππη*) **1.** Den Musen geweihte Quelle am Helikon bei Thespiai in Boiotien, die den Trinkenden dichterische Begeisterung spendete (Verg. ecl. 10,12. Paus. 9,29,5. NILSSON GgrR 1,225. → Hippokrene), auch die Nymphe dieser Quelle, Tochter des Flußgottes Permessos (Termessos). Paus. a. O. **2.** Gemahlin des Akrisios, Mutter der Danae (Hyg. fab. 63), auch Eurydike genannt. H. v. G.

Agape. In konkreter Bedeutung das abendliche Liebesmahl der frühchr. Gemeinden, in liturgischer Form abgehalten zur Stärkung des Gemeinschaftsgefühls und Speisung der armen Brüder. Der Bischof oder sein Vertreter beginnt mit dem Dankgebet und reicht das gesegnete Brot. Über den Becher Wein spricht jeder selbst den Segen. Der Bischof erteilt das Wort zu Rede und Hymnengesang und spricht das Schlußgebet. Ursprüngl. Einheit von A. und Eucharistiefeier ist unerweisbar. Der Brauch bestand schon in jüdischen Brüderschaften. Im NT steht A. als »Mahl« Iud. 12 (auch v. l. 2. Petr. 2,13). O. H.

Hauptzeugnisse: Tert. apol. 39,16 ff. Hippolyt. Kirchenordnung 47–52 edd. *Till-Leipoldt*. Canon. Hippolyt. 75 f. ed. *Hauler*. Vgl. Plin. epist. 10,96,7. – *Henri Leclercq* Dict. d'archéol. chr. et de liturgie 1, 775 ff.

Agapenor (*Ἀγαπήνωρ*). Sohn des Ankaios (Hyg. fab. 97), König in Tegea; zu ihm wurde im Zusammenhang mit der Geschichte vom Halsband der Harmonia Arsinoe, die Tochter des Phegeus, von ihren Brüdern als Sklavin gebracht (Apollod. 3,7,5 f.). Unter den Freiern Helenas aufgezählt (ebd. 3,10,8). Vor Troia Führer der Arkader (Hom. Il. 2,609 ff.). Auf Kypros gründete er die Stadt Paphos nebst einem Heiligtum der Aphrodite (Paus. 8,5,2). H. v. G.

Wolfg. Kullmann H (ES 14) Die Quellen der Ilias, 1960, 97.

Agapetos 1. Diakon an der Sophienkirche in Constantinopel, überreichte 527 Justinian eine Art Fürstenspiegel mit 72 Thesen über die Pflichten des idealen christl. Regenten (*Ἔκθεσις* Migne G 86, 1153/86). B. RUBIN Justinian 1, 1960, 171. **2.** A. I., Papst 535/36, reiste auf Bitten des Ostgotenkönigs Theodahad, der seine Wahl gefördert hatte, als Friedensvermittler nach Constantinopel (Cassiod. var. 10,19.22.24. 11,13. 12,20). A., der am 22.4.536 in Constantinopel starb, erreichte von Justinian die Absetzung des monophysit. Patriarchen Anthimos. A. L.

Nagl RE V A 709. *Caspar* Gesch. des Papsttums 2,260 ff. *F.X. Seppelt* Gesch. der Päpste 1^2, 1954, 265 ff.

Agapios. Schüler des Proklos, Lehrer des Joh. Lyd. Knappe Charakteristik, wie er lehrte, bei Damaskios vit. Isid. 298 (= Phot. bibl. cod. 242; 352 a 34 BEKK.); danach legte A. großen Wert auf die Einübung der *ἀρχαία γλῶττα*; er ging von dem gesamten Bildungserbe aus (*ἀπὸ τῆς πάσης παιδείας*); da A. Untersuchungen auf dem Gebiet der Gramm. und Rhet. anstellte, muß das, was er als *παιδεία* verstand, wohl vornehmlich im Sinne der liter. Bildung verstanden werden. A. sah also seine Aufgabe als Schüler und Fortsetzer des Proklos nicht darin, die Philosophie weiter auf fachliche Einengung hinzuführen; sein Ziel war es, auf die (vormals von Longin und von Porphyrios verwirklichte) Universalität der liter. Bildung zurückzulenken. Vgl. auch Suda s. Agapios und Hypatia. Lyd. mag. 3,26. H. D.

Agariste. 1. Tochter des Tyrannen Kleisthenes von Sikyon, Gattin des Alkmaioniden Megakles, Mutter des Atheners Kleisthenes. Die berühmt gewordene Werbung um sie ist wohl um 575 anzusetzen (Hdt. 6,126 ff.). J. W. ALEXANDER CJ 55, 1959/60, 129 ff. **2.** Enkelin der Vorigen, Nichte des Kleisthenes und Mutter des Perikles (Hdt. 6,131. Plut. Per. 3). Fr. Kie.

Agaroi. Skyth. oder sarmat. Volksstamm an der Westseite der Maiotis. Landschaft *Ἀγαρία*. Nach App. Mithr. 88 sollen die A. Schlangengift zur Heilung von Wunden verwendet haben (Diosc. 3,1). Galen und Plinius erwähnen die dort vorkommende Schwammgattung *ἀγαρικόν* (*agaricum*). W. S.

Agasias. 1. Offizier in dem Heer der »Zehntausend« (Xen. an. 3,1,31 u. ö.) W. S.

2. Des Dositheos Sohn aus Ephesos. Bildhauer, dessen Signatur auf der um 1610 in Antium gefundenen hochberühmten Marmorstatue des »Borghesischen Fechters« (heute im Louvre) steht; wahrscheinlich eine im 1. Jh. v. Chr. gearbeitete freie Kopie nach einem Meisterwerk der Zeit um 300 v. Chr. Eine zweite Signatur des A. ist in Halos (Thessalien) gefunden. A. R.

HB Archäol. III 1 (5. Lfg. 1950) 272.382 *(Lippold)*.

Agasikles. 1. König von Lakedaimon, Eurypontide, Sohn des Archidamos und Vater des Ariston, regierte zwischen 590 und 560 zur Zeit des Krieges zwischen den Lakedaimoniern und den Tegeaten (Paus. 3,7,6). **2.** Sohn des Skythes, erlangt durch Bestechung das att. Bürgerrecht. Gegen ihn hält Deinarchos eine Rede (*κατ' Ἀγασικλέους ξενίας*), Dion. Hal. Din. 10 p. 652. W. S.

Agaso. Reitknecht oder Eseltreiber (Varr. bei N. 105,30. Liv. 7,14,7. 43,5,8. Plin. nat. 35,134. Apul. met. 6,18. 8,1. Plaut. Merc. 852: *equiso armentarius*. Bei Apul. met. 15. Hor. s. 2,87 ein Pferdewärter. W. S.

Agatha. Stadt in Gallia Narbonensis, am Arauris, Colonie der Massilier, im Gebiet der Volcae Arecomici, heute Agde. Griech. und röm. Altertümer. E. Bonnet FOR 10, 1946, 25, n°79. P. W.

Agathangelos (*Ἀγαθάγγελος*). Angeblicher Sekretär des Tiridates II., Verfasser einer armen. und griech. erhaltenen Geschichte der Christenverfolgungen, zu denen er von Diocletian aufgehetzt wurde, sowie seiner und seines Landes Bekehrung zum Christentum, in romanhafter Aufmachung. Die erhaltene Schrift ist eine spätere verkürzte Fassung des Originalwerkes (FHG 5,2, 105–194). W. S.

Agatharchides (*Ἀγαθαρχίδης*). Historiker und Geograph aus Knidos (Strab. 14,2,15. Ios. ant. Iud. 12,5. Phot. bibl. 213). Er war Vorleser und Sekretär des Herakleides Lembos in Alexandreia (Phot. a. O.), dürfte also um 200 v. Chr. geboren sein ([5], 8; anders [6], 1 ff.). Nach seinem eigenen Zeugnis (Phot. bibl. 250) stand er gegen 132/31 v. Chr. in hohem Alter ([3], 600. [2], 739; anders FGrH 2 C 151 f.). Von seinen großen hist. Werken (*Ἀσιατικά* in 10, *Εὐρωπιακά* in 49 B.) sind nur Fragmente erhalten. Sie reichten bis in die Diadochenzeit herab (FGrH a. O.). Besser unterrichtet sind wir über die Schrift *περὶ τῆς Ἐρυθρᾶς θαλάσσης* (5 B.). Umfangreiche Exzerpte (1. und 5. B.) sind bei Phot. a. O. erhalten. Titel verlorener Werke (Phot. bibl. 213): *ἐπιτομὴ τῆς Ἀντιμάχου Λύδης, ἐπιτομὴ τῶν συγγεγραφότων περὶ ἀνέμων, συναγωγὴ θαυμασίων* (so wohl mit [2], 740 zu lesen), *ἐκλογαὶ ἱστοριῶν* (Vorarbeiten für die hist. Werke; anders [2], 740), *περὶ τῆς προσφιλοῦς ὁμιλίας* (popularphilosoph.). Die anon. Pythagorasvita (Phot. bibl. 249) ist wohl nicht A. zuzuschreiben ([8], 763 ff. gegen [7]). A. wurde (besonders von Artemidoros v. Ephesos und Diodoros) viel benützt (vgl. [9] und [10]). A. bekämpft als Peripatetiker Auswüchse des Asianismus, besonders bei Hegesias (vgl. Norden AKpr 135 ff.). Er selbst schreibt eigenwillig, aber nicht übermäßig gekünstelt. Er ist kein Attizist (vgl. Wilamowitz H 35, 1900, 28,1). H. G.

Ausg.: FGrH 86 und GGM 1, 111 ff. 1. *Susemihl* 1,685 ff. 2. *Ed. Schwartz* RE I 739 ff. 3. *Ed. Hiller* JPhPäd 95, 1867, 597 ff. 4. *Em. Aug. Wagner* JPhPäd 155, 1897, 769 ff. 5. *Helm. Leopoldi* De A. Cnidio, Diss. Rostock 1892. 6. *E. A. Wagner* A. u. d. mittlere Peripatos, Progr. Annaberg 1901. 7. *Otto Immisch* Agatharchidea, SHAW 1919, 7. 8. *Karl Reinhardt* RE XXII 763 ff. 9. *J. Marquart* Phil. Suppl. 6, 1891/93, 504 ff. 10. *Wilh. Capelle* RhM 96, 1953, 166 ff. 11. *Berger* Erdk. 493 ff.

Agatharchos. 1. Bildhauer, von dem eine Signatur auf Thasos gefunden ist; etwa 4. Jh. v. Chr. HB Archäol. III 1 (5. Lfg. 1950 249 Anm. 6 *(Lippold)*.

2. Des Eudemos Sohn aus Samos. Nach [And.] c. Alcibiad. 17 Zeitgenosse des Alkibiades, dessen Haus er ausmalte (vgl. auch Plut. Alcibiad. 16). Nach Plut. Pericl. 13 Zeitgenosse des Zeuxis. Also blühte er zu Ende des 5. Jh. v. Chr. Wenn Vitr. 7 praef. 10 sagt, er habe *Aeschylo docente* eine Skene gemalt, über die er schrieb, so ist das kein Widerspruch, da Tragödien des Aischylos auch nach dem Tode des Dichters unter dessen Namen aufgeführt wurden. A. R.

JHS 67, 1947, 11. HB Arch. IV 1 (6. Lfg. 1953) 121.

Agathemeros (*Ἀγαθήμερος*). Griech. Geograph, Sohn des Orthon (so im Titel der Hss.). Er lebte zu unbestimmter Zeit nach Poseidonios, der 1,2 erwähnt wird. Erhalten ist von A. eine *γεωγραφίας ὑποτύπωσις*. Der Abriß enthält im ersten Teil (1,1–5) Angaben zur Geschichte der Geogr., besonders über ältere Erdkarten, im zweiten geograph. Definitionen und Größenangaben. Das Material stammt teilweise aus Artemidoros von Ephesos (vgl. Plin. nat. 2,112).

Die Hss. (überwiegend aus dem 16. Jh.) überliefern noch zwei anonyme Abrisse (*διάγνωσις ἐν ἐπιτομῇ τῆς ἐν τῇ σφαίρᾳ γεωγραφίας* und *ὑποτύπωσις γεωγραφίας ἐν ἐπιτομῇ*), die sehr viel konfusere Notizen enthalten. Sie sind nicht A. zuzuschreiben (GGM 2, XLI f.). H. G.

Ausg.: GGM 2, 471 ff. (Ältere Ausgaben sind a. O. XLIII und RE I 742 f. angeführt. *Christ-Schmid* 2, 1045 f.

Agathias. Dichter und Historiker, um 536 bis 582. In Myrina (Kleinasien) geboren, kam er früh nach Konstantinopel, erhielt seine vorjuristische Ausbildung in Alexandria, seine juristische in Konstantinopel, wo er Rechtsanwalt (*σχολαστικός*) wurde. Seine Daphniaka, Liebesgeschichten in Versen, sind verloren. Erhalten sind zahlreiche seiner Epigramme, die er zusammen mit solchen seiner Zeitgenossen und unmittelbaren Vorgänger sammelte und in systematischer Ordnung herausgab. Dieser »Kyklos« (Einleitungsgedichte Anth. Pal. 4,3.4) ist zum großen Teil in die Anthologie des

Kephalas und von da in die Anth. Pal. übergegangen. Wie Anth. Pal. 4,4,67ff. zeigt, stand für A. die Nachahmung der Älteren im Vordergrund – die Weihepigramme für die »früheren Götter« bildeten sein erstes Buch –; V. 76 zeigt auch, daß fiktive Epigramme ihm selbstverständlich waren. Aber trotz aller traditionellen Thematik ist in gewissem Umfang Einfluß des Christentums spürbar. A. hat sogar christliche Weihepigramme verfaßt (Anth. Pal. 1,35.36). Metr. und Stil stehen weithin unter Einwirkung des Nonnos. A. MATTSON, Unt. zur Epigrammslg. des A. 1942. – Die Historien, in 5 Büchern, behandeln im Anschluß an Prokop die Jahre 552–558, zumeist auf Grund von Augenzeugenberichten, die aber durch Erfindungen seiner Phantasie überwuchert werden. Für persische Dinge hat er auch, für ihn übersetzte, persische Quellen benützt. Die Sprache ist äußerst künstlich, von der Dichtung und von älteren Vorbildern (Thuk., Hdt.) beeinflußt. R. K.

Ausg. Hist. Gr. min. ed. *Dindorf* II.

Cl. **Agathinus** aus Sparta, pneumatischer Arzt aus dem 1. Jh. n. Chr.; wahrscheinlich war er ein Freund des Stoikers Cornutus. Er soll nach Ps. Gal. 13,353 eine besondere Richtung, die episynthetische oder hektische oder auch eklektische Schule, begründet haben. Wie seine Schüler Archigenes und Herodot befaßte er sich mit der Pulslehre, ferner schrieb er über Hydrotherapie. Von seinen Schriften sind nur wenige Bruchstücke erhalten, darunter ein nicht unbeträchtlicher Papyrusrest aus *Περὶ ἡμιτριταίων* (ed. K. KALBFLEISCH Ind. lect. Rost. 1901, 8–12).

M. Wellmann Die pneumatische Schule, PhU 14, Berlin 1895, 11 f. u. ö.

2. v. Bithynien, berühmter Arzt aus dem 1. Jh. v. Chr. A. war philosophisch interessiert und Anhänger der Atomistik; die Seele erklärte er als aus allen Sinnen zusammengesetzte pneumatische Einheit, welche nicht in einem bestimmtenKörperteil (Kopf oder Herz) ihren Sitz hat. Seine Lehre beeinflußte die sog. Methodikerschule. A. pflegte vorwiegend Diätetik, Chirurgie, Gynäkologie; von seinen zahlreichen Schriften ist keine erhalten. Der ältere Plinius zeichnet ihn als Charlatan (nat. 26, 12ff.), doch beruht dies offenbar auf Verwechslung mit dem gleichnamigen Rhetor aus Myrlea und stimmt nicht zu sonstigen Urteilen. F. K.

H. v. Vilas A. v. Bithynien, Wien 1903.

Ἀγαθοεργοί. So bezeichnet Hdt. 1,67 die 5, in jedem Jahre austretenden Angehörigen der 300 Mann starken Leibwache (Hdt. 8,124,13. Thuk. 5,72) der spartanischen Könige. Sie mußten das 30. Lebensjahr erreicht und bereits 10 Jahre gedient haben. A. N.

Dar.-Sagl. 1,131. *Krom.-Veith* 32.

Agathokleia. 1. Maitresse des Ptolemaios II. Philadelphos (FHG 3,187,4). **2.** Tänzerin aus Samos (Plut. am. 9), von ihrer Mutter an Ptolemaios IV. Philopator verkuppelt, den sie sich hörig

machte (Pol. 14,11,5. Plut. Kleom. 33. Bei Strab. 17,795 wird der König *ὁ τῆς Ἀγαθοκλείας* genannt. Sie war an der Ermordung der Königin Arsinoe beteiligt (Pol. 15,25,3ff. Iust. 30,1,7). Bald nach dem Tode des Königs wurde sie bei dem Ausbruch der Revolution von dem wütenden Pöbel ermordet (Pol. 15,33,7ff.). W. S.

Agathokles. 1. Athenischer Archon im Jahre 357/6 v. Chr. **2.** Tyrann von Syrakus, geb. 360 v. Chr. als Sohn des aus Rhegion verbannten Karkinos, der dann in Syrakus einen keramischen Großbetrieb besaß. Das durch eine reiche Heirat noch vermehrte väterliche Vermögen gab A. die Mittel für seine politischen Ambitionen in die Hand. Seine militärischen Fähigkeiten bewies er schon 339 unter Timoleon. Von dem Mißtrauen der in Syrakus nach dessen Tod herrschenden Oligarchie verfolgt, suchte er sich zunächst in Süditalien als Kondottiere eine Machtbasis zu schaffen. Nach dem Sturz der extremen Oligarchen um Sosistratos erlaubte ihm der Demos um 322 die Rückkehr nach Syrakus. Als die vertriebenen Oligarchen mit karthagischer Hilfe Syrakus bekriegten, stellte A. eine private Streitmacht auf, brachte den karthagischen Feldherrn Hamilkar auf seine Seite und erzwang sich hierdurch einen prominenten Platz in der syrakusanischen Demokratie. Mit den Methoden der Demagogie versuchte A. hierauf, die unteren Volksschichten an sich zu fesseln; durch Volksbeschluß wurde er wohl 319/18 zunächst zum *στρατηγὸς καὶ φύλαξ τῆς εἰρήνης* gewählt (Diod. 19, 5, 5 f.). Ende 316 beseitigte er durch einen Staatsstreich die oligarchische Hetairie der 600 und ließ sich zum *στρατηγὸς αὐτοκράτωρ* wählen und die *ἐπιμέλεια τῆς πόλεως* übertragen (Diod. 19,6,1–9,5). Staatsrechtlich in der Stellung eines gewählten unbefristeten Leiters des Staates (vgl. Diod. 19,71,7), hatte er damit praktisch eine Tyrannis errichtet, deren Hauptstütze z. T. mit dem Bürgerrecht beschenkte Söldner bildeten. Seine Brutalität bei der Machtergreifung suchte er nach 305/4 – ohne Erfolg – durch milde Ausübung der Herrschaft in der Erinnerung zurückzudrängen (Polyb. 9,23,2). Als A. seine Herrschaft auf die übrigen sizilischen Griechenstädte auszudehnen versuchte, riefen deren Oligarchen die Karthager zu Hilfe (311), die schließlich bis vor Syrakus vordrangen. Doch A. überließ dessen Verteidigung seinem Bruder Antandros und unternahm selbst in kühnem Entschluß eine Invasion Afrikas (310–307). Nach der Landung ließ er die Galeeren verbrennen, schlug die Karthager im offenen Feld und brachte Karthago in solche Bedrängnis, daß seine Bürger nur noch durch gräßliche Menschenopfer die Götter versöhnen zu können glaubten. Zugleich wurde das karthagische Belagerungsheer vor Syrakus aufgerieben (309). Seit 310/9 stand A. auch mit Ophellas, dem Machthaber in Kyrene, in Verbindung, der in Nordafrika ein hellenistisches Reich zu errichten gedachte. Nach dessen Ermordung 309 trat sein Heer in A.' Dienste. 308/7 kehrte A. nach Sizilien zurück, um seine Herrschaft über die mit Karthago verbündeten Griechenstädte, an deren Spitze Akragas stand, aufzurichten. 307 löste sich jedoch sein Heer in Afrika auf und beim Friedensschluß im Jahre 306 wurde wieder der Halykos als Grenze zwischen dem karthagischen und griechischen Sizilien bestimmt (Diod. 20,79,5). Letzteres kam bis auf Akragas unter A.' Herrschaft. Nach dem Vorbild der Diadochen nahm er 304 den Königstitel an (Diod. 20,54,1, mit falscher Datierung); Heiratsverbindungen mit den Ptolemäern (Iust. 23,2,6) und Pyrrhos v. Epirus zeigen, daß er in deren Kreis Anerkennung gefunden hatte, wiewohl er jeden kgl. Prunk vermied und nicht einmal das Diadem trug. In 2 Feldzügen brachte er kurzzeitig Bruttium unter seine Herrschaft, eroberte nach 299 Kroton (Diod. 21,4), schloß Bündnisse mit anderen großgriech. Städten und unterstützte 298/97 Tarent gegen die Lukaner und Messapier. Sein Endziel war wohl eine Zusammenfassung des unterital. Griechentums unter seiner Hegemonie. In seinen letzten Jahren rüstete er zu einem Großangriff auf Karthago. Da A. bei seinem Tod (289) keinen regierungsfähigen Nachkommen mehr besaß, hatte er – schon schwerkrank – kurz vorher der Polis Syrakus die Demokratie zurückgegeben. Sein Königtum erlosch mit seinem Tod.

H. Tillyard Agathocles, 1908. *M. Müller* Der Feldzug des A. in Afrika (Diss. Lpz. 1928). *H. Berve* Die Herrschaft des A. (SB München 1952, H. 5).

3. Sohn des Vorigen. Als Nachfolger ausersehen, 289 von dem Prinzen Agatharchos, der sich selbst Hoffnungen auf die Nachfolge gemacht hatte, in Aitna ermordet (Diod. 21,16,3ff.). **4.** Vater des Lysimachos. Er errang eine hohe Stellung in Makedonien. **5.** Ältester Sohn des Lysimachos. Er vereitelte 287/6 den Versuch des Demetrios Poliorketes, sich Kleinasiens zu bemächtigen. Möglicherweise war A. von etwa 288 bis zu seinem Tod in gewisser Hinsicht Vizekönig über Kleinasien (H. BENGTSON Strategie 1, 1937, 227ff.). Zum Thronfolger bestimmt, erlag er den Intrigen seiner Stiefmutter Arsinoë, einer Tochter Ptolemaios' I., die den Thron ihren eigenen Kindern sichern wollte, und wurde 283 hingerichtet. Seine Anhänger in Kleinasien traten hierauf mit Seleukos in Verbindung und fielen von Lysimachos ab. **6.** Gehörte zur Hofclique um Ptolemaios IV. von Äg. Seit 219 neben Sosibios Leiter der Politik (Pol. 5,63), bekam er nach 217 durch seine Schwester, die Konkubine des Königs, immer größeren Einfluß auf diesen. Als Ptolemaios IV. 204 starb, hielt A. seinen Tod längere Zeit geheim, um sich die Regentschaft zu sichern (Pol. 15,25,3ff.). Seine Mißwirtschaft erregte Empörung bei den Truppen. Tlepolemos, der Kommandant von Pelusion, stürzte A. schließlich im Frühjahr 202 durch einen Staatsstreich und der Pöbel von Alexandria lynchte ihn (Pol. 15, 26–33, 6). Fr. Kie.

7. Musiker um Ol. 68, Schüler des Pythagoras, Lehrer des Damon (Sch. Plat. Alkib. 1,118 C; Lach. 180 D), wird auch als Lehrer Pindars genannt. **8.** Komödiendichter, führte in Athen in der 1. Hälfte des 2. Jh. v. Chr. ein Stück mit dem Titel Ὁμόνοια auf (CIA II 975d). **9.** Historiker, schrieb eine Lokalgeschichte von Kyzikos (Athen. 9,375f.) in jonischem Dialekt im 5. oder 4. Jh. v. Chr. (FHG 4,288–290). **10.** Historiker schrieb ὑπομνήματα (Poseid. bei Cic. div. 1,50) geograph. und histor. Inhalts (FHG 4,290). **11.** Arzt (Lukian. Catapl. 7,278), Verfasser einer Schrift περὶ διαίτης (Sch. Nik. Ther. 622), lebte vermutlich unter Augustus. Nach Plin. nat. 22,90 hat er über die medizin. Kräfte der Arzneimittel geschrieben. W. S.

Agathon (Ἀγάθων) **1.** Einer der bedeutendsten attischen Tragiker außer den drei Meistern. Heimat wahrscheinlich Athen (Schol. Plat. symp. 172a, Hesych. s.v. Ἀγάθων. Schol. Luk. Praec. Rhet. 11); Vater Tisamenos v. Athen (Schol. Luk. a. O.); * ca. 448/46 (etwa vierzigjährig bei Archelaos: Ail. var. 13,4). Jugend im Kreis der Sophisten: Protagoras, Prodikos, Hippias (Plat. Prot. 315d); Einfluß des Gorgias erweisen seine Werke (bezeugt: Philostr. Vita Soph. 1, 9,3); Bekanntschaft mit Sokrates (Plat. Prot. a. O.; symp.). Schon früh Freundschaft mit Pausanias (Plat. Prot. a. O.), die bis zum Tode hielt (Ail. var. 13,4). A.s Schönheit und Eleganz, vielfach gerühmt, brachte ihm den Schimpf des Weibischen ein (γύννις Aristoph. Thesm. 136); es scheint, daß er sich, gegen damalige Gewohnheit, rasiert trug (Aristoph. a. O. 191f.). Politisch dürfte er, der Wohlhabende, den Oligarchen nahegestanden haben (Beziehungen zu Antiphon v. Rhamnus auch nach dessen Verurteilung: Aristot. Eth. Eud. 3,5,1232b 7; zu Alkibiades: Plat. symp.). Nach 411 (Aristoph. Thesm.), vielleicht erst nach 408 (Aristoph. Gerytades?) und vor 407/6 (Euripides †) verließ er Athen und ging an den Hof des Archelaos nach Pella. Dort nach 405 (Aristoph. Ran. 83–85), wohl nicht lange vor der Ermordung des Archelaos 400/399 †; (Schol. Aristoph. Ran. 85.) A. schrieb Tragödien, wahrscheinlich Tetralogien (Aristoph. Thesm. 157 zielt auf Satyrspiele). 6 Titel bekannt: Aerope, Alkmeon, Anthos(?), Myser, Telephos, Thyestes; erhalten 32 Fragmente, ca. 50 Verse (NAUCK^2, dazu Phot. 87,26: REITZENSTEIN Der Anfang des Lexikons des Photios, Lpz. 1907). Fünf Titel traditionell; außerdem zitiert Aristot. poet. 9,1451b 21 ἐν Ἄνθει (was auch Ἀνθεῖ oder Ἄνθῃ meinen kann; Änderung Ἄνθῳ): Personen und Handlung waren hier frei erfunden, eine bedeutende Neuerung A.s. Zweite grundlegende Neuerung: Ersetzung der bisher üblichen handlungsbezogenen Chorlieder durch bloße zwischenaktfüllende ἐμβόλιμα, die vielleicht gar nicht mit dem Text publiziert wurden. (Aristot. poet. 1456a 25–32), darin Vorläufer der neuatt. Komödie? Neuerung in der Musik: Mischung des γένος χρωματικόν mit dem bisher allein gebräuchlichen διατονικόν (Plut. quaest. conv. 3,1,655 d). In der Gesamtkomposition: statt den traditionellen inhaltlich gestrafften und geschlossenen schuf er Tragödien, die dem Epos nahestanden: Aristot. poet. 1456 a 15–20. Sophistischer Geist und rhetorischer Stil (gorgianische Figuren!) sind in den Fragmenten noch kenntlich. Einziger bekannter Sieg, gleich bei seiner ersten Aufführung: Lenäen 416 (Athen. 5,217 a); die Nachfeier: Platons Symposion (a. O. 173 a). A. indirekt bekannt vor allem aus Aristoph.'s Thesmophoriazusen (Parodie) und Platons Symposion (Lobrede auf Eros). F. St.

P. Lévêque Agathon, Annales de l'Université de Lyon, 3. Sér., Lettres, Fasc. 26, Paris 1955. *J. Machina* Le tragedie die Agatone. Dioniso 18, 1955, 19–41.

2. Griech. Geograph (hellenist. Zeit?) aus Samos, Vf. eines Periplus des Schwarzen Meeres, außerdem von Σκυθικά und einer Schrift περὶ ποταμῶν in mindestens je 2 B. Die spärlichen Fragmente (FGrH 801.843) enthalten Notizen über Mirabilien. H. G.

Agathos Daimon (Ἀγαθὸς δαίμων, Ἀγαθοδαίμων). Allg. Bezeichnung eines namenlosen, persönlich unbestimmten Numens (Ps. Plat. Ax. 371 c. Men. frg. 714 K.), daher auf jede freundliche und hilfreiche Gottheit anwendbar, z. B. die Dioskuren S. Emp. adv. math. 9,86. Dem A. wurde nach der Mahlzeit eine Weinspende dargebracht Aristoph. Eq. 105 f.; Vesp. 525; Pax 300 m. Schol. Athen. 15,675 b. 692 f. 693 b. K. Kircher RVV 9,2, 1910, 14 ff. 24 ff. S. Eitrem Opferritus und Voropfer, 1915, 469. Nilsson GgrR 2,202. In Böotien hieß der Tag der Weinprobe nach ihm Plut. mor. 655 e. 735 e. Eitrem a. O. 455,5; daher Gleichsetzung mit Dionysos Athen. 15,675 b. Vgl. Nilsson Griech. Feste, 1906, 401 f. H. J. Rose Ancient Greek Religion, 1946, 80 f. Als verwandte Hypostasen von urspr. Segensformeln sind A. und Ἀγαθὴ Τύχη zuweilen verbunden IG IV 1^2, 269. Paus. 9,39,5. Plin. nat. 36,23. E. F. Bruck Totenteil und Seelgerät, 1926, 224. Nilsson GgrR 2,193.204. – Im besonderen scheint der Name A. einem schlangengestaltigen Schutzgeist des Hauses zu gelten, Plut. mor. 542 e. Rohde Psyche 1,254,2. E. Küster RVV 13,2, 1913, 70. A. B. Cook Zeus 2, 1925, 1127 ff.; zu Paus. 9,39,5 s. [1], 282. Von daher ergibt sich eine Brücke zu Kult und Legende des A. im hellenist. Ägypten (Ps. Kallisth. 1,32,6. 10 ff. Kr. R. Reitzenstein Das iran. Erlösungsmysterium, 1921, 190 ff.), wo die »gute Schlange« als Schutzdämon von jeher heimisch war (H. Kees ÄZ 57, 1922, 120 ff. Nilsson Minoan-Mycenean Religion^2, 1950, 328). Auch hier ist die Verbindung mit der Ἀγαθὴ Τύχη bezeugt (G. Klaffenbach APF 10, 1932, 215 f. H. Idris Bell Cults and Creeds in Graeco-Roman Egypt, 1953, 66). Von dem synkretist. Produkt A.-Chnubis (Chnum)

[Reitzenstein a. O. 192. Th. Hopfner Arch. Orient. 3, 1931, 150] führt die Linie zu dem A. der gräko-ägypt. Hermetik, Alchemie und Magie (R. Reitzenstein Poimandres, 1904, 143.165 ff. J. Kroll Die Lehren des Hermes Trismegistos, 1914, 90). W. F.

1. *J. E. Harrison* Themis, 1912, 277 ff. 2. *R. Ganszyniec* De A., 1919. – RE Suppl. III 37 ff. 3. *O. Jakobssohn* Daimon och A., 1925. 4. *E. Visser* Götter und Kulte im ptolem. Alexandrien, 1938. 5. *M. P. Nilsson* Op. Sel. 3, 1960, 148 ff.

Agathyrnon (Ἀγάθυρνον). Stadt an der N.-Küste Siciliens zwischen Tyndaris und Kalakte, nach Diod. 5,8 von Agathyrnos, Sohn des Aiolos, gegründet, sonst nur erwähnt von Plin., Ptol., den Itinerarien und Liv. 26,40,16 f.: Der Konsul M. Valerius Laevinus überführt i. J. 210 4000 Verbannte, die sich in A. festgesetzt haben, nach Bruttium. Keine Inschr., keine Münzen, nicht identifiziert. K. Z.

Agathyrsoi. Volksstamm, der im heutigen Banat u. Siebenbürgen wohnte (Hdt. 4,100.48). Hdt. 4,104 schildert die Sitten und Gebräuche der A. als den thrakischen gänzlich gleich. Zum Unterschied von den anderen Nachbarstämmen lebten sie üppig, verweichlicht und in Weibergemeinschaft, damit sie miteinander verwandt und verschwistert seien und keine Zwietracht aufkommen könne (Hdt.). Chr. D.

Kazarow Beiträge zur Kulturgesch. der Thraker 1916, 14 ff. *D. Detschew* Die thrak. Sprachreste 3 ff. *Pârvan* Getica, s. v.

Agaue (Ἀγαύη). Tochter des Kadmos und der Harmonia, Gemahlin des Echion, Mutter des → Pentheus. Sie schmäht ihre Schwester Semele, die von Zeus den Dionysos empfangen hat und im Blitz verbrannte. Dionysos rächt sich später an A., indem er sie und ihre Schwestern reizt, den Pentheus, der sich der Einführung des Dionysoskults in Theben widersetzt, im Wahnsinn zu zerreißen. Triumphierend trägt A. das Haupt ihres Sohnes, den sie für ein wildes Tier gehalten hat, nach Hause. Die Sage spiegelt die Kämpfe wider, die die Dionysosreligion bei ihrem Eindringen zu überwinden hatte. Schon bei Aischylos ist A. eine tragische Figur, bes. in Eur. Bacchae. Ov. met. 3,701. H. v. G.

Agbatana s. Ekbatana

Agbia. Stadt in Africa proconsularis, heute Hr. Ain-Hedja (Tab. Peut. 5,2 *Aobia.* Ptol. 4,3,32 Δαβία). *Pagus* und *civitas* unter Antoninus CIL VIII 1548, *municipium* in der Zeit Diokletians CIL 1550. 27415. A. hat wichtige Spuren hinterlassen: Umwallung, Brücke, Amphitheater, byzantinisches Fort: Atl. Arch. Tun. f^e 35, Teboursouk 190. Pfeiler mit Jagdszenen (Museum Alaoui). Inschriften: CIL VIII 1545–1570. 15549–15561. 27381–27390. Bull. Comité 1928 f., 665. 682. M. L.

Agdistis (Ἄγδιστις). Urspr. von dem Berge Agdos bei Pessinus hergeleiteter Beiname der kleinasiat. Muttergöttin Kybele, später selbständiges myth. Wesen. Paus. 7,17,9 erzählt die Legende der Pessinuntier: Die Erde gebar aus dem Samen des Zeus ein Zwitterwesen, das die Götter entmannten. Aus dem abgetrennten Gliede entsproß ein Mandelbaum, von dem Nana, die Tochter des Flußgottes Sangarius, eine Blüte pflückte und in den Busen steckte. Sie wurde schwanger und gebar den schönen Knaben Attes (→ Attis). A. gilt in Pessinus als Stifter des Attiskultes. In Attika findet man schon um 300 Weihungen an A. und Attis; θεοὶ Ἀγδίστεις (= A. und Attis) CIG 3886. NILSSON GgrR 2,114. H. v. G.

H. Hepding Attis, Gießen 1903.

Agedincum. Hauptstadt der Senones in Gallia Celtica, später Lugdunensis, heute Sens. Mehrere Inschriften und Reliefs: G. JULLIOT Musée gallo-romain de Sens (1898). CIL XIII 2941–3009. 11271. AE, 1959, 66. ESPÉR. Rec. 2756–876. 7153–4. 8307–9. P. W.

Ageladas von Argos. Bronzegießer für das frühe 5. Jh. v. Chr. bezeugt, doch wird er auch als Meister des nach der Pest von 430 errichteten Apollon Alexikakos genannt. Plin. nat. 34,49 setzt seine Blüte in Ol. 87 (432). Von den Werken des im Altertum berühmten A. glaubt man nur den Zeus von Ithome in Münzbildern zu erkennen.

HB Archäol. III 1 (5. Lfg. 1950), 88 *(Lippold).* A. R.

Agelaos (Ἀγέλαος). **1.** Ein Grieche, den Hektor tötet, Hom. Il. 11,302. **2.** Ein Troer, den Diomedes tötet, ebd. 8,257. **3.** Ein Sohn des Herakles und der Omphale, Stammvater der lydischen Könige, Apollod. 2,7,8. **4.** Ein Sohn des Herakleiden Temenos. A. ließ seinen Vater durch Titanen ermorden, weil er ihm seine Schwester Hyrnetho und deren Gemahl vorzog. Apollod. 2,8,5,3. **5.** Sohn des Oineus, Königs von Kalydon, Bruder des Meleagros. Er fiel im Kampfe gegen die Kureten. Anton. Lib. 2. **6.** Sklave des Priamos, der Paris auf dem Ida aussetzte, ihn aber nach 5 Tagen wie ein eignes Kind zu sich nahm, als er ihn von einer Bärin gesäugt und unversehrt antraf. Apollod. 3,12,5,4. H. v. G.

7. Aitoler aus Naupaktos, schloß 220 einen Vertrag mit Skerdilaidas. Pol. 4,16,10. 5,3,1. Beim Kongreß von Naupaktos 217 empfahl er Einigkeit Makedoniens und Griechenlands gegen die »Wetterwolken vom Westen« und wurde zum Strategen der Aitoler gewählt. 5,103,9 ff. Seine andere Strategie (Sylloge³ 554) setzt R. FLACELIÈRE Les Aitoliens, 1937, 324 f. für 207/6 oder 206/5, G. KLAFFENBACH Klio 32, 1939, 205 für 222/1 an. Sein Besitz wurde 190 enteignet. FLACELIÈRE 338,2. H. V.

Ἀγέλαι. Genossenschaftl. Vereinigungen von Jungmannschaften in Sparta und auf Kreta mit dem Ziel militär. Ausbildung und gemeinschaftlicher Erziehung (Plut. Lyk. 16,4. Strab. 10,4.16,20. Hesych.: ἀγελαστούς· ἐφήβους Κρῆτες). Die ἀ. werden auf Kreta inschr. erwähnt (GUARDUCCI IC Bd. 1, IX 1 Dreros, Bd. 1, XVI 5 Z. 20 ff. Lato) und leisten bei Staatsverträgen, als Träger von staatsrechtlichen Pflichten für die Zukunft, Eide. Vgl. KAHRSTEDT Griech. Staatsr. 1,343 f. für Sparta; S. 352 f. für Kreta, wo K. annimmt, Bürger werde man bei Verlassen der ἀ., die mit der Umwandlung in eine ἑταιρεία zu existieren aufhöre. A. M.

Ἄγημα. Während Xen. Lak. pol. 7,9,13,6 unter ἄ. offenbar nur Chargen verstand, wurde später damit eine Eliteabteilung verschiedener Größe und Zusammensetzung bezeichnet. So bestand das ἄ. des makedon. Heeres im J. 171 v. Chr. aus 2000 Peltasten (Liv. 43,51), das des Heeres des Antiochos d. Gr. aus 1000 berittenen Medern (Liv. 37,40). A. N.

Dar.-Sagl. 1,132. *Krom.-Veith* 99 f. 106. 139.

Ἀγένειοι, die noch bartlosen Jünglinge. Bezeichnung der erwachsenen παῖδες, die schon an das Mannesalter heranreichen, im Zusammenhang mit den Agonen. In der älteren Zeit (Perikles) treten sie als besondere Klasse zwischen den παῖδες und ἄνδρες auf, so in der pananthen. Preisliste CIA II 905. Auch Plat. nom. 7,833 C unterscheidet ἀ. und παῖδες. Bei den Olympien und Pythien bilden die ἀ. nie eine besondere Abteilung, bei den Isthmien ist sie seit der 1. Hälfte des 4. Jh. nachweisbar (CIA II 1301). In der Kaiserzeit findet sich die Scheidung in drei Klassen an allen großen Agonen. W. S.

Agenor (Ἀγήνωρ) **1.** Ein sicher griech. Herrschername allgemeiner Bedeutung, der in vielen Genealogien vorkommt. Zunächst taucht er in mehreren argol. Stammbaumkonstruktionen auf, dann auch in Arkadien, Achaia und Aitolien. Schon bei Hes. finden wir ihn, aber nach Äg. und Phoinikien verpflanzt; König von Tyros oder Sidon, galt er durch die Aussendung seiner Söhne als Urheber der angeblichen phoinik. Kolonien in Griechenland. Im Zusammenhang mit den weiten Wanderungen der argol. Io nahm man A. auch als Sohn der Libye, einer Enkelin der Io, von Poseidon und als Bruder des Belos, Apollod. 2,1,4,2. 3,1. Um seine von Zeus entführte Tochter Europe zu suchen, sandte A. seine Söhne Kadmos, Phoinix, Kilix aus. Da die Suche vergeblich blieb, wagte keiner zurückzukehren. Kadmos gründete Theben, die anderen die nach ihnen benannten Länder. Nur mit Einschränkung darf man in diesen Sagen Widerspiegelung phoinik. Einflüsse auf Griechenland sehen. Bei Verg. ist A. Stammvater Didos, *Carthago Agenoris urbs* (Aen. 1,338). **2.** Troischer Held, Sohn des Antenor und der Theano. Er stellt sich dem Achilleus entgegen, Apollon aber rettet ihn, indem er selbst A.s Gestalt annimmt. Hom. Il. 21,545 ff. u. ö. In der Kl. Il. wird er von Neoptolemos getötet. **3.** Sohn des Amphion und der Niobe, Apollod. 3,5,6,1. **4.** Sohn des Phegeus, Apollod. 3,7,5 f. Er rächt seine verlassene Schwester Arsinoe an → Alkmaion. H. v. G.

W. Kullmann H (ES 14) Die Quellen der Ilias 178 ff. 354.

Agentes in rebus waren ein militärisch organisiertes Korps *(schola)* kaiserlicher Botenreiter.

Erstmals erwähnt 319 (Cod. Theod. 6,35,3) wuchs ihr Aufgabenbereich und damit ihre Bedeutung ständig an. Zunächst oblag ihnen die Bestellung kaiserlicher Briefe und Befehle, dann finden wir sie als Aufseher über das Postwesen *(cursus publicus)*. Als *curiosi* schließlich meldeten sie dem Hof ihre Beobachtungen (vor allem von Verbrechen) aus den Provinzen. Ihre zum Teil rechtmäßig verliehenen, vielfach aber angemaßten staatspolizeilichen Befugnisse ließen sie gelegentlich als Landplage erscheinen (vgl. Cod. Theod. 6,29,11.12). Die a. unterstanden einmal dem *magister officiorum*, einmal dem *praefectus praetorio*. Ihre Zahl war zeitweise streng begrenzt, es gab Anwartschaften, Aufnahmeprüfung und Probezeit. Innerhalb der *schola* rückte man nach Dienstalter und Leistung in fünf Rangklassen vor, seit Leo (Cod. Iust. 12,20, 3) gab es 450 *equites*, 300 *circitores*, 250 *biarchi*, 200 *centenarii* und 48 *ducenarii*. Die ausscheidenden Rangältesten wurden zu *principes* hoher kaiserlicher Ämter bestellt oder erhielten Provinzstatthalterschaften (Cod. Theod. 6,28,2); schon Theodosius nahm sie als *adlecti inter consulares* in den Senat auf (Cod. Theod. 6,27,5). Unter Justinian hatten selbst die gewöhnlichen a. schon während ihrer Dienstzeit senatorischen Rang. Sie genossen die Privilegien sowohl der Hofbeamten als auch der Soldaten. H. Ha.

Otto Hirschfeld Kleine Schriften, 1913, 624ff. *Ernst Stein* ZRG 41, 1920, 195ff.

Ager Campanus s. Campania

Ager Falernus s. Falernus ager

Ager publicus. So heißt das im Eigentum des röm. Staates stehende Ackerland; den Gegensatz dazu bildet der *ager privatus* (zu *agri publici privatique* bei Fest. 241a vgl. [6], 4ff. u. [9], 19f.). Das öff. Eigentum ist die ursprüngliche Form des Bodeneigentums; auch das dem Feinde abgenommene Land *(ager captivus* oder *occupatorius)* wird staatl. Eigentum. Der Staat gibt es aber häufig zu privater Okkupation frei *(ager occupatorius* in diesem Sinne; dazu [6], 27ff. u. [9], 13ff.). Solche private Okkupation im Übermaße bildet den Streitpunkt bei den gracchischen Reformen. Doch kann der Staat durch → *adsignatio* am a. p. auch volles privates Eigentum verleihen *(ager datus adsignatus)*. Daneben haben sich noch Mischformen für die private Nutzung des a. p. entwickelt, die wir hauptsächlich aus der lex agraria v. 111 v. Chr. kennen (Bruns-Grad. 73ff. Mommsen GSchr. 1,65ff.). Die wichtigsten Typen sind: a) *Ager compascuus*; der Teil des Gemeindelandes, den jedermann unentgeltlich nutzen darf (vgl. [9], 20ff.; 90ff.). b) *Ager vectigalis*; das vom Zensor an Private verpachtete Staatsland. Die Pachtzeit beträgt fünf Jahre, doch kann die Pacht erneuert werden; im Prinzipat entsteht daraus die Erbpacht (dazu [4] u. [5] pass.; [6], 34ff.). c) *Ager privatus vectigalisque*. Seine Rechtsnatur ist überaus streitig. Es handelt sich wohl um Boden in vererblichem Privateigentum; die dauernde Pflicht zur Zahlung des *vectigal* dürfte am ehesten Gegenleistung für die Überlassung, also eine Art der Kaufpreiszahlung, sein (vgl. [6], 6ff. mit weit. Ang.). *A. priv. vect.* ist vor allem der auf Grund der lex agr. verkaufte africanische Boden, vielleicht aber auch der Boden der gracchischen Assignationen (vgl. [6], 11). Ihm ähnlich ist der *ager viasiis vicanis datus adsignatus;* hier hat der Empfänger die anliegende öff. Straße zu erhalten. d) *Ager quaestorius.* Das vom Quaestor verkaufte Staatsland, doch behält hier der Staat das Eigentum und kann auch die Nutzungsbefugnis durch Rückzahlung des Preises wiedergewinnen. Solcher Verkauf bedeutet also die Aufnahme einer durch den Boden gesicherten Anleihe (dazu [6], 43ff. u. [9], 42ff.). Eine ähnliche Stellung hat auch der *ager in trientabulis fruendus datus* (dazu [6], 46ff.). D. M.

Ältere Lit. RE I 793, dazu 1. *Carl v. Schilling* Studien aus der röm. Agrargesch., 1926. 2. *Leandro Zancan* Ann. Torino 67, 1931/32, 71ff. 3. *Ders.* Ager publicus, 1935. 4. *Fabio Lanfranchi* Studi sull'ager vectigalis 1, 1938; 2, 1939; 3, 1940. 5. *Franz Wieacker*, ZRG 59, 1939, 622ff.; 60, 1940, 272ff.; 61, 1941, 468ff. (Rez. zu 4). 6. *Max Kaser*, ZRG 62, 1942, 1ff. 7. *G. Tibiletti*, Ath. 26, 1948, 173ff.; 27, 1949, 3ff.; 28, 1950, 245ff. 8. *Alberto Burdese*, Iura 2, 1951, 326ff. (Rez. zu 7). 9. *Ders.* Studi sull'ager publicus, 1952. 10. *Ulr. v. Lübtow* Das röm. Volk, 1955, 223ff.; 606ff.

Agerinus, L. Freigelassener der Agrippina, fälschlich eines Attentates auf Nero beschuldigt, 59 n. Chr. Tac. ann. 14,6,7ff. Suet. Nero 34. W. S.

A. A(gerius). Bei der Mitteilung von Prozeßformeln ergab sich die Notwendigkeit, dort, wo die wirklichen Namen der Beteiligten stehen sollten, Blankette (wie heute meist N. N.) einzusetzen. Während die Lex Rubria (CIL I 205) den Kläger L. Seius nennt, heißt er bei Gaius (z. B. 4,46) A. A. für Aulus Agerius. Trifft man bisweilen auch wirklich Agerii (CIL X 539), so rührt das Blankett doch eher von *agere* her. Th. M.-M.

Wenger Institutionen des röm. Zivilprozeßrechts, 1925, 127.

Agesandridas. Aus Sparta, Sohn des Agesandros, ging vor dem Ausbruch des pelop. Krieges als Gesandter nach Athen (Thuk. 1,139,3), wurde 411 mit einer Flotte nach Euboia geschickt, besiegte bei Eretria die Athener und brachte Euboia zum Abfall. Später war er Flottenführer an der thrak. Küste (Thuk. 8,91,2. 94.95,2ff. Xen. an. 1,1,3.17). W. S.

Agesandros. Name mehrerer durch Inschriften bezeugter Bildhauer auf Rhodos im 2.–1. Jh. v. Chr. Einer von ihnen, A. Sohn des Paionios, ist wohl einer der drei Meister der berühmten Laokoongruppe. A. R.

HB Archäol. III 1 (5. Lfg. 1950) 187 *(Lippold)*. Arch. Class. 10, 1958, 160ff. *(Jacopi)*.

Agesianax s. Hagesianax

Agesias. 1. A., Sohn des Sostratos, entstammte einem wohl vom arkadischen Stymphalos nach

Syrakus ausgewanderten Zweig der Iamiden, die in Olympia als Priester des Zeus fungierten. A. leistete dem Tyrannen Hieron. I. von Syrakus als Seher und Feldherr Dienste und scheint ihm überhaupt nahegestanden zu haben, weshalb er nach dessen Tod vom Volk umgebracht wurde (Schol. Pind. Ol. 6,165). Der von Pindar besungene Sieg eines Maultiergespannes des A. in Olympia dürfte wohl Ol. 78 anzusetzen sein. **2.** Athener aus Acharnai, vor der Schlacht bei Plataiai 479 v. Chr. an einer Verschwörung beteiligt, deren Ziel der Sturz der Demokratie in Athen war. Auf Aristeides' Veranlassung verbannt. Plut. Arist. 13. Fr. Kie.

Agesidamos s. Hegesidamos

Agesilaos (*Ἀγησίλαος*). **1.** A. I., spartanischer König aus dem Haus der Agiaden, Sohn des Doryssos (Hdt. 7,204), von den alexandrinischen Chronographen unverbindlich 929/8–886/5 angesetzt. **2.** A. II., Sohn Archidamos' II., spartanischer König aus dem Haus der Eurypontiden. * 444/3, bestieg er nach dem Tode seines Bruders Agis II. und dem Ausschluß von dessen Sohn Leotychidas von der Nachfolge (vgl. dazu S. Luria Klio 21, 1927, 404 ff.) 399 den Thron. Hierbei (Xen. Hell. 3,3,1 ff. Plut. Lys. 22; Ages. 3. H. W. Parke, CQ 39, 1945, 106 ff.) wie bei der Übertragung des Kommandos gegen Persien 396 (Xen. Hell. 3,4,2 ff.) stand hinter A. Lysandros, in der irrigen Meinung, mit A.' Hilfe seine frühere Geltung wiedergewinnen zu können. Von 396 bis 394 unternahm A. trotz Unterlegenheit in der Reiterei Streifzüge bis ins Innere Kleinasiens (Ch. Dugas BCH 34, 1910, 58 ff.), siegte am Paktolos über Tissaphernes (H. Delbrück, Klio 10, 1910, 338 f. F. Cornelius, Klio 26, 1933, 29 ff.) und brachte die Paphlagonier für kurze Zeit zum Abfall von den Persern; entscheidende Erfolge blieben ihm jedoch versagt (H. Lins Kritische Betrachtung der Feldzüge des A. in Kleinasien. Diss. Halle 1914). Von dem in Hellas bedrängten Sparta samt seinem Heer zurückgerufen, siegte er im August 394 bei Koroneia über die Boioter. Im »Korinthischen Krieg« errang er 391/90 in der Argolis und am Isthmos Erfolge. Auf dem Friedenskongreß zu Sparta 387 zwang er – zu einem Vorkämpfer der engstirnigen spartanischen Gewaltpolitik in Hellas geworden – den Thebanern den von ihm an sich abgelehnten (Plut. Ages. 23) »Königsfrieden« auf; doch der Versuch, diese Methode auf dem Kongreß von 371 gegenüber Epameinondas zu wiederholen (Xen. Hell. 6,3,18 ff.), führte zur Katastrophe von Leuktra. In Sparta geblieben, rettete A. danach im Winter 370/69 und 362 die Stadt vor der Eroberung durch Epameinondas (Plut. Ages. 31 ff.), nahm aber dann auch an der Schlacht bei Mantineia nicht teil. Um Subsidien für Sparta zu gewinnen, unterstützte er 361 als Kondottiere die große Offensive des Pharaos Tachos gegen Phoinikien und Syrien, trat jedoch hierbei zu dem Usurpator Nektanebos II. über, was zum Sturz Tachos' und

zum Scheitern der Offensive führte (F. Kienitz Politische Geschichte Ägyptens, 1953, 96 ff.). Auf dem Heimweg starb A. 360/59 in Kyrene (Plut. Ages. 36 ff.). Innenpolitisch festigte er durch betonte Unterordnung unter die Ephoren und die herrschende Oligarchie die Stellung des Königtums wieder. In den Aufgaben des Augenblicks aufgehend, fehlte ihm jedoch der Weitblick eines wirklich großen Staatsmannes, weshalb ihm auch der Gedanke fernlag, auf seine Popularität gestützt eine Reform des spartanischen Staates zu versuchen (E. Zierke Agesilaos. Diss. Frankf. 1936). Fr. Kie.

3. Bruder des Königs Agis III. **4.** Oheim mütterlicherseits des Königs Agis IV., unterstützte die Reformbestrebungen des Königs und wurde 142 Ephore, nützte aber sein Amt zu persönlichem Vorteil aus und wurde nach dem Sieg der Gegenpartei vertrieben (Plut. Agis 6.9.12 f.16). W. S.

Agesilochos. Sohn des Hegesias aus Rhodos, bot beim Ausbruch des 3. makedon. Krieges den röm. Gesandten 40 Schiffe an, im J. 171 v. Chr. (Pol. 27,3. Liv. 42,45). Im J. 168 ging er an der Spitze einer Gesandtschaft nach Rom (Pol. 28,2,1. 16,5.8). W. S.

Agesimbrotos. Befehlshaber der rhod. Flotte, die im 2. maked. Krieg zusammen mit den Römern operierte (Liv. 31,46,6. 47,2); im Winter 198/97 war er im Stabe des T. Quinctius Flamininus (Pol. 18,1,4. 2,3. Liv. 32,32,11). W. S.

Agesipolis (*Ἀγησίπολις*) **1.** A. I., spartanischer König aus dem Hause der Agiaden, Sohn des Königs Pausanias und älterer Bruder des späteren Königs Kleombrotos, der 371 bei Leuktra fiel. Als Pausanias 395 v. Chr. nach Tegea in die Verbannung gehen mußte, bestieg A., noch minderjährig, den Thron (Diod. 14,89). Bereits im »Korinthischen Krieg« zeichnete er sich militärisch aus. 385 erzwang er Mantineias Dioikismos in 5 Dörfer (Xen. Hell. 5,2,3 ff.). Nachdem ein spartan. Aufgebot in Höhe von 10000 Mann 382 den Olynthiern unterlegen war, zog A. 381 an der Spitze eines zweiten, stärkeren Heeres gegen den unter Führung Olynths stehenden Bundesstaat der Chalkidier, um dessen Auflösung durchzusetzen (H. W. Parke, JHS 50, 1930, 72). Bei der Belagerung von Olynth starb er im Sommer 380 (Xen. Hell. 5,3,18 f. Diod. 15,22,2. 23,2). **2.** A. II., spartan. König, Neffe des Vorigen. Nach dem Tode seines Vaters Kleombrotos in der Schlacht bei Leuktra 371 zur Regierung gekommen, starb er schon 370 kinderlos (Diod. 15,60,4). Sein Nachfolger wurde sein Bruder Kleomenes II. Fr. Kie.

3. Sohn des Kleombrotos II. (Pol. 4,35,10). **4.** A. III., Enkel des Kleombrotos II. wurde im J. 219 noch ganz jung unter die Vormundschaft seines Onkels Kleomenes gestellt; später durch den Tyrannen Lykurgos vertrieben, wurde er der Führer der spartanischen Verbannten, erreichte aber nicht seine Rückkehr und wurde auf einer

Reise nach Rom ermordet (Pol. 4,35,10ff. Liv. 34,26,14. Pol. frg. 33,6). W. S.

Agetas (Ἀγήτας). Sohn des Lochagos aus Kallipolis. Sylloge³ 532. Als Stratege des aitolischen Bundes verwüstete A. 218/7 im Bundesgenossenkrieg Akarnanien, konnte aber die Burg des phokischen Panopeus nicht nehmen. Pol. 5,91, 1. 96,1 ff. Nochmals war A. 201/0 Stratege. SGDI 2049. R. Flacelière Les Aitoliens, 1937, 333,3. Seine Häuser in Delphi wurden 190 enteignet. Sylloge³ 610,78f. H. V.

G. Daux Delphes, 1936, 231.

Agetor (Ἀγήτωρ, dor. für Ἡγήτωρ). Anrufname des Zeus in Lakedaimon (Xen. Lak. pol. 13,2: der König opfert ihm vor Beginn des Feldzugs und nimmt Feuer von seinem Altar mit), des Hermes in Megalopolis (Paus. 8,31,7) und des Apollon Karneios in Argos. Die Karneien hießen auch Agetoria: Theop. im Schol. Theokr. 5,83. H. v. G.

Aggar. Zwei Städte in Byzacene trugen diesen Namen (Plin. nat. 5,30 *oppidum Aggaritanum*), die eine in Sidi-Amara (Tab. Peut. 6,1) zwischen Althiburus und dem Meer. Der Atl. Arch. Tun. fᵉ Maktar, 262 verzeichnet einen Tempel, eine Grabanlage, ein byzantinisches Fort. I. L. Afr. 79. Die andere ist in Beni-Hassan zwischen Thapsus und Utica gelegen. Dort traten sich Caesar und Scipio entgegen (Bell. Afr. 67.79). Der Atl. Arch. Tun. fᵉ Djemmal, 80 verzeichnet dort eine Basilika mit Mosaiks. M. L.

Agiadai. Auf den Herakliden Eurysthenes zurückgeführtes spartanisches Königshaus (Hdt. 7,204. Paus. 3,2ff.), wie bei den südpeloponnes. Heraklidengeschlechtern üblich (vgl. die Eurypontiden und die Aipytiden), erst nach dem Vertreter der 2. Generation, Agis I., benannt. Nach Hdt. 6,51 ff. waren die A. das angesehenere der spartanischen Königshäuser. Irrig ist jedoch die Angabe von Niese, RE I 808, sie hätten ein Glied mehr in ihrer Ahnenreihe besessen als die Eurypontiden; bei diesen erfolgte die Einschiebung des Soos lediglich, um die chronologisch bedingte Eliminierung des Anaxandridas auszugleichen (F. Kiechle Messenische Stud., 1959, 96ff.). Seit dem 4. Jh v. Chr. war die Liste der A. die Grundlage der chronographischen Berechnungen der Griechen, doch ist ihre Zuverlässigkeit für die ältere Zeit umstritten (Th. Lenschau, Rh. Mus. 88, 1939, 123ff.; zu Varianten in der Liste vgl. auch F. Jacoby Apollodors Chronik, 1902, 82ff. P. Poralla Prosopogr. d. Lakedaimonier, Diss. Bresl. 1913, 139ff.). Fr. Kie.

Agias. 1. Eleer aus dem Geschlecht der Iamiden, Sohn des Antiochos, Bruder des Sehers Tisamenos, erhielt nach Hdt. 9,33 durch dessen Fürsprache in Athen das Bürgerrecht. **2.** Sohn des Agelochos, Enkel des Tisamenes, verkündigte Lysandros den Sieg bei Aigospotamoi (Paus. 3,11,15). **3.** Argiver, makedon. Befehlshaber, der Argos nach dem Tode des Tyrannen Aristippos zwischen 239 und 235 besetzte (Plut. Arat. 29). W. S.

Agiatis (Ἀγιᾶτις). Durch Schönheit und Reichtum ausgezeichnete Spartanerin. Zunächst Gemahlin des Reformkönigs Agis IV., wurde sie nach dessen Ermordung von König Leonidas gezwungen, seinen Sohn, den späteren Kleomenes III., zu heiraten, den sie durch Erinnerung an Agis zur Wiederaufnahme von dessen Reformprogramm antrieb. Sie starb 224 v. Chr. (Plut. Kleom. 1.22. M. Hadas, CW 26, 1932, 73). Fr. Kie.

Agilo. Alamanne, *tribunus stabuli* 354. Hohem Ansehen bei Constantius II. verdankte er 359 die außergewöhnliche Beförderung vom *tribunus gentilium scutariorum* zum *magister peditum praesentalis* (Amm. 14,10,8. 20,2,5). Nachdem er 360/61 zum Schutz der mesopotam. Grenze eingesetzt war, begleitete er 361 Constantius auf dem Zug gegen Julian. Nach Constantius' Tod stellte er sich Julian zur Verfügung. A. erhielt Julians Vertrauen, trat aber bald in den Ruhestand (Amm. 21,12,16f. 22,3,1). Der Usurpator Procopius ernannte 365 A. wieder zum *mag. mil.* Durch seinen Abfall von Procopius trug A. 366 entscheidend zum Sieg des Valens bei Nakoleia bei (Amm. 26,7,4. 9,7. Zos. 4, 8,3). Um 360 hatte A. eine Tochter des Araxius, eines Freundes Julians und des Libanius (Seeck RE II 404) geheiratet (Amm. 26,7,6. 10,7). A. L.

K. F. Stroheker Eranion (Festschr. Hommel) 1961, 140ff.

Aginis. *Κώμη* in Susiana, in der Nähe der Einmündung des Tigris (Strab. 15,729), 500 Stadien von Susa entfernt, erwähnt von dem Flottenführer Alexanders, Nearchos, am Schluß seines Paraplus bei der Fahrt von der Euphratmündung bis zu der für das Heer Alexanders bestimmten Brücke über den Pasitigris, den heutigen Kârun. W. S.

Agio. Münzprüfungs- u. Wechselgebühren werden durch Gegenstempel seit Alyattes von Lydien auf antiken Münzen als vorhanden erwiesen. In den Schriftquellen tauchen die t. t. *ἀλλαγή, ἐπικαταλλαγή, καταλλαγή, κόλλυβος* im 4. Jh., *ἐπαλλαγή* im 3. Jh. v. Chr., *συναλλαγή* im 6. Jh. n. Chr. auf. Über Gebührenhöhe hören wir seit dem 4. Jh. v. Chr. von Hellas u. Kleinasien bis zum Schwarzen Meer (Olbia), vor allem aber über A. im ptolemäischen staatlichen Münzmonopol, im röm. Äg. (sehr umstrittene Probleme), daneben in der Hauptsache aus dem röm. Italien, insbesondere der Republik seit etwa 200 v. Chr., dem prinzipatszeitlichen Kleinasien (Pergamon, Mylasa), dem frühtalmudischen Palästina u. der Spätantike. F. M. H.

Vgl. mit Vollbibliogr. u. Stellenverzeichnis *L.-S.*, s. v. *ἀλλαγή, ἐπικαταλλαγή, κολλυβιστής, κόλλυβος, συναλλαγή*. *Th. l. l.* s. v. collobus, collybus. RE Art. Agio (Suppl. III), Kollybos. *F. von Schrötter* WB der Münzkunde, 1930, s. v. Agio, Kollybos, Kyzikener, Mnaeion; *F. M. Heichelheim* Wirtschaftl. Schwankungen der Zeit von Alexander bis Augustus, 1930, Index s. v. Agio; *id.*, Syria, in Frank, ESAR 3, 1938, 211f.; *id.*, Wirtschaftsgesch. des Alt., 1939, p. 309f. und Kap. 7 Anm. 32, Kap. 8 Anm. 5,26, Kap. 9 Anm. 4,32 *R. Herzog* Tesserae

Nummulariae. Abh. Gieß. Hochschulges. 1, 1919. *A.Ch. Johnson* Egypt, in Frank, s.o. 2, 1930, 417f. *Id.-L.C. West* Currency in Roman and Byzantine Egypt, 1944, bes. Kap. 3–5. *J. de Laet* L'agiotage à Alexandrie. Rev. de la Banque 7, 1943, 181f. 281f. *J.G. Milne* The Roman Regulation of Exchange Values in Egypt. J.E.A. 161, 1930, 169f. *F. Oertel* ZRG 51, 1931, 573f. *H. Schmitz* Ein Gesetz der Stadt Olbia zum Schutze ihres Silbergeldes, 1925. *V.B. Schumann* The Seven Obol Drachma of Roman Egypt. CPh 47, 1952, 214f.; *id.* The Basis of Accounting Practices in the Karanis Tax Rolls. Aegyptus 32, 1952, 241f.; *id.-D.S. Crawford* Three Accounting Terms of Roman Egypt. CPh 44, 1949, 236f.; 45, 1950, 15f.; 46, 1951, 314f. *M.N. Tod* Kollybos. Num. Chron. 6 s. 5, 1945, 108f.; 15, 1955, 125.

Agis. 1. A. I., König von Sparta, Sohn des Eurysthenes, Eponym des Königshauses der Agiaden (Hdt. 7,204. Paus. 3,2,1). Die von Ephoros, FGrH 70 F 117, berichteten Taten A.' I., die Konstituierung der Perioiken und Heloten, sind unhistorisch und spätere Konstruktion. **2.** A. II., Eurypontide, Sohn Archidamos' II., König von Sparta 427/26–399. 426 und 425 führte er das Heer der Peloponnesier nach Attika. Mit seinem Mitkönig Pleistoanax beschwor er 421 den Nikiasfrieden und das Bündnis mit Athen. In den folgenden Kämpfen hatte er mehrfach den Oberbefehl und errang 418 den großen Sieg bei Mantineia (Thuk. 5,57ff. W.J. Woodhouse King Agis of Sparta and his campaign in Arcadia in 418 B.C., 1933; dazu Th. Lenschau, PhW 1934, 492ff. A.W. Gomme Essays in Greek History, Oxf. 1937, 132ff.). Im Frühjahr 413 besetzte er das attische Grenzkastell Dekeleia, das dann bis 404 sein Hauptquartier war (Thuk. 7,19.27), ohne freilich von hier aus Athen überrumpeln zu können. 405 leitete er zusammen mit Pausanias II. die Blockade Athens zu Lande ein und spielte 404 bei den Kapitulationsverhandlungen eine wichtige Rolle (Xen. Hell 2,2, 7ff. J. Munro, CQ 32, 1938, 19ff.). Seine letzten Feldzüge unternahm A. 402–400 gegen Elis, das er zur Unterwerfung unter Sparta zwang (Xen. Hell. 3,2,23ff. F. Kiechle, RhM 103, 1960, 357ff.). **3.** A. III., Eurypontide, Sohn Archidamos' III., König von Sparta 338–331 (Arr. an. 2,13,4). Als Führer der Opposition gegen Alexander d. Gr. erhielt er 333 von den persischen Admiralen Subsidien für einen Krieg gegen Makedonien. Nach der Schlacht bei Issos zog er einen Teil der griech. Söldner Dareios' III. an sich (Diod. 17,48,1. Curt. 4,1,39ff.). 332/31 brachte er die meisten Staaten der Peloponnes zum Abfall von Makedonien, doch griff die Bewegung kaum auf das übrige Hellas über. 331 unterlag A. bei Megalopolis der doppelten Übermacht des Reichsverwesers Antipatros und fiel selbst. H. Berve Alexanderreich II Nr. 15. **4.** A. IV., Eurypontide, König von Sparta 244–241, versuchte unter dem Einfluß des Stoikers Sphairos von Borysthenes eine Reform der sozialen Zustände in Sparta durchzuführen, wo die Zahl der Spartiaten auf 700 gesunken war und 100 Großgrundbesitzer fast das ganze Land besaßen (Plut. Ag. 5, etwas übertreibend; vgl. Aristot. Pol. 1270a 16ff.). 243 ließ er durch den Ephoren Lysandros ein Reformprogramm vorlegen, das Schuldentilgung und Errichtung von 4500 spartiatischen und 15000 peroikischen Klaroi vorsah (Plut. Ag. 8). Die in sich gespaltenen (P. Cloché, REG 56, 1943, 53ff.) Gegner der Reform vermochten jedoch eine Verwirklichung auf legalem Weg zu verhindern (Plut. Ag. 11). Lysandros setzte hierauf A.' Mitkönig Leonidas ab und stürzte 242 die reaktionären Ephoren. Die Reformpartei schien am Ziel. Doch nach der eilig vorgenommenen Schuldentilgung hintertrieb A.' Onkel Agesilaos die Bodenreform. Als A. von einem Feldzug an der Seite der Achaier gegen die Aitoler (Plut. Ag. 13–15) zurückkehrte, fand er deshalb das Vertrauen des Volkes in die Reformpartei zerstört. Seine Gegner konnten Leonidas zurückholen. A. suchte im Tempel der Athena Chalkioikos Asyl, doch bemächtigten sich die Ephoren seiner und Leonidas ließ ihn hinrichten (Plut. Ag. 16–21). E. Bux, Klio 19, 1925, 413ff. M. Hadas, CW 12, 1932/33, 65ff. (mit Hervorhebung kommunistischer Tendenzen in der Reformbewegung). Fr. Kie.

Agisymba. Gegend im Inneren Africas, in dem südlichsten Teil, den die Römer zweifellos am Ende des 1. Jh. gekannt haben. Nach Marinus (Ptol. 1,8,4) wäre Septimius Flaccus unter Domitian von Garama (Djerma) nach Fezzan gegen die Äthiopier gezogen, und ebenso Iulius Maternus, der das Land A. erreicht hätte. Ptol. 4,8,5: unermeßliches, gebirgiges Land. Vielleicht das Wadai, die Gegend von Tchad. M. L.

Agitator. Wagenlenker, besonders bei den röm. Zirkusspielen, auch *auriga* genannt, gewöhnlich Sklave, obgleich auch Bürger nach dem Beispiel von Caligula und Nero, die diese Rolle nicht verschmähten. Kränze, Ruhm, Geld und Geschenke waren die Belohnung der professionellen a. der 4 Renngesellschaften *(factiones)*, die nach den von den a. getragenen Farben (rot, grün, weiß und blau; purpur und golden von Domitian hinzugefügt) benannt wurden (Mart. 10,74,5. Iuv. 7,113.243. Suet. Claud. 21. CIL VI 2,10047). Kleidung: enganliegende Kappe, kurze Tunika (in der Farbe der *factio*, mit Lederriemen *(fasciae)* umschnürt, und Schulterpolster. Auch trug der a. Peitsche und krummes Messer *(falx)*, um sich bei Unfällen zu befreien. Friedländer-Wiss. 2,327–333. O. W. R.

Ἀγκυλή. Att. Demos von den »zehn um die Stadt herum« (Aristot. Ath. pol. 21,4. Alkiphr. 3,7 [Schepers]), zur Phyle Aigeis gehörig, zerfällt in Ober- und Unter-Ankyle (Ἀ.[*καθύπερ*] und Ἀγκυλ[*ῆ ὑπένερ*], IG II² 2362). Zur Lokalisierung von Ἀ. vgl. Alkiphron a. O. und IG II² 2776 A II Z. 57ff. dazu Judeich Topogr. v. Athen, 1931², 170,176. Ob es ein älteres Stadtviertel neben dem Demos Ἀ. gab, ist unsicher. A. M.

Aglaia (Ἀγλαΐα, ep. - η »festlicher Glanz«). So heißt u.a. **1.** Die jüngste der → Chariten, mit Hephaistos vermählt, Hes. theog. 945. Pind. O. 14. **2.** Die Tochter des Mantineus, Gattin des→Abas. – **3.** Die Gattin des→Amythaon. – **4.** Die des Charopos, Mutter des Nireus von Syme, des schönsten Mannes v. Troia (Hom. Il. 2,671. Diod. 5,53). H. v. G.

Aglaonike. Tochter des Hegetor (Plut. coni. praec. 48; de def. or. 13), zauberkundige Thessalierin (Sch. Apoll. Rhod. 4,59), die den Mond herabzuziehen vermochte. W. S.

Aglaophamos. Angeblicher orphischer Lehrer des Pythagoras, von dem er in Thrakien die Weihen empfangen haben soll (Iambl. v. P. 146. Prokl. in Tim. 289 B. A. LOBECK Aglaophamos 722). W. S.

Aglaophon von Thasos. Maler, öfter als Vater und Lehrer des großen Polygnot genannt. Wenn Athen. 12,534 D und Plut. Alkibiad. 16 Bilder des Alkibiades von A. erwähnen, Plin. nat. 35,60 dessen Blüte in Ol. 90 (420 v. Chr.) setzt, so hat man nicht ohne Wahrscheinlichkeit einen gleichnamigen Enkel vermutet. A. R.

Brunn Künstlergesch. 2, 13.

Aglaosthenes (Ἀγλαοσθένης), Verfasser von Ναξιακά, in denen er die Kindheit des Zeus ausführlich behandelte. W. S.

C. Robert Erat. catast. 8. 26. 243. *E. Bethe* H 24, 402. 408, 1. FHG 4,292–294.

Aglauros (Ἄγλαυρος, auch Ἄγραυλος). **1.** Tochter des → Aktaios, des 1. Königs von Attika, Gemahlin des Kekrops. Kinder: Erysichthon, Aglauros (Nr. 2), Herse, Pandrosos. Eur. Ion 496. **2.** Tochter des Kekrops und der A. (Nr. 1). Athena gab ihr und ihren Schwestern eine geheimnisvolle Kiste in Obhut, die A. und Herse trotz Verbotes öffneten. Sie erblickten den kleinen von Schlangen umringelten Erichthonios, wurden wahnsinnig und stürzten sich ins Meer oder von der Burg herab, Paus. 1,18,2. Hyg. fab. 166. Eur. Ion 21 ff. 270 ff. Andere Version: die Schlangen töten die beiden Schwestern, Apollod. 3,14,6. Ov. met. 2,712 ff. erzählt, wie A. wegen ihrer Eifersucht auf die von Hermes geliebte Schwester Herse in einen Stein verwandelt wird. Nach Apollod. 3,14,2 war A. Mutter der → Alkippe (Nr. 2), nach Paus. 1,38,3 des Keryx, Stammvaters des att. Geschlechts der → Kerykes. Infolge eines Orakelspruches opferte sie sich freiwillig für das Vaterland, Demosth. 19,303 mit Schol. Dafür erhielt sie am Nordabhang der Akropolis ein Heiligtum, Hdt. 8,53, wo ihr mit Tanz und Musik ein Fest gefeiert (Eur. a. O. L. DEUBNER Att. Feste 14 und sonst.) und der → Ephebeneid abgelegt wurde. Der Demos Agryle nannte sich nach ihr. Bildliche Darstellungen der A. und ihrer Schwestern im ö. Parthenongiebel, auf Vasenbildern und att. Votivreliefs. **3.** Beiname der Athena. H. v. G.

Agnatio heißt die verwandtschaftsartige Rechtsbeziehung zwischen jenen Personen, die im selben

Hausverband stehen oder noch stünden, wenn ihr gemeinsamer Vater oder Vorvater noch am Leben wäre. Anders als die kognatische Verwandtschaft, in der wir heute zu denken pflegen, wird die Agnation nicht allein durch das Band des Blutes, sondern vor allem durch die *patria potestas* begründet. Daher sind zwar nur arrogierte Söhne, ja sogar in *manus* stehende Frauen, nicht aber schon emanzipierte Söhne oder in eine *manus*-Ehe verheiratete Töchter mit dem *paterfamilias* und seinen Gewaltunterworfenen agnatisch verwandt. Rechtlich bedeutungsvoll ist a. im zivilen Erbrecht (der *adgnatus proximus* erbt, wenn kein *suus heres* da ist), in der Klasse *unde legitimi* des praetorischen Erbrechts sowie bei der Bestellung eines *tutor legitimus*. Von *a. postumi*, durch die ein Testament seine Kraft verliert *(rumpitur)*, sprechen die Quellen bei Nachgeburt eines Sohnes. Th. M.-M.

Castello Studi sul diritto famigliare e gentilizio romano, 1942, 123 ff. *Robbe* I postumi, 1936.

Agnos (ἄγνος). Dieser vielleicht phönik., schon im Altertum volksetym. bald mit ἅγιος, heilig (so bei Diosk.), bald mit ἄγονος (so bei Galen) = *castus*, keusch, im Mittelalter mit *agnus*, Lamm (so bei Albertus Magnus) u. *castus* (Agnuscastus, Keuschlamm bei KONRAD V. MEGENBERG, Schafmülln im Gart d. Gesuntheit, u.a.) gedeutete Name bedeutet wie gr. λύγος (schon bei Homer u.a.) u. lat. *vitex* den Strauch oder Baum Vitex agnus-castus L., die einzige europäische, um das Mittelländ. u. Schwarze Meer an Küsten u. Flußufern verbreitete Art der mit gegen 100 Arten in d. Tropen verbreiteten Verbenaceengatt. Vitex. Ihre gefingerten Blätter wurden schon im Altertum mit denen von Weiden, Ölweiden u. Hollunder verglichen, die biegsamen Zweige wie Weidenruten zum Anbinden u. Flechten u. als Schmuck von Götterbildern (bes. Demeter, Artemis, Hera, Asklepios), auch als Antaphrodisiacum (Aristoph. Thesmoph.), die öl- u. säurereichen Früchte medizinisch verwendet (so schon um 1550 v. Chr., Pap. Ebers, weiter n. Hippokr., Galen, Diosk. u.a.). H. Ga.

Agnostos Theos (ἄγνωστος θεός). Der »unbekannte Gott«, als kult. Appellativ ausschließlich pluralisch auf griech. Altarinschriften hadrian. Zeit Paus. 1,1,4. 5,14,8. Philostr. v. Ap. 6,3. Vgl. Diog. Laert. 1,110. Inschr. v. Pergamon H. HEPDING AM 35, 1910, 450 ff. 37, 1912, 285 ff. ([2], 29 ff. NILSSON Festschr. H. Hepding, 1950, 1 ff.; GgrR 2, 338. 340; s. jed. O. KERN H 46, 1911, 434), entsprungen der mit dem zunehmenden Synkretismus wachsenden Furcht des heidn. Polytheismus vor den Folgen einer mögl. Auslassung der offiziellen kult. Würdigung eines Numens infolge Unkenntnis seines Namens und seiner Wesenheit (ἄγνωστοι θεοί neben πάντες θεοί; H. USENER Götternamen, 1948³, 344 f. u. A. 35). In der bekannten Stelle Act. Ap. 17,23 (ἀγνώστῳ θεῷ) ist der Singular in monotheistischer Tendenz für den Plural eingesetzt (O. Pfleiderer Das Urchristentum 1, 1902, 512. P. Wendland Die hellenist.-röm. Kultur, 1912^3, 128. Ed. Meyer H 62, 1917, 401. [1], 117ff. 121 mit Hinweis auf Hier. in Tit. 1,12; anders [2],27. Th. Birt RhM 69, 1914, 349.389). Die weitgehenden Folgerungen E. Nordens betr. die Unechtheit der Areopagrede bzw. ihren späten Zeitansatz (vgl. Wendland a.O. 245f. P. Corssen ZNW 14, 1913, 313) haben Widerspruch (A.v. Harnack TU 39,1, 1913. Birt a.O. 342ff. Ed. Meyer Ursprung und Anfänge des Christentums 3, 1923, 92ff.) und Zustimmung gefunden (J. Wellhausen Krit. Analyse der Apostelgeschichte, 1914, 35. H. Lietzmann RhM 71, 1916, 280. R. Reitzenstein NJb 31, 1913, 146ff. 410ff.); ausführl. Erörterung bei W. Göber RE^2 V 1988ff. – Die bereits im alten Orient existierende Vorstellung von den »unbekannten Göttern« (H. Zimmern AO 7, 3, 1905, 23) wurde von der hellenist. Zauberliteratur aufgenommen (vgl. Ov. met. 24, 365f. Stat. Ach. 1,126ff.; Theb. 4,514ff. Ps. Clem. 2,38. W. Bousset Hauptprobleme der Gnosis, 1907, 85f. RE XIV 1512f.), der singularische Begriff des A.Th. von der heidnischen Gnosis an die christliche vermittelt (vgl. den gnost. Hymnus bei C. Schmidt TU 8, 1892, 358, und die hermetische Schrift *Κόρη κόσμου* Stob. 1,385ff. W.; dazu [1], 65ff. 83ff. 113ff.). Eine Berührung mit den *ἄγνωστοι θεοί* der griech. Altaraufschriften und dem A.Th. der Apostelgeschichte ([1], 115ff.) bestreiten Birt a.O. 343f. Göber a.O. 1993f. W. F.

1. *E. Norden* A.Th., 1913. 2. *O. Weinreich* ARW 18, 1915, 1ff. 3. *A. Wikenhauser* NTA 8, 1921, 369ff. 4. *A. Deissmann* Paulus, 1925^2, 226ff.

Agon(es). Öffentl. Feste, bei denen die Wettkämpfer um einen Preis stritten. Wie das lat. Wort *certamina* wurde a. auch für Prozeßstreitigkeiten (Dem. in Timokr. 700), im politischen Leben (Pol. 12,27,8) und im Kriege (Xen. mem. 3,12,14) angewandt, sogar für Trinkgelage, Ail. var. 2,41. Isokr. 4,45 betont, daß es nicht nur Wettkämpfe in Schnelligkeit u. Kraft, sondern auch in Worten und Gedanken gibt. Aber besonders bezieht sich a. auf das Messen der Geschicklichkeit bei öffentlichen Festen, um zu entscheiden, wer den Preis verdient.

A r t e n d e r a. Die Griechen unterschieden drei Arten, *ἀ. γυμνικοί, ἱππικοί* und *μουσικοί*. Die *ἀ. γ.* bezogen sich auf körperliche Gewandtheit und auf Mut, wobei die Wettkämpfer nackt antraten. Am wichtigsten war ein Wettrennen, *δρόμος*, das über verschieden große Entfernungen ging: *στάδιον, δίαυλος* = 2 *στάδια* (einmal die Rennstrecke hinauf und hinunter), *ἵππιος* (über 4 Stadien) und *δόλιχος* (Langstreckenrennen, verschieden angegeben zwischen 7 u. 24 Stadien); der Weitsprung, *ἅλμα*, gewöhnlich mit Springgewichten (*ἁλτῆρες*); der Speerwurf, *ἀκόντιον*, mit einem Wurfriemen, *ἀγκύλη*, für Weite und Genauigkeit; der Diskuswurf, *δίσκος*, eine kreisförmige Scheibe aus Stein oder Metall, im Gewicht verschieden (ein erhaltener Diskus aus Stein, 6,8 kg und Dm 28,57 cm; aus Bronze 1,245 kg bis 5,707 kg und 16,5 cm bis 34 cm Dm); Ringen, *πάλη*, dreimaliges eindeutiges Niederwerfen für den Sieg erforderlich. Diese 5 Wettkämpfe waren schon früh bei den Olymp. Spielen zusammengefaßt in dem Pentathlon. Faustkampf, *πυγμή*, wurde mit Riemen aus Ochsenleder zum Schutz der Hände seit Homer bis in das 5. Jh. v. Chr. ausgeführt, dann mit größeren Handschuhen, *σφαῖραι*, vom 4. Jh. bis zum 2. Jh. n. Chr., als die röm. Schlagriemen *(caestus)* allgemein gebräuchlich wurden. Beschreibung eines Faustkampfes bei Theokr. 22. Das Pankration ist eine Verbindung von Faustkampf und Ringen; bei Philostr. Im. 2,6 gute Darstellung. In den Magen zu treten, war ein beliebter Trick, Luk. Anach. 9. Andere Arten des Laufes war der Wettlauf mit Rüstung, *ὁπλίτης δρόμος*, und der Fackellauf, *λαμπάς*. Der *λαμπάς* zu Fuß oder zu Pferde hatte kultische und agonistische Bedeutung, wobei Pan für seine Hilfe bei Marathon geehrt wurde (Hdt. 6,105; Hermes: IG II^2 2980; Theseus; IG II^2 956–961. III 2998f.), und war ein besonderer Bestandteil der Panathenaia, Hephaisteia, Prometheia und Theseia. In der Regel beteiligten sich Epheben an den a. (IG II^2 1028, 101/0 v. Chr.). Die agonist. Wettkämpfe mit schweren Waffen bei den Spielen, z. B. bei den Theseia: IG II^2 957,47ff. (*ὁπλομαχία* und *ἀκόντισις*), die die Epheben ausübten, müssen von der Ausbildung im Gebrauch dieser Waffen für den Krieg unterschieden werden, die die Epheben von einem besonderen Ausbilder erhielten (*ὁπλομάχος, ἀκοντιστής, τοξότης*). Ausbilder der agonist. Hoplomachie bei Plat. Lach. 182c; in den Epheb.-Inschr. a. für Barkassen, ferner Regatten und Naumachien (*ἅμιλλα τῶν πλοίων*), IG II^2 1006,29 (122/1 v. Chr.). 1008,7. 18.23.76 (118/7 v. Chr.). Agora I 286,21, Hesp. 24, 1955, 220ff. (127/6 v. Chr.); Stierkampf in einem Agon von J. 36 n. Chr. in Athen, IG II^2 3156. Preise wurden für hervorragende körperliche Leistungen (*εὐανδρία*) und für guten Zustand von Waffen und Ausrüstung (*εὐοπλία*) verliehen, z. B. IG II^2 956–961 (161 bis 140 v. Chr.). *Ἀ. ἱππικοί* schlossen Pferderennen mit Fohlen, ausgewachsenen Pferden, und eine Zeitlang mit Stuten ein (Paus. 5,9,1). Wettreiten von Knaben bei Paus. 6,2,4. Wagenrennen mit zwei oder vier Pferden waren beliebt und wie die Pferderennen größtenteils auf wohlhabende Wettkämpfer beschränkt. Homers Beschreibung des Rennens von 5 mit zwei Pferden bespannten Wagen anläßlich der Bestattung des Patroklos schildert anschaulich diesen populären Sport, Il. 23, 262–650. Soph. El. 701–708 erwähnt 10 Wagen, die an den pyth. Spielen zugleich teilnahmen; die Zahl war zweifellos größer in Olympia. Alkibiades meldete dort allein sieben Wagen zu einem Rennen an (Thukyd. 6,16). Paus. 5,15,4. 6,20,7f. gibt uns eine Beschreibung des Hippodroms in Olympia.

Es gab auch a. im Lanzenwerfen, Bogenschießen, Zuwerfen von Fackeln vom Pferderücken aus. ᾿Α. μουσικοί waren solche in Musik, Dichtkunst, Tanz Redekunst und zwischen musikalischen Ensembles mit Chor- und Instrumentalmusik. Die Spiele in Delphi sollen zuerst nur aus musikal. a. bestanden haben, einer Hymne an die Gottheit, gesungen zur Kithara (Paus. 10,7,2), aber die gymnast. a. mögen abgekommen und 582 v. Chr. bei der Reorganisation der Spiele wieder eingeführt worden sein. Es gab a. im Singen von ὕμνοι, νόμοι, διθύραμβοι und ἐπινίκια, begleitet von der Kithara oder Flöte. Sieger in a. von σαλπιγκταί bei den Theseia zwischen 160–140 v. Chr. sind in Inschr. geehrt (IG II² 956–961), aber solche a. wurden schon 392 v. Chr. eingeführt (Paus. 5,22,1). Das Gleiche gilt von den a. von Herolden, die in denselben Inschr. genannt sind. Rhapsoden bewarben sich schon sehr früh um einen Preis beim Rezitieren der Abenteuer von Götter und Helden anläßlich von Banketten, Bestattungen und sonstigen Feierlichkeiten. Peisistratos machte diese a. zu einem Teil der Panathenaia, zusammen mit den eigentlichen ἀ. σκηνικοί. Diese vereinten Tanz, Theaterspiel, Dichtkunst, Musik und Kostümierung sowie Inszenierung in einer künstlerischen Produktion, geteilt in Tragödien, Komödien, einschließlich früherer Dithyramben und Satyrspiele, CIG 2758. Als besondere Gruppe wurden Solovorführungen dieser Kunstart manchmal als ἀ. θυμελικοί geschieden. Chor und Schauspieler betrachtete man als Werkzeug des Dichters, der sich um den Preis bewarb, aber der Chorege als finanzieller Träger und verantwortlich für Proben und Kostümierung stand im Wettbewerb mit anderen Choregen. Das Gleiche galt schon zur Zeit des Sophokles von dem die Hauptrolle spielenden Darsteller, dem Protagonisten, in den im Wettbewerb stehenden Dramen. Tänzer, in Gruppen und als Einzelne, besonders Kriegstänzer (πυρριχισταί), und in späteren Zeiten Pantomimen wetteiferten um Preise. Ein διδάσκαλος τῶν ᾀσμάτων θεοῦ ῾Αδριανοῦ übte die Epheben für das Singen (im Wettbewerb?) bei den Hadrianeia ein (IG II² 2086, 30, 163/4 n. Chr.). Epideikt. Redekunst, protreptische Reden, Enkomien in Prosa und Versen, ursprüngl. ποιήματα, waren Arten von a., an denen die Epheben in der röm. Zeit teilnahmen. IG II² 2119. 131–132. 2291 a, 4. 2086,33. ᾿Α. μουσικοί fanden nicht nur bei den panhellen. Festen statt, sondern auch an anderen Orten (Hdt. 5,67. Thuk. 3,104. Plat. nom. 828 c. 834 e). Es mag auch a. für Maler und andere Künstler gegeben haben (Plin. nat. 34, 53.35, 58.72).

Anlaß für Spiele. In epischer Tradition finden a. bei Bestattungsfeierlichkeiten für Helden statt, und ἀ. ἐπιτάφιοι werden für diejenigen in Athen gehalten, die im Krieg fielen (Arist. Ath. pol. 58), in Sparta (Paus. 3,14,1) und im übrigen Griechenland, auch in Etrurien und Rom. Religiöse Feierlichkeiten schlossen a. ein, und besonders ἀ. μουσικοί als einen Hauptteil. Die Bewerber, die nach der Vollkommenheit des Geistes und des Körpers streben, erfreuen die Götter. Die bevorzugte Stellung und die Vorrechte der Athleten in späteren Zeiten beruhten auf dem Glauben, daß sie Lieblinge der Götter seien. Die bestbekannten Feste mit agonist. Einschlag waren die folgenden: die Olymp. Spiele, deren legendäre Gründung im Jahre 776 v. Chr. und Begehung in vierjährigen Abständen die Grundrechnung der Jahre nach Olympiaden bildeten, wurden zu Ehren von Zeus abgehalten und waren die populärsten der panhellenischen Feste. Paus. 5,8,2–3. 5,9,1–2 führt 24 a. auf, aber keiner wurde bei einem Fest durchgeführt. Sie waren unter der Aufsicht von Ordnern (῾Ελλανοδίκαι), die durch Los aus den Reihen der Eleer gewählt wurden und auch als Richter fungierten. Der einzige Preis war ein Kranz von wilden Oliven (Paus. 5,7,4), obgleich Belohnungen an Ruhm und Vermögen den Siegern inoffiziell zukamen. Das Fest dauerte 5 Tage. Die pyth. Spiele in Delphi fanden zu Ehren Apollons statt, alle acht Jahre beginnend mit einem a. mit einer Hymne an Gott, zur Kithara gesungen. 582 v. Chr. übernahm der amphiktyon. Rat die Leitung der Spiele, die in dem dritten Jahr jeder Olympiade gefeiert wurden, wobei athletische u. hippische a. hinzugefügt wurden. Der Preis war ein Kranz von Lorbeerblättern, geschnitten im Tale des Tempe. Die Isthm. Spiele wurden in Korinth zu Ehren Poseidons abgehalten. Dabei dienten die athlet. a. und die Pferde- und Wagenrennen in erster Linie der Unterhaltung. Seit der Reorganisation 582 v. Chr. wurden sie in jedem zweiten Olympiaden-Jahr abgehalten. Ein Fichtenkranz, später aus Efeu, war der Preis; Solon fügte für jeden athen. Sieger 100 Drachmen aus dem Staatsschatz hinzu, Plut. Sol. 23. Wenig ist von den Nemeischen Spielen bekannt, ehe sie ein panhellenisches Fest im Jahre 573 v. Chr. wurden. Sie wurden in jedem 2. u. 4. Olympiaden-Jahr in Nemea in Argolis zu Ehren von Zeus abgehalten. Der Preis war ein Kranz aus wildem Eppich. In Athen wurden die Panathenaia, von Peisistratos eingeführt, jährlich abgehalten, aber jedes vierte Fest, die großen Panathenaia, wurde viel prächtiger als die vorhergehenden gefeiert. Zu den üblichen a. trat die farbenprächtige Prozession, in der der buntverzierte Peplos, an dem Mast eines Schiffes befestigt, auf einem Wagen zu der Göttin auf den Parthenon gebracht wurde. Der Festzug ist auf dem ion. Fries des Parthenon dargestellt. Der Preis bestand aus Öl von den heiligen Oliven in geschmückten Amphoren. Aus diesen vier (fünf) a. setzten sich die Perioden der alten panhellen. Feste zusammen, und Athleten, die diesen periodischen Spielen folgten, nannte man Periodoniken. A. der griechischen Art waren in Rom seit dem Beginn ihrer Einführung im J. 186 v. Chr. beliebt (es begründeten: Nero, die fünfjährlichen Neronia, Domitian, den vierjährlichen a. Capitolinus und Aurelianus im J. 274 n. Chr. den a. solis. In den hellenist. und röm. Perioden wurden viele Feste zu Ehren wichtiger Männer, Könige und Kaiser als Ausdruck quasi-politischer Bindungen oder, um Gunst zu erweisen, gestiftet. Der agonistische Einschlag stand im Vordergrund, obwohl Festzug und Opfer miteinbezogen wurden. Sie sind aufgezählt in IG II² 2199 (ca. 200 n. Chr.), wo 11 Feste genannt werden, in denen Epheben wetteiferten (vgl. L. Deubner Attische Feste, Berlin 1932).

Leitung der Spiele und Teilnehmer. Der Staat übernahm die Kosten, entweder direkt oder indirekt durch die liturgische Steuer, einschließlich der Preise. Er setzte die Zeit, Dauer, Perioden, Art der Veranstaltungen, Regeln und Preise fest und lud offizielle Gäste ein, *θεωροί*. Die eigentliche Festleitung lag in den Händen von Epimeletai, Hellanodikai, Agonothetai, Athlothetai, die ernannt oder gewählt wurden. Die panhellen. Spiele standen allen offen, die teilzunehmen wünschten. Durch Vertrag erklärten alle griech. Staaten den Friedenszustand während der Dauer der Festlichkeiten, *ἐκεχειρίαι*. Die Gruppeneinteilung der Bewerber bei den Festen war verschieden. In Olympia und Delphi gab es zwei Altersklassen, Männer und Knaben, während die beiden anderen größeren Feste die *ἀγένειοι*, die Bartlosen, hinzufügten. In den Theseia in Athen, IG II² 956ff., sind die Bewerber in Knaben der 1., 2., 3. Altersgruppe eingeteilt, ebensowie in Knaben, *ἔφηβοι, ἔνοι ἔφηβοι* (*ἐξέφηβοι*), *νεανίσκοι*, zusammen mit *ἄνδρες*. Die zahlreichen, neubegründeten a. der röm. Kaiserzeit hatten eine mehr oder weniger enge Verbindung mit dem kaiserl. Kult. Offiziell ein Teil des Kaiserkults waren die a. an den Tempeln zu Ehren der Kaiser in den verschiedenen *κοινά*, z.B. den *κοινά* von Asien, Syrien, Cilicien u.a. Professionelle Athleten nahmen der Reihe nach an den vielen a. teil und gewannen nicht nur Ruhm, sondern auch Reichtum. Sie bildeten Gilden, die ihnen zu einer privilegierten Stellung verhalfen. Aber unter den sich verschlechternden wirtschaftlichen Verhältnissen in den griech. Provinzen nahmen die a. von der Mitte des 3. Jh. an ab, obwohl der röm. Zirkus in den größeren Zentren und Gladiatorenwettkämpfe im griech. Osten an Beliebtheit zunahmen. L. Robert Les gladiateurs dans l'orient grec, 1940. W. R.

E.N. Gardiner Greek Athletic Sports and Festivals, 1910; ders. Athletics of the Ancient World, 1930. *B. Schröder* Der Sport im Altert., 1927. *Fr. Mezö* Gesch. d. Olymp. Spiele, 1930. *L. Englert* Die Gymnastik und Agonistik der Griechen..., Bd. I. Hellas, Bd. II Rom, 1942. *L. Moretti* Iscrizioni Agonistiche Greche, 1953. O. W. R.

'Αγὼν Ὁμήρου καὶ Ἡσιόδου. Kleine, nur im Laur. 56,1 überlieferte Schrift aus der Zeit bald nach Hadrian, die aus Angaben über das Leben Hesiods und Homers, der Darstellung eines Agons der beiden Dichter in Chalkis auf Euboia (Anknüpfung an Hes. erg. 650ff.) sowie Berichten über ihren Tod besteht. Die innere Beziehung zwischen Wettkampfschilderung und Todesberichten kommt in dem beide Teile beherrschenden Improvisationsmotiv zum Ausdruck. Der Kern der Schrift geht auf den als Vertreter der Stegreifrede bekannten Gorgiasschüler Alkidamas zurück. E. V.

Erste kritische Edition von *Nietzsche* ([1], 193). Beste Ausgabe: Vitae Homeri et Hesiodi ed. *Wilamowitz*, Berlin 1916, 34/45 (die übrigen [1], 194, 5). 1. *Ernst Vogt* RhM 102, 1959, 193/221 (dort die ältere Lit.). 2. *Konrad Heß* Der Agon zwischen Homer u. Hesiod, Winterthur 1960 (vgl. Gn 33, 1961, 697/703).

Agonium. So werden in den Kalendern vier Feste bezeichnet: 9. Jan. *Agon(ium)*. Es gehörte nach Ov. fast. 1,318 und, wenn Reitzenstein Poimandres 274, recht hat, auch Lyd. mens. 4,1 (hier aber zum 5. Jan.) dem Ianus ([2], 103. [3],870. [4], 135; anders Gianelli RFIC52,1924, 217). Der *rex sacrorum* opferte einen Widder, Das a. am 17. März hieß nach Macr. Sat. 1,4,15 *a. Martiale*. (Zufällig am gleichen Tag sind die Liberalia.) Das a. am 21. Mai galt nach den fasti Venusini dem → Vediovis (Latte 135: der Maia). Zum 11. Dez. (am gleichen Tag das Septimontium) notieren die fasti Amit. *AG.IN* (die anderen fasti *AGON* oder *AG*), die fasti Ostienses *[Ag]on(ium) Ind* (CIL XIV suppl. 4547), Lyd. mens. 4,155 *γενάρχῃ Ἡλίῳ*; das Fest gehörte also dem → Sol Indiges (Einwände dagg. Wissowa H 58, 1923, 369ff., aber s. [5],63ff.). – Der Name a. wird von *agere* abgeleitet und heißt etwa »Opfer« ([1],169. [2],29); die Bezeichnung ist alt. *agonalia* wäre dann eine Neubildung nach anderen Festnamen. Nach dem obskuren Schol. Lact. Stat. Theb. 4,463 hießen Opfer, bei denen der Priester selbst schlachtete, *agones* (zustimmend [4],383). Ov. fast. 1,317ff. zeigt, daß die Ableitung z.Z. Ovids ganz unklar war. W. E.

1. *Wissowa* Ges. Abh. 169.231 f. 2. *Ders.* Rel.² 29.103.144.317.439. 3. *Ders.* RE I 869f. 4. *Latte* RRelGesch. 44.70.135.383. 5. *C. Koch* Frankf. Stud. 3, 1933, 63ff. 6. *Mommsen* CIL I² zu den betr. Tagen.

Agonothetes (*ἀγωνοθέτης*), einer, der einen *ἀγών* ordnet. Er konnte auch als Richter (*βραβής*) fungieren und war entweder persönlich oder durch Kampfrichter (*ῥαβδοῦχος*) verantwortlich oder für die Verleihung von Preisen zuständig. Der Terminus tritt im 5. Jh. auf (Hdt. 6,127. Theokr. 3,38) und ist synonym mit *ἀθλοθέτης*. Die Agonothesia der panhellenischen Feste war in Händen eines Rats von gewählten Beamten, in Olympia und Nemea *Ἑλλανοδίκαι* genannt, in Delphi *ἐπιμεληταί*, und bei den Panathenaeen zehn *ἀθλοθέται* (Arist. Ath. pol. 60). Der *ἄρχων ἐπώνυμος* versieht die Aufgabe des *ἀ.* in Athen bei den Dionysien, aber ein ernannter *ἀ.*, der die *ἐπιμέλεια* unter einer *χορηγία τοῦ δήμου* ausübt, scheint sich schon früh, im J. 306/7 v. Chr., zu finden. In hellenist. und röm. Zeit wurde der a. immer mehr aus reichen und vornehmen Familien gewählt und trug häufig die Kosten der Spiele ganz oder teilweise. Die Agnothesia bei den Ephebenagonen war ein Ehrenamt, das manchmal die *κοσμηταί* inne hatten (IG II² 2067), regelmäßig Epheben, die zeitweise als Gymnasiarchen fungierten, IG II² 2050. Der a. trifft alle Vorkehrungen für die Spiele und verwaltet die finanziellen Angelegenheiten. Er hat einen Ehrenplatz bei den Spielen, trägt ein langes Feierkleid, mit Purpur umrandet, und einen Amtsstab. O. W. R.

Ἀγορά. Versammlung zur Pflege des *ἀγορεύειν*, einer der wichtigsten Tätigkeiten im griech. Staatsleben. Jeder männliche Vollbürger ist urspr. berechtigt und verpflichtet zur politischen Beratung zusammenzukommen (*ἀγείρειν*). Wo dies – im Frieden – regelmäßig an einem besonderen Ort geschieht, geht der Name für die Personengemeinde auf die Lokalität über. Im Kriege ist *ἀ.* überall dort, wo sich an sicherem Platz das Heer zu Beratung, Gericht und Verehrung der Götter versammeln kann (Hom. Il. 11,807). Die *ἀ.* entspricht dem german.-rechtl. Ding als Volks-, Gerichts- und Heeresversammlung. Wehrfähigkeit ist – wie heute noch am Beispiel der schweizerischen Landsgemeinde sichtbar – Voraussetzung für die politischen Rechte. Ob das politische Schwergewicht mehr auf dem Königtum oder dem aristokrat. Element des Rats oder bei der Volksversammlung lag, ob die Identität von Gesamtvolk und Staat mehr Idee oder Wirklichkeit war, »dennoch läßt sich sagen, daß die Bürger-, Gemeinde- oder Volksversammlung die Grundidee der Polis als der Gemeinschaft der Politen zum Ausdruck brachte, daß der Staat auf der unmittelbaren Teilnahme aller seiner Bürger am polit. Leben beruhte« (V. Ehrenberg Staat d. Griechen 1, 1957, 39). »Von der alten Wehrgemeinde über die Bürgerversammlung der Oligarchie zur demokrat. Ekklesia führt eine einzige Linie, die gebunden ist an die Gesamtheit der Wehrfähigen als des Staatsvolks und daran, daß stets nur der persönlich anwesende Bürger seine polit. Rechte ausüben konnte« (a. O. 44). *Ἀ.* im Sinne von Volksversammlung wird ersetzt durch *ἁλία*, *ἀπέλλα*, *ἐκκλησία* und örtlich auf den Marktplatz übertragen (dazu Rol. Martin Recherches sur l'agora Grecque, 1951; L'urbanisme dans la Grèce Antique, 1956; L'agora, 1959). A. M.

Ἀγοραῖος, -αία, Beiname aller Gottheiten, die in irgendeiner Beziehung zu dem Begriff der *ἀγορά* stehen (Altar in Olympia für Artemis *Ἀ.*, ein Heiligtum der Athena *Ἀ.* auf dem Markt in Sparta, Kult des Hermes *Ἀ.* in verschiedenen Städten, ebenso des Zeus *Ἀ.*, besonders in Athen, meist verbunden mit einem Altar und einem Standbild). W. S.

Agorakritos von Paros. Bildhauer des 5. Jh. v. Chr., Schüler des Pheidias. Seine Signatur las Antigonos von Karystos an dem Kultbild der Nemesis zu Rhamnus. Bei den Ausgrabungen dortselbst wurde ein Bruchstück des Kopfes mit gewellten Haaren und Fragmente der von Pausanias beschriebenen Basisreliefs gefunden. Von der mit Aithiopen gezierten Phiale kann wohl die Goldschale aus Panagjurischte eine Vorstellung vermitteln. Nachklänge der Nike und der Hirsche glaubte man auf Bronzereliefs zu erkennen. Von den sonstigen schriftlich überlieferten Werken des A. haben wir noch weniger eine Vorstellung. A. R.

HB Arch. III 1 (5. Lfg. 1950) 187ff. *(Lippold)*. *Svoboda/887Končev*, Neue Denkm. ant. Toreutik (Monum. archaeol. IV Prag 1956) 143ff. Antike Kunst 3, 1960, 3ff. *(Erika Simon)*.

Ἀγορανόμοι. Marktaufsichtsbehörde mit Polizeigewalt, nach Aristoteles, wenn er von der »gegenwärtigen Verfassung« Athens spricht, ein durchs Los bestimmtes Kollegium (5 Mitglieder für die Stadt, 5 für den Peiraieus) mit der Aufgabe »nach gesetzlichen Bestimmungen dafür zu sorgen, daß alle Handelsgüter rein und unverfälscht verkauft werden« (Ath. pol. 51). Die *ἀγορά* als Marktplatz ist also der Ort agoranomischer Tätigkeit (Amtslokal das *ἀγορανόμιον* am Markt, Plat. nom. 9,917e. Syll. ³313) und die Aufsicht über die *συμβόλαια* (den Marktverkehr und die zu ihm gehörigen Rechtsgeschäfte) und die *εὐκοσμία* (Ordnung, Zucht) der durch Nomos geregelte Inhalt dieser Tätigkeit (Ath. pol. 6,1321 b 11). Zur »Marktpflege« der A. vgl. Plat. nom. 6,764 b. 8,849 a. 9, 881 c. 11,913 d. 917 b.c.d.e mit inschr. Zeugnissen (Syll. ³354. 945. 736,99. 596,5. 946. 546 B 30. 975, 15. 284,15. 799,15. 708,35. 899. 729,6 u. a.), die von den Verwaltungs- und Polizeibefugnissen der *ἀ.*, ihrer *ἐπιμέλεια* für die Güterversorgung, ihrer Zeugnisfunktion bei Privatrechtsverträgen, ihren Kultobliegenheiten, ihren Ehrungen usw. sprechen. Ihr Aufgabenbereich entspricht dem der röm. Aedilen, ihre Mitgliederzahl kann schwanken, die Amtszeit ist ursprünglich ein Jahr. A. M.

Kahrstedt Unters. z. Magistratur in Athen, s. Agoranomen. *A. H. M. Jones* The Greek City 1940 s. Agoranomi.

Aogratos (*Ἀγόρατος*). Geborener Sklave, Sohn des Eumares, Denunziant unter den Dreißig, veranlaßte die Hinrichtung zahlreicher angesehener Männer in Athen und wurde nach dem Sturz der Dreißig amnestiert. Gegen ihn hielt Lysias die etwa 398 gehaltene 13. Rede. W. S.

Blass Att. Bereds. 1², 522ff.

Agra. Stadt im w. Susiana am Tigris (Ptol. 6,3,4), vermutlich zu der längs des Tigris sich erstreckenden Landschaft → Melitene gehörig. W. S.

Ἄγραφα nennt die Bibelwissenschaft dem histor. Jesus zugeschriebene Worte, die nicht in den 4 kanonischen Evangelien überliefert sind. Die Hauptquellen für *Ἀ.* sind: Das NT (1. Thess. 4,16 f.; Apg. 20,35), Pap. Oxy. I 654.655.840.1224; Egerton 2, außerkanonische Evg., christl. Schriftsteller vom 2. Jh. bis ins M.A., der Talmud und mohammed. Schriftsteller. Der größte Teil der uns bekannten 'A. sind für die Erforschung der Verkündigung Jesu wertlos und auch die von Jeremias (5,36ff.) für wahrscheinlich echt gehaltenen halten einer kritischen Prüfung nicht stand. Kl. W.

E. Klostermann Apocrypha II (KIT 8) 1929[3]; *ders.* Apocrypha III (KIT 11) 1911[2]. *A. Resch* A. (TU 5,4) 1889, (TU NF 15,3.4) 1906[2]. *J.H. Ropes* Die Sprüche Jesu (TU 14,2) 1896. *J. Jeremias* Unbekannte Jesusworte 1951[2]. *E. Hennecke* NTl. Apokryphen 1, 1959[3], 52–75. 199–224.

'Αγραφίου γραφή. In Athen Schriftklage wegen »Nichtaufschreibens« eines Schuldners (und damit Annullierung seiner Schuld), von Aristoteles unter die öffentlichen Klagen, die in den Kompetenzbereich der Thesmotheten fallen, gerechnet (Ath.pol. 59,3). Gemeint sind nach Demosthenes (58,51) Staatsschuldner, die eine Löschung ihres Namens auf der öffentlich aufgestellten Liste vorgenommen hatten, obwohl die Schuld nicht bezahlt war (von Demosth. abhängig Harpokration, der noch Lykurgos und Pytheas als Zeugen anführt, ebenso Poll. 8,54. BEKKER Anecd. 184,24. 199,28. 331,21). Der Begriff ἀ. γ. würde aber auch Nichteintragung in die Staatsschuldnerliste und Verantwortlichkeit der begünstigenden Beamten, die die Aufzeichnung unterlassen oder getilgt hätten, decken (vgl. Hesych.). A. M.

Lipsius Att. Recht u. Rechtsverf. 410ff. und *Thalheim* RE I 889.

"Αγραφοι νόμοι, »ungeschriebene Gesetze«, setzen als Begriff ungeschriebenen Rechts geschriebenes Recht voraus, darin liegt eine latente Dynamis, ein Spannungsverhältnis, das dann aufbricht, wenn in gesetzlichen Normierungen Unrecht, Veraltung, Lückenhaftigkeit festgestellt wird und verschiedene Rechtsordnungen gleiche Tatbestände verschieden beurteilen (Relativität). Ungeschriebene allgemein gültige Satzungen der Götter werden daher über die menschlichen Satzungen gestellt (vgl. HIRZEL *ΑΓΡΑΦΟΣ ΝΟΜΟΣ* 1ff.), aber gewisse Sophisten deuten selbst die »ungeschriebenen Gesetze« als bloß menschliche Erfindung und postulieren das »Recht des Stärkeren«, so daß Aristoteles neu mit seiner Ethisierung des Rechts bloßen Machtgebrauch ausschließen und den Menschen als von Natur dem Sittengesetz unterworfen, definieren kann. »Damit nahm er dem ‚Recht des Stärkeren' den Charakter des Nomos und zeigte nicht nur, daß das universale Gesetz existierte, sondern auch, daß es sich speziell an den Menschen wendete.« A. M.

Arn. A. T. Ehrhardt Pol. Metaphysik von Solon bis Augustin, 1959, 33f. *Erik Wolf* Griech. Rechtsdenken II, III 1.2 s. νόμος ἄγραφος. *Felix Heinimann* Nomos und Physis 1945, 124f. 166f.

Agraulos s. Aglauros

Agrianes ('Αγριᾶνες). Volksstamm paionischer Herkunft, der die Gebiete am oberen Strymon in Bulgarien besiedelte (Thuk. 2,96,3). Zunächst vom Odryserreiche in Thrakien abhängig; später verbündeten sich die A. mit Makedonien und nahmen an den Feldzügen Alexanders d. Gr. teil. Chr. D.

Gerov Unters. ü.d. westthrak. Länder in röm. Zeit (bulg. mit deutsch. Résumé) Jb. Sof. Univ. Philol. Fak. 55. Bd. 1961, 231ff.

2. ('Αγριάνης), Nebenfluß des Hebrus in Thrakien (h. Ergine), erwähnt von Hdt. 4,90. W. S.

Agricola. Cognomen in den Familien der Atilii, Calpurnii, Iulii, Virii und bei verschiedenen Consuln der Kaiserzeit (RE I 893). Außerdem wird A. als Name verschiedentlich erwähnt, z.B.: **1.** A., praefectus praetorio in Gallien (im J. 418 n.Chr. zum zweiten Male), Consul im J. 421. **2.** Agricola, Sohn des Avitus (Kaiser 455–456), Bruder des Ecdicius und der Papianilla (Gattin des Apollinaris Sidonius). Er war Inhaber eines unbekannten hohen Staatsamtes. Zwei Briefe des Sidon. an ihn sind erhalten (1,2. 2,12). H. G. G.

Agricola, Cn. Iulius Agricola, * 13. Juni 40 n.Chr. in Forum Iulii, Tac. Agr. 44, A. STEIN Ritterstand 304. SYME Tacitus 1,20. In Massilia erzogen, war er 59/60 Militärtribun in Britannien, Tac. 5. Ende 61 ging er nach Rom, bewarb sich um die ersten Ämter und heiratete die Tochter des Senators Domitius Decidius aus Narbonne, Tac. 6,1. Im J. 64 Quaestor in Asia, 66 Volkstribun, 68 Praetor, Tac. 6,2–4. Von Galba wurde er mit der Aufgabe *ad dona templorum recognoscenda* betraut, Tac. 6,5. Im J. 70 schloß er sich Vespasian an und erhielt von Mucian die Aufgabe, Truppen auszuheben; dieser ernannte ihn zum Kommandanten der *leg. XX Valeria Victrix* in Britannien, Tac. 7,3. Gegen Ende 73 kam er nach Rom, Aufnahme in den Patriziat, Tac. 9,1. Von 74–76 *leg. Aug. pr. pr. Aquitaniae.* Im J. 77 *cos. suff.* gab er seine Tochter dem Tacitus zur Frau, Tac. 9,5. Statthalter von Britannien 77 (nach SYME 78) bis 84, DESS. 8704a. AE 23, 1914, 2. Im J. 80 drang er bis zum Firth of Clyde-Firth of Forth vor, Tac. 23. Nach Rückschlägen kam es im J. 83 am Mons Graupius zur Schlacht gegen Calgacus (R.G. COLLINGWOOD-J.N.L. MYRES Roman Britain 115); die römische Flotte umsegelte die Insel, Tac. 38. Abberufen im J. 84, erhielt er die *ornamenta triumphalia* und eine Statue, 40,1. An der Losung um die Provinz Asia beteiligte er sich nicht, Tac. 42,1. Er lebte zurückgezogen, † 23. Aug. 93, ohne Verschulden Domitians. R. H.

A. R. Burn A. and the Roman Britain, 1953. *I. A. Richmond* Cn. Iulius A., JRS 34, 1944, 34–45. *K. Büchner* Tacitus, Agr., Germ., Dial. Kröner 1955, 49–82.

Agri decumates s. Decumates agri

Agrigentum s. Akragos

Agrimensores s. Feldmesser

Agrinion, Stadt in Aitolien. Im J. 314 v.Chr. war der Ort im Besitze der Akarnanen, wurde ihnen aber von den Aitolern wieder entrissen (Diod. 19,67 f.). Die heutige Stadt A., die noch vor etwa 100 Jahren Vrachóri hieß, liegt nicht auf der Stelle des alten A., und es sind in ihrer unmittelbaren

Nähe auch keine antiken Reste gefunden (Philipps.-Kirst. 2,2,337f.). W. S.

Agrionia (Ἀγριώνια), ein im Monat Elaphebolion (= Ἀγριώνιος, E. Bischoff Leipz. Stud. 7, 1884, 345) zur Nachtzeit begangenes Dionysosfest in Orchomenos (Böotien) Plut. mor. 291 a. Der Name, von Nilsson (Griech. Feste, 1906, 271 f. Vgl. GgrR^2 1, 598) zweifelnd zu ἀγείρειν gezogen und als »Sammlung« der Totenseelen gedeutet unter Hinweis auf Feste ähnl. Namens (Ἀγρ(ι)άνια in Argos und Theben Hesych. s. v. E. Rohde Psyche 2, 1898^2, 45,1), eher mit Rhode a. O. 45,2 zu ἄγριος »wild« als Epitheton des Dionysos (vgl. Orph. h. 29,3). Die kult. Vorgänge bestanden u. a. in einer rituellen Suche der Frauen nach dem verschwundenen Gotte (Plut. mor. 717a) und in der Verfolgung einer Frau aus dem Geschlecht der Minyaden durch den seinen Gott vertretenden Priester, der die Ereilte mit dem Schwert töten durfte (Plut. mor. 299 f), offenbar Substitut für ein ehem. Menschenopfer. Die bei Plut. a. O. gegebene ätiologische Sage berichtet von dem kannibalischen Sparagmos des Hippasos durch seine Mutter Leukippe und ihre beiden Schwestern, Töchter des Minyas, im Wahnsinn. Wie im Pentheus- und Proitidenmythos (Ov. met. 3,701 ff. Apollod. 2,26 ff.) mischen sich hier Elemente der ekstatischen Omophagie des Dionysos durch sein weibl. Gefolge mit dem Gedanken der Rache des Gottes an Verächtern seines Kultes (zu den Minyastöchtern in diesem Sinne Anton. Lib. 10. Ov. met. 4, 390 ff.). Vgl. Prell.-Rob.^{4} 1,689 f. W. F.

W. F. Otto Dionysos, 1960^3, 42 f. 108 ff.

Agrios (Ἄγριος) **1.** Gigant, von den Moiren getötet. Apollod. 1,38. **2.** Kentaur, den Herakles von der Höhle des Pholos abwehrte, ebd. 2,5,4,3. **3.** Sohn des Porthaon und der Euryte zu Kalydon (Aitolien), Bruder des Oineus. A.s Söhne, Thersites u. a., entthronen Oineus und werden dafür von Diomedes oder Tydeus getötet, Hom. Il. 14, 117. Apollod. 1,63.77 ff. Hyg. fab. 175.242. Anton. Lib. 37. Eur. im Oineus. **4.** Bei Hes. theog. 1013 ff. ist A. Sohn des Odysseus und der Kirke, Bruder des Latinos. Die Brüder »herrschen fern im Winkel der heiligen Inseln über alle Tyrsener«. H. v. G.

Agrippa. Nach antiker Etymologie = *aegripes* oder auch *aegre partus*. Ursprünglich ein Praenomen (auch später bei den Iuliern, bes. A. Postumus), dann Cognomen, in den Familien der Asinii, Fonteii, Furii, Haterii, Helvii, Iulii, Lurii, Menenii (Menenius A.), Vibuleni, Vipsanii (M. Vipsanius A., der Feldherr des Augustus), bei verschiedenen Consuln (RE I 898), aber auch bei jüdischen Königen (Herodes A.). Als Nomen bei verschiedenen Personen belegt, z. B.: **1.** A., ein Skeptiker, der später als Ainesidemos lebte. **2.** A., Astronom um 100 n. Chr. **3.** A. Castor, Christ im 2. Jh. n. Chr., polemisierte gegen den Gnostiker Basilides. H. G. G.

Agrippa, M. Vipsanius, * 64/63, aus Dalmatien, ritterlichen Geschlechtes. In der Rhetorenschule in Rom lernte er Oktavian kennen, Nicol. Damasc. FGrH II A 393, 26 ff. Als dessen Begleiter ging er nach Spanien, ebd. 395,23, dann nach Apollonia, Suet. Aug. 95. Nach Caesars Ermordung traf A. mit Oktavian im April 44 in Rom ein, App. civ. 3,35. Volkstribun 43, Cass. Dio 46,49,1; Teilnahme an der Schlacht von Philippi, entlastete 41 den Salvidienus Rufus durch die Besetzung von Sutrium, App. civ. 5,122. Im J. 40 hielt er das Entsatzheer von Perusia fern, App. 5,140 f. Als *praetor urbanus* schützte er Italien vor Einfällen des Mark Anton und Sex. Pompeius, Cass. Dio 48,28,1. Beim Vertragsabschluß von Brundisium war A. zugegen, Prophyr. Hor. sat. 1,5,27. Im J. 39/38 Statthalter von Gallia transalpina siedelte er die Ubier über dem Rhein an, s. RE VIII A 532. *Cos. des.* im Herbst, Grueber Coins 2,410 Nr. 100–104. *Cos.* 37, Broughton Mag. 2,395. Er baute den Hafen von Baiae aus und schuf eine Flotte, App. civ. 5,401, vermittelte den Vertrag von Tarent, Cass. Dio 48,54,6. Erste Heirat mit Caecilia Attica, Nep. Att. 12,1. Im J. 36 setzte A. nach Sicilien über und errang bei Naulochoi einen Seesieg über Sex. Pompeius, App. civ. 5,492 ff., erhielt die *corona navalis*, Verg. Aen. 8,684. Im J. 35 operierte er mit der Flotte in Illyrium, App. Ill. 38,3. Aedil im J. 33 (Cass. Dio 49,43,1), begann er den Bau von Wasserleitungen und Bädern in Rom, Suet. Aug. 42,1. Im J. 32 Neubau von Schiffen; als Admiral befehligte er die Flotte bei Aktium 31, Vell. 2,85,2, hielt dann Unruhen in Rom nieder, Cass. Dio 51,3,5 ff. Im J. 29 bekam er hohe Auszeichnungen, Cass. Dio 51,21,3. *Cos. II* im J. 28, zweite Ehe mit Claudia Marcella, Suet. Aug. 63,1. A. hielt mit Oktavian den Census, Dess. 6123. *Cos. III* im J. 27, vertrat den in Spanien abwesenden Augustus bis 24 in Rom. Beginn der Bauten auf dem Marsfeld, F. W. Shipley A.s building activities in Rome, 1933; das Pantheon 25 vollendet. A. übersiedelte in die *domus Augusti*, Cass. Dio 53,27. Im J. 23 übergab Augustus, schwer erkrankt, A. seinen Siegelring, Cass. Dio 53,30,2, wodurch Spannung mit Marcellus entstand. A. ging als Generalstatthalter in den O., Ios. ant. Iud. 15,350. Als im J. 21 Augustus das Partherproblem lösen wollte, übertrug er A. das *imperium maius* über Rom und den W. Dritte Ehe mit Iulia. 20/19 weilte A. in den Westprovinzen, Niederwerfung der Cantabrer, Oros. 6,20,9. Im J. 18 erhielt er das außergewöhnliche Imperium im ganzen Reich und die *tribunicia potestas* auf 5 J., Res gest. 1,6. Im J. 17 reiste A. nach den Säkularspielen nach dem O., von 15 an enge Freundschaft mit Herodes, Ios. ant. 16,44. Im J. 13 wurde ihm in Rom seine Stellung auf weitere 5 J. verlängert. Im J. 12 begab er sich nach Pannonien, erkrankte, † in Campanien, Cass. Dio 54, 28. A. verfaßte Commentarii zu seiner Weltkarte. R. H.

A. Klotz, Klio 24, 1931, 38–58.386–466. *Schanz-Hos.* 2, 329–336. *Meyer Reinhold* Marcus Agrippa, 1933.

Agrippae campus. Gegend in der 7. Region Roms, ö. der Via lata, des h. Corso, ungefähr zwischen der Piazza S. Silvestro und den Hügeln. Ursprünglich Privatbesitz des Agrippa, der dort eine Halle errichtete, welcher Augustus, als er das zu einer öffentlichen Anlage gemachte Gelände 7 v. Chr. einweihte, den Namen porticus Vipsania gab. Bei der von Cass. Dio (45, 8, 3–4) und Plinius (nat. 3,17) erwähnten, von Polla, der Schwester des Agrippa errichteten porticus Pollae soll es sich um einen Teil der porticus Agrippae handeln, ebenso bei der porticus Europae. R. Gr.

Lugli I Monumenti Antichi Di Roma Bd. 2, p. 43 f., Bd. 3, p. 121, p. 270ff.

Agrippae pons. Brücke in Rom, erbaut von Agrippa, dem Schwiegersohn des Augustus. Sie ist erwähnt auf einem im Jahre 1877 gefundenen Cippus, der an die unter Claudius von den vier *curatores riparum et alvei Tiberis* durchgeführte Flußregulierung *a trigario ad pontem Agrippae* erinnert (CIL 31545). Man nimmt im allgemeinen an, daß die Brücke, die nach LANCIANI (Ruins p. 22) vielleicht unter Claudius abgebrochen wurde, 160 m n. des → *pons Aurelius*, des h. ponte Sisto, über den Fluß führte, wo bis um die Jahrhundertwende unter dem Wasserspiegel noch vier Pfeiler einer antiken Brücke zu sehen waren (HÜLSEN Röm. Mitt. 1889, 285, 286. 1890, 135). R. Gr.

Lugli I Monumenti Antichi Di Roma Bd. 2, p. 308, Bd. 3, p. 256.

Agrippeion. Philostratos (Vit. Soph. 2,5,4.2, 8,3 f.) gebraucht die Bezeichnung A. wahrscheinlich für das → Odeion auf der Agora von Athen, das demnach gegen 12 v. Chr. von → M. Agrippa errichtet worden ist. G. F.

R.E. Wycherley Literary and Epigraphical Testimonia 162 Nr. 522 f.; vgl. 221: The Athenian Agora 3, 1957.

Agrippiana horrea. Unter diesem Namen ist ein nach → M. Agrippa benanntes, in Rom am Vicus Tuscus gelegenes Kauf- und Lagerhaus (→ horrea) bekannt. Das durch die Inschrift CIL VI 39417 sicher identifizierte Gebäude ist seit 1903 ausgegraben worden. G. F.

Ernest Nash Bildlexikon zur Topographie des alten Rom 1, 1961, 475 ff.

Agrippianae thermae. Das älteste der großen öffentlichen Bäder Roms wurde von → M. Agrippa seit 25 v. Chr. errichtet und 12 v. Chr. testamentarisch dem römischen Volk vermacht (Dion. Hal. ant. 53,27. 54,29). Über den Bau und die dort aufgestellten Kunstwerke berichtet Plin. nat. 34,62. 35,26. 36,189. Die wiederholt durch Brand beschädigte und umgebaute Anlage scheint in Resten s. des Pantheon erhalten zu sein. G. F.

Platner-Ashby 518.

Agrippina. 1. Vipsania, Tochter des M. Vipsanius Agrippa von Caecilia Attica, * ca. 33 v. Chr., 16–12 verheiratet mit Tiberius, Suet. Tib. 7,2, dem sie 15 den Drusus Caesar gebar. Ehelichte den C. Asinius Gallus, Tac. ann. 1,12, Stemma RE IX A 1232. † 20 n. Chr., Tac. ann. 3,19. **2.** Vipsania (A. maior), Tochter des M. Vipsanius Agrippa von Iulia, * 14 v. Chr., heiratete 5 n. Chr. den Germanicus; 9 Kinder, Plin. nat. 7,57, Stemma RE IX A 1232. Mit dem Gatten 14–16 in Germanien, Tac. ann. 1,40, im Orient 17–19; Ehrungen IGR 4,22 f. Herrisches Wesen. Im Winter 19/20 brachte sie die Asche des Gatten nach Rom, Tac. ann. 2,75. Tiberius und A. haßten einander, Tac. ann. 4,12. Im J. 29 im Senat angeklagt (Tac. ann. 5,3,1), wurde sie nach Pandataria verbannt, Suet. Tib. 53,2. † durch Selbstmord, Cass. Dio 58,22. Im J. 37 Beisetzung ihrer Urne im Mausoleum des Augustus, CIL VI 886. BERNOULLI Röm. Ikonogr. 2,1,190; Taf. 33, 17–19. CURTIUS, Röm. Mitt. 49, 1934, 145 ff. **3.** Iulia A. (A. minor) * 6. Nov. 15 n. Chr., Tochter des Germanicus von A. maior, Tac. ann. 12,27,1. Heiratete 28 den Cn. Domitius Ahenobarbus, dem sie den Nero gebar, Ios. ant. Iud. 20,149. Im J. 39 verbannt, Cass. Dio 59,22, von Claudius zurückberufen; heiratete den Passienus Crispus, Plin. nat. 16,242, vermählte sich aber 49 mit Claudius, Tac. ann. 12,1 ff. Augusta im J. 50, CIL VI 921. Vergiftete den Claudius, Tac. ann. 12,66 f., brachte ihren Sohn auf den Thron, der sie im J. 59 töten ließ, Tac. ann. 14,3–8. Schrieb Memoiren, Tac. 4, 53,2. BERNOULLI 2,1,373 ff. R. H.

Agrippinenses. Die Bewohner des oppidum Ubiorum, das seit der Umwandlung in eine Kolonie im J. 50 n. Chr. den Namen *Colonia Claudia Ara Agrippinensium* trägt, heute Köln am Rhein. → Colonia Claudia Ara Agrippinensium u. Ubii. H. C.

H. Schmitz Colonia Claudia Ara Agrippinensium 1956.

Agrippinus. Cognomen bei den Casperii, Claudii, Fabii, Iulii, Paconii. Als Nomen nur selten, z.B. bei A., Comes und Befehlshaber in Gallien, für uns nachweisbar zwischen 452 und 462; er übergab 462 den Westgoten die Stadt Narbo, um sich in dem Streit mit Aegidius deren Unterstützung zu verschaffen. LUDW. SCHMIDT G. d. deutschen Stämme 1^2, 1941, 485. H. G. G.

Agrius. 1. Röm. Ritter, Freund Varros, im 1. Buch r. r. als Redender wohl wegen seines sprechenden Namens eingeführt. **2.** A., röm. Ritter, Zeuge im Prozeß des Flaccus (Cic. Flacc. 31). W. S.

Agroecius. Bischof von Sens, schrieb einen dem Bischof von Lyon und dem Bischof Eucherius (434–450) gewidmeten Traktat über die Rechtschreibung (ars de orthographia), der aber mehr über die *differentiae* (Unterschiede der Bedeutung bei formal ähnlichen oder auch von dem gleichen Stamm abgeleiteten Wörtern) handelt, z.T. mit grammatischen Regeln und mit oft törichten und gekünstelten Unterscheidungen, jedoch mit einer starken Nachwirkung bei Scholiasten, bei Isidor und im Mittelalter. W. S.

W. Brambach Die Neugestaltung der lat. Orthographie, Lpz. 1868. Schanz-Hos. 4, 206.

Agroitas (Ἀγροίτας). Griech. Historiker hellenistischer Zeit (aus Kyrene?), Vf. von *Λιβυκά* in mindestens 3 B. In den wenigen Fragmenten (FGrH 762) läßt sich eine stark rationalistische Umformung der Mythologie feststellen. Das von Diod. 4, 26, 2–4 benutzte HB der Myth. scheint von ihm beeinflußt zu sein. H. Gä.

Agron (Ἄγρων) **1.** Anton. Lib. 15 erzählt nach der Ornithogonie des Boios (der Boio): A. lebte mit seinem Vater Eumelos und seinen beiden Schwestern auf der Insel Kos. Sie verehrten nur die Erdgöttin, mißachteten und schmähten aber Hermes (als Dieb), Athena (als eulenäugig) und Artemis (als Nachtwandlerin), selbst als die Gottheiten ihnen in menschlicher Gestalt erschienen. Zur Strafe wurden sie in Vögel verwandelt, A. in einen Regenpfeifer. **2.** Sagenhafter lydischer König, nach Hdt. 1,7 Sohn des Ninos und 1. König aus dem Hause der Herakleiden. H. v. G.
3. König von Illyrien, von Pol. 2,2,4 als Sieger über das stolze Volk der Aitoler hervorgehoben.
G. *Zippel* Die röm. Herrschaft in Illyrien, 43 ff. W. S.

Agrostis (ἄγρωστις). Als Name von Futtergräsern schon bei Homer, nach den Beschreibungen bei Diosk., Apuleius u.a. nicht Straußgräser der heutigen, über 100 Arten umfassenden Rispengrasgatt. Agrostis L., sondern Ährengräser entweder von Agropyron, Quecke (Sprengel u.a.) oder von Cynodon, Hundszahn (Ascherson, Gramen Dactylon, Hippagrostis der Kräuterbücher des 16. u. 17. Jh.), beide in S.- u. Mitteleuropa lästige Unkräuter, schon im vorderen Orient als Futtergräser geschätzt, Quecken-Rhizome auch zu Heilzwecken. H. Ga.

Agrotera s. Artemis

Agryle (Ἀγρύλη). In Ober- und Unter-A. geteilter attischer Demos der Trittys Euonymeis der Phyle Erechtheis, 306–201 der Antigonis, seit 200 der Attalis, am Hymettos beim jetzigen Pankrati gelegen, bestimmt durch die Nachbarschaft der Ardettos-Höhe (Harpokr. s. Ἀρδηττός) und des Demos Ankyle in IG ^{2}II–III 2776. E. K.
RE V 35 f. Suppl. VIII 70. *Philipps.-Kirst.* 1,901.1040,14 Nr. 93 der Karte.

Aguntum. Keltisch-römerzeitliche Siedlung Osttirols, von Lienz ostwärts, an d. Drau, 4,5 km entfernt. Der Name klingt illyr., in d. Tat wurde sie gegen Ende des 2. Jh. v. Chr. von eingewanderten Illyrern gegründet. Von der Mitte des 1. Jh. v. Chr. hatten dort die kelt. Laianci ihre befestigte Stammeshauptstadt. Unter der Römerherrschaft erlebte A. seine höchste Blütezeit. Unter Hadrian (117–138) mag die Stadtmauer gebaut worden sein, 177,6 m lang, aber nicht ausgebaut zu einem wirklichen Befestigungsring, was erst im 3. Jh. n. Chr. erfolgte. In A. fanden größere Ausgrabungen statt; R. Egger hatte die frühchr. Friedhofskirche ö. der Stadtmauer freigelegt (1913). E. Swoboda setzte die Ausgrabungen 1931 fort. Nach dem 2. Weltkrieg wurde (seit 1951) ein neues Freilegungsprogramm in Angriff genommen. Aus den ausgegrabenen Ruinen errichtete man ein bedeutendes Freilichtmuseum und bei den Ausgrabungen wendete man modernste Entdeckungsmethoden (geoelektrische Messungen) an. Außer den übermannshohen Resten der Stadtmauer u. eines Stadttores ist vor allem als größter Gebäudekomplex ein vornehmes Wohnhaus zu erwähnen, mit einem Atrium tuscanicum (Seltenheit n. der Alpen) und einem Peristyl. Das in 3 Trakte untergeteilte »Atriumhaus« umfaßte noch Wohn-, Geschäfts-, Wirtschafts- u. Baderäume. Das Gebiet w. der Stadtmauer wurde dichter als im O. gebaut. J. Sz.

Agyieus s. Apollon

Agylla s. Caere

Agyrion (Ἀγύριον, Ἀγυριναῖοι, Agyrini und -nenses). Siculerstadt im Innern der Insel, 25 km n. ö. von Henna, mit altem Kult des Herakles, der sie besucht haben soll (Diod. 4,24). Zu Anfang des 4. Jh. unterstand sie Agyris, dem mächtigsten Tyrannen nächst dem mit ihm verbündeten Dionysios, und zählte 20000 Bürger (Diod. 14,95). 339 vertrieb Timoleon den Tyrannen Apolloniades, siedelte 10000 Griechen neu an und entfaltete eine rege Bautätigkeit (Diod. 16,82.83). Auch in Ciceros Zeit war A. nicht unbedeutend. Geburtsort des Historikers → Diodoros. Münzen vom Ende des 5. Jh. ab: Head HN^{2} 124. Heute Agira. K. Z.

Agyrrios. Athener aus dem Demos Kollytos (PA 1,179), eifriger Vorkämpfer der Demokratie (Demosth. 24,134), trat seit 405 in dieser Hinsicht mehrfach hervor: Um der geringen Teilnahme an den Volksversammlungen entgegenzuwirken, führte er um 400 den Ekklesiastensold ein (Aristot. Ath. pol. 41,3), vor 395 stellte er das Theorikon wieder her und bald danach erhöhte er den Ekklesiastensold durch Heranziehung persischer Subsidien auf 3 Obolen. Selber saß er jahrelang als Staatsschuldner im Gefängnis (Demosth. 24,135). Im Frühjahr 388 erhielt er anstelle des umgekommenen Thrasybul ein Flottenkommando (Xen. Hell. 4,8,31). Fr. Kie.

Ahala Beiname der Servilii

Ahenobarbus s. Domitius

Ahnenbilder s. Imago

Ahorn (acer). Die meisten europäisch. Namen der je nach Artbegrenzung 100–200 Arten umfassenden Laubholzgattung Acer L., zu denen u.a. griech. ἄκαστος, lat. *acer* u. *ornus* gehören, gehen auf einen idg. Baumnamen mit ă, nicht auf adjekt. acer mit ā zurück. Zu den auch in Mitteleuropa verbreiteten A. pseudoplatanus L. (Bergahorn), platanoides L. (Spitzahorn) u. campestre L. (Feldahorn, Maßholder) kommen in Südeuropa u. a. A. opalus Mill., monspessulanum L. und orientale L. Auf welche Arten sich griech. ἄκαστος (schon bei Hes.), σφένδαμνος u. γλῖνον, lat. *acer* (bei Ovid, Plin. u. a.) beziehen, ist unsicher, da zu den Ahornen auch Laubbäume anderer Familien gestellt worden sind. H. Ga.

Aia (*Αἶα*), das unbekannte »Land«, das Reich des Aietes (»Herrschers von Aia«), das ursprüngliche, mythische Ziel der Argonauten, wo »die Strahlen der Sonne in goldener Kammer liegen, bei den Aithiopen, am Okeanos« (Mimnermos), noch von Apoll. Rhod. 4,131 *Τιτηνὶς αἶα* (»Sonnenland«) genannt. Nach Erschließung des Schwarzen Meeres fanden griech. Seefahrer das Land ihrer Sehnsucht in Kolchis wieder. Hdt. 1,2.7,193. 197. A. wurde nun auch eine Stadt an den Ufern des Phasis, Mutterstadt von Kolchis oder Kolchis selbst. Nach Hdt. 2,104 sollen die Bewohner von A. aus Äg. stammen. H. v. G.

A. Lesky Aia, WSt 63, 1948, 22ff.

Aiacius. Q. Aiacius Modestus Crescentianus. Im J. 204 n. Chr. *XVvir sacris faciundis*, CIL VI 32327,9, dann *leg. Aug. pr. pr. Arabiae* und *cos. des.*, IGR 3,1321. Zwischen 208–211 *leg. Aug. pr. pr. Germaniae superioris*, CIL XIII 7417.7441. *Cos. II* im J. 228, CIL XIV 4562,6. R. H.

Aiaia (*Αἰαία*) **1.** Beiname der Kirke, Medeia, Kalypso. **2.** Die Insel von → Aia. Die Vorstellungen über A. und Aia sind die gleichen. A. ist Wohnort der Kirke und der von ihr unsterblich Gemachten: Telegonos, Telemachos, Penelope, vielleicht auch Odysseus. ROHDE Psyche 69. Spätere führten den Namen auf den Weheruf der Seelen im Hades zurück: *αἶ αἶ*. Während Hom. die Insel in den O. verlegt, sucht man sie später in den w. Gewässern, in der Nähe Tyrrheniens, schon Hes. theog. 1011. Apoll. Rhod. 3,309 erzählt die Übersiedlung der Heliostöchter von der ö. auf die w. Insel. H. v. G.

L. Radermacher Mythos u. Sage bei den Griechen ²1938, 223.

Aiakeion s. Aiakos.

Aiakes. 1. Samier, Vater des Tyrannen Polykrates, des Pantagnotos und des Solyson (Hdt. 3,39. 6,13). **2.** Enkel des Vorigen, Sohn des Solyson, Tyrann von Samos. Von Aristagoras von Milet 499 v. Chr. vertrieben, floh er zu den Persern und bewog vor der Seeschlacht bei Lade 495/4 die Samier zum Abfall von den Aufständischen (Hdt. 6,13f.). Nach dem Zusammenbruch des Ionischen Aufstandes wurde er wieder zum Tyrannen über Samos eingesetzt (Hdt. 6,25). Fr. Kie.

Aiakides (*Αἰακίδης*) **1.** Patronym mythischer und historischer Gestalten, die ihr Geschlecht auf Aiakos zurückführten, so des Peleus, Achilleus, Neoptolemos und der molossischen Könige (Lit. bei P. FRANKE Die antiken Münzen von Epirus, 1961, 270 Anm. 42). **2.** König der Molosser, Vater des Pyrrhos. Nach seiner Thronbesteigung wohl vor 319 (C. KLOTZSCH Epirot. Gesch., 1911, 95 Anm. 2.101) unterstützte er Polyperchon und Alexanders d. Gr. Mutter Olympias, die er im Herbst 317 nach Makedonien zurückführte. Als sie dort von Kassandros in Pydna belagert wurden, versuchte er sie zu entsetzen. Doch das molossische Aufgebot meuterte, A. wurde für abgesetzt erklärt (Diod. 19,36,4) und floh nach Aitolien. Als er 313 nach Epirus zurückkehrte, wurde er von Kassandros' Bruder Philippos in 2 Treffen geschlagen und fiel. Fr. Kie.

Aiakos (*Αἰακός*). Sohn des Zeus und der Aigina, Stammvater des berühmten, bes. von Hes. und Pind. verherrlichten, auf Aigina, Salamis und in Thessalien seßhaften Aiakidengeschlechts. Zeus entführte Aigina auf die nach ihr umbenannte Insel Oinone (Oinopia). Da A. einsam auf der Insel lebte (oder eine Pest sie verödet hatte, Ov. met. 7,520ff.), schuf Zeus auf seine Bitte Ameisen (*μύρμηκες*) zu Menschen um, die A. Myrmidonen nannte, Hes. frg. 76 Rz³ (Volksetymologie). Frömmigkeit und Milde machten A. zum Liebling der Götter; sein Gebet und Opfer erwirkte Regen für das ausgedörrte Hellas. Mit Apollon und Poseidon baute er an den Mauern Troias. Auf dem Berge seiner Insel gründete er oder die Griechen an der Stelle seines Betens dem Zeus ein gemeingriech. Heiligtum, das Panhellenion. Seiner Entdeckung der Silberadern glaubte man die frühe Silberwährung und Münzprägung Aiginas zu verdanken. Auf der Insel hatte er ein Heiligtum (Aiakeion), unter dessen Altar man sein Grab verehrte, und ein Fest (Aiakeia). Auch in Athen genoß er Heroenkult; vor der Schlacht bei Salamis sicherte man sich die Wunderkraft des A. und der Aiakiden durch Überführung nach Athen, Hdt. 8,64.83f; vgl. 5,80f. Vermählt war A. mit Endeïs aus Megara, seine Söhne Telamon und Peleus brachten einen Stiefbruder um und mußten außer Landes gehen; so wurde die myth. Verbindung Aiginas mit Salamis und Thessalien begründet. In nachhom. Zeit war A. neben Minos und Rhadamanthys auch Totenrichter, Plat. apol. 41a; Gorg. 523e. Die Könige von Makedonien und Epeiros betrachteten A. als Stammvater. H. v. G.

Aianteia (*Αἰάντεια*), von den Athenern für Aias, den Helden von Salamis, gefeiertes Fest mit Opfer, Festzug und den üblichen Agonen, wobei auch ein Fackelwettlauf und eine Ruderregatta stattfand. → Aias. W. S.

IG II 467 ff. *P. Stengel* Die grich. Kultusaltertümer 140.

Aiantis (*Αἰαντίς*), **1.** Die 9. der att. Phylen, nach Aias Salaminios benannt (Hdt. 5,66. Aristot. Ath. pol. 21). In der Schlacht bei Marathon bildete ihre Abteilung den äußersten rechten Flügel (Aischyl. bei Plut. mor. 628 E) und zeichnete sich auch bei Plataiai aus (ebd. 628/29).

A. W. Gomme Population of Athens, 1933. *E. Kirsten*, Atti 3. Congr. Epigraf., Rom 1959, 166ff. *Philipps.-Kirst.* 1, 987.

2. Epiklesis der Athena in einem Tempel der Akropolis von Megara (Paus. 1,42,4); Darstellung vielleicht auf Münzen 2./3. Jh. E. K.

K. Hanell Megar. Studien, Lund 1934, 49f.

Aiantodoros (*Αἰαντόδωρος*). Von Plat. Apol. 34 A als Bruder des bekannten Sokrates-Schülers Apollodoros aus Phaleros genannt. W. S.

Aias (*Αἴας*, Aiax) **1.** *Τελαμώνιος*, auch *μέγας* zum Unterschied von 2., Sohn des Telamon, Königs von Salamis, und der Eriboia (Periboia), Führer der Salaminier vor Troia, Hom. Il. 2,557 (schon von Zenodotos und noch heute vielfach athetiert), nach Achilleus der stärkste der griech. Helden, zäh im Standhalten, bekannt durch seinen unentschiedenen Kampf mit Hektor, seine Teilnahme an der Gesandtschaft zu Achilleus, sein Eingreifen beim troischen Angriff auf die Schiffe und besonders durch die Deckung des Menelaos bei der Bergung der Leiche des Patroklos. Sehr häufig kämpft er mit dem andern A. zusammen (*Αἴαντε*). Auch im kykl. Epos (Aithiopis, Iliupersis, Kleine Ilias) ist A. eine große Figur. Er rettet die Leiche Achills, unterliegt aber in dem Streit um die Waffen Achills, die das Schiedsgericht mit Hilfe Athenes Odysseus zuspricht. Sein Ehrgefühl treibt ihn zum Selbstmord. Noch im Hades zeigt A. sich unversöhnt, Od. 11,495. Von dem Wahnsinn, der A. dazu trieb, das Herdenvieh, in dem er seine Gegner sah, niederzumetzeln, berichtet schon die Kleine Ilias, aber Homer und Pindar schweigen davon. Ausführliche Darstellung des Streites: Aischylos *Ὅπλων κρίσις*, Sophokles Aias und Ovid. met. 13. Von seiner Kriegsgefangenen und Geliebten Tekmessa hatte A. einen Sohn Eurysakes; der Name spielt auf den mächtigen Turmschild des A. an. Ein Grabmal des A. befand sich auf dem rhoiteischen Vorgebirge. Auf Salamis wurde er göttlich verehrt; hier und in Athen feierte man das Fest → Aianteia, die attische Phyle Aiantis nahm eine bevorzugte Stellung ein. P. v. d. Mühll Der große Aias, Basel 1930. Marchinus v. d. Valk Ajax and Diomede in the Iliad, Mn. 1952, 269. W. Kullmann H(ES 14) 79 ff. **2.** *Αἴας Ὀιλιάδης*, auch *μείων* genannt, Sohn des Lokrerkönigs Oileus und der Eriopis. In 40 Schiffen führte er die Lokrer nach Troia, wo er sich als vorzüglicher Läufer und Speerwerfer bewährte. Häufig kämpfte er mit dem großen Telamonier zusammen. Bei den Leichenspielen für Patroklos zeigt er sich zanksüchtig; beim Wettlauf mit Odysseus läßt Athena ihn straucheln. Nach der Eroberung Troias reißt er Kassandra, die schutzsuchend das Tempelbild Athenas umfaßt, gewaltsam fort; als die Griechen ihn steinigen wollen, rettet er sich auf den Altar. Spätere Dichter fügen noch hinzu, daß er die Seherin vergewaltigt habe. Zur Strafe schleudert Athena einen Blitz in das Schiff des Heimfahrenden. Auf eine Klippe gerettet, prahlt er noch auf Kosten der Götter. Da spaltet Poseidon die Klippe mit dem Dreizack, und A. versinkt in den Fluten, Od. 4,511. Robert Gr. Heldens. 1037 ff. und v. d. Mühll a. O. 32 ff. nehmen an, daß die beiden A. durch Verdoppelung oder Gabelung aus einem Wesen entstanden seien; der Umstand, daß die göttlichen Nothelfer meist paarweise erscheinen, habe die Trennung der Gestalten befördert. Übrigens bestanden jahrhundertelang besondere kultische Beziehungen der Lokrer zur Stadt Ilion. H. v. G.

Vürtheim De Aiacis orig., cultu, patria 1907.

Aidepsos (*Αἰδηψός*). Stadt an der NW.-Küste Euboias, durch seine Schwefelquellen (die 427 beim Erdbeben 3 Tage versiegten: Strab. 1,3,20 p. 60 = FGrH 85 F 6; vgl. Athen. 3,73 c) berühmt und lokalisiert (Aristot. meteor. 366 a 23 ff. Strab. 9,4,2 p. 425. Plut. mor. 667 C. 487 F. Sulla 26 u. a.: IG XII 9, p. 171). Kall. frg. 236 und 701 Pf. überträgt die angebliche Bronzeindustrie von → Chalkis auf A. Kaiserzeitl. Thermenreste an den Quellen; die noch unter Theodosios I. bestehende Polis (IG XII 9, 1234. 1236) lag 3 km landeinwärts wie das h. Aedipso. E. K.

Philipps.-Kirst. 1,571 (Karte Nr. 5). *O. Davies* Roman Mines in Europe, Oxf. 1935, 243.

Aidesios 1. Neuplatoniker, † um 355, Schüler des → Iamblichos, nach dessen Tode eigene Schule zu Pergamon. Dort suchte der spätere Kaiser → Iulian ihn auf, doch verwies A. ihn an seine Schüler. A. setzte die von Iamblich eingeschlagene Richtung fort, trat aber durch eigene philos. Leistungen nicht hervor. Schüler des A.: Maximos, Chrysanthios u. a. Eunap. vitae soph. 19 f. 26 f. 47, 65 Boiss.; Liban. decl. I 210 Reiske; Simpl. in Arist. categ. 1 a. H. D.

K. Praechter Schulen und Richtungen (Genethl. C. Robert 1910) 109, 1. 155.

2. Sextilius Agesilaus A., advocatus, magister libellorum, epistularum, memoriae (vor 355, Amm. 15,5,4), vicarius Hispaniarum, Mitglied zahlreicher Priestertümer (CIL VI 510), beteiligte sich 355 an der Verschwörung des Silanus (Amm. 15,5,4. 14), lebte noch 376. W. S.

***Αἴδεσις*.** Zur Zeit Drakons ein zwischen den Angehörigen des vorsätzlich oder unvorsätzlich Getöteten und dem Blutschuldigen abgeschlossener, durch einen Urfehdeeid bekräftigter Vertrag über die Streitbeendigung durch Zahlung des Wehrgeldes (IG I² 115,13), im 4. Jh. die einseitige, von den Angehörigen des Getöteten gewährte Verzeihung bei unvorsätzlicher Tötung. E. B.

E. Ruschenbusch Hist. 9,137 f.

Aidoneus (*Ἀιδωνεύς*) = Hades. Die Sage, daß Theseus und Peirithoos in die Unterwelt stiegen, um A. die Kore (Persephone) zu rauben, und dabei überwältigt und gefesselt wurden, wurde von späteren rationalistischen Mythendeutern (Atthidographen, Istros) so umgestaltet, daß A. zum König der Molosser wurde, dessen Frau die beiden Heroen entführen wollten. Plut. Thes. 31.35. H. v. G.

Aidos (*Αἰδώς*), die »Scheu, Sittsamkeit« (zu dem sehr komplexen Begriff zuletzt W. Luther Weltansicht und Geistesleben, 1954, 68 f.), personifiziert mit Nemesis verbunden Hes. erg. 200 ([2], 83 ff. [3], 54 ff.), *σύνθακος θρόνων* des Zeus Soph. Oid. K. 1267, Amme der Athene Schol. Aischyl. Prom. 12. Als *πότνια* (Eur. Iph. A. 821. frg. 436 N.) vielleicht angenähert an Artemis *αἰδοίη*; vgl.

CIG 7421. Eur. Hipp. 78. frg. 118 N. Hom. h. 27,2. P. Kretschmer Griech. Vaseninschriften, 1894, 197 f. W. F. Otto Die Musen, 1956², 10 (ablehnend [3], 58). Kult in Athen Paus. 1,17,1. CIA III 367; in Sparta Paus. 3,20,10. Vgl. E. Peterich Theologie der Hellenen, 1938, 161. U. v. Wilamowitz Euripides Herakles 3, 1959², 129 (s. jed. [1], 98 f. [3], 57). W. F.

1. *R. Schulz* Αἰδώς, 1910. 2. *G. Murray* The Rise of the Greek Epic, 1936⁴. 3. *C.E. v. Erffa*, Ph. Suppl. 30,2, 1937. 4. *L. Petersen* Zur Gesch. der Personifikation, 1939, 14. 23 f. 5. *R. Harder* Kl. Schr. 1960, 210 f.

Aietes (*Αἰήτης*). König von → Aia bzw. Kolchis, der zauberkundige Sohn des Helios und der Perse (Perseïs), Bruder der Kirke, Gemahl der Okeanide Idyia (Eidyia), Vater der Medeia und des Apsyrtos. Als Phrixos nach Aia kommt, nimmt A. ihn freundlich auf und gibt ihm seine Tochter Chalkiope, und Phrixos hängt den goldwolligen Widder im Hain des Ares auf. Als Iason, der Führer der Argonauten, das goldene Vlies fordert, stellt A. ihm 3 unlösbar scheinende Aufgaben, die Iason aber erfüllt. Das Weitere → Medeia, Apsyrtos, Argonauten. Von seinem Bruder Perses gestürzt, wird A. durch Medeia wieder eingesetzt. Älteste Stellen: Hom. Od. 10,136. Hes. theog. 956 ff. Pind. P. 4,376 ff. A. ist der gemeinsame Name der späteren Könige von Kolchis, Xen. an. 5,6,37. H. v. G.

Aigai (*Αἰγαί*). **1.** Name der Vorgängersiedlungen von → Aigeira und → Edessa (Makedonien), bezeichnet urspr. einen myth. Sitz des Poseidon (A. Lesky Thalassa 93), so in Hom. Il. 8, 203, das Strab. 8,7,4 p. 386 in Achaia suchte, ferner in Hom. Il. 13,21 f. Od. 5,381. Hom. h. Ap. 32; Pos. 3. Pind. N. 5,37, die sämtlich auf eine Stadt (= Karystos?) oder auf eine Insel bei Euboia bezogen wurden (Schol. Strab. 9,2,13 p. 405. Plin. nat. 4,9,19). Ein Poseidon-Heiligtum in N.-Euboia bei Strab. 9,2,13 (Stellen IG XII 9 p. 168) ist realer Anknüpfungspunkt, aber bei Politika, nicht bei Limni zu suchen.

K. Hanell Megarische Studien, Lund 1934, 63 ff. *W. Spoerri* in: Lex. frühgr. Ep. 1,241 f. *Philipps.-Kirst.* 1,581. 590.673 (Karte Nr. 28).

2. Stadt der kleinasiat. Aiolis (Hdt. 1,149 als *Αἰγαιαί*. Ps. Skyl. 98. Strab. 13,3,5 p. 621. Plin. nat. 5,30,121). Ihre ausgedehnten Ruinen hellenist. Zeit (2. Jh.) in pergamen. Stil sind am Tisnaios-Fluß im Gebirge 35 km s. Pergamon auf der Höhe Nemrud Kalessi (bis 365 m ü. M.) auf dem Gipfel und auf 2 Terrassen unterhalb, je mit eigenen Mauerringen 1886 festgestellt (Stoa, Theater, Gymnasion, 2 Tempel, Demeter-Heiligtum); im Stadtgebiet lag ein Orakelheiligtum des Apollon-Chresterios im Pythikos-Tal (Philetairos-Stiftung dort: OGIS 312). Grenzsteine bezeichneten die Ausdehnung des Stadtgebietes ins lydische Hermos-Tal. Themistokles berührte A. auf seiner Reise nach Susa (Plut. Them. 26). 394 war die Stadt frei von der Perserherrschaft (Xen. Hell. 4,8,5). 218 kam sie

unter pergamenische Herrschaft (Pol. 5,77,4. Hansen Attalids 263 f. Robert 84 ff.), jedoch nicht für dauernd (Magie 939 f.). Prusias II. von Bithynien verheerte A. 156, was A. die Gunst Roms einbrachte (Pol. 33,13,8). Unter Caesar dankte A. dem Statthalter P. Servilius Isauricus für Gunstbeweise, 30–31 n. Chr. dem Tiberius (CIL 3,7096. 10,1624) für seine Hilfe nach dem Erdbeben von 17 (Tac. ann. 2,47. Magie 1359). Noch Hierocl. 660,16 kennt A. E. K.

R. Bohn-C. Schuchhardt, 2. Erg.-H. zu JDAI, 1889. – Altertümer von Pergamon 1,1, 1912, 103. *A. Philippson*, Erg.-H. 167 zu Petermanns Mitt. 1910, 76. *R. Martin* L'urbanisme, Paris 1956, 154 ff.; Enciclop. arte ant. 2,172 ff. Zur Geschichte: *L. Robert* Études anatoliennes, Paris 1937, 74 ff. *D. Magie* Roman Rule in Asia minor, Princeton 1950. *V. Schultze* Altchr. Städte und Landschaften 2,2, 1926, 19 f.

Aigaion (*Αἰγαίων*). Bei Hom. Il. 1,399 ff. einer der 3 → Hekatoncheiren Kottos, Gyes und A., den die Götter → Briareos nennen (griech. Deutung eines vorgriech. Namens?). Bei einer Verschwörung der Götter gegen Zeus ruft Thetis A., der »stärker ist als sein Vater« (Poseidon, Schol. ebd.) aus seinem unterirdischen Verließ zu Hilfe. Bei Hes. theog. 502 und sonst heißt er Obriareus und ist Poseidons Schwiegersohn; Zeus ruft hier die Hekatoncheiren, Söhne des Uranos und der Gaia, gegen die Titanen zu Hilfe. Andere nennen A. einen Sohn des Pontos und der Ge. A. hatte einen Kult in Karystos (das auch Aigeie hieß) auf Euboia, einen Grabhügel an der Mündung des troisch-phryg. Flusses Rhyndakos und galt als Eponymos des Ägäischen Meeres. Myth. Lex. 1,142. H. v. G.

Aigaion Pelagos (*Αἰγαῖον πέλαγος*), auch *Αἰγαῖος πόντος* (Plat. eleg. 9,1. Aristot. meteor. 354 a 14) oder *ὁ Αἰγαίων* (Eur. Alc. 593), das Ägäische Meer zuerst in Aischyl. Ag. 664. Hdt. 2,97. 4,85. 7,55. Ps. Skyl. 58 vorkommend, reicht nach Hdt. 2,113. Strab. 10,4,2 p. 474 vom Hellespont-Ausgang bis Kreta, bei Strab. 2,5,21 p. 124 nur bis Kos, ebd. 7,7,4 p. 323 und Plin. nat. 4,9,19 w. bis Sunion und hat nach Strab. p. 124 4000 Stadien Länge, 2000 Breite; nach Eudoxos frg. 74 (F. Gisinger Erdbeschr. d. E. = Stoicheia 6, 1921, 121) bei Strab. 10,4,2 p. 474 lag auch Kreta noch im A. Die häufige Abtrennung des → Ikarion Pelagos legt die SO.-Grenze auf den Inselbogen Andros-Mykonos-Samos. Der Name wird abgeleitet von Aigeus (Hygin. fab. 43. Serv. Aen. 3,74. Suda), von Aigai Nr. 1 (Strab. 8,7,4 p. 386) oder von der Klippe Aix (Plin. 4,18, 51); dazu A. Lesky, Thalassa 93. 97. 113. P. Kretschmer Gl. 27, 1939, 88. E. K.

Übersicht über das A. und seine Teile (mit Tiefen- und Strömungskarte) *Philipps.-Kirst.* 4,13 ff. Zum erdgesch. Alter ebd. 367 ff. Inselgruppen und Grenze zwischen Europa und Asien im A.: *Bursian* Geogr. v. Griech. 2, 347 ff. *Philipps.-Kirst.* 4,425 ff.

Aigaleos (*Αἰγάλεως*), Kalk-Höhenzug (bis 458 m) in Attika zwischen den Ebenen von Athen und Eleusis (Hdt. 8,90. Thuk. 2,19). Istros FGrH 334 F 17 danach von der Küste gegenüber Salamis bis zu dem durch das Dema (KIRSTEN-KRAIKER ^{4}149) gesperrten Paß von Chassia reichend, im Altertum bewaldet (Stat. Theb. 12,620) oder mit Macchia bedeckt (Kall. frg. 238,23 Pf. Suda s. *μᾶσσον*). E. K.

Philipps.-Kirst. 1,854 ff.

Aigeidai. Weitverzweigtes griech. Adelsgeschlecht. Nach Hdt. 4,147, Androtion, FGrH 324 F 60, und Sch. Pind. Pyth. 5,101; Isthm. 7,13 ff. stammten die A. von Laios, Oidipus und Polyneikes ab, also aus dem kadmeischen (vgl. F. JACOBY Marmor Parium, 1904, 40) Theben, nach Sch. Pind. Isthm. 7,18 waren sie ursprünglich Phlegyer, gingen somit auf das minyische Orchomenos zurück (vgl. D. FIMMEN, NJb. 1912, 538; F. VIAN in: Hommages Dumézil, 1960, 219 ff.). Wohl im Zusammenhang mit einer Niederlassung mittelgriech. Aioler an der S.-Küste der Peloponnes in spätmykenischer Zeit (vgl. F. KIECHLE, Hist. 9, 1960, 38 ff.) kamen sie nach Lakonien und wurden dann ein mächtiges Geschlecht im achäischen Amyklai, wo sie auch später noch mit dem Kult des Apollon Karneios in enger Verbindung standen. Der histor. Kern der verworrenen antiken Tradition, daß sie mit den Herakliden eingewandert (Hdt. 4,147) oder auf ein delphisches Orakel hin von den Spartanern zur Bezwingung Amyklais nach Lakonien gerufen worden seien (Pind. Isthm. 7,13 ff.; Sch. ad loc. u. ad Pyth. 5,101. Aristot. frg. 532 R), dürfte sein, daß die A. beim Anschluß Amyklais an Sparta in der 1. Hälfte des 8. Jh. offenbar eine wichtige Rolle gespielt haben. Danach galten sie auch in Sparta als mächtiges Geschlecht (Hdt. 4,149,2), das sich einen lakonischen Aigeus als Eponymen zulegte (Hdt. 4,149,1. Paus. 4,7,8), und zwar nach dem Vorbild der Heraklidendynastien als Repräsentanten erst ihrer 2. Generation in Lakonien. Offenbar infolge innerer Spannungen in Sparta wanderte wohl Ende des 7. Jh. zumindest ein Teil von ihnen nach Thera aus (HILLER Thera 1, 1899, 143; 3, 1904, 60 ff. L. MALTEN Kyrene, 1911, 170 ff.), dessen Eponymen Theras sie in ihren Stammbaum einschoben, um unter die privilegierten Familien der Koloniegründer (Aristot. Pol. 1290 b) aufgenommen zu werden. Von Thera gelangte dann ein Zweig der A. nach Kyrene und übertrug die Karneien dorthin (Pind. Pyth. 5,74 ff. MALTEN a. O. 176). Über das weitere Schicksal des Geschlechts ist nichts überliefert. Fr. Kie.

Aigestes (*Αἰγέστης*). Sohn des sizil. Flußgottes → Krimisos und der troischen Nymphe Egesta (Segesta), Gründer der Stadt → Egesta (Segesta). Wie sie nach Sicilien kommt, wird von Serv. Aen. 1,550 ff. und von Dion. Hal. ant. 1,52 ganz verschieden dargestellt. Verg. Aen. Buch 5 erzählt ausführlich, wie A., von ihm Acestes genannt, Aeneas gastlich aufnimmt. H. v. G.

Aigeus (*Αἰγεύς*). Sagenhafter König von Athen. Die mit ihm verknüpften Sagen sind im Zusammenhang erzählt bei Apollod. Hyg. Schol. Il. Diod. Ov. met., besonders Plut. Thes. Er war Sohn des aus Attika vertriebenen, nach Megara geflüchteten Königs Pandion und der Megareerin Pylia. A. und seine Brüder Nisos, Lykos und Pallas erobern Attika zurück. A. erhält Athen, wird aber von den Söhnen des Pallas bedrängt. Kinderlos geblieben, bekommt er in Delphoi ein Orakel, dessen Deutung er sich von Pittheus in Troizen erbittet. Dieser bringt ihn mit seiner Tochter → Aithra zusammen, die ihm → Theseus gebar, der aber gleichzeitig als Sohn des Poseidon gilt. A. ist also wohl eine lokale Erscheinungsform des Poseidon, der auch Aigeus oder Aigaion heißt und dessen Kultstätten vielfach in ihren Namen die Wurzel *αἰγ-* tragen, L. RADERMACHER Mythos und Sage 1938^2, 265 ff. Herangewachsen, sucht Theseus seinen Vater in Athen auf, findet ihn mit → Medeia vermählt und wird unter ihrem Einfluß mit Mißtrauen empfangen. Sie flüchtet mit ihrem Sohne Medos. Theseus hilft dann A. bei der Bekämpfung der Söhne des Pallas. Weiterer Verlauf der Sage: → Theseus, Androgeos, Minos. Als A. die schwarzen Schiffssegel des aus Kreta heimkehrenden Sohnes sah, stürzte er sich in das nach ihm benannte Ägäische Meer. In Athen wurden die Heiligtümer der Aphrodite Urania und des Apollon Delphinios auf A. zurückgeführt, und es erinnerten an ihn ein Heroon, eine Bildsäule und der Phylenname *Αἰγηίς*. H. v. G.

Aigiale. 1. Stadt auf Amorgos. **2.** Tochter des Adrastos (Hom. Il. 5,412) und der Amphithea (Apollod. 1,9,13,2), Gemahlin des Diomedes. Während der Abwesenheit des Diomedes, zuerst voll Sehnsucht nach ihrem Mann, ließ sie sich dann in Liebesverhältnisse mit der argivischen Jugend ein, womit sich Aphrodite für die Verwundung durch Diomedes rächte. A. trachtete sogar dem Diomedes nach seiner Rückkehr nach dem Leben, und dieser floh an den Altar der Hera und später nach Italien (Ov. met 14,476. Verg. Aen. 11,269). W. S.

Aigialeus (*Αἰγιαλεύς*) **1.** Sohn des → Adrastos, Argeier, der einzige der Epigonen vor Theben, der im Kampfe fiel. Seine Tochter (oder Schwester) Aigiale(ia) heiratete → Diomedes, der nach der Rückkehr von Troia wegen ihres Ehebruchs die Heimat verließ. A. wurde in Pagai in Megaris als Heros verehrt. Pind. P. 52 ff. Apollod. 1,103 u. ö. Hyg. fab. 71. **2.** Sohn des Inachos und einer Okeanide, Argeier, Gründer Sekyons, das ursprünglich nach ihm Aigialeia geheißen haben soll; so oder Aigialos hieß nach ihm auch die spätere Landschaft Achaia. Apollod. 2,1. **3.** Beiname des Apsyrtos, Cic. nat. 3,48. H. v. G.

Aigikoreis (*Αἰγικορεῖς*). Eine der 4 alten ion. Phylen in Athen (Hdt. 5,66. Eur. Ion 1581. Poll. 8,109. Steph. Byz.), Kyzikos (IGRom. 4,144. SEG 4,707. HASLUCK Cyzicus 250), Tomis (SEG

1,333. AEMÖ 7, 1884, 13. Greek Inscr. Brit. Mus. 2,178), Istros (AEMÖ 17, 1894, 88), Kallatis (AEMÖ 6, 1882, 9), Perinthos (Mordtmann, RA I 36, 1878, 302), also in Kolonien von Milet und Samos und danach auch in diesen Mutterstädten anzunehmen. Entgegen modernen Zweifeln (zuletzt K. Latte, RE XX 1000f.) erweist diese Verbreitung gemeinsame altion. Herkunft, nicht Ausbreitung durch Athen. Den Namen leitet Eur. Ion 1580f. von der Aigis der Athena ab, Plut. Sol. 23 deutete ihn auf »Ziegenzüchter« (mißverstanden bei Strab. 8,7,1); die wahre Herkunft ist unbekannt. E. K.

Szanto, BAWW 144, 1901, 47ff. *Busolt-Swob.*, GStK 120. 132.769f. *V. Ehrenberg* Der Staat der Griechen 1, 1957, 10. *M.B. Sakellariou* La migration grecque en Ionie, Athen 1958 254ff. E. Kirsten, Rh. Mus. 1962.

Aigilia (*Αἴγιλα, Αἰγιλιά*). **1.** Attischer Demos der SW.-Küste (Strab. 9,1,21 p. 398. Steph. Byz.), durch seine Feigen berühmt (Athen. 14, 627 E. Theokr. 1,147 m. Schol.), in der Trittys Anaphlystos der Phyle Antiochis (seit 224 in der Phyle Ptolemais), bei Phinikia anzusetzen.

Philipps.-Kirst. 1,829.988.1007 (Karte Nr. 79).

2. Insel vor Euboias W.-Küste im Raum von Styra, und Ort im Gebiet von Eretria (Hdt. 6,107. IG I² 376 = SEG 10,304. IG XII 9,191.241) beide identisch? E. K.

W. Wallace, Hesp. 16, 1946, 131ff.

Aigilips (*Αἰγίλιψ*). Im Schiffskatalog Il. 2, 633, eine Odysseus untertänige Ortschaft. Strab. 10,452 setzt es mit Neritos und Krokyleia auf die Halbinsel Leukas, während andere (Steph. Byz. s. *Κροκύλειον*) wohl richtiger alle 3 Orte auf Ithake suchen. H. v. G.

Aigimios (*Αἰγιμιός*) **1.** Sohn des Doros, Stammvater der Dorier am Oitegebirge, Pind. P. 1,64. 5,72. Strab. 9,427 (Ephoros). Zum Dank für Herakles' Hilfe bei der Behauptung seiner Herrschaft nahm A. dessen Sohn Hyllos neben seinen eigenen Söhnen, Pamphilos und Dyman, als dritten an. Nach ihnen wurden die 3 dorischen Phylen benannt: *Ὑλλεῖς, Πάμφιλοι, Δυμᾶνες*. Von andern wurde A. in Thessalien lokalisiert; hier rief er, von den Lapithen bedrängt, Herakles zu Hilfe und versprach ihm ⅓ seines Landes, worauf dieser verzichtete. **2.** Titel eines namenlos überlieferten alten Epos in 2 B. (wenige Frg.). H. v. G.

Lesky GGrL 98.

3. Arzt aus Elis (Gal. 8, 498), schrieb nach der Überlieferung als erster über die Pulslehre *περὶ παλμῶν*. Doch wird die Echtheit bezweifelt (Gal. 8, 498. 716. 751). Er lebte vor Herophilos, dem Begründer der Pulslehre. Nach Gal. 6, 159 scheint er auch auf dem Gebiet der Diätetik schriftstellerisch tätig gewesen zu sein. W. S.

Aigimuros. Insel der afrikanischen Küste, im W. von Kap Bon, 30 Meilen von der Küste entfernt (Liv. 30,24), 230 Stadien von Karthago (Itin. Anton. 515). Strab. 2,123. 6,277.17,834. Ptol. 4,3,44 (*Αἰγίμιος*). Plin. nat. 5,42 spricht von *duae Aegimurae:* heute Djeziret Djamur oder Zembra und Zembretta. Verg. Aen. 1,109 und Plinius nennt die *A. arae*, was einen religiösen Mittelpunkt voraussetzt. Serv. Aen. 1,108 bemerkt, daß die Priester von Karthago dort einen Kult hatten. M. L.

Aigina (*Αἴγινα*), in der Mitte des Saronischen Golfes gelegene, doch stärker der Peloponnes verbundene Insel, nach Strab. 8,6,16 von 180 Stad. Umfang, mit steiniger, doch nicht unfruchtbarer Oberfläche und Gerstenanbau (84,6 qkm, 1961: 8859 Einw., im Altertum maximal 13000–20000), im Hauptteil aus jungvulkanischen Gesteinen, im Norden aus Kreidekalk mit einer Deckplatte aus weichem Poroskalkstein bestehend (Leyden, Davis), mit wenigen anbaugünstigen Alluvialböden (Philipps.-Kirst. 3, 45ff., daher *λυπρότης* bei Ephor. FGrH. 176, wozu Winterscheidt). Auf Kap Skenderotti = Kolonna beginnen die Spuren der Besiedlung (wie anderwärts: Harland) um 3000, der Befestigung um 2500 v. Chr. Nach 2000 Beginn der griech. Landnahme (Myrmidones, Hellenes aus Hellas am Spercheios, wohl Ioner?), Nachahmung minoischer Keramik (nicht von Goldsachen: R. A. Higgins, ABSA 52, 1957, 42ff.) dann Import argivisch-mykenischer Vasen, um 1300 Gipfelsiedlung auf dem Oros (RE; AA 1938, 15), um 1200 teilweise Verödung und (ab 900?) Neubesiedlung durch Dorier aus Epidauros (Hdt. 5, 83. 8,46. Paus. 2,29,5. Sch. Pind. O. 8,39. AA 1954, 33ff.). Abhängigkeit von dieser Stadt und Zugehörigkeit zur Amphiktyonie von Kalaureia (Strab. 8,6,14). Homer und Hesiod (über Erfindung von Ruder- und Segelschiffen) kennen A. (Newiger). Die Kenntnis der prähist. Siedlung bleibt im Heroon für Phokos und Aiakos erhalten, dieser ist auch mit dem Kult des Wettergottes Zeus Hellanios auf dem Oros verbunden (Pind. N. 2,10. Theophr. de sign. 1,24. Paus. 2,30,4. Apollod. 3,12,6. AA 1938, 8ff.); der Name auf der Hydria AA 1938, 8ff. Welter 92. Die dem dorischen Kriegeradel angemessene Piraterie wird die Grundlage für A.s ausgedehnten Handel, auch mit Sklaven (Kirsten, Gn 18, 1942, 297ff.; darauf bezieht sich Aristot. frg. 472, wozu AA 1954, 28ff.): sog. Thalassokratie (Strab.; A. R. Burn, JHS 47, 1927, 165ff.

Dank Spanien-Fahrten (Hdt. 4,152) um 650 Begründung der Silbermünzen-Prägung auf A., nach Münzfuß, nicht auf Anweisung Pheidons (Head HN² 394ff. W. L. Brown Numism. Chron. 1950, 177ff. Gesamtreihe: BMC Attica 126ff. Milbanks; Wappen Chelone, See-, seit 404 Landschildkröte). A. gründet keine Kolonien, aber Handelsfaktoreien (Hdt. 2,178. 3,59) in Naukratis und Kydonia (Westkreta: Kirsten D. dor. Kreta 8ff.). Dem Vorwiegen der wirtschaftlichen Leistung (Heichelheim, Anc. Ec. Hist. 1 [Leid. 1958] 240) steht geringere Teilnahme am künstlerischen und agonalen Leben Griechenlands gegenüber (Bronzegießerei:

Plin. nat. 34,75, → Onatas, vgl. Conticello), zahlreiche Athleten wurden von Pindar und Bakchyl. 12f. verherrlicht (Welter 103. Wilamowitz Pindaros 62ff. 274ff.); nur im 7. Jh. selbständige Keramik nach oriental. Vorbild (Kraiker; Schachtkammergräber des 6./5. Jh.: Welter, AA 1938, 495ff.). Um 600 wird der 1. Apollon-Tempel errichtet (AA 1938, 16ff.), um 500 der 1. Tempel für die Grottengöttin → Aphaia (Paus. 2,30,3f. Antonin. Lib. 10. IG IV 1580 mit P. Orlandini, Arch. Cl. 2, 1950, 50ff.). Furtwängler, Welter AA 1954, 30ff. Zu den Nebenbauten E. Kirsten, Gn 18, 1942, 305ff. Mit Rücksicht auf seine weitreichenden Handelsbeziehungen (Schwarzmeer-Getreide-Import: Hdt. 7,43) vermeidet A. die Zugehörigkeit zum Peloponnes. Bund und den Bruch mit Persien, hat daher unter athenisch-spartanischen Repressalien 483 zu leiden (Hdt. 5,89. 6,87ff. A. Andrewes, ABSA 37, 1940, 1ff. D. MacDowell, JHS 80, 1960, 118ff.). Diese fallen in eine Zeit demokratischer Opposition gegen die bisherige aristokrat. Staatsform (Welter, AA 1938, 1ff. 1954, 30f.). Noch von dieser geht die Errichtung des 2. Tempels für Apollon Thearios. Paus. 2,30,1, AA 1938, 19.23f. (früher nach Aphrodite genannt: AA 1938, 489) im Mittelpunkt der antiken Stadt, n. der h. (von 6x12 dor. Säulen nur eine des Opisthodoms erhalten, daher Kap Kolonna), die des Rundgrabs für den Heros Phokos und die einer Wasserleitung, dann des Aiakos-Heroons aus, vor allem der Beginn des Baues am neuen Aphaia-Tempel mit 6x12 Säulen (Furtwängler, Welter, Kirsten-Kraiker ^{4}304f. mit Lit.); als seine Inhaberin kennt Pind. frg. 89b Snell noch Aphaia (wie Paus. 2,30,0); auf deren Gleichsetzung mit Athena (Welter 1954, 37ff.) weist die Athena-Gestalt in der Mitte beider Giebel, die A.s Beteiligung an den beiden Kämpfen um Troia zur Zeit des Herakles und Telamon, und des Aias, Teukros und Agamemnon zeigen (die berühmten »Aigineten« der Münchener Glyptothek, wozu Welter, G. Lippold, HB Arch. 5, 1950, 99ff.; Conticello, R. Lullies Griech. Plastik, München 1960, 21.50f.). Dieser Bau wird unter Erneuerung des vom Blitz zerstörten alten Ostgiebels wohl erst nach der erfolgreichen Teilnahme A.s an der Schlacht bei Salamis vollendet (Preis der Areté: Hdt. 8,93); Wiederherstellung des Gebälks, auch der zweigeschossigen Cella-Innensäulen: BCH 85, 1961, 646ff. Architektur-Analyse: Berve-Gruben Griech. Tempel und Heiligtümer, München 1961, 58f. 147ff. Für den etwas jüngeren Hekate-Tempel hat Myron das Kultbild geschaffen (Paus. 2,30,2. Th. Kraus Hekate, Heidelb. Kunstgesch. Abh. 1, 1960, 111f. Seit 482 hat A. eine Stadtmauer (Welter, AA 1938, 480ff. Kirsten-Kraiker ^{4}303). Sie schließt 2 Häfen ein (Ps. Skylax 53). 459 schaltet die neue Seemacht Athen die nahe Rivalin aus und zwingt sie zum Eintritt in den Seebund mit dem ungeheuren

Jahrestribut von 30 Talenten (Thuk. 1,108. Diod. 11,78. Meritt Athen. Tribute Lists 1,218f. Thuk. 1,67,2 m. Gommes Komm.). Nach Perikles (bei Aristot. rhet. 3 p. 1411a 15. Plut. Per. 8) war die Insel die Eiterbeule des Peiraieus, ihre Bevölkerung wurde daher nach der Niederlage bei Kekryphaleia 431 zur Auswanderung gezwungen und zum Teil am Zufluchtsort in der Kynuria 424 ausgerottet (Thuk. 2,27,1.4,57), in A. durch attische Kleruchen ersetzt. Nach spartan. Angriffen 407 führt erst Lysander die dor. Bewohner zurück (Thuk. 8,92. Xen. hell. 2,9. Plut. Lys. 9); Athenerhaß weiter (Plut. Dion 5). Auch die Münzprägung beginnt nach der Pause ab 459 wieder. Attische Angriffe werden 389, 374, nicht 388, 367, abgewehrt (Xen. hell. 5,1,5f. 6,2,1. Demosth. 20,76. Polyain. 3,11. Aristot. Ath. Pol. 1306a 5). In der Reichweite der spartan. Flotte kann A. keine selbständige Politik mehr führen. 324 und 322 ist A. Zuflucht des Demosthenes und Hypereides (Plut. Demosth. 26ff.). Der Reeder Lampis stellt öffentliche Gebäude wieder her (Demosth. 23,211). 322–229 steht A. unter makedon. Herrschaft, gehört dann bis 211 dem Bund der Achaioi an (Plut. Arat. 34. Polyb. 23,8), wird im 2. Makedon. Krieg 211 durch die Römer erobert, den Aitolern überlassen, die die Bewohner versklaven, und von diesen 210 an Attalos II. von Pergamon verkauft (Polyb. 22,8, 9f.). Dieser verbringt 208, 201, 200 den Winter in A., wird von seiner Garnison mit einer Statue 210, von A. später durch ein Heroon geehrt (Paus. 2,30; EA 1913, 91; AA 1954, 45f). Er stiftet oder erneuert Theater und Stadion (Paus. 2,29,11) und ein Pilgerhaus auf dem Oros (Welter, AA 1938, 8ff.). Die Beschreibung in der Quelle von Strab. 8,6,16 ergibt wenig. Hellenistische Kammergräber vom makedon. Typus entstehen nach 200 (Welter 57ff. AA 1938, 498ff. 1954, 46). Die kretische Piraterie verhinderte auch nach der Vererbung des Pergamen. Reichs mit A. an Rom (133) zunächst wirtschaftlichen Aufschwung (um 75: IG IV 2, Plut. Pomp. 24. Cic. fam. 4,5,4). 41–21 gehört A. durch Erlaß des Antonius den Athenern. Hadrian knüpfte nur scheinbar an den Kult des Zeus Panhellenios an. Nach 150 besuchte Pausanias A. (2, 29,2–30,4. Kahrstedt 190f.); damals bestanden nur noch die Stadt und wenige ländliche Heiligtümer (zu ihnen Hdt. 6,91. 5,83. Xen. hell. 5,1,10, AA 1938, 6ff. 518f.; 1954, 40ff.), keine Villae. Eine Judengemeinde hatte nach 200 nahe dem alten Kriegshafen (Kryptos Limen) ihren Mittelpunkt (IG IV 190. Ephem. 1932 Chr. 5): eine im 4. Jh. erneuerte Synagoge (Welter 63). Gegen die Heruler wurde die Stadt 267 unter Zerstörung des Theaters und Stadions neu befestigt. Vor 350 gibt es eine Christengemeinde. Ende des 4. Jh. entsteht die 1. Bischofskirche (nur Chorraum und Baptisterium erhalten, Welter 62f.) auf der Höhe nahe dem erhaltenen Stück der Ostmauer; ein Museion des Ampelius könnte auch in Athen gelegen haben, seine Inschrift nur nach A. verschleppt sein (L. Robert Hellenica 4, 1948, 5ff.). Um 900 verödet die alte Siedlungsstätte bei Verheerung der Küsten durch die Araber; die Burghöhe Palaeochora tritt bis 1826 an ihre Stelle. Die Hebung des Wasserspiegels des Mittelmeers hat Teile der Seefront der antiken Stadt unter Wasser geraten lassen oder durch Abbröckelung bedroht (AA 1954, 44f.). E.K.

Grundlegend: *C.O. Müller* Aegineticorum liber, Bln. 1817. *G. Welter* Aigina, Bln. 1938 (dazu Bildband: L'ile d'Égine, Paris 1938). – *J.P. Harland* Prehistoric Aigina, Paris 1925. *Newiger* in: Lex. frühgr. Epos 1,249f. *H. Winterscheidt* Aigina, Diss. Köln 1938 (dazu Gn 18, 1942, 289ff.). *A. Furtwängler* A., Das Heiligtum der Aphaia, München 1906. *B. Conticello* Enc. Arte Ant. 3, 1960, 238ff. Von einer Gesamtpublikation »Aigina« erschien nur Bd. 1, Bln. 1951, von *W. Kraiker*. Auswahl der weiteren Funde bei *G. Welter*, AA 1938, 1ff. 480ff. 1954, 28ff. Polemon 4, 1949, 141ff. Münzen bei *S. R. Milbanks* The Coinage of A., Numism. Notes a. Monographs 24, 1924. *E. S. G. Robinson* Pseudaeginetica, Num. Chron. 1928, 172ff. Inschriften: IG IV 1, 1902, 1–191, 1580–1595. AA 1938, 485ff. SEG XI 1–47. XIV 297/99. XV 185/90. Kulte: *H. Thiersch*, GGN 1928, 135ff. Karte von Thiersch bei *Furtwängler* und *Welter*, Geologie bei: *R. v. Leyden* Der Vulkanismus des Golfes von A., Zürich 1940 und bei *E. Davis* Die jungvulkan. Gesteine von A. usw., Zürich 1957.

2. Heroine, als Tochter des → Asopos von Zeus (in Adlergestalt oder als Feuer erst nach Nonn. Dionys. 7,122 bzw. Ov. met. 6,113) verfolgt und geschwängert, Mutter des Aiakos auf der Insel A., die bis dahin Oinone hieß: Pind. N. 8,7; I. 7,17 ff. Hdt. 8,46 u.a., in ihrer Heimat Phlius dargestellt (Paus. 5,22,6. 10,13,6, auch Plin. nat. 35,122), nicht selten auf rotfigurigen Vasen: Beazley, ARVP, Index 986. T.B. Webster Niobidenmaler Taf. 19b u.a. Myth. Lex. 1,148f. RE I 968. Enc. Arte Ant. 1, 1958, 174. E. K.

Aiginion. Stadt der Tymphaier, gelegen bei dem h. Kalabáka, am linken Peneiosufer in einer schmalen, fruchtbaren (Wein- und Maulbeerkulturen) Talebene, am Fuße einer hohen Steilwand. Von Liv. 32,15 wird sie als *locus vel modico praesidio tutus ac prope inexpugnabilis* bezeichnet, was nach Philipp.-Kirst. 1,1,275 nicht auf Ai., sondern nur auf das h. Kastrakí paßt. In den Kriegen zwischen den Römern und Makedoniern spielte es eine wichtige Rolle. Erwähnt wird es von Strab. 7,327. Ptol. 3,12,4f. und, außer der obigen Stelle, von Liv. 36,13. 44,46. 45,27. Caes. civ. 3,79. W. S.

Philippson-Kirsten 1, 1.23.33 f. 275. *Kirsten-Kraiker* [4]708.

Aigion (*Αἴγιον*). Stadt in → Achaia, nach Strab. 8,3,2 p. 337 aus 7–8 (nämlich mykenischen) Siedlungen entstanden, von Hom. Il. 2,574 genannt (Newiger Lex. frühgr. Epos 1,250), mit einem altertümlichen Eileithyia-Heiligtum (Paus. 7,23,5. Head). Von Hdt. 1,145. Ps. Skyl. 42. Strab. 8,7,5 p. 386, noch Ptol. 3,16,5, Hierocl. 647. Geogr. Rav. 5,13 in Aufzählungen genannt, wurde A. dank der Nähe des Landesheiligtums in → Helike früh der Hauptort von Achaia, 373–146 im Besitz dieses Kultplatzes (Aymard 283ff.), nach 146 auch der Polisgebiete von Karyneia und Rhypes, doch nicht dessen von Aigai (Strab., vgl. o. S. 33 Z. 41ff.). Als Stätte der Bundesversammlungen der → Achaioi im Hellenismus oft genannt, auch durch Zeichen des Luxus berühmt (Athen. 1, p. 27 d. Zenob. par. 1,48 u.a., vgl. Bursian), erhielt A. wohl damals den reichen Schmuck von 12 Heiligtümern für Zeus Homagyrios (Aymard 280), Athena, Hera, Asklepios, Apollon und Artemis, für Dionysos, Aphrodite, Poseidon, Demeter Panachaia, Kore, auch das Mysterienheiligtum der Soteria, die Paus. 7,23,5–24,4 beschreibt. Auch im Späthellenismus (mit Beziehungen zu Italien) und in der Kaiserzeit blühte A. mit Bronzemünzprägung weiter und war wohl kultischer Sitz des Provinziallandtags (Kahrstedt Wirtschaftl. Gesicht, Bern 1954, 251f. 282). Kaum das Erdbeben von 23 n. Chr. (Tac. ann. 14,13. Sen. nat. 6,25) oder spätere, sondern die Fortdauer der Besiedlung im Mittelalter, nun mit dem slawischen Namen Vostitza, sind den Baudenkmälern des Altertums verderblich geworden. Jetzt wieder A. genannt, weist die Stadt auf der Akropolis wie am Hafen (mit Molenspuren) keine antiken Monumente mehr auf (nur Streufunde von Statuen und Inschriften: Kahrstedt); hat aber die charakteristische Zweiteilung behalten. E. K.

J.K. Anderson, ABSA 49, 1954, 72ff. *A. Aymard* Les assemblées de la confédération achaienne, Bordeaux 1938. *C. Bursian* Geogr. 2,331ff. *Head* HN[2] 412f. *Kirsten-Kraiker* [4]798 mit Lit. *Philipps.-Kirst.* 3,186f. mit 2 Karte 2 Nr. 34. *A. Stavropulos* Ἱστορία τῆς πόλεως Αἰγίου, Patras 1954. Die Inschriften sind noch nicht gesammelt (zuletzt SEG I 97. XI 1266f. XIII 278f. XIV 375/7).

Aigis (*Αἰγίς*). Die magisch wirkende schildartige Wunderwaffe des Zeus (Hom. Il. 5,742), von Hephaistos verfertigt und mit Bildwerken wie dem Haupt der → Gorgo geschmückt, rings mit goldenen Quasten behangen, ebd. 15,310. 2,448. Zeus braucht sie nicht im Kampf; wenn er mit der Rechten Blitze schleudert, schüttelt er sie mit der Linken und hüllt so alles in Sturmgewölk, auf dem Olymp 4,166, auf dem Ida 17,593. Selten leiht Zeus die A. aus, an Apollon 15,229. 318. 24,20, vor allem an Athena 2,445. 5,738. Od. 22,297, aber auch diese gebrauchen sie kaum zu eigenem Schutz. So ist A. ein Symbol der Wetterwolke. Das Wort A. ist wohl weder von *ἀίσσειν* stürmen, noch von *αἴξ* »Springtier«, Ziege, abzuleiten, sondern mit L. Radermacher Mythos und Sage 1938[2], 266f. zu einer dunklen vorgriech. Wurzel vieler mythologischen Namen gehörig, die nicht gut mit *αἴξ* zu verbinden sind. In nachhom. Zeit wurde die Ableitung von *αἴξ* und damit die Deutung »Ziegenfell« üblich. Man konnte dabei auf den Brauch primitiver Völker verweisen, die sich zum Schutz des linken Arms und der Brust eines Umhangs aus rohen, behaarten Ziegenfellen bedienen. Eine späte Sage bringt die A. mit dem → Palladion in Verbindung. In der bildenden Kunst wird sie ein typisches Attribut Athenas. Myth. Lex. 1,149ff. *Prell.-Rob.* 1,119. H.v.G.

Aigisthos (Αἴγισϑος). Der Buhle Klytaimestras und Mörder Agamemnons. In der Odyssee ist die Atridensage noch einfach: A., Sohn Thyests, verführt Klytaimestra, überfällt ihren Gatten Agamemnon nach der Heimkehr von Troia, läßt ihn mit seinem Geleit erschlagen und heiratet Klytaimestra. 7 Jahre herrscht er in Mykenai, im 8. ereilt ihn die Blutrache durch Orestes. Aischyl. Ag. 1583ff. gibt Klytaimestra die Hauptrolle bei der Ermordung Agamemnons, während A. als grausamer Feigling erscheint, der jedoch an Agamemnon auch den Frevel des Atreus an Thyestes verfolgt. Soph. führt den auf dem Geschlecht lastenden Fluch weiter aus: A. ist dem Inzest des Thyestes mit seiner Tochter Pelopia entsprossen, wird ausgesetzt, gerettet, von Atreus erzogen und zum Mord an Thyestes angestiftet, den aber die Erkennung im Gefängnis vereitelt. Darauf tötet A. Atreus und herrscht mit Thyestes zusammen. Agamemnon wird von A. und Klytaimestra gemeinsam ermordet. Fortlaufende Prosaerzählung bei Apollod. epit. 2,3ff. Hyg. fab. 83ff. H.v.G.

Aigle (Αἴγλη) **1.**→ Hesperide, Hes. frg. 251 Rz. Apoll. Rhod. 4,1428. Apollod. 2,5,11,2. **2.** Naiade, von Helios Mutter der Chariten. Paus. 9,35,5. Verg. ecl. 6,20 **3.** Eine der sog. Heliaden, Tochter von Helios und Klymene, mit ihren Schwestern nach dem Tode ihres Bruders Phaethon, den sie übermäßig beklagten, in eine Pappel verwandelt, Hyg. fab. 154.156 (nach Hes.). **4.** Gewöhnl. Koronis genannt, Tochter des Phlegyas und der Kleophema, von Apollon Mutter des Asklepios, Isyllos paian D 10,19. v. WILAMOWITZ Isyllos 89–93. In Athen jüngste Tochter des Asklepios und der Heliade Lampetie, Schol. Aristoph. Plut. 701 (Hermippos). H. v. G.

Aigokeros s. Sternbilder

Aigos potamos (Αἰγὸς ποταμός, bei Hdt. u.a. auch Αἰγ. ποταμοί). Ortschaft und Fluß an der O.-Küste des thrak. Chersones, bekannt durch die Niederlage der Athener im J. 405 (Diod. 13,105. Nep. Alc. 8. Lys. 1. Strab. 6,287. Xen. hell. 2,1,21. Plut. Lys. 9. Mela 2,26. Plin. nat. 4,48). W. S. *Head*, HN² 258.

Aigosthena (τὰ Αἰγόσϑενα, Xen. hell. 5,4, 18. 6,4,26. Plin. nat. 4,23. Skyl. 39, inschr. auch τὰ Αἰγόστενα: IG VII 1), nördlichste Stadt von Megaris in der Bucht des h. Porto Germano an der antiken Straße von Boiotien nach Megara. Die Ringmauer sowie Türme aus dem 4. Jh. sind z.T. noch in voller Höhe erhalten. Die Stadt besaß ein Heiligtum des → Melampos, dem ein jährl. Fest (Μελαμπόδεια) gefeiert wurde (Head HN² 392 f.), ein Herakleion (IG VII 213) und ein Poseidonion, das einem Privatmann Poseidonios geweiht war (IG VII 43. Paus. 1,44,5). Ai. gehörte zu Megaris,

schloß sich aber zeitweilig dem boiotischen Bund an. Um 420 n. Chr. war es mit Pagai selbständige Stadt. Über röm. Reste (Gutshöfe) s. E. F. BENSON Aigosthena, JHS 15, 1895, 314ff. Inschr. IG VII 207–234. SEG XIII 331 ff. W. S. *Philippson-Kirsten* 1,524.959. *Ernst Meyer* RE XV 166f.

Aigyptos. Griech. Bezeichnung für das alte Kulturland am Unterlauf des Nil, von den Einwohnern selbst Kēme, das »schwarze« Land, im Gegensatz zum »roten« der Wüste, genannt. Von den Asiaten wurde es als Miṣraim, Musri, d.h. »Grenzmark«, bezeichnet. Ai. selbst ist abzuleiten vom Namen der Stadt Memphis Ḥw.t-kꜣ-Ptḥ »Tempel der Macht des Ptah«, wobei die Assyrer die Aussprache als Ḫikupta überliefern (RANKE Keilinschriftl. Material 10). Die Griechen benutzten also einen Stadtnamen zuerst als Bezeichnung des Nil (Od.) und dann des Landes selbst. Aus Ai. entstand endlich die Bezeichnung für die jetzigen christl. Bewohner Äg., die Kopten. Hdt. bezeichnet 2,18 als Bewohner Äg. die, die nördlich Elephantines wohnen und Nilwasser trinken (auch Strab. 17,789). Das entspricht altäg. Anschauungen, für die das Gebiet südl. Elephantine Nubierland war. Die Entfernung von Elephantine bis zum Mittelmeer beträgt 780 km, die Länge der Küstenlinie etwa 600 km. – Äg. wurde immer untergeteilt in das oberäg. enge Niltal und das unteräg. Delta; hinzu treten die Wüstengebiete auf beiden Seiten mit den Oasen, zu denen auch das Fajjum zu rechnen ist. In griechischer Zeit nahm Alexandria eine Sonderstellung ein. Ober- wie Unteräg. waren zunächst in »Gaue« eingeteilt, wobei »klassische« Listen für O.Ä. 22 und für U.Ä. 20 nennen; doch ist das erst eine Entwicklung der Theologie der griech.-röm. Zeit. Die säkulare Verwaltung arbeitete bereits seit dem Mittl. Reich mit kleineren Stadtbezirken.

Äg. ist eine Flußoase. Die erdgeschichtliche Entstehung ging so vor sich, daß sich über metamorphen Gesteinen des Archaikums in der Kreidezeit sog. »nubischer« Sandstein ablagerte und über diesem dann marine Kalke der Oberkreide und des Alttertiärs. Im Jungtertiär zog sich das Mittelmeer bis an die jetzigen Ufer zurück, so daß seine sandigen Ablagerungen nur noch in U.Ä. vorkommen. Der bereits im Alttertiär nachweisbare Nil schnitt damals sein Bett in den Kalkstein ein. Nördlich Assuan bestand das Niltal in seiner heutigen Form schon beim Übergang von Unter- zu Oberpliozän, während anschließend ein zeitweiser Vorstoß des Mittelmeers bis O.Ä. reichte. Ablagerungen dieses Golfes sind bis 180 m ü. M. zu finden. Im Quartär räumte der Nil diese Ablagerungen wieder aus, so daß das heutige Tal entstand, mit Terrassen in 98, 78, 45, 25/30, 12/7, 7/9, 3/4, 1,5 m über der Talsohle. Auf der 25/30 m-Terrasse finden sich Werkzeuge des Abbéville und Unter-Acheul, auf der 12/15 m-Terrasse mittleres und jüngeres Acheul, die 7/9 und 3/4 m-Terrasse enthält Levallois und die 1,5 m-Terrasse jungpaläolithische Reste. Die Einschneidung des Nils schritt also während der Besiedlung durch Menschen immer weiter fort. Am Ende des Mittelpaläolithikums vergrößerte sich das abessinische Einzugsgebiet des Nils, wodurch in O.Ä. und Unternubien die sog. »Sebilian Silts« abgelagert wurden, in die im Jungpaläolithikum der Nil wieder sein Bett einschnitt. Mit dem Neolithikum geht der Nil endgültig zur Aufschüttung über, die im Delta am stärksten ist und seit 10000 Jahren etwa 6–15 m abgelagert hat. Höhepunkte der Ablagerung waren im Neolithikum und in der röm. Zeit, ein Minimum die Zeit des pharaonischen Äg. (vgl. BUTZER Naturlandschaft Äg., AAW Mainz, math.-nat. Kl. 1958, 1. 1959, 2. MDIK 17,54ff.). Da in Mitteläg. die Wüste sehr flach ins Niltal übergeht, hat diese Aufschüttung eine oft bedeutsame Verbreiterung des Fruchtlandes gebracht, durch die dort die am Wüstenrand liegenden archäologischen Reste verschwunden sind. Das Klima hat sich in geschichtlicher Zeit nicht geändert, doch hat eine Austrocknung in vorgeschichtlicher Zeit die Gebiete neben dem Niltal unbewohnbar gemacht. Darauf dürfte das Zurücktreten der Großtiere (Elefanten, Giraffen, Nashorn) um 3600 v.Chr. zurückzuführen sein. Diese Tiere, zusammen mit dem Wildkamel, verschwinden endgültig vor der Pyramidenzeit (2600), was auf Schwinden der Steppenvegetation, aber auch auf die Urbarmachung der Sümpfe im Niltal zurückzuführen ist. Wildstier, Strauß, Löwe, Damhirsch ziehen sich an die Küste oder ins Ostgebirge zurück, Nilpferd und Krokodil waren in röm. Zeit bereits selten. Als Jagdtiere bleiben Gazellen und Antilopen. Die zahlreichen auf äg. Denkmälern dargestellten Vögel sind zum Großteil Zugvögel. Als Haustiere spielen in Äg. eine Rolle der Esel als Lasttier, Rinder mit langen und kurzen Hörnern, zu denen im Neuen Reich das asiatische Zeburind tritt, Ziegen und Schafe; bei letzteren wird die alte ovis longipes palaeoaegyptiaca mit geraden Hörnern im Mittl. Reich von dem Fettschwanzschaf mit gedrehten Hörnern (ovis platyura aegyptiaca) abgelöst. Das Pferd tritt erst im 16. Jh. als Wagenpferd auf, das Kamel als Tragtier in persischer Zeit. An Mineralien liegt hartes Gestein (Schiefer, Granit, Diorit) in der Ostwüste und in Unternubien zutage; in der Ostwüste fand man Gold und Edelsteine. Der Sandstein von Gebel Silsile wurde wie der Alabaster von Hatnub (Mitteläg.) als Baustein verwendet. Von dem ab Esneh nördlich bis ans Meer reichenden Kalkstein galt der von Tura bei Kairo als der beste.

Die Bevölkerung Äg. ist bereits früh stark gemischt gewesen: neben Gruppen, die mit anderen des Ostmittelmeerraums zusammenhängen, sind hamitische Stämme anzunehmen. Nach den Denkmälern war die Hautfarbe braunrot, die der Frauen heller; die schwarzen Haare waren glatt, die Gesichtszüge in alter Zeit europäisch anmutend. Vermischung mit Asiaten, Libyern und Nubiern ergab sich durch die Sitte, Kriegsgefangene im Lande anzusiedeln, und die Vorliebe für fremde Frauen. Neger dringen erst im Neuen Reich ein. Über die Bevölkerungszahl liegen keine sicheren Nachrichten vor, doch dürfen wir sie trotz antiker Angaben (7 Mill. Diod. 1,31,8. 7½ Mill. Ios. bell. Iud. 2,16) nicht zu hoch ansetzen. Die äg. Sprache zeigt hamitische wie semitische Züge; ihre Stellung ist noch umstritten.

Das Leben des Landes beruhte auf der Nilüberschwemmung: im Alten Reich galten 4 Ellen über N.N. als normal, in griech. Zeit 16. Getreide wurde nur einmal im Jahr geerntet mit Durchschnittsertrag von 5 Sack pro Arure (2735 qm) von normalem Land, auf frisch angeschwemmtem Land rechnete man 10 Sack, auf älterem Schwemmland 7½ Sack pro Arure. Getreidepflanzen waren sechszeilige Gerste (hordeum hexastichon), zweizeiliger Emmer (triticum dicocum), seltener Kulturweizen (triticum aestivum); daneben finden sich noch Spelt (triticum spelta) u.a. Im Alten Reich überwog der Anbau von Gerste *(it)*, im Neuen Reich der von Spelt *(bd.t)*. Flachsfelder werden genannt, während Salate, Zwiebeln, Knoblauch, Gurken, Bohnen, Linsen, Melonen, Ölpflanzen in künstlich bewässerten Gärten angebaut wurden. Obst zog man zusammen mit Weinreben in besonderen Anlagen. An Nutzbäumen erscheinen u.a. Dattelpalmen, Feigenbäume, Christusdornbaum *(nbs)*, Johannisbrotbaum, Granatapfelbaum. Als Bauholz stand nur Akazie, Sykomore und Palmholz zur Verfügung, weshalb man aus Nubien (Akazie) und besonders vom Libanon Tannen-, Zedern-, Wacholder- und Zypressenholz einführte.

Die Geschichte Äg. teilt man ein in die vorgeschichtliche Phase, das Alte, Mittlere, Neue Reich, die Spätzeit und die griech.-röm. Epoche. Im Neolithikum lassen sich u.ä. Kulturen (im Fajum, bei Merimde und el-Omari) und o.ä. (Tasa, Badari, Negade I) unterscheiden, die aber z.T. nebeneinander bestanden haben. Negade I wurde von einer jägernomadischen Schicht überlagert; das dadurch entstandene Negade II (Gerzeen) breitete sich über ganz Äg. und Unternubien aus und geht bruchlos in die geschichtliche Zeit über, die mit dem Gebrauch der Schrift um 2900 v.Chr. einsetzt. Die 1./3. Dynastie (nach Manetho), auch Thinitenzeit genannt, ist die Epoche, in der sich der charakteristische ägyptische Stil bildet. Als Grundlage der geistigen und staatlichen Entwicklung ist damals die Vorstellung vom König als Weltgott und vom dualistischen Aufbau der Welt anzusehen. Unter Zoser (3. Dyn. 2644–24) beginnen Pyramidenbauten aus Stein, die in der 4. Dynastie mit Cheops, Djedefre, Chefren und Mykerinos bei Giza und Abu Roasch ihren Höhepunkt erreichen. Zu dieser Zeit setzte sich die neue Auffassung vom Sonnengott Re als Weltgott durch, die die zentrale Stellung des Königs beseitigte und zu einer Umbildung des Staatsaufbaus führte. Am Ende der 5. Dynastie ersetzt der Gott Osiris den König auch als Beherrscher der Toten. Gleichzeitig erkennt man die Möglichkeit individueller Freiheit, die, ins Extrem geführt, zum Zusammenbruch des Staates am Ende des AR (2257 v. Chr.) führt. In der geistig sehr fruchtbaren Zwischenzeit zerfällt das Reich in einen geistig hochstehenden Teil im Norden unter herakleopolitanischen Herrschern (9./10. Dynastie) und einen machtpolitisch ausgerichteten südlichen unter Thebanern (11. Dyn.). Um 2030 v. Chr. setzt sich der Thebaner Menthuhotep II. durch und eint das Reich wieder. 1991 v. Chr. kam aber mit Amenemhet I. ein neues Geschlecht auf den Thron (12. Dyn., MR), das versuchte, zur strengen Staatsordnung der 4. Dynastie zurückzukehren: Beschränkung der persönlichen Freiheit, Beseitigung des privaten Grundeigentums. Da aber die geistige Grundlage fehlte, erstarrte die Kultur unter einer immer differenzierter werdenden Bürokratie. Die wachsende innere Schwäche des Reiches führte zum Eindringen asiatischer Stämme ins Delta und zur Bildung von Nebenregierungen. Der etwa 1650 v. Chr. anzusetzende Einbruch hurritischer Stämme, der sog. »Hyksos«, bringt mit dem Pferd und Streitwagen auch neue Vorstellungen mit, die befruchtend wirken: Es zeigt sich eine deutliche Abkehr vom Theoretisieren und eine Hinwendung zur erkennbaren Wirklichkeit, verbunden mit Säkularisationsbestrebungen und Fortschrittsglauben. Um 1555 beginnt Kamose aus Theben den Kampf gegen die Hyksos, den die ersten Könige der 18. Dynastie (Ahmose, Amenophis I., Thutmosis I.) fortsetzen, indem sie als Nachfolger der Hyksos deren ganzen Herrschaftsbereich beanspruchen (NR). Doch treffen sie am Euphrat auf das den gleichen Anspruch erhebende Reich der Mitanni, gegen das Thutmosis III. wie Amenophis II. Syrien am Ende nicht halten können. Nach Friedensschluß mit Mitanni unter Thutmosis IV. nimmt Äg. einen starken wirtschaftlichen Aufschwung, während die geistige Entwicklung zur Krise unter Echnaton (1364–47) führt, der den Kampf gegen die Tradition mit Gewalt durchführt (Aton als einziger Gott, das Sichtbare als Wahrheit). Dieser Versuch scheitert und schlägt in der Ramessidenzeit (19./20. Dyn., 1306 bis etwa 1075) in ein starkes Suchen nach religiöser Bindung um. Das Verdienst der Könige Ramses II., Mernephtah und Ramses III. ist es, Äg. gegen die gefährlichen Angriffe libyscher Stämme und der sog. Seevölker Anatoliens verteidigt zu haben. Im Inneren gelang es jedoch nicht, den Staat auf eine neue Grundlage zu stellen, so daß die wirtschaftlichen Schwierigkeiten überhand nehmen. In Theben wächst die Macht der Hohenpriester des Amun, die den Gott selbst zum Herrn des Landes erklären, der durch seine Orakel regiert. Das führt mit der 21. Dynastie (ab 1075) zur

faktischen Teilung des Landes. Um 950 v. Chr. übernehmen libysche Offiziere in einzelnen Städten die Herrschaft, wobei sie nur lose einen der Ihren als Oberherrn anerkennen. Tatsächlich zerfällt damals Äg. in die Thebais und Stadtstaaten in Mitteläg. und im Delta. Dadurch wird Äg. Objekt für nubische wie assyrische Eroberungsabsichten. Nachdem der Nubier Pianchi um 730 zum erstenmal ganz Äg. besetzt hatte und um 715 Schabako das gleiche gelang, eroberte nach einem mißglückten Versuch Sanheribs Assarhaddon Äg. (671) und vertrieb den Nubier Taharqa. Doch konnte sich die assyrische Herrschaft wegen verschiedener Gegenstöße Taharqas und seines Nachfolgers Taltamanu nicht konsolidieren. Während einer Schwächung Assyriens machte sich Psammetich I. von Sais selbständig. In Sais hatte sich ein neues Zentrum der Macht gebildet, da sich durch den griech. Handel der äg. Schwerpunkt ins Westdelta verlagerte, wo der einzige gut befahrbare Nilarm war. Mit Hilfe besonders griech. Söldner einte Psammetich I. das Reich und führte mit der 25. Dyn. (bis 525) die letzte machtvolle Periode Äg. herauf. Im Inneren versuchte man, durch Rückgriff auf die Tradition einen neuen Anfang zu finden. Außenpolitisch war man bestrebt, jede Machtballung in Vorderasien zu verhindern, weshalb auch Necho (610–595) letztlich erfolglos das zusammenbrechende Assyrerreich gegen Babylonier und Meder verteidigte. Das Weltreich der Perser gliederte sich durch Kambyses Äg. ein, doch hatten die Auseinandersetzungen der Perser mit den Griechen auch ihre Wirkungen in Äg., da jeder griech. Erfolg zu Aufstandsversuchen in Äg. führte: beim Aufstand des Kyros gegen Artaxerxes II. 401 v. Chr. machte sich ein Amyrthaios frei (28. Dyn.); ihm folgten Könige aus Mendes (29. Dyn. 398–78; 30. Dyn. 378–341), worauf unter Artaxerxes III. Äg. noch einmal für kurze Zeit persisch wurde, um sich 330 v. Chr. kampflos Alexander zu ergeben. Dessen Tod ließ Äg. in der Hand des Ptolemaios, der die Dynastie der Lagiden gründete, die bis 30 v. Chr. herrschte, als Octavianus Kleopatra zum Selbstmord trieb → Ptolem.-Reich. Zu diesem Zeitpunkt war das Reich im Inneren bereits zerfallen, da der Versuch, die griech. Oberschicht mit der äg. tragenden Schicht zu verschmelzen, gescheitert war und eine auf die eigene Tradition stolze Priesterkaste den Gedanken des nationalen Widerstandes predigte. Wirtschaftliche Schwierigkeiten kamen hinzu, die zu zahlreichen Aufständen führten. In röm. Zeit war Äg. persönliches Eigentum des Kaisers, der als seinen Vertreter einen → *praefectus Aegypti* einsetzte. Die drückende Ausbeutung des Landes und die Vernichtung des griechischen Bürgerstandes durch die Leiturgien führte u. a. zur schnellen Annahme des Christentums durch das äg. Volk, während griech. Orte dem länger widerstanden. Das für Äg. typische Anachoretentum und die Klostergründungen entsprangen der dort immer geübten Sitte, übermächtigem Druck durch Flucht in die Wüsten zu entgehen. Die in der byzant. Zeit ausbrechenden Glaubenskämpfe und die daraus resultierende religiöse Trennung von Byzanz machten es den Arabern 638 leicht, Äg. zu erobern. Bereits in der röm. Zeit war die altäg. Hieroglyphenschrift schon weitgehend zu einer Geheimschrift der Priester geworden, während man im täglichen Leben zunächst die demotische Schreibschrift und endlich Griechisch schrieb. Die letzten Hieroglyphentexte stammen aus der Zeit des Decius. Damals ging die Kenntnis des Altäg. verloren, während das Koptische als letzter Ausläufer dieser Sprache in der Mitte des 2. Jt. n. Chr. durch das Arabische verdrängt wurde. Die in gleicher Zeit in Europa beginnenden Entzifferungsversuche der Hieroglyphen, wie etwa die Athanasius Kirchers (1601–80), sind Phantasiegebilde. Erst der napoleonische Feldzug gegen Äg. 1798 öffnete das Land wieder der Wissenschaft und gab durch den Fund des Steins von Rosette (Dekret für Ptolemaios V. von 196 v. Chr. in hieroglyphischer, demotischer und griechischer Schrift) die Möglichkeit der Entzifferung, die dann durch Champollion (1790–1832) 1822 vorgelegt wurde. Darauf folgten, durch die »Description de l'Egypte« der napoleonischen Expedition angeregt, mehrere Sammelwerke mit Aufnahme der Denkmäler (Champollion Monuments; Rosellini Monumenti; Wilkinson Manners and Customs; Lepsius Denkmäler). Gleichzeitig legten großangelegte Raubgrabungen den Grundstock für die noch jetzt bestehenden berühmten äg. Museen in London, Paris, Turin, Bologna, Leiden. Seit 1850 kam durch Mariette die Schatzgräberei dem Museum in Kairo zugute. Mariette gründete auch die ägyptische Altertümerverwaltung, die sein Nachfolger Maspero weiter ausbaute. Die seit 1882 durchgeführten Ausgrabungen des Egypt Exploration Fund (später E. E. Society) in London können unter Petrie, Naville, Quibell, Newberry als Beginn wissenschaftlicher Untersuchungen angesehen werden. Die Grammatik der Sprache stellten damals Erman und Sethe in Berlin auf sichere Grundlage. Um 1900 begann eine neue Ausgrabungsphase unter Borchardt (Abusir), Reisner, Steindorff, Junker, Hölscher (Giza, Nubien). Die Aufnahmetechnik verfeinerte sich immer mehr (Davies; Chicago Oriental Institute). Ein umfassendes Wörterbuch entstand in Berlin. Die jüngste Zeit endlich dürfte unter dem Zeichen der Bestandsaufnahme stehen. W. H.

Αἰκίας δίκη war in Athen eine Privatklage wegen tätlicher Beleidigung. Sie setzte voraus, daß die körperliche Mißhandlung ohne den Vorsatz der Beschimpfung verübt war und daß der Beklagte zuerst angegriffen hatte (Demosth. 47,40. Vgl. Pap. Enteuxeis 74.79). Die Buße, die der Kläger selbst schätzte, fiel ihm bei Gewinn des Prozesses als Schmerzensgeld zu. Es war die einzige Privatklage, bei der keine Gerichtsgebühren zu erlegen waren. Sie wurde nicht als *actio aestimatoria* in das röm. Recht rezipiert, sondern hat für diese Klage höchstens Anregung gegeben. E. B.

J. H. Lipsius Das att. Recht 644–646. *G. Pugliese* Studi sull »iniuria« 72–79.

Ailianos **1.** Verfaßte Ende des 1., Anfang des 2. Jh. n. Chr. ein Lehrbuch der Elementartaktik der Hoplitenphalanx hell. Zeit, das nach den Hss. als *τακτικὰ Αἰλιανοῦ* oder *Αἰλιανοῦ . . . τακτικὴ θεωρία* bekannt ist. A. war Grieche, literarisch gebildet, doch kein Soldat. Zur Abfassung benützte er alle älteren Quellen (1.3,4.8,3.19,10. 24,4), vor allem aber die Taktik des Polybios. A.' Schrift, deren Wert besonders in dieser Benützung und in der Übersicht über den gesamten Stoff (Einl. 5,22,1) besteht, ist durch die ursprüngliche Florentiner Rezension und die spätere Pariser überliefert. Dazu kommt eine arabische Übersetzung, der noch ein besserer Text des 9./10. Jh. zugrunde liegt (AGG 26, 1880). A. wurde sehr früh abgeschrieben, übersetzt und herausgegeben. A.N.

Erste Ausgabe *F. Robortelli* (Venezia 1552). Heute noch brauchbarste mit deutscher Übers. bei *H. Köchly–W. Rüstow* 2,201 ff., Lpz. 1855. *Krom.-Veith* 14. Burs. 274, 1941, 37.

2. (Claudius Aelianus). Sophist der 2. Hälfte des 2. Jh., Zeitgenosse des Flavios Philostratos, der in Rom unter Septimius Severus lebte. Nach den beiden erhaltenen Biographien (Suda s. v. Philostratos vit. soph. 2,31) stammte er aus Praeneste (daher Praenestinus), gehörte dem Freigelassenenstande an und bekleidete in Praeneste das Amt eines Oberpriesters. Er war Schüler des Sophisten Pausanias, bei dem er die griech. Sprache so gründlich erlernte, daß er von einem eingeborenen Athener schwer zu unterscheiden war. Die Einkleidung seiner Erzählungen ist stark von der Rhetorik seiner Zeit bestimmt und die Darstellung ohne Kritik gegenüber seinen Vorlagen. Von seinen Werken sind verloren gegangen *περὶ προνοίας* und *περὶ θείων ἐναργειῶν*, in denen er durch Beispiele aus der Weltgeschichte die Strafe Gottes an seinen Verächtern nachzuweisen sucht. Erhalten sind: a. *Περὶ ζῴων ἰδιότητος* (de natura animalium), teils naturwissensch., teils paradoxograph. Inhalts, eine Sammlg. merkwürd. Erscheinungen des Tierlebens zur Belehrung und Nachahmung nach Art der Kyniker, durch seine zahlreichen Exzerpte aus Aristoteles, Aristophanes von Byz., Theophrast u. a. besonders wertvoll und auch später noch viel gelesen. b. *Ποικίλη ἱστορία* (varia historia) in 14 B., von denen die 15 cap. des ersten Buches naturgeschichtliche Gegenstände, das Übrige eine Sammlung von Anekdoten mit moralisierender Tendenz enthalten, bis 3,12 so ziemlich in der ursprüngl. Form erhalten, von da an nur als Auszug. c. *Ἐπιστολαὶ ἀγροικικαί* (20) voll erotischen Inhalts mit stilistischer Ausbeutung des Aristophanes. W. S.

TA: *R. Hercher* Paris 1858 und Bibl. Teubn 1864. T. und Üb. von de nat. anim. und Briefen von *A.F. Scholfield,* London 1958f. *Christ-Schmid*^{2} 2,2,786ff.

Ailinos (*αἴλινος*). Stereotype Interjektion, meist gedoppelt (*αἴλινον, αἴλινον*), z. B. Aischyl. Ag. 121. E. FRAENKEL Aeschylus Agamemnon 2, 1950, 73, in der rit. Totenklage Soph. Ai. 627. Eur. Or. 1395 ([2], 113,6), aber auch im Fest- und Arbeitslied Hom. Il. 18,570. Athen. 14,618d. 619c. K. BÜCHER Arbeit und Rhythmus, 1924, 50. Schon in der Antike als Klageruf auf den Tod des Linos gedeutet, Pind. frg. 139,5 SN. Eur. Herc. 348. Schol. Hom. Il. 18,570. W.F. OTTO Die Musen, 1956^2, 43ff., nach U. v. WILAMOWITZ, Euripides Herakles 3, 1959^2, 84f. jed. urspr. sinnfreier Expressivlaut vorgriech. Herkunft (vgl. [1], 28f.). Die ältere Herleitung aus semit. Weherufen der oriental. Vegetationskulte (F.C. MOVERS Die Phönizier, 1841, 244ff. Vgl. [4], 14) abgewandelt bei O. EISSFELDT Mél. R. Dussaud 1, 1939, 161ff. (A. aus 'ij 'Alijan' »wo ist Alijan?«, rit. Ruf nach dem verschwundenen Vegetationsgott der ugarit. Myth. Vgl. R. DUSSAUD, RHR 104, 1931, 387. H. BAUER, ZAW 51, 1933, 97). W. F.

1. *U. v. Wilamowitz* Griech. Verskunst, 1921. 2. *E. Reiner* Die rit. Totenklage, 1938. 3. *E. Diehl,* RhM 89, 1940, 106ff. 4. *Th. H. Gaster* Thespis, 1950.

Aineas (*Αἰνέας*) **1.** Korinthischer Feldherr im Jahre 423 (Thuk. 4,119). **2.** A. aus Stymphalos, kam auf dem Rückzug der 10000 ums Leben (Xen. anab. 4,7,13). **3.** A. aus Stymphalos, Stratege der Arkader um 366 v. Chr. (Xen. hell. 7,3,1). Fr. Kie.

Aineia. Kleine Stadt in Makedonien, deren Gebiet in das von Thessalonike einverleibt wurde (Strab. 7,330, frg. 2). Sie lag nicht weit von dem in den Thermaischen Meerbusen vorragenden Kap *ἄκρα Αἴνεια* der Halbinsel Chalkidike. (Als Festung bei Liv. 44,10 u. 45,30). Chr. D.

Papazoglu Maked. gradowi u rimsko doba (serb.) Die Maked. Städte in röm. Z., Skopije, 1957, 43. 138. 148. 152ff. *Meritt* Ath. Trib. Lists 1,220. 464f. 2,84.

Aineias. 1. I. Name. II. A. bei Homer. III. In Etrurien, Latium und Rom. IV. Röm. Sage. – I. Die griech. Form lautet *Αἰνείας*, manchmal *Αἰνέας*, später auch *Αἰνήας*. Die etym. Ableitung ist unklar, aber unwichtig, da echter Eigenname. II. In der Ilias (Od. erscheint A. nicht) ist A. Sohn des Anchises und der Aphrodite. Die weitere Genealogie 20, 215–240: Anchises' Großvater war Assarakos, das ist der jüngere Bruder des Ilos und ältere des Ganymedes; deren Ahnen waren Tros, Erichthonios, Dardanos, Zeus. Somit entstammt A. der jüngeren, während die Priamiden die herrschende Linie bilden. Diesen zürnt A., weil er nicht seiner Tüchtigkeit gemäß geehrt wird. Nach Hektor ist er der tapferste der Troer. Göttlicher Schutz rettet ihn mehrmals; so, als er von Diomedes verwundet wird, Phoibos Apollon, und als er mit Achill kämpft, Poseidon. Bei dieser Gelegenheit wird seine künftige Bestimmung verkündet: A. und seine Nachkommen werden die Troer beherrschen (20, 307f.; vgl. Hymn. Hom. 4,196ff.). Mit dieser Stelle (mag man über die Partie denken, wie man will) hat der Dichter ein Geschlecht geehrt, das vielleicht noch zu seiner Zeit in der Troas herrschte. A. gebietet 2, 819ff. zusammen mit den beiden Antenor-Söhnen über die »Dardaner«, Hektor über die »Troer«: Diese Unterscheidung spielt sonst keine Rolle, ist aber Reflex der Tatsache, daß die »Dardaner« und »Aineiaden« erst (als Illyrer aus dem Balkan: [1],77) zugewandert sind. Die Verbindung mit der vorderasiat. Muttergottheit vom Berge Ida schuf die Voraussetzung für die genealog. Konstruktion der Abstammung von Aphrodite ([1],24f.). III. Die Rettung des A. wird verschieden erzählt. Viele Städte erhoben Anspruch, von ihm gegründet zu sein. Während man früher an eine langsame literar. Wanderung des Mythos glaubte, hat BÖMER nachgewiesen ([1],11ff. vgl. [3],176,187f.), daß der A.-Mythos im späten 6. Jh. in Etrurien bekannt und von hier nach Rom gelangt sein muß. Damit steht die literar. Überlieferung, A. sei nach Westen gekommen, die für uns mit Stesichoros beginnt, sich u.a. bei Dion. Hal. und Timaios findet, erst an zweiter Stelle ([1], 27f.). Während MALTEN ([6],43ff.) die Elymer für die Vermittler des Mythos hielt, BÖMER ([1],37) vielleicht zu Recht an die Phokaier denkt, hält SCHAUENBURG ([3],189) für wahrscheinlich, daß es Griechen waren, von denen viele in Etrurien lebten. Rom könnte nach Erringung der Selbständigkeit den *pius Aeneas* (seine Frömmigkeit schon Il. 20, 298f.) als »mytholog. Legitimitation« für sich selbst und seine Götter (er rettete die *sacra*!) beansprucht haben ([1],47. [3],188ff.): Also eine rein röm. Tat in spätarchaischer Zeit ([1],13.47. [3],191), keine griech. Literatenerfindung. IV. Der auf Befehl seiner Mutter Aphrodite fliehende Aeneas, seinen Vater auf dem Rücken, ist oft dargestellt. Auf seinen Irrfahrten gelangt er zur Königin Dido von Karthago, die sich, von ihm verlassen, den Tod gibt (seitdem Haß zwischen beiden Völkern). Über Sizilien gelangt er nach Latium, wo er schwere Kämpfe zu bestehen hat. Er bekommt Lavinia, die Tochter des Königs Latinus, zur Gattin, deren früherer Verlobter Turnus im Zweikampf mit A. fällt. A. gründet Lavinium, sein Sohn Ascanius oder Iulus → Alba Longa, Roms Mutterstadt. Im Kampf mit den Rutulern und Mezentius wird A. getötet bzw. verschwindet und wird zum Gott: → Iuppiter Indiges. Das etwa sind die Grundzüge der Sage, die von Vergil und allen, die Roms Urgeschichte darstellen, mit kleineren Varianten erzählt wird. W. E.

1. *F. Bömer* Rom und Troja, Baden-B. 1951. 2. *A. Alföldi* Die trojanischen Urahnen der Römer, Basel 1957. 3. *K. Schauenburg,* Gymn. 67, 1960, 176ff. 4. *Rossbach* RE I 1010ff. Suppl. I 37f. 5. *Wörner* Myth. Lex. I 157ff. 6. *L. Malten,* ARW 29, 1931, 33ff. 7. *W. Hoffmann,* Philol. Suppl.

27,1, insbes. 107ff. 8. *H. Boas* A'. arrival in Latium, Diss. Amsterd. 1938. 9. *F. Altheim* Italien u. Rom 1944³, 34.

2. *᾽Α., ὁ τακτικός*. Die Entwicklung der militärwissensch. Abhandl. z. selbständigen Literaturgattung vollzog sich zuerst bei den Griechen. Als ihr erster Vertreter gilt A. (Ail. takt. 1,2. KROM.-VEITH 1 ff. 12). Die Gleichsetzung mit A. von Stymphalos ist unsicher (RE I 1020). A. lebte im 4. Jh. v. Chr. und schrieb mehrere kriegswissensch. B., von denen bloß das über die Städteverteidigung (*Αἰνείου πολιορκητικός* 31,18) erhalten blieb, u. zwar in den Hss. Laur. LV 4 (10. Jh.), M, Parisini gr. 2522 B, 2435 A, 2443 C, Scorialensis III 2 (16. Jh., A. DAIN Les manuscrits d'Enée le Tacticien, RevEG 48, 1935, 1 ff.). A. war Soldat, und seine Schrift ist ein Zeugnis der Reaktion des Praktikers gegen die jeglicher Erfahrung ermangelnden Unterweisungen der Sophisten. Er wurde von den späteren Schriftstellern herangezogen, z. B. von Polybios, Ailianos, Iulius Africanus und Lydus. A. N.

Erste kritische Ausgabe von *Hercher*, Berl. 1870. Heute noch beste Ausgabe von *R. Schöne*, 1911. Nützlich die Ausgabe der Loeb-Bibliothek von *W. A. Oldfather*, 1923, und die von *L. W. Hunter* u. *S. A. Handford*, Oxford 1927, mit englischen Übersetzungen. Bei *H. Köchly-Rüstow* Griech. Kriegsschriftsteller 1, 1853, deutsche Übers. *Krom.-Veith* 12f. Bursian 274, 1941, 35ff. 54.

3. A. aus Gaza, lebte um die Wende des 5. Jh. n. Chr., war ursprüngl. Christ, aber stand als Schüler des Neuplatonikers Hierokles in Alexandreia vielfach in Widerspruch zu der orthodoxen Lehre des Christentums. In seiner Heimatstadt als Lehrer der Rhetorik und Philosophie tätig, aber auch in anderen Städten, namentlich Syriens und Palästinas wirkend, war er bemüht, neuplatonische und christliche Lehren miteinander zu verschmelzen, was in seinem Dialog »Theophrastos« – nicht immer mit Glück – geschieht. In diesem verteidigt er mit einer Fülle von Zitaten und Entlehnungen aus der griech. Literatur die Lehren von der Weltschöpfung gegen die Neuplatoniker und behandelt außerdem eschatologische Fragen, Präexistenz und Fortdauer der Seele sowie Auferstehung der Toten. Außer dieser Schrift sind noch 25 an Freunde und Schüler gerichtete Briefe erhalten, die den edlen, menschenfreundlichen Charakter des Verfassers bezeugen. W. S.

TA: *Boissonade* Theophrastos, Paris 1836. *Hercher* Epistologr. Gr., Paris 1873, 24f. *Sikorski* De A. Gazaeo, Bresl. Phil. Abh. 1909.

Ainesidemos von Knossos. Vertreter der jüngeren Skepsis, 40 v. Chr.; lehrte zu Alexandreia; sein bei Phot. bibl. 212 im Auszug erhaltenes Werk *Πυρρωνείων λόγων ὀκτὼ βιβλία* (vgl. Diog. Laert. 9,116) war dem L. Tubero (Ciceros Freund?) gewidmet. Dies Werk begründete die von Cicero (de or. 3,62; off. 1,6) totgesagte pyrrhonische Skepsis (→ Sextos Emp.) neu. Vermutlich ist die Formulierung der 10 *τρόποι*, den Zweifel zu begründen, erstmals in diesem Werk vorgetragen worden (gleichartig S. Emp. Pyrrh. hyp. 1,36–145). Umstritten ist die Tragweite von A.s These, die Skepsis sei der Weg zur Philosophie des → Herakleitos (vgl. S. Emp. Pyrrh. hyp. 1,210). Ferner: S. Emp. Pyrrh. Hyp. 1,180. 210. 222. 3,138; adv. math. 7,40. 215f. 234. 9,218. 337. 10,38 u. ö. Diog. Laert. 9,61. 78. 102. 106. 116. H. D.

Aineus (*Αἰνεύς*). Sohn des Apollon und der Peneiostochter Stilbe, Gatte der Ainete (*Αἰνήτη*), Vater des Kyzikos, Apoll. Rhod. 1,948. Die Sch. dazu bezeichnen A. als Thessaler, wodurch die Stadt Kyzikos in unhistorischer Weise mit Thessalien verknüpft wird. Weiteres: RE I 1024. H. v. G.

Ainiana. Ein nur von Strab. 11,7,1. 14,14 bezeugter Ort Armeniens am oberen Araxes, dem h. Aras. Der Name wurde zu Unrecht mit den südthessal. *Αἰνιᾶνες* in Verbindung gebracht. Ein binnenländischer Gau Armeniens, Hani, sowie eine Ortschaft gleichen Namens s. w. vom Urmiasee und schließlich ein Platz Ani am oberen Aras – durchweg alte, einheimische Namen – waren das Bindeglied, das zu einem trügerischen Schluß führte. Ebenso wurden der Distrikt *Οἰταία* und der Berg *Οἴτη* zu dem Stamm der *Οὐίτιοι* und der Landschaft *Οὐιτία* im Gebiet des Araxes in Beziehung gebracht mit der Folgerung, die *Αἰνιᾶνες* hätten in der *Οὐιτία* eine befestigte Stadt errichtet (Strab.). H. T.

Ainianes (*Αἰνιᾶνες*, auch *Αἰνιεῖς*). Thessalischer Volksstamm, bei Hom. Il. 2,749. h. Apoll. 217 am Titaresios wohnhaft, dann nach delph. Traditionen (Plut. mor. 293 F 5ff. 297 B 1ff. Heliod. Aeth. 2,34 mit BÉQUIGNON 149ff.) über Epeiros und Kirrha wie die Myrmidonen des Neoptolemos in die Ainis (IG IX 2,5,10) im oberen Tal des Spercheios gewandert (Hdt. 7,198. Ps. Skyl. 62. Ps. Skymn. 616. Strab. 1,3,21 p. 61. 9,5,22 p. 442). Als Anwohner des Oita (Strab. 10,2,1 p. 450. DAUX 310. PHILIPPS.-KIRST. 2,711) waren sie 420 Feinde der spartanischen Gründung → Herakleia und seither der Spartiaten (Thuk. 5,51. Diod. 14,82. Xen. Hell. 3,5,6. 4,3,15. Ag. 2,6 und 24 mit BÉQUIGNON 355). Seit um 367 prägten sie Silber, um 300 auch Kupfermünzen (HEAD HN² 291. ROGERS 58). Trotz der Bezeichnung des Golfs von Lamia nach ihnen (Pol. 10,42,5 = Liv. 28,5,15) blieben sie stets ein Binnenvolk (Ps. Skyl. 62. Cic. rep. 2,4, 8). Als Gebirgsbewohner, daher mit Hermes-Kult (Kall. frg. 197,1 Pf.), stellten sie früh Söldner (Xen. an. 1,2,6. SEG VIII 513. IG ²II–III 1956). Ihre Siedlungen (noch nicht sämtlich benannt) lagen am Ursprung der Seitentäler (nicht nur als Paßsperren, wie BÉQUIGNON 312ff. es darstellt), nur der Hauptort → Hypata und Erythrai am Rand der Spercheios-Ebene. Die Durchzüge der Perser 480 und der Kelten 279 v. Chr. berührten nur nach Paus. 10,22,8f. ihr Land. Die A. waren Angehörige der pyläischen, dann der delphischen Amphiktionie (Diod. 16,29. 18,11. Paus. 10,8,2. Harpokr. s. *᾽Αμφικτύονες*). Sie waren daher 480 unter den persischen Hilfsvölkern (Hdt. 7,132.185) und 272 bis 167 von den Aitolern abhängig (FLACELIÈRE 36.186.191. DAUX 266.307f. ROGERS 59. SEG XII 375). Ihre Grenzen gegen → Aitolia selbst wie gegen Athamania sind nicht bestimmbar (PHILIPPS.-KIRST. 1,263f. 2,307 mit den Karten I K. IV. II K. II). Nach Kämpfen mit Philipp V. (206), den Aitolern und Athamanen (198, 189) und Römern (191) (Pol. 10,42,5. Liv. 28,5,15. 32,13,10. 36,16,4. Strab. 9,4,11 p. 427) bildeten sie ab 167 ein eigenes Koinon mit Silber- und Kupferprägung (HEAD HN² 292. ROGERS 59ff.); ihre Beschlüsse datieren nach Ainiarchen (IG IX 2,4–8. 37f. SEG I 153. 180, dazu S. ACCAME Il dominio Romano in Grecia, Rom 1946, 227f.). Hypata wurde Besitzer des ganzen Ostteils (STÄHLIN 220f.), das Stammesgebiet fiel jedoch nicht, wie Strab. 9,4,11 wohl meint, mit dem Stadtgebiet zusammen (Spercheiai und Makrakome waren nur 198 dolopisch; G. ROUX, BCH 78, 1954, 84ff.). Augustus vereinigte das Koinon mit Thessalien (Paus. 10,8,3, daher auch Ptol. 3,13,45. KIP 29ff.; zum Datum aber F. POMTOW, Klio 17, 1921, 186). E. K.

IG IX 2,3–59.1319.1357. *Y. Béquignon* La vallée du Spercheios (Bibl. Ec. fr. 144, Paris 1944). *G. Daux* Delphes au 2. et 1. s. (ebd. 140, 1936). *R. Flacelière* Les Aitoliens à Delphes, Paris 1937. *G. Kip* Thessal. Studien, Diss. Halle 1910. *Philipps.-Kirst.* 1,243ff. 263ff. 2,575.580.588. *E. Rogers* The Copper Coinage of Thessaly, London 1932. *W. Spoerri* Lex. frühgr. Ep. 1,316f. *F. Stählin* Das hellen. Thessalien, Stuttgart 1924, 219ff.

Ainigma s. Ainos und Rätsel

Ainos (*Αἶνος*) **1.** Sehr alte Stadt im ägäischen Thrakien im Mündungsgebiet des Hebros (Hdt. 4,90). Erwähnt schon bei Hom. Il. 4,520. Gegründet zuerst von Aioliern; abermalige Gründung von Lesbos u. Kyme. Sehr blühend im 5. u. 4. Jh.; dann makedon. u. äg. In der Spätantike Hauptstadt der kleinen Provinz Rhodope. Chr. D.

Head, HN² 246. *Casson* Macedonia, Thrace and Illyria 255ff. *M. F. May* Ainos its history and coinage, Oxf. 1950. *Bérard* L'expans. et la colonis. grecques 94ff.

2. Ep. poet. ion. Wort unbekannter Etymologie, speziell Name der ältesten uns bekannten Tierfabeln der griech. Lit. So wird Hes. erg. 202 die Fabel vom Habicht und der Nachtigall oder Archil. frg. 81,1 D. die vom Fuchs und Affen als A. eingeführt. Der Sinn dieser A. war soziale Kritik (LESKY GGrL 147). Doch schon bei Homer, der keine Tierfabeln kennt, gibt es einen A.: so nennt Eumaios Od. 14,508 die Erzählung, in die Odysseus seine Bitte um eine *χλαῖνα* kleidet. Von hier aus läßt sich der archaische A. als eine für den Einzelfall erdachte Geschichte bestimmen, deren Zweck es ist, etwas verhüllt auszusprechen, was direkt gesagt weniger eindringlich wirken würde oder gar verletzen könnte. E. Mi.

Er. Hofmann Qua ratione *ἔπος, μῦθος, αἶνος, λόγος*... in ant. Graec. serm. ... adhibita sint, 1922, 49ff. *Karl Meuli* Herkunft u. Wesen d. Fabel, 1954.

Aioleis (*Αἰολεῖς*) ist die Bezeichnung eines vor der dor. Wanderung in Griechenland wohnhaften Griechenstammes nach der Abstammung von Aiolos (Apollod. 1,7,3) und wird verwendet für die Vorbewohner von 1. Thessalien oder Thessaliotis (Hdt. 7,176. Diod. 4,67). 2. von Boiotien (Ath. 14,624f. Thuk. 7,57). 3. Peloponnes, bes. Korinth (Paus. 10,8. 9,22,3. Thuk. 4,42. Strab. 8,1, 2 p. 333), aber auch von → Aitolia und Elis. Ihre Sprache, der aiol. Dialekt (Pind. P. 2,128. Dion. Hal. 1,90) wird den Boiotern, den Perrhaibern in NO.-Thessalien (Steph. *Γόννοι*. Eustath. 335,38), bei Strab. 8,1,2 allen Stämmen n. der Megaris und des Kithairon zugeschrieben (MEISTER 4f.). Aiolos selbst ist in der Sage jedoch nicht mit ihnen verbunden, sondern seit Hesiod mit Phthia und den Landschaften der Pelop., das wären also A. für Hesiod. Danach haben WILAM. GldH 1,73ff. und JACOBY den Namen für alle von Aiolos abgeleiteten Stämme vermieden (eher Aioliden wie Hes. frg. 28). Diese werden nach linguist. Sprachgebrauch ihrerseits als NW.-Griechen von den gleichzeitig eingewanderten Doriern getrennt.

Der antike Wortgebrauch von *Αἰολικόν* bzw. *Αἰολικώτερον* ist deutlich bei der Benennung der Lesbier und der Bewohner der kleinasiat. Städte in der → Aiolis als A. Für diese ist der aiol. Dialekt bezeugt (Schol. Hom. Il. 16,524. Schol. Theokrit 7,4. Steph. s. *Μυσία*. Et. m. 189. MEISTER 6f.). Eine Ableitung von Aiolos gibt für sie jedoch nur Steph. s. *Αἰολία*, doch dazu stimmt die Verehrung einer *Αἰολησία θεά* auf Lesbos nach Alk. frg. 24a D mit K. LATTE Mus. helv. 4, 1947, 145 (das ist → Aiolis Nr. 3). Keine Stammesmischung ist aus der fragwürdigen Etymologie »die Bunten« zu folgern (Tzetz. Lykophr. 1374). Trotz Überlieferungen über die Teilnahme ion. Kolonisten ist hier, im ö. Gebiet der A., auch die Priorität der A. nachweisbar (M. SAKELLARIOU 224.30). Dazu ist eine Expansion (kleinasiat. Äol. Wanderung) erkennbar, die 1. von der Insel Lesbos nach 2. dem gegenüberliegenden Küstenstreifen, dann 3. landeinwärts bis Magnesia am Mäander und Larisa, ferner 4. nordwärts zur S.- und von der Peraia von Tenedos aus auch zur W.-Küste der Troas führt. Der Schlußakt, die Hellenisierung von Larisa, ist um 700 datiert, der Anfang ins 11. Jh. (Vell. 1,4,1ff. Euseb. Chron. zu 1050. M. SAKELLARIOU 343.354ff. J. BERARD, RA 1959 I 1ff.). Doch bleibt der archäolog. Befund, besonders der Beginn der griech. Siedlung im 1. u. 2. Raum (mit spärlichen myken. Spuren), im einzelnen noch unklar (E. AKURGAL Die Kunst Anatoliens, Bln. 1961, 8f.; Ders. zu Kyme in Anatolia 1, 1956, 11ff). Smyrna ist von diesen A. um 1050 gegründet (J. M. COOK, ABSA 53/54, 1958/59, 9ff.). Wie dies waren vielleicht auch Chios, Erythrai, Phokaia einst in ihrem Besitz (v. WILAMOWITZ Kl. Schr. 5,1, 1937, 156). Die A. ersetzten die Gergithen als Herren des Landes (SAK. 288ff. 368). Den Anstoß zur

Wanderung gab die Landnahme der (nachaiol.) Thessaler in Thessalien bzw. der Dorier in Boiotien (Äol. Abwanderung bei Thuk. Strab. 9,2,5); über die einzelnen Vorgänge s. CASSOLA; die Zeugnisse bei BÉRARD 74ff., dazu Kartierung in Westermann-Atlas zur Weltgeschichte 8–9. Als Anführer gilt Orestes (Pind. N. 11,44. Hellan. FGrH 4 frg. 32, vgl. 270 frg. 10. Lykophr. 1373ff.); chronolog. Überlegungen zwangen zu Abweichungen, durch die die Historizität der Wanderung nicht in Frage gestellt wird (CASSOLA 119ff). Diesem rein äol. Sprachgebiet steht die Gruppe von Landschaften gegenüber, in denen der Dialekt der A. durch Dorier oder NW.-Griechen überschichtet wurde. Von ihnen wird Thessalien, seltener Boiotien als Verbreitungsgebiet des Dialekts der A. in linguist. Betrachtung einbezogen (THUMB-KIEKKERS 2, [2]1959, 1 ff. 76ff. HOFFMANN 2, 53ff. 294ff.; dort 205ff. 213ff. die auf Apoll. Dysk. *περὶ Αἰολίδος*, bzw. Iohannes Grammatikos zurückgehenden Spuren der antiken Darstellung (THUMB 2,85), wobei in § 21 = HOFFMANN 2,208 von 3 Teilen des Verbreitungsgebietes gesprochen wird, die Aiolis, Thessalien, Boiotien oder Aiolis, Lesbos, Troas meinen können). Ein Sonderproblem stellt die Einwirkung der A. (welcher A., derer in Aiolis, in Thessalien oder auch in Cypern – bzw. in welcher Epoche, der myken. oder der nachmyken.?) auf die homer. Sprache dar (dazu STRUNK). In der Glossenliteratur (AHRENS 1, 10ff. HOFFMANN 2, 228ff.) wie bei der Bezeugung einer → Aiolischen Tonart) sind die A. als Träger einer Sonderart stets die Bewohner von Lesbos (Dialekt von Sappho und Alkaios), in der Kunstgeschichte einschließlich der Gegenküste (Kapitell→Aiolis 1), im geograph.-polit. Wortgebrauch die Bewohner des kleinasiat. A.-Gebietes im weiteren Sinne, also nicht nur von Kyme, Thebe und anfangs auch Smyrna, sondern auch der Troas (z.B. als *Αἰολεὺς ἀπ' Ἄσσου, Ἀλεξανδρείας*). Die Entstehung des Namens der A. in Lesbos und seiner Gegenküste (v. WILAMOWITZ Kl. Schr. 5,1,186) wird durch das hohe Alter der Anknüpfung an Aiolos nunmehr in Frage gestellt; danach wäre die Herleitung von Orestes nur chronograph. Konstruktion. E. K.

H.L. Ahrens De graecae linguae dialectis 1, Gött. 1839, 3ff. *R. Meister* Die griech. Dialekte, Gött. 1882. *O. Hoffmann* Die griech. Dialekte 2, Gött. 1893. *A. Thumb-E. Kieckers* Handb. der griech. Dialekte [2]1,49ff. 2,1ff. *K. Strunk* Die sog. Äolismen der homer. Sprache, Diss. Köln 1957. *F. Cassola* La Ionia nel mondo miceneo, Napoli 1957. – *M. Sakellariou* La migration grecque en Ionie, Athen 1958.

Aiolia (*Αἰολία*, sc. *νῆσος*, lat. *Aeolia*). Wohnsitz des → Aiolos Nr. 2), Hom. Od. 10, eine Märcheninsel, mit Zügen einer Toteninsel. Der schwimmende Zustand von A. ist ein Märchenmotiv, nicht ein Kunstgriff des Dichters, um der Frage nach der geogr. Lage vorzubeugen, so WILAM. Unters. 164. Geogr. Fixierung der hom. Insel wird mit Recht abgelehnt: R. STRÖMBERG The Aeolus Episode and Greek Wind Magic, Acta Univ. Gotoburg. 56, 1950, 71. Dagegen verlegte bereits Hes. die Irrfahrten des Odysseus nach Sizilien und Italien, und Antiochos von Syrakus identifizierte A. mit den Aeolischen (Liparischen) Inseln, Paus. 10,11,3. → *Αἰόλου νῆσοι*. H. v. G.

Aiolidai (*Αἰολίδαι*) werden nicht nur die Söhne des Aiolos, wie Sisyphos, Athamas und Kretheus, genannt, sondern füglich auch deren Nachkommen, z.B. Bellerophontes und Iason bei Pind., Minyas, Phrixos, Idmon bei Apoll. Rhod. Bei Verg. Aen. 6,529 nennt Anchises verleumderisch den Odysseus als angeblichen Sohn des Sisyphos *Aeolides*. H. v. G.

Aiolides (*Αἰολίδες*). Töchter des Aiolos, wie Polymele, Parthenios Erot. 2 (nach Philetas), Alkyone, Ov. met. 11,444.573. H. v. G.

Aiolis (*Αἰολίς*) **1.** Bezeichnet ursprüngl. alles Land, das die → Aioleis bewohnten (JACOBY FGrH zu 301), speziell: 1. der Nordteil der kleinasiat. W.-Küste von Smyrna, nach dessen Verlust an die Ioner vom Hermos-Tal bis nach Kebrene oder gar bis Abydos und zum Aisepos im N. (FGrH 70 frg. 163. Strab. mit BUISSON 5ff. W. ALY Strabon 4, 1957, 310ff. ROBERT Ét. num. 96f.), im engeren Sinne das Gebiet gegenüber Lesbos b. z. Golf v. Adramyttion »zwischen Ionia und Mysia« (Paus. 3,2,1). Seine Poleis zählen auf Hdt. 1,149. Ps. Skyl. 96. Strab. 13,3,5f. Mela 1,90. Plin. nat. 5,30,121 (m. ROBERT Ét. anat. 169 u. L. LACROIX, RB num. 99, 1953, 5ff. zu Tisna), Ptol. 5,2,6, auch die Theorodokoiliste bei PLASSART, BCH 45, 1921, 8 (mit ROBERT, BCH 70, 1946, 510. Ét. num. 33f.). Dazu gehören als Glieder einer Dodekapolis: Kyme, Larisa, Neonteichos, Temnos, Killa, Notion, Aigiroessa, Pitane, Aigai, Myrina, Gryneion (und Smyrna); ihr alter Kultmittelpunkt war wohl das Apollon-Heiligtum von Gryneion (L. ROBERT Villes 87,3). Die Fruchtbarkeit der Landschaft rühmt Hdt. 1,149 (MAGIE 84.906. A. PHILIPPSON Petermanns Mitt. Erg. H. 167, 1910, 26ff. 75ff. 95ff. 172, 1911, 2ff.) Lokalisierung und Kartierung bei KIEPERT, FOA 9. W. M. CALDER-G. BEAN Class. Map of Asia minor (Lond. 1958), BUISSON und die Art. hier zu den einzelnen Orten; dazu PHILIPPSON a.O.; Altertümer von Pergamon 1,1,93ff. MERITT Athen. Tribute Lists 1, 1939, 478.511.523, zur Kaikosmündung – trotz BUISSON-A. v. GERKAN, GGN 1956, 283ff. ROBERT Villes 172,6. Das Gebiet weiter n. ist später hinzugewonnen und wird zur Troas gerechnet (W. RUGE, RE VII A 525ff. mit Städteliste S. 536.545ff., dazu die Karte bei E. KIRSTEN D. griech. Polis, Bonn 1956, 82). Der Zeitpunkt dieser Kolonisation durch → Aioleis (wohl im 7. Jh. mit Wiederholung der Namen Larisa, Killa) ist nicht genau festlegbar (J. BÉRARD, RA 1959 I 1ff. und L'expansion et la colonisation grecques, Par. 1960, 95ff.); in Alepokonnesos und Ainos (FGrH

70 frg. 39) nahmen Leute aus Kyme an dem sonst von Lesbiern als »Aiolern« getragenen Übergreifen zur europäischen Küste teil. Die Besiedlung der A. selbst durch → Aioleis wird um 1120 oder ins 11. Jh. datiert. Die Solidarität der Einwanderer war noch bei der Verteilung der Flüchtlinge aus Smyrna wirksam (Hdt. 1,150. Paus. 7,5,1. Steph. s. v. *Σμύρνα*). Der A. eigentümlich ist eine Gattung grauer monochromer Keramik (Bucchero, auch in Lesbos: F. Villard La céramique grecque de Marseille, Par. 1960, 51 ff.) Das sog. Äolische Kapitell hat sie wie den äol. Dialekt mit Lesbos. und der Troas gemeinsam (Akurgal Kunst Anatoliens 284. Anatolia 5, 1960, 3 ff. Kirsten-Kraiker ^{4}532 mit Lit.).

Geschichtlich bezeichnet A. im allgemeinen nur die Dodekapolis mit dem Mittelpunkt Kyme (nach Hdt. 1,149). Sie pflegt Handelsverkehr mit Phrygien, bleibt aber lange sehr provinziell (C. Roebuck Ionian Trade and Colonization, New York 1959, 28.47 f. K. Schefold, JDAI 57, 1942, 124 ff.). Smyrna wird vor 700 verloren (Cook, ABSA 53/54, 1958/59, 13. Bengtson Staatsv. 101). Die Landschaft wird durch Kroisos, dann Kyros unterworfen (Hdt. 1,6.26.28. Xen. Kyr. 7,1,45). Sie nimmt am Perserkrieg gegen die Hellenen teil (Hdt. 1,141. 3,90. 7,95. Diod. 11,3). Erst 478 tritt sie in den Attischen Seebund ein. Kyme zahlt 12 (451/50), dann 9 Talente Tribut, geht 412–411 an Sparta verloren (Thuk. 3,31. 8,31 f.). Daneben erscheinen Myrina (RE Suppl. VI 616 ff.), Gryneion, Pitane, Elaia, erst 424 Larisa in den Tributlisten (Meritt a. O. 324 f. 348 f. 256.378.330.268). Das Geb. wird 411 v. Mindaros berührt, 399 von Derkyllidas erobert (Thuk. 8,101. Xen. hell. 3,1,6 f. und 16. Diod. 14,38). Myrina und Gryneion fallen wieder an die einst von Dareios I. eingesetzte Tyrannendynastie (Xen. hell. 3,1,6; an. 7,8,8). Kyme, 382 im Streit mit Klazomenai und laufend Münzen prägend, u. a. hielten sich von Persien faktisch unabhängig (Diod. 15,18, 2 ff. Xen. hell. 4,8,5. Arr. an. 1,18,1. 20,2. W. Judeich Kleinasiat. Studien, Marburg 1892, 123.191. 260). 342 verbündet sich Hermeias von Atarneus mit Makedonien. 336 wird Pitane, von Parmenion belagert, durch Memnon entsetzt (Diod. 17,7,9. Judeich 305). Dann befreit Alexander die A. von der Perserherrschaft (Arr. an. 1,18,2, wozu H. Gallet, BCH 71/72, 1947/48, 302 ff.). Daß er einen Städtebund (Koinon) der A. gegründet habe, ist aus Arr. an. 7,9,7 nicht mit Sicherheit zu erschließen (H. Bengtson D. Strategie in der hellenist. Zeit 1, 1937, 216, vorsichtiger GG ^{2}330. Magie 84, zu den Münzen L. Robert Ét. num. 92 ff. und REA 62, 1960, 309); Kyme heißt Metropolis in der Quelle von Strab. 13,3,6. Die A. wird 302 durch Prepelaos für Lysimachos unterworfen (Magie 89, 916) und kommt 281 an die Seleukiden (W. Ruge, RE XX 1841. Suppl. VI 617. Münzunion: Kiechle 149), war seit 261 (ebd.) bis auf Achaios 223 von Pergamon faktisch abhängig, wurde 218 durch Attalos II. wieder erobert (Pol. 5,77 mit Robert Ét. anat. 185. G. Kleiner 72 ff.). Sie fiel 190 zu Seleukos ab (Liv. 37,11), wurde 156 durch Prusias II. verheert (Robert ebd. 114) und war 85 Schauplatz des Mithradatischen Krieges (Plut. Luc. 3. App. Mithr. 52). Seit dem 2. Jh. v. Chr. ist die A. berühmt durch die Herstellung der Terrakotta-Figuren von Myrina (E. Pottier-S. Reinach La nécropole de Myrina, Paris 1888. G. Kleiner, a. O. 207 ff.). Doch steht A. im Hellenismus insgesamt im Schatten von Pergamon, in der röm. Kaiserzeit auch in dem von Alexandreia Troas und Smyrna. Mit der kulturellen Entwicklung des Binnenlandes verlieren die Kleinstädte der A., zu denen Olympos kam (L. Robert, Hellenica 10, 1955, 179 ff.), beim geringen Wert ihrer Häfen alle Bedeutung (außer Elaia, mit Abgrenzung gegen Pergamon: L. Robert Anat. Studies Buckler 229). Nur Myrina hat sich Sebastopolis genannt (Plin. nat. 5,30,121; Kaisareia in Inschrift IG Rom IV 1173). Das geschah noch vor dem Erdbeben von 17 n. Chr., dem 105 ein weiteres folgte. Die wenigen unter Augustus bestehenden und Münzen (Kiechle 109) prägenden Städte gehörten zur Provinz Asia, zum conventus von Smyrna. Ein Brief des Augustus an Kyme: H. W. Pleket The Greek Inscriptions . . . at Leyden, 1958, 49 ff. Die wirtschaftlichen Verhältnisse der Kaiserzeit sind kaum bekannt (Großgut IG Rom IV 1302, eine Reiseroute bei Aristeid. 51,2 [3 p. 534 D] mit W. Ramsay, JHS 2, 1881, 44 f. A. Boulanger A. Aristide 124. Jones 80). Das Gebiet von Kyme hatte sich im Hermostal ausgedehnt (L. Robert Villes 373. Et. num. 46 f. zu einer Baustiftung, RE Suppl. VI 621,31 ff.). In der Spätantike kommt die Troas n. des Ida zur Provinz Hellespontos, die A. bleibt bei Asia. Hierokles 660 f. nennt von den alten Städten noch Aigai, Temnos, Myrina, Pitane, Kyme und Elaia, den Hafen von Pergamon; dazu kommt Tiarai, das schon Plin. nat. 5,30,121 nannte (E. Honigmann Synecdemos 22. L. Robert Villes^{2} 84). Kyme, Pitane, Myrina, Aigai und Elaia sind auch Bischofssitze geworden; die Entwicklung des Christentums ist hier wenig bekannt (V. Schultze Altchr. Städte und Landschaften 2,2, Gütersloh 1926, 17 ff.). E. K.

E. W. Buisson Die äol.-ion. W.-Küste Kleinasiens, Diss. Erlangen 1917. *A. W. Jones* Cities in the Eastern Rom. Prov., Oxf. 1937. *F. Kiechle* Jb. Num. 10, 1960, 147 ff. *G. Kleiner* Tanagrafig. JDAJ, Erg. H. 15, 1942. *Robert* Études anatoliennes, Paris 1939; Études numismatiques, Paris 1957; Villes d'Asie mineure, ^{2}Paris 1962. *D. Magie* Roman Rule in Asia minor, Princeton 1950.

2. Küstenlandschaft Aitoliens in Thuk. 3,102,5, die Homer als Land der Aitoler (der vordorischen) kannte – im Gegensatz dazu (*νῦν*) war sie selbständig geworden (vgl. Hesych. s. *Αἰολικὸν θέαμα*. Schol. Theokrit. 1,56). Ihre Geschichte hat U. v. Wilamowitz Sitz.-Ber., Bln. 1921, 729 f. aus Schol. B zu Il. 2,484 und 9,539 wiedergewonnen

(FGrH. 301, Einl., G. KLAFFENBACH in IG ²IX 1,1 p. X). Nach Besetzung durch die Achaier wurde die A. erst 366 aitolisch (und daraufhin der neue Tempel im Laphrion von Kalydon gebaut). Die Ausdehnung des Namens auf die Küstenebene von Messolongi ist gesichert: PHILIPPS.-KIRST. 2,353ff.567.572f.578f.; zur Geschichte ebd. 570.605 und bereits E. KIRSTEN, Neue Jbb. Antike 1940, 302. Die Erklärung der Anwendung des Namens der Aioleis für diese Landschaft bleibt unsicher (ebd. und PHILIPPS.-KIRST. 628. G. KLAFFENBACH, IG ²IX 1,2 p. IXf.). Sie hängt zusammen mit der Ausdehnung d. Namens → Aitoloi vom Gebirgsland auf den Küstenstrich (PHILIPPS.-KIRST. 2,567ff.). Ihre Zweiteilung in Strab. 10,2,22. 3,6 hat aber nichts zu tun mit der von → Aitolia. (ebd. 2,3). **3.** Name einer Göttin (*ϑεὰ καρποφόρος*) in kaiserzeitlichen Inschr. von Lesbos und Aigai, die Agrippina I. und II. mit ihr gleichsetzen (als *Θεὰ Αἰολὶς Σεβαστή* in IG XII Suppl. 134). Sie ist mit der bei Alk. frg. 24a D. (frg. 129 LOBELL) genannten *Αἰοληία ϑεά* gleichzusetzen, die ihr Heiligtum für Lesbos in Messa hatte. E. K.

A. Stella Parola del Passato 11, 1956, 321ff. *L. Robert*, REA 62, 1960, 285ff.

Aiolische Tonart (*Αἰολιστί* = auf aiolisch). In der Gruppe der dorischen Tonarten (|e′ d′ c′ h| |a g f e|) galt das Hypodorische (*ὑποδωριστί* |e d c H| |a g f e|) als Stammtonart der Aiolier und beanspruchte besonderen Ausdruck in der Musik. Aiolisch und Hypodorisch werden oft als gleichbedeutend behandelt (Athen. 14,625a). Herakleides Pontikos leitet das Ethos des Hypodorischen aus dem Charakter des Stammes der Aiolier ab (Text bei H. ABERT Die Lehre vom Ethos in der griech. Musik, Lpz. 1899, 82). Der Pindarscholiast (Pind. O. 1,162) vermerkt den ritterlichen Klang des Aiolischen. Der feierliche Grundton wird von Lasos v. Hermione in seinem Demeterhymnus bezeugt: *Δάματρα μέλπω Κόραν τε Κλυμένοι' ἄλοχον, μελιβόαν ὕμνον ἀνάγων, Αἰολίδ' ἅμα βαρύβρομον ἁρμονίαν*. Gegenüber dem allgemein »herben« Zug des Dorischen war das Aiolische milder (Athen. 14,624f). Da aus der Landschaft berühmte lyrische Sänger hervorgegangen sind (Terpander, Alkaios, Sappho), die sich des Saiteninstruments zur Begleitung bedienten, wurde das Aiolische die Tonart der Kitharodik, so schon Pind. P. 2,127: *οἱ Αἰολεῖς κιϑαρῳδοί* analog Proklos (Chrestom., ed. WESTPHAL, S. 245). Schon früh scheint die männliche, erhabene Tonart des Dorischen in Nachbarschaft empfunden worden zu sein (Aristot. probl. 19,48), die nicht nur schön war, sondern den Hörer zum Handeln anregte, im Sinne derjenigen *ἁρμονίαι*, die Aristot. als *πρακτικαί* hervorhebt und zu denen auch die herbe Tonart, die *ὑποφρυγιστί*, gerechnet wurde (Aristot. pol. VIII). In der nachklassischen Zeit galt das Aiolische nur noch als *simplex* (Apul. flor. 4) oder es wurde als beruhigend empfunden: *Aeolius animi tempestates tranquillat somnumque iam placatis attribuit* (Cassiod. var. 2, 40). W. B.

Aiolischer Dialekt s. Aioleis u. Dialekte

Aiolos (*Αἴολος*) **1.** Eponymer Stammvater der Aioler, Sohn des Hellen und der Orseïs, Enkel des Deukalion. Während seine Brüder Doros und Xuthos in die Fremde gingen, erhielt A. das väterliche Erbteil in Thessalien, zwischen Asopos und Enipeus. Hes. katal. 28 Rz. Apollod. 1,7,3. Die zahlreichen Kinder, die man ihm zuschreibt, spiegeln die weite Ausbreitung des aiol. Stammes wider; wenigstens zum Teil sind sie als Gründer aiol. Niederlassungen anzusehen. Seine Gemahlin Enarete schenkt ihm 7 Söhne: Athamas (Orchomenos), Sisyphos (Ephyra-Korinth), Kretheus (Iolkos), Deïon (Phokis), Salmoneus (Elis), Perieres (Messene), Magnes (Magnesia). Von ihren 5 Töchtern seien Alkyone und Kanake erwähnt. Darüber hinaus werden A. weitere Kinder zugeschrieben, als Eponyme von Völkern oder Städten, z. B. Makedon, Arne, Tanagra. Die naheliegende Ableitung des Namens A. von *αἰόλος* »beweglich, buntschillernd, listig« paßt zu A. Nr. 2. **2.** Der von Zeus eingesetzte Verwalter der Winde, Sohn des Hippotes, Hom. Od. 10, der auf der unzugänglichen (steile, glatte Felsenküste, eherne Ringmauer), schwimmenden Insel → Aiolia im fernen Westen mit Frau und Kindern (6 Söhnen und 6 Töchtern, die miteinander verheiratet sind) glückselig lebt. Ebenso wie die Beschreibung der Insel enthält auch die Erzählung von Odysseus' Besuch bei A. märchenhafte Züge, wie er die Irrenden einen Monat beherbergt, die Winde in den Ledersack steckt, wie die vorwitzigen Gefährten des schlafenden Odysseus, den Sack öffnen und die Stürme sie zurücktreiben an die Insel, wo A. sie barsch abweist. L. RADERMACHER Die Erzählungen der Od. 1915, 18ff. Einen Kult hat dieser Winddämon nicht (→W.-Dämonen). Bei Späteren regiert er als König mit seinem Zepter die in einer Höhle auf Lipara tobenden Winde, Verg. Aen. 1, 52.140. Euhemeristische Deutung des A.: der Mythos habe ihn zum Gebieter der Winde gemacht, weil er die Schiffer den Gebrauch der Segel gelehrt und aus den Vorzeichen des vulkanischen Feuers den Wechsel der Winde vorhergesagt habe, Palaiphatos, Diodor. Die beiden A. werden schon früh zusammengeworfen (Thuk. 3,102). **3.** Sohn des Poseidon und der Melanippe, H. v. ARNIM, Suppl. Eurip. 25.28. Man konstruierte folgende genealogische Verknüpfung der drei A. (Diod. 4,67): Hellen – Aiolos (I) – Mimas – Hippotes – Aiolos (II), der Winddämon – Arne (= Melanippe); diese gebiert von Poseidon Zwillinge, Boiotos und Aiolos (III). Die ausgesetzten Kinder werden in Metapontion gefunden; A. tötet die Gattin seines Pflegevaters, flieht auf die nach ihm benannten aiol. Inseln, gründet Lipara. → Melanippe. H. v. G.

Αἰόλου νῆσοι (*Αἰολίδες*, Aeoli insulae, Aeoliae, Hephaestiades, Volcaniae), die vulkanische Inselgruppe n. des ö. Sicilien, nach dem homerischen Aiolos benannt, heute Isole Eolie oder di Lipari. Im einzelnen Lipara, Strongyle (Stromboli), Didyme (Salina), Phoinikussa (Filicudi), Erikussa (Alicudi), *Ἱερὰ Ἡφαίστου*, auch Therasia oder Thermessa genannt (Volcano), Euonymos (Panaria). Manche Autoren rechnen noch weitere Inseln hinzu. Zufolge ihrer vulkanischen Entstehung liefern sie Schwefel, Alaun und Bimsstein; Fischfang und Korallenfischerei ist schon im Altertum bezeugt. Über die Geschichte der Inseln → Lipara; über vor- und frühgeschichtliche Besiedelung s. AA 1954, 503 ff. K. Z.

Aion (*Αἰών*), primäre Bedeutung a) »Leben, Lebenszeit« Hom. Il. 16,453. Aischyl. Eum. 315. [9], 26 f.). b) »langer Zeitraum, Zeitalter« Hes. theog. 609. Aischyl. Hik. 582. Demosth. 18,199; die sekundäre Bedeutung »Ewigkeit« ist daraus durch philos. Spekulation entwickelt. Plat. Tim. 37 d. A. FESTUGIÈRE, PP 11, 1949, 172 ff. Zum späteren Umfang der Begriffssphäre Jo. Damasc. fid. orth. 2,1. E. C. E. OWEN, JThS 37, 1936, 265 ff. (mit Belegmaterial); die etymol. Bezüge bei E. BENVENISTE, BSL 38, 1937, 103 ff. – A. erscheint früh als Ausdruck des kosm. Raum-Zeitbegriffs im philos. Denken der Vorsokratik Anaximand. frg. A 10. Anaximen. frg. A 6. Demokr. frg. A. 49. Emp. frg. B 16 D. ([1], 50 ff. Vgl. K. DEICHGRÄBER, RGG^3 1, 193 f.). Das Bild vom *αἰὼν παῖς παίζων πεσσεύων* bei Herakl. frg. A 52 D. ([2], 639 ff.) ist nach V. MACCHIORO Eraclito, 1922, angeblich orphisch (A. = Dionysos Zagreus). Vgl. O. KERN Orpheus, 1920, 56; s. jedoch W. K. C. GUTHRIE Orpheus and Greek Religion, 1935, 227 f. Eher läßt noch die poet. Personifikation des A. als Sohn des Chronos Eur. Heraclid. 900 (vgl. [1], 81 ff.) an orph. Einfluß denken ([10], 315). Deutlich davon gefärbt ist jedenfalls die euhemerist. Tradition von A. und Protogonos in der phöniz. Theogonie des Sanchunjathon (Philon von Byblos) bei Eus. pr. ev. 1,10,7 ff. Vgl. WERNICKE, RE I 1042 f. – Platon (Tim. 37 d) scheidet den einheitlich verharrenden A. von seinem bewegten Abbild Chronos ([3], 176. Zu evtl. iran. Einflüssen W. JAEGER Aristoteles. 1923, 133 f. R. REITZENSTEIN–H. H. SCHAEDER Studien z. ant. Synkretismus, 1926, 142 ff.). Spiegelung dieser Konzeption in der A.-Inschrift von Eleusis (1. Jh. v. Chr.) Sylloge^3 1125,8 ([3], 174 ff. NILSSON GgrR 2,331 f.), welche im übrigen die schon im hellenist. Alexandria lebendige Idee des ewigen Bestand verbürgenden Stadtgottes A. für Rom proklamiert ([3], 175. H. SASSE, RAChr 1, 197 f.). – Die philos.-spekulative Ausdeutung bei Aristot. cael. 279 a 23 ff. 283 b 26 ([1], 59 ff. [3], 177 f.) übertrug sich auf die hellenist. A.-Theologie ([8], 227 ff.). Diese hat andererseits von den zoroastrischen kosmogon. Zeitbegriffen zrvan a-karana (»Zeit ohne Grenzen«) und zrvan daregô khvadâta (»Zeit der langen Dauer«), besonders aber von dem daraus abgelösten Urgott Zarvan (F. CUMONT Textes et Monuments 1, 1899, 18 ff. A. CHRISTENSEN Études sur le Zoroastrianisme de la Perse antique, 1928, 45 ff. H. S. NYBERG, JA 219, 1931, 1 ff. 36 ff. R. C. ZAEHNER Zurvan, A Zoroastrian dilemma, 1955, 106 f.) gewisse Anregungen empfangen ([4], 125 ff. [7], 29 f. [10], 315. J. BIDEZ–F. CUMONT Les mages hellénisés, 1938, 62 ff.). Entsprechend galt die monströse Mischgestalt des »A.-Zarvan« der Mithrasmysterien (CUMONT a. O. 1,74 ff.; Die Mysterien des Mithra^3, 1923, 97.215. A. DIETERICH Eine Mithrasliturgie, 1903, 66 f. 81. R. DUSSAUD, Syria 27, 1950, 253 ff.) allg. als typischer Repräsentant der Begegnung zoroastrischer Elemente mit hellenistisch-vorderoriental. Synkretismen (vgl. R. PETTAZONI, AC 18, 1949, 265 ff. J. WACH Religionssoziologie, 1951^4, 142. [9], 317). Ihre Identität mit dem pers. Zarvan wird jedoch neuerdings stark bezweifelt (J. DUCHESNE-GUILLEMIN Ormazd et Ahriman, 1953, 126), wie schon früher die mit A. (WERNICKE, RE I 1043. Vgl. [2], 404 ff.). Im allg. sieht man jetzt darin den Ahriman der daeva-Verehrer (ZAEHNER Dawn and Twilight of Zoroastrianism, 1961, 129 f. Vgl. DUCHESNE-GUILLEMIN Ahriman et le dieu suprême dans les mystères de Mithra, Numen 2, 1955, 190 ff.). Bei dem Janus-A. des M. Val. Messalla (Macr. Sat. 1,9,14) hat ZEPF ([8], 225 ff.) die von REITZENSTEIN ([5], 274 ff. [6], 210 ff.) angenommene pers. Konzeption in Frage gestellt. Das Gewinnen klarer Umrisse und die Rückführung auf bestimmte Ursprünge ist eben bei einem Objekt ungehemmter Theokrasie wie dem A. kaum möglich. So wird z. B. für Alexandreia seit ptolem. Zeit ein Kult des A. *Πλουτώνιος* bezeugt, Ps. Kallisth. 30 ([3], 189). Dazu gehörte eine Nachtfeier am 5./6. Jan. im Tempel der den A. gebärenden Kore (NILSSON Opuscula Sel. 2, 1952, 472.482) mit kult. Prozession eines hölzernen, fünf kreuzförmige Sphragiden aufweisenden A.-Bildes, Epiphan. pan. haer. 51,22,8 ff. K. HOLL, SPrAW 1917, 402 ff. [6], 195 ff. [7], 28 f. Ein ähnl. Fest am 24./25. Dez. (F. BOLL, SHAW 16, 1910, 40 ff.), an dem sich das Licht, »von der Jungfrau geboren«, erneuerte (Epiphan. 51,22, 5 ff. Macr. Sat. 1,18,10. HOLL a. O. 426 ff. W. WEBER, ARW 19, 1916/19, 331 f.), galt nach E. NORDEN ([7], 24 ff.) dem A.-Helios (S. zu diesem P. Gr. Mag. 1,200. A. D. NOCK, HThR 27, 1934, 53 ff. 63), nach NILSSON a. O. 483 ff. dem Osiris-Adonis (= A. vgl. Suda. s. *Ἡραίσκος*). Das alles paßt wenig zu der Anschauung von dem pers. Ewigkeitswesen Zarvan, eher zu der eines Weltaltergottes ([8], 241 f.), der die zykl. Abläufe großer kosm. Perioden verkörpert (NILSSON GgrR 2,483). Darauf scheinen auch der äg. Vogel Phönix *(bnw)* als Symbol des A. (HOLL a. O. 431) und das Bild vom sich verjüngenden A. bei Nonn. Dion. 41,180 ff. hinzudeuten. Vgl. V. STEGEMANN, *Στοιχεῖα* 9, 1930, 26. Übrigens kannte auch die awest. Tradition eine solche durch Epiphanie markierte Weltalterlehre (Bundahishn 34. [4], 127 f.). Sie hat nach F. Altheim Weltgeschichte Asiens 1, 1947, 100 ff.; Röm. Religionsgesch. 2, 1953, 144 ff., auf Vergils 4. Ekloge eingewirkt. Eine Überbrückung der Diskrepanz zwischen ewigem und sich erneuerndem A. haben seinerzeit O. Weinreich ([3], 189) und L. Troje, ARW 22, 1923/24, 87 ff., versucht. Die dabei von Weinreich a.O. erörterte Frage einer Verbindung des alexandr. A.-Kultes mit Eleusis beantwortete O. Kern, ARW 22,199 f., mit dem Hinweis auf den eleus. Plutos und den äg. A. *Πλουτώνιος* bzw. den A. *Πλουτοδότης* (R. Wünsch, ARW 12, 1909, 36). Darüber hinaus zeigt gerade die synkretist. Theologie Äg. eine Tendenz zur Verschmelzung der komplexen und wesensmäßig unbestimmten A.-Gestalt ([6], 230. Nilsson GgrR 2,478.482) mit einheimischen Numina sowie anderen Figuren der Mysterienreligion ([10], 316): Chronos-Kronos und A. (Pettazoni Scritti in on. I. Rossellini 1, 1949, 275 ff. Vgl. Duchesne-Guillemin Ormazd et Ahriman 127 f.); Sarapis-A. (R. Wünsch Seth. Verfluchungstafeln, 1898, 101. H. Seyrig Mél. I. Lévy, 1953, 603 ff.); Thot als *Αἰὼν αἰώνων* ([5], 23.270); der hermet. Agathodaimon als A. ([5], 30. Vgl. P. Gr. Mag. 4,3167. S. Eitrem Papyri Osloenses 1, 1925, 86 f.); Mandulis-Helios-A. (Nock a.O. 53 ff.). – Andererseits entzieht die gnost. Spekulation dem A. die Stellung eines obersten Ur- und Weltgottes. Im Corp. Herm. 11,2.3 steht er als *δεύτερος θεός* bereits in einer Emanationsreihe höchster Wesen ([8], 231 ff. J. Kroll Die Lehren des Hermes Trismegistos, 1914, 67 ff. 142 f.). Der Pap. Lond. 121 nennt Helios Vater des A. (Reitzenstein Hellenist. Mysterienrelig., 1927, 177), die Oracula Chaldaica entsprechend den A. *πατρογενὲς φάος* (Prokl. in Plat. Tim. 4 p. 242 D. Nock a.O. 83.98). Aus Formeln für den transzendenten Gott wie *βασιλεὺς τῶν αἰώνων* (1. Tim. 1,17) entsteht eine pluralist. Vorstellung von den A. als den Mittlern zwischen jenem und der materiellen Welt ([5], 275.277 ff. [10], 318. Sasse, Th. Wb. 1,200 f.). Vgl. zum Gedanken der Transzendenz und ihrer Überwindung den A. *τῆς ζωῆς* der Manichäer (Epiphan. 66,9,9. H. Usener Sintflutsagen, 1899, 133). Immerhin sind bei aller dadurch bedingten Neuartigkeit des A.-Bildes die Elemente der Definition Reitzensteins (Studien 81), nach der A. stets »Zeit, stofferfüllten Raum und göttl. Persönlichkeit« beinhaltet, auch hier noch zu finden, der Raum-Zeitbezug etwa bei den 365 Abraxas-A. des Basilides (Iren. 1,24,3.7. Hippolyt. 7,26. A. Dieterich *Abraxas*, 1891, 46. [5], 272), Spuren der Personhaftigkeit bei dem A. Barbelo (W. Bousset Hauptprobleme der Gnosis, 1907, 14) oder bei Bythos, dem obersten A. des valent. Systems (Iren. 1,1,1. Owen a.O. 280). Demgegenüber rückt die vom alexandr. Judentum ausgebildete messian. Weltalterlehre (vgl. [10], 317 f.) mit ihrem eschatologischen Dualismus zarvanistischer Prägung (N. Messel Die Einheitlichkeit der jüd. Eschatologie, 1915, 44 ff. W. Bousset Die Rel. des Judentums im ntl. Zeitalter, 1926^{3}, 243 ff. E. Jenni, ZAW 64, 1952, 197 ff. 65, 1953, 1 ff.), wie er u.a. Mt. 12,32. Eph. 1,21. 2. Kor. 4,4 aufscheint (*ὁ αἰὼν οὗτος* und *ὁ αἰὼν μέλλων*. Vgl. R. Löwe Kosmos und A., 1935, 77.119 f. M. Dibelius Botschaft und Geschichte 2, 1956, 110), den zunächst unpersönlichen Zeitfaktor in den Vordergrund. Voraussetzung für diesen Dualismus ist gleichwohl nach Zepf ([3], 241,2) die gnost. *δεύτερος θεός*-Konzeption; seine Überwindung durch Aufheben in der einheitl. göttl. Person versucht die jüd. Kabhodh-Mystik in dem Isopsephismus des Trigrammatons Iao (= Iahwe) mit A. (P. Friesenhahn Wortzahlenmystik, 1935, 130 ff.), die christl. Gnosis in der Auffassung Christi als apokalyptischer A. = A und *Ω* (Apc. 1,8.21,6.22,13. Reitzenstein, ZNW 20, 1921, 18. [6], 244. F. Dornseiff Das Alphabet in Mystik und Magie, 1925^{2}, 123; s. jed. Sasse, RAChr 1,203 f.). W. F.

1. *C. Lackeit* A., 1916. 2. *R. Eisler* Weltenmantel und Himmelszelt, 1910. 3. *O. Weinreich*, ARW 19, 1916/19, 174 ff. 4. *H. Junker* Über iran. Quellen der hellenist. A.-Vorstellung 1921/22. 5. *R. Reitzenstein* Poimandres, 1904. 6. *Ders.* Das iran. Erlösungsmysterium, 1921. 7. *E. Norden* Die Geburt des Kindes, 1924^{3}. 8. *M. Zepf*, ARW 25, 1927, 225 ff. 9. *L. Petersen* Zur Gesch. d. Personifikation, 1939. 10. *G. Stadtmüller*, Saeculum 2, 1951, 315 ff.

Aiora (*Αἰώρα*), »Schaukel«, dionys. Kultbrauch im att. Ikaria (M. P. Nilsson Opusc. Sel. 1, 1951, 153.160.425; GgrR^{2} 1,586) und – im Rahmen der Anthesterien – in Athen (Kall. frg. 178 Pf. E. Maass, Phil. 77, 1922, 2 f.; zum Zeitpunkt A. Koerte, RhM 71, 1916, 578. L. Malten, H 53, 1918, 151 f. R. Pfeiffer Kallimachosstudien, 1922, 102 f. [5], 41 ff. 50). Es wurden Puppen geschaukelt (vgl. F. Hauser bei Furtw.-Reichhold 3,28 ff. Taf. 125) und ein kult. Lied *Ἀλῆτις* (»die Umherirrende«) gesungen; ferner fand vermutlich ein Umzug der beteiligten Jungfrauen statt (Nilsson Op. 1,155 f.; anders [3], 119. [5], 38,10). Die ätiol. Erklärung berichtet vom suchenden Umherirren und anschließenden Selbstmord der Erigone, die sich aus Kummer über den Tod ihres Vaters Ikarios an einem Baum erhängte (Eratosth. b. Hyg. astr. 2,4. Maass, PhU 6, 1883, 60 ff.; abweichende Versionen Etym. m. 62,4. Hesych. s. *αἰώρα*. O. Crusius, Phil. 48, 1889, 206 ff.). Die antike Auffassung der Feier als Sühneritus ([3], 118. [4], 78. [5], 39) stimmt nach Deubner zu dem kathart. Sinn des Schaukelns ([2], 115 f. [3], 121; vgl. [5], 40 f.); dag. erkennt Altheim ([4], 81 f.) darin einen apotrop. Brauch im Kult eines chthon. Dionysos, Herrn der Totenseelen (vgl. H. Jeanmaire Dionysos, 1951, 23.165 f.). Die Motive der *πλάνη* und des Hängetodes weisen jedoch darüber hinaus auf einen dem phänotyp. Bereich der altägäischen *θεὰ ἀπαγχομένη* zugehörigen Fruchtbarkeitszauber innerhalb des Baumkultus (NILSSON Griech. Feste, 1906, 233 ff.; Op. 1,162; vgl. [5], 39 f.). Daher haben CH. PICARD, RA 28,2, 1928, 47 ff. und H. WAGENVOORT Hermeneus 2, 1930, 72 ff., die bei A. EVANS Palace of Minos 4, 1935, 24 ff. erläuterte weibliche Terrakotte von Hagia Triada herangezogen (NILSSON Minoan-Mycenean Religion, 1950², 331 f. Vgl. CH. DELVOYE, BCH 70, 1946, 120 ff.; ablehnend [3], 121,4). W. F.

1. *F. Boehm* Festschr. Ed. Hahn, 1917, 280 ff. 2. *L. Deubner* Festschr. P. Clemen, 1926, 113 ff. 3. *Ders.* Att. Feste, 1932/1956. 4. *F. Altheim* Terra Mater, RVV 22,2, 1931. 5. *B.C. Dietrich*, H 89, 1961, 36 ff.

Αἰῶραι. Eine von Poll. 4,131 erwähnte Theatermaschinerie, die aus Seilen bestand, die von der Höhe her ausgespannt wurden, um scheinbar durch die Luft dahingetragene Götter oder Heroen zu halten. Näheres darüber unbekannt. Nach H. BULLE ABAW 1928, 291 gehört die Einrichtung erst der hellenistischen Zeit an. C. F.

Aipytos (*Αἴπυτος*) **1.** Arkad. Heros, Sohn des Elatos, Vater des Peirithoos (so bereits Hes.). Sein schon Hom. Il. 2,604 bekanntes Grab zeigte man am Berge Sepia bei Kyllene, wo er von einer Schlange gebissen worden war. L. RADERMACHER Mythos u. Sage² 293 hält A. für einen alten Gott oder Dämon, zumal A. auch Beiname des Hermes in Tegea ist. Pind. O. 6,30 gibt ihm Phaisane am Alpheios als Wohnsitz und erzählt die Episode mit Pitane und → Iamos. **2.** König des arkad. Trapezus, Sohn des Hippothoos, Vater des Kypselos, erblindete, weil er in das Heiligtum des Poseidon Hippios in Mantineia eingedrungen war, Paus. 8,5,4 f. **3.** Sohn des Herakleiden Kresphontes und der Merope. Einem Aufruhr fielen Vater und Brüder zum Opfer, während er gerettet wurde; später eroberte er sein väterliches Erbe, Messenien, zurück. Paus. 4,3,6,8,5,7.9,4 ff. Eur. Drama Kresphontes behandelt die Rückkehr des A., der aber bei ihm, wie der Vater, Kresphontes heißt. H. v. G.

Aisa (*Αἶσα*), der von der Gottheit zugewiesene Schicksals»anteil« (E. HERMANN, NGG 1918, 17), z. B. Hom. Il. 9,608 (*Διὸς αἴσῃ*); daher mit *μοῖρα* synonym (W. KRAUSE, Gl 25, 1936, 145 f. M. LEUMANN Hom. Wörter, 1950, 281). Personifiziert als Spinnerin des Schicksalsfadens Hom. Il. 20,127 f. Od. 7,196 f. I. SCHEFTELOWITZ, RVV 12, 2, 1912, 57, Trägerin des Racheschwertes Aischyl. Choeph. 648, Tochter der Nyx im »Moirenlied« TGF p. XX. U. v. WILAMOWITZ, PhU 9, 1886, 16. H. DIELS Sibyllinische Blätter, 1890, 69,1. W. F.

1. *Nilsson* GgrR² 1,361 ff.; Opuscula Sel. 1, 1951, 384 ff. 2. *U. Bianchi* *ΔΙΟΣ ΑΙΣΑ*, 1953.

Aischines 1. Aus Sphettos, Sohn des Lysanias, Schüler des Sokrates. Er war bei Sokrates' Verurteilung und bei s. Tode zugegen, Plat. apol. 33 E; Phaid. 59 B.; danach vermutlich längerer Aufenthalt in Syrakus (Diog. Laert. 2,61. Plut. mor. 67 de = quom. adul. ab amico internosc. 26. Philostr.

vita Apoll. 1,35). Was von A.s angeblich später Rückkehr nach Athen (356?) und (Diog. Laert. 2,62 und 63) von seiner Tätigkeit als Redelehrer erzählt wird (Diog. Laert. 2,20 nach Idomeneus), ist unverbindliche antike Kombination. Bei Athen. 13,611 d–612 f sind Bruchstücke einer (schwerlich echten) Anklagerede des Lysias gegen A. erhalten. Von A. wußte man, daß er (ohne Eigenes geben zu wollen) Sokrates' Lehr- und Redeweise treu bewahrte: Daher die Legende, Platon habe den A. als besonders verläßlichen Sokratiker an Dionysios I. empfohlen (Plut. mor. 67 de; ep. Socr. 23 = Epistologr. Gr. ed. HERCHER 625/6, und die Legende, die Dialoge des A. seien in Wahrheit schriftl. Hinterlassenschaft des Sokrates (Diog. Laert. 2,60) A. sollte diese Schriften von Xanthippe empfangen und sie als eigene ausgegeben haben. Diese Legende ist Kehrseite einer wohl schon früh vorgenommenen Echtheitsprüfung: Unter vielen Dialogen des A. von umstrittener Echtheit wurden 7 für echt erklärt, die Sokrates' Charakter besonders gut wiedergaben. Diog. Laert. 2,60 nennt die Titel: Miltiades, Kallias, Axiochos, Aspasia, Alkibiades, Telauges, Rhinon. Nachmals rechnete Panaitios (frg. 126 V. D. STRATEN = Diog. Laert. 2,64) den A. zu den Sokratikern, deren Dialoge echt seien. Eigenes wird in den kärglichen Fragmenten nicht erkennbar; als Zeugnis für Sokrates' *ἦθος* haben sie hohen Wert. H. D.

Antike vita: Diog. Laert 2,60–64 und Suda s. A.; vgl. *Kirchner* PA 366. Fragmentsammlung: *H. Dittmar* A. v. Sphettos, 1912 PhU 21, dazu POxy 13, 1608 mit Resten des Alkibiades.

2. Der Redner. Quellen über sein Leben: eigene Angaben, (mit Vorsicht auszuwertende) Nachrichten Demosth. 18.19 und acht Viten.

A., * 390/89, war Sohn des Atrometos aus dem att. Demos Kothokidai und der Glaukothea. Die Familie verarmte im Peloponnesischen Krieg. A. kämpfte nach dem Ephebendienst auf verschiedenen Kriegsschauplätzen, darunter bei Mantineia (362) und auf Euboia (357 und 350), wobei er mehrfach ausgezeichnet wurde. Zeitweise war er Schauspieler (gehässige Anspielungen Demosth. 18,180. 19,337 u. ö.), später brachte er es, wie sein jüngster Bruder Aphobetos, zum *γραμματεύς* und war seitdem politisch tätig, erstmalig 348 mit Eubulos als Gesandter in der Peloponnes. In der Folge vertrat er, nicht ohne im Verdacht der Korruption zu stehen, in schärfstem Gegensatz zu Demosthenes eine entschieden makedonenfreundliche Politik. Die Gesandtschaften zu Philipp (346) trugen ihm von seiten des Demosthenes und Timarchos eine Parapresbieklage ein, die er durch eine Gegenklage gegen Timarchos auffing. Timarchos verlor 345 den Prozeß, A. wurde 343 mit knapper Mehrheit freigesprochen. 340 scheiterte ein Versuch, Demosthenes anzuklagen. 339 sorgte A. als Pylagore der delphischen Amphiktyonie für das Eingreifen Philipps im 4. Heiligen Krieg. 338

gehörte er nach der Schlacht von Chaironeia der Friedensgesandtschaft an. 336 klagte er gegen Ktesiphon, der 340 für Demosthenes einen goldenen Kranz beantragt hatte. Der Prozeß (330) endete mit der Niederlage und dem Exil des A. Er soll im Alter von 75 Jahren (also gegen 315) auf Rhodos gestorben sein. Das literarische Werk des A. besteht, abgesehen von verlorenen Liebesliedern (Aischin. 1,136), aus den 3 Reden *κατὰ Τιμάρχου, περὶ παραπρεσβείας* und *κατὰ Κτησιφῶντος*. Eine 4. verlorene (»delische«) Rede galt schon im Altertum als unecht. Gefälscht sind auch die 12 Briefe, Produkte attizistischer Schule (2. Jh. n. Chr.? So [14]), auf Rhodos verfaßt ([13],147). Ep. 10, eine frivole Novelle, hat thematisch überhaupt nichts mit A. zu tun.

A. wirkt menschlich skrupellos und unerfreulich. Seine Reden sind jedoch formal und sprachlich recht bedeutend (»*Χάριτες*«), obwohl er kein geschulter Redner war. (Die antiken Versuche, ihn zum Schüler von Isokrates, Alkidamas oder Platon zu machen, sind Spekulation.) Sein Stil ist elegant und glatt, meistens ziemlich breit, erhebt sich aber auch zu scharfen und geschliffenen Pointen (z. B. 3,94. 198.202). Sein Ruhm kam bei den Attizisten fast dem des Demosthenes gleich, und die Zahl der Papyri, Scholien und Zitate ist entsprechend groß. H. Gä.

Gesamtausg.: *F. Schultz*, Lpz. 1865 (mit Sch.) *A. Weidner*, Berl. 1872. *F. Blass*, Lpz. ²1908. *V. Martin–G. de Budé*, Paris ²1952. – Einzelausg.: 2. Rede: *J. M. Julien–H. M. Péréra*, Paris 1902. 3. Rede: *R. B. Richardson*, Boston 1889. *T. Gwatkin–E. S. Shuckburgh*, London 1889. *G. Ammendola*, Milano 1934. – Briefe: *E. Drerup*, Lpz. 1904. – Index: *S. Preuss*, Lpz. ²1926. – Lit.: Burs. 161, 1913, 214ff. 1. *Theod. Thalheim* RE I 1050ff. 2. *Blass* AttBereds. ²3,2,153ff. 3. *Arnold Schaefer* Demosth. und seine Zeit, Lpz. ²1885/87. 4. *E. D. Goldschmidt* Studia Aeschinea, Diss. Berlin 1925. 5. *Beloch* GG 3,1,358f.468ff. 6. *Bengtson* GG 291ff. 7. *Erik Wolf* Griech. Rechtsdenken, Frankf. 1956, 3,2,290ff. 8. *Erich Pokorny* Stud. zur griech. Geschichte im 6. und 5. Jahrzehnt des 4. Jh. v. Chr., Diss. Greifswald 1913. 9. *Fritz R. Wüst* Philipp II. von Mak. und Griechenl. in den J. von 346–338, München 1938. 10. *Pierre Roussel*, REA 42, 1940, 330ff. 11. *Jacqueline de Romilly*, REG 67, 1954, 327ff. 12. *Paul Cloché* Démosthènes et la fin de la démocratie athénienne, Paris 1957. 13. *v. Wilamowitz*, H. 40, 1905, 147ff. 14. *Carol. Schwegler* De Aeschinis quae feruntur epistulis, Diss. Gießen 1913.

3. Rhetor des 1. Jh. v. Chr. aus Miletos (Cic. Brut. 325. Diog. Laert. 2,64), wegen eines Angriffs auf Pompeius verbannt (Strab. 14,1,7). Aus Gründen der Chronol. dürfte er kaum mit dem bei Sen. contr. 1,8,11.16 erwähnten A. identisch sein (so [1], 18f.). Unsicher ist auch die Zuweisung von Anth. Pal. 6,330. H. Gä.

1. *H. Buschmann* Charakteristik d. griech. Rhetoren beim Rhetor Sen., Progr. Parchim 1878. 2. *Henri Bornecque* Les déclamations et les déclamateurs d'après Sén. le père, Lille 1902, 145.

4. Akad. Philosoph, Schüler des Karneades aus dessen letzter Zeit (Plut. mor. 791 a = an seni etc. 13) und des Melanthios von Rhodos (Diog. Laert. 2,64); er war als Vertreter der akad. Skepsis in Rom sehr angesehen: Cic. de or. 1,45. H. D.

Aischrion s. Iambographen

Aischylos (*Αἰσχύλος*) **1.** 1. Leben. 2. Werke. A. Überblick über das Gesamtschaffen. B. Die erhaltenen Dramen. a) Perser. b) Hepta. c) Hiketiden. d) Orestie. e) Prometheus. C. Fragmente. D. Gesamtcharakteristik. E. Überlieferung, Ausgaben, Kommentare, Übersetzungen, Literatur.

1. L e b e n. Die wichtigsten Zeugnisse (vollständig gesammelt und kritisch durchgearbeitet von Wilamowitz, Ed. mai. 3–19) sind die einschlägigen Angaben des Marmor Parium, die Vita des Med. 32,9 und der Artikel der Suda. * 525/4 im attischen Demos Eleusis, Sohn des Euphorion, aus altem Adel. Bruder des Kynegeiros, der sich bei Marathon auszeichnete und fiel (Hdt. 6,114), und eines Euphorion. Ein weiterer Bruder Ameinias ist unsicher. Von einer Schwester, die mit einem Philopeithes verheiratet war, stammte ein bedeutendes Tragikergeschlecht ab. Als Söhne werden der Tragiker Euphorion und ein Euaion erwähnt. A., der in seiner Jugend das Ende der Tyrannis und das Erstarken der Demokratie sah, kämpfte bei Marathon und Salamis, vielleicht auch bei Plataiai und Artemision mit. Daß er eleusinischer Myste gewesen sei, wie man aus Aristoph. Ran. 886f. hat schließen wollen, läßt sich ebenso wie ein wegen angeblicher Profanierung von Mysteriengeheimnissen gegen ihn angestrengter Prozeß nicht sicher erweisen. In die Jahre zwischen 471 und 469 wird eine auf Einladung Hierons unternommene Reise nach Sizilien fallen, wo A. am Hof von Syrakus die Perser wiederaufgeführt haben soll. Wahrscheinlich in die gleichen Jahre gehört die Aufführung eines Festspiels zur Feier des 476/5 neugegründeten Aitne (kaum schon in das Gründungsjahr selbst). Nach 458 erneute Reise nach Sizilien, † 456/5 in Gela. Das Vita 11 überlieferte Grabepigramm ist in seiner Echtheit umstritten, aber sicher alt, da es nur die Verdienste bei Marathon erwähnt und von der dichterischen Leistung schweigt (vgl. schon Paus. 1,14,5). Bildnis: Eine Herme in Neapel (Mus. Naz. 6139) geht wahrscheinlich auf die von Lykurg im Dionysostheater aufgestellte Statue zurück (K. SCHEFOLD Bildnisse 88,4 u. 207 m. Lit.). 499 (?) erste Beteiligung am Tragiker-Agon der Großen Dionysien, 484 erster Sieg, dem 12 weitere folgten. Ist die in der Suda angegebene Zahl von 28 richtig überliefert, so müssen die Siege nach dem Tode, von denen berichtet wird, mitgezählt sein. 472 siegte A. mit Phineus, Persern, Glaukos Potnieus und Prometheus Pyrkaeus, 468 unterlag er dem in diesem Jahr zum ersten Male auftretenden Sophokles, 467 siegte er mit der thebanischen Tetralogie, zwischen 466 und 459 (?, 463?, vgl. P. Oxy. 20, 1952, 2256 frg. 3. A. LESKY H 92, 1954,

1–13) mit der Danaidentetralogie, 458 mit der Orestie.

2. Werke. A. Überblick über das Gesamtschaffen. Der Mediceus 32,9 enthält fol. 189[r] einen Dramenkatalog mit 73 Titeln, darunter den eines unechten Stückes (*Αἰτναῖαι νόθοι*). Einige weitere Titel sind anderweitig bezeugt (die Gesamtzahl der Dramen gibt die Suda mit 90 an). Behandelt waren alle großen Sagenkreise (Troia, Theben, Argos u.a.), aber auch zahlreiche kleinere Mythen.

B. Die erhaltenen Dramen. a) Perser. Stofflicher Vorwurf ist die Wirkung des griech. Sieges von Salamis auf das Perserreich, ein Thema, das schon Phrynichos 476 in seinen Phoinissai behandelt hatte (zum Verhältnis beider Stücke F. STOESSL MH 2, 1945, 148–65). Die Eigenart der Perspektive ermöglicht es A., an einem Einzelereignis zeitgenössischer Geschichte, das in seinem exemplarischen Charakter für ihn dem Mythos ebenbürtig ist, die Verkettung von Größe und Verhängnis in objektiver Form darzustellen. In dem von Xerxes vorgetragenen Angriff der Landmacht Persien auf das Seevolk der Griechen (101 ff.) sieht A. die freventliche Überschreitung gottgesetzter Schranken durch einen Menschen (744 ff.). Er deutet diese Tat als ein ebenso durch menschliche Überhebung wie durch das Eingreifen eines göttlichen Trugdaimons (93 ff. 345.472.515 f.724 f.911.921.942; K. DEICHGRÄBER Der listensinnende Trug des Gottes, Göttingen 1952, 127 ff.) verursachtes Geschehen, das die Katastrophe notwendig heraufführt. Voran ging den Persern der Phineus, es folgten der Glaukos Potnieus und das Satyrspiel Prometheus Pyrkaeus. Daß sich gerade für die älteste sicher datierbare Tetralogie eine Beziehung der einzelnen Dramen zueinander nicht nachweisen läßt, kann kaum Zufall sein. Die Inhalts-Tetralogie scheint von A. zu dieser Zeit noch nicht voll ausgebildet, zumindest für sein Schaffen noch nicht verbindlich gewesen zu sein.

b) Hepta. Tragische Zentralgestalt des Dramas, dem die Darstellung des im Labdakidenhause wirkenden Geschlechtsfluches in den Tragödien Laios und Oidipus vorausgegangen war, ist Eteokles, der die Verteidigung der von seinem Bruder Polyneikes bedrohten Vaterstadt Theben zu leiten hat und dadurch vor die Notwendigkeit des Brudermordes gestellt wird. Der Mittelteil mit den 7 Redepaaren (E. FRAENKEL SBAW 1957, H. 3), dessen festes Strukturelement die kontrastische Zuordnung von Angreifern und Verteidigern ist, macht die gottlosvermessene Position der Angreifer sichtbar (nur Amphiaraos bildet eine Ausnahme). Den Warnungen des Chores zum Trotz tritt Eteokles selbst in wilder Entschlossenheit dem Bruder gegenüber, um so des Vaters unheilvollen Flüchen (695–7.709. 785–90 u.ö.) zur Verwirklichung zu verhelfen. Im wechselseitigen Brudermord erfüllt sich das Schicksal des tragischen Helden Eteokles, kommt zugleich aber der Daimon des Geschlechtes zur Ruhe

(960). Zum umstrittenen Schluß des Stückes vgl. H. LLOYD-JONES, CQ 53, 1959, 80–115. Das thematisch zugehörige Satyrspiel Sphinx schloß die Tetralogie.

c) Hiketiden. Der Konflikt des Stückes erwächst aus der Weigerung der 50 Töchter des Danaos, mit ihren Vettern, den Söhnen des Aigyptos, die von diesen ungestüm geforderte Ehe einzugehen. Im Schicksal ihrer argivischen Stammutter Io, die erst nach langem Umgetriebensein unter der liebenden Hand des Zeus zur Ruhe kam (313), spiegelt sich das Geschick der Mädchen (40 ff.). Ihre Flucht zurück nach Argos begründet zugleich den tragischen Aspekt der Gestalt des Landeskönigs Pelasgos, der durch die Ankunft der Danaiden vor die Alternative einer Verletzung des Gastrechts oder eines Krieges mit den Verfolgern gestellt wird. Das Überwiegen der Chorpartien, das früher allgemein als Zeichen für das hohe Alter des Stückes galt, ist vor allem darin begründet, daß der Chor hier »Held« des Dramas ist, mag seine Ursache daneben aber auch in dem Expositionscharakter des Stückes haben. Den Hiketiden folgten die Aigyptioi (= Thalamopoioi?) und die Danaiden, als deren Inhalt mit großer Wahrscheinlichkeit die gewaltsame Vermählung der Mädchen, das Mordgeschehen in der Hochzeitsnacht und der bereits im Schluß der Hiketiden (1050 f.) anklingende Ausgleich mit Entsühnung und Neuvermählung vermutet werden darf. Den Abschluß der Tetralogie bildete das thematisch zugehörige Satyrspiel Amymone.

d) Orestie. Der Eingang des Agamemnon exponiert nicht nur dieses Drama, sondern die gesamte Trilogie, die in ihren beiden Mordhandlungen zwei weitere Glieder der als Wirkung eines Geschlechtsfluches aufgefaßten Kette von Verbrechen im Atridenhause zur Darstellung bringt. Im Bericht der Parodos über das Geschehen in Aulis, wo Agamemnon sich vor die Entscheidung gestellt sieht, die eigene Tochter zu opfern oder das Geschick des ganzen Heeres aufs Spiel zu setzen, wird die tragisch-ausweglose Situation des handelnden Menschen sichtbar gemacht. Zugleich ist damit eine Schein-Motivation für Klytaimestras Mordplan gegeben, hinter dem die große Leidbringerin Helena als düstere Folie steht (385 ff.). Mit der Rückkehr des Königs von Troia (782 ff.) kommt das vielfältig präludierte Hauptgeschehen in Gang. Durch Kassandras dunkle Visionen zunächst spannungsvoll retardiert (1072 ff.), führt es dann in raschen Zügen der Katastrophe zu. Klytaimestras dämonische Selbstrechtfertigung bricht unter der Anklage des Chores und im plötzlichen Bewußtwerden des Geschehenen haltlos in sich zusammen. Die Choephoren weisen in Handlungsaufbau und -ablauf starke Entsprechungen zum Agamemnon auf. Im Mittelpunkt stehen Plan und Durchführung der Mordtat Orests, deren tragischer Charakter aus der von Apollon gebotenen

Rächung des Gattenmordes (269 ff. u. ö.) resultiert, die zugleich Muttermord bedeutet. Die Eumeniden zeigen den von Erinyen verfolgten Orest zunächst im Tempel des Apollon in Delphi, dann in Athen vor dem Areopag. Wenn die Freispruch bedeutende Stimmengleichheit erst durch die Stimmabgabe Athenas erreicht wird, so kommt darin die Unlösbarkeit des Konflikts vom menschlichen Bereich her klar zum Ausdruck. Der nur durch das göttliche Eingreifen mögliche Ausgleich manifestiert sich in der mit der Stiftung eines Kultes verbundenen Aufnahme der Erinyen als Eumeniden in die Gemeinschaft der Polis.

e) Prometheus. Das handlungsarme Drama nimmt sprachlich, metrisch und inhaltlich eine Sonderstellung ein, doch reichen die Anstöße nicht aus, das Stück A. mit Sicherheit abzusprechen. Es führt im Leiden des von Hephaistos, Kratos und Bia an einen Felsen geschmiedeten und von Io auf ihrer Irrfahrt dort betroffenen Prometheus einen (scheinbaren?) Willkürakt des eben erst zur Herrschaft gelangten Zeus vor Augen, dessen Selbstbehauptung jedoch an die wissende Hilfe gerade des Titanen gebunden ist (907 ff. u. ö.). Auf den Prometheus Desmotes folgte der Lyomenos, der die Lösung des gefesselten Titanen brachte. Die Stellung des Pyrphoros innerhalb der Trilogie ist nicht sicher bestimmbar. Wahrscheinlich schloß er sie mit der Darstellung der Stiftung eines Prometheus-Kultes (vgl. den Ausgang der Orestie). Über das zugehörige Satyrspiel ist nichts bekannt.

C. Fragmente. Neben den handschriftlich erhaltenen Dramen sind über 400 Fragmente aus verlorenen Stücken indirekt überliefert. Dazu kommen umfangreichere Bruchstücke auf Papyri, vor allem aus der Niobe und den Myrmidonen. Unersetzlich ist für uns der Verlust der aischyleischen Satyrspiele, die im Altertum als die bedeutendsten überhaupt galten (Paus. 2,13,6. Diog. Laert. 2,133). Näheres wissen wir nur von den Isthmiastai, in denen die Satyrn als übermütige, aber wenig konkurrenzfähige Teilnehmer an den Isthmischen Spielen auftreten, und den Diktyulkoi, dem Satyrspiel einer Perseus-Tetralogie, in denen sich der zudringlich-geile Silen um die Liebe der von Fischern mit Hilfe der Satyrn in einem Kasten an Land gezogenen Danae bemüht.

D. Gesamtcharakteristik. A. darf als der eigentliche Schöpfer der Tragödie als literarischer Kunstform gelten, so sehr diese auch stets an ihren kultischen Ursprung gebunden bleibt. Obwohl die ihm in unseren Quellen zugeschriebenen Neuerungen (Einführung des 2. Schauspielers, technische Erfindungen usw.) im einzelnen umstritten sind und wir über seine Vorgänger und Zeitgenossen nur wenig Zuverlässiges wissen, kann seine Bedeutung für die Ausgestaltung des tragischen Kunstwerks schwerlich überschätzt werden. Zwischen seiner »Theologie« und seiner an Effekten reichen Bühnenpraxis besteht eine tiefe innere Beziehung.

A. ist der schöpferische Gestalter der tetralogischen Komposition, d.h. der Verbindung dreier Tragödien und eines Satyrspiels zu einer handlungsmäßigen Einheit, die es ihm ermöglicht, die Verkettung von Hybris, Ate und Dike an ganzen Geschlechtern über Generationen hin zur Darstellung zu bringen. Die stofflichen Voraussetzungen entnimmt A. der älteren griechischen Epik (Athen. 8,347e heißen seine Dramen »Schnitten vom großen Mahle Homers«), doch kommt daneben, freilich in geringerem Maße, auch die Chorlyrik in Betracht. Entscheidend ist jedoch nicht das Stoffliche, von dem der antike Zuschauer weder Überraschung noch Spannung erwartet, sondern dessen metaphysische Durchdringung und Deutung. Im Mittelpunkt des aischyleischen Denkens steht die notwendig schuldhafte Existenz des handelnden Menschen (Ag. 1563–4), für den die Erfüllung einer überpersönlichen Forderung zugleich den Verstoß gegen eine andere, ebenso gültige Norm bedeutet (Hept. 653 ff. Hik. 438 ff. Ag. 205 ff. Choeph. 269 ff.). Gleichgültig, ob die aus dämonischem Getriebensein erwachsene Tat durch das »Mitanpacken« eines Gottes (Perser) oder die Wirkung eines Geschlechtsfluches (Hepta, Orestie) mitbedingt erscheint, sie entbindet den Menschen nicht von der vollen Verantwortung für sein Tun, dessen Konsequenzen das Eingreifen der Dike und damit die Katastrophe heraufführen (D. Kaufmann-Bühler Begriff u. Funktion der Dike in den Tragödien des A., Bonn 1955). Überbrückt wird diese tragische Weltsicht im Glauben an die von Zeus repräsentierte Weltordnung (Hik. 86 ff. Ag. 160 ff.), die dem Menschen zwar im einzelnen unbegreiflich bleibt, deren grundsätzliche Sinnhaftigkeit sich ihm jedoch im Leiden erschließt (Ag. 176–8). Damit ist das von A. radikal gestellte Theodizeeproblem zwar nicht gelöst, aber auf höherer Ebene aufgehoben. Seinen adäquaten Ausdruck schafft sich das aischyleische Denken in einer urtümlichen und gewaltigen, jedoch mit spätarchaischen Manierismen durchsetzten Sprache, deren beste Charakteristik Aristophanes in der großen Agon-Szene seiner Frösche gegeben hat.

E. Überlieferung, Ausgaben, Kommentare, Übersetzungen, Literatur. Über die Textgeschichte der aischyleischen Dramen wissen wir bis in die 2. Hälfte des 4. Jh. so gut wie nichts, doch muß mit Über- und Umarbeitungen sowie Interpolationen auf Grund der praktischen Erfordernisse der Bühne gerechnet werden (vgl. D. L. Page Actors' Interpolations in Greek Tragedy, Oxf. 1934). Sichereren Boden gewinnen wir erst mit dem athenischen Staatsexemplar, das um 330 auf Betreiben des Lykurg angefertigt wurde, und mit der Tätigkeit der großen alexandrinischen Philologen. Unsere Papyri stammen aus der Zeit vom 3. Jh. v. Chr. bis zum 3. Jh. n. Chr. (Liste bei R. A. Pack The Greek and Latin Literary Texts from Greco-Roman Egypt, Ann Arbor 1952; hinzu kommen P. Oxy. 20,2245–57 und 22,2333–4). Die Hss. (133) sind gesammelt von H. W. SMYTH (Catalogue of the Mss. of A., HSPh 44, 1933, 1–62; Überblick bei TURYN 6–9) und, nach anderen, durchgearbeitet von A. TURYN (The Manuscript Tradition of the Tragedies of A., New York 1943). Am wichtigsten ist der Mediceus 32,9, der neben den wertvollsten Scholien allein (einige Abschriften sind ohne Wert) die wohl spätantike Auswahl von 7 Stücken enthält (es fehlen Ag. 311–1066, 1160–Schluß und der Anfang der nur durch ihn überlieferten Choephoren). Daneben steht die Prometheus, Hepta und Perser umfassende sog. »byzantinische Trias«, die durch eine Reihe von Hss. des 13. und 14. Jh. repräsentiert wird. In dem Anfang des 14. Jh. von Demetrios Triklinios geschriebenen Neapolitanus II. F. 31 und einigen weiteren Hss. erscheint sie um Ag. und Eum. erweitert.

Editio princeps (Aldina) von *F. Asulanus*, Venedig 1518. *G. Hermann*, Lpz. 1852, ^{2}1859. *U. v. Wilamowitz-M.*, Berl. 1914, ^{2}1958 (Ed. min. 1915). *M. Untersteiner*, Mailand 1946/7. *E. Mazon*, Paris ^{5}1949/52. *G. Murray*, Oxford ^{2}1955. Fragmente: Tragicorum Graecorum Fragmenta rec. *A. Nauck*, Lpz. ^{2}1889. *H. J. Mette* Die Fragmente der Tragödien des A., Berl. 1959; die Papyrusbruchstücke am besten bei *H. Lloyd-Jones*, Appendix zum 2. Bd. der A.-Ausgabe in der Loeb Classical Library, London 1957, 523–98. Scholien: *Dindorf* (im 3. Bd. seiner A.-Ausgabe), Oxf. 1851; *Vitelli-Wecklein*, Berl. 1885; Scholia in Aeschyli Persas ed. *O. Dähnhardt*, Lpz. 1894; Demetrii Triclini in Aeschyli Persas scholia ed. *L. Massa Positano*, Neapel 1948. Lexika: *W. Dindorf*, Lpz. 1876; *G. Italie*, Index Aeschyleus, Leiden 1955.

Kommentare: *H. J. Rose*, A Commentary on the Surviving Plays of A., 2 Bde. Amsterdam 1957/8; Perser: *P. Groeneboom*, Groningen 1930 (dt. Göttingen 1960); *M. Pontani*, Rom 1951; *G. Italie*, Leiden 1953; *H. D. Broadhead*, Cambridge 1960; Hepta: *Groeneboom*, Gron. 1938; *Italie*, Leiden 1950; Hiketiden: *J. Vürtheim*, Amsterdam 1928; *M. Untersteiner*, Neapel 1935; *W. Kraus*, A., Die Schutzflehenden, Frankf./M. 1948; Orestie: *G. Thomson*, 2 Bde. Cambridge 1938; Ag.: *Groeneboom*, Gron. 1944; *E. Fraenkel*, 3 Bde. Oxf. 1950; *Denniston-Page*, Oxf. 1957; Choeph.: *Groeneboom*, Gron. 1949; *Untersteiner*, Como 1946; Eum.: *Groeneboom*, Gron. 1952; Prom.: *Groeneboom*, Gron. 1928; *E. Rapisarda*, Turin 1936.

Übersetzungen: *W. v. Humboldt* (Agamemnon), Lpz. 1816 (mit wichtiger Einleitung; Mitarbeit von *Fr. A. Wolf*, textkrit. Anh. von *G. Hermann*); *G. Droysen*, 1832, ^{4}1884 (Neubearbeit. v. *Walter Nestle*, Stuttg. 1939 u. ö.; von *F. Stoeßl*, Zürich 1952); *L. Wolde*, Lpz. 1938; *H. Fr. Waser*, Zürich 1952; *E. Buschor* (Perser, Orestie), Münch. 1953; *O. Werner*, Münch. 1959 (zweisprachig, mit Fragmenten).

Zusammenfassende Behandlungen: *Schmid-Stählin* Gesch. der griech. Lit. I 2, Münch. 1934, 182–309; *J. Geffcken* Griech. Literaturgesch. 1, Heidelb. 1926, 149–66; *M. Pohlenz* Die griech. Tragödie, Göttingen ^{2}1954, 39–148; *A. Lesky* Die tragische Dichtung der Hellenen, Göttingen 1956, 50–98; Gesch. der griech. Lit., Bern 1957 f., 225–52. Monographien: *U. v. Wilamowitz-M.* A., Interpretationen, Berl. 1914; *B. Snell* A. und das Handeln im Drama, Lpz. 1928 (Philol. Suppl.-Bd. 20,1); *Walter Nestle* Menschliche Existenz und politische Erziehung in der Tragödie des A. (Tüb. Beitr. 23), Stuttg. 1934; *G. Murray* A., The Creator of Tragedy, Oxf. 1940; *F. Solmsen* Hesiod and A., New York 1949; *K. Reinhardt* A. als Regisseur und Theologe, Bern 1949. Sprache, Stil, dramatische Technik: *W. B. Stanford* A. in his Style, Dublin 1942; *F. R. Earp* The Style of A., Cambridge 1948; *Walter Nestle* Die Struktur des Eingangs in der att. Tragödie, Stuttg. 1930 (Tüb. Beitr. 10); *O. Hiltbrunner* Wiederholungs- und Motivtechnik bei A., Bern 1950; *W. Jens* Die Stichomythie in der frühen griech. Tragödie, Münch. 1955 (Zet. 11), 3–33. Metrik: Aeschyli Cantica dig. *O. Schroeder*, Lpz. 1907; *W. Kraus* Strophengestaltung in der griech. Tragödie, I. A. und Sophokles, Wien 1957. E. V.

2. Aus Alexandreia. Neben Rhianos aus Bene als Verfasser von ἔπη Μεσσηνιακά erwähnt von Athen. 13,599 E, hatte auch eine Tragödie gedichtet (PH. KOHLMANN Quaest. Messen. Bonn 1866). **3.** Aus Knidos, von Cic. Brut. 316 unter die hervorragenden asianischen Redner gerechnet, mit denen er während seines Aufenthaltes in Asien im J. 78 eifrig verkehrte. Über seinen Stil Cic. Brut. 325 f. W. S.

Aisepos. Schon von Hom. Il. 2,825. 4,91. 12,21. Hes. theog. 342 erwähnter Fluß Mysiens, der auf dem Berge Kotylos des Ida entspringt (Strab. 8, 602), sich mit dem von W. kommenden Karesos vereinigt, in einer Länge von 500 Stad. ein großes Tal durchfließt und, die O.-Grenze von Troas bildend (Strab. 12,565. 13,582. 586), in die Propontis mündet (Strab. 13,587), h. Gönentschai. W. S.

Aison (Αἴσων), **1.** Sohn des Kretheus, des Erbauers von Iolkos, Halbbruder des Pelias, der A. aus der Herrschaft verdrängte und dessen Sohn → Iason nach dem goldenen Vlies ausschickte. Als dieser zurückkehrte, ließ er A. durch Medeia aufkochen und verjüngen. Nach andern war er schon vorher von Pelias aus dem Wege geräumt oder zum Selbstmord genötigt worden. Hom. Od. 11, 258. Apollod. 1,107. 143. Ov. met. 7,162. H. v. G.

2. Attischer Vasenmaler um 420 v. Chr. Seiner signierten Schale mit Theseusabenteuern lassen sich zahlreiche andere Werke stilistisch anschließen. A. R.

Beazley Attic R-F Vase Painters, Oxford 1942, 800. CVA Madrid 2 Taf. D 1–5 (84–88). 15 (98).

3. Stadt in Thessalien, nach Aison, dem Vater des Iason, benannt. Ihre Lage ist unbestimmt, vermutlich w. von dem heutigen Seklo. **4.** Kleiner Fluß in der makedonischen Landschaft Pieria, der durch das Schlachtfeld von Pydna in ö. Richtung zum Meer fließt (Plut. Aem. 16). W. S.

Aisopos. Unter diesen Namen ist die Hauptmasse der griech. Fabeln gestellt. Historische Nachrichten über Ais. fehlen. Was in älterer Zeit berichtet wird, scheint auf eine volkstümliche Erzählung seines Lebens zurückzugehen, die vielleicht im 6. Jh. entstanden ist, so die früheste Erwähnung bei Hdt. 2,134, nach dem er Mitsklave der unter Amasis lebenden Rhodopis bei dem Samier Iadmon war und von den Delphern ermordet wurde; das Sühnegeld erhielt ein Enkel Iadmons. Nach Aristoph. Vesp. 1446 beschuldigten ihn die Delpher fälschlich der Hierosylie; er erzählte ihnen damals die Fabel vom Kantharos und dem Adler. Ergänzt werden diese ältesten Zeugnisse durch Angaben über den Grund des Zornes der Delpher, über die Todesart und über die Bestrafung der Delpher (Schol. Aristoph. Vesp. 1446. Plut. mor. 556f. POxy 1800 frg. 2). Nach Aristot. frg. 573 war Ais. Thraker (sonst zumeist Phryger); zuerst Sklave des Xanthos, wurde er von Idmon freigelassen und gewann Ansehen bei den Samiern. Ein späteres Stadium der Legende hat ihn zu Kroisos gebracht (Plut. mor. 556) und dort mit Solon zusammentreffen lassen (Alexis im Aisopos CAF 2,299. Plut. Sol. 28), ihn auch den 7 Weisen zugesellt (Ephoros? bei Diod. 9,28. Plut. mor. 146–164), schließlich von seiner Wiederkunft von den Toten erzählt (Plat. com. CAF 1,619. Plut. Sol. 6). Der erhaltene Äsoproman hat vieles übernommen, vor allem die Sklaverei bei Xanthos, hier Professor der Philosophie, den der Eulenspiegel Ais. durch seinen Mutterwitz beschämt, und die Geschichte seines Todes. Neu ist eine Episode, Ais. beim König von Babylon, nach dem Achiqarroman, und zwar nach der in einem aram. Pap. aus Elephantine vorliegenden Fassung. Neu ist auch der Anfang, in dem Isis mit den Musen dem stummen Ais. die Sprache verleiht, und die Feindschaft Apollons gegen ihn. Als Zusatz verrät sich der Anfang dadurch, daß der Anschluß an die Ereignisse in Ephesos und Samos durch einen unvorstellbaren Fußmarsch »nach Asien« hergestellt werden muß. Der Pap. Berlin 11628, um 200 n. Chr., liefert den terminus ante quem für die Episode, vielleicht auch für die ägyptisierende, Apollon feindliche Bearbeitung. Liban. apol. Socr. 181 und Himer. 46,5 kennen Apollon als Rächer Äsops. – Die Fabeln Äsops waren zunächst mit seiner Lebensgeschichte verbunden (Aristoph. Vesp. 1446 und spätere Stellen). Schriftliche Aufzeichnung bezeugt Aristoph. Av. 471. Auch Anekdoten kannte man von Ais. (Vesp. 566.1259). Eine Sammlung der Fabeln veranstaltete Demetrios von Phaleron (Diog. Laert. 5,80); älteste Reste einer solchen mit Promythia im Pap. Ryl. 493 (1. Jh. n. Chr.). Von den in den Hss. vorliegenden 3 Rezensionen (mit Epimythia) ist die älteste die Collectio Augustana; ihre Datierung schwankt zwischen dem 2. und 5. Jh. n. Chr. R. K.

Ausg. der Vita: *B. E. Perry* Aesopica 1, 1952, der Fab.: *Chambry* 1925/6. 2. éd. 1960; *Hausrath* 1957/9.

Αἰσυμνῆται (*Αἰσιμνᾶται*). Etymolog. aus *αἶσα* und √*mna*, das Zukommende, Gebührende im Gedächtnis tragen, bedenken, beantragen; »Schiedsrichter« (Od. 8,258 werden 9 Aisymneten erwähnt, die den Siegespreis zuerkennen sollen). Da *ἀγών* auch den Rechtsstreit umfaßt, liegt es nahe, daß solche »Schiedsrichter« Stellungen bekleiden, deren Würde, Ansehen und Macht der Bedeutung richterlicher Autorität in Zeiten ungeschriebenen Rechts entspricht (vgl. die Stellung der Richter in Israel in der Zeit vor den Königen). Diese »Richter« erhalten den Rechtsfrieden durch Versöhnung feindlicher Parteien und Ausgleich widerstreitender Interessen, wozu ihnen oft Gesetzgebungsbefugnis und oberste Vollzugsgewalt vom Volk gegeben wurde (in diesem Sinne ist auch Solon Aisymnet als *διαλλακτής* und *νομοθέτης*). Aristoteles definiert das Amt als gewählte Tyrannis, eine Form der Alleinherrschaft, lebenslänglich oder auf Zeit, wie sie Pittakos bei den Mytilenaiern, Zaleukos in Lokri, Charondas in Katana ausübte (Aristot. pol. 3,1285a. 29.1286b 38. IV 1295a 14. Dion. Hal. ant. 5,73,3 nach Theophrast). Anders als die *αἰσυμνητεία*, wie sie Aristoteles a. O. interpretiert (also das außerordentliche Amt mit außerordentlichen Vollmachten), erscheint die ordentliche Aisymnetie im Rahmen der Polisverfassung verschiedener Städte als ständige Magistratur. In Megara, wo man noch deutlich in der Sagenerzählung des Pausanias (1,43,3) den Übergang von *βασιλεία* in gewählte *αἰσυμνητεία* verfolgen kann, begegnen die *αἰσιμνᾶται* als den athen. Prytanen entsprechende Beamte (Syll.^{3} 642) ebenso in den megar. Kolonien, wo das *προαισυμνῶν* bzw. *προαισιμνάτας* für einen Epistates der Aisymneten spricht (Syll.^{3} 709,56. 1009,13. 1011,10.12). Der *προαισιμνῶν* kann auch *ἀγεμών* oder *ἀγεμὼν βουλᾶς* heißen (vgl. SGDI 3053.3054, wo neben dem Vorstand die Mitglieder des Kollegiums der *αἰσιμνῶντες* namentlich genannt werden). In Selinus (SGDI 3045) begegnet der Singular *αἰσιμνάτας*, »man würde wenigstens *προαισιμνάτας* erwarten« (Bechtel). Als eponyme Magistrate erscheinen die *αἰσυμνῆται* in Naxos (Syll.^{3} 955), in Eretria (IG XII 9 n. 223), in Milet (*μολπῶν αἰσυμνήτης* Syll.^{3} 57) und wohl auch in Teios (Syll.^{3} 38,5). Dazu G. Glotz La Cité Grecque, 1953, s. Aisymnètes. A. M.

Aithalides (*Αἰθαλίδης*; vgl. den attischen Demos *Αἰθαλίδαι*, *αἴθαλος* Ruß), Sohn des Hermes und der Eupolemeia, an dem thessal. Flüßchen Amphryssos geboren. Nach Apoll. Rhod. 1,51 ff. 640 ff. 3,1171 ff. nahm er als gedächtnisstarker Herold am Argonautenzuge teil. Weil er auch im Hades nichts vergessen konnte, blieb er sich aller Wanderungen seiner Seele, die schließlich in den Körper des Pythagoras einging, bewußt. Pythagoras verwertete diesen Mythos für seine Lehre v.d. Seelenwanderung, Diog. Laert. 8,1,4. H. v. G.

Aither (*Αἰθήϱ*), der »leuchtend klare« Himmel (von *αἴθω* A. MEILLET, MSL 26, 1894, 17), Wohnsitz der Götter Hom. Il. 2,412 (T.D. SEYMOUR Life in the Homeric Age, 1907, 50f.). Eur. Hel. 44.605; Or. 1636f. ([1], 185f.); personifiziert Sohn des Erebos und der Nyx, Bruder der Hemera (Hes. theog. 124. Vgl. H.J. METTE, Gl 35, 1956, 297ff.), mit der er Erde, Himmel und Meer zeugt, Hyg. fab. praef. 2. Cic. nat. 3,44; Gemahl der Erde Eur. frg. 839.941.1023 N. U. v. WILAMOWITZ Analecta Euripidea, 1875, 164f. A. DIETERICH Mutter Erde, 1925^{3}, 42 ([1],237); Vater der Wolken Aristoph. Nub. 569f. ([1], 210.212f.). Orphisch Sohn des Chronos, Orph. frg. 54. Arg. 14. TH. GOMPERZ Griech. Denker 1, 1922^{4}, 77f. NILSSON GgrR 2,408; als Weltseele gefaßt Orph. h. 5. F. CUMONT Studia Pontica 3, 1910, 138. W. F.

1. *W.K.C. Guthrie* Orpheus and Greek Religion, 1935. 2. *P. Philippson* Genealogie als myth. Form, Symb. Osl. Suppl. 7, 1936, 13f. 3. *W. Kranz* Studi L. Castiglioni 1, 1961, 478f.

Aithilla (*Αἴϑιλλα*, Koseform von *Αἰϑία*, Polyain. 7,47), Tochter des Laomedon, Schwester des Priamos, nach der Eroberung Troias von den Gefährten des Protesilaos in die Gefangenschaft geführt. Einen Aufenthalt auf der Halbinsel Pallene benutzte sie, um mit ihren Mitgefangenen die griech. Schiffe zu verbrennen. Die Griechen gründeten dort Skione. Konon narr. 13. Tzetz. in Lykophr. 921. Andere Gründungssage RE I 1094. H. v. G.

Aithiopia. Zunächst Land der Aithiopes, die der ältesten Überlieferung als fromme Bewohner des äußersten SO. der Welt galten, wo der Sonnengott aufgeht und daher die Haut dunkel gebrannt ist (Il. 1,423. 23,206; Od. 5,282). Westliche Äthiopen (Od. 1,23) sind eine schematische Neubildung. Als man später die dunklen Nubier s. Äg. kennenlernte, gab man ihnen den Namen Äthiopen. Später verband man den Namen auch mit den dunkelhäutigen Ureinwohnern Indiens (Arr. Ind. 6,9).

Die Nubier der spätvorgeschichtlichen Zeit unterschieden sich nicht von den Ägyptern, auch kulturell besteht kein Unterschied. Jedoch festigte sich die äg. Reichsgrenze erst in frühgeschichtlicher Zeit bei Elephantine, während sie vorher bei Gebel Silsile gelegen hatte. Aus dem Alten Reich wissen wir von Kriegszügen und Handelsexpeditionen gegen Nubien (Urk. 1, 120ff. 135ff. 121ff. 98ff.). Dort bestanden einzelne Herrschaften, so Wawat bei Konosko, s. anschließend Irṯ.t bei Tomas, Sꜣṯw bei Faras, Iꜣm zwischen 2. und 3. Katarakt (SÄVE-SÖDERBERGH Ägypten und Nubien 14ff. YOYOTTE BIFAO 52,173ff. EDEL Ägyptol. Stud. 51ff.). Aus diesen Gegenden, wie aus den nomadisierenden Mꜣḏj (POSENER ÄZ 83,38ff.) rekrutierten sich in Äg. immer Söldner- und Polizeitruppen. Aus Nubien holte man Elfenbein, Weihrauch, Ebenholz und Sklaven; besonders gesucht waren aus dem tiefen S. heraufgehandelte Pygmäen. Schwierigkeiten, die die Ägypter um 2200 v. Chr. in Nubien hatten, können mit dem Auftreten einer neuen Bevölkerungsgruppe (B-Gruppe) zusammenhängen, die von S. vordrang. Das Mittlere Reich (1991–1777 v. Chr.) schob unter Sesostris I. und III. die Reichsgrenze bis zum 2. Katarakt vor (Semneh), weil die eigenen Goldgruben, bes. bei Koptos, ausgebeutet waren und die nubischen Vorkommen gesichert werden mußten. Der Zerfall des Reichs in der 13. Dynastie ließ Nubien unter eigenen Herrschern selbständig werden (um 1650, SÄVE-SÖDERBERGH Kush 4,54ff.). Damals wanderte eine neue Volksgruppe (C-Gruppe) in Nubien ein. Die ersten Könige der 18. äg. Dynastie (ab 1550) unterwarfen Nubien erneut und schoben die Grenze bis Napata (j. Gebel Barkal) vor. Nubien wurde von einem »Königssohn« verwaltet und war in die Provinzen Wawat und Kusch geteilt, die »Stellvertretern« unterstanden. In dieser Zeit wurde Nubien stark ägyptisiert, da zahlreiche Nubier in die äg. Verwaltung aufgenommen wurden. Ein neues Element bilden die damals von S. her eindringenden Neger, die wegen ihres exotischen Aussehens in äg. Haushalten beliebt waren. Auf nubischem Gebiet errichtete man in der 18./19. Dyn. zahlreiche Tempel für äg. Götter (u.a. Sedeinga, Soleb, Sesebi, Kawa, Abu Simbel, Amada). Als nach dem Tod Ramses' III. (1150 v. Chr.) die äg. Macht zurückging, wuchs die des nubischen Vizekönigs als des Befehlshabers des schlagkräftigsten Truppenkontingents. So griff Vizekönig Pꜣ-nḥśj unter Ramses XI. in der Thebais ein, konnte sich aber gegenüber der Partei des Hohenpriesters nicht halten und zog sich wieder nach S. zurück. Vielleicht machte er damals Nubien wieder zu einem unabhängigen Staat, von dem wir aber zwischen 1050 und 730 nichts hören. Um 730 v. Chr. greift dann der nubische König Pianchi, Sohn des Kuschta, in Äg. ein, besetzt die Thebais und wirft den Fürsten von Sais Tefnachte, der das Reich einigen wollte, nach N. zurück. Sein Nachfolger Schabaku eroberte zwischen 715 und 712 Äg. erneut. Schubitku, der ihm folgte, zwang 701 Nebukadnezzar, die Belagerung von Jerusalem aufzuheben. Der ab 690 regierende Taharqa hatte mehrmals (674, 671, 667) mit Assurbanipal und vorher Assarhaddon um den Besitz Äg. zu kämpfen. Sein Nachfolger Taltamanu war der letzte, der 664 noch einmal versuchte, Äg. von den Assyrern zurückzuerobern, ohne daß er Erfolg hatte. Seit seiner Regierung wandten sich die nubischen Herrscher wieder von Äg. ab und führten ein Eigenleben, wobei die übernommene äg. Kultur immer mehr von echt nubischen Vorstellungen durchsetzt wurde. Bezeichnend war die strenge Orthodoxie, die sich in enger Beachtung von rituellen Vorschriften und völliger

Unterwerfung unter den Willen der Götter, bes. ihres Hauptgottes Amun von Napata, ausdrückte. Die Königsfolge ist durch die Ausgrabungen der Pyramiden von Nuri, Napata und Meroe im allgemeinen geklärt (REISNER JEA 9,34ff. DUNHAM-MACADAM JEA 35,139ff. HINTZE Stud. z. meroitischen Chronologie). Begegnungen mit der Außenwelt fanden nur noch selten statt: Psammetich II. unternahm z.Z. des Aspalta einen Vorstoß gegen Nubien, 591 v.Chr. (BIESO 50,157ff.). Um 330 v.Chr. wird das Zentrum des Reiches weiter nach dem Süden von Napata nach Meroe verlagert. Um 240 v.Chr. beseitigte der griech. gebildete König Ergamenes den übermäßigen Einfluß der Priester. 23 v.Chr. unternahm Petronius einen Feldzug gegen Nubien, der zur Zerstörung Napatas führte (Strab. 17,820. Plin. nat. 6,29. Cass. Dio 54,5). Bekannt ist die Expedition, die Nero aussandte (Sen. nat. quaest. 6,8,3. Plin. nat. 6,29. Cass. Dio 63,8,1), um Nubien zu erforschen. Um 320 n.Chr. fand das Reich von Meroe durch die aksumitischen Könige ihr Ende.

Die Nubier haben zunächst Ägyptisch geschrieben, später aber für ihre eigene Sprache eine von den Hieroglyphen abgeleitete Schrift benutzt. Die Sprache selbst ist bisher noch keiner Gruppe mit Sicherheit zuzuweisen, denn sie ist anscheinend nicht hamitosemitisch (HINTZE Sprachliche Stellung des Meroitischen). W. H.

Αἰθιοπίς. Ein dem Arktinos von Milet zugeschriebenes, uns nur dem Inhalt nach bekanntes Gedicht des ep. Kyklos in 5 Büchern. Es schloß unmittelbar an die Ilias an (vgl. frg. 1) und behandelte nach dem Bericht des Proklos die Ereignisse vom Eintreffen der Amazonen über die Besiegung des Aithiopenfürsten Memnon bis zum Streit des Aias und des Odysseus um die Waffen des gefallenen Achill. Doch damit kann das Epos kaum abgebrochen haben: entweder war zum mindesten noch der Selbstmord des Aias darin erzählt (frg. 2) oder, und das ist wahrscheinlicher, die A. schloß, wenn sie überhaupt ein selbständiges Epos bildete (dazu CARL ROBERT Bild u. Lied, PhU 5, 1881, 223. BETHE 207ff. [3], 215.359), schon mit dem Tod bzw. der Entrückung des Achill oder den zu seiner Ehrung veranstalteten Leichenspielen (CHRIST-SCHMID 1,1 205f.211. [2], 162). Die A. galt als Gedicht des Kyklos allgemein für nachhomerisch. Mit dieser Ansicht haben, wenigstens was die A. im engeren Sinne ohne die vorangehende Amazonia betrifft, vornehmlich PESTALOZZI und dann SCHADEWALDT radikal gebrochen. Beide versuchen, wenn auch in verschiedener Absicht, aus dem Proklos-Bericht (und anderen Zeugnissen) ein Epos zurückzugewinnen bzw. zu rekonstruieren, das unserer Ilias als Vorbild und Vorlage gedient haben soll, P. eine Achilleis, Sch. mit mehr Zurückhaltung die sog. Memnonis. Die Einwände gegen diese Hypothese werden von KULLMANN 30ff. besprochen. E. Mi.

Zeugnisse und Frg.: EGF 32ff. Homeri Opera 5 ed. *Allen*, 105f. 125ff. *Erich Bethe* Homer 2, ^{1}1922, 165ff. (^{2}1929, 167ff.). *Wolfg. Kullmann* Fragm. d. griech. Epiker (in Vorb.). Lit.: 1. *Heinr. Pestalozzi* Die Achilleis als Quelle d. Ilias, 1945. 2. *Wolfg. Schadewaldt* Von Homers Welt u. Werk, ^{3}1959, 155ff. 3. *W. Kullmann* Die Quellen d. Ilias, H(ES) 14, 1960, passim.

Aithon (*Αἴθων*, »der Feurige«) **1.** Sohn des Helios, schon im Altertum dem → Erysichthon gleichgesetzt, urspr. wohl nur Epitheton des Helios. **2.** Urgroßvater des Odysseus, unter dessen Namen Odysseus unerkannt vor Penelope erschien, Od. 19,183. **3.** Ein Roß Hektors (»Brandfuchs«), Hom. Il. 8,185. Danach wurden von späteren Dichtern Rosse des Helios, der Eos, des Ares, des Pluton, benannt; bei Verg. Aen. 11,89 weint das Roß A. um Pallas, seinen toten Herrn. H. v. G.

Aithra (*Αἴθρα*). Tochter des Pittheus, Königs von Troizen, Mutter des → Theseus von → Aigeus oder Poseidon. Nach Paus. 2,33,1 wird sie bei Darbringung eines Totenopfers, das Athena ihr im Traum befohlen hat, auf einer nahen Insel von Poseidon überrascht. Daraufhin stiftet sie der Athena Apaturia (fälschlich = »täuschend«) ein Heiligtum in Troizen und führt den Brauch ein, daß die Troizenerinnen vor der Hochzeit ihren Gürtel dieser Athena weihen. Später wird sie in Attika (Aphidna oder Athen) lebend gedacht als Hüterin der von Theseus geraubten Helene; die Dioskuren holen ihre Schwester zurück und nehmen A. mit. Sie folgt dann der Helene als Dienerin nach Troia, wo sie den → Munichos großzieht, Hom. Il. 3,144. Bei der Zerstörung Troias kommt sie gefangen ins Griechenlager und wird von ihren Enkeln Akamas und Demophon befreit. Sie stirbt später aus Gram über deren Tod, Hyg. fab. 234. Die Kunst hat A. häufig dargestellt. Paus. 5,19,3. 10,25,7 beschreibt solche Darstellungen auf der Kypseloslade und auf Polygnots Gemälde in der Lesche zu Delphoi. Seit dem 6. Jh. ist A. ein beliebter Gegenstand der att. Vasenmalerei. H. v. G.

Myth. Lex. 1,200. *H. Herter* RhM. 85, 1936. 88, 1939. *L. Radermacher* Mythos und Sage 259.295.

Αἴθουσα. In den homerischen Epen wird als *αἴ.* eine mit dem Hoftor verbundene (Od. 18,102), mit Säulen versehene (Od. 17,29. 22,466) und sorgfältig bearbeitete (Il. 6,243. 20,11) Torhalle bezeichnet, deren außerhalb des Anwesens gelegener Teil *πρόθυρον* heißen kann (Il. 24,323 vgl. Od. 3,493). Dort wird z.B. Vieh angebunden (Od. 20,176.189), dort sitzen die Bewacher des Phoinix am Feuer (Il. 9,472). Eine eigene, dem Megaron zugehörige *αἴ.* ist identisch mit dem → *πρόδομος* (Il. 24,644 vgl. 673), was einen Hinweis auf das Aussehen dieser Hallen gewährt. Ähnliche Torhallen lassen sich wohl schon in ausgegrabenen vorhomerischen Achaierpalästen erkennen. G. F.

Aitne 1. Der Vulkan Aetna an der Ostküste Siciliens, jetzt 3279 m hoch, etwa 1000 qkm bedeckend, n. vom Akesines (Alcantara), w. und s.

vom Symaithos (Simeto) umflossen. Antike Angaben, daß seine Höhe abgenommen habe (Sen. ep. 79,2, wo von einer A.-Besteigung die Rede ist), sind unkontrollierbar. In 2917 m Höhe stehen noch Reste eines antiken Baues, die sog. torre del filosofo. Die drei Zonen, die Kultur-, die Wald- und die Wüstenzone, beschreibt Strab. 6,273 ff. Verheerende Lavaausbrüche werden für 479 (Aischyl. Prom. 351 ff. Pind. Pyth. 1,20 ff.), 425 (Thuk. 3,116), 396 (bis zum Meer), 141,135,126,122 (Katane zerstört), 50,44,38,32 und 40 n. Chr. berichtet. Dann Ruhe bis zum Ausgang des Altertums. – Der Mythos ließ Typhon oder Enkelados im Gigantenkampf unter dem A. verschüttet werden oder verlegte unter ihn die Werkstätte des Hephaistos und der Kyklopen. Niederschlag der antiken Erdbeben- und Vulkanforschung vor allem bei Strabon, Lukrez, Seneca und in der ps.-vergilischen Aetna. **2.** Stadt am Südhang des Aetna an der Straße von Katana nach Kentoripa, ursprünglich Inessa, in A. umbenannt von den Kolonisten, die von Hieron I. erst in Katane angesiedelt worden waren und, nach seinem Tode vertrieben, sich in Inessa niederließen. Bei Thuk. 3,103,1. 6,94,3 heißt die Stadt wieder Inessa, doch hat sich dann der Name A. durchgesetzt. Inschr. IG XIV 573. CIL X 6999–7003. Münzen: Head HN^2 119. K. Z.

Aitolia (*Αἰτωλία*). Hauptlandschaft des w. Mittelgriechenlands, zwischen Ainis bzw. Oitaia am S.-Rand des Spercheios-Tals, den n.w. Randhöhen des Acheloos-Tals, dem O.-Rand des oberen Daphnus-Tals am Parnassos (h. Giona hier) und dem Golf von Patras bzw. im O. dem schmalen w.-lokrischen Küstenstreifen (s. des unteren Daphnus-Tals), mit dem Unterlauf des Acheloos als W.-Grenze gegen → Akarnania. Die Landschaft der Aitoler in Hom. Il. 2,638 ff. 9,529 ff., das Weinbaugebiet des Oineus, gehört als Küstenstreifen zwischen Arakynthos (Zygos) und Golf von Patras mit Lagunen und landfestgewordenen Inseln (Strab. 1,3,18. RE Uria) trotz der Einbeziehung in die *ἀρχαία Αἰτωλία* bei Strab. 10,2,3 in geschichtlicher Zeit nicht zum Kernraum von A. (als → Aiolis Nr. 2 vgl. Thuk. 3,102,5. Hellan. FGH 4 frg. 118 f.). Die Ausbreitung der Aitoler-Stämme nach S. ist bei Thuk. noch kenntlich, auch als Ursache für die Bedeutung von Thermos als kultischen Mittelpunkt von A. (Kirsten-Kraiker ^{4}763) verständlich. Zu A., jedoch vielleicht nicht zur Archaia A., gehörten die Stämme der Eurytanes, Apodotoi, Ophioneis (oder Ophieis, mit den Unterstämmen der Bomeis und Kallieis), Agraioi (mit Ephyroi: Strab. 8,3,5. Steph. Plin. nat. 4,6) und der Apeirantikoi (und Amphilochoi) als Bewohner der Gebirgstäler in den Einzugsbereichen der Flüsse Kampylos, Euenos, Daphnus und des ö. Acheloos (Kartierung ihrer maximalen Ausdehnung bei Philipps.-Kirst. II Karte 2) zur Aperantia abweichend J. M. Cook, JHS 78, 1958, 155). Wohl als Folge ihrer starken Mischung mit Illyriern wurden sie als Halbbarbaren (*μιξοβάρβαρος* Eur. Phoen 138), Träger eines kaum verständlichen Dialekts (*ἀγνωστότατοι γλῶσσαν* Thuk. 3,94, 5) oder mit tendenziöser Übertreibung als Nicht-Griechen (Polyb. 18,5,8) bezeichnet. (Zugehörigkeit zum n.w. griech. Dialektgebiet: Philipps.-Kirst. 2,628.) Ihre Hirtenwanderungen, Raubzüge und schließlich Landnahmebewegungen erfolgten unter Führung von Häuptlingen (*βασιλεύς* Thuk. 3,111,4) der einzelnen Stämme, die noch 335 v. Chr. gesonderte Politik treiben konnten. Das Bindeglied und Kerngebiet bildete stets das nicht nach Stämmen benannte, also wohl altbesiedelte (in der Neuzeit Apokuro genannte) Fruchtland um die beiden Seen Hydra (?) und Trichonis mit den benachbarten Talabschnitten der Flüsse Acheloos und Euenos (das »Aetolische Becken« bei Philipps.-Kirst. 2,328 ff., als Pferdeweide berühmt: Strab. 8,8,1, p. 388. Polyb. 18,22,5 = Liv. 33,7,13). Anteil an der griech. Kulturentwicklung hat A. vom Küstengebiet im S. her gewonnen (korinthische Handwerker im 6. Jh. in Kalydon und Thermos: Kirsten-Kraiker ^{4}765 f.; epidaurische Theoroi in Kalydon um 360: IG^2 IV 1,95). Erst im Hellenismus hat A. am agonalen, nie am geistigen Leben Griechenlands teilgenommen (Alexander v. Pleuron nur außerhalb von A.). Vorstöße landeinwärts waren 426 und 389 noch geradezu Entdeckungszüge (Thuk. 3,94 ff. Xen. hell. 4,6,14), daher A. *ἀπόρθητος* bei Ephor. FgrH 70 frg. 122; zu 426 Kirsten 310 f. Philipps.-Kirst. 2,308 ff. 579 f.). Die Polis-Siedlungsform hat sich von hier aus verbreitet (Thuk. 3,94,4 erwähnt noch Komai: Philipps.-Kirst. 2,605 f.). Ein Polis-Synoikismos erfolgt erst, und zwar für Akarnanen in Agrinion (Diod. 19,67,8). Als Gebiet kultureller, nicht ethnischer Expansion heißt der NO. von A. bei Strab. 10,2,3 *ἐπίκτητος*. Da auch die neuzeitliche Erforschung der Landschaft im S. begann (Woodhouse. Philipps.-Kirst. 2,600 ff.) ist die Kenntnis der Gebirgssiedlungen im Panaitolion noch gering, ebenso ö. davon im Korax (Strab. 10,2,4. Liv. 36, 30. 37,4 f.; ältere Literatur ohne topograph. Nachprüfung bei Stergiopulos, Siedlungskartierung Philipps.-Kirst. 2 K. 2 mit 2,667 und 669 f., zum Korax 1,711). Der genaue Grenzverlauf ist daher weder für A. noch für seine Stämme nachweisbar (ebd. 2,566 ff.). Epigraph. und archäolog. Funde häufen sich nur im Seen-Becken und im Küstengebiet, dazu in Thermos mit seinen Nachbarheiligtümern von Phistyon (RE XX 1297 ff.) und Taxiarchis. Ansehnliche Poleis waren Pleuron, Kalydon, Konope, Agrinion, Thestia, Trichonion, im O. Kallion oder Kallipolis; nur für sie lassen sich auch die Polisgebiete aussondern (Philipps.-Kirst. 2,583 ff.). Auch die einzigen topograph. Beschreibungen gelten dem Seebecken und dem Küstenstreifen (Strab. 10,2,3 ff. 22 oder nur diesem: Ps. Skyl. 35. Ps. Skymn. 473 ff. = FGH 70 frg. 144. Dionys. Kall. 57. Plin. nat. 4,6, bei Strab. 10,3,1 und 6 mit der Kuretenerklärung zu Hom. Il. 9,529 ff. verbunden). Der SW.- S.- und O.-Rand des Seebeckens ist bei Polyb. 4,64 f. 5,7 f. bei den Einfällen Philipps V. 219 und 218 beschrieben (die Reihenfolge der Orte im O. ist noch umstritten: Philipps.-Kirst. 2,340). Danach und aufgrund der Angaben über → Pleuron als Gründung wohl des Demetrios II. von Makedonien (234) wie über das zeitweilig aitolische → Oiniadai werden die steinernen Stadtmauerreste in A. auf eine lebhafte Bautätigkeit am Ende des 3. Jh. v. Chr. zurückgeführt (E. Kirsten, AA 1941, 99 ff. Philipps.-Kirst. 2, 608 ff., unberechtigte Zweifel bei F. Maier Griech. Mauerbauinschriften, Hdbg. 1961, 2,97). Nur die Lehmziegelmauer von Agrinion auf Steinsockel ist älter. Die h. Hauptorte Agrinion (früher Vrachori) und Messolongi sind nicht kontinuierliche Erben von Agrinion-Thestia und Pleuron-Kalydon. Seit der Gründung von Nikopolis war A. verödet bis auf einzelne röm. Villen, die im Küstenstreifen seit 16 v. Chr. zur röm. Colonia Patrae gehörten (*ἐρημία* Strab. 10,2,21. 8,8,1. Paus. 7,18, 8. 8,24,11. 10,38,4; U. Kahrstedt Wirtsch. Ges. 35 f.); erst 402 werden wieder Poleis von A. (in W.-Lokris?) erwähnt (Syll. ^{3}908); über mittelalterliche Burgen Philipps.-Kirst. 2,594 f., 615 ff. Topograph. und histor. Zeugnisse für das Gesamtgebiet und die einzelnen Orte bei G. Klaffenbach in IG^2 IX 1,1, 1932, mit Fasti ergänzt bei Philipps.-Kirst. Münzen hat nur das Koinon von A. geprägt (BMC Thessaly to A., 55 ff., 194 ff. Taf. 30. Head HN ^{2}334 f. J. A. Reinach, Journ. Arch. numism. 1911, 187 ff. Quellen der Geschichte in Klaffenbachs Fasti, Darstellung in Umrissen bis 280 bei Kirsten, weiter Kirsten-Kraiker ^{4}755 ff. Antike Autoren über A.: Aristot. frg. 473. FGrH 271 f. 288.290.302.483. Fasti 19,47. Verfassung und Geschichte des Aetol. Bundes → Aitoloi. Die Volkszahl berechnete Beloch GG 3,1,290 nach Diod. 18,24,38 u. a. als 75000 im Minimum auf 3200 qkm Fläche.

Geschichte. Nach korinth. und att. Festsetzungsversuchen am Chalkisberg, wechselnden Beziehungen zu Naupaktos, dann der gemeinsamen Abwehr des Atheners Demosthenes 426, Unterstützung der stammverwandten Eleier gegen Sparta (402) und fraglicher Annäherung an dies beginnt die gemeinsame Geschichte von A. mit der 1. Bezeugung des Koinon der Aitoloi 367, wohl bald nach seiner Gründung als Ergebnis der gegen Sparta gerichteten Verbindung mit Theben (Diod. 15,57,1. Neue Inschr. bei E. Schweigert Hesp. 8, 1939, 5 ff., abweichende Beurteilung: SEG XV 357). Getrennte Diplomatie *κατὰ ἔθνη* war durch die Entstehung eines Stammesbundes nicht ausgeschlossen, so bei den Agraioi im Korinth. Bund, in ganz A. 335 (Bündnerliste u. Arr. anab. 1,10). Zu A. kommen 366 Kalydon, 338 Naupaktos,, 330 Oiniadai (Diod. 18,8,6, gemeint Paus. 1,25,4). Das Gebirgsland bleibt Rückzugsgebiet in Gefahrzei-

ten, so bei Antipatros' Strafaktion im Lamischen Krieg 323. Die Thermopylen liegen 317/16 in aitol. Reichweite (Diod. 19,35,2. 53,1; schon 338 Beziehungen zu Delphi: SEG XVII 228). A. wird in Kassanders Kriegen mehrfach von Makedonen, Akarnanen, Epeiroten (322, 321, 314, 313), dann 289 von Demetrios Poliorketes, 272 von Pyrrhos durchzogen, bleibt aber als Räuberland weiterhin berüchtigt (Fasti; Duris FGrH 76 frg. 13 = PLG 3,674 Bk.^{4}). Seit der Besetzung von Delphi 291 und Herakleia Trachinia 279 wird es zum Machtfaktor, Pyrrhos läßt sich 289 in Kallion ehren, und zum Dank für Lysimachos' Hilfe werden die Festungen am Eingang zur Klissura-Schlucht und am Acheloos-Übergang (Konope, jetzt Angelokastro) in Lysimacheia und Arsinoe umbenannt. Die Aitoler verwehren 279 bei Kallion den Kelten weiteres Vordringen und retten Delphi vor ihnen (Paus. 10,19 ff. 6,16,1). Die Folgen: Vertrag mit Athen 277 (SEG XVIII 239) und Begründung der zunächst jährlichen Soteria in Delphi. Weihgaben: Paus. 10,15,2. 16,4. 18,7. Fouilles de Delphes 3,1, 514. Mit der Wahrnehmung der Amphiktionenstimmen annektierter Gebiete beginnt die Ausweitung des Koinon der → Aitoloi, des Aitolischen Bundes über A. hinaus (Flacelière. Philipps.-Kirst. 2,587 ff.; auf diesem weiteren Begriff beruht die Liste bei Plin. nat. 4,6). Sie bewirkt auch den Zuzug Fremder nach A. (so aus Oaxos auf Kreta: SEG XVIII 248). Auf diese Zeit beziehen sich die tendenziösen Charakteristiken des Achaiers Polybios 2,45 ff. 49,2. 4,3,1 f. 67,4. 13,1,1. 17,4,8 ff. (daraus Liv. 27,30. 33,11. 34,24 vgl. IG^2 IV 1,590,8, dagegen positiv Diod. 18,24 f. Agatharchides FGrH 86 frg. 6). Auch nach der Erweiterung bleibt Thermos kultischer Mittelpunkt (bei Polyb. 5,8,6 Akropolis von A. genannt; Strab. 10,3,2). Die obersten Bundesbeamten kommen häufig aus Trichonion in seiner Nähe, später aus Kalydon. Das Seebecken wird zum Herzland von A. vollends durch die Überschreitung der Flußgrenze nach W. bei der Teilung von → Akarnania; seither ist Stratos eine Stadt von A. (Kirsten-Kraiker^4 760). Ein Einfall des Aratos aus Achaia (Plut. Arat. 16) ins Küstenland 245 wird 243 mit dem Vorstoß nach Elis und Arkadien beantwortet. Im Bündnis mit Ptolemaios III. 237 entsteht in A. eine Stadt Ptolemais (Syll. ^{3}545,6). Der Niedergang des Koinon setzt mit den Einfällen (des Demetrios II. 235?, vgl. RE XXI 243) des Makedonenkönigs Philipp V. im Bundesgenossenkrieg 219 und 218 ein: Zerstörung des Apollontempels von Thermos und der mit Beutewaffen dicht gefüllten Stoai der Votivgaben 218 und 207 (Polyb. 11,7,2, danach Wiederaufbau und erstmalig Befestigung des Heiligtums: Kirsten 315). Die Unterstützung durch Pergamon (mit Kastellgründungen vor 219), der Vertrag mit Roms Feldherrn M. Valerius Laevinus 212/11 und die Teilnahme an der Schlacht bei Kynoskephalai auf röm. Seite 197 hält ihn nicht auf (zur Vertragsinschrift IG ^{2}IX 1,241 vgl. SEG 16,370.17,280. Liv. 26,24). Im röm.-syr. Krieg verliert A. 189 Ambrakia, nach 167 – wie schon einmal 191–190 – Herakleia, dann Naupaktos, also die 3 Bollwerke vor seinen Grenzen (Polyb. 21,31f. Liv. 38,10f.). Das Küstengebiet leidet 191 beim Durchzug von Antiochos' Truppen, 189 beim Einfall des Pleuratos, bei Phanais Belagerung durch die Achaier, das Eurytanenland im NO. beim Einfall des M.' Acilius Glabrio 191 (Liv. 36,11. 38,7. Paus. 10,18,1. Liv. 36,30). Schon 206 lassen sich soziale Unterschiede fassen (Pol. 13,1 und 1a; Liv. 36,15,4 scheidet *principes* und *clientes*). Obwohl die Beziehungen zu Pergamon (auch in Delphi) weitergepflegt werden, bringt die Unterwerfung unter Rom 189 durch hohe Reparationsforderungen für A. den wirtschaftlichen Zusammenbruch mit blutigen Sozialunruhen (Polyb. 30,11. Liv. 41,25,1. 42,5,7. 43,17,4. Diod. 29,33). Der krasse Gegensatz zwischen arm und reich führt zur Abwanderung der Armen als Söldner, und zwar meistens als leichtbewaffnete Schleuderer, in die Heere der Ptolemaier, zur Übersteigerung des Luxus der romfreundlichen Oberschicht bei Bestechungen und in der Errichtung von Familien-Kultstätten (Heroa) in Delphi wie in Kalydon (Val. Max. 4,3,7. Plin. nat. 33,142. Sylloge ^{3}631. E. Dyggve Dan. Vid. Selskab Skrifter VII 4, 1934, in Datierung abweichend von IG ^{2}IX 1,141f., Kirsten-Kraiker ^{4}767f.). Zeitweiliger Verlust der Küstenstädte an Achaia und die Deportierung aller Römerfeinde (im Mittelstand) 167 vollenden den Zusammenbruch (G. Daux Delphes au IIe et Ier siècle, Par. 1936, 266ff. 610ff. 671ff.). Seit 167 ist A. auf das alte Stammesgebiet samt Stratos in O.-Akarnanien beschränkt (nicht Oiniadai: Polyb. 21,32). Für diese Zeit ist der Niedergang von Pleuron und Kalydon bezeugt (Strab. 10,2,3). Dennoch besteht das Koinon weiter (S. Accame Il dominio romano in Grecia, Rom 1946, 211ff., auch zum Einfall der Agraier ins Seebecken unter Pisos Willkürherrschaft 57 nach Cic. in Pison. 37,91). 49, 48 und 31 wird A. Nebenschauplatz der röm. Bürgerkriege, dann ein Teil der Provinz Achaia und blieb es auch nach 67 (Strab. 17,3,25 mit Philipps.-Kirst. 2,274. 633). Nach Paus. 10,38,4 war A. nach Abwanderung vieler Bewohner nach W.-Lokris großenteils Gebiet der Colonia Patrensium (U. Kahrstedt, Hist. 1, 1950, 549ff. Philipps.-Kirst. 2,591f.). Die Münzprägung hat spätestens 167 aufgehört. Ihre Typen sind neben dem archäolog. Befund in → Thermos, Kalydon, Phistyon und den Zeugnissen über die Übertragung der kalydon. Gottheiten Dionysos und Artemis Laphria nach Patras (Paus. 7,18,8 mit E. Dyggve, Laphrion 335ff.) die einzig. Zeugnisse für die Kulte in A. (J. v. Keitz De Aetol. et Acarn. sacris, Diss. Halle 1911). Die ältesten Bundesmünzen hielten die Erinnerung an die größte histor. Leistung von A. fest mit der Darstellung der Denkmäler der auf den Trophäen des Keltensiegs von

279 sitzenden Personifikation Aitolia in Delphi und Thermos (Paus. 10,18,7. Fouilles de Delphes II 3, 288. K. Rhomaios Ἀρχ. Δελτ. 2, 1916, 188f. L. Rocchetti, Enc. A. ant. 1,98). E. K.

C. Bursian Geogr. 1,123ff. *H. Lolling* Hell. Landeskunde 137ff. *Philipps.-Kirst.* 2,299ff. (1958). – Fasti: *G. Klaffenbach* in IG ^{2}IX 1,1, 1932, 1ff. *R. Flacelière* Les Aitoliens à Delphes (Bibl. Éc. fr. 143), Par. 1937. *E. Kirsten* NJb Antike 1940, 298ff. (mit Abb.). *K. Stergiopulos* Ἡ ἀρχαία Αἰτωλία, Athen 1939. *W. J. Woodhouse* Aetolia, Oxford 1897. Karten: FOA 15. *Philipps.-Kirst.* 2 K. 2, Teilkarten für Gegenwart wiedergegeben: ebd. 2 K. 3 und *E. Fels* Die Erde 3, 1951, 305, auch RE s. Paianion, Phytaion, Pleuron. Inschr.: IG ^{2}IX 1, 1932. *G. Klaffenbach*, SPrAW 1935, 19. 1936, 27. SDAW 1954, 1. SEG 17, 265. 269f. 273ff. *S. v. Bolla*, JÖAI 31, 1939 B. 169ff.

Aitoloi. Nordwestgr. Stammverband mit starkem illyrischem Einschlag (G. Klaffenbach Klio 32, 1939, 191 A. 1), jedoch nicht mehr rein feststellbarem Dialekt, da die erhaltenen epigraph. Zeugnisse überwiegend schon Einfluß der Koine zeigen (Thumb-Kieckers Hdb. d. gr. Dial., 1932, 298. 302). Die A. waren kriegerisch und daher begehrte Söldner, jedoch verharrten namentlich die Bergstämme der Aitolia Epiktetos (Strab. 10,450; dazu Philipps.-Kirst. 2,2, 1958, 567) lange in urtümlich-primitiver Lebens- und dörflicher Siedlungsweise (Thuk. 3,94; noch Philipp V. rechnete nach Polyb. 18,5,8 die Agraier und Apodoten nicht zu »Hellas«); in hellenist. Zeit waren sie vor allem als Seeräuber gefürchtet (vgl. Polyb. 4,3,1). Schon vor 367/66 entstand das aitol. Koinon (AA 1937, 114), das von etwa 301/290 bis 189 Delphoi beherrschte und sich im 3. Jh. weite Gebiete Mittelgriechenlands, ja sogar peloponnes. Poleis, angliederte (vgl. R. Flacelière Les Aitoliens à Delphes, Paris 1937, bes. 3–28). Fr. Kie.

Aitolos (*Αἰτωλός*), Eponymos des aitol. Stammes, zuerst von Hekat. v. Milet erwähnt als Sohn des Oineus und damit als Urenkel Deukalions, wodurch die Aitoler als Nebenzweig des griech. Volkes gekennzeichnet sind; Vater des Pleuron und Kalydon. Ephoros (Paus. 5,4,4) beruft sich auf Inschriften in der Stadt Elis und im aitol. Therma, wonach A., Sohn des Oxylos bzw. des Endymion, seine eleische Heimat verlassen und Aitolien besiedelt habe; ein Nachkomme im 10. Glied sei zurückgewandert und habe die Stadt Elis gegründet. Grund seiner Auswanderung war die unfreiwillige Tötung des Apis; er ließ sich bei den Kureten nieder, tötete aber seine Gastfreunde und benannte das Land nach sich selbst, Apollod. 1,57f. Paus. 5,1,3ff. H. v. G.

Aius Locutius. (Cic. *Aius Loquens*, Plut. *Φήμη καὶ Κληδών*). Der Name ist Zusammensetzung zweier sinngleicher Wörter. – Nach der bei Cic. div. 1,101 und 2,69 vorliegenden, wohl älteren Tradition ([1],964) hat vor dem Galliereinfall eine Stimme befohlen, Mauern und Tore instand zu setzen. Die jüngere Annalistik (bei Liv. Plut.: [1],

964) erzählte, eine übermenschliche Stimme habe nachts auf der via Nova dem M. Caedicius befohlen, die Ankunft der Gallier zu melden. Die Warnung wurde nicht beachtet. Später errichtete man an der betr. Stelle einen Altar. Liv. spricht von *sacellum* und *templum*, Plut. von *νεώς* und *ἕδη*. Ein früher oft damit identifizierter Altar CIL I² 801 hat nichts damit zu tun. Da A.L. bei Arnob. 1,28 (doch Konj.) und vielleicht auch bei Tert. nat. 2, 11,7 erscheint, hat man ihn den von Varro aufgezählten → »Sondergottheiten« zugesellt. W. E.

1. *Latte* RE XIII 964f. 2. *Ders.* RRelGesch. 51. 3. *Bernhard* Myth. Lex. 1,204. 4. *Peter* Myth. Lex. 2,191f. 5. *Latte*, ARW 24, 1926, 244. 6. *Wilam.* GldH 1, 12. 7. *Platner-Ashby* 3f.

Aix (*Αἴξ*). Die Nymphe, die das Zeuskind in der kretischen Höhle nährt, vielfach wirklich als Ziege gedacht, → Amaltheia. Mutter des Aigipan und des Aigokeros (Steinbock), Eratosth. katast. 27. Zeus tötet sie, wird, mit ihrem Fell (→ Aigis) bewehrt, der Titanen Herr und versetzt sie zum Dank in die Sterne, Eratosth. ebd. 13. Ant. Lib. 36. Die Vorstellung von dem Sternbild der Ziege *(Capella, α Aurigae)* mit ihren 2 Böcklein (*ἔριφο, haedi*) ist älter als die vom *Ἡνίοχος* (Wagenlenker, Fuhrmann), mit dem sie in wenig angemessener Weise verschmolzen wurde: er trägt die alte Ziege auf der Schulter, die Böcklein auf dem Arm. Sprichwort: *Αἴξ οὐρανία*, Zenob. 1,26. → Sternbilder. H. v. G.

Nilsson GgrR 1,159 A. 5.

Aixone (*Αἰξώνη*). Demos von Attika, nach Strab. 9,1,21 und den Grabinschriften mit dem Demotikon *Αἰξωνεύς* an der W.-Küste beim jetzigen Flugplatz Hellenika und dem Ort Glifada gelegen (Kirsten-Kraiker ⁴161), als Trittys-Hauptort zur Phyle Kekropis gehörig, n. seiner Salzteiche mit Halai Aixonides bei Vula. Nur von diesem Ort größere Reste: Theater (IG² II 3091) und noch nicht veröffentlichte Häuser des 4. Jh. v. Chr. (AA 1943, 304), von A. selbst Grabbauten (Wrede) und Feldergrenzen beobachtet; bezeugt Theater, Lesche und Heiligtümer für Hebe, Alkmene, Herakliden, Kyparissis-Peck, AM 66, 1941, 218f. IG ²II–III 1198.1202; 1199,2492. Der Fischfang der streitsüchtigen Bewohner galt den Seebarben (Plat. Lach. 197c. Sch. Steph. Byz. Hesych. Suda. Harpokr.-Athen. 7,325d). E. K.

Philipps.-Kirst. 1,904 mit Nr. 87/89 auf Karte 7. A.A. *Papagianopulos* Polemon 4, 1949, 138. 5, 1952, 183f. *J. Bradford* Ancient Landscapes, Lond. 1957, 29ff. *W. Wrede* Att. Mauern, Athen 1933, 23ff. Dem. Beschl. IG ²II–III 1196ff.

Akademeia. I. Unter Platon, die von → Platon um 385 begründete Schule. Ihr Ort war der unter A. 1 bezeichnete Hain des Heros Hekademos (Diog. Laert. 3,7). Die Rechtsform der A. war die eines Kultvereins mit dem Zweck der Verehrung Apollons und der Musen. In ihr waren Schulhaupt und Schüler zu einer Lebensgemeinschaft zusammengeschlossen. Die dabei geforderten Entbehrungen (wenig Schlaf, sexuelle Enthaltung, kein

Fleischgenuß) sollte eine Reinigung der Seele (*κάθαρσις*) und damit eine Erhöhung ihrer Erkenntnisfähigkeit bewirken. Die Formen des Zusammenlebens waren z.T. denen der Pythagoreer nachgebildet, die Platon um 390 in Unteritalien beobachtet hatte (→ Archytas von Tarent). Nach Platons Absicht war die Forschung der A. stark auf die Mathematik gerichtet. (Der Legende nach stand über der Eingangstür der A.: *μηδεὶς ἀγεωμέτρητος εἰσίτω*, so Elias in Arist. categ. 118,18 = Ioh. Philopon. in Arist. de an. 117,19); denn Platon sah die mathematische als Analogon zur philosophischen Erkenntnis an. – Platon wurde in der A. beigesetzt (Diog. Laert. 3,41); der 7. Thargelion, sein Geburtstag, war ein hoher Festtag der A., den man durch Opfer, Festmahl und öffentliche Disputation beging.

II. Die A. von 347 bis ca. 40 v. Chr.

Ein um 40 v. Chr. geprägtes Schema teilt die Geschichte der A. ein in Alte, Mittlere, Neue (zum Schema vgl.: Komödie, Tragödie). Belege: Diog. Laert. prooem. 14; 4,59. S. Emp. Pyrrh. Hyp. 1,232; adv. math. 11,3. Gell. n. a. 9,5,4. Numen. bei Eus. P. E. 14,4,727ff.). Dies noch heute gebräuchliche Schema umfaßt die A. der Kaiserzeit also nicht. a) die *Alte A.* Nach dem Tode (oder Rücktritt) eines Schulhauptes wählen die in Athen anwesenden Schüler ein neues Schulhaupt aus ihrer Mitte. Nach Platons Tode (347) wurde sein Neffe Speusippos Schulhaupt, zweifellos durch Wahl. Ob Aristoteles abwesend war oder ob er bei der Wahl unterlag, ist nicht zu entscheiden. Nach Speusippos gestaltete Xenokrates (339–314) in konservativer Absicht Platons Lehre um in ein lehr- und tradierbares System mit transzendenter Spitze. In diesem Sinne wurde Platons Erbe gepflegt (Polemon, Krates, Krantor) bis etwa 265. b) die *Mittlere A.* Arkesilaos († 240), wohl in der Absicht, Sokrates' kritischen Ansatz nachzuvollziehen und den Dogmatismus der Stoa anzugreifen, stellte die Frage nach Erkennbarkeit und Beweisbarkeit neu; von da führte Karneades († 137/5) die A. zu fast radikaler Skepsis: Kein philos. Ergebnis kann als zwingend bewiesen gelten, bestenfalls als wahrscheinlich. Das Aufsuchen von These und Gegenthese wird methodisch geübt; hiervon hat Karneades den darob entsetzten Römern 157 ein lange diskutiertes Beispiel vorgeführt; vgl. Lact. div. inst. 5,14ff. Die Doxographie wird ausgebildet als Beispielsammlung für bisher vertretene und für überdies mögliche Thesen (ein Beispiel gibt Cic. fin. 5,16–21). Eine Entscheidung ist nicht möglich; der Philosoph hat *ἐποχή* zu üben. c) Auf der Wende von der Mittleren zur Neuen A. wurde bei der Einnahme Athens durch Sulla i. J. 86 die A. bis auf die Grundmauern zerstört (vgl. Cic. fin. 5,2–3) mit allen Büchern, d. h. der schriftl. Hinterlassenschaft der Alten und der Mittleren A. Damit hörte die A. auf, Wahrerin der authentischen Platon-Überlieferung zu sein. Darum ging die Erneuerung des Platonismus, die in den Neuplatonismus münden sollte, vorwiegend außerhalb der A. vor sich. d) Die *Neue A.*, d.h. Antiochos von Askalon (um 86–68 v.Chr.), möchte zur dogmatisch fixierten Aussage der alten A. zurücklenken. Infolge der Zerstörung von 86 ist der direkte Zugang verloren; Antiochos macht den Versuch, aus dem Dogmatismus der Stoa den der *veteres* (= Alte A.) zurückzugewinnen. Wichtig wurde seine Forderung, die einen philosophischen Klassizismus bewirkte: *veteres sequi* (Cic. Luc. 137 u.ö.).

III. Die A. in der Kaiserzeit. a) Mittelplat. Die A., zweifellos kontinuierlich fortbestehend, in ihrem philos. Einfluß aber schwankend, wird nur in zwei Vertretern kenntlich: 1. Kalvisios Tauros (um 120); dieser nahm in exoterischer Vortragsweise zu zahlreichen Einzelfragen der Naturerklärung Stellung, worüber Gellius eifrig referiert; zugleich war er im vollen Besitz geschulter platon. Transzendental-Philosophie (frge. bei Ioh. Philop. de aet. mundi), die er Anfängern wie Gellius nicht mitteilte. 2. Kassios Longinos (um 250), Homer-Kritiker, räumte literarischen Forschungen scheinbar (oder wirklich) gleichen Rang wie der Philosophie ein; aber Longin nahm auch zu zentralen Fragen des Platonismus Stellung. Er scheint wie Tauros exoterische und esoterische Forschungsgebiete unterschieden zu haben. b) Neuplat. Der Neuplatonismus in der Prägung Plotins († 270) wurde in der A. erst um 410 unter → Plutarch von Athen heimisch. Jetzt scheint sie den exoterischen Polyhistorismus abgetan zu haben; sie gewann die Anerkennung ihrer Authentizität zurück und stieg zu hohem Ansehen. Im Gegensatz zu der Schule von Alexandreia widersetzte sich die A. jedem Ausgleich mit dem Christentum hartnäckig. In diesem leise, aber zäh geführten Kampf traten die Schulhäupter Syrian (ab 431), Proklos (bis 485) und Damaskios (bis 529) hervor. Im Jahre 529, also nach 900jährigem Bestehen, schloß der Kaiser Iustinian die Akademie (die Verfügung bei Ioh. Malalas. chronogr. 18, p. 187: ἐν Ἀθήναις μηδένα διδάσκειν φιλοσοφίαν μήτε νόμιμα ἐξηγεῖσθαι). H. D.

Akademos (Ἀκάδημος). Att. Ortsheros und Eponymos des Bezirks → Akademeia vor dem athen. Dipylon, auch Hekademos genannt. Er verriet den Tyndariden Kastor und Polydeukes, daß ihre von Theseus aus Sparta geraubte Schwester Helene in Aphidna verborgen gehalten wurde, und ermöglichte ihnen dadurch deren Rückführung. Zum Dank verschonten die Spartaner bei ihren Einfällen in Attika stets die Akademie. Dikaiarchos brachte den Namen mit dem Arkader → Echemos, der die Tyndariden nach Attika begleitete, in Verbindung, Plut. Thes. 32,5. Das »Haus des Akademos« wurde jüngst ausgegraben, G 68, 1961, 212f. mit Skizze. H. v. G.

Akadra, 1. Ein nur bei Ptol. 7,2,6 p. 163 erwähnter Küstenplatz Hinterindiens. Die kurz vor

der Nennung A.s genannten Σωβάνου ποταμοῦ ἐκβολαί – gemeint ist der Supan, der rechte Flußarm des unteren Menam – bestimmen wesentlich die Ansetzung von A. Das gegenwärtige Krat an dieser Küste hat den alten Namen gut bewahrt. **2.** Nur von Ptol. 7,3,5 genannte Stadt Südchinas. Lage nicht eindeutig. Doch dürfte die nahe gelegene πόλις Ἀσπίθρα, mit der der von Plin. (nat. 6, 55, erwähnte Fluß Psitharas (wahrscheinlich im Hinterland im N. des Golfs von Tongking) in Verbindung zu bringen ist, über die Ansetzung von A. einige Klarheit verschaffen. H. T.

Akakios (Ἀκάκιος) **1.** Rhetor, Epiker (Verfasser des Ὠκύπους? → Lukianos),* in Kaisareia (Palästina), Rhetorikstudium in Athen (hier Freundschaft mit dem Epistolographen Aristainetos); Rhetoriklehrer in Phoinikien, Antiocheia und Kaisareia; später ausschließlich als Anwalt tätig. Obwohl nicht Christ, von Kaiser Constantius ab 359 n. Chr. in verschiedene Staatsämter berufen (Statthalterschaft über Phrygien u.a.). Onkel und Lehrer des röm. Historikers Eutropius. Hauptquelle für A.' Leben: die Briefe des Rhetors → Libanios, der auch trotz zeitweiliger Zwistigkeiten mit A. dessen Söhne unterrichtet hat. J. W.

2. (μονόφθαλμος) von Kaisareia (366), Schüler und Nachfolger des Eusebios von K., war als Kirchenpolitiker in den dogmatischen Streitigkeiten des 4. Jh. Führer der Homöer im Orient. Von seinen zahlreichen Schriften sind nur geringe Reste erhalten. Die Schr. nennt Hier. vir. ill. 98. B. ALTANER Patrologie, 201. H. LIETZMANN Gesch. der Alten Kirche 3^2, 1953, 208ff. **3.** Von Beroia (Aleppo) spielte, seit 378 Bischof von Beroia, als Gegner des Iohannes Chrysostomos und im nestorian. Streit eine gewisse Rolle. Epiphanios schrieb auf seine Veranlassung sein Panarion. Lit. und Hinweis auf die geringe lit. Hinterlassenschaft: B. ALTANER 289. **4.** 471–489 Patriarch von Konstantinopel, verursachte durch sein das Chalcedonense geschickt umgehendes »Henotikon«, das den O. der Kirche einigen sollte, das sog. akakianische Schisma (484–519) mit Rom. Dictionnaire d'Hist. et de Géogr. Ecclés. 1, 1912ff., 244ff. Kl. W.

Akalanthis s. Pierides

Akamas (Ἀκάμας). Sohn des Theseus und der Phaidra, Bruder des Demophon, Heros eponymos der att. Phyle Akamantis. In der Kleinen Ilias und in der Iliu Persis, danach in der Tragödie, gehören die beiden Theseiden dem troischen Sagenkreis an. Sie sind auch ein beliebter Gegenstand der bildenden Kunst und der att. Vasenmalerei; über Polygnots Gemälde in der Lesche zu Delphoi s. Paus. 10,25ff. A. und Demophon ziehen nicht mit dem Kontingent des Menestheus, der damals Theseus als Herrscher Athens verdrängt hat, gegen Troia, sondern mit Elephenor von Euboia, zu dem sie geflüchtet sind, Paus. 1,17,6. Plut. Thes. 35. Feldzug nach dem thrak. Chersones, Schol. Thuk. 1,11. Insasse des hölzernen Pferdes, Verg. Aen.

2,262. Nach dem Kriege bringen sie ihre Großmutter Aithra, die der Helene als Dienerin nach Troia folgen mußte, heim nach Athen. An A.s Rückreise über Thrakien schließen sich Mythen an, die in Zusammenhang mit kolonialen Bestrebungen Athens stehen. In der Troas soll A. viele Städte, z.B. Skepsis und Daskylion gegründet, zuletzt noch Kypros besiedelt haben, wo er starb. Vgl. Poll. 8,118f. RE Suppl. III 29. **2.** Sohn des Antenor und der Theano, Führer der Dardaner vor Troia, Hom. Il. 16,342. **3.** Mit den Troern verbündeter Thrakerfürst, ebd. 6,7. H. v. G.

Akanthis (*Ἀκανθίς*). Autonoos betrieb mit seiner Frau Hippodameia und seinen Kindern Erodios, Anthos, Schoineus, Akanthos und Akanthis Pferdezucht. Als die Stuten einst Anthos zerrissen, trauerte die Familie um den Jüngling, bis Zeus und Apollon aus Mitleid alle in Vögel verwandelten, die Eltern in Rohrdommel und Haubenlerche, die Kinder in die Vögel, deren Namen sie trugen, A. in einen Zeisig. Anton. Lib. 7. H. v. G.

Akantho (*Ἀκανθώ*). Mutter des Helios auf Rhodos. Die widersprechenden Genealogien der Götter veranlaßten rationalistische Mythendeuter, eine Mehrzahl gleichnamiger Götter anzunehmen. So wird bei Cic. nat. 3,54 (= Arnob. 4,14) in einem bis auf Aristokles von Rhodos (FHG 4,329) zurückzuführenden Götterkatalog A. als Mutter des vierten Sol bezeichnet. H. v. G.

Crusius Myth. Lex. 1, 207.

Akanthos. 1. Griech. Stadt auf der Landenge, die die Halbinsel Akte mit der Chalkidike verbindet, von Andros gegründet, lag an dem Kanalbau des Xerxes. 199 v. Chr. wurde A. von den Römern erobert. In augusteischer Zeit bestand dort ein *conventus* der *cives Romani*. Chr. D.

Papazoglu (serb.) Die maked. Städte in röm. Zeit, Skopije 1917, 43 u. ö.

2. (*Ἄκανθος*). Von der großen tropischen Sympetalenfamilie Acanthaceae reichen nur 4 der 20 Arten von Acanthus L. bis ins Mittelmeergebiet, am weitesten die schon von Diosk. 3,17 u. Plin. 22,34 (als *a. aculeatus* u. *crispus*) unterschiedenen A. spinosus L. mit dicht bestachelten Blättern u. A. mollis L. mit nicht oder nur fein bestachelten Blättern, die als Vorbild der korinthischen Kapitelle gelten, bis Süditalien (bis Norditalien eingebürgert, seit d. 16. Jh. in mitteleurop. Gärten), nur bis Istrien A. longifolius Host. A. germanicus oder Teutsch Bärnklauw bei Brunfels, Bock, Fuchs usw., ist die wegen der ähnlichen Rosettenblätter so genannte Umbellifere Heracleum sphondylium L. H. G.

Akarnan (*Ἀκαρνάν*). Sohn des → Alkmaion von Argos und der Kallirrhoe, Tochter des Flußgottes Acheloos. Alkmaion hatte das von seiner Gattin begehrte Halsband und Gewand der Harmonia dem König Phegeus in Psophis listig entwendet und war dann von dessen Söhnen erschlagen worden. Da ließ Zeus auf Bitten Kallirrhoes ihre kleinen Söhne, A. und Amphoteros, sofort zu Männern heranwachsen. Sie töteten Phegeus mit der ganzen Familie, flohen aus Arkadien und brachten, nach einem Aufenthalt in Tegea, Halsband und Gewand als Weihgeschenke nach Delphoi. Dann ließen sie sich im Lande der Kureten nieder, das nach A. Akarnanien genannt wurde. Thuk. 2,102. Apollod. 3,7,5–7. Paus. 8,24,9. H. v. G.

Akarnania s. Nachtr. am Schluß des Bandes.

Akastos (*Ἄκαστος*). Sohn des Pelias, Königs in Iolkos, Gemahl der Astydameia (bei Pind. N. 4,54 und Hor. c. 3,7,18 Hippolyte), Teilnehmer an der kalydonischen Jagd und der Argonautenfahrt, Apoll. Rhod. 1,224. Ov. met. 8,306. Apollod. Hyg. Er vertreibt Iason und Medeia wegen des Mordes an seinem Vater (nach anderer Version geht Iason freiwillig) und veranstaltet dem Toten Leichenspiele, die im 6. Jh. von Dichtern und Künstlern verherrlicht wurden. Astydameia faßt eine unerwiderte Liebe zu Peleus, der wegen eines Mordes bei A. Zuflucht gesucht hat und von ihm entsühnt worden ist, und verleumdet ihn bei A., der ihn daraufhin im Gebirge umkommen lassen will. Peleus wird durch göttliche Hilfe gerettet, zieht gegen Iolkos und vernichtet A. und Astydameia, Apollod. 3,13,3. H. v. G.

Ἄκατος. Der *ἄ.* (*acatus, acatium*), ein mit Rudern ausgestatteter, kleiner Segler, war durch den schnittigen Bau des Buges, auf dem seine Schnelligkeit beruhte, gekennzeichnet (Plin. nat. 9,49). Verschieden groß und mit verschiedener Zahl an Rudern, war er besonders bei den Seeräubern vertreten (Thuk. 4,67,3. Strab. 11,495). A. N.

RE Suppl. V 958.

Ἀκάτειον ἱστίον. Neben dem *ἱ. μέγα* gab es bei den griech. Kriegsschiffen um 400 v. Chr. ein kleineres *ἀ. ἱ.* bezeichnetes Segel (Xen. hell. 1,1, 13. 2, 1, 29. 6,2,27). Es war ein am Fockmast befestigtes Rahsegel und wurde besonders beim Rückzug aus dem Gefecht verwendet (Liv. 36,44). Der Fockmast selbst, der schräg über den Bug geneigt war, hieß *ἀκάτειος ἱστός*. A. N.

RE II A 1050. *A. Köster* D. antike Seewesen, Berl. 1923, 121.171 ff. *Krom.-Veith* 181.

Akazie (**acacia**). Die schon von Hdt. 2,96 genannten äg. Dornbäume, *ἄκανθα* bei Theophr. 4,96, *ἀκακία* bei Diosk. 1,33, *Aegyptia spina* bei Plin. 13,19f., sind Mimosaceen der Gatt. Acacia Willd., von deren ca. 500 Arten über die Hälfte auf Australien beschränkt sind und 24 bis ins Nilgebiet reichen (in Äg. häufiger nur A. nilotica [L.] Willd. u. raddiana Savi, altäg. *cant, sont*). Mehrere waren schon im Altertum geschätzte Nutzhölzer, geben auch Gummi arabicum, Gerbstoff u. a. H.G.

Akephalos. Kopflose Dämonengestalt des gr. Volks- und Aberglaubens, die, in der Zauberliteratur des religiösen Synkretismus mit äg. Vorstellungen (Osiris) vermengt, als allmächtiger Offenbarungsgott erscheint (PGM II 97–176 m. Abb. VII 22–249. VIII 65–110; 3.–4. Jh.) und noch spät

(15.–18. Jh.) zu iatromagischen Zwecken begegnet (DELATTE Anecd. Ath. 489 m. Abb.; s. 234). Ein akephaler Morddämon Phonos im Test. Salomonis c. 9 (MCCOWN The Test. of Solomon 1922, 35*); als kopfloses Sternbild bei Teukros (1. Jh.); s. W. GUNDEL Dekane und Dekansternbilder 1936, 147. 159. Akephale Völker bei Hdt. 4,191. Plin. nat. 5,46. Anhänger einer christl. Sekte »Akephaloi«: KRAUS Real-Enzykl. des christlichen Altertums 29f. K. P.

A. Delatte Akephalos Theos (BCH 38, 1914, 189–249). *Th. Hopfner* Griech.-äg. Offenbarungszauber 2, 1924, 88 bis 92. *K. Preisendanz* Akephalos. Der kopflose Gott, 1926; RAC 1, 1943, 211–216.

Akesamenos (Ἀκεσ(σ)αμενός), König von Pierien, Gründer und Heros von Akesamenai in Makedonien (Steph. Byz.), nach Hom. Il. 21,142 Vater der Periboia, die von dem Flußgott Axios Mutter des Pelegon wurde. G 68, 1961, 177. H. v. G.

Akesias (Ἀκεσίας), Arzt, dessen Lebenszeit unbekannt ist (vor Aristoph. v. Byz.?). Sein Name wurde sprichwörtlich gebraucht, wenn Kranke von einem schlechten Arzt zu Tode kuriert worden waren (vgl. Zenob. 1,52). F. K.

Akesidas (Ἀκεσίδας), Heilheros, sonst Idas genannt, Bruder des idäischen »Daktylos« Herakles Parastates. Er hatte einen Altar in Olympia, Paus. 5,14,7. H. v. G.

Akesines 1. (Ἀκεσίνης) bei Thuk. 4,25,8, Asines bei Plin. nat. 3,88, Fluß Siciliens, der s. von Naxos ins Ionische Meer mündet, der heutige Alcantara, der n. von Randazzo entspringt und am Nordfuß des Aetna entlangfließt; nicht identisch mit dem Onobalas bei App. civ. 5,109,454. K. Z.

2. Ein Nebenfluß des Indus, einer der Ströme des Pandschab. Asiknî (sanskr.) bedeutet »trüb«, »gefärbt«. Gegenwärtig heißt der Strom in seiner ganzen Länge Čin-âb. Im Altertum war der Name A. erst von seiner Vereinigung mit dem Ravi an, dem antiken Hydraotes, gültig. Der Hydr.-Ravi führte die große Menge Sinkstoffe mit sich, die dann dem A. eine rötliche Färbung und den Namen gaben. H. T.

Akesis (Ἄκεσις). Epidaurischer Heilheros, von Paus. 2,11,7 gleichgesetzt mit Telesphoros (in epidaur. Inschriften nicht belegt, in Attika als Ἄκεσις ἄναξ, CIG addit. 511) und Euhamerion (nicht zu ἁμέρα, WILAM. Isyllos 55, sondern zu ἅμερος »milde«; Statue in Titane → Alexanor), Kultbeinamen bzw. Sonderformen des Asklepios von Epidauros. A. erhielt im Gegensatz zu Alexanor Tagesopfer. H. v. G.

Akeso (Ἀκεσώ), Tochter des Asklepios und der Epione, in Epidauros verehrt, Suda. Ἠπιόνη. Auch in Athen erscheint sie inschriftl. mit Iaso, Panakeia, Hygieia und → Aigle (Nr. 4) als Tochter Epiones, CIA III 171 b. II 1651. H. v. G.

Akestes s. Aigestes

Akestor (Ἀκέστωρ). **1.** Beiname des Apollon (»Heilbringer«), Aristoph. Vesp. 1221. Eur. Andr.

882. **2.** Sohn des Ephippos, von Achilleus getötet, Plut. Quaest. Gr. 37. **3.** Athener, der seinen Stammbaum auf Aiakos und Philaios zurückführte, Stammvater des Philaiden Miltiades (Markell. vit. Thuk. 3. Vgl. Aristot. Ath. pol. 3). W. S.

4. Tragiker, Sohn eines Teisamenos, Rivale des Eur. Etwa von den 30er Jahren bis ins letzte Jahrzehnt d. 5. Jh. verspottet als Ausländer, Parasit, schlechter Dichter: Eupolis Frg. 159,14ff. K. Aristoph. Av. 31 mit Schol.; Vesp. 1221 mit Schol. Satyros, P Oxy 1176 XV 30ff. Suda. Phot. s. v. Σάκας. F. St.

Akestoridas (Ἀκεστορίδας). Korinther, suchte als Stratege der Syrakusaner vergeblich den der Tyrannis verdächtigen Agathokles zu beseitigen. Diod. 19,5,1. H. V.

H. Berve Die Herrschaft des Agathokles, 1952, 26f.

Akidalia (Ἀκιδαλία). Quelle bei Orchomenos, wo Aphrodite mit den Chariten badete (Serv. Aen. 1,724). Daher »Acidalia mater« bei Verg. a. O. W. S.

Akis. Sohn des Faunus und einer Tochter des Flußgottes Symaethus, Geliebter der Nereide Galatea, wird, von dem Kyklopen Polyphem aus Eifersucht getötet, in den Fluß A. verwandelt, Ov. met. 13,780–897. Den Fluß A. – wohl der n. von Catania mündende fiume di Jaci – erwähnt zuerst Theokr. 1,69; er war sprichwörtlich wegen seiner Kälte. K. Z.

Akko (Ἀκκώ). Eine törichte Frau, die mit ihrem Spiegelbild wie mit einer fremden Person spricht, Zenob. 3,96 (Paroem. 1,331), oder ein Gewand halbfertig vom Webstuhl nimmt und anzieht, Sch. Plat. Gorg. 497 a; die Komödiendichter Hermippos und Amphis bezeichnen sie als Samierin, Etym. m. 49; vgl. ἀκκίζεσθαι »sich dumm stellen«, ἀκκισμός »leere Versprechung«. Ursprünglicher scheint die Bedeutung »Kinderschreck, Popanz« zu sein (Chrysipp. bei Plut. de Stoic. repugn. 15). A. ist wohl eine in den Bereich der Kinderstube herabgesunkene Spukgestalt, ihr Name ein Lallwort oder ein Kurzname (vgl. Mormo: Mormolyke); sie lebt noch im neugriech. Volksglauben. H. v. G.

Nilsson GgrR 1,210.

Aklys *(aclys)*. Kurze Wurflanze, nur bei röm. Dichtern erwähnt (Verg. Aen. 7,730. Sil. It. 3,362. 8,550. Sidon. carm. 5,519. Val. Flacc. 6,99), mit einem Riemen *(flagellum)* versehen, mittels dessen sie geschleudert und wieder zurückgezogen werden konnte. → ammentum. W. S.

Akmon (Ἄκμων, Personifikation des Ambosses) **1.** Sohn der Gaia, Vater des Uranos, der bei hellenist. Dichtern Akmonides heißt. Auch Uranos selbst wird Akmon (= ἀκάματος, Eust. Il. 1150,59) genannt. Interessant ist, daß im Sanskrit açman zugleich Ambos, Hammer, Stein und Himmel bedeutet. **2.** Einer der idäischen → Daktylen; Ov. fast. 4,288 nennt einen Kyklopen Acmonides, vgl. Pyracmon bei Verg. Aen. 8,425. H. v. G.

Akoites (Acoetes, die griech. Form Ἀκοίτης scheint nicht belegt). **1.** Steuermann, widersetzte sich der Absicht der tyrrhenischen Schiffsleute, den Knaben Dionysos zu entführen und entging daher als einziger der Verwandlung in einen Delphin. Ov. met. 3,582 ff. Hyg. fab. 134 (vielleicht nach gemeinsamer hellenist. Quelle, die auf Hom. h. 7 zurückging). Unerwähnt bleibt A. bei Apollod. 3,5,3, Aglaosth. bei Hyg. astr. 2,17 (Mitwirkung der Satyrn [allerdings am Strand!] auch auf dem Fries des Lysikratesdenkmals in Athen), Sen. Oed. 449 ff., Nonn. Dion. 45,96 ff., Serv. Aen. 1,67, Myth. Vat. (Script. rer. myth. ed. BODE) 1,122. 2,171. – In Hyg. fab. 135 ist der Name A. durch einen Irrtum aus 134 eingedrungen. M. v. A.

O. Crusius, Philol. 48, 1889, 193–228. *Gruppe*, Gr. Myth. 1420,7. *K. Kerényi* Die Mythologie der Griechen, 1951, 258–260.

2. Euanders Waffenträger, Gefährte des Pallas. Verg. Aen. 11, 30. 85. M. v. A.

Ἀκονιτί (ohne Staub), von Athleten gesagt, die den Siegeskranz ohne Wettstreit erhielten, entweder weil ihre Gegner zurücktraten (Paus. 6,11,4; zuerst erwähnt Ol. 75), nicht oder zu spät erschienen (Paus. 5,21,14). Philostr. Gym. 11 irrt, wenn er sagt, daß in Olympia ohne Wettkampf kein Kranz verliehen würde. Nach Plin. nat. 35,138 wurde Dioxippos, der im Pankration *citra pulveris iactum* gesiegt hatte, v. Alkimachos gemalt. O. W. R.

Akoniton *(ἀκόνιτον)*. Welche Giftpflanzen unter dem *ἀκόνιτον λυκοκτόνον* u. *κυνοκτόνον* Diosk. 4,77, Nik. Alex. und *aconitum, scorpion u. myoctonon* Plin. nat. 27,2 zu verstehen sind, ist umstritten. Die »Wolfesgelegena« d. HILDEGARD V. BINGEN (Phys. 1,156) ist als Arnica (Wolverlei) gedeutet worden, aber eher wie die Wolfswurz d. KONRAD V. MEGENBERG eine Art d. Ranunculaceengatt. Aconitum (Eisenhut, Sturmhut, Giftheil), von der in Griechenland nur A. ranunculifolium, in Italien u. Mitteleuropa 4–6 Arten mit teils gelben (A. vulparia, anthora u. a.), teils blauen Blüten (A. napellus u. a.) verbreitet sind. H. G.

Ἀκόντιον. Der schon in heroischer Zeit bezeugte Wettkampf mit dem *ἀ.* (Hom. Od. 8,229) in histor. Teil des Pentathlon. Der verwendete, *ἀ.* genannte Speer war ein leichter (Tac. dial. 10), kurzer (Poll. 3,151. 10,64) mit langer, feiner Spitze und einer Lederschlaufe an der Schaftmitte für die beiden, den Speer in rotierende Bewegung setzenden Finger. Mit ihm wurde Weit- und Zielwurf geübt. – *Ἀκοντισταί* lassen sich in den griech. Heeren erst im peloponn. Krieg nachweisen (Thuk. 7, 31) und bildeten nach 362 n. Chr. einen festen Teil derselben. Auf das *ἀ.* wurde besonders bei der Kavallerie Wert gelegt (Xen. equ. 12,13). *Ἀ..αί* gab es als Lehrer bei den attischen Epheben. A. N.

Krom.-Veith 53.87.

Akontios s. Kydippe

Akoris. 1. Stadt in Mitteläg., Gau Kynopolites, j. Tehneh bei Minjeh, auf dem Ostufer des Nils. **2.** König von Äg. der 29. Dyn. (393–80), der seinen Vorgänger Psammuthes stürzte. Gegen die drohende Persergefahr schloß er Verträge mit Euagoras von Zypern (389) und Athen. Der nach dem »Königsfrieden« von 386 einsetzende persische Angriff wurde von ihm 385/3 abgeschlagen. Nach seinem Tod konnte sich sein Sohn Nepherites jedoch nur 4 Monate auf dem Thron halten. A. hat den bekannten Orakeltempel von Aghurmi in Siwa ausgebaut. W. H.

Kienitz Pol. Geschichte Äg. vom 7. bis zum 4. Jh. 80 ff.

Akragas (Ἀκράγας, lat. *Agragantum* oder *Agrigentum*, im MA Girgenti, jetzt Agrigento), Fluß und, nach ihm benannt, bedeutende Stadt an der SW-Küste Siciliens, 4 km landeinwärts, auf steilem Felshügel, der von 50 m im S bis 328 m im N und 351 m im NO aufsteigt, umschlossen von den Flüssen Hypsas (fiume Drago) im W und Akragas (f. S. Biagio) im O, die sich s. der Stadt vereinigen. Das Areal der ein unregelmäßiges Viereck bildenden Stadt mißt etwa 625 ha, der gewaltige Mauerring über 10 km. Das Stadtgebiet und die Umgebung war schon prähistorisch besiedelt. Die offizielle Gründung der griech. Stadt A. erfolgte nach Thuk. 6,5,4 153 J. nach der von Syrakus, welche auf 734 angesetzt zu werden pflegt, also 581. Da diese Datierung aber umstritten und wohl um etwa 20 J. hinaufzurücken ist, wird man die Gründung von A. besser »um 600« ansetzen. Die Gründer wurden von Gela und dessen Mutterstadt Rhodos entsandt; A. war also dorisch. Eine bedeutende Machtstellung schon im 6. Jh. beweisen die – wenn auch sagenhaft entstellten – Berichte über den Tyrannen Phalaris und deutlicher die schon damals entstandene gewaltige Befestigung. Als stärkste Macht Siciliens nächst Syrakus erweist sich A., als es unter dem Tyrannen Theron im Bunde mit Gelon 480 den großen Sieg bei Himera erringt, der Karthago für 70 Jahre auf seine Bollwerke im W der Insel beschränkt. In diese Zeit fällt die durch die großartigen Tempelbauten und die herrlichen Münzen bezeugte Blüte der Stadt, ihr Reichtum und ihre oft erwähnte Üppigkeit. Aber der 409 begonnenen Großoffensive der Karthager fiel – nach Selinus und Himera – im Winter 406/05 auch A. zum Opfer. Bald wieder besiedelt und besonders durch Timoleon gefördert, hat A. doch nie wieder den alten Glanz erreicht und den großen Tempel des Zeus Olympios, der 406 bis unter das Dach gediehen war, nie vollendet. Im 1. pun. Kriege wurde A. 261 von den Römern und 255 von den Karthagern erobert und ausgeplündert. 210 eroberten es die Römer, versklavten die Bewohner und setzten 207 neue Siedler an. In Ciceros Verrinen erscheint A. unter den wohlhabenden Gemeinden dank Acker-, Öl- und Weinbau, Gewerbefleiß (Weberei) und Handel. Um 43 erhielt A. durch die lex Iulia das röm. Bürgerrecht. Katakomben sind Zeugen des frühen Christentums.

Das heutige Agrigento auf dem Boden der Akropolis im NW-Zipfel bedeckt nur einen kleinen Teil des Areals von A., das freilich wohl niemals ganz bebaut war. Seinen Ruhm bilden heute seine 10, z.T. wohlerhaltenen und aufrechtstehenden dorischen Tempel, 5 längs der Südseite aufgereiht, alle im 5. Jh. errichtet. K. Z.

Inschr.: IG XIV 262–265. CIL X 7192–95. Münzen: *Head* HN² 119–124. *Ad. Holm* Gesch. Sic. i. Alt. *Freeman-Lupus* Gesch. Sic. *P. Marconi*, Agrigento, 1929. Über neue Grabungen: AA 1954, 616–629.

Akrai. Feste Stadt 35 km w. von Syrakus, das nach Thuk. 6,5,2 A. 70 Jahre nach der eigenen Gründung, also 664, gründete. Die Geschichte von A. war mit der der Mutterstadt fast stets verbunden. Erwähnungen bei Diod. Plut. Ptol. und Plin., der nat. 3,91 die Acrenses zu den *civitates stipendiariae* zählt. Heute Palazzolo Acreide mit ziemlich bedeutenden (auch frühchristl.) Resten. Inschr. IG XIV 203–239. CIL X 7188. Münzen: HEAD HN² 118. Über neue Grabungen AA 1954, 547f. BERNABÒ BREA A., 1956. K. Z.

Akraia (Ἀκραία). **1.** Ein Felshügel in Argolis, dessen Name in der Sage von einer Tochter Akraia des Flußgottes Asterion abgeleitet wird (Paus. 2,17,1). **2.** Epiklesis verschiedener Göttinnen (Aphrodite, Artemis, Athena, Hera), deren Heiligtümer sich auf einer Anhöhe befanden. W. S.

Akraiphia s. Nachtr. am Schluß des Bandes.

Akrillai. Nur von Plut. Marc. 18,2. Liv. 24,35,8. Steph. Byz. erwähnte Örtlichkeit unfern von Syrakus, nicht identifiziert. K. Z.

Akrisios (Ἀκρίσιος). Argiver, ein Sohn des Abas und der Aglaia (Okaleia), Gatte der Aganippe (Eurydike), Vater der Danaë. A. vertrieb seinen Zwillingsbruder Proitos aus dem Lande, der aber nötigte A. mit Hilfe seines Schwiegervaters, des Lykiers Iobates, sein Reich mit ihm zu teilen; Proitos bekam Tiryns, A. Argos. Infolge eines Orakels, ein Enkel werde ihn ums Leben bringen, sperrte A. Danaë in ein unterirdisches Gewölbe (oder in einen ehernen Turm), Danaë aber, von Zeus in goldenem Regen (oder von Proitos) besucht, gebar den Perseus. Mutter und Kind, in einer Kiste ins Meer geworfen, wurden in Seriphos aufgefangen und freundlich aufgenommen. Später traf Perseus seinen Großvater in Larissa, wo er ihn versehentlich bei Kampfspielen tötete. So ward das Orakel erfüllt. Dem A. wurde ein Heroon errichtet. Apollod. 2,2 und 4. Vgl. Aischyl. Satyrspiel Diktyulkoi, G 62, 1955, 402f. H. v. G.

Akrobaten. Männer, bei den Griechen und Ägyptern sehr oft auch Frauen, die Kunststücke körperlicher Gewandtheit und Kraft vorführten (κυβιστῆρες), Purzelbäume machten und Rad schlugen (Il. 18,605. Od. 4,18. Plut. mor. 2,401 bc), von Pferd zu Pferd sprangen (Il. 15,679). A. unterhielten die Gäste bei Festessen, bei Xen. symp. 2,1. 8.11.12 wirft ein tanzendes Mädchen Ringe in die Luft und fängt sie wieder auf, und bei dem Gastmahl des Trimalchio führt ein Knabe verschiedenartige Kunststücke vor (Petr. 53). O. W. R.

Akrokeraunia (τὰ Ἀκροκεραύνια). N.w. Vorgebirge von Epirus (h. Capo della Linguetta), Ausläufer der keraunischen Berge, die sich längs der Küste von Epirus hinziehen und durch häufige Gewitter berüchtigt sind. Auch für andere als gefährlich geltende Örtlichkeiten gebraucht, und metonymisch bei Ov. rem. 739 *Acroceraunia vita.* W. S.

Akrolithon heißt antik eine Statue, deren sichtbare nackte Teile aus Marmor bestehen, Haare und Gewand aber aus meist vergoldetem Bronzeblech über unedlem Kern (Holz oder Stuck). Im Original erhalten ist der Kopf aus Cirò (Apollo mit Haarperücke); verwandte Stücke im Vatican und von S. Omobono in Rom. A. R.

Enciclop. dell'Arte Ant. I, 1958, 48ff. *(Mustilli).*

Akron 1. Aus Agrigent (Sud. s. v.), Arzt aus dem 5. Jh. v. Chr. Er gehört mit Philistion v. Lokroi zu den frühen sikelischen Ärzten, welche der Pneumalehre anhingen und großen Wert auf die Diätetik legten. Die Empiriker führten ihren Ursprung auf ihn zurück (Ps. Gal. 14,683 K.). F. K.

Max Wellmann Die Fragm. der sikel. Ärzte, Akron usw., Berl. 1901, 108f.

2. Helenius Acro → Helenius

Akropolis s. Athenai

Akrostichon (Ἀκροστιχίς) liegt vor, wenn die Anfangsbuchstaben (-silben, -wörter) der Verse oder Strophen eines Gedichts ein Wort oder einen Satz ergeben; auch παραστιχίς genannt (Parast. nur für alphabet. A. [RAChr 235] ist offenbar Mißverständnis von DORNSEIFF 146). Doppelte A. z.B. in Or. Sib. 8,217ff.: die Versanfänge bilden das A. Ἰησοῦς Χρειστὸς Θεοῦ Υἱὸς Σωτήρ ..., dieses wiederum das bekannte → Ἰχθύς. Oft ergeben die Anfangsbuchstaben ein vollständiges Alphabet: → abecedarii (sc. psalmi). Einfache wie alphabet. A. begegnen zuerst im Orient. A. auch mit Telestichis und Mesostichis kombiniert, die aber auch selbständig vorkommen: Akroteleuton: Anf.-Buchst. von oben, Endbuchst. von unten gelesen. Sofern die A. nicht erst nachträglich hineingedeutet ist, verfolgt sie, abgesehen von urspr. vielleicht magischer Absicht, 1. den Zweck einer bes. eindringlichen Wirkung, zumal in religiöser Poesie. 2. Man will ein Gedicht vor Einschüben und Auslassungen sichern bzw. als echt erweisen, indem man im A. den Textanfang wiederholt (Cic. div. 2,111f. über die → Sib. Or. und über → Ennius) oder den Verf.-Namen angibt, womit eine Art → Sphragis entsteht (die aber auch gefälscht sein kann, → Epicharmos): so zuerst vielleicht → Dionysios ὁ Μεταθέμενος aus Herakleia (4. Jh. v. Chr. Skeptisch F. WEHRLI Schule des Aristot. 7, S. 62f.); ältestes überliefertes Beispiel → Philostephanos (Kallimachos-Zeit); → Dionysios ὁ Καλλιφῶντος nennt im A. den eigenen Namen, den des Vaters, Heimat und Zeit (s. noch WEHRLI a. O. 1, S. 80).

Verf.-A. und alphabet. A. häufig in griech.-byz. Kirchenpoesie (F. Dölger Byz. Dichtung in der Reinsprache, 1948, bes. 33). Im Lat. bes. bei kaiserzeitlichen Dichtern, z.B. → Commodianus. 3. A. als liter. Schmuck z.B. in Grabinschr. 4. Mnemotechn. A.: Aug. retr. 1,20. J. W.

A. Kurfess/ Th. Klauser A., RAChr 1, 1950. *F. Dornseiff* Alphabet in Mystik und Magie², 1925, 137f. 146ff. 187f. *A. Kurfess* Sib. Weissagungen, 1951, 324f. *W. Kranz*, RhM 104, 1961,99 (zu Nikandros; nicht ältestes Zeugnis!).

Akrotatos (Ἀκρότατος) **1.** Ältester Sohn des Spartanerkönigs Kleomenes II. (Plut. Agis 3,6. Paus. 1,13,5. 3,6,2) kämpfte 315/4 als Stratege von Akragas gegen Agathokles, überwarf sich durch Üppigkeit mit den verbannten Syrakusanern und floh nach Sparta zurück. Diod. 19,70,4ff. H. Berve Die Herrschaft des Agathokles, 1952, 41. – **2.** Enkel des vorigen, zeichnete sich 272 bei der Verteidigung Spartas gegen Pyrrhos aus, wurde nach dem Tode seines Vaters Areus 265 König und fiel 262 bei Megalopolis im Kampf gegen Aristodamos. Plut. Pyrrh. 28,4ff. Paus. 8,27,11. P. Lévêque Pyrrhos, 1957, 601ff. H.V.

Ἀκρωτήριον (acroterium). Über den Ecken und auf der Giebelspitze des griech. Tempels stand je ein A., ein ornamentales Gebilde vegetabilen oder figürlichen Charakters, als eines der wichtigsten Elemente des Ornamentsystems. In der kaiserzeitlich röm. Baukunst erscheinen als Akrotere oft umfangreiche Figurengruppen. G. F.

Hildegund Gropengiesser Die pflanzlichen Akrotere klassischer Tempel, 1961.

Akrothooi (Ἀκρόθῳοι). Kleine Stadt Makedoniens (vgl. Thuk. 4,109,3. Strab. 7,331 frg. 33 u. 35), gewöhnlich identifiziert mit d. h. Hagion Lavra auf dem Vorgebirge Akrathos (Vorsprung des Athos) am Strymon. Meerbusen. Chr. D.

Aktaion (Ἀκταίων). Boiot. Heros, in Plataiai u. Orchomenos verehrt; hier hatte er als Gespenst durch Steinwürfe die Gegend unsicher gemacht und kam erst zur Ruhe, seit ein Bronzebild von ihm an einem Felsen festgenagelt wurde, Plut. Aristeid. 11,3. Paus. 9,38,5. Nach Fr. Marx BSG 58,101 war A. ein alter Berggott, dessen Bilder die Folgen der Hundstage abwehren sollten. In der Sage war er Sohn des Aristaios und der Autonoe, von Cheiron zum Jäger erzogen, von Artemis in einen Hirsch verwandelt, der von den eigenen tollwütig gewordenen Hunden zerrissen wurde, Kall. h. 5,110ff. Apollod. 3,4,4,1–6. Ov. met. 3,138ff. Es gab verschiedene Begründungen für die Verwandlung A.s; er hatte sich gerühmt, ein besserer Jäger zu sein als Artemis. Eur. Bakch. 337, er wollte seine Tante Semele, die Geliebte des Zeus, zum Weibe nehmen, so nach Hes. Ehoien (frg. 158 Rz), Stesichoros und Akusilaos (FGrH 33), er warb um Artemis selbst, Diod. 4,81, oder wollte ihr sogar Gewalt antun, Hyg. fab. 180. Am verbreitetsten, aber erst seit alexandrin. Zeit, ist die nach L. Radermacher ursprünglichste Begründung, daß A. auf der Jagd in der Mittagsglut Artemis mit ihren Nymphen beim Bade überraschte. H. v. G.

Zur Deutung: *Wilam.* GldH. 1,407. *Radermacher* Mythos und Sage bei d. Gr. 56ff. *Malten* Kyrene 18f. Zu den ant. bildl. Darst.: *P. Jacobsthal* Marb. Jb. 5, 1929, 1ff. *Frz. Willemsen* JDAI 71, 1956. 29ff.

Aktaios (Ἀκταῖος) **1.** Ältester König Attikas, Vater der Aglauros, die den Kekrops heiratete, Paus. 1,2,6. 14,7. Apollod. 3,14,2. Auf ihn führte man den Namen der Peiraieushalbinsel Akte zurück, der später auf ganz Attika übergegangen sei. Harpokr. Ἀκτή. Steph. Byz. nennt ihn Aktaion. **2.** Gemahl der Glauke, Vater des Telamon. Apollod. 3,12,6. **3.** Beiname des Zeus, des Dionysos auf Chios (CIG Addit. 2214e) und des Apollon in Adrasteia (Troas). H. v. G.

Nilsson GgrR 1,514.

Aktia. Die von Augustus im J. 28 v. Chr. nach seinem Sieg über Antonius bei Aktion gestifteten, penteterischen, vermutlich am 2. Sept., dem Jahrestag der Schlacht bei Aktion, in Nikopolis abgehaltenen Festspiele (Strab. 7,325. Suet. Aug. 18. Cass. Dio 41,1). Sie waren mit dem in Aktion schon seit alters bestehenden Kult des → Apollon verbunden, mit den Siegerprivilegien der Olympien ausgestattet. Sie genossen weithin hohes Ansehen (*τὰ Μεγάλα Καισάρεια*) bis in das 2. und 3. Jh., wobei sie, wie die Olympien und Pythien, auch für andere Agone vorbildlich wurden. Die Leitung der Spiele wurde von Augustus den Lakedaimoniern als den einzigen Griechen, die sich an der Schlacht beteiligt hatten, übertragen. Sie umfaßten Wettkämpfe in allen musischen und gymnischen Agonen (Stat. silv. 2,2,6); die Wettkämpfer waren in 3 Altersklassen eingeteilt (*παῖδες, ἀγένειοι, ἄνδρες*). → Aktion. W. S.

Friedländer-Wiss. 2, 342ff.

Aktion s. Nachträge am Schluß des Bandes.

Aktisanes. Soll nach Diod. 1,60,2 die Äg. von der Herrschaft des Amasis befreit und die Todesstrafe abgeschafft haben. Er ist nicht zu identifizieren. W. H.

Aktor (Ἄκτωρ, »Führer«) kommt in verschiedenen Genealogien vor, z.B. **1.** Vater des Argonauten Menoitios, Großvater des Patroklos, aus dem lokr. Opus, Hom. Il. 11,785. 23,85. Bei Pind. O. 9,69 kommt erst Menoitios, der Sohn des A. und der Aigina, zu dem vom Dichter erfundenen Herrscher Opoeis. Apollod. 1,112. **2.** König von Phthia, der den Peleus von einer Blutschuld reinigt und, selbst kinderlos, ihn zum Nachfolger einsetzt, Diod. 4,72,6. **3.** Vater des Iros, Großvater des Argonauten Eurytion, in Phthia, der den Peleus entsühnt, Apollod. 3,13,1. **4.** Der irdische Vater der → Aktorionen. H. v. G.

Aktorionen (*Ἀκτορίωνε Μολίονε*, auch *Μολίονε, Μολιονίδαι*, lat. *Actoridae*). Unter A. versteht man seit Hom. entweder die Molioniden Kteatos und Eurytos oder deren Söhne → Amphimachos und → Thalpios (Il. 2,620). Il. 11,750ff. erzählt Nestor, er hätte die ersteren getötet, wenn Poseidon ihnen nicht beigestanden hätte, Il. 23,638, die Zwillinge hätten ihn durch ihre Zweizahl im Wagenrennen besiegt, Nach Hes. frg. 2 Rz. waren sie an den Hüften zusammengewachsen, nach Ibykos frg. 16 (PLG^4 3,242) aus einem silbernen Ei geboren. Herakles lauerte den A., die das Heer von Tiryns vernichtet hatten, bei Kleonai auf und erschlug sie, Pind. O. 10,34. Apollod. 2,7,2,2 f. Ausführlicher Paus. 5,1,10. 2,15,1. Die A. galten als Söhne Poseidons, ihr irdischer Vater war Aktor, der Bruder des Augeias, dem sie beistanden, ihre Mutter Molionē. Sie sind als hilfreiche göttliche Zwillinge aufzufassen. H. v. G.

A. Schultz Die Aktorionensage, Gymn.-Progr., Hirschberg 1881. *Wilam.* Eurip. Herakles 2,58. *Webster* Von Mykenä bis Homer, 231. 234.

Akumenos (Ἀκουμενός). Arzt in Athen, mit Sokrates und Phaidros befreundet, Vater des Eryximachos (Plat. Phaidr. 268 A. 269 A; symp. 176 B. 198 A. 214 B; Protag. 315 C. Xen. mem. 3,13,2). W. S.

Akusilaos. Von Argos, nach Hekataios der früheste Vertreter der mythographischen Prosaliteratur, die er ins Mutterland verpflanzte, aus dem 5. Jh. v. Chr. Sein jonisch geschriebenes Werk lief in 3 B. unter dem Titel *Γενεηλογίαι* oder auch *Ἱστορίαι* um; die Frge. s. Jacoby FGrH I Nr. 2 und Diels Vors. Nr. 9 (73). Er erweiterte das Schema der Gattung um eine ausführliche Kosmo- und Theogonie, an die sich die Geschichte des Menschengeschlechts seit dem argivischen Phoroneus am Faden der Genealogie bis zu den Troika samt den Nostoi anreihte. Ihm lag weniger an Rationalisierung (frg. 17.29.37 J.) als an konsequenter Durchgestaltung der Überlieferung Hesiods und Ps.-Hesiods unter Zuziehung besonders der heimischen Phoronis. In die trockene Aufzählung waren Erzählungen naiven Stils eingelegt wie die von Kaineus mit einem dem primitiven Waffenfetischismus nicht fernen Motiv (J. Th. Kakridis CR 61, 1947, 77 ff. M. P. Nilsson Opuscula sel. 3, Lund 1960, 26 ff.). Im 4. Jh. v. Chr. noch gelesen, wurde er lange nur mehr von Spezialschriftstellern benutzt, kam aber in hadrianischer Zeit wieder in Mode und fand in Sabinos sogar einen Kommentator. H. H.

A. Kordt De Acusilao, Diss. Basel 1903. *H. Fränkel* Dichtung u. Philosophie des frühen Griechentums, New York 1951, 448 ff.

Akustik. Abgeleitet von griech. *ἀκούω*. Im modernen Wortgebrauch allgemein die Physik der Schallerscheinungen (physikal. A.), sodann speziell die Gesamtheit der biologischen, körperlichen Vorgänge beim Hören (physiolog. A.) und die subjektiven, im Bewußtsein und künstlerischen Erleben vorgefundenen Gehörserscheinungen (psycholog. A.). Im Altertum waren alle drei Forschungsgebiete bekannt, doch verraten sie eine geringere methodische und sachliche Trennung als heute.

Ähnlich der Umfänglichkeit des Begriffs »Musik«: *Μοῦσα, μίμησις, τέχνη, ποίησις*, wobei das musikalische Erleben oft eine körperliche Betätigung einbegriff und zugleich mit Religion, Moral, Erziehung, Politik, Heilkunst verknüpft war, betraf die A. nicht nur die Gesetze der Schallerzeugung und -ausbreitung, sondern beschäftigte sich gleichermaßen mit den physiolog. und psycholog. (philosoph.) Wirkungen und Voraussetzungen. Dem Problem des Wohlklangs und der Harmonie, wobei die Musik als wichtiges Beispiel hervortrat, widmeten sich Pythagoras und seine Schule. Es scheint, als habe er sich bereits des Monochords bedient, um an einer einzigen schwingenden Saite über einem Resonanzkasten durch Verschieben eines mittleren Stegs die Harmonie der Klänge zu demonstrieren. Aus dieser Schule ist die Erkenntnis hervorgegangen, daß durch Position des Mittelstegs auf $^2/_3$ der vollen Saitenlänge zwei Töne der höchsten Konsonanz, nämlich die Oktave im Schwingungsverhältnis 1:2, zu gewinnen seien. Ähnlich ergab sich bei $^3/_5$ und $^2/_5$ das Intervall der Quinte 3:2. Die nach Pythagoras benannte Tonleiter gründete sich auf die Zusammenstellung von solchen »reinen« Quinten. Aristoxenos übernahm die Lehre der Schule des Pythagoras, daß die ordnende Funktion des Seelischen sich auch im Körperlichen bestätige, wandte sich aber in der speziellen musikalischen A. gegen die mathematische Denkweise und erkannte als oberste Instanz nur das Gehör an. Daher waren für ihn bestimmte nur zu errechnende Tonhöhendifferenzen, die sich z. B. bei der Darstellung von Ganz- und Halbtönen ergaben, nicht existent. Mithin vertrat er wahrscheinlich als erster nicht die »akustische Reinheit« der Intervalle und näherte sich dem modernen Begriff einer »gleichschwebenden« Temperatur. Damit in Zusammenhang steht die verfeinerte Anschauung des Aristoxenos von dem Einzelton (*δύναμις*) je nach der Umstimmung der umgebenden Tonskala, der unveränderlichen Stellung des Tons in seinem System (*θέσις*), der absoluten Tonhöhe (*μέγεθος*). Gegenüber den Pythagoreern, die die quantitativen Tondifferenzen zu ergründen suchten, fand Aristoteles in seiner Arbeit über die Seele (2,8,420 b, 1–2) die Analogie hoher und tiefer Töne mit dem taktilen Reiz des Spitzen und Stumpfen und erschloß weitere biologisch-physiologische Daten für die A. In nacharistotelischer Periode traten mit gleichen Ideen der Alexandriner Eukleides und schließlich Nikomachos von Gerasa hervor. Wichtiges Problem war die Beurteilung des Vierteltons, als einzelnes (fiktives) Intervall im isolierten Experiment, oder in der lebendigen Melodie, wobei der »symphonia« besondere Bedeutung zukommt. – Über die Gesetze der Schallausbreitung liegen erst systematische Hinweise bei Vitruv vor, während Aristid. Quint. durch Aufsetzen von kleinen Reitern aus Strohhalmen auf eine schwingende Saite sichtbar machte, an welchen Orten die

Knoten und Bäuche der Schwingung auftreten. Archiganes aus Apameia soll als erster das Hörrohr den Ärzten empfohlen haben. Einzelnes vgl. unter den entsprechenden Art. W. B.

Ala 1. Zwei im röm. → Atriumhaus einander gegenüberliegende Räume ohne Eingangswand werden als *alae* bezeichnet. Geeignete Entwurfsproportionen gibt Vitr. 6,3,4. Herkunft und Funktion dieser kaum je fehlenden Raumelemente lassen sich trotz Vitr. 6,3,6 (4 Kr.) nicht sicher bestimmen; in der Spätzeit Pompejis dienten sie verschiedenen Zwecken. G. F.

2. Milit. bezeichnete a. in der Frühzeit des röm. Milizheeres das Infanterieaufgebot der *socii* (Pol. 6,26,9) oder eine bundesgenössische Reiterabteilung von 300 Mann (Pol. 6,30). Nach der Gleichstellung der Italiker mit Rom wurde die a. bloß die Bezeichnung für die oberste Einheit der Auxiliarkavallerie. Sie zählte nominell 500 *(quingenaria)* oder 1000 *(miliaria)* Mann und wurde von einem *praefectus* oder vorübergehend von einem *praepositus* oder *subpraefectus* kommandiert. Sie ist bis E. 4. Jh. n. Chr. nachweisbar. A. N.

Dar.-Sagl. 1,174f. *Krom.-Veith* 267 u.ö. *R. Grosse* Röm. Militärgesch., Berl. 1920, 45 ff. u. unter auxilia.

Alabanda s. Nachtr. am Schluß des Bandes.

'Αλάβαστρον (auch ἀλάβαστρος) **1.** Ein Gefäß für Salben und Parfums mit länglich-ovalem Körper, sehr engem Hals u. Tellermündung, ohne Fuß oder Henkel. *'A.* sind aus vielerlei Material, z.B. Glas, Ton, Alabaster gefunden, nicht selten mit Ösen, um sie an einem Band zu tragen. Der Name des Materials ist von dem des Gefäßes abgeleitet. *'A.* spielen auch im griechischen Totenkult als Grabgeschenk eine Rolle; die meisten erhaltenen *ἀ.* stammen aus dem 6. und 5. Jh. v. Chr. Richter-Milne Shapes and Names, 1935, 17. **2.** In Palästina übliches Hohlmaß (= 1 litra = ½ sextarius). Hultsch Metrologie² 273. W. H. G.

Alaisa (Halaesa). Stadt an der Nordküste Siciliens ö. von Cefalù, 8 Stadien landeinwärts auf einer Bergkuppe beim heutigen Tusa, gegründet 403 von griech. Söldnern, denen der Siculerfürst Archonides von Herbita den Platz anwies, daher *'A.* 'Αρχωνίδειος genannt (Diod. 14,16), in römischer Zeit *civitas sine foedere libera et immunis*, später *municipium;* nicht unbedeutend und daher öfters genannt. Inschr. IG XIV 352–358. CIL X 7458–7460. Münzen: Head HN² 125. Neuere Grabungen legten vor allem bedeutende Reste der Befestigung frei, s. AA 1954, 472 ff. K. Z.

Alalkomenai,-eus s. Nachtr. am Schluß des Bandes.

Alamanni. Bund germanischer Völkerschaften suebischer Herkunft, zu denen als mächtigster Stamm die Semnonen gehören. Die A. werden erstmals für das Jahr 213 n. Chr. für Süddeutschland, im Gebiet zwisch. Main und Limes, bezeugt. Nach Westen gerichtete Züge der Langobarden, Burgunder und Wenden gegen die Donau hin zwingen die Sueben, vornehmlich die Semnonen, zur Aufgabe alter Wohngebiete und zum Ausweichen nach SW. Ihr Vormarsch kommt am Limes zum Stehen, wo Caracalla durch militärische Maßnahmen wie auch durch Geschenke einen Einbruch in römisches Reichsgebiet verhindern kann. Im Vorfeld des Limes siedelnd, überlagern die A. die Hermunduren, die um die Mitte des 3. Jh. in dem neuen Stammesverband aufgehen. 233/34 n. Chr. durchbrechen die A. den stark befestigten römischen Grenzwall und stoßen nach Gallien hinein vor (Saarland und Unterelsaß). Unter dem Druck der von Maximinus Thrax geführten Gegenoperationen weichen sie zurück. 260 n. Chr. gelingt den A. ein tiefer Einbruch in die römischen Grenzgebiete (Durchbruch im Bereich der Grenzkastelle Öhringen-Osterburken), der ihnen den Besitz des Decumatlandes, der Gebiete zwischen Rhein-Main-Bodensee-Donau und Iller einbringt. Die allgemeinen politischen Wirren im römischen Reich begünstigten weitere Vorstöße der A. (so 268, 270 bis nach Umbrien, und 275 n. Chr.), die jedoch durch den gallischen Sonderkaiser Postumus und Probus zurückgeschlagen werden können. Gegenoperationen der Römer unter Maximian und Diokletian 288/89 n. Chr. bleibt ein dauerhafter Erfolg versagt. Der Verlust des Zehntlandes wird durch den Ausbau der Rheinlinie als neue Reichsgrenze de facto anerkannt. Das eroberte Gebiet wird von den A. kolonisiert, unterworfene Völkerschaften, wie Teile der Thüringer (Hermunduren und Juthunger), gehen in dem neuen Stammesverband auf, romanisierte Bevölkerungsgruppen bestehen vereinzelt weiter. Durch einen überwältigenden Sieg bei Straßburg 357 n. Chr. vermag Julian den zuvor um die Jahrhundertmitte erfolgten Verlust weiter linksrheinischer Gebiete an die A. wettzumachen. Valentinian veranlaßt den verstärkten Ausbau der Befestigungen am Rhein und versucht durch mehrere Kriegszüge die Macht der Feinde zu brechen, ohne daß diesen Unternehmungen ein anhaltender Erfolg beschieden war. Die Abberufung der römischen Truppen aus den Grenzkastellen des Rhein-Donaulimes, bald nach 389 n. Chr., ermöglicht den A. die ungestörte Inbesitznahme weiter Gebiete Ostgalliens. Durch Bündnisse mit den Eindringlingen versuchen Eugenius und Stilicho die Unterwanderung aufzuhalten, doch sind zu Beginn des 5. Jh. Teile des a. Volksverbandes in ehemals burgundischen Siedlungsraum und ins Donaugebiet vorgestoßen. Den von NW. her vordringenden Franken gelingt es, die A. zur Aufgabe der Gebiete an Main und Nahe zu zwingen. Mit dem Sieg Chlodwigs 496 n. Chr. werden die A. vom Mittelrhein verdrängt oder unterworfen, die weiter südlich wohnenden Teile dieses Stammes zu Bündnissen verpflichtet, bis im Jahre 536 die A. als Bundesgenossen dem Frankenreich angegliedert werden. H. C.

G. Wais Die A. in ihrer Auseinandersetzung mit der römischen Welt. Berlin 1940. *W. Veeck* Die A. in Württemberg. 1931.

Alani (*'Αλανοί*). Großer Stämmeverband, der den Steppenraum vom Tanais bis zum Aralsee u. vom Kaukasus bis zu den Vorgebirgen des Urals bewohnte. Früheste Erwähnungen der A. in der Mitte des 1. Jh. n. Chr. Ausführliche Berichte bei Ios. ant. Iud. 18,4,6; bell. Iud. 7,7,4, der die A. am Ufer des Tanais u. der Maeotis ansetzt. Der Name Alanen erscheint im 1. Jh. n. Chr. plötzlich u. umfaßt eine buntscheckige Masse von Stämmen, die meisten von ihnen in direkter Verbindung mit ihren Vorgängern in diesen Gebieten, den Sauromaten u. Massageten. Die Schilderung der A. bei Amm. 30,2,3 (s. auch Iord. Get. 24) zeigt, daß sie in ihrem Aussehen den anderen iran. Stämmen ähnelten. Einzelne Unterstämme der A. waren im Laufe des 2. u. bes. im 3. Jh. n. Chr. in südlicher Richtung so weit vorgerückt, daß sie einzelne Streifzüge auch in die thrak. Provinzen des röm. Reiches unternahmen. 242 sind sie vor Philippopolis (H. A. Gord. 34,4). Ihre Bewaffnung war der sarmat. sehr ähnlich. Nach dem Sturz der Macht der Hunnen drangen zahlreiche A.-Haufen zum Rhein u. nach Gallien, von wo sie über die Pyrenäen zogen. Einzelne erreichten sogar Nordafrika. Chr. D.

Sowjetische Wsemirnaja Istorija (Weltgeschichte) 2, 1956, 783ff. u. das Schrifttum (hauptsächlich russ. u. ung.) auf S. 852. *L. Zgusta* Die Personennamen griech. Städte der n. Schwarzmeerküste, Prag 1955.

Alaricus. 1. Etwa 390–410 Anführer, später König der arianischen Westgoten. Zunächst gegen die Römer in Thrakien kämpfend, schloß A. vor 394 mit Kaiser Theodosius ein Foedus. Im Kampf gegen → Eugenius (394) erlitten die got. Foederaten schwerste Verluste (Oros. 7,35,19). 395 brachen die Goten unter A. von Thrakien aus zur Suche nach neuen Wohnsitzen auf. Verwüstend zogen sie durch Makedonien und Griechenland (Athen, Korinth, Peloponnes). Versuche → Stilichos, die Goten unschädlich zu machen, scheiterten bes. am Mißtrauen des Kaisers → Arcadius (Claud. in Ruf. II. Zos. 5,7). Unerwartet erschien der 396 von Arcadius zum *mag. mil. per Illyricum* ernannte A. Ende 401 in Italien. Stilicho erzwang jedoch 403 den Abzug der Goten (Claud. bell. Get. VI cons. Hon. Oros. 7,37,2). Als nach Stilichos Ermordung (August 408) im W. antigerman. Kräfte die Oberhand gewonnen hatten, fiel A. erneut in Italien ein. A.' Ziel bestand wohl darin, als *mag. mil.* oder als Bundesgenosse anerkannt zu werden und so seinem Stamm Lebensmöglichkeiten zu verschaffen. Nachdem durch die Bedrohung Roms (Ende 408 und 409) erzwungene Versprechungen und auch die Wahl des *praefectus urbi* Attalus zum Gegenkaiser (409) A. nicht zum gewünschten Erfolg geführt hatten, griff er Rom erneut an und eroberte es am 14. 8. 410 (Zos. 5,26–6,13. Olymp. frg. 3f. Aug. de urb. excid. Oros. 7,39 und 42. Sozom. 9,7f.). Christliche Quellen betonen zwar die Frömmigkeit der Eroberer (Schonung der Kirchen; vgl. Demougeot Rev. hist. 212, 1954, 33ff.), doch bedeutete der Fall Roms, der Augustin u. a. zur Abfassung seines Werkes de civ. dei veranlaßte, moralisch eine schwere Erschütterung des Reiches. Versorgungsschwierigkeiten zwangen A. zum Abzug nach dem Süden. Noch 410 starb A. bei Cosenza (am Busento); sein Schwager Athaulf folgte ihm als Herrscher nach (Iord. Get. 30. Oros. 7,43,12. Olymp. frg. 10.15). A. L.

E. Demougeot De l'Unité à la Division de l'Empire Romain 1951. *S. Mazzarino* Stilicone 1942. *L. Schmidt* Die Ostgermanen 1934. *Stein* Gesch. I.

2. A. II., Sohn → Eurichs, König der arianischen Westgoten von 485–507. In Gallien hatte A. fast ständig Kämpfe mit dem Frankenkönig → Chlodwig, dem er politisch nicht gewachsen war, zu führen. Seit Chlodwigs Taufe (496) symphatisierten die katholischen Romanen offen mit den Franken. A.s. Bemühungen um Ausgleich mit diesen Untertanen gipfelten in der Publikation der Lex Romana Visigothorum (Breviarium Alarici ed. Zeumer MGH legum sectio 1) am 5. Februar 506. Von Chlodwig (verbündet mit den Burgundern) erneut angegriffen, verlor A. 507 Schlacht und Leben (Greg. Tur. 2,37. Isid. hist. Goth. 36). A.s mächtigster Verbündeter (zugleich sein Schwiegervater), der Ostgotenkönig (→) Theoderich, konnte nicht mehr rechtzeitig eingreifen. A. L.

L. Schmidt Die Ostgermanen, [2]1941, 495ff. *L. Wenger* Die Quellen d. röm. Rechtes, 1953, 555ff. *W. Enßlin* Theoderich d. Gr., [2]1960, pass. *K. Stroheker* Saeculum 12, 150f.

Alastor (*'Αλάστωρ*). Dämon des auf dem Frevel ruhenden Fluches, besonders der auf dem Hause des Atreus lastende Rachegeist, der einen Frevel rächt, indem er einen neuen hervorruft, der wiederum frevelnde Rache veranlaßt, Aisch. Ag. 1501 *ὁ παλαιὸς δριμὺς ἀλάστωρ 'Ατρέως*. Oidipus spricht von seinem A., Soph. Oid. K. 788. Ohne Gedanken an Geschlechts- oder persönlichen Fluch schon Aischyl. Pers. 354: böser Geist. Auch der Schuldige selbst wird als A. bezeichnet, Aischyl. Eum. 236 (Orest.); A. ist auch Beiname rächender Gottheiten wie der Erinnyen. Etymologisch zieht man A. mit *ἄλαστος* zu *λᾶν* blicken (»nicht anzuschauen, ohne dem bösen Blick zu verfallen«), zu *λαθ* (nicht vergessend), zu *ἀλᾶσθαι* (schweifend, »Irrgeist«). Bei Homer führen verschiedene Griechen und Troer den Namen A. H. v. G.

Alaternus. Unter lat. *a.* (bei Plin.), it. *alaterno, allaterna, linterno, ilatro, lilatro* usw., deutsch Alaternenbaum, sind immergrüne Bäume u. Sträucher des Mittelmeergebiets mit Steinfrüchten aus mindestens 2 Familien vermengt worden: die Rhamnaceen Rhamnus alaternus L., oleoides L. u. graeca Boiss. u. die Oleaceen Phillyrea media L. u. angustifolia L. Zu dieser Gattung dürfte auch *κέλαστρος (celastrus)* des Theophr. gehören, da die Celastraceengattung Celastrus L. dem Mittelmeergebiet fehlt. Daß unter a. auch immergrüne Eichen (*quercus ilex* u.a.) verstanden worden seien, ist unwahrscheinlich. H. G.

Alaudae, der spätere Beiname der legio V Gallica (Suet. Caes. 24. CIL III 6824.6825.6828), ist ein undeklinables (CIL IX 1460) Wort keltischer Herkunft (Plin. nat. 11,121. HOLDER 1,75). Eine Lerche war das Schildemblem der Legion (MARQUARDT RStV 2,455), der Helmbusch glich vielleicht dem Schopf einer Haubenlerche. Doch dürfte das Wort ein Spottname sein (Cic. Phil. 13,3). A. N.
RE XII 1564.

Alaun (*στυπτηρία, alumen*). Sammelname für eine Gruppe von Salzen der Schwefelsäure, welche man in sog. *μέταλλα τῆς στυπτηρίας* zutage förderte; diese brachten wegen ihrer Seltenheit und der starken Nachfrage nach A. großen Gewinn (vgl. Diod. 5,15 u. Strab. 6,275). A. bot vielseitige Verwendungsmöglichkeiten, so z. B. als imprägnierende und beizende Chemikalie bei der Holzverarbeitung, ferner in der Färberei und Gerberei; hauptsächlich aber wurde es von den Ärzten wegen seiner adstringierenden Wirkung angewendet, vorwiegend bei Geschwüren (vgl. Plin. nat. 35,183 ff.). F. K.

Alausa. Von wahrscheinlich kelt. Baumnamen *alausa, aliza* oder *alisa* leiten sich romanische u. germanische Namen für 2 Gattungen der Rosaceen ab: die Mehl- u. Elsbeere (Sorbus aria u. torminalis) und die Traubenkirsche oder Aletschbeere (Prunus padus = Padus racemosa), nach der u.a. der größte Alpengletscher benannt ist. Ob auch gr. *ἄλιζα* (Thes. lGr.) dazu gehört, das auch *alnus* u. *populus* bedeuten soll, ist wohl fraglich. BERTOLDI in Zeitschr. f. celt. Philol. 17,1927. H. G.

Alazones (*Ἀλαζῶνες*). Seßhafter Skythenstamm n. von Olbia u. oberhalb der Kallipiden am Fluß Hypanis u. zwischen den Flüssen Tyras u. Borysthenes. Zusammen mit den Kallipiden trieben die A. Ackerbau u. bauten hauptsächlich Weizen, aber auch Hirse, Linsen, Zwiebel, Knoblauch an; erwähnt nur bei Hdt. IV 17.52. Chr. D.
W. F. Gajdukewič Die antik. Städte am n. Gestade des Schwarzen Meeres (russ.) 1955, 32.

Alba Fucens (NISSEN It. Ldk. 2,457. BELOCH RG 500) tr. Fabia (CIL IX p. 370), ca. 1000 m Höhe, St. d. Aequi (Liv. 10,1,1. Strab. 235.240 u.a.) oder Marsi (Paul. Fest. 4,11 L. Sil. 8,509. Ptol. 3,1,57 u.a.) in der 4. Reg. (Plin. nat. 3,106) am 68. mil. der v. Valeria (NSA 1950, 251). Seit 304 v. Chr. röm. Kol. (Vell. 1,14,5; Einw. *Albenses* Varro 1.1. 8,35). Dort Staatsgefangene: Syphax (Liv. 30,17,2. 45,4), Perseus (Pol. 37,16. Liv. 45,42 u.a.), Bituitus (Liv. ep. 61 u.a.). Verweigert Hilfe im J. 209 (Liv. 27,9,7.29,15,5); sonst treu (Rhet. Her. 2,45), *municipium* (Cic. Phil. 3,39), von Italikern belagert (Liv. ep. 72). Ausdehnung des Gebiets ins Saltotal (CIL IX 3929 f.). G. R.

Alba longa (NISSEN It. Ldk. 2,582. CIL XIV p. 216.231. BELOCH RG 179. ALTHEIM RG 2, 1953, 108 f. 409 ff.), j. Castelgandolfo (Liv. 1,3,3. 7,39,8. Dion. Hal. ant. 1,66 am Emissar des Albanersees; nachgewiesen durch Nekropolen: v. DUHN IGK 1,403 ff. BÖMER Rom und Troia 65 ff. 90 ff.). Frühere Ansetzung am SO.-Rand des Sees (MOMMSEN RG 1^8, 38) oder NO.-Rand (GELL Topogr. of Rome 1,17 ff.); Strab. a.O. Entfernung 160 stad. (Rom–Aricia 16 mp + Aricia–Albanerberg 4 mp nach NIBBY, Dintorni 1,114) verwechselt A. mit templum Iov. Lat. Name ligurisch (?) nach HELBIG Italiker 31. BONFANTE Emerita 2,95. Gründung (weiße Sau) des Ascanius (Fab. bei Diod. 7,3. Liv. a.O. Dion. a.O. Varro rust. 2,4,18.l.l.5, 144. Verg. Aen. 1,271 m. Serv. u.a.); Zerstörung durch Tullus Hostilius (Liv. 1,28 ff. Dion. 3,31. Serv. Aen. 1,7.2,313 u.a.); Umsiedlung der Einwohner nach Rom (Caelius: Liv. 1,30,1). Iulii, Servilii, Geganii, Metilii, Curiatii, Cloelii, Quincti(li)i werden Patrizier. Königsliste bei BÖMER Ov. Fast. 2, 209; Kal. ebd. 1,40. Sacra nach Bovillae (KOCH Röm. Iup. 62; Gentilkult der Iulii: CIL 1^2,1439): *Albani Longani Bovillenses* (CIL XIV 2405 ff.). G.R.

Alba Docilia (Tab. Peut. 3,4; *Decelia, Decilia* bei Geogr. Rav. 4,32. 5,2), j. Albissola superiore (MILLER Itin. Rom. 238) an der lig. Küste (27 mp vor Genua). Tab. Peut. mißt Vada-Hasta auf 2 Wegen: 1. über Vicus Virg. (9 mp), A. (10 mp), Hasta (7 mp) und 2. *ad navalia* »bei den Werften« (13 mp). Daraus ergibt sich, daß A. selbst keinen Hafen hatte (= superiore). G. R.

Alba Pompeia (NISSEN It. Ldk. 2,155. BELOCH RG 520). Ligur. Stadt (Ptol. 3,1,45) der *trib. Camilia* (CIL V p. 850. KUBITSCHEK Imp. Rom. trib. discr. 100) der 9. Reg. (Plin. nat. 3,49) am Tanarus, *municipium* (CIL V, 7153), Heimat des Kaisers Pertinax (Cass. Dio 73,3 u.a.); auf der Tab. Peut. 3,5 an einer Straße von Turin n. Acqui (die einzig erhaltene Entf. 10 mp rechnet von Acqui bis Monastero Bormida); j. Alba. G. R.

Albania. 1. Kaukasische Landschaft am mittleren und unteren Kyros (Kura), ausführlich nur von Strab. 11,4 u. Ptol. 5,11, p. 928–931 M. beschrieben. Hauptort war *Χαβάλα*, bei Plin. nat. 6,29 *Cabalaca*, woran heute der Berg Kalak erinnert. Die *Ἀλβάνιαι πύλαι* (Ptol. p. 930) sind vermutlich mit dem ostkaukas. Paß von Khačmâz identisch. A. ist wahrscheinlich die Heimat der Weinrebe und füllte einen großen Teil der heutigen Provinz Azerbaydzhan aus. **2.** Itinerarstation der Landschaft Chalonitis (K. Miller Itin. Rom. S. 743 mit Skizze Nr. 241, S. 742), vom Geogr. Rav. zu Assyrien gerechnet. Sie ist in den Ruinen von Holvan (bei Saripul) erhalten und von Albana am Kasp. Meer sowie vōn Albanum in Armenia maior zu unterscheiden. H. T.

Albanoi. Bewohner der kaukas. Landschaft→ Albania, zu unterscheiden von den illyr. *Ἀλβανοί* und den sarmat. *Ἀλανοί*. Sie gehörten zu den Autochthonen des Kaukasos (Strab. 11,4), geschichtlich erstmals für das 4. Jh. v. Chr. von Arr.

an. 3 8,5.11,4.13,1 genannt. Damals wohnten die A. mit den *Σακεσῖναι* auf dem Südufer des unteren *Κῦρος* (Kura). Später waren sie in die Ereignisse des 3. Mithridat. Krieges (65 v. Chr.) verwickelt und mußten schließlich die Oberhoheit der Römer anerkennen (Plut. Pomp. 34). Reste der alban. Sprache haben sich heute im udischen Dialekt erhalten. H. T.

Albanus ager. Gebiet zwischen Bovillae und Aricia, ursprüngl. Alba longa gehörig, wegen seiner Fruchtbarkeit berühmt (Hor. c. 4,11,2; s. 2,8, 16. Plin. nat. 14,30 u. a.), später Landsitz der Reichen (Cic. de or. 2,224; Cluent. 141; Mil. 27.46; Rab. Post. 6; Pis. 77; Att. 4,11,1 u. a.). In der Kaiserzeit vorwiegend kaiserlicher Besitz (Ulpian. Dig. 30,39,8), besonders von Domitian geliebt (Suet. Dom. 4,19. Iuv. 4,60ff. 145. Tac. Agr. 45 u. a. CIL IX 5420). Seit Septimius Sev. Garnison der leg. II Parthica, deren Soldaten *Ἀλβάνιοι* heißen (Cass. Dio 78,13 u. a.); CIL VI 3367–3400); daneben Ortschaft (Itin. 612,2. Prok. b. G. 2,4. NISSEN It. Ldk. 2,587) 3 mp von Bovillae (Tab. Peut. 6,1 ohne Namen); j. Albano. G. R.

Albanus lacus. Kratersee in den Albanerbergen, der seit dem J. 398/97 v. Chr. durch Emissar reguliert wurde (Liv. 5,15ff. Dion. Hal. ant. 12,11ff. Cic. div. 1,100. Val. Max. 1,6,3. Plut. Cam. 3 u. a.). Uferränder früher mit Wald bedeckt (Liv. 5,15,2); vgl. NISSEN It. Ldk. 2,584. G. R.

Albanus mons, j. Mte. Cavi oder Cavo, 940 m über dem Meer (der neue Name nach der Gemeinde Caba, die nach Dion. Hal. ant. 5,61 zu den Latinerstädten gehört; Plin. nat. 3,64; vgl. die *sacerdotes Cabenses montis Albani* WISSOWA Rel. ^{2}520,9). Platz eines *templum* des Iup. Latiaris (CIL XIV 2227) mit späteren Bauten (Liv. 45,15. Cass. Dio 50,8); hier wurde das Latinerfest gefeiert (WISSOWA Rel.^{3} 144f.) und der Triumph *in monte A.* seit dem J. 231 v. Chr. abgehalten (als erster nach fast. triumph. C. Papirius Maso *de Corseis;* vgl. ferner Liv. 26,21,6. 33,23,3 u. a.). Die Straße von Aricia zum A. noch erhalten (NIBBY Dintorni 1,114. ASHBY The Roman Campagna, 1927, 195), nach Strab. 229 (bis zum A. von Rom 160 stad. = 20 mp; bis Aricia sind es 16 mp) 4 mp lang; Pflasterung noch erhalten. G. R.

Albingaunum s. Album Ing.

Albinius, plebeischer Gentilname. **1.** C. A., Senator vor 60 v. Chr., Schwiegervater des P. Sestius, Cic. Sest. 6. BROUGHTON Mag. 2,487. **2.** L. A., brachte beim Galliereinbruch die Vestalinnen nach Caere in Sicherheit. Liv. 5,40,9. **3.** M. (oder L.) A., Consulartribun 379 v. Chr. **4.** L. A. Paterculus, einer der ersten Volkstribunen 494 bzw. 493 v. Chr. Er wird nicht in allen Quellen genannt und heißt bei Liv. 2,33,3 L. Albinus. BROUGHTON Mag. 1,15f. **5.** L. A. Saturninus, Consul zwischen 169 und um 200 n. Chr. H. G. G.

Albinos. Platoniker, lehrte um 150 n. Chr. in Smyrna, wo → Galen ihn hörte (de libr. propr. 2; 19,6 Kühn); Schüler des Platonikers Gaios. A. ist neben Plutarch der einzige Platoniker vor Plotin, von dem vollst. Schriften erhalten sind: 1. *πρόλογος*, Einführung in die Platon-Lektüre. 2. *διδασκαλικός*, eine Systematik des Schul-Platonismus. Dieses Werk enthält keine Entscheidungen des A., sondern referiert über alle (auch widersprüchliche) Lehrmeinungen über Platon. Gaios und A. erkannten keinen Unterschied zwischen Platon und Aristoteles an (Gegensatz: Attikos, z. T. Plutarch); so fügt A. Logik und Kategorien-Lehre des Aristoteles in die platon. Systematik ein. A.s Lehr-Entscheidungen werden z. T. in den Referaten des Proklos (häufig im Timaios-Kommentar) sichtbar; vor allem begründeten Gaios und A. eine Methodik der Platon-Interpretation. Mit Entschiedenheit verteidigte A. gegen mystisch-magische Bestrebungen den rational-diskursiven Weg zur Philosophie als den einzig zulässigen. H. D.

Ausgabe: *διδασκαλικός* nur in *C. F. Hermanns* Platonausg. Bd. 6, 1856!, *πρόλογος* – mit Richtigstellung des Namens (Hss. u. ältere Lit. irrig: Alkinoos) durch *M. Freudenthal* Der Platoniker Albinos, Hellenist. Studien 3, 1879. – *K. Praechter* Zum Platoniker Gaios, H 51, 510–529. *R. E. Whitt* Albinus and the history of Middle Platonism, 1937.

Albinovanus, Gentilname. **1.** Einer der Ankläger des P. Sestius 56 v. Chr. de vi. Cic. Vat. 3.41. **2.** P. A., Parteigänger des Marius. **3.** P. A., Pontifex minor vor 69 bis nach 59 (BROUGHTON Mag. 2,135 – identisch mit Nr. 2?). Vgl. Macrob. Sat. 3,13,11. **4.** A. Celsus, um 20 v. Chr. *comes scribaque* des Tiberius, Hor. epist. 1,8,1 f. 17. Personengleich mit dem jungen Dichter Celsus, Hor. epist. 1,3,15. SCHANZ-HOS. 2,279. H. G. G.

Albinovanus Pedo. Röm. Dichter, Freund des Ovid (Ov. Pont. 4,10. Sen. contr. 2,10,12), verfaßte ein Epos über die Feldzüge des Germanicus, von dem die Schilderung einer Seefahrt erhalten ist (Sen. suas. 1,15 = MOREL FPL S. 115f.); wohl mit dem Reiterführer Pedo (Tac. ann. 1,60,2) identisch. Ovid erwähnt eine Theseis des A. (Pont. 4, 10,71ff.); Martial gedenkt öfters seiner Epigramme (1 praef. 2,77,5f. 5,5,6). M. F.

Albinus. Beiname der Clodii, Decii, Luccei, Nummii, Pescennii, Postumii. Fingierter Name bei Martial. 4,37,2. Ein *Albinus Bruti f.* mit C. Pansa auf Denaren des J. 43 v. Chr. (MOMMSEN RMW 652). W. S.

Albion s. Britannia

Albis (*Ἄλβις* Strab. 7,290. Mon. Ancyr. gr. 14,7. Ptol. 2,11,1. Cass. Dio 55,1.28). Fluß in Germanien, der nach Tac. Germ. 41 im Lande der Hermunduren, nach Ptolemaios auf den Sudeten entspringt und Germanien in zwei Teile teilt, heute die Elbe. Der Fluß wurde erst mit Caesar den Römern bekannt, die bei ihren Zügen unter Drusus 9 v. Chr. und Tiberius 5 n. Chr. jedoch nur seinen n. Teil erreichten. H. C.

Albius, lateinischer Gentilname. **1.** A., Sabiner und Miterbe Ciceros, Cic. Att. 13,13,4 (aus dem

J. 45 v. Chr.). **2.** A., ein Kunstsammler, Hor. s. 1,4, 28.109. **3.** C. A. aus Cales, 206 v. Chr. als Meuterer hingerichtet, Liv. 28,24,13. 29,7. **4.** Statius Albius Oppianicus, röm. Ritter aus Larinum, mehrmals verheiratet, skrupelloser Mensch, dem von Cic. Morde und andere Verbrechen vorgeworfen wurden. Der Versuch, seinen Stiefsohn A. Cluentius durch Giftmord zu beseitigen, schlug fehl; er wurde daher im J. 74 v. Chr. verurteilt und starb im Exil. Quelle: Rede Ciceros pro A. Cluentio 66 v. Chr. Schanz-Hos. 1,417f. **5.** Albius Tibullus, der Dichter, → Tibullus. H. G. G.

Albruna. Von Tacitus Germ. 8 erwähnte Seherin bei den Germanen. Nach Much (Die Germ. des Tac.^{2}1959, 119) kann das Wort bedeuten: »Diejenige, die mit dem geheimen Wissen der elbischen Geister ausgestattet ist« oder, da germ. **runo* als zweites Stammesglied aus *ga-runo* gekürzt sein kann, »die vertraute Freundin elbischer Wesen«. Ersteres ist das Wahrscheinlichere, da in dem Cap. 8 von den germ. Frauen gesagt wird: *inesse quin etiam sanctum aliquid et providum.* S. auch Much Wörter und Sachen 6, 1914, 220 sowie die übrigen komm. Ausg. v. Fehrle, Reeb, Schwyzer u. a. W. S.

Albucilla. Gattin des Satrius Secundus, durch ihre vielen Liebschaften berüchtigt, wurde wegen unehrerbietigen Verhaltens gegen den Princeps *(impietatis)* angeklagt und starb nach einem Selbstmordversuch im Gefängnis im J. 37 n. Chr. Tac. ann. 6, 47f. Cass. Dio 57,27,4. W. S.

Albucius, selten belegter Familienname. **1.** A., Giftmischer, Hor. s. 2,1,48, wohl nicht identisch mit dem ebd. 2,2,67 genannten A. **2.** T. A. errang um 104 v. Chr. während seiner Statthalterschaft auf Sizilien (als Propraetor) einen Erfolg, feierte dort eigenmächtig einen Triumph, erhielt jedoch in Rom nicht einmal eine *supplicatio.* Anschließend wurde er wegen Erpressung verurteilt (Cic. prov. cons. 15 u. ö.) und lebte im Exil in Athen. Lucil. (frg. 84. 88 M.) verspottete ihn als Graecomanen, Cic. Brut. 131 nennt ihn *perfectus Epicureus.* Reden von ihm waren bekannt, z. B. die (erfolglose) Anklagerede gegen den Augur Q. Mucius Scaevola 120 oder 119 v. Chr. Schanz-Hos. 1,223f. Broughton Mag. 1,560. H. G. G.

Albula. Flußname (Bömer, G 64, 1957, 134), der Bergfluß oder weißer Fluß bedeuten kann: **1.** Alter Name des Tiber (Varro l. l. 5,30. Paul. Fest. 4,16 L. Liv. 1,3,5. Plin. nat. 3,53. Verg. Aen. 8,332. Ov. fast. 2,389. Sil. 8,457. Dion. Hal. ant. 1,71). **2.** Kanal zwischen den aquae Albulae und dem Anio (Vitr. 8,3,2. Martial. 1,12,2) wegen der weißen (Paul. a. O.) Farbe des Schwefels (Serv. Aen. 7,83). **3.** Küstenfluß in Picenum (Plin. nat. 3,110), nach Nissen It. Ldk. 2,430 die Vibrata, eher jedoch wohl das h. Flüßchen gleichen Namens bei S. Benedetto del Tronto. **4.** Vgl. den etrusk. Küstenfluß Albinia bei Nissen 2,309. G. R.

Album. Eine mit Gips geweißte Holztafel zur Aufzeichnung behördlicher Bekanntmachungen mit schwarzer Farbe; solche Tafeln sind öffentlich aufgestellt. Die Form der Publikation durch das a. ist in Rom weit verbreitet. Besonders zu nennen sind: a) Das *a. praetoris.* Es enthält mit roten Überschriften *(rubricae)* die Rechtsschutzverheißungen der Praetoren und seit Hadrian das Edictum perpetuum. Dem absichtlichen Beschädiger dieser Tafeln droht eine populare Strafklage (Dig. 2,1,7–9. Paul. Sent. 1,13 a,3). Ähnliche Alben veröffentlichen die → *aediles curules* und in den Provinzen die Statthalter und Quaestoren (vgl. Gai. 1,6). b) Das *a. senatorium,* die seit Augustus öffentlich aufgestellte Liste der Senatoren. Die Entziehung des senatorischen Ranges führt zur Streichung aus dieser Liste *(albo senatorio eradere,* Tac. ann. 4,42). c) Das *a. decurionum*; über die Reihenfolge der Eintragungen vgl. Ulp. Dig. 50,3, 1–2. d) Das *a. iudicum*; eine Liste aller Bürger, die als → iudex in Betracht kommen. e) Das *a. professionum* für Geburten (dazu [2] und [3]). Außerdem *alba collegii, veteranorum, pontificum* und ein *a. profitentium citharoedorum* (Suet. Nero 21). D. M.

Ältere Lit. RE I 1331ff.; dazu 1. *Fritz Frh. v. Schwind* Zur Frage der Publikation im röm. Recht, 1940. 2. *Éd. Cuq,* Mél. Fournier, 1929, 119ff. 3. *Fritz Schulz,* JRS 32. 1942, 78ff.; 33, 1943, 55ff. = Bull. Ist. dir. rom. 55/56 postbell., 1951, 170ff.

Album Ingaunum (Nissen It. Ldk. 2,141. Beloch RG 618; zuletzt N. Lamboglia Albenga 1961), ligur. (Ptol. 3,1,3. Strab. 202) Stadt (Liv. 29,5,2 *Albingauni*) der 9. Reg. (Plin. nat. 3,48) der *trib. Publilia* (CIL V p. 894) an der v. Iulia Augusta (It. Ant. 295,5. Tab. Peut. 3,4), nach CIL V 8085 etwa bei mil. 544 von Rom (etwa 1 km n. der ponte lungo über das alte Bett der Aroscia). Wiederherstellung der öffentlichen Gebäude durch Kaiser Constantius (CIL V 7781). Hafen It. mar. 502,5; j. Albenga. G. R.

Album Intimilium (Nissen It. Ldk. 2,141). Ligur. Stadt (Ptol. 3,1,3. Strab. 202) der 9. Reg. (Plin. nat. 3,48) der *trib. Falerna* (CIL V 886.7813; VI 2589) in der pianura di Nervia ö. des h. Ventimiglia (It. mar. 503,3 schon *Vintimilia*) an der v. Iulia Augusta (It. Ant. 296. 1. Tab. Peut. 3,3). G. R.

Albunea. Bei Verg. Aen. 7,81 ff. wendet sich Latinus an das hochberühmte Traumorakel des Faunus und befragt *lucos sub alta A.* Nach Prob. georg. 1,10 ist A. der Name eines Waldes, nach den anderen Zeugnissen eine von der Höhe herabstürzende, Dünste aushauchende Quelle. (Daher geleg. zu Unrecht [Hülsen RE II 295f.] Identifizierung mit Aquae Albulae und dem Schwefelsee Zolforata (Lit. bei [3],77). Nach Hor. c. 1,7 und Serv. befand sie sich bei Tibur (die Auffassung als Wald lehnt Serv. ab). Wahrscheinlich ist die unklare Schilderung Vergils seiner dichterischen Phantasie entsprungen. Der weissagenden Quellnymphe A. wurde »das Wesen einer Sibylle« zugeschrieben; als 10. Sibylle wurde sie in Varros Verzeichnis aufgenommen (E. Maas De Sibyllarum indicibus,

Berlin 1879, 32ff. [4],2076.2096). Erwähnungen mit Wunderzeichen bei Lact. inst. 1,6,12 und Tib. 2,5,69f. Geleg. Gleichsetzung mit → Leucothea (und daher mit Mater Matuta) beruht auf der Übersetzung des Namens. Noch im MA wurde sie wegen der ihr zugeschriebenen Weissagungen geschätzt ([4],2096). W. E.

1. *Wissowa* RE I 1337. 2. *Wörner* Myth. Lex. I 1, 224f. 3. *B. Rehm*, Philol. Suppl. 24,2, 1932, 75ff. 4. *Rzach* RE II A 2076ff.

Alburnus maior. Der heutige Bergwerksort Roşia Montană in Siebenbürgen (Rumänien) mit berühmten Goldgruben. Hier wurden die bekannten Wachstafeln gefunden, jetzt am besten in CIL III p. 921ff. zugänglich. Inschr. CIL III 260–1277. Dort gab es eine große Siedlung von Bergwerksarbeitern, die dem illyr. (dalmat.) Stamme Pirustae angehörten. Chr. D.

Istoria Romîniei 1, 1960, 358.369.383.402, Fig. 95 *Pârvan* Getica 272ff.

Albus. Beiname der Antonii u. Postumii (s. d.)

Alchemie. Wann man den Beginn der A. ansetzt, hängt von ihrer Definition ab. Versteht man die altorientalische Metallurgie und Färbetechnik, in der meist Priester magisch mit der Natur zusammenarbeiteten, noch nicht als A., sondern als zwei ihrer Voraussetzungen, dann ist auch Bolos (Ps.-Demokritos) von Mendes, der um 200 v. Chr. in seinen *Χειρόκμητα* und anderen Werken ältere technische, mineralogische und medizinische Kenntnisse trübe und verworren weitergab (Diels Vorsokr. 68 B 300), noch kein A.st. Erst als solche Kenntnisse, teils literarisch durch Anaxilaos von Larissa, teils praktisch durch notleidende Bedienstete zugrunde gehender Tempelwerkstätten Unterägyptens, bestimmten (judenchristlichen?) Gnostikern des 2. oder 3. Jh. n. Chr. bekannt wurden, entstand die eigentliche A. Die frühesten überlieferten Autoren (im Komarios-Kleopatra-Dialog, der Ostanes- und der Krates-Himmelfahrt, ferner Maria die Jüdin, Theophilos, Agathodaimon u. a.) sind pseudonym, die ältesten annähernd datierbaren Texte (Pap. Gr. Holmiensis und Pap. Gr. Leidensis X, um 300 n. Chr.) anonym. Wo man den technischen Inhalt der A. entallegorisierte, wurde Demokritos ein beliebter Verfassername (z. B. für *Φυσικὰ καὶ μυστικά*, 4. Jh., auf Bolos zurückgehend). Erst Zosimos aus Panopolis, fast schon wieder Gnostiker, ist für uns eine historische Person: er widmet im 4. Jh. (?) von Alexandreia aus seiner »Schwester« Theosebeia in Konstantinopel (?) 28 briefartige Schriften. Ihn kommentiert für Kaiser Justinian der Neuplatoniker Olympiodoros, dem weitere Kommentatoren, auch älterer Schriften, folgen (Ps.-Synesios, vielleicht auch schon 5. oder 4. Jh.; Pelagios; ein Anonymus; der »Christ«). Im 7. Jh. schreiben Stephanos, der Kaiser Herakleios I. für die A. gewann, und die Dichter Theophrastos, Hierotheos und Heliodoros, um 715 Archelaos, die zugleich unsere Hauptzeugen für die früheste Phase der A. sind. Zwischen dem 8. und 10. Jh. stirbt die – bisher nur griechische – Tradition weitgehend ab, wird aber in Äg., Syrien und dem Iraq, oft durch syrische Vermittlung, in arabischen Übersetzungen aufbewahrt (dabei wird *χημεία/χυμεία* = »Beschäftigung mit den gießbaren Stoffen« als *kīmīya* entlehnt, das mit dem arab. Artikel *al* von Byzantinern mit *ἀλχη/υμία*, von Lateinern mit *alche/imia* wiedergegeben wird); von da geht sie, durch neue technologische Impulse bereichert, seit dem 12. Jh. über Spanien ins lateinische Mittelalter ein und bleibt, die säkulare Wissenschaft von den Stoffen und das chemische Handwerk teils einbehaltend, teils wieder freigebend sowie untergründig die Philosophie beeinflussend oder zur Abgrenzung zwingend, bis ins 17. Jh. lebendig.

Die Gnosis rezipierte die magisch-chemische Technologie, weil sie ihr unter der griech. Voraussetzung von der Einheit der Materie und der Wandelbarkeit ihrer Eigenschaften zur kosmischen Ausweitung ihrer Soteriologie dienen konnte: die Wiedergeburt der Seele sollte die Wiedergeburt namentlich der Metalle vollbringen; dabei glitt jedoch das gnostische Grundprinzip, die Erlösung werde von einem fremden Himmelswesen in Menschen- und Weltseele an sich selber vollbracht, in anthropozentrische Gewißheit der Möglichkeiten zu Selbsterlösung und diesseitiger Schöpferkraft ab. Um ein Metall, dessen konstitutive Eigenschaft seine Farbe war, in andere bis hin zum Golde, dem Symbol der Unsterblichkeit, zu verwandeln, mußte man nun auf seine Seele, d. h. die allen Metallen gemeinsame prima materia, tingierend einwirken. Indem man die seit alters feststehende Ausströmung der sieben Metalle aus Sonne, Mond und den fünf Planeten allegorisch auf diese Verwandlung deutete, erneuerte man die schon neubabylonische Verbindung mit der Astrologie. Planeten- und Metallnamen konnten damit symbolisch füreinander und für philosophische Begriffe eintreten. So sind in der a. Kunstsprache sittliche Anweisungen wie technische Rezepte, sich läuternde Menschen wie Destillationsapparate gemeint. Außenstehende konnten die A. allegorisch richtig als Heilslehre verstehen (Neuplatoniker) oder sie von den vielen wörtlich genommenen Decknamen aus mit ihrer eigenen Unklarheit widerlegen; die nichtmystische A. konnte man für technisch-materielle Zwecke beanspruchen oder als Betrügerei bekämpfen (z. B. Diokletian im J. 296, Suda s. v. und *Χημεία*). C. C.

1. *C. Leemanns* Pap. Gr. mus. Lug. Bat. II, 1885. 2. *M. Berthelot* Les Origines de l'A., 1885. 3. *Ders.* Collection des anciens Alchimistes Grecs, 3 Bde., 1887/88. 4. *Ders.* La Chimie au Moyen Âge, 3 Bde., 1893. 5. *Ders.* Archéologie et Histoire des Sciences, 1906. 6. *H. Kopp* Die A. in älterer und neuerer Zeit, 2 Bde., 1886. 7. *R. Reitzenstein* Poimandres, 1904. 8. *O. Lagercrantz* Pap. Gr. Holmiensis, 1913. 9. *E. O. v. Lippmann* Entstehung und Ausbreitung der A.,

3 Bde., 1919–1954. 10. *Ingeb. Hammer Jensen* Die älteste Alchymie, Kgl. Danske Vidensk. Selskab. Hist.-fil. Medd. 4, 2, 1921. 11. *J. Bidez – F. Cumont* u.a. (Dir.) Catal. des manuscr. alch. gr., Brüssel 1924ff. 12. *J. Corbett* Catal. des manuscr. alch. lat., ebd. 1939ff. 13. *D.W. Singer* Catal. of latin and vernacular alch. manuscr. in Great Britain and Ireland, 3 Bde., ebd. 1928–1931. 14. *W.J. Wilson* Catal. of latin and vernacular alch. manuscr. in the United States and Canada, ebd. 1938. 15. *A.J. Hopkins* A., Child of the Greek Philosophy, 1934. 16. *J. Bidez – F. Cumont* Les Mages Hellénisés, 2 Bde., 1938. 17. *F. Sherwood Taylor* Ambix 1, 1937, 64–67. 88–92. 116–139; 2, 1938, 39–49. 18. *J. Ruska* Neue Beiträge zur Geschichte der Chemie, Quellen u. Studien zur Gesch. d. Naturw. u. d. Medizin 8, 1942. 19. *J. Ferguson* Bibliotheca Chemica, 1906, ^{2}1954. 20. *Ders.*, Bibliogr. Notes on Histories of Inventions and Books of Secrets, 2 Bde., 1959. 21. *A.-J. Festugière* La Révélation d' Hermes Trismégiste, 1944, ^{2}1950. 22. *C.G. Jung* Psychologie und A., 1944, ^{2}1952. 23. *RAChr* 1, 239ff.; 2, 502ff.; 1061ff. 24. Isis.

Alci. Das bei Tac. Germ. 43 genannte göttliche Brüderpaar der Naharvales, urverwandt mit den röm. Castor und Pollux und den griech. Dioskuren (weshalb der Taciteische Ausdruck *interpretatio Romana* nicht stimmt). Es sind die »Nothelfer« (sprachlich zusammenhängend mit germ. **algon*, griech. ἀλκή). W. S.

Rud. Much Die Germania des Tac. 384, sowie die Kommentare von *Fehrle, Reeb, Schwyzer*. RLV s.v. *Müllenhoff* DA 4,488.

Alcimus. Voller Name Latinus A. Alethius, Rhetor in Aquitanien (Bordeaux), zeitweise Lehrer des Kaisers Iulianus, Vater des Rhetors Alethius Minervius (Hier. chron. zu 355 n. Chr.; Sidon. ep. 2,7, 2. 5,10,3. 8,11,2. Auson. prof. Burd. 3.7). Man kennt von ihm vier Epigramme (Anth. Lat. 115 bis 117.192) u. die Titel zweier Deklamationen. H.Gä.

Alea 1. (Ἀλέα). Epiklesis a. Der Athena in A. bei Stymphalos (Paus. 8,23,1), bei Amyklai (Paus. 3,19,7), in Mantinea (Paus. 8,9,6), in Tegea (für Ἀθηνᾶ Πολιοῦχος Paus. 2,17,7. Strab. 8,238). b) Der Hera in Sikyon, wo ihr Kult von → Adrastos eingeführt worden sein soll, als dieser unter dem Schutz der Hera von Argos dorthin geflohen u. König geworden war (Sch. Pind. N. 9,30). W. S.

2. Ein Glücksspiel, im allgemeinen ein Würfelspiel mit κύβοι, *tesserae*, auf 6 Seiten, oder ἀστράγαλοι, *tali*, Knöcheln auf 4 Seiten gekennzeichnet. In Rom war es während der republikan. und kaiserl. Zeit durch Gesetz verboten (Plaut. Mil. 164. Hor. c. 3,24,58. Ov. trist. 2,470ff.), das die vierfache Strafe der für den Gewinn ausgesetzten Summe vorsah. In Dig. 11,5 sind drei Gesetze erwähnt sowie ein S.C. und ein prätor. Edikt, die Glücksspiele verboten außer bei Sportarten *quod virtutis causa fiat*. Glücksspiele wurden an den Saturnalien geduldet. In dem bekannten *iacta est alea* Caesars, Suet. Caes. 32, und auch sonst, wird a. für den Würfel selber gebraucht. O. W. R.

3. s. Nachträge am Schluß des Bandes.

Ἀλήϊον πεδίον. Getreidereiches Flachland in Kilikien zwischen den Flüssen Pyramos und Saros (Hom. Il. 6,201. Hdt. 6,96. Strab. 14,676. Arrian. an. 2,5,8. Plin. nat. 5,91). W. S.

Aleiptes (ἀλείπτης). Der Trainer von Athleten in der Palaestra und den Gymnasien, der ihre Körper mit Öl einzuölen, zu massieren und ganz allgemein ihre Lebensweise zu überwachen hatte. Der Wert dieser Tätigkeit wird von Lukian geschildert (Anach. 24). Dem Massieren mit Öl wurde für die Aufrechterhaltung der Gesundheit große Bedeutung zugemessen (Arist. eth. Nic. 2,6,7). Es gab dafür Spezialärzte, ἰατραλεῖπται, Plin. epist. 10,5(4). In großen Städten hatten die Gymnasien besondere Räume für diesen Zweck, ἀλειπτήρια. Bei den Römern war der *a.* ein Sklave, der den Badenden mit einem Striegel zu massieren und einzuölen hatte. Er wurde auch *unctor* genannt, und der Raum, in dem er arbeitete, hieß *unctuarium*. O. W. R.

Ἀλειπτήριον (*unctuarium*). Der Massageraum der Bäder (seit dem 4. Jh. v. Chr.) für die Einreibungen mit Öl und die Massagen nach dem Bad; er sollte heizbar sein. Ein ἀ. gehört auch zu den Bädern der Gymnasien und Palästren, doch ist bisher keines in erhaltenen Bauten sicher nachgewiesen. Ἀ. ist nicht identisch mit *elaeothesium* (Vitr. 5,11,2), einer Vorratskammer f. Öl. W. H.G.

Alekto s. Erinyen

Alektor (Ἀλέκτωρ) **1.** König in Argos, Vater des Iphis. Paus. 2,18,4f. Apollod. 3,6,2,2. **2.** König von Elis, Sohn des Epeios. Er teilte aus Angst vor Pelops seine Herrschaft mit Phorbas aus Olenos, mit dessen Tochter er → Amarynkeus zeugte. Diod. 4,69. Eust. Il. 2,615ff. **3.** Sohn des Argeios und der Hegesandra, nach Pherekydes FGrH I 94, Vater der Iphiloche (Echemela), die Megapenthes, Menelaos' Sohn von einer Sklavin, heiratete. Hom. Od. 4,10 und Schol. H. v. G.

Alektryon (Ἀλεκτρυών). **1.** A. diente dem Ares als Wächter bei dessen Zusammensein mit Aphrodite. A. verschlief einmal den Morgen, Helios entdeckte die Liebenden und verriet sie an Hephaistos. Zur Strafe verwandelte Ares den A. in einen Hahn. Lukian. Gall. 3. Liban. narr. 26 (8, p. 49 Foerster = 4, 1106 Reiske), Eust. Od. 8,302, p. 1598,61 Stallbaum (vgl. 4,10, p. 1479,40). Auson. 16,2,27.

Knaack, RE Suppl. I 52. Roscher 1,226 *(Bernhard)*. *D'Arcy W. Thompson* A Glossary of Greek Birds, 1895, s. v. *C. Robert*, H 37, 1902, 318–320.

2. Vater des Argonauten Leitos, Hom. Il. 17,602; vgl. Apollod. 1,9,16. M. v. A.

Alemanni s. Alamanni

Aleos (Ἄλεος). Arkad. Heros, eponymer Oikist von Alea, Gründer der Stadt Tegea und des dortigen berühmten Heiligtums der Athena Alea, als Gaufürst der Tegeatis, ja als König von ganz Arkadien bezeichnet; Erzmünzen von Tegea zeigen seinen Kopf. Seine Genealogie schwankt; meist

ist er Sohn des Apheidas, Gatte der Neaira, Vater des Lykurgos, Kepheus, Amphidamas, der → Auge (und Alkidike, Diod. 4,68), Apoll. Rhod. 1,161 ff. Paus. 8,4,3–6. Soph. schrieb ein Drama »Aleadai«. Nach dem Rhetor Alkidamas, Odysseus 14–16 (Orat. Att. 2,157 Bai.) erhielt A. ein Orakel, ein Sohn seiner Tochter werde seine Söhne ums Leben bringen. Es erfüllte sich, obwohl er sie zur Priesterin der Athena Alea machte; Herakles besuchte sie, und sie gebar den → Telephos, Apollod. 3,9,1 f. H. v. G.

Alesia. Oppidum der Mandubii in Gallia Celtica, heute Alise-Sainte-Reine, am Mont-Auxois (Côte-d'Or). Nach Diod. 4,19. 5,24 soll A. von Herakles gegründet worden sein. Vercingetorix wurde dort im J. 52 v. Chr. von Caesar belagert und mußte trotz dem Eingreifen eines Entsatzheeres kapitulieren: Caes. Gall. 7,69 ff. Diod. 4,19. Liv. ep. 103. Vell. 2,47. Strab. 4,2,3. Plut. Caes. 27. Tac. ann. 11,23. Flor. 3,10. Polyain. 8,23,11. Cass. Dio 40, 39–40. Oros. 7,11. Vgl. J. Carcopino Alesia (1958). Die Gräben der römischen Contra- und Circumvallationslinien und der Feldlager wurden – mit einem schönen Silbergefäß – wiedergefunden. Napoleon III. Hist. de Jules César 2, 1865, 316 ff. J. Le Gall CRAI (1961). Nach Plin. nat. 34, 162 war A. ein wichtiges Industriezentrum. Viele Altertümer, die mehr gall. als röm. sind: Tempel, Basilica, Theater, Wohnungen. CIL XIII 2872–83. 11239–61. Espér. Rec. 2346–90. 7106–45. 7280. 7516–8. 7637. 8281–8. J. Toutain La Gaule antique vue dans A. (1932). J. Le Gall

Alesion → Elis

Aletes (Ἀλήτης »umherschweifend«) **1.** Korinth. Landesheros, Sohn des Herakleiden Hippotes, Apollod. 2,3,8. Paus. 2,4,3 f. Als dor. Führer vertrieb er die Sisyphiden und besiedelte das Land von neuem, Strab. 8,389. Sein Helfer war Melas, Vorfahr des Kypselos, Paus. 5,18,8. Ein Orakel hatte A. Korinth versprochen, wenn ein Korinther ihm eine Erdscholle gebe. Eine solche gab ihm tatsächlich ein geiziger Bauer statt des erbetenen Brotes. Deshalb nannte er die eroberte Stadt *Διὸς Κόρινθος*. So deutete der Mythos unverstandene alte Festgebräuche und sakrale Formeln, H 86, 1958, 14. Konon 26 schreibt A. den großen Feldzug gegen Attika zu, bei dem Kodros den Tod suchte. Auf A. geht die dichterische Benennung der Korinther als *παῖδες Ἀλάτα, Ἀλητίδαι* zurück. RE I 1369. **2.** Sohn des Aigisthos, der sich, während Orestes von den Erinyen verfolgt umherirrte, der Herrschaft in Mykenai bemächtigte, aber von dem zurückkehrenden Orestes getötet wurde. Hyg. fab. 122.124. Von Soph. dramatisch bearbeitet. H. v. G.

Aletheia (*Ἀλήθεια*), »die Unverborgenheit«, d. h. Wahrheit (zum Begriff W. Luther, »Wahrheit« und »Lüge« im ältesten Griechentum, 1935, 7 ff. Wilh. Nestle Vom Mythos zum Logos, 1940, 10), personifiziert als Tochter des Zeus Pind. O. 10,4. frg. 205 Sn. Nestle a. O. 158. Nilsson GgrR^2 1,748, auf ehernem Sitz Them. or. 22 (281c H.), Amme des Apollon Plut. mor. 657e. Bei den Römern (Veritas) Tochter des Kronos (Saturnus) Plut. mor. 266e. Vgl. Hor. c. 1,24,7. Gell. 12,11. Bildl. Darstellungen der A. erwähnen Lukian. de calumn. 5. Philostr. im. 1,26,3. – Zur gnostischen A. in der valentin. Ogdoas und bei Markos (Iren. 1,12,1. 14,2 ff. Hippolyt. 6,38,6. 44,1 ff.) F. Boll Sphaera, 1903, 471 f. R. Reitzenstein Poimandres, 1904, 289. P. Friesenhahn Wortzahlenmystik, 1935, 80 f. H. Jonas Gnosis und spätantiker Geist 1, 1954^2, 363 f. W. F.

Aletis s. → Aiora, Erigone

Aletrium (Nissen It. Ldk. 2,654. Beloch. RG 197.501. Thes. l. l. 1,1530. v. Duhn IGK 1,516. Devoto Ant. It.^{2} 128. CIL X, p. 566), hernik. Stadt der 1. Reg. (Plin. nat. 3,63. Strab. 237). Die Aletrinates (Cic. Cluent. 46 ff.) bewahrten Rom im J. 306 v. Chr. die Treue (Liv. 9,42,11. 43,23). Reste im j. Alatri (Alatrium lib. col. p. 230), vgl. Winnefeld, RhM 1889, 126 ff. G. R.

Aleuadai. Thessalisches Geschlecht, das in Larissa eine dynastenähnliche Stellung innehatte. Auf Aleuas den Roten wurde die thessal. Bundesordnung mit dem Tagos an der Spitze zurückgeführt. Bei Bedrohung ihrer Stellung warfen sich die A. in der Regel auswärtigen Mächten in die Arme. So schloß sich ihr Oberhaupt Thorax 480 Xerxes an (Hdt. 7,6.172). Nach 404 bekämpften vor allem die A. die Macht der Herren von Pherai. Gegen die Nachfolger Iasons riefen sie zuerst Alexander II. v. Mak., dann die Thebaner unter Pelopidas und seit 356 Philipp II. ins Land, der es schließlich unter seine Herrschaft brachte. An die Spitze von drei der von ihm 342 errichteten Tetrarchien stellte er A. Ihr Oberhaupt Simos scheint jedoch später bei ihm in Ungnade gefallen zu sein. Fr. Kie.

Alexamenos (*Ἀλεξαμενός*). Aus Kalydon war im J. 197/96 v. Chr. Stratege des aitolischen Bundes (Pol. 18,26,11), erhielt im J. 192 den Auftrag, Sparta mit List zu gewinnen. Mit 1000 Mann zu Fuß und 30 Reitern begab er sich zu dem Tyrannen Nabis und spiegelte ihm ein Waffenbündnis vor. Dann ermordete er ihn bei einer gemeinsamen militärischen Übung, wurde aber bei der Plünderung der Stadt seinerseits von den empörten Spartanern umgebracht (Liv. 35,34 ff.). W. S.

Alexanderhistoriker. Mangels einer erhaltenen Primärquelle sind wir auf Nachrichten späterer Historiker (Arrian, Curtius, Plutarch, Diodor, Justin) und anderer Autoren angewiesen. Alexander selbst hatte zur Aufzeichnung seiner Taten einen Historikerstab bei sich (Kallisthenes, Bematisten, Ephemeridenverfasser), später zeichneten viele Feldzugsteilnehmer (so Nearch, Onesikritos) ihre Erlebnisse auf, wobei sie eine oft eigenwillige, einseitige Darstellung der Ereignisse gaben. Die aus früher Zeit stammenden negativen Züge des Alexanderbildes erscheinen z. T. philosophisch

beeinflußt. Kritische Prüfung versuchten (wohl nach 290) → Ptolemaios und → Aristobul. G.W.
FGrH 117–153. *W.W. Tarn* A. the Great, 1948. *L. Pearson* The lost histories of A. the Great, 1960. *A. Fränkel* Die Quellen der Alexanderhistoriker, 1883. *W. Hoffmann* Das literarische Porträt A.s d. Gr., 1907.

Alexanderroman. Phantastisch-romanhafte Erzählung des A.-Zuges, aus einem Briefroman und historischen Quellen zusammengestellt (wohl 1. Jh. v. Chr.) und Kallisthenes zugeschrieben. Als populäre Version der Darstellung großer Ereignisse wurde das Werk in der Antike immer wieder neu umgestaltet (80 Versionen). Die erhaltenen Handschriften gehen auf antike Rezensionen zurück. Daneben finden sich latein. (Iul. Valerius, 3. Jh. n. Chr.) und armen. Übersetz. Einflüsse lassen sich in den Sagen vieler Völker nachweisen. G.W.
Ausg. Historia Alexandri Magni ed. *J. Kroll* [2]1956. *S. Ausfeld* Der griech. A.-Roman, 1907. *F. Pfister* Studien zum A.-Roman, WJ 1946. *R. Merkelbach* Die Quellen des griech. A.-Romans, 1954.

Alexandersarkophag. Ein 1887 in Sidon gefundener, reich skulpierter Marmorsarkophag. In der Schlacht und der Jagd auf den beiden Längsseiten hat man Alexander d. Gr. erkannt; ein attisches Meisterwerk, um 320 v. Chr. entstanden, wichtig wegen der verhältnismäßig gut erhaltenen Polychromie. Im Mus. zu Konstantinopel. A. R.
HB Arch. III 1 (5. Lfg. 1950) 288 *(Lippold)*.

Alexander-Schlacht. Ein links z.T. verstümmeltes Mosaik von 5,8x3,1 m. Kenntlich ist Alexander d. Gr., der einen Perser durchbohrt, welcher den auf seinem Streitwagen fliehenden Darius zu decken versucht, im Hintergrund die makedonischen Sarissen, um den Königswagen Reitergetümmel. Wichtig als im allgemeinen treue Übertragung eines Gemäldes der Vierfarbentechnik. Das Original, dessen Meister unbekannt ist (sicher nicht Philoxenos), wird um 320 v. Chr. entstanden sein. Das Mosaik wurde 1831 in Pompeii gefunden, heute im Mus. zu Neapel. A. R.
HB Arch. IV 1 (6. Lfg. 1953) 148 f. *Andreae* Das Alexandermosaik, Bremen 1959. Die richtige Deutung: NJb 29, 1912, 187 ff. *(Richard Schöne)*.

Alexander Severus s. Severus

Alexandra Salome. * um 140 v. Chr., führte nach dem Tode ihrer beiden Gatten, der Brüder → Aristobul I. und → Alexander Iannaios, von 76 bis zu ihrem Tode 67 v. Chr. das makkabäische Königtum allein weiter, während das Hohepriesteramt auf ihren Sohn → Hyrkanos (II.) überging. Sie stellte den Frieden im Innern des Reiches wieder her, indem sie den Pharisäern faktisch alle Macht ließ. In ihrem letzten Lebensjahr blieb sie vor Tigranes von Armenien durch dessen Krieg gegen Lucullus verschont, konnte aber den Aufstand ihres jüngeren Sohnes → Aristobul II. nicht mehr niederschlagen (Ios. ant. Iud. 13,12,1. 16,1–6; bell. Iud. 1,5). C. C.
Lit. → Judentum.

Alexandreia. 1. A. in Äg. wurde von Alexander 332/31 v. Chr. bei der Eroberung Äg. gegründet an der Stelle eines unbedeutenden Dorfes Rhakotis, in dem schon die saitischen Könige Griechen angesiedelt hatten. Die Stadt lag w. des kanopischen Nilarms auf einem 30 m hohen Hügelrücken zwischen Meer und Mareotis-See. Eine vor der Küste liegende Insel Pharos wurde durch einen 1200 m langen Damm (Heptastadion) mit dem Festland verbunden, so daß zwei Häfen entstanden: der Haupthafen im O. und der Eunostos-Hafen im W., wo auch ein besonderer Kriegshafen (Kibotos) angelegt war. Die Stadt wurde nach einem Plan des Deinokrates von Rhodos (bzw. Makedonien) mit rechtwinklig sich kreuzenden Straßen angelegt und bestand aus 5 Teilen. Dazu kamen noch die alte Ägyptersiedlung im SW. (j. Kom eš-Šugafa), die Vorstadt Eleusis im O., von Augustus wegen seines Sieges über Antonius in Nikopolis umgenannt, das Kap Lochias mit der Ptolemäerburg und s. anschließend der Stadtteil Brucheion, der 269 n. Chr. in den Kämpfen mit Zenobia zerstört wurde. Auf der Ostspitze der Insel Pharos stiftete der Knidier Sostratos um 279 v. Chr. den weltberühmten Leuchtturm (Pharos), der erst 1326 zusammenstürzte. An wichtigeren Bauwerken der Stadt sind zu erwähnen: der Poseidontempel am Osthafen, vor dem Antonius seinen Palast (Timoneion) auf einer Mole errichtete; w. davon das Kaisareion, von Kleopatra für Antonius begonnen, dann von Augustus fertiggestellt; s.w. davon das Museion und die Bibliothek; ostwärts davon das Paneion (j. Kom ed-Dik). In Rhakotis lag das Serapeion, von dem die 302 für Diokletian errichtete sog. »Pompeiussäule« noch steht. Das Grab Alexanders ist bisher noch nicht gefunden. Über die Größe der Stadt berichtet Michael bar Elias im 12. Jh. nach alten Quellen, daß A. u.a. 47790 Häuser besaß (JEA 37,103); nach Diod. Sic. 17,52,6 bewohnten zu seiner Zeit 300000 Freie die Stadt. A. löste schnell Memphis als Hauptstadt Äg. ab. Hier landete 48 v. Chr. Caesar u. mußte sich im Brucheion gegen die Alexandriner verteidigen. Dabei brannten Museion und Bibliothek mit ab, als er die Hafenanlagen in Brand steckte. Antonius stattete die Bibliothek neu aus, z.T. mit Büchern aus Pergamon. Unter Traian wurde das im O. liegende Judenviertel zerstört; dasselbe Schicksal erlitt Brucheion bei der Eroberung durch Zenobia 269 n. Chr. 389 n. Chr. wurde das Serapeion geschlossen und die Bibliothek geplündert. 618 eroberte Chosrau von Persien A., das 629 Herakleios zurückgewann. 642 fiel A. in die Hände der Araber unter Amr ibn el-Ass.

A. war von Anfang an eine autonome griech. Polis und gehörte nicht zu Äg. (A. ad Aegyptum), besaß aber keine Bule. Später war das Bürgerrecht von A. Voraussetzung für das röm. Bürgerrecht. Allerdings wohnten zahlreiche Nichtgriechen in A., so Ägypter und Juden. Dabei galt die

Bevölkerung immer als antirömisch und aufsässig. In A. bestanden Leinewebereien und Betriebe zur Papyrusherstellung, auch Gold- und Silberwaren wurden ausgeführt. Der Reichtum der Stadt beruhte aber auf dem Handel, so der Ausfuhr des äg. Getreides; in der Hauptsache war es aber der Transithandel, wobei Schiffe aus Indien und Arabien vom Roten Meer durch den Kanal zum Nil und dann in den Mareotis-See fuhren. Durch die arabische Eroberung ging der Handel zurück, doch verlor A. erst mit der Entdeckung des Weges um Afrika jede Bedeutung. – Besonders zu Beginn der Ptolemäerherrschaft war A. ein Zentrum der Wissenschaft und Kunst. Die Bibliothek enthielt zur Blütezeit 900000 Bände, einer der ersten Leiter war der Dichter Kallimachos. Bedeutende Gelehrte, wie der Geograph Eratosthenes, die Grammatiker Aristophanes von Byzanz und Aristarchos von Samothrake wirkten dort. Andere, wie Theokrit und Apollonios von Rhodos, hielten sich zeitweilig in A. auf. Hier wurde damals auch das A.T. ins Griechische übersetzt (→Septuaginta). Starke Einflüsse gingen von A. auf dem Gebiet der Malerei und Mosaikkunst aus. – Beschreibungen der Stadt bei Strab. 17, 791/5. Diod. 17,52. Ios. bell. Iud. 2,4. W. H.

F. Breccia Alexandrea ad Aegyptum, a guide, 1922. *H. Th. Davies* Alexandria, the Golden City, 1958. *Angioloni* Vecchia Alessandria, 1956.

2. *'Αλεξάνδρεια ἡ Τρῳάς* (Strab. p. 581 u.ö. Ptol. 5,2,3 p. 807 M. 8,17,9 p. 225 N. Liv. 35,42. 37,35), als Gründung des Antigonos zunächst Antigoneia, doch bald umbenannt. A. (h. Eski Stambul) lag s. von Troja und gelangte in röm. Zeit zu großer Bedeutung; vgl. K. Miller Itin. Rom. 1916, S. 697/98 mit Skizze Nr. 228, S. 693; dort auch Inschr. **3.** Syr. Stadt zwischen Issos und Antiocheia (Strab. p. 676. Ptol. 5,14,2 p. 960 M.). A. (h. Iskanderun/Alexandrette) erscheint in den röm. Itin. (s. Miller S. 753–754; 760 mit Skizze Nr. 219, S. 665–666) an einem Straßenschnittpunkt. **4.** Stadt in der Susiana unweit der Tigrismündung (Plin. nat. 6,138). **5.** Stadt der Landschaft Margiane (h. Merw), später in Antiocheia umbenannt (Plin. 6,46–47). S. auch u. Antiocheia Nr. 2). **6.** Stadt der Areia (ö. Iran), bei Strab. p. 514. Ptol. 6,17,6 p. 133 u.a. (h. Herât). **7.** Stadt der Arachosia (Ptol. 6,20,4 p. 137), auch Alexandropolis genannt (h. Kandahar). **8.** Nördlichste Gründung Alexanders am Tanais (Syr-darja) vom J. 327 (Arr. an. 4,1,3. Ptol. 6,12,6 p. 120: *'Αλεξάνδρεια 'Εσχάτη*. Curt. 7,6,25), h. Kodschent/Leninabad. **9.** *'Α. πρὸς Καυκάσῳ* (Arr. 3,28,4; 4,22,4. Diod. 17,83,1) *ἐν Παραπαμισάδαις* (h. Charikar) n. von Kabul. Vgl. Miller Skizze Nr. 254, S. 786. **10.** *'Α. Βουκέφαλα* → Bukephala. **11.** Gründ. Alexanders an der Vereinigung der 5 Ströme des Indus (Arr. 6,15,2. Diod. 17,102. Curt. 9,8,8), *ἐν τῇ 'Ωπιανῇ* (Steph. Byz.). Weitere A. s. RE Alexandreia 4,9–11,14 u. 17. Vgl. Gr. Hist. Weltatl. 1, 1954, S. 17a, 20 a, 21c. H. T.

Alexandrinische Literatur s. Hellenistische Literatur

Alexandrinische Philologie. Bezeichnung für die überwiegend in Alexandreia betriebene wissenschaftliche Arbeit an der klassischen griech. Literatur. Ihre Blütezeit fällt in das 3. und 2. Jh. v. Chr.

Die Gründung der Bibliothek und der Versuch, alles Erhaltene zu sammeln und zu ordnen, erforderte gründliche und exakte Beschäftigung mit der Materie (Textkritik, Datierungsfragen, Werkverzeichnisse: Kallimachos' Pinakes). Neben den homerischen Epen (Zenodotos) und der attischen Tragödie (Alexandros von Pleuron) und Komödie (Lykophron) wurden allmählich auch die übrigen literarischen Gattungen in die Arbeit einbezogen. Die älteren Bibliothekare bis auf Eratosthenes waren gleichzeitig selbst Dichter, Aristophanes von Byzantion und seine Nachfolger widmeten sich vorwiegend der reinen Philologie. Sie stellten die kritische Edition und den Kommentar in den Mittelpunkt. Aus der intensiven sprachlichen und sachlichen Erklärung erwachsen grammatische (Analogie als Prinzip des Sprachaufbaus, im Gegensatz zur Pergamenischen Schule), antiquarische und lexikalische Arbeiten, besonders in den Schulen des Aristophanes und Aristarchos. Die eigentlichen Leistungen der Alex. Phil. sind auf dem Gebiet der Edition zu suchen: Die Vielzahl verwilderter Textfassungen wurde durch eine kritische Ausgabe ersetzt, die in der Folgezeit maßgeblich blieb und auf die in den meisten Fällen letztlich auch unsere Überlieferung zurückgeht. Das wissenschaftliche Niveau der hellenistischen Zeit wurde in der Antike nie wieder erreicht. Die Tätigkeit der Späteren beschränkte sich darauf, das gewaltige Material zusammenzufassen und zu systematisieren (z. B. Didymos), wobei Verflachung unausbleiblich war. H. Gä.

Alexandros

I. Mythologisch

1. s. Paris

II. Historische Persönlichkeiten

2. A., (*φιλέλλην*), Sohn des Amyntas, makedon. König 494–454. Während der Perserkriege zur Hilfe gegen die Griechen gezwungen (Hdt. 5,17. 8,136. Iust. 7,3), suchte er diese mehrfach zu unterstützen (Hdt. 7,173. 9,145) und trat als Vermittler auf (Hdt. 8,140). Dabei besetzte er das Gebiet am Olymp (Hdt. 7,4), etwas später Bergbaugebiete in Thrakien und begann die makedonische Münzprägung. Als erster Makedonenkönig mischte er sich in griech. Verhältnisse, seinen Expansionsbestrebungen mußte Athen entgegentreten (Plut. Kim. 14). Sein Streben, als Grieche zu gelten, zeigt sich in der Teilnahme an Festspielen (Hdt. 5,23. Iust. 7,2) und der Aufnahme griech. Dichter an seinen Hof (Pindar, Bakchylides, Simonides).

Fragwürdig ist die Nachricht über seinen Tod Curt. 6,1,26.

F. Geyer Makedonien bis zur Thronbesteigung Philipps II., 1930.

3. A. II. v. Maked., Sohn Amyntas' III., regierte 370–368. Von den Aleuaden zu Hilfe gerufen, besetzte er Larissa und Krannon. Bei Streitigkeiten mit dem Prätendenten Ptolemaios von Aloros wurde Pelopidas von Theben als Schiedsrichter herbeigerufen, was zu Verwicklungen zwischen Alexander von Pherai und Theben führte. Alexander wurde kurz darauf durch Ptolemaios ermordet.

4. A. d. Gr. (A. III.), Sohn Philipps II. und der Olympias, 356–323. Durch Aristoteles erzogen, leitete er 340 die Staatsgeschäfte, zeichnete sich 338 bei Chaeronea als Truppenführer aus und erzwang sich 336 durch Beseitigung aller Konkurrenten (Diod. 17,3,2) bei der Ermordung Philipps die Herrschaft. Nach Übertragung der Hegemonie im Amphiktionenrat und anschließender Ernennung zum Feldherrn durch den Korinthischen Bund gegen Persien sicherte er 335 durch Zug an die Donau und nach Illyrien die Unterwürfigkeit der dortigen Stämme und schlug rasch einen Aufstand Thebens nieder (Plut. Dem. 23, Diod. 17,8. Aischin. 3,293). Die Stadt wurde auf Beschluß des Synedrions zerstört (Arr. an. 1,1,9. Diod. 17,14. Iust. 11,4). Den Feldzug begann Alexander mit ca. 35000 Mann, darunter Kontingenten der Bundesgenossen, überschritt den Hellespont und besiegte das persische Heer am Granikos (Mai 334); da man persischerseits Memnons Taktik der verbrannten Erde nicht billigte, wurde die Westküste Kleinasiens leicht erobert. Nach Unterwerfung der Stämme wandte sich A. 333 nach Gordion, dem phrygischen Königssitz, und konnte im November den Perserkönig Dareios, der in seinen Rücken gelangt war, bei Issos entscheidend schlagen. Da nur Tyrus und örtliche Befehlshaber Widerstand leisteten (Gaza), gelangte A. 332 nach Äg., gründete Alexandreia (Arr. an. 3,1. Plut. Al. 26. Diod. 17,52. Curt. 4,8. Iust. 11,11) und besuchte das Orakel des Zeus Ammon in der Oase Siwah, um sich göttliche Abstammung und Herrschaftsanspruch bestätigen zu lassen. Der Sinn des Unternehmens war bereits Zeitgenossen unklar (vgl. Kallisthenes bei Strab. 17,1,43), sicher fließen hier politische und religiöse Momente zusammen, die für Griechen und Einheimische wichtig waren. Mehrfache Vermittlungsvorschläge des Dareios lehnte A. ab. Nach Regelung der Verhältnisse in Äg. wurde der Perserkönig Okt. 331 bei Gaugamela in der Ebene von Mossul gänzlich besiegt, in der Folge ergab sich Babylonien und Persien, Dareios wurde 330 auf der Flucht von eigenen Leuten getötet. Der Aufstand des Agis von Sparta und ein Samariteraufruhr wurden um diese Zeit unterdrückt. Hatte A. durch Bestrafung der Dareiosmörder gezeigt, daß er als Nachfolger der per-

sischen Könige gelten wollte, so verwendete er die folgenden Jahre auf Sicherung der Grenzen des Perserreiches. Die Erbitterung der Makedonen darüber, daß nicht nur Perser in entscheidenden Aufgaben verwendet wurden, sondern der König sich selbst immer mehr als Herrscher von Orientalen gab, führte zu mehreren blutig unterdrückten Aufstandsversuchen, denen neben der Familie des Parmenion auch Kallisthenes zum Opfer fiel (328). Sommer 327 begann der Vormarsch nach Indien in mehreren Heeresgruppen unter Sicherung umliegender Gebiete. Einheimische Dynasten unterwarfen sich (Taxiles) oder wurden besiegt (Poros), jedoch mußte nach weiterem Vordringen bis zum Hyphasis (Bias) das erschöpfte Heer umkehren (Arr. an. 5,25. Diod. 17,94. Curt. 9,2. Plin. nat. 6,62). Nach dem Marsch indusabwärts wurde die Flotte unter Nearch zur Rückfahrt und Erforschung des Persischen Golfes abgesandt, das Heer zog auf mörderischem Wege durch die gedrosische Wüste nach Persien (Strab. 15,721), wo A. Vergehen der Statthalter ahndete und umfassende Neubesetzungen vornahm (Arr. an. 6. 27,3. 29,9. 30,1. 7. 4,1. Diod. 17,108). Seit je hatte seine Politik auf Ausgleich abgezielt: So hatte er den befreiten Griechen teils durch Neueinführung der Demokratie, teils durch Belassen der alten Dynasten stets die zuträglichste Verfassung zu geben gesucht und später durch Verstärkung des Heeres, Gründung gemeinschaftlich bewohnter Städte und allgemeiner Hinzuziehung von Persern auf Verbindung zwischen dem griech. und einheimischen Element hingewirkt. Vor allem nach dem Tode zeigte sich immer stärker die innere Entwicklung vom makedon. Volkskönig zum Herrscher eines Weltreiches, in dem alle Völker gleichen Anteil haben sollten. Bereits mit der Baktrierin Roxane (Arr. an. 4,18–19) verheiratet, vermählte er sich in Susa mit der Tochter des Dareios, Ehen mit Perserinnen schlossen dabei 10000 seiner Vornehmen. Eine Meuterei heimkehrender Veteranen in Opis wegen Bevorzugung der Perser im Heer endete mit allgemeiner Versöhnungsfeier (Arr. an. 7,6–12; Sommer 324). Um diese Zeit scheint A. auch von den Griechen göttliche Ehren verlangt zu haben (Ail. var. 2,19. 5,12. Arr. an. 7. 23,2. Athen. 6,251 b. Polyb. 12,126); der Sinn der Maßnahme ist umstritten. Sein Befehl zur Rückführung der Verbannten war als notwendige Maßnahme zur Lösung innergriech. Schwierigkeiten gedacht, wurde trotz der Berechtigung A.s als Führer des korinthischen Bundes als Eingriff in die Autonomie der Staaten gewertet und kam nicht mehr zur vollen Durchführung (Syll.^{3} 306. Hyp. 1,46. Iust. 13,5. Diod. 17,109. 18,8). Nach Unterwerfung der Kossaier empfing Alexander in Babylon Gesandtschaften fremder Völker (Arr. an. 7,15. Diod. 17, 113). Beschäftigt mit einem Zug gegen Arabien, starb er im Juni 323. Wie über sein Leben bildeten sich über seinen Tod, den wohl körperliche Erschöpfung und Neigung zur Trunksucht beschleunigten, früh Legenden. Sein Charakter und die oben angedeutete Entwicklung boten Beispielmaterial für Philosophie und Rhetorik, seine Taten wurden Sagenstoff für fast alle Völker des Orients und Okzidents. Weltherrschaftspläne lagen ihm wohl fern (für die römische Interpretation s. Liv. 9,16–19): Alle Maßnahmen deuten darauf hin, daß es ihm stets vor allem um innere Konsolidierung des neu geschaffenen, aus heterogensten Bestandteilen gebildeten Reiches ging, ein Werk das alle Vorschläge der Perserkriegsideologen seiner Zeit (Isokrates, Aristoteles) hinter sich ließ und auch den nächsten Vertrauten immer fremd blieb. Bestand konnte es daher nicht haben.

a) Quellen: Arr. an. Ind. Curt. Diod. 17–18. Iust. 11. Plut. Al; de Al. fort. 326–345. Die Metzer Epitome, Itinerarium Alexandri, POxy 1798, cod. Sabb. 29 und Ps.-Kallisthenes verkörpern die romanhaft-volkstümliche Überlieferung. b) Sammlungen: *C. Müller* Scriptores rer. Alexandri M., 1846; FGrH 2,117–153. c) Sekundärliteratur: *I. G. Droysen* Gesch. A.s d. Gr. 2, 1877. *L. v. Ranke* Weltgesch. 3^{2}, 1883, *G. Radet* A. le Grand, 1931, *U. Wilcken* A. d. Gr., 1931. *W. W. Tarn* A. the Gret, 1948. *F. Schachermeyr* A. d. Gr., 1949. *C. A. Robinson* The history of A. the Great, 1953. *A. Savile* A. the Great and his time, 1955. *A. Sghedoni* Alessandro il Grande, 1956. – *H. Berve* Das A.-Reich auf prosopograph. Grundlage, 1926. *F. Kampers* A. d. Gr. u. die Idee des Weltimperiums in Prophetie und Sage, 1903. *W. Hoffmann* Das literar. Porträt A.'s d. Gr., 1907. *K. J. Beloch* Griech. Gesch., 1912–1917. *J. Kaerst* Gesch. des Hellenismus$^{2 \cdot 3}$, 1926, 1927. *V. Ehrenberg* Alexander and the Greeks, 1938. *A. R. Burn* A. the Great and the Hellenistic Empire, 1947. *F. Altheim* Weltgesch. Asiens im Zeitalter des Hellenismus, 1946; Zarathustra und Alexander, 1960. *P. Cloché* A. le Grand, 1954, *G. Cary* The medieval A., 1956. *A. Heuss* A. d. Gr. u. die polit. Idee des Altertums, Antike und Abendland 4, 1954, 65–104. *G. Walser*, Schweizer Beitr. z. allg. Geschichte 14, 1956, 156–189.

5. Bruder der Olympias. Von seinem Schwager Philipp 342 als König der Molosser eingesetzt, einigte er die epirotischen Stämme zur Symmachie unter seiner Führung (A. I.). Später kämpfte er, von Tarent zu Hilfe gerufen, gegen unteritalische Stämme (Arr. an. 3,6) und schloß mit Rom einen Vertrag. Wegen seines Machtstrebens mit den Tarentinern in Streit geraten, wurde er 330 ermordet (Aisch. 3,242).

A. Schäfer Demosthenes und seine Zeit^{2}, 1885–1887. *Berve* A.-Reich 2,17. *C. N. Cross* Epirus, 1932. *P. R. Franke* Die antiken Münzen von Epirus, 1961.

6. König von Epeiros, (A. II.) Sohn des Pyrrhos, Enkel des Agathokles, nahm am Kriege seines Vaters in Italien teil und sollte nach dessen Plänen dort die Herrschaft übernehmen. Nach 272 kämpfte er gegen die Illyrier, schloß sich im chremonideischen Kriege der antimakedon. Koalition an und wurde durch Antigonos vertrieben. Mit Hilfe der Aitoler wieder eingesetzt, mußte er mit diesen Akarnanien teilen, starb jedoch bald.

B. Niese Gesch. der griech. und makedon. Staaten, 1893 bis 1903. *W. W. Tarn* Antigonos Gonatas, 1913. *W. Fellmann* Antigonos Gonatas und die hellenist. Staaten, 1930.

7. Posthumer Sohn A. d. Gr. und der Roxane (A. IV.). Reichsverweser für ihn waren nacheinander Perdikkas, Antipatros, ab 319 Antigonos. Roxane floh 318 zu Olympias, wurde 316 durch Polyperchon nach Makedonien gebracht, wo sie in die Hände Kassanders geriet. Bald darauf wurde sie und 311 A. getötet.

B. Niese Gesch. der griech. und makedon. Staaten, 1893 bis 1903. *W. Ensslin* RhM 74, 1925, 292–307.

8. A. Lynkestes, Sohn des Aeropos, Schwiegers. des Antipatros. Er führte am Anfang des Zuges gegen Persien unter A. die thessalischen Reiter, wurde jedoch bereits 333 wegen angeblicher verräterischer Beziehung zu Persien verhaftet und später hingerichtet (Arr. an. 1,25. Curt. 7,1).

H. Berve A.-Reich 2,16.

9. Sohn des Polyperchon. 321 durch Antipatros zum *σωματοφύλαξ* des Philippos Arrhidaios ernannt, kämpfte er seit 319 für Olympias und A. IV., später auf Seite des Antigonos gegen Kassander (Diod. 18,65. 19,63), wurde jedoch bereits 314 ermordet. Seine Gattin Kratesipolis konnte seine Macht, besonders auf der Peloponnes, noch eine Zeitlang behaupten.

B. Niese Gesch. d. griech. und makedon. Staaten, 1892 bis 1903.

10. Sohn des Perseus v. Makedonien. Er wurde nach dessen Sieg 168 im Triumphzug mitgeführt und nach Alba am Fucinersee verbracht, wo er später als Schreiber sich den Unterhalt verdiente (Liv. 45,42. Plut. Aem. Paull. 37).

11. A. Balas (I.). Aus Smyrna stammend; von niederer Abkunft, wurde er wegen seiner Ähnlichkeit mit Antiochos IV. durch Attalos II. von Pergamon als Thronprätendent des Seleukidenreiches aufgestellt (um 161 v. Chr.). Nach Aufenthalt in Rom vom Senat mit Handlungsfreiheit ausgestattet (Polyb. 33,15), konnte er mit Hilfe Äg. eine starke Macht aufrichten (Einsetzung des Makkabäers Jonathan zum Hohepriester, Makk. 1,10. Ios. ant. 13,35). Während seiner Regierungszeit geprägte Münzen (150–146) bringen verschiedene Beinamen. Doch übte er eine wüste Herrschaft aus, so daß es Demetrios Nikator, dem Sohn seines Gegners Demetrios Soter, leicht fiel, die Gunst des Volkes zu erwerben und auch Ptolemaios Philometor abspenstig zu machen. A., 146 bei Antiocheia geschlagen, wurde bald darauf durch die Nabatäer ermordet.

E. Schürer Gesch. des jüdischen Volkes, ^{4}1901–1909. *E. R. Bevan* The House of Seleucus, 1902.

12. A. Zabinas (A. II.), Sohn eines Griechen u. einer Sklavin, von Ptolemaios VIII. Euergetes um 130 als Thronprätendent im Seleukidenreich gegen Demetrios II. Nikator aufgestellt. Er vermochte trotz der Ermordung seines Gegners 125 nur einen kleinen Teil Syriens zu behaupten, wurde von Äg.

bald fallengelassen und durch Antiochos Grypos hingerichtet (wohl 123). G. W.

A. Kuhn Beiträge zur Gesch. der Seleukiden, 1893.

13. A. von Pherai → Pherai

14. A. Iannaios (= hebr. Iannai, hypochor. für Johannes/Joḥanan) folgte 103 v. Chr. seinem Bruder (Judas) → Aristobul I. als König und Hohepriester der Juden und heiratete dessen Witwe → Alexandra. Er vergrößerte das Makkabäerreich in 27jährigen Kämpfen gegen Ptolemäer, Seleukiden, Nabatäer (→ Aretas III.), Moabiter und Galaaditer um große Gebiete, die Ios. ant. 13,15,4 aufzählt, namentlich an der Küste und im Ostjordanland. Im Innern hatte A. einen 6jährigen Bürgerkrieg gegen die Pharisäer und ihre Parteigänger zu bestehen; er verkleinerte dabei sein Volk um 56000 Gefallene, 8000 Verbannte und 800 Gekreuzigte und bedeckte damit sein Andenken im orthodoxen Judentum mit unauslöschlicher Schande. Er starb 76 an einem hitzigen Fieber bei der Belagerung von Rhagaba (Ios. ant. Iud. 13,12 bis 15; bell. 1,4).

15. A., angesehener und vermögender Jude in Alexandreia (sein Beiname Lysimachos ist eine falsche Interpolation zu Ios. ant. Iud. 19,5,1 Z. 18 N), Bruder des Philosophen Philon (ant. 18,8,1). Unter Tiberius bekleidete er als erster das Amt eines → Arabarchen. Er machte dem Jerusalemer Tempel Stiftungen (Ios. bell. Iud. 5,5,3) und unterstützte finanziell den um seine Existenz ringenden (→ Herodes) Agrippa (I.) (ant. 18,6,3), mit dessen Tochter Berenike er 41 n. Chr. seinen Sohn Marcus verheiratete; von Caligula gefangengesetzt, wurde er von Claudius wieder freigelassen, dessen Freundschaft er als ἐπίτροπος seiner Mutter Antonia gewonnen hatte (ant. 19,5,1). Ein anderer Sohn des A. war **16.** Tiberius (nach Verleihung des röm. Bürgerrechts: + Iulius, so aber nur in Inschr.) A. Dem Judentum völlig entfremdet, war er um 40 Epistrateg der Thebais (OGI 663) und als solcher vielleicht gleichfalls Arabarch, 46–48 röm. Prokurator (!) von Judäa (Ios. ant. Iud. 20,5,2; bell. Iud. 2,11,6), im Partherkrieg 63 *minister bello datus* in Armenien (Tac. ann. 15,28), vor 68 durch Nero Präfekt von Äg. (Tac. hist. 1,11. 2,74. Ios. bell. 2,15.1), wo er einen Judenaufstand blutig unterdrückte (bell. 2,18,7 f.). Unter Galba fallen seine Edikte POxy 6,899,28 und OGI 669. Er vereidigte als erster Truppen auf Vespasian (Ios. bell. 4,10,6; Suet. Vesp. 6,3), leitete damit dessen Aufstieg ein (Tac. hist. 2,79) und wurde deshalb von Titus als Eparch (OGI 586) und Ratgeber maßgebend bei der Eroberung Jerusalems verwendet (bell. 5,1,6. 12,2), nach der er sich für die Erhaltung des Tempels aussprach (bell. 6,4,3). Der Auseinandersetzung mit ihm gewidmet ist Philos Schrift Περὶ προνοίας, aber nicht die ps.-arist. Περὶ κόσμου. C. C.

M. Pohlenz, NAG 1942, 412–415. *E. G. Turner*, JRS 44, 1954, 54–64.

III. Literarische Persönlichkeiten

17. A., ὁ Αἰτολεύς, aus Pleuron, der einzige bekannte Dichter aus der Landschaft Aitolien. * um 315, lebte er zuerst (etwa 285–283) in Alexandreia, von Ptolemaios Philadelphos mit der Ordnung der Tragödien und Satyrdramen in der dortigen Bibliothek beschäftigt, und wurde 276 an den Hof des Antigonos Gonatas berufen, wo er mit Aratos zusammen war. Er war berühmt als tragischer Dichter; wir kennen aber nur den Titel eines einzigen Stückes Ἀστραγαλισταί (Jugendgeschichte des Patroklos nach Il. 21,87. FGT ²817), außerdem Bruchstücke von 2 Elegien (Ἀπόλλων: Weissagung des Gottes über das Schicksal unglücklich Liebender, und Μοῦσαι: Lob verschiedener Dichter) und erfahren noch von 2 Epyllien (Ἁλιεύς: Glaukossage, und Κρίκα [Κίρκα?]). Ferner verfaßte er Φαινόμενα (nach dem Vorbild von Aratos), Epigramme und κίναιδοι (Strab. 14,648. Athen. 14,620 e) in Nachahmung v. Sotades. W. S.

Frg.: *A. Capellmann* Bonn 1830. *A. Meineke* Anal. Alexandrina 215 ff. *J. U. Powell* Collectanea Alexandrina, 1925, 121 ff. Lit.: *Christ-Schmid* 2,1,173 ff. *Susemihl* 1,187. *Rohde* Roman 89.

18. A., aus Ephesos mit dem Beinamen Λύχνος, Rhetor und Staatsmann z. Z. Ciceros (Strab. 14, 642), verfaßte ein Geschichtswerk über den marsischen Krieg und Lehrgedichte über die Planeten und über Geographie, die für Dionysios Periegetes und vielleicht schon für Varro Atac. Vorbild gewesen sind. Über ihren Wert urteilt Cicero, der sie sich von Atticus schicken ließ, Att. 2,20,6. 22,7, abfällig *(poeta ineptus, non inutilis)*. W. S.

Frg.: *A. Meineke* Anal. Alexandrina 371–377. Lit.: *Susemihl* 1,308. *Christ-Schmid* 2,1,331.

19. A., aus Milet mit dem Beinamen Polyhistor, * um 100 v. Chr., Grammatiker der Schule von Pergamon. Er wurde im mithridatischen Krieg gefangen und nach Rom verbracht, wo er Sklave bei Cornelius Lentulus war und von Sulla Freiheit und Bürgerrecht erhielt (daher sein Gentilname Cornelius). Später (nach 47) wurde er der Lehrer von C. Iulius Hyginus. Er kam nach 40 bei dem Brand seines Hauses in Laurentum um. Seine unzähligen Schriften waren im wesentlichen Sammlungen von lose aneinandergereihten Exzerpten, ohne kritische Forschung, und gehörten zumeist der geogr.-histor. Periegese an. Doch war er der wichtigste Vermittler orientalischer Geschichte an den W. Sein Buch περὶ Ἰουδαίων ist von Iosephus, Clemens Alex. und Eusebios (bei ihm größere Frg.) benützt. In den philolog. Bereich gehören sein Kommentar zu Korinna und die geogr. Erläuterungen zu Alkman, zur Geschichte der Philosophie 2 Werke: περὶ Πυθαγορικῶν συμβόλων und φιλοσόφων διαδοχαί. Viel von seiner Arbeit steckt in dem geogr. Lexikon des Steph. Byz. Aus περὶ Ῥώμης schöpften Tibull und Vergil.

Frg.: FHG 206–244. Lit.: *Susemihl* 2,356–364. *Christ-Schmid* 2,1,400 f.

20. A., Sophist, Sohn des Rhetors Numenios, lebte (n. Suda s.v.) z.Z. Hadrians. Auf ihn bezieht sich wiederholt der Anonym. Seguerianus. Er ist der Verfasser von *ὑποθέσεις* bes. zu Thukydides und Demosthenes; aber er hat auch andere Redner (Isokrates) sowie Dichter (Eurip., Sophokl.) exzerpiert. Ferner wissen wir von einer Trostrede an Hadrian auf den Tod des Antinoos († 130 n. Chr.) und einer *τέχνη* (*ῥητορική*) *περὶ ἀφορμῶν ῥητορικῶν*, in der er sich gegen den Doktrinarismus wendet und sich (im allgemeinen) auf den Standpunkt des Theodoros stellt (erhalten Zitate des Anonym. Seg. und ein Stück bei SPENGEL Rhet. 2,535–560 = 3,1,6). Die größte Wirkung hat er mit seiner Schrift *περὶ τῶν τῆς διανοίας καὶ τῆς λέξεως σχημάτων* (2 B.), die in der ursprüngl. und der erweiterten Fassung erhalten ist, erzielt und mit ihr eine Hauptquelle für spätere Schriftsteller, die über Figuren geschrieben haben (z.B. Aelius Herodianus, Apsines), geliefert.

Th. Schwab Alexand. Num. *περὶ σχημ.*, Würzb. Diss. 1916. *Christ-Schmid* 2,2,929.

21. A., von Aphrodisias, Peripatetiker, z.Z. des Septimius Severus. Er wurde um 198 n.Chr. nach Athen berufen und widmete zum Dank Severus und seinem Sohn Caracalla die Schrift *περὶ εἱμαρμένης*. Er ist der Verf. gelehrter Kommentare zu den aristotelischen Werken, die von späteren Erklärern stark ausgenützt wurden und auch bei den Neuplatonikern in hohem Ansehen standen (Plotin nahm ihn in seinen Kanon auf). Erhalten sind die Kommentare zu (1) analyt. pr. I, (2) meteorologica, (3) de sensu, (4) metaphysica, (5) topica, von seinen selbständigen Schriften: (6) *περὶ ψυχῆς*, (7) *περὶ εἱμαρμένης*, (8) *περὶ ἠθικῶν προβλημάτων* (1 B.), (9) *περὶ φυσικῶν σχολικῶν ἀποριῶν καὶ λύσεων* (3 B.), (10) *περὶ κράσεως καὶ αὐξήσεως*. → Aristoteles. W. S.

Ta.: *J. Bruns* Suppl. Aristot. 2, 1887–1892. Zu den einzelnen Kommentaren: 1, 1883, und 5, 1891 *M. Wallies*. 2, 1899, 4, 1891 *M. Hayduck*; 3, 1901. *P. Wendland*. Selbständige Schriften: 6, 1887. *J. Bruns*; *Ders.* 7, 8, 9, 10, 1892.

22. A., aus Abonuteichos (oder Inopolis, wie auf die Veranlassung von A. die Stadt seit dem J. 161 n.Chr. genannt wurde, h. noch Ineboli), Zeitgenosse Lukians, der mit seiner Schrift *Ἀ. ἢ ψευδόμαντις* die Hauptquelle über A. bildet. A. gründete um 150 einen Kultus und ein Orakel des Asklepios-Glykon, das noch bis zur Mitte des 3. Jh. bestand. Die Schrift ist nach 180 geschrieben und gibt im wesentlichen ein richtiges Bild des »Pseudomantis« wieder. W. S.

Christ-Schmid 2,2,734. *F. Cumont* Alexandre d'Abon., Bruxelles 1888. *R. Reitzenstein* Hell. Wundererzähl. 38f. *O. Weinreich* Al. der Lügenprophet, NJB 47, 1921, 129ff. *M. Caster* Etudes sur Al. ou le faux prophète, 1938. *Ad. Nock* CQ 22, 1928, 160ff.

IV. Arzt, Künstler

23. A. aus Tralleis (Karien), Arzt, lebte im 6. Jh. n. Chr., vorwiegend in Rom. Sein erhal-

tenes medizin. Hauptwerk sind *θεραπευτικά* in 12 B., in dem er eklektisch die Theorien und Praktiken der verschiedensten Ärzteschulen berücksichtigt. Galen ist keineswegs unbestrittene Autorität für ihn (obwohl er durchgängig *ὁ θειότατος* oder *σοφώτατος* genannt ist), sondern wird häufig kritisiert (vgl. z.B. 2,155 u. 203f. Puschm.). Eine große Rolle in der Therapie des A. spielen Wunderheilmittel (*φυσικά*), Amulette und dgl. Interessant ist, daß A. sich dabei auf das Vorbild des Galen, speziell auf eine unter dessen Namen gehende, uns nicht erhaltene Schrift *Περὶ τῆς καθ' Ὅμηρον ἰατρικῆς* beruft (2,475 P.), die aber schon deshalb, weil Galen in ihr die Anwendung magischer Mittel propagiert haben soll, unecht gewesen sein muß (vgl. dazu G. BERGSTRÄSSER Ḥunain ibn Isḥaq über die syr. u. arab. Galenübersetz., Abh. f. d. Kunde d. Morgenl. XVII 2, Lpz. 1925, S. 97 Nr. 164). F. K.

Ausg.: *Th. Puschmann*, Wien 1878/9 (krit. Textausg. mit dtsch. Übers. u. ausführl. Einl.); *Ders.* Nachtr. zu A. Trallianus, Berl. Stud. f. class. Phil. 5, 2, 1886. *F. Brunet* Paris 1933–37 (franz. Übersetz. mit Einl. u. Komm.).

24. A. von Athen signierte ein in Herculaneum gefundenes Marmorgemälde mit Leto und Niobe beim Knöchelspiel. Nach den Schriftformen eine im 1. Jh. v. Chr. gefertigte Kopie eines Werkes von etwa 410 v. Chr., A. ist wohl der Kopist. A. R.

HB Arch. IV 1 (6. Lfg. 1953) 122.

25. Sohn d. Menides aus Antiocheia am Mäander. Zu *Alex]andros* ergänzt man wohl mit Recht die Künstlerinschrift, die 1820 auf Melos mit der berühmten Aphrodite (der »Venus von Milo« des Louvre) gefunden wurde. Die Schriftformen sind die des ausgehenden 2. Jh. v. Chr. An der Zugehörigkeit zur Statue ist kaum zu zweifeln. A. R.

HB Arch. III 1 (5. Lfg. 1950) 370. 375 Anm. 18 *(Lippold)*.

Alexanor (*Ἀλεξάνωρ*). Heros aus dem Kreise des Asklepios, Sohn des Machaon, galt als Stifter des Asklepieions in Titane bei Sikyon und als Schöpfer des dortigen bekleideten Asklepios-Standbildes. Auch A. hatte dort mit dem Heilgott Euhamerion (→ Akesis) eine Statue. Heroenopfer wurden ihm nach Sonnenuntergang dargebracht. Paus. 2,11,5ff. Als seine Brüder bezeichnet Paus. 2,23,4. 38,6 Sphyros, der in Argos eine Asklepiosstatue stiftete, und Polemokrates in Nauplia. Wahrscheinlich ist A. identisch mit dem an verschiedenen Orten verehrten chthon. Heilgott → Alkandros (Nr. 1); s. auch → Alkon Nr. 2. H. v. G.

Alexion (*Ἀλεξίων*), *ὁ χωλός*. Griech. Grammatiker der 2. Hälfte des 1. Jh. n. Chr., Homererklärer. In den Hom.-Sch. und bei Herodianos sind zahlreiche Fragmente erhalten, die vor allem orthographische und prosodische Fragen betreffen. H. Gä.

Alexis. Der bedeutendste Dichter der Mittleren Komödie neben Antiphanes, kam aus Thurioi, war aber Athener, wenn er wirklich nicht bloß Menanders Lehrmeister (Anon. de com. 17), sondern sein

Vaterbruder war (Suda). Er siegte 347 an den Dionysien (WILHELM Urk. 25). E. CAPPS, AJPh 20, 1900, 60, vermutet, daß er auch der Dichter war, dessen 1. Dionysiensieg in der Parischen Chronik zum J. 357/56 vermerkt war. Anderseits bezieht sich frg. 244 auf die Hochzeit Ptolemaios II. mit seiner Schwester (um 278). Das kann freilich ein späterer Einschub gewesen sein, aber nach Plut. mor. 420 d wurde A. wirklich 106 Jahre alt. Er hinterließ 245 Stücke; wir kennen 136 Titel, darunter nur 15 mythologische, dafür mehr, die auf erfundene Stoffe in der Art der *νέα* weisen. Frg. 107 führt den Chor in derselben Weise wie Menander ein. Anderseits gab es noch etwas wie eine Parabase in Eupolideen (frg. 237.206?). Lyrisch ist frg. 132. Den Typus des Parasiten soll A. in die attische Komödie eingeführt haben (Ath. 235 e), wohl aus der dorischen Posse seiner großgriechischen Heimat (vgl. Epicharm 34–37, auch A. frg. 156 mit Epich. 148). Interessant sind novellistische Stoffe wie Aisopos, Archilochos und die Platonparodie im »Phaidros«. Ob Pap. Berol. 11771 (26 Trimeter) A. gehört, ist fraglich (G. ZUNTZ, Mn. 3,5, 1937, 53). Aber viel spricht dafür, daß Plautus' Poenulus dem Karchedonios des A. nachgebildet ist, s. W. G. ARNOTT, RhM 102, 1959, 252. W. K.

Alfen(i)us. 1. T. Alfenius Avitianus. *Legatus Aug. pr. pr. prov. Arabiae*, IGR III 1371, *frater Arvalis* 218 (CIL VI 2104) und 231 (CIL VI 2108). G. BARBIERI Albo senat. 14 Nr. 24. **2.** L. A. Senecio. *Vir clarissimus, cos. suff.* (Dess. 2618), *legatus Aug. pr. pr. prov. Syriae Coeles* unter Severus und Caracalla zwischen 198 und 209, Dess. 5889. Statthalter von Britannien zwischen 205 und 207, JRS 31, 1946, 142. PIR I^2 p. 88 Nr. 521. **3.** A. Varus, stieg vom *centurio* im J. 53 (CIL IV Suppl. I p. 338 Nr. XLV) *zum praefectus castrorum* im J. 69 unter Fabius Valens auf, Tac. hist. 2,29,2. 43,2. *Praefectus praetorio* statt Publilius Certus, A. PASSERINI Coort. praet. 287. **4.** P. A. Varus. *cos. ord.* 2 n. Chr., CIL I^2 p. 29. Dess. 9337. PIR I^2 p. 89 Nr. 523. R. H.

P. Alfenus Varus. Suffektkonsul im Jahr 39 v. Chr., war als Jurist Schüler des Servius Sulpicius Rufus. Er stammte aus Cremona; er selbst oder zumindest sein Vater war Schuster, d. h. wohl Besitzer einer Schuh-Manufaktur. Mit dem Varus der Vita Verg. Don. 67 ed. BRUMMER ist er wahrscheinlich identisch. Sein Hauptwerk sind 40 B. Digestorum. Diese wählen den durch Justinian so bedeutungsvoll gewordenen Buchtitel als Bezeichnung einer prinzipiell der Ediktsordnung folgenden, aber in manchem auch die Gliederung des *ius civile* beachtenden Schrift. Wenn in den Digesten des Varus ein ungenannter Jurist spricht, ist es sein Lehrer Servius. Der Spätklassiker Paulus verfaßte einen Auszug aus Varus' Digesten. Ob Varus auch Coniectanea geschrieben hat, ist unsicher. Th. M.-M.

De Sarlo Alfeno Varo e i suoi Digesta, 1940.

Alfius, lateinischer Eigenname. **1.** A., verfaßte ein bellum Carthaginiense (1. pun. Krieg?) und lebte vielleicht in Augusteischer Zeit. Fest. p. 158 M. SCHANZ.-HOS. 1, 202. **2.** A., Bankier. Hor. epod. 2,67. **3.** Marius A., Campaner, fiel 215 v. Chr. gegen Rom. Liv. 23,35,11. 19. **4.** A. Avitus, lebte etwa unter Hadrian, behandelte röm. historische Stoffe in jamb. Dimetern. FPR 383. SCHANZ-HOS. 3,24 f. 228. **5.** A. Flavus, Rhetor, unter Augustus. Sen. contr. 1,1,22 u. ö. **6.** C. A. Flavus, unterstützte 63 Cicero, war 59 Volkstribun auf Caesars Seite, bewarb sich erfolglos um die Praetur und war 54 *quaesitor de vi* und *de sodaliciis*. BROUGHTON Mag. 2,189. H. G. G.

Algidus (NISSEN It. Ldk. 2,595 f.), s. ö. und ö. Teil des Kraterringes der Albanerberge, durch den Einschnitt (hier verläuft auch die v. Latina) der Cava dell'Aglio (‹ Algido › volksetymologisch entstellt), 540 m Meereshöhe, unterbrochen; hier war im 5. Jh. die Einfallspforte der Aequi (Liv. 3,2,23. 25.27 u. a.). Ein Diana-Heiligtum auf dem A. wird nur Hor. c. 1,21,6; c. s. 69 erwähnt (j. Mte. Artemisio?), Fortunakult Liv. 21,62,8 (b. Tusculum?). Eichenwälder (Hor. c. 3,23,9. 4,4,58), kaiserzeitliche Sommervillen (Martial. 10,30,6. Sil. 12,536). G. R.

Alica s. Chondros

Alienatio bezeichnet jede rechtsgeschäftliche Verfügung über Rechte, mitunter sogar die bloße Duldung eines fremden Rechtserwerbs (*usucapio:* D. 50,16,28 pr.). Bedeutung gewann der Begriff der a. durch Verbote einer Veräußerung bestimmter Sachen, so des italischen *fundus dotalis*, der *res litigiosae;* bei a. *in fraudem creditorum* gab der Praetor restitutorische Interdikte, bei *iudicii mutandi causa* vorgenommener a. einer voraussichtlich bald streitverfangenen Sache gleichfalls eine *in integrum restitutio*. Th. M.-M.

Brasiello Studia et Documenta Historiae et Iuris 15, 1949, 114 ff. *Burdese* Autorizzazione ad alienare, 1950. *F. Sturm* Abalienatio, 1957.

Aligern. Sohn des Fredigern, Bruder des letzten Ostgotenkönigs Teija. Nach Teijas Tod verteidigte A. die ihm anvertraute Festung Cumae noch bis Juni 553 (Agath. 1,8 f. Prok. 8,34 f.). Anschließend stellte er sich auf die römische Seite und nahm (Ende 553) an der siegreichen Schlacht des Narses gegen den Alamannen Butilinus bei Capua teil (Agath. 1,20. 2,9). A. L.

Stein Geschichte II 603 ff.

Alimenta, alimentarii. Die Ernährung hilfsbedürftiger Personen durch staatliche Instanzen, d. h. das Institut der Alimentation, steht urspr. mit der schon nach dem 2. pun. Krieg auftretenden Abnahme der Zahl der *cives Romani* in Zusammenhang, die sich am Ende der Republik immer deutlicher ausprägte und zu Beginn der Kaiserzeit durch Augustus neben anderen Maßnahmen zur außerordentlichen Unterstützung kinderreicher Familien führte. Diese Unterstützung gestaltete sich dann zu einer gegenseitigen Rechtspflicht unter den in gerader Linie miteinander Verbundenen sowie unter Patronen und Freigelassenen und wurde durch *extraordinaria cognitio* (Dig. 25,3) geschützt. Unter Nerva trat eine vom Staat geordnete Beitragsleistung zur Unterstützung armer freigeborener Kinder *(alimentarii pueri et puellae)* in Kraft (Aur. Vict. ep. 12). Auf diese Einrichtung bezieht sich die Großbronze des J. 97 mit dem Bild des Kaisers und der Umschrift *tutela Italiae.*

In der Regel handelt es sich um die staatliche Anlage von Stiftungsfonds in Hypotheken auf Grundbesitz. Diese Alimentationsinstitute verbreiteten sich über ganz Italien und wurden von Traian weiter ausgebaut (Cass. Dio 68,5,4). Die Einnahme und Ausbezahlung der Zinsen sowie die Führung der Register in den einzelnen Gemeinden erfolgte durch einen städt. Beamten *(quaestor alimentorum, quaestor pecuniae alimentariae)*, und die Einrichtung des ganzen Instituts unterstand wohl einem *praefectus alim.*, der insbes. die Kapitalsanlage besorgte. Später war Italien in eine Anzahl von Alimentationsbezirken eingeteilt unter den senatorischen *curatores viarum* oder bes. dazu bestellten ritterlichen *procuratores alimentorum.* W.S.

Marquardt RStV²2,141 ff. *Mommsen* RStR³2,1079 ff. CAH 11,210 ff. *Rostovtzeff* Rom. Emp. 308.314. *Mattingly* RIC 2, 1926, 240.

Alipheira s. Kynuria

Aliso. Nach Cass. Dio 54,33 legte Drusus 11 v. Chr. »den Feinden zum Trotz ein Kastell«, am Zusammenfluß von Elison und Lippe an, das als Ausgangs- und Versorgungsbasis für die Feldzüge nach Innergermanien dienen sollte. Nach der Varusschlacht von den Germanen bedrängt, Vell. 2,120, wird A. anläßlich des Feldzuges des Germanicus im Jahre 16 n. Chr. bei Tac. ann. 2,7 erwähnt. Die Örtlichkeit stimmt nach allgemeiner Ansicht mit Haltern überein, das an der unteren Lippe, 41 km vom Rhein entfernt, mit zahlreichen Funden auch der bei Ptol. 2,11,14 angegebenen Lage entspricht. H. C.

C. Schuchhardt Mitt. d. Altertums-Kommission für Westfalen 2, 1901, 199. *C. Jany* Forsch. z. Brandenburg. und Preuß. Gesch. 46, 1934, 176.

Alites s. Augures

Alkaios (Ἀλκαῖος) **1.** Sohn des Perseus und der Andromeda, Gatte der Astydameia, einer Pelopstochter, Vater des Amphitryon und der Anaxo, Großvater des Herakles. Hes. Aspis 26. Sch. Eur. Hek. 886. Auch die Namensform Alkeus scheint belegt zu sein, die für das Patronymikon → Alkeides besser paßt. **2.** Ursprüngl. Name des Herakles, nach Diod. 1,24. 4,10. Die Umnennung befahl das pythische Orakel. Man entnimmt daraus, daß die Thebaner einen lokalen Heros mit Herakles gleichgesetzt haben, den sie ja durch die bekannte Geburtslegende für Theben in Anspruch nahmen. Wilam. Eur. Herakles 1,293 f. **3.** Sohn des Herakles, von einer Sklavin, Vater des Belos, Stammvater der lydischen Könige, Hdt. 1,7. H. v. G.

4. (Aiol. Ἄλκαος), aus Mytilene (Lesbos), neben der gleichzeitigen Sappho bedeutendster Lyriker des aiolischen Sprachraumes. Leben und Dichtung stehen ganz im Zeichen heftiger Parteifehden, an denen sich A. auf adliger Seite führend mit erfolglosem Widerstand gegen den Demos beteiligte. Zeitbestimmend und sein Schicksal entscheidend erscheint in den Liedern des A. der von ihm bekämpfte, vom Volk zum Schiedsrichter (Aisymnetes) der innerpolitischen Wirren gewählte (590–580) Pittakos, dem Gewaltherrscher wie der von A.' Brüdern beseitigte Melanchros und Myrsilos vorausgingen. Die alten, wohl aus der Dichtung des A. erschlossenen Nachrichten ermöglichen, so wenig wie seine Lieder selbst, auch nach den Papyrusfunden (Oxyrhynchos) keinen klaren Einblick in die umwälzende Lokalgeschichte der Insel, zeigen aber A. und seinen Bruder Antimenides erst in kurzer, dann längerer Verbannung, die A. bis nach Äg., Antimenides nach Babylonien führte, bis eine Amnestie ihre Rückkehr erlaubte. Die schwankenden Lebensdaten des A. liegen in den Jahrzehnten vor und nach 600. Im Kanon der griech. Lyriker stand A. an 2. Stelle. Sein dichterisches Werk, von den Alexandrinern in 10 B. erfaßt ([2],390–397. [3],259–264), noch im 1. Jh. n. Chr. kommentiert (Apion) und durch Pap.-Reste des 2./3. Jh. für Äg. bezeugt, enthielt in neuer vierzeiliger Strophenform hymnische Lieder auf Götter und Helden; im Mittelpunkt rein subjektiven, oft leidenschaftlichen Dichtens stehen zeitwichtige, kämpferische Verse, Stasiotika (Strab. 13,2.3), unter ihnen die Allegorie aufs gefährdete Staatsschiff (30 D), die Haßzeilen auf Myrsilos' Tod (31 D), Selbstironie auf Flucht bei Sigeion (49 D), auf den Waffensaal (54 D), an Antimenides (50 D). Diese »politische Tendenzpoesie großen Stils« [1] berührt sich eng mit den Skolia (Aristot. Ath. pol. 3,14 zu A. 87 D) und Sympotika, die in Gesellschaft beliebig vieler oder nur eines παῖς oder ἕταιρος zum Saiteninstrument des βάρμος (Barbitos 43,4 D) vorgetragen wurden. Solche Lieder, aus erregter Gegenwart geboren, geben politische Stimmung wieder, verströmen archilochischen Spott, gelten nach der Mahnung πώνωμεν auch ernster Lebensweisheit. Erotika fehlten nicht, erhielten sich aber in so spärlicher Zahl, daß sie über den Eros θηλυκός und παιδικός des A. kein Urteil zulassen. Vor Dirnen warnt Frg. 117 Lob., Treu S. 72; grundlos wird der an Sappho gerichtete Vers 63 D unter die Erotika gestellt. Über das persönliche Verhältnis A.-Sappho ist nichts bekannt. A. besaß zur Einkleidung seiner meist in vierzeilige Strophen gefaßten Lieder überraschend viele metrische Formen, vom aiolischen Hexameter, daktylischen, iambischen Tetrameter bis zum virtuos gebauten choriambischen und glykoneischen Kunstgebilde; die nach ihm, Sappho und Asklepiades genannten Strophen erscheinen bei A. ausgebildet; häufige Nachahmung (Theokrit, Horaz) und metrisches Studium (Hephaistion). Über sein Nachleben s. [1],1504f. K.P.

1. Grundlegend *O. Crusius*, RE I 1498–1505. 2. *E. Diehl* Anthologia lyrica graeca, Lpz. 1925, 390–446. 3. *E. Lobel-D. Page* Poetarum Lesbiorum Fragmenta, Oxf. 1955, 112 bis 291. 4. *M. Treu* Alkaios, Münch. 1952. 5. Papyrusfunde: *R. A. Pack* The greek and latin literary Texts from greco-roman Egypt, Ann Arbor 1952, 10f. Nr. 32–39, The Oxyrhynchus Papyri 21, 1951, Nr. 2288–2308.

5. A. aus Messene, epigrammatischer Dichter, Feind Philipps V. von Makedonien (221–179), den er erbittert bekämpft. Über 20 seiner Epigramme hat die Anthologie erhalten (H. BECKBY Anth. graeca 4, 1958, 732). Anth. Pal. 9,588 auch in einem Tebtynis-Papyrus (APF 3,276). Die Zuweisung einiger Epigramme an einen A. aus Mytilene, an der REITZENSTEIN festhielt ([2],169,1. [3] Nr. 14), ist aufgegeben. Zu den satirischen »Streitvergleichungen« (Συγκρίσεις) des A'. [1],546,140. K.P.

1. *Susemihl* 2,544–546. 2. *R. Reitzenstein* Epigr. u. Skol. 285.

6. A. aus Mytilene, Epigrammatiker, dem in der Anthologia Palatina einige Gedichte zugeschrieben werden, doch liegt vermutlich Namenverwechslung des Messeniers A. mit dem Lyriker A. von Mytilene vor, wenn nicht ein jüngerer, sonst unbekannter gleichnamiger Dichter anzunehmen ist; s.o. zu A. von Messene; BERGK PLG 3, 1914, 195f. J. GEFFCKEN (Jb. für Phil. 23, Suppl. 1897, 147) hält die Angabe eines A. von Mytilene für Fälschung. K. P.

7. A., attischer Komödiendichter. Seine Stücke, meist mythologische Travestien, sind bis auf wenige Reste verloren. Mit einer »Pasiphae« trat er 388 gegen Aristophanes' Plutos auf. K. P.

Frg. bei *Mein.* FCG 2,2, 824–834.

Alkamenes. Bildhauer, als Heimat wird Athen oder Lemnos angegeben. Schüler und Rival des Pheidias, arbeitete noch 403 v. Chr. für Thrasybulos. Von seinen Werken sind inschr. Kopien des archaisierenden Hermes Propylaios bezeugt, solche des archaisierenden Hekataion wahrscheinlich. Die Marmorgruppe der Prokne mit Itys (jetzt mit sicher unzugehörigem Kopf ergänzt), von Pausanias als Weihung (nicht als Werk) eines A. genannt, doch wohl auch mit Recht ihm zugeschrieben. Viele sonstige Attributionen in der modernen Literatur, auch die der berühmten Aphrodite in den Gärten, sind unsicher. A. R.

HB Arch. III 1 (5. Lfg. 1950) 184ff. *(Lippold)*. Enciclop. dell'Arte Ant. I, 1958, 255ff. *(Becatti)*.

Alkandros (Ἄλκανδρος), **1.** Ein chthonischer Heilgott, in Lebadeia Sohn des Trophonios, in Sparta mit der Heilgöttin Athena Optiletis (Ophthalmitis) verbunden, zugleich aber in die Lykurgoslegende verflochten. A. schlug dem von der Opposition verfolgten Lykurgos ein Auge aus. Das Volk lieferte ihn L. aus, der ihn milde behandelte und bald den Athenatempel gründen konnte, Plut. Lyk. 11. Paus. 3,18,2 u.a. → Alkon Nr. 2 u. Alexanor. **2.** Der fromme und weissagekräftige Sohn des Molosserkönigs Munichos. Verwandlungssage bei Anton. Lib. 14. H. v. G.

Alkanor (Alcanor). **1.** Ein Troer vom Ida, dessen Söhne Pandarus und Bitias im Heer des Aeneas in Italien kämpfen (Verg. Aen. 9,672). **2.** Ein Rutuler, der von Aeneas getötet wird, Bruder des Maeon und des Numitor (Verg. Aen. 10, 338). W. S.

Alkathoe, Alkithoe (Ἀλκαθόη, Ἀλκιθόη). **1.** Tochter des Minyas von Orchomenos. Sie blieb mit ihren Schwestern Leukippe und Arsinoe am Webstuhl zu Hause, während alle andern Frauen auf den Bergen die Dionysosorgien feierten. Der Gott erschien ihnen als junges Mädchen und lud sie ein, vergeblich, dann in allerlei Spukgestalten und Wunderzeichen. Schließlich wurden sie wahnsinnig, zerrissen den Sohn der Leukippe und rasten hinaus auf die Berge, wo Hermes sie in Fledermaus, Eule und Uhu verwandelte. Anton. Lib. 10 nach Nikandros' Heteroiumena. Ähnlich Ail. var. 3,42 und Ov. met. 4,1–40. 390–415, letzterer ohne die wichtigsten Elemente der Sage (Raserei und Kindesopfer), die doch die überwältigende Macht der eindringenden Dionysosreligion beweisen soll; Aition des Festes → Agrionia, NILSSON Gr. Feste 271ff. H. v. G.

2. s. Alkathoos 1

Alkathoos (Ἀλκάθοος) **1.** Heros eponymos der w. Akropolis von Megara, mit einem Heroon, Gräbern seiner Angehörigen, Opfern und Spielen. So bezeichnen Dichter die Megarer als Ἀλκάθου ναετῆρες, die Stadt als *Alcathoi urbs* oder *Alcathoe*. Örtliche Überlieferungen nach dem Megarer Dieuchidas bei Paus. 1,41,1–43,4. A., Sohn des Pelops und der Hippodameia in Elis, wegen Totschlags eines Bruders aus Elis flüchtig, kommt nach Megara, wo er durch Erlegung des Kithairon. Löwen die Tochter des Königs Megareus und das Nachfolgerecht gewinnt. Als Herrscher baut er Tempel und erneuert die von den Kretern niedergerissene Mauer mit Hilfe Apollons; einer ihrer Steine, mit Steinchen beworfen, erklingt wie eine Kithara, Verg. Cir. 105. Ov. met. 8,16. Den jüngeren Sohn Kallipolis, der ihm den Tod des älteren, Ischepolis, melden will und ihn beim Opfer stört, tötet A. im Zorn; ein Seher muß ihn entsühnen. WILAM. Eur. Herakles^2 1,293f. sieht in A. einen megar. Doppelgänger des boiot. Herakles. Die Heirat seiner Tochter Periboia mit Telamon bekundet megarische Ansprüche auf Salamis. **2.** Aitoler, Sohn des Porthaon, von seinem Verwandten Tydeus erschlagen, Apollod. 1,63.76. Hes. frg. 165 nennt ihn unter den unglücklichen Freiern der Hippodameia, die Oinomaos tötete, und Antiquare identifizierten ihn mit → Taraxippos. **3.** Troer, Schwager und Erzieher des Aineias, Hom. Il. 12,93. 13,428.465.496. H. v. G.

Alkeides ('Ἀλκείδης, *Alcīdes*), Patronymikon zu Alkeus = Alkaios Nr. 1, daher Beiname des Amphitryon als des Sohnes (Hes. Aspis 112), gewöhnlich aber des Herakles als des Enkels des Alkaios. Apollod. 2,4,12,2 gibt A. für den urspr. Namen des Herakles aus, s. Alkaios Nr. 2. H. v. G.

Alkestis ("Ἄλκηστις). Tochter des Pelias und der Anaxibia, Gemahlin des → Admetos, Königs von Pherai, bekannt durch → Eur. Tragödie (438): Die Moiren verzichten auf Admetos' Tod, wenn jemand sich für ihn opfere. Seine Eltern weigern sich; A. erklärt sich bereit. Nach Jahren glücklicher Ehe, der 2 Kinder entsprossen, muß A. aus dem Leben scheiden. Da kommt Herakles des Weges; er ringt mit Thanatos und führt A. ihrem Gatten wieder zu. In einer andern Sagenfassung schickt Persephone, durch A.' Treue gerührt, die Tote zurück. Als Grund für den über Admetos verhängten frühen Tod nennen Spätere die Unterlassung des vorhochzeitlichen Opfers an Artemis. Hom. Il. 2,714. Aischyl. Eum. 721. Plat. symp. 179b. 208d. Diod. 4,53,2. Apollod. 1,105f. Hyg. fab. 24. 50f. Bildliche Darstellungen auf der Kypseloslade (Paus. 5,17,11), auf etrusk. Vasen und röm. Sarkophagen. Opfertod für den Gatten und Ringkampf mit dem Todesdämon sind weitverbreitete Märchenzüge. H. v. G.

→ Admetos. Ferner *K. v. Fritz* Ant. u. Abendl. 5, 1956, 27. *K. Schauenburg*, G 64, 1957, 213ff. *L. Weber*, RhM 85, 1936, 117.161 (über orph. Einflüsse).

Alketas ('Ἀλκέτας) **1.** König von Maked., Sohn Aeropos' I. **2.** Bruder König Perdikkas' II. von Maked. **3.** A. I., König der Molosser (ca. 385–370); von diesen vertrieben, floh er zu Dionys I. nach Syrakus. Von ihm zurückgeführt, schloß er sich dem 2. attischen Seebund an (Syll.^{3} 1, 147). P. Franke Die ant. Münzen v. Epirus 1, 1961, 86.276. **4.** A. II., wurde 313 König der Molosser, behauptete sich gegen Kassandros, wurde jedoch dann wegen seines harten Regiments von seinem Volk erschlagen (Diod. 19,88f.). **5.** Jüngerer Bruder Perdikkas', zeichnete sich auf dem Alexanderzug als Führer einer Pezhetairentaxis 327 in Sogdiane und Indien aus. Später kämpfte er an der Seite seines Bruders und des Eumenes in Kleinasien, wurde aber 319 von Antigonos in Pisidien besiegt und beging Selbstmord (H. Berve Alexanderreich 2 Nr. 45). **6.** Verfasser einer Periegese von Delphoi. Fr. Kie.

Alkibiades. 1. Zeitgenosse des Kleisthenes, den er beim Sturz der Tyrannis in Athen 510 v. Chr. unterstützte (Isokr. 16, 26). **2.** A. (ca. 450–404), Enkel des Vorigen, Sohn des Kleinias und einer Alkmaionidin (W. Dittenberger, H 37, 1902, 1ff. E. Vanderpool, Hesp. 21, 1952, 1ff.), athen. Politiker und Feldherr. Nach dem Tode seines Vaters wuchs er im Hause seines Onkels und Vormundes Perikles auf, wo er sich, trotz zeitweiliger Unterweisung durch Sokrates, zum Prototyp eines sophistisch gebildeten jungen Mannes entwickelte. Im Verlauf seiner politischen Tätigkeit wurde er dann das klassische Beispiel eines emanzipierten, den Rahmen der Polis sprengenden Machtmenschen. Durch seine Genialität und sein gewinnendes Wesen vermochte er seine Mitbürger in seinen Bann zu schlagen. Zunächst den extremen Demokraten zuneigend, war er dann ein Gegner Kleons geworden und hatte alte Beziehungen seiner Familie zu Sparta wieder aufgenommen. Als jedoch infolge des Nikiasfriedens (421/20) der Peloponnesische Bund zu zerfallen schien und Korinth, Boiotien, Elis, Mantineia und Argos sich enttäuscht gegen Sparta zusammenschlossen (vgl. H. D. Westlake, AJPh 61, 1940, 414ff.), traf sich A. mit dem Führer der Radikalen, Hyperbolos, in dem Bestreben, Spartas Isolierung zu vollenden. 420 zum Strategen gewählt (Plut. Alk. 15), erreichte er die Abkehr Athens von dem Bündnis mit Sparta (den Gegensatz zwischen A. und Nikias suchen zu Unrecht zu bagatellisieren A. Momigliano, Riv. Fil. N.S. 7, 1929, 371ff. u. G. de Sanctis in: Problemi di storia antica [Bari 1932] 93ff. 109ff.) und ein Defensivbündnis zwischen Athen, Argos, Elis und Mantineia (IG I^2 86. Thuk. 5,47. D. Cohen, Mn. 9, 1956, 289ff.), worauf sich freilich Korinth und Boiotien wieder Sparta näherten. Doch folgte Athen der Politik des A. nur mit halbem Herzen, und 418 wurde er nicht mehr zum Strategen wiedergewählt (Thuk. V 61. In diesem Jahr zertrümmerte König Agis von Sparta durch seinen Sieg bei Mantineia über die Athener und Argiver A.' Sonderbund (Thuk. 5,70ff. W. J. Woodhouse King Agis of Sparta and his campaign in Arcadia in 418 B.C., 1933; dazu Th. Lenschau, PhW 1934, 492ff., und A. W. Gomme Essays in Greek hist., Oxf. 1937, 132ff.). Als jedoch die Radikalen daraufhin den polit. Gegensatz zwischen Nikias und A. durch den Ostrakismos zu entscheiden forderten, vereinigten sich beide und brachten 417 Hyperbolos mit eben dieser Waffe zu Fall (Plut. Nik. 11; Alk. 13. Zur Datierung Beloch, GG 2^2,1.350f. H. Neumann, Klio 29, 1936, 36ff. trat für 418 ein [dagegen W. Peek, Kerameikos 3, 1941, 101ff.], für 416 bzw. 415 A. G. Woodhead, Hesp. 1949, 78ff.; A. E. Raubitschek, TAPhA. 79, 1948, 192f.). 417/16 wieder zum Strategen gewählt, vergewaltigte A. das neutrale Melos (W. Eberhardt, Hist. 8, 1959, 284ff.) und vernichtete dessen Bürgerschaft. Seine Rennsiege in Olympia 416 (IG I^2 p. 294,40ff. C. M. Bowra, Hist. 9, 1960, 68ff.) steigerten A.' Ansehen noch. In Fortsetzung und Übertreibung der W.-Politik des Perikles (Momigliano a. O., sowie, freilich überspitzt, S. Mazzarino, Mem. dell'Acc. delle science di Bologna 1944/45, 3ff.) trat er dann dafür ein, einem 416 vorgetragenen Hilfsgesuch von Segesta gegen Selinus stattzugeben, und erfüllte seine Mitbürger mit der Hoffnung, darüber hinaus das dorische Syrakus niederwerfen und die attische Macht über das w. Griechentum aufrichten zu

können (Thuk. 6,8,4.90. Plut. Alk. 17; Nik. 12f.). A., Nikias und Lamachos wurden zu *στρατηγοὶ αὐτοκράτορες* (vgl. hierzu M. Scheele *Στρατηγὸς αὐτοκράτωρ*, Diss. Lpz. 1932, 3ff.) ernannt und gewaltige Streitkräfte ausgerüstet. Bevor jedoch diese Ende Juni 415 in See stechen konnten (B. D. Meritt, AJA 1930, 125ff. A. Piganiol, REG 50, 1937, 1ff., setzt die Abfahrt Ende Juli an; s. dagegen J. Hatzfeld, ebd. 293ff.), brachte die Verstümmelung der Hermen in Athen (hierzu W. K. Pritchett, Hesp. 22, 1953, 230ff.) die allgemeine Spannung zur Entladung. A. wurde der Mittäterschaft und der Profanierung der eleusin. Mysterien beschuldigt, doch verschoben die Demagogen den Prozeß aus Angst vor seiner augenblicklich starken Position (Thuk. 6,27ff.). Kaum hatte A. aber auf Sizilien seinen Kriegsplan gegenüber seinen Mitstrategen durchgesetzt, wurde er wegen des Prozesses zurückberufen. In Thurioi verließ er jedoch das attische Staatsschiff Salaminia und ging über Argos nach Sparta (G. Daux in: Mélanges Desrousseaux 1937, 117ff.). In Athen hierauf in absentia zum Tode verurteilt (Plut. Alk. 21f.; zur Konfiszierung seines Vermögens SEG X 241. W. K. Pritchett, Hesp. 25, 1956, 322ff.), fand er mit seinen Racheplänen vor allem bei den Jungspartiaten Anklang. Auf seinen Rat (Thuk. 6,88ff.) sandte Sparta 414 Gylippos als Befehlshaber nach Syrakus und eröffnete 413 durch Besetzung der Grenzfestung Dekeleia den Krieg gegen Athen erneut. Unter A.' Einfluß nahm Sparta 412 mit Tissaphernes, dem Satrapen von Sardeis, Verbindung auf. Gegen Preisgabe der Griechen Kleinasiens (Thuk. 8,18.43.52.58) besoldete dieser eine in Ioniens Gewässern erscheinende spartan. Flotte, auf der sich A. befand und die zahlreiche Bundesgenossen Athens zum Abfall brachte. Doch dann löste sich A. von den Spartanern und versuchte Tissaphernes zu einer Schaukelpolitik zwischen Athen und Sparta zu überreden (Thuk. 8,45ff.81.87). Da ihm der Sturz der Demokratie in Athen als die Voraussetzung für seine Rückkehr erschien, ließ er dort bekanntmachen, Tissaphernes sei im Falle einer Verfassungsänderung zu Zusammenarbeit mit Athen bereit. Nicht zuletzt diese Aussicht löste den oligarchischen Umsturz von 411 aus (Thuk. 8,53f.). Doch der Satrap erneuerte den Subsidienvertrag mit Sparta (Thuk. 8,56ff.). Und A., infolge der unterbliebenen Rückberufung verstimmt, nahm Verbindung mit der demokratisch gesinnten attischen Flotte bei Samos auf. Von dieser 411 zum Strategen gewählt (Thuk. 8,86), machte er Politik nach eigenem Kopf. 410 griff er in die Kämpfe am Hellespont ein, schlug die spart. Flotte unter Mindaros bei Kyzikos vernichtend (Xen. hell. 1,1,11ff. A. Andrewes, JHS 73, 1953, 2ff.) und stellte Athens Macht in diesem Raum wieder her. Von der erneuerten Demokratie zurückgerufen, hielt er 408 am Plynterienfest mit reicher Beute beladen einen triumphalen Einzug in Athen. Von allen Anschuldigungen freigesprochen, wurde er zum *ἡγεμὼν αὐτοκράτωρ* gewählt (Xen. hell. 1,4,8ff.). Als er im Schutze der bewaffneten Macht sogar die heilige Prozession wieder von Athen nach Eleusis zu führen vermochte, galt er geradezu als Garant des Sieges. Doch inzwischen hatte der spartanische Nauarch Lysandros enge Verbindung mit dem persischen Prinzen Kyros, seit 408 Vizekönig von Kleinasien, aufgenommen und brachte dann A.' Siegeszug hierdurch ins Stocken. Als im Frühjahr 407 in Abwesenheit A.' ein Teil der attischen Flotte bei Notion eine Niederlage erlitt (Xen. hell. 1,5,11ff. G. De Sanctis, Riv. Fil. N.S. 9, 1931, 222ff.), erreichten die Demagogen in Athen seine Absetzung und beraubten den Staat damit des einzigen Mannes, der Lysandros' Schachzügen vielleicht mit Aussicht auf Erfolg hätte entgegenwirken können. A. zog sich hierauf in seine thrakischen Besitzungen zurück. Nach Athens Katastrophe floh er 404 an den Hof des Satrapen Pharnabazos nach Daskyleion, doch ließ ihn dieser auf Betreiben Lysandros' und der Dreißig in Athen in der Ortschaft Melissa in Phrygien ermorden.
J. Hatzfeld Alcibiade, Paris ^{2}1951. *F. Taeger* Alkibiades ^{2}1943 (ein moderner Ehrenrettungsversuch).

3. A. von Phegus, von Andokides in der Mysterienrede (1,65.67) unter jenen genannt, die an der Hermenverstümmelung beteiligt gewesen sein sollen. Fr. Kie.

4. A. (*Ἀλκιβιάδης*, bei Paus. [s.u.] – *ας*). Vornehmer Lakedaimonier, verdankte Philopoimen die Rückkehr aus der Emigration, arbeitete aber dennoch später in Sparta (und auf einer Gesandtschaft in Rom) gegen die Achaier. Diese verurteilten ihn und den Areus im J. 184 v. Chr. zum Tode, doch veranlaßte der röm. Gesandte Appius Claudius die Aufhebung des Urteils. Polyb. 23,4. Liv. 39,35ff. Paus. 7,9,2ff. M. v. A.
M. Holleaux Études d'épigr. et d'hist. gr. Bd. 5,2, 1957, 121ff. (Lit.). *B. Niese* Gesch. der griech. und makedon. Staaten seit der Schlacht von Chäronea 3, 1903. 48f.

Alkidamas. Rhetor und Sophist, Schüler des Gorgias, Zeitgenosse und Gegner des Isokrates. A., Sohn eines Diokles, stammte aus Elaia in der Aiolis; er lehrte vorwiegend in Athen u. suchte die von Gorgias begründete *τέχνη* folgerichtig fortzusetzen. Er legte das Hauptgewicht auf die praktische Schulung des Rhetors, auf seine Schlagfertigkeit und auf seine Fähigkeit, zu improvisieren. Die einzige erhaltene Schrift (*περὶ τῶν τοὺς γραπτοὺς λόγους γραφόντων ἢ περὶ σοφιστῶν*) geht scharf mit Isokrates' Praxis ins Gericht, die Reden schriftlich abzufassen und bis ins letzte auszufeilen; A. verkannte, daß die Redekunst aus der vormals einzigen forensischen Anwendung herausgewachsen war. Nur auf aktuelle Anwendbarkeit und auf die unmittelbare Wirkung der Rede kam es A. an. Sein wichtigstes Werk war das *Μουσεῖον*, im Hauptteil eine Redeschule. Ob A.

daneben eine *τέχνη* verfaßt hat, ist nicht sicher; die Zeugnisse, die auf eine *τέχνη* deuten, lassen sich zwanglos dem *Μουσεῖον* zuordnen, das eine *τέχνη* mit umfaßt haben dürfte. Den Eingang des *Μουσεῖον* bildete der *ἀγών* Homers mit Hesiod. Hierbei spielte Homer die Rolle des Stegreif-Redners, dem die Sympathien des A. gehören; Hesiod (als Isokrateer gekennzeichnet) siegt nur infolge der Unkenntnis und der Ungerechtigkeit der Richter. Ein Stück aus diesem Eingang des *Μουσεῖον* enthält der Pap. Flind. Petr. 1,25 (ed. MAHAFFY 1891). Im übrigen enthielt das *Μουσεῖον* viel Biographisch-Anekdotenhaftes, womit es wohl Stoff bieten sollte, Reden durch witzige exempla zu bereichern. Wegen dieser Stoffsammlung ist es im Hellenismus viel benutzt worden. A. ist für die Geschichte der Rhetorik darum eine lehrreiche Gestalt, weil er die von Gorgias begonnene Richtung fortführt, ohne sich im mindesten auf die Aufgaben, die der Rhetorik im 4. Jh. zuwuchsen, einzustellen. H. D.

Ausgabe: Die erhaltene Rede (Titel s. o.) hrsg. von *L. Radermacher* Artium scriptores B XII 15; p. 135–141; die ebd. abgedruckte Rede *Ὀδυσσεύς* ist schwerlich echt. Fragmente: Oratores Attici, ed. *Baiter-Sauppe*, Zürich 1871, 154–156. Wichtigste Zeugnisse: Aristot. rhet. 3,3. Dion. Hal. Isai. 19. Cic. Tusc. 1,116. Athen. deipnosoph. 13, 592c. Plut. Demosth. 5. Suda u. e. W. s. A. und Demosth. Neuere Lit.: *J. Vahlen* Der Rhetor A., SAWW 13, 1863, 491–528. *Fr. Nietzsche*, RhM. 25, 528–540. 28, 211 ff. *Fr. Blass* Att. Bereds. 2^2, 1892, 349.

Alkidas (*Ἀλκίδας*) **1.** Spartan. Nauarch von 428/7. Er sollte im Frühjahr 427 Mytilene entsetzen, kam jedoch infolge ängstlichen Zögerns zu spät und wurde dann von einem athenischen Geschwader aus den Gewässern Ioniens vertrieben (Thuk. 3,29 ff.). Im Sommer 427 segelte er nach Korkyra, um in die dortigen Parteikämpfe einzugreifen, verlor jedoch gegen die vereinigten Athener und korkyräischen Demokraten eine Seeschlacht und ergriff auf die Nachricht von der Ankunft eines weiteren athenischen Geschwaders schließlich die Flucht (Thuk. 3,76 ff.). 426 fungierte er bei der Gründung von Herakleia Trachinia als Oikist. **2.** Spartan. Nauarch von 374/3. Angeblich nach Sizilien segelnd, sollte er Korkyra überrumpeln. Der Anschlag mißlang jedoch (Diod. 15,46). Fr. Kie.

Alkimedon (*Ἀλκιμέδων*) **1.** Arkadischer Heros, nach dem eine Ebene bei Mantineia hieß. Herakles verführte seine Tochter Phialo. Sie wurde mit ihrem Kinde Aichmagoras von ihrem Vater ausgesetzt. Durch einen Häher, der das Wimmern des Kindes nachahmte, wurde Herakles an den Ort geführt, erkannte den Knaben an und nannte die nahe Quelle Häherquelle, Kissa. Paus. 8,12,2. **2.** Einer der tyrrenischen Seeräuber, die Dionysos auf seiner Fahrt nach Naxos in Delphine verwandelte, Hyg. fab. 134. Ov. met. 3,618. **3.** Sohn des Laerkes, Myrmidonenführer, übernimmt nach dem Tode des Patroklos für Automedon das Amt des Wagenführers, Hom. Il. 16, 197. 17,467 ff. → Alkimos Nr. 2. H. v. G.

Alkimenes (*Ἀλκιμένης*). **1.** Auch Peiren oder Deliades (bei Tzetz. Lykophr. 17 liest SCHEER p. 15 f. *Πειρείναν* und *Ἡλιάδην*, anders MÜLLER p. 292 f.), wurde von seinem Bruder Bellerophontes getötet, der hierauf nach Argos flüchtete. Apollod. 2,3,1. Tzetz. s. o. **2.** Sohn des Iason und der Medeia, die den A. zusammen mit seinem Bruder Teisandros tötete (Thettalos, der Zwillingsbruder des A., entkam). Die beiden wurden im heiligen Bezirk der Hera begraben und als Heroen verehrt. Diod. 4,54,1. 6,55,1.2. GRUPPE Gr. Myth. 579, n. 9. **3.** Korinthischer Aristokrat, der die Vereinigung Korinths mit Argos zu verhindern suchte. Zusammen mit Pasimelos öffnete er den Spartanern ein Tor in der nach Lechaion zu gelegenen Schenkelmauer (392 v. Chr.). Xen. hell. 4,4,7.

Meyer GdA[4] 5,243. *Bengtson* GG.[2] 260 (Lit.), *G. T. Griffith* Hist. 1, 1950, 236–256.

4. Angesehener Achaier, Begleiter Dions auf dem Zuge gegen Dionysios II. (357 v. Chr.). Plut. Dion 23. Niese, RE Suppl. 1,62. M. v. A.

Alkimos (*Ἄλκιμος*) **1.** Einer der 4 Söhne des Hippokoon, von denen jeder ein Heroon in Sparta hatte, Paus. 3,15,1. Apollod. 3,10,5 nennt ihn Alkinoos. **2.** Myrmidone, nach Patroklos' Tode neben Automedon Gefährte des Achilleus, Hom. Il. 19,392. 24,474. Die Sch. setzen ihn mit Alkimedon Nr. 3 gleich. H. v. G.

3. Historiker, aus Sizilien stammend, 4. Jh. v. Chr., schreibt »Sizilische (bzw. italische) Geschichte« und 4 B. *Πρὸς Ἀμύνταν* (Empfänger nach JACOBY nicht der gleichnamige Platonschüler aus Herakleia), in denen er Einfluß → Epicharms auf Platon nachzuweisen sucht. Alle Frg. in FGrH 3 B S. 570 ff., *Πρ. Ἀ.* bei Diels-Kranz Vorsokr. 1, S. 195 ff. – FGrH 3 B »Text« S. 517 ff., »Noten« S. 306 f. J. W.

Alkinoos (*Ἀλκίνοος*) **1.** Nach Hom. Od. 6–9 Sohn des Nausithoos, Enkel des Poseidon und der Gigantentochter Periboia, Bruder des jung verstorbenen Rhexenor, dessen einzige Tochter → Arete er heiratet; sie schenkt ihm 5 Söhne und die Tochter Nausikaa. Er ist Oberkönig über 12 andere, gleichfalls von Poseidon abstammende Könige der → Phaiaken. Erst sein Vater, den die Kyklopen aus Hypereia vertrieben, hat sich auf Scheria angesiedelt. Die Odyssee erzählt von A.'s Palast mit Kunstwerken und Gärten und von dem Märchenschiff, das den gastlich aufgenommenen Odysseus schlafend in die Heimat bringt. Auf Poseidons Beschwerde versteinert Zeus das rettende Schiff angesichts des Hafens der Phaiaken. **2.** In den Argonautensagen ist A. zwar auch Enkel Poseidons, seine Großmutter aber ist Kerkyra, Eponymin der Insel Korfu, sein Vater Phaiax; er wurde auf Kerkyra als Heros verehrt, Thuk. 3,70,4. A. nimmt die von den Kolchern verfolgten Argonauten freundlich auf und fällt in dem Streit um Medeia einen Schiedsspruch, den Arete zugunsten Iasons wendet. Apoll. Rhod. 4,995 ff. Nach WILAM. Unters. 170 ist die Argonautensage erst im 8. Jh. durch die Korinther auf Korkyra als Phaiakenland übertragen worden. Etymologie von A.: antik = *δαΐφρων* oder *δυνατός*, modern = »mutig gesinnt« oder »mit Kraft heimbringend« (zu *νέω*, G 68, 1961, 178, in Verbindung mit myken. Texten). H. v. G.

3. So in älterer Literatur fälschlich für → Albinos, Platoniker. H. D.

Alkiphron (*Ἀλκίφρων*), Rhetor und Sophist des 2. Jh. n. Chr., wahrscheinlich jüngerer Zeitgenosse Lukians, mit dem er sich im Stilistischen und Thematischen mehrfach auffallend berührt und auch die starke Benutzung der att. Komödie gemeinsam hat. Doch ist das zeitliche und damit das Abhängigkeitsverhältnis beider durchaus kontrovers. Wir besitzen von A. 123 bzw. 124 z. T. fragmentarisch überlieferte fingierte Briefe, die sich inhaltlich in Fischer- (B. 1), Bauern- (B. 2), Parasiten- (B. 3) und Hetärenbriefe (B. 4) gliedern. Ihr szenischer Hintergrund ist zumeist Athen oder dessen Umgebung, die als lebend erwähnten histor. Personen gehören ins 4. Jh. v. Chr. E. Mi.

Ta. von *M. A. Schepers*, 1905 und *A. R. Benner–Fr. H. Fobes*, Loeb Class. Libr., 1949 (dort S. 32 ff. sowie bei *Karl Gerth*, RE Suppl. VIII 735 Nr. 13 Lit.-Hinweise).

Alkippe (*Ἀλκίππη*) **1.** Eine der → Alkyoniden Nr. 3. **2.** Tochter des Ares und der Kekropstochter Agraulos, → Halirrhotios. **3.** Sklavin der Helene, Hom. Od. 4,124. **4.** Schwester des → Astraios. H. v. G.

Alkithoe, s. Alkathoe

Alkmaion (*Ἀλκμαίων*) **1.** Argivischer, mit dem theban. Sagenkreis verbundener Heros mit einem Grab im arkad. Psophis (Paus. 8,24,7) und einem Heroon in Theben (vgl. Pind. P. 8,57). A. ist Sohn des Amphiaraos und der Eriphyle. Diese, durch Polyneikes mit dem berühmten Halsband der Harmonia bestochen, verrät das Versteck ihres Gatten, der nun am Zuge der → Sieben gegen Theben teilnehmen muß. Amphiaraos trägt seinem ältesten Sohn A. auf, ihn an der Mutter zu rächen. Dies geschieht in der älteren Überlieferung (→ Alkmaionis) vor dem Zuge der → Epigonen gegen Theben (Sch. Hom. Od. 11,326), in der üblichen Sagenfassung nachher. Hier besticht Thersandros, Polyneikes' Sohn, Eriphyle mit dem prächtigen Mantel Harmonias (Dublette!), und diese veranlaßt ihre beiden Söhne A. und Amphilochos, den Zug mitzumachen. Apollod. 3,7,2–5. Paus. 5,17,7 f. 9,41,2. Im Kampf um Theben erschlägt A. den Thebanerkönig Laodamas. Zurückgekehrt, tötet er auf Apollons Befehl seine Mutter. Von der Erinys mit Wahnsinn geschlagen, irrt er durch Griechenland, gelangt nach Psophis und heiratet hier die Tochter des Königs Phegeus, der er den Schmuck seiner Mutter schenkt, Paus. 8,24,7 ff. Ov. met. 9,407 ff. Doch die Erinys weicht nicht, bis er vom Flußgott Acheloos gereinigt wird. Er heiratet dessen Tochter Kallirrhoe, für die er den Schmuck der Harmonia unter einem Vorwande von Phegeus zurückbekommt. Dessen Söhne ermorden A. Weiter s. → Akarnan. In Korinth spielt Euripides' Tragödie *Ἀ. ὁ διὰ Κορίνθου*. BETHE Theban. Heldenlieder 56 f. 109 ff. 155 ff. SCHADEWALDT, H 80, 1952, 46 ff. **2.** Sohn des Sillos. **3.** Sohn des Megakles, → Alkmaionidai. H. v. G.

4. A., v. Kroton s. Nachtr. am Schluß d. Bandes.

Alkmaionidai (att. *Ἀλκμεωνίδαι*), eines der angesehensten attischen Adelsgeschlechter. Es leitete sich von Alkmeon, einem Urenkel Nestors, ab, der im Rahmen der Flucht der Neleiden von Pylos nach Attika nach der Rückkehr der Herakliden (Paus. 2,18,8. T. B. L. WEBSTER Von Mykene zu Homer, 1960, 191 ff., der freilich den Mythos allzusehr historisiert; anders TH. LENSCHAU, Klio 36, 1944, 201 ff.; vgl. F. HAMPL, Serta philol. Aenipont. 7/8, 1961, 37 ff.) nach Athen gekommen sein soll. Bei Hdt. 5,62 erscheinen die A. dagegen als altattisches Geschlecht. Im 7. und 6. Jh. ist die Geschichte der A. eng mit der inneren Entwicklung Athens verbunden. Der A. Megakles ließ 636 oder 632 als Archon die Anhänger Kylons von den Altären, an die sie sich geflüchtet hatten, reißen und umbringen, wodurch sich das Geschlecht schwer mit Blutschuld belastete (Hdt. 5,70 f. Thuk. 1,126. Plut. Sol. 12; vgl. FOREST, BCH 80, 1956, 39 ff.). Es mußte in die Verbannung gehen. Megakles' Sohn Alkmeon erhöhte das Ansehen der A. durch reiche Geschenke seitens des Lyderkönigs, angeblich des Kroisos, was aber chronologisch unmöglich ist (der Lösungsversuch von F. W. MITCHEL, TAPhA 88, 1957, 127 ff. ist kaum akzeptabel), und einen Viergespannsieg in Olympia (Hdt. 6,125). Alkmeons Sohn Megakles vermählte sich um 575 mit Agariste, der Tochter des Tyrannen Kleisthenes von Sikyon (Hdt. 6,127. J. W. ALEXANDER, CJ 55, 1959/60, 129 ff.) und war als Führer der Paralier (BUSOLT-SWOB. GStk 2,860. H. HOMMEL, Klio 33, 1940, 186 f.) abwechselnd Verbündeter und Gegenspieler des Peisistratos (BENGTSON GG² 133 mit Lit.). Nach dessen endgültiger Machtergreifung gingen die A. zunächst außer Landes, doch war Megakles' Sohn Kleisthenes wahrscheinlich unter Hippias 525/24 Archon (SEG X 352. B. D. MERITT, Hesp. 8, 1939, 59 ff.). Mit delphischer Hilfe gelang es den damals erneut im Exil lebenden A. schließlich, die Spartaner zum Sturz der Tyrannis in Athen zu veranlassen (Hdt. 5,62 ff.). Die Zerschlagung der gentilizischen Ordnung Athens durch Kleisthenes 508/07 (Aristot. Ath. pol. 20 f. V. EHRENBERG Neugründer des Staates, 1925, 60 ff.) war die Voraussetzung für die Demokratie und spätere Größe dieser Stadt. Die Nachricht von einem Zusammenspiel der A. mit den Persern während der Schlacht bei Marathon geht wohl auf Verleumdung zurück (vgl. Hdt. 6,121,1). Kleisthenes' Sohn

Megakles wurde 486 ostrakisiert, dessen Tochter Deinomache war die Mutter des Alkibiades. Eine Nichte des Kleisthenes, Agariste, war mit Xanthippos vermählt und wurde die Mutter des Perikles. Fr. Kie.

G. W. Williams, Hermathena 78, 1951, 32ff. (über die A. bis 500 v. Chr.).

'Αλκμαιωνίς. Ein nach Alkmaion, dem Sohn des Amphiaraos und der Eriphyle, benanntes Epos eines unbekannten Dichters. Wilam. Unters. 73,2 und andere setzen seine Entstehung in die Zeit um 600 v. Chr. ([2], 380). Inhalt waren etwa Alkmaions Muttermord und Entsühnung, sein Zug mit den Epigonen gegen Theben und seine Abenteuer in Aitolien und Akarnanien, wo er das amphiloch. Argos gründete. Doch ist man hier auf Vermutungen angewiesen, und die Verteilung verschiedener überlieferter Versionen auf die A. und ein anderes Epos des gleichen Sagenkreises ist nicht mit voller Sicherheit durchzuführen. E. Mi.

Frg.: EGF 76f.313. *Otto Immisch* JclPh Suppl. 17, 1890, 190ff. (202). *Wolfg. Kullmann* Frg. d. griech. Epiker (in Vorb.). Lit.: 1. *Er. Bethe* Theban. Heldenlieder, 1891, 109ff. 2. *W. Kullmann* Die Quellen d. Ilias, H(ES) 14, 1960, passim (dort weitere Hinweise).

Alkman, auch Alkmaon (Frg. 51 D), im alexandrinischen Lyrikerkanon an 1. Stelle, Archeget der melisch-chorischen Dichtung, eigenartig als Schöpfer spartanischer Mädchenchöre, Parthenien. Lebenszeit etwa 650–600, Geburts- und Todesdaten unbekannt; s. Rohde Kl. Schr. 1,156–158. Page 164–166. Nach alten Angaben (s. Suda unter *'Αλκμάν*; Anth. Pal. 7,709) kam er aus Sardes, was Frg. 13 D, als Selbstzeugnis gewertet, bestätigen dürfte. Legendarisch wirkt die Notiz bei Herakleides Pont. Pol. 2, A. sei wegen seines musikalischen Talents aus dem Sklavenstand (*οἰκέτης 'Αγεσίδα*) befreit worden. Sein Vater soll Damas oder Titaros geheißen haben; s. dazu Crusius 1165f. Seine choreographische und künstlerisch produktive Tätigkeit übte er in Sparta, wohl behördlich beauftragt oder anerkannt, bis ins hohe Alter (94 D) als choregischer Didaskalos und Dichterkomponist zur musischen Bereicherung kultischer und sonstiger Feiern aus, wobei er gewiß auch als Kitharistes mitwirkte. Sein Grabmal, Zeichen öffentlicher Geltung, befand sich bei den Heiligtümern der Hippokontiden und des Herakles (Paus. 3,15.1), vermutlich mit Beziehung auf die epische Einlage des Sagenstoffes in A.s Artemis-Parthenion (1 D); s. Page 26–33. Der Fabel gehört seine Todesursache, Phtheiriasis, an (Aristot. hist. an. 5,31; Plut. Sulla 36).

Im Mittelpunkt von A.s künstlerischer Aufgabe stehen hymnische Dichtungen für männliche und weibliche Chöre, von Kithara oder Flöte zu Tanz- und Marschbewegung begleitet. Hymnenpoesie, die Göttern, Göttinnen und Heroen zu Ehren gedichtet und an sakralen Festen vorgetragen wurde, stellte die alexandrinische Ausgabe der 6 Bücher von A.s *μέλη* (s. Suda) an den Anfang; doch haben sich mit einer einzigen Ausnahme (1 D) von allen diesen einst zahlreichen *ᾄσματα*, Parthenien, Paianen, Hyporchemata, auf Apollon (29–34), Zeus (16), Hera (24), Aphrodite (35.66), Artemis (60, dazu 1), auf die Dioskuren (2) u. a. nur so geringe Fragmente durch fachgelehrte Zitate antiker Grammatiker und Metriker erhalten, daß dieses Mosaik einzelner Verse keine klare Vorstellung von den ganzen Werken vermitteln kann, aber verständlich macht, ein wie weites Feld des theoretischen Studiums die alten Gelehrten gerade bei A. fanden; Übersicht über die metrischen und rhythmischen Kunstformen bei Crusius RE I 1569f. Maßgebende Aufschlüsse über das formale, inhaltliche und künstlerische Gebilde eines Parthenions brachte erst das einzige, leidlich zusammenhängende Libretto-Fragment einer Reigendichtung für Mädchenchorgruppen (Agelai), die für ein Fest der Artemis Orthia, einer der höchsten Gottheiten Spartas, verfaßt war (zu Artemis-Aotis s. Page 71–75). Im Gräbergebiet von Sakkara bei Memphis 1855 gefunden und durch Auguste Mariette dem Louvre vermittelt, zeigt dieser Papyrus (Louvre 71) aus dem 1. Jh. n. Chr. in 101 oft verstümmelten Versen, mit Akzenten, Paragraphoi und Scholien versehen, den kunstreichen Aufbau solcher, kultisch-religiöse Erbauung und zugleich sinnliche Daseinsfreude befriedigenden Schöpfungen A.s: er scheint zuerst die Dreiteilung von Strophe, Antistrophe und Epodos (4 + 4 + 6) eingeführt zu haben, wie sie das Artemis-Parthenion aufweist. Lokalbestimmt zeigt sich der Inhalt: an den sakralen Liedteil mit einer einheimischen Heroensage schließt sich unvermittelt die 2. Hälfte in überraschend heiterem Gegensatz zur vorausgegangenen ernsten Lebensweisheit an. Wechselgesänge gelten, musikalisch-rhythmisch untermalt von Reigentanz, ganz dem Lob der darstellenden Mädchen und ihrer Führerinnen, besonders einer Agido und Hagesichora. Kenntnis von technischen Einzelheiten alkmanischer Choreographie vermitteln freilich weder die Scholien des Parthenions noch die vielen Notizen antiker Fachgelehrter. Aber auch auf gesellige Dichtungen A.s weisen manche Verse der bisher bekannten 117 Bruchstücke seines Werks, in dem sich immer wieder gesunder Realismus erkennen läßt. Spott und Selbstironie sprechen harmlos aus Frg. 49, wie Humor aus 56; gute Weinsorten zählt A. auf in 53; nicht fehlt ihm Begabung für echte Stimmungslyrik: das Nachtlied 58, die Trauer über sein Alter 94. Auffallend wenige Verse erotischer Poesie enthält der Nachlaß A.s (101–105), der sich doch in dieser Dichtungsart besonders betätigt haben sollte als *ἐρωτικῶν μελῶν ἡγεμών* (Athen. 13,600f; Suda s. *'Αλκμάν*). Seine angeborene natürliche Kunst als »Sänger« fühlt er selbst: er kennt die Sangesweisen aller Vögel (93); am Singen soll man ihn nicht hindern (96). Die trümmerhafte Beschaffenheit seiner dichterischen, aus ihrem Zusammenhang gerissenen Reste ermöglicht (abgesehen von 1) Erschließung einzelner Gedichte so wenig wie volle Würdigung und Beurteilung seines Gesamtwerks, das sprachlich eine sehr eigenartige, nicht immer leicht verständliche Mischung ionisch-epischer und aiolischer Elemente auf dorisch-lakonischer Basis erkennen läßt.

A. fand verschiedene antike Erklärer, die auch z.T. in den erhaltenen Scholien des Parthenions (1) ihre Spuren hinterließen; so Aristophanes von Byzanz und Pamphilos; über ihn schrieben (*περὶ Ἀλκμᾶνος*) Philochoros, Sosibios, Alexander Polyhistor; Epigramme feierten seine Dichtkunst: Anth. Pal. 7,18 (Antipater Thess.); 7,19 (Leonidas Tar.); 7,709 (Alexand. Aetolus); s. 9,184.571. K.P.

Anthologia lyrica graeca ed. *E. Diehl* 2^2, 1942 6–42 (dazu III). O. *Crusius*, RE I 1564–1572. *D. L. Page* Alcman, The Partheneion, Oxf. 1951. Erstausgabe von *E. Egger* Mémoires d'histoire ancienne, Par. 1863, 159–175; s. *R. A. Pack* Greek and latin literary Texts from greco-roman Egypt, Ann Arbor 1952, 11,42. Abb. bei *D. Diringer* The Hand-produced Book (1953) 231 Fig. I 2 b.

Alkmene (*Ἀλκμήνη. Alc(u)mena*). Tochter des Elektryon, Königs von Mykenai (oder Tiryns), und der Anaxo (oder anderer). Über ihre Verlobung, Flucht nach Theben und den Taphierkrieg → Amphitryon. Kurz vor Amphitryons siegreicher Heimkehr naht ihr Zeus in dessen Gestalt, bringt ihr als Wahrzeichen eins von dessen Beutestücken, und wohnt ihr in dreifach verlängerter Nacht bei. In derselben (oder nächsten) Nacht empfängt sie auch von dem wahren Amphitryon, und so gebiert sie Zwillinge, vom Gott den Herakles, vom Menschen den Iphikles. Hom. Od. 11, 266ff. Hes. Aspis 1–56. Apollod. Hyg. Mythische Anschauung über Zwillingsgeburten: H. J. Rose Griech. Mythol. dt. 1955, 209f. In Eur.' Drama A. verurteilt Amphitryon A. wegen Untreue zum Feuertode, ein Gewitterregen löscht den Scheiterhaufen, und er kommt zur Erkenntnis des göttlichen Waltens (sonst durch Teiresias). Umtriebe Heras verfolgten Herakles schon vor seiner Geburt; sie drängte Zeus, der sich stolz über den erwarteten Helden äußerte, zu dem Schwur, wer heute aus seinem Blut geboren werde, solle Herr aller Umwohnenden sein. Daraufhin verzögert sie A.s Entbindung und beschleunigt die der Gattin des Sthenelos in Argos. Da dieser ein Sohn des Zeus und der Danae war, so hatte dessen Sohn Eurystheus den Nutzen von dem Eide des Zeus, Hom. Il. 19, 95ff. Theokr. 24 (Herakliskos). Paus. 9,11,3. → Galinthias und → Pharmakidai. Diese Fassung der Sage kennt den Iphikles natürlich noch nicht, und dieser fehlt auch in dem Bericht Diod. 4,9,4ff., nach dem A. das Kind aus Furcht vor Hera aussetzt, es aber von Athene, die es der Hera an die Brust gelegt hat, zurückerhält. A. und Amphitryon erscheinen natürlich auf der beliebten Darstellung des schlangenwürgenden Herakles. Nach Beendigung von dessen Dienstbarkeit bei Eurystheus wird A. mit den Herakleiden aus Tiryns verbannt. Nach Herakles' Tode wendet sie sich mit ihren Enkeln an Keyx in Trachis, der sie gegen Eurystheus nicht zu schützen vermag und nach Athen sendet, wo Demophon sich ihrer annimmt; dieser schlägt den anrückenden Eurystheus, der getötet wird (verschiedene Versionen). Nun wohnt A. mit den Enkeln in Theben, wo sie hochbetagt stirbt. Hermes entrückt sie in die Gefilde der Seligen, wo sie mit Rhadamanthys vermählt ist, und legt in ihren Sarg einen Stein, der in ihrem Heroon verehrt wird (Aition); in Haliartos zeigte man ihr gemeinsames Grab. Die Verbindung mit Rhadamanthys ebenso wie die mit Amphiaraos (Paus. 5,17,8) könnte A. als chthonische Gottheit ausweisen: Wilam. Herakles 1,296,50.297. Ihr Kult in Boiotien, Attika und Megara wurde erst durch Agesilaos nach Sparta verpflanzt, Plut. mor. 577e. S. RE I 1364 (Alektrona). H. v. G.

Alkmeon (*Ἀλκμέων*) att. Form von → Alkmaion. H. v. G.

Alkon (*Ἄλκων*) **1.** Da A.'s Sohn Phaleros in Phaleron als Heros verehrt wird, so hat auch A. wohl mit Athen zu tun. Sch. L Apoll. Rhod. 1,95 nennt ihn Erechtheus' Sohn und läßt ihn aus Attika nach Chalkis fliehen (FHG 2,42), während Ephoros frg. 33 ihn als Sohn des Abas, d.h. als einheimischen Euboier, bezeichnet. Nach Apoll. Rhod. a.O. schickt A. seinen einzigen Sohn Phaleros von Kekropien, d.h. Attika, zur Argofahrt aus, während er nach Orph. Argon. 144 von Mysien her kommt und die thessal. Stadt Gyrton(e) gründet. **2.** Wenn Meinekes Vermutung in der vita Soph. richtig ist: *Ἄλκωνος* statt des überlieferten *Ἄλωνος*, war Sophokles Priester eines att. Heros A., der nach der vita mit Asklepios zusammen von Cheiron erzogen war, d.h. als Heilgott fungierte. In dessen heiligen Bezirk hat Sophokles 420/19 den Asklepios von Epidauros aufgenommen und so dazu beigetragen, daß der lokale Gott verdrängt wurde. Vielleicht ist aber mit Nilsson GgrR 1,507 *Ἀμύνου* zu lesen, → Amynos. Myth. Lex. 1,890.2536ff. Wilam. Isyllos 83,58.188ff. → Alkandros. **3.** Kretischer Bogenschütze, Begleiter des Herakles, der z.B. Ringe von den Köpfen mehrerer Menschen schoß und eine um seinen schlafenden Sohn sich ringelnde Schlange erlegte, ohne ihn zu verletzen, Serv. Verg. ecl. 5,11. Val. Fl. Arg. 1,398ff. **4.** Sohn des Hippokoon von Amyklai, von Herakles getötet, mit einem Heroon in Sparta, Apollod. 3,10,5. Paus. 3,14,7. H. v. G.

5. (Alco), berühmter Wundarzt in Rom z.Z. des Kaisers Claudius (Plin. nat. 29,22). Ihn soll Claudius mit einer Strafe von 10 Mill. Sesterzen belegt haben, die er sich dann während seiner Verbannung in Gallien und nach seiner Rückberufung in Rom in wenigen Jahren wieder erwarb. Erwähnt auch bei Martial. 11,84,5. 6,70,6. W. S.

Alkyone (Ἀλκυόνη, auch Ἁλκ.). Ein an mehreren Orten lokalisiertes, in verschiedene Genealogien eingefügtes Meerwesen: **1.** In Boiotien und Argolis Geliebte Poseidons; ihre Söhne sind Eponymoi dortiger Städte. Ihr Raub durch Poseidon war am amykläischen Thron dargestellt, Paus. 3,18, 10. In Boiotien auch Tochter des Atlas und der Pleione und damit eine der → Pleiaden. **2.** Tochter des Aiolos und der Enarete, Gattin des → Keyx, Königs von Trachis am Oite. Sie wird wegen ihrer liebenden Klagen um den toten Gatten in einen Eisvogel verwandelt, [Lukian.] Alkyon 1 f. Ov. met. 11,410. H. v. G.

Alkyoneus (Ἀλκυονεύς). Urspr. vordor. Held der Argolis und des Isthmos, an dessen Namen der alkyon. See bei Lerna und das alkyon. Meer im n.ö. Winkel des korinth. Busens, erinnern; → Alkyonides. Ihn tötet Herakles, indem er den von A. geworfenen Felsblock auf ihn zurückschleudert; der Felsblock wird noch auf dem Isthmos gezeigt, Sch. Pind. N. 4,25. Auf Vasenbildern tötet Herakles ihn im Schlaf. Schon bei Pind. I. 6,32 ist der Schauplatz nach der Chalkidike (Phlegra) verlegt. Gleichzeitig gilt A. als der älteste Gigant, PLGr[4] 3,713 (Anthol. lyr. Hiller-Crusius[4] 306). Da er unsterblich ist, solange er auf dem Heimatboden kämpft, schleppt Herakles ihn auf den Rat Athenas fort, um ihn töten zu können, Apollod. 1,35 f. Auf dem pergamen. Altarfries schleift Athena selbst den geflügelten A. an den Haaren fort. H. v. G.

Alkyonides (Ἀλκυονίδες) **1.** = ἀλκυόνες, [auch ἁλκ., daher »halkyonische Tage«] Eisvögel, *alcedines*. Von ihnen gingen im Altertum viele Märchen um, die eine mytholog. Erklärung herausforderten. Ihr klagender Ruf galt als böse Vorbedeutung, man bewunderte die eheliche Liebe der paarweise lebenden Vögel; die etwa 14tägige Windstille auf verschiedenen Meeren um die Wintersonnenwende deckte sich angeblich mit der Brutzeit der Eisvögel und hieß daher *ἀλκυονί(τι)δες, ἀλκυόνειοι ἡμέραι, alcyonii dies, Alcedonia* (plural.). Wilamowitz, H 18,417. M. Wellmann ebd. 26,515. **2.** Das in Eisvögel verwandelte Königspaar von Trachis, Keyx und → Alkyone. **3.** Die sieben Töchter des → Alkyoneus, darunter Alkippe, die sich nach ihres Vaters Tode ins Meer stürzten und von Amphitrite in Eisvögel verwandelt wurden; ebenso die 50 Töchter des → Kinyras. Eust. 776,16.827,34. H. v. G.

Allectus. Finanzminister des Usurpators von Britannien, Carausius, den er im J. 293 tötete und die Macht an sich riß, Paneg. Lat. 8,12,2 Baehr. Seinen Versuch, sich in Boulogne festzusetzen, vereitelte Constantius I., Aur. Vict. Caes. 39,40 f. Paneg. Lat. 6,5,1 f. 8,6. Von 293–296 hielt A. die Insel in seiner Hand. Münzen dieser Zeit aus London bei Mattingly RIC V 2 p. 557–570, s. J. S. Kirkman NC 20, 1940, 24–31. Im J. 296 erwartete A. die Landung des Constantius von Boulogne aus im Gebiet von Kent, s. D. E. Eichholz, JRS 43, 1953, 41–46. Als er hörte, daß dessen an der Seine gesammelte Flotte unter Asclepiodotus im S.W. gelandet sei und sich auf dem Marsch gegen London befinde (Paneg. Lat. 8,15,5), zog er trotz der drohenden Landung des Constantius gegen diesen, Paneg. 8,16,1 f., erlitt aber bei London eine vernichtende Niederlage und fiel dabei im J. 296. R. H.

Allegorische Dichtererklärung. Die Angriffe des → Xenophanes und and. Vorsokratiker gegen die als anstößig empfundenen homer. Göttergestalten haben verschiedene Reaktionen zur Folge: 1. man verbannt Homer aus der Schule (Plat. pol. 2,377 ff. u. ö.); 2. man athetiert oder konjiziert (→ Zenodotos von Ephesos; vgl. J. Leipoldt–S. Morenz Heilige Schriften, 1953, 134 f.); 3. man schält aus den »Sagen« einen historischen Kern heraus (→ Palaiphatos u. a.); 4. ein untergelegter »tieferer Sinn« (*ὑπόνοια*) bewirkt die »Heilung der Mythen« (Eustathios von Thessalonike): entweder eine physikal.-kosmolog. *ὑπόνοια* (so zuerst → Theagenes von Rhegion: Kampf der Götter [Il. 20] als Streit der Elemente) oder eine psychologisch-ethische (Götter als geistig-seelische Zustände bzw. Funktionen → Anaxagoras). Die a. D. – in klass. Zeit *ὑπόνοια* »(Suchen nach) tieferem Sinn«; seit hellenist. Zeit *ἀλληγορία* – besonders in der Stoa beliebt (nicht nur zur Rettung Homers; vgl. Sen. epist. 88,5); häufig etymologisierend: *'Ρέα = Γῆ, 'ἐπειδὴ ἀπ' αὐτῆς ῥεῖ τὰ ὕδατα'* (→ Chrysippos), auch bei pergamen. Grammatikern (Krates von Mallos). Wichtige Quellen aus 1. Jh. n. Chr.: sog. »Handbuch d. griech. Theologie« des Stoikers → Cornutus; sog. »Homerallegorien« des Grammatikers und Philosophen → Herakleitos (§ 1: *πάντα ἠσέβησε* [Homer], *εἰ μηδὲν ἠλληγόρησεν*); → Plutarchos De Is. et Os. Neue Blüte im Neuplatonismus. In Rom bes. bei Kommentatoren Vergils. Antikgriech. a. D. beeinflußt u. a. die jüd.-christl. Allegorese, letztlich auch natursymbol. Mythendeutung des 19. Jh. J. W.

J. Leipoldt Der Homerdeuter Herakleitos, Festschr. E. Sommerlath, 1960, 9 ff. *H. Hunger* Alleg. Mythendeutung in d. Antike und bei J. Tzetzes, Jb. öst. byz. Ges. 3, 1954, 35 ff. *J. C. Joosen/J. H. Waszink*, Allegorese, RAChr 1, 1950 (im Lit.-Verz. fehlt *J. Stroux* Zur alleg. Deutung Vergils, Philol. 86, 1931, 363 ff.).

Allia (Nissen It. Ldk. 2,606). Fluß der montes Crustumini, kreuzt die v. Salaria bei 11. mil. und mündet bei Marcigliana in den Tiber. Dort Schauplatz der Gallierschlacht 18. 7. 390 v. Chr. (Liv. 5, 37 ff. Eutrop. 1,20. Plut. Cam. 18 ff. u. a.); Diod. 14, 114 verlegt die Schlacht irrig auf das w. Tiberufer. In der Nähe wurden die Lucaria gefeiert (Paul. Fest. 106,9 ff. L.). Seit ca. 400 bis z. Z. Catos Grenzfluß (Verg. Aen. 7,717. Dion. Hal. ant. 2,49. Radke, Phil. 103, 1959, 314); j. Fosso di Bettina bzw. wieder A. G. R.

A. Allienus war 60 v. Chr. Legat bei Q. Cicero in Asien (61–59, vielleicht Volkstribun 55, vgl. Broughton Mag. 2,182.529), wurde 49 Praetor, stand 48–46 als Proconsul in Sicilien und unterstützte Caesar von dort aus; Empfehlungsschreiben an ihn: Cic. fam. 13,78.79. Nach Caesars Ermordung war er Legat in Asien, Ägypten und Syrien (44/43), übergab seine Truppen an Cassius. H. G. G.

Allifae (Nissen It. Ldk. 2,798). Samnit. (Strab. 238. Ptol. 3,1,67. Diod. 20,35) Stadt der 1. Reg. (Plin. nat. 3,63; verwaltungsmäßig, geogr. jedoch durch den Mte. Maggiore von Kampanien getrennt) an der Straße von Teanum (17 mp) nach Telesia (15 mp) gelegen (It. Ant. 122,1.304,2); die alte Stadt wohl 4 km entfernt bei Castello d'Allife. In den J. 326 (Liv. 8,25,4), 310 (9,38,1), 307 (9,42,6) umkämpft, Praefektur (Fest. p. 262,14 L.) der tr. Teretina (CIL IX p. 214. Kubitschek Imp. Rom. trib. discr. 10); Mz. aus dem 4. Jh. bei Vetter, HB 135. Head HN^2 30. Notlage im 2. pun. Krieg (Liv. 22,13 ff. 26,9). Fruchtbare Gegend (Cic. Planc. 22; leg. agr. 2,66). G. R.

Allium s. Lauch

Allius, Familienname. **1.** C. Al(lius?) Münzmeister um 155–150. Broughton Mag. 2,431. **2.** M'. A., Freund Catulls (c. 68 ihm gewidmet). **3.** C. A. Bala, Münzmeister um 93–91 v. Chr. Broughton Mag. 2,431. **4.** C. A. Fuscus, C. A. Fuscianus, zwei Personen, die um 140 n. Chr. in Ostia nachweisbar sind; ein anderer C. A. Fuscianus war unter Sept. Severus Statthalter in Arabien. H. G. G.

Allobroges. Das mächtigste und wohlhabendste Volk der Gallia Narbonensis, in einem weiten und fruchtbaren Gebiet zwischen Rhodanus, Isara, lacus Lemanus und Alpes Graiae. Ihr Name bedeutet *alienigenae*. Hannibal zog durch ihr Land: Pol. 3,49,13. Liv. 21,31,5. Im J. 121 v. Chr. wurden sie von Cn. Domitius Ahenobarbus und Q. Fabius Maximus (Allobrogicus) unterworfen: Vell. 2,10. 39. Nach Mißhandlungen zögerten sie, sich an der catilinischen Verschwörung zu beteiligen (Cic. Cat. 3,4. Sall. Cat. 40 f.), dann versuchten sie unter Critognat eine Empörung, die im J. 61 unterdrückt wurde: Cass. Dio 37,47–8. Endlich, von den Helvetiern bedrängt, suchten sie Schutz bei Caesar. Hauptstadt Vienna. Ihr Gebiet ist reich an Altertümern. P. W.

Allobrogicus. Beiname der Fabii (s. d.)

Almandin s. Edelstein

Almo (Nissen It. Ldk. 2,547. Jordan Topogr. 2,112. Thes. l. l. 1,1544). Unterster Teil (Marrana dell'Acquataccio) eines Bachsystems (Fosso dello Statuario bei Tor di Mezzavia, Fosso dell'Acqua Santa, Marrana della Caffarella) mündet nach kurzem Lauf (Ov. met. 14,329) s. des Aventin in den Tiber. Bekannt durch die Waschung des Bildes der Mater magna (Cic. nat. 3,52. Ov. fast. 4,337 u. a.) am 27. März (menolog. rust. CIL I (1. Bd.^{2}) p. 280; dgl. Philocalus); vgl. Lambrechts, Bull. Inst. hist. Belge de Rome 27, 1952, 164 ff. Bömer, RE XXI 1950. Grenze der 1. Reg. (Jordan 542). G. R.

Almopia s. Nachtr. am Schluß des Bandes.

Alnus s. Erle

Aloaden, Aloiden (᾿Αλωάδαι, ᾿Αλωεῖδαι, lat. *Aloïdae*), die Söhne des Aloeus, eines Sohnes des Poseidon und der Iphimedeia, → Ephialtes und Otos. Sie fesseln Ares und halten ihn 13 Monate in einem ehernen Gefäß fest, Hom. Il. 5,385. Od. 11, 305 ist Poseidon ihr Vater; mit 9 Jahren besitzen sie ungeheure Körpergröße und bedrohen die Olympier, indem sie Ossa und Pelion auf den Olymp türmen wollen, aber Apollon tötet sie vor Erreichung des Mannesalters, Apollod. 1,53 ff. Hyg. fab. 28. Ephialtes wirbt um Hera, Otos um Artemis; diese veranlaßt ihren Tod, indem sie in Gestalt einer Hirschkuh zwischen ihnen hindurchspringt; beim Schießen auf das Tier töten sie sich, Paus. 9,22,5. Ihre Strafe im Hades, Verg. Aen. 6,582; Cul. 234. In lokalen Traditionen sind sie Gründer von Städten (Askra in Boiotien) und Stifter des Musenkults am Helikon. Gräber in Anthedon und auf Kreta, Herooenkult auf Naxos. H. v. G.

Prell.-Rob. 1,103 ff. *Wilam.* Hom. Unters. 150.

Aloe. Der Name A. (Diosk. 3,22. Plin. 27,5. Gal. 6. Serapion u. a.) soll nach J. Brun von syr. *alwa, elawa* kommen, das *colostrum* bedeute. Die Liliaceengattung Aloe L. umfaßt gegen 200 Arten meist strauchiger Blattsukulenten in Afrika u. Südasien. Die meisten antiken Angaben betreffen die in Äg. u. Vorderasien meist gebaute A. vera L. (arab. *saba, sabbara*), deren Harzsaft als Heilmittel gegen viele Leiden gerühmt wurde, nach Plin. bes. aus Indien eingeführt. H. G.

Alope (᾿Αλόπη). Tochter des Königs Kerkyon von Eleusis, von Poseidon Vater des Hippothoon, der ausgesetzt, von einer Stute ernährt, von Hirten gefunden wurde. Ihr Streit um das Kleid des Kindes kam vor den König, der es erkannte, A. zum Tode führen und das Kind abermals aussetzen ließ, das abermals bei der Stute gefunden wurde. Poseidon verwandelte A. in eine Quelle. Später tötete Theseus Kerkyon und übergab Hippothoon die Herrschaft in Eleusis. Er wurde Eponymos der attischen Phyle Hippothontis. Paus. 1,5,2. 38,4. 39,1. Hyg. fab. 187, wahrscheinlich nach dem Drama des Eur. mit der berühmten Erkennungsszene. H. v. G.

Aloros (῎Αλωρος). Stadt in der makedon. Landschaft Bottiaia am linken Ufer des Haliakmon, kurz, bevor er in den Thermaischen Busen mündet. Die Stadt scheint alt zu sein, denn sie wird erwähnt schon vor der Zeit Philipps von Mak. Diod. 15,71, 1, jetzt Paleachora. Chr. D.

F. Papazoglu Die maked. Städte in röm. Zeit (serb.), Skopije 1957 passim.

Alpenos (᾿Αλπηνός, Hdt. 7,216. ᾿Αλπηνοί 7,176). Die westlichste Ortschaft der epiknemidischen Lokrer, unmittelbar ö. von dem Engpaß der Thermopylen, an der Straße gelegen, der Verpflegungsstützpunkt des Leonidas (Hdt. 7,176). S. Karte RE VA 2399. W. S.

Alpes. Der Name ist wohl vorindogerman. ([8], 8.635. BERTOLDI Bull. de la Soc. linguistique 32, 1931, 148f. POKORNY Vox Roman. 10, 1948/9, 221 ff.), antike Etymologien Fest. 4,8 ff. L. Schol. Lucan. 1,183 (von der Schneebedeckung), Serv. Aen. 4,442. 10,13; georg. 3,474. Schol. Lucan. a. O. Isid. orig. 14,8,18 (keltisch hohe Gebirge). A. werden auch andere Gebirge genannt ([1], 1599, 64 ff.). A. Bastarnicae Tab. Peut. 8,2, Delmaticae Plin. nat. 11,240, Numidicae CIL VIII 22210. Libyca Archéologie 2, 1954, 376 nr. 2 = RA 46, 1955, 208 nr. 145. Die älteste sichere Erwähnung in der antiken Literatur steht erst bei Polybios mit genaueren Angaben, veranlaßt durch den Hannibalzug (bes. 2,15,8 ff. 3,47,6 ff. 34,10,15 ff. = Strab. 4,6,12), ältere mögliche Belege wie Herodots Fluß Alpis (4,49,3) u. Lykophr. 1361 (Σάλπια) sind unsicher.

An Paßübergängen kannte Polybios (34,10,18 = Strab. 4,6,12) nur vier, die Küstenstraße, den Hannibalpaß (s.u.), den Paß durch das Gebiet der Salasser, wohl den Gr. St. Bernhard, und den Paß durch das Gebiet der Raeter, Maloja-Julier-Septimer ([9], 360). Daß Hannibal den Col du Clapier benutzt hat, vielleicht zusammen mit dem Kleinen Mont Cenis, ist sicher, s. bes. PAUL AZAN Annibal dans les Alpes, 1902. Ernst Meyer, MH 15, 1958, 227 ff. Der Mont Cenis ist bei Strab. 4,6,5 deutlich beschrieben und durch das Reich des Cottius zu beiden Seiten von Genèvre und Cenis als benutzt erwiesen. Spätantik hieß er Mons Geminus und besaß wie andere Pässe einen Tempel, Chronicon Novaliciense 3,7. In der Kaiserzeit ergeben literar. und inschriftl. Quellen und archäologische Funde als bekannte Hauptpässe (Belege [1], 1607 ff. und die u. genannte Lit.) 1. die Küstenstraße, 2. den Mont Genèvre mit Fortsetzung einerseits die Durance abwärts, andererseits über den Col de Cabre ins Drometal, 3. den Kl. St. Bernhard (röm. Rasthäuser und Paßheiligtum, P. BAROCELLI Mem. d. R. Accad. di Torino 66, 1926, nr. 5. NSA 1924, 385 ff.), 4. den Gr. St. Bernhard, 5. Splügen, 6. Septimer, 7. Julier, 8. Reschenscheideck-Fernpaß-Augsburg, 9. Brenner-Seefelder Sattel-Augsburg, 10. Plöcken mit Verbindung durch das Pustertal zum Brenner, 11. Saifnitzpaß mit Fortsetzung einerseits über Radstädter Tauern nach Salzburg, andererseits über Rottenmanner Tauern-Pyhrn an die Donau bei Enns, 12. Birnbaumer Wald.

In der Kaiserzeit gehörten zu Italien das Tal der Dora Baltea bis zu den Paßhöhen des Kl. und Gr. St. Bernhard, die Südalpentäler einschließlich des Bergell, aber ohne Leventina und Veltlin, das Etschtal bis Meran und Kuntersweg und die Täler bis zu den Karnischen A. Die W.-Hälfte der Westalpen bis einschließlich der Täler von Gap, Grenoble, Albertville und s. des Genfer Sees gehörte zur Narbonensis. Das übrige Alpengebiet war auf fünf Provinzen verteilt (MARQU. RStV 1^2 279 ff. 288 ff.), 1. A. maritimae 2. A. Cottiae, dauernd seit Nero, neu RA 1939 II 255 nr. 60, die Täler beiderseits der Hauptkette, im W. vom Tal des oberen Var bis einschließlich der Maurienne 3. A. Graiae et Poeninae (Atractianae, Atractianae et Poeninae), Tarentaise und Wallis mit der Verbindung über Chamonix, durch Claudius eingerichtet (ERNST MEYER Basler Ztschr. f. Gesch. 42, 1943, 59 ff.) 4. Raetia, NO.-Schweiz, Graubünden, Tirol und Alpenvorland, 5. Noricum, Ostalpen. In der diocletian. Zeit wird die Provinz A. Cottiae aufgelöst und auf Italien und die A. maritimae aufgeteilt und Raetia in Raetia prima (W.) und secunda (O.) geteilt, ebenso Noricum in ripense (N.) und mediterraneum (S.).

Bewohner der A. in historischer Zeit waren ligurische, keltische, raetische und illyrische (Strab. 4,6,8) Stämme. Als Erzeugnisse werden besonders genannt: der Wein der Südalpentäler, das Eisen der Kärntner Eisenberge, sonstige Metallvorkommen, Steinarten wie Marmor und Lavezstein, Mineralien, Kristalle, Holz, Pech, Heilkräuter, Wachs, Käse und Honig, [1], 1610 f. [3], 44 ff. [9], 366 ff. Weihung an die A. in Allmendingen (Schweiz), [9], 268 nr. 234. E. M.

1. *Partsch* Alpes, RE I 1599 ff. 2. *H. Nissen* It. Ldk. 1,136 ff. 466 ff. 2,131 ff. 3. *D. Viollier*, Mitt. d. Geogr.-Ethnogr. Ges. Zürich 25, 1924/5, 23 ff. 4. *Fr. Ramsauer* Ztschr. d. Deutsch. u. Österr. Alpenvereins 1901, 46 ff 5. *G. Oberziner* Le guerre di Augusto contro i popoli Alpini, 1900. 6. *E. Desjardins* Géographie de la Gaule Rom. 1876–93, 1,65 ff. 2,93 ff. 234 ff. 3,305 ff. 7. *Gio. Allais* Le Alpi occidentali nell'antichità, 1891. 8. *F. Stähelin* Die Schweiz in röm. Zeit, 3. Aufl. 1948. 9. *Ernst Howald – Ernst Meyer* Die röm. Schweiz, 1940. 10. *Haug* Raeti, Raetia, RE IA 42 ff. 11. *R. Heuberger* Rätien im Altert. und Frühmittelalter 1932. 12. *Ders.* Das Burggrafenamt im Altert. 1935. 13. *E. Polaschek* Noricum, RE XVII 971 ff. 14. *G. Capovilla* Studi sul Noricum, Miscell. Galbiati 1, 1951, 213 ff. 15. *Fr. Pichler* Austria Rom. 1902/3. 16. *E. Reisch* Die A. in röm. Zeit in *H. Leitmeier* Die österr. A., 1928, 211 ff. 17. *W. W. Hyde* Roman alpine routes 1935. 18. *W. Cartellieri* Die röm. Alpenstraßen über den Brenner, Reschenscheideck- und Plöckenpaß, Philol. Suppl. 18, 1, 1926. 19. *H. Deringer* Die röm. Reichsstraße Aquileia-Lauriacum, Carinthia 139, 1949, 193 ff. 140, 1950, 171 ff. 1017 ff. 20. La Via Claudia Augusta Altinate, R. Istituto Veneto di scienze, 1938. 21. *H. Bulle* Geleisestraßen des Altert. SBAW 1947, 2.

Alphabet s. Schrift

Alpheios 1. und **2.** s. Nachträge am Schluß des Bandes.

3. (Ἀλφειός) aus Mytilene, Verfasser von 10 oder 11 epideiktischen Epigrammen (Anth. Pal. 6,187 und vielleicht auch 7,237 sind unecht), um Chr. G. J. W.

Alphesiboia (Ἀλφεσίβοια). Tochter des Phegeus, erste Gemahlin des → Alkmaion, der sie bei erneutem Wahnsinn in Psophis zurückläßt, Paus. 8,24,4. Apollod. 3,7,5 f. nennt sie Arsinoe.

Als ihre Brüder Temenos und Axion den Alkmaion, der inzwischen Kallirrhoe geheiratet hat und für sie Halsband und Peplos der Harmonia aus Psophis holt, erschlagen und sie ihnen wegen des Mordes an dem noch immer geliebten Gatten zürnt, packen sie A. in eine Kiste und bringen sie als angebliche Mörderin Alkmaions zu Agapenor nach Tegea als Sklavin. Nach Prop. 1,15,15 rächt sie den Tod des Gatten an ihren Brüdern. H. v. G.

Alphito s. Empusa

Alpinius Montanus. Treverer, der im Heer der Vitellianer *praefectus cohortis* war (Tac. hist. 3,35. 4,31 f. 5,19, wo auch sein Bruder D. Alpinius genannt wird). W. S.

Alsietinus lacus (Front. aq. 1,11. 2,71). Ursprüngl. ein vulkanischer Krater (h. See von Martignano im s. Etrurien). Von ihm führte die Aqua Alsietina nach Rom, hauptsächlich um das Wasser für die von Augustus veranstaltete Naumachie zu gewinnen (Frontin. a. O.), während das Wasser zum Trinken wenig geeignet war. Der Verlauf der Wasserleitung im einzelnen ist nur ungenügend bekannt, ein epigraph. Denkmal bei Careiae (h. S. Maria de Galera) und ein Überrest der Mündung in Rom unter dem Ianiculum gefunden. W.S.

Alsium (Nissen It. Ldk. 2,350. Beloch. RG 147.562. CIL XI p. 547), »pelasgische« (Dion. Hal. ant. 1,20) Gründung (Name hat mit Halesus – Sil. 8,475 – nichts zu tun) an der tyrrh. Küste (Plin. nat. 3,44. Strab. 225. Ptol. 3,1,4), Stadt der 7. Reg. (Plin. nat. 51) an einem Seitenast der v. Aurelia 25 mp von Rom (Zentrum) nach Tab. Peut. 5,4 (It. Ant. 301,1 mißt andere Strecke). Seit 247 v. Chr. lat. Kolonie (Vell. 1,14,7. Liv. 27,38,4 f.). Beliebter Platz für Villen (Cic. Mil. 54; fam. 9,6,1 f. u. a.); vgl. Fronto de fer. Als. (p. 223 ff. N.). Reste bei Palo. G. R.

Altar. Von lat. *altaria* »Brandstätte, Opferherd« (zu *adolere* »verbrennen«; vgl. Paul. Fest. 5,14. Ern.-M. Dict. étym. 43), allg. jede natürliche oder künstliche Erhebung über dem Boden, die der Kommunikation des Opfers an die göttl. Mächte dient. Auf eine ehem. sorgfältige Unterscheidung zwischen der altarlosen Darbringung in einer ausgehobenen Grube (*βόϑρος*, *mundus*; vgl. Hom. Od. 10,517. Lukian. Char. 22; Nekyom. 9. [2], 474 f. [7], 80 f. Wissowa Rel.^{2} 234 f.) für die Inferi (Philostr. v. Ap. 6,11. 3,16 f.) oder auf der flachen Erde für die *di terrestres* und dem durch den A. bewußt »erhöhten« Opfer an die Superi (Vitr. 4,9. F. Pfister Die Rel. der Griechen und Römer, 1930, 120. Vgl. Isid. orig. 15,4,14. Paul. Fest. 27,1) deutet die entspr. Differenzierung von *foci*, *arae* und *altaria* bei Varro (Serv. ecl. 5,66. Aen. 3,134. [2], 476). Die Terminologie der antiken Kultpraxis erschwert demgegenüber gerade im griech. Bereich eine klare gegenseitige Abgrenzung; doch läßt sich von der Funktion her eine grundsätzliche Einordnung vornehmen: Mit der Errichtung eines A.s bzw. der Auswahl eines geeigneten Objekts zu diesem Zweck ist der Opferprozeß örtlich festgelegt und damit ein kult. Fixpunkt gegeben. Der A. wird zum kennzeichnenden Mal der numinosen Gegenwart (H. Schrade Götter und Menschen Homers, 1952, 59 f. Zum A.-Tabu [2], 477). Seine unterschiedl. äußeren Formen erwachsen aus der Durchdringung von rit. Funktion und relig. Aspekt. Die Funktion der Darreichung der Gabe an die Gottheit setzt deren Anwesenheit voraus. Dieser Aspekt erklärt die Tisch- und Thronformen der A.e (W. Reichel Vorhellen. Götterkulte, 1897, 38 ff. H. Usener Kl. Schr. 4, 1913, 454 f. [3], 11 f. Vgl. H. Herter, RhM 74, 1925, 172) als sichtbare »Einladung« des Numens zur Epiphanie und Partizipation am Opfer, ferner als Zeichen seiner ständigen Präsenz (Schrade a. O. 69 f.). Aus dieser Sicht erschließt sich die sprachl. Verwandtschaft von griech. *βωμός* »Stufe, Untersatz = A.« ([7], 96) mit apers. *gāϑu* »Platz, Stätte, Thron« (Frisk Et. Wb. 279). Die Funktion der Verwandlung des Opfers bestimmt die Herdform des A.s (*ἑστία* [3], 17. F. Schwenn Gebet und Opfer, 1927, 121 f.), wobei die Symbolik des Feuers als des idealen Mediums der Kommunikation (*βωμὸς ϑυόεις* »Brandopfer-A.« Eur. Tro. 1061. S. Eitrem Opferritus und Voropfer, 1915, 200) und die Bedeutung des Herdes als geheiligten Zentrums kult. geprägter Sozietät (vgl. Th. D. Seymour Life in the Homeric Age, 1907, 494 f.) eine wichtige Rolle spielen. Die Hügel- bzw. Tumulusform des A. (*ἐσχάρα* Ap. Soph. 78. Harpokr. s. v. Rohde Psyche 1,35. [3], 15 f.) geht zurück auf die Grubenopfer des Totenkults (vgl. F. Studniczka, ÖJh 6, 1903, 123 ff. 7, 1904, 239 ff.) und weist mit der Zuführung des Opferbluts mittels eines Lochs oder einer Röhre in den darunter befindl. Hohlraum (*βόϑρος*) auf das urspr. Innewohnen des heroisierten Toten in dem mit Spenden bedachten Grabhügel (*χῶμα*; vgl. Paus. 5,13, 2. 10,4,10. [7], 53 ff. 60 ff.). Andererseits bedeutet *ἐσχάρα* »Feuerstätte« (Hom. Il. 10,418), was auf die in dem *βόϑρος* neben den Schlachtungen vorgenommenen Brandopfer und den daraus entstandenen Aschen-A. führt. Vgl. Paus. 5,13,8. 9,11,7. L. Weniger, Klio 6, 1906, 4 f. ([3], 13 f. 16. [7], 86 ff.). Ungeachtet der späteren begriffl. Vermengung von *βωμός*, *ἑστία* und *ἐσχάρα* (Schol. Eur. Phoen. 274. [2], 475 f. [3], 17. A. Tresp Die Fragm. d. griech. Kultschriftsteller, 1914, 91 ff.) lassen sich die zahlreichen formalen Varianten des A. sowohl in Griechenland als im Gesamtbereich menschl. Religionsübung (s. dazu die Übersicht bei E. Gardiner RE I 333 ff.) auf die genannten Grundaspekte zurückführen (vgl. C. H. Ratschow RGG^3 1, 251 ff.). Das gilt sowohl für die rohen A.-Male primitiver Kultur wie Felsblöcke, Erd- oder Steinhaufen (H. Gressmann, ZAW 29, 1909, 113 ff. [6], 214 f. [7], 91. Vgl. Apoll. Rhod. 1,1123. 2,694 f.), geschichtete Rasenstücke (*caespites* Verg. Aen. 12, 118 f. Ov. met. 7,240), provisorische Holzstöße, Zweig- oder Laubaufschüttungen (Paus. 9,3,4.

Theokr. id. 26,3 ff. Ov. fast. 2,645 ff.) als auch für die differenzierten, z. T. künstlerisch geprägten A.-Typen, von den kretischen und akkadischen Stufen-A.en (NILSSON Minoan-Mycenean Religion², 1950, 118. E. D. VAN BUREN Numen 1, 1954, 228 ff.), den minoischen Opfertischen (G. KARO, ARW 7, 1904, 121. NILSSON a. O. 122 ff. [6], 13 ff. [7], 70 ff.), den Sakralherden der frühgriech. Megara (vgl. Hom. Od. 14,420) oder den A.-Aufsätzen der myken. Schacht- und Kuppelgräber (H. SCHLIEMANN Mykenae, 1878, 246 f. E. F. BRUCK Totenteil und Seelgerät, 1926, 176 f. NILSSON a. O. 319) bis zu den Tisch- und Grab-A.en des christl. Totenkultus (F. J. DÖLGER Der heilige Fisch, 1922, 295 ff. BRUCK a. O. 290 f.). W. F.

1. *H. Mischkowski* Die hlg. Tische im Götterkultus d. Griechen und Römer, 1917. 2. *F. Pfister* RVV 5, 1909. 3. *P. Stengel* Griech. Kultusaltertümer, 1920³. 4. *F. Wieland* Mensa und Confessio, 1906/12. 5. *L. Ziehen*, RAChr 1, 310 ff. 6. *C. G. Yavis* Greek Altars, 1949. 7. *H. V. Herrmann* Omphalos, Orb. Ant. 13, 1959. 8. *M. P. Nilsson* Opusc. Sel. 3, 1960, 265 ff.

Alta Ripa. Heute Altrip bei Speyer, im Stammesgebiet der Nemetes. Kastell valentinianischer Zeit der *milites Martenses*, Not. dign. occ. 39. Teile der Kastellmauern und Innenbauten festgestellt. 369 n. Chr. erließ Valentinian hier das Edikt Cod. Theod. 11,31,4. A. R. ist das Nachfolgekastell von Lopodunum-Ladenburg zur Überwachung des Neckarabschnitts. H. C.

K. Schumacher Siedelungs- und Kulturgeschichte der Rheinlande 2,114.

Altava. Stadt in Mauretania Caesariensis, 100 km sw. von Oran, heute Lamoricière: S. GSELL Atl. Arch. Alg. fe 31, Tlemcen 68. Vielleicht zuerst Niederlassung der Berber (Ptol. 4,2,6 erwähnt Ἀλτάω). A. wurde zu Beginn des 3. Jh. ein Lager des mauretanischen Limes, neben dem sich eine zivile Niederlassung entwickelte, die von einem *princeps civitatis* und *undecimprimi* verwaltet wurde. P. POUTHIER MEFR 1956, 208. Obgleich wenig romanisiert, wurden die Berber dieser Gegend Christen und bildeten im 6. Jh. ein maurisch-christliches Königreich. Zahlreiche Inschriften später Zeit: CIL VIII 9831–9905. 21270–21277. P. COURTOT Rev. Afr. 1936. Bull. Oran 1929 ff. Libyca 1958, 153. M. L.

Altercatio ist ein Streitgespräch, Diskussion, Auseinandersetzung. Technische Bedeutung gewinnt der Ausdruck in der Rhetorik, die a. im Sinne von kurzer Wechselrede der *oratio continua* als »großer Rede«, Plädoyer gegenüberstellt. In der Geschäftsordnung des Senats nur wenig berücksichtigt, erobert sie im Zivil- und Strafprozeß über die Gerichtsredner (für die Quint. inst. 6,4 besondere *praecepta altercationis* entwickelt) einen festen Platz. Sie folgt im gerichtlichen Verfahren auf die Vorträge der Anwälte und dient letzteren als eigener Prozeßabschnitt zur Auseinandersetzung über die vorgelegten Beweise und zur abschließenden Zusammenfassung der Argumentation. In nachklassischen Rechtsquellen steht a. für das kontradiktorische Verfahren schlechthin (Cod. Theod. 2,6,2. 13,10,7). H. Ha.

Artur Steinwenter, ZRG 65, 1947, 92.

Althaia (Ἀλθαία) **1.** Tochter des Thestios und der Eurythemis, Gattin des Königs Oineus von Kalydon. Die bekanntesten ihrer Kinder sind → Meleagros, Deianeira und Ankaios. Als Meleagros 7 Tage alt war, prophezeiten die Moiren der A., er werde nur solange leben, wie das Holzscheit auf dem Herde brenne. Sofort riß sie es heraus und verwahrte es. Als Meleagros bei dem Streit um die Beute der kalydon. Jagd die Brüder seiner Mutter tötete, warf diese, das Leben der Brüder höher wertend als das ihres Sohnes, das Scheit wieder ins Feuer, und das Leben ihres Sohnes erlosch. Dann machte sie dem eigenen Leben ein Ende. Sagenformen bei Hom. Il. 9,529 ff. Bakchyl. 5,93 ff. Ov. met. 8,270 ff. 440 ff. Apollod. 1,62 ff. Hyg. fab. 129. 171. Paus. 10,31,3 f. H. v. G.

W. Kraus WSt 63, 1948, 8 ff.

2. (ἀλθαία). Bei Theophr., Diosk., Colum., Plin. u. a. bezeichnen *ἀλθαία, ἀλκαία, ἀλκέα* usw., ebenso wie *μαλάχη, μολόχη, malva* verschiedene medizinisch verwendete Malvaceen, darunter Abutilon Avicennae L. u. die bis heute offizinelle Althaea officinalis L. (Eibisch), dagegen nicht die heute beliebte, erst im 16. Jh. durch Türken eingeführte A. rosea Cav. (Stockrose) u. auch kaum Malva alcea L. Auch die *μαλάχη ἀποδενδρουμένη* des Theophr., *arbor malvae* oder *malva arborea* Späterer ist nicht die Stockrose, sondern die am Mittelmeer verbreitete Lavatera arborea. H. G.

3. s. Althia

Althaimenes (Ἀλθαιμένης). Rhodischer Heros. Auf das Orakel, sein Vater, König Katreus von Kreta, werde von einem seiner Söhne getötet werden, verließ er die Heimat und gründete in Kameiros (Rhodos) einen Tempel des Zeus Atabyrios. Sehnsuchtsvoll reist der Vater ihm nach, wird bei nächtlicher Landung für einen Seeräuber gehalten und von A., der seinen Untertanen zu Hilfe kommt, unerkannt erschlagen, ebenso seine Tochter Apemosyne. A. irrt umher und grämt sich zu Tode. Diod. 5,59. Apollod. 3,12 ff. H. v. G.

Althia (Ἀλθία, bessere Lesart für Ἀλθαία). Nach Pol. 3,13,5 Hauptstadt der iberischen Olkades, die wohl in der Gegend des oberen Guadiana saßen. 220 v. Chr. von Hannibal erobert. Die genaue Lage ist unbekannt. Liv. 21,5,4 heißt sie Cartala; dies ist wohl der karthagische, A. der iberische Name. R. G.

RE XVII 2484, s. v. Olkades. Font. Hisp. Ant. 3, Barcel. 1935, 24. 6, 1952, 233. *Holder* Altcelt. Sprachsch. 1, 816.

Althiburus. Einheimische Gemeinde in der Mitte von Tunesien, im S. von Le Kef, mit starkem punischem Einschlag (zahlreiche punische ex-voto: C. PICARD Cat. Mus. Alaoui, I, Coll. Pun. Cb 1067 bis 1071. J. G. Février Semitica 4,19. A. wurde *municipium* unter Hadrian CIL VIII 1825. Bull. Comité 1897, 420. CRA 1912, 420, dann Kolonie unter Alexander Severus oder wenig später: CRA 1912, 422. P. Gauckler MPiot 1905, 4. A. Merlin Forum et Maisons d'A., Not. et Doc. 6, 1913. CIL VIII 1822–1836. 16468–16485. 27768–27815. Zahlreiche Denkmäler, Theater, Mosaiks (Catalogue des bateaux). Atl. Arch. Tun. f[e] Ksour 97. M. L.

Altinum (Nissen It. Ldk. 2,222. CIL V p. 204. Kubitschek Imp. Rom. trib. discr. 106: tr. Scaptia), venet. (Ptol. 3,1,30) Stadt der 10. Reg. (Plin. nat. 3,126) in sumpfiger Gegend (Strab. 214; vgl. Plin. nat. 3,119. Herodian. 8,7. Mela 2,62) zwischen Patavium (32 mp) und Aquileia (62 mp) an der im J. 175 v. Chr. von Aem. Lep. angelegten Straße (Strab. 217) gelegen (It. Ant. 128.281 u. a.); später auch v. Annia (Marcello La via Annia alle porte di Altino 1 ff.); Beginn der v. Claudia Aug. (CIL V 8002 f.). Villen (Martial. 4,25); Schafzucht (Colum. 7,2,3). G. R.

Altis s. Olympia

Altlatein s. Lateinische Sprache

Aluaka. Nur von Ptol. 6,2,10 p. 87 N. genannter Ort Mediens. Den alten Namen enthält noch der türk. Bezirk Albâq. Danach lag A. am oberen Lykos (Großer Zab); denn dieser Talabschnitt ist mit dem genannten Bezirk identisch. In A. ist auch der von Strab. 11,13,2 erwähnte Platz Συμβάκη (Ἀλβάκη – Albâq = Aluaka) zu erkennen. Vgl. Atlas of the World II, Pl. 34: Iraq Syria Lebanon; Lond. 1959. Gr. Hist. Weltatl. I, 21 a. – S. auch RE IV A 1073 Συμβάκη. H. T.

Alum gallicum. Darüber, welche Pflanze mit dem von den Kelten tierärztlich verwendeten *alum gallicum, halum, halus* oder σύμφυτον πετραῖον des Diosk., Plin. u. a. gemeint ist, besteht noch immer Unklarheit. Während σύμφυτον ἄλλο des Diosk. sicher eine Art der h. Boraginaceengattung Symphytum (Beinwell, Wallwurz) ist, welche Namen sich ähnlich wie Solidago und Consolida auf die Verwendung bei Knochenbrüchen beziehen, kann das Symphytum petraeum als kleinblättriger, felsbewohnender Halbstrauch weder ein Symphytum noch eine Solidago sein, nach Plin. nat. 26,42, der es mit *cunila bubula* und *thymus* vergleicht, vielleicht eine Labiate (Satureja oder Teucrium?), nach Diosk. 1,28 (wo = ἐλένιον), Isid., Scribon. u. a., die *alum* = *inula rustica* setzen, eher eine Composite (Inula spec.?). Am wahrscheinlichsten ist wohl die schon von Aldrovandi, Michiel und Zwinger gegebene Deutung als die mediterrane Primulacee (oder Lythracee?) Coris monspeliensis L. (Steingünsel). H. G.

Aluta. Weiches, mit Alaun gegerbtes Leder (Plin. nat. 35,190) mit verschiedener Färbung und Benützung. Schwarz: Martial. 7,35. Iuv. 7,192, weiß: Ov. a. a. 3,271, rot: Martial. 2,29. Verwendet wird es zu feinen Schuhen (Ov. a. O., Martial. a. O., 12,26), zu Geldbeuteln (Iuv. 14,282), zu Schürzen (Martial. 7,35), zu Pflastern (Ov. a. a. 3,202. Scrib. Larg. 81.82.229), in Gallien auch zu Segeln (Caes. Gall. 3,13). W. S.

Alveus 1. Ein muldenförmiger Behälter, speziell die Badewanne, vor allem die gemauerte, große Wanne im Caldarium der Thermen, die mit zwei Stufen zum Hineinsteigen versehen war, dem gemeinsamen warmen Bade diente und deren Wasser vom Praefurnium aus über die *testudo alvei*, einen halbzylindrischen Kessel, beheizt wurde. D. Krencker Die Trierer Kaiserthermen I, 1929. **2.** Spielbrett mit erhöhtem Rand für Würfel- und Brettspiele. Plin. nat. 37,13 nennt einen a. von 3×4 Fuß aus einem Triumph des Pompeius. **3.** Ein Boot einfachster Form, Einbaum, μονόξυλον, danach auch der bauchige Schiffsrumpf und, bei Dichtern, das ganze Schiff. W. H. G.

Alxenor aus Naxos, Bildhauer. Von ihm signiert die Grabstele eines Mannes aus Orchomenos (Boiotien) im Nat. Mus. zu Athen (Papaspiridi, Guide [1927] Nr. 39) nach dem Stil um 500 v. Chr. A. R.

HB Archäol. III 1 (5. Lfg. 1950) 114 *(Lippold)*.

Alyattes (Ἀλυάττης). Vorletzter König der Lyder, Sohn des Sadyattes, Vater des Kroisos, aus dem Hause der Mermnaden, regiert nach Herodot 619–560, nach Eusebios seit 609, nach der parischen Chronik seit 605. Er ist der eigentliche Begründer der lydischen Großmacht, der die Kimmerier aus Asien verjagt (Hdt. Polyain.) und das Lyderreich bis an den Halys ausgedehnt hat. Hier stieß er mit Kyaxares von Medien zusammen; bekanntlich wurde der Krieg im sechsten Jahre durch die während einer Schlacht eintretende Sonnenfinsternis vom 28. Mai 585, die Thales vorhergesagt haben soll, beendet (Hdt. Plin. u. a.). J. D.-G.

Alypios, 1. Antiochener, verwaltete unter dem Caesar Iulianus (355–60) als *vicarius* Britannien (Amm. 23,1,2. Liban. ep. 327). Als Kaiser übertrug Julian dem gebildeten Heiden den dann gescheiterten Wiederaufbau des Tempels von Jerusalem (Iulian. ep. 29,30,134. Amm. 23,1,3). 371 wurde A. wahrscheinlich als Freund Julians in einen Giftmordprozeß verwickelt und verbannt (Amm. 29,1, 44).

Bidez Julian 351 f.

2. Faltonius Probus. Aus Rom, Christ, durch seine Mutter, die Dichterin Proba, verbunden mit den Anicii. Um 370 kurze Zeit verbannt (Amm. 28,1,16), wurde A. 378 *vicarius Africae* (Symm. ep. 7,66. Cod. Theod. 1,15,9) und 391 (als Nachfolger von 2 Heiden) *praefectus urbi* in Rom (CIL VI 1185. Cod. Theod. 14,2,2). Sein Reichtum kam 424 der Bewerbung des Sohnes um die Praetur zustatten (Olympiod. frg. 44). A. L.

Chastagnol La préfecture urbaine à Rome 1960, 418. 430 f. 440 f.

3. Unter dem Verfassernamen Alypios ist uns eine Εἰσαγωγὴ μουσική überliefert, in der die 15 Tonreihen (jede in den 3 Klanggeschlechtern diatonisch, chromatisch, enharmonisch) nach den Ton-Namen und den Schriftzeichen (σημεῖα), letztere abstrakt mit ihrer Bezeichnung und konkret mit dem Bild des Notenzeichens, aufgezählt werden. Lebensdaten sind nicht näher bekannt. MEIBOM reiht ihn in seiner Praef. ad Arist. Quint., Amsterdam 1652, unter die älteren Zeitgenossen des Ptolemaios ein, doch scheint A. weit jünger zu sein, zumal er die Definition der Harmonik von Ptolemaios übernimmt (Nachweis C. v. JAN in Philol. 30,402,4). E. GRAF in RE I 1710 vermutet ihn im 3. oder 4. Jh. n. Chr. Cassiodor de mus. c. 6 (ed. MIGNE 70,1212) erwähnt ihn: *Quam apud Graecos Alypius, Euclides, Ptolemaeus et ceteri probabili institutione docuerunt.* Sein Wirken dürfte erst in die Mitte des 4. Jh. fallen, und sein Name ist mit Gewißheit erst in der Periode des Augustinus und Julianus Apostata zu vermuten. Sein Traktat ist die verläßlichste Quelle für die altgriech. Notenschrift. Alypios erläutert systematisch die Normalzeichen der Töne (ὀρθά), sodann deren sog. Akzidentien (ähnlich dem heutigen Kreuz oder b) durch Umlegung oder Spiegelschrift des Zeichens (ἀνεστραμμένα und ἀπεστραμμένα). Die Zeichenreihe ist – wie die Tabellen des Gaudentios und des sog. Bellermannschen Anonymus – bereits von unten nach oben gezählt und damit ein spätantikes Dokument der Kaiserzeit. W. B.

Meiboms Ausg. (s. o.); weitere Ausg. von *J. Meursius*, Leid. 1616, *A. Kircher*, Rom 1650. *A. Samoiloff* Die Alypischen Reihen der altgriech. Tonbezeichnung in Arch. für Musikwissensch. 6, 1924, 383–400. *C. Sachs* Die griech. Instr. Notenschrift in Ztschr. für Musikwissensch. 6, 1923/24, 289–301; *Ders.* Die griech. Gesangsnotenschrift ebd. 7, 1924/25, 1–5. *I. Henderson* in New Oxford History of Music, 1, Lond. 1957, 358–363.369.372f. *E. Graf* in RE I 1710f. *A. Gevaert* Histoire et théorie de la musique de l'antiquité, 1,18, Gent 1875. *C.E. Ruelle* in Arch. des miss. scient. et lit. III, sér. 2,520.529. *F. Bellermann* Die Tonleitern und Musiknoten der Griechen, Bln. 1847, 23ff. *C. Fortlage* Das mus. System der Griechen in seiner Urgestalt, aus den Tonregistern des Alypius entwickelt, Lpz. 1847, 13ff. *Roßbach-Westphal* Metrik 1, ^{2}1867, 321f. 2, ^{3}1887, 119f. *M. Wegner* Das Musikleben der Griechen, Bln. 1949, 186f. *W. Vetter* Art. Alypius in Die Musik in Gesch. und Gegenw. 1,399ff. *H. Riemann* HB der Musikgesch. I, 1,20.24.182.206. *H. Abert* Zu Cassiodor im Sammelbde. der Int. Musikges. 3, 1902, 46ff. *H. Husmann* Grundlagen der antiken und orientalischen Musikkultur, Bln. 1961, 60.76.

Alyzeia s. Nachtr. am Schluß des Bandes.

Amadokos (Ἀμάδοκος) **1.** Hss. Μήδοκος, auf Münzen AMATOKO, CAH 8,556. Odrysenkönig, 405 Freund des Alkibiades (Diod. 13,105,3), unterstützte 400 Seuthes. Xen. an. 7,2,32. 3,16. 7,3.11. Bündnis mit Athen 390. Xen. Hell. 4,8,26. Diod. 14,94,2. Aristot. pol. 1312a 14. IG II^2 22. – **2.** Sohn des vorigen, erzwang nach Kotys' I. Tode die Aufteilung Thrakiens. Dem. 23,8. 170. 183. Strab. 7, 331, frg. 48. Bündnis mit Athen 357 IG II^2 126, mit Philipp II. von Makedonien 352 Sch. Aischin. 2,81. P. CLOCHÉ Mélang. G. Glotz 1, 1932, 215ff. H. V.

C. Amafinius. Zeitgenosse Ciceros, nur durch diesen bekannt. A. stellte die Philosophie Epikurs gemeinverständlich dar. Cic. urteilt durchweg negativ über ihn, vor allem wegen der ungeschliffenen Form. Auch C. Cassius (fam. 15,19,2) rechnete ihn zu den *mali verborum interpretes.* Vom Inhalt der Schriften des A. ist nichts bekannt. Cic. ac. 2.1,5; Tusc. 1,6. 2,7. 4,6f. H. D.

Amalaricus. Sohn des Westgotenkönigs → Alarich II. und einer Tochter Theoderichs d. Gr. Nach Alarichs Tod (507) wurde A. (noch minderjährig) von Theoderich, der für ihn die Regierung führte, zum König eingesetzt. Nach Theoderichs Tod (526) übernahm A., der eine Tochter Chlodwigs heiratete, selbständig die Regierung. Von den Franken angegriffen, wurde er 531 bei Narbonne geschlagen und auf der Flucht ermordet (Iord. Get. 302. Isid. hist. Got. 36–40). A. L.

W. Enßlin Theoderich d. Gr. ^{2}1960, 335f.

Amalasuntha (Amalaswintha). Tochter Theoderichs d. Gr.; der Vater ließ A. eine hohe Bildung zukommen (vgl. Cassiod. var. 11,1,6f.) und verheiratete sie 515 mit dem Westgoten Eutharich († vor 526) (Chr. Min. 2,160. Iord. Get. 174.251.298). A.s Sohn Athalaricus (* 518 oder 516) wurde von Theoderich 526 zum König, A. selbst zur Regentin bestimmt (Iord. Get. 251). A. führte die Regentschaft gemäß dem letzten Wunsch ihres Vaters, Senat und Volk von Rom zu lieben und sich nächst Gott den Kaiser des Ostreiches stets freundlich und gnädig zu erhalten (Iord. Get. 304. Cassiod. var. 8,2,10. Boeth. de cons. 1. Prok. 5,2). Überspitzungen in der Ausführung von Theoderichs Vermächtnis und die betont röm. Erziehung Athalarichs führten zur Opposition gotischer Großer (Prok. a. O.). A., die zur Sicherung ihrer Machtstellung selbst vor hochverräterischen Geheimverhandlungen mit Justinian nicht zurückscheute, gelang es schließlich, die Gegner zu beseitigen. Prokop (5,3), unsere Hauptquelle, stellt diese Vorgänge mit apologetischer Tendenz für A. dar (RUBIN RE XXIII 430). Nach dem Tode Athalarichs (2. 10. 534), der nie zu selbständiger Regierung gekommen war, wählte A. ihren Vetter, Theodahad, zum Mitregenten (Prok. 5,4,4ff. Agnell. 62). A.s Hoffnung, sich so selbst an der Macht zu erhalten, wurde enttäuscht. Theodahad setzte A. auf einer Insel im Bolsenersee gefangen (30. 4. 535). Wahrscheinlich mit seinem Einverständnis wurde A. dort noch 535 umgebracht (Prok. 4,12ff. Cassiod. var. 10,4.8f. 19f.; dazu RUBIN a. O. 431f.). A. hat Zwiespalt bei den Goten geschaffen und, obwohl sie auch der kathol. Kirche freundlich gesinnt war, nicht einmal die Römer völlig befriedigt. Bei den anderen Germanenreichen war das Prestige des Ostgotenreiches entscheidend gemindert.

Justinian nutzte diese Schwächung und sah mit der gewaltsamen Beseitigung der A., die noch an seine Hilfe appelliert hatte, den geeigneten Vorwand zum Kriege und damit zur Möglichkeit der Wiedervereinigung Italiens mit dem röm. Reich gegeben. A. L.

W. Enßlin Theoderich d. Gr. ²1960 pass. *Hartmann* RE II 1926f.

Amali. In histor. Zeit Königsgeschlecht der Ostgoten. Die bei Iordanes (Get. 79) gegebene Genealogie ist verfälscht. Der erste histor. Amalerfürst ist der Mitte des 4. Jh. herrschende → Hermenericus. Der letzte männliche Sproß des Hauses war Athalarich (→ Amalasuntha). A. L.

L. Schmidt Ostgermanen 1941, 252ff.

Amaltheia (Ἀμάλθεια) **1.** In der Kindheitslegende des Zeus die seiner wartende Nymphe, später als Ziege (→ Aix) gedacht; jedenfalls sind die literar. Belege für die Nymphe älter als die für das Tier; einleuchtender möchte die umgekehrte Entwicklung sein. Die Ziege war ursprünglich namenlos; als ihr Fell wurde die → Aigis aufgefaßt (Sch. Hom. Il. 15,229). Später übertrug man auf sie den Namen A., Apollod. 1,5. Kall. h. 1,46 mit Schol. Theokr. Syrinx lf. Die Nymphe ist eine Naiade, Tochter des Okeanos (Pind.), des Melisseus (Hyg. fab. 182) oder anderer. Sie muß eine allgemeinere Bedeutung gehabt haben, als eine Art segnender Erdgöttin. Ihr Attribut war das Horn, ein Symbol der Fülle und des Reichtums; *Ἀμαλθείας κέρας (cornu copiae)* war sprichwörtlich (Zenob. 2,48). Frühe Erwähnungen Phokyl. frg. 7. Anakr. frg. 8. Das Horn ist im Besitz vieler Gottheiten, die den Segen der Erde spenden, der Ge, des Hades-Pluton, des chthon. Hermes, der Eirene, der Tyche, der Horen, der Flußgötter wie Acheloos, dem seine Schwester A. es gegeben hat. Es wird als Stierhorn, überwiegend aber als Horn der Ziege A. aufgefaßt. Herakles erhielt es von Acheloos als Ersatz für dessen eigenes Horn, das er ihm beim Ringkampf abgebrochen hatte. Der ältere Miltiades weihte ein elfenbeinernes Horn der A. ins Schatzhaus von Sekyon in Olympia (Paus. 6,19,6). Über Darstellungen des Hornes in der bildenden Kunst RE I 1722. **2.** Name der Sibylle von Kyme, Lact. div. inst. 1,6,10 (Varro), vgl. Tib. 2,5,67. H. v. G.

Amaltheion (Ἀμάλθειον). Name eines Landgutes des Atticus in Epeiros bei Buthroton am Fluß Thyamis. Cic. leg. 2,3,7; Att. 1,16,15.18; vgl. 1,13,1. M. v. A.

A. Philippson Die griech. Landschaften 2,1, 1956, 68. *R. Feger*, RE Suppl. VIII 506f.

Amanos. Name des Grenzgebirges zwischen Kilikien und Syrien (Strab. 12,2,2 u. ö. Ptol. 5,7,1 p. 894 M. Mela 1,69. Plin. nat. 5,80.6,142.214), das dem heutigen Gâvur Daglari entspricht. Sein Gebiet hat schon lange vor literar. Erwähnung infolge begünstigter Lage dem Verkehr gedient; die *Πύλαι Σύριαι* (Beilan-Paß) bildeten den Hauptübergang von Kilikien nach Syrien über den A. Für die Paßverhältnisse s. RE Suppl. IX *Πύλαι Κιλίκιαι*. Historische Bedeutung erhielt der Amanos-Abschnitt durch die Schlacht von Issos (333), später (314 v. Chr., 194 und 260 n. Chr.) in der Zeit der Diadochen, unter dem Kaiser Septimius Severus und in der Ära der Sassaniden. H. T.

Karten s. *Krom.-Veith* Schlachtenatlas, Griech. Abt. Bl. 6; Nr. IV, Karten 5–8. *Putzgers* Hist. Schulatl. 1956, S. 30; Sonderkarte.

Amarakos (ἀμάρακος), bei Theophr., Diosk., Diokles, Plin. u. a. bezeichnet (nach Plin. zuerst auf Sizilien) die Labiate Majorana hortensis Moench (= Amaracus majorana Schinz u. Thell.) äg. *σάμψυχον*. Majorana, mezurana aus arab. *marjamie, marjamach*. Manche dieser Namen (so Theophr. 9,16) werden auch auf eine andere Labiate (Origanum dictamnus L., Kretischer Dictam) bezogen, die, wie auch Majoran u. Thymian, der Aphrodite u. den Musen geweiht gewesen sei (MURR Pflanzenwelt i. d. gr. Mythol. 1890). H. G.

Amardoi (Ἄμαρδοι). Zahlreicher Volksstamm, der zuerst in Ariana (Zentralasien) wohnte. Seßhaft wurden die A. später und besiedelten dann hauptsächlich das s. w. Ufer des Kaspischen Meeres u. die gebirgigen Landschaften im S. Altpersiens. Man findet sie auch in der Margiana, ja sogar an der östlichen Küste des Pont. Eux. Chr. D.

Amardos. Nur von Ptol. VI 2,2 N. genannter, dem Lande Medien zugeordneter Fluß, der mit dem heutigen in das Kaspische Meer sich ergießenden Sefid Rud identisch ist (pers. = Weißer Fluß). Nach Ptol. gehörte der A. speziell dem Gebiet des Stammes der *Καδούσιοι* an, fiel aber ursprünglich zweifellos in den Bereich der *Ἄμαρδοι* (Strab. 11,8,8 u. a.), die diesem Fluß den Namen gaben. Durch eine Reihe von Nebengewässern seines Systems hatte der A. einen Zusammenhang mit der *λίμνη Μαργιανή*, dem heutigen Urmia-See (vgl. Atlas of the World. Plate 32: Iran [Persia], London 1959). S. ferner Gr. Hist. Weltatl. I, S. 15c. Dazu → Amardoi. H. T.

Amarynkeus (Ἀμαρυγκεύς) **1.** König der Epeier, dem seine Söhne nach seinem Tode glänzende Leichenspiele ausrichten. In sämtlichen Wettkämpfen, außer im Wagenrennen, siegt Nestor. Hom. Il. 23,629ff. Sein Sohn Diores fällt vor Troia, ebd. 2,622.4,517. **2.** Thessal. Bundesgenosse des Königs Augeias im Kampf gegen Herakles, Paus. 5,1,10. H. v. G.

Amarynthos s. Nachtr. am Schluß d. Bandes.

Amarysia s. Artemis

Amaseia (Ἀμάσεια). Stadt in Pontus Galaticus, in einem Talkessel, der vom Iris (Ešil-Irmak) durchflossen ist. A. war ursprüngl. die Hauptstadt des Königreiches Pontus. Hier in dem Burgfelsen wurden die pont. Könige begraben. Geburtsort v. Mithradates VI. Eupator. Eine sehr genaue Beschreibung der Lage der Befestigungen u. bes. der

Naturschönheiten v. A. bei Strab. 12,3,39, der in A. geboren war. A. lag an der wichtigen Straße Tarsos-Kaisareia-Zela-Amisos. Chr. D.

Rostovtzeff Die hellen. Welt 1, 451. *Maximowa* Antičnyije goroda jugo-wostočnogo Pričeernomorija (russ.). Die antik. Städte im s. ö. Schwarzmeergeb. 1956, 14 u. ö.

Amasenus (NISSEN It. Ldk. 2,639). Fluß in Latium (Verg. Aen. 7,685. 11,547. Vib. Sequ. p. 20), der zusammen mit dem Ufens 4 mp w. Tarracina mündet; zum Namen RADKE, RE IX A 826. G. R.

Amasis. 1. Ägyptischer König (570–526), mit Thronnamen H̱nmw-ib-Rc, stürzte seinen Vorgänger Apries, der ihn zur Niederschlagung eines Soldatenaufstandes ausgesandt hatte. Doch gelang es A. erst nach vierjährigem Kampf, in dem Apries mit cypriotischer und dann mit babylonischer Hilfe in Äg. einfiel, die Herrschaft endgültig zu behaupten. Den beim letzten Versuch im Nil ertrunkenen Apries ließ A. feierlich in Sais beisetzen (Hdt. 2,182.111. Diod. 2,68; Stele Rec. Trav. 22,1 ff.). A. galt als Griechenfreund, da er für ihre Händler Naukratis gründete; er verbot allerdings jeden sonstigen griech. Handel in Äg., um dem Fremdenhaß keine Nahrung zu geben, da er seine Macht auf griech. Söldner stützen mußte. Diese konzentrierte er deshalb in der Residenz Memphis (Hdt. 2,154). Seine Regierung war friedlich und brachte für Äg. eine wirtschaftliche Blütezeit. Er schloß mit Kyrene Frieden und eroberte Cypern. Am Ende seiner Regierung änderte sich die Weltlage durch das Aufkommen des Perserreiches, dem ein halbes Jahr nach dem Tod des A. auch Äg. zum Opfer fiel. **2.** König der 18. äg. Dynastie (1552–27), der die Hyksos endgültig vertrieb und damit das sog. »Neue Reich« gründete. Er dehnte seine Herrschaft bereits weit nach Syrien aus und schloß Nubien wieder an d. äg. Reich an. W.H.

Amastris (Ἄμαστρις). Persischer Frauenname, insbesondere **1.** Gemahlin des Xerxes, Tochter des Otanes, eines der 7 Perser (Hdt.; bei Ktesias Pers. Onophas), Mutter Artaxerxes' I. (Plat. Alk.). **2.** Tochter Dareios' II. (Ktes. Pers.). **3.** Tochter Artaxerxes' II. (Plut. Artax.). **4.** Tochter des Oxathres, des Bruders des letzten Dareios, dem Dionysios, dem Tyrannen bzw. König von Herakleia am Pontos, vermählt, dem sie drei Kinder, Klearchos, Oxathres und Amastris, gebar (Strab., Memnon, Steph. Byz.). Nach dem Tode des Dionysios (306) führte sie mit großer Umsicht die Regentschaft für ihre noch unmündigen Söhne, anfangs von Antigonos freundlich unterstützt. Als dieser sie jedoch vernachlässigte, wandte sie sich dem Lysimachos zu und wurde im J. 302 seine Gemahlin. Nach kurzer, glücklicher Ehe – sie gebar ihm einen Sohn Alexandros (Polyain.) – wurde sie zum zweitenmal das Opfer politischer Berechnung: Lysimachos trennte sich von ihr, um Arsinoe, die Tochter des Ptolemaios Soter, zu heiraten. A. widmete sich nun wieder der Regierung ihres Landes. Durch Synoikismos von vier Ortschaften gründete sie die Stadt Amastris (Strab., Memnon u. a.). Die Ermordung dieser tüchtigen Fürstin durch ihre Söhne gab Lysimachos Gelegenheit, ihr Land nach Beseitigung der beiden Mörder einzuziehen. J. D.-G.

5. Griechische Stadt an der paphlagonischen Küste des Pontos Euxeinos, früher Sesamos (h. Amasra), auf einer kleinen Halbinsel. A. wurde nach der Frau des Tyrannen von Herakleia, Dionysios, genannt, weil sie den Synoikismos von einigen kleineren Orten bewirkte. Zerstört von Lucullus, in der Kaiserzeit blühend. Chr. D.

Maximova Antič. goroda jugowostočnogo Pričern. 175–177.183. 187 ff.

Amata (Ἀμίτα Dion. Hal. ant. 1,64; wohl nicht zu *amare*, eher zu der Anrede des Pontifex an die Vestalin Gell. 1,12,14.19; Etymologisches und Religionsgeschichtliches bei WALDE-HOF.^{2} und C. KOCH Vesta, RE VIII A 1745). Gemahlin des Latinus, wünscht ihre Tochter Lavinia mit ihrem Schwestersohn Turnus, nicht mit Aeneas, zu verheiraten (ihre 2 Söhne, die Aeneas begünstigen, tötet oder blendet sie, Serv. Aen. 7,51). In der Meinung, Turnus sei gefallen, gibt sie sich den Tod (nach Fabius Pictor, lat. ann. frg. 1 P. durch Verhungern). Die Gestalt ist also vorvergilisch (FR. CAUER, NJb Suppl. 15, 1887, 173. W. SCHUR Die Aeneassage in der späteren röm. Lit., 1914, 51–53), doch wenn Verg. Aen. 12,603 A. sich erhängen läßt (was rechtsgeschichtlich bedenklich scheint: Serv. z. St.), so braucht dies nicht (wie J. CARCOPINO Virgile et les origines d'Ostie, 1919, 378–387 will) auf einen »alten Ritus« zu deuten, sondern kann durch dichterische Vorbilder bedingt sein (Aen. 12,603 = Eur. Hipp. 802 vgl. Apoll. Rhod. 1, 1065), ähnlich wie R. HEINZE, Verg. ep. Techn.^{3} 184 ff. Einfluß von Eur. Bacch. auf die A.-Gestalt erwiesen hat. Vgl. außerdem W. F. J. KNIGHT Roman Vergil, 1954, 292 f. Ov. Fast. 4,879 f. Serv. Aen. 6,90. Ps.-Aur. Vict. Orig. gent. Rom. 13,5,8. Nicht fördernd A. KOSTHORST Die Frauen- und Jünglingsgestalten in Verg. Aen., 1934, 96. M. v. A.

Am(m)athus. 1. Festung ö. des Jordan, lag auf dem heutigen tell ʿammatā, der das Nordufer des wādi rāǧib überragt und drei Straßen, darunter die dicht w. vorbei nach Pella (ṭabaqāt faḥil) führende, beherrscht (vgl. Eus. Onom. 22,24 K). Der keramische Befund verrät bisher weder vorhellenistische Besiedlung noch cyprischen Import ([4], 44. [2],301). Nach 98 v. Chr. von → Alexander Iannaios einem Tyrannen Theodoros v. Philadelphia abgenommen und geschleift (Ios. bell. Iud. 1,4,2 f.; ant. Iud. 13,13,3.5), 57 v. Chr. vom Proprätor Aulus Gabinius zum Hauptort Peräas, eines der fünf von ihm geschaffenen Steuerbezirke, gemacht (Ios. bell. Iud. 1,8,5; ant. Iud. 14,5,4), ist A. von 449 bis 536 als Bischofsstadt bezeugt ([9],983) und wird zuletzt 1300 von ad-Dimašqī erwähnt. **2.** Flecken am See Genezareth mit warmen Heilquellen (Ios. bell. Iud. 4,1,3; aram. ḥamm^{e}thā u. ä. »Therme«, belegt in beiden Talmuden, der Tosefta und dem

Midrasch); nachdem Herodes Antipas um 26 n. Chr. n. davon als galiläische Hauptstadt Tiberias gegründet hatte (Ios. ant. Iud. 18,2,3), wuchs A. mit diesem zusammen (Plin. nat. 5,15,71); später arab. Vorstadt el-ḥammām. **3.** Stadt an der Südküste von Cypern, schon vor Ankunft der Phönizier gegründet und in Inschriften bezeugt, die neben cyprischem Griechisch am ehesten einen mit nicht idg. südkleinasiatischen Sprachen verwandten Dialekt (in A. gesprochen bis ins 4. Jh. v. Chr.), aber kein Akkadisch enthalten ([13],960); nach Tac. ann. 3,62 zurückgeführt auf einen Eponymos A., Sohn des Staatsgründers Aerias, der das Heiligtum der paphischen Venus gestiftet habe. Die gemeinorientalische »Aphrodite« wurde mit Adonis auch in A. in einem berühmten Tempel verehrt. Im jonischen Aufstand gegen Dareios I. stand A. auf persischer Seite (Hdt. 5,108.114). Zu einem noch nicht ermittelten Zeitpunkt wurde A. christlich, 1190 von Richard Löwenherz zerstört. Die Reste bei Hagios Tychonos und Eski-Limassol wurden 1896 ausgegraben. – Zwei weitere auch als A. überlieferte Städte heißen Amathe (am Orontes, Ios. ant. Iud. 1,6,2. 3,14,4. 7,5,4 u. ö.; das ḥamāth des AT, in seleukidischer Zeit auch Epiphaneia genannt; heute Ḥamā, 65000 Einwohner) und Psamathus (Hafen an der Südspitze von Lakonien, Strab. 8,5,2). C. C.

Zu 1: 1. *Abel* Géogr. 2,242f. 2. *N. Glueck* AASOR 25–28 for 1945–1949, 1951, 300f. 3. *Alt* 2,426. – Zu 1 und 2: 4. *W.F. Albright*, AASOR 6 for 1924/25, 1926, 13–74. 5. *A.-S. Marmardii* Textes géographiques Arabes sur la Palestine, 1951, Reg. s. v. ʿAmtā und al-Ḥammah. – Zu 2: 6. O. *Procksch* Palästinajahrb. 14, 1918, 13. 7. *Abel* Géogr. 2,342. 8. *H.L. Strack* und *P. Billerbeck* Komm. zum NT aus Talmud und Midrasch, Reg. (= Bd. 6, 1961) s.v. Chammetha. – Zu 1 und 3: 9. Dict. d'Histoire et de Géogr. Ecclesiastiques 2, 1914, 982ff. – Zu 3: 10. *E. Power*, Biblica 10, 1929, 129–169; 11, 1930, 325–349. 11. *Ders.* Dict. de la Bible Suppl. 2, 1934, 1–23. 12. *P. Dhorme*, Rev. Bibl. 39, 1930, 305–307. 13. *H. Pedersen*, Or. Lit. Ztg. 33, 1930, 962–969. – Zu Ḥamā: 14. *R. Dussaud* Topographie Historique de la Syrie antique et médiévale, 1927, Reg. s. v. 15. *Alt* 2,204. 16. *P.J. Riis* Hama, Kopenhagen 1948.

Amathusia s. Amathus 3

῞Αμαξα s. Sternbilder

Amazoneion → Amazones

Amazones (Ἀμαζόνες). Sagenhaftes Volk kriegerischer Frauen. In der Ilias finden sich nur undeutliche Erinnerungen an sie: Bellerophon besiegt sie von Lykien aus; Priamos hat mit ihnen in Phrygien gekämpft; ein Hügel in der troischen Ebene gilt als Grabmal der A. Myrine (πολύσκαρθμος »vielspringend«); die A. insgesamt heißen ἀντιάνειραι, was später als »männerfeindlich« oder »männergleich« gedeutet wurde (Il. 2,814. 3,189. 6,186). Unmittelbar an das Ende der Il. schließt die Aithiopis an: Die A. → Penthesileia kommt Priamos zu Hilfe, wird von Achilleus getötet und beklagt. Die Grundzüge der späteren A.sage sind folgende: Von O. kommend, gründen sie einen Weiberstaat im NO. Kleinasiens am Thermodon, zwischen Sinope und Trapezus, mit der Hauptstadt Themiskyra. Sie verehren Ares (als Stammvater) und Artemis (Tauropolos). Zur Fortpflanzung leben sie 2 Frühlingsmonate mit einem Nachbarvolk zusammen. Die Knaben werden getötet (oder zum Kriegsdienst untauglich gemacht oder den Vätern zugeschickt). Die Mädchen werden kriegerisch erzogen; sie bleiben Jungfrauen, bis sie 3 Feinde getötet haben. Ihre Waffen sind Pfeil und Bogen und ein Schwert, das an einem über die Brust laufenden Bande hängt; sie sind meist beritten. In ihren Stammbäumen zählen die Väter nicht. Hauptquellen: Diodor und Strabon. Hdt. 4,110–117 bringt die A. mit den Skythen in Verbindung und läßt die Sauromaten (Sarmaten) von ihnen abstammen. Offenbar hat man, als man am Thermodon keine A. fand, sie weiter nach O. hin lokalisiert. Pompeius will mit ihnen n. vom Kaukasos gekämpft haben. Man erzählte auch schon früh von libyschen A. und deren Eroberungszügen. Viele aiolische und ionische Griechenstädte, wie Smyrna und Ephesos, schrieben ihre Gründung den kleinasiat. A. zu. Diese wurden auch in mehrere griech. Sagenkreise hineingezogen. Achilleus und Penthesileia s.o. Des → Herakles 9. Abenteuer war die Gewinnung des Gürtels der A. → Hippolyte. → Theseus raubt die A. → Antiope. Darauf folgt der Rachezug der A. nach Athen. Von Pnyx und Areopag her stürmen sie gegen die Akropolis, bis Theseus sie entsetzt (Aisch. Eum. 688. Plut. Thes. 26ff. Paus. 1,2,1. 15,2. 41,7). Auf dem Argonautenzuge kämpft Iason gegen sie, bei der Rückkehr aus Indien Dionysos. – Deutung: Falsch ist die etymolog. Ableitung von μαζός mit α privativum (oder intensivum); die bildende Kunst stellt sie immer mit 2 Brüsten dar. Überholt ist die Deutung auf ein Heer streitbarer Priesterinnen der Artemis. Heute sieht man in ihnen einen Nachhall histor. Kämpfe mit matriarchalischen asiat. Stämmen (nicht Hettitern, wie LEONHARD zu beweisen suchte), vermischt mit märchen- und sagenhaften Motiven (Frauenraub u. a.), anknüpfend an Totenmale, wie sie an verschiedenen Orten Griechenlands verehrt wurden. In Athen lag am Abhang des Areopags das A.heiligtum (Amazoneion), in der Nähe ihre Gräber mit der auf Antiope oder Hippolyte bezogenen Ἀμαζονὶς στήλη. Die A. waren ein äußerst beliebtes Motiv der Bildkunst und Malerei. Aus der Mitte des 6. Jh. stammen sf. Vasen mit Darstellungen der A.kämpfe des Herakles, Theseus, Achilleus. Berühmt waren die Statuen der verwundeten A. von 4 Künstlern des 5. Jh.: Polyklet (Kopie die Kapitolinische A.), Kresilas, Pheidias, Phradmon. Die große Wandmalerei in der »Bunten Halle« Athens hat stark auf die Vasenmalerei gewirkt. Zu nennen sind noch die Friese vom Heroon Gjölbaschi, die Reliefs vom Schilde der Parthenos des Pheidias, die Metopen vom »Theseion« in Athen, vom Zeustempel in Olympia, vom Heratempel in Selinus. H. v. G.

Klügmann Die A. in der att. Litt. u. Kunst, 1875. *W. Leonhard* Hethiter u. A., 1911. *E. Bielefeld* Amazonomachie, 1951. *R. Hennig*, Ztschr. f. Ethn. 72, 1940, 362. *M. Ninck*, Schweiz. Monatsh. 20, 1940, 409. *H. Walter*, JDAI 73, 1958, 36. *F. Brommer*, Gn 30, 1958, 345.

Ambacti. Nach Fest. 4 M. *ambactus apud Ennium lingua Gallica servus appellabatur* handelt es sich um einen Ausdruck der gallischen Sprache für den Sklaven. Aus Caes. Gall. 6,15 *in bello ... circum se ambactos clientesque habet* geht hervor, daß sie im Kriege bewaffnet wurden. Als Eigenname ist A. durch CIL X 6494 bezeugt. A. N.

Dar.-Sagl. 1,223.

Ambara. Stadt Mesopotamiens auf dem ö. Euphratufer (h. Ruinen von Täll 'Aqar und Ambâr) nw. des alten Babylon. Sie blühte in der Zeit des neupers. Reiches (Sassaniden). Den Römern wurde sie zuerst z. Z. der Kämpfe Julians gegen die Perser bekannt (363). Von Amm. Marc. (24,2,9. 5, 3) ist sie Pirisabora, von Zosimos (3, 17, 3) *Βηρσαβῶρα* genannt, in heimischer Bezeichnung Ambâristân. Erste indirekte Bezeugung von A. in dem Landschaftsnamen *Ἀγκωβαρῖτις* (Ptol. 5,17,4 p. 1002 M.). A. war in fruchtbarster Gegend gelegen und Kriegsdepot (arab. el-Ambâr = »das Magazin«), bei einer Entfernung von fast 400 km von der röm. Imperiumsgrenze bei Circesium (Gr. Hist. Weltatl. I, S. 40, München 1954). In A. residierte ein Bischof der nestor. Syrer. Von 750–754 Khalifensitz, verödete A. bald darauf vollständig und ist auch heute unbedeutend. Vgl. RE I 1790–1795. H. T.

Ambarri. Kleines Volk in Gallia Celtica, später Lugdunensis, zu beiden Seiten des Arar (daher der Name), den Haedui verwandt: Caes. Gall. 1, 11,4. Nach Liv. 5,34 nahmen sie im 6. Jh. am Feldzug nach Italien teil. Heidnische und christl. Inschriften: CIL XIII 2446–580. 11215–22. AE (1945) 101. (1959) 129–30. P. W.

Ambarvalia. Zur Entsühnung der Feldmark begangen (vgl. Amburbium). Da diese zu groß war, wurden an bestimmten Örtlichkeiten die Feiern *(feriae conceptivae)* vollzogen. Eine fast allg. rezipierte Vermutung ist (dgg. schon MARINI Atti fr. Arv. und später ROHDE RVV 25, 1936, 92), daß die A. identisch sind mit dem im Mai von den Arvales fratres begangenen Fest. Das »*segetes lustrantur*« der Bauernkalender im Mai (private Flurumgänge wie bei Verg. ecl. 3,77; 5,75. Tib. 2,1?) und Umgänge der einzelnen *pagi* sind mit dem Staatsfest der A. nicht zu verwechseln; ein zeitliches Zusammenfallen wäre aber nicht unwahrscheinlich. Die gelegentl. geäußerte Meinung, Augustus habe bei Wiederherstellung der Arvales fratres die A. restauriert und dabei sei die Übertragung auf Dea Dia erfolgt, ist zweifelhaft. W. E.

1. *Wissowa* RE I 1796. 2. *Ders.* Rel.[2] 143.561f. 3. *Latte* RRelGesch. 41f. 65.

Ambiani. Küstenvolk in Gallia Belgica, Hauptstadt Samarabriva (h. Amiens). In den J. 57, 52, 51 kämpften sie gegen Caesar, aber ergaben sich bald. Altertümer: CIL XIII 3487–526. 11304. ESPÉR. Rec. 3928–59. 7210–3. 8363–5. J. HEURGON Mon. Piot 46, 1952, 94–115. H. STERN Rec. mosaïques I 1, 1957, 61–66. P. W.

Ambiorix. Fürst der belgischen Eburonen (im Maasgebiet nördlich von Lüttich), war von Caesar aus der Abhängigkeit von den Aduatukern befreit worden (Caes. Gall. 5,27,2). 54 v. Chr. vernichtete er bei Atuatuca eine Legion unter Sabinus (Caes. Gall. 5,26–37), griff auch Q. Cicero, allerdings erfolglos, an und wurde dann zurückgeschlagen (38 bis 52). Anschließend kämpfte er weiter, »einem kriegerischen Gespenste gleich ... von der Mitwirkung des ganzen Volkes begünstigt« (G. WALTER Caesar, 1955, 326), bis Caesar 53 und 51 v. Chr. das Land der Eburonen verwüstete. A. wurde von den Römern nicht gefaßt. Caes. Gall. 6,5.30ff.43. 8,24f. Modernes Denkmal in Tongern. H. G. G.

CAH 9, 1951, 563ff. *M. Gelzer* Caesar, 1942, 160.162.185.

Ambitus. 1. A. wird ursprünglich das Umherziehen der Kandidaten (Fest. 16 *circumeundo supplicandoque*) zum Zweck der Wahlbewerbung genannt, später in engerer Bedeutung unerlaubter Stimmenfang als Delikt. Bereits 432 v. Chr. untersagte ein Plebiszit den Bewerbern um ein öffentliches Amt das Tragen von besonders geweißten Gewändern (Liv. 4,25). Eine lex Poetelia verbot 358 v. Chr. das Umherziehen in den Dörfern der Umgebung Roms (Liv. 7,15). In der späteren Republik häuften sich angesichts zunehmender Korruption die gegen Wahlmißbräuche gerichteten Strafgesetze (l. Cornelia 81 v. Chr., l. Aurelia 70, l. Calpurnia 67, l. Tullia 63, l. Licinia 55, l. Pompeia 52). Noch vor 114 v. Chr. wurde eine eigene *quaestio perpetua de ambitu* eingeführt. Seither war der früher als gesondertes Kapitalverbrechen behandelte Stimmenkauf mit einer Reihe anderer Wahlbeeinflussungen (wie Veranstaltung von öffentlichen Gastmählern, Zirkusspielen, Propaganda seitens des Freundeskreises) im Begriff a. vereinigt. Ein qualifizierter Fall von a. war das *crimen sodaliciorum*, ein durch Wahlbündnis *(coitio)* mehrerer Bewerber in großem Maßstab durchgeführter Kauf von Wählerstimmen. Alle Wiederholung und Verschärfung der Strafgesetzgebung (die Sanktionen reichen von Geldstrafen über Ausschluß aus dem Senat und Verbot zukünftiger Amtsbewerbung bis Infamie und Verbannung) zeigten sich den Mißständen nicht gewachsen. Eine lex Iulia des Augustus brachte 18 n. Chr. Strafmilderung. Der a. hatte zu dieser Zeit allerdings angesichts kaiserlicher Ämterbesetzung bereits seine Bedeutung verloren.

Mommsen RStrR, 1899, 865ff. *G. Chaigne* L'ambitus et les moeurs électorales des Romains, 1911.

2. A. ist das Recht, um ein Bauwerk (auch Grabmal Dig. 47,12,5) herumzugehen (Varro l. l. 5,22.

Fest. 5.16). Wasserabfluß und Lichteinfall sind als spätere Erwägungen überliefert. Die 12 Tafeln sehen (tab. VII,1) einen 2½ Fuß breiten Streifen vor, der bei Bauführung an der Grundstücksgrenze freizulassen ist. Diese Bauvorschrift gerät zeitweise in *desuetudo*, eine Konstitution Zenos (Cod. Iust. 8,10,12,2) führt zuletzt einen Abstand von 12 *pedes* ein. H. Ha.

Pietro Bonfante Corso di diritto romano 2/1, 1926, 269ff. *Contardo Ferrini* ZRG 23, 1902, 101f.

Ambivareti. Kleines Volk in Gallia Celtica, *clientes* der Haedui: Caes. Gall. 7,75,1. P. W.

Ambivius Turpio. Berühmter Schauspieldirektor und Schauspieler, der in sämtlichen Stücken des Ter. auftrat. In Haut. und Hec. sprach er den Prolog. Der Hec. verhalf er durch eine wiederholte Aufführung zum Erfolg. Ihm in erster Linie verdankte auch der Komödiendichter Caecilius seine Erfolge. C. F.

Ἄμβλωσις. Die Abtreibung, von Plat. pol. 5,9, 461 C und Aristot. pol. 714(16), 10,1335 b 25 unter bestimmten Voraussetzungen empfohlen, wurde in Griechenland von der allgemeinen Meinung als verwerflich empfunden (Hippokr. 54,630,3). Eine Strafbarkeit der ἄ. ist jedoch weder für das griech. (s. jedoch Cic. Cluent. 32) noch für das griech.-äg. Rechtsgebiet bezeugt. E. B.

J.H. Lipsius Das att. Recht 608. RE XVIII 2.H. 2046.

Ambrakia s. Nachtr. am Schluß des Bandes.

Ambrones. Völkerschaft unbestimmter Herkunft, die zusammen mit den Cimbern um 120 v. Chr. elbaufwärts nach Böhmen, wenig später, nach der Niederlage der Römer bei Noreia in Kärnten, gemeinsam mit Helvetiern und Teutonen von Südgallien her Italien bedroht. Die gegen die w. Alpenpässe vorrückenden Teutonen und A. werden 102 v. Chr. bei Aquae Sextiae (Aix en Provence) von Marius vernichtend geschlagen (Liv. epit. LXVIII). Das gemeinsame Auftreten der A. mit Cimbern und Teutonen wird als Hinweis für ihre Herkunft aus den n. germanischen Gebieten gewertet. H. C.

Ebert Reallexikon der Vorgeschichte s.v. Germanen B § 4 276. *Holder* s.v. A. *Zeuss* 147.

Ambrosia (Ἀμβροσία »unsterblich«) **1.** Eine der Hyaden, Töchter des Atlas und der Pleione, auch dodonische Nymphe genannt und als solche Pflegerin des Dionysos, Hyg. astr. 2,21. fab. 182. In später Dichtung (Nonn. Dion. 21,17) Mänade, von Lykurg verfolgt und von Ge in eine Rebe verwandelt. **2.** Nahrung der Unsterblichkeit, den Göttern vorbehalten, selten Menschen gewährt, Tantalos Pind. O. 1,95, Achilleus nach langem Fasten Hom. Il. 19,353, auch als Salbe verwendet ebd. 14,170. 19,38. Ursprünglich sind → Nektar und A. dasselbe, vgl. Hom. Od. 9,359. Bei der Differenzierung in Speise und Trank ist A. meist Speise, Nektar der Trank, umgekehrt z. B. Alkman frg. 100 Bgk. Sappho frg. 135 D. Eur. Hipp. 741. Rationalisten erklärten den Göttertrank für Met oder Honig (so auch W. H. ROSCHER Nektar und Ambrosia, Lpz. 1883), die Götterspeise für ein Kraut (Hauslaub, Veilchen, Lilie). PRELL.-ROB. 1,113.164.465. H. v. G.

Ambrosiaster. Von Erasmus eingeführte Bezeichnung für den Vf. des als Werk des → Ambrosius überlieferten, zwischen 366 und 384 entstandenen Komm. zu 13 Paulusbriefen (ohne Hebr.) mit vorzüglicher Exegese (Migne L 17,45–508); Zeuge des italischen Bibeltextes der Vetus Latina (1.). Demselben Vf. gehören Ps.-Aug. Quaestiones vet. et novi testamenti (ed. ALEX. SOUTER, 1908, CSEL 50). O. H.

1. *Heinr. Jos. Vogels* Das Corpus Paulinum des A., 1957. 2. *Altaner* 351f.

Ambrosius, Bischof von Mailand, * um 339 (oder 333), Sohn des in Trier residierenden *praefectus praetorio Galliarum*. Als *consularis Liguriae et Aemiliae* mahnte A. 374 im Streit um die Nachfolge des Mailänder Bischofs, des Arianers Auxentius, zum Frieden, worauf beide Parteien ihm selbst das Bischofsamt aufzwangen. A. wurde der einflußreichste Ratgeber der Kaiser Gratianus, Valentinianus II. und Theodosius I. Höhepunkte seines politischen Wirkens sind: 1. Der Kampf gegen die heidnischen Senatskreise [9], welche darum baten, den Altar der Victoria im Sitzungssaal wiederherzustellen und die Staatsbeiträge für die alten Kulte zu gewähren (Eingabe: Symm. rel. 3; dagegen A. epist. 17.18). Die Häupter der Senatspartei wurden 394 in den Untergang des Usurpators Eugenius mit hineingerissen. 2. Der Sieg über den Arianismus, für den die Kaiserin Iustina eine Kirche Mailands beanspruchte (contra Auxentium). 3. Die Abwehr staatlicher Übergriffe in kirchliche Bereiche: In Glaubenssachen haben die Bischöfe, nicht der Kaiser zu richten (epist. 21). Der Kaiser steht innerhalb, nicht über der Kirche (c. Aux. 36); irrt er sündhaft, so muß er die Mahnung des Priesters hören (epist. 51): Theodosius tut öffentlich Buße für die Schuld an dem Blutbad von Thessalonike (obit. Theod. 34). Seine pastorale Mission erfüllt A. in wortgewaltigen Predigten (Aug. conf. 5,13,23). Er führt nach syrischem Vorbild den Kirchengesang im Abendland ein und dichtet Hymnen in iambischen Dimetern. Das Prosawerk des A. ist großenteils aus Predigten hervorgewachsen. In den exegetischen Schriften zum Alten Testament und dem Komm. zu Lukas übt er die allegorische Deutung im Anschluß an Phil. und Orig. Den Predigtzyklus des Basileios über den Schöpfungs-Ber. bearbeitet A. in den 6 B. des Hexaëmeron. Von den lat. Klassikern schätzt er besonders Verg. und Cic.: Das Muster der Darstellung der Ethik sind ihm Cic. s. 3 B. off., an deren Platz A. für seinen Klerus eine chr. Umarbeitung stellt in den 3 B. de officiis ministrorum. Er ersetzt die römischen exempla durch biblische, behält die Bezeichnungen der Moralbegriffe bei, aber unterlegt ihnen statt des stoischen einen chr. Gehalt; nur selten tritt ein chr. Wert antithetisch ein, wie in der praef. das *silentium* statt der *oratio* bei Cic. [8]. Wichtige hist. Quellen sind die Trauerreden auf seinen Bruder Satyrus und die Kaiser Valentinianus und Theodosius. Bald nach dem Tode des A. (7. Dez. 397) schrieb sein Sekretär Paulinus eine Biographie (ed. MARY SIMPLICIA KANIECKA, Diss. Washingt. 1928). O. H.

Ta.: 1. *Karl Schenkl* und *Mich. Petschenig*, 1897–1919. *Otto Faller*, 1955 (CSEL 32.62.64.73). 2. Im CSEL noch Fehlendes in Migne L 16. 3. Lukas-Komm.: *Gabriel Tissot*, 1956–58. 4. *Raymond Thamin* Saint-A. et la morale chr., 1895. 5. *F. Homes Dudden* St.A., 2 Bde., 1932. 6. *Pierre Hadot*, REL 34, 1956, 202–20. 7. *Pierre Courcelle*, REL 34, 1956, 220–39; 36, 1958, 205–34. 8. *Thomas Deman*, Rev. sciences philos. et théol. 37, 1953, 409–24. 9. *Friedr. Klingner* Röm. Geisteswelt, [4]1961, 514ff. 10. Bibliogr.: *B. Altaner* 339–51.

Ambubaiae. Von syr. *a(m)bub*, Rohrpfeife, aram. *'abbūb(ā)*, arab. *'unbūb*, *'abbūbāj*; lat. *tibia*. Syrische Flötenbläserinnen, die in der ersten Kaiserzeit in Rom als Tänzerinnen in ihrer Anmut geschätzt waren. Nach Acro zu Hor. sat. 1,2,1 *ambubaiae . . . sunt mulieres vagae ac viles, quibus nomen hoc casu vanorum et ebrietate balbutientium verborum videtur esse inditum. Nonnulli tamen ambubaias tibicines Syra lingua putant dici;* ferner ebd. *ambubaiorum collegia, pharmacopolae, mendici, mimae, balatrones.* Zufolge Petron. 74 *ambubaia non meminit, sed de machilla illam sustuli, hominem inter homines feci.* Suet. Nero 27 bezeugt *scortorum . . . et ambubaiarum ministeria.* Ob *a.* allgemein als syrische Dirnen galten (Copa, vgl. Priap. 27. Iuv. 3,65), ist unsicher. Der Name *Abobas* (Ἀβώβας), den Adonis bei den pamphylischen Pergaiern führte, soll, obschon urgriech. Bezeichnung für einen Parhedros der Ἀϝώς, nach ENGEL Kypros 2,557 mit syr. *a(m)bub* in Verbindung stehen. W. B.

Th. L. L. 1, 1868, 57–66. *L. Quicherat* Thes. Poeticus, Paris 1899, 60. *Walde-Hof.* [3]1,38. *W. Schulze* in ZVS 33,376.

Amburbium. Zur Entsühnung der Stadt, anfangs Februar begangen durch Herumführen der Opfertiere (→ suovetaurilia?) um das Stadtgebiet (→ Ambarvalia). Es sind *feriae conceptivae*, vermischt mit und verdrängt durch die nach griech. Ritus gefeierte → *lustratio urbis*. Die Kirche wandelte es zum »Lichtmeßfest«. W. E.

1. *Wissowa* RE I 1816f. 2. *Ders.* Rel.[2] 101.143. 3. *Latte* RRelGesch. 41. 4. *C. Koch* Frankf. Stud. 3, 1933, 23ff. 5. *H. Usener* Weihnachtsfest[2]. 6. *Boehm* RE XIII 2029ff.

Ambustus Beiname der Fabii (s. d.)

Ameipsias. Dichter der Alten Komödie (s. Aristoph. Nub. 524; Ran. 12), siegte 423 als zweiter über die Wolken mit dem Konnos, in dem ebenfalls Sokrates auftrat, 414 als erster mit *Κωμασταί* über die Vögel. Daß A. dabei nur nominell für Phrynichos fungierte (P. GEISSLER Chronologie d. altatt. Komödie, 1925, 37. 54 nach Th. Bergk) ist beim Konnos jedenfalls durch die literarischen Zitate ausgeschlossen. Die Siegerliste der Dionysien hat A. an 26. Stelle, um 426. Wir kennen 7 Titel (darunter die erste *Σαπφώ*), wenig Fragmente, hübsch 22, Symposionszene. Im Konnos bestand der Chor aus *φροντισταί*, Sokrates wurde pointiert »der Beste von wenigen, der größte Narr unter vielen« genannt, seine Armut verspottet, aber seine Unabhängigkeit anerkannt. W. K.

Ameise (*μύρμηξ*, *formica*; s. WALDE-HOFMANN 1,531). Im Gegensatz zur Biene zoologisch wenig erforscht (bei Aristot. hist. an. 622b 20–37, sonst nur gelegentliche Erwähnungen; Ail. nat. 6,43 al. Plin. nat. 11,108–111, stark mit Fabelhaftem untermischt), um so mehr wegen ihrer Fähigkeiten und Gewohnheiten beachtet (vgl. auch Plut. mor. 967 DE). Man rühmte ihre Kraft, ihren Fleiß, der auch nachts nicht ruht, ihre vorsorgende Vernunft (z. B. Kleanthes b. Plut. a. O. Verg. georg. 1,186. Hor. s. 1,1,33 ff.), Ordnungsliebe, Schlauheit (Anth. Pal. 9,438) und ihren Geruchssinn (Aristot. 534b 22); die Grenzen zwischen Wahrheit und Dichtung sind fließend. Man erwartete von der A. zugleich Schaden und Hilfe. Die Bauern bekämpften sie mit vielerlei Mitteln (Aristot. 534b 22. Colum. arb. 14; rust. 10,322; Geop. 13,10 al.); ihre Tötung durch die persischen Magier: Hdt. 1,140. Ihr Auftreten als schlimmes Omen: Plut. Kimon 18. Suet. Tib. 72,2; Nero 46,1; als gutes Omen: Cic. div. 1,78; die A. als Wetterprophetin: Arat. 956. Plin. 15,364 u. a.; daher bei Hes. erg. 778 ἴδρις (»Kundige«) genannt (vgl. Fronto ep. p. 137,3 N.). A.-Märchen: Hdt. 3,102. Ps. Kallisth. 2,29. Apul. met. 6,10. Ail. nat. 3,4. 4,27. A.-Fabeln: Aisop. 114. 175f. HAUSR. Babr. 126.295. Phaedr. 4,24. Sprichwörtl. Wendungen s. OTTO Sprichw. 690ff. W. R.

Amelios Gentilianus. Schüler Plotins, dem er sich anschloß, als sich Plotin in Rom niederließ (246). A. stammte aus Etrurien und war damit der einzige Nicht-Orientale unter Plotins Schülern. Er gab Plotins Vorträge in (angeblich) 100 Büchern heraus, ebenso die Werke des Numenios. Als der Vorwurf erhoben wurde, Plotin plagiiere den Numenios, entkräftete er das ausführlich. Er galt zunächst als Vorzugs-Schüler Plotins, wurde aber durch Porphyrios in die zweite Reihe verwiesen. Lehrentscheidungen des A. sind nur zum Timaios bekannt und nur im Timaios-Kommentar des Proklos erhalten. Was da von A. berichtet wird, wirft kein günstiges Licht auf sein Philosophieren, doch ist zu bedenken, daß die von Proklos gebotene Auswahl von Porphyrios beeinflußt ist. So wird A. nur in Fehlern, nicht in positiven Leistungen kenntlich. H. D.

Zeugnisse: Porphyrios, vita Plot. 3.7.16–21. Eunapios, vitae soph. 17. Suda s. v.

Amenophis. Äg. Imn-ḥtpw »Amun ist zufrieden«, Name, der durch 4 Könige der 18. Dyn. berühmt wurde: A. I. (1527–07) kämpft wie sein Vater Ahmose gegen Mitanni. A. II. (1438–12) verlor in Syrien gegen die wachsende Macht des Mitannireiches an Boden und scheint den von seinem Sohn Thutmosis IV. geschlossenen Frieden mit diesem Land eingeleitet zu haben. Davon hatte A. III. (1403–1364) Nutzen, da der Friedensschluß zu hoher wirtschaftlicher und kultureller Blüte in Äg. führte (Luxortempel, Memnonskolosse). Die geistige Entwicklung führte unter ihm zur Überwindung der Tradition und zu einer »natürlichen« Betrachtung Gottes und der Welt. Die daraus entstehenden Spannungen versuchte sein Sohn A. IV. (Echnaton) (1364–46) mit Gewalt zu lösen, indem er die sichtbare Sonnenscheibe zum einzigen Gott erklärte und die sinnesmäßig erfaßbaren Phänomene als Wahrheit bezeichnete. Sich selbst sah A. IV. als Prophet seines Gottes, der allein zwischen Menschen und Gott vermittelte. Die Gewaltmaßnahmen wie außenpolitische Rückschläge führten zum Zusammenbruch der neuen Lehre beim Tod A. IV. – Ein bekannter Ägypter des Namens A. war der »weise« A., Sohn des Hapu, aus Athribis, unter A. III., von dem noch in griech. Zeit Sprüche überliefert wurden und der als Gott verehrt wurde. W. H.

Amentia bezeichnet den Wahnsinn und allgemeiner jede Unvernunft, ja gelegentlich sogar die religiöse Verzückung. Als Rechtsbegriff für Geisteskrankheit gilt nicht a., sondern *furor*. Th. M.-M.

Ameria (NISSEN It. Ldk. 2,399. BELOCH RG 503), umbr. Stadt. (Strab. 227. Steph. Byz. s. v. Ptol. 3,1,54) der 6. Reg. (Plin. nat. 3,114), als *municipium* (Meldung von Prodigien: Plin. 2,148. Plut. Mar. 17,4) der trib. Clustumina zugehörig (CIL XI p. 638. KUBITSCHEK Imp. Rom. trib. discr. 69). Angeblich im J. 1134 v. Chr. (Cato frg. 49 P.) von Amirus (Paul. Fest. 19,23 L.) gegründet. Über die v. Amerina 56 mp (Cic. Rosc. 19) von Rom entfernt (Tab. Peut. 5,2). Produkte: Äpfel und Birnen (Colum. 5,10. Plin. nat. 15,50.55.58. Stat. s. 1,6,18), Besen (Plin. 24,67), Weiden für Winzer (Verg. georg. 1,265 m. Serv. Colum. 4,30. Plin. 16,177 u. a.), Körbe (Cato rust. 11,5). G. R.

Ameriola (NISSEN It. Ldk. 2,563. BELOCH RG 166), früh verschollene lat. Stadt unbekannter Lage (Plin. nat. 3,68. Liv. 1,38,4). Name bekundet umbr. Einfluß. G. R.

Amestratos (Ἀμήστρατος), nur von Steph. Byz. s. v. und Cic. Verr. 3,101 erwähntes unbedeutendes Städtchen Siciliens in der Nähe von Kalakte. Münzen röm. Zeit: HEAD HN^2 127. K. Z.

Amethystos s. Edelstein

Amiantos s. Asbest

Amicitia ist ein Zustand friedlichen Zusammenlebens zwischen Rom und anderen Staaten. Die a. wird nicht durch einen besonderen Vertrag begründet, sondern entsteht formlos durch jede Art nichtfeindlichen Zusammentreffens. Sie bildet jedoch als faktisches Freundschaftsverhältnis (*in amicitia esse* Cic. div. in Caec. 66) einen Ausgangspunkt für nähere vertragliche Bindungen (→ foedus). *Renovatio amicitiae* ist die gelegentliche Bekräftigung gutnachbarlicher Beziehungen (Liv. 42, 6,4).

Amici werden in der späten Republik die politischen Anhänger eines Mannes genannt (Vell. Paterc. 2,7,1.2).

Amici Augusti heißen die zur Audienz *(salutatio)* Zugelassenen. Sie werden in mehrere Klassen eingeteilt (*a. primae, secundae admissionis*, vgl. H. A. Alex. 20). Später ist *amicus Augusti* ein mit gewissen hohen Ämtern automatisch verbundener Titel (vgl. Dig. 49,1,1,3).

Amicus populi Romani ist ein Ehrentitel, der jenen fremden Staaten oder auch Individuen (vornehmlich Staatsoberhäuptern) verliehen wird, die sich besondere Verdienste um die römische Sache erworben haben. Sie werden in ein eigenes Verzeichnis *(formula amicorum)* eingetragen. H. Ha.

Alfred Heuss Die völkerrechtl. Grundlagen der röm. Außenpolitik in republ. Zeit, Klio-Beiheft 31, 1933. *Bruno Paradisi* Scritti in onore di Contardo Ferrini, 2, 1947, 178 ff.

Amida. Stadt Armeniens am Oberlauf des Tigris (Amm. 18,9,2 u. ö. Prok. bell. 1,17,5; aed. 2,1,4 u. ö.), identisch mit dem heutigen Dijârbekr (türk. Kara Amid; s. K. MILLER Itin. Rom. S. 739 mit Skizze Nr. 239, S. 737–738). Geschichtlich spät hervorgetreten, wurde A. in der Zeit des neupers. Reiches von Sapor II. belagert und eingenommen (359 n. Chr.). Ammianus war Augenzeuge dieser Kampfhandlungen. H. T.

Aminaea. Berühmte Weinrebe, von der es mehrere Varietäten gab. Die antiken Angaben über die Herkunft des Namens widersprechen einander; in Italien scheint das ursprüngliche Anbaugebiet Campanien gewesen zu sein. Der Wein (weißer und roter) war wegen seiner adstringierenden Wirkung bei den Ärzten geschätzt (vgl. Gal. 11,441 K.). F. K.

Amisia, m. 1. Die h. Ems, erwähnt von Tac. ann. 1,60.63. 2,8.23. An der Stelle 2,8: *Amisiae classis relicta laevo amne* handelt es sich nicht etwa, wie schon zu erklären versucht wurde, um eine Ortsbezeichnung, sondern um den linken Flußarm der Ems (s. C. MEISTER, H 38, 1955, 92 ff. R. SYME Tac. 2,747,6.). Die Römer hatten kein eigenes Wort für »Flußarm«. Hier hatte Drusus seine Flotte zurückgelassen, womit er nach Tacitus einen operativen Fehler beging (*erratum in eo, quod non subvexit classem)*. A. noch erwähnt bei Strab. 7,291 (τῷ Ἀμισίᾳ). Mela 3,30 *(Amissis)* Plin. nat. 4,100 *(Amis[s]is)*. Ptol. 2,11,1.7 (Ἀμισίου ποταμοῦ). In mittelalterlichen Urkunden Emisa und Emesa. HOLDER s. v. **2.** Bei Ptol. 2,8,6. 11,13 (Ἀμισία) als Ort erwähnt. Vgl. Steph. Byz. Ἄμισ(σα), πόλις Γερμανίας, τὸ ἐθνικὸν Ἀμισαῖος. Die Lage ist unbestimmt. W. S.

Amisos (Ἀμισός). Griech. Stadt an der s. Küste des Pont. Eux. zwischen den Mündungen von Halys u. Iris (h. Samsun). A. wurde von Milesiern gegründet. Später im 5. Jh. v. Chr. wurden athen. Kleruchen angesiedelt u. A. in Peiraieus umbenannt. Damals war A. ein blühendes Handelszentrum (s. Kartenbeil. 2. des Außenhandels v. A. bei Maximowa a.O. S. 88). Als A. von den pont. Königen in ihr Reich einverleibt wurde, wuchs seine Rolle als Residenz der pont. Herrscher und als besonders wichtiges Handelszentrum des pont. Staates. In den kriegerischen Ereignissen des 1. Jh. oft erwähnt. Chr. D.

Rostovtzeff Hellenist. Welt 1, 464. 1220, Anm. 355. *Maximowa* Antičnyije goroda jugo-wostočnogo Pričernomorija (russ.). Die ant. Städte im s. ö. Schwarzmeergeb. 1956, 85 ff., 181 ff. u. passim.

Amiternum (Nissen It. Ldk. 2,470. Beloch RG 430.579). Sabin. Stadt (Strab. 228. Dion. Hal. ant. 2,49. Verg. Aen. 7,710. Sil. 8,414. Liv. 38,45, 19. Ptol. 3,1,59: vestin.) der *trib. Quirina* (CIL IX p. 397. Kubitschek Imp. Rom. trib. discr. 54) der 4. Reg. (Plin. nat. 3,107) am Aternus (Strab. 241), wonach benannt (Varro l. l. 5,28). Im J. 293 v. Chr. mit Gewalt den Samniten entrissen (Liv. 10,39,2), seitdem röm. *praefectura* (Mommsen CIL a.O.); Geburtsort Sallusts (Suet. frg. 73 R.). In der Nähe Testruna, der Herkunftsort der Sabiner (Cato frg. 50 P.). Entfernung von Rom (82 mp) durch mil. CIL IX 5957 bei Barete bekannt (Tab. Peut. 5,5); an der Straße des Calatinus 247 v. Chr. (Radke Phil. 103, 1959, 315); j. Vittorino bei L'Aquila. G. R.

Ammaedara (heute Haïdra in Byzacene. Hygin. 180 Lachm. Tab. Peut. 5,1. Itin. Ant. 26,5. Ptol. 4,3). Alte numidische Niederlassung in dem Lande der Musulamen. A. wurde wegen seiner wertvollen strategischen Lage, die die schwierigen Wege dieser Gegend beherrscht und die Provinz Africa auf der Südseite deckt, seit dem Tod des Augustus und dem Regierungsantritt des Tiberius das Hauptquartier der Legio III^{a} Augusta (A. Piganiol MEFR 1912, 69. De Pachtère CRA 1916, 273. S. Gsell Hist. Anc. Af. N. 8,228). Unter den Flaviern wurde das Militär nach Theveste verlegt und A. Kolonie *(Colonia Flavia Augusta Emerita A.)*. Seine Bedeutung wuchs bis zur Zeit der Vandalen mit seiner Rolle als Austauschmittelpunkt in einem Kultur- und Durchgangsland. Neuere Ausgrabungen haben wichtige Denkmäler zutage gefördert: Tempel, Thermen, Theater, Altäre, christliche Kirchen, ein byzantinisches Fort. Das Christentum blühte dort; drei Bischöfe sind bekannt. CIL VIII 302–364. 10515–10518. 11496–11658. 23251–23279. ILT 407–473. Bull. Comité Tables 1917. 1940. Atl. Arch. Tun. f^{e} Tébessa 5. M. L.

Ammaus s. Emmaus

Ammen waren in Griechenland seit früh üblich, in Rom werden sie erst mit der Hellenisierung b. den Reicheren Regel. Die A., τίτθη, *nutrix*, von der nicht nährenden Wärterin, τροφός, τιθήνη, *assa (nutrix)* nur in Rom streng geschieden, sollten 25–35 Jahre alt sein, vor nicht zu langer Zeit geboren haben, mäßig leben und sich aller Ausschweifungen enthalten[h] (Ammendienstvertrag: BGU 4 Nr. 1058). Das oft langdauernde Vertrauensverhältnis, in Rom rechtlich anerkannt, ist seit Homer ein literarischer Topos. In Rom hat sich für die bildliche Darstellung der alten A. ein fester Typus entwickelt: faltenreiche Züge, schlaffe Brüste, kleines Kopftuch. W. H. G.

Th. Hopfner RAChr 1, 381 f.

Ammentum. Der Speerwurf erfolgte mit Hilfe des a., ἀμίλη, einer fingerlangen Schlinge, die das Ende eines am Schwerpunkt des Speeres befestigten Riemens oder einer Schnur bildete. Und zwar so, daß die Schlinge durch Einführung von ein bis zwei Fingern gespannt und der Speer mit dem Daumen und den beiden letzten Fingern vor dem Abschuß in eine rotierende Bewegung (Ov. met. 7,787. Sil. 9,509) versetzt wurde. Die Anwendung des a. ist schon für das → ἀκόντιον und im griech. und röm. Heer bezeugt. Im letzteren verwendeten es die *velites* (Cic. Brut. 271), vor allem aber Hilfstruppen. In der frühen röm. Kaiserzeit benützten es der mit der *lancea* ausgerüstete Teil der Legion, ferner die *speculatores* und die *officiales*, d. h. der Heeresstab überhaupt. A. N.

RE Suppl. I 68 ff. BJ 125, 1919, 28 ff. *B. Schröder* Der Sport im Altertum, Bln. 1927, 116 ff., Philol., Supplbd. 23, 1931, H. 2,24 ff.

Ammianus Marcellinus, röm. Geschichtsschreiber. Quelle für sein Leben ist vor allem das eigene Werk; die Schilderung selbsterlebter Ereignisse bot ihm Gelegenheit zu autobiogr. Angaben. A., um 330 n. Chr. zu Antiochia geboren, entstammte einem gutsituierten griech. Hause. Er diente in der Elitetruppe der *protectores domestici*; 353 wurde er dem Stabe des Ursicinus zugeteilt, der damals die Orientarmee befehligte. Er begleitete Ursicinus nach Gallien und Mesopotamien; dort machte er die große persische Offensive (Belagerung von Amida, 359) mit. 363 beteiligte er sich am Perserfeldzug Iulians. Danach lebte er, eifrigen Studien ergeben, in seiner Heimatstadt (Reisen nach Ägypten und Griechenland). Gegen 380 siedelte er nach Rom über; er verkehrte dort mit führenden Männern der heidnischen Aristokratie, besonders mit Symmachus. Das Todesjahr ist unbekannt (um 395).

A. verfaßte Res gestae in 31 B., worin er die Geschichte des röm. Reiches von Nerva bis zum Tode Valentinians I. (375) und des Valens (378) behandelte; er setzte also das Werk des Tacitus bis auf seine eigene Zeit fort. Erhalten sind nur die Bücher 14–31, die sich mit den Jahren 353 – 378 befassen. Das Werk hatte demnach sehr ungleichmäßige Proportionen; der Stoff des verlorenen Teiles (etwa zweieinhalb Jh.) war offenbar in viel kürzerer Fassung dargestellt. Nach dem ursprünglichen Plan sollten die Res gestae wohl mit dem Tode Iulians im Jahre 363 (B. 25) schließen; der Erfolg dieser wahrscheinlich 391/2 veröffentlichten Bücher bestimmte A. zur Fortsetzung (B. 26–31, mit besonderer Vorrede). Wann A. den Schlußteil herausgab (394 oder später), ist unsicher; s. [13].

A. schildert die Geschichte des gesamten Reiches, in die er, an Tacitus anknüpfend, die Chronik der Stadt Rom ziemlich vollständig aufnimmt. Dem Bericht von dem Tode eines Kaisers folgt jeweils eine Charakteristik; ihr Schema ist von der Biographie übernommen. Mit dem Kunstmittel der Rede geht A. sparsam um. Hingegen bringt er zahlreiche Exkurse, zumal geographische, die jeweils eine Diözese behandeln. Der historische Stoff der B. 14–25 ist im allgemeinen nach Art der Annalistik chronologisch geordnet; im Schlußteil jedoch verweilt der Bericht mit Rücksicht auf die sachlichen Zusammenhänge über mehrere Jahre hinweg auf den einzelnen Schauplätzen (s. 26,5,15). Für die verlorenen Bücher hat A. literar. Quellen, vor allem wohl Herodian, benutzt. Der zeitgeschichtliche Teil dagegen beruht, wie der Vf. mit Bestimmtheit erklärt, auf eigener Kenntnis und dem sorgfältigen Verhör von Zeugen (15,1,1); außerdem wird A. Urkunden, offizielle Berichte u. dgl. benutzt haben. Im Gegensatz hierzu vermutete die Forschung des 19. Jh., daß die Bücher 14–25 aus zeitgenössischer Lit. (Nicomachus, Magnus von Carrhae u. a.) kompiliert seien; s. [1] und [2]. Diese Theorie darf jetzt für widerlegt gelten; s. [12], 20 ff.

Die Res gestae des A. sind das letzte große Geschichtswerk der Antike, eingegeben von dem Glauben an die unvergängliche Größe Roms, den selbst die Katastrophe von Adrianopel nicht zu erschüttern vermochte (s. 31,5,10 ff.). A. war Heide; sein Determinismus machte ihn zum überzeugten Anhänger jeglicher Art von Zukunftsdeutung. Über das Christentum äußerte er sich mit Ehrerbietung. Er war durch Militärdienst, Reisen und mannigfache Beziehungen zu Provinzbewohnern, zum Hofe und zur röm. Gesellschaft sachlich in hohem Maße für sein Unternehmen qualifiziert; überdies zeichnete er sich durch ein zu keiner Zeit ernsthaft bezweifeltes Streben nach Unparteilichkeit aus. In der Darstellung von Charakteren besaß er eine seit jeher bewunderte Meisterschaft. A. hat sich der lat. Sprache mit erstaunlichem Geschick bemächtigt. Indes ist sein Stil sehr künstlich; er demonstriert allenthalben seine literarische Bildung, und die überladene, gespreizte Ausdrucksweise zollt der rhetor. Mode der Spätzeit reichen Tribut.

Die Überlieferung beruht auf einem Codex Fuldensis (jetzt im Vatikan) und einem bis auf 6 Blätter verlorenen, in der Ausg. des Gelenius (1533) benutzten Hersfeldensis; s. [7]. Editio princeps von Angelus Sabinus 1474. M. F.

Ta. von *Clark*, 1910–15, und *Rolfe*, 1935–39. Bibliogr.: *W.A. Baehrens* Burs. 203, 1925, 46 ff. *J. Miller* ebd. 278, 1942, 2 ff. (bis 1937); s. ferner [14]. 1. O. *Seeck* H 41, 1906, 481 ff. 2. *A. Klotz* RhM 71, 1916, 461 ff. 3. *W. Enßlin* Zur Geschichtsschreibung und Weltanschauung des A., Klio, Beih. 16, 1923. 4. *G.B. Pighi* Studia Ammianea, 1934. 5. *Ders.* I Discorsi nelle storie d'Amm. Marcell., 1936. 6. *Ders.* Nuovi studi Ammianei, 1936. 7. *R. Robinson* The Univ. of Missouri Studies 11, 1936, 118 ff. 8. *S. Blomgren* De sermone Amm. Marcell. quaestiones variae, 1937. 9. *G.B.A. Fletcher* AJPh 58, 1937, 392 ff. 10. *Ders.* RPh 3. Ser. 11, 1937, 377 ff. 11. *G.B. Pighi* Aevum 11, 1937, 368 ff. 12. *E.A. Thompson* The Historical Work of A., 1947. 13. *O.J. Maenchen-Helfen* AJPh 76, 1955, 384 ff. 14. *Ch.P. Th. Naudé* A. in die lig van die antieke geskiedskrywing, Diss. Leiden 1956. 15. *W.R. Chalmers* RhM 102, 1959, 183 ff.

Ammon. 1. Griech. Form des Namens des Gottes Amana (später Amun), des Hauptgottes der äg. Hauptstadt Theben. Der Name bezeichnet ihn als den »Verborgenen«, da er als unsichtbarer Lufthauch gedacht wurde. Er tritt mit der 11. Dyn. (20. Jh. v. Chr.) auf und wird durch die Stellung von Theben als Residenz im Neuen Reich zum Reichsgott und Götterkönig, indem er als Amonre an die Stelle des Sonnengottes tritt. Als Gattin gilt die Geiergöttin Mut vom See Ischeru bei Theben, als Sohn der Mondgott Chonsu. Theologisch zerfällt Amun in drei Gestalten: der in Medinet Habu begrabene, als Schlange dargestellte Urschöpfer (Kneph), der Götterkönig in Karnak, der »Stier seiner Mutter« in Luxor. Als Götterkönig ist er menschengestaltig, mit zwei hohen Federn auf dem Kopf, wird aber besonders vom Volk in den ihm näheren Formen als Widder oder Gans verehrt. Als Amun von Luxor hat er die ithyphallische Form des Fruchtbarkeitsgottes Min. Die jährliche Prozession nach Luxor (Opetfest) war Hauptfest des Landes; an ihm kam es oft zu politisch wichtigen Orakeln des Gottes, wobei er vorgelegte Fragen durch Vor- oder Zurückweichen seiner Tragbarke beantwortete. Seit der 21. Dynastie galt A. als weltlicher Herr der Thebais, wobei seit der 23. Dyn. die Verwaltung des reichen Besitzes in der Hand einer ihm als »Gottesgemahlin« zugewiesenen Prinzessin lag. A. wurde auch von den nubischen Königen in Napata verehrt. In der Spätzeit tritt A. hinter Osiris zurück. W. H.

K. Sethe Amun und die 8 Urgötter.

2. Bei den Griechen als Zeus-Ammon verehrt, von dem sie wohl durch sein Orakel in der Großen Oase und durch Vermittlung der Kyrenaier Kenntnis erhalten hatten, als deren höchster Gott A. bezeichnet wurde. Als die einheimischen Orakel im Laufe des 5. Jh. v. Chr. in Griechenland an Geltung verloren, wandte man sich mit Vorliebe an die entlegenen Orakelstätten und besonders an das in Achtung gekommene A.-Orakel. Dies taten z. B. Alkibiades und Lysandros. Von der Verehrung des Gottes in Griechenland zeugt vor allem Pindar, der ihm ein Bild, verfertigt von Kalamis, weihte und auf ihn einen Hymnus dichtete. In Athen war sein Kult öffentlich schon vor dem J. 371/70, Opfer an ihn werden vom J. 333/32 erwähnt (IG II^2 1496a Z. 96 = Sylloge^3 1029 Z. 33) und im gleichen Jahr ein Tempel an dem Heilort Oropos (IG II 338 = Sylloge^3 281). Pausanias erwähnt einen Tempel in Gythion, eine

Herme in Megalopolis und einen Kult in Aphytis auf Pallene. → Ammoneion W. S.

RE I 1854ff. *Nilsson* GgrR 785.832.

Ammoneion. Orakel des Amun in der Oase Siwa, das in griech. Zeit berühmt war. Es ist libyscher Herkunft (Quellgott?). Spuren äg. Besetzung finden sich ab 26. Dynastie, aus der vielleicht der Orakeltempel von Aghurmi stammt (STEINDORFF ÄZ 69,1ff.). Einen Tempel bei Ummbeda baute der libysche Fürst Wn-Imn unter Nektanebos II. Das Orakel wurde durch Vor- bzw. Zurückweichen des Gottesbildes gegeben. Befragt haben es u.a. Kroisos (Hdt. 1,46), Bokchoris (Tac. hist. 5,3), Kimon (Plut. Kim. 18), Hannibal (Paus. 8,11,11). Bekannt sind der Besuch durch Alexander, dessen Begrüßung als Gottessohn äg. Brauch entsprach, und der fehlgeschlagene Eroberungszug unter Kambyses (Hdt. 3,26). W. H.

Ammoniacum (*ἀμμωνιακόν*): Nach Dioskorides (3,84 = 2,100,18ff. Wellm. und 5,109 = 3, 79,16f. W.) und anderen trug diesen Namen sowohl ein Gummiharz wie auch ein Natursalz, beides aus Libyen stammend und medizinischen Zwecken dienend (das Harz wegen seiner wärmenden, krampflösenden und treibenden, das Salz wegen adstringierender und reinigender Wirkung). F. K.

Ammonios. 1. Günstling des Alexandros Balas, übte für den Alexandros die tatsächliche Macht aus und ließ, um diese für sich und für seinen Herrn zu sichern, alle Anhänger des Demetrios I. Soter, die ihm in die Hände fielen, mitsamt dessen Sohn Antigonos und dessen Witwe Laodike umbringen. Als er auch einen Mordanschlag auf Ptolemaios Philometor von Äg. versuchte und Alexandros die Bestrafung des A. verweigerte, kam es zum Bruch zwischen Ptolemaios und Alexandros. Ptolemaios zog in Antiocheia ein und A. wurde von den wütenden Einwohnern erschlagen (147 v. Chr.). Liv. per. 50. Ios. ant. 13,106ff. **2.** Geschäftsträger des Königs Ptolemaios Auletes, weilte im J. 56 in Rom (Cic. fam. 1,1,1). Vermutlich ist mit ihm der als Geschäftsträger der Königin Kleopatra von Cic. Att. 15,15,2 erwähnte A., der im J. 44 in Rom tätig war, identisch. W. S.

3. Sohn des A. aus Alexandreia, Grammatiker des 2. Jh. v. Chr., Schüler und Nachfolger des Aristarchos. Er betrieb u.a. Homer-, Pindar- und Aristophanesexegese. Einige Werktitel sind durch Vermittlung des Didymos aus den Sch. zu den genannten Dichtern bekannt. H. Gä.

Susemihl 2,153ff.

4. Unbekannter, wohl byz. Bearbeiter des Lex. *περὶ ὁμοίων καὶ διαφόρων λέξεων* des Herennios Philon, das in verschiedenen Fassungen unter den Namen Eranios Philon, Ptolemaios Askalonites, Symeon im Altertum vorlag. H. Gä.

L.C. *Valckenaer*, Lpz. 1822. *K. Nickau* Das sog. A.-Lex., Diss. Hamburg 1959.

5. A. war Lehrer des → Plutarchos von Chaironeia, † vor 80 n. Chr., wirkte als platon. Philosoph in Athen, wo er dreimal zum Strategen gewählt wurde (Plut. quaest. conv. 8,3,1). A. wird nur von Plut. erwähnt, der ihm seine philosophische Formung verdankte. Daß A. der Akademie angehört habe, ist sehr unwahrscheinlich.

K. Ziegler RE XXI 651–653.

6. Von Lamptrai, Verfasser einer fragmentarisch erhaltenen Schrift *περὶ βωμῶν καὶ θυσιῶν*, vgl. Syrian in Hermog. I 76,13 RABE; Fragmente gesammelt von A. TRESP RVV 15,1. Sicher nicht identisch mit A. 5. **7.** Von Alexandreia, um 200 n. Chr., erwähnt als Verfasser einer Schrift *περὶ τῆς Μωυσέως καὶ 'Ιησοῦς ὁμολογίας* von Eus. hist. 6,19,9 und Hier. vir. ill. 55. Obwohl A. v. Alex. dort mit A. Nr. 8 verwechselt wird, sind beide A. sicher zu scheiden. **8.** Lehrer Plotins (Beiname Sakkas nur bei Theodoret cur. Gr. aff. 6,60 und im Suda s. A.), lebte bis etwa 242 in Alexandreia. Seine Bedeutung beruht auf dem tiefgreifenden Einfluß, den er auf → Plotin ausübte (Porphyr. vita Plot. 3,13.20.14,15). Die Lehre des A. ist nur aus versprengten Notizen kenntlich, die alle auf Porphyr. zurückgehen: Nemes. De nat. hom. 3, 125ff. Matth. = Priscian. solut. ad regem Chosroen (Suppl. CAG 1,2) 50f. weisen auf A.s Verteidigung einer *ἕνωσις*-Lehre im Hinblick auf die Einung von Leib und Seele. Nach Hierokl. bei Phot. Bibl. cod. 214 (171b–173b) und cod. 251 (460b–466b) verteidigte A. die Einheit der Philosophie gegen die, die sie spalten wollten. A. schrieb nichts, wirkte aber stark auf seine Hörer, unter denen der Neuplatoniker Origenes und Kassios Longinos waren.

9. Sohn des Hermeias; Platoniker der alexandrin. Schule um 550; A. wirkte durch seine Lehrvorträge und durch seine Komm. zu Aristoteles (erhalten die zu den log. Schriften CAG 4,3–6); diese sind nüchterner und der Spekulation weniger zugewandt als die der gleichzeitigen Akademie. A. wirkte vor allem auf Simplikios und auf Joh. Philoponos, mittelbar auf die Arist.-Kommentatoren David und Elias. H. D.

'Αμνηστία (*ἡ λήθη*, Suda), gesetzmäßig festgesetzter Verzicht auf Anklage, Wiederaufnahme von Verfahren, Urteilsvollstreckung und Strafvollzug als Mittel, die streitenden Parteien nach internen oder externen Kriegen zu versöhnen. Plutarch (mor. 814B) spricht von *τὸ ψήφισμα τὸ τῆς ἀμνηστίας ἐπὶ τοῖς τριάκοντα*, von dem Amnestiebeschluß (403 v. Chr.), während Aristoteles (Ath. pol. 39,6) und die Redner Andokides (1,90), Isokrates (18,3), Aischines (2,176. 3,208) die Wendung »*μὴ μνησικακεῖν*« gebrauchen, um die Generalamnestie im Rahmen der von beiden Parteien beschworenen Versöhnung zu bezeichnen (vgl. auch Cass. Dio 44,26,3). Im Friedensvertrag zwischen Milet und Magnesia (Syll.[3] 588,60; 196 v. Chr.) wird *ἄδεια* und *ἀμνηστία* für Vorkommnisse im Kriege gewährt und nicht erlaubt *ἔγκλημα μήτε δημοσίᾳ μήτε ἰδίᾳ περὶ* μηθενὸς τῶν προγεγονότων... zu erheben; ebenso heißt es im Vertrag der Milesier mit den Herakleoten (Syll.[3] 633,36; um 180 v. Chr.): εἶναι δὲ καὶ ἀμνηστίαν ὡς ἑκατέροις τῶν προγεγενημένων ἐγκλημάτων κατὰ πόλεμον καὶ ἰδίᾳ καὶ δημοσίᾳ, es folgen Einschränkungen, die die generelle Amnestie modifizieren, so wie in der Amnestie von 403 gegen die oligarchischen Machthaber Sonderbestimmungen bestanden (Aristot. a. O.). A. M.

Kahrstedt Staatsgeb. 93ff. *A. P. Dorjahn* Political forgiveness in old Athens. The amnesty of 403 B. C., 1946.

Amnisos s. Nachtr. am Schluß des Bandes.

Amoibeus. Kitharode, Mitte des 3. Jh. v. Chr. Dem Bericht des Polyain. 4,4,6 zufolge sollte er bei den geplanten Feiern anläßlich der Vermählung des Demetrios mit der Nikaia im Theater zu Korinth auftreten. Der Bericht, die Überrumpelung Korinths zugleich betreffend (Polyain.), wird von DROYSEN auf Phylarch zurückgeführt. Der Hinweis des Zeno auf Amoibeus in Plut. de virt. mor. 4 bezieht sich hauptsächlich auf die Virtuosität des Kithara-Spiels. Amoibeus empfing für seine Musikvorträge ein *τάλαντον Ἀττικόν*. Nach Ail. var. 3,30 übte Amoibeus während der Tage seines Auftretens Enthaltsamkeit. – Der gleiche Name in der bei Athen. 14,622 D mitgeteilten Anekdote, dort dem großen Amoibeus entgegengestellt, scheint auf eine dichterische, nicht historische Person zu verweisen. W. B.

H. Stephan Thes. Graec. Ling., Paris 1831–1856, II, Sp. 137. *G. Droysen* Geschichte des Hellenismus, [2]1878, 3, 2, 412.

Amomon (ἄμωμον bei Diosk., *amomum* u. *cardamomum* bei Plin. 13,10, Gal. u. a.) sind die aromatischen Kapseln u. Samen einiger Zingiberaceen aus Südasien (Amomum cardamomum = racemosum u. maximum, Elettaria cardamomum u. maior = longa) u. trop. Afrika (Aframomum melegueta = semen Paradisi), die wohl durch die Alexanderzüge nach Griechenland und Italien gekommen sind u. wegen ihres Reichtums an ätherischem u. fettem Öl bis ins 16. Jh. als Heilmittel (u. a. Bestandteil d. Theriaks), in Parfümerie u. Konditorei geschätzt waren, in Ost- u. Nordeuropa vereinzelt bis heute. H. G.

Amor s. Cupido, Eros

Amorgos s. Nachtr. am Schluß des Bandes.

Amorgina s. Nachtr. am Schluß des Bandes.

Ampe. Nur von Hdt. 7,20 genannte *πόλις* am unteren Tigris, in der die nach der Zerstörung Milets (494 v. Chr.) gefangengenommenen Einwohner angesiedelt wurden. A. heißt an anderer Stelle (Arr. Ind. 42,4. GGM 1, p. 367 M.) Ἄγινις und ist mit dem jetzigen Ahuaz identisch (im Atlas of the World II, Pl. 34, 1959, als Ahvâz eingetragen). A. ist in Sieglins Schulatl. z. Gesch. d. Altert. S. 6–7 berücksichtigt. H. T.

L. Ampelius. Röm. Schriftst., Vf. eines dürren Kompendiums (Liber memorialis), das in sehr ungleichmäßigen Proportionen kosmo- und geograph., mytholog. und histor. Stoff darbietet. Die geschichtlichen Kap. gehen hauptsächlich auf Nepos und die Livius-Epitome zurück. Die wenigen auf die Kaiserzeit bezüglichen Notizen reichen nicht über Traian hinaus (23.47); indes weist die mit Vulgarismen durchsetzte Sprache den Vf. in eine viel spätere Zeit (4. Jh.?). Kap. 2 (Tierkreiszeichen) ist ein Derivat aus Nigidius Figulus; Kap. 9 bringt euhemerist. Göttergenealogien. M. F.

Erstausg. von *Salmasius* 1638, nach dem jetzt verlorenen einzigen Codex (Apographum in München). Ta. von *Assmann* 1935 und *Terzaghi* 1943.

Ampelos 1.–3. s. Nachträge am Schluß des Bandes.

4. Satyr, geliebt von Dionysos, starb nach Ovid (fast. 3,409ff.) beim Sturz von einer Ulme und wurde verstirnt (→ Vindemitor), nach Nonnos (Dion. 10–12) stürzte er von einem wütenden Stier und wurde in einen Weinstock verwandelt. Himerios or. 45,4 (Colonna) = 9,4 erwähnt A. neben Oinos und Botrys: ob es sich um Eigennamen handelt, läßt sich jedoch nicht entscheiden. In manchen Darstellungen der bildenden Kunst wollte man A. erkennen: demnach wäre Gestalt und »Sage« vorovidisch (hellenistisch). M. v. A.

Stoll, Myth. Lex. 1,292. *R. Köhler* Über die Dion. des Nonn., 1853, 23–25. *V. Stegemann* Astrologie und Universalgesch. (Stoicheia 9, 1930), 124f. 169. – *S. Reinach* Répertoire de la statuaire grecque et romaine 1, 1897, 411 und 387. Dazu *K. Sittl* Archaeol. der Kunst, 1895, 831 und *F. Müller* Röm. Mitt. 44, 1929, 77ff. Abb. S. 79 (A. sei hier weiblich). – *S. Reinach* Répertoire de reliefs grecs et romains 2, 1912, 253. – *A. García y Bellido* Archivo Español de Arqueología 24, 1951, 117–154, Abb. 36. – *N. N. Britova:* L'art attique à l'époque hellénistique. Travaux du Musée Pouchkine, 1960, 32–42.

Ampelusia. Griech. Name für Cap Spartel, das die äußerste Spitze des nw. Afrika bildet: Mela 1,25. 2,96. 3,107. Nach Skyl. 112 bezeichnet A. den ganzen Golf zwischen den Säulen des Hercules und dem Kap Hermaion. Nach Plin. nat. 5,1 (32, 15) trägt eine Stadt dieses Golfes diesen Namen. A. wird von Strab. 17,825 *αἱ Κώτεις* und *Κώτηρ-ἄκρον* von Ptol. 4,1,2 genannt. M. L.

Ampheia s. Messenien

Ampheion s. Thebai

Amphiaraos (Ἀμφιάραος, älter -ρηος, vgl. W. SCHULZE Kl. Schr. 1933, 699), mant. Lokalgott Boiotiens, wo die Bodenständigkeit chthon. Kulte ägäisch-vorgriech. Erbe vermuten läßt (J. KERSCHENSTEINER Platon und der Orient, 1945, 21). Der Name jedenfalls schon aus myken. Zeit belegt KN X 94 *A-pi-ja-re-wo* M. VENTRIS-J. CHADWICK Documents in Mycenean Greek, 1956, 97. 416. T. B. L. WEBSTER From Mycenae to Homer, 1960, 164; anders O. LANDAU Mykenisch-Griech. Personennamen, 1958, 25. Zur Bildung H. USENER Götternamen, 1948[3], 355; Bedeutung nach L. R. FARNELL Greek Hero Cults, 1921, 62, »der Hochheilige« (vgl. [4], 1072); illyr. Etymologie bei W.

BORGEAUD, BN 1, 1949, 102ff. Ampurias 13, 1951, 173f. – Im Mythos ist A. Sohn des Oikles und der Hypermestra, Pind. P. 8,39. Diod. 4,68,4, als berühmter Held und Seher (Pind. N.10,9; O. 6,13f. Aischyl. Hept. 569.611. Soph. Oid. K. 1313f. Paus. 2,13,6) genealog. mit Melampus und Apollon verbunden, Hom. Od. 15,225ff. Stesich. frg. 17. Hyg. fab. 70.128 ([5], 20f.), als frommer und weiser Mann (Hept. 568.592.610. Vgl. R. STAEHLIN, RVV 12,1, 1912, 21) von den Göttern geliebt Od. 15,245. 252f. Von seiner Gattin Eriphyle gezwungen (Od. 11,326f. 15,247. Soph. El. 836f. m. Schol. Plat. pol. 590a), nimmt er am Zug der Sieben gegen Theben teil (Hept. 568ff. Paus. 9,18,1. Apollod. 3,60ff. [2], 205ff. [5], 15), wo er schon im ältesten Epos (kykl. Thebais, *Ἀμφιαράου ἐξελασία*) eine zentrale Rolle spielt ([1], 43ff. 76ff. [2], 214ff. 218ff. [5], 7ff.) und bei der allg. Flucht der Argiver das von ihm selbst vorausgesehene Ende findet, indem er von der durch den Blitz des Zeus gespaltenen Erde verschlungen wird (Pind. N. 9,24ff. 10,8ff.; O. 6, 14ff. Eur. Suppl. 925ff. Diod. 4,65,8. Paus. 2,23,2. Stat. Th. 8,1ff. [2], 129f. 245f. 249f. J. KROLL Gott und Hölle, 1932, 447ff.) und dort fortlebend göttl. Verehrung genießt, Soph. El. 839ff. m. Schol. Aischyl. Hept. 587f. m. Schol. Vgl. STAEHLIN a.O. 21f. 215. Paus. 1,34,2. Apollod. 3,77 ([5], 47f.). – Der Doppelbeziehung des A. zu Theben und Argos (zum letzteren vgl. Schol. Pind. N. 9,30a. Hdt. 5,67. Paus. 2,6,6. S. jedoch NILSSON Mycenean Origin of Greek Mythology, 1932, 110ff.) entspricht die Verteilung seiner Kultstätten auf Boiotien (Oropos, Potniai, Harma-Knopia: Paus. 1, 34,1ff. 9,8,3. Strab. 9,404. Vgl. Hdt. 1,46.52.8,134. NILSSON a.O. 115f. [3], 41ff.; zu den Filialen in Athen und Rhamnus [3], 9ff. 39ff.) und die Peloponnes (Phlius, Argos, Sparta: Paus. 2,13,7. 23,2. 3,12,5). Herausragend war das oropische Heiligtum, wo die Rolle des A. als Traumdeuter und chthon. Heilgott (S. HERRLICH Antike Wunderkuren, 1911, 27f. E. R. DODDS The Greeks and the Irrational, 1951, 110) seiner Entrückung und Apotheose entsprechenden kult. Rückhalt bietet (ROHDE Psyche 1,113ff. 119ff.). Über die Anlage des dortigen Amphiareion W. DÖRPFELD, AM 47, 1922, 26ff. E. BETHE, RE I 1893ff., über die dort abgehaltenen Spiele (Amphiareia) E. PREUNER, H 57, 1922, 80ff. L. DEUBNER Attische Feste, 1932/1956, 229. Entgegen der Auffassung, daß A. ein alter, zum myth. Helden abgesunkener chthon. Gott gewesen sei (ROHDE Psyche 1,123ff. 143. NILSSON a.O. 116. [5], 52ff.) treten nach W. H. D. ROUSE Greek Votive Offerings, 1902, 195 und J. E. HARRISON Prolegomena, 1908², 28 für eine umgekehrte Entwicklung ein, FARNELL a.O. 58ff. und – unter Berücksichtigung des Wagenfahrtmotivs als Form des Übertritts in die höhere Sphäre – A. SZABÓ, Paideuma 1, 1938/40, 318ff. Über Zeus A.s. [4], 1070ff. W. F.

1. *E. Bethe* Thebanische Heldenlieder, 1891. 2. *C. Robert* Oidipus 1, 1915. 3. *F. Kutsch*, RVV 12,3, 1913. 4. *A.B. Cook* Zeus 2, 1925. 5. *F. Bener* Die A.-Sage in der griech. Dichtung, 1945.

Amphiareion s. Amphiaraos

Amphidamas (*Ἀμφιδάμας*),) **1.** Heros von Tegea in Arkadien, Sohn des Aleos, Bruder des Lykurgos, des Kepheus und der Auge, Argonaute, Paus. 8,4,8. Apoll. Rhod. 1,161. 2,1046. Abweichende Genealogien in den Homerschol. Bei Apollod. 3,9,2,1 ist er nicht Bruder, sondern Sohn des Lykurgos, und seine Kinder sind Melanion, Gatte der Atalante, und Antimache, Frau des Eurystheus. → Apheidas. **2.** Opuntischer Lokrer, dessen Sohn der junge Patroklos beim Astragalosspiel tötete, worauf dieser bei Peleus Schutz fand, Hom. Il. 23, 87. Die späteren Mythographen gaben dem Sohn des A. verschiedene Namen. **3.** Aus Kythera, Vorbesitzer der Sturmhaube, die Meriones dem Odysseus für seinen Spähergang leiht, Hom. Il. 10,266. **4.** Ägypter, Sohn des → Busiris, von Herakles getötet, Apollod. 2,5,11,7 (nach Kall. *Αἴτια*). **5.** Vornehmer Chalkidier, bei dessen Leichenspielen Hesiodos mit einem Hymnos den Siegespreis, einen Dreifuß, errang, den er den helikon. Musen weihte, erg. 654ff. Nach dem Certamen Hom. et Hes. war der Veranstalter der Wettspiele Ganyktor, der Sohn des Königs A. von Euboia, und die Entscheidung fällte der Bruder des Verstorbenen, Panedes. In Plut. Sept. Sap. conv. 153f. erzählt Periandros, A. sei im Kampf gegen Eretria im Lelant. Kriege gefallen. Er ist also wohl eine historische Persönlichkeit. H. v. G.

Amphidamos (*Ἀμφίδαμος*). Feldherr der Eleer, von Philipp V. v. Mak. aus der Gefangenschaft (in die er 218 v. Chr. geraten war) entlassen, um ein Freundschaftsbündnis zwischen Makedonien und Elis zustande zu bringen. Kehrte erfolglos zu Philipp zurück. Polyb. 4,75,6. 84,2ff. 86,3. M. v. A.

Amphikaia s. Nachtr. am Schluß des Bandes.

Amphikrates (*Ἀμφικράτης*). **1.** König von Samos (Hdt. 3,59), vermutlich ein Nachkomme des → Prokles. **2.** Sohn des Amphidemos, Athener, Lochagos. Xen. an. 4,2,13.17. **3.** Athenischer Rhetor. Flüchtete (wohl im J. 86 v. Chr.) zunächst nach Seleukeia, dann an den Hof Kleopatras, der Tochter des Mithradates und Gemahlin des Tigranes. Durch Intrigen verdächtigt, gab er sich selbst den Tod, wurde aber ehrenvoll begraben (Plut. Lucull. 22). Werk: *περὶ ἐνδόξων ἀνδρῶν* (Athen. 13,576c. Diog. Laert. 2,101). Sein Schwulst wird *περὶ ὕψ.* 3,2 kritisiert. ED. SCHWARTZ, RE s.v. neigt dazu, die anonyme Polemik Dionys. ant. 1,4 und Liv. 9,18,6 auf A. zu beziehen; vgl. aber R. LAQUEUR, RE VI A 1066f. – Fernzuhalten ist die FHG 4,300 auf A. bezogene Stelle Luc. rhet. praec. 9. M. v. A.

Susemihl 2,372. *Christ-Schmid* 2,433,8.

Amphiktyon (*Ἀμφικτύων*) **1.** Der 3. König von Athen, Vorgänger des Erichthonios, Autochthone oder Sohn Deukalions (s. Nr. 2). Er soll den Dionysoskult nebst der Mischung des Weins mit Wasser in Attika eingeführt haben. Paus. 1,2,5. Apollod. 3,14,6. Athen. 2,38c. **2.** Sohn (oder Enkel) des Deukalion und der Pyrrha, myth. Stifter der delphisch-pyläischen Amphiktyonie. Heiligtum bei Anthele, bei den Thermopylen, Hdt. 7,200. H. v. G.

Ἀμφικτυονία. Schon in den antiken Quellen nicht eindeutig definiert, nach Androtion (Paus. 10,8,1) liegt ein Gattungsbegriff vor (*ἀμφικτύονες* = *ἀμφικτίονες* Umwohner, Nachbarvölker, Grenznachbarn, identisch mit *περικτίονες*, *περιοικοῦντες*), wenn er sagt, »daß im Anfang zu Delphi von den Umwohnern Vertreter zusammenkamen, um miteinander zu beraten und *ἀμφικτίονες* genannt wurden, aber im Lauf der Zeit ihr jetziger Name den Sieg davontrug«. Dieser »jetzige Name« *ἀμφικτύονες* hängt eng mit der pylaiisch-delphischen Amphiktyonie zusammen, denn »Amphiktyon Deukalions Sohn soll, wie die einen glauben, hier [in Delphi] ein Synedrion eingerichtet haben, und von daher stammte der Amphiktyonenname für die Versammelten« (Paus. 10,8,1). Die logische Version (Androtion, Strab. 9,420) will also den Begriff rational aus dem Wortsinn erklären (*ἀμφικτίονες* = Umwohner), so daß die Schreibung mit *ι* als die richtige erscheint, ihr folgen Cauer (RE II 1904ff.), Busolt-Swoboda (GStK 1280), Ernst Meyer (Pausanias, Beschreibung Griechenlands 686), Bengtson (GG 84). Die mythische Version (Hdt. 7,200. Theop. FGrH 115 frg. 63. Marmor Parium FGrH 239 frg. 5. Dion. Hal. 4,25. Paus. 10,8,1. Schol. Eur. Or. 1094. Suda) hält sich an die Sagengestalt des Amphiktyon (daraus folgt die Schreibung mit *υ*), sie wird vor allem von Fritz R. Wüst (Amphiktyonie, Eidgenossenschaft, Symmachie in Hist. 3, 1954/55, 130) herangezogen, der Amphiktyonia nicht als Gattungsbegriff, sondern als Individualnamen für den pylaiisch-delphischen Verband betrachtet. In dieser regionalen Vereinigung sieht er eine Art Stammverband, ohne ethnische und sprachliche Einheit vorauszusetzen. »Dieser Stamm müßte dann einen Namen getragen haben, der irgendwie mit dem Amphiktyonennamen zusammenhing ... Bei der Entwicklung zur überstaatlichen Organisation wäre dann der alte Name beibehalten worden als eine Art Gemeinschaftsname für diesen nunmehr überstaatlichen sakralen Verband« (a. O. 134/35). Anders definiert Busolt Swoboda (a. O.) Amphiktyonia: »Aus der Gemeinschaft der Festfeier und des Kultus erwuchsen im Anschluß an manche Heiligtümer Verbände der beteiligten Stämme oder Staaten, die einen sakralen Charakter hatten, aber unter Umständen auch einen politischen Einschlag erhielten. Die Mitglieder einiger solcher Verbände hießen nach ihrem Wohnsitze in der Umgegend des Heiligtums Amphiktiones oder Amphiktyones, ‚Umsiedler, Umwohner'«. Als Amphiktyonia haben sich nur die Verbände von Delphi und Delos, von Kalaureia und Onchestos bezeichnet, unter denen die sog. pylaiisch-delphische Amphiktyonie alle andern an Bedeutung übertraf. Über sie, als das gemeinsame Band von Hellas, sind wir durch antike Schriftsteller und Inschriften gut unterrichtet. Man nimmt an, daß Mittelpunkt ursprüngl. das Heiligtum der Demeter bei Anthela in den Thermopylen war, der Sitz in Delphi soll erst später hinzugetreten sein (Marmor Parium 5. Strab. 9,420. Schol Eur. Or. 1087, anders Androtion a. O. und Anaximenes bei Harpokr.). Der Name der Amphiktyonenversammlung in Delphi Pylaia spricht für die Priorität des Thermopylenorts. Am Kultort der Demeter Amphiktyonis bei Anthela und am Kultort des delphischen Apollo versammelten sich die Amphiktyonen zweimal jährlich, im Frühling und Herbst, um als Kultgenossen ihre religiösen Aufgaben zu erfüllen und über gemeinsame Anliegen zu beraten. Mitglieder waren nicht Staaten, sondern die alten Stammesverbände, zwölf an der Zahl, mit je zwei Stimmen (repräsentiert konnten die Stämme später auch durch die sich bildenden Staaten werden, so z. B. die Ioner durch die Athener oder andere Poleis im ionischen Stammesgebiet). Diese personellen (nicht territorialen) Stammesverbindungen deuten auf Ursprünge vor der Polisbildung hin (spätestens 8. Jh. v. Chr.). Die personelle Gemeinschaft war eine Eidgenossenschaft (parallel der frühen schweizerischen Eidgenossenschaft), die mit der Verpflichtung, keine amphiktyonische Stadt sollte zerstört, keiner das Wasser abgeschnitten werden, Zuwiderhandelnde sollten bekriegt, ihre Städte vernichtet, das Eigentum des delphischen Gottes geschützt werden, eine Ordnungsfunktion übernahm (vgl. Aischin. 2,115). Die Frage, ob die Amphiktyonie ursprüngl. als religiöse oder politische Gemeinschaft gedacht war, ist müßig zu stellen, da eben in gemeinsamen religiösen Anschauungen politische und ethische Maxime des Handelns ruhten, die nur noch eidlich bestätigt, aber nicht willkürlich gesetzt werden konnten. Die 3 heiligen Kriege, die die Amphiktyonen führten (gegen die Krisaier im 6. Jh., gegen die Phoker im 5. und 4. Jh.) wurden um die Unabhängigkeit des Kultzentrums in Delphi geführt. Vor dem dritten heiligen Krieg (und der Neuordnung durch Philipp v. Makedonien 346) waren Eidgenossen: die Stämme der Thessaler, Boioter, Dorer, Ioner, Perrhaiber, Doloper, Magneten, Lokrer, Ainianen (Oitaier), Phthioten (Achaier) Malier und Phoker (Aischin. 2,116; über veränderten Mitgliederbestand vgl. Busolt-Swoboda 1296ff.), sie wurden in den Pylaien durch Hieromnemones und Pylagoroi vertreten (Naopoioi seit 370/69 für den Neubau des Tempels). Was die Hieromnemones und Pylagoroi beschlossen, sollte die Mitglieder der Amphiktyonie rechtskräftig binden (Vorberatung und Anträge durch die Hieromnemones: ἔδοξε τοῖς ἱερομνήμοσιν neben ἔδοξε τοῖς Ἀμφικτύοσιν). Neben dieser »gesetzgebenden Gewalt« besteht eine richterliche, die Verstöße gegen amphiktyonische Gesetze und Beschlüsse ahndet (Eid der Hieromnemones nach den Gesetzen und bestem Wissen und Gewissen Recht zu sprechen von 380/79, Syll. ^{3}145). Exekutivfunktionen wurden von der Gemeinde Delphi mitübernommen. A. M.

Amphilochia s. Nachträge am Schluß des Bandes.

Amphilochos (Ἀμφίλοχος), Sohn des → Amphiaraos und der Eriphyle, seinem Vater im Wesen ähnlich, urspr. wohl mit ihm identisch, Heros und Seher zugleich. An ihn richten sich die als homerisch zitierten Lebensregeln mit der Anrede Ἀμφίλοχ' ἥρως (Athen. 317a = Theogn. 213). Als Bruder des → Alkmaion beteiligt er sich an dem Zuge der → Sieben gegen Theben, Apollod. 3,7,2, »nach einigen« auch am Muttermord, ebd. 3,7,5,1. Er erscheint unter den Freiern Helenes, ebd. 3,10,8,2. Hes. Ehoien frg. 94ff. Rz^{3}, sowie unter den Kämpfern vor Troia, Apollod. 3,10,8,2. Thuk. 2,68,3. Sein Nostos vollzieht sich zu Fuß. Mit dem Seher Kalchas reist er nach Klaros bei Kolophon, wo Kalchas im Seherwettstreit mit Mopsos unterliegt und an gebrochenem Herzen stirbt, Apollod. epit. 6,2. Mit Mopsos zieht A. weiter nach Kilikien, wo sie Mallos gründen. Dann geht A. für einige Zeit nach Hellas und gründet das amphiloch. Argos in Akarnanien. Dem Zurückkehrenden verweigert Mopsos die Mitherrschaft, der Kampf verläuft für beide tödlich, Lykophr. 439ff. Strab. 14,675f. Sie haben dort ein gemeinsames Orakel, das großen Ruhm genoß. Andere Sagenfassungen RE I 1939f. Kult des A. bezeugt in Oropos, Athen, Sparta, Aitolien. H. v. G.

O. Immisch Klaros, J. cl. Phil. Suppl. 17, 1890, 160ff. *E. Bethe* Theban. Heldenlieder, 1891, 56ff. *W. Kullmann* H (ES) 14,144ff.

Amphimachos (Ἀμφίμαχος) **1.** Sohn des Elektryon, Königs von Mykenai, Bruder der Alkmene, Apollod. 2,4,5,4. **2.** Sohn des Molionen Kteatos, Enkel des Aktor bzw. des Poseidon, Freier der Helene (Apollod. 3,10,8,1). 1. Heerführer der Epeier vor Troia, von Hektor getötet, Hom. Il. 2,620ff. 13,185ff. **3.** Karer, Bundesgenosse der Troer, von Achilleus in den Skamandros gestürzt, Hom. Il. 2,870ff. **4.** König der Lykier, mit der Kalchas- und Mopsossage verknüpft, Konon 6. H.v.G.

Amphinomos (Ἀμφίνομος) und **Anapias** (Ἀναπίας, Ἄναπις, *Anapius*), ein frommes Brüderpaar aus Katane, das bei einem Ausbruch des Ätna seine Eltern aus den Flammen trug und auf wunderbare Weise gerettet wurde. Der Ort, an dem auch Steinbilder der Jünglinge standen, hieß Εὐσεβῶν χῶρος. Die Geschichte wird häufig erwähnt, z. B. Sen. benef. 3,37,2. Aristot. mund. 6 p. 400a 33ff. = Apul. mund. 34 p. 131f. Goldb. Lucil. Aetna 620. Paus. 10,28,4, zuerst Lykurg. Leokr. 95, der nur von einem Jüngling spricht, der seinen Vater rettet. Hyg., Stob. und Solin. geben ihnen abweichende Namen. Darstellung auf Münzen von Katane und auf röm. Münzen als Symbol der pietas. H. v. G.

Amphion (Ἀμφίων). Sohn der → Antiope und des Zeus, Zwillingsbruder des Zethos. Den Bau der Mauer Thebens durch die Zwillinge kennt schon Hom. Od. 11,260; die Mitwirkung der Leier A.s schon Hes. frg. 60 Rz., vgl. Hor. epist. 2,3,394ff.; c. 3,11,1. In Sekyon galt Epopeus, eine Hypostase des Zeus, als Vater beider Kinder; Asios frg. 1 Ki. vermittelte: Epopeus und Zeus teilen sich in die Zwillinge. Pherekyd. setzte A. zeitlich vor Kadmos an, während die Späteren ihn kurz nach Kadmos einreihen. Als Gattin des A. nennt er Hippomedusa, sonst wird allgemein → Niobe genannt, schon Hes. frg. 61. Der Katastrophe Niobes und der Niobiden entgingen nur ein Sohn, auch A. mit Namen, und eine Tochter Chloris, Apollod. 3,5,6,4. A.s Ende wird wie das Niobes durch Hybris motiviert: auch er schmäht Leto, Paus. 9,5,8, nach dem Tode der Kinder versucht er den Apollontempel zu stürmen, Hyg. fab. 9. Als Büßer im Hades kennt ihn schon die Minyas frg. 3 Ki. Eur. arbeitete in der »Antiope« den Gegensatz zwischen der tatfreudigen Art des Zethos und der musischen des A. wirkungsvoll heraus; seitdem galten sie als Typen des »praktischen« und des »theoretischen« Lebens. A. wurde als Erfinder der Leier, der Musik überhaupt, besonders der lydischen Harmonie und der Kitharodie, schließlich als Zauberer (Paus. 6,20,18) gefeiert. Die Zwillinge A. und Zethos wurden schon im Altertum als boiot. Parallelgestalten zu den Dioskuren aufgefaßt. In Theben erinnerten an sie ihr gemeinsames Grab, das Grab der Niobiden, Quadern vom alten Mauerbau und der Name des Hügels Ampheion. H. v. G.

Amphios (Ἄμφιος). **1.** A. und Adrestos, Söhne des Sehers Merops von Perkote, zogen gegen dessen Willen vor Troia und fielen von Diomedes' Hand. Hom. Il. 2,828–834. 11,328–334. **2.** Sohn des Selagos von Paisos, von Aias dem Telamonier getötet. Hom. Il. 5,612. Tzetz., alleg. Iliad. proleg. 812. M. v. A.

Amphipolis (Ἀμφίπολις). Wichtige griech. Stadt in dem früher zu Thrakien gerechneten Teil von Makedonien. A., das früher als wichtiger Straßenknotenpunkt Ἐννέα ὁδοί hieß, lag am Eingang zu dem Inneren Thrakiens und war auf einem Hügel errichtet (25 Meilen von der Mündung des Strymon entfernt). A. war von einem Arm des Strymon umklammert, was seine strategische Bedeutung erhöhte. Die χώρα war durch Fruchtbarkeit ausgezeichnet. In der Nähe waren auch die Goldgruben von Pangaion. Athenische Kolonie seit 437 v. Chr. Kleon wurde bei A. von den Spartanern geschlagen (422). In der Römerzeit war A. Hauptstadt von Macedonia I und Station der via Egnatia. Chr. D.

J. Papastavru A., Gesch. u. Prosopogr., Lpz. 1936.

'Αμφιπρόστυλος. Als ἀ. wird jene Grundrißform des griech. Tempels bezeichnet, bei der sich – wie z. B. beim Niketempel auf der Akropolis von Athen – sowohl vor dem → Pronaos als auch an der Rückseite des Gebäudes je eine gerade Zahl von Säulen befindet, deren Reihe die gesamte Breite des Tempels einnimmt. Vitr. 3,2,4. G. F.

Amphis. Dichter der Mittleren Komödie, war aus Andros, wenn sich, wie anzunehmen ist, IG II² 347 auf ihn bezieht. Nach den Worten dieses Ehrendekrets war er 332/31 ein älterer Mann. Frg. 13 verspottet Platon zu Lebzeiten. Wir kennen 27 Titel, 50 Fragmente. Im »Dithyrambos« war von einer neuen Flötenart die Rede. In Frg. 17 preist jemand die ἐρημία des Landlebens, in 33 das Leben der φιλοπόται gegenüber einem Jünger der Philosophen, die nichts als νοῦς im Schädel haben und vor lauter Bedenken nicht dazu kommen, etwas jugendlich Feuriges zu tun. Moralisches Feingefühl spricht aus dem Satz (42): »Wer einem Schwörenden nicht glaubt, ist selbst leicht imstande, falsch zu schwören.« W. K.

Amphissa s. Nachtr. am Schluß des Bandes.

Amphissos (Ἄμφισσος). Sohn Apollons und der → Dryope, Tochter des am Berge Oite herrschenden Dryops. A. sowohl wie die Aiolosenkelin Amphissa (Paus. 10,38,4) sind offenbar Eponyme der Stadt Amphissa im ozol. Lokris. Doch gilt als Gründer der Stadt A.s Stiefvater → Andraimon. A. gründet die Stadt Oite und baut darin Tempel für Apollon und die Dryaden. Ant. Lib. 32. Ov. met. 9,324 ff. H. v. G.

'Αμφιθάλαμος (amphithalamus). Nach Vitr. 6,7,2 tragen zwei in der gynaeconitis des griech. Peristylhauses einander gegenüberliegende Räume die Namen *thalamus* und a. (ob statt dieses hapax legomenon das nicht belegte *antithalamus* zu lesen ist, bleibe unentschieden). Gemeint sind wohl die Schlafzimmer des Hausherrn und seiner Gemahlin. G. F.

'Αμφιθαλεῖς παῖδες (Hom. Il. 22,496. Plat. leg. 927 d usw.), → *pueri patrimi et matrimi* (I wohl kurz, vgl. I. B. PIGHI De ludis saecularibus 1941, 64). Kinder, deren Eltern beide noch am Leben waren, hatten bestimmte rituelle Funktionen (Dion. Hal. 2,22). a) Griechenland: In Athen Tragen der Eiresione am Pyanopsienfest (Paus. bei Eust. Il. 22,495 p. 1283,7 vgl. Suda s. v. εἰρεσιώνη, L. DEUBNER Att. Feste 1932, 200 mit Taf. 35,2) und Tragen von Reben an den Oschophorien (Schol. Nik. Alex. 109, DEUBNER a. O. 145), in Theben Daphnephorie (Prokl. in Phot. bibl. 239, p. 321 BEKK. M. NILSSON Gr. Feste, 1906, 164), in Olympia Abschneiden des Zweiges für den Siegerkranz (Schol. Pind. 3,60; vgl. hypoth. Pyth. c = Schol. Pind. vol. 2, p. 4 DRACHMANN), in Attika Mitwirkung bei der Hochzeitsfeier (Paroemiogr. gr. 1, p. 82) s. auch Zenob. 3,98; Heckenbach RE VIII 2130. b) Rom: Nur *virgines patrimae matrimae* konnten Vestalinnen werden (Gell. 1,12,2). Nur solche Mädchen durften die *rica* für die *flaminica* herstellen (Paul. Fest. p. 288 M. = 369 L.). Solche Knaben (bzw. Mädchen) wirkten mit: bei *ludi* (Cic. har. resp. 23), bei Opfern (Liv. 37,3,6), als *flaminius camillus* und *flaminia* (Paul. Fest. p. 93,2 und 6 M. = 82 L.); bei Reinigungszeremonien (Tac. hist. 4,53,2), bei den Riten der Arvalbrüder (Thes. l. L. VIII 4,481,52 ff.), als Chorsänger (Zosim. 2,5, 5, vgl. PIGHI a. O. 55; Act. lud. saec. Aug. CIL VI 32323,20. 147: Horazens Saecularlied, s. PIGHI a. O. 117), als Fackelträger und Geleiter der Braut bei der Hochzeit (Fest. p. 245 M. = 282 L.). M. v. A.

Weiteres bringt *Frazer*, GB³ 6, 236–248 und zu Ov. fast. 1,501 (Bd. 2,200 ff.), *Bulhart*, Thes. l. L. VIII 4,481, 17–72. *M. P. Nilsson* GgrR 1², 117 f. 124. 126. (Lit.). *K. Latte* RRel 1960, 249.408.

Amphithea (Ἀμφιθέα) **1.** Frau des Autolykos, Mutter der Antikleia, Großmutter des Odysseus, Hom. Od. 11,85. 19,414. **2.** Gattin des »tyrrhenischen« Königs Aiolos → Aiolos Nr. 3; ihre Kinder Makareus und Kanake leben in Blutschande, Eur.' Drama Aiolos. **3.** Gattin des Pheressohnes Lykurgos, Mutter des nemeischen Opheltes-Archemoros, Apollod. 1,104. Sie heißt gewöhnlich Eurydike. H. v. G.

Amphitheatrum. Seitdem man für Fechterspiele und Tierhetzen gemeinsam besondere Schaubauten errichtete, bezeichnete man nur diese noch als A. Anlaß zu ihrer elliptischen Form gaben die auf den länglichen Märkten für Fechterspiele errichteten Schaugerüste. Früher als in Rom – dort erbaute 29 v. Chr. Statilius Taurus das erste größtenteils aus Stein bestehende A. – baute man ständige A. in Campanien, in Pompeii schon bald nach 70 v. Chr. Hier umgibt die künstlich vertiefte Arena ein ellipsenförmiger Sitzraum, dessen unterste hoch über Arenaniveau liegende Sitzreihe durch eine Brüstung mit Gitterwerk geschützt war. Nur der unterste Teil ruht auf Mauerwerk. Zwischen diesem Mauerwerk und der schmucklosen Außenmauer mit ihren durch Rundbogen verbundenen Strebepfeilern zog sich ringsum ein gewölbter Gang, von dem Treppen zur untersten u. mittleren Cavea führten. Zur obersten Cavea führten 2 doppelte und 2 einfache, außen an die Stützmauer angebaute Freitreppen, in die Arena 2 breite Gänge, die mit 2 anderen die Verbindung mit dem überwölbten Gang herstellten. In den A. der Kaiserzeit wurde der ganze Raum unter der Cavea zu einem verzweigten System von Gängen und Treppen, die Außenmauer unten zu Arkaden, darüber bis zum ersten Stockwerk zu Emporen ausgestaltet. Die Stockwerke wurden durch Gesimse abgeteilt. Bekanntester Monumentalbau ist das Colosseum. C. F.

Friedländer 4¹⁰, 205 ff. *Lipsius* De amphitheatro libri, Antwerpen 1575.

Amphitrite (Ἀμφιτρίτη; der 2. Bestandteil wohl vorgriech.: strömen, rauschen, Meer, Prell.-Rob. 1,187.596,4. Nilsson GgrR 1,225.422, vgl. Hesych: τριτώ· ῥεῦμα), Meeresgöttin, nicht in der Ilias, in der Odyssee noch ohne Beziehung zu Poseidon, in Hes. theog. 243.930 Tochter des Nereus und der Okeanide Doris, Gattin Poseidons, Mutter des Triton. Okeanos ist ihr Vater, Rhode und Benthesikyme ihre Töchter, Apollod. 1,8 u. 28. 3,15,4,1. Der Poseidonhymnos des Ps.-Arion PLG^{4}3,80 (Ail. nat. 12,45) macht A. zur Mutter der Nereiden. Vor der Werbung Poseidons flieht A. zu Atlas, d.h. in die Tiefe des Meeres (vgl. Hom. Od. 1,52); der Delphin, der sie entdeckt, wird von Poseidon in die Sterne versetzt, Eratosth. katast. 31. Hyg. astr. 2,17. Poseidon raubte sie, als er sie beim Tanz der Nereiden auf Naxos sah, Eust. und Sch. Hom. Od. 3,91. Wenige Mythen von A.: aus Eifersucht verwandelte sie die Skylla (Tzetz. Lykophr. 45.650), aus Mitleid die → Alkyoniden (Nr. 3). Als Theseus einen Siegelring des Minos aus dem Meere heraufholte, brachte er einen goldenen Kranz, ein Geschenk der A., mit, Bakchyl. 16. Paus. 1,17,3. Hyg. astr. 2,5. Bei Dichtern ist A. oft nur allegor. Bezeichnung des Meeres. Kultisch wurde sie nur mit Poseidon zusammen verehrt, vorzugsweise auf den Kykladen. Die bildende Kunst stellte sie auf einem Delphin sitzend oder in einem von Delphinen gezogenen Muschelwagen fahrend dar, im Geleit von Nereiden und Tritonen. RE I 1965f. H. v. G.

Amphitryon (Ἀμφιτρύων, Amphitruo), Sohn des Alkaios, Königs von Tiryns, und der Astydameia, Enkel des Perseus. Seine Schwester Anaxo heiratete Elektryon und wurde Mutter der Alkmene, die ihren Oheim A. heiratete. Elektryon, König von Mykenai, der mit den Söhnen des Pterelaos, des Königs der Teleboer (Taphier), im Kriege lag und dabei fast alle Söhne verlor, hatte A. das Königsamt überlassen und ihn mit seiner Tochter verlobt. Bei der Übergabe der dem Elektryon geraubten, von A. in Elis ausgelösten Rinderherden tötet A. seinen Schwiegervater (unabsichtlich oder absichtlich), wird von dessen Bruder Sthenelos vertrieben und geht mit Alkmene nach Theben zu Kreon, seinem Oheim mütterlicherseits, der ihn von der Blutschuld reinigt. Alkmene will A. nur heiraten, wenn er den Tod ihrer Brüder räche. So erbittet er sich Hilfe von Kreon für den Feldzug gegen Pterelaos, bekommt sie aber erst, nachdem das Land von der Plage des teumessischen Fuchses (→ Teumessos → Kephalos) befreit ist. Pterelaos wird durch den Verrat seiner Tochter (→ Komaitho) getötet, sein Reich verwüstet. Als A. siegreich heimkehrt, hat bereits Zeus in der Gestalt A.s Alkmene besucht; → Alkmene. Weihgeschenke A.s für den Taphiersieg und für einen Sieg über Chalkodon auf Euboia, Hdt. 5,59. Paus. 9,17,3. 19,3. Den Tod fand A. in einer Schlacht gegen die Minyer um Orchomenos. In Theben zeigte man sein Grab und die Reste seines Hauses. A. ist ursprünglich ein theban. Heros, der später mit dem argol. und dem Herakles-Sagenkreis verknüpft wurde. Zusammenhängende Darstellung Apollod. 2,4,6.7.11. H. v. G.

Gruppe Gr. Mythol. 1,484. *Usener* Kl. Schr. 4,259.334 (Hypostase des Zeus). *Wilam.* Herakl. 1,297.

Amphora 1. Griech. ἀμφορεύς, nach älterem ἀμφιφορεύς, a. ein zweihenkliges, aus Ton oder Metall (selten Glas, Onyx usw.) gefertigtes Vorratsgefäß. Im Altertum wurden unter a. auch die heute Stamnos und Pelike genannten Gefäße verstanden, synonym ferner κάδος (Poll. 10,71), allgemeiner κέραμος, lat. *diota* und *gastrum*. Der bauchige Leib der A. kann unten so spitz zulaufen, daß die a. in ein Gestell gegeben oder halb eingegraben werden mußte, wenn sie gefüllt war. Verschluß mit Korken und Gips bzw. Pech. Die a. diente zur Aufbewahrung von Wein, Öl (so die Kampfpreise der panathenäischen Sieger), anderen Flüssigkeiten sowie Hülsenfrüchten, Salzfischen, *garum* usw., in Athen bei der Abstimmung zum Sammeln der Stimmsteine, im röm. Italien auch als Uringefäß, z.B. Macr. Sat. 3,16,15. Kostbarer Inhalt der a. konnte nach Substanz, Herkunft, Jahrgang, Produzent und (oder) Händler durch Aufmalung, Einstempelung oder angehängtes Etikett gekennzeichnet werden; erhaltene derartige a. sind eine wesentliche Quelle der antiken Wirtschaftsgeschichte. Die formale Entwicklung der a. ist vor allem in der Keramik durch das ganze Altertum verfolgbar und bis ins 4. Jh. v. Chr. ein empfindlicher Maßstab der künstlerischen Entwicklung sowohl in ihrem Aufbau wie in der malerischen Dekoration. b. A. spartea, Cato agr. 2,2, ein mit zwei Griffen versehener geflochtener Korb für Weintrauben. W. H. G.

Richter-Milne Shapes and names, 1935, 3ff. *E. Buschor* Griech. Vasen, 1940.

2. Wie beim ἀ. verband sich mit a. bald ein Maßbegriff: sie wurde im 1. Jh. ein Synonym zu → Quadrantal (Kubikfuß), dann verdrängte sie dieses Wort. Die a. war auf 80 librae (zu 327,45 g) Wein normiert und faßte, nach moderner Weise mit Wasser größter Dichte bestimmt, 26,2 l. Sie war das röm. Hauptmaß für Flüssiges. Teile bildeten die → urna ($^1/_2$), der → congius ($^1/_8$), der → sextarius ($^1/_{48}$), die → hemina ($^1/_{96}$), der → quartarius ($^1/_{192}$), das acetabulum ($^1/_{348}$) und der → cyathus ($^1/_{576}$). Im Griechischen erscheint die a. als κεράμιον bzw. κ. Ἰταλικόν. H. Ch.

Chantraine RE XXIV s. Quadrantal. *Hultsch* RE I 1976.

Ampius, Familienname. **1.** C. A., *praefectus socium* 201 v. Chr., Liv. 31,2,5–9. Broughton Mag. 1,322. **2.** T. A. Balbius, nach Ios. ant. Iud. 14,229. 238 aus der Tribus Horatia. Als Volkstribun 63 v. Chr. erwirkte er mit T. Labienus durch Plebiszit für Pompeius das Recht, bei Zirkusspielen das Triumphalgewand, bei Bühnenspielen den Goldkranz zu tragen, Vell. 2,40,4. Cass. Dio 37,21,3f.

Praetor war er 59 (so BROUGHTON, s.u., sonst ins J. 58 datiert), verwaltete mit proconsularischem imperium 58 (57) Asia (Cistophoren mit seinem Namen u.a. aus Ephesos, Münzen HEAD HN^{2} 576. 660.678). Um 55 bewarb er sich erfolglos um das Consulat, Schol. Bob. p. 156 St. Cicero schrieb eine Rede für A. (Quint. inst. 3,8,50). Im Bürgerkrieg leitete er 49 als Pompeianer Aushebungen in Capua (Cic. Att. 8,11 B,2; fam. 2,16,3), ging dann mit Lentulus als *legatus pro praetore* nach Asia, wurde 48 von Caesar aus Ephesos vertrieben (Caes. civ. 3,105,1 f.) und verbannt, durfte aber infolge der Vermittlung Ciceros nach Rom zurückkehren (47/46, Cic. fam. 6,12). Er war auch als Geschichtsschreiber tätig, Cic. fam. 6,12,5. HRR 2, 45. HRF 246. M. GELZER Pompeius, 1949, 125. BROUGHTON Mag. 2,167.188.197.266.280; Suppl., 1960, 4 f. **3.** T. A. Menander, Freigelassener von Nr. 2. H. G. G.

Ampliatio heißt jener Abschnit des röm. Strafverfahrens, in dem abermalige Beweisaufnahme erfolgte, wenn die Sache nach Abschluß des ersten Beweisverfahrens noch nicht spruchreif war. Dem ehrlichen Streben nach wirklich auf Sachkenntnis beruhenden Urteilen entstammend, wurde sie durch die Möglichkeit mehrmaliger Wiederholung vor allem bei Repetundenprozessen zu einem bedenklichen Instrument der Prozeßverschleppung. Th. M.-M.

Mommsen RStrR 422 ff. *Balsdon* in: Papers of the British School at Rome 1938, 109 ff.

Ampsanctus (NISSEN It. Ldk. 2,819). Schwefelsee im Hirpinerland bei Aeclanum (10 mp) mit Tempel der Mefitis (Plin. nat. 2,208) mit tödlichen Gasen (Plin. Serv. Aen. 7,563); Zugang zur Unterwelt (Verg. Aen. 7,563 ff. Claud. rapt. Pros. 2,350). Aus der Liste mefit. Quellen bei Varro (vgl. Serv. a.O.) auch bei Cic. div. 1,79 genannt. Der Name kaum zu *sanctus* (Serv. Aen. 7,565), eher zu *Amasenus* mit anderem Suffix. G. R.

Ampsivarii (Amsivarii). Germanisch. Stamm an der unteren Ems (Tac. ann. 13,55), der, von den Chauken bedrängt, in der Zeit des Nero am rechten Ufer des Niederrheins zu siedeln suchte. In diesem Gebiet waren zuvor Chamaven, Tubanten, Usipeter und Friesen von den Römern zurückgedrängt worden. Auch die A. werden vertrieben. Reste des Stammes erscheinen im 4. Jh. als zu den Franken gehörig. H. C.

Ampulla. Griech. → λήκυθος, Flasche aus beliebigem Material (Glas, Ton, Metall, auch Leder) mit engem Hals, bauchigem Körper und höchstens einem Henkel, für Salböl, Speiseöl, Getränke oder Essig, in oder außer Hauses. Nach der Form (Apul. flor. 2,9,2) auch übertragen für Redeschmuck (Hor. ars 97; epist. 1,3,14. Verg. Cat. 7,1. Griech. Cic. Att. 1,14,3. Plin. epist. 1,2,4). W. H. G.

Ampyx, Ampykos (Ἄμπυξ, Ἄμπυκος). Sohn des Titaron, des Eponymen einer thessal. Stadt (Sch. Apoll. Rhod. 1,65). Titaresios, bei Hom. Il. 2,751 ein Nebenfluß des Peneios (nach Strab.

7,331 der spätere Europos) ist Beiname des Sohnes von A. und Chloris, des berühmten Sehers → Mopsos, Hes. Aspis 181, auf der Kypseloslade als Faustkämpfer dargestellt, Paus. 5,17,10. A. wurde von Mopsos getötet, Hyg. fab. 14. H. v. G.

Amsel, κόττυφος (κόψιχος bei Aristoph. u.a., vgl. Athen. 2,65 d), *merula* (*merulus* Anth. Lat. 762,13), Turdus merula (AUBERT-WIMMER Aristot. Tierkunde 1,99). Ihre Lebensweise: Aristot. hist. an. 455a 27. 600a 20. 616a 3. Plin. nat. 10,80. 111.147. Wechsel von Farbe und Stimme: Aristot. 632b 15; weiße A. in Arkadien; 617a 11. Plin. 10,87 u.a. Gesang: Aristoph. av. 306. Theokr. ep. 4,10. Poll. 5,89. Zum Verzehr gefangen: Anth. Pal. 9,76.343. 12,142. Hor. ep. 2,3,458 u.a. W. R.

Keller Ant. Tierwelt 2,75 f.

Amtstracht. Amtstracht im engeren Sinne gibt es in Griechenland so wenig wie Standestracht oder Uniform, es sei denn, man wolle das lange Gewand einiger Priester, der Wagenlenker und Kitharöden oder die Nationaltracht des athenischen Polizeikorps der → Skythai hierher rechnen. Auch die hellenistisch. Könige haben keine A. entwickelt, ihre Vorliebe für die Chlamys hängt mit der militär. Grundlage ihrer Macht zusammen.

Im Gegensatz dazu spielt die A. in Rom, wohl von Etrurien beeinflußt, seit früh eine große Rolle. Wie der civis Romanus im Gegensatz zum Minderberechtigten die → Toga trägt, der Ritter den Goldring, der Senator den *latus clavus* (→ Toga), so trägt der curulische Magistrat als A. die nach ihrem Purpursaum benannte *toga praetexta*. Verließ dieser Beamte den Bereich *domi*, so vertauschte er an der Grenze zum Bereich *militiae* die Toga mit dem Kriegsgewand (Panzer mit [beim Imperator purpurnem] Paludamentum) oder dem militärischen Friedensgewand (Tunica und Paludamentum). Beim Triumph und beim Vorsitz einiger größerer Spiele trug der Beamte die *vestis triumphalis* als A. (ganzpurpurne *toga picta* über *tunica palmata*, ursprünglich das Gewand des Iuppiter Capitolinus). Schließlich tragen einige Priester die *toga praetexta* als A., jedoch anders als die Beamten nicht bei jedem Erscheinen in der Öffentlichkeit, sondern nur bei dienstlichen Anlässen; bei den → flamines maiores gehört dazu noch der *apex*; der flamen Dialis als *cotidie feriatus* (Gell. 10,15,16) trägt die A. immer. Vertauschung der gebührenden Tracht mit einer anderen war strafbar; *mutatio vestis* gehört daher zu den regelmäßigen Obliegenheiten römischer curulischer Beamter.

Seit Augustus übernehmen die Kaiser einen großen Teil der bisherigen A. in ihren eigenen Ornat. Noch bis tief ins 3. Jh. werden dabei die Vorschriften über die A. in den Bereichen *domi* und *militiae* und die Sondervorschriften für Opferkleidung meist sorgsam eingehalten, nur der äußere Prunk steigert sich, vor allem die Verwendung goldener Stickerei. Die Zeremonie der »Thronbesteigung« ist wesentlich feierliche Ankleidung, *mutatio vestis*

ist so häufig (etwa: der Kaiser verläßt das *palatium* in der *toga praetexta*, benötigt dann zum Opfer das rituelle Opfergewand, danach die *vestis regia* [Triumphalkleid] zum Vorsitz beim Spiel, Heimkehr wieder in der *toga praetexta*), daß eigene Bedienstete dafür gehalten werden. Seit dem 3. Jh. n. Chr. tritt das militärische Friedensgewand als A. und Ornat besonders hervor, damals bestehend aus goldverzierter Tunica, purpurnem Paludamentum, purpurnen Hosen und roten Schuhen: der Weg von der A. des Kaisers zum byzantinischen Kaiserornat ist damit vorgezeichnet. W. H. G.
Mommsen RStR I³ 408ff. *A. Alföldi*, RhM 50, 1935, 1ff.

Ämterlaufbahn s. Cursus honorum

Amulett s. Aberglauben und Phylakterium

Amulius. Gestalt der römischen Gründungslegende: Sohn des Albanerkönigs Procas, Bruder des Numitor. Er zwang seinen Bruder zur Abdankung, ließ dessen Sohn umbringen, machte dessen Tochter Rhea Silvia zur Vestalin und bestrafte sie wegen ihres Fehltritts. Später wurde er von Romulus getötet. Dion. Hal. ant. 1,79–83; vgl. Hor. c. 1,2.18 u.ö. RE I A 342ff.1089.1092,45 H. G. G.
A. Heuss RG, 1960, 9.

Amygdale (*ἀμύγδαλος-η-, -ον*) ist der Mandelbaum, *ἀμυγδαλέα* usw. die Frucht (Mandel, it. *mandorla*) von Amygdalus communis L. (= Prunus Amygdalus Stokes, Pr. communis Arc.) aus der ca. 40 asiatische Arten umfassenden, früher nur als Untergatt. von Prunus bewerteten Steinobstgatt. Amygdalus L., von der nur A. nana L. spontan bis Osteuropa reicht, wogegen die seit der Antike in ganz Südeuropa viel gebaute A. communis, deren Früchte Cato *nuces graecae* nennt, aus Vorderasien stammt. Im Gegensatz zu den andern Prunaceen (Prunoideen = Amygdaloideen) wird von der Mandel nicht das Fruchtfleisch, sondern nur der, bei den Wildformen u. gebauten »bittern Mandeln«, blausäurereiche Same gegessen u. dient zur Bereitung von mancherlei Heilmitteln, wie des schon von Plin. 23,85 z. Hautreinigung u. als Purgans empfohlenen *oleum amygdalinum* oder *μετώπιον* u. der ähnlich bis heute gebrauchten Mandelmilch. Mandeln werden auch im AT (4. Buch Mos. 17) genannt. Außer den süßen u. bitteren Mandeln (Amygdalus dulcis et amara) unterscheiden die Kräuterbücher aus dem 16. u. 17. Jh. noch weitere, nur z.T. zur Gattung gehörige »Mandelbäume« sowie mehrere »Amygdaloides«, unter diesem Namen hauptsächlich die großen, nur in der Blattform entfernt ähnlichen Wolfsmilcharten Euphorbia amygdaloides L. und characias L. H. G.

Amyklai s. Nachträge am Schluß des Bandes

Amykos (*Ἄμυκος*) **1.** Sohn des Poseidon und der Nymphe Bithynis oder Melie (Apoll. Rhod. 1,119. 2,4), König der Bebryker in Bithynien, der allen Fremden die Landung oder den Zutritt zu einer Quelle verwehrte, indem er sie zum Boxkampf herausforderte und dadurch erledigte. Zusammenstoß mit den Argonauten Apoll. Rhod. 2,1ff. Val. Fl. 4,99ff. Orph. Arg. 661ff. Hyg. fab. 17 und bes. realistisch Theokr. 22,27ff. Der Dioskure Polydeukes nahm die Herausforderung an und schlug ihn mit den Lederhandschuhen, die A. ihm anbot (A. galt als deren Erfinder, Plat. leg. 7,796a mit Sch.), zu Boden. A. erhielt ein Heroon in dem nach ihm genannten Ort. **2.** Verg. verwendet den Namen A. für mehrere Troer, Ov. für einen Kentauren. H. v. G.

Amymone (*Ἀμυμώνη*). Tochter des Danaos und der Europe. Mit ihren Schwestern ausgeschickt, um in dem wasserarmen Lande Argos Quellen zu suchen, scheucht sie unabsichtlich einen schlafenden Satyrn auf, vor dessen Begehrlichkeit Poseidon sie rettet, dem sie sich nun hingibt. Ihr Sohn ist Nauplios, der Gründer von Nauplia. Als sie auf Geheiß des Gottes den Dreizack, der beim Wurf auf den Satyrn in einem Felsen steckengeblieben war, herauszieht, sprudelt ihr in dreifachem Strahl die Quelle entgegen, die nach ihr A. genannt wurde. Apollod. 2,1,4,7f., 5,3 und 13, etwas abweichend Hyg. fab. 169. Paus. 2,37,1. 4,35, 2. Eur. Phoen. 187. Satyrspiel des Aischyl. G 62, 1955, 397. Bildliche Darstellungen RE I 2003. H. v. G.

Amynandros (*Ἀμύνανδρος*), König der Athamanen, verhandelte 209 für die Aitoler mit Philipp V. von Makedonien und erhielt von ihm Zakynthos. Liv. 36,31,11ff. Von 200 ab auf seiten der Römer nahm er 198 Gomphoi und andere thessal. Orte und stellte 1200 Mann für die Schlacht bei Kynoskephalai. Flamininus schickte ihn wegen seiner Königswürde nach Rom. Pol. 18,10,7. Mit Antiochos III. und den Aitolern kämpfte er 192/1 gegen die Römer, floh bei einem Angriff Philipps nach Ambrakia, vermittelte dessen Übergabe an Rom 189 und erhielt im Frieden sein Land zurück. Pol. 29,6–8, 14. Liv. 38,9. 4. 6f. Inschr. Brief an Teos C. B. Welles Royal corresp., 1934, 35. H. V.
Head HN² 329. *St. Irvin Oost* CPh 52, 1957, 1ff.

Amynos (*Ἄμυνος*). Athenischer Heilgott. Sein heiliger Bezirk (Amyneion), urspr. ein Teil des städt. Eleusinion, ist bei deutschen Ausgrabungen zutage getreten, Judeich Topogr. Ath. 289. Nach Ausweis der Inschr. gehörte der Bezirk A. und Asklepios gemeinsam, später trat noch Hygieia hinzu. Den Asklepios hat bekanntlich erst im J. 420 der Dichter Sophokles, der Priester des A. war, in Athen eingeführt, weshalb er nach seinem Tode in der Nähe als Heros Dexion selbst einen Kult bekam. Nilsson GgrR 507,4 712,2. Vgl. Alkon Nr. 2. H. v. G.

Amyntas 1. Bematist im Heere Alexanders. Das unter seinem Namen Athen. 11,500D zitierte Werk (*Ἀσίας σταθμοί*?) wird von antiken Geographen nicht erwähnt, scheint viele naturwissenschaftlichen Angaben enthalten zu haben und sich kaum von der Art anderer Primärwerke zur Alexanderliteratur zu unterscheiden. FGrH 122. G.Wi.

2. A. II., der Kleine, Sohn des Königs Archelaos, machte 393 nach dem Tode Aeropos II. dessen Sohn Pausanias den Thron ein Jahr lang streitig, bis er von dem Lynkesten Derdas umgebracht wurde (Aristot. Pol. 1311 b 3 f. Diod. 14,89,2 verwechselt ihn mit dem Vater Philipps II.). F. GEYER Makedonien bis zur Thronbesteigung Philipps II., 1930, 108 f. **3.** A. III., König von Makedonien 393/92–370, Vater Philipps II. Wohl durch Ermordung A. II. (GEYER a. O. 109) auf den Thron gekommen, verständigte er sich zunächst mit Olynth (Syll.³ 135) und vermochte dann mit thessal. Hilfe die Illyrier aus Makedonien zu vertreiben (Isokr. 6,46. Diod. 14,92,3). Etwa 385–382 machte ihm Argaios mit olynthischer Hilfe den Thron streitig (Xen. hell. 5,2,38), weshalb A. dann Sparta unterstützte in seinem Krieg gegen Olynth 382–379, der Makedonien von der Bedrohung durch diese Stadt befreite. 375/74 schloß A. ein Bündnis mit Athen, 374/73 eines mit Iason von Pherai. Durch diese diplomatischen Erfolge außenpolitisch gesichert, konnte sich Makedonien unter A. allmählich wieder konsolidieren. GEYER a. O. 111 ff. **4.** A., Sohn Perdikkas' II., bei dessen Tod noch minderjährig. Sein Onkel Philipp II. übernahm für ihn die Regierung und verdrängte ihn allmählich vom Thron (vgl. Syll.³ 258). Nach der Ermordung Philipps II. 336 wurde A. von einem Teil des makedon. Adels als Thronprätendent aufgestellt (Curt. 6,9,17), weshalb ihn Alexander d. Gr. alsbald töten ließ (Arr. succ. 22). H. BERVE Alexanderreich II Nr. 61. **5.** A., Sohn des Antiochos, vornehmer Makedone (Syll.³ 258; Arr. an. 1,17,9). Als Gegner Alexanders d. Gr. ging er 335 nach Kleinasien, blieb jedoch mit der makedon. Opposition stets in Verbindung. 334 begab er sich zu Dareios III. und kommandierte 333 in der Schlacht bei Issos einen Teil von dessen griech. Söldnern, mit welchen er sich dann nach Kypros und weiter nach Äg. durchschlug, das er in seine Gewalt zu bringen versuchte (Diod. 17,48. Curt. 4,1,30 ff.). Doch bei Memphis wurde er von den Persern geschlagen und fiel (Arr. an. 2,13,3). BERVE a. O. Nr. 58. **6.** A., einer der Hetairen Alexanders d. Gr., Befehlshaber einer Pezhetairentaxis, zeichnete sich seit 334 vielfach aus. Durch rücksichtslose Aushebungen in Makedonien und Söldnerwerbung brachte er Ende 331 seinem König erhebliche Verstärkungen nach Iran. Infolge seiner Freundschaft mit Philotas wurde er in dessen Hochverratsprozeß verwickelt, aber freigesprochen (Arr. an. 3,27,1). Wenig später fiel er jedoch (Arr. an. 3,27,3). BERVE a. O. Nr. 57. Fr. Kie.

Amyntor (*Ἀμύντωρ*) **1.** Sohn des Ormenos, in Eleon in Boiotien wohnhaft, dem Autolykos eine berühmte Lederkappe raubte. Hom. Il. 10,266, vgl. 2,500 und Pherekyd. frg. 38 a (FHG 4,638). **2.** Gleichfalls Sohn des Ormenos, aber in Hellas wohnhaft, Vater des Phoinix, der die Kebse seines Vaters verführte. Der Fluch der Kinderlosigkeit, den A. über seinen Sohn verhängte, wurde von den Göttern erhört, und Phoinix floh zu Peleus nach Phthia, Hom. Il. 9,447 ff. Anders Apollod. 3, 13,8,3. Die Frage der Identität von Nr. 1 und 2 beschäftigte schon die antiken Homerforscher. **3.** König von Ormenion in Thessalien, der dem Herakles seine Tochter Astydameia verweigert. Herakles entführt sie und tötet A. Diod. 4,37,5. Apollod. 2,7,7,4. 7,8,10. Nach Sch. Pind. O. 7,42 ist dieser A. Sohn des Pheres, Enkel des Ormenos. H. v. G.

Amyris gehört in den Kreis der »Siebenweisen«-Sage (R. HIRZEL Der Dialog 2,133 ff.), bei der nur 5 (Bias, Thales, Solon, Pittakos, Cheilon) ihren festen Platz haben, während die Namen der anderen entsprechend der Rivalität der Stämme und Städte wechselten (O. KRÖHNERT Canones poetarum script. artific., Königsbg. 1897, 64). Nach Hdt. 6,127 stammte A. aus Siris und war der Vater des Damasos, eines der Bewerber um Agariste, die Mutter des Atheners Kleisthenes. W. S.

Christ-Schmid 1,1,372 Anm. 7.

Amyrtaios. 1. Nach Hdt. 2,140. 3,15. Thuk. 1,110,2 Mitkämpfer des Inaros bei seinem Aufstand gegen die Perser um 465 v. Chr. im äußersten Westdelta. A. hielt sich auch nach der Gefangennahme des Inaros 454 v. Chr. in den Sümpfen der Mariotis und erhielt sogar 450 v. Chr. von Athen eine Hilfe von 50 Kriegsschiffen (Plut. Kim. 18), die aber bald zurückgerufen wurden. Nach ihm herrschte sein Sohn Pausiris zusammen mit Thannyras, Sohn des Inaros. **2.** Wohl Enkel von 1, brach 404 v. Chr. in Äg. ein und konnte ganz Äg. den Persern entreißen; in Oberäg. liegt eine aramäische Urkunde aus seinem 5. Jahr (: 400) vor. Er konnte seine Herrschaft nicht konsolidieren, sondern wurde 398 durch Nepherites I. gestürzt. Manetho zählt ihn als einzigen König der 28. Dyn.; Denkmäler sind von ihm nicht bekannt. **3.** Der Amyrtaios bei Ktesias, Phot. bibl. 37 a. b, ist deutlich ein Versehen für Psammetich (III.), da als Gegner des Kambyses genannt. W. H.

Amythaon (*Ἀμυθάων*). Sohn des Kretheus und der Tyro in Iolkos, wandert mit seinem Halbbruder Neleus nach Messenien, wo sie Pylos gründen. Von Eidomene hat er die Söhne Melampus und Bias. Mit seinen Verwandten erscheint er in Iolkos, um von Pelias für Iason dessen Erbe zu fordern. Hom. Od. 11,235.258. Apollod. 1,95. Ein Teil von Elis heißt nach ihm Amythaonia; mit Pelias und Neleus erneuert er die olymp. Spiele, Paus. 5,8,2. H. v. G.

Amytis (*Ἄμυτις*), medischer und persischer Frauenname. **1.** Tochter des Astyages, mit Nebukadnezar vermählt (Euseb. arm.). **2.** Nach Ktesias Tochter des Astyages, Gemahlin des Spitamas. Kyros läßt nach der Besiegung der Meder diesen töten und vermählt sich mit A. **3.** Tochter des Xerxes und der Amastris, Gemahlin des Megabyzos (Ktes. Pers.). J. D.-G.

Anabasis. Bei Plin. nat. 26,36.133 als Synonym von Ephedra, kaum mit Recht meist als Equisetum gedeutet, von Linné auf eine Chenopodiaceengattung übertragen mit ca. 30 strauchigen und krautigen Arten in den vorderasiatischen und nordafrikanischen Wüsten, mehrere als Kamelfutter und Brennmaterial wichtig. H. G.

'Ἀνάβάτης. Ein Reiter, der bei dem Agon von dem Rücken des Pferdes sprang und, die Zügel haltend, nebenher lief, ähnlich der *κάλπη*, bei der jedoch Stuten benutzt wurden. Paus. 5,9,2 gibt uns die einzige Schilderung von diesem Wettkampf. Dion. Hal. 7,73 hat irrtümlich *ἀναβάτας* für *ἀποβάτας*. Es gibt mehrere Darstellungen dieses Wettkampfes auf Mz. u. Vasen, z. B. HN² 600. O.W.R.

Anacharsis (*'Ἀνάχαρσις*). Skythe aus fürstlichem Geschlecht (E. H. MINNS Scythians and Greeks, 1913, 116). Nach Herodot (4,46.76 f.) stellte er eine Ausnahme von der üblichen skyth. Rohheit dar und unternahm Reisen vor allem nach Griechenland, um die hellenische Kultur kennenzulernen. Als er jedoch die ihm in Kyzikos bekannt gewordene Verehrung der Göttermutter bei den Skythen einführen wollte, wurde er von ihnen erschossen. Den Skythen selbst war er z. Z. Herodots freilich unbekannt. Aus der Tendenz zur Idealisierung der Nordvölker heraus wurde A. seit dem 4. Jh. namentlich von den Kynikern als unverdorbener Naturmensch verherrlicht. Für Platon noch lediglich der *εὑρετής* mehrerer handwerklicher Verbesserungen (rep. 10,600 A), wurde er dann mehrfach unter die 7 Weisen eingereiht (Diog. Laert. 1,41.106. Diod. 9,6. B. SNELL Leben und Meinungen der 7 Weisen, ³1952, 7). Die unter A.' Namen in Umlauf gebrachten Aussprüche und Schriften – vor allem die 10 wohl im 3. Jh. v. Chr. verfaßten (F. REUTERS De Anacharsidis epistulis. Diss. Bonn 1957, 10 ff.) und ihm zugeschriebenen Briefe – lassen ihn als Vertreter der kynischen Lehre erscheinen. Fr. Kie.

Anacreontea (*'Ἀνακρεόντεια*). Gedichte, die in Kurzversen (Hemiamben, anaklastische ionische Dimetra u. a.) nach Art mancher Trink- und Liebeslieder Anakreons der Unterhaltung beim Symposion dienten. Ihr Name bezog sich auf die von den Metrikern »Anakreonteion« genannte Versart. Aber schon Gellius (19,9,5 f.) schreibt das Gedicht 4 (Pr) dem *senex Anacreon* zu, und der Verf. der Suda zählt *τὰ καλούμενα 'Ἀνακρεόντεια* zu den Dichtungen Anakreons, und auch die nur im Anhang der »Anthologia Palatina« überlieferten 60 Carmina A. gehen unter dem Titel »*'Ἀνακρέοντος Τηΐου συμποσιακὰ ἡμιάμβια*«. Daß diese ungleichwertigen Lieder nicht von Anakreon, sondern aus späterer Zeit stammen, steht außer Zweifel. Sie dürften aus 2 »Kommersbüchern« herrühren, die um die Zeitwende und nach ihr entstanden und im 11. Jh. in die Anthologia Pal. eingingen. Reste einer Sammlung anakreontischer Trinklieder kamen (mit 45,1–4 Pr) in einem Papyrus (Cairo 67097) zutage; s. E. HEITSCH Abh. Ak. Gött. 3. Nr. 49, 1961, S. 151 f. Eine Anzahl dieser A. enthielt auch der cod. Barberinus 310 (Vatic.), doch sind sie verloren; s. Poetae lyr. graeci 3, 1914, 341. In dieser Handschrift (11./12. Jh.), auch im cod. Laur. 32,52 (14. Jh.), finden sich zahlreiche A. byzantinischer Dichter, von denen die anakreontischen Versmaße mit Vorliebe angewandt wurden. Zu ihnen gehören Synesios, Iohannes von Gaza, Sophronios, Konstantinos Siculus u. a., die den Inhalt der A. unbegrenzt erweiterten, ihre Metrik und Komposition vielfach variierten. K. P.

O. *Crusius* RE 1,2045–50. *Fr. Hanssen* Anacreonteorum sylloge Palatina recensetur et explicatur, Lpz. 1884. *Th. Nissen* Die byzantinischen Anakreonteen (Sitz.-Ber. München 1940, 3). Ausgabe: Carmina Anacreontea ed. C. Preisendanz, Lpz. 1912. Anthologia Palatina. Codices graeci et latini photographice depicti 15, 2 (Lugd. Bat. 1911) 675–690.

Anagnia (NISSEN It. Ldk. 2,651. BELOCH RG 417). Reiche (Verg. Aen. 7,684. Sil. 8,392) hernik. Stadt (Strab. 238. Macr. Sat. 5,18,15) Latiums (Ptol. 3,1,62) der *trib. Publilia* (CIL X,1 p. 584. KUBITSCHEK Imp. Rom. trib. discr. 11) der 1. Reg. (Plin. nat. 3,63), *municipium* (Cic. dom. 81; *praefectura* Fest. 262,14 L.) an der Nordseite der Trerustales in 460 m Höhe. Der Anagniner Laevius Cispius soll Tullus Hostilius Hilfe gebracht haben (Fest. 476,11 L.); im J. 306 v. Chr. gegen Rom unterlegen (Liv. 9,43,24 *civitas sine suffr.* Diod. 20, 80.), seither *praefectura* (Fest. 262,14 L.). Zahlreiche Heiligtümer (Fronto 4,4. Charis. p. 242 K.); häufige Prodigien (Liv. 26,23,5 u. a.). Cic. Att. 12,1, 1.15,26,1 u. a. hatte dort ein Gut. Im J. 306 v. Chr. fand eine Hernikerversammlung im circus Maritimus (Name?) statt (Liv. 9,42,11). Unterhalb der Stadt treffen sich beim *compitum Anagniae* (It. Ant. 302,5. 305,1. 306,1. Tab. Peut. 6,1) die via Praen. und die via Labicana (mil. 40; CIL X, 6884 führt auf 42 mp vom Zentrum Roms). Pol. 31,21, 6.22,2.23,2 geht nicht auf A. (NISSEN 651,8). G. R.

Anagnostes (*ἀναγιγνώσκειν*). Vorleser. a) Ein Sklave, der hauptsächlich bei Tisch vorlas (Nep. Att. 13.14. Cic. Att. 1,12,4; fam. 5,9,2. Plut. Alex. 54; Crass. 2). Er wird auch *lector* genannt (Suet. Oct. 78. Plin. ep. 1,15,2. 3,5,12. 8,1,2). b) Der Vorleser von Dichtwerken in der Öffentlichkeit (so bei Gell. 18,5,2.5, wo die Annalen des Ennius vor dem Volk im Theater vorgelesen werden). W. S.

Anagnostikoi (*ἀναγνωστικοί*) nennt Aristot. rhet. 3,12,2.1413 b Dichter, deren Werke zum Vorlesen besonders geeignet sind. Die präzise und gefeilte, auf Schriftlichkeit berechnete Ausdrucksweise (*γραφικὴ λέξις*), die der epideiktischen Redegattung nahesteht, tut (im Gegensatz zu der auf den Augenblick und auf lebendige Aktion angewiesenen *ἀγωνιστικὴ λέξις*) auch beim bloßen Vorlesen ihre Wirkung. O. CRUSIUS Festschrift für Th. Gomperz, 1912, 381–387. A. W. PICKARD-CAMBRIDGE Dithyramb, Tragedy and

Comedy, 1927, 71 (über den bei Aristot. a. O. erwähnten Chairemon, der tatsächlich aufgeführt wurde: CRUSIUS a. O. 383). Dagegen nimmt V. BUCHHEIT Untersuchungen zur Theorie des Genos Epideiktikon von Gorgias bis Aristoteles, 1960, 172–175 unter Berufung auf Alkidamas 9,27–31 und Isokrates paneg. 11. Phil. 25–29 an, die rhetorischen Vertreter der *γραφικὴ λέξις* schrieben *nur* für das Ablesen. – Vgl. auch A. LESKY Die griech. Tragödie[2], 1958, 257. – Unrichtig ist Comm. in Aristot. Gr. 21,220. M. v. A.

Anagyris (*ἀνάγυρις*, auch *ὀνόγυρος*, *ἄκοπον* bei Diosk., Plin. u. a., neugr. *ἀνδράβανα*), ist der im Mittelmeergebiet weitverbreitete Leguminosenstrauch Anagyris foetida L., von dem ähnlichen Goldregen (Laburnum, so schon bei Plin. 27,30) u. a. durch herben Geruch und freie Staubblätter verschieden, schon im Altertum vielfach als Heilpflanze benützt, so Laub als Abführmittel, Samen als Brechmittel. Sprichwörtlich *ἀνάγυριν κινεῖς* für Unangenehmes. H. G.

Anaideia (*᾿Αναίδεια*). Personifikation der Schamlosigkeit (zum Begriff C. E. v. ERFFA, Ph. Suppl. 30,2, 1937, 116 ff.), göttl. Potenz (*θεά*) bei Xen. symp. 8,35. Men. frg. 223 K., unsicher Soph. frg. 269 N. (vgl. v. ERFFA a. O. 118). Für kult. Verehrung scheinen zu sprechen Theophr. b. Zenob. 4,36. Clem. Alex. protr. 2,26. Cic. leg. 2,28. E. PETERICH Theologie der Hellenen, 1938, 163. S. jed. U. v. WILAMOWITZ Euripides Herakles 3, 1959[2], 129. Über den *λίθος ἀναιδείας* in Athen (Paus. 1,28,5) s. v. ERFFA a. O. 105 f. WILAMOWITZ a. O. Anm. 1. W. F.

Anaitis (*᾿Αναῖτις*). Eine iranische Göttin (im Avesta Anāhitā), vielleicht mit einer babylonischen oder elamitischen Göttin verschränkt. Unter der persischen Herrschaft verbreitete sich ihr Kultus in Armenien, Syrien u. Kleinasien. Vorzüglich in Lydien waren ihre Tempel zahlreich. In Armenien war ihr Kultus mit heiligen Prostitutionen (Strab.), in Philadelphia und Hypaipa mit Spielen nach griechischer Art verbunden. Gewöhnlich war sie als eine Artemis angesehen; sie war der Artemis Tauropolos oder *Ταυρική* sowohl in Lydien als in Kappadokien gleichgesetzt. Ohne Zweifel ist aus diesem Kultus das Taurobolium (ursprünglich Tauropolium) ins Abendland gelangt. J. D.-G.

S. Wikander Feuerpriester in Kleinasien und Iran, 1946.

᾿Ανακαλυπτήρια s. Persephone

Anakeion s. Athenai

Anakes (*῎Ανακες*), die »Helfer, Schützer« (W. SCHULZE Kl. Schr. 1933, 674. M. LEUMANN Hom. Wörter, 1950, 42 f. J. PUHVEL, KZ 73, 1956, 202 ff.), sakrales Appellativ einer urspr. namenlosen plural. Gottheit (vgl. NILSSON Griech. Feste, 1906, 213. B. SCHWEITZER Herakles, 1922, 127) mit Soter-Funktion (IG III 195; vgl. IV 561.64.66), die mit den Kabiren (Paus. 10,38,7. Clem. Al. protr. 2,19. Orph. h. 38,21 f. [1],134.137.162.207.272), den Tritopatores (Cic. nat. 3,21,53. A. LOBECK Aglaophamus, 1829, 764), vor allem aber mit den Dioskuren gleichgesetzt wurde, Paus. 2,22,5. 36,6 f.; vgl. 10,38,7 (Argos). IG I[2] 127,3. 310,230 f. (Athen). Vgl. Hesych. s. v. Etym. m. 96,33 ([2],47. LEUMANN a. O. 43. NILSSON GgrR[2] 1,407. PUHVEL a. O. 206). Heiligt. Anakeion (Paus. 1,18,1. And. 1,45) u. Fest Anakeia (IG II 570. Poll. 1,37) in Athen ([1], 73 f. [2], 34 ff. L. DEUBNER Att. Feste, 1932/56, 216). W. F.

1. *B. Hemberg* Die Kabiren, 1950. 2. *Ders.* *ΑΝΑΞ, ΑΝΑΣΣΑ* und *ΑΝΑΚΕΣ*, UU Å 1955: 10 (sämtl. Belege).

Anakreon (*᾿Ανακρέων*, - *οντος*, im Vers auch *᾿Ανακρείων*). Lyriker aus der ionischen Stadt Teos; im alexandrin. Kanon der *μελοποιοί* an 8. Stelle; nach Sprache und Verskunst oft beigezogen von Grammatikern und Metrikern, denen man die meisten Fragmente A.s verdankt. Die alte Ausgabe umfaßte 3, nach Versmaßen eingeteilte Bücher (Nachweise s. zu 15.21.43 D), dazu werden erwähnt *ἐν ἰάμβῳ* (s. zu 77 D) und *ἐν ἐλεγείαις* (zu 97 D). Die lyrische *πεντάς* bei Krinagoras, Anth. Pal. 9,231, bezieht sich nicht auf A. (V. 3.4 sind interpoliert). Hephaestion (um 150 n. Chr.) benützte eine zeitgenössische Ausgabe (70 W: *ἡ νῦν ἔκδοσις*); die ältere wohl von Aristarch; s. WEBER 7 f. Kritische Studien zu A. von Zenodot, Aristophanes Byz. (s. zu 39 D). Chamaileons Monographie *περὶ ᾿Α.* Die Suda nennt s. v. 'A. »Elegien und Iamben« mit byz. Nachtrag: *παροίνιά τε μέλη καὶ τὰ καλούμενα ᾿Ανακρεόντεια.*

A.s unbekannte Frühzeit (zur Kleobulos-Legende s. CRUSIUS 2036,43–56) wird bestimmt durch den pers. Vorstoß gegen Ionien (545) unter Harpagos; A. wich mit andern nach der teischen Kolonie Abdera (Strab. 14,644.30); auf Kämpfe mit Thrakern lassen Epigramme auf Gefallene schließen (90 D), in 51 D spottet A. auf seine Flucht (vgl. Archilochos 6, Alkaios 49. Hor. c. 2,7.10). Nach Thrakien weisen die Verse an das für A.s Liebeswerben noch unreife Mädchen (88 D); s. WILAMOWITZ Sappho und Simonides 117–120. Wann A. zu Polykrates, dem Herrscher von Samos (537–522), kam, steht nicht fest. Nachrichten über seinen dortigen Aufenthalt und sein Verhältnis zum Fürsten (s. Hdt. 3,121) fehlen, nicht einmal der Name des Polykrates begegnet in den Fragmenten trotz Strab. 14,638: *πλήρης (ἡ ποίησις) τῆς περὶ αὐτοῦ μνήμης*. Mit der Ermordung des Tyrannen durch Oroites (Hdt. 3,125) wurde A.s Bleiben auf Samos zwecklos; er wandte sich nach Athen, wohin sein nächster Gönner Hipparchos ihn auf einer Pentekontere abholen ließ (Plat. Hipp. 228 c. Arist. Ath. Pol. 18,1). Beziehungen zu Athen bestanden bereits (Himerius 5,3; s. WEBER 2 f.). A. verkehrte im Haus des reichen Kritias, das er verherrlichte (Plat. Charm. 157 e). Der jüngere Kritias, Enkel des älteren, einer der Dreißig, widmete A. einen rühmenden Nachruf (DIEHL Anth. lyr. gr. 1[2],1.99). In Athen stand A. als Dichter in hohem Ansehen; s. Plat. Phaidr. 253c. Aristoph. Thesm. 161 (s. Weber 92), Dait. 223, S.449 Kock. Seine Statue auf der Akropolis erwähnt (mit Fehldeutung) Paus. 1,25,1. Nach Samos und Athen darf man wohl A.s beste Dichterzeit verlegen; hier lebten die von ihm angesungenen Personen seines Eros beiderlei Geschlechts, von denen freilich nur Namen bekannt sind. Einen Simalos sieht A. im Tanz mit schöner Pektis (72 D); auf der 20saitigen Magadis spielend, singt A. Leukaspis zu (70 D), in ernsten Gedichten erscheint Megistes (21.25.65 D), den Leonidas Tar. (Anth. Pal. 16,306. 7) *παῖς* des A. nennt zusammen mit Bathyllos, der den Späteren als besonderer Liebling A.s galt, aber in den Fragmenten fehlt. Horaz kennt ihn nur aus der Tradition (Epod. 14,10); durch die Carmina Anacreontea wurde er in der Literatur eingebürgert. Der Thraker Smerdies, bekannt aus 9.46f. D, begegnet auch im Papyrusfragment 2322 aus Oxyrhynchos (2. oder 3. Jh.), dazu K. Latte Gnom. 27, 1955, 495f. Kritias rühmt A. in seinem Nachruf als Dichter von *ᾠδαὶ γυναικέων μελέων* und als Berücker der Frauen, *γυναικῶν ἠπερόπευμα*, er bleibe unvergessen, solange weibliche Chöre »heilige« Nachtfeiern begingen, aber bisher fehlen Belege für diese Angaben; wenige Gedichte wenden sich an das weibliche Geschlecht, an das »thrakische Füllen«, das A. Liebe lehren möchte (88 D; s. 98;), an die Lesbierin, die nach Jüngeren schaut (5 D), einer Asteris sagt A. auf (64 D), im Fragment aus Oxyrhynchos (2322) spricht er von einer *ἀρίγνωτος γυνή* (dazu Latte). Bitter empfundenes, erfolgfeindliches Altern läßt ihn über graue Schläfen, weißen Scheitel, schlechte Zähne klagen (44. 89 D; s. Weber 29f.); Weltschmerz überkommt ihn beim Todesgedanken (42. 44 D); lieber sind ihm Bakchosfeste (37 D) und Lieder auf Eros (28 D), den man trinkt (162 Bergk), mit dem man sich berauscht (17 D).

Nach Hipparchs Ermordung (514) scheint sich A. zu den Aleuaden in Larissa begeben zu haben, 2 Epigramme machen diesen Aufenthalt wahrscheinlich (107. 108 D); s. Weber 31–33. Zu seinem weiteren Leben hat sich jede Spur verloren; er ist offenbar alt geworden (Lukian. Macrob. 26. Crusius 2039). Ein Epigramm (Ps. Simonides) verlegt sein Grab (Anth. Pal. 7,25.2) nach Teos, wo nach Theokrit (Ep. 16) seine Statue stand. Dichterischer Ruhm schützte A. nicht vor dem Ruf eines ewigen Trinkers und liebestollen Alten; Seneca spottet über Didymos, der untersuchte, *libidinosior A. an ebriosior vixerit* (Epist. 88,37). Dagegen verraten seine Trinklieder keinerlei Unmäßigkeit (43. 58 D). Die bildende Kunst hat aber das Motiv des trunkenen Dichters aufgegriffen, und so entstanden neben ernsten Darstellungen auch andere, die ihn berauscht zeigen; s. Anth. Pal. 16,306f. Zum Bild A.s (Statuen, Vasen, Münzen) s. K. Schefold Die Bildnisse der antiken Dichter, Basel 1943, 64f. 49f. 173 (220).

Seine Lieder dienten besonders dem Vortrag beim Symposion und sind zur geselligen Unterhaltung, nicht als Selbstbekenntnisse gedichtet. Sehr persönlich verwendet A. Hohn und Spott, wenn er dem Heraufkömmling Artemon übel zusetzt (54. 16 D) oder einen Weichling verspottet (87 D); sprichwörtlich wurde sein ironisches Wort auf die Milesier (86 D).

A.s heimatlich ionische Sprache, die auch Aeolismen zuläßt, fand, im Ausdruck natürlich, in Bildern ungesucht, ihrer Einfachheit wegen Lob; s. Hermogenes *περὶ ἰδεῶν* 23. Crusius 2044. In seinen Versen hält sich A. frei von komplizierten Systemen, gern bindet er kleine vierfüßige Maße zu Strophen von je 3 Glykoneen mit finalem Pherecrateus (5 D), auch in der Folge 3 + 5 + 3 (2 D). Langverse verwendet er für 2 choriambische Strophen mit Epodos, 54 D: 4 wirksame Dreizeiler gegen Artemon; ionische Metra in Varianten (21. 26.42.45 D): sie sollen (nach Schol. Aisch. Prom. 130) ihren Gebrauch in der Tragödie beeinflußt haben. K. P.

Zur Metrik: *P. Kikauka* *Περὶ τῶν ᾿Ανακρέοντος μέτρων* (Riga 1926).

Lit.: *O. Crusius* RE 1,2035–45. *Th. Bergk* PLG 3, 1914, 253–295. *E. Diehl* Anth. lyrica graeca 1^2, 1936, 4,160–192. The Oxyrhynchus Papyri 22, 1954 Nr. 2321f. (Abb. I. VIII). *Leo Weber* Anacreontea, Diss. Göttingen 1895. *U. v. Wilamowitz* Sappho und Simonides, 1913, 102–121. *A. Michelangeli* Anacreonte e la sua fortuna nei secoli, Bol. 1922.

Anaktorion s. Nachtr. am Schluß des Bandes

Analemma. Um für eine bestimmte Sonnenposition die Richtung und den Endpunkt des Gnomonschattens auf einer (horizontalen) Ebene (s. RE VIII 2416ff.) zu finden (Vitr. IX 7,7 und dazu Drecker Theorie d. Sonnenuhren, 1925, 1ff.) werden die Bogengrößen des Azimutes und der Höhe der Sonne benötigt. Waren gegeben: Klima (Polhöhe), Ekliptikschiefe (1/15 el Kreisumfang), Sonnenlänge (Datum) und Tagesstunde, so konnten diese Größen in einem iterierten Projektions- und Umklappungsverfahren, dem sog. *ἀνάλημμα* bestimmt werden. Das Wort wird übersetzt mit »geometrischer Aufriß« Delambre, Neugebauer: any high erection of substructures, Li.-Sc.: es bedeutet hier »Hochklappen« (einer geom. Fig. aus der Zeichenebene in eine zu ihr senkrechte Richtung, vgl. Eukl. elem. 11,4ff.). In den meisten praktischen Fällen wird die letztere horizontal sein (1), sie kann durch eine senkrechte O.-W.-Mauer gebildet werden (2) und auch durch eine N.-S.-Mauer (3). Die »Höhenkreise« (vertikal auf den Schattenebenen) hießen *κύκλοι κινούμενοι*, und zwar zu (1) *καταβατικός*, zu (2) *ὁ ὡριαῖος κ.* und zu (3) *ὁ ἐκτήμορος κ.* Alle drei Fälle, gleichzeitig in den Rahmen dreier aufeinander senkrechten Schattenebenen (circuli manentes: Horizont, erster Vertikal, Meridian) zusammengebaut, sind Gegenstand der ptolemäischen Schrift *Περὶ ἀνα-*

λήμματος, hg. von J. E. Heiberg Ptol. opp. astr. min., 1907, 189ff. Kauffmann RE I 2050ff. gibt eine Sachdarstellung des Verfahrens, Heath Hist. Math. 2,286ff. schreibt es auf moderne axonometrische Entwicklung um. Eine sorgfältige Analyse der Konstruktionsvarianten zwischen Ptolemaios und seinen Vorgängern und (arab.) Nachfolgern gilt P. Luckey QSt.B 4,100–117 mit wertvollen Angaben zur Literatur. Unter die Vorgänger des Pt.-παλαιοί – ist der Gnomoniker Diodor zu rechnen (Zeitgenosse Caesars, s.RE V 710,37ff.). Neben der graphischen Bestimmung führt Ptol. eine rechnerische mittels seiner Sehnentafeln durch. R. B.

Neugebauer Über eine Methode zur Distanzbestimmung Alexandreia-Rom, Kgl. Danske Videnssk. Selsk. hist.-fil. Medd. 26,2, 1938, 5ff. u. 7, 1939, 3f. *Drachmann* Heron u. Ptolemaios, Cent. 1, 1950, 120ff. *van der Waerden* Art. Ptolemaios Nr. 66 RE XXIII 1827ff.

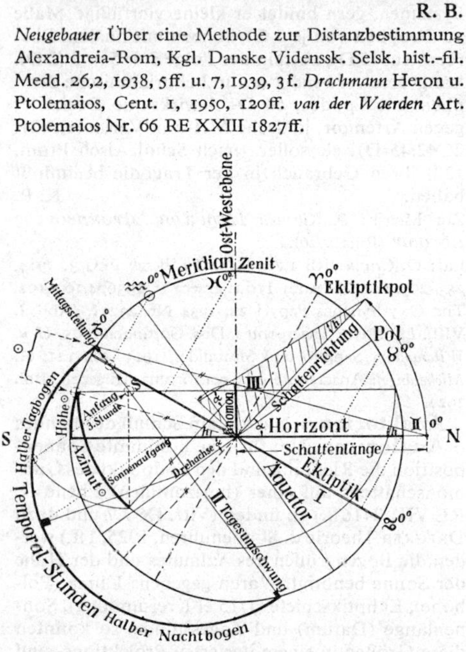

Aufsicht auf die Meridiankreisebene von Osten aus. Die punktierten Linien sind Orthogonalprojektionen auf die Umklappungsachsen: I Ekliptik, II Kleinkreisdurchmesser des Tagesumschwunges und III Kleinkreisdurchmesser der Höhenebene. Der halbe Tagbogen ist in sechs Stundengleichteile geteilt.

Analogia und **Anomalia** sind polare Leitbegriffe zur Deutung sprachlicher Erscheinungen (besonders auf dem Gebiet der Deklination). Unter den Grammatikern dachten die »Analogisten« (moderne Bezeichnung, die nicht frei von Problematik ist; s. u. Fehling) normativ (vielfach auch puristisch), die »Anomalisten« beriefen sich auf den Sprachgebrauch in seiner unregelmäßigen Vielfalt. In Griechenland betonten die alexandrinischen Gelehrten (Aristophanes von Byzanz, Aristarchos, Dionysios Thrax) die Analogie, die stoischen (z.B. Chrysippos περὶ ἀνωμαλίας) und pergamenischen

(z.B. Krates von Mallos) die Anomalie. – In Rom stehen auf der Seite der Analogie der Scipionenkreis (*latinitas, purus sermo;* vgl. Lucil. 964) und auch Varro, der l.l. 8–10 allerdings beide Seiten ausführlich zu Worte kommen läßt; einseitiger Caesar (De analogia 1 *tamquam scopulum, sic fugias inauditum atque insolens verbum* bei Gell. 1,10,4) und Attizisten wie Calvus. Dagegen räumen Cicero (bes. or. 155–162), Horaz (A.P. 70ff.) und Quintilian (1,6) dem *usus*, der *consuetudo* größeren Spielraum ein. Vgl. auch Gell. 2,25 und die dort von Hosius angeführten Parallelen. M. v. A.

H. Steinthal Gesch. der Sprachwissenschaft bei den Griechen und Römern, [2]1890. *J.E. Sandys* A Hist. of class. Scholarship Bd. I, 1903. *Norden* AKpr. 1,184–194. *J.F. M(ountford)*, Oxf. Class. Dict. s.v. *H. Dahlmann* Varro und die hellenist. Sprachtheorie, Problemata 5, 1932. *H. Dahlmann*, RE Suppl. VI 1208ff., *H.J. Mette* Parateresis 1952. *J. Collart* Varron grammairien, Paris 1954. *K. Deichgräber* Elegantia Caesaris, G 57, 1950, 112–123. *D. Fehling* Varro und die grammatische Lehre von der Analogie in der Flexion, Gl 36, 1957, 48–100 (weitere Lit. daselbst). *A. Dihle*, H 85, 1957, 170–205.

Ananios s. Iambographen

Ananke (Ἀνάγκη). Die vergöttlichte Naturnotwendigkeit (Kall. h. 4,122. E. Peterich Theologie der Hellenen, 1938, 214), erzeugt in der orph. Theogonie mit Chronos die Trias Aither, Chaos und Erebos Orph. frg. 54. Arg. 12ff., Mutter der Moiren Plat. pol. 617c, Gemahlin des Demiurgen, Mutter der Heimarmene Orph. frg. 162. Sie ist uranfängliche Potenz Plat. symp. 195c. 197b, Weltenlenkerin mit diamantener Spindel (P. M. Schuhl, RA 32, 1930, 58ff. La fabulation platonicienne, 1947, 82ff. W. J. W. Koster, Mn Suppl. 3, 1951, 66ff. 70f. [4],149f.); sie hält das Sein in den Grenzen Parm. frg. 8,30f. D. ([4],148), ist den Göttern überlegen Plat. leg. 818e. Soph. frg. 235 N. Aischyl. Prom. 514 ([2],27f), die ihr Wort zum Beschluß erheben Emp. frg. 115 D. ([2],22ff.). Pythagor. Konzeption der A. bei Pind. O. 2,107f. m. Schol. ([2],20f. [4],148); zur orph. A. bei Eur. Alc. 965. Hel. 514. U. v. Wilamowitz, PhU 7, 1884, 224,22. A. Dieterich Nekyia, 1893, 124 ([2],25); A. bei Nechepso-Petosiris (Prokl. in Plat. pol. 2, 344,19ff. 26ff. Kr.) R. Reitzenstein Hellenist. Mysterienrelig., 1927, 190f., in den Mithrasmysterien (Prokl. a.O. 345,6ff. Kr.) A. Dieterich Eine Mithrasliturgie, 1903, 59f., in der hellenist. Gnosis (= Isis-Nemesis) R. Wünsch Seth. Verfluchungstafeln, 1898, 94f., in der Hermetik J. Kroll Die Lehren des Hermes Trismegistos, 1914, 212f. – Kult der A. in Korinth Paus. 2,4,6. W. F.

1. *E. Maass* Orpheus, 1895, 268ff. 2. *W. Gundel* Beiträge z. Entw. Gesch. der Begriffe A. und Heimarmene, 1914. 3. *R. Eisler* Weltenmantel und Himmelszelt, 1910. 4. *J. Kerschensteiner* Platon und der Orient, 1945.

Anaphe s. Nachträge am Schluß des Bandes

Anaphlystos s. Attika

Anapias, Anapis, Anapius →Amphinomos

Anapos 1. s. Nachtr. am Schluß des Bandes. **2.** Sicilisches Flüßchen, das am Monte Lauro bei Akrai entspringt und in den großen Hafen von Syrakus mündet. Das Mündungsgebiet ist sumpfig und hat öfters Seuchen unter belagernden Heeren verursacht. Der Mythus machte den Flußgott zum Liebhaber der Nymphe des in den A. mündenden Baches Kyane (Ov. met. 5,409 ff.). K. Z.

Anas. Der heutige Guadiana (arab. = Fluß Ana). Nach Plin. nat. 3,6 und Strab. 3,2,3 waren Verlauf und Wasserreichtum des antiken Flusses wie heute. Doch hatte er 2 Mündungen (Avien. or. m. 208. Strab. 3,1,9), heute nur eine. In der Kriegsgeschichte spielte er zweimal eine Rolle: in dem Kriege gegen Sertorius (AD. SCHULTEN Sertorius 66) und im vandalisch-suebischen Kriege 429 n. Chr. (Hydat. 90). R. G.

Schulten Iber. Landesk. 1,338–340.

Anastasia. 1. Halbschwester Konstantins d. Gr., vermählt mit dem Caesar Bassianus 313/14. Nach ihr waren in Konstantinopel die Thermae Anastasianae benannt, Amm. 26,6,14. **2.** Nach Sokr. 4,9 Tochter des Valens; doch wird diese Nachricht und damit die Existenz dieser A. mit Recht angezweifelt. R. H.

Anastasios 1. Oströt. Kaiser von 491–518. Als der um 431 in Dyrrachion geborene Hofbeamte (Silentarius) A. auf Vorschlag der Kaiserinwitwe Ariadne zum Kaiser gewählt wurde, hoffte man auf die Beseitigung der Vorherrschaft der barbarischen Isaurier und die Lösung der religiösen Frage zugunsten der Orthodoxie (Const. Porph. de caerim. 418 f.). Erst 497/98 wurde der Widerstand der Isaurier gebrochen (Euagr. 3,35). Veranlaßt durch Invasionen der Bulgaren (493 bis 502) und einen Perserkrieg (502–506) (Prok. 1.7–10. Euagr. 3,37), ließ A. umfangreiche Befestigungen errichten. Durch straffe und sparsame, vergleichsweise aber humane Verwaltung konnte A. die Finanzen des Staates sanieren und einen beträchtlichen Schatz ansammeln (Prok. anekd. 1,21). Das Münzwesen wurde stabilisiert (BLAKE Stud. i. Hist. of Culture 1942, 84 ff.), das Steuersystem grundlegend erneuert, was freilich sehr unterschiedlich aufgenommen wurde. Eine wohl doch entscheidendere Ursache und nicht nur Vorwand für die ständigen, vor allem von der Zirkuspartei der Blauen ausgehenden, Unruhen war die Religionspolitik des Kaisers. A. hatte sich zwar 491 ein Bekenntnis zur Orthodoxie abzwingen lassen, begünstigte aber dann bald den Monophysitismus. Dies weckte zwar Genugtuung vor allem in Äg. und Syrien, aber heftigen Widerstand in der Hauptstadt und den Kernländern des Reiches. Die Forderung nach einer Kirchenordnung im Sinne des Chalcedonense (von 451) wurde schließlich zum propagandistisch gefährlichsten Motiv der Erhebung des Militärbefehlshabers in Thrakien, Vitalian (513–18). Obwohl der Kaiser zeitweilig Entgegenkommen zeigte, machte seine Haltung die Beilegung des seit 481 zwischen O. und W. bestehenden Schismas unmöglich (dazu HOFMANN bei Grillmeier/Bacht Das Konzil von Chalcedon 2, 1953, 51–84). Im Rahmen seiner fast nur mit diplomat. Mitteln betriebenen Westpolitik entschloß sich A. 498 zur Anerkennung Theoderichs als König der Goten, war aber im übrigen darauf bedacht, ihn nicht allzu mächtig werden zu lassen. OEHLER RE I 2065 f. W. ENSSLIN Theoderich [2]1960. G. OSTROGORSKY Gesch. des byzantin. Staates [2]1952, 53 ff. STEIN Gesch. 2,77 ff. **2.** A. I. 398–401 Bischof von Rom, griff in die Streitigkeiten um Origenisten und Donatisten ein. Noch behauptete sich damals neben der Cathedra Petri Mailand als ebenbürtige kirchenpolit. Größe im W. E. CASPAR Gesch. des Papsttums 1,285 ff. F. X. SEPPELT Gesch. d. Päpste 1[2], 1954, 132 f. **3.** A. II., Papst von 496–98; seine auf Ausgleich im Schisma mit dem O. bedachte Politik führte nicht zum Erfolg und rief vor allem in Rom selbst Widerstand hervor. HOFMANN a. O. 66 f. E. CASPAR a. O. 2,82 ff. 201. SCHWAIGER Lex. Theol. und Kirche 1,493. A. L.

Anastatica. Die echte Jerichorose, Rosa hierochontea, Rosa de Hiericho, Rosa Sanctae Mariae, ist die einjährige Crucifere Anastatica hierochuntica L. der vorderasiatischen und nordafrikanischen Wüsten, die kleine oder falsche Jerichorose, die bis Südeuropa verbreitete Composite Odontospermum pygmaeum = Asteriscus aquaticus, beide wegen der trocken eingekrümmten, feucht spreizenden Fruchtstände seit den Kreuzzügen als Auferstehungssymbol. H. G.

Anathema (ἀνάϑημα), »was man (der Gottheit) hinsetzt«, als schmückender Gegenstand = ἄγαλμα, so im profanen Sinne Hom. Od. 1,152 (ἀναϑήματα δαιτός); dann spezif. religiös »Weihgeschenk«, das in den Besitz der Gottheit übergeht und damit selbst zum ἱερόν wird; Hdt. 1,14. 92. 183. Soph. Ant. 286. Plut. Pelop. 25,8. E. F. BRUCK Totenteil und Seelgerät, 1926, 105 ff. In LXX meist = hebr. חֵרֶם »sacrum«, das der Gottheit Überantwortete, d. h. das Geweihte oder Verfluchte Num. 21,3. Ios. 6,17. Jdc. 1,17; damit Übergang zur späteren Bedeutung »Banngut, Bannfluch«. Vgl. A. DEISSMANN Licht vom Osten, 1908, 60 f. W. F.

1. *W. H. D. Rouse* Greek Votive Offerings, 1902. 2. *P. Stengel* Griech. Kultusaltertümer, [3]1920, 35. 88 f. 3. *K. Hofmann*, RAChr 1,427 ff. 4. *G. Bornkamm*, ThLZ 75, 1950, 227 ff.

Anatocismus. So nennt Cic. (Att. 5,21,11) den Zinseszins; die jur. Quellen dagegen sprechen von *usurae usurarum*. A. ist schon nach klass. röm. Recht nur beschränkt zulässig (vgl. Mod. Dig. 42, 1,27), nämlich allenfalls dann, wenn rückständige Zinsen vereinbarungsgemäß dem Kapital zugeschlagen werden sollen. Justinian verbietet den A. völlig (Cod. Iust. 4,32,28 von 529). D. M.

Anatolios. 1. Gebildeter Heide aus Berytos, befreundet mit Libanios; 356/57 bis zu seinem Tode (360) war A. praefectus praet. von Illyricum, vorher consularis Syriae, vicarius Asiae und proconsul urbis Constantinopolis. – SEECK Reg. 40,56, 119f. P. PETIT Libanius 1956, 366f. NORMANN RhM. 100,253ff. **2.** A., seit 438 mag. utriusque militiae per Orientem, übte seit 446 (bis nach 451) als mag. mil. praesentalis großen Einfluß am Hof von Konstantinopel aus. Seine Fähigkeiten bewährte er besonders in Verhandlungen mit den Persern und Attila. – E. A. THOMPSON A history of Attila and the Huns, 1948, 85ff. u.ö. **3.** A., Patriarch von Konstantinopel 449–458, griff bedeutsam in das Konzil von Chalcedon ein. 457 krönte er als erster Patriarch einen röm. Kaiser. – ENSSLIN ByzZ. 42, 101ff. 53,369f. GRILLMEIER-BACHT Das Konzil von Chalcedon I u. II. pass. P. STOCKMEIER Leo d. Gr. 1959, pass. A. L.

Anatomie. Bereits in den hom. Epen finden sich, vor allem bei der Beschreibung von Verwundungen, Spuren beachtlicher anatom. Kenntnisse [1]; hingewiesen sei besonders auf Il. 13,546f., wo der Verlauf eines großen Blutgefäßes klar dargestellt wird. Die anatom. Nomenklatur ist bei Homer reich ausgebildet und stimmt im wesentlichen mit der der späteren Ärzte überein. Als Wissenschaft aber wurde die A. auf der Grundlage von Sektionen durch Alkmaion v. Kroton [2] begründet (Gehirn als Zentralorgan, Lehre von den *πόροι*), auf dessen Entdeckungen dann die sog. sicilischen Ärzte und Philosophen [3] Empedokles, Akron, Philistion und später Diokles (dieser gehörte dem Peripatos an) weiterbauten, welche allerdings abweichend das Herz als leitendes Organ ansahen; von Alkmaion sowohl wie von diesen letzteren (insbesondere von Philistion) ist Platon in seinem Timaios abhängig. Freilich wissen wir über die frühe Periode der griech. Medizin nur durch wenige spätere Berichte und Notizen, weshalb nur allgemeinere Aussagen – und auch diese nur mit Vorsicht – möglich sind. Leider steht es für das 5./4. Jh. mit → Hippokrates, dem berühmtesten Arzt des Altertums, nicht besser. Zwar ist uns unter seinem Namen ein ganzes Corpus von Schriften überliefert, doch gehören diese offensichtlich den verschiedensten Zeiträumen an, wobei sich für die einzelnen Datierungen oft sehr schwierige Probleme ergeben. So sind auch alle Untersuchungen über die A. des Hippokrates [4] von dem Dilemma der Chronologie nicht zu trennen. Beispielsweise ist die Schrift über das Herz (*περὶ καρδίης*) wegen ihrer bedeutenden anatomischen Kenntnisse besonders wichtig für die Geschichte der A. (auch das vieldiskutierte Problem der Kenntnis des Blutkreislaufs bei Hippokrates ist eng mit ihr verknüpft); aber gerade diese Schrift hat man in letzter Zeit mit ernstzunehmenden Gründen wesentlich herabzudatieren versucht [5]. Eine für uns besser faßbare Periode von grundlegend neuen anatom. Erkenntnissen wird durch die alexandrinischen Ärzte eingeleitet. Gewiß sind die eindringenden Forschungen des Aristoteles in der hist. an. und in part. an. wichtig besonders für die vergleichende A.; aber erst Herophilos, den man geradezu als Vater der A. bezeichnet hat – er hat nach Galen (2,895 K.; vgl. auch Tert. De anima 10 u. 25) im Gegensatz zu allen anderen Ärzten Menschenkörper seziert –, bedeutet durch seine völlig neuartigen Erkenntnisse auf dem Gebiet der Nerven- und Gefäßlehre, der weiblichen A. sowie der A. des Auges (auf seine Entdeckung, daß der Augapfel 4 Häute – statt 2 oder 3, wie früher angenommen wurde – hat, spielt der Dichter Kallimachos h. 3,53 an [6]) einen Markstein in der Geschichte der A. Ihm zur Seite tritt sein nicht weniger berühmter Zeitgenosse Erasistratos (Entdeckung der Herzklappen).

Diese Blütezeit der A. ist in den folgenden Jh. nicht mehr übertroffen worden. Man beschränkte sich im wesentlichen darauf, die gewonnenen Erkenntnisse zu verarbeiten und die anatom. Nomenklatur klarzustellen und zu vereinheitlichen (Rufus v. Ephesos; die lateinischen Mediziner sind, wie in allem anderen, so auch hier bloß rezeptiv). → Galen, der große Eklektiker, der ja die gesamte antike Medizin noch einmal abschließend zusammengefaßt hat, leistet diese Aufgabe für die A. in seinen großen Werken *Ἀνατομικαὶ ἐγχειρήσεις* und *Περὶ χρείας μορίων*, welche die Summe des antiken anatom. Wissens darstellen und das ganze Mittelalter hindurch unbestrittene Geltung besaßen. F. K.

Charles Singer A short history of anatomy from the Greeks to Harvey, New York 1957². *L. Edelstein* Die Geschichte der Sektion im Altertum, Quell. u. Stud. z. Gesch. d. Naturwiss. 3,2, 1932, 50–106. 1. *Otto Körner* Die ärztl. Kenntnisse in Il. u. Od., München 1929, 13–31. 2. *Joh. Wachtler* De Alcmaeone Crotoniata, Lpz. 1896, 50–55. 3. *Max Wellmann* Die Fragmente der sikel. Ärzte Akron, Philistion und des Diokles v. Karystos, Berl. 1901. 4. *Aug. Hirsch* De collectionis Hippocraticae auctorum anatomia Berl. 1864. *Carl Fredrich* Hippokrat. Unters., PhU 15, Berl. 1899, 57–80. 5. *Karlhans Abel* Die Lehre vom Blutkreislauf im C. Hippocr., H 86, 1958, 192–219. *Fridolf Kudlien* Poseidonios und die Ärzteschule der Pneumatiker (erscheint im H 1962). Eine komment. Ausg. von *Περὶ καρδίης* mit Übers. bereitet *K. Abel* für das Suppl. des CMG vor. 6. *Hans Oppermann* Herophilos bei Kallimachos, H 60, 1925, 14–32.

Anauni, Val di Non n. von Trient, erhalten von Claudius röm. Bürgerrecht, CIL V 5050. DESS. ILS 206. BRUNS-GRAD. 79. RICCOBONO I², 71. *Ἀναύνιον* Ptol. 1,28. *Anauniae partes* Paulin. v. Ambros. 52. Acta Sanct. 29. Mai p. 38.43. *Anagnis* Paul. Diac. hist. Langob. 3,9, h. Nanno. *Nissen* It. Ldk. 2, 200f. *G. Oberziner* Le guerre di Augusto contro i pop. Alp. 83ff. *V. Inama* Storia delle valli di Non e di Sole, Trento 1905. *A. Solari* Contributo bibliograf. Athenaeum N.S. 4, 1926, 178ff. E. M.

Anaxagoras von Klazomenai. Sohn des Hegesibulos, * zwischen 500 und 496, † 428. Er lebte längere Zeit in Athen, wo er, mit Perikles befreundet, auf Euripides und auch auf Sokrates wirkte. Er wich einer Anklage wegen *ἀσέβεια* aus (vgl. Sokrates) und ging nach Lampsakos, wo er 428 starb. Wie seine Vorgänger (→ ionische Naturphilosophie) suchte er nach einer Erklärung der Welt und ihrer Entstehung: Ihr liegt ein bereits verschiedenartig modifizierter Urstoff zugrunde, aus dem durch Mischung und durch Trennung die sichtbaren Dinge entstehen. Wohl wird der Vorgang der Weltentstehung physikalisch vorgestellt: Ein Wirbel, besser eine Zentrifuge. schleudert das Leichte nach außen und läßt das Schwere sich innen konsolidieren (→ Stoa, Physik). Aber dieser Vorgang ist weder rein mechanisch noch zufällig: ein all beherrschender Geist = *νοῦς* ist der Grund dafür, daß die Weltschöpfung sinnvoll verlief. Damit hat A., obwohl durchaus den Naturphilosophen zuzurechnen, den wichtigen Anstoß dazu gegeben, den höchsten Grund für das Natur-Geschehen nicht allein in der Natur zu suchen. Hier liegt einer der Ansatzpunkte für den philosophischen Dualismus Platons. H. D.

Schriften: Einziger bezeugter Titel *Περὶ φύσεως*, aus dieser 16 wörtl. Exzerpte bei Simplikios in Arist. phys. Fragment-Sammlung: *Diels-Kranz* Vorsokr. 2,1–44. Lit.: *W. Capelle* A., NJbb 43, 1919, 81 ff. 169 ff. *O. Gigon*, Philol. 91, 1936, 1 ff. *O. Jöhrens* Die Fragmente des A., Diss. Göttingen 1939. *H. Fränkel* CPh. 45, 1950, 187 ff.; ausführlicher in: Wege und Formen 284–290 (grundlegend!). *F. Heinimann*, Gn. 24, 1952, 271 ff.

Anaxandridas. 1. Sohn des Leon, König von Lakedaimon, Agiade, Zeitgenosse des Kroisos und Kollege des Ariston. Hdt. 7,204. 1,67 f., Paus. 3,3,5 f. Vgl. auch Hdt. 5,39 ff. Paus. 3,3,9. Plut. apophth. Lac. p. 216 f. **2.** Jüngerer Sohn des lakedaimonischen Königs Theopompos, Eurypontide, Vater des Archidamos. Hdt. 8,131. M. v. A.

Anaxandrides. Dichter der Mittleren Komödie, aus Kamiros (oder Kolophon), siegte zum erstenmal 376 (Marm. Par. A 70); Aufführungen zwischen 382 und 347 verzeichnet IG XIV 1098. 348 beteiligte er sich an Festspielen Philipps II. (Suda; s. Demosth. 19,192). Seine Persönlichkeit schildert Chamaileon (Ath. 9,373 f.). A. trat auch als Dithyrambendichter auf; vgl. dazu seine Kritik an Timotheos (frg. 6). Mit 65 Stücken siegte er zehnmal (Suda; IG II^2 2325). 42 Titel kennen wir, davon 14 mythische. Politische Anspielungen fehlten nicht (frg. 39.40.41.67), aber fiktive Liebesgeschichten kamen auch schon vor (Suda). Bemerkenswert auch eine Ansprache ans Publikum in iambischen Tetrametern (frg. 34). Parabase? W. K.

Anaxandros (*Ἀνάξανδρος*). **1.** Sohn des Eurykrates, König von Lakedaimon, Agiade (Hdt. 7,204). Nach Paus. 3,3,4. 4,15,3 regierte er zusammen mit → Anaxidamos zur Zeit des 2. messen. Krieges (685 v. Chr.). Von seinen Taten berichtet Paus. 3,14,4. 4,16,8. 22,5. Vgl. Plut. apopht. Lac. 217 B. **2.** Nach Aristoph. v. Theb. b. Plut. de Herod. mal. 33 Anführer der Thebaner bei den Thermopylen (480 v. Chr.). **3.** Bei Thuk. 8,100,3 Feldherr im pelop. Krieg. **4.** Lakedaimonier, Feldherr gegen die verbündeten Thebaner und Argiver 351 v. Chr. (Diod. 16,39,6). W. S.

Anaxarchos v. Abdera. Sophist, *ἀκμή* um 340–337 (vgl. Diog. Laert. 9,58); Beiname *ὁ εὐδαιμονικός*. Er stand in der Nachfolge des → Demokritos, aber mit skeptischen Tendenzen; er wurde der Lehrer Pyrrhons von Elis, begleitete Alexander d. Gr. auf seinem Zuge; die Alexander-Biographie (Hermipp. bei Plut. Alex. 28 und 52) bewahrte mehrere *ἀποφθέγματα* des A. Ein Fragment seiner Schrift *περὶ βασιλείας* ist erhalten bei Clemens Al. Strom. 1,36. H. D.

Sammlung aller Zeugnisse: *Diels-Kranz* Vorsokr. Nr. 72.

Anaxibios (*Ἀναξίβιος*). Ein Spartaner, der als Nauarch im J. 400 v. Chr. bei Byzantion befehligte, als die »Zehntausend« in Bithynien eintrafen (Xen. an. 5,1,4.6. 6,1,16. 7,1,2 f. 10 f. 20). Ende 400 abberufen (Xen. an. 7,2,5.7 f.), dann Ende 389 als Harmost nach Abydos geschickt (Xen. hell. 4,8,32 f.), war er dort für Sparta erfolgreich tätig und fiel in den Kämpfen mit dem Athener Iphikrates (Xen. hell. 4,8,34 ff. Plut. apopth. Lac. 219 C. Polyain. 3,9,33.34. Frontin. 1,4,7. 2,5,42). W. S.

Anaxidamos (*Ἀναξίδαμος*). **1.** König der Lakedaimonier zusammen mit → Anaxandros zur Zeit des 2. messen. Krieges (Paus. 3,7,6. 4,15,3). **2.** Führer der Achaier unter Philopoimen in der Entscheidungsschlacht gegen den spartanischen Tyrannen Machanidas (Pol. 11,18,1). **3.** Achaiischer Gesandter in Rom in den J. 164 und 156 (Pol. 31,6,1. 33,3,2). W. S.

Anaxilaos (dor. *Ἀναξίλας*). Einer nach dem 2. Messen. Krieg Ende des 7. Jh. von Messenien nach Rhegion ausgewanderten Familie entstammend (F. Kiechle Messen. Studien, Kallmünz 1959, 119 ff.), stürzte 494 dort die oligarchische Herrschaft der 1000 reichsten Bürger (Aristot. frg. 611,55; pol. 6,1316 a 38) und errichtete eine persönliche Herrschaft. Bald danach veranlaßte er vor den Persern geflüchtete und von den Zanklaiern eingeladene Samier und Milesier, sich Zankles zu bemächtigen. Als sich diese jedoch an die Tyrannen von Syrakus anschlossen, eroberte A. bald nach 490 Zankle, gab ihm nach seiner einstigen Heimat den Namen Messene und siedelte dort *ξύμμεικτοι ἄνθρωποι* an, zu welchen Messenier das Hauptkontingent stellten, die eben nach einem mißglückten Aufstand unter Aristomenes gegen Sparta ausgewandert waren (Hdt. 6,23. Thuk. 6,4,6. Diod. 15,66,5. E. Robinson, JHS 66, 1946, 13 ff. Kiechle a.O. 109 ff.). A. beherrschte diese Stadt und Rhegion fortan in einer Art Personalunion. Gegen die Übermacht der Tyrannen Gelon von Syrakus und Theron von Akragas suchte er Anlehnung an Karthago (Hdt. 7,165).

Nach dessen Niederlage am Himerafluß 480 mußte sich A. den Tyrannen Gelon und Hieron I. von Syrakus unterordnen. Als er 476 starb, übernahm sein Vertrauter Mikythos für seine minderjährigen Söhne die Regierung (Diod. 11,48); 467 übergab er ihnen die Herrschaft, doch wurden sie bereits 461 gestürzt (Diod. 11,76). Fr. Kie.

G. Vallet Rhégion et Zancle, Paris 1958, 335–377.

Anaxilas. Dichter der Mittleren Komödie (der Name athenisch: IG I^2 929,112.142), verspottete in 3 Stücken Platon; frg. 9 spielt auf ein Wort des Demosthenes vom J. 342 an. 20 Titel, 40 Fragmente; das größte (22) vergleicht einzelne mit Namen genannte Hetären mit mythischen Ungeheuern. 27 klagt über neue Musik. Einige Titel sind A. mit Anaxandrides gemeinsam; die Namen wurden leicht verwechselt. W. K.

Anaximandros. Sohn des Praxiades, von Milet, * um 610/09, † um 547/46, war Schüler und Nachfolger des → Thales. Er war der erste, der eine die Natur erklärende Prosaschrift verfaßte (*περὶ φύσιος*? frg. A 7); er soll die Sonnenuhr erfunden (frg. A 1), eine Land und See darstellende Karte entworfen und ein Modell der Himmelskugel entworfen haben (frg. A 1,2,6). Den Urstoff, der allem zugrunde liegt, nannte er das *ἄπειρον*, was man (nach frg. 9a aus Theophrast) als nach Masse und Qualität unbestimmt verstehen muß: *φύσις ἀόριστος καὶ κατ' εἶδος καὶ κατὰ μέγεθος*. Für diesen konkreter Existenz vorausliegenden Urstoff gebraucht A. als erster den Terminus *ἄπειρον*. Dies prae-existente, alle Möglichkeiten enthaltende *ἄπειρον* ist unvergänglich; was sich aus ihm realisiert, muß wieder vergehen, d.h. in das *ἄπειρον* zurücksinken »nach der Notwendigkeit« (frg. B 1). Es liegt *ἀδικία* = Unrecht darin, daß das Entstehende eine der vielen Möglichkeiten wahrnahm; dafür zahlt es gerechterweise Strafe durch seinen Untergang (frg. B 1, grundlegende Interpretation von H. Fränkel). Folgerichtig können viele Welten entstehen, die wieder vergehen müssen. – A. beschäftigte sich mit Abständen, Größe und Bahn der Gestirne (frg. A 11, 18,19). Die Erde sah er als erster nicht als Scheibe an, sondern als Zylinder, auf deren oberer Kreisfläche sich die *οἰκουμένη* befindet. A.s fruchtbarster Gedanke war die Scheidung zwischen latenter Potentialität und geprägter Aktualität des Seins. Biographisches: Diog. Laert. 2,2 auf Grund der Chronologie Apollodors; vgl. F. Jacoby Apollodors Chron. 189ff. H. D.

Fragmente: *Diels* Vorsokr. I^6 Nr. 12 (ein Satz wörtlich erhalten). Grundlegend: *H. Fränkel* Wege und Formen 1960, 186–190. *P. Seligman* The apeiron of Anaximander.

Anaximenes 1. Sohn des Eurystratos von Milet; † 528–525 (*ἀκμή* 546/45), wahrscheinlich Schüler des Anaximandros. Wie dieser, suchte er die Verschiedenheiten der Elemente aus einem mittleren Stoff herzuleiten. So setzte er die Luft als Urstoff an (an Stelle des nicht-konkreten *ἄπειρον* Anaximandros') und erklärt die übrigen Elemente aus der Verdünnung der Luft (*μάνωσις*, *ἀραίωσις*) – so das Feuer – oder aus ihrer Verdichtung (*πύκνωσις*) – so Wasser und Erde. Da nach alter Vorstellung auch die Seele ein Lufthauch ist, gewann A. als erster einen Ansatz für die Parallel-Stellung von Mensch und Kosmos: Wie die Seele den Menschen regiert und zusammenhält, so umfängt die Luft die ganze Welt (frg. B 2). Wie seine Vorgänger versuchte er die Himmelserscheinungen von dieser Grund-Ansicht aus zu erklären; er hält an der Vorstellung der Erde als Scheibe fest. H. D.

Biographisches: *Diog. Laert.* 2,3 (auf Grund der Chronologie des Apollodoros).

Fragmente: *Diels* Vorsokr. I^6 Nr. 13.

2. Aus Lampsakos (*ὁ Λαμψακηνός, ὁ ῥήτωρ*) wirkte zu Ende des 4. Jh. v. Chr. Viele Anekdoten verbinden ihn mit Alexander d. Gr. und Philipp. Diesen widmete er je ein Geschichtswerk, ein drittes der früheren Geschichte, im »Trikaranos« griff er unter dem Namen des Rivalen Theopompos Athen, Sparta, Theben an (FGrH II A 112ff. Nr. 72, dazu Komm. C 105ff. Vgl. [3] 244f.). Aus A.s »Philippika« stammt wohl Ps. Demosth. Or. 11, die dort mit fast gleichen Worten stand (Didymos de Demosth. col. 11,10ff. Dazu [1], 1ff. [3], 245, anders [2], 198ff.). Ob das auch für Philipps Brief ebd. Or. 12 gilt, ist umstritten ([1], 13ff. [2], 204. [3], 245,11). Über A. als Rhetor ist direkt wenig bezeugt. Nach Victorius gilt er jedoch heute zumeist als Vf. von Ps. Aristot. rhet. Alex., da die von Quint. inst. 3,4,9 zitierte Lehre A.s dort dem Satz 2,1421 b 7ff., genau entspricht, wenn man in ihm zwei Stellen korrigiert (Protest gegen die Korrektur und gegen A. als Vf. [2], 189ff.). K. St.

1. *Paul Wendland* A. von Lampsakos, 1905. 2. *Vinzenz Buchheit* Untersuchungen zur Theorie des Genos epideiktikon von Gorg. bis Aristot., 1960. 3. *Lionel Pearson* The lost histories of Alexander the Great, Phil. Monographs publ. by the Am. Phil. Ass. 20, 1960.

Anaxippos. Dichter der Neuen Komödie, blühte in der Zeit von 307/06 bis 286/85 (Suda). Erhalten 4 Titel, 7 Fragmente (frg. 4 gegen die Philosophen), dazu ein weiterer, wenn Ath. 9,403e statt des sonst unbekannten Anthippos A. zu lesen ist, mit einem großen Fragment, in dem eine physiologisch und psychologisch fundierte Theorie der Kochkunst verkündet wird. Doch s. Deubner, H 67,168. W. K.

Ἀναξυρίδες (der Name persischen Ursprungs), lat. *bracae* (kelt.), Hosen, den Alten als Bekleidung ö. und n. Barbaren bekannt. Römer tragen *ἀ.* auf Feldzügen im N. (Traianssäule), in Italien nur selten. In der Bildkunst werden durch *ἀ.* Orientalen (Perser, Parther, Troer, auch Amazonen usw.) sowie Kelten, Germanen und Daker gekennzeichnet. W. H. G.

Anazarba. Ort Kilikiens (*Ἀνάζαρβα*, Anazarbus) am mittleren Pyramos (h. Djihan), so genannt nach einem benachbarten Berg (Steph. Byz.), das h. Anavarza (auch in der Form Aïn Sarba). Von Augustus (19 v. Chr.) zur Stadt erhoben (Münzen), erhielt A. die Bezeichnung *Καισάρεια πρὸς Ἀναζάρβῳ* (Ptol. 5,7,7 M.; ähnlich Plin. nat. 5,93) bzw., nach den röm. Itin. (K. MILLER Itin. Rom. S. 766 mit Skizze Nr. 219, S. 666) Caesarea ad Anazarbum. A. erreichte an Macht fast Tarsos, wurde im 6. Jh. n. Chr. durch ein Erdbeben zerstört, von Justinian (als Iustinianopolis) wieder aufgebaut und in byz. Zeit Grenzfeste. – Vgl. Gr. Hist. Weltatl. I 43a. Andrees Allg. Handatl. 152: Vorderasien. H.T.

Ancharius. Seltener Familienname (SCHULZE Eigennamen 122). **1.** Q. A., wohl Sohn des Senators (Praetor um 88) Q. A., der 87 auf Befehl des Marius getötet wurde. Legatus 73–72, Quaestor und Proquaestor in Macedonien um 65 (?, vgl. BROUGHTON Mag. 2,474.480). 59 vertrat er als Volkstribun und Gegner Caesars die Interessen der Optimaten. 56 Praetor und 55–54 Proconsul in Macedonia; Empfehlungsbrief Cic. fam. 13,40 an ihn, Name auf Ehreninschriften in Olympia und Gytheion. **2.** C. A. Rufus aus Fulginiae (Umbrien), Ankläger des L. Varenus um 80 v. Chr. RE VIII A 374. **3.** A. Priscus, Ankläger des Caesius Cordus 21 n. Chr. Tac. ann. 3,38,1.70,1. **4.** Ancharia, 1. Frau des C. Octavius, Mutter der älteren Octavia. H. G. G.

Anchemolus. Nach Verg. Aen. 10,389 ein Führer der Rutuler, von → Pallas getötet. Die Sage, auf die Verg. anspielt, wird von Serv. bzw. Serv. auct. nach Avien (aus dessen iamb. Livius-Bearbeitung) und Alex. Polyh. erzählt: Er ist Sohn des → Rhoetus, verführte seine Stiefmutter und floh zu Turnus' Vater Daunus. Als Vorbild gilt Hom. Il. 9,447 ff. W. E.

Anchiale (*Ἀγχιάλη*) **1.** Kret. Nymphe, Mutter der idäischen → Daktylen Tities und Kyllenos, Apoll. Rhod. 1,1129 ff. In den Wehen ergreift sie mit beiden Händen die »oiaxische« Erde. Dazu stimmt, daß sie nach Steph. Byz. als Geliebte Apollons den Oaxes gebar, den Gründer der kret. Stadt Oaxos. Serv. Verg. ecl. 1,66. H. v. G.

2. (Häufiger, besonders auch auf Inschriften *Ἀγχίαλος*). Kleine griech. Stadt an der w. Pontosküste (h. Pomorije), gegründet u. abhängig von Apollonia. Wichtig wegen der Salinen in seiner Nähe. In der röm. Kaiserzeit blühend. DANOFF Zapadnijat brjag na Cerno more w drewnostta (bulg.). Die w. Schwarzmeerküste im Altert. 122 ff. 132 ff. Streitobjekt zwischen Apollonia u. Mesambria.

D. Pippidi u. *Em. Popescu*, Studii Clasice 2, 1960, 203–224. Chr. D.

3. Stadt in Kilikien zwischen Tarsos und Soloi (Arr. an. 2,5,2), zwischen dem Vorgebirge Zephyrion und der Mündung des Kydnos (Strab. 14,672). Arr. a. O. hat nur noch ihre Überreste gesehen und aus ihrer Umfassungsmauer und den Fundamenten auf ihre frühere Größe geschlossen. Angeblich war A. eine Gründung Sardanapals, dessen Grab hier gezeigt wurde. Die Lage von A. ist nicht gesichert. W. S.

Anchimolos (*Ἀγχίμολος*). Vornehmer Spartaner, der 511 die Tyrannis des Hippias beseitigen sollte. Bei Phaleron gelandet, erlag er jedoch den Hippias zu Hilfe geeilten 1000 thessalischen Reitern in dem vom Tyrannen für ein Reitergefecht eigens präparierten Gelände zwischen Athen und Phaleron. A. selbst fiel, der Rest seiner Spartaner ging auf die Schiffe zurück. Hdt. 5,63. Aristot. Ath. pol. 19. Fr. Kie.

Anchises (*Ἀγχίσης, Anchisa*). Troerfürst in der Gegend von Dardanos, Sohn des Kapys und der Themis, Vater der Hippodameia und des Aineias. Stammbaum Hom. Il. 20,208 ff. A. und Priamos sind Vettern 2. Grades, und die beiden Familien stehen sich nicht ohne Eifersucht gegenüber. Zeus weckt die Liebe der Aphrodite zu A. Sie gebietet ihm aber, ihren Namen allen Menschen zu verschweigen. Er übertritt das Gebot und wird zur Strafe gelähmt (nach anderen geblendet oder vom Blitz getroffen). Aineias trägt seinen Vater aus dem brennenden Troia. A. stirbt in Drepanon (Sizilien), wird mit Leichenspielen und einem Heroon auf dem Eryx geehrt, führt später den Sohn durch die Unterwelt. Hom. h. 4. Verg. Aen. 3–6. Sein Grab suchte man, durch Namensanklänge veranlaßt, in Makedonien, Epeiros, Thessalien, Arkadien, Latium. Der Mythos von A. fällt in den Bereich der Großen Mutter Kleinasiens. H. v. G.

Anchusa. Die *ἄγχουσα* des Aristoph., Theophr., Diosk., Plin. usw. ist die um das Mittelländ. und Schwarze Meer verbreitete, wegen des Alizaringehalts der Wurzel schon in der Antike allgemein zum Rotfärben und bes. Schminken (*ἀγχουσίζεσθαι*), auch als Heilpflanze viel verwendete Boraginacee Alkanna tinctoria (L.) Tausch; gr. *κύπρος* (Diosk., Plin. u. a.), arab. al Kanna die strauchige Lythracee Lawsonia inermis, schon in der Antike in Äg. aus Indien eingeführt zum Rotfärben von Nägeln, Haaren, Mumienbinden usw. Die heutige Gattung Anchusa L. umfaßt, nach Ausschluß von Alkanna u. a., die Ochsenzungen, gr. *βούγλωσσον*. H.G.

Ancile. Ovaler Schild, der auf beiden Seiten fast wie eine Acht eingeschnitten war (**am(bi)-caid-sli*» auf beiden Seiten eingeschnitten« WALDE-HOF.³ 45). Diese Art von Schilden gehört zur ältesten ital. Bewaffnung (vgl. Iuno von Lanuvium). Die Sage ist in 2 Hauptversionen überliefert: a) Ein Schild sei dem König Numa vom Himmel herabgeschwebt. Da er darin ein *pignus imperii* erkannte, ließ er von → Mamurius Veturius 11 andere nachmachen, damit der echte vor Dieben sicher sei. b) Alle 12 Schilde kamen vom Himmel. – Aufbewahrt wurden sie in der regia. Sie und die ebenfalls dort liegende Lanze bewegte der ausziehende Feldherr mit dem Ruf: »*Mars vigila!*« Wenn sich die Waffen von selbst bewegten, war das ein schlimmes Vorzeichen. Die *ancilia* gehörten zur Tracht der → Salier. Die Festtage im März und Oktober, an denen sie durch die Stadt getragen wurden, galten als *dies religiosi;* es durfte kein Feldzug begonnen und keine Ehe geschlossen werden. Die Ausdrücke *ancilia movere* und *a. condere* deuten darauf hin, daß die Zeremonien ursprüngl. den Beginn und das Ende der für Feldzüge geeigneten Jahreszeit anzeigten (später wurde *a. condere* auch für das Zurückbringen in die regia im März verwendet). Die Zeremonie ist wie die Priesterschaft sehr alt. Fraglich ist nur, ab wann man die a. als *pignus imperii* verstand. Da alle ausführlicher berichtenden Schriftsteller davon sprechen darf man dies in sehr früher Zeit annehmen. Abbildungen der a. erscheinen erstmals auf Münzen aus dem J. 17. W. E.

W. Helbig Mém. acad. inscr. 37,2, 1906, 214ff. *K. Groß* Neue dt. Forsch., Alte Gesch. 1, 1935, 97ff. *Habel* RE I 2112f. *F. Bömer* Ov. Fasten 2,160f. *Wissowa* Rel. ^{2}144.

Ancona (NISSEN It. Ldk. 2,416f. BELOCH RG 474.602). Hafenstadt (Skyl. 16) der 5. Reg. (Plin. nat. 3,111) an der adriat. Küste (Ptol.3,1,21), zu Beginn des 4. Jh. von Syrakusanern gegründet (Strab. 241. Plin. a.O.); Name – volksetym.? – nach der Form der Küste (Mela 2,64 *inflexi cubiti imagine;* Plin. a.O.). Münzen bis ca. 268 v. Chr. (HEAD HN^{2} 23), dann wohl röm. (weiterhin griech. Bevölkerungsteile: Sylloge^{3} 2,104) Aphroditekult (Mz. HEAD a.O. Catull. 36,13. Iuv. 4,40). Station der röm. Flotte im illyr. Krieg des J. 178 v. Chr. (Liv. 41,1,3). An den Ausbau des Hafens im J. 115 n. Chr. (CIL IX 5894) erinnert der Ehrenbogen für Trajan. Zu den nach A. führenden Straßen vgl. RADKE, RE VIII A 2559. G. R.

Ancora. Anker, wohl seit dem 7. Jh. an Stelle der Homer noch allein bekannten Senksteine (*εὐναί*) in Gebrauch. Erst aus Holz, dann aus Eisen, zunächst mit einer, dann mit zwei Schaufeln, hatten sie in klassischer Zeit verhältnismäßig geringes Gewicht (20–25 kg?), daher die Trieren meist zwei A. hatten, die »Alexandreia« des Hieron vier hölz. u. acht eiserne A. (Athen. 5,208 E). Römische A. sind schwerer. → Ancorale. W. H. G.

A. Köster Das antike Seewesen 1923, 182ff. *P. Stumpf,* RAChr I.

Ancorale. Das Ankertau (statt der jetzt üblichen Ankerkette; diese nur ausnahmsweise erwähnt: Arr. an. 2,21,6. Caes. Gall. 3,13,5. Strab. 4,4,1), wird nur bei Kriegsschiffen durch Klüsen (Öffnungen) geführt, bei Handelsschiffen direkt über das Vorderschiff. A. heißt auch das Bojereep (Tau), mittels dessen die aus Kork verfertigte Ankerboje am Ring des Ankerkreuzes befestigt war. W. H. G.

Ancus s. Marcius

Andania s. Nachträge am Schluß des Bandes

Andecavi. Ein Volksstamm in Gallia Lugdunensis (an der unteren Loire) mit dem Vorort Iuliomagus). Bei dem Aufstand der Gallier im J. 21 n. Chr. schlugen sie zusammen mit den Turoni zuerst los, wurden aber rasch überwältigt (Tac. ann. 3,41). Bei Caes. Gall. 2,35. 3,7. 7,4 heißen sie *Andes.* Iuliomagus ist das h. Angers sur Mayenne. W. S.

Ed. Desjardins Géogr. de la Gaule 2,483.

Andematunnum. Heute Langres (Dép. Haute Marne). Auf einem nach allen Seiten durch Steilhänge gesäumten Plateau gelegen, war A. sowohl als Hauptort der Lingonen wie auch als wichtiger Knotenpunkt der Straßen vom Atlantik nach Oberitalien und vom Mittelmeer zum Rhein, bald zu einer blühenden und bedeutenden Ansiedlung geworden. 298 n. Chr. von den Alamannen sehr bedrängt, wurde A., das in der Spätantike *Lingones* bzw. *civitas Lingonum* hieß, 407 n. Chr. von den Vandalen und 451 n. Chr. von den Hunnen unter Attila zerstört. H. C.

C. Jullian, HG 6,430. *H. Leclercq* Dict. Archéol. Liturg. s.v. Langres. Holder s.v. A.

Andernach s. Antunnacum

Andes (NISSEN It. Ldk. 2,203). Dorf in der Nähe von Mantua (3 mp; s.u.), Geburtsort Vergils (*in pago qui Andes dicitur* vit. Donat. p. 560,7, GÖTTE 1958. vit. Voss. 620, 1. vit. Noric. 630,16. vit. Gud. 2,648,2; *in pago Andensi in villa quae Andis dicitur* vit. Monac. 634,3; *vico Andico qui abest a Mantua m. p. III* vit. Probi 586,3); seit Dante, purg. 18,83 gleich dem Dorf Pietole (unbewiesen). G. R.

Andokides (*'Ανδοκίδης*). Att. Redner, Sohn des Leogoras aus Kydathen, aus vornehmer Familie. A., * um 440 v. Chr., wurde nach dem Hermokopidenfrevel mit seinen Angehörigen eingekerkert, und nur die Preisgabe von Schuldigen rettete ihn (vgl. Thuk. 6,60). Die Beschränkung der zugesicherten Straffreiheit trieb ihn ins Exil, aus dem er erst nach der Amnestie von 403 zurückkehrte. Zwei frühere Versuche heimzukehren (411 und um 407: 2. Rede), scheiterten. 399 verteidigte er sich erfolgreich gegen die Anklage des Religionsfrevels (1. Rede). Als er nach dem Korinthischen Krieg die Annahme der Friedensbedingungen empfahl (3. Rede), trug ihm das eine Klage *παραπρεσβείας* ein. Er entzog sich der Verurteilung durch erneutes Exil. Über den Rest seines Lebens ist nichts bekannt.

Die 3 Reden (eine 4. ist ziemlich plump gefälscht) sind nicht sehr kunstvoll, eher der Umgangssprache angenähert und kaum von sophistischer Rhet. beeinflußt. Er wurde deshalb in späterer Zeit nicht sonderlich hochgeschätzt. H. Gä.

Ta: *F. Blass–C. Fuhr,* Lpz. ^{4}1913. *G. Dalmeyda,* Paris 1930. *K.J. Maidment* Minor Attic Orators, London ^{2}1953, 1, 319ff. – Index: *L.L. Forman,* Oxford 1897. – Lit.: Burs. 133, 1907, 57ff. 1. *Blass* AttBereds. ^{2}1,280ff. 2. *R.C. Jebb* The Attic Orators, London 1876, 1,71ff. 3. *Erik Wolf* Griech. Rechtsdenken, Frankfurt 1956, 3,2,169ff. 4. *Sam. S. Kingsbury* A rhetorical study of the style of A., Diss. Baltimore 1899. 5. *Aug. Schroff* Zur Echtheitsfrage der 4. Rede des A., Diss. Erlangen 1901. 6. *A.E. Raubitschek,*

TAPhA 79, 1948, 191 ff. 7. *Vict. Martin*, MH 6, 1949, 127 ff. 8. *Umb. Albini*, AeR 3, 1958, 129 ff.

2. A., attischer Töpfer um 530 v. Chr. Aus seiner Werkstatt haben wir neben Gefäßen in der alten sf. Technik solche mit weiß aufgesetzten Figuren, solche rf. Technik und eigenartige Stücke, die sf. und rf. Bilder nebeneinander tragen. A. R.

Beazley Attic Red.-Fig. Vase-Painters, Oxford 1942, 1 ff.; *ders.* Attic Black-Fig. Vase-Painters, Oxford 1956, 253 f. 715.

Andrachle. Unter *ἀνδράχλη* oder *ἀνδράχνη* wurden nach Diosk. und Plin. 2 ganz verschiedene Mittelmeerpflanzen verstanden: die östliche Art des Erdbeerbaums Arbutus andrachne L. (im Gegensatz zur westl. A. unedo L., lat. *unedo*, neugr. *κουμαριά*, *ἀγριοκουμαριά* oder *ἀνδράκλα*, andererseits das kleine Gemüsekraut Portulaca oleracea. Linné übertrug den Namen auf die kleine Euphorbiacee Andrachne telephioides L. H. G.

Andragathius. *Mag. equitum*, Mörder Kaiser Gratians 383 (Ambros. in Ps. 61,23 ff. Zos. 4,35,6). 388 bereitete A. die Verteidigung des Usurpators Maximus gegen Theodosius vor und stellte sich selbst an die Spitze von Maximus' Flotte. Nach Theodosius' Sieg stürzte sich A. ins Meer (Oros. 7,35. Zos. 4,46 f.). A. L.

Stein Gesch. 1,202. 207.

Andraimon (*'Ανδραίμων*) **1.** Mythischer Gründerheros der Stadt Amphissa im ozol. Lokris, Paus. 10,38,5, Gemahl der Gorge und Nachfolger ihres Vaters → Oineus in Kalydon, Apollod. 1,64. 78. Nach Usener Stoffe des griech. Epos 26 eine Hypostase des Ares. Sein Sohn Thoas führt die Aitoler vor Troia, Hom. Il. 2,638. 7,168. **2.** Sohn des Oxylos, Gemahl der → Dryope, Anton. Lib. 32. Ov. met. 9,324 ff. **3.** Pylier, Gründerheros von Kolophon, Strab. 14,633 (Mimnermos). H. v. G.

'Ανδραποδιστής war derjenige, der einen anderen zum Sklaven (*ἀνδράποδον*) machte (Aristoph. Equ. 1030; Plut. 521; Lys. 1010). Diese Entführungsstraftat (*ἀνδραποδισμός*) umfaßte zwei verschiedene strafbare Handlungen. Die eine bestand darin, daß der Täter sich eines Freien durch Gewalt oder List (vgl. für diese Plat. leg. 9,879 A) bemächtigte, um ihn in die Sklaverei zu verkaufen (Freiheitsdelikt), die andere richtete sich gegen den Eigentümer eines Sklaven und bestand im Raub dieses Sklaven zwecks Verkaufs oder eigenen Gebrauchs (Vermögensdelikt). Der Tatbestand ist weiter bei Plat. leg.. 12,955 A (Freiheitsberaubung prozeßbeteiligter Personen). Das Verfahren war die *ἀπαγωγή*, die Strafe der Tod. E. B.

Andrasta (*'Ανδράστη*). Nur bei Cass. Dio 62, 6,2 und wohl auch 62,7,3 (Konjekt.) erwähnte britannische Siegesgöttin. W. E.

Andreus (*'Ανδρεύς*). Eponymer König der Insel Andros, von Rhadamanthys eingesetzt, Diod. 5,79, Sohn des Anios, Ov. met. 13,643 ff. Die Andrier stifteten ein Standbild von ihm in Panzer und Chlamys nach Delphoi, Paus. 10,13,4. s. RE Andros Nr. 5. H. v. G.

Andriaka. Von Ptol. 6,2,18 p. 89 N. genannte *κώμη* Mediens, unweit eines Ortes *'Ράψα*. Da dieser Platz nach den röm. Itin. (K. Miller Itin. Rom. S. 783 mit Skizze Nr. 253) an der Straße von Ekbatana nach Persepolis lag, darf an der gleichen Strecke auch die Position von A. angenommen werden, das mit Gulpaigan oder Kaidu identisch und über die Bedeutung eines Rastortes kaum hinausgekommen ist. Vgl. Andrees Allg. Handatl. S. 154–155. H. T.

Andrias, Statue. Die schon im späten Altertum (Bekker Anecd. 1,355) versuchte Scheidung: *ἄγαλμα* = Götterbild, *ἀνδριάς* = Menschenbild hält gegenüber inschriftlichen und literarischen Belegen nicht stand. *'Α. τέλειος* = lebensgroße Statue, *ἀ. γυναικεῖος* = Frauenstatue, *ἀνδριαντίδιον* u. *ἀνδριαντίσκος* = Statuette. A. R.

BCH 54, 1930, 97 f. *(Andiat)*.

Andriskos 1. A. (Pseudophilippos), Gerber aus Adramyttion, gab sich seit 151, zunächst erfolglos, als Philippos, Sohn des Makedonenkönigs Perseus aus, drang 149 von Thrakien aus in Makedonien ein, siegte am Strymon, wurde in Pella König, schlug den Praetor P. Iuventius und knüpfte während seiner einjährigen harten Herrschaft Verbindungen mit Karthago an. 148 wurde er von Q. Caecilius Metellus überwältigt, floh nach Thrakien und wurde ausgeliefert. Sein Auftreten war für Rom der Anlaß, Makedonien als Provinz zu organisieren. Liv. per. 49 f. Diod. 32,9.15 u. a. Bengtson GG[2] 490. **2.** Mehrere Personen in Tauromenion im 3. Jh. v. Chr. **3.** A., Verfasser einer Lokalgeschichte von Naxos (*Ναξιακά*), wohl 3. Jh. v. Chr. FHG 4, 302–304. RE XVI 2094. H. G. G.

Androclus. Ein entlaufener Sklave eines röm. Konsuls, der durch einen Löwen, dem er einen Dorn aus dem Fuß gezogen hatte, vom Tode errettet wurde (vgl. Apion bei Gell. 5,14. Ail. nat. 7,48. Sen. benef. 2,19,1). W. S.

Androgeos (*'Ανδρόγεως*). Sohn des Kreterkönigs Minos und der Pasiphae. Erster Sieger in den ersten Panathenaien, fand er auf dem Wege nach Theben auf att. Gebiet durch die von ihm besiegten Kämpfer den Tod, oder Aigeus ließ ihn wegen seiner Beziehungen zu den Söhnen des Pallas beseitigen oder schickte ihn gegen den marathon. Stier, der ihn tötete, Apollod. 2,5,9. 3,1,2; 15,7. Paus. 1,27,10. Plut. Thes. 15. Es folgte der Rachezug des Minos, der zu dem bekannten Menschentribut führte. Kulte in Attika: Altar im Phaleron als *κατὰ πρύμναν ἥρως*, Paus. 1,1,4. Clem. Alex. Protrept. 26 a, *ἀγὼν ἐπιτάφιος* im Kerameikos unter dem Namen Eurygyes, die Androgeonia. Asklepios erweckte den toten A. zum Leben, Prop. 2,1,64. Daidalos stellte den Tod des A. an den Türen des Apollontempels in Cumae dar, Verg. Aen. 6,20. H. v. G.

Androkleidas (Ἀνδροκλείδας). Prominenter antispartanischer Politiker Thebens. Er gehörte zu jenen, die 395 von Persien Bestechungsgelder erhielten (Xen. hell. 3,5,1). Als der Spartaner Phoibidas 382 die Kadmeia besetzte, floh A. nach Athen (Xen. hell. 5,2,31), wurde jedoch dort auf Anstiften der theban. Oligarchen ermordet (Plut. Pelop. 6. W. JUDEICH, RhM 76,1927,172f.). Fr. Kie.
A. Schäfer Die Berichte Xen., Plut. und Diod. über die Besetzung und Befreiung Thebens. Diss. München 1930.

Androkles (Ἀνδροκλῆς). **1.** In der dieses Ereignis von der Ermordung des Teleklos trennenden sekundären Version über den Ausbruch des 1. Messen. Krieges damals zusammen mit seinem Bruder Antiochos König der Messenier (Paus. 4, 4,4), soll A. für die Erfüllung der spartan. Forderungen eingetreten sein. In der von Paus. (4,5,7) übernommenen Darstellung wird A. deshalb im Streit mit Antiochos samt seinen Anhängern erschlagen, worauf seine Tochter und seine Enkelkinder zu den Spartanern fliehen und von diesen nach ihrem Sieg den Distrikt Hyamia als Fürstentum erhalten (Paus. 4,14,3). In Wirklichkeit hatten diese vielleicht dort die Herrschaft des alten Geschlechtes der Androkliden (J. TOEPFFER Attische Genealogie, 1889, 247) bestehen lassen. Die messen. Vulgata berichtete nämlich von Heldentaten eines A. (Nr. 2) noch im 2. Messen. Krieg. F. JACOBY, FGrH III a 129f. (Komm. ad Nr. 265). **2.** Nach der Tradition der Messenier einer ihrer Helden im Tyrtaioskrieg (Paus. 4,17,9), nach der von Paus. (4,16,2) übernommenen Lokalgeschichte ein Enkel des Vorigen. **3.** Athen. Demagoge in der 2. Hälfte des Peloponnes. Krieges (Aristoph. Vesp. 1187), erbitterter Gegner des Alkibiades, den nicht zuletzt er im Hermokopidenprozeß zu Fall brachte (Andok. 1,27. Plut. Alk. 19). Als er später dessen Rückkehr zu verhindern versuchte, wurde er ermordet (Thuk. 8,65). Fr. Kie.

Androklos (Ἄνδροκλος). **1.** Sohn des Königs Kodros von Athen. Nach Pherekydes (FGrH 3 F 155) der Führer des von dort nach Ionien gehenden Kolonistenzuges – welche Rolle freilich schon bei Hellanikos (FGrH 4 F 125) der Kodrossohn Neleus spielt – und Gründer von Ephesos. Von den Lelegern und Lydern, die A. von dort vertrieben haben soll, ließen sich keine archäologischen Spuren finden. Dennoch besitzt vielleicht ein Teil der um ihn gewobenen Mythen einen historischen Kern. Er soll gegen die Samier und Karer gekämpft haben und bei der Sicherung Prienes als ionische Kolonie gefallen sein (Paus. 7,2,9). Vielleicht hieß das Königsgeschlecht in Ephesos »Androkliden«. Fr. Kie.
Th. Lenschau, Klio 36, 1944, 203f. *C. Roebuck*, ClPh 50, 1955, 26ff. *J. M. Cook* Greek Settlement in... Asia Minor (CAH 2²,38, 1961) 17.

Ἀνδροληψία war im att. Recht eine vom Gesetz (Demosth. 23,82) den Verwandten eines auf athenischem Staatsgebiet ermordeten Atheners eingeräumte Selbsthilfebefugnis: sie konnten, solange sich der Blutschuldige dem Zugriff der Angehörigen des Getöteten entzog, aus dessen Angehörigen drei Geiseln greifen. Über deren Schicksal ist nichts bekannt. Ungerechtfertigte Ausübung der ἀ. wurde bestraft. E. B.
E. Ruschenbusch Hist. 9,141 f.

Andromache (Ἀνδρομάχη). Tochter des Kilikerkönigs Eetion im hypoplakischen Theben, Gemahlin Hektors, Mutter des Astyanax (Skamandrios), Hom. Il. 6,395ff. Nachdem Achill ihren Vater und ihre 7 Brüder getötet hat und ihre Mutter gestorben ist, fühlt sie sich ganz auf Hektors Liebe angewiesen. Rührend sind ihr Gespräch mit ihm, a. O. 370ff., ihre Klagen um ihn, 22,477ff. 24,725ff. Sappho frg. 55 D verherrlicht die Hochzeit von A. und Hektor. Nach dem grausamen Ende ihres Sohnes Astyanax muß sie Neoptolemos nach Phthia oder ins Molosserland folgen, wo sie ihm Molossos, den Stammvater der späteren moloss. (epeirot.) Könige gebiert, Iliupersis. Kl. Ilias. Apollod. epit. 5,23. Den Konflikt zwischen A. und Hermione, der eifersüchtigen, kinderlosen Gattin des Neoptolemos, schildert Eur.' Drama A. Nach Neoptolemos' Tode heiratet sie ihren Schwager Helenos, sie gründen Buthroton in Epeiros, wo Aineias sie trifft, Verg. Aen. 3,294ff. Nach Helenos' Tode lebt sie in Pergamos, wo sie ein Heroon besitzt. AAWW 84, 1947, 99. H. v. G.

Andromeda (Ἀνδρομέδα, -η). Tochter des Aithiopenkönigs Kepheus. Ihre Mutter Kassiepeia rühmte sich, schöner zu sein als die Nereiden. Um diesen Schimpf zu strafen, ließ Poseidon eine Überschwemmung und ein Seeungeheuer über Kepheus' Land kommen. Das Orakel des Ammon versprach Befreiung von diesen Plagen, wenn A. dem κῆτος vorgeworfen werde, und Kepheus läßt sie, wenn auch widerstrebend, an einen Felsen am Meeresstrande fesseln. Sie wird durch → Perseus befreit. Das Drama A. des Eur. behandelte den Konflikt, daß A. und Perseus sich lieben. Kepheus aber ihm die Tochter nicht geben will. Phineus sucht angeblich ältere Ansprüche an sie mit Gewalt geltend zu machen. Später leben Perseus und A. in Argos. Durch einen ihrer Söhne, Elektryon, werden sie Ahnen des Herakles. Der Mythos von ihrer Verstirnung (→ Sternbilder) kam schon im 5. Jh. auf. Apollod. 2,4,3. Eratosth. katast. 16f. Hyg. fab. 64. Ov. met. 4,665ff. Über märchenhafte und vorgriech. Züge AAWW 87, 1950, 139ff. Bildliche Darstellungen RE I 2157. H. v. G.

Andron (Ἄνδρων). **1.** Sohn d. Androtion, aus Athen, im Umgang mit Hippias und anderen Sophisten gebildet (Plat. Prot. 315b; Gorg. 487b), nahm an der Regierung der »Vierhundert« teil und trat als Ankläger des Antiphon auf (vit. X orat. Antiph. 24). Nach Demosth. 22,33.56.68.24,125 war er lange als Staatsschuldner in Haft.
Kirchner RE I 1259.

2. A. von Halikarnass, schrieb im 4. Jh. v. Chr. *Συγγενικά*, in denen er die genealogischen Beziehungen zwischen den griech. Stämmen und Städten behandelte. FHG 349–352. FGrH 10. W. S.

3. Griech. Geograph. Sohn des Kabeles aus Teos, Offizier unter Alexander d. Gr. (Arr. Ind. 18,8). Er ist Vf. eines Periplus des Schwarzen Meeres, von dem drei Fragmente erhalten sind (FGrH 802). H. Gä.

'Ανδρών. Der Hauptraum eines griech. Herrenhauses, seit klassischer Zeit der Raum für Mahlzeiten und Symposien. Größere Häuser hatten deren mehrere. Nach den wohl aus hellenistischen Quellen geschöpften Angaben Vitruvs (6,7,3: *oecus*) sollen die a. quadratisch sein, ausreichend Platz für 4 Triklinien bieten und an der Nordseite des Peristyls liegen. Die Römer nennen a. einen Gang im Hause (Vitr. 6,7,5. Plin. epist. 2,17,22). → Haus. W. H. G.

D. M. Robinson Excavations at Olynthos 12: Domestic and Public Architecture, 1946.

Andronikos v. Rhodos. Schulhaupt des Peripatos um 70 v. Chr. an der Erneuerung des Peripatos entscheidend beteiligt. Sein besonderes Interesse galt der Logik; mit ihr sollte das Studium des Aristoteles beginnen. Gestützt auf die soeben wieder entdeckten Lehrschriften des Aristoteles scheint A. dem philosophischen Unterricht eine feste Form gegeben zu haben (Elias in Arist. Categ. 117,20ff. und 118,20ff.). Zugleich ist A. der erste in der Reihe der Aristoteles-Kommentatoren; die Notizen über seine Erklärer-Tätigkeit sind gesammelt von P. Moraux 235ff. Ihm lagen die Schriften des Aristoteles im bis heute erhaltenen Umfange vor. A. wirkte als Sammler und Herausgeber der aristotel. Schriften (vgl. Plutarch Sulla 26). Ob er mit der Wiederentdeckung der Lehrschriften in Zusammenhang gebracht werden darf (vgl. Strab. 13,609) bleibt ganz unsicher; seinen Anteil an den erhaltenen Listen von Werken des Aristoteles hat P. Moraux (z. T. gegen V. Rose) klar präzisiert. P. Moraux Les listes anciennes des ouvrages d'Aristote, Löwen 1951.

Das Werk *περὶ ἀρχῶν*, dem A. zugeschrieben, ist in das 2. Jh. n. Chr. zu setzen (hrsg. in den Diss. von Kreuttner, Heidelberg 1884 und Schuchhardt Darmstadt 1883). Eine dem A. zugeschriebene Paraphrase der nikomachischen Ethik ist Fälschung des 16. Jh. L. Cohn, BphW. 1889, 1419. H. D.

Andronikos (*'Ανδρόνικος*). **1.** Aus Olynthos, hatte die gesamten Feldzüge Alexanders d. Gr. mitgemacht (Diod. 19,61,6), war im J. 315 Feldherr des Antigonos von Tyros (Diod. 19,59,2) und 314 Berater des jüngeren Demetrios. In der unglücklichen Schlacht bei Gaza befehligte er den rechten Flügel und hielt nach der Schlacht Tyros, wurde aber von dort von den meuternden Soldaten vertrieben und fiel dem Ptolemaios in die Hände, der ihn beschenkte und unter seine Freunde aufnahm (Diod. 19,86,1.2).

Wilcken RE I 2163.

2. A., von Antiochos IV. Epiphanes, nach dessen Regierungsantritt im J. 175 v. Chr., als Mörder des Sohnes des Seleukos IV. gedungen (Diod. 30,7, 2). Als Antiochos im J. 171 gegen die aufständischen Tarsener und Malloten zu Felde zog, blieb A. als sein Stellvertreter in Antiochia zurück, wo der Hohepriester Menelaos, der den Führer der altgläubigen Partei Onias beseitigen wollte, durch Bestechung A. veranlaßte, Onias zu ermorden. A. wurde aber von dem zurückkehrenden Antiochos mit dem Tode bestraft (Makk. 2,30–38).

Wilcken RE I 2162.

3. A., Leibwächter des Königs Perseus, der nach der Schlacht bei Pydna (168 v. Chr.) von Perseus den Befehl erhielt, die Schiffswerften in Thessalonike anzuzünden, aber den Befehl nicht ausführte und dafür von Perseus, als dieser wieder Mut gefaßt hatte, getötet wurde, um den Mitwisser seiner Schwäche zu beseitigen (Diod. 30,11. Liv. 44,10, 1–4. App. Mak. 16).

Wilcken RE I 2163.

4. A., aus Constantinopel, Schüler u. Freund des Libanios, durch seine rhetorischen Leistungen dem Hofe empfohlen, um 359 n. Chr. zum Consularis Phoenices ernannt. Er zeichnete sich durch besondere Tüchtigkeit und durch Unbestechlichkeit aus. Als bald nach seiner Rückberufung in Constantinopel der Aufstand des Procopius ausbrach (365), ernannte ihn dieser zuerst zum Consularis Bithyniae, dann zum Vicarius Thraciarum. Nach dem Siege des Valens (366) wurde er hingerichtet. W. S.

Seeck RE I 2163

Androphagoi (*'Ανδροφάγοι*). Nach Hdt. 4,18 ein Volksstamm n. von den ackerbauenden Skythen, 10–14 Tagesfahrten von der Mündung des Borysthenes entfernt. Hdt. nennt sie 4,106 die wildesten aller Menschen, die keine Gesetze kennen, Nomaden seien und eine eigene Sprache haben. Er bildet den Ausgangspunkt der Behauptungen von menschenfressenden Stämmen. W. S.

Andros s. Nachträge am Schluß des Bandes

Androsthenes (*'Ανδροσθένης*). **1.** Arkader aus Mainalos, mehrfacher Olympiasieger im Pankration (1. Sieg 420, s. Thuk. 5,49. Paus. 6,6,1). **2.** Makedonischer Kommandant von Korinth 198 bis 197. Er wurde 197 vom Achaiischen Bund geschlagen, vermochte aber die Stadt zu halten (Liv. 33,14–15). **3.** Stratege des thessalischen Bundes im J. 48. Er sympathisierte mit Pompeius und verwehrte nach dessen Sieg bei Dyrrhachion Caesar die kampflose Besetzung von Gomphoi, wo Pompeius reiche Materiallager hatte (Caes. civ. 3,80). **4.** Aus Thasos (Arrian), aber in Amphipolis ansässig, nahm er als Trierarch an der Flottenfahrt Nearchs teil (Strab. 16,765). Wohl noch 324 sandte ihn Alexander zur Erforschung der arabischen Küste aus, wobei er zur Insel Tylos gelangte. Fragmente eines Werkes *Παράπλους τῆς Ἰνδικῆς* (Athen. 3,93b), vor allem bei Theophrast (c. plant. 2.5,5) und Eratosthenes zitiert, deuten auf vorwiegend naturwissenschaftliche Interessen. G. W.

H. Berve Alexanderreich 2,40.

Androtion (Ἀνδροτίων), PA 1,915. Gemäßigter Demokrat, Schüler des Isokrates, begann seine politische Laufbahn um 387, war vor dem Bundesgenossenkrieg Gesandter Athens bei Maussolos und hatte dann 356/55 ein militärisches Kommando inne. 355/54 war er Ratsherr und Mitglied eines Zehnmännerausschusses, der einen Krieg gegen Persien vorbereiten sollte. Als dann die Friedenspartei um Eubulos die Oberhand erhielt, wurde gegen A. 354/53 eine *γραφὴ παρανόμων* erhoben, bei der Demosthenes die Anklagerede schrieb. Doch wurde A. freigesprochen. Seine um 343 erschienene Atthis wurde viel gelesen und war eine Hauptquelle für Aristot. Ath. Pol. und für Philochoros (R. WERNER Athenaeum N. S. 36, 1958, 56.58). In ihr wurde Theseus zum Begründer der gemäßigten Demokratie erklärt (E. RUSCHENBUSCH, Hist. 7, 1958, 414 f.). Fr. Kie.

F. Jacoby Atthis, 1949, 95 ff. 103 ff.

Anemoi s. Winddämonen

Anemone. Die *ἀνεμώνη* des Theophr., Diosk., Plin., Ovid. usw. umfaßt die schon in der Antike in vielen Gartenformen gezogene Anemone coronaria L. und hortensis L. mit ihren Wildformen stellata, pavonina u. a. Der Name wird wie deutsch Windröschen damit erklärt, daß sich die zarten Blüten im lauen Frühlingswind öffnen. Die Ranunculaceengattung Anemone L. umfaßt im weiteren Sinn gegen 100 Arten, außer den Windröschen auch die oft als Gattungen abgetrennten Kuhschellen (Pulsatilla) und Leberblümchen (Hepatica). H. G.

Anemurion s. Nachtr. am Schluß des Bandes

Aneristos (Ἀνήριστος). **1.** Vater des Sperthias (Hdt. 7,134. **2.** Sohn des Sperthias, der Enkel von Nr. 1. Er ging im J. 430 als Gesandter Spartas zum Perserkönig, fiel aber unterwegs am Hellespont den Athenern in die Hände und wurde hingerichtet (Hdt. 7,137. Thuk. 2,67). Beide gehörten einem vornehmen, reichen Geschlecht an. W. S.

Aneroëstos (Ἀνηρόεστος). Führer der Gäsaten in dem Keltenkrieg 225 v. Chr., der nach seiner Niederlage bei Telamon (Küste von Etrurien) Selbstmord beging (Pol. 2,27,2. 31,2). W. S.

Angaria (*ἀγγαρεία*). Der langsamste und schwerste Wagen des staatlichen Transport- und Postwesens in Rom; auch dessen Zugochsen und das ganze Gespann heißen a. Seit Diocletian ist die a. im *cursus clavularis* (Lastentransport) eingesetzt und durfte bis 1500 Pfund belastet werden. Sie transportierte staatliches Stückgut (außer Wertsachen) sowie bevorrechtete, durch diploma ausgewiesene Reisende, im Truppendienst Fahrgepäck und Kranke. Die Gestellung der a. lastete als drückende Fron auf den Anwohnern der Straßen,

Befreiung davon (*ἀγγαρειῶν ἄνεσις* Sylloge[3] 880) war, vor allem in später Zeit, sehr selten. W. H. G.

M. Rostowtzew, Klio 6, 1906, 249 ff. *E.J. Holmberg* Zur Gesch. des Cursus Publicus, Diss. Uppsala, 1933. *E. Kornemann*, RE XXII 988 ff.

Angarium (*ἀγγαρήιον*). Das Institut der königlichen Botenreiter Persiens, Hdt. 8,98. Xen. Kyr. 8,6,17). Die Boten (*ἄγγαροι*) wechselten in Stationen, die einen Tagesritt Distanz hatten, und standen ausschließlich im Dienst des Königs. Später ist a. die Bezeichnung einer gesetzlich erzwungenen, unentgeltlichen Transportleistung für den römischen Staat. → Cursus publicus. W. H. G.

Angerona. Röm. Göttin des ältesten Kreises, deren Wesen schon den antiken Antiquaren nicht mehr bekannt war. An den Angeronalia oder Divalia am 21. Dez. wurden Opfer im sacellum → Volupiae dargebracht (nach Varro in der curia Acculeia, die vielleicht jedoch mit diesem sacellum identisch ist [RE IX A 891 f.]). Ihr Bild: *ore obligato obsignatoque* (Plin. nat. 3,65; vgl. Macr. 1,10, 8); *digito ad os admoto silentium denuntiat* (Macr. 3,9,4). Dafür genügt kaum »ein über das Kinn gezogener Schleier oder ein Kopftuch« (so [1],134, 4). Die antiken Deutungen gingen teils vom Namen aus: A. befreie von Ängsten und Kümmernissen oder von der Krankheit *angina*, teils vom Bild: es befehle, ein Geheimnis zu hüten, nämlich den Geheimnamen der Stadt Rom. Dagegen hat MOMMSEN aus der Lage des Festes geschlossen, A. führe die Sonne wieder herauf (zustimmend WISSOWA und LATTE; mit Recht abgelehnt von WALDE-HOF. und WAGENVOORT), obwohl damit weder das Aussehen des Bildes noch die Verbindung mit Volupia erklärt sind (RE IX A 891 f.). Andere brachten A. mit Tacita zusammen, deren Fest genau 2 Monate später fällt. Noch weitergehende Vermutungen sind haltlose Spekulationen. W. E.

1. *Latte* RömRelGesch. 134 2. *Wissowa*, Myth. Lex. 1, 348 ff. 3. *Mommsen*, CIL I[2] S. 337 f. 4. *J. Hubaux*, AC 13, 1944, 37 ff. 5. *P. Lambrechts*, ebd. 45 ff. 6. *H. Wagenvoort*, Mn ser. 3,9, 1941, 215 ff.

Angiportus (auch -um, *στενωπός*). Engere Straße, Gasse (Gegensatz: *platea*, *via*), dann allgemein Straße (Vitr. 1,6), gelegentlich auch Bezeichnung der Sackgasse (Sch. Hor. c. 1,25,10); fast synonym: *vicus*. Größere Häuser, z. B. das »Haus des Faun«, Pompeji, haben auf den A. einen rückwärtigen Ausgang, durch den der Hausherr unerwünschtem Besuch unbemerkt entgehen kann. W. H. G.

Angitia. Göttin der Marser, nach ihr ist der Lucus Angitiae (*nemus A.* Verg. Aen. 7,759) am s.w. Ufer des Fuciner Sees benannt; jetzt Luco. Servius' Deutung ist ebensowenig wert wie seine Etymologie (Aen. 7,750). A. galt als Göttin bes. gegen Giftschlangen, wie aus Verg. a. O. und Cn. Gellius bei Solin. 2,27 ff. hervorgeht. Der Name lautet pälignisch *Anaceta*, *Anceta*, *Anacta*; oskisch *Anagtia*. W. E.

Wissowa Rel. ²49. *Schirmer*, Myth. Lex. 1,351. CIL IX S. 367. *Conway* Ital. Dial. Nr. 206–208.217.167. NSA 1899, 27. *Schulze* Eigenn. 478,4.479,2. *v. Grienberger*, IF 23, 1908/09, 350f.

Angli (Anglii). Germanische Völkerschaft, die nach Tac. Germ. 40 zusammen mit 6 anderen, n. der Langobarden wohnenden Völkerschaften die Nerthus, d.h. die *terra mater*, verehrten. Ihre Wohnsitze waren in der Landschaft Angeln bei Flensburg in Schleswig-Holstein gelegen (Beda Hist. Eccl. 1,15). Während seit dem Ende des 3. Jh. die Sachsen im Bunde mit den Franken die Küstengebiete Nordfrankreichs und Britanniens beunruhigten und von hier aus seit der 2. Hälfte des 4. Jh. in Südengland Fuß faßten, setzten die A. mit dem größten Teil ihres Volkes von Jütland aus direkt nach England über und eroberten weite Gebiete der von röm. Truppen entblößten Insel. H. C.

Angrivarii. N.ö. von den Cheruskern an der Weser siedelnde germ. Völkerschaft, die den Römern feindlich gesinnt, im J. 16 n. Chr., sich an einem Aufstand beteiligte und besiegt wurde. Später den Römern befreundet (Tac. ann. 2,24), wichen die A. in der 2. Hälfte des 1. Jh. den Chauken aus und drangen nach SW. in das Gebiet der Brukterer ein (Tac. Germ. 33), die weite Teile ihrer Stammlande (an der Lippe) an die A. abtreten mußten. H. C.

Angusticlavius (στενόσημος Arr. Diss. Epict. 2,24,12. Glossen) bezeichnet im Gegensatz zum Senator (*laticlavius*, πλατύσημος) den Ritter als den Träger des schmäleren Purpursaums an der Toga. Mit a. und *laticlavius* werden vor allem die Kriegstribunen der beiden Stände differenziert (Suet. Otho 10). Der schmale Purpurstreifen als Zeichen des Ritterstandes ist bereits republikanisch, doch bezieht sich das älteste Zeugnis, Vell. 2,88, auf Maecenas. W. H. G.

Anicetus. 1. Freund des T. Pomponius Atticus, Cic. Att. 2,20,1. **2.** Freigelassener Neros, sein Pädagoge, Tac. ann. 14,3,3. Suet. Ner. 35,2; er wurde Praefekt der Flotte von Misenum, Tac. ann. 14,62,2, Helfer Neros bei seinen Anschlägen auf seine Mutter Agrippina, Tac. ann. 14,7,4ff. Cass. Dio 61,13, sowie auf seine Gattin Octavia, Tac. ann. 14,62,3f. Im J. 62 wurde er trotzdem nach Sardinien verbannt und starb dort, Tac. ebd. **3.** Freigelassener des Polemon I., des Königs von Pontus und Bithynien. Als Praefekt der Flotte begann er im J. 69 einen Aufstand gegen Vespasian; nach dessen Fehlschlagen wurde er den Römern ausgeliefert, Tac. hist. 3,47,1.48,2. R. H.

Anicius. Name eines aus Praeneste stammenden Geschlechts (aus vorchristl. Zeit. Inschriften dort z.B. CIL XIV 2847. 2882. 3051–3057, aber auch in der Kaiserzeit nachweisbar). Im 2. Jh. v. Chr. gelangte ein Anicier zum Consulat (Nr. 3), im übrigen aber trat das Geschlecht in republikan. Zeit nicht wesentlich hervor. In der Kaiserzeit jedoch blühte die Gens, in nachdiokletianischer

Zeit bis ins 4. Jh. n. Chr. als stadtrömische Familie, um dann von den Nachkommen der weiblichen Linie fortgeführt als christlicher Adel zu höchster Bedeutung im 5. Jh. n. Chr. zu gelangen. Vgl. A. MOMIGLIANO Gli Anicii e la storiografia Latina, Entretiens Fondation Hardt 4, 1956, 247ff.

I. Republikanische Zeit: **1.** C. A., Senator und Freund Ciceros, um 44 v. Chr., Cic. fam. 12,21 u.ö. BROUGHTON Mag. 2,487. **2.** M. A., *praetor Praenestinorum*, verteidigte 216 v. Chr. Casilinum gegen Hannibal. Liv. 23,19,17f. **3.** L. A. Gallus. Praetor peregrinus im J. 168 v. Chr., kämpfte in Illyrien gegen den mit Perseus von Makedonien verbündeten König Gentius, schloß ihn in Scodra ein und beendete den Krieg in 30 Tagen, Liv. 44,21, 4–10; 30–32,5; 45,3,1f. u.a. 167 behielt er als Propraetor das *imperium*, befriedete Epirus und half bei der Ordnung der Verhältnisse in Illyricum; dann triumphierte er, Liv. 45,16,2; 26,1–5 u.a. vgl. DEGR. I 13,80f.338f.556. Consul war er im J. 160 zusammen mit M. Cornelius Cethegus; sein Amtsjahr wußte man noch ein Jh. später als gutes Weinjahr zu rühmen: *Aniciana nota*, Cic. Brut. 287. Im J. 154 befand er sich bei einer Zehnmännerkommission, die nach Asien ging, um den Krieg zwischen Prusias und Attalos von Pergamon zu beenden, Polyb. 33,7,1–4.12f. BROUGHTON Mag. 1,450. **4.** Q. A. PRAENESTINUS, curulischer Aedil im J. 304 (Plin. nat. 33,17), doch unsicher. H. G. G.

II. Kaiserzeit: **1.** C. A. Cerealis. Im J. 40 mit seinem Stiefsohn Sex. Papinius der Verschwörung gegen Caligula angeklagt, verriet er einen Anschlag auf den Kaiser, Cass. Dio 59,25,5. Tac. ann. 16,17,6. *Cos. suff.* im J. 65, CIL IV 2551. Tac. ann. 15,74,3. Im J. 66 verdächtigte ihn Annaeus Mela bei Nero; da legte A. Hand an sich, Tac. ann. 16, 17,6. **2.** Q. A. Faustus. Von 196–201 Statthalter von Numidien, als solcher auch Suffektkonsul Ende 198 oder anfangs 199, CIL VIII 2550. AE 1948, 214; die zahlreichen Inschr. bei H. G. PFLAUM Libyca 5, 1957, 65ff., s. ERIK BIRLEY JRS 40, 1950, 62. Ca. 205 Statthalter von Obermösien, CIL III 1685, s. STEIN Legaten von Mösien 53f. Im J. 217/218 war A. *procos. Africae*, Cass. Dio 78,22,4. **3.** Sex. A. Faustus Paulinus, Sohn des Vorigen, Legat von Obermösien 230, CIL III 7473. Sein Sohn Sex. Cocceius A. Faustus Paulinus war *procos. Africae*, wohl unter Gallienus, CIL VIII 1437, vgl. 15254. **4.** A. Maximus, *procos. Bithyniae* vor 111, Plin. ad Tr. 112,2. – Die Anicier schlossen sich früh dem Christentum an und stiegen daher in nachdiokletianischer Zeit zur ersten gens Roms empor, die immer wieder Stadtpraefekten stellte. Ihr Marmorpalast in der Stadt, CSEL 25,895. **5.** M. Iunius Caesonius Nicomachus A. Faustus Paulinus war *cos. II* im J. 218 und *praef. urbi* 299, CIL VI 315. **6.** Älterer Sohn von Nr. 5 war Amnius A. Iulianus, *procos. Africae* um 300, *cos.* (II) 322, CIL VI 1686 und *praefectus urbi* 326–329, Cod. Theod. 2,7,2. **7.** Sex. A. Paulinus, jüngerer

Sohn von Nr. 5, war *procos. Africae*, cos. II im J. 325 und *praef. urbi* 331–333, CIL VI 1651.1680f. **8.** Annius Manius Caesonius Nicomachus A. Paulinus Honorius, Sohn von Nr. 6, war *cos. (II)* und *praef. urbi* im J. 334, CIL VI 1682f. Mit ihm starb anscheinend die männliche Linie der Anicii aus; doch verschwägerte sich die gens durch seine Schwester und seine Tochter mit anderen vornehmen Geschlechtern, so daß der **9.** A. Auchenius Bassus, *praefectus urbi* 382 (CIL VI 1679. Symm. rel. 20,1) als *restitutor generis Aniciorum* gefeiert wurde, CIL X 5651, desgl. der Sohn der letzteren, Sex. Petronius Probus, CIL XIV 2917; von ihm stammt **10.** A. Hermogenianus Olybrius, *cos.* 395 (Symm. ep. 5,67–71), † vor 410, Hier. ep. 130, s. J. SUNDWALL Weström. Stud. 109 Nr. 330. Auf ihn und seinen Bruder **11.** A. Probinus, *cos.* 395, *procos. Africae* 397 (Cod. Theod. 12,3,5), *praefectus urbi* 416 (ebd. 14,10,4) hielt Claudian 395 seinen Panegyricus, s. J. SUNDWALL 121f. Nr. 386. Aus der Nachkommenschaft der beiden *restitutores generis* A. entstammte **12.** Flavius A. Olybrius, *patricius*, 455 von Geiserich aus Rom nach Africa verschleppt mit seiner Gattin Placidia, der Tochter Valentinians III. (Vict. Vit. 2,1,2), 462 nach Konstantinopel geschickt, 464 oström. *cos.*, von Ricimer im Frühjahr 472 zum weström. Kaiser erhoben, † am 2. Nov. 472, s. J. SUNDWALL 110 Nr. 331. O. SEECK Untergang 6, 373ff. Münzen bei COHEN 8,234ff. R. DELBRÜCK Spätant. Kaiserporträts 100, Taf. 22,3. R. H.

Anio (= Ἀνίων; auch: *Anien*, Ἀνιήν und *Anienus*, Ἀνιηνός), sab. Fluß (NISSEN It. Ldk. 1,314. 2,604), der in den monti Simbruini ö. von Treba entspringt (Plin. nat. 3,109. Frontin. aqu. 93; irrig Strab. 235 am Fuciner See); fließt an Sublaqueum und Tibur vorbei; dort Wasserfall von ca. 200 m (Strab. 238. Dion. Hal. ant. 5,37. Hor. c. 1,7, 13. Prop. 3,16,4 u.a.); unterhalb schiffbar (Strab. 238. Plin. 54); Mündung bei Antemnae in den Tiber. Grenze zwischen Sabini und Latium (Liv. 1,27,4. 36,1 u.a.): *trans Anienem* (Liv. 4,17,11 u.a.) = »Ausland«. Das gute (Dion. a.O.) Wasser im Oberlauf für die Wasserleitungen A. vetus (im J. 272 v. Chr. durch die Censoren begonnen; Frontin. aqu. 6) und A. novus (im J. 38 n. Chr. durch Caligula begonnen; Frontin. 13) benutzt; vgl. ASHBY The Aqueducts of ancient Rome, 54.167. G. R.

Anios (Ἄνιος). Sohn Apollons und der Rhoio, auf Delos geboren oder auf Euboia geboren und nach Delos geschafft, wird hier durch Apollon Seher und Priesterkönig. Er weissagt den Achaiern, daß sie erst im 10. Jahre Troia nehmen werden, und bietet ihnen für 9 Jahre Gastfreundschaft mit Hilfe seiner 3 Töchter, der → Oinotrop(h)en. Lykophr. 570ff. Verg. Aen. 3,80. Myth. Lex. I 352. H. v. G.

Anis. Die Umbelliferennamen ἄνισον (Anis, Pimpinella anisum L.), ἄνηθον (Anethum, Dill), ἄμμι (Ammi) u.a. sind aus dem Orient über Äg. nach Griechenland gekommen, wo, wie Diosk. und Plin. berichten, besonders Pythagoras den außer aus Äg. besonders auch aus Kreta eingeführten Anis als Gewürz und besonders auch als Heilmittel gegen Epilepsie u.a. gerühmt hat. Später wurde er auch Bestandteil des Theriaks. H. G.

Ankaios (Ἀγκαῖος). **1.** Arkadischer Held, der stärkste nach Herakles, Sohn des Lykurgos aus Tegea, Bruder des Amphidamas und Kepheus, Vater des Agapenor, Hom. Il. 2,609. Argonaute, kalydonischer Jäger, vom Eber zerrissen. Apoll. Rhod. 2,118. Apollod. und Paus. mehrfach. Ov. met. 8,315.391. Noch spät in Arkadien als Heros verehrt, von Skopas in Tegea mit Doppelbeil dargestellt. **2.** Sohn des Poseidon (Zeus) und der Astypalaia, lelegischer König auf Samos, Gründer der Stadt und des Heratempels. Auch er ist Argonaute, nach Tiphys' Tode Steuermann, Apoll. Rhod. 1,187. 2,894. 4,210.1260. Paus. 7,4,1. Auf sein Ende wurde der Vers *Πολλὰ μεταξὺ πέλει κύλικος καὶ χείλεος ἐντός* bezogen, Lykophr. 488. – Von Haus aus waren die beiden A. wohl identisch. H. v. G.

Ankyle s. ammentum

Ankyra (Ἄγκυρα), h. Ankara, die Hauptstadt der Türkei. Alte Stadt in Kleinasien (Galatien), die urspr. zu Phrygien gehörte, später jedoch zu Galatien geschlagen wurde. Einer alten Sage zufolge war A. eine Gründung des Midas. Als die Kelten in Kleinasien zu Beginn des 3. Jh. v. Chr. eindrangen und sich dort niederließen, erkoren sie A. zu einem ihrer Hauptsitze. A. war eigentlich die Hauptstadt des Tektosagenstammes. Die Stadt bestand schon z. Z. Alexanders d. Gr., da er sie bei seinem Feldzug im O. berührte. In röm. Zeit war A. der Knotenpunkt wichtiger Straßen. Von den Baudenkmälern ist bes. der Tempel des Augustus und der Roma bedeutend, wo man den bilinguen Text (Griechisch und Latein) des Testamentes des Augustus gefunden hat (Res gestae divi Augusti oder das berühmte → Monumentum Ancyranum). Polyb. 21,39,1ff. Liv. 38,24. Strab. 4,187. 12,567. Chr. D.

G. Perrot Exploration archéol. de la Galatie et de Bithynie etc., Paris, 1862. *A. H. M. Jones* The cities of the eastern Roman provinces, Oxf. 1937, 3, 112, 114, 118–120. Für die Inschriften aus der Kaiserzeit noch immer unentbehrlich *Cagnat* IGR. III, 153–219 u. IV, 554–556.

Anleihen an altorientalische Staaten sind für Privatbesitzer m. W. nicht bezeugt, dagegen hören wir von A. zwischen Staatszentralen des 2. u. 1. Jt. v. Chr., vor allem als Pseudo-Geschenke. Im archaischen Hellas beginnen staatliche A. mit dem 6. Jh. v. Chr. Die Zwangsa. und Vertragsa. der kl. Zeit sind noch häufig als Stiftungen, d.h. Pseudo-Geschenke aufgezogen. Geldgeber sind Bürger u. Ausländer (Söldnerführer an Klazomenai), befreundete Staaten (Sparta an Samos) und Tempel (Ephesus, Attika, Delphi, Delos). Im Falle von Klazomenai wird Eisengeld sofort ausgezahlt u.

jährlich zu 20% in Silber adäriert. Hellenistische Fürsten geben A. häufig an befreundete oder abhängige Poleis, was von der röm. Oberschicht für beide nachgeahmt wird (Pompeius, Crassus, Brutus Minor, Herodes d. Gr.), aber oft mit Ausbeutungsabsichten. Zwangsa. kommen unverändert vor (Athen, Halikarnassos, Milet), auch Stiftungsa. und A. zwischen Poleis (Milet an Knidos) oder von Tempeln (Delos, Delphi). Einzelbedingungen sind sorgfältig geregelt. Der Zinsfuß ist jetzt häufig auf Normalhöhe. Rückzahlung durch patriotische Schenkung wird gepriesen. In der Prinzipatszeit leben die hellenist. A. an Poleis u. Fürsten eine Zeitlang fort. Die Reichsverwaltung zieht jedoch Subsidien vor. A. in der Spätantike sind selten. Die antiken staatlichen A. sind überraschend primitiv, was aus antiker Wirtschaftsstruktur u. der Tatsache zu erklären ist, daß der private Geldbesitzer den antiken Staaten als Gläubiger oder Schuldner von A. mit Recht nicht traute. F. M. H.

Vgl. mit Vollbibliogr. u. Stellenverzeichnis *R.E.* Art. Anleihen (Suppl. IV), Daneion, Monopole, Stiftungen (Suppl. VII). *A. M. Andreades* Gesch. der griech. Staatswirtsch. 1, 1931, Index s. v. Anleihen. *J. Hasebroek* Staat u. Handel im alten Griechenland, 1928, 164f. *F. M. Heichelheim* Wirtschaftsgesch. des Alt., 1939, Kap. 7 Anm. 32; Kap. 8 Anm. 26; Kap. 9 Anm. 32; *ders.* An Ancient Economic History, 1959, 133f. 257. *R. Laqueur* Epigraph. Untersuch. zu den griech. Volksbeschlüssen, 1927, 58f. 67f. 133f. 155f. 161f. 167f. *B. Laum* Stiftungen in der griech. u. röm. Antike I, II, 1914, bes. I 227f. *B. A. van Groningen* Aristote. Le second livre de l'économique, 1933, 116f.

Anna. Von Verg. Aen. B. 4 (vgl. Ov. her. 7,191) als Schwester und Vertraute Didos erwähnt. Auch (nicht von Verg.) mit Anna Perenna identifiziert; sie sei, aus Karthago vertrieben, zu Aeneas nach Latium gekommen und habe sich aus Angst in den Fluß → Numicus gestürzt, wo sie als Nymphe verehrt werde (von *amnis perennis* Anna Perenna! Ov. fast. 3,545ff. Sil. 8,50ff.). Nach Serv. auct. Aen. 4,682 und Serv. 5,4 hat Varro behauptet, nicht Dido, sondern A. habe sich aus Liebe zu Aeneas getötet und verbrannt. → A. Perenna W. E.

Anna Perenna. Gottheit, für die am 15. März in einem Hain (Martial. 4,64,16. Zu diesem V. Lit. [4] 138,1) beim 1. Meilenstein der Via Flaminia ein ausgelassenes Fest mit viel Wein und derben Liedern gefeiert wurde (Ov. fast. 3, 523ff.). Das Wesen der Göttin war schon im Altert. völlig unklar. Ov. erzählt 6 Legenden. Es gibt wohl kaum eine Hypothese, der nicht schon widersprochen worden wäre. Der Ausdruck *(comis) anus* bei Ov. (V. 668.684) ist vielleicht ein Hinweis auf die ursprüngl. Vorstellung. Eine Verbindung mit Erde und Fruchtbarkeit ist nicht von der Hand zu weisen, wenn es auch zu weit geht, A. P. als Indigitation der Ceres [3] aufzufassen. Allerdings sprechen gegen die häufig geäußerte Ansicht, es handle sich um eine Gottheit des ältesten Kreises, gewichtige Gründe ([3]. [5] 180). Am glattesten – allzu glatt! ([5] 180) – ist die Verbindung mit *annus* (A. P. Göttin des Jahresanfangs und -endes), wozu Macr. 1,12,6 *ad A. P. sacrificatum itur, ut annare perennareque commode liceat (annare* singulär, *perennare* zu *perennis* oder *perannare* »ein Jahr dauern« Suet. Vesp. 5). Doch ist dies vielleicht ebenso aus dem Namen herausgesponnen (anders Rohde RVV 25, 1936, 149, 2), wie der Brauch, daß man so viele Jahre sich erbat, wie man Becher leeren konnte (Ov. a.O. 532). Obwohl das Fest im 1. Monat ist, muß zum Jahresanfang so wenig notwendig eine Beziehung vorhanden sein wie bei Mars. – Nach Gellius schrieb Varro Men. frg. 506 *Anna ac Peranna.*

Hinfällig wird jeder Deutungsversuch durch Etymologie, wenn in A. P. eine unlat., etr. [3] oder voridg., Wurzel steckt, die dann einem lat. Wort angeglichen wurde. Anna könnte als Lallname verstanden werden, der zum Eigennamen wurde (Kretschmer Einl. Gesch. griech. Spr. 344.356. Gl 20, 1931/32, 67 Anm. W. E.

1. *Meltzer* Myth. Lex. 1,355ff. 2. *Usener* Kl. Schr. 4,119ff. 3. *Altheim* RVV 22,2, 1931, 91ff. (vgl. aber *Linkomies,* Gn 12, 1936, 418f.). 4. *Latte* RRelG 137f. 5. *Bömer* Ov. Fasten 2,179f.

Annaeus. Lateinischer Familienname, Herkunft unbekannt, aber Etruskischem nicht fernstehend (Schulze Eigennamen 345 [mit inschriftlichen Belegen und Nebenformen, z. B. Anneus, Anneius]. 478). Im öffentlichen Leben der republikanischen Zeit traten Namensträger erst im 1. Jh. v. Chr. in Erscheinung. In der Kaiserzeit aber wird der Name vor allem im 1. Jh. n. Chr. durch den Epiker M. Annaeus → Lucanus und durch die gleichnamigen beiden Rhetoren sowie den Politiker und Philosophen L. Annaeus → Seneca hochberühmt.

I. Republikanische Zeit: **1.** M. A. (Anneius), Legat Ciceros in Cilicien 51/50. Cic. fam. 13,55; 57,1. 15,4,2.8; Att. 5,4,2. Broughton Mag. 2,244. **2.** C. Annaeus (Brocchus), Senator vor 70, unter Verres in Sicilien, Cic. Verr. 3,93. Mit Broughton Mag. 2,115 wird man annehmen dürfen, daß er Aedil(?) vor 73 v. Chr. war. H. G. G.

II. Kaiserzeit: **1.** M. A. Cornutus → Cornutus. **2.** M. A. Lucanus → Lucanus. **3.** L. A. Mela. Jüngster Sohn des Rhetors Seneca, Vater des Dichters Lucan. Als Rhetor (Sen. contr. 2 praef. 3) und kaiserlicher Prokurator tätig, fiel auch er dem Sturz der gens zum Opfer; er öffnete sich selbst die Adern, Tac. ann. 16,17,1–5. **4.** M. A. Mela → Mela. **5.** A. Novatus → L. Iunius Gallio. **6.** L. A. Seneca rhetor → Seneca rhetor. **7.** L. A. Seneca philosophus → Seneca philosophus. **8.** A. Serenus. Wohl Verwandter des Philosophen Seneca, der ihm dial. 2.8.9 widmete. Im J. 55 deckte er das Verhältnis Neros zu Akte, Tac. ann. 13,13,1; er wurde *praefectus vigilum,* starb aber durch Genuß vergifteter Schwämme 62/63, Plin. nat. 22,96, von Seneca tief betrauert, epist. 63,14f. R. H.

Annales. 1. A. maximi (in 80 Büchern). Sie beruhen angeblich auf dem Inhalt der alljährlich von dem Pontifex maximus in seinem Amtshause aufgestellten, mit Gips überzogenen Tafel, auf der die Namen der Magistrate und die wichtigeren Ereignisse des Jahres (Finsternisse, Prodigien, Teuerungen usw.) unter dem jeweiligen Datum verzeichnet wurden. Abgeschafft wurde der Brauch durch den Pontifex maximus P. Mucius Scaevola in der Zeit zwischen 131 und 114 v. Chr. Wahrscheinlich fällt in diese Zeit auch die Redaktion der A. maximi. Wie weit diese zurückreichten, und in welchem Umfang in ihnen weitere Quellen verwertet waren, ist umstritten. Serv. Aen. 1,373. Cic. de or. 2,12,52. Paul. Fest. p. 126 M. = p. 113 L. Macr. Sat. 3,2,17. Cato bei Gell. 2,28,6 (= fr. 77 P.), Dion. Hal. ant. 1,73. Cic. rep. 1,16,25; leg. 1,2, 6. Gell. 4,5.

E. Kornemann Der Priesterkodex in der Regia, 1912. *Laqueur* Lokalchronik RE XIII 1089. *Schanz-Hos.* 1,28–32. Weiteres s. unter 2.

2. Als A. bezeichnete man Darstellungen der entfernteren Vergangenheit im Gegensatz zur selbsterlebten Zeitgeschichte (*historia;* Serv. Aen. 1,373). Die Unterscheidung wurde aber durchbrochen, und vor allem war das »annalistische« Schema einer nach Jahren gegliederten Darstellung weitgehend auch für die *historiae* bestimmend. – Die ersten (griech. schreibenden) röm. Geschichtsschreiber (Q. Fabius Pictor, L. Cincius Alimentus, A. Postumius Albinus, P. Cornelius Scipio, C. Acilius) waren allerdings nach den Forschungen M. Gelzers (s. u.) keine »Annalisten«, sondern Nachahmer hellenistischer κτίσεις. Auf Cato folgten dann die lat. sog. älteren (L. Cassius Hemina, Q. Fabius Maximus Servilianus, L. Calpurnius Piso Frugi, C. Sempronius Tuditanus, Cn. Gellius, C. Fannius) und schließlich zu Sullas Zeit die jüngeren »Annalisten« (Q. Claudius Quadrigarius, Valerius Antias, C. Licinius Macer, Q. Aelius Tubero), die für Livius bestimmend waren. A. begegnet auch als Titel sonstiger Geschichtswerke (Scribonius Libo, Q. Hortensius, Varro, Tanusius Geminus, Fenestella, Cremutius Cordus; Tacitus' anders betiteltes Werk wird von ihm selbst kurz als a. bezeichnet: 4,32) und des Geschichtsepos des Ennius. »Annalis liber« nannte Atticus seine einbändige Zeittafel. M. v. A.

Fragmente: HRR. – *M. Gelzer*, H 68, 1933, 129ff. 82, 1954, 342ff. *U. Knoche*, NJb 2, 1939, 193ff. *F. Bömer*, Hist. 2, 1953, 189ff. *F. Klingner* Röm. Geisteswelt, [3]1956, 68.

Annianus. Röm. Dichter, Freund des Gellius. Er gehörte wie Septimius Severus zu jenen Literaten der nachhadrian. Zeit, die die Pflege metrischer Spielereien mit der Nachahmung altrömischer Poesie verbanden (Gell. 6,7,1. 9,10. 20,8). Er schrieb eine Fescennini betitelte Gedichtsammlung (Auson. 218,15 P), wahrscheinlich auch ein Werk mit dem Titel Falisca. M. F.

Ta. der Fragmente *Morel* FPL 138f.

Annikeris. Hedoniker, Philosoph der kyrenäischen Schule. Diog. Laert. 2,86 rechnet ihn der 5. Schülergeneration nach Aristippos v. Kyrene zu. A. war Haupt einer der drei Richtungen, in die der Hedonismus sich teilte. Von seiner Lehre sind nur zwei Punkte kenntlich: 1. A. gab keine Definition der εὐδαιμονία, er verzichtete also darauf, das τέλος allgemein zu fixieren; jede Handlung müsse durch Lustgewinn ihr τέλος in sich tragen. 2. A. und seine Schüler vertraten nicht nur den idiopathischen, sondern auch den sympathischen Lustgewinn; sie erkannten also verschiedene Pflichten an (gegen Eltern, Freunde, Vaterstadt). Diesen nachzukommen, gebietet nicht nur der Nutzen, sondern das Wohlergehen von Eltern usw. erfüllt συμπαθείᾳ mit Lust, es herbeizuführen bewirkt also εὐδαιμονία – selbst wenn Mühen aufgewandt werden müssen. Zeugnisse: Cic. off. 3,116. Strab. 17,837. Klemens Al. Strom. 2,21 (130,7). Diog. Laert. 2,86. 96f. (einzige ausgiebige Darstellung). Suda s. v. H. D.

Annius. Latinischer, in Rom plebeischer Gentilname, der auch in etruskischen und oskischen Inschriften (*Anniei*) vorkommt, Schulze Eigennamen 122. 423. 519. Der Etruskerkönig Annius (Plut. parall. 40), nach dem der Fluß Anio genannt sein soll, ist gelehrte Erfindung. In Rom traten Annii seit dem 3. Jh. v. Chr. im öffentlichen Leben auf, stellten im 2. Jh. aus der Familie der Lusci 2 Consuln und wurden im 1. Jh. durch T. A. Milo (Nr. 16) berüchtigt. Drumann[2] 1,29ff. In der Kaiserzeit ist der Name sehr verbreitet, verschiedene Familien sind faßbar (z. B. Cognomina: Bassus, Gallus, Libo, Pollio, Rufus, Verus) und zwei Kaiser zu nennen: M. Annius Verus, als Kaiser → M. Aurelius Antoninus (161–180 n. Chr.) und M. Annius Flavianus (276 n. Chr.). Unter den Frauen traten die beiden gleichnamigen Kaiserinnen Annia Galeria → Faustina (maior und minor) und Appia Annia Regilla, die Gemahlin des Herodes Atticus, hervor. Auf literarischem Gebiet sind zu nennen der Schriftsteller A. Fetialis und der Dichter → P. A. Florus. Via Annia s. Nr. 15.

I. Republikanische Zeit: **1.** C. A., Praetor oder Quaestor im ausgehenden 3. Jh. v. Chr. (CIL I 188). Bekannt sind außerdem 2 gleichnamige Senatoren aus den J. 135 und 129, Broughton Mag. 2,487. **2.** L. A. aus Sentia, 340 Führer *(praetor)* des latinischen Bundes, Liv. 8,3,4–6,7 (bei Val. Max. 6,4,1 ist mit ihm ein Campaner A. aus dem J. 216 verwechselt). **3.** L. A., Volkstribun 110, Sall. Iug. 37,2. Es gab einen gleichnamigen Senator um 135 und einen zeitlich nicht festlegbaren Quaestor in Sicilien, Broughton Mag. 2,478. 487. **4.** M. A., Praetor vor 218, 218 Mitglied der Dreimännerkommission zur Gründung der Colonien Placentia und Cremona, Liv. 21,25,3 (ein gleichnamiger Quaestor ist für 119 bezeugt, Broughton Mag. 1,526). **5.** P. A., Kriegstribun, ermordete 87 den Redner M. Antonius. **6.** Q. A., Senator, nahm an der Verschwörung Catilinas teil. Sall. Cat. 17,3; 50,4 (ein gleichnamiger Quaestor in Sicilien: Broughton Mag. 2,479). **7.** T. A., aus der Tribus Velina, Rechtsgelehrter und Gerichtsredner in der Zeit Sullas, Cic. Brut. 178. **8.** M. A. Appius, erhielt von Marius das röm. Bürgerrecht, Cic. Balb. 46. **9.** C. A. Asellus, Senator, gest. 75. Cic. Verr. 2,1,104 (Praenomen C.). 107.113; 2,2,21. Broughton Mag. Suppl., 1960, 5. **10.** C. A. Bellienus, Legat unter M. Fonteius in Gallia Transalpina 74–72, Cic. Font. 18. **11.** T. A. Cimber, S. d. Lysidicus, Anhänger des Antonius, Praetor 44, war als *praetorius* im Lager vor Mutina. Man warf ihm Giftmord an seinem Bruder vor (Cic. Phil. 11,14. 13,26 u. a.) und verspottete ihn als attizistischen Altertümler (Verg. Cat. 2. Suet. Aug. 86,3). Schanz-Hos. 1,583. **12.** C. A. (Luscus), Praefekt 108 unter Metellus, kommandierte die nach Leptis Magna gelegten Cohorten (Sall. Iug. 77,4), wurde später Praetor und kämpfte 81/80 mit proconsularischem Imperium in Spanien gegen Sertorius (Plut. Sert. 7); span. Denare mit s. Namen sind erhalten, BMC R. R. 2,252ff. **13.** T. A. Luscus, 172 Gesandter an Perseus von Makedonien (Liv. 42,25,1), 169 IIIvir zur Vergrößerung der Colonie Aquileia, Liv. 43,17,1. **14.** T. A. Luscus, wohl Sohn von Nr. 13, Praetor um 156, Consul 153 mit Q. Fulvius Nobilior, trat als *consularis* gegen Ti. Gracchus auf (Plut. Ti. Gr. 14,5 u. a.). **15.** T. A. (Luscus?) Rufus, Praetor 131, Consul 128. Über eine neue wichtige Inschrift und die Zuweisung der via Annia (zwischen Aquileia und Forum Anni in Lucanien) und der via Annia in Etrurien (Nissen It. Ldk. II 231.362) an diesen A.s Broughton Mag. Suppl. 5f. **16.** T. A. Milo, aus Lanuvium, Sohn eines Papius u. einer Annia, wurde von s. mütterl. Großvater T. Annius adoptiert: Papianus. Als Volkstribun 57 (Broughton Mag. 2,201) stellte er gegen Clodius, der im Streit um Ciceros Rückberufung mit einer Gladiatorenbande den Terror eröffnet hatte, als Anhänger der Optimaten ebenfalls eine Bande auf. Durch Straßenkämpfe und Anklage konnte er die Bewerbung seines Gegners um die Ädilität für 56 nicht verhindern; es folgten gegenseitige erfolglose Anklagen, wobei Pompeius für Milo eintrat. 55 Praetor, verheiratete er sich mit Fausta, der Tochter des Dictators Sulla. 54 gab er als Privatmann glänzende Spiele (große Schulden!). 53 erfolglose Bewerbung um das Consulat. Am 18. Jan. 52 traf er auf der via Appia bei Bovillae auf Clodius, der bei einer Rauferei getötet wurde. Terror in Rom, Pompeius *consul sine collega*. Im April 52 Verurteilung des Milo (Rede Ciceros später ausgearbeitet), Exil in Massilia. 48 kehrte er nach Italien zurück und fiel bei der Belagerung von Cosa. Drumann[2] 1,31–37. Ed. Meyer Caes. Mon.[2] 114f. 131f. 214ff. 234ff. u. ö. M. Gelzer Pompeius, 1949, 182ff. u. ö. **17.** Annia, Ehefrau des L. Cornelius Cinna († 84) und dann des M. Calpurnius Piso. Vell. 2,41,2. Vielleicht Schwester von Nr. 12 und Tochter von Nr. 15.

H. G. G.

II. Kaiserzeit: **1.** M. A. Afrinus. Legatus Aug. pr. pr. Galatiae (R. Sherk, Galatia 30) um 49, CIL III 6799, s. W. Ramsay, JRS 12, 1922, 158f. Cos. suff. um 67, IG III 1,618. Legatus Aug. pr. pr. Pannoniae 71–73, CIL III 4109, s. W. Reidinger Statthalter Pannoniens, 1956, 46f. **2.** Appius A. Atilius Bradua. Cos. ord. 160, CIL VI 2896; er beklagte seinen Schwager Herodes Atticus, er habe seine Gattin getötet, Philostr. vit. soph. 2,1,8. **3.** L. A. Bassus. Procos. Cyperns wohl im J. 66, IGR III 971, s. G. Hill Hist. Cyprus 1,255. Unterbefehlshaber Vespasians im jüdischen Krieg, Ios. bell. Iud. 4,488; Legat der leg. XI Claudia im J. 69, Tac. hist. 3,50,2. Cos. suff. wohl Ende 71, CIL VI 200, s. A. Passerini Ath. 18, 1940, 153f. **4.** M. A. Florianus. Bruder des Kaisers Tacitus; erst sein praef. praetorio, Zos. 1,63,1, nach dessen Tod im Sommer 276 selbst 2 Monate lang Kaiser, Aurel. Vict. Caes. 36,2, während das Heer im Orient den M. Aurelius Probus zum Imperator ausrief, H. A. vit. Probi 10,1. Während der Kriegsvorbereitungen gegen diesen wurde A. von seinen Soldaten in Tarsos getötet, H. A. vit. Tac. 14,2. Mz. bei Mattingly RIC 5,1,350–360. **5.** Appius A. Gallus. Cos. suff. ca. 66, Dess. 5284. Im J. 69 Kommandant des Heeres Othos gegen Vitellius, Tac. hist. 1,87,2. Plut. Otho 5ff., s. R. Syme Tacitus 1,159ff. Um 70 Statthalter von Germania superior, Tac. hist. 4, 68,1, s. A. Stein Fast. röm. Deutschland 21. **6.** Appius A. Gallus. Cos. suff. unter Antoninus Pius, CIL III 7060. Vater der Gattin des Herodes Atticus (P. Graindor Herod. Atticus 196) und von Nr. 2, PIR I[2] 111 Nr. 654. **7.** L. A. Largus. Cos. suff. 109, s. L. Vidman Fast. Ostiens. p. 19,61; sein gleichnamiger Sohn war cos. ord. 147, CIL IX 4957. **8.** M. A. Libo. Cos. ord. 128, Sohn von Nr. 14, Oheim väterlicherseits des Marc Aurel, L. Vidman Fast. Ostiens. 22. PIR I[2] 113 Nr. 667. **9.** M. A. Libo. Sohn des Vorigen, CIL III 7060, im Partherkrieg des Marc Aurel (als Statthalter?) in Syrien † ca. 163, H. A. vit. Veri 9,2. **10.** L. (?) A. Maximus. Cos. ord. 207, IGR IV 1017, s. G. Barbieri L'albo senat. 16 Nr. 31. **11.** C. A. Pollio. Cos. suff. 21 oder 22, A. Degrassi Epigraphica 8, 1946, 37f.; M. Rostowzew, Tess. syllog. 63 Nr. 513. Im J. 32 wurde er wegen *maiestas* angeklagt, Tac. ann. 6,9,3. **12.** A. Pollio. Im J. 65 der Teilnahme an der pisonischen Verschwörung angeklagt und verbannt, Tac. ann. 15,56,2. 71,3. 16,30,3. **13.** Appius A. Trebonius Gallus. Cos. ord. 108, CIL VI 680. **14.** M. A. Verus. Spanischer Herkunft, cos. suff. März-April 97, G. Barbieri Stud. Romani 1, 1953, 366ff. Cos. II ord. 121, H. A. vit. Marci 1,5. Praefectus urbi CIL VI 1340. Cos. III ord. 126, CIL IX 1617, Freund Hadrians. † nach 135, CIL XV 245f. Sein Sohn M. A. Libo Nr. 8 starb bald nach 128/29; A. adoptierte dessen Sohn, den späteren Kaiser Marc Aurel, *πρὸς ἑαυτόν* 1,1; 17.

Büste s. J. TOYNBEE, JRS 49, 1959, 39 f. **15.** M. A. Verus = imp. Caes. M. Aurelius Antoninus Aug. → Marcus Aurelius. **16.** M. A. Verus Caesar, Sohn des Kaisers Marc Aurel und der Faustina, * ca. 162, erhielt den Titel Caesar am 12. Oktober 166 H. A. vit. Commod. 11,13. † 169, vit. Marci 21,3; 5. Mz. bei COHEN 3^2,132.169 f. **17.** A. Vinicianus. Schwiegersohn des Domitius Corbulo, im J. 83 Legat der leg. V Macedonica, Tac. ann. 15,28,3. Im J. 65 schickte ihn Corbulo nach Rom, Cass. Dio 62,23,6. Er versuchte 66 eine Verschwörung gegen Nero in Benevent, Suet. Nero 36,2. A. ist der Sohn des Folgenden. **18.** L. A. Vinicianus. Er war mit seinem Vater Nr. 11 im J. 32 wegen *maiestas* angeklagt, Tac. ann. 6,9,3. Vor 41 cos. suff., DEGRASSI FImp. 12. Teilnehmer an der Verschwörung gegen Caligula, bei dessen Ermordung am 21. Januar 41 er anwesend war, Ios. ant. Iud. 19,18 ff. 49–59; 96 ff. Er ermunterte 42 den Camillus Scribonianus zur Erhebung gegen Claudius; als diese fehlschlug, tötete er sich selbst, Cass. Dio 60,15,1 ff. **19.** A. Galeria Faustina, Gattin des Antoninus Pius → Faustina I. **20.** A. Galeria Faustina, Gattin des Marc Aurel → Faustina II. **21.** A. Aurelia Galeria Lucilla, Gattin des L. Verus → Lucilla Aug. R. H.

Annona (von *annus*) bedeutet den jährlichen Ertrag (z. B. *vini*, *lactis*), dann den Vorrat an Lebensmitteln, besonders an Kornfrüchten, ferner den Getreidebedarf und die Zufuhr von Getreide nach Rom und den Municipien (z. B. bei Tac. ann. 15,18 *a.ae securitas*. Liv. 30,26 *a.ae vilitas*. 10,11 *a.ae caritas*). Weiterhin bedeutet a. den Marktpreis überhaupt, abhängig vom Ertrag und Bedarf (Tac. ann. 15,72,1 *modus a.ae*), besonders den durch die staatliche *cura* überwachten Getreidepreis (Liv. 4,12 *a.am levare*. Caes. civ. 1,52 *a. crevit*); endlich bedeutet a. die Naturallieferung der Provinzen für den Unterhalt der Soldaten und Beamten in der Provinz *(a. militaris)* oder in bestimmten Provinzen für die Versorgung der Hauptstadt *(a. civica)*, seit Maximinian (286–305) die Lieferungen in Oberitalien für den kaiserlichen Hofstaat, wovon die Gegend *regio annonaria* genannt wurde. Die *cura a.ae* bestand darin, daß der Staat für das Vorhandensein des Getreides, besonders des Weizens, in genügender Menge und zu erschwinglichen Preisen Sorge trug. Im Falle einer Hungersnot wurde im Auftrag des Staates Getreide in der näheren oder weiteren Umgebung Roms eingekauft und zu normalen Preisen verkauft (Liv. 2,9. 34. 10,11). Gegen Getreidewucher schritten die Ädilen ein (Liv. 38,35). Mit dem Anwachsen der Bevölkerung wurden die Provinzen, besonders Sicilien und Sardinien, für die Einfuhr herangezogen. Bis zur Zeit der Gracchen beschränkte sich der Staat auf die Einhaltung eines mäßigen Marktpreises. Seit den Gracchen trat zu der *cura a.ae* die *frumentatio* hinzu, d. h. entweder die unter dem Marktpreis stehende oder die kostenlose Abgabe von Getreide, an der aber nur die in den Listen geführten, in Rom ansässigen Bürger teilnehmen konnten. Das Getreide stammte großenteils aus den Tributen der Provinzen und diente als zugkräftiges Propagandamittel bei den Wahlen.

In der Zeit der Republik gehörte die *cura a.ae* zu dem Amtsbereich der Ädilen. Sie hatten die Aufsicht über den Getreidemarkt, leiteten den Verkauf und regelten den Marktpreis. Pompeius erhielt im J. 57 auf 5 J. durch Volksgesetz die *cura a.ae*. Caesar setzte im J. 44 2 neue *aediles (plebei) ceriales* ein, womit die Kornverteilung endgültig die Form der Unterstützung der minderbemittelten Klasse annahm. Augustus übernahm im J. 22 v. Chr. die *cura a.ae* und setzte zwischen 8 und 14 n. Chr. für die Beaufsichtigung der monatlichen Kornverteilung an die auf 320000 angestiegenen Getreideempfänger zuerst 2, dann 4 *praefecti frumenti dandi* ein, die gewesene Prätoren waren. Daneben trat später eine besondere Organisation zur Beschaffung des Getreides unter einem *praefectus a.ae* ritterlichen Standes, einem Amt von unbestimmter Dauer, das hochwichtig war, sich auf das ganze Imperium erstreckte und bes. in den Hafenplätzen Niederlassungen hatte. W. S.

Mommsen RStR 2^3,502 ff. 1037. *Marqu.* RStV 2^2,110–135. *Ernst Meyer* Röm. Staat und Staatsgedanke, ²1961, 301. 311. 337. 374 f.

Annus s. Zeitrechnung

Anomalia s. Analogia

'Ανομάλωσις τῶν οὐσιῶν. Vermögensgleichheit als Forderung des Phaleas von Kalchedon (Aristot. Ath. pol. 2,1274 b 9), mit dem sich Aristoteles staatstheoretisch auseinandersetzt (pol. 2,1266 a 39 bis 1267 b 21). Gleiche *κτῆσις* (im Sinne von Grundeigentum) und *παιδεία* sollen im Stadtstaat Voraussetzung für soziale Befriedung und jene Gleichgerichtetheit der Interessen sein, die innen- und außenpolitische Stabilität erzeugt. A. M.

Anonymi. Die anonymen Werke und Schriften werden jeweils bei den für sie in Frage kommenden Sammelartikeln behandelt.

Anquisitio. Ein Akt des tribunizischen Strafprozesses, der in Gegenwart einer *contio* (auf dem Forum) dem magistratischen Ausspruch dreimal vorauszugehen hatte. Festus 22 erklärt sie aus *circum quaerere*, d. h. als Umfrage. MOMMSEN allerdings setzte sie der *quaestio* des rein magistratischen Strafprozesses weitgehend gleich und bezog sie derart auf den Sachverhalt (dafür Apul. apol. 48), BRECHT dagegen hält an der Etymologie von Festus fest und bezieht sie damit auf die Frage, welches Verfahren einzuschlagen sei. Für MOMMSEN ist der magistratische Ausspruch am Schluß der dritten *accusatio* ein Richterspruch, für Brecht ein zusammenfassender Strafantrag. Th. M.-M.

Mommsen RStrR 3,354 ff. *Brecht*, ZRG 59, 1939, 271 ff.

Anser 1. Cognomen eines nicht näher bekannten Dichters der letzten Zeit der röm. Republik. Er wird erwähnt von Ov. trist. 2,435: *Cinnaque procacior A.*, woraus zu schließen ist, daß er Verf. erotischer Gedichte war. Serv. Verg. ecl. 7,21 rechnet ihn zu den *obtrectatores Vergilii*. Nach Serv. Verg. ecl. 9,35 war er *poëta Antonii, qui eius laudes scribebat*. Über Anser bei Cic. Phil. 13,5,11 sagt Serv. a.O.: *de hoc etiam Cicero in Philippicis dicit: de Falerno Anseres depellantur; ipsum enim agrum ei donarat Antonius*. Über A. bei Prop. 2,34, 84 vgl. M. ROTHSTEIN, H 24, 1889, 11. W. S.

2. s. Gans

Anta (*παραστάς*). Architektonisch ausgestalteter Stirnpfeiler der über die Türwand vorgezogenen Seitenwände, die beim Tempel das Pronaon, beim Haus die Pastas (Prostas) einschließen. Die A. hat oft eine Basis, immer ein der Bauordnung entsprechendes Kapitell. Der A.-Tempel, *templum in antis*, ist meist klein und besteht aus Cella und Pronaon mit 2 Säulen zwischen den A. W. H. G.

Antagoras. Vf. einer Thebais sowie kleinerer Hexametrischer und distichischer Gedichte, von Antigonos Gonatas an seinen Hof gezogen (um 276 v. Chr.), der von A. eine epische Darstellung seiner Taten erwartete. Frg. 1 umfaßt 7 reizvolle Hexameter auf den Gott Eros mit vierfacher Genealogie: Sohn des Erebos und der Nyx, der Aphrodite, der Gaia und der Winde, Frg. 2 enthält 3 Distichen, die dem gemeinsamen Grabmal des Akademikers Polemon und seines Nachfolgers Krates gelten, Frg. 3 zwei Distichen, die sich auf die von Xenokrates über den Kephisos (bei Eleusis) im J. 321/20 erbaute steinerne Dammbrücke beziehen (Sylloge^3 1048). H. J. M.

Frg.: *J. U. Powell* Coll. Alex. 1925, 120ff.

Lit.: *Fr. Lasserre* La figure d'Eros dans la poesie grecque 1946, 133ff., *v. d. Mühll* Mus. Helv. 19, 1962, 28–32.

Antaios (*Ἀνταῖος*), Sohn von Poseidon und Ge, ein libyscher Riese, der alle Fremden zum Ringkampf nötigte und solange unüberwindlich blieb, wie er seine Mutter, die Erde, berührte, die bei jeder Berührung neue Kräfte in ihn strömen ließ. Herakles, von den Hesperiden kommend, hob ihn daher beim Kampfe in die Höhe, so daß er die Erde nicht berühren konnte, und zerbrach ihm mit den Fäusten die Rippen, bis er tot war. Apollod. 2,115. Urspr. aber war A., seinem Namen entsprechend (»Begegner«), ein Gespenst, eine Spukgestalt, vgl. »Antaia«, einen Spuk aus dem Kreise der Hekate, schließlich Hekate selbst, »Anties«, einen Silen auf einer s. f. chalkidischen Vase. NILSSON GgrR 170. RADERMACHER Mythos und Sage, 318ff. Das Gespenst will natürlich in seine Wohnung, die Erde, zurückkehren; erst in hellenist. Zeit hat man daraus die symbolhaltigen Kraftströme der Erde gemacht. Vgl. dagegen A. DIETERICH Mutter Erde. – Die älteste Spur der Sage weist nach Irasa bei Kyrene; dort nötigte A. die Freier seiner Tochter (Barke) zu einem Wettlauf, Pind. P. 9,106ff. Bei der weiteren Entdeckung Nordafrikas schoben die griech. Kolonisten diese Sagengestalt immer weiter nach Westen, bis sie in Tingis (Mauretanien) eine feste Stätte fand. Zugleich bekam sie im Zusammenhang mit dem zunehmenden Gegensatz zwischen Griechen und Libyern eine ausgesprochen böse Natur. A. schläft auf nackter Erde, nährt sich von Löwenfleisch und zwingt alle Fremden zum Ringkampf; er tötet sie, um aus ihren Schädeln seinem Vater Poseidon einen Tempel zu errichten, Pind. I. 3,70 (= 4,52). Wie die Vasenbilder des 5. Jh. zeigen (z. B. der Euphronioskrater im Louvre), faßte man den Kampf des Herakles mit A. als den Triumph der schulmäßigen griech. Athletik über rohe Naturkraft auf. Anderseits jedoch schreibt Plat. leg. 7,796a dem A. die Erfindung gewisser palästrischen Kunstgriffe zu. In hellenistischer Zeit setzte man A. mit einem oberäg. Gott gleich und nannte nach ihm eine Stadt Antaiupolis. Sein Grab aber wurde in Tingis verehrt; der Grabhügel hatte die Gestalt eines riesigen liegenden Menschen, Strab. 17,3,8. Wenn man dem Hügel Erde entnahm, so sollte es regnen, bis die Lücke gefüllt war. Sertorius öffnete das Grab, um die Länge des Skeletts nachzuprüfen; er stellte angeblich 30 Meter fest. Die späteren mauretanischen Herrscher führten sich auf Sophax, einen Sohn des Herakles und der Witwe des A., Tinge, zurück. RE Suppl. III 739. H. v. G.

Antalkidas (richtig *Ἀντιαλκίδας*; vgl. IG V 1,93_{15}.212_{6}). Sohn des Olympioniken Leon (P. PORALLA Prosopogr. d. Lak., 1913, 23). Er erhielt 393/92 vom Satrapen Tiribazos von Sardeis gegen Anerkennung der persischen Ansprüche auf ganz Kleinasien seitens Spartas bedeutende Geldmittel für neue Flottenrüstungen (Xen. hell. 4,8,12ff. Plut. Ages. 23,2). Als dann 388 auch Artaxerxes II. seine ablehnende Haltung gegenüber einem neuerlichen Zusammengehen mit Sparta aufgegeben hatte, begab sich A. als spartan. Nauarch (Xen. hell. 5,1,25) abermals zu Tiribazos nach Sardeis und 387 mit diesem zusammen zum Großkönig, den er in geschickten Verhandlungen (Xen. hell. 5,1,25. Diod. 14,110. Plut. Artox. 21f.; Ages. 23,1. U. WILCKEN Über Entstehung und Zweck des Königsfriedens, 1942, 12ff.) zum Friedensschluß und Bündnis mit Sparta auf der Grundlage der Anerkennung der pers. Herrschaft über ganz Kleinasien und Kypros und der Autonomie der übrigen Griechenstädte (F. NOLTE Die hist.-polit. Voraussetzungen des Königsfriedens von 386, Bamberg 1923) bewog. Den Widerstand der Gegner Spartas in Griechenland, insbesondere Athens, gegen diese Abmachungen brach A. dadurch, daß er mit einer mit Hilfe persischer Satrapen und Dionys' I. von Syrakus aufgestellten Flotte den Hellespont sperrte und Athen mit einer Hungersnot bedrohte (F. GRAEFE, Klio 28, 1935, 262ff. F. MELONI Il contributo di Dionisio I alle operazioni di A. del 387 a. C., Rend. Acc. Lincei 8,4,3–4, 1949, 190ff.). Im Frühjahr 386 verkündete Tiribazos dann den in

Sardeis versammelten Gesandten aller griech. Staaten den von A. in Susa erwirkten Frieden, als dessen Garant der Großkönig fungierte (Xen. hell. 5,1,31.35. Isokr. Paneg. 175f. Staatsverträge des Altertums hrsg. von H. BENGTSON 2, 1962, Nr. 242. M. A. LEVI Le fonti per la pace di A., Ann. Fac. di Fil. e Lett. Univ. Milano 8, 1955, 105ff. B. KEIL Eirene, 1916, 20. F. HAMPL Die griech. Staatsverträge des 4. Jh., Lpz. 1938, 8ff.85ff. V. MARTIN Mus. Helv. 6, 1949, 127ff.) Auf einem Kongreß in Sparta 386 zwang dieses dann den übrigen griech. Poleis den »Königs-« oder »A.-Frieden« endgültig auf. 372/71 war A. erneut in Persien und veranlaßte Artaxerxes II. zu weiterem Eintreten für diesen Frieden. Trotz der Abneigung des Agesilaos gegen diesen Vertrag (Plut. Ages. 23) fand A. in Sparta für sein Wirken Anerkennung und hohe Ehren. 370/69 war er Ephor (Plut. Ages. 32). Eine 3. Reise des A. zum Großkönig wohl 367 blieb jedoch erfolglos, da dieser seine Gunst nunmehr von dem 371 bei Leuktra besiegten Sparta ab- und dem siegreichen Theben zuwandte. Aus Verzweiflung über diesen seinen schließlichen Mißerfolg beging A. Selbstmord (Plut. Artox. 22,7). Trotz seiner hervorragenden diplomatischen und militärischen Leistungen war er ein typischer Vertreter der sich bewußt auf das griech. Festland beschränkenden konservativen Kreise in Sparta. Fr. Kie.

Antandros. Alte, aiolische Stadt am Adramyttenischen Meerbusen am Fuße des Ida. Das Gebiet von A. war ein Mittelpunkt des Holzhandels aus den Wäldern des Ida (Strab. 13,606), besonders von Schiffsbauholz (Xen. hell. 1,1,25. Verg. Aen. 3,6). Unter Dareios von den Persern eingenommen (Hdt. 5,26), im peloponn. Krieg den Athenern tributpflichtig (Thuk. 4,52.75. Xen. hell. 1,1,25. Diod. 13,42), nach der sicilischen Expedition wieder in der Hand der Perser, die aber wieder vertrieben wurden (Thuk. 8,108). Münzprägung von Titus bis Elagabal (HEAD HN[2] 541). In christlicher Zeit Bischofssitz. W. S.

Anteambulones wurden in der Kaiserzeit die (freien) Klienten im Verhältnis zu ihrem Patronus genannt, da sie vor diesem hergingen und sich hierdurch (und durch die als überaus lästig empfundene morgendliche *salutatio*) ihre *sportula* verdienten. Die Tätigkeit der A. nennt Martial. 3,46 boshaft eine *opera togata.* W. H. G.

Anteia (Ἄντεια). Tochter des lykischen Königs Iobates (oder Amphianax), Gemahlin des → Proitos, der, von seinem Schwiegervater nach Argos zurückgeführt, in Tiryns herrschte. Sie verleumdete → Bellerophon, den sie sich nicht gefügig machen konnte, bei Proitos, um ihn zu verderben. Hom. Il. 6,160ff. Später rächte er sich an ihr, Apollod. 2,2,1,3. H. v. G.

Anteius 1. A. wurde im J. 16 n. Chr. nach Gallien geschickt, um den Bau einer Flotte zu betreiben, Tac. ann. 2,6,1. **2.** A. von Caligula verbannt

und getötet, Ios. ant. Iud. 19,125. **3.** A., Sohn von Nr. 2, wurde nach Caligulas Ermordung von Germanen getötet; Ios. ant. Iud. 19,125f. **4.** P. A. Rufus. Cos. suff. vor 51, DEGRASSI FImp. 14, legatus Aug. pr. pr. Dalmatiae von 50–54 (?), CIL III 1977. 14987[1], s. A. JAGENTEUFEL Statthalter Dalmatiens 34f. Im J. 55 wurde A. zum legatus Aug. pr. pr. Syriae bestimmt, doch in Rom zurückbehalten, Tac. ann. 13,22,1. Als Günstling der Agrippina war er Nero verhaßt; von Antistius Sosianus angeklagt, tötete er sich 66 selbst, Tac. ann. 16,14,1ff. R. H.

Anteiustinianisches Recht. Anteiustinianisch nennt man alles römische Recht der Zeit vor Justinian, also das vor dessen Kodifikation (»Corpus iuris civilis«) geltende Recht. Es dem iustinianischen Recht gegenüberzustellen, war erstmals das Anliegen der humanistischen Jurisprudenz des 15. und 16. Jh. (mos gallicus, elegante Jurisprudenz) und blieb bis heute das Ziel aller neuhumanistischen Richtungen wie insbesondere der romanistischen Interpolationenforschung. Sammlungen wie »Iurisprudentiae anteiustinianae reliquiae etc.« von SECKEL-KÜBLER, 1908ff., zeugen ebenso von dieser Zielsetzung wie die verbreitete Scheidung der romanistischen Quellenregister in voriustinianische und iustinianische Quellen.

Die neuere romanistische Forschung hat aber den Begriff des anteiustinianischen Rechts so aufgelockert, daß man von seiner weiteren Verwendung besser absieht. Stärker als früher erkennt man nun, wie groß die Unterschiede zwischen den verschiedenen Epochen der voriustinianischen Rechtsentwicklung sind. Das archaisch-vorwissenschaftliche Recht der Zwölftafelzeit unterscheidet sich von der Juristenkunst der Klassiker nicht weniger als diese von Justinians Recht, aber auch von dem zwischen der Klassik und der iustinianischen Klassizistik liegenden Vulgarrecht. So sind dem voriustinianischen Recht nicht genügend viele Charakterzüge gemeinsam, um es zu rechtfertigen, daß man es als *ein* Gebilde dem iustinianischen Recht gegenüberstellt. Th. M.-M.

F. Wieacker Vom römischen Recht[2], 1961.

Antemnae. (NISSEN It. Ldk. 2,544. BELOCH RG 166), aborigin. (Dion. Hal. ant. 1,16) Stadt an der Aniomündung, hat von dieser Lage den Namen (Varro l.l. 5,28. Paul. Fest. 16,6 L. Serv. Aen. 7,631); älter als Rom (Cato frg. 21 P.) und von Romulus besiegt (Liv. 1,9,8.11,1. Plut. Rom. 17). Bei Plin. nat. 3,68 unter den verschollenen Gemeinden. Nach Strab. 230 ca. 30 Stad. von Rom. Ausgrabungen: BORSARI, NSA 1886, 24. 1887, 64ff. G. R.

Antenna (ἐπίκριον Homer; κεραία, κέρας), die Raa, an der das Segel befestigt war. Gehißt bildete die a. mit dem Mast ein rechtwinkliges Kreuz, vgl. z. B. die Schiffe des Exekias oder des Reliefs Rom, Museo Torlonia (2,3). W. H. G.

1. *A. Köster* Das antike Seewesen, 1923. 2. *W. H. Schuch-*

hardt Kunst der Griechen, 1940, 137. 3. *Rostovtz.* GuW I Taf. 23,1.

Antenor (Ἀντήνωρ) **1.** Sohn d. Aisyetes, Gemahl der Athenapriesterin Theano, von Homer als einer der vornehmsten und besonnensten Troer gezeichnet. Von seinen 11 Söhnen fielen 7 für das Vaterland. Vor dem Kriege hatte er Odysseus und Menelaos als Gesandte gastlich in seinem Hause aufgenommen (Il. 3,203). Später riet er zur Rückgabe Helenes (7,347). Bei der Eroberung Troias wurde sein Haus verschont, Soph. Ἀντηνορίδαι (Strab. 13, p. 607f. Paus. 10,26,7f.27,3. Spätere machen ihn zum Landesverräter: Lykophr. 340, Diktys und Dares. Nach Pind. P. 5,83ff. wurde er mit Menelaos und Helene nach Kyrene verschlagen, wo die Antenoriden hoch verehrt wurden, MALTEN Kyrene 146ff. Nach röm. Tradition, die über Accius auf Soph. zurückgeht, gründete er nach langen Irrfahrten mit seinen Söhnen und den mit Troia verbündet gewesenen Enetern (Il. 2,851) auf venetischem Boden Patavium, Liv. 1,1. Verg. Aen. 1,242ff. Strab. 5 p. 212 u.s. H. v. G.

Robert Gr. Heldens. 1514.

2. A., Sohn des Eumares. Attischer Bildhauer vom Ende des 6. Jh. v. Chr. Seine Signatur auf dem Sockel einer überlebensgroßen »Kore«, Weihgeschenk des Nearchos auf der Akropolis; Stil und Schriftformen um 510. Dazu paßt, daß nach Paus. 1,8,5, die ältere 480 von Xerxes entführte Gruppe der Tyrannenmörder ein Werk des A. war. Stilgleich mit der Kore sind die Giebelskulpturen des Alkmaionidentempels in Delphi. A. R.

RA 1940 I, 5ff. *(de La Coste-Messelière). Raubitschek* Dedications from the Athenian Akropolis, Cambridge, Mass. 1949, Nr. 197. HB Arch III 1 (5. Lfg. 1950) 80 *(Lippold).*

Antepilani waren in der Frühzeit des röm. Heeres die in der *acies* vor den *triarii* (urspr. *pilani* Varr. l.l.5,89) befindlichen Treffen der *hastati* und *principes*. Der Ausdruck wurde nicht lange gebraucht. Bei Amm. 16,12,20.18,1,46 ist er nur Reminiscenz. A. N.

Dar.-Sagl. 1,287. ADAW 1923, Phil.hist.Kl. 3, 33ff. *Krom.-Veith* 278. 326. 409.

Anteros (Ἀντέρως »Gegenliebe«), aus dem Leben der Palaistra erwachsene Gegenfigur zu → Eros. Sie hatten zusammen einen Altar im Gymnasion in Elis, und in einer der dortigen Palaistren war eine plastische Gruppe zu sehen: A. sucht dem Eros die Siegespalme zu entreißen, Paus. 6,23,3.5. Nahe der Akropolis in Athen hatte A. einen Altar als Alastor (Rächer) einer unerwiderten Liebe: Meles verschmähte die Liebe des Timagoras und trieb ihn in den Tod, indem er ihn nötigte, zum Erweise seiner Liebe von der Akropolis herunterzuspringen; reuevoll sprang er ihm nach und wurde gleichfalls zerschmettert. Paus. 1,30,1. Cic. nat. 3,59f. nennt A. den »dritten« Eros und den Sohn der »dritten« Venus von Mars. Bildl. Darstellungen des A. auf Marmorreliefs in Rom und Neapel. Prell.-Rob. 1,504. H. v. G.

Antesignani hieß in der Frühzeit des röm. Milizheeres das erste Treffen der Legion, das vor den als signa bezeichneten Tierbildern Adler, Wolf, Minotaurus, Pferd und Eber stand (Plin. nat. 10,16). Diese Bezeichnung blieb auch dann, als die Tierbilder längst abgekommen waren und bloß der Adler noch seinen Platz hinter dem ersten Treffen einer normalen *acies triplex* hatte (Tac. hist. 2,43). In der Zeit der Kohortentaktik wurden die a. eine Elitetruppe, die eine oder alle 4 Kohorten des ersten Treffens umfaßte, während in dem homogenen Heer der Kaiserzeit a. die leichter bewaffneten Legionäre bezeichnete. A. N.

Dar.-Sagl. 1, 288. *Krom.-Veith* 277. 389ff. 407. 523.

Antestatio, feierlicher Zeugenaufruf. Besondere Bedeutung hat sie im Legisactionenprozeß der Zwölftafelzeit. Folgte der Geladene nicht der *in ius vocatio*, so bedurfte es einer a., ehe der Kläger zur *capio* schreiten konnte. Porph. Hor. sat. 1,9,76 bezeugt den Wortlaut der aus der 1. Tafel stammenden Dezemviralnorm. – *Antestatus* hieß einer der Mancipationszeugen. Th. M.-M.

Jahr Litis contestatio, 1960, 8 (über antestari).

Anthas (Ἄνθας, Ἄνθης). Sohn Poseidons und der Atlastochter Alkyone, Bruder des Hyperes. Die Brüder gründen Antheia und Hypereia, die unter A.s Sohn Aetios von Pelopiden besetzt und unter dem Namen Troizen vereinigt werden (Paus. 2,30,8f.). A. selbst oder seine Enkel gründen Halikarnassos, Paus. a.O. Strab. 8,374. Auch im boiot. Anthedon soll A. geherrscht haben, Paus. 9,22,5. Die Geschichte, daß A. als Kind verlorengegangen und von seinem Bruder bei Akastos in Pherai als Mundschenk wieder entdeckt worden sei, sollte einen bekannten Orakelspruch illustrieren: Πῖν' οἶνον τρυγίαν (hefig), ἐπεὶ οὐκ Ἀνθηδόνα ναίεις / οὐδ' ἱερὰν Ὑπέραν, ὅθι κ' ἄτρυγον οἶνον ἔπινες. Aristot. pol. Troiz. b. Plut. qu. Gr. 19. Athen. 1, 31c. Der Name A. mag mit dem Vegetationsgott Dionysos Anthios zusammenhängen. A. wurde auch in Attika verehrt. H. v. G.

RE Suppl. I 88. *Prell. Rob.* 1,586.

Antheadai (Ἀνθεάδαι). Priestergeschlecht in Halikarnassos, im Erbbesitz des Kultes des Poseidon Φυτάλμιος, der durch → Anthas, den Sohn Poseidons, oder dessen Nachkommen Anthas, den Sohn des Alkyoneus, von Troizen her eingeführt war. Die Priester durften kein Fleisch essen und opferten nur Feldfrüchte, Plut. Thes. 6. Quaest. conv. 8,8,4 (730 E). Eine halikarnassische Marmorinschrift, Ende 2. Jh. v. Chr., Abschrift einer älteren, gibt eine sich über 504 J. erstreckende Liste der A. Die Vererbung geschah nach Generationen; die 3. Generation z. B. kam erst an die Reihe, wenn der letzte der 2. gestorben war. Am Beginn steht Telamon, ein Sohn Poseidons, es folgen dessen Söhne, darunter Alkyoneus, dann dessen Sohn Anthas. CIG 2655 = Sylloge[3] 372. In Attika wurde der Kult des Poseidon Phytalmios durch die Φυταλίδαι besorgt. H. v. G.

Anthedon, nördlichste Stadt Böotiens (Hom. Il. 2,508 ἐσχατόωσα), Euböa gegenüber unmittelbar an der Küste auf einem Ausläufer des Messapiongebirges. Stadtmauer, Akropolis, Hafen mit 2 Molen, Quai und Gebäudegrundrissen u.a. erhalten oder ausgegraben, heute Limnionas. Die Bewohner lebten nach Herakleides kümmerlich vom Fischfang. Hauptkult der Meerdämon Glaukos. Herakl. Pont. 23f. Strab. 9,2,13 p. 404f. Paus. 9,22,5ff. FGrH III B nr. 376 frg. 1 (zur Lesung, Gigante Aegyptus 28, 1948, 11f.). Inschr.: IG VII nr. 3466. 4172–4235. E. M.

J. G. Frazer Pausanias 5, 1898, 92ff. Ausgrabung: AJA 5, 1889, 443ff. 6, 1890, 96ff.

Antheia. Eine der 7 in mykenischer Zeit anscheinend zum Reich von Pylos gehörenden Städte (vgl. F. Kiechle Hist. 9, 1960, 56ff.) am Messen. Golf, die in der Il. 9,151. 293 Agamemnon dem Achilleus anbot; da später unbekannt, wurde A. von den Geographen mit Thuria identifiziert (Strab. 8,360. Paus. 4,31,1. Steph. Byz. s. v. Θού-ριοι). Fr. Kie.

Anthemis. Die Korbblütler der heutigen, gegen 150 Arten umfassenden Gattung Anthemis L. wurden, wie die Berichte von Asklepiades, Nikander, Diosk., Plin. u.a. zeigen, nicht scharf von denen der verwandten Gattungen Chrysanthemum und Chamomilla (s. Chamaemelon) getrennt. Anthemis nobilis L., »die röm. Kamille«, war schon in der Antike als Heilpflanze, A. tinctoria L., die Färberkamille, zum Gelbfärben geschätzt. H. Ga.

Anthemius 1. *Comes sacrarum larg.* 400 und *mag. officiorum* 404, beherrschte als *praefectus praetorio* von 405–414 zunächst → Arcadius und führte ab 408 die Regierung für → Theodosius II. A.s einflußreichster Berater war der Sophist Troilus (Socr. 7,1. Synes. epist. 47. 73. 79). Hohe Verdienste erwarb sich der tüchtige, antigermanisch eingestellte A. um die Stärkung der Wehrkraft des Ostens.

E. Demougeot De l'Unité à la Division de l'Empire Romain, 1951, 327ff. 499ff. *Stein* Gesch. 1,245ff.

2. Weström. Kaiser 467–472. Der als Senatorensohn in Constantinopel geborene A. wurde 455 Schwiegersohn Kaiser → Marcians, *mag. utriusque militiae* und *patricius* (Sidon. carm. 2,156ff.). A. erwarb sich auch die Gunst des Kaisers → Leo, der ihn auf Bitten → Ricimers um einen Herrscher für den Westen als Kaiser vorschlug (Sidon. a. O. 223/543. Iord. Get. 236/39). Toleranz gegenüber Heidentum und Häretikern weckten Mißtrauen, doch wurde A.s Wahl, welche Hoffnungen auf die *concordia partium Imperii* stärkte (Sidon. a. O. 30ff.) vor allem in Gallien begrüßt. Ricimer, in seiner Machtposition bedroht, erhob 472 → Olybrius zum Augustus. Nach fünfmonatigem Bürgerkrieg wurde A. von Gundobad, dem Bruder Ricimers, in Rom ermordet (Paul. Diac. Hist. Rom. 15,2f. Ioh. Antioch. frg. 207/09). A. L.

A. Loyen Rech. hist. sur les panegyriques de Sidoine Apollinaire 1942, 86ff. *Stein* Gesch. 1,389ff.

3. Sohn eines Arztes, namens Stephanos, aus Tralleis, Bruder des Grammatikers Metrodoros und der beiden Ärzte Dioskoros und Alexander. Er war ein hervorragender Mathematiker und Architekt (Agath. 5,6) und als solcher zusammen mit Isidoros von Milet an dem Wiederaufbau der durch den Brand vom J. 532 n. Chr. zerstörten Sophienkirche in Konstantinopel maßgeblich beteiligt (Agath. 5,9). Nach seinem Tode im J. 534 führte Isidoros den Bau der Kirche weiter, deren Kuppel mit einem Durchmesser von 31 m nur noch von dem Pantheon übertroffen wurde. Ein Bruchstück einer Schrift über Brennspiegel bei Westermann Paradoxogr. 149–158 (Brunsv. 1839). W. S.

G. L. Huxley A. of Tr., a study in later Greek geometry 1959.

Anthemus (Ἀνθεμοῦς). Alte makedon. Stadt auf der Chalkidike, bereits von den → Temenidai in Besitz genommen (Thuk. 2,99ff.). Amyntas bot sie dem Peisistratiden Hippias an (Hdt. 5,94). Philippos II. v. Maked. überließ sie den Olynthiern (Demosth. 6,20). Unter Alexander d. Gr. scheint sie wieder maked. gewesen zu sein. A. lag im n. Teil der Chalkidike; die Identifizierung steht noch aus. Chr. D.

F. Papazoglu Maked. Städte in der röm. Zeit (serb.), Skopije, 1957, 30, bes. 136. 169. 307.

Anthes (Ἄνθης). Mythischer Sänger, bezeugt in Plut. Περὶ μουσικῆς 3,2, Bericht des Lysias über die ältesten Kitharoden Amphion, Linos etc.: κατὰ δὲ τὴν αὐτὴν ἡλικίαν (diese Stelle wird von Westphal auf Herakl. Pont. συναγωγῇ τῶν ἐν μουσικῇ bezogen, vgl. hierzu auch K. Ziegler RE XXI 815, Art. Plutarchos, und die älteren Untersuchungen H. Weil-Th. Reinach Plutarque de la musique, Paris 1900, Einl. XXXI, R. Volkmann Leben, Schriften und Philosophie des Plutarch, Bln. 1869); wie Anthos (Ἄνθος) war Anthes Eponymos der Stadt Anthedon, ähnliche Sagen sind z. B. für Amphion aus den boiotischen Stadtlegenden überliefert, wobei der mythische Sänger sogar als Erfinder einer erweiterten Leier auftritt (Plin. nat. 7,204). Stolls Ansicht (Roscher 1,370), Anthes habe die vergehende Vegetation personifiziert (ἄνθησις das Blühen), bleibt umstritten. W. B.

R. Westphal Plutarch über die Musik, Breslau 1865.

Anthesphoria s. Demeter

Anthesteria (Ἀνθεστήρια), ein vom 11. bis 13. → Anthesterion (Februar–März, vgl. [1],385f. [3],49f.) begangenes dionys. Fest gemeinionischer Verbreitung (Thuk. 2,15,4. [1],384ff. [2],267f. [6], 122f. W. F. Otto Dionysos, 1960^3, 52). Der Name wird gewöhnlich von ἄνθος, ἀνθίζειν abgeleitet (»Blütenfest«) EM 109,12. Harpokr. p. 38 D. E. Fraenkel Gesch. der griech. Nomina agentis 1, 1910, 162. [6],114f.; nach P. Stengel, DLZ 22, 1901, 726, von Dionysos Ἀνθιστήρ (IG XII 3,

329. Hiller v. Gaertringen Festschrift O. Benndorf, 1898, 324ff.); nach A. W. Verrall, JHS 20, 1900, 115ff., dagegen von ἀναθέσσασθαι als »Beschwörungstage der Totenseelen« (vgl. [2], 267,5. [3],48f.; ablehnend [4],221f. [6],114). In der Tat zeigen die Kultvorgänge der att. A. ([1],384ff. [6],93ff.) Symptome einer alten Seelenfeier (Rohde Psyche 1,236ff.), die manche für vordionysisch halten ([2],273. Vgl. L. Deubner, JDAI 42, 1927, 189. Nilsson GgrR^2 1,597), die Otto a.O. 108 jedoch mit Nachdruck für den chthon. Toten- und Seelenherrn Dionysos (vgl. a.O. 104ff.) beansprucht hat. Während der erste Tag des dreitägigen Zyklus (Harpokr. p. 184 D. [1],384), die Pithoigien (Πιθοιγία »Faßöffnung«), nicht mit J. E. Harrison (JHS 20,101f. [3],43f. Vgl. P. Roussel, BCH 51, 1927, 166f.) sepulkral zu deuten ist (vgl. [4],221ff. G. Méautis, REA 31, 1929, 227f. Nilsson, Op. Sel. 1, 1951, 148f.), sondern mit Weinprobe und -spende, Gebet und Gruß an den Gott des berauschenden Getränks (φάρμακον Plut. mor. 655e. [3],33) rein dionys. Charakter trug (Athen. 11,465a. [1],387ff. [4],215. [6],94f.), brachte der Haupttag, die Choen (Χόες »Kannenfest«), zwar als Höhepunkt bakchischer Fröhlichkeit den feierlichen Einzug des Dionysos Limnaios auf dem Schiffskarren (H. Usener Sintflutsagen, 1899, 117. Nilsson Studia de Dionysiis Att., 1900, 125ff. [2],268ff.; ablehnend A. Frickenhaus, JDAI 27, 1912, 67ff.; s. jed. [6],102ff. Otto a.O. 92f. 107) und seinen Hieros Gamos mit der Gattin des Archon Basileus im Bukoleion (Aristot. Ath. pol. 3,5. U. v. Wilamowitz Aristoteles und Athen 2, 1893, 42. [1],392ff. [4],217f. [6],100f. [9],11f. Vgl. E. Maass, RhM 74, 1925, 235ff. 77, 1928, 5f. 19f.), dem sich ein allgemeines Wetttrinken anschloß (Aristoph. Ach. 1000. 1087. Sch. Ach. 961. Plut. mor. 613b. 643a. [6], 96ff. Vgl. G. M. A. Richter, BMMA 39, 1939, 231f. P. Karouzou, AJA 50, 1946, 122ff.); es kamen aber auch bereits die Seelen der Toten zu unheimlichem Besuch (Phot. s. μιαρὰ ἡμέρα), dem die Lebenden mit apotrop. Mitteln zu begegnen suchten (Rohde a.O. 1,237. [3],39ff. [6],111f. Vgl. H. R. Immerwahr, TAPhA 77, 1946, 245ff.). Zu diesem Doppelaspekt der Choen s. E. Samter Familienfeste der Griechen und Römer, 1901, 114. Nilsson, GgrR^2 1,594. Op. 1,147f. Den Toten gehörte der letzte Tag der A., die Chytren (Χύτροι »Töpfe«), an dem man die Schatten und ihren Anführer Hermes Chthonios mit in irdenen Gefäßen aufgestellten gekochten Erdfrüchten gnädig zu stimmen unternahm (Sch. Aristoph. Ran. 218. Rohde a.O. 1,238. P. R. Arbesmann, RVV 21,1, 1929, 60f. [3],36ff. [6],112f. [9].12f.), um sie zum Ende des Festes mit dem Ruf θύραζε, κῆρες, οὐκέτ' Ἀνθεστήρια wieder zu vertreiben (Phot. Suid. s. θύραζε. Rohde a.O. 1,239. [3],35f. [4],221. [6],113). Diese Auffassung des Spruches hat zuletzt H. J. Rose, HThR 41, 1948, 217ff., gegen R. Ganszyniec, Er 45, 1947, 100ff., verteidigt, der ihn gemäß der ersten Version bei Phot. Suid. (Κᾶρες statt κῆρες) ausschließlich auf die an den A. teilnehmenden Sklaven ([1],386,1. [6],94f. 96. Nilsson Op. 1,149f.) beziehen will (vgl. [9],13f.). – Zu der Überlieferung vom deukalion. Kataklysmos als Aition der Chytren-Panspermie bei Theopomp (Sch. Aristoph. Ach. 1076. [1],397f. Nilsson Studia 131ff.) und den damit zusammenhängenden Hydrophorien (Phot. s.v. EM 774,56) s. P. Stengel Opferbräuche der Griechen, 1910, 37. W. Borgeaud, MH 4, 1947, 237ff. ([6],113). W. F.

1. *A. Mommsen* Feste der Stadt Athen, 1898. 2. *Nilsson* Griech. Feste, 1906. 3. *J.E. Harrison* Prolegomena, ^{2}1908. 4. *L.R. Farnell* Cults of the Greek States 5, 1909, 214ff. 5. *L. Deubner*, NJb 1930, 606ff. 6. *Ders.* Att. Feste, 1932/56. 7. *G. van Hoorn* Choes and A., 1951. 8. *H. Jeanmaire* Dionysos, 1951, 48ff. 9. *A. Pickard-Cambridge* Dramatic Festivals of Athens, 1953, 1ff. (mit vollst. Belegmaterial).

Anthesterion (Ἀνθεστηριών). Der »Blütenmonat« (→ Anthesteria), Monat des jonischen Kalenderkreises, in Athen in dem mit dem Sommersolstiz beginnenden Jahr der 8. der Reihe, dem Februar-März entsprechend. W. S.

Antheus (Ἀνθεύς). Beiname des Dionysos in Patrai, wo der Gott in dem heiligen Bezirk einer Heroine zugleich als A., Mesateus und Aroeus verehrt wurde (so genannt nach 3 alten Ortschaften; Paus. 7,21,6); am Dionysosfest brachte man die 3 Bilder ins Heiligtum des Dionysos Aisymnetes (über diesen s. Paus. 7,21,1ff. Diod. 7,19f. Prell.-Rob. 1,692). Der Name erinnert an ähnliche Epiklesen des Dionysos als Gott der blühenden Natur, wie Euanthes und Anthios in Attika, Paus. 1,31,4. H. v. G.

Anthimos. 1. Byz. Arzt mußte verräterischer Beziehungen zum Ostgotenkönig Theoderich Strabo († 481) wegen vom Hofe Kaiser Zenons fliehen (Malchos, Hist. graec. min. 1,400 D.). Er lebte dann am Hofe Theoderichs d. Gr. in Italien und verhandelte als dessen Gesandter mit den Franken. Verfasser eines noch erhaltenen kurzen diätetischen Werkes mit dem Titel De observatione ciborum ad Theodoricum regem Francorum (511–533) epistula; diese Schrift ist sprachlich (Vulgärlatein, Vorstufe des Romanischen) von großem Interesse. O. H. und F. K.

E. Liechtenhan, CML 8,1, 1928 (Neuaufl. mit dt. Übersetz. erscheint 1962). *Nardus Groen* Lex. Anthimeum, Diss. Amsterdam 1926. *Karl Jax* Festgabe Ammann, 1954, 115.

2. Bischof von Trapezunt, ging in Konstantinopel 534 zu den von Kaiserin Theodora begünstigten Monophysiten über und wurde auf ihr Betreiben 535 zum Patriarchen erhoben (Ps.-Zacharias rhet. Hist. eccl. 9,19ff. p. 93ff. ed. Brooks, Corp. script. chr. orient. 84/88). Infolge der Intervention des persönlich am Hofe Iustinians anwesenden Papstes Agapetus I. wurde er 536 abgesetzt (Liberatus, Acta concil. oec. 2,5,136 S.). Die von seinem Nachfolger Mennas geleitete Synode exkommunizierte ihn und die führenden Monophysiten. Trotz dem

Verbannungsurteil Iustinians fand er im Palast Theodoras Asyl bis zu deren Tode (548). O. H.

1. *Gustav Krüger*, RPrTh. 13,393ff. 2. *Erich Caspar* Gesch. d. Papsttums 2, 1933, 222ff.

Antho (Ἀνθώ). Nach Plut. Rom. 3,4, der sich auf Diokles von Peparethos und Fabius Pictor beruft, Tochter des Amulius, von dem sie erreichte, daß Rea Silvia nicht getötet wurde. W. E.

Anthologia Palatina, Planudea s. Anthologie

Anthologie, ἀνθολογία, Blumenlese, Slg. aus literar. Werken, wie sie das griech. und röm. Schrifttum unter verschiedenen Namen kannte. Luc. Pisc. 6 gebraucht ἀ. für Sammeln von Logoi, Vett. Valens schrieb 2 B. Ἀνθολογίαι (s. Cat. cod. astr. gr. 2,82), Diogenian ein Ἀνθολόγιον ἐπιγραμμάτων, Ioh. Stobaeus ein Ἀ. philosoph. Exzerpte, eine συναγωγὴ γνωμῶν ἤγουν ἀ. stellte Orion, ähnlich Oros zusammen; zu ἀνθολόγημα s. C. Wachsmuth Stud. z. den griech. Florilegien (1882). Zu dieser Lit. s. Christ-Schmid 2,2^6, 1087–1091. Krumbacher 253–264. 600–604 (ἐκλογαί, συλλογαί, ἐπιτομαί, oft mit Symbolnamen wie Melissa, Anthos, Ionia). Titel wie *symmiktai aitiai* (Demokrit), *-a sympotika* (Aristoxenos) begegnen früh; *symmikta epigrammata* im Pap. Brit. Mus. 589 (3. Jh. v. Chr.) bei Fr. Lasserre RhM 102, 1959, 222–249 mit Abb.; Reste aus Epigramm-Slgen (ohne Titel) verzeichnet R. A. Pack Greek and latin lit. texts from greco-roman Egypt, 1952, 58f. 101; hier auch Florilegien aus Tragödien, Komödien, Hymnen (Nr. 1234–1279); Abb. aus frühen A. bei W. Schubart Pap. gr. Berol., 1911, Nr. 3, 4b, 6c. Slgen von Sentenzen (Menander), Gnomai auf Pap. bei Pack Nr. 1244 bis 1253. Im Phoinixpap. Heidelb. 310 (2. Jh. v. Chr.) sieht A. D. Knox The first greek Anthologist (Cambr. 1923), das Frg. einer ältesten A. von Kerkidas (unter Philipp I.); s. Pack Nr. 1265. Spuren von Epigramm-A. lassen sich ins 3. Jh. verfolgen (Reste bei Pack 58f.). Mehr ist bekannt über 3 große Slgen: Meleagros aus Gadara vereinigte um 70 v. Chr. aus eigener und fremder Dichtung Epigramme zu einem »Stephanos«, den ein Prooimion mit Widmung und Angabe der Epigrammatiker einleitete. In Philippos aus Thessalonike, um 40 n. Chr., fand Meleagros einen Nachahmer, der in seinen ebenfalls alphabet. geordneten, mit Prooemium versehenen »Kranz«-Epigramme von sich und zeitnahen Dichtern aufnahm. Beide Stephanoi fallen noch in die Zeit der Pap.-Rolle, während Agathias von Myrine um 560 seinen in 7 Stoffgebiete eingeteilten »Zyklus moderner Epigramme« in ein Pergamentb. geschrieben haben dürfte. Dieses thematische Ordnungsprinzip übernahm später Konstantinos Kephalas, als er um 900 eine große Epigrammenslg. anlegte; bezeugt ist er 917 als Protopapas des byzant. Kaiserhofes; schon als Zögling der Schule der Neuen Kirche von Konstantinopel hatte er (nach 881) ein Epi-

gramm zu behandeln (A. P. 7,429). Grundlage seiner A. waren die genannten 3 Florilegien, deren Gedichtbestand er in stofflich eingeteilte, aus anderen Quellen vermehrte B. zerlegte. Trotz einer späteren Sch.-Angabe, er habe eine A. von 4 B. erotischer, anathematischer, epitymbischer und epideiktischer Epigramme geschaffen, darf man annehmen, sie habe auch die Protreptika, Sympotika und Skoptika und damit 7 B. nach Vorbild des Agathias enthalten. Da die innere Ordnung dieser Epigrammb. die Durchführung der von Kephalas sichtlich geplanten Gruppierung vermissen läßt, ist sein Werk wohl unvollendet geblieben. Doch wurde es noch im 10. Jh. durch Epigramme und andere Dichtungen erweitert, aus denen sich ein Corpus bildete mit dem Kern von 15 epigr. B. Unorganisch umgeben ihn Werke von Nonnos (verloren), Paulos Silent., Iohannes von Gaza und Carmina Anacreontea, als Ganzes ein Miszellancodex von 709 Seiten, als Anthologia Palatina bezeichnet (s. u.). Unter den 3 wesentlichen Schreibhänden sei nur die älteste (B) erwähnt, weil sie dem Typ der Arethasschule gleicht; 2 Anonymi (J, C) versahen Buch 1–9,561 mit Korrekturen, Dichternamen, Lemmata und lieferten damit wie Schrift- und B.-Geschichte des Codex der Forschung schwer lösbare Probleme. Erst um 1590 erscheint er bei Friedrich Sylburg, dem Verlagsberater Hieronymus Commelins und Verweser der Heidelb. Univ. Bibliothek (1595), um dann (nach Sylburgs Tod 17. Februar 1596) in die Bibliotheca Pal. (»Kurpfälzische Landbibliothek«) einzugehen (Cod. gr. 23). Mit dem gesamten Buchbesitz Heidelbergs geriet die A. P. 1623 in die Biblioteca Vatic., die sie jedoch 1797 (Friede von Campo Formio), in 2 Teile gebunden, mit andern päpstl. Hss. an die Bibliothèque Nationale in Paris ausliefern mußte. Von dort kehrte 1816 mit der Rückgabe von 38 Pfälzer Codices nur der 1. Teil der A. P. nach Heidelberg zurück; der 2. mit den Anakreonteen und Figurengedichten blieb bestimmungswidrig in Paris (Suppl. grec. 384).

Eine der Kephalanischen A. sehr ähnliche Slg., doch ohne die Einträge des Lemmatisten und Korrektors (J, C), benutzte vor 1300 der Mönch Maximos Planudes in Konstantinopel zur Herstellung eines neuen Florilegiums so, daß er die Reihenfolge der 7 B. des (ihm unbekannten) Kephalas änderte und ihre stofflich verwandten Epigramme in alphabet. geordnete Gruppen einteilte. Anstößige Gedichte entfernte er, doch trug er aus einem weiteren Exemplar (von Theodoros Xanthopulos) gegen 400 in der A. P. fehlende Epigramme anhangsweise nach, »Appendix Planudea« (irreführend als A. P. 16 gedruckt). Diese von Planudes selbst geschriebene Ἀνθολογία διαφόρων ἐπιγραμμάτων von 1299 (s. Beckby 1,70,4) kam mit Bessarions († 1472) Bücherlegat an die Biblioteca Marciana in Venedig (cod. gr. 481). Eine frühe Kopie des Autographons (um 1300) im Brit. Mus.

(Add. 16409); Erstausgabe von JOANNES LASCARIS, Flor. 1494; erste Aldina 1503: Florilegium diversorum epigrammatum graecorum.

Neuere Ausg. (nach *Fr. Jacobs* 1813–1817) von *Fr. Dübner* Epigrammatum A. P. cum Planudeis 1.2, Par. 1864.1872. *H. Stadtmüller* A. graeca epigramm. Palat. cum Plan. 1–3,1 (B. 1–7.9, 1–563), Lpz. 1894.1899.1906. *P. Waltz* A. grecque 1–6 (B. 1–8), Par. 1928ff. *H. Beckby* A. graeca 1–4 Münch. 1957.1958. Vollreproduktion: *K. Preisendanz* A. P. Codex Pal. et cod. Par. (= Codices graeci et lat. photogr. depicti 15,1.2, Lugd. Bat. 1911). *K. Preisendanz* Zur griech. A. Marc. 481, Par. suppl. gr. 384, Pal. 23, Heidelb. 1910. *Ders.* Die späte B.Geschichte der A. P., Zentralbl. f. Bibl.Wesen 58, 1941, 87–105. *Ioh. Basson* De Cephala et Planude syllogisque minoribus, Diss. Berol. 1917. *J. Hutton* The greek Anthology, 1935. *A. S. F. Gow* The greek Anthology, Lond. 1958. *C. Gallavotti* Planudea 1.2 in Accademia Naz. dei Lincei, Boll. 7, 1959, 25–50. 8, 1960, 11–23.

Auch das lat. Schrifttum kannte liter. Auslesen. Iul. Florus stellte Saturae von Ennius, Lucilius und Varro zusammen (Porph. zu Hor. ep. 1,3.1), Catull lehnte (c. 14) eine A. schlechter Poeten ab; Apuleius gab eigene Vorträge als »Florida« (*'Ανθηρά*) heraus; beliebt waren gesammelte Sentenzen aus dramat. Dichtern (Ennius, Pacuvius; s. Auctor ad Herenn. 4,7), besonders aus den Mimen des Publil. Syrus (TH. BIRT Kritik und Hermeneutik 35f.); lang wirkte eine A. unter Varros Namen nach, wie auch die des Sextius. Eine Slg. priapeischer Gedichte entstand im 1. Jh. n. Chr. Sueton schrieb »Prata« (oder »Pratum«) im Sinn von *Λειμών* (s. Suda u. Pamphilos: *περιοχὴ ποικίλων*), wie eine Jugendarbeit Ciceros hieß (Limon). Die einzige umfängliche A. lat. Epigramme und Gedichte enthält der »Codex Salmasianus« (cod. lat. Par. 10318, 7. oder 8. Jh.), eine in N.-Afrika entstandene Slg. von Dichtern der letzten Vandalenzeit, wie Luxorius, Flavius Felix, Florentinus, Coronatus und Symphosius (Rätsel). Die Hs. dieser »libri epigrammatum« wurde durch Verlust von B. 1–5 unvollständig. K. P.

H. Omont A. des poètes lat. dite de Saumaise, Par. 1903, Facs. bei *Wattenbach-Zangemeister* Exempla cod. lat., T. 46. A. lat. *(Riese)* 1² S. XIII. *Schanz-Hos.* 4², 69–76.

Anthos (*"Ανθος*). Sohn des Autonoos und der Hippodameia, der von den Pferden des Vaters zerrissen und in den Vogel A. (Aristot. hist. an. 5,6. Plin. nat. 10,42,57) verwandelt wurde, der, das Wiehern der Pferde nachahmend, ständig vor ihnen floh. Anton. Lib. 7. → Akanthis. H. v. G.

Anthyllis. Unter *ἀνθυλλίς, ἀνθύλλιον, ἄνθυλλος* wurden nach Diosk. 3,136 und Plin. 21,103 zwei nicht sicher bestimmbare aromatische Pflanzen, darunter wohl Cressa cretica verstanden. Erst im 16. Jahrhundert wurde der Name auf den Wundklee, Anthyllis L., übertragen. H. G.

Antias s. Valerii

Antiades (*'Αντιάδης*) ist nach Apollod. 2,7, 8,2 Sohn des Herakles und der Aglaia, der Tochter des → Thespios. W. E.

Anticato s. Caesar

'Αντίδοσις. Für das attische Recht bezeugte Institution zur Vermeidung von Härten und unrechtmäßiger Beanspruchung eines Bürgers bei Leistung der Leiturgien. Wenn nämlich ein Leiturgiepflichtiger einen dem Vermögen nach Näherberufenen nennt und dieser keine Skepsis hat (Einrede, daß er schon früher diese Leiturgie übernahm oder eine andere zu leisten hat, bzw. sich in dem leistungsfreien Zwischenjahr zwischen 2 Leiturgien befand oder das nötige Alter noch nicht hat), so kann er bei Verweigerung der Leiturgie von seinem Gegner zum Vermögensaustausch aufgefordert werden (Aristot. Ath. pol. 56.61. Lex. Cantabr. 663,5. BEKKER, Anecd. gr. 1,197,3.406,26). An dem größeren Vermögen hängt die Verpflichtung zur Leistung, so daß das Objekt zu *ἀντιδιδόναι* entweder das Vermögen oder die auf ihm ruhende Belastung (Leiturgie) sein kann. Vgl. Demosth. Rede gegen Phainippos. A. M.

Busolt-Swoboda Gr. Stk. 1088f.

Antigeneidas (*'Αντιγενείδας*). Berühmter Aulosspieler und -komponist. Sein Wirken fällt in die Jahre 400–370. Biographische Quellen hat DINSE 12ff. zusammengetragen. Antigeneidas, ein Sohn des Dionysios (Harpokr. Anecd. Bekk. 1,410), wurde zufolge Suda Aulet des Dichters Philoxenos, dessen Tätigkeit in Athen etwa ein Jahrzehnt früher als diejenige des A. anzusetzen ist. Bei der Hochzeit des Iphikrates im Jahre 382 ist er verbürgt (Athen. 4,131 B), auch zur Zeit des Epameinondas ist er noch nachweisbar (Plut. *'Αποφθέγματα* Epam. 20 p. 193 F), was L. POMTOW untersucht hat. Doch scheint er nicht, wie Gell. 15,17 nach Pamphila berichtet, ein Lehrer des Alkibiades gewesen zu sein. Für die Auletik wurde seine Spieltechnik von histor. Bedeutung, denn er bevorzugte freier schwingende (nicht wie vordem festgelegte) Rohrblätter (*συμμύειν* und *κατασπάσματα* bei Theophr. h. plant. 4,11,3). Wahrscheinlich betraf solche, seit A. geübte Technik des *μετὰ πλάσματος* eine Tieferführung des Aulostons. Von seinem Schülerkreis (*'Αντιγενείδειοι*) berichtet schon Plut. *Περὶ μουσικῆς* 21 (über den Quellenwert dieser kaum authentischen Kompilation vgl. jedoch K. ZIEGLER in RE XXI 814ff. III 5e De musica). Nicht zufällig verweist Apul. flor. 4 auf A. als einen standesbewußten Künstler. Die Identifikation mit dem Auleten Batalos, die DINSE in Betracht zieht, da Batalos und A. als erste gelten, die milesische Schuhe getragen haben (Suda, Libanios), bleibt fragwürdig; auch v. JAN schwächt mit Recht diese Identifikation unter Nachprüfung des Kontextes bei Suda ab. Vgl. Art. Batalos. W. B.

H. Riemann HB der Musikgeschichte, Bd. I, Teil 1, ²Lpz. 1919, 157.163. RE I 2400, 1–2401, 10 *(v. Jan.)*. *H. L. M. Dinse* De Antigenida Thebano musico, Diss. phil., Bln. 1856. *L. Pomtow* Das Leben des Epaminondas, Bln. 1870, 23ff. *H. Stephan* Th. Gr. L. II 896 B.

Antigenes (Ἀντιγένης). **1.** Bereits 324 *senex* (Iust. 12,12,8), Führer der Argyraspiden, nahm am Feldzug des Perdikkas gegen Äg. teil und war an dessen Ermordung beteiligt. Er erhielt in Triparadeisos 321 die Provinz Susiane, schloß sich aber dann auf Befehl von Olympias Eumenes an. Bei dessen Gefangennahme von den Soldaten ebenfalls an Antigonos ausgeliefert, wurde er 316 getötet (Diod. 19,44,1).

H. Berve Alexanderreich 2,41.

2. Alexanderhistoriker (Plut. Al. 46), wohl Zeitgenosse Alexanders. Sein Werk scheint topographischen, naturwissenschaftlichen Charakter gehabt zu haben (Plin. nat. 1,5. Herodian. π. μόν. λεξ. s.v. ἀσκός, s. FGrH 141 und IId 528f.). G. W.

Antignotos. Bronzegießer, tätig in Athen im 2. Jh. v. Chr. Seine Signatur auf Basen, die in röm. Zeit wiederverwendet wurden, wahrscheinl. identisch mit dem Plin. nat. 34,86 genannten A. A. R.

Löwy Inschr. griech. Bildhauer, Leipzig 1885, Nr. 314ff.

Antigone (Ἀντιγόνη). **1.** Tochter des Königs Eurytion von Phthia. Ihr Gatte Peleus tötete Eurytion unabsichtlich und floh nach Iolkos. Hier blieb er taub für die Liebesanträge der → Astydameia. Um sich zu rächen, schickte diese der A. die falsche Nachricht, Peleus heirate ihre Stieftochter Sterope, und A. erhängte sich. Apollod. 3,13,1 ff. Pind. N. 4,57. 5,26 nennt sie Hippolyte. **2.** Tochter des Oidipus und der Iokaste, Schwester der Ismene, des Eteokles und Polyneikes. Hom. Od. 11,271 nennt die Gemahlin des Oidipus Epikaste, kennt aber keine Kinder von ihr. In der kykl. Oidipodie hieß sie Euryganeia, Paus. 9,5,11. E. Bethe Theban. Heldenlieder 1 ff. Ein anderes kyklisches Epos wird schon den Geschlechtsfluch eingeführt haben, den Aischyl. Hept. 725 und Pind. O. 2,38 ff. voraussetzen. Die maßgebende Darstellung des Schicksals der A. gibt das Drama des Sophokles. Nach einer Notiz in der hypoth. Sal. Soph. A. ist in einem Dithyrambos des Ion von Chios A. mit Ismene von Laodamas, Eteokles' Sohn, in einem Heratempel verbrannt worden, in den sie geflüchtet waren. Verständlich ist diese Angabe nur, wenn man annimmt, die Tat A.s sei erst spät, nach Kreons Tod, unter der Herrschaft des Laodamas, bekannt geworden, C. Kirchhoff Der Kampf der Sieben vor Theben und König Oedipus, 1917, 179. Bei Soph. wird A. bekanntlich nach ihrer Gehorsamsverweigerung in ein Felsengrab eingeschlossen, wo sie sich erhängt. Ihr Verlobter Haimon will sie retten, findet sie aber schon entseelt und tötet sich über ihr. Das Bestattungsverbot kommt auch in dem unechten Schluß von Aischyl. Hept. vor; der Konflikt wird dort aber nicht ausgetragen, sie folgt ihrem Vater in die Verbannung. Ähnlich ist es im Schluß von Eur. Phoin.: Hier will Kreon sie zur Vermählung mit Haimon zwingen, aber sie betrachtet ihre Verlobung als aufgehoben und begleitet ihren Vater. Dieses letzte Motiv hat dann Soph. im Oid. K. ausgiebig verwertet. Die Liebe Haimons zu A. macht Eur. in seinem Drama A. zum entscheidenden Motiv: sie haben einen Sohn Maion, das Drama endet glücklich. Näheres darüber ist aber aus den 22 Fragmenten nicht zu ermitteln. Allerdings hat Welcker Griech. Trag. 2,563, Hyg. fab. 72 als Hypothesis der A. des Eur. aufgefaßt: Argeia, Polyneikes' Witwe, hilft A., die Leiche zu dem Scheiterhaufen des Eteokles zu schaffen. Haimon wird von Kreon beauftragt, das Todesurteil an A. zu vollstrecken; er meldet die Ausführung des Befehls, in Wirklichkeit aber hat er sie bei Hirten untergebracht und erzielt von ihr einen Sohn, Maion. Dieser wird nach Jahren bei einem Besuch Thebens von Kreon erkannt. Er muß sterben, und die Eltern folgen ihm in den Tod. Welckers Annahme ist stark bestritten, und es gibt gute Gründe, in Hyg. fab. 72 den Inhalt eines späteren Dramas zu sehen, etwa von Astydamas II. Von dem gemeinsamen Grab der feindlichen Brüder weiß übrigens auch Ov. trist. 5,5,33; er erzählt unter Berufung auf Kallimachos, bei dem Totenopfer hätten Flamme und Asche sich gespalten. Stat. Theb. 12,315. Philostr. Im. 2,29. Paus. 9,25,2. Apollod. 3,56.78. Hyg. fab. 67f. 70f. E. Beyfuss Die A.sage in der Weltliteratur, 1921. Antike bildl. Darstellungen: 2 apulische Vasen und 1 Sarkophag. **3.** Tochter des troischen Königs Laomedon, Schwester des Priamos, die sich wegen ihres schönen Haares der Hera gleichstellte und von ihr in einen Storch verwandelt wurde, Ov. met. 6,93. H. v. G.

Antigoneia. Name verschiedener griech. Städte. **1.** In Syrien (Strab. 16,750. Diod. 20,47) am Orontes, Gründung des Antigonos im J. 207 v. Chr. **2.** In Makedonien an der W.-Küste der Chalkidike (Liv. 44,10 *ora Antigonea*). **3.** Im Innern von Makedonien (Plin. nat. 4,34 *oppidum Stobi civium Romanorum, mox Antigonea*), an der Straße nach Thessalonike (Tab. Peut.). W. S.

RE I 2404f.

4. Epirotische Stadt (h. Tepeleni), spez. der Landschaft Chaonien angehörig (Ptol. 3,13,5. Steph. Byz.), am l. Ufer des Aoos (h. Viosa) bei der Einmündung des Elaion (h. Drynos). Von Antigonos Gonatas gegründet, lag A. am Ausgang eines durch das Aoostal gebildeten Engpasses (Polyb. 2,5,6. Liv. 32,5,9–10) und trat geschichtlich im 2. Mak. Krieg (198 v. Chr.) in den Kämpfen Roms mit Philipp V. hervor (J. Kromayer Ant. Schlachtfelder in Griechenland 2,40 mit Karte 3). H. T.

Gr. Hist. Weltatl. I, S. 18. *H. Treidler* Epirus im Altertum, Stud. zur histor. Topogr., Diss. Lpz. 1917, 38–40, 83. *Philipps.-Kirst.* Die griech. Landschaften, 2,1,222–223.

Antigonos (Ἀντίγονος) **1.** Monophthalmos oder Kyklops (Pol. 5,67,6), makedon. Feldherr, 333 Satrap von Phrygien. Arr. an. 1,29,3. Nach Alexanders Tode erhielt er Pamphylien, Lykien und Großphrygien und 321 die Strategie von Asien. Diod. 18,3,1. 40,1. In den Diadochenkämpfen trat er für die Reichseinheit ein und wurde deshalb beständig angegriffen. 316 vernichtete A. Eumenes und eroberte die oberen Satrapien. Diod. 19,17–48. Plut. Eum. 17 ff. 315 gründete er den Nesiotenbund und gewann durch den Erlaß von Tyros über die »Freiheit der Hellenen« Einfluß in Griechenland. Diod. 19,58 ff. R. H. SIMPSON Hist. 8, 1959, 385 ff. Trotz der Niederlage seines Sohnes Demetrios bei Gaza 312 behielt A. im Frieden 311 sein Reich vom Hellespont bis zum Euphrat. Diod. 19,105,1. C. B. WELLES Royal corresp., 1934, 1. Nachdem A. 309 Alexanders Schwester Kleopatra umgebracht, Demetrios 307 Athen besetzt und 306 Ptolemaios zur See bei Salamis auf Kypros geschlagen hatte, gründete A. Antigoneia am Orontes und nahm als erster Diadoche mit seinem Sohn den Königstitel an. Diod. 20,47–53. Plut. Dem. 15 ff. Ein Angriff auf Äg. und die Belagerung von Rhodos scheiterten 305. Diod. 20,73 ff. 81 ff. 91 ff. Dank den Erfolgen des Demetrios in Griechenland erneuerte A. 302 den panhellen. Bund von Korinth. Plut. Dem. 25. IG IV^2 1,68. L. ROBERT Hellenica 2, 1946, 15 ff. Im Kampf gegen die Koalition des Ptolemaios, Lysimachos, Kassandros und Seleukos fiel A. 80jährig 301 bei Ipsos (Phrygien). Diod. 21,1. Plut. Dem. 28 ff. Schreiben des A. an Teos über den Synoikismos mit Lebedos bei WELLES 3.4. Zu den kultischen Ehren des A. in Athen und anderwärts C. HABICHT Gottmenschentum u. griech. Städte, 1956, 42 ff. – **2.** Gonatas (*Γονατᾶς*, zu der fraglichen Ableitung des Namens von dem thessalischen Gonnoi W. W. TARN Antigonos Gonatas, 1913, 15,1), Enkel des vorigen, kämpfte mit seinem Vater Demetrios Poliorketes 291 in Griechenland und war dort 287 sein Statthalter. Plut. Dem. 39,7 ff. 285 schloß A. mit Pyrrhos ein Bündnis gegen Lysimachos. Obwohl A. seine Königsjahre von 283 ab zählte, konnte er Makedonien gegen Lysimachos und Ptolemaios Keraunos nicht behaupten. Erst als Antiochos I. 278 auf Makedonien verzichtete und A. 277 ein Keltenheer bei Lysimacheia schlug, wurde er 276 de facto König der Makedonen. Trog. prol. 25. Iust. 25,1 ff. M. CHAMBERS AJPh 75, 1954, 385 ff. Gegen Pyrrhos, der A. 274/3 aus Makedonien vertrieb, verbündete er sich 272 mit dem Spartanerkönig Areus und festigte die makedonische Herrschaft in Griechenland durch Einsetzen von Tyrannen in Elis, Megalopolis und Argos. Pol. 2,4,10. Im chremonideischen Krieg schlug er 265 bei Korinth das peloponnesische Heer des Areus, 262 (zum Datum BENGTSON GG^2 397,1) bei Kos die Flotte des Ptolemaios II. und eroberte 262 Athen. Paus. 3,6,4 ff. Iust. 26,2,8. Athen. 5,209 e. Im 2. syrischen Kriege stand A. seit 260 mit Antiochos II., dessen Schwester Phila er geheiratet hatte, gegen Ptolemaios II., schloß aber 255 einen Sonderfrieden. Seine Hegemonie in Griechenland und der Ägäis wurde 250 durch den Abfall seines Neffen Alexander in Korinth und den achaeischen Bund unter Aratos bedroht. Plut. Arat. 24,4. Ob der makedonische Seesieg bei Andros in diese Zeit fällt, ist umstritten. Trog. prol. 27. C. HABICHT a. O. 71,50. A. starb 239, als Herrscher von den Stoikern anerkannt. Zu seinem Ausspruch *βασιλεία ἔνδοξος δουλεία* (Ail. var. 2,20) H. VOLKMANN Philol. 100, 1956, 52 ff. – **3.** Doson (*Δώσων*, der seine Herrschaft abgeben wird, anders Plut. Aem. 8,2), auch Epitropos genannt (Athen. 6,251 d), Neffe des vorigen, Sohn des Demetrios des Schönen, 230 makedonischer Reichsverweser für Philipp, den Sohn des Demetrios II., dessen Witwe A. heiratete. Liv. 40,54. Nach Kämpfen gegen aufständische Makedonen und Thessaler und einer Flottenexpedition nach Karien nahm er 227 den Königstitel an. Pol. 20,5 ff. Trog. prol. 28. Iust. 28,3 ff. Von Aratos gegen Sparta zu Hilfe gerufen, vereinte A. als Hegemon 224/3 die Achäer, Thessaler, Epeiroten, Akarnanen, Böoter, Phoker, Lokrer und Euböer zu einem hellenischen Staatenbund, besetzte Korinth und zerstörte 223 Mantineia, das in Antigoneia umbenannt wurde. Pol. 4,9,4. Nach dem Siege bei Sellasia 222 zwang A. Sparta zum Beitritt in den Bund. Pol. 2,65 ff. Sylloge^3 518. 221 wehrte A. einen Einfall der Illyrier ab und starb 42jährig. Pol. 2,70. Plut. Arat. 40; Kleom. 30. M. T. PIRAINO Antigono Dosone, 1954. H. V.

4. Nächstjüngerer Bruder des → Aristobul I.; von diesem als Mitkönig protegiert und von Gegnern der Usurpation verdächtigt, wurde er 104 v. Chr. umgebracht (Ios. ant. Iud. 13,11,1 f.; bell. Iud. 1,3,1–4). **5.** Sohn des Makkabäerkönigs → Aristobul II.; er teilte dessen Schicksale bis zur 2. Gefangenschaft in Rom (56 v. Chr.), wurde dann aber vor ihm freigelassen (Ios. ant. 14,6,1; bell. 1,8,6). 15 J. später gelang es ihm, mit Hilfe der in die Provinz Syrien eingefallenen Parther den Thron seines Vaters wiederzugewinnen (40–37 v. Chr.), obwohl der röm. Senat schon → Herodes zum jüdischen König eingesetzt hatte. Bald nach Vertreibung der Parther wurde auch A., der letzte Makkabäerkönig, der sich auf seinen zweisprachigen Münzen auch hebr. »Mattathia der Hohepriester« nannte, von den Römern und Herodes in Jerusalem besiegt und in Antiocheia hingerichtet (Ios. ant. 14,13,3–16,4. 15,1,2; bell. 1,13,1–18,3. Cass. Dio 49,22,6). C. C.

Lit. → Judentum

6. A., Bildhauer um 200 v. Chr. an den Galliergruppen in Pergamon tätig; verfaßte nach Plin. nat. 34,84 *volumen de sua arte*. Vielleicht identisch mit A. von Karystos. A. R.

HB Arch I 321 (*Pernice*). III 1 (5. Lfg. 1950) 353 (*Lippold*).

'Αντιγραφή, – εύς. Der Ausdruck ist wie alle nicht von Juristen formulierten Prozeßbegriffe des griech. Rechts unscharf [1]. Er kann bedeuten: 1. Gegenschrift, a) im Sinne einer schriftlichen Klagebeantwortung, die der Beklagte bei der für die Voruntersuchung zuständigen Behörde einreichte. Die Richtigkeit der in ihr enthaltenen Behauptungen mußte er gleich zu Beginn der *ἀνά-*

κρισις beschwören (Poll. 8,58. Demosth. 45,46.87), daher begegnet in dieser Bedeutung auch der Ausdruck ἀντωμοσία [2], b) im Sinne einer prozeßhindernden Einrede der Unzulässigkeit der Klage (Lys. 23,5), später παραγραφή genannt [2]. 2. Widerklage. Dies war ein mit der Klage in rechtlichem Zusammenhang stehender Angriff des Beklagten gegen den Kläger mit eigener Klageschrift und Ladung außerhalb des anhängigen Verfahrens [2.3]. 3. Untechnisch: Eine selbständige Klage auf Entzug der bürgerlichen Ehrenrechte [2], soweit sie von dem Beklagten eines schwebenden Strafverfahrens gegen den Kläger erhoben wurde, damit dieser das 1. Verfahren nach Verlust der Bürgerrechte nicht mehr fortsetzen konnte (Aischin. 1,154). 4. Allgemein: Prozeßschrift einer Partei ohne Rücksicht auf die Rolle, die sie im Prozeß spielte (Harpokr.). 5. Im röm. Äg.: Kaiserliches Reskript [4]. – Ἀντιγραφεύς, Gegenschreiber: Ein auch außerhalb Athens bezeugter, bei der Buchführung einem anderen Beamten als Kontrollbeamter gegenüberstehender Funktionär der Finanzverwaltung [5]. E. B.

1. *E. Meyer*, ZRG 68, 1951, 33,5. 2. *J.H. Lipsius* Das att. Recht, 830.846.860f. 3. *M.B. Liwadas* Ἀνταγωγή, Athen 1917, 15f. 4. *P.M. Meyer* Ztschr. für vgl. RW. 39,245. 5. *Busolt-Swob.* GStK. 1042. *F. Preisigke* Fachwörter s. v.

Antikleia (Ἀντίκλεια). Tochter des Autolykos, Gattin des Laertes, Mutter des Odysseus und der Ktimene. Sie starb aus Gram um den so lange abwesenden Sohn. Odysseus spricht mit ihrem Schatten in der Unterwelt. Hom. Od. 11, 84ff. 152ff. 15,347ff. Nachhom. gilt Odysseus vielfach als Sohn der A. und des → Sisyphos. Selbstmord der A. Hyg. fab. 243. Die Unterweltsszene war in Polygnots Gemälde in Delphoi dargestellt. Paus. 10,29,8. Myth. Lex. 1,374. H. v. G.

Antikleides. Von Athen, »mehr Antiquar als eigentlicher Historiker«, wohl peripatetisch beeinflußt (JACOBY 525), Anfang der Diadochenzeit, schrieb *Περὶ Ἀλεξάνδρου*, *Δηλιακά*, (myth. und hist.), *Νόστοι*; anderes zweifelhaft. J. W.

FGrH II B S. 799ff.; Erläut.: FGrH II D S. 525ff.

Antiklos (Ἄντικλος). Einer der Griechen im hölzernen Pferd, der der Helena, als sie um das auf der Burg stehende Pferd herumschlich und die Stimmen der Gattinnen der in ihm befindlichen Männer nachahmte, antworten wollte, dem aber Odysseus den Mund verschloß, bis Athena die Helena wegführte (Hom. Od. 4,271ff. Quint. Smyrn. 12,317. Apollod. 5,19. Ov. Ib. 567). W. S.

Antikyra. 1. Kleine Stadt an der ehemaligen Mündung des Spercheios in den malischen Golf etwa beim heutigen Dorf Komma, Reste nicht bekannt. Ethnikon Ἀντικυρῖται.

Friedr. Stählin Das hellenische Thessalien, 1924, 209. *Y. Béquignon* La vallée du Spercheios, Bibliothèque des écoles franç. d'Athènes et de Rome 144, 1937, 305f. *L. Robert* RPh 19, 1945, 19f.

2. Stadt im s. Phokis an der tiefen Bucht von Aspra Spitia an der N.-Küste des korinthischen Golfs, als wichtiger Hafen oft genannt, in den hellenistischen Kriegen mehrfach belagert und erobert. Ethnikon Ἀντικυρεύς. Geringe Reste bei Aspra Spitia. Artemisheiligtum s. der Stadt Lolling Ath. Mitt. 14, 1889, 229ff. BCH [3]. Inschr. IG IX 1 nr. 1–9. 1062–1064. Münzen: HEAD HN² 339. Paus. 10,36,5–37,1.

J. G. Frazer Pausanias 5, 1898, 452ff. *Fr. Schober* Phokis, 1924, 24f. BCH 64/65, 1940/41, 272.

Beide Orte im Altertum durch den Nieswurz (→ Helleborus und RE VIII, 163ff.) berühmt. Daß Strab. 9,5,10 p. 434 und Liv. 26,26,2 den Ort nach Lokris verlegen, ist irrig, L. LERAT, RPh 19, 1945, 12ff. = Les Locriens de l'ouest 1, 1952, 54ff. E. M.

Antilibanos. Ein auf der ö. Seite des Libanon diesem von NO nach SW parallel laufendes Gebirge (bis 2700 m). Außer den Geographen Strabon (16,2,16) und Ptol. (5,14,6 p. 964) erwähnen vor allem Arr. an. 2,20,4 und Plut. Alex. 24 den A. Der A. ist der heutige Dschebl esch-Scherki (Atlas of the World II, Pl. 34, Lond. 1959). H. T.

Antilochos (Ἀντίλοχος). Ältester Sohn Nestors von Pylos. Als Freier Helenes (Apollod. 3,10, 8,1) zog er mit seinem Vater vor Troia; nach Philostr. her. 3,2 erst im 5. Kriegsjahre, gegen Nestors Willen, auf Fürsprache des Achilleus, der den jüngsten, schönsten, schnellsten Helden besonders liebte (Il. 23,556). A. zeichnet sich im Kampfe häufig aus; er ist der eigentl. Führer der Pylier. Poseidon schützt ihn (Il. 13,545). A. meldet Achilleus Patroklos' Tod, beteiligt sich an den Leichenspielen. Er fällt durch Memnon (Od. 4,187. 11,52), indem er sich für seinen Vater opfert, Pind. P. 6,28. Achilleus rächt ihn an Memnon. Die 3 Freunde ruhen gemeinsam im Grabhügel am Sigeion (Od. 24,72), wandeln gemeinsam im Hades (Od. 11,467. 24,15), so auch auf Polygnots Gemälde in Delphoi. Auf Vasenbildern wird er häufig dargestellt. H. v. G.

Antilope s. Gazelle

Antimachos (Ἀντίμαχος). **1.** Troer, Gegner Antenors. Als vor dem Kriege Menelaos und Odysseus in Troia Helenes Rückgabe verlangten, riet er, sich über das Gesandtenrecht hinwegsetzend, sie zu erschlagen (Il. 3,205. 11,138). Später verhinderte er, von Paris bestochen, die von den Troern erwogene Auslieferung Helenes (11,123ff.). Dieses Motiv wurde von Diktys und Quint. Smyrn. fortgebildet. Seine 3 Söhne wurden von den Griechen getötet (Il. 12,188). H. v. G.

2. A. von Kolophon, um 400 v. Chr. († vor 348/347). Wegbereiter hellenist. Poesie als erster poeta doctus (u. a. auch als Homerphilologe tätig), durch bewußte Erneuerung und Steigerung homer. Kunstmittel im → Epos *Θηβαΐς*, durch Abfassung der erzählenden → Elegie *Λύδη*, eines »Epos in Katalogform und im Versmaß der Elegie« (TRÜB 76); hier stellt er anläßlich des Todes seiner Geliebten → Lyde Schicksale unglücklich Liebender dar. Von den alexandrin. Dichtern teils bewundert und nachgeahmt, teils abgelehnt. J. W.

B. Wyss Antimachi Col. Reliquiae, Bln. 1936. Lyde-Frg. auch bei *Diehl* Anth. Lyr. Gr. 1^3,100f. *R. Hiersche* Wörter und Formen der frg. erhalt. hellenist. Epik, Diss. Jena 1952 (masch.). *J. Trüb* Kataloge in der griech. Dichtung, Oberwinterthur 1952, 74ff. Zu Kallimachos' Polemik gegen A.: *M. Puelma*, Philol. 101, 1957, 90ff.

3. A. von Teos, Epiker: EGF 1,247. Zweimal zitiert: Clem. Al. Strom. 6,2,12,7f. Plut. Rom. 12 (ihm sei die Mondfinsternis von 754 bekannt gewesen). – Der im Sch. Aristoph. Pax 1270 zitierte A. braucht nicht mit dem Vorgenannten identisch zu sein. H. J. M.

Antimonium. Der Name ist nicht antik; das Altertum kannte ein Mineral στίβι oder στίμμι (*stibium;* das Wort ist äg. Ursprungs), das als eine Art Blei galt und unserem Antimonit entsprach. Es wurde als Augenschminke, aber auch wegen adstringierender und kühlender Wirkung als Heilmittel verwendet (vgl. Diosk. 5,84 = 3,55,20ff. Wellm. Plin. nat. 33,101ff.). F. K.

'Αντινοεῖς. Attischer Demos der neugeschaffenen 13. Phyle Hadrianis, genannt nach dem Liebling Hadrians Antinoos, in dem die Athener den Kaiser als ihren größten Wohltäter ehren wollten. In IG II² 1793 erscheint 'Αντινοεῖς nach Βησαιεῖς an 2. Stelle, was für die Bedeutung dieses Demos innerhalb der Phyle spricht. Nach Milchhoefer (RE I 2438) könnte er »durch Umnennung oder Absorption älterer Gemeinden entstanden sein«. A. M.

Antinoos ('Αντίνοος). **1.** Ithakesier, Sohn des Eupeithes, der zügelloseste der Freier Penelopes. Er verübt mehrere vergebliche Anschläge auf das Leben Telemachs, wirft den Schemel auf den in einen Bettler verwandelten Odysseus, veranlaßt den Wettkampf mit Iros. Ihn trifft der erste Pfeil des Odysseus (Od. 4,629.660ff. 16,371. 17,462. 18,46. 22,8.48). Von seinem Schicksal leitet Zenob. 5,71 das Sprichwort her: *Πολλὰ μεταξὺ πέλει κύλικος καὶ χείλεος ἐντός* (s. a. Ankaios). H. v. G.

2. A. aus Bithynien, vgl. Cass. Dio 69,11, der Liebling Hadrians, *110, † 130 im Nil, Chron. min. 1,223. Aurel. Vict. Caes. 14,7–9. Eine Consolatio an den trauernden Kaiser schrieb Numenius, Suda 3,481,22 Adler. Hadrian gründete an der Stelle seines Todes die Stadt Aninoopolis, Paus. 8,9,7, gab ihm göttliche Verehrung, Tempel und Priester, Amm. 22,16,2. Iust. apol. 1,29. Zahlreiche Ehreninschr. aus Rom (CIL VI 1851), Lanuvium (Dess. 7212), Tibur (CIL XIV 3535) und dem O. s. W. Weber Hadrian 248f. Bestattet war A. in Rom außerhalb der Porta Maggiore, wie die Inschrift eines Obelisken (j. auf dem Pincio, RE XVII 1713) bezeugt. Gedichte auf ihn schrieben Pancrates, Athen. 15,677 d. Pap. Oxy. 8,1085, und Mesomedes, Suda 3,367,9 Adler. R. H.

Mz. mit seinem Bild s. Br. Mus. Pont. p. 117, vgl. *W. H. Gross* Wiss. Abh. dt. Numismatikertages, 1951. Zahlreiche Statuen, s. *E. Holm* Bildnis des A., Diss. Lpz. 1933. *H. Kähler* Hadrian und seine Villa bei Tivoli, 1950, 153ff. *T. Kraus* Heidelb. Jb. 3, 1959, 48–67.

Antinoupolis. 122 n. Chr. von Hadrian an der Stelle in Mitteläg. gegründete Stadt, an der sein Liebling Antinoos ertrunken war, j. sheich abade, alt auch Hadrianupolis (Steph. Byz.) oder Besantinoupolis (Phot.) genannt. Die bis ins 19. Jh. erhaltenen Bauten (Theater, Triumphbogen, Kolonnaden, Zirkus, Hippodrom) wurden von Mehmet Ali zum Bau der Zuckerfabrik von Roda benutzt. W. H.

Antinum (Nissen It. Ldk. 2,456. Beloch RG 599), marsische (Plin. nat. 3,106 Hss. *Atinates.* CIL IX,3839 *Marsi Antinum*). Stadt im oberen Liristal (904 m), *municipium* der *trib. Sergia* (CIL IX p. 362) in der 4. Reg. (Plin. a.O.). Zeitweilig in volskischer Hand (Liv. 4,57,7 Hss. *Antium*); vgl. Vetter, HB 158 Nr. 223 (Radke, RE IX A 797). Erhaltene Polygonalmauern. G. R.

Antiocheia (*'Αντιόχεια*). **1.** Am Orontes (Nahr el-Asi), von Seleukos I. Nikator im Jahre 300 v. Chr. nach der Schlacht von Ipsos zu Ehren seines Vaters Antiochos gegründet (jetzt Antakija). Alle literar. Quellen über A. sind sekundär (Strab. p. 719.749.751. Ptol. 5,14,12 M. Mela 1,69. Plin. nat. 5,79). Einblick in das Straßennetz um A. vermitteln uns die römischen Itinerarien (K. Miller Itin. Rom., Stuttg. 1916, 754,757.764f.767.775. 823 mit Skizzen Nr. 219.243.259). Über Ausgrabungen s. Lit. a. E. Strab. nennt die Stadt *'Αντιόχεια ἡ ἐπὶ Δάφνῃ* nach einem dort angrenzenden, noch heute bestehenden Lorbeerhain (jetzt Bêt el-Mâ). A. war in seinem Aufblühen das alleinige Werk der Seleukiden und konnte sich schließlich mit Alexandreia und Byzanz, ja mit Rom messen. Die Stadt war ein *orientis apex pulcher* (Amm.) und die *Antiochia famosissima* (Geogr. Rav.). Von besonderer weltgeschichtl. Bedeutung wurde A. als Stadt des Christentums; hier entstand der Name »Christen« (Apg. 11,26: *Χριστιανοί*), hier weilten Paulus und Petrus (Galat. 2,11). A. wurde Bischofssitz mit gleichen Rechten wie Rom und Alexandreia. Unter römischer Herrschaft noch mit einem erheblichen Maß von Freiheit bedacht, wurde A. von dem Sassaniden Chosroës I. (Chosrau) erobert (540) und von Justinian, nachdem es schon 395 oström. geworden war, unter dem Namen Theupolis wieder aufgebaut. 637 kam A. in die Gewalt des Islam.

K. Baedeker Palästina und Syrien; Lpz. 1910, S. LXXVI u. 357–362. *G. Downey* A history of Antioch, Princeton 1961. *F. O. Waage* Antioch on-the-Orontes, 4 Bde. (excavations), London 1934–1948. – Dazu die RE-Art. Antiocheia Nr. 1 u. Theupolis. Ferner Gr. Hist. Weltatl. I, S. 20a (Hellenist. Städtegründungen) Münch. 1954.

2. Stadt im n. Parthien (*'Α. ἐν τῇ Μαργιανῇ*), das heutige Merw (altpers. Moûru), bezeugt von Strab.

11,10,2. Ptol. 6,10,4 N., ursprünglich als Gründung Alexanders d. Gr. *Ἀλεξάνδρεια* genannt und nach einer Zerstörung von Antiochos I. Soter wiederhergestellt. **3.** A. am Tauros (Ptol. 5,14,8) in der syr. Kommagene, mit dem heutigen Aïntab oder, in anderer Deutung (s. RE Suppl. IX s. Germanicia), mit Maras identisch. **4.** A. am Pyramos in Kilikien (Ruinen am Kap Karatasch) unweit der Stadt Mallos (Stad. M. M. 163 in GGM 1 p. 480). **5.** *Ἀ. ἐπὶ Κράγῳ* (Ptol. 5,7,2. Röm. Itin.), Küstenplatz im »rauhen Kilikien« am Gebirge *Κράγος* (Jan Dagh), das heutige Güney. **6.** *Ἀ., πόλις Ἰσαυρίας* (Steph. Byz. p. 100) ist mit dem vorigen A. gleichbedeutend. Vgl. Lamos Nr. 4 RE XII 566. **7.** Stadt in Pisidien (Reste bei Yalvac), zitiert von Strab. 12,6,4. Ptol. 5,4,9. Plin. nat. 5,94, gehörte nach Ptol. zu Galatien. **8.** Stadt Kariens *ἐπὶ Μαιάνδρῳ* (Strab. 13,4,15 u.a. Ptol. 5,2,15), von Antiochos I. Soter gegründet (jetzt Kuyucak). **9.** Antiochia T(h)armata (Tab. Peut. Geogr. Rav. 2,1), indischer Hafenplatz s.w. vom Gangesdelta (jetzt Pippalî), vielleicht auf Antiochos III. d. Gr. zurückzuführen.

Außer A. Nr. 4 (hellenisierte Stadt) sind alle hier genannten Städte als hellenistische Neugründungen anzusehen. Die weiteren Plätze mit dem Namen A. s. RE s. Antiocheia Nr. 3–11. 18–22 und 24. H.T.

Antiochenische Schule. Eine Philologen-Schule, die sich der zu Alexandreia hätte vergleichen können, hat sich in Antiocheia nie gebildet. Wohl aber traten, von Paul von Samsosata (260 bis 272) an, Theologen zu Antiocheia nicht selten in Gegensatz zu Alexandreia. Im Hinblick darauf hat sich der Name A.S. als moderne Bezeichnung eingebürgert. Insbesondere hat die Tätigkeit des Presbyters Lukian (Martyrium im J. 311) als Editor und als Exeget Schule gemacht. Besondere Bedeutung erhielt die A.S. durch Diodor von Tarsos, der vor seinem Episkopat Presbyter zu Antiocheia war (363). Nach ihm gehören der A.S. u.a. an: Theodor von Mopsuestia und Johannes Chrysostomos. In der Exegese hat die A.S. Bedeutung darum, weil sie sich vom Übermaß des Allegorisierens fernhielt. H. D.

W. Eltester, RGG³ 1, 1957, 452–453.

Antiochis. Attische Phyle nach Antiochos, dem Sohn des Herakles genannt, zehnte und letzte der kleisthenischen Reihenfolge, ebenso in der Zeit der 12 und 13 Phylen, nach 200 v. Chr. vorletzte Phyle. E. M.

1. *A. Milchhoefer* Demenordnung, APrAW 1892, 36 ff. 2. Ath. Mitt. 18, 1893, 302 ff. 3. *R. Loeper* Ath. Mitt. 17, 1892, 421 ff. 4. *W. B. Dinsmoor* The archons of Athens 1931, 443 ff.

Antiochos (*Ἀντίοχος*). **1.** Athener, der Flottenführer des Alkibiades, bei Notion von Lysandros besiegt im J. 407 (Xen. hell. 1,5,15 ff. Diod. 13,71. Plut. Alk. 10.35; Lys. 5. Paus. 3,17,4. 9,32,6). W. S.

2. A., mit dem Beinamen Soter, I., Soter wegen seines Keltensieges so genannt (App. Syr. 65), 294 Statthalter der oberen Satrapien und Mitregent des Vaters Seleukos I., der ihm seine Gemahlin Stratonike abtrat (Plut. Dem. 38 f.), 281 während des Zuges des Seleukos gegen Ptolemaios Keraunos Statthalter des Gesamtreiches. Nach dem Tode des Seleukos seit 281 König, überließ A. 278 im syrischen Erbfolgekrieg dem Antigonos Gonatas Makedonien. OGIS 219. FGrH 434, F 9.10. Iust. 25,1,1. H. Bengtson Die Strategie 2, 1944, 336,1. Die in Kleinasien eingefallenen Kelten schlug er 275 in der »Elefantenschlacht« und siedelte die Reste in Großphrygien an. Trog. prol. 25. Trotz der Hilfe seines Schwiegersohnes Magas von Kyrene (→ Apama 3) kämpfte A. im 1. syr. Kriege 274–71 vergeblich um das s. Syrien. Paus. 1,7,3. Nach der Hinrichtung seines mitregierenden Sohnes Seleukos (279–268) nahm A. den jüngeren Sohn Antiochos zum Mitregenten an. Trog. prol. 26. FHG 4,558,55. 262 wurde A. von Eumenes, der Pergamon selbständig machte, bei Sardes besiegt und starb 261. Strab. 13,624. A. Aymard REA 57, 1955, 106. A. gründete viele Städte im Iran und führte den Herrscherkult der Seleukiden ein. Strab. 11,516. Plin. nat. 6,47. Bengtson GG² 426.430. – **3.** II., Theos als Tyrannenbefreier von den Milesiern 259/8 genannt. App. Syr. 65. OGIS 226.245. 246. C. Habicht Gottmenschentum u. griech. Städte, 1956, 104. Seit 268 Mitregent des Vaters Antiochos I. wurde A. 261 König. OGIS 222,38. H. Bengtson Die Strategie 2, 1944, 83,1. Nach einem Kampf mit Byzanz und Herakleia (FGrH 434, F 15) führte A. mit Antigonos Gonatas den 2. syr. Krieg 260–53 gegen Ptolemaios II. Im Frieden verzichtete Ptolemaios auf westkleinasiatische Besitzungen, A. auf Koilesyrien. Er trennte sich von seiner Gemahlin Laodike und heiratete Berenike, die Tochter des Ptolemaios. C. B. Welles Royal corresp. 18 ff. A. starb 246 in Ephesos, nachdem er letztwillig Seleukos II., den ältesten Sohn der ersten Gemahlin, zum Thronfolger bestimmt und Berenike enterbt hatte. Polyain. 8,50. – **4.** III., Megas (seit seinem Ostzug der Große genannt, App. Syr. 1. OGIS 245.246), zweiter Sohn des Seleukos II., stellte seit 223 als König die Seleukidenmacht wieder her. 220 schlug A. in Medien den Aufstand des Molon nieder. Pol. 5,40 ff. P. Pédech REA 60, 1958, 67 ff. Trotz dem Abfall seines Schwagers Achaios (→ 3) in Kleinasien führte A. den 4. syr. Krieg, in dem er 217 bei Raphia von Ptolemaios IV. geschlagen wurde, aber Seleukeia in Pieria behielt. Pol. 5,79 ff. Nach der Vernichtung des Achaios 213 gewann A. in der berühmten »Anabasis« 212–205 bis nach Indien Armenien und zwang Parthien, Baktrien und die Araber von Gerrha unter seine Oberhoheit. Pol. 10,28 ff. 11,34. 13,9,4 f. Iust. 41,5,7. P. Pédech a. O. 73 ff. Mit Philipp V. von Makedonien schloß er 203 einen Geheimvertrag zur Teilung des Ptolemäerreiches. Pol.

3,2,8.15,20. Im 5.syr. Krieg erwarb er mit dem Sieg bei Paneion an den Jordanquellen Koilesyrien und Phoinikien und vermählte 194 seine Tochter Kleopatra mit Ptolemaios V. Pol.16,18ff.39,3. 28,1,4. Liv. 35,13,4. Seine Eroberungen in Kleinasien, der Übergang über den Hellespont 196 und die Unterwerfung Thrakiens 194 führten 192 zum Krieg mit den Römern, die die Freiheit der griech. Städte in Kleinasien forderten. Pol.18,47,1f. Zum *στρατηγὸς αὐτοκράτωρ* von den Aitolern gewählt (App.Syr.12. Liv.35,45,9) und von Hannibal begleitet, landete A. in Griechenland, kehrte aber 191 nach der Niederlage bei den Thermopylen nach Kleinasien zurück. App.Syr.17ff. Liv. 36,15ff. Iust.31,6,5. Bei Magnesia wurde er 190 von den Römern besiegt. App.Syr. 31ff. Liv.37, 38ff. Iust.31,8. Im Frieden von Apameia (Syrien) verzichtete A. 188 auf Kleinasien diesseits des Tauros, behielt aber Syrien, Mesopotamien und den Westiran. Pol.21,46,9f. Liv.38,39,14ff. Bei der Plünderung eines Bêltempels bei Susa wurde A. 187 erschlagen. Diod.28,3.29,15. Iust.32,2,1f. Zu der neuen Reichsorganisation mit dem Strategensystem Bengtson GG^2 428f.; zu den Privilegien der Juden Ios.ant.12,138ff.; zu dem Reichskult seiner Gemahlin Laodike L. Robert Hellenica 7, 1949, 4ff. – **5.** IV., Epiphanes (App.Syr.45, als Epimanes karikiert Pol.26,10), zweiter Sohn des Antiochos III., der ihn 189 als Geisel nach Rom schickte. Nach seinem Bruder Seleukos IV., der ihn gegen seinen Sohn Demetrios ausgetauscht hatte, wurde er 175 mit Hilfe des Eumenes II. von Pergamon König. OGIS 248.253. M. Zambelli RFIC 38, 1960, 363ff. Im 6.syr. Kriege 170–168 eroberte er Äg. außer Alexandreia und krönte sich als Vormund seines Neffen Ptolemaios VI. in Memphis zum König von Äg. FGrH 260, F 49a.b. Auf das Ultimatum des röm. Gesandten Popillius Laenas, der eine Entscheidung des A. vor Verlassen des um ihn gezogenen Sandkreises verlangte, räumte er 168 Äg. Pol.29,27,4. Liv.45,12,4ff. Diod. 31,2. Iust.34,3,1ff. Auf dem Rückweg gründete A. als Verehrer der griech. Kultur in Jerusalem eine Griechenstadt, verbot den Jahvekult und erbaute einen Altar des Zeus Olympios. I. Makk.1. II. Mak. 5. Ios.ant.12,248ff. Die Folge war die Erhebung der Makkabäer. E. Bikermann Der Gott der Makkabäer, 1937. Nach dem Zug gegen den abgefallenen König Artaxias von Armenien starb A. 164 an einer Krankheit in der Persis. FGrH 260, F 56. Die umstrittene Bewertung des energischen, aber maßlosen Königs erörtern F. Hampl Gn 15, 1939, 619ff. und H.E. Stier Roms Aufstieg zur Weltmacht, 1957, 16f. – **6.** V., Eupator, zweiter Sohn des Antiochos IV., der vor seinem Tode 164 A. zum Mitregenten und Philipp zu dessen Berater ernannte. Sylloge ^{3}252. II. Makk.9,21. A. Aymard Hist. 2, 1953/4, 61ff. C. Habicht ebd. 7, 1958, 377. Als Alleinherrscher wurde A. 164 von Rom gegen den Anspruch des dort als Geisel lebenden Vetters

Demetrios anerkannt. Pol.31,2. App.Syr.46. Obwohl der Reichsverweser Lysias Erfolge gegen die Juden hatte, schloß A. 162 mit Judas Makkabaeus Frieden und nahm das Religionsedikt des Antiochos IV. zurück, da Philipp sich in Antiocheia empört hatte. I. Makk.6. II. Makk.13,22ff. Kaum war der Aufstand niedergeworfen, setzte eine röm. Gesandtschaft die Verbrennung der Kriegsschiffe und Verstümmelung der Elefanten nach dem Vertrage von Apameia (188) durch. Für die Ermordung ihres Führers Octavius durch das empörte Volk entschuldigte sich A. bei dem Senat. Pol.31,11. Aber sein Vetter Demetrios entkam aus Rom, fand in Syrien Anhang und ließ 162 A. wie Lysias hinrichten. Liv.per.46. I. Makk.7,1ff. II. Makk.14,1f. Ios.ant.12,389f. – **7.** VI., Epiphanes Dionysos (Diod.33,4a. Head HN^2 766), Sohn des Alexander I. Balas und der Kleopatra Thea, Tochter des Ptolemaios VI., wurde zweijährig 145 von dem Strategen Diodotos Tryphon zum König gegen Demetrios II. Nikator ausgerufen. Diod. a.O. I. Makk.11,39ff. Ios.ant.13,131f.144. Liv.per.52. Als Tryphon mit diesem Zug einen Teil des Seleukid. Reiches gewonnen hatte, ließ er A. umbringen. Die Zeit des Mordes ist nicht geklärt. Münzen des A. sind von 145–142/1 nachweisbar, Ios.ant.13, 218 kennt eine vierjährige Regierung und I. Makk. 13,31f. erwähnt den Mord vor 141, daher setzt Bengtson GG^2 552 die Regierung 145–142/1 an, aber nach Liv.per.55 und der Livius-epit. von Oxy. starb A. zehnjährig 139/8, wozu die Koppelung der Usurpation Tryphons mit der Gefangennahme des Demetrios durch die Parther 139 paßt. Diod.33,28. Ios.ant.13,218. – **8.** VII., Euergetes Sidetes (in Side erzogen, FGrH 260, F 32,17), Sohn des Demetrios I. Soter, Bruder des Demetrios II. Nikator. Als dieser 138 in parthische Gefangenschaft geriet, übernahm A. sechzehnjährig die Herrschaft in Syrien und beseitigte den Usurpator Tryphon. I. Makk.15. Ios.ant.13,222ff. Strab.14,668. App.Syr.68. Iust.36,1,8. Nach langer Belagerung zwang A. Jerusalem zur Kapitulation, die Stadtmauern wurden geschleift, aber die jüdische Religion nicht angetastet, wofür die Juden A. Eusebes nannten. Diod.34,1. Ios.ant.13,236ff. Iust.36,1, 10. Die Parther schlug A. 130 in drei Schlachten, gewann Babylonien und Medien zurück, wurde dort von den Griechen als Befreier begrüßt und nahm den Titel eines Großkönigs an. Iust.38,10,6. OGIS 255.256. Durch die Forderung, alle verlorenen Gebiete abzutreten, wuchs der parthische Widerstand. 129 wurde das Heer des A. in den medischen Winterquartieren überfallen und in einer Schlacht aufgerieben, in der A. fiel. Diod. 34,15.17. Ios.ant.13,253. Iust.38,10,8f. »Die Niederlage ist die Katastrophe des Hellenismus im kontinentalen Asien und zugleich die des Seleukidenreichs.« E. Meyer Ursprung u. Anfänge des Christentums 2, 1925, 272.

9. VIII. Epiphanes Philometor Kallinikos Grypos (nach seiner Habichtsnase), Sohn des Demetrios II. und der Kleopatra Thea, Tochter des Ptolemaios VI., * 141 (Ios. ant. 13,365). Mitregent der Mutter 125–121. App. Syr. 69. Head HN^2 769. Mit Hilfe des Ptolemaios VIII. von Äg., dessen Tochter Tryphaina A. heiratete, vernichtete er 123 den Prätendenten Alexander Zabinas. Ios. 13,269. Nach Vergiftung der Mutter Alleinherrscher, wurde A. von 115 ab von seinem Halbbruder Antiochos IX. bekriegt, behielt aber 109 N.-Syrien mit Antiocheia und dem autonomen Seleukeia in Pieria. C. B. Welles Royal corresp. 71. Inscr. de Délos 1549 ff. Beim Wiederausbruch des Krieges 104 wurde A. von Ptolemaios X., dessen Schwester Kleopatra Selene er heiratete, unterstützt. 96 starb er. Iust. 39, 1,9 ff. Seine Tochter Laodike wurde Stammutter der Dynastie von Kommagene. A. R. Bellinger Transact. of the Connecticut Acad. of Arts and Sciences 38,1949,64 ff. **10.** IX. Philopator Kyzikenos (in Kyzikos erzogen), Sohn des A. VII. Sidetes und der Kleopatra Thea, bekämpfte seit 115 seinen Halbbruder A. VIII. und besaß seit 109 Koilesyrien. A. half, unterstützt von Ptolemaios IX., Samaria gegen die Juden, wurde aber durch Rom gezwungen, die Eroberungen zurückzugeben. Im Kampf gegen Seleukos VI., den Sohn des A. VIII., fiel A. 95. Ios. ant. 13,271.275 ff.325 ff.366. App. Syr. 68 f. Inscr. de Délos 1547. Bellinger (→ A. VIII.) 66 ff. **11.** X. Eusebes Philopator. Sohn des A. IX., übernahm 95 in Arados die Herrschaft und verteidigte sie gegen 4 Söhne des A. VIII. Er vernichtete Seleukos VI. bei Mopsuestia in Kilikien, dann A. XI. am Orontes. Gegen Philippos I. und Demetrios III., der von Ptolemaios IX. zum König in Damaskos erhoben war, unterlag A. Ob er im Kampf mit Parthern 92 fiel oder erst 83 von Tigranes vertrieben wurde, ist unklar. Ios. ant. 13, 367 ff. App. Syr. 48.69. Bellinger (→ A. VIII.) 73 f. **12.** XII. Dionysos Epiphanes Philopator Kallinikos, jüngster Sohn des A. VIII., erhob sich gegen den regierenden Bruder Philippos I. und krönte sich 87 in Damaskos. Als A. gegen die Nabataeer zog, besetzte Philippos vorübergehend Damaskos. 84 fiel A. auf einem 2. Feldzug gegen die Nabataeer. Ios. ant. 13,387 ff. Bellinger (→ A. VIII.) 77. **13.** I. Theos Dikaios Epiphanes Philoromaios Philhellen, König von Kommagene, Sohn des Mithradates Kallinikos und der Laodike, Enkel des Königs A. VIII. Lucullus beließ ihm 69 sein Reich. Cass. Dio 36,2,5. Pompeius erweiterte es bis Seleukeia am Euphrat. Strab. 16,749. App. Mithr. 114. A. meldete 51 den Römern die Parthergefahr. Cic. fam. 15,1,2.3,1 f.4,3. Im röm. Bürgerkrieg sandte er dem Pompeius Truppen. Caes. civ. 3,4,5. App. civ. 2,49. Da A. sich nun den Parthern anschloß, wurde er 38 in Samosata zunächst von Ventidius, dann von Antonius belagert, erreichte aber ein günstiges Abkommen. Cass. Dio 49,20,3 ff. Ios. ant. 14,439 f. Plut. Ant. 34,4. † vor 31, da dann Mithradates II. erwähnt wird. Plut. Ant. 61. Großartige Grabdenkmäler, die A. seinem Vater in Arsameia am Nymphaios und sich selbst auf dem Nemrud-Dag errichtete, bezeugen mit ihren inschr. Kultsatzungen, Reliefs und Statuen den Synkretismus der griech. und pers. Religion. Nilsson GgrR^2 2,1961,170 f. **14.** II. von Kommagene, Sohn des A. I. (→ 13), wurde von Octavian 29 nach Rom geladen, verurteilt und hingerichtet, da er einen nach Rom geschickten Gesandten seines feindlichen Bruders Mithradates II. ermordet hatte. Cass. Dio 52,43. **15.** IV. Epiphanes von Kommagene, Sohn des A. III. Sein voller Name ist C. Iulius Antiochos, U. Wilcken Grundzüge und Chrestomathie der Papyruskunde 2, 1912, 156,21; inschr. *Philokaisar* IGRom IV 940,2,7 ff. Der Kaiser Gaius gab 38 dem in Rom aufgewachsenen A. das 17 nach dem Tode des A. III. als röm. Provinz eingezogene Kommagene als Königreich zurück. Tac. ann. 2,42. Cass. Dio 59,8,2.24,1. Später nahm er es ihm wieder, doch setzte Claudius 41 den A. von neuem ein, der seinen Sohn Epiphanes mit Drusilla, der Tochter des Judenkönigs Agrippa, verlobte. Cass. Dio 60,8,1. Ios. ant. 19,276.355. Zu Ehren des Claudius gab A. 47 Spiele. 52 schützte er Kilikien gegen die Kliten, half 54 und 58 den Römern gegen die Parther und erhielt 60 einen Teil Armeniens. Tac. ann. 12,55,2.13,7.37,3.14,26, 2. Als der reichste Klientelkönig hielt er 69 zu Vespasian und schickte 70 Titus Truppen zu dem Zug gegen Judaea. Tac. hist. 2,81.5,1. Ios. bell. Iud. 5,460. Trotzdem wurde er 72 auf Betreiben des syr. Statthalters L. Caesennius Paetus von Vespasian entthront. Kommagene wurde wieder röm. Provinz. A. lebte interniert in Sparta und Rom, wo er starb. Ios. a.O. 7,219 ff. Er wird auf dem Grabmonument seines Enkels C. Iulius A. Epiphanes Philopappos auf dem Musenhügel in Athen erwähnt. IG II^2 3451. H. V.

16. A., von Askalon, Begründer der sog. Fünften Akademie, * um 120 v. Chr., befreundet u. a. mit Lucullus. In Athen wurde er Schüler des Philon von Larissa, zu dessen Lehren er sich in seinen früheren Schriften bekannte, von dessen vermittelndem Standpunkt er sich aber ebenso lossagte, wie von dem Skeptizismus der mittleren und neueren Akademie, um durch die Zusammenschau der altakademischen, stoischen und peripatetischen Tradition zum echten Platonismus zurückzuführen. In Athen, wo ihn Cicero hörte (Brut. 315; fin. 5,1), wurde er das Haupt der Akademie. Jedoch führte diese Rückkehr zu einem weitgehenden Eklektizismus, in dem A. die ihm zusagenden Lehren zu einem neuen System zu vereinigen suchte. W. S.

Lesky GGrL 626. *A. Lueder* Die philos. Persönlichkeit des A. von Askal. Diss. Göttingen 1940. *G. Luck* Der Akademiker A., Noctes Rom. 1953, 7.

Antiope (Ἀντιόπη). **1.** Tochter des Flußgottes Asopos (Hom. Od. 11,260 ff. Apoll. Rhod. 1, 735) oder des Nykteus (Apollod. 3,10,1,3), geboren und erzogen in Hyrie in Boiotien (Hes. frg. 153 Rz.). Als Zeus sich mit ihr in der Gestalt eines Satyrn vereinigt hatte, floh sie aus Angst vor ihrem Vater ins Gebirge, wo Epopeus, König von Sekyon, sie traf und zur Frau nahm. Nykteus stirbt aus Verzweiflung, nachdem er seinem Bruder Lykos die Regierung in Theben übertragen hat, mit dem Auftrag, A. zurückzuführen. Lykos zerstört Sekyon, tötet Epopeus und führt A. gefangen mit sich (Apollod. 3,5,5), ähnlich Paus 2,6,1 ff. Am Fuß des Kithairon gebiert A. Zwillinge, die auf Befehl des Lykos ausgesetzt werden. Bei Lykos ist A. sodann den Launen seiner eifersüchtigen Frau Dirke unterworfen (Prop. 3,15,11 ff.). Schließlich gelingt ihr die Flucht. Auf dem Kithairon kommt sie zufällig in das Gehöft ihrer Söhne, die von einem Hirten gerettet, → Amphion und Zethos benannt und inzwischen herangewachsen waren; unerkannt wird sie abgewiesen. Da erscheint, als Mänade schwärmend, Dirke, entdeckt A. und übergibt sie Amphion und Zethos mit dem Befehl, sie an die Hörner eines wilden Stieres zu binden. Aber noch rechtzeitig erfolgt die Wiedererkennung, und Dirke erleidet das der Feindin zugedachte Schicksal. So etwa ist die Handlung in Eur. berühmtem Drama A., dessen Sagengestaltung für Literatur und Kunst maßgebend geworden ist. Bekannt ist die Gruppe des farnesischen Stiers von Apollonios und Tauriskos aus dem 1. Jh. v. Chr. Am Schluß des Dramas erschien Hermes und befahl Lykos, die Herrschaft an Amphion abzutreten, den Zwillingen aber, Dirkes Leiche in den Bach zu werfen, der fortan nach ihr heißen soll, und Theben zu ummauern. Weiter erzählte die Sage, Dionysos habe A. wegen der grausamen Rache an seiner Verehrerin gezürnt, sie wahnsinnig gemacht und durch ganz Hellas umhergetrieben, bis Phokos sie fand, heilte und heiratete (Paus. 9,14,4). In Tithorea am Parnassos zeigte man ihr gemeinsames Grab (Paus. 9,17,4 ff. 10,32,10). **2.** Amazone, Tochter des Ares und der Nymphe Otrere, Schwester der Hippolyte, bekannt durch ihr Verhältnis zu Theseus. Theseus raubt sie auf einem Zuge gegen die → Amazonen, entweder im Kampf oder indem er sie auf sein Schiff lockt. Nach Hegias von Troizen (Paus. 1,2,1) verrät sie ihm aus Liebe ihre Vaterstadt Themiskyra. Vasen des 6. Jh. stellen die Entführung auf einem Wagen dar. Das Relief Albani verlegt die Szene nach Attika. Sie gebiert dem Theseus den Hippolytos. Ihr Tod, an den Stele und Grab in Athen erinnern (JUDEICH Topogr. Ath. ^{2}386), wird verschieden erzählt. Sie fällt an Theseus' Seite gegen die Amazonen, die einen Rachezug nach Athen führen, oder in einem Kampfe gegen Theseus, zu dem sie aus Eifersucht aufruft, als dieser Phaidra heimführen will, oder Theseus tötet sie selbst, einem Orakel folgend. Plut. Thes. 24 ff. Diod. 4,28. Paus. 1,41,7. H. v. G.

Prell, Rob. 1, 117, 2. – *Radermacher* Mythos u. Sage 284. 299. *K. Schauenburg*, JDAI 73, 1958, 48. In Palermo befindet sich die Metope des Tempels E in Selinus: Herakles kämpft mit A.

Antipater s. Coelius Antipater

Antipatros (Ἀντίπατρος) **1.** Sohn des Iolaos, geboren um 400, führte als Vertrauter Philipps 338 u. 336 Verhandlungen mit Athen und hielt nach dessen Tod auch Alexander die Treue. Dieser ließ ihn als Reichsverweser zurück; als solcher verhinderte er die Versuche Memnons, in Griechenland Fuß zu fassen, und den großen Aufstandsversuch Spartas 331/30. Nach manchen Ärgernissen mit Olympias 324 von Alexander nach Babylon berufen, galt er philosophisch orientierter Historiographie später als Urheber von dessen Vergiftung. Beim Tod Alexanders vom griech. Aufstand überrascht, wurde er 323–322 in Lamia eingeschlossen, konnte aber nach Vereinigung mit seinem vorgesehenen Nachfolger Krateros die Griechen bei Krannon niederwerfen und die Herrschaft seiner Dynastie begründen. Von Antigonos veranlaßt, trat er der Koalition gegen Perdikkas bei und zog 322 nach Asien, wurde nach dessen Ermordung zum Reichsverweser bestimmt und führte als solcher die Teilung von Triparadeisos durch, wobei er seinen Sohn Kassandros zum Chiliarchen des Antigonos ernannte. Bei seinem Tode 319 hatte mit letzterem das Zerwürfnis bereits begonnen, seine Feindin Olympias wartete in Epeiros, um die Macht zu ergreifen.

H. Berve Alexanderreich 2,46. *H. Bengtson* Die Strategie in der hellenistischen Zeit 1, 1937.

2. Sohn des Kassandros, Enkel des vorigen, verheiratet mit Eurydike, Tochter des Lysimachos. Er mußte als Nachfolger seines Bruders Philippos ab 298 das Reich gegen Ansprüche des Pyrrhos von Epeiros und Demetrios Poliorketes verteidigen, die der zweite Bruder Alexandros gegen ihn aufhetzte. Im Verlaufe der Streitigkeiten tötete er die eigene Mutter Thessalonike, mußte aber das Land verlassen und wurde von seinem Schwiegervater als lästiger Gast ermordet (293, s. dazu bes. Iustin. 16,1,1. Plut. Dem. 36; Pyrrh. 6). **3.** Großvater Herodes des Großen, Anhänger des Hyrkanos. Durch Alexander Jannai (um 108) zum Strategen von Idumäa ernannt (FHG III 417,25), vermochte er sich Ansehen bei den benachbarten Stämmen zu erwerben und damit die Grundlage für die spätere Macht seiner Dynastie zu schaffen (Ioseph. ant. 14,10). **4.** Sohn des vorigen, verheiratet mit der arabischen Fürstentochter Kypros. Anhänger des Hyrkanos II., erlangte er ab 63 großen Einfluß, den er durch unermüdliches Streben nach Verbindung mit Rom steigerte. Für 48 ist der Titel *ἐπιμελετὴς τῶν 'Ιουδαίων* bezeugt. 47 von Caesar zum *ἐπίτροπος* ernannt (Ioseph. bell. 1, 9–10; ant. 14,156–158), konnte er die Macht im jüdischen Staate unter seine Söhne verteilen, mußte aber 43 den Caesarmördern Hilfe leisten und wurde noch im gleichen Jahre ermordet (Ioseph. ant. 14,273).

Roth Geschichte der Juden, 1954. *F. Abel* Histoire de Palestine 1952.

5. Ältester Sohn Herodes d. Gr. und der Doris. Mit seiner Mutter mehrere Jahre verbannt, erlangte er 13 v. Chr. die Gunst seines Vaters wieder und erreichte durch ständige Verleumdung seiner Stiefbrüder, der Söhne Mariammes, trotz mehrfacher Ausgleichsversuche des Augustus (Ioseph. ant. 16,87–129.190–229; bell. 1,23–25) 7 v. Chr. ihre Hinrichtung. Kurz vor dem Tode des Herodes wurde er selbst wegen nachgewiesener Mordabsichten auf dessen Befehl getötet (Ioseph. bell. 1,28–83).

W. Otto Herodes RE Suppl. II. *St. Perowne* Herodes der Große, 1957. *H. M. Jones* The Herods of Judaea, 1938.

6. H., ἀδελφιδοῦς Antiochos' des Großen. 217 Führer von dessen Reiterei bei Raphia, vermittelte er den Waffenstillstand mit Äg. (Polyb. 5,79–87). Nach 190 kam durch ihn der Friede mit dem Senat in Rom zustande (Polyb. 21,16–17. Liv. 37, 49–55). G. W.

7. A. von Sidon, Epigrammdichter aus Tyros (Sidon Hauptwirkungsstätte?), Ende 2. Jh. v. Chr. Überliefert ca. 80 Grab-, Weih- u. a. Epigramme (ohne Umstrittenes). Bedeutender Vertreter der »phoinik. Schule« (→ Epigramm) von »verschwenderischem Aufwand an Stilmitteln« (Luck, Gn 31, 1959, 52).

Text/Übers.: *H. Beckby* Anth. Graeca 1957/58 (Einf. 34f.). Zum inschr. Epigramm auf Rhodos (betr. halik. Grabmal von Herodot und Panyassis) *H. v. Gaertringen / W. Peek* H 76, 1941, 220ff. (anders *A. Wilhelm* Anz. Öst. Ak. phil.-h. 84, 1947, 73ff.). Zum inschr. delischen Weihepigramm für den Bankier Philostratos *W. Peek* Philol. 101, 1957, 101ff. *P. Waltz* De Antipatro Sidonio, Bordeaux 1906.

8. A. von Thessalonike, Epigrammdichter um Chr. G., Klient des → L. Calpurnius Piso, mit dem er nach Rom geht; dort unter Augustus als Lehrer tätig. Erhalten ca. 100 Epigramme (anderes umstritten). Lesky GGrL 736 sieht »in den bukolisch-idyllischen Zügen, im Preis der heroischen Vergangenheit oder der Größe Roms [auch Huldigungsgedichte an die Adresse des Kaisers finden sich] . . . Reflexe der august. Kulturpolitik«. Beckby 1, Einf. 42 spricht von »gelenkter Kunst«. Das augusteische → Epigramm wird »zum Schaustück wie die Prunkrede«; zur formalen Seite dieser Entwicklung Beckby Einf. 41. J. W.

Text/Übers.: *H. Beckby* Anth. Graeca 1957/58.

9. A. von Tarsos, stoischer Philosoph, als Schulhaupt der Stoa (um 140 v. Chr.) folgte A. dem → Diogenes von Seleukeia († vor 150 v. Chr.). In hohem Alter machte er (vor dem J. 137) seinem Leben freiwillig durch Gift ein Ende (Diog. Laert. 4,64. Stob. 119,19 = 4,52a 19, p. 1078 Hense), wozu Karneades einen nicht sehr feinen Witz machte. Von dem Dank, den A. vor seinem Tode der τύχῃ abstattete, berichtet Plut. Marius 36. Ihm fiel es zu, die stoische Lehre gegen die scharfen Angriffe des → Karneades zu verteidigen, was er freilich in mündlicher Disputation nicht wagte, aber in zahlreichen Schriften unternahm (daher sein Spitzname καλαμοβόας frg. 6). Namentlich in der Telos-Lehre ging er mehrfach auf die Angriffe des Karneades ein; er parierte sie mit gründlicherer Auslegung der überkommenen Lehre. Er war nicht (wie viele Stoiker) Anhänger der Ehelosigkeit; sein nachmals viel gelesenes Buch περὶ γάμου enthielt eine Würdigung der Ehe vom stoischen Standpunkt aus. Der bedeutendste unter seinen Schülern war → Panaitios. H. D.

Fragmente: *v. Arnim*, SVF 3,244–258. *M. Pohlenz* Die Stoa 1,180–190. 2,91 und 94–96.

10. A., griech. Rhetor der frühen Kaiserzeit in Rom (Suda Θεόδωρος Γαδαρεύς). Seine Lebenszeit reicht wohl noch in das 1. Jh. n. Chr. (Dion Chrys. 18,12 Emp.). Überliefert wird von ihm ein Redewettstreit gegen Theodoros und Plution in Rom. H. Gä.

Alfr. Hillscher JPhPäd N.F. Suppl. 18, 1892, 396ff. *Conr. Cichorius* Rom und Mytilene, Lpz. 1888, 62f.

Antiphanes. Einer der bedeutendsten Dichter der Mittleren Komödie. Widersprechende Angaben über seine Herkunft diskreditieren einander. Er war 408/05 geboren, begann 386/83 aufzuführen und starb mit 74 Jahren (Suda. Anonym. de com. p. 9 Kaibel). Wenn Lykophrons Anekdote historisch ist, war Alexander also noch sehr jung, als ein von A. vorgelesenes Stück ihm mißfiel (Ath. 555a). A. schrieb nach der niedrigsten Angabe 260 Komödien, also nicht nur für Athen. Wir kennen 134 Titel, mehr als 300 Frg. Etwa ein Fünftel der Stücke behandelte mythologische Themen, z. T. Tragödien parodierend (s. Frg. 18, Prolog des »Aiolos«, 19: Aiolos' Schlauch ein Mensch, der wegen seiner Trunksucht so hieß; Satire auf rationalistische Mythendeutung). Andere Stücke stellten Charakter- oder Berufstypen dar: den Mann vom Lande (Agroikos, Butalion), den Abergläubischen (Oionistes, Vorbild von Menanders Deisidaimon), den Moralisten (Misoponeros), den »Parasiten«, den aufschneidenden »Soldaten«, auffallend viele Künstler: Flötenspieler und -spielerin, Maler, Kitharist und Kitharöde, Tritagonist. Probleme der Kunst behandelte auch, wenigstens im Prolog, die »Poiesis« (Frg. 191). Tragischer und dithyrambischer Schwulst wird verspottet (1.52. 182.207), ebenso abstrakte Philosophensprache (122), und sehr plastisch die Figur eines »mit den Händen tanzenden« modischen Vortragskünstlers gezeichnet (113). Schon Demetrios von Phaleron hat über A. geschrieben. W. K.

Antiphates. König der Laistrygonen (Od. 10, 106ff.). Die 3 Kundschafter, die Odysseus in die Stadt der Laistrygonen sendet, begegnen einem zum Brunnen gehenden Mädchen und werden von ihm in das Haus seines Vaters gewiesen. Dort treffen sie eine Riesin, die ihren Mann vom Markt ruft, und der – es ist der König A. – verspeist sofort einen der Kundschafter roh. Von seinen 12

Schiffen rettet Odysseus nur eines. Darstellung auf den esquilin. Od.landschaften (Ov. met. 14,234). Sprichwörtl.: Iuv. 14,20. Apollod. epit. 7,12 W. Hyg. fab. 125. H. v. G.

L. Radermacher Erzählungen der Odyssee, 1915.

Antiphemos (Ἀντίφημος). Rhodier aus Lindos, der zusammen mit dem Kreter Entimos etwa 688 v. Chr. die zuerst *Λίνδιοι* und dann nach dem gleichnamigen Fluß Gela benannte Stadt gründete (Hdt. 7,153. Thuk. 6,4,3f.; Steph. Byz. s. *Γέλα*). Die Siedler – Rhodier, Kreter und Peloponnesier (Schol. Pind. Ol. 2,16. Paus. 8,46,2) – organisierte er nach dorischer Ordnung. Fr. Kie.

T. J. Dunbabin The Western Greeks, 1948, 20.64ff. *J. Bérard* La colonisation grecque, [2]1957, 225ff.

Antiphilos (Ἀντίφιλος). **1.** Aus Athen, im Lamischen Krieg (im J. 323 v. Chr.) zum Oberbefehlshaber der griech. Truppen vor Lamia gemacht (Diod. 18,13,6. Plut. Phok. 24,1), gab er auf die Nachricht von dem Anmarsch eines maked. Entsatzheeres die Belagerung auf, schlug dessen Befehlshaber Leonnatos in einem Reitergefecht in S.-Thessalien (Diod. 18,15. Plut. Phok. 25,3) und lieferte im J. 322 dem vereinigten maked. Heer bei Krannon eine unentschiedene Schlacht (Diod. 18, 17. Plut. Phok. 26,1), ohne die Auflösung des griech. Bundesheeres verhindern zu können. **2.** Von Byzanz, Verf. von fast 50 Epigrammen des Philippskranzes, davon eines auf den von Agrippa angelegten Damm von Puteoli und eines auf den Aufenthalt des Tiberius in Rhodos (Anth. Pal. 7,379. 9,178.287). Er ist der Vertreter einer besonderen manierierten Kunstrichtung. W. S.

Christ-Schmid 2,327f. Text Übers. *H. Beckby* Anth. Gr. 1957/58, Einf. 1,41.

3. A. von Äg. Maler des späten 4. Jh. v. Chr., Zeitgenosse und Feind des →Apelles. Durch Leichtigkeit der Technik berühmt. Plin. nat. 35,114 und 138 nennt eine Anzahl Werke; wichtig der feueranblasende Knabe mit Reflexlicht auf dem Gesicht. A. auch als Autor von Grylloi (Karikaturen) genannt. A. R.

HB Arch IV 1 (6. Lfg. 1953) 149. *Binsfeld*, Grylloi, Diss. Köln 1956.

Antiphon (Ἀντιφῶν). **1.** Athener, von den 30 hingerichtet (Xen. hell. 2,3,40. Plut. X orat. 863 A. **2.** Athener, der dem König Philipp zugesagt hatte, die Schiffshäuser der Athener anzuzünden. Auf Veranlassung des Demosthenes vor Gericht gestellt und hingerichtet. **3.** Athener, Halbbruder des Philosophen Platon, Sohn des Pyrilampes (Plat. Parm. 1,126 b.c. Plut. frat. am. 12; gen. Socr. 11). W. S.

4. A., Tragiker, Zeitgenosse des Dionysios I. von Syrakus (430–367), der ihn hinrichten ließ. (Anekdoten von seinem Tode mit der Vita des Rhamnusiers A. und des Sophisten A. verquickt: Ps. Plut. Vit. X or. 1,832cff.; Γένος Ἀντιφῶντος § 10, Plut. de adul. et am. 27,257a. Philostr. Vit. Soph. I 15,3). Tragödien: 1. Andromache, 2. Iason,

3. Meleagros, 4. Philoktetes. 1. und 3. von Aristoteles, 2. vom Antiattiz. Bekkeri, 4. von Stobaios zitiert. 4 Fragmente bei N. [2]792f. Möglich, daß die Glosse im Berliner Photios (ed. Reitzenstein) p. 66, Z. 4ff. dem Tragiker zugehört. Ein ansehnlicher Rest der Andromache vielleicht auf dem von E. Lobel Greek Poetry and Life, Ess. pres. to G. Murray, Oxford 1936, 295ff. publizierten Papyrus der Bodleian Library; dazu W. Morel PhW 1937, 558ff. O. Schoenberger, H 84,1956, 255f. F. St.

5. A., Sohn des Sophilos aus Rhamnus, * gegen 480, der älteste der att. Redner. Nach längerer Tätigkeit als Logograph und Lehrer der Rhetorik trat er erst gegen Ende seines Lebens bei der Einrichtung des Regimes der 400 politisch hervor. Diese radikale oligarchenfreundliche Haltung trug ihm 411 einen Hochverratsprozeß ein, den er trotz seiner glänzenden Verteidigungsrede (Thuk. 8,68) verlor. Kurz darauf wurde er hingerichtet (Urkunden bei [Plut.] mor. 833 Dff.).

Die Antike kannte 60 Reden unter seinem Namen, aus denen Kaikilios von Kale Akte 25 als unecht ausschied. Erhalten sind 3 echte Gerichtsreden (*φονικοὶ λόγοι*) und 3 Tetralogien, die noch immer umstritten sind ([16] gegen [17], [19] gegen [18]). Man wird sie aber, trotz sprachlicher und sachlicher Bedenken (vgl. [14]) dem Redner zuschreiben dürfen, wenn man sie als Übungsreden seiner früheren Jahre auffaßt. Von 17 weiteren Reden sind Fragmente erhalten. Die Chronologie ist noch nicht einhellig geklärt. A. soll Lehrer des Thuk. gewesen sein. Das ist wohl aus Thuk. 8,68 konstruiert, auffällig bleibt aber der warme Ton, in dem Thuk. von A. spricht.

A.s Stil ist einfach und stark antithetisch. Dichterische Worte sind häufig, was bei dem verhältnismäßig wenig entwickelten Stand der att. Prosa im 5. Jh. nicht überrascht. Die Argumentation erreicht stellenweise größte Subtilität, die bis zu abstoßender Spitzfindigkeit getrieben werden kann. Eine große Rolle spielen *εἰκός*-Beweise. In späterer Zeit wurde A. zwar noch geschätzt, aber er kam wegen seiner altertümlichen Art als Stilmuster nicht mehr in Frage. Ungeklärt ist bislang das Problem, ob die sophistischen Fragmente (Diels Vorsokr. 87; Ta. von Gernet 169ff.) dem Redner zuzuweisen sind. Hermog. Id. 2,11 (p. 399,18ff. R., nach Didymos) schloß aus stilistischen Gründen auf die Existenz mindestens zweier Träger des Namens A. und wies dem Redner die Gerichtsreden und Tetralogien, einem Sophisten A. u.a. die Schriften *περὶ τῆς ἀληθείας*, *περὶ ὁμονοίας* und den *πολιτικός* zu. Die Verwirrung spiegelt sich in den antiken Viten. Nach dem Stand unseres Wissens ist weder eindeutig zu beweisen noch auszuschließen, daß es sich bei den sophistischen Fragmenten und den Reden um Werke eines Mannes handelt (vgl. [8] und das vorsichtige Urteil bei [3]). H. Gä.

Ta: *F. Blass*, Lpz. ^{2}1881, 1908. *Th. Thalheim*, Lpz. 1914. *K.J. Maidment* Minor Attic Orators, London ^{2}1953, 1,1ff. *L. Gernet* Paris ^{2}1954. Einzelausg. und Komm.: 1. Rede: *S. Wijnberg*, Diss. Groningen 1938. *A. Barigazzi*, Firenze 1955. 1. Tetr.: *J.H. Thiel* Groningen-Den Haag 1932. 6. Rede: *G. Ammendola*, Napoli 1933. *H.M. ten Berge*, Diss. Groningen 1948. *A. Barigazzi*, Firenze 1955. Apol.: *J. Nicole*, Genève-Bâle 1907. Index: *F.L. van Cleef*, Boston 1895.

Lit.: Burs. 133, 1907, 38ff.; 248, 1935, 21ff. 1. *Blass* Att Bereds. ^{2}1,91ff. 2. *R.C. Jebb* The Attic Orators, London 1876, 1,1ff. 3. *Lesky* GGrL 333ff. 4. *E. Wolf* Griech. Rechtsdenken, Frankf. 1952, 2,148ff. 5. *H. Gomperz* Sophistik und Rhet., Berlin-Lpz. 1912, 57ff. 6. *E. Bignone*, RIL 52, 1919, 564ff.; 755ff. 7. *F. Solmsen* Antiphonstudien, NPhU 8, 1931. 8. *H. Hommel* Geist. Arb. 8, 1941, 13,1ff. 9. *K.J. Dover*, CQ 44, 1950, 44ff. 10. *G. Vollmer* Studien zum Beweis antiphontischer Reden, Diss. Hamburg 1958. 11. *U. Albini*, Maia 10, 1958, 38ff.; 132ff. Zu einzelnen Reden: 12. *v. Wilamowitz*, H 22, 1887, 194ff. 13. *J.H. Thiel*, Mn 55, 1927, 321ff.; 56, 1928, 81ff. 14. *W. Dittenberger*, H 31, 1896, 271ff.; 32, 1897, 1ff. 15. *J.H. Lipsius*, BSG 56, 1904, 191ff. 16. *W. Nestle* Vom Mythos zum Logos, Stuttgart 1940, 391ff. 17. *G. Zuntz*, CeM 2, 1939, 121ff. 18. *P. von der Mühll*, MH 5, 1948, 1ff. 19. *G. Zuntz*, MH 6, 1949, 100ff. 20. *P. S. Breuning*, CQ 31, 1937, 67ff. 21. *B. Brinkmann* De Antiphontis or. de choreuta comm. phil., Diss. Lpz. 1888. 22. *v. Wilamowitz*, SPrAW 1900, 397ff. 23. *S. Luria*, H 61, 1926, 343ff.

Antiphos (Ἄντιφος). Name verschiedener Helden bei Homer: **1.** Sohn des Priamos und der Hekabe, in seiner Jugend von Achilleus auf dem Ida überfallen, aber ausgelöst, im Kampfe von Agamemnon getötet (Il. 4,489. 11,101). **2.** Sohn des Talaimenes und der lyd. Seenymphe Gygaia, führt mit seinem Bruder die mit Troia verbündeten Maioner (Il. 2,864). **3.** Ein Troer, den der Lapithe Leonteus tötet (Il. 12,191). **4.** Sohn des Herakleiden Thessalos, der mit seinem Bruder die Griechen von Kos und benachbarten Inseln befehligt (Il. 2,678. Apollod. epit. 3,13 W.). Nach dem Kriege gelangt er zu den Pelasgern, deren Land er Thessalien nennt (ebd. 6,15). **5.** Ithakesier, Sohn des Aigyptios, Gefährte des Odysseus, von Polyphemos gefressen. Sein Bruder ist der Freier Eurynomos (Od. 2,15ff.). **6.** Ein anderer Ithakesier, mit Telemachos befreundet (Od. 17,68). H. v. G.

Antipodes. Von Platon (ἀντίπους Tim. 63 A) geschaffenes Wort, das die Bewohner der entgegengesetzten Erdhalbkugel bezeichnet; vgl. Arist. de caelo Δ 1; 308 a 20. Von da ging das Wort in den Sprachschatz der Philosophen und der Geographen ein; es schien die wichtigste Konsequenz aus der Kugelgestalt der Erde zu bezeichnen: unser »Oben« ist für die A. »unten«. H. D.

Antipolis. Hafenstadt in Gallia Narbonensis, Colonie der Massalier, im Gebiet der Deciates, gegenüber Nikaia (daher der Name), h. Antibes. Im J. 154 wurde sie von den Liguren bedrängt und rief die Römer zu Hilfe: Pol. 33,7,2. Von Caesar (?) erhielt sie das *ius Latii*. Griech. und röm. Altertümer: P. Couissin FOR 1 (1931) 20–34. P. W.

Antiquo (»es bei dem Alten lassen«) wird gebraucht als t. t. für die Ablehnung eines Gesetzesvorschlags bei der Abstimmung in den Comitien, wobei vermutlich die ablehnenden *tabellae* das Signum A hatten (vgl. *legem a.* z. B. bei Cic. leg. 3,28; off. 2,78. Liv. 4,58,15, *plebiscitum a.* z. B. bei Liv. 6,39,2). W. S.

Antisemitismus. Der Begriff A., 1879 von Wilhelm Marr geprägt, setzt fälschlich die Existenz einer die semitischen Sprachen sprechenden einheitlichen Rasse voraus. Er integriert ferner der mit ihm ausgesprochenen Selbstcharakteristik der zugrunde liegenden, diesen Irrtum einschließenden Tendenz auch die bisherigen (christlich-) religiösen, politischen, sozialen und kulturellen Motive »semiten«-feindlichen Verhaltens im 19. Jh. Er verdeckt überdies die Tatsache, daß sich solche Verhaltensweisen nicht gegen Semiten, sondern ausschließlich gegen Juden richteten. Trotzdem hat sich dieser Begriff eingebürgert, auch für historisch frühere vergleichbare Tatbestände, obwohl diese die verschiedensten Formen annehmen konnten und auch »der Jude« in Altertum, Mittelalter und Neuzeit verschieden definiert worden ist.

Der A. des Altertums konnte nur da entstehen, wo es Juden in der Diaspora gab; ihr Zusammenleben mit ö. Fremdvölkern seit 721 bzw. 587 v. Chr., später mit Griechen und Römern hatte aber auch in Palästina diaspora-artige Züge, mit Ausnahme der 150 Jahre, wo dort relativ unabhängige jüdische Staaten bestanden (140–63 v. Chr. und 37 v.–44 n. Chr.). Wenn, wie wahrscheinlich, die Traditionen des Estherbuches auf wirkliche Ereignisse zurückgehen, dann gab es A. schon gegenüber der Diaspora in großen, seit 539 von den Persern überlagerten Teilen Assyriens, Babyloniens und Mediens; doch ist darüber nichts Genaueres bekannt. Die nicht auf Kriegsdeportierte, sondern auf Söldner zurückgehende Diaspora auf der Nilinsel Elephantine erlebte 410 v. Chr. die Zerstörung ihres Jahweheiligtums. Die Forcierung der Hellenisierung Palästinas durch Antiochos IV. Epiphanes ist nicht nur wie die assimilierenden Maßnahmen zu verstehen, welche alle den Seleukiden untertanen Völker betrafen, sondern hatte auch in einer prinzipiellen Gegnerschaft des Antiochos gegen die jüdische Religion ihren Grund (1. Makk. 1,44–50). Erstmalig in der Geschichte gab es nun Märtyrer im strengen Sinn des Wortes (2. Makk. 6f.; 4. Makk. 5–18). Die in den Makkabäerkriegen zu den bis dahin toleranteren Ptolemäern abgedrängten Juden verstärkten die Diaspora namentlich in Alexandreia zu solcher Größe, daß in den griech. Bürgern dieser Stadt ein latenter A. angelegt wurde; in den Verfolgungen des Präfekten Flaccus, gegen den Philon schreibt, sowie in den Streitereien, die Kaiser Claudius in seinem berühmten Erlaß (PLond 1912, 98ff.) veranlaßten, den Juden das Streben nach Vermehrung ihrer Privilegien zu verbieten, kam dieser A. zum offenen Ausbruch und bestand noch unter Traian (POxy 1242) und Hadrian ([2],808). Die röm. Juden, die *cives Romani, cives Rom. aut Lat. libertini generis, dediticii* oder Sklaven waren ([14],297), wurden durch Claudius ausgewiesen (Suet. Claud. 25. Act. 18,2). Der jüd. Aufstand 66–70 n. Chr. rief Judenprogrome in → Caesarea, Skythopolis, → Askalon, Ptolemais und anderswo hervor (Ios. bell. Iud. 2, 18,1.3.5).

Gesellschaftlichen und literarischen A. gab es im ganzen späteren Imperium, wo Juden durch Sklaverei, Handel oder Emigration in nahezu jede Stadt kamen und durch Verzicht auf Geburtenkontrolle und namentlich Proselytenmacherei (vgl. Iuv. 14,96–104) auf schließlich 6–7% der Gesamtbevölkerung anwuchsen. Angeblich stammen sie von Ägyptern oder Aussätzigen ab (viele Belege) u. verehren Esel und Schwein (Plut. Symp. 4,4.5.6); sie halten sich, selbst wenn sie Sklaven oder Soldaten sind, jeden siebenten Tag zum Faulenzen frei (Sen. bei Aug. civ. 6,11), sie nehmen an Mahlzeiten, Verträgen, Gebeten und Opfern mit anderen nicht teil (Philostr. 5,33), sondern trachten danach, sie zum Beitritt zu ihrer *turba* zu zwingen (Hor. s. 1,4,143) usw. Einen ausführlichen Katalog landläufiger a. Ansichten gibt Tac. hist. 5,2–5, Spezielleres mit Angabe wichtiger Gewährsleute Ios. c. Ap. Die Entstehung eines solchen Judenbildes läßt sich mit denselben Methoden analysieren, die sonst auf Legendenbildung, Motivübertragung, Tendenzerfindung oder Traditionskombination anwendbar sind. Als gerechtfertigt dürfen nur solche Ansichten gelten, die im alttest. oder rabb. Schrifttum eine Stütze haben; doch auch, wo dies der Fall ist, zeigt sich, daß der Erwählungsanspruch des Judentums nicht verstanden wurde, weil der Blick auf der äußeren Haltung im kultischen, politischen, alltäglichen und wirtschaftlichen Leben hängen bleibt, aber nicht erkennt, warum sie aus dem Glauben notwendig folgen muß.

Im christlichen Altertum nahm der A. eine grundsätzlich andere und kompliziertere Form an, einmal, weil er sich zunächst auch gegen die Christen richtete, zum andern, weil nun auch die Auseinandersetzung der Christen mit den Juden um das AT und die Kreuzigung Jesu zum A. werden konnte; er bestimmte seit Konstantin sogar die staatliche Gesetzgebung ([12], 475f.). – Die Juden waren sich der Verachtung der heidnischen wie christlichen Welt gegen sie deutlich bewußt ([12], 473.476. [8],209–212); namentlich ihre Rabbinen setzten sich damit eindringlich auseinander. C. C.

1. *Th. Reinach* Textes d'auteurs grecs et romains relatifs au judaisme, 1895. 2. *U. Wilcken* Zum alexandrinischen A., Abh. der sächs. Ges. der Wiss. 27, 1909, 783–839. 3. *Schürer*. 4. *J. Juster* Les juifs dans l'empire romain, 2 Bde, 1914. 5. *E. Meyer* Ursprung und Anfänge des Christentums, 3 Bde, 1921–1923. 6. *H. I. Bell* Juden und Griechen im röm. Alexandreia, 1926. 7. *G. F. Moore* Judaism in the First Centuries of the Christian Era, 3 Bde, 1927–1930. 8. *K. G. Kuhn* Ursprung und Wesen der talmudischen Einstellung zum Nichtjuden, Forsch. zur Judenfrage 3, 1938, 199–234. 9. *J. Starr* The Jews in the Byzantine Empire 641–1204, Athen 1939. 10. *J. Vogt* Kaiser Julian und das Judentum, 1939. 11. *F. Lovsky* L'Antisemitisme rationaliste, Rev. Hist. Phil. Rel. 1950, 176–199. 12. *J. Leipoldt* RAChr 1,1950, 469ff. 13. *J. E. Searer* Persecution of the Jews in the Roman Empire (300–438), Lawrence/Kansas 1952. 14. *E. Bammel* Judenverfolgung und Naherwartung, ZThK 56, 1959, 294–315. 15. *R. Rémondon* Les Antisemites de Memphis (P. IFAO inv. 104 = CPJ 141), Chronique d'Egypte 35, 1960, 244 bis 261. 16. *E. Lohse*, TheolWb z. NT 7,17f.

Antissa. Stadt und Hafen der NW.-Küste von Lesbos am Kap Evreokastro, bereits prähist., besiedelt, 167 v. Chr. durch Rom zerstört und nach Methymna verpflanzt, Liv. 45,31,14. Plin. nat. 5, 139. Ethnikon Ἀντισσαῖος. E. M.

1. *Rob. Koldewey* Die ant. Baureste der Insel Lesbos 1890, 19ff. mit Plan Taf. 6. 2. RE XII 2125, 45ff. 3. JHS 51, 1931, 202f. 4. ABSA 32, 1931/32, 41ff. mit Plan Taf. 17. 5. Münzen: *Head* HN^2 559f.

Antistes (fem. Nb.-Form *antista*). Vorsteher eines Tempels, Oberpriester; auch: Priester. Eigentlich nur bei Tempeln mit regelmäßigem Gottesdienst und eigener Priesterschaft zu verwenden, also bei *sacra peregrina*, da röm. Tempel dergleichen üblicherweise nicht hatten. Obwohl kein t. t. des röm. Kultes, untechnisch gelegentlich auch in diesem verwendet (naheliegend bei den Vestalinnen). W. E.

Marquardt RStV 3,214. *Wissowa* Rel. ^{2}483.

Antisthenes. 1. Der Sokratiker, ca. 455–360; Sohn eines athenischen Bürgers A. und einer thrakischen Sklavin (zur Lebenszeit Diod. 15,76; zur Herkunft Diog. Laert. 6,1. Sen. const. 18,5). A., zunächst von Gorgias unterrichtet (Diog. Laert. ebd.) und in freundschaftlichen Beziehungen stehend mit Prodikos und Hippias (Xen. symp. 4,62f.), schloß sich dem Sokrates an und wurde dessen begeisterter Schüler (Xen. symp. 8,5; mem. 3,11, 17). An Sokrates' Todestage gehörte A. zu denen, die sich um ihn versammelten (Plat. Phaid. 59 B.). Bald nach 399 eröffnete A. im Gymnasion Kynosarges (Diog. Laert. 6,13) eine eigene Schule. Diese Schule wurde zum Ausgangspunkt des Kynismos. Wohl knüpfte A. in den Fachgebieten der Dialektik und der Sprach-Untersuchung vielfach an die Sophistik an. Aber zum zentralen Bereich wurde ihm – nach Sokrates' Vorbild – die Ethik. Auch für A. ist das Ziel des Lebens die εὐδαιμονία, erreichbar ist diese nur durch ἀρετή. Neben dieser sind alle vermeintlichen Güter wertlos – und hier liegt der Ansatzpunkt für A.s Lehre von der Bedürfnislosigkeit (eingehend referiert von Xenophon, Symp. 4,34–44), die im Kynismos vorherrschen sollte. Von hier wurde aber auch die Kritik am Herkömmlichen, dem νόμος vorangetrieben;

das führte folgerichtig nicht nur zur Negation des Staates, sondern auch der herkömmlichen Religion: *κατὰ νόμον εἶναι πολλοὺς θεούς, κατὰ δὲ φύσιν ἕνα.* Philod. de pietate c. 7a = Cic. nat. 1,32 = DIELS DoxGr 538. Sehr konsequent wurde der ethische Intellektualismus des Sokrates festgehalten: was *ἀρετή* ist, kann erkannt und somit gelehrt werden. Damit schließt sich der Ring zur *ὀνομάτων ἐπίσκεψις* – für A. besteht kein Zwiespalt zwischen dem Namen und der durch ihn Ausgedrückten.

A.s Schriftstellerei war vielseitig. Sein *Ἡρακλῆς* zeichnete des Idealbild des Kynikers, der auf Grund rationaler Entscheidung den *πόνος* wählt. Sein *Κῦρος* (vgl. Xen. Kyr.!) stellt den vom *νόμος* sich lösenden idealen Herrscher dar. Sein *Προτρεπτικός* ist Vorbild einer ganzen Literaturgattung geworden. Erhalten sind nur zwei epideiktische Reden, Aias und Odysseus (im Anhang zu Antiphon, ed. F. BLASS[2], 1908). H. D.

Frg.: coll. *A.W. Winckelmann*, Zürich 1842, wiederholt von *Mullach* 2,274–293. *F. Dümmler* Antisthenica, 1882. Lit.: *K. v. Fritz* Zur Antisthenischen Erkenntnistheorie und Logik, H 62, 1927, 483–484; *Ders.* A. und Sokrates in Xenophons Symposion, RhM 84, 1935, 19–45. *Ed. Schwartz* Antike Charakterköpfe 2, 1911, 11–13. *R. Dudley* A history of Cynism, 1937, 1–16. *Geffcken* GrLG 2, 1934, 28 (mit Bibliographie).

2. A., von Rhodos, älterer Zeitgenosse des Polybios, der ihn 16,14.15 nennt, verfaßte 1. Rhodische Geschichte = *Ῥοδιακά*; 2. Philosophen-Geschichte = *Φιλοσόφων διαδοχαί*. 1. ist von Polybios durch Vermittlung des Zenon von Rhodos benutzt; 2. wird in 13 Zitationen bei Diog. Laert. in Umrissen kenntlich. H. D.

Fragmentsammlung: FGrH 508.

Antistius, plebeischer Geschlechtsname, Nebenform Antestius, gr. *Ἀνθέστιος*, in Rom seit dem 5. Jh. v. Chr. nachweisbar, aber im polit. Leben nicht sonderlich hervorgetreten, im 1. Jh. v. Chr. hochberühmt durch den Iuristen Q. Antistius Labeo. Seit Augustus gehören die Antistii Veteres zum Patriziat. DRUMANN[2] 1, 38 ff.

I. Republikanische Zeit: **1.** A., Ankläger, bes. in Mordprozessen, Opfer der Sullanischen Proskriptionen, Cic. S. Rosc. 90. **2.** A., Arzt im 1. Jh. v. Chr. Suet. Caes. 82,3. **3.** A., Volkstribun 420, Liv. 4,44,6 ff. BROUGHTON Mag. 1,70. **4.** C. Antesti(us) (Anthestius), Münzmeister um 137 bis 134. BROUGHTON Mag. 2,431. **5.** L. A., Consulartribun 379 (2 gleichnamige Senatoren aus dem J. 129: BROUGHTON 2,487 f.). **6.** L. A., Volkstribun 58, erhob gegen Caesar Anklage, Suet. Caes. 23,1. **7.** M. A., wurde 218 zu C. Flaminius geschickt, Liv. 21,63,12 (Einzelheiten zweifelhaft). **8.** M. A., Volkstribun 319, Liv. 26,33,10. **9.** P. A., hervorragender Anwalt *(patronus)* zwischen 87 und 82, Sullaner; Volkstribun 88, Aedil 86. 82 wurde er ermordet. **10.** Ti. (?) A., Volkstribun 422, Liv. 4,42,1; ältester Namensträger im öffentlichen Le-

ben. **11.** T. A., Quaestor in Makedonien 50, Proquaestor (?) 49, starb später in Cercyra. Cic. fam. 13,29. **12.** L. Antes(tius) Grag(ulus), Münzmeister um 135–127; Münzen mit Krähe *(graculus)*. Belege bei BROUGHTON Mag. 2,431. **13.** Pacuvius A. Labeo, nahm an der Verschwörung gegen Caesar teil, war 42 Legat des Brutus, ließ sich nach der Schlacht bei Philippi durch einen Sklaven töten. Plut. Brut. 12.25.51. App. civ. 4,135. Vater des Rechtsgelehrten. **14.** C. A. Reginus, Legat Caesars in Gallien 53–50. Caes. Gall. 6,1,1. 7,83,3; 90,6. BROUGHTON Mag. Suppl., 1960, 6. **15.** C. A. Vetus Praetor 70, 69/8 Propraetor in Hispania ulterior; bei ihm diente Caesar als Quaestor. **16.** C. A. Vetus, Sohn von Nr. 15, im J. 61 Quaestor bei Caesar in Spanien. Volkstribun 56 (von BROUGHTON Mag. 2,209 wird hier ein anderer Antistius Vetus als Volkstribun angenommen). 45–43 mit propraetorischem Imperium in Syrien, wobei er den Caecilius Metellus erfolglos in Apameia belagerte. 35 bis 34 Legat des Octavianus, 30 Consul suffectus, 25 Teilnehmer am Kampf gegen die Cantabrer. **17.** Antistia, Gemahlin des Ap. Claudius (cos. 143) und Schwiegermutter des Ti. Gracchus. **18.** Antistia, erste Gemahlin des Pompeius (86), der sich von ihr auf Weisung Sullas 82 trennte. H. G. G.

II. Kaiserzeit: **1.** Q. A. Adventus Postumius Aquilinus. Ruhmvoller Kommandant der legg. VI Ferrata und II Adiutrix im Partherkrieg des J. 164, legatus Aug. pr. pr. Arabiae ca. 165, Dess. 8977. Cos. suff. wohl 167, AE 1914, 281, dann Statthalter in Germania inferior, CIL XIII 8812, ca. 169 bis 171/72, E. RITTERLING – E. STEIN Fasti röm. Deutschland 73 f.; legatus Aug. pr. pr. Britanniae ca. 172/73, CIL VII 440. **2.** L. A. Burrus. Sohn von Nr. 1, Schwager des Commodus, H. A. vit. Commodi 6,11; Gatte der Vibia Aurelia Sabina. Cos. ord. 181, CIL VI 213. Um 187 getötet, vit. Pertin. 3,7. **3.** L. A. Rusticus. Ein Stein aus Antiocheia in Pisidien gibt seine Laufbahn, JRS 14, 1924, 180 = AE 1925, 126. Er war unter den Flaviern 79–81 Kommandant der leg. VIII Augusta in Germanien, dann procos. prov. Hispaniae ulterioris Baeticae und praefectus aerarii Saturni zwischen 81–90. Cos. suff. im J. 90, Fast. Potentia, Ath. 26, 1948, 126 f. Von Mitte 90–93 legatus Aug. pr. pr. prov. Cappadociae, Galatiae, Pisidiae, Paphlagoniae, Armeniae min., Lycaoniae, † 93 in Kappadokien, Martial. 9,30, s. R. SHERK Legat. Galatia, 1951, 51 f. Gatte der Mummia Nigrina, CIL VI 27881, Martial. 4,75, die seine Asche nach Rom brachte. **4.** A. Sosianus. Tribunus plebis 56, Tac. ann. 13,28,1; im J. 62 Praetor, wegen Spottgedichte auf Nero verbannt, Tac. ann. 14,48 f. Zurückgekehrt klagte er 66 den P. Anteius und Ostorius Scapula wegen *maiestas* an, ebd. 16,14,1 ff. Im J. 70 durch Mucianus wieder verbannt, Tac. hist. 4,44,2. **5.** C. A. Vetus. Quaestor Caesars 45 v. Chr., Plut. Caes. 5,6. Cic. Att. 14,9,3. Operierte als quaestor pro praetore 45 in Syrien, Cass. Dio 47,27,2 ff.

Brut. ad Cic. 1,11,2. A. unterstützte nach Caesars Ermordung den Brutus, ebd. 2,3,5. Vell. 2,62,3. Doch Oktavian verzieh ihm. A. kämpfte 34 v. Chr. als propraetorischer Legat gegen die Salasser, App. Ill. 17. Er war cos. suff. vom Juli bis 13. September 30, CIL I² p. 61. IX 4191. Im J. 25 kämpfte er als legatus Aug. Hispaniae citerioris gegen die Cantabrer, Vell. 2,90,4. **6.** C. A. Vetus. Sohn von Nr. 5, Münzmeister 16/15 v. Chr., MATTINGLY 1,19 Nr. 95f. Cos. ord. 6 v. Chr., CIL VI 763. 11034. Mon. Anc. lat. 3,28. Procos. Asiae ca. 3/4 n. Chr., IGR 4,399. Sylloge³ 785. L. ROBERT Étud. Anatol. 128, s. K. ATKINSON Hist. 7, 1958, 328. A. lebte noch 30 n. Chr., Vell. 2,43,4. **7.** C. A. Vetus. Sohn von Nr. 6; er war mit dem Vater in Asien, AE 1938, 157. Praetor urbanus 20 n. Chr., DEGRASSI Inscr. Ital. XIII 1,298,21. Cos. ord. 23, CIL VI 10051. Frontin. aq. 102. Curator riparum et alvei Tiberis, CIL XIV 4704. **8.** C. A. Vetus. Sohn von Nr. 7. Cos. suff. 46, DEGRASSI, Inscr. Ital. XIII 1,264. Cos. II ord. 50, DESS. 2342. Tac. ann. 12,25,1. **9.** C. A. Vetus. Sohn von Nr. 8. Cos. ord. 96, CIL VI 17707. **10.** L. A. Vetus. 2. Sohn von Nr. 6. Seine Laufbahn bis zum Konsulat CIL XIV 2802. Cos. suff. 26, Bull. comm. 68, 1940, 201, Aelian frg. 110 H., s. DEGRASSI FImp. 9. Als Consular im J. 30 bei Vell. 2,43,4. **11.** L. A. Vetus. Sohn von Nr. 7, CIL XIV 2849. Cos. ord. 55, Tac. ann. 13,11,1. Nach Tac. ann. 13,53,2 und CIL XIII 6820 war er legatus Aug. pr. pr. Germaniae super. im J. 55/56. Procos. Asiae 63/64. Im J. 65 kam er durch Selbstmord seiner Verurteilung zuvor, Tac. ann. 16,10,2ff. R. H.

12. M. A. Labeo († 10/11 n. Chr.) zählt zu den besten Köpfen der frühklassischen Jurisprudenz. Seine Familie stammt aus dem samnitischen Unteritalien, sein Vater Pacuvius Antistius Labeo war ebenfalls Jurist. Politisch zählt M. A. Labeo wohl zur senatorischen Opposition, er bekleidete zwar die Praetur, lehnte aber nach Pompon. Dig. 1,2,2, 47 ein ihm angebotenes Suffektkonsulat ab.

Sein Opus umfaßt dem Sakralrecht geltende *libri de iure pontificio*, einen Zwölftafelkommentar, kasuistisch gehaltene Schriften *(epistulae, responsa, Pithana)*, einen Ediktskommentar und mindestens 40 B. *posteriores;* diese wurden erst nach seinem Tod herausgegeben und später wiederholt epitomiert. Seine Autorität bei allen späteren Juristen ist außerordentlich groß, sein Einfluß auf die Rechtsentwicklung kaum zu überschätzen. Ob schon Labeo selbst die Schule der Proculianer begründet hat, ist unsicher. Th. M.-M.

A. Pernice Labeo, 1873ff. *Kunkel* Herkunft und soziale Stellung der röm. Juristen, 1952, 114. *F. Schulz* Gesch. der röm. Rechtswissenschaft, 1961, 120.234.257ff.

Ἀντιτίμησις. Wenn das Gesetz in Athen die Strafe bei öffentlichen Prozessen nicht von vornherein festgelegt hatte (*ἀγῶνες ἀτίμητοι*), sondern Art und Höhe dem richterlichen Ermessen anheimgegeben waren (*ἀγῶνες τιμητοί*), hatte der Kläger schon bei Einreichung der Klageschrift die

Klage zu schätzen. Der Beklagte konnte dann nach seinem Schuldspruch in einer 2. Verhandlung über das Strafmaß einen Gegenantrag über die Strafhöhe (*ἀ.*) stellen. Die Richter hatten zwischen diesen beiden Strafanträgen zu wählen. E. B.

J.H. Lipsius Das att. Recht 253.

Antium (NISSEN It. Ldk. 2,627. BELOCH RG 386). Hafenstadt der lat. Küste (Strab. 239. Plin. nat. 3,57.81); hohes Alter durch Gründungssagen (Dion. Hal. ant. 1,72. Steph. Byz.: S. d. Odysseus; Solin. 8,2: *Ascanius*) nahegelegt; im J. 508 v. Chr. (Pol. 3,22,11; Datierung MEYER Kl. Schr. 2,296. HAMPL, RhM 101, 1958, 58ff.) in röm. Hand, seit ca. 500 v. Chr. in volsk. Besitz (NISSEN 628,2: fehlt im Latinerbund des J. 499 bei Dion. 4,49), bietet Coriolanus Zuflucht (Krieg gegen Rom unwahrscheinlich: RADKE, RE IX A 812f.). 1. Römerkrieg im J. 469/68 (Liv 2,63 Dion. 9,56. fast triumph.); Abfall im J. 459 (Liv. 3,22f. fast. triumph.). 2. Römerkrieg im J. 386/77 (Liv. 6,6–33). 3. Römerkrieg im J. 348/46 (Liv. 7,27. fast. triumph.). Letzter Krieg endet im J. 338 v. Chr. mit Unterwerfung und Verbot der Seefahrt (Liv. 8,14,8.12 *rostra*; vgl. Plin. 34,20). Beschwerde des Alex. Epir. und des Demetr. Pol. (Strab. 232; vgl. RADKE 820) über Seeräuberei. Röm. Kolonie im J. 338 (Liv. 8,14,8) und Verfassung im J. 317 (Liv. 9,20,10). Sommervillen (Strab. Cic. Att. 2,6,1 u. a.). Geburtsort Caligulas (Suet. Cal. 8,1) und Neros (Suet. Ner. 6,1). Fortunakult (Hor. c. 1,35). G. R.

Antius, röm. Gentilname (etrusk. Formen bei SCHULZE Eigenn. 123). **1.** A., Senator 54, Cic. Att. 4,17,4. **2.** A., 43 v. Chr. geächtet, aber entkommen (App. civ. 4,39,167). **3.** C. A., Volkstribun 68. **4.** Sp. A., 438 v. Chr. röm. Gesandter, von den Fidenaten getötet, Liv. 4,17,3. **5.** M. A. Briso, Volkstribun 137 v. Chr. **6.** C. A. Restio, Münzmeister um 46 v. Chr. (Nachweise bei BROUGHTON Mag. 2,431). **7.** C. Antius A. Iulius Quadratus, Consul suff. 94 und Consul ord. 105 n. Chr. **8.** A. Pol(l)io, Consul suff. 155. **9.** (M.?) A. Rufinus, 136 n. Chr. Legat (?) in Moesia inferior, führte eine Grenzregulierung zwischen Moesien und Thrakien durch. H. G. G.

Ἀντωμοσία war in Griechenland, insbes. in Athen, ein Eid, den beide Parteien in der Voruntersuchung oder bei der Hauptverhandlung zu leisten hatten, wohl um ihr Gewissen für ihre Aussagen zu schärfen. Durch die *ἀ.* wurde die Wahrheit der Klage wie der Klagebeantwortung im voraus bekräftigt. Daher ging der Name auch auf die Prozeßschriften über. Von Platon (leg. 12,4,948 D) wurde die *ἀ.* nicht übernommen. E. B.

J.H. Lipsius Das att. Recht 830 *G. Busolt* GStK. 548.

Antonia. Burg in Jerusalem an der NW.-Ecke des Tempelplatzes (Ios. bell. Iud. 5,5,8 u. ö. Tac. hist. 5,11), von → Herodes d. Gr. zum Schutz des Tempelplatzes umgebaut und zu Ehren des Antonius so genannt (Ios. ant. 15,403ff.; bell. Iud. 1,21,1). W. S.

Antoninianae thermae s. Thermae

Antoninianos von Aphrodisias. Bildhauer um 150 n. Chr. Von A. signiert ein Relief aus Lanuvium mit Antinous als Silvanus. A. R.
Delbrück Ant. Porträts, Bonn 1912, Taf. 44.

Antoninianus begegnet als Beiwort von Silber- und Goldmünzen in der H. A. Die Numismatik nennt so eine 215 n. Chr. von Caracalla (M. Aur. Antoninus) geschaffene Silbermünze. Sie ist trotz geringeren Gewichts ein Doppeldenar, kein 1½faches Stück. Die Vs. zeigt den Herrscherkopf im Strahlenkranz bzw. die Büste der Kaiserin auf einer Mondsichel. Von 222–238 nicht geprägt, war der A. seit Philippus die vornehmlichste Münze. Der Silbergehalt, anfangs ca. 40%, fiel unter Valerian auf 2%. Aurelian versuchte eine Reform, Diocletian ersetzte den A. 293 durch den Follis. Die Zahlzeichen XX, XXI, K, KA (seit Aurelian) sind noch nicht recht gedeutet. H. Ch.
Schrötter WBMzK s. v. *Mattingly* 124ff. 185ff.

Antoninus. 1. T. Aurelius Fulvius Boionius Arrius Antoninus = imp. Caes. T. Aelius Hasdrianu Antoninus Aug. Pius. Röm. Kaiser vom 10. Juli 138 bis 7. März 161. * am 19. September 86 bei Lanuvium als Sohn des T. Aurelius Fulvus, cos. ord. 89, und der Arria Fadilla, H. A. vit. Pii 1,8. CIL I^2 p. 255. VI 2120. Das Geschlecht stammte aus Nemausus in Südgallien. Erzogen in Lorium nach dem frühen Tod seines Vaters bei seinem väterlichen, dann bei seinem mütterlichen Großvater; von letzterem nahm er den Namen A. an. Um 110 heiratete er die Annia Galeria Faustina I. Nach der Quaestur und Praetur war er cos. ord. 120, CIL VI 2080. Hadrian machte ihn zu einem der 4 *iudices*, in deren Kompetenz die Konkurs- und Erbschaftsangelegenheiten in Italien fielen, vit. Pii 2,11. Procos. Asiae 135/36, CIG II 2965 (s. D. Magie Roman Rule in Asia Min. 2,1491). Forsch. Ephesos 2,108. Hadrian berief A. in das *consilium principis*, vit. Pii 3,8, und deklarierte ihn nach dem Tod des ursprüngl. erwählten Thronerben L. Aelius Caesar (= L. Ceionius Commodus) am 24. Januar 138 zum Nachfolger und adoptierte ihn am 25. Februar mit der Bedingung, daß A. selbst den Enkel von Hadrians gleichnamigen Freund und zugleich Neffen seiner Gattin, M. Annius Verus, und den Sohn des L. Aelius Caesar, L. Ceionius Commodus zu adoptieren hätte mit dem Recht auf Nachfolge, vit. Pii 4,6f. A. erhielt das *imperium procos.* und die *tribunicia potestas*, CIL VI 998. Regierungsantritt am 10. Juli 138. Wohl seit dem 19. September 138 trug er offiziell den Beinamen Pius, s. P. Strack Unters. zur röm. Reichsprägung des 2. Jh. 3, 1937, 2. A. setzte trotz dem Widerstand des Senates die Konsekration Hadrians durch, Cass. Dio 70,1,2f. Im J. 139 war er cos. II (CIL XVI 87), nahm den Titel *p(ater) p(atriae)* an (CIL X 1642 und Mz. bei Strack Nr. 34ff. 529ff. 761ff.), und vollendete das Hadriansmausoleum, CIL VI 984, in dem Hadrian, Sabina und L. Aelius Caesar beigesetzt wurden, CIL VI 985. Seinem 19jährigen Adoptivsohn Marc Aurel, dem er schon 138 seine Tochter Faustina (II.) verlobt hatte und der 139 die Quaestur bekleidete, erhob er zum Caesar, vit. Pii 6,10. A. erließ Italien das *aureum coronarium* ganz, die Provinzen hatten es zur Hälfte an Rom und Italien abzuliefern, vit. 4,10. A. betonte wie Augustus die Vormachtstellung Italiens und war bestrebt, alte Gesittung zu heben. Mit Marc Aurel bekleidete er den Konsulat als cos. III, Mz. bei Strack Nr. 67ff. 110ff. Im J. 141 starb seine Gemahlin Faustina (I.) und wurde im Hadriansmausoleum beigesetzt, CIL VI 987. Ein Einfall der Briganten in Britannien unter dem Statthalter Q. Lollius Urbicus zwang A. zum Krieg auf der Insel, vit. 5,4. Paus. 8,43,4. A. als imperator II in CIL X 515. Anlegung des Antoninswalles zwischen Edinbourgh und Glasgow, CIL VII 1088–1143, s. G. Macdonald Rom. Wall in Scotland 272ff.; JRS 11, 1921, 1ff. E. Birley Rom. Britain 1953, 31ff. Unruhen in Mauretanien warf T. Varius Clemens nieder, Aristeid. 26,70 K.; Polyain. 6 praef., s. A. Betz, RE VIII A 404; sie dauerten aber weiter bis 150, CIL XVI 99. Im J. 145 war A. cos. III mit Marc Aurel cos. II, CIL VIII 10230; in diesem Jahr wurde die Heirat zwischen Letzterem und Faustina (II) vollzogen, vit. Marci 6,6. Kriege gab es weiterhin an vielen Stellen des Reiches, in Germanien im J. 148, vit. Pii 5,4; dort wurde der Limes vorverlegt. Ferner ließ A. die Daker bekriegen, CIL VIII 12513; das bisher zweigeteilte Dakien wurde 158 in 3 Sprengel gegliedert, s. A. v. Premerstein, Wien. Eranos 1909, 256ff. Kriege gab es gegen die Parther (s. W. Schur, RE XVIII 4,2024) wegen des Besitzes von Armenien (F. Schehl Herm. 65, 1930, 177ff.), gegen die Alanen (Th. Carrata Gli Alani nella politica orientale di A. Pio, Publ. Fac. Lett. e Filos. Univ. Torino 10,2, 1958), und gegen andere Völker. Den Quaden gab er einen König, Mattingly, RIC 3,110. Unter A. wurde das Reich ausgezeichnet verwaltet. Die obersten Stände, in die zahlreiche Provinziale aufrückten, lehnten den Prinzeps nicht ab. A. sah darauf, daß die Provinzialverwaltung klaglos vor sich ging, und kümmerte sich um Finanzgebarung und Steuern, vit. 7,8. Er unterstützte Städte, die in Not geraten waren, wie das von Erdbeben betroffene Ephesos, Paus. 8,43,4. Besondere Sorge wandte er dem Rechtswesen zu, s. W. Hüttl A. Pius 1,70 bis 129. Schreiben des A. bei L. Lafoscade De epist. imp. 1902, 18. Der italische Konservativismus des A. kommt auch in der Pflege der Kulte zum Ausdruck; im J. 147 fand die 900-Jahr-Feier Roms statt. Von den Bauwerken aus der Zeit des A. ist der Faustina-Tempel auf dem Forum das bekannteste. A. † am 7. März 161 in der Villa bei Lanuvium, wo er geboren war; beigesetzt im Hadriansmausoleum, CIL VI 986. R. H.
Bildliche Darstellungen bei *J. J. Bernoulli* 2,2 p. 139–151; Taf. XLIV a. b. XLV. *E. A. Stückelberg* Bildnisse der röm.

Kaiser, Taf. 49. Lit. *W. Hüttl* A. Pius Bd. I, 1936, Bd. II enthält die Inschr. der Zeit und ihre epigraphische Verwertung. Mz. bei *P. Strack* Unters. zur röm. Reichsprägung des 2. Jh. 3, 1937.

2. Liberalis, griech. Mythograph, Vf. einer Slg. von Verwandlungsgeschichten in Prosa (*Μεταμορφώσεων συναγωγή*). Er war wohl gebürtiger Römer und lebte, wie sprachliche Indizien zeigen, etwa zur Zeit der Antonine. Die meist zuverlässigen Quellenangaben zu den einzelnen Geschichten nennen vor allem Nikanders *Ἑτεροιούμενα* und die *Ὀρνιθογονία* der Boio. Die Schrift ist nur durch einen Heidelb. Cod. des 9. oder 10. Jh. überliefert. M. F.

Erstausg. von *Cornarius* 1531. Ta. von *Martini* Mythographi Graeci 2,1, 1896, 61 ff. *Eug. Oder* De Antonino Liberali, Diss. Bonn 1886. Zur Textkritik *Aloys. Castiglioni* Collectanea Graeca, 1911, 77 ff.

Antonius. Plebeischer Gentilname. Nachweisbar vom 5. Jh. v. Chr. (Nr. 13.14, beide wohl gegen die Quellen keine Patrizier; das Cognomen Merenda vielleicht später Einschub) bis zum Ende der Antike. Im 4. Jh. v. Chr. sind 2 Personen hervorgetreten, seit dem 2. Jh. zahlreiche Namensträger, als bedeutendster der Triumvir M. A. (Nr. 9) im 1. Jh. Bis dahin sind Cognomina selten (Balbus, Gnipho, Merenda); späte Konstruktion sah in *Ἄντων*, einem Heraklessohn, den Ahnherrn, Plut. Ant. 4,2. 36,7. 60,5 (sonst als Name nicht belegt, SCHULZE, Eigenn. 124); vgl. DRUMANN² 42–396. BROUGHTON Mag. 2,531; Suppl., 1960, 6. Aus der Kaiserzeit sind bes. zu erwähnen die beiden Kaiser, die den Beinamen Gordianus tragen (II., III., 238–244), der Schriftsteller A. Diogenes, der Arzt A. Musa und der Eremit A. der Große.

I. Republikanische Zeit: **1.** A. Antonius, Gesandter an Perseus nach der Schlacht bei Pydna 168. Liv. 45,4,7. **2.** C. A., mit dem Spitznamen Hybrida, Sohn des Redners M. A. (Nr. 7), Bruder des M. A. Creticus (Nr. 8), Onkel des Triumvirn (Nr. 9). Unter Sulla war er Praefectus in Asien um 84. Quaestor vor 70, Volkstribun 68 (? [zur lex Antonia de Termessibus s. RE XII 2325]), nachdem er 70 vorübergehend aus dem Senat verstoßen war. 66 war er Praetor, 63 zusammen mit Cicero Consul, wobei er den Catilinariern gegenüber eine zweideutige Haltung einnahm, aber nach dem unter seinen Auspicien durch M. Petreius erfochtenen Sieg über Catilina 62 zum *imperator* ausgerufen wurde. 62–60 war er Proconsul in Macedonia. 59 wurde er als Catilinarier verbannt (Verteidigung durch Cic.), vor 44 aber von Caesar begnadigt, 44 wieder im Senat und 42 Censor (mit P. Sulpicius). Zum Spottnamen s. Plin. nat. 8,213, zur Datierung BROUGHTON Mag. 2,531. **3.** C. A., mittlerer Sohn des Creticus (Nr. 8), Bruder des Triumvirn (9), trat 54 mit seinem Bruder L. (Nr. 4) als Mitankläger des A. Gabinius auf, war 49 Legat Caesars, mußte sich ergeben. 44 *praetor urbanus*, 43 *proconsul* in Macedonia (gegen den Willen des

Senats), wurde aber bereits in Illyrien von Brutus 43 gefangen und Anfang 42 hingerichtet. Von ca. 45–42 war er Pontifex. **4.** L. A., jüngster Sohn des Creticus (Nr. 8), Bruder des Triumvirn (9), schloß sich mit seinem Bruder C. (Nr. 3) als *subscriptor* der Klage gegen Gabinius an (54 v. Chr.), war Quaestor in Asia 50 und im folgenden J. ebd. *proquaestor pro praetore*. Als Volkstribun 44 brachte er im April ein verfassungswidriges Ackergesetz durch (als *VII vir agr. divid.*, lex Antonia, vgl. RE XII 1184,60. Suppl. VII 382); im Mai führte er Octavian in einer *contio* ein, ging Ende 44 zu seinem Bruder M., wurde mit diesem 43 bei Forum Gallorum geschlagen und dann geächtet. 41 war er Consul (in einigen Quellen trägt er dabei den Ehrennamen *Pietas*), feierte am 1. Jan. einen Triumph *ex Alpibus* und erhob sich gegen den jungen Caesar im bellum Perusinum (Appian. bell. civ. 5,14 ff. Cass. Dio 48,5 ff.), wobei er mit seiner Schwägerin Fulvia gemeinsame Sache machte, gegen den Triumvirat hetzte und schließlich von Caesar in Perusia belagert wurde; dort ergab er sich im Februar 40, wurde begnadigt, mit proconsularischem *imperium* nach Spanien geschickt und dann nicht mehr erwähnt. **5.** M. A., Magister equitum 334 v. Chr., Liv. 8,17,3. **6.** M. A., Volkstribun 167 v. Chr. **7.** M. A., Redner (143–87), Vater des Creticus (Nr. 8), Großvater des Triumvirn (9). Quaestor in Asia 113 und 112 ebd. als *proquaestor pro praetore*, dann in Cilicia 102 als *praetor* und 101–100 als *propraetor*, Consul 99, Censor 97, *legatus* 87, Augur bis 87, d. h. bis zu seiner Ermordung durch die Marianer. Überzeugter Optimat und erfolgreicher Prozeßredner, von Cic. de orat. 1,38,172 u. ö. neben L. Licinius Crassus als der bedeutendste Redner der marianisch-sullanischen Epoche gefeiert. Verfasser einer Schrift *de ratione dicendi*. SCHANZ-HOS. 1,224 f. **8.** M. A. mit dem Spottnamen Creticus, Sohn des Redners Nr. 7, Praetor 74 und Inhaber eines außerordentlichen Imperiums gegen die Seeräuber, das er auch als Proconsul 73–71 innehatte, wurde auf Kreta geschlagen und starb dort. Unfähiger und habsüchtiger Mensch. Aus seiner 2. Ehe mit Iulia, der Schwester Caesars, stammen die Söhne Nr. 9 (der Triumvir), 3, 4. **9.** M. A., der Triumvir, 82–30 v. Chr., Sohn des Creticus Nr. 8. Nach vergnügungssüchtiger Jugend und kurzem Aufenthalt in Athen diente er als *praef. equ.* 57–55 unter Gabinius in Palästina und in Äg., begab sich 54 zu Caesar nach Gallien und begann mit dessen Unterstützung seine politische Laufbahn (vgl. DRUMANN 1²,46 ff. BROUGHTON Mag. 2,531) als Quaestor 52, diente als Legat erneut bei Caesar (52–50), wurde Augur (50 bis zu seinem Tode) und trat als Volkstribun 49 für Caesar ein, vertrat mit proprätorischem Imperium diesen während des spanischen Feldzuges in Italien. 48 unterstützte er, wahrscheinlich als *legatus*, Caesar tatkräftig auf dem Balkan und führte bei Pharsalos den linken Flügel

(Caes. civ. 3,24–30. 89 u. ö.). Dann war er 48/47 *magister equitum* des Dictators Caesar. Sein flottes Leben in Rom (Tänzerin Cytheris, Hochzeit mit Fulvia) führte zu einer Entfremdung, 45 aber söhnte er sich mit Caesar aus, mit dem er 44 das Consulat bekleidete (DEGR. I. 13,58f. 134. 500f.). Sein Versuch, Caesar am Lupercalienfest zu krönen, mißlang (Cic. Phil. 2,84–87 u. a.). An den Iden des März hielten ihn die Verschwörer geschickt von der Teilnahme an der Sitzung fern. Nach Caesars Ermordung riß er nach anfänglicher Kopflosigkeit rasch das Gesetz des Handelns an sich (Sicherstellung des Staatsschatzes und der Privatpapiere Caesars, Verhandlungen mit den Mördern am 16. März, Leitung der Senatssitzung am 17., Rede bei der Leichenfeier für Caesar [22. oder 23. März, App. civ. 2,144–147]). Als *II vir act. Caes. confirm.* und als *VII vir agr. divid.* erhielt er neue Befugnisse (über mehrere leges Antoniae dieses J. RE XII 2324. Suppl. VII 382). Das proconsularische Imperium erhielt er zunächst für Macedonia und dann im Austausch für Gallia Cisalpina und Transalpina (44–43, für Transalpina 43–40 verlängert). Im Sommer 44 überwarf er sich mit dem Senat und Octavian (dem er anfangs sehr reserviert gegenübergetreten war, W. SCHMITTHENNER Octavian u. d. Testament Cäsars, 1952, 77 u. ö.); im Nov. ging er von Brundisium nach Mutina, belagerte dort Dec. Brutus, wurde von Cic. in den Philipp. Reden 44/43 scharf bekämpft, siegte und wurde besiegt bei Forum Gallorum (April 43) und zog nach seiner Niederlage vor Mutina über die Alpen. Nach viermonatiger Ächtung erfolgte die Einigung mit dem jungen Caesar und mit Lepidus im Triumvirat vom 27. Nov. 43 (*III vir rei p. const.* 43–38 und nach Verlängerung im Vertrag von Tarent 37 bis 33). Es folgten die Proskriptionen (Tod Ciceros!) und der Krieg gegen die Caesarmörder, dessen Entscheidung A. durch hervorragende Kampfführung in den Schlachten bei Philippi (42) herbeiführte. In der anschließenden Neuverteilung der Provinzen erhielt A. den Osten, ordnete die Verhältnisse in Griechenland (Plut. Ant. 23f. BENGTSON GG^2 502) und in Kleinasien, rüstete für einen Partherkrieg (41/40–38, zuerst von Ventidius geführt, RE VIII A 795ff.) und ging dann nach Äg., wo die Gemeinschaft mit Kleopatra von 41 an seine weitere Lebensführung und Politik bestimmte, vgl. H. VOLKMANN Kleopatra, 1953, 86ff. H. BUCHHEIM D. Orientpolitik d. Triumvirn A. SHAW 1960. Die durch das bellum Perusinum (41/40) bedingte Spannung mit Octavian wurde durch den Vertrag von Brundisium (Sept. 40) ausgeschaltet, durch den A. erneut den Osten erhielt; überdies verheiratete er sich mit Octavia, der verwitweten Schwester Octavians, blieb vorerst noch in Italien, wo ihm im Vertrag von Misenum ein Ausgleich mit S. Pompeius gelang, ging 39 nach Athen, wo man ihn wie vorher schon in Kleinasien als Dionysos feierte (Plut. Ant. 24,4. IG II^2 1043,42. F. TAEGER Charisma 2, 1960, 89ff.), um sich 38 wieder ganz dem O. zuzuwenden. 37 kam er noch einmal in den W., um in Tarent mit Caesar eine Verlängerung des Triumvirats herbeizuführen (Vermittlung durch Octavia, die fortan im W. blieb und 32 von A. verstoßen wurde). Den Winter 37/36 verbrachte er mit Kleopatra in Syrien, wobei er große Gebiete an sie und die gemeinsamen Kinder (Ptolemaios, Kleopatra und Alexander, letztere Helios und Selene genannt) verteilte und rücksichtslos schaltete. Der folgende Partherkrieg verlief erfolglos, trotzdem *imperator III.* Nach neuen Rüstungen zog er 34 gegen Armenien und brachte von dort den König Artavasdes zu einem Triumph nach Alexandreia, und dies in einem J., in dem er in Rom *consul ord. II* war (BROUGHTON Mag. 2, 410). Das hellenistische Lebensgefühl überschlug sich nun in A. in neuen Ehren für Kleopatra und eigenwilligen Regelungen. Es kam zu erheblichen Spannungen mit Octavian, der 33 öffentlich gegen A. auftrat und 32 schließlich das Testament des A. an sich brachte und bekanntgab, worauf Senat und Volk den Krieg an Kleopatra erklärten. Natürlich trat A., der für 31 *consul designatus* war, sein Amt nicht an (trotzdem Münzlegenden mit *cos. III* BMC RR II 531. 583f.), sondern verbrachte den Winter 32/31 mit Kleopatra in Corcyra und Patrae (Flotte von 500 Schiffen im Golf v. Ambrakia). Die Seeschlacht bei Actium am 2. Sept. 31 brachte die Entscheidung (Cass. Dio 50,31–34 u. a.); A. folgte der fliehenden Kleopatra und gab seine Sache vorzeitig verloren; ebenso würdelos erscheinen seine letzten Handlungen, wenn sie auch nicht ganz ohne militärische Teilerfolge waren. Als am 1. Aug. 30 Alexandreia gefallen war, erhielt er die falsche Nachricht vom Tod der Kleopatra, stürzte sich in sein Schwert und starb am gleichen Tag in den Armen der Kleopatra. Die über ihn verhängte *damnatio memoriae* ist von Augustus gemildert, von Caligula aufgehoben worden. A. hatte reiche, aber einseitige Anlagen, war ein tapferer Soldat und ein glänzender Troupier, verfiel aber – ohne Selbstbeherrschung – den Lockungen des späten Hellenismus. Münzbild bei K. LANGE Herrscherköpfe 97. **10.** M. A. *Ἄντυλλος*, ältester Sohn des Triumvirn (Nr. 9) und der Fulvia, wurde 36 noch als Kind mit Iulia, der Tochter Octavians, verlobt, erhielt 30 die Toga virilis, wurde aber im gleichen J. von Octavian hingerichtet. **11.** Q. A. Balbus, ließ als Praetor 82 v. Chr. Münzen schlagen (CBM RR I 344f. vgl. Val. Max. 7,6,4), übernahm das Kommando in Sardinien und wurde von dort durch Sullas Truppen vertrieben und getötet. **12.** M. A. Gnipho, Redelehrer in Rom, lebte um 114–64. 66 war er Lehrer Ciceros; auch Caesar und Ateius Philologus hörten bei ihm. Er trat als Schriftsteller (*de Latino sermone*) und Kommentator des Ennius hervor. Suet. gramm. 1. SCHANZ-HOS. 1,579. **13.** Q. A. Merenda, Consulartribun 422 v. Chr. Liv. 4,42,2, wohl ein Sohn von Nr. 14, vgl. NIEBUHR RG 2,480. **14.** T. A. Merenda, *decemvir cons. pot. leg. scrib.* 450–449. Er focht 449 mit anderen Decemvirn gegen die Aequer und erlitt am Algidus eine Niederlage. Liv. 3,35,11.38.41 f. Dion. Hal. ant. 10,58. Zur Codifizierung s. RE IV 2258 f. **15.** (Antonia), Tochter des C. Antonius Nr. 2, Gemahlin des Triumvirn Nr. 9. **16.** Antonia, Tochter des Triumvirn Nr. 9 und seiner zweiten Gemahlin Nr. 15, wurde noch als Kind 44 mit Lepidus verlobt. Nach der Lösung dieser Verlobung bald nach 37 heiratete sie 34 den reichen Asiaten Pythodoros von Tralles. **17.** Antonia maior, älteste Tochter des Triumvirn und der Octavia, geb. 39, 37 verlobt und nach 30 verheiratet mit L. Domitius Ahenobarbus, Mutter des Cn. Domitius, *cos.* 32 n. Chr. und Großmutter Neros. **18.** Antonia minor, jüngere Tochter des Triumvirn (Nr. 9) und der Octavia, geb. 36, um 16 verheiratet mit Drusus, Mutter des Germanicus, der Livilla und des späteren Kaisers Claudius. Nach 9 v. Chr. verheiratete sie sich nicht mehr. 31 entdeckte sie dem Tiberius die Verschwörung des Seian, wurde von ihrem Enkel Caligula zur Augusta ernannt, 37 aber von ihm umgebracht. H. G. G.

P. R. Franke–M. Hirmer Röm. Kaiserporträts i. Münzbild, 1961, T. 5.

II. Kaiserzeit: **1.** Iullus A. Sohn des Marc Anton und der Fulvia, von Octavia erzogen. Augustus vermählte ihm seine Nichte Claudia Marcella im J. 21 v. Chr., Plut. Anton. 87. Praetor 13 v. Chr., Vell. 2,100,4. Cass. Dio 54,26,2. Cos. ord. 10 v. Chr., CIL VI 30974. Procos. Asiae wohl 7/6 v. Chr., Ios. ant. Iud. 16,172, s. K. ATKINSON Hist. 7, 1958, 327. Wegen seiner Beziehungen zu Iulia, hinter denen vielleicht politische Motive steckten, 2 v. Chr. zum Tod verurteilt, Sen. brev. vit. 4,6. Cass. Dio 55,10,15. **2.** L. Antonius, Sohn von Nr. 1, erhielt von Augustus einen zwangsläufigen Studienaufenthalt in Massilia, † 25 n. Chr., Tac. ann. 4,44,3. **3.** (M.) A. Felix. Bruder des Pallas, Tac. ann. 12,54,1 ff. Im J. 52 hatte er als Prokurator von Samaria Streitigkeiten mit dem von Gallilaea, Ventidius Cumanus, und den Juden; sie beendete der Statthalter von Syrien, C. Ummidius Quadratus dadurch, daß er A. auch Galilaea und Peraea übertrug, Ios. bell. Iud. 2,270, s. E. SMALLWOOD Latomus 18, 1959, 560 ff. A. übte ein strenges Regiment, ließ den Hohenpriester Jonathan töten und unterdrückte Aufstände der Juden, Ios. ant. 20, 162–172.177 f.; bell. 2,252–263.270. Vor seinem Tribunal stand der Apostel Paulus, act. apost. 23, 24. Verheiratet war er mit Drusilla, der Enkelin des Marc Anton und der Kleopatra, Tac. hist. 5, 9,3, dann mit einer anderen Drusilla, der Tochter des Königs Agrippa I., Ios. ant. 20,141 ff. **4.** A. Flamma wurde im J. 70 nach einem Repetundenprozeß verbannt, Tac. hist. 4,45,2. **5.–7.** M. A. Gordianus → Gordianus (I., II., III.). **8.** M. A. Pallas → Pallas. **9. 10.** M. A. Polemo → Polemo (I., II.). **11.** M. A. Primus. * in Tolosa, Suet. Vit. 18. Martial. 9,99,3. Im J. 61 wegen Beteiligung an einer Testamentsfälschung verurteilt, Tac. ann. 14, 40,2 ff. Galba gab ihm den Senatorenrang wieder und das Kommando über die leg. VII Galbiana, Tac. hist. 2,86,1. A. zog mit ihm nach Rom, dann wurde er nach Pannonien kommandiert. Er schloß sich 69 den Flaviern an, Cass. Dio 65,9,3, drängte in Poetovio auf Einfall in Italien, Tac. hist. 3,2,1; er wurde Oberkommandierender über die pannonischen und mösischen Legionen, ebd. 3,2,4. Er schlug die Vitellianer bei Bedriacum, ebd. 3, 23 ff. und eroberte Cremona, 3,28 ff. Ios. bell. 4, 642 ff. Zwistigkeiten mit Mucian. Tac. hist. 3,52,1. A. rückte gegen Rom, die Truppen des Vitellius ergaben sich bei Carsulae, Tac. hist. 3,49–54.59–63. Die Tragödie des Flavius Sabinus und den Brand des Kapitols konnte A. nicht verhindern, Tac. 3,78–82. Cass. Dio 65,9–19. Ios. bell. 4,633–655. Am 20. Dezember 69 hatte er die Obergewalt über Rom inne, mußte sie aber bald an Mucian abtreten. A. fand bei Vespasian im O. kühle Aufnahme, Tac. hist. 4,80. Er zog sich nach Tolosa zurück, Martial. 10,23; 73. Vgl. ADALB. BRIESSMANN, H (E) 10, 1955, 46–68. **12.** L. A. Saturninus. Aus der Provinz stammend, von Vespasian in den Senatorenstand aufgenommen, Ail. frg. 112 H. Nach dem Suffektkonsulat ca. 83 (CIL IX 5420) Statthalter in Germania superior, Suet. Dom. 6. Er erhob sich dort anfangs Januar 89 gegen Domitian, Cass. Dio 67,11,1; der Aufstand wurde rasch von A. Lappius Maximus niedergeschlagen, Martial. 4,11. **13.** M. A. Zeno. Statthalter von Thrakien 140, MIONETT Suppl. 2,447,1441 f. Cos. suff. 148, CIL XVI 96. Procos. Africae, CIL VIII 1480 b. **14.** A. maior. * 39 v. Chr. als ältere Tochter des Marc Anton und der Octavia, Gattin des L. Domitius Ahenobarbus cos. 16 v. Chr., Großmutter Neros, Suet, Nero 5,1. Plut. Anton. 87,6. **15.** A. minor = Antonia Augusta. * 36 v. Chr. als jüngere Tochter des Marc Anton und der Octavia, Plut. Anton. 35. Gattin des 9 v. Chr. verstorbenen Nero Claudius Drusus, des Bruders des Tiberius, Val. Max. 4,3,3. Mutter des Germanicus, der Livilla und des Claudius, Suet. Claud. 1,6. Sie war beim Begräbnis des Germanicus nicht zugegen, Tac. ann. 3,3,2. Dem Tiberius deckte sie im J. 31 die Verschwörung Seians auf, Cass. Dio 66,14,1 f. Caligula, den sie mit seiner Schwester Drusilla seit 29 erzogen hatte, verlieh ihr den Augusta-Titel, Suet. Cal. 15,2, zwang sie aber, ihrer Mahnungen überdrüssig, am 1. Mai 37 zum Selbstmord, L. VIDMAN Fast. Ostiens. p. 14. **16.** A., älteste Tochter des Claudius, im J. 41 mit Cn. Pompeius Magnus verheiratet, Suet. Claud. 27,1 f., nach dessen Ermordung um 47 mit Faustus Cornelius Sulla Felix, Tac. ann. 13,23,1. Im J. 65 tötete sie Nero, Suet. Nero 35,4, als Teilnehmerin an der pisonischen Verschwörung, Tac. ann. 15,53,3. Ihr Bild auf Mz., MATTINGLY RIC 1,128,59. J. VOGT Alex. Münzen

1,52.2,5. **17.** A. Caenis. Freigelassene, mit der Vespasian nach dem Tod seiner Gattin lebte, Suet. Vesp. 3. 21. Cass. Dio 66,14,1–3. **18.** A. Tryphaena. Tochter des Polemo I., Königs des Bosporanischen Reiches, und der Pythodoris, lebte in der 1. Hälfte des 1. Jh. n. Chr., IGR 4,144. Gattin des Thrakerkönigs Cotys, Strab. 12,556. Dessen Mörder beklagte sie im J. 19 vor dem Senat, Tac. ann. 2,66f. Mit ihren Kindern war Caligula erzogen, Cass. Dio 59,12,2; mit ihrem Sohn Polemo II. herrschte sie in Pontus und im Bosporanischen Reich, IGR 4, 146; Mz. s. Br. Mus. Pontus 47,11 f. R. H.

19. Musa, Arzt des Augustus; er rettete diesen im J. 23 von einer gefährlichen Krankheit, wofür ihm eine Bildsäule gesetzt wurde (Suet. Aug. 59. 81). Auf Kaltwasserkuren legte A. besonderen Wert (Hor. epist. 1,15,3); hauptsächlich war er Pharmakologe (Gal. 13,463). Wir haben unter seinem Namen eine Schrift De herba vettonica (ed. E. Howald – H. Sigerist CML 4, 1927, p. 1–11). Die Fragmente sammelte F. Caldani Bassano 1800. F. K.

Antron oder Ἀντρῶνες. Stadt in Achaia Phthiotis am Sund von Fuboea unmittelbar am Meer beim h. Fano mit z. T. erhaltener Stadtmauer und Akropolis, Hom. Il. 2,697. h. Dem. 491. Davor im Sund die Klippe ὄνος Ἀντρῶνος, sprichwörtlich für gefährliche Dinge, Strab. 9,5,14 p. 435. E. M.

Friedr. Stählin Das hellenische Thessalien 1924, 181 f.

Antunnacum. Ort in Germania superior, h. Andernach am Rhein. Durch günstige Lage an der Rheinuferstraße Mainz–Köln und am Endpunkt der Straße Trier-Maifeld-A. (die schon auf vorgeschichtliche Verbindungswege zurückgehen) ausgezeichnet, wurde die Örtlichkeit wahrscheinlich unter Drusus im J. 12 v. Chr. erstmals befestigt. Nach Anlage des Limes entstand hier eine blühende Bürgersiedlung, die als Stützpunkt auch der Rheinflotte zugleich wichtiger Umschlagplatz für Basalt- und Werksteine aus den großen Steinbrüchen des Maifeldes war. Nach Verlust des Limes, um 260 n. Chr., wird A. erneut als Festung der linksrheinischen Grenzwehr ausgebaut. Die Stadtmauern, von Julian 359 n. Chr. wieder hergestellt, sind z. T. noch heute erhalten. H. C.

Holder s. v. *A. H. Lehner* Antunnacum BJ 107, 1901, 1–36. *K. Zimmermann* Rhein. Vierteljahresh. 19, 1954, 317.

Antyllos (Ἄντυλλος) **1.** Griech. Rhetor (Suda s. v.) unbekannter Lebenszeit. Er ist Vf. eines Thuk.-Komm., der in der Thuk.-Vita (22.36.55) und in den Sch. (1,2,3.3,95,1.4,19,1.28,1) benutzt ist. H. Gä.

Frans Goslings Observationes ad Sch. in Thuc., Diss. Leiden 1874, 54 ff. *Ernst Schwabe* Lpz. Stud. 4, 1881, 71 ff.

2. Arzt, Pneumatiker. Seine Lebenszeit ist ungewiß (der Galenkommentar zu Hipp. π. χυμῶν, in dem – gleichfalls bei Oreibasios überlieferte – Stücke aus A. stehen, ist unecht (falsch [1], 104 bis 109) und liegt zwischen Archigenes (um 100 n. Chr.), den er zitiert (s. Oreib. CMG 6,1,2 p. 26,4 Raeder), und Oreibasios (4. Jh. n. Chr.). A. hat über zahlreiche Gebiete der Medizin geschrieben, ist aber vor allem als Chirurg bekannt [2], ebenso wie sein Schulgenosse Heliodor (hingewiesen sei auf seine chirurgische Behandlung von Aneurysmen). F. K.

Fragmente *P. Nicolaides*, Halle 1799. 1. *M. Wellmann* Phil. Unters. 14, 1895, 109 f. u. ö. 2. *E. Gurlt* Gesch. der Chirurgie, Bln. 1898, 1,474–486.

Antyx. Erhöhter Randstreifen gerundeter Gegenstände, bes. des griech. Rundschilds, auch die reifenartigen Bügel, die das Geländer der griech. Renn- und Streitwagen bildeten. Man fand beim Aufsteigen Halt an ihnen; stand der Wagen still, konnten die Zügel um die a. geschlungen werden. W. H. G.

E. v. Mercklin Der Rennwagen in Griechenland, Diss. Leipzig 1909. *H. L. Lorimer* Homer and the Monuments 1950, 326.

Anubis. Auch den Griechen noch bekannter äg. Gott, als liegender Hund (Schakal, Wolf) bzw. als hundeköpfiger Mensch dargestellt. Sein Name *inpw* bedeutet sonst »Kind« und weist vielleicht auf ein Jungtier hin. Da Caniden gern in den Nekropolen wühlend beobachtet wurden, galt A. als Totengott und Schützer der Nekropolen. Als solcher wurde er in Abydos als »Erster der Westlichen«, in Pathyris als »Herr des weißen Landes«, in Deir Rife als »Herr der Höhle«, bei Memphis als »Herr des Gebiets« und sonst als »Herr des verbotenen Landes« oder als »der auf seinem Berge« verehrt. Im Ritus verdrängt ihn zur Zeit der 5. Dynastie Osiris, der eigentlicher Totenherrscher wird, dem nun A. untergeordnet wird als Schützer der Leiche des Osiris und als Herbeiführer der Seelen vor das Totengericht, weshalb er in griech. Zeit dem Hermes Psychopompos angeglichen wird. Im Begräbnisritual spielt ein Priester mit A.-Maske den Schützer der Mumie. Die enge Verbindung des A. mit Osiris wird in der Mythe dadurch angezeigt, daß A. als Sohn des Osiris, im Ehebruch mit Nephthys gezeugt, gilt. Gleichsetzungen mit anderen Gottheiten sind selten, doch wird er gern dem kriegerischen kgl. Schutzhund, dem »Wegöffner« *Wp-wꜣw.t*, angeglichen. W. H.

Bonnet Reallex. Religion 40 ff. *Kees* Götterglaube 28 ff.

Anullinus. Senator, dessen Freigelassener Diokletian gewesen sein soll, Eutrop. 9,19,2. Aurel. Vict. 39,1. R. H.

Anulus s. Ring

Anxur. Alter Name von Tarracina (Liv. 4,59,4. Diod. 14,16. Serv. Aen. 7,799), der nach Paul. Fest. 20,22 L. Plin. nat. 3,59 *(lingua Volscorum A.)* für volskisch (Nissen It. Ldk. 2,640), von Devoto St. Etr. 21,417. Altheim, Sprache 21 wegen des Anklangs an Anxa, Anxanum, Anxia für »protolatinisch« gehalten wird. Gleichlautend der Name des dort verehrten Iupiter (Wissowa, Rel. ^{2}124), nur der irrigen Etymologie willen (LATTE RRel. 176,2) bei Serv. als *puer* bezeichnet. G. R.

'Ἀνυποδησία. Barfußgehen, in Sparta für junge Männer vorgeschrieben, auch sonst vielfach geübt, namentlich von einfachen Leuten und solchen, die nach Abhärtung strebten. A. gehörte zu den Gewohnheiten einiger philosophischer Richtungen (Aristoph. Nub. 103), namentlich der Kyniker, Stoiker und späteren Pythagoreer. W. H. G.

Anysis. Nach Hdt. 2,137 ein blinder König Äg., der vor dem Nubier Schabako in die Deltasümpfe geflohen sei. Es handelt sich vielleicht um eine Erinnerung an Bokchoris, den Gegner des Schabako, an dessen Tod man nicht glauben wollte. Der Name A. wurde ihm möglicherweise wegen einer Herkunft aus dem Ort A. beigelegt. W. H.

Anyte (Ἀνύτη). Von Tegea (nicht Mytilene: Überlief.-Fehler in Anth. Pal. 7,492), Epigrammdichterin der »peloponnes. Schule« (BECKBY 1, Einf. 20ff.), auch als ἡ μελοποιός bzw. λυρική erwähnt, ca. 300 v. Chr. Erhalten 21 Gedichte (außerh. der Anth. Pal.: 1 bei Poll. 5,48); anderes unecht. Ihre Bedeutung liegt bes. darin, daß sie »den für längere Zeit gültigen Typus des bukol. Landschaftsepigramms und des Tierepikedeions geschaffen hat« (LUCK 181). → Epigramm, Epikedeion. J. W.

H. Beckby Anth. Graeca 1957/58. *G. Luck* Die Dichterinnen d. griech. Anthologie MH 11, 1954, 170ff. *L. Winniczuk* Twórczość poetek greckich, Warschau 1956, 118ff.

Anytos (Ἄνυτος). Wohlhabender Athener (PA 1,1324), der um 400 in der Politik hervortrat. 409 als Befehlshaber eines nach Pylos gesandten Geschwaders durch Stürme zur Umkehr gezwungen, wurde er angeklagt, aber freigesprochen (Diod. 13,64,6); daß er das durch Bestechung erreicht habe, ist spätere Erfindung. 403 maßgeblich am Sturz der Dreißig beteiligt (Xen. hell. 2,3,42. 44), war er dann 403/02 bis 397/96 Stratege. Mit Sokrates stand er zunächst vielleicht in Kontakt, jedenfalls tritt er im Dialog Menon auf. Entsprechend den seit 403 herrschenden restaurativen und »staatserhaltenden« Tendenzen wurde er jedoch 399 zu dessen Hauptankläger (Plat. apol. 18b. 29c. 30b. 31a). Daß A. 384 Archon war, widerlegt Legenden, daß er nach Sokrates' Tod ein trauriges Ende durch Volkswut gefunden habe. Fr. Kie.

A. Menzel Hellenika, 1938, 42ff. (= SB Wien 145/2, 1902).

Aonides (Ἀονίδες, *Aoniae sorores*) hießen die Nymphen des boiot. Berges Helikon und der dortigen Quelle Aganippe nach dem alten Stamm der Aones und der Landschaft Ἀονίη Kall. h. 4,75, Ἀόνιον πεδίον Paus. 9,5,1f. Strab. 7,321 und sonst. Von den römischen Dichtern als gelehrtes Requisit übernommen, Verg. ecl. 10,12. georg. 3,11. Ov. met. 5,333; fast. 3,456. Abgeleitet von Aon, einem Sohne Poseidons, Stat. Theb. 1,34 mit Sch. H. v. G.

Aoos. Fluß NW.-Griechenlands (h. Viosa), im Ober- und Mittellauf epirotisch, im Unterlauf illyrisch, öfter bezeugt u. a. von Pol. 5,110. Hekataios (bei Strab. 7,5,8) nennt ihn Αἴας, Cass. Dio (41,45) Ἄνας. Seine Quelle befand sich am Lakmon, einem Abschnitt des Pindos. Die epirotische Παρ-αυαία war die Landschaft am r. Ufer des Aoos. H. T.

H. Treidler Epirus im Altertum, Stud. zur histor. Topogr., Diss. Lpz. 1917, 41 u. a. *Kirsten-Kraiker* Griechenlandkde, Hdlbg. 1956, 477.

Aornos. 1. Nur von Arrian (an. 3,29,1) genannte Stadt Baktriens, nächst Baktra (h. Balkh) der größte Platz dieses Landes und wohl identisch mit dem h. Tashkurgan (s. Atlas of the World II, Plate 31: Pakistan, Kashmir, Afghanistan, London 1959). Auf der Burg von A. ließ Alexander d. Gr. (329) eine Besatzung zurück. **2.** Bergfeste (πέτρα) am rechten (w.) Indusufer (Arr. 4,28,1. 5,26,5; Ind. 5,10. Bei Curt. 8,11,2ff.: *Aornis*, u. a.), auch von Alexander (328) erobert, entspricht der auf einem Vorsprung der Bergkette von Swat gelegenen Burg Rânî-gaṛh (etwa bei 35° n. Breite) beim h. Pirsa (Atl. of the World a. O.) und ist etym. nicht von ἄορνος (= ohne Vögel, den Vögeln unerreichbar), sondern besser von *âvárana* (sanskr. = Schutzwehr) abzuleiten. Für beide A. vgl. auch Gr. Hist. Weltatl. I 17a. H. T.

3. → Avernus lacus.

Aorsoi (Ἄορσοι). Mächtiger Stammesverband sarmatischer Herkunft, der das Steppengebiet bewohnte, das in der Nähe der Maiotis bei den Siedlungen der Sirakoi begann und bis zur W.- und N.-Küste des Kaspischen Meeres und zum unteren Don reichte. Sie waren mit den Alanen nahe verwandt. Wsemirnaija Istorija (Weltgeschichte) 2, 1956, 715–716. Chr. D.

'Ἀπαγωγή. Die »Abführung« war ein scharfes Schnellverfahren in Strafsachen in Athen. In ihrer ursprünglichen Gestalt gestattete sie, zwei Kategorien von Verbrechern (κακοῦργοι und ἄτιμοι), wenn sie auf frischer Tat ertappt waren, später auch bei offenkundigen Tatbeständen, ins Gefängnis abzuführen und bei einem Geständnis sofort zu bestrafen, sonst in Haft zu behalten und dem Gericht zu überstellen. Zuständig waren teils die Elfmänner, teils die Thesmotheten. Die Strafe war der Tod. Später konnte an Stelle der ἀ. eine schriftliche Anzeige gleichen Namens treten. Die mit der ἀ. zu verfolgenden Straftaten wurden im Laufe der Zeit, insbesondere in bezug auf ihre Anwendung gegenüber Fremden, erheblich erweitert. E. B.

J. H. Lipsius Das att. Recht 324.

Apama (Ἀπάμα) **1.** Tochter des Spitamenes. Auf der Massenhochzeit von Susa 324 mit Seleukos I. vermählt, wurde sie Mutter des Antiochos I. und Achaios und 299 in Milet geehrt. Arr. an. 7,4,6. Strab. 16,479. H. BERVE Das Alexanderreich, 1926, 52,98. A. REHM Didyma 2, 1958, n. 113.480. –

2. Tochter des Artabazos, 324 in Susa mit Ptolemaios I. vermählt. Plut. Eum. 1,7. Arr. an. 7,4,6 (mit persisch. Namen Artakama). H. BERVE a.O., 52, 97. W.W. TARN CQ 23, 1929, 138 ff. – **3.** Tochter des Antiochos I., 275 mit Magas, dem Vizekönig von Kyrene und Stiefbruder des Ptolemaios II., vermählt. Paus. 1,7,3. Als A. nach dessen Tode 253 die Verlobung ihrer Tochter → Berenike mit Ptolemaios III. aufheben und sie mit dem Makedonen Demetrios dem Schönen verbinden wollte, wurde dieser bei einem Volksaufstand erschlagen, A. nur auf Bitten der Tochter geschont. Iust. 26,3,2 (mit dem fälschlichen Namen Arsinoe). H.V.

Apameia. 1. Stadt in Bithynien. Ruinen, darunter ein Theater, jetzt ca. 1 km s.ö. von Mudanya an der Propontis; benannt nach Apame, wahrscheinlich Gemahlin von Prusias II. (nicht Prusias I.). Die Stadt hieß vorher Myrleia, war eine Gründung von Kolophon und wurde nach der Erstürmung und Plünderung durch Philipp V. von Makedonien im J. 202 v.Chr. an Prusias I. übergeben. Unter Augustus erhielt A. die *Col(onia) Iul(ia) Conc(ordia) Aug(usta)*. Bischofssitz in christlicher Zeit. Antike und moderne Lit. bei D. MAGIE Roman Rule in Asia Minor 2, 1950, 1189 f. mit dem Versuch, bereits eine Umbenennung unter Prusias I. infolge seiner Heirat mit einer (bisher nicht bekannten) makedonischen Prinzessin Apame zu erschließen. F.K.D.

2. Ἀπάμεια Κιβωτός (Strab., Ptolem., Plin.), bedeutende Stadt Groß-Phrygiens am oberen Mäander, h. Dimêr. **3.** Stadt der Coelesyria am Orontes, h. Kala'at el Medîk (Strab., Ptolem., Plin. nat. Röm. Itin.), Geburtsort des Poseidonios. **4.** Platz am linken Ufer des oberen Euphrat (Plin. nat. 5, 86. 6, 119). **5.** Ἀ. ἡ πρὸς Ῥαγαῖς (Strab., Ptolem.), Ort Parthiens, an der Straße von Teheran nach Sharud zu suchen. **6.** Stadt am Zusammenfluß von Euphrat und Tigris (Plin., Amm.), vielleicht h. Korna. Vgl. Gr. Hist. Weltatl. I, 20a. H.T.

Aparktias (lat. Septentrio). Jüngerer Name des reinen N.-Windes auf der Windrose, abgeleitet vom Namen des Nordgestirnes, ἀπὸ τῶν τῆς ἄρκτου τόπων. Der Wind galt als kalt, stark, wolkenvertreibend, gewitter- und hagelbildend, aufklärend, trocken, gesund, RE VIII A 2337,40. Fig. 8.11. 14.18.21.24.26.27. Mit dem Thraskias, dem NO.-Boreas und Meses bildete er die Obergruppe der Βόρεια. Aristot. meteor. p. 944 a 1. 364 a 13. R.B.

Ἀπάθεια. Kunstwort, vermutlich von Aristoteles (Physik Δ 9; 217 b 26; Metaph. Θ 1; 1046 a 13) als Gegensatz zu πάθος gebildet (ἀπαθὴς κακῶν o.ä., schon Theognis 1177, Hdt. mehrfach; ψυχὴ ἀπαθής ... τῶν σεισμῶν τῶν τοῦ σώματος Plat. Phileb. 33 E), bezeichnet das Unberührtsein von πάθος, d.h. Leiden, Affekt, Krankheit. A. wird in der Stoa zur Bezeichnung eines hohen Wertes, da πάθος ganz als Abirrung der

Seele vom Naturgemäßen verstanden wird. Weder der Weise noch das Göttliche kann irgendwelchen πάθη unterliegen, besitzt also die A. H.D.

Apaturia (Ἀπατούρια), »Fest der Söhne desselben (Stamm-)Vaters« (Sch. Aristoph. Ach. 146. W. SCHULZE Quaestiones Epicae, 1892, 79,3. P. KRETSCHMER, Gl 2, 1910, 210. G. THOMSON Prehistoric Aegean, 1949, 145; s. jed. [6],232,1. FRISK Et. Wb. 118 f.). Dreitägige Feier der ion.-att. Geschlechterverbände (φρατρίαι Xen. hell. 1,7,8. F. SOLMSEN Beitr. zur Wortforschung 1, 1909, 23,1. B. HEMBERG, Er 52, 1954, 176 f. [1],9 ff. [4],97. [5], 150 ff.) im Monat → Pyanopsion (Theophr. char. 3,5. EM 118,56), die auch in den ion. Kolonien Kleinasiens (Hdt. 1,147. THOMSON a.O. 544) und der Schwarzmeerküste (Strab. 11,495. C. NEUMANN Die Hellenen im Skythenlande, 1855, 559 ff.) lebendig blieb. Die A. standen allgemein unter dem Schutz des Zeus Φράτριος, der Athene Φρατρία (bzw. Ἀπατουρία in Troizen Paus. 2,33,1. S. WIDE De sacris Troez., 1888, 16. E. SITTIG De Graec. nominibus theophoris, 1911, 29 ff.) und des Apollon Πατρῷος (Plat. Euthyd. 302 d. Sch. Ach. 146. [2],267 f. [3],325. [4],105 ff.). Neben ihnen erscheinen örtlich als A.-Götter u.a. Hephaistos (Harpokr. p. 118 D. M. DELCOURT Héphaistos, 1957, 199 f. [1],108), die Tritopatores (CIA II 2, 1062. [2],268,11. [3],324. [4],97 f.), in den Schwarzmeerkolonien die Aphrodite Ἀπάτουρος (Strab. a.O. CIG 2109 b. M. ROSTOVTZEFF Skythien und der Bosporus 1, 1931, 21.137. F. ZUCKER, SDAW 1951, 1,8 f. Vgl. R. GANSZYNIEC, BCH 47, 1923, 441 f.), in Attika bes. Dionysos Μελαναιγίς, auf den die ätiolog. Legende des Festes anspielt (Sch. Ach. 146. Pax 890. EM 118,54 ff. [1],231. U. v. WILAMOWITZ, H 21, 1886, 112,2. E. MAASS, GGA 1889, 804 ff.). Die drei Einzelbegehungen hießen Δορπεία (»Festmahl« der Phratoren [1],106. [3], 338), Ἀνάρρυσις (»Schlachtung« der Opfertiere [1],13. [3],336 f.) und Κουρεῶτις (»Haarschurtag« [3],335.339. W. SCHMIDT Geburtstag im Altertum, 1908, 5. NILSSON GgrR² 1,137.493). Bei der letzteren wurden für die anläßlich Geburt, Ephebie oder Hochzeit neu in die Phratrie Aufgenommenen (EM 533,51 ff.) verschiedene Opfer gebracht, u.a. den Knaben im Sinne eines Initiationsritus das Haar geschoren und der Artemis geweiht (Hesych. Suda s.v. [2],271,16. [4],99.103 f. [6],234). W.F.

1. *J. Toepffer* Att. Genealogie, 1889. 2. *U. v. Wilamowitz* Aristoteles und Athen 2, 1893. 3. *A. Mommsen* Feste der Stadt Athen. 1898. 4. *S. Eitrem*, Er 20, 1921/22, 95 ff. 5. *M.P. Nilsson* Cults, Myths, Oracles and Politics in Ancient Greece, 1951. 6. *L. Deubner* Att. Feste, 1932/56.

Ἄπειρον = »das ohne Grenzen«, wird von → Anaximander als hintergründige Potentialität verstanden, aus der alle dimensionierte Realität hervorgeht. Der Ansatz, vieldeutige Potentialität als Ursprung des Vielfältigen, aber Abgegrenzten zu denken, wird von Platon und Aristoteles abgelehnt; der Begriff ἄ. wird von der Bedeutung »unbestimmt« eingeengt zur Bedeutung »unendlich«. Ihm haftet eine negative Bewertung an: das ontologisch Werthafte kann nur eindeutig sein; seit → Parmenides ist der Begriff des Seins eng an den Begriff des Eins-Seins gebunden. Undenkbar bleibt eine Unendlichkeit der Welt: Nur das Endliche ist geordnet = Kosmos. Der Neuplatonismus ordnet das ἄ. (als Negation des Einen) in der Seins-Ferne an. Erst Giordano Bruno hat das ἄ. wieder in die Philosophie eingeführt. H. D.

Apeliotes → Apheliotes

Apellas. Eigenname. **1.** Apellas, Erzgießer um 400 v. Chr. aus einer Künstlerfamilie in Megara stammend, schuf als Hauptwerk ein Viergespann, das Kyniska (Schwester des Spartanerkönigs Agesilaos, vgl. RE XII 2) nach ihren Siegen in Olympia aufstellen ließ, wohin er auch ein zweites Viergespann für sie lieferte; die Inschriften für diese Werke sind z.T. erhalten (die erste vollständig Anth. Graec. 13,16). Paus. 6,1,6 (vgl. 3,8,1). Plin. nat. 34,86 nennt weibliche Porträtstatuen von ihm. **2.** A., Freigelassener des Lepidus, Planc. Cic. fam. 10,17,3. **3.** A. aus Pergamon, Schüler des Ailios Aristeides, der ihm um 158 n. Chr. eine Geburtstagsrede hielt (or. 10). H. G. G.

Apelles (Ἀπελλῆς) **1.** Suchte als Mitglied des von Antigonos Doson für den makedon. König Philipp V. bestellten Regentschaftsrates vergeblich den Einfluß des Aratos auf Philipp durch Verleumdungen zu brechen. Pol. 4,76. 84ff. Plut. Arat. 48,1. Im Bundesgenossenkrieg arbeitete er im geheimen gegen Philipp. 218 ließ Philipp A. mit seinem Sohn und seiner Geliebten in Korinth hinrichten. Pol. 5,2,8. 4,10. 14,11. 27,3. 28,8. **2.** Begleitete als einer der πρῶτοι φίλοι des Königs Philipp V. dessen Sohn Demetrios 184 nach Rom. Pol. 22,14,7. 23,1,5. 24. Als er in dem Bruderzwist zwischen Demetrios und Perseus 181 prüfen sollte, ob Demetrios mit den Römern konspiriere, belastete er im Einverständnis mit Perseus durch einen angeblichen Brief des T. Quinctius Flamininus den Demetrios und trug zu dessen Ermordung bei. Liv. 40,54,9. Nach der Entdeckung seines Betruges floh er 179 nach Italien, Perseus lockte ihn zurück und beseitigte ihn. Liv. 40,55,6. 42,5,4. P. Meloni Perseo, 1953, 30.51.57. H. V.

3. Selbständiger Schüler Marcions, der die Theologie seines Lehrers von der Gnosis und der alexandrinischen Religionsphilosophie her umgestaltete. (Auffallende Erweichung des marcionit. Dualismus.) Aus der Feder des A. stammen die uns nur noch aus der Polemik der Kirchenväter bekannten *Φανερώσεις*, Offenbarungen einer gewissen Prophetin Philumene, und die *Συλλογισμοί*, die der rationalen Bestreitung der Glaubwürdigkeit des AT dienen. Bekämpft wird A. durch Rhodon (Eus. hist. 5,13), Tert. (De praescr. 6f. 30. 33ff. u.a.) und Hippolyt (Philos. 7, 38 u.a.). Kl. W.

A. v. Harnack Marcion. (TU 45a), Nachdr. der 2. Aufl. von 1924, 1960, 177ff. 404ff. *Altaner*, 107.

4. A., war der Sohn des Pytheas von Kolophon (später Ephesier), Zeitgenosse Alexanders d. Gr., der nur von A. gemalt sein wollte. Galt als der größte Maler (Plin. nat. 35,79: *omnes prius genitos futurosque postea superavit*) und behielt diesen Ruhm durch 2 Jahrtausende, obwohl kein Werk von ihm erhalten ist. Berühmt war neben den Porträts Alexanders namentlich die Aphrodite anadyomene. Von der »Verleumdung« gibt Lukian eine Beschreibung, ohne die Komposition klarzumachen. Auch über den persönlichen Stil des A. wissen wir nichts. Seine »Charis« in den Bildern wie in seinem Charakter werden gerühmt. A. R.

HB Arch IV 1 (6. Lfg. 1953) 146ff. Encicl. Arte Class. Or. I 456ff. *(Mustilli)*.

Apellikon (Ἀπελλικῶν). Nach Strab. 13, 609. 614 aus Teos (φιλόβιβλος μᾶλλον ἢ φιλόσοφος). Er hatte um viel Geld in Skepsis von den Nachkommen des Neleus, denen Theophrast seine und des Aristoteles Bibliothek vermacht hatte (Diog. Laert. 5,32), diese, die lange verschollen und stark beschädigt war, gekauft. A. suchte die Werke wieder zu ergänzen, was ihm nur mangelhaft gelang. Er machte sie in neuen Abschriften dem engeren Kreis der Peripatetiker zugänglich, so daß nach dem Urteil von Strabon die alten Peripatetiker nur wenige Schriften des Aristoteles nach Theophrast, und zumeist exoterische, die späteren Peripatetiker sie zwar vollzählig, aber in fehlerhaftem Zustande besaßen. Bei dem Fund kann es sich, soweit er Neues enthielt, nur um private Aufzeichnungen des Aristoteles, um die sogenannten hypomnematischen Schriften, mit Einschluß von Collectanea und Memoiren gehandelt haben (Aristot. frg. 18ff. Rose. Susemihl 2,299. 324 und Nachtrag). Die Ausgaben des A. blieben ohne Einfluß auf die Überlieferung des Aristoteles. A. starb im J. 84, als Athen von Sulla erobert wurde. Sulla brachte die Bibliothek des A. nach Rom, wo sie von den Grammatikern → Tyrannion und Andronikos von Rhodos benutzt wurde (Susemihl 2,305.340). W. S.

Ἀπήνη s. Wagen

Ἀπενιαυτισμός. »Abwesenheit auf ein Jahr«, Strafe eines meist einjährigen Exils bei bestimmten Verbrechen oder Vergehen, insbesondere fahrlässiger Tötung (Bekker anecd. 421,20. Suda), die, gerichtlich ausgesprochen, als φυγή auf Zeit gelten kann, wenn man diese nicht im strengen Rechtssinne faßt, sondern als Pseudophyge (Ruhen bürgerlicher Rechte und Pflichten und automatisches Wiederaufleben nach Fristablauf). A. M.

Kahrstedt Staatsgeb. 107.120.

Aper. 1. Person des Dialogus des Tacitus, stammte nach den eigenen Angaben (cap. 10) aus Gallien und erhielt als *homo novus et in civitate minime favorabili natus quaesturam, tribunatum, praeturam* (cap. 7); er war in Britannien gewesen (cap. 17) und gehörte zu den berühmtesten Rednern zur Zeit Vespasians. Tacitus läßt ihn die moderne Beredsamkeit verteidigen und dem Maternus zureden, wieder seine rednerische Tätigkeit aufzunehmen als die Quelle höchster Macht und reichster Ehren. W. S.

R.J. Dam De M. Apro; ad Tac. dial. cap. 2, Mn. 60, 1933, 403.

2. Schwiegervater des Numerianus und dessen *praefectus praetorio*; er ermordete 284 den Numerian, wurde aber im gleichen Jahr selbst von Diokletian getötet, H.A. vit. Cari 12ff. Aurel. Vict. Caes. 38,6–8. R. H.

Apfel. Wildäpfel (Malus silvestris, pumila, tomentosa u.a., *ἀγριομηλέα* bei Diosk. u.a.) gehören zu den ältesten Sammelfrüchten der asiat. und europ. Steinzeit. Großfrüchtige Kulturformen haben schon im Neolithikum das Alpen- und Ostseegebiet erreicht. Im kaiserzeitlichen Rom waren ca. 30 Apfelsorten bekannt, aber nicht alle Nachrichten über *μηλέα*, *malus* für den Baum, *μῆλον*, *malum* für die Frucht (z.B. die Äpfel der Eva, der Aphrodite, der Eris, der Hesperiden und des Herakles) betreffen Malus, manche anderes Kernobst, besonders Quitten (Cydonia, als *μῆλον κυδώνιον* zuerst um 650 v.Chr. bei Alkman und Stesich., *cydonia*, *cotonea* bei Colum., Mart. u.a.). aus dem Kaukasusgebiet über Kreta eingeführt, (dazu auch *χρυσόμηλα*, *chrysomelinum* und *struthium* bei Colum.), sowie Steinobst (*κοκκυμηλέα* für Prunus, Pflaumen, *μῆλον περσικόν* für Pfirsich, *ἀρμενιακόν* s. unter Aprikose) und Gattungen aus ganz anderen Familien, wie die ebenfalls schon in der Antike aus dem Kaukasusgebiet und Iran eingeführten Granatäpfel (*Punica granatum*, auch *ῥοά*, *σίδη*, *κύτινος*) und Citronen (*medica malus* s. Citrus) und erst viel später aus Amerika eingeführte Solanaceen (Paradiesapfel = Tomate, Sodomapfel, Erdapfel = Kartoffel) und Anonaceen (Breiapfel, Zuckerapfel u.a.). H. Ga.

Aphaia s. Diktynna

Apharetidai → Aphareus.

Aphareus (*Ἀφαρεύς*). Myth. König in Messenien, Sohn des Perieres und der Perseustochter Gorgophone, Gründer des nach seiner Frau benannten Arene bei Pylos, Paus. 4,3,7, Vater der Zwillinge → Idas und → Lynkeus, Apollod. 3,10, 3,3f. Diese »Apharetiden« sind ein Gegenstück zu den spartan. Dioskuren, Kastor und Polydeukes. In den Kämpfen zwischen den beiden Dioskurenpaaren, in denen sich wohl die messen.-spartan. Kriege widerspiegeln, fielen Idas, Lynkeus und Kastor, → Leukippiden. Die siegreichen Spartaner übernahmen den Kult des A. und der Apharetiden, verehrten das Grab des A. in Sparta und machten A. und Leukippos zu Brüdern des Tyndareos (Apollod. 1,87. Paus. 3,1,4. 11,11. 13,1). Mit der Wiederherstellung Messeniens unter Epameinondas lebten alte messen. Mythen auf; es wurde eine messen. Königsliste aufgestellt, in der Neleus und Nestor von Pylos mit A. in Beziehung gebracht wurden (Paus. 4,2,4–7. 3,1. 7,27,6. 31,11). H. v. G.

Apheidas (*Ἀφείδας*). **1.** Arkadischer Heros, Sohn des Arkas, nach dessen Tode ihm die Herrschaft über Tegea zufiel; unter ihm wuchs Tegea um einen 9. Demos, Apheidantes. Kinder Aleos und Stheneboia. Statue in Delphoi (Apollod. 3,9,1. Paus. 8,4,2–8. 23,1. 45,1. 10,9,5f. Apoll. Rhod. 1, 162). **2.** Sohn des Polypammon aus Alybas, Vater des Eperitos, für den Odysseus sich ausgibt (Hom. Od. 24,304. Eust. z. St.). **3.** Der vorletzte athen. König aus Theseus' Stamm, von seinem Halbbruder Thymoites erschlagen, Athen. 3,96d. Stammvater des att. Geschlechts der Apheidantiden. Den Namen deutet E. Maass GGA 1890, 356 als »schonungslos (= Hades)«, richtig Wilam. Aristot. 2,129 als »nicht knausernd«. H. v. G.

Apheliotes (ion. *ἀπηλιώτης*, z.B. Thuk. 3, 23, spätere Form *ἀφηλιώτης*), war der Name des aus den Gegenden des Sonnenaufgangs wehenden Windes. Die Römer übersetzten das Wort mit *subsolanus* (Sen. nat. 5,17. Plin. nat. 2,119. Gell. 2,22,8) und mit *solanus* (Vitr. 1,6,5). Bei Plut. Sert. 8: *ἀπηλιῶται*. In älterer Zeit wurde die Ursprungsgegend angenommen innerhalb des Horizontbogens zwischen 30° n. und s. Azimutdifferenz gegen den Ostpunkt, d.h. zwischen den Sonnenaufgangspunkten an den Solstitialtagen, Böker RE A VIII 2332.2339,60.2332 Fig. 7 (Ephoros). 2341 Fig. 8 (Hebdomadiker). Hdt. 4,99 spricht von den Himmelsrichtungen *πρὸς εὖρον ἄνεμον* und *πρὸς ἀ. ἄνεμον*. Auf der Weltkarte des Ephoros wird die Ursprungsgegend des A. dem Land der Indoi gleichgesetzt, auf der Windrose des Hebdomadikers (Ende 5. Jh.) ist der A. angeschrieben zwischen dem *Βορέης* (NO-Punkt) und dem *Εὖρος* (SO-Punkt). Aristoteles legt den A. genau auf den O.-Punkt seiner Strichrose (Böker a.O. Fig. 11.13) vgl. 363 b 14. Die A.-Winde galten als warm (364 a 21) und dunsthaltig (364 b 28). Als im 5. Jh. die Windrose gezeichnet wurde, bot sich der A. der Schiffersprache als willkommene Signetierung des Striches »reiner O.-Wind« dar. R. B.

Lit. *Rehm* Art. Euros RE VI 1311ff.; *Ders.* Griech. Windrosen, SBAW phil.-hist. Kl. 1916, 3. Abh.

Ἄφετοι ἡμέραι (*ἀφέσιμος* Aristot. Ath. pol. 43,3). »Gesetzliche Feiertage«, die in der Regel die öffentlichen Geschäfte ruhen ließen, so daß die Gerichte, Volks- und Ratsversammlung nicht tagten. Die Vielzahl der Feste, meist religiös vorgeschrieben, vermehrten noch die *ἀποφράδες ἡμέραι* (*nefasti dies* der Römer), Unglückstage, an denen man sich öffentlicher und privater Tätigkeiten enthielt (vgl. Poll. 8,95. Xen. Ath. pol. 3,2.8. Aristoph. Thesm. 78; Nub. 620. Demosth. 24,26 u.a.). A. M.

Aphidnos (*Ἄφιδνος*). Eponymos der att. Ortschaft Aphidna. Er verwahrte für Theseus die geraubte Helene nebst seiner Mutter Aithra. Beim Angriff der Dioskuren auf Aphidna verwundete er

Kastor am rechten Schenkel. Als Menestheus die Dioskuren freundlich in Athen aufnahm, adoptierte A. sie und weihte sie in die eleusinischen Mysterien ein (Hdt. 9,73. Schol. Hom. Il. 3,242. Plut. Thes. 31.33). A. wird gedeutet wie → Apheidas. H. v. G.

Aphlaston (in Prosa immer Plural Aphlasta), lat. *aplustr(i)a*. Gebogene Heckzier des antiken Schiffs, deren Streben durch ein Querholz (*θρανίτης*) zusammengehalten und z.T. durch eine im Hintersteven eingelassene vertikale Stange (*στυλίσκος*, daran oft ein Stander) gestützt werden. Das A., unter dem der Steuermann saß, genoß religiöse Verehrung und war als Kriegstrophäe begehrt. W. H. G.

Aphobetos (*Ἀφόβητος*). Jüngerer Bruder des Redners Aischines, Staatsschreiber (Dem. 19,237. 249), als Gesandter zum Perserkönig geschickt (Aischin. 2,149), dann oberster Finanzbeamter in Athen (SCHÄFER Demosthenes 1²,197f. 229f.). Vermutlich war er auch im J. 346 an Stelle seines Bruders Gesandter zum König Philipp (Dem. 19,124. Aischin. 2,94. SCHÄFER a.O. 1²,230. 2,278). W. S.

Aphobos (*Ἄφοβος*), Vetter und Vormund des Demosthenes, auf dessen Erbschaftsklage A. 364 zur Zahlung von 10 Talenten verurteilt wurde. Demosth. 27.28.30.31. Plut. mor. 844c. H. V.

W. Schwahn Demosthenes gegen Aphobos, 1929.

Ἄφρακτοι νῆες. Bei den *ἄ. ν.* handelt es sich um *naves apertae*, d.h. die Rojer der obersten Ruderreihe, die über die Bordwand herausragte, waren ungeschützt (Thuk. 7,40). Obwohl *κατάφρακτοι ν. (naves tectae)* in zunehmendem Maße gebaut wurden, gab es noch im 1. Jh. v. Chr. ungepanzerte Kriegsschiffe (Caes. civ. 3,7.101. Cic. Att. 5,12,13). A. N.

RE Suppl. V 932f. *A. Köster* Das ant. Seewesen, Berl. 1923, 116.

Aphrodisias s. Nachträge am Schluß des Bandes

Aphrodite (*Ἀφροδίτη*). Griech. Göttin der weiblichen Schönheit und des Liebeslebens. Ihre komplexe Natur, in der indogermanisch-hellenische, ägäisch-kleinasiatische und semitisch-orientalische Bestandteile verschmolzen sind, beleuchten allein schon die verschiedenen Versuche einer Namenserklärung. Die Deutungen aus dem Griechischen bzw. Indogermanischen (*ἀφρ-οδίτη* »auf dem Schaum wandelnd« P. KRETSCHMER, KZ 33, 1893, 267. O. KERN Rel. der Griechen 1, 1926, 206, oder *ἀφρο-*δίτα* »schaumglänzend« E. MAASS, NJb 27, 1911, 465f.; s. jed. KRETSCHMER, Gl 5, 1914, 305f.) haben durch den neuerlichen Nachweis von E. RISCH Eumusia, Festgabe E. Howald, 1947, 75f., daß das volksetymolog. Hineinhören von *ἀφρός* in den ungriech. Namen (vgl. Plat. Krat. 406c) die zuerst bei Hesiod auftretende Geburtssage wesentlich bestimmt hat (so schon [1], 681. WILAM. GldH 1,93), praktisch jeden Wert verloren (vgl. NILSSON GgrR² 1,520). Damit gewinnt die alte These von der Deformation aus semit. ʿAštart, ʿAštoret (F. HOMMEL, JPhPäd 125, 1882, 176. H. LEWY Semit. Fremdwörter im Griech., 1895, 250) erhöhtes Interesse. Vgl. H. GRIMME, Gl 14, 1925, 18. NILSSON a.O. Mehr Anspruch auf Beachtung hat noch (trotz FRISK Et. Wb. 196f.) die Zusammenstellung mit etr. *pruϑ*, *purϑ*, *eprϑni* »Vorsteher, Herr« = gr. *πρύτανις*, *πρότανις*, lyk. *epriti* (M. HAMMARSTRÖM, Gl 11, 1921, 215f. Vgl. F. LEIFER, Klio Beih. 23, 1931, 299ff.), die sprachlich gestützt wird durch kret. *Ἀφορδίτα* (Sylloge³ 1,527,25. E. BENVENISTE, BSL 32, 1931, 71), pamphyl. *Φορδισιιυς* (BECHTEL Dial. 2,809. 811. Vgl. A. HEUBECK, BN 7, 1956, 8ff.) sowie durch lat. *Frutis* (= *Venus Mater* Cass. Hem. frg. 7 P. HAMMARSTRÖM a.O. 216f. G. IPSEN, IF 46, 1928, 75. [9], 75ff. 246. Vgl. C. KOCH, H 83, 1955, 15f. Einwände bei LATTE RRel. 184,2), semantisch durch das Appellativ der A. Paphia *ἀ Ϝάνασσα* (W. DEECKE, BB 11, 1886, 315f. 318. [4], 28f. [7], 152) und dessen kleinasiat.-etrusk. Äquivalent *turan* (G. HERBIG, SBAW 1914, 2,28. P. DUCATI Etruria Antica 1, 1927, 102. C. CLEMEN, Rel. der Etrusker 1936, 35. J. JONGKEES, Gl 27, 1939, 254,3). Für etr. Vermittlung auch S.P. CORTSEN, Gl 26, 1938, 273ff., der mit BENVENISTE a.O. 68ff. E. FIESEL, StE 7, 1933, 295, eine aus **aprodita* gewonnene Kurzform **apru(n)* ansetzt und davon den lat. Monatsnamen Aprilis ableitet. Vgl. C. BATTISTI, Scientia 57, 1935, 367. [9], 176ff. Eine Synthese der semit. und ägäisch-etr. Etymologie versucht durch Rückführung von A. und ʿAštart auf die dreiradikalige Basis eines alten mediterranen Substratworts *prt* »Herrin, Fürstin« (= gr. *πότνια*) U. PESTALOZZA Pagine di Religione Mediterranea 1, 1942, 182. [7], 48.366.404. Abzulehnen sind die Vorschläge von J. PRZYLUSKI, RHR 99, 1934, 149ff. (A. aus *apru* + *ϑέτις*) und S. FERRI Studi L. Castiglioni 1, 1961. 299 (A. = **Ἀ-φρυγίτη*, *Frutis* = **Frugis* »die Phrygische«). – Genealogie und Mythos zeigen eine analoge Überschneidung von Linien verschiedenartiger religiöser Provenienz: Bei Homer (Il. 5,312.370f.) ist A. Tochter des Zeus und der Dione, einer alten indogerm. Himmelsgöttin, die im Epos schon stark verblaßt und zurückgedrängt erscheint ([10], 49f.). Nach E. PETERICH ([5], 77.92.197) hätte diese »hellen. Uraphrodite« an die fremdstämmige »Tochter« die Eigenschaften der Schönheit, Klarheit und Heiterkeit abgegeben, welche die dunklere Gestalt der vorderasiatischen Fruchtbarkeitsgöttin so entscheidend gewandelt haben (vgl. [6], 92f. 245f. K. KERÉNYI Töchter der Sonne, 1944, 167.169). Die »goldene« A. Homers (Il. 3,64), die »das Lächeln liebt« (*φιλομμειδής* Il. 3,424), ist Herrin der Chariten (Il. 5,338. Od. 8,364f.), zart und unkriegerisch (Il. 5,428. Vgl. K. REINHARDT Das Parisurteil, 1938, 15f.). Anmut, Schönheit und Verführung (*πειϑώ*) sind in ihrer Erscheinung und Wirkung dominierend (Il. 3,396f. 9,389. TH. D. SEYmour Life in the Homeric Age, 1907, 434. Maass a.O. 459ff. [5],287f. [6],98). Daneben bleiben im einzelnen deutliche Hinweise auf die fremde Herkunft: ihr Wohnen auf Kypros (Od. 8,362f. R. Dussaud, RHR 73, 1916, 247ff.) und ihre tätige Parteinahme für die Fürsten Troias, für den Priamiden Paris (Il. 3,374ff.) wie auch für den Assarakiden Aineias, ihren eigenen Sohn (Il. 5,311ff. G. Herzog-Hauser Soter, 1931, 143.157), bezeichnen die beiden wichtigsten geographischen Schwerpunkte ihres Ursprungsgebiets: die orientalisch infiltrierte mittelmeerische Inselwelt und die dem minoischen Kreta zugewandte Berg- und Küstenlandschaft Kleinasiens (vgl. Wilam. H 38, 1903, 584,1; Il. und Hom. 286; GldH 1,315. T.H. Robinson Stud. G. Norwood, 1952, 233f.; anders Reinhardt a.O. 9). Die ins Schwankhafte überführten Motive ihrer ehelichen Verbindung mit Hephaistos, ihrer außerehelichen mit Ares (Od. 8,266ff. K. Bielohlawek, ARW 28, 1930, 199. 201f. K. Dienelt Festschr. Bundesgymn. Wien 1, 1951, 151ff. [6],239ff. [10],127f.) sind gewiß nicht nur dem griech. Bedürfnis nach Kontrast des Schönen mit dem Häßlichen, des Anmutigen mit dem Starken ([5],77.79. Nilsson a.O. 524) zuzuschreiben (vgl. Kern a.O. 1,119. E.O. James The Cult of the Mother-Goddess, 1959, 147). Die Kultgemeinschaft einer mediterranen, kriegerisch bewaffneten A. *'Αρεία* (F.M. Bennett Religious Cults associated with the Amazons, 1912, 44.61f. 66f. Kerényi, SM 9, 1933, 24f.) mit dem thrakophryg. Amazonenherrn Ares (Aischyl. Hept. 125ff. F. Schwenn, ARW 22, 1923/24, 229. [1],653ff. [12],22f. 30f.) und der Konnex einer kleinasiat. Berg- und Höhlenherrscherin mit daktylisch-zwerghaften Schmiededämonen als Parhedroi (vgl. Kerényi Niobe, 1949, 84f. B. Hemberg, Er 50, 1952, 47ff. G. Neumann, SGAW 1959, 6,102ff. [7],201ff.), deren Kreis der lahme Künstler Hephaistos entstammen dürfte (L. Malten, JDAI 27, 1912, 256ff. Bielohlawek a.O. 200f. F. Altheim Gesch. der Hunnen 1, 1959, 202), bilden hier den – freilich schon stark verdunkelten – Hintergrund (vgl. Pestalozza, Acme 4, 1951, 321f.). *Κύπρις* und *'Ιδαία Μήτηρ* haben demnach wesentlichen Anteil an der olymp. A. (Nilsson a.O. 520.522f.): Kypros ist neben Kythera der Schauplatz des Geburtsmythos der A. Urania Anadyomene (Hes. theog. 188f. Risch a.O. 74ff. [6],93f. [11],16f.; zu den natürlichen Voraussetzungen, E. Oberhummer Die Insel Cypern 1, 1903, 108f. 334 J.L. Myres, ABSA 41, 1940, 99), der troische Ida das Ziel ihres festlichen Zuges als *Πότνια θηρῶν* zur Hochzeit mit dem phryg. Hirten Anchises (Hom.h. 6,65ff. Reinhardt Festschr. B. Snell, 1956, 8f. [11],86). – Die kult- und religionsgesch. Gegebenheiten vertiefen und erweitern die myth. Aussagen. Sie bestätigen zunächst die schon von den Griechen selbst empfundene semit. Komponente (vgl. Hdt. 1,105.131. Paus. 1,14,7. James a.O. [5],78.287), welche vornehmlich das Gesicht des kypr. Kultzentrums Palaipaphos (M.R. James JHS 9, 1888, 175ff.) prägt: die Parhedros-Verbindung der A. *ϝάνασσα* (»Herrin«) mit dem unter verschiedenen Namen wie Pygmalion, Ao, Gingras, Kiris, Gauas (vgl. [2],218.222ff. Dussaud Les Civilisations préhelléniques, 1914², 371.389. Kretschmer, Gl 7, 1916, 36ff. J. Meerdink Ariadne, 1939, 97) hypostasierten »Herrn« (*"Αδωνις*); zu dessen kypr. Kult Frazer GB 4,1,6ff. 13ff. Meerdink a.O. 57f.) bildet eine direkte Parallele zu der Syzygie der syrophöniz. Baalat-Aštart von Byblos und Aphaka mit Adonis-Tammuz (Kinyras-Bezug: Strab. 16,755. Lukian. dea Syr. 9. Clemen, AO 37,3/4, 1938, 35. G. Thomson Prehistoric Aegean, 1949, 513). Die Institution eines auf den Adonis-Doppelgänger Kinyras zurückgehenden Priesterkönigtums (Hemberg, UUÅ 1955: 10,18f.), das rit. Tisch- und Grabgemeinschaft mit der Göttin einschloß (Athen. 6,257e. H. Gressmann, ARW 20, 1923, 346. G.W. Elderkin, CPh 35, 1940, 50,12. Frazer a.O. 41.48f. Meerdink a.O. 96. [2],222), und die Eigenart des Höhenkults *(bamôth)* der *malkat haššamajim* (Astarte Urania) auf den Berggipfeln von Dali, Paphos und Kap Pedalion ([2],229ff. 234ff.) verstärken das Band nach Vorderasien, ruhen jedoch offenbar ebenso wie der Maṣṣeben- bzw. Ašerentyp der anikonischen A.-Idole inner- und außerhalb von Kypros auf einer minoisch-mediterranen Grundlage (vgl. L.R. Farnell Greece and Babylon, 1911, 97f. Gressmann a.O. 342. [8],29ff. 38). Rein orientalisch scheint lediglich die sakrale Prostitution (Hdt. 1,199. Clem. Al. protr. 2,13. Farnell a.O. 272ff.), abgespiegelt in der Legende von den Töchtern des Kinyras (Apollod. 3,182. Thomson a.O. 514), ausgeübt durch die Hierodulen der Göttin außer auf Kypros selbst vor allem in Korinth (Pind. frg. 122 Sn. Strab. 12,559), wohin der Dienst der Urania von Askalon über Kythera (Hdt. 1,105. 109. Paus. 1,14,7. 3,23,1) gedrungen war (Alkiphr. 3,60. E. Schmidt RVV 8,2, 1909, 109f.), und auf dem sizil. Eryx (Diod. 4,83,6. Strab. 6,272. W. v. Baudissin Studien zur semit. Rel.-Geschichte 2, 1878, 174.198.201. Gressmann a.O. 342f. [9], 234ff.), wo die pun. Tanit Caelestis (vgl. J. Vogt Rom und Karthago, 1943, 350f. 360) eine ältere mediterrane Muttergottheit überlagert hat (E. Ciaceri, StStA 5, 1912, 164ff. T.J. Dunbabin The Western Greeks, 1948, 336; abzulehnen L.G. Pocock Reality and Allegory in the Odyssey, 1959, 114f.). Die orientalische A. der Hetaeren, die »Göttin mit der Sandale« (W. Deonna, RIS 44, 1936, 5ff. Elderkin, Hesp. 10, 1941, 381ff.), konnte nur mit einiger Mühe und sehr sporadisch zur Ehegöttin griech. Formats gewandelt werden (A. *"Ηρα* in Sparta Paus. 3,13,8f. O. Weinreich, RVV 8,1, 1909, 12f. Kerényi Töchter der Sonne 166f. Nilsson a.O. 524f. [6],97. s. bes. [11],24ff. 55). Um so leichter assimilierte sie sich verwandten weiblichen

Gottheiten des ägäisch-anatolischen Raumes: so ist die kar. A. von Ninoë-Aphrodisias (Steph. Byz. s. *Νινόη*) das Produkt einer Mischung importierter semit. und ḫurrit.-mitann. Vorstellungen (Nina-Ištar) auf »lelegisch-pelasgischem« Untergrund (A. LAUMONIER Les Cultes indigenes en Carie, 1958, 478 ff. Vgl. F. EICHLER, JÖAI 42, 1955, 1 ff. G. CAPOVILLA, RIL 92, 1958, 59). Für die A. Erycina hat man unter Berufung auf die sizil. Station der Aineias-Fahrt (Elymer-Theorie; vgl. ALTHEIM Italien und Rom 2, 1943^3, 34; Ursprung der Etrusker, 1950, 39. DUNBABIN a.O. 336 f.) den kleinasiat. Anteil gegenüber dem semit. stark betont und ihre Identität mit der troischen Idaea Mater angenommen (A. SCHULTEN, Klio 23, 1930, 424 ff. MALTEN, ARW 29, 1931, 42 ff.; vgl. [9],244 ff.). Während das neuerdings wieder in Frage gestellt worden ist (F. BÖMER Rom und Troia, 1951, 32 ff. Vgl. KOCH a.O. 27 f. 37 ff.), bleibt die Wesenseinheit der A. Aineias, der göttlichen Stammutter der dardan. Aineiaden (vgl. Hom. Il. 2,819 ff. 20,302 ff. J.A.R. MUNRO, JHS 54, 1934, 111. E. HOWALD, MH 4, 1947, 69 f.), mit der bergbewohnenden phryg. Kubaba-Kybele unzweifelhaft (MALTEN a.O. 33 f. BÖMER a.O. 24 ff.), ebenso die Attis-Rolle des nach dem Hieros Gamos mit A. gelähmten Anchises (H.J. ROSE, CQ 18, 1924, 11 ff. MALTEN a.O. 34 f. FERRI a.O. 295 ff. [10],126 f.), dessen ungriech. Name möglicherweise auf Agdistis, den bisexualen Urtyp des entmannten Attis, zurückgeht (G. KAIBEL, GGN 1901, 498. KERÉNYI Töchter der Sonne 76). – Darüber hinaus ist A. aber überhaupt Nachfolgerin jener großen prähellen. Gottheit, die als minoische Taubenherrin (Pe-re-ja$_2$ PY Tn 316.5. Un 1189.2.3 (Dat.) L.R. PALMER, Er 53, 1955, 2. TPhS 1958, 18 ff. Vgl. HEUBECK, Sprache 4, 1958, 86,28) den Himmel über der Weite des Meeres umfaßte (CH. PICARD, Mana 2,1, 1948, 182), als Schenkerin vegetat. und animal. Lebens über die Tier- und Pflanzenwelt gebot (A. EVANS Palace of Minos 2, 1928, 277.808 f. 4, 1935, 169 ff.), als »Fürstin des Labyrinths« (da-pu$_2$-ri-to-jo po-ti-ni-ja KN Gg 702.2. PALMER, BICS 2, 1955, 40) und »sterbende Göttin« A. *Ἀριάγνη* auf Kypros (Plut. Thes. 20. KERÉNYI Herkunft der Dionysosreligion, 1956, 13 ff.) in engster Beziehung zum chthon. Bereich stand (MEERDINK a.O. 71. 93 ff. 99 f. Vgl. E. KALINKA, NJb 45, 1920, 406 f. FARNELL a.O. 261). Aus dem Erbe dieser Omnipotenz erklärt sich das Phänomen der zweigeschlechtlichen A.-Aphroditos (M. DELCOURT Hermaphrodite, 1958, 25 ff. 43 ff.), ferner ihre elternlose Geburt aus dem Element (PESTALOZZA, Acme 6, 1953, 366), myth. Ausdruck ihrer urtümlichen Verknüpfung mit Weltwerden und -schicksal als »älteste der Moiren« (Paus. 1,19,2. [5],77 f. [11],46.54 f.). Von dem Kreter Epimenides verbindlich ausgesprochen (frg. 19 D.), führte diese Sicht im orph. System zur Aufspaltung in eine erste und zweite A., die Uranosentsprossene und

die Zeustochter (Orph. frg. 127.183. A.B. COOK Zeus 2, 1925, 1029). Die uran. Wesenheit der A. (vgl. DEONNA, RHR 81, 1920, 135 ff.) schließt eine Funktion als Seegöttin im eigentlichen Sinne aus, läßt sie vielmehr bei ihrem Nahen über das Meer heiteren Himmel, Sturmstille und sichere Fahrt mitbringen ([5],287. [6],94 f. NILSSON a.O. 521. JAMES a.O. 149). Die *Εὔπλοία* und *Ποντία* (Paus. 1,1,3. 2,34,11. WIL. GldH 1,96. A. LESKY Thalatta, 1947, 99 f.) ist nicht zu trennen von der Höhen-A. (*Ἀκραία* Paus. a.O.) der Inseln und Küsten mit ihrem regenlosen paph. Heiligtum (Eur. Bacch. 406 ff. Plin. nat. 2,210. Tac. hist. 2,3. OBERHUMMER a.O. 212 f. Vgl. KOCH a.O. 26), ebensowenig von der Gartengöttin (A. *ἐν κήποις*), der in Tamasos, Myrikai und Idalion auf Kypros (Verg. Aen. 1,92. Hesych. s. *Μυρῖκαι*. Ov. met. 10,644 ff.), aber auch auf Samos (Athen. 13,572 f.), im kret. Knossos (A. *Ἀνθεία* Hesych. C. MILANI, RIL 92,632), in Athen (Paus. a.O.) und am Kephisos (Eur. Med. 835 ff.) heilige Haine und Blumengehege gehörten ([6],95. [8],34. [9],20 ff.). Die Wahrzeichen aus der marinen Sphäre, Delphin und Muschel (C.B. STARK, SBGW 1860, 62 ff. DEONNA, RA 6, 1917, 392 ff. [7],201) sind wie Taube, Sperling und Schwan im caelestischen, Rose, Apfel und Mohn im pflanzlichen Bereich Fruchtbarkeitssymbole von z.T. starker sexualer Färbung ([7],25 f.). Andererseits betonen Myrte, Zypresse, Granatapfel und Mohnblüte unverkennbar die chthon. Seite der Gartenherrin ([5],97). Sie wird dominierend bei der A. *Ἐπιτυμβιδία* in Delphi (Plut. mor. 269 b), der A. *Μελαινίς* in Thespiai und Korinth (Paus. 2,2,4. 9,27,5) und der A. *Μορφώ* (»die Dunkle«) in Sparta (Paus. 3,15,11. [1],726. [5],156 f. S. WIDE Lakon. Kulte, 1893, 140 f.). Gleich der etrusk. A.-Turan (F. MESSERSCHMIDT, ARW 37, 1941/42, 388. CORTSEN a.O. 273. Vgl. KOCH a.O. 20. [9],167 f. 205 f.) im Westen und der A. *Ζηρυνθία*, einer Hekate-Gestalt, im thrak. Nordosten (A.J. VAN WINDEKENS, JKF 3, 1955, 89 ff. D. DETSCHEW Thrak. Sprachreste, 1957, 184 f.) erweisen diese Sonderformen die Idee der Einheit von Fruchtbarkeit und Grab, so wie die A. *Μυχία* von Gyaros (Ail. nat. 10,34), die A. *Σκοτία* von Phaistos (Etym. m. 543,45) und die maked. A. *Ζειρήνη* (zu *Σειρῆνες*: A. v. BLUMENTHAL, IF 49, 1931, 180 f. A. MAYER, Gl 32, 1953, 77) die Synthese von Liebes- und Todesgottheit (J. BACHOFEN Die Sage von Tanaquil, Ges. Schr. 6, 1951, 120 f. H. GÜNTERT Kalypso, 1919, 185 ff. KERÉNYI, Alb. Vigil. 8, 1941, 49. Töchter der Sonne 170. [8],33 f.). Allein aus diesem umfänglichen Erbe omnipotenter Wesenheit (vgl. DEONNA, RA 7, 1918, 131 ff.) wird die frühzeitige hymn. Aufhöhung der griech. A. zur Allgöttin in der trag. Dichtung (Aischyl. frg. 44. Soph. frg. 855 N. Eur. Hipp. 447 ff. frg. 898 N.) und der vorsokr. Philos. (Emp. frg. 17.22.71.73.128. Vgl. Lucr. 1,1 ff. G. LIEBERG, Sophia 26, 1958, 221 ff.) begreiflich (J. SCHMIDT, AAWW 78, 1941, 60 ff.

Kerényi Niobe 106ff. [5],288. [6],96f. [9],196ff.), eine Erscheinung, die nicht zu verwechseln ist mit den blassen Homerallegorien, in denen die hellenist. Philosophenschulen später die Gestalt der A. aufgelöst haben (vgl. F. Buffière Les mythes d'Homère et la pensée grecque, 1956, 168ff.302ff. 464ff.). W. F.

1. *K. Tümpel* Ares und A., JbPhPäd Suppl. 11, 1880, 641ff. 2. *M. Ohnefalsch-Richter* Kypros, die Bibel und Homer, 1893. 3. *L. R. Farnell* Cults of the Greek States 2, 1896, 618ff. 4. *Ch. Blinkenberg* Le temple de Paphos, 1924. 5. *E. Peterich* Die Theologie der Hellenen, 1938. 6. *W.F. Otto* Die Götter Griechenlands, 1947. 7. *U. Pestalozza* Religione Mediterranea, 1952. 8. *E. Langlotz* A. in den Gärten, SHAW 38, 2, 1953/54. 9. *R. Schilling* La religion Romaine de Vénus, 1954. 10. *H.J. Rose* Griech. Mythologie, 1955. 11. *E. Simon* Die Geburt der A., 1959. 12. *J. Wiesner* Olympos, 1960.

Aphthonios (*Ἀφθόνιος*). Rhetor aus Antiocheia, Schüler des Libanios, Freund des Eutropios (Liban. ep. 1065). Seine Lebenszeit fällt demnach wohl in das 4./5. Jh. n. Chr. Von seinen Schriften sind die Übungsreden (Phot. bibl. 133) verloren. Die größte Nachwirkung hatten die *προγυμνάσματα*, 14 Definitionen rhet. Grundbegriffe, die als Einführung für Anfänger gedacht sind. Da jeder Begriff durch ein Beispiel erläutert wird, setzte sich die Sammlung gegenüber den anspruchsvolleren (z. B. der des Hermogenes) durch. Aus byz. Zeit gibt es zahlreiche Komm. (Joh. v. Sardes) und Prolegomena (Joh. Doxapatres, Joh. Diakonos). Sehr oft ist A. zitiert oder stillschweigend ausgeschrieben. Er wurde bis in die Neuzeit der rhetor. Ausbildung zugrunde gelegt. Entsprechend groß ist die Zahl der älteren Ausgaben. Zu den Progymnasmata dürften auch die 40 Fabeln des A. gehört haben. Sie stammen teils aus Babrios, teils sind sie neu erfunden. H. Gä.

TA: Progymn.: *H. Rabe* Rhet. Gr. X, Lpz. 1926. Fabeln: *A. Hausrath–H. Hunger* Corp. Fab. Aesop. ²1,2, Lpz. 1959, 133ff. Lit.: *P. Schäfer* De A. sophista, Diss. Breslau 1854. *O. Ph. Hopplicher* De Theone Hermogene A.que progymn. scriptoribus, Diss. Würzburg 1884. *H. Rabe*, RhM 62, 1907, 262ff. *A. Sabatucci*, SIFC 16, 1908, 41ff. *Christ-Schmid* 2,1100f.

Apicata. Gattin Seians, von der er 3 Kinder hatte; er verstieß sie im J. 23, Tac. ann. 4,3,5. Nach seinem Tod soll sie dem Tiberius angezeigt haben, ihr Gatte habe auch den Untergang des Drusus bewerkstelligt, eine wenig glaubwürdige Nachricht bei Cass. Dio 58,11,6. Tac. 4,11,2, s. E. Paratore, Maia 2, 1949, 113f. Sie tötete sich am 26. Oktober 31, s. L. Vidman Fast. Ostiens. p. 13. 36. → Seianus. R. H.

Apicius → Caelius Apicius

Apidanos. Bei Hdt. 7,196 *Ἠπιδανός* (7,129 *Ἀπιδανός*), einer der Hauptflüsse der Phthiotis in Thessalien, heute Pharsalitis. Entspringt unmittelbar außerhalb der Stadtmauer von Pharsalos und fließt mit dem Enipeus zusammen in den Peneios. Strab. 9,5,6 p. 432. Orph. arg. 164f. und wohl auch Hdt. 7,196 lassen den Enipeus in den A. münden, umgekehrt Strab. 8,3,32 p. 356. Lucan. 6,373, Vibius Sequester GLM 147,1, den A. in den Enipeus. E. M.

1. *Friedr. Stählin* Das hellenische Thessalien 1924, 82.140. 2. *Philipps.-Kirst.* 1,1950,59.64.

Apiolae (Beloch RG 166). Latinische Stadt w. der Albanerberge (Strab. 231), die von Tarquinius Priscus zerstört wurde (Liv. 1,35,7. Plin. nat. 3,70. Dion. Hal. ant. 3,49. Strab. a.O.). G. R.

Apion (*Ἀπίων*). Grammatiker, Sohn des Poseidonios aus Oasis in Äg., mit den Beinamen *Πλειστονίκης* und *Μόχθος*, Schüler und Zögling des Didymos, Nachfolger des Theon in Alexandreia. Mit teilweise abenteuerlichen Vorträgen über Homer (*cymbalum mundi* Tiberius bei Plin. nat. praef. 25) erntete er überall großen Beifall. Als Haupt einer Gesandtschaft vertrat er 40 n. Chr. die judenfeindliche Partei von Alexandreia in Rom. Dort lebte er noch unter Claudius. Ios. c. Ap. 2,143 berichtet von seiner gräßlichen Todesart.

A. schrieb *Αἰγυπτιακά* (5 B.; über das 3. und 4. B. gibt Ios. c. Ap. einigen Aufschluß), eine, wie es scheint, ziemlich kritiklose Kompilation voller Mirabilien (benutzt von späteren Buntschriftstellern). Die Titel de Alexandri regis laudibus und *κατὰ Ἰουδαίων* gehören wohl zu diesem Werk ([1]; anders [3] und [5], der eine Streitschrift anläßlich der alexandrinischen Wirren darunter versteht). Weitere Werke: *περὶ τῆς Ἀπικίου τρυφῆς*, *περὶ μάγου*), de metallica disciplina, *περὶ Ῥωμαίων διαλέκτου*, *περὶ στοιχείων*. Größere Nachwirkung hatten die *Ὁμηρικαὶ γλῶσσαι*, die z. B. von Apollonios Sophistes benutzt wurden. Das kümmerliche unter A.s Namen erhaltene Lexikon ist allerdings späte Kompilation. Seine Homererklärung ist durchsetzt mit etymologisierender Spekulation. H. Gä.

Fragmente: FHG 3,506ff. H. *Baumert*, Diss. Königsberg 1886. FGrH 616. *A. Ludwich*, Philol. 74, 1917, 205ff. 75, 1918, 90ff. 1. *Christ-Schmid* 2,437ff. 2. *A. Sperling* A. der Grammatiker und sein Verhältnis zum Judentum, Progr. Dresden 1886. 3. *A. v. Gutschmid* Kl. Schr. 4, Lpz. 1893, 356ff. 4. *B. Motzo* Atti della R. Acc. delle Sc. di Torino 48, 1912/13, 459ff. 5. *I. Lévy*, Latom. 5, 1946, 331ff. 6. *G. Zuntz*, Byz. 13, 1938, 631ff. 7. *H. Schenk* Die Quellen des Hom.-Lex. des Apoll. Soph., Diss. Hamburg 1961.

Apium s. Eppich

Apis. 1. Stadt, bei Hdt. 2,18 neben Marea genannt, wohl identisch mit dem bei Strab. 17,799. Plin. 5,39 erwähnten Grenzort Äg. gleichen Namens w. Marsa Matruh. **2.** Heiliger Stier in Memphis, »Herold« des Gottes Ptah, in dessen Namen er Orakel gab. Ursprünglich war A. ein Fruchtbarkeitsträger, dessen Lauf über die Felder deren Wachstum sicherte. Früh belegt (Emery Tomb of Hemaka pl. 19 D) spielt A. später im Königsritual des Jubiläumsfestes eine Rolle; auf diese Weise war A. an die Residenz Memphis gebracht worden.

Man suchte ihn nach besonderen Kennzeichen aus: weißes Dreieck auf der Stirn, mondförmiger Fleck auf den Flanken, adlerförmiger auf Nacken usw. Er wurde feierlich inthronisiert und nach dem Tode als Osiris-Apis begraben, woraus sich der Serapiskult entwickelte. Nachrichten über ein Ertränken des Apis sind unrichtig. Die Nekropole des A. lag seit Amenophis III. bei Saqqara und wurde in der Spätzeit, in der der A.-Kult sehr an Bedeutung gewann, prächtig ausgebaut (»Serapeum«). Die Griechen haben A. gern mit Epaphos, Sohn der Io und des Zeus, gleichgesetzt. Ein Teil des Balsamierungsrituals für die A.-Stiere ist erhalten, die Balsamierungshalle in Memphis ausgegraben worden. W. H.

E. Otto Beitr. z. Gesch. der Stierkulte in Äg.

Apocolocyntosis s. Seneca

'Αποδέκται. Finanzbehörde, von Aristot. (Ath. pol. 48,1) für die Verfassung seiner Zeit beschrieben als Zehnmännerkollegium, aus den Phylen erlost, das vor dem Kontrollorgan des Rats Zahlungseingänge verbucht und Säumige mit Buße belegt. Die Apodekten verteilen Staatseinnahmen auf die Etatsposten der verschiedenen Ressorts und ahnden Verstöße der Zollpächter bis zum Streitwert von 10 Drachmen (Aristot. a.O. 52,3. Poll. 8,97. Bekk. anecd. gr. 198,1. Suda; vgl. Sylloge^{3} 137,20. 138,15. 93,15. 206,42. 305,35 u.ö.). A. M.

'Αποδυτήριον. Der Auskleideraum der griech. Gymnasien und Palästren sowie der röm. Thermen. In den Bädern ist das A. nicht immer vom Frigidarium getrennt. Das 'A. ist in der Regel mit (gelegentlich gemauerten) Sitzbänken und manchmal mit Nischen zur Ablage der Kleider ausgestattet, z.B. in den sog. Stabianer Thermen in Pompeii. → Bäder. W. H. G.

Apogei (venti). Die nach Sonnenuntergang in Richtung nach der See einsetzenden Landwinde, die bis nach Sonnenaufgang anhalten. Diese *ἀπόγειοι* – Aristot. probl. 26,5 *ἡ ἀπογεία* – werden meist mit ihren Gegenwinden, den *τροπαῖαι*, genannt (Seewinde, die zum Ausgleich der über dem sonnenerwärmten Festland aufsteigenden Luftmassen wehen). Über die Windstillen zwischen den beiden Wechselwinden s. RE VIII A 2245,43 ff. Bel.-St. bei Lidd.-Sc. R. B.

'Απογραφή – 'Απόγραφον. A. war in Athen jede schriftliche Erklärung gegenüber einer Behörde, insbesondere das Grundkataster [1] sowie ein Verzeichnis der vom Staat einzuziehenden Güter. Darnach wurde auch der Antrag auf Einziehung des verzeichneten Bestandes sowie das ganze Einziehungsverfahren *ἀ.* genannt [2]. Für das Verfahren war das Geschworenengericht, in der Regel unter dem Vorsitz der Elfmänner, zuständig. In Äg. bedeutete *ἀ.* die schriftliche Anzeige an eine öffentliche Behörde über den Besitz- oder Personenstand sowie die Anmeldung zum Grundbuchamt [3]. – *'Απόγραφον* bezeichnete in hellenistischer Zeit die einfache (private) Abschrift, im Gegensatz zur amtlichen Abschrift, dem *ἀντίγραφον* [4]. E. B.

1. *G. Busolt* GStK. 968. 2. *Busolt* 988,7. 1110. 3. *L. Wenger* Die Quellen des röm. Rechts 295. 761. 4. *B. Kübler* ZRG 53, 64.

'Αποικία. Auswanderung mit dem Ziel, eine von der Mutterstadt unabhängige Tochterstadt zu gründen. Wenn dabei eine schon bestehende Kolonie Nachschub erhält oder Siedler sich auf dem Boden einer andern Gemeinde niederlassen, spricht man von *ἐποικία*, weil die Neuankömmlinge »aufgesetzt« sind, so zwar, daß sie – wie jeder Apoikist – das Bürgerrecht der Heimatgemeinde verlieren, aber sich in einen schon bestehenden Staatsorganismus einfügen (das kann friedlich geschehen, die Einheimischen können aber auch ganz oder teilweise vertrieben bzw. getötet werden oder Neu- und Altbürger sich im Gegeneinander verzehren). Im Gegensatz zur *ἀποικία* und *ἐποικία* ist die *ἐμπορία* als bloße Handelskolonie, Faktorei und die *κληρουχία* als »Wehrbürgerkolonie« durch gemeinsames Bürgerrecht mit der Heimatgemeinde verbunden. Diese staatlich unselbständigen Gemeinden sind im griech. Sinne keine echten Kolonien, sondern verlängerte Arme der Metropolis, während die autonome *ἀποικία* wie ein Kind im Organismus der Mutterstadt sich bildet (manchmal werden auch Bürger verschiedener Städte zusammengenommen oder eine revoltierende Gruppe trennt sich gewaltsam von den übrigen), unter einer eigenen Ordnung selbständig wird und damit Eigenleben begründet. Sowohl bei der natürlichen als bei der Verbandsperson entspricht es nicht griech. Recht, den Betreffenden unter der manus patriarchaler Gewalt festzuhalten, sondern ihn mit der Mündigkeit (Stiftungsurkunde bei der *ἀ.*) freizulassen, freilich unter Beachtung eines Höchstmaßes an ethischer Selbstbindung, so daß Platon noch – wenigstens theoretisch – diese freiwillige Unterordnung und Ehrenbezeugung vom Abkömmling gegen die Erzeuger fordern kann (leg. 4,717b 6 ff.). In gleicher Weise ist das gegenseitige Verhältnis von Mutter- und Tochterstadt gedacht. Die Metropolis genießt die Ehre, den Oikisten zu stellen, wenn die Auswanderung eine staatliche Angelegenheit ist. Sie wird auch um einen entsprechenden Führer gebeten, wenn die *ἀ.* wiederum eine Kolonie gründet. Der Oikist genießt als Abbild eines Gottes (häufig wird Apollon als *ἀρχηγέτης*, *κτίστης* genannt) göttlich-heroische Ehren und Opfer nach seinem Tode; damit wird auch die Mutterstadt geehrt. Staatsherdfeuer und Götterbilder werden von den Kolonisten mitgeführt, die Kultveranstaltungen beiderseits beschickt, Traditionen festgehalten (Phyleneinteilung der dor. und att.-ion. Stammphylen), Verfassungen kopiert, Freundschaften bewahrt und oft zu echter Partnerschaft im beiderseitigen Interesse ausgebaut (anders die

Interessenkollision zwischen Korkyra und Korinth). Aber so wie den mündig gewordenen Sohn neben umfassenderen ethischen Pflichten Rechtspflichten (Unterhalts-, Bestattungspflichten) treffen, wenn der Vater für ihn das Seine getan hat, so bedingt sich auch die Mutterstadt, die die Kolonie gründete, oft Rechte aus, die sie schon in der Stiftungsurkunde festlegt. So verpflichten die hypoknamidischen Lokrer ihre nach Naupaktos geschickte ἐποικία eidlich, ihnen die Treue zu halten, Recht in der Heimat wie Fremde zu nehmen, Anordnungen über Kultgemeinschaft, Steuerrecht, Erbrecht, Rückwanderung folgen (IG IX 1 n. 334, Sylloge^3 47), vgl. auch Sylloge^3 531,67; dazu Plat. leg. 6,754b. Thuk. 1,38,3. Hdt. 8,22.

Von den 3 großen Kolonisationsbewegungen: der Ausbreitung griech. Stämme (etwa 1200 bis 1000), bes. über die Inseln des Ägäischen Meeres nach der W.-Küste Kleinasiens hin, der Besiedlung der mittelmeerischen Küsten (Sizilien, Unteritalien, Ligurien, Spanien) und des Schwarzen Meeres um 750–550 v. Chr. und der hellenist. Expansion im Gefolge der Alexanderzüge, ist die zweite die charakteristischste, weil ohne irgendeine autoritative Lenkung (das delphische Orakel gibt Hinweise und Empfehlungen, aber es plant und organisiert nicht) der Stadtstaat, die Polis, sich überall, wo griech. Siedler hinkommen, verwirklicht und zum Ferment für seine Umgebung wird. Mit Recht sagt BENGTSON (GG 88): von dieser 2. Kolonisation: »In ihrer Entstehung und ihrem Verlauf ist sie ein Phänomen, das letztlich jeder histor. ‚Erklärung' spottet.« Sich darüber zu streiten, ob Übervölkerung und Landnot oder Handelsinteressen die Koloniegründungen veranlaßt haben, ist unergiebig, da vielleicht, trotz Vorliegens materieller Voraussetzungen, die von Fall zu Fall zu prüfen sind, die Zugkraft der Polisidee so groß war, daß diese Staatsform sich weltweit verwirklichen mußte. Man kann hier von staatlichem τόκος sprechen, einer Vermehrung aus sich selbst, die wiederum die Tendenz zur Weiterzeugung in sich trägt. So gründen Kolonisten von Chalkis Kyme, Apoikisten aus Kyme Neapolis. Korinth, das auf Sizilien Syrakus gründet, kolonisiert Korkyra und besiedelt Ambrakia, Apollonia, Epidamnos u. a., wobei Korkyra verschiedentlich als Mitmetropolis eine Rolle spielt. »Großgriechenland« ist nicht nur eine räumliche, sondern vor allem eine geistige Tatsache, und wenn wir hören, daß Milet mehr als 90 ἀ. am Schwarzen und am Marmarameer gegründet haben soll, so müssen wir uns über die Fruchtbarkeit einer einzigen Polis, die materiell allein nicht erklärbar ist, wundern. A. M.

RE I 2827ff. *Busolt* GStk. 1264ff. *Bengtson* GG 86ff. (mit reicher Lit.), dazu *T. J. Dunbabin* The Western Greeks, Oxf. 1948. *Aubrey Gwynn* The character of Greek colonization, JHSt. 38, 1918, 88ff. *V. M. Scramuzza* Greek and English colonization, Am. Hist. Rev. 44, 1939, 303ff. *M. C. Roebuck* Ionian Trade and Colonization, N. Y. 1959.

Apokalypsen. Offenbarungsschriften, in denen göttliche Geheimnisse und verborgene Zukunft, insbesondere die »letzten Dinge«, das Weltende, enthüllt werden in Vision, Traum, ekstatischer Inspiration, Verkündigung von Engeln u. ä.; Mittel zum Ausdruck des Übernatürlichen ist die Symbolsprache. A. entstanden im Judentum seit dem 2. Jh. v. Chr., sie entfalteten sich im Christentum vor allem bei Sekten und Gnostikern. In den biblischen Kanon aufgenommene A. sind im AT das Buch Daniel, im NT die A. des Johannes. A. sind das bevorzugte Thema der → apokryphen Lit. O. H.

Apokryphen hießen in hellenistischer Zeit geheime Bücher mit verborgenen, nur für den Kreis der Eingeweihten bestimmten Lehren in der Art des Corpus → Hermeticum. Die A.-Lit. blühte besonders in jüd. und chr. Gemeinden. Die A. der Sekten erhoben Anspruch auf eine dogmatische Autorität, welche ihnen die Kirche versagte, so daß A. im engern Sinne zur Bezeichnung für aus dem biblischen Kanon ausgeschlossene Schriften wurde: → Apokalypsen, Testamente der 12 Patriarchen (Morallehre), Henoch, 4. B. Esdra, → Orakel (Sibyll.), der Hirte des → Hermas, Apostelgeschichten und -briefe, Evangelien des Jacobus, Thomas (manichäisch), Petrus, Nikodemus u. a. O. H.

1. *Emil Kautzsch*, A. und Pseudoepigraphen des AT, 1900. 2. *Edgar Hennecke* und *Wilh. Schneemelcher*, Neutestamentl. A., ^{3}1959/60. 3. Bibliogr.: *Altaner* 51–73.

Apolaustus. Unter diesem Namen erscheinen in den Inschriften zwei berühmte Pantomimen: CIL VI 10114: *M Ulpius Aug lib Apolaustus maximus pantomimorum* und in 6 weiteren Inschriften: *Luc Aelius Augg lib Apolaustus Memphius.* C. F.

Zusammenstellung *Mommsen* CIL IX 334.

Apollinare. In Rom auf den Prata Flaminia gelegener, angeblicher Vorläufer des 433/31 v. Chr. an der gleichen Stelle erbauten Apollontempels, als tempellose Kultstätte gedacht (Liv. 3,63,7). Dies A. ist antike Fiktion, das zweite A. auf dem Collis Salutaris in Rom, Varro l.l. 5,52, ist nur moderne Textkonjektur. W. H. G.

Latte RRelgesch. 222,2.

Apollinarios 1. Röm. Märtyrer, ist, nachdem er als angesehener Philosoph Christ geworden war, nach einem Prozeß vor dem Praefectus Praetorio Perennis 184/185 enthauptet worden. Die Märtyrerakte, von Eus. hist. 5,21,2–5 ungenau wiedergegeben, ist armen. und griech. erhalten. Hier. vir. ill. 42 glaubt, daß die Verteidigungsrede des A. ein *insigne volumen* gewesen ist. A. v. HARNACK Gesch. der altchr. Lit. 1, 1893, 590f. 932. G. KRÜGER Ausgew. Märtyrerakten 1929^3. J. QUASTEN Patrology I, 1950, 183ff. (Bibliogr.) **2.** A. von Laodikeia kennen wir als Verf. einer Streitschrift gegen die Montanisten (bei Eus. hist. 5,18 einige Fragmente). **3.** A. von Laodikeia (310–390 n. Chr.), um 350 eine der Säulen der nicänischen Orthodoxie in den Fragen der Trinität, war er in der Christologie arianisch beeinflußt. Sein Hauptanliegen galt der Lehre vom untrennbaren Zusammenhang von Gott und Mensch in Christus (*μία φύσις τοῦ θεοῦ σεσαρκωμένη*), die er gegen alle Zweiteilung Christi verteidigte. Nur wenige Bruchstücke erhalten. Kl. W.

Texte: *H. Lietzmann* A. v. L. u. seine Schule 1, 1904. *J. Flemming* u. *H. Lietzmann* Apollinar. Schr. syr. AGG. NF. 7, 1904, 4. *B. Altaner* Patrologie 1950, 271; RGG 1³ Sp. 475.

4. Claudius A. von Hierapolis hat, wie Eus. hist. 4,27 (vgl. 4,26,1) berichtet, um 172 n. Chr. eine an Marc Aurel gerichtete Schutzschrift für den christl. Glauben verfaßt. Außer ihr sind uns die Namen von 5 Büchern gegen die Griechen, 2 über die Wahrheit, 2 gegen die Juden, einer zusammen mit anderen Bischöfen verfaßten Streitschrift gegen die Montanisten und einer Schrift über den Termin des Osterfestes bekannt. Alle Werke sind bis auf Reste von Einzelzitaten verschollen. Kl. W.

J. C. Th. v. Otto im Corp. apol. IX, 1872, 479ff. *A. Harnack* Gesch. der altchr. Lit. I, 1893, 243ff. II, 1, 1897, 358. 373. *B. Altaner* Patrol. 1950², 98. 104 *W. Bauer* Rechtgläubigkeit und Ketzerei im ältesten Chrt. 1934.

Apollinaris Sidonius s. Sidonius

Apollodoros 1. A., *etwa 394 v. Chr., athen. Politiker. Als sein Vater, der Bankier Pasion, 370 starb, heiratete Phormion, erst Sklave, dann Gehilfe und schließlich durch Pacht Geschäftsnachfolger der Pasion, gemäß dessen Testament dessen Witwe. Das führte, zumal A. damals schon volljährig war, zu vermögensrechtlichen Verwicklungen und in den folgenden 20 J. zu Vergleichen und Prozessen, die einen Einblick in die Struktur der Geschäftswelt Athens um 350 gewähren (Dem. 36). 369, 362/60 und 356/55 war A. Trierarch, 352/51 siegreicher Chorege. Als Parteigänger des Demosthenes (vgl. zu dessen Haltung gegenüber A. freilich Plut. Dem. 15) wollte er 349 die Überschüsse der Staatseinnahmen für Rüstungen gegen Philipp v. Mak. im Krieg um Olynth statt wie bisher für Theateraufführungen verwendet sehen. Er drang damit im Rat der 500 und in der Volksversammlung durch, doch kam der Beschluß 348 vor dem Volksgericht zu Fall, und A. wurde wegen Gesetzwidrigkeit zu einer Strafe von 1 Talent verurteilt (Ps.-Dem. 59,2–10). Mittels der wohl 343 gehaltenen Rede »Gegen Neaira« ging er dann gegen seinen damaligen Opponenten Stephanos vor. Von dem prozeßlustigen patriotischen Politiker dürften mindestens 6 der unter Demosthenes' Namen überlieferten Reden stammen: 46.49.50.52.53.59; vielleicht geht auch 47 auf ihn zurück. Fr. Kie.

P. Cloché Démosthène et la fin de la démocratie athénienne, 1957, 84ff. 122. *A. Lesky* GGrL 1958, 551. 555.

2. A., Tragiker, siegt an den Lenaeen vor 340 v. Chr. (IG II² 2325, Col. III); 6 Titel bei Suda. F. St.

A. Pickard-Cambridge The Dramatic Festivals of Athens, Oxf. 1953, 116. 120.

3. A. von Karystos, Dichter der Neuen Komödie, nach Anon. de com. 15 (p. 9 Kaibel) einer der

6 bedeutendsten. Ihm werden 47 Stücke, 5 Siege zugeschrieben (Suda; A. wird dort Athener genannt), 2 an den Dionysien nach WILHELM Urk. 118 (einige Jahre nach 290). Terenz hat außer Menander 2 Stücke von A. bearbeitet: die *Ἑκυρά*, in der das Hauptmotiv von Menanders *Ἐπιτρέποντες* aufgegriffen und Menanders Ernst beinahe überboten ist, und den *Ἐπιδικαζόμενος* (= Phormio), eine glänzend gebaute Posse.

W. Schadewaldt, H 66, 1931, 1ff. = Hellas und Hesperien, 1960, 472ff. *W. E. J. Kuiper* Two Comedies by Apollodorus of Carystus, Mn Suppl. 1, 1938. *K. Mras*, AAWW 1948, 184ff.

4. A. von Gela, Dichter der Neuen Komödie, zu unterscheiden von A. von Karystos. KAIBEL hat seine Identifizierung der beiden (RE I 2852,9) selbst widerrufen (bei WILHELM Urk. 182, s. WILHELM ebd. 118f.). A. folgt in der Liste der Lenäensieger (ebd. 123) auf Menander (321 v. Chr.? spätestens 316) und Philemon. Die Suda nennt 7 Titel; die Stücke wurden vielfach auch dem berühmteren A. von Karystos zugeschrieben. Daher ist auch die Autorschaft der Fragmente zweifelhaft. W. K.

5. Sohn des Asklepiades aus Athen, Schüler des Stoikers Diogenes von Seleukeia (in Athen) und des Aristarchos von Samothrake (in Alexandreia), Grammatiker des 2. Jh. v. Chr. (Suda *Ἀ.* Skymn. 16ff.). Sein Aufenthalt in Alexandreia dürfte mit der Gelehrtenvertreibung durch Ptolemaios VIII. Physkon (145/44) geendet haben. Da er seine *Χρονικά* Attalos II. widmete, ist es nicht ausgeschlossen, daß er zeitweise in Pergamon lebte. Den Rest seines Lebens verbrachte er in Athen. Sein Todesjahr ist unbekannt, fällt aber nach 120/19.

Die vielseitige Produktion des A. umfaßte, ähnlich wie die des Eratosthenes, dem er viel verdankte, phil., hist. und mythographische Werke. Zur Ergänzung der Komikerstudien älterer alexandrinischer Philologen schrieb er *περὶ Σώφρονος* (mindestens 4 B.) und *περὶ Ἐπιχάρμου* (10 B.). Vielleicht geht die Einteilung der *μῖμοι* auf A. zurück. Der Titel *περὶ τῶν Ἀθήνησιν ἑταιρίδων* gehört thematisch in die Nähe dieser Studien. Die *Ἐτυμολογίαι* setzten ältere glossographische Traditionen fort (mindestens 2 B., Titel unsicher). Der Aristarchschüler verrät sich in dem großen Kommentar zum homerischen Schiffskatalog (*περὶ τοῦ νεῶν καταλόγου*, 12 B.). Die umfangreichen Reste (vor allem Strab. 8–10) lassen sorgfältigste philol. Arbeit erkennen. Von mehreren kleineren Werken sind nur die Titel bekannt. In iamb. Trimetern verfaßte A. seine *Χρονικά* (4 B.), die sich in ihren Grundzügen rekonstruieren lassen. B. 1–3 behandelten die Zeit von 1184/83 (Troianischer Krieg nach Eratosthenes) bis 144/43, B. 4 war ein Nachtrag bis mindestens 120/19 (Echtheit jetzt allgemein anerkannt). Das gewaltige Werk *περὶ θεῶν* (24 B.) ist ebenfalls verloren. Aus den Fragmenten läßt sich seine Anlage nicht sicher rekonstruieren (versucht von

[5]). Von Späteren wurde es unter verschiedenen Aspekten ausgewertet. Insgesamt scheint es eine streng wissenschaftliche Darstellung der religiösen Erscheinungen gewesen zu sein, die sich von stoischer Spekulation fernhielt.

Unter dem berühmten Namen des A. liefen mehrere Fälschungen um. Dazu gehörten Χρονικά, die (aufgrund orientalischer Chroniken) die Zeit vor 1184 darstellten, und die in iamb. Trimetern abgefaßte Schrift περὶ γῆς (für die Echtheit zuletzt u.a. [10] und [11], dagegen [3] und [12]). Auch die sog. Bibliothek, ein mythologisches HB, ist dazuzurechnen. Es ist in verstümmelter Form überliefert; für die verlorene Schlußpartie treten 2 epitomierte Fassungen ein. Die Kompilation gehört wohl dem 1.Jh. n.Chr. an ([16],167) und besitzt wenig Quellenwert.

Fragmente: FGrH 244 περὶ θεῶν: *M. Carstenn*, Diss. Kiel 1929. Chronik: *F. Jacoby*, PhU 16, 1902. Bibliothek: *R. Wagner* Mythogr. Gr. I, Lpz. ²1926. *J.G. Frazer*, London-New York 1921. Lit.: 1. *Christ-Schmid* 2,394ff. 2. *Susemihl* 2,33ff. 3. RE I 2855ff. Περὶ θεῶν: 4. *F. Zucker* Spuren von A. περὶ θεῶν bei chr. Schriftstellern der ersten 5 Jh., Diss. München 1904. 5. *K. Reinhardt* De Graecorum theologia capita duo, Bln. 1910, 83ff. Chronik: 6. M. *Miller*, JHS 75, 1955, 54ff. 7. *P. Moraux*, REG 68, 1955, 124ff. Περὶ τοῦ νεῶν καταλόγου: 8. *F. Atenstädt*, Philol. 49, 1942, 54ff. 9. *G. Neumann* Fragmente von A.'s Komm. zum homer. Schiffskatalog im Lex. des Steph. Byz., Diss. Göttingen 1953. Περὶ γῆς: 10. *B. Niese*, H 44, 1909, 161ff. 11. *L. Pareti* Atti della R. Acc. delle Sc. di Torino 45, 1909/10, 299ff. 12. *F. Atenstädt*, RhM 82, 1933, 115ff. Bibliothek: 13. *Christ-Schmid* 2,418ff. 14. *A. Diller*, TAPhA 66, 1935, 296ff. 15. *A. Söder* Quellen-Unt. zum 1. B. der Apollod. Bibl., Diss. Würzburg 1939. 16. *M. van den Valk*, REG 71, 1958, 100ff.

6. Berühmter Rhetor des 1.Jh. v.Chr. aus Pergamon, Erzieher des Octavianus (Strab. 13,4,3. Quint. 3,1,17. Suet. Aug. 89), Vf. einer (verlorenen) τέχνη, die von C. Valgius Rufus ins Lat. übersetzt wurde (Quint. 3,1,18). Auf ihn geht die Schule der Apollodoreer zurück, zu der bedeutende Griechen und Römer gehörten. Sie stand in schärfstem Gegensatz zu den Anhängern des Theodoros von Gadara. Da beide Schulen attizistisch ausgerichtet waren, hatten ihre Auseinandersetzungen vor allem Definitionen und Fragen der Systematik und des Geltungsbereiches der Rhet. zum Gegenstand. A. und seine Schüler traten für ein starr festgelegtes und von Ausnahmen freies, die Theodoreer für ein je nach den Gegebenheiten anpassungsfähiges System der Rhet. ein. Hauptquelle für den Kampf der beiden Richtungen ist der sog. Anon. Seguerianus (Spengel Rhet. ²1, 352ff.; auf den Namen Kornutos gestellt von J. Graeven in seiner Ausgabe Bln. 1891). H. Gä.

Christ-Schmid 2,459f. *Susemihl* 2,504ff. *Blass* Att. Bereds. 155ff. *M. Schanz*, H 25, 1890, 36ff. *H. Mutschmann* Tendenz, Aufbau und Quellen der Schrift vom Erhabenen, Bln. 1913, 51ff.

7. A. aus Seleukeia am Tigris, Stoiker, Schüler des Diogenes von Babylon, ind. Herc. 57. A. wird von Diog. Laert. mehrfach (7,107.128f.) als Verfasser einer Ethik, und (7,125.135) einer Physik genannt. Vgl. Areios Didymos. Diels Dox. Gr. 460/61. H. D.

8. Stoiker, vermutlich Schüler des Antipatros von Tarsos, ind. Herc. col. 53,7. Cic. nat. deor. 1,93 erwähnt diesen A. als Zeitgenossen des Epikureers Zenon. H. D.

9. A. aus Damaskos, einer der berühmtesten Architekten und Ingenieure der Kaiserzeit. Unter Traian erbaute er 102–105 die große Donaubrücke bei Debrecen, deren Abbild auf den Reliefs der Traianssäule erhalten ist ([1], Taf. 45), Prok. de aedif. 4,6,13. Cass. Dio 68,13. In Rom erwähnt Cass. Dio 69,4 ferner von A. ein Odeon, einen Circus (2 Stadien Länge, Paus. 5,12,6), ein Gymnasium (fragweise mit den Traiansthermen identifiziert: [2],478) und das Forum Traians. Dieses [3], ab 107 im Bau, ist eine geniale architektonische Leistung, deren ästhetische Wirkung Amm. 16,16 sehr rühmt; es hat die städtebaulichen Probleme im merkantilen und repräsentativen Zentrum Roms bis zum Ende der Antike gelöst. Dagegen geht der Versuch, A. als Architekten anderer traianischer Bauten, gar als Bildhauer, nachzuweisen ([4]. [1],144ff.) oder die röm., nichtröm. und individuellen Anteile an seiner Leistung abzuschätzen über die Grenzen des derzeit Wißbaren hinaus. A. hat auch Poliorketika verfaßt, von denen Teile (Auszüge) mit den zugehörigen Bildern erhalten sind [5]. Unter Hadrian fiel A. in Ungnade und wurde schließlich hingerichtet, angeblich weil er Baupläne des als Architekt dilettierenden Kaisers kritisiert hatte, Cass. Dio 69,4. Ein Bildnis A.s besitzen wir vielleicht in einer Büste der Münchener Glyptothek ([6]. [2] Abb. 645). W. H. G.

1. *Lehmann-Hartleben* Die Traianssäule, 1926. 2. *Bianchi Bandinelli* Enciclopedia dell'arte antica 1, 1958, 477ff. 3. *Lugli* Roma Il centro monumentale, 1946, 278ff. *E. Nash* Bildlexikon zur Topographie des antiken Rom 1, 1961, 450ff. 4. *Bianchi Bandinelli* Storicità dell'arte classica ²1950, 211ff. 5. *Schneider* Griech. Poliorketiker 1. Abh. Göttingen N.F. 10,1 (1908). 6. *Hekler* Bildniskunst der Griechen und Römer, 1912, Taf. 277. *Cichorius* Die Reliefs der Traianssäule 2, 1927, 141. *Löwy* Strena Buliciana 73ff.

10. A., von Athen mit dem Beinamen ὁ σκιαγράφος. Maler gegen 400 v.Chr., galt als »Erfinder« des Schattens in der Malerei, Rivale des → Zeuxis.

HB Arch IV 1 (6. Lfg. 1953) 121.

11. A., Bildhauer des 4.Jh. v.Chr., von → Silanion porträtiert, schuf nach Plin. nat. 34,86 Philosophenstatuen. Ob eine Künstlerinschr. in Athen auf ihn zu beziehen ist, bleibt äußerst zweifelhaft.

Raubitschek Dedications from the Athenian Akropolis, Cambridge, Mass. 1949 Nr. 146. HB Arch. III 1 (5. Lfg. 1950) 226 (*Lippold*). Encicl. Arte Class. Or. I 476 (*Mustilli*).

12. A., Sohn des Zenon von Phokaia, Bildhauer, 2. Jh. v. Chr., nur durch eine Signatur aus Erythrai bekannt.
HB Arch III 1 (5. Lfg. 1950) 372,4 *(Lippold)*. Encicl. Arte Class. Or. I 476 *(Orlandini)*.

13. A., von Athen, Architekt, erbaute nach einer Inschr. 140 v. Chr. den Tempel von Sarapis, Isis und Anubis auf Delos. A. R.
Inscr. de Délos 2042. Encicl. Arte Class. Or. I 476 *(Guerrini)*.

Apollon (*Ἀπόλλων*). Griech. Gott der Mantik und Musik, dessen umfassende Kompetenz sich jedoch auf nahezu alle Bereiche göttlichen Waltens erstreckt ([14],28). So wie A. im hom. Epos »der Nacht gleich« einherschreitet (Il. 1,47), ist – nach einer treffenden Bemerkung von W. SCHULZE (Quaestiones Epicae, 1892, 269) – auch sein originäres Wesen und damit der Sinn seines Namens nach wie vor in dichtes Dunkel gehüllt. Den Griechen selbst gab der Schauder vor seiner düsteren Macht die Ableitung von *ἀπόλλυμι* (A. = »der Vernichter«) ein, Aischyl. Ag. 1080f. Eur. frg. 781, 11f. Plat. Krat. 404e. ([8],304f.). Die mod. Forschung hat bei ihren Erklärungsversuchen vor allem auch die Namensvarianten dor. *Ἀπέλλων* (CIG 1065. Athen. 4,140a. R. BERGMANN, Phil. 26, 1867, 569f.), thess. *Ἄπλουν* (Plat. Krat. 405c. SGDI 345,22. E. FRAENKEL, Gl 35, 1956, 82ff.), kypr. *Ἀπείλων* (R. MEISTER Griech. Dialekte 2, 1889, 170) berücksichtigt. Vgl. H. USENER ([8], 530ff.), der a. O. 309ff. A. als »Unheilabwehrer« (*Ἀπέλλων* zu lat. *pellere* usw.) auffaßt. Andere idg. Etymologien betonen die lichte Seite des Gottes: der »Glänzende« (zu *πελιός, πολιός*) H. EHRLICH Zur idg. Sprachgeschichte, 1910, 32f.; der »Äugler« (= Sonne; aus* *Ὀκελjων* zu **okᵤel-* »Auge«) I. HOPFNER. KZ 49, 1920, 253ff.), wieder andere die hegende, versammelnde und verkündende Funktion: A. = »Rufer, Prophet« (zu *ἀπειλή* bzw. *ἀπέλλαι · ἐκκλησίαι* Hesych.) F. FROEHDE, BB 19, 1893, 240ff. Vgl. FICK-B. PN 438. L. R. FARNELL Greece and Babylon, 1911, 136. [2],98f.; A. = »Hürdenwächter« (als anthropomorphisierter Steinfetisch zu *ἀπέλλαι · σηκοί* und *πέλλα · λίθος* Hesych.) S. SOLDERS, ARW 32, 1935, 144ff. Vgl. O. KERN Rel. der Griechen 1, 1926, 111,1; s. jedoch P. KRETSCHMER, Gl 27, 1939, 32. Größere Anerkennung fand die von W. PRELLWITZ, BB 24, 1899, 214f., vorgetragene Deutung »der Kräftige, Helfende« (zu an. *afl* »Kraft« usw.); vgl. KRETSCHMER, Gl 13, 1924, 242,1. 31, 1951, 102. A. CARNOY Dict. Étymol. Proto-Indo-Européen, 1955, 87; s. jedoch F. SOMMER, IF 55, 1937, 176,2. Der kuriose Einfall, in A. den »Apfel(gott)« zu sehen (J. R. HARRIS, BJRL 3, 1916, 40. 5, 1919, 5ff. JHS 45, 1925, 237ff. A. H. KRAPPE, CPh 37, 1942, 367ff.), ist durch A. J. VAN WINDEKENS, Em 26, 1958, 33ff., neu zu Ehren gekommen. Alle diese Deutungsversuche möchten jeweils eine wichtige Wesenseigentümlichkeit des Gottes in seinem Namen wiederfinden und damit womöglich als die primäre erweisen. Das ist von vornherein unwahrscheinlich für den solaren Bezug bzw. eine Licht- oder Feuernatur des A. Denn die Gleichsetzung mit Helios erfolgt relativ spät (Eur. frg. 781,11f. N. [7],26f. [8],303f. Vgl. J. FONTENROSE, AJPh 64, 1943, 278ff.), und die angebliche Ähnlichkeit mit dem ind. Agni (L. v. SCHRÖDER, KZ 29, 1888, 193ff.; Arische Religion 2,1916, 499ff. H. GÜNTERT Der ar. Weltkönig und Heiland, 1923, 292f.) reicht nicht für den Nachweis einer Urverwandtschaft aus. Zudem pflegt man die A.-Epiklese *Φοῖβος* (FROEHDE a. O. 231ff. [2],140f.) nicht mehr mit »strahlend«, sondern entweder mit »rein, reinigend« (Plut. mor. 393c. 421c. [7],27f. [8],332. F. CORNELIUS Idg. Religionsgeschichte, 1942, 142. CARNOY a. O. 75f.) oder mit »furchtbar« (zu gr. *φόβος* W. SCHMID, ARW 22, 1923/24, 217ff.) zu übersetzen (noch anders VAN WINDEKENS, BN 2, 1950/51, 64f. Le Pélasgique, 1952, 142: zu ai. *pāyú-*, gr. *ποιμήν* als »Hirt, Bewahrer«; s. jedoch M. SÁNCHEZ RUIPÉREZ, Em 21, 1953, 14ff. 17,3). Hingegen dürften die apotropäischen, schützenden und heilenden Eigenschaften noch vor den daraus ableitbaren mantischen und kathartischen zur älteren Wesensschicht des A. gehören (M. P. NILSSON Griech. Feste, 1906, 97ff. [7],38ff. 64ff.). Der schreckliche Bogenschütze, mit den lautlosen Pfeilen »nach Belieben treffend« (*ἑκα(τη)βόλος*; vgl. PRELLWITZ, Gl 17, 1929, 146. E. KALINKA, Klio 22, 1929, 254f.), schickt zwar Tod und Verderben über Menschen und Vieh (SCHMID a. O. 219), doch wird der Pestbringer ganz folgerichtig auch um Abwehr des Übels angegangen (Hom. Il. 1,48ff. 450ff.). Der kret.-mysische A. *Σμινθεύς* (A. LAUMONIER Les Cultes indigènes en Carie, 1958, 534) ist als »Mäuseherr« (KRAPPE, ARW 33, 1936, 40ff.; CPh 36, 1941, 133ff.) auch »Vernichter der Mäuse« (Il. 1,39 m. Schol. Ail. nat. 12,5. Strab. 14,604. F. STEINHERR, WO 2, 1955, 189f. H. L. STOLTENBERG Etrusk. Gottnamen, 1957, 51. [4],29f.; anders A. v. BLUMENTHAL Hesychstudien, 1930, 31f. [5],227f. [6],32. VAN WINDEKENS Onomastique Pélasgique, 1954, 1ff.) und Vertilger anderen Verheerung und Krankheit bringenden Ungeziefers (W. WARDE FOWLER, CR 6, 1892, 413f. G. F. HILL, JHS 36, 1916, 134ff. [7],34f. [8],260ff.). Ihm erklingt der Paian (Il. 1,472ff. Vgl. Soph. Oid. t. 154ff.), ein uralter magisch-apotropäischer Heilgesang (C. THEANDER, Er 20, 1921/22, 20f.), aus dem sich nach L. DEUBNER (NJb 22, 1919, 400ff. Vgl. GÜNTERT Sprache der Götter und Geister, 1921, 64. KERN a. O. 2,304) die Gestalt des vorapollin. Heilers *Παι(ή)ων* (Il. 5,401. G. HERZOG-HAUSER Soter, 1931, 33f.) konkretisiert hätte; s. aber [8], 153f. und den myken. Beleg für *Παιών* KN V 52.2. G. PUGLIESE CARRATELLI Stud. U. E. Paoli, 1956, 612f. A. L. STELLA, Numen 5, 1958, 26. Die Epitheta *Παιάν* (Eur. Alc. 92), *Παιών* (Paus. 1,

34,3), Ἀποτροπαῖος (Aristoph. Vesp. 161), Ἀλεξίκακος (Paus. 1,3,3. 8,41,8.[8],312ff.) und Ἰατρόμαντις (Aischyl. Hik. 263. R. GANSZYNIEC, AGM 15, 1923, 33ff.) weisen somit bereits auf den Einklang iatrischer, musischer und mantisch-kathartischer Elemente in der apollin. Sphäre (vgl. Plat. Krat. 405b.e. CORNELIUS a.O.). Die unheilabwehrende Funktion des »wolftötenden« A. Λύκειος (Soph. El. 6f. Hesych. s. λυκοκτόνου θεοῦ R.P. ECKELS Greek Wolf Lore, 1937, 60f. [5],223f. [7], 36f.), des Νόμιος (Apoll. Rhod. 4,1218), Ποίμνιος (Macr. Sat. 1,17,45) oder Ὀπάων (S. REINACH, REG 2, 1889, 225ff. Vgl. PY Fn 324.16 O-pa$_2$-wo-ni (Dat.) V. GEORGIEV Études Myceniennes, 1956, 52. STELLA a.O. 27), der, vom Mythos als Hirt (Kall. h. 2,47ff.) oder Herdenbesitzer (Hom. h. 5,18.102) geschildert, dem Pferch der Tiere Schutz und Pflege gewährte ([2],123f. KERN a.O. 1,110ff.), und des A. Ἀγυιεύς (Paus. 1,31,6. 2,19,8. [2],148ff. [4],41f.), der zu Athen in Form eines Steinkegels die Bezirke menschlicher Gemeinschaft bewachte (Sch. Aristoph. Vesp. 870. SOLDERS a.O. 145ff. H. GRÉGOIRE, RIB 1914, 126ff.), erhält so Verbindung mit den scheinbar sehr andersartigen des pythischen Propheten, dem die berühmten Reinigungs- und Weissagungsstätten am delph. Omphalos (Hom. Il. 9,404f. Od. 8,79f. [10],46f. A.W. PARKE The Delphic Oracle 1, 1956, 3ff. 17ff.), in Grynoi (Strab. 13,622), Klaros (Strab. 14,642. CH. PICARD Éphèse et Claros, 1922, 107ff.) und Patara (Hdt. 1,182) sowie das barbarophone Orakel im theb. Ptôion (Hdt. 8,135. L. ROBERT, Hellenica 8, 1950, 23ff. G. DAUX Hommages W. DEONNA, 1957, 157ff.) gehörten, und des leierspielenden Μουσαγέτης (Il. 1,603f. Pind. frg. 116 SN. Paus. 5,18,4), der zum leuchtenden Vorbild hellen. Adelserziehung aufstieg (F. DIRLMEYER, ARW 36, 1939, 279ff.). Eine wesentliche Affinität zum Chthonisch-Naturhaften, ausgedrückt u.a. in der Beziehung zu Hain und Baum (Paus. 2,34,6. Philostr. v. Ap. 1,16. [2],124f.) und zu verwandten Gottheiten wie dem Erdhalter Poseidon (Hom. Il. 7,452f. Paus. 10,24,4), dem Torwächter und Tierheger Hermes (Hom. h. 5,491ff. KALINKA, NJb 45, 1920, 409f.), dem Rebenspender und Seelenherrn Dionysos (Plut. mor. 388e. S. WIDE, SkA 1, 1891, 102ff. W.K.C. GUTHRIE Orpheus and Greek Religion, 1935, 46f.) und dem Eigner unterweltlicher Herden Hades-Admetos (Eur. Alc. 1ff. L. MALTEN, JDAI 29, 1914, 189. [5], 178ff.), hat A. prädestiniert, gleichermaßen einem Chor von Naturgeistern (Nymphen, Chariten und bergbewohnenden Musen) vorzustehen, Vater und Vorgänger des chthon. Ἰατρός Asklepios zu werden (U. v. WILAMOWITZ, PhU 9, 1886, 94ff. M. GUARDUCCI, SM 8, 1932, 215ff.) und nach siegreichem Kampf mit dem schlangenleibigen Erddämon Python bzw. der δράκαινα Delphyne selbst (P. CORSSEN, Sokrates 68, 1914, 191ff. KERN, ARW 26, 1928, 7. Vgl. S. DAVIS, Scientia 88. 1953, 83ff.) den mephitischen Felsspalt der weissagenden Ge von Delphi zu erobern (Hom. h. 3,347ff. ROHDE Psyche 1,132ff. K. KERÉNYI Niobe, 1949, 177ff. [4],15ff.). Die konträren Attribute des Bogens und der Leier (B. u. A. BOEHM, Antaios 1, 1959/60, 252ff.) kennzeichnen die Ambivalenz seines gewalttätigen, aber auch die amorphe Urgewalt erinyen- und drachenhafter Wesen überwindenden Wirkens (KERÉNYI a.O. 172ff.). Daß A. erst durch eine ganze Reihe früher, mehr oder minder gewaltsamer Kultannexionen sein endgültiges rel. Volumen gewonnen hat, steht außer Zweifel. Darunter fällt z.B. die Resorption der boiot. Erinys Telphusa (Hom. h. 3,375ff. SOLDERS a.O. 148) oder des Branchos. Orakels von Didyma (Konon 44. Strab. 14,634. LAUMONIER a.O. 570ff.) ebenso wie die Auseinandersetzung mit Dionysos am delph. Omphalos (GUTHRIE a.O. 43. H. JEANMAIRE Dionysos, 1951, 192ff.). Ferner wurden der widdergestaltige dor. Herdengott Karnos-Karneios (Paus. 3,13,3. [1], 73ff. [2],131ff.), der Heildämon »mit dem (Granat-) Apfel« und Ge-Parhedros Μαλεάτας (Paus. 2,27,7. WILAM. a.O. 98ff. [1],91f.), der sterbende Junggott und Jugendschützer Hyakinthos von Amyklai (Thuk. 5,23,4f. [1],88ff.95. [2],125ff. ROHDE a.O. 137ff. KERN a.O. 2,68ff.), schließlich wohl auch ein kultisch von Kreta über die Inseln, Attika und die Peloponnes bis Sizilien verbreiteter ichthyomorpher Δελφίνιος ([1],87ff. [2],145ff. [4], 22ff. FARNELL a.O. 291. L. WEBER, ARW 23, 1925, 243f. J. BAYET Hercule Romain, 1926, 112) von dem wesensähnlichen göttlichen Usurpator aufgesogen. Vgl. F. SCHACHERMEYR Poseidon, 1950, 133,45. Unter dem Zeichen des heiligen Delphin, dessen chthon.-maternale Symbolik aus der etymol. Verwandtschaft (I. LUNDAHL, Namn och Bygd 31, 1943, 42ff. CARNOY Dict. Ét. Myth. Gréco-Romain, 1957, 44) und dem legendären Konnex (Hom. h. 3,388ff.) mit dem Erdschlund Δελφοί erhellt, bzw. des Delphinreiters, der sich mythisch als Arion, Taras und Phalanthos hypostasiert hat (USENER Sintflutsagen, 1899, 145ff. KERÉNYI, Paideuma 1, 1938/40, 264f.), eroberte A., zunächst als Sühnegott kret. Prägung ([4],47ff.), die Steilküsten und Vorgebirge des Mittelmeeres (Ἄκτιος Ail. nat. 11,8. Λευκάτας Thuk. 3,94,2 Ph. P. BOURBOULIS, Laographia Suppl. 5, 1949, 62ff.), um von hier aus zum Protektor von Meerfahrt, Kolonisation und kriegerischer Behauptung zur See zu werden. Vgl. A.S. PEASE, CPh 12, 1917, 1ff. HERZOG-HAUSER a.O. 131ff.136. A. LESKY Thalatta, 1947, 100f. W.G. FORREST, Hist. 6, 1957, 160ff. [7],44ff. [14],28f. Noch Oktavian dankte dem A. von Aktion für den Beistand in der Entscheidungsschlacht gegen Marc Anton und Kleopatra (Verg. Aen. 8,704ff.) durch die Einrichtung festlicher Spiele (Ἄκτια Suet. Aug. 18. Strab. 6, 325. Dio Cass. 51,1. [11],499ff.509). Einen Schwerpunkt in der Kultausbreitung des A. innerhalb des Archipelagos bildet die Insel Delos (A. MOMMSEN,

Phil. 66, 1907, 433ff. U. Cassola, PP 9, 1954, 345ff. E. Secci, RIL 91, 1957, 803ff.), der Ort seiner Geburt mit der berühmten Palme, an der die Leiden der irrenden Leto ihr Ende fanden (Kall. h. 4,1ff. E. Bethe, H 72, 1937, 190ff. A 14, 1938, 81ff.), daher Ursprungsstätte seiner vielerorts und vielfach sich wiederholenden grandiosen Epiphanien (vgl. Kall. h. 2,1ff. L. Weniger, ARW 22,25. O. Weinreich Genethliakon W. Schmid, 1929, 229ff. Kerényi Niobe 155ff.) und sein bevorzugter Aufenthalt mit alljährlichen panionischen Festspielen (Hom. h. 3,146ff.), die von Gesandtschaften aus zahlreichen griech. Staaten frequentiert wurden. Delos und Delphi sind gewissermaßen die geograph. Schnittpunkte verschiedener rel. Leitlinien, die das Komplexe der fertigen A.-Gestalt verdeutlichen. Selbst wenn man die stark umstrittene Verbindung mit Kreta, der Heimat kathart. Riten (Karmanor-Legende), unberücksichtigt läßt (vgl. [3],1ff. [4],11ff. [7],4f. A. L. Frothingham, AJA 15, 1911, 355. Guarducci, SM 19/20, 1943/46, 84ff. Nilsson Minoan-Mycenean Religion, 1950², 576f. Forrest a. O. 170f.), tritt der fast unbegrenzte Aktionsradius des reisefreudigen Gottes vor Augen: nach Delphi kehrt er in raumüberwindendem Flug auf dem Schwanenwagen zurück von den heiligen Eselsopfern im fabelhaften Wunschland der Hyperboreer (Pind. P. 10,30f. m. Schol. Alk. frg. 1 D. Diod. 2,47. [5],185ff. A. B. Cook Zeus 2, 1925, 459f. Harris Ascent of Olympus, 1917, 48f.; JHS 45,233ff. Krappe, CPh 37, 353ff.), von Delos bricht er auf zum jährlichen Besuch seines lyk. Manteions in Patara (Serv. Aen. 4,143.377. Vgl. Apoll. Rhod. 2,674. Weniger a. O. 24f.). Delos verknüpft überdies die Nordregion, aus der A. vielleicht jene schamanistisch gefärbten Anteile seiner ekstatischen Mantik mitgebracht hat, die u. a. an seinen Priestern Abaris und Aristeas zutage treten (M. Eliade Schamanismus und arch. Ekstasetechnik, 1957, 370f. K. Marót Die Anfänge der griech. Literatur, 1960, 53ff.), durch den in der heimischen Hyperboreertradition verwurzelten Lykier Olen (Hdt. 4,35. Paus. 5,7,8. 10,5,7. Cornelius a. O. 286f. [5],193ff.199ff.) mit dem Teil Kleinasiens, der durch die Gestalt der anatolisch-mediterranen Mutter-Schwester Leto-Artemis (Nilsson a. O. 516ff.) den Typ des Letoiden A. mit eigener epichorischer Geburtssage entscheidend bestimmt hat (vgl. Picard a. O. 392ff. S. jedoch Nilsson Cults, Myths, Oracles, 1951, 116ff.119). Unter Hinweis auf den letzteren Umstand hat man für den bogenbewehrten Todesgott A. (vgl. Kalinka, NJb 45,409; Klio 22,253. Weber a. O. 214), den Verteidiger Troias gegen die Achäer, kleinasiat. Herkunft behauptet (T. H. Robinson, CQ 11, 1917, 208; Stud. G. Norwood, 1952, 234. Steinherr a. O. 184ff.) und seine Epitheta *Λύκ(ε)ιος*, *Λυκηγενής* als »der Lykier« interpretiert (Wilamowitz, H 38, 1903, 575ff.585; Greek History Writing and A., 1908, 27ff. C. Autran Phéniciens, 1920, 18ff. Malten a. O. 263), oder man ist auf der Suche nach seinem Ursprung gar bis nach Babylon gelangt (Nilsson, ARW 14, 1911, 423ff.; Primitive Time-Reckoning, 1960², 366ff.; GgrR² 1,559ff. Vgl. [7],5ff.). Die asiat. Hypothese fand eine gewisse Stütze durch die – allerdings sehr unsicheren – Lesungen hierogl.-heth. Apulunas auf den Altären von Emir Ghazi und Eski Kišla (B. Hrozný, Arch. Orient. 8, 1936, 171ff.192ff.; Ancient History of Western Asia, 1941, 147; s. jedoch E. Laroche, RHA 12, 1953, 51; Syria 31, 1954, 113) und keilschr.-heth. Ap-pa-li-u-na-aš im Vertrag des Alakšanduš von Wiluša mit dem Hethiterkönig Muwatalli (KUB XXI 1 IV 27. J. Friedrich, MVAG 34,1, 1930, 80f. E. Forrer, RHA 1, 1931, 141ff. Kretschmer, Gl 24, 1936, 250; s. jedoch Sommer, IF 55,176ff. Laroche Recherches sur les noms des dieux hittites, 1947, 80). Andererseits ist die Gleichung lyd. *pldãns tavśaś* = A. *Μέγας* (Sardis VI 2,23,3. O. A. Danielsson Zu den lyd. Inschriften, 1917, 24ff. E. H. Sturtevant, Lg 1, 1925, 76f.), die bisher allgemein anerkannt wurde (C. Winiewicz, Eos 31, 1928, 523. J. Jongkees, Mn 6, 1938, 359. P. Chantraine, AC 22, 1953, 68. Steinherr a. O. 188. Vgl. Kretschmer, Gl 14, 1925, 304.15,191), neuerdings angefochten worden (A. Heubeck Lydiaka, EF 9, 1959, 15ff.). Nachdem Kretschmer (KlF 1, 1930, 1ff. 15ff.) Wilamowitz' Lykierthese abgelehnt und den *Λύκειος* als »Wolfsgott« und Nachfolger eines theriomorphen Lykaon-Lykurgos (vgl. Ail. nat. 10,26. Wide, SkA 1,98ff.), die *Λύκιοι* und *Λυκάονες* entsprechend als »Wolfsverehrer« (= Luvii? Vgl. A. Ungnad, ZA 35, 1924, 1ff.) gefaßt hatte (vgl. Gl 18,205.31,102. Farnell a. O. 76.90. F. Altheim, RVV 22,1, 1930, 148f. [1],93f. [2],113ff.), konnte die Anschauung, die das Hellenische im Wesen des A. betont, an Boden gewinnen (J. A. Scott, CJ 17, 1922, 463f. Bethe Antidoron J. Wackernagel, 1923, 14ff. W. F. Otto, A 1, 1925, 338ff. Die Götter Griechenlands, 1947, 78ff. Vgl. Schachermeyr a. O. 133), zumal die etr. Kult- und Namensformen (L. R. Taylor Local Cults in Etruria, 1923, 118f.245f. F. Messerschmidt, SM 5, 1929, 26. C. Clemen Rel. der Etrusker, 1936, 32f. Stoltenberg a. O. 64) nichts für asiat. Abkunft ausgeben (E. Fiesel Namen des griech. Mythos im Etruskischen, 1928, 85f. Altheim a. O. 163f.). Es bleibt demgegenüber festzustellen, daß an der vielschichtigen Gestalt des Gottes offenbar griech., prähellenisch-indogerm. und anatolisch-mediterrane Komponenten beteiligt sind. Schon Ed. Meyer (GdA³ 1,2,718f.) wollte den griech. Hirten-A. von dem kleinasiat. Seher und Sibyllenherrn trennen. Ähnlich suchte Eckels (a. O. 64ff.) den »Wolfsgott« (*Λύκειος*) und den »Lykier« (*Λύκιος*) zu unterscheiden. Nach Krappe (SM 19/20, 1943/46, 115ff.; JAOS 65, 1945, 144ff.) wäre ein urspr. löwengestaltiger, dem kilik. Sandon-Herakles wesensgleicher anat. Lichtgott (*Σύρος-Ξύα-*

ϱις = Λύκειος »der Strahlende«), Sohn einer nächtlichen Leto und Konsorte einer lunaren Artemis Λυκεία, der mit seiner sengenden Glut zugleich Pestbringer und »Reiniger« von der Plage des chthon. Getiers (Mäuse und Wölfe) gewesen sei, von A. (Smintheus in Mysien, Soranus in Italien; vgl. TAYLOR a.O. 83ff. [10],43f. [11], 84f.) beerbt worden. In diesem Beisassen der anat. Μήτηϱ darf man wohl den lanzentragenden Löwen-A. erkennen, den H. A. CAHN kürzlich für Kleinasien nachgewiesen hat (MH 7, 1950, 185ff. Vgl. PICARD Stud. D. M. Robinson 1, 1951, 655ff.) und den R. DUSSAUD (Prélydiens, Hittites et Achéens, 1953, 108f.172) auf den solaren Sohngott der hurrit. Trias von Yazilikaya (Tešub, Ḫepat und Šimegi-Šarruma. Vgl. UNGNAD Subartu, 1936, 167ff.188) zurückführen will, welche unter anderen Namen (Adad, Atargatis, Ešmun-Seimios bzw. Zeus, Hera, A.-Asklepios) im syr. Hierapolis-Bambyke erscheint (DUSSAUD, REA 42, 1940, 131ff. G. GOOSSENS Hiérapolis de Syrie, 1943, 41f. 53.55.64ff.). Sieht man von den zweifelhaften Versuchen aus letzter Zeit ab, A. zum schlangentötenden Eidechsengott (GRÉGOIRE, NClio 10, 1958/60, 149ff.) oder zum ophiomorphen Wächter der Hesperidenäpfel zu stempeln (VAN WINDEKENS, Em 26,37; s. aber andererseits Minoica, Festschr. J. Sundwall, 1958, 446ff.), so scheint soviel erkennbar, daß ein großer bogenführender Heil- und Todesgott skythisch-indogerm. Nordvölker (Serv. Aen. 4,146. COOK a.O. 499. FARNELL a.O. 49f. E. SPROCKHOFF, JRGM 1, 1954, 68ff. [7],9ff. 12ff. [14],27), der im Wolfssymbol seinen unterweltlichen Aspekt kundtat (F. KRETSCHMAR Hundestammvater und Kerberos, 1938, 215), zur Zeit der idg. Einbrüche in der Ägäis mit dem kleinasiat. Letoiden, dem Sohn- und Bruderkonsorten der mediterranen Jungfrau-Mutter Leto-Artemis (vgl. W. M. RAMSAY Cities and Bishoprics of Phrygia, 1895, 89ff. GOOSSENS a.O. 42f. SECCI a.O. 815. [14],26f.) verschmolzen wurde (GUTHRIE a.O. 44. 67,20. G. MURRAY Five Stages of Greek Religion, 1946^3, 50f. G. CAPOVILLA, RIL 91, 1957, 751ff.). Die in den hyperbor. Norden projizierten oriental. Eselsopfer (Kall. frg. 186,10.492 Pf. Ant. Lib. 20. Arnob. 4,25. OLCK, RE XI 654) und der kleinasiat. Kult des A. Κιλλαῖος (Strab. 13,612. KRAPPE, CPh 42, 1947, 223ff.), der thrakophryg. A. Smintheus der Troas (Strab. 13,604.605.612. Paus. 10,12,5.6. V. GEORGIEV Vorgr. Sprachwissenschaft 1, 1941, 103.136) und der *maris isminϑians* im etrusk. Bolsena (E. GERHARD Etrusk. Spiegel 3, 1862, 276. Taf. 257 B. J. HEURGON, Atti Congr. Int. Preist. Medit. 1, 1950, 483f. 485ff. NClio 3, 1951, 105ff.) markieren in etwa die ethnischen und geograph. Dimensionen, in welche die so erwachsene Gestalt des A. hineinreicht (vgl. CAPOVILLA, RIL 89/90, 1956, 522f.). Die rel. Erschütterung, die der Einzug seiner fremdartigen und furchteinflößenden Persönlichkeit mit dem Habitus und der Prätention eines streitbaren und gewalttätigen oriental. Götterkönigs (Hom. h. 3,68) in den griech. Olymp auslöste, klingt noch in der Eingangsszene des hom. A.-Hymnus nach (J. KROLL, SIFC 27/28, 1956, 181ff.). Ein intensiver und langdauernder Prozeß hat von da an sein Wesen umgeprägt, das nun von hellen. Geist mehr und mehr erfüllt wurde; doch blieb zumindest für den Orakelgott hist. Zeit ein Fremdcharakter bewahrt, der wohl nicht zuletzt die Wertschätzung des delph. A. durch den Lyder Kroisos (Hdt. 1,50f. 86f. GOOSSENS a.O. 42), des del.-ionischen durch die Achaimeniden (S. MAZZARINO Fra Oriente e Occidente, 1947, 70f. 336f.) erklärt. Erhalten blieben auch die Voraussetzungen für eine mehr oder weniger äußerliche Identifikation mit oriental. Göttern, wie sie etwa bei dem kypr. A. Ἀμυκλαῖος vorliegt, wo der syrophöniz. Wettergott Rešeph-Mikal (CIS I 89, 3. E. OBERHUMMER Die Insel Cypern 1, 1903, 213) mit dem kret.-peloponnes. A. (Hyakinthos) von Amyklai ([3],12f. [4],33ff. GUARDUCCI, SM 12, 1936, 181ff.) gleichgesetzt worden ist (P. FOUCART, BCH 7, 1883, 513ff. W. v. BAUDISSIN Kyrios 3, 1929, 570. DUSSAUD, Mana 1,2,1949^2, 363f.). W. F.

1. *S. Wide* Lakon. Kulte, 1893. 2. *L. R. Farnell* Cults of the Greek States 4, 1907. 3. *W. Aly* Der kret. A.-Kult, 1908. 4. *M. H. Swindler* Cretan Elements in the Cult and Ritual of A., 1913. 5. *L. Weber*, RhM 82, 1933, 168ff. 6. *W. Zschietzschmann*, WG 1,1935,21ff. 7. *R. D. Miller* The Origin and orig. Nature of A., 1939. 8. *H. Usener* Götternamen, 1948^3. 9. *P. Amandry* La mantique apollinienne à Delphes, 1950. 10. *K. Kerényi* A., 1953^2. 11. *J. Gagé* A. Romain, 1955. 12. *A. van Groningen* A., 1956. 13. *W. F. Otto*, Paideuma 7, 1959, 19ff. 14. *J. Wiesner* Olympos, 1960.

Apollonia (Ἀπολλωνία) **1.** Griech. Stadt im S. Illyriens im Gebiete der Taulantier, gegründet 588 v. Chr. von Korkyraeern, die auch von Korinth unterstützt wurden (h. das Dorf Poian in der Alban. Volksrepubl.). Die Verfassung war oligarchisch. Die Prägung aus der 1. Hälfte d. 4. Jh. zeigt Zusammenhänge mit Korkyra u. Dyrrhachion (Epidamnos); die spätere Münzung schließt sich der von Korinth an. Nach dem Tode des Pyrrhos, zu dessen Reich sie gehörte, schloß A. einen Freundschafts- u. Handelsvertrag mit Rom und blieb seitdem von Rom abhängig. In A. studierte Augustus, kurz bevor er zur Macht kam. Wichtiger Punkt an der Via Egnatia. W. D. BLAWATSKIJ u. ISLAMI, Raskopki Apollonii i Orika w 1958 g. russ. Die Ausgrabungen in A. u. Orikos i. J. 1958. Sow. Archeologija 1, 1959, 4,166–201. **2.** A. Pontica, wichtige miles. Kolonie an der Westküste des Pont. Eux., s. von Anchialos mit zwei bequemen Häfen und einem Apollontempel mit einer berühmten Statue Apollons, einem Werk des Kalamis, (h. Sozopol), besonders blühend im 5. u. 4. Jh. v. Chr. Damals gründete A. auch die kleine Stadt Anchialos. Im 3. Jh. beginnt ihre Schwächung, und die erste Stelle am Golf von Burgas nimmt jetzt die Nachbarstadt Mesambria ein. Zur Zeit der Kriege der Römer gegen Mithradates VI. Eupator stand A. fest auf dessen Seite. Daher wurde A. nach seiner Niederlage von Lucullus zerstört u. ausgeplündert. DANOFF, Zapadnijat brijag na Černo more w drewnostta (bulg.). Die w. Pontosküste im Altert., Sofia 1947, 122–133. WENEDIKOV Apolonija na Černo more (bulg.). A. am Schwarzen Meer, Sammelb. Archaeol. Entdeck. in Bulg. (bulg.), Sofia 1957, 95ff. (populär gehalten u. mehr archäologisch). T. W. BLAWATSKAJA Zapadnopontijskije goroda VII-I w. do našej eryi (russ.). Die westpont. Städte 7.–1. Jh. v. Chr. 1952, passim; Inschriften MIHAJLOV, I. Gr. in Bulgaria repertae I, 1956, nr. 388ff. Münzen HEAD HN² 277. **3.** A. Mygdonia (h. Pollina), Stadt in Makedonien (Mygdonien) s. des Bolbesees an der via Egnatia. F. PAPAZOGLU, Makedonski gradowi u rimsko doba (serb.). Die makedon. Städte in röm. Zeit, Skopije 1957, 149ff. 159, Anm. 91. **4.** A. auf der Chalkidike im Gebiet von Olynthos. Dieses A. vereint mit Akanthos veranlaßte durch seine Bitte um Hilfe gegen Olynth den Olynthischen Krieg 382 v. Chr. (Xen. hell. 5,2,2. 3,1,6). Überreste bei Polygyro. F. PAPAZOGLU a. O., 138. 148 u. bes. 149–151. 195, Anm. 93. Chr. D.

Apollonides (*Ἀπολλωνίδης*) **1.** Griech. Geograph der 1. Hälfte des 1. Jh. v. Chr., Vf. eines *περίπλους τῆς Εὐρώπης* (Sch. Apoll. Rhod. 4, 983. 1174). Die wenigen Bruchstücke, die sich überwiegend auf den Vorderen Orient beziehen, sind FHG IV 309f. gesammelt. **2.** Grammatiker der frühen Kaiserzeit aus Nikaia. Von seinen Werken (*ὑπομνήματα εἰς τοὺς σίλλους*, Tiberius gewidmet; *περὶ παραπρεσβείας Δημοσθένους; περὶ κατεψευσμένης ἱστορίας*; *περὶ παροιμιῶν*) ist nichts erhalten. H. Gä.

C. Wachsmuth Sillogr. Gr. Rell. 31f. *v. Wilamowitz* Antigonos v. Karystos, Bln. 1881, 31f. FHG IV 310. *Alfr. Hillscher*, JPhPäd Suppl. 18, 1892, 387.

3. A., wohl von Smyrna, Epigrammdichter des Philipposkranzes, um 10 n. Chr. (BECKBY 4,733). In der Anth. Pal. mit ca. 30 Gedichten vertreten (Grabged. u. a.); bei einigen ist die Verfasserschaft umstritten. Anklänge an Kallimachos; nachgeahmt bes. von Philippos und Antipatros von Thessalonike. J. W.

Text/Übers.: *H. Beckby* Anth. Graeca 1957/58 (unter Apollonidas).

4. A., Tragiker, Zeit unbestimmt. Philodem, De piet. p. 39 GOMP. 2 Fragmente bei TGF, p. 825. F. St.

5. A., Sohn des Menestratos. Griech. Bildhauer um 200 v. Chr., nur durch 2 Signaturen aus Milet bekannt. A. R.

HB Arch. III 1 (5. Lfg. 1950) 359 *(Lippold)*.

Apollonios 1. Epiker aus Alexandreia (nicht aus Naukratis), nach seinem späteren Wohnsitz Rhodier genannt. Quellen für sein Leben Suda s. v. und Vita I und II (WENDELS Scholienausg. p. 1f.). Etwa Anfang 3. Jh. v. Chr. geboren, wurde er Schüler des Kallimachos, wohl an der alexandrinischen Bibliothek, deren Leitung er als Nachfolger Zenodots übernahm (POxy 1241); er geriet aber in einen heftigen Streit mit seinem Lehrer und verließ nach dem Mißerfolg einer Epideixis seiner Argonautika, wohl schon unter der Regierung des Euergetes, das Land (darauf bezüglich Kall. h. 2, 105ff.), um sich nach Rhodos zurückzuziehen, wo er der alexandrin. *προέκδοσις* eine endgültige Ausgabe seines Poems folgen ließ (so entsprechend der in beiden Viten besser bezeugten Tradition).

Zweifellos hängt dieser Streit mit dem Kunstcharakter der Argonautika zusammen: zwar hat A. Hekale und Aitia (diese in früherer Gestalt?) ohne erkennbare Polemik benutzt, aber im ganzen verstieß sein vier Gesänge umfassendes Epos als längeres Gedicht mit durchgehender Handlung gegen das herrschende Programm. In der Tat schließt A. sich stilistisch enger an Homer an als Kallimachos oder Theokrit, aber auch er strebt nach Originalität gegenüber dem Vorbild und teilt die Eigenheiten seiner Zeit. Als distanzierter, aber mitfühlender Beobachter, der gelegentlich die epische Objektivität durchbricht und der Aitiologie viel Platz zugesteht, läßt er die Fahrt der Argonauten in kontinuierlicher Zeitvorstellung in geographisch faßbarem Raum ablaufen und gerät nur in B. 4 in Märchenbereich; mit der äußeren Abrundung ist freilich eine innere Einheit der Handlung nicht ganz erreicht. In der Schilderung der Götter hält er sich in der epischen Tradition, aber sie nähern sich doch zeitgemäß dem menschlichen Habitus (H. HERTER SymbOsl 35, 1959, 40ff.) und vertreten anderwärts, namentlich in Apollons Epiphanien, auch wieder ein erhabenes Suprahumanum. Die Charakteristik der Menschen selber paßt sich den diffizileren Verhältnissen der alexandrinischen Gesellschaft und der hellenistischen Politik an und läßt an den Athloi das Moment leidender Mühsal stark hervortreten entsprechend der Abneigung des Dichters gegen Not und Tod; unpathetisch und diskret zeigt A. ein differenziertes Gefühl für das Innenleben seiner Personen (D. A. VAN KREVELEN, RhM 99, 1956, 3ff. H. FRÄNKEL, MH 17, 1960, 1ff.). Seine besondere Eigen- und – auch gegenüber Euripides – seine Erstleistung stellt die Zeichnung der Entwicklung der Liebe Medeas im Widerstreit mit Pietät und Sitte in B. 3 dar, während sich in B. 4 die auch vorher nicht ganz verleugnete Dämonie der fremden Zauberin vordrängt. Immer sachnahe auf das Besondere der einzelnen Situationen eingestellt und voller Freude an bezeichnendem Detail, weiß A. anschaulich zu erzählen und Stimmung zu erzeugen. Sein Pessimismus schließt Humor und auch Ironie nicht aus und, ohne die poetische Wirkung, wenigstens in den Augen der Zeitgenossen, zu beeinträchtigen, macht sich sein bis zu Naturkunde und Technik reichendes wissenschaftliches Interesse geltend, nicht zuletzt nach der geographisch-antiquarischen Seite hin und vor allem in der Verschmelzung der verschiedenen mythischen Traditionen, die der belesene Dichter aus einer großen Zahl von Quellen schöpfte.

So wurde seine Darstellung der Argonautenfahrt für die Späteren die weitgehend befolgte Norm, und in der Behandlung des Liebesmotivs gewann er bahnbrechende Bedeutung, ja auch darüber hinaus wirkte er besonders auf Vergil und viele Spätere, obwohl die literarische Kritik ihn nicht als erstrangig anerkannte (Quint.inst.10,1, 54. π. ὕψ. 33,4). Während seine übrigen poetischen und gar philologischen Werke (zum Kanobos D. A. van Krevelen, RhM 104, 1961, 128 ff.) fast ganz verlorengegangen sind, treten die Argonautika in mehreren Papyri auf und sind aus einem mit Varianten, Glossen und Scholien ausgestatteten Archetypos in vielen Hss. erhalten (drei Klassen; am besten Laur.Gr. 32,9). Die Scholien, deren Bestand aus indirekten Quellen, besonders Et. Gen. M., zu ergänzen ist, gehen auf die kommentierende Tätigkeit von Theon, Lukillos und Sophokles (Sophokleios) zurück; neben der laurentianischen verdient auch die Pariser Rezension (im Par.Gr. 2727 u.a.) Beachtung. H. H.

Ausg. von *H. Fränkel*, Oxf. 1961; mit Komm. von *G.W. Mooney*, Lond.-Dubl. 1912. B. 3 mit Komm. von *M.M. Gillies*, Cambr. 1928; *A. Ardizzoni*, Bari 1958; *F. Vian*, Par. 1961. Scholien von *C. Wendel*, Berl. 1935 (1958); die Pariser Rezension bei *G.H. Schaefer* in R. F. Ph. Bruncks Ausg. Bd. 2,[2] Lpz. 1813. Unvollständiger Ind. verb. in der Ausg. von *A. Wellauer*, Lpz. 1828. Fragmente: *Powell*, Coll. Alex. p. 4 ff. Vgl. *H. Herter* Burs. 285, 1944/55, 213 ff. (mit Lit.). Dazu *H. Fränkel*, MH 14, 1957, 1 ff. *A. Körte–P. Händel* Die hellenistische Dichtung[2], Stuttg. 1960, 124 ff. *E. Eichgrün* Kallimachos und Apollonios Rhodios, Diss. Berl. 1961.

2. A. aus Perge in Pamphylien, bewunderter großer Geometer (Geminos bei Eutokios im Kommentar zu A. [2] Bd. 2,170), studierte in Alexandreia und lehrte dort unter Ptolemaios Euergetes (Herakleios bei Eutok. [2] Bd. 2,168). Nach ders. Quelle war die wissenschaftliche Priorität zwischen A. und Archim. umstritten. Heath ([3],128) spricht für A. gegen Zeuthen [4]. A. schrieb 8 B. über Kegelschnitte, die er dem Eudemos von Pergamon, nach dessen Tode dem Attalos widmete. Griech. sind nur Bb. 1–4 erhalten, hsg. mit Frg. vor allem aus Pappos und mit dem Komm. von Eutokios von Heiberg [2]. Den math. Ertrag des Werkes bieten am zugänglichsten dar Heath [3] und van der Waerden [10], ausführliche geschichtliche Einordnung bei Heath [3], grundlegende methodologische Unters. von Neugebauer [12]; vgl. ferner [4.6.8]. Bb. 4–7 sind nur in der arab. Übers. des Thābit ibn Qurra erhalten (s. [1] und [7]). Die einzige Gesamtausg. des griech. Textes mit lat. Übers. und lat. Übers. des arab. Textes ist immer noch die von E. Halley Oxford 1710. Gegenüber den

»Alten« (Eutokios nach Geminos [2] Bd. 2,168 bis 170), die nur gerade Kegel senkrecht zu einer Erzeugenden schneiden ließen, verallgemeinert A. die Sätze auf beliebig schiefe Kegel und Schnittwinkel. Die ersten 4 Bb. bezeichnet er selbst als Einf. in die Theorie, sie seien gegenüber den Vorgängern, bes. den verlorenen Conica des Eukl., von größerer Ausführlichkeit und Allgemeinheit. Bb. 1 bis 4 bilden also eine Art Lehrbuch, die übrigen mehr wissensch. Monographien ([3],77). Originalität beansprucht A. nur für einzelne Gruppen von Theoremen in Bb. 3 und 4, dagegen für alle in Bb. 5–8. Die Darstellungsform ist streng Euklidisch. Den ersten Anstoß für die mit Menaichmos einsetzenden Kegelschnittforschungen gab nach Heath ([3],17) vermutlich das Delische Problem, d.h. die Würfelverdopplung durch Aufsuchung zweier geometr. Mittel zwischen 1 und 2. Von andern Bb. des A., vorwiegend ebenfalls über analyt. Geometrie, haben wir nur geringe Spuren bei Pappos, Proklos u.a., gesammelt: [2] Bd. 2,107 ff., ausgewertet: [10],434 ff. Besonders hervorzuheben ist ein astronom. Werk, aus dem uns Ptolemaios (Almag. 12,1 Bd. 2,450,10 H.) zwei Lehrsätze überliefert (s. [10],396 und [11]). J. M.

1. *L. Nix*, Phil. diss. Lpz. 1889. 2. Apollonius Pergaeus, quae Graece exstant, cum comm. ant. ed. *J.L. Heiberg*, Lipsiae 1893. 3. A. of Perga, Treatise on Conic Sections, ed. in modern notation with introd., history etc. by *T.L. Heath*, Cambridge 1896. 4. *H.G. Zeuthen* Gesch. der Math. usw., Kopenhagen 1896. 5. *Paul Ver Eecke* Les coniques d'A., Bruges 1924. 6. *O. Becker* und *J.E. Hofmann* Gesch. der Math., Bonn 1951, 76–79. 7. *A.F.L. Beeston* The Marsh ms. of A.s conica, Bodleian Libr. Rec. 4, 1952, 76–77. 8. *O. Neugebauer* The Exact Sciences in Antiquity, Providence 1957, 147.181. 9. *Carl B. Boyer* Analytic Geometry, Scr. Math. 20, 1954, 30–36.143–154. 10. *B.L. van der Waerden* Erwachende Wissenschaft, Basel 1956, 395–436. 11. *Ders.* Arch. for Hist. of Exact Sciences, 1, 1961, 107–121. 12. *O. Neugebauer* Apollonios Studien, Qu. und Stud. Gesch. Math. B 2,215–254.

3. A., von Tyana, Neupythagoreer des 1. Jh. (starb in der Regierungszeit Nervas). Er machte den ernsten und offenbar eindrucksvollen Versuch, das Leben des → Pythagoras nachzuleben. Sein Biograph → Philostrat beschreibt sein Leben und seine Lehren im pythagoreischen Stil, zeichnet A. also so, wie er gesehen sein wollte. Daher darf keine Einzelheit als authentisch gelten. Wohl aber zeichnen die dort berichteten lehrhaften Predigten, die Wunder und die durch viele exempla bestätigte Frömmigkeit, was A. beabsichtigte und z.T. auch bewirkte. Die Nachwirkung des A. erreichte unter den Severi einen Höhepunkt: Caracalla ließ ihm ein Heroon bauen (Cass. Dio 77,18). Alexander Severus stellte seine Stele in sein Lararium (Hist. Aug. Alex. Sev. 29). Iulia Domna veranlaßte Philostrat, den *Bίος* des A. zu schreiben; zuvor erwähnt ihn nur Lukian. Alex. 5, und zwar als Schwindler. A.' Rolle als Wundertäter und als

Lehrer pythagoreischer Gesetzlichkeit forderten einen Vergleich mit Christus heraus: Hierokles, Präses von Bithynia, stellte A. über Christus. Dagegen Eusebios v. Kaisareia in seiner erhaltenen Schrift. H. D.

Lit.: Philostrat, vita Apollonii, ed. *C.L. Kayser*, 1870; dort auch Eusebios gegen Hierokles. Beides wiederholt, mit engl. Übers., von *F.C. Conybeare*, 1912 (Loeb). Schriftenverzeichnis im Suda s.v. (sicher alle unecht). Fragmente von Briefen 1. bei Philostrat, 2. in den Epistolographi Graeci, ed. *Hercher*, 110–130, 3. bei Stobaios, von *Hercher* und *Kayser* mitabgedruckt.

4. A., ὁ μαλακός, Rhetor des 2.Jh. v. Chr. aus Alabanda, Schüler des Menekles. Später (vor 120) siedelte er nach Rhodos über (Strab. 14,2,13.26; vgl. Cic. de or. 1,75). Er vertrat eine der Philosophie abgeneigte, überwiegend asianisch bestimmte Richtung. Die Vermutung, A. sei mit Molon verwandt, mit dem er oft verwechselt wurde, läßt sich nicht sichern. Wahrscheinlich bezieht sich Sen. contr. 7,4,5 auf ihn. H. Gä.

Christ-Schmid 2,458. *Susemihl* 2,697. *Blass* Griech. Bereds. 90. *Alex. Riese*, RhM 34, 1879, 627ff. *Alfr. Hillscher*, JPh Päd Suppl. 18, 1892, 388f. *Henri Bornecque* Les déclamations et les déclamateurs d'après Sén. le père, Lille 1902, 149. *G.D. Kellogg*, AJPh 28, 1907, 301ff.

5. A. Molon s. Molon.

6. A., der Sophist, Sohn des Archibios, Grammatiker des 1.Jh. n.Chr. (Seine Lebenszeit wird dadurch bestimmt, daß er Apion benutzte und selbst von Herodianos zitiert wird.), Vf. eines Homer-Lex., das in überarbeiteter Form erhalten ist (Kontrolle ermöglicht ein Pap. des ausgehenden 1.Jh.). Das Werk enthält Reste vorzüglicher Gelehrsamkeit und ist eine wichtige Quelle für die Methode des Aristarchos und seiner Schule. Außerdem sind frühkaiserzeitliche Komm. benutzt, die sich nicht mehr sicher identifizieren lassen ([3]. [4]). A. seinerseits wurde von Späteren ausgeschrieben. H. Gä.

TA: *I. Bekker*, Bln. 1833. *K. Steinicke*, Diss. Göttingen 1957 (nur 'Α-Δ). 1. *H. Gattiker* Das Verhältnis des Hom.-Lex. des A. Soph. zu den Hom.-Sch., Diss. Zürich 1945. 2. *F. Martinazzoli* Hapax legomenon I 2: Il lexicon Homericum di A. Soph., Bari 1957. 3. *H. Erbse* Beiträge zur Überlieferung der Ilias-Sch., Zet. 24, 1960, 407ff. 4. *H. Schenk* Die Quellen des Hom.-Lex. des A. Soph., Diss. Hamburg 1961.

7. A., mit dem Beinamen Dyskolos, Sohn des Mnesitheos, Vater des Herodianos, Grammatiker des 2.Jh. n.Chr. aus Alexandreia. Dort verbrachte er auch, abgesehen von einem kurzen Aufenthalt in Rom, sein Leben. Seine umfangreiche literarische Produktion (20 Titel mit zahlreichen Untertiteln sind gesichert: Suda 'Α. und Selbstzitate) ist größtenteils verloren. Sie umfaßte in Einzeldarstellungen alle Gebiete der Grammatik und Fragen der griech. Dialekte. Erhalten sind: περὶ ἀντωνυμίας (Pronomina), περὶ ἐπιρρημάτων (Adverbien), περὶ συνδέσμων (Konjunktionen) und περὶ συντάξεως τῶν τοῦ λόγου μερῶν

(4 B.; B. 1: die Lehre von den Redeteilen und Syntax des Artikels; 2: Syntax der Pronomina; 3: Kongruenz und Syntax des Verbums. Aus B. 4 ist nur die Syntax der Präpositionen erhalten). A. geht stark von theoretischen Überlegungen, weniger von der lebenden Sprache aus, auf die er die Regeln strengster Analogie anwendet. Die Nachwirkung seines Systems war sehr groß, weil er die erste Zusammenfassung der älteren Gelehrsamkeit in systematischer Form vorlegte. H. Gä.

TA: *R. Schneider-G. Uhlig* Gramm. Gr. II, Lpz. 1878–1911. *P. Maas* De pron., pars generalis, Bonn 1911. Übers.: *A. Buttmann*, Bln. 1877. Lit.: *Christ-Schmid* 2,883ff. *A. Thierfelder* Beiträge zur Kritik und Erklärung des A. Dysc., BSG 43,2, 1935. *E.A. Hahn*, TAPhA 82, 1951, 29ff. *A. Thierfelder* Festschrift F. Lammert, Stuttgart 1954, 90ff. *H. Erbse* Beiträge zur Überlieferung der Ilias-Sch., Zet. 24, 1960, 311ff.

8. A., v. Kition, empirischer Arzt aus dem 1.Jh. v.Chr. Erhalten ist ein Komm. (mit Abb.) in 3 B. zu der hippokrat. Schrift Περὶ ἄρθρων (chirurgische Spezialabh. über Gelenkauskugelungen), welcher als frühester Textzeuge dieser Schrift von großer Wichtigkeit ist. Wir lernen aus ihm, wie stark der Hippokratestext mit der Zeit verändert worden ist [1]. Aber auch als Zeugnis der literar. Koine ist dieser Komm. von Interesse (als solches kurz gewürdigt von NORDEN AKpr 1,153; weiteres in [1]). In ihm findet sich eine umfangreiche Polemik gegen die Herophileer, speziell gegen Hegetor, vom empirischen Standpunkt aus (p. 23, 13ff. Sch., vgl. ebd. p. XXV). Nicht erhalten sind die polemischen Schriften gegen die Hippokrateserklärer Bakcheios und Herakleides v. Tarent (Erotian p. 5,8f. NACHM.) sowie ein therapeutisches Werk, in dessen 2. Buch A. über Epilepsie gehandelt haben soll (Cael. Aurel. morb. chron. 1,4,140). F. K.

Ausg.: *H. Schöne* A. v. Kitium, illustr. Komm. z. d. hippokr. Schrift Περὶ ἄρθρων, Lpz. 1896; neue Ausg. von *Jutta Kollesch* u. *Fr. Kudlien* erscheint 1962 im CMG. Lit. (1) *J. Kollesch – F. Kudlien* Bemerk. zum Περὶ ἄρθρων-Komm. des A. v. Kition, H 89, 1961, 322–332.

9. A., des Artemidoros Sohn aus Tralleis. Bildhauer wahrscheinlich des 1.Jh. v.Chr., schuf mit seinem Bruder Tauriskos die nach Plin. nat. 34,34 von Asinius Pollio aus Rhodos nach Rom gebrachte Gruppe der Bestrafung der Dirke, auf welche eine erhaltene, um 160 n.Chr. entstandene Kopie (»Farnesischer Stier«) zurückgeht.

HB Arch III 1 (5. Lfg. 1950) 383 *(Lippold)*. Encicl. Arte Class. Or. I 485f. *(Amorelli)*.

10. A., Sohn des Nestor v. Athen, »Neuattischer« Bildhauer des 1.Jh. v.Chr. Seine Signatur auf dem seit dem 15.Jh. hochberühmten »belvederischen Torso«. Auch auf dem Schlagriemen des 1884 in Rom ausgegrabenen bronzenen Faustkämpfers glaubte man Spuren einer Signatur zu lesen. Letztere Lesung wird zwar geleugnet (GUARDUCCI in ASAA 37/38, 1959/60, 361ff.), doch stimmen beide Statuen stilistisch überein. Ob dieser A. der Meister des Goldelfenbeinbildes im 69 v. Chr. geweihten Capitolinischen Juppitertempel ist, bleibt ungewiß.

HB Arch III 1 (5. Lfg. 1950) 380 *(Lippold)*. Encicl. Arte Class. Or. I 486ff. *(Amorelli)*.

11. A., Sohn des Archias von Athen. »Neuattischer« Künstler des 1. Jh. v. Chr. Von A. signiert eine Bronzeherme (Kopie des Doryphoros von → Polykleitos) aus Herculaneum.

HB Arch III 1 (5. Lfg. 1950) 381 *(Lippold)*. Encicl. Arte Class. Or. 1,488 *(Guerrini)*.

12. A., Bildhauer, signierte eine Kopie des »Apollon von Mantua«. A. R.

Kopenhagen, Ny Carlsberg Glypt. Nr. 59.

Apollonis s. Nachtr. am Schluß des Bandes.

Apologeten. Unter A. versteht man eine Gruppe frühchr. Autoren des 2. Jh., die das Christentum gegen heidnische Polemik und heidnische Unkenntnis verteidigten, aber auch gegen Heidentum und literar. Gegner mit den Methoden der Eristik, philosophischer Protreptik und der Behauptung literarischer Abhängigkeit griechischer Philosophen vorgingen. Schwerpunkt war der Nachweis der Loyalität der Christen und die Abwehr von Verdächtigungen. Theologiegesch. bedeuten die A. den Beginn einer mit philosoph. Begriffen arbeitenden Theologie. Kl. W.

Texte: *J.C. Th. de Otto* Corp. apologetarum, 1–9, ^{3}1876/81. *E.J. Goodspeed* Die ältesten A. 1914. Zur Theol. der A.: *V.A.S. Little* The Christology of the Apolog. 1934. *G.L. Prestige* God in Patristic Thought 1936. *R.M. Grant* Miracle and natural law . . . 1952.

Apologien nennt man die Schriften des Christentums des 2.–5. Jh., die sich die Verteidigung christlicher Lehre und christlichen Lebens angelegen sein lassen, besonders aber die Schriften der sog. Apologeten des 2. Jh. wie Quadratus, Aristeides, Ariston von Pella, Justinus der Märtyrer, Tatian, Miltiades, Apollinaris von Hierapolis, Athenagoras, Theophilos von Antiochien, Melito von Sardes und Hermias Philosophus. A. des 3.–5. Jh. stammen von Tert., Arnobius, Lactantius, Clemens von Alexandrien, Methodius, Origenes, Apollinaris von Laodikeia, Gregor von Nazianz, Kyrillos von Alexandrien und Theodoretos von Kyrros. Es versteht sich, daß die A. des 4.–5. Jh. ein anderes Kolorit tragen als die der sog. Apologeten. Kl. W.

Ausg. der A. des 2. Jh.: *J.C. Th. de Otto* Corpus apologetarum, 1–9, ^{3}1876/81. *E.J. Goodspeed* Die ältesten Apologeten, 1914 (ohne Theophilos). Hinweise auf textkrit. Ausg. und Lit. *Altaner* 85ff. *Quasten* 1,189f. *Bardenhewer* GAL 1,181ff. RGG ^{3}1,485 und DThC 1,1580ff.

Apomnemoneumata heißen Berichte über denkwürdige Handlungen, Aussprüche usw. (bes. von Philosophen), die sich (oft zu Unrecht) auf eigene Erinnerung oder mündliche Tradition berufen; der Titel soll den dokumentarischen Charakter der Darstellung bezeugen. Zuerst bei → Xenophon belegt; in Stoa und Akademie beliebt; christliche Apologeten des 2. Jh. nennen die Evangelien A. »im Gegensatz zu den lügnerischen Mythen der Heiden« (E. SCHWARTZ, RE s.v.). Auch hellenist. Sammlungen von Bonmots attischer Hetären und Parasiten sowie kaiserzeitliche Lesefrüchte tragen den Titel A. J. W.

Aponius. 1. A., geächtet und ermordet im J. 43 v. Chr., App. civ. 4,112. **2.** A., Delator unter Nero, † 68, Plut. Galb. 8. **3.** L. A., röm. Ritter aus dem Gefolge des Drusus im J. 14, Tac. ann. 1,29,2. Vielleicht identisch mit dem Ädilen aus Cupra maritima 3 v. Chr., s. Inscr. It. XIII 1,246. A. DEGRASSI Epigraphica 8, 1946, 49ff., wohl auch mit dem CIL XII 4230 genannten *praefectus castrorum*, Militärtribunen und Reiterpräfekten, identisch. **4.** A. Saturninus, Praetorier, Suet. Calig. 38; nach dessen Ermordung 41 von Soldaten verwundet, Ios. ant. 19,264. Er ist wohl identisch mit dem Besitzer von Ländereien in Äg., P.Osl. 2,33; P.Ryl. 2,131.135. **5.** M. A. Saturninus. Er gehörte dem Arvalkollegium schon 57 an, CIL VI 2039. *Cos. suff.* vor 69, Tac. hist. 3,11,1, da er in diesem Jahr *legatus Aug. pr.pr. Moesiae* war, A. STEIN Legat. von Mösien 32. Für erfolgreiche Kämpfe mit den Roxolanen erhielt er von Otho eine Triumphalstatue, Tac. hist. 1,79,5. Er hatte Zwistigkeiten mit Tettius Iulianus, Tac. hist. 2,85,2. Er neigte erst dem Vitellius zu, ebd. 2,96,1, dann Anhänger Vespasians, ebd. 3,5,1. *Procos. Asiae* nach 73, IGR IV 644 = DESS. 8817. R. H.

Apopompê (ἀποπομπή). Im ant. Aber- und Zauberglauben Ausweisung eines dämonisch verursachten Übels (Krankheit, Fieber, Epilepsie, Unheil von Lebewesen und Land) anderswohin, wo der Schadendämon Ersatz findet (zu andern, Feinden, in gewisse Tiere) oder seine Wirkung verliert (Meer, Berge, Einöde, Unterwelt u.a.). Die A. bewirkt also zugleich eine von unbedenklichem »Gebetsegoismus« gelenkte Epipompe, das magische Besenden eines andern mit Unheil. Viele Belege für ant. und christliche A. jeder Art im literarischen und magischen Schrifttum; oft am Schluß »orphischer« Hymnen. K. P.

Lit.: *B. Schmidt* Alte Verwünschungsformeln (Fleckeis. Jahrb. 143 [37], 1891, 561–571). *R. Wünsch* Zur Geisterbannung im Alt. (Festschr. zur Jahrhundertfeier der Universität zu Breslau 1911, 9–32). *O. Weinreich* Gebet und Wunder, 1929. Papyri graecae magicae 1.2, 1928, 1931, ed. *K. Preisendanz*, *A. Delatte* Anecdota Atheniensia, 1927.

ʼΑποφορά. Die Abgabe entweder von selbständig arbeitenden Sklaven oder der Erlös für die Vermittlung von Sklaven zur Arbeit, der von den Arbeitgebern an den Herrn der Sklaven zu entrichten war (Andok. 1,38. Aischin. 1,79. Xen. Ath. pol. 1,11. Theophr. char. 30). Die Höhe dieser ἀ. ist bei Aischines für den Fabrikarbeiter mit 2–3 Obolen täglich angegeben. W. S.

Boeckh Staatshaushalt 1^2,101. *Büchsenschütz* Besitz und Erwerb 195.

Apophoreta (*ἀποφόρητα*), Geschenke, die man seinen Tischgästen mit nach Hause gab. Der griechischen Sitte liegt zugrunde, daß dem Gast das, was er benützt hat, nun gehören soll. In Rom gab man a. namentlich an den Saturnalien, oft in Form einer Verlosung. Die a. waren z.T. recht kostbar. Später heißen a. die Geschenke, welche Beamte anläßlich der von ihnen gegebenen Spiele verschicken. 220 Epigramme zu A. gibt → Martialis B. 14. W. H. G.

Ἀπόρρητα. In Athen: a) Waren, deren Ausfuhr verboten war (z.B. Bauholz, Pech, Tauwerk, Flachs und andere zur Ausrüstung der Schiffe wichtige Gegenstände (Aristoph. Ran. 362 mit Sch. Boeckh Staatsh. 1²,76). b) Ehrenrührige Schimpfwörter, die, falls der Wahrheitsbeweis nicht erbracht werden konnte (Lys. 10,30) mit 500 Drachmen bestraft wurden (Lys. 10,24. Isokr. 20, 3). Wenn die Ehre eines Toten angegriffen wurde, verdoppelte sich die Strafe (Demosth. 20,104.40, 49); wer einen Beamten beleidigte, verfiel in Atimie (Demosth. 21,32). W. S.

Apostana (*Ἀπόστανα*). Nur von Arrian (Ind. 38,5. GGM I p. 362 M.) erwähnte Bucht an der N.-Küste des Persischen Golfs, die Nearch 324 v. Chr. auf der Rückfahrt von der Indusmündung anlief. A. lag zwischen dem weithin sichtbaren Berge Ochos (h. Sâhîn-Kuh) und dem Ort Gogana (h. Kāngûn) und ist mit der h. Bai von Nâbând (als Nay Band eingetrag. im Atl. of the World II, Plate 32: Iran. London 1959) identisch. H. T.

Apostelbriefe, nennt man 21 Schriften des NT, die der Form nach Briefe sind und denen die Kirche des 2. und 3. Jh. apostol. Würde zugeschrieben hat (14 Briefe werden Paulus zugeschrieben, 2 Petrus, 3 einem Johannes, 1 Jakobus und 1 dem Bruder Jesu Judas). Gewöhnlich sind diese Briefe nach dem Schema hellenist. Briefe (Grußformel mit dem Namen von Absender und Empfänger, Dank an Gott statt Wunsch für die Gesundheit des Empfängers, Entwicklung der Gedanken, zum Schluß Grußbestellungen und Segenswunsch) angelegt. Trotzdem handelt es sich nicht bei allen Schriften um wirkliche Briefe, d.h. bei bestimmter Gelegenheit an bestimmte Personenkreise gerichtete Schreiben. So sind z.B. der Jak. und der Hebr. Mahnreden, der Kol. und der Eph., sowie der 1. Petr. und der 1. Joh. Predigten, der 1. u. 2. Tim. und der Tit. Sammlungen von Gemeinderegeln und der Jud. Ketzerpolemik; eigentliche Briefe sind nur die 7 echten Paulinen und der 2. und 3. Johannesbrief. Apostolizität kann ohne Einschränkung nur für die 7 echten Paulinen in Anspruch genommen werden. Kl. W.

A. Deissmann Bibelstud. 1895, 187ff. *M. Dibelius* Gesch. d. urchr. Lit. 2,5ff. O. *Roller* Das Formular der paulin. Br. 1933. *R. Bultmann* Art. in RGG *E. Pascher* RGG 1³, 1412ff.

Apostelgeschichte. Als A. bezeichnet man die durch Berichte von der Himmelfahrt, der Nachwahl des 12. Apostels und Pfingsten eingeleitete, als Erbauungs- und Werbeschrift dienende Darstellung der Ausbreitung der christlichen Missionspredigt von »Jerusalem über Judäa und Samaria bis an das Ende der Erde« (1,8). Der Vf. der Schrift ist mit dem Evangelisten Lukas identisch, doch läßt sich nicht genau sagen, wer dieser Lk. war, wann und wo er lebte. Auf keinen Fall gehört er der 1. chr. Generation an, die im Banne der eschatolog. Naherwartung kein Interesse an einer Missionsgeschichte hatte, und ebenso ist er kein Gefährte des Paulus gewesen. Dies beweist schon die Abwesenheit jeglichen typischen paulinischen Theologumenons. Lk. ist kein Augenzeuge, sondern verwertet Einzelgeschichten, Itinerare der paulinischen Missionsreisen, Einzelnachrichten und eine sog. »Wirquelle«, in der vielleicht ein Gefährte des Paulus zu Wort kommt. An wichtigen Stellen fügt Lk. selbstkomponierte Reden als Typen chr. Missionspredigt ein. Theologisch ist die A. besonders durch die Frage nach dem Verhältnis der chr. Gemeinde zu Judentum und Heidentum (Rom) bestimmt. Kl. W.

1. *E. Haenchen* Die A. in Meyers Krit.-Exeg. Komm. 3, 1959¹¹. 2. *O. Bauernfeind* Die A. Theol. Hand.-Komm. 5, 1939. 3. *M. Dibelius* Aufsätze zur A. hrsg. v. H. Greeven 1951. 4. *Ph. Vielhauer* Zum »Paulinismus« der A. in Ev. Theol. 1950/51, 1–15. 5. *H. Conzelmann* Die Mitte der Zeit. Stud. z. Theol. des Lukas 1960³.

Apostelväter. Mit A. bezeichnet man eine Gruppe chr. Schriftsteller des 2. Jh., die noch unmittelbare Schüler der Apostel waren oder dafür galten. Gewöhnlich zählt man Barnabas, Hermas, Klemens von Rom, Ignatius von Antiochien, Polykarp von Smyrna und die Vf. der Apostellehre und des Diognetbriefs zu den A. Unter ihren Werken befinden sich neben situationsgebundenen Briefen (1. Klem., 7 Ignatianen, Pol. Phil.) auch eine Homilie (2. Klem.), eine Kirchenordnung (Apostellehre), ein lehrhaftes Sendschreiben (Barnabas), eine apokalyptische Bußpredigt (Hirt des Herm.). Kl. W.

F.X. Funk-K. Bihlmeyer Die A. (SQS II,1) 1924¹. 1956² (hrsg. *Schneemelcher*). *R. Knopf* u.a. Die A., 4 T. 1920/23 (HNT) Erg. Band 3. *B. Altaner* Patrol. 1950². 72–84 (Lit.).

Ἀποστολεῖς. Aus der Gesamtheit der Athener gewähltes Zehnmännerkollegium, Überwachungsorgan für die Aussendung der Flotte. Inschriftlicher Beleg für Bestellung und Funktion des Amts aus dem J. 325/24 in Sylloge³ 305b. Die Lexikographen definieren *ἀποστολεῖς · οἱ ἐπὶ τῆς ἐκπομπῆς τῶν τριήρων ἀποδεδειγμένοι* (Suda. Harpokration, ähnlich Poll. 8,99); aus dieser generellen Aufgabe ergeben sich Einzelkompetenzen, wie sie Demosth. schildert (18,107.47,26). A. M.

Apotheosis (*Ἀποθέωσις*). I. Im Orient. II. Der griech. Begriff A. III. Die Gesch. der Vorstellung bei den Griechen. IV. A. in Rom.

I. A. von Königen kennt man bei den Völkern des Alten Orients schon im 3. Jahrt. So gelten die äg. Könige als Gott Horus oder Sonnengott Re bzw. dessen Sohn und werden nach ihrem Tod in Tempeln verehrt. Die Könige von Akkade identifizieren sich mit dem Stadtgott, und die Könige der Hethiter werden nach ihrem Tode vergottet und empfangen Ahnenopfer.

II. War die Sache, daß Menschen vergottet werden, längst bekannt, so ist doch der Begriff A. eine abstrakte Bildung aus der hell. Zeit. (Polybios berichtet so etwa von Kallisthenes, daß er Alexander d. Gr. ἀποθεοῦν ἐβουλήθη (12,23,4), und Diodor gebraucht ἀποθεόω als Bezeichnung für die Erhebung der Titaia zu den Göttern [3,57,2].) Hinfort kann A. als Bezeichnung der Vergottung von zeitweilig zu Menschen gewordenen Gottwesen, von wirklichen Menschen nach dem Tode und zuletzt auch von noch lebenden Menschen dienen.

III. Die ältesten griech. Beispiele für die Vorstellung der A. finden wir bei Homer. Od. 5,333ff. erweist sich die ehemals sterbliche Ino dem schiffbrüchigen Odysseus als Seegöttin Leukothea, Il. 20,232ff. ist von der A. des Ganymedes und Il. 11,1 von der des Tithonos die Rede. Bei allen 3 Gestalten handelt es sich um schon von alters her verehrte Gottheiten, die zur Ehre der Dynastie der troischen Herrscher in deren Stammbaum eingefügt wurden. Hes. theog. 950ff. und Pind. N.1, 61ff. reden von einer A. des Herakles, die jener sich durch seine Taten erwirkt habe (vgl. hierzu Wilam., Eur. 1,284ff.). Hdt. 1,65 erzählt, daß Lykurgos schon zu Lebzeiten vom delph. Orakel als Gott begrüßt wurde, und Duris FGrH II A S. 154, Nr. 71, daß dem Lysandros nach der Schlacht von Aigospotamoi Altäre errichtet wurden (zur A. v. Philipp II. s. Paus. 5,20,10). Bei Alexander d. Gr. führte der Weg zur A. von der Überzeugung seiner Umgebung von seinem Übermenschentum zu der Bezeichnung als Sohn Gottes durch das Ammonorakel (Arr. an. 3,3,4. Diod. 17,49ff. Plut. Alex. 27f. u.a.) und zum Eintritt in die Rechte des persischen Gottkönigtums. Nach dem indischen Feldzug hat Alexander seine Gleichstellung mit Dionysos begünstigt und auch im W. göttliche Ehren beansprucht. Seine Nachfolger, besonders aber die Ptolemäer, taten es ihm hierin gleich und forderten nicht nur für Alexander, sondern auch für ihre unmittelbaren Vorgänger göttliche Ehren (vgl. Beurlier 46–110). Die zur selben Zeit zu verzeichnende Bewegung, alle griech. Volksgottheiten auf Menschen zurückzuführen, die ob ihrer Wohltaten zu göttlichen Ehren gelangt seien, gehört nicht in diese Reihe. Aus dem 3. Jh. kennen wir auch noch religiöse Genossenschaften, die für die A. ihrer Adepten nach dem Tode bürgen. An diese Vorstellungen knüpfen dann die aus orientalischen Gedanken gespeisten Mysterienreligionen und die Gnosis an (vgl. Cumont 115f. 145 und Anm. S. 270 bis 273. 290f. Jonas 203ff.).

IV. In Rom wird die Erhebung des toten Caesar zum Divus Iulius zum Ursprung der später genuin röm. Kaiser-A., die sich über die Zwischenstufen der Verehrung seines Genius und seiner Fortuna bis zur Betonung der Göttlichkeit des Kaisers im 3. Jh. entwickelte. Kl. W.

I: *H. Frankfort* Kingship and the Gods (I. Egypt. II. Mesopotamia) 1948. *C.J. Gadd* Ideas of Divine Rule in the Ancient East, 1948. *A. Lopasic* The Sacral Kingship (Suppl. IV to Numen 1959, Lit.). II–IV: *E. Rohde* Psyche. *Welcker* Griech. Götterlehre 3,294–316. *A. Beurlier* De divinis honoribus quos acceperunt Alexander et successores eius, Thesis, 1890. *L. R. Taylor* The Divinity of the Roman Emperor, 1931. *F. Cumont* Die oriental. Religionen im röm. Heidentum (dt. Übers.), ^{3}1931. *H. Jonas* Gnosis und spätantiker Geist 1, 1934. *R. Reitzenstein* Die hell. Mysterienreligionen, ^{3}1927. *D.M. Pippidi* Recherches sur le culte imperial, 1939. *W.W. Tarn* Alexander the Great 2, 1948, 347ff. *Nilsson* GgrR 125ff. 366ff. *G. van der Leeuw* Phänomenologie der Rel., ^{2}1956, 235ff. *L. Cerfaux–J. Tondriau* Les cultes souverains, 1957.

Ἀποτίμημα war eine gemeingriech. besondere Gestaltung des allgemeinen Verfallpfandes, die sich vor allem für Mitgift- und Vormundsverhältnisse empfahl. Das ἀ. erstreckte sich auf bewegliche und auch auf unbewegliche Sachen, lag auf individuell bestimmten Gegenständen und mußte von Fall zu Fall bestellt werden. Es diente dem Doppelzweck der Sicherung und der etwaigen Ablösung einer Geldschuld. Die ablösende Funktion hat als die ursprüngliche dem Institut den Namen gegeben. E. B.

H. J. Wolff Festschrift für E. Rabel 2,292.

Apotropaios s. Apollon.

Ἀποξυόμενος bezeichnet den Athleten, der sich mit der *strigilis* (στεγγλίς), dem Schaber (aus Metall oder Horn), die Haut abreibt, von Polyklet und Lysipp (Marmorkopie im Vat. Mus.) in berühmten Statuen dargestellt (Plin. nat. 34,55. 62). W. S.

Apparitores. Diener der röm. höheren und niederen Beamten (auch der Priester), die diesen zur Erledigung ihrer Verwaltungsgeschäfte beigegeben waren, vom Staat bestellt und besoldet. Sie waren teils Sklaven, die für körperliche Arbeit oder gewöhnliche Bürotätigkeit verwendet wurden, teils freie Leute, die für die Betätigung in der Öffentlichkeit im Verkehr mit der röm. Bürgerschaft eingesetzt waren (*qui magistratibus apparent* = aufwarten, zu Gebote stehen, Liv. 2,55,3). Von den Beamtenkollegien oder auch von einzelnen Beamten angestellt, anfänglich auf deren Amtsdauer oder auf Zeit, später auf Lebenszeit, entwickelten sie sich zu einem ständigen Beamtentum, das für den geregelten Fortgang der Verwaltungsgeschäfte sorgte und das Rückgrat gegenüber den jährlich wechselnden und über keine Fachkenntnisse verfügenden Magistraten bildete, mit einem Vorstand von 6 oder 10 Männern in Dekurien gegliedert und mit den Rechten juristischer Personen ausgestattet. Die vornehmsten a. waren die *scribae* (Bürovorsteher), in angesehener Stellung, oft sogar dem Ritterstand angehörig und militärisch im Range von Stabsoffizieren. Niedriger im Rang standen die → *lictores*, meist Freigelassene, u. die → *viatores* (Amtsdiener). Daneben gab es noch Herolde, Flötenbläser, Opferdiener und verschiedene technische Berufe, die den Beamten zur Verfügung standen. W. S.

Mommsen RStR 1,306ff.; *Ders.* De appar. mag. Rom. publ. RhM 6, 1848, 1ff. *Ernst Meyer* Röm. Staat und Staatsgedanke, ^{2}1962, 144. *A.H.M. Jones* The Rom. civil service (clerical and subclerical grades) JRSt 39, 1949, 38ff. = Stud. in Rom. government and law, Oxf. 1960, 151ff.

Appellatio bedeutet Berufung, besonders gegen Gerichtsurteile. Im ordentlichen Zivilprozeß mit Spruch- oder Schriftformel war sie grundsätzlich ausgeschlossen. Was unsere Quellen (z. B. Liv. 6,27) hier a. nennen, ist die Anrufung einer Interzession, etwa des Consuls gegen den Praetor. Solche nicht eigentlich berufende a. konnte sich besonders gegen die Abfassung der Prozeßformel richten, sie führt, wenn sie Erfolg hat, zur Vernichtung des angefochtenen Aktes, ist also kassatorisch, nicht reformatorisch.

In der Prinzipatszeit bildet sich aber im Bereich der *cognitio extra ordinem* eine reformatorische, d. h. auf sachliche Abänderung des Gerichtsurteils zielende a. aus. Die a. erfolgt durch Schriftsatz *(libelli appellatorii)*, wirkt aufschiebend (suspensiv) und geht an eine höhere Instanz, letztlich an den *praefectus praetorio* oder an den Kaiser selbst. In der Appellationsinstanz wird die gesamte Tatsachen- und Rechtslage neu geprüft.

Im Bereich des Strafprozesses kam der a. schon in der republikanischen Zeit größere Bedeutung zu. Primär war sie auch hier Aufforderung zur Intercession, die freilich faktisch rasch zu einem kontradiktorischen Verfahren vor besetzter Gerichtsbank führte. In Fällen delegierter *iurisdictio* konnte solche a. bereits reformatorisch wirken.

Delegierte *iurisdictio* war denn auch der Ausgangspunkt der allgemeinen Einführung einer reformatorischen a. in der Kaiserzeit. Mit Recht sagt Mommsen über sie, von allen Neuerungen des Principats sei die reformatorische a. die bleibendste gewesen. Zunächst knüpfte sie wohl an die statthalterliche *iurisdictio* in den Provinzen und an die Gerichtsbarkeit des *praefectus urbi* an, griff aber rasch auf alle Strafprozesse über, in denen nicht der Kaiser selbst oder der *praefectus praetorio* entschied, gegen dessen Urteil nur Supplikation an den Kaiser möglich war.

Regelfall der a. war nun die Anfechtung eines schon ausgesprochenen Strafurteils. Dieses verlor durch die a. seine Kraft, der Prozeß mußte in der nächsten Instanz völlig neu durchgeführt werden. Diocletians Reichsreform schuf einen festgelegten Instanzenzug, der vom *praeses provinciae* über den *vicarius* der Diözese zum Kaiser oder zum *praefectus praetorio* führte.

Doch finden wir bisweilen a. schon vor dem Urteil. Sie schneidet alles weitere Verfahren in der bisherigen Instanz ab und macht sogleich den Kaiser allein zuständig. Geübt wurde sie besonders bei Provincialprozessen gegen Bürger, das berühmteste Beispiel ist die a. des Apostels Paulus (Act. Apost. 25,11ff.). Diese a. erfolgte vor dem Statthalter Festus bei einem Gerichtstag in Caesarea und machte die Überstellung des Häftlings nach Rom nötig. Bezeichnend sagt Agrippa (Act. Apost. 26,31 f.), die a. hindere den Statthalter auch am Freispruch. Th. M.-M.

R. Orestano L'appello civile in diritto romano, Corso, Torino 1953. *E. Perrot* L'appel dans la procédure de l'ordo iudiciorum, 1907. *J.M. Kelly* Princeps iudex, 1957, 70ff. *Mommsen* RStrR 462ff. *L. Wenger*, RAChr 1,564ff.

Appennīnus sc. mons (Nissen It. Ldk. 1,215ff. Thes. 1.1.2,278f.), nach Peisandr. bei Steph. Byz. s. Ἀπέννιον zuerst bei Pol. (s.u.) genannt; dessen Angaben stimmen zu denen Späterer: A. beginnt bei Massalia (Pol. 2,16,1) oder Genua (Strab. 201. 211), durchzieht das Gebiet der Ligurer (Liv. 5,33, 6. 39,2,3. Serv. Aen. 11,700. Nep. Hann. 4,3) bei Vada (Strab. a.O. Cic. fam. 11,10,3 f. 13,2), trennt Italien (Paul. Fest. 16,25 L.) vom Poland (Strab. 212.216), knickt an der Adria (Pol. 2,16,4) bei Ancona (Strab. 211. Vib. Sequ. p. 14 Burs.) nach Süden durch Umbrien u. Picenum (Strab. 227.240), verläßt die Küste beim Garganus (Ptol. 3,1,44), durchquert Samniter und Paeligner (Strab. 231) und endet bei Leukopetra (Strab. 211.259.286. Mela 2,58. Plin. nat. 3,48.74). A. ist zusammenhängender (Pol. 2,16,4. Plin. 3,48. Mela a.O.) Gebirgsrücken (Strab. 128. Mela a.O. Solin. 2,20; Wasserscheide: Pol. 3,110,9); politisch: Tac. hist. 3,42. Erfüllt die Vorstellung des Gebirges (Cic. de or. 3,69; Sest. 12; Cat. 2,23; Mil. 26; Phil. 12,26. Sen. nat. 4,11,1), gilt als hoch (Hor. epod. 16,29), wolken- (Ov. met. 2,226) und schneebedeckt (Verg. Aen. 12,702. Sil. 2,314. 4,744); er ist waldreich (Verg. a.O. Sil. 4, 744. Cornel. Sev. in Schol. Pers. 1,95. Lucan. 2,396. Plin. nat. 16,197. 31,43), mehr im N. als im S. (Vitr. 2,10,1), wird von Erdbeben heimgesucht (Plin. 2, 194). Der Name A. zuerst in lat. Sprache im J. 117 v. Chr. belegt (CIL I^2 584,18), wo *A. mons Boplo* und *A. mons Tuledo* zwischen *Ioventius mons* und *fl. Veraglasca* n. Genua genannt sind; in der Nähe aus der Toponymie von Veleia belegt (CIL XI 1147,4m 5.5,20); in sullan. Zeit heißt das Gebirge der Velinoschlucht A. (CIL I^2 808); Caesar nennt den Paß ö. des Fuciner Sees A. (Suet. Iul. 44,3); Pol. 3,110,9 kannte den Namen schon für die Aufidusgegend. Er wird für den mittleren A. n. Spoleto gebraucht (Liv. 10,27,1), wo auch eine Kultstätte des Iupiter A. lag (CIL VIII 7961. XI 5803. Aur. Vict. Caes. 9. epit. 9. H.A. Firm. 3,4. Claud. 10,4. Claud. VI cons. Hon. 504. Tab. Peut. 5,3; zum Orakel vgl. Yoshimura bei Altheim Unters. 1,61). Verwechslung mit den Alp. Poeninae bei Isid. orig. 14,8,13. Paul. hist. Lang. 2,18 wirkt auf codd. bei Serv. Aen. 10,13. Name bei Dichtern häufig als spond. Hexameterschluß (Hor., Ov., Lucan., Corn. Sev., Petron. 124,279; vgl. Quint. inst. 9,4,65). Erklärung des Namens A. aus kelt. *pennŏ-* (< **q̯u̯ennŏ-*) »Spitze« (vgl. HOLDER 2,966) ist fraglich, da die Beschränkung des Namens auf das ligur. Gebiet unsicher ist und selbst dann eher eine ligur. Deutung erwarten ließe. Bei griech. Autoren oft pluralisch: *Ἀπέννινα ὄρη*. G. R.

Appia aqua s. Wasserleitungen

Appianos. Geschichtsschreiber. *wohl vor 100 n. Chr. in Alexandreia (Judenaufstand 116 erlebt: frg. 19); unter Antoninus Pius von Fronto ep. ad Anton. 9 als Greis erwähnt. Zunächst höherer Beamter der alex. Stadtverwaltung. Frühestens unter Hadrian röm. Bürger und Ritter; *advocatus (fisci)* in Rom; Freundschaft mit Fronto; durch Frontos Vermittlung → *procurator Augusti* bzw. *Augustorum* (praef. 62), wahrscheinlich in Äg., unter Marc Aurel und L. Verus (161–169), kaum unter Antoninus Pius (dazu zuletzt M. GELZER, Gn 31, 1959, 180).

A. verfaßte im Alter *Ῥωμαϊκά* (*Ῥωμαϊκὴ ἱστορία*); abgeschlossen bis 165, da nach Marc Aurels Partherkrieg ein kaiserlicher Beamter kaum den Euphrat als Reichsgrenze angegeben hätte (praef. 4). Das Werk reicht von den sagenhaften Anfängen (Aeneas) bis ins 2. Jh. n. Chr. Von den 24 dem Photios bekannten Büchern behandeln 1–3 die Frühgeschichte: 1 Königszeit, 2 Italische, 3 Samnit. Geschichte. Es folgt die Geschichte einzelner Völker und Länder in der zeitlichen Abfolge ihres ersten Zusammenstoßes mit Rom: 4 *Κελτική*, 5 *Σικελικὴ καὶ νησιωτική*, 6 *Ἰβηρική*, 7 *Ἀννιβαϊκή*, 8 *Λιβυκή* (*Καρχηδονιακὴ καὶ Νομαδική*), 9 *Μακεδονικὴ καὶ Ἰλλυρική*, 10 *Ἑλληνικὴ καὶ Ἰωνική*, 11 *Συριακή*, 12 *Μιθριδάτειος*; der 2. Pun. Krieg begegnet dergestalt in 4 verschiedenen Büchern. 13–17 Bürgerkriege (*Ἐμφύλια*; nach Parteihäuptern gegliedert), 18–21 *Αἰγυπτιακά* (bei Photios: *ἐμφυλίων ς' – ϑ'*), 22 *Ἑκατονταετία* (Eroberungen der Kaiser bis Traian), 23/24 *Δακικὴ*/*Ἀράβιος* (Eroberungen Traians). Offenbar nicht ausgeführt: *Παρθική* (Traians Partherkriege; angekündigt Syr. 260 u. ö.; die in den Hss. nach 11 folgende *Παρθική* gilt als (früh-) byz. Fälschung (aus → Plutarch?)) und Übersicht über die finanziellen und militärischen Verhältnisse des Reiches (praef. 61). Erhalten sind der Anfang von 1; 6–8; von 9 die *Ἰλλυρική* und Teile der *Μακεδονική*; 11–17; einzelnes bes. aus 2–5 und 24. Überlieferung in Werk-Hss., bei Photios, in den konstantin. Exzerpten; einiges wenige: Suda, Lexikographen; ein Papyrus bei R. A. PACK The Greek ... literary texts from ... Egypt 1952, Nr. 66.

Die Bedeutung A.s liegt angesichts der immer wichtiger werdenden Wirtschafts- und Sozialgeschichte bes. in der vollständig erhaltenen Darstellung der Bürgerkriege; für die revolutionären Bewegungen von den Gracchen bis zum Bundesgenossenkrieg ist A. unsere einzige ausführliche historiograph. Quelle. Ein Urteil über den Wert des von A. Mitgeteilten hängt freilich in hohem Grad von der Quellenfrage ab, die eben dadurch schwierig wird, daß A. für wichtige Epochen die Hauptquelle ist, abgesehen davon, daß er Quellen nur sparsam anführt und auch selten Varianten mitteilt (KLOTZ 7f.). So kann man schwer sagen, ob er seine Quellen richtig wiedergibt und welchen Wert diese Quellen haben (M. GELZER, Gn 17, 1941, 150). Für die ältere Diskussion dieser Fragen noch immer wichtig E. SCHWARTZ. Einigkeit besteht heute darüber, daß A. mehrere Quellen benutzt hat (auch den → Asinius Pollio? Vgl. dazu M. GELZER, Gn 30, 1958, 216ff.), und zwar durchaus nicht nur lateinische (gegen SCHWARTZ 217); Gelzer denkt an eine griech. Kompilation der frühen Kaiserzeit (Gn 31, 1959, 180). Natürlich konnte A. gut Latein (HERING 9); daß er mit Fronto griechisch korrespondierte (GELZER, Gn 30, 1958, 217), ist kein Beweis dagegen. Zur Quellenfrage jetzt bes. GABBA. A. gilt heute als relativ glaubwürdig; wenn er und Polybios bzw. die polybianischen Exzerpte (in der Reihenfolge unserer Ausgaben) voneinander abweichen, ist nicht A. von vornherein im Unrecht: G. WALSER Die Ursachen des 1. röm.-illyr. Krieges, Hist. 2, 1953/54, 308ff. CHR. HABICHT Über die Kriege zwischen Pergamon und Bithynien, H 84, 1956, 101ff.

Die Darstellung ist ungleichmäßig; bald breit ausführlich, bald sprunghaft, ohne Zusammenhänge erkennen zu lassen (KLOTZ 7); nicht ohne Wiederholungen, die durch das Regional-Prinzip bedingt sind (ebd. 10). Stark »romanhafte« Züge erklären sich wohl durch eine Vorlage aus dem Bereich der »tragischen« Geschichtsschreibung (GELZER, Gn 31, 1959, 180); zum spannenden, dramatischen, psychologischen Moment der Darstellung C. BRUTSCHER Analysen zu Suetons Divus Iulius und der Parallelüberlieferung, Bern/Stuttgart 1958 (Noctes Rom. 8), bes. 16f. Der Stil ist »sachlich, ohne Phrase und ohne attizistische Prätentionen ... Die Reden sind knapp« (SCHWARTZ 217). J. W.

Ed. Teubn. I *P. Viereck–A. G. Roos* 1939 (ed. stereot. corr. mit Add./Corr. von *E. Gabba* 1962. Die Indices aus I^1 werden in II^2 erscheinen), II *L. Mendelssohn–P. Viereck* 1905. Mit engl. Übers.: *H. White* 4 Bde. 1912/13 (und Nachdrucke) Loeb. – Bellorum civilium liber I *E. Gabba*, Florenz 1958 (krit. Ausg., Einf., Komm., Übers., Indices). Ein Brief A.s an Fronto außer in der Teubneriana bei Fronto, Epist. ed. *Van den Hout* 1, 1954, 227f. – *E. Schwartz* RE s. v. (jetzt in E. S., Griech. Geschichtsschreiber, Leipzig 1957, 361ff.). – *T. J. Luce* A.s exposition of the Roman republic constitution, Diss. Princeton 1958 (Mikrof.; vgl. Diss. Abstracts 19, 1959, 2341). *E. Gabba* Appiano e la storia delle Guerre Civili, Florenz 1956; *Ders.* Sul Libro Siriaco di A., Rendiconti Acc. Linc. Sc. Mor. 12, 1957, 339ff. *P. Meloni* Il valore storico e le fonti del Libro Macedonico di A., Rom 1955 (anders *E. Meyer* MH 15, 1958, 249). *A. Migheli* Le memorie di Augusto in A. Illyr. 14–28, Annali Fac. Lett. Cagliari 21, 1953, 197ff. *A. Klotz* A.s Darstellung des 2. Pun. Krieges, 1936. *J. Hering* Lateinisches bei A., Weida 1935 (Diss. Leipzig [Lexik. und Syntakt.]).

Appia via (seit L. Canina La prima parte della v. A. 1853. G. Ripostelli–O. Marucchi La v. A. 1908, 15ff. erst F. Castagnoli A. antica 1956, 7). Bedeutendste (Stat. s. 2,2,12 *longarum regina viarum*) Straße, von App. Claudius cens. 312 v. Chr. erbaut (Liv. 9,29,6. Paul. Fest. 23,12 L. elog. CIL 1^2 p. 192. Pompon. Dig. 1,2,2,36), zuerst bis Formiae (88 mp vom Zentrum Roms; Itin. und jüngere mil. zählen von porta Cap. 87 mp: CIL X, 6863); in der Mitte der Strecke For. Appii (44 mp; 6825: 43 mp), nach Itin. 611,12 9 mp von Ad medias (halbwegs bis zur Grenze Latiums bei Sinuessa 106 mp) mit mil. 53 CIL 1^2 21; vermutlich in der Praetur 295 v. Chr. (Liv. 10,31,3ff.: milit. Aktion im dortigen Raum) über die im J. 296 gegründete Kolonie Minturnae und Sinuessa bis Capua verlängert (Diod. 20,36,2. Frontin. aqu. 5). Von mil. 40 (Tripontium; 6820: 39 mp) bis 59 (Ufensmündung 1 mp vor Feronia) neben der A. Treidelkanal (Strab. 233. Hor. s. 1,5,11ff. mit Porph.) *decennovium* (Cassiod. var. 2,32f. Prok. b. G. 1,11. CIL X, 6850/51; XIX in 6839 meint die trajan. Renovierung bis zum Beginn des Neubaus über Pesco Montano (Lugli Forma It. Reg. 1,1,1 [1926], 210: Trajan. Alte Route n. des Iup.-Tempels, Zusammentreffen bei Torre del pesce, wonach 6854f. zählt: 4/71 mp). Zeit der Weiterführung nach Capua (132 mp) und Benevent (165 mp; Itin. und mil.: 164 mp; vgl. NSA 1929, 221) unbekannt; bis hierher der Name A. (Strab. 283); später ausgedehnt: CIL IX, 6075). Straße Benevent–Aeclanum (180 mp)–Herdoniae (224 mp; gemeint bei Hor. s. 1,5,87)–Brundisium (364 mp) schon 191 v. Chr. von Cato benutzt (Liv. 36,21,6. Plut. Cat. m. 14); auch Pol. 34,11,8 (Radke, RE Suppl. IX 1795) zählt so (364 bis Rom, 198 bis Sena). Verkürzung über Aequum Tuticum (Ashby-Gardner, PBSR 8, 1916, 113) mit 360 mp bis Brundisium (Strab. 283. Plin. nat. 2,244) vielleicht schon Cic. Att. 6,1,1 für das J. 50 v. Chr. Route über Venusia (87 mp v. Benevent)–Tarent (95 mp; Radke bei Altheim Unters. 1,199; zu kurz Lugli Festschrift Egger 1, 276ff. Ashby-Gardner 112) – Brundisium (44 mp) seit ca. 125 v. Chr. (Gell. 10,3,5; vgl. Cic. Att. 5,4ff. für das J. 51 v. Chr.) nachweisbar. Bauten vor der porta Capena bei Lugli-Caprino Fontes ad topogr. 3,5ff. G. R.

Appius. Lat. Praenomen sabinischen Ursprungs *(Attus, Atta, Attius)*, das durch Ap. Claudius (Clausus) Sabinus Inregillensis um 500 v. Chr. nach Rom gekommen ist (Liv. 2,16,4) und auf die patrizische Gens Claudia beschränkt blieb. Bedeutende Namensträger u. a.: **1.** Decemvir A. Claudius, der im Rahmen der Verginia-Legende eine wichtige Rolle spielte (vgl. RE III 2698 Nr. 123.

VIII A 1533f.), **2.** A. Claudius Caecus, Censor 312 v. Chr. (RE III 2681, Nr. 91), **3.** A. Claudius Pulcher, cos. 54 v. Chr. (RE III 2849ff. Nr. 297), zu allen → Claudius. Das mit Konsonantengemination geschriebene Praenomen (vgl. W. Schulze Eigennamen 423.487.519) wurde gelegentlich wie ein Gentilicium gebraucht, etwa bei Via Appia oder Aqua Appia (beide 312 v. Chr.) oder später Appiana caedes (Tac. ann. 11,29,1 von der Hinrichtung des A. Iunius Silanus).

In der Kaiserzeit wird A. als Praenomen auf andere Gentes übertragen, wie die Annii (dazu Br. Doer Die röm. Namengebung, 1937, 121f.) und Iunii. Als Gentilname ist A. erst seit der ausgehenden Republik belegt, jedoch nur selten für bedeutendere Persönlichkeiten, wie etwa: **1.** M. A. (Atilius?) Bradua, Suffektkonsul unter Traian, *legatus Germaniae et Britanniae* PIR 1^2 263, Nr. 1298. **2.** L. A. Maximus (Norbanus). Als Legat des Heeres von Germania inferior warf er 88/89 den Aufstand des L. Antonius Saturninus nieder, Martial. 9,84,1. CIL VI 1347 = Dess. 1006. Über Einzelheiten der Laufbahn (*cos. suff.* 84?) und über die Identität mit dem gleichnamigen, etwas späteren *procos.* in Bithynien und *cos. suff.* unter Traian ist die Forschung geteilter Meinung. PIR 1^2 182f. Nr. 944.149. H. G. G.

Appuleius → Apuleius

Apries. Ägyptischer König (589–570) der sog. »saitischen« (26.) Dynastie, äg. W3ḥ-ib-Rc, mit Thronnamen Ḥc-ib-Rc, im AT Ḥophraʿ. Die von Hdt. 2,161 erwähnten Kämpfe gegen Tyros und Sidon wie die vergebliche Unterstützung Judas (Jer. 37,5) gehören in die latente Auseinandersetzung mit Babylon. Sein mißglückter Zug gegen Kyrene auf seiten des Libyerfürsten Adikran führte zu seinem Sturz durch Amasis (Hdt. 2,111.4,159. Diod. 1,68. Athen. 13,560). W. H.

Aprikose. Die Aprikose (Armeniaca vulgaris Lam. = Prunus armeniaca L.) stammt aus einer in Ost- und Mittelasien durch 8–9 Arten vertretenen Kernobstgattung, die ebenso wie Pfirsich und Mandel oft nur als Untergattung von Prunus bewertet wird. Sie ist auch in Armenien, von wo sie erst durch den Feldzug 63 n. Chr. nach Griechenland und Italien gekommen ist (daher *μῆλον ἀρμενιακόν*, *armeniaca*), nicht urwüchsig, in ihrer chinesischen Heimat mindestens seit dem 3. vorchr. Jh. in Kultur. Diosk. und Galen. nennen sie *πρεκόκκιον*, *praecoqua*. H. G.

Aprilis. In dem vorjul. Jahr der 2. Monat des Jahres mit 29 Tagen, seit der Kalenderreform Caesars, die die Jahresanfänge des Amtsjahres (1. Jan.) und des Kalenderjahres (1. März) einheitlich auf den 1. Jan. legte, der 4. Monat mit 30 Tagen. Die Etymologie ist umstritten. Eine alte Erklärung des Fulvius Nobilior bei Cens. 22,9 führt den Namen auf *aperire* (Erschließung der Natur nach der Winterruhe; vgl. den griech. *Ἀνθεστηριών*), zurück; sie ist ebenso abzulehnen, wie neuere Ableitungen aus dem Komparativ zu dem idg. *apo (der 2. Monat des vorjul. Jahres bei Soltau Röm. Chronol. 96) oder aus *apricus* oder *aper* (vgl. Stolz LGr. 1,512). Am einleuchtendsten ist die Ableitung von einer aus etr. **aprodita* gewonnenen Kurzform **apru(n)* (vgl. E. Fiesel Stud. Etr. 7, 1953, 295). W. S.

Apronius, lateinischer Eigenname, mit etrusk. Parallelen (Schulze Eigennam. 110).

I. Republikanische Zeit: **1.** C. A., Volkstribun 449 v. Chr., Liv. 3,54,13. **2.** Cn. A., Aedil vor 266. Broughton Mag. 1,201. H. G. G.

II. Kaiserzeit: **1.** L. A. Wahrscheinlich Münzmeister ca. 5 oder 9 v. Chr., Mattingly 1,46 f. Nr. 243–264. *Cos. suff.* der 2. H. des J. 8 n. Chr., CIL I^2 p. 29. X 7257. Der Bruder seines Mitkonsuls A. Vibius Habitus, C. Vibius Postumus, war 9 n. Chr. Statthalter von Dalmatien; A. nahm an dessen Operationen teil, Vell. 2,116,2. Im J. 15 Legat des Germanicus; dieser ließ ihn bei seinem Zug gegen die Chatten am linksrheinischen Ufer zurück zum Schutz der Straßen und Brücken, Tac. ann. 1,56,1; A. erhielt dafür im J. 15 die *triumphalia insignia*, ebd. 1,72,1. Im September 16 in Rom, ebd. 2,32,2. Im J. 18–21 *Procos. Africae*, Münzen bei (Falbe-Lindberg-) L. Müller Numism. de l'anc. Afr. 2,155 Nr. 331 ff. Cohen I^2 p. 208 Nr. 216; p. 218, Nr. 14.15. Mattingly 1,44, Nr. 231, s. B. E. Thomasson Statthalter Nordafr. 2,23 f. Im Kampf gegen Tacfarinas schlug der Sohn des A. die Numider, Tac. ann. 3,21,1. A. selbst erhielt zum zweitenmal die *ornamenta triumphalia* und eine lorbeergeschmückte Statue, ebd. 4,23,1. Von 22–24 in Rom, Tac. ann. 3,64,4. 4,13,3. 22,1. *Legatus Aug. pr. pr. Germaniae infer.* um 28, E. Ritterling–A. Stein Fast. röm. Deutschland 46 f. Er kämpfte gegen die Friesen, Tac. ann. 4,73,1. **2.** L. A. Caesianus, Sohn von Nr. 1, diente unter seinem Vater in Afrika, kämpfte gegen Tacfarinas, Tac. ann. 3,21,1. CIL X 7257 = Dess. 939. *Praetor* 32, Cass. Dio 58,19,1 f. *Cos. ord.* 39 n. Chr., Inscr. It. XIII 1,324 f. Cass. Dio 59,13,2. R. H.

Apsines (Ἀψίνης). Berühmter Rhetor des 3. Jh. n. Chr. aus Gadara, Schüler des Basilikos und Herakleides Lykios, Vater des Rhetors Onasimos. Zeitweise lebte er in Athen. Wohl unter Maximinus Thrax bekleidete er das Konsulat (Suda 'A.). Er war befreundet mit Philostratos (v. soph. 2,33,4). Erhalten ist von den zahlreichen Schriften des A. eine τέχνη ῥητορική, die allerdings durch spätere Interpolationen stark entstellt wurde. Von einer Schrift περὶ τῶν ἐσχηματισμένων προβλημάτων sind Reste vorhanden. Übungsreden und Demosth.-Komm. sind verloren. H. Gä.

TA: *J. Bake*, Oxford 1849. *Spengel Rhet.* ^{2}1,217 ff. Lit.: *Christ-Schmid* 2,937 ff. *Caspar Hammer* De A. rhetore, Progr. Günzburg 1876. *K. Aulitzky*, WSt 39, 1918, 26 ff.

Apsinthioi (Ἀψίνθιοι). Thrakischer Stamm, ö. von Ainos und bes. am Ufergebiet des Melasbusens. Die A. galten als sehr kriegerisch (sie bedrängten oft ihre Nachbarn, die Dolonker, auf der Thrakisch. Chersones) und als blutdürstig (für ihre Gottheiten Menschenopfer). Hdt. 6,34.36. 9,119. Chr. D.

Kazarow, Klio 12,361; *Ders.* RE XXI, 212–213 (s. v. Pleistoros). *Detschew* Die thrak. Sprachreste 39 ff. *Casson* Macedonia, Thrace and Illyria, 96.227.

Apsis (ἀψίς). Kreissegment, bezeichnet als lat. t. t. einen gerundeten, meist mit Halbkuppel gedeckten Raumteil an Tempeln, Profanbauten (Thermen) und Kirchen. Erst in der Spätzeit ist die A. auch nach außen sichtbar. Sie ist in der griech. Baukunst selten (hat auch keinen eigenen t. t.), in der röm. häufig und stellt als Chorabschluß in der frühchristlichen Kirche ein wichtiges Element dar, das auch *concha, tribunal* genannt wird. W. H. G.

Dinsmoor Architecture of Ancient Greece, 1950. *A. M. Schneider* RAChr 1, 1950, 571 ff.

Apsyrtos (Ἄψυρτος, lat. Absyrtus), Sohn des kolch. Königs Aietes, Stiefbruder Medeias, die ihn auf ihrer Flucht mit den Argonauten tötete. Um die Verfolger aufzuhalten, wurden seine Glieder zerstückelt und auf dem Lande (Cic. Manil. 22. Ov. trist. 3,9,33) oder auf dem Wasser (Pherekyd. frg. 73. Apollod. 1,133) zerstreut. Nach Soph. »Kolchides« wurde er schon im Haus des Aietes getötet. Apoll. Rh. 4 erzählt, wie A., von Aietes mit der Verfolgung beauftragt, von Medeia listig in einen Artemistempel gelockt und von Iason überfallen wurde. Ähnlich Hyg. fab. 23. Val. Fl. Orph. Arg. Als Ort des Grabes werden Tomoi (Etymologie!) oder Apsaros am Pontos oder eine der Apsyrtischen Inseln in der Adria (bei Pola) angegeben. Der Mythos vom Tode des A. erklärt sich durch Kreuzung dieser geogr. Namen und Verflechtung in Märchenmotive. H. v. G.

L. Radermacher Mythos u. Sage bei den Griechen 208.

Apta Iulia. Stadt der Vulgientes, latinischen Rechtes nach Plin. nat. 3,36, colonia nach CIL XII 1005.1116.1118; im Itin. Anton. 343 (vgl. 388) an der Straße von Mediolanum nach Arelate verzeichnet, in der Not. Gall. 16,3 *civitas Aptensium* genannt; Erwähnung bei Sid. Apoll. epist. 9,9,1. Die Inschr. bezeugen *IVviri iure dicundo, aediles, augures, flamines, flaminica Augustae, VIviri Augustales.* Heute Apt (Vaucluse) an dem Flüßchen Coulon, das von r. in die Durance (nahe ihrer Mündung in die Rhône) fällt. Über Antikenfunde Espér. Rec. Nr. 239–242. 2557–2559. K. Z.

Aptara (so Inschr. und Mz., Aptera die literar. Quellen, volksetymol. nach ἄπτερος mit Legende bei Steph. Byz. s. Ἄπτερα). Alte Stadt an der N.-Küste des w. Kreta, an der Einfahrt in die Suda-Bucht. Einzige hist. Notiz bei Pol. 4,55,4: A. wird von Polyrrhenia im Bunde mit Philipp V. und den Achaiern genötigt, sich von dem Bündnis mit dem den Aitolern verbundenen Knossos zu lösen. Söldner aus A. werden mehrfach erwähnt. Der Hauptkult galt der Artemis nach Ausweis der Mzz. (HEAD HN² 458). Heute Palaeokastro auf einer Hügelkuppe landeinwärts mit ansehnlichen Resten der (hellenist.) Stadtmauer, eines kleinen Theaters und öffentlicher Gebäude, auch aus röm. Zeit. K. Z.

Guarducci Inscriptiones Creticae II 9–38.

Apuani. Ligur. Stamm im Gebiet der Macra (Magra), des Grenzflusses zwischen Etrurien und Ligurien, nach langen Kämpfen 180 v. Chr. besiegt und nach Samnium verpflanzt, Liv. 39,2.20.40,1.38. Der Name lebt noch in den (die Berge von Carrara umfassenden) »apuanischen Alpen«. K. Z.

Nissen It. Ldk. 1,474.

Ap(p)uleius. Italisches Plebeiergeschlecht, vielleicht aus Luna, W. KUBITSCHEK Imp. Rom. trib. distrib. p. 86.

I. Republikanische Zeit: **1.** A., Makler aus der Zeit Ciceros, Att. 5,11,6. **2.** A., im J. 43 v. Chr. geächtet, App. civ. 4,166. **3.** L. A., Volkstribun 391 v. Chr., durch dessen Klage M. Furius Camillus verurteilt wurde, Liv. 5,32,8 ff. **4.** P. A., Volkstribun 43 v. Chr., Anhänger Ciceros im Senat, Cic. Phil. 6,1; Brut. 1,7,2. App. civ. 3,384. **5.** Q. A., Decemvir zur Verteilung des *ager Ligustinus et Gallicus* 173 v. Chr., Liv. 42,4,4 f. R. H.

6. L. A. Saturninus, Volkstribun 103 und 100, popularer Politiker, Anhänger des Marius, feuriger Redner, Fortsetzer der Tradition der Gracchen und wie diese über Reformen zur Revolution gedrängt. Als Sohn eines Prätoriers zunächst wohl Münzmeister (vor 104, Legenden: L. Saturn. u. a.), 104 Quaestor mit der provincia Ostiensis (Getreideversorgung!), die er jedoch an M. Aemilius Scaurus abtreten mußte. Daraufhin entschiedene Wendung zur popularen Politik. Im 1. Volkstribunat (103) folgende Gesetze: 1. l. Appuleia de maiestate (Gerichtshöfe von Rittern besetzt, Sensationsprozesse, u. a. gegen Q. Caepio [*aurum Tolosanum*!]). 2. l. agraria zur Versorgung der Veteranen des Marius (in Africa). Als Privatmann 102 von dem Censor C. Caecilius Metellus Numidicus erfolglos angegriffen, zum Volkstribunen gewählt, trat er erneut (wie 103) für die Wahl des Marius zum cos. (für 100) ein. Die Ereignisse des J. 100 sind nur aus dem Zusammenwirken der führenden Männer: Marius, A. und C. Servilius Glaucia (Praetor) zu verstehen, die Folge der Gesetze nicht genau festliegend: 1. Getreidegesetz (Herabsetzung des Preises auf weniger als ein Sechstel), 2. Kolonialgesetz, Veteranenversorgung durch Neugründungen in Sicilien, Achaia, Macedonien und Africa (?), 3. Ackergesetz, Einzelanweisungen in der Gallia Cisalpina (n. des Po) an Bürger und Bundesgenossen. Bei den Abstimmungen kam es zu Rechts- und Religionsverletzungen, bei der Consulwahl zur Ermordung des Memmius. Marius ließ seine Anhänger fallen, der Notstand (s. c. u.) wurde erklärt, es folgten Kämpfe auf dem Capitol. A., zum Volkstribun für 99 gewählt, wurde am 10. Dezember 100 gefangen und in der Curie ermordet, sein Vermögen wurde eingezogen, seine Gesetze kassiert. Wichtigste Quellen (durchweg optimatisch gefärbt): Cic. Brut. 224 (u. ö.), Appian. b. c. 1,28–33. Plut. Mar. 28–30. Auct. de vir. ill. 73. Oros. 5,17,3 f. (u. a. Liviusausschreiber). H. G. G.

F. von der Muehll De L. App. Sat. tr. pl., Diss. Basel 1906. *F. W. Robinson* Marius, Saturninus und Glaucia, Jenaer hist. Arb. III, 1912. *Mommsen*, RG 2,199 ff. *Last* Cambr. Anc. Hist. 9,164 ff. *Schur* Marius und Sulla, 1942, 75.84 ff. *Broughton* Mag. 1,560.563.567.575 f. 2,431. Suppl. 6. *Scullard* From the Gracchi to Nero, 1959, 56 ff. 61 f. *Heuss* RG, 1960, 155 f.

II. Kaiserzeit: **1.** M. A. Jüngerer Sohn von Nr. 2 und der Octavia maior. *Quaestor Asiae* 45 v. Chr., Inscr. Brit. Mus. III 547 (Ephesos), BROUGHTON, 2,308.327. R. SYME Anatol. Stud. Buckler 315 ff. *Proquaestor* 44, Cic. fam. 13,45. Wohl identisch mit dem A., der 45 zum Augur gewählt worden war, Cic. Att. 12,12 (13) 2. 13 (14) 1. 14 (15), 1. Im Winter 44/43 übergab er dem Brutus Truppen und Geld in Euboea, Cic. Phil. 10,24. 13,32. App. civ. 3,259. 4,316. Cass. Dio 47,21,3, und ging nach Rom. Im J. 43 proscribiert, entkam er zu Brutus, der ihm Bithynien übertrug; nach der Schlacht von Philippi übergab er die Provinz dem Marc Anton, App. civ. 4,195 ff. Er gehörte zu den von Augustus Amnestierten, der ihm eine Legation unbekannter Art im J. 23/22 übertrug (CIL V 5027). *Cos. ord.* 20 v. Chr., CIL VIII 978. AE 1956, 32. Sein Schwiegervater und seine Gattin Fonteia genannt GIBM 3,547,2–3. **2.** Sex. A., Gatte der Octavia maior, der Stiefschwester des Augustus; er war *flamen Iulialis*, *quaestor* und *praetor urbanus*, bestattet im Grab der Iulier auf dem Marsfeld und durch eine *statua pedestris* geehrt, CIL VIII 24583, s. R. CAGNAT, CRAI 1906, 478. **3.** Sex. A., älterer Sohn von Nr. 2 und der Octavia maior (Cass. Dio 54,30,4. IGR IV 323). *Augur, cos. ord.* 29 v. Chr. mit Octavian, CIL IX 2637. Inscr. It. XIII 1, p. 171. Cass. Dio 51,21,1. *Procos. Hispaniae citer.* 28/27, triumphierte als solcher am 25. Januar 26 v. Chr., Inscr. It. XIII 1, p. 345. *Procos. Asiae* wohl 23/22, IGR IV 402.253.404. Sylloge³ 462, s. K. ATKINSON, Hist. 7, 1958, 325. Im J. 12 v. Chr. verteidigte er mit Maecenas einen Angeklagten, Cass. Dio 54, 30,4. *Legatus Aug. pr. pr. Illyrici* 8 v. Chr., warf letzten Aufstand in der Provinz nieder, Cassiod. Chron. min. 2,135 (nach A. E. GORDON, Potitus Valerius Messalla p. 42 Verwechslung mit diesem), s. A. MÓCSY, RE Suppl. Bd. IX 588. **4.** Sex. A., Sohn von Nr. 3, mit Augustus durch seine Großmutter verwandt, Cass. Dio 56,29,5. *Cos. ord.* 14 n. Chr., Inscr. It. XIII 1,286.290.303 f. L. VIDMAN Fast. Ostiens. p. 11.31. Tac. ann. 1,7,2. **5.** Sex. A., Sohn von Nr. 4 und der Fabia Numantina, letzter Sproß der gens, CIL XI 1362. **6.** C. A. Tappo, Quaestor, Volkstribun, Aedil, Prätor der frühaugusteischen Zeit, CIL V 862, s. A. CALDERINI, Aquileia 455. **7.** A. Varilla, Tochter von Nr. 3.

Im J. 17 wegen Schmähreden auf Augustus, Tiberius und Livia, sowie wegen Ehebruches angeklagt, wurde sie wegen letzteren Deliktes verurteilt und 200 Meilen von Rom verbannt, Tac. ann. 2,50,1 f. R. H.

8. A., von Madaura. Platoniker und Sophist des 2. Jh. n. Chr.

Leben: *125 n. Chr. in Madaura (in Numidien), wurde aber in Karthago erzogen (flor. 18,86 und 20,97). Darauf folgte ein Studienaufenthalt in Athen (apol. 27), an den sich weite Reisen nach O. anschlossen (flor. 15,49; de mundo 17); hierdurch wurde das ererbte Vermögen fast aufgezehrt (met. 11,27; apol. 23). Danach war A., vermutlich nicht sehr lange, in Rom als Rechtsanwalt tätig (met. 11, 26.28.30; flor. 17,77). Später lebte er wieder in Africa. Hier wurde ein Prozeß wegen Zauberei gegen ihn angestrengt, der, 158 in Sabratha durchgeführt, mit Freispruch endete: A. hatte in Oea eine reiche Witwe, Aemilia Pudentilla, die weit älter war als er, geheiratet. Die Klage behauptete, er habe die Pudentilla mit Zauberei an sich gezogen. A. verließ danach Oea und zog nach Karthago. Staatsämter hat er nie bekleidet (Aug. ep. 138,19), aber er wurde zum Priester des Kaiserkultus gewählt = *sacerdos provinciae.*

A.s geistige und sprachliche Bildung: In A. wird der Typos des gebildeten Provinzialen jener Zeit kenntlich: Die Stoffe, die das Bildungserbe bot, sind sehr gründlich aufgenommen (apol. 36); aber ihre rationale Durcharbeitung ist nicht mehr Selbstzweck, sondern alles Wissen weist über sich hinaus auf eine Frömmigkeit (apol. 55; met. 3,15), die bald die des Platonismus, bald die des Isis-Kultes ist (was nicht im Widerspruch zu stehen braucht). Über A.s Stellung zum Isis-Kult liegen gründliche Arbeiten vor (s. u.); sein Platonismus muß als eine Vulgarisierung, z. T. auch Depravierung des Schulüblichen verstanden werden; er transponiert den Platonismus zu einer Geheimlehre um, vielleicht darum, weil er nie Zutritt zum engeren Schülerkreis eines Platonikers erhielt (trotz flor. 15,60). Sehr beachtlich ist seine Schulung im Sprachlich-Stilistischen; sie geht weit über das nur Rhetorische hinaus; sie befähigt ihn zu ungemein nuancierter Ausdrucksweise, die vom Derben und Burlesken bis zum Zarten und Märchenhaften reicht, oft freilich allzu aufgeputzt ist.

A.s Schriften: 1. Metamorphoseon libri 11; ein phantastischer Roman, der die Erlebnisse des in einen Esel verwandelten Lucius erzählt, der in Thessalien verzaubert wurde. Die gleiche Handlung liegt zugrunde a) der unter → Lukians Namen gehenden Erzählung Λούκιος ἢ ὄνος, b) der bei → Photios cod. 129 knapp resumierten Erzählung des Lukios von Patrai. A. hat diesen Roman durch Einlage von Spuk-, Räuber- und Liebesgeschichten zu einer echten *fabula Milesia* ausgeweitet. Wie alle Romane (vgl. MERKELBACH a.O.) ist auch dieser so komponiert, daß hinter der vordergründigen Handlung (Abenteuer des Esels) eine hintergründige verstanden werden muß: Als irrende, vertierte Kreatur findet der Ich-Erzähler hin zu der Erlösung im Isis-Mysterium. Ein Roman im Roman ist die Erzählung von Amor und Psyche (4,28–6,24). 2. Apologia, die Verteidigungsrede gegen die Anklage der Zauberei, ein Prunkstück provinzieller Rhetorik. Sie hat nicht nur die Aufgabe, die Anklage als absurd zurückzuweisen, sondern ebenso sehr, A.' Bildung und Witz ins rechte Licht zu rücken. 3. Florida (='Ανϑηρά, d.h. Blumenlese) eine Auswahl »schöner Stellen« aus den Prunkreden des A.; sie umfaßt 23 Stücke. 4. De deo Socratis; vulgarisierender Vortrag über Platons Lehre von den Stufen des Göttlichen. Zum Thema vgl. Plut. de genio Socratis 24 ff.; zur Stilisierung Maximos v. Tyros, or. 10. Eingehend referiert Aug. civ. 8,14–22. 5. De Platone et eius dogmate. Von den in der Einleitung versprochenen 3 Büchern sind nur 2 ausgeführt, Naturphilosophie und Ethik. An Stelle des fehlenden 3. Buches bieten die Hss. das vermutlich unechte Buch *peri hermeniae*, vgl. u. 6. De mundo, eine Bearbeitung der ps.-aristotelischen Schrift von der Welt, mit einer Reihe von eigenen Zufügungen des A.

Nachleben. A. genoß hohen Ruhm a) als Rhetor, b) als Wundertäter. a) In Karthago ehrte man ihn durch Aufstellung einer Statue (flor. 16,61); in Oea mußte er sich (Aug. ep. 138,19) diese Ehre mit einer Rede *pro statua sibi apud Oeenses locanda* erkämpfen – er dürfte sie in der Attitüde eines → Demosthenes, der um den Kranz kämpft, gehalten haben. Eine Statue des A. stand unter den 80, die das Gymnasium Zeuxippos in Konstantinopel zierten; vgl. Anth. Pal. 2,303; neben Vergil war A. dort der einzige röm. Dichter. b) Gerade weil von der Zauberei freigesprochen, galt er als großer Zauberer; seine Wunder wurden mit denen des Apollonios von Tyana über die Wunder Christi gestellt; Aug. ep. 136,1 und 102,32. Lact. div. inst. 5,3,7.

Unechte Schriften: 1. Peri hermeniae Apulei, eine Kompilation der aristotelischen Logik, ed. P. THOMAS 1908. 2. Asclepius, ein hermetischer Traktat in lat. Übersetzung (hg. von A. D. NOCK, Hermetica 2,259–401); vom Kap. 41 ist das griech. Original erhalten auf dem Pap. Minaut col. 18; ed. K. PREISENDANZ Pap. Gr. Mag. 3,591. 3. Herbarium oder de herbarum virtutibus, ein Kräuterbuch des 5. Jh., ed. E. HOWALD und H. E. SIGERIST im CML 4, 1927. 4. De remediis salutaribus, erhalten nur der Schluß im cod. Paris. Lat. 10 318; vgl. M. HAUPT Opuscula 3,467. 5. Liber physiognomoniae secundum tres auctores etc. hg. von R. FÖRSTER, Scr. physiognom. Gr. et Lat., 1893, 2,3–145. H. D.

Ausgaben: 1. Gesamtausgaben: *R. Helm* und *P. Thomas* 1907–1908 3 Bde. (davon anastat. neu gedruckt I (= Metamorphoses) 1955; II 1 (= Apologia) 1955; II 2 (= Florida) 1959. 2. Einzelausgaben: Metamorphoses, ed. *F. Eyssenhardt* 1869, ed. *D. S. Robertson* (mit franz. Übers.) 1936 bis 1945, 3 Bde (1², 1956), ed. *R. Helm* (mit deutscher Übers.) 1956. Amor und Psyche (= Met. 4,28–6,24) ed. *E. Paratore* 1948, opuscula quae sunt de philosophia, ed. *A. Goldbacher* 1876. 3. Kommentare: Gesamt-Kommentar: *F. Oudendorp* 1786. Zu met. 1: *Margaretha Molt*, Diss. Groningen 1938. Zu met. 2: *B.J. de Jonge*, Diss. Groningen 1941. Zu met. 5: *J.M.H. Fernhoot*, Diss. Groningen 1949. Zu met. 4,28 bis 6,24 (Amor und Psyche) *L.C. Purser*, 1910.

Lit. insgesamt: *F. Norden* A. von Madaura und das röm. Privatrecht, 1912. *H. Koziol* Der Stil des A., 1872. *P. Médan* La latinité d'Apulée, 1925. *E. Norden* Antike Kunstprosa. *B. Axelson* Akzentuierender Klauselrhythmus bei A., 1952. *R. Merkelbach* Roman und Mysterium in der Antike, 1962. *M. Dibelius* Die Isis-Weihe bei A. und verw. Initiationsriten, SHAW 1–90, 1917. *E.H. Haight* A. and his influence, 1927. *C. Weyman* Studien zu A. und s. Nachahmern, SBAW 1893. Einzeluntersuchungen: *P. Scazzoso* Le metamorfosi di A., 1951. *K. Mras* A.' Florida im Rahmen ähnlicher Lit. AAWW 86, 1949, 205–223. *S. Müller* Das Verhältnis von A. de mundo zu s. Vorlage, 1939. *P. Valette* L'apologie d'A., 1908. *A. Abt* Die Apologie des A. und die antike Zauberei, RVV 4,2, 1908. *J. Redfors* Echtheitskritische Studien usw., 1960. *K.H.E. de Jong* De A. Isiacorum mysteriorum teste, 1900. *J. Berreth* Studien zum Isisbuch in A., met. 1931. *W. Wittmann* Das Isisbuch des A., 1938. *R. Reitzenstein* Das Märchen von Amor und Psyche bei A., 1912. *R. Merkelbach* Eros und Psyche, Philol. 102, 1958, 103–116.

Apŭli (Plaut. Mil. 648. Hor. c. 3,4,9. Ov. met. 14,517. Lucan. 2,608; Apūlia nur Hor. s. 1,5,77; epod. 3,16 bei metrischer Dehnung): NISSEN It. Ldk. 2,833 ff. DUHN 1,37 ff. 2,278 ff. M. MAYER Apulien 7 ff. PITTIONI RE Suppl. IX 196 ff. Ältere Sitze im Gebiet des Garganus (Strab. 285) zwischen Dauniern und Frentanern (Strab. 283), mit den Dauniern gleichsprachig, aber früher andersstämmig (Strab. 285). Plin. nat. 3,104 nennt A. die Teates, Lucani, (vgl. VETTER, HB Nr. 173), Atinates, d. h. italische Stämme; nach Skyl. 15 wohnten im 4. Jh. Samniten dort. Der Landesname A. (nach Varro l.l. 5,32 vom Volksnamen hergeleitet; relativ spät, da sonst *Apilia wie Sicilia) über Daunier und Peuketier bis zu den Kalabrern ausgedehnt (Strab. 277. 283; nach Iust. 12,2,7 ff. auch Brundisium Stadt der A.). Nach erster Begegnung Bündnis mit Rom (Liv. 8,25,3: 326 v. Chr.), Auflehnung (8,37,3 ff.: 323), Kämpfe (9,12,9. 13,4. 15,2), Triumph des Fabius (fast. triumph. auct. vir. ill. 32,1: 322), Unterwerfung (9,20,4 ff.: 318/17). W.-Grenze bei mutatio Aquilonis (It. Burd. 610,8). Heißes Klima (Varro rust. 1,6,3), Erdbeben (Cic. div. 1,97), Wind Atabulus (Hor. s. 1,5,77. Plin. nat. 17,232 u. a.), Heuschrecken (Liv. 42,10,7). Produkte: Wein, Öl (Varro r.r. 2,6,5), nach Strab. 284 Pferde (Varro r. r. 2,7,1), Schafe (Varro l.l. 9,28. Plin. nat. 3,16 u. a.), Wolle. In august. Zeit zur 2. Region gehörig (Plin. nat. 3,103 ff.). G. R.

Apulum (Ἄπουλον) (h. Alba Julia) zur Etymologie »Istoria Romîniei«, 1, 1960, 261 (C. DAICOVICIU). Der Volksstamm in diesem Gebiet hieß Appuli. Wichtige röm. Stadt im w. Dakien an der Heerstraße von Tibiscum–Zarmizegetusa nach Napoca u. Porolissum. A. war errichtet am Zusammenfluß von Ampoele und Mureş und lag nicht weit von den Goldgruben Transsilvaniens. Seit 107 n. Chr. Standort der legio XIII gemina, nachher der legio I adiutrix. Unter M. Aurel bestanden hier nebeneinander ein *municipium Aurelium A.*, das aus einer ursprünglich dakischen Siedlung entstanden war, und eine *colonia Aurelia*, deren Anfänge in den *canabae* zu suchen sind. A. war der Sitz des Statthalters *(legatus)* der Dacia Apulensis und der tres Daciae sowie des *procurator fisci*. Inschr. CIL III 968–1259 u. 7736–7819. Ansehnliche Reste. Chr. D.

G. G. Mateescu Encicl. Ital. 3, 1929, 787 ff.; Istoria Romîniei 1, 1960, 363 ff. 371 ff. Größere Grabungen 1899 u. 1912.

Apustius, plebeischer Gentilname, nur im 3. und 2. Jh. v. Chr. belegt. **1.** L. A., Legat 215 (Liv. 23,38,9. 11); ein gleichnamiger Legat 200 und 190 fiel in Lykien. **2.** P. A., 161 mit C. Lentulus als Gesandter zu Ptolemaios Physkon geschickt (Polyb. 31,20,4). **3.** L. A. Fullo, Consul 226. **4.** L. A. Fullo, Aedil 201, Praetor 196, IIIvir col. ded. 194 bis 192, Leg. 190. H. G. G.

Ἄπυρα s. Opfer

Aquae. Bei den Römern, mit einer näheren Bezeichnung, Name von zahlreichen Badeorten und Städten.

I. In Gallien.

1. Vicus in Gallia Narbonensis, im Gebiet der Allobroges, nach den warmen Quellen genannt, heute Aix-les-Bains. Dort sind viele Altertümer erhalten, Thermen, Tempel, Bogen, Inschriften: P. WUILLEUMIER Le passé d'Aix-les-Bains (1950). P. W.

2. *A., Sextiae*, Stadt in Gallia Narbon., im Gebiet der Salluvii, heute Aix-en-Provence. Von C. Sextius Calvinus im J. 122 v. Chr. gegründet, von den Teutonen durch Marius im J. 102 befreit, von Caesar (?) mit dem *ius Latii* beschenkt, wurde sie unter Augustus Colonia Iulia Augusta Aquae Sextiae. Altertümer: M. CLERC Aquae Sextiae (1916). F. BENOIT FOR 5, 1936, 65–81. P. W.

II. In Africa.

A. Caesaris. Im prokons. Africa (h. Youks), n.w. von Tébessa, Schwefelquelle. ILAlg. I, 2939–2962. Atl. Arch. Alg. f^e^ 28, Aïn-Beïda, 253. – *A. Calidae.* In Mauretania Caesar. (h. Hammam-Righa). Ptol. 4,2,6. Itin. Anton. 12. Inschr.: CIL VIII 9599. 21453. Büste des Königs Ptolemaeus, Mon. Piot 1895, 191. Atl. Arch. Alg. f^e^ 13, Miliana, 28. – *A. Carpitanae.* Im prokonsularischen Africa (h. Korbous). Einfaches Dorf (κώμη) unterhalb der Thermen nach Stadiasm. 120, GGM 471. Strab. 13,3,16. Geogr. Rav. 5,5. – Liv. 30,24,9 erwähnt *A. Calidae* gegenüber Carthago. – *A. Flavianae.* In Numidien (h. Fontaine-Chaude) bei *Mascula* (Khenchela), von dem sie herrühren CIL VIII

17722. Thermen und Heiligtümer für die Nymphen, Draco, Serapis, Aesculapius, Hygia und Frugifer: CIL VIII 17720. Bull. Comité 1928, 93. 1936, 108. 1955, 49. Atl. Arch. Alg. fe 28, Aïn-Beïda, 137. – *A. Herculis*. In Numidien (h. Hammam Sidi el Hadj, im S. von El-Kantara), Schwefelquellen. Atl. Arch. Alg. fe 37, El-Kantara, 59. – *A. Sirenses*. In Mauretania Caesar. (h. Bou-Hanifia, s. von Mascara. Inschr.: CIL VIII 9745.21575. Bull. Soc. Oran 1926–1927. Basiliken, Begräbnisstätte. Atl. Arch. Alg. fe 32, Mascara, 18. – *A. Thibilitanae*. In Numidien (h. Hammam Meskoutine, w. von Guelma). Itin. Anton. 18. Optat. De schism. donat. 1,13. Aug. epist. 53,4. Cont. Cresc. 3,(27),30. CIL VIII 5495.18809. Atl. Arch. Alg. fe 9, Bône, 144. – *A. Traianae*. Im prokonsularischen Africa (h. Hammam Saïala). ILAfr. 440. Atl. Arch. Tun. fe Oued-Zerga, 2. M. L.

III. In Italien.

1. A. Albulae, Schwefelquelle zwischen Rom und Tibur (Vitr. 8,3,2. Stat. silv. 1,3,75. Martial. 1,12,2. Strab. 238), j. Acque Albule. – A. Angae zwischen Cosentia und Vibo (Tab. Peut. 7,2), j. Bagni S. Eufemia. – A. Apollinares (Itin. Ant. 300) am See von Bracciano (Bagni di Vicarello?). – A. Auguriae gegen Blasenleiden (Cael. Aurelian. chron. 5,4,77; unbekannte Lage). – A. Caeretanae (Strab. 220. Liv. 22,1,11 Caerites), j. Bagni del sasso b. Cerveteri. – A. Ciceronianae b. Puteoli (Plin. nat. 31,6). – A. Cumanae (Liv. 41,16,3). – A. Cutiliae zwischen Reate und Interocrium mit schwimmender Insel (Varro l.l. 5,71 u.a.), Mittelpunkt Italiens (Varro b. Plin. nat. 3,109). – A. Neapolitanae (Ptol. 3,3,7. Itin. Ant. 82). – A. Nepesinae (Cael. a.O. 3,2,45) bei Nepet. – A. Neptuniae (Liv. 34,44,6). – A. Passeris (Martial. 6,42,6. CIL XI 3003), j. Bagni di Giasinelli bei Bolsena. – A. Pisanae (Plin. nat. 2, 227). – A. Populoniae (Tab. Peut. 4,2). – A. Sinuessanae (Liv. 22,13,10. Plin. nat. 31,8 u.a.), j. Terme S. Rocco bei Mondragone. – A. Statiellae, ligur. Stadt (Strab. 217. Plin. nat. 3,49), j. Acqui. – A. Tauri bei Civitavecchia (Rutil. Nam. 1,249. Plin. nat. 3,8). – A. Veseviae (Cael. a.O. 2,1,48). – A. Volaterranae (Tab. Peut. 4,2). G. R.

IV. In Germanien und Helvetien.

A. Grani (Granni). Vielleicht der antike Name des in ma. Urkunden *Aquis grani-Aquisgranum* benannten Ortes, h. Aachen. Der schon in vorröm. Zeit besiedelte Südhang des Aachener Markthügels besitzt mehrere Vorbrüche heißer Schwefelquellen, von denen nachweislich die sog. Kaiserquelle in röm. Zeit 2 große Thermen versorgte. Das Bad in nächster Nähe der Kaiserquelle (Bücheltherme) wurde auf einem nicht genauer datierten Vorgängerbau von Einheiten der VI. und der X. Legion gegen Ende des 1. Jh. erbaut und bestand bis in die 2. Hälfte des 4. Jh. Die Quelle wurde in karoling. Zeit wieder benutzt und versorgte das Bad der Pfalz Karls des Großen. Eine weitere, große Thermalanlage liegt im Bereich der Pfalzkapelle (Münstertherme). Ausgedehnte Siedlungsreste wurden, den Thermen benachbart, von der Höhe des Marktes bis zum Elisenbrunnen hin beobachtet und gehören dem 1. bis 4. Jh. n. Chr. an. Töpfereien befanden sich am Rande der nicht umwehrten Siedlung (Minoritenplatz, Franzstraße). Mehrere Quellvorbrüche im benachbarten Burtscheid wurden, nach Ausweis der Funde, gleichfalls schon in röm. Zeit zur Versorgung kleinerer Thermalanlagen genutzt.

A. Mattiacae. Jenseits von Mogontiacum-Mainz rechts des Rheines gelegen, h. Wiesbaden. Zur Sicherung des Brückenkopfes Mainz und als Flankenschutz der im Rhein-Main Dreieck gelegenen Limesbefestigungen seit Augustus mit Erdlagern und einem Steinkastell vom Ende des 1. Jh. (auf dem Heidenkopf) versehen, erlangte das schon in vorröm. Zeit besiedelte Gebiet besondere Bedeutung als Kur- und Badeort. Mehrere Thermalanlagen, die aus den natürlichen Heißwasserquellen gespeist wurden, gehören bereits dem 1. Jh. an. 69/70 n. Chr. zerstört, wurde A. M. zum Vorort der *civitas Mattiacorum* bestimmt. Diese Wahl und die Auflassung des Lagers im J. 121/22 n. Chr. brachten eine wesentliche Vermehrung der Bauten, besonders auch umfangreicher Badeanlagen mit sich, und ließen A. zu einem vielbesuchten Kur- und Badeort werden, der jedoch nicht mit eigener Mauer umwehrt war. 259 n. Chr. zerstört, lebte der Ort im 4. Jh. wieder auf (Heidenmauer), ging jedoch bald nach der Mitte des Jh. an die Alamannen verloren. Nach Plin. nat. 31,20 und Martial. 14,27 wurden aus dem Mattiacerlande die sog. *pilae mattiacae* bezogen, ein Haarfärbemittel, das wahrscheinlich unter Verwendung des gelbroten Sinters der Heißwasserquellen hergestellt wurde.

E. Ritterling Das Kastell Wiesbaden ORL B II 31. *H. Blümner* PrAlt. 276. *K. Schumacher* Siedelungs- und Kulturgeschichte der Rheinlande 2,51.

A. Helveticae. Baden an der Limmat im Aargau. Im Gebiet der h. Badeanstalten befanden sich auch die antiken Bäder, von denen verschiedentlich Reste beobachtet und ausgegraben wurden. H. C.

F. Staehelin Die Schweiz in röm. Zeit. ^{3}595.

Aquaeductus s. Wasserleitungen

Aquae et igni interdictio, die Untersagung von Wasser und Feuer, die Entziehung des Lebensnotwendigen. Nach MOMMSENS Ansicht war sie im älteren röm. Recht nur gegen Nichtbürger zulässig. Nun aber hält man sie weithin für schon immer mit der Verhängung einer Kapitalstrafe über röm. Bürger verbunden. Ursprünglich folgte sie wohl der Verlegung des Wohnsitzes ins Ausland *(solum vertere)* nach, das Bürgerrecht war dabei schon durch die Abwanderung selbst *(exsilium)* verlorengegangen. Seit dem 2. Jh. v. Chr. aber ging die *interdictio* der Abwanderung voraus, da sie zur Abwendung einer Todesstrafe diente. Das Entweichen des von der *interdictio* Betroffenen rettet ihm das Leben, die *interdictio* selbst wird zur Strafe der Verbannung. So erscheint sie in Sullas Gesetzgebung als Strafe für Mord und Majestätsverbrechen, später auch bei *ambitus* und *vis*. Die Jurisprudenz der Kaiserzeit (dokumentiert in Dig. 48,22) befaßte sich besonders mit der räumlichen Auswirkung der *interdictio*. Die Ausweisung aus irgendeiner Provinz schloß auch den Aufenthalt in Italien aus; auch durfte sich der *interdictus* nie dort befinden, wo der Kaiser gerade war. Niemals jedoch erstreckte sich die *interdictio* auf das ganze Imperium, wie es eine moderne Landesverweisung täte.

Im Privatrecht wirkte die *a. et i. interdictio* nach Gai. 1,161 als *capitis deminutio media*, als Verlust von Bürgerrecht, Hausgewalt *(patria potestas)* und Eigentum. Gai. 1,128 vergleicht sie dem Tod. Den von Staats wegen erfolgenden Verkauf der *bona* bezeugt Liv. 25,4,9. Bloße Abwanderung oder auch *deductio in coloniam Latinam* hatten nicht so radikale Konsequenzen. Th. M.-M.

Mommsen RStrR 72f. 971ff. *Desserteaux* Etudes sur la formation historique de la capitis deminutio, 1909–1928. *E. Levy* Die röm. Kapitalstrafe, 1931, 20ff. *Gioffredi*, Archivio penale 3, 1947, 426ff. *Kaser* Iura 3, 1952, 68ff., *Crifo*, Ricerche sull' »exilium«, 1961, 37ff.

Aquaelicium (aquilicium). Ursprünglich ein magischer Brauch zur Herbeizwingung von Regen, bei dem ein noch in später Zeit vor der porta Capena neben dem Marstempel liegender roher Stein (Meteor?), *lapis manalis* genannt, in die Stadt gezogen wurde. Der Brauch scheint dann aber auf den Regen spendenden Iuppiter bezogen worden zu sein, bevor er ganz außer Übung kam. Diese Beziehung auf Iuppiter dürfte vor allem dann als bestimmt gelten, wenn die jetzt fast allgemein angenommene Verbindung dieses *elicere aquam* mit → Iuppiter Elicius ganz sicher wäre (da gegen schon M. H. MORGAN, TAPhA 32, 1901, 100ff.).

Davon zu trennen sind die »Nudipedalia«, eine Begehung für den Regen spendenden Iuppiter, bei der die Frauen barfuß und mit aufgelösten Haaren, die Beamten ohne Abzeichen ihrer Würde zum Iuppitertempel auf dem Capitol zogen.

Der *lapis manalis* ist kein »Manenstein«: Paul. Fest., der als einziger davon spricht, scheidet ihn selbst aber vom Stein des a.

Während sonst nur von einem *lapis manalis* die Rede ist, berichtet Fulgentius 112 (HELM) unter Berufung auf Labeo von mehreren und bringt sie in Beziehung zur disciplina etrusca. Ob Fulgentius hier wie so oft keinen Glauben verdient (WISSOWA) oder ob doch irgend etwas Wahres daran sein könnte (THULIN Die etr. Disziplin 2,43, SAMTER), muß offen bleiben. W. E.

Aust Myth. Lex. 2,656ff. *Wissowa* Myth. Lex. 2,2308. *Thulin* RE X 1129f. *E. Samter* ARW 21, 1922, 317ff. *H.J. Rose* Primitive Culture in Italy 57. *Latte* RRelGesch. 78f. *W. Fiedler* Wetterzauber WüSt 1, 1931, 65ff.

Aquarius s. Sternbilder

Aquila. 1. Der Adler mit geöffneten Flügeln, einem Blitzbündel in den Krallen, auf einem Postament mit einer Stange mit hakenförmigem Handgriff bildete anfangs mit mehreren anderen Palladien, seit Marius jedoch allein das einzige der Legion (Plin. nat. 10,16). Der Adler war in der Republik aus Silber oder versilberter Bronze, in der Kaiserzeit aus Gold. Die mit einem Metallschuh versehene Stange bestand aus Holz und war mit Silber beschlagen. Öfters trug der Adler eine *corona*, eine Auszeichnung (Zon. 7,21), die offenbar der ganzen Legion verliehen worden war. Der Adler befand sich stets in Obhut der vom *primus pilus* kommandierten 1. Zenturie der 1. Kohorte (Veg. mil. 2,6,8. CIL III 6180.7591). Auf dem Marsche wurde er an der Spitze der Legion getragen (Ios. bell. Iud. 3,6,2. 5,2,1), in der Schlacht befand er sich hinter der 1. Kohorte (Tac. hist. 2,43. Veg. mil. 2,6). Er genoß religiöse Verehrung (Val. Max. 6,1,11. CIL III 7591) und wurde im Fahnenheiligtum mit den anderen *signa* aufbewahrt. Der Jahrestag der Verleihung des Adlers wurde besonders gefeiert (CIL II 6183). Sein Verlust bedeutete das Ende der Legion (AEMÖ 15, 189). Der Träger des Adlers war der *aquilifer*, ein ausgesuchter Mann der 1. Kohorte (Caes. Gall. 4,25. Tac. hist. 1,56). Im Range stand er über dem *signifer* (CIL V 58,32) und konnte es bis zum *centurio* bringen. A. N.

RE II A 2335ff. BJ 117,4.41.69. *Krom.-Veith* 277.402.518 585f. *A. Monaci* Rendiconti 5,205.

2. s. Adler

Aquileia (NISSEN It. Ldk. 2,229ff. LANCKORONSKI Dom von A. 1906. G. BRUSIN A. 1929; Gli scavi di A. 1934; Nuovi mon. sepolcrali di A. 1941. H. KÄHLER Die spätant. Bauten unter dem Dom von A. usw. 1957), nach Abwehrkämpfen gegen Kelten (Liv. 39,22,6.45,6 u.a. Strab. 214. Plin. nat. 3,131) als latin. Kolonie 181 v. Chr. bei den Carnern (Ptol. 3,1,29. Plin. 126) gegründet (Liv. 40,34,2. Vell. 1.15,2; Ehreninschr. für Acidinus CIL V 873). Lage zwischen den Flüssen Natiso (h. nur noch als Kanal kenntlich) und Alsa ca. 10 km von der Küste (Strab. 214: 60 stad.; Plin. 126 wohl aus überliefertem $\overline{XII}$ p. zu $\overline{VII}$ p. zu emendieren). Name gehört zu dem des Flusses Aquilis (Zos. 5,29,4; vgl. ferner A. in Etrurien und in Raetien auf der Tab. Peut.), nicht vom glückbringenden Adlerflug (Iul. or. 2,72 A. Eust. Dion. Per. 378). Verstärkung der Kolonie 169 v. Chr. (Liv. 43,17,1). Lebhafter Handel (Strab. 207.214. 314), Reichtum (Mela 2,61), Ausschöpfung der nahen Goldminen (Pol. bei Strab. 208). Seit 90 v. Chr. *municipium* (Vitr. 1,4,11. CIL V 903.968) der trib. Velina (MOMMSEN CIL V p. 83. KUBITSCHEK Imp. Rom. trib. discr. 106); später zur 10. Region (Plin. 126). Iapudeneinfall (App. Ill. 18). Straßenverbindungen seit 175 v. Chr. nach Altinum (v. Aemilia, später Annia), 148 v. Chr. Opitergium (v.

Postumia; von hier später v. Claudia Augusta nach Tridentum) sowie später nach Iulium Carnicum, Virunum, Emona, Siscia, Tergeste. Belenuskult (Herodian. 8,3,8; vgl. WISSOWA Rel. ^{2}297). Abwehr des Markomanneneinfalls 167 n. Chr. (Amm. 29,6, 1), des Maximinus 238 n. Chr. (Herodian. 8,2ff. Eutrop. 9,1 u.a.) und anderer. Nach Auson. ord. nob. urb. 9 neuntgrößte Stadt nach Rom, Mailand, Capua. Im J. 452 von Attila erobert (Iord. Get. 42. Prok. Vand. 1,4 u.a.); Bischof bleibt (Cassiod. var. 12,26), bis Langobardeneinfall im J. 568 Verlegung nach Grado erforderlich macht (Paul. hist. Lang. 2,10 u.a.). G. R.

Aquilius (Aquillius), plebeischer Gentilname, im 1. Jh. der Republik auch patricisch, jedoch historisch nicht unbedingt gesichert. In der späteren Republik erreicht die Gens mit Nr. 10 im J. 259 das erste Consulat und blüht bis in die Kaiserzeit.

I. Republikanische Zeit: **1.** Aquilii fratres, Teilnehmer an einer Verschwörung gegen die junge Republik, hingerichtet. Vielleicht späte Erfindung. **2.** C. Aquillius (Tuscus? oder Sabinus?), Consul 487, focht nach der Tradition (Liv. 2,40,14) gegen die Hernicer und erhielt eine *ovatio*. DEGR. I. 13, 536f. **3.** M'. A., Praetor um 132, Consul 129, beendete die Kämpfe gegen Aristonikos und regelte die Verhältnisse in Asia, wo er auch in den beiden folgenden J. als *proconsul* blieb; nach seiner Rückkehr feierte er 126 einen Triumph. In einem Prozeß (vor 123) wurde er wegen Bestechung durch Mithridates angeklagt, aber freigesprochen. **4.** M'. A., wohl Sohn von Nr. 3, Praetor um 104, Legat unter Marius im Kimbernkrieg 103, Consul mit Marius 101, beendete den Sklavenkrieg in Sicilien, wobei er Athenion besiegte und im Zweikampf tötete, als *proconsul* 100/99 weiter dort blieb und dann eine *ovatio* feierte. Anschließend wurde er wegen offenkundiger Erpressungen angeklagt, aber (von M. Antonius glänzend verteidigt) mit Rücksicht auf seine Tapferkeit freigesprochen. 90/89 arbeitete er als Gesandter mit dem Auftrag, den König von Bithynien wieder einzusetzen, offensichtlich auf einen Bruch mit Mithridates hin. 88 wurde er als *legatus* am Fluß Sangarios völlig geschlagen und schließlich auf Lesbos dem Mithridates ausgeliefert, der ihn als Kriegstreiber grausam töten ließ. **5.** M'. Aquillius, Münzmeister um 109, vgl. BROUGHTON Mag. 2,431. **6.** M'. Aquil(ius), Triumvir monetalis um 70–68, BROUGHTON Mag. 2,432. **7.** P. A., *legatus* 210 v. Chr. **8.** L. A. Corvus, Consulartribun 388. **9.** M'. A. Crassus, Praetor 43 v. Chr. **10.** C. Aquillius Florus, Consul 259, kämpfte in Sicilien gegen die Karthager und triumphierte nach prorogiertem Imperium im folgenden J. **11.** C. A. Gallus, römischer Ritter, *praetor de ambitu* 66 v. Chr., berühmter Rechtsgelehrter, begütert, † vor 44. Er erteilte Ratschläge und Gutachten, war häufig *iudex*, interessierte sich für Rechtsformeln, befaßte sich aber nicht mit der forensischen Rhetorik. SCHANZ-HOS. 1,594. **12.** L. A. Gallus, Praetor 176 in Sizilien. **13.** P. A. Gallus, Volkstribun 55 v. Chr. **14.** A. Niger, Historiker, den Suet. Aug. 11 für die Schlacht bei Mutina 43 v. Chr. benutzte. SCHANZ-HOS. 2,327f. H. G. G.

II. Kaiserzeit: **1.** M. A. Felix, Centurio, der nach H. A. vit. Did. 5,8; Nigri 2,6 im J. 193 viele Senatoren ermordete; identisch mit dem CIL X 6657; AE 1945, 80 genannten Prokurator und Präfekten der Flotte von Ravenna, s. H. G. PFLAUM Procurat. equ. 2^2, 1960, 598ff. Nr. 225. **2.** L. A. Florus Turcianus Gallus war in augusteischer Zeit Quaestor auf Cypern (DESS. 928), Volkstribun, Praetor und procos. prov. Achaiae ca. 3 v. Chr., Corinth VIII 2 Nr. 54, E. GROAG Reichsbeamte von Achaia 1,15ff. **3.** Q. A. Niger, cos. ord. 117, CIL XV 25. **4.** C. A. Proculus. Cos. suff. 90, Fast. Potent., AE 1949, 23 Z. 18. Procos. Asiae 103/04, Forsch. Ephes. 2,128f., Z. 27. **5.** M. A. REGULUS. Jüngerer Bruder des Vipstanus Messalla, Tac. hist. 4,42,1ff., Delator unter Nero und Domitian, Plin. epist. 2,20,13. Zu seinen Opfern zählten Konsulare, Plin. epist. 1,5,3. Im J. 70 griff ihn daher Curiatius Maternus im Senat heftig an, doch geschah ihm nichts, Tac. hist. 4,42,2ff. Unter Domitian brachte er Arulenus Rusticus (Plin. epist. 1,5,2f.) und Plinius in Gefahr, epist. 1,5,4ff. Obwohl dieser ihm zürnte (epist. 1,5,8–15), geschah A. zu Beginn der Regierung Nervas wieder nichts; er saß im J. 100 im Senat, epist. 2,11,22, geschützt durch seinen erworbenen Reichtum, Plin. epist. 2,20,1–14. 3,2,5. Martial. 1,12.82. Doch verlor er durch den Tod seine Frau (Plin. epist. 4,2,5) und seinen Sohn (ebd. 4,7). † ca. 106, Plin. epist. 6,2,1ff. R. H.

Aquilonia. 1. Samnit. Stadt, zu der im J. 293 v. Chr. alle Waffenfähigen durch *nova lex* zum Kampf gegen Rom berufen wurden (Liv. 10,38,3. ALTHEIM Röm. Rel. 1, 1951, 224); nach röm. Sieg (BELOCH RG 447) zerstört (10,42,5. 44,2). Lage ungewiß, vielleicht Civitalta bei Alfedena (NISSEN It. Ldk. 2,789. MARIANI Mon. Linc. 10,237f.). Münzen (VETTER HB Nr. 200 C. HEAD HN^2 28: *akudunniad*). **2.** Hirpin. *municipium* (Plin. nat. 3,105: 2. Reg. Ptol. 3,1,71. CIL IX p. 88.668. BELOCH RG 502) an der Straße von Aeclanum (32 mp entfernt; RADKE bei ALTHEIM Unters. 1,197) nach Venusia (Tab. Peut. 6,5); j. Lacedogna (NISSEN 820). Gleichen Namens *mutatio Aquilonis* (Itin. 610,7) zwischen Aecae und Aequum Tuticum. **3.** Örtlichkeit in Iguvium (Tab. Ig. VETTER HB 239 I b 16 u.a.). G. R.

Aquincum (Acincum, Acincus usw.). war Legionslager und Stadt zur Römerzeit am rechten Donauufer, jetzt: Budapest III. Bez. Um das Lager bildete sich eine Veteranensiedlung *(canabae)*. Die legio II adiutrix stationierte hier Jahrhunderte lang. Residenz des Statthalters von Pann. inf., Zentrum und Vereinigungsplatz des Stammes der Eravisci. Neue Ausgrabungen seit 1947. Es sind schon freigelegt: beide Amphitheater (für das Militär und die Zivilstadt), Palast der Statthalter, 13 Bäder, 4 Mithreen, 4 altchristl. Kirchen, Wasserleitungen, Gladiatorenkaserne, Wohnhäuser usw. Weltberühmt ist die Orgel, die einzig erhaltene aus dem Altertum. Das Museum liegt mitten in dem Ruinenfeld. J. Sz.

Aquinum (NISSEN It. Ldk. 2,676. BELOCH RG 586). Municipium der *trib. Ouf.* (CIL X p. 530; nach HÜLSEN, RE II 334 *Sergia*) in Latium adiectum (Strab. 237. Plin. nat. 3,63. Ptol. 3,1,63), im J. 211 v. Chr. von Hannibal berührt (Liv. 26,9,3 u. a.), nach Sturz von Fregellae reiche Stadt (Cic. Phil. 2,106; Cluent. 192; Planc. 22 u. a. Sil. 8,403), am mil. 80 der v. Latina (It. Ant. 303,4. CIL X, 6879) gelegen, Heimat Iuvenals (Iuv. 3,319. Sch. Iuv. 1,1). Färberei (Hor. epist. 1,10,26); j. Aquino. G. R.

Aquinus (Aquinius), Cognomen, gelegentlich auch als Gentilicium auftretend (Namensträger stammten sicher nur z. T. aus Aquinum, SCHULZE Eigenn. 526.540). **1.** A. (*Ἀκύινος*), 78 Legat in Spanien, von Sertorius geschlagen. Plut. Sert. 13,6. **2.** A., von Catull. 14,18 als schlechter zeitgenössischer Dichter genannt (bei Cic. Tusc. 5,63 *Aquinius*). **3.** M. A., Legat unter C. Cassius 43–42. BMC RR 2, 480 (Goldmünzen). **4.** L. A., *haruspex* 389 v. Chr. Macr. Sat. 1,16,22; vgl. Liv. 6,1,11 u. a. **5.** M. A., *homo novus*, Senator, Legat (?) des Pompeius im J. 46. Bell. Afr. 57. 89,5. H. G. G.

Aquitania, das s.w. Gallien, zwischen Pyrenäen, Ocean und Garumna: Caes. Gall. 1,1. Nach Plin. nat. 4,105 hieß sie zuerst Aremorica. Die Aquitani, kleine Völker iberischen Stammes, wurden im J. 71 von Pompeius, im J. 56 von Crassus, dann von Agrippa, endlich von Messalla unterworfen. Die von Augustus gebildete provincia Aquitanica erstreckte sich bis zum Liger: Strab. 4,177. Plin. 4,108. Ptol. 2,7. Später wurde die eigentliche A. wieder abgetrennt und Novempopulana genannt: CIL V 875. XIII 412. P. W.

Ara, -ae, als Ortsname. **1.** Gründungen Alexanders: a) an der Iaxartesbeuge (Plin. nat. 6,49), b) am Flusse Hyphasis (12 Altäre von Alexander im J. 326 den hellen. Göttern und dem Flußgott geweiht als äußerste Marke seiner ind. Eroberungen, Diod. 17,95,1. Plut. Alex. 62. Curt. 9,13. Iust. 12,8. Plin. 6,62), c) in Kilikien (Curt. 3,33). W. S.

2. *Arae Flaviae.* Ort an der Straße Vindonissa-Augusta Vindelicorum, h. Rottweil am Neckar. Anläßlich der Germanenkriege des Consularlegaten Cn. Pinarius Cornelius Clemens 73/74 n. Chr. begründet, sind hier Truppenlager seit vespasianischer Zeit bezeugt, denen im 2. Jh. eine Zivilsiedlung sich anschloß. Der namengebende Ort, an dem die Altäre zu Ehren der Flavier errichtet worden waren, ist bisher nicht genauer bekannt. H. C.

P. Goessler Das röm. Rottweil. ORL B V 2.62. *W. Schleiermacher*, G, Bh. 1,59.

3. *Arae Philaenorum.* Ort an der Großen Syrte, mit Hafen (Skyl. 109), lange Zeit die O.-Grenze

des karth. Reiches (Pol. 3,39,2. 10,40,7), später die Grenze der röm. Provinzen Africa und Cyrenaica bildend (Mela 1,38, Ptol. 4,3,14), h. Muktar. → Philaeni. W. S.

4. Ara Ubiorum s. Colonia Claudia Aug. Agrippina

Ara Pacis Augustae. Aus den 1879 durch F. v. DUHN für die A. P. A. vindizierten zerstreuten Reliefplatten rekonstruierte 1894 der Architekt V. RAUSCHER Grundriß und Aufbau des Denkmals auf Veranlassung von E. PETERSEN, welcher diese 1902 mit einer Interpretation der Reliefs publizierte. Wissenschaftliche Ausgrabung unternahm 1903 A. PASQUI, bis ihm das Grundwasser Halt gebot. Zwei Türen (statt der einen bei Petersen) wurden in der Außenwand festgestellt, dazu das Fundament des Opferaltars und aufschlußreiche Reliefs gefunden. F. STUDNICZKA zog 1909 aus allen bisherigen Ergebnissen das Facit. Mit modernen technischen Mitteln (Vereisung des Grundwassers) vollendete 1937/38 G. MORETTI die Ausgrabung. Jetzt besaß man auch Skulpturenschmuck des Opferaltars. Der 1938 nahe dem Augusteo mit den antiken Fragmenten errichtete Neubau zeigt einen Hof von ca. 10 × 11 m, dessen Mauer (ca. 6 m hoch) innen mit Girlanden, außen unten mit Ranken, oben mit Reliefs geschmückt ist. Beiderseits der Türen: im W. Penatenopfer des Aeneas – Romulus und Remus, im O. Italia (Terra mater?) – Roma; an beiden Langseiten bewegt sich eine Prozession nach W. Im S. sind Porträts deutlich; namentlich links Augustus kenntlich.

Die Identifizierung der A. P. A. ergibt sich aus dem Platz am Ostrand des Marsfeldes (inschr.: *in campo Martio* oder *ad campum Martium*), aus dem Porträt des Augustus und Münzbildern.

Die *constitutio* der A. P. A. ist inschr. auf den 4. VII. 13 v. Chr., die *dedicatio* auf den 30. I. 9 v. Chr. fixiert.

Figürlicher und ornamentaler Schmuck der Mauer repräsentiert würdig den augusteischen Klassizismus. Die Reliefs des Altars weichen im Stil ab. Münzen des Nero und Domitian legen den Gedanken nahe, daß sie von einer Erneuerung stammen. A. R.

E. Petersen Ara Pacis Augustae (Sonderschr. öst. arch. Inst. II) Wien 1902. *F. Studniczka* Ara Pacis (Abh. sächs. Ges. XXVII 26) Lpz. 1909. *G. Rodenwaldt* Kunst um Augustus, Bln. 1942, 32 ff. *G. Moretti* Ara Pacis Augustae, Rom 1948. Trierer Ztschr. 24–26, 1956/58, 264 ff. JRS 50, 1960, 44 ff. *(S. Weinstock)*. 51, 1961, 153 ff. *(J. M. C. Toynbee)*.

Arabarches. 1. Vorsteher mit dem Recht zur Steuer- (Iust. edict. 11,2,3) und Zollerhebung (OGI 674) im von teils schon seßhaften, teils noch nomadisierenden, wohl mit den Thamud verwandten Dromedarzüchtern bewohnten Nomos Arabia in Oberägypten zwischen Nil und Rotem Meer. Die Römer beließen zunächst alexandrinische Juden (→ Alexander Nr. 15; Demetrios, Ios. ant. Iud. 20,7,3) in diesem Amt (Ios. c. Ap. 2,5

E.), danach hatten es – bis ins 5. Jh. (Cod. Iust. 4,61,9) – Gräkoägypter (OGI 202) und Römer (OGI 685) inne. Ein in Lykien anwesender (OGI 570) und ein in Chalkis auf Euboia begrabener (BCH 16, 1892, 119) A. haben den Titel beibehalten. Das ursprüngl. *r* (BGU 665,2,5) ist meist in *l* übergegangen, wie oft im Koptischen; die Nebenform Alabarches ist also nicht von *ἄλαβα* (Tinte) abzuleiten (anders ROSTOVTZEFF, YClS 2, 1931, 50). **2.** Aufseher über die Stämme Syriens und Mesopotamiens (Perg. Dura 10,5); um dieses Amt erweiterten nach Bedarf Seleukiden und Arsakiden andere staatliche Funktionen. **3.** Von 1 und 2 abgeleitet, bezeichnet A. allgemein einen, der fast zum Beduinenscheich (vgl. Ios. ant. 15,6,2) herabgesunken ist; so wird es ironisch von Cicero (Att. 2,17,3) auf Pompeius und von Iuvenal (1,130) zur Glossierung Ausländer darstellender Statuen auf dem Forum angewandt. C. C.

Zu 1: *E. Schürer* Zeitschrift wiss. Theol. 18, 1875, 13–39. Zu 2: *M. Rostovtzeff* Die hellenistische Welt, Gesellschaft u. Wirtschaft 3, 1956, 1199.

Arabia. 1. Das Wort A. wurde zunächst nur auf die nordarab. Wüste und erst später auf die ganze Halbinsel bezogen, die in A. deserta und A. felix, seit Ptol. in A. felix, A. Petraea und A. deserta zerfiel. Der hist. Beitrag der Araber zur Gestaltung der Alten Welt bestand darin, daß sie von Zeit zu Zeit in die n. Kulturländer eindrangen und entweder unter Verschmelzung mit der ansässigen Bevölkerung neue Kulturen, wie die der Akkader, Aramäer oder Kanaanäer, oder aber allerlei mehr oder weniger abhängige Staatengebilde meist ephemerer Art ins Leben riefen. Nur an e i n e r Stelle der Halbinsel hat sich schon früh eine arab. Kultur von eindrucksvoller Geschlossenheit entwickelt: in den abgelegenen, aber klimatisch bevorzugten Gebieten S-A.s (→ Sabaioi, Minaioi).

Dagegen wurde der N. seit ältester Zeit in die Auseinandersetzungen der Großreiche des Nils und des Zweistromlandes hineingezogen. In diese Richtung weist auch die Josefsgeschichte (Gen. 37, 25–28), wohl das älteste direkte Zeugnis über die Araber. Häufig werden die Araber in den assyr. Inschriften genannt, zuerst in Salmanassars III. Bericht über die Schlacht bei Qarqar am Orontes (853); vor allem aber erfahren wir aus einem Bericht Tiglatpilesers III. (745–727) von einem Königreich Aribi, das sein Zentrum in Dūmat al-Ǧandal hatte und bis in die Zeit Asarhaddons (680 bis 669) im Vasallenverhältnis zu Assyrien stand. Das Erbe der Assyrer traten auch hinsichtlich A.s die Babylonier an, deren letzter König Nabunaid 552 einen Zug gegen Taimā unternahm. In den Inschriften Dareios' I. (522–486) erscheint Arabaya als das dem Perserkönig unterworfene Gebiet zwischen Mesopotamien und Äg. Über die Berührungen der Perser mit den Arabern finden sich mancherlei Nachrichten bei Hdt. 3, 8–9. 7,69. 3,97 (danach Plin. nat. 12,80). Dion Chrys. 1,72,9. In hellenistisch-parthisch-sasanidischer Zeit zog sich ein Ring ganz oder teilweise unabhängiger arab. Staaten vom s. Ḥiǧāz am ganzen n. Wüstensaum und Persischen Golf entlang bis nach ʿOmān (→ Nabataioi, Palmyra, Emesa, Edessa, Hatra, Charakene, Gerrha). Nach deren Untergang gewannen zwei arab. Geschlechter im N. ein bedeutendes politisches Übergewicht: die Lachmiden unter sasanidischer und die Ghassaniden unter byz. Oberhoheit, beide mit der Auflage, den Grenzschutz gegen die Beduinen zu übernehmen (ROBERT DEVREESSE Arabes-Perses et Arabes-Romains, Vivre et Penser 2, 1942, p. 263–307). Zahlreiche, inhaltlich meist dürftige altnordarab. Inschriften oder vielmehr Graffiti überwiegend nomadischer Herkunft liegen in drei sprachlich und graphisch verschiedenen Formen vor: der liḥjānischen hauptsächlich aus Dedān im Ḥiǧāz (WERNER CASKEL Das altarab. Königreich Lihjan, Krefeld 1950), der thamudenischen aus der Gegend von Ḥā'il, Taimā, Madā'in Ṣāliḥ (Hegra), Dedān usw. (A. VAN DEN BRANDEN Les inscriptions thamoudéennes, Löwen 1950) und der safatenischen aus dem s.ö. von Damaskus gelegenen Ṣafā-Gebirge (ENNO LITTMANN Safaïtic Inscriptions, Leiden 1943).

In A. deserta sind die Zusammenschlüsse der umherschweifenden Beduinen nicht territorialer, sondern personaler Natur: territorial sind sie flüchtig und veränderlich, da keine Bodenverbundenheit besteht, personal dagegen fest und dauerhaft, da das Bewußtsein der Blutsverwandtschaft eine unerschütterliche Solidaritätsgrundlage bildet. Diese Verhältnisse galten auch für die Oasenstädte, da diese von seßhaft gewordenen Beduinenstämmen bewohnt wurden, die die nomadische Ordnung beibehielten, allerdings in einer mit zunehmender Zivilisation sich wandelnden Form. In Yathrib (dem späteren Medina) z. B., dessen Bewohner überwiegend Ackerbauern und Palmzüchter waren, herrschten noch fast nomadenrechtliche Zustände, während in Mekka, das HENRI LAMMENS (La république marchande de la Mecque, Bull. de l'Inst. Egypt., 5. série, t. 4, p. 23–54) als eine »Kaufmannsrepublik« charakterisiert hat, Partikularismus und Eifersucht der Sippen sich um der gemeinsamen lebenswichtigen Interessen willen schon weitgehend abgeschliffen hatten. Diese Interessen bestanden an den lokalen Heiligtümern und am Transithandel. Die Hauptanziehungskraft ging sicherlich nicht von dem Heiligtum – der Kaʿba, zu der die Stämme pilgerten – aus, sondern von den im Zusammenhang mit den religiösen Festen besuchten Messen. Diesem Umstande sowie der Tatsache, daß Mekka etwa in der Mitte zwischen Aden und Gaza an der Weihrauchstraße liegt, verdankt die Stadt ihre wirtschaftliche Blüte. Mit dem Handel ging ein Austausch der geistigen Güter einher, vor allem in religiöser Hinsicht: chr. und jüdische Einflüsse unterhöhlten allmählich die altarab. Idolatrie und bereiteten dem

Propheten Mohammed den Boden für seine Verkündigung. A. D.

1. *De Lacy O'Leary* Arabia before Muhammad, London/New York 1927. 2. *Julius Wellhausen* Reste arabischen Heidentums, Neudruck Berlin/Leipzig 1927. 3. *Henri Lammens* La Mecque à la veille de l'Hégire, Mélanges de l'Univ. St. Joseph 9,3, Beirut 1924. 4. *Trude Weiss Rosmarin* Aribi und Arabien in den babylonisch-assyrischen Quellen, New York 1932. 5. *Gonzague Ryckmans* Les religions arabes préislamiques, 2. Aufl., Löwen 1951. 6. *Michelangelo Guidi*, Storia e cultura degli Arabi fino alla morte di Maometto, Florenz 1951.

2. Die römische Provinz A. Im J. 105 n. Chr. befahl Traianus dem Statthalter von Syrien, A. Cornelius Palma, den n. w., reicheren Teil des nabataeischen Reiches zu besetzen, und bildete daraus die Provinz Arabia, deren zwei wichtigste Städte Petra, die alte Residenzstadt der Könige, und Bostra waren. Der Statthalter sollte ein senatorischer *legatus Augusti pro praetore* praetorischen Ranges sein, später ein ritterlicher *praeses*. (Verzeichnis der Statthalter [3], 287ff., für die Zeit 193 bis 305 s. nunmehr Henri-Georges Pflaum, Syria 34, 1957, 136ff.) Für die Sicherheit der Provinz sorgte eine nach der Hauptstadt Bostra verlegte Legion (wenigstens seit der Mitte des 2. Jh. die III. Cyrenaica), deren Legionslegat stets mit dem jeweiligen Legaten der Provinz A. identisch war (RE XII 1509f., 1514). Die Finanzverwaltung war einem ritterlichen Procurator anvertraut. Die Provinzialaera beginnt am 22. März 106. In diocletianisch-constantinischer Zeit scheint A. durch syrische Grenzgebiete vergrößert worden zu sein ([3], 268ff.), später in zwei Teile geteilt, deren einer als provincia A. (Hauptstadt Bostra) weiterlebte, deren anderer aber Syria Palaestina einverleibt und später eine Teilprovinz Palaestina salutaris wurde ([3], 277; → Palaestina); außer der III. Cyrenaica diente nunmehr auch die IV. Martia dem Schutz von A. (Not. dign. or. 37,22). B. E. T.

1–3. *Rud. Ernst Brünnow – Alfr. Domaszewski* Die Provincia Arabia, 1–3, 1904–1909.

Arabicus sinus (κόλπος Ἀραβικός oder Ἀράβιος) hieß das heutige Rote Meer. Durch den Handel der Ptolemäer wurde der A.s. soweit erschlossen, daß Eratosth. (bei Strab. 16,767) ihn im wesentlichen richtig beschreiben konnte. Zahlreiche Nachrichten bietet Plin. nat. 6,107.163f., eine kartographische Bearbeitung Ptol. 5,17. A. D.

Albert Kammerer Les pays de la mer Erythrée jusqu'à la fin du moyen âge, Kairo 1929.

Arachnaion. Kahler o.w. streichender Gebirgszug zwischen der argolischen Ebene und Epidauros, höchster Gipfel Prof. Elias 1199 m, mit Altären des Zeus und der Hera, bei Aischyl. Ag. 309 als Standort des letzten Feuersignals von Troia her genannt. Alter Name nach Hesych. s. v. Hysselinon, bei Paus. a. O. Sapyselaton, Paus. 2,25, 10. E. M.

1. *Ernst Curtius* Peloponnesos 2, 1852, 418. 573. 2. *Ant. Meliarakis* Γεωγραφία Ἀργολίδος 1886, 65. 3. *Philipps.-Kirst.* 3, 1959, 98. 4. *J. G. Frazer* Pausanias 3, 1898, 233f.

Arachne (Ἀράχνη »Spinne«). Tochter des kolophon. Purpurfärbers Idmon, die in Hypaipa die Göttin Athene zum Wettkampf in lydischer Webkunst mit reichem Bilderschmuck herausforderte. Während Athene Bilder von solchen, die sich mit Göttern zu messen gewagt hatten, hineinwob, stellte A. die bedenklichsten Liebesabenteuer der Götter dar. Darauf zerreißt Athene das technisch einwandfreie Werk ihrer Gegnerin. Diese will sich erhängen, aber Athene verwandelt sie in eine Spinne, die nun, am Faden hängend, unaufhörlich weben muß. Ov. met. 6,5ff. nach einer hellenistischen Vorlage. H. v. G.

Arachosia (Ἀραχωσία). Landschaft im ö. Iran (h. pol. z. T. Afghanistan), als persische Satrapie erstmalig keilinschriftlich erwähnt. Die A. nennen später Strabon p. 516. Ptol. 6,20 und Plin. nat. 6,92. Ein σατράπης Ἀραχωτῶν bei Arr. an. 3,8, 4 und als Volk die Ἀραχωτοί bzw. Arachosii (Strab., Curt.). Die Hauptstadt, Arachosiorum oppidum (Plin. 6,61), bei Ptolem. a. O. unter dem Namen Ἀλεξάνδρεια (h. Kandahar). H. T.

Aradi. Stadt des prokonsularischen Africa (h. Bou-Arada). Bedeutende Ruinen: mächtiges Tor, Grabmal. Inschr. CIL VIII 12244–12245. 23861–23869. ILT 677–679. Bull. Comité 1928–1929, 80. 1930–1931, 126. Besonders ein Grenzstein der *fossa regia* Bull. Comité 1938–1940, 203. Atl. Arch. Tun. f[e] Bou Arada, 99. M. L.

Q. Aradius Rufinus. 1. Heide (Symm. epist. 2,3; unsicher, ob CIL VIII 14688/89 auf A. zu beziehen!), *praef. urbi Romae* unter Maxentius (a. 312) und Constantinus (Nov. 312 bis Dez. 313; Chr. min. I 67).

A. Alföldi Constantine, 1948, 72f.

2. A. Rufinus. Heide aus Rom (Liban. epist. 1374; 1493), wurde 363 *comes Orientis* (Amm. 23,1,4. Cod. Theod. 10,19,2. Liban. epist. 825.1379.1398); 375/76 war A. *praef. urbi* Romae (Symm. epist. 7, 126. Cod. Theod. 1, 6,7). Der vor 402 verstorbene A. (Symm. a. O.) trat um 375 vielleicht zum Christentum über. A. L.

RE I A 1188. *J. R. Palanque*, REA 33, 1931, 348f. *H. P. Kohns* Versorgungskrisen und Hungerrevolten im Spätantiken Rom, 1961, 145ff.

Arados. 1. Erstmalig im Peripl. des Skylax 104 (GGM I p. 78. M.) genannte Stadt im n. Phoinikien (h. Ruâd) in Insellage (Arr. an. 2,13,8. Curt. 4,1,5). A. war eine sehr alte Stadt; das Volk der Arvaditer wird schon im AT. erwähnt (1. Mose 10, 18. Hesek. 27,8. 11). A., ein selbständiges Staatswesen unter eigenen Königen, gewann Alexander d. Gr. 332 (Arr. 2,13,7. 20,1). Ausführliche Beschreibung A'. bei Strab. 16,2,13. Weitere Quellen: Cassius Dio, Diodor, Iosephus. Vgl. K. Baedeker Palästina und Syrien, Lpz. 1910, 329. **2.** Kleine Insel im Περσικὸς κόλπος an der arab. Ostküste

(Strab. 16,3,4. Ptol. 6,7,47. Steph. Byz.), h. Arad, eine der vom 26. Grad n. Breite geschnittenen Gruppe der Bahrein-Inseln (Atlas of the World II, Plate 33: Southern Arabia). S. auch RE VII A Art. Tylos Nr. 2. H. T.

Arakos. 1. Spartaner, 409/08 eponymer Ephor (Xen. hell. 2,3,10). 405/04 nominell Nauarch (Xen. hell. 2, 1,7), überließ er das Kommando verabredungsgemäß Lysandros (Plut. Lys. 7). 398 führte er eine Gesandtschaft nach Kleinasien, wo damals Derkylidas das spartan. Expeditionskorps befehligte (Xen. hell. 3,2,6–9). Im Winter 370/69 bemühte er sich als Gesandter in Athen um ein Bündnis mit diesem (Xen. hell. 6,5,33). Fr. Kie.

2. Ἄρακος, ἄραχον, neugr. ἀρακάς, lat. *aracus*, *arachus* sind Bezeichnungen für verschiedene kleinsamige Wicken- und Erbsenarten, besonders Vicia- und Lathyrus-Arten. H. Ga.

Arar. Fluß in Gallien, früher nach Ps.-Plut. de fl. 6 Βρίγουλος, später Sauconna genannt, h. Saône. In den Vogesen (Alpen nach Strab., Lucan., Ptol. durch Verwechslung mit Isara!) entspringend, bis zum Zufluß Dubis schiffbar, floß er langsam, zwischen Haedui und Sequani die Grenze bildend, und vereinigte sich mit dem Rhodanus bei Condate, ad Confluentes, gegenüber von Lugdunum. P. W.

Araros. Sohn des Komikers Aristophanes, vertrat den Vater als Didaskalos bei der Aufführung von dessen letzten Stücken Kokalos und Aiolosikon und trat seit 376/73 selbst als Komödiendichter im Stil der Mittleren Komödie auf. Wir kennen 6 Titel. Alexis frg. 179 spottet über seine matten Witze. W. K.

Araspes (Ἀράσπης und Ἀράσπας). Meder, spielt in Xenophons Kyropädie eine Rolle als Günstling seines Jugendfreundes Kyros und leidenschaftlicher Bewunderer der ihm zur Bewachung anvertrauten Pantheia, der Gattin des Königs → Abradatas. J. D.-G.

Arator. Subdiakon in Rom, widmete 544 dem Papst Vigilius sein Epos De actibus apostolorum in 2 B. und las es an 4 Tagen unter großem Beifall in der Kirche S. Pietro in vincoli vor. Noch stärker als Sedulius in seinem Bibelepos geht A. auf den mystischen Schriftsinn aus. Das Werk begleiten außer der Widmung an Vigilius in Distichen 2 Briefe im gleichen Versmaß an Abt Florianus und an Parthenius, den Neffen von A.s Gönner → Ennodius, in dessen Schriften A. mehrfach erwähnt wird. O. H.

Ta.: *Arthur Patch McKinlay*, 1951 (CSEL 72). *Manitius* 1,162ff. *Bardenhewer*, GAL 5,246ff. *Altaner* 463.

Aratos (Ἄρατος) **1.** Spartiat, schickte während des ersten messen. Krieges die jüngeren Mannschaften nach Hause, um für Nachkommen zu sorgen. Diese sog. Parthenier gründeten unter Phalanthos, dem Sohne des A., Tarent. FGrH 70, F 216. Iust. 3,4,8. – **2.** *271 in Sikyon, floh, als der Vater Kleinias 264 im Parteikampf ermordet wurde, nach Argos. 251 befreite er Sikyon von der Tyrannis und schloß es dem achaiischen Bunde an. Pol. 2,43,3. Unterstützt von Ptolemaios III. von Äg., der 243 das Ehrenkommando über die Bundesstreitkräfte erhielt, und den Aitolern bekleidete A. 16mal während der Jahre 245–213 das Strategenamt und erweiterte den Bund. 243 vertrieb er die Makedonen aus Korinth, gewann 235 Megalopolis und befreite 229 Argos und Athen. Pol. 2,42,4. Plut. Arat. 24,4; Philop. 8,3. Die Einstellung der Subsidien, die Ptolemaios 226 nun dem Spartanerkönig Kleomenes zuwandte, und dessen Siege zwangen A. zu einer völligen Schwenkung in der Außenpolitik. Er überließ Korinth dem Makedonen Antigonos Doson und schloß mit ihm 225/4 ein Bündnis. Pol. 2,45–51. E. Bikermann REG 56, 1943, 287ff. Die Anerkennung der makedon. Vorherrschaft und die Vernichtung von Mantineia, dessen Neubesiedlung A. 221 Antigoneia nannte, wurden von Phylarchos als Verrat an den Griechen getadelt, von A. in seinen Hypomnemata mit der ἀνάγκῃ entschuldigt. FGrH 28, F 81. Im Bundesgenossenkrieg 220–217 versagte A. als Feldherr, begleitete Philipp V. als Ratgeber, lehnte aber 214 die Teilnahme an dessen Krieg gegen Rom ab. Plut. Arat. 51,1. A. starb 213, wie er meinte, von Philipp vergiftet. Pol. 8,14. Plut. Arat. 52. In Sikyon erhielt er kultische Ehren. Plut. Arat. 53. W. Walbank Aratos of Sikyon, 1933; JHS 56, 1936, 64ff. H. E. Stier Roms Aufstieg, 1957, 68f. – **3.** Sohn des vorigen, Gesandter und Geisel bei Antigonos Doson. Pol. 2,51,5. Plut. Arat. 42. A. war 219/8 Stratege des achaiischen Bundes im Kampf gegen Elis. Pol. 4,37. 70,2. 72,7. Bei den Parteikämpfen in Messene 214 entzweite er sich wie sein Vater mit Philipp V. Pol. 7,11,9. Plut. Arat. 50,1ff. Als er erfuhr, daß Philipp seine Frau Polykrateia verführt hatte und nach Makedonien entführte, verfiel A. in Wahnsinn und starb früh. Plut. Arat. 49,2. 51,3. 54,2f. Liv. 27,31,8. 33,21,24. H. V.

4. A. aus Soloi in Kilikien, * etwa 315–305, Freund des j. Kallimachos, wurde 277 durch Zenon mit Antigonos Gonatas von Makedonien bekannt und an den Hof von Pella berufen. Von seinen zahlreichen poetischen Werken sind nur die als »wissenschaftlich« betrachteten, zu Exercitien in den Grammatikschulen degradierten »Phainomena« auf uns gekommen. Diese zerfallen in 3 deutlich getrennte Teile: vv. 1–450 *Φαινόμενα*; bis 732 *Συνανατολαὶ καί Συγκαταδύσεις* und die *Προγνώσεις κατὰ σημείων* bis 1154 (nach Hipparch). Das Ganze ein Lehrgedicht (vgl. Kroll RE XII 1847ff.) von einem ungeheuren, bis heute nachwirkenden Erfolg. Über die gramm. Kommentatoren vgl. Knaack RE II 395,58ff. Übersetzungen, Paraphrasen und Exzerpte verfaßten Cicero, Manilius, Germanicus, Hyginus, Achilles Tatius und Anonymi, vgl. J. Martin Hist. du Textes des Phénom. d'A. 1956. Arabische Übersetzungen bespricht E. Honigmann Isis 41, 1950,

30ff. Jüngste dt. Übertr. von A. SCHOTT (SCHOTT-BÖKER Aratos 1958 mit Lit., besonders auch über die arat. Ikonographie der Sternbilder). Die Kommentatoren haben sehr selten etwas Sachdienliches ihrer aus dem A.-Text abgeleiteten Wortklitterung beigefügt. Aber die Sphairika des Vettius Valens, der Interpret im A.-Scholion, Germanicus und »Eudoxos« haben Paranatellontenlisten zur Hand gehabt, die mehr – und dabei astronomisch richtig genannte – Sternbilder enthielten als Arat anführt, BÖKER Entst. der Sternsph. A.s BSG math. Kl. 99, 1952, H. 5,29. **a.** Die *Φαινόμενα*: Hipparch nimmt in seiner Kritik der A.-Interpretation des → Attalos eudoxische Provenienz der Thematik des A. an, MANITIUS comm. Hipp. 287. Wir müssen hier mit vorhipp.-pseudepigraphischer Willkür rechnen, wie man analog den Thales, Pythagoras, Platon jede ihrer scheinbar würdige geistige Leistung unterschob. Durch Nachrechnung unterbaute Ablesung an einem Präzessionsglobus mit guter Sterneintragung und Mechanik (BÖKER a.O.) konnte festgestellt werden: die Polhöhe der Sphäre, an der die Ablesungen vorgenommen wurden, war 33°(15–4 Hexekontaden/2), der Nullpunkt der Zählung lag bei 25° 34′ der Ekliptik von 1900, entsprechend einer Epoche 60 n. Chr., der Fr.-Kolurpunkt lag genau 15° ö. davon entsprechend einer Epoche um –1025 (eine rein instrumententechnische Bedingtheit), vgl. VAN DER WAERDEN Hist. of the Zodiac AfO 16, 1953, 225. **b.** Die Wetterzeichen sind die poetische Paraphrase einer peripatetischen Grundschrift, darüber W. KNAACK a.O. 397,35. BÖKER RE Suppl. IX 1611ff., oder besser von einem beispiellos verworrenen und verdorbenen Auszug aus derselben, SCHOTT-BÖKER 114f. Die gesamte antike Wetterzeichenliteratur hat unbedenklich die Konfusionen und Ungereimtheiten weitergegeben. R. B.

Ernst Maaß Arati Phaen. krit. Textausgabe mit wertvollem Apparat und Parall., Repr. Bln. 1955. *J. Martin* Textausgabe mit Kommentar und Übersetzung, Flor. 1954. *G. R. Mair* Text und Übersetzung 1921 = *Loeb* class. Libr. Weitere Lit. bei *G. Sarton* Hist. Science 1,157.207.

Arausio. Stadt der Cavares in Gallia Narbonensis, heute Orange. Dort wurden im J. 105 v. Chr. die Römer von den Cimbern geschlagen: Liv. ep. 67. Seit Caesar von Veteranen der 2. Legion bewohnt, hieß sie Colonia Firma Iulia Secundanorum Arausio. Sie hat schöne Altertümer, Triumphbogen, Theater, Tempel, Skulpturen, einen Kataster aus dem J. 77 n. Chr.: J. SAUTEL FOR 7, 1939, 104–28. R. AMY L'arc d'Orange (1961); A. PIGANIOL Documents cadastraux d'Orange (1962). P. W.

Aravisci. Stark mit Kelten vermischter illyr. Stamm im NO. der Provinz Pann. inf., von Visegrád bis zum Fl. Sió. Vorort im Gebiet v. Aquincum. Es gibt Münzen mit der Aufschrift *Ravisci*. Die Namengebung der A. war überwiegend keltisch. Sie lebten unter bäuerlichen Verhältnissen, nur im Zentrum des Stammes betrieben sie Handwerk und Handel. Siedlungsform: lose vici (Dörfer). J. Sz.

Araxes (Ἀράξης). **1.** Hauptfluß Armeniens (h. Aras, georg. Rakhsi), mündet in das Kaspische Meer, wurde in seinem Gesamtlauf erst in röm. Zeit (Pompeius) bekannt (Strab. p. 527. Mela 3,40. Plin. nat. 6,26. Ptolem. 5,12,3 M. u. a.). Schon Herodot nennt den A. öfter, doch unklar und mit dem Hintergrund eines anderen Flußgebietes (s. Nr. 2). **2.** Nach Hdt. 1,202 ein anderer Name für den Oxos (h. Amudarja), der einst mit einem w. Arm (h. Wadi Usboi) das Kaspische Meer erreichte. **3.** Fluß in der Persis (Strab. p. 729. Diod. 17,69. Curt. 5,4,7), der in den jetzigen See von Nîriz mündet (h. Kor-Bandemîr). **4.** Von Xen. an. 1,4,19 erwähnter Fluß Obermesopotamiens, linker Nebenfluß des Euphrat, h. Khabour. H. T.

Arbakes (Ἀρβάκης). **1.** Sagenhafter Feldherr der Meder und Zerstörer von Ninive. Von der Arbakessage gab es zwei Versionen. Die eine, nach Athenaios herrschende, ist für uns nur durch Duris vertreten (FGrH 76 F 42); die andere geht auf Ktesias zurück (frg. 20 M.), uns liegt sie vor bei Diodor, Nikolaos von Damaskos, Athenaios und Synkellos. Nach Duris wurde A. über das weibische Wesen Sardanapals, den er durch Vermittlung des Eunuchen Sparameizes zu Gesichte bekam, so entrüstet, daß er ihn auf der Stelle niederstach. Nach Ktesias war der Verlauf umständlicher. **2.** Feldherr des Artaxerxes Mnemon (Xen. an. 1, 7, 12). J. D.-G.

Arbeit. Die Bewertung der A. wechselt je nach Zeit, Ort und Stand sehr stark; auch der sprachliche Befund ergibt kein einheitliches Bild: einerseits gibt es Bezeichnungen, die ursprüngl. das Mühselige der A. unterstreichen: *πόνος* (vgl. *πένης*, *πονηρός*), *μόχθος* (vgl. *μοχθηρός*), *ἆθλος* (vgl. *ἄθλιος*), *labor* (wohl zu *labare* »Wanken unter einer Last«). (Daß *πόνος* gleichzeitig »Schmerz« und »A.« heißt, belächelt Cic. Tusc. 2,15,35; doch hat auch *labor* nicht nur »aktiven«, sondern auch »passiven« Charakter.) Vom Wortsinn her nicht negativ sind andererseits lat. *opera* und *opus* (vgl. *opes*, *Ops*), *industria* (zu *endo* und *struo*), aber auch griech. *ἔργον* (vgl. dt.: *wirken*). Ein einseitiges Ausspielen des röm. Arbeitsethos gegen das griech. verbietet sich auch angesichts der Armut des griech. Bodens und des Wettbewerbsgeistes der Hellenen. Hesiod nennt dieses Prinzip des Agon, das für die griech. Kultur bestimmend ist, die »Eris« im guten Sinne (erg. 11ff.). Überdies ist die A. für den Griechen weitgehend durch die Religion geheiligt (TH. ZIELINSKI Religion of Ancient Greece, 1926, 50ff.). Die A. wird also nicht nur durch → Arbeitslieder (K. BÜCHER A. und Rhythmus, 1896), sondern auch durch konkrete Beziehung zu dem Kult einer ganz bestimmten Gottheit dem rein Mechanischen enthoben. So ist Demeter die »Kornmutter« (NILSSON GgrR 1^2,456ff.) und die Herrin der Landarbeit, Athena als »Ergane« die Schutzgottheit der Handarbeit nicht nur der Frauen, sondern auch der *δημιουργοί*.

1. Die Adelsgesellschaft, die sich in den hom. Epen spiegelt, verachtet grundsätzlich keine menschliche Tätigkeit (mit Ausnahme des Handels): handwerkliche Tüchtigkeit gereicht sogar Königen zur Ehre; im weitgehend auf Autarkie bedachten Betrieb der Großfamilie arbeitet jedes Glied mit; nur für A., die besonderes Geschick erfordert, werden spezialisierte Handwerker herangezogen (die nicht sehr zahlreich, dafür aber um so berühmter sind); das Rohmaterial liefert oft der Auftraggeber. Die ungelernten Tagelöhner (Thetes), die etwa bei Landarbeit zur Aushilfe angestellt werden, müssen ihre Freiheit, die sie vor den Sklaven voraushaben, mit der Unsicherheit ihrer Existenz erkaufen; denn auch der ausbedungene Lohn kann ihnen ungestraft verweigert werden. Das Los des Theten wird als das größte Unglück empfunden (vgl. das berühmte Wort des Achilleus Od. 11,489 ff.).

2. In der archaischen Zeit (die hier mit der klassischen zusammen betrachtet werden soll) verändern Kolonisation, Münzgeld, Handel und Industrie das Bild der A. Obwohl die Kolonisation die Landnot verringert, schwächt die Einführung des Geldes den Kleinbauern (niedrigste Kornpreise führen im Verein mit höchsten Leihzinsen zur Schuldknechtschaft). Das harte Los des landwirtschaftlichen Mittelbetriebes schildert Hesiod (7. Jh.) ohne Beschönigung, seine ethische Reflexion erkennt dabei in der A. die schwere, aber entscheidende, uns von Zeus gestellte Lebensaufgabe, die uns nicht im Drohnendasein verharren läßt, sondern Göttern und Menschen wohlgefällig macht (erg. 289 ff. 298 ff. 303 ff. 311 ff.). Die gesetzgeberische Leistung Solons (* um 640) – Aufhebung der Schuldknechtschaft, Förderung des handwerklichen Fleißes und der geschäftlichen Unternehmungslust – ist nicht nur für die künftige Weltgeltung Athens, sondern auch für die Wertung gewerblicher Arbeit bahnbrechend. Die durch Handel und Gewerbe reich gewordenen Bürger werden – erbitterte Ständekämpfe finden so ihren Abschluß – durch eine allein auf dem Vermögen beruhende Klasseneinteilung dem alten grundbesitzenden Adel gleichgestellt. Mit der Zunahme des Handels blüht die einheimische Industrie auf. Die immer zahlreicher eingesetzten Sklaven machen den freien Lohnarbeitern Konkurrenz: Tyrannen, die sich auf die Theten stützen, schaffen ihnen Erleichterung durch Einschränkung des Sklavenwesens (Periandros in Korinth 627–585) und A. durch großzügige Bauvorhaben (Peisistratos in Athen, * um 605, ähnlich später Perikles). Der rasche Aufstieg von der Hauswirtschaft zur Stadtwirtschaft und darüber hinaus zur größeren Einheit eines Seehandelsgebiets ist unter anderem das Verdienst der wirtschaftlich regsamen Händler und

Handwerker (der Metöken und auch der Einheimischen), und zwar nicht nur ihres kommerziellen Talents, sondern auch ihrer hohen A.-Auffassung, die von den Meisterwerken griech. Töpfer bis hin zu den peinlich sauber gearbeiteten Bergwerksgängen in Laureion der antiken Kultur ihren Stempel aufgedrückt hat. Wenn Xenophon, Platon und Aristoteles die *δημιουργοί* trotz Erkenntnis ihrer wirtschaftlichen Bedeutung politisch und menschlich als zweitrangig betrachten (Aristoteles will ihnen sogar das Bürgerrecht und die Fähigkeit zur *ἀρετή* absprechen: pol. 1278 a 7 und 21), so ist dies einmal aus aristokratischer Opposition gegen die Wirklichkeit der attischen Demokratie, zum andern aus der Ablehnung nicht so sehr der Arbeit (in Platons »Staat« darf es keine »Drohnen« geben: 564 e, vgl. 421 d), als vielmehr des Erwerbsdenkens zu verstehen. Die Einrichtung der Sklaverei fördert freilich bei den Freien die Geringschätzung körperlicher Arbeit. Gegen die Vorstellung, der Edle brauche nichts zu arbeiten, macht der Handwerkersohn Sokrates Front (Xen. mem. 2,7), ja seinem Philosophieren dient die Techne der *δημιουργοί* geradezu als Modell. Von Drakon und Solon kennt man Gesetze gegen Müßiggang (während Sparta und einige andere Staaten umgekehrt ihren Bürgern jede gewerbliche Tätigkeit verboten). Der thukydideische Perikles ist stolz darauf, daß die Athener Berufsarbeit und Staatsbürgerpflichten zugleich bewältigen, und ermuntert zur Erwerbs-A.: es sei keine Schande, wenn man arm sei, sondern wenn man nicht durch A. der Armut zu entrinnen suche (Thuk. 2,40). Ähnlich stellt Euripides in »Elektra« den *αὐτουργός* als sympathische Gestalt dar. – So wird die körperliche A. allmählich ebenso anerkannt, wie bereits früher im ethischen Denken die geistesgeschichtlich so wichtigen Agone und die mit ihnen zusammenhängende Deutung des Heraklesmythos die Bejahung der *πόνοι* als eines Weges zum Ruhm ermöglicht hatten (Pindar O. 11,4. I. 5,24 f. P. 10,22 ff. Soph. Phil. 1419 f. Prodikos bei Xen. mem. 2,1,21 ff.). Auf geringeres Verständnis stößt zunächst die rein geistige Arbeit, deren Triebfeder der Wissensdurst ist: selbst einem Heraklit ist der vielseitige Lerneifer des Pythagoras (dessen Schule die *πόνοι* zum Inhalt des als Buße verstandenen Lebens erhebt, Iambl. v. P. 85) als üble Vielwisserei suspekt (fr. 129 Diels). Die Sophisten machen dann freilich die »geistige Arbeit« zur wirtschaftlichen Tatsache, indem sie (zum Entsetzen der aristokratisch Denkenden) für ihren Unterricht Geld verlangen.

3. Hellenistische Zeit. Während im Gefolge der Taten Alexanders die äußeren Bedingungen der A. durch die Weite des Wirtschaftsraumes, die zunehmende Arbeitsteilung innerhalb desselben, die Urbanisierungs- und Rüstungspolitik der Diadochen und den Aufstieg individuellen Unternehmertums sich wandeln, macht sich auch in der gedanklichen

Auseinandersetzung mit der A. ein zunehmender Individualismus bemerkbar. Die A. wird nicht mehr nach ihrer sozialen Funktion, sondern nach ihrem Beitrag zum Glück oder zur Tugend des Einzelnen bewertet. Selbst der Kyniker, der die A. nicht mehr bloß um des Ruhmes willen auf sich nimmt, sondern *πόνοι* und Ruhmlosigkeit für Güter erklärt (Antisthenes bei Diog. Laert. 6,1,11), hat dabei nur sein eigenes Heil im Auge (denn die allein empfehlenswerten »nützlichen «Anstrengungen sind keineswegs politischer oder beruflicher, sondern philosophischer Art! Diogenes bei Stob. 7,18 und bei Diog. Laert. 6,2,70f.); kaum anders als Epikur, der A. und politische Tätigkeit nur dem empfiehlt, der sich von seiner betriebsamen Natur dazu gedrängt fühlt (bei Plut. mor. 465f.): A. als Therapie gegen die aus Untätigkeit resultierenden Depressionen (Plut. ebd. 465c–466a). Dagegen denkt der Stoiker, der natürlich *φιλοπονία* hochschätzt (Stob. 29,75. Epikt. 1,16,16), auch an den Nutzen der Allgemeinheit (Dion. Chrys. 1,21), eine Haltung, die in Rom erlauchte Nachfolge finden wird (M. Aur. 5,1. 9,12).

4. Rom. Die Bedeutung bäuerlicher A. für den Römer läßt sich an Sprache (zu *labor:* K. Büchner Humanitas Romana, 1957, 303ff.) und Religion (K. Latte RRel. 64, daselbst auch zum Wortschatz) ablesen. In der »Bauernstadt« Rom leisten auch im 4. Jh. v. Chr. die Adligen noch schwere Land-A. Erst die Zunahme des Großgrundbesitzes nach den Punischen Kriegen führt zur Entstehung einer Schicht von Städtern, die ihre Güter nicht mehr eigenhändig bewirtschaften, während die früheren Bauern zu Pächtern herabsinken oder durch Sklaven ersetzt werden. Cato, selbst noch bei mühevoller Land-A. aufgewachsen (or. fr. 69 Kienast), schreibt sein Werk De agri cultura nicht für Kleinbauern, sondern für seine adligen Standesgenossen. Wenn Cicero (off. 1,151) im Sinne röm. Gesetzgebung (die alle, die einen bezahlten Beruf ausübten, von den Staatsämtern ausschloß), die Landwirtschaft und den Handel großen Stils als die einzigen standesgemäßen Erwerbsquellen bezeichnet (selbst der Arzt- und der Architektenberuf wird nur denjenigen erlaubt, »deren Stande er angemessen ist«), denkt er natürlich nicht mehr an einen persönlichen *labor*, sondern an den Großgrundbesitz. Als Vergil in den Georgica den *labor* rühmt, ist das seit dem weitgehenden Scheitern der gracchischen Reformen bedeutungslos gewordene altröm. Bauerntum bereits anderen Wirtschaftsformen gewichen. – Im gedanklichen Bereich wird das röm. Empfinden besonders adäquate stoisch-kynische Gut charakteristisch umgeprägt (bezeichnend *intenta et assidua* cura am Ende von Sen. tranq. an.; Büchner a.O.). Für die Würdigung der Geistes-A. hellenistischen Stils ist das Begriffspaar *otium-negotium* lange Zeit ein gewisses Hindernis (zu Cicero s. H. Jucker Vom Verhältnis der Römer zur bildenden Kunst der Griechen 1950). Dichter, wie die Elegiker oder Ovid (tr. 4,10,37), mögen der Welt des *labor* und des *negotium* im traditionellen Sinne den Rücken kehren: ein Schriftsteller, der sein bürgerliches Ansehen nicht schädigen will, darf noch im 1. Jh. n. Chr. auch die entsagungsvollste Geistes-A. nur als Frucht des *otium* bezeichnen (Plin. nat. praef.). Die vornehmste Aufgabe des freien Mannes, der unentgeltliche Dienst am Staat, verliert allerdings im Laufe der Kaiserzeit an Anziehungskraft: nicht nur wegen des Schwindens der republikanischen Freiheit, sondern auch wegen der vom 3. Jh. n. Chr. an immer unerträglicher werdenden finanziellen Belastungen (persönliche Haftung der Beamten für ausbleibende Steuern ihres Verwaltungsbereichs); solche Maßnahmen der Soldatenkaiser lähmten begreiflicherweise vielfach auch die private wirtschaftliche Initiative. Dennoch spricht philosophisch und religiös vertieftes Arbeitsethos aus Darstellungen der Arbeitswelt auf Grabmälern und Inschriften vor allem der w. Hälfte des Imperiums (Rostovtz. GuW 1929, 308f.). Während in der Spätantike das erschöpfte Wirtschaftssystem des röm. Reiches sich allmählich zur feudalen Hauswirtschaft zurückbildet, ist das inzwischen rezipierte Christentum mit seiner Auffassung auch der beruflichen A. als eines Dienstes an einem nicht mehr in sich ruhenden, sondern geschichtlich offenbarten und wirkenden Gott der Zukunftskeim einer neuen, dynamischen Entfaltung. M.v.A.

G. Glotz Le travail dans la Grèce anc. 1920. *K. Schütze* NJbb 1, 1938, 352ff. *F. Hauck* RAChr. s.v. *Rostovtz.* GuW und Soc. a. Ec. Hell. W. *F. M. Heichelheim* Wirtschaftsgesch. des Altertums, 1938 (2 Bände), ²(engl.) 1958. *E. Burck* G 58, 1951, 161ff.

Arbeitslieder. Nach Poll. 4,52 war der Borimos der Mariandyner als Lied der Landleute (*γεωργῶν ᾆσμα*) verbreitet, analog Athen. 14, 619f. Als Begleitinstr. bevorzugte man den Aulos wegen des scharfen, anfeuernden Klangs beim rhythmischen Hantieren. Athen. 14, 618d definiert den *Ἱμαῖος* (dor. die *Ἱμαλίς*) als Müllerlied beim Mahlen, der *Αἴλινος* ist – unter Berufung auf die Atalantai des Epicharmos – das Weberlied; *Ἴουλος* ist das Lied der Wollspinner (auch beim Garbenbinden zu Ehren der Demeter, *ἴουλος* oder *οὖλος* = Garbe); Wiegenlieder der Ammen sind die *καταβαυκαλήσεις*, das Schaukellied zu Ehren der Erigone *Ἀλῆτις*, der Lityerses speziell ein Schnitterlied, die Weidehirten sangen den *βουκολιασμός*, ferner gab es Lieder der Lohnfeldarbeiter, Badediener etc. Unter Tanzliedern nennt Athen. 14,629f. die *Ἴγδις* (Mörsertanz), den *μακτρισμός* (Backtrogtanz, ausgeführt von mehreren Frauen *μακτριστριαί*), ferner Tänze wie *ἀλφίτων ἔκχυσις* (Graupenschütteln), *ξύλου παράληψις* (Holzaufnahme), obschon z.B. *Σοβάς* (Wirbeltanz), *Στρόβιλος* (Kreisel) eher pantomimisch, weniger arbeitsrhythmisch wirkten. Poll. 4,52 kennt ein Kelterlied *ἐπιλήνιον* mit Aulos, den πτισμός oder das πτιστικόν beim Enthülsen des Getreides, Rudergesänge (ἐρετικά), Hirtenweisen (ποιμενικά), ein Schweinehirtenlied (συβωτικόν). Quint. inst. 1,10.16 rühmt den Wert solcher Lieder. Bei Hom. ertönt die Phorminx zum Linos, den ein Knabe bei der Weinlese anstimmt. Aristoph. Ran. 213 und Eur. Tro. 126 beziehen sich auf den Aulos beim Rudern. Lysander ließ bei Schleifung der Mauern Athens Aulosbläserinnen musizieren (Plut. Lys. 15). Als die Thebaner Messene erbauten, erklang zur Arbeit der boiotische und argivische Aulos (Paus. 4,27,7). 4 Teigkneterinnen und 1 Aulosbläser zeigt eine Terrakottagruppe in Boiotien (vgl. BCH XXIV, T. 9). Auch die Etrusker spielten Aulos zur Arbeit (Athen. 12,518 b. Poll. 4,56. Plut. de coh. ir. 11). W. B.

J. Hinrichs De operariorum cantilenis Graecis, Diss. phil. Gießen 1908, 11 ff. *H. Flach* Gesch. der griech. Lyrik, Tübing. 1, 1883, 17 ff. *H. Huchzermeyer* Aulos und Kithara, Diss. phil. Münster 1930, Emsdetten 1931, 26 f. *H. Riemann* HB der Musikgesch. 1, 1,34 f., Lpz. 1919.

Arbela. 1. Stadt ö. des oberen Tigris, vom 44. Grad ö. Länge geschnitten. spez. Assyrien angehörig, in alter einheimischer Namensform Arba-Ilu (h. Erbil). Ptolemaios erwähnt Ἄρβηλα (6,1,5) und die Ἀρβηλῖτις χώρα (6,1,2), und auch Plinius (nat. 6,131) nennt diesen Bezirk Arbelitis. Geschichtlich trat A. 331 v. Chr. (Gaugamela) hervor (Arr. an. 3,8,7 ff. Curt. 4,9,9. 16,9. 5,1,2–3 u. ö. Cass. Dio 68,26. 78,1. Diod. 17,53. Polyain. strat. 4,3,6. 17,27). Funde aus dieser Zeit. Steph. Byz. nennt A. eine persische Stadt. Über A. in Verbindung mit Gaugamela s. J. Kromayer Antike Schlachtfelder 4,373 ff. (Bln. 1924–1931). **2.** πόλις (auch als κώμη bezeichnet) in Galilaea (h. Irbid), wenig w. des Sees Genezareth (1. Makk. 9,2. Ioseph. ant. Iud. 12, p. 421, S. 118; 14, p. 415, S. 253. Bell. Iud. 1, p. 305, S. 55 Niese. Ioseph. vita p. 188, S. 31; p. 311, S. 50 Pelletier). H. T.

Arbiter, bedeutet Schiedsrichter. Etymol. und altröm. Verwendung des Wortes weisen ihm freilich umfassendere Bedeutung zu. Die Wurzel des Wortes hängt mit der Anwesenheit an einem Tatort oder am Ort, an dem sich eine Sache befindet, zusammen; es geht immer um ein *in rem praesentem ire.* In den 12 Tafeln finden wir den *a.* oft neben dem *iudex* genannt *(iudex arbiterve),* so auch bei der *legis actio per iudicis arbitrive postulationem.* Das Verhältnis zwischen *a.* und *iudex* ist lebhaft umstritten. Nach Wlassak bezeichnen *iudex* und *a.* ein und dieselbe Person. Broggini dagegen erblickt im primitiven *iudicium* die Gerichtsbarkeit innerhalb einer Gruppe, im *arbitrium* aber die bloß vermittelnde Schlichtung der Außenbeziehungen zwischen mehreren Gruppen; die ursprüngliche rudimentär gerichtliche Tätigkeit des *a.* wird dabei auf die bloße Bezeugung rechtmäßiger Übung der Eigenmacht beschränkt.

Späterhin finden wir den *a.* bei der Entscheidung von Streitigkeiten zwischen den Bürgern Roms und anderer Staaten *(reciperatio).* Ähnlich wie hier zeichnet sich der zur Aufteilung von Erbschaften und anderen Gütergemeinschaften berufene *a.* durch weitergehende Gestaltungsmöglichkeiten (Recht zur *adiudicatio*) aus. Auch beim *iudicium finium regundorum* finden wir *arbitri.*

Der durch Schiedsvertrag *(compromissum)* eingesetzte *a.* verpflichtet sich durch das *receptum arbitri,* auch wirklich zu entscheiden. Die Durchsetzung seines Spruchs wird dabei durch Stipulationen gesichert.

Proculus Dig. 17,2,76 stellt dem prozessualen Begriff des *a.* einen außergerichtlich-alltäglichen gegenüber. Von diesem leitet sich das *arbitrium viri boni* als Maßstab für Leistungsinhalte (z. B. nicht sogleich fixierte Preise), wohl auch das *arbitrium litis aestimandae* bei der Streitwertermittlung her. Th. M.-M.

Wlassak, RE II 410. *Broggini* Iudex arbiterve, 1957. *Wieacker* ZRG, 76, 1959, 582 ff. *Bonifacio* Studi Albertario 1,188 ff.

Arbogast. Theodosius I. ernannte den um 385 vom Heer zum *mag. militum* erhobenen und im Krieg gegen den Usurpator Maximus bewährten heidnischen Franken A. 388 als *mag. mil. praesentalis* zum Berater Valentinians II. Nach Valentinians Tod (Mai 392) erhob A., der als erster Germane de facto Teile des röm. Reiches (Britannien, Gallien, Spanien, Italien) regierte, → Eugenius zum Kaiser (Oros. 7,35,10–12. Paulin. vit. Ambros. 26,30 f. Zos. 4,33.35). 394 kam es zum Ausbruch des Bürgerkrieges. Nach einem Siege über Theodosius' germanische Hilfstruppen wurde A. am 6. 9. 394 am Frigidus völlig geschlagen; darauf beging er Selbstmord (Oros. a. O. 13 ff. Sozom. 7,22 f. Claudian. de III cons. Hon. 68 ff. Zos. 4,58). A. L.

Enßlin Klio 24,132 f. *Stein* Gesch. 1,211 ff.

Arborius 1. Gallier, um 330 Lehrer der Rhetorik in Tolosa, Onkel des Dichters Ausonius, Freund der Brüder Constantins d. Gr. (Auson. parent. 5,9 ff.; prof. Burd. 17,6 ff.). Seeck RE I 419 f. Stroheker Der senat. Adel in Gallien 1947 Nr. 27. **2.** Sohn des Burdigalensers Pomponius Maximus, Neffe des Dichters Ausonius, wurde 379 *comes sacrarum largitionum* und 380 *praefectus urbis Romae* (Cod. Theod. 1,32,4. 6,35,9. 14,3,16. Sulp. Sev. vit. Mart. 19,1. Auson. epic. in patr. 2,49) A. scheint noch um 400 gelebt zu haben (Sulp. Sev. dial. 3,10,6). Gegen Seeck (RE I 420) ist Ambrosius de off. min. 3, 7 nicht auf A. zu beziehen (H. P. Kohns Versorgungskrisen und Hungerrevolten im spätantiken Rom 1961, 153 ff.). A. L.

Arbucale. Eine große Stadt der Vaccaei, die 220 v. Chr. nach tapferem Widerstand von Hannibal erobert wurde (Pol. 3,14,1: Ἀρβουκάλη. Liv. 21,5,6: *Arbokala*). Sie ist wohl identisch mit *Albocola* (CIL II 880.2598), *Albocela* (Ptol. 2,6,49. Itin. Ant. p. 434,7. Vgl. den Gottesnamen CIL II 2394 b), *Albeceia* (Geogr. Rav. 4,44 p. 312,20), schwerlich mit *Albucrara* (Plin. nat. 33,80, dazu [1] VIII 203). Der Name ist nach Holder (Altcelt. Sprachsch.

1,86) wohl iberisch, nach AD. SCHULTEN (Numantia 1,64f.) ligurisch.

Sie lag vielleicht an der Stelle des h. Toro, ö. von Zamora ([1] III 24. Encicl. Univ. Ilustr. 4,170). Im Mittelalter wird sie nicht mehr erwähnt. R. G.

[1] Font. Hisp. Ant., Barc. 1925ff.

Arbutus s. Erdbeerbaum

Ἀρβύλη. Geschlossener, bis zu den Knöcheln reichender Schuh (Gal. 18,1,680 K.), vor allem bei Tragikern genannt (Aischyl. Ag. 944ff. Eur. Or. 140.1470; El. 532; Bacch. 638.1134), vgl. auch Theokr. 7,26. Poll. 7,86.91. Die ἀ. ist wohl aus Persien (Medien) eingeführt worden (Ende 6. Jh. v. Chr.). W. H. G.

K. Erbacher Griech. Schuhwerk (Diss. Würzburg 1914) 2. 47 f. Abb. 18–22.

Arca (λάρναξ). Kasten, Kiste, dann speziell die Geldkasse aus Metall oder metallbeschlagenem Holz, oft von beträchtlicher Größe (gute Beispiele in Pompei gefunden). Danach heißen a. eine große Zahl sakraler, staatlicher und privater Kassen, z. B. die der Pontifices, der Virgines Vestales, der Fratres Arvales, aller Tempel, ferner der verschiedenen Collegia, Sodalitates und Societates, der Communen und Provinzen. In Rom heißen a. die Spezialkassen des *aerarium p. R.* sowie vor allem die Kasse, in welche die halbprivaten Einnahmen des Kaisers aus seinem Landbesitz, Salinen usw. flossen, die *a. fisci (a. fiscalis, a. Caesaris)*.

A. als Holz- oder Steinsarg → Sarkophage. W. H. G.

Arcadius. Flavius A., röm. Kaiser von 383 bis 408, geb. 377 in Spanien als Sohn des → Theodosius. Sein Vater, der ihm den Heiden Themistios und den Christen Arsenios als Erzieher gab (Them. or. 16,204c. 213a. Zon. 13,19), ließ A. 383 in Konstantinopel zum Augustus ausrufen. Beim Auszug zum Krieg gegen Eugenius bestimmte Theodosius 394 A. zum Beherrscher des Orients. Maßgeblicher Berater wurde der praef. praet. Orientis Rufinus. (Zos. 4,57,4. Eunap. frg. 62f.). Unter Rufins Einfluß ergingen scharfe Gesetze gegen Heiden und Häretiker (Cod. Theod. 16,5,24–26. 28f. u. a.). Ende Nov. 395 wurde Rufinus ermordet. Mächtigster Mann am Hofe wurde nun der (später mit weiteren Ehren ausgestattete) Hofeunuche Eutropius (Eunap. frg. 66ff. Zos. 5,8ff. Claudian. in Eutr. 1f.), der seinen Einfluß bereits bei der Verheiratung des A. mit Eudoxia, der Tochter des Franken Bauto (*mag. mil.* Gratians und Valentinians II.) geltend gemacht hatte. Eutrop schien zunächst bereit, mit Stilicho, dem Theodosius kurz vor seinem Tode (17. Jan. 395) die Obhut über Honorius und A. (den senior Augustus) anvertraut hatte (Ambr. de ob. Theod. 5), zusammenzuarbeiten. Doch schon bald brach der Konflikt mit dem W. erneut offen aus. Bes. Unzufriedenheit barbar. Hilfstruppen (unter dem Goten Tribigild) und Drohungen aus Persien zwangen A. schließlich, sogar im W. Hilfe zu suchen und Eutrop zu opfern. Der Kaiser, den Synesios v. Kyrene in seiner Rede περὶ βασιλείας 399 ganz unverblümt zu größerer Aktivität mahnte, blieb auch in den folgenden Jahren nur eine Marionette. Wurde durch seine Frau Eudoxia, die ihm vier Töchter und einen Sohn geboren hatte, vornehmlich das Verhalten des A. im Streit um → Johannes Chrysostomos bestimmt, so waren die beiden Praetorianerpraefekten → Aurelianus und → Anthemius nach der Beseitigung des → Gainas (400) für den Sieg des Antigermanismus im O. bes. verantwortlich. Das Vorgehen gegen die Germanen brachte eine empfindliche Schwächung der Wehrkraft des O. mit sich. Nur notdürftig wurde 404–408 Plünderungszügen barbar. Stämme (bes. in Libyen und Kleinasien) Widerstand geleistet (vgl. z. B. Synes. ep. 40,57–61.78.104.130.132. Soz. 8,25–27). Andererseits freilich war im O. die Bahn zu einer grundsätzlichen Reorganisation der Armee frei geworden. Beim Tode des A. (1. Mai 408) war der Gedanke der Erbmonarchie so verwurzelt, daß die Herrschaft ungeachtet der Schwäche des Kaisers fast reibungslos auf seinen Sohn → Theodosius II. (geb. 401) überging. Die Problematik des »Kinderkaisertums« war allerdings den Zeitgenossen gerade durch die Beispiele eines A., Honorius und Theodosius sehr bewußt geworden (Oros. 7,36,3. Claudian. 8,214ff. Synesios a. O. 5). A. L.

E. Demougeot De l'Unité à la Division de l'Empire Romain 1951. *Stein* Gesch. 1,225ff. *J. Straub* Nouvelle Clio 4, 1952, 94ff.

Arcarius. Bezeichnung der römischen Kaiserzeit für subalterne Kassenbeamte, meist Sklaven, seltener Freigelassene (→ arca). Solche a. hatten reiche Privatleute wie auch die Mitglieder des Kaiserhauses. Ferner heißen a. die *servi publici*, welche, gegebenenfalls einem *dispensator* unterstellt, die einzelnen *arcae* verwalten, sowie die Kassenbeamten der Communen und der Pächter (Pachtgesellschaften) staatlicher Einnahmen, endlich im Heer die Zahlmeister. Letztere sind Sklaven, nicht Soldaten, bei der Legion dem *dispensator legionis* unterstellt, darüber dem *dispensator fisci castrensis*; ihnen oblag außer den normalen Kassenaufgaben z. B. die Verwaltung der Depositen und der Hinterlassenschaft der ohne Erben und Testament verstorbenen Soldaten sowie des Legionsvermögens. W. H. G.

Archagathos. 1. Als sich Agathokles 307 v. Chr. aus Afrika nach Sizilien zurückbegab, übertrug er das Kommando aus dynastischen Gründen seinem ältesten Sohn A., trotz dessen geringer militärischer Begabung. Da dieser die Invasionsarmee zersplitterte, errangen die Karthager bald solche Erfolge, daß A. in Tunes eingeschlossen wurde (Diod. 20,57–61) und auch Agathokles, zurückgekehrt, die Lage nicht mehr wenden konnte, sondern heimlich abermals nach Sizilien zurückfuhr, worauf seine sich betrogen fühlenden Söldner den A. erschlugen (Diod. 20,68).

M. Müller Der Feldzug des Agathokles in Afrika, Diss. Lpz. 1928.

2. Sohn des Vorigen, machte sich Hoffnungen auf die Nachfolge des Agathokles, der jedoch hierfür seinen gleichnamigen Sohn aus 2. Ehe in Aussicht nahm. Als dieser deshalb A. im Kommando der Truppen zu Aitne ablösen sollte, brachte A. ihn um und soll hierauf auch die Beseitigung des Königs Agathokles veranlaßt haben. Bald nach dessen Tod wurde jedoch auch A. ermordet (Diod. 21,16, wohl nach Timaios; Iustin 23,2,1 ff.). Fr. Kie.

H. Berve Die Herrschaft des Agathokles, SBAW 1952, H. 5, 75 ff.

'Αρχαί. Mit obrigkeitlichen Aufgaben betraute »Organe« des Staats, die nicht mit unserem Beamtenbegriff im engeren Sinne zu fassen sind. *'Αρχή* im Sinne von Herrschaft, Gewalt, ist etwas Attributives, das zu einem Menschen hinzukommt, der durch Wahl oder Los bestellt wird und sich damit funktional in den Staatskörper einordnet. Da Staat als Verhältnis zwischen Herrschenden und Beherrschten aufgefaßt werden kann, ist die Bestimmung: wer, unter welchen Bedingungen, welche Aufgaben erfüllt, grundlegend für die Beurteilung der Staatsform und des inneren Wesens einer Gemeinschaft. Aristoteles sagt (pol. 4, 1299a ff.), es sei nicht leicht zu bestimmen, was man als *ἀρχαί* (= Amt und Amtsträger) bezeichnen solle, die politische Gemeinschaft bedürfe vieler Amtsträger und doch dürfe man nicht alle, die gewählt oder ausgelost werden, Beamte (*ἄρχοντες*) nennen (Priester, Choregen, Herolde, Gesandte). Es gibt politische, ökonomische, dienende Aufgaben (zu denen auch Sklaven herangezogen werden können). *Μάλιστα δ' ὡς ἁπλῶς εἰπεῖν ἀρχὰς λεκτέον ταύτας ὅσαις ἀποδέδοται βουλεύσασθαί τε περί τινων καὶ κρῖναι καὶ ἐπιτάξαι, καὶ μάλιστα τοῦτο.* Diese Einteilung ist wichtig für die Theorie, die Praxis frägt konkret: wer die *ἀρχαί* beruft, woher sie genommen und auf welche Weise sie bestellt werden (1300a 10 ff.), bzw. beim Gericht ist es wichtig, wer die Richter stellt, worüber sie richten und wie sie es tun sollen. Diese praktische Handhabung der Herrschaftsverhältnisse entscheidet über den Charakter des Staats als Monarchie, Aristokratie, Oligarchie oder Demokratie. A.M.

Einzelheiten bei *Busolt* GStk. 313 ff. 624 ff. 1054 ff. (athen. Staat); inschr. Belege: Sylloge[3] s. v. *ἀρχή* (magistratus).

'Αρχ-αιρεσία (*ἀρχαιρέσια*). Wahl der *ἀρχαί*. Voraussetzung ist Ämterwahl im Gegensatz zur Auslosung, auch in der extremen Demokratie sind beide Systeme gekoppelt, weil es immer bes. qualifizierte Ämter gab, deren Besetzung man nicht dem Zufall überlassen durfte (Militär-, Finanzwesen). A. M.

Einzelheiten bei *Busolt* GStk. 469, 1071 (Athen); *U. Kahrstedt* Unters. z. Magistratur in Athen 39 ff. Inschr.: Sylloge[3] 578, 6. 633, 52. 976, 38. 1047, 53.

Archäologie (*ἀρχαιολογία*). Die Kunde vom Anfänglichen, von alten Dingen (so schon im Altertum das 1. Buch des Thukydides benannt), lat. *origines*, *antiquitates*. Unter A. versteht man die Erforschung aller Spuren der Vergangenheit, der kulturellen und zivilisatorischen, nichtliterarischen Hinterlassenschaft vergangener Menschen. Die Entstehungsgeschichte der A. als eines Zweiges der Altertumswissenschaft brachte es mit sich, daß zunächst nur Kunstwerke der Plastik, Malerei und Architektur besondere Aufmerksamkeit erregten, bis durch JOHANN JOACHIM WINCKELMANN (1717–1768) die Monumente als Quellen histor. und philolog. Überlieferung erkannt und wissenschaftlicher Forschung zugeführt wurden, die auf Grund stilkritischer Vergleiche eine chronologische Auswertung und Zuweisung anstrebte.

Der durch die Ausgrabungen des 19. und 20. Jh. zutage geförderte Bestand an Monumenten, die den verschiedensten Lebensbereichen des Menschen angehören (Staats-Privat-Kultaltertümer), führte zwangsläufig zu einer Spezialisierung und Herausbildung besonderer Hilfswissenschaften, die geograph., ethnolog., linguist. und histor. Gegebenheiten Rechnung tragen. So haben sich als Sondergebiete der A., in oft methodisch nicht scharf abgrenzbaren Forschungszweigen die Prähistorie, die Orientalistik, die Ägyptologie, die klassische A., die provinzialrömische A., die christliche A., die mohammedanische und die mittelalterliche A. herausgebildet.

Die vielfältigen Äußerungen und Gegenstände früherer Völker und Kulturen aufzufinden, zu beschreiben, zu erklären und zu datieren verlangt nicht nur eine Beschäftigung mit den »Meisterwerken« der Kunst (Architektur, Plastik, Malerei), deren Auswahl zufällig ist, sondern die Kenntnis und Berücksichtigung der Realien, die allen Lebensgebieten des Menschen angehören und aus den unterschiedlichsten Materialien bestehen können (Stein, Metall, Holz, Ton, Bein). Die auf den Monumenten befindlichen Inschr., nach Sprache, Schriftform und Inhalt verschieden, sind Gegenstand der Epigraphik (z. B. griech.-lat.-christl. Epigraphik), während für die Kunde antiker und frühma. Währungen die Numismatik (Münzkunde) als Spezialwissenschaft herausgebildet wurde. In dem Bestreben, Fehlerquellen bei der Bestimmung eines Gegenstandes nach Form, Ursprung und Zeit auszumerzen, haben auch die Naturwissenschaften Anteil an den Aufgaben und Zielsetzungen archäolog. Forschung. Zugleich können Gegenstände der A. in medizinischer, religions- und sprachgeschichtlicher Hinsicht von Interesse sein und sind auch dem Historiker, Sozial- und Wirtschaftshistoriker und Siedlungsgeographen Forschungsobjekt.

Die verfeinerten Ausgrabungs- und Forschungsmethoden (Stratigraphie, Typologie usw.) und das Zusammenwirken der verschiedenen Wissen-

schaftszweige ermöglichen nicht nur die chronologische Bestimmung und Zuweisung eines Monuments an einen bestimmten Kulturkreis, sondern die Summe der Forschungsergebnisse läßt mehr und mehr ein lebendiges Bild der Kultur- und Lebensformen vergangener Menschen und Völker vor uns erstehen und führt uns hin zu den Grundlagen unserer heutigen Kultur u. Zivilisation. H.C.
A. Michaelis Ein Jahrhundert Kunstarchäologischer Entdeckungen ^{2}1908. *A. Rumpf* A. Slg. Göschen. HB der Altertumswissenschaft, HB der A. I.

Archandros und **Architeles** (Ἄρχανδρος, Ἀρχιτέλης). **1.** Achaiisches Heroenpaar, Söhne oder Enkel des Achaios, die von Phthia nach Argos ziehen, wo Danaos ihnen zwei seiner Töchter zur Ehe gibt. Sie herrschen in Argos und Lakedaimon und geben den Bewohnern den gemeinsamen Namen Achaier (Paus. 2,6,5. 7,1,6). Hdt. 2,98 führt die unteräg. Stadt Archandrupolis auf A. zurück. **2.** Söhne des Akastos, der mit ihnen Peleus aus Phthia vertreibt (Sch. Hom. Il. 24,488. Sch. Eur. Tro. 1128). H. v. G.

Ἀρχή als philos. Begriff bezeichnet anfangs Beginn, Ursprung im zeitlichen, dann – endgültig seit Platon – im kausalen Sinn. Denn das Seiende ist zeitlos seiend; der Ursache-Begriff wird seit Parmenides vom Aspekt der Zeitlichkeit gelöst. Aristoteles vollzieht ausdrücklich die Gleichung ἀρχαί = αἴτια, met. Δ 1,1013 a 16. Die hellenistische Doxographie sah es als bezeichnendes Merkmal an, aus welchen ἀ. ein Philosoph die Welt erklärte (z.B. Thales das Wasser, Heraklit den Wechsel, Platon Gott, Idee, Materie); vorwiegend auf Grund dieses Kriterions wurden die Philosophien geordnet: Das führte zur Über-Betonung im Hinblick auf die Vorsokratiker. Im Mittel- und Neu-Platonismus wurde die Lehre von den ἀ. = Prinzipien ein wichtiges Lehrstück. H. D.

Archebulos (Ἀρχέβουλος). Von Thera (Suda s. v. Εὐφορίων; andere: von Theben), hellenist. Dichter, Lehrer des → Euphorion von Chalkis (* 276/75), somit in 1. Hälfte des 3. Jh. gehörig. Nach ihm heißt ein Vers, der sich schon bei älteren Dichtern findet, aber offenbar besonders häufig (stichisch?) von A. verwendet wurde, Ἀρχεβούλειον: ∪∪–∪∪–∪∪–∪∪–∪––(Grundform). J.W.

Archedamos (Ἀρχέδαμος) führte im 2. makedon. Kriege die Aitoler auf röm. Seite und verhöhnte 197 Flamininus bei Kynoskephalai. Pol. 18,21,5. Liv. 32,4,2. Plut. Tit. 23,6. Gesandter war A. 192 bei M'. Acilius Glabrio und den Achaiern (Pol. 20,9,2. Liv. 35,48,10ff.), aitolischer Bundesstratege 191/0, 188/7 und 182/1. IG IX^2 S. LI n. 31o. Als Verräter 169 den Römern denunziert, ging er zu Perseus über. Pol. 28,4,8. Liv. 43,21,9ff. 44,43,6. Plut. Aem. 23,6. H.V.

Archedemos. Athen. Politiker am E. des 5. und Anf. des 4. Jh. (PA 1,2326), dem Kreis um Sokrates und besonders Kriton nahestehend, als Demagoge eine unerfreuliche Erscheinung (Aristoph. Ran. 416ff. mit Sch.; Xen. mem. 2,9,4. Lys. 14,25). Durch die Klage gegen den Strategen Erasinides tat er 406 den 1. Schritt zum Prozeß gegen die Feldherrn der Schlacht bei den Arginusen (Xen. hell. 1,7,2ff.). Fr. Kie.

Archelaos (Ἀρχέλαος). **1.** Bastardsohn des Perdikkas II. von Makedonien, als legitim anerkannt, da er 436 unter den Zeugen des Bündnisvertrages mit Athen genannt wird. Plat. Gorg. 471. Ail. var. 8,9.12,43. SEG XII 16,52. Nach dem Tode des Vaters ermordete A., der »skrupelloseste aller Makedonen« (Plat. a. O.), 413 seine Verwandten und förderte als König »mehr als seine acht Vorgänger« die Entwicklung Makedoniens. Aristeid. περὶ ῥητορ. 55. Thuk. 2,100,2. Athen lieferte er Schiffsbauholz und eroberte 410 das abgefallene Pydna. Diod. 13,49,1ff. SEG X 138. Zwistigkeiten in der Lynkestis und Elimeia legte er geschickt bei. Aristot. Pol. 8,10,1311 b 12. Um 400 besetzte A. Larisa in Thessalien und Perrhaibia. Thrasymach. ὑπὲρ Λαρισαίων (Diels Vorsokr. 78,2): Ἀρχελάῳ δουλεύσομεν Ἕλληνες ὄντες βαρβάρῳ. Ps. Herodes περὶ πολιτείας 19.26.33. Seine Erfolge erreichte A. durch bessere Ausrüstung des Heeres und Aufstellung der πεζέταιροι. Thuk. a. O. FGrH 72, F 4. Er baute Straßen und feste Plätze, legte die Residenz von Aigai nach Pella, gliederte Niedermakedonien in Stadtbezirke und führte den persischen Münzfuß ein. Head HN^2 220. H. Bengtson Die Strategie 2, 1944, 322f. In Dion stiftete er gymnastische und musische Agone. Diod. 17,16,3. Arr. an. 1,11,1. Viele griech. Künstler zog A. an seinen Hof, Euripides, der im »Archelaos« (TGF 426) den Stammvater der Dynastie verherrlichte, Agathon, Timotheos, Choirilos von Samos und Zeuxis, während Sokrates die Einladung ablehnte. Plut. mor. 177. Ail. var. 2,21.13,4. 14,17. Aristoph. Ran. Sch. 85. Athen. 8,345d. Sen. benef. 5,6. Durch eine Verschwörung starb A. 399. Diod. 14,37,5. Aristot. a. O. Plut. mor. 768f. Ail. var. 8,9. P. Cloché Histoire de la Macédoine, 1960, 82ff. **2.** Sohn des Amyntas III. von Makedonien und der Gygaia, Kronprätendent nach dem Tode des Perdikkas III., wurde 359 auf Befehl seines Stiefbruders Philipp II. getötet. Iust. 7,4,5. 8,3, 10. FGrH 115, F 29. **3.** Feldherr des Mithradates VI. von Pontos, schlug 88 Nikomedes IV. in Bithynien. App. Mithr. 17f. Strab. 12,562. FGrH 434, F 1,22,6. Er belagerte vergeblich Magnesia am Sipylos. App. 21. Paus. 1,20,5. Mit der pontischen Flotte verwüstete A. Delos, besetzte die Peloponnes, Attika und Böotien, zog sich dann vor Sulla in den Piraeus zurück, den er 86 nach hartnäckiger Verteidigung räumte. App. 28f. Paus. 3,23,3. Trotz der von Mithradates gesandten Verstärkungen wurde er 86 von Sulla bei Chaironeia und Orchomenos geschlagen. App. 42ff. 49f. Plut. Sulla 16ff. 20ff. Nach Verhandlungen bei Delion mit Sulla, der ihn zum *amicus et socius populi Romani* ernannte und beschenkte (Plut. 23,4. Strab. 12,558), vermittelte er 85 den Frieden von Dardanos zwischen Sulla und Mithradates. App. 58. Plut. 24,2.4. Von diesem verdächtigt, half er als Überläufer 83 Murena und 74 Lukullus im Krieg gegen Mithradates. App. 64. Plut. Luk. 8,3,4.9,6. TH. REINACH Mithradates Eupator, 1895. **4.** Sohn des Vorigen, 63 von Pompeius als Priesterfürst im pontischen Komana eingesetzt, heiratete 56 als angeblicher Sohn des Mithradates Berenike IV., Königin von Ägypten, wurde aber 55 bei der Rückführung des Ptolemaios XII. durch Gabinius besiegt und getötet. App. Mithr. 114. Cic. Rab. Post. 8,20. Strab. 12,558. 17,796. T. C. SKEAT The reigns of the Ptolemies, 1954, 39f. **5.** Sohn des Vorigen, wegen politischer Umtriebe von Cicero 51 gemaßregelt, verlor durch Caesar sein Priesterfürstentum in Komana. Cic. fam. 15,4,6. Bell. Alex. 66,5. Strab. 12,558. App. Mithr. 121. **6.** Sisines Philopatris, Sohn des Vorigen und der Hetäre Glaphyra. Strab. 12,537. 540. IG II^2 3430ff. Von Antonius 41 unterstützt, wurde er 36 König von Kappadokien. App. civ. 5,7. Cass. Dio 49,32,3. Augustus ließ ihm sein Reich und fügte 20 einen Teil Kilikiens und Armeniens hinzu. Strab. 12,535. 555. Cass. Dio 51,2,1. 54,9,2. Für seine Tochter Glaphyra und ihren Mann Alexander intervenierte A. 9 bei Herodes d. Gr. Ios. bell. Iud. 1,499ff.; ant. Iud. 16,261 ff. Tiberius, der A. vor Augustus gegen Klagen der Untertanen verteidigt hatte, aber später von ihm brüskiert wurde, rief A. 17 n. Chr. vor den Senat nach Rom, wo der kränkliche Mann starb. Sein Land wurde röm. Provinz. Suet. Tib. 8.37. Tac. ann. 2,42. Cass. Dio 57,17,3ff. Zu seinen Städtegründungen vgl. A. H. M. JONES The cities of the eastern Roman provinces, 1937, 180f. Ein chorographisches Werk des A. zitieren Diog. Laert. 2,17 und Plin. nat. 37,46.95.104.107. H. V.

7. Sohn des Apollodoros aus Athen, Schüler des Anaxagoras. Da auch Sokrates Anaxagoras hörte, hat die nachmalige Legende A. und Sokrates in ein Freundschafts-(ja, Liebschafts-!) Verhältnis gerückt (Porphyrios, hist. philos. frg. 12 NAUCK^2). Tatsächlich ist außer dem zeitlichen Ansatz nichts aus A.' Leben bekannt. Seine Lehre war teils Vereinfachung, teils Weiterbildung der Ansätze des Anaxagoras: A. erkannte dessen *ἀρχαί* und z. T. dessen *νοῦς*-Lehre an, rückte aber den *νοῦς* aus seiner Absolutheit heraus, indem er auch ihm Mischung innewohnen ließ. Die Kosmogonie des A. beruht auf dem Widerstreit und zugleich auf der Mischung von Warm und Kalt. Dabei ist Warm das bewegende, belebende, aktive Prinzip, Kalt das starre und passive Prinzip. H. D.

Lit.: Ausführliches Referat auf Grund guter Quellen: Hippol. Ref. 1,9, Doxogr. 563,14–564,10. Einziges wörtl. Zitat: Plutarch, de primo frig. 21, 954f. Fragmente: Vorsokr. Nr. 60; 2,44–49.

8. A. Des Apollonios Sohn von Priene. Bildhauer um 130 v. Chr. Von A. signiert das altberühmte Relief »Die Apotheose Homers«; im 17. Jh. bei Bovillae gefunden, kam es 1805 aus Palazzo Colonna ins British Museum. Es ist interessant durch die zahlreichen Inschriften und die Darstellung: unten die Verehrung des vergöttlichten Homer, darüber der Helikon mit Zeus, Apollon und den Musen. Der klassizistische Stil u. die Buchstabenformen sichern das Datum. A. R.

Rodenwaldt Kunst der Antike, ^{4}483. RM 35, 1920, 69 *(Schede)*. HB Arch. III 1 (5. Lfg. 1950) 373 *(Lippold)*. Encicl. Arte Class. Or. I 542f. *(Guerrini)*. *C. Robert* Arch. Hermeneutik 66f. JDAI 44, 1929, 289ff. *(M. Mayer)*.

Archemoros → Opheltes

Archermos. Des Mikkiades Sohn aus Chios. Bildhauer des 6. Jh. v. Chr., Plin. nat. 36, 11 nennt ihn auch als Vater des → Bupalos und → Athenis sowie Werke des A. auf Delos und Lesbos (Lebedos?). Nach Sch. Aristoph. Av. 574 hätte A. als erster die Nike mit Flügeln gebildet. Auf Delos wurde 1877 ein kurz nach 550 entstandenes Marmorbild der Nike (Teile 1950 angefügt) und eine verstümmelte Inschrift, in der Mikkiades und A. erwähnt sind, gefunden. Zwar passen Statue und Sockel nicht Bruch an Bruch, doch sind die Zweifel an der Zusammengehörigkeit ebenso gekünstelt und unbegründet wie die an der Deutung als Nike. Eine weitere, etwa 20 Jahre jüngere Inschr. des A. stammt von der Athener Akropolis. A. R.

Mitt. dt. Inst. 1, 1948, 21ff. *(Rubensohn)*. *Raubitschek* Dedications from the Athenian Akropolis, Cambridge, Mass., 1949, 7 Nr. 3. 484ff. BCH 74, 1950, Taf. 31. HB Arch. III 1 (5. Lfg. 1950) 62f. *(Lippold)*. Encicl. Arte Class. Or. I 568 *(Amorelli)*.

Archestratos 1. Tragiker, Zeit des peloponn. Krieges (Panaitios bei Plut. Arist. 1,6). Ein Sieg: IG II^2 3027. Im 3. Jh. v. Chr. an den Soterien in Delphi sein Antaios wieder aufgeführt (IG V 2, 118). Seitenhieb des Eupolis Frg. 276,4K? F. St.

2. Von Gela, lebte in der Zeit des Aristoteles. Vf. eines gastronomischen Gedichtes in Hexametern mit der Einkleidung in eine Rundreise. Der Titel war *Ἡδυπάθεια* (so bei Kallimachos); erhalten sind etwa 330 Verse (bei Athenaios) mit gastronomischen Regeln und Beschreibung des Tafelschmuckes, wobei die verschiedenen Fischarten besonders hervorgehoben werden. Ennius hat das Gedicht später unter dem Titel Hedyphagetica ins Lateinische übertragen. W. S.

Frg. (mit Kommentar) bei *P. Brandt* Corp. poesis ep. gr. lud. 1, 1888, 114–193. *Christ-Schmid* 2,1,204. *Lesky* GGrL. 588.

Archias (*Ἀρχίας*). **1.** Korinther, Heraklide, gründete um 733 nach Befragung des delph. Orakels Syrakus, wo er durch seinen Liebling Telephos ermordet wurde. Thuk. 6,3,2. FGrH 239,31. Strab. 8,380. Paus. 5,7,3. Plut. mor. 772d. 773b. Diod. 8, 10. H. W. PARKE–D. E. W. WORMELL The Delphic oracle, 1956, 1,67ff. 2,2.229. **2.** Von Kamarina, dort Haupt der syrakusan. Partei während des 1. sizilischen Krieges der Athener 425. Thuk. 4,25, 7. **3.** Theban. Oligarch, half dem Spartaner Phoibidas 382 bei der Besetzung der Kadmeia und wurde als Polemarch 379 von den rückkehrenden Verbannten unter Pelopidas ermordet. Xen. hell. 5,4,2.6.7,3,7. Plut. Pelop. 5,2.6ff.; mor. 594c ff. 619d. 1099a. Diod. 15,20,2. Nep. Pelop. 3,2.3. A. Schäfer Die Berichte Xenophons, Plutarchs und Diodors über die Besetzung und Befreiung Thebens, 1930. S. Accame RFIC 14, 1936, 337ff. **4.** Athener, Hierophant, warnte 379 vergeblich den gleichnamigen Thebaner (→ 3) vor den rückkehrenden Verbannten. Plut. mor. 596f.; Pelop. 10,7. Nep. Pelop. 3,2. A. wurde später wegen Asebie verurteilt. [Dem.] 59,116. **5.** Tragischer Schauspieler aus Thurioi, Schüler der Rhetoren Lakritos und Anaximenes, Lehrer des Polos von Aigina. Im Auftrage des Antipatros ergriff er als *φυγαδοθήρας* 322 die geflohenen Athener Hypereides, Aristonikos und Himeraios. Demosthenes entging ihm in Kalaureia durch Selbstmord. Plut. Dem. 28,3ff.; mor. 846f. 849b. Strab. 8,374. Paus. 1,8,3. Lukian. encom. Dem. 28ff. A. starb in Armut. FGrH 156,9,14. H. V.

6. Aulus Licinius A., Dichter, ca. 118 (* Antiocheia) – nach 62 v. Chr. Ausgedehnte Reisen; ab 102 in Rom, gehört zum Freundeskreis Ciceros, der ihn 62 (Rede pro A. poeta) gegen die Anklage verteidigt, das röm. Bürgerrecht erschlichen zu haben. In (nichterhaltenen) Epen besingt A. den Mithridat. Krieg zu Ehren des → Lucullus, den Kimbernkrieg zu Ehren des Marius (dafür spricht Cic. Arch. 9: *Mario . . . iucundus fuit*) bzw. des Catulus (so Klingner Röm. Geisteswelt ^{4}1961, 131, wohl aufgrund von Cic. Arch. 3: *vivebat cum Q. Catulo . . .*). Cicero versucht vergeblich, A. für eine Verherrlichung seines Konsulats zu gewinnen (er schreibt später selbst De consulatu suo). Der Epigrammatiker A. (»phoinik. Schule« → Epigramm) auch als Improvisator berühmt. Die über 40 *Ἀρχίου*-Epigramme der Anth. Pal. vielleicht alle durch A. von Antiocheia »mit Bürgerrecht in verschiedenen Städten« gedichtet (Beckby 4,734); Zuweisung an verschiedene *Ἀρχίαι* schwierig. J. W.

Text/Übers.: *H. Beckby* Anth. Graeca 1957/58. *Th. Reinach* De A. poeta, Diss. Paris 1890.

7. Alexandrinischer Grammatiker des 1. Jh. n. Chr., Lehrer des Epaphroditos (Suda *Ἀ.*). Nur wenige, vor allem etymologische Notizen sind von ihm erhalten. H. Gä.

Archiatros bedeutet zunächst Leibarzt eines Fürsten (ältester Beleg eine delische Inschrift aus dem 2. Jh. v. Chr., Sylloge^3 244). Als offizieller Titel kommt *archiater palatinus* für den mit hervorragenden Privilegien ausgestatteten kaiserlichen Leibarzt in Rom erst im 3. Jh. n. Chr. auf; vorher hießen diese Ärzte *medici Augusti* (nur die Griechen nannten sie *ἀ.*). Daneben hatten auch die Gemeindeärzte (in Rom *a. populares*) diesen Titel; es gab einen *ordo archiatrorum*. Schließlich scheint *ἀ.* auch allgemein einen angesehenen Arzt zu bezeichnen (Aretaios CMG 2,133,11). Das deutsche Wort ist aus *ἀ.* entstanden. F. K.

R. Briau L'Archiatrie Romaine, Paris 1877. *R. Pohl* De Graec. med. publicis, Berl. 1905.

Archidamos. Name mehrerer spartan. Könige aus dem Haus der Eurypontiden.

1. A. II. Als Leotychidas wohl 476 in die Verbannung gehen mußte, bestieg sein Enkel A. den Thron. Er trat zum erstenmal beim großen Erdbeben von 464 hervor, wo er durch seine Geistesgegenwart Sparta vor den Messeniern und den lakonischen Heloten rettete (Diod. 11,63,4ff.; R. Sealey Hist. 6, 1957, 368ff.). Danach spielte er im 4. Messen. Krieg eine maßgebliche Rolle (Xen. hell. 5,2,3). In den Verhandlungen vor Ausbruch des Peloponnes. Krieges läßt ihn Thuk. 1,79ff. als Sprecher der zur Vorsicht mahnenden Partei auftreten. Bei den Invasionen Attikas durch die Peloponnesier 431 – immer noch auf ein Einlenken Athens hoffend, rückte A. damals betont langsam vor –, 430 und 428 (Thuk. 2,10–23.47.3,1. Diod. 12,42.47) hatte A. das Kommando, wonach der 1. Abschnitt dieses Krieges seinen Namen erhielt (frühestes Zeugnis Lys. frg. IX Thalheim). 429 zog A. gegen Plataiai (Thuk. 2,71ff.), 427 starb er. Agis II. entstammte seiner 1., Agesilaos II. und Kyniska seiner 2. Ehe. **2.** A. III., Sohn und Nachfolger Agesilaos II., um 400 geboren. Nach der Schlacht bei Leuktra 371 führte er ein Restaufgebot zur Rettung der Geschlagenen nach N., und dann diese von Megara nach Sparta (Xen. hell. 6,4,17f. 26). 367 und 364 kommandierte er anstelle seines erkrankten Vaters in Arkadien und siegte dort 367 in der sog. tränenlosen Schlacht (Xen. hell. 7,1,30ff.). Das Fernbleiben Spartas vom thebanischen Friedenskongreß 366 veranlaßte Isokrates, in seinem »Archidamos« für den spartan. Standpunkt einzutreten; der Titel zeigt, wie prominent A. damals schon war. 362 zeichnete er sich bei der Verteidigung Spartas gegen Epameinondas aus (Xen. hell. 7,5,12f.). Im Winter 361/60 König geworden, unterstützte er dann im 3. hl. Krieg mehrfach die Phoker. 344/43 folgte er mit einem größtenteils aus ehemaligen Söldnern der Phoker bestehenden Heer einem Hilferuf Tarents gegen die Lukanier und Messapier, doch wurde er 338 bei Manduria von diesen geschlagen und fiel in der Schlacht (Diod. 16,63; P. Wuilleumier Tarente, 1939, 77ff.). Noch mehr als sein Vater Agesilaos war A. ein typischer Condottiere des 4. Jh. Welches Ansehen er sich hierbei erworben hatte, geht jedoch daraus hervor, daß ihn Isokrates 356 in seinem politisch freilich wirkungslosen 9. Brief aufforderte, in Hellas Frieden zu stiften und die Hellenen gegen die Barbaren zu führen.

Ed. Meyer Forschungen 2, 1899, 504ff.

3. A. IV., Enkel des Vorigen, König von Sparta zu Beginn des 3. Jh., wurde von Demetrios Poliorketes 294 bei Mantineia geschlagen (Plut. Demetr. 35). **4.** A. V., Enkel des Vorigen, Bruder Agis IV., floh nach dessen Ermordung 241 nach Messene. 227 nach Sparta zurückgekehrt, wurde er sogleich von den Reaktionären umgebracht (Plut. Kleom. 1; 5). Fr. Kie.

Archiereus s. Kultus

Archigenes aus Apameia, berühmter pneumatisch-eklektischer Arzt aus traianischer Zeit (vgl. Iuv. 6,236. 13,98. 14,252). Besondere Aufmerksamkeit widmete A. der Pulslehre; auf seinen Forschungen fußt Galen in *Περὶ διαφορᾶς σφυγμῶν*, nicht ohne Polemik gegen seine Definitionssucht, die den Pneumatikern insgesamt von der Anlehnung an die Stoiker her anhaftete. Von seinen pharmakologischen Forschungen zehrten die Späteren ebenfalls; doch wandte er auch magisch-sympathetische Mittel an, im Gegensatz zu anderen Pneumatikern, wie z. B. Aretaios (vgl. CMG II 154,4 ff.). Von seinen Werken sind nur Fragmente erhalten. F. K.

M. Wellmann Die pneumatische Schule, PhU 14, Berl. 1895, 19–22 u. ö.

Archikles. Attischer Töpfer um 550 v. Chr. Drei von A. signierte Schalen (»Kleinmeisterschalen«) sind erhalten, deren eine auch der Töpfer Glaukytes firmierte. A. R.

Beazley Attic Black-Figure Vase Painters, Oxf. 1956, 160. 163. Encicl. Arte Class. Or. I 570 (*Stenico*).

Archilochos. Frühester griech., in schon formvollendeten Resten seiner Dichtungen faßbarer Lyriker und Iambograph, erste scharf ausgeprägte Dichterpersönlichkeit; im Alt. neben Homer bewundert, an der Spitze des alexandrin. Iambographenkanons (Aristarch), Bahnbrecher individuellen, subjektiven Dichtens. Auf der Kyklade Paros, wohl in Myrrhinai (315 Lass.) aus Verbindung eines Telesikles mit der unfreien Enipo geboren, lebte A., zeitlich bestimmbar durch die für Paros totale Sonnenfinsternis vom 6. April 648 (74 D), sein unruhiges Dasein etwa 680–640 (dazu [1],488 bis 490) auf dieser Insel und auf Thasos, wohin er aus Armut mit wenig Glück auswanderte; zur Vorgeschichte (Tellis bei Paus. 10,28.3, Telesikles, Delphisches Orakel) s. [1], 490–492. Legendäre, mit biographischen Motiven vermischte Nachrichten aus A.' Frühzeit, auch Kampftaten gegen Naxos überliefern neu gefundene (1949) Inschriften des parischen Archilocheions ([4],152–154. 205 bis 210) um 250 v. Chr. Dem dürftigen Leben auf Paros (53 D) folgte kein besseres auf dem felsigen Thasos (18 D), wo A. den parischen Kolonisten als Krieger (*ἐπίκουρος* 40 D) Schutz gegen Feinde zu bieten hatte. An Kämpfen mit den Anwohnern der thrak. Küste fehlte es nicht. Ermöglichen auch die erhaltenen Verse kriegerischen Inhalts nicht immer, diese Fehden zu lokalisieren, so werden sie sich doch zumeist auf dem nahen Festland abgespielt haben, wo die parischen Siedler festen Fuß zu fassen suchten; s. [3], 299. 106–110; [4], 120 (Philochoros); dort, *ἐν τοῖς Θρακικοῖς*, entstanden in Seenot die Tetrameter 56. 56a D und das selbstironisierende Bekenntnis des A. von seiner Flucht vor den Saïern (6 D), Prototyp des spätern Topos vom unheroischen Dichter (Alkaios 49 D, Anakreon 51 D, Hor. c. 2,7,9; vgl. POxy 22,2317, 5–10; vgl. [4],12). In Wirklichkeit war A. vor dem Feind tapfer; sein Enkomion im Archilocheion ([4],49 f.). Der Aufenthalt auf Thasos verlief enttäuschend. Hier sammelte sich das Elend aller Welt, *Πανελλήνων ὀιζύς* (54 D, POxy 22, 2313. 18, [3],97), und der Stein des Tantalos drohte dem Ort (55 D, Pap. Lond. 487 B), wo sich A. durch seinen Spott gegen Feind und Freund unliebsam gemacht hatte (Kritias bei [1],491,51; [4], 120; s. auch Aristeid. 2,380 bei [4],122), und so wird er Thasos wieder verlassen haben. Wie weit die Annahmen von weiteren Fahrten auf Grund topograph. Namen in seinen Frg. zutreffen, läßt sich schwer feststellen (s. [3], Introd. 19); jedenfalls fiel er im Kampf gegen einen Naxier; s. [4], 213. Sein Gegner konnte die Pythia nur mit Mühe wegen dieser Waffentat versöhnen ([4],122–125). Paros war vor oder nach dem thasischen Abenteuer des A. Schauplatz seiner mißglückten Beziehung zu Neobule, die ihm ihr Vater Lykambes, der einmal mit seinem Vater Telesikles zu polit. Befragung nach Delphi geschickt war (Inschr. des Archilocheions, [3], Introd. 105,43, [4],44.45), eidlich verlobt, dann aber doch versagt hatte (70 D), ein Rechtsbruch, den A. (nach seiner Rückkehr aus Thasos?) mit dem vernichtenden Mittel seiner Racheverse vergalt: sie trieben nach späterer, dem Archilocheion unbekannter Legende ([1],495,10 bis 18, [4],251 f.) Neobule und ihre Schwester(n), über deren Einstellung zu A. oder ihrem Vater aus den Frg. nichts hervorgeht, zum Selbstmord durch Erhängen (Hor. epist. 1,19.30; öfters im Epigramm: Anth. Pal. 7,69–71.351 f., Pap. Dublin 193, [4],130,251 f.). Reste von Spott- und Schmähgedichten gegen Lykambes und Neobule sind erhalten (die schlimmsten verloren? s. Oinomaos bei Euseb. Praep. ev. 5,32), gesammelt [1],494, hier auch zu den in ihnen verwendeten Sprichwörtern und Tierfabeln. Selten wird der Tod des Lykambes erwähnt (Ov. Ib. 54, danach Martial. 7,12,6).

A. sah seinen Beruf im Kriegshandwerk (*θεράπων Ἐνυαλίοιο*), mit dem sich seine dichterische Berufung, Gabe der Musen (*Μουσέων δῶρον*) wohl vertrug (1 D). Nach parischer Legende tauschten ihm die Musen gegen eine Kuh die Lyra ein (Inschr. im Archilocheion; [4],207 f. [3], Introd. 55 nr. 11 a). Seine Dichtungen waren in den alexandrin. Ausgaben (Aristophanes Byz., Aristarch) nach metr. Formen geordnet: Elegien, Iamboi (mit Trimetra, Tetrametra; Epoden), Hymnisches ([1],496 f., [3] Lass. Introd. 70–91); von mehreren Büchern einzelner Gruppen verlautet nichts. Neben dem daktylischen *γένος ἴσον* pflegt A. an Versmaßen den iamb. Trimeter und trochaeischen Tetrameter *(metrum Archilochium;* s. Marius Victorinus 2,5,8. 3,14,4), die er, sein eigener Lehrmeister, aus der Volkspoesie übernimmt und vollendet ausbaut, oft als ihr εὑρέτης gepriesen; s. Hor. epist. 2,3,79. In weite Zukunft wirkend schuf A. die Epodenformen aus Vereinigung von Versen verschiedener Länge und Art gleichen wie ungleichen Rhythmengeschlechts: die vielen Möglichkeiten zusammengestellt bei CRUSIUS, mit Hinweisen auf Horaz, [1],498. [3], Introd. 67–69. BR. SNELL Gr. Metrik 24–28, insgesamt metrische Typen, die in der ant. Verslehre genaues Studium fanden. Ihre dichterische Anwendung, für die Kenntnis der Späteren erstmalig, vollzog sich bei A., dem frühesten Genie der griech. Lyrik, unter zwingender Stimmung von Anlaß und Motiven, so auch die musikalische Begleitung, die A. seinen Dichtungen zum singenden (Theokr. Ep. 19. Anth. Pal. 7,644), doch auch rezitierenden oder melodramatischen Vortrag schuf, ein angeblich erst von ihm eingeführtes Musizieren der Parakataloge (Plut. de mus. 28), über die Genaueres nicht bekannt ist ([1],502). Iambyke und Klepsiambos waren neben dem αὐλός seine Instrumente (Athen. 14,636 B). Daß er sich seiner Kunst bewußt war, zeigen Äußerungen wie 76.77 D, bei der Wiedergabe seines Herakles-Hymnos wußte er die Partie des fehlenden Kitharoden durch improvisierten Gesang (τήνελλα) zu ersetzen (ἐμιμήσατο); 120 D, Schol. Pind. O. 9,1 a,b. Von der Improvisation eines Dionysos-Liedes durch den jugendlichen A. wird inschr. im Archilocheion berichtet ([4], 46 f.): der Ton schien den Pariern zu spöttisch (ἰαμβικώτερον); sie nahmen A. in Haft, von der ihn jedoch die Pythia befreite.

Inhalt und Motive seines sehr produktiven Dichtens kamen A. durchweg unmittelbar aus dem ῥυσμός seines Lebens (67 a 7 D) zu. Ernste, reflektierende Gedichte sind in schwierigen Lagen entstanden, so die threnetische Elegie an den Freund Perikles zum Tod von A.' Schwager im Meer (7 D; s. 20 D); Gefahr in Seenot, an Glaukos (allegorisch? 56,56 a D); paraenetisch 67 a D); unerhörtes Wunder der Sonnenfinsternis, Tetrametra des Lykambes (74 D); auf Schiffswache (5 a D); Kämpfe (3 D auf Euboia), Frg. vom Archilocheion ([4], 50–53). Geringe Reste Liebeslyrik (Neobule 25. 71.104.112.118 D) unterliegen an Zahl der Iambik, mit deren rücksichtslosen Versen A. Feinde verfolgt ([4],10,15), nicht zuletzt den wortbrüchigen Lykambes mit seinen Töchtern (die Stellen [1],494, wobei nicht alle Verse Neobule gelten müssen). Die Angriffe auf Lykambes kleidete A. wirkungsvoll, jedem erkennbar, ins Gewand des αἶνος, der Tierfabel (Fuchs und Adler 88–95 D; [1],501,21–38; Fuchs und Affe 81 D). Ob die schlimmste Verwünschung gegen einen einstigen Freund im Straßburger Pap. (79 D, A. LESKY Thalatta, 1947, 194) von A. kommt, scheint ungewiß. Ungleich verteilte Überlieferung hat die übersteigerte Einschätzung des A. als ἰαμβικός verursacht, zu dem ihn Mißgeschick des Lebens neben natürlicher Neigung zu Spott und Tadel gemacht hat. Kaiser Iulian sah in der λοιδορία des A. seine innere Befreiung von der Last seines Schicksals (Misop.). Ein gleichmäßiger Bestand an Frg. ließe wohl, wie die Neufunde von Pap. und Inschr. zeigen, mehr für A. als Nicht-Iambiker und auch für bessere Kenntnis seiner hymnischen, kultischen Dichtung (119 f. D.) erhoffen.

A. blieb mit Schwankungen seiner literarischen Schätzung bis ins 5. chr. Jh. bekannt. Seine Ikonographie beschränkt sich (K. SCHEFOLD Bildnisse der ant. Dichter, 1943) auf einen der Silberbecher von Boscoreale (1. Jh. v. Chr.) mit Beischrift »Myrinaios« und auf eine Silbermünze (um 75 v. Chr.) mit Lyra und Buchrolle. Beides nach Statuen. Das Epigramm im Archilocheion (51 D, S. 23; [4],23. [3], Introd. 80,1) bezog sich auf ein verschwundenes Reliefbild des A. (1. Jh. v. Chr.). K. P.

1. *O. Crusius* RE I 487–507 (Grundlage). Ausg. mit neuen Funden (Pap., Inschr.) und Lit.: 2. *E. Diehl* Anth. lyr. gr. Fasc. 3 (Iamborum script. ed. 3: *Rud. Beutler*), Lpz. 1952, 1–48. 3. *Fr. Lasserre-A. Bonnard* Archiloque, Fragments, Par. 1958. 4. *M. Treu* Archilochos, Münch. 1959. 5. *A. Hauvette* Archiloque, Par. 1905. 6. *H. Gundert* Archilochos und Solon (Das neue Bild der Antike, hrsg. von H. Berve 1, 1942, 130–142). 7. *Albr. von Blumenthal* Die Schätzung des A. im Altertum, Stuttg. 1922.

Archimedes I. A. wurde als Sohn des Astronomen Pheidias um 287 v. Chr. in Syrakus geboren, er war mit dem König Hieron II. und seinem Sohn Gelon befreundet. Sein Aufenthalt in Alexandreia machte ihn mit der dortigen Mathematikerschule bekannt und mit Konon und Dositheos sogar eng befreundet. Nach seiner Rückkehr nach Syrakus widmete er sich mit größtem Erfolg der Erweiterung der abstrakten Mathematik und der praktischen Mechanik: die von ihm konstruierten Maschinen und physikal. Apparate galten seinen Zeitgenossen als Wunder der Technik. Als die Römer 212 die Stadt einnahmen, wurde er von einem Soldaten erschlagen. Berühmt wurde sein Wasserheber, die archimed. Schnecke κοχλίας, und seine Winden, Flaschenzug- und Hebelwerke: 'δός μοι, ποῦ στῶ καὶ κινῶ τὴν γῆν'. Er baute ein mit Wasserdruck betriebenes Planetarium und hatte, wie die »Sandrechnung« zeigt, bedeutende Kenntnisse in der Astronomie. Die disjunktiv-apagogische Beweisführung und das eingrenzende Exhaustionsverfahren handhabte er virtuos.

II. Die Traktate in ihrer chronolog. Folge.

1. De planorum equilibriis. B. I: Neuzeitliche kritische Untersuchungen über die axiomatischen Grundlagen der a.-n Hebelgleichung liegen vor von E. MACH, O. HÖLDER, E. J. DIJKSTERHUIS, W. STEIN. Der Begriff des Schwerpunktes bei A., QSt 3,554 ff. A. weist nach: der Schwerpunkt eines körperlichen Dreiecks liegt auf dem Schnittpunkt zweier Seitenhalbierenden mit $^2/_3$ Abstand vom Scheitel (aus dem verlorenen Buche Περὶ ζυγῶν). B. II: der Schwerpunkt eines Parabelsegmentes liegt auf

dem Durchmesser, $^3/_5$ Strecke desselben vom Scheitel entfernt.

2. De quadratura parabolae. Propp. 14 bis 17 haben mit prop. 1 der »Methode« die gleiche Auswägungsmethode gemeinsam (VAN DER WAERDEN 361 f.). – Beim mechanischen Beweis aber teilt er das Segment in n vertikale parallele Streifen und bestimmt die Summe von deren Momenten in bezug auf den Drehpunkt C an einem gewichtslosen Waagebalken.

3. De sphaera et cylindro. Die einleitenden Postulate sagen aus: Zwischen zwei Punkten ist die gerade Linie die kürzeste; von zwei sich doppelt schneidenden, gleichseitig gekrümmten oder geknickten Linien ist die innere umfaßte die kürzere. Gegenstände der Untersuchung sind: Darstellung der Oberfläche eines Kegel- oder Zylindermantels als Kreisfläche, Volumenbestimmungen von in eine Kugel einbeschriebenen Kegeln, Kegelstumpfen und Folgen von solchen; Kugeloberfläche = 4 mal Großkreisfläche; Kugelvolumen = $^2/_3$ des umschriebenen Cylinders; Schneiden einer Kugel in bestimmtem Verhältnis ihrer Segmente. Das Problem führt auf eine Gleichung 3. Grades, deren Lösung Eutokios Arch. opp. 3², 1915, 152 ff. nach verschiedenen Methoden (Schneiden von Kegelschnitten) angibt.

4. De spiralibus. Über die Hilfssätze, welche das Buch einleiten, vgl. Art. Neusis RE Suppl. IX. Die Polarkoordinaten der arch. Spirale haben die Beziehung c/r = const. (r Radiusvektor, c Winkeldrehung desselben von der Initiallage O aus gerechnet). HEATH Hist. 2,554 meint, daß der schwer zu überblickende apagog. Beweis nicht den ursprünglichen Gedankengang der Schlüsse wiedergebe, und führt die Rekonstruktion eines kinematischen Beweises durch, der auch die dem A. zum Vorwurf gemachte Anwendung eines Neusis-Verfahrens (Pappos) erübrigt, vgl. P. TANNERY Sur une critique ancienne d'une démonstration d'Archimède, Mém. scient. 1,300 ff.

5. De conoidibus et sphaeroidibus. Erstere sind Rotations-Paraboloide, letztere -Ellipsoide. A. zerlegt die Körper in parallele Schnitte gleichen Abstandes beliebig geneigt zur Achse und baut auf den Schnittlinien schiefcylindrische Stufen auf, die mit ihren unteren Innenellipsen (äußerer Stufenkörper) oder mit den oberen Außenellipsen (innerer Stufenkörper) den R.-Körper berühren. Bei Paraboloiden bilden die Volumina der n Stufenkörperstumpfe eine arithmetische Reihe mit konstanter Differenz der Glieder gleich der obersten Stufe A. Die Differenz der beiden Summen ist gleich dem Volumen der untersten Stufe.

6. Über schwimmende Körper *Περὶ ὀχουμένων*. B. I handelt über den Gewichtsverlust (archimed. Princip, Auftrieb), die Eintauchtiefe (Wasserverdrängung) und Lagestabilität von in Flüssigkeiten schwimmenden, in sie herabgedrückten oder versenkten Körpern, besonders von Kugel- und Paraboloidsegmenten leichter als die Flüssigkeit. Die Untersuchung geht von den Postulaten aus: Flüssigkeitspartien unter höherem Druck werden nach Gegenden niedrigeren Drucks verschoben, der Druck ist proportional der darüber stehenden Flüssigkeitssäule, der Auftrieb erfolgt vertikal. Das hydrostat. Paradoxon war A. nicht bekannt, DUHEM Bibl. Math. 3 I, 1900, 15 ff. Ergebnisse: jede freie Flüssigkeitsoberfläche ist kugelförmig gekrümmt; der Gewichtsverlust ist gleich dem Gewicht des verdrängten Volumens, diese prop. 7 bildete vielleicht die Grundlage für die Messung des Feingoldgehaltes der Krone des Hieron, I prop. 9 und II propp. 2–10 behandeln in bewunderungswürdiger Schlußsicherheit und Sachbeherrschung die Eintauchtiefen und Stabilitätslagen von senkrecht zur Achse abgeschnittenen Rot.-Paraboloiden (und Kugel) mit Scheitelhöhen $s \gtreqless {}^3/_4\, p$ (p = Parameter). Berührt die Schnittlinie die Wasserfläche nicht, so stellt sich die Symmetrieachse senkrecht. Immer verschiedene Voraussetzungen werden gemacht: die Achse soll gewisse Verhältniswerte nicht über- oder unterschreiten, die spezifischen Gewichte von Körper und Flüssigkeit sind gleich oder verschieden, die Schnittfläche sei ganz, teilweise oder gar nicht oberhalb der Oberfläche.

7. Dimensio circuli. A. geht aus von den Größenverhältnissen Seite zu halber Seite eines der sechs gleichseitigen Dreiecke, die zusammen das einem Kreis einbeschriebene Sechseck bilden = 2:1, und – bei erneuter Winkelhalbteilung am Zentrum – winkelhalbierende – als Hypotenuse eines rechtwinkeligen Dreieckes zu kleinerer Kathete = $1 : \sqrt{3}$ nach Eukl. 6, 3; und bei Unterteilung bis auf den 96sten Teil von 360 findet er für das 96er Polygon das Verhältnis Umfang des Kreises zu Radius $< 3\,^{10}/_{70}$. Wird ein analoges Verfahren für ein eingeschriebenes Sechseck durchgeführt, so findet sich $> 3\,^{10}/_{71}$. HEATH (1) 2,50 ff. stellt die Theorien zusammen, wie A. seine Eingrenzungswerte gefunden haben mag, vgl. (2) LXXX ff. Dem Vorschlag von C. MÜLLER, QSt 2,281 schließt sich TOEPLITZ ebd. 286 an: Ausgehend von der Gnomonformel $(a + x)^2 = a^2 + 2ax + x^2$ berechnete A. alternierend die einschließenden Grenzen, indem er quadrat. Terme durch gewisse naheliegende lineare ersetzt. Müller findet in der 3. Näherung die a.-n Werte $265/153 < \sqrt{3} < 1351/780$.

8. Arenarius, *Ψαμμίτης*, eine dem König Gelon gewidmete Untersuchung über die Möglichkeit, Zahlen oberhalb $\overset{M}{M}$, *μυρίας μυριάδας*, dekadisch zu formieren, in einer Terminologie, welche gestattete, Zahlen oberhalb jeder gewünschten Setzung – und sei es die Ausmessungszahl des Weltalls mit Sandkörnern – in knappster Form niederzuschreiben. A. rechnet 10000 Sandkörner auf ein Mohnkornvolumen und von diesen

64000 auf eine Kugelschale von Fingerbreite. Danach faßt das Universum 10^{51} eng gelagerte Sandkörner (die Fixsternsphaere Aristarchs würde 10^{63} fassen). Die Zahlen von 1–100000000 – *πρῶτοι ἀριϑμοί* – bilden die 1. Octade, $10^{8\cdot 2}$ die 2. = *δεύτεροι ἀ.* und so fort bis $10^{8\cdot 10^8}$, genannt die 1. P[eriode]. Diese, als Einheit genommen, wird wiederum bis zur 10^8ten Ordnung = p^{10^8} = $10^{8\cdot 10^{16}}$ erhöht. Diese arch. Stellenrechnung verifiziert im Sachlichen die Identitäten $a^b \cdot a^c = a^{b+c}$ und $(a^b)^c = a^{b\cdot c}$.

9. Das Rinderproblem stellt die Aufgabe der unbestimmten Analysis, die Anzahlen von Stieren und Kühen, unterteilt nach vier Farben unter Hinzutritt von 9 kombinator. Bedingungsgleichungen zu ermitteln, AMTHOR Ztschr. f. Math. Phys. h.-l. Abt. 25, 1880, 156ff. bemerkt, daß die Niederschrift der acht zu findenden Zahlen 660 Seiten (einer Logarithmentafel) zu je 2500 Ziffern benötigen würde. Die Forderung, das auszurechnen, ließ A. in epigrammatischer Form den alexandrin. Mathematikern über Eratosthenes zugehen.

10. Die »Methode« überlieferte uns eine von HEIBERG 1906 in Konstantinopel als Palimpsest entdeckte und 1910 herausgg. Hs. des 10. Jh. Es werden in ihr folgende Sätze herausgestellt: Eine Kugel hat den doppelten Inhalt des regulär einbeschriebenen Doppelkonus, ein Sphaeroid das $^2/_3$fache Volumen des umschriebenen Zylinders. Das Paraboloid hat den $^3/_2$fachen Inhalt eines einbeschriebenen Kegels. Von dem einem parallepipedischen Prisma einbeschriebenen Kreiszylinder wird von einer durch die Mittelachse der quadrat. Grundfläche und einer oberen Kante gelegten Ebene 1 Sechsteil des Prismavolumens abgeschnitten. Der »Liber assumptorum« ist wahrscheinlich nicht archimedisch, → Geometria.

11. Als verloren haben folgende Bücher des A. zu gelten: Untersuchungen über Polyhedra, *Ἀρχαί*, mit dem Thema *κατονόμαξις τῶν ἀριϑμῶν*; *Περὶ ζυγῶν*; *Κεντροβάρικα*; *Κατόπτρικα*; *Περὶ σφαιροποιΐας*; *Ἐφόδιον* und ein Kalender. R. B.

J.L. Heiberg Arch. opp. omn., 1915, 3 Bde., Quaestiones Archim. Hauniae, 1879. *Fr. Hultsch* RE II 507–539. *Th. Heath* Works of A. (Dover-Druck) (1); *ders.* Hist. Gr. Math., 1921, 2 Bde. (2) *A. Czwalina* Übers. in »Ostwalds Klassikern«. *Ver Eecke* Oeuvres compl. d'A. Übers. u. Komm., Par.-Brux. 1921. *E.J. Dijksterhuis* A., Copenh. 1956. *B.L. van der Waerden* Erwach. Wissensch., 1956. *Hjelmslev* Cent.1,1950, 2ff. Scripta Math. XXVI (1963) 143.

Archimimus. Der a., meist ein Freigelassener, oft in hohem Ansehen, spielte die Hauptrolle im Mimus und war als Direktor der Truppe Vorsteher der übrigen Mimenspieler. Inschriften erwähnen einen *a. latinus* und einen *a. graecus*. Der *a. diurnus* war auf Lebenszeit mit Tagelohn angestellt. CIL III 6113 erscheint ein *a. officialis*, der besoldet war. C. F.

Archinos. Gemäßigt demokrat. Staatsmann Athens aus der 2. Hälfte des 5. Jh. (PA 1,2526). Er nahm 403 von Phyle aus mit Thrasybul den Kampf gegen die Dreißig auf und trat nach dem Sieg erfolgreich für die allgemeine politische Amnestie, für eine strenge Beachtung der neuen Verfassung und gegen die Ausweitung des athenischen Bürgerrechts ein (Aristot. Ath. Pol. 34,3. 40,1 f.). Auf A.s Initiative ging auch die Einführung des ion. Alphabets in Athen 403/02 zurück. Fr. Kie.

Archippos. Dichter der Alten Komödie, siegte in der 91. Olympiade (415/12); 2 seiner Stücke lassen sich auf kurz nach 403 datieren. 6 Titel, darunter *Ἀμφιτρύων*, *Ἡρακλῆς γαμῶν*, *Ἰχϑύες*, und 54 Fragmente sind erhalten. Die »Fische« waren eine genaue Nachahmung von Aristophanes' »Vögeln«. Damit mag zusammenhängen, daß 4 Stücke des Aristophanes, deren Echtheit zweifelhaft war, von manchen dem A. zugeschrieben wurden (KAIBEL, H 24, 1889, 42 und RE). W. K.

Architectura s. Bauwesen

Ἀρχιϑέωρος (*ἀρχεϑέωρος*). An der Spitze einer *ϑεωρία* stehender, angesehener, reicher Mann (oder mehrere) mit Repräsentations- und religiösen Pflichten. Äquivalent der Gemeinschaft für den persönlichen und materiellen Einsatz (*λειτουργία*), den der Führer einer solchen Festgesandtschaft meist leistet, ist die Ehre. Vgl. Aristot. eth. Nic. 4,1122a 18ff.; dazu And. 1,132. Demosth. 21,115. Inschr.: Sylloge³ 398,20. 558,22. 560,30. 696 A. 698,5. 711 C 5. 1158,14.24. A. M.

Archiv. Begriff und Name.

Im Alt. ist ein A. nicht nur die Stelle, in der das zur dauernden Aufbewahrung bestimmte Schriftgut niedergelegt wird, sondern zugleich auch die Behörde, die den schriftl. Ein- und Auslauf regelt, d.h. also eine Einrichtung, die (nach unserem Sprachgebrauch) A. und Kanzlei vereinigt.

Der Name A. (griech.: *ἀρχεῖον*) kommt urspr. von dem Amtsgebäude der Behörden (*ἀρχαί*), so bei Hdt. 4,62,1. Lukian ver. hist. 1,29 und Poll. 6,35. Erst von Ios. c. Ap. 1,143 beginnt das Wort den uns h. geläufigen Sinn zu erhalten. Andere griech. Bezeichnungen sind *δημόσιον* (Demosth. 18,142: CIG. 123. 31. 37 Z. 52. 86. 108), und, von den Lexikographen umschreibend gebraucht, *γραμματοφυλάκιον* und *χαρτοφυλάκιον*. Der gebräuchliche Name für A. im Lat. ist *tabularium*. *Archiv(i)um* (ältere Form *archium*) erscheint als griech. Lehnwort zuerst bei Front. ad Marc. 1,6, bleibt jedoch gegenüber *tabularium (civitatis)* selten. Andere Namen sind: *monumenta publica*, *instrumentum* (beide Bezeichnungen auch für Archivalien verwandt), während *sanctuarium, sacrarium* für das A. des Kaisers galt.

Ägypten und der Vordere Orient.

In Äg. ist als bedeutendster A.fund die Keilschriftkorrespondenz Amenophis III. und IV. Echnaton (1411–1358 v. Chr.) mit den großen und kleinen Königen von Palästina bis Mesopotamien in Tell-el-Amarna zu verzeichnen. Als einziges Papyrusarchiv alter Zeit ist das der jüdischen Kolonie von Elephantine in Oberäg. zu nennen. Die Masse der in Mesopotamien in den verschiedensten Grabungsstätten gefundenen Tontafeln – bis h. sind es mehr als 400000 – stellt kein eigentliches Archivgut dar, sondern »Kanzlei- oder Registraturgut«, da es nicht, wie Papritz ([11], 18) nachweist, zur dauernden Aufbewahrung bestimmt war. Es kommt hinzu, daß der alte Orient A.- und Bibliotheksgut, Urkunde und Literaturwerk, nicht grundsätzlich in der Weise unterschieden hat, wie wir dieses h. tun. Auch sind die organischen Zusammenhänge der Schriftstücke untereinander (nach der archivarischen Terminologie: die Fonds oder Provenienzen) bei den Grabungen und den daraufhin folgenden Veröffentlichungen in früherer Zeit nur ungenügend beachtet worden, so daß es h. bei den vorderasiat. Verwahrungsstätten vielfach unmöglich geworden ist, bedeutsame Schlüsse über die Schriftgutverwahrung ziehen zu können. Trotz dieser Schwierigkeiten können wir drei verschiedene Arten von A. aus dem mesopotamischen Fundmaterial erkennen ([8], 83): die der Königspaläste, der Tempel und der Privatpersonen (bes. von Bankhäusern). Allen Dreien ist gemeinsam, daß sich in ihnen vornehmlich das Kanzleigut der Wirtschaftsverwaltung findet. Der eindrucksvollste Fund ist der von Mari (Tell Hariri) am mittleren Euphrat, der uns die Schriftgutverwaltung im Zeitraum etwa 1750 bis 1695 v. Chr. zeigt. Zwei weitere Schriftgutüberlieferungen von großen Zentren des damaligen politischen Staatensystems sind uns erhalten geblieben in Chattuscha (Bogazköy), der Hauptstadt der Hethiter, und in Ugarit (Ras Schamra) an der syrischen Mittelmeerküste. Ähnlich müssen wir uns die Verhältnisse an den Höfen in Babylon, Assyrien mit Ninive und den anderen politischen Zentren jener Zeit vorstellen.

Griechenland.

Die Anfänge der abendländischen Schriftgutbewahrung sind aufs engste mit Altmesopotamien verknüpft, wie wir heute durch die Tontafelfunde in Knossos und Phaistos auf Kreta und Pylos auf der Peloponnes erkennen können, die den gleichen Typ der großen Wirtschaftsregistraturen darstellen, »mit dem in Mesopotamien das Archivwesen beginnt und endet« ([11], 45). In Athen und auch in den anderen Stadtstaaten und Kolonien scheint sich ein eigentliches A.wesen erst spät entwickelt zu haben. Ausgangspunkt sind hier nicht Registraturen, sondern die Publizierung der Gesetze, Staatsverträge, Siegerlisten usw. durch öffentliche Ausstellung. Um 460 wurde dieses Material 7 *νομοφύλακες* anvertraut und in das *βουλευτήριον* auf den Markt als den Mittelpunkt des öffentlichen Lebens gebracht. In der Mitte des 4. Jh. wurde in Athen ein staatliches

Hauptarchiv im Metroon errichtet, in dem die Gesetze als *αὐτόγραφα* (Originale) oder *ἀντίγραφα* (Abschriften) mit den Protokollen von Rat und Volksversammlung, den Strafprozessen und Rechnungsakten Aufnahme fanden. Das A. im Metroon gehörte zum Typ der Auslesearchive, in denen das Ausstellermaterial die Grundlage bildete. Was nicht zu den Staatsurkunden gehörte, wurde in den Amtslokalen der einzelnen Behörden verwahrt. Außerhalb Athens gab es in zahlreichen anderen Städten eigene A., so bes. schon in früher Zeit ein Orakelarchiv der Priester zu Delphi.

Rom.

Athen galt den Römern als unerreichtes Vorbild gewissenhafter Sorgfalt in der Aufbewahrung der Gesetze und Volksbeschlüsse, und so wiederholen sich nach Herkunft und Organisation die Grundzüge des griech. Archivwesens bei den Römern. Nachdem anfänglich unter den Königen und in der ersten Zeit der Republik die *tabulae publicae*, die Staatsurkunden, in den Tempeln und an den öffentlichen Gebäuden des Kapitols ausgestellt wurden, gelangten die vom Senat erlassenen Gesetze und seine anderen Beschlußfassungen in authentischer Form später in das unter Leitung der Quästoren stehende Aerarium des Saturn, das ähnlich wie das Metroon in Athen den Charakter eines Staatsarchivs annahm. Im J. 78 v. Chr. wurde am SO.-Abhang des Kapitols ein eigener Zweckbau errichtet, das Tabularium civitatis, das ausschließlich zur Rechtssicherung eingesetzt war, und somit als öffentliche Registerbehörde, erst in zweiter Linie der Schriftgutverwahrung zu dienen hatte. Und dennoch ist das Tabularium zur »geistigen Keimzelle der abendländischen archivischen Schriftgutbewahrung geworden« ([11], 38). Daneben bestanden noch eine ganze Reihe von Behördenarchiven, auch in den Provinzen. In der Kaiserzeit entwickelte sich aus der Kanzlei, in der in zwei Abteilungen (einer griech. und einer latein.) die gesamte offizielle Korrespondenz konzentriert war, das Tabularium oder Sanctuarium Caesaris, im Kaiserpalast untergebracht. Es enthielt vornehmlich die verschiedenen Gattungen der Amtstagebücher, der Commentarii principis, in die alle schriftlichen oder mündlichen Bescheide der Caesaren registerartig eingetragen wurden, und die über die päpstlichen Register in das Mittelalter und bis in die Neuzeit hinein stark nachgewirkt haben. W.N.

1. *A. Brenneke* u. *W. Leesch* Archivkde., 1953, 107–112. 2. *K. Groß* Archiv. Reallexikon f. Antike u. Christentum 1, 614–631. 3. *F. Milkau–J. Schawe* Gesch. der Bibliotheken. HB der Bibliothekswissenschaft[2] 1955. 4. *C. Dziatzko* Archive. RE II 553–564. 5. *J. A. Knudtzon, O. Weber, E. Ebeling* Die El-Amarna-Tafeln, 1915. 6. *A. A. Kampman* Archieven en bibliotheken in het oude Nabije oosten. Handelingen van het Zesde Wetenschappelijk Vlaamsch Congres voor Boeken Bibliotheekwezen, 1941, 159–220. 7. *G. Goossens* Introduction à l'archivéconomie de l'Asie

antérieure RAss. 46, 1952, 98–107. 8. *M. Weitemeyer* Babylonske og Assyriske arkiver og biblioteker, 1955. 9. *H. Otten* Bibliotheken im Alten Orient. Das Altertum 1, 1955, 67–81. 10. *E. Weidner* Amts- und Privatarchive aus mittelasyr. Zeit. Vorderasiat. Stud., Festschr. f. Viktor Christian, 1956, 111–118. 11. *J. Papritz* Archive in Altmesopotamien. Archival. Ztschr. 55, 1959, 11–50. 12. *A. Wilhelm* Beiträge zur griech. Inschriftenkde. Sonderschriften des Öst. Archäolog. Instituts 7, 1909, 239ff. 13. *C. Curtius* Das Metroon in Athen als Staatsarchiv, 1868. 14. *A. Evans* The palace of Minos at Knossos 1–4, 1921–1936. 15. *J. W. Kubitschek* Acta RE I 285–301. 16. *A. v. Premerstein* Commentarii. RE IV 726–759. 17. *E. Sachers* Tabularium. RE IV A 1962–1969. 18. *E. Kornemann* Tabulae publicae. RE IV A, 1957–1962. 19. *Th. Mommsen* Über das röm. Archivwesen. GSchr. 5, 339ff. 506ff. 20. *G. Cencetti* Gli archivi dell'antica Roma nell'età Repubblicana. Archivi d'Italia, 2. Ser. 7, 1940, 7ff.

Archon (*Ἄρχων*) **1.** Sohn des Kleinos aus Pella, Sieger in isthm. und pyth. Spielen, 326 Trierarch der Alexanderflotte am Hydaspes. Arr. Ind. 18,3.324 Satrap von Babylonien, von Perdikkas abgesetzt und im Kampf mit Dokimos 321 gefallen. Diod. 18,3,3. Iust. 13,4,23. FGrH 156, F 10a,3ff. J. Bousquet BCH 83, 1959, 155ff. – **2.** Aus Aigeira (Pol. 29,25,6. SGDI 1774), war 187 Stratege des achaeischen Bundes und vertrat ihn 185 Q. Caecilius Metellus gegenüber. Pol. 22,10,8. 19,1. Für eine Aussöhnung mit Makedonien sprach er 174. Liv. 41,24. Als Stratege sandte er 172 den Römern 1000 Mann nach Chalkis. Pol. 27,2,11. In seiner dritten Strategie erwirkte er den Bundesbeschluß, den Römern gegen Perseus zu helfen, und eine Ehrung des Eumenes. Pol. 28,6,8. 7. 12,1 ff. Als Gesandter sollte er 169 Ptolemaios VI. und Ptolemaios VIII. mit Antiochos IV. versöhnen. Pol. 29,23,3. 25,6. H. V.

Archonides (*Ἀρχωνίδης*) **1.** König der Sikeler in Herbita, gründete um 446 Kale Akte. Als Freund der Athener starb er 414. Diod. 12,8,2. Thuk. 7,1,4. – **2.** Fürst in Herbita, Freund der Athener, schloß mit Dionysios I. 403 Frieden und gründete mit Söldnern die Stadt *Ἄλαισα Ἀρχωνίδειος*. Diod. 14,16. IG II^2 32. H. V.

Ἄρχοντες (*ἄρχων*). An einen oder mehrere Inhaber geknüpftes politisches Führungsamt, das hist. mit dem Übergang von Monarchie in Aristokratie verknüpft und bes. für Athen verfassungsgeschichtlich gut bezeugt ist. Im Gegensatz zur stammesstaatlichen Organisation, die den *βασιλεύς* an die Spitze des Gemeinwesens stellt, gehört der *ἄ.* mehr dem sich konstituierenden stadtstaatlichen Denken an, das die Bestandteile des Königtums auseinandernimmt und im *βασιλεύς* die religiös-kultischen Funktionen, im *πολέμαρχος* das militärische Kommando, im *ἄ.* Verwaltungs- und Rechtsprechungsaufgaben konzentriert. Aristoteles (Ath. pol. 3) spricht von einer organischen Entwicklung der Machtbeschränkung des *βασιλεύς*, indem die *πολεμαρχία* kriegsuntüchtige Könige entlasten sollte und über das außerordentliche Amt zum ordentlichen wurde, während das Archontat, zeitlich später, mit wachsenden Aufgaben des Staats immer neue Funktionen auf sich vereinigte und damit groß wurde. Beweis für das Archontat als jüngstes Amt: *ὅτι δὲ τελευταία τούτων ἐγένετο τῶν ἀρχῶν, σημεῖον καὶ τὸ μηδὲν τῶν πατρίων τὸν ἄρχοντα διοικεῖν, ὥσπερ ὁ βασιλεὺς καὶ ὁ πολέμαρχος, ἀλλ' ἁπλῶς τὰ ἐπίθετα* – die A. stehen nicht in Verbindung mit den *πάτρια*. Wenn später 6 weitere A. unter dem Namen *θεσμοθέται* hinzukamen, *ὅπως ἀναγράψαντες τὰ θέσμια φυλάττωσι πρὸς τὴν τῶν ἀμφισβητούντων κρίσιν*, eine rechtsaufzeichnende, rechtswahrende und rechtsbezeugende Behörde also, so spiegeln die 9 A. die Entwicklungsgeschichte des Mit- und Gegeneinanders der staatlichen Führungsämter und ihrer Kompetenzen wider. Zu irgendeiner Zeit muß das erbliche Königtum in das Archontat übergegangen sein. Aristoteles sagt, unter den Kodriden Medon oder Akastos hätte der König auf seine erblichen Souveränitätsrechte verzichtet *ἀντὶ τῶν δοθεισῶν τῷ ἄρχοντι δωρεῶν*. Das kann nicht heißen, die *βασιλεία* sei gegen das Archontat und seine Vorrechte eingetauscht worden, sondern im Zusammenhang mit Her. ep. 3: *ἀπὸ δὲ Κοδριδῶν οὐκέτι βασιλεῖς ᾑροῦντο, διὰ τὸ δοκεῖν τρυφᾶν καὶ μαλακοὺς γεγονέναι* darf man wohl annehmen, daß das schwächliche Königsgeschlecht entmachtet wurde und die Monarchie dem Namen nach zwar weiterexistierte, aber in ihrer Funktion von der Polisverfassung her (wie das Archontat) bestimmt wurde. »Unter Akastos erfolgte also nicht der Übergang der Medontidai vom Königtum zum Archontat, sondern die weitere Beschränkung des Königtums durch die Einsetzung des A., der selbstverständlich nicht zu ihrem Geschlecht gehörte« (Busolt GrStk 789). Wenn später in der Eidesformel der 9 A. *τὰ ἐπὶ Ἀκάστου ὅρκια* erwähnt werden, so könnte das auf eine beschworene Ordnung hinweisen, die *βασιλεία* und Magistratur in ein bestimmtes Verhältnis bringt (Kompetenzabgrenzung). "But the occurrence of the name Akastos in the oath need not be taken as proof that the oath was contemporary with him. If it was later, the reference in it to Akastos might be explained as a device to provide the usurpation of authority by the nobles with a respectable antiquity" (Hignett A History of the Athenian Constitution, 1952, 46). Wenn wir also Akastos keinen sicheren Platz anweisen können, so deshalb, weil wir gewisse Fakten, wie den Übergang von *βασιλεία* in Archontat, nicht mit bestimmten Zeitvorstellungen verbinden können (682/81 Beginn der att. Eponymendatierung, was vorher liegt, Listen der zehnjährigen und der lebenslänglichen A. nach Eusebios, Hieronymos, Synkellos, Exc. lat. Barb. und die Königslisten des Eratosthenes und Kastor, ist unsicher). Dazu kommt, daß Fakten und Daten, die mit Hilfe logischer und verfassungsgeschichtlicher Erwägungen gewonnen werden, Aristoteles (vor allem im 3. cap. der Ath. pol.) in fast jeder Äußerung anfechtbar erscheinen lassen. Allgemein wird man aber sagen dürfen: »Anders als später in Rom ist die Monarchie in Griechenland nirgendwo verfemt worden, auch dies ein Zeichen dafür, daß sich der Übergang vom Königtum zur Adelsherrschaft auf evolutionärem Wege vollzogen hat« Bengtson GG 105). Der *ἄ.* ist also eine aristokrat. Tatsache, daß er in Athen zu einer demokrat. wird, ist nicht nur aus der Verfassungsgeschichte, sondern aus den geistesgeschichtlichen und machtpolitischen Voraussetzungen zu erklären (dazu H. Berve in Gn. 27, 1955, 225 ff., Rez. des Buches von Hignett). Wenn Aristoteles das Archontat aus einem lebenslänglichen in ein zehnjähriges und schließlich in ein einjähriges übergehen läßt, so mag man die Zeitabstände als chronolog. Spekulation betrachten, den organischen Übergang von den Formen des Erbkönigtums in die Jahresmagistratur wird man nicht verkennen können. Ebenso ist der vollendete Kreislauf, den Aristoteles darlegt: die A. (und die übrigen *ἀρχαί*) werden vom Areopag gewählt, unterliegen seiner oberrichterlichen Gewalt (Ath. pol. 4,4) und der gewesene A. kehrt wieder in den Areopag zurück (cap. 8), nicht einfach zu entkräften, da in diesem Kreislauf die Tatsache der vollendeten Aristokratie beschlossen liegt. Dieser Kreislauf soll schon von Drakon unterbrochen und von Solon vollends aufgehoben worden sein (*προύκρινεν δ' εἰς τοὺς ἐννέα ἄρχοντας ἑκάστη δέκα, καὶ τούτων ἐκλήρουν*). Solon kann sich in seinem Archontat nicht mehr nur auf den Adel stützen, ihm geht es nicht um *ἀγαθοί* oder *κακοί*, sondern um den Ausgleich der Interessen, die *εὐνομία* der Polis Athen und die Beteiligung des Gesamtvolks am Staat. Wenn gegen A.-Entscheidungen (und Beamtenverfügungen generell) jetzt das Volksgericht angerufen werden kann (Ath. pol. 9; Plut. Sol. 18), so zeigt dies deutlich den Weg zur Demokratie hin. Später entscheidet die Heliaia sogar darüber, ob ein Vollbürger, dem die Bule die Fähigkeit A. zu werden absprach, zur Dokimasie zugelassen werden soll oder nicht. Der Kandidat muß nicht mehr durch Adel und Reichtum hervorragen, sondern nur noch das Gemeindebürgerrecht von Vater und Großvater väterlicher- und mütterlicherseits und die Erfüllung bestimmter Pflichten gegen die Götter, die Toten, die Eltern (das, was früher *θέμις* war) und gegen den Staat nachweisen. Mit ihrem Amtseid verpflichten sich die A. nach der Dokimasie (Fachqualifikation wird nicht geprüft!) in feierlicher Form: *δικαίως ἄρξειν καὶ κατὰ τοὺς νόμους, καὶ δῶρα μὴ λήψεσθαι τῆς ἀρχῆς ἕνεκα, κἄν τι λάβωσι ἀνδριάντα ἀναθήσειν χρυσοῦν.* Neben der Grundsatzerklärung: Rechtlichkeit, Gesetzlichkeit, Unbestechlichkeit, steht nach Amtsantritt die Eigentums- und Besitzgarantie für jeden Bürger, d.h. die innere Befriedung, die der A. Eponymos Jahr für Jahr beschwört. Diese Eide sind älter als die zeitgenössische Verfassung, in der Aristoteles (Ath. pol. 55.56) Bestellung und Kompetenzen der 9 Archonten und des A. Eponymos behandelt. A. M.

Über das Archontenamt außerhalb Athens: *v. Schoeffer* RE Artikel Archontes (mit Archontenlisten). *O. Seeck* Quellenstudien zu des Aristoteles Verfassungsgeschichte Athens, Klio 4, 1904, 270ff. *G. De Sanctis* *Ἀτθίς*² 1912. *A. Ledl* Stud. z. älteren athen. Verfassungsgeschichte, 1914. *Busolt* GrStk. 784 ff. 1081 ff. *Kahrstedt* Untersuchungen zur Magistratur in Athen, 1936. *F. Jacoby* Atthis, 1949. *C. Hignett* A History of the Athen. Constitution, 1952. Zur Archontenliste: *T. J. Cadoux*, JHS 68, 1948, 70ff.

Archytas. Von Tarent, Sohn des Mnesagoras oder Hestiaios, hochberühmter Pythagoreer der 1. Hälfte des 4. Jh. Aristoteles schrieb mehrere Werke über ihn. Aus des → Aristoxenos *Ἀρχύτα βίος* und aus Platons 7. Brief stammen die bei Diog. Laert., Iambl., Athen., Ptol. harm. nebst Porphyrios' Kommentar, Eutok. zu Archim., Cic. u. a. erhaltenen Nachrichten über sein Leben und seine wissenschaftlichen Leistungen. Er war siebenmal Stratege seiner Vaterstadt, obschon das Gesetz dies sonst nur zweimal zuließ, und wurde niemals besiegt. Mit Platon trat er bei dessen Aufenthalten in Unteritalien in Verbindung, veranlaßte seine dritte Reise nach Syrakus und erwirkte nach seinem Konflikt mit Dionysios II. seine Freilassung. Die im Spätwerk Platons spürbaren pythagoreischen Einflüsse dürften vorwiegend auf A. zurückgehen. Von seiner hohen Sittlichkeit, Milde und Selbstbeherrschung zeugen die anekdotischen Berichte bei Cic. Cato 29, Val. Max. 4,1 ext. 1 und Athen. 12,519 b. 545 a. Sein Grabmal an dem (nicht identifizierbaren, calabrischen oder apulischen) litus Matinum erwähnt Hor. c. 1,28,3. A. hat als Mathematiker, Harmoniker und Mechaniker Bedeutendes geleistet. Er unterschied die harmonische Proportion von der arithmetischen und geometrischen, konstruierte die zwei mittleren Proportionalen und fand eine mechanische Lösung des »delischen Problems«, der Verdoppelung des Würfels, mittels räumlich bewegter geometrischer Gebilde. Unter seinen mechanischen Erfindungen wird eine automatisch fliegende Taube genannt. Wegen dieser Beschäftigung verfiel er nach Plut. qu. conv. 8,2,1 p. 718 e und Marc. 14,11 gleich Eudoxos und Menaichmos dem Tadel Platons, daß er die Mathematik aus der reinen Sphäre des Unkörperlichen in die sinnliche Welt hinabziehe. Am meisten wissen wir über die Leistungen des A. für die Harmonik durch Berichte und Zitate aus dem (dorisch geschriebenen) *Ἁρμονικός* des A. in Ptolemaios' *Ἁρμονικά* und Porphyrios' Kommentar dazu. Danach hat A. die Zahlenverhältnisse der Intervalle in allen 3 Tongeschlechtern (enharmonisch, chromatisch, diatonisch) berechnet, Höhe und Tiefe der Töne auf größere oder geringere Schnelligkeit des Schalles und bei Blasinstrumenten auf die Länge oder Kürze des Rohres zurückgeführt. Ein frg. aus den *Διατριβαί* betont den Vorrang der Arithmetik vor der Geometrie. Zahlreiche bei Späteren erwähnte Schriften oder Schriftentitel des A. sind zweifelhaft oder bestimmt unecht, so auch die bei Diog. Laert. 3,22 und 8,80 erhaltenen Briefe an Dionysios und an Platon. K. Z.

Diels-Kranz Vorsokr.[6] Nr. 47 (35). *v. Jan-Wellmann* RE III 600ff. *Zeller* PhdGr. III 2 (V) 103 ff.

Arcturus s. Sternbilder

Arcus heißt jeder Bogen. Der Bogenbau mit Keilschnitt kommt kurz vor 300 v. Chr. in Griechenland auf, verbreitet sich bald in Italien, wo er wegen des weichen Gesteins besonders beliebt ist. Schmuckformen finden sich an Stadttoren und → Triumphbogen. A. R.

A. K. Orlandos Ἡ ἀρχαία ἑλληνικὴ ἀρχιτεκτονική I 2, Athen 1958, 338ff. *R. Delbrück* Hellenist. Bauten in Latium II. BJ 118, 1909, 280ff. *(Rudolph Schultze).* JDAI 50, 1935, 138ff. und 57, 1942, 1ff. *(Kähler).* Encicl. Arte Class. Or. I 582ff. *(Nicolosi/Matthiae).*

Ardabur. Flavius A. Aspar, arianischer Germane, röm. General von 424–471. A. befehligte gegen den Usurpator Iohannes (424/25 mit seinem Vater, dem *mag. militum* A.), die Wandalen (in Afrika 431–34), die Perser (441) und Attila (447–50). Den Höhepunkt seiner Macht erreichte A. unter Kaiser → Marcianus. Sein Sohn wurde damals (bis ca. 464) *mag. militum per Orientem.* Kaiser Leo, mit A.s Hilfe auf den Thron gelangt, suchte durch Heranziehung der Isaurier ein Gegengewicht zu schaffen. Doch A.s Einfluß blieb stark, sein Sohn Patricius mußte sogar zum Caesar ernannt werden. Erst 471 wagte man A. und seine Söhne umzubringen. A. L.

Stein Gesch. 1,283 ff.

Ardea (Nissen It. Ldk. 2,576. Beloch RG 516). Stadt der Rutuler (Strab. 232) vom Sohn des Odysseus und der Kirke (Dion. Hal. ant. 1,72) oder Danae (Serv. Aen. 7,372. Plin. nat. 3,56 u. a.) gegründet; ihr König Turnus ist Sohn des Daunus (Verg. Aen. 10,616) und Enkel des Pilumnus (619), was für illyr. Herkunft spricht (Altheim Röm. Rel. 1, 1951, 138f. Krahe Balkanill. geogr. Namen 80); angebliche Gründung Sagunts durch Ardeaten (Liv. 21, 7,2 u. a.). Während des karthag.-röm. Vertrages von 508 v. Chr. (Pol. 3,22,11) in röm. Hand; Mitglied des lat. Bundes (Cato frg. 58 P. Dion. Hal. ant. 5,61), latin. Kolonie im J. 442 v. Chr. (Liv. 4,9ff.), Exil für Camillus (Liv. 5,43. Mommsen, RStR 3,48), von den Samniten verwüstet (Strab. 232.249), Staatsgefängnis im J. 186 v. Chr. (Liv. 39,19). Vorstandschaft des lavin. Venuskultes (Strab. 232), Weihung für Iuppiter auf dem mons Albanus (CIL I² 39), Dioskuren (Serv. Aen. 1,44. Altheim Griech. Götter 29), Iuppiter Indiges (Plin. a.O. Koch Gestirnverehrung 98), Inuus (Altheim Röm. Rel. 139); j. Ardea an der via Ardeatina (Fest. 356,20 L.). G. R.

Arderikka (Ἀρδέρικκα). **1.** Nur von Hdt. 1,185 erwähnte *κώμη* oberhalb Babylons, nicht näher zu bestimmen. **2.** Ebenfalls von Hdt. 6,119 genannter Ort, in dem 490 v. Chr. die Gefangenen des euböischen Eretria nach der Zerstörung dieser Stadt durch Datis angesiedelt wurden. A. lag im Bergland der *Κίσσιοι*, etwa 60 km n. von Susa (h. Kir-Ab). Vgl. Gr. Hist. Weltatl. I, S. 10b. H. T.

Ardiaioi, dalmat. Volksstamm, im Raum des Naron bis zur Küste bei der Insel Pharos. Mit ihren ö. Nachbarn (Autariatai) lebten sie beständig im Kriege wegen der Salzquellen am Oberlauf des Naron. Mit den vom N. eingewanderten Kelten kämpften die A. schon um 380 v. Chr. Ihre Raubzüge zur See wurden früher durch die Liburnoi und die griech. Inselstädte, dann durch die Römer eingedämmt. Im J. 135 v. Chr. sind die A. unter die Herrschaft der Römer geraten. Unterjocht wurden sie in das rauhe Binnenland zurückgedrängt. Blütezeit der A.: 230–167 v. Chr., als sie eine Art Reich besaßen. J. Sz.

Arduenna, ausgedehntes, von der Maas bis zum Rhein auf 4000 Stadien (Strab. 4,194) sich erstreckendes Waldgebirge. Auf zwei Inschr. ist die Göttin Arduinna oder Ardbinna genannt, als Diana dargestellt: Dess ILS 4633. 4697. P. W.

Ardys. 1. A. I., der viertletzte der 22 Heraklidenkönige Lydiens auf der Liste des Xanthos, der älteste von den Chronographen verzeichnete. Er soll von Ol. 1 (776) ab 36 J. regiert haben. **2.** A. II., Sohn und Nachfolger des Gyges. Nach Hdt. 1,16,1 regierte er 49 J. (678–630; dazu H. Strasburger, Hist. 5, 1956, 139f.), nach Eusebios 37 J. (661 bis 625), nach den wohl zutreffenden assyrischen Berichten bestieg er 652 den Thron (vgl. H. Kaletsch Hist. 7, 1958, 1ff.), nach der Niederlage und dem Tod des Gyges gegen die Kimmerier. A. konnte das Lyderreich nach ihrer Invasion restaurieren, doch in seinem 7. J., also 645, eroberten die wohl vom Balkan kommenden Treren (von Hdt. 1, 15 irrtümlich ebenfalls Kimmerier genannt) im Bunde mit den Lykiern Sardeis bis auf die Burg. Diese konnte A. halten und von hier aus sein Reich abermals wiederherstellen. Im Rahmen der Ausdehnungsbestrebungen des Lyderreichs zum Ägäischen Meer eroberte A. danach Priene und begann einen Krieg mit Milet (Hdt. 1, 15), den dann seine Nachfolger Sadyattes und Alyattes weiterführten. Fr. Kie.

G. Radet La Lydie et le monde grec aux temps des Mermnades, 1893. *D. G. Hogarth* in: CAH 3, 1925, 510ff.

Arecomici s. Volcae

Areia (Aria). **1.** Erstmalig von Strab. p. 515f. erwähnte Landschaft des n. ö. Iran, von Plin. nat. 6,93 *Ariana regio* genannt, deren Bewohner, die *Ἄρ(ε)ιοι*, der 16. persischen Satrapie angehörten (Hdt. 3,93). 330 v. Chr. wurde die A. makedonisch, später seleukidisch und parthisch. Nach Ptol. 6, 17,3 enthielt die A. eine große Anzahl von Teilstämmen, dazu zahlreiche πόλεις und κῶμαι (§ 4), darunter die Hauptstadt Ἀλεξάνδρεια ἡ ἐν Ἀρείοις (h. Herat) am Fluß Ἄρειος (h. Heri-Rud). Beziehungen der Ἄρειοι bestanden zu den Medern und Baktriern (Hdt. 7,66). Die A. war in den Niederungen fruchtbar, brachte auch guten Wein hervor (Strab. p. 73). In den Bergen lebten Nomaden, in den Ebenen feste Ansiedler. H.T.

2. Epiklesis a) der Aphrodite in Sparta (ihr dortiger Tempel und ihre Kultbilder erwähnt von Paus. 3,17,5), wahrscheinlich war sie bewaffnet dargestellt. b) der Athena, als der kriegerischen Göttin, in Athen (auf dem Areopag stand ein angeblich von Orestes geweihter Altar der Athena A., Paus. 1,28,5), in Plataiai (Tempel der Athena A., aus der pers. Beute erbaut, Kultbild des Pheidias, Gemälde des Polygnot und Onasias [Paus. 9,4,1, Plut. Arist. 20]), in Pergamon, Smyrna und Ephesos. W. S.

RE II 620f. (Jessen).

Areion (Ἀρείων, hsl. auch Ἀρίων, Münzen Ἐρίων), das gottentstammte Schlachtroß des Adrastos, Hom. Il. 23,346. Nach der Thebais des epischen Kyklos rettete sich Adrastos auf ihm als einziger aus dem Kampf der Sieben gegen Theben, Paus. 8,25,4–10. Hier auch unter mehrfacher Bezugnahme auf die Thebais des Antimachos die Geschichte des Pferdes. Poseidon zeugte es in Gestalt eines Hengstes mit Demeter, die sich ihm durch Verwandlung in eine Stute hatte entziehen wollen, bei Thelpusa in Arkadien. Die Geschichte soll die Beinamen der beiden Gottheiten, Hippios und Erinys (die »Zürnende«), erklären. Adrastos ist der 3. Besitzer des Rosses, nach Onkos und Herakles. Hes. Aspis 120. H. v. G.

Prell.-Rob. 1,590ff. *Wilam.* Herakles 2,143.

Areios s. Arianismus

Areios Didymos. Aus Alexandreia, Lehrer (Suet. Aug. 89,1) und Freund (Plut. Ant. 80) des Kaisers Augustus. Beim Tode des Drusus verfaßte A. D. eine Trostrede, von der ein Bruchstück bei Seneca, consol. ad Marciam 4,3–5,6 erhalten ist. Die Versicherung des Kaisers, um A. D.' willen habe er Alexandreia nicht zerstören lassen (Cass. Dio 51, 16,3.4), muß als rhet. τόπος verstanden werden. A. D. rechnet zur Stoa, wird aber nicht als Stoiker kenntlich. Vielmehr hat er umfängliche Materialsammlungen über das Lehrgut verschiedener Schulen angelegt; erhalten sind Fragmente zur stoischen Physik und Ethik, zur Ideenlehre Platons, zur Ethik des Eudoros von Alexandreia, der Stoa u.a. Mit dem Wort »Eklektizismus« ist A. D. nicht richtig gekennzeichnet: Nachdem die Philosophie sich außerordentlich stark differenziert hatte, bedurfte die Diskussion handbuchartiger Zusammenfassungen: Eine solche gab A. D., der im Ernst und im Fleiß des Sammelns von alexandrinischer Wissenschaftlichkeit getragen ist. H. D.

Ausgabe der Fragm. zur Physik: *Diels*, Doxogr. 445–472; zur Ethik: Stobaios ecl. 2,7.37–152 *Wachsmuth*.

Ἄρειος πάγος. Hügel w. der Akropolis von Athen, alte Blutgerichtsstätte, an der Ares wegen Mordes an Halirrothios von den Göttern selbst gerichtet worden sein soll (Hellanik. FGrHist 4 F 169a. Eurip. El. 1242. Paus. 1,28,5. Suda). Der göttliche Gerichtshof ist also Vorbild für die menschliche Institution geworden, die auf dem Areshügel Recht sprach. Mit hoher Würde und Ansehen umkleidet, erscheint der Areopag in den Eumeniden des Aischylos, wo er im Konflikt zwischen alter chthonisch-matriarchaler Ordnung (vertreten durch die Erinyen) und der olympisch-patriarchalen Rechtswelt schiedsrichterlich entscheiden soll. Athene, die mit ihrem Stimmstein den Ausschlag gibt, stellt Stimmengleichheit her (Präjudiz für Freispruch, vgl. Eurip. El. 1252). Damit tritt die Göttin den menschlichen Richtern an die Seite, sie führt durch das Medium des Gerichtshofs ein unentschieden herbei. »... der Areopag ist ... notwendig als Organon der Fügung, er ist wie die von Zeus in der Ilias gehobene Waage ein Instrument, den Schicksalswillen, das Verhängnis, zu erkunden ... Freilich setzt Athenas Thesmothesis dem Areopag noch eine darüber hinausgehende, besondere Zukunfts-Aufgabe. Dieses athenische Bürgergericht, ein oberster Gerichtshof der Polis, eingesetzt zum sichtbaren Zeichen, daß die Polis über dem Genos steht, soll inskünftig über die Sühne, die Erschlagenen zukommt, gültig entscheiden ... Er soll die »Sippenblutrache ablösen«. (Erik Wolf Griech. Rechtsdenken 1, 1950, 416f.) Der Areopag steht am Anfang geordneter Staatlichkeit, wo die Blutrache abgelöst wird durch staatlichen Rechtszwang und Rechtsschutz, er ist von Aristot. Ath. pol. 3 schon der Verfassung vor Drakon zugewiesen und steht neben den Magistraten: Basileus, Polemarch, Archon. Der Rat der Areopagiten, »der mit der Obhut der Gesetze betraut war, besaß eben dadurch den weitgehendsten und bedeutendsten politischen Einfluß. Denn er konnte jeden, der sich eine Ungehörigkeit zu Schulden kommen ließ, rechtsgültig mit Strafen und Geldbußen belegen. Die Archonten wurden aus den Reichsten und Vornehmsten gewählt. Aus den gewesenen Archonten setzte sich aber wiederum der Areopag zusammen. So erklärt es sich auch, daß bis auf den heutigen Tag einzig und allein diese Behörde sich ihre lebenslängliche Dauer bewahrt hat« (Aristot. Ath. pol. 3,6. Übers. G. Wentzel). Dieses κολάζουσα καὶ ζημιοῦσα πάντας τοὺς ἀκοσμοῦντας κυρίως macht den Areopag zum Herrn der Gesetze; dies ist auch noch in der drakonischen Verfassung so, wo die Kontrollfunktion über die Beamten den Areopag zur obersten Autorität im Staat macht. Die Solonische Verfassung, die das Volksgericht über Behördenentscheidungen setzt, steigert zwar noch in gewisser Weise die Staatsaufsichtsbefugnisse des Areopags, aber die demokratischen Tendenzen, die in der Konstituierung der Heliaia ruhen, werden im späteren Verlauf der athen. Geschichte doch zum Gegenprinzip gegen das oligarchische Gremium. Die Perserkriege zeigen den Areopag noch einmal in voller Größe (Salamis), aber seine Entmachtung unter dem Archon Konon durch Ephialtes (462/61) ist nur die letzte Konsequenz, die auf dem Weg zur absoluten Demokratie zu ziehen war. A. M.

K. Kahrstedt Unters. z. Magistratur in Athen s. Areopag.

Areithoos (Ἀρηΐθοος), ein keulenschwingender arkad. Heros (Hom. Il. 7,133 ff.). Nestor erzählt, wie er in seiner Jugend im Kampf mit Arkadern vor Pheia den Ereuthalion getötet habe, der die Eisenkeule des A. trug als Geschenk des Lykurgos, der sie vor langen Jahren im Kampf mit A. erbeutet habe. Das Grabmal des A. sah Paus. bei Mantineia (8,11,4.4,10). Kurz vor der obigen Iliasstelle, 7,8 ff., wird erzählt, daß Menesthios, aus Arne (Boiotien?), ein Sohn des Keulenträgers A., von Paris getötet wurde. Diese chronologische und geographische Unstimmigkeit hat Aristarchos veranlaßt, 2 verschiedene A. anzunehmen. Doch warum soll nicht auch Homer einmal ein Versehen unterlaufen? H. v. G.

Wolfg. Kullmann H(ES 14) 124,2.

Arelate, Stadt der Salluvii in Gallia Narbonensis, am Rhodanus, heute Arles. Dort wurden zwei Emporia, Rhodanousia und Theline, von Griechen gestiftet. Der Flußhafen wurde durch die Fossae Marianae verbessert. Caesar benutzte ihn gegen Massilia, dann befahl er im J. 46 dem Ti. Claudius Nero, mit Veteranen der 6. Legio die Colonia Iulia Paterna Arelate Sextanorum zu gründen. Sie zog den Handel Galliens an sich und erreichte eine hohe Blüte. Constantin und seine Nachfolger erhoben sie zur kaiserl. Residenz, Provinzialhauptstadt und christl. Metropole. Sie zeigt wundervolle Altertümer, Theater, Amphitheater, Forum, Thermen, Skulpturen, Inschr. P. W.

L.-A. Constans Arles antique (1921). *F. Benoît* FOR 5 (1936) 127–90; Sarcophages paléochrétiens d'Arles (1951).

Arellius Fuscus s. Fuscus

Aremorica. Das gallische Küstenland zwischen Liger und Sequana: Caes. Gall. 5,53,6. 7,75, 4. 8,31,4 *civitates Aremoricae*. Nach Plin. nat. 4,105 hieß Aquitania früher Aremorica. P. W.

Arena (harena). Der ebene Kampfplatz im → Amphitheater (ebenso wie im Zirkus und im Stadion), der mit Sand bedeckt war, Suet. Ner. 53. Das Wort bezeichnete auch das Amphitheater als Ganzes. Ihre Form im Amphitheater war elliptisch, die längste große Achse ist 140 m in Iulia Caesarea, die kürzeste mit 38 m in dem Amphitheatrum Castrense in Rom. Die längste kleine Achse mit 68 m befindet sich in Augustomagus, die kürzeste mit 19,5 m in Leuci. Im Zirkus und im Stadion ist die Form rechteckig, mit einem Halbkreis an der kurzen Seite, im Zirkus der Länge

nach durch die *spina* in 2 Teile geteilt. Die a. des Amphitheaters wurde mitunter in Wälder und Berge verwandelt, Mart. Spect. 21. H. A. Prob. 19, oder in ein Miniaturmeer für fingierte Seeschlachten, Suet. Caes. 44. O. W. R.

Arenacum (Tac. hist. 5,20). Örtlichkeit im Gebiet der Bataver in Germania inferior, unweit der Straße Noviomagus–Nymegen und Vetera Castra–Xanten gelegen, heute Rindern bei Cleve. Die genaue Lage der Legions- und Auxiliarbefestigung ist noch nicht gesichert. H. C.

Saalburg Jb. 14, 1955, 11.

Ares (Ἄρης). Griech. Gott des Krieges, Inbegriff des blutigen Schlachtenmords und des wütenden Kampfgetümmels (Hom. Il. 5,31). Sein Name hat verschiedene, dem wild-elementaren Charakter seines Wirkens entsprechende Deutungen erfahren: der »Schreier« (zu idg. *rās-*): C. A. M. Fennell, CR 13, 1899, 306; der »Ungestüme« (zu griech. ὄρνυμι): H. Ehrlich, KZ 38, 1905, 90 ff. Überzeugender stellt ihn P. Kretschmer, Gl 11, 1921, 195 ff., nach dem Vorgang von W. Schulze Quaestiones Epicae, 1892, 454 ff., als »Schädiger, Strafer, Rächer« zu griech. ἀρή, ἄρος (vgl. EM 140,7. H. Güntert Der ar. Weltkönig und Heiland, 1923, 153 f. O. Kern Rel. der Griechen 1, 1926, 118). Damit ergibt sich die appellativische Bezeichnung einer personhaft zunächst nicht fest bestimmten dämon. Schadensmacht (vgl. [4],244 f.). Als Bestätigung gelten die Schwurgötterformeln des arkad. Synoikismosvertrages zwischen Erchomenos und Euaimon (IG V 2,343 C, 42 ff. L. R. Palmer, Er 53, 1955, 12 f.), wo Ἄρης bzw. Ἀρεία als regelrechtes Appellativ zu den Namen des Zeus, der Athene und des Enyalios tritt (Kretschmer a. O. Vgl. Plut. Pyrrh. 5. Paus. 5,14,6. Güntert a. O. 154. S. aber auch C. Gallavotti, RFIC 35, 1957, 226 ff.). Die Etymologie Kretschmers verwendet M. P. Nilsson für seine These, A. sei eigentlich nur die Personifikation des mörderischen Kampfes (GgrR² 1,518 f.; Minoan-Mycenean Religion, 1950², 498; Er 50, 1952, 32). Dafür soll ferner sprechen, daß A. bei Homer geradezu mit »Schlacht, Morden« synonym sein kann (Il. 13,630. 17,490. 21,112. T. D. Seymour Life in the Homeric Age, 1907, 438. [3],316. S. jedoch H. Trümpy Kriegerische Fachausdrücke im griech. Epos, 1950, 152 f. 266. [5],8 ff.) und im Gefolge personifizierter Begriffe wie Eris, Deimos und Phobos auftritt (Il. 4,440. 13,299. 15,199. S. jed. Kretschmer, Gl 13, 1924, 104.106. P. Chantraine, AC 22, 1953, 71. Vgl. die heth. Parallele bei J. Friedrich, AOF 17, 1954/55, 148). Demgegenüber ist festzuhalten, daß der hom. A. durchaus personhafte, lebendige Züge trägt ([5],7 f.): er schreit, von Diomedes verwundet, wie 10000 Männer (Il. 5,859 ff.); er bedeckt im Fallen 7 Plethren, und während er sich im Staub wälzt, umklirren ihn die Waffen (21, 407 f.). Er ist stürmisch (θοῦρος Il. 5,830), der schnellste der Götter (Od. 8,330 f.), unersättlich im

Kampf (Il. 5,863); die gewaltige Lanze (πελώριον ἔγχος) und der Streitwagen mit dem goldgeschirrten Rossegespann kennzeichnen seine Funktion (Il. 5,355ff.851f.21,402). Zu diesem scharf umrissenen Bild stimmt der Umstand, daß bereits die Knossos-Tafeln den Gott A. belegen (*A-re* KN X 5816.2 KN Fp 14.3. M. Ventris-J. Chadwick Documents in Mycenean Greek, 1956, 126.307. O. Landau Myken.-Griech. Personennamen, 1958, 27.211.258. L.A. Stella, Numen 5, 1958, 28f. Gallavotti a.O. 229. [5], 12f.). Andererseits ist die Antipathie des hom. Dichters gegenüber A. unverkennbar: er nennt ihn rasend, verderblich und wankelmütig (Il. 5,831), gesetzlos und verräterisch (5,761.833ff.21,413f.), den Menschenschlächter (4,441.5,455), der als einziger von den Göttern sich dazu erniedrigt, die Sterblichen mit eigener Hand hinzumorden (5,841ff.) und den die Gefallenen mit ihrem Blut sättigen (5,289. Vgl. H. Schrade Götter und Menschen Homers, 1952, 109ff.116ff.). Macht A. schon in den burlesken Episoden mit Aphrodite im Netz des Hephaistos (Od. 8,267ff.) und als Gefangener der Aloaden im ehernen Kessel (Il. 5,385ff. K. Bielohlawek, ARW 28, 1930, 188f. L. Radermacher, SWAW 213,1, 1931, 181f. H.J. Rose Griech. Mythologie, 1955, 60) keine glänzende Figur, so erhält er bei den Kampfszenen der Ilias eine geradezu abstoßende und unrühmliche Rolle zugewiesen (vgl. Bielohlawek a.O. 186ff. G.M. Calhoun, AJPh 60, 1939, 23f.26). In den ständigen Niederlagen des ungezügelt wütenden Berserkers gegen die mit überlegenem Verstand handelnde Athene (Il. 5, 840ff.21,424ff. [4],47f.244f.) spiegelt sich die Abneigung der Griechen gegen die sinnlose Kriegsfurie barbarisch-roher Fremdvölker (vgl. Wilam. Il. und Hom. 286f. M. Pohlenz, NJb 1941, 50f. [3],317f.). Das Odium des dämonisch-unheimlichen Fremdgottes haftet dem Riesen A. auch als Sohn des Zeus und der Hera und Mitglied der olymp. Familie noch an (Il. 5,890ff. [4],244). Seine Herkunft aus dem barbarischen Thrakien (Il. 13, 301. Od. 8,361) ist hinreichend bezeugt (Hdt. 5,7. 7,76. Tümpel, RE I 642f. W. Tomaschek Die alten Thraker 2,1, 1893, 54f. [3],315f.); dieses hieß sogar nach ihm Ἀρ(ε)ία (Steph. Byz. 316,11; vgl. 117,7 M. Polyb. 13,10,7. G. Capovilla, RFIC 35, 289f.), und so hat D. Detschew (Die thrak. Sprachreste, 1957, 24) auch für seinen Namen Ableitung aus dem Thrakischen erwogen. Zudem ist der karische Schlachtdämon Enyeus-Enyalios, Genosse der kriegerischen Πότνια Ma-Enyo (Il. 5, 333.592) und ebenfalls schon für myken. Zeit nachweisbar (KN V 52. A. Furumark, Er. 52, 1954, 35. Landau a.O. 49.212), bereits in der Ilias mit dem Thraker A. verschmolzen und kann synonym für ihn stehen (7,166. 9,668. 17,210f. 20,69. Vgl. S. Wide Lakon. Kulte, 1893, 148f. [3],102f.315f.). Der A. Enyalios repräsentiert demnach wohl die vor dem Aufkommen des Reiterkriegertums im 17./16. Jh. vollzogene Fusion eines bronzezeitlichen mediterranen Lanzengottes mit dem Kriegsdämon der thrakisch beeinflußten myken. Streitwagenkultur (J. Wiesner, ARW 37, 1941/42, 38; Olympos, 1960, 29f.). Die urspr. Verbundenheit mit einer übergeordneten weiblichen Gottheit (Enyo) wurde bei A. teils in die Sohnbeziehung zu der streitbaren Hera, teils in die Waffen-, Liebes- und Kultgemeinschaft mit der vorderasiatischen Aphrodite ([1],653ff.716) übertragen (vgl. Wiesner Olympos 30f. M. Delcourt Héphaistos, 1957, 76f. [5],7). Der notorischen Kultarmut des Gottes im griech. Mutterland (Nilsson GgrR² 1, 517) steht die große Zahl hellenenfeindlicher Stämme oder Einzelgestalten gegenüber, die sich auf A. zurückführen. So unternahmen vom athen. A.-Hügel (Areopag) aus, mit dem sich der Thraker unterhalb der auf der Burg thronenden Rivalin Athene begnügen mußte (Paus. 1,8,4), zu Theseus' Zeiten die Amazonen ihren Angriff auf die Akropolis (Aischyl. Eum. 685ff. F.M. Bennett Religious Cults associated with the Amazons, 1912, 57ff. H. Herter, RhM 85, 1936, 219f. [2],399.402. [3],316f.). Das genealogische Band zwischen A., dem Vater der Penthesilea (Aith. frg. 1 K.), und den kleinasiat., auf troischer Seite kämpfenden Amazonen (vgl. Ch. Picard Éphèse et Claros, 1922, 432.440) hat seine Entsprechung im A.-Kult der kriegerischen Argiverinnen unter Telesilla (Lukian. erot. 30), der tegeatischen Frauen unter Marpessa (Paus. 8,48,4. W. Immerwahr Die Kulte und Mythen Arkadiens, 1891, 162ff. [2],405f. [5],6f.). Die Eigenschaft eines ϑεὸς γυναικῶν und die bes. in Böotien bemerkbare Berührung mit weiblichen Wesen der unterweltlichen Sphäre (Aglauros; Erinys Tilphossa; vgl. Hesych. Ἀράντασιν· Ἐρινύσι) und drachengestaltigen πελώρια ([1], 686.705ff. Immerwahr a.O. 113ff. I.R. Arnold, JHS 54, 1934, 206f.) haben Anlaß gegeben, eine erdhaft-chthonische Funktion des A. (vgl. Soph. Oid. t. 190ff. Artemid. 2,34. Paus. 8,44,7) als primär anzusetzen (F. Schwenn, ARW 22, 1923/24, 224ff. Kretschmer a.O. 197. Kern a.O. 119f. Vgl. [2],397. [5],6,8). Darauf fußend hat neuerdings A.J. van Windekens, BN 9, 1958, 161ff., den Namen zu griech. ἄρσην, lat. *ros* usw. gestellt und als »Befruchter« gedeutet. Beachtenswert bleiben in diesem Zusammenhang die zweifellos chthonischen Hundeopfer in Makedonien und Karien (W. Baege De Macedonum sacris, 1913, 224ff. A. Laumonier Les Cultes indigènes en Carie, 1958, 419.420) für den Gott, dessen thrak. Epiklese Κανδάων (Lykophr. 327f.937f.) jedenfalls mit W. Borgeaud Les Illyriens en Grèce et en Italie, 1943, 29.117ff., gegen Detschew a.O. 225 als »Hundswürger« zu fassen und dem mäonischen Κανδαύλης (F. Solmsen, KZ 34, 1897, 77ff. H 46, 1911, 286f.) an die Seite zu stellen ist. W. F.

1. *K. Tümpel*, JbklPh Suppl. 11, 1880. 2. *L.R. Farnell* Cults of the Greek States 5, 1909, 396ff. 3. *U. v. Wilamo-*

witz GldH 1,314ff. 4. *W.F. Otto* Die Götter Griechenlands, 1947. 5. *W. Pötscher*, G 66, 1959, 5ff.

Aretaios (Ἀρεταῖος) v. Kappadokien, Arzt der pneumatischen Schule aus dem 1. Jh. n. Chr. Erhalten sind von ihm 8 B. in ionischem Dialekt über Ätiologie, Diagnose und Therapie von akuten und chronischen Krankheiten. F. K.

Ausgaben: CMG II, 1958^2, ed. *Hude*. *F. Kudlien* bereitet eine kommentierte Ausgabe mit Übersetzung für das Suppl. des CMG vor.

Aretalogoi (ἀρετᾶ-λόγοι; verfehlt SCHWYZER Gr. Gramm. 1,452) Prediger und Verkünder göttlicher ἀρεταί (Bedeutung in hellenist. Zeit: »Wundertaten«) Philod. poiem. 5,1425,9; IG XI 4,1263; Sylloge^3 1133. Im Lat. meist peiorativ »Aufschneider«: Suet. Aug. 74. Iuv. 15,16. Porph. Hor. s. 1,1,120. Anders Auson. epist. 9. M. v. A.

Nilsson GgrR 2^2,228.535.

Aretas (inschr. *ḥrtt* = *Ḥariṯat*, trotzdem Ἀρέτας, später auch Ἀρέθας), Name mehrerer Nabatäerfürsten. **1.** A. I., τύραννος (2. Makk. 5,8); da er auch das Ammoniterland beherrscht, flieht 169 v. Chr. der jüdische Hohepriester Jason, der ihn für ptolemäerfreundlich gehalten haben wird, dorthin, wird aber vertrieben und geht direkt nach Äg. **2.** A. II. Herotymos, 110–96 βασιλεύς; er fällt 103 ins Seleukidenreich ein und wird 96 von Gaza vergeblich gegen → Alexander Iannaios zu Hilfe gerufen (Ios. ant. Iud. 13,13,3). **3.** A. III., 87–62 nach griech., lat. und nab. Münzen gleichfalls »König« und Φιλέλλην. Durch einen Hilferuf der Damaszener gegen den Ituräer Ptolemaios kann er 85 seine Herrschaft über Koilesyrien erweitern und schlägt anschließend Alexander Iannaios bei Adida ö. Lydda (Ios. ant. Iud. 13,15,2; bell. Iud. 1,4,7f.). Im Streit um dessen Nachfolge flieht (nach 67) der Hohepriester → Hyrkanos II. nach Vermittlung des Idumäers Antipatros zu A. und bewegt ihn zum Kampf gegen → Aristobul II. Dieser wird von A. geschlagen und in Jerusalem belagert, jedoch im Auftrag des Pompeius von M. → Aemilius Scaurus (Nr. 29) entsetzt, so daß er seinerseits den A. bei Papyron besiegen kann (ant. 14, 1,4–2,3; bell. 1,6,2f.). Scaurus führt 62 selbst den Krieg gegen A. weiter, vergleicht sich aber mit ihm vor Petra (ant. 14,5,1; bell. 1,8,1). **4.** A. IV., 9 v. Chr. bis 39 n. Chr., inschr. *raḥem 'ammeh* = Φιλόπατρις, d. h. der sein Volk (und nicht die Römer oder den Caesar) liebt. Er tritt die Herrschaft ohne Mitteilung an Augustus an (ant. 16,9,4) und wird von ihm erst später anerkannt (ant. 16,10,9). Aus Haß gegen → Herodes d. Gr. schickt er dem röm. Statthalter Varus Hilfstruppen gegen Judäa (ant. 17,10,9; bell. 2,5,4). Später bekriegt er den Tetrarchen → Herodes Antipas, weil dieser seine Gattin, die Tochter des A., zu Gunsten der Herodias verstoßen hatte. Auf Veranlassung des Herodes befiehlt Tiberius dem L. Vitellius, den A. dafür zu strafen; Vitellius bricht den Feldzug jedoch nach der Thronbesteigung des Caligula ab, da er keine

Vollmacht mehr zu haben glaubt (ant. 18,5,1.3). Caligula hat dann entweder A. mit → Damaskus, das seit 69 v. Chr. wieder autonome Münzen geprägt hatte, beliehen oder von A. einen Aufseher für die damaszenischen Beduinen unterstellt bekommen; jedenfalls steht die Stadt unter einem ἐθνάρχης des A., als Paulus aus ihr flieht (2. Kor. 11,32). C. C.

Zu 4: Komm. von *H. Windisch* und *H. Lietzmann* zu 2. Kor. – *G. E. Wright*, Bibl. Archaeol. 1938, 3–5. – Weitere Lit., auch Münz- u. Inschr.-Edd., s. unter Nabataea.

Arete (Ἀρήτη, mit langem α). **1.** Gattin des Phaiakenkönigs → Alkinoos, seine einflußreiche, stille Beraterin, wohlwollende Gönnerin des Odysseus (Hom. Od. 7,66ff.). Nach Hes. frg. 91 (Sch. Od. 7,54) Schwester des Alkinoos. Apoll. Rhod. 4,1013ff. 1068ff. erzählt von ihrer Vermittlung zwischen Argonauten und Kolchern. Nach Apollod. 1,138f. ist sie es, die Iason und Medeia vermählt; sie gibt dem Paar 12 Dienerinnen, die bei der Hochzeitsfeier die Helden scherzhaft necken (Aition). In Orph. Argon. 1327ff. fällt sie, nicht Alkinoos, den Schiedsspruch. H. v. G.

W. Schadewaldt H. 87, 1959, 13. *U. Hölscher* H. 88, 1960, 257.

2. Tochter des älteren, Mutter des jüngeren → Aristippos, vgl. Diog. Laert. 2,72.86; Ail. nat. 3,40. Ein angeblicher Brief des sterbenden (älteren) Aristippos an A. bei HERCHER Epistologr. Gr. 628/29. **3.** → Dion. H. D.

Ἀρετή. Bezeichnet urspr. die Eigenschaft, wodurch etwas (Sache, Tier, Mensch, Gott) hervorragt = »gut ist« (vgl. ἄριστον), so noch Sen. ep. mor. 76,8ff. Die übermenschlichen Qualitäten und Taten von Göttern und Heroen heißen ἀ. → Aretalogoi. Im philos. Gebrauch wird ἀ. eingeengt auf das sittlich Werthafte; nachmals weist die Stoa nach, daß hier der naturgemäße Vorzug des Menschen liegt (im Unterschied zu den ἀ. von Tieren oder Werkzeugen). Während die Vorsokratiker an der Problematik der ἀ. vorbeigingen, begründet Platon – nach Sokrates' Vorgang – eine Lehre von den ethischen Werten. Jede ἀ. ist werthaft (und damit wahrhaft seiend); im Diesseits ist eine reine Verkörperung der ἀ. nicht möglich; die ἀ. existieren als Urbilder = Ideen im Intelligiblen. Hatte der Streit der Sophisten über die »Lehrbarkeit« der ἀ. diese den τέχναι allzu nahe gerückt, so verlegt Platon dies Problem in die Transzendenz der Ideenwelt. Aristoteles ordnet die ἀ. als das richtige Verhalten in die Mitte zwischen zwei entgegengesetzten Fehlhaltungen des Zuviel und des Zuwenig; zugleich nimmt er die nachmals im Neuplatonismus sehr folgenreiche Scheidung der ethischen von den dianoetischen ἀ. vor. Die Stoa bindet die ἀ. ganz an den φύσις – Begriff: das ethisch richtige Verhalten ist absolut feststellbar, denn es ist immer natur- und vernunftgemäß. Die Reihe der Kardinal-ἀρεταί – nämlich σοφία (φρόνησις), δικαιοσύνη, ἀνδρεία, σωφροσύνη wurde von Platon konstituiert und von allen Schulen übernommen. *W. Wundt* Gesch. der griech. Ethik, 1911. *Ed. Schwartz* Ethik der Griechen, 1951.

Arethusa. Häufiger Name von Quellen, nach Herodian π. μον. λεξ. p. 13,5 ff. (Lentz 2,919, 28 ff.). Steph. Byz. Schol. Theokr. 1,117 bedeutet es allgemein »Quelle«.

1. Quelle auf Ithaka, an der die Herden des Eumaios weiden, Hom. Od. 13,408 mit Sch. und Eustath z. St. Plut. mor. 776e, mit der h. Quelle Perapigadi im SO der Insel gleichgesetzt. Jos. Partsch Kephallenia und Ithaka, Peterm. Mitteil. Erg. H. 98, 1890, 6. 61. Philipps.-Kirst. 2, 1958, 500. Lord Rennell of Rodd ABSA 33, 1932/33, 13. Heurtley ABSA 40, 1939/40, 7. **2.** Hauptquelle von Chalkis auf Euboia, bes. Eurip. Iphig. Aul. 170. Herakl. Pont. 27. Strab. 10, 1, 13 p. 449. Plut. comm. in Hesiod. 59. Athen. 7, 278e. Sch. Theokr. 1, 117. Zahme Meeräschen und Aale im Quellteich Plut. mor. 976a. Athen. 8, 331e. Die Angabe bei Strab. 1, 3, 16 p. 58, daß sie durch Erdbeben vorübergehend versiegt sei, ist Verwechslung mit Aidepsos, Geyer 90. Große Gruppe starker Quellen unmittelbar an Meer und Straße etwa 20 Min. s. von Chalkis.

1. *H.N. Ulrichs* Reisen und Forschungen 2, 1863, 216 f. 2. *Fritz Geyer* Topogr. und Gesch. der Insel Euboia, Quellen und Forsch. z. alten Gesch. und Geogr. 6, 1903, 35. 3. *Philipps.-Kirst.* 1, 1951, 600.

3. Bei Theben, Plin. nat. 4,25. Solin. 7,22. **4.** Bei Argos, Sch. Od. 13,408. **5.** Bei Smyrna, Sch. Od. 13,408 und Eustath. z. St. **6.** Auf Samos, Sch. Theokr. 1,117, was man als Same (Kephallenia) und identisch mit 1. zu interpretieren pflegt. **7.** Die Angabe bei Serv. Aen. 3,694 über eine Quelle in Arkadien ist sicher ebenso irrig wie die moderne Annahme einer Quelle in der Pisatis auf Grund der Legende der syrakus. A. E. M.

8. Auf Sicilien. Nach der vielbezeugten Sage flieht die Nymphe A. vor dem sie verfolgenden Flußgott → Alpheios unter dem Meer hin bis Sicilien, wo sie an der N.-Seite der Insel Ortygia (→ Syrakus) als starke Quelle hervorbricht und gleich in den großen Hafen mündet; oder aber, es ist der Alpheios selbst, der dort als A., mit der er sich vereint hat, zum Vorschein kommt. Hauptstellen: Pind. Nem. 1, 1. Pol. 12, 4d (Polemik gegen Timaios). Strab. 6, 270. Paus. 5, 7, 2. 3. Cic. Verr. 4, 118. Ov. met. 5, 573–641. Sen. nat. 3, 26, 5. 6, 8, 2, Plin. nat. 2, 225. 31, 55. Der Kopf der A. (zugleich als Artemis verstanden) ist ein beliebtes Münzbild von Syrakus. K. Z.

9. Stadt in Bisaltien (Makedonien bzw. Thrakien), die zwischen dem strymonischen Meerbusen und dem Bolbesee lag. A. war von ionischen Siedlern gegründet. Nach Steph. Byz. lag A. in Thrakien; dies ist erklärlich, da das Gebiet zwischen Axios und Strymon urspr. nicht nur ethnisch, sondern auch politisch zu Thrakien gehörte. Einige moderne Autoren identifizieren A. mit dem thrak.

Bormiskos und mit dem h. Rentina. Strab. 8, 331. Chr. D.

St. Casson Macedonia, Thrace and Illyria, Oxf. 1926, 86. *F. Papazoglu* Makedonski gradowi u rimsko doba, serb. Die makedon. Städte in röm. Zeit, Skopije, 1957, 164.

Areus (Ἀρεύς), **1.** I., spartan. König 309 bis 265, Sohn des »Königs Akrotatos und der Königin Chilonis« (Sylloge³ 430), führte 281 die Erhebung Griechenlands gegen Antigonos Gonatas (Iust. 24, 1, 5 f.), kämpfte auf Kreta und rettete bei der Rückkehr 272 im Bunde mit Antigonos das von Pyrrhos bedrohte Sparta. Plut. Pyrrh. 27, 2. 29, 11. 30, 4. 32, 4. Paus. 1, 13, 6. 3, 6, 3. Im chremonideischen Krieg suchte A. mit den Peloponnesiern, Athen und Ptolemaios II. das von Antigonos belagerte Athen zu befreien und fiel 265 bei Korinth. Sylloge³ 434/5. Diod. 20, 29, 1. Iust. 26, 1. Trog. prol. 26. Plut. Agis 3, 7. Paus. 3, 6, 4. Die erstmals mit dem Namen des A. geprägten Silbermünzen, seine Prunkliebe und seine Ehreninschriften zeigen sein hellenistisches Königtum. Ch. Seltman Greek coins, 1933, 256. FGrH 81, F 44. Sylloge³ 433. Inscr. Cret. II Polyrrhenia 12 A. BCH 38, 1914, 447. **2.** II., Enkel des vorigen, Sohn des Akrotatos II., von seiner Geburt 262 bis 254 nominell spartanischer König. Plut. Agis 3. Paus. 3, 6, 6. H. V.

Arevaci. Ein Stamm der Keltiberer, bewohnte ein Gebiet, das heute fast genau der Prov. Soria entspricht. Hauptstadt Numantia; ihre Geschichte fällt bis 133 v. Chr. größtenteils mit der Geschichte dieser Stadt zusammen. Ad. Schulten Num. I–IV, bes. I, 122 ff. Nachher werden sie seltener erwähnt, s. Font. Hisp. Ant. 4, Barcel. 1937, 99. 116. 150. 189: sie nahmen an den Kämpfen des Viriatus und Sertorius teil. R. G.

Ἀργαῖον ὄρος. Von Strabon (2, 1, 15. 12, 2, 7) und Ptolemaios (5, 6, 7 M.) erwähntes ὄρος Kappadokiens, der höchste Berg Kleinasiens (h. Eriyas Daği, 3916 m), an dessen Nordfuß die Stadt Caesarea Mazaka (h. Kayseri) lag. Vgl. Atlas of the World II, Plate 36: Turkey West. H. T.

Argas (Ἀργᾶς). Kitharoede und Dichter. Anaxandrides bei Athen. 4, 131 a läßt bei der Hochzeit des Iphikrates *αὐλεῖν δ' αὐτοῖς Ἀντιγενείδαν, Ἀργᾶν δ' ᾄδειν*. Er wirkte also in der 1. Hälfte des 4. Jh., was gut zu dem Beinamen des Demosthenes paßt, den man von ihm herleiten wollte (O. Crusius RE II 687). Der Name ist durch Konjektur bei Aristot. poet. 2 p. 1448 a ὥσπερ **γᾶς (ed. Bekker, Susemihl) hergestellt, dann wäre Argas ein *μοχθηρὸς ποιητής* gewesen, als er *μοχθηροί* darstellte. Vgl. Phainias v. Eresos (FHG 2, 299). Hesych. ἀργᾶς· ὄφις καὶ ποιητὴς μοχθηρός. Aischin. 2, 99. Plut. Dem. 4, 8. W. B.

Argei. Alljährlich am 14. Mai wurden 27 menschenähnliche Puppen aus Binsenstroh vom *pons sublicius* durch Vestalinnen in den Tiber geworfen. Sie hießen A. Das ist aber auch der Name von ebenfalls 27 *sacraria* (Verzeichnis Varro l. l. 5, 45 ff.), zu denen am 16./17. März eine Prozession ging (Ov.fast. 3,791). Obwohl nicht überliefert, vermutet man, daß dabei die Puppen bis zum 14. Mai in den *sacraria* deponiert wurden.

Die Bedeutung ist im Altertum wie in der Neuzeit unbekannt. Neuere z.T. abstruse Deutungen und die »vielseitige Kunstfertigkeit« mancher Etymologen ([1],693) vermehrte nur die Verwirrung. »Die Hoffnung auf volle Aufklärung muß angesichts des verschwindend geringen Materiales an Tatsachen aufgegeben werden«, so die berechtigte Resignation Wissowas ([1],694; ähnlich Latte [2],414). Doch galt bis in die neueste Zeit wenigstens als sicher, daß Argei = 'Αργεῖοι = Griechen heiße. (Daher die antike Sage, es seien zurückgebliebene Begleiter des Herakles gemeint, die entweder – nach ihrem Tode – selbst oder deren Abbilder durch den Fluß ins Meer und in die Heimat getragen werden sollten.) Aber Latte ([2], 412f.) bemerkte, daß das ältere Latein für »Griechen« nur *Argivi* kennt. An ganz frühe Einsetzung der Kulthandlung dachte das Altertum; Wissowa schloß u.a. aus dem Namen (A. kommt episch und in Orakeln vor), der Zahl 27 (3×9 in Sibyllinischen Riten), gerade Monatstage der Feste (altröm. gewöhnlich an ungeraden), Fehlen im alten Kalender auf jüngere Zeit (3.Jh.): Dagegen Bömer ([3],329) mit Hinweis auf nichtgriech. Züge, wie Fehlen der *XVviri sacris faciundis*, Vollzug durch Vestalinnen in Gegenwart der Pontifices, bestimmte Gebote für die Flaminica. – Im Altertum wurde der Brauch auch mit dem Sprichwort »*sexagenarios de ponte*« in Verbindung gebracht (Mommsen RStR 2,408,2). – Unzweifelhaft handelt es sich um eine Reinigungs- und Sühnezeremonie. Der Streit geht darum, ob eine Ablösung von Menschenopfern vorliegt: Die einen weisen darauf hin, daß solche der röm. Religion fremd seien, die andern, nicht zu Unrecht, daß es sich nicht um Opfer, sondern um eine Sühnezeremonie handle, wo dergleichen vorkomme. W. E.

Aus der fast unzähligen Lit. nur die sachlich objektivsten und die letzten zusammenfassenden Behandlungen: 1. *Wissowa* RE II 689ff. = Ges.-Abh. 211ff. 2. *Latte* RRel Gesch. 412ff. 3. *Bömer* Ovid, Die Fasten 2,327ff. (mit Lit.).

Argeia ('Αργεία). **1.** Tochter des Okeanos, Schwester und Gattin des Inachos, Mutter von Phoroneus und Io (Hyg.fab.143.145). **2.** Tochter des Adrastos und der Amphithea, Gattin des Polyneikes (Apollod.1,103.3,6,1,4. Hyg.fab.69.71). Nach Hes.frg. 62 Rz. kam sie zur Bestattung des Oidipus nach Theben. Nach Hyg.fab.72 half sie Antigone bei der Bestattung des Polyneikes, entging aber den Wächtern (Stat.Theb.2,266.12,113). **3.** Tochter des Autesion, Gattin des Herakleiden Aristodemos, Mutter der Zwillinge Prokles und Eurystheus (Hdt.6,52. Apollod.2,8,2,7. Paus.3,1, 7.4,3,4). H. v. G.

Argeiadas von Argos, Sohn des → Ageladas; Bronzebildner der Zeit um 480 v.Chr., arbeitete mit Atotos und Asopodoros von Argos und Athanodoros von Achaia das Weihgeschenk des Praxiteles in Olympia, dessen Inschrift erhalten. A. R.

HB Arch. III 1 (5. Lfg. 1950) 103 *(Lippold)*. Encicl. Arte Class. Or. I 619 *(Orlandini)*.

Argeios ('Αργεῖος). **1.** Verbündeter des Herakles. Sein Vater Likymnios ließ ihn erst nach einem Schwur des Herakles, daß er ihn wieder heimbringen werde, mit gegen Laomedon ziehen. A. fällt vor Troia; Herakles verbrennt den Leichnam und sammelt die Asche (Aition) (Sch.Il.1,52). Bei Apollod.2,7,7,6 begleiten die Brüder A. und Melas den Herakles auf seinem Zuge gegen Eurytos; beide fallen vor Oichalia und werden von Herakles bestattet. **2.** Sohn des Pelops und der Hippodameia, Gatte der Hegesandra, Vater des Alektor und Boethoos (Sch.Eur.Or. 5. Sch.Od. 4,22. Pherekyd. FHG 1,94). H. v. G.

Argemone. Die ἀργεμώνη des Diosk. 2,208, deren Name sich auf die Verwendung ihres Milchsafts gegen Leukom (ἄργημα) beziehen soll, wird gewöhnlich ebenso wie ῥοιάς bei Diosk. 3,44 und *argemonia* bei Plin. 25,102 als die Mohnart Papaver argemone L. gedeutet, von einigen, wie das *adonion* bei Plin. 21,60, das auch gegen Angina empfohlen wurde, als Adonis autumnalis, auf die aber die Beschreibung weniger paßt. H. G.

Argentarius. 1. Röm. Rhetor aus der Zeit des Augustus, Schüler und Nachahmer des Asianers Cestius Pius (Sen.contr.9,3,12f. Proben seiner Kunst bei Sen.suas.7,7; contr.2,6,11 u.ö.). Mit ihm ist wahrscheinlich der in den Kranz des Philippos aufgenommene Dichter M. Argentarius identisch, von dem die griech. Anthologien 36 Epigramme überliefert haben. M. F.

Raffaelo del Re Maia 7, 1955, 184ff.

2. A. ist die gebräuchliche Kurzform zur Bezeichnung sowohl der Kaufleute, die mit Silbergeräten handelten, ausführlicher *negotiator a. vascularius*, auch *negotiantes vascularii*, wie der Silberschmiede und Silberarbeiter, die genauer *faber a.* oder *a. vascularius*, gelegentlich auch nur *vascularius* heißen und nach Cod.Theod.13,4,2 zu den *artifices* rechnen. Die *a.* waren teils Sklaven (eine *Augustae liberta argentaria* nennt die Grabinschrift CIL 6,5184), teils Freigelassene oder Freie und dann in der Kaiserzeit im Regelfall örtlich in einem *collegium* zusammengeschlossen (EE 7,518 aus Caesarea Mauret.). Die *a.* sind zu unterscheiden von den Dienern der domus Caesarum, die *ad argentum*, *supra argentum* oder *ab argento* heißen, denen die Sorge für das silberne Tafelgeschirr obliegt; auch die Basilica argentaria in Rom ist nicht nach den Silberarbeitern, sondern nach den Bankleuten benannt. Die fabrikmäßige Herstellung von Silberarbeiten führte zur Spezialisierung der *a.*, wir kennen aus der Kaiserzeit eine *a. ornatrix*, den *a. caelator* (Reliefarbeiter, Ciseleur), den *tritor a.* (Polierer oder Dreher) und den *excusor a.*, auch *excusor artis argentariae* (Former). W. H. G.

Argentorate. Hauptstadt der Triboci in Gallia Belgica, später Germania Superior, heute Straßburg. Seit 71 n. Chr. war sie das Hauptquartier der 8. Legion. Wahrscheinlich wurde sie in den J. 70, 97, 235 eingeäschert. Altertümer: R. FORRER Strasbourg-Argentorate (1927). J.-J. HATT Gallia VII (1949) 161–89. P. W.

Argentum (ἀργύριον). Silber, wird auch übertragen für Silbergeld und, da dieses die vornehmlichste Währung darstellte, für Geld schlechthin verwendet. Zusätze geben die Herkunft an: ἀργ. συμμαχικόν (IG XIV 2426), a. multaticium (Liv. 27,6,19) usw., den Prägenden: ἀργ. Ἀττικόν (Sylloge³ 201), a. Illyricum (Liv. 45,43,5 → Victoriatus), ἀργ. Ἀλεξάνδρειον (Sylloge³ 334), a. Oscense (wohl die einheimisch-spanische Währung, genannt nach Osca, oft bei Liv., z. B. 34,10,5) oder das Prägebild: a. bigatum (Liv. 33, 23,7 und sonst → Bigati). Analoges ist beim Gold und Aes zu beobachten. H. Ch.
Schrötter WBMzK s. A. Oscense.

Arges (Ἄργης). Einer der 3 → Kyklopen (Hes. theog. 140. Apollod. 1,1. Sch. Eur. Alk. 1.5). H. v. G.

Argestes (Ἀργεστής). Name des n. w. (gelegentlich auch w., Hes. theog. 379.870: ἀ. ζέφυρος) Windes. Auf der astronom. Windrose wird er in den Sonnenuntergangspunkt des Sommersolstizes gesetzt, RE VIII A 2347 ff. Fig. 8.9.14.18.21. Auf der Achtstrichrose ist er der mittlere Wind zwischen N. und W., Fig. 23. Er galt als kräftig, kühl, aufheiternd, auch wohl als trocken, Hesych. ἀ.-αί, οἱ ἐτήσιοι. Er wird in Attika zum Skiron, Fig. 23, bei den griech. Sizilienfahrern zum Iapyx, Fig. 13. 14.16, bei den Schiffern der ital. W.-Küste zum Κερκίας (2306,37 ff.), bei Varro und Seneca finden wir den röm. Namen Corus, Fig. 8.14. Ἀνέμων θέσεις Arist. p. 973 b 13–17 geben die Lokalnamen Σκυλλητῖνος, Φρυγίας, Φαραγγίτης, weiteres BÖKER Art. Winde RE VIII A 2315 ff. R. B.

Ἀργίας γραφή. Nachdem bereits Drakon, wohl zur Erhaltung der Haushalte mit erblichem Grundeigentum, ein Gesetz gegen die Untätigkeit erlassen und diese mit Atimie bedroht hatte, machte Solon die Klage zu einer öffentlichen, setzte die Strafe auf eine Geldstrafe herab und ließ erst bei dreimaliger Verurteilung Atimie eintreten. E. B.
G. Busolt GStK. 814.

Arginusai (Ἀργινοῦ[σ]σαι). Name von 3 kleinen Inseln am s. Eingang in den Sund von Lesbos an der aiolischen Küste, berühmt durch den Seesieg der Athener über die Spartaner und ihren Strategen Kallikratidas, an den sich der »Arginusenprozeß« anschloß (im J. 406), in dem die Athener die verantwortlichen Strategen wegen der infolge eines Sturmes nicht erfolgten Bergung der Schiffbrüchigen und Gefallenen zum Tode verurteilten, wogegen Sokrates als einziger der Richter Einspruch erhob (Thuk. 8,101. Xen. hell. 1,6. 19 ff. Cic. off. 1,24. Strab. 13,1,68. 2,2. Plut. Pericl. 37; Lys. 7). W. S.

Argiope (Ἀργιόπη). **1.** Nymphe; von ihrem Liebhaber Philammon verstoßen, wandert sie vom Parnassos zu den thrak. Odrysen, wo sie → Thamyris gebiert (Apollod. 1,16. Paus. 4,33,3). **2.** Gattin des Orpheus, Athen. 13,597 (Hs. *Agriope*) nach Hermesianax. **3.** Tochter des Teuthras, Königs von Mysien, Gemahlin des Telephos (Diod. 4,33). **4.** Tochter des Neilos, Frau des Agenor, Mutter des Kadmos (Pherekyd. frg. 40. Hyg. fab. 6.178). H. v. G.

Argo (Ἀργώ). Das Schiff, auf dem die → Argonauten das Goldene Vließ heimholten, schon zur Zeit der Odyssee hochberühmt: Ἀ. πᾶσι μέλουσα 12,70, benannt nach dem Erbauer → Argos (Nr. 3) oder von ἀργός »schnell«, »glänzend«, erbaut aus Holz vom Pelion bei Iolkos oder Pagasai, Strab. 9,436; Hera oder Athene hatte ein Stück von der redenden Eiche von Dodona eingefügt. Es war das stärkste und schnellste Schiff, doch so leicht, daß man es auf den Schultern tragen konnte; es galt meist für das älteste Langschiff für 50 Ruder. Nach der Rückkehr wurde die A. auf dem Isthmos dem Poseidon geweiht, wo sie nach Medeias Fluch Iason noch verhängnisvoll wurde. Als Sinnbild kühner Seefahrt versetzte Athene sie an den Sternenhimmel (→ Sternbilder). Pind. P. 4. Hdt. 4,179. Eur. Med. Apoll. Rh. Diod. 4,41,3. Hyg. fab. 14. Apollod. 1,110.118. Orph. Arg. Val. Fl. H. v. G.
Über die Märchenmotive: *L. Radermacher* Mythos u. Sage 192. 201.

Ἀργοὶ λίθοι s. Baitylia

Argolis. Die h. übliche Gesamtbezeichnung der n. ö. Landschaft des Peloponnes, aus der argivischen Ebene mit ihren Randgebieten und der gebirgigen argol. Akte bestehend. Auch im Alt. wurde diese Bezeichnung bereits im h. Sinne gebraucht neben der häufigeren und gewöhnlichen Form des Ethnikons Argeia, das zumeist das Gebiet von Argos bedeutet. Die ganze Landschaft gehört nach Landschaftscharakter und Klima zur ostgriechischen Trockenzone (πολυδίψιον Ἄργος bei Homer).

Die A. war bereits im Neolithikum besiedelt und in der Bronzezeit die wohl dichtest bewohnte und kulturell führende Landschaft Griechenlands. Schon aus frühhelladischer Zeit ist in Lerna eine mehrräumige befestigte Palastanlage bekannt (Hesp. 27, 1958, 125 ff.), wie auch der große Rundbau unter dem Palast von Tiryns schon in frühhelladische Zeit zurückgeht. In mittelhelladischer und mykenischer Zeit bestanden neben den großen Zentren Mykene, Tiryns und Argos noch mehrere weitere Fürstensitze und Burgen wie Mideia mit seinem reichen Kuppelgrab oder Prosymna beim späteren Heraion mit Kuppelgrab.

Mit der dorischen Wanderung wurde die A. dorisiert, doch mag die in Argos neben den alten 3 dorischen Phylen bestehende Phyle Hyrnathioi für die Vorbevölkerung bestimmt gewesen sein.

Der Name ist auch für Epidauros belegt (Paus. 2,28,3–7). Argos wurde die mächtigste Stadt, die schon in frühhistor. Zeit begann, die kleineren Orte wie Nauplia und Asine sich einzuverleiben. Im 5. Jh. v. Chr. wurden auch die letzten Orte der argivischen Ebene erobert und z.T. zerstört wie Mykene und Tiryns, deren Bewohner z.T. auswanderten. Die Ortsnamen lebten in Argos als Demen und Phratrien weiter (→ Argos). Das Staatsgebiet von Argos umfaßte in klassischer Zeit die ganze argivische Ebene und nächste Umgebung, selbständig blieben nur die Städte der Akte, Hermione, Troizen und Epidauros und im N. Kleonai, dieses aber in Abhängigkeit von Argos. Gemeinsames Heiligtum war das Heraion am O.-Rand der Ebene s. von Mykene. Straßen und Grenzen der A. waren an vielen Stellen durch Festungen und Wachttürme aus verschiedener Zeit gedeckt. Strab. 8,6,1–19. Paus. 2,15–38. E. M.

1. *A. Miliarakis* Γεωγραφία πολιτικὴ νέα καὶ ἀρχαία τοῦ νομοῦ Ἀργολίδος καὶ Κορινθίας, 1886. 2. *Alfr. Philippson* Der Peloponnes, 1892, 30ff. 3. *Herb. Lehmann* Argolis 1. Bd., Landeskunde der Ebene von Argos und ihrer Randgebiete, 1937. 4. *Philipps.-Kirst.* 3, 93ff. 5. *Hirschfeld–F. Cauer* RE II 728ff. 6. AA 42, 1927, 364ff. 7. *L. E. Lord* Watchtowers and fortresses in Argolis, AJA 43, 1939, 78ff. 8. *Ders.* Blockhouses in the Argolid, Hesp. 10, 1941, 93ff. 9. *Y. Béquignon* Les défenses de la plaine d'Argos, RA 1946 I, 220ff. 10. *Fr. Schachermeyr* Prähistor. Kulturen Griechenlands, RE XXII 1384f. 1428ff. 1455ff. 11. *D. Fimmen* Die kret.-myken. Kultur, 1924, 11ff. 12. *G. Karo* Myken. Kultur, RE Suppl. VI 604ff. 13. *G. Roux* L'architecture de l'Argolide aux IVe et IIIe siècles avant J.-C. 1962.

Argonautai (Ἀργοναῦται). Die Helden, die mit → Iason, den sein Oheim Pelias, um ihn zu verderben, nach dem Goldenen Vlies ausschickte, auf der → Argo von Pagasai, dem Hafen von Iolkos, nach Kolchis fuhren. Die Verzeichnisse der Teilnehmer geben variierend bis zu 60 Namen, von denen sie 28 gemeinsam haben. Pind. P. 4,117–187 und Sch. Apoll. Rh. Arg. 1,20ff. Val. Fl. 1,353ff. Orph. Arg. 119ff. Hyg. fab. 14. Apollod. 1,111 bis 113). Es sind meist Helden aus der letzten oder vorletzten Generation vor dem troischen Kriege, nicht nur Thessaler und Boioter, sondern aus vielen Landschaften Griechenlands, vielfach aus lokalpatriotischen Gründen in die Sage einbezogen. Einige haben bestimmte Funktionen: Iason als Führer, der auf der Fahrt allerdings wenig hervortritt, Tiphys (später Ankaios) als Steuermann, Idmon und Mopsos als Seher, Lynkeus als Späher; der Erbauer der Argo → Argos (Nr. 3) fuhr mit. Die bekanntesten Namen sind: Peleus, Telamon, Theseus und Peirithoos, Amphiaraos, Laertes, Admet, Idas, Deukalion, Orpheus, die Dioskuren, Zetes und Kalais, Meleagros, Herakles, der aber schon früh ausscheidet. Die Stationen der Hinfahrt (im wesentlichen nach → Apoll. Rh.): Lemnos (längerer Aufenthalt und Umgang mit den Lemnierinnen, die ihre Männer ermordet hatten; Iason heiratet ihre Königin Hypsipyle) – Samothrake (Einweihung in die dortigen Mysterien, als Teil der Sage nicht vor Apoll. Rh. nachzuweisen) – Kyzikos (K., König der Dolionen, nimmt sie gastlich auf, Herakles erlegt ihre Feinde, erdentsprossene Riesen; ein Sturm treibt die A. zurück, in dem nächtlichen Kampf fällt Kyzikos, Trauerfeier, Opfer auf dem Dindymon an die Göttermutter) – Kios in Mysien (Herakles sucht Holz für ein neues Ruder, sein Liebling Hylas wird von einer Quellnymphe entführt, Herakles bleibt auf der Suche nach ihm zurück, der Meergott Glaukos erklärt die Trennung von Herakles als schicksalbestimmt) – Bebryker (Faustkampf des Polydeukes mit König Amykos, Sieg der A. über die Bebryker; D. Hagopian, Pollux' Faustkampf mit Amykos bei Theokrit und Apoll. Rh. WSt 1955. Fesselung des Amykos auf der Ficoronischen Cista) – Salmydessos n. des Bosporos (Zetes und Kalais, die Söhne des Boreas, verscheuchen die Harpyien, die dem blinden → Phineus die Nahrung beschmutzen; dieser erteilt den A. Rat und Weissagung) – Symplegaden (auf Phineus' Rat schicken sie eine Taube durch die Klappfelsen, sie wird nur am Schwanz verletzt; entsprechend wird die Argo bei der Durchfahrt nur am Heck beschädigt; seitdem stehen die Felsen still) – Mariandyner in Bithynien (Tod des Idmon und des Tiphys, Totenklage) – Besuch der Amazonen- und anderer Küsten – Aresinsel bei Kerasus (sie verscheuchen die Stymphalischen Vögel und nehmen die Söhne des Phrixos auf, die aus Kolchis zur Heimat ihres Vaters ausgefahren sind, hier aber Schiffbruch gelitten haben). Über die Ereignisse in Kolchis → Iason → Medeia.

Die Berichte über die Rückfahrt der A. sind sehr mannigfaltig. Entweder kehrten sie auf demselben Wege heim, oder fuhren durch den Phasis oder den Tanais (Don) in den Okeanos, dann in das Rote Meer bis zur libyschen Wüste, durch die sie das Schiff trugen, und gelangten über Kyrene durch den See Tritonis ins Mittelmeer (Pind. P. 4,26; Antimachos von Kolophon frg. 65 W. nach Hes. Ehoien); oder sie segelten quer durch das Schwarze Meer in den Istros (Donau) hinein, trugen das Schiff ein Stück über Land und gelangten (durch den Rhein?) an die Nordsee und von da um die britischen Inseln herum, an der Westküste Europas entlang durch die Säulen des Herakles ins Mittelmeer (Orph. Arg.) Nach Apoll. Rh. endlich fuhren sie gleichfalls den Istros hinauf, kamen über Land an den → Eridanos (Po) und gelangten über die angebliche Gabelung von Po und Rhone ins Mittelmeer. Das erste Ereignis der Rückfahrt war die Begegnung mit → Apsyrtos, dessen Schiff durch Benutzung eines kürzeren Istrosarmes einen Vorsprung gewonnen hatte und deshalb vor den A. an die angebliche Einmündung des Istros in die Adria gelangte. Die Ermordung des Apsyrtos hatte Irrfahrten und Stürme zur Folge, bis die Götterstimme aus der Argo Entsühnung durch Kirke befahl. So mußten sie einen Weg ins Tyrrenische Meer suchen. Das erreichten sie, indem sie den Eridanos, der als ein Arm der Rhone galt, aufwärts bis zur Gabelung (s.o.) fuhren, wo sie beinahe in den angeblichen 3. Arm der Rhone, der nordwärts in den Okeanos führte, geraten wären, wenn nicht Hera sie südwärts gewiesen hatte. Im Tyrrenischen Meere besuchen sie Kirke (am circeischen Vorgebirge), die sie entsühnt, und bestehen mit göttlicher Hilfe die Gefahren der Sirenen, die die Leier des Orpheus übertönt, der Skylla und Charybdis und der Irrfelsen (Plankten). Auf Drepane (Sizilien) werden sie von den Phaiaken (→ Alkinoos Nr. 2) freundlich aufgenommen, doch naht hier die andere Abteilung der Kolcher und fordert Medeias Auslieferung, die durch die sofort vollzogene Vermählung mit Iason vereitelt wird. Dann strandet die Argo an den Syrten und muß 12 Tage und Nächte durch die libyschen Wüsten getragen werden, kurze Zeit sind sie Gäste der Hesperiden. Den Ausweg aus dem See Tritonis zum Meere weist ihnen Triton (bei Pind. Eurypylos), der dem Euphemos eine Erdscholle als Gastgeschenk mitgibt. In Kreta hindert sie der eherne Riese → Talos, ein Überlebender des ehernen Zeitalters, an der Landung; Medeias Beschwörung tötet ihn (Talosvase, FURTWÄNGLER 1,196ff.). Aus dem letzten Sturm rettet Apollon die A. bei der Sporadeninsel Anaphe. Dort wirft auf Grund eines Traumes Euphemos die von Triton geschenkte Erdscholle ins Meer, und es erhebt sich die Insel Kalliste, später Thera genannt. Nach einer Landung auf Aigina laufen sie endlich wieder in Iolkos ein.

Die älteste Erwähnung eines A.-Epos findet sich bereits Hom. Od. 12,69, und es mag zweifelhaft sein, ob jenes die Abenteuer der Sirenen, der Skylla und Charybdis u.a. aus der Odyssee geschöpft hat oder umgekehrt. Dagegen scheinen die vielen Stationen der Hinfahrt erst im Lauf der Zeit erfunden zu sein, stehen sie doch im Widerspruch zu der Grundvorstellung von der Argo als dem schnellsten Schiffe. Pind. P. 4 erwähnt nur das Symplegaden-Abenteuer; seine Quelle, Hes. Ehoien, wird noch nicht viele Episoden enthalten haben. Die Grundlage ist ein an den Namen Iason geknüpftes Märchen von dem Helden, der sich Braut und Goldschatz aus dem O. holt; daran setzten sich sagenhafte Episoden, die das Unternehmen zu einer Gemeinschaftsfahrt machen, in deren Rahmen sich einzelne Helden auszeichnen und in der sich die milesische Kolonisation des 7. Jh. spiegelt. Die spätere Erweiterung des geographischen Horizonts führte zu stärkerer Lokalisierung und Rationalisierung. H. v. G.

K. Meuli Od. und Argonautika, Bln. 1921. *I. R. Bacon* The Voyage of the A., Methuen 1925. *H. Venzke* Die orph. Argonautika, Bln. 1941. *R. Roux* Le problème des A., Paris 1949. *R. Merkelbach* Unters. zur Od., München 1951. Besonders: *L. Radermacher* Mythos und Sage bei den Griechen 166–237.

Argos (Ἄργος) I. Mythol. **1.** Argolischer Heros, Eponymos der Landschaft, Gründer der Stadt A., zuerst in den Ehoien erwähnt, mit heiligem Bezirk und Grab bei A., Hdt. 6,78ff. Paus. 2,22,5. Sohn des Zeus und der Niobe, Gemahl der Euadne, Vater des Epidauros, Tiryns, Argos u.a. Er soll das erste Getreide aus Libyen eingeführt haben. Ihm gehört wohl die dem A. Nr. 2 zugeschriebene Vernichtung von Unholden und Bestien. Apollod. 2,1,1,5ff. Paus. 2,26,5. Hyg. fab. 145. **2.** Sohn des Arestor und der Mykene, gleichfalls schon in den Ehoien erwähnt; Pherek. frg. 22. Ov. met. 1,624. Paus. 2,16,4; andere nennen ihn Sohn der Erde (Aischyl. Prom. 567. 577), des Inachos, des Agenor, auch des A. Nr. 1), Apollod. 2,1,2,2. 3,3. Über A. als Giganten s. RE Suppl. III 739, als Vernichter von Unholden → Nr. 1. Bekannt ist er vor allem als der Scharfblickende, alles Sehende, *πανόπτης*, den Hera zum Wächter der in eine Kuh verwandelten → Io bestimmte, von Aischyl. in Argos oder Lerna, sonst in Nemea, Mykenai, auch in Euboia lokalisiert. Man schrieb ihm 3 oder 4, ja 100, sogar unzählige (Aischyl.) Augen zu, die er entweder sämtlich oder abwechselnd zur Hälfte wach hält, Stat. silv. 5,4. Ov. met. 1,624, und stellte ihn z.T. zweiköpfig dar. Seine Wachsamkeit wurde sprichwörtlich: Argusaugen, *A. et talpa*, *A. oculeus (oculatus) totus* Plaut. Aul. 555. Zeus sendet Hermes, Io zu entführen, was ihm nur durch Tötung des A. gelingt, nach Einschläferung der Augen durch Flötenspiel und Zauberrute, Ov. met. 1,677; diese Sage beruht auf falscher Deutung des hom. *ἀργεϊφόντης* als A.-töter. Hera verwandelt dann A. in einen Pfau, Martial. 14,85. Mosch. 2,58, oder setzt seine Augen in die Schwanzfedern des Pfauen, Ov. met. 1,722. A. als Schildzeichen von Helden: Eur. Phoin. 1114. Verg. Aen. 7,789. A. im Drama: Kratinos' Komödie *Πανόπται*, Soph. Satyrspiel Inachos, Pap. Ox. 2369. R. PFEIFFER SBAW 1938, 23. PRELL.-ROB. 1,394ff. Die Gruppe A. und Io findet sich nicht selten auf Vasen und Wandgemälden (Palatium, Pompeji) dargestellt. **3.** Eponymos und Baumeister des Schiffes → Argo und Teilnehmer an der Argonautenfahrt, auch Bildschnitzer, Apoll. Rh. 1,19. 226. 1117. Diod. 4,41,3. Er heißt Sohn des Arestor (s. Nr. 2, Apoll. Rh. 1,112), oder des Polybos und der Argeia oder des Phrixos und der Aietestochter Chalkiope (s. Nr. 4). **4.** Einige Schriftsteller unterscheiden den Sohn des Phrixos von dem Erbauer der Argo und erzählen, die Söhne des Phrixos, aus Kolchis vertrieben, hätten auf der Fahrt zu ihrem in Orchomenos wohnenden Großvater Athamas Schiffbruch erlitten, seien auf der Aresinsel mit den Argonauten zusammengetroffen und mit ihnen nach Griechenland heimgekehrt. Hyg. fab. 3. 14. 21. Apoll. Rh. 2,1095ff. **5.** Ein Kyklop → Arges. **6.** Angeblicher Eponymos des stadtrömischen vicus → Argiletum, Verg. Aen. 8,345. **7.** Der alte Jagdhund des Odysseus, der sterbend seinen Herrn wiedererkannte, Od. 17,291. H. v. G.

II. Geogr. Häufiger Ortsname in Griechenland und den n. Nachbarländern. Bei Homer und danach vereinzelt später dichterisch bezeichnet A. teils ganz Griechenland, die Griechen daher allgemein Argeioi, teils Teile davon wie den Peloponnes oder einen Teil der Heimat der Myrmidonen Achills (Pelasgikon A.), aber auch die Argolis im besonderen (Mykene *μυχῷ Ἄργεος* Od. 3,263). Dichterisch wird A. auch appellativ für »Ebene« gebraucht (Eur. El. 1 [?]). Kallim. frg. 299 Pf. Dionysios Gigantias II bei Steph. Byz. s. *Δώτιον* Strab. 8,6,9 p. 372). Die Grammatikererklärung, A. heiße »fast jede Küstenebene« (Steph. Byz. Eust. Dionys. per. 419) paßt nur für 1. und 2. Insbesondere **1.** Die Hauptstadt der ostpeloponnes. Landschaft Argolis, noch h. mit demselben Namen an derselben Stelle. A. liegt in der Ebene etwa 5 km von der Küste entfernt am O.-Fuß des steilen, 289 m hohen Burgberges der Larissa, an den sich nach NO. mit dem 54 m hohen Sattel Deiras die knapp 100 m hohe flache Kuppe Aspis anschließt. Die antiken Reste von A. sind gering und unansehnlich, am bedeutendsten das große, in den Fels geschlagene Theater am SO.-Fuß der Larissa, klassisch mit Umbauten röm. Zeit, s. daneben ein kleineres röm. Odeion über einer Anlage klassischer Zeit mit geraden Sitzstufen, wohl dem alten Platz der Volksversammlung, 100 m n. des Theaters am Abhang der Larissa die von einer polygonalen Stützmauer gehaltene Terrasse des Kriterion mit einem Brunnenhaus röm. Zeit, zu dem eine Wasserleitung aus der Gegend von Kato-Belesi führte. In der Ebene vor dem Theater steht die Ruine großer röm. Thermen noch 10 m aufrecht. Ausgegraben sind daneben Teile der Agora und ihrer Umgebung mit Tempeln, Säulenhallen, Straßen, Häusern, ferner besonders das Heiligtum des Apollon Pythios oder Deiradiotes am Abhang der Aspis etwas über dem Deirassattel mit mehreren Gebäuden auf 4 Terrassen, dazu viele Gräber vor allem an der Aspis und am S.-Rand der h. Stadt und mancherlei sonstige Grabungen und Funde. Auf der Larissa sind außer den Mauern der mykenischen Burg unter dem venezianischen Kastell die Fundamente der archaischen Tempel des Zeus Larisaios und der Athena Polias gefunden, von der Stadtmauer kleine Stücke bes. an Larissa u. Aspis.

Die Siedlungsgeschichte von A. beginnt mit frühhelladischen Gräbern am S.-Rand der Stadt, einer zeitweiligen mittelhelladischen Siedlung an derselben Stelle und einer bereits befestigten mittelhelladischen Siedlung auf der Kuppe der Aspis. In mykenischer Zeit erhob sich auf der Larissa eine Burg, eine große Nekropole lag am S.-Abhang der Aspis. Sehr reich sind die Grabfunde geometrischer Zeit vor allem am S.-Rand der Stadt. Die Hauptbedeutung von A. lag in der archaischen Zeit, wo das Herrschaftsgebiet an der ganzen O.-Küste der Parnonhalbinsel hinab bis einschließlich der Insel Kythera reichte und schon Teile der sonstigen Argolis wie Nauplia und Asine erobert wurden. Es ist möglich, daß die Gründung des dorischen Korinth und Megara von A. ausging. Die ehemals führende Stellung von A. drückt sich auch in der großen Rolle aus, die A. in der griech. Sage spielt. Ein Höhepunkt der politischen Macht lag unter dem »Tyrannen« Pheidon wohl im 7. Jh. v. Chr. Das Königtum hielt sich in A. bis ins 5. Jh., demokratische Verfassung seit etwa 460 v. Chr. In frühhistorischer und klassischer Zeit ging die Machtstellung vor allem in den Kämpfen mit Sparta zurück, an das A. große Teile seines Landgebietes verlor. Der Gegensatz zu Sparta beherrschte auch die klassische Zeit. Im 5. Jh. wurden die kleineren Orte der argivischen Ebene und ihrer Umgebung, soweit sie nicht schon zu Argos gehörten, unterworfen und z.T. zerstört, wie Mykene und Tiryns, während Kleonai nur in Abhängigkeit gebracht wurde, womit A. auch die Leitung der nemeischen Spiele übernahm. 392 v. Chr. konnte A. sogar Korinth nach einer demokratischen Revolution mit sich vereinigen, mußte aber im Antalkidasfrieden darauf verzichten. In der Diadochenzeit wechselte die Stadt mehrfach den Herren und stand in der 1. Hälfte des 3. Jh. v. Chr. unter »Tyrannen«. Seit 229 v. Chr. gehörte es zum achaeischen Bund. 267 und 395 n. Chr. wurde A. von den Goten schwer verwüstet und großenteils zerstört, bestand aber durch das ganze MA. und die Neuzeit weiter.

A. war Heimat bedeutender Künstler wie der Bildhauer Hageladas und Polyklet und des Dichters und Musikers Sakadas. Bürgerschaft und Landgebiet waren eingeteilt in Phylen, Phratrien und Demen, die z.T. nach Ortschaften benannt waren. E. M.

Topographie bes. Strab. 8,6,7ff. p. 370ff. Paus. 2,19,3 bis 24,4. 1. *W. Vollgraff* BCH 31, 1907, 144ff. 2. *A. Boethius* Zur Topographie des dor. Argos, Strena philol. Upsaliensis 1922, 248ff. Ausgrabungen bes. 3. BCH 1904 bis 1907; 1920. 1928. 1930. 1953ff. 4. *W. Vollgraff* Opgravingen te Argos, Mededeelingen d. K. Akademie van Wetenschappen Afd. Letterkunde Deel, 66, 1928, 87ff.; Nieuwe opgravingen te Argos, a. O. Deel 72, 1931, 71ff. 5. *W. Vollgraff* Arx Argorum, Mn 56, 1928, 315ff. 6. *Ders.* Le sanctuaire 'Adpollon Pythéen à Argos 1956, dazu *G. Roux* REG 70, 1957, 474ff. Geschichte: 7. *Mark. Mitsos* Πολιτικὴ ἱστορία τοῦ Ἄργους, 1945. 8. *Ders.* Προσωπογραφία Ἀργολική 1952. 9. *F. Cauer* RE II 731ff. 10. *Fr. Gschnitzer* Abhängige Orte im griech. Alt., Zet. 17, 1958, 68ff. 11. *Fr. Kiechle* Argos und Tiryns nach der Schlacht bei Sepeia, Philol. 104, 1960, 181ff. 12. *W. Vollgraff* Argos dans la dépendance de Corinthe, AC 14, 1946, 5ff. Phratrien, Demen: 13. Mn 44, 1916, 56ff. 229ff. BCH 33, 1909, 171ff. 82, 1958, 1ff. 83, 1959, 254ff. Hesp. 21, 1952, 216ff. Ann. Inst. 3/5, 1941/43, 141ff. 14. *W. Vollgraff* Der argivische Kalender, Uppsala Universitets Årsskrift 1922 Fil. 1, dazu BCH 81, 1957, 197ff. 15. *E. Langlotz* Frühgriech. Bildhauerschulen, 1927, 54ff. 16. *H. G. Beyen–W. Vollgraff* Argos et Sicyone. Études relatives à la sculpture grecque de style sévère, 1947. Inschr.: 17. IG IV Nr. 492–678. Add. p. 380. SEG passim, und viele Aufsätze bes. in Mn und BCH. Mz.: 18. *Head* HN² 418.437ff.

2. A. Amphilochikon, früh graecisierter Hauptort → Amphilochiens an der O.-Küste des Golfs von Ambrakia beim h. Hg. Joannis. **3.** A. Orestikon in der obermakedonischen Landschaft Orestis am See von Kastoria.

1. RE II 789 nr. 5. 2. *Πρακτικά* 1940, 22 f.

4. Weiteres Vorkommen des Ortsnamens Steph. Byz. Eust. Dion. per. 419. RE II 789f. Nr. 6–16. Suppl. I 128. Nr. 11a–12. E. M.

Argynnos (*῎Αργυννος*). Schöner boiot. Knabe, über dessen Liebe Agamemnon das Griechenheer in Aulis vergessen haben soll. Als A. im boiot. Kephisos ertrank, stiftete Agamemnon ein Heiligtum mit dem Kult der Aphrodite Argynnis, die man nicht mit Stoll Roscher I 501 speziell als Göttin der Knabenliebe zu betrachten braucht. Dies Aition erzählte Phanokles in den *῎Ερωτες*. Athen. 13,603d. Klem. Al. Protr. 2,38. Steph. Byz. *᾿Αργύννιον*. Prop. 3,7,21. H. v. G.

Argyraspides (*᾿Αργυράσπιδες*). Einheit im Heere Alexanders, als schwerbewaffnete Formation vor dem Indienfeldzug aufgestellt (Curt. 8,5,4. Iust. 12,7,5). Sie hatte ihren Namen von den Schildverzierungen und übernahm anscheinend mit den Aufgaben der um diese Zeit stark aufgeriebenen Hypaspistentruppen auch deren Mannschaftsbestand (Ersatz aus Einheimischen). Nach 321 unter Antigenes in Syrien geschlossen angesiedelt, traten die A. bald auf Befehl von Olympias unter Eumenes (s. bes. Nep. Eum. 6–9), doch bewirkte ihre Zuchtlosigkeit dessen Ende. Für die Schlacht bei Raphia 217 stellte Antiochos eine Truppe unter gleichem Namen auf (Polyb. 31,3). G. W.

Berve Alexanderreich 1, 128. *Tarn* Alexander the Great 2, 149–153.

᾿Αργυρολόγοι. Der Begriff deckt beides: Strategen und ihre Schiffe, die zur Beitreibung fälliger Tribute im Kriegs- oder Widerstandsfall bei den Bündnern erscheinen und gewaltsam die geschuldeten *φόροι* erheben. Sonst heißen die *ἀρχαί*, die es mit der Exekution rückständiger Tribute zu tun haben, *ἐκλογεῖς*. Beispiele bei Thuk. 4,50.75. 8,107.108, dazu Plut. Alkib. 30. Aristoph. Equ. 1070. Vgl. Busolt GStk. 1353/54 (Anm. 1). A. M.

Ariadne (*᾿Αριάδνη*). Tochter des Minos und der Pasiphae, Schwester der Phaidra, ursprüngl. minoische Vegetationsgottheit, wohl identisch mit der *labyrinthoio potnia* (Linear B), in Kulttänzen geehrt (Hom. Il. 18,591 erwähnt ihren von Daidalos geschaffenen Tanzplatz). Nilsson The Minoan-Mycenaean Religion², Lund 1950, 523 f. *Ders.* GgrR 291 u. ö. Webster Von Mykene bis Hom., 1960, 70ff. 83. Kern Rel. d. Gr. I 223. Ihr Name ist die kretische Form für Ariagne (so auf Vasen häufig, »überaus heilig«), auf Kreta hieß sie auch Aridela, (»überaus hell«); beides Beinamen, die den eigentlichen Namen verschweigen. Auf Kypros verehrte man sie als Aphrodite A. Ihre Verbindung mit Dionysos ist kretisches Erbe, Hyg. astr. 2,5; ihr Grab in Argos lag im Tempel des kret. Dionysos, Paus. 2,20,4. 23,7; Hes. th. 947 kennt sie als Gemahlin des Dionysos. Ihre Beziehungen zu Theseus sind aber schon der Odyssee bekannt, 11,321 bis 325: Sie ließ sich von Theseus aus Kreta entführen, starb aber schon auf Dia (einer kleinen Insel bei Knossos; gewöhnlich mit Naxos gleichgesetzt) »nach dem Zeugnis des Dionysos«, wohl zur Strafe ihrer Untreue. Ein Märchenmotiv ist die Erzählung von der Liebe der Königstochter zu dem Fremden, dem sie ein Wollknäuel gibt, mit dessen Hilfe er den Weg aus dem Labyrinth findet. Sch. Il. 18,591. und Od. 11,320. Diod. 4,61,4. Apollod. epit. 1,7–10. Hyg. fab. 41–43. Nonn. Dion. 47,265ff. Die Sage von dem Wollknäuel führt man auf das Gewirr von Gängen in dem verfallenden Palast von Knossos zurück, Wilam. GldH. 1,112. Radermacher Mythos und Sage 280ff. Nach Epimenides (Eratosth. katast. 5) gab A. dem Theseus einen Strahlenkranz, dessen Licht ihn rettete; das paßt zu der Überlieferung, daß der Kampf mit dem Minotauros in einer Höhle stattgefunden habe. Diese Strahlenkrone war ein Brautgeschenk des Dionysos und wurde später an den Himmel versetzt *(corona borealis)*. Apoll. Rh. 3,1001. Arat. ph. 71. Ov. fast. 3,459 ff.; met. 8,176. Daß Theseus A. auf Naxos verließ, wird nicht von Anfang an auf Treulosigkeit zurückgeführt; Paus. 1,20,3. 10,29,4 erwähnt Darstellungen, in denen Dionysos A. raubt. In der hellenist. und röm. Literatur aber und in der bildenden Kunst ist die schlafend verlassene A. ein beliebtes Motiv: Catull. 64,50ff. Ov. her. 10, ebenso ihre Versetzung an den Himmel (s. o.). Plut., der Thes., 17–22 viel Material über A. gibt, erwähnt die Unterscheidung einer doppelten A., einer älteren, Gemahlin des Dionysos, und einer jüngeren, von Theseus entführten. In Wirklichkeit spiegelt der Wechsel von Freude und Trauer das Wesen der Vegetationsgottheit wider. Es könnte auch ein Vorgang der Religionsgeschichte vorliegen, die Verdrängung eines Kults durch einen anderen. H. Herter, RhM 85, 1936, 206ff. 88, 1939, 253ff. Hauptstätte des A.-Kults ist Naxos, daneben Athen (das Freudenfest der Oschophorien mit einzelnen Trauergebräuchen), Delos (Kranichtanz des Theseus; dieser hat ein altes Bild der Aphrodite, das A. ihm gegeben, dorthin gebracht), Amathus auf Kypros (ein Fest mit seltsamen Gebräuchen [Männerkindbett] zur Erinnerung an die Landung des Theseus mit der schwangeren A., die dort in den Wehen starb). In Italien wurde sie als → Libera, Gattin des Weingotts Liber, verehrt, Hyg. fab. 224. Ov. fast. 3,511. H. v. G.

W. Marg, H 88, 1960, 505. *v. Salis* Theseus und A. (Festschr. der archäol. Ges.), Berlin 1930. *J. Meerdink* Een onderzoek naar de orspronkelijke gestalte..., Amsterd. 1939.

Ariaios (Ἀριαῖος). Freund und Truppenführer des jüngeren Kyros bei Kunaxa, hielt sich nach dessen Tode zunächst → zu Klearchos und den griech. Söldnern. Danach ging er zu Artaxerxes über; er half mit bei der verräterischen Gefangennahme der griechischen Feldherren (Xen. anab.; oecon. Diod. Ktes. bei Plut. Artox.). Später scheint er sich wieder gegen Artaxerxes empört zu haben (Xen. Hell., Plut. Ages.). J. D.-G.

Ariamnes s. Kappadokien

Arianismus. Um 318 verurteilte Bischof Alexandros von Alexandreia den Presbyter Arius (Ἄρειος, lat. auch Arrius) als Irrlehrer. Arius, Schüler des gelehrten Märtyrers Lukianos von Antiocheia, lehrte nach diesem und → Origenes, daß der göttliche Logos Gott dem Vater untergeordnet sei. Gott ist ohne Anfang, eins und unveränderlich, nichts ist ihm gleich oder ähnlich. Der Sohn aber ist vom Vater aus dem Nichts hervorgebracht vor aller Zeit, nicht aus der Substanz des Vaters, daher andern Wesens, veränderlich, nicht ihm gleich. In der Menschwerdung verbindet sich der göttliche Logos als Seele mit dem menschlichen Leib; Arius leugnet (gegen Origenes) die menschliche Seele Christi. Der vertriebene Arius warb für seine Lehre mit einer Vers und Prosa mischenden Schrift Thaleia (Gastmahl, 2.). Gegen seinen Bischof fand er die Unterstützung der Lukianschüler, besonders des dem Kaiser Constantinus nahestehenden Bischofs → Eusebios von Nikomedeia. Nach dem Sieg über Licinius (324) suchte Constantin die kirchliche Einheit herzustellen. Nach erfolgloser Vermittlung des von ihm beauftragten Bischofs Ossius von Corduba berief er zu diesem Zwecke das Concil von Nikaia ein (325). Obschon der Kaiser unter Einfluß Eusebs anfänglich Arius freundlich geneigt war, erreichte der Vertreter Alexandreias, → Athanasios, die Verurteilung des Arius. Ins Glaubensbekenntnis von Nikaia wurde auf Wunsch Constantins die Definition aufgenommen, daß der Sohn mit dem Vater »wesenseins« (ὁμο-ούσιος, *consubstantialis*) sei. Das ὁμοούσιος, in der lat. Kirche unbestritten, war jedoch von den an Origenes orientierten Theologen des Ostens schon 268 verurteilt worden und fand jetzt bei ihnen weitesten Widerspruch. Schlagwort der Gegner wurde das ὁμοιούσιος, »wesensähnlich«. Der 328 auf den Bischofsstuhl von Alexandreia gelangte Athanasios wurde der Vorkämpfer der Orthodoxie von Nikaia. Nach seinem Vorgang werden schlechtweg alle Gegner der nikäischen Formel Arianer genannt, sowohl die Homoiusier wie die extremen Nachfolger des Arius († 336), Aëtios und Eunomios, die als Anomoier auch die Ähnlichkeit leugneten. Der Streit wurde verschärft durch die wechselnde Haltung der Kaiser. Constantins Nachfolger Constantius förderte unter Einfluß der Hofbischöfe Valens und Ursacius den A. und, 350 Alleinherrscher geworden, suchte er ihn im Westen gewaltsam durchzusetzen. Der Papst Liberius und die lat. Vorkämpfer → Hilarius von Poitiers und → Lucifer von Caralis wurden in den Orient verbannt. Kaiser Iulianus ließ alle verbannten Bischöfe zurückkehren. Mit Valens regierte wieder ein strenger Arianer († 378). 381 fiel der A. unter das von dem orthodoxen Kaiser Theodosius I. erlassene Verbot aller Häresien. Des Kaisers Ratgeber → Ambrosius, seit 374 Nachfolger des Arianers Auxentius auf dem Bischofsstuhl von Mailand, führte den Kampf an. → Marius Victorinus verfocht die Trinitätslehre gegen den A. mit den Waffen des Neuplatonismus. Da der 1. Bischof der Goten, Ulfilas, Arianer war, blieb der A. die Religion der christianisierten Germanen und nährte, vereint mit dem nationalen Gegensatz, die Feindschaft gegen die Römer. Die Vandalen verfolgten in Africa die Katholiken blutig (→ Victor von Vita). Der Untergang der Vandalen (533) und Ostgoten (552), die Bekehrung der Westgoten (587) und Langobarden (7. Jh.) brachte das Ende des A. O. H.

1. *Gustave Bardy* Recherches sur St-Lucien d'Antioche et son école, 1936; 2. *ders.* La Thalie d'Arius, RPh 3,1, 1927, 211–233. 3. *Hans Lietzmann* Gesch. d. alten Kirche 3, ^{2}1953.

Ariarathes s. Kappadokien

Ariaspai. Ein durch die Feldzüge Alexanders d. Gr. bekannt gewordener Stamm (Arr. an. 3,27,4) des ö. Iran (im Grenzgebiet Persiens und Afghanistans). Die A. wurden auch *Εὐεργέται* genannt (Arr. 4,6,6. Strab. p. 724. Diod. 18,81) und wohnten am Etymandros (h. Hilmend) in einer fruchtbaren Gegend. Von den mittelasiatischen Arimaspoi sind sie scharf zu unterscheiden. Die A. waren ein freiheitliches Volk, das auch von Alexander geschont, aber später von den Saken und Parthern einverleibt wurde. H. T.

Aricia (Nissen It. Ldk. 2,591. Beloch RG 376). Gründung des Sikulers Archilochos (Hemina frg. 2 P.) oder von Alba (Solin. 2,16), Mitglied des Latinerbundes (Cato frg. 58 P. Dion. Hal. ant. 5,61), seit 338 v. Chr. röm. *municipium* der *trib. Horatia* (Kubitschek Imp. Rom. trib. discr. 12) in der 1. Reg. (Plin. nat. 3,63), an der v. Appia (16 mp It. 107,2. 612,2. Tab. Peut. 6,1. Dion. Hal. ant. 6,32 120 stad. zu 1 mp = 7,5 stad. Strab. 239: 160 stad. = 20 mp bis zum *nemus Dianae* (zum dortigen Kult: Altheim Griech. Götter, 98.111. Latte RRelGesch. 169). Kalender: Ov. fast. 3,91. 6,59. Cens. 22,6. Obst und Wein: Plin. nat. 14,12. 19,110 u. a.; j. Ariccia. G. R.

Aries **1.** s. Schaf. **2.** s. Krios. **3.** s. Poliorketik. **4.** s. Sternbilder.

Arimaspoi (Ἀριμασποί). Mythisches Volk, in dem skyth. N. Früheste Quelle ist das epische Gedicht des Aristeas von Prokonnesos, auf dem auch die Nacherzählung bei Hdt. 3, 116 beruht.

Danach wurde im N. Europas das meiste Gold von den Greifen bewacht. Diese wurden aber von den A., einem einäugigen Volke, beraubt. Hdt. 4, 27: der Name A. skythisch = »einäugig«. Chr. D. *Minns* Scythians and Greeks in S. Russia 112ff. *Rostovtzeff* Iranians and Greeks in S. Russia 37; ders. Skythien u. der Bosporus 3,19,103,185; von der älteren Lit. bes. *Tomaschek* Über das Arimaspengedicht des Aristeas, SAWW 1888, 715ff. Neueres in Wsemirnaja istorija (russ. Weltgeschichte) 2, 1956, 159.176.412.

Arimazes (Curt., Ἀριαμάζης Strabo, Ἀριομάζης Polyain.), Territorialherr in der Sogdiane. Er verteidigte sich 327 auf einer uneinnehmbaren Bergfestung (Arr. an. 4,18,21, Curt. 7,11), wurde aber zur Übergabe gezwungen (Polyain. 4,3,29) und hingerichtet. G. W.
Berve Alexanderreich 2, 112.

Ariminum (NISSEN It. Ldk. 2,248ff.). Umbrische Gründung (Strab. 217) an Ariminusmündung, latin. Kolonie 268 v. Chr. (Vell. 1,14,6. Eutrop. 2,16) von hoher militärischer Bedeutung (Pol. 3,61,11. Strab. 226; vgl. Liv. 24,44,3 u. a. mit irriger Deutung HÜLSENS RE II 828). Seit Bau der v. Flaminia 220 v. Chr. mit Rom verbunden; Ausgangspunkt der v. Aemilia und Popilia (vgl. Itin. Anton. 100.126.533. Burd. 615 u. a.); wichtiger Hafen. Seit spätestens 88 v. Chr. (Plin. nat. 10,50) *municipium* (Liv. 27,10,7) der trib. Aniensis (BORMANN CIL XI p. 74f. KUBITSCHEK Imp. Rom. trib. discr. 94); später 8. Region (Plin. nat. 3,115); im 2. Pun. Krieg (Pol. 2,23. Liv. 21,51,6) und in den Bürgerkriegen (App. civ. 2,23 u. a. Caes. civ. 1,8 u. a.) oft genannt; Gebiet 43 v. Chr. an Veteranen verteilt (App. civ. 4,3); gewinnt durch Neubau (Ehrenbogen 27 v. Chr. CIL XI 365) und Pflasterung (1 n. Chr. CIL XI 366) und die Marecchiabrücke (22 n. Chr. CIL XI 367) als *colon. Augusta* Bedeutung. Namen der *vici* nach röm. Vorbild. Gotenkämpfe mit Narses (Prok. Got. 2,10.17.3, 37); j. Rimini. G. R.

Arintheus Flavius. Wohl germanischer Herkunft (vgl. M. SCHÖNFELD WB der altgerm. Personen- und Völkernamen, 1911, 26), zeichnete sich a. 355 als Tribun im Alamannenkrieg aus (Amm. 15,4,1). Im Perserkrieg a. 363, wahrscheinlich schon als mag. equ. (ENSSLIN, Klio 24,119), führte er die Reiterei des linken Flügels (Amm. 24,1,2. 7,4). Nach dem Tod Julians trat A. für die Wahl eines christlichen Kaisers ein (Amm. 25,5,2. J. STRAUB Vom Herrscherideal in der Spätantike, 1939, 11f.). Auch bei der Wahl Valentinians (a. 364) war A. wieder beteiligt (Philostorg. 8,8). Als *mag. ped.* hatte er fast an allen Kriegen des Valens maßgeblichen Anteil (Amm. B. 26.27 pass.). Auf dem Totenbett empfing der mit Basilius d. Gr. befreundete A. die Taufe (Bas. epist. 269 von 378). A. L.

Ariobarzanes (Ἀριοβαρζάνης). **1.** Perser, Sohn eines Mithradates, des Fürsten von Kios und Arrhina (Diod.), 407 v. Chr. Unterstatthalter des

Pharnabazos, 387 sein Nachfolger in der Satrapie von Daskyleion (Xen. hell.). Als er 367 offen die Fahne der Empörung gegen seinen Oberherrn Artaxerxes II. erhob (Trog., Diod.), unterstützte ihn mittelbar ein athenisches Geschwader unter Timotheos (Dem. Isokr. Corn. Nep.). Zum Dank für diese Dienste trat A. die früher von ihm besetzten Städte der thrakischen Chersones Sestos und Krithote an die Athener ab. Dafür wurde wieder ihm attisches Bürgerrecht verliehen (Dem.). Als der große Satrapenaufstand scheiterte (362), ist A. mit in das Verderben gerissen worden, von seinem eigenen Sohne Mithradates wurde er verraten und gekreuzigt (Harpokr., Xen. Kyrop.). **2.** Sohn des Artabazos, persischer Heerführer in der Schlacht bei Gaugamela (Arr., Curt.), verteidigte die »persischen Tore« gegen Alexander.

3.–8. Name dreier aufeinander folgender Könige Kappadokiens u. a.

3. A. I. Philoromaios. Als nach dem Tode des 8. Ariarathes das kappadok. Königsgeschlecht ausgestorben war, erhielten die Kappadoker von Rom die Erlaubnis, sich einen König zu wählen. A. ward um 95 v. Chr. gewählt und vom Senat bestätigt. Zweimal ward er vertrieben, beidemal führten ihn die Römer wieder zurück. **4.** A. II. Philopator, Sohn des vorigen und der Athenais, regierte von 63/62 bis 52/51. **5.** A., Sohn des Mithradates I., Ktistes von Pontos. **6.** A., König von Medien, Vater des Königs Artavasdes (s. d. Nr. 2). **7.** Enkel des Vorigen, Sohn des Artavasdes. **8.** A. III., mit Beinamen Eusebes und Philoromaios, regierte von 52–42. J. D.-G.

Arion. Aus Methymna (Lesbos), mit dem korinthischen Tyrannen Periandros (625–585) befreundet, galt nach Hdt. 1,23 als bester kitharodischer Künstler seiner Zeit, der den von ihm so genannten Dithyrambos geschaffen und in Korinth zur Wiedergabe gebracht hat, eine Überlieferung, die A. damit in nahe Beziehung zur Vorgeschichte der griech. Tragödie setzt. Über den Dithyrambos hinaus, den auch schon Archilochos anzustimmen weiß (77 D, [2], 1907, 64), schreibt die Suda und andere Spätlinge dem nur aus Testimonia und Legende bekannten A. Verdienste um das entstehende Drama zu: als Dichter(komponist), Schüler Alkmans, verfaßte er Gesänge (ᾄσματα) und Prooimia, seine »Erfindung« sei der Gebrauch der Satyrn (λέγεται τραγικοῦ τρόπου εὑρέτης γενέσθαι), ihre Sprechweise in Versen, die Einführung des kyklischen Chors (daher A. als Κυκλέως υἱός). Soweit die Suda! Dazu treten Überlieferungen, nach denen Aristoteles (bei Proklos Chrest. 12) A. für den Erfinder des κύκλιος χορός und den ἀρξάμενος τῆς ᾠδῆς hielt ([2], 1910ff.) und Solon ihm die Einführung des πρῶτον δρᾶμα τῆς τραγῳδίας zuschrieb (Ioh. Diakonos, Hermogenes-Kommentator, bei H. RABE RhM 63, 1908, 150,7f.; [2], 1910/11). Auf die vielen Erörterungen für und wider die Beweiskraft dieser u.a. antiquarischen Nachrichten ist hier nicht einzugehn; verwiesen sei nur auf die Beurteilung A.s als »ungeschichtlicher Persönlichkeit« ([1],840,60), andererseits auf das Ergebnis der alle wichtigen Momente besonnen wägenden Überprüfung von ZIEGLER ([2], 1912, 18–28), nach der A. das Verdienst des *τραγικὸς τρόπος* zukam; wenn er in Korinth durch Satyrnchöre tragische Dithyramben im Wechselgesang von *χορός* und *ἐξάρχων* vortragen ließ, schuf er damit ein »dramatisches« Element für die künftige Tragödie.

Probleme bietet auch die weitverbreitete, variantenreiche Legende von der wunderbaren Rettung des musisch begnadeten und daher göttlich geschützten A. durch einen Delphin aus Todesgefahr. Einfach von Hdt. 1,23f. (lat. bei Gell. N.A. 16,19) als Überlieferung von Korinth und Lesbos erzählt, wurde sie Vorbild der meisten spätern Berichte; s. [1],836–838. Für Varianten der Sage zu vergleichende Erwähnungen: Plut. Conv. sept. sap. 18. Lukian. Dial. marit. 8. Hyg. fab. 194. In die Anth. Pal. und Plan. sind nur zwei Epigramme auf A. aufgenommen (Bianor) 9,308; 16,276; vgl. 9,88 (Philippos Thess.).

Ablauf der bekannten Legende: A. befindet sich nach gewinnreicher Kunstreise auf der Rückfahrt zwischen Tarent und Korinth und soll von der habgierigen Besatzung beseitigt werden. Vor seinem Tod darf er in vollem Kitharodenornat den *ὄρθιος νόμος* zur Kithara singen, dann stürzt er sich in die See, wo ihn ein Delphin empfängt und heil nach Tainaron bringt. Dort erinnerte später an das Wunder ein Bronze-Denkmal (*ἐπὶ δελφῖνος ἐπεὼν ἄνθρωπος*), das auch Ail. hist. an. 2,15 zusammen mit dem Weihepigramm erwähnt (DIEHL Anth. lyr. gr. 2^2, 1942, 4f. PREGER Inscr. gr. metr. nr. 187. COUGNY Anth. Pal. Bd. 3; 1,3). Zur Wanderung des Motivs nach Thera, wo sich das Distichon IG 12 Suppl. 537 S. 88 (KAIBEL Epigr. gr. 1086) fand, s. [1],839,2–11. Mit dem Epigramm auf Tainaron erwähnt Ailian den Poseidon-Hymnos, den er wie das Epigramm zu Unrecht A. zuschreibt; er gehört ins 4. Jh. v. Chr.; bei DIEHL S. 4f.

Zur Ikonographie s. K. SCHEFOLD Bildnisse der ant. Dichter (1943) 173,5: A. als Delphinreiter auf Bronze-Münze (Methymna, um 175 n. Chr.); »mythologisches Urbild« mit Taras auf tarentinischer Silbermünze um 370 v. Chr. (SCHEFOLD 48f.). K.P.

1. *O. Crusius* RE II 836–841. 2. *Konrat Ziegler* RE VI A 1910–1912. 3. *H. Hunger* Lex. der griech. und röm. Mythologie, Wien 1953^2. 50.

Ariovistus. Heerkönig der Sueben, wahrscheinlich der Triboker, von Caes. *rex Germanorum* genannt. Um 71 v. Chr. überschritt er, von den Sequanern herbeigerufen, mit 15000 Mann den Rhein und griff in die Kämpfe gegen die Haeduer mehrfach erfolgreich ein, bes. um 61 bei Magetobriga gegen Eporedorix. Dann nahm er, nachdem er häufig Zuzug erhalten hatte, ein Drittel des

Sequanergebietes zur Ansiedlung in Besitz und forderte nach dem Eintreffen von 24000 Haruden 58 ein weiteres Drittel. Nach Caesar unterstanden ihm schließlich etwa 120000 Germanen. Um 60 verheiratete sich A., der keltisch und lateinisch sprach und politisch und militärisch klug und überlegt zu handeln wußte, mit der Schwester des Keltenkönigs Voccio von Noricum und übte auf die Helvetier im Gebiet der Nordschweiz einen stärkeren Druck aus. Während sich unter den Galliern gegen seine immer stärker werdende Vormacht Abwehrbündnisse anbahnten, konnte er im Anschluß an eine Gesandtschaft, bei der er auch »Inder« (Eskimos?) von der Nordseeküste überbringen ließ, im J. 59 mit Rom einen Freundschaftsvertrag abschließen, wobei er auf Antrag Caesars (damals *cos.*) den Ehrentitel *rex et amicus populi Romani* erhielt. Als Caesar 58 die Helvetier geschlagen hatte, lehnte A. eine Aufforderung zu persönlicher Aussprache ab. Er mußte sich nunmehr auf Grund der Gesamtlage und, weil die Gallier Caesar um Hilfe gegen ihn gebeten hatten, zu einem Entscheidungskampf gegen die Römer bereithalten. Caesar gewann vor ihm die wichtige Stadt Vesontio und rückte bis in die oberrheinische Tiefebene vor. Dort trat ihm A. mit etwa 25000 Kriegern entgegen, wurde aber nach mehrtägiger geschickter Kampfführung von Caesar etwa am 14. Sept. 58 geschlagen. Caes. Gall. 1,30 bis 54. Cass. Dio 38,34–50. Die Entscheidung fiel im Raum zwischen Belfort und Schlettstadt, wahrscheinlich in der Gegend von Mühlhausen in der Nähe des Rheins. A. entkam über den Rhein, starb aber wohl bald, sicher vor 54 (Caes. Gall. 5,29,3). Mit der Niederlage des A. war der erste Versuch einer germanischen Machtbildung westlich des Rheins für Jahrhunderte vereitelt; diese Bedeutung der Schlacht wird auch dadurch nicht gemindert, daß Triboker, Nemeter und Vangionen weiterhin in ihren linksrheinischen Wohnsitzen (zwischen Straßburg und Worms) belassen wurden. H. G. G.

F. Miltner Germ. Köpfe d. Ant., 1937, 12ff. *H. Gundel* Unters. z. Takt. u. Strat. d. Germ. Diss. Marburg 1937, 67ff. *E. Köstermann* Klio 33, 1940, 308ff. *S. Gutenbrunner*, RhM XCVI 1953, 97ff. *G. Walser* Caesar u. d. Germ. 1956.

Ariphron. Von Sikyon, Hymnendichter, als *χοροδιδάσκαλος* auf att. Choregendenkmal aus der Synchoregiezeit (405–398) genannt: IG ed. min. II/III Nr. 3092 (dazu C. BOTTIN, Rev. Belge 10, 1931, 14). Erhalten ist ein Hymnus auf → Hygieia, nach WILAM. zur Einführung des Asklepioskults in Athen (420) gedichtet (GldH 2, 1932, 224,1). Er hat wohl den Hygieia-Hymnus seines Zeitgenossen → Likymnios von Chios beeinflußt (K. KEYSSNER, PhW 53, 1933, 1289ff.). A.s Hymnus blieb bis in die Antoninenzeit berühmt; auch inschr. überliefert. J.W.

Text (mit Lit.) *Diehl* Anth. Lyr. Gr. II^3, 161ff.

Aristagoras (Ἀρισταγόρας). **1.** Tyrann von Kyzikos zur Zeit des Dareios I. (Hdt.). **2.** Des Herakleides Sohn, Tyrann von Kyme zu derselben Zeit (Hdt.). **3.** Des Molpagoras Sohn aus Milet, beherrschte während der Abwesenheit seines Schwiegervaters und Vetters → Histiaios am Hofe des Dareios I. seine Vaterstadt. Durch Histiaios gestachelt, empörte er sich gegen den Großkönig und ward so der unmittelbare Urheber des ionischen Aufstandes (Hdt.). Als dieser eine unglückliche Wendung nahm, verließ A. Milet, führte eine Kolonie nach Myrkinos in Thrakien und fiel 497 im Kampfe gegen die thrakischen Edoner (Herod., Thuk.). J. D.-G.

Aristainetos. Einer der spätesten → Epistolographen, aufgrund hist. Indizien wohl im 5. Jh. n. Chr., verf. 2 B. Erotische Briefe, z.T. novellistischen Charakters. Schreibt für seine »Pasticcioliteratur« bes. Platon, Lukian, Philostrat, Alkiphron, Romanautoren aus. Wichtig vor allem dadurch, daß er »die erot. Motive der Antike aufsammelt« (Lesky). Attizist; verwendet akzentuierende Klauseln. Zur schmalen Überlieferung (1 Vindob. [1 Paris. späte, wertlose Abschrift eines Druckes]) Lesky, WSt 70, 1957, 219 ff. J. W.

Text/Lat. Übers.: *R. Hercher* Epistolographi Graeci, 1873 (erneuerungsbedürftig). Übers./Einl.: *A. Lesky* A., Erot. Briefe, 1951. *D. A. Tsirimbas* Παροιμίαι... παρὰ.. Ἀ., Πλάτων 2, 1950, 25 ff.

Aristainos (Ἀρίσταινος). Aus Megalopolis (Plut. Philop. 17,4 f.) war 198 (Liv. 32,19,2), 195 (Liv. 34,24) und 186 (Pol. 22,10,2), Stratege des achaiischen Bundes, dessen Übertritt von Philipp V. zu den Römern er 198 in Sikyon durchsetzte. Pol. 18,13,8 ff. Liv. 32,19–23,3. Das gleiche forderte A. 197 von den Boiotern. Liv. 33,2,4. In Korinth trat er 195 für die Bestrafung des Nabis ein. Liv. 34,24. H. V.

Aristaios (Ἀρισταῖος). **1.** Ein alter bäuerlicher Segensgott, der seine vielseitigen Funktionen z.T. an Zeus und Apollon abgegeben, z.T. aber als Heros behauptet hat, dem für seine Verdienste die Unsterblichkeit sicher war (Verg. georg. 4,325). Gewöhnlich gilt er als Sohn Apollons und der thessalischen Nymphe Kyrene, von der die libysche Stadt Kyrene ihren Namen ableitete. Pind. P. 9,26 bis 70 (nach Hes. Ehoien): Hermes brachte A. zur Ge und den Horen, die ihn unsterblich machten, zu einem Zeus und Apollon, zum Ἀγρεύς (Jäger) und Νόμιος (Herdengott). Tatsächlich wurde er auf Keos als Zeus und Apollon Nomios verehrt (Sch. Apoll. Rh. 2,498), auch als Apollon A. (CIG 234), in Arkadien als Zeus A. (Serv. georg. 1,14). Auf Keos wehrte er der Dürre und den Seuchen, indem er von Zeus die 40tägigen Etesien erflehte und den Aufgang des Sirius beobachten lehrte (Apoll. Rh. 2,500 ff.). Die boiotische Sage vermählte ihn mit → Autonoë und gab ihm Aktaion als Sohn (Paus. 10,17,3). Er galt als Meister der Bienenzucht (Aristot. πολιτεία Κείων). Einst verliebte er sich in die Dryade Eurydike, die Gattin des Orpheus. Während er sie verfolgte, trat sie auf eine Schlange, deren Biß sie tötete. Darauf ließen ihre Schwestern seine sämtlichen Bienen sterben. Der Meergreis Proteus, den er auf Rat seiner Mutter gefesselt und befragt hatte, nannte als Ursache den Tod der Eurydike. Nun schlachtete er 4 Stiere und 4 Kühe als Sühnopfer und ließ sie nach Weisung seiner Mutter 8 Tage im Hain liegen. Am 9. Morgen, nach einem Totenopfer für den inzwischen getöteten Orpheus, wimmelten die verfaulenden Leiber der Rinder von Bienen. Verg. georg. 4,281 ff. 317 ff. Ov. met. 15,359 ff. Nonn. Dion. 5,229 ff. 442 ff. H. v. G.

Über den Glauben an die Bugonie der Bienen *H. J. Rose* Griech. Mythol. dt. 142. Ferner *Studniczka* Kyrene 39 ff. *Malten* Kyrene (PhU 20) passim. *Ed. Norden*, SPrAW 1934, 626 ff. *P. Händel*, RhM 105, 1962, 66 ff.

2. »der Ältere« (um 350–320 v. Chr., vor Eukleides und nach Eudoxos und Menaichmos) schrieb in Verbindung mit einem Werk über die Kegelschnitte 5 B. über *τόποι στερεοί*, aus denen Eukl. die Synthesis »des Ortes zu drei und vier Geraden« in seinen 4 B. über die Kegelschnitte unvollständig und unbefriedigend wiedergab (Pappos coll. 636,23. 672,12. 676,25 ff.). Papp. 678,15 ff. berichtet dazu: Wenn drei Geraden ihrer Lage nach gegeben sind und von einem und demselben Punkt unter gegebenen Winkeln gerade Linien zu den Geraden hin gezogen werden, und wenn das Rechteck aus zweien dieser Entfernungen von Fall zu Fall gleich dem Quadrat der dritten ist, dann liegt der Punkt auf einem »körperlichen Ort«, im vorliegenden Fall auf einem Kegelschnitt (Parabel). Wenn gerade Linien sich unter gegebenem Winkel schneiden und vier Linien *ἐν θέσει* gegeben sind, und wenn dabei – analog Vorstehendem – das Rechteck aus zwei Abständen gleich dem Rechteck aus den beiden anderen ist, dann liegt auch dieser Punkt auf einem Kegelschnitt (Hyperbel) »gegeben nach der Lage«. Van der Waerden Erwach. Wiss. 390, deutet die Stelle auf eine graphische Darstellung der Medietäten A:B = B:C (Par.) und A:B = C:D (Hyp.), vgl. die *καμπύλαι γραμμαί* des Eudoxos (RE IXA 1209). Heath Hist. Math. 2,119 denkt an die »Focus-Directrix-Property« der Kegelschnitte, vgl. auch Zeuthen Lehre v. d. Kegelschn. i. Altert. Abschn. VII f. Wahrscheinlich A. hat »über die Vergleichung der 5 regelmäßigen Körper« geschrieben (= Eukl. elem. 14 prop. 2 = Hypsikles, RE IX 427 f. Heath 1,420 mit dem Untersuchungsergebnis: derselbe Kreis umschreibt das Pentagon des Dodekahedrons und das Dreieck des Ikosahedrons auf der gleichen diesen Körpern umschriebenen Kugel). R. B.

Aristandros. Seher und Opferschauer aus Telmessos. Bereits mit Philipp befreundet, begleitete er Alexander auf seinem Zuge. Seine Weissagungen und Zeichendeutungen hören indes nach der Kleitosermordung auf (Plut.Al. 50–52), entweder weil A. ausschied oder Alexander auf die Wahrnehmung göttlicher Zeichen durch ihn verzichtete (charakteristisch hierfür vielleicht Arr. 4, 4,3). Weissagungen über die Zukunft von Diadochen (Ailian. v. h. 12,64) werden spätere Fiktion sein. G. W.

Berve Alexanderreich 2, 117.

Aristarchos. 1. Fanatischer oligarchischer Politiker Athens, 411 v. Chr. prominentes Mitglied der 400 (Thuk. 8, 90ff.). Während ihrer Herrschaft Stratege, beging er nach ihrem Sturz als einziger von ihnen Landesverrat und spielte den Boiotern das Grenzkastell Oinoë in die Hände (Thuk. 8, 98). 406 von den Athenern gefangengenommen, wurde er dafür hingerichtet (Xen. hell. 1, 7, 28). **2.** Freund des Sokrates (Xen. mem. 2, 7, 1 ff.). **3.** Junger, mit Demosthenes befreundeter Athener, mußte wegen Mordes aus Athen fliehen (Aischin. 1,171 f. 2, 148. 166. Demosth. 21, 104. 116ff.). Fr. Kie.

4. Tragiker aus Tegea, Zeitgenosse des Euripides, soll über 100 Jahre alt geworden sein und 70 Tragödien aufgeführt haben. 2 Siege. (Sud.). Von Euseb.chron. 2,105 zu Ol. 81,2 = 455/54 erwähnt. Bei Suda wird ihm eine wichtige Neuerung in der tragischen Kunst zugeschrieben, doch bleibt die sachliche Angabe der Notiz unverständlich. Werke: 1. Achilleus, von Ennius als Achilles Aristarchi bearbeitet (Plaut.Poen. 1 ff.). 2. Tantalus (Stob.ecl. 2,1,1, p. 3,6). 3. Asklepios (Suda). 2 neue Fragmente: REITZENSTEIN Der Anfang d. Lex. d. Photios 37,7. 116,20. Fr. St.

W. Strzelecki Coniectanea scaenica, Eos 43, 1948/49, 153 ff.

5. A. von Samos lebte, wie aus DIELS Doxogr. 313 und 601 sowie Ptolem. Almag. Bd. 1,203,10 und 206,25 H. zu erschließen, etwa von 310 bis 230 v. Chr. Er war Schüler des Straton von Lampsakos, durch den er wohl im Sinne des Herakleides Pontikos beeinflußt wurde. Berühmt geworden ist er wegen seines bei Archim., Arenarius S. 244,9 H. u. Dox., 355 D. überlieferten heliozentrischen Systems. Copernicus (De rev. cael. ed. Thorun. 1873, 34 Anm., auch S. 30 ZELLER) nennt ihn als Zeugen, strich den Passus jedoch vor der Drucklegung. Nach Vitr. 9,8,1 ersetzte A. den bis dahin gebräuchlichen Schattenstab des Berosos durch das genauere Beobachtungsgerät des Sonnenstandes, die Skaphe, eine Kugelkalotte. Optische Arbeiten werden von den Doxographen (S. 313 und 404 D.) erwähnt. Die heliozentrische Lehre ist nach HEATH 303 in *ὑποθεσίων γϱαφαί*, vermutlich einer aus Propositionen bestehenden Monographie, niedergelegt. Anders HULTSCH RE II 875. Nach der Notiz des Archim. lehrt A.: Sonne und Fixsterne stehen still, die Planeten samt Erde kreisen um die Sonne. Dabei ist der Durchmesser der Erdbahn gegenüber dem der Fixsternsphäre vernachlässigbar klein. In gewisser Hinsicht bleibt das System also geozentrisch wie das des Eudoxos und Aristoteles. Vorgänger hatte A. in der pythagoreischen Lehre des Philolaos von um das Zentralfeuer umlaufender Erde und Gegenerde (z. B. Doxogr. S. 377 D.) und in Herakleides Pontikos (Venus und Merkur umkreisen die Sonne). Schon Hipparch ließ die Theorie wieder fallen. Das einzige erhaltene Werk (s. u. 1) des A. enthält keinen Hinweis auf das heliozentrische System. Es zeigt in 18 Propositionen im Euklidischen Stil die Durchmesser und Entfernungen von Sonne und Mond, gemessen in Erddurchmessern, u. z. approximativ nach Höchst- und Mindestwerten. Er erhält z. B. für die Entfernung Erde-Sonne den Wert größer als 18, kleiner als 20 Erde-Mond-Entfernungen, für den Durchmesser der Sonne den Wert größer als 19/3, kleiner als 43/6 Erddurchmesser. Die Beweise benutzen als Axiome (Hypothesen) konventionell abgerundete Beobachtungswerte. J. M.

1. L. Heath Aristarchus of Samos, The Ancient Copernicus, Oxford 1913. *2. P. Tannery* Mémoires scientifiques, 1,371 und 2,332, Paris 1912. *3. B.L. van der Waerden* Erwachende Wissenschaft, Basel 1956, 336. *4. Th.S. Kuhn* The Copernican Revolution, New York 1957 (über die Nachwirkung des A.).

6. Sohn des A. aus Samothrake, bedeutender alexandrinischer Grammatiker (etwa 217–145 v. Chr.), als Nachfolger des Apollonios Eidographos 6. Vorstand der Bibliothek (POxy 1241 col. II). Er war Erzieher des Ptolemaios VII. und verließ Alexandreia wahrscheinlich im Zusammenhang mit dem Regierungsantritt des Ptolemaios VIII. Physkon. Kurz darauf starb er auf Kypros an der Wassersucht.

Im Anschluß an seinen Lehrer Aristophanes von Byzantion edierte und kommentierte A. ältere griech. Literatur. Im Mittelpunkt stand die Beschäftigung mit Homer, den er, wohl in der Vulgatfassung (so [14]), herausgab. Aufgrund genauer Sprachbeobachtung und mit gutem Einfühlungsvermögen in die dargestellte Heroenzeit versuchte er, den »echten« Homer wiederzugewinnen. Verdächtige (z. B. Od. 23,297 ff.) oder auffällige Verse behandelte er in den Kommentaren (*ὑπομνήματα*), in denen er seine eigentlichen wissenschaftlichen Erkenntnisse formulierte ([14]). Seine kritischen Zeichen sind uns noch faßbar (verwendet bei [15]; vgl. Suet. de vir. ill. 108 REIFF. Diog. Laert. 3,65 f.). Die Reste seiner Homererklärung finden sich vor allem in den sog. A-Sch. (durch Vermittlung des Aristonikos und Didymos, [4],1,175ff.) und den Hom.-Lex. (Apollonios Sophistes). Ihr oberster Grundsatz war, Homer aus Homer zu erklären. Allegorisierende Deutung, wie sie in der pergamenischen Schule betrieben wurde, war ihr fremd. A.' Beschäftigung mit dem Dichter bezeichnet den Höhepunkt der antiken Kritik und Exegese. Weiterhin befaßte sich A. mit Hesiod, Alkaios, Pindar und Archilochos, verschiedenen Tragikern, dem Komiker Aristophanes und Herodot. Daneben setzte er sich polemisch mit Philetas, Komanos und dem Chorizonten Xenon auseinander. Als

Verfechter der Analogie in der Sprachtheorie bekämpfte er Krates von Mallos. A. begründete eine ansehnliche Schule (Suda *'Α.*: etwa 40 Schüler), aus der u.a. Aristonikos, Ammonios, Dionysios Thrax und Apollodoros hervorgingen. Seine Autorität bestimmte in der Folgezeit weitgehend die wissenschaftliche Arbeit an Homer, so daß die Leistungen seiner Vorgänger stark in den Hintergrund traten. H. Gä.

1. *Christ-Schmid* 2,264ff. 2. *Susemihl* 1,451ff. 3. *K. Lehrs* De Aristarchi studiis Homericis, Lpz. ^{3}1882. 4. *A. Ludwich* A's homerische Textkritik, Lpz. 1884/85. 5. *A. Roemer* Aristarchs Athetesen in der Homerkritik, Lpz.-Bln. 1912. 6. *A. Roemer-E. Belzner* Die Homerexegese Aristarchs in ihren Grundzügen, Paderborn 1924. 7. *W. Bachmann* Die ästhetischen Anschauungen Aristarchs, Progr. Nürnberg 1902/04. 8. *Chr. Dimpfl* Beiträge zu Aristarchs homer. Wortforschung, Diss. München 1910. 9. *A. Roemer*, RhM 66, 1911, 275ff. 10. *A. Ludwich*, RhM 69, 1914, 680ff. 11. *R. Mollweide*, Philol. 71, 1912, 353ff. 12. *N. Wecklein*, ABAW 1919, 116ff. 13. *R. Merkelbach*, RhM 95, 1952, 23ff. 14. *H. Erbse*, H 87, 1959, 275ff. 15. *Th.W. Allen* Homeri Ilias, Oxford 1931.

Aristeas. 1. Von der Insel Prokonnesos (Propontis): Haupttestimonia in FGrH I^2 A *14f. 259 (Nr. 35); dazu Kommentar I^{2}a, 1957, 551–555 Fragmente in EGF 1,243–247. Heimat Hdt. 4,13 u.a.; Vater Kaystrobios (Hdt. a.O. Suda [T 1 a]) oder Democharis (Suda); Zeit die der Auseinandersetzung von Kroisos und Kyros, Olymp. 58 (*νη* [durch Kombination der hsl. Varianten der Suda in T 1 a von E. Rohde gewonnen]; Ansatz mag z.B. aus einer Angabe Pindars [F 271 Sn. in Verbindung mit F 270] gewonnen sein), zum mindesten aber jünger als der Kimmeriereinfall (Mitte des 7. Jh.): alle anderslautenden Angaben gehen auf die fabulose Ausgestaltung seines Wunderlebens zurück. Verf. von *'Αριμάσπεια ἔπη* in 3 B. (von ca. 1000 Versen?) und einer Prosa-Theogonie (T 1 a). Die »Arismaspeia« haben gelesen Aischylos (Prom. 803–806), Pindar (F 271), Hekataios (1 F 193f. Jac.; dann Hellanikos 4 F 187, Damastes 5 F 1), Herodot (F 5f.), der Anon. *Π. ὕψους* (F 1), die Quelle des Pausanias (F 6f.) und die des Tzetzes (F 2–4). A. suchte die »skythischen« Issedonen (seine *'Ισσηδοί*: F 2) auf und ließ sich von diesen über die im N. wohnenden einäugigen Arimaspen (F 4), goldhütenden Greifen und die ans Nordmeer grenzenden Hyperboreer berichten (F 5–7); er führte den Kimmeriereinfall darauf zurück, daß die Arimaspen auf die Issedonen einen Druck ausübten, die Issedonen auf die »Skythen«, diese wiederum auf die an der Südküste wohnenden Kimmerier (F 5). H. J. M.

2. A.-»Brief«. Ein nicht in Briefform gefaßter Bericht, den ein heidnischer (16) Beamter A. (40. 43) seinem Bruder Philokrates (1.322) über die Übersetzung des Pentateuchs ins Griechische gibt (3–51.301–322); eingelegt ist eine Beschreibung der Geschenke für den Hohenpriester Eleazar (51–82), der die 72 Übersetzer entsendet, die Unterredung mit ihm (121–171) in Jerusalem (83–120), der Empfang der 72 in Alexandreia (172–186) und die Tischgespräche mit ihnen (187–300). Der Bericht kann nicht (mit [1],76) als Zeugnis für die wider den Willen der Juden durchgesetzte Hellenisierungspolitik Ptolemaios des II. Philadelphos, analog zur Redaktion der griech. Dichtung durch Timotheos von Eleusis und der Paraphrase sog. äg. Schrifttums im Corpus Hermeticum, interpretiert werden; er ist vielmehr weiterhin als (zwischen 130 und 100 v. Chr. entstandenes) den Übersetzungsvorgang auf Pharos fingierendes Pseudepigraphon anzusehen, das die Anerkennung der LXX für den gottesdienstlichen Gebrauch in der griech. sprechenden Diaspora des → Judentums bezeugen ([2],161f.) oder sichern will. C. C.

Edd.: *P. Wendland* 1900. *H. G. Meecham* 1935. *M. Hadas* 1951. Lit.: 1. *B.H. Stricker* De brief van A. De hellenistische codificaties der praehelleense godsdiensten (Verh. Ak. Amsterdam 62,4), 1956. 2. *R. Hanhart* Fragen um die Entstehung der LXX (Vet. Test. 12, 1962, 139–163).

Aristeias (*'Αριστίας* auf der Inschr.) aus Aphrodisias (in Karien). Bildhauer des 2. Jh. n. Chr. signierte mit Papias die Statuen (Kopien) des alten und jungen Kentauren von dunklem Marmor aus der Hadriansvilla, heute im Capitolinischen Museum. A. R.

Helbig-Amelung Führer durch die öffentl. Slgen. in Rom ^{3}I Nr. 861f. *Winter* Kunstgesch. in Bildern ^{2}411, 4 und 5. *Stuart Jones* Mus. Capit. Taf. 64,2 und 4. Enciclop. Arte Class. Or. I 640f. *(Amorelli)*.

Aristeides. 1. Sohn des Lysimachos, einer wohlhabenden, mit den eleusinischen Kerykes verwandten (Plut. A. 25) Familie aus Alopeke entstammend, einflußreicher athen. Staatsmann z.Z. der Perserkriege. Zunächst Anhänger des Kleisthenes (Plut. A. 2), schloß er sich dann Miltiades an (Plut. A. 5). In der Schlacht bei Marathon 490 war A. Stratege, 489/88 eponymer Archon. Als Parteigänger des Miltiades wurde A. verständlicherweise der Hauptopponent gegen die Pläne des Themistokles, Athen zu einer Seemacht umzurüsten – was zur Zurückdrängung des Hoplitenheeres führen und innenpolitische Konsequenzen haben mußte –, und damit ein Führer der konservativen, agrarischen Kreise in Attika (J. Munro CAH 4, 266. G. Prestel Die antidemokrat. Strömungen im Athen des 5. Jh. 1939, 23f.). Erst die Ostrakisierung des A. (dazu Hesp. 5, 1936, 39f. 15, 1946, 274f.) im Frühjahr 482 (J. Labarbe La loi navale de Thémistocle 1957, 87–103. S. Lauffer Hist. 8, 1959, 383; wohl kaum zutreffend [Frühjahr 481]). A. E. Raubitschek Hist. 8, 127f.) ermöglichte Themistokles die Durchführung seiner Flottenpläne (Aristot. AthP. 22, 8. Plut. Them. 4. 11). Von seinem Exil auf Aigina (dazu RE II 881) begab er sich 480 infolge der allgemeinen Amnestie (Raubitschek, RhM 98, 1955, 259. M. H. Jameson Hesp. 29, 1960, 221f.) nach

Salamis. In der Schlußphase der dortigen Seeschlacht leitete er die Eroberung der strategisch wichtigen Insel Psyttaleia im Ostausgang des Golfes von Salamis (Hdt. 8,95. Aischyl. Pers. 445 ff.). Rasch gewann A. seinen politischen Einfluß zurück. Im Zuge der konservativen Reaktion gegen Themistokles 479 wieder Stratege, kommandierte er das athen. Kontingent in der Schlacht bei Plataiai (Hdt. 9,28. Plut. A. 11–19. Kromayer-Veith Ant. Schlachtfelder 4,161,167 f. E. Kirsten RhM 86,1937,63 ff. Labarbe a.O. 188 ff. A. Wardman Hist. 8,1959,57 f. C. Hignett Xerxes' Invasion of Greece, 1963, 287 ff. 435 ff.). Außenpolitisch lag A. jedoch nunmehr deutlich auf der Linie des Themistokles: Im Winter 479/78 unterstützte er dessen Maßnahmen zur Befestigung Athens (Thuk. 1,91, 3. Aristot. AthP. 23,4), 478 gewann er als Befehlshaber des athen. Flottengeschwaders unter Pausanias Athen große Sympathien bei den Ionern und veranlaßte sie im Frühjahr 477 zur Bildung eines Sonderbundes unter Führung Athens, dessen Organisation ihm dann übertragen wurde (Aristot. AthP. 23,5. H. Schaefer Staatsform und Politik 1932,69. Meritt, Wade-Gery, McGregor ATL 3,1950,225 ff.). Die von ihm durch Schätzung festgesetzten jährlichen Tribute – insgesamt etwa 460 Talente (Thuk. 1,96,2. H. Nesselhauf Unters. zur Gesch. d. delisch-att. Symmachie 1933,95 ff.; dagegen H. Schaefer H 74,1939, 225 ff.) – der kein Flottenkontingent stellenden Mitglieder fanden allgemeine Zustimmung. Nach 477 trat A. in der Politik zurück. Den Aufstieg Kimons zum Führer der Konservativen soll er wohlwollend gefördert haben (Plut. Kim. 5). Sein Tod dürfte um 467 anzusetzen sein. Sein Grabmal zeigte man später in Phaleron (Plut. A. 27). Seine Ehrenhaftigkeit rühmte man schon im 5. Jh. (Timokreon v. Rhodos bei Plut. Them. 21. Hdt. 8, 79.95); seit dem 4. Jh. trug er dann den Beinamen »der Gerechte« und wurde zum Objekt lebhafter Legendenbildung, die ihn zum altväterlich-ehrbaren Gegenbild des bedenkenlosen Neuerers Themistokles machte. Fr. Kie.

2. A., um 100 v. Chr., verf. *Μιλησιακά*, Slg. erot. → Novellen, wohl nach dem Ort der Handlung benannt; berühmtestes Werk der reichen erot. Lit. in alex. Zeit. Nicht erhalten; 1 Frg.: Harpokr. p. 88 Dind. Vermutlich Novellenkranz nach Art des Dekamerone; von A. vielleicht nur Fremdgut durch Rahmenerzählung verbunden. Von → L. Corn. Sisenna ins Lat. übersetzt. Aus A. stammen wohl die novellist. Einlagen bei Petron (»Witwe von Ephesus« mit Nachleben bis zu Christopher Fry A Phoenix too frequent) und Apuleius (1,1 u. ö. Gattungsbegriff *Milesia* [*historia*], *M. sermo*). Über die dem A. zugeschriebenen *Σικελικά* usw. FGrH IIIa S. 372. J.W.

S. Trenkner The Greek Novella in the class. period, 1958, 172 ff. *Qu. Cataudella* La novella greca, 1957, 131 ff.

3. P. Ailios mit dem Beinamen Theodoros,

Sohn des Zeuspriesters Eudaimon aus der Nähe von Adrianutherai, Rhetor. Quellen: eigene Reden; Philostr. v. soph. 2,9; Suda s. *Ἀ.*

A., * 117 n. Chr. (so [4],465 ff. wohl richtig; skeptisch [1],698. [2],756), wurde von den bedeutendsten Lehrern seiner Zeit (u. a. von Herodes Attikos) ausgebildet. Auf ausgiebige Reisen in Ägypten (142/43) folgte ein Besuch Roms (143/44). Dabei brach die Krankheit aus, die mit Unterbrechungen die nächsten Jahrzehnte seines Lebens bestimmte und ihn veranlaßte, bald nach der Rückkehr in die Heimat in Pergamon Heilung durch Asklepios zu suchen. Daneben widmete er sich dem rhetorischen Lehrbetrieb und hielt in verschiedenen Orten Vorträge. 165 wurde er von der Pest befallen, der ein Rückfall in seine frühere Krankheit folgte. Aus seinen letzten Lebensjahren sind eine Deklamation vor Marcus und Commodus (Smyrna 176) und seine Bemühungen um kaiserliche Hilfe für das vom Erdbeben zerstörte Smyrna (178) datiert. Gegen 187 dürfte A. gestorben sein.

Unter seinem Namen sind 55 Reden und 2 rhetorische Schriften erhalten. Darunter trug ihm der *Παναθηναϊκός* (13 D.) den größten Ruhm ein. Historisch ist vor allem *εἰς Ῥώμην* interessant. Neben Reden mit konkretem Anlaß (»Smyrna«, 19–21 K.; »Eintracht«, 23.24 K.) gibt es sorgfältig ausgearbeitete *μελέται* (z. B. 29 – 39 D.). Einen breiten Raum nehmen theoretische Rechtfertigungsschriften ein (45–47 D.), in denen er sich mit der platonischen Abwertung der Rhet. in fast isokrateischer Argumentation auseinandersetzt (Porphyrios verfaßte eine Entgegnung). Sehr aufschlußreich sind die 6 *ἱεροὶ λόγοι* (47–52 K.), in den letzten Lebensjahren angelegte Aufzeichnungen über seine Krankheit. Sie spiegeln das ganz persönlich gefaßte Verhältnis zu »seinem« Heilgott Asklepios, nach dessen Anweisungen er sein Leben ausrichtete, und offenbaren die maßlose Eitelkeit des A., die sich selbst in den beschriebenen Träumen verrät. Seine poetischen Werke sind bis auf winzige Reste verloren (vgl. [16]). Unecht sind die Rede *εἰς βασιλέα* (an Philippus Arabs gerichtet; so [22]), die Leptineen (53.54 D.), die wahrscheinlich erst von Thomas Magister verfaßt wurden ([21]), und die rhetorischen Traktate (Nachweis bei [23]).

A. war eine der gebildetsten Persönlichkeiten seiner Zeit. Sein Stilmuster war Demosthenes, den er gelegentlich gut imitiert. Improvisation lag ihm nicht. Wegen seiner stilistischen Qualitäten wurde er bald zum Klassiker; vor allem der *Παναθηναϊκός* und die platonischen Schriften wurden eifrig gelesen und kommentiert (Sopatros; Reste dieser Gelehrsamkeit in den älteren Sch.: vgl. [25]). H. Gä.

TA: *W. Dindorf*, Lpz. 1829. *B. Keil*, Bln. ²1958 (nur Bd. 2) Einzelausgaben und Komm.: *εἰς Ῥώμην*: *L. A. Stella*, Roma 1940. *J. H. Oliver*, TAPhA 43, 1953, 871 ff. Prolego-

mena: *F.W. Lenz*, Leiden 1959. Rhet.: *W. Schmid* Rhet. Gr. 5, Lpz. 1926. Sch.: *W. Frommel*, Frankfurt/M. 1826. *W. Dindorf*, a.O. Bd. 3.
Lit.: *Burs.* 108, 1901, 230ff.; 125, 1905, 159ff.; 149, 1910, 28ff.; 170, 1915, 58ff.; 211, 1927, 48ff.; 238, 1933, 15ff.; 285, 1944/55, 180ff. Gesamtdarstellungen: 1. *Christ-Schmid* 2,698ff. 2. *Lesky* GGrL 756f. 3. *H. Baumgart* Ael. A. als Repräsentant d. sophist. Rhet. d. 2. Jh. d. Kaiserzeit, Lpz. 1874. 4. *A. Boulanger* Ael. A. et la sophistique dans la province d'Asie au 2e siècle de notre ère, Paris 1923. 5. *C.A. de Leeuw* Ael. A. als bron voor de kennis van zijn tijd, Diss. Utrecht 1939. 6. *v. Wilamowitz*, SPrAW 1925, 333ff. Stil: 7. *H.M. Hubbell* The influence of Isocr. on Cic., Dionysius and A., New Haven 1913. 8. *H. Szelest*, Eos 50, 1959/60, 91ff. Religiosität: 9. *O. Weinreich*, NJb 17, 1914, 597ff. 10. *Wilam.* GldH. 2,497ff. 11. *A.-J. Festugière* Personal religion among the Greeks, Berkeley 1954, 85ff. Zu einzelnen Werken: 12. *J. Amann* Die Zeusrede d. Ail. A., Tüb. Beitr. 12, 1931. 13. *A. Höfler* Der Sarapishymnus d. Ail. A., Tüb. Beitr. 27, 1935. 14. *W. Wahl* Der Herakleshymnus d. Ail. A., Diss. Tübingen 1946. 15. *W. Voll* Der Dionysos-Hymnus d. Ail. A., Diss. Tübingen 1948. 16. *R. Herzog*, SPrAW 1934, 753ff. 17. *W. Sieveking* De Ael. A. oratione *εἰς Ῥώμην*, Diss. Göttingen 1919. 18. *Rostovtz.* GuW 1,112ff. 19. *F. Egle* Unt. über die Echtheit der Rede *Ἀπελλᾶ γενεθλιακός* d. Ael. A., Diss. Tübingen 1906. 20. *B. Keil*, H 71, 1936, 171ff. 21. *F.W. Lenz*, AJPh 63, 1942, 154ff. 22. *E. Groag*, WSt 40, 1918, 20ff. 23. *W. Schmid*, RhM 72, 1917/18, 113ff.238ff. 24. *F.W. Lenz* The A. Prolegomena, Mn Suppl. 5, 1959. 25. *Ders.*, Unt. zu d. A.-Sch., Pr. 8, 1934.

4. »Philosoph« aus Athen, hat nach Eus. hist. 4,3,3 um 125 n. Chr. eine an Hadrian gerichtete Apologie des Christentums verfaßt. Neuere Funde armen. Fragmente, einer syrischen Übersetzung des ganzen Werkes und griech. Fragmente zeigten, daß das Werk als Teil des byzant. Romans → »Barlaam und Josaaph« bekannt war. Die Apologie besteht aus 2 ungleich großen Teilen, deren 1. (c. 1–14) z.T. bissige Polemik gegen die Religion der Barbaren, Griechen und Juden enthält und deren 2. (c. 15–17) der Darstellung der chr. Lehre dient. Wert legt A. darauf, daß nur die Chr. den wahren Gottesbegriff und echte Sittenreinheit besitzen. Kl. W.

Syr. und gr. Text hrsg. v. *R. Harris* u. *J.A. Robinson* C.[2] 1883. Übers. und Lit. bei *J. Quasten* Patrology 1, 1950, 191ff. u. *B. Altaner* Patrologie 1950[2], 88f. *F. Dölger* Der griech. Barlaam-Roman 1953.

5. A., Bronzebildner um 400 v. Chr. Bei Plin. nat. 34,50 als Schüler des berühmten Polyklet, ebd. 72 als Meister von Zwei- und Viergespannen erwähnt.

Eine Gleichsetzung mit dem Konstrukteur der Rennbahnschranken in Olympia (Paus. 6,20,14) und den Malern A. ist ungerechtfertigt.

Brunn Gesch. der griech. Künstler 1,276f. 2,330. *Overbeck* Die ant. Schriftquellen Nr. 978.981f. HB Arch. III 1 (5. Lfg. 1950) 216 *(Lippold)*. Encicl. Arte Class. Or. I 641f. *(Orlandini)*.

6. A. von Theben. Zwei Maler, von unserer Hauptquelle Plin. nat. zwar nicht getrennt, aber doch deutlich zu scheiden. Sie mögen Großvater und Enkel gewesen sein.

a. Schüler des Euxeinidas (eines Zeitgenossen des Parrhasios und Timanthes), Plin. nat. 35,75, und Lehrer des Euphranor (ebd. 111), demnach etwa 400–350 v. Chr. tätig. b. Schüler und Sohn des Nikomachos, Zeitgenosse des Philoxenos (Plin. nat. 35,110) und des Apelles (ebd. 98), also etwa 340–290 v. Chr. Vom älteren mag die sterbende Mutter stammen, die Alexander nach Pella entführte, vom jüngeren das Porträt der Leontion, Schülerin und Geliebten Epikurs. Bei den übrigen 12 Werken ist keine Entscheidung möglich. Berühmt war ein Dionysos, weil für ihn Attalos II. nach der Einnahme Korinths 100 Talente bot.

Unverständlich ist, was Plin. nat. 35,122 mit dem Gerücht meint, A. habe die Enkaustik erfunden. Die Darstellung von Leidenschaften paßt in die 1. Hälfte des 4. Jh. wie auch in die Zeit der Diadochen. Die »thebanische Malerschule« moderner Gelehrter ist Phantasie. A. R.

Brunn Gesch. der griech. Künstler, 2,160ff.172ff. *Overbeck* Die ant. Schriftquellen 1778–1785. *Pfuhl* Malerei und Zchg. 2,723–727.746–749. HB Arch. IV 1 (6. Lfg. 1953) 128f.132. Enciclop. Arte Class. Or. I 642f. *(Magi)*.

7. A. Quintilianus. Unter dem Titel *Ἀριστείδου τοῦ Κοιντιλιανοῦ* ist eine Schrift *περὶ μουσικῆς* in 3 Büchern in etwa 2 Dutzend Hss. enthalten, von denen nur eine dem 12./13., die übrigen dem 14./15. Jh. angehören und die alle einen vielfach verderbten Text bieten. Ob der nur im Genetiv mit dem auffälligen Artikel vorliegende Verfassername als *Ἀ. ὁ Κοιντιλιανός* = »A. mit dem Beinamen Q.« – oder als *Ἀ. τοῦ Κοιντιλιανοῦ* = Sohn des Q. zu verstehen ist – so BÜCHELER, RhM 14, 1859, 433 und 451, der in A. einen Sohn des berühmten Rhetors sehen will –, muß offen bleiben. Die Zeit des A. wird aufwärts durch Cicero, den er 2,6 p. 70 M. zitiert, abwärts durch Martianus Capella begrenzt, der ihn im 9. Buch seines Werkes benützt. Über die Versuche genauerer Festlegung s. SCHÄFKE 47ff. Das ausgesprochen neuplatonische Gepräge verschiedener Partien macht das Entstehen der Schrift frühestens im ausgehenden 3. Jh. wahrscheinlich. Mit der Musik im technischen Sinne befaßt sich nur das 1. Buch, welches die Harmonik (nebst den Notenzeichen, z.T. abweichend von den anderen Quellen), die Rhythmik und die Metrik behandelt. Das 2. Buch gibt (nach SCHÄFKE X f.) die musikalische Erziehungslehre, gegliedert in Jugendbildung und staatliche Musikpflege und Vortrags- oder Ausdruckslehre (Seelenlehre, Gesang, Hypokrisis, Instrumente) nebst einem spekulativen Anhang über die Wirksamkeit der Musik, besonders der instrumentalen, auf die Seele. Den Inhalt des 3. Buches bezeichnet SCHÄFKE treffend als Naturlehre der Musik. Es verbindet die Zahlenlehre, in der die mathematische Musiklehre in pythagoreischem Sinne metaphysisch fundiert wird, mit einer Seinslehre, die in ausschweifenden Spekulationen die Musik in Kosmologie, Anthropologie und Psychologie einbaut. Gedruckt wurde das Werk vollständig nur in der ed. pr. von M. MEIBOM Antiquae musicae auctores septem, II, Amsterdam 1652, mit lat. Übers. und Komm., danach von ALB. JAHN, Berlin 1882, doch auf ungenügender hsl. Grundlage. Eine krit. Ausg. in der BT (von WINNINGTON-INGRAM) ist angekündigt. Nur die rhythmisch-metrischen Abschnitte druckten R. WESTPHAL Die Frgm. und die Lehrsätze der griech. Rhythmiker, 1861, 47ff. = Metrik der Griechen, ^{2}1867, Suppl. 26ff. und KARL JULIUS CAESAR Die Grundzüge der griech. Rhythmik, im Anschluß an A. Q. erläutert, Marburg 1861. Die Notentabellen behandelte FR. BELLERMANN Tonleitern und Musiknoten, Bln. 1847, 61. A.' Darstellung zeigt in diesen Partien mehrfach Widersprüche und Wiederholungen, weshalb er besonders von WESTPHAL als unverständiger Kompilator hingestellt worden ist. Die Harmonik schöpft teils aus → Aristoxenos, teils aus *παλαιοί*, hinter denen man → Damon von Athen vermutet. Eigentlich erschlossen ist das Werk erst durch das gründliche Buch von RUD. SCHÄFKE A. Q. von der Musik, eingeleitet, übersetzt und erläutert, 1937 (leider ohne griech. Text), der aber in der Polemik gegen WESTPHALS herabsetzendes Urteil in das gegenteilige Extrem einer Überschätzung des (zweifellos nicht unbedeutenden) Werkes verfällt. Nur aus der Verderbtheit der Überlieferung sind seine unbestreitbaren Mängel nicht zu erklären. K. Z.

Aristias. Tragiker, Sohn des Pratinas. 467: 2. Preis mit Stücken seines Vaters hinter Aischylos (Hyp. Aisch. Sept.; POx. XX, 2256, fr. 2). Ca. 460 1. Preis (IG II^2 2325 a 7). Titel: Antaios, Atalante, Keres, Kyklops, Orpheus; 7 Fragmente (TGF 726), dazu POxy. VIII 1083 (?). Als Satyrspieldichter hochgeschätzt: Chamaileon; Denkmal in Phleius (Paus. 2. 13,6). F. St.

J. Th. Kakridis. Hellenica 13, 1954, 165ff. *P. Maas*, PhW. 1911, 1217. *G. Kaibel*, H 30, 1895, 71,1.

Aristion (*Ἀριστίων*). **1.** Kaum identisch mit Athenion (→ 1), dem A. als Tyrann 87 in Athen folgte. A. focht mit Archelaos (→ 3) gegen Bruttius Sura bei Chaironeia und verteidigte gegen Sulla hartnäckig Athen. Bei dessen Einnahme am 1. März 86 steckte A. das Odeion des Perikles in Brand und hielt sich auf der Akropolis, bis er sich aus Wassermangel dem C. Scribonius Curio ergeben mußte. Sulla ließ A. töten. Strab. 9,398. App. Mithr. 28f. 38f. Plut. Sulla 12ff. 23; Luc. 19,7. Paus. 1,20,6. H. V.

Münzen des A. bei *Head* HN^2 385.

2. A. von Paros. Bildhauer, 2. Hälfte des 6. Jh. v. Chr., bekannt durch einige, teilweise fragmentierte Inschr. auf Statuensockeln aus Attika. A. R.

HB Arch. III 1 (5. Lfg. 1950) 68 *(Lippold)*. Encicl. Arte Class. Or. I 644 *(Orlandini)*.

Aristippos (*Ἀρίστιππος*). **1.** Freund des Antigonos Gonatas und der makedon. Partei in Argos, gegen die Aristeas 272 den Pyrrhos herbeirief. Plut. Pyrrh. 30,2. **2.** Nach seinem Vater Aristomachos (→ 3) 240 Tyrann in Argos, verklagte A. den achaiischen Bund wegen eines Angriffs auf Argos bei den Mantineern und versuchte Aratos im Einvernehmen mit Antigonos Gonatas zu ermorden. Nach einem Sieg über Aratos am Charesfluß geriet A. 235 in einen Hinterhalt bei Kleonai und fiel. Seine Tochter Apia heiratete Nabis von Sparta. Plut. Arat. 25,4–29,5. IG IV^2 621. H.V.

P. Charneux, BCH 77, 1953, 397ff.

3. Aus Kyrene, ca. 435 bis nach 366, gehörte in Athen z. engeren Kreis um Sokrates, ging aber bald seinen eigenen Weg und erteilte Unterricht gegen Entgelt. Dies und sein weltmännischer Lebensstil waren Anlaß zu Kritik seitens der Sokratiker, die auch in der biographischen Überlieferung fortwirkt. Seine innere Freiheit, die er als Frucht des Philosophierens bezeichnet, gestattete ihm, jeder Lebenslage ein Höchstmaß von *ἡδονή* abzugewinnen, ohne den materiellen Gütern hörig zu werden. Als Kosmopolit führte er zeitweilig ein Wanderleben, das ihn auch an den Hof von Syrakus führte. Viele Anekdoten berichten, wie er dort seinen Freimut bewährte und schwierige Situationen zu meistern verstand. Schriften des A. oder sicher bezeugte Fragmente sind nicht erhalten. Das grundsätzliche Problem ist also, inwieweit die vorwiegend unter »*οἱ Κυρηναϊκοί*« gehende doxographische Überlieferung für A. in Anspruch genommen werden darf. Das zentrale Thema der auf die Ethik beschränkten Philosophie des A. bildet – gewissermaßen als theoretische Begründung seiner Lebensmaximen – die *ἡδονή*. Die Lusterlebnisse sieht er als Grundlage der *εὐδαιμονία* an. Die Lust ist dabei rein körperlich verstanden und wird als *λεία κίνησις* definiert. Neben den lustvollen Affekten gibt es für A. nur noch die unlustbetonten (*πόνος*), die als *τραχεῖα κίνησις* empfunden werden. Entsprechend dem rein körperlichen Vorgang des Lustempfindens ist nur die gegenwärtige Lust von Wert, während Lust aus Erinnerung und Erwartung, als Vorgang im geistigen Bereich ohne *κίνησις*, erst von einer späteren Phase der Schule akzeptiert wird (Annikeris). Die Ablehnung jeder Erkenntnismöglichkeit außerhalb der eigenen *πάθη* läßt sich für A. nicht nachweisen. Dieser sensualistische Agnostizismus dürfte erst durch den Enkel (*Ἀ. ὁ Μητροδίδακτος*) formuliert worden sein, der auf den Grundlehren des Großvaters basierend ein konsequentes System des Hedonismus errichtet hat. So gilt A. mit Recht als Archeget der → Kyrenaiker, wenn er auch keine festgefügte Schulorganisation hinterlassen hat. E. Ma.

Aristippi et Cyrenaicorum fragmenta ed. *E. Mannebach*, Leiden/Köln 1961. *G. Giannantoni* I Cirenaici, Firenze 1958; dort die Literatur vollzählig verzeichnet.

4. Von Kyrene, Enkel des Vorigen. Er wurde durch seine Mutter → Arete in die Philosophie des älteren A. eingeführt; die nachmalige philos. Tradition nennt ihn im Grunde nur wegen dieses Umstandes. Vgl. Diog. Laert. 2,83.86. Strab. 17,837. Ail. nat. 3,40. Klem. Al. Strom. 4,122,1 (II 302, 11 ST.). Nur im Suda (s. v. → Annikeris) wird A. in eine (nachmals konstruierte?) Tradition der kyrenaischen Schule eingeordnet. **5.** Von Kyrene, Akademiker, Schüler des Lakydes. Als solcher bezeugt im Ind. Acad. Herc. col. 27,9 und 29,4 (ed. S. MEKLER); Euseb. PE 14,7,14; 736 d. Diog. Laert. 2,83. Eine Schrift περὶ φυσιολόγων, zitiert von Diog. Laert. 8,21, wurde ihm sicher irrtümlich zugeschrieben. H. D.

Aristius, Familienname (zur möglichen Analyse: SCHULZE Eigenn. 128). **1.** A., Kriegstribun bei Caesar in Gallien (Caes. Gall. 7,42,5.43,1). **2.** M. A. Fuscus, alter Freund des Horaz, der an ihn c. 1,22 und epist. 1,10 gerichtet hat; s. 1,9, 61–73 ist eine Probe seines Witzes erhalten; er war wohl auch schriftstellerisch tätig. H. G. G.

Schanz-Hos. II 293.

Aristobulos. 1. Judas A. I., Sohn des Johannes → Hyrkanos. Er war der erste Makkabäer, der den Königstitel annahm (105 v. Chr.); für die »Frommen« im Lande vertrug sich dies nicht mit dem (überdies eigentlich den Zadokiden zustehenden) Hohenpriesteramt, das er sich auf hebr. Münzen ausdrücklich zuschrieb. A. starb nach nur einjähriger Regierung, in der er Galilaia bis nach Ituraia hinein judaisiert hatte (Ios. ant. Iud. 13,11, 1–3; bell. Iud. 1,3,1–6). **2.** A. II., Sohn des → Alexander Iannaios, Neffe des Vorigen. Als Gegner der Pharisäer bekämpfte er zunächst seine Mutter, die (im pharis. Sinne) »gute« Königin → Alexandra, und nach ihrem Tode (67 v. Chr.) seinen älteren Bruder → Hyrkan (II.), der unter ihr das Hohepriesteramt gehabt hatte und nun auch das Königtum übernehmen sollte. A. gewann von ihm beide Ämter, wurde dann aber auf Anstiften des Hyrkanos vom Nabatäerkönig → Aretas III. bekriegt, dem er anfangs erlag. Die herbeigerufenen Römer ermöglichten ihm unter Scaurus zunächst die siegreiche Fortführung des Bruderkrieges, machten diesem dann aber unter Pompeius 63 v. Chr. mit der Eroberung Jerusalems ein Ende. Hyrkanos wurde wieder Hoherpriester, A. gefangen nach Rom geführt. 7 Jahre später entfloh er mit seinem Sohne → Antigonos (Nr. 5), um sich wieder in den Besitz Judäas zu setzen. Der Aufstand mißlang, A. wurde ein zweites Mal nach Rom gebracht, jedoch 49 von Caesar befreit, um für ihn in Judäa den Bürgerkrieg gegen Pompeius zu führen (Cass. Dio 41,18, 1); darauf wurde er von Pompeianern vergiftet (Ios. ant. 13,16,1–14,7,4; bell. 1,5,4–9,1). **3.** Jonathan A., Sohn des Alexander, des Sohnes des Vorigen, und der Alexandra, der Tochter des Hyrkanos II., also väter- wie mütterlicherseits Urenkel des Alexander Iannaios. Sein Schwager → Herodes d. Gr. setzte ihn zum Hohenpriester ein, ließ ihn dann aber wegen seiner Beliebtheit beim Volk am Laubhüttenfest 35 v. Chr. ertränken (Ios. ant. 15,2,5–3,3; bell. 1,22,2). **4.** Sohn Herodes' d. Gr. und der Mariamme, also mütterlicherseits Neffe des Vorigen. In Rom erzogen und 17 v. Chr. mit seiner Base Berenike verheiratet, hetzte die Partei um seine Tante und Schwiegermutter Salome so gegen ihn, daß Herodes ihn zweimal bei Augustus verklagen und dann, selbst mit der Untersuchung betraut, 7 v. Chr. in Sebaste (Samaria) strangulieren ließ (Ios. ant. 15,10,1–16,11,7; bell. 1,23,1–27,6). **5.** Sohn des Vorigen und der Berenike, vermählt mit Jotape, Tochter des Königs Sampsikeramos von Emesa. Seinen Bruder, den nachmaligen König (→ Herodes) Agrippa I., überführte er beim röm. Statthalter Flaccus in Antiocheia der Bestechlichkeit in einem sidonisch-damaszenischen Grenzstreit. Den Statthalter Petronius brachte er davon ab, befehlsgemäß eine Statue des Kaisers Caligula im Tempel zu Jerusalem aufzustellen. Er starb nach 45 n. Chr. als Privatmann eines natürlichen Todes (Ios. ant. 18,5,4–8,4; bell. 1,28,1–2,11,6). **6.** Sohn des → Herodes von Chalkis und seiner ersten Gattin Mariamme, Neffe des Vorigen, Urenkel Herodes d. Gr. Kaiser Nero gab ihm 54 n. Chr. die Herrschaft über Kleinarmenien und 6 Jahre später auch über einen Teil von Großarmenien (Tac. ann. 13,7. 14, 26). Vielleicht ist er mit dem (von Ios. bell. 7,7,1) für das 4. Jahr Vespasians bezeugten König A. von Chalkidike (= Chalcis ad Libanum oder ad Belum?) identisch (Ios. ant. 20,5,2–8,4; bell. 2,11,6 bis 13,2). C. C.

Lit. → Judentum.

7. Bürger der 316 gegründeten Stadt Kassandreia (Plut. Dem. 34. Athen. 2,43 d. 6,251 a). Er hatte am Feldzug Alexanders teilgenommen; das Werk, welches er darüber verfaßte (wohl erst in späteren Lebensjahren, vgl. Lukian. Macrob. 22) wurde von Strabo 15, (Schilderung Indiens) und Arrian benutzt. Sein Hauptinteresse gilt technischen und naturkundlichen Fragen, seine Darstellung ist einfach und bildet einen – direkt und indirekt mehrfach bewußt hervorgehobenen – Kontrast zur übrigen Primärliteratur. Dies wird ihm in erster Linie Glaubwürdigkeit gesichert haben (Arr. proem.; 7,20. Strab. 16,741, die Anekdote Lukian. quom. hist. conscr. 12 besagt demgegenüber nicht viel). Seine Darstellung ist reich an Anekdoten, im übrigen scheint er bemüht, die Persönlichkeit Alexanders durch natürliche Erklärung der Ereignisse von den schlimmsten Vorwürfen zu befreien und die verzerrenden, übertreibenden Topoi, die sich früh als Gemeingut der Alexanderliteratur herausgebildet hatten, zu mildern. Ähnlich wie bei Ptolemaios I. ist seine Darstellung Reaktion auf die zeitgenössischen Berichte und für die Alexandergeschichte erster Versuch kritisch-objektiven Erlebnisberichtes unter Auswertung aller bisherigen Erkenntnisse und Ergebnisse. Der Titel ist unbekannt. G. W.

F. Wenger Die Alexandergeschichte des Aristobul von Kassandrea, 1914. *E. Kornemann* Die Alexandergeschichte des Königs Ptolemaios I. von Äg., 1935. *H. Strasburger* Ptolemaios und Alexander, 1934; Alexanders Zug durch die gedrosische Wüste, H 80, 1952, 456–493. *F. Jacoby* FGrH IId Nr. 139. *W. W. Tarn* Alexander the Great, 1948. *H. Berve* Alexanderreich 2,64.

Aristodemos. 1. Ururenkel des Herakles, einer der drei Herakliden, welche die Dorier auf die Peloponnes führten. Nach der üblichen Version der Sage (vgl. Plat. leg. 3,692b; Apollod. 2, 8,2,7; Paus. 3,1,6) starb A. freilich noch außerhalb der Peloponnes unter Hinterlassung von Zwillingssöhnen, Eurysthenes und Prokles, die dann Lakonien erhielten und die Stammväter der beiden Königshäuser Spartas wurden. Gegen die Zumutung, von zwei Kindern nach Lakonien geführt worden zu sein, lehnten sich freilich nach Hdt. 6,52 die Spartaner auf und erklärten, A. sei erst in Lakonien kurz nach der Geburt seiner Zwillingssöhne gestorben, für die dann Theras die vormundschaftliche Regierung übernommen habe (Hdt. 4,147).

G. Vitalis Die Entwicklung der Sage von der Rückkehr der Herakliden. Diss. Greifswald 1930.

2. Einziger Überlebender der 300 Spartiaten, die 480 v. Chr. die Thermopylen zu verteidigen hatten. Obwohl sein Überleben zufallsbedingt war, betrachtete er es als Makel und suchte und fand zur Sühnung den Heldentod in der Schlacht bei Plataiai 479 (Hdt. 7,229f. 9,71). **3.** Agiade, als nächster Verwandter Vormund für König Agesipolis I. von Sparta, befehligte 394 v. Chr. das lakedaimonische Heer. Nach Vereitelung des Versuches der Athener, Boioter, Korinther und Argiver, die Lakedaimonier an der Vereinigung mit ihren Bundesgenossen zu hindern, errang er am Bach von Nemea nahe Korinth einen bedeutenden Sieg über die gegnerische Koalition (Xen. hell. 4,2,9–23. Paus. 3,5,7).

E. Cavaignac, REA 27, 1925, 273ff. *Ed. Meyer* GdA 5^4, 1958, 231f.

4. Wahrscheinlich von Myron von Priene, dem im 3. Jh. v. Chr. lebenden (hierzu nunmehr L. Pearson Hist. 11, 1962, 411) Verfasser eines »Messeniaka« betitelten historischen Romans über den ungefähr 736–716 v. Chr. (vgl. F. Kiechle Messen. Studien, Kallmünz 1959, 9ff.) ausgefochtenen 1. Messen. Krieg, infolge des Mangels an Überlieferung über das frühe Messenien erfundener (F. Jacoby FGrH III Komm. ad Nr. 265, S. 153) messen. König. Bis zu dessen Tod soll Myron diesen Krieg beschrieben haben (Paus. 4,6,2). Der Verfasser einer messen. Landesgeschichte, der Myrons Buch benutzte und den seinerseits Pausanias im historischen Teil des 4. Buches seiner Periegese ausschrieb, scheint dann den Aristomenes, den Myron ebenfalls in den 1. Messen. Krieg gesetzt hatte, aus diesem eliminiert und Taten desselben auf A. übertragen zu haben (Jacoby a.O. 157). Nachdem sich A. schon vorher durch Opferbereitschaft ausgezeichnet habe, sei er nach 13 Kriegsjahren als Nachfolger des Euphaës zum König gewählt worden und habe schließlich im 20. Kriegsjahr, als Orakel und Vorzeichen die – durch die geschilderte militärische Lage gar nicht motivierte (Kiechle a.O. 26 Anm. 23) – bevorstehende Katastrophe Messeniens ankündigten, Selbstmord begangen; 5 Monate danach hätten dann die Messenier auch tatsächlich die Ithome räumen müssen. Fr. Kie.

5. Mit dem Beinamen Malakos (Dion. Hal. ant. 7,2,4. Plut. mor. 261 E. Diod. 7,10), Sohn des Aristokrates, rettete um 524 Kyme in Kampanien vor den Etruskern, Umbrern und Dauniern und 505 das von den Etruskern unter Aruns, dem Sohn des Porsenna, bedrängte Aricia. Mit Hilfe des Heeres und des Demos wurde er Tyrann von Kyme, versprach Landverteilung und Schuldenerlaß, warb mit dem konfiszierten Vermögen der Aristokraten Söldner und nahm Sklaven in die Bürgerschaft auf, die entwaffnet und verweichlicht wurde. Dion. Hal. ant. 7,5–9. Diod. 7,10. Der aus Rom vertriebene Tarquinius Superbus fand mit seinem Anhang bei A. Zuflucht und soll in Kyme gestorben sein. Liv. 2,14. 21,5. Dion. Hal. ant. 6,21. Um 490 überfielen die verbannten Aristokraten die Stadt und töteten den Tyrannen mit seinem ganzen Hause. Dion. Hal. ant. 7,10f. Nach Plut. mor. 262 wurde A. mit Beihilfe seiner Frau Xenokrita ermordet. – **6.** Sohn des Artylas aus Phigaleia, von Tritaios aus Megalopolis adoptiert. Als Tyrann von Megalopolis wurde A. wohl von Antigonos Gonatas unterstützt, der durch Einsetzen von Tyrannen den makedon. Einfluß in der Peloponnes sicherte. 262 vernichtete A. als Stratege der arkadischen Liga den Spartanerkönig Akrotatos in einer Schlacht, erbaute aus der Beute eine Halle am Markt und schmückte auch sonst die Stadt mit Kunstwerken. Plut. Agis 3,7. Paus. 8,27,11. 30,7. 32,4. 35,5. W. W. Tarn CR 39, 1925, 104ff. Zwar erhielt A. den Beinamen Chrestos (Paus. 8,27,11. 36,5), wurde aber von Ekdemos, Demophanes und anderen Schülern des Akademikers Arkesilaos, die aus der Verbannung zurückkehrten, 252 ermordet. Pol. 10,22,2. Plut. Philop. 1,4. Diog. Laert. 4,31. Sein Grab wurde nicht zerstört. Paus. 8,36,5. H. V.

Aristogeiton. 1. A., aus dem Geschlecht der kadmeischen Gephyraier (Hdt. 5,57), ermordete zusammen mit Harmodios an den Panathenäen 514 Hipparch. Tiefstes Tatmotiv war nach Thuk. 6,54,3 die Eifersucht des A. auf Hipparch wegen dessen Zuneigung zu A.s Liebling Harmodios. Inwieweit die um beide gescharten Verschwörer dann auch politische Ziele hatten, ist umstritten. Nach Thuk. 6,57,2 sollte zunächst Hippias beseitigt werden, doch sei es aus Furcht vor Verrat lediglich zu einem improvisierten Überfall auf dessen Bruder Hipparch gekommen, wobei dieser und Harmodios getötet wurden. A., festgenommen, soll dann vor seinem Tod auf der Folter viele Adelige denunziert haben, darunter auch Anhänger der Tyrannen (Aristot. Ath. Pol. 18,4). Da der Sturz der Tyrannis in Athen 510 durch spartan. Intervention und Kapitulation des Hippias gegen freien Abzug wenig heroische Elemente enthielt und daher dem athen. Nationalbewußtsein kaum schmeichelte, wurde die tapfere Tat des Harmodios und A. bald verklärt zum entscheidenden Tyrannenmord, der den Sturz der Tyrannis und die Errichtung der »Isonomie« in Athen zur Folge gehabt habe (vgl. das Skolion bei Athen. 15,695ab. Thuk. 1,20). Die den Tyrannenmördern errichteten Statuen ließ später Xerxes nach Susa bringen (Arr. an. 3,16,7f.), worauf in Athen 477/76 die von Kritios und Nesiotes geschaffene Gruppe aufgestellt wurde. Fr. Kie.

F. Cornelius Die Tyrannis in Athen, 1929, 79ff. *H. Friedel* Der Tyrannenmord in Gesetzgebung und Volksmeinung der Griechen, Würzbg. Stud. 11, 1937, 28ff.

2. Athenischer Politiker und Sykophant aus der Zeit des Demosthenes. Er trat gegen weitere Verteidigungsmaßregeln nach der Schlacht bei Chaironeia auf (Vit. X or. 848f.) und war später in den Harpalosprozeß verwickelt, wurde jedoch freigesprochen. Fr. Kie.

Aristokleidas, lesbischer Kitharoede zur Zeit der Perserkriege. Nach der wichtigsten Quelle Sch. Aristoph. Nub. 965 war der berühmte Phrynis *Ἀριστοκλείδου μαθητής. ὁ δὲ Ἀριστοκλείδης κιθαρῳδὸς ἦν ἄριστος*... Der Ableitung des attischen Sprichworts *Λέσβιος ᾠδός* von Aristokleidas oder Euainetides (Eust. nach Aelius Dionysius, Phot.) ist entgegenzuhalten, daß Aristoteles es in der *Λακεδαιμονίων πολιτεία* (Arist. Pseudepigr. 495) auf lakonische Verhältnisse und auf Terpander bzw. die Terpandriden bezog. Westphal wollte A. durch Konjektur in den Text bei Ps.-Plut. De mus. 3 hineintragen: ... *ἕως εἰς ⟨Ἀριστοκλείδην⟩ Τερπάνδριον* (statt *Τέρπανδρον*, Seite 24, 23 Ziegler[2]). Die Reform der *Κιθαρῳδία* dürfte aber weniger von Aristokleidas selbst als von seinem Schüler, Phrynis von Mitylene, ausgegangen sein (Vermehrung der Kitharasaiten von 7 auf 9, virtuose Steigerung des Spiels, freiere hexametrische Grundlage und reichere musikalische Modulation). W. B.

RE II 933 (*O. Crusius*). *R. Volkmann* Leben, Schriften und Philosophie des Plut., Bln. 1869. *H. Abert* in RE XI 530ff. (Art. *Κιθαρῳδία*). *R. Westphal* Gesch. der alten und mittelalterlichen Musik, Teil III (Plut. über die Musik), Lpz. 1865, 27f. *H. Riemann* HB der Musikgesch., Bd. I, Teil 1, [2]Lpz. 1919, 159.244.

Aristokles 1. Von Messene, Peripatetiker des 2. Jh. n. Chr., Lehrer des → Alexander von Aphrodisias. Vor allem wirkte sein philosophiegeschichtliches Werk nach (*περὶ φιλοσοφίας* in 10 B.); es ist mehrfach von Diog. Laert. benutzt; Euseb in der PE hat 7 Auszüge bewahrt. Nach den erhaltenen Resten lag dem A. nicht (wie dem Diog. Laert.) am biographischen Detail; sondern er versuchte, → Theophrasts Gesichtspunkt folgend, eine einheitliche Kritik der außer-peripatetischen Philosophie von seinem Schul-Standpunkt aus; Platon, Zenon, die Skeptiker wurden ausführlich behandelt. Von seinen Lehr-Entscheidungen wird nur erkennbar, daß er die peripat. *νοῦς* -Lehre im pantheistischen Sinne, also wohl stoisierend, abwandelte: Alexander de an. (Suppl. CAG II) 110,4ff. H. D.

H. Heiland Aristoclis Messanii reliquiae, 1925.

2. A., Bildhauer um 500 v. Chr., Meister der Grabstele des Aristion. A. R.

Rodenwaldt Kunst der Antike [4]236f. *Langlotz* Zur Zeitbestimmung der streng rf. Vasenmalerei 65. HB Arch. III 1 (5. Lfg. 1950) 84 (*Lippold*). Encicl. Arte Class. Or. I 647 (*Amorelli*).

3. A. von Sikyon. Bronzebildner um 500 v. Chr., Bruder des Kanachos, schuf mit diesem und Ageladas eine Gruppe der Musen (Anth. Pal. 16,220); auch als Schulhaupt bekannt. A. R.

Overbeck Die antiken Schriftquellen Nr. 395. 410f. HB Arch. III 1 (5. Lfg. 1950) 86f. (*Lippold*). Encicl. Arte Class. Or. I 648 (*Amorelli*).

Aristokrates. 1. König von Orchomenos in Arkadien (Apollod. FGrH 244 F 334) in der 2. Hälfte des 7. Jh. (nach Diog. Laert. 1,94 zusammen mit seinem Sohne Aristodemos Herrscher über fast ganz Arkadien) und anscheinend Führer des arkadischen Heeres, das im 2. Messen. Krieg die Messenier gegen Sparta unterstützte (vgl. Aristot. pol. 2,1270a). Kallisthenes (FGrH 124 F 23) bezog eine Inschr. am Altar des Zeus Lykaios, in der von einem Verräter an Messenien gesprochen wird, möglicherweise begründet auf A. (vgl. F. Kiechle Messen. Studien, Kallmünz 1959, 19) und bezeichnete diesen Verrat als die Ursache für seinen und seiner Dynastie Sturz. Nach der bei Paus. 8,5,13 (und hiervon übertragen 4,17,2ff.) vorliegenden, in Megalopolis geschaffenen (vgl. Bölte RE VI A 2213) Königsliste Arkadiens war A. König von Trapezus nahe des späteren Megalopolis.

Chr. Callmer Studien zur Geschichte Arkadiens 1943, 63f.

2. Athener vornehmer Herkunft (Thuk. 5,19. 24), war 411 unter den 400 neben Theramenes ein Führer der Gemäßigten (Thuk. 8,89.92) und half mit, den Plan der Extremen um Kritias, den Peiraieus den Spartanern in die Hände zu spielen, zu vereiteln (Demosth. 58,67). Daß er 410 mit Theramenes und dem Demokraten Thrasylos zum Strategen gewählt wurde, kündigte die Rückkehr zur Demokratie an (Th. Lenschau, RhM 90, 1941, 29f.). 406 befand sich A. dann unter den Strategen, die nach der Schlacht bei den Arginusen in Athen hingerichtet wurden (Xen. hell. 1,5,16. Diod. 13,101). **3.** Kommandant der Flotte, welche

Sparta 373 v.Chr. den Zakynthiern gegen den athen. Admiral Timotheos zu Hilfe sandte (Diod. 15,45,4). Fr.Kie.

4. A. von Sparta, Sohn des Hipparchos, verf. wohl am Anfang der Kaiserzeit *Λακωνικά* (zur späthellenist. Lakonika-Lit. FGrH IIIb Text S. 614ff.), wahrscheinlich ein Werk erzählender Natur, geschrieben für die spätestens ab Cäsar auch am alten Sparta interessierte Touristik. Als das zu seiner Zeit wohl umfangreichste und modernste Werk dieser Art von Plutarch benutzt. J. W.
FGrH IIIB/IIIb Nr. 591.

Ἀριστοκρατία: *ἡ κράτησις τῶν ἀρίστων* (Suda) = Herrschaft der *ἄριστοι*, der Tüchtigsten, Edelsten, Besten. Es gibt einen Zusammenhang zwischen dem Kampfgeist, der heroischen Haltung eines Menschen, und der Wertskala, mit der die Gemeinschaft (gemeint ist das Zeitalter Homers und früher) ihn mißt. 'A. meint aber nicht nur Herrschaft der Tüchtigsten, sondern bestimmter Häuser und Geschlechter, die auf heldenhafte, edle Ahnherrn stolz sein konnten (*εὐπατρίδαι*) und einen Geburtsadel bildeten, der auf Grund von Blut, Tradition und Namen Herrschaftsansprüche vor den Gemeinfreien (*κακοί*) anmeldete. Es kann also eine Diskrepanz zwischen der Funktion der *ἄριστοι* in einer bestimmten Gesellschaft (nämlich der kriegerisch-patriarchalen, wo kampftüchtig, edel, adlig zusammengehören) und dem Anspruch eines Standes geben, der über eine Mehrzahl Gewaltunterworfener gebietet. Die 'A. als Herrschaftsform in Griechenland hat historisch ihren Standort zwischen der Alleinherrschaft (*βασιλεία*) mykenischer Prägung (vgl. Agamemnon bei Homer, dazu Il. 2,204ff.) und der werdenden Polis, »es darf nicht übersehen werden, daß der Adel selbst mit der Beschränkung oder Beseitigung von Blutrache, Selbsthilfe und Geschlechterfehde den Weg zur Einordnung in die staatliche Gemeinschaft schon vor dem Durchbruch der nichtadligen Schichten beschritten hatte« (EHRENBERG Der Staat der Griechen 1,17). Zu dem Zeitpunkt aber, wo die Polis nicht mehr eine Sache der *ἄριστοι* ist, sondern beide, Adel und Gemeinfreie im Sinne einer umgreifenden Ordnung zusammengefaßt werden, der *θεσμός*, der *νόμος* über den Parteien steht, ist die stammesstaatliche Grundlage mit ihren monarchisch-aristokratischen Tendenzen überwunden. »Die Demokratie entwickelte sich organisch ... aus dem Adelsstaat« (EHRENBERG 37/38). Hingegen ist 'A. als »Staat im Staat«, als »Ausschlußgesellschaft« Oligarchie (die Blut- und Geldadel umfaßt), eine Verfallserscheinung, die nach Aristot. pol. 3,1286 b 10ff. in Tyrannis mündet. »Der Adel verstand es aber im allgemeinen, sich der politischen, wenn auch freiwillig kaum je der sozialwirtschaftlichen Fortentwicklung einzuordnen und so die Führerstellung auch im gewandelten Staat zu bewahren« (EHRENBERG 17). A. M.

Aristokritos. Verfaßte 1 B. *Περὶ Μιλήτου*. Wohl aus Milet, nicht sicher datierbar: »vor Parthenios« (JACOBY). Erhalten arch. Zitate; vielleicht Periegese oder Stadtgesch. mit Periegese, nicht Milesiaka wie die des → Aristeides Nr. 2. Gleichsetzung mit Verf. des Buchs gegen Herakleodoros »ganz zweifelhaft« (JACOBY). J. W.
FGrH IIIB/IIIb Nr. 493.

Aristolocheia. Die *ἀριστολόχεια* Nikanders, *ἀριστολοχία* bei Hippokr., Theophr., Diosk., Cic., Plin. u.a., ist die heutige, gegen 180 vorwiegend tropische Lianen und Stauden umfassende Gattung Aristolochia, deren 3 im Mittelmeergebiet weiter verbreitete Arten *A. clematitis, longa* und *rotunda* schon in der Antike allgemein unterschieden wurden. Der Name, aus dem für die einzige auch nördlich der Alpen eingebürgerte Art A. clematitis »Osterluzei« geworden ist, kommt nach Diosk. wie der der Artemis lochia von der Geburten erleichternden Wirkung. H. G.

Aristomache. Ältere Schwester Dions, wurde um 397 eine der Gemahlinnen Dionys I. von Syrakus. Eine Tochter aus dieser Ehe, Arete, heiratete später Dion. Nach Dions Ermordung 354 wurden A. und Arete ins Gefängnis geworfen. 353/52 daraus befreit, kamen beide Frauen dann auf der Seefahrt nach der Peloponnes ums Leben (Plut. Dion 57f.). Fr. Kie.

Aristomachos (*Ἀριστόμαχος*). **1.** Urenkel des Herakles, Sohn des Kleodaios, Hdt. 6,52. Apollod. 2,8,2,4. Paus. 2,7,6. Sein Versuch, die Peloponnes zu erobern, scheiterte an dem Mißverständnis eines Orakels. Er fiel in der Schlacht; erst seine Söhne Temenos, Kresphontes und Aristodemos eroberten das Land. Hyg. fab. 124. 137. **2.** Attischer *ἥρως ἰατρός* mit Grab in Marathon. BEKK. anecd. 1,262,16. Demosth. 19, 249 mit. Sch. NILSSON GgrR 1,507. K. KERENYI Der göttl. Arzt, 1956, 72f. setzt ihn mit dem *ἥ. ἰ. ἐν ἄστει*, CIA II 404, sowie mit Amphiaraos und dessen Sohn Amphilochos in Rhamnus gleich. H. v. G.

3. Tyrann v. Argos, vermittelte um 249 den Frieden zwischen Athen u. Alexander v. Korinth. IG II² 774. A. WILHELM Att. Urk. 3, 1925, 15ff. Aratos suchte 243 vergeblich, Argos von A. zu befreien. Um 240 wurde A. ermordet. Plut. Arat. 25. – **4.** Sohn des vorigen, folgte 235 seinem Bruder Aristippos in der Tyrannis und behauptete Argos gegen die Achaier unter Aratos. Plut. Arat. 29. Pol. 2,59,7ff. Für 50 Talente, die Aratos zahlte, legte er 229 die Tyrannis nieder und schloß Argos dem achaiischen Bunde an, dessen Stratege er 228/227 wurde. Pol. 2,44,6. Plut. Arat. 35; Kleom. 4. Paus. 2,8,6. A. wurde in Tegea und Epidauros geehrt (Sylloge³ 510. IG IV² 621), verriet aber Argos 225 an Kleomenes und wurde bei der Eroberung der Stadt durch Antigonos Doson hingerichtet. Pol. 2,59f. Plut. Arat. 44. – **5.** Verriet als Führer des Volkes Kroton 215 an die Bruttier, hielt aber mit dem Adel die Burg gegen sie und floh schließlich zu Hanno. Liv. 24,2.3. H.V.

Aristomenes. 1. Messen. Freiheitsheld, führte von etwa 500 bis 490/89 von der nordmessen. Bergfestung Hira aus den 3. Messen. Krieg gegen die Spartaner, den Plat. leg. 698 de, als Grund für die Verspätung des den Athenern nach Marathon zu Hilfe eilenden spartan. Korps angibt und den im 3. Jh. v. Chr. Rhianos von Bene zum Gegenstand eines historischen Epos machte (FGrH 265 F 38–46). Nach der Räumung Hiras verbrachte A. den Rest seines Lebens bei Damagetos in Ialysos auf Rhodos, der sein Schwiegersohn wurde. In einem delphischen Spruch (Paus. 4,24,2) als »Bester der Hellenen« bezeichnet, genoß A. in hellenistischer Zeit auf Rhodos kultische Verehrung (IG XII 1,8). In Messenien wurde er zum Volkshelden (vgl. Paus. 4,16,6) und nach der Restauration von 369 zum Nationalheros schlechthin erhoben (Paus. 4,27,6. 32,3). Infolge dieser mythischen Verklärung wurde A. als historische Persönlichkeit immer undeutlicher, so daß schließlich allgemeine Unklarheit herrschte, in welchem Messenierkrieg er seine Taten vollbracht habe: Kallisthenes (FGrH 124 F 23), Ephoros (vgl. Diod. 15,66,3) und Polybios (4,33,5) setzten ihn in den 2., Myron von Priene in den 1. (Paus. 4,6,4. FGrH 106 F 12), lediglich Rhianos (s. o.) datierte ihn richtig an den Anfang des 5. Jh.

F. Kiechle Messen. Studien, Kallmünz 1959, 72ff. 86ff. *L. Pearson* Hist. 11, 1962, 417ff. *G. L. Huxley* Early Sparta 1962, 89ff.

2. Akarnane, Anhänger des Agathokles (s. o. S. 119f.), der 204–202 für Ptolemaios V. die Regentschaft führte. Wohl seit 199 v. Chr. selbst Regent, war A. nicht in der Lage, den Krieg gegen Antiochos III. weiterzuführen, und deshalb bereit, die ptolemäischen Gebiete in Vorderasien an diesen abzutreten. Um die brüchige Regierungsgewalt in Äg. zu stärken, veranlaßte A. 196 die Mündigkeitserklärung Ptolemaios V. Dieser ließ A. dann wenig später wegen seines Freimuts vergiften. Fr. Kie.

B. Niese St. 2, 1899, 572ff. 672ff.

Ariston 1. Illegitimer Sohn des Sophokles, Vater des jüngeren Sophokles (Vit. Soph. 13, Suda s. v. Sophokles, s. v. Iophon), soll selbst Tragödien geschrieben haben (Diog. Laert. 7,164). F. St.

2. Von Alexandreia, Peripatetiker um 70 v. Chr., vorher Akademiker (Ind. Herc. Acad. col. 35,8–15, ed. S. Mekler); Antiochos von Askalon suchte ihn in Alexandreia auf; vgl. Cic. ac. pr. 2, 12. A. wird noch von Simplikios als Erklärer der Schrift *περὶ κατηγοριῶν* mehrfach angeführt. **3.** Von Chios, nur von Strab. 17,790 erwähnt, Peripatetiker. A. geriet in einen Prioritätsstreit mit dem Platoniker Eudoros; beide hatten, auf Grund desselben tralatizischen Materials, dieselbe These über den Ursprung der Nilschwelle aufgestellt. Vielleicht ist dieser A. identisch mit dem A., den Sen. ep. mor. 29,6 tadelt. **4.** Von Keos, Peripatetiker, Freund des Lykon (vgl. Diog. Laert. 5,70.74); ob A. Schulhaupt wurde, ist zweifelhaft. Schriften-Verzeichnis bei Diog. Laert. 7,163; aus seiner Schrift über den Hochmut sind längere Auszüge bei Philodem *Περὶ κακιῶν* bewahrt. A. neigte dem Witzig-Anekdotischen zu; aus seiner Sammlung *ἐρωτικὰ ὅμοια* haben sich 8 Pointen erhalten; zu philosoph. Fragen sind keine Entscheidungen des A. überliefert.

Fragmentsammlung: F. *Wehrli* Die Schule des Aristoteles 1952. 6,31ff.

5. Von Kos, Schüler und Erbe des A. von Keos, vgl. Strab. 14,658; vermutlich ist er gemeint bei Sext. Emp. adv. math. 2,61 und bei Quint. inst. orat. 2,15,19. Hiernach lehnte A. von Kos die Rhetorik ab, da sie Kluge nichts lehren könne.

Fünf Fragmente bei *F. Wehrli* Die Schule des Aristoteles, 1959. 8,80–84.

6. A. von Chios, stoischer Philosoph, Schüler des → Zenon, befreundet mit → Kleanthes, *ἀκμή* um 250 v. Chr. Diog. Laert. 7,160 versichert, A. habe nichts geschrieben und weist darum ein 14 Titel umfassendes Schriftenverzeichnis dem → A. von Keos zu, ob mit Recht, ist umstritten. A. war mit Schwerpunkt Ethiker; er riet davon ab, auf den Gebieten Logik und Physik die Forschung weiterzutreiben (Diog. Laert. 7,160, Sext. Emp. adv. math. 7,12). In der Ethik kam es A. allein auf die Grundsatz-Entscheidung an; er lehnte die bereits von → Zenon angelegte spezielle Ethik als wertlos ab; die Argumentation dazu ist bei Sen. epist. 94,1–18 erhalten. Hatte Zenon den *Προηγμένα* und den *ἀποπροηγμένα* relativen Wert (oder Unwert) zugestanden, so nahm A. den rigorosen Standpunkt ein, alle äußeren Dinge seien → *ἀδιάφορα*, das einzige Gut sei die *ἀρετή*. Die Stoa ist den Wegen, die A. wies, nicht gefolgt. H.D.

Testimonia: SVF I 75–90. Lit.: *M. Pohlenz* Die Stoa 1,27 und 123.

Aristonikos. 1. Athener aus Marathon (PA 1, 2028), Politiker zur Zeit des Demosthenes, war 324 in den Harpalosprozeß verwickelt und wurde 322 ähnlich wie Demosthenes als Gegner Makedoniens in Abwesenheit zum Tode verurteilt, auf Aigina verhaftet und hingerichtet (Plut. Demosth. 28). **2.** Von dem Rhodier Memnon 333 zum Tyrannen von Persiens Gnaden in Methymna auf Lesbos (wieder?) eingesetzt, geriet A. 332 in die Gewalt der Makedonen und wurde von Alexander d. Gr. den Methymnaiern ausgeliefert, die ihn grausam umbrachten (Arr. an. 3,2,4–7. Curt. 4, 8,11. H. Berve Alexanderreich II Nr. 131). **3.** Unehelicher Sohn Attalos II. von Pergamon (Iustin. 36,4,6). Als Attalos III. 133 v. Chr. sein Reich den Römern vermachte, erhob A. sogleich Anspruch auf den Thron. Er fand mancherorts Anerkennung, aber sein Versuch, die kgl. Flotte und die griech. Poleis Kleinasiens auf seine Seite zu ziehen, mißlang: Letztere dachten nicht daran, ihre von Attalos III. testamentarisch erhaltene Autonomie durch einen Anschluß an A. zu gefährden; infolge seiner sozialrevolutionären Propaganda hatte er die Bourgeoisie der Städte sogar alsbald zum erklärten Gegner (innere Stabilisierungsmaßnahmen in Pergamon läßt OGI 338 erkennen). Er zog sich deshalb ins Binnenland zurück und rief, die krassen sozialen Gegensätze im damaligen Kleinasien ausnützend, das Proletariat und die Sklaven und Leibeigenen zum Freiheitskampf auf (Strab. 14, 646. Diod. 34/5, 2, 26. ROSTOVTZEFF a.O. 3, 1294): Aus dem Unabhängigkeitskrieg wurde ein Krieg der Unterdrückten gegen die Unterdrücker, der Landbevölkerung gegen die Städte. Bald stand ganz Kleinasien in Flammen (Plut. Tit. Flam. 21) und A. an der Spitze starker Streitkräfte (Iustin. 36, 4, 7), mit welchen er einen Staat der »Heliopoliten«, der sozialen Gerechtigkeit, zu errichten versprach. Vergebens versuchte Rom zunächst mittels der Truppen der in diesem Krieg schwer leidenden kleinasiat. Städte der Bewegung Herr zu werden; auch die übrigen Könige Kleinasiens waren dagegen machtlos, Ariarathes V. von Kappadokien fand in diesen Kämpfen sogar 130 den Tod (Iustin. 37, 1, 2). Ein dann 131 unter dem Konsul P. Licinius Crassus auf dem Kriegsschauplatz erschienenes röm. Heer wurde Anfang 130 von A. bei Leukai geschlagen, der Konsul selbst gefangengenommen und getötet. Dessen Nachfolger M. Perperna glückte es jedoch noch 130, A. durch Überrumpelung zu schlagen, in Stratonikeia am Kaïkos (BROUGHTON, Cl. Ph. 29, 1934, 252 ff.) einzuschließen und durch Hunger zur Kapitulation zu zwingen (Flor. 1, 35, 6). Nach Rom deportiert, wurde A. dort 129 im Gefängnis erdrosselt. Perpernas Nachfolger M.' Aquilius konnte noch 129 die letzten Funken des Krieges austreten. Fr. Kie.

B. Niese St. 3, 1903, 366 ff. *G. Cardinali* in: Saggi di storia ant. e di archeologia (Rom 1910) 269 ff. *H. Last* CAH 9, 1932, 102 ff. *T. R. S. Broughton* Roman Asia Minor 1938, 505 ff. *E. V. Hansen* The Attalids of Pergamon, 1947, 142 ff. *D. Magie* Roman Rule in Asia Minor, 1950, 148 ff.; 1034 ff. *M. Rostovtzeff* Soc. a. Ec. Hell. W. 2, 1955, 635 ff. (3, 1956, 1295 f. die epigraph. Quellen). *S. K. Eddy* The King is Dead, 1961, 177 f.

4. A., aus Alexandreia, griech. Grammatiker augusteischer Zeit in Rom (Strab. 1, 2, 31; Suda *'A.*). Suda *Πτολεμαῖος* nennt den Aristarcheer Ptolemaios als seinen Vater, Athen. 11, 481 d als einen Sohn des A. Die beiden Angaben schließen einander nicht unbedingt aus, aber die Möglichkeit eines Irrtums besteht. A. verfaßte Erläuterungsschriften zu Aristarchs textkrit. Zeichen, die dieser bei seinen Homer- und Hesiodausgaben angewendet hatte (*περὶ τῶν σημείων τῶν τῆς Ἰλιάδος καὶ Ὀδυσσείας; π. τ. σ. τῶν ἐν τῇ Θεογονίᾳ Ἡσιόδου*). In den Etymologica, vor allem aber in den Hom.-Sch., sind zahlreiche Stücke erhalten. Bezeugt sind weiter Kommentare

zu Ilias und Odyssee, in denen außer gramm. Fragen auch geogr. Probleme behandelt waren (vgl. Strab. a.O.: *περὶ τῆς Μενελάου πλάνης*), ferner zu Pindar und die Schriften *περὶ τοῦ ἐν Ἀλεξανδρείᾳ Μουσείου* und *περὶ ἀσυντάκτων ὀνομάτων* in 6 B. H. Gä.

TA: *L. Friedländer* A. *περὶ σημείων Ἰλιάδος*, Gött. 1853. *O. Carnuth* A. *π. σ. Ὀδυσσείας* reliquiae emendatiores, Lpz. 1869 (vgl. auch Lit. zu Aristarchos): *K. Lehrs* De Aristarchi studiis Homericis, Lpz. [3]1882, 1 ff. *M. Sengebusch*, JPhPäd. 73, 1856, 759 ff. *Ders.* Aristonicea, Progr. Berlin 1855. *A. Roemer* Bl. f. d. bayer. Gymn. 21, 1885, 369 ff. *J. van Leeuwen*, Mn. N.S. 30, 1902, 179 ff. *H. Flach*, JPhPäd. 109, 1874, 818. 115, 1877, 433 ff.

Aristonoos (*Ἀριστόνοος*). Kitharoede aus Korinth, Sohn des Nikosthenes. Er ist bezeugt durch den im Schatzhause der Athener zu Delphoi gefundenen Text: ...*'Αριστονό[ῳ, ἐπεὶ] τοὺς ὕμνους τοῖς θεοῖς ἐπ[οίησεν], αὐτῷ καὶ ἐκγόνοις προξενίαν εὐεργεσίαν προμαντείαν προ[εδρίαν]* ... Der anschließende Paian (neben anderen, mit Notenschrift überlieferten Hymnen) wird durch die Formel eingeleitet: *Ἀριστόνοος Νικοσθένους Κορίνθιος* ... Der bei Plut. Lys. 18,10 erwähnte A. ist Pythionike wie der *Ἀριστόνοος* des delphischen Hymnus. Er soll, zur Zeit Lysanders lebend, beim pythischen Fest sechsmal den Preis errungen haben (vgl. K. v. JAN RE II 967). Der andere Namensträger, den O. CRUSIUS RE II 967 (unter 7) in seiner Zeitlage nicht abschließend beurteilt und getrennt dargestellt hat, ist höchstwahrscheinlich mit ersterem identisch. Als *κόλαξ* des Lysander dürfte er auch Loblieder auf diesen gedichtet haben, und es bleibt möglich, daß der Lysander-Päan (über diesen U. KAHRSTEDT RE XIII 2503 ff. Art. Lysandros) von dem im delphischen Text verbürgten Kitharoeden herrührt. Zahl und Charakter der Kola, die Anlage der Strophe mit eingewobenem Schlußrefrain, die Überladung mit Partizipien sind beiderseits bezeichnend und rücken den Kitharoeden in das Zeitalter des jüngeren Dithyrambus, ohne einen epigraphischen oder geschichtlichen Gegengrund. W. B.

O. Crusius Die delphischen Hymnen, Unters. über Texte und Melodien, Göttingen 1894, 3 ff. 27 f.; *Ders.* Philol. 50, 1891, 163. 576. 52, 1893, 160; *ders.* Centralblatt 1894, 889. *H. Weil* Nouveaux fragments d'hymnes ..., in Extrait du BCH 1894, 24; *ders.* Un nouvel Hymne à Apollon ebd. (s.a.) 345 ff. *Th. Reinach* La musique des Hymnes de Delphes ebd. 1894, 18 ff.; *ders.* La musique du nouvel Hymne de Delphes ebd. (s.a.) 363 ff.; *ders.* Le second hymne delphique à Apollon (mit *L. Boellmann*) Paris 1897, 6 ff.

Aristonothos. Töpfer des 7. Jh. v. Chr. Seine Signatur, eine der ältesten erhaltenen, auf einem Krater aus Caere (Blendung des Polyphem – Seeschlacht). Form des Namens und der Buchstaben weisen nach Euboia. Die Annahme, A. habe in Italien gearbeitet, ist höchst unwahrscheinlich. A. R.

Hoppin Handb. Black-Fig. Vases 5. *Pfuhl* Malerei und Zchg. 1,110. HB Arch. IV 1 (6. Lfg. 1953) 26. Encicl. Arte Class. Or. I 652ff. *(Banti).*

Aristonus. 1. A. aus Gela, einer der Gründer von Akragas 581 v. Chr. (Thuk. 6,4,4). **2.** Schwager des Tyrannen Gelon von Syrakus und einer der Vormünder seines Sohnes (Timaios, FGrH 566 F 21). **3.** A. aus Pella, einer der Leibwächter Alexanders d. Gr., schloß sich 323 Perdikkas an und später der Olympias, weshalb ihn Kassandros 316 in Amphipolis töten ließ (Diod. 19,50f.). Fr. Kie.

Aristophanes. 1. Athener, Freund der Familie des Konon (Lys. 19,12. 18ff. 35ff. 42ff.), 389 v. Chr. auf Kypros verhaftet und ohne ordentliche Untersuchung hingerichtet (Lys. 19,7). Für einen Prozeß zugunsten von A.s in Athen zurückgebliebenen Kindern schrieb Lysias eine nicht erhaltene Gerichtsrede, dann 387 anläßlich gerichtlicher Verwicklungen wegen A.s konfiszierten Vermögens seine XIX. Rede. Fr. Kie.

2. A., zwischen 337 und 339 Stratege seiner Vaterstadt Korinth, begeisterte sich in Athen für die Beredsamkeit des Libanios. Von Eugenius, einem Günstling Kaiser Constans', bedroht, floh A. nach Syrien. 357 wurde A. in Äg. in einen Hochverratsprozeß verwickelt und verbannt. Libanios erreichte durch eine Verteidigungsschrift (a. 362) volle Rehabilitation des dem Kult der alten Götter treu ergebenen A. (Lib. or. 14). Nach Julians Tod begann A. eine Sammlung der Schriften des verehrten Kaisers und gewann dafür auch die Mitarbeit des Libanios (Lib. epist. 1264). A. L.

O. *Seeck* Die Briefe des Libanios, 1906, 88f. *P. Petit* Libanius, 1955, 61.

3. Der Komödiendichter, Sohn des Philippos, aus Kydathen, vermutlich identisch mit dem Prytanen der Pandionis IG^2 II/III 1740 (Anfang des 4. Jh.), war zweifellos gebürtiger Athener. Wenn manche fremde Herkunft behaupteten (alles biographische Material zuletzt in Aristofane ed. R. Cantarella 1, p. 135 ff.), beruhte das wohl auf mißdeuteten Komödienstellen, wie man aus Ach. 653 ff. schloß, daß er Aiginet war, während Theagenes (Schol. Plat. Apol. 19c) vermutlich richtig erklärte, A. (oder sein Vater) habe im Jahre 431 auf Aigina ein Grundstück zugeteilt bekommen (Thuk. 2,27). A.' Blüte setzte Apollodor in Ol. 94, d. h. das Epochenjahr 404. Sein erstes Stück wurde 427 aufgeführt. Daß er es durch einen anderen einstudieren ließ, lag nicht oder nicht nur an seiner Jugend, denn er hat das auch später öfters getan, aber er wird kaum älter gewesen sein als sein Freund und Rivale Eupolis (geb. 446). Das letzte Stück, das er selbst aufführte, war der Plutos 388; bei zwei weiteren ließ er sich von seinem Sohn Araros vertreten. Von seinem persönlichen Leben wissen wir sonst nichts, außer dem, was sich den Stücken entnehmen läßt. Das ist zunächst im allgemeinen, daß er viel gelernt und gelesen hatte,

daß er die Natur und das Landleben liebte und konservativ gesinnt war. In Alexandreia hatte man 44 Stücke unter seinem Namen; vier davon wurden auch dem → Archippos zugeschrieben. Eine Liste ist mit der Vita in zwei Codices überliefert. Das erste Stück, *Δαιταλῆς*, stellte an zwei Brüdern den Gegensatz zwischen alter und neuer Erziehung dar. Mit den »Babyloniern« (426) betrat A. den Bereich der Politik: der Chor stellte in der Maske von Sklaven im harten Dienst an der Handmühle die Bundesstädte Athens vor. Das Stück, an den Dionysien in Gegenwart der Gesandten eben dieser Städte aufgeführt, trug A. eine Verfolgung vor dem Rat durch Kleon ein. In den »Acharnern« (Lenäen 425), dem ältesten der erhaltenen Stücke (auf die ich mich hier beschränken muß), ist der Held der Gutsbesitzer Dikaiopolis. Der Name zeigt, daß der Dichter ihn ernst nimmt, ja er spricht an manchen Stellen geradezu in eigener Person aus ihm. Des Krieges müde, unter dem das Volk leidet, während Diplomaten und Militärs ihrem Eigennutz und ihrer Eitelkeit fröhnen, schließt Dikaiopolis einen Separatfrieden und es gelingt ihm, die darob erbitterten Köhler von Acharnai in der mitleiderregenden Maske des euripideischen Telephos zu überzeugen, daß die Spartaner nicht allein am Krieg schuld sind, sondern auch Perikles; die Begründung kann allerdings nicht ernstgenommen werden. Den illusionären Friedenszustand illustrieren pittoreske Episoden. Das Stück gewann den 1. Preis. – Ein Jahr darauf (Lenäen 424) führte A. mit den »Rittern« den in den »Acharnern« bereits angekündigten Hauptschlag gegen Kleon. Dieser wird in einer sein Wesen im Sinne des A. charakterisierenden Symbolik als barbarischer Sklave des Herrn Demos dargestellt, der durch Schmeichelei, Aneignung fremden Verdienstes und Brutalität gegenüber seinen Mitsklaven ausschließenden Einfluß auf den Herrn gewonnen hat. Ein Orakel (in Wahrheit eine Maxime politischer Erfahrung) sagt, daß den skrupellosen Demagogen nur ein noch skrupelloserer aus dem Sattel heben wird. Der findet sich in Gestalt eines Blutwurstverkäufers. Aber die rein negative Perspektive kann nicht das letzte Wort des dionysischen Festspiels sein. So entpuppt sich der Sieger zuletzt doch als moralisch überlegen, der senile Demos wird junggekocht und alles soll wieder werden, wie es in der großen Zeit Athens war. Das Stück gewann den 1. Preis. – Die »Wolken« sind nicht in der Form überliefert, wie sie an den Dionysien 423 aufgeführt wurden und zur Enttäuschung des Dichters nur den 3. Preis erhielten, sondern in einer nicht zu Ende geführten Umarbeitung, die nie auf die Bühne kam. Das Stück stellt ein Problem, über das schon unendlich viel geschrieben ist: Zielscheibe der Satire ist Sokrates, der, obwohl unterscheidende und persönliche Züge nicht ganz fehlen, als Erzsophist aufgefaßt wird. Daß das ernst gemeint war, bezeugt, wenn nichts anderes, Platon in der Apologie. Der Chor der Wolken symbolisiert die neue Geisteswelt: die Ungreifbarkeit des sophistischen Relativismus und im besonderen die Ersetzung der Götter durch physikalische Phänomene. In einem Agon der Personifikationen der gerechten und der ungerechten Rede werden, wie schon in den *Δαιταλῆς*, die Früchte der alten und der neuen Erziehung einander gegenübergestellt. – Die »Wespen« (Lenäen 422) machen den attischen Kleinbürger im Amte des Geschworenen zum Gegenstand der Satire: seinen Fanatismus, die Wichtigtuerei und die Verblendung, daß er sich für den von Kleon auf 3 Obolen erhöhten Richtersold als Terrorinstrument des Demagogen gebrauchen läßt. Der Typ ist pluralisch durch den Chor vertreten (symbolisches Characteristicum der Wespenstachel), individuell durch Philokleon, wie er mit redendem Namen heißt. Die Gegenposition hat sein Sohn Bdelykleon inne; hier hat die junge Generation A.' Sympathie. Die Bekehrung des Fanatikers zum Lebemann gelingt nur allzu vollständig, ein Verwandlungswunder dionysischen Geistes. – Das Thema Krieg und Frieden hatte A. nach den »Acharnern« in zwei nicht erhaltenen Stücken (*Γεωργοί* und *Ὁλκάδες*) wieder aufgenommen; als der Abschluß eines Friedensvertrages unmittelbar bevorstand, brachte er an den Dionysien 421 seine *Εἰρήνη* auf die Bühne. Der glückliche Augenblick läßt auf den Agon verzichten, dramaturgisches Rückgrat ist Euripidesparodie: wie Bellerophontes auf dem Pegasos, so fliegt Trygaios (»Winzer«) auf einem kolossalen Mistkäfer zum Himmel auf, um Zeus zur Rechenschaft zu ziehen. Er findet aber außer Hermes nur Polemos, die übrigen Götter sind aus Zorn über den Bruderkrieg der Hellenen verzogen. Mit Hilfe der Bauern, Kaufleute und Handwerker ganz Griechenlands, die den Chor bilden, gelingt es jedoch, die Friedensgöttin, die Polemos (als Statue) vergraben hat, ans Licht zu ziehen. Zwei lebendige Mädchen, die mit ihr zum Vorschein kommen, *Ὀπώρα* und *Θεωρία*, verkörpern die Segnungen des Friedens. Auch hier wird Perikles die Schuld am Krieg gegeben, aber mit anderer Begründung, von der es ausdrücklich heißt, man habe sie noch nie gehört. Am Ende entlädt sich der Groll des Dichters über die Leute, die am Krieg verdient haben. – Wenn es zum Wesen der Alten Komödie gehört, die Zuschauer aus der Not und Enge des Alltags in eine bessere Welt der Illusion zu entrücken, so sind die »Vögel« (Dionysien 414) die Komödie *κατ' ἐξοχήν*. Urtümlich ist der Tierchor; er repräsentiert das Reich der Natur, nicht nur den Menschen gegenüber, sondern auch den Olympiern, die für die Ordnung der Menschenwelt verantwortlich und durch den Kult an ihr interessiert sind. So ist die Stiftung des die Menschen und die Götter voneinander abschneidenden und dadurch die Welt beherrschenden Vogelstaates Wolkenkuckucksheim das verwegenste Abenteuer aristophanischer Phantasie. In den Liedern des Wiedehopfs und der Parabase findet sein lyrischer Genius den vollsten Ausdruck, aber auch die Szenenreihe nach der Parabase, die wie üblich einen Reigen menschlicher Schwächen (auch an Göttern) dem Licht des komischen Tages aussetzt, ist ausgezeichnet durch die Fülle und Plastik der Gestalten. – Die zwei nächsten erhaltenen Stücke wurden 411 aufgeführt, und zwar, da A. kaum zwei Frauenverschwörungen gleichzeitig auf die Bühne gebracht hat und die Lysistrate zweifellos der primäre Einfall ist, diese an den Lenäen, die *Θεσμοφοριάζουσαι* an den Dionysien. Inzwischen war das Friedensthema wieder aktuell geworden, und mehr als je. Die Lage war verzweifelt ernst, nicht nur für Athen, sondern für ganz Griechenland, da nun der Perser mit im Spiel war. Zu der Natur, die für den Satiriker die Ressource des Positiven ist, gehört das Weib, und so ist es eine Frau, in der A. hier die Rettung verkörpert. Lysistrate ruft die Frauen von ganz Hellas auf, sich den Männern solang zu versagen, bis sie dem unsinnigen Krieg ein Ende gemacht haben, und führt ihr Unternehmen zuletzt mit einer großen Rede an die feindlichen Brüder zum Siege. Mit ihrem idealen Konzept kontrastiert die Triebhaftigkeit der Frauen, die ihm widerstrebt, wie die der Männer, die ihm dient. Beides ergibt eine ebenso gewagte wie in ihrem Wesen keusche Komik, die sich freilich jeder Nachahmung entzieht. Wie in den »Acharnern« der megarische und boiotische, so spielt hier der lakonische Dialekt eine große Rolle. – Eine harmlose Posse sind dagegen die *Θεσμοφοριάζουσαι*. Hier halten die Frauen beim Thesmophorienfest, bei dem sie unter sich sind, eine Versammlung ab, um Beschlüsse gegen Euripides zu fassen, der mit seinen Frauenstücken durch Aufdeckung ihrer Schwächen und Tricks die Männer gegen sie aufgebracht hat. Euripides, der von der bevorstehenden Aktion Wind bekommen hat, bringt einen »Schwager« dazu, als Frau verkleidet an der Versammlung teilzunehmen, um für ihn einzutreten. Bei der Verkleidung muß der weibische Dichterkollege Agathon aushelfen, wie Euripides selbst in den »Acharnern«. Der Verkleidete wird entlarvt, der Polizei ausgeliefert und von Euripides, nach mehreren vergeblichen Versuchen, welche Parodien seiner neuesten Stücke Helena und Andromeda darstellen, dadurch befreit, daß er den ihn bewachenden Polizisten von einer kleinen Tänzerin umgarnen läßt. – Erst der Tod des Euripides hat A. veranlaßt, die Frage nach dem Wert dieses Dichters zum ernsten Kern einer Komödie zu machen, der »Frösche« (Lenäen 405). Eine Anerkennung liegt freilich darin, daß er ihn an Aischylos mißt, aber wie geschichtliches Verständnis Euripides gerecht werden muß, so auch dem Standpunkt des A., von dem aus Euripides als Antipode des Unvergleichlichen erscheinen mußte, in dem der Geist der größten Zeit Athens Sprache geworden war. Dionysos selbst ist es, der als der Zuschauer par excellence hier die Bekehrung durch den Agon erfährt. In Herakles' Kostüm zieht er in die Unterwelt, um Euripides zurückzuholen. Er findet ihn im Streit mit Aischylos um den Platz des größten Tragikers (Sophokles, der, für A. zur Unzeit, inzwischen auch gestorben war, wird mit ein paar unverbindlich verbindlichen Worten eliminiert) und wird zum Schiedsrichter bestellt. Die Auseinandersetzung verläuft in mehreren Phasen: zuerst ein formaler Agon, in dem es um Geist und sittliche Wirkung der Tragödie geht, dann gegenseitige poetisch-technische Kritik in Trimeterszenen und parodischen Monodien, die zu allerhand Possen Gelegenheit bieten. Am Ende taucht das Motiv des ersten Teils wieder auf: Dionysos soll nun wählen, welchen er mitnehmen will, und entscheidet, nachdem den Dichtern noch politische Fragen gestellt worden sind, für Aischylos. Unwirklich wie die Auferstehung des Toten ist die Hoffnung, mit der das Stück ausklingt: vom großen Leide doch noch zu genesen. – Die beiden letzten erhaltenen Stücke, *Ἐκκλησιάζουσαι* (392?) und *Πλοῦτος* (388) zeigen die verwandelte Welt. An die Stelle der Politik ist die soziale Frage getreten. Die Ekklesiazusen sind ein Frauenstück nach dem Modell der Lysistrate. Praxagora ruft hier die Frauen auf, nach dem Versagen der Männer die Dinge selbst in die Hand zu nehmen, und setzt in der Volksversammlung durch verkleidete Frauen einen solchen Beschluß durch. Sie entwickelt ein kommunistisches Programm, das wie Platons Staat auch Weibergemeinschaft vorsieht. Das ergibt für die Komödie fruchtbare Konsequenzen. Es ist unverkennbar, daß A. hier im Gegensatz zu seinen früheren Stücken die siegreiche Idee selbst ironisiert. Noch deutlicher ist das im Plutos, der das Problem der ungerechten Verteilung des Besitzes aufwirft. Während die Handlung dadurch, daß der blinde Plutos sehend gemacht wird, wie gewöhnlich auf ein illusionäres Paradies hinausläuft, spricht die Gedanken des Dichters die im Agon unterliegende *Πενία* aus: allgemeiner Wohlstand wäre kein Segen, denn die Armut ist die treibende Kraft im sozialen Organismus, Kulturschöpferin und Erzieherin der Menschen. Die innere Form der Alten Komödie, die sich schon in den Rittern und den Wolken mit dem aristophanischen Gehalt nicht mehr gedeckt hatte, ist damit endgültig zerbrochen. W. K.

Derzeit bester Text: *V. Coulon*, Paris 1923ff. Einführende Kommentare: *Lysistrate* von *U. v. Wilamowitz-Moellendorff*, Berlin 1922; Die Frösche von *L. Radermacher*, Wien 1921 ([2]1954). Die Fragmente jetzt am vollständigsten, aber unzuverlässig bei *J. M. Edmonds* The Fragments of Attic Comedy, Leiden 1957, I. In der Neuausgabe der Scholien (Groningen 1960ff.) bisher nur Tzetzes' Kommentare zu Plut. Nub. Ran. Av.). Sonstige Lit. bei *Schmid-*

Stählin 4,2,1, München 1946, 174ff. *Lesky* GGrL[2], Bern 1963, 464ff. *K. J. Dover* Lustrum 2, 1957, 52ff.

4. Sohn des Apelles aus Byzantion, Grammatiker. Seine Lebenszeit fällt zwischen ca. 257 und 180 v. Chr. (Suda *Ἀ.* enthält Widersprüche). A. kam früh nach Alexandreia, wo er zu den Schülern des Dionysios Iambos, Machon und Euphronios gehörte. Zenodotos kann aus chronologischen Gründen kaum sein Lehrer gewesen sein ([2],261,1; anders L. Cohn, RE II 994ff.). Mit 62 Jahren (also gegen 195) wurde er Nachfolger des Eratosthenes als Vorstand der alexandrinischen Bibliothek. Angeblich wurde er in höherem Alter gewaltsam daran gehindert, nach Pergamon überzusiedeln. A. war einer der umfassendsten Gelehrten der alexandrinischen Schule. Zu seinen Arbeiten gehören kritische Ausgaben älterer Literatur und Werke, die sich mit sprachlichen Erscheinungen beschäftigten. Nur Weniges ist noch faßbar, weil seine Produktion in die Späterer einging und durch jüngere Werke verdunkelt oder verdrängt wurde. A. veranstaltete eine Edition Homers, die mit dem Text schonender verfuhr als die des Zenodotos. Er verwarf allerdings den Schluß der Odyssee (23,297ff.). Weiterhin edierte er Hesiod, Alkaios, Alkman und Pindar, wahrscheinlich aber noch andere. Dabei legte er die strophische Gliederung fest und verwendete sie als Kriterium für die Emendation. Seine Beschäftigung mit den Tragikern zeigt sich noch jetzt in den überlieferten *ὑποθέσεις*, die neben der Inhaltsangabe Bemerkungen aus den Didaskalien und ein knappes Werturteil enthalten (7 *ὑποθέσεις* sind für A. gesichert, 15 weitere wenigstens teilweise auf ihn zurückzuführen. Späte Produkte dagegen sind die wertlosen metrischen Inhaltsangaben; vgl. [6]). A. beschäftigte sich ferner mit der alten Komödie. Auf Arbeit an Platon weist Diog. Laert. 3,61f. Mit seinem Namen ist schließlich auch der Versuch verknüpft, einen Kanon »klassischer« Autoren festzulegen (Einzelheiten sind sehr unsicher). Ein wichtiges und in der Folgezeit fortwährend benutztes Werk waren die *Λέξεις* oder *Γλῶσσαι*, dessen einzelne Bücher Untertitel trugen wie *Ἀττικαὶ λέξεις*, *Λακωνικαὶ γλῶσσαι.* Wir besitzen Auszüge aus einigen Partien. Sie waren eine Sammlung seltener Ausdrücke mit ihren Belegen in älterer Literatur, in der sich die gewaltige Belesenheit des A. offenbarte. An weiteren Titeln sind zu nennen: eine Ergänzung zu den *Πίνακες* des Kallimachos, eine Sprichwörtersammlung in 6 B. (2 B. *μετρικαὶ παροιμίαι*; Spuren in byz. Sammlungen) und eine Monographie über *ἀχνυμένη σκυτάλη* bei Archilochos. Die Titel *περὶ προσώπων* und *περὶ ἑταιρῶν* stehen offensichtlich in Zusammenhang mit A.' Komikerstudien. Mit der Schrift *περὶ ἀνωμαλίας* des Stoikers Chrysippos setzte er sich in *περὶ ἀναλογίας* auseinander. Damit begann eine Fehde, die mehrere Jahrhunderte anhalten sollte.

Gesichert ist noch eine Epitome τῶν Ἀριστοτέλους ζῴων (4 B.), die in byz. Exzerpten erhalten ist. Unsicher sind die Titel *Φαινόμενα* (dichterische Produktion des A. ist sonst nicht bezeugt) und eine Schrift, die Plagiate bei Menander behandelte.

Zu den zahlreichen Schülern des A. gehörte Aristarchos von Samothrake. Die Schule des A. ist noch über einige Generationen zu verfolgen (bis in den späten Hellenismus). H. Gä.

Fragmente: *A. Nauck*, Halle 1848. Aristot.-Exc.: *S.P. Lambros*, Suppl. Aristot. 1,1, Bln. 1885. Lit: 1. *Susemihl* 1,428ff. 2. *Christ-Schmid* 2,260ff. 3. *v. Wilam.* Eur. Herakles 1,137ff. 4. *A. Fresenius* De λέξεων Aristophanearum et Suetonianarum exc. Byz., Wiesbaden 1875. 5. *W. Busch* De bibliothecariis Alexandrinis qui feruntur primis, Diss. Rostock 1884. 6. *Th. O. H. Achelis*, Philol. 72, 1913, 414ff. 518ff. 73, 1914, 122ff. 7. *H. Alline*, REA 17, 1915, 85ff.

5. A., attischer Vasenmaler um 420 v. Chr., signierte 2 Schalen für den Töpfer Erginos und einen Krater. Er gehört nicht zu den großen Meistern. Weitere Werke – rf. und sf. – lassen sich ihm zuweisen. A. R.

Beazley Attic Red-Fig. Vase-Painters, Oxf. 1942, 841f. JDAI 57, 1942, 150 *(Peters)*. HB Arch. IV 1 (6. Lfg. 1953) 114. Enc. Arte Class. Or. I 654ff. *(Becatti)*.

Aristophon. 1. 411 v. Chr. einer der 400 in Athen, von diesen als Gesandter nach Sparta geschickt, jedoch hierbei von Demokraten abgefangen und nach Samos verschleppt (Thuk. 8, 86, 9). **2.** Athen. Politiker ohne festes Programm, der fast 100 Jahre alt geworden (Schol. Aischin. 1, 64) und in seinem Leben 75 mal angeklagt gewesen sein soll (Aischin. 3, 194). A. erwarb sich 403 bei der Wiederherstellung der Demokratie Verdienste. 363/62 war er Stratege, danach mehrfach politisch tätig, besonders 356/55 im Bundesgenossenkrieg als Ankläger des Iphikrates und des Timotheos, später als Gegner des Hypereides. Der junge Aischines war sein Anhänger (Demosth. 18, 162). Fr. Kie.

3. A. von Thasos, Sohn des Aglaophon, Bruder des berühmten Polygnotos. Maler des 5. Jh. v. Chr., von seinen Bildern werden Heroennamen und Personifikationen genannt, ohne daß man feststellen kann, auf wieviel Werke diese Gestalten zu verteilen sind. A. R.

Overbeck Die ant. Schriftquellen 1127–1129. *Pfuhl* Malerei und Zchg. 2,639. Encicl. Arte Class. Or. I 656 *(Magi)*.

Aristos. Historiker aus Salamis. Er schrieb lange nach den Primärhistorikern (Strab. 14, 682) ein Werk über Alexander, aus dem Fragmente nur von dessen letzten Tagen erhalten sind. A. erwähnt als einer der ersten eine röm. Gesandtschaft an Alexander (Arr. an. 7, 15, 5). FGrH 143. G. W.

Aristoteles. 1. Lakedaimonier, vor 396 v. Chr. Offizier Dionys I. von Syrakus (Diod. 14, 78). **2.** Athen. Oligarch, 404 als Verbannter im Gefolge des Lysandros, dann einer der Dreißig, von diesen

mit dem Ansuchen um eine spartan. Besatzung in Athen nach Sparta gesandt (Xen. hell. 2, 2, 18. 3, 2. 13). **3.** Athen. Politiker, der sich 377 v. Chr. bei der Gründung des 2. Att. Seebundes Verdienste erworben hat. **4.** Führer einer rhodischen Gesandtschaft, die 165 v. Chr. in Rom vergeblich um ein Foedus bat (Polyb. 30, 23, 2ff. H. Schmitt Rom und Rhodos 1957, 167). **5.** Argiver, Freund des Aratos, brachte 224 v. Chr. Argos zum Abfall von König Kleomenes II. von Sparta, worauf es die Achaier wieder in Besitz nehmen konnten (Plut. Arat. 44; B. Niese St. 2, 1899, 333f.). **6.** Sikyonier, der beim Sturz des sikyonischen Tyrannen Abantidas mitwirkte (Plut. Arat. 3). Fr. Kie.

7. Sohn des Nikomachos, aus Stageira (auf der Chalkidike).

1. Leben. 2. Bildnis. 3. Werke: a) Zur Veröffentlichung bestimmte Bücher; b) Materialsammlungen; c) Die Pragmatien; d) Gedichte; e) Umstrittenes und Unechtes. 4. Die Geschichte von A.s Werken im Alt. 5. A.s Lehre im Grundzug.

1. Leben. A.s Vater war Arzt; er entstammte einer der Asklepiaden-Familien. Schon der Vater war mit dem König Amyntas II. von Makedonien befreundet. Im J. 367/66, also mit 17 J., trat A. in Platons Akademie ein; er gehörte ihr, erst als Schüler, dann mit selbständigen Aufgaben betraut, bis zu Platons Tode (348/47) an, also über 18 J. Sein Ausscheiden muß als ein Zeichen des Widerspruchs dagegen angesehen werden, daß → Speusipp, der von Platon designierte Nachfolger, dazu neigte, die Philosophie in die Mathematik einzubeziehen.

A. wurde von einem früheren Schüler Platons, dem Herrscher → Hermeias von Atarneus, aufgefordert, in Assos, nicht weit von der Stätte Troias, eine platon. Schule zu eröffnen. A. folgte zusammen mit seinem späteren Gegner → Xenokrates diesem Rufe. Zu dieser Zeit heiratete er Pythias, eine Nichte des Hermeias. Nach dessen Sturz (345) begab sich A. nach Mytilene; wahrscheinlich hat → Theophrast, A.s Freund und größter Schüler, seinen Lehrer dorthin gezogen. Im J. 343/42 berief König → Philipp von Makedonien A. dazu, die Erziehung seines Sohnes → Alexander abzuschließen. Hierzu siedelte A. nach Pella über. Nachmals ist dieses Zusammentreffen, daß der größte Philosoph den größten König lehrte, in seiner Bedeutung überschätzt worden (Vorgang: → Platon als Erzieher des → Dionysios II. von Syrakus; beabsichtigte Parallele: → Seneca als Erzieher → Neros). Tatsächlich war die Beziehung zwischen Lehrer und Schüler weder sehr tief noch sehr nachhaltig. A.s unmittelbarer Einfluß auf Alexander endete im J. 340; seither wurde Alexander von seinem Vater mit Regierungsgeschäften betraut. Nach dem Tode des Speusippos fand die erste unbeeinflußte Wahl eines Schulhauptes in der Akademie statt; sie fiel auf Xenokrates. Von da an scheint sich A. an die Akademie und an den Kreis der alten Mitschüler nicht mehr gebunden gefühlt zu haben; wenige J. darauf eröffnete er (335) seine eigene Schule, das → Lykeion, das am Lykabettos gelegen war. Dies trug noch mehr als die Akademie den Charakter einer Forschungsstätte.

Die Zeit ruhigen und intensiven Forschens im Lykeion zu Athen endete mit dem Tode Alexanders (323). A., der als Anhänger der nun heftig verfolgten makedon. Partei galt, wurde durch eine Anklage bedroht (die philosophische Legende macht aus diesem Fakt eine Analogie zur Anklage gegen Sokrates wegen ἀσέβεια – wohl um ein dictum des A. daran aufzuhängen). A. wich dem Prozeß aus; er begab sich nach Chalkis auf Euboia, wo er im J. darauf (322) 62jährig starb.

In seinem Testament, erhalten bei Diog. Laert. 5,11 ff. und in 2 arab. Versionen (Düring 61), erwähnt A. seine Gattin Pythias als verstorben; A. trifft Vorsorge für seine Tochter Pythias, die er seinem Adoptivsohn Nikanor zur Gattin bestimmt. Er wünscht, mit seiner Gattin Pythias zusammen bestattet zu werden; dieser Wunsch rückt A.s Verhältnis zu dem Mädchen Herpyllis ins rechte Licht: Wohl trifft das Testament für sie und den gemeinsamen Sohn Nikomachos gebührend Vorsorge; eine rechtsgültige Ehe war A. mit ihr indes nicht eingegangen (A. 270).

I. Düring A. in the anc. biogr. tradit., Studia Graeca et Latina Gothoburg. 5, 1957, dazu Rez. O. *Gigon*, GGA 212, 1958, 1–19. O. *Gogon* Interpretationen zu den ant. A.-Viten, MH 17, 1958, 147–193.

2. Bildnis. A.s Porträt-Büste ist in 11 gesicherten (dazu 3 ungesicherten) Repliken erhalten; vgl. F. Studniczka Das Bildnis des A., 1908. K. Schefold Die Bildnisse der ant. Dichter, Redner, Denker, 1943, 96. W. Jaeger A. 343. I. Düring 349.

3. Werke. Die erhaltenen Werke des A. (s. 3c) sind nur ein Teil dessen, was A. verfaßt hat; weitere Werke sind bezeugt 1. durch ant. Zitationen (sog. Fragmente), 2. durch die ant. biographische Tradition; mehreren vitae des A. sind Schriftenverzeichnisse angehängt. – Ausg. der Fragmente: A.-is fragmenta ed. V. Rose, 1886. A.-is fragmenta in usum scholarum ed. R. Walzer, 1935. A.-is fragmenta selecta ed. W. D. Ross, 1955; die beiden letztgenannten Ausgaben wählen Fragmente der Schriften aus, die unter 3 a) zu behandeln sind. Über die Schriftenverzeichnisse und ihren Quellenwert unterrichtet: P. Moraux Les listes anc. des ouvrages d'A., 1951.

a) Zunächst waren einem breiteren Lese-Publikum nur diejenigen Werke zugänglich, die A. selbst zur Veröffentlichung – ἔκδοσις – bestimmt hatte; sie werden περὶ ψυχῆς A 4,407 b 29 nachmals als ἐν κοινῷ γιγνόμενοι λόγοι bezeichnet (Gegensatz ἀκροάσεις). Zum lange mißverstandenen Terminus ἐξωτερικοὶ λόγοι vergleiche H. Diels, S. Ber. Akad. Berlin 1883, 477 ff. (→ ἔκδοσις). Das trifft vornehmlich auf diejenigen Werke zu, die A. vor der Schulgründung (→ Lykeion und S. 582, 58 ff.) verfaßte. Diese für eine

weitere Öffentlichkeit bestimmten Schriften mußten die Erfordernisse erfüllen, die man an kunstgerechte Prosa stellte (→ Kunstprosa). In ihnen setzt A. die von Platon gefundene Form der Darstellung fort: der überwiegende Teil ist als Dialog verfaßt. Keines der von A. selbst veröffentlichten Werke ist erhalten; sie sind nur durch spätere Zitationen in knappen Resten kenntlich. Von den rund 20 Titeln seien der besonderen Bedeutung wegen folgende hervorgehoben: 1. Der Dialog περὶ δικαιοσύνης in 4 B. Die Tragweite der wenigen Fragmente, vor allem im Vergleich mit Platon, eingehend erklärt von P. Moraux Le dialogue »sur la justice« Löwen 1957. 2. Der Dialog Εὔδημος ἢ περὶ ψυχῆς nahm die Probleme des plat. Phaidon wieder auf, scheint aber die ἀνάμνησις-Lehre modifiziert zu haben; vgl. O. Gigon Prolegomena to an edition of the Eudemus, in studia Gr. et Lat. Gothoburg. 11, 1960, 19–33.

Verhältnismäßig reichhaltig sind die Zitationen aus dem Συμπόσιον des A., das meist als περὶ μέθης zitiert wird. Deutlich an → Platon schlossen sich Dialoge an mit den Titeln Μενέξενος, Πολιτικός, Σοφιστής. Von besonderer Bedeutung war der Προτρεπτικός, eine Empfehlung, Philosophie zu treiben; dies Werk war als ermahnendes Sendschreiben, aber wohl nicht als Dialog abgefaßt. Es wurde Vorbild einer ganzen Gattung philosoph. Schriftstellerei; unter den Nachahmern sind → Cicero (im Hortensius) und → Iamblich zu nennen; noch chr. adhortationes schöpfen (wenn auch meist mittelbar) aus dieser Schrift des A. Rekonstruktion: W. G. Rabinowitz A.s protrepticus and its reconstruction 1957 (mit gutem Überblick über ältere Arbeiten). I. Düring A.s Protrepticus, an attempt to reconstruction, Studia Gr. et Lat. Gothoburg. 12, 1961.

Die Schrift περὶ τἀγαθοῦ entstand aus der Nachschrift des Vortrages über das Gute, den Platon vor ausgewählten Hörern hielt. Wahrscheinlich referierte A. lediglich; jedenfalls nehmen die antiken Zitatoren die in περὶ τἀγαθοῦ ausgesprochenen Lehren ganz für Platon in Anspruch. Da diese Reste eines von Platon gehaltenen Lehrvortrags hohen Zeugniswert haben, ist die Lit. hierüber sehr reich. Vor allem: P. Wilpert Reste verlorener A.-Schriften bei Alexander von Aphrodisias, H 75, 1940, 369–396. P. Wilpert Neue Fragmente aus περὶ τἀγαθοῦ, H 76, 1941, 225–251. Monographische Behandlung haben S. Mansion und E. de Strykker zugesagt.

Im Unterschied zu den bisher genannten Werken lassen die folgenden den wachsenden Abstand zu Platon erkennen:

Die Schrift περὶ ἰδεῶν in 2 B. enthielt starke Korrekturen an Platons Ideenlehre – freilich mit der Absicht, sie beizubehalten. P. Wilpert Zwei a.sche Frühschriften zur Ideenlehre 1949. Monograph. Behandlung demnächst von G. E. L. Owen.

Endlich enthielt der Dialog περὶ φιλοσοφίας

(in 3 B.) im Gegensatz zu den übrigen thematisch eng begrenzten Schriften eine erste Umschau über das gesamte Gebiet der Philosophie; in wesentlichen Punkten hat sich A. bereits klar von Platon abgegrenzt, so in der Ideenlehre (frg. 10 Ross) und in der Frage der Weltschöpfung (frg. 18 Ross). Monograph. Behandlung dieses am besten bezeugten Dialogs hat P. WILPERT in Aussicht gestellt; vgl. P. WILPERT in Autour d'A., Festschrift für Mgr. A. MANSION 1955, 99–118.

Zweifellos wurden während der ersten Schaffensperiode des A. eine Reihe weiterer Schriften als Bücher herausgegeben, von denen wenig mehr als die Titel bekannt sind, darunter auch Vorstudien für nachmals weiter ausgeführte Pragmatien, wie *κατηγορίαι* und *περὶ ἐναντίων*.

b) Nachdem A. seine Schule, und in ihr eine eigene Art des Forschens, begründet hatte, trat die Publikation exoterischer Werke in den Hintergrund: Denn als Publikum genügte nun der zum Sachverstand erzogene Schülerkreis, und die Veröffentlichung von vorläufigen oder Teilergebnissen war bei der im Lykeion gepflegten Art zu forschen kaum denkbar. Denn diese Forschung basierte auf umfassenden Material-Sammlungen. Wohl vertraute A. seinen Schülern die Anlage solcher Sammlungen an; eine Reihe von wichtigen Vorarbeiten hat er indes selbst geleistet. Selbstverständlich waren diese niemals für eine Veröffentlichung bestimmt. Hierher gehören die *διδασκαλίαι*, Notizen über die Aufführung von Tragödien und Komödien zu Athen (frg. 618–630 ROSE), dazu eine Sammlung über *αἰτίαι ποιητικαί*. Beides ist nachmals von Philologen zu Alexandreia genutzt worden, ebenso wie die aus literargeschichtlichem Interesse angelegten Listen der *Ὀλυμπιονῖκαι* und der *Πυθιονῖκαι*. Die Untersuchungen zu → Homer wurden buchartig niedergelegt in den *ἀπορήματα Ὁμηρικά* (frg. 142–179 ROSE). Philosophiegeschichtliches Interesse führte zur Abfassung von Monographien über Pythagoras und seine Schüler, über Archytas, Demokrit, Speusippos und Xenokrates (erhaltene Fragmente ausgewertet von DIELS-KRANZ Vorsokr., u. d. Namen); die erhaltene Schrift De Melisso Xenophane Gorgia (Ausg. H. DIELS Abh. Akad. Bln. 1900) ist wohl nach-a.sch. Bezeugt sind ferner Sammlungen zur Botanik auf A.s Anregung durch Theophrast, und zur Mineralogie. Sicher bestand die Absicht, die Ergebnisse des Alexander-Zuges für Geographie und Ethnologie auszuwerten; doch kam es nicht mehr dazu.

Um das Werk *Πολιτικά* vorzubereiten, wurden Stadtverfassungen – *πολιτεῖαι* – in 158 Büchern (frg. 381–603 ROSE) gesammelt; die wichtigste Arbeit hieran leistete A. selbst: Die *Ἀθηναίων πολιτεία*. Diese Monographie wurde 1890 zum größten Teil auf Papyrus aufgefunden; Ausg. von F. G. KENYON. Lit. G. KAIBEL Stil und Text der *Ἀθ. πολ.* 1893, dazu Rez. H. DIELS, GGA 1894, 293–307. U. v. WILAMOWITZ A. und Athen, 2 Bde. 1893. K. v. FRITZ und E. KAPP The constitution of Athens, 1950.

c) Während die unter a) und b) genannten Werke durchweg verloren sind, muß das Erhaltene durchweg den akroamatischen Schriften zugerechnet werden: das sind die Lehrschriften, die dazu bestimmt waren, den Schülern vorgetragen zu werden. Dementsprechend durften die Gesetze der Kunstprosa vernachlässigt werden; auf formale Gestaltung kam nichts an; die Darbietung des philosoph. Inhalts war maßgebend. Es liegt auf der Hand, daß solche Lehrschriften beim Wieder-Vortrag Ergänzungen und Veränderungen erfahren konnten; die Forschung der letzten Jahrzehnte ist erfüllt von dem Bemühen, aus den großen Pragmatien (vor allem Metaphysik und Ethiken) das ursprüngl. Konzipierte »rein« darzustellen (Urmetaphysik, Urethik usw.). Aber der Arbeitsprozeß, den A. an diesen Schriften leistete, war zu vielschichtig, als daß man erwarten dürfte, eine solche Sonderung könne restlos gelingen. Wo ein Textstück zweifelsfrei als »früh« oder als »spät« bezeichnet werden kann, ist das eine willkommene Interpretationshilfe; das Zerlegen der Werke des A. in Schichten kann und darf indes nicht Selbstzweck sein.

Eine systematische Ordnung der Schriften des A., die immer dem Kanon Logik – Physik (einschl. Naturwissenschaften und Metaphysik) – Ethik – Politik folgen wird, kann verschieden gegeben werden (vgl. ant. Einteilung bei Olympiodor, prolegg. 6,9 ff. und Joh. Philopon. in Categ. 3,9 ff.; moderne bei ED. ZELLER, A. GERCKE, RE II 1039 und K. PRAECHTER bei ÜBERWEG 359 ff.). Die nachstehende Aufstellung folgt der bisher letzten Ges.-Ausgabe von I. BEKKER, Bln. 1831 (demnächst Neudruck, besorgt von O. GIGON). Maßgebende Teil-Ausgaben werden jeweils zum Titel notiert.

Am Anfang stehen die logischen Schriften, zusammengefaßt durch den seit dem 6. Jh. nachweisbaren Titel »Organon«. Das sind: *Κατηγορίαι* = die Lehre von den 10 obersten Gattungsbegriffen als Grundformen der Aussage (davon c. 10–15 sicher unecht). Die Echtheit der Schrift im ganzen ist umstritten. Ausg. (mit der folgenden Schrift) von L. MINIO-PALUELLO 1949; *περὶ ἑρμηνείας* über den Satz und das Urteil; *ἀναλυτικὰ πρότερα* (2 B.) über die Schlüsse; *ἀναλυτικὰ ὕστερα* (2 B.), auch Apodeiktik genannt, handelt von der Methode des Beweisens und Definierens. *Τοπικά* (8 B.) über dialektische Schlüsse auf Grund von wahrscheinlichen Prämissen. *περὶ σοφιστικῶν ἐλέγχων* = über sophistische Trugschlüsse und deren Auflösung.

Eine neue Abteilung beginnt mit der Physik = *φυσικὴ ἀκρόασις* in 8 B. (von denen B. 7 als unecht auszuscheiden ist). Die physikalische Betrachtung richtet sich (*Γ* 4,202 b 30) auf *μεγέθη καὶ κίνησιν καὶ χρόνον* im Hinblick auf die Körper; der Bewegungslehre ist die »Urphysik«, d.h. die Bücher *ΕΖΘ* gewidmet. Ausg. W. D. Ross Oxf. 1950. – Als Monographien schließen sich an: *περὶ οὐρανοῦ* (4 B.), Ausg. D. J. Allan, 1936; *περὶ γενέσεως καὶ φθορᾶς* (2 B.); *Μετεωρολογικά* (4 B.). Den biolog. Untersuchungen geht voran die Schrift *περὶ ψυχῆς* in 3 B.; Ausg. W. D. Ross 1956, mit lat. Übers. P. Siwek 1946 (textus et docum. 8). Kommentar: W. D. Ross 1961; Übers. mit erklärenden Noten: W. Theiler 1959.

Hierauf die sog. Parva Naturalia, eine Sammlung kleinerer Arbeiten mit den Titeln: *περὶ αἰσθήσεως καὶ αἰσθητῶν, περὶ μνήμης καὶ ἀναμνήσεως, περὶ ὕπνου καὶ ἐγρηγόρσεως, περὶ ἐνυπνίων καὶ τῆς καθ' ὕπνον μαντικῆς* (hg. – griech. und lat. – J. Drossaart-Lulofs philosophia antiqua 2, 1947). *περὶ μακροβιότητος καὶ βραχυβιότητος, περὶ νεότητος καὶ γήρως, περὶ ζωῆς καὶ θανάτου, περὶ ἀναπνοῆς.*

Das große Werk der Tiergeschichte *περὶ τὰ ζῷα ἱστορίαι* in 8 echten und 2 hinzugefügten B. setzt sich fort in den Einzeluntersuchungen: *περὶ ζῴων μορίων* (4 B.), *περὶ ζῴων κινήσεως, περὶ πορείας ζῴων, περὶ ζῴων γενέσεως* (5 B.).

Τὰ μετὰ τὰ φυσικά, die Metaphysik; Reihe von locker zusammengefügten Lehrstücken. Wohl läßt sich ein Grundplan des Werkes erkennen, vor allem in den Büchern *ΑΒΓΕ* und *ΙΜΝ*; dazwischen stehen wie selbständige Schriften die Bücher *Δ περὶ τῶν πολλαχῶς λεγομένων* und *ΖΗΘ* und als besondere Ausarbeitung *Λ*. Das Buch *α' ἔλαττον* ist wohl sicher aus der Nachschrift eines Hörers herzuleiten. Die äußerst vielschichtigen Fragen, die die Metaphysik im heutigen Zustande aufgibt, können nur durch ausgedehnte Untersuchungen am Detail einer Lösung nahegebracht werden. Ausg.: W. Jaeger 1959; Kommentar W. D. Ross (2 Bde.) 1924/1953.

Während A.s Lehren zur Metaphysik in dem eben genannten einen *σύνταγμα* zusammengefügt wurden, sind seine Lehren zur Ethik in 3 Brechungen erhalten: *'Ηθικὰ Νικομάχεια* 10 B., *'Ηθικὰ Μεγάλα* 2 B., *'Ηθικὰ Εὐδήμεια* 7 B. Von diesen ist die Nikomachische Ethik von A.s Sohn Nikomachos nach dem Tode des Vaters herausgegeben worden, wodurch ihr eine Sonderstellung zukommt; die beiden anderen gehen auf Vorlesungen des A. zurück, vgl. H. v. Arnim Die 3 arist. Ethiken, SAWW 1924. Dabei ist die Vorlesung, welche die Eudemische Ethik wiedergibt, vermutlich in Assos gehalten worden.

Πολιτικά 8 B., Schriften über den Staat, über die beste Verfassung und über polit. Erziehung. Der Prozeß, der diese Untersuchungen zu den jetzt vorliegenden Büchern vereinigte, verlief ebenso kompliziert wie bei der Metaphysik. Ausg.: W. D. Ross 1957; Kommentar W. L. Newman (4 Bde.) 1902.

'Ρητορικὴ τέχνη 3 B.; das Werk steht in der Tradition des 4. Jh., das mehrere vergleichbare

τέχναι hervorbrachte (vgl. L. Radermacher Artium scriptores 1951). Die Bücher *Α Β* enthalten die Lehre von der Überzeugung und Beweisführung (*ἐκ τίνων αἱ πίστεις*); das Buch *Γ* behandelt die Gebiete *λέξις* und *τάξις*, d.h. der sprachlichen Form und der Disposition. Ausg. W. D. Ross 1959.

Περὶ ποιητικῆς in einem B.; ein zweites leider verloren. Das Werk handelt von den *εἴδη* der Dichtkunst; das verlorene 2. B. sollte die Wirkung – *κάθαρσις* – behandeln.

d) Die von A. beabsichtigte Nüchternheit der Lehrschriften täuscht darüber hinweg, daß A. nicht nur ein gewandter Stilist war (so in den Frühschriften 3 a), sondern als Dichter vollauf bestehen kann. Erhalten sind ein Hymnos auf Hermeias und Reste von 3 Elegien, darunter der *ἔπαινος* auf Platon. Ausg.: E. Diehl Anth. lyr. Gr. 1,99–103. W. D. Ross Aristotelis fragmenta sel. 146–148.

e) Im Corpus der aristotel. Schriften steht eine Reihe von (meist kürzeren) Abhandlungen, die von Schülern des A. oder älteren Peripatetikern herrühren. In der Regel behandeln diese Schriften engere Fachgebiete, die A. nicht selbst bearbeitet hatte; sie schließen also Lücken, die sonst im Betrieb der Schule fühlbar geworden wären; sie tragen dazu bei, das Corpus zu einer Enzyklopädie abzurunden. Dies gilt für die sog. Postprädicamente, den Schluß der Kategorien-Schrift (vgl. o. S. 586) und ferner für folgende Schriften, die sich an die Parva Naturalia anschließen: *περὶ πνεύματος, περὶ χρωμάτων*. Das Fragment *περὶ ἀκουστῶν* ist dem Peripatetiker → Straton zuzuweisen. Unecht ferner *φυσιογνωμονικά, περὶ φυτῶν* (2 B.); dies ist ein aus dem Arabischen zurückübersetztes Werk eines Peripatetikers. *περὶ θαυμασίων ἀκουσμάτων, μηχανικὰ προβλήματα* (38 naturwissenschaftl. Einzelfragen): eine Sammlung, die vermutlich im Anschluß an A.s Aufzeichnungen entstand. Außerhalb des naturwissensch. Themenkreises liegen *περὶ ἀτόμων γραμμῶν*, vermutlich gegen → Xenokrates gerichtet; ferner die o. S. 585 erwähnte Schrift *περὶ Ξενοφάνους, περὶ Ζήνωνος, περὶ Γοργίου* und die knappe Zusammenfassung ethischer Lehren *περὶ ἀρετῶν καὶ κακιῶν*, die eine gewisse Wirkung auf den Mittelplatonismus ausübte. Endlich ist der Rhetorik des A. zugesellt worden *'Ρητορικὴ πρὸς 'Αλέξανδρον* – ein Werk, das P. Wendland nach dem Vorgang von P. Victorius auf Grund von Quint. inst. 3,4,9 dem → Anaximenes von Lampsakos zuwies. Hierzu die gründliche Studie von V. Buchheit Unt. zur Theorie des genos epideiktikon, 1960, 189–231, mit dem Ergebnis: Die Schrift ist bis etwa 300 v. Chr. herabzurücken, sie ist nicht das Werk eines Peripatetikers, sondern eines Sophisten, setzt aber die Rhetorik des A. voraus.

Ganz für sich steht die Schrift *περὶ κόσμου*, schon von → Apuleius, der eine lat. Bearbeitung anfertigte, für ein Werk des A. gehalten. Die Schrift enthält eine Kosmologie, in der die Transzendenz des Weltschöpfers vertreten wird. In manchen Punkten geht sie auf Gedankengänge des → Poseidonios ein; indessen ist die Frage, wie sich hier Peripatetisches, Alt- und Neu-Stoisches mischen, noch nicht genügend geklärt. Ausg. W. L. LORIMER 1933, vgl. W. CAPELLE, NJB 15, 1905, 529–568. H. STROHM, MH 9, 1952, 137–175.

4. Bis ins 1. Jh. v. Chr. waren nur die unter 3a) aufgeführten Werke, die eine *ἔκδοσις* erfahren hatten, bekannt; allein auf ihnen beruhte die Wirkung, die A. ausübte. Die Lehrschriften dagegen (vgl. 3c) waren außerhalb des Lykeion unbekannt und möglicherweise wirklich (wie die Legende erzählte, vgl. Strab. 13,1,54) längere Zeit unerreichbar. Erst unter Sulla tauchten sie wieder auf; eine Generation später bewirkt → Andronikos die Neubelebung des → Peripatos und leitet die Kommentierung der Lehrschriften ein. Von da an (etwa 50 v. Chr.) kehrt sich das Verhältnis völlig um: die zunächst vorherrschenden Schriften aus der Frühzeit des A. verschwinden aus dem Bewußtsein der Gebildeten; vermutlich war → Alexander von Aphrodisias der letzte, der sie gekannt und benutzt hat. An ihrer Stelle werden nur mehr die Lehrschriften gelesen und kommentiert; diese Kommentare sind hrsg. in der Reihe Commentaria in Aristotelem Graeca, 23 Bde. + 4 Suppl. Bde., 1883 bis 1907. Insbesondere beherrschte A. den Logik-Unterricht der ausgehenden Antike und des Mittelalters; der Kommentar des → Porphyrios zur Kategorienschrift *(quinque voces)* wird zum allgemein anerkannten Lehrbuch (→ Boethius, → Marius Victorinus). Die Schriften des A. wurden in der Spätantike ins Arabische, im Hochmittelalter ins Lateinische übersetzt (WILHELM v. MOERBEKE). Denn A.s Logik und A.s Ontologie wurden ebenso zum Fundament des → Neuplatonismus, wie später der Scholastik arab. und lat. Prägung.

5. Denn A. galt während der ganzen späteren Antike als der Fortsetzer und Vollender Platons; nur wenige Stimmen sind gegen diese Gleichung laut geworden. Daß man jahrhundertelang die Augen davor verschloß, wie sich A. von Platon abhebt, muß als eine Folge des Umstandes verstanden werden, daß lange Zeit (bis Sulla) nur die Platon nahestehenden Dialoge (oben 3a) gelesen wurden. In der → Akademie wurde ein solches A.-Verständnis nachhaltig befestigt. Demgegenüber soll die Eigenständigkeit des A. in ihren wesentlichen Punkten betont werden (eine systematische Zusammenfassung kann und soll hier nicht gegeben werden; es sei mit nachdrücklicher Empfehlung auf K. PRAECHTER bei ÜBERWEG I 373–399 verwiesen; ebenfalls vortrefflich G. PATZIG, Art. A. RGG 1³, 597–602).

Der Kern dieser Eigenständigkeit ist mit dem Seins-Begriff des A. gegeben. Es wird nicht mehr ein Aspekt der *οὐσία* als werthaft hervorgehoben,

sondern es gilt der Satz *τὸ ὂν πολλαχῶς λέγεται*, und der Philosoph geht jedem Sinnbezug, nicht nur dem Transzendierenden nach. Die logischen Unterscheidungen ausdrücklich des → Sokrates, stillschweigend auch Platons, werden anerkannt, sofern sie nicht das *χωρίζειν* einschließen, d.h. die Sonderung des transzendent Werthaften vom sinnfällig Diesseitigen. Der neue Seins-Begriff führt damit zu einem neuen Formbegriff – *ἔνυλον εἶδος*: Die Formen sind den geprägten Gegenständen immanent.

Mit dem Verzicht auf die Erkenntnistheorie Platons, die alles Erkennen von den transzendenten Ideen herleitet, erhält die Empirie neuen Wert; nachdem das Vorbild-Abbild-Schema auch für das Begriffspaar Erkenntnis-Wahrnehmung überwunden ist, wird die *ἐμπειρία* zum wichtigsten, ja zum eigentlichen Mittel des Wissens-Erwerbs. Das hat den Stil des a.schen Forschens nachhaltig beeinflußt; hierdurch ist A.s Schule zur Pflegestätte empirischer Wissenschaften geworden; von hier sind wichtigste Impulse für die hellenist. Wissenschaft ausgegangen. Ganz eng hängt die o. S. 585 beschriebene Umstellung in A.s Schriftstellerei mit dem Verzicht auf transzendierende Spekulation zusammen: Nur durch *ἐμπειρία* kann der notwendige Sachverstand gewonnen werden – darum die breit angelegten Vorarbeiten. Zugleich ist es vorerst nur sinnvoll, sich an den gleich gesinnten Schülerkreis, nicht mehr an die breite Öffentlichkeit zu wenden. Der neu gewonnene *οὐσία*-Begriff wird auch in der Lehre von den Werten sinnfällig: Die Werte liegen nicht wie die Ideen im transzendenten Bereich über den Entartungen, sondern sie liegen als Mittelwerte – *μεσότητες* – zwischen den Fehlhaltungen, wobei paarweise je ein »Zuviel« und ein »Zuwenig« jedem Wert zugeordnet werden.

Ganz gewiß verleugnet A. seine Herkunft aus der Denk-Schulung Platons nicht. Aber A. hat die ihm von dort überkommenen Denkgewohnheiten mit großer Gewissenhaftigkeit überprüft und nur dasjenige beibehalten, das mit dem neugewonnenen *οὐσία*-Begriff vereinbar war. Dieser zielbewußten Ausrichtung alles Philosophierens auf den *οὐσία*-Begriff ist es zuzuschreiben, daß A.s Lehrgebäude eine monumentale Geschlossenheit erreicht hat – eine Geschlossenheit, die es zum Vorbild für Jahrtausende werden ließ. H. D.

D.J. Allan The philosophy of A., 1952, dt. von *P. Wilpert*, 1955. *J. Bidez* Un singulier naufrage littéraire dans l'antiquité, 1943. *E. Bignone* L'A. perduto e la formazione filosofica di Epicuro, 2 Bde. 1936, dazu Rez. *M. Pohlenz*, GGA 198, 1936, 514–531. *H. Cherniss* A.s criticism of Plato and the academy, 1944. *W. Jaeger* Stud. z. Entstehungsgeschichte der Metaphysik des A., 1912. *Ders.* A. Grundlegung einer Gesch. seiner Entwicklung, 1923, ²1955. *W. Lutoslawski* The origin and growth of Plato's Logic, 1897. *L. Robin* Aristote, 1944. *M.S. Shellens* Das sittliche Verhalten zum Mitmenschen im Anschluß an A.

W. Theiler Zur Geschichte der teleologischen Naturbetrachtung bei A., 1925. *F. Wehrli* Die Schule des A., Texte und Kommentar, 8 Hefte, 1944–1956. Symposium A.-icum 1957: A. and Plato in the mid-fourth century, 1960. Symposium A.-icum 1960: A. et les problèmes de méthode, 1961.

Aristotimos (Ἀριστότιμος). 272 für einige Monate Tyrann in Elis mit Hilfe des Antigonos Gonatas. Vor seinem Wüten flohen 800 Bürger zu den Aitolern. Bei einer Verschwörung wurde A. am Altar des Zeus Soter getötet. Dem Mörder Kylon errichteten die Aitoler eine Statue in Olympia. Paus. 5,5,1.6,14,11. Plut. mor. 250 F ff. Iust. 26,1,4 ff. H. V.

R. Flacelière Les Aitoliens, 1937, 194.

Aristoxenos. Von Tarent, nach Suda s.v. Sohn des Musikers Spintharos, Schüler des Vaters, des → Lampros von Erythrai, des Pythagoreers → Xenophilos und zuletzt des → Aristoteles. Ehe er nach Athen kam, hat er in Mantinea und in Korinth gelebt, wo er mit dem Tyrannen Dionysios nach dessen Verbannung, also nach 344, zusammentraf (und die Geschichte von Damon und Phintias von ihm erzählt bekam, frg. 31). Seine Hoffnung, von Aristoteles zum Nachfolger als Schulhaupt ernannt zu werden, erfüllte sich nicht. Er muß also wohl etwa gleichaltrig mit → Theophrast gewesen sein, um 370 geboren, was zu dem *ἀκμή*-Ansatz der Suda auf 336 stimmt. Auf ein langes Leben deutet die große Zahl seiner *βιβλία*: 453. Sie betrafen Musik, Philosophie, *ἱστορία* und *πᾶν εἶδος παιδείας* (Suda). Sammlung der Fragmente (mit Ausschluß der musiktheoretischen) mit Kommentar von Fr. Wehrli Die Schule des Aristoteles Heft II, Basel 1945. Mehrere Schriften betrafen Pythagoras und die Pythagoreer, zu denen er ja selbst zu zählen ist (frg. 11–41). A. ist der Schöpfer der peripatetischen Biographie, erhalten Bruchstücke der *βίοι* des Archytas, Sokrates, Platon (47–68), oft mit hämischer Kritik, entsprechend den Zeugnissen, die ihn finster und schmähsüchtig nennen. Groß ist die Zahl seiner musikwissenschaftlichen Schriften, in denen er sich durchweg (wenn auch minder radikal als Platon) als Vertreter der alten strengen Musik und Gegner der »Moderne« zeigt: *περὶ μουσικῆς, μουσικὴ ἀκρόασις, Πραξιδαμάντια, π. μελοποιίας, π. ὀργάνων, π. χορῶν, π. τραγικῆς ὀρχήσεως, συγκρίσεις, π. τραγῳδοποιῶν, Τελέστου βίος* (frg. 71–117; dazu *π. τόνων* und *π. τοῦ πρώτου χρόνου* bei Porph. in Ptol. harm. p. 78, 15 ff. Düring). Auf Musik bezüglich sind meist auch die *σύμμικτα συμποτικά* (122–127) und die nicht bestimmbaren frg. 122–139. In seiner Seelenlehre folgte er Pythagoras (118–121). – Zu nicht unerheblichen Teilen erhalten sind A.' Schriften über Harmonik und einiges aus seiner Rhythmik. In 49 Hss. des 12.–16. Jh. liegen uns (ganz oder teilweise) 3 Bücher *Ἀριστοξένου ἁρμονικῶν στοιχείων* vor. Aber sowohl aus Abweichungen der Fassung des Titels in manchen Hss. wie aus anders lautenden Zitaten des Werkes bei antiken Autoren wie aus dem Zustand des überlieferten Textes ergibt sich, daß wir keinesfalls ein Werk des A. in authentischer Form vor uns haben, sondern eine aus mindestens 2 Werken des A. entnommene Zusammenstellung auf Harmonik bezüglicher Äußerungen, wobei einerseits manches auf Aufzeichnungen nach Vorlesungen und Disputationen deutet, andererseits an Retraktationen älterer Fassungen, aber auch an in den Text gedrungene Zusätze späterer Bearbeiter zu denken ist. Daß die 3 Bücher, die übrigens auch zahlreiche Lücken aufweisen, nicht in dieser Form von A. konzipiert und ausgeführt sind, scheint sicher. Über die mancherlei Hypothesen zur Klärung des Problems unterrichtet Rosetta da Rios in ihrer die bisherigen A.-Studien zusammenfassenden, grundlegenden kritischen Ausgabe Aristoxeni elementa harmonica, Romae 1954, p. CVII–CXVII, mit Testimonia de A. musico (1–113), welche die außerordentliche Nachwirkung der Leistung des A. (von Cicero und Vitruv über Ptolemaios und seinen Kommentator Porphyrios zu Theon von Smyrna, Aristeides Quintilianus, Boethius und den Byzantinern) veranschaulichen, Index verborum und italien. Übersetzung nebst Kommentar und appendice: Valore dell'opera musicale di A. A. behandelt mit scharfer Kritik an allen seinen – durch ihn fast ganz verdunkelten – Vorgängern die Grundbegriffe der Harmonik: Ton (*φθόγγος*), Intervall (*διάστημα*) und den Bau der verschiedenen Tonskalen (*σύστημα*) in sehr klarer, z.T. bis heute gültiger Darlegung. – Ein größeres Fragment der *ῥυθμικὰ στοιχεῖα* des A. findet man bei Marquard 409 ff. und R. Westphal Aristox. I 1 ff. II 77 ff. K. Z.

M. Meibom Antiquae musicae auctores VII, Amsterdam 1652. *P. Marquard* Die harmonischen Fragmente des Ar., 1868. *Ch. Ém. Ruelle* Éléments harmoniques d'Ar. traduits en français, Paris 1871. *R. Westphal* Aristoxenus von Tarent 1, 1883, 203 ff. 2, 1893, 3 ff. *H. S. Macran* The Harmonics of Ar. with translation etc., Oxford 1902. *L. Laloy* Aristoxène de Tarente et la musique de l'antiquité, Paris 1904. *Christ-Schmid* [6]II 1,50. *v. Jan* RE II 1057 ff. *Rosetta da Rios* und *Fr. Wehrli* s.o.

Arithmetik. Darunter verstanden die Griechen die theoretische Lehre von den ganzen Zahlen im Gegensatz zur praktischen → Rechenkunst.

Die A. tritt uns in 2 Formen entgegen: eine populäre und eine wissenschaftliche. Die poluläre A. finden wir bei Nikomachos von Gerasa in der »Einleitung in die A.« (engl. Übers. von M. L. d'Ooge, New York 1926) und in anderen neupythagoreischen Quellen. Zur populären A. gehören allerlei Zahlenspielereien: befreundete Zahlen, Quadrat- und Würfelzahlen, Dreieckszahlen usw. S. van der Waerden Erwachende Wissenschaft, 1956. Die wissenschaftliche A. kennen wir vor allem aus den Büchern 7, 8, 9 der Elemente des → Eukleides (übers. von C. Thaer Ostwalds Klassiker, 240, 1935). In Buch 9 findet man den Satz, daß die Menge der Primzahlen umfassender ist als jede endliche Menge von Primzahlen, sowie die »Lehre vom Geraden und Ungeraden«, ein altes Stück Zahlentheorie, wahrscheinlich von den Pythagoreern (O. Becker Quellen und Studien Gesch. Math. B. 4,533). Bemerkenswert ist auch die Lehre von den Seiten- und Diagonalzahlen, die von den Pythagoreern herrührt und die Proklos und Theon von Smyrna uns überliefert haben. Eine Analyse der Bücher 7 und 8 gab van der Waerden Math. Annalen, 120,127. Eine späte Nachblüte der griechischen A. ist die Arithmetika des → Diophantos (wahrscheinlich 3. Jh. n. Chr.). v. d. W.

Arkadien. Das zentrale, fast durchwegs gebirgige Hochland der Peloponnes, bes. im N. Hochgebirgscharakter annehmend. Die höchsten Ketten liegen im N, von O. nach W. abnehmend (Kyllene-Ziria 2376 m, Aroania-Chelmos 2355 m, Erymanthos-Olonos 2224 m), die sonstigen Gebirgszüge erheben sich zwischen etwa 1200–2000 m. An größeren Hochebenen gibt es nur die Beckenreihe der o.-arkadischen Hochebene mit den Städten Tegea, Mantineia, Orchomenos (um 630 bis 670 m) und die w.-arkadische Hochebene mit Megalopolis (ca. 430 m), sonst eine Reihe kleinerer Talbecken bes. im N. und einzelne etwas breitere Flußtäler. Der N. wird entwässert durch eine Anzahl nach N. die Gebirge durchbrechender und in den korinthischen Golf mündender Flüsse, der NW. und W. durch das größte Flußsystem der Peloponnes, den Alpheios mit seinen Nebenflüssen, der in einer gewaltigen unzugänglichen Felsschlucht nach W. durchbricht. Große Gebiete sind oberirdisch abflußlos, so daß sich je nach Wasser- und Abflußverhältnissen entweder Sümpfe wechselnder Ausdehnung bilden wie in den Becken der o.-arkadischen Hochebene oder Seen von sehr stark schwankender Größe wie in den Becken von Stymphalos und Pheneos. Noch heute weist A. ausgedehnte Hochwälder auf. Verbindungen mit anderen Gebieten sind am leichtesten nach S., nach Lakonien und Messenien.

Prähist. Funde sind bisher noch äußerst spärlich. In geschichtlicher Zeit gehörten die Arkader zur s.-griech. Sprachgruppe, ohne von eindringenden Doriern überlagert zu werden. Die n. Arkader galten urspr. als ein besonderer Stamm mit dem Namen Azanen, politische Einheit bildete sich nur spät und vorübergehend. Stadtstaaten entwickelten sich zunächst an den Außenrändern, so im N., bes. Alea, Stymphalos, Pheneos, Kynaitha, Kleitor, Psophis, Thelphusa, im W. Heraia und Phigaleia, im O. Tegea, Mantineia, Orchomenos, Pallantion und Kaphyai neben weiteren kleinen Orten bes. im N. und W. Der W. blieb lange im dörflichen Gauverband mit den Landschaften Mainalon, Aigytis im S., Eutresier und Kynurier im N. und Parrhasier im W. der w.-arkadischen Hochebene. Hier entstand erst unter thebanischer Mithilfe gegen Sparta um 366 v. Chr. die »Große Stadt« (Megalepolis, Megalopolis) als Zusammenfassung der genannten Landschaften. Das Zeusheiligtum auf dem Lykaion n.w. über dem Becken von Megalopolis galt als ein gemeinsames Heiligtum der Arkader. Die im ganzen eher abgeschiedene Lage und die schwere Zugänglichkeit mancher Gebiete ließen recht urtümliche Zustände bes. auf religiösem Gebiet sich lange erhalten. Die Arkader hielten sich für autochthon und für die ältesten Menschen. Zum Schauplatz der Hirtenpoesie wurde A. schon bei hellenistischen Dichtern.

Für die frühgesch. Zeit ist auch für A. mehrfach Königtum bezeugt, in klassischer Zeit gehörte A. zum peloponnesischen Bund Spartas, mehrere Aufstandsversuche blieben erfolglos. Münzen mit der Aufschrift *Ἀρκαδικόν* belegen einen ersten Bund im 5. Jh. v. Chr. Schon damals gingen viele Arkader als Söldner außer Landes. Nach Leuktra wurde A. unabhängig und schloß sich unter Beihilfe des Epameinondas zu einem Bunde mit der Hauptstadt Megalopolis zusammen, der sich vorübergehend auch Triphylien angliederte, aber unter dem Gegensatz zwischen Tegea und Mantineia litt, welcher zur Spaltung des Bundes und zur Schlacht bei Mantineia führte (362 v. Chr.). Von den Kriegen der hellenistischen Zeit wurde A. vielfach in Mitleidenschaft gezogen, in mehreren Städten herrschten »Tyrannen«, z. T. im Anschluß an Makedonien. Seit 250 v. Chr. traten die arkad. Städte in den achaiischen Bund, in dem dann Arkader wie Lydiadas, Philopoimen, Lykortas, Polybios, alle aus Megalopolis, eine hervorragende Rolle spielten. Für die frühe Kaiserzeit schildert Strab. 8, 8, 1 p. 388 das Land als nahezu verödet und fast nur noch Weideland. Pausanias widmete ihm das achte Buch seiner Beschreibung Griechenlands, eines der besten seines Werkes. E. M.

1. Inschr. IG V 2. 2. Münzen: *Head* HN² 444ff. 3. Testimonia IG V 2 S. VIIff. 4. *Christoph Th. Schwab* Arkadien 1852. 5. *Ernst Curtius* Peloponnesos 2, 1851, 153ff. 6. *Alfr. Philippson* Der Peloponnes 1892, 66ff. 7. *Ders.* Die griech. Landschaften 3, 1959, 200ff. 8. *Hirschfeld-Hiller von Gärtringen* RE II 1118ff. 9. *Rangabé* Souvenirs d'une excursion d'Athènes en Arcadie, Mém. prés. par divers savants à l'Acad. des inscr. I, 5, 1857, 279ff. 10. *Friedr. Freih. Hiller v. Gärtringen-H. Lattermann* Arkad. Forschungen APrAW 1911. 11. *Ernst Meyer* Peloponnesische Wanderungen 1939. 12. *Christ. Callmer* Stud. zur Gesch. A. 1943. 13. *Busolt* GStk. (Müller HB IV, I, I, 2, 1926) 1395ff. 14. *W. Immerwahr* Kulte und Mythen A. I, Die arkad. Kulte 1891. 15. *Br. Snell* A., die Entdeckung einer geistigen Landschaft, Antike und Abendland 1, 1945, 26ff. 16. *H. Petriconi* Das neue A., ebd. 3, 1948, 187ff.

Arkadios. 1. Aus Antiocheia, griech. Grammatiker spätant. Zeit (Suda *Ἀ.*). Seine Schriften *περὶ ὀρθογραφίας*, *περὶ συντάξεως τῶν τοῦ λόγου μερῶν*, *Ὀνοματικόν* sind bis auf einige Zitate bei Steph. Byz. und Choiroboskos verschollen. Die unter seinem Namen überlieferte Epitome *Καθολικὴ προσῳδία* des Herodianos stammt der nicht von ihm (zuletzt von M. Schmidt, Jena 1860, ed.). H. Gä.

2. s. Arcadius

Arkas (Ἀρκάς), Eponymos der Arkader, in der Königsliste an 4. Stelle, Apollod. 3,8f. Paus. 8,1–5, Sohn des Zeus und der Kallisto, einer Artemisgestalt. Er fördert die Kultur des Landes und teilt es unter seine 3 Söhne von der Nymphe Erato, → Apheidas. Grab in Mantineia, Paus. 3,8,9. Die Mythen von ihm sind in der uns vorliegenden Form (zusammenhängend Ov. met. 2,409ff.; fast. 2,155ff.) hellenist. Ursprungs. A. wird ausgesetzt, von Hirten gefunden, zum König Lykaon gebracht, der ihn schlachtet und Zeus zum Mahle vorsetzt. Zeus verwandelt Lykaon in einen Wolf, stellt des A. Glieder wieder her. Erwachsen, verfolgt A. eine Bärin, nicht wissend, daß es seine Mutter ist, in ein Heiligtum; Zeus versetzt beide an den Himmel. → Sternbilder. H. v. G.

Arkathias, Sohn des Königs Mithridates VI. von Pontos. Er brachte seinem Vater zum Krieg gegen Rom 10000 Reiter aus Armenien, focht in der Schlacht am Amnias mit (App. Mithr. 17f. vgl. RE I 1871), eroberte 86 Makedonien und starb auf dem Marsch gegen Sulla im s. Thessalien. H. G. G.

Arkeisios (Ἀρκείσιος). Vater des Laertes (Ἀρκεισιάδης, Hom. Od. 4,755), Großvater des Odysseus, Od. 14,182. Apollod. 1,112. Hyg. fab. 173. Nach Sch. Od. 16,118 ist A. ein Sohn des Zeus, auch Ov. met. 13,144. Etym. Spielerei machte ihn zum Sohn des Kephalos (als Eponymos der Kephallenen) und einer Bärin (ἄρκτος), die sich aber bald in ein Weib verwandelte. Aristot. *Πολ. Ἰθακησίων*, frg. 504 Rose. H. v. G.

L. Radermacher Mythos u. Sage 264.

Arkesilaos. Name mehrerer Könige von Kyrene – in regelmäßigem Wechsel mit Battos auftretend –, der auf die Pflichten eines Führers gegenüber seinen Mannen hinweist (H. Schaefer, Rh. M. 95, 1952, 150f.).

1. A. I., Sohn Battos I. (Hdt. 4,159), König von Kyrene 599–583 (?). **2.** A. II., Enkel von A. I., vertrieb nach seiner Thronbesteigung seine Brüder, die in der w. Cyrenaica Barke gründeten und sich dort mit den Eingeborenen verbündeten (Schaefer a.O. 163f.), was zum Aufstand auch der Libyer um Kyrene führte, von welchen A. bei Leukon in einem Hinterhalt geschlagen wurde, wobei er 7000 Hopliten verlor. Bald nach dieser Katastrophe erlag A. einem Attentat seines Bruders Laarchos; seine Witwe rächte ihn jedoch wenig später (Hdt. 4,160. Plut. mul. virt. 260 E ff. S. Mazzarino Fra Oriente e Occidente 1947, 153. 313–317). Trotz seiner kurzen Herrschaft (565/60 bis 555/50) haben A. II. Künstler und Dichter gehuldigt: Eugammon von Kyrene widmete ihm sein Epos »Telegonia«, die Arkesilas-Schale stellt ihn bei der Beaufsichtigung des Verladens des Exportartikels Silphion dar. **3.** A. III (535/30 bis 520/15), Enkel von A. II., war nicht gewillt, die unter seinem Vater Battos III. durch Demonax vorgenommene Beschränkung der königlichen Gewalt anzuerkennen. Nach einem mißglückten Putschversuch um 530 ging er nach Samos, wo er mit Polykrates' Hilfe ein starkes Heer sammelte, um die Macht der großen Grundbesitzer in Kyrene u. a. durch eine Neuaufteilung des Bodens zu brechen (Schaefer a.O. 154f.). Die gewaltsame Rückkehr auf den Thron im Stil der Errichtung einer Tyrannis glückte, seine Gegner flohen größtenteils nach Barke. 525 sandte A. dem Perserkönig Kambyses Tribut. Seinen gewaltsamen Tod fand A. unter unklaren Umständen in Barke, der Hochburg der kyrenäischen Oligarchen (Hdt. 4, 162ff.). Mit Hilfe Aryandes', des persischen Satrapen von Äg., nahm seine Mutter Pheretime dann grausame Rache an den Barkäern.

4. Sohn Battos IV., der letzte König Kyrenes (vgl. Hdt. 4,163), kam etwas vor 462 jung auf den Thron. Da die kyrenäische Monarchie infolge des Rückganges der pers. Macht ihres wichtigsten Rückhalts beraubt war, erhoben sich deren Gegner alsbald wieder, doch konnte A. den Aufstand niederwerfen. Durch Viergespannsiege in den Pythien von 462 – welchen Sieg Pindar in seiner 4. u. 5. pyth. Ode, die zugleich Einblick in die gespannte Lage in Kyrene gewähren (bes. 5,117ff.; vgl. Wilamowitz Pindaros 1922, 376ff.), verherrlichte – und in den olymp. Spielen von 460 sowie durch die Vergrößerung des seit Ende des 6. Jh. bestehenden Euhesperides an der Großen Syrte, wohin er neue Kolonisten aus Hellas rief, wollte A. seine Stellung stärken, doch ohne dauernden Erfolg. Eine neue Revolution um 440 (Chamoux a.O. 206ff.) führte zur Errichtung der Demokratie in Kyrene. A. floh nach Euhesperides und wurde dort vielleicht zusammen mit seinem Sohn Battos ermordet (Aristot. frg. 611,17). Fr. Kie.

K.J.Beloch GG I, 2^2, 210–217. *F.Chamoux* Cyrène sous la monarchie des Battiades 1953, 128–210.

5. A. von Pitane, Begründer der mittleren → Akademie, † 241/40, nach Hermippos bei Diog. Laert. 4,44 im 75. Jahre (demnach geb. 316/15). In Athen hörte er zunächst im Peripatos → Theophrast, wurde dann aber von Krantor für die Akademie gewonnen; hier übten Polemon, Krates und Krantor einen tiefen Einfluß auf den jungen A. aus. Nach dem Tode des Krates (zw. 268 und 265) wurde er Haupt der → Akademie (Diog. Laert. 4, 32). Wie Sokrates hinterließ er keine Schriften (Plut. Alex. fort. 4, 328a).

Er verzichtete auf die bisher in der Akademie geübte Art transzendierenden Philosophierens (daß dies nur zum Schein geschehen sei, wie Sextus Emp. Pyrrh. Hyp. 1,234 als Gerücht wiedererzählt, ist nicht glaublich). Sicher glaubte A. die ihm anvertraute Tradition zu wahren, indem er auf die sokratische Frage zurückging, ob Erkenntnis möglich sei. Namentlich in der Methode, die A. für fast zwei Jahrhunderte (→ Antiochos von Askalon) in der Akademie heimisch machte, wird sein Bestreben erkennbar, an die sokratische Dialektik anzuknüpfen (zu vergleichen ist auch der Parmenides Platons im 2. Teil): Zu jeder These werden bestätigende und verneinende Gründe aufgesucht (*pro et contra dicere*, Cic. ac. 1,60). Am Ende wurde keine Entscheidung gefällt, sondern Zurückhaltung vom Urteil – *ἐποχή* – geübt. Damit ging A. über Sokrates hinaus, denn selbst die These *οἶδα οὐκ εἰδώς* darf weder bejaht noch verneint werden; vgl. Cic. ac. 1,45. Das Hauptfeld des A.schen Philosophierens ist die Polemik. Diese richtete sich vor allem gegen die Erkenntnistheorie der Stoa, vgl. Cic. ac. 1,44, besonders die Lehre von *κατάληψις* und *συγκατάθεσις*; vgl. Sext. Emp. adv. math. 7,153 ff. Indes glitt A. damit nicht in den Agnostizismus → Pyrrhons ab; denn wenn auch keiner These absoluter Wahrheitsgehalt zugesprochen wurde, so wurde doch der relative Wahrheitsgehalt – *πιθανόν* – anerkannt, eine Lehre, die A.s Nachfolger (→ Karneades) systematisch ausbauten. Wohl wurde die Dogmatik der stoischen Ethik verworfen, als Maßstab ethischer Entscheidung aber das *εὔλογον* anerkannt; vgl. Sext. Emp. adv. math. 7,158. Gerade wegen ihrer scheinbaren Ergebnislosigkeit hat die von A. begründete Richtung intensiv daran mitgewirkt, das philosophische Denken seiner Zeit nüchtern zu erhalten. Der Spottvers seines stoischen Gegners → Ariston von Chios ist witzig als Travestie von Hom. Il. 6.181, geht aber an A.s Wesen vorbei: *πρόσθε Πλάτων, ὄπιθεν Πύρρων, μέσσος Διόδωρος*. Chimärische Mischung von Heterogenem kann man A. nicht vorwerfen. H. D.

M. M. Patrick The Greek Sceptics 1929. *P. Couissin* L'origine et l'évolution de l' *ἐποχή* REG 42, 1929, 373–379. *O. Gigon* Zur Gesch. der sog. Neuen Akademie MH 1, 1944, 47–64. *L. Robin* Pyrrhon et le scepticisme Grec, 1944. *A. Weische* Cicero und die neuere Akademie, Diss. phil. (= Orbis antiquus 18) Münster 1960. *M. Soreth* Studien zur akademischen Skepsis, Habilschr. Köln, erscheint 1964.

6. Sohn des Aristodikos, Bildhauer um 500 v. Chr. Für ein Weihgeschenk des A. an Artemis verfaßte Simonides (114 D.) das Epigramm.

BJ 158, 1958, 259 f.

7. A., einer der bedeutendsten Bildhauer in Rom um 50 v. Chr., Freund eines L. Lucullus, arbeitete für diesen, für Varro, welcher ihn aufs höchste lobte, für Octavius, für Asinius Pollio eine von Cupidines gezähmte Löwin, endlich für das Forum Caesars das unvollendete Bild der Venus Genetrix. Seine Tonmodelle wurden höher bezahlt als ausgeführte Werke anderer Künstler. A.R.

Brunn Gesch. der griech. Künstler, 1,600. *Overbeck* Die ant. Schriftquellen Nr. 2268–2270. HB Arch. III 1 (5. Lfg. 1950) 386 *(Lippold)*. Encicl. Arte Class. Or. I 662 *(Amorelli)*.

Arktinos von Milet: Testimonia und Fragmente bei Er. Bethe Homer 2,2², 1929, 167–169 (Nr. 3); 179–181 (Nr. 5). Galt in späterer Tradition als der Verf. der kyklischen »Aithiopis«: 3 A 1 (Tab. Il.). 5 (Euseb.). 9 (Prokl.), C 3 (?); der kyklischen *Ἰλίου Πέρσις*: 5 A 1 (Euseb.). 7 (Prokl.), B 2 (Schol. Il.; vgl. B 1: Dion. Hal.); »der« Titanomachie (in Konkurrenz mit Eumelos): 3 A 8 (Athen.), während sonst die Verf. als anonym galten, für die *Ἰλίου Πέρσις* in der Vorlage von Paus. 10,25–27 Lescheos genannt war. Willkürliche Zeitbestimmungen: 3 A 4–7. H. J. M.

Arktos 1. s. Bär. **2.** s. Sternbilder

Arkturos s. Sternbilder

Arma 1. *decretoria*, geschärfte Waffen, die die Gladiatoren benützten, um den Kampf durch den Tod des Gegners zu entscheiden *(decernere)*, Sen. Ep. 117,25. Quint. inst. 10,5,20, auch *a. pugnatoria* genannt, d. h. wirkliche, nicht Scheinwaffen, Suet. Calig. 54. Sie wurden regelmäßig dem Veranstalter des Kampfes zur Prüfung ihrer Schärfe vorgelegt. Cass. Dio 58,3. Suet. Tit. 9. **2.** *lusoria*, waren die Scheinwaffen, in der *prolusio* benutzt. Sie waren *rudes*, Florette, abgestumpfte Waffen. Ov. ars am. 3,513 f. stellt dem Vorspiel des Amor mit stumpfen Waffen die *spicula acerba* gegenüber, die er aus seinem Köcher holt (vgl. Sen. Ep. 117,25. Ov. ars am. 3,589). Marc Aurel erlaubte nur die Benützung von *a. l.* in der Arena (Cass. Dio 71,29,3). O. W. R.

Armamentarium, das Zeughaus, ist für die Republik (App. civ. 3,23) und für die Kaiserzeit (CIL VI 999.2725. VII 446. VIII 2563) bezeugt. In den Standlagern gab es a. in den *principia* als Reihen kleiner Kammern. Auch waren a. in den Gladiatorenkasernen (CIL VI 10164). A. N.

Dar.-Sagl. 1, 431 f. *H. Lorenz* Unters. zum Prätorium, Halle 1936, 87. *R. Fellmann* Die Principia des Legionslagers Vindonissa usw., Brugg 1958, 48.

Armarium, neben *cista* und *arca* zum röm. Hausrat gehörig, bezeichnet urspr. den Geräteschrank, dann allgemein den Schrank für Geräte, Vorräte, Geld, Wertsachen oder Bücher (nicht dagegen für Kleider, die in der *arca* aufbewahrt werden). Das a. ist meist aus Holz, mehr hoch als breit (im Gegensatz zum *κιβωτός* der Griechen, die a. mit *πυργίσκος* übersetzen) und kann verschlossen werden. Der Schrank scheint unabhängig von Äg. eine Erfindung der Römer zu sein; die Griechen kannten ihn nicht, die großgriech. *κιβωτοί* (Budde 9 f. Nr. 1–15) sind wie diejenigen des Alkibiades oder des Arsenals im Piraeus noch keine Schränke, sondern Sonderformen von Truhen. Erhaltene antike Holzschränke (Budde 12 ff. Abb. 3–6) messen zwischen 0,90 und 2,20 m Höhe und bestehen in der Regel aus Untersatz, eigentlichem Schrankkasten und Aufsatz, letzterer kann eine Zierform haben. Die Türen sind einfach oder doppelt *(fores)*, aber es kommen auch in der Mitte durch Scharniere zusammenklappbare Türflügel, *valvae duplices complicabilesque* (Isid. orig. 15,74), vor. In Bibliotheken sind die a. in der Regel Wandschränke, z.B. Plin. epist. 2,17,8. Ulp. Dig. 30,41,9. Unter den Sonderformen für Theatermasken, Ahnenbilder und Kultzwecke sind am besten bekannt die Thoraschränke der jüdischen Kultusgemeinden. W. H. G.

E. G. Budde Armarium und κιβωτός 1940.

Armatura bildete nach Veg. mil. 1, 13. 2, 23 den Abschluß der Fechtübungen. Es war das Scheingefecht von Abteilungen, bei dem der Kampf mit dem Schwert den Höhepunkt bildete. Diese ursprüngliche Form der a. ist von der späteren, für öffentliche Vorführungen bestimmten zu unterscheiden. Liv. 44,9 schildert letztere als *a. pedestris*, Claud. de VI cons. Honor. 621–639 als *a. equestris*. Die a. führten auch Gladiatoren (Suet. Tit. 8. CIL VI 10197) auf. A. bezeichnete ferner den an der a. Beteiligten und die künftigen *exercitatores* (CIL VI 2699. 3736). Unter a. wurde auch der Gegensatz von leicht bewaffnetem Fußvolk oder Auxiliaren zu den schwer gerüsteten Legionären verstanden (Liv. 21,55,2. Tac. ann. 2,8,16. CIL IX 3044). A. N.

Dar.-Sagl. 1, 433 f. BJ 117,45,26. CPh 43, 163 ff.

Ἀρμαουίρα. Nur von Ptolemaios 5,12,5 p. 941 M. und 8,19,11 N. genannte πόλις der Armenia maior. Sie lag am linken Ufer des Araxes-Aras (h. Armavir), war älter als → Artaxata und ursprüngl. Sitz der armenischen Könige. Ruinen bei Silan Tchai. S. Gr. Hist. Weltatl. I, S. 15a und 41, München 1954. H. T.

Armbänder sind im Mittelmeergebiet seit ältester Zeit üblich. Man trägt sie am Oberarm oder Handgelenk und gern paarweise (an jedem Arm je ein Stück). In den Funden ist vom einfachen Reifen bis zu den kompliziertesten Schmuckformen alles vertreten. Bei Männern gilt das Tragen von A. später als weichlich oder barbarisch, abgesehen von der röm. Auszeichnung der → Armillae. W. H. G.

Armenia. 1. Vorrömische Zeit: Land am Übergang von Vorder- nach Kleinasien. Hauptfluß: Araxes (h. Aras). N. Grenzfluß: Kyros (Kura). In A. lag auch der Oberlauf von Euphrat und Tigris. Seen: Lychnitis (h. Goktscha), Thospitis (Van) und Matianus (Urmia). S.w. der Lychn. der Bergriese Baris (5165 m), in dessen h. Namen Ararat sich Urartu, die assyr. Benennung der Armenier, verbirgt. Sie selbst nannten sich Haikh und waren mit den Phrygern verwandt (Hdt. 7,73. Steph. Byz. p. 123). Ἀρμενία ist zuerst von Xen. an. 3,5,17 erwähnt, die Ἀρμένιοι sind schon von Hdt. genannt (3,93), bei dem (3,94) die Ἀλαρόδιοι (= Urartäer) noch ein anderer Name für die Armenier sind. Ausführliche Schilderung der A. bei Strab. 11,14 und Ptol. 5,12 p. 931 M. A. war einst medisch, später persisch, aber praktisch durch ihre Lage meist unabhängig. Unter Alexander d. Gr. wenig hervorgetreten (Arr. an. 3,8,5. 16,5) und dann lange abseits stehend, wurde A. später seleukidisch (Antiochos III.), darauf sehr bald erstmalig in Groß- (ö.) und Kleinarmenien (w.) als eigene Gebiete zwischen Artaxias und Zariadris geteilt, die Könige wurden (188 v. Chr.) und zu den Römern hielten; Artax. gründete Artaxata (h. Artashat). Ein Nachkomme des Artaxias, Tigranes II. (95–55), der Gründer der jüngeren Hauptstadt Armeniens, Tigranokerta, gebot wieder über ein Gesamtarmenien, unterlag aber im 3. Mithr. Krieg den Römern (66). H. T.

K.F. Lehmann-Haupt Armenien einst und jetzt, Berlin 1910–1931.

2. Die römische Provinz A. Armenia minor (w. vom Euphrat), das schon in dem Orientfeldzug des Pompeius dem König Tigranes entrissen worden war (66 v. Chr.) und bis in die neronische Zeit abwechselnd den verschiedenen Nachbarstaaten bzw. Provinzen (Cappadocien, Galatien, Pontus) zugeschlagen oder als autonomes Reich konstituiert war, ist wenigstens seit Vespasianus' Regierung ein Teil der Provinz Cappadocien gewesen, da im J. 70 n. Chr. die legio XII Fulminata nach Melitene an den Euphrat verlegt wurde (Ios. bell. Iud. 7,1,7), wo sie auch geblieben ist, ferner → Kappadokia. Das Gebiet von Armenia minor erscheint seit diocletianisch-constantinischer Zeit als die Provinzen Armenia I und II, unter je einem *praeses* (Not. dign. or. 1,109 f.). – Armenia maior, das seit Pompeius' Zeit als Klientelstaat bisweilen den Römern, bisweilen den Parthern hörig gewesen war und zwischen beiden als Puffer gedient hatte, wurde erst im J. 114 n. Chr. von Traianus erobert und als Provinz organisiert, jedoch von Hadrianus bei seinem Thronantritt wieder aufgegeben (H.A. Hadr. 21,11). Seinen einzigen Statthalter kennen wir zufälligerweise: L. Catilius Severus, cos. 110, II 120 (PIR^2 C 558), der als consularischer Legat Cappadocia, Armenia maior und Armenia minor zusammen verwaltete (CIL X 8291 = Dess. ILS 1041. Cagnat-Merlin Inscr. lat. d'Afr. 43); ein *procurator* nur für das neueroberte großarmenische Gebiet war C. Haterius Nepos (CIL XI 5213 = Dess. ILS 1338). Ein Teil von Armenia maior war unter Iustinianus als Armenia IV organisiert (Iustinian. Novellae, edd. Schoell-Kroll 31,1,3). B. E. T.

Joachim Marquardt Römische Staatsverwaltung I, 1881^2, p. 434 f.

Armillae *(armus)*. Armreifen wurden auch als militärische Auszeichnung mit den *torques* verliehen. Sie waren aus Silber (Liv. 10,44,5. Val. Max. 8,14,5) und Gold (Fest. 25 M) und wurden meistens in Schlangenform oder mit Knöpfen an den Enden am Unterarm getragen, verliehen nur in Paaren an *milites* bis zum *centurio*. A. N.

Dar.-Sagl. 1, 438 f. BJ 114/115,27.157,154.

Arminius. Cheruskerfürst, Sohn des Segimer. Zum Namen (röm. Geschlechtsname mit etr. Etymon) s. E. Bickel, RhM 98, 1955, 223 ff. * um 17

v. Chr., s. E. Hohl Um Arminius, SDAW 1951, 1 (rez. Gymnas. 63, 1956, 135f.). E. Bickel Arminiusbiographie und Sagensigfrid, 1949. E. Sander Gymnas. 62, 1955, 82ff. Vielleicht schon 8 v. Chr. nach Rom gebracht und auf dem Palatium erzogen (s. E. Hohl, HZ 167, 1942, 461ff.), diente er im röm. Heer 4–6 als Tribun und war bei dem Feldzug des Tiberius in Germanien Führer seiner Landsleute, Tac. ann. 2,10,3. Für seine Verdienste erhielt er das röm. Bürgerrecht und Ritterrang, titular den Charakter eines röm. Offiziers, Vell. 2, 118,2. A. wurde zum Gegner der Römer durch die von P. Quintilius Varus in Germanien eingeschlagene Politik, der röm. Recht und röm. Steuerverhältnisse dort einführen wollte. A. bewog einen Teil der Germanenfürsten zum Widerstand, den römerfreundlichen Häuptling der Ampsivarier, Boiocalus, ließ A. in Fesseln legen, Tac. ann. 13,55, 1. A. gelang es, den Quintilius Varus im Herbst 9 n. Chr. (E. Hohl, SDAW 1952, 1) im Teutoburger Wald in einen Hinterhalt zu locken, obwohl der römerfreundliche Cheruskerfürst Segestes ihn in der Nacht davor noch gewarnt hatte, Tac. ann. 1, 55,2. Niedergemacht wurden 3 Legionen, 3 Alen und 6 Kohorten; Varus tötete sich selbst, Vell. 2,117–119. Cass. Dio 56,18–22. Tac. ann. 1,55ff. Der Ort der Schlacht ist nicht sicher festzulegen, s. W. John Die Örtlichkeit der Varusschlacht bei Tacitus (1950); neuestens sucht sie O. Höfler (s. u.) auf der Knetterheide zwischen Minden und Paderborn. Obwohl A. das Haupt des Varus dem Markomannenfürsten Marbod schickte, um ihn zum Vorgehen gegen die Rheinarmee in Mainz zu bewegen, fiel dieser von den Römern nicht ab, Vell. 2,119,5. Ein Teil der Germanenfürsten wünschte die Beibehaltung des Verständigungsfriedens mit den Römern. Segestes ließ A. vorübergehend in Fesseln legen, dieser entführte ihm seine Tochter Thusnelda, Tac. ann. 1,58,2f. Den Krieg gegen A. führte Tiberius, dann Germanicus mit dem Legaten A. Caecina Severus, ebd. 1,63ff. Im J. 15 bekam die Partei des A. Oberhand und schloß Segestes in seiner Burg ein, doch befreite ihn Germanicus, wobei ihm die schwangere Thusnelda in die Hände fiel, ebd. 1,57,4. Das führte zu einem erbitterten Kampf des A. gegen Germanicus und seinen Legaten im J. 15/16, ebd. 1,59f. 63–68. 2,9f. 12–21. Nach Abberufung des Germanicus im J. 17 wandte sich A. gegen den römerfreundlichen Markomannenfürsten Marbod und zwang ihn, sich nach Böhmen zurückzuziehen, ebd. 2,44–46. Bei einem Aufstand der Cherusker fiel A. aber durch Hinterlist seiner Verwandten, Tac. ann. 2,88,2. Nach O. Höfler Siegfried, Arminius und die Symbolik (1960) ist er jener Sagensiegfried, der den Drachen (= die Römer) schlug.

R. H.

Arne. Vorgriech. »Quellenstadt«, Brandenstein Germanen und Indogermanen, Festschr. Hirt 2,1936,29f. Forrer Gl 26,1937,178ff.

Kronasser Indogermanica, Festschr. W. Krause 1960,55f. RE XXII 22, 1513, 58ff.

1. In Boeotien, nur Hom. Il. 2,507 genannt, daher entweder als alter Name von Akraiphion oder Chaeronea erklärt oder als vom Kopaissee verschlungen. Belege z.T. RE II 1202,36ff. Gleichsetzung mit der großen myken. Burg Gla Wilamowitz H 26,1891,204 A. 1; Pindar 1922,20. Ferd. Noack Ath. Mitt. 19,1894,405ff.; Homer. Paläste 1903,19ff. Dazu J. G. Frazer Pausanias 5,1898, 128. D. Fimmen Kretisch-myken. Kultur 1924,6. V. Burr *Νεῶν κατάλογος* Klio Beiheft 49,1944, 26f. H. P. Drögemüller G 68,1961,199ff. Philipps.-Kirst. 1,1951,487f. 687f., dagegen bes. A. de Ridder BCH 18,1894, 446ff. 21,1897,149ff.

2. Angeblicher alter Name der Landschaft Thessaliotis oder ihres Hauptortes Kierion, wichtigste Belege RE II 1202,29ff.

E. M.

Arnobius. 1. Rhetor in Sicca Veneria (Africa proconsularis) um 300 n. Chr., nach Hier. vir. ill. 79f.; epist. 70,5,2 Lehrer des Lactantius, Vf. einer apologetischen Schrift in 7 B. adversus nationes (ed. Aug. Reifferscheid, 1875, CSEL 4. Concetto Marchesi, [2]1953). Seine lat. Kunstprosa zeigt afrikanischen Stil. Da A. die chr. Lehre, die er nach plötzlicher Bekehrung verteidigen will, sehr ungenau kennt, verlegt er sich vom 2. B. an auf Polemik gegen den Polytheismus, deckt Unsinnigkeit und Unsittlichkeit der heidnischen Mythen und Kulte auf, deren allegorische Deutung er nicht zuläßt. Antike Autoren (Varro u. a.) werden oft, freilich nicht aus erster Hand, zitiert, was das Werk zu einer Fundgrube religionsgeschichtlicher Raritäten macht. Überliefert ist es in einer einzigen Hs. (Paris. 1661) zusammen mit Minucius Felix.

1. *Gustave Bardy* RAChr. 1,709ff. 2. *Altaner* 162f.

2. Seit etwa 432 in Rom lebender, vermutlich aus Africa geflüchteter Mönch, Vf. eines allegorischen Psalmenkomm., kurzen Sch. zu den Evangelien (ohne Marc.) und eines Streitgesprächs mit einem Monophysiten (Conflictus cum Serapione Aegyptio). Zugewiesen werden ihm der anon. Praedestinatus und Ps.-Chrysostomos' Trostschrift ad Gregoriam.

O. H.

Ta.: Migne L 53. *Germain Morin* Etudes, textes, découvertes 1, 1913, 383–439 (Erstausg. von ad Greg.). *Altaner* 422.

Arnus (Nissen It. Ldk. 1,304), j. Arno, Hauptfluß Etruriens, von der Quelle im Casentino n. Arretium bis zur Mündung bei S. Pietro in gradu, dem Hafen Pisas (3 mp entfernt), 248 km lang. Zusammenfluß mit Auser (Rutil. Nam. 1,566); Überschwemmungen (Liv. 22,2,2; vgl. Tac. ann. 1,79).

G. R.

Aron. *ἄρον* (Hippokr., Aristot., Theophr., Diosk.), auch *ὄρον*, *ἀρόντιον*, *arum*, *arus* (Plin. nat. 24,142) sind mehrere Arten der Araceengattungen Arum (besonders A. italicum), Arisarum, Dracunculus (*δρακόντιον*, dracunculus) u. a., deren Heilkräfte gegen Entzündungen, Vergiftungen, Krebs, Pest u. a. schon Hippokr., Diodotos u.a. bekannt waren. Das von Plin. erwähnte *arum aegyptiacum* oder *colocasia* (*κολοκάσιον* oder *κολοκασία* bei Diosk.) ist die aus Südasien wohl erst zur Kaiserzeit über Syrien und Äg. eingeführte, h. auch in Südeuropa als Knollengemüse gebaute Aracee Colocasia antiquorum (arab. qolqas, ind. katchu, taro), eine der ältesten Kulturpflanzen der Menschheit. H. G.

Arpi (NISSEN It. Ldk. 2,846. BELOCH RG 367. 401). Apul. Stadt der 2. Reg. (Plin. nat. 3,104) im Land der Daunier (Ptol. 3,1,72); angeblich Gründung des Diomedes (Plin. Strab. 283). Unterstützt die Römer im J. 320 (Liv. 9,13,9) und 279 (Dion. Hal. ant. 20,3), fällt 216 von ihnen ab (Pol. 3,88. 118. App. Hann. 31), 213 wiedererobert (Liv. 24, 45ff.). Im J. 194 scheint das 21 mp (Tab.Peut. 6,3) entfernte Sipus Hafen von A. gewesen zu sein (Liv. 34,45,3), z. Zt. Strab. 283 das nähere Salapia. Ältere Namensformen: Argyrĭpa, *Ἄργος Ἵππιον* (volksetym. ⟨ *argŭsĭpion mit messap. o für ŭ) nach Plin. Strab. Serv. Aen. 11,246. Sch. Lykophr. 592.603. Steph. Byz. s. *Ἀργύριππα*. Dion. Hal. a.O. Kompositum *argŭ-sĭpa, -sĭp-ion zu Sĭpa (Ptol. 3,1,16), Sĭpus (ī nur bei Lucan. 5,377. Sil. 8,635 an letzter Versstelle), nach Rhotazismus Argyrĭpa (Verg. Aen. 11,246. Sil. 4,556; zuerst Lykophr. 592), nach Synkope unter Anfangsbetonung *arpŏ- (zuerst Mz. des 3. Jh. bei Head HN^2 44f. *Ἀρπανῶν*); vgl. RADKE, RE IX A 804f.; j. Arpi n. Foggia. G. R.

Arpinum (NISSEN It. Ldk. 2,671; zum Namen vgl. RADKE RE IX A 805), j. Arpino, volsk. (Iuv. 8, 35. Schol. Bob. Cic. p. 12 HILDEBRANDT). Stadt auf steiler Höhe über dem Liris mit kyklop. Mauern. Von den Römern 305 v. Chr. den Samniten entrissen (Diod. 20,90. Liv. 9,44,16), 303 v. Chr. *civitas sine suffragio* (Liv. 10,1,3), 188 v. Chr. *cum suffragio* (Liv. 38,36,7) in der trib. Cornelia (ebd. 19; KUBITSCHEK Imp. Rom. trib. discr. 12) als *praefectura* (Fest. 262,15 L.). Seit 90 v. Chr. *municipium* (Cic. Planc. 19f.; leg. 2,6); später 1. Region (Plin. nat. 3,63). Heimat des Marius (Sall. Iug. 63. Plin. nat. 33,150), → Cicero und angeblich des Agrippa. Ciceros Dialog de leg. spielt in A. G.R.

Arra ist Angeld, insbesondere beim Kauf. Nach dem Vorbild vorderasiat. Rechte (vgl. 1. Mose 38,17) bildet bei den Griechen der *ἀρραβών* ein Erfordernis der Haftungsbegründung. Zeichen der persönlichen Haftung war vornehmlich ein Ring. Seinem Symbolwert trat bald eine wirtschaftliche Funktion zur Seite: Vertragsbruch des Gebers der a. ließ diese dem Empfänger verfallen (das Angeld wirkt als Reugeld), Vertragsbruch des Empfängers löst eine Pflicht zur Rückgabe, meist sogar eines Mehrfachen der a. aus.

Den Römern wurde die a. schon früh bekannt (Varro l.l. 5,175), doch unterblieb eine Eingliederung des Instituts in die Rechtsordnung. Die Klassiker sehen in der a. nur die Bestätigung eines schon anders, beim Kauf durch Konsens zustande gekommenen Vertragsabschlusses (Dig. 18,1,35 pr.). War die a. Geld, wurde sie nach Übergabe der Ware auf den Kaufpreis angerechnet, war sie ein Ring, konnte man ihn mit der *actio empti* zurückfordern. Dies setzte sich jedoch im Bereich der hellenistischen Volksrechte nicht durch. So gewinnt die im Vulgarrecht fortdauernde a. die Funktion, den Verkäufer an anderweitiger Veräußerung der Ware zu hindern. Beim schriftlichen Kauf des justinianischen Rechts soll dann die a. nach griech. Vorbild die Haftung begründen, doch auch beim formlosen Konsensualkauf dürfte eine Rückgabe der a. den Rücktritt vom Vertrag ermöglicht haben. Allerdings bleibt hier wegen der Widersprüche zwischen Inst. Iust. 3,23 pr. und C. 4,21,17,2 vieles dunkel. Daß aber diese Neuregelung Justinians unter starkem griech.-hellenist. Einfluß steht und von der klassisch-röm. Ordnung erheblich weiter als gewöhnlich abweicht, ist sicher. Auch die a. sponsalicia entstammt dem orientalischen Recht. Nach dem Zusammenbruch der klassischen Ordnung findet sie auch im W. Eingang in die röm. Praxis. Seit dem 4. Jh. n. Chr. erfährt sie kaisergesetzliche Regelung, erstmals in Cod. Theod. 3,5,11 (von 380). Die Anerkennung der a. sponsalicia nimmt dem Verlöbnis die freie Lösbarkeit, im Einklang mit patristischen Postulaten drohen beim Rücktritt vom Verlöbnis Vermögensnachteile. Ein weiterreichender Zwang zur Eheschließung war aber ausgeschlossen. Die Bindung an das Verlöbnis erlosch nach 2 Jahren. Th. M.-M.

Pringsheim The Greek Law of Sale, 1950, 333ff. *Talamanca* L'arra della compravendita in diritto greco e in diritto romano, 1953. *Chalon-Secrétan* Les arrhes de la vente sous Justinien, 1954. – *Anné* Les rites de fiançailles, Louvain 1941.

Arrabaios. 1. König von Lynkestis, kämpfte 424/23 mit Brasidas und Perdikkas II. und später mit dessen Nachfolger Archelaos (F. GEYER Makedonien bis zur Thronbesteigung Philipps II., 1930, 66ff.). **2.** Angehöriger des lynkestischen Fürstenhauses, als angeblicher Teilnehmer an der Verschwörung gegen Philipp II. 336 auf Befehl Alexanders d. Gr. hingerichtet. Von seinen Söhnen trat Neoptolemos hierauf auf die Seite der Perser und fand im Kampf gegen Alexander den Tod, während der andere, Amyntas, Offizier Alexanders war (H. BERVE Alexanderreich II Nr. 144). Fr. Kie.

Arrecinus. 1. M. A. Clemens, Ritter, *praefectus praetorio* unter Caligula, Tac. hist. 4,68,2, Mitverschworener bei dessen Ermordung im J. 41, Ios. ant. Iud. 19,37ff. Suet. Cal. 56,1. **2.** Sohn von Nr. 1, mit Vespasian entfernt verwandt, Tac. hist. 4,68,2. Im J. 70 machte ihn Mucian zum *praefectus praetorio;* im J. 71 *praetor*, 73 *cos. suff. I* (Inscr. It. XIII 1,152f.), später *cos. suff. II*, CIL XII 3637. AE 1947, 40. Nach einer Inschr. aus Pisaurum bei A. PASSERINI, Ath. 18, 1940, 145–163 *[legat. Aug. p]ro praet. provinc. [Hispani]ae c[iter]ioris.* Nach

CIL XV 7278 *curator aquarum*. Domitian ließ ihn, obwohl er ihm ergeben war, ca. 92/93 hinrichten, Suet. Dom. 11,3. **3.** A. Tertulla, Tochter von Nr. 1, früh verstorbene erste Gattin des Titus, Suet. Tit. 4,2. R. H.

Arretium (NISSEN It. Ldk. 2,314). Etrusk. Stadt im oberen Arnotal am Übergang zum Clanis in fester Lage (Strab. 222) und fruchtbarer Umgebung (Plin. nat. 14,36. 18,87). MÜLLER-DEECKE Etr. 2,321 hält A. für eine der Zwölfstädte. Das Geschlecht der Cilnii, dem Maecenas angehörte, spielte früh eine Rolle (Liv. 10,3,2. Sil. 5,122). A. tritt mit anderen etrusk. Städten zusammen für die Tarquinier ein (Dion. Hal. ant. 3,51); im 4. und 3. Jh. Gegner Roms (Liv. 9,32.37. 10,3.37. Diod. 20,35,5), sucht röm. Hilfe beim Galliereinfall 285 v. Chr. (Pol. 2,19,7); Sieg des Atilius 225 v. Chr. (Oros. 4,13,8). Röm. Stützpunkt im 2. pun. Kriege (Pol. 3,77 Cic. div. 1,77. Liv. 22,2 ff. 27,21 u. a.). C. Flaminius baut 187 v. Chr. Straße von Bononia nach A. (Liv. 39,2,6), das wohl schon über Clusium mit Rom verbunden war. 108 v. Chr. Überschwemmung durch *stagnum Arretinum* (Obseq. 40). Seit 88 v. Chr. zur trib. Pomptina (KUBITSCHEK Imp. Rom. trib. discr. 81), später 7. Region (Plin. nat. 3,52). Bedeutende Tonwarenindustrie: Plin. 35,160. Mart. 1,54,6. 14,98,1. Isid. orig. 20,4. G. R.

Arrianos (Ἀρριανός). **1.** Verfasser einer Ἀλεξανδρεία auf Alexander d. Gr. und eines Gedichtwerkes auf Attalos von Pergamon. Identisch vielleicht mit dem Verfasser eines Epigramms CIG 4700. **2.** Flavius Arrianus aus Nikomedeia, Staatsmann und Historiograph. Schüler Epiktets, trat er in den Staatsdienst, der ihn fast in alle Reichsprovinzen führte, und brachte es bis zum *vir clarissimus* (Ind. 4,15). 130 n. Chr. Consul suffectus, war er später mit Abwehr der Alanen beschäftigt (Cass. Dio 69,15), zog sich jedoch bald nach Athen ins Privatleben zurück (CIA III 1029. 1032. 1116). Die letzten Lebenszeugnisse stammen von 170. Literarisch war er früh tätig: Seine Nachschriften der Gespräche Epiktets sind bereits im Altertum einziges Zeugnis vom Wirken des Philosophen (Gell. 1,2. 2,19); Dienstberichte, zur Veröffentlichung erweitert sind der Περίπλους Εὐξείνου Πόντου (um 130, s. Stob. 47,28) und die Ἀλανική. In die Ruhestandszeit gehören wohl neben kleineren Schriften wie über Hundezucht oder den Räuber Tilliboros und die Ἰνδική Συγγραφή im Stile der Periegetenliteratur, ionisch abgefaßt, auf Megasthenes und Nearch fußend. Dazu kommen die historischen Werke: 8 Bücher Βιθυνικά (Phot. cod. 93), 17 Bücher Παρθικά. Sein berühmtestes Werk ist die Alexandergeschichte (7 Bücher, der Titel ist unbekannt). Gründe für seine Beschäftigung mit Alexander d. Gr. scheint das Bestreben, eine ernst zu nehmende Darstellung von dessen Zügen zu geben und das übliche, romanhaft verzerrte Alexanderbild zu korrigieren. Nur so erklärt sich die Auswahl seiner Quellen Ptolemaios und Aristobul (anab. proem. 1–2) und sein vorsichtiges Zitieren (s. E. SCHWARTZ RE I 1238–1242). A. schreibt als Soldat und Feldherr, sein Stil ist in gedrängter, knapper Klarheit bewußte Nachahmung Xenophons, seine Quellenkritik scharf und treffend, und bei aller Verehrung für die Persönlichkeit Alexanders bleibt A.s Urteil nüchtern, objektiv. Das sonst übliche Abgleiten ins Romanhafte wird mit besonderer Sorgfalt vermieden. Stilistische Vorbilder sind neben Xenophon Thukydides und Herodot, für den in seinem Jh. in höchster Blüte stehenden literarischen Attizismus ist A. einer der Hauptzeugen. Daneben ist A. Verfasser eines Geschichtswerkes über die Ereignisse nach dem Tode Alexanders (323–321, Titel wohl Τὰ μετ᾿ Ἀλέξανδρον, Phot. cod. 92, cod. 82, entstanden jedoch wohl bereits vor der Alexandergeschichte). A.s Ruhm als Historiker muß bereits bei Lebzeiten groß gewesen sein, seiner Nachwelt war er in erster Linie als der große Epiktetschüler bekannt. A. BRINKMANN erbrachte durch Stiluntersuchungen (Hermes 73/1924, 373–401; 74/1925, 25–61) den Beweis, daß der Agatharchides de mar. rubr. 111, Stob. 1,229,10; 235,9; 246,1, dazu Io. Pholoponus ad. Ar. Meteorol. I 3,2 erwähnte Verfasser eines Werkes περὶ κομητῶν φύσεώς τε καὶ στάσεως καὶ φασμάτων mit A. identisch ist. G. W.

W. Hoffmann Das literarische Porträt Alexanders d. Gr., Leipzig 1907, *H. Strasburger* Ptolemaios und Alexander, Leipzig 1934, *E. Kornemann* Die Alexandergeschichte des Königs Ptolemaios I. von Äg., Leipzig 1935, *W. W. Tarn* Alexander the Great 2, Cambridge 1948, *L. Pearson* The lost histories of Alexander the Great, New York 1960, *A.B. Breebaart* Enige historiografsche aspecten van Arrianus' Anabasis, Leiden 1960.

Arridaios (Ἀρριδαῖος) **1.** Fürst der obermakedon. Elimeia, Sohn oder Schwiegersohn des Amyntas I. von Makedonien. Sch. Thuk. 1,57,3. F. GEYER Makedonien, 1930, 78 f. – **2.** Sohn des Amyntas, Enkel Alexanders I. von Makedonien, Vater des Königs Amyntas III. Synk. 500. Diod. 15,60,3. Sylloge³ 135.157,20. – **3.** Sohn des Amyntas III. von Makedonien, Halbbruder des Königs Philipp II., auf dessen Befehl in Olynth 348 getötet. Iust. 7,4,5. 8,3,10 f. Oros. 3,12,20. – **4.** Schwachsinniger Sohn des Philipp II. und der Philinna, Halbbruder Alexanders d. Gr. Plut. Alex. 77,7 f. Iust. 9,8,2. Nach dessen Tode 323 regierte er, von der makedonischen Phalanx als Philipp (III.) neben Alexander IV. zum König erhoben, mit verschiedenen Reichsverwesern, zunächst mit Perdikkas, der ihn mit Eurydike, einer Enkelin Philipps II., vermählte, dann mit Antipatros und zuletzt mit Polyperchon. Als Eurydike diesen absetzte und Kassander zum Reichsverweser ernannte, wurden sie und A. 317 von Olympias, die als Mutter Alexanders d. Gr. zu dessen Sohn hielt, gefangengenommen und hingerichtet. Diod. 18,2. 16,1. 22,1. 29,1. 39,3 ff. 19,11. Iust. 13,2–4,4. 14,5.

OGIS 4. Münzen des A. bei HEAD HN[2] 228. Zur Zählung seiner Regierungsjahre Sylloge[3] 311. T. C. SKEAT The reigns of Ptolemies, 1954, 27. Unter dem Namen des A. erlassene Dekrete bei Diod. 18,55f. OGIS 8,95. H. V.

Arrius, latinischer Gentilname italischer Herkunft (SCHULZE Eigennamen 422f.), inschriftlich häufig belegt, im öffentlichen Leben in Rom seit dem 1.Jh. v.Chr. nachweisbar. Die Gens trat in den beiden ersten Jh. n.Chr. bes. hervor und stellte in Arrius Menander (Anfang 3.Jh.) einen bedeutenden Juristen.

I. Republikanische Zeit: **1.** A., von Catull. 84 verspottet (wegen affektierter Aussprache). **2.** C.A., Nachbar Ciceros auf dessen Formianum. **3.** L.A., *IV vir pr(aetor)* in Cales. CIL X 3923. **4.** Q.A., Praetor 73, sollte 72 Sicilien von Verres übernehmen, wurde jedoch gegen die Sklaven eingesetzt, besiegte Crixus, wurde aber von Spartacus geschlagen (wobei er vielleicht fiel) und trat die Nachfolge des Verres nicht an. **5.** Q.A., Sachwalter, von Cic. Brut. 242 als Redner gelobt, meldete 63 die Zusammenrottung von Catilinariern in Etrurien nach Rom. Er stand mit Caesar und Cicero in Verbindung, gab 59 ein großartiges öffentliches Leichenmahl (vgl. Hor. s. 2,3,86.243f.), das wohl im Zusammenhang mit seiner (erfolglosen) Bewerbung um das Consulat stand. 52 trat er als Zeuge auf und wird dann bald gestorben sein. **6.** M.A. Secundus, Münzmeister um 43 v. Chr. BROUGHTON Mag. 2,432.

II. Kaiserzeit: **7.** A. Antoninus, *consul suff.* 69, *cos. II* Ende 1.Jh. (DEGRASSI FImp 153). *procos.* in Asia um 81, Dichter griech. Epigramme und Iamben (Plin.epist.4,3,3. 18). Verheiratet mit Boionia Procilia, Vater von Nr. 16 und Großvater des Kaisers Antoninus Pius. Stammbaum RE II 1253. **8.** C.A. Antoninus bekleidete mehrere Ämter, bevor er um 170 *cos. suff.* wurde (DEGRASSI FImp. 48). Dann war er Statthalter in Dakien (?), 175–180 *legatus* in Kappadokien, 184/85 Proconsul in Asia und wurde um 188 von Commodus umgebracht. Er war ein Schüler und Freund des Rhetors Fronto. **9.** Cn.A. Cornelius Proculus, Statthalter in Lycia um 140/42, *cos. suff.* 145. **10.** M.A. Flaccus, *cos. suff.* 79. **11.** A. Menander, Jurist, Anfang 3.Jh. n.Chr., Verfasser eines Werkes de re militari (4 B.). LENEL Palingenesia 2,351. SCHANZ-HOS. 3,212. **12.** L. (C.) A. Pudens, Consul ord. 165. **13.** A. Varus, kämpfte unter Corbulo in Armenien und 69 gegen die Vitellianer, wurde *praef. praetorio*, aber 70 abgesetzt. Tac. hist. 3,6.16.4,2.4.39 u.ö. A. PASSERINI Le coorti pretorie, 1939, 288. **14.** Arria die Ältere, Frau des Caecina Paetus, ging 42 mit diesem in den Freitod (*Paete, non dolet*, Plin. epist. 3,16,6 u.ö.). **15.** Arria d.J., Frau des (P. Clodius) Thrasea Paetus, Verwandte des Dichters Persius, wollte 66 nach der Verurteilung ihres Mannes das Beispiel ihrer Mutter nachahmen (Tac.ann. 14,34,2), wurde unter Domitian verbannt (Tac.Agr.45,1), kehrte unter Nerva nach Rom zurück. **16.** Arria Fadilla, Tochter von Nr. 7, Frau des Aurelius Fulvus, Mutter des Antoninus Pius. Dann mit Iulius Lupus (*cos.* 98) verheiratet. H. G. G.

Arruns, etruskischer Vorname, häufig auf Inschriften (*arnϑ*, *arunϑ*, *aranϑ* u.ä., vgl. SCHULZE Eigenn. 263), lat. Aruns und Arruns, nur bei Etruskern vorkommend; Praenomen in der Gens Tarquinia. **1.** Arruns, legendärer Etrusker im Heer des mit Aeneas verbündeten Tarchon, Verg. Aen. 11, 759–867. **2.** Arruns, Sohn des Porsenna, Rom gegenüber freundlich eingestellt, fiel vor Aricia. Plut. Popl. 18f. Liv. 2,14,5 u.a. **3.** Arruns, etruskischer Seher aus Luca bei Lucan. 1,585–638. H. G. G.

Arruntius, latinischer Gentilname (etr. *arntni*), inschriftlich auch *Arentius*, abgeleitet von etrusk. *Arruns* (SCHULZE Eigennamen 175.263). Die Gens tritt in Rom im 1.Jh. v.Chr. in Erscheinung, erlangt unter Augustus das 1. Consulat; möglicherweise wurde damals ein Zweig in das Patriziat aufgenommen (vgl. Stat.silv. 1,2,71 vom Dichter Arruntius Stella).

I. Republikanische Zeit: **1.** Arruntius, Vater und Sohn, wurden 43 von den Triumvirn proskribiert und kamen um, App.civ. 4,21,86 (’Αρρούντιος). **2.** L. Arruntius, brachte 53 einen Brief des C. Trebatius an Cicero (fam. 7,18,4). **3.** Arruntia, Vestalin, um 69 v.Chr., Macr.Sat. 3,13,11.

II. Kaiserzeit: **4.** A., begüterter Leibarzt der ersten Kaiser, Plin.nat. 29,8. **5.** L.A. wurde 43 v. Chr. geächtet, rettete sich zu S. Pompeius, wechselte dann zu Octavian über, führte bei Actium den linken Flügel und war 22 Consul ord. 17 erscheint er in den *act. lud. saec.* als *XV vir sacr. fac.* Er ist wohl identisch mit dem Geschichtschreiber, der als ein Nachahmer des Sall. über den 1. Pun. Krieg schrieb. Sen.epist. 114,17ff. u.ö. HRR II 58,41. SCHANZ-HOS. 2,327.349.397. **6.** L.A., wohl Sohn von Nr. 5, Consul ord. 6 n.Chr., beantragte 14 die Ehrungen für den verstorbenen Augustus (Tac.ann. 1,8,3), war 15 *cur. riparum Tiberis*, durfte aber um 25 Hispania (cit.) nicht selbst verwalten, weil Tiberius ihn beargwöhnte und in Rom hielt. Nach erneuter Anklage tötete er sich kurz vor dem Tod des Tiberius 37 (Tac.ann. 6,47f. u.ö.). Familiengrab in Rom, CIL VI 5931–5960. **7.** L.A. Camillus Scribonianus, wohl Sohn (nach B. DOER Röm. Namengebung 1937, 111: Enkel) des M. Furius Camillus (*cos.* 8 n.Chr.), von L.A. Nr. 6 adoptiert. Consul ord. 32, unter Caligula *legatus pr.pr.* in Dalmatia, empörte sich 42 gegen Claudius und fand auf Issa den Tod. Tac.ann. 12,52,1 u.ö.; vgl. F. VITTINGHOFF D. Staatsfeind i. d. röm. Kaiserzeit, 1936, 31.39.42. **8.** C.A. Catellius Celer, Consul suff. um 77, Arvalbruder 75–91. DEGR. FImp. 22 (in der Form: L. Pompeius Vopiscus C. Arruntius Catellius Celer). **9.** A. Celsus, latein. Grammatiker der Kaiserzeit (vor Constantin), verfaßte bestimmt eine (verlorene) Grammatik, die von Priscian und Consentius benutzt wurde, und (verlorene) Kommentare zu Terenz und Vergil. Schanz-Hos. 3,174. **10.** L.A. Stella (zum Cognomen, das auch bei anderen A. vorkommt, Schulze Eigenn. 371f.). 93 gab er, vielleicht als Praetor, Spiele anläßlich des Sarmatensieges des Domitian. Consul suff. 101 oder 102 (Degr. FImp. 30). Freund der Dichter Statius und Martial, wohl sicher identisch mit dem Dichter Stella. Schanz-Hos. 2,563. Seine Gattin Violentilla feierte der aus Padua stammende Dichter unter dem Namen Asteris. **11.** Arruntia Camilla, Besitzerin der *figlinae Camillianae* (CIL XV 112–114; wohl aus der Zeit um 120), vielleicht Tochter von Nr. 7. H. G. G.

Arsakes (Ἀρσάκης) **1.–3.** Könige von Armenien. Von den armenischen Königen des Namens A. sind historisch beglaubigt: **1.** A. II., Sohn Artabans III. von Parthien. **2.** A. III., Sohn des Tiran II. von Armenien. **3.** A. IV., Sohn des Königs Pap, des Sohnes und Nachfolgers des A. III., nach der Entthronung eines Varazdat 378 oder 379 durch einen Manuel in Armenien als König aufgestellt. **4.** Gesandter des Perserkönigs Sapor im J. 374 an Kaiser Valens (Amm.). **5.** S. Artaxerxes Nr. 2. **6.** A. Dikaios, ein baktrisch-indischer König. **7.** A. Theos, ein baktrisch-indischer König. **8.** Persischer Eigenname, auf einem altpersischen Siegel Arsaka. Denselben Namen trägt dann der Gründer des parthischen Reichs. Nach ihm tragen alle Partherkönige den Namen A., den sie während der ersten Jahrhunderte des Reichs offiziell immer allein geführt haben, so auf den Münzen. Daneben haben sie freilich alle, mit Ausnahme, wie es scheint, des dritten (richtiger des zweiten) A., ihre Sondernamen geführt. Die Gestalt des ersten A. ist ganz sagenhaft → Parther. J. D.-G.

Arsameia. Name von 2 Städten in Kommagene. Bisher war nur Arsameia am Euphrat (Ars. a.E.), h. Gerger, bekannt. Erst im J. 1951 wurde von F.K. Dörner Ἀρσάμεια πρὸς τῷ Νυμφαίῳ ποταμῷ (Ars. a.N.), h. Eski Kâhta am Kâhtaçay, einem n. Zufluß des Euphrat, entdeckt. Die Identifizierung ermöglichten die auf Felswänden erhaltenen Inschriften, in denen die gesetzlichen Bestimmungen über die Einrichtung des Ahnenkultes in den an beiden Orten bestehenden sepulkralen Heiligtümern, den sog. Hierothesia, auf Befehl des Antiochos I. von Kommagene erlassen worden sind. Welche kommagenischen Herrscher in Ars. a. E. bestattet wurden, ist infolge teilweiser Zerstörung der Felsinschrift noch nicht bekannt. In einer Vorstadt von Ars. a.N. hatte sich Mithradates I. Kallinikos sein Hierothesion errichtet. Hier sind von 1953 bis 1956 Ausgrabungen durchgeführt worden, die sich bisher auf die islamische und hellenistische Zeit konzentrierten. Streufunde zeigten jedoch schon, daß auf der Eski Kale die Besiedlung vielleicht bis in das Endpaläolithicum zurückreicht. Daher hat der in den Inschriften als Stadtgründer genannte Arsames (pers. Arschâma) die Burg wohl nur als militärischen Stützpunkt ausgebaut und das Stadtgebiet mit einem Mauerring umgeben. F. K. D.

Für Ars. a.E. vgl. *K. Humann* und *O. Puchstein* Reisen in Nordsyrien und Kleinasien, Bln. 1890, 353ff. *F.K. Dörner* und *R. Naumann* Forsch. in Kommagene (Ist. Forsch. 10, 1939) 17ff.66ff.; die Felsinschrift wiederholt bei *Dittenberger*, OGIS 402 und *L. Jalabert* et *R. Mouterde*, IGLS I 46. Für Ars. a.N. vgl. *F.K. Dörner* und *Th. Goell* Arsameia am Nymphaios (Ist. Forsch. 23, 1963) mit neuen Ergänzungen auch für Ars. a.E.

Arsames (Ἀρσάμης, Arshâma). **1.** Sohn des Ariaramnes, Vater des Hystaspes und Großvater des Dareios. Die ihm und seinem Vater zugeschriebenen altpersischen Inschriften sind unecht (R. Kent Old Persian, ²1953, 12). **2.** Sohn des Dareios, Führer im Heere des Xerxes. J. D.-G.

Arsamosata. Öfter genannter fester Platz Armeniens, von Pol. 8,23 für das J. 189 v. Chr., von Plin. nat. 6,26 lokalisiert *(Arsamosata Euphrati proximum)* und von Tac. ann. 15,10 für das J. 62 n. Chr. erwähnt. Bei Ptol. 5,12,8 p. 946 M. (ausführl. Komm. p. 946–947): Ἀρσαμόσατα. Entweder mit Erzurum (oberer w. Euphr.) identisch oder s. des ö. Euphr. zwischen diesem und dem Tigris gelegen. H. T.

Arsenicum (ἀρρενικόν). Im Altertum nicht Name des Metalls Arsen, sondern einer seiner beiden Schwefelverbindungen (gelbe Arsenblende), die auch *auripigmentum* hieß; die rote A. wurde σανδαράκη genannt. Beide dienten als Farben, wurden aber auch zum Haarentfernen und bei der Behandlung von Geschwüren verwendet (vgl. Diosk. 5,104.105 = 3,74,1ff. Wellm.). F. K.

Arses. Jüngster Sohn des Artaxerxes Ochos. Vom Eunuchen Bagoas 338 v. Chr. auf den Thron gesetzt, aber von demselben im J. 336 ermordet, der nun Dareios zur Herrschaft brachte. J. D.-G.

Arsinoë (Ἀρσινόη) I. Myth. **1.** In peloponnes., besonders messen. Sage Tochter des Leukippos, Schwester der von den Dioskuren geraubten »Leukippiden«, von Apollon Mutter des Asklepios, Apollod. 3,10,3,5f. Paus. 2,26,7. 4,3,2. In der Stadt Messene war eine Quelle A., in Sparta ein Heiligtum der A. Es wird angenommen, daß beim Eindringen des Asklepioskults aus Thessalien in die Peloponnes A. an die Stelle von Koronis oder → Aigle (Nr. 4) als Mutter des Gottes getreten ist. Cic. nat. d. 3,57 nennt den »dritten« Asklepios einen Sohn des Arsippos und der A., mit Hinweis auf ein Grab des Gottes in Arkadien. **2.** Eine der 3 Minyaden in Orchomenos, die dem Dionysoskult widerstrebten und in Nachtigallen verwandelt wurden, Plut. qu. gr. 38. S. → Alkathoe Nr. 1. **3.** Tochter des Phegeus in Psophis, vermählt mit dem Muttermörder → Alkmaion (Nr. 1), der sie verließ und später durch seine Schwäger Pronoos und → Agenor (Nr. 4) den Tod fand. Da A. diese Tat mißbilligte, wurde sie als angebliche Mörderin von ihren Brüdern zu → Agapenor nach Tegea geschafft. **4.** Amme des Orestes, den sie zu Strophios in Sicherheit brachte, Pind. P. 11,17. 35; sonst Laodameia genannt, Aischyl. Cho. 733 Kilissa. **5.** Mädchen in Salamis (Kypr.), zur Strafe für verschmähte Liebe von Aphrodite versteinert. Anton. Lib. 39 (Hermesianax). Vgl. Ov. met. 14, 698. **6.** Beiname der Aphrodite. Auf dem Vorgebirge Zephyrion bei Alexandreia errichtete der Admiral Kallikrates zu Ehren → Arsinoes II. einen Tempel der A. Kypris, in dem später die Locke der Berenike aufbewahrt wurde. Strab. 17,800. Athen. 7,318 d. H. v. G.

II. Historisch. **1.** Urenkelin des Makedonenkönigs Amyntas I., Frau des Lagos, Mutter des Ptolemaios I. von Äg. Satyros, FGrH 631,11. Porph., FGrH 260 F 2,2. Theokr. 17,26. Eine Legende nannte Philipp II. als Vater des Ptolemaios. Curt. 9,8,22. Paus. 1,6,2. **2.** I., Tochter des Königs Lysimachos von Thrakien und der Nikaia, seit 285 Gattin des Ptolemaios II. von Äg., dem sie Ptolemaios (den späteren III. Euergetes), Lysimachos und Berenike gebar. Pol. 15,25,2. Paus. 1,7,3. Satyros, FGrH 631,13. Wegen einer Verschwörung wurde A. 279 nach Koptos in Oberäg. verbannt. Schol. Theokr. 17,128. K. Sethe Hierogl. Urk. der griech.-röm. Zeit 1 n. 14. **3.** II., Tochter des Ptolemaios I. und der Berenike, seit 299 Gattin des Königs Lysimachos von Thrakien. Plut. Demetr. 31,5. Paus. 1,10,3. Memnon, FGrH 434 F 1,4,9. 5,4 ff., veranlaßte zugunsten ihrer Söhne 283 die Hinrichtung des Stiefsohnes Agathokles. Iust. 17,1,4. Porph., FGrH 260 F3,8. Nach dem Tode des Lysimachos 281 floh A. nach Kassandreia und wurde durch Heirat mit ihrem Halbbruder Ptolemaios Keraunos Königin von Makedonien. Iust. 17,2,7. Polyain. 8,57. Als Keraunos ihre jüngeren Söhne tötete, ging A. 279 über Samothrake nach Äg. und heiratete nach Verbannung der Stieftochter (→ Arsinoe 2) 278 ihren leiblichen, 8 Jahre jüngeren Bruder Ptolemaios II. Iust. 24,2.3. Diese ungriechische, von Sotades (Athen. 14,621 A) verhöhnte Vollgeschwisterehe wurde als Zeus-Hera-Geschwisterehe gefeiert. Theokr. 17,131 ff. H. Thierfelder Die Geschwisterehe im hellenist.-röm. Äg. 1960, 94. A. lenkte entscheidend die äg. Politik gegen Antiochos I. und Makedonien. Sylloge^3 434/35, 16. K. Sethe Hierogl. Urk. der griech.-röm. Zeit 2 n. 20. L. Robert Hellenica 11/12, 1960, 156 ff. Das Herrscherpaar wurde als θεοὶ ἀδελφοί mit dem ἱερεὺς Ἀλεξάνδρου καὶ θεῶν ἀδελφῶν verehrt. Nach dem Tode (9. Juli 270, R. Pfeiffer Kallimachosstudien 1922, 8) erhielt A. als θεὰ Φιλάδελφος Tempel, Kult und eine eponyme Kanephore. Kall. frg. 228 Pf. E. Visser Götter und Kulte im ptol. Alexandrien 1938, 74 ff. H. Volkmann Hist. 5, 1956, 448 f. Bildmünzen Head HN^2 851. **4.** III., Tochter des Ptolemaios III. Euergetes und der Berenike II., machte als Gattin des Bruders Ptolemaios IV. Philopator 217 die Schlacht bei Rapheia mit, gebar 210 Ptolemaios V. und wurde 205 bei dem Tode des Ptolemaios IV. ermordet. Neben dem Kult der θεοὶ Φιλοπάτορες stand eponym die ἱέρεια Ἀρσινόης Φιλοπάτορος. Pol. 5,83 f. 15,25, 2. 12. 33,11. III. Makk. 1,1.4. **5.** Tochter des Ptolemaios XII. Caesar sprach 47 ihr und Ptolemaios XIV. die Herrschaft über Kypros zu. Cass. Dio 42,35,5. Von den Äg. zur Gegenkönigin erhoben, kämpfte A. gegen Caesar. Cass. Dio 42, 39,1. 40,1. 42,1. Caes. civ. 3,112,10 f. Bell. Alex. 23, 2. 33,2. Im Triumph zu Rom wurde A. 46 aufgeführt, freigelassen und 41 auf Wunsch Kleopatras und Befehl des Antonius in Ephesos getötet. Cass. Dio 43,19,2. Ios. ant. Iud. 15,89. App. civ. 5,9. H. V.

III. Städte. **1.** Nach Steph. Byz. Stadt ἐν Αὐλῶνι, also wohl im Jordantal. **2.** Stadt im Fajum in Mitteläypten an der Einmündung eines Nilarms (j. Bahr el-Jussuf) in den antiken Fajum-See; altägypt. Name *Šd.t.* Dort wurde ein Krokodil *(Sbk, Suchos)* verehrt, weshalb die Griechen den Ort zunächst Krokodeilonpolis nannten. Am Ende des 2. Jh. v. Chr. erhielt er den Namen Πτολεμαὶς Εὐεργέτις und erst in röm. Zeit ἡ Ἀρσινοϊτῶν πόλις, da der Gau, dessen Hauptstadt der Ort war, in Ἀρσινοΐτης νόμος umbenannt worden war. Bedeutende Reste der Stadt finden sich n. des h. Medinet el-Fajum um den Hügel Kom Fâris. Von hier stammen zahlreiche Papyri in griechischer, koptischer und arabischer Sprache (Wessely, Abh. Ak. Wien, phil.-hist. Kl. 1902 IV; ASAF 9,231. 10,155). A. war in röm. Zeit neben Memphis, Pelusium und Alexandria Gerichtsort des Statthalters. W. H.

Artabannes. 1. Feldherr des armenischen Königs Arsakes, floh zu den Persern und wurde zum Statthalter von Armenien eingesetzt (nach 364). Para, der Sohn des toten Königs, floh zu den Römern und wurde von Kaiser Valens in sein Reich eingesetzt. Von Sapor angeregt, ließ er seine Minister ermorden und überschickte ihre Köpfe dem Perserkönig (Amm.). **2.** Ein Armenier aus dem Arsakidengeschlecht, ging als Anführer einer Schar von Armeniern unter Aerobindas nach Africa (Proc. Vand.), tötete dort den Usurpator Gundarit, gewann dadurch den Römern die Provinz zurück im J. 546, ließ sich in eine Verschwörung gegen Justinian ein, wurde abgesetzt; in Gnaden wieder aufgenommen und zum Magister militum Thraciae ernannt, wurde er an Stelle des Liberius gegen die Goten in Sizilien geschickt. J. D.-G.

Artabanos (Ἀρτάβανος; Ἀρτάπανος; Ἀρταπάνης). **1.** Bruder des Dareios und Oheim des Xerxes, geleitete diesen bis Abydos und wurde von ihm für die Zeit des Krieges mit der Regentschaft beauftragt. Daß Herodots Erzählungen von A. teilweise poetischen Ursprungs sind, ist zweifellos. **2.** Günstling des Xerxes (Ktes.), ermordete Xerxes und seinen Sohn Dareios. **3.** Satrap von Baktrien, empörte sich gegen Artaxerxes I., wurde aber besiegt (Ktes.).

4 ff. Artabanos, Name mehrerer parthisch. Könige. **4.** Ob der dritte König nach dem Reichsgründer Artabanos hieß, ist fraglich. **5.** A. I. (bzw. II.) kam zur Herrschaft, nachdem sein Vorgänger und Neffe Phraates II. im Kampfe gegen die skythischen Horden, welche das Partherreich verwüsteten, gefallen war (Iust., Iohannes Ant.). Er fiel nach kurzer Regierung im Kampfe gegen die Tocharer. **6.** A. II., zur Zeit Sullas, fällt aus (Kahrstedt Artabanos III., 1950, 11). **7.** A. III., ein Abkömmling der Arsakiden, aber nur von mütterlicher Seite (Tac. ann.). Auf den Schild erhoben wurde A. III. von einer Partei, welche mit seinem in Rom erzogenen und von Augustus eingesetzten Vetter Vonones unzufrieden war. V. wurde geschlagen und mußte das Reich räumen (Tac. Ios.), bestieg dann den gerade erledigten Thron von Armenien, wurde aber genötigt, auf römisches Gebiet zu flüchten. Im Einverständnis mit A. III. internierte Germanicus Vonones in Kilikien.

A. III. führte glückliche Kriege, die ihn ermutigten, die Rücksicht auf die Römer außer acht zu lassen. Darauf schickte Tiberius den Parthern Phraates, einen Sohn des Phraates IV., als König. Als Phraates unterwegs gestorben war, trat sein Sohn oder Neffe Tiridates an seine Stelle. L. Vitellius wurde beauftragt, diesen durch militär. und diplomat. Actionen in sein Reich einzuführen. Von außen erhoben sich gegen A. der Ibererkönig Pharasmanes und sein Bruder Mithradates. Als A. den Feinden seinen Sohn Orodes mit Heeresmacht entgegenschickte, öffnete Pharasmanes die kaspischen Tore und ließ die Sarmaten und Albaner auf Armenien los; A. hielt es für geraten, nach Hyrkanien zu entweichen. Dann brach er mit einem skythischen Heere von O. her in sein Reich ein. Ohne Kampf drang er bis Seleukeia vor; Tiridates zog sich nach Mesopotamien zurück. So hatte A. die röm. Politik aus dem Felde geschlagen.

Erst unter Caligula hielt er es wieder für geraten, sich mit den Römern zu verständigen. Aber trotz seiner Freundschaft mit ihnen mußte er noch einmal sein Reich verlassen. Da er einen Abfall der Satrapen fürchtete, floh er mit etwa 1000 Mann zum König Izates von Adiabene (Ios.), der ihn nicht als Flüchtling, sondern als Oberkönig empfing. Nach seiner Rückkehr wird A. noch einmal als Römerfeind genannt; Herodes wurde 39 eines hochverräterischen Einverständnisses mit ihm beschuldigt. A. starb 2 bis 3 Jahre vor Claudius' Regierungsantritt (Weissbach RE XI 1392. Kahrstedt a. O. 26,69). **8.** Sohn des vorigen, von seinem Vetter Gotarzes mit Weib und Kind ermordet (Tac.). **9.** A. IV., nur von einem Teile der Parther als König anerkannt. **10.** A. V., der letzte Partherkönig. Nach dem Tode des Volagases V. gerieten seine Söhne Volagases VI. und A. V. in Streit um die Herrschaft. Volagases VI. muß Babylonien behauptet haben. Später muß A. V. seine Herrschaft auch über Babylonien ausgedehnt haben.

Von den beiden Vorstößen Caracallas gegen die Parther richtete sich der erste wahrscheinlich gegen Volagases VI.; der zweite führte zu einem Kriege mit A. V. Nach Caracallas gewaltsamem Tode bat sein Nachfolger Macrinus um Frieden. A. V. jedoch verlangte volle Sühne für alle Frevel Caracallas; die Römer wurden bei Nisibis in zwei Schlachten besiegt (Cass. Dio). Artaxerxes, der Führer der aufständischen Perser, besiegte die Parther in drei Schlachten; in der dritten fand A. V. den Tod. J. D.-G.

Artabazanes. 1. Älterer Bruder des Xerxes, der ihm noch bei Lebzeiten des Vaters Dareios die Herrschaft streitig machte. **2.** Herrscher von Atropatene im 3. Jh. v. Chr. Im J. 220 schloß er einen für Antiochos günstigen Vertrag (Pol. 5,55). J. D.-G.

Artabazos (Ἀρτάβαζος), Name verschiedener vornehmer Perser im 5. und 4. Jh. v. Chr., anscheinend desselben Geschlechts. Dieses war im hellespontischen Phrygien ansässig und verwaltete die das kylitische Satrapie über ein Jahrhundert.

1. A. I., des Pharnakes Sohn, befehligte auf Xerxes Zuge gegen Griechenland (480) die Parther und Chorasmier (Hdt.). Vielleicht identisch mit **2.** A. II., der neben Magabyzos dann als Admiral gegen Kimon kämpfte. **3.** A. III., Feldherr des Großkönigs Artaxerxes II. Mnemon; fiel von Artaxerxes III. ab; als Begleiter des Dareios III. Kodomannos begab er sich zu Alexander. **4.** König von Charakene (Ps.-Luk. Makrob.). **5.** Ein Perser in Xenophons Kyrupaedie; ein Meder ebd. J. D.-G.

Artabe war laut Hdt. 1,192 ein persisches Maß für Trockenes von 51 Choiniken = ca. 55 l. In Äg. übernommen, bezeichnete A. die größte Trockenmaßeinheit. Nach Zeit und Ort differierend und oft mit Zusätzen versehen, enthielt sie wohl stets eine ganze Zahl von Choiniken (zu ca. 1 l): in der Ptolemäerzeit 36, auch 40. 30. 29. 26. 42, zur Römerzeit 40, auch 42. 24 usf. Teile wurden in Brüchen bzw. Choiniken angegeben. H. Ch.

Mitt.-Wilcken Grdz. 1, 1 p. LXVIII ff., anders *Segrè* Metrol. 23. 29.

Artaioi war nach Hdt. 7,61 der Name, mit dem die Perser sich früher bezeichneten. In einer Inschrift des Xerxes heißt es, daß die Mazdaverehrer »nach dem Tode *artâvan* werden«, also »selig«. Dies stimmt zu der Hesychglosse (auch bei Steph. Byz.) ἀρταῖοι · ἥρωες παρὰ Πέρσαις. J. D.-G.

R. Kent Old Persian ²1953.

Artapanos schrieb im 2. Jh. v. Chr. auf Grund nicht mehr bestimmbarer jüdisch- und ägyptisch-hellenistischer Überlieferungen einen historischen Roman Περὶ Ἰουδαίων; er sucht darin die führenden Männer der Juden (in den 3 erhaltenen

Fragmenten bei Eus. praep. ev. 9,8.23.27 Abraham, Joseph und Mose) als Lehrer der Heiden in Astrologie, Agrikultur, Technik, Philosophie und Gottesverehrung zu erweisen. C. C.

FGrH 3 C Nr. 726. *P. Dalbert* Die Theologie der hellenistisch-jüdischen Missionsliteratur unter Ausschluß von Philo und Josephus, 1954, 42–52.

Artaphernes, persischer Name (*'Αρταφέρνης*; *'Αρταφρένης* ist griech. Entstellung), altp. *Vi(n)dafarnah.*

1. Einer der sieben Verschworenen, welche den falschen Smerdis stürzten (Aischyl. Pers.). **2.** Bruder des Dareios, nach dem Skythenzuge als Statthalter in Sardes eingesetzt (Hdt.), dessen Burg er während des ionischen Aufstandes erfolgreich gegen die Empörer verteidigte. **3.** A., Sohn des vorigen, bei Marathon geschlagen. **4.** A., von Artaxerxes I. 425 v. Chr. nach Sparta als Gesandter geschickt, u. von den Athenern nach Ephesos geleitet (Thuk.). **5.** A., als Satrap in Asien genannt (Diog. Laert.). **6.** A., Sohn des Mithradates, wurde 61 von Pompeius im Triumph aufgeführt. J.D.-G.

Artavasdes (Arm. *Artauazd*). **1.** König von Großarmenien, Sohn des Tigranes, erscheint als Verbündeter Roms bei Crassus in Syrien (Plut.). Beim Partherzug des M. Antonius 36 v. Chr. führte er diesen absichtlich in die Irre und ins Verderben. Er wurde trotz der *fides data* (Liv. per.) festgenommen, nach Alexandreia geschickt und dort in goldenen Ketten im Triumph des Antonius aufgeführt und schließlich von Kleopatra hingerichtet. **2.** König von Media Atropatene, als Sohn des Königs Ariobarzanes etwa 59 v. Chr. oder etwas früher geboren. Im J. 33 fand am Araxes eine Zusammenkunft des A. mit Antonius statt. Er wurde von den Parthern geschlagen und floh hilfeflehend zu Augustus. † kurz vor 20 v. Chr. in Rom. J. D.-G.

Artaxata. Gründung der Artaxias auf Veranlassung Hannibals (188 v. Chr.), Hauptstadt Armeniens (h. Artashat, s. ö. von Yerewan), am linken Ufer des Araxes (h. Aras), von Strab. 11,14,5–6 auch *'Αρταξιάσατα* genannt, sonst bezeugt von App. Mithr. 104 (*'Αρτάξατα ἡ βασίλειος*), Plut. Luc. 31,3 (*τὸ Τιγράνου βασίλειον*), Cass. Dio 36,51, 1.49,39,3 und Ptol. 5.12,5 p. 941 M. 8, 19,10 N. Tac. ann. 2,56 u. a. H.T.

Artaxerxes (*'Αρταξέσσης*, *'Αρταξέρξης*, *'Αρτοξέρξης*), Name mehrerer persischer Könige.

1. A. I. *Μακρόχειρ* (Longimanus) genannt, war der Sohn des Xerxes I. und der Amestris und gelangte 464 v. Chr. durch eine Palastrevolution auf den Thron. Er nahm den flüchtigen Themistokles freundlich auf und schloß im Winter 449/48 den sog. kimonischen Frieden, in dem Persien und Athen ihre Herrschaftssphären für einige Zeit abgrenzten. Als der peloponnesische Krieg entbrannt war, versuchte zunächst Sparta, mit A. anzuknüpfen. Später verhandelten auch die Athener, doch starb A. Ende 425 oder Anfang 424. **2.** A. II., der älteste Sohn von des A. I. Nebensohn Ochos (als Herrscher Dareios II. Nothos) und der Parysatis, war um 451 oder um 443 v. Chr. geboren. Er führte zuerst den Namen Arsakes od. Arsikas. Als Dareios Nothos Mitte 404 starb, trat A. nach dem Willen des Vaters wirklich die Regierung an. Nach seinem persischen Beinamen Abiâtaka nannten ihn die Griechen *Μνήμων*. Er mußte 401 in offenem Kampfe seinen Thron gegen seinen Bruder Kyros den Jüngeren verteidigen, dessen Tod bei Kunaxa für A. entschied. Als gerechter, milder und leutseliger Fürst gepriesen (Plut.), erscheint er im ganzen als eine weiche, schlaffe, leicht beeinflußbare Natur, der Typus des verweichlichten Orientalen. Der Thronstreit des A. und Kyros wurde mittelbar die Veranlassung zu einem Kriege zwischen Persien und Sparta, dessen Ergebnis der Friede des Antalkidas war. Der Kampf gegen Ägypten zieht sich durch A.s ganze Regierungszeit hindurch. Ein furchtbarer Aufstand der großen Küstensatrapen brachte A. ein Jahrzehnt lang (ca. 368–358) in die größte Gefahr. Die Angaben über A.s Todesjahr schwanken zwischen 363 und 357. **3.** A. III. Ochos (*Ὦχος*) bestieg den Thron im Nov. 359–358. Bis zum J. 343 war Äg., nachdem es 65 Jahre lang seine Freiheit behauptet hatte, vollständig erobert (Diod. Trog.). A. hat den Hauptteil seiner Regierungszeit der Neubefestigung der persischen Königsgewalt gewidmet und diese wirklich erreicht. Er reiht sich würdig ein in die Zahl der großen orientalischen Despoten. Athen fügte sich 355 rasch seinen Forderungen; später versicherte Athen mit Sparta A. seiner Freundschaft. A. wurde vermutlich im J. 337 durch Gift beseitigt.

4.–6. Könige des neupersischen Reiches.

4. A. (Artaxšatr, Ardasher) I., Sohn des Papak, arabisiert Babak; dessen Vater oder Ahnherr war Sasan, stürzte den Fürsten Gozihr in Persis, dem er bisher gedient hatte, ward dann wahrscheinlich 211/12 König, schlug Artabanos V., den letzten Partherkönig, und wurde an dessen Stelle »König der Könige«. Kaiser Alexander Severus besiegte ihn oder wurde von ihm geschlagen. A. ist 241 oder 242 gestorben. **5.** A. II., Sohn des Hormizd II., wurde Großkönig im Sommer 379. **6.** A. III. Als der Vatermörder Kavat Scheroi 628 nach sechsmonatiger Regierung gestorben war, setzten die Machthaber in Ktesiphon seinen Sohn von einer röm. Frau als König ein, einen Knaben namens A. Kaiser Heraclius zog gegen die Hauptstadt und ließ den legitimen König am 27. April töten. J. D.-G.

Artaxias (*'Αρταξίας*) **1.** Sohn des Zariadres (nach aramäischen Inschriften, A. DUPONT-SOMMER Syria 25, 1946/8, 53 ff.), Statthalter des Antiochos III. in Armenien, fiel nach dessen Niederlage bei Magnesia 189 ab, nahm den Königstitel an und erbaute auf Hannibals Rat Artaxata, dessen griech. Ansiedler Inschriften mit Texten des Euripides hinterlassen haben. Strab. 11,528.531. Diod. 31, 17a. Plut. Luc. 31,4. C. HABICHT H 81, 1953, 251. A. wurde 164 von Antiochos IV. zur Anerkennung seiner Oberhoheit gezwungen. Diod. a.O. App. Syr. 45.66. Um 160 unterstützte er Timarchos gegen Demetrios I. Soter. Diod. 31,27a. – **2.** Bei Cass. Dio und im Mon. Anc. Artaxes genannt, ältester Sohn des armenischen Königs Artavasdes, floh 34 vor Antonius zu dem Partherkönig Phraates IV., wurde von ihm als König wieder eingesetzt und ließ alle in Armenien verbliebenen Römer töten. Ios. ant. 13,105. Cass. Dio 51,16,2. Als Tiberius 20 v. Chr. in Armenien einrückte, um Tigranes, den Bruder des A., einzusetzen, wurde A. von Verwandten ermordet. Tac. ann. 2,3. Mon. Anc. 27. Cass. Dio 54,9,4 f. – **3.** Ursprünglich Zenon genannt (OGIS 377), Sohn des pontischen Königs Polemon I., wurde 18 n. Chr. in Artaxata von Germanicus zum König von Armenien gekrönt. Tac. ann. 2,56. Strab. 12,556. Münzen mit der Szene und Aufschrift *Germanic. Artaxias* CAH T. Bd. IV 208, c. A. starb 35 n. Chr. Tac. ann. 6,31. Cass. Dio 58, 26,1. H. V.

Artaynte. Tochter des Masistes, eines Bruders von Xerxes I., Gemahlin von des letzteren Sohn Dareios. Sie wurde das Opfer der Eifersucht der Amastris, Hdt. 9,108. J. D.-G.

Artembares. 1. Vornehmer Meder, Hdt. 1, 114. **2.** Vorfahr des Artayktes, Hdt. 9,122. **3.** Reiterführer unter Xerxes, in der Schlacht bei Salamis, Aisch. Pers. J. D.-G.

Artemidoros (*Ἀρτεμίδωρος*). **1.** Bekannter griech. Geograph, geb. um 100 v. Chr. in Ephesos (GGM 1,566,31), zeitweise Gesandter seiner Heimatstadt in Rom (Strab. 14,1,26). Er schrieb *Ἰωνικὰ ὑπομνήματα* und *Γεωγραφούμενα* (11 B.). Das Werk wurde von A. selbst und später von Markianos von Herakleia epitomiert. Es war in der Art eines Periplus angelegt, in Abkehr von der astr.-mathemat. Geogr. des Eratosthenes. A. wurde von Jüngeren (Strabon, Plinius) stark benützt.

Fragmente: 1. *R. Stiehle*, Phil. 11, 1856, 193 ff. 2. GGM 1,574 ff. 3. FGrH 438. Lit.: 1. *Susemihl* 1,693 ff. 2. *Berger* Erdk. 525 ff. 3. *J. Oliver Thomson* History of Ancient Geography, Cambridge 1948, 210. 4. *Wolfg. Aly* Strabon von Apameia, Bonn 1957, passim. 5. *E. A. Bunbury* A History of Ancient Geography, New York ^{2}1959, 2,61 ff.

2. Sohn des Theopompos aus Knidos, Rhetor des 1. Jh. v. Chr., Freund Caesars (Strab. 14,2,15. Plut. Caes. 65. App. civ. 2,116). Einige Ehrungen, die ihm zuteil wurden, sind inschriftlich bezeugt. *Alfr. Hillscher*, JPhPäd Suppl. 18, 1892, 379 f. *G. Hirschfeld*, JHS 7, 1886, 286 ff.

3. *ὁ Ἀριστοφάνειος* oder (polemisch) *Ψευδαριστοφάνειος*, Grammatiker des 1. Jh. v. Chr., Vater des Grammatikers Theon (Strab. 14,5,15. Etym. gen. *ἁρμοῖ*), Vf. verlorener glossograph. Werke (*ὀψαρτυτικαὶ γλῶσσαι, λέξεις*). Auf ihn geht eine Sammlung der Bukoliker zurück (vgl. Anth. Pal. 9,205). H. Gä.

4. A., aus Ephesos, geb. in Daldis (Lydien), weshalb er sich auch Daldianer nannte, war ein berühmter Traumdeuter und Wahrsager in der 2. Hälfte des 2. Jh. n. Chr. Er schrieb in attizistischem Stil außer *Οἰωνοσκοπικά* und *Χειροσκοπικά* ein noch erhaltenes Werk *Ὀνειροκριτικά* in 5 B., ein Traumbuch, dessen letztes B. 95 erfüllte Träume enthält. Er war vermutlich Stoiker, dem es als solchem erlaubt war, den Traumglauben in ein mit Beispielen belegtes System zu bringen, und bildet eine wichtige Quelle für den antiken Aberglauben. W. S.

Ausg. *R. Hercher* 1864. Ü.: *Krauss*, Wien 1884. Lit.: *W. Reichardt* De A. Daldiano 1894. *R. Dietrich* Beitr. zu A. 1910. LeskyGGrL. 763.

5. (*ὁ Καπίτων*) Arzt aus hadrianischer Zeit; er und ein gewisser Dioskorides veranstalteten Gesamtausg. des Hippokrates, denen man früher keinen Einfluß auf unsere Hipp.-Hss. zuschrieb [1]; heute ist man anderer Ansicht (s. H 89, 1961, 327[1] mit Literatur). F. K.

1. *Joh. Ilberg* Die Hippokratesausgaben des A. und Dioskorides RhM 45, 1890, 111 ff.

Artemis (*Ἄρτεμις*, dor. *Ἄρταμις* Sylloge^{3} 765,13. C. D. Buck, AJPh 10,1889, 464 ff.), griech. Göttin, Tochter des Zeus und der Leto, Schwester des Apollon (Hom. Il. 20,71. 21,511 ff. 24,605 ff.). Ihre Verehrung ist bereits für das myken. Hellas bezeugt: Py Un 219,5 *A-ti-mi-te* (Dat.). Py Es 650.5 *A-te-mi-to* (Gen.). E. L. Bennett The Pylos-Tablets, 1955, 208/09. O. Landau Myken.-Griech. Personennamen, 1958, 31 f. 258. A. L. Stella, Numen 5, 1958, 28. Die olymp. Religion Homers und seiner Nachfolger läßt Gestalt und Wirkungsfeld der A. schon eingeengt erscheinen. Die unnahbare Jungfrau (Od. 6,109. Hom. h. 9,2. 27,2), die bogenbewehrte Jägerin (Il. 21,485 f. Od. 6,102 ff.) und die Todesgöttin (Il. 6,428. Od. 15,409 f.) sind nur Teilaspekte einer aus dem Kultbestand erschließbaren weitaus umfassenderen Wesenheit, deren Hauptmerkmale – Tierherrin, jungfräuliche Geburtshelferin und Kurotrophos, tötende und lebengebende Muttergöttin – das Bild einer großen prähellen. Potnia vermitteln. Vgl. E. Kalinka, NJb 45, 1920, 411. U. v. Wilamowitz Hellenist. Dichtung 2, 1924, 51. F. Schachermeyr Poseidon, 1950, 124,17. Etymologien des Namens setzen teils bei einer der partiellen Funktionen an, teils zielen sie auf den Gesamtcharakter. Platons Herleitung von *ἀρτεμής* »integer« (Krat. 406 b) haben K. O. Müller Die Dorier 1, 1844^{2}, 374, und A. Fick Griech. Personennamen, 1894^{2}, 439, mit etwas anderer Interpretation erneuert. Als »Schlächterin« (*Ἄρταμις* zu *ἄρταμος* = *φονεύς*) wollten nach einer Anregung von Wilamowitz (PhU 9, 1886, 68) C. Robert bei Prell.-Rob. ^{4}1,296,2 und P. Wolters, EA 1892, 223 f., die archaisch-grausame, tierwürgende und -zerreißende Gottheit, die bei Griechen und Barbaren Menschenopfer empfing (Wilamowitz Hell. Dichtung 2,49,1. [4],30 f. [9], 22 f. [10],87 f.), verstehen (ablehnend Buck a.O. 463 f.; s. auch Wilam. a.O. 2,50. [4],102 f.). Dagegen meinte K. Glaser, MVPhW 6, 1929, 55ff., die »Bärengöttin« (*Ἄρκτ(ε)μις zu ἄρκτος), Stammutter der Ἄρκαδες (»Bärenmänner« [4], 14f.39; dah. *Ἄρκαμις nach F. Hansen, AJPh 13, 1892, 437), in ihr zu erkennen. Vgl. P. Kretschmer, Gl 21, 1932, 179. P. Chantraine, AC 22, 1953, 67. Seine Auffassung wurde mit besserer phonet. und morpholog. Fundierung aufgenommen von V. Pisani, REA 37, 1935, 149f., und M. Sánchez Ruipérez, Em 15, 1947, 1ff.; Zephyrus 2, 1951, 149ff., die den Namen für illyrisch halten und die kelt.-illyr. Bärengöttin Artio (CIL XIII 5,160. S. Reinach, Rev. Celt. 21, 1900, 287ff.) vergleichen (ähnlich V. Georgiev Urgriechen und Urillyrier, 1937, 35ff.). Andererseits haben Befürworter der ἄρταμος-Etymologie auf die Bildung mit dem m-Suffix hingewiesen und ägäische Herkunft erwogen (C. Autran Homère et les Origines sacerdot. de l'Epopée grecque 3, 1944, 187,3. U. Pestalozza Religione Mediterranea, 1952, 216,136. Vgl. Schachermeyr a.O. 123. [11],509). Zudem gaben die Belege der lyd. Inschriften (z.B. Sardis VI 1,6 *Artimuś* E.H. Sturtevant, Lg 1, 1925, 70ff. W. Brandenstein, Caucasica 10, 1932, 67. J. Jongkees, Mn 6, 1938, 356f.) und die etrusk. Varianten (*Aritimi*, *Artumes* E. Fiesel Namen des griech. Mythos im Etruskischen, 1928, 84f. [7],170) Anlaß, Wesen und Namen der A. dem ungriech. Kleinasien zuzuweisen (J. Keil Anatol. Stud. W.M. Ramsay, 1895, 262,1. Wilam. a.O. 2,50f.; GldH 1,318f. F. Altheim, SM 8, 1932, 149f. WG 7, 1941, 360. [4],104). Während B. Hrozný (Arch. Orient. 8, 1936, 195f.; Ancient History of Western Asia, 1941, 147) die (unsichere) Identifikation mit einer Göttin Rutas auf hier.-heth. Altarinschriften vorschlug (A. = * *Ruta-mis*), suchte J. Przyluski (RHR 105, 1932, 184f.; La Grande Déesse, 1950, 34f.) die griech., lyd. und etr. Namensformen der A. mit *Arədwī* (Sūrā), der Epiklese der pers. Anahita (W. Bartholomae Altiran. Wörterbuch, 1904/1961, 194f.) auf einer gemeinsamen anatol. Basis **artuwi* zu vereinigen. Die Etymologien jüngsten Datums bewegen sich in ähnlichen Bahnen: die »hohe, große (Göttin)« = gr. Ὀρθία (zu iran. *ardwi*, lat. *arduus*) A. Carnoy Dict. Étym. Proto-Indo-Européen, 1955, 11; die »Mächtige« = gr. Πότνια (zu etr. *ar* »machen«) H.L. Stoltenberg Etrusk. Gottnamen, 1957, 94; die (Göttin) der befrucht. Wasser« (zu skr. *ardati*, av. *Arədwī*) A.J. van Windekens, BN 9, 1958, 163ff. – Es ist allgemein anerkannt, daß die griech. A. zu einem guten Teil Natur und Aufgabenbereich der prähellen. Πότνια θηρῶν geerbt hat (Il. 21,470. F. Studniczka Kyrene, 1890, 153ff. L. Malten, PhU 20, 1911, 73f.; JDAI 27, 1912, 263. E.O. James Myth and Ritual, 1958, 140. [4],102. [11],339.505.509). Der Typus der göttlichen Tierherrscherin besaß eine außergewöhnliche geograph. Extension (Ch. Picard Mél. Holleaux, 1913, 182ff. [3],501ff. [11], 507). Zahlreiche bildliche Darstellungen der sog.

»persischen« A. (vgl. A. Körte, AM 20, 1895, 8ff. G. Radet Cybébé, 1909, 4.49f.) zeigen die Potnia in archaisch-starrer Haltung, nicht selten geflügelt, z.T. mit Gorgonenantlitz (vgl. S. Marinatos, EA 1927/28, 7ff. Th. Ph. Howe, AJA 58, 1954, 214ff.), von 2 tier. Akoluthoi flankiert (Przyluski, ErJb 6, 1938, 41.45), die sie meist mit beiden Händen gepackt hält (Studniczka a.O. 152ff. Radet a.O. 5ff. A.L. Frothingham, AJA 15, 1911, 349ff. [11], 398.506). Sie reichen von Mesopotamien und dem Land der Ḫurri (E. Herzfeld, AMI 9, 1938, 1ff. M.Th. Barrelet, Syria 32, 1955, 247ff.) über Ugarit (C. Schaeffer Ugaritica 1, 1939, Taf. 11. T.B.L. Webster From Mycenae to Homer, 1960, 48), das min. Kreta (A. Evans Palace of Minos 4, 1935, 169ff. A.D. Nock, CR 39, 1925, 173. Webster a.O. 67. [11],352ff. 389ff.), Kleinasien und die Ägäis (M.S. Thompson, JHS 29, 1909, 299. O. Kern, AM 50, 1925, 157, Taf. 7. [9],24f.) bis nach Griechenland (Paus. 5,19,5. W. v. Massow, AM 41, 1916, 87. Wolters a.O. 221ff. Thompson a.O. 286ff. [4],102. [11],507,85.508), Italien und Spanien (A. Laumonier, REA 23, 1921, 273ff. Altheim Ursprung der Etr. 64; Röm. Rel. Gesch. 1, 1951, 94f. [7],102f. J.M. Blazquez Martinez, AEA 26, 1953, 263ff.; Zephyrus 5, 1954, 205.207.211). Die sum.-babyl. Inanna-Ištar (Picard a.O. 191f. M. Rutten Mél. R. Dussaud 1, 1939, 445ff. [11], 510f.), die Anat von Ugarit (R. Dussaud, RHR 103, 1931, 373. Pestalozza, RIL 92, 1958, 483ff.), die anatol. Ephesia (Frazer GB 1,37f. Picard, ErJb 6,73f. [3],499ff. [4],103), die ḫurrit. Ḫepat (E. Cavaignac, JKF 1, 1950/51, 53f. O.R. Gurney The Hittites, 1952, 135) und die taur. Parthenos (Paus. 3,16,8. M. Rostovtzeff, REG 32, 1919, 467. C.A. Manning, TAPhA 51, 1920, 40ff. 47ff.) sind ebenso wie die kret. Britomartis-Diktynna (B. Al, Mn 12, 1945, 213f. M. Guarducci, SM 11, 1935, 193f.199. [9],25ff. [11],510ff.513), die etrusk. Aritimi-Artumes (Altheim, SM 8,150; Ursprung 65. [7],167ff.), die Despoina von Lykosura (Paus. 8, 37,1. A.J.B. Wace, AJA 38, 1934, 107ff. Taf. 10. L.B. Lawler-A.E. Kober, CPh 40, 1945, 103. [1], 160f. [2],455ff.) und die »griech.« A. von Kamiros (Radet a.O. 45 Abb. 1ff. Kerényi, Mn 7, 1939, 170), Thera (Studniczka a.O. 162 Abb. 33) oder Sparta (R.M. Dawkins, JHS Suppl. 5, 1929, 259ff. Taf. 91ff. F. Schwenn, RVV 15, 1915, 95,4.102f.) Repräsentantinnen dieser eigenartigen göttlichen Wesenheit, in der sich die schaffende und die zerstörende Kraft der Natur verkörpert (Przyluski La Grande Déesse 156ff.). So werden auch an der jagdliebenden hellen. Zeustochter (W.F. Otto, A 1, 1925, 357ff.), die im Erymanthos Ebern und Hirschen nachstellt (Od. 6,102ff.), sich am Lärm der wilden Hetze erfreut (Il. 16,183. Soph. El. 563), auf Bergeshöhen schweift (Eur. Tro. 551. Iph. T. 127) und im Kreise ihrer Nymphen Reigentänze aufführt (Il. 16,182f. [10],83f.), die ambivalenten Züge der großen Förderin und Vernichterin des

Lebens noch sichtbar ([11],503f.): sie verleiht als *Λοχεία* und *Σωοδῖνα* (CIG II 3562. IGS I 3407) den Frauen rasche und schmerzlose Geburt (Aischyl. Hik. 676f. Eur. Hipp. 166. [4],105. [10],88f.), ist als *Ἀγροτέρα* (Il. 21,471. Xen. kyn. 6,13; Hell. 4,2,20) Säugamme und Schützerin des wilden Getiers (Aischyl. Ag. 135ff. Strab. 5,215. 14,643. K. Dilthey, RhM 25, 1870, 330f. [10],85f.), aber auch Patronin der Pferde (Pind. O. 3,26. frg 89a Sn.), ferner himml. Kurotrophos (Paus. 4,34,6. CIA II 467ff. [4],105f. [9],94f. [10],89f.), Gefährtin des keuschen Jägers Hippolytos, dem die Jugend Troizens das Haar weihte (Eur. Hipp. 73ff. 1425ff. P. Festugière Personal Religion, 1954, 10ff. W. Fauth, AMAW 1958, 9,61ff.). Darüber hinaus ist sie ganz allgemein die große Heilerin (Il. 5,447) und Retterin (Paus. 8,39,5). Auf Delos, wo sie im Bannkreis des Letoidenkults neben dem »Bruder« Apollon Anteil an dem alten min. Keraton-Altar hatte, brachten ihr die Frauen als der *Εἰλείθυια* Haaropfer dar (R. Demangel, BCH 46, 1922, 88ff. W. Deonna, REA 42, 1940, 111ff. 124ff. E. Secci, RIL 91, 1957, 835ff.), ein Ritus, der in der Verehrung ihrer geburtshelf. Hypostasen, der del. Hyperboreerinnen Opis und Arge, bzw. Loxo und Hekaerge (L. Radermacher, RhM 93, 1950, 325ff.) von alters her begründet war (Hdt. 4,34f. Paus. 1,43,4. R. Vallois, BCH 48, 1924, 411ff. Picard, RA 25, 1927, 349ff. 352). Andererseits heißt die Herrin des Bogens (*τοξοφόρος* Il. 21,483), die »den Pfeil in der Hand hält« (*ἰοχέαιρα* Il. 5,53. A. Heubeck, BN 7, 1956, 275ff.), eine »Löwin den Weibern«, der es freisteht, zu töten, welche sie will (Il. 21,483f.). Ihr Pfeil bringt den sanft erlösenden Tod (Od. 15,409. 18,202) wie das jähe Verderben aus dem Zorn gekränkter Göttlichkeit (Il. 6,205. Od. 11,325. [4],108. Vgl. A. H. Krappe, CPh 39, 1944, 178ff.). Die Niobe- und Orionsage (Il. 24, 606ff. Od. 5,123ff.) spiegeln den eifersüchtigen Rachedrang der A., die Verwandlungsmythen der Kallisto (Eur. Hel. 375ff. Paus. 8,3,6f.) und des Aktaion (Apollod. 3,30f. [9],73f.) die unberechenbare Grausamkeit der Potnia gegen Gestalten ihres eigenen Gefolges, die – wie sie selbst (Sch. Pind. P. 4,156a. Apollod. 1,55. Krappe, SM 12, 1936, 11f.) – noch Spuren einer urspr. theriomorphen Erscheinungsform aufweisen ([9],18ff.). Die Bärin Kallisto (Paus. 8,35,8. Ruipérez, Em 15,28ff.) oder die Hirschkuh Taygete (Eur. Hel. 381ff. Paus. 3,20,7) stellen Spielarten der tiergestaltigen Herrin des »Draußen« dar, so wie die arkad. Atalante (Kall. h. 3,215ff. B. Schweitzer Herakles, 1922, 54. [9],51. 182) und die Iphigeneia von Megara (Paus. 1,43,1. Wilam. GldH 1,177f. [9],52) Sonderformen der Jägerin und Geburtshelferin, vom Mythos in ein Verhältnis der Unterordnung oder auch des Gegensatzes zu der »großen Göttin« gebracht, während die theriomorphen Elemente z. T. zurückgedrängt sind (Apollod. 3,105. Ail. var. 13,1. Etym. m. 747,52ff. P. Clement, AC 3, 1934, 393ff. 407. Ruipérez a. O. 7. Pestalozza, RIL 91, 597,74). Dafür bewahren die Kulte der A. *Ἰφιγένεια* von Brauron (Eur. Iph. T. 1462ff. Ruipérez a. O. 6.51f.) und der A. *Ὀρθία* von Sparta (Dawkins a. O. 157.266 Taf. 66ff. N. Yalouris, MH 7, 1950, 93. [3],503,3) mit ihrer rit. Bären- und Pferdesymbolik, ferner die sakralen Epitheta der A. *Πωλώ* von Thasos (Th. Macridy, JDAI 27,8ff. Picard, REA 42,279, 5.280. [3],440,6.515) und der A. *Ταυροπόλος* zu Halai Araphenides (Eur. Iph. T. 1450ff. Ruipérez a. O. 52ff.), die auf dem Bronzerelief von Kolophon ihre Stiertrabanten an langen Leinen führt (Picard, Mél. Holleaux 175ff. W. Technau, JDAI 52, 1937, 89f. [9],43), recht deutlich die urtümliche Erscheinungsweise der *Πότνια ἄρκτων, ἵππων, ταύρων* (vgl. S. Reinach, REG 28, 1915, 1ff. 14f. Technau a. O. 90. 95. [3],500). Das Begehren dieser A. nach blutigen Opfern bildet das kult. Äquivalent zu der myth. Konzeption von der vernichtenden Gier der jungfräulichen Göttin nach der Lebenskraft ihres männlichen Partners. Wie die qadištu Inanna ihre »Gärtner« und »Hirten« zugrunde richtet (Gilg. Ep. 6,48ff. H. Gressmann, AOTAT 1926^{2}, 161f. Przyluski, Le Muséon 49, 1936, 305), die »Jungfrau« *(btlt)* Anat den Bogenschützen Aqhat umbringt (C. H. Gordon Ugaritic Literature 1949, 92ff.), so die *παρθένος* A. ihre Jäger Orion und Aktaion (Prell.-Rob. ^{4}1,452f. Th. H. Gaster Thespis, 1950, 260ff. Lawler-Kober a. O. 105). Die absolute Unabhängigkeit und Totalität der göttlichen Virgo verlangt dieses ständig sich wiederholende Opfer als Voraussetzung für ihre lebenschaffende und -erhaltende Wirksamkeit als *Μήτηρ* und *Κουροτρόφος* (vgl. Rostovtzeff a. O. 465f.). Die konträre Einheit der Jungfrau-Mutter ([8],19) hat A. ebenso wie die Rolle der Tierherrin aus dem rel. Vorstellungsgut des mittelmeerisch-vorderasiat. Raumes mitgebracht (Kalinka, NJb 45,412. S. Luria, Minos 5, 1957, 43f.). Die Wurzeln dieser Einheit liegen in der wesenhaften Verbundenheit der prähellen. *Πότνια Μήτηρ* mit Erde, Wasser und Vegetation (Przyluski a. O. 294.296. van Windekens a. O. 164). Sie prägt durchweg die Lage und das kult. Gesicht der A.-Heiligtümer (J. R. Harris Ascent of Olympus, 1917, 85. J. H. Croon, Mn 9, 1956, 193ff. [9],48ff.): Die A. *Τρικλαρία* von Patrai (J. Herbillon, Mus. Belg. 28, 1924, 14ff. 19), der einst Menschenopfer zukamen (Paus. 7,19,1ff. [9],22f.), und die A. *Ἀμαρυσία* im att. Demos Athmonon (Paus. 1,31,5. [9],48), die auf Euboia verstümmelte Opfertiere empfing (Sch. Aristoph. Av. 873. [9],24), seien als Beispiele dafür genannt. Gleich ihnen bezeugt die aitol. A. *Λαφρία*, der man lebende Tiere und Baumfrüchte auf dem Scheiterhaufen verbrannte (Paus. 7,18,6ff.), den Zusammenhang zwischen der tötenden und der lebenverleihenden Macht einer Gebieterin über animal. und vegetat. Gedeihen. Man hat zwar in der *Λαφρία* von Kalydon und

Patrai die »Hirschgöttin« der ersten griech. Einwanderer erkennen wollen (Ruipérez a.O. 34ff. H. Grégoire, BAB 34, 1948, 603ff.), doch scheint die Epiklese eher auf die barbar. Tiertöterin mit dem Doppelbeil (λάβρυς), mithin auf das ältere vorgriech. Substrat zu weisen (Herbillon, Mus. Belg. 25, 1921, 181ff. Pestalozza a.O. 593ff.). Entsprechend sind bei der lakon. Orthia Λυγοδέσμα zwar illyr. bzw. venet. Einflüsse wahrscheinlich gemacht worden (R.S. Conway Prae-Italic Dialects 1, 1933, 90ff. R. Herbig JDAI 55, 1940, 80. Kretschmer, Gl 30, 1943, 154ff.), die einen Konnex mit der ätol. A. im Gebiet der Timavusquellen (Strab. 5,214f.) und der venet. Reitia von Magrè und Ateste nahelegen (Altheim-Trautmann, WG 7,361ff. W. Borgeaud Les Illyriens en Grèce et en Italie, 1943, 72f.82ff. Ruipérez, Em 15,11ff.18.45; Zephyrus 2,93. G.B. Pellegrini, PP 6, 1951, 81ff.); doch geben die Kultfakten genügend Anhaltspunkte für das Fortwirken einer prädorischen, mediterranen Schicht: als Schirmherrin der jugendlich-jungfräulichen πῶλοι aus den Reihen der spart. Jugend (Alkm.frg. 1 D. D.L. Page The Partheneion, 1951, 74.80.81) tritt die Orthia der A. Ἰακινθοτρόφος von Knidos (SGDI 3502.05.12. L. Robert, Hellenica 7, 1949, 114ff. [9],69f. [11],556ff.), aber auch der brauron. und ephes. A. mit ihren priesterlich-virginalen ἄρκτοι und μέλισσαι zur Seite (Pestalozza Rel. Med. 236f. Picard, ErJb 6,82ff.; REA 42, 280ff. [3],228ff.). Die rit. Geißelung der Knaben an ihrem Altar (Xen.Lak.pol. 2,9. Paus. 8,23,1. Schwenn a.O. 93ff.), Substitut eines ehem. Menschenopfers aus den Reihen ihrer jugendl. Schützlinge (Paus.3,16,10. Serv.Aen. 2,116. Pestalozza, RIL 92,502; anders A. Thomsen, ARW 9, 1906, 398ff. Schwenn a.O. 97ff.), verrät die blutgierige »Schlächterin« (Pestalozza, RIL 91,609ff.); doch ist die dazu verwandte Lygosrute zugleich vegetat. Symbol der Fruchtbarkeit und der kathart. Sühnung (Thomsen a.O. 406ff. M. Delcourt Héphaistos, 1957, 72ff.) und deutet auf den tieferen Sinn des Ritus, der auch auf Delos, der Insel der »Wachtelherrin« Ὀρτυγία (J. Tréheux, BCH 70, 1946, 571ff.), neben dem uralten Geranos-Tanz an den Altar und den heiligen Baum der Leto-Asterie-A. gebunden war (Kall.h. 4,316ff. E. Cahen, REG 36, 1923, 24f. Vallois a.O. 435ff.444f. Picard a.O. 273,1. Secci a.O. 810ff.830ff.). Das pfahlartige Bretas der Göttin (Dawkins a.O. 218f. Taf.117ff.), von Lygos umrankt, im Lygosgesträuch gefunden, das Granatapfelmahl der Thosterien (H. Davison, H 73, 1938, 456), das Kultlokal in der schilfbestandenen Sumpfebene des Eurotas (E. Kirsten, BJ 158, 1958, 170ff.) erhärten ihre Zugehörigkeit zum chthon.-vegetat. Bereich und rücken sie einerseits an die unterweltl. Pheraia zu Sikyon und Argos (Paus. 2,10,7.23,8. P. Philippson Thessal. Mythologie, 1944, 75ff.) bzw. allgemein an Hekate, die Herrin der Zauberkräuter (Harris, BJRL 3, 1916/17, 159f. Pestalozza, Acme 5, 1952, 531), heran, nähern sie andererseits als Frauen- und Heilgöttin (Sch.Pind. O. 3,54. E. Vetter, Gl 20, 1932, 73) der min. Diktynna und Eileithyia (Paus. 3,17,1. Serv. a.O. S. Wide Lakon. Kulte, 1893, 113ff. Davison a.O. 455. [9],33). Die Ekstatik der rit. Tänze und das Motiv der Manie in der Astrabakos-Alopekos-Legende (Paus. 3,16,9ff.) erklären ihren Konnex mit Dionysos (Borgeaud a.O. 73ff. Pestalozza a.O. 599ff.), der Wald- und Wasserbezug der Λιμναία (Paus.3,16,7. Strab. 8,362. Wilamowitz Pindaros, 1922, 323. R. Herbig a.O. 74f.76) ihre enge Verwandtschaft mit den Πότνιαι ϑηρῶν καὶ φυτῶν des Westens, der Diana vom Aventin, der Tifatina von Capua und der aricin. Nemorensis (Laumonier, REA 23,276. J. Bayet Hercule Romain, 1926, 279ff. H. Mattingly, WG 4, 1938, 318. Altheim Ursprung 30.60ff. [7],111f.122ff.), wie mit denen des Ostens, der lyd. Ma-Kybele (Page a.O. 68f. G.M.A. Hanfmann, HSPh 63, 1958, 65) und der ephes. Upis (H. Diels, H 31, 1896, 361f. [3],468ff.), deren primitives Baumidol in den Kaystrosniederungen einst von den Amazonen unter Führung der Hippo umtanzt und mit seltsamen und blutigen Riten verehrt wurde (Kall. h. 3,237ff. Picard, REA 42, 272f. ErJb 6,62ff. Pestalozza a.O. 601). Über die letztere spannt sich der Bogen göttlicher Wesensgemeinsamkeit bis zu der pers. Anahita (Paus. 3,16,7ff. Keil a.O. 250.264. Przyluski a.O. 302. Pestalozza Rel. Med. 86ff.171), die, zunächst ein altes Flußnumen des Oxusstromes (O.M. Dalton The Treasure of the Oxus, 1926^2, XXVIIff. 26,103.52,198) mit dem Epitheton *Arədwī Sūrā*, die »Feuchte-Starke« (Pestalozza a.O. 83), durch frühzeitige Fusion mit der babyl. Ištar-Nanaia, der elamit. Naḫiti, der ugarit. Anat und der anatol. Ma (J.H. Moulton Early Zoroastrianism, 1926, 238f. G. Furlani, SM 11, 1935, 143.147.151. Vgl. S. Wikander Feuerpriester in Kleinasien und Iran, 1946, 62.64) die umfassenden Eigenschaften einer Fruchtbarkeitsspenderin und Schützerin von Mensch und Tier annahm (Yašt 5,1ff. J. Darmesteter Le Zend-Avesta 2, 1892, 363ff. Furlani a.O. 145f. L.I. Ringbom, AAA 23,2, 1957. Altheim Weltgesch. Asiens 1, 1947, 165.310f.). Seit Artaxerxes II. Reichsgottheit (Wikander a.O. 65ff.), wurde sie von den griech. Eroberern in Kleinasien (L. Robert, Hellenica 6, 1948, 108f. Heubeck, EF 9, 1959, 22), in Baktrien und Indien (W.W. Tarn The Greeks in Bactria and India, 1951, 29.102. 115.135) unter dem Namen A.-Anaitis als eine Erscheinungsform der großen jungfräulich-maternalen Gottheit verehrt ([3],612ff. [9],128f.). W. F.

1. *W. Immerwahr* Die Kulte und Mythen Arkadiens, 1881. 2. *L. R. Farnell* Cults of the Greek States 2, 1896. 3. *Ch. Picard* Éphèse et Claros, 1922. 4. *O. Kern* Rel. der Griechen 1, 1926. 5. *J. Herbillon* A. Homérique, 1929. 6. *G. Bruns* Die Jägerin A., 1930. 7. *F. Altheim* Griech. Götter im

alten Rom, RVV 21,1, 1931. 8. *K.Kerényi* Das göttliche Mädchen, Alb. Vig. 8/9, 1941. 9. *K. Hoenn* A. 1946. 10. *W.F. Otto* Die Götter Griechenlands, 1947. 11. *M.P. Nilsson* Minoan-Mycenean Religion, 1950². 12. *W. Fauth* Hippolytos und Phaidra II, AMAW 1959, 8.

Artemisia. 1. Tochter des Lygdamis von Halikarnassos, Großmutter Herodots. Um 480 hatte sie als Vormund ihres Sohnes die Herrschaft über Halikarnassos, Kos, Nisyros und Kalydna inne und nahm mit einem Flottengeschwader am Feldzug des Xerxes und an der Schlacht bei Salamis teil (Hdt. 7,99. 8,68 f. 87 f.). **2.** Tochter des Hekatomnos von Mylasa, Schwester und Gemahlin des Maussolos, nach dessen Tod sie 353–351 die Herrschaft über Karien und Rhodos führte. Während dieser Zeit berief sie Künstler aus ganz Hellas nach Halikarnassos, um ihrem Gemahl ein grandioses Grabmal errichten zu lassen (Diod. 16,45). Fr. Kie.

3. Die Compositengattung Artemisia (dieser Name ist eher von *Artemis Ilithyia* als, wie Plin. meint, von der Gattin des Maussolos abzuleiten) umfaßt über 400 über einen Großteil der Erde von den Küsten bis ins Hochgebirge verbreitete Arten, die meisten in den Trockengebieten, in 4 Untergattungen: Abrotanon (als *ἀβρότανον, ἀβρότονον, ἀβρότονον* für mehrere A.-Arten und angeblich auch *Ambrosia maritima* bei Theophr., Nik., Colum., Horaz u.a.) mit den Beifuß-Arten A. vulgaris, A. abrotanum, pontica u.a.; Absinthium (*ἀψίνθιον* bei Hippokr. u.a., neugr. *ἀψιθιά, absinthium* schon bei Plautus) mit dem aromatischen, zu Tee und alkoholischen Destillaten viel verwendeten A. absinthium und arborescens und den alpinen Edelrauten; Seriphidium (als *σερίφιον* bei Diosk. u.a.) mit den wegen ihres Santonin-Gehalts als Anthelminthica geschätzten A. maritima (*ἀψίνθιον θαλάσσιον* bei Theophr.), A. santonica u.a.; Dracunculus mit dem Esdragon A. dracunculus, A. campestris u.a. Wermutsteppen beschreiben schon Xenophon, Theophr. und Ovid. H. G.

Artemision. 1. Nördlichste Küstenstrecke Euboias im Gebiet von Histiaia, berühmt durch die Seeschlacht von 480 v.Chr., später vielleicht auch Ortschaft. Hdt. 7,175 f. 183. 188 ff. 8,1 ff. Plut. Them. 8,2. Plin. nat. 4,64. Steph. Byz. IG VII 53 = EpGr. 461. Tempel der Artemis *Προσηῴα* über der Pevkibucht Lolling Ath. Mitt. 8,1883,7 ff. 200 ff. Bericht über die Bronzefunde im Meer AA 43,1928, 612 ff.

1. *Fr. Geyer* Topographie und Geschichte der Insel Euboia, Quellen u. Forsch. z. alten Gesch. u. Geogr. 6,1903,93 f. 2. *Philipps.-Kirst.* 1,1951,576.

2. Grenzgebirge zwischen Argolis und Arkadien mit Artemisheiligtum und den Quellen des Inachos, heute Malevos 1772 m. Paus. 2,25,3. E. M.

1. *Philipps.-Kirst.* 3,1959,235. 240 ff. 2. RE XVII 2237 ff. (Oinoe 8). XXII 2314 f. (Prinos).

Artemius. 1. Letzter *vicarius urbis Romae*, stellvertretender *praefect. urbi* nach dem 25. August 359, Amm. Marc. 17,11,5, s. W. Ensslin RE VIII A 2044. **2.** Militärgouverneur von Äg. unter Constantius, Arianer, zerstörte heidnische Tempel; von Julian 362 enthauptet, Amm. Marc. 22,11, 2 ff.; Theodoret, hist. eccl.² p. 197,3 ff. Später als arianischer Heiliger verehrt, Niceph. Call. hist. eccl. 10,35; die Artemii Passio bei Philostorg. hist. eccl. p. 75,24 f. (J. Bidez), s. N. H. Baynes, JRS 27, 1937, 27 f. H. Delehaye Les Saints Milit. 96 ff. R.H.

Artemon (*Ἀρτέμων*) **1.** Grammatiker des 2. Jh. v. Chr. Vf. folgender (verlorener) Werke: *περὶ συναγωγῆς βιβλίων, περὶ βιβλίων χρήσεως* (mindestens 2 B.; Dikaiarchos *περὶ μουσικῶν ἀγώνων* ist benutzt; vgl. [2],69 f.) und *περὶ τοῦ Διονυσιακοῦ συστήματος*. Eine Schrift *περὶ ζωγράφων* gehört wohl einem anderen A. Er ist weiterhin zu trennen von einem etwa gleichzeitigen Pindarerklärer A. aus Pergamon, einem älteren A. aus Klazomenai und einem sonst nicht weiter bekannten Herausgeber von Aristotelesbriefen.

Fragmente: FHG 4,340 ff. 1. *Susemihl* 1,511 f. 2. *F. Wehrli* Die Schule des Aristot. I: Dikaiarchos, 69 f. 3. FGrH 3 b Komm. 596 f.

2. Rhetor des 1. Jh. v. Chr., Asianer, nur aus Sen. suas. 1,11; contr. 7,1,26 u.ö. bekannt. H. Gä.

Henri Bornecque Les déclamations et les déclamateurs d'après Sén. le père, Lille 1902, 153.

3. A., Rivale → Anakreons, von ihm als verweichlichter Parvenu dargestellt (54 D.). Die Anakreon-Verse vom »berüchtigten (*περιφόρητος*) A.« (16 D.) waren im perikl. Athen allgemein bekannt (vgl. die Anspielung Aristoph. Ach. 850); zum Bezug auf den angeblich lahmen Ingenieur A. FGrH II C S. 92.

C. M. Bowra Greek lyric poetry², 1961, 297 ff.

4. A., Epigrammatiker des Meleagroskreises. Anth. Pal. 12,55.124 (beide mit Vermerk *ἄδηλον, οἱ δὲ Ἀρτέμωνος*) besingen den schönen athen. Knaben Echedemos. J. W.

H. Beckby Anth. Graeca, 1957/58.

Artes liberales (liberales doctrinae, liberalis eruditio, liberalia studia, artes ingenuae, *ἐλευθέριοι παιδεῖαι, ἐγκύκλια παιδεύματα*) Studien, die dem Freien anstehen, da sie keine schwere Handarbeit erfordern. Ihre Siebenzahl (Grammatik, Rhetorik, Dialektik, Arithmetik, Geometrie, Astronomie, Musiktheorie), bildet sich erst allmählich heraus. Durch das enzyklopädische Werk des Martianus Capella (5. Jh.) wirkt diese Einteilung der Lehrgegenstände im MA. stark nach. In karolingischer Zeit faßt man die drei erstgenannten Künste als »Trivium«, die vier letztgenannten als »Quadrivium« zusammen. M. v. A.

H. Marrou Gesch. der Erziehung im klass. Altertum (dt: Übers., hrsg. von *R. Harder* 1957). *P. Riché* Éducation et culture dans l'occident barbare (VIᵉ – VIIIᵉ siècles) 1962. *J. Koch* (ed.) A. C., 1959. *H. Lausberg* Hdb. der lit. Rhetorik 1, 1960, 33 f. *Ph. Merlan* From Platonism to Neoplatonism², 1962, 88 ff. (antiker Ursprung des Quadrivium-Begriffs; vgl. auch Boeth. arithm. 1,1).

Arthmios. Proxenos Athens in seiner damals wohl schon dem Att. Seebund angehörenden Heimatstadt Zeleia, reiste wahrscheinlich zwischen der Schlacht am Eurymedon und 462/61 (SCHAEFER a.O. 145f. W. KOLBE H 73, 1938, 259f.: zwischen 459 und 456; zu weiteren Datierungsvorschlägen [457–455 oder 451] E. BALOGH Political Refugees in Anc. Greece [1943] 95 Anm. 56) in pers. Auftrag mit Bestechungsgeldern in die Peloponnes, besonders nach Sparta, um Athen dort Gegnerschaft zu erwecken. Auf Antrag Kimons wurde er deshalb als abschreckendes Beispiel aller Ehren für verlustig und samt seiner Familie zum Staatsfeind erklärt und im Gebiet des Seebundes geächtet (Plut. Them. 6, 3. Demosth. 9, 42ff. 19, 271. Aischin. 3, 258 m. Sch. BUSOLT GStk. 1, 231 Anm. 1). Es war das ein deutlicher Versuch Athens, panhellenisches Denken in seine Dienste zu stellen und seine Politik mit der von Hellas gleichzusetzen. Eine eherne Stele mit dem Ächtungsbeschluß wurde auf der Akropolis aufgestellt. (Versuch einer Rekonstruktion des Wortlauts von H. SWOBODA AEMÖ 16, 1893, 45f.) Fr. Kie.

G. Colin RPh. 7, 1933, 237ff. *M. Cary* CQ 29, 1935, 177f; dagegen *H. Schaefer* H 71, 1936, 146 Anm. 1.

Artifices. Künstler, Dichter, Sänger, Schauspieler, auch Handwerker, Meister in allen Bereichen, also ähnlich den *opifices*, *fabri* sowie dem *χειροτέχνης*, *δημιουργός*. Zur genauen Bezeichnung der a. werden oft Attribute verwendet, wie *aurarii* Goldschmiede, *scaenici* Schauspieler, *Minervae* Wollweber u.a. Infolge des mangelhaften Zustandes literar. Quellen über a. muß sich die Forschung archäologischer Zeugnisse (Bodenfunde), mythologischer und religiöser Quellen (Schutzgottheiten der a.) und der Folklore (Volksbräuche und -feste) bedienen. Seit früher Zeit war die Tätigkeit der a. organisch mit der Gewinnung von Nahrungsmitteln verbunden. Erst als die Stämme über den eigenen Bedarf hinaus produzierten, konnten sich Kunst und Handwerk endgültig aus der Landwirtschaft lösen. Das ist der Prozeß der 2. Gesellschaftlichen Arbeitsteilung, der in die Epoche der Bronzezeit (Italien 2. Jt. v.) fallen mag. Die Existenz von 9 Kollegien in der Königszeit (Plut. Numa 17) beweist rasche Aufwärtsentwicklung beim Übergang zur Sklaverei, wobei der Einfluß der Griechen (Liv. 39, 22, 2. Plin. nat. 35, 36–40. Plut. Aem. Paull. 6) und der Etrusker (Liv. 2, 34, 5. 28, 45, 13–21. Plin. nat. 34, 20. 35, 45. Plut. Poplic. 13) hervortritt. Trotz gegenteiliger Meinungen sind a. (Plaut. Curc. 490. Dion. Hal. ant. 2, 9. 2, 28. 9, 25) vor allem Freie gewesen, da sich bedeutende Römer oft ihrer Vorfahren in Kreisen der a. rühmen (Liv. 22, 25, 19. Val. Max. 3, 4, 4. Plin. nat. 35, 7. Suet. Aug. 2, 4; Vesp. 1.4). In der späten Republik setzt sich unter den a. das Sklavenelement immer mehr durch (Cato agr. 10.11. Varro rust. 1, 16, 4. 1, 17, 1). Es entstehen Großwerkstätten mit weitgehender Arbeitsteilung und Kooperation; hier werden fremde technische Errungenschaften weiterentwickelt (Cic. Rab. Post. 39.40. Plin. nat. 8, 74. Vitr. 10, 7, vgl. die Bedeutung der Stadt Alexandria und des Technikers Heron). Der Einsatz von Sklavenmassen führte zur Verachtung der produktiven Arbeit der a. (vgl. *βάναυσος*; auch Plaut. Most. 828. Sall. Iug. 73, 6; Cat. 1. Cic. off. 1, 42. Liv. 8, 20, 4. Prop. 4, 2, 38). Wirtschaftliche Konkurrenz bedingte andererseits die Anhäufung von Reichtum in den Händen einzelner a., was z.B. das Grabmal des Großbäckereibesitzers Eurysaces beweist (auch Martial 9, 73. Iuv. 1, 24. 15, 224). Die Kaiserzeit hat in der Tätigkeit der a. keine bedeutenden technischen und wirtschaftlichen Fortschritte aufzuweisen. Wie die Kolonen an den Boden, wurden die a. durch Kaiser Constantin im Jahre 317 an ihr Kollegium (Zunft) gebunden, womit sie nun mittelalterlichen, feudalen Abhängigkeitsverhältnissen unterworfen wurden. G. Sch.

B. Bilinski Problem pracy w starozytnym Rzymie (Das Problem der Arbeit im alten Rom), Warszawa, Archeologia 3, 1949, 45–111.

Artischocke. Der über span. alcarchofa, ital. articiocco, carciofo von arab. al-haršūf abgeleitete Name bezeichnet die im Mittelmeerraum ihrer eßbaren Hüllschuppen wegen vielgebaute Composite Cynara scolymus L., wohl nur Unterart der als Blattgemüse noch früher gebauten Cynara carduneulus L. (it. cardoncello), die wohl der *σκόλυμος* bei Hesiod, Alkaios, Theophr., Diosk. usw. ist, wogegen die auch von Sophokles, Ptolemaios, Athenaios u.a. genannte *κυνάρα*, *κινάρα*, *κύναρος ἄκανθα*, *cynara* und *cinara* auch bei Columella, nach der wohl auch eine Insel Kynara heißt, nur z.T. Arten der Distelgattung Cynara, z.T. aber auch andere stachlige Compositen, wie Scolymus hispanicus und Carlina-Arten, Stranddisteln (*ἐρύγγιον*, Eryngium maritimum) und selbst Wildrosen (*κυνόσβατος*) umfaßt. H. G.

Artopta, *ἀρτόπτης*. Form zum Backen feinen Brots auf dem Herde. Gestalt und Material sind unbekannt. Das Brot daraus, *panis artopticius* (dem *ἐσχαρίτης* der Griechen gleich?), galt als leckerer, doch schwerer verdaulich, weil weniger gut durchgebacken als gewöhnliches Brot. W. H. G.

Blümner Techn. 1², 81ff.

M. Artorius Asclepiades (vgl. CIG 3285). Arzt, Freund des Octavian, dem er bei Philippi das Leben rettete (s. z.B. Vell. 2, 70). Er war Schüler des Asklepiades v. Prusa (Cael. Aur. morb. acut. 3, 113) und schrieb über Hydrophobie (Cael. Aur.) sowie *Περὶ μακροβιοτίας* (Clem. Alex. paed. 2, 2, 23). F. K.

Arulenus. 1. Cn. A. Caelius Sabinus. Cos. suff. 69, Tac. hist. 1, 77, 2. CIL VI 2051, 1, 81. Rechtsgelehrter, Vorstand der sabinianischen Schule, schrieb de edicto aedilium curulium, LENEL Palingen. 1, 77–82. W. KUNKEL Herkunft der röm. Juristen, 131ff. **2.** Q. Iunius A. Rusticus. Stoiker, Cass. Dio 67, 13. Plin. epist. 1, 5, 2. Volkstribun 66,

Tac. ann. 16,26,3, Praetor 69, Tac. hist. 3,80,2. Cos. suff. 92, AE 1949, 23, Z. 27. † nach 93, Tac. Agr. 2,1. Suet. Dom. 10,3. R. H.

Ἄρουρα ist die griech. Bezeichnung für äg. Sett, »Saatland«, das stets konstant gebliebene Grundmaß der Fläche: ein Quadrat von 100 Ellen (zu 52,5 cm) Seitenlänge und einem Flächen, inhalt von 2756 m^2. Die A. wurde dyadisch bis zu $^1/_{4096}$ geteilt; Werte wie $^1/_3$ und $^1/_{46}$ sind Ausnahmen. H. Ch.

Hultsch RE II 1491. *Mitt.-Wilcken* Grdz. I, I, p. LXXII. *Segrè* Metrol. 10. 27.

Arvales fratres. I. Geschichte. Die Priesterschaft der A. f. mag bei ihrer Entstehung für die zum Gedeihen der Feldfrüchte zu vollziehenden Kulthandlungen wichtig gewesen sein, in histor. Zeit aber ist sie für das religiöse Bewußtsein von geringer Bedeutung. In republikanischer Zeit werden die A.f. nur einmal, bei Varro l.l. 5,85, erwähnt. Die Restauration durch Augustus ändert die tatsächliche Bedeutung der A.f. auf die Dauer nicht wesentlich. Die Benennung »fratres« rührt vielleicht daher, daß sie ursprüngl. wirklich Glieder einer Priesterfamilie waren; schon die antiken Antiquare rätselten an dieser Bezeichnung herum (Varro a.O.). Nach der Sage setzte Romulus die Priesterschaft ein (→ Acca Larentia). Das Verbot des Eisens, die Verwendung von ohne Scheibe geformten Töpfen u.ä. weisen darauf hin, daß der Kult sehr alt war.

Durch die in Marmor eingehauenen Akten der Priesterschaft sind wir gut über sie selbst und ihre Aufgaben unterrichtet. Die ersten, 1570 gefundenen Tafeln und Basen von Kaiserstatuen (die Statuen selbst sind verschwunden) stammen von der Stelle, wo sich alljährlich die A.f. zur Kultfeier versammelten. Vornehm, wie die Mitglieder des Kollegiums seit Augustus waren, ließen sie ihre Acta nämlich in Marmor einmeißeln, und zwar im April/Mai für das vergangene Jahr. (Daher die Sühneopfer für das Hereinbringen des Eisens in den hl. Bezirk.) Im 3. Jh. hörte das Kollegium zu bestehen auf: Die letzte Statuenbasis ist die für Gordianus (238–244), die letzten gefundenen Acta sind vom J. 241; aus der Zeit Diokletians gibt es noch eine kümmerliche Spur der dahinsiechenden Priesterschaft ([2],49).

II. Organisation: Die 12 Mitglieder ergänzten sich durch Kooptation, die, wie üblich, durch kaiserliche Vorwahl eingeschränkt war. Seit Augustus wurden nur Vornehme aufgenommen; die Kaiser selbst waren Mitglieder, u.U. supra numerum. Ein *magister* (nach ihm wird in den Acta, außer mit den Consul-Namen, das Jahr benannt) und ein *flamen* wurden für ein Jahr gewählt; Wiederwahl war möglich. Abzeichen war ein durch weiße Binden zusammengehaltener Ährenkranz; bei Amtshandlungen trugen die A.f. die *toga praetexta.* 4 Knaben, meist Söhne von A.f., machten Handreichungen und nahmen an den Mahlzeiten teil. Außerdem standen Staatssklaven z. Verfügung.

III. Kultaufgaben: Die A.f. hatten 2 Aufgaben: a) Kult der Dea Dia, b) Gelübde und Opfer für den Kaiser. Dea Dia ist kein Eigenname; aber die Spekulationen darüber, daß es ursprüngl. ein Beiname »der Tellus oder der mit ihr eng verbundenen italischen Ceres« sei ([3],195, vgl. [1],48), verkennen das Wesen solcher Kultbezeichnungen. Der Hain der Dea Dia befand sich am rechten Tiberufer stromab beim 5. Meilenstein der Via Campana und umfaßte u.a. Tempel, Caesareum, Altäre, Circus. In Rom hatten die A.f. kein eigenes Lokal, seit Vespasian tagten sie jedoch wohl regelmäßig im Tempel der Concordia. Das Fest im Hain der Dea Dia – *feriae conceptivae* – war im Mai (ausnahmsweise Anfang Juni) und dauerte 3 Tage; zwischen 1. und 2. Tag war ein Zwischentag (uralte Regel: s. MOMMSEN CIL I^2 S. 288). Daß es mit dem Ambarvalfest identisch sei, ist eine alte, häufig geäußerte Vermutung; doch → Ambarvalia. Der 1. Tag war Vorbereitungstag. Haupttag war der zweite: Der *magister* opferte allein 2 Ferkel (als Sühne für die durch das Fest notwendigen Arbeiten im Hain) und eine weiße Kuh. Dann folgte als Hauptopfer in Anwesenheit aller Brüder das Opfer eines fetten Schafes. Es fanden, mit Weihrauch- und Weinopfern, symbolische Zeremonien statt, wie das Berühren der am 1. Tag geweihten dürren und frischen Ähren, irgendwelche Zeremonien mit Töpfen, die dann aus der Tür des Tempels den Weg hinabgeworfen wurden, Verteilung der ebenfalls am 1. Tag geweihten lorbeerbekränzten Brote u.a. Dann tanzten die *fratres* im Tempel zu einem alten Lied, das sie aus Textbüchern lasen, im Dreischritt. Das Lied selbst war schon in historischer Zeit unverständlich; daher sind Fehler bei der späteren Aufzeichnung nicht ausgeschlossen. Das Lied, beginnend mit *enos lases iuvate*, ist uns aus den Acta des J. 218 bekannt. Danach folgten Mahlzeit, Wagen- und Pferderennen im Circus, schließlich Rückkehr nach Rom und Mahlzeit im Hause des *magister*. Am 3. Tag fand ein Opferfestmahl beim *magister* statt. Die *acclamatio* für den Kaiser beschloß das Fest.

Außer diesem Hauptfest wurden für die alljährlich im Hain anfallenden Arbeiten, insbesondere für das eingebrachte Eisen kleinere, aus besonderen Anlässen (→ Adolenda) größere Sühneopfer abgehalten. Bei letzteren folgten nach *suovetaurilia* und Opfern von 2 Kühen für Dea Dia an *arae temporales* Opfer für *Ianus*, *Iuppiter*, *Mars*, *Iuno Deae Diae*, *sive deus sive dea*, *Virgines divae*, *Famuli divi*, *Lares*, *mater Larum*, *sive deus sive dea in cuius tutela hic lucus locusve est*, *Fons*, *Flora*, *Vesta mater*, *Vesta deorum dearumque* (letzteres ist unverständlich; auffallend ist das Fehlen von Quirinus); die Götter des besonderen Anlasses (Adolenda, Summanus [wegen Blitzschlages] usw.) wurden eingefügt. Geopfert wurden dem Ianus und

Mars je 2 Widder, den anderen männlichen Gottheiten je 2 Hammel, den weiblichen 2 Schafe (bei *sive deus s.d.* in verschiedenen J. verschiedene). Als Abschluß wurden für die konsekrierten Kaiser soviel Hammel geopfert als es *divi imperatores* jeweils gab.

Breit ausgeführt sind in den Acta die Handlungen für das Kaiserhaus: am Anfang des Jahres wurden unter Opfern von Weihrauch, Wein und Tieren *vota* für das Wohl des Herrschers abgelegt; die Opfer galten besonders der Kapitolinischen Trias, Iuppiter, Iuno, Minerva, und der Salus publica. Bis in die Zeit der Flavischen Kaiser wurden für die konsekrierten Personen des Kaiserhauses (seit Caligula *in templo novo*, d.h. dem von diesem Kaiser geweihten Augustustempel auf dem Palatium) Opfer dargebracht. Weitere Opfer galten dem Regierungsantritt, der Genesung, Rückkehr von Feldzügen, Geburtstagen usw. (Von den Flaviern an entfielen die Gedenktage für das iul.-claud. Haus.) Die Tiere der Kaiseropfer, in der Regel für jede Gottheit eines, sind für männliche Gottheiten Ochsen, für weibliche Kühe; Stiere aber für Mars, Genius des Kaisers, Genius des röm. Volkes, Lares, Neptunus, Hercules (die Kuhopfer für die Penaten im J. 59 und für Honos 66 sind unerklärt). W.E.

1. *Henzen* Acta fratrum Arv. (mit Komm.), Bln. 1874. 2. *Pasoli* Acta f. A., Bologna 1950 (Nachträge und Berichtigungen zu Henzen; Index der frgg. Zu ergänzen NSA 1899, 267f.). 3. *Wissowa* Rel.² 561ff. 4. *Latte* RRelG 3,3. 65.278.295.310f. 5. *Wissowa* H 52, 1917, 321ff. 6. *Norden* Priesterbücher 107ff. 7. *Nacinovich* Carmen arvale, Rom 1933–1934.

Arverni. Mächtiges Volk in Gallia Celtica, später Aquitanica, im zentralen Gebirgsland, heute l'Auvergne. Nach Liv. 5,34 nahmen sie im 6. Jh. am Feldzug nach Italien teil. Früh suchten sie über Gallien zu herrschen und gegen die Römer zu kämpfen. Der König Bituit wurde im J. 121 v. Chr. von Cn. Domitius Ahenobarbus und Q. Fabius Maximus besiegt und gefangen: Liv. ep. 61. Dann gelangte Celtill zur Regierung; sein Sohn Vercingetorix führte im J. 52 den allgemeinen Aufstand gegen Caesar: Gall. 1,31. 7,4ff. C. Jullian Hist. Gaule III (1909). Von den Römern geschont, erscheinen sie als *liberi* bei Plin. nat. 4,109. Ihre Hauptstadt war Augustonemetum, ihre Festung → Gergovia; mehrere Töpfer arbeiteten in Lezoux. Viele Altertümer. P.W.

Aryballos. Zuschnürbarer Lederbeutel, dann kugelförmiges Gießkännchen mit schmalem Hals, für das Öl der Palaistriten, mittels Riemen am Handgelenk zu tragen. Viele Exemplare aus Ton sind vor allem aus Korinth, Rhodos, Athen, Unteritalien erhalten. In Athen wird umgangssprachlich der A. wie die schlankere Ölkanne auch → Lekythos genannt. W. H. G.

Payne Necrocorinthia. *Richter-Milne* Shapes and names, 1935, s.v.

Arybbas (Ἀρύββας). König der Molosser, Sohn des Alketas. Plut. Pyrrh. 1. Paus. 1,11,1. Nach dem Tode seines Bruders Neoptolemos 357 heiratete A. dessen ältere Tochter Troas und war als Vormund über Olympias und Alexander, die übrigen Kinder seines Bruders, Alleinherrscher, bis ihn 343/2 der Makedone Philipp II. vertrieb, der Olympias heiratete und Alexander die Herrschaft über die Molosser gab. A. floh nach Athen, wo er wie sein Vater und Großvater das Bürgerrecht und andere Ehren erhielt und starb. Diod. 16,72,1. Iust. 7,6,11f. Tod IGH 173. H.V.

P.R. Franke Altepirus und das Königtum der Molosser, 1954, 29.72.

Arzneikunde - Arzt s. Medizin

Arzos (Ἄρζος). Kastell, ursprüngl. thrak. Siedlung an der Einmündung des gleichnamigen Flusses in den Hebros. Der h. Name des Flusses A. ist Sazlý-deré, während die antike Siedlung gleichen Namens beim h. Dorfe Kalúgerowo (Bez. Harmanli) lag, z.Z. Iustinians I. befestigt. Prok. de aed. 4,11. Chr. D.

P. Detev Ot Burdenis do Arzus, Bull. Inst. Arch. Bulg. 15, 1946, 172ff; *Detschew* Die thrak. Sprachreste, 24.

As, Einheit, Einer (seit Cato, Etymologie unklar), heißt im röm. Münzwesen das Grundnominal. Er bestand aus Bronze mit Bleizusatz und wurde duodezimal geteilt. Es hießen $^1/_{12}$ uncia, $^1/_6$ sextans, $^1/_4$ quadrans, $^1/_3$ triens, $^5/_{12}$ quincunx, $^1/_2$ semis, $^7/_{12}$ septunx, $^2/_3$ bes, $^3/_4$ dodrans, $^5/_6$ dextans, $^{11}/_{12}$ deunx. Von diesen sind gängige Münzwerte: uncia, sextans, quadrans, triens, semis, selten begegnen quincunx, bes, dodrans, dextans (Ausgleichsmünzen zu anderer Währung). Mehrfache des A. sind Dupondius (2), Tressis (3), Quincussis (5), Decussis (10), aber auch Denar, Quinar und Sesterz, die in Silber ausgebrachte Vielfache darstellen.

Der A. wog anfangs eine libra (Varro l.l. 5,169) und war gegossen → Aes grave. Er trug oft die Wertmarke I; die Teilstücke hatten immer Wertkugeln (entsprechend der Unzenzahl) bzw. S beim Semis und abweichende Darstellungen auf einer oder beiden Seiten. In Rom gab es anfangs mehrere Reihen z.T. verschiedenen Gewichts, bis auf eine ohne Aufschrift. Es begegnen: 1. Apollokopf r.-dass.l., 334,23 g (341,1 g), 2. wie 1., doch 284 g, 3. Dioskurenk.l.-Apollok.l., 330,7 g (341,1 g), 4. Janusk.-Merkurk.l., 322,1 g (327,45 g), 5. wie 4., doch 272,1 g (272,88 g), 6. Minervak. frontal-Stier r., ROMA, 278,6 g (vgl. 2), 7. Kopf der Diana-Rad (auch Dupondius und Tressis), 270,1 g, 8. Löwenk. frontal-Pferdek.l., 265,7 g, 9. Dianak. r.-dass.l., 264,7 g, 10. wie 9., doch dahinter Keule, 265,7 g, 11. Janusk.-Prora r. oder l., 267,9 g bzw. 255,9 g (7–11: 272,88 g). Die Gewichtsangaben sind Durchschnittsgewichte, errechnet aus sämtlichen Stücken einer Serie, in Klammern stehen die zugrunde liegenden Pfundnormen. Die Exemplargewichte schwanken bis zu 30%, was an Weiterverwendung der Waage im Zahlungsverkehr denken läßt (→ Aes signatum). Laut MATTINGLY wurden die As-Typen 7 und 11 in Rom gegossen, vermutlich 1 und 2 in Benevent, 4 und 5 in Ostia, 9 und 10 in Tarent. Während es zu As 1 und 3 leichtere und daher wohl jüngere Sorten von nur $^{5}/_{6}$ des Gewichts gibt, zeigt Serie 11 noch weitere derartige Reduktionen: $^{1}/_{2}$ = semilibral, von $^{1}/_{2}$ bis $^{1}/_{6}$ fallend = postsemilibral (auch triental oder quadrantal genannt), $^{1}/_{6}$ = sextantal (nunmehr geprägt und mit ROMA), $^{1}/_{12}$ = unzial, $^{1}/_{24}$ = semunzial. Die Janus-Prora-Serie gehört somit ans Ende der libralen Emissionen. Die absolute Chronologie war und ist umstritten. Nach MOMMSEN begann Roms Münzung mit den Decemvirn (451 v.Chr.), HAEBERLIN vermutete 338 v.Chr., heute gilt meist 289 (angebl. Errichtung des Münzmeisteramts) als Anfangstermin. Die Entwicklung verlief, wie Schatzfunde, Überprägungen, Stilvergleich und einzelne antike Nachrichten lehren, etwa wie folgt: um 260 Janus-Prora-Serie, ca. 235 Semilibralstufe, ca. 210 Sextantalfuß, ca. 155 Unzialstandard, 89/88 Semunzialfuß (vgl. Plin.nat. 33, 42ff., der teilweise abweicht). Das As-Gewicht sank noch weiter, so daß um 80 v. Chr. die Bronzeprägung eingestellt wurde. Der A. war mittlerweile aus einer vollwertigen Münze zu Kreditgeld geworden. Die Silberwährung (→ Quadrigatus, → Denar) hatte ihn zurückgedrängt und wohl auch die Reduktionen verursacht. Seit etwa 130 v.Chr. war er zudem nur noch $^{1}/_{16}$ Denar und somit $^{1}/_{8}$ Quinar, $^{1}/_{4}$ Sesterz. In den Bürgerkriegen wurden erneut A. geprägt, hier und da, auf verschiedenem Fuß und mit wechselndem Prägebild (Pompeius, Caesar, die Flottenpräfekten des Antonius, Vienna, Copia usw.), bis 18 v.Chr. Augustus Ordnung schuf. Während Sesterz und Dupondius fortan in Messing auf Quartunzialfuß geprägt wurden, bestand der A. aus reinem Kupfer, einem weniger wertvollen Metall, und hatte höheres Gewicht: etwa 11,2 g statt 6,82 g; er blieb Kreditmünze. Die Norm hielt sich bis ca. 200 n.Chr., sank dann langsam, um nach 240 rasch zu fallen. In der Inflation nach 250 nur noch vereinzelt geprägt, verschwand der A. nach 275. Obwohl er nur 1/32 des → Antoninian war, hatte er doch einen höheren Metallwert als diese Pseudosilbermünze, so daß die Prägung sich nicht mehr lohnte.

Augustus legte auch den Bildtyp neu fest: Die Vs. trug fortan den Kopf oder die Büste des Kaisers im Lorbeerkranz (selten barhäuptig), die Rs. die Buchstaben S C (senatus consulto, noch nicht endgültig gedeutet), zwischen die, unter Tiberius beginnend und bald die Fläche okkupierend, sich Darstellungen mancher Art schoben: Götter, Personifikationen (Spes, Libertas, Securitas etc.), der Imperator, Leistungen und Versprechungen der jeweiligen Herrscher, oft durch die Umschrift (Legende) kommentiert. Auch für die Frauen des Kaiserhauses wurde geprägt.

Außerhalb Roms begegnen A. (oder doch so zu nennende Stücke) im Aes grave und den reduzierten Serien von Tuder, Iguvium, Velathri, Tarquinii (?), in den etruskischen Radserien usw., in Cales (?), Reate (?), Copia (Thurii), Uxentum, Valentia (Hipponium), dezimal geteilt in Capua, Hatria, Luceria, Teate Apulum und Venusia. Die Münzung endet zu verschiedenen Zeitpunkten.

Wohl vom Münzwesen ausgehend, wurde der A. auch sonst als Bezeichnung der Einheit, des Ganzen gebraucht: im Gewichtswesen für → libra (selten), im Längenmaß für → pes, im Flächenmaß für → iugerum (jeweils duodezimal in unciae geteilt) und bedeutete im Erb- und Güterrecht die gesamte Masse. So hieß etwa der Gesamterbe *heres ex asse.* H. Ch.

Mommsen RMW. *Kubitschek* RE II 1499ff. *Haeberlin* Systematik d. ältesten röm. Münzwesens, 1905; Aes grave, 1910. *Thomsen* Early Rom. Coin. 1, 1957, 19ff. 59ff. 99ff. 191ff. 210ff. *Mattingly* passim.

Asandros (Ἄσανδρος) **1.** Sohn des Philotas, Bruder Parmenions, 334–331 Statthalter von Lydien, leitete teilweise das Nachschubwesen für Alexander. Später scheint er nicht mehr verwendet worden zu sein. **2.** Neffe des vorigen, bei Alexanders Tod in hohem Ansehen, erhielt bei der Reichsteilung 323 Karien. Später kämpfte er gegen Perdikkas und war Bundesgenosse des Ptolemaios gegen Antigonos (Diod. 19,57–68. CIA II 234). Nach 313 scheint er aus seinem Machtbereich vertrieben worden zu sein. G. W.

H. Berve Alexanderreich 2,87.

Asbest (ἄσβεστος), wurde auch λίθος ἀμίαντος oder, nach dem Hauptfundort, λ. Καρύστιος genannt. Es handelt sich um die uns bekannten faserigen Abarten der Hornblende, welche man, da sie dem Feuer widerstehen und durch dieses gereinigt werden, gern zu Geweben oder auch Lampendochten verarbeitete. Wegen seiner besonderen Eigenschaften stand dieses Mineral hoch im Preise (Plin. nat. 19,21). Man berichtete auch allerlei Sonderbares darüber, so z.B., daß es sich bei Vollmond vermehre und bei abnehmendem Mond verringere (Apoll. hist. mirab. 36 = Paradoxogr. 112,15f. Westerm.) oder daß es gegen Vergiftungen helfe (Plin. nat. 36,139). F. K.

Aschenurne s. Urne

Ascia. Axt bzw. Breithacke mit kurzem Stiel, quer gestellter, herabgebogener Schneide, auf der Rückseite als Hammer oder ähnlich geformt, ein Werkzeug der Holzarbeiter und Maurer (*δρέπανον*). Der von Gallien ausgehende Brauch, Gräber *sub a. dedicare* (statt der Formel auch Bild der a.) bedeutet wohl den Vorbehalt, am (fiktiv unfertigen) Grab auch ohne Mitwirkung der Pontifices später Veränderungen vorzunehmen. W.H.G.

Asciburgium. Nach Tab. Peut. Ort zwischen Vetera castra-Xanten und Novaesium, h. Moers-Asberg am Niederrhein. Untersuchungen neuerer Zeit sichern für A., das bei Tac. Germ. 3 und hist.

4,33 erwähnt wird, Auxiliarkastelle augustischer, tiberischer, claudischer Zeit sowie Anlagen der mittleren Kaiserzeit von unterschiedlicher Richttung und Größe. H. C.

H. v. Petrikovits Das röm. Rheinland 1960, 50.

Asconius Pedianus, Q. Wahrscheinlich 9 v. Chr. bis 76 n. Chr., aus Padua. Er war gelehrter Erklärer von Ciceros Reden; aus seinem – allem Anschein nach – sämtliche Reden Ciceros umfassenden Kommentar sind 5 Teile auf uns gekommen, und zwar: zur Pison., Scaur., Milon., Corn., in tog. cand. Besonders wertvoll sind die Kommentare zu Corn. und in tog. cand., da sie verlorene Reden betreffen; deswegen bilden diese eine feste Grundlage zur Rekonstruktion der Originale. Aber auch abgesehen davon sind für uns alle 5 Teile von größter Bedeutung, da die darin enthaltenen Nachrichten und Erklärungen (historisch-antiquarischer Natur) auf gute Quellen (z. B. acta populi Romani) zurückgehen. Als Vorbild schwebte dem Verfasser der Kommentar des Didymos zu Demosthenes vor. Die Hss. (in Madrid, Pistoia und Laurent.) gehen auf eine im J. 1416 von Poggio in St. Gallen gefundene Hs. zurück, die nachher verlorengegangen ist; sie enthalten auch einen Kommentar zu Div. Caecil., Verr. 1 und 2 (bis § 33), der zweifellos unecht ist. Außerdem gab A. einige Schriften heraus, die auf uns nicht gekommen sind: contra obtrectatores Vergilii (zitiert von Donat in der vita Vergilii), vita Sallustii (vgl. Ps.-Acro zu Hor. s. 1,2,41) und Symposion (vgl. Sud., Plin. nat. 7,159). W. Str.

Madwig De Q. Asconii Pediani ... commentariis, 1828. *Wissowa*, RE I 1524ff. *Clark*, Ausg. 1907 (Praef.).

Asculum (Nissen It. Ldk. 2,426f.), von Sabinern gegründete (Paul. Fest. 235,16 L.) Stadt in Picenum am Truentus in fester Lage (Strab. 241), 268 v. Chr. unterworfen (Flor. 1,4. Eutr. 2,16), 90 v. Chr. Ausgangspunkt des Aufstandes (App. civ. 1,38 u. a.), nach langer Belagerung (Schleuderbleie CIL IX p. 631 f.) erstürmt (Triumph CIL I² p. 49) und bestraft (App. civ. 1,47f. Vell. 2,21,1 u. a.); *municipium* (Cic. Sull. 8) der trib. Fabia (Kubitschek Imp. Rom. trib. discr. 62), durch Triumvirn Kolonie (Plin. nat. 3,111: 5. Region); an der v. Salaria (It. Ant. 307.316) 119 mp von Rom entfernt; j. Ascoli Piceno. G. R.

Asea. Kleine Stadt im s. Arkadien in der kleinen Hochebene von Frangovrysi. Siedlung auf der Akropolis neolithisch bis mittelhelladisch und hellenistisch mit Stadtmauer. Lage des Orts in klassischer Zeit nicht gefunden, bei der Gründung von Megalopolis in dieses einbezogen. Strab. 8,3, 12 p. 343. Paus. 8,27,3.44,3. E. M.

1. IG V 2 S. 144,60ff. 2. *J. G. Frazer* Pausanias 4, 1898, 414f. 3. *Erik J. Holmberg* The Swedish excavations at Asea in Arcadia, 1944. 4. Mz. *Head* HN² 418.

Asellius, Aemilianus. Legatus Aug. pr. pr. Thraciae zwischen 176/180, A. Stein Statthalter Thrakiens 32. Cos. suff. vor 180. Legatus Aug. pr. pr. Syriae ca. 185–190, Herodian. 3,2,2f., G. A. Harrer Syria 41 f. Procos. Asiae 192/93; erklärte sich für Pescennius Niger, dessen Befehlshaber er wurde, Cass. Dio 74,6,2; besetzte Byzanz. H. A. vit. Sever. 8,12. Zum Staatsfeind erklärt, Niederlage bei Kyzikos, auf der Flucht getötet, Cass. Dio 74,6,4. G. Barbieri L'albo senat. 20f. Nr. 55. R. H.

Asellus 1. Beiname der → Annii und → Claudii. **2.** s. Esel.

Asia. Die röm. Provinz Asia wurde 129 v. Chr. (nach Unterwerfung des Aristonikos) aus dem den Römern vom letzten König von Pergamon, Attalos III. († 133), als Erbschaft übergebenen Reich Pergamon organisiert (Liv. per. 58.59). Sie umfaßte den Westteil Kleinasiens und die damit verbundenen Inseln ([1],34), allein mehrere Städte des so bezeichneten Gebietes waren noch in der frühen Kaiserzeit *civitates liberae* (die Belegstellen bei Marquardt RStV I², 346 f.), wenn auch sehr wenige *immunes.* In republikanischer Zeit waren die Statthalter *praetores, propraetores* oder *proconsules*, bei der Neuordnung des Augustus im J. 27 v. Chr. wurde A. dem Senat anvertraut, der, in der Regel jährlich, einen durch das Los ausersehenen Consular als Proconsul aussandte, dem drei *legati pro praetore* und ein *quaestor* zur Verfügung standen. Für die kaiserlichen Interessen sorgten *procuratores.* A. war in mehrere Verwaltungsgebiete eingeteilt, jedes nach seiner größten oder bekanntesten Stadt benannt. Hauptstadt der ganzen Provinz war wohl Ephesos (RE V 2796, 28ff., andere nehmen Pergamon an, CAH 11,581). Bei der diocletianisch-constantinischen Provinzreform wurde A. in 7 Provinzen aufgeteilt ([2], 86), von denen eine den Namen Asia behielt und immerfort von einem Proconsul verwaltet wurde. (Neuestes Verzeichnis der Statthalter, Legaten und Quaestoren [1], 1579ff.) – Das reiche Land (attalische Reichtümer waren ja sprichwörtlich, Hor. c. 1,1,12) haben die Römer der republikanischen Zeit durch die Steuerpächter gründlich ausgesaugt, was auch zur Tötung angeblich 80000 römischer Bürger und Italiker im Zusammenhang mit dem ersten mithridatischen Krieg geführt hat (Memnon 31,4 = FHG 3,542. App. Mithr. 22.23 u. a.). Als dann Sulla für denselben Krieg Geld brauchte, ließ er die Einwohner von A. binnen einem Jahr den gesamten Ertrag von fünf regulären Steuerjahren aufbringen (App. Mithr. 62). Erst das Prinzipat hat, besonders im 2. Jh., der Provinz eine neue Blütezeit zuteil werden lassen ([3], 599ff.), die sich auch im Geistesleben widergespiegelt hat, z. B. in der 2. Sophistik mit dem Rhetor Ailios Aristeides u. a. Schon der Partherkrieg des Marcus Aurelius und des Lucius Verus, dazu die Pest, noch mehr die Kriege des Septimius Severus haben der guten Zeit wieder ein Ende bereitet. B. E. T.

1. *David Magie* Roman rule in Asia Minor to the end of the third century after Christ, 1–2, 1950. 2. *Victor Chapot* La province romaine proconsulaire d'Asie. [Bibliothèque

de l'École des hautes études, sciences historiques et philologiques, 150.] 1904. 3. *T. Rob. S. Broughton* Romain Asia Minor. [An economic survey of ancient Rome, ed. by Tenney Frank, vol. 4, 1938, p. 503–916.]

Asianismus s. Rhetorik

Ἀσιάρχης. Inschr. und numismat. zahlreich bezeugte Titulatur, bei der die Funktion des Titelträgers umstritten ist. Nach MOMMSEN ist ἀ. = ἀρχιερεὺς Ἀσίας so entstanden, daß ἀ. zunächst den Vorsitzenden des Landtags der röm. Provinz Asia bezeichnet hätte, der dann mit dem Oberpriester für den Kaiserkult in der Provinz verschmolz. Die Pluralität in den Quellen erklärt MOMMSEN damit, daß bis zum J. 23 v. Chr. die Provinz nur einen Tempel und somit auch nur einen Vorsteher und einen Oberpriester gehabt hatte, jetzt aber nicht nur die Zahl der Oberpriester der der Provinzialtempel entsprach, sondern auch sämtlichen Oberpriestern zugleich der Titel und das Recht der Vorsteherschaft gegeben wurde, so daß wenigstens in Asia die Asiarchie und das Oberpriestertum der Provinzialtempel zusammenfielen (RG 5,319). Anders deutet BRANDIS (RE Art. Asiarches) die Asiarchie. Die Tatsache, daß einzelne Städte mehrere A. bestellten (Strab. 14,649: Tralleis; Acta apost. 19,31 : Ephesos) und mit dem Asiarchat andere Ämter kumuliert werden konnten, ist BRANDIS u. a. Indiz für ein Mandat als Landtagsabgeordneter, das mit der Oberpriesterschaft nichts zu tun hätte. 'A. begegnen als Agonotheten, aber wohl eher, weil sie durch Aufwand für die Allgemeinheit eine polit. Ehrung belohnen als einer Amtspflicht (ἀ. = Festveranstalter der Provinzialspiele) genügen wollten. Bei der Durchdringung polit. mit religiösen Elementen in der Kaiserzeit fällt es jedoch schwer, bes. für Asia, die A. rein polit. zu fassen. Vgl. OGI 492.495.498.514 u. a. A. M.

Asiaticus. 1. Gallischer Fürst, kämpfte 68 gegen Vindex, 69 hingerichtet, Tac. hist. 2,94,2. **2.** Freigelassener des Vitellius, der ihn als Kaiser in den Ritterstand erhob, Tac. hist. 2,57,2. 95,2. Von Mucian 69 hingerichtet, ebd. 4,11,3. R. H.

Asinaria via. Führte von der porta Caelemontana der Serviusmauer durch die p. Asinaria nach den vor der Stadt gelegenen Weinbergen (h. via Appia Nuova). Nach etwa einem halben km kreuzte sie die via Tusculana und mündete etwa beim 3. Meilenstein in die via Appia. Rud. G.

Lugli M 2,210.

Asinaria porta. Tor der Aureliansmauer, neben der h. P. di S. Giovanni. Ursprüngl. als Nebentor erbaut, mit nur einem Bogen aus Ziegelsteinen und ohne Risalit, wurde die p. A. unter Honorius auf 20 m erhöht und erhielt 2 halbkreisförmig vorspringende Türme, ähnlich wie die p. Ostiensis und die p. Appia. Bis auf Pius IV. blieb das Tor für den Durchgangsverkehr offen und wurde dann unter seinem Nachfolger (1574) durch die breitere und höher gelegene p. S. Giovanni ersetzt. Rud. G.

I. Richmond The City wall of Imperial Rome 146 ff. *Lugli* M 2,210 ff.

Asinaros (Assinaros). Sicilisches Flüßchen, das 25 km s.w. von Syrakus ins Ionische Meer mündet, bekannt durch die Kapitulation der Athener unter Nikias auf dem Rückzug von Syrakus 413; heute Falconara od. Rio di Noto od. auch Asinaro. K.Z.

Asine. 1. Bedeutende prähist. Ortschaft seit der frühhelladischen Zeit auf dem Felskap Kastraki 8 km SO von Nauplia an der Bucht von Tolon. Galt als Stadt der Dryoper. Um 700 v. Chr. von Argos zerstört, wobei der Tempel des Apollon Pythaieus erhalten blieb. Bewohner von Sparta in Messenien angesiedelt (Asine 2.). Neugründung mit Stadt- und Burgmauer in hellenistischer Zeit, auch spätröm., besiedelt und in venezianischer Zeit neubefestigt. Hom. Il. 2,560. Strab. 8,6,13 p. 373. Paus. 2,36,4 f. 3,7,4.

1. *O. Frödin–A. W. Persson* Asine, results of the Swedish excavations 1922–30, 1938. 2. *W. S. Barrett* H 82, 1954, 421 ff.

2. Spartanische Periökenstadt der messenischen Halbinsel, Neugründung für das zerstörte A. 1., danach der messenische Meerbusen auch Ἀσιναῖος κόλπος, heute Koron. Hdt. 8,73,2. Strab. 8,4,1 p. 359. 4,4 p. 359 f. Paus. 4,34,9 ff. Inschr. IG V 1 nr. 1405–1416. Münzen: HEAD HN² 418.432.

1. IG V 1, S. 273. 2. *J. G. Frazer* Pausanias 3, 1898, 449 ff. 3. RE II 1582. XV 1237, 11 ff. 4. *M. N. Valmin* Etudes topogr. sur la Messénie ancienne 1930, 165 ff. (Bull. Lund 1934/35, 44 ff. gänzlich irrig). 5. *Franz Kiechle* Messenische Studien 1959, 68 f.

3. Spartanische Periökenstadt an der W.-Küste des lakonischen Golfs an der Bucht von Skutari, Thuk. 4,54,4. Strab. 8,5,2 p. 363. RE III A 1317, 33 ff. E. M.

Asinius. Plebeischer Gentilname, in Rom seit dem 1. Jh. v. Chr. nachweisbar (zur Ableitung von *asinus* [vgl. etr. *asna*] SCHULZE Eigenn. 129. RE III A 1829). Die Familie, deren berühmtester Namensträger C. Asinius Pollio (Nr. 5), stammte aus Teate Marrucinorum (heute Chieti, RE V A 100 f.), gehörte seit Augustus zum Patriziat und stellte bes. im 1. Jh. n. Chr. zahlreiche Persönlichkeiten im öffentlichen Leben (Stammbaum RE II 1587). DRUMANN 2²,1 ff.

I. Republikanische Zeit: **1.** A., Senator, Anhänger des Antonius vor Mutina 43 v. Chr. BROUGHTON Mag. 2,488. **2.** A., Bruder des Pollio Nr. 5, Empfänger des Scherzgedichtes Catull 12 (*Marrucine Asini*). **3.** Herius A., *praetor Marrucinorum*, fiel im Bundesgenossenkrieg 90 v. Chr. (Liv. per. 73) als Führer der Italiker, A. v. DOMASZEWSKI SAWW 201, 1924, 19. **4.** A. Dento, Centurio, fiel am Amanus 51 v. Chr. Cic. Att. 5, 20,4. **5.** C. A. Pollio, Consul 40, Schriftsteller und Kulturpolitiker. 76 v. Chr. bis 4 n. Chr. Nach sorgfältiger Erziehung in Rom klagte er 54 (erfolglos) C. Cato an. Er war Republikaner aus Überzeugung, schloß sich 49 an Caesar und 43 an Antonius an, traf aber 31 keine Entscheidung mehr. Daraus ergab sich seine politische Laufbahn: 49 bis 48 war er *tribunus militum* oder *legatus* (wobei er bei Caesar am Rubicon war und dann unter Curio in Sicilien, später in Africa stand), 47 Volkstribun, 46–45 *legatus* in Africa und Spanien, 45 Praetor, 44–43 Promagistrat (wohl als Proconsul, Broughton Mag. 2,327) in Hispania ulterior, wobei er von S. Pompeius besiegt wurde, aber nach Vermittlung des Lepidus ein Abkommen schließen konnte, vereinigte sich 43 in Gallia mit Antonius, war dann *leg.pr.pr.* oder *promagistratus agr.div.* in der Gallia Transpadana (rettete dabei Vergil das Landgut), war 40 Consul mit Cn. Domitius Calvinus (Degr. FCap. 170), stand 39/38 als Proconsul in Macedonia, besiegte die Parthiner in Illyrien und triumphierte am 25. Oct. 39. Dann zog er sich aus dem polit. Leben zurück. – Literarisch produktiv war er als Redner (7 Reden bekannt, Malcovati Or. R. F. 3,174), als Historiker (historiae in 17 B., wobei er mit 60 v. Chr. begann. HRR II 67ff.; vgl. E. Kornemann RG I^4, 1960, X), als Dichter (Tragödien und erotische Gedichte) und als Verf. von grammatischen Schriften (Gr. RF 1,493ff.). Er hatte Beziehungen zu Catull, Helv. Cinna (Propemptikon an A.) und Horaz (c. 2,1) und förderte vor allem den jungen Verg. (ecl. 3.4.8 an A.), aber auch den gr. Historiker Timagenes. Er gründete die erste öffentl. Bibliothek in Rom im Libertastempel, hatte eine berühmte Kunstsammlung (u. a. Farnes. Stier) und führte Rezitationen neuer Literatur ein. Als Kritiker hatte er ein scharfes Urteil, z. B. über Sall., Caes., Cic., Liv. Schanz-Hos. 2,24–30. J. André Asinius Pollion, Paris, 1949. K. Büchner R. Lit. G., 1957, 235.277. H. G. G.

II. Kaiserzeit: **1.** M. A. Agrippa, Sohn von Nr. 5, Tac. ann. 4,61. Cos. ord. 25, CIL I^2 p. 71. XI 3613. † 26, Tac. ann. 4,61. **2.** M. A. Atratinus, cos. ord. 89, AE 1949, 23, Z. 11. **3.** Ser. A. Celer, Sohn von Nr. 5. Cos. suff. 38, Inscr. It. XIII 1,190f. CIL IX 3017. Obwohl er mit Claudius befreundet war, ließ ihn dieser vor 47 töten, Sen. apocol. 13,5. **4.** A. Gallus, Sohn von Nr. 5, Suet. Claud. 13,2. Nach versuchter Verschwörung gegen Claudius im J. 46 verbannt, Cass. Dio 60,27,5. **5.** C. A. Gallus. Sohn von Nr. 10, Tac. ann. 1,12,2.4. Begann als IIIvir a. a. a. f. f., Mattingly I (s. p. XCV) 32f. XVvir sacris faciundis 17 v. Chr., CIL VI 32323, 107. 151. 168. Als Cos. ord. 8 v. Chr. führte er die Tiberregulierung durch, CIL VI 1235. AE 1947, 154. Mon. Ancyr. 8. Procos. Asiae 6/5 v. Chr., Sylloge^3 780. Dess. 97. Als Gatte der Vipsania Agrippina strebte er nach dem Prinzipat, daher dem Tiberius verdächtig, Tac. ann. 1,12,4ff. Im J. 20 n. Chr. wollte er den Piso nicht verteidigen, Tac. ann. 3,11,2. Er förderte den Seian; daher 3 J. lang in Haft gehalten, bis er im J. 33 starb, Cass. Dio 58,3, 1ff. Tac. ann. 6,23,1. **6.** C. A. Lepidus Praetextatus. Cos. ord. 242, CIL VI 37 110, wohl Sohn des A. Lepidus, leg. Aug. pr. pr. praeses prov. Cappadociae im J. 222, AE 1941, 163. **7.** M. A. Marcellus. Cos. ord. 54, CIL XVI 3. Tab. cer. Pomp. IV 3340 Nr. 5–9; wohl identisch mit dem Tac. ann. 14,40,2 Genannten. **8.** M. A. Marcellus. Cos. suff. 104, Forsch. Ephes. 2,128f. Nr. 27,447f. **9.** Q. A. Marcellus, Cos. suff. wohl erst nach 96, CIL XIV 4447. 4449. Patron von Ostia, R. Meiggs Rom. Ostia, 1960, 514f. 556. **10.** C. A. Pollio. Sohn von Nr. 5 (Rep. Zeit). Praetor peregrinus 20 n. Chr., CIL I^2 p. 70. Cos. ord. 23, Cass. Dio ind. 1.57. IGR IV 1724b. Procos. Asiae ca. 38/39, Mz. Br. Mus. Lydia 252,106–108. **11.** C. A. Protinus Quadratus. Cos. suff., procos. Achaiae im 1. Drittel des 3. Jh., Sylloge^3 II 887. IG XII 7,267. Forsch. Ephes. 3,127 Nr. 40. Wohl identisch mit dem Geschichtsschreiber A. Quadratus, FGrH 97 Jac. **12.** (A.) Salonius, Sohn von Nr. 10, * nach 39 v. Chr., Serv. Verg. ecl. 4,1,11. **13.** A. Salonius, Sohn von Nr. 5, † 22 n. Chr., Tac. ann. 3,75,1. R. H.

Asios von Samos (Paus. zu F 7. Athen. 3 p. 125b). Sohn des Amphiptolemos (Paus. zu F 1. 7), Verf. von ἔπη (Paus. zu F 3–7) im genealogisierenden Stile (Paus. zu F 12) der »hesiodeischen« Ehoien. Epische Fragmente (13 Hexameter) bei G. Kinkel EGF 1,202–206, 2 Distichen bei E. Diehl ALG^3 1,19. Ältestes Zitat bei Antiochos von Syrakus, 555 F 12 Jac. (s. IV^2 a.: F 2), dann bei Duris von Samos, 76 F 60 Jac. (s. III^1 a.: F 13), weiterhin Pausanias (F 1.3–8.11 f.), Apollod. (F 9), Schol. U^5 (Barnes.) Od. (F 10), Athenaios (die Distichen). Innerhalb der vielfach singuläre Genealogien ausweisenden epischen Bruchstücke sei das auf Samos bezügliche F 7 als Beispiel hervorgehoben.

F 13 geht auf die prunkvolle Kleidung der Samier auf ihrem Festzuge zum Heraion. Die beiden Distichen führen ein Gegenbild des Iros der Odyssee ein, das ungerufen zur Hochzeit des Meles (des Vaters Homers?) erscheint. H. J. M.

Asisium (Nissen It. Ldk. 2,394. CIL XI p. 784). Umbr. Stadt auf sicherer Höhe. Name nach CIL XI 5384 bei Prop. 4,1,125 erst durch Lachmann wiederhergestellt (Ptol. 3,1,53 *Αἰσίσιον*. Prok. Got. 3,12 *Ἀσίση*); *municipium* der trib. Sergia (Kubitschek Imp. Rom. trib. discr. 69), später der 6. Region (Plin. nat. 3,113 *Asisinates*). Amt der *marones* inschr. Vetter, HB Nr. 236. CIL I^2 2112. Da die gens Propertia nach A. gehört (CIL XI 5405. Vetter a. O. *Propartie*), ist wohl Prop. 4,1,121ff. als Schilderung der Heimat zu deuten (→ Propertius). G. R.

Askalabos (*Ἀσκάλαβος*). Sohn der Misme, die der Demeter auf der Suche nach ihrer Tochter zu trinken gab. A. höhnte die durstig trinkende Göttin, die den Rest des Getränkes über ihn schüttete und ihn dadurch in eine gefleckte Eidechse (*ἀσκάλαβος*) verwandelte. Anton. Lib. 24 nach Nik. Ther. 484. Ov. met. 5,446ff. Ursprüngl. galt diese Eidechse selbst als böser Dämon, später faßte man die Tiergestalt als Strafe auf. H. v. G.

Askalaphos (*Ἀσκάλαφος*). **1.** Dämon der Unterwelt, Sohn des Acheron und der Gorgyra (Apollod. 1,33) oder der Nymphe Orphne vom Avernersee (Ov. met. 5,539), bezeugte, daß Persephone in der Unterwelt bereits vom Granatapfel gegessen habe und also dem Pluton angehöre. Demeter wälzte einen schweren Stein auf ihn, und als Herakles diesen hob, verwandelte sie ihn in eine Nachteule (*ἀσκάλαφος*). **2.** Sohn des Ares und der Astyoche, mit seinem Bruder Ialmenos Führer der boiotischen Minyer vor Troia, durch Deiphobos getötet. Ares wurde mit Mühe von Athene zurückgehalten, A. zu rächen, Il. 2,511. 13,519. 15, 110ff. Argonaut und Freier Helenes, Apollod. 1,113. 3,10,8. Hyg. fab. 81. Nach W. KULLMANN Die Quellen der Jlias H (ES 14) 71 Vorhomerische Gestalt. H. v. G.

Askalon. Handelsstadt an der Küste Palästinas, bewohnt schon von Kanaanäern und Hyksos, literarisch bezeugt seit den äg. Ächtungstexten der 12. Dynastie und den Amarnabriefen. Seit der Seevölkerwanderung ist A. eine der 5 Hauptstädte der Philister und wird von den Israeliten von der Landnahme (Ri. 1,18) bis zum Aufstand gegen die Römer (Ios. bell. Iud. 3,2,1–3) dauernd befeindet. Unter Tiglatpileser III. und Sanherib war A. den Assyrern tributpflichtig, in der Perserzeit tyrisch (Skyl. 1,79), im 3. Jh. unter den Ptolemäern und seit Antiochos III. unter den Seleukiden. Den Makkabäern nur aus Diplomatie huldigend (1. Makk. 10,86 u. ö.), machte sich A. 104 v. Chr. ganz selbständig (mit eigener Zeitrechnung, Chron. Pasch. 1,346 D) und wurde so auch von den Römern und → Herodes d. Gr. anerkannt. A. wurde Vaterstadt vieler Künstler und Gelehrter, seine berühmten Kulte und Festspiele hielten sich noch lange; das von Hdt. 1,105, Athen. 8,346e, Paus. 1,14,7 gemeinte Derketo-Heiligtum kennt z. B. noch Antoninus Placentinus um 570 n. Chr. (CSEL 39,210 G). Bis Julian Apostata blieb A. christenfeindlich, aus byz. Zeit kennt man 2 Basiliken und einige Bischöfe. Im 7. Jh. bauten die Araber in A. eine Omarmoschee, die Fatimiden befestigten es; in den Kreuzzügen (1192 und 1270) wurde A. zerstört, 1920–1924 z. T. ausgegraben. C. C.

Dict. de la Bible 1,1060–1069; Suppl. I, 621–628. *Schürer* 2^4,119–124. Lex. für Theol. und Kirche 1^2,722ff. *K. Galling* Bibl. Reallex., 1937, 38ff. *Abel* Géogr. 2,252f. Dict. d' Hist. et de Géogr. Eccl. 4,875f.

Askanios (*Ἀσκάνιος*). In der Ilias führen 2 Verbündete der Troer diesen Namen, der wohl zu Landschaft und See Askania in Bithynien Beziehung hat. Als Sohn des Priamos erscheint ein A. bei Apollod. 3,12,5,9. Im epischen Kyklos (Tabula Iliaca) ist A. Sohn des → Aineias und der Eurydike (erst bei Verg. A. 2,666 und Liv. 1,3,3 der Krëusa). Nach Troias Fall herrscht A. eine Zeitlang über die Daskyliten an der Propontis und dann als Nachfolger seines Vaters auf der Ida (Hellanikos FHG 1,62,127) oder in Skepsis in der Troas (Strab. 13,607). Nach anderen Berichten zieht er mit dem Vater nach dem W, dabei legt er seinen alten Namen Euryleon ab (Dion. Hal. ant. 1,65f.). Die Römer nennen ihn auch Ilus (Verg. Aen. 1,267) und Iulus (schon Cato orig. 1,9 PETER) und sehen in ihm den Stammvater der gens Iulia. Bei Verg. ist A. der einzige Sohn des Aeneas; bei der Flucht aus Troia hatte ein Vorzeichen seine künftige Größe verkündet (2,681), in seiner Gestalt erschien Cupido der Dido (1,657). Die vorvergilische Überlieferung über A. ist widerspruchsvoll: A. kam nach Aeneas' Tod nach Italien (bei Dion. Hal. 1,53,4); er ist Nachfolger des Aeneas als Herrscher in Latium (ebd. 1,65,1). Romulus bzw. Rome sind Kinder des A. (Serv. Aen. 1,273. Plut. Romul. 2), Romylos und Romos seine Brüder (Dion. Hal. 1,65,1). Bei Liv. 1,1–3 führt Lavinia die Herrschaft für den unmündigen A.; indes läßt er es unentschieden, ob dieser A., Lavinias Sohn, es war, dem die Herrschaft erhalten wurde, oder der ältere, Krëusas Sohn, der auch Iulus genannt wurde. Er kämpfte siegreich gegen die Etrusker und gründete Alba Longa (Cato s. o. Liv. 1,3,4. Dion. Hal. 1,65,2. 66,1. 70,1. Verg. Aen. 1,267ff.). Ihm folgt als Herrscher von Alba Longa sein Stiefbruder (nach Liv. 1,3,6 sein Sohn) Silvius. H. v. G.

L. Radermacher Mythos u. Sage bei den Griechen, 1938, 59.

Askaules (*ἀσκαύλης, ὁ*). Dudelsackpfeifer, vgl. Martial. 10,3,8 (als griech. Wort in lat. Epigramm); bei Suet. Nero 54 *utricularius* (Nero wollte das bäuerliche, wenig geschätzte Instr. und auch die Wasserorgel noch erlernen). Nach Dion Chrys. 71,381 *αὐλεῖν τῷ τε στόματι καὶ ταῖς μασχάλαις ἀσκὸν ὑποβαλόντα*. Im klass. Altertum war das Instr. kaum bekannt; das aramäische *'sumponiāh* (Daniel) bedeutet nicht Dudelsack (vgl. C. SACHS The History of Mus. Instr., N. York 1940, 84,141, Kap. Bagpipe in Greece). W. B.

J.E. Scott Roman Music, in: Ancient and Orient. Music, Lond. 1957, 408. 414. 418. *F. Behn* Die Musik im röm. Heere, MZ 7, 1912, 36f. RE II 1615 *(Mau)*.

Askioi (*Ἄσκιοι*). Die »Unschattigen« heißen die Bewohner derjenigen Erdzonen, innerhalb deren die Sonne an einzelnen Tagen des Jahres in den Zenit zu stehen kommt, so daß der Gnomon (RE VII 1500. VIII 2417) keinen Schatten anzeigt, wie z. B. am Sommersolstiztag in Syene, RE IV A 1020,11ff. II 1617,58. Im Poseidon. System (bei Strab. 2,5,43; Poseid. 70,769; EHG 3,245; Kleom. 1,10,7; vgl. RE VIII A 2360 Fig. 19) heißen weiterhin die Erdbewohner zwischen den Wendekreisen *ἀμφίσκιοι*, diejenigen zwischen den Polarkreisen und W.-Kreisen *ἑτερόσκιοι* – der Schatten fiel also während des ganzen Jahres nur nach N. oder nur nach S., – diejenigen von den Polen bis zu den Polarkreisen *περίσκιοι* (z. B. an Mitternachtssonnentagen). R. B.

Asklapiades aus Arados, Mosaicist des 2. Jh. v. Chr. Seine Signatur auf einem Fußboden im »Haus der Delphine« auf Delos. A. R.

Mon. Piot XIV 1908, 198 *(Bulard)*. Encicl. Arte Class. Or. I 717f. *(Guerrini)*.

Asklepiades. 1. Von Samos, einer der bedeutendsten → Epigrammdichter der ion.-alex. Schule (Beckby 1,25), um 300 v. Chr. (identisch mit delph. Proxenos von 276? Trypanis CR 2, 1952, 67f.). Gelegentliche Bezeichnung als Sikelidas (Theokr. 7,40 u.ö.) geht weder auf Vater (so wieder Gow z. St.) noch auf geographische Herkunft; ursprünglich Pseudonym oder »Kneipname«? (Knauer 71). Vielleicht Aufenthalt in Alexandreia. Zeitweise steht ihm Kallimachos nahe, trotz abweichender Beurteilung von → Antimachos' Lyde durch A. 9,63. Bekanntschaft mit Theokrit (auf Kos?), der ihn lebhaft preist. Freundschaft mit → Poseidippos von Pella und → Hedylos von Samos; gemeinsames Epigr.-Buch der 3 Dichter wahrscheinlich (zuletzt Mette RE XXII 431). Erhalten ca. 40 Epigr. in der Anth. Pal. (ohne Umstrittenes). A. »erneuert das von Platon begründete erotische Epigr.« (Knauer 79; über die Echtheit dieser Epigr. → Platon). Das Paraklausithyron verwendet er häufig, nach dem Stand unserer Überlieferung als erster Epigr.-Dichter. Die genußfrohe Gelagepoesie ist wohl z.T. vorgetragen worden. Widmungsepigr. (9,63: Antimachos' *Lyde*; 7,11: Erinnas *Spindel*) und Grabepigr. (neues Motiv: Tote reden aus Kenotaph) weitgehend literarisiert, von Zweckbestimmung (Grabaufschrift etc.) gelöst. Einführung einer 3. Person, Ansatz zu Handlung führt zu → Mimus-ähnlichen »kleinen Einaktern« (5,181). Schulstubenmilieu von A. eingeführt 6,308. Die Catull und den röm. Elegikern vertraute Selbstanrede kommt bei A. auf (12,46.50). Übergänge vom Epigr. zur Kurz- → Elegie. A. greift auf hohe Poesie wie auf Volksdichtung zurück. Seine temperamentvollen Epigr. voller Ursprünglichkeit und Lebensechtheit, in kunstvoller, doch schlichter Sprache abgefaßt, dürften auf ein breiteres Publikum gewirkt haben als die gleichzeitige poeta-doctus-Dichtung. Nachgeahmt besonders von griech. Epigr.-Dichtern, im Lat. z.B. von Ausonius. Daß A. auch als Meliker bedeutend gewesen sein muß, zeigt das a. Versmaß (→ Metrik). J. W.

Melische Frg. *E.Diehl* Anth.Lyr.Gr. 3^3, 123. – Epigr. *H.Beckby* Anth. Graeca, 1957/58. Mit engl. Übers. *W.M. Wallace* A. of Samos, 1941. *O.Knauer* Die Epigramme des A. v. S., 1935. *O.J. Peters* A. v. S., Diss. Lpz. 1922 (Jb. phil. Fak. Lpz. 1922, 2,29f.). *L.A. Stella* Cinque poeti dell'Antol.Pal., 1949, 1ff. (Lit. 70ff.); dazu *Puelma* Gn 22, 1950, 308ff. *M. Gabathuler* Hellenist. Epigramme auf Dichter, 1937, 50ff. Zu Anth.Pal. 5,7.150 *W.Ludwig* MH 19, 1962, 156ff. *Von der Mühll* ebd. 202f. Über A./Poseidippos *Gow* CR 4, 1954, 195ff.

2. Von Bithynien, berühmter Arzt: s.o. S. 117, 36–49, wo dieser Askl. irrtümlich unter Agathinus eingereiht ist.

Asklepiodotos. 1. Die unter dem Titel »*'Ασκληπιοδότου φιλοσόφου τακτικὰ κεφάλαια*« (cod. Laur. LV 4 F) erhaltene Schrift des A. behandelt die Elementartaktik der Hoplitenphalanx der hellenist. Zeit in 12 Kap. Sie wurde von Ailianos takt. benützt, ist also vor dem 2. Jh. n. Chr. abgefaßt. A. war ein Schüler des Poseidonios (Sen. nat. 2,26,6.30,1.5,15,1.6,17,3.22,2) und überlieferte offenbar dessen Taktik (Ail. takt. 1,2). Der Verfasser war bloß Theoretiker, doch kann die Schrift, wie Fr. Lammert (s.u.) zeigte, nicht als beziehungslos zur Zeit, in der sie entstand, hingestellt werden. Maßgebend für den Text ist der aus dem 10. Jh. stammende cod. Laur. LV 4, F. Die übrigen von ihm abhängigen Hss. führen in das 16.–19. Jh. A. N.

Erstausgabe in *H. Köchly–W. Rüstow* Griech. Kriegsschriftst. II 1., Lpz. 1855, die zweite in der Loeb-Bibliothek von *W.A. Oldfather*, 1923, letztere mit engl. Übers., erstere mit deutscher. RPh. 9, 1935, 5–21. *Fr. Lammert* Die röm. Taktik zu Beginn der Kaiserzeit und die Geschichtsschreibung, Lpz. 1931, Philol., Suppl. Bd. 23. 2. RE I A 510ff. XI 1833. XIX 1642ff. *C. Bursian* 274, 1941, 37ff.

2. Neuplatoniker, Schüler des Proklos, von Simplikios, in Arist. phys. 795,20 Diels, als der tüchtigste unter ihnen gerühmt. Ein knappes Charakterbild von ihm gibt Damaskios, vita Isid. 126 bis 128; dieser rühmt A.' Scharfsinn und Frömmigkeit, tadelt aber, daß er die Magie abgelehnt habe und sich der orphischen und chaldaeischen Weisheit verschlossen habe. Er scheint also der ins Extrem abgleitenden Metaphysik der athenischen Schule gegenüber eine gewisse Unbefangenheit bewahrt zu haben. Ein Timaios-Kommentar, den A. verfaßte, drang bei der Autorität, die Proklos' Werk hatte, nicht in die Tradition ein (vgl. Olympiodor in Arist. meteor. 321,26 Ideler). H. D.

Asklepios (*'Ασκληπιός*, *'Ασκλαπιός*). Griech. Gott der Heilkunde, Sohn des Apollon und der Koronis (Hom. h. 16,2. Diod. 4,71.5,74). Die orthograph. Varianten (*'Ασχλαπιός* IG VII 3191 [Orchomenos]; *Αἰσκλαπιός* IG IV 1^2,136 [Epidauros]; *Αἰσχλαβιός* IGA 549 [Bologna]; *'Αγλαπιός* G. Dickins, ABSA 11, 1904/05, 131f. [Thalamai]. Vgl. A. B. Cook Zeus 2, 1925, 1085f.) deuten auf vorgriech. Herkunft des Namens (H. Ammann, Gl 25, 1936, 5f. P. Kretschmer, Gl 30, 1943, 116). Antike Volksetymologie fand darin als 2. Bestandteil das Attribut *ἤπιος* »mild, hilfreich« (Plut. mor. 845b. Sch. Lykophr. 1054), das dem Helfer auch sonst zukam (K. Keyssner, WüSt 2, 1932, 93ff.) und ihm eine Gattin *'Ηπιόνη* eintrug (Corn. 33. Paus. 2,29,1). U. v. Wilamowitz ([1], 91ff.) stützte sich für die Gleichsetzung des 1. Bestandteils **'Ασκλα-* mit *αἴγλη*⟨**ἄσγλα* »Lichtglanz« auf Isyll von Epidauros (IG IV 1^2, 128, 50f. *Αἴγλη = Κορωνίς*; vgl. H. Usener, RhM 49, 1894, 470) sowie auf die Hesychglossen *Αἰγλάηρ· ὁ 'Α.* und *'Αγλαόπης· ὁ 'Α.*, ferner auf den Apollon *Αἰγλήτης-'Ασγελάτας* von Anaphe (Apoll. Rhod. 4,1718.29. IG XII 3,248. [11],30f.

Vgl. [5],222. [9],42f.). Trotz verschiedener bei A. feststellbarer lichter Züge (Aristoph. Plut. 639f. [3],255f. [11],40f.) aus sprachlichen Gründen abgelehnt von D. Detschew, BIAB 3, 1925, 155ff. 159, demzufolge A. und Asgelatas »der eidechsenartige bzw. schlangengliedrige (Gott)« bedeuten. Vgl. Hesych. s. σκαλαπάζει und σκαλπάζειν; A. Fick, BB 26, 1901, 319ff. Wie Detschew setzen auch H. Grégoire und R. Goossens ([9],43ff. 48ff.) bei der thessal. Form Ἀσκαλαπιός (IG IX 2,397. R. van der Velde Thessal. Dialektgeographie, 1924, 140f.) als der primären an (vgl. Cook a.O. 1086); sie gewinnen gleich ihm von da aus die seit F.G. Welcker (Griech. Götterlehre 2, 1860, 735f.) häufig erwogene Anknüpfung an ἀσκάλαβος »Eidechse« (vgl. Cook a.O. 1087), versuchen aber abweichend eine etymol. Rückführung auf ἀσπάλαξ, σκάλοψ »Maulwurf« (vgl. BAB 34, 1948, 611f. NClio 5, 1953, 211. 10, 1958/1960, 149f.). Bedenken bei L. Edelstein, Gn 26, 1954, 162ff. Frisk Et. Wb. 164f. – Die »Schlangen«- und »Maulwurf«-Etymologie rechnet entgegen der u.a. von Farnell ([3],236ff.) und Edelstein ([7],2,227ff.) verfochtenen Heroenthese (Vgl. J.E. Harrison Prolegomena, 1921^{3}, 340ff.) mit einer chthon. Natur des A. In der eigenartigen Form und Anlage der epidaur. Tholos (Paus. 2,27, 3. F. Robert Thymélè, 1939, 296ff.) sieht sie das Charakteristikum der Wohn- und Wirkungsstätte eines anfänglich tiergestaltigen Erddämons ([9], 63ff. vgl. Robert a.O. 356). Vergleiche mit dem Omphalos des Heil- und Orakelgottes → Apollon, der als Πύθιος und Σμινθεύς zu reptilien- und rattenartig. Getier in Beziehung stand (Detschew a.O. 158f. [9],52ff.73ff.), und mit dem schlangenbewohnten Kuppelgrab, in dem der kret. Seher und Heiler Polyidos (Apollod. 3,17ff. Fick a.O. 313ff. A.W. Persson Rel. of Greece in Prehist. Times, 1942, 9ff.) den Minossohn Glaukos wieder zum Leben erweckte (G.W. Elderkin, AJPh 60, 1939, 207. M. Renard, Latom. 12, 1953, 143,1), führen auf prähell.-mediterrane Vorformen der Synthese von mag. Thaumaturgie und therapeut. Divination (ἰατρομαντεία), als welche der Tempelschlaf (ἐγκοίμησις; M. Hamilton Incubation, 1906. A. Taffin, BAGB 1960, 325ff.) im unterirdischen Heiligtum des A. sich darstellt (vgl. Th. Lefort, Mus. Belg. 10, 1906, 21ff. 101ff. J. Gessler, Le Muséon 59, 1946, 661ff. E.O. James The Ancient Gods, 1960, 240f.). Die Inkubationsriten (J. Zingerle Strena Buliciana, 1924, 171ff. [8],59ff.), die Rolle des Wassers in der Therapie ([4],155ff. [8],72. [10],19f.), die Schlangen- und Hundesymbolik (Aristoph. Plut. 732f. m. Sch. Apollod. Ath. frg. 138 Jac. E. Küster, RVV 13,2, 1913, 121f. 133ff. [3],240f. [8],34f. [10],24ff. [11],35f.), vor allem die ophiomorphen Manifestationen des Gottes selbst (Paus. 2,10,3. 3,23,7. Fick a.O. 318ff. Cook a.O. 1082ff.), weiter die Ähnlichkeit mit dem boiotischen → Trophonios (Paus.

9,39,3. K.O. Müller Orchomenos, 1844^{2}, 195. P. Philippson, Symb. Osl. Suppl. 9, 1939, 20ff. [8], 88f. [9],95ff.) scheinen seine Erdverbundenheit zu bestätigen ([4],142. [11],VII ff. A. Esser, FuF 24, 1948, 196ff.); nicht minder die mythisch-genealogischen und kultischen Gegebenheiten seiner Ursprungsregion, der Pelasgiotis und Hestiaiotis Thessaliens (Fick a.O. 322f. Philippson Thessal. Mythologie, 1944, 15.67. [9],19ff. 40. [11], 87ff.): das alte hypogeische Adyton zu Trikka (Isyll. v. 30. P. Kastriotis, EA 1918, 65ff. [5],229. Vgl. Strab. 9,437. 14,647), das vorapollinische minyisch-phlegyische Elternpaar Ischys, ein phallisches Erdwesen (Fick a.O. 322. Thraemer, RE II 1644), und Koronis, eine Persephone-Gestalt (J. Böhlau Bonner Stud. R. Kekulé, 1890, 129ff. [11],90ff.), in Lakereia am Boibeis-See (Hes. frg. 122.23. Pherek. frg. 3a Jac. [9],19ff.); schließlich die Rettung des A.-Kindes aus dem verbrennenden Leib der getöteten Mutter (Pind. P. 3,38ff. Ov. met. 2,626ff.), ein Motiv, das aus dem Semele-Dionysos-Kreis bekannt ist ([9],54. [11],XIf.). Mit Dionysos bringt übrigens Detschew a.O. 159ff. den A. der Minyer und Phlegyer unmittelbar zusammen (vgl. [11],40) und erklärt ihn und die Träger seines Kultes für Thraker (s. jedoch G. Kazarow, ARW 11, 1908, 573ff.). – Das Eindringen Apollons in die A.-Genealogie ([1],98ff.; anders [9],53f.), Symptom seines vorläufigen Sieges über den Rivalen, führte mythologisch zur Degradation des Elternpaares (Ehebruch-Motiv: Pind. P. 3, 25ff. Akusil. frg. 17 Jac. Thraemer Pergamos, 1888, 28f.) und zur Heroisierung des heilenden und orakelnden Erdgeistes (Fick a.O. 322f. Rohde Psyche 1,141f. Vgl. [3],235f.). Heros und Arzt (ἰατήρ), Schüler des kräuterkundigen Kentauren Cheiron (J.D. Gilruth, Ann. Med. Hist. 1, 1939, 158ff. Usener Götternamen, 1948^{3}, 157f.), ist A. – wie seine Söhne Machaon und Podaleirios – für Homer (Il. 2,731f. 4,194.219), ebenso für Hesiod, Pindar und Euripides, die von dem gewaltsamen Ende des Totenerweckers durch den Blitz des Zeus wissen (Hes. frg. 125. Pind. P. 3,55ff. Eur. Alc. 3f. 122ff. [1],44ff. [3],234f. [6],389ff. [9], 15ff.). Verschiedene ἱερά zeigten ein Grab des ἥρως διόβλητος (Robert a.O. 326f.). Doch allein mit der allmählichen Resorption des älteren Kultpartners → Apollon Maleatas (Trikka und Epidauros [5],216ff. 220ff. [9],27f. [11],24ff.) bewies A. seine ungebrochene rel. Lebenskraft. Der Peribolos im argiv. Epidauros (Paus. 2,27,1ff. [11], 17ff. Vgl. K. Latte, Gn 7, 1931, 113ff.), wohin seine Verehrung über Mittelgriechenland (Phokis, Boiotien) gedrungen war ([3],247ff. [9],28ff.), bildete vom Ende des 6. Jh. an den Schauplatz mirakuloser ἰάματα (P. Cavvadias Mél. Perrot, 1903, 42f. O. Weinreich, RVV 8,1, 1909, 28ff. 80ff. [4], 8ff. [7],2,139ff.) des zu neuartiger Göttlichkeit aufstrebenden Allheilers (A.-Paion; L. Bieler Θεῖος Ἀνήρ 2, 1936, 105ff. [8],39f. M.P. Nilsson Mél.

F. Cumont, 1936, 369 ff.). Sein von dort aus seit dem 5./4. Jh. einsetzender Siegeslauf überzog die Oikumene mit einem Netz von fast einem halben Tausend Kultfilialen (Thraemer, ERE 6,550. Vgl. RE II 1662 ff.). Unter ihnen scheint nur Kos (4. Jh. Vgl. Herond. 4,1 ff. R. Herzog, ARW 10, 1907, 201 ff. APrAW 1928, 6,46 ff. [11],49 ff.), wo die Ärzteschule der Asklepiaden im Hain des Apollon Kyparissios hippokrat. Tradition pflegte (E. T. Withington, SHMS 2, 1921, 192 ff. W. Penfield, PAPhS 101, 1957, 393 ff. [11],3 f. 52 ff.), rationelle Kuren mit medizinischer Indikation dem Wunder- und Wallfahrtsbetrieb vorgezogen zu haben (F. Robert, CRA 1939, 91 ff. Herzog, Proteus 2, 1937, 232 ff. [4],139 ff. 152 ff. [8],28 f.). In Athen (F. Kutsch, RVV 12,3, 1913, 16 ff. F. R. Walton, HSPh 46, 1935, 170 ff.), wohin A. 420 v. Chr. gelangte (Robert a.O. 325 ff. 329 ff.), empfing Sophokles als Priester des einheimischen Heilheros Amynos (A. Koerte, AM 18, 1893, 249 ff. 21, 1896, 287 ff.) den Ankömmling (Etym. m. 256,6 ff. W. S. Ferguson, HThR 37, 1944, 86 ff. V. Ehrenberg Sophokles und Perikles, 1956, 197. [5],227). Nach Rom holte man den schlangengestalt. Gott auf Weisung der Sibyllinen im J. 293 v. Chr. (Liv. 10, 47,7. Ov. met. 15,622 ff. E. Schmidt, RVV 8,2, 1909, 31 ff. [11],1 ff.). Pergamon, glanzvolle Erbin von Kos und Epidauros ([8],26), höhte den göttlichen Arzt zum mild-erhabenen Zeus-A. auf (F. Ohlemutz Kulte und Heiligtümer der Götter in Pergamon, 1940, 123 ff. Cook a.O. 1076 ff. [3],278), dessen Ruhm in dem Rhetor Ailios Aristeides (or. 38.42.50) einen beredten Anwalt fand (C. Bonner, HThR 30, 1937, 123 ff. [10],10 ff.). In zahlreichen Hymnen gepriesen erscheint der hellenistische A. im Verein mit der Göttin Hygieia, dem kindlichen Kapuzendämon → Telesphoros (W. Deonna, Latom. 14, 1955, 44 ff.) und anderen παῖδες (P. Maas Epidaur. Hymnen, 1933, 151 ff. [7],1,325 ff.). In Äg. erfolgte seine Fusion mit → Sarapis (Tac. hist. 4,84,5. Aristeid. 49,46 ff. Weinreich a.O. 118. Deonna a.O. 48 f. [8],53 ff. [10],14) und dem memphitischen Arztgott → Imuthes-Imhotep (Clem. Al. strom. 1,21. K. Sethe Imhotep, 1902, 3 ff. E. Otto, ÄZ 78, 1942, 36. S. Morenz Festschrift F. Zucker, 1954, 278), in Berytos, Sidon und Karthago die mit dem phönizischen → Ešmun (Damask. v. Is. 302. W. v. Baudissin, ZDMG 59, 1905, 464 ff. 473 ff. Orient. Stud. Th. Nöldeke, 1906, 729 ff. R. Dussaud, JS 1907, 36 ff. S. Gsell Histoire anc. d'Afrique du Nord 4, 1920, 314 ff.). Von Kleinasien bis Palästina (Eus. v. Const. 3,56. V. McCasland, JBL 58, 1939, 221 ff.) trat der Heiland der Heiden (Σωτὴρ τῆς οἰκουμένης; W. Bousset Kyrios Christos, 1921, 242 f. Weinreich, JbLW 10, 1930, 142) dem Wundertäter von Nazareth und Seelenarzt der Christen zu einer Auseinandersetzung gegenüber, die auf dem Felde der christlichen Apologetik nachhaltige Spuren hinterlassen hat (Iustin. Mart. 21,1 f. 54,10. Herzog, RAChr 1, 797 ff. F. J. Doelger, AuC 6, 1950, 241 ff. 257 ff. 263. [7],2,132 ff. [10],5 ff.). W. F.

1. *U. v. Wilamowitz* Isyllos von Epidauros, PhU 9, 1886, 46 ff. 2. *L. Kjellberg* A., UUÅ 3, 1897. 3. *L. R. Farnell* Greek Hero Cults, 1921. 4. *R. Herzog*, Phil. Suppl. 22,3, 1931. 5. *M. Guarducci*, SM 8, 1932, 215 ff. 6. *L. Weber*, Phil. 87, 1932, 389 ff. 7. *E. J.* und *L. Edelstein*, A. 1 und 2, 1945 (sämtliche Belege). 8. *C. A. Meier* Antike Inkubation, 1949. 9. *H. Grégoire–R. Goossens–M. Mathieu* A., Apollon Smintheus et Rudra, MAB 45,1, 1949/50. 10. *K. H. Rengstorff* Die Anfänge der Auseinandersetzung zwischen Christusglaube und A.-Frömmigkeit, 1953. 11. *K. Kerényi* Der göttliche Arzt, 1956[2].

Ἀσκωλιασμός. Ein populäres Unterhaltungsspiel, bei dem man auf einer eingefetteten Schweinshaut aufrecht stand oder Sprünge ausführte und das Gleichgewicht behalten mußte, anläßlich der Ἀσκώλια, des 2. Tages der ländlichen Dionysien. Nach Poll 9,21 war die Haut mit Luft, nach Schol. Aristoph. Plut. 1129 mit Wein gefüllt. Der Sieger erhielt sie als Preis. Das Spiel bildete auch einen Teil der Belustigungen bei der Weinlese in Italien. Die Ableitung von ἀσκός ist unsicher. Das Verb, ἀσκωλιάζειν, auf einem Fuße hüpfen, wurde mit σκῶλον in Verbindung gebracht. O. W. R.

Askra. Der Heimatort Hesiods am S.-Rand des Helikon, zu Thespiai gehörend und später zerstört, genaue Lage unbekannt, nicht bei Pyrgaki, wie fast stets angenommen. Hes. erg. 639 f. Plut. comm. in Hesiod. 60. Strab. 9,2,25 p. 409. Paus. 9, 29,1 f. E. M.

1. RE II 1701. 2. *Philipps.-Kirst.* 1, 1951, 452. 672. 718 A. 82. 3. *G. Roux* BCH 78, 1954, 45 ff.

Asmenius s. Luxorius

Asopos. Name mehrerer griech. Flüsse, Strab. 8,6,24 p. 382. 9,2,23 p. 408, bes.

1. Fluß im Gebiet der Malier, h. Karvunaria, durchbricht unter Herakleia Trachis in einer gewaltigen Schlucht das Gebirge und mündet h. in den Spercheios, im Alt. getrennt am W.-Tor der Thermopylen ins Meer, Hdt. 7,199 f. 216. Strab. 9,4,14 p. 428.

1. *Friedr. Stählin* Das hellenische Thessalien 1924, 194 f. 197. 2. RE V A 2403,9 ff. mit Karte 2399 f. 3. *W. Kendrick Pritchett* AJA 62, 1958, 204 f.

2. Hauptfluß des s. Boeotien, neugriech. Vurieni, entspringt im Gebiet von Leuktra, fließt am N.-Abhang des Kithairon, an Tanagra vorbei und mündet bei Oropos. Hom. Il. 4,383 (βαθύσχοινος λεχεποίη, dazu Baukis bei Hdt. 9,43,2. Paus. 5,14,3). Strab. 9,2,24 p. 409. Im Oberlauf Grenze zwischen Theben und Plataiai, Hdt. 6, 108,5 f. Paus. 2,6,1. 9,4,4.

1. RE II 1705 f. Nr. 2. 2. *Philipps.-Kirst.* 1, 1951, 501. 503. 506. 512. 514. 516 f.

3. Hauptfluß der Gebiete von Phleius und Sikyon, h. Fluß von Hg. Georgios. Strab. 8,6,24 p. 382. Paus. 2,5,2 f. Galt als Fortsetzung des Maeander, Paus. a.O. Strab. 6,2,4 p. 271.

Ernst Curtius Peloponnesos 2, 1852, 469 f. 482 f. 500 ff.

4. Spartanische Periökenstadt an der W.-Seite der Parnonhalbinsel, wahrscheinlich bei Plitra an der Bucht von Xyli, noch spätant. genannt, Paus. 3,21,7. 22,9f. Inschr.: IG V 1 nr.968–974. Münzen: HEAD HN² 433. E. M.

1. IG V 1 S.186. 2. RE II 1706,30ff. III A 1316,61ff. 3. *J. G. Frazer* Pausanias 3, 1898, 382f.

Aspalathos. Unter *ἀσπάλαθος* verstanden Plat. pol. 10,616, wo mit ihm Erinyen im Tartaros Tyrannen geißeln, Theokr. 24,86, wo mit ihm und andern Dornsträuchern von Herakles erlegte Schlangen verbrannt werden, Diosk., Galen., Plin. u. a. in erster Linie die in den mediterranen Macchien verbreiteten Stechginster Calycotome villosa (neugr. *σπάλαθος, σπαλαθιά*) und C. spinosa (ital. sparzio spinoso), doch auch dornige Genista-Arten, wie G. acanthoclados (neugr. *ἀφάνα*) und aspalathoides, andere Autoren auch Acacia-Arten und selbst die von andern Familien stammenden Rosenhölzer (Lignum rosae, l. thuris). H. G.

Aspar s. Ardabur.

Asparagos. Von den etwa 100 in den wärmeren Ländern der Alten Welt verbreiteten Arten der Liliiflorengattung Asparagus werden mehrere im Mittelmeergebiet verbreitete Wildarten, wie A. tenuifolius, acutifolius und aphyllus seit vorgeschichtlicher Zeit bis heute jung als Wildgemüse gesammelt und gegessen. Plin. unterscheidet solche als *asparagus silvestris* und *corruda.* Der *ἀσπάραγος* bei Theophr., Colum., Cato, der die Kultur ausführlich beschreibt, usw., ist der in Äg. nach einer Darstellung aus der 5. Dynastie wohl schon um 3000 v. Chr. gebaute echte Spargel A. officinalis. H. G.

Aspasia. 1. A. aus Milet, kam anfangs der vierziger J. des 5. Jh. nach Athen, wo sie Perikles' 2. Frau wurde (Plut. Per. 24,5. Sch. Plat. Menex. 235e); zwischen 445 und 440 gebar sie ihm einen gleichnamigen Sohn, der freilich gemäß Perikles' Bürgerrechtsgesetz von 451/50 (Aristot. Ath. Pol. 26,4) zunächst vom Bürgerrecht ausgeschlossen blieb (Plut. Per. 37). Eupolis' Behauptung in seinen »Demoi« (frg. 98 K.), A. sei eine gewöhnliche Hetäre gewesen, hat WILAMOWITZ Aristot. und Athen 2,99 sicherlich zu Unrecht ausgewalzt. Nach dem Vorbild der Thargelia von Milet (FIEHN, RE V A 1304) erstrebte die geistvolle Frau offensichtlich auch politischen Einfluß auf Perikles; die Zeitgenossen zweifelten daran jedenfalls nicht (Plut. Per. 24.25,1): man schrieb ihr die Schuld sowohl am Samischen Krieg (Plut. a. O.) wie am Megarischen Psephisma (Aristoph. Ach. 527ff.) zu. Auf Betreiben der Konservativen um Thukydides, den Sohn des Melesias, erhob der Komödiendichter Hermippos wohl 433/32 (D. KIENAST, G 60, 1953, 210) gegen A. Klage wegen Gottlosigkeit und Kuppelei, wobei letzterer Vorwurf wohl eine Verzerrung ihrer freien Bewegung in der Gesellschaft war. Perikles, durch diese Klage empfindlich getroffen, erreichte nur mit Mühe den Freispruch seiner Frau (Plut. Per. 32. F. MILTNER, RE XIX 779. G. PRESTEL Die antidemokrat. Strömung im Athen des 5. Jh., 1939, 60f. Mit F. ADCOCK, CAH 5, 1927, 175.478, den Prozeß als Grammatikerkonstruktion aus einer Stelle in einer Komödie des Hermippos zu halten, ist kaum möglich). Nach Perikles' Tod heiratete A. nochmals und starb später in Athen. Ihr Andenken hielten vor allem die Sokratiker in durchaus günstigem Sinne wach (ED. MEYER Forschungen 2, 1899, 55f.). **2.** A. aus Phokaia, Geliebte des jüngeren Kyros (Xen. an. 1,10,2), nach dessen Tod von Artaxerxes II. in seinen Harem aufgenommen und hochgeschätzt (Plut. Artox. 26). Fr. Kie.

Aspasios. 1. Peripatetischer Philosoph um 135 n. Chr., Lehrer des Herminos; Verfasser zahlreicher Kommentare zu Aristoteles; etwa zur Hälfte erhalten der Komm. zur Nikomachischen Ethik, hrsg. von HEILBUT = CAG 19, 1889. A. gehörte mit zu den Philosophen, deren Werke Plotin in öffentlichem Vortrag erklärte; vgl. Porphyrios, vita Plot. 14,13. Offenbar setzte A. die von Andronikos begonnene exegetische Richtung im Peripatos fort. **2.** Von Byblos, der 2. Sophistik angehörig, verfaßte *μελέται* und *λαλιαί*, darunter eine auf den Kaiser Hadrian. Nachklänge im rhetorischen Schrifttum haben sich deshalb gehalten, weil er als Beispiel für Unklarheit und Unwissenheit in die Tradition einging (WALZ Rhet. Gr. 5,517,23. 6,94,11. 7,951,24). Ein Nachhall solcher Kritik bei Photios, cod. 265. 492 a 39. H. D.

3. A., Name zweier Gemmenschneider. Der ältere A., in augustischer Zeit, signierte den berühmten Kopf der Athena Parthenos. Der jüngere gehört dem 2. Jh. n. Chr. an. A. R.

Studies D. M. Robinson I, St. Louis 1951, 720ff. *(G. M. A. Richter).* Encicl. Arte Class. Or. I 726f. *(Amorelli).*

Aspendioi Kitharistai (*Ἀσπένδιοι κιθαρισταί*). Die nur mit linker Hand (auf der Innenseite, *ἐν τῷ ὀργάνῳ, intus*) in die Saiten greifenden Kitharaspieler. Ikonographische Belege bei Baum. Denkm. 3,1542 (C. v. JAN). *Ἀσπένδιος κιθαριστής* ist kaum Eigenname gewesen, vielmehr deutet es auf die Stadt in Pamphylien, Aspendos (nicht das alexandrin. *Ἀσπενδία*). Im dortigen Theater befand sich eine Statue eines solchen Kitharisten, Cic. Verr. 1,53. Cic. spielt hier auf das griech. Sprichwort von Habsucht und Dieberei an (Zenob. 2,30. Ps.-Ascon. Plut. prov. 120): *Ἀσπένδιοι τῶν κιθαριστῶν οὐδεμίαν φορὰν ἔξω φέρουσι, πάσας δὲ ἐν τῷ ὀργάνῳ.* Die Wendung Cic. a. O. *sibi intus canit* auch bei Cic. leg. agr. 2,68, doch wird das Bild bei den Römern kaum sprichwörtlich gewesen sein (CRUSIUS in RE II 1724 gegenüber A. OTTO Sprichw. d. Röm. 43). Die spezielle Greiftechnik ist nicht völlig geklärt. Nach C. SACHS Die Musik der Antike, 1928, 24f. und DEMS. in Ztschr. für Musikwissensch. 6, 1923/24, 383ff. fiel der Linken das »melodische« Spiel zu, während die Rechte nur rhythmische Schläge über eine oder alle Saiten ausführte. Insofern könnte das Sprichwort an eine spezielle musikal. Greiftechnik des Kitharisten anknüpfen. W. B.

M. Wegner Das Musikleben der Griechen, Bln. 1949, 33.

Aspendos (Ἄσπενδος). Stadt in Pamphylien (h. Balkesu) am Flusse Eurymedon (h. Köprü-Su), argivischen Ursprungs (Strab. 14,4,2. Vgl. Gr. Hist. Weltatl. I, S. 11 a. Atlas of the World II, Plate 36: Turkey West), erstmalig im Peripl. des Skylax 101 (GGM I p. 75 M.) genannt. Später erscheinen A. und die Ἀσπένδιοι öfter im Rahmen geschichtlicher Ereignisse des 5., 4. und 2. Jh. v. Chr. bei Thuk. 8,81,3 u. ö. Xen. an. 1,2,12; hell. 4,8,30. Arr. an. 1,26,5. 27,1. Liv. 37,23. Gegen Ausgang des Altert. findet sich A., außer bei Ptol. (5,5,6 M.) und Steph. Byz. p. 134, noch als Itinerarstation erwähnt (K. Miller Itin. Rom., S. 717 bis 718 mit Skizze Nr. 231, S. 709). Bedeutende Reste: Akropolis, besterhaltenes Theater, Inschr. H. T.

»Les Guides Bleus«, Turquie, Paris 1958, 374 ff.; vgl. RE II 1725.

Asper → Iulii, → Aemilii, → Sulpicii

Asphaltitis limne (Ἀσφαλτῖτις λίμνη) nennt namentlich Iosephos (passim; vgl. Ptol. 5, 15,3) das »Tote Meer« (so schon Paus. 5,7,4. Iust. 36,3; im AT Salz-, Steppen- oder Ostmeer, arab. *baḥr lūṭ*). Das *bitumen Iudaicum* (vgl. Plin. nat. 2,106,226. 5,15,72. 7,15,65. Tac. hist. 5,6), das sich vom Grunde des Meeres löste und von der Oberfläche des salzigen Wassers abgefischt werden konnte (Diod. 2,48,6–8. Strab. 16,42 f. Ios. bell. Iud. 4,8,4), war im Altertum von allen Asphaltarten am begehrtesten. C. C.

P. Thomsen Die Palästina-Literatur, 6 Bde, 1911–1956, Reg. s. v. Totes Meer. *Ph. C. Hammond*, The Nabataean Bitumen Industry at the Dead Sea, Bibl. Arch. 22, 1959, 40–48.

Asphalt s. Pech

Asphodelos. Der schon von Homer, Hesiod, Aristot., Theophr. u. a. als Bewohner von Wiesen der Ober- und Unterwelt genannte ἀσφόδελος ist in erster Linie die in den Mittelmeerländern verbreitetste der 7 weiß bis rosa blühenden Arten der Liliaceengattung Asphodelus, A. microcarpus, der *albucus* des Plin. wohl A. fistulosus, zu denen noch die gelb blühenden Arten der verwandten Gattung Asphodeline kommen. Die Wurzelknollen des besonders der Demeter und Persephone geweihten A. wurden nach Hesiod von den Pelasgern allgemein, gern auch noch von Pythagoras, später meist nur als Notnahrung gegessen, auch gegen Vergiftungen empfohlen, die auch *hastula regia* genannten Blütentrauben als Schmuck von Götterbildern verwendet. H. G.

Aspis (ἀσπίς). **1.** Der Schild der Schwerbewaffneten war in der mykenischen Zeit ein Lang- oder sg. Turmschild, der als stark gewölbtes Oval oder in länglicher Viereckform verwendet wurde. Er bestand aus Rindslederlagen, hatte breiten Metall-

rand- u. Metallverzierungen auf der Außenseite. An der Innenseite war ein Führungsbügel und ein Tragriemen (τελαμών) befestigt. Daneben gab es in homerischer Zeit einen mit Bronzeblech beschlagenen und mit buckelartigem Nabel (ὀμφαλός Hom. Il. 13,192) versehenen Rundschild (ebd. 715) von 70–100 cm Dm. Die Entwicklung, die zum kleinen, handlichen Rundschild strebte, verlief über mehrere Zwischenstufen, von denen der Dipylonschild mit sehr schmalem Mittelteil und der ihm ähnliche Rundschild mit kleinen runden Seitenausschnitten von Bedeutung wurden. Letzteren trugen die Boioter, während der aus 80–100 cm i. Dm. großen, auf Holz oder Leder aufgenieteten Metallplatten bestehende Rundschild ohne Seitenausschnitte in den anderen griech. Staaten verbreitet war. Die Mitte des A. war mit einem Zeichen (ἐπίσημον), den Anfangsbuchstaben des Stadtnamens etc. versehen. Der bloß 60 cm i. Dm. große (Ail. takt. 12), lederne und metallbeschlagene, makedon. A. wurde der Schild der makedon.-hellenist. Zeit. Er hatte 2 Handhaben (ὄχανα) für Hand und Arm. A. N.

RE II A 420 ff. *Krom.-Veith* pass. BJ 127,244 ff.

2. s. Argos

3. s. Clupea

Asprenas → Calpurnii. Nonii.

Aspurgus. König im bosporanischen Reich nach dem Tod Polemon I., IGR I 879, sicher im J. 16/17 n. Chr., ebd. 906. Von seiner Gattin Gepaepyris (s. M. Rostovtzeff JHS 39, 1919, 105 ff.) hatte er die Söhne Cotys und Mithridates. R. H.

Assarakos (Ἀσσάρακος). König der Dardaner, Enkel des Erichthonios, Sohn des Tros und der Kallirrhoe, einer Tochter des Skamandros, Bruder des Ilos und Ganymedes, Vater des Kapys, Großvater des Anchises, nach der in den Grundzügen schon Il. 20,232 vorliegenden Genealogie bei Apollod. 3,12,2, die auf Hellanikos zurückgeht. Als Ahnherr des Aineias wird A. häufig bei röm. Dichtern erwähnt. H. v. G.

Ἀσσάριον. Die griech. Bezeichnung für den → As, begegnet in der Kaiserzeit inschriftlich sowie als Wertangabe auf Münzen von Chios, Aigion, Argos, Sparta, Syros, Aspendos (?), Attalia (?), Side (?), Soli-Pompeiopolis. In Caesarea Cappadociae gibt es unter Nero Silber mit der Wertangabe Ἀσ. Ἰτ. *IB* bzw. *KΛ*, also 12 resp. 24 ital. Asse. Da die Drachme damals 3/4 Denar zu 16 Assen war, haben wir Drachme und Didrachmon vor uns. Anderswo wurde der Denar zu 18 provinzialen Assen gerechnet. H. Ch.

Kubitschek RE II 1742 ff. *Head* HN^2 passim. *Keil* ZfN 32, 1920, 47 ff. *Schrötter* WBMzK. s. v.

Assel, ὄνος (ὄνιος?), πολύπους, ὀνίσκος, κούβαρις, κύαμος, τύλον, *millepedium*, *centipedium*, *multipedium*, Mauerassel, Kellerassel (Aristot. hist. an. 557 a 24. Diosc. 2,35 f. Galen. 12,366 f. Marc. Emp. 8. Plin. nat. 29, 136); nach CglL. 2, 24 auch *asellus* genannt. Neben der Vielzahl der Füße fiel das Zusammenrollen bei Berührung auf (Soph. frg. 363 N². Diosc. a. O.). – Mit ihr wurden im Alt. mehrere Tiere zusammengeworfen: 1. Der Tausendfüßler, σκολόπενδρα χερσαία (vgl. Aristot. hist. an. 621 a 9. incess. 707 a 30 (über die Teilbarkeit des Tieres, vgl. Nik. Ther. 812. Plin. 11,10 u.a.). Er wird als kleiner, schlanker und giftig bezeichnet (Gegenmittel Plin. 22,122. 28,67). Unsicher ist der Name σήψ bei Plin. 29,136. – 2. Davon unterschieden eine Art namens ἴουλος (Aristot. hist. an. 523 a 18; part. 682 b 3) langgestreckt (vgl. Aristot. 682 a 5 ἰουλώδης καὶ μακρός); ihr Erscheinen verkündet Regen: Arat. 957. – 3. Die Meerassel, σκολόπενδρα θαλαττία (gemeine Seeraupe), behandelt bei Aristot. hist. an. 505 b 14 (interpol.). 621 a 6 (über die Fähigkeit, sich umzustülpen, vgl. Plin. 9,145. Plut. ser. num. vind. 22). Salben aus der Meer-A. Diosk. 2,16. Galen. 12,366. – Reine Fabelei ist die Riesen-Meer-A. bei Ail. nat. 13,23. Anth. Pal. 6,222 f. W. R.

Keller Ant. Tierwelt 2,481 ff.

Assoros. Kleines Städtchen im Innern Siciliens zwischen Henna und Agyrion, heute Assaro, n. über dem Fluß Chrysas (Dittaino), dessen Bild auf den Münzen von A. (röm. Zeit) erscheint, HEAD HN² 127. K. Z.

Assos s. Nachtrag am Schluß des Bandes.

Assteas. Vasenmaler um 340 v. Chr. in Poseidonia (Paestum) tätig. Sechs von A. signierte Vasen sind erhalten: Themen aus dem Mythos, Travestie der Heldensage (Aias und Kassandra) und Komödienszenen; die heiteren Stücke sind die besten. Weitere Werke lassen sich ihm zuweisen. A.R.

Trendall Paestan Pottery, Lond. 1936, 20ff. Encicl. Arte Class. Or. I 745ff. *(Stenico)* Papers Brit. Sch. Rome 27 (N.S. 14) 1959, 2ff. *(Trendall)*.

Assyria. 1. I. Das Land A.: Das alte A. entspricht etwa dem nördlichen Teil des modernen Staates Iraq; es ist die ö. vom Tigris (Idiqlat, hebr. Hiddeqel) und n. vom Unteren Zab liegende Hochebene. Die wichtigste Stadt in diesem Gebiete ist jetzt Mosul. Der Umfang des bebaubaren Landes betrug ca. 12000 qkm.

W. vom Tigris lag nur die alte Hauptstadt Assur (jetzt Qal'at Scherqāt), zugleich die südlichste Stadt des Landes. Die meisten größeren Städte lagen nicht weit vom Oberen Zab. Am ö. Ufer des Tigris lagen (von N. nach S.) Tarbiṣ (Scherif Khān), Ninive (j. die beiden Hügel Kujundschik und Nebi Yunus mit Umgebung; gegenüber Mosul) und Kalach (Nimrūd; nicht weit von der Mündung des Oberen Zab). Nn.ö. von Ninive lag Dūr-Scharrukīn (Khorsabad), nicht weit von Dūr-Scharrukīn Schibaniba (Tell Billa). Nn.ö. von Kalach lag Imgur-Enlil (Balawad). Die östlichsten Städte sind Arbela (alt Urbillum, Arba'il, jetzt Erbil) und sw. davon Kalzu (oder Kakzu; Saidawa). Gegenüber Assur lag nicht weit vom Tigris Kār-Tukulti-Ninurta (Tulūl 'Aqīr). Der alte Name für A. ist S(ch)ubartum, der später manchmal noch archaisierend gebraucht wurde. Der Name A. bzw. māt Aššur, »Assur-Land« – die Form Assyrien, Assyria stammt von den Griechen – ist erst im 14. Jh. v. Chr. belegt. Die Lage des Landes zwang die Einwohner, sich auf bewaffnete Verteidigung einzustellen, der Mangel an Bauholz und Mineralien war einer der Gründe, die die Assyrer zur Expansion nötigten.

S.A. Pallis The antiquity of Iraq, 1956. *A. Parrot* Archéologie mésopotamienne 1, 1946, 2, 1953. *R.P. Boudou* Liste de noms géographiques, Orientalia alte Reihe Nr. 36–38, 1929. *F. Hommel* Ethnologie und Geographie des Alten Orients, 1926. *E. Forrer* Die Provinzeinteilung des assyr. Reiches, 1921. *F. Delitzsch* Wo lag das Paradies? 1881. Ein neues geographisches Lexikon wird vorbereitet von *W.F. Leemans* u.a. Berichte über neuere Ausgrabungen im AfO, vgl. auch *H. Schmökel*, WG 21, 1961, 238–248 und 22, 1962, 95–106.

II. Geschichte: Das assyrische Volk ist entstanden aus der vorgeschichtlichen Vermischung einer autochthonen Bevölkerung (Proto-Tigrider, Subaräer) mit einer eindringenden semitischen Welle. Später haben andere Völker dem assyr. Volke mehr oder minder ihren Stempel aufgedrückt: Akkader, Sumerer, Babylonier, Amoriter, Churriter (mit ihrer arischen »Oberschicht«), Hethiter, Aramäer.

Das chronologische Gerüst für die assyr. Geschichte bieten hauptsächlich die Königs- und Eponymenlisten. Die Eponymenlisten bieten den Anknüpfungspunkt für die absolute Chronologie: die Sonnenfinsternis unter dem Eponymen Pursagale, deren Datum astronomisch berechnet werden konnte (15. Juni 763 v. Chr.). Die Eponymenlisten, die z.T. auch bestimmte historische Angaben enthalten und aus denen gewöhnlich auch die Regierungszeit der Könige abgelesen werden kann, sind absolut zuverlässig, doch reichen sie nicht allzuweit in die Vergangenheit zurück (nur bis ca. 1100). Die große Königsliste aus Khorsabad bestreicht einen großen Zeitraum, doch läßt es sich nachweisen, daß sie verschiedene, auch bewußte, Fehler enthält. Es ist somit nach wie vor unmöglich, z. B. die Zeitgenossen Hammurapi von Babylon und Schamschi-Adad von »Assyrien« chronologisch mit absoluter Sicherheit festzulegen (für H. setzt man z.Z. gewöhnlich 1792–1750 an). Chronologische Sicherheit fängt erst an, als Assyrien in der Amarnazeit seine Selbständigkeit wiedergewinnt und zur Weltmacht wird. Sie hört z.T. auf mit der letzten Periode vor dem Untergang des assyr. Reiches. Weitere Quellen für die Chronologie sind die neubabylonischen Chroniken, die Königsinschriften (mit Ausnahme der ältesten; bei bestimmten Königen wird nicht einmal versucht, die Ereignisse chronologisch richtig darzustellen), datierte Kontrakte, astronomische Berichte und archäologische Funde. – In der ältesten historischen Zeit stand »Assyrien« unter der Herrschaft der Akkad-Dynastie und der 3. Dynastie von Ur, wurde also vom S. aus beherrscht. Die wohl älteste Inschrift aus Assur stammt von einem gewissen Ititi, der gegen Gasur (später Nuzi, modern Kerkuk) gekämpft hat. – Die altassyr. Zeit ist uns am besten bekannt durch das sehr reichhaltige Material, das in Kültepe (alt Kanisch) und Alischar (alt Am/nkuwa), ungefähr halbwegs zwischen Tarsus und dem Schwarzen Meer, gefunden wurde. Hier gab es am Anfang des 2. Jt. assyr. Handelskolonien. Durch die zahllosen Geschäftsbriefe und -urkunden bekommt man ein sehr lebendiges, wenn auch etwas einseitiges Bild von den damaligen geschäftstüchtigen, noch kaum imperialistischen Assyrern. Wechsel in den internationalen Verhältnissen führten den Untergang der Handelskolonien herbei. In Assur herrschten um diese Zeit u.a. die Stadtfürsten Schalimachum, Iluschuma, Irischum, Ikūnum und Sargon I.

Nachdem A. wahrscheinlich einige Zeit zum Machtbereich des Königs von Eschnunna, Narām-Sîn, gehört hatte, ergriff der Kondottiere S(ch)ams(ch)i-Adad I. für 33 J. die Macht. Seine Persönlichkeit und Taten sind uns durch die sog. Mari-Texte gut bekannt. Residenz war Schubat-Enlil (Chagar Bazar, im Chabur-Gebiet). Er eroberte u.a. Mari, wo er einen jüngeren Sohn als Regenten einsetzte; dieser mußte jedoch nach dem Tode seines Vaters weichen vor dem legitimen Herrscher Zimrilim. Jetzt war A. Hammurapi nicht mehr gewachsen. Ziemlich bald wurde die Dynastie von Schamschi-Adad I. gestürzt. In dem nun folgenden »dunklen Zeitalter« der assyr. Geschichte gelangte die Dynastie eines gewissen Adasi an die Macht; angeblich gehörten die letzten 70 Könige dieser Dynastie an. A. stand indessen zeitweilig unter dem churritischen Reich Mitanni. Vom 14.–16. und 23.–26. König der Adasi-Dynastie liegen Inschriften vor, doch erst beim 27., Assur-uballit I. (etwa 1362–1327), wird A. unabhängig von Mitanni und fängt das eigentliche assyr. Imperium an. Wichtige Quellen für diese Zeit sind, außer den Königsinschriften, besonders die politischen Dokumente aus Amarna in Äg. und der hethitischen Hauptstadt Boghazköi. Auch Enlil-narari (ca. 1326–1317), Arik-dēn-ilu (ca. 1316 bis 1305), Adad-narari I. (ca. 1304–1273), Salmanassar I. (ca. 1272–1243) und Tukulti-Ninurta I. (ca. 1242–1206) versuchten mit Erfolg, das assyr. Reich instandzuhalten und auszubreiten. Sie kämpften besonders im N. und NW. Der letzte zerstörte Babel. Er baute eine neue Residenz, Kār-Tukulti-Ninurta, starb da jedoch, als sein eigener Sohn ihn in seiner Residenz belagerte. Das mühsam aufgebaute Reich zerfiel unter seinen Nachfolgern.

In dieser Zeit wurde A. bedroht von den Aramäern. Erst unter Assur-rēsch-ischi (ca. 1130 bis 1113) und besonders Tiglatpileser I. (ca. 1112 bis 1074) wurde A. wieder zur Weltmacht. Letzterer eroberte Babel, ohne es zu zerstören. Er hat eine wertvolle »Bibliothek« angelegt. Auch sein zweiter Nachfolger, Assur-bēl-kala (ca. 1071–1054) war ein bedeutender Herrscher. Nach ihm trat wieder tiefer Verfall ein.

Ein neuer Aufstieg findet statt unter Assur-dān II. (932–910), Adad-narari II. (909–889) und Tukulti-Ninurta II. (888–884). Er findet seinen Höhepunkt unter Assurnasirpal II. (883–859). Dieser König, unter allen grausamen assyr. Königen wohl der grausamste, befestigte das Reich in zahlreichen Feldzügen gegen die Aramäer und breitete es aus. Zu seiner Residenz machte er Kalach, das damals verfallen war, jedoch unter ihm in unvergleichlicher Pracht erstand und auch mit Kriegsgefangenen besiedelt wurde. Salmanassar III. (858 bis 824) setzte das Werk seines Vaters fort. 853 lieferte er die Schlacht bei Qarqar gegen Benhadad von Damaskus mit dessen Verbündeten, worunter Ahab von Israel; es war wohl eine Niederlage für die Assyrer, die abzogen und den Aufmarsch nach Damaskus nicht fortsetzen konnten. 841 zerstörte er die Umgebung von Damaskus, doch gelang es ihm nicht, Hasael zur Kapitulation zu zwingen. Bei dieser Gelegenheit lieferten verschiedene Könige, u.a. Jehu von Israel, den Assyrern Tribut. Weiter kämpfte er gegen Urartu (Ararat, Armenien) und griff ein in Babel. In seinen letzten Regierungsjahren mußte er kämpfen gegen einen aufständischen Sohn, den er nicht mehr niederringen konnte. Das gelang erst einem anderen Sohne, Schamschi-Adad V. (823–810), der auch erfolgreich gegen Urartu und Babel kämpfte. Sein Sohn Adad-nerari III. (809–782) – dessen Minderjährigkeit bei seiner Thronbesteigung ebenso wie die Regentschaft seiner Mutter Sammuramat-Semiramis wohl unbeweisbar sind und jedenfalls z.T. auf falschem Textverständnis beruhen – war erfolgreich in Syrien und Palästina. Unter seinen Nachfolgern war A. wieder schwach, Urartu jedoch gefährlicher als je.

Die letzte und größte Blüte des assyr. Reiches setzte ein mit Tiglatpileser III. (745–727). Er unterwarf Syrien (732 Eroberung von Damaskus) und züchtigte Israel. Urartu wehrte er ab. In Babel bestieg er den Thron unter dem Namen Pulu (hebr. Pul). Salmanassar V. (726–722) belagerte und eroberte Samaria (722). Sargon II. (721–705) schlug Urartu vernichtend. Im W. mußte er noch einige Male eingreifen. Gegen das Ende seiner Regierung gelang es ihm, seinen Gegner Merodach-baladan aus Babel zu vertreiben. Er verließ Kalach und erbaute sich eine neue Hauptstadt: Dūr-Scharrukīn. Sanherib (705–681) hat es große Mühe gekostet, Babel im Zaum zu halten, wohin bald nach Sargons Tode Merodach-baladan zurückgekehrt war und das unterstützt wurde von Elam. Nach einigen Versuchen – u.a. setzte Sanherib seinen ältesten Sohn als König von Babel ein – »löste« er das Problem durch radikale Zerstörung der Stadt. Den Aufstand im W. (Hiskia von Juda u.a.), angestiftet von Merodach-baladan und unterstützt von Äg., unterdrückte er. Jerusalem wurde dabei belagert, doch nicht erobert. Statt Dūr-Scharrukīn machte er Ninive zur Residenz. An der Ermordung Sanheribs dürften sein Sohn und Nachfolger Asarhaddon (680–669) und dessen Mutter Naqia nicht unschuldig gewesen sein. Asarhaddon befestigte das Reich seines Vaters und erweiterte es durch die Eroberung von Äg. (671). Das von seinem Vater zerstörte Babel baute er auf. Nach einem Aufstand unterwarf Assurbanipal (668–629) Äg. aufs neue, mußte es jedoch auf die Dauer wieder aufgeben. Der Aufstand seines Bruders Schamschschum-ukīn, dem Asarhaddon Babylonien anvertraut hatte (667–648, Rebellion 652) wurde nur mit größter Kraftanstrengung unterdrückt. Auch die Unterwerfung von Elam war ein Pyrrhus-Sieg. Berühmt ist die königliche »Bibliothek«, unsere wichtigste Quelle für Geschichte und Kultur von A. und Babylonien. Wenige Jahre nach dem Ende der Regierung Assurbanipals brach das assyr. Reich zusammen. Sein Nachfolger, Assur-etel-ilāni oder Sin-schar-ischkun, war den Babyloniern (unter Nabopolassar) und Medern (unter Kyaxares) nicht gewachsen. 614 fiel Assur, 612 Ninive (wobei Sin-schar-ischkun den Tod fand). Assur-uballit II. konnte sich noch kurze Zeit halten in Haran, doch mußte er die Stadt im J. 610 räumen, und ein Versuch, sie mit äg. Hilfe zurückzugewinnen, mißlang. Ri. Bo.

H. Schmökel Geschichte des alten Vorderasien, 1957. *W. von Soden* Herrscher im alten Orient, 1954, vgl. auch *dens.* in der Propyläen-Weltgeschichte. *A. Scharff-A. Moortgat* Ägypten und Vorderasien im Altertum, 1950. *L. Delaporte* Le Proche-Orient asiatique, 1938. *E. Meyer* Geschichte des Altertums I–III, 1937. *E. Forrer* und *F. Weissbach* in Reallexikon der Assyriologie 1, 1932, 228–303. Cambridge Ancient History I–III, 1929. *Sydney Smith* Early history of Assyria, 1928. *B. Meissner* Könige Babyloniens und Assyriens, 1926. *A. T. E. Olmstead* A history of Assyria, 1923 (1960). *R. W. Rogers* History of Babylonia and Assyria, 1915. *H. Winckler* (und *O. Weber*) in Helmolts Weltgeschichte II, 1913. *C. P. Tiele* Babylonisch-assyrische Geschichte, 1886. – Eine moderne, direkt aus den Quellen geschöpfte Geschichte mit vollständigen Quellennachweisen fehlt.

2. Die römische Provinz Assyria wurde in den letzten Jahren des Traianus aus einem Teil der Eroberungen im parthischen Krieg gebildet, dann wieder von Hadrianus aufgegeben (115–117, Eutr. 8,3,2). Über ihre Organisation und Ausdehnung ist nichts bekannt. → Armenia (maior) und Mesopotamia. B. E. T.

Joachim Marquardt Römische Staatsverwaltung 1, 1881², p. 435 f.

Astai (Ἀσταί). Zahlenmäßig bedeutender thrak. Volksstamm, der das Küstengebiet des w. P. Eux., genauer den Raum zwischen Apollonia und Salmydessos, bewohnte. Zu einer gewissen polit. Bedeutung konnten die A. erst gegen das Ende des 4. Jh. gelangen, und zwar nach der Schwächung der Odryser und dem Zusammenbruch des thrak.-hellespont. Königreiches des Lysimachos. Das Keltenreich in Tyle wird für eine gewisse Zeit ihre Entwicklung gehemmt haben. Ihr Stammeszentrum, später Hauptstadt (βασίλειον), war Bizye (h. Wisa in türk. Thrakien); auch Kabyle scheint zeitweise in dem Machtbereich der astäischen Dynasten gelegen zu haben. Zu einer größeren Bedeutung gelangten die A. im 3./2. Jh. v. Chr. Nach ihnen hieß das h. Strandža-Geb. *mons Asticus*. Chr. D.

Chr. Danoff Zur Gesch. Thrakiens und der w. Pontosküste von der 2. Hälfte des 3. bis zur Mitte des 1. Jh. v. u. Z. Jb. Univ. Sof. Philos.-hist. Fak., 10–166 (bulg. mit deutscher Zusammenf.).

Astakos, die »Hummerstadt«, am Ostende des nach der Siedlung benannten Golfes. Die Lage ist noch nicht eindeutig bestimmt. A. wurde am Anfang der 17. Ol. (712/11 v. Chr.) durch Kolonisten aus Megara gegründet (Memnon 20 = Jacoby, FGrHist 434 F 12). Später zunächst Mitglied des del.-att. Seebundes, aber die Ansiedlung von athen. Kolonisten brachte das Ende der Selbständigkeit (435/34). Durch Doidalses kam A. zuerst unter bithynische Oberhoheit (etwa 405 v. Chr.). Nikomedes I. siedelte alle Bewohner in die von ihm ἀντικρὺ Ἀστακοῦ gegründete Hauptstadt Nikomedeia, h. İzmit, um (264 v. Chr.). Die oft vorgeschlagene Gleichsetzung von Olbia mit Astakos wird durch keinerlei antike Quellen gestützt. F. K. D.

J. Sölch Klio 19, 1925, 142 ff. *B. D. Meritt-H. T. Wade-Gery-M. F. McGregor* Ath. Trib. Lists 1, 238 f. 471 f. (vgl. 4, 13 s. v.). *L. Robert* RPh 13, 1939, 166 ff.

Astarte s. Baal

Asteria (Ἀστερία). **1.** Titanin, Tochter des Koios und der Phoibe, Schwester der Leto, Gemahlin des Titanen Perses (Perseus, Persaios), von Zeus Mutter der → Hekate. Hes. th. 409. Apollod. 1,8 und 21. Am pergamenischen Altarfries ist sie als Teilnehmerin am Gigantenkampf zwischen Leto und Hekate inschriftlich bezeichnet. Eine delische Legende erklärte die früheren Namen der Insel, Asteria und Ortygia, durch Sturz der A. ins Meer und Verwandlung in eine Wachtel, Pind. pae. 5,42; frg. 87. Kallim. h. 4,36. Apollod. s. o. H. v. G.

2. s. Edelstein

Asterion (Ἀστερίων). **1.** König von Kreta, der Europe heiratete und ihre Kinder von Zeus an Kindes Statt annahm, durch Sch. Il. 12,292 für Bakchyl. bezeugt. C. Robert H 52, 1917, 310. Apollod. 3,1,2,1. 3,1. **2.** Sohn der Pasiphae mit dem kretischen Stiere = Minotauros. Apollod. 3,1,4,3. Paus. 2,31,1. Beides sind Hypostasen des kretischen Himmelsgottes Zeus Asterios, dessen Kult in Gortyn spät bezeugt (Kedren., Tzetz.), aber für frühe Zeit anzunehmen ist. H. v. G.

Asterios 1. *Comes Hispaniarum*, vertrieb 420 die Wandalen aus Gallaecia nach der Baetica (Chr. min. 2, 20); danach wurde er *patricius* (Greg. Tur. 2,9).

J. Sundwall Weström. Stud. 1915, 43. *Stein* Gesch. 1, 269. **2.** Kappadok. Sophist, Schüler des Antiocheners Lukian; abtrünnig in der Verfolgung von 305, blieb er ohne kirchliches Amt, wurde aber einer der bedeutsamsten (gemäßigt) arianischen Redner u. Schriftsteller. Sein Hauptwerk, Syntagmation (verloren) wurde bes. von Marcellus von Ankara und Athanasios bekämpft (Athanasios c. Arianos 1,30ff. u.ö. Sokr. 1,26. Philostorg. h.e. 2,14. Hier. vir. ill. 86.94). A. L.

Altaner Patrologie [5]1958, 240f. *M. Richard* Asterii Soph. comment. in ps. quae supersunt, Oslo 1956. *Skard* Symbolae Osl. 1955, 138ff. *Bardenhewer* GAL 3,122f.

Asteropaios (Ἀστεροπαῖος). Sohn des Pelegon, Enkel des Stromgottes Axios, Führer der mit Troia verbündeten Paioner, von Achill getötet; er war der längste Mann unter allen Troern und Achaiern. Il. 21,140–183 u.ö. Philostr. her. 19,8. H. v. G.

Astigi(s), mit dem Beinamen Augusta firma, Stadt am Singilis, war Sitz eines *conventus iuridicus* (Plin. nat. 3,12). Sie ist nach Inschr. und Überresten zweifellos identisch mit Ecija am Genil, Prov. Sevilla (CIL II p. 201. Suppl. p. 869). Die Herkunft des Namens ist unsicher, s. Holder, 1, 249 s. Asta. Zahlreiche Inschr. zeugen von ihrer Bedeutung, aber genannt wird sie zunächst nur von den Geographen: Strab. 3,2,2. Ptol. 2,4,10. Mela 2,88. Itin. Anton. 413,3.414,4. Rav. Geogr. 4,44 p. 315,3. Blasquez Hitación de Wamba p. 370. Ad. Schulten möchte das rätselhafte Eiskadia (App. Ib. 68) im Gegensatz zu Hübner mit A. identifizieren (vgl. [1] IV 119 und RE V 2149). In westgotischer Zeit wird sie oft als Bischofsstadt erwähnt: [1] IX 442. Ihre späteren Schicksale s. Encicl. Univ. Ilustr. 18,2765 s. Ecija.

Merkwürdigerweise nennt Plin. a.O. in demselben *conventus* ein *oppidum liberum* namens *Astigi vetus*. Es war wohl eine ältere iberische Siedlung, die der Kolonie den Namen gegeben hat. Über sie ist nichts Näheres bekannt. R. G.

Font. Hisp. Ant., Barc. 1925ff.

Astrabakos (Ἀστράβακος). Spartanischer Heros, Sohn des Irbos aus dem Hause des Agis. A. und sein Bruder Alopekos (so!) sollen das von Orestes und Iphigeneia nach Sparta gebrachte taurische Bild der Artemis, das verlorengegangen war, in einem Busch aufgefunden haben und beim Anblick wahnsinnig geworden sein. Das Heroon lag unmittelbar am Hause des Königs Ariston, des Vaters des Demaratos. Es ging das Gerücht, dieser sei von dem Heros gezeugt, und man spottete, Demaratos sei nicht der Sohn des A., sondern eines Eseltreibers (ἀστράβη = Maultiersattel). Hdt. 6,68f. Paus. 3,16,6.9. H. v. G.

Sam Wide Lakon. Kulte 279,115. *Nilsson* GgrR 1,170.

Ἀστράγαλος, *talus*, ein Mittelfußknochen der Schafe und Ziegen, sowie Nachbildungen aus Elfenbein, Mart. 14,14, Gold, Suet. Tib. 14, anderen Metallen und Edelsteinen, schon bei Homer, Il. 23,88, zu Spielzwecken verwendet. Bei verschiedenen Spielen wurden sie als Zählmarken benützt: ὠμίλλα, ἀρτιάζειν, τρόπα, πενθελιθίζειν. Nahm man sie zum Würfeln, so hatte der längliche Knochen mit seinen schmalen und abgerundeten Enden nur 4 stabile Seiten. Die konvex gebogene Seite galt 3, die konkave 4 und die beiden glatten Seiten wurden mit 1 bzw. mit 6 bewertet. Andere Zählarten, um das Ergebnis eines Wurfes mit 4 Würfeln zu bestimmen, bei Ov. trist. 2,473, in einer Abhandlung über *quid valeant tali* angegeben. Der niederste Wurf ergab 4 Einsen, *canis*, der höchste war *iactus Veneris*, bei welchem jeder Würfel eine andere Seite zeigte. Bei πλειστοβολίνδα gewann die höchste Zahl, Poll. 9,117. O. W. R.

Astraia. Bei Ov. met. 1,149f. und Späteren verläßt die (Virgo) Astraea im eisernen Zeitalter als letzte der Götter die Erde. Diese Göttin ist bei Arat. phain. 96ff. → Δίκη; ebenso Ov. fast. 1,249 (Iustitia; vgl. Verg. ecl. 4,6 *iam redit Virgo*. Anders Hes. erg. 197ff. Αἰδὼς καὶ Νέμεσις). Nach Arat. a.O. ist sie das Sternbild der Jungfrau und entweder Tochter des → Astraios, des Vaters der Sterne, oder sie ist Dike. (Iuv. 6,19f.: A. ist Schwester der Pudicitia [→ Αἰδώς]. Mart. Cap. 2,174 identifiziert sie mit Themis und Erigone). – Bei Nonn. Dion. 41,212f. ist A. auch Amme der → Beroë. W. E.

Stoll, Myth. Lex. 1,659.

Astraios (Ἀστραῖος). Titan, Sohn des Titanenpaares Kreios (Krios) und Eurybie, zeugte mit Eos den S.-, N.- und W.-Wind (d.h. die Winde vor Sonnenaufgang), den Morgenstern und die Gestirne des Himmels. Hes. th. 375ff. Arat phain. 98. Apollod. 1,9. Ov. met. 14,545 nennt die Winde *Astraei fratres*. Als Sohn des Tartaros und der Ge, also als Gigant, erscheint A. bei Hyg. praef. 4. H. v. G.

Astrolabium. Bei Ptol. synt. 5,1 p. 351 Heib. eine aus festen und beweglichen graduierten Ringen und einer Absehvorrichtung bestehende Abart der Armillarsphaere z. Bestimmung der ekliptikalen Koordinaten der Gestirne und Längendifferenzen von Sonne und Mond. Joh. → Philoponos περὶ τῆς τοῦ ἀστρολάβου χρήσεως καὶ κατασκευῆς (ed. H. Hase, Rh. M. 6,1839, 127ff.), beschreibt ein A. planisphaerium, bestehend aus einer scheibenförmigen stereograph. Projektion der Himmelskreise und dazu konstr. Stundenlinien, darüber – beweglich – eine weitere in Metall ausgearbeitete ster. Proj. der Hauptsterne des Himmels mit Ekliptik und ein Visierlineal zum Messen der Höhe eines Gestirnes. Damit läßt sich bestimmen: die Tages- oder Nachtstunde, der zugleich auf- oder untergehende oder kulminierende Ekliptikbezirk und das instantane Azimut des Gestirnes, also die O-W.-Linie, RE II 1798ff. R. B.

W. Hartner Art. Asturlab, Enz. d. Isl., 1960.

Astrologia (ἀστρολογία) auch ἀστρονομία (bis etwa zum 4. Jh. n. Chr.), ἀποτελεσματικά, γενεθλιαλογία, μαθηματικά, Lehre vom Einfluß der Sterne auf das Geschehen auf der Erde. Ihr Ursprungsland ist nach den neuesten Forschungsergebnissen Mesopotamien ([1], 1 ff.). Unter den Keilschrifttafeln aus der Palastbibliothek König Assurbanipals (668–628 v. Chr.) finden sich Abschriften des Werkes Enuma Anu Enlil, einer viel älteren Sammlung von etwa 7000 omina nach Beobachtungen an Sonne, Mond und den 5 Planeten. Sie beziehen sich immer auf das ganze Land, oft auch den König, auf Naturkatastrophen, Krieg, Hungersnot, Seuchen, Gunst oder Ungunst der Götter. Der Mond mit seinen Phasen und Höfen wird beobachtet, Sonnen- und Mondfinsternisse aufgezeichnet von 747 v. Chr. an (Ptol. Synt. 1,326, 9 ff. u. ö.). Die Planeten können durch Fixsterne vertreten werden.

In der astrolog. Geographie werden die Länder nach den Himmelsrichtungen eigenen Sternen und Sternbildern zugeteilt. Die Gleichsetzung der Götter Ishtar, Marduk, Ninurtu, Nabo, Nergal mit den Planeten ist babylonisch. Diese Planetengötterreihe ist von Griechenland, später von Rom mit Venus, Juppiter, Saturn, Mercur, Mars übernommen und so bis jetzt erhalten worden, ebenso die Bezeichnung mancher Sternbilder, auch der Ekliptik, deren Einteilung in 12 Teile von je 30^0 aber um 419 v. Chr. noch nicht durchgeführt war ([8^2], 140). Aus dem Jahre 409 stammt das erste persönliche Horoskop ([9], 161). In Äg. finden sich von der Frühzeit bis zum Hellenismus wenig Spuren der A. Die Tagwählerei ist mit Göttermythen, nicht mit Sternen verbunden, wenn auch die »äg. Tage« in der A. später wichtig wurden. Die Verehrung der Sonne war in ganz Äg. verbreitet. Äg. Ursprungs scheint die Lehre von den Dekanen zu sein, Constellationen, deren Aufgänge 10 Tage auseinanderliegen ([8^2], 87), deren Listen sich auf Sargdeckeln des MR finden ([7], 22 ff.). Als in der Ptolemäer-Zeit der griech.-babylon. Tierkreis Aufnahme gefunden hatte, gab man jedem Zeichen 3 Dekane von 10^0, wie es z. B. der Tierkreis von Dendera zeigt. In Griechenland finden sich keine Spuren der A. in früher Zeit. In der Ilias werden die Sternbilder Bär, Pleiaden, Hyaden, Orion (XVIII 486 ff.) genannt, ähnlich in der Od. V 272 ff.), doch nicht als Zukunftskünder. Il. IV 75 zeigt den alten Volksglauben, daß Meteore (wie meist auch Kometen) Unheil bringen. Hesiod gibt in den Ἔργα καὶ Ἡμέραι mytholog. Gründe für die Tageswahl. Lyriker und Tragiker bieten keine Zeichen der A., nur Euripides verrät eine Kenntnis von ihr (TGF 482). Aristophanes verspottet die A. nicht wie andere neue Regungen der Zeit. Er nennt nur die Barbaren als Verehrer von Sonne und Mond (Pax 406 ff.). Die Philosophie scheint die Übernahme der A. vorbereitet zu haben. Wenn auch bei den ionischen Naturphilosophen – soweit die Frg. zeigen – sich astrologische Züge nicht finden, so sind doch die Pythagoreer in ihrer Bewunderung der unwandelbaren Ordnung und Bewegung der Sterne Wegbereiter der A. Die Orphik kam als Helfer hinzu. Platons Mythen (rep. 616 B; Tim. 41 D) zeigen Einfluß der A. Aristoteles' Hypothese von der ersten Bewegung der Fixsternsphäre, die damit auch das Geschehen auf der Erde bewirkt, gibt eine Basis für die A., die nach dem Alexanderzug in Griechenland eindringt. Berossos von Babylon soll um 280 v. Chr. eine Astrologenschule auf Kos gegründet haben (Vitr. 9,6,2). In seinen Βαβυλωνιακά behandelt er astron. und astrol. Lehren seiner Heimat ([11], 16 ff.). Starke Stütze gab die Stoa mit ihrer Lehre der συμπάθεια τῶν ὅλων und der εἱμαρμένη. Mit Ausnahme des Panaitios waren alle Schulhäupter der Stoa Anhänger der A., besonders einflußreich Poseidonios zu Anfang des 1. Jh. v. Chr. Schon im 2. Jh. v. Chr. brachte der Hellenismus in Äg. die A. zur Blüte, wie die Werke des Nechepso und Petosiris (Frg. hrsg. von E. Riess, Philol. Suppl. 6, 1893) und im 1. Jh. das des Hermes Trismegistos (Frg. im CAG; lat. Frg. hrsg. von W. Gundel, ABAW, N. F. 12, 1936) bezeugen. Im 2. Jh. v. Chr. verbreitete sich die A. auch in Rom, vielleicht durch die syrischen Sklaven und wohl nur beim niederen Volk. Schon 139 v. Chr. verbannte ein Edikt die Astrologen aus Rom und Italien ([5], 58; 235). Doch dies hinderte die Ausbreitung der A. nicht, die wohl durch die Stoa das Patriziat gewann, wie Sulla und den Consul Octavius ([5], 61 f.), und Gelehrte wie Varro und Nigidius Figulus. Autoren dieser Zeit etwa sind Epigenes, Kritodemos und Antiochos von Athen, von dem Rhetorios im 6. Jh. Teile bewahrt hat (CAG 1,140 ff.; ([7], 107 ff.).

Ob Julius Caesar, der den Taurus, das Haus der Venus, der Begründerin der Gens Julia, als Legionszeichen nahm, und Augustus, der sein Geburtsgestirn Capricornus auf Münzen prägen ließ, eigenem oder nur dem Volksglauben folgten, ist unsicher. Horaz spielt mit astrolog. Motiven (c. 2,17), als ob Maecenas ein Anhänger der A. gewesen sei. Tiberius ist auf Rhodos in die A. eingeführt worden von Thrasyllus, den er bis zu seinem Tode (37) bei sich behielt ([5], 92 ff.). Aus Tiberius' Zeit stammt das Lehrgedicht Astronomica unter Manilius' Namen. Die Kaiser mit Ausnahme von Traian waren alle Anhänger der A. ([5], 108 ff.). Der 2. Hälfte des 1. Jh. n. Chr. gehört vermutlich das astrol. Lehrgedicht des Dorotheos von Sidon an (Frg. 1.2., hg. von V. Stegemann), dem 2. Jh. zwei fast vollständig erhaltene astrol. Werke, die Ἀποτελεσματικά (Tetrabiblos) des Klaudios Ptolemaios (hg. v. Boll-Boer) u. Vettius Valens. Pt. als Astronom und Mathematiker betont den wissenschaftlichen u. philos. Wert der A., während V. V. in den Ἀνθολογίαι (ed. W. Kroll) die Vulgär-A. nicht ausschließt. Wichtig sind seine Beispiele von Horoskopen ([9], 176 ff.). Diese Blüte der A. erneuerte aber auch den Widerspruch, wie Sextus Empiricus (Adversus Mathematicos l. 5, ed.

MUTSCHMANN-MAU) zeigt. Aber vernichtet wurde sie dadurch nicht, auch nicht durch das erstarkende Christentum, das die A. als unvereinbar mit der Willensfreiheit des Menschen verwarf. Der Neuplatonismus dagegen bildete eine Stütze der A., wenn auch Plotinos, der Gründer, ihr wenig Raum gab. Neuplaton. Einfluß zeigt Firmicus Maternus' Mathesis (1.2. ed. KROLL-SKUTSCH-ZIEGLER), Paulos Alexandreus' *Εἰσαγωγικά* und Heliodoros'. Commentar (ed. E. BOER). Sie betonen noch die astrol.-wiss. Grundlage der A. Daneben finden sich, wie CAG beweist, Aber- und Zauberglaube, Sternbeschwörungen und -opfer. Als nach der Völkerwanderung im Westen Wissenschaft und Lehre fast nur in den Klöstern Pflege fanden, wurde die Astronomie als eine der 7 freien Künste und Hilfsmittel zur Berechnung der Wandelfeste des Kirchenjahres gelehrt; die Werke des Aratus (Latinus), Plinius, Hyginus dienten als Lehrbücher. Im Osten hatte die nach dem Alexanderzug nach Persien und Indien gekommene hellenist. A. der einheimischen neue Antriebe gegeben. Von dort kam sie im 6./7. Jh. bereichert zu den Syrern und Arabern, die sie ausbauten und Byzanz so beeinflußten, daß verlorene griech. Werke aus dem Arab. zurückübersetzt wurden ([12], 15 ff.). Vom 12. Jh. an kommen von Spanien lat. Übersetzungen arab. Werke in das Abendland. Dies bunt gemischte Bild der A. läßt sich in zahlreichen Hss. finden, bis die Lehre des Copernicus ihr den Boden – wenn auch nur langsam – entzog. Das System der A. ist in vielen Einzelheiten verschieden. Deutlich ist aber das Streben, Planeten und Tierkreiszeichen, gegen die die anderen Sterne und Sternbilder zurücktreten, in Verbindung zu bringen in ihren Eigenschaften und Stellungen. Jeder der 5 Planeten und die Sonne hat ein Tierkreiszeichen als Tag – der Mond und die 5 Planeten eines als Nachthaus, eines als Erhöhung, das gegenüberliegende als Erniedrigung seiner Macht. Sie stehen je nach der Entfernung der Zeichen voneinander im Diametral- (180°), Trigonal- (120°), Tetragonal- (90°), Hexagonal- (60°) schein. Die Voraussagen gelten einer Erdzone, einem Land oder Volk, Wind und Wetter, den 4 Jahreszeiten. In der hellenist. Zeit nimmt die Teilnahme an Einzelschicksalen zu. Der in der Geburtsstunde über den Horizont aufsteigende Stern ist der Horoskopos, Herr der Zukunft des Kindes. Von ihm und der Stellung der Planeten in den Tierkreiszeichen aus bestimmt Ptol. Lebensdauer, Verwandtschaft, Wesen von Körper und Seele, Beruf, Ehren, Ehe und Kinder, Freunde, Reisen, Tod und gibt ein Bild jedes Lebensalters nach seinem Planetenherrscher. Die Lehre von den 12 Orten (*τόποι*), die die Ekliptik vom Horoskop ab in 12 gleiche Orte teilt, deren jeder über ein Lebensgebiet aussagt, die von den Losen (*κλῆροι*) [1], 191 ff.) und die Katarchenlehre, die nach der Sternstellung beim Beginn jedes Tuns den Ausgang bestimmt, die sich bis zu Hermes Trismegistos zurück verfolgen lassen, hat Ptol. nicht aufgenommen. E. Bo.

1. *Bezold–Boll–Gundel* Sternglaube und Sterndeutung, [4]1931. 2. *A. Bouché-Leclercq* L'Astrologie Grecque, 1899. 3. *W. Gundel* Astronomie, Astralreligion, Astralmythologie 1907–1933, Burs. 243, 1934.

Zu Einzelgebieten: 4. *F. Boll* Antike Beobachtungen farbiger Sterne, ABAW 30, 1918. 5. *F.H. Cramer* Astrology in Roman Law and Politics, 1954 (Memoirs of the Am. Philos. Soc. Vol. 37). 6. *F. Cumont* L'Égypte des Astrologues, 1937. 7. *W. Gundel* Dekane und Dekansternbilder, 1936 (Studien d. Bibl. Warburg 19). 8. *O. Neugebauer* Exact Sciences in Antiquity [2]1957. 9. *O. Neugebauer–H.B. van Hoesen* Greek Horoscopes, 1959 (Memoirs of the Am. Philos. Society. Vol. 48). 10. *A. Scherer* Gestirnnamen bei den Indogerman. Völkern, 1953. 11. *P. Schnabel* Berossos und die babylon.-hellenist. Literatur, 1923. 12. *V. Stegemann* Dorotheos von Sidon und das sog. Introductorium des Sahl ibn Bišr, 1942 (Monographien des Archiv Orientální 11).

Astronomie. Allgemeines. Die babylonische und die griechische A. waren beide zur Zeit des Hellenismus hoch entwickelt, hatten aber einen ganz verschiedenen Charakter.

Die babylonische A. ist vorwiegend arithmetisch. Sie geht davon aus, daß die Himmelserscheinungen sich periodisch wiederholen. Abweichungen von der gleichmäßigen Bewegung werden durch steigende und fallende arithmetische Reihen dargestellt. Durch Summation dieser Reihen entstehen arithmetische Reihen zweiter und dritter Ordnung [1,2,3,4].

Die griechische A. ist geometrisch. Sie geht von der Annahme der Kreisbewegung der Himmelskörper aus. Abweichungen von der gleichmäßigen Bewegung werden dadurch erklärt, daß die Kreise exzentrisch angenommen werden oder auch dadurch, daß mehrere Kreisbewegungen miteinander kombiniert werden. Durch das Hilfsmittel der Trigonometrie werden die geometrischen Verhältnisse der Rechnung zugänglich gemacht. Vielfach werden auch mechanische Hilfsmittel benutzt: Himmelsgloben, Armillarsphären, Zahnräder, rotierende Scheiben, Planetarien.

Sowohl die Babylonier als die Griechen haben auf Grund ihrer Theorien Tafeln für die Sonne, den Mond und die Planeten berechnet. Diese Tafeln wurden besonders von den Astrologen viel benutzt. Tafeln auf Grund der griechischen Theorie waren erst nach der Entdeckung der Trigonometrie (um 200 v. Chr.) möglich. Babylonische Tafeln gab es schon viel früher. Um 700 oder noch früher hatte man schon primitive Tafeln zur Berechnung der Dauer der Nacht und der Leuchtzeit des Mondes. Griechische und römische Schriftsteller haben babylonische Rechenmethoden gekannt. In Ägypten benutzte man noch in der römischen Kaiserzeit Planetentafeln, die nach babylonischen Methoden berechnet waren [5].

Der Tierkreis. Die Grundlage für alle astronomischen Rechnungen ist die Einteilung des Tierkreises in 12 Zeichen zu je 30 Grad. Diese Einteilung ist babylonisch [6]. Die Zeichen wurden nach den Sternbildern benannt, die in ihnen liegen. Die griechischen und lateinischen Namen der Zeichen, die wir heute noch benutzen, sind größtenteils Übersetzungen von älteren babylonischen Sternnamen. Nach Plinius (nat. 2,31) hat Anaximandros zuerst die Schiefe des Tierkreises erkannt und Kleostratos die Tierkreiszeichen.

Anfänge der griechischen A. Thales, der erste griechische Astronom, hat nach Herodotos (1,74) eine Sonnenfinsternis vorausgesagt. Er soll auch über nautische Astronomie und über die Sonnenwenden und Aequinoktien geschrieben haben.

Anaximandros. Dieser stellte sich die schiefen Bahnen der Sonne und des Mondes als Reifen vor, die hohl und mit Feuer gefüllt seien. Sie hätten je eine Öffnung »wie die Düse eines Blasebalgs«, durch die wir das Feuer sehen. Anaximandros verfügte über eine Feinmechanikerwerkstatt, in der Sonnenuhren und Himmelsgloben hergestellt wurden (RE, Art. Horologium).

Pythagoreer. Nach Geminos (Isagoge p. 11 M.) stellten die Pythagoreer zuerst die Frage, wie sich bei Annahme von gleichmäßigen Kreisbewegungen die Himmelserscheinungen erklären ließen. Nach ihrer Meinung war die gleichmäßige Kreisbewegung die einzige, die den göttlichen und ewigen Himmelskörpern angemessen ist. Sie haben mehrere astronomische Systeme aufgestellt [7]. Das älteste liegt dem Platonischen Dialog Timaios zugrunde. In diesem System drehen sich alle Himmelskörper um die ruhende, kugelförmige Erde. Jeder Planet hat 2 Bewegungen: die tägliche Drehung des Fixsternhimmels und eine Eigenbewegung in einer schiefen Kreisbahn. Im System des »Philolaos« dagegen drehen sich die Erde und alle Himmelskörper um das Feuer, das sich in der Mitte befindet.

Der Pythagoreer Ekphantos und der Platoniker Herakleides von Pontos lehrten die Achsendrehung der Erde.

Eudoxos und Kallippos. Eudoxos (um 370 v. Chr.) hat versucht, durch ein System von konzentrischen Sphären, die zusammengesetzte Rotationsbewegungen ausführen, die Planetenerscheinungen zu erklären. Kallippos und Aristoteles haben versucht, das System zu verbessern (L. Schiaparelli Abh. Gesch. Math. 1, 1877). Jedoch konnte man die wechselnde Leuchtkraft der Planeten nicht erklären; daher hat das System nach Aristoteles keine Anhänger mehr gefunden.

Eudoxos hat ein Werk »Phainomena« geschrieben, das nachher von Aratos in Verse gebracht und von Hipparchos kritisiert wurde.

Über die Kalender-A. von Meton, Euktemon, Eudoxos und Kallippos siehe den Art. Parapegma in RE XVIII 2. H. 1343.

Aristarchos von Samos (280 v. Chr.). Dieser große Astronom [8] hat die Hypothese aufgestellt, daß die Erde und die Planeten sich um die Sonne drehen. Seleukos von Seleukeia hat diese Hypothese übernommen, aber die meisten Astronomen haben sie verworfen. Für ihre Gründe siehe [7], p. 74. Aristarchos hat im Jahre 280 v. Chr. die Sommerwende beobachtet (Ptolemaios, Syntaxis 3,1). Wir haben auch ein Buch von ihm über die Entfernungen der Sonne und des Mondes.

Timocharis, Aristyllos und Archimedes. Die beiden erstgenannten haben nach Ptolemaios zwischen 296 und 272 Sternörter und Sternbedeckungen beobachtet. Archimedes hat Solstitien beobachtet (Ptol., Synt. 3,1, p. 31 H.). Aus Cicero (De re publica 1,14) wissen wir, daß Archimedes ein Planetarium angefertigt hat.

Apollonios. Aus einer Untersuchung von Neugebauer ergibt sich, daß Apollonios von Perge (um 200 v. Chr.) als Begründer der mathematischen A. der Griechen zu betrachten ist. Durch Zusammensetzung von Kreisbewegungen ist es ihm gelungen, die beobachteten Mond- und Planetenerscheinungen recht gut darzustellen. Seine Hilfsmittel waren exzentrische Kreise und Epizykel, d. h. kleine rotierende Kreise, deren Mittelpunkte größere Kreise durchlaufen. Er hat auch die Trigonometrie erfunden, die zuerst eine exakte Berechnung von Planetenörtern gestattete, und er hat Tafeln für die Sonne und den Mond berechnet (Vettius Valens, Anthol. p. 353 K.). Siehe auch [10].

Hipparchos. Dieser war der beste Beobachter des Altertums. Ptolemaios überliefert uns zahlreiche Beobachtungen von ihm aus den Jahren 162 bis 128. Durch Vergleich seiner eigenen Beobachtungen mit denen des Timocharis fand Hipparchos das Zurücklaufen der Äquinoktien gegen die Fixsterne. Er schätzte diese »Präzession« auf mindestens 1^0 in 100 Jahren. Er hat einen Sternkatalog aufgestellt, der die Örter von 850 Fixsternen enthielt. Auf Grund seiner Beobachtungen der Sonnenwenden und Äquinoktien hat er eine verbesserte Sonnentheorie aufgestellt und auf Grund seiner Finsternisbeobachtungen mit Hilfe babylonischer Perioden eine Mondtheorie, aber für die Planeten hat er nur Beobachtungen zusammengestellt (Ptol., Syntaxis 9,2).

Ptolemaios. In der großartigen Syntaxis mathematike des Klaudios Ptolemaios, dem sogenannten Almagest, fand die antike A. um 140 n. Chr. ihre Vollendung. Ptolemaios hat eine Theorie entwickelt, die sämtliche Erscheinungen der Sonne, des Mondes und der Planeten zu erklären und zu berechnen gestattet. Die Hilfsmittel: Epizykel und Exzenter, waren dieselben wie bei Apollonios, aber Ptolemaios verfügte über mehr und bessere Beobachtungen und konnte daher die Elemente der Planetenbahnen genauer bestimmen. Außer den Beobachtungen von Timocharis, Aristyllos und

Hipparchos benutzte Ptolemaios auch eigene und alte babylonische Beobachtungen. Bei der Mondbewegung entdeckte er eine neue Anomalie, die man heute Evektion nennt.

Spätere, kleinere Werke des Ptolemaios bringen zeichnerische Methoden, eine bessere Theorie der Breitenbewegung der Planeten, einfachere Tafeln, einen Fixstern- und Wetterkalender und eine Beschreibung eines mechanischen Modells der Planetenbewegung. Näheres im Art. Ptolemaios der RE. v. d. W.

1. *Ant. Pannekoek* A history of astronomy, 1961. 2. *Otto Neugebauer* Exact sciences in antiquity, 1957. 3. *Fr. X. Kugler* Babylonische Mondrechnung, 1900. 4. *Peter Huber* Z. f. Assyriol. 57, 1957, p. 265. 5. *Bartel L. v. d. Waerden* Vierteljahresschr. Naturf. Ges. Zürich 105, 1960, p. 97. 6. *B.L.v.d. Waerden* Archiv f. Orientforsch. 16, 1953, p. 216. 7. *B.L. v. d. Waerden* Astronomie der Pythagoreer, Verh. Ned. Akad. Amsterdam (Nat.) 20, 1951, No. 1. 8. *Th. Heath* Aristarchus of Samos, 1913. 9. *Otto Neugebauer* Scripta mathematica 24, 1959, p. 5. 10. *B.L. v. d. Waerden* Archive f. Hist. of Exact Sc. 1, 1961, p. 107.

Astura (NISSEN It. Ldk. 2,629 f.), Fluß (Liv. 8, 13,5) im *ager Laurens* (Fest. p. 418,20 f. L.), der auch Stura hieß (Strab. 232). Vor seiner Mündung liegen gleichnamig eine Insel (Plin. nat. 3,57.81) mit bequemem Landeplatz (Plut. Cic. 47. Suet. Tib. 72) und das Landgut Ciceros (Cic. fam. 6,19. Att. 12,40 u. a.) sowie eine Ortschaft (Serv. Aen. 7,801). G. R.

Asturia, im n.w. Spanien, umfaßte die heutige Prov. Oviedo und Teile von León und Valladolid bis an den Duero (genaue Abgrenzung bei AD. SCHULTEN Los Cantabros y Astures [Madrid 1943] 80). Die Bewohner zerfielen in Stämme *(populi, gentes)* und Clane, d.h. Gruppen von Familien gemeinsamer Abstammung (*gentilitates*, auch *gentes*; alle aufgezählt und behandelt a.O. 95–104). Den Römern wurden sie bekannt, als Augustus sie und die Cantabrer 29–19 v. Chr. unterwarf (die Quellen gesammelt in Font. Hisp. Ant. 5, Barcel. 1940, 183–207). Die Bedeutung des Landes beruhte auf den Goldminen und der Pferdezucht. R. G.

Schulten a.O. 83–88. *Friedr. Bleiching* Span. Landes- u. Volksk. bei Sil. Ital., Erl. Diss. 1928, 14–18.

Astyages (*'Αστυάγης*) regierte nach Hdt. 35 Jahre, das wäre 584–550. Nach den gleichzeitigen Inschriften des Naboned von Babylon hat sich Kyros 553 gegen seinen Lehnsherrn erhoben. A.s Truppen fielen von ihm ab – ein Nachklang davon ist die Harpagossage bei Hdt. – und lieferten ihn dem Kyros aus; im J. 550 nahm Kyros Egbatana in Besitz. J. D.-G.

Astyanax (*'Αστυάναξ*). »Schirmer der Stadt« nannten die Troer Hektor zu Ehren sein Söhnchen Skamandrios, durch dessen Anwesenheit die Szene zwischen Hektor und Andromache Il. 6,402 ff. ihren rührenden Abschluß und einen Anflug von Humor erhält. Vgl. ebd. 22,506. 24,734. Die trüben Ahnungen der Mutter gehen in Erfüllung. Nach der Iliupersis wird A. auf Beschluß der Achaier durch Odysseus von der Mauer herabgestürzt, so in Euripides' und Senecas Troades und Ov. met. 13,415. Nach der Kleinen Ilias zerschmetterte Neoptolemos auf eigene Faust bereits in der Schrekkensnacht den Kleinen, Paus. 10,25,9. Nach späteren Sagen blieb A. am Leben und gründete ein neues Troia, Sch. Il. 24,735. H. v. G.

W. Kullmann Die Quellen der Jlias H (ES 14) 187.

Astydamas. 1. Tragiker, Sohn des Morsimos, Enkel des Philokles (beide Tragiker), daher Urgroßneffe des Aischylos. (Suda s.v. Schol. Aristoph. Av. 281; Ran. 151). Erste Aufführung 397 (Diod. 14,43,5), Tod im Alter von 60 J. (Diod. a. O.). Die Angaben der Suda über Studium bei Isokrates und Zahl der Dramen und Siege müssen aus dem *βίος* des jüngeren A. irrtümlich hierher geraten sein. **2.** Tragiker, Sohn des A. 1, Enkel des Morsimos. In seiner Jugend Schüler des Isokrates, dann der Tragödiendichtung zugewandt, 240 (Zahl sicher zu hoch) Tragödien, 15 Siege (Suda s.v. A. 1). Erster Dionysiensieg 372 (M.P. 71. IG II² 2325). Weitere Siege 347 (IG II² 2318 col. IX); 341 mit Achilleus, Athamas, Antigone (IG II² 2320 col. I); 340 mit Parthenopaios und Lykaon (IG II² 2320 col. I). Nach dem Sieg von 340 wurde ihm die Aufstellung seiner Büste im Theater zugebilligt (Diog. Laert. 2,5,43). Das selbstverfaßte Epigramm für die Basis trug ihm den Spott der Komödie ein (Philemon Frg. 190 K.), der sprichwörtlich wurde (Zenob. 5,100. Athen. 1,33 F, Suda s. *σαυτὴν ἐπαινεῖς*, Apost. 5,36). Werke (8 bei Suda, 9 anderwärts): *'Αχιλλεύς, Αἴας μαινόμενος, 'Αθάμας, 'Αλκμέων, 'Αλκμήνη, 'Αντιγόνη, Βελλεροφόντης, Ἕκτωρ, 'Επίγονοι, 'Ερμῆς, 'Ηρακλῆς σατυρικός, Λυκάων, Ναύπλιος, Παλαμήδης, Παρθενοπαῖος, Τυρώ, Φοῖνιξ.* 9 Fragmente bei N², dazu Pap. Amherst II 10, Pap. Argentor. (W. G.) 304,2. Pap. Hibeh II Nr. 174 (alle Papyri aus dem Hektor). A. 2 von Aristoteles in der Poetik berücksichtigt (14,1453 b 32), sein Hektor wahrscheinlich von Naevius (Hector proficiscens) nachgedichtet. F. St.

T.B.L. Webster Fourth Century Tragedy and the Poetics, H 82, 1954, 305 ff.

Astydameia (*'Αστυδάμεια*). **1.** Tochter des Doloperkönigs Amyntor, durch Herakles Mutter des Tlepolemos, nach Hes. und Pind. O. 7,24. Bei Hom. Il. 2,658, Apollod. 2,7,6,1; 8,10 und Hyg. fab. 97. 162 heißt die Mutter des Tlepolemos → Astyoche(ia). **2.** Gemahlin des → Akastos; vgl. Antigone Nr. 1. **3.** Tochter des Pelops, Gemahlin des → Alkaios, Apollod. 2,4,5,1 f. H. v. G.

Astymedes (*'Αστυμήδης*). Vornehmer Rhodier, der bei Beginn d. pers. Krieges zum Anschluß an Rom riet (Pol. 27,7,3), als Führer einer Gesandtschaft in Rom war, zuerst im J. 167 (Pol. 30,4 – 5,1. 22. Liv. 40,21–25. Diod. 31,5), dann im J. 164, wo er eine Rede hielt, die den Beifall des Polybios

fand (Pol. 31,6,7). Im J. 153 bekleidete er die Stellung eines Nauarchen (Pol. 33,15,3). W. S.
RE II 1869 *(Wilcken).*

Ἀστυνόμοι. Städtisches Ordnungsorgan mit straßen-, bau- und sittenpolizeilichen Funktionen; von Aristot. pol. 6,1321 b 18 als den *ἀγορανόμοι* verwandt bezeichnet und so von ihnen abgegrenzt, daß sie die *ἐπιμέλεια* über öffentliche und private Gebäude in der Stadt hatten. Für die Aufsicht über *ὅροι* und Verwandtes, die bei Aristoteles zum Zuständigkeitsbereich der *ἀ.* gehört, gibt es in Chios z. B. besondere Beamte (*οὐροφύλακες*. Schwyzer Dial. Graec. exempla epigr. potiora 688 A 15ff.). Ferner begegnen als eigene Behörde (von den *ἀ.* getrennt) *λιμενοφύλακες* (Sylloge[3] 951) und *τειχοποιοί* (F. G. Maier Griech-Mauerbauinschr. 1961, I s. *τειχοποιός*. 2,42ff.). Im Athen des 4. Jh. üben nach Aristoteles die *ἀ.* noch eine Kontrollfunktion über Flöten-, Harfen- und Kitharaspielerinnen aus (Ath. pol. 50). A.M.
Busolt GStk. 492f. 1116ff. Über Strafbefugnisse der *ἀ.* *Kahrstedt* Unters. zur Magistr. in Athen, 214.

Astyoche (*Ἀστυόχη*). **1.** Tochter des Phylas von Ephyra, durch Herakles Mutter des Tlepolemos; s. → Astydameia Nr. 1. **2.** Tochter Aktors, durch Ares Mutter des → Askalaphos (Nr. 2) und Ialmenos, Il. 2,513. Paus. 9,37,7. **3.** Tochter des Atreus (oder Pleisthenes) und der → Aerope, Schwester von Agamemnon und Menelaos, Gattin des Phokers Strophios, Mutter des Pylades. Hyg. fab. 117. **4.** Tochter des Laomedon, Gattin des Telephos, Mutter des Eurypylos, den sie dem Priamos zur Hilfe sandte, Schwester der → Aithilla. Apollod. 3,12,3,8. **5.** Tochter des Simoeis, Gattin des Erichthonios, Mutter des Tros. Apollod. 3,12, 2,1. H. v. G.

Astyochos. Spartan. Nauarch des J. 412/11, operierte zunächst ziemlich ziel- und erfolglos in den Gewässern um Chios und Lesbos und schlug schließlich sein Hauptquartier in Milet auf, wo er den 3. Vertrag zwischen Sparta und Persien abschloß (Thuk. 8,36f.). Seine energielose Kriegführung und zweideutige Haltung gegenüber Tissaphernes und Alkibiades erregte Unwillen sowohl in Sparta, weshalb man ihm eine Kommission zur Seite stellte (Thuk. 8,38), wie auch bei seinen Truppen, so daß es schließlich zu einer gefährlichen Meuterei kam (Thuk. 8,78–83). 411 wurde A. durch Mindaros abgelöst (Thuk. 8,85). Fr. Kie.

Astypalaia. Insel des s. Sporaden, italienisch Stampalia, volkstümlich Astropalia, 95 qkm, aus zwei, durch einen niedrigen Isthmos verbundenen Teilen bestehend, bis 506 m hoch. Ant. Stadt an der Stelle der modernen auf Felskap im SW der Insel. Im 1. att. Seebund, in röm. Zeit *civitas libera* und *foederata*. Inschr. IG XII 3, nr. 167–246 und add. p. 229f. Münzen: Head HN[2] 630f. E. M.
1. *L. Roß* Inselreisen 2, 1843, 55ff. 2. *Oberhummer* RE II 1873ff. 3. *Philipps.-Kirst.* 4, 1959, 157ff. 4. *B.D. Meritt* The Athenian tribute lists 1, 1939, 240f. 472. 4, 14.

Ἀσυλία. Schutz vor Raub von Freiheit und Eigentum, staats- und sakralrechtlich gewährt, bes. als Fremdenschutz, da der *ξένος*, der einer andern Rechtsordnung untersteht, erst Rechtsschutz im Gastland erhalten muß, um vor gewaltsamen Übergriffen sicher zu sein (Personalitätsprinzip). Vgl. hierzu den Rechtshilfevertrag zwischen Oiantheia und Chaleion um 450 v. Chr. (Bengtson Die Staatsverträge des Alt. 2, 1962, Nr. 146, S. 50). Da der älteste Rechtsschutz des Fremden gottgegeben ist (*Ζεὺς ξένιος*) und die *θέμις* des Gastrechts bei Homer schon auf die Sakralsphäre weist, ist es einleuchtend, daß in Tempeln und Heiligtümern bes. wirksam Gewalttat von Bittflehenden ferngehalten werden konnte, weil hier nicht nur Strafe vor Vertragsbruch, sondern die Scheu vor der Gottheit und ihrer Rache das *συλᾶν* verbot. E. Schlesinger Die griech. Asylie, 1933, meint, daß alle profane *ἀ.* und sogar *μετοικία* aus sakraler *ἀ.* stammte. A. M.

Asylon (*ἄσυλον*). Ein gewöhnlich durch *ὅροι* (BCH 26, 1902, 320) abgegrenzter heiliger Ort (*ἱερόν* Pol. 4,18,10. [1],29), der es auf Grund seiner Unverletzlichkeit verbietet, Personen oder Sachen mit Gewalt von ihm zu entfernen (E. Weiss Griech. Privatrecht 1, 1923, 155. Zur Semasiol. vgl. Serv. Aen. 2,761. [1],6ff. [2],13,1). Die Zuwiderhandlung (*ἱεροσυλία* [1],30ff.; vgl. Aischyl. Hik. 927; Pers. 809f. Soph. Oid. K. 921. Eur. Heraclid. 243f.) ist sakraler Frevel (Thuk. 1,126. Xen. Ag. 11) und zieht dem Täter die Rache der beleidigten Gottheit zu (Thuk. 1,128. Paus. 1,20,7. 7,24,6. [2],22), nicht minder dem verantwortlichen Schutzherrn des A., wenn er die Verletzung duldet (Hik. 429ff.). Somit verleiht das A. prinzipiell jedem Flüchtigen, der es als *ἱκέτης* aufsucht, Schutz vor dem Zugriff des Verfolgers (Hdt. 6,91. Paus. 7,25,1. M. Löhr Das A.-Wesen im Alten Testament, 1930, 1). Seine alte griech. Bezeichnung ist daher *φύξιμον* (Plut. Rom. 9. Poll. 1,10. [1],36); der Status, den es verbürgt, heißt *ἱκετεία* ([1], 32ff. [2],12.17f.). Ursprüngl. hat jedes Sanktum A.-Charakter; das Phänomen des A. findet sich dementsprechend allgemein verbreitet (A. Hellwig Das A.-Recht der Naturvölker, 1903. N. M. Nicolsky, ZAW 48, 1930, 146ff. R. Thurnwald, RLV 1, 1924, 250ff.; Die menschl. Gesellschaft 5, 1934, 128ff. [5],58ff.). Religionspsychologisch liegt ihm die magisch-dynamistische Vorstellung vom Vorhandensein einer numinosen Kraft zugrunde, die den in ihren Bannkreis Getretenen in ihre Tabu-Wirkung einschließt ([5],14ff. Vgl. J. Wellhausen Reste arab. Heidentums, 1897[2], 52.54.107). Infolgedessen erhält das Faktum der unmittelbaren, möglichst engen Berührung besondere Wichtigkeit (LXX 3. Reg. 2,28. [2],9. [5],20ff.): der *ἱκέτης* setzt sich an den Altar (Aischyl. Hik. 224. Soph. Oid. K. 1158. Eur. Herc. 48; Ion 1314. K. Latte Heiliges Recht, 1920, 106,17) bzw. läßt sich als *ξένος* in der Asche des sakr. Herdes nieder (Od.

7,153); aber auch indirekter Kontakt bleibt noch wirksam (Hdt. 1,26,2. Plut. Sol. 12. [2],19). – Die Gottheit des A. gewährte das Geschenk der Immunität jedem unschuldig Verfolgten, besonders auch dem Landfremden (Hik. 241 ff. [1],42 ff.), ferner dem in seiner persönlichen Rechtswahrung behinderten Unfreien (Hdt. 2,113. Eur. Suppl. 268. Plut. Thes. 36. [1],37 f.), doch auch dem mit Mordschuld Beladenen, um die Kontinuität der Blutrache aufzuheben (Aischyl. Eum. 232 ff. Vgl. J. Kohler Lehrbuch der Rechtsphilosophie, 1923^{3}, 257. [2],8 ff. [5],28). Hier liegen die Ansätze für die sekundäre politisch-soziale Ausformung des A.-Gedankens im utilitaristischen Sinne einer nicht mehr vorwiegend religiös gebundenen Rechtsordnung ([5],26 ff.). Diese billigte nicht mehr allen, sondern nur bestimmten, durch Tradition und Bedeutung hervorragenden Heiligtümern (vgl. Tac. ann. 3,60 ff.) die Asylie als ein von staats- und wirtschaftspolitischen Gesichtspunkten diktiertes und der diplomatischen Anerkennung durch Dekret bedürftiges Privileg zu (vgl. für die hellenist. Zeit M. G. Lefebvre, ASAE 20, 1920, 37 ff. F. v. Woess Das A.-Wesen Äg., 1923. R. Herzog-G. Klaffenbach, ADAW 1952, 1. W. Wirgin, Act. Congr. Int. Num. 2, 1953, 137 ff. [3],145 ff.). Sie garantierte damit den Schutz des sonst praktisch rechtlosen Fremden im Interesse internationalen Handelsverkehrs (IG I^{2} 58. Sylloge ^{3}110.355. [1],53 ff.), sicherte dem Sklaven zeitweilige bzw. endgültige Aufhebung seiner Abhängigkeit (Sylloge ^{3}736,80 ff. Latte a.O. 107 f. [5],35 f.) und stellte dem Delinquenten eine geräumige (Strab. 14,641), für langen Aufenthalt, oft für Lebenszeit zureichende Freistatt (Thuk. 5,16. Xen. Hell. 3,5,25), die unter Umständen Keimzelle einer ethnisch-politischen Neubildung werden konnte, wie es z. B. für das Rom der Frühzeit berichtet wird (Liv. 1,8,5. Plut. Rom. 9. Dion. Hal. ant. 2,15. C. Koch Der röm. Juppiter, 1937, 83 f. W. E. Mühlmann, Studium Generale 3, 1950, 574 f. [2],25. [4],179 f.). W. F.

1. *E. Schlesinger* Die griech. Asylie, 1933. 2. *P. Timbal Duclaux de Martin* Le droit d'asile, 1939. 3. *A. Heuss* Stadt und Herrscher des Hellenismus, 1937. 4. *F. Altheim* R. Rel.Gesch. 1, 1951, 175 ff. 5. *O. Henssler* Formen des A.-Rechts, 1954.

Atabŭlus. Ein in Apulien heimischer Name für einen heißen, trockenen, pflanzenschädigenden Südwind: Hor. s. 1,5,78; weitere Belegstellen aus der lat. Lit. bei Kauffmann RE II 1886; s. RE VIII A 2290,47. Der A. war bei den Italienfahrern zwischen Korkyra und dem Promont. Japygium als derart spezifisch »apulisch« bekannt, daß sie den aus NW. (!) blasenden Japyx-Argestes selbst als A. bezeichneten RE XV 1178,11. Ich denke (mit Nissen) an messapische Provenienz, und zwar aus den Zeiten der alten rhodischen Kolonisation Süditaliens (M. Mayer, RE XV 1172,14.36 ff. 1174, 67 ff.), ursprüngl. gültig für einen über das *Ἀτάβυρον ὄρος* (1240 m RE II 1887, 47) gegen Nomos und Stadt Kamiros wehenden, stark ausgetrockneten und aufgeheizten Fallwind, vgl. RE VIII A 2259 Fig. 6. Suppl. V 751 Abb. 2. R. B.

Atalante (*Ἀταλάντη*). **1.** Arkadische Heroine, Tochter des Ias(i)os (Iasion) und der Klymene, von den Eltern ausgesetzt, von einer Bärin (Tier der Artemis) gesäugt, von Hirten gefunden. Sie wurde eine kühne Jägerin, erlegte 2 ihr nachstellende Kentauren, nahm am Argonautenzug und an der kalydon. Jagd teil und brachte dem Eber die erste Wunde bei, wofür → Meleagros ihr Kopf und Fell als Ehrenpreis gab. Sie besiegte Peleus im Ringkampf und tötete alle Freier, die sich mit ihr im Wettlauf messen mußten, bis Meilanion während des Laufes 3 goldene Äpfel, ein Geschenk der Aphrodite, fallen ließ, nach denen sie sich bückte. Weil sie durch Liebesgenuß einen heiligen Hain des Zeus entweihten, wurden sie in Löwen verwandelt. Apollod. 3,9,2. Kallim. h. 3,221 ff. Hyg. fab. mehrfach. **2.** Boiotische Heroine, Tochter des Schoineus und der Klymene (so schon Hes.). Ihre Sage ist ganz ähnlich, nur heißt der Sieger Hippomenes, die beleidigte und verwandelnde Gottheit ist Kybele. Die Quellen verwechseln beide A. häufig, so daß eine überzeugende Scheidung unmöglich ist. Ausführlich Ov. met. 10, 560 ff. Die bildende Kunst stellte A. oft dar. H.v.G.

Ätiolog. Deutung und Märchenmotive *L. Radermacher* Mythos und Sage ^{2}1938, 40. *S. Laser*, H 80, 1952, 372. *J. Trumpf*, H 88, 1960, 20. *Preller-Rob.* 1,305.

Ataraxia, die Unerschütterlichkeit des Philosophen. Die Verwendung des Wortes A. in philosophischem Sinne wurde von → Areios Didymos dem → Demokrit zugeschrieben, s. Diels Vorsokr. 2,129,16. Für → Epikur und seine Schule wurde dies zu einem Schwerpunktsbegriff; vgl. sent. Vat. 79 *ἀτάραχος ἑαυτῷ καὶ ἑτέρῳ ἀόχλητος.* Epik. ep. 1,81 zählt die Ursachen der Unruhe und damit der Unlust auf: falsches Wollen, falsches Fürchten, falsches Meinen; darauf ep. 1,82 *ἡ δὲ ἀταραξία τῷ τούτων πάντων ἀπολελύσθαι καὶ συνεχῆ μνήμην ἔχειν τῶν ὅλων καὶ κυριωτάτων.* Die epikureische Seelen-Führung war darauf gerichtet, A. und damit Freiheit von Unlust zu gewinnen. Die Stoa übernahm den Terminus, setzte ihn aber ins Ethische um, so SVF 3,109,20 a. = *nihil timere nec cupere.* Vgl. Cic. fam. 15,19,2. H. D.

Atargatis s. Dea Syria

Atarneus (*Ἀταρνεύς*). Stadt im n.w. Kleinasien nahe der Küste, zuerst Lydien (Skyl. 98. GGM I p. 70 M.), dann Mysien (Hdt. 1,160. 8, 106) zugehörig, nach Steph. Byz. s. v. *Ἄταρνα* an der Grenze zwischen Lydien und Mysien (Sieglin: Schulatlas zur Gesch. des Alt., S. 8 und 11. Gr. Hist. Weltatl. I, S. 16 e); Plinius nat. 37,156 unterstellt A. dem größeren Gebiet Aiolis, der Insel Lesbos gegenüber am Berge *Κάνη* bzw. *Κάναι* (h. Kara Dagh) mit gesicherter Identität (h. Ruine Kaléh Agili bei Dikeli-Köi). Bewohner: *ὁ Ἀταρ-*

νεύς, οἱ Ἀταρνεῖται (Strab. 13,1,60. Paus. 7,2, 11. Athen. 15,51 p. 696a). Landschaft: Ἀταρνειτὶς χώρα (Hdt. 6,29. 8,106. Paus. 4,35,10). A., ionischen Ursprungs, wird erstmalig von Skyl. (a. O.) genannt, dann von Herodot und später öfter, namentlich von Strabon (13,1,51.57.69,3.5. 14,5,28). Nur zeitweilig von eigener Bedeutung, vor allem unter Hermeias (sein Verwandter Aristoteles bei ihm als Gast 348–345: Diod. 16,2,5. Strab. 13,1,57 u. a.), war A. sonst etwa von 500–400 in Ereignisse verflochten, die sich auf die Zeiten um 498 (Hermippos von Atarneus, Hdt. 6,4), 494 (Histiaios von Milet, Hdt. 6,28 ff.), 480 (Zug des Xerxes, Hdt. 7,42), 407–398 (Chier besetzen A., Diod. 13,65,4) und 397 (Derkylidas in A.) beziehen. Der Schwerpunkt der Geschehnisse um A. liegt jedenfalls in der vorchristlichen Zeit. Im 1. Jh. n. Chr. wird A. bedeutungslos und verödet (*Atarnea:* Plin. nat. 5,122. 37,156), vermutlich infolge einer Mückenplage. Paus. 7,2,11, deshalb auch von Ptol. nicht mehr erwähnt, trotz Fruchtbarkeit (Hdt. 6,28) und in der Nähe ausgebeuteter χρυσεῖα und Edelsteine (Strab. 14,5,28. Plin. a. O.). Zur vermuteten Identität A.s mit Attaleia – auf dem Boden von Dikeli-Köi – (vgl. RE Attaleia Nr. 2 und u. S. 716 Attaleia Nr. 3) s. K. Miller Itin. Rom. S. 699 mit Skizze Nr. 228, S. 694. Ob sonst noch ein Platz des gleichen Namens Atarneus angenommen werden muß (s. RE II 1897 Art. Atarneus Nr. 3), sei dahingestellt. – Akropolis. – Münzen. H. T.

K. Baedeker Konstantinopel und Kleinasien. S. 244 Lpz. 1905. *A. Conze* Altertümer von Pergamon (Kgl. Museen zu Berlin) S. 119 ff. Nr. 33.

Atax. Küstenfluß in Gallia Narbonensis, h. Aude, entspringt in den Pyrenäen, mündet unterhalb Narbo. Nach ihm oder einem gleichnamigen Ort hieß P. Terentius → Varro Atacinus. K. Z.

Desjardins Géogr. de la Gaule 1, 152 ff. 245 ff.

Ate (Ἄτη; älter Ἀάτη Hes. erg. 352. Alk. frg. 43,12 D. W. Schulze Quaestiones Epicae, 1892, 443 f.), die »Verblendung, Schuld« (von ἀάω Frisk Et. Wb. 2.178). Zur Semasiol. K. Latte, ARW 20, 1920/21, 255,3. H. Seiler Festschrift A. Debrunner, 1954, 409 ff. gegen W. Havers, KZ 43, 1910, 225 ff. Den etymologischen Bezug kennt Hom. Il. 19,91.129 (E. Risch Eumusia, Festschrift E. Howald, 1947, 81 f.). Dort ist A. Tochter des Zeus, die, aus dem Olymp auf die Erde verstoßen, die Menschen mit verderblichen Schäden heimsucht (Il. 19,91 ff. 126 ff. Vgl. Emp. frg. 121,4 D.). Kräftig und raschfüßig heißt A. Il. 9,502 ff., wo sie den runzligen und lahmen Λιταί vorauseilt (M. Noé Phoinix, Ilias und Homer, 1940, 32 ff. W. Theiler Festschrift E. Tièche, 1947, 128 f.). Keine personhafte Vorstellung dürfte Il. 16,805 vorliegen, wenn nach dem Schlag des Apollon ἄτη die Sinne des Patroklos ergreift: [4],3 gegen H. J. Mette, LFE 8 (dort alle hom. A.-Belege). Bei Hes. theog. 230 (H. Fraenkel Festschrift R. Reitzenstein, 1931, 8 f. W. F. Otto Varia Variorum, Festschrift K. Reinhardt, 1952, 57) wirkt A. als Tochter der Eris neben der Dysnomia eher allegorisch; rein ethisch-begrifflich aufgefaßt erscheint sie in Solons Musenelegie (frg. 1 D. [4],7 ff.). Kräftigere dämonische Züge verleiht ihr Aischylos (Ag. 1124.1433; Hept. 956 ff.; Choeph. 383. Lesky GGrL 230). Zum Netz der A. (Prom. 1078) s. I. Scheftelowitz, RVV 12,2, 1912, 8 f. W. F.

1. *J. Stallmach* A., 1950. 2. *E. R. Dodds* The Greeks and the Irrational, 1951, 2 ff. 37 ff. 3. *W. Schadewaldt* Aus Homers Welt und Werk, 1951[2], 339 ff. 4. *G. Müller* Navicula Chilonensis, 1956, 1 ff.

Ateius, italischer Eigenname (vgl. etr. *atei*, Schulze Eigenn. 347.388.426; zum Suffix *-eius* RE XVI 1666), im öffentlichen Leben seit dem 1. Jh. v. Chr. nachweisbar, nicht sehr häufig.

I. Republikanische Zeit: **1.** A., Legat des M. Antonius 41 v. Chr. **2.** M. A., Centurio, zeichnete sich bei der Erstürmung von Athen 86 v. Chr. aus. **3.** C. A. Capito, Volkstribun 55 v. Chr., Vertreter der Senats-Opposition gegen Pompeius und Crassus, intercedierte vergeblich gegen die Gesetzesvorschläge des tr. pl. Trebonius, ließ Crassus sogar vorübergehend verhaften und begleitete dessen Aufbruch nach dem O. mit Verwünschungen, wofür er eine censorische Rüge erhielt. Später näherte er sich Caesar und stand mit Cic. in Verbindung (fam. 13,29,6; Att. 13,33,4 u. ö.). Nach 44 wird er nicht mehr erwähnt. **4.** L. A. Capito, Quaestor um 52, Zeuge in einem Senatsbeschluß von 51, Praetor (Zeit unbestimmt), wohl Vater des Juristen. **5.** L. A. Praetextatus (Philologus, Suet. gramm. 10), Grammatiker, Rhetor und Schriftsteller, kam wohl 86 nach der Einnahme Athens nach Rom, wurde freigelassen (von Nr. 2?) und ist bis 29 v. Chr. nachweisbar. Angesehener Lehrer und fruchtbarer Schriftsteller (Titel von 6 Werken bekannt, darunter breviarium rerum omnium Romanarum und Hyle [commentarii, Hauptwerk], z. T. für Sall. und Asinius Pollio, u. Briefe). Schanz-Hos. 1,580 f. H. G. G.

II. Kaiserzeit: C. A. Cap. Schüler des Ofilius (Dig. 1,2,2,47), *consul suff.* 5 n. Chr., seit 13 *curator aquarum.* Im J. 15 arbeitete er mit Arruntius einen Plan zur Veränderung des Laufes des Tiber aus, der jedoch vom Senat abgelehnt wurde (vgl. Tac. ann. 1,79), † 22. Er galt für einen vortrefflichen Rechtsgelehrten, besonders auf dem Gebiete des Pontifikal- und Sakralrechts; sein politischer und wissenschaftlicher Gegner war → Antistius Labeo (vgl. Tac. ann. 3,75. Dig. 1,2,2,47). Seine Schriften sind verlorengegangen; bekannt sind folgende Titel nebst Fragmenten: a) Coniectanea in mindestens 9 Büchern, von denen jedes einen besonderen Untertitel führte, b) Epistulae, c) de pontificio iure in mindestens 6 Büchern, d) de iure sacrificiorum, e) ein Werk über das Auguralrecht, dessen Titel unbekannt ist. Die Schriften des A. wurden nicht so sehr von den röm. Juristen, als vielmehr von Lexikographen und Antiquaren benutzt; es sind vor allem zu nennen: Festus, d.h. Verrius Flaccus, bei dem die Benutzung des A. auch an vielen Stellen anzunehmen ist, wo kein Gewährsmann angeführt wird, und A. Gellius. Manche Schriftsteller, wie z.B. Plutarch, Macrobius, Lydus zitieren den A. nur aus zweiter Hand. Äußerst selten taucht der Name des Ateius in den Digesten auf. W. Str.

W.Strzelecki C.Atei Capitonis fragmenta, 1960; Fragmentensammlung, ebd. 27ff.; vgl. außerdem *Bremer* Iurisprud. antehadr. 2,1,266ff. *Huschke* Iurisprud. anteiust. I[6] 62ff. *P. Krüger* Gesch. d. Quellen u. Lit. d. röm. Rechts 2, 1912, 159. *Kunkel* Herkunft u. soz. Stellung der röm. Jur. 1952, 114f.

'Ατέλεια. Befreiung von den τέλη, d.h. Leistungen, die mit der Person (Übernahme eines Amts, einer Dienstleistung) oder dem Vermögen für die Gemeinschaft zu erbringen waren. Im allg. wird systematische direkte Besteuerung der Politen durch die Polis, um der Freiheitsidee willen, vermieden (anders in der Tyrannis). Die Polisverfassung behilft sich mit indirekten Steuern (Marktgebühren), neben Zöllen, Gerichtsgebühren u.a., und setzt nur von Fall zu Fall durch ψήφισμα eine εἰσφορά (Vermögenssteuer) fest, so daß sie in der Hauptsache auf freiwillige Leistungen (λειτουργίαι), die auf einem bestimmten Vermögen ruhen, also die private Finanzkraft der Reichen, angewiesen ist (deshalb kann ἀ. geradezu mit ἀλειτουργησία gleichgesetzt werden, Anecd. Bekk. 458). Die ἀ. wird als besondere Ehrung vom Volk verliehen und inhaltlich festgelegt. A. M.

Über ἀτέλεια τοῦ μετοικίου und andere Privilegien für Metoiken und ξένοι s. *Kahrstedt* Staatsgeb. 295f.313. Dazu: *Böckh* Staatshaushaltung der Athener, 1886[3], s. Atelie. *A. Andreades* Gesch. der griech. Staatswirtschaft 1, 1931. *C.D. Sterghiopoulos* Les finances grecques au Ve siècle, 1949. *Rostovtzeff* The soc. and econ. hist. of the hell. world 1941, s. Immunity (dt. Übers. 1956).

Atella (Nissen It. Ldk. 2,716. Beloch Campanien 379), mit Capua eng verbundene (Pol. 3, 118), osk. (Münzen s. Vetter HB nr. 200 A4) Stadt, seit ca. 313 v. Chr. (Mommsen CIL X p. 359) röm., fiel 216 zu Hannibal ab (Liv. 22,61,11) und wurde dafür hart gestraft (Pol. 9,45. Liv. 26,16,5. 34,6ff.). *Municipium* der *trib. Falerna* (Kubitschek Imp. Rom. trib. discr. 16) am Platz der j. Kirche S. Maria d'Atella bei Sant'Arpino s. Capua. Nach Serv. Verg. 27 Th. hörte Augustus hier im J. 29 v. Chr. die Vorlesung der Georgica durch Vergil und Maecenas. G.R.

Atellana fabula. Volkstümliche Posse oskischen Ursprungs (*Osci ludi*, Cic. fam. 7,1,3), so genannt nach der Stadt → Atella, weil sie dort entstand (Diom. Keil GrL 1,490,1f.) oder von dort – sicher in alter Zeit (gegen Anfang des 3. Jh. v. Chr.? [2],370f.) – nach Rom eingeführt wurde, wo sie sich später zu literar. Rang erhob. Von der volkstümlichen Form wissen wir sehr wenig, doch müssen wir auf sie bestimmte Elemente zurückführen, die die literar. A. von der Togata und der Palliata unterscheiden.

Die A. hatte sicher ursprünglich kultische Bestimmung; eine Aufführung in oskischer Sprache wurde in Rom zum Bestandteil des Rituals bestimmter, nicht sicher identifizierbarer *ludi*. In dieser Form erhielt sie sich mindestens bis zum Ende des 1. Jh. v. Chr. (Strab. 5,3,6; [1], 1915, 30ff.). Von improvisierenden röm. Schauspielern übernommen, natürlich in lat. Sprache, blieb die A. in den Händen von Dilettanten, die daher der sozialen Mißachtung der *histriones* entzogen waren (Liv. 7,2,12. Val. Max. 2,4,4; vgl. Fest. 217 M.; zur Aufführung durch *histriones* jedoch z. B. Tac. ann. 4,14,3). Sie stellte gewöhnlich plebeische oder bäuerliche Verhältnisse und Personen dar, war von einem oft karikierenden Realismus durchsetzt, mit auffallender Tendenz zum Obszönen (Quint. inst. 6,3,47) und suchte groteske Situationen auf (vgl. z.B. Pompon. *Maccus virgo, Hirnea Pappi*). Entsprechend ihrem ursprüngl. improvisierenden Charakter hatte sie nur eine begrenzte Ausdehnung (Fronto 34 N. *Novianae [et] Atellaniolae*) und eignete sich deshalb gut zur Verwendung als *exodium*, in einer dem Satyrspiel entsprechenden Funktion (Cic. fam. 9,16,7 u. s.). Die Schauspieler *(Atellani)* trugen Masken (Fest. a. O.); typisch für die A. war das Auftreten stereotyper Figuren, der *Oscae personae* (Diom. a. O. 20): bekannt sind *Maccus* (vgl. Μακκώ, μακκοάω), der *Stupidus* (sard. *makku* = Narr); *Bucco* (von *bucca*), der Mann mit den starken Kinnbacken (Fresser? vgl. Γνάθων), ebenso stupid wie Maccus (Apul. apol. 81; Plaut. Bacch. 1088); *Pappus* (von πάππος; Poll. 4,143), der alte Dummkopf (*senica* Pompon. 111 R.), zuweilen einfach *cascus* genannt, wie in der osk. A. *casnar* (das meint wohl Varro l.l. 7,29), ferner *maesius* genannt (oskisch, vielleicht = *natu maior;* G. Herbig Anz. für idg. Sprach- und Altertumskunde 37, 1917, 30); *Dossennus* (vgl. *dossum* für *dorsum* [daher der Bucklige]; Suffix vielleicht etr.), der Gelehrte der Truppe (Pompon. 75f. 109f. Sen. epist. 89,7), ein Vielfraß (Hor. epist. 2,1,173; vgl. Pompon. 27f.; genannt, wie es scheint, *manducus*, Varro l.l. 7,95 [s. den Apparat!]).

Die Namen *Pappus* und *Maccus* selbst zeigen die Beziehungen der A. in ihrer osk. Umgebung zu der griech. Kultur Unteritaliens (etwaiger etr. Einfluß nicht mit Sicherheit nachzuweisen). Wesentliche Analogien der A. zu den → Phlyakes sind evident; bezeichnend auch die komische Behandlung myth.-trag. Stoffe, für uns nur in der literar. A. nachweisbar (z.B. Pompon. *Agamemno suppositus;* Nov. *Phoenissae;* außerdem Porph. Hor. ars 221; zur sog. Rhinthonica F. Leo H 24, 1889, 83f.).

Die A., die direkten Einfluß auf die plaut. Komödie gehabt haben soll (vgl. jedoch [4],84ff.), begann ihr literar. Leben um 100 v. Chr., als die Palliata sich bereits erschöpft hatte und die Togata in einem fortgeschrittenen Stadium ihrer Entwicklung war, vielleicht durch Betonung jener Vorliebe für italisches und volkstümliches Milieu, die schon der Togata den Weg geöffnet hatte. Die A. stellte ein mehr plebeisches Milieu als diese dar und verwendete eine mehr von Vulgarismen gefärbte Sprache ([3],178). Aber im ganzen ist Stilisierung nach dem Vorbild der Palliata und der Togata unverkennbar in Sprache und Metrik (eine besondere Vorliebe hat die A. für den jamb. Septenar, Ter. Maur. 2394ff.; bemerkenswert in republikan. Zeit die spärliche Verwendung, wenn nicht geradezu das Fehlen der cantica [3],171,1); die Stoffe haben oft Verwandtschaft mit der früheren Komödie (der Titel *Augur* bei Pomponius, bei Afranius usw.; die Komödie der *ὅμοιοι* dargestellt in den *Macci gemini* des Pompon., in den *Duo Dossenni* und *Gemini* des Nov.; in Fällen wie den *Adelphi* und *Synephebi* des Pompon. hat man an eine Parodie von Palliaten gedacht. Es wird kein Zufall sein, daß sicher nachweisbare osk. Sprachbestandteile in der literar. A. fehlen (Karl Meister IF 26, 1909, 87) und der Erfinder der Gattung, → Pomponius, nicht ein Campanier, sondern ein Bologneser ist (Vell. 2,9,6), neben dem auch → Novius einen Ruf hatte. Es scheint, daß Sulla Atellanen gedichtet hat (Nic. Dam. FGrH 2,90 frg. 75; Wilam., GGA 159. 1897, 510); zweifelhaft der Name eines gewissen Aprissius (Varro l.l. 6,68). Wahrscheinlich in den 1. Jahrzehnten des Kaiserreichs → Mummius *post Novium et Pomponium diu iacentem* (sicher durch die siegreiche Konkurrenz des Mimus; vgl. Cic. fam. 9,16,7) *artem Atellaniam suscitavit* (Macr. Sat. 1,10,3); aber in jener Zeit wurde die A. auch durch den Einfluß des Mimus spürbar verändert (vgl. Suet. Nero 39: ein griech.-lat. canticum, begleitet von starker Gestikulation). Sc. M.

Frg.: CRF^3 267ff. *P. Frassinetti* Fabularum Atell. frgm., Aug. Taur. 1955. Lit.: 1. *F. Marx* RE II 1914ff. 2. *F. Leo* Gesch. der röm. Lit. 1,370ff. 3. *Ders.* H 49, 1914, 169ff. (Ausgew. kl. Schr. 1, 257ff.). 4. *P. Frassinetti* F. A., Genova 1953.

Ater dies. In historischer Zeit als »unheilvoller Tag« verstanden. Die aitiolog. Erklärungen gehen auf Verrius Flaccus zurück: Da vor der Schlacht an der Allia die Opfer einen Tag nach den Iden vollzogen worden waren und weil man sich auch an andere Niederlagen erinnert habe, die nach an Nachtagen vollzogenen Opfern eingetreten seien, seien alle Tage nach Kal., Nonen und Iden durch Senatsbeschluß zu a.d. erklärt worden. Sie gehören also zu den → religiosi dies. – Da offenbar ursprüngl. nur die Tage nach den Iden a.d. genannt wurden, meint man jetzt, der Tag nach den Iden, d.h. nach Vollmond, sei als Beginn der dunklen Nacht *ater* genannt worden ([1],215 f.), oder man nahm eine unbekannte Bedeutung von *ater* an und erklärte a.d. als »Tag danach, folgender Tag« ([3],624. [4],1922f.). W. E.

1. *Wackernagel* ARW 22, 1923/24, 215f. = Kl.Schr. 2,1298f. 2. *Bömer* Ov. Fasten 1,38. 3. *Gruppe*, H 15, 1880, 624. 4. *Wissowa* RE II 1922f. 5. *Mommsen* CIL I^2 S. 296. 6. *Wissowa* Rel. ^{2}444.

Aternius, patrizischer Gentilname, früh erloschen (zu Herkunft u. inschriftl. Zeugnissen s. Schulze Eigenn. 269). A. A. Varus Fontinalis, Consul 454, erließ ein Gesetz über Strafen (Lex Aternia Tarpeia, RE Suppl. VI 544). Zu der umstrittenen Stelle Liv. 3,65,1 (Cooptation zum Volkstribunen im J. 448) s. RE II 1923. Broughton Mag. 1, 50. H. G. G.

Aternus (Nissen It. Ldk. 1,339). Mittelital. Fluß, der von seiner Quelle im Gransasso bis zur Mündung bei Ostia Aterni 152 km durchfließt; an der Adriaküste scheidet er Vestiner und Marruciner (Strab. 241). Von dort bis zur Tibermündung mißt Plin. nat. 3,44 eine Entfernung von 136 mp, was nach den Straßenlängen in 146 zu korrigieren ist. Im MA Piscarius, j. Pescara. G. R.

Atesis (Plin. nat. 3,121. Strab. 207 Ἀτησῖνος), j. Etsch (Nissen It. Ldk. 1,192 f.). Der Lauf ging früher bei Albaredo s.ö. Veronas in ö. Richtung an Este vorbei, das seinen Namen von der Lage am A. erhielt (Atēsis: Atestē); ant. Flußbett zwischen Montagnana und Saletto noch kenntlich. Änderung des Laufes vielleicht durch Flut des J. 589 n. Chr. (Paul. Diac. hist. Lang. 3,23). G. R.

Ateste (Nissen It. Ldk. 2,217). Alte venet. (Ptol. 3,1,30 Ἀτεστέ; Ton auf dem Suffix begründet Quantitätsunterschied gegenüber Atēsis) Stadt am S.-Rand der Euganeischen Hügel, j. Este, im Alt. am Ufer des Atesis. Gehörte zur trib. Romilia (Kubitschek Imp. Rom. trib. discr. 107), erhielt Zuzug durch augusteische Veteranen (Mommsen CIL V p. 240) und Rang einer *colonia* (Plin. nat. 3, 130). Liegt an der Straße von Bononia nach Aquileia 25 mp vor Padua (It. Ant. 281,6). Grenzsteine des *procos. L. Caecilius* aus dem J. 141 oder 116 v. Chr. gegenüber Padua (CIL I^2 633. 634. 2501) und des *procos. Sex. Atilius* aus dem J. 135 v. Chr. gegenüber Vicenza (CIL I^2 636). Seit den Grabungen Ghirardinis (NSA 1888, 3ff.) und Prosdocimis (NSA 1889, 200ff.) hat sich A. als eines der Zentren der venet. Kultur erwiesen; zu den Inschr. vgl. Conway PID 1,1ff. Krahe Das Venetische, SHAW 1950. Whatmough, CPh 29, 1934, 281ff. Vetter Gl 23, 1935, 187ff. Untermann Die venet. PN. 1961. Funde – seit dem 8. Jh. v. Chr. – bes. im Heiligtum der *Re.i.tiia* (Messerschmidt IGK 2,10ff.; zusammenfassend jetzt Pittioni RE Suppl. IX 303 ff.). G. R.

Athalaricus → Amalasuntha.

Athamania. Teilgebiet von Epeiros im Bergland des Pindos (»Die Athamanen sind der einzige Stamm, der für den thessalisch-epirotischen Pindos bezeugt ist« [Kirsten; s. u.]). Die A. wird erstmalig von Polyb. 16,27,4 u.ö. und Skymnos 614 (GGM I, p. 220) genannt, später von Strab. 9, 5,14. 22 und Steph. Byz. p. 33. Ihre Bewohner, die

Ἀθαμᾶνες (Polyb. 21,25,1.6 u.ö. Strab. 7,7,7. 9,4,17. Ptol. 3,13,7 u.a.), waren Mitglieder des epirotischen Bundes, jedoch illyrischer Herkunft (Steph. Byz. a.O. Treidler: Epirotische Völker im Altertum; Arch. f. Anthrop. 17, 1919, 103ff.). A. war von Natur mit Thessalien mehr verbunden als mit dem übrigen Epeiros. Von den Hauptorten A.'s ist Argithea bei Knisovo zu suchen, Chalkis mit Chaliki und Theudoria mit Theodoriana identisch. H.T.

H. Treidler Epirus im Altertum Stud. z. histor. Topogr. Diss. Lpz. 1917, 59 ff. *Philippson-Kirsten* II 1, 216. 218. 223.

Athamas (Ἀθάμας). Thessal.-boiot. Heros, König in Boiotien, Eponym der Athamanen, Gründer der phthiotischen Stadt Halos, die von der athamantischen Ebene umgeben war, Sohn des Aiolos (→ Nr. 1) und der Enarete. Seine göttliche Gemahlin Nephele gebiert ihm → Phrixos und → Helle. Von seiner menschlichen Gattin, der Kadmostochter → Ino, stammen Learchos und Melikertes. Hera machte A. und Ino wahnsinnig; A. tötete Learch, und Ino stürzte sich mit Melikertes ins Meer; beide wurden zu hilfreichen Meergottheiten: Leukothea und Palaimon. Nach anderer Darstellung ging die rasende Ino aus dem Hause und verbarg sich, bis A. sie für tot hielt und an ihrer Stelle Themisto heiratete. Von dieser hatte er schon 2 Kinder, als er erfuhr, daß Ino lebe und gesund sei, und sie als angebliche Magd in sein Haus bringen ließ. Diese gewann das Vertrauen der Themisto und erreichte durch eine List, daß sie, die ihre Stiefkinder umbringen wollte, ihre eigenen Kinder tötete. In der sophokleischen Tragödie A. rächt sich Nephele für ihre Zurücksetzung gegen Ino, indem sie eine Dürre ins Land sendet. Diese benutzt Ino zu dem Plan, Phrixos und Helle als Sühnopfer schlachten zu lassen. A. lockt sie unter einem Vorwande heran. Dafür straft Nephele ihn, indem sie ihn selbst, bekränzt wie ein Opfertier, zum Altar führen läßt. Da erscheint Herakles und rettet ihn. In der üblichen Sage rettet Nephele ihre Kinder durch den goldenen Widder, der sie nach Kolchis tragen soll. Der Nachhall eines der Sage zugrunde liegenden Brauches wirkte noch in historischer Zeit in Halos: Wenn ein Mitglied des Geschlechts der Athamantiden das Gemeindehaus betrat, so war er dem Opfertod verfallen: Hdt. 7,197. Ferner Apollod. 1,50.80.84. 3,4, 3,5f. Hyg. fab. 1.2.4.5; astr. 2,20. Ov. met. 4, 420ff. H. v. G.

Prell.-Rob. 2,42ff. *Roscher* Myth. Lex. 1, 669ff. *L. Radermacher* Mythos und Sage, 1938, 177ff. *Nilsson* GgrR I, 371.

Athanodoros. Von den verschiedenen Bildhauern dieses Namens ist der bedeutendste A. von Rhodos, Sohn des Agesandros, der um 100 v. Chr. mit → Agesandros und → Polydoros die berühmte Gruppe des Laokoon schuf. A. R.

HB Arch. III 1 (5. Lfg. 1950) 384 *(Lippold)*. Encicl. Arte Class. Or. I 881 *(Amorelli)*. Arch. Class. 10, 1958, 160ff. *(Jacopi)*.

Athanasios. Bischof von Alexandreia seit 8. Juni 328, * um 295, † 2. Mai 373. Schon als Diakon trat A. auf dem Concil von Nikaia 325 als Gegner des Arianismus hervor. Als Bischof wurde er der geistige Führer der Orthodoxie von Nikaia, mit der er zugleich die Rechte des alexandrinischen Metropolitanstuhles verfocht. Dessen oberste Autorität war in Äg. schon seit 306 durch die Anhänger des Bischofs Melitios von Lykopolis bedroht. Auch Areios hatte sich darauf berufen, daß die Presbyter in ihren Presbyterialkirchen unabhängig vom Metropoliten Gottesdienste halten dürften. Daher weigerte sich A., auch nachdem Areios seine in Nikaia verdammten Sätze widerrufen und die Aufhebung der Exkommunikation erreicht hatte, dem Befehl Kaiser Constantins zu gehorchen und Areios als Presbyter in Alexandreia wieder einzusetzen. Er rettete so zwar die bischöfliche Autorität, stand aber jetzt Constantins Willen, die Einheit der Kirche voll herzustellen, im Wege. Die Melitianer warfen A. eine im Streit mit dem unbotmäßigen Presbyter Ischyras vorgefallene Heiligtumsschändung vor, die Synode von Tyros setzte ihn ab, und der Kaiser verbannte ihn 335 nach Trier. Nach Constantins Tod kehrte A. 337 zurück. 339 erneut abgesetzt, floh er nach Rom. Die lat. Kirche stand auf seiner Seite, und der Westkaiser Constans bewog vermittelnd den Ostkaiser Constantius, 342 der Berufung eines Concils nach Serdica zuzustimmen. Da die Gegner des A. unter den Orientalen die Teilnahme an den Sitzungen verweigerten und abreisten, wurde die Rehabilitation des A. im O. zumeist nicht anerkannt. Erst 346 gestattete Constantius seine Rückkehr. Kaum war Constantius Alleinherrscher geworden, wurde A. wieder bekämpft. 356 mußte er zu den Mönchen in die Wüste fliehen. Kaiser Julian gestattete allen Bischöfen die Rückkehr, vertrieb aber A. noch im selben J. 362 aufs neue. Dieses 4. Exil war kurz, da Julian 363 fiel. Ein 5. Exil traf A. unter Valens 365/66. Im ganzen lebte er 17 J. in der Verbannung. Die Schriften des A. dienen der Bekämpfung des Arianismus, sowohl die dogmatischen (z. B. 3 Reden contra Arianos) wie die historischen (Parteischriften mit Urkundenmaterial, z. B. die 3 Apologien ad Constantium, contra Arianos und de fuga, die zahlreichen Briefe an Bischöfe und Kaiser) und die pastoralen (*ἐπιστολαὶ ἑορταστικαί*, mit denen er alljährlich der Gemeinde von Alexandreia Fastenbeginn und Osterdatum bekanntgab). Das Leben des Einsiedlers Antonios, von A. um 357 geschrieben (→ Acta sanctorum), fand noch im 4. Jh. in 2 lat. Übersetzungen Verbreitung, die eine anon. (ed. Hoppenbrouwers, Diss. Nijmegen 1960), die andere von Euagrios (Migne G 26). Manche Texte des A. sind nur in syrischer, armenischer oder koptischer Sprache erhalten; Liste der griech. in Lampe Patristic greek Lex., XIVf. O. H.

1. Ta.: *Hans Georg Opitz*, 1934ff. (erst 2 Bde). Migne

G 25–28. Epist. ad Epictetum: *Georg Ludwig*, Diss. Jena 1911. Epist. de decretis Nicaenae synodi: *Hans Georg Opitz*, 1935. De incarnatione: *Frank Leslie Cross*, 1939. Apol. ad Const., de fuga: *Jan M. Szymusiak*, 1958. 2. *Guido Müller* Lex. Athanasianum, 1944–1952. 3. *Eduard Schwartz* Gesammelte Schriften 3f., 1959–1960. 4. *Hans Georg Opitz* Unt. zur Überlieferung der Schriften des A., 1935. 5. *Hans Lietzmann* Geschichte der alten Kirche 3, ^{2}1953. 6. *Günther Gentz*, RAChr. 1,860–866. 7. Bibliogr.: *Altaner* 241–249.

Athena (Ἀθήνη, Ἀθηναία, Ἀθηνᾶ). Griech. Göttin, Tochter des Zeus (*Διὸς τέκος* Hom. Il. 1,202); der Sage nach mutterlos seinem Haupt entsprungen (Pind. O. 7,35ff. Eur. Ion 454ff.), verkörpert sie den Typus der männergleichen, mit physischer Kraft und geistiger Energie begabten kämpferischen Jungfrau (Virago): D. LEVI, AJA 49,1945, 298. Darauf weist das Appellativ *Παλλάς* (Il. 5,256; erst nachhom. verselbständigt: Bakchyl. 5,92. Hdt. 5,77), womit für die Griechen das dem Jüngling (*πάλλαξ*) adäquate, starke und edle junge Mädchen bezeichnet war (Strab. 17,816. WIL. GldH 1,231. A.J. VAN WINDEKENS, BN 5, 1954, 221. [8],29ff.). Es wurde bereits von K. VAHLERT Prädeismus und röm. Religion, 1935, 77f. und F. ALTHEIM Gesch. der lat. Sprache, 1951, 22. 57, semasiol. in einen größeren Rahmen innerhalb antiker Kultur- und Religionsgeschichte gestellt. Der weitergehende Versuch von F. FOCKE, Saec. 4, 1953, 405ff., im Hinblick auf die idg. und außeridg. Verwandten lat. *paelex*, griech. *παλλακίς*, ap. *pairikā*, hebr. *pillegeš*, drav. *paḷagu* (H. POKORNY, IF 39, 1921, 85ff. C. AUTRAN Phoinikes et Dravidiens 1, 1937, 22. 2, 1938, 14f.) eine in »indoatlantischer« Sprach- und Kulturschicht beheimatete bewaffnete Hierodulengöttin als Vorfahrin der hellen. Pallas zu erschließen, erscheint mit Rücksicht auf die von W. FAUTH, AMAW 1959, 8, 100ff., im Zusammenhang mit → Artemis aufgewiesene göttliche Amazone und Hierodule des vorderasiatisch-mediterranen Raumes beachtenswert. Nicht eindeutig bestimmbar ist das Verhältnis von *Παλλάς* zu *Ἀθήνη*. Die neuerdings wieder vorgetragene Ansicht, A. sei ein von der Stadt hergeleitetes Ortsappellativ, Pallas A. bedeute also »das Mädchen aus Athen« (S. LURIA, Minos 5, 1957, 46. R. GANSZYNIEC, Er 57, 1959, 56ff.), kann nur für die sekundäre Bildung *Παλλὰς Ἀθηναίη* (Il. 1,200) gelten, nicht für das primäre *Παλλὰς Ἀθήνη* (F. SOLMSEN Idg. Eigennamen, 1922, 75). Hier haben außer Solmsen noch P. KRETSCHMER Einleitung 418ff. Gl 27, 1939, 244f., A. DEBRUNNER, RLV 4, 1926, 522 und M.P. NILSSON ([7],490) den Vorrang der Göttin vor der pluralisch (dazu KRETSCHMER, GGA 1910, 74f. gegen O. HOFFMANN Die Makedonen, 1906, 250. S. aber FOCKE a.O. 398) nach ihr benannten Polis betont. Vgl. zum Problem der Priorität auch H. USENER Götternamen, 1948^3, 232. B. LOEWE Griech. theophore Ortsnamen, 1936, 45ff. Zudem sichern die Knossos-Tafeln mit dem Beleg *A-ta-na po-ti-ni-ja* (KN V 52.1. M. VENTRIS – J. CHADWICK, JHS 73, 1953, 95. S. jedoch CHADWICK, Minos 5,117) für die mittelmykenische Periode (ab 1500 v. Chr.) die gemeinhellen. Verehrung einer »mächtigen Herrin A.« (vgl. Il. 6,305), deren Zentrum und Ausgangspunkt das damals recht unbedeutende Athen schwerlich gewesen sein kann ([12],38). In dieser kämpferischen Potnia des myken. Kriegeradels dürften idg. und mittelmeer. Vorstellungen vermischt sein. Zu den ersteren wird man die dem »hochdonnernden« Himmelsvater entsprossene (*ὀβριμοπάτρη* Il. 5,747), echtbürtige Tochter (→ *Τριτογένεια* Il. 4,515. KRETSCHMER, Gl 10, 1920, 38ff. FOCKE a.O. 403), die von ihm bevorzugte und ihm allein gehorsame helläugige (*γλαυκῶπις* Il. 1,206) Schildjungfrau rechnen, aber auch die gewaltige Streitwagenlenkerin (Il. 5,835ff.) und Herrin der Pferde (N. YALOURIS, MH 7, 1950, 19ff. [8],46f.), welche die Aigis, die Blitzwaffe des Gewitterherrn Zeus, schwingend unter den erobernden achäischen Heerkönigen zur Schlacht auszog (Il. 2,445ff.), ihre Scharen antrieb (*λαοσσόος* Il. 13,128), ihre Einzelkämpfer schirmte und ihnen die Beute sicherte (*ἀγελείη* Il. 4,128). Sie thronte als *ἐρυσίπτολις* (Il. 6,305) und *πολιάς* (Hdt. 5,82), ob zu Mykenai ([7],473ff.) oder Athen (Od. 8,81), auf den von Ringmauern umgebenen Burgen und Herrensitzen dieser Fürsten ([3],958. [4], 12f. [6],46f.), ein so wichtiges Faktum, daß es von Homer auf das achäerfeindliche Troia abgespiegelt wurde (Il. 6,297ff. NILSSON, ARW 22, 1923/24, 371f.). Allerdings scheint hier, ähnlich wie bei der A. *Ἀλέα* (Paus. 2,17,7. G. FOUGÈRES, BCH 16, 1892, 573f.), der A. *Ἰτωνία* (Iodama: Paus. 9,34,2. [8],27) und der A. *Ἀλαλκομενηίς* (Il. 4,8. A.J. REINACH, RHR 60, 1909, 182ff.), die wehrhafte Potnia der myken. Griechen in die Position einer unkriegerischen ägäischen Polias eingerückt zu sein (vgl. WILAM. a.O. 1,230f. NILSSON GgrR^2 1, 434), deren (wohl waffenloses) Sitzbild einen Peplos, die Gabe kunstfertiger Frauenhände, empfing (vgl. REINACH, RHR 61, 1910, 198ff. W.F.J. KNIGHT, CPh 25, 1930, 363f.). Diese unter dem Namen der A. zusammengefaßte Wesensdivergenz setzte sich latent bis in die klassische Zeit Athens fort: neben der von Pheidias geschaffenen Goldelfenbeinstatue der bewaffneten A. *Παρθένος* behauptete sich das alte Olivenholzxoanon der sitzenden A. *Πολιάς* (Paus. 1,26,6. A. FRICKENHAUS, AM 33, 1908, 17ff. E. BUSCHOR, AM 47, 1922, 96), einer Schützerin bäuerlich-handwerklicher Kultur, das an den Plynterien das rituelle Bad erhielt, an den Panathenäen feierlich mit dem Peplos bekleidet wurde ([9],6ff. 16ff. 26f. 28ff.). Daß allein die militante Ideologie der myken. Eindringlinge in Kreta die Metamorphose einer friedfertigen min. Haus- und Palastgöttin zur martial. Schildträgerin bewirkt habe, ist eine bekannte, aber einseitige Theorie NILSSONS ([4],16ff. [7],491ff.; GgrR ^{2}1,

345ff. Vgl. Levi a.O. 297f. [3],953). Denn einmal dürfte die machtvolle Bewohnerin der Akropolen, die schild- und speerführende Pallas, welche die Hand über jede Stadt hielt, die ihr vom Himmel herabgekommenes, also ursprüngl. baitylisches Miniaturidol, das Palladion (Hdt. 4,189. Pherek. frg. 179 Jac. Reinach, RHR 60,331f.), als kostbares Unterpfand der Sicherheit in Besitz hatte ([7],500f. Focke a.O. 402), im Sinne Fockes von der bewaffneten Hierodulengöttin Klein- und Vorderasiens (Ma-Enyo-Ištar) beeinflußt sein. Leider bleiben die bildlichen Zeugnisse für eine min.-myken. Schildgottheit des Palladion-Typus (J. Sieveking Myth. Lex. 3,1326ff. E. Gardner, JHS 13, 1893, 21ff. G. Rodenwaldt, AM 37, 1912, 129ff. E. Herkenrath, AJA 41, 1937, 411ff. [7],499) vereinzelt, ihre Interpretation umstritten (vgl. Levi a.O. 298f.). Die mit Schild und Schwert bewehrte Gottgestalt, die sich über dem Dreifuß der Mitra von Axos manifestiert, soll jedenfalls gegen die Ansicht von M. Guarducci, RIA 6, 1937, 7ff. PP 6, 1951, 338ff. (unter Berufung auf die Pithosscherbe von Arkades), nach D. Levi (a.O. 293ff.) und Ch. Picard (Stud. D.M. Robinson 1, 1951, 655ff.) nicht eine A., sondern den kleinasiatischen Löwen- → Apollon vorstellen. Denkmäler wie der Goldring und der Stuckpinax von Mykenai haben beim Palladion an das anthropomorphisierte Objekt einer fetischistischen Hoplolatrie denken lassen (Reinach, RHR 60, 319ff. 61,197ff. Ch. Blinkenberg, ANO 1920, 315ff. H. Kleinknecht, H 74, 1939, 310. Vgl. Picard Mana 2,1, 1948, 241f. [3],950ff. [7],406ff.). Doch von dem Palastnumen und der Schildgottheit abgesehen, gibt es noch anderweitige Anteile der mediterranen Religion an der Gestalt der A. Ihr Schlangenattribut, ihre Vogelepiphanien, die nicht selten in Beziehung zum Meer stehen (A. *Αἴθυια* A. Kiock, ARW 18, 1915, 127ff. C. Anti, MA 26, 1920, 269ff.), der im Eulen- und Olivensymbol möglicherweise noch nachklingende Konnex mit Baum- und Tierkult ([4],8ff. 14ff. [5],776ff. [7],496. Picard a.O. 242) lassen wesentliche Aspekte der großen weiblichen Gottheit des Mittelmeerraumes erkennen ([5],831; anders [3],953f.). Zu diesem Erbe gehört auch das Gorgoneion der Aigis ([5],837ff. [8],57ff.), mit dem zugleich die strahlenäugige Zeustochter ([6],59f.) ihrer überwundenen ägäischen Vorgängerin, der chthon. Medusa, etwas von der Vernichtungskraft des dämon. Blicks abgewonnen hat (*γοργῶπις* Soph. Ai. 450), der die lichte Klarheit ihrer olymp. Natur zuweilen trübt (Il. 1,200. Vgl. E. Fehrle, RVV 6, 1910, 189f. Focke a.O. 402f.); weiter die Wesenseinheit von *Μήτηρ* und *Παρθένος* ([8], 19ff. E. Kalinka, ARW 21, 1922, 31f.; Epitymbion H. Swoboda, 1927, 114ff. Yalouris a.O. 57. 58), wie sie in der Kurotrophos-Rolle der A. des Erechtheus-Mythos noch durchscheint (Il. 2,546f. Eur. Ion 269f. Fehrle a.O. 185f. 195f. Fauth a. O. 81ff. U. Pestalozza, RIL 89/90, 1956, 435ff. [2],37ff. [7],562f. [8],52ff.). Die lebenschützende Bergmutter hat der schutzverleihenden Burggöttin A. ihre Merkmale aufgeprägt ([7],500f. Autran Introduction à l'étude crit. du nom propre grec 2, o.J., 94ff.); die geflügelte Gorgo hat an der A. Alata (Anti a.O. 283ff. [7],496), die chthon. »Walterin« an der Kurotrophos und Schlangenherrin A. (Picard a.O. 78f. [7],496f. [8],23f.), welche gemeinsam mit den Kekropstöchtern Aglauros, Pandrosos und Herse ([5], 237ff.) über die vegetativen Korbmysterien des Drachenkindes Erechtheus (Arrhephorien [13],131ff.) wachte, ihre Spur hinterlassen; der wehrhaften *Παρθένος* und *Πότνια θηρῶν* schließlich mögen die A. *Ἀρεία* (Paus. 1,28,5. 8,27f.) und die A. *Ἱππία* (vgl. Levi Stud. Robinson 1,108ff. C. Milani, RIL 92, 1958, 621) manches verdanken. Ohne solche vielfachen Einflüsse sind Erscheinungen wie die elische A. *Μήτηρ* (Paus. 5,3,2. Fehrle a.O. 183f.), die korinth. A. Hellotis (Sch. Pind. O. 13,56. A. Lesky, WSt 46, 1928, 107ff. [8],50), die kret. A. *Ϝαδία* von Rhethymnos (Guarducci, RIA 6,12ff.), die berg- und tierbeherrschende A. Lindia auf Rhodos (Blinkenberg, ARW 28, 1930, 154ff. U. Bianchi, Epigraphica 19, 1957, 10ff.), die geburtshelfende A. *Αὔγη* zu Tegea (Paus. 8,47,2. 48,7. Fehrle a.O. 192ff.) und die chthon. A. *Γυγᾶ* (Lykophr. 1152. Hesych. s.v. van Windekens, G 65, 1958, 511f.) nicht erklärlich. Vgl. K. Lehmann-Hartleben, ARW 24, 1926, 19ff. Auch der Name *Ἀθήνη* gehört offenbar dem vorgriech. Erbteil an ([6],44. H. Krahe Die Indogermanisierung Griechenlands, 1949, 22). Das Element -*ήνη* verrät die Zugehörigkeit zur ägäischen Sprachschicht (Kretschmer, Gl 11, 1921, 277. H. Lamer, IF 48, 1930, 228ff. [7],489.491). Der Versuch Kretschmers, Gl 11,282ff., ihn mit *ἄττανον* »Gefäß« zusammenzubringen und eine prähellen. »Töpfergöttin« zu erschließen, überzeugt nicht (vgl. [8],32ff.). Einer von F. Bilabel, ZA 33, 1921, 154f., in einer lyd.-griech. Bilingue (Sardis VI 1,3) hergestellten Namensform *Ata(n)śis* (s. aber J. Friedrich Kleinasiat. Sprachdenkmäler, 1932, 120) zuliebe zogen H. Güntert Der ar. Weltkönig, 1923, 31 und J. Jongkees, Mn 6, 1938, 366, A. zu dem kleinasiat. Götternamen Ata-Attis. Auf die weitverbreitete Lallwurzel **at*- greift auch van Windekens zurück, wenn er der göttlichen Jungfrau (*Παλλάς*) in *Ἀθήνη* den sakr. Titel der »Mutter« zugesellt findet (Le Muséon 63, 1950, 99ff.; Le Pélasgique, 1952, 41.148). Dagegen hält Focke a.O. 404f. das anlaut. *ἀ* für prothetisch und gelangt zu einer Grundform **Tana* (in etr. *θanχvil*, *Tanaquil*. Vgl. *θne* = A. (?) auf der Bronzeleber von Piacenza: H.L. Stoltenberg Etr. Gottnamen, 1957, 20). Sie soll soviel wie »Göttin« bedeuten und dem maskul. *Tin(s)*, *Tinia* entsprechen. Eine andere Möglichkeit bietet die Ableitung von einem Element *ἀθ*-»Anhöhe, Fels« (L. Radermacher, BPhW 42, 1922, 202. Ganszyniec, Eos 50, 1959/60,

21 ff.), das wohl nicht idg. ist (s. jedoch W. Prellwitz, Gl 19, 1931, 105f.). Wilamowitz' Hinweis auf den Athos, das *Διὸς αἶπος* (Aischyl. Ag. 285) und seine Erklärung der A.-Geburt aus dem Haupt des Zeus als Aufstieg der ägäischen Höhengöttin aus ihrem Berg ([3],955ff.; GldH 1,121.229) bekommt Hintergrund, wenn man einerseits an die min. Felsenherrin → Diktynna-Britomartis, andererseits an die Schwangerschaft anatol. Berggottheiten in ḫurrit. Mythen denkt (Friedrich, JKF 2, 1952/53, 150ff.). Das urtümliche Motiv des Verschlingens der Metis durch Zeus (Hes. theog. 886ff. H. Jeanmaire, RA 48, 1956, 12ff. [5],656ff.) weist in die gleiche Richtung (Kumarbi-Kronos: [6],52. [8],18). Die geneal. Verknüpfung des idg. Himmels- und Wettergottes mit der altägäischen bewaffneten Berggöttin ([12],39. Vgl. Hymn. h. 28. [6],45) deutet eine Präponderanz des patriarchal. Prinzips gegenüber maternaler Urkraft (Hes. theog. 897f.) an: U. Pestalozza, Acme 3, 1950, 419ff. M. Marconi, Acme 6, 1953, 377. Der mit dem Metis-Begriff proklamierten Ausrichtung nach diesem Prinzip verdankte die Herrin von Urathen (Plat. Kritias 109c. W. Brandenstein Atlantis, 1951, 55ff.) ihr siegreiches Bestehen gegenüber Poseidon, dem Verdränger des chthon. Erechtheus und patriarch. Schutzpatron des feudalen Rittertums (Hdt. 8,55. [12],42f.). Kühle und Klarheit des Verstandes, Rat und praktische Hilfe, Eigenschaften, die nicht erst bei der Begleiterin des Dulders Odysseus, sondern schon bei der kraftvollen Kämpferin der Ilias auftreten, schlagen die Brücke zu dem Kompetenzbereich der *ἔργα* (Od. 2,116f.), der sie mit Hephaistos, dem Gott kunstreicher Invention und vielseitiger *τέχνη*, verbindet (Od. 6,232ff. Nilsson Greek Popular Religion, 1947^{2}, 88ff. [8],51. [12],43). Der *Ἀθηνᾶ Ἀθηνῶν μεδέουσα* nachhom. Zeit (F. v. Duhn, AM 46, 1921, 70ff. A. Rumpf, JDAI 51, 1936, 65ff.) fiel mit der Rolle der *Πρόμαχος* und *Πολιοῦχος* (vgl. Eur. Heraclid. 770ff.) immer mehr die Förderung handwerklichen Könnens und bürgerlichen Erfolgsstrebens zu (Nilsson, GgrR^{2} 1,437ff. [3],961ff.). Als Hephaisteia (Plat. a.O. 112b) und Ergane (Paus. 1,24,3. P. Perdrizet Mél. Perrot, 1903, 259ff. R. Schmidt Recueil S. A. Gebelev, 1924, 324ff. E. Langlotz Alkamenesprobleme, 1952, 9ff. [5],213ff.) hat sie den geistigen und wirtschaftlichen Aufstieg ihrer Stadt begleitet; ihr Symboltier, die Eule (E. Pottier, BCH 32, 1908, 529ff. E. M. Douglas, JHS 32, 1912, 174ff.), ist zum Wahrzeichen abendländischer Weisheit und Erfindungsgabe geworden. W. F.

1. *Th. Bergk* Opusc. Phil. 2, 1886, 635ff. 2. *E. Ermatinger* Die att. Autochthonensage, 1897. 3. *U. v. Wilamowitz*, SPrAW 1921, 950ff. (= Kl. Schr. 5,2, 1937, 36ff.). 4. *M.P. Nilsson*, Dansk, Vid. Selsk. 4,7, 1921. 5. *A.B. Cook* Zeus 3, 1940. 6. *W.F. Otto* Die Götter Griechenlands, 1947. 7. *Nilsson* Minoan-Mycenean Religion, 1950^{2}. 8. *K. Kerényi*, Albae Vigil. N.F. 12, 1952. 9. *C.J. Herington* A. Parthenos und A. Polias, 1955. 10. *H.G. Niemeyer* Promachos, 1958. 11. *S. Kauer* Die Geburt der A., 1959. 12. *J. Wiesner* Olympos, 1960. 13. *J.E. Harrison* Prolegomena, 1921/61^{3}, 300ff.

Athenagoras. Ein »chr. Philosoph aus Athen«, zählt zu den Apologeten. Um das Jahr 177 richtete er eine maßvolle »*Πρεσβεία περὶ χριστιανῶν*« an Marc Aurel und dessen Sohn Commodus, die im Unterschied zu anderen Apologien eine freundlichere Haltung zur griech. Geisteswelt einnimmt und auch Kenntnis derselben verrät. Vielleicht stammt von A. auch eine Schrift »*Περὶ ἀναστάσεως νεκρῶν*«. Kl. W.

Ausg., Übers. und Lit. bei *B. Altaner* Patrologie 1950^{2}, 85.99. J. *Quasten* Patrology 1950, 229ff. RAChr. I, 881ff.

Athenai, Topographie. I. Die Akropolis und ihre Abhänge. II. Die Agora und ihre Umgebung. III. Der Kerameikos. IV. Die römische Stadt. A., h. die Hauptstadt des Königreiches Griechenland, einst der Vorort der Landschaft Attika, liegt 5 km von der Küste des Saronischen Golfes landeinwärts, am SW.-Ende der att. Ebene. Der Parnes im NW., der Pentelikon im NO. und der Hymettos im SO. bilden die gebirgige Umgebung. Die Hügel und Erhebungen in und bei der Stadt bestimmten ihre Anlage und Ansiedlung: fast in der Mitte der Stadt das Kalksteinplateau der Akropolis (156 m), alles überragend im NO. der Anchesmos (Turkowunia, 338 m) mit seinem Ausläufer Lykabettos (277 m); im W. zieht sich, von S. nach N. abfallend, eine zusammenhängende Bergkette vom Musenhügel (Museion, 147 m), dem Gelände, auf dem die Pnyx liegt (110 m) bis zum Nymphenhügel (105 m), auf dem heute die Sternwarte steht; vor der Pnyx, von ihr durch einen Straßeneinschnitt getrennt, der Felsklotz des Areshügels (Areios Pagos 115 m), der das Agoragebiet im S. begrenzt; im SO., im Bereich der Hadrianischen Stadt, erhebt sich der Ardettos genannte Hügel bis zu 131 m, in eine Mulde seines sö. Abhanges schmiegte sich das Stadion. An seinem Fuß durchquert das Gebiet, vom Hymettos kommend, der Ilisos und vereinigt sich außerhalb der alten Stadt mit dem Kephisos; dieser entspringt in Pentelikon und Parnes, fließt w. an A. vorbei und mündet in der Bucht von Phaleron, nachdem der Eridanos, der vom Hymettos kommt, sich mit ihm vereinigt hat.

Als W. Judeichs Topographie von A. 1931 erschien, begannen die großen Ausgrabungen der American School of Classical Studies at Athens auf der Agora. Dadurch und durch die Fortsetzung der Kerameikos-Grabung am Dipylon – seit 1927 – sowie durch zahlreiche Beobachtungen und Einzelgrabungen im gesamten Stadtgebiet hat sich unsere Kenntnis der Topographie von A. so entscheidend vermehrt, daß hinsichtlich der Denkmälerkunde das Judeichsche Werk überholt ist, während es bes. hinsichtlich der Verarbeitung der ant. Schriftstellerzeugnisse seinen bleibenden Wert

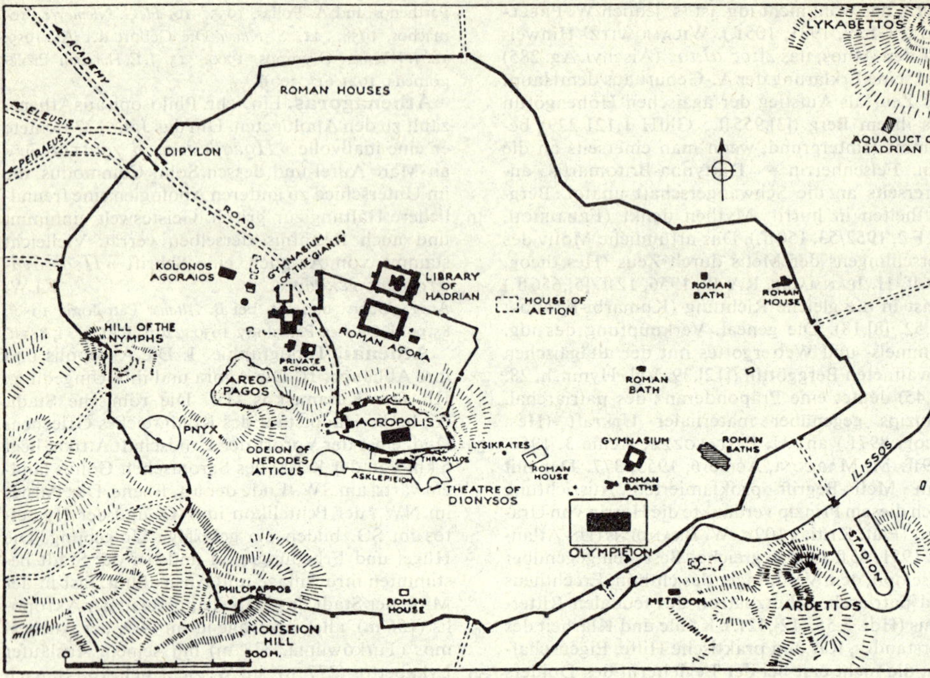

Stadtplan von Athen

(aus The Athenian Agora. A Guide. 1962)

besitzt. Die neuen Ergebnisse sind nunmehr verarbeitet in J.T. HILL The ancient city of Athens, London 1953, und in TRAVLOS *Πολεοδομικὴ ἐξέλιξις* (städtebauliche Entwicklung), Athen 1959.

I. Akropolis. Die Geschichte von A. beginnt mit der Besiedelung der Akropolis und ihrer Abhänge; von diesen ist der O.-Abhang wegen seines Steilabfalles zu allen Zeiten von Anlagen fast unberührt geblieben (KIRSTEN-KRAIKER Griechenlandkde, 1962, 49ff. mit Übersicht über das neuere Schrifttum, 824f. Gesamtplan: G.P. STEVENS Hesperia 15, 1946, danach: BERVE-GRUBEN Griech. Tempel und Heiligtümer, 1961, 168). An den übrigen Abhängen fanden sich Siedlungsspuren mit Scherben, aus denen die Existenz einer Urbevölkerung im späten Neolithicum, um 3000 v. Chr., hervorgeht (die Plätze eingetragen in die Karte The Athenian Agora, a guide, 1962, 18 fig. 2); am W.-Abhang häufen sie sich. Reste einer neolithischen Burg fanden sich nicht (MATZ Die Ägäis = Hb. der Archäol. 2,1,187). Besser orientiert sind wir über die Burg myken. Zeit. Am N.-Abhang des Areopags haben sich reich ausgestattete Kammergräber gefunden (A.B. WACE, BCH 70, 1946, 625ff.), offensichtlich Fürstengräber, die von den Herren der Burg nicht zu trennen sind, 14.–13. Jh. Der Verlauf der Burgmauer, die den Königssitz umgab, ist durch beträchtliche Reste auf allen Seiten gesichert (A. KÖSTER Das Pelargikon, 1909, Taf. IVb; KIRSTEN-KRAIKER Abb. 8). Die Mauer schmiegte sich eng dem Gelände an; sie besteht aus großen, fast unbehauenen, an Ort und Stelle gebrochenen Blöcken vom »Burgkalk«, ihre Bauweise ist die »kyklopische«. Das Haupttor lag, wie später die Propyläen, im W., zusätzlich geschützt durch das Pelargikon, eine dem gesamten Westabhang vorgelagerte und bis in die Mitte des S.-Abhanges reichende Mauer mit dem Enneapylon (Agora Guide fig. 2). Vor der O.-Cella des Erechtheions lagen Wohnhäuser, der Palast mit dem Megaron dort, wo später der »Alte Tempel« errichtet wurde. In der N.-Mauer sind 2 kleinere Nebenpforten nachweisbar, die w. führte zu den Grotten des N.-Abhanges und zur Klepshydra. Die Größe des umbauten Areals, 35000 qm, erweist die Burg von A. als eine der größten ihrer Zeit. Die Mächtigkeit der Mauern widerstand erfolgreich allen Stürmen der dor. Wanderung (K. SCHEFOLD Orient, Hellas und Rom, 1949, 61).

Von der Akropolis früharchaischer Zeit, 7. und 6. Jh., sind Mauern oder Gebäudereste nicht bekannt; daß solche vorhanden waren, geht aus den Dachterrakotten hervor (E. BUSCHOR Tondächer der Akropolis, 1929); es waren etwa 12–15 kleinere Gebäude, gewiß nicht Wohnhäuser, sondern Schatzhäuser oder Kultanlagen. Die Akropolis hat aufgehört, Herrensitz zu sein, sie verwandelte sich zur zentralen Kult- und Feststätte von A. Aus solonischer Zeit stammen Reste eines Triglyphenfrieses, Sima und Akroterien aus Marmor, sie lassen einen Tempel der dor. Ordnung erschließen, zu ihm gehörten auch 2 Porosgiebel, von denen beträchtliche Reste vorhanden sind. Die Lage dieses Tempels vor dem Erechtheion, über dem myken. Megaron, ist kaum zu bezweifeln. Die Peisistratiden ließen diesen Bau zwischen 530 und 520 umbauen und vergrößern; man umgab ihn mit einer Peristasis von 6x12 Säulen. Der Grundriß dieses Tempels ist vor dem Erechtheion erhalten geblieben. Zu ihm gehören die Marmorgiebel, im O. Gigantomachie, im W. eine Löwenkampfgruppe. Peisistratos hat mit der Erneuerung dieses Tempels und der Erbauung des Urparthenon zusammen mit dem Propylon im W. die gesamte Akropolis erneuert und ihr eine Gestalt gegeben, die Kimon und Perikles als Ausgangspunkt ihrer eigenen Erneuerung genommen haben (W. ZSCHIETZSCHMANN Peisistratos und die Akropolis, Klio 27, 1934, 209 ff.). Die Tempel haben zusammen mit den archaischen Marmorweihgeschenken den Aspekt der archaischen Akropolis bestimmt (SCHRADER-LANGLOTZ-SCHUCHHARDT Die arch. Bildw. der Akropolis, 1939. LANGLOTZ und SCHUCHHARDT Arch. Plastik der Akropolis, Frankfurt 1943).

Die Perser haben bei der Einnahme der Burg 480 alles zerstört. Themistokles baute zunächst, wie die Stadtmauer der Unterstadt, die Burgmauer wieder auf, indem er als Baumaterial das, was gerade zur Hand war, verwendete: die unfertigen Säulentrommeln des Vorparthenon, Quadern, Gebälkteile, Triglyphen und Metopen; diese Ausbesserungen sind noch heute in der N.-Mauer zu sehen (TSCHIRA Jb. d. Inst. 55, 1940, 242 ff.). Kimon zog eine neue S.-Mauer, er führte sie nunmehr in großen, geraden Linien, von der Burghöhe weiter nach S. gerückt. Die Hinterfüllung diente als Stützterrasse für den geplanten Parthenon. Damals entstand der sog. Perserschutt, in dem Bauteile und Skulpturenreste z. T. sorgfältig geschichtet unter die Erde kamen, so daß das der Göttin Geweihte ihr auch fernerhin verblieb. Die großzügige Erneuerung nahm auf der kimonischen Grundlage Perikles in die Hand; er begann mit dem Neubau des Parthenon (447–438): über dem dreistufigen Unterbau erhebt sich die Peristasis mit 8 zu 17 Säulen. Die der N.-Seite stehen jetzt wieder vollständig aufrecht; die genaue Anastylosis wurde ermöglicht durch die subtilen Beobachtungen von BALANOS Les Monuments de l'Acropole d'Athènes, 1939, hinsichtlich der Kurvaturen in Stylobat und Gebälk, der Säulen-Entasis und -Neigung, so daß jeder alte Stein heute wieder an seiner alten Stelle liegt. Pronaos und Opisthodom

sind prostyl gestaltet, indem je 6 Säulen vor jede Cellafront gesetzt wurden. Das Innere war dreischiffig und zweigeschossig; die bedeutsame Neuerung besteht darin, daß auch auf der Rückseite das Kultbild, die Athena Parthenos des Pheidias (F. BROMMER Athena Parthenos = Opus Nobile H. 2) umfassend, eine Säulenreihe steht. Der *Παρθενῶν* genannte Raum im W. war nur vom Opisthodom her zugängig, seine Decke trugen hohe ionische Säulen. Reichen Skulpturenschmuck trug das Äußere: 92 Metopen im umlaufenden Triglyphenfries, 160 m Relieffries, die panathenäische Prozession darstellend, an der Cellaaußenmauer unter der Kassettendecke, sowie 50 Marmorfiguren in den beiden Giebeln (F. BROMMER Die Giebel des Parthenon, 1959; DERS. Jb. d. Inst. 75, 1960, 37 ff.). Die Nähe der pheidiasischen Kunst ist im Skulpturenwerk deutlich, die Mitarbeit von Werkstattgenossen andererseits nicht zu übersehen (B. SCHWEITZER Jb. d. Inst. 53, 1938; 54, 1939; 55, 1940. W. SCHUCHHARDT Jb. d. Inst. 45, 1930, 218 ff. P. E. CORBETT The sculpture of the Parthenon, 1959). Große Akanthusakrotere standen über den Giebelspitzen und -ecken (H. GROPENGIESSER Die pflanzlichen Akrotere klassischer Tempel, Mainz 1961). Sie stehen stilistisch in ihrer bewegten Art in deutlichem Gegensatz zu den schlichteren Stirnziegeln (G. P. STEVENS The setting of the Parthenon, Hesperia Suppl. 7, 1940, 61 fig. 46). Eine Traufsima fehlt dem Bau, Löwenköpfe als Wasserspeier daher nur an den Giebelsimen. Als Baumeister sind Iktinos und Kallikrates überliefert. Die Umgebung des Parthenon mit dem Artemis Brauronia-Bezirk, der Chalkotheke und dem Bezirk des Zeus Polieus behandelt ausführlich G. P. STEVENS a. O. – Noch zu Lebzeiten des Perikles wurden 437–432 die Propyläen gebaut, als Baumeister ist Mnesikles überliefert (BUNDGAARD Mnesikles, 1957). Der Bau trat an die Stelle des peisistratischen Propylons, dessen Spuren noch sichtbar sind (BUNDGAARD S. 31 fig. 22): dieses schmiegte sich der Naturform des Felsens an, der Neubau aber gibt durch seine beherrschende Lage der gesamten Akropolis eine deutliche Richtung, insgesamt einen prostylen Charakter, der ein Wesensmerkmal der spätklassischen Baukunst in Athen darstellt. Die Baugruppe der Propyläen besteht aus dem überhöhten Mittelbau, niedrigere Flügelbauten, die im W. einen Hof bilden, flankieren die Mitte. Im N. liegt, als Breitraum mit 2 Fenstern die Pinakothek, im S. ein durch den Niketempel verkümmerter Flügel. Der Bau ist ein Torso geblieben (G. P. STEVENS The Periclean Entrance Court of the Acropolis 1936 = Hesperia 5, 443 ff.), unfertig in der Bearbeitung der Blöcke nicht ausgeführt die Seitenhallen im O., die, von der N.- bis zur S.-Mauer reichend, mit Konzentration auf den herausragenden Mittelbau die gesamte W.-Seite der Akropolis durch eine Säulenfront abschließen sollten (W. ZSCHIETZSCHMANN

Kunstgesch. der Griechen und Römer, ^{2}1957, Abb. S. 311). Der Aspekt des Äußeren wird durch die dor. Ordnung bestimmt, in der Halle des Mittelbaues jedoch tragen ionische Säulen die Kassettendecke. Verwendung dunklen Marmors gegenüber dem weißen Marmor vom Pentelikon, z.B. bei den Orthostaten der Mittelhalle, ist ein weiteres Kennzeichen der spätklassischen Baukunst. Das Erechtheion trat an die Stelle des Alten Tempels (Stevens u.a. The Erechtheum, 1927). Ohne Zweifel haben die alten Kultstätten die Besonderheiten des Grundrisses bestimmt. Er besteht aus dem Breitraum der O.-Halle (prostyl mit 6 Säulen), einem Mittelraum, der W.-Halle mit Eingang von N., aus der tiefräumigen N.-Halle; dieser ist entgegengesetzt die Korenhalle, wohl das Kekropsgrab überbauend. Im W. schloß das Pandroseion mit dem Ölbaum an. In der N.-Halle noch h. sichtbar die als Dreizackmal des Poseidon verehrte Felsformation. Die Ordnung des Baues ist, zierlich, fein und reich geschmückt, die ionische. Die Verwendung dunklen Steines als Hintergrund für die weißen Figuren des ionischen Frieses ist bemerkenswert. Der Versuch von W. Dörpfeld und H. Schleif (Erechtheion, 1944), einen urspr. Plan des Baues mit Verdoppelung des jetzt vorhandenen nach W. zu rekonstruieren, hat kaum Anerkennung gefunden. Sicherlich hat Perikles den Bau noch geplant, seine Ausführung (420 [?]–408) aber nicht mehr erlebt. – Als letzter der klassischen Tempel wurde der ionische Tempel auf dem Pyrgos im SW. der Propyläen, der Athena Nike geweiht, fertiggestellt: früh geplant und begonnen, wohl 447, aber spät erst vollendet. Es ist ein Amphiprostylos Tetrastylos mit Breitraumcella, daher mit Fenstern neben der Tür. Hinter der Ummauerung des klassischen Pyrgos sind beträchtliche Reste älterer Zeit, insbesondere ein Altar erhalten (G. Welter, AA 1939). Über den großen Statuensockel vor der Pinakothek – Wiederverwendung eines älteren Monuments durch Agrippa 27 v. Chr. – vgl. O. Walter Athen, Akropolis, 1929, 11 f. – Genau vor der Mitte der O.-Seite des Parthenon ließ, so daß bei geöffneten Türen das Bild der Parthenos in voller Größe sichtbar wurde, Augustus den der Göttin Roma und ihm geweihten Monopteros errichten; die Zierformen seiner ionischen Ordnung ahmen die des Erechtheions nach. Über die sonstigen vorhandenen oder überlieferten Einzelweihungen unterrichten die Arbeiten von G.P. Stevens 1936 und 1940. Plan mit dem Weg des Pausanias ebd. 1940, S. 2, fig. 1.

Von den Abhängen der Akropolis ist der im S. am dichtesten bebaut. Vom Lysikrates-Monument (RE Suppl. VIII s.v.) ist die Tripodenstraße zum Theater in Spuren nachweisbar (G. Welter, AM 47, 1922, Taf. 11, vgl. AA 1938, 33 ff.). Sie führte am Odeion, das Perikles 445 errichtete, vorüber; von diesem sind nur die Fundamentreste einer Erneuerung um 60 v. Chr. erhalten. Das Theater selbst, ein Bau des 4. Jh. mit zahlreichen Umbauten und Veränderungen bis in spätröm. Zeit steigt mit den Sitzreihen des Koilon von der Orchestra und von der in hadrian. Zeit mit einem Figurenfries geschmückten Skene (R. Herbig in Fiechter Ant. Theaterbauten, H. 5–7, 1935 f.) den Hang hinauf. Über dem Rande standen das Thrasyllosmonument von 319, ein choregisches Weihgeschenk, das Thrasykles 270 durch weitere Dreifüße bereicherte. Dicht am Bühnenhause lag der Tempel peisistratischer Zeit, ein einfacher Antenbau, s. davon der Neubau, ein Prostylos mit tiefer Vorhalle, in der Cella stand das Sitzbild des Gottes von Alkamenes. Es war die Kultstätte des Dionysos Eleuthereus, den Peisistratos nach Athen gebracht und an dessen Festen seitdem die att. Tragödien aufgeführt wurden. Die Fundamente des Nikias-Monumentes, eines tempelartigen Gebäudes von 320 v. Chr., dessen Bauteile im sog. Beulé-schen Tor am Fuße der Akropolispropyläen vermauert wurden, sind am O.-Ende der Eumenes-Stoa nachgewiesen. Diese selbst ist eine nach S. offene Wandelhalle von 163 m Länge, zweischiffig, die rückwärtige Wand bildet eine lange Reihe von Arkadennischen; nur diese stehen h. noch aufrecht. Die Stoa ist eine Stiftung des pergamenischen Königs Eumenes II. (197–159). Über dieser Halle liegt auf einer schmalen Terrasse das um 420 v. Chr. gegründete Asklepieion: in der Mitte der Tempel, ein Prostylos des 4. Jh., mit Altar, s. eine Halle röm. Zeit, w. davon das Propylon korinth. Ordnung, n. eine Liegehalle mit Brunnen, weitere Gebäude s. davon (BCH 73, 1949, 316 ff.). Für die Funde zahlreicher Weihreliefs mit Asklepiosdarstellung vgl. U. Hausmann Kunst und Heiltum 1948. Weiterhin Siedlungsreste verschiedener Zeiten: Praktika 1955, Ergon 1957 und 1959. Das Odeion, das Herodes Attikos um 160 n. Chr. in prunkvoller Architektur erbauen ließ, ist eine Anlage rein röm. Gepräges insofern, als das Halbrund des Zuschauerraumes mit der Orchestra und dem oberen Abschluß zusammen mit der hochgebauten Skene eine geschlossene bauliche Einheit bildet, auch darin, daß das Bühnenhaus nach außen eine selbständige Fassade besitzt. Auf den wiederhergestellten Sitzstufen finden 5000 Zuschauer neuzeitlicher Spiele ant. Tragödien Platz. Im S. des Odeion haben Grabungen in der Nähe des neugefundenen Nymphenheiligtums (Ergon 1957, 5) geometrische Gräber, archaische und klassische Häuser sowie Teile der peisistratischen Wasserleitung ergeben. Ein schöner Mosaikfußboden wurde unmittelbar vor der Odeionsfassade freigelegt (BCH 84, 1960, 622 ff.).

Zwischen Pnyx und W.-Abhang der Akropolis liegen nicht unbeträchtliche Reste der alten Stadt, bes. ö. der Straße, die von der Agora kommend den Areopag im W. umzog. Es sind Häuser des 6. Jh., später überbaut und verändert. Die hier zutage gekommene Brunnenanlage hielt Dörpfeld für die Enneakrunos. Hier lagen ferner das älteste Dionysosheiligtum, das Lenaion, sowie der Bezirk des ältesten Heilgottes, das Amyneion (Judeich 287ff. Hill 190ff.). Die Pnyx diente als Raum für die Volksversammlung, bis diese unter Lykurgos, um 330 v. Chr., in das Dionysostheater verlegt wurde. Sichtbar ist jetzt noch die große halbkreisförmige Stützmauer aus röm. Zeit sowie der aus dem Felsen geschnittene Stufenunterbau für das Bema. Ausgrabungsbericht H. A. Thompson und R. L. Scranton Hesperia 12, 1943, 269ff. Über Funde im Agoramuseum L. Talcott u. a. Small Objects from The Pnyx, 1956. Ein langer Raum mit Säulenhalle davor wird als Bezirk der Demeter Thesmophoros gedeutet. – Auf dem Musenhügel stehen heute noch die Reste des üppigen, an so auffälliger Stelle von den Athenern für den syrischen Verbannten und röm. Konsul Philopappos errichteten Mausoleums, ein Bau aus der Zeit Traians in korinth. Ordnung mit Reliefbildern; in halbrunder Nische das Sitzbild des Grabinhabers. Rekonstruktion: Kirsten-Kraiker, Taf. IV, Abb. 29.

II. Die Agora. Laufende Grabungsberichte und Verarbeitung der Ergebnisse in den Fundberichten der archäologischen Fachzeitschriften, vor allem in Hesperia 1ff., 1932ff. mit Suppl., endgültige Publikation: The Athenian Agora 1ff., 1953ff., dazu: Picture Books 1ff., 1958ff. The Athenian Agora, a Guide to the excavations and Museum, [2]1962, vgl. auch P. Schmitz Die Athenische Agora in: Der altsprachl. Unterr., Reihe IV, H. 4, 1961, 32ff. Die natürliche Begrenzung des Agorageländes ist im W. gegeben durch den Kolonos Agoraios mit dem Hephaisteion und im S. durch den Areopag, die ö. Grenze stellt jetzt die wieder aufgebaute Attalos-Stoa dar, im N. wird das Gebiet durch die Piraeusbahn abgeschnitten. Vor der Benutzung des Geländes als Staatsmarkt diente es als Begräbnisstätte, das beweisen die zahlreich verstreuten Gräber: spärlich Neolithisches, hauptsächlich am N.- und NW.-Abhange der Akropolis (Guide 142ff.), reichlichere Funde aus mittelhelladischer Zeit (2000–1500), jetzt auch an den Abhängen des Areopags. Eine zusammenhängende Folge von Funden beginnt mit sp.-hell. II, die Keramik der myken. Periode (1500–1100) ist von der in der Argolis gefundenen kaum zu unterscheiden. Das meiste stammt aus Gräbern, Kammergräbern am N.-Abhang des Areopags und am O.-Abhang des Kolonos Agoraios, 14. Jh. Die Bestattungen setzen sich in submyken. Zeit fort, es fanden sich auch noch protogeometr. und geometr. Gräber. Reste von Wohnhäusern sind jetzt nicht mehr selten, wenn auch das Ovalhaus am NW.-Abhang des Areopags inmitten von Gräbern eher eine Anlage für den Grabkult als ein Wohnhaus darstellt (Hesperia 2, 1933, 542ff.). Grundmauern von Privathäusern des 7. und 6. Jh. am S.-Rand der späteren Agora entstanden auf vorgeschichtl. Ablagerungen und werden bei der Be-

nutzung des Geländes als Agora beseitigt; sie erweisen aber die Besiedelung der Gegend im 7. und frühen 6. Jh. Die ältesten öffentlichen Gebäude, die gleichzeitig die Verwendung des Gebietes als Agora von A. darstellen, liegen am O.-Hang des Markthügels, hier also beginnt die Bebauung. Diese Gebäude stammen aus der Zeit Solons. Es sind heute weniger Reste erkennbar, als einst Gebäude vorhanden waren. Genannt sei das älteste Buleuterion, ein Haus, das wegen seiner Kleinheit eher als ein Verwaltungsgebäude denn als Versammlungsraum anzusprechen ist. – Mit Peisistratos und seiner Familie (566–510) erfährt das Gebiet eine weitere Ausgestaltung: am O.-Hang des Agorahügels befindet sich unter der späteren Tholos eine Art Peristylhaus mit unregelmäßigem Grundriß (Guide fig. 11), vielleicht eine Art städtischer Residenz des Tyrannen. Wenn das Brunnenhaus in der SO.-Ecke richtig als Enneakrunos gedeutet ist, wird erschlossen werden können, daß der freie Platz n. und n.w. davor bereits damals Agoragelände war. Der Dromos, d. i. der Weg der Panathenäischen Prozession (vgl. BCH 84, 1960, 625, fig. 1) überquerte die Agora und verließ sie an eben diesem Brunnenhaus. Ohne Zweifel gehen die sf. Vasenbilder von Brunnenhäusern auf die Errichtung der Enneakrunos im letzten Viertel des 6. Jh. v. Chr. zurück. Peisistratos, der Sohn des Hippias und Enkel des Peisistratos, errichtete in seinem Archontat 522/21 vor der späteren Zeushalle einen Peribolos mit Altar für die 12 Götter. Hier fand sich auch ein Basisblock mit der Inschrift *Λέαγρος ἀνέθηκεν Γλύκονος δώδεκα θεοῖσιν* sicherlich der durch die Lieblingsinschriften bekannte Leagros. Der ältere Apsidenbau unter dem Tempel des Apollon Patroos gehört gleichfalls in peisistratische Zeit, es ist der Vorgänger des späteren Tempels, errichtet vielleicht anstelle eines noch älteren Baues. Aus gleicher Zeit stammt auch der bescheidene Antentempel der Göttermutter unter dem späteren Metroon, Guide fig. 3. Das Eleusinion, am Dromos schon außerhalb der eigentlichen Agora gelegen, gehörte zu den berühmtesten Heiligtümern von A., wenn es auch erst im 5. Jh. seine endgültige Ausgestaltung erfuhr (Spezialplan Guide fig. 19), so gehen doch die ersten erkennbaren Anlagen in peisistratische Zeit zurück.

Die erste glanzvolle Ausgestaltung erfuhr die Agora durch Kleisthenes und im Zusammenhang mit seinen Reformen, ab 507 v. Chr. Es ist eine große Bautätigkeit zu beobachten, die sich unter Kimon und Perikles fortsetzt und bis ans E. des 5. Jh. reicht. Es sind Einrichtungen, die mit dem staatlichen Leben der att. Demokratie in Verbindung stehen. Das Agoragebiet wird durch Horossteine abgegrenzt; den großen Kanal datieren die Ausgräber in den Anfang des 5. Jh., er entwässerte damals das gesamte Gebiet und wurde h. in seine alte Funktion wiedereingesetzt. An der S.-Seite hat sich eine großzügige Terrassierung als notwendig erwiesen, Grundlage für die späteren Hallen an dieser Stelle (S.-Stoa I und II). Am W.-Ende erhebt sich die Heliaia, Sitz des berühmtesten Gerichtshofes, nach Abtragung von Privathäusern mehrfach verändert, aber im Kerne als großes Peristylhaus erhalten geblieben bis zum Einfall der Heruler 267 n. Chr.; nach der sullanischen Belagerung wurde sie wieder instand gesetzt. Das ältere Buleuterion gewinnt die Gestalt eines Versammlungsraumes mit Vorhalle. Die Errichtung von Gebäuden mit staatlichen Funktionen konzentriert sich auch in der Zeit des Kimon zunächst immer noch auf den O.-Abhang des Markthügels: um 465 wird die Tholos als Rundbau mit innerer Säulenstellung erbaut, Raum für die Speisung der Buleuten. Als erste der großen Säulenhallen wurde um 460 die Stoa Poikile (oder Stoa Peisianakteios) im N. errichtet. Wir wissen von ihr nur, was bei den Autoren steht (JUDEICH 336f.). Sie lag in der Nähe einer Halle, die wegen der hier aufgestellten Hermen *οἱ Ἑρμαῖ* hieß. Es sind die Hermen, die nachmals durch den »Hermenfrevel« am Vorabend der sizilischen Expedition des Alkibiades 415 berühmt geworden sind. Reste von beschädigten und im Altertum wiederhergestellten Hermenköpfen haben sich wiedergefunden! Beide Hallen werden im N. außerhalb des Grabungsgeländes, n. des Dromos, lokalisiert (Guide 64f.). Der Name Poikile stammt von den Gemälden des Polygnotos, des Mikon und des Panainos in ihrem Inneren. – Mit dem als Strategeion bezeichneten Gebäude beginnt die klassische Zeit der sich fortsetzenden Bebauung. Wichtig ist die Erneuerung des durch den Persereinfall zerstörten Zwölf-Götter-Altares an alter Stelle; an der Umfassungsmauer waren vermutlich 4 Dreifigurenreliefs angebracht: Hesperia 21, 1952, 47ff. U. HAUSMANN Griech.-Weihreliefs, 48. Standbilder der eponymen Heroen werden aufgestellt, ihre Sockelseite diente zur Anbringung von Inschriften und Bekanntmachungen (Guide fig. 12). In der SW.-Ecke entstand ein neues Brunnenhaus, für uns leider namenlos; es ist das größte in A.! Die S.-Seite erhält jetzt ihre monumentale Begrenzung durch die S.-Stoa I. Im NW. des Markthügels wird eine monumentale Anlage gebaut, eine große Halle mit breitem Mittelbau und vorspringenden Seitenflügeln, um 430 – es ist die Stoa Basileios, auch Halle des Zeus Eleutherios genannt; die Außenordnung ist dor., die innere ion.; in Manchem erinnert der Bau an die gleichzeitig entstandenen Propyläen des Mnesikles. Von den Akroterien sind Reste vorhanden, u. a. die fast lebensgroße Nike im Agoramuseum (Guide Taf. IX). An den Wänden befanden sich Gemälde des Euphranor, vor der Frontmitte ein großer Zeusaltar. Inmitten des Freiplatzes liegt h. das Fundament des großen Arestempels, der jedoch als ein spätklassischer Bau erst z. Z. des Augustus aus Acharnai hierher versetzt wurde; vgl.

H. THOMPSON Arch. Reports f. 1961/62, 3. Hoch die Agora überragend liegt am N.-Ende des Markthügels das Hephaisteion, das noch H. KOCH Stud. zum Theseustempel, Abh. Lpz. 47, 1955 mit seinem früheren Namen »Theseion« bezeichnet; die Identifizierung der Ausgräber als Tempel des Hephaistos gilt allgemein als gesichert (Guide 37ff.). Der Ansicht, der Tempel sei um 450 v. Chr. begonnen, unfertig liegengeblieben und erst um 430 fertiggestellt worden, widerspricht die Grundrißdisposition des Baues mit tiefer Vorhalle, Betonung der O.-Seite durch skulpierte Metopen usw.; es ist ein typisch spätklassischer Bau, den Propyläen etwa gleichzeitig. Das Eleusinion erhielt um die Mitte des 5. Jh. einen großen Tempel mit Eingang von S. Die Basis für die Stelen, auf denen die Sühne für die Verhöhnung der Demeter-Mysterien verzeichnet war, stand im O. des Tempels. Das kleine Propylon stammt aus dem 4. Jh. Erst in der 2. Hälfte des 4. Jh. nimmt die Bautätigkeit auf der Agora wieder zu, gewiß nicht ohne Zusammenhang mit der Wirksamkeit des Lykurgos (335–326). Ein großer Altar, wohl der des Zeus Agoraios (P. SCHMITZ Abb. 15) wird auf der freien Fläche vor der Mitte des Metroons errichtet, in der NO.-Ecke entstand als großes Peristylhaus ein weiteres Gerichtsgebäude (?), das bei der Erbauung der Attalos-Stoa abgetragen wurde. Eine Wasseruhr, die erste ihrer Art in Athen, (Guide fig. 23) fand vor der Heliaia Aufstellung. Mit dem Neubau des Apollon Patroos-Tempels erhält der N.-Teil der W.-Seite in einer fast geschlossenen Säulenfront einen monumentalen Abschluß. Der Tempel hat 4 Säulen zwischen Anten, eine tiefe Vorhalle, eine gedrungene Cella mit dem Kultbilde des Euphranor, sowie im N. eine Erweiterung der Cella, eine Art Adyton. Daneben entstand auch die winzige Kapelle des Zeus Phratrios und der Athena Phratria. – Während des 3. Jh. scheint die Bautätigkeit auf der Agora völlig ins Stocken geraten zu sein, erst im 2. Jh. belebt sie sich wieder zusehends (vgl. den Plan Guide fig. 5). Mit der Errichtung der S.-Stoa II und des ö. anschließenden Hauses, der davorliegenden Mittelstoa und, rechtwinklig zu ihr, der Attalos-Stoa trägt die Agora nunmehr ein echt hellenistisches Gepräge: allseitig umgeben den freien Platz Säulenhallen, die ihre Fronten dem Platze zuwenden; auch die Vielfalt der Einzelgebäude am Agorahügel wird durchgehend dadurch vereinfacht und zusammengeschlossen, daß ein Propylon zum Buleuterion neben die Metroonhalle gesetzt wird. Hinter dieser Halle sind 4 verschiedene Räume verborgen: in der Mitte der Metertempel selbst, beiderseits flankiert durch langgestreckte Räume (Staatsarchiv); die Halle umfaßt ferner noch das Peristylhaus, das sich n. anschließt. Die Reste des Buleuterions hinter dem Metroon wurden in der Art des Buleuterions von Milet ergänzt (Guide fig. 8. P. SCHMITZ Abb. 15). Um die Vereinheitlichung der

Agora-O.-Seite zu vollenden, erhält auch die Kapelle des Zeus Phratrios eine Vorhalle. Sicherlich entsprang diese Gesamtgestaltung einem einheitlichen Plan; ob er mit der Wirksamkeit der pergamenischen Könige Eumenes II. und Attalos II. in Verbindung zu bringen ist, bleibt ungewiß. Attalos II. hatte die große Stoa im O. errichten lassen, sie ist jetzt originalgetreu wieder aufgebaut und dient als Museum für die Agorafunde (The Stoa of Attalos II. at Athens, Picture Book 2, Princeton NJ, 1959). Die gärtnerischen Anlagen um das Hephaisteion sowie die große Halle n. davon entstanden in hellenistischer Zeit. In der Nähe des Heiligtums der Aphrodite Urania stand ein der Aphrodite und den Chariten geweihter Altar von 197/96.

Die frühröm. Zeit des späteren 1. Jh. v. Chr. bringt zunächst keine einschneidenden Veränderungen: die Tholos erhält ein Propylon, am N.-Abhang des Markthügels wird der Tempel der Aphrodite Urania, der aus dem 5. Jh. stammte, neu gebaut als ein Antentempel mit großer Freitreppe von N. her (Guide fig. 9); die Zeushalle erfährt wahrscheinlich schon jetzt eine eigentümliche Erweiterung durch 2 Räume in der Art von Antentempeln, nach W. zu in den Abhang des Agorahügels geschnitten, vielleicht eine Stätte für den Kaiserkult in A.; das Eleusinion wird im S. durch eine Stoa bereichert. Mit dem Aufbau des Arestempels jedoch wird ein folgenschwerer Weg beschritten: Bebauung des bisher freien Geländes mit großen Gebäuden. Dazu gehört auch der SW.-Tempel mit Achsenbildung an das Agrippeion, seine Fassade stammt vom Athenatempel von Sunion. Dazu gehört schließlich auch der bedeutendste Bau dieser Zeit: das Odeion des Agrippa, 15 v. Chr. erbaut; es hebt sich beherrschend hoch heraus, orthogonal zur S.- und O.-Seite. Damit hat die freie Fläche der Agora den größten Teil ihrer Funktion eingebüßt. Das Odeion war ein gedeckter Theaterraum mit Eingang von S. – Das 1. Jh. n. Chr. fügt dem hellenistischen Bilde der Agora charakteristisch röm. Elemente hinzu: die große Freitreppe, die den Weg zum Hephaisteion erst jetzt monumental ausbaut, in die SO.-Ecke wird als Prostylos Hexastylos ein Tempel unbekannter Bestimmung gebaut. Als sichtbarer Bogen entsteht ein kleines Tor an der s. Schmalseite der Attaloshalle, es führt in die Gasse, die durch diese Schmalseite und eine der Bibliothek des Pantainos vorgelagerte Halle gebildet wird. Auch diese Bibliothek wurde jetzt, unmittelbar am Dromos, als Peristylhaus erbaut; die erhaltene Bauinschrift unterrichtet über den Zweck des Gebäudes und seinen Stifter. – Naturgemäß hat auch die Hadrianische Zeit ihren Niederschlag auf der Agora gefunden. In seiner Zeit werden die Säulen im Inneren der Tholos beseitigt, die Decke erhält eine Kuppel; in der Nähe der Enneakrunos wird ein Nymphaion gebaut, eine verkleinerte Nachbildung

der Exedra des Herodes Attikos in Olympia (Guide fig. 18); die Heliaia wird teilweise restauriert, eine Säulenhalle begleitet von jetzt ab den Dromos auf dem Wege zum Eleusinion als Fortsetzung der Halle der Pantainos-Bibliothek. Mitte des 2. Jh. n. Chr. stürzte das Dach des Agrippeions ein, der gesamte Bau wurde erneuert, nunmehr mit Front nach N., und mit einer Fassade versehen (Rekonstruktion Guide Taf. V). Als Stütze der Eingangshalle dienten die schon längst bekannten Gigantenpfeiler. Dieses Odeion wurde durch den Herulereinfall endgültig zerstört. Die späteste Zeit der Agora vor dem Einzug des Christentums, das einzelne Kirchen in verschiedene Gebäude einbaute, ist in ihrer Bautätigkeit gekennzeichnet durch die Errichtung eines großen Gymnasions, das mit seinen vielen Einzelteilen das Gelände vom Agrippeion bis zur S.-Stoa überbaut (Guide fig. 14. W. Zschietzschmann Wettkampf- und Übungsstätten II Abb. 22); möglicherweise ist in diesem Gesamtkomplex die Universität von A. zu erkennen, sie wurde 529 n. Chr. geschlossen. Es ist möglich, daß auch das n.ö. von ihr liegende Gebäude zu ihr gehörte.

In der Zeit, in der man die urspr. freie Fläche der Agora, sonst nur Ehren- und Weihestandbildern sowie Altären vorbehalten, zu bebauen begann, wird, nicht weit von der griech. Agora entfernt, ein neuer Markt angelegt, der röm. Markt. Die Entstehung, gleichzeitig mit dem Agrippeion ist durch die Inschr. am Markttor im W. – nach 12 v. Chr. – gesichert; diese spricht von C. I. Caesar und Augustus und von der Weihung des Tores an Athena Archegetis (Judeich 371). Eine zweischiffige Halle umgibt den offenen Hof von 112 zu 96 m. Im O. liegt ein 2. Tor, ein Propylon ionischer Ordnung. Über die Vorgeschichte des Platzes ist nichts bekannt. Daß jedoch bereits vorher agoraartige Anlagen hier bestanden, läßt die Errichtung des Horologions des Andronikos von Kyrrhos in Makedonien, 37 v. Chr., erkennen; es ist ein Achteckbau mit 2 Eingangsfronten und einer hufeisenförmigen Apsis (Behälter für das Wasser der Uhr) auf der Rückseite. Der Bau ist bekannt als der Turm der Winde; die Reste s. von ihm werden als Agoranomion gedeutet. Dem neuen Markt benachbart, parallel zu ihm und mit fast gleichen Abmessungen liegt die Hadrians-Stoa, ein großer Hallenbezirk mit Pilasterfront und Propylon korinth. Ordnung nach W., mit offenem Hof und einem Bibliotheksraum mit Hörsälen an der Rückfront, erbaut um 130 n. Chr. Auch das langgestreckte Wasserbecken in der Mitte des Hofes gehört zum hadrianischen Bau, spätröm. umgebaut zu einer Dreikonchenanlage. Es scheint nicht unmöglich, diese Hadrians-Bibliothek mit dem von Paus. 1,18,9 erwähnten Gymnasion des Hadrian gleichzusetzen (vgl. W. Zschitzschmann Wettkampf- und Übungsstätten II 1961, 24 f. 71. 113 ff. Abb. 25).

III. Kerameikos. Der Dromos, der Weg der Panathenäischen Prozession, begann am Dipylon im NW. der Stadt; das Gebiet hieß im Altertum der Kerameikos; vgl. die Horossteine vor der Stadtmauer Judeich Taf. 23 b. Die Ausgrabungen an dieser Stelle, 1927 wieder aufgenommen, haben eine Fülle von Ergebnissen gebracht: Kerameikos Ergebnisse der Ausgrabungen I ff. 1939 ff. K. Kübler Das neue Bild der Antike 1, 1942, 35 ff. D. Ohly in Neue Deutsche Ausgrabungen, 1959, 249.

Hier liegt eine Strecke der Stadtmauer, die Themistokles baute und Konon erneuerte, ferner das stattliche Dipylon, das Heilige Tor, durch das die Prozessionen nach Eleusis die Stadt verließen; im Zwickel zwischen beiden Toren liegt das »Gymnasion am Dipylon«, identisch mit dem Pompeion (Rekonstruktion des Platzes Kirsten-Kraiker Abb. 39). Das Gebiet ist vor allem wichtig geworden wegen des großen Gräberfeldes, das h. noch sichtbar vor den Mauerteilen liegt (A. Brückner Friedhof am Eridanos, Kirsten-Kraiker 134 ff.) und wegen des durch Erforschung und sorgfältigste Beobachtungen wieder gewonnenen Gebietes der Nekropolen A.s, die im Gesamtgelände am Eridanos liegen und eine lückenlose Kontinuität von vorgesch. Zeit erkennen lassen; wenig Neolithisches, immerhin so viel, daß von der Existenz einer Siedlung des 3. Jt. gesprochen werden kann (K. Kübler a.O. Abb. 7), sodann: Mittelhelladisches; vor allem aber ist die ständige Benutzung des Gebietes als Gräberfeld mit dem Mykenischen beginnend über das Submykenische bis ins 6. und 5. Jh. hinein erweisbar, und damit ist der Nachweis erbracht, daß trotz aller offensichtlichen Gegensätze der Kunststile und auch der Bestattungssitten die Bevölkerung von A. in diesen Epochen immer die gleiche geblieben ist. – Themistokles erbaute nach dem Siege von Salamis die Mauer, die die Stadt rings umgab; er benutzte Bruchstücke der von den Persern zerstörten Grabdenkmäler als Baumaterial. Im 4. Jh. hat Konon die Mauer erneuert, auch er verwendete Grabdenkmäler in der gleichen Weise. Zu dieser Mauer gehört das Dipylon: 2 Mauerstrecken mit Türmen führen zu einem Tor mit doppeltem Durchgang; im Inneren eine Brunnenanlage. W. davon, eingebaut in den Zwikkel zwischen Dipylon und Heiligem Tor, entstand im 4. Jh. ein Gymnasion – offener Hof mit umliegenden Räumen –, es darf, trotz mancher Bedenken, als das Pompeion angesehen werden (W. Zschietzschmann Wettkampf- und Übungsstätten II 20 ff. 110. Abb. 21); es ist das Gebäude, an dem die Pompe, der Panathenäische Festzug, begann. Das Propylon mit einer Durchfahrt für Wagen bestätigt dies, es wurde neuerdings völlig freigelegt: BCH 84, 1960, 630 fig. 3. Das Pompeion wurde bei der sullan. Belagerung zerstört und erst unter Hadrian auf neuem Grundriß als dreischiffige Anlage neu errichtet (Judeich Abb. 46). Die Funde aus den neuen Grabungen werden in dem neu gebauten Kerameikos-Museum aufbewahrt. – Vom Dipylon führte eine 38 m breite Straße in gerader Linie zum Kolonos Hippios und zur Akademie (Situationsplan Kirsten-Kraiker Abb. 42, vgl. G 68, 1959, 213 Abb. 8). Ausgrabungen sind im Gange (Ergon 1958, 1959, 1961. Arch. Reports f. 1961: 2 S. 5). Sie haben u.a. Anlagen der frühen Bronzezeit (ca. 2300–2000) festgestellt, eine Nekropole des 8. und 7. Jh., dabei Gebäude und Opferaltäre, ein Heiliges Haus, ein winziges Tempelchen archaischer Zeit, Festungsanlagen des 6. Jh. (Kirsten-Kraiker 151 ff.).

IV. Die Römische Stadt; vgl. U. Kahrstedt Mitt. d. Inst. 1950, 52. Im Gebiet, das wir die Röm. oder Hadrian. Stadt nennen (Kirsten-Kraiker 105 ff.), ragen als bekannte Baureste hervor: Das Hadrianstor, das Olympieion und das Stadion; die Errichtung dieser Bauten fällt ins 2. Jh. n. Chr., als Hadrian an den einheitlichen Ausbau dieses Stadtteiles ging. Er errichtete, vielleicht an der Stelle einer älteren Anlage, als einen großen Ehrenbogen das Schmucktor und kennzeichnete durch eine Inschr. auf ihm die Grenze der Theseusstadt und der Hadriansstadt (Judeich 381). Das Gebiet selbst ist keineswegs erst in röm. Zeit bebaut oder besiedelt worden; abgesehen von den Anlagen, die nur in der Überlieferung erscheinen und hier lokalisiert werden müssen, sind bei neueren Grabungen vor der N.-Seite des Olympieionbezirkes Scherben mittel- und späthelladischer Zeit gefunden worden; Protogeometrisches und Geometrisches läßt auf Gräber schließen, diese reichen auch noch bis ins 6. Jh. Die Grabungsstelle, bei der auch mächtige Trommeln ionischer Ordnung, die zum älteren Olympieion gehörten, zutage kamen, liegt beim Propylon zum hadrianischen Olympieion. Hier fanden sich auch die Reste der themistokleischen Mauer mit dem Aigeus-Tor (BCH 84, 1960, 632 fig. 1 f.). In der Nähe Häuser des 5. und 4. Jh. mit einem Weihrelief an die Thesmophoroi Theai (ebd. Taf. XIII), ö. daneben röm. Bäder. Die große Peribolosmauer umfaßt den Bezirk des Zeus Olympios. Das Propylon im O.-Teil der N.-Mauer ist unverhältnismäßig klein (Wiederherstellung BCH 1960, 636 fig. 5). Der Tempel selbst, das Olympieion, wurde erst unter Hadrian (129–132) als Dipteros korinth. Ordnung mit 8 zu 20 Säulen im äußeren Kranz fertiggestellt, nachdem der Versuch des syrischen Königs Antiochos IV. Epiphanes (175–164), den peisistratischen Bau zu erneuern, fehlgeschlagen war. Peisistratos (oder einer seiner Söhne) hatte den Bau begonnen, es sollte ein riesenhafter Dipteros in der Art der ionischen Tempel in Kleinasien und auf Samos werden. Er ist nie vollendet worden (G. Welter AM 37, 1922, 61 ff. 38, 1923, 182 ff.). – Das Stadion lag jenseits des Ilisos, am Ardettos. Die 1. Anlage besorgte Lykurgos um 330 (Judeich 417 ff.), aber erst Herodes Attikos hat ihm seine endgültige Gestalt gegeben mit der leichten Krümmung der Laufbahn-Langseiten und der Sphendone an ihrem Ende, alles aus pentelischem Marmor; auch der Tunnel in der SW.-Ecke stammt aus dieser Zeit. Reste eines Tycheheiligtums liegen auf dem Ardettoshügel, auch eine Grabanlage, möglicherweise das von Philostrat (Vit. soph. 2,1,15. JUDEICH 419) bezeugte Grabmal des Herodes Attikos (W. ZSCHIETZSCHMANN Wettkampf- und Übungsstätten I 64 Abb. 16: Ansicht des in neuerer Zeit wiederaufgebauten Stadions).

V. Stadtmauern. A. ist dreimal mehr oder weniger gründlich zerstört worden: durch den Einfall der Perser 480/79, durch Sulla 86 und durch die Heruler 267 n. Chr. Die 1. und die letzte Zerstörung haben jeweils einen neuen Mauerbau veranlaßt. Nach dem Persereinfall erbaute Themistokles rasch, aber großzügig, das gesamte Gebiet der Innenstadt umfassend, eine Mauer (über eine ältere Mauer JUDEICH 120ff.). Wir kennen sie von der N.-Mauer der Akropolis, eine zusammenhängende Strecke im Bereiche des Dipylon, sowie Einzelstrecken u. a. beim Olympieion (s. o.) und in der Nähe des jetzigen Syntagmaplatzes (Eph. Arch. 1958, vgl. G 68, 1961, 209f. Abb. 7). Die Bedrohung der Stadt durch Philipp von Makedonien nach der Schlacht von Chaironeia veranlaßte Konon zur Wiederherstellung dieser älteren Mauer (s. o.; neueste Freilegungen am Dipylon BCH 84, 1960, 625 fig. 1 und 2). Wie die themistokleische und die kononische Mauer bestand auch die »valerianische« (über ihren Verlauf vgl. den Plan und JUDEICH Plan IV) aus Spolien abgerissener oder zerstörter Gebäude. Den partiellen Abbruch der Attalos-Stoa und ihre Einbeziehung in die Mauer mit Türmen konnte bei der Agoragrabung gut beobachtet werden (Guide 86f.). Die nach dem Herulereinfall errichtete Befestigung beschränkte sich auf das Gebiet, das ö. der Agora lag und den röm. Markt sowie die Akropolis umfaßte, zu ihr gehörte auch das sog. Beulésche Tor. Die frühere Benennung als Valerianische Mauer, mehrfach angezweifelt, trifft zeitlich nicht genau zu; man ist neuerdings der Meinung, daß die Errichtung erst nach 267 erfolgte (Guide 87; vgl. E. KUNZE VI. Olympia-Bericht 1958, 5). W. Z.

Athenaios (Ἀϑήναιος) **1.** Sohn des Perikleidas, Spartaner, wirkte am Waffenstillstand mit Athen 423 mit. Thuk. 4,119,2. 122,1. – **2.** Jüngster Sohn des Attalos I. von Pergamon (Strab. 13,624), half seinen Brüdern Eumenes II. und Attalos II. als Feldherr 189 gegen die Galater (Liv. 38,12,8), 188 zur See (38,40,3), 167 unter Aemilius Paullus (45, 27,6) und 154 gegen Prusias. Pol. 33,13,1 ff. Vor dem römischen Senat trat A. 183 gegen Philipp V. (Pol. 23,1,4. Liv. 39,46,9), 163 und 155 gegen Prusias auf. Pol. 31,1,2. 32,16,1. 33,1. A. gehörte zum Staatsrat. OGIS 315,46. Inschr. Ehren OGIS 296. 319,15. 321. M. HOLLEAUX Étud. d'épigraphie 2, 1938, 51 ff. H. V.

3. A., von Naukratis (Äg.), um 200 n. Chr.; Anf. 3. Jh. in Rom. Poikilograph, veröffentlichte wahrscheinlich nach Commodus' Tod (192; Verhöhnung des C. 12,537 f.) die *Δειπνοσοφισταί* (einziges erhaltenes Werk; Schrift über syr. Könige u. a. verloren). In dem antiquar.-literar. → Symposion übertrifft A. alle Vorgänger in Bezug auf Ausdehnung des Mahls und Umfang der präsentierten Gelehrsamkeit. A. berichtet einem Freund von dem Mahl, das sich bei dem röm. Ritter → Larensi(u)s, vermutlich einem Gönner und Freund des A., über Tage hinzieht, doch wahrt er die an Platon angelehnte Fiktion nicht durchgehend: in diesem »Lexikon in Form von Tischgesprächen«, einem der zitatenreichsten Werke der Antike, siegt oft der Zettelkasten über die kompositorischen Bemühungen. Auch der Versuch, die sehr verschiedenartigen Themen in Beziehung zum Mahl selbst zu setzen, gelingt nur z. T. Die Unterhaltung bestreiten, mit unterschiedlicher Beteiligung, ca. 30 Gelehrte, unter ihnen Ulpian (wohl nicht mit dem Juristen → Domit. Ulpianus identisch), der wegen seiner mit unvergleichlicher Pedanterie angebrachten Standardfrage *κεῖται; οὐ κεῖται*; den hübschen Beinamen Keitukeitos bekommt, oder der Arzt → Galen, zu dessen athenäischer Gestalt der berühmte Mediziner außer dem Namen wenig beigesteuert haben dürfte. Einer der Hauptunterredner ist der Kyniker Kynulkos; seine Kontroversen mit Ulpian, die Einfluß kynischer Symposien mit ihrem derb possenhaften Humor zeigen, sind fast das einzige belebende Element des zu sehr mit Wissensstoff überbürdeten Dialogs. Äußerst wichtig ist A. für die Kenntnis der Kulturgeschichte (das → Kottabosspiel ist aber trotz des von A. verwendeten Präsens zu seiner Zeit aus der Mode) und der Lit. bes. der alex. Zeit (Mittlere, Neue Komödie!), zumal er durchweg sehr sorgfältig zitiert. Viele Frg. kennen wir überhaupt nur durch A.; oft gibt er die beste Überlieferung. Immer wieder neu diskutiert wird die Frage nach seinen Quellen (alph. oder Sachgruppen-Lexika; → Didymos, → Pamphilos, → Tryphon, → Lexikographie). A. wird bis ins MA. viel benutzt: in den Homer-Komm. des Eustathios stehen ca. 2000 Zitate aus der A.-Epitome. Überliefert: unvollständig die von A. selbst hergestellte Fassung in 15 B. (nicht erhalt., kaum von A. stammende Ausg. in 30 B. bei gleichem Umfang aus buchhändl. Erwägungen? PAPENHOFF 1), vollständig eine Epitome (ihr erster Zeuge: Eustathios), die bei gleicher Bucheinteilung (15 B.) ca. 60% des Gesamttextes bietet (PAPENHOFF 1). Älteste Hs. der 15 bänd. Ausg. 10. Jh. J. W.

Deipnosoph.: Ausg. *G. Kaibel*, 1887–1890. Mit engl. Übersetzung *C. B. Gulick*, 1937–1941 Loeb (Text = Kaibel). Mit franz. Übers./Komm. zunächst B. 1.2 *A. M. Desrousseaux*, 1956 (dazu *Erbse* Gn 29, 1957, 290ff.). *H. Papenhoff* Zum Problem der Abhängigkeit der Epitome von der venez. Hs. des A., Diss. Gött. 1954 (Masch.). *H. Erbse* Untersuchungen zu den attiz. Lexika, 1950 (ADAW 1949, 2) 73ff.: De A-i codice Eustathiano. *L. Nyikos* A. quo consilio quibusque usus subsidiis Dipn. libros compos., 1941. *K. Mengis* Die schriftstell. Technik im Soph. des A., 1920. Zur Glaubwürdigkeit *K. Zepernick* Phil. 77, 1921, 311ff. – Syr. Könige: FGrH II B/D Nr. 166.

4. Rhetor des 2. Jh. v. Chr. unbekannter Herkunft, Konkurrent des Hermagoras. Von seiner Lehre sind nur noch Bruchstücke faßbar. Den Zweck der Rede sah er in der Überredung der Zuhörer. Er versuchte eine Neueinteilung der *στάσεις*, in die er offenbar auch die aristot. *γένη* einbezog. Eine große Rolle spielte bei ihm die Art des Vortrags (*ὑπόκρισις*). Seine Lehre beeinflußte Apollodoros von Pergamon und den jungen Cicero. H. Gä.

Christ-Schmid 2,307. *Susemihl* 2,487f. 696f. *Dieter Matthes* Hermagoras von Temnos, Lu. 3, 1959, 73–131.

5. A., dessen Zeitstellung unbestimmt ist, verfaßte eine Abhandlung über Belagerungsmaschinen (*Περὶ μηχανημάτων*). Sie geht auf Vorträge des Mechanikers Agesistratos zurück, des Lehrers des A. Die Schrift, die einem Römer gewidmet ist, der mit *ὦ σεμνότατε Μαρκέλλε* angeredet wird, erweist sich vor allem wegen der Ausführungen über die Entstehung der Kriegsmaschinen von Bedeutung. A. N.

Herausgegeben zuerst von *Thévenot* Veterum mathematic. opera, Paris 1693, dann von *C. Wescher* Poliorcétique des Grecs, Paris 1867, nach der Hs vom Athoskloster. 1912 erschienen als 3. Heft der von *R. Schneider* herausg. Poliorketiker in den Abh. d. Ges. d. Wiss. Gött. 12,5 mit deutscher Übers. Lpz. Stud. 17, 1896, 2, 275ff. *C. Cichorius* Röm. Stud., 1922, 271ff. *W. Sackur* Vitruv und die Poliorketiker usw. Berl. 1925. RhM 87, 1938, 304ff. *Bursian* 274, 1941, 59ff.

6. Aus Attalia, Arzt, Begründer der sog. pneumatischen Schule (Gal. 8,749 K.); er hörte bei dem berühmten Stoiker Poseidonios (Gal. De causis contentivis ed. Kalbfleisch, p. 8,3) und muß also im 1. Jh. v. Chr. gelebt haben [2]. A. besaß eine gründliche und umfassende Kenntnis der verschiedensten Philosophen ([1],10), aber entscheidend hat ihn und seine Schule doch die stoische Philosophie beeinflußt (Gal. 8,631.642 K.). Erhalten ist von ihm nichts, aber zahlreiche Nachrichten und Exzerpte geben ein ziemlich genaues Bild seiner Lehre ([1],131ff.): Das Pneuma durchwaltet den ganzen Körper, alle Krankheiten entstehen durch dieses (Ps. Gal. 14,699); Zentralorgan ist das Herz (Ps. Gal. 19,360,4f.). Die Therapie des A. basierte auf seiner Lehre von den 4 Grundqualitäten ([1], 143ff.) und war vor allem auf eine vernünftige Diät ausgerichtet ([1], 202ff.). Sein medizinisches Hauptwerk (Titel unbekannt) umfaßte mindestens 30 Bücher (Oreib. CMG VI 1,1 p. 11,20 Raeder) und war offenbar nach stoischer Art voll von Definitionen (Ps. Gal. 19,347,16). F. K.

1. *Max Wellmann* Die pneumat. Schule, PhU 14, Berl. 1895. 2. *Fridolf Kudlien* Poseid. und die Ärzteschule der Pneumatiker, H 1962.

Athenion (*Ἀθηνίων*) **1.** Sohn des athen. Peripatetikers Athenion und einer äg. Sklavin. Trotz dieser Herkunft wurde er athen. Bürger und durch philosophische Vorträge reich. Als Gesandter zu Mithradates VI. geschickt, forderte er zunächst brieflich als »Freund« (*φίλος*) des Königs Athen zum Anschluß an diesen auf und setzte ihn 88 bei seiner Rückkehr, die Poseidonios farbig schildert, durch. A. wurde zum *στρατηγὸς ἐπὶ τῶν ὅπλων* gewählt, gebärdete sich aber als Tyrann. Seine noch von H. A. Ormerod CAH 9, 1932, 244 angenommene Identität mit dem von App. Mithr. 28 bei der folgenden Belagerung Athens durch Sulla erwähnten Tyrannen Aristion ist schwerlich zu halten. FGrH 87, F 36. Bengtson GG² 497,2. – **2.** Kiliker, als Sklave Gutsverwalter über 200 Mann in der Gegend von Egesta und Lilybaeum, organisierte im w. Teil der Insel den zweiten sizilischen Sklavenaufstand (104–100). Er teilte die Aufständischen in Soldaten und Arbeiter ein, verstand sich auf Sterndeutung, wurde zum König gewählt und trug das Diadem. Trotzdem unterstellte er sich als Stratege dem Salvius Tryphon, der im ö. Sizilien die Sklavenerhebung leitete. Mit Salvius eroberte A. Triokala und hielt es trotz der Niederlage bei Skirthaia 103 gegen L. Licinius Lucullus. Nach dem Tode des Salvius übernahm A. die oberste Führung der Rebellen, besetzte Makella, überfiel Messana, wurde aber schließlich 101 von dem Konsul M'. Acilius im Zweikampf getötet. Diod. 33,5.7.10.36,5. Nach ihm wurden Aufrührer wie Fimbria und Sex. Clodius genannt. App. Mithr. 59. Cic. Verr. 2,2,136. 3,66,125; har. 26; Att. 2,12,2. J. Vogt Struktur der antiken Sklavenkriege, 1957, 23ff. H. V.

3. A., Gemmenschneider des 3. Jh. v. Chr. Von ihm signiert der Kameo mit Zeus im Gigantenkampf (ein Meisterwerk) und eine Glaspaste mit Viergespann. A. R.

Furtwängler Die ant. Gemmen, 3,158. Encicl. Arte Class. Or. I 881 *(Amorelli)*.

Athenis von Chios, Bildhauer des 6. Jh. v. Chr. Sohn des → Archermos, Bruder des → Bupalos, mit ihm von Hipponax (frg. 1 D.) angegriffen, wird stets mit seinem Bruder zusammen genannt. A. R.

Overbeck Die ant. Schriftquellen Nr. 314.315.318; AA 1936, 52ff. Encicl. Arte Class. Or. I 881 *(Marabini Moevs)*.

Athenodoros. 1. Athen. Söldnerführer (PA 1,280), mit dem Thrakerfürsten Berisades verschwägert. Als 357 Chares die thrak. Thronwirren in Athens Sinne durch Teilung des Landes beilegte, war A. beteiligt (Demosth. 23,170ff.). Nach Berisades Tod 356 unterstützte A. dessen Söhne und suchte dabei vielleicht nach 353 gegen Philipp II. v. Mak. Rückhalt bei Persien, auf dessen Seite er jedenfalls 334 stand; in diesem Jahr in Sardeis gefangengenommen, ließ ihn Alexander

d. Gr. auf Fürsprache Phokions frei (Plut. Phok. 18. H. Berve Alexanderreich II Nr. 27). Fr. Kie.

2. A. Kordylion aus Tarsos, Stoiker des 1. Jh. v. Chr., war zunächst Vorsteher der Bibliothek von Pergamon; er versuchte – so Diog. Laert. 7,34 – anstößig gewordene Stellen in den Werken älterer Stoiker zu unterdrücken, indem er sie wegschnitt. Im J. 70 gewann ihn der jüngere → M. Porcius Cato, seither lebte er in Rom als sein Hausphilosoph; vgl. Plut. Cato min. 10. 16. Strab. 14,5, 14. **3.** A., Sohn des Sandon aus dem Dorfe Kana bei Tarsos, von Strab. 14,5,14 ausdrücklich geschieden von A. Nr. 2. Cicero nennt ihn – wohl auch zum Zweck der Unterscheidung – A. Calvus, so Att. 16,11,4. 14,4; er verdankt dem A. eine Ausarbeitung – bellum *ὑπόμνημα* – über die Pflichtenlehre nach Poseidonios; hiervon hat Cicero bei der Abfassung von de officiis Gebrauch gemacht. Wahrscheinlich war A. ein Schüler des → Poseidonios. Er war, neben → Areios Didymos, Philosophielehrer des nachmaligen Kaisers Augustus; seiner Schwester Octavia war eine bei Plut. Poplic. 17 genannte Schrift zugeeignet. Auf ein Unterproblem seiner Pflichtenlehre geht Sen. tranq. an. 3,1–8 ausführlich ein: Soll der Weise Politik treiben? Weitere Nachklänge bei Sen. a.O. 7,2 und epist. 10,5, ferner Strab. 1,1,9. 3,12. 3,5.7. In hohem Alter kehrte A. nach Tarsos zurück und übernahm die Leitung seiner Heimatstadt, wozu Strab. 14,5,14 eine lustige Anekdote erzählt. H. D.

Frg.: FGrHist 746.

Ἀθληταί bezeichnet ursprünglich, ebenso wie *ἀγωνισταί*, Wettkämpfer um einen Preis in gymnischen, reiterlichen, musikalischen und anderen *ἀγῶνες*, später auf berufsmäßige, gymnastische Wettkämpfer beschränkt, Poll. 3,143f., findet sich mit dieser Bedeutung schon bei Xenophanes, frg. 2. Philostr. Gym. 4f. Der *ἀ.* betrieb Gymnastik um der Ehren und materiellen Vorteile willen und nicht wegen der körperlichen Ertüchtigung als Bestandteil eines Erziehungsprogramms oder wegen des Siegerruhms. Die Sieger, die Pindar besingt, sind angesehene Männer, die nur für die Ehre des Sieges kämpfen. Myron und Polykleitos haben den siegreichen *Ἀ.* als ein Idealbild von Grazie und Schönheit dargestellt. Durch die großen Ehrungen und Geldpreise wirkte der Kampfsport als besonderer Berufszweig anziehend auf viele Männer, meistens widmeten sich ihm aber nur Angehörige der unteren Schichten, Plat. Prot. 312B. Die Sieger wurden auf Wagen in ihre Heimatstadt geleitet, Diod. 13,82, ihnen zu Ehren wurden Hymnen gesungen, Statuen ihrem Andenken errichtet, Paus. 6,13,1; sie erhielten das Bürgerrecht und das Recht auf öffentlichen Unterhalt im Prytaneion, Plut. Arist. 27: in späterer Zeit wurde ihnen oft Steuerfreiheit gewährt. Solche Vergünstigungen wurden in Rom durch Augustus und seine Nachfolger beibehalten und erweitert, Suet. Aug. 45. Plin. ep. 10, 119. Cod. Iust. 10,53. Besonders dem Sieger in einem der vier großen Kampfspiele, den man *ἱερονίκης* nannte, wurden sie verliehen; wer aus allen vier als Sieger hervorging, hieß *περιοδονίκης*, aber diese Bezeichnung wurde leicht auch jemand gegeben, der viele Siege gewonnen hatte. In römischer Zeit schloß die Bezeichnung *periodos* die berühmtesten Kampfspiele in Rom selbst und in den großen Städten des ö. Mittelmeergebietes ein. Um diese Auszeichnung zu erringen, mußte man früh mit dem Training beginnen. Wer in den zahlreichen örtlichen Ausscheidungskämpfen Vielversprechendes leistete und darnach trachtete, *ἀ.* zu werden, unterwarf sich ins einzelne gehenden Verhaltungsmaßregeln in bezug auf Training, Diät, Massage und medizinische Vorschriften, die das gesamte Leben bestimmten – Schlaf, Üben, sexuelle Zurückhaltung, Plat. leg. 8,840a. Philostr. Gym. 52, – unter berufsmäßigen Trainern, *γυμνασταί* und *ἀλειπταί*, in *palaestrae*. Dort wurden sie für jede Kampfweise besonders geschult, für die schweren Kämpfe, wozu Boxen, Ringen und das Pankration gehörten, für die leichten, die eine Kombination von zwei oder mehr darstellten (Philostr. Gym. 3,31–36). Wichtig waren die Vorschriften über Art und Menge der Nahrungsaufnahme. Die schweren Gestalten, wie sie in den Skulpturen von Lysippos dargestellt sind, waren das Ergebnis einer ausgesprochenen Fleischdiät zur Steigerung des Gewichts und der Kräfte, von Übungen, die bestimmte Muskeln besonders ausbildeten, und von viel Schlaf, um den Anforderungen der Wettkämpfe gewachsen zu sein. Berufsmäßige *ἀ.* wurden von Philosophen und Schriftstellern ganz allgemein kritisiert, weil ihre fixe Idee gesundheitsschädigend sei und sie für den zivilen und militärischen Dienst untauglich mache. Hipp. Aph. 1,3. Plat. Ath. pol. 3,404A. 407B. 410ff. Eur. frg. 282 N. Dion. Chrys. 8,280ff. Im 2. Jh. n. Chr. erreichte diese Entwicklung ihren Höhepunkt; im Anfang des 3. Jh. beginnt der Verfall der Kampfspiele, denen Theodosius mit seinem Verbot der Panhellenischen Spiele den Gnadenstoß versetzte. Die *ἀ.* waren unter dem Patronat der röm. Kaiser in Gilden organisiert, *ξυστικαὶ καὶ θυμελικαὶ σύνοδοι*, wie die Vereinigungen der Dionysischen *τεχνῖται*. Die berühmteste hatte seit den Zeiten Traians ihren Sitz in Rom, IG XIV 1102–1110. 1054f. Diese geheiligte Gilde, deren Vorsitzender Hoherpriester genannt wurde und Oberaufseher der kaiserlichen Bäder war, besaß, ebenso wie andere ihresgleichen, viele Privilegien. Diese berufsmäßigen *ἀ.* verewigten ihre Siege innerhalb der ganzen mediterranen Welt in vielen Inschriften, IG XIV 1102–1104. CIG 3425. CIL VI 10054. O. W. R.

Ἆθλον. Der Preis des Siegers in einem Wettkampf, und zwar entweder ein Ehrenkranz wie bei den vier großen Kampfspielen (olympische: wilde Olive; pythische: Lorbeer vom Tempetal; isthmische und nemeische: wilde Sellerie), oder es waren Preise von materiellem Wert. Für die Wagenrennen stiftete Achill wertvolle Preise, Il. 23, 560. 798 ff. Bei vielen lokalen Kampfspielen erhielt der Sieger zweifellos beides. Die Preise bestanden aus Waren: Mänteln, Poll. 7,67, Schilden und anderen Rüstungsteilen, Pind. N. 10,22. Athen. 13, 609 f., Schiffen aus Bronze, Silber und Gold, IG XIV 862. Pind. I. 1,19; N. 9,50 f., Tongeschirren, die manchmal Olivenöl enthielten, IG II^2 2311. Bei musikalischen Wettkämpfen bestanden die Preise oft aus goldenen oder silbernen Kränzen von bestimmtem Wert, der bei den verschiedenen Kämpfen zwischen 1000 und 100 Drachmen variierte; IG II^2 2311. Schon um 500 v. Chr. sind Geldpreise bekannt, HN^2 63; in der kaiserlichen Zeit sind sie weitverbreitet, wie aus zahlreichen Inschriften hervorgeht, CIG II 2758 f.. Bei den vielen lokalen *ἀγῶνες* waren Landesprodukte als Preise üblich. O. W. R.

Ἀθλοθέτης entspricht im allgemeinen dem *ἀγωνοθέτης*, dem Veranstalter der Wettkämpfe, aber in einer Inschrift aus kaiserlicher Zeit in Sparta, IG V (l) 667 ist der *ἀ.* der Begründer der Spiele zum Unterschied vom *ἀγωνοθέτης*, und eine andere Inschrift aus der Zeit Nervas, ebenfalls aus Sparta, besagt, daß außer den *ἀγωνοθέται* *ἀ.* vorhanden waren, die die Siegespreise verliehen. In Athen war *ἀ.* der offizielle Titel eines Mannes aus einer Gruppe von 10 – einer von jeder Phyle –, die durch das Los bestimmt wurden und vier Jahre lang die panathenäischen Feste zu leiten hatten, Aristot. Ath. pol. 62,6. Schon 307/06 wurden sie von einem einzigen *ἀγωνοθέτης* abgelöst. O. W. R.

Athos (*Ἄθως*). Der Name ist sicher vorgriech., wahrscheinlich thrakisch, D. Detschew Die thrak. Sprachreste 8 ff. Der höchste Berg auf der östlichsten der drei chalkidischen Landzungen der Halbinsel Akte, die später fast durchweg Athos hieß. Die Athoshalbinsel ist über 45 km lang u. hat eine Gesamtfläche von etwa 321 qkm. Mit dem Festland ist sie nur durch eine niedrige und kaum 2 km breite Landenge verbunden. Den größten Teil der Halbinsel nimmt ein einziger mächtiger, mit üppigem Wald bewachsener Bergrücken ein, der im S. in dem prachtvoll sich erhebenden (1935 m) pyramidalen Gipfel A. endet. A. ist berühmt durch den Schiffbruch, den die pers. Flotte unter Mardonios 492 hier erlitt, ferner durch den Kanalbau des Xerxes (Hdt. 7,22–24. 37. 122). Ein ähnliches Unglück bei A. erlitt die spartan. Flotte unter Epikles 411 v. Chr. (Diod. 13,41,2 ff.). Die Bevölkerung bestand aus Pelasgern, Thrakern und Griechen. Die wichtigsten griech. Poleis, hauptsächlich von Chalkis u. Eretria gegründet, sind Kleonai, Dion, Akrothooi, Olophyxos u. a. Chr. D.

Almagia Encicl. Ital. 5, 1930, 200. *F. Papazoglu* Mak. gradowi u rimsko doba (serb.). Die Maked. Städte in röm. Zeit, s. Indic. Atos u. Athos.

Athribis. Metropole des 10. u. äg. Gaus an der Deltaspitze, j. kom el-atrib, mit dem falkengestaltigen Gott Horus Ḫntj-ḫtj, Geburtsort des »weisen« Amenophis. Unter den Assyrern war A. (Ḫatḫariba) selbständiges Fürstentum; in röm. Zeit galt A. als bedeutende Stadt (Amm. 22,16). Reste eines Tempels Ptolemaios' XI. und des Tiberius sind erhalten. W. H.

Athyras (*Ἀθύρας*). Küstenfluß, Ankerplatz und befestigter Ort Thrakiens w. von Byzantion (h. Kará-sú). Der Ort gleichen Namens lag nahe dem h. Büjük-Čekmedže, Strab. 7,331. Plin. nat. 4,46. Euphorion b. Steph. Byz. 35,23. Iustinian I. versah den Hafenplatz mit Cisternen und neuen Mauern (Prok. de aed. 4,8). Chr. D.

F. X. Schaffer Ldk. von Thrakien, Sarajevo 1918, s. v. Büjük-Tschekmedsché) und 58 (Kará-ssú). *Detschew* Die thrak. Sprachreste, 8.

Atidius (Attidius), selten belegter Eigenname (vgl. das Municipium Attidium in Umbrien, Schulze Eigenn. 558). **1.** Attidius, Senator vor dem 3. Mithridat. Krieg. App. Mithr. 90. Broughton Mag. 2,488. **2.** Attidius Cornelianus, *legatus Aug. pr. pr.* in Syrien vor 160 n. Chr. und bis 162, wurde von den Parthern um 161/62 geschlagen. H. A. Marc. 8,6. CIL III 129 u. ö. W. Görlitz Marc Aurel 73. **3.** A. Geminus, Statthalter in Griechenland *(praetor Achaiae)* unter Augustus, nach 29 v. Chr., auf dessen Entscheidung sich die Messenier 25 n. Chr. beriefen, Tac. ann. 4,43,3. H. G. G.

Atilius, plebeischer Gentilname, seit dem 5. Jh. v. Chr. nachweisbar und stark verbreitet, auch in Inschriften (z. T. aus Etrurien, vgl. Schulze Eigenn. 151), Nebenform *Ateilius*, gr. *Ἀτείλιος*, *Ἀτίλλιος*. Legendär ist ein M. A. unter Tarquinius Priscus (RE VIII A 802 f.). In der Republik sehr bedeutend und mit folgenden Familien hervortretend: Bulbi, Calatini, Reguli, Sarani (Serrani); im ausgehenden 3. und im 2. Jh. v. Chr. führten die Reguli → (Regulus), die als Ritter möglicherweise aus Campanien stammten und mit den Fabiern eng zusammenarbeiteten (Münzer Adelspart. 56 ff.), im 1. Jh. v. Chr. die Serrani, denen der jüngere Cato durch Heirat verbunden war (Münzer 331 ff., Stammbaum 333). In der Kaiserzeit sinkt die Bedeutung der Namensträger im öffentlichen Leben.

I. Republikanische Zeit: **1.** A., Palliatendichter, verfaßte einen »Weiberfeind« und übersetzte die Elektra des Soph. Wohl bald nach Ennius. Schanz-Hos. 1,161 f. Wohl nicht identisch mit dem Terenz-Schauspieler L. A. Praenestinus. **2.** A.; für ihn setzt sich Cic. fam. 13,62 (51 v. Chr.); Att. 5,12. 19,1 ein. **3.** A., Jugendlicher, der wegen seines Reichtums zu den Proskribierten des J. 43 gehörte. **4.** C. A. gehörte zusammen mit M. A. im J. 216 zu den *II viri* zur Einweihung des Concordia-Tempels, Liv. 23,21,7. **5.** L. A., Volkstribun 311, brachte die Lex Atilia Marcia (RE XII 2330 f.) über die Wahl von Kriegstribunen durch das Volk durch. **6.** L. A., Quaestor, fiel bei Cannae, Liv.22,49,16. **7.** L.A., war als *praefectus* Kommandant von Locri 215, Liv.24,1,9. **8.** L.A., Volkstribun 210 v.Chr., brachte ein Plebiszit über die Campaner durch (RE XII 2330. BROUGHTON Mag.2,641). **9.** L.A., Praetor in Sardinia 197. **10.** M.A., Senator, der nach Val.Max.3,2,7 im J. 387 als erster von den Galliern erschlagen wurde. **11.** M.A., 152 Praetor in Hispania ulterior, vielleicht mit dem Cognomen Serranus (BROUGHTON 1,453f.). **12.** P.A., Legat im Seeräuberkrieg unter Pompeius (67 v.Chr.). **13.** C.A. Bulbus, Consul I 245, II 235, Censor 234. **14.** M.A. Bulbus, Senator im J. 74 (BROUGHTON 2,488), wegen Majestätsverbrechen bestraft, Cic.Verr.1,37ff. **15.** A.A. Calatinus war beteiligt an einem Verrat der Stadt Sora (Abfall zu den Samniten) 315 oder 306. MÜNZER Adelspart. 57. **16.** A.A. Calatinus (auch Caiatinus). Consul I 258, nahm in Sicilien Hippana, Mytistraton (furchtbare Bestrafung der Einwohner) und – nachdem sein Heer auf dem Marsche bei einem Überfall durch den Tribunen L. Calpurnius Flamma gerettet war – Camarina, aber auch Enna u.a. kleinere Städte; sein Versuch, Panormus und die Lipar. Inseln zu nehmen, schlug fehl. Polyb.1,24,8–13 u.a. Er triumphierte 257 *ex Sicilia;* damals war er Praetor. Act.Tr. DEGR. I. 13,76f.548. BROUGHTON 1,208. Als Consul II 254 segelte er mit seinem Collegen und der neu erbauten Flotte nach Sicilien, wo sie Kephaloidion und Panormos nahmen, Polyb. 1,38,5–10 u.a. 249 war er Dictator, 247 Censor (mit A. Manlius Torquatus). Er weihte Tempel für Spes und Fides. Sein Grab vor der porta Capena, rühmende Inschrift bei Cic.sen. 61, der ihn auch sonst zu den ruhmvollsten Männern zählt. **17.** L.A. Luscus, *tribunus militum consul. potestate* 444 (nach MOMMSEN RF 1,95 möglicherweise Patrizier). **18.** L. Atili(us) Nom(entanus), Münzmeister um 150 v. Chr., nach neuerer Datierung (SYD. LIX. 51) um 133–126. – Verwiesen sei hier auch auf einen Münzmeister? Atilius aus der Zeit um 150–133, BROUGHTON Mag. 2,432. **19.** L.A. Priscus, Consulartribun 399 und 396. **20.** (Atilii Reguli): bedeutendste Familie in der Republik (RE II 2084 bis 2094. MÜNZER Adelsp. 56ff. BROUGHTON Mag. 2.534) → Regulus. 21–29) A. Sarani bzw. Serrani (jüngere Form) bedeutendste Familie im 2. u. 1. Jh. vgl. SCHULZE Eigenn. 370. **21.** (Atilius) Sar(anus), Münzmeister 2.Jh., um 145–137, BROUGHTON Mag.2,432. **22.** A.A. Serranus, Aedil 194, Praetor 192, ging als Flottenkommandant nach Griechenland zum Kampf gegen Nabis und wurde 191 von C. Livius Salinator abgelöst, Liv.36,2,14.11 9.20,7f.42,7. Erneut Praetor (urbanus) war er 173, stand als Promagistrat 172 in Brundisium und ging 172 als Gesandter nach Griechenland, um mit Perseus zu verhandeln. 171 besetzte er (als *legatus*) Larissa. Consul war er 170. **23.** C.A. Serranus, Praetor 218 v.Chr., kämpfte gegen aufständische Gallier in Norditalien, Liv.21,26,1f. Augur vor 217. **24.** C.A. Serranus, Praetor 185. **25.** C.A. Saranus (Serranus), Praetor um 109, Consul 106 (BROUGHTON 1,553); er ist wohl der S., der 100 gegen Saturninus eintritt und später von Marius getötet wird. **26.** M. Atili(us) Saran(us), Münzmeister 1.H. 2.Jh. v.Chr., nach neuerer Datierung um 145–137 (BROUGHTON 2,432). **27.** M.A. Serranus, 190 *IIIvir col.deduc.* (nach Cremona u. Placentia). 174 Praetor (Sardinia), 173 Promagistrat *(pr.pr.?)* ebd. Liv.42,1,3f. u.a. **28.** Sex.A. Serranus, Legatus 147 (BROUGHTON 1,465), Praetor um 139, Consul 136 (mit L. Furius Philus), Proconsul in der Gallia Cisalpina 135 (DESS. ILS 5945). **29.** Sex.A. Serranus Gavianus (zur Adoption s. MÜNZER Adelspart. 331f.), Quaestor 63, Volkstribun 57, wobei er zusammen mit Q. Numerius Rufus die Rückberufung Ciceros bekämpfte (daher von Cic.Sest.72.74 u.a. angegriffen mit dem Vorwurf niedriger Herkunft). **30.** Atilia, Tochter eines (Atilius) Serranus, erste Gemahlin des jüngeren Cato (Uticensis) – Stammbaum bei MÜNZER Adelspart. 333 –, der sich von ihr trennte. Plut.Cat.min.7.24. H. G. G.

II. Kaiserzeit: **1.** Glitius A. Agricola, legatus Aug. pr. pr. Galliae Belgicae unter Nerva, CIL V 8974. **2.** C.A. Barbarus. Cos.suff.71 (?), IGR I 453,16, s. RE XVII 1434 Nr.134. **3.** M. Appius (A.) Bradua. Quaestor, Praetor, Cos.suff. unter Traian oder Hadrian, legatus consularis von Germania (infer.?), dann von Britannien, Dess. 8824a. **4.** A. Crescens, Landsmann des jüngeren Plinius, epist. 6,8. **5.** T.A. Maximus, cos.suff.ca.130, procos. Asiae 146/47, IGR IV 1399. **6.** M.A. Metilius Bradua, cos.ord.108, CIL VI 680. **7.** M.A. Postumus Bradua, procos. Asiae unter Domitian, Forsch. Ephes. 3,100,8. IGR IV 1413. **8.** T.A. Rufus, cos. suff. ca. 75, legatus Aug. pr. pr. Pannoniae in den J. 79–82, CIL XVI 26 (s. W. REIDINGER Statthalter Pannoniens 51f.), legatus Aug.pr.pr. Syriae (Palaestinae) im J. 83/84, AE 1925, 95; dort starb er Tac.Agr. 40. **9.** T.A. Rufus Titianus. Cos.ord. 127, Inscr.It. XIII 1 p. 204; 335 (Name eradiert); da er nach der Herrschaft trachtete, wurde er von Antoninus Pius mit Vermögenskonfiskation bestraft, H.A. vit. Pii 7,3. **10.** A. Scaurus, Freund des jüngeren Plinius, epist. 6,25,1. **11.** M.A. Severus, cos.suff. ca. 183, CIL VI 31691. H.A. vit. Commod. 4,11. **12.** A. Vergilio, *vexilliarius* einer Praetorianerkohorte, Tac.hist.1,41,1. **13.** (L.) A. Verus, *centurio* der leg. V Macedonica, AE 1912, 188, *primipilus* der leg. VII Galbianae, fiel in der Schlacht von Cremona 69, Tac.hist. 3,22,4. R. H.

'Ατίμητος ἀγών hieß vor allem in Athen ein öffentlicher Prozeß, in dem über einen vom Gesetz festgesetzten Strafsatz entschieden wurde. Solche festen Strafsätze wurden nur für die schwersten Delikte aufgestellt → ἀντιτίμησις. E.B.

G. Busolt GStK. 554.

'Ατιμία. Ehrlosigkeit im Sinne von Aberkennung der bürgerlichen Rechte, die gerichtlich ausgesprochen werden muß, um rechtswirksam zu sein. 'A. kann auf die Erfüllung bestimmter Tatbestände als Strafe gesetzt sein (Fahnenflucht, Beamtenbestechung, dreimaliges falsches Zeugnis, Mißhandlung der Eltern u.a.) oder sie wird bei der Dokimasie, wo die *ἐπιτιμία* (Vollbürgerrecht) festgestellt werden soll, ermittelt. Die *ἐπιτιμία* kann erloschen sein, wenn Geisteskrankheit, Verschwendung, Prostitution vorliegt. Die Verletzung eines Volksbeschlusses zieht vielfach *ἀ.* nach sich (IG I^2 45,21.71,70). Wer Staatsschuldner ist, wird bis zur Bezahlung der Schuld oder ihrem Erlaß *ἄτιμος*. Der *ἄτιμος* darf keine Gesetze beantragen, nicht Kläger, nicht Zeuge, nicht Soldat, nicht Beamter, nicht Testator sein, er ist von der Wehr-, Rechts-, Kultgemeinschaft der Politen geschieden, bis ein Volksbeschluß seine *ἐπιτιμία* wiederherstellt. Vgl. dazu: Andok. 1,73–76 (umstritten). Aischin. 1,19ff.28ff. II Hypothesis. III 175f. Lys. 6,24f. Aristot. Ath. pol. 57,4. IG I^2 115,26ff. A. M.

Kahrstedt Staatsgeb. 106–123.

Atina. 1. (Nissen It. Ldk. 2,669), volsk. Stadt (Radke RE IX A 823) an den Melpisquellen, im J. 293 v. Chr. von den Römern verheert (Liv. 10, 39,5); Praefektur (Cic. Planc. 8) und später *municipium* der *trib. Teretina* (Kubitschek Imp. Rom. trib. discr. 13). **2.** (Nissen a.O. 903), Stadt Lukaniens am Tanagro (Plin. nat. 3,98), *municipium* der *trib. Pomptina* (Kubitschek a.O. 45), j. Atena Lucano. G. R.

Atinius, plebeischer Eigenname ungeklärter Herkunft (vgl. Ortsnamen Atina). Die wichtigste, seit 212 und im 2. Jh. v. Chr. nachweisbare Gens stammt aus Aricia (Cic. Phil. 3,16). Namensträger auch auf Inschriften, vgl. Schulze Eigenn. 69. **1.** C. A., *tribunus mil.* in der 4. Legion 194, Praetor 188 (Broughton Mag. 1,344.365) in Hispania ulterior, wo er auch als Propr. bis 186 blieb und nach Verwundung starb. Liv. 39,21,1–3 u. ö. **2.** M. A., *praefectus* in Thurii 212. **3.** M. A., *praef. socium* 194. **4.** C. A. Labeo, Volkstribun 197, Praetor (peregrinus) 195, wohl Urheber der lex Atinia (RE XII 2331). **5.** C. A. Labeo, Praetor 190 (Sicilia). **6.** C. A. Macerio, Volkstrib. 131. **7.** C. A. Fabia Tyrannus, Senator vor 39 v. Chr. H. G. G.

Atintania. Binnenlandschaft im nw. Epeiros (Aristot. mir. 36. Polyb. 7,9,13: *'Ατιντανία*). Ihre Bewohner, die *'Ατιντᾶνες*, werden erstmalig von Thuk. 2,80,6 genannt, später öfter, so von Skyl. 26 (GGM 1, 33), Polyb. 2,5,8 und Strab. 7,7,7. Sie gehörten dem epirotischen Bunde an, waren aber wie die Athamanen illyrischen Ursprungs (→ Athamania). Im späteren Altertum ein Teil Makedoniens, zeitweilig der w. benachbarten Landschaft Chaonien einverleibt. H. T.

H. Treidler Epirus im Altertum, Stud. z. histor. Topogr. Diss. Lpz. 1917, 81 ff. *Philippson-Kirsten* II 1, 213.

Atius s. Attius

Atius Navius s. Navius

Atlantis s. Okeanos

Atlas. Geographie: Name der großen Kette des Tertiärs, die von W. nach O. das nördl. Africa durchzieht. Strab. 17,826 setzt sie vom Cap Koteis bis zu den Syrten an; *Δύρις* von den Eingeborenen genannt (Strab. 17,825) oder Addiris (Plin. nat. 5,13. Solin. 24,15): im Berberischen bezeichnet *Adrar* Gebirge. Der Periplus von Hanno 7,14 spricht von ihm, ohne ihn ausdrücklich zu nennen. Plin. nat. 5,5–16 sammelt die Belege und benützt besonders die Arbeiten Jubas von Mauretanien. Ptol. 4,1,6 spricht von ihm mit Irrtümern. Recht gute Beschreibung bei Max. Tyr. 8,7. S. auch Mela 3,100.

Der w. Atlas besteht aus drei Teilen: Anti-Atlas, die Randerhebung der primären Saharaterrasse; Hoch-Atlas (über 2000 m), der die Marrokanischen Ebenen beherrscht und im N. in den Mittleren Atlas ausläuft, mit regelmäßigen Falten (3290 m), in Richtung SW.–NO. Der Hoch-A. läuft in Algerien in den Sahara-A. aus; mit den Bergen von Ksour, Amour, Ouled-Nail, Ziban, Aurès und Nemencha, dann mit dem »Großen Rücken« von Tunesien, der im Cap Bon endigt, stellt er ein Gebirgsmassiv von 2000 km dar. Mehr im N. folgt der »Hügel-A.« in Algerien dem Küstengebiet; er umfaßt von W. nach O. die Berge von Tessala, Dahra, Ouarsenis, Titteri, Djurdjura, Biban und Babors. Der Hügel-A. und der Sahara-A. umschließen die tiefer gelegenen Hochebenen.

Jaeger Afrika, ^{3}1928. *Fitzgerald* Africa, ^{5}1943. *A. Bernard* Afrique du Nord, Géogr. Univ. XI, 1. *J. Despois* L'Afrique du Nord, 1949.

Mythologie: Sohn des Titanen Iapetos, Bruder des Prometheus, und der Okeanide Klymene, hat er die Aufgabe, den Himmel zu stützen. Er befindet sich an dem w. Rand der Welt, und auf seiner Schulter ruht die Säule, die den Himmel trägt. Seine Töchter sind die Pleiaden, Hyaden und Hesperiden. A. spielt eine Rolle in zahlreichen Sagen, besonders in der der Hesperiden und des Perseus. Als Herakles den Auftrag erhalten hatte, die von den Hesperiden im Lande des A. bewachten goldenen Äpfel zu holen, erfuhr er von Nereus den Aufenthaltsort der Nymphen und begab sich zu A. Dank einer doppelten List erhielt er von A. die Äpfel und ließ ihm seine Last. In der Sage von Perseus bittet dieser, Sieger über Medusa und den Pegasus reitend, den Riesen und König von Mauretanien A. um gastliche Aufnahme. Als A. sie ihm verweigert, enthüllt Perseus das schreckliche Medusenhaupt, und der Riese wird in einen gigantischen Felsen verwandelt. Die Alten haben aus A. bald die Personifikation der Weltachse gemacht, bald den König von Atlantis, nach dem platonischen Mythus, bald einen Astronomen, Mathematiker, Philosophen. Über die Entwicklung der Sage, die wahrscheinlich arkadischen Ursprungs ist, vgl. RE II 2127. Der Typ des den Himmel und die Erde tragenden Riesen ist auch in den Mythen des Alten Orients bekannt (Upelluri in den hettitischen Texten). Über die Darstellungen in der Kunst s. RE II 2129; hinzuzufügen: die Metope des A. in Olympia. L. CURTIUS Interpretation von 6 gr. Bildwerken, Bern 1947. M. L.

Atomistik ist in der Antike durchaus spekulativ; sie darf nicht als eine Vorform moderner Atomwissenschaft angesehen werden. Nie hat ant. A. den Versuch gemacht, die Existenz von Atomen physikalisch nachzuweisen. Vielmehr ist antike A. nur zu verstehen aus der Kontroverse über das Wesen der Materie. Die Alternative lautete: Wohnt das → *ἄπειρον* der Materie inne oder nicht? Dabei wurde die Frage der Unendlichkeit nicht so sehr auf die Erstreckung im Raum, als vor allem auf die Frage der Teilbarkeit angewendet. Wer die ins Unendliche fortschreitende Teilbarkeit der Materie = *ἡ εἰς ἄπειρον τομή* bejahte, mußte die A. verneinen. Wer obige Frage bejahte, verlegte damit das *ἄπειρον* in die Materie und bezog damit eine Position, die es ihm erleichterte, die Materie für das Schlechte zu erklären. Die gesamte ant. A. muß als Wendung gegen diese Entscheidung verstanden werden; bezeichnenderweise wehren sich alle Anhänger der A. gegen eine solche Wertung der Materie. Dabei ist es von geringerem Belang, daß man Atome annahm – wer eine ins Unendliche gehende Teilbarkeit der Materie ablehnte, mußte seine Zuflucht hierzu nehmen –; der wesensbestimmende Zusammenhang aller Anhänger der A. liegt vor allem darin, daß sie die Wertung des physikalisch durchforschbaren Diesseits von einem nicht-physikalischen Standpunkt aus ablehnten. Darum ist den Vertretern der A. durchweg ein hohes Maß von Unvoreingenommenheit zu eigen, zugleich ein unverkennbares Mißtrauen gegen jede transzendierende Betrachtungsweise. Alle Vertreter der A. sind darin einig, daß die Atome die Träger der Grundqualitäten (warm, kalt, trokken, feucht) sind. Das ist ein wesentlicher Unterschied zu den Erkenntnissen moderner Physik: nur wenn Atome sich zu Molekülen zusammenschließen, können an diesen die für den betr. Stoff typischen Qualitäten beobachtet werden. Ant. A. bezeichnet mit Atom genau genommen kleinste Massenteile = *molecula*. Sind hierin alle Vertreter der A. einig, so bestehen Unterschiede in der (zweitrangigen) Frage, wie sich die Atome miteinander verkoppeln, so daß aus den einfachen Grundkörpern die vielfach geformten Körper entstehen.

Die hervorstechenden Vertreter der A. waren → Demokritos und → Leukippos, über 100 Jahre später → Epikur. Die von der A. vertretene Grundthese hat bei Platon im Timaios 53 C ff. Widerhall gefunden: Die A. Demokrits wird insofern modifiziert, als die Atome nicht nur Träger der Grundqualitäten sind; sie tragen zugleich die Grundzüge mathemat. Ordnung des Räumlichen; das drückt sich darin aus, daß sie die Gestalt regelmäßiger Körper haben. – Im Gegensatz zur A. steht die nachmals von der → Stoa vertretene These von der völligen Qualitätslosigkeit der Materie – *ἄποιος ὕλη*. Dann kann die Formung der Materie nicht durch Koppelungen von Atomen erklärt werden, sondern allein durch Mischung – *κρᾶσις δι' ὅλων*. H. D.

W. A. Heidel, Antecedents of Greek Corpuscular theories Harvard Studies in Class. Phil. 22, 1911, 111–172. *A. Brieger* Das a. System etc., H 36, 1901, 161–186. *J. Mau* Stud. zur erkenntnistheoret. Grundlage der A. im Altertum, Wissenschaftl. Ztschr. der Humb.-Univ. Bln. II 3, 1952/3, 1–20 = Diss. phil. Bln. 1949. *J. Mau* Zum Problem des Infinitesimalen bei den ant. A-isten, Veröffentl. der Akad. Berlin 4, 1954. *V. P. Zubov* Voprosy ob atomisme matematičeskom Demokrita, Vestnik drevnej istorij 1951, 264 bis 268.

Atossa (*Ἄτοσσα*). **1.** Tochter des Kyros, Gemahlin ihres Bruders Kambyses (Hdt.), des Ps.-Smerdis und zuletzt des Dareios. Ihre Gewalt über diesen reichte aus, um ihrem Sohne Xerxes die Nachfolge in der Herrschaft zu sichern. In den Persern des Aischylos erscheint sie als Witwe. **2.** Angebliche Tante des gr. Kyros, Gattin des Pharnakes und Ahnfrau des kappadokischen Königshauses (Diod.). **3.** Tochter und Gemahlin des Artaxerxes II. J. D.-G.

Ἄτρακτος **1.** Die Spindel, *fusus*, ein kurzer Stab mit einem Haken (*ἄγκιστρον*) oben, unten durch den Wirtel (*σφόνδυλος*, *verticillus*, *turbo*) gesteckt. Zur Verwendung → Spinnen. **2.** Das Flügelspill der antiken Schiffe, in welches der Masttopp auslief, unserem Flaggstock entsprechend und wie dieser zum Hissen der Flagge (oft an einem Querholz) benützt. W. H. G.

Zu 1: *Blümner* Techn. 1^2, 120 ff.

Atramentum s. Tinte

Atrax. Stadt in der Pelasgiotis in Thessalien am rechten Ufer des Peneios beim h. Alifaka, urspr. perrhaebisch. Steph. Byz. Strab. 9, 5, 19 p. 440. Liv. 32, 15, 8. 17, 4–18, 3. Inschr. IG IX 2 nr. 472–486. 491 mit add. Münzen: HEAD HN² 292. E. M.

Friedr. Stählin Das hellenische Thessalien 1924, 100 ff.

Atrebates. Volk in Gallia Belgica, dessen Hauptstadt Nemetacum, heute Arras, war. Von Caesar im J. 57 besiegt, wurden sie, unter Commius, ihm gewogen, ließen sich aber in den J. 52 bis 51 zur Empörung aufreizen. Caes. Gall. 2, 4, 9. 4, 21. 7, 76. 8, 6. P. W.

Atrectus. Der von Martial. 1, 117, 9 ff. erwähnte Buchhändler in Rom *(dominus tabernae)*, bei dem als vielbegehrte Neuerscheinung der *libellus epigrammaton* Martials in schöner Ausstattung um 5 Denare zu kaufen war. Seinen Buchladen hatte A. im Argiletum, wo auch die übrigen Buchgeschäfte sich befanden. W. S.

Atreus (*Ἀτρεύς*). Enkel des Tantalos, Sohn des Pelops und der Hippodameia. Mit seinem Bruder Thyestes ermordet er den Stiefbruder Chrysippos. Sch. Il. 2,105 (= Hellanikos frg. 42). Hyg. fab. 85. Apollod. 3,2,1. Von Pelops verflucht, gehen sie nach Argos. Die Feindschaft der Brüder entzündet sich an einem Lamm mit goldenem Fell, das einst in der Herde des A. erschien und das dieser trotz eines Gelübdes an Artemis als Unterpfand der Herrschaft über Mykene behielt. Thyest entwendet es ihm mit Hilfe der Frau seines Bruders → Aërope, die er verführt hat. A. vertreibt den Ehebrecher und stürzt Aërope ins Meer. Eur. El. 699ff.; Or. 995ff. Apollod. epit. 2,10ff. Inzwischen hat Thyest einen Sohn des A., Pleisthenes, als eigenes Kind aufgezogen und stiftet den Herangewachsenen zur Ermordung des A. an, der aber dem Anschlag zuvorkommt und ahnungslos den eigenen Sohn tötet. Hyg. fab. 86, abweichend fab. 88 (nach Sophokles). Bei einer angeblichen Versöhnungsfeier setzt A. seinem Bruder dessen eigene Kinder zum Mahle vor. Thyest verflucht ihn, und die Sonne ändert ihren Lauf. Aischyl. Ag. 1583ff. Sen. Thy. 682ff. 776ff. Hyg. 258. Kurz darauf heiratet A. Pelopia, nicht wissend, daß sie Thyests Tochter ist, mit der dieser Blutschande getrieben hat. A. hält ihr von Thyest stammendes Kind, Aigisthos, für seinen eigenen Sohn und schickt ihn, herangewachsen, zur Ermordung Thyests aus, wie vorher Thyest mit Pleisthenes verfahren war. Doch Vater und Sohn erkennen sich rechtzeitig, und Aigisth erschlägt A. Thyest wird Herrscher von Argos. Hyg. fab. 87f. Mit Homer betrachtet die Vulgata → Agamemnon und Menelaos als Söhne des A.; nach Hes. und Aischyl. stammen sie von Pleisthenes, dem Sohne des A., und A. ist ihr Ziehvater. Pleisthenes wird in verschiedener Weise in die Genealogie des Pelopidenhauses eingeordnet. In dem größten Kuppelgrab in Mykene sah schon das Altertum das »Schatzhaus des A.«, Paus. 2, 16,5. H. v. G.

A. Lesky, WSt 43, 1922/23, 172.

Atria (Nissen It. Ldk. 2,214f.). Venetische (Strab. 214. Ptol. 3,1,26; vgl. die Inschr. bei Conway PID I 1ff.), später von Griechen besiedelte (Steph. Byz. s.v. Ps.-Aristot. mir. 140; Vasenfunde!), etruskisierte (Varro 1.1.5,161. Fest. 12, 19L. Liv. 5,33. Plin. nat. 3,120), von Dionysios neubegründete (Etym. m. 18,55) und zeitweilig von kelt. Boiern eroberte (Hesych. *'Αδριανοί*. Steph. Byz. a.O.) Stadt zwischen den Mündungen von Po und Etsch, urspr. am Meere, aber schon im Alt. durch einen 12 km langen Kanal mit ihm verbunden (Strab. a.O. Tac. hist. 3,12); *municipium* der *trib. Camilia* (Kubitschek Imp. Rom. trib. discr. 108). Etwa 1 mp n. wurde Meilenstein CIL I² 637 gefunden, den cos. P. Popilius im J. 132 v. Chr. an der via Popilia setzte; die Entfernungsangabe 81 mp rechnet von Rimini über Forum Popilii (Forlimpopoli) und Ravenna. G. R.

Atrium. Der Mittelraum des italischen Hauses, auf den sich zwei türlose Räume *(alae)* öffnen. Im A. meist der Geldkasten *(arca)* und das Lararium. Vitr. 6,3 (p. 140) scheidet fünf Typen. Das *a. testudinatum* hat keine Dachöffnung, während alle übrigen im Dach ein *compluvium*, im Fußboden *impluvium* besitzen. Beim *a. tuscanicum* wird die Decke nicht von Säulen getragen, beim *a. tetrastylum* von deren vier, beim *a. corinthium* von mehreren; all diese Typen sind in Pompeii und Herculaneum häufig. Das *a. displuviatum* ist bisher nur aus etr. Denkmälern (Weege Etr. Malerei 74. Giglioli L'Arte Etr. Taf. 336,3) bekannt. Das früheste ausgegrabene *a.* in Vetulonia setzt man ins 3. Jh. v. Chr., sicher datiert sind die in den röm. Lagern um Numantia (ca. 140 v. Chr.). Es folgen die zahlreichen Beispiele in den vom Vesuv verschütteten Städten, die spätesten Beispiele gehen ins 3. Jh. n. Chr.

Von öffentlichen Bauten sind das *a. Libertatis* und das *a. Vestae* in Rom zu nennen. A. R.

Mau Pompeji in Leben und Kunst, Anhang zur 2. Aufl., Lpz. 1913, 41. Germania 4, 1920, 55ff. *(Oelmann)*. Encicl. Arte Class. Or. I 886ff. *(Matthiae)*.

Atrium Libertatis. Aus Cassiod. var. 8,10 und Ennod. 49,13,2 geht hervor, daß sich an der Curia eine Kapelle der L. befand. Stiftungstag war nach Ov. fast. 4,623 der 13. April. 194. 169 war das a. L. Amtslokal der Censoren (Liv. 34,44,5. 43,16, 13), 168 v. Chr. fand dort die Einschreibung der Freigelassenen in eine der Städt. Tribus statt (Liv. 45,15,5), 52 v. Chr. wurden nach Cic. Mil. 59 dort Sklaven gefoltert. Rud. G.

Jord. Top. 1,2,460. *Richter* Top. 108f.

Atrium Vestae. Wohnhaus der Vestalinnen am Forum Romanum (Plin. epist. 7,19,2. Ov. fast. 6,263), neben einer *domus publica*, dem urspr. Wohnsitz des pont. max., den dann Augustus zur Erweiterung des a. V. zur Verfügung stellte (Cass. Dio 54,27,3. Suet. Caes. 46,1). Rud. G.

E.B. van Deman The Atrium Vestae (Public. of the Carnegie Inst. of Washington 1909).

Atropates (*Ἀτροπάτης*). Befehlshaber der Meder in der Schlacht bei Gaugamela, schloß sich nach dem Tode des Dareios an Alexander an. Bei der Verteilung der Provinzen nach dem Tode Alexanders behielt A. das n.w. Medien, das nach ihm den Namen Atropatene empfing (Strab. Steph. Byz.). J. D.-G.

Atropos s. Moira

Attagen s. Haselhuhn

Attaleia. Hellenist. Neugründungen in Kleinasien: **1.** Gründung Attalos' II. Philadelphos (um 150 v. Chr., h. Antalya) an der Küste Pamphyliens (Strab. 14,4,1 Plut. Pomp. 76. Ptol. 5,5,2. Act. Apost. 14,25), später kilikisch (Steph. Byz. s.v.). A. war eine Station des röm. Straßennetzes (K. Miller Itin. Rom. 708 mit Skizze Nr. 231, S. 709; hier Atalia genannt). **2.** Hellenisierte Stadt Lydiens (Plin. nat. 5,121f. Steph. Byz. s.v. u.a.). A. befand sich bei dem h. Seldschikli etwas ö. von Kirkağac an einer von Thyateira (h. Akhisar) nach

Pergamon führenden Straße. Vgl. K. BAEDEKER Kleinasien und Konstantinopel 245. **3.** Hafenstadt der Attaliden, von Strabon (13,1,51) ungenau *Ἄττεα* genannt, in den röm. Itin. Attalia (K. MILLER 699 mit Skizze Nr. 228, S. 693), h. Dikeli, w. von Pergamon. Zu 1. bis 3. vgl. auch Gr. Hist. Weltatl. I 20a, Münch. 1954. Atl. of the World II, Plate 36: Turkey West. RE II 2155ff. H. T.

Attalos (*Ἄτταλος*) **1.** Oheim der Kleopatra, bei deren Hochzeit mit König Philipp II. von Makedonien A. 337 durch Hinweis auf die mögliche Geburt eines legitimen Thronfolgers zum Bruch Philipps mit Alexander beitrug. Plut. Alex. 9. Iust. 9,7,4. Als Schwiegersohn Parmenions bereitete A. 336 in Kleinasien den Zug gegen Persien vor. Curt. 9,17. Nach Philipps Tode wurde A. auf Befehl Alexanders wegen Hochverrats getötet. Diod. 17, 2,4ff. 5,1f. – **2.** Sohn des Andromenes, wurde 330 von der Teilnahme an der Verschwörung des Philotas freigesprochen. Arr. an. 3,27,1. Während des Alexanderzuges war A. Befehlshaber einer Taxis und 326 Trierarch der indischen Stromflotte. Arr. Ind. 18,6. Bei Alexanders Erkrankung befragte er 323 einen babylonischen Gott. Arr. an. 7,26,2. Plut. Alex. 76. Nach dem Tode seines Schwagers Perdikkas, der ihm das Flottenkommando übertragen hatte, wurde A. von Antigonos 319 in Pisidien gefangengenommen und versuchte 317 vergeblich sich zu befreien. Diod. 18,45. 19,16. Polyain. 4,6,7. – **3.** Neffe des Philetairos, des Begründers des pergamenischen Reiches, der A. adoptierte und 270 mit Antiochis, der Tochter des Achaios, vermählte. Da Eumenes I. dem Philetairos folgte, nicht A., muß A. vor dem Adoptivvater gestorben sein. Strab. 13,624. E Delph. III 1, 1929, n. 432. – **4.** A. I., Soter, Sohn des vorigen, erhielt 241 die Herrschaft über Pergamon. Strab. 13,624. Paus. 1,8,2. Im Gegensatz zu dem Vorgänger Eumenes I. verweigerte er den Galatern die Tribute und schlug sie entscheidend an den Kaikosquellen bei Pergamon. Nach diesem Siege nahm A. den Königstitel und Beinamen Soter an und setzte als Zeichen der Unabhängigkeit auf die Münzen den Philetairoskopf. Pol. 18,41,7. Liv. 33,21,2. 38,16,14. Trog. prol. 27. Indem er den Zwist der Seleukiden ausnutzte, trieb er Antiochos Hierax aus Kleinasien und beherrschte es 227 bis zum Tauros. Pol. 4,48,7. Iust. 27,3,6. OGIS 273–279. Die Chronologie der Siege ist umstritten. H. KAEHLER Der große Fries von Pergamon, 1948, 184,17. Durch Seleukos III. und Achaios (→ 3) wurde A. 220 auf das Gebiet von Pergamon zurückgeworfen. Pol. 4,48,2. Doch gewann A. bald griech. Nachbarstädte und siedelte einen Keltenstamm am Hellespont an. Pol. 5,77. 111,7. Seit 216 half er Antiochos III. gegen Achaios. Pol. 5,107,4. Durch den Beitritt zu dem aitolisch-röm. Bündnis 211 gegen Makedonien erwarb A. Aigina, wurde 209 Ehrenstratege des aitolischen Bundes und eroberte Oreos auf Euboia. Pol. 22,8, 10. Liv. 27,29,10. OGIS 281. Bei Opus 208 geschlagen, eilte A. nach Pergamon zur Abwehr des Prusias von Bithynien, mit dem er 205 Frieden schloß. Liv. 28,7,4ff. Cass. Dio frg. 57.58. Gegen Philipp V., der 201 das pergamenische Gebiet verwüstete, bat A. nach der unentschiedenen Seeschlacht bei Chios Rom um Hilfe. Pol. 16,1. Diod. 28,5. Liv. 31,2,1. OGIS 283. Athen, das ihn triumphal empfing und eine Phyle Attalis einrichtete, brachte er zur Kriegserklärung an Philipp. Pol. 16,25f. Liv. 31,15,6. Im zweiten makedonischen Krieg eroberte er als treuer Anhänger Roms Andros und Oreos auf Euboia und warb unermüdlich Bundesgenossen für Roms Kampf gegen Philipp, zunächst 198 den achaiischen Bund und 197 den spartanischen Tyrannen Nabis. Liv. 31,45f. 32,23,1. 39f. Der Stadt Sikyon schenkte er 10 Talente und 10000 Medimnen Weizen, wofür er mit einer goldenen Statue und jährlichen Opfern geehrt wurde. Pol. 18,16. Mit Flamininus ging er 197 nach Theben, um Boiotien für die röm. Sache zu gewinnen. Mitten in einer Rede traf ihn dort ein Schlaganfall. Er wurde nach Pergamon gebracht, wo er im Alter von 72 Jahren »nach herrlichen Werken im Kampf für die Freiheit Griechenlands« starb. Pol. 18,41, 9. Liv. 33,1f. Seine Keltensiege verherrlichte A., der »Lorenzo de'Medici des Altertums« (MOMMSEN RG[11] 1,691), durch großartige Plastiken in Pergamon wie den »sterbenden Gallier« und »den Gallier und sein Weib«, in Athen durch Bronzen, die einen Amazonenkampf und die Schlacht bei Marathon, die Gigantomachie der Götter und Pergamons Keltensieg darstellten, und in Delphi durch eine Säulenhalle. Sylloge[3] 523. Paus. 1,25,2. LIPP. Gr. Pl. 353. Als vorbildlicher Familienvater hatte A. mit Apollonis aus Kyzikos vier Söhne, Eumenes II., Attalos II., Philetairos und Athenaios. Pol. 22,20. Strab. 13,624. Plut. mor. 480 C. – **5.** A. II., Philadelphos, zweiter Sohn des vorigen, König von Pergamon 159–138. *220 (Strab. 13,624 Lukian. makrob. 12) unterstützte A. treu den regierenden Bruder Eumenes II. als Feldherr und Diplomat. 192 warnte er den Senat in Rom vor Antiochos III. Liv. 35,23,10ff. Den Seleukos, den Sohn des Antiochos, zwang A. 190 zum Abzug von Pergamon. Liv. 37,18f. App. Syr. 26. Bei Magnesia trug er 190 erheblich zum Siege der Römer über Antiochos bei. Liv. 37,43,5ff. Sylloge[3] 606. Bei dem Zuge des Manlius Vulso 189 gegen die Galater zeichnete er sich aus. Pol. 21,39,5ff. 41,9. Liv. 38, 12,8ff. 23,11. Prusias von Bithynien und die Galater schlug er bei Lypedron. OGIS 298. Für Eumenes kämpfte er gegen Pharnakes von Pontos und bat 181 in Rom um Intervention gegen ihn. Pol. 24,5,8. Diod. 29,22. Mit Eumenes förderte A. 175 die Thronbesteigung des Antiochos IV. OGIS 248. Auf die Nachricht, daß Eumenes einem Attentat bei Kirrha erlegen sei, verpflichtete A. 172 als Thronfolger die Besatzung in Pergamon und heiratete Stratonike, die Gemahlin des Bruders. Liv. 42,16,8ff. Diod. 29,34. Plut. mor. 489 Ef. Als

Eumenes unerwartet zurückkehrte, trat A. in die Stelle des Privatmannes zurück und löste die Ehe. Im dritten makedon. Kriege kämpfte A. als treuer Anhänger Roms, zuletzt bei Pydna, obwohl die Römer Eumenes mißtrauten. Liv. 44,36,8. 45,19,3. Für die Ehrung des Eumenes setzte sich A. 170 bei dem achaiischen Bund ein. Pol. 27,18. 28,7. 12,7. Als er 168 in Rom Hilfe gegen die Galater erbat, suchte der Senat ihn mit der Aussicht auf ein eigenes Reich vergeblich gegen Eumenes aufzuwiegeln, ehrte ihn aber trotzdem bei späteren Besuchen 163 und 160. Pol. 30,1 ff. 31,1. 32,1. Liv. 45,19f. Durch den Tod des Eumenes, der nach Strab. a. O. ihn zum Vormund des Attalos III. bestimmt hatte, wurde A. 159 König, heiratete die Witwe Stratonike, die Tochter des Ariarathes IV. von Kappadokien, und führte seinen Schwager Ariarathes V. nach Kappadokien zurück. Pol. 32, 12. Diod. 31,32b. Zon. 9,24. Den bithynischen Krieg 156–154 gegen Prusias II., der die Umgebung von Pergamon verwüstete, beendete A. nur durch röm. Intervention. C. HABICHT H 84, 1956, 101 ff. Nun nutzte er die Thronkämpfe seiner Nachbarn aus, krönte in Pergamon den seleukidischen Prätendenten Alexander Balas und half 149 Nikomedes, seinen Vater Prusias in Bithynien zu stürzen. Diod. 31,32a. Strab. 13,624. Liv. per. 50. OGIS 327. A. starb 138. Als Förderer der Kunst brachte er den Bau des Pergamonaltars zum Abschluß. H. KAEHLER Der große Fries von Pergamon, 1948, 131 ff. Nach Delphi schickte A. Künstler und Geld. Sylloge[3] 672.682. Dort und anderwärts wurden Attaleia gefeiert; nach ihm nannte sich die Kultgenossenschaft der Attalistai. OGIS 325.326. – **6.** A. III., Philometor Euergetes, Sohn des Eumenes II. und der Stratonike. OGIS 331,46.332. Die aus Pol. 30,2,3 ff. = Liv. 45,19,9 ff. vermutete Geburt des A. aus der vorübergehenden Verbindung des Attalos II. und der Stratonike ist nicht zu beweisen. S. KOPERBERG Mn 54, 1926, 195 ff. A. wurde 153 dem Senat in Rom vorgestellt und bei der Rückreise in Griechenland gefeiert. Pol. 33,18,1 ff. Attalos II., sein Onkel und Vormund (Strab. 13,624), zog ihn 142 zu der Vergabe von Priesterstellen heran. OGIS 331. Mit dem Tode des Attalos II. wurde A. 138 König. Wenn er inschriftlich einmal als Kriegsheld gelobt wird, erscheint er sonst als kinderloser Sonderling, der Freunde mordete, denen er den Tod seiner Mutter und seiner Braut Berenike zuschrieb. OGIS 332,23. Iust. 36,4,1 ff. Ohne sich um Staatsgeschäfte zu kümmern, trieb er botanische Studien über Giftpflanzen und schrieb über Gartenbau und Landwirtschaft. Diod. 34,3. Plut. Dem. 20,3. Varro rust. 1,1,8. Colum. 1,1,8. Plin. nat. 1,8. 11. 14. 15. 17. 18. 18,22. Er starb 133 im Alter von 38 Jahren an einer Krankheit. Strab. a. O. Nach Ptolemaios VIII., der 162 durch ein Testament den Römern die Kyrenaika versprach (SEG 9,7), setzte A. als zweiter hellenistischer Herrscher in seinem Testament das röm. Volk als Erben seines »Königslandes« und Schatzes ein, erklärte aber die Griechenstädte, vor allem Pergamon, für frei. Liv. per. 58.59. Vell. 2,4. Flor. 2,20. Iust. 36,4,5. Plut. Tib. Gracch. 14. App. Mithr. 62. OGIS 338. Ein Senatsbeschluß des Jahres 133 bestätigte alle Verfügungen »bis zum letzten Tage vor dem Tode des Attalos«. OGIS 435. Trotz dem Testament brach der Aufstand des Aristonikos aus. J. VOGT Atti del 3. congr. internaz. di epigr., 1959, 45 ff. H. V.

7. A. von Rhodos, Mathematiker und Astronom, älterer Zeitgenosse Hipparchs, seine aus der Schrift *τῶν 'Αράτου καὶ Εὐδόξου φαινομένων ἐξηγήσεως βιβλία γ'* des Hipp. ges. Fragm. bei MAASS comm. in Arat. rel., 1898, 1–24. Weder A. noch Hipp. wußten Genaues über den als »eudoxisch« angesehenen Globus, der den Phainomena zu Grunde lag. Die Überlieferung stimmte weder für die Sphäre des einen noch des anderen, die gewaltsame »Rettung« → Arats, bei A. wie die Kritik des Hipp. waren Versuche am mißverstandenen Objekt, vgl. BÖKER Entst. der Sternsph. Arats BSG math. Kl. 99, 1952, H. 5,5f. R. B.

Atthis. Titel zahlreicher att. Lokalgeschichten des 5.–3. Jh. v. Chr. Durchgehende A.-Betitelung erst nachträglich in alex. Zeit (durch Kallimachos?). → Hellanikos von Mytilene, der erste Atthidograph, schafft das Rahmenwerk: er rekonstruiert die athen. Königsliste, ergänzt wohl auch die Archontenliste nach oben hin; dies gehört zu seinem »umfassenden Unternehmen, den myth. und den hist. Teil der griech. Tradition über die Vergangenheit zu verbinden und das Ganze genealog. und chonolog. Schemata zu unterwerfen«. Die A.-graphen verwandeln alte Legenden in detaillierte Beschreibungen angeblich hist. Ereignisse; »in Bezug auf die hist. Bewertung . . . der myth. Tradition (sind) die A.-graphen von der Entwicklung der großen → Geschichtsschreibung unberührt geblieben« (v. FRITZ, Gn 22, 1950, 221 f.). Die athen. A.-graphen → Kleidemos, → Androtion, → Phanodemos, → Melanthios, → Demon, → Philochoros, Amelesagoras übernehmen von Hellanikos außer dem chronolog. Rahmen die »historisierende« Methode in der Behandlung des Mythos, z. T. auch den Stoff selbst. Darüber hinaus behandeln sie in starkem Maß kultische und mythische Fragen, auch wenn sie sich in erster Linie, von verschiedenen parteipolit. Standpunkten aus, den polit. Problemen ihrer Zeit widmen. Beide Themenkomplexe sind für den Nichtathener Hellanikos ohne Interesse; insofern nennt Pausanias mit Recht als ältesten A.-graphen den Kleidemos. – Hauptquellen der A.: Herodot (Hellanikos kombiniert seine Chronologie der Peisistratiden-Frühzeit aus Angaben Herodots: HEIDBÜCHEL); die veröffentlichten Gesetze; Archontenlisten; für Älteres wohl auch die Epik; mündliche Tradition (die trotz allen Verlusten dokumentarischen Materials z. Z. der Perserkriege nicht überschätzt werden darf); die A. gehen nicht auf chronikartige Aufzeichnungen der Exegeten zurück (so einst Wilam. Aristot. und Athen). Eine kritische Zusammenstellung der Überlieferung über Attikas Frühzeit gibt → Istros der Kallimacheer in seinen Ἀττικά = Συναγωγὴ τῶν Ἀτθίδων. Benutzt von Aristot. (Ath. pol.), Plut. (Sol.), überhaupt in fast allen späteren Nachrichten über frühatt. Geschichte. Nur Frg. erhalten. J. W.

FGrH IIIB/IIIb Suppl. *F. Jacoby* Atthis, 1949. *F. Heidbüchel* Die Chronologie der Peisistratiden in der A., Phil. 101, 1957, 70ff.

Atticianus aus Aphrodisias, Bildhauer der Spätzeit (4. Jh. n. Chr.?). Von ihm signiert eine weibl. Gewandstatue in Florenz. A. R.

Encicl. Arte Class. Or. I 904 *(Amorelli)*.

Atticus, Cognomen, das zuerst wegen längeren Aufenthaltes in Athen und griech. Bildung (Cic. sen. 1) → T. Pomponius A., dem intimen Freund Cic., gegeben wurde, (vgl. RE Suppl. VIII 503ff.). Dann vor allem: Ti. Claudius Atticus Herodes (und Familie im 2. Jh. n. Chr., RE III 2677f.), → Claudius u. Herodes. Ferner einige Rhetoren: Antonius A., Vipsanius A. und Censorius A. Agricius (Schanz 4,1,547) und der landwirtschaftliche Schriftsteller Iulius A. Attica hieß die Tochter des Pomponius A. (RE XXI 2350f.). – **1.** A., ein Freund des Ovid, am. 1,9,2; Pont. 2,4,2. **2.** A., Rhetor, Mart. 7,32. Schanz-Hos. 2,839,6. **3.** A., fingierter Dichter, Mart. 2,7. Schanz-Hos. 2,564. H. G. G.

Attika, die am weitesten ostwärts gelegene Landschaft Mittelgriechenlands, bildet ein Dreieck, mit der Spitze im S., Kap Sunion; im W. grenzt es an die Megaris, im N. an Boiotia, getrennt durch den Kithairon, im übrigen buchtenreiche Meeresküste nach W. und O. Die vielfältigen Gebirgs- und Bergzüge lassen in 4 Ebenen bewohn- und bebaubares Land frei: 1. die thriasische mit Eleusis in der großen Bucht, der Salamis vorgelagert ist; 2. τὸ πεδίον schlechthin, d. i. die athenische Ebene mit der Stadt und dem Hafen Peiraieus (τὸ ἄστυ) zwischen Parnes (mit Zeusbezirk auf dem Gipfel), Hymettos und dem Marmorgebirge Pentelikon (Brilettos); 3. das Mesogeion (Mesoja), Mittelland ohne jede Meeresberührung und 4. die marathonische Ebene an der O.-Küste. Das Küstenland hieß Paralia, es dehnte sich von Eleusis bis Sunion, von da an der O.-Küste nordwärts bis Rhamnus, Euboia gegenüber (H. Kaupert Karten von Attika, 1880ff. W. Wrede Attika, Athen 1934. Kirsten-Kraiker Griechenlandkunde, 1962, 145ff. mit Lit. 828ff.). Den Charakter der Landschaft bestimmen ferner Bergzüge mittlerer Höhe: die Kerata bei Eleusis, der Aigaleos (468 m) zwischen Eleusis und Athen mit dem frühmittelalterlichen Kloster Dafni auf der Paßhöhe an der Stelle eines Apollonheiligtums (Pythion: Paus. 1,37,6), sowie im S. das Panteion (625) und das Laureiongebirge (356), bekannt

durch die für die att. Münzprägung bedeutsame Gewinnung und Verhüttung von Silber; der att. Olympos erhebt sich in der Bucht von Anaphlystos bis zu 486 m.

A. wurde in klassischer und späterer Zeit durch ein Festungssystem mit Anlagen im N. und an den stets bedrohten Küsten gesichert (Kirsten-Kraiker Abb. 41): Im N. Panakton = Eleutherai, das durch Peisistratos att. wurde, im Kithairon; die große Mauer ist mit 7 Toren und zahlreichen Türmen wohl erhalten (Plan Kirsten-Kraiker Abb. 57), 4. Jh. Es folgt Oinoe, ferner hoch im Parnes gelegen Phyle, mit Sichtverbindung nach Athen, das den Gebirgsweg nach Tanagra sperrte (W. Wrede MDAI(A) 49, 1924, 153ff.), Dekeleia im oberen (eleusinischen) Kephisostal (Th. A. Arvanitopulu Δεκέλεια, Athen 1958), von den Spartanern im pelop. Kriege besetzt, Mauerspuren sind erhalten. Es folgt nach O. Aphidna. Die Reihe der Küstenbefestigungen beginnt mit Rhamnus beim Nemesis- und Themis-Heiligtum (Plan Kirsten-Kraiker Abb. 51), die Befestigungsanlagen stammen aus dem 4. Jh. Die O.-Küste lag in klassischer Zeit ungeschützt bis Thorikos im S., es wurde 409 befestigt (BCH 85, 1961, 170ff.) und Sunion, dessen Festung im 5. Jh. entstand; auf den Höhen des Kaps der Poseidon- und der Athena-Tempel. Die Hafenbefestigung von Anaphlystos an der W.-Küste diente der Sicherung der Bergwerke von Laureion. Mit den Festungen Peiraieus und Eleusis endet die Reihe (W. Wrede Attische Mauern, Athen, Kirsten-Kraiker 145ff.). Prasiai an der O.-Küste gehört der Mauertechnik nach ins 3. Jh. Eine über 4 km lange Mauer, das Dema, sperrte den unmittelbaren Zugang über den Aigaleos in die att. Ebene, stellenweise bis zu 2 m hoch erhalten (ABSA 52, 1957, 152ff.; ein Gutshof vor der Mauer: Arch. Report f. 1960/61, 33f.).

Burgen besaß A. bereits in »vorgriech.« und in myk. Zeit. Ihre Lage deckt sich selten mit den klassischen Festungen, die nach dem Prinzip der Abschirmung von zentraler Stelle, Athen, aus angelegt wurden. Die frühen Burgen hingegen stellen Herrenburgen dar, Fürstensitze, so etwa an der O.-Küste die Akropolis von Brauron, ferner Askitario, eine frühhelladische Höhensiedlung unmittelbar über dem Meere (Plan F. Schachermeyr, AA 1962, 191 Abb. 23); hierzu gehört auch die Burg von Marathon sowie Aphidna, wo Theseus die zwölfjährige, von ihm geraubte Helena verborgen hielt, mittelhelladische und mykenische Reste. An der W.-Küste lag bei Mikro Kavuri, in der Nähe von Vuliagmeni, eine Burg (m. hellad. Scherben und Mauern): AA 1962, 190, sowie der frühhellad. Hafenplatz bei H. Kosmas mit Megaron myk. Zeit und einer starken Verteidigungsmauer, die die Halbinsel gegen das Festland abschloß (G. Mylonas, H. Kasmas, Princeton 1959, AA 188f.). Seit man das mykenische Megaron im

Telesterion von Eleusis kennt (O. Rubensohn JDAI 70, 1955, 29ff. G. Mylonas Eleusis and the Eleusinian Mysteries, Princeton 1961) ist an der Burg nicht zu zweifeln.

Kuppelgräber (Tholoi) sind Fürstengräber; wo man solche findet, muß auch ein Fürstensitz gelegen haben: so in Thorikos ein kreisrundes, Grabbau der Familie eines Königs, am O.-Hang, dabei auch ein ovales, 2. Jt. (Hesp. 30, 1961, 299ff.). Das große Kuppelgrab von Marathon (Plan AA 1962, 225 Abb. 30) besaß einen 25 m langen Dromos, in diesem 2 Pferdeskelette, Reste der Beisetzung der Streitwagenpferde des Königs, 14. Jh. (Ergon 1958, 23f.). Beim alten Kuppelgrab von Menidi (Lolling Das Kuppelgrab von Menidi, 1880) ist neuerdings die dazugehörige Siedlung gefunden worden (ABSA 53/54, 1958/59, 292ff.). Beim Fürstensitz Aphidna liegt ein kreisrunder Tumulus mit Steinkrepis. Vgl. auch die Tholos auf der Insel Salamis Arch. Report f. 1961/62, 7.

Der »Synoikismos des Theseus« scheint die Selbständigkeit dieser Herrensitze beseitigt zu haben (Kirsten-Kraiker 146), die → Demen des att. Einheitsstaates treten nun an ihre Stelle.

Die im letzten Jahrzehnt in Fluß gekommenen systematischen Untersuchungen der Vorgesch. von A. ergeben schon jetzt ein Bild, das dem in Athen Feststellbaren entspricht; wenn auch gewiß noch nicht sämtliche einst vorhandenen Siedlungen gefunden und erforscht sind, dies kann man schon jetzt sagen: nachweisbar ist eine ununterbrochene Besiedelung des Landes vom Neolithikum an. (Über die Fundplätze: D. Theocharis, MDAI(A) 71,1055,1ff. F. Schachermeyr, AA 1962, 169ff. Kirsten-Kraiker 145ff. Mykenische Topfware: ABSA 42,1–75). Es handelt sich hauptsächlich um folgende Fundplätze (vgl. Schachermeyr Taf. 2 Nr. 1–13): Marathon, wo die alte Siedlung weit s. des h. Ortes Marathona lag, mit der Pansgrotte, die mit der von Paus. 1,32,7 genannten identisch zu sein scheint (Ergon 1958, 18); Nea Makri, bedeutende Siedlung an der O.-Küste (Schachermeyr 169), Rafina (Praktika 1955 [1959], 116); von besonderer Bedeutung ist Askitario (EA 1853/54 [1961]; Arch. Rep. 1961/62, 7), dessen Besiedlung bis in myk. Zeit (Späthellad. III A) reicht; dieser Ort scheint, wie so mancher in A., in den Wirren der »Dorischen Wanderung« untergegangen zu sein; → Brauron mit nie unterbrochener Besiedelung bis in nachklassische Zeit; dazu die frühbronzezeitliche Siedlung bei Pyrgos Vraonas. Sehr erfolgreich sind die Grabungen bei Perati in der Bucht von Porto Rafti (Schneiderhafen nach der aus dem Felsen gemeißelten Figur röm. Zeit); aufgedeckt wurde die umfangreiche Nekropole, die wahrscheinlich zu der Stadt Steiria gehörte; die Keramik repräsentiert die letzte Phase der myk. Zeit, Funde anatolischer Siegelzylinder erweisen einen Kontakt mit dem O. (AJA 67, 1963, 280 Taf. 64,12. Praktika 1953, 94. 1956

[1961], 63ff. Ergon 1961, 13ff. Arch. Rep. 1059 [1961]). Thorikos (s.o.). An der W.-Küste: Aliki, späthellad. Kammergräber (Schachermeyr 226); zu dem hier gefundenen Stiefelgefäß: S. Marinatos Kreta und das myk. Hellas, 1959, 230 zu Taf. 236), H. Kosmas (s.o.), Eleusis: die ältere Siedlung scheint auf den Burghügel beschränkt gewesen zu sein; Schachermeyr beobachtet 211, daß »viele Züge der myk. Kultur bereits im ausgehenden Mittelhellad. vorbereitet« sind. Im Inneren Menidi (s.o.), Markopulo, Spata (zu den Elfenbeinreliefs als Kästchenverkleidungen s. S. Marinatos 216).

An Nekropolen nachmyk. Zeit sind vor allem bekannt geworden: Thorikos (MacDonald, Hesp. 30, 1961, 299ff. geometrisch), ferner Myrrhinous, im Hinterlande von Porto Rafti bei Merenda (8. bis 4. Jh., Ergon 1960, 30ff. 1961, 37f. Arch. Rep. 1960/61, 5; 1962/62, 7); die großen Gräberfelder des 7. Jh. an der Straße von Vari nach Koropi sind seit langem bekannt (Philipps.-Kirst. 1, 1950, 810); große Grabbezirke mit Terrassenmauern wie in Athen kennen wir aus Vula (ebd. 1,904). In Spata und Anavisos sind Anlagen des 7. und 6. Jh. aufgedeckt worden mit Grabdenkmälern (u.a. die Sphinx in Athen) von höchster Qualität (Kuroi: E. Buschor Frühgriech. Jünglinge, 1950, Abb. 124,131. Chr. Karusos Aristodikos, 1961).

Von den in archaischer und klassischer Zeit blühenden Kulten von A. lassen die meisten sich in vorgesch., manche von ihnen in vorgriech. Zeit zurückverfolgen: Pan und die Nymphen wurden bis in späte Zeit in Höhlen verehrt; schon in neolith. Zeit wurde die Pansgrotte bei Marathon benutzt (s.o.), eine andere Grotte liegt im Parnes beim Kloster der *Παναγία τῶν Κλειστῶν*, vor ihr spielt der Dyskolos des Menander; eine Pan, Apollon und den Nymphen geweihte Grotte hoch im Hymettosgebiet bei Vari (Philipps.-Kirst. 1, 905. W. Zschietzschmann Hellas und Rom, Taf. 36). Vgl. die Pansgrotte am N.-Abhang der Akropolis von Athen. Beim h. Orte Marusi verehrte man die Artemis Amarysia, Apollon wie besondere Dionysos, ehe Peisistratos den Kult von Eleutherai nach Athen brachte, in Ikaria, am N.-Fuß des Pentelikon, weil der Gott zuerst hier eingekehrt, im h. Flurnamen Dioniso ist die Erinnerung noch bewahrt (Plan Kirsten-Kraiker Abb. 52c). In Brauron hatte Iphigeneia einen Kult, gemeinsam mit ihr Artemis Brauronia, lange ehe ihr im 5. Jh. auf der Akropolis von Athen ein Kult eingerichtet wurde. Tauropolien wurden lang noch gefeiert für Artemis Tauropolos im Demos Araphen, einen Tempel hinter den Dünen von Lutsa schreibt man der Göttin zu (Ergon 1957, 23f.). Athena wurde u.a. auch in Sunion verehrt, desgleichen Poseidon. Ein Heiliger Weg führte von der *ἱερὰ πύλη* beim Diplyon in Athen zur Paßhöhe mit dem Apollonheiligtum beim jetzigen

Kloster Dafni nach → Eleusis an einem ländlichen Aphroditebezirk (Paus. 1,37,7) vorüber; es ist h. noch dicht an der modernen Straße an den zahlreichen in den Fels eingemeißelten Votivnischen zu erkennen, auch an den Rheitoi kommt man vorüber (Paus. 1,38,1), einst stark fließende Salzbäche, h. teichartige Lachen; die Steinbrücke über den Kephisos (Arch. Rep. 1961/62. AJA 67, 1963, 289 Taf. 64,11) errichtete Hadrian z. Z. seiner Einweihung in die Mysterien von Eleusis. Die Mysterien selbst feierte man von frühester Zeit an, bis ihnen das Christentum ein Ende setzte. W. Z.

Attila. König der Hunnen 434–453, folgte gemeinsam mit seinem Bruder Bleda (445/46 von A. ermordet) seinem Onkel Rua nach (Prisk. frg. 11, FHG IV. Jord. Get. 35.49). Von Ungarn aus (zum Leben an A.s Hof vgl. Prisk. frg. 8) beherrschten die → Hunnen damals nördlich der Donau in lockerem Zusammenhang zahlreiche Völker vom Rhein bis zur Ukraine (Iord. Get. 24. 35.50.53.). Um A.s Raubzüge einzudämmen, erhöhte Ostrom die jährl. Tributsummen, verzichtete auf Rekrutierung im hunn. Machtbereich und billigte A. die Würde eines *mag. militum* zu (Prisk. frg. 1.2.3.8). Von 447 an widersetzte man sich energischer den Forderungen A.s. Im Westen erfolgte um 450 ein Umschwenken von dem durch → Aetius bestimmten prohunn. bzw. neutralen Kurs. 451 fiel A. in Gallien ein und richtete im Norden große Verwüstungen an. Im Bund mit den Westgoten zwang Aetius nach der Schlacht auf den Katalaunischen Feldern (zwischen Metz und Troyes) die Hunnen zur Rückkehr (Greg. Tur. 2,6 f. Iord. Get. 37.41. Chr. min. 1,302. 2,26). 452 fiel A. in Italien ein, ließ sich aber schließlich durch eine Gesandtschaft unter Papst Leo zum Rückzug bewegen (Chr. min. a. O. Iord. Get. 42). Während der Vorbereitung zu einem Krieg gegen Ostrom starb A. 453 (Iord. Get. 43.49. Prisk. frg. 18 f.). A. L.

E. A. Thompson Attila and the Huns, 1948. *F. Altheim* Attila und die Hunnen, 1951.

Attillus, Mosaicist, signierte ein unweit von Zürich gefundenes Mosaik. A. R.

Encicl. Arte Class. Or. I 906 *(Guerrini)*.

Attis, auch **Attes** (Ἄττις, Ἄττης). Alte Gestalt der phryg. Religion im Gefolge der Großen Mutter. Der A.-Kult verbreitete sich mit dem der Kybele über Kleinasien, aber nur spärlich und in gemilderter Form nach Griechenland, erst nach der Anerkennung durch Kaiser Claudius in Italien und im röm. Reich. A. gab Kybele, die ihn liebte, das Versprechen der Keuschheit; als er es nicht hielt, machte sie ihn rasend; er entmannte sich unter einer Fichte und fand dabei den Tod, Ov. fast. 4,223 ff., oder wurde in eine Fichte verwandelt, Ov. met. 10,104; nach Paus. 7,17,5 ließ Zeus ihn durch einen Eber töten. Die Göttin stiftete ein Trauerfest: ihre Priester, Galli, ziehen in die Berge und suchen den verlorenen A. Finden sie sein Bild, so geben sie sich wilder Ausgelassenheit hin, bis zu blutigen Wunden und zur Entmannung, Macrob. Sat. 1,21,7. Das Fest wurde schon im Altertum als Symbol des alljährlichen Absterbens und Wiedererstehens der Vegetation gedeutet. Die Klage eines Gallus (Catull 63) schildert das Anziehende und das Abstoßende des Kults einprägsam. Tod und Auferstehung des Attis (Firm. err. prof. rel. 3.18.27. Arnob. 5,5–7. 7,39), verbunden mit einem kultischen Mahl und später mit Taurobolien, wurde für viele ein erregendes religiöses Erlebnis. Spiritualistische Deutung Iulian or. 5,165 ff. HERTL. Verwandte Gestalten → Adonis und → Agdistis. Auf einem att. Relief um 300 überreicht Agdistis dem A. eine Blume, IG II^2 4671. NILSSON GgrR 2,615. Beachtenswert wegen der Verbindung mit einem griech. Götterkreis und wegen der ernsten sittlichen Anforderungen an die Mitglieder die Inschr. eines Privatheiligtums im lyd. Philadelphia um 100 v. Chr. Sylloge^3 985. Vgl. → Atys. H. v. G.

H. Hepding, RGVV 1. *Cumont* 58 u. ö. *L. Deubner* Att. Feste 216.222. *Nilsson* GgrR 2, 614.628.660. *I. Carcopino* Aspects mystiques de la Rome païenne, Paris 1941, 49 bis 171. Übersicht der ant. A.-Denkmäler *Roscher* Myth. Lex. 1, 725 ff. RE I 2250 f.

Attius (Atius), plebeischer Gentilname, von SCHULZE Eigenn. 68.423 mit etr. *atnas, atnei* und den auch inschr. belegten Formen *Adius, Addius, Atius*, sowie (551) mit dem Ortsnamen *Atina* im Volskerland zusammengestellt. Im öffentlichen Leben treten Namensträger seit dem 2. Jh. v. Chr. entgegen (Nr. 2), werden aber erst seit Atia, der Mutter des Augustus, bedeutender; damals erfand man auch einen legendären Ahnherrn, Verg. Aen. 5,568 *Atys, genus unde Atii duxere Latini*. In der Kaiserzeit herrscht die Schreibung mit Konsonantengemination vor. Attii Labieni hat es – entgegen einer früheren Annahme – nicht gegeben. A. als Vorname (= Appius) bei dem Volskerfürst A. Tullius in der Coriolansage, RE VII A 800 f.

I. Republikanische Zeit: **1.** C. A., Pompeianer, der 49 die Stadt Sulmo gegen Caesar verteidigte, aber von diesem begnadigt wurde. Caes. civ. 1,18,1 ff. **2.** L. A., *tribunus militum* 178 v. Chr. Liv. 41,3,9. BROUGHTON Mag. 1,396. **3.** P. A., Senator, vielleicht *aedilicius*, 39 v. Chr. BROUGHTON 2,466.488. **4.** M. A. Balbus aus Aricia, Praetor um 60; von 59 an gehörte er zur Kommission der *XX viri agr. dand. assign.*, starb aber wohl bald nach diesem J. Verheiratet war er mit Julia, der Schwester Caesars, war Vater der Atia und über sie Großvater des Augustus. Suet. Aug. 4,1. Cic. Att. 2,12,1. Möglicherweise hatte er als Praetor die Provinz Sardinia (zu Münzen vgl. RE II 2253 f.). **5.** C. A. Celsus, Praetor um 65, Cic. Corn. 1, fr. 10. BROUGHTON 2,157. **6.** A. Dionysius, Freigelassener, von Cic. fam. 12,30,1 zum J. 43 erwähnt. **7.** P. A. Varus, Praetor um 53, Propraetor (?) 52 in Africa, Caes. civ. 1,31,2. Zu Beginn des Bürgerkrieges wurde er Anhänger des Pompeius und blieb dies bis zu seinem Tode. 49 stand er in Picenum (Cingulum, Auximum), ging dann nach Africa, wo er ohne Auftrag das Imperium als Promagistrat an sich riß, verlustreich gegen Curio kämpfte, aber von Iuba gerettet wurde. Er hielt seine Stellung und übergab nach Pharsalos 48 den Oberbefehl an Metellus Scipio, während er selbst 48–46 als *legatus pro pr.* weiterhin in Africa und 45 in Spanien tätig war. Im Africanischen Krieg war er Flottenbefehlshaber (bell.Afr.44.62f.), flüchtete nach der Schlacht bei Thapsos nach Spanien, wurde dort in einer Seeschlacht geschlagen (Cass. Dio 43,31) und fiel 45 in der Schlacht bei Munda, bell.Hisp.31. **8.** Q.A. Varus, *praefectus equitum* bei Caesar in Gallien 51 v.Chr. (Hirt.Caes.Gall.8,28,2) und im Bürgerkrieg 48 v.Chr. (Caes.civ.3,37,5; vgl. RE VIII A 426 Nr. 5). Broughton Mag.Suppl.8. **9.** Atia, Tochter von Nr. 4, Nichte Caesars, vermählt mit C. Octavius, dem sie 2 Kinder gebar: Octavia minor und 63 C. Octavius (später Augustus). Nach 59 heiratete sie L. Marcius Philippus, starb in der 2.H. d. J. 43, vgl. Suet.Aug.4. Tac.dial.28,5. H. G. G.

II. Kaiserzeit: **1.** C.A. Alcimus Felicianus. Inhaber zahlreicher Prokuraturen in der 1. Hälfte des 3.Jh., CIL VIII 822. 23948, s. H.Pflaum Carrières procur. équestr.² 2, 1960, 843–849. **2.** Q.A. Celer, legatus Aug.pr.pr. Thraciae, IGR I 756, s. A.Stein Leg. Thrakiens 66f. **3.** L.A. Macro, cos. suff.134, CIL XVI 79.80. **4.** Sex. A. Suburanus. Nach militärischen und zivilen Ämtern Prokurator von Gallia Belgica 97 (s. R.Syme Tac.1,56), AE 1939, 60; dann praefectus praetorio, Vict. Caes.13,9, cos.suff.101, pontifex 102, CIL VI 2074. 31034. Cos. II ord. 104, Forsch.Ephes. 2,27 v. 447. *Iudex datus*, Plin.epist.7,6,10f. **5.** Attia Viriola, vielleicht Schwester von Nr. 4, Plin. epist. 6,33,2. R. H.

Attizismus s. Rhetorik

Atuatuca, -i s. Aduatuca

Atymnios (Ἀτύμνιος). **1.** Sohn des karischen Königs Amisodaros. Er und sein Bruder Maris, Waffengefährten des Sarpedon, wurden von 2 Söhnen Nestors getötet, Hom.Il.16,317. **2.** Sohn des Zeus (Phoinix, Sch.Apoll.Rh. 2,178) und der Kassiepeia, von den Brüdern Minos und Sarpedon umworben, die sich seinetwegen entzweiten. Gewöhnlich wird der schöne → Miletos, Sohn Apollons und der Nymphe Areia, als Grund der Eifersucht und des Streites zwischen den Brüdern angegeben, Apollod. 3,1,2. **3.** Ein kretischer Sonnenheros, in Gortyn als Bruder der Europe verehrt. Ein Trauerfest galt dem frühen Tod, den Phoibos A.(Adymnos) als Lenker des Sonnenwagens fand. Nonn.Dion.11,129.258.12,217.19,180. Solin.11,9 → Phaethon. H. v. G.

Atys (Ἄτυς). **1.** Stammvater der Lyder. Hdt. 1,7.94.4,45. Dion.Hal.ant.1,27. Strab. 5,219. Sein Bruder ist Kotys, seine Söhne sind Lydos und Tyrsenos. Der letztere ist wohl an die Stelle von Torrebos getreten; die Torreber sind ein lydischer Stamm. A. ist von Hause aus mit dem kleinasiat. Gott → Attis identisch, wie Kotys mit der gleichnamigen thrakischen Göttin Kotys (Kotytto). **2.** Sohn des lydischen Königs Kroisos, Hdt.1,34 bis 45, der auf der Eberjagd durch Adrastos' Speerwurf umkommt. Zugrunde liegt die Sage von → Attis, die in rationalisierter Form und mit Betonung des Tragischen in die Kroisoslegende eingeführt wurde. H. v. G.

F. Stoessl G 66, 1959, 477.

Auction heißt Versteigerung. Sie fand nicht nur zur Ermittlung des bestbietenden Käufers, sondern auch bei Verpachtungen statt. Für öffentliche Versteigerungen ist in Äg. von 259 v.Chr. bis 57 n.Chr. der Ausdruck *πράσεις* nachweisbar. Die erste röm. Quelle über die a. ist Plaut. Stich. 190ff.218ff. Men. 1154ff. Poen. 410f. u.a. In den nachplautin. Quellen hat der → *argentarius* (Bankier) bei allen Versteigerungen eine beherrschende Stellung; so konnte es in der jüngsten Diskussion zweifelhaft werden, ob überhaupt der Veranlasser der Versteigerung oder nicht etwa der Bankier *venditor* im Rechtssinne wäre. Vor allem die Gestaltung der Gewährleistung für Rechtsmängel macht es aber doch wahrscheinlicher, daß der Veranlasser der a. selbst als *venditor* galt.

Bei den Versteigerungen war weiters ein Ausbieter *(praeco)* beteiligt, der auch den Zuschlag erteilte. Unmittelbaren Aufschluß über Details des röm. Versteigerungswesens geben uns pompeian. Quittungstafeln (CIL IV, Suppl. I 3340) und die *lex Metalli Vipascensis*. In den Digesten findet sich nur wenig Material (vgl. immerhin D. 46, 3,88). Bei der a. spielte neben der *centesima rerum venalium* eine *centesima argentariae stipulationis* (die wir aus der *lex Metalli Vipascensis* kennen) eine Rolle. Scheinbieter und Abreden über das Abstehen vom Bieten waren recht häufig. Th. M.-M.

Schirmer De auctione, 1858. *Talamanca* Contributi allo studio delle vendite all' asta nel mondo classico, 1954. *Thielmann* Die röm. Privatauktion, 1961.

Auctor ad Herennium. Moderne Bezeichnung für den unbekannten Vf. eines lat. Lehrbuches der Rhet., das einem C. Herennius gewidmet ist. Die in 4 B. eingeteilte Schrift galt vom 4. bis zum 15.Jh. als Werk Ciceros; seither wurde sie oft einem von Quintilian zitierten Cornificius zugeschrieben (s. RE IV 1605ff.). Wie sich aus den meist der röm. Zeitgeschichte entnommenen Beispielen ergibt, entstand sie in den J. 88–85 v.Chr.; s. Friedr. Marx in den Prolegomena seiner Ausgabe von 1894, 153ff. Sie enthält ein vollständiges System der rhetor. Theorie, für das die *officia oratoris*, die Redegattungen und die Redeteile die wichtigsten Einteilungsprinzipien abgeben; s. [2], 41ff. Das Quellenproblem, zumal die Frage nach dem Verhältnis des auctor zu Ciceros Jugendarbeit De inventione, ist lebhaft umstritten. Wahrscheinlich gehen beide Werke auf dieselbe lat. Rhet. zurück;

s. [1], 81 ff. Die Schrift ad Herennium diente im MA. als Schulbuch. Aus den unzähligen Hss. ragen fünf Codices mutili hervor, die dem 9., 10. und 11. Jh. entstammen. M. F.

Erstausg. von *Omnibonus* 1470. Ta. von *Marx* 1894 und 1923; zum Text *Wilh. Kroll* Philol. 89, 1934, 63 ff. 1. *Dieter Matthes* Lu. 3, 1958, 81 ff. 2. *Manfred Fuhrmann* Das systemat. Lehrb. 1960, 41 ff.

Auctoramentum. Lange hielt man das a., das etwa bei Gaius, Inst. 3,199 begegnet, für einen Vertrag über die Verdingung von Gladiatoren. Kürzlich hat jedoch eine Untersuchung KUNKELS gezeigt, daß jeder einem anderen ins *mancipium* gegebene Haussohn ein *auctoratus* war. Nach Serv. Aen. 11,558 erscheint das väterliche Verkaufsrecht geradezu als *potestas auctoramenti*. Der Zusammenhang mit der *mancipatio* erklärt denn auch den Ausdruck a., der *auctor* gehört ja zur *mancipatio*. Es ist wahrscheinlich, daß die Verknechtung durch a. der durch *nexum* nah verwandt war. Th. M.-M.

Kunkel Auctoratus, in: Symbolae Taubenschlag 3 (Eos 48, 1956, 3), 207 ff.

Auctoratus ist der, der sich auf Grund eines *auctoramentum* in der Gewalt eines anderen befindet und von diesem zu Diensten herangezogen werden kann; vgl. Gai. inst. 3,199. Th. M.-M.

Kunkel Auctoratus, in: Symbolae Taubenschlag 3 (Eos 48, 1956, 3) 207 ff.

Auctoritas. Ein in der röm. Rechtssprache mit mehreren technischen Bedeutungen vorkommendes Wort. Etymologisch leitet es sich wohl von *augere* ab (der *auctor* vermehrt die Rechtsmacht des Handelnden), doch sind Einzelheiten und Aussagekraft dieser Ableitung sehr streitig (dazu [9] und [11],236 ff. mit Lit.).

Dem Staatsrecht gehören an a) a. senatus: der aufgezeichnete, aber durch Interzession an voller Wirksamkeit gehinderte Senatsbeschluß (z. B. Cic. fam. 1,2,4). – b) a. patrum: die Zustimmung des Senats zu Gesetzes- oder Wahlbeschlüssen des Volkes, von der deren Wirksamkeit abhängt. Die a. patrum wird zunächst nachträglich erteilt, muß aber seit dem 4./3. Jh. v. Chr. schon vor dem Volksbeschluß eingeholt werden (dazu [1] u. [5]). – c) a. principis: die auf Ansehen gegründete Macht des Kaisers (vgl. die res gestae divi Augusti Kap. 34 und dazu [4]). Seit Augustus erhielten bestimmte Juristen das Recht, *ex auctoritate principis* zu respondieren, doch bedeutet das wohl nur »mit Erlaubnis«, nicht »im Namen« des Kaisers (Pomp. Dig. 1,2,2,49; dazu [2] u. [3]). Im Privatrecht bedeutet a. technisch a) a. tutoris: die Bestätigung von Rechtsgeschäften der *impuberes* (→ Aetas) und der Frauen unter Geschlechtsvormundschaft durch den *tutor*. Die a. tut. ist zunächst nur förmlich (»*auctor fio*« oder ähnlich), später aber auch formlos möglich (Inst. 1,21. Dig. 26,8. Cod. Iust. 5,59; dazu [12]). – b) a. als Prozeßhilfe (dazu [6 bis 11]). Wer eine Sache durch *mancipatio* veräußert, muß dem Erwerber, wenn ein Dritter ihm die Sache streitig macht, beistehen: Er muß die Klage des Vindikanten abwehren, indem er seinen eigenen rechtmäßigen Erwerb oder den seiner Vormänner nachweist. Mißlingt ihm das, so haftet er mit einer *actio auctoritatis* (OTTO LENEL Edictum perpetuum, 1927³, 542 ff.) auf den doppelten Betrag der Manzipationssumme. Damit zusammen hängen auch die XII Tafel-Sätze über *usus auctoritas* (Cic. top. 4,23) und *aeterna auctoritas* (Cic. off. 1,12,37), deren Deutung sehr umstritten ist (dazu [11]), und die lex Atinia (Gell. 17,7,1).

Ältere Lit. RE II 2274 ff., dazu zum Staatsrecht 1. *Ant. Guarino* Studi Solazzi, 1948, 21 ff. 2. *Wolfg. Kunkel*, ZRG 66, 1948, 423 ff. 3. *Ders.* Herkunft u. soz. Stellung der röm. Juristen, 1952, 281 ff. 4. *Pietro De Francisci* Arcana Imperii 3,1, 1948, 245 ff. 5. *Franc. De Martino* Storia della costituzione rom. 1, 1958, 217 ff. – Zum Privatrecht vgl. die bei 6. *Max Kaser* Röm. Privatrecht 1, 1955, 40,23 Genannten, bes. 7. *Ders.* Eigentum u. Besitz, 1956², 88 ff. 109 ff. 129 ff. 8. *Ders.*, ZRG 68, 1951, 155 ff. 9. *Luigi Amirante* Studi Solazzi, 1948, 375 ff. 10. *Karl Friedr. Thormann* Iura 5, 1954, 1 ff., dazu noch 11. *Theo Mayer-Maly*, ZRG 78, 1961, 221 ff. außerdem 12. *Siro Solazzi* Iura 2, 1951, 133 ff. D. M.

Auerhahn, *τέτραξ*, *tetrao*. Plin. nat. 10,56 unterscheidet eine kleine Art (eindeutig das Birkhuhn) von einer größeren, im N. und in den Alpen lebenden, dem Geier vergleichbaren, die den A. bezeichnet. Ob die Schilderung eines Vogels aus Mysien bei Athen. 9,398 e,f den A. meint, ist fraglich; auch andere Stellen, die den Namen enthalten (Aristoph. Av. 884. Suet. Cal. 22), lassen keine sichere Unterscheidung zu. Sicher dem A. ist das anon. Gedicht Anth. Lat. Nr. 883 gewidmet (Nistort am Fuß des Apennins!). Der Name (illyr. Ursprungs. vgl. WALDE-HOFM.³ 2,677) gehört urspr. wohl vielen Wildvogelarten (HEHN Kulturpfl.⁸ 368. KELLER Ant. Tierw. 2,165). – Aristot. hist. an. 559 a 12 (über das Brüten) nennt den *τέτριξ*, athen. *οὔραξ*; ob er mit dem A. identisch ist, bleibt ungewiß. W. R.

Auerochs, *urus* (*οὖρος* Anth. Pal. 6,332,3) der ausgestorbene bos primigenius. Erste Beschreibung bei Caes. Gall. 6,28 (interpol.); bei Plin. nat. 8,38 vom → Bison und → Büffel unterschieden, deutlich zur Korrektur verbreiteter Unklarheit, vgl. auch Sen. Phaedr. 68. Älteste Nennung wahrscheinlich bei Hdt. 7,126 (Makedonien); sonst ist Vorkommen in Germanien, den gallischen Bergländern und an der unteren Donau bezeugt. Hörner als Trophäe: Caes., Plin., Isid. orig. 12,1,34. Hadrian Anth. Pal. 6,332; als Signalhörner der Römer: Veg. mil. 3,5; meist unsicher, ob der A. gemeint ist. Name keltisch (Macrob. 6,4,23). W. R.

Aufidena (NISSEN It. Ldk. 2,788; Station gleichen oder ähnlichen Namens an der Aufidusmündung ebd. 858). Samnit. (Ptol. 3,1,66: karakenisch), Stadt am Oberlauf des Sangro, 298 v. Chr. von den

Römern erobert (Liv. 10,12,9), später *municipium* (CIL IX 2805) in der 4. Region (Plin. nat. 3,107), liegt an der Straße zwischen Sulmo und Aesernia (It. Ant. 102). Osk. Inschr bei VETTER, HB Nr. 141 bis 145. Ruinen n. der ma. Stadt Alfedena mit irriger Restitution eines l im Namen, der von dem des Aufidus und illyr. Einfluß nicht zu trennen ist. G. R.

Aufidius, plebeischer Gentilname (mit dem Flußnamen Aufidus nach SCHULZE Eigenn. 203 kaum direkt zusammenhängend, weil zahlreiche ähnliche Namen nachweisbar sind, 269). Seit dem 2. Jh. v. Chr. sind Namensträger in Rom bekannt und treten bes. in der Kaiserzeit in hervorragenden Stellen entgegen.

I. Republikanische Zeit: **1.** Au., Teilnehmer an einer Verschwörung gegen Sertorius, Plut. Sert. 26f. **2.** Cn. Au., Volkstribun 170 v. Chr. vgl. RE II 2288 Nr. 5. BROUGHTON Mag. 1,420.423,6. **3.** Cn. Au., Senator 129 v. Chr., BROUGHTON 2,488. **4.** Cn. Au. Praetor in Asia um 107, Propraetor ebd. um 106 (BROUGHTON 1,551), später erblindet, von Cic. fin. 5,54 zum J. 94 erwähnt. MÜNZER Adelsp. 385f. **5.** T. Au., Praetor um 67, Statthalter in Asia um 66 (wohl *propraetor*). Cic. Flacc. 45. Val. Max. 6,9,7. **6.** T. Au., literarisch tätiger griech. Arzt in der 2. Hälfte des 1. Jh. v. Chr. Werke *περὶ ψυχῆς* (mind. 2 B.) und über chronische Krankheiten. **7.** (M. Aufidius) Lurco, Volkstribun 61 (zum Beinamen [= Schlemmer], den vielleicht zuerst Nr. 8 erhielt, s. RE III A 1837,54ff.). **8.** M. Au. Lurco, Pfauenzüchter. Varro rust. 3,6,1 u. a. **9.** Au. Luscus, Gemeindeschreiber, von Hor. s. 1,5, 34ff. verspottet. **10.** Cn. Au. Orestes, Aedil um 79, Praetor (urbanus) 77, Promagistrat 76, Consul 71. **11.** M. Auf(idius) Rus(ticus), Münzmeister um 135–127. BROUGHTON 2,432. H. G. G.

12. Au. Namusa. Schüler des Servius Sulpicius, vielleicht etr. Abkunft, hat nach Pomponius D. 1,2,2,44 eine wohl *digesta* genannte Sammlung aus Werken von 8 Servius-Schülern veranstaltet. Wir haben nur wenige Zitate seiner Ansichten, den Spätklassikern war er aber offenbar noch geläufig. Eine direkte Überlieferung von Werken durch Justinian kam jedoch nicht zustande. Th. M.-M.

Lenel Paling. 1,75f. *Kunkel* Herkunft und soziale Stellung der röm. Juristen, 1952, 30f.

II. Kaiserzeit: **1.** A. Bassus. Angesehener Geschichtsschreiber, Epikuräer, den Seneca 60 n. Chr. in hohem Alter in Rom sah, epist. 30,1ff.; vielleicht identisch mit dem Dedikanten von Dess. 3832. Seine Beredsamkeit lobt Tac. dial. 23,2. Er schrieb ein bellum Germanicum, Quint. inst. 10,1,103 (s. R. SYME Tac. 1,274ff.), sowie Historiae, daraus ein frg. über Ciceros Tod bei Sen. suas. 6,18. Sein Fortsetzer war der ältere Plinius. SCHANZ-HOS. 2,337. H. BARDON Litter. Lat. inconnue 2,164ff. **2.** A. Chius. Prokurator (Martial. 5,61,10) und Jurist der flavianischen Zeit, LENEL Palingen. 1,75. W. KUNKEL Herkunft röm. Juristen 135f. **3.** A. Coresnius Marcellus, legatus Aug. pr. pr. Thraciae unter Alexander Severus, AE 1927, 75. G. BARBIERI Alb. senat. 196 nr. 959. **4.** M. A. Fronto, Sohn von Nr. 7, Enkel Frontos. Cos. ord. 199, CIL VI 2270. Im J. 217 zum procos. Africae bestimmt, konnte er das Amt nicht antreten, erhielt aber wohl 219 Asia, Cass. Dio 78,22,4f. **5.** C. A. Marcellus, cos. ca. 205; procos. Asiae 220 oder 221, IGR IV 1206; cos. II ord. 226, CIL XVI 143,186. **6.** C. A. Victorinus Mul[vius?]. Polyonymos, dessen Namen und Cursus honorum durch eine Inschr. vom Augustus-Forum in Rom bekannt wurde, AE 1934, 155, s. H. G. PFLAUM, CRA 1956, 189f. = AE 1957, 121. Er stammte aus Pisaurum in Umbrien, CIL XI 6334. Schüler Frontos mit M. Aurel, heiratete später Frontos Tochter Gratia, Front. ad am. 2,2 (p. 189,5 VAN DEN HOUT). Er war cos. suff. im Mai 155, CIL VI 2086. Von 162–165 legatus Aug. pr. pr. Germaniae sup., CIL XIII 11808 mit der Aufgabe, den Chatteneinfall in Germanien und Raetien abzuschlagen, Cass. Dio 72,11,3. H. A. vit. Marci 8,7. Im J. 166/67 wohl [comes] Augg. Antonini et Veri im Markomannenkrieg, wobei er hohe Auszeichnungen erhielt, dann nach PFLAUMS Rekonstruktion, CRA 1956, 189 im J. 168/69 legatus Aug. pr. pr. in den tres Daciae, 171/72 in Hispania cit., und der Baetica; procos. Africae (Cass. Dio 72,11,4) um 173/75; um 180 hatte er als Statthalter ein hohes Militärkommando inne, vielleicht Britannien. Nachher praefectus urbi, Cod. Iust. 4,57,2. CIL XI 6334, und im J. 183 cos. II, CIL VI 2099. Um 185 †. Cass. Dio 72,11,1f. **7.** C. A. Victorinus, Sohn von Nr. 7, cos. ord. 200, CIL XI 6335. R. H

Aufidus (Pol. 3,110,9; falsch *Αὐφίδιος* bei Ptol. 3,1,15. Plut. Fab. 15). Hauptfluß Apuliens, 166 km lang. Nach reißendem Lauf im Gebirge (Hor. c. 3,30,10 u. a.) mündet er träge fließend (Sil. 10,170) 16 km ö. Canusium (Strab. 283: mit Hafen) in die Adria. Der Name *(⟨*oughu̯idŏ-)* weist illyr. Vokalisation auf; j. Ofanto. G. R.

Auge 1. s. Optik. **2.** s. Athena

Augeias (*Αὐγείας*, *Αὐγέας*). Sohn des Helios (oder Poseidon, Phorbas) und der Hyrmine, Bruder des Aktor (→ Aktorionen), Vater des Phyleus und Agasthenes und der → Agamede (Il. 2,68.624. 701.739), König der Epeier von durchtriebenem Charakter (Il. 11,698). Gewöhnlich ist A. König der Eleier in Pisa oder Ephyra. An seinen Reichtum knüpft die Novelle von Agamedes und → Trophonios an, die der von Hdt. 1,121 erzählten vom Meisterdieb und dem Schatzhaus des Rampsinit gleicht: in der Telegonie (Prokl. epit. p. 109 ALLEN), dann bei Charax FHG 3,637. Der Herdenreichtum des A. gibt Anlaß zu dem 6. (5.: Apollod. 2,5,5) Abenteuer des Herakles. Eurystheus trug ihm auf, die Stallungen des Königs von dem seit vielen Jahren angesammelten Mist an einem Tage zu befreien. Herakles bedang sich dafür den 10. Teil der Herden des A. aus. Er durchbrach das

Fundament des Stalles, leitete den Alpheios und Peneios hindurch und schwemmte so den Mist fort. Nach B. SCHWEITZER Herakles, 1922, 146ff. galt diese Arbeit ursprüngl. der Erringung der Königstochter. F. BROMMER Herakles, 1953, 28f. weist nach, daß dieses Abenteuer auf keiner griech. Vase dargestellt ist und auch in der Literatur erst spät und selten berührt wurde. Es scheint auf ein ἀδύνατον des Volkshumors zurückzugehen, WILAM. Herakl.² 160. Daß die Szene auf einer Metope des Tempels in Olympia dargestellt wurde (Herakles scheint hier nur mit einer Schaufel zu arbeiten), erklärt sich aus lokalen Rücksichten: Olympia liegt im Herrschaftsgebiet des A. Er weigerte sich, dem Helden den vereinbarten Lohn zu geben (Pind. O. 10,27. Paus. 5,1,10), jagte ihn aus dem Lande und verband sich gegen ihn mit den → Aktorionen, die Herakles besiegten. Dieser rächte sich, indem er die Aktorionen überfiel und niedermachte, Elis eroberte und A. tötete. Apollod. 2,7,2. Diod. 4,13,3. Hyg. fab. 30. Theokr. 25. Paus. 5,1,9 bis 2,1 und sonst. H. v. G.

W. Kullmann Die Quellen der Jlias H (ES 14) 161. *L. Radermacher* Mythos und Sage 374.

Augenheilkunde. Erkrankungen des Auges sind bei den Mittelmeervölkern von alters her häufig. Besonders Entzündungen scheinen schon früh verbreitet gewesen zu sein; bei den Griechen finden sich mehrere, sicher alte Bezeichnungen dafür (ὀφθαλμία, vgl. schon Hdt. 7,229, γλαμυρός, λήμη mit Ableitungen). In der frühen griech. Medizin war die A. kein Gebiet für sich – jedenfalls wissen wir von keiner frühen Spezialschrift περὶ ὀφθαλμῶν –, sondern wurde bei Gelegenheit in anderen Zusammenhängen mit abgehandelt. So gibt es in einigen der ältesten Schriften des hippokrat. Corpus (s. vor allem περὶ ἀρχαίης ἰητρικῆς 19) verstreute Angaben über Augenentzündungen sowie weniges über deren Heilung. Chirurgische Eingriffe am Auge sind in dieser frühen Zeit offenbar nicht vorgenommen worden; von der später beliebten Anwendung des Aderlasses sowie von Einschnitten in die Kopfhaut (περισκυθισμός) und dem Brennen der Schläfenadern bei Augenkrankheiten reden erst jüngere Schriften des Corpus [1]. Die Anatomie des Auges war ebenfalls noch nicht so fortgeschritten wie bei den Alexandrinern. Eine bedeutende Weiterentwicklung der A. scheint das uns nicht erhaltene Werk des Herophilos περὶ ὀφθαλμῶν gebracht zu haben (hingewiesen sei darauf, daß wir für die Zeit vor diesem beachtliche Papyrusreste über A. haben, welche aller Wahrscheinlichkeit nach aus einem Werk des Diokles v. Karystos stammen [2]). Im Anschluß an diesen ist in den beiden ersten Jh. v. Chr. die operative Technik bei Geschwüren und Starerkrankungen ausgebildet und verfeinert worden, worüber uns Cels. De med. 7,7 berichtet; außerdem wurden neue Augensalben erfunden. In dieser Zeit vergrößerte sich auch die Anzahl der Spezialärzte für A. (ὀφθαλμικοί, vgl. Gal. 18 A, 47 K.; im röm. Heer hießen sie *ocularii*) immer mehr.

Die das Wissen der antiken A. zusammenfassenden späten Kompendien (Aetios v. Amida Buch VII, der von TH. PUSCHMANN [Nachtr. z. Alex. v. Tralles, Berl. 1886] herausg. Anon. περὶ ὀφθαλμῶν sowie, aus früherer Zeit – um 100 n. Chr.? –, die ps. galenische Schrift Εἰσαγωγὴ ἢ ἰατρός) gehen nach M. Wellmanns [3] einleuchtender Hypothese alle auf das verlorene ophthalmologische Hauptwerk des um 50 n. Chr. lebenden Arztes Demosthenes zurück. F. K.

Jul. Hirschberg Gesch. der A. im Altert., Lpz. 1899. *G.E. Arrington* A History of Ophthalmology, New York 1959². 1. *Aug. Andreae* Die A. des Hippokrates, Magdeb. 1843. 2. *G.A. Gerhard* Ein dogmat. Arzt des 4. Jh. v. Chr., Heidelb. 1913 (vgl. *Werner Jaeger* Diokles v. Karystos, Berl. 1938, 33–37). 3. *M. Wellmann* Demosthenes περὶ ὀφθαλμῶν, H 38, 1903, 546–566.

Augila. Oase auf dem ersten Drittel des Wegs von Agedabia nach Kufra, mit gleichem Namen u. a. von Hdt. 4,172.182 als Anpflanzung von Dattelpalmen der Nasamonen erwähnt. Weitere Nennungen bei Prok. de aed. 6,2. Plin. nat. 5,26f. Strab. 17,838. Jetzt ist Au. das letzte Rückzugsgebiet der Berbersprache in der Cyrenaika. W. H.

Augures. I. Worterklärung. II. Tätigkeit. III. Geschichte. I. Gehört a. und augurium (so heißt die Kulthandlung) zu augēre (WALDE-HOF.³ 1,83. ERN.-M. Dict. étym.⁴ 56f. [10] 67. WISSOWA, PhW 41, 1921 916ff. seine frühere Ansicht [2,2313f.] korrigierend), so stehen diese Bezeichnungen in Zusammenhang mit Vermehrungsriten, insbesondere für die Fruchtbarkeit ([10] 66f.), wobei der *lituus* ursprüngl. Zauberstab ist ([5] 38ff. WISSOWA a.O. LATTE, RE XIII 805). Dann bleibt offen, wann und wie die historisch allein bekannte Funktion dafür eintrat und »ob es vor der Übernahme der Disziplin durch die Augurn eigene *auspices* gab ... oder ob das Wort nur die Augurn in dieser ihrer Funktion bezeichnet« (WISSOWA a.O. 917).

II. Uns jedenfalls begegnen die a. nicht als Herbeirufer von mehr »Macht« ([10] 67; Spuren davon glaubt man allerdings in etwas dunklen Grammatikernotizen zu erkennen: [10] 67, 1), sondern als Deuter göttlicher Zeichen. Ihre Deutung bezieht sich aber nicht auf Voraussagen des Zukünftigen, sondern ausschließlich auf die Einholung göttlicher Zustimmung zu einer beabsichtigten Handlung, die man also auch unterlassen kann; tut man dies nicht, wird sie mißlingen. (Verständlich, daß das schon im Altertum nicht stets klar von Zukunftsvoraussage geschieden wird.)

Wichtige Staatshandlungen dürfen nur *auspicato* vorgenommen werden: Die Einholung selbst ist Sache des Magistrats (ursprüngl. durfte im privaten Bereich wohl jeder *pater familias* Zeichen einholen; das kam aber ganz außer Übung), die Deutung oder gar die Entscheidung über sich widersprechende Zeichen beruht auf einer komplizierten Lehre, deren Träger die a. sind. Das Kollegium besaß auch ein Archiv mit erteilten Gutachten. Zwar brauchte der Magistrat nicht Kenntnis zu nehmen von negativen Zeichen, aber dies konnte leicht zur Anfechtung führen, insbesondere bei Wahlen, weshalb schließlich den Magistraten, z.B. bei Comitien, immer ein a. beigegeben wurde.

Die Zeichen zerfielen in 2 Hauptklassen, *auguria impetrativa* (erbetene Zeichen) und *au. oblativa* (Zeichen, die unerbeten erscheinen); die *signa* selbst werden geschieden in 5 genera: *ex caelo, ex avibus, ex tripudiis, ex quadripedibus, ex diris;* doch scheint es früher auch noch andere gegeben zu haben. Für *auguria impetrativa* kommen nur die *signa ex caelo* (für die auguralen Kultakte) und die *signa ex avibus* (insbesondere für die magistrale Auguration) in Frage. *alites* geben durch ihren Flug, *oscines* durch ihre Stimme Zeichen. *dirae* sind immer ungünstig, sonst kommt es auf Art, Ort, Richtung des Zeichens und auf die vorgesehene Handlung an (Blitz ist z.B. nur bei Comitia ungünstig; angeblich [Serv. Aen. 4,462] sind Vögel, die als *alites* günstig sind, als *oscines* ungünstig und umgekehrt). Wie *maius* und *minus imperium*, so gibt es auch *maiora* und *minora auspicia*. Eigene auspicia hat nur der Inhaber eines selbständigen Oberkommandos. Vor der Abreise haben Feldherrn und Statthalter in Rom *auspicia* einzuholen, die nur in Rom erneuert werden können.

Für die Auspikation wird eine Örtlichkeit von viereckigem Grundriß bestimmt, das *templum*; sie hat an dem Ort und an dem Tag zu erfolgen, an dem die Handlung (Senatssitzung, Comitien usw.) stattfindet. Der Augur bezeichnet mit seinem *lituus*, Krummstab, genau die Grenzen, sei es eines Raumes oder eines freien Geländes. Die Orientierung stand in seinem Belieben, wir haben Zeugnisse für Ost- wie Südorientierung. Für nichtmagistrale augurale Akte stand den a. das sog. *auguraculum* auf der *arx* zur Verfügung; andere *auguracula* waren auf dem Palatium und auf dem Quirinal (auch außerhalb Roms [6]4,1).

Über die Zeremonie sind wir nur mangelhaft unterrichtet. Immerhin ist bei Varro l.l. 7,8 eine textlich leider nicht gesicherte Auguralformel überliefert ([6]1 ff.[9]143 ff.). Zweitens dürfen wir uns die Inauguration der Priester nach Liv. 1,18,6 ff. vorstellen: Der Augur erbat von der Gottheit ein Zeichen, ob ihr der zu Inaugurierende genehm sei. Von anderen selbständigen Kultakten kennen wir kaum die Namen (*augurium salutis* fand alljährlich statt, wenn kein Heer im Feld stand, weshalb es oft ausfallen mußte; es gab *auguria*, die sich auf das Wachstum bezogen: der Gedanke an die erschlossene alte Funktion [s. o.] liegt nahe). Etwaige Opferhandlungen wurden nicht von den a. selbst vollzogen, sondern von den *pontifices* ([1]524).

Schon am Ende der Republik ist an Stelle der umständlicheren Vogelschau die Blitzbeobachtung üblich: Blitze aber sind selten, und so genügte es, wenn ein solches Zeichen gemeldet wurde. Im militärischen Bereich wurde sie noch früher durch *signa ex tripudiis* ersetzt: Fraßen die Hühner so gierig, daß ihnen ein Teil aus dem Schnabel rann, galt das als günstig; man half dem durch Aushungern und die Form der Nahrung nach. Je geringer die Bedeutung der Auguration wurde, desto größer wurde die der → Haruspizin.

III. Geschichte des Kollegiums. Erhebung der a. zum Kollegium schreibt Cic. rep. 2,16 dem Romulus zu, Liv. 1,18,6 und 4,4,2 dem Numa. Den überragenden Einfluß datiert Liv. 1,36 seit dem Auftreten des → Atius Navius. Nach Cic. rep. 2,16 betrug die Zahl ursprüngl. entsprechend der der Tribus 3. Doch seit der lex Ogulnia 300 v. Chr. 9, von denen 5 Plebeier sein mußten ([12],85; Liv. 10, 6,6 ff. ist unmögliche Konstruktion; auch Cic. rep. 2,26 ist unzuverlässig). Sulla vermehrte die Zahl auf 15, Caesar unter Außerachtlassung der Dreizahl auf 16. Das Kollegium ergänzte sich durch Kooptation, die wie die anderer Kollegien durch eine lex Domitia eingeschränkt wurde: Das Kollegium legte eine Kandidatenliste vor, auf der höchstens je 2 Mitglieder denselben Namen setzen durften; die Wahl erfolgte durch *minor pars populi*, d.h. 17 ausgeloste Tribus. In der Kaiserzeit ging diese wie alle Wahlen an den Senat über, erheblich eingeschränkt aber durch das kaiserliche Kommendationsrecht. Das Amt war lebenslänglich. Weitere priesterliche und staatliche Ämter konnten übernommen werden. Hohe Ehrenrechte, *toga praetexta* bei amtlichen Handlungen, Ehrensitze bei Spielen, *vacatio muneris et militiae* standen den a. zu. Sie trugen *lituus* und → *trabea*. Trotz verringerter Tätigkeit blieb das Ansehen bis zum Ende der Republik erhalten. W. E.

1. *Wissowa* Rel.[2] 523 ff. 2. *Wissowa* RE II 2313 ff. 3. *Mommsen* RStR 1,76 ff. 4. *Nissen* Das Templum, Bln. 1869. 5. *Flinck* Auguralia und Verwandtes, Ann. Acad. Fenn. Ser. B XI, 10, 1921. 6. *Norden* Aus altröm. Priesterbüchern, Lpz. 1939. 7. *St. Weinstock* Templum RM 47, 1932, 95 ff. (gekürzt: RE V A 480 ff.). 8. *Ericsson*, ARW 33, 1936, 294 ff. 9. *Latte*, Philol. 97, 1948, 143 ff. 10. *Latte* RRelG 141.397. 11. *Altheim* RRelG 3, 1933, 15 f. 12. *E. Meyer* Röm. Staat und Staatsgedanke, Darmstadt [2]1961, 85.123 ff.

Augurinus. 1. Prokonsul von Creta Cyrenae unter Caligula, SVORONOS Numism. de la Crète 1,181,193. **2.** Tölpel, der gleichzeitig mit Claudius starb, Sen. apocol. 3. **3.** → Sentius. Serius. R. H.

Augurium s. Augures

Augusta (Augustae). Name oder Beiname zahlreicher Städte in Italien und in den Provinzen, hinweisend auf eine Koloniegründung bzw. die Verleihung des Kolonialrechtes durch Augustus oder auch durch einen späteren Kaiser.

1. A. Bagiennorum (NISSEN It. Ldk. 2,154. BELOCH RG 627), ligur. Stadt (Ptol. 3,1,35) der 9. Reg. (Plin. nat. 3,49) am Oberlauf des Tanaro;

j. vermutlich Bene; *municipium* der trib. Camilia (CIL V p. 873). G. R.

2. A. Emerita am Anas, h. Mérida am Guadiana, Kolonie, wurde 25 v. Chr. von dem Legaten P. Carisius im Auftrage des Augustus für die Veteranen der 5. und 6. Legion gegründet (Cass. Dio 53,26. Isid. Etym. 15,1,69. Mz.: Antonio Vives La moneda hispánica, Madrid 1926. 1924, 4, 58 ff. Dazu: Ad. Schulten Los Cántabros y Astures, Madrid 1943, 152.165). Die Siedlung bekam ein übergroßes Territorium, das sich auf mehr als 100 km Länge erstreckte, so daß viel Land unbebaut liegenblieb ([1] VIII 241–243.247). Trotzdem hat Otho anscheinend das Gebiet noch erweitert (Tac. hist. 1,78). Sie war Hauptstadt ihres *conventus* (Plin. nat. 4,117. Strab. 3,2,15). Weitere Belege s. RE V 2493, zahlreiche Inschr. CIL II Suppl. p. 1144, Münzen a.O. Eine große Rolle spielte A. E. in christlicher Zeit. Schon um 250 war sie Bischofsstadt (Cypriani ep. 67, CSEL III 2,735, dazu [1] VIII 46 f.) und wird 306 (?) und 344 als solche genannt ([1] VIII 59.66).

In westgotischer Zeit wird A. E. als Sitz eines Metropoliten in den Konzilsakten regelmäßig genannt; hier fand 666 ein Konzil statt (Mansi 11, 75–89, dazu [1] IX 320 f.), außerdem war sie von 568 an Münzstätte ([1] IX 193.229.233.237.243. 253. 281. 288 f. 294. 297. 308. 323. 341. 358. 372. 377 f.). Für die kirchliche Bedeutung der Stadt spricht auch das Lob des Prud. (Peristeph. III. in honorem passionis Eulaliae. S. [1] VIII 373) und die Schrift De vita patrum Emeritensium ([1] IX 5). 457 eroberte, aber verschonte sie Theoderich II. (Hyd. Chron. 182 = Chron. Min. 2 p. 30 Mommsen). Über das Datum s. [1] IX 77 f. Dem Aufstand des Hermenigild gegen Leovigild schloß sie sich an, wurde aber von diesem 582 erobert (Greg. Tur. Hist. Franc. 6,18, dazu [1] IX 168.182.193: Siegesmünzen des L.). Zu unbekannter Zeit hat ein unbekannter Usurpator Iudila hier Münze geschlagen ([1] IX 383 f.). Über die erhaltenen Reste und die späteren Schicksale s. Encicl. Univ. Ilustr. 34, 892 ff. s. Mérida. R. G.

1. Font. Hisp. Ant., Barc. 1925 ff.

3. A. Praetoria (Nissen It. Ldk. 2,171. Beloch RG 616), Stadt im Gebiet der Salasser (Ptol. 3,1,34), von Augustus an der Stelle des Lagers des Ter. Varro Murena im J. 25 v. Chr. angelegt (Strab. 206. Cass. Dio 53,25 f.), zur *trib. Sergia* (Kubitschek Imp. Rom. trib. discr. 117) und 11. Reg. (Plin. nat. 3,123) gehörig. Von Placentia (162 mp entfernt) über Ticinum-Eporedia durch Straße (Itin. 345,3. 347,6. 351,3. 556,9) erreichbar; Zugang zum Großen und Kleinen St. Bernhard; j. Aosta. Bedeutende röm. Baureste: NSA 1899, 108 mit Plan.

4. A. Raurica. Römische Kolonie, gegründet im Sommer 44 v. Chr. durch L. Munatius Plancus als colonia Raurica auf dem Gebiet der Rauriker (CIL X 6087. Dess. ILS 886. Plin. nat. 4,106) als Grenzfestung Galliens gegen das Alpengebiet, dann wohl Verstärkung durch Augustus, h. (Basel)-Augst. Funde erst ab augusteischer Zeit, großartiger Ausbau um die Mitte des 2. Jh. n. Chr., zerstört in den Alemanneneinfällen von 259/60 n. Chr. Nachfolger das diokletianische Castrum Rauracense am Rhein (Kaiseraugst). Ausgegraben und z. T. konserviert, besonders das Theater, vorübergehend zum Amphitheater umgebaut, gegenüber großer Tempel über Resten eines gallorömischen Tempelbezirks, Forum mit Juppitertempel, Basilica und Curia, zweites Forum, der sog. »Grienmatttempel«, vielleicht eine Art Septizonium, weitere gallorömische Tempelbezirke, neuerdings großes Amphitheater, größere Teile der Wohnviertel mit mehreren Thermen, gewerbliche Anlagen u. a. Stadtmauer im 3. Jh. begonnen, unvollendet. Kastellmauern von Kaiseraugst z. T. noch hoch aufrechtstehend und konserviert. E. M.

1. *Theophil Burckhardt-Biedermann* Die Kolonie Augusta Raurica, ihre Verfassung und ihr Territorium, 1910. 2. *Fel. Stähelin* Die Schweiz in röm. Zeit, ^{3}1948, 95 ff. 597 ff. 3. *Ernst Howald–Ernst Meyer* Die röm. Schweiz, 1940, 305 ff. 4. *Rud. Laur-Belart* Führer durch Augusta Raurica, ^{3}1959. 5. *K. Kraft*, JRGM 4, 1957, 81 ff. 6. *Elis. Ettlinger* Die Keramik der Augster Thermen, Monographien zur Ur- und Frühgeschichte der Schweiz, 6, 1949. 7. Neue Ausgrabungen und Funde in den Jahresberichten der Gesellschaft Pro Augusta Raurica seit 1936 und in den Zeitschriften Jb. der Schweiz. Gesellschaft für Urgeschichte und Urschweiz.

5. A. Taurinorum (Nissen It. Ldk. 2, 163. Beloch RG 616), ursprüngl. ligur. Stadt der 11. Reg. (Plin. nat. 3,123) am Zusammenfluß von Duria min. und Po (von hier aus schiffbar; Plin.), *municipium* der *trib. Stellatina* (Kubitschek Imp. Rom. trib. discr. 117), später *colonia Iul. Aug.* (CIL V, 7047 u. a.). A. wurde von Hannibal eingenommen (Pol. 3,60. Liv. 21,39. App. Hann. 5 *Taurasia*). Günstige Straßenlage: Seit 159 v. Chr. an der via Fulvia (Placentia-Dertona-For. Fulvii-Hasta-T.-Ocelum; Nissens [2,156] Zuweisung an den cos. d. J. 179 v. Chr. trifft nicht zu, da die → via Aemilia erst i. J. 175 v. Chr. bis Placentia wieder instand gesetzt wurde). Seit 2 v. Chr. an der Straße durch das *Cotti regnum* (mil. 517; 128 mp von Placentia). Ferner Straßen nach Pollentia, For. Vibii und Eporedia (Nissen). G. R.

6. Augusta Treverorum s. Treveri

7. A. Vindelicum (*Αὐγούστα Οὐινδελικῶν* Ptol. 2,12,3. 8,7,4). Die Hauptstadt der Provinz Raetien, in Vindelicien am Zusammenfluß von Virdo-Wertach und Licus-Lech gelegen, h. Augsburg. Die Ansiedlung in der Nähe des Truppenlagers Oberhausen, das anläßlich des Feldzuges des Tiberius und Drusus gegen die Alpenvölker angelegt wurde, lag am strategisch wichtigen Punkt bedeutender Reichsstraßen nach Oberitalien, zur Donau, Rhône und zum Rhein. Mit der Verlegung des Legionskommandos von Oberhausen und der

Neuordnung der Provinz Raetien unter Tiberius nimmt der kaiserliche Prokurator als Statthalter der Provinz seinen Sitz in A. Neben Hilfstruppen untersteht ihm die innere Verwaltung und das Gerichtswesen *(officium)* sowie die Steuer- und Finanzverwaltung *(tabularium)*. Als Verwaltungszentrum nimmt A. einen schnellen wirtschaftlichen Aufschwung und wird Hauptsitz mehrerer Händlercollegien. Nach den Markomannenkriegen erhält Raetien eine Legion als Kerntruppe in Regensburg, deren Befehlshaber als *legatus Augusti pro praetore* und Statthalter weiterhin in A. residiert. Auf den Inschr. wird die Stadt A.V. oder einfach A. benannt (CIL III 5981), andere nennen *Aelia Augusta, Municipium Aelium Augustum* oder bloß *Municipium*. Zu den in A. festgestellten röm. und frühchristlichen Bauten vgl. Germ. 32, 1954, Beil. 2. H. C.

W. Schleiermacher G. B. 1,78–89.

Augustales. 1. In der Literatur kommen nur bei Petron. 30 (vgl. 57.71) seviri A. u. in den Horaz-Scholien zu s. 2,3,281 A. vor, um so häufiger aber sind A. und seviri A. auf Inschriften. In Gemeinden röm. Ordnung (daher außerhalb Italiens nur in Kolonien nachgewiesen) hießen so die Männer, die den Kult des lebenden und der konsekrierten Kaiser besorgten. Es waren fast durchweg Freigelassene. Damit wurde diesen der Weg zu Würden und Ehren eröffnet, da sie sonst vom Gemeinderegiment ausgeschlossen waren, und der Gemeindekasse wurde durch die *summa honoraria*, die Magistrate und Priester beim Eintritt in das Amt zu entrichten hatten, Gelder zugeführt. Außerdem hatten sie Opfer und Spiele aus eigenem Vermögen auszurichten. Das Amt ist einjährig, kann aber mehrmals bekleidet werden (selten lebenslänglich). A. sind seit 12 v. Chr. nachweisbar: Sie sind also keine Nachahmung der → sodales Augustales (die 14 n. Chr. eingesetzt wurden und aus den höchsten Ständen kamen), wohl aber stehen sie in Parallele zu den stadtröm. → magistri vicorum, deren Fasten wohl ebenfalls im J. 12 v. Chr. begonnen hatten (vgl. CIL VI 452: im J. 109 sind die 121.), wenn auch die Organisation erst 7 v. Chr. beendet war ([8],307; anders [2],2354). Magistrale Insignien kamen ihnen nur außerordentlicherweise als Leiter von Spielen zu; sie sind als Träger des Kaiserkultes nicht ohne Einfluß, wenn auch Mommsen urteilt ([5],454; dagegen [2], 2355), daß dabei »nichts reell war als die Kosten und der Pomp«.

Zunächst scheint sich die Kaiserverehrung meist an die anderer Götter angeschlossen zu haben (Mercur, Hercules, Castor und Pollux, Concordia). Wir können die Aufnahme der Bezeichnung A. in die Namen anderer Kollegien verfolgen. Die gleiche Funktion brachte es mit sich, daß die auf Grund der lokalen Entstehung auch lokal differenzierten Organisationsformen einander recht ähnlich wurden, bestimmt nicht ohne Zutun der Zentralregierung. Die A., manchmal mit einem *magister Augustalis* an der Spitze, wurden zu einem municipalen *ordo*.

Ein Problem bildet das Verhältnis der Bezeichnungen A. und seviri A.: Neumann (s.u.) glaubte nachweisen zu können, daß es sich um lokal verschiedene Namen für die gleiche Sache handle, früher (vgl. [4],197ff.) und heute wieder ([7],611. [8],308) neigt man zu einer chronologischen Fixierung; es seien seviri aus den A. herausgehoben worden, und zwar seit dem Ende des 1. Jh. ([6],851. [7],611; zweifelnd [8],308); doch CIL XI 4170 = Dessau 157 aus Interamna vom J. 32 zeigt, daß es seviri a. schon früher gegeben hat. Es ist denkbar, daß an verschiedenen Orten zu verschiedenen Zeiten die später sichtbaren Organisationsformen hergestellt wurden, und dies jeweils zu der Zeit, als sie, was früher nicht der Fall war, eigene Kollegien bildeten. (Zu den Verhältnissen in griech. Gemeinden und den Verbindungen zwischen Gerusiai und A. vgl. Oliver, Hist. 7, 1958, 472ff.)

1. *Joh. Schmidt* Diss. Halle 1878. 2. *Neumann* RE II 2349ff. 3. *Humbert* Dar.-Sagl. 1,560f. 4. *Marqu.* RStV 1,197ff. 5. *Mommsen* RStR 3,452ff. 6. *v. Premerstein* in Ruggiero Diz. Epigr. 1,824ff. 7. *Wickert* CIL XIV suppl. S. 611 8. *Latte* RRelGesch. 306ff.

2. Praefecti A., erscheinen zeitweilig als Magistrate von Gabii. Sie waren, vielleicht wegen Mangels an Freigeborenen, Freigelassene. **3.** Seit dem 4. Jh. wird der praefectus Aegypti auch pr. Augustalis genannt. **4.** Sodales Augustales → sodales. W. E.

Augustalia wurden ludi divi Augusti et Fortunae Reducis genannt, die seit 14 n. Chr. zu den ständigen Spielen gehören und unter Claudius 3. bis 12. Oktober begangen wurden. Eingesetzt waren sie zur Erinnerung an die Rückkehr des Augustus aus dem Orient 12. Oktober 19 (→ auch Fortuna Redux). W. E.

Mommsen Res g. Div. Aug.^{2} 46f. CIL I^2 S. 332. *Platner-Ashby* 218.

Augustinus. Aurelius A. ist der einzige Kirchenvater, über dessen Lebensgeschichte und Veröffentlichungen wir lückenlos Bescheid wissen. (Die biographisch ergiebigen Texte sind bei Courcelle Recherches S. 281, eine Liste aller Werke im Dict. de Théol. Cath. I,2 Sp. 2286ff. zusammengestellt.) Aber nicht deshalb ist er der »Vater«, der heute noch Heiden und Christen, Philosophen, Philologen und Theologen ohne Unterschied der Konfession und Einstellung zur Beschäftigung mit seinem Denken und seiner Person lockt, sondern deshalb, weil er bis heute im abendländischen Kultur- und Geschichtsbewußtsein fortlebt. Was wäre das M.A. ohne A. civ., was die Scholastik ohne seinen Kirchen- und Sakramentsgedanken, was die Philosophie ohne sein Geschichts- und Freiheitsdenken?

A. ist am 13. Nov. 354 in Thagaste in Numidien als Sohn eines dem dortigen Gemeinderat angehörigen Nachkommen eines röm. Veteranen namens Patricius und einer eifrigen Katholikin namens Monnica, die dem Kinde einen nachhaltigen Eindruck eines lebendigen Christentums vermittelte, geboren. Nach dem Elementarunterricht in Thagaste und der weiteren Ausbildung in Madaura fehlte der Familie das Geld, den begabten A. weiterstudieren zu lassen. Erst nach einjährigem Müßiggang, den A. in den conf. übertrieben dunkel schildert, konnte er 371 in Karthago seine rhet. Studien fortsetzen. Hier ging er nach sinnlichen Verirrungen ein Konkubinat ein, dem der Sohn Adeodatus († 388) entsproß. Hier begeisterte er sich auch für Cic. Hortensius und für den Gedanken, daß das Glück nur in der Philosophie, nicht aber in irdischen Hoffnungen zu finden sei. Schon vorher hatte A. an den rhet. Traktaten und an den Reden Ciceros Gefallen gefunden. 374 finden wir ihn als Lehrer der Rhetorik in Thagaste, 375 in Karthago und 383 wird der schon zur Berühmtheit seines Fachs Gewordene nach Rom berufen. Von dort gelangte A., mit einer Empfehlung des Stadtpräfekten Symmachus ausgestattet, als Lehrer der Rhetorik in die kaiserliche Residenz Mailand. Dieser glänzenden Karriere entsprach seine innere Entwicklung keineswegs. Von Cic. Hort. zur Bibel gelangt, stoßen ihn hier Stil und sachliche Unstimmigkeiten zurück und veranlassen ihn, der in Afrika rationalistisch aufgemachten dualistischen Sekte der Manichäer als *auditor* beizutreten. Trotz mancherlei Enttäuschungen und dem substantiellen Gottesbegriff der Manichäer hielt A. ihnen bis 382 die Treue, um dann, durch Widersprüche ihrer Lehre veranlaßt, in einer nur als Verzweiflung zu bezeichnenden Geisteshaltung zum Skeptiker zu werden, der zwar nicht an Gott, aber doch an der Möglichkeit, ihn zu erkennen, zweifelt. In solcher Stimmung stößt A. in Mailand auf die Schriften des Plot. und des Porph., vor allem aber auf Ambr., der ihn mit seinem neuplat. gefärbten Christentum, seiner allegorischen Schriftauslegung und seiner achtunggebietenden Erscheinung stark beeindruckt. Davon überzeugt, daß der katholische Glaube des Ambr. und die platonische Philosophie eines sind, erlebt A. 386 zuerst eine intellektuelle und auf Grund von Röm. 13,13f. auch eine moralische Bekehrung, die sich in einer asketischen Absage an Karriere und Sinnlichkeit auswirkt (conf. VIII, 5–12). Nach einer Zeit philos. Muße in Cassiciacum, deren Niederschlag die Schriften contra Academicos, de beata vita, de ordine lib. II und Soliloquia lib. II sind, wird A., nach Mailand zurückgekehrt, mit seinem Sohn Ad. an Ostern 387 von Ambr. getauft. Vor seiner Rückkehr nach Afrika (388) entstehen in Rom noch weitere, meist philos. Werke, wie z. B. de immortalitate animae und seine an Varro ausgerichtete Arbeit über die 7 artes liberales, von denen er allerdings nur die Grammatik und die Musik ausführlicher darstellt. 388 wieder in Thagaste, lebt A. forthin in einer philos.-asket. Gemeinschaft von Freunden der philos.-theol. Betrachtung, deren Ertrag die stark neuplat. geprägten Schriften de quantitate animae, de magistro, de libero arbitrio, de vera religione u. a. darstellen. Schon hier von vielen in Anspruch genommen, wird der sich gegen jedes öffentliche Auftreten sträubende A. anläßlich eines Besuchs in Hippo regius zum Presbyter ordiniert und beginnt Ostern 391 seine Lehr- und Predigttätigkeit. Waren bisher seine Interessen vornehmlich philos. Art, so treten diese nun zugunsten der theol. und kirchlich-praktischen Tätigkeit des 395 zum Mitbischof Geweihten zurück. Viel Zeit und Kraft widmet A. in den folgenden Jahrzehnten den kirchlichen Zeit- und Streitfragen, und seine schriftstellerische Arbeit läßt sich in dieser Zeit geradezu nach den durch die kirchliche Situation gestellten Problemen einteilen: 391–400 gehört seine Arbeit im wesentlichen dem Kampf gegen die Manichäer: de utilitate credendi ad Honoratum (391), contra Manichaeos de duabus animabus (392), contra epistolam quam vocant fundamenti (397), contra Faustum Manichaeum lib. XXXIII (400), de natura boni (399) und viele a., 400–412 dem gegen die Donatisten (von den über 20 antidonatistischen Schriften sind 8 verloren, von den übrigen heben wir hervor: Ps. contra partem Donati (393), contra epistolam Parmeniani lib. III (400), de baptismo contra Donatistas lib. VII (ca. 400), contra litteras Petiliani lib. III (401–405), u. a.) und 412 bis 420 dem Kampf gegen Pelagius und seine Anhänge (de peccatorum meritis et remissione ac de baptismo parvulorum ad Marcellinum lib. III (411/412), de spiritu et littera (412), de natura et gratia (413/15), de gestis Pelagii (416), contra Pelagium et Coelestium de gratia Christi et de peccato originali lib. II (417), de nuptiis et concupiscentia lib. II (419/21). Nachdem Julian von Eclanum die Führung der Pelagianer übernommen hatte, folgten noch die antipelagianischen Werke contra Iulianum lib. VI und das durch den Tod A. unvollendet gebliebene contra secundam Iuliani responsionem. Mitten aus dieser vielseitigen Arbeit wurde A., in dem die Geistesweite des Origenes mit dem kirchlichen Sinn Cyprians und die Spekulation Platos mit der dialektischen Schärfe des Aristoteles vereinigt waren, am 28. Aug. 430, während die Stadt von den Vandalen belagert war, durch den Tod herausgerissen. Neben den bereits angeführten philos. und polemischen Schriften, die A. einmal als plat. Denker, das andere Mal als unduldsamen Fanatiker erscheinen lassen, sind es besonders die 13 Bücher conf. (397/98) und das geistesgesch. wohl bedeutendste Werk de civitate dei (413–426) gewesen, die die bleibende Bedeutung A.' begründeten. Das eine eine mächtige Lebensbeichte, ein jubelnder Lobpreis und ein gewaltiges Glaubensbekenntnis, ein Zeugnis vom Zerbrechen der klassischen Geschlossenheit des antiken Menschenbildes, das andere ein großartig angelegter, durch die Eroberung Roms (410) veranlaßter Entwurf einer Geschichtstheologie, der die Weltgeschichte in die christliche Heilsgeschichte einbettet und damit den Vorwurf der Heiden, 410 sei ein Beweis der Schwäche des Christengottes, zurückweist, sind sie beide zu prägenden Kräften des MA. geworden. A. civ. wurde mit seiner These von den beiden miteinander im Kampf liegenden Prinzipien, der civitas dei und der civitas diaboli, des Glaubens und des Unglaubens, zum Movens der mittelalterlichen Geschichte, und in den conf. haben viele das Schicksal ihrer eigenen Seele beschrieben gefunden. (A. civ. ist für den Philologen auch wegen der zahlreichen Zitate aus den verlorenen Schriften des Terentius Varro, Antiquitates und De gente populi Romani interessant.) Von den bisher nicht genannten dogmatischen Werken sei noch auf de diversis quaestionibus lib. LXXXIII, de fide et symbolo und de trinitate lib. XV (399–419), das die patristische Spekulation über die Trinität im wesentlichen abschließt, und auf die 4 B. de doctrina christiana, in denen wie in dem kürzeren Enchiridion ad Laurentium sive de fide, spe et charitate (423) Lehrbücher des Augustinismus vorliegen, hingewiesen. Der Erwähnung würdig sind auch noch die exegetischen Schriften wie die Enarrationes in Psalmos, die 124 Tractatus in Joannis ev., die expositio epistolae ad Galatas, die annotationes in Iob und die interessanten Auslegungen des Schöpfungsberichts (z.B. de Genesi ad litteram lib. XII). Von den übrigen Kategorien des august. Schrifttums verweise ich noch auf die Katechetik de catechizandis rudibus, die gegen die Überspannung der Prädestinationslehre gerichtete Schrift de gratia et libero arbitrio, auf die gegen die südgallischen Kompromißtheologen gerichtete Schrift de praedestinatione sanctorum et de dono perseverantiae und endlich auf die sog. Retractiones (428), in denen A. in chronologischer Reihenfolge verbessernde Anmerkungen zu allen seinen Werken veröffentlicht. In allen genannten Büchern und Schriften zeigt sich A. als Meister der Rhetorik und doch liegt ihm nichts ferner, als seine eigene Person in den Vordergrund zu stellen. Immer sind ihm die Gesetze der Rhetorik nicht Selbstzweck, sondern Mittel zum Dienst an der Wahrheit. Das zeigt sich auch darin, daß er in Schriften, die für weitere Volkskreise bestimmt waren, auf allen rhet. Glanz verzichtet. Die folgende Bibliographie ist eine Auswahl knappster Art. Kl. W.

I. Werke: 1. Maurinerausg., 11 Bde., 1697–1700. 2. *J.P. Migne* Patrologiae cursus completus, series Latina (MPL), 32–47, 1841ff. 3. Oeuvres de S.A., hrsg. von *F. Cayré*, 1936ff. ^{2}1949ff. (lat.-franz.). 4. Corpus Christianorum, 1954ff. 5. S. Augustini Sermones post Maurinos reperti, 1930; Dt. Übers. 6. Bibl. der Kirchenväter, ^{2}1911–1935, 12 Bde. 7. Aur. A., Werke in deutscher Sprache, Paderborn 1940ff.

II. Bibliographie: 1. *G. Krüger*, HAW 8,4,2, 1920, 398–472. 2. *B. Altaner*, Patrologie, ^{2}1950, 369. 3. Augustiniana, Heverlee-Leuven, 1951ff. 4. *R. Lorenz* in: Theol. Rundschau 25, 1959, 1–75.

III. Zur Bekehrung: 1. *J. Noerregaard* A.' Bekehrung, 1923. 2. *R. Guardini* Die Bekehrung des hl. Aur. A., ^{2}1950. 3. *P. Courcelle* Recherches sur les confessions de Saint A., 1950.

IV. A. als Bischof: 1. *A. v. Harnack* Lehrbuch der Dogmengeschichte II, 2, ^{5}1931, 59–236. 2. *G. Bardy* S. A. l'homme et l'oeuvre, 1948. 3. *F. van der Meer* A. der Seelsorger, ^{2}1952. 4. *H. v. Campenhausen* Lat. Kirchenväter, 1960, 151–221.

V. A. als Mönch: 1. *A. Zumkeller* Das Mönchtum des hl. A., 1950.

VI. Zur Trinitätslehre: 1. *E. Benz* Marius Victorinus und die Entwicklung der abendl. Willensmetaphysik, 1932. 2. *A. Dahl* A. und Plot., zum Trinitätsproblem und zur Nuslehre, 1945. 3. *M. Schmaus* Die psychol. Trinitätslehre des hl. A., 1927.

VII. A. und die Antike: 1. *E. Troeltsch* A., die chr. Antike und das MA., 1915. 2. *Ch. Boyer* Christianisme et néoplatonisme dans la formation de S.A., ^{2}1941. 3. *K.H. Schelkle* Virgil in der Deutung A.', 1939. 4. *H.I. Marrou* S.A. et la fin de la culture antique, ^{2}1949 (mit Retractatio). 5. *Fr. G. Maier* A. und das antike Rom, 1956. 6. *R. Schneider* Seele und Sein, Ontologie bei A. und Arist., 1957. 7. *R. Lorenz* Die Wissenschaftslehre A., in ZKG 67, 1956, 29–60.213–251 8. *E. Frank* S.A. and the Greek Thought, 1949.

VIII. Zur Gnadenlehre: 1. *H. Barth* Die Freiheit der Entscheidung im Denken A., 1935.

IX. Zur Prädestinationslehre: *G. Nygren* Das Prädestinationsproblem in der Theologie A.', 1956.

X. Zur Kirchenlehre: *F. Hofmann* Der Kirchenbegriff des hl. A., 1933. *E. Benz* A.' Lehre von der Kirche, AAMz 1954.

XI. Zur Anthropologie: *E. Dinkler* Die Anthropologie A.', 1934.

XII. WB-Art.: RGG^{1} 1,793ff. RGG^{2} 1,656ff. RGG^{3} 1, 738ff. RE II 257ff. RAChr. 1,981ff.

XIII. Forschungsberichte: *H. v. Campenhausen* Neuere A.-Literatur I in: Th. R. 17, 1948, 51–72. *K. Baus* Neuere A.-Forschungen, Trierer Th. Z. 61, 1952, 107–112.165–169. *P. Keseling* Augustiniana in: Theol. Revue 49, 1953, 81–98.

Augustodunum. Hauptstadt der Haedui in Gallia Lugdunensis, heute Autun. Ihre Blüte wird im 3. Jh. n. Chr. durch ihre Schule und die Preisrede des Eumenius bezeugt. Sie hat viele Altertümer, Tore, Theater, Tempel, Skulpturen, Inschriften: H. DE FONTENAY Autun (1889). CIL XIII 2651–800. 11224–31. ESPÉR. Rec. 1813–84. 1893–993. 7071–5. 8208–11. P.W.

Augustonemetum, Hauptstadt der Arverni in Gallia Aquitanica, heute Clermont-Ferrand. Altertümer: CIL XIII 1460–93. ESPÉR. Rec. 1594 – 6. 7030.7037.8183. P.W.

Augustus. * am 23. September 63 v. Chr. als Sohn des C. Octavius und der Atia, aus wohlhabender, nicht sehr vornehmer Familie; doch die

Mutter war eine Nichte Caesars. Bei ihr wurde A. erzogen (Tac. dial. 28,5), erst in Velitrae, dann im Hause des Stiefvaters L. Marcius Philippus, Nicol. Damasc. FGrH 127,5, dessen Biographie auf die Autobiographie des Augustus zurückgeht, F. Blumenthal WS 35, 1913, 123. H. Hahn, NC. Clio 10, 1958/60, 137 ff. Im J. 51 hielt A. seiner Großmutter Iulia die Leichenrede, Suet. Aug. 8,1. Am 18. Oktober 49 nahm er die toga virilis, CIL I^2 p. 332. Im J. 48 wurde er zum pontifex gewählt, Cic. Phil. 5,46.53. Anf. 47 war er *praefectus urbi feriarum Latinarum causa*, Nicol. Damasc. 127,13. Der kinderlose Caesar zog den Großneffen an sich; er durfte an dessen afrikan. Triumph im Herbst 46 teilnehmen, Suet. Aug. 8,2. Nach einer Erkrankung reiste A. dem Caesar im J. 45 auf den spanischen Kriegsschauplatz nach, Vell. 2,59,3. Durch Caesars Testament, das W. Schmitthenner Oktavian und das Testament Caesars, Zet. 4, 1952, stark unterbewertet, zum Haupterben eingesetzt (Suet. Caes. 83,3), wobei in der *ultima cera* auch die Adoption ausgesprochen war, wurde A. durch Senatsbeschluß in den Patriziat erhoben, Nicol. 128,35. In Hinblick auf Caesars geplanten Partherfeldzug wurde A. für das J. 44 zum *magister equitum* designiert, App. civ. 3,30, und nach Apollonia vorausgeschickt, wo er im Herbst 45 mit seinen Freunden M. Agrippa und Q. Salvidienus Rufus ankam. Als er nach dem 15. März 44 von Caesars Ermordung und seiner Adoption erfuhr, beschlagnahmte er die für den Feldzug bereitgestellten Gelder, um die Legate auszahlen zu können, Nicol. 130,55. Das Testament nahm er an und reiste nach Rom, um es rechtswirksam zu machen, Plin. nat. 2,98. Dort ließ er sich durch einen Volkstribunen am 9. Mai dem Volk als Erben Caesars vorstellen, Cic. Att. 14,20,5. Seiner Adoption suchte er durch eine *lex curiata* Anerkennung zu verschaffen. So hat A. »die juristisch recht fragwürdige testamentarische Adoption Caesars durch eine förmliche Arrogation ergänzen lassen, und war damit de iure der Sohn des Diktators und der Erbe der gesamten Tradition des jul. Geschlechtes geworden« (W. Kunkel G 68, 1961, 356). Um Caesars Geld, das dessen Witwe dem M. Antonius ausgehändigt hatte, entstand der Konflikt zwischen diesem und A. Letzterer zahlte die Legate nach Caesars Testament, nachdem er eigene Güter versteigert hatte, App. civ. 3,77 ff. Er richtete die von Caesar gelobten Spiele zu Ehren der Venus zwischen dem 20. bis 30. Juli 44 aus, wobei das *sidus Caesareum* erschien, Suet. Caes. 88. Von Antonius, der bald darauf in die gallischen Provinzen ging, um D. Brutus zu zwingen, ihm diese abzutreten, am Leben bedroht, brachte A. »aus eigenem Entschluß und aus eigenen Mitteln« (Res gest. 1,1) aus Caesars Veteranen ein Heer zusammen. Zu Beginn 43 bestätigte der Senat auf Antrag Ciceros und anderer A. das angemaßte propraetorische Imperium, verlieh ihm Senatorenwürde und Stimmrecht eines Konsularen und erlaubte ihm, alle Ämter 10 J. vor der gesetzlichen Zeit zu bekleiden, Res gest. 1,2. App. civ. 3,209 f. Als M. Anton den D. Brutus in Mutina belagerte, zogen A. und bald auch die beiden Konsuln Hirtius und Pansa nach Gallia cisalpina. Pansa fiel Ende April bei Forum Gallorum einem Hinterhalt zum Opfer, Hirtius am gleichen Tag im Kampf um Mutina, Suet. Aug. 11,1. Antonius floh nach der Entscheidungsschlacht am 21. April, bei der A. tapfer kämpfte (Suet. Aug. 10,6), zu Lepidus. A. einigte sich jedoch mit dem entsetzten Caesarmörder D. Brutus nicht (Cic. fam. 11,10,4), sondern zog nach Bologna ab. Er hatte den Kern des Senatsheeres in seiner Hand und beherrschte Oberitalien, als D. Brutus bei einem Versuch, zu M. Brutus nach Makedonien zu kommen, getötet wurde, App. civ. 3,400. Da der Senat A. nicht den verlangten Konsulat übertragen wollte, zog er mit dem Heer gegen Rom (App. civ. 3,361 ff.); Cass. Dio 46,43,6) und erzwang am 19. August 43 seine Wahl mit seinem Oheim Q. Pedius, App. 3,388. Nach Ächtung der Caesarmörder (Vell. 2,69,5) ging A. wieder nach Bologna zurück. Da Brutus und Cassius im O., M. Antonius und Lepidus in Gallien stark überlegene Heere aufgebracht hatten, und als letztere mit 17 Legionen und 10000 Reitern (Plut. Ant. 18) nach Mutina zogen, suchte A. eine Einigung mit ihnen; es kam bei Bologna zum Abschluß des 2. Triumvirates, Res gest. 1,4. Liv. epit. 120. A. sollte mit Antonius die Caesarmörder bekriegen und als Provinzen Afrika, Sizilien, Sardinien und Korsika innehaben, Dio 46,55,4 ff. App. civ. 4,7 f. Den Proskriptionen und Landanweisungen an die Soldaten mußte er zustimmen, Plut. Cic. 46. Die Triumvirn zogen nach Rom und ließen sich diktatorische Vollmachten für die Zeit 27. November 43 bis 31. Dezember 38 vom Senat übertragen, App. 4,29 f. Dio 47,2,1. Da sich unter den Proskribierten auch der *praefectus classis et orae maritimae* (Vell. 2,73,1) Sex. Pompeius Magnus (RE XXI 2213 ff.) befand, besetzte dieser Sizilien und begann einen Blockadekrieg gegen Italien, Dio 48,18,1. A. mußte zuerst am Endkampf gegen Brutus und Cassius teilnehmen, App. civ. 4,452 ff. Nach der Schlacht bei Philippi ließ er das Haupt des Brutus vor Caesars Statue in Rom niederlegen, Suet. Aug. 13,2. Als A. im J. 41 heimkehrte, erhielt er den Augurat, Mattingly RIC I p. 44. Bald kam es wegen der Landverteilungen an die Veteranen zu schweren Differenzen zwischen A. und der Gattin des M. Antonius, Fulvia, und dessen Bruder L. Antonius. Die beiden warben ein Heer, das schließlich in Perusia eingeschlossen wurde, App. 5,124 ff. Dio 48,4 ff. Das *bellum Perusinum* beendete die Übergabe der Stadt durch L. Antonius am 15. März 40 v. Chr. Suet. Aug. 13 f.; dafür erhielt A. die *ornamenta triumphalia*. Er heiratete Scribonia (Suet. 62,2), die Schwester des L. Scribonius Libo, um seine Position zu den Senatorenkreisen zu festigen. Die aus dem *bellum Peru-*

sinum erwachsenen Spannungen zwischen A. und M. Antonius wurden im Herbst 40 im Vertrag von Brundisium, an dem auch Sex. Pompeius teilnahm, vorübergehend bereinigt, App. 5,272ff. Hor. s. 1,5, 29. A. erhielt den W., Antonius den O., Lepidus Afrika. Im Frühsommer 39 kam ein Zusatzvertrag mit Pompeius zustande; dieser sollte die besetzten Inseln behalten, Achaia dazubekommen, und nur die Blockade Italiens aufgeben, Dio 48,36,5. Die Tochter des Pompeius wurde mit A.s Neffen M. Claudius Marcellus verlobt, Dio 48,38,3, M. Anton erhielt die ältere Schwester des A., Octavia, zur Frau, Liv. epit. 127. Im J. 39/38 ging das angebahnte gute Verhältnis des A. mit Pompeius in Brüche. A. entließ Scribonia, die ihm eine Tochter, Iulia, geschenkt hatte, und heiratete die Livia, Suet. 62,2f. Im J. 38 versuchte A. vergebens, gegen Pompeius nach Sizilien überzusetzen, App. 5,342 bis 383 (s. Hadas Sextus Pompey 103f.). 38/37 baute Agrippa eine starke Flotte, Suet. 16,1. Der Vertrag von Tarent im September/Oktober 37 mit M. Anton stärkte die Position des A., App. 5,387ff., das Triumvirat wurde auf weitere 5 Jahre verlängert, Dio 48,54,6. Nach wechselvollen Kämpfen errang Ende August 36 Agrippa bei Naulochos den Endsieg über Sex. Pompeius, App. 5,501ff. Liv. per. 129. A. zwang Lepidus, der den Besitz von Sizilien für sich forderte, aus dem Triumvirat auszuscheiden (Vell. 2,80,4), und nahm Afrika für sich in Anspruch, Dio 49,14,6. Am 13. November 36 hielt A. seine *ovatio*, CIL I^2 p. 50; Dio 49,15,1. Er traf Maßnahmen *de reddenda re publica* (App. 5, 548), die schon die Entwicklung des Principates einleiteten (P. Sattler A. und der Senat, 1960), da er die tribunizische *sacro-sanctitas* und das Recht, bei den Volkstribunen zu sitzen, für sich in Anspruch nahm, App. 5,548 (A. v. Premerstein Vom Wesen und Werden des Prinzipats, 1937). Zwischen 37/35 wurde A. *XVvir sacris faciundis*, Res gest. 7,3. Von Ende 35 bis 33 währten die militär. Unternehmungen, die A. im dalmatinisch-illyrischen Raum durchführte, App. Ill. 46ff., A. Mócsy, RE Suppl. IX 538ff. W. Schmitthenner Hist. 7, 1958, 189–236, während M. Antonius seinen mißlungenen Partherfeldzug (H. Buchheim Die Orientpolitik des Triumvirn M. Antonius, 1960) durchführte und der Kleopatra verfallen war. Im J. 32, in dem A. seine Triumviralgewalt hätte niederlegen sollen, was er aber nicht tat, trat eine Gruppe von Senatoren, darunter L. Munatius Plancus und M. Titius, von Antonius zu A. über, Dio 50,3,1f. Der Verrat des (vielleicht gefälschten) Testamentes des M. Antonius (R. Syme Roman Revolution 282f.) mit seinen Landschenkungen an Kleopatra und deren Kinder setzte A. instande, den Senat, von dem allerdings die Konsuln und etwa 300 Mitglieder zu Antonius nach Ephesos geflüchtet waren (Dio 50,2,5f), die Kriegserklärung gegen Kleopatra zu erreichen, Dio 50,4,3ff. Cos. III am 1. Januar 31, von da kontinuierlich bis zum J. 23 (cos. XI, CIL I^2 p. 160ff.). Am 2. September 31 entschied die Seeschlacht von Aktium (J. Kromayer H 68, 1933, 361ff.) und bald darauf die Kapitulation des Landheeres (Dio 50,33,1ff. Plut. Ant. 68ff.) den Krieg in Europa. Von Kleinasien aus zog A. über Syrien nach Äg.; nach dem Fall von Alexandria am 1. August 30 töteten sich Antonius und Kleopatra (Vell. 2,87,1). Ihr Land wurde unter einem *praefectus Aegypti* (O. W. Reinmuth, RE XXII 2353ff.) Teil des Imperiums, bez. Dominatland des A. Er erhielt vom Rumpfsenat nicht nur sakrale Ehrungen (Dio 51,19–20, 4), sondern auch das *ius auxilii* der *tribunicia potestas*, De Visscher Nouvelles Études de droit rom. 1949, 27ff. H. Last Rendic. Ist. Lombard. 84, 1951, 100ff.). Vor Ende 30 zettelte der Sohn des Lepidus in Rom, wo Maecenas für die Ordnung sorgte, eine Verschwörung an, Liv. per. 133. Vell. 2,88,1f. (P. Sattler a. O. 29ff.). Ende 30 erhielt A., der in das Hauptquartier nach Samos zurückgekehrt war, vom Senat durch die lex Saenia die Ermächtigung, Patrizier zu ernennen, Tac. ann. 11,25,2. Am 12. Januar 29 wurde der Janustempel geschlossen, CIL I^2 p. 231. Dio 51,20,4. Res gest. 13,1. In Rom glänzend empfangen (Vell. 2,89,1) feierte A. das *augurium salutis*, Suet. 31,5 und hielt seinen dreifachen Triumph vom 13.–15. August 29 über Dalmater, Actium und Äg., Dio 51,21,5ff. Inscr. It. XIII 1, p. 570. Am 18. August weihte er den Tempel des *divus Iulius*, CIL I^2 p. 248, etwa am 28. August die *curia Iulia* mit dem *atrium Minervae*. Dann hielt er eine *senatus lectio*, bei der er 190 Senatoren ausschied, Dio 52,42,1ff. Im J. 28 hielt er den Census mit Agrippa, Inscr. It. XIII 1, p. 254. Res gest. 8,2. Er nahm neue Mitglieder in den Senatoren- und Patrizierstand, Dio 52,42,4f. Sein Versuch, schon damals die Ehe- und Kinderlosigkeit durch Gesetze zu beheben, scheiterte an zu großem Widerstande, Prop. 2,7,1ff. Es folgte die Wiederherstellung der Tempel, Liv. 4,20,7. Hor. c. 3,6,2, die Weihung des Tempels des palatinischen Apoll am 9. Oktober 28 in unmittelbarer Nähe seines Palastes bei der *casa Romuli*, CIL I^2 p. 331, und die Fertigstellung seines Mausoleums, Suet. 100,9. Strab. 5,3,8, das nicht so sehr Denkmal seiner Person, als seiner Dynastie sein sollte, M. L. Bernhard, RA 47, 1956, 152ff. Die in Vorbereitung begriffene Neuordnung der Verfassung kündigte sich Ende Dezember 28 besonders durch die Annullierung aller Anordnungen an, die von den Triumvirn getroffen worden waren, Dio 53,2,5.

Als cos. VII bot A. im J. 27 im Senat seinen Rücktritt an (Dio 53,2,6ff.), ließ die Republik am 14. Januar (CIL I^2 p. 231. Ov. fast. 1,589) in ihrer althergebrachten Gestalt wiedererstehen (Vell. 2, 89,3. Res gest. 34,1), in einer wohl vorbereiteten Sitzung am 16. Januar 27 sich selbst aber vom Senat auf Zurufe hin, nicht im Zug einer Abstimmung, bewegen, den Prinzipat anzunehmen, Dio 53,11,5. A. nahm nicht den früher in Erwägung gezogenen Namen Romulus an (L. Wickert, RE XXII 2110), sondern ließ sich auf Grund eines Antrages des L. Munatius Plancus Augustus nennen, Suet. 7,4 (R. Syme Harvard Stud. Class. Philol. 64, 1959, 43. E. T. Salmon The Evolution of A.s Principate, Hist. 5, 1956, 456ff.). Als Begründung seiner überragenden Stellung wurde die Fürsorgebedürftigkeit des Staates angegeben, Dio 53,12, 1ff. A. überragte an *auctoritas* (R. Heinze Vom Geist des Römertums 1ff. F. Fürst Die Bedeutung der auctoritas im privaten und öffentlichen Leben der Römer, Marburg 1934. A. Magdelain Auctoritas principis 1947) seither alle Bürger, die Pfosten der Tore seines Palastes wurden mit Lorbeer geschmückt und ein Eichenkranz aufgehängt, schließlich in der *curia Iulia* ein goldener Schild angebracht, der inschr. seine 4 Kardinaltugenden verkündete, Res gest. 34,3. CIL IX 5811. Innenpolitisch stützte sich seine Gewalt auf den Konsulat. Außenpolitisch hatte er bedeutende Vollmachten. Er erhielt auf 10 Jahre das *imperium proconsulare* über Hispania Tarraconensis, Lusitania, ganz Gallien, Syrien mit Kilikien und Cypern, sowie Äg. Dio 53,12,2ff., d. h. über die nicht völlig befriedeten Provinzen, in denen starke Heere standen und in denen A. »Herr über Krieg und Frieden« (Strab. 17,3,25) wurde, W. Kolbe Von der Republik zur Monarchie, Erbe der Alten 20, 1931, 51. Nach einer Erkrankung im Mai (Inscr. It. XIII 1, p. 151) traf A. durch Instandsetzung von Straßen Vorbereitungen zu Feldzügen. Er selbst übernahm die Via Flaminia, erhielt dafür Ehrenbögen an deren Anfang (pons Milvius) und Ende (Rimini, erhalten), Res gest. 20,5. CIL XI 365. Im Sommer ging er mit dem angeblichen Fernziel eines Krieges gegen Britannien (Dio 53,22,5) nach Narbo und übernahm von Messalla Gallien; er hielt dort den Census (Dio 53,22,5) und reorganisierte die Provinz (Dess. 916). Von Gallien zog er nach Spanien, das er von Sex. Appuleius übernahm. A. überwinterte in Tarraco. Dort trat er im J. 26 seinen 8. Konsulat an, Suet. 26,3. In Rom konnte sich der von ihm eingesetzte *praefectus urbi* Messalla Corvinus nicht halten, Hieron. 164 Helm (P. Sattler A. und der Senat, 59ff.). A. aber blieb durch den Ausbruch des Kantabrisch-asturischen Krieges (R. Syme The Spanish War of A., AJPh 55, 1934, 293ff. G. Brancati A. e la guerra di Spagna, Stud. Urbinati 26,1, 1952, 87–151. W. Schmitthenner Hist. 11, 1962, 29–85) in Spanien; er mußte ihn bald durch Legaten führen, da er erkrankte, Dio 53, 25,3. Suet. 81,1. Wegen mangelnder Loyalität kam es zum Sturz des Präfekten von Äg. C. Cornelius Gallus, Dio 53,23,6. Auch den 9. Konsulat trat A. in Tarraco an, Suet. 26,6; der Krieg in Spanien wurde beendet, der Janustempel geschlossen, Dio 53,26,5. Den Antritt des 10. Konsulates vollzog A. auf der Heimreise, Dio 53,28,1. In seinem 11. Konsulat im J. 23 zettelte Fannius Caepio eine Verschwörung an, in die auch A. Terentius Varro Murena, der Schwager des Maecenas, verwickelt war, Kathleen M. T. Atkinson Hist. 9, 1960, 440–473; sie wurde zerschlagen, Dio 54,3,4ff. Vell. 2,91,2. Statt Varro Murena wurde der oppositionelle Republikaner Cn. Calpurnius Piso Mitkonsul des A. Da erkrankte der Princeps lebensgefährlich, Suet. 28,1 (A. Esser Caesar und der julisch-claudische Kaiser im biologisch-ärztlichen Blickfeld, 1958, 60). A. übergab dem Agrippa seinen Siegelring (H. U. Instinsky Die Siegel des Kaisers A., 1962), nicht wie erwartet, seinem Neffen Marcellus; dem Piso übergab er ein *rationarium imperii*, Dio 53,30,2. Die Frage einer möglichen Nachfolge war nicht gelöst. Doch A. genas wieder und trug der republikanischen Strömung im Senat, die sich Hoffnungen gemacht hatte, dadurch Rechnung, daß er im Juni 23 (Inscr. It. XIII 1, p. 157) den Konsulat niederlegte und dafür die *tribunicia potestas* mit dem Interzessionsrecht auf Lebensdauer (L. Wickert RE XXII 2283ff. P. L. Strack Zur trib. pot. des A., Klio 32, 1939, 358ff.) annahm, Dio 53,32,6. Res gest. 10,1; ferner erhielt er das Recht, den Senat einzuberufen, das *ius referendi* über je einen Punkt in jeder Senatssitzung und das *imperium procos, maius* in den Senatsprovinzen, Dio 53,32,5 (L. Wickert, RE XXII 2270ff. A. H. M. Jones The imperium of A., JRS 41, 1951, 112ff. H. Last Imperium maius, JRS 37, 1947, 157ff.), so daß er Oberbefehlshaber über sämtliche Streitkräfte des Reiches wurde. Agrippa übernahm die Leitung der O.-Provinzen, Marcellus starb zu Ende des Jahres. Im J. 22 verlangte das Volk wegen einer Hungersnot infolge Seuche und einer Tiberüberschwemmung (Dio 54,1,1f.), A. solle die Diktatur, lebenslängliche Zensur oder den ständigen Konsulat annehmen; er lehnte ab und übernahm nur die *cura annonae*, Dio 54,1,4. Res gest. 5,1–3, und ließ durch Prätorier Hilfe schaffen. Weniger die Regelung der Getreidezufuhr als die Absicht, sich aus Streitigkeiten der Parteipolitik in Rom herauszuhalten (P. Sattler a.O. 82ff.), veranlaßten ihn, sich im September nach Sizilien zu begeben, Dio 54,6,1. Im J. 21 mußte er deshalb sogar Agrippa aus dem O. nach Rom holen, damit er wieder Ordnung schaffe, Dio 54,6,4f. A. vermählte ihm seine Tochter Iulia, Suet. 63,2. Während Agrippa in der Hauptstadt durchgriff, ging A. im Frühjahr 20 nach Samos, traf dort administrative Regelungen in den Provinzen Asia und Bithynien (Dio 54,7,4f.) und begab sich nach Syrien, während gleichzeitig Tiberius mit starken Truppen nach Armenien beordert wurde; die Furcht vor einem Krieg veranlaßte Phraates zur Rückgabe der unter Crassus an die Parther verlorenen röm. Feldzeichen (s. die Darstellung am Panzer des A. von Primaporta, H. Kähler Die A.-Statue v. Primaporta, 1959. E. Simon, RM 64, 1957, 46ff.) und zur Stellung von Geiseln, Res gest. 29,2. Die Feldzeichen wurden 2 v. Chr. im Tempel des Mars Ultor aufgestellt, Ov. fast. 5,579ff.

Res gest. 29,2. Auf eine Erweiterung des Reiches aber glaubte A. verzichten zu können, Dio 54,9,1; doch wurden im O. Vasallenfürstentümer geschaffen, wie Armenien (Res gest. 27,2), Arabien (RE IX 639) u.a. Den Winter 20/19 verbrachte A. auf Samos, Dio 54,9,7. Da Agrippa, durch Aufstände in Gallien und Spanien gezwungen, nach dem W. abgegangen war, kam es in Rom zu Unruhen durch M. Egnatius Rufus, der ungesetzlich nach dem Konsulat strebte, Vell. 2,91,3. A. setzte die Wahl des Q. Lucretius Vespillo durch und traf am 12. Oktober 19 selbst in Rom ein, CIL I^2 p. 245. Er lehnte zwar eine angebotene *cura morum legumque* ab, brachte aber mit gleichem Erfolg seine *tribunicia potestas* zur Anwendung, Res gest. 6,1, P. Sattler a.O. 88 ff.; die zensor. Gewalt auf 5 Jahre und die konsular. auf Lebenszeiten nahm er an, Dio 54,10,5. Im J. 18 ließ er sich das *imperium procos. maius* um 5 Jahre verlängern, Dio 54,12,4. Einschneidende Gesetze wurden erlassen: die lex Iulia de ambitu, die lex Iulia de maritandis ordinibus, die lex Iulia de adulteriis coercendis, Dio 54,16,1 ff. Dig. 4,4,37, 1. In einer Musterung des Senates wurden 200 Mitglieder ausgeschieden, nur 600 blieben, Dio 54,13, 1 ff. (M. Levi Il tempo di A. 1951, p. 175). Anschläge auf sein Leben waren die Folge, Dio 54, 15,1. Nach Regelung der außer- und innenpolit. Verhältnisse nach seinem Sinne feierten A. mit Agrippa als *XVviri sacris faciundis* vom 1.–3. Juni 17 (CIL VI 32323) in den Saecularspielen den Anbruch eines neuen Zeitalters in *fides*, *pax*, *honor*, *pudor* und *virtus;* Horaz dichtete dazu sein *carmen saeculare*. Wenn sich dieser Optimismus auch nicht erfüllte, so starb doch damals die Bürgerkriegsgeneration allmählich aus. Agrippa konnte wieder die Leitung der O.-Provinzen übernehmen. Durch die Adoption von dessen beiden Söhnen, C. und L. Caesar, versuchte A. die Begründung seiner Dynastie, Suet. 64,1 ff. Dio 54,18,1. Einfälle germanischer Stämme im Frühjahr 16 in Oberitalien, Istrien und auf der Balkanhalbinsel (Dio 54,20, 1 ff.), vor allem die Niederlage, die M. Lollius gegen die Usipeter, Sugambrer und Tenkterer erlitt, die den Rhein überschritten, zwangen A., sich mit Tiberius nach Gallien zu begeben, Vell. 2,97,1. Dio 54,19,1 ff. Die Sorge um die Hauptstadt konnte jetzt einem *praefectus urbi*, T. Statilius Taurus, übertragen werden, Dio 54,19,6. In den J. 15 und 14 blieb A. in Gallien, wo Tiberius und Drusus die Alpenvölker unterwarfen; Raetien und Vindelicien (R. Heuberger, RE IX A 1 ff.) wurden einem *legatus pr.pr. in Vindelicis* (CIL V 4910) unterstellt, Noricum wurde dem Staatsverband einverleibt. Am 4. Juli 13 kam A. n. Rom, wo ihm zu Ehren die Errichtung der *ara Pacis* (s. G. Moretti L'ara Pacis Augustae 1959) gelobt wurde, die am 30. Januar 9 v. Chr. eingeweiht wurde, CIL I^2 p. 320, K. Hanell Das Opfer des A. an der Ara Pacis, Opusc. Rom. 2, 1960, 33–123. S. Weinstock, JRS 50, 1960, 44 ff. Agrippa kam nach Rom, ihm und A. wurde die

tribunicia potestas für weitere 5 J. erneuert, Dio 54,28,1. Am 6. März 12 v. Chr. wurde A. zum *pontifex maximus* gewählt, CIL I^2 p. 311, einige Tage darauf starb Agrippa, dem A. die Leichenrede hielt, Liv. epit. 138. A. suchte nach weiteren Stützen seiner Dynastie, indem er im J. 11 v. Chr. seine Tochter Iulia dem Tiberius vermählte, Dio 54,35,4. Marcellus zu Ehren, den A. doch am liebsten als Nachfolger gesehen hätte, wurde am 4. Mai 11 v. Chr. das Marcellustheater eingeweiht, Plin. nat. 8,65. A. übernahm die *cura aquarum*, Frontin. aq. 125. Nach vorübergehendem Aufenthalt in Gallia Lugdunensis zu Beginn des J. 10 v. Chr. (Dio 54, 36,3) und nach Einrichtung der Alpes Cottiae als kaiserlicher Provinz hielt A. zu E. des J. und zu Beginn des J. 9 v. Chr. neuerlich einen Census und eine Musterung der Senatorenliste, Dio 55,3,3. Nach dem tödlichen Unfall des Drusus, der bis zur Elbe vorgedrungen war, hielt ihm A. die Leichenrede, Vell. 2,97,3. Dio, 55,2,2. Pannonien und Dalmatien kamen zur Provinz Illyricum. Im J. 8 v. Chr. reformierte A. den Kalender Caesars, Macrob. sat. 1,14,13–15, u. ließ sich sein *imperium procos. maius* auf weitere 10 J. verlängern, Dio 55,6,1. Eine Volkszählung ergab 4,233. 000 röm. Bürger, Res gest. 8,2. Anläßlich der Unterwerfung der Sugambrer und Umsiedlung von 40000 Germanen an das l. Rheinufer weilte A. selbst in Gallien, Vell. 2,97,1. Suet. 21,2. Nach Rom zurückgekehrt starb ihm Maecenas, Sen. benef. 6,32,2, der durch seine Dichterrunde für die Propagierung der Prinzipatsidee Wesentliches geleistet hatte. Im J. 7 v. Chr. erfolgte die Einteilung Roms in 14 Regionen (G. Carettoni-Colini-Cossa-Gatti La pianta marmor. di Roma ant., 1955) und die Reorganisation der Feuerwehr, Dio 55,8,5 f. Im J. 6 v. Chr. wurde das Tropaeum Augusti bei Monaco errichtet, Plin. nat. 3,136 ff. Infolge eines Zerwürfnisses zog sich Tiberius 8 J. lang nach Rhodos zurück, Dio 55,9, 5–8. Um diese Zeit wurde Jesus von Nazareth in Galilaea geboren. A. nahm im J. 5 v. Chr. den Konsulat zum zwölftenmal wieder an, um C. Caesar in feierlicher Form die Toga virilis anzulegen, als cos. XIII erwies er im J. 2 v. Chr. dem L. Caesar die gleiche Ehre, Suet. 26,3. Auf Antrag des Messalla Corvinus erhielt A. anläßlich der 25jährigen Wiederkehr der Begründung des Prinzipates am 5. Februar den Titel *pater patriae*, Res gest. 35,1. Suet. 58. Bedeutsam wurde die Einsetzung von 2 *praefecti praetorio* (W. Ensslin, RE XXII 2392 ff.), Dio 55,10,10. Am 12. Mai wurde das fertiggestellte Augustusforum eingeweiht, Ov. fast. 5,595 ff., geschmückt mit Statuen berühmter Männer als exempla maiorum. Doch seine Tochter Iulia mußte A. wegen ihres Lebenswandels nach Pandateria verbannen, Tac. ann. 3,24,2. Dio 55,10,14. Im J. 1 v. Chr. wurde der praesumptive Nachfolger des A., C. Caesar, gegen die Parther geschickt, Suet. 65,1. Während dieser im J. 1 n. Chr. in Armenien vorübergehend Erfolg hatte (Res gest. 27,2), starb

2 n. Chr. sein Bruder L. Caesar in Massilia, Vell. 2,102,3. A. wurde 3 n. Chr. das *imperium procos. maius* auf weitere 10 J. verlängert (Dio 55,12,3); doch C. Caesar wurde bei der Belagerung der armen. Stadt Artagiva so schwer verwundet (Dio 55, 10a,6f.), daß er am 21. Februar 4 n. Chr. starb, CIL XI 1421. Vell. 2,102,3 ff. Daher adoptierte A. am 26. Juni den seit 2 v. Chr. zurückgekehrten Tiberius (CIL I^2 p. 320) und verlieh ihm als seinem praesumptiven Nachfolger die *tribunicia potestas* auf 5 J.; doch hatte dieser zuvor den Germanicus adoptieren müssen, Suet. Tib. 15,2. Die Kriege in Germanien, die Tiberius im J. 4 und 5 n. Chr. führen mußte und die zur Schaffung der Provinz Germania führten (Vell. 2,105,3–107,3), ließen die Notwendigkeit einer Erhöhung der Zahl der Legionen erkennen; statt bisher 18 wurden 26 und ein eigenes *aerarium militare* geschaffen, Dio 55,23–26. Res gest. 17,2. Die Bedrohung des Imperiums kam, als man im Frühjahr mit großen Streitkräften gegen das 8 v. Chr. gegründete Reich des Marbod zog, in einem gewaltigen Aufstand der Pannonier und Dalmater zum Ausdruck. Von 6–9 n. Chr. dauerte der Krieg, in dem zeitweise 15 Legionen und die tüchtigsten Heerführer unter dem Oberkommando des Tiberius standen (Suet. Tib. 16,1). Das Bewußtsein, daß künftig großes Menschenmaterial nötig sein würde, um das Reich im N. und O. zu schützen, veranlaßte A. zur lex Papia Poppaea, durch die die Eheschließungen gefördert werden sollten. Seit 8 n. Chr. bestand eine Provinz Illyricum superius und Illyricum inferius, W. Reidinger Statthalter des ungeteilten Pannonien, 1956, 16f. Als endlich im Spätsommer 9 n. Chr. auch die Dalmater besiegt wurden, erlitt P. Quintilius Varus seine vernichtende Niederlage gegen den Cherusker Arminius im Teutoburgerwald (Vell. 2,117,1. Dio 56,23,1), durch die 3 Legionen verlorengingen. Im J. 10 n. Chr. konnte die Rheingrenze trotzdem gehalten werden, doch mußte 11 n. Chr. die Provinz Germania wieder aufgegeben werden (Flor. 2,30). Im J. 12 n. Chr. begann A. einen Census, der fast 2 J. dauerte, Res gest. 8,4. Suet. Tib. 21,1. Das *imperium procos. maius* wurde ihm im J. 13 n. Chr. auf 10 J. verlängert; doch A. fühlte sein Ende herannahen; er machte sein Testament und verfaßte die Res gestae, beide Schriftstücke wurden im Vestaheiligtum hinterlegt, Suet. Aug. 101,1 ff. A. starb am 19. August 14 n. Chr. in Nola, Suet. Aug. 98, 10–100,1. AE 1946, 169 (C. Questa La morte di A. secondo Cass. Dione, La Parola di Passato 14, 1959, 41 ff.). Beim Begräbnis hielt vor der *aedes Divi Iuli* Tiberius die Leichenrede, auf der alten Rostra Drusus, Suet. Aug. 100,6. Seine Asche wurde im Mausoleum beigesetzt. Am 17. September 14 n. Chr. wurde A. konsekriert, CIL I^2 p. 329.

Bildnisse: D. Mustilli La figura e l'opera di A. (Rom 1938). G. V. Gentili L'iconograf. della età di giulio-claudia, Siculor. Gymnas. N. S. 6, 1953, 1 ff. B. M. Felleti Enciclop. dell'arte ant. 1, 1958, 918 ff. – Münzen: Mattingly RIC 1, 1923, p. 60 bis 97; plat. I–IV. – Schriften: A. Gagé Res gestae divi Augusti, ^{2}1950. E. Malcovati Imp. Caes. Aug. Operum frg., 1948. N. Bardon Les empereurs et les lettres Lat., 1940, 1–63. – Inschr.: A. E. & J. S. Gordon Album of dated Latin inscr., Berkeley Univ. Pr., 1958. R. H.

V. Gardthausen A. und seine Zeit, Bd. I. II, 1891–1904. *H. Dessau* Gesch. röm. Kaiserzeit, 1924. *T. Rice Holmes* The Architect of the Rom. Empire, 1928/31, *M. Hammond* The Augustean Principate, 1933. *H. Volkmann* Zur Rechtsprechung im Prinzipat des A., 1935. *W. Weber* Princeps, 1936. *V. Ehrenberg–A. H. M. Jones* Documents illustr. the Reign of A. and Tiberius, ^{2}1955. *G. E. F. Chilver* A. and the Roman Constitution 1939/50, Hist. 1, 1950, 408 ff. *M. A. Levi* Il tempo di A., 1951. *R. Syme* The Roman Revolution, 1951. *Fr. Vittinghoff* Kaiser A., 1959.

Aulaeum. An sich jeder Vorhang, dann bes. die reich durchwirkten. *Attalica aulaea* bei Prop. 2, 32, 12. Plin. nat. 8,196. Seit dem 1. Jh. v. Chr. der Theatervorhang (Cic. Cael. 65. Ov. met. 3,111). In Theaterruinen röm. Zeit sind Schächte für das *a.* nachgewiesen. A. R.

Mau Pompeji in Leben und Kunst ^{2}146. *G. E. Rizzo* Teatro Gr. di Siracusa, 149 ff. *M. Bieber* History of the Gr. and Rom. Theater^2 179 und 300 Anm. 23–25.

Aule. Seit Homer der Hof, so im Palast, aber auch ländliches Gehöft (Od. 14,5). In klassischer Zeit der Innenhof, der in fast keinem Haus fehlt (Lys. 1,17), namentlich in den Ruinen von Priene und Olynth zu beobachten.

In der Spätzeit wird *aula* Hof = Residenz des Herrschers. A. R.

Wiegand-Schrader Priene, Bln. 1904, 285 ff. Excav. at Olynthus VIII, Baltimore 1938.

Aulerci. Zahlreiches Volk in Gallia Celtica, später Lugdunensis, zwischen Liger und Sequana. Es bestand aus 4 Stämmen (Caes. Gall. 3,9–17. 7,75. Plin. nat. 4,107. Ptol. 2,8): 1. Die Cenomani, von denen ein Teil nach Oberitalien zog (Liv. 5, 34 f.), während die anderen um Subdinum, heute Le Mans, wohnten und *Mars Mullo* verehrten: P. Wuilleumier REA (1961) 56–8. 2. Die Diablintes oder Diablinti, um Noviodunum, h. Jublains. 3. Die Eburouices, um Mediolanum, h. Evreux. 4. Die Brannouices, *clientes* der Haedui. P. W.

Auletik s. Aulos

Aulis. Ortschaft an der boiotischen Küste Euboia gegenüber auf einem Felskap beim heutigen Dorf Vathy zwischen zwei Hafenbuchten, einer kleineren n. und einer größeren s., als Sammelpunkt der Griechen für den Zug gegen Troia und deshalb danach viel genannt. Strab. 9,2,8 p. 403. Paus. 9,19,6 ff. Der Artemistempel mit mehreren Nebengebäuden und der heiligen Quelle am S.-Rand des n. Hafens ausgegraben, BCH seit 81, 1957, zuletzt mit Plan 86, 1962, 776 ff. G 68, 1961, 217 ff. E. M.

1. *Oberhummer* RE II 2409f. 2. *J.G.Frazer* Pausanias 5, 1898,72ff. 3. *V.Burr* Νεῶν κατάλογος Klio Bh. 49, 1944,18ff. 4. *P.S.Psarianos* Πολέμων 3,1947/48,155ff.

Aulodes. Stadt des prokonsularischen Africa (h. Sidi Reiss). Municipium unter Septimius Severus, CIL VIII 14355. Atl. Arch. Tun. fe Tebourba, 9. M. L.

Aulos (Auletik, Aulodik). Die mit dem Musikinstr.-Namen αὐλός verbundenen Begriffe sind zahlreich. Das Solo-Aulosspiel (ohne Gesang) galt als ψιλὴ αὔλησις. Je nach Höhenlage unterschied Aristot. Περὶ τὰ ζῷα ἱστορία 7,581 B αὐλοὶ παρθένιοι (Sopran); αὐλοὶ τέλειοι (Tenor) und ὑπερτέλειοι (Baß) entsprachen nach Athen. 4,79 den Männerstimmen (ἀνδρεῖοι). Die αὐλοὶ τέλειοι, zur Begleitung des Paians im pyth. Nomos bestimmt, hießen kurz Πυθικοί. Für das Spiel ohne Chorreigen galt der Terminus ἄχορον αὔλημα. Nach Poll. 4,80 waren die beiden Röhren der Doppel-Auloi bei Trinkgelagen (παροίνιοι) im Einklang gestimmt (ἴσοι δ' ἄμφω). Zu Hochzeitsfesten wählte man Oktavabstand (γαμήλιον αὔλημα). Ein Instr. mit erweitertem Tonumfang gemäß der Kithara war der αὐλὸς κιθαριστήριος. Zu den Aulos-Größen rechnete man noch gelegentlich die αὐλοὶ παιδικοί (Altlage, entsprechend den Knabenstimmen, vgl. Athen. 14,634 im Abs. περὶ αὐλῶν τρήσεως nach Aristoxenos, Näheres bei H. Riemann 102–105. Nach Poll. fertigte man bei den libyschen Nomaden einen αὐλὸς ἱπποφορβός bestimmter Größenordnung aus geschälten Lorbeerschößlingen. Arist. Quint. unterscheidet noch in mittlerer Lage den αὐλὸς πυθικός und χορικός. Von den technischen Benennungen (nicht immer sicher übersetzbar) seien erwähnt: »halbdurchlöchert« ἡμίοποι (Poll. 4,77, nach Athen. 4,182, den παιδικοὶ gleichkommend, hier ἡμίκοποι zu lesen?), die »durch und durch« mit Löchern versehenen: πολύτρητοι bei Athen. 4,176, auch διόποι, die »in der Mitte geteilten« αὐλοὶ μεσόκοποι (Poll. 4,77), die παράτρητοι (ebd. 4,81; mit Löchern an der Seite?), vielleicht als Gegensatz zu den ὑπότρητοι (Athen. 4,176; mit Löchern auf der unteren Seite?). Αὐλοὶ πυκνοί geben eine chromatische Tonfolge an, βόμβυξ ist ein Aulos mit tiefen Tönen (Aischyl. frg. 54), auch ist das Wort allgemein für das Corpus des Instr. gebräuchlich (Poll. 4,70; Aristot. aud. 800 b 25); bei Hesych. auch βόμβυκες; Theokr. 10,26 gibt einer Aulosspielerin den Namen Bombyka. – Der Instr.-Gattung nach rechnet der Aulos nicht, wie gemeinhin falsch übersetzt, zur Flötengruppe, sondern ist ein Rohrblatt-(Zungen-) Instr., also eine einfache oder (häufiger) Doppel-Oboe (also besser: Pfeife). Man unterschied: Zungenstück γλῶτται, γλωττίδες, oberes Ansatzstück des Rohrs ὅλμος, die eigentliche Röhre βόμβυξ, die Grifflöcher τρυπήματα. Bei Pind. und Eur. steht statt Aulos auch Kalamos oder Libyscher Lotos. Das Aulos-Paar hatte getrennte Zungen, diese (sog. Doppelrohrblätter) hießen Joch (ζεῦγος) und wurden wegen ihrer Empfindlichkeit in einem kleinen Futteral (γλωττοκομεῖον) aufbewahrt, das ganze Instr. kam in eine Tasche von ungegerbtem Tierfell, die συβήνη. Beim Spiel wurden die Lippen auf das Rohrblatt gepreßt; der starke Druck der aufgeblasenen Wangen war durch eine Art Zaumzeug, die Phorbeia (φορβειά, στομίς, χειλωτήρ, *capistrum*), abgestützt: Lederbänder, die vom Mund über die Backen zum Hinterkopf gespannt erscheinen. Wichtige Übersicht ikonographischer Funde bei Wegner 187–198 (auch im Zusammenspiel mit Barbiton, Tympanon, Lyra, Kithara). Erhaltene Instr. vgl. Abb. bei R. M. Dawkins Arthemis Orthia, 263f., Taf. 161f. Howard T. 1,2, T. L. Southgate in JHS 35, 1915, 12ff., Abb. 1; die äg. Quellen dürfen hier ausscheiden, Näheres bei H. Hickmann, Art. Äg. Musik, in Die Musik in Gesch. und Gegenw., 1,92–105, Kassel 1949 bis 1951. Über Gewinnung u. Verarbeitung des Rohrs berichtet Plin. nat. 16,164–172 sowie Theophr. c. plant. 4,18. Die Gegenschlagzunge (Doppelrohrblatt) wurde aus Schilfrohr (vom See Kopais), das man dünn schabte, verfertigt: κάλαμος ζευγίτης (Theophr. ebd. 4,11). Brach die Zunge, dann spielte man notfalls auf offenem Loch weiter: τρόπῳ σύριγγος. Die Instr.-Röhre (κάλαμος βομβυκίας), schwach konisch geschnitzt, erlaubte wahrscheinlich durch ein kleines »Überblaseloch« auch noch einige Obertöne; nur so ist in der peripatetischen Schrift περὶ ἀκουστῶν ein κατασπᾶν oder ἀνασπᾶν τὴν σύριγγα als Erhöhung des Tonbereichs zu verstehen. 4 Grifflöcher nennt Poll. 4,80; Varr. bei Ps.-Acro in Hor. ars 202. Wahrscheinlich wurden die (ovalen) Löcher auch halbverdeckt gespielt, daher waren auf dem Aulos alle Tonarten erreichbar (was für Pronomos um 430 bei Paus. 9,12,4 und Athen. 14,631 C bezeugt wird). Ein 5. Griffloch (Daumen) kann bei strammem Sitz der Phorbeia in Gebrauch gewesen sein (Howard 29). Diodoros v. Theben führte einen besonderen Mechanismus zum Öffnen und Schließen (drehbare Ringe?) ein: πολύτρητον δὲ [τὸν αὐλὸν] ἐποίησε, πλαγίας ἀνοίξας τῷ πνεύματι τὰς ὁδούς (Poll. 4, 80), solche »Anhänge-Röhren« könnten mit βόμβυκες ἐφόλκιοι (ἐφόλκια = kleine Landungsboote) gemeint sein (vgl. v. Jan RE II 2418, 54–57), die mit Haken (κέρατα) zum Drehen ausgestattet waren. Seit Antigeneidas wählte man weichere Zungen (Theophr., vgl. Howard 25); man spielte statt ἀπλάστως nun in der πλάσις, in tieferer Lage oder dunklerem Klang, → Antigeneidas. Haken, Ringchen, Grifflochkapseln sind mehrfach ikonographisch bezeugt. Als Material für das Corpus dienten außer Schilfrohr, Buchsbaum (für den Elymos, vgl. Poll. 4,74), Lotosholz (Plin. nat. 13,106), Lorbeer, auch Knochen (αὐλοὺς ὀστεΐνους, Aristoph. nach Poll. 10,153) der Hirsche, Esel, Adler, Geier; Elfenbein vermittelten wohl die Phoiniker (Trypho bei Athen. 4,182 E). Griffklappen und -kapseln waren aus Metall *(tibia aurichalco iuncta* bei Hor. ars 202). – Die griech. Schriftsteller beurteilen das Alter der Aulodik unterschiedlich. Athen. sieht im heroischen Zeitalter die Auloi nur bei den Barbaren; Glaukos v. Rhegion aber die Auloden noch vor den Begründern der kitharodischen Nomoi, so Plut. de mus. 4 (ed. K. ZIEGLER, Lpz. 1959, 4,25 ff.): *πρεσβύτερον γοῦν αὐτὸν* [sc. *Τέρπανδρον*] *Ἀρχιλόχου ἀποφαίνει Γλαῦκος ὁ ἐξ Ἰταλίας... μετὰ τοὺς πρώτους ποιήσαντας αὐλῳδίαν*. Die Priorität vor der Kithara bleibt aber fraglich, da die Tonbezeichnung auf Saiteninstr. verweist (z. B. *ὑπάτη* sc. *χορδή*), auch ist *κροῦμα* als Wort für Auloskomposition (so Alex. Polyhist. bei Plut. de mus. 5) eigentlich für Kitharaweise gültig (Aristoph. Thesm. 120) und im übrigen vom alten Schlaginstr. abgeleitet. *Αὐλός* = hohle, längliche Röhre, nicht nur als Instr.-Name gebräuchlich, ist idg. Herkunft (E. BOISACQ Dictionn. étymol. de la lang. grecque, 101). Die peloponnesische Sage nennt den Troizenier Ardalos, Sohn des Hephaistos, den Erfinder des Aulos. Erster hist. Aulode ist Klonas v. Tegea (Plut. de mus. 5. Poll. 4,79. Pind. frg. 140b kennt einen ionischen Auloden), der – wie Terpander für die Kitharodie – 7 aulodische *νόμοι* schuf, deren Namen bekannt sind (H. ABERT RE XI 875 f.). Rasch breitete sich die *ψιλὴ αὔλησις*, jene von Phrygien importierte rein instr. Aulosmusik (s. o.), aus. Aulos war zur Kriegsmusik beliebt (Plut. ebd. 26), namentlich bei den Lakedaimoniern (Xen. Lak. pol.), bei den Phrygern zur Totenklage (Aulos *θρηνητικός* bei Poll. 10,75, ferner Sch. Aischyl. Pers. 937 *αὐλοὶ Μαριανδυνοί*), zum Gesang des Paians (Archil. frg. 76 D. Plut. ebd. 42. Strab. 10,481), zum Symposion (Athen. 14,630 f.), beim Hochzeitskomos (Hom.; speziell *αὐλοὶ γαμήλιοι* bei Poll. 4, 80), bei den Kretern sehr früh als Waffentanz (*πυρρίχη*, Aristot. frg. 471 R). Zufolge Plut. qu. conv. 7,8,4 enthielt der Aulosklang *τὸ θεῖον*, versetzte in religiöse Stimmung. Der Argiver Hierax, ein Schüler des Olympos (s. u.), komponierte für das Pentathlon die Weise *Ἐνδρομή* (Plut. ebd. 26). Als Arbeitslied wegen des anfeuernden Tons gebräuchlich (ein *ἐπιλήνιον αὔλημα, πτιστικόν, ἐρετικόν, πυκτικόν, συβωτικόν* bei Poll. 4, 55 ff.) sehen wir das Instr. beim Geißeln, Faustkampf, beim Kochen, Teigkneten (Athen. 12,518), ja Fischfang (Ail. nat. 17,18). Die Elegie wurde stets vom Aulos begleitet (P. DE LAGARDE Arica 34, möchte armenisch *elēga* = Rohr in Betracht ziehen). Boiotien, das Überfluß an Schilfrohr hatte (Theophr. h. plant. 4,11), wurde zur Heimat der Aulosspieler, meist Thebaner (Skopelinos, Antigeneidas, Pronomos [er erfand zufolge Athen. 14, 631 und Paus. 9,12,5 die Klappen für den in 3 Tonarten spielbaren Aulos], Diodoros [auf ihn führt Poll. 4,80 die Seitenklappen zur Erweiterung des

Tonumfangs zurück], Telesias [Plut. ebd. 3], Nikopheles [Poll. 4,77], Sakadas v. Argos [letzterer pries Apollons Sieg über die pythische Schlange in seinem *νόμος Πυθικός*, der sonst nur Kitharoden vorbehalten war, er durfte sogar in Delphi um einen Preis werben], letztlich soll er [Nachweis HILLER in RhM 31, 1876, 86 f.] den *νόμος τριμερής* des Klonas für den Chorgesang verwertet haben; sein Nachfolger war Pythokritos). Die Phryger gaben viele Anregungen zum größeren Tonumfang (*μάγαδις αὐλός* bei Athen. 4,182d gemäß dem Saiteninstr.), zu 2 neuen Harmoniai (phryg. und lyd.); Olympos brachte den Spartanern und Argivern das enharmonische Tongeschlecht, Auleten wie Hyagnis und Marsyas waren hochgeschätzt (Apul. flor. 3). Bei Alkm. frg. 21,22 Diehl ist das Kompositum *ὑπαυλεῖν* = Aulosbegleitung eingeführt, wobei an phrygische Auleten (*Σάμβας, Ἄιδων, Τῆλος*) zu denken ist. Über den Aulosklang ist eine wichtige Äußerung bei Theogn. 531 f. erreichbar: *Αἰεί μοι φίλον ἦτορ ἰαίνεται, ὁππότ' ἀκούσω αὐλῶν φθεγγομένων ἱμερόεσσαν ὄπα*. – Seit Pythagoras bekämpfte man den übermütig-panegyrischen Auloston (*ὑβριστικόν, πανηγυρικόν, οὐδαμῶς ἐλευθέριον*, Iambl. v. P. 111; ferner Arist. Quint. [ed. v. JAN] 66. Diog. Laert. 8,24), obschon manche Pythagoreer die Auletik weiter pflegten (Euphranor, Archytas, Philolaos, die beiden ersteren schrieben nach Athen. 4,182c, 184c über das Instr.). Wegen orgiastischer Wirkung wählte man den Aulos zur Begleitung des Dithyrambos (Poll. 4,81: *χορικοὶ αὐλοί*). Pratinas von Phleius kritisiert in seinem Hyporchem (Text bei Athen. 14, 617c ff.) das Instr. beim wilden Satyrchor, da es den Gesang erdrücke. Unter den vornehmen Athenern hielt Alkibiades den Aulos für unziemlich, da er das Gesicht des Spielers entstelle (Plat. Alk. 2, ferner Gell. 15,17. Plat. Alk. 1,106e). Melanippides schilderte, wie Athene die Auloi von sich warf; wohl durch Euripides kam in Athen die Sage auf, wie Marsyas von Apollon bestraft wurde. Ein att. Epigramm redet spöttisch: *Ἀνδρὶ μὲν αὐλητῆρι θεοὶ νόον οὐκ ἐνέφυσαν, ἀλλ' ἅμα τῷ φυσῆν χὠ νόος ἐκπέταται* (Athen. 8,337e); auch die Prachtkleidung, seit dem Auleten Antigeneidas üblich, begegnete Kritik; so redet Lukian. de Astrol. 2 von einer *αὐλητέω ἀμουσίη* und Hor. ars 214: *luxuriam addidit arti tibicen, traxitque vagus per pulpita vestem*, ähnlich Aristoph. Thesm. 123 über die hochgeschätzte *μητέρα ὕμνων* Kithara und abfällig über boiotische Auleten (ders., Ach. 860–866). In Sokrates und seiner Schule (Antisthenes) erstanden neue Gegner. Aristoteles rechnet Aulos zu den *τεχνικὰ ὄργανα*, die im Unterricht zu verwerfen sind: wegen des bakchischen Klangs und der Nutzlosigkeit für die Geistesbildung, auch könne der Spieler nicht zugleich singen. Immerhin zieht der Vf. der Ps. Aristotel. Probl. (ed. v. JAN cap. 14) den Aulos, weil als Luftinstr. der menschlichen Stimme gemäßer, der Kithara vor. Bis in die Spätzeit galt aber für die edlere Kithara das Verbum πραΰνειν, für den Aulos ἐξοργιάζειν (vgl. ABERT 1899, 63). Der Streit um den »fremden« oder »jüngeren« νόμος αὐλῳδικός, überwiegend in der Spätzeit wirksam, spricht aber nicht gegen das hohe Alter einer Aulodik, auf das H. GRIESER Nomos, 1937, 60–70 und H. ABERT in Fs. R. v. Liliencron 1910, 9ff. mit Recht wieder verwiesen haben. – Die röm. Dichter heben den bakchischen und threnodischen Klang hervor (Lucr. 2,620. Catull. 64,264); Hor. c. 1,12. 3,4 »scharfklingend«, Ov. fast. 4,341 »voll Raserei«, Apul. flor. 17 demgegenüber »angenehm« (Trauerton). Die abschätzige Bemerkung des Aristox. bei Plut. de mus. 29, der Aulet brauche nicht so geschickt zu sein wie der Kitharode, ist noch bei Cic. Mur. 13,29 anerkannt: *Ut aiunt in Graecis artificibus eos auloedos esse, qui citharoedi fieri non possent.* – Nicht völlig geklärt ist das zweistimmige (nicht auf Einklang beschränkte) Spiel auf dem Doppelaulos (dessen beide Corpora manchmal ungleich lang angegeben sind). Zufolge Aristox. (Plut. ebd. 36): ... κρίνειε γὰρ ἄν τις ἀκούων αὐλητοῦ, πότερόν ποτε συμφωνοῦσιν οἱ αὐλοί. Bei Varro: *Tibia incentiva* und *tibia succentiva* (zu beiden Begriffen vgl. C. SACHS The History, 1940, 140; hiernach vielleicht Wechsel von »Intonation« und »Refrain«, DERS. in Musik des Altertums, 1924, 57f. rechnet mit »Melodie« und »besonderer Begleitung«, einem »Halteton«, jedenfalls einer »Heterophonie«; zum Problem noch jüngst H. SANDEN Antike Polyphonie, Heidelb. 1957). W. B.

W. Vetter Art. Musik in RE XVI 853f. (Abt. 6: Die Instrumente). *A. Schneider* Zur Gesch. der Flöte im Altertum, Zürich 1890, 12ff. *Blümner* Techn. 2,391. *Baum.* Denkm. 1,554. Die Musik in Gesch. und Gegenw., Art. Griechenland, Abt. V, Blasinstr. *(M. Wegner)*, Bd. V, 1956, 872ff. *H. Huchzermeyer* Aulos und Kithara in der griech. Mus. bis zum Ausg. der klass. Zeit nach den literar. Quellen. Diss. phil. Münster 1930, Emsdetten 1931. *H. Riemann* HB der Musikgesch. I, 1, Lpz. 1919, 47.58.66ff. 102–107. 113ff.146. *M. Wegner* Das Musikleben der Griechen, Bln. 1949, 52ff.187–198 (Ikonographie). *H. Abert* Die Lehre vom Ethos in der griech. Musik, Lpz. 1899, 61ff.; *Ders.* Die Flöte bei den alten Griechen in Deutsche Instr.-Ztg., Bln. 1900, 436ff. *H. Grieser* Nomos. Ein Beitrag zur griech. Musikgesch. = Quell. und Studien zur Gesch. und Kultur des Altertums und des Mittelalters, V, Heidelb. 1937, 18–24, 24ff. *C. Schlesinger* The Greek Aulos, London 1939. *F. Behn* Musikleben im Altertum und frühen Mittelalter, Stuttg. 1954, 96f.; *Ders.* Die Musik bei den Naturvölkern des Altertums, Bln. 1912; *Ders.* Art. Musik in Eberts RdV. VIII, 1927. *J. Curtis* The Double Flutes in JHS 34, 1914. *A. Howard* The αὐλός or Tibia in HSPh Bd. IV, Boston 1893. *C. v. Jan* Art. Flöten in Baum. Denkm., 1885ff.; *Ders.* in Verhandlungen der Züricher Philol. Vers., 1887, 81ff.; *Ders.* in Philol. 38,378ff.; *Ders.* in Allgem. Musikal. Ztg., Lpz. 1881, 465ff.; *Ders.* in RE II 2416ff. (Aulos). 2403ff. (Auletik). 2411ff. (Aulodik). *Th. Reinach* Art. Tibia in Dar. Sagl., 1873ff. *C. Sachs* Musik des Altert., Bresl. 1924, 45.48–51.56ff.; *Ders.* The History of musical instr., N. York 1940, 138ff.; *Ders.* Musik der Antike, Potsdam 1928, 53ff. *F. Mountford-R.P. Winnington-Ingram* in The Oxford Classical Diction., Oxf. ^{2}1950, 588ff. *H. Husmann* Olympos, die Anfänge der griech. Enharmonik in Jb. der Musikbibl. Peters 1937; *Ders.* Antike und orientalische Musikkultur, Bln. 1961. *H. Guhrauer* Der pythische Nomos. Eine Studie zur griech. Musikgesch. in Jb. für klass. Philologie Suppl. 8, 1875 bis 1876, 309ff. *Grove's* Dictionary of music, Bd. 3^5 1954 Art. Greek Music (ancient), Abt. Aulos *(R. P. Winnington-Ingram)*. Die Musik in Gesch. und Gegenw. Art. Flöteninstr. Abt. C (Orient und Antike) Bd. 4, 1955, 323–330 *(H. Hickmann)*.

2. A., Sohn des Alexas, Bruder des Quintus. Gemmenschneider des 1. Jh. v. Chr., von ihm sind zehn signierte Steine bzw. Pasten erhalten. A. R.

Furtwängler Ant. Gemmen 3,358. Encicl. Arte Class. Or. I 927 *(Stazio)*.

Aunobaris. Stadt des prokonsularischen Africa (h. Kern el Kebch), Municipium am Ende des 3. Jh. n. Chr. (CIL VIII 15563). Inschr.: CIL VIII 15562–15568. 27395–27404. ILAfr. 591–592. Atl. Arch. Tun. f^{e}Tebourba, 160. M. L.

Aurelia Aquensis. H. Baden-Baden am nw.. Fuße des Schwarzwaldes *(Abnoba mons)*. Die Bedeutung der Örtlichkeit beruhte seit ihren Anfängen im 1. Jh. n. Chr. trotz der abseitigen Lage in den 45° bis 68° heißen Quellen, die aus der s. Böschung des Burgberges hervortreten. Mehrere Thermalanlagen, von denen größere Reste ausgegraben wurden, liegen im engeren Bereich der Quellvorbrüche. Nach ZANGEMEISTER bezieht sich die Inschr. CIL XIII 6301 und 6312 auf die Wiederherstellung einer Therme unter dem Kaiser Caracalla um 213 n. Chr. Als Badestation der in Argentorate-Straßburg stationierten Truppen nennen die Inschr. die Örtlichkeit im J. 197 n. Chr. *respublica Aquensis*, später *civitas A.* und seit 213 n. Chr. *civitas Aurelia A.*, deren Blüte in die Regierungszeit des Caracalla fällt. Auf Grund der s. des Bäderbezirks aufgefundenen Götterdenkmäler und Weihungen erschließt E. KRÜGER ein größeres Quellheiligtum. H. C.

E. Wagner Fundstätten und Funde im Großherzogtum Baden 2, 1911, 6. *E. Krüger* Germania 2, 1918, 77.

Aurelia porta. In der Aureliansmauer, wo diese, wie aus einem Stich von Maggi (1625) hervorgeht, auf der Höhe des Ianiculum in einem spitzen Winkel nach W. vorsprang. Das Tor wurde 1644 von Urban VIII. abgerissen und durch ein neues ersetzt. Schon zur Zeit des Prokop (b. Goth. 1,18.19.23.28) kam der Name p. S. Pancrati auf. Die Bezeichnung p. Aur. findet sich in Urkunden des 8. und 12. Jh. auch noch für ein 2. Tor, das Aurelian, als er das Mausoleum Hadrians in die Stadtbefestigung miteinbezog, dort anlegen ließ. Doch handelt es sich dabei wahrscheinlich um

eine Verwechslung, und der eigentliche Name des Tors, für das im MA. die Bezeichnung p. S. Petri aufkam, war p. Cornelia. Lage unsicher. Rud. G.
Lugli M 2, 161f. 154f.

Aurelia via (Nissen It. Ldk. 2,299. Miller Itin. 233). Straße an der tyrrh. Küste von Rom (Zentrum) über For. Aureli (67 mp; Montalto di Castro) bis Salebro (134 mp; RE I A 1868 n.w. Gavorrano; früher Hafen), zu errechnen nach mil. 188 (CIL XI, 6664 des J. 143 n. Chr.; zählt v. Porta Aur. bei mil. 2); berührt nicht Alsium (irrig Tab. Peut. 5,4), Graviscae (5,2 Tabellaria co. Gravisca; Cels. Dig. 31,30: Stichstraße zur A.), Cosa (4,4 Succosa), Telamon (4,3; bei mil. 97, d.h. 4 mp hinter Albinia Abzweigung, von wo noch 3 mp; vgl. Diod. 4,56: 800 stad. = 100 mp bis Telamon). Erbaut vor v. Aemilia Scauri (n. Vir. ill. 72,8 im J. 109 v. Chr.) durch Aurelius Cotta (cens. 241 v. Chr.) oder – weniger wahrscheinlich – Aurelius Orestes (cos. 126 v. Chr.); früheste Bezeugung: Cic. Cat. 2,6. Phil. 12,22. Der Name später auf die Fortsetzung bis Südfrankreich ausgedehnt; vgl. Camin Ourelian bei Aureille. G. R.

Aurelium tribunal. Podium auf dem For. Romanum mit einer steinernen Treppe, errichtet wahrscheinlich von dem Konsul des J. 74 v. Chr., M. Aurelius Cotta (Cic. Flacc. 66; Cluent. 93). Es diente den Schwurgerichten bei Verhandlungen über Erpressung und Giftmord und den Volkstribunen als Rednerbühne. Lage ungewiß. Rud. G.
Jord. Top. 1,2,405.

Aurelianus. 1. Cos. suff. zwischen 180/82, CIL VIII 10570. **2.** Senator, von Macrinus auf Verlangen der Soldaten getötet im J. 217, Cass. Dio 78,12,4. 19,1. **3.** Sohn des Palladius Rutilius Taurus Aemilianus. Magister officiorum am Hof des Theodosius, Synesios (dessen Freund A. war) 90a. Im J. 393 Stadtpräfekt von Konstantinopel, Cod. Theod. 1,1,3. Durch Kaiserin Eudoxia, die den Germanenfreund Caesarius, den Bruder des A., aus der Stellung der praefectura praetorio Orientis beseitigte, wurde A. im J. 399 zu dieser Stellung erhoben, Cod. Theod. 2,8,23. Auf ihre Veranlassung ließ A. den Hofeunuchen des Arcadius, Eutropios, hinrichten, Philostr. 11,6. Im J. 400 war A. Konsul im Orient, von Stilicho im W. nicht anerkannt, Synes. 124a. Inscr. christ. urb. Rom. I 484. Im Einverständnis mit Stilicho rückte der Gotenführer Gainas vor Chalkedon auf, nahm A. die Präfektur und verbannte ihn, Socr. hist. eccl. 6,6. Zos. 5,18,6–9. Rückkehr nach dem Tod des Gainas im J. 402, Zos. 5,23,1f. A. bekam die praefectura Orientis wieder, Cod. Theod. 4,2,1, dazu den Patriziat, Synes. de provid. 124c, und eine goldene Statue, Anthol. Planud. 4,73. Nach dem Tod der Eudoxia 404 löste ihn in der Präfektur Anthemius ab; wir hören von A. nichts mehr. **4.** Imp. Caes. L. Domitius Aurelianus Aug. am 9. September 214 in Dacia ripensis, Eutr. 9,13,1 oder in Sirmium, H.A. vit. Aurel. 3,1f.; von niederer Abkunft, Aur. Vict. epit. Caes. 35,1. Er stieg als Reiterführer empor und hat zur Ermordung des Gallienus bei Mailand im J. 268 beigetragen (Zon. 12,25), stand daher bei Kaiser Claudius in hohem Ansehen, vit. Aurel. 18,1. Als Claudius Gothicus anfangs 270 an der Pest starb, wurde A. noch während der kurzen Zwischenherrschaft des Quintillus im Mai 270 von den Soldaten in Sirmium zum Gegenkaiser ausgerufen, vit. 37,6. Zos. 1,47, und nach dessen Tod vom Senat bestätigt. A. erweckte zuerst den Anschein, er würde nichts gegen Vaballath von Palmyra, der Äg., Arabien und den Großteil Kleinasiens innehatte, tun. So konnte A. im J. 270 den Juthungen entgegentreten und ihnen am rechten Donauufer eine Niederlage beibringen, Dexippus FGrH II A 460 frg. 7. Dann schlug er die Sarmaten zurück und befriedete so Raetien und Pannonien, vit. Aurel. 18,2. Nach kurzem Aufenthalt in Rom mußte er im Herbst 270 einem Vandaleneinfall in Pannonien entgegentreten, Zos. 1,48,1. Im J. 271 cos. I erlitt er gegen die in Italien eingebrochenen Juthungen und Alanen bei Placentia eine schwere Niederlage, vit. 21,1–3, konnte die Germanen aber doch nach N. abdrängen, CIL IX 5577. Aur. Vict. epit. 35,2. Nach Rom rief ihn eine Revolte der Münzmeister und ihres Anhanges; er schlug sie nieder und hielt strenges Gericht, vit. 21,5f. Dann begann er, Rom mit seiner gewaltigen Mauer zu umgeben, ähnlich andere italische Städte, vit. 21,9. Aur. Vict. epit. 35,7. CIL XI 6308. Mitte 271 mußte er die in Thrakien eingefallenen Goten zurücktreiben, Eutr. 9,13. Amm. 31,5,17. vit. 33,3f. A. gab die n. der Donau gelegenen Teile Dakiens den W.-Goten und anderen Barbaren preis und schuf unter Heranziehung mösischen, thrakischen und dardanischen Gebietes ein neues Dakien, vit. 39,7. Eutr. 9,15, s. B. Filow, Klio 12, 1912, 234. Der Versuch Zenobias, der Mutter des Vaballath, ein selbständiges Großreich im Orient zu gründen, führte zum Krieg mit A., Zos. 1,50–56. Er rückte in Antiochia ein, Zos. 1,51,2f., besiegte Zenobia vor Emesa, vit. 25,3ff., und belagerte Palmyra. Als Zenobia in Gefangenschaft geriet, ergab sich die Stadt, Zos. 1,55f. Das Reich der Zenobia wurde dem Präfekten von Mesopotamien zugeteilt; A. sicherte das Gebiet auch gegen die Perser, AE 1936, 129. Zenobia wurde im Herbst 272 in Rom im Triumph aufgeführt, vit. 33f. Im Spätsommer des Jahres hatte A. noch gegen die Karpen an der Donau zu kämpfen, Aur. Vict. epit. 39. Pap. Lips. 1,119. Eine Erhebung in Palmyra zwang ihn im J. 273 zum 2. Feldzug gegen die Stadt, die er nun plündern ließ, Zos. 1,60,1ff. Einen von einem Firmus erregten Aufstand warf er in Alexandria nieder, Zos. 1,61,1. Im Sommer 273 zog A. von dort nach Gallien, um dieses und die spanischen Provinzen, die seit 270 der Usurpator Esuvius Tetricus innehatte, sowie Britannien dem Reich zu sichern; der von seiner Soldateska bedrängte Esuvius Tetricus ging in einer Schlacht in der katalaunischen Ebene zu A. über, Aur. Vict. epit. 35,3–5. Eutr. 9,13,1 f. Diese militärischen Erfolge waren nur dadurch möglich, daß A. die Disziplin im Heer mit eiserner Strenge wieder herstellte, Eutr. 9,14. Im J. 274 war A. cos. II, CIL III 12736, und feierte seinen Triumph, vit. 33 f. Es folgten wichtige innerpolitische Maßnahmen: eine Münzreform, Zos. 1,61,3 (s. Homo 155 bis 175. R. Delbrück Münzbildnisse 148 ff. 203 ff. F. Manns Münzkundl. und hist. Unters., 1939), Tilgung von Schulden an den Staat, eine Amnestie politischer Häftlinge, vit. 39,3 f., Reformen in der annona urbis, vit. 35,1 f.; 47–48, s. Homo 176–183, die Erhebung des Sol invictus zum Reichsgott, CIL VIII 5143; ihm wurde auf dem Campus Agrippae in Rom ein Tempel erbaut, Firm. 3,4, s. F. Altheim Soldatenkaiser 275 ff. Homo 184–195. Im Herbst 274 erhob A. seine Gattin Ulpia Severina zur Augusta, Mattingly, RIC 5,313. Im J. 275 war A. cos. III, CIL VI 10660. Zu Beginn des Jahres unterdrückte er Unruhen in Gallien und schützte Vindelicien vor Barbareneinfällen, vit. 35,4. Er rüstete zu einem Perserfeldzug (vit. 35,8), als er auf dem Weg nach Byzanz im Dezember einem Komplott zum Opfer fiel, das sein Sekretär Eros angezettelt hatte, vit. 35,5 f.; dadurch kam es nicht mehr zu der schon drohenden Christenverfolgung, Eus. hist. 7,30,20 f.; Lact. mort. pers. 6,1 f. Mit Recht wird A. mit Alexander und Caesar verglichen; er war ein *restitutor orbis*, CIL VI 1112 f. Münzen bei Mattingly, RIC 5, 248–312. R. Delbrück Münzbildnisse 51 f. Taf. 23 f. B.M. Felletti Maj, Iconogr. Rom. imp. 66; 265. G. Walser–Th. Pekáry, Krise Röm. Reich. (1962) 51 ff. A. Calderini I Severi, 1949, 196–211. R. H.

Aurelius pons. H. ponte Sisto, in den Quellen auch *p. Antoninus, p. Ianicularis, p. Valentinianus* genannt, erbaut wahrscheinlich unter Caracalla (Urlichs Cod. topogr. 158). Aus Inschr. (CIL VI 31402–31412), die 1878 auf Trümmern der alten Brücke im Tiber entdeckt wurden, geht hervor, daß Valens und Valentinian sie um 367 n. Chr. wiederherstellen ließen, zu deren Ehren nach der via dei Pettinari zu ein Triumphbogen errichtet wurde. Einsturz im J. 792 n. Chr., Wiederherstellung durch Sixtus IV., 1473–1475. Rud. G. *Lugli* M 2,315 ff.

Aurelius. Plebeischer Gentilname, der auf sabinischen Ursprung zurückgeführt und mit »Sonne« (etr. *usil*, sabin.* *ausel*) über die Frühstufe *Auselius* in Verbindung gebracht wurde, Paul. Fest. 18,3 Th. 22,5 f. L. Schulze Eigenn. 445.468. vgl. RE XVI 1668 f. Historisch sind Namensträger vom 3. Jh. v. Chr. bis zum Ausgang der Antike nachweisbar. C. Au. Nr. 5 führte im 1. Pun. Krieg die Gens in die Nobilität ein, in der sie später in polit. Verbindung mit Sulpiciern und Metellern, um 100 v. Chr. auch in Verschwägerung mit den Iulii Caesares auftritt (Münzer Adelspart. 136 u. ö.); republikan. Familien: Cottae, Orestae,

Rufi. Die via Aurelia wird nun auf um 241 (Nr. 5?) datiert, vgl. W. Bogsch Altspr. Unt. 4,4, 1961, 89. Auf dem Forum gab es ein Aurelium tribunal (um 75 v. Chr., vielleicht von Nr. 17). – Folgende Kaiser führten das Gentilicium: Antoninus Pius (138 bis 161), M. Aurelius, Commodus, Caracalla, Elagabal, Severus Alexander, Claudius II., Quintillus, Probus, Carus, Iulianus, Carinus, Numerianus, Diocletianus, Maximianus, Carausius, Maxentius (307–312). Seit dem 2. Jh. n. Chr. gehörte A., auch in der Form Aurellius und meist abgekürzt *AUR.*, infolge von Bürgerrechtsverleihungen und bes. nach der Constitutio Antoniniana (212 n. Chr.) mit Aelius, Claudius, Flavius zu den häufigsten Gentilnamen.

I. Republikanische Zeit: **1.** AV(relius), Münzmeister, früher um 200, heute (Syd. LVIII. 36) um 155–150 datiert. Broughton Mag. 2, 432. **2.** C. Aurelius, legatus unter Marcellus bei Nola, Liv. 23,16,13. **3.** L. Au., Quaestor (urbanus?) 196 v. Chr. **4.** (Aurelius) Cotta, Volkstribun 49 v. Chr. Lucan. 3,143. Broughton Mag. 2,258. **5.** C. Au. Cotta, Consul I 252, eroberte Thermae Himeraeae und Lipara, triumphierte (Degr. I 13,76 f.), Consul II 248, kämpfte erneut, aber ohne bes. Erfolge, in Sicilien (Lilybaeum, Drepanum). Censor 241 (Anlage der Via Aurelia?). Mag. equ. des dict. C. Duilius 231. Er übte strenge Manneszucht: Val. Max. 2,7,4. Frontin. strat. 4,1,22. Zu einer neugefundenen Inschr. Broughton Mag. Suppl., 1960, 8 f. **6.** C. Au. Cotta. Praetor urbanus 202. Promagistrat (pr. pr.?) 201 (CIL XIV 4268). Als Consul 200 erhielt er den Oberbefehl in Oberitalien gegen die aufständischen Kelten und die Reste der Karthager unter Hamilkar, die jedoch der Prätor L. Furius Purpureo noch vor dem Eintreffen des C. besiegte. Liv. 31,6,1. 11,3. 22,3. 47,4 f. u. ö. **7.** C. Au. Cotta, geb. um 124, S. eines M. Au. Cotta u. d. Rutilia (Stammbaum: Münzer Adelsp. 313.327), Freund des Volkstrib. M. Livius Drusus, nach dessen Tod er angeklagt wurde und in die Verbannung ging (91–82), Cic. de or. 3,3,11. Vielleicht dann Aedil (Broughton Mag. 2,466), Praetor spätestens 78, Consul 75 mit L. Octavius, erwirkt durch seine Lex Au. (RE XII 2335), daß sich Volkstribunen wieder um höhere Ämter bewerben dürfen. Als Proconsul 74 erhielt er Gallia Cisalpina und starb im Amt. Pontifex vor 74; sein Nachfolger wurde Caesar (Vell. Pat. 2,43,1, vgl. Münzer Adelspart. 130.325.401). Nach Cic. Brut. 49.55.92 folgte er als Redner dem Antonius. Schanz-Hos. 1,229.633. Als Gesprächspartner tritt er bei Cic. de orat. und de nat. deor. auf. Seine Brüder: Nr. 13.17. **8.** L. Au. Cotta, tribunus militum 182/181. Gesandter 181. **9.** L. Au. Cotta, Volkstribun um 154, Praetor um 147, Consul 144; erhielt den Oberbefehl gegen Viriatus nicht, weil Scipio Aemilianus gegen ihn sprach. 138 wurde er von Scipio wegen Erpressungen angeklagt (Münzer Adelsp. 247), von Q. Metellus Macedonicus verteidigt und freigesprochen.

10. L. Au. Cotta, Praetor um 122, Consul 119, wollte ein Gesetz des Volkstribunen C. Marius (über Abstimmen in den Comitien) im Senat zu Fall bringen, wich aber dessen massiven Drohungen, Plut. Mar. 4,1 ff. RE Suppl. VI 1371. **11.** L. Au. Cotta, Volkstribun 103 (Broughton Mag. 1,563) oder 95, Praetor um 95, von Cic. Brut. 137. 259 als altmodischer und grober Redner getadelt. Münzer Adelsp. 321. Schanz-Hos. 1,97. **12.** L. (Aurelius) Cotta, Münzmeister um 101 v. Chr. (Erinnerung an Nr. 5). **13.** L. Au. Cotta, Quaestor um 81, Praetor 70, Urheber der Lex Au. iudiciaria (RE XII 2335), vielleicht auch eines Gesetzes de ambitu. 66 erhob er Anklage gegen die coss. design., wurde Consul 65 (die 1. Catilinar. Verschw. richtete sich auch gegen ihn), Censor 64. 63 nahm er an der Senatsabstimmung gegen die Catilinarier teil und beantragte sodann eine *supplicatio* für Cic. Anf. 57 trat er für Ciceros Rückberufung ein, vor 44 schloß er sich Caesar an. XV vir s. f. 44. Münzer Adelsp. 325. Bruder von Nr. 7 und 17. **14.** M. Au. Cotta, Aedil 216, 203–200 Gesandter zu Philipp V. von Maked. **15.** M. Au. Cotta, Gesandter 189. **16.** M. Au. Cot(t)a, Münzmeister 150–130 oder 135–134 (Syd.), vielleicht identisch mit dem Vater von Nr. 7. **17.** M. Au. Cotta, Flottenführer in Spanien 80, Praetor um 77, Consul 74 (mit Lucullus), wurde bei Chalkedon geschlagen, 73–70 Procos. in Bithynien und Pontus, belagerte und nahm Heraclea Pontica. 67 wegen Beuteunterschlagung verurteilt. Bruder von Nr. 7.13. **18.** M. Au. Cotta, Praetor um 54, Pompeianer, 49 auf Sardinien. **19.** Au. Opilius, Freigelassener, Lehrer der Philosophie, Rhetorik und Grammatik, ging später nach Smyrna ins Exil. Suet. gramm. 6. Schanz-Hos. 1,578 f. **20.** L. Au. Orestes, Gesandter nach Syrien 163 f., Praetor um 160, Consul 157. 147 und 146 in Griechenland (u. a. bei Mummius). **21.** L. Au. Orestes, Praetor um 129, Consul 126, kämpfte gegen Sarden, blieb als Procos. 125 bis 122 auf Sardinien, triumphierte 122. S. von Nr. 20. Tochter Orestilla (? Münzer Adelsp. 42 f.). Cic. Brut. 84 erwähnt ihn als Redner. **22.** L. Au. Orestes, Praetor um 106, Consul 103, starb im Amt. **23.** P. Au. Pecuniola, Militärtribun (?) 252, Verwandter von Nr. 5. **24.** Au(relius) Ruf(us), Münzmeister um 154 bzw. 137–134. **25.** C. Au. Scaurus, Praetor Sardinien 186. **26.** M. Au. Scaurus, Quaestor um 117, Praetor um 111, Consul (suff.) 108, Legat 106 f., wurde bei Arausio 105 von den Kimbern geschlagen, gefangen und von Boiorix getötet. **27.** M. Au. M. f. Vol(tinia) (Scaurus?), Münzmeister um 112–109 (Broughton 2,432), tribunus militum (?) 89 (Cichorius RSt 149. Münzer Adelsp. 321 identifiziert ihn mit dem Vater von Nr. 7). Quaestor in Asia vor 70 (Broughton 2,475). **28.** Aurelia, wohl Tochter von Nr. 10 und Schwester von Nr. 11 (Münzer Adelsp. 327), Gattin des C. Iulius Caesar, Mutter des Dictators Caesar. Sie entdeckte P. Clodius, der sich beim Bona-Dea-Fest Ende 62 in Caesars Haus geschlichen hatte (Plut. Caes. 10,2. Suet. Caes. 74,2 u. a.). Starb vor Sept. 54. Drumann ^{2}3,125. A. Esser Caesar und der jul. claud. Kaiser 1958, 7. **29.** Au. Orestilla, Witwe, dann Geliebte und 2. Gemahlin des Catilina. Cic. Cat. 2,1,14. Sall. Cat. 15,2. H. G. G.

II. Kaiserzeit: **1.** A. Antiochus, cos. suff. um 275, procos. Africae um 290, CIL VIII 1488; Cagnat-Merlin, Inscr. Afr. 513. **2.** A. Appius Sabinus, Praefectus Aegypti 249/50, Corrector Asiae, Dess. 9467; er leitete eine Christenverfolgung, Eus. hist. 6,40,2. **3.** T. Claudius M. A. Aristobulus. Praefectus praetorio unter Numerianus und Carinus, Aur. Vict. epit. 39,14. Im J. 285 cos. ord. erst mit Carinus, dann mit Diokletian, Amm. 23,1,1. Procos. Africae ca. 290–294, CIL VIII 608. 5290. Praefectus urbi 295/96, Chron. min. 1,66. **4.** M. A. Atho Marcellus. Prokurator von Mauretania Caesariensis 246–249, AE 1908, 30. CIL VIII 8809. **5.** A. Basileus. Praefectus Aegypti 242–244, P. Mich. III 164,3. U. Wilcken Chrest. 206. **6.** Imp. Caes. M. A. Antoninus Caracalla, s. Caracalla. **7.** Imp. Caes. M. A. Carinus Aug. Ältester Sohn von Nr. 8, Bruder von Nr. 25. Ca. dreißigjährig etwa im September 282 vom Vater zum Caesar und princeps iuventutis ernannt, AE 1951,151; vit. Cari 7,1. Als dieser etwa im Dezember 282 gegen die Perser zog, wurde A. mit dem Imperium über den W. und Afrika in Rom gelassen, vit. 16,2. Cos. I im J. 283, CIL II 4103. In diesem Jahr zum Augustus ernannt, AE 1923, 16. Cos. II im J. 284, CIL VI 36954. Kämpfe fanden in Germanien (CIL VIII 7002) und Britannien statt, CIL XIV 126. 127. Nach dem Tod des Carus im Juli nahm sein Prätorianerpräfekt M. Aurelius Iulianus den Purpur, wurde aber von A. bei Verona besiegt und getötet, Zos. 1,73. Nach dem Tod des Numerianus im Herbst 284 erhoben im November die Soldaten in Nikomedien den Diokletian zum Augustus. Cos. III war A. im J. 285. Diokletian zog nach W.-Mösien. Bei der Margusmündung trat ihm A. im Herbst entgegen, Eutr. 9,20,2; A. siegte, wurde aber von seinem Heer verraten und von einem Tribunen getötet, Aur. Vict. epit. 38,8. Münzen bei Mattingly, RIC 5/II 156–181. R. Delbrück Münzbildnisse 181 ff. Taf. 29 f. B. M. Felletti Maj, Iconogr. imp. Rom, 76; 282. **8.** Imp. Caes. M. Aurelius Carus Aug. Er stammte nicht aus Illyrium, H. A. vit. Cari 4,5 (s. G. Barbieri L'albo senat. 255 f. Nr. 1469), sondern nach Eutr. 8,18,1 aus Narbo (so T. B. Jones Class. Phil. 37, 1942, 193). Aus dem Offiziersstand emporgekommen, machte ihn Probus 276 zum praefectus praetorio, Aur. Vict. Caes. 38,1. Die Heere Raetiens und Norikums riefen ihm zum Kaiser aus, s. AE 1948, 117; 1950, 33 a. Probus wurde von seinen Soldaten im Herbst 282 getötet, Zos. 1,71,4. A. ernannte seinen Sohn Carinus zum Caesar, AE 1951, 111, und hatte zunächst gegen die Sarmaten zu kämpfen, die er schwer schlug, Eutr. 9,18,1. Vit. Cari 8,1. Cos. II 283 (AE 1948, 163), zog er in Weiterführung der Aktionen des Probus zu Jahresbeginn mit seinem 2. Sohn Numerianus gegen die Perser, eroberte Mesopotamien, starb aber gegen Ende des Jahres nach zehnmonatiger Herrschaft, vit. Cari 8f. Münzen bei Mattingly, RIC 5/II 133 bis 153. R. Delbrück Münzbildnisse 181f. Taf. 29f. B. M. Felletti Maj, 74; 280. G. Walser – Th. Pekáry, Krise Röm. Reich. 56f. **9.** Imp. Caes. M. A. Claudius Quintillus Aug., Bruder des Claudius Gothicus (Nr. 31), nach dessen Tod zu Beginn des J. 270 er die Kaiserwürde erhielt, CIL VIII 22598. Mattingly, RIC 5/I 201 ff. 239–247. R. Delbrück Münzbildnisse 146f. Taf. 22. Doch nach wenigen Wochen wurde er von den Soldaten in Aquileia getötet, Iord. Rom. 289. Zos. 1,47, s. G. Barbieri L'albo senat. 256f. Nr. 1470. **10.** M. A. Cleander. Phryger, der als Sklave nach Rom in den Kaiserpalast kam und mit Commodus erzogen, von Marcus freigelassen wurde, Cass. Dio 72,10,2. 12,1f. Er tötete 180 mit dem Gardekommandanten Terrutenius Paternus den Kämmerer des Commodus Saoteros, und erhielt selbst dieses Amt, H. A. vit. Comm. 4,5.6,3. Er half beim Untergang des Gardepräfekten Tigidius Perennis im J. 185 mit, Cass. Dio 78,9,3, und hatte dann ungeheure Macht und Reichtum, Herodian. 1,12,3f.; er erbaute die Thermae Commodianae, vit. Comm. 17,5. Nach Beseitigung des P. Atilius Aebutianus 187 selbst Prätorianerpräfekt, vit. Comm. 6,12f. Amm. 26,6,8. Er schob den praefectus Aegypti M. Aurelius Papirius Dionysius auf die praefectura annonae ab, s. RE XXII 2374; doch bewirkte dieser eine Hungersnot und einen Aufruhr, worauf Commodus den A. töten ließ, Cass. Dio 72,13,1f. **11.** Imp. Caes. M. A. Commodus Antoninus Aug., s. Commodus. **12.** L. Aelius A. Commodus = Imp. Caes. L. A. Verus Aug., s. Verus. **13.** M. A. Cotta Maximus Messalinus. Jüngerer Sohn des Redners M. Valerius Messalla Corvinus, Plin. nat. 10,52. Zum Namen s. RE VIII A 134. Adoptiert von einem A. Cotta, wohl Onkel, Schol. Pers. 2,72, Messalinus, wurde er zusätzlich nach dem Tod seines älteren Bruders benannt, Vell. 2,112,2. Im J. 16 trat er im Senat beim Prozeß des M. Scribonius Liber Drusus, wohl als Quaestorier, auf, Tac. ann. 2,32,1. Cos. ord. 20, CIL I^2 p. 70. Inscr. It. XIII 1, p. 184f. 298f. Er griff in den Prozeß des Cn. Calpurnius Piso ein, Tac. ann. 3,17,4. Procos. Asiae um 25/26, Forsch. Ephes. 3,112,22. IGR IV 1508. Im J. 29 vertrat er den Standpunkt des Tiberius im Senat, Tac. ann. 5,3,2. Der Kaiser schützte ihn im J. 32 gegen den Vorwurf der Majestätsbeleidigung, Tac. ann. 6,5,1. Er starb vielleicht an giftigem Heilmittel, Plin. nat. 32,123. Freund des Ovid, ex Pont. 1,7,33; an gerichtet sind ex Pont. 1,5,9. 2,3.8. 3,2,5. Selbst Dichter und Redner, Schanz-Hos. 2,337. S. J. de Laet, AC 6, 1937, 138 ff. **14.** T. A. Fulvus. Sohn von Nr. 15, Vater des Kaisers Antoninus

Pius, Gatte der Arria Fadilla, H. A. vit. Pii 1,3f. Cos. ord. 89. Fast. Potent., AE 1949, 23,11. † bald nachher, erhielt später eine Statue, vit. Pii 5,2. **15.** T. A. Fulvus, Großvater des Antoninus Pius, aus Nemausus, H. A. vit. Pii 1,2. Im J. 64 als legatus Aug. leg. III Gallicae in Armenien, CIL III 6741–6742a. Kämpfte 69 gegen die Roxolanen und wurde von Otho mit den *ornamenta consularia* geehrt, Tac. hist. 1,79,5. Cos. II wohl im J. 85 mit Domitian, R. Syme, JRS 43, 1953, 155; Tac. 2, 638f. H. Nesselhauf, Gn 26, 1954, 270. Schließlich wurde A. praefectus urbi, vit. Pii 1,2. **16.** M. A. Fulvius Antoninus, jungverstorbener Sohn des Antoninus Pius, im Hadriansmausoleum beigesetzt, CIL VI 988. **17.** T. A. Fulvius Antoninus. * 31. August 161, Zwillingsbruder des Commodus, H. A. vit. Comm. 1,2. Front. ad Antonin. imp. 1,1,3 (p. 88,23 van den Hout). Dess. 8911. Mattingly RIC III 95.271.346. Vierjährig †, vit. Comm. 1,4. **18.** T. A. Fulvius Boionius Arrius Antoninus, s. Hadrianus. **19.** L. A. Gallus. Cos. suff. 146, Inscr. It. XIII 1,204f. CIL VI 1356 (hier Cursus honorum). **20.** L. A. Gallus. Cos. ord. 174, CIL XI 7556. **21.** L. A. Gallus. Cos. ord. 198. CIL XIV 4562, 2. Statthalter von Mösien zwischen 202–205, Ath. Mitt. 48, 1923, 104–106 Nr. 10–13. A. Stein Legaten von Mösien 86f. **22.** Imp. Caes. M. A. Iulianus Sabinus Aug. Erst corrector Venetiae, Aur. Vict. Caes. 39,10, dann Prätorianerpräfekt des Carinus, Zos. 1,73. Als bekannt wurde, daß Numerianus tot sei, nahm er in Italien 284 oder 285 den Purpur, wurde aber bei Verona von Carinus besiegt und getötet, Aur. Vict. epit. 38,6. G. Barbieri L'albo senat. 257 Nr. 1473. A. Calderini I Severi 222. R. Delbrück Münzbildnisse 62. 181. **23.** Imp. Caes. M. A. Marius Aug. Nach Eutr. 9,9,2 Schmid, im J. 268 zum Augustus erhoben; daß er schon nach 2 oder 3 Tagen getötet worden sei (so Aur. Vict. Caes. 33,12. H. A. trig. tyr. 8,1f.) ist unwahrscheinlich, da er zahlreiche Münzen in Köln und Trier prägen ließ, Mattingly, RIC 5/II 374–378, plat. XIV. R. Delbrück Münzbildnisse 137f. Taf. 20B. **24.** M. A. Nemesianus Olympius, → Nemesianus. **25.** Imp. Caes. A. Numerius Numerianus Aug. Jüngerer Sohn von Nr. 8, H. A. vit. Cari 10. Im J. 282 zum Caesar und princeps iuventutis erhoben, Aur. Vict. Caes. 38,1. CIL II 4793. IX 2445. Er zog mit dem Vater gegen die Perser, vit. Cari 7,1; nach dessen Tod im Herbst wurde er zusammen mit Carinus zum Augustus ausgerufen, CIL XIV 126. In Abwesenheit Cos. ord. 284, CIL VI 36954. Als er das Heer zurückführte, wurde er von seinem Schwiegervater, dem Prätorianerpräfekten (Arrius?) Aper im Herbst 284 getötet, vit. Cari 12f. Zos. 1,73,1. Münzen bei Mattingly, RIC 5/II 180–203; plat. VIII 11–13. R. Delbrück Münzbildnisse 184–192, Taf. 29–31. A. Calderini I Severi 221f. P. Meloni Il regno di Caro, Numeriano e Carino 69ff. **26.** A. Pacorus. König von Armenien, gegen den 163 L. Verus zog,

Front. ad Ver. 2,1,18 (120,21 van den Hout) und dessen Hauptstadt Artaxata eingenommen wurde, Asin. Quadr. FGrH II A Nr. 97,9 (p. 449). **27.** M. A. Papirius Dionysius. Ritterlicher Herkunft, brachte er es bis zum Präfekten von Äg. im J. 188/189, IGR I 135, s. A. Stein Präf. Aegypt. 162f., RE XVIII 2374. Er führte den Sturz von Nr. 10 im J. 189 herbei, Cass. Dio 72,13,2. Von Commodus im gleichen Jahr getötet, ebd. 3. Nach CIL X 6662 *iuris peritus*, s. W. Kunkel Herkunft röm. Juristen 222ff. **28.** Imp. Caes. M. A. Probus Aug. * am 19. August 232 in Sirmium als Sohn eines Soldaten, CIL I^2 p. 255.270. Malal. 12,302. Auch A. begann als Soldat und kämpfte in Afrika gegen die Marmariden. H. A. vit. Probi 9,1; was an der Stelle sonst steht, ist unglaubwürdig, s. A. Stein, Klio 29, 1936, 237ff. Unter der Regierung des Tacitus, bez. dessen Bruder Florianus war A. dux Orientis und wurde gegen den letzteren, den dann seine Soldaten töteten, im Sommer 276 zum Kaiser erhoben, Zos. 1,64,1. In seiner etwas über 6 J. dauernden Regierung, in der er cos. I–III 277–279, cos. IV 281, cos. V 282 war, hatte er erst am Rhein gegen die Alemannen zu kämpfen, dann gegen Franken, Burgunder und Vandalen, Zos. 1,67–68, CIL II 3738 (Titel *Gothicus* und *Germanicus*). AE 1923, 102. Er verdrängte die Germanen aus Gallien, vit. Probi 13,6ff.; dann zog er an die Donau nach Illyrien (*restitutor Illyriae* bei Mattingly, RIC 5/I p. 95 Nr. 730) und im J. 279 in den Orient, wo sich Saturninus zum Gegenkaiser erhoben hatte, doch bald ermordet wurde, Zos. 1,66,1. Probus bekämpfte in Isaurien Räuberbanden, Zos. 1,69,1ff. In Äg. wurden die einfallenden Blemmyer zurückgedrängt, die Perser verpflichteten sich zum Frieden, vit. 17,2–4. Probus nahm die Titel *Parthicus* (Pap. Amh. 2,106) und *Persicus* (Pap. Oxy 156,2) an. Da in Gallien Proculus (RE XXIII 75f.) und Bonosus rebellierten, zog er im J. 280 gegen sie und beseitigte beide, Eutr. 9,17,1. Aur. Vict. Caes. 37,3. Oros. 7,24,3. Triumph in Rom im J. 281, vit. Probi 19. Er vollendete die aurelianische Mauer, Zos. 1,49,2. Vor einem geplanten Perserfeldzug und nach Erhebung des Aurelius Carus zum Gegenkaiser wurde Probus im Herbst 282 in Sirmium getötet, Eutr. 9,17,3. Münzen bei Mattingly, RIC 5/I 1.121. R. Delbrück Münzbildnisse 167ff. Taf. 26 bis 28. B. M. Felletti Maj, a. O. 72; 276. E. Dannhäuser Untersuchungen zur Geschichte des Kaisers Probus (1909). J. H. Cress The reign of Probus (1911). A. Calderini I Severi 214ff. G. Vétucci, Probo (1952), G. Walser – Th. Pekáry, Krise Röm. Reich, 54ff. **29.** T. A. Quietus. Legatus Aug. pr. pr. von Lykien-Pamphylien 80/81, IGR III 690.1510. Cos. suff. 82, CIL XVI 28, s. M. Hammond, AJA 19, 1949, 40f. **30.** Imp. Caes. M. A. Severus Alexander Aug. * am 1. Oktober 208 im phönikischen Arca Caesarea, CIL I^2 p. 255.274. H. A. vit. Alex. 1,60, 1. Sohn des Gessius Marcianus (vit. 1,2) und der Iulia Avita

Mammaea, Cass. Dio 78,30,3; erzogen bei ihr und der Großmutter Iulia Maesa (s. W. Hartke Kinderkaiser 102f.). Priester des Sonnengottes, Herodian. 5,3,2ff. Durch Vermittlung der Großmutter ca. am 16. Juni 221 von Elagabal adoptiert und zum Caesar erhoben, ebd. 5,7,1–4. Cass. Dio 79, 17,2f. CIL XVI 140.141. Cos. 222, CIL VI 37183, princeps iuventutis, Cohen IV^2 450,485. Nach der Ermordung Elagabals wurde A. am 12. März 222 Kaiser, vit. 1,1–3. Cass. Dio 79,19–21. Für den 13jährigen leitete die Mutter mit einem Staatsrat die Regierungsgeschäfte, Herodian. 6,1,2, vor allem Ulpian, der praefectus praetorio wurde, Cass. Dio 80,1. Weitgehende Reformen wurden vollzogen, das Ansehen des Senates gehoben, vit. Alex. 4,1ff. 15. 19,1f., die Beamtenschaft besoldet, die Finanzen geordnet (vit. 30.40,6); der Rechtspflege (neben Ulpian durch Paulus), dem Unterrichtswesen (vit. 44,4), öffentlichen Bauten, dem Handel wurde alle Sorge zugewendet. Doch beim Militär hatten Reformen keinen Erfolg. Die Prätorianer brachten 228 Ulpian um, 229 hätten sie gleiches beinahe mit dem Konsul Cassius Dio (80,2–5) getan. Der eigene Schwiegervater, Sallustius Varius Macrinus, wollte A. stürzen, vit. 49. A. war cos. II 226 (CIL VIII 23994; XVI 143); cos. III 229, vit. 28,1. Im O. begründete der Sassanide Ardaschir ein pers. Großreich und drang 230 über den Euphrat. Im J. 231 brach A. mit seiner Mutter zum Krieg gegen ihn auf, Herodian. 6,4. Ein in Emesa ausgerufener Gegenkaiser, Uranius, konnte vernichtet werden, Zos. 1,12. Infolge einer Schlacht im Frühjahr 232 waren die Perser nicht imstande, ihren Angriff auf röm. Gebiet fortzusetzen, Herodian. 6,5–7. A. feierte in Rom am 25. September 233 seinen Triumph, vit. 56,9f. Durch einen gewaltigen Germaneneinfall (ebd. 6,7,3ff.) gezwungen, eilte er im Frühjahr 235 an den Rhein nach Mainz. Dort meuterten die Soldaten, riefen den Thraker Maximinus zum Kaiser aus und töteten A. und seine Mutter am 19. März 235, Herodian. 6,9,7. vit. 59.61. J. Bernoulli Röm. Ikonogr. 2,3,97ff., Taf. 28. B. M. Felletti Maj, 24. 83. Mattingly, RIC 4/II 63–124; pl. IV. A. Jardè Etud. crit. sur la vie et le règne de Sévère Alex. (1925). A. Calderini I Severi 112 bis 125. G. Walser – Th. Pekáry a. O. 15ff. **31.** Imp. Caes. M. A. Valerius Claudius Aug. (= Claudius Gothicus). Dalmatiner, vit. Claud. 11,9, * 10. Mai 219, CIL I^2 p. 255.264. Unter Decius Militärtribun, unter Valerian Tribun der leg. V Martia, wurde zum Oberkommandierenden aller Balkantruppen ernannt, vit. 14–16. Aur. Vict. Caes. 33,28. Zur Ermordung des Gallienus hat er beigetragen, Zos. 1,40,2. Im Sommer 268 wurde er von den Soldaten zum Kaiser ausgerufen und vom Senat bestätigt, vit. 4. Eutr. 9,11,1. Er besiegte die Alemannen am Gardasee; von da *Germanicus maximus*, CIL XII 2228. Er ließ durch die unter Probus stehende Flotte Griechenland und die Inseln von den Barbaren säubern, stellte das Lager von Aquincum wieder her, RE Suppl.-Bd. IX 566. Cos. 269, AE 1942, 114; damals besiegte er die Goten und Heruler bei Naissos, und nannte sich *Gothicus maximus*, CIL VIII 4876. Nach Pannonien zurückgekehrt, starb er anfangs 270 an der Pest, vit. 12,2. Zos. 1,46,2. Münzen bei MATTINGLY, RIC 5/I 201–237. R. DELBRÜCK Münzbildnisse 143ff. Taf. 22. P. DAMERAU Kaiser Claudius II Gothicus, Klio Bh. 33, 1934. A. CALDERINI I Severi 187–197. R. H.

Aurelius Achilleus s. Achilleus Nr. 2

Aureolus. Daker, unter Valerian dux equitum, Zos. 1,40. Besiegte unter Gallienus den Usurpator Ingenuus, Aur. Vict. Caes. 33,2,261 den Macrianus in Illyrien, Zon. 12,24. Postumus am Rhein griff er zögernd an, nahm 268 selbst die Kaiserwürde, Zos. 1,38,1. 40,1. Gallienus belagerte ihn in Mailand, wurde aber ermordet, Aur. Vict. Caes. 33,20f. A. selbst töteten im Herbst 268 die Prätorianer, Zos. 1,41. R. H.

Aureus (sc. nummus), gelegentlich auch in Anlehnung an das silberne Grundnominal unrichtig *a. denarius* genannt, bezeichnet die röm. Goldmünze. Goldprägung erscheint in Rom wie auch bei den Griechen zunächst nur selten, meist als kurzfristige Notmaßnahme (vgl. Liv. 27,10,11 f.), für die antiken Monarchien und somit die Kaiserzeit ist sie aber typisch. Die ältesten A. gehören, nach der Vs., einem bartlosen Januskopf, zu schließen, in die Zeit der → Quadrigati (Ende des 3. Jh.). Die Rs. zeigt eine Schwurszene (Ferkelopfer bei Vertragsabschluß). Die Münzen wiegen 6 bzw. 3 → *scripula* (6,82 bzw. 3,41 g); Stücke zu 4 Skrupel sind wohl nicht echt. Beizeichen und Wertmarke erweisen die A. vom Typ Marskopf r. – Adler auf Blitz r. im Wert von 60,40 und 20 Assen (überliefert allerdings Sesterzen) und im Gewicht von 3,2 und 1 Skrupel (3,41. 2,27. 1,137 g) als gleichzeitig mit den ältesten → Denaren (ab 209, allenfalls 187 v. Chr.). Aus anderer Wurzel, dem sich vom → Imperium ableitenden Prägerecht der Feldherren, erwuchsen die seltenen Prägungen der Folgezeit, die A. attischen Gewichts (8,73 g) des → T. Quinctius Flamininus von ca. 195 (manche halten sie für später), des Minius Ieiis zur Zeit des Bundesgenossenkrieges (SYD. 643, Unikum), Sullas von 85–82 zu 1/30 röm. Pfund (10,92 g), des Pompeius von 81 oder 61 zu 1/36 (9,1 g) und schließlich, ab 50, Caesars. Seit 46 wurde der A. massenhaft zu 1/40 r. Pfd. (8,19 g) geschlagen und galt 25 Denare. Vom 2. Triumvirat an trägt die Vs. Kopf und Titulatur des oder der Herrschenden, die Rs., meist Bilder von Göttern, Personifikationen, des Heeres usw., des Kaisers oder seiner Angehörigen bei bedeutsamen Anlässen, bringt die Segnungen und Verheißungen des Regimes, kurz: die Legitimation des Herrschaftsanspruchs in mannigfaltigster Beziehung zum Ausdruck. Die A. zeigen durchweg besten Stil. Festprägungen sind reicher ausgestattet und treten auch als mehrfache Stücke (Multipla) auf: Biniones, Quaterniones, Octoniones (→ Medaillon). Seit Caesar gibt es auch Halbstücke (→ Quinar), Trienten und Doppeltrienten sind dagegen fragwürdig. Der Münzfuß Caesars galt mit kleinen Schwankungen bis Caracalla, sank dann auf 1/50 r. Pfd. und wurde ab Mitte des 3. Jh. völlig regellos, die Wertrelation bestand noch unter Severus Alexander, fiel aber gleichfalls der folgenden Inflation zum Opfer. Diocletian versuchte erfolglos, den A. auf 1/70, dann 1/60 r. Pfd. zu fixieren, Constantin I. ersetzte ihn 307 (für das gesamte Reich 324) durch den → Solidus zu 1/72 r. Pfd. (4,55 g). Gelegentliche Sonderprägungen anderen Fußes werden modern weiterhin A. genannt. H. Ch.

Mommsen RMW. *v. Bahrfeldt* Röm. Goldmünzenpräg., 1923. *Schrötter* WBMzK s. v. West Gold and Silver Coin Standards in the Rom. Emp., 1941. *Carson*, Brit. Mus. Quart. 20, 1955/56, 11ff. *Bolin* State and Currency, 1958. *Mattingly* passim. *Buttrey* JRS 51, 1961, 40ff.

Auriga (*ἐλατήρ, ἡνίοχος*), die allgemeine Bezeichnung für den Fahrer eines Fahrzeugs, eines Reise-, Kriegs- oder Rennwagens. Beim Rennwagen war die spezifische Bezeichnung für den Fahrer *agitator*, obgleich a. auch benützt wurde (Suet. Aug. 34). Gemietete Fahrer wurden nach dem von ihnen gelenkten Fahrzeug benannt, z. B. *cisiarius, redarius.* Die Zügel *(lora, habenae)* wurden gewöhnlich in der l., Peitsche *(scutica)*, Geißel *(flagellum)* oder Stock *(stimulus)* in der r. Hand gehalten. Er geht entweder neben seinem Gespann her, oder er kann in seinem Wagen sitzen oder stehen. In übertragenem Sinn wird a. für den Steuermann gebraucht, Ov. trist. 1,4,16. O. W. R.

Aurius, italischer Eigenname (vgl. SCHULZE Eigenn. 349). Eine aus Larinum stammende Familie im 1. Jh. v. Chr. ist uns durch Ciceros Rede pro A. Cluentio bekannt, weil sie mit A. Cluentius Habitus und Statius Albius Oppianicus verwandt bzw. verschwägert war (u. a. Aurius, A. Aurius Melinus, A. Aurius und sein Sohn Lucius, M. Aurius und sein Bruder N. Aurius sowie Auria, Frau des C. Oppianicus). H. G. G.

Aurora s. Eos

Aurum s. Gold

Aurunci (NISSEN It. Ldk. 1,531. DEVOTO Ant. Ital.[2] 137ff. 290. DE SANCTIS Storia I[2] 105ff. ALTHEIM Gesch. der lat. Sprache 411), italisches Volk, dessen Reste im Raum der Rocca Monfina zwischen Liris und Volturnus gegen E. des 4. Jh. von Rom vernichtet wurden (Liv. 7,28ff. 8,15. 9,25,9), nachdem zu Beginn des 5. Jh. um den ager Pomptinus gekämpft worden war (Liv. 2,16ff.). Cato frg. 71 P. kennt A. vor Ankunft der Griechen in Rhegion. Münze mit angeblicher Legende *aurunkud* nach v. PLANTA Gramm. d. osk.-umbr. Dial. 2,647 falsch gelesen (VETTER RE XVIII 1546). Der Name *(< *auson-qŏ-)* nach *Ausones* gebildet, jedoch kaum illyr. (v. BLUMENTHAL, WG 1940, 74. KRETSCHMER, Gl 21,122 f.) Herkunft; ehedem weitere Ausdehnung des Volkes (Auson als Sohn der Kirke nach den histor. Sitzen der A., der Kalypso nach denen der Ausones); Diskussion über »ausonische Völker« bei Schmoll Vorgriech. Sprachen Siziliens, 96ff. Name erhalten in der 313 v. Chr. gegründeten latin. Kolonie Suessa Aurunca (Paul. Fest. 16,27 L. Liv. 9,25,4 *Ausona*). G. R.

Aurunculeius. Plebeischer Familienname, Weiterbildung von Auruncеius (Schulze Eigenn. 354, auch inschriftlich, 522); zum Suffix *-uleius* RE XVI 1667. Seit dem Ende des 3. Jh. v. Chr. sind Namensträger im öffentlichen Leben nachweisbar, verschwinden aber mit der Kaiserzeit nahezu völlig. – **1.** C. Au., Praetor 209 mit der Provinz Sardinia, für die ihm 208 das *imperium* prorogiert wurde. Liv. 27,7,8ff. 22,5f. **2.** C. Au., *tribunus militum tertiae legionis* 207 in Bruttium, Liv. 27,41,9f. Broughton Mag. 1,296. **3.** L. Au., Praetor (urbanus) 190, war für die Verstärkung der Colonien Placentia und Cremona tätig. 189 gehörte er zu den Gesandten zur Ordnung der Verhältnisse in Asien, Liv. 37,52,1f. **4.** L. Au. Cotta, Legat Caesars in Gallien (Broughton Mag. 2,225). Im Winter 54/53 befehligte er zusammen mit dem Legaten Q. Titurius Sabinus die im Winterlager im Gebiet der Eburonen liegende Truppe (1 Legion, 5 Cohorten). Nach siegreicher Abwehr eines von Ambiorix geleiteten Angriffs verließen die Römer gegen heftigsten Widerstand des A. das Lager, um sich mit Labienus oder Q. Cicero zu vereinigen. Während des Marsches wurden sie von den Eburonen in einem Waldgebiet überfallen und vernichtet, A. fiel. Caes. Gall. 5,24,5. 26,1–37,7. Cass. Dio 40,5f. u. a. A. war Verfasser eines historischen Werkes über Caesars Britannienfeldzug, Schanz-Hos. 1,349f. H. G. G.

Ausci. Reiches Volk in Gallia Aquitanica, dessen Hauptstadt Elimberrum, heute Auch, war. Von den Römern im J. 56 unterworfen, wurden sie mit dem *ius Latii* beschenkt: Caes. Gall. 3,27. Strab. 4,191. Inschriften: CIL XIII 432–501. 11020–9. AE 1955, 261. P. W.

Ausculum (Nissen It. Ldk. 2,845. Beloch RG 589). Apul. Stadt der 2. Reg. (Plin. nat. 3,105), *municipium* der *trib. Papiria* (CIL IX p. 62), Ort der Pyrrhosschlacht des J. 279 v. Chr. (Fest. 214,26 L. Dion. Hal. ant. 20,3. Plut. Pyrrh. 21. Flor. 1,13,9. Frontin. strat. 2,3,21 u. a.); j. Ascoli Satriano. Unzutreffend von Mommsen CIL a.O. Nissen. Ashby-Gardner, PBSR 8, 1916, 110 für das *oppidulum* bei Hor. s. 1,5,87 gehalten. Nach mil. 62 (von Benevent CIL IX, 6016) an der v. Traiana (22 mp von Aecae, 30 mp von Canusium richtig nach Nissen) gelegen (anders Ashby-Gardner 119). Mz. mit osk. (Nissen) Aufschrift (Vetter HB 200 E 2. Head HN² 45) aus dem 4. Jh. G. R.

Aushängeschilder sind für römische Läden, Gewerbebetriebe und Wirtshäuser literarisch und epigraphisch bezeugt und, selten, auch erhalten. Oft heißen Gasthäuser nach etwas auf den A. dargestelltem *(ospitalis a gallo gallinacio*, CIL XII 4377), wie dann Ortsnamen von solchen Raststätten stammen *(Ad Dracones)*. Die A. sind meist in die Straßenwand ihres Baues eingelassen. W.H.G.

Auson (*Αὔσων*). Sohn des Odysseus (Atlas) u. der Kirke (Kalypso), der erste König der→ Ausoner, Serv. Aen. 8,328. Sch. Aen. 3,171 u. a. H.v.G.

Ausones s. Aurunci

Ausonius, 1. Iulius, der Vater des Dichters (etwa 288–378), lebte als wohlhabender und angesehener Arzt in Burdigala. Über ihn das Epicedion des Sohnes (21ff. P) sowie das 1. Gedicht der Parentalia (29f. P). **2.** Decimus Magnus, röm. Dichter. Die Werke, insbesondere das autobiographische Einleitungsgedicht, enthalten mannigfache Angaben über Lebensschicksale, Tätigkeiten und gesellschaftliche Umgebung. A., um das Jahr 310 zu Burdigala geboren, empfing eine sorgfältige Erziehung; unter seinen Lehrern gewann ein Bruder seiner Mutter, der zu Tolosa wirkende Rhetor Aemilius Magnus Arborius, besonderen Einfluß (Par. 3; prof. 16). Nach Abschluß der Studien erhielt er von der Heimatgemeinde einen Lehrstuhl für Grammatik, später für Rhetorik. Seiner Ehe mit Attusia Lucana Sabina entsprossen drei Kinder; der Schmerz um die jung verstorbene Gattin begleitete ihn durch sein ganzes Leben (Par. 9). Nach dreißigjähriger Lehrtätigkeit in Burdigala wurde A. um das J. 365 von Kaiser Valentinian I. als Erzieher des Prinzen Gratian nach Trier berufen. Er nahm an dem Alamannenfeldzug der J. 368/9 teil, und noch Valentinian I. erhob ihn zum *comes* und *quaestor sacri palatii*. Während der Regierung Gratians (375–383) stiegen er und seine Angehörigen zu den höchsten Reichsämtern auf; er wurde *praefectus Galliarum* (378) und *consul* (379). Nach der Erhebung des Maximus und der Ermordung Gratians (383) zog sich A. auf seine Güter bei Burdigala zurück und lebte dort in Wohlstand und Behagen der Poesie und dem Briefwechsel mit Freunden. Er starb im J. 393 oder 394. – Die Dichtungen des A. bestehen aus mannigfaltigen Gelegenheitsprodukten geringen Umfanges, die in Hexametern oder Distichen, in iamb. oder lyr. Maßen abgefaßt sind. Der Lehrtätigkeit in Burdigala läßt sich nur weniges mit Sicherheit zuweisen, z. B. ein Brief an den Vater (255ff. P) und das reizende Epigramm ad uxorem (327 P). In Trier entstanden der Griphus (eine Verherrlichung der mystischen Zahl Drei), der aus Vergil-Versen zusammengesetzte Cento nuptialis sowie vor allem die nur fragmentarisch erhaltenen Gedichte auf das Alamannen-Mädchen Bissula und die Mosella, ein Preis des Flusses, seines Nutzens und seiner landschaftlichen Schönheiten. Dem J. 379 entstammt die einzige rednerische Probe, die Aufnahme in die Werke fand, die an Gratian gerichtete Danksagung für das Consulat. In den folgenden Jahren kamen u. a. die Caesares zustande, Memorierverse über die Kaiser, ferner zwei bemerkenswerte Sammlungen: die Parentalia, worin A. sämtlichen verstorbenen Verwandten ein Denkmal gesetzt hat, und die den Lehrern und Kollegen von Burdigala gewidmete Commemoratio professorum Burdigalensium. Die Altersjahre erbrachten Versifizierungen von Bildungsstoffen wie die Epitaphia (Epigramme auf troianische Helden) oder den Ordo urbium nobilium (Preis von zwanzig berühmten Städten des Reiches). Die Entstehungszeit der fragmentarisch erhaltenen Ephemeris (des Dichters Tageslauf), der Eclogae (Memorierverse über den Kalender u.a.) und der Epigramme (z.T. Übertragungen aus der griech. Anthologie) läßt sich nicht bestimmen. Dem Briefbuch gehören Stücke verschiedensten Datums an, doch fällt der wichtigste Teil, die Korrespondenz mit dem Schüler Paulinus, dem nachmaligen Bischof von Nola, in die letzten Lebensjahre. – So bedeutende Zeitgenossen wie der Freund Symmachus und der Schüler Paulinus stellten A. einem Vergil zur Seite (143,1. 291,2 P). Die Nachwelt urteilt anders: Das große formale Können des A., genährt durch gründliche Kenntnis der gesamten römischen Poesie, hat sich niemals eines bedeutenden Gegenstandes bemächtigt. A. setzte alles in Gedichte um, was Beruf und soziale Umwelt ihm zubrachten, ohne Engagement und in selbstgefälliger Anwendung literar. und rhetor. Versatzstücke; die formalen Spielereien, z.B. die stets mit einem Monosyllabum endigenden Verse des Technopaegnion u.a., zeigen besonders deutlich, wie wenig es dem Artisten A. auf Empfindung, Witz oder Gedankentiefe ankam. Ihn, der gänzlich von der Schule geprägt und von der Konvention beherrscht war, ergriff weder die christliche Lehre, zu der er sich äußerlich bekannte (s. 7ff. 17ff. P), noch die Sache des bedrohten Heidentums, dessen literar. Tradition er unbefangen fortsetzte. Seine Werke sind, so manches Liebenswürdige sie enthalten, im ganzen von geringem poetischen Wert; sie verdienen indes Aufmerksamkeit als kulturhistorische Quelle, als Spiegel der Zeit, ihres Bildungsbetriebes und ihrer gesellschaftlichen Verhältnisse. – Die Hss. gliedern sich in 4 Gruppen, die unvollständige Slg.en verschiedenen Umfanges darbieten; kein einziges Gedicht findet sich in sämtlichen Klassen, manches ist durch drei oder zwei, das meiste nur durch eine Klasse erhalten. Herkunft und Abhängigkeitsverhältnisse dieser Slg.en sind noch nicht hinreichend ermittelt. Nach O. Seeck GGA 13, 1887, 497ff. geht die durch den Vossianus Q 107 u.a. Hss. repräsentierte Klasse (Z bei Peiper) auf eine nach 383 wahrscheinlich von A. selbst veranstaltete Ausg. der gesammelten Schriften zurück, während der wichtigste Codex, der Vossianus lat. 111 (9.Jh.) von einer bald nach dem Tode des A. erschienenen Gesamtausg. abstamme. Diese bisher maßgebliche Theorie wurde in jüngster Zeit mit gewichtigen Gründen bestritten. M. F.

Erstausg. von *Girardinus* 1472. Die modernen Ausg. (*Schenkl* MGH Auct.ant. V 2, 1883. *Peiper* 1886) bieten Kontaminationen aus sämtlichen Slg.en der Hss. Kommentierte Ausg. der Mosella von *Hosius* ^{3}1926 und *Marsili* 1957. Bibliogr.: *M. José Byrne* Prolegomena to an Edition of the Works of A., 1916, 91ff. *Mauriz Schuster* Burs. 217, 1928, 18ff. *Jos. Martin*, ebd. 221, 1929, 77ff. Ferner: 1. *Friedr. Marx* RhM 80, 1931, 368ff. (zur Mosella). 2. *Walther John* H 78, 1943, 97ff. (desgl.). 3. *Charles Favez* MH 3, 1946, 118ff. (über die Familie). 4. *Ders.* Latom. 6, 1947, 223ff. (über die Schule von Burdigala). 5. *Karl Wamser* A. und seine Vorbilder zur Mosella..., Diss. Innsbruck 1951. 6. *Sesto Prete* AC 28, 1959, 243ff. und Stud. z. Textgesch. u. Textkrit., 1959, 191ff. (zum Text). 7. *Ders.* Ricerche sulla storia del testo di Ausonio, 1960.

Auspicia, auspicium → augures

Aussetzung von Kindern ist immer dann als rechtmäßig vorstellbar, wenn die Zugehörigkeit zu einem Familienverband nicht sofort mit der Geburt, sondern erst durch einen Akt der Aufnahme oder Anerkennung seitens des Hauptes des Familienverbandes erworben wird. Daher kam es sowohl bei Griechen wie Römern zur Duldung der A., in Griechenland besonders bei Armut der Eltern (vgl. für Theben Ail. var. 2,7). In den Papyri ist die A. reich bezeugt. Bei den Römern dient das Aussetzungsrecht zum einen der Ausscheidung der Mißgeburten (vgl. tab. IV 1 nach Cic. leg. 3,8,19), zum andern der Bestreitung der ehelichen Vaterschaft; ist das Neugeborene einmal aufgehoben *(tollere liberum)*, kann es ohne Sakralvergehen nicht mehr ausgesetzt werden.

Die Vatersgewalt, die wohl schon mit der Geburt anfiel (und der zunächst noch keine Rechte des Kindes entsprachen), dauerte auch nach der Aussetzung fort. Dies bereitete Schwierigkeiten, als die auch in der Prinzipatszeit nie ganz abgekommenen Kinderaussetzungen im 3. Jh. stark zunahmen. War das Kind arbeitsfähig geworden, revindizierte es der Vater. Wohl im Anschluß an eine Rhetorenregel *expositum qui agnoverit, solutis alimentis recipiat* (vgl. Bonner Roman Declamation, 1949, 125ff.) anerkannte die Kaisergesetzgebung (C. 8,51,1) die Obliegenheit des Vaters, die Erziehungskosten zu ersetzen, wenn er sein Kind zurückfordern wollte. Th. M.-M.

Volterra in: Studi Besta 1, 1939, 449ff.

Auster, ὄστρεον und ὄστρειον (dieses nach Athen. 3,92 C altertümlich, s. Aisch. frg. 34 Epich. 42 Cratin. 8), *ostreum* und *ostrea*. Seit prähist. Zeiten als Nahrung gefangenes Schalentier, der ant. Welt vor allem aus dem O.-Mittelmeer, aber auch aus dem W. vertraut (Fangplätze: Abydos, Lampsakos, Lesbos, Kaÿstros- und Nilmündung u.a.). Älteste Erwähnung wahrscheinlich Il. 16,748 als τῆθος. Auch Verpflanzung zu Zuchtzwecken ist alt (Aristot. gen. an. 763 b 1), daher wohl die Bezeichnung λιμνόστρεον Aristot. hist. an. 528 a 23 al., vgl. Xenokr. 26 ὄστρεα ἐν τέλμασιν. Platons Vergleich der Seele im Körper mit einer A. (Phaidr. 250 C) ist dem Alltag entnommen. Der A.-Fang war stets Gewerbe einfacher Leute; A.-Zucht wird in röm. Zeit (um 100 v. Chr.) durch C. Sergius Orata (RE II A 1713) ein Erwerbszweig großer Unternehmer; die Zucht-A. aus dem Lucrinersee (NISSEN It. Ldk. 2,732 ff.; RE XIII 1695), wo man sie im Salzwasser an Pfählen zog (Auson. ep. 9,30), und aus dem Avernersee (Plin. nat. 32,61) beherrschten den ital. Markt (Varro Men. 501. Cic. Att. 4,10,1. Hor. sat. 2,4,32. Petron. 119,34. Iuv. 4,142 u.a.). Die Handelserlöse waren sehr hoch (Plin. 9,168. FRIEDLAENDER – WISS. 2^{9}, 304), trotz dem Preisdruck, den die Gesetze gegen Tafelluxus (KÜBLER RE IV A 905 ff.) ausüben mußten. Zubereitung der A.: Macrob. Sat. 3,13,12. Apic. 9,423. Versand über weite Landwege: Athen. 3,91 F ff. Glasfläschchen mit Darstellung der A.-Bänke des Lucrinersees, wohl als Reiseandenken verkauft, sind noch erhalten. – Von Aristot. oft erwähnt bes. wegen der Stellung an der unteren Grenze des Tierreichs (AUBERT-WIMMER Aristot. Tierk. 1,179 ff.); die Besprechung bei Plin. nat. 9,154 ff. 10,189 ff. 32,59 ff. (vgl. ferner Hippokr. *π. διαίτ.* 2,19. Celsus 2,24. 28 f. Athen. a.O.) weicht z. T. stark von Aristot. ab, folgt also späteren Quellen. Verbreitet war der Aberglaube, die A. wachse und schwinde mit dem Mond (Lucil. 1201 M. = 1222 W. Cic. divin. 2,33. Hor. sat. 2,4,30 u.a.). Zur PerlA. → Perle. W. R.

Keller Ant. Tierwelt 562 ff.

Ausum. Vielleicht der alte Name von Sadouri, *castrum* des Numidischen Limes, das zu den vorgeschobenen Verteidigungsanlagen des orientalischen Hodna gehörte. Es war ein befestigter Richtpunkt der Straße Auzia-Doucen-Gemellae, die in A. auf die von Lambaesis kommende traf. Dieses *castrum*, 75 km w. von Biskra, beherrschte drei Täler, die dort zusammenliefen. Man hat dort eine Weihung für Gordian III vom J. 247 gefunden (J. CARCOPINO Syria 1925, 42), aber das Lager ist vielleicht älter; es war noch am Ende des 4. Jh. belegt. Atl. Arch. Alg. 48, Biskra, 1. J. BARADEZ Fossatum Africae, 1949, passim. M. L.

Autaritos, Führer im Söldnerkrieg gegen Karthago. Vor 241 diente der gebürtige Gallier unter Hamilkar auf Sicilien, schloß sich dann den Aufständischen an, veranlaßte u.a. die Hinrichtung des Gisko und anderer gefangener Karthager und wurde um 239 zusammen mit Spendios und Zarza vor Tunes gekreuzigt. H. G. G.

Αὐταρκία (*αὐτάρκεια*). »Selbstgenügsamkeit«, als polit. und wirtschaftl. Prinzip. Im Stammesstaat, wo der *οἶκος* Lebensgrundlage der Großfamilie war, herrschte noch im Zeitalter Homers weitgehende wirtschaftl. *Αὐ.*, die aber keine freie Bestimmung über Eigentum und Erbfolge einschloß. Autonom war der *οἶκος* insofern, als er unter der patriarchalen Gewalt eines Familienhauptes stand, das »königlich« regierte (Aristot. pol. 1,1252 b 20, und er zitiert Homer Od. 9,114 f.): *θεμιστεύει δὲ ἕκαστος παίδων ἠδ' ἀλόχων.* *Αὐ.* und *αὐτονομία* gehören also der Sache nach zusammen (ob die Begriffe von Anfang an gebraucht wurden oder nicht), denn wer als Familien-, Sippen- oder Stammeshaupt *θέμιστες* (Weisungen, Richtlinien, Gebote und Verbote) gemäß der *θέμις*-Ordnung gibt, der bildet mit den Seinen eine Gemeinschaft, die die Gesetze ihres Handelns in sich selber trägt. Die Polis, die aus mehreren *κῶμαι* besteht, also aus Teilen zusammengesetzt ist, bildet ein natürliches Ganzes, das weder der Einzelmensch, der nicht autark ist (pol. 1,1253 a 26), noch Häuser, Dörfer, Sippen und Geschlechter, die auf die Dauer sich doch nicht selber genügen können, verwirklichen. Die Polis ist nach Aristoteles das Ziel jener ergänzungsbedürftigen Verbände »und das Ziel ist eben der Naturzustand« (*ἡ δ' αὐ. καὶ τέλος καὶ βέλτιστον* pol. 1,1253 a). Selbstgenügsam kann die Polis sein, kraft des ihr innewohnenden *νόμος*, der die verschiedensten *πόλεις* in einer nur ihnen eigentümlichen Weise ausprägt. Daß in wirtschaftl. Hinsicht auch die Polis ergänzungsbedürftig war, bes. was den Getreideimport, Holz, Metalle und andere Rohmaterialien betrifft, leuchtet ein, widerspricht aber nicht der polit. Idee der *αὐ.* Mit Recht sagt EHRENBERG (Der Staat der Griechen 1,72): »Der Primat der Politik über die Wirtschaft war kaum je in Frage gestellt; aber je entschiedener die Polis sich politisch isolierte, um so stärker wurde die Spannung zwischen staatlichen und wirtschaftlichen Kräften. Die Folge war, daß die Bürger sich trotz wachsender Intensität des Wirtschaftslebens von der Betätigung in Handel und Gewerbe lange Zeit weitgehend fernhielten«. Das bedeutet, daß weitgehend Metoiken und Sklaven in den Wirtschaftsprozeß eingeschaltet werden mußten, ein von der polit. Konzeption her ganz natürlicher Vorgang. Die Polis muß ihre Bürger mit dem Notwendigsten versorgen, wenn sie den Politen in der Volksversammlung, im Volksgericht, im Rat, in den Ämtern, im Chor der Tragödie und im Zuschauerraum des Theaters anwesend wissen (Athen) oder wenn sie ihn zu einem kriegerisch-heroischen Menschentyp erziehen will (Sparta); Fremdarbeit ist dabei unumgänglich. Aber »Autonomie- und Autarkiewillen der Polis standen im steten Gegensatz zum Zwang des Zusammenlebens der Staaten« (EHRENBERG a.O. 78). Das gilt besonders für den Hellenismus, wo die Polis aufhört, Träger außenpolit. Entscheidungen zu sein und sich auf eine »innere Linie« bürgerlichen Lebens zurückzieht. Die Polis wird vom 4. Jh. an mehr und mehr in größere polit. und wirtschaftl. Zusammenhänge einbezogen, die Diadochenreiche streben nun ihrerseits nach *Αὐ.* und Autonomie. A. M.

Zu Einzelfragen: *Hasebroek* Staat und Handel im alten Griechenland, 1928. *Ders.* Griech. Wirtschafts- und Gesellschaftsgesch. bis zur Perserzeit, 1931. *F. Heichelheim* Wirtschaftsgesch. des Alt., 1938. *M. Rostovtzeff* The soc. and econ. hist. of the hell. world, 1941. *H. Bolkestein* Economic life in Greece's golden age, 1958.[2]

Autessiodurum. Stadt der Senones in Gallia Celtica, später Lugdunensis, heute Auxerre. Altertümer: CIL XIII 2920–39. 11270. Espér. Rec. 2878 bis 908.2913.8310–2. P. W.

Autobiographie s. Biographie

Αὐτόχθονες. Autochthon nennt man die Urbevölkerung Griechenlands, die nicht mit den idg. Wanderbewegungen ins Land kam. Dabei sind zu unterscheiden: von der letzten Wanderbewegung, der sog. → Dorischen Wanderung, nicht ergriffene griech. Volksstämme, wie die Ioner in Attika (Hdt. 1,56,2), die sich als autochthon begriffen (also das Gedächtnis an ihre idg. Herkunft verloren) und Elemente einer vorgriech. »pelasgischen« oder »karischen« Bevölkerung, für die viele ungriechische Orts-, Berg- und Flußnamen (auf *-nth*, *-nthos*, *-assos* und *-essos*, wie Korinthos, Parnassos u. a.) sprechen. Prähistorie, vergleichende Sprachwissenschaft und Topographie helfen die schwierige Frage der Urzeit Griechenlands langsam lösen. A. M.

Fritz Schachermeyr RE XXII 1481 ff.. *Ders.* Die ältesten Kulturen Griechenlands, 1955, 227 ff. *Ders.* in Kadmos I, 1962. *H. Krahe* Die Vorgesch. des Griechentums nach dem Zeugnis der Sprache in A 15, 1939, 175 ff.

Autokles. 1. Athen. Stratege im J. 424 und Bevollmächtigter beim Abschluß des Waffenstillstandes zwischen Athen und Sparta im Frühjahr 423 (Thuk. 4,53.119). **2.** Einer der athen. Gesandten auf dem Friedenskongreß in Sparta 371 (Xen. hell. 6,3,2.7–9; D. J. Mosley, Proceed. Cambr. Philol. soc. 188, 1962, 41 ff.). 368/67 und 362 kommandierte er dann athen. Flottengeschwader in der n. Ägäis. Da er in Thrakien keine Erfolge aufzuweisen hatte, wurde er 361 u. a. von Hypereides des Hochverrats angeklagt (Demosth. 23,104.36, 53). Fr. Kie.

Αὐτοκράτωρ. Selbstherrscher, im Sinne autoritativer Gewalt, die ihren Träger für bestimmte Aufgaben von Beschränkungen befreit, aber – das gilt bes. für Athen – nicht absolut. Für die Sizilienexpedition wählten die Athener Alkibiades, Nikias und Lamachos als *στρατηγοὶ αὐτοκράτορες* mit der Vollmacht »wegen der Truppenzahl und der ganzen Fahrt zu tun, was ihnen am besten erschiene« (Thukyd. VI 8,2.26,1). Die Spezialvollmacht umfaßt also Bestimmung der Stärke des Heerbanns, nicht des Nachschubs, von besonderer Finanzgewalt ist nicht die Rede. »Die Stellung als *αὐτοκράτωρ* muß jedesmal vom Volk definiert werden, sie umfaßt das politische Vertragsrecht, die volle Finanzgewalt niemals, das Recht frei zu mobilisieren fallweise für das erste Aufgebot beim Ausmarsch selbst« (Kahrstedt Unters. zur Magistr. in Athen 266, der mit Recht [a.O. 277] die Rechenschaftspflicht der *αὐτοκράτορες* entgegen den Lexikographen, betont). Nicht mehr von der Polis her bestimmt sich die Machtvollkommenheit Philipps und Alexanders als *στρατηγοὶ αὐτοκράτορες*. Zur Gleichsetzung von *dictator* und *στρατηγὸς αὐτοκράτωρ* vgl. Pol. 3,86,7. 6,15,2), später wird *imperator* mit *αὐτοκράτωρ* umschrieben. A. M.

Autolykos (*Αὐτόλυκος*). **1.** Sohn des Hermes (oder Daidalion) und der Chione (oder Philonis), Gemahl der Amphithea (Neaira), Vater der Antikleia, Odysseus' Mutter, der Polymede, Iasons Mutter, und des Aisimos, Vaters des Sinon. Er wohnte am Parnassos. Dem neugeborenen Kinde seines Schwiegersohns Laertes gab er den Namen Odysseus. Als später dieser bei A. weilte, erhielt er auf der Jagd die Wunde, an deren Narbe die Amme ihn bei der Rückkehr von Troia erkannte. Hom. Il. 11,85. 19,395. 24,334. Von Hermes hatte A. die Gabe des Diebshandwerks und des »Eides«; er konnte sich und die gestohlenen Gegenstände verwandeln; aber im Wettstreit mit Sisyphos unterlag er, Hes. frg. 136 Rz. Serv. Aen. 2,79. Strab. 9,439. Polyain. str. 6,52. Hyg. fab. 200 f. A. appellativisch gebraucht Plaut. Bakch. 2,3,41. Bildl. Darstellung von 4 Szenen der A.-Sage: C. Robert, 50. Berl. Winckelmannsprogr. 90 ff. **2.** Sohn des Deïmachos aus Trikka, Gründerheros von Sinope mit Orakel. Er war angeblich von Herakles auf dem Amazonenzug in der Gegend von Sinope zurückgelassen worden und wurde von den Argonauten mitgenommen. Apoll. Rhod. 2,956. Hyg. fab. 14. Lucullus entführte sein Kultbild, Strab. 12,546. Plut. Luc. 23. H. v. G.

3. A. ist nach Diog. Laert. 4,29 der Lehrer des Arkesilaos. Danach stammte er aus Pitane in Aitolia und lehrte zeitweise in Sardes um 300 v. Chr. Neben seinem Zeitgenossen Eukleides ist er der älteste Mathematiker u. Astronom, von dem Werke vollständig erhalten sind. Ihrer leichten Faßlichkeit u. Eignung als Einführung in die Astronomie verdanken A.s B.er ihre reiche hsl. Überlieferung im griech. Text und in arab., hebr. und lat. Übersetzung. Darüber ausführlich Mogenet [2]. Das B. De sphaera bereitet die B.er De ortibus theoretisch dadurch vor, daß es die Eigenschaften des Horizonts, der Pole, der Wendekreise und der Auf- und Untergänge von Peripheriepunkten an einer math. abstrakten Kugel aufzeigt und im Eukl. Stil beweist. Satz 11 dieses B. wird wahrscheinlich von Eukl. Phaen. 7 (8,37,5 H.) zitiert, woraus die Priorität des A. mindestens gegenüber Eukl. Phaen. folgen würde. In den 2 B.ern De ortibus werden ähnlich wie in Eukl. Phaen. Sätze über die sichtbaren Auf- und Untergänge der Sterne aufgestellt, d. h. es werden untersucht die wahren und scheinbaren Früh- bzw. Spät-Aufgänge und Untergänge der Fixsterne und die zeitliche Abfolge dieser Ereignisse in Abhängigkeit von der geogr. Breite des Beobachtungsortes, der Polhöhe und der Stellung zur Ekliptik des betr. Sterns. Schmidt [3] zeigt, daß beide B.er verschiedene Fassungen desselben Werkes sind. Von anderen Forschungen des A. ist uns nur bekannt, daß er sich mit dem Problem der zu- und abnehmenden Helligkeit der Planeten befaßte, die in den konzentr. Sphärensystemen des Plato und Aristot. nicht erklärbar war (Sosigenes bei Simpl. in Aristot. De caelo, 504,23 H.). J. M.

1. Autolyci De sphaera quae movetur liber, de ortibus et occasibus ll. duo, ed. *F. Hultsch*, Lpz. 1885. 2. Autolycus de Pitane, histoire du texte suivie de l'édition critique etc. par *J. Mogenet*, Louvain 1950. (ausf. Bibliogr. der Hss., Ausg. und Abh.). 3. *O. Schmidt* Some critical remarks about A.s On risings and settings, De 11. Skandinaviske Matematikerkongres i. Trondheim 1949, Oslo 1952, 202 bis 209. 4. Dt. Übers.: *A. Czwalina*, Lpz. 1931 (Ostwalds Klassiker d. exakt. Wiss.).

Automaten der Antike kennen wir fast ausschließlich aus griech. Schriften über Mechanik (Ktesibios, Philon v. Byzanz, Heron v. Alexandreia) sowie durch Vitruvius. Der von Heron Dioptr. 292,16ff. geschilderte Wegemesser (*ὁδόμετρον*) beruht auf einem System ineinandergreifender bzw. auf einer Achse sitzender Zahnräder, die die Radumdrehung verlangsamend auf einen Zeiger übertragen; der Mechanismus reichte für eine Tagesfahrt aus und mußte bei Antritt einer neuen Fahrt wieder auf den Anfang eingestellt werden. Das Prinzip, das noch den heutigen Kilometerzählern zugrunde liegt, wurde weniger glücklich auf Entfernungsmesser für Seereisen übertragen. In den Schriften über Druckwerke, *πνευματικά*, werden A. nach Bau und Funktion beschrieben, die mit Hilfe von Luftunterdruck oder -überdruck betrieben z.T. praktischen (z.B. Wasseruhren Phil. Pneum. 12–15 R), z.T. Unterhaltungszwecken dienten (Schlürfende Tiere; Wunderhörner, *ῥυτά*, aus denen bald Wein, bald Wasser, bald beides vermischt ausströmten; singende Vögel; Springbrunnen; Wasserorgel, usw.). Auch die Spannkraft des Dampfes ist bereits bekannt, wird aber nur zu Spielereien (Äolsball, Vitr. 1,6,2. Springender Ball, Heron Pneum. 2,6) ausgenützt; Watt's Erfindung ist davon unabhängig. Beliebt waren die Druckwerke im sakralen Bereich, etwa der Weihwasserautomat, *σπονδεῖον*, Heron Pneum. 1,21, der das heilige Naß gegen Einwurf eines Kupferstücks spendete, oder das Weihwasserbecken, *περιρραντήριον* a.O. 1,32, das bei Umdrehung eines am Tor eines äg. Tempels aufgehängten Sühnrades Weihwasser ausfließen läßt. Zur unterhaltenden Technik, *θαυματοποιική*, gehören auch die auf einem Zusammenwirken von Rollen, Rädern und Sehnen (Schnüren) beruhenden A., deren Gipfel das bei Heron Automatopoietike 22 ff. nach Philon beschriebene mechanische Theater darstellt. In 5 Akten war die Naupliossage zu sehen. Zu Beginn und Schluß des Spieles und jedes einzelnen »Aktes« öffneten und schlossen sich die Türen des Spielhauses automatisch. Im 1. Bild bessern die 12 Danaer ihre Schiffe aus, im 2. werden die Schiffe ins Wasser gezogen, im 3. segeln die Schiffe vorbei, Delphine tauchen auf und unter, im 4. leuchtet Nauplios nächtens mit der Fackel (das Anzünden war ein besonderer Trick) über das Meer, das Schlußbild zeigte Athene als deus ex machina, Blitz, Donner und Schiffbruch. Die Vorliebe des Hellenismus und der Kaiserzeit für derartige mechanische Kunststücke war beträchtlich. Neben den verschiedenen Maschinen für Kriegszwecke sind es gerade diese technischen Unterhaltungswerke, die auch auf die neuere Zeit besonders stark gewirkt haben. Im 17. Jh. hat man nicht nur die »Dampfmaschine« Herons nachgebaut, sondern 1613 für den Park von Hellbrunn bei Salzburg auch die zwitschernden Vögel, die Orgel und sogar das Theater, mit 154 Figuren; hier kommt der Barock der Antike ganz nah. W. H. G.

Diels Antike Technik [3]1924. *Neuburger* Technik des Altertums, [4]1929. *R. Kellermann* - *W. Treue* Kulturgeschichte der Schraube [2]1962, 33 ff.

Automedon (*Αὐτομέδων*). Sohn des Diores aus Skyros (Hyg. fab. 97), treuer und tapferer Wagenlenker des Achilleus und des Patroklos, Il. 9,209, häufig im 16. und 17. Buch. Bei Verg. Aen. 2,476 Wagenlenker des Neoptolemos. Appellativisch verwendet z.B. Cic. Rosc. Am. 98. Iuv. 1,61. Häufig auf Vasenbildern dargestellt. H. v. G.

Autonoë (*Αὐτονόη*). Tochter des Kadmos und der Harmonia, Schwester der Semele, Agaue und Ino, Gemahlin des Aristaios, Mutter des Aktaion. Hes. th. 977. Apollod. 3,26.30. Hyg. fab. 184. In Eur.' Bakchen führt sie einen Zug der Mainaden an, 230.680. Ov. met. 3,720. Nach dem Tode ihres Sohnes geht sie nach Megaris; ihr Grab erwähnt Paus. 1,44,5. H. v. G.

Αὐτονομία. Selbstgesetzgebungsmacht, die auf der genossenschaftlichen Grundlage der Polis beruht. Die Politen, die imstande sind, sich selber an den *νόμος*, die Lebensordnung der *πόλις* zu binden (Bürgereid), unterliegen nicht fremdem, sondern eigenem Gesetz. Es ist nicht nötig, eine gesetzgebende Gewalt neben Exekutive und richterlicher Gewalt anzunehmen, *νόμοι* werden nicht gemacht, ein göttlicher oder menschlicher *θεσμοθέτης* oder *νομοθέτης* stiftet sie der Polis ein, indem er Herkommen, Brauch, Sitte, histor. gewordenes und polit. gegenwärtiges Sein, Über- und Unterordnungsverhältnisse, Ämter, Organe, Gericht, den *κόσμος* gerade dieser Stadt ins Bewußtsein der Bürger rückt. »Die Autonomie als Rahmen des politischen und geistigen Sonderwesens jeder Polis war möglich durch Existenz und Herrschaft des Nomos« (Ehrenberg). *Αὐ.* muß überstaatliche Bindungen nicht ausschließen (*ἀμφικτυονία*), aber es entstehen erhebliche Spannungen, wenn eine Hegemonialmacht die Verfassungen der Bundesgenossen sich anzugleichen sucht und richterliche Funktionen übernimmt, die den Rechtsunterworfenen einem fremden Nomos unterstellen. A. M.

Ehrenberg Der Staat der Griechen I (s. Au.). *Tenekides* La notion juridique de l'indépendence et la trad. hell., 1954. *Gschnitzer* Abhängige Orte im griech. Alt., Zet. 17, 1958. *Mannzmann* Griech. Stiftungsurk., 1962, 90ff.154.

Autophradates (*Αὐτοφραδάτης*). **1.** Persischer Befehlshaber zu Alexanders d. Gr. Zeit, leitete 333 und 332 die Flotte. **2.** Satrap der Tapurer, unterwarf sich Alexander 330 in Hyrkanien, erhielt von diesem seine Satrapie zurück und empfing dann noch die Statthalterschaft über die Marder. J. D.-G.

Berve Alexanderreich II 96.

Autronius, plebeischer Eigenname italischer Herkunft (auch auf Inschriften, vgl. SCHULZE Eigenn. 257,5. 337,5). Nicht sehr häufig und in der Kaiserzeit kaum mehr belegt. **1.** Au., Münzmeister, nach älterer Datierung um 200, nach SYD. 63.38 zwischen 150–146. **2.** Au. Iustus, Senator 276 n.Chr. H.A.Tac. 19,1. **3.** Au. Maximus, vielleicht später erfundener Name, der von Macr.Sat. 1,11,3 bei der Einführung der *Ludi magni* (490) genannt wird, vgl. RE XII 925,41 ff. Suppl. V 617 ff. **4.** L. Au. Paetus, Consul suff. 33 v.Chr. (1.Jan., BROUGHTON Mag. 2,414); im J. 28 feierte er als Proconsul einen Triumph *ex Africa*, PIR 1^2,342. **5.** P. Au. Paetus, Quaestor 75 (zusammen mit Cic.), Legatus 73–72 in Griechenland, unter Antonius Creticus (?), Sylloge^3 748. Praetor um 68 (BROUGHTON Mag. 2,138). 66 *consul designatus* (für 65), aber wegen *ambitus* angeklagt und zusammen mit seinem Collegen P. Cornelius Sulla verurteilt, so daß beide ihr Amt nicht antreten konnten (Cic.Sull. 11. 49 f. 81. Sall.Cat. 18 u.a.). Ende 65 und vor allem 63 gehörte er zu den Anhängern Catilinas, dessen Vertrauter er war (u.a. Sall.Cat. 47,1); er wird für verschiedene Einzelhandlungen verantwortlich gemacht (RE II 2613). 62 wurde er nach der lex Plautia de vi verurteilt und verbannt; bis mindestens 58 lebte er in Epirus und ist vor 46 gestorben. Charakteristik: Cic.Sull. 71, als Redner Cic.Brut. 241. H. G. G.

Autumnus. Symbolisierung des Herbstes und als solche oft bildlich dargestellt. In der Poesie zuerst bei den Augusteern genannt. Es handelt sich kaum um eine echte Personifizierung. Meist vermischt mit den → Horen, weshalb A. öfter weiblich dargestellt ist. W. E.

Steuding, Myth.Lex. 1,738. *Eisenhut,* RE VIII A 905 ff. Art. Ver.

Auxilia wurden im röm. Heer in der Zeit der Manipulartaktik die zuerst nachweisbaren, volksfremden Hilfstruppen genannt (Varro 1.1.5, 90, Fest. 17 M.). Es waren nationale Spezialwaffengattungen wie kretensische Bogenschützen, balearische Schleuderer etc., die die minderwertige leichte, italische Infanterie und Kavallerie an Qualität weit übertrafen und schließlich ersetzten. Unter Augustus wurden die a. neu organisiert, gleichmäßig bewaffnet und ein fester Bestandteil des stehenden Heeres. Mit den Legionen und Alen oder

mit den Alen allein bildeten sie die Provinzbesatzungen. Ihre obersten Einheiten waren die *cohors quingenaria* (500 Mann) oder *miliaria* (1000 Mann), Kohorten, die entweder bloß aus Fußvolk *(c. peditata)* oder aus Infanterie und Kavallerie *(c. equitata)* bestanden. Zu ebensoviel Mann waren die Alen (→ ala), die Reitereinheiten zusammengefaßt. Kommandiert wurden die a. von *praefecti alae* bzw. *cohortis.* Die anfänglich bloß leichte Waffengattungen umfassenden a. wurden in der frühen Kaiserzeit teilweise schwer bewaffnet und den Legionen, zu deren Ergänzung sie bestimmt waren, angeglichen. An die Stelle der alten a. traten seit Traian *numeri,* die nationalen Truppenkörper d. 2. u. 3. Jh. Im 4. Jh. waren a. leichte, kelt.-germ. Infanterieeinheiten zu je 500 Mann. Sie bildeten den Kern der Heere und der Garde. A. N.

Dar.-Sagl. 1, 174 f. *RE* IV 231 ff. *Krom.-Veith* 633. *Grosse* Röm. Militärgesch. 38 ff. 340. *Stein* Die kais. Beamten u. Truppenkörper, 2.T. *Wagner* Die Dislokation d. röm. Auxiliarform. 9 ff. *A. Garcia y Bellido* Alas y cohortes españolas, Madrid 1957.

Auximum (NISSEN It.Ldk. 2,418). Auf isoliertem Hügel gelegene, schwer einnehmbare (7 Monate Belagerung durch Belisar 539 n.Chr.) Stadt in Picenum; Name keltisch (BRUGMANN IF 14,5. VETTER, HB 275 f.): *uxama* »Hochgelegene«, demnach früh in keltischer Hand (v. DUHN-MESSERSCHMIDT IGK 2,227). Die Censoren des J. 174 v. Chr. lassen Mauern bauen (Liv. 41,27,10), was für Anwesenheit röm. Bürger in A. spricht; nach Vell. 1,15,3 Bürgerkolonie erst 157 v.Chr.; *municipium* der trib. Velina (KUBITSCHEK Imp. Rom. trib. discr. 62) in der 5. Region (Plin.nat. 3,111) an der Straße Nuceria-Ancona (It. Ant. 312). Bedeutende Rolle in der Spätantike (Prok.Got. 2,10.11 u.a.); j. Osimo. G. R.

Auxo s. Charites

Auzia. Stadt in Mauretania Caesariensis (h. Aumale), 100 km s.ö. von Algier. Ptol. 4,2,7 *Αὔζία.* Itin. Anton. 12 *Auza.* Amm. 29,5,44 *Audiensis.* Sehr alte Niederlassung (nach der Sage phönizische Gründung: Ios. ant. Iud. 8,13,2). Es ist nicht sicher, daß A. mit dem *castellum cui nomen Auzea* identisch ist (Tac. ann. 4,25), bei dem im J. 24 n.Chr. der Rebell Tacfarinas getötet wurde. Wichtiger Mittelpunkt des Limes vom 2. und 4. Jh. A. war Municipium am Ende des 2. Jh. (CIL VIII 9046) und Kolonie unter Septimius Severus (CIL 9062). Inschr. CIL VIII 9014–9177. 20735–20815. Bildwerke, zahlreiche Votiv- und Grabsäulen, besonders die des Ritters Q. Gargilius Martialis, getötet gegen 260 (CIL 9047. Atl. Arch. Alg. f^e 14, Médéa, 105). M. L.

Avares. Den Hunnen verwandtes Nomadenvolk aus Mittelasien, tritt erst seit dem 5. Jh. n. Chr. auf. Persische Bez.: *Abar.* Um 460 dringen sie über den Irtysch in die kasp. Ebene vor und stehen ein Jahrhundert später vor den Toren Ostroms (Justinian). Im Bunde mit dem Langobarden Alboin vernichten sie (566) das Gepidenreich an der Donau und Theiß, verwüsten Dalmatien und bedrohen erneut Ostrom. Zugleich bilden sie eine Gefahr für Westeuropa. Nachdem ihnen jedoch schon unter den Merowingern ein Halt geboten war, wurden sie von Karl d. Gr. geschlagen (790) und bis zum Raab zurückgedrängt. Am Anfang des 9. Jh. wird ihre Macht durch die Bulgaren endgültig gebrochen, und ihr Name verschwindet aus der Geschichte. – Quellen: Gregor Tur. (538 bis 593); Paulus Diac. (725–797) u. a. H. T.

Avaricum. Hauptstadt der Bituriges Cubi in Gallia Celtica, später Aquitanica, heute Bourges. Von Flüssen und Sümpfen umgeben, reich und schön, wurde sie im J. 52 nach langer Belagerung von Caesar erobert und zerstört: Caes. Gall. 7,13–28. Altertümer: CIL XIII 1189–315. 11082–150. Espér. Rec. 1432–94. 1509 ff. 6971 ff. P. W.

Avedda. Stadt des prokonsularischen Africa (Hr. Bedd). Ausgedehnte Ruinen: ein mächtiges Tor, Kapitol. A. war Municipium unter Caracalla CIL VIII 14369. ILT 1206. Inschr.: CIL 14369–14376. ILT 1206–13. ILAfr. 435–439. Atl. Arch. Tun. f^e Tebourba, 8. M. L.

Avens (Nissen It. Ldk. 2,468). Sabinischer Fluß (Plin. nat. 3,109), dessen Anwohner nach Varro bei Serv. Aen. 7,657 von Romulus auf den Aventin umgesiedelt worden sein sollen; j. Velino. G. R.

Aventicum. Hauptort der Helvetier, h. Avenches, nach der Dea Aventia, wohl Quellgöttin, genannt. 69 n. Chr. knapp der Zerstörung durch die Truppen des Vitellius entgangen (Tac. hist. 1,68 f), wahrscheinlich 73/74 Gründung der Colonia Pia Flavia Constans Emerita Helvetiorum Foederata wohl aus Veteranen. Die Bewohner setzten sich aus *coloni* und *incolae* zusammen, die Behörden der Kolonie A. waren zugleich diejenigen der peregrinen Stammesgemeinde der Helvetii, doch ist das Verhältnis zueinander unklar. Zerstört in den Alemanneneinfällen 259/60 n. Chr. Mauerring der Zeit der Koloniegründung im Umfang von 5650 m fast ganz erhalten mit großem Osttor, im Inneren erhalten oder ausgegraben Theater, davor großes Forum mit Haupttempel, Amphitheater, mehrere Thermen, Reste vieler Privathäuser, scholae (Vereinshäuser), viele Mosaiken. Hauptausbau um die Mitte des 2. Jh. n. Chr. mit regelmäßigem Straßennetz, darunter anders orientiertes Straßennetz aus der Zeit der Gründung der Kolonie. E. M.

1. *Eug. Secretan* Aventicum, son passé et ses ruines² 1919. 2. *Fel. Stähelin* Die Schweiz in röm. Zeit² 1948, 205 ff. 221 ff. 260 f. 477 ff. 510 mit A. 5. 604 ff. und oft. 3. *How.-Meyer* R. Schweiz, 1940, 252 ff. 4. Association Pro Aventico, Bulletin I–XVIII, 1887–1961. 5. *F. Hampl* RhM 95, 1952, 52 ff. 6. *D. van Berchem* Mélanges Charles Gilliard 1944, 46 ff. 7. *Ders.* Schweiz. Zeitschr. für Gesch. 5, 1955, 145 ff. 8. *F. Vittinghoff* ZRG 68, 1951, 435 ff. 450 ff.

Aventinus mons galt gemeinhin für einen der 7 Hügel Roms, obwohl er erst um 200 v. Chr. in die Stadtbefestigung und erst unter Claudius in das Pomerium einbezogen wurde, eine Merkwürdigkeit, die bis heute noch nicht einwandfrei erklärt ist (vgl. Mommsen RG 1,107.171. Gilbert Gesch. und Topogr. der Stadt Rom. 2, 185 ff. Beloch RG 205). Er besteht aus 2 Anhöhen, im Altertum *Av. maior* und *minor* genannt, getrennt durch die viali d. Piramide Cestio und Aventino (im Altertum *vicus portae Raudusculanae*). Der Name A. wird von den antiken Autoren verschieden erklärt (Varro l.l. 5,43. Dion. Hal. ant. 1,71. Serv. Aen. 7,657. Aug. civ. 18,21). Merlin (Aventin 28 f.) führt ihn auf ein ligur. Wort zurück. Vielleicht war der Berg urspr. die Nekropole Roms, der Überlieferung nach lagen dort Remus und Titus Tatius begraben (Plut. Rom. 11,23. Varro l.l. 5,152).

Schon früh zeigte sich ein Gegensatz zwischen dem patrizischen Palatium u. dem vorwiegend von Plebeiern bewohnten A., weshalb hier auch keine öffentlichen Gebäude von Bedeutung standen. Dagegen war der Berg schon früh ein Mittelpunkt religiöser Verehrung; hier weideten nach der Sage Cacus, Numitor und Amulius ihre Herden, stellten Romulus und Remus ihre Auspizien für die Gründung Roms an, hier stand das gemeinsame Heiligtum des latinischen Bundes, der Dianatempel, nach dem die Dichter den A. oft *collis Dianae* und die Göttin *dea Aventinensis* nennen (Martial. 1,73, 4.12,18,3. Stat. 2,3,20. Fest. p. 165. Val. Max. 7,3, 1; vgl. zur Geschichte: De Sanctis Storia dei Romani 1,274. Pais Storia 1,2,244). 494 und 449 v. Chr. sollen die Sezessionen der Plebs dorthin gegangen sein, 121 v. Chr. floh C. Gracchus zuerst in den Tempel der Diana, und noch eine Inschrift aus der Kaiserzeit redet im Zusammenhang mit der Wahl Seians zum Konsul von den *improbae comitiae* (CIL VI 10213).

Unter Augustus kam der A. maior zur 13., der A. minor zur 12. Region. Seit Claudius den Hafen Roms nach der Tibermündung verlegte und seit den Bränden der Jahre 36 (Tac. ann. 6,45. Suet. Cal. 16) und 64 veränderte der A. seinen Charakter und wurde, ähnlich wie der Caelius, bevorzugtes Wohngebiet der Reichen bis zur gründlichen Zerstörung durch Alarich im J. 410 n. Chr. (Lanciani La destruction de Rome antique, 46 ff.).

An öffentlichen Gebäuden und Heiligtümern (vgl. das vollständige Verzeichnis bei Jordan und Lugli) nennen die Quellen außer dem schon erwähnten Dianatempel: die Thermae Suranae, unter Traian erbaut (Cass. Dio 68,15. Aur. Vict. Caes. 13), und die Th. Decianae, erbaut 252 n. Chr. (Eutr. 9,4. Cat. reg. 13. Lanciani Ruins, 543), die Heiligtümer der Minerva (Mon. Anc. 4,6. Fest. 333), der Iuno Regina (Liv. 5,21,3. Plut. Cam. 5. Val. Max. 1,8,3) und des Iuppiter Liber (Liv. 24,16, 19. Mon. Anc. 4,6. Fest. 121), wahrscheinlich erbaut in Anlehnung an die kapitol. Göttertrias, ferner das seiner Lage nach noch unbekannte Heiligtum der Bona Dea Subsaxana. Rud. G.

Jordan Topographie von Rom. *Lugli* M 3, 548–594.

Avernus lacus (NISSEN It. Ldk. 2, 735. BELOCH Campanien 168ff. MAIURI I Campi Flegrei 135ff.), Kratersee n. Baiae mit 65 m Tiefe (nach Lykophr. 704. Diod. 4, 22. Ps.-Aristot. mir. 102 grundlos!). Hier wurden die Berichte über Kimmerier (Plin. nat. 3, 61. Strab. 244) und Unterweltsbesuch des Odysseus (Strab. 224; vgl. Cic. Tusc. 1, 37 u.a.) und Aeneas (Verg. Aen. 3, 442ff. 6, 239ff.) lokalisiert. Name (Ἄορνος), weil angeblich Vögel an den Ausdünstungen sterben (Lucr. 6, 740ff.). Durch Agrippa im J. 37 v. Chr. zum *portus Iulius* umgestaltet (Cass. Dio 48, 50. Flor. 2, 18, 6. Strab. a.O. Vell. 2, 79. Suet. Aug. 16) und durch Kanal mit Lucrinersee verbunden (Cassiod. var. 9, 6); Grotte di Pietro la Pace bahnt Weg nach Cumae. G. R.

Averruncus (*Averr-* Varro l.l. 7, 102. *Aur-* Gell. 5, 12, 14) Übel abwehrende Gottheit. Daher (ϑεὸς) ἀποτρόπαιος Gloss. W. E.

Avianus. Röm. Dichter, Vf. einer Slg. von 42 Fabeln in Distichen. Das Werk ist einem Theodosius, d.h. wohl dem bekannten Schriftsteller Macrobius, gewidmet; die sprachlichen und metrischen Eigentümlichkeiten des A. weisen ebenfalls auf die Wende des 4. zum 5. Jh. Der Stil ist oft geschraubt und dunkel, dabei nicht frei von Vulgarismen. A. hat wohl nur die Fabeln des Babrius benutzt, wahrscheinlich durch die Vermittlung einer lat. Prosa-Paraphrase. Im MA. war die Slg. ein beliebtes und weitverbreitetes Schulbuch. Die ältesten Hss. repräsentieren zwei parallele Textrezensionen, die sich in den jüngeren, seit dem 11. Jh. entstandenen Codices mehr und mehr miteinander vermischen. M. F.

Ta. von *Guaglianone* 1958. Zur Wirkungsgeschichte *Max Manitius* Philol. 51, 1892, 533ff.

Avidius. 1. C. A. Cassius. Syrer aus Cyrrhus, H. A. vit. Marci 25, 12. Cos. suff. zwischen 161/63, CIL XVI 124. Als Befehlshaber des Heeres im Partherkrieg des L. Verus besiegte er 164 den Vologaesus III., Cass. Dio 71, 2, 2–4. Legatus Aug. pr. pr. Syriae vom J. 166/67 etwa bis 171/72, IGR III 1261.1270. In den letzten Jahren Statthalter von ganz Asien, Cass. Dio 71, 3, 1. Im J. 172 unterdrückte er einen Aufstand in Äg., ebd. 71, 4. Doch 175 riß A. im Orient und Äg. die Macht an sich, ebd. 71, 17. 22–27. 29, 1f. 31, 1. H. A. vit. Avid. 7ff. BGU 7, 1584e. Seine Herrschaft dauerte nur 3 Monate und 6 Tage; den Proskribierten töteten seine eigenen Soldaten, vit. Marci 24, 9ff. **2.** C. A. Heliodorus. Vater von Nr. 1. Er bekleidete unter Hadrian das Amt ab epistulis, Cass. Dio 69, 3, 5. Praefectus Aegypti 138–140, Dess. 2615.8910. BGU 113, s. RE XXII 2383f. **3.** A. Nigrinus, Bruder von Nr. 6, Vater von Nr. 4. Vielleicht procos. Achaiae unter Domitian, Plin. ad Tr. 65, 3. 66, 2, s. E. GROAG Statthalter Achaias 1, 42. **4.** C. A. Nigrinus. Tribunus plebis 115, Plin. epist. 5, 13, 6.20, 6.7, 6, 2. Cos. suff. 110, Inscr. It. XIII 1, p. 200f. Wohl bald nachher Statthalter von Achaia, Sylloge[3] II 827. E. GROAG Statth. Achaias 1, 54ff. Statthalter von Dakien etwa 112/14, Dess. 2417, A. STEIN Statth. Daziens 10f. Hadrian wünschte ihn zum Nachfolger, vit. Hadr. 7, 1. Da er aber die Verzichtpolitik des Kaisers nicht billigte, wurde er 118 in Faventia getötet, ebd. 7, 2f. Cass. Dio 69, 2, 5f. **5.** T. A. Quietus, Sohn von Nr. 6, IGR IV 571. Cos. suff. 111, Inscr. It. XIII 1, p. 200f. Procos. Asiae 126/27, IGR IV 1156b, s. IV 1156b, s. W. H. BUCKLER-D. M. ROBINSON, Sardis VII Nr. 52. **6.** T. A. Quietus. Bruder von Nr. 3, Plut. de frat. amor. 1, p. 478 B (III 221 PATON-POHLENZ). Legatus leg. VIII Augusta im J. 82, CIL VI 3828 = 31692. Cos. suff. 93, AE 1949, 23, 29. Procos. Achaiae wohl 94/95, Sylloge[3] II 822, s. E. GROAG Statth. Achaias 1, 44. Legatus Aug. pr. pr. Britanniae 98, CIL XVI 43. vor 107, Plin. epist. 6, 29, 1. Freund des Thrasea Paetus und des Plutarch, der ihm de sera numinis vindicta widmete (p. 548 B). R. H.

Avienus, Rufius Festus. Röm. Dichter der 2. Hälfte des 4. Jh. n. Chr., aus vornehmem Geschlecht, gehörte jenen Kreisen an, die sich um die Pflege und Erhaltung des heidnischen Erbes bemühten. Über Herkunft und Lebensdaten unterrichtet eine von ihm verfaßte Weihinschrift (DESS. ILS 2944); hiernach leitete er seinen Stammbaum von Musonius Rufus ab, er war in Volsinii geboren und bekleidete zweimal das Proconsulat. Seine Werke sind sämtlich Bearbeitungen älterer Literaturdenkmäler. So übertrug er, wie Cicero und Germanicus, die Phainomena des Arat; hierbei erweiterte er die Vorlage auf nahezu den doppelten Umfang, u.a. durch Einfügung der das Original erklärenden Scholien. Ferner gab er die Erdbeschreibung des Periegeten Dionysios in lat. Sprache wieder (Descriptio orbis). Auch die Schilderung der Meeresküste von der Bretagne bis zum Schwarzen Meer (Ora maritima), von der lediglich der mit Massilia abbrechende Anfang (etwa 700 Verse) erhalten ist, beruht auf einer griech. Vorlage, die wohl wie die Übertragung des A. in iambischen Trimetern abgefaßt war; für den Schluß benutzte A. den Pontus-Exkurs der sallustischen Historien (or. mar. 33ff.). Im übrigen ist die Quellenfrage bei diesem Werk umstritten: während sich MARX [2], 321ff. (vgl. RE II 2389f.), das griech. Original aus zwei Periploi des 4. bzw. 2. Jh. zusammengesetzt denkt, verficht AD. SCHULTEN in den Prolegomena seiner Ausgabe die wahrscheinlichere These, daß die Ora maritima in ihrem Kern auf einen einzigen Periplus zurückgeht, der im 6. Jh. v. Chr. entstanden ist. Jedenfalls gab das Werk einen weit zurückliegenden Stand geogr. Kenntnisse wieder, und der erhaltene Anfang hat die ältesten Nachrichten über den Westen Europas bewahrt. Zwei weitere Arbeiten, eine Darstellung der Mythen Vergils und eine Livius-Epitome, beide in Iamben (Serv. Aen. 10, 272.388), sind verloren. Die Leistung des A. beruht gänzlich auf der öfters gespreizten, doch niemals mangelhaften poetischen Form. Er hat indes sein Talent einem konsequent ausgeführten Plane dienstbar gemacht: sein Gesamtwerk bot dem zeitgenössischen Leser wesentliche Teile der überlieferten heidnisch-röm. Welt. Die Ora maritima und ein kurzes Gelegenheitsgedicht sind nur noch durch die Erstausgabe von VALLA, 1488, überliefert; die beiden anderen Werke haben sich außerdem in einem Ambros. des 15., der Arat allein noch in einem Vindobon. des 10. Jh. erhalten. M. F.

Ta. von *Holder* 1887; kommentierte Ausg. der Ora maritima von *Schulten* 1922, ^{2}1955 und *Berthelot* 1934. 1. *Engelb. Kosten* De Avieno Dionysii interprete, Diss. Bonn 1888. 2. *Friedr. Marx* RhM 50, 1895, 321ff. 3. *Karl Ihlemann* De ... Avieni in vertendis Arateis arte et ratione, Diss. Gött. 1909. 4. *P. van de Woestijne* AC 23, 1954, 29ff.; 24, 1955, 127ff.; 27, 1958, 375ff.; CeM 17, 1956, 173ff. (textkrit. Beiträge z. Descriptio orbis).

Avillius. A. A. Flaccus. In Rom geboren, Spielgefährte der Caesaren Gaius und Lucius, Philo in Flacc. 19,158 (VI p. 149 COHN). Ankläger der älteren Agrippina, ebd., Freund des Tiberius, ebd. 9 p. 122. Von 32 bis Oktober 38 Präfekt von Äg., s. A. STEIN Präf. Ägypt. 26f. Von Gaius nach Rom beordert (Philo 125 p. 143), angeklagt, nach Andros verbannt, dort im J. 39 hingerichtet, Philon 185ff. (p. 153). R. H.

Aviones. Germ. Völkerschaft, von Tacitus zusammen mit den Reudigni, Anglii, Varini, Eudoses, Suarini und Nuithones, die eine Kultgemeinschaft der Göttin Nerthus bildeten, genannt (Germ. 40). Ihre Lokalisierung ist unsicher. Der Name ist abgeleitet von germ. **awjo* = Insel (vgl. *Scadin- avia*), so daß man in ihnen wohl die Bewohner der nordfries. Inseln vermuten darf. W. S.

R. Much Germania 347.

Avitta Bibba. Stadt des prokonsularischen Africa (Hr. Bou-Ftis). Bedeutende Stadt; erhalten sind zwei mächtige Bogen, zwei Tempel, eine byzantinische Festung, Grabmale. Erwähnt auf der Tab. Peut., bei Ptol. 4,3,31 und vielleicht Plin. nat. 5,30 *(oppidum Avinense)*. Der punische Einfluß machte sich noch in der röm. Zeit bemerkbar (*sufetes* CIL VIII 797); Municipium unter Hadrian. CIL 799. 800. 1177. Ein Bischof beim Konzil von Carthago 411. CIL 796–813. 12665–12684. 23875. ILT 670–674. Bull. Comité 1932–1933, 151. 1936–1937, 169. Atl. Arch. Tun. f^e Bou Arada, 51. GAUCKLER Temples païens Tunisie, 107. M. L.

Avitus. 1. Eparchius A., 455–456 röm. Kaiser im W.; A., aus senatorischem Geschlecht der Auvergne, geb. um 400, gewann Einfluß am Hofe → Theoderichs I. und nutzte dies 439 als *praefectus praet. Galliarum* beim Abschluß eines Friedensvertrages mit den Westgoten, die er dann 451 zur Hilfe gegen die Hunnen bewog. Nach dem Sturz des → Petronius Maximus, der ihn zum obersten Reichsfeldherrn ernannt hatte, wurde A. am 9. Juli 455 zum Kaiser erhoben. Außer in Gallien fand A. in Italien und sogar in Pannonien, aber nicht beim ö. Kaiser → Marcianus Anerkennung. Bereits im Herbst 456 wurde A. durch → Ricimer und → Maiorianus, die sich mit dem röm. Senat verbunden hatten, gestürzt. Hauptquellen für A. sind, neben dem Panegyricus seines Schwiegersohnes → Sidonius Apollinaris zum 1. Jan. 456 (Sidon. carm. 6f.), Greg. Tur. 2,11 u. Ioh. Ant. frg. 202. A. L.

K. F. Stroheker Senat. Adel in Gallien 1948, 152f.

2. Alcimus Ecdicius A., etwa 494–518 Bischof von Vienna (Heiliger), aus senatorischem Geschlecht; A., auf Stärkung der päpstlichen Autorität bedacht, bekämpfte den Arianismus u. a. Häresien; es gelang A., den burgundischen Thronerben Sigismund (516) zur Konversion zu bewegen und damit wesentlich zur Katholisierung der Burgunder beizutragen. Neben historisch wichtigen Briefen besitzen wir von A. u. a. ein Epos über die Weltschöpfung. A. L.

Werke: MGAA *(Peiper)*. *M. Burckhardt* Die Briefsammlung des Bischofs A. 1938. *A. Schippers* A. de mundi initio 1945. *Altaner* Patrologie^5 1958, 438f.

Axamenta. So werden bei Paul. Fest. 3 offenbar bestimmte carmina der → Salier bezeichnet. Die sichere Herstellung dieser verderbten Stelle ist noch nicht gelungen (LATTE RRel. 116,5). W. E.

Kappelmacher, WSt 44, 1925, 224ff. mit Diskussion der Lit.

Axiochos. Onkel des Alkibiades (Plat. Euthyd. 275a). Er wurde 415 beschuldigt, mit diesem zusammen im Hause des Charmides die Mysterien nachgeahmt zu haben. Daraufhin floh er aus Athen (Andok. 1,16). Seine Güter wurden zugunsten der Staatskasse versteigert. Person in dem nach ihm benannten ps.-plat. Dialog (*περὶ θανάτου*). Fr. Kie.

Axiom. Die Entwicklung des Wortes A. zum mathemat.-philosoph. Terminus geht aus von Arist. met. *Γ* 3; 1005a20; ant. Sprachgebrauch verwendet *ἀξίωμα* durchweg im Sinne von Ehrung, Wertschätzung. Bei Euklid werden die mathematischen A. als *κοιναὶ ἔννοιαι* bezeichnet. Überlegungen zur mathemat. A.-atik sind in der Antike gar nicht angestellt worden; die logische A.-atik war – im Anschluß an → Aristoteles' logische Schriften bis zu einem gewissen Grade Lehrgegenstand. Jedenfalls umfaßte des → Porphyrios viel benutztes Lehrbuch *quinque voces* auch die Anfangsgründe der A.-atik. Zu wissenschaftlichem Ausbau ist diese Forschungsrichtung indes erst in der Neuzeit gekommen (D. HILBERT). H. D.

Axionikos. Att. Komiker der sog. mittl. Komödie. Die wenigen frgg. bei KOCK CAF II 411. K. Z.

Axios (*Ἄξιος*). Hauptfluß von Makedonien, schon Homer bekannt (h. Wardar). Zur Etymologie s. DETSCHEW Die thrak. Sprachreste 18ff. Bei Hom. (Il. 2,849. 16,288. 21,141) als tief und schnell fließend besungen, während Strab. 7,327 frg. 21–23 sein Wasser als trübe schildert. A. entspringt am Gebirge Skardoš (h. Šar) und durchfließt zunächst das Land der Paionen (Thuk. 2, 99,4). Sein hauptsächlicher Nebenfluß Erigon kommt aus Paionien. Er fließt durch den Engpaß (*Στενά*) Demirkapija, dann durch das eigentliche Makedonien und mündet in den Thermaischen Golf. Fischreich u. schwer zu befahren. Chr. D.

Kazarow Peonija (bulg.) Sofia 1921, 33.

Axius. Plebeischer Eigenname (vgl. Ortsnamen Axia RE II 2625), bekannt seit dem 1. Jh. v. Chr., aber auch auf Inschr. (SCHULZE Eigenn. 70). **1.** A., Augenarzt der röm. Flotte, vor Galen. **2.** Q. A., Quaestor vor 73 (BROUGHTON Mag. 2, 475), Senator, bekannt mit Cicero (es gab eine – verlorene – Briefsammlung Cic. ad Q. Axium, 2 B., SCHANZ-HOS. 1,477) und befreundet mit Varro, der ihn rust. 3 als Dialogfigur einführte. **3.** Q. A. Aelianus, Provinzialbeamter u. a. in Mauretanien, Belgica, den beiden Germanien, Procurator von Dacia im J. 228 n. Chr. **4.** L. A., Münzmeister um 71 v. Chr. (BROUGHTON Mag. 2,433), nach älterer Datierung um 54. **5.** A. Paulus, literarisch tätiger Freund des Ausonius (epist. 8–14 an ihn). H. G. G.

Axomis. In byzantinischer Zeit Name der Hauptstadt eines abessinischen Reiches, auch *Ἄξουμις, Αὔξωμις* genannt, jetzt Aksum. Seine Lage wird mit 30 Tagesreisen s. Elephantine angegeben. Nach der Stadt nannte man die Bewohner *Ἀξωμῖται, Αὐξουμῖται, Ἀξουμῖται.* W. H.

Azania, Azanen. Der N. Arkadiens, mindestens von Pheneos bis Psophis reichend, in älterer Zeit als besonderer Stamm genannt, später dichterisch für Arkadien. Sprichwörtlich *Ἀζάνια κακά.* E. M.

1. IG V 2 S. VIII, 1 ff. 2. RE II 2639, 13 ff.

Azenia (*Ἀζηνιά,* Demot. *Ἀζηνιεύς*). Attischer Demos, zur Phyle Hippothontis gehörig. Die Lage (nahe der Südspitze Attikas? Strab. 9, 398) ist strittig. K. Z.

Azetium (NISSEN It. Ldk. 2,858). Kalabrische (Plin. nat. 3,105) Stadt nahe Caelia, deren Name nur auf Münzen des 3. Jh. (HEAD HN² 45 *Ἀζητινῶν*) korrekt überliefert ist; die Itinerare (Tab. Peut. 6,5. Rav. 4,35) bieten *Ezetium,* Plin. a. O. *Aegetini;* j. nahe bei Rutigliano. G. R.

B

Baal (*Βάαλ* Etym. m. 194,20), phöniz.-kanaan. Gottesappellativ (בעל Baʿal), dem babylon. bzw. palmyren. Bēl (*Βήλ, Βῆλος* Paus. 1,16,3. Arr. an. 3,16,4. CIL XII 1277. R. DUSSAUD Notes de mythol. syrienne, 1903, 72 ff. F. CUMONT Études syriennes, 1917, 257 ff. [4],279 ff.) und dem aram. Beʿēl (z. B. *Βεελμάρι* = Beʿēl mari »*B. dominus meus*« G. B. DE ROSSI, BICA 1875, 35) entsprechend (Hier. in Os. 2,16. [4],20 ff.). Es bedeutet soviel wie »Herr« (Aug. quaest. hept. 7,16), bezeichnet aber im Unterschied zu → 'El und 'Adōn ([4],6 ff. 52 ff.) ursprüngl. den göttlichen »Inhaber« (Hier. a. O.) eines sakr. Bezirks oder einer kultischen Funktionssphäre (W. ROBERTSON SMITH Rel. der Semiten, 1899, 66 ff. L. B. PATON, ERE 2,284. [1],84. [2],230 ff. [4],27 ff.) und erscheint daher meist im Stat. constr. mit dem qualifizierenden Genetiv des Zuständigkeitsbereichs (E. DHORME, RHR 105, 1932, 236 f. Vgl. GESENIUS-BUHL Hebr. und aram. HWB. zum AT, 1954¹⁷, 106 f.): B. Peʿor (*Βεελφεγώρ* LXX Num. 25,3,5) »Herr des Berges Peʿor« in Moab; B. Qarnaim (Saturnus Balcarnensis J. TOUTAIN, MEFR 12, 1892, 1 ff.) »Herr der beiden Hörner« des Djebel bu Qurnein bei Karthago; B. Hammōn (CIS I 180 ff. Iuppiter Hammon CEpigr. 253. E. MANNI, Ath. 16, 1938, 228 ff. J. FERRON, Byrsa 3, 1953, 113 ff. [1],86 ff. [5],16 ff.) »Herr der Räucheraltäre« (H. INGHOLT Mél. R. Dussaud 2, 1939, 795 ff. J. STARCKY, Syria 26, 1949, 51 ff. [7],237; s. jedoch K. ELLIGER, ZDPV 66, 1943, 129 ff.) in Sam'al (Kilamuwa-Inschrift von Zenjirli: J. B. PRITCHARD, ANET, 1955², 500,16) und Karthago (G. CHARLES-PICARD Rel. de l'Afrique ant., 1954, 56 ff.); B. Marqōd (*Βαλμαρκώϑ*, Balmarcod CIG 4536. CIL III 15. CH. CLERMONT-GANNEAU Rec. Arch. Or. 1, 1888, 101 ff. S. REINACH, REG 3, 1890, 83 f. [1],84) »Herr des Tanzes« (*κοίρανος κώμων* EpGr 835) in Der el Galʿa bei Beirut; B. Berīṯ (*Βααλβεριϑ* LXX Jdc. 8,33. P. HAUPT, ZDMG 63, 1909, 516) »Herr des Orakels« der Bene Ḥamōr in Sichem ([7],213). Die weibliche Entsprechung Baʿalat, babyl. Bēlit ([4],26 f.) begegnet als *Βααλτίς* (Dione), Tochter des El, bei Sanchunjathon (Eus. pr. ev. 1,10,35), als *Βηλτίς* bei Abydenos (frg. 6 JAC.), als Balti(s) bei Isaak von Antiocheia (1,210 B. H. SEYRIG, Syria 27, 1950, 234 ff.). Ihre bekannteste Vertreterin, die B. Gebal (»Herrin von Byblos« [4],262 ff. DHORME a. O. 237 f.) in der Inschrift des Jeḥawmelek (CIS I 1. M. LIDZBARSKI HB. nordsem. Epigraphik 1, 1898, 416), die bēlit ša gubla der Amarna-Texte (J. A. KNUDTZON, VoBi 2,1, 1915, 476), ist die Parhedros des phöniz. → Adonis, also identisch mit der syrophöniz. Aštart-Aphrodite (Lukian. dea Syr. 6), die bei Ps. Melito von Sardes (W. CURETON Spicilegium Syriacum, 1855, 44) und Theodor bar Kōni

(H. Pognon Inscr. Sem. de la Syrie, 1907, 180ff. W. v. Baudissin Adonis und Esmun, 1911, 74f.) sowie im Fihrist des an-Nadīm (p. 322 Fl. D. Chwolson Die Ssabier 2, 1856, 22.171f.) Balti(s), bei Plut. de Is. 15 und Cic. nat. 3,59 Astarte genannt wird. – Da der B.-Kult die Höhenheiligtümer (bāmōṯ baʿal) bevorzugt (LXX Ios. 13,17. Dhorme a.O. 237f. [2],170ff.), finden sich unter den Baʿalim zahlreiche Bergbewohner, deren heiliger Steinpfeiler (maṣṣēbā [2],180ff. Vgl. Elliger, ZAW 57, 1939, 256ff.) nicht selten neben dem Kultpfahl (ʾašērā [2], 184ff.) der großen Fruchtbarkeitsgöttin Aštart (P. Torge Ašera und Astarte, 1902. A. Caquot, Syria 35, 1958, 45ff.) anzutreffen war ([2], 90ff.262f.). Von ihnen genoß der B. Karmel (M. Avi-Yonah, IEJ 2, 1952, 118ff. O. Eissfeldt, SDAW 1953, 1), dessen Propheten Elia im Namen Jahwes bekämpfte (LXX 1. Reg. 18,19ff. S. Marmorstein, SM 9, 1933, 29ff. A. Alt Kl. Schr. 2, 1959[2], 135ff. K. Galling Festschr. Alt., 1953, 105ff. [9],26ff.), noch in röm. Zeit als Orakelgott Ansehen (Tac. hist. 2,78. Suet. Vesp. 5. S. Perowne Herodier, Römer und Juden, 1958, 204f.). Gleich ihm sind die 4 bei Phil. Bybl. (Eus. pr. ev. 1,10,9) euhemeristisch getarnten Berggötter, der B. Libanon und der B. Hermon-Sirjon (als ḪUR-SAG La-ab-la-ni/na und ḪUR-SAGŠá-ri-i̯a-na Schwurgötter in den heth. Staatsverträgen des Šuppiluliuma mit Tette von Nuḫašši und des Muršili mit Duppi-Tešup von Amurru [14. Jh. v. Chr.]: KBo I 4 IV 28f. V 9 IV 11f. J. Friedrich, MVAG 31, 1926, 22. A. Gustavs, ZAW 42, 1924, 154), der B. Tabor (*Ζεὺς ᾿Αταβύριος* auf Rhodos Pind. O. 7,160f. Eissfeldt, ARW 31, 1934, 14ff.) und der B. Ṣāpôn (»Herr des Nordberges« = Djebel el Aqraʿ am Orontes: Eissfeldt B. Zaphon, 1932, 1ff. G. Capovilla, RIL 92, 1958, 968.1004f.) lokale Erscheinungen des altsem. Wetter- und Himmelsgottes. Besonders ist B. Ṣāpôn, der Zeus *Κάσιος* der Griechen (Anth. Pal. 6,332. Sud. s. *Κάσιον ὄρος*. A. Salač, BCH 46, 1922, 160ff. Eissfeldt, ARW 31,30ff.), dem der Tešup des Berges Ḫazzi (= Ṣāpôn) aus den ḫurr. Epen entspricht (Dussaud Mél. F. Cumont, 1936, 230), wesenseins mit dem westsem. Sturmgott Hadad (*Δημαροῦς-῎Αδωδος* bei Phil. Bybl. [Eus. pr. ev. 1,10,31], akkd. Adad-Addu J. Bottéro, Stud. Sem. 1, 1958, 30ff. M. Dahood ebd. 75ff. [1],91.93), den die Inschr. von Zenjirli (Lidzbarski a.O. 440f.) als Fruchtbarkeitsspender preist. Daraus erhellt seine Identität mit dem B. der Ras Šamra-Texte (Dussaud, RHR 105,245ff.113, 1936, 5ff.), der dort die Titel Alijn Bʿl (»starker B.« [7],176) und Zbl Bʿl (»Fürst B.«; danach die Lesung B. Zebub [in Eqron 2. Reg. 1,2] und die Deutung *Βααλ Μυῖα* [5],36f. zu berichtigen; vgl. Math. 10,25 *Βεελζεβούλ*) führt. Begegnung und Fusion mit ḫatt. und ḫurr. Wettergöttern (vgl [3],192ff. [7],160) und kult. Expansion, ähnlich der der Aštart (Th. H. Gaster, BiOr 9, 1952, 82ff. J. Leclant, Syria 37, 1960, 1ff.), nach Äg. (Seth-Sutech-Typhon: P. Montet, Kêmi 4, 1931, 191ff. N. Aimé-Giron, ASAE 40, 1940, 442ff. J. de Savignac, NClio 5, 1953, 216ff. [2], 70f. [7],169) haben die überlokale Bedeutung des Wetterherrn B. zu einer universalen gesteigert (M. Rostovtzeff, Aegyptus 13, 1953, 508ff.). Sie lebt fort in seinen späthellenist. Nachfahren, den Konsorten der Atargatis (→ Dea Syria) Hadad von Bambyke (Lukian a.O. 31. P. Lambrechts-P. Noyen, NClio 6, 1954, 260ff.) und Juppiter Damascenus (Iust. 36,2. Dussaud, Syria 3, 1922, 219ff. Cumont [4]101), dem B. Duluk (*Ζεὺς Δολιχηνός* H. Demircioglu Der Gott auf dem Stier, 1939. P. Merlat Jupiter Dolichenus, 1960) und dem B. Biʿqāh (Juppiter Heliopolitanus Seyrig, Syria 10, 1929, 314ff. Eissfeldt, FuF 12, 1936, 51ff. [6], 36ff.). Noch stärker tritt sie hervor an B. Šamēm (*Βεελσάμην* Phil. Bybl. [Eus. pr. ev. 1,10,8]; Balsamem Plaut. Poen. 1027. [1],88f.), dem mit dem griech. Uranos vergleichbaren »Herrn des Himmels« (Dussaud Prélydiens, Hittites et Achéens, 1953, 42ff.), der im übrigen jedoch dem Wettergott (Zeus-Hadad) nahestand ([1],93. [6],19,1. [7], 176) und unter den Seleukiden als Zeus *᾿Ολύμπιος* gegen die Jahwe-Rel. ausgespielt wurde (E. Bickermann Der Gott der Makkabäer, 1937, 112f.). Die untere Torinschr. von Karatepe (III 18 Bʿl šmm A. Alt, WO 1, 1947, 272ff. R. O. Callaghan, Arch. Orient. 18, 1950, 354ff.361ff.) bezeugt ihn neben dem lokalen B. Krntrjš (III 3), dem Schutzgott des Königs Azitawa(n)da von Danuna (J. Friedrich, FuF 24, 1948, 76ff.79). Der Allgottcharakter des »Himmels-B.« erklärt die räumliche und zeitliche Kontinuität seines Kultes von Kilikien (J. A. Montgomery, JAOS 28, 1907, 164ff.) bis Calaris auf Sardinien (CIS I 139. Lidzbarski Altsem. Texte 1, 1907, 45f.), von den frühen syrophöniz. Denkmälern in Byblos (M. Dunand, Rev. Bibl. 39, 1930, 321ff.) und ʿAfis bei Aleppo (Stele des Zakir von Hamath: Lidzbarski Ephemeris 3, 1915, 1ff. K. F. Euler, ZAW 56, 1938, 290) bis zu den späten Zeugnissen aus Nisibis, Ḫarran und Tʿordan bei Isaac Antiochenus (1,209 B.), Jakob von Serug (Martin, ZDMG 29, 1876, 110.131) und Moses von Chorene (H. Gelzer, SSAW 48, 1896, 119ff.): Eissfeldt, ZAW 57,1ff. [6],80. – Unter den stadtbeherrschenden und -schützenden B.en ([1],89.91. [4],246ff. [9],14. Dhorme a.O. 238) ist Melqart (*Μέλκαθρος* Phil. Bybl. bei Eus. pr. ev. 1,10,27), der B. von Tyros (CIS I 122,1. Dussaud Syria 25, 1946/48, 205ff.), infolge seiner Identifikation mit Herakles (Hdt. 2,44. Pol. 7,9,2. Diod. 20,14. Ath. 9,392d.e) der griech. Welt bekannt geworden. Zu weitreichendem Einfluß hat es Marduk, der Stadtgott von Babel, gebracht (G. Furlani, SM.5, 1929, 218ff.): als Schöpfer- und Kämpfergott des babylon. Enūma eliš (A. Heidel The Babylonian Genesis, 1951[2]) wird er unter dem Namen *Βῆλος*, Sohn des Aos (Ea) und der Dauke (Damkina), in der Kosmogonie des Eudem von

Rhodos (Damasc. de princ. 125) und in dem Schöpfungsmythos des babylon. Priesters Berossos (frg. 1 JAC.) vorgestellt, wo er das weibliche Urwesen Omorka-Thalatth (= Thamte-Tiāmat) zerspaltet, um daraus die Welt zu bilden (P. SCHNABEL Berossos und die babylon.-hellenist. Literatur, 1923, 138.177f. F. M. CORNFORD Principium Sapientiae, 1952, 225ff.). Mit dem Titel Bēl, den er dem sum. Luftgott Enlil-Illinos (bēl matati KAT ^{3}355. *Ζεὺς Βῆλος* Hdt. 1,181) abgewonnen hat (Cass. Dio 78,8. [1],94f.), tritt er u. a. in Palmyra ([6],73ff.) als Haupt der Trias Bēl, Jarḫibōl, ʿAglibōl (J. CANTINEAU, Syria 14, 1933, 170ff. J. STARCKY Palmyre, 1952, 86ff.) zusammen mit einer Parhedra Bēlti-Aštart (SEYRIG, Syria 37,68ff.) auf. Er hat dort vermutlich eine einheimische astrale Gottheit Bōl überlagert (MESNIL DU BUISSON, RHR 158, 1960, 145ff.) und ist in direkte Nachbarschaft zu dem syr. B. Šamēm ([6],79f.) gerückt (DUSSAUD La pénétration des Arabes en Syrie, 1955, 93ff. S. MOSCATI Altsemit. Kulturen, 1961, 185). W. F.

1. *M. J. Lagrange* Études sur les rel. sémitiques, 1905^2. 2. *W. C. Wood*, JBL 35, 1916, 1ff.163ff. 3. *H. Gressmann* Hadad und B., ZAW Beih. 33, 1918, 191ff. 4. *W. v. Baudissin* Kyrios 3, 1929. 5. *O. Eissfeldt* Philister und Phönizier, AO 34,3, 1936. 6. *Ders.* Tempel und Kulte syr. Städte, AO 40, 1941. 7. *F. W. Albright* From the Stone Age to Christianity, 1946. 8. *A. S. Kapelrud* B. in the Ras Shamra Texts, 1952. 9. *G. Oestborn* Yahwe and B., AUL 51,6, 1955. 10. *M. H. Pope–W. Röllig* Wb. d. Myth. 1,253ff.

Baalbek. Syr. Stadt, n. von Damascus, wegen des Sonnengottkultes einst Heliopolis genannt (Strab. p. 753. Ptol. 5,14,18 p. 979 M. [Coelesyria]. 8,20,11 N. Plin. nat. 5,80). In der Tab. Peut. erscheint die Stadt als Eliopoli (K. MILLER Itin. Rom. 1916, 825 mit Skizze Nr. 259, 805/06); sie ist auch sonst literarisch erwähnt. Baalbek-Heliopolis blühte namentlich in römischer Zeit, wurde 634 arabisch und 1260 mongolisch. Die Ausgrabungsergebnisse sind sehr bedeutend. H. T.

Th. Wiegand Baalbek, Bln./Lpz. 1921–1925; 3 Bde. (Standardwerk). *Puchstein-Luebke* Baalbek, Bln. 1905 (Bildband). *Collart-Coupel* L'autel monumental de Baalbek, Paris 1951 (Arch. Spezialwerk). *Baedeker* Palästina und Syrien, Lpz. 1910. S. 298ff. Vgl. auch Heliopolis RE VIII 47ff.

Babrios, griech. Fabeldichter. Er war, wie der Name zeigt, italischer Herkunft, lebte jedoch im Osten, vermutlich in Syrien; denn er kennt die Araber aus eigener Erfahrung (Fab. 57). Da POxy 1249 mit Fab. 43 (Epimythium), 110,118,25 spätestens Ende des 2. Jh. n. Chr. geschrieben ist, wird seine Lebenszeit etwa um 100 n. Chr. fallen; gegen einen früheren Ansatz spricht die Metr. Seine nach dem Vorbild des Kallimachos in Choliamben abgefaßten Fabeln umfaßten nach der Suda 10 Bücher, nach Avian. praef. zwei volumina; zu letzterem stimmt die Hauptƒs., der von M. MYNAS entdeckte Athous, der das 2. Prooemium an den Anfang des 2. Abschnitts stellt. Von den beiden Prooemien ist das erste an einen Branchos, das zweite an einen Sohn eines Königs Alexander gerichtet; beide sind vermutlich identisch. Dem Wortlaut nach kann das 2. Prooem. eine neue Ausg. oder, wahrscheinlicher, ein neues Buch einleiten. Die alphabetische Anordnung der Fabeln im Athous, der bei *o* abbricht, und in den Prosaparaphrasen ist natürlich nicht ursprünglich. In Verse gebracht sind teils äsopische Fabeln, teils Novellen und Anekdoten, auch paradoxographische Notizen und anderes. Die einem Teil der Fabeln beigegebenen Vers-Epimythien sind z. T. echt. Die Choliamben sind so gebaut, daß die letzte Silbe in der Regel lang ist, die vorletzte immer den Wortaccent trägt. Beides entspricht den Tendenzen der kaiserzeitlichen Metr. Dem gewählten Versmaß gemäß ist die Sprache, eine ziemlich vulgäre Koine, ionisch gefärbt. Ob an einigen Stellen (prooem. I 16; fab. 6,1) persönliche Latinismen des B. vorliegen, ist sehr fraglich. Der Stil ist leicht und gefällig. B. hat schon zu Lebzeiten Nachahmer gefunden, gegen die er sich im 2. Prooem. wendet. Früh wurde er Schulautor, wie Wachstafeln des 3. Jh. aus Palmyra zeigen, und auch im Lateinunterricht verwendet (Ps.-Dositheus, PAmherst II p. 26; dazu RADERMACHER RhM 57,142ff.). Auch sonst wurde er viel gelesen. Wahrscheinlich hat ihn der jüngere Titianus (3. Jh.) in lat. Prosa übertragen (Auson. epist. 16). Avian hat einen Teil seiner Fabeln in lat. Distichen gebracht. R. K.

Ausg. von *Crusius* 1897. Neues Material bei *Husselman* TAPhA 66, 1935, 104ff. und *Dain* *Πεπραγμένα τοῦ Θ' Διεθν. Βυζαντιν. Συνεδρίου* 3, 1958, 101ff.

Baburius, M. Maecius Placidus s. Placidus

Babylonia, Babel. I. Babylonien ist die (von den Babyloniern selbst noch nicht gebrauchte) Bezeichnung für die Alluvialebene s. des modernen Bagdad. Die älteste Bezeichnung lautet Kengi oder Schumer. Nach dem ersten großen Vordringen der Semiten hieß die n. Hälfte »Akkad-Land«, der semitische Teil der Bevölkerung Akkader, ihre Sprache Akkadisch, im Gegensatz zu »Sumer-Land« mit den Sumerern (genauer Schumerern) und der sumerischen Sprache, die sich noch in keine Sprachgruppe einordnen läßt. Nach dem Aussterben der Sumerer gebrauchte man die Bezeichnung Akkad-Land für das ganze Gebiet, redete jedoch archaisierend auch von »Sumer- und Akkad-Land«. An Städten sind außer Babel und Akkad z. B. noch Borsippa, Dilbat, Eridu, Isin, Kisch, Kutah, Lagasch, Larsa, Nippur, Sippar, Umma, Ur und Uruk zu nennen.

Literatur siehe unter Assyrien I.

II. Die Stadt Babel (hebräische Form) bzw. Babylon (griech. Form), urspr. Babillum, volksetym. als »Tor Gottes« oder »Tor der Götter« (*Bāb-ili* bzw. *Bāb-ilī* oder *Bāb-ilānī*) gedeutet, schon in vorsumerischer Zeit gegründet, war in der sumerischen Zeit unbedeutend. Ihren Aufstieg verdankte sie König Hammurapi. Ausgrabungen brachten hauptsächlich die neubabylonische Stadt an das Licht. Nach dem Ende der politischen babylonischen Geschichte (Eroberung durch Kyros) war ihre politische Rolle auch weitgehend ausgespielt. Aufstände gegen die persischen Könige lösten strenge Strafexpeditionen aus. Alexander d. Gr. wollte B. zur Hauptstadt seines orientalisch-griech. Reiches machen, starb hier jedoch, ohne seine Pläne ausgeführt zu haben. Unter den Diadochen hatte B. viel zu leiden. Die Neugründungen Seleukeia und Ktesiphon entwickelten sich auf seine Kosten. Die neubabylonischen Befestigungen umschlossen eine Stadt, die an Umfang dem Rom der Kaiserzeit nur wenig nachstand.

E. Unger Babylon, die heilige Stadt, nach der Beschreibung der Babylonier, 1931. *W. Baumgartner* Herodots babylon. und assyr. Nachrichten, in: Zum Alten Testament und seiner Umwelt, 1959, 282–331.

III. Von den vorgeschichtlichen Kulturen ist vor allem die *el-ubaid*-Kultur zu nennen. Sie endete etwa um die Mitte des 4. Jt. v. Chr., wahrscheinlich durch die Einwanderung der Sumerer. Diese erfanden, wahrscheinlich ca. 3000 (Uruk-Periode), die Keilschrift, die dann in der sog. *dschemdet-nasr*-Zeit weiterentwickelt wurde. – In der frühdynastischen Periode gab es u. a. in Kisch, Ur (Königsgräber) und Uruk (Stadtmauern, Tempel) bedeutende Herrscher. Zahlreiche Texte haben wir aus Lagasch unter seinen Stadtfürsten Eannatum und Urukagina. Urukagina, bekannt als sozialer Reformator, wurde entthront von Lugalzagesi von Umma, dem ältesten uns bekannten Herrscher über ein »Weltreich«. – Lugalzagesi wurde seinerseits besiegt von dem semitischen Herrscher Sargon von Akkad (ca. 2300), dem Gründer des altakkadischen Reiches. Sargon wurde später, ebenso wie sein 3. Nachfolger Naram-Sin, zu einer legendarischen Gestalt (Aussetzungslegende Sargons). Das Reich erlag dem Vordringen der Gutäer, eines w.-iranischen Bergvolkes.

Noch einmal erstand ein sumerisches Reich. Die sumerische Renaissance setzte ein unter Gudea von Lagasch. Nach der endgültigen Vertreibung der Gutäer erlebte das Sumerertum unter der 3. Dynastie von Ur (u. a. Schulgi) seine letzte Blüte. Ca. 2000 ging es zugrunde durch eine neue semitische Völkerwelle, die Amoriter oder (O.)-kanaanäer, die bald mit der autochthonen Bevölkerung verschmolz.

Nach einer unübersichtlichen Periode der Kleinstaaterei (Zeit der Dynastien von Isin und von Larsa) gewann Babel die Hegemonie, besonders unter seinem König Hammurapi (ca. 1792–1750). Dieser gründete ein neues »Weltreich«. Er ist vor allem bekannt geblieben durch sein »Gesetzbuch«, den Kodex Hammurapi. Das Reich der amoritischen Dynastie von Babylon wurde bedroht von den Kassiten, einem weiteren w.-iranischen Berg-

volk, sowie von den Einwohnern des sog. Seelandes (am persischen Golf). Das Ende kam jedoch durch eine verwegene Expedition des hethitischen Königs Mursili I.; dieser eroberte die Stadt Babel stürzte seine Dynastie (ca. 1595), zog sich darauf jedoch wieder in sein Land zurück, worauf sich die Kassiten Babyloniens bemächtigten.

Die kassitischen Herrscher haben sich den Babyloniern kulturell angeglichen. Politisch hatten sie im allgemeinen wenig zu bedeuten, besonders als im n. Nachbarland nach einem langen »dunklen Zeitalter« die Assyrer anfingen, ihre Macht auszubreiten. Von da an hat es durch die Jahrhunderte Rivalität zwischen den beiden großen akkadischen Volksgruppen, den Babyloniern und den Assyrern, gegeben, wobei die Assyrer sich gewöhnlich militärisch überlegen zeigten, sich kulturell jedoch nicht mit den Babyloniern messen konnten. Im Laufe der Jahrhunderte ist Babel einige Male von den Assyrerkönigen erobert und zerstört worden. Die Assyrer übernahmen dabei bereitwillig babylonisches Kulturgut. Um 1160 wurde die Kassitendynastie von den Elamern gestürzt. Der bedeutendste Vertreter der nun folgenden 2. Isin-Dynastie war Nebukadnezar I.; nach ihm gab es längere Zeit keine prominenten Herrscher mehr.

Der assyrische König Tiglatpileser III. eroberte Babylonien und verband es in einer Personalunion mit Assyrien (unter dem Namen Pul). Sein 2. Nachfolger, Sargon von Assyrien, mußte längere Zeit Babylonien dem König des Seelandes, Merodachbaladan, überlassen, konnte ihn schließlich jedoch vertreiben und Babylonien erneut einverleiben. Unter Sanherib war die babylonische Geschichte wechselvoll, wobei Merodachbaladan erneut eine Rolle spielte, bis Sanherib 689 Babel dem Erdboden gleich machte. Unter seinem Nachfolger Asarhaddon wurde die Stadt jedoch schon wieder aufgebaut (681); Babylonien blieb dabei den Assyrern unterworfen. Assurbanipal überließ auf Anordnung seines Vaters Asarhaddon Babylonien seinem Bruder Schamaschschumukin, beanspruchte jedoch für sich selbst die Oberherrschaft. Ein großer von Sch. geleiteter Aufstand endete 648 mit seinem Tod und der Eroberung von Babel.

Ein neuer, letzter Aufstand gegen Assyrien brachte Nabopolassar auf den Thron (626). Er wurde der Gründer des neubabylonischen Weltreiches, das den Untergang Assyriens herbeiführte (612) und dessen Erbe antrat. Er vertrieb die Äg. aus Syrien und Palästina, nachdem er diese 605 bei Karchemis vernichtend geschlagen hatte. Unter seinem Sohn Nebukadnezar II. erreichte das neubab. Reich seine höchste Blüte. Unter diesen beiden Herrschern wurde Babel zur mächtigsten und prachtvollsten Stadt des Nahen Orients. Im W. mußte Nebukadnezar freilich noch manchen Krieg führen, wobei Jerusalem zweimal erobert wurde (597 und 587). Die späteren Herrscher waren weniger kraftvoll. Der letzte, Nabonid, weilte lange Zeit in N.-Arabien, während sein Sohn Belsazar in Babel die Regierungsgeschäfte vertrat. Nabonid mußte 539 vor den Persern unter Kyrus weichen; Babel ergab sich ohne Kampf dem Sieger. Damit endete die politische Geschichte Babyloniens.

Die babylonische Sprache ist erst viel später ausgestorben. Als Sprache der Wissenschaft (Mathematik, Astronomie) hat sie sich besonders in Uruk und in Babel noch lange Zeit behauptet; der letzte uns bekannte Keilschrifttext stammt aus dem J. 75 n.Chr. Ri. Bo.

Literatur siehe unter Assyrien II. Weiter: *H. Schmökel* Das Land Sumer, 1955. *S.N. Kramer* The Sumerians, their history, culture and character, 1963. *D.O. Edzard* Die »Zweite Zwischenzeit« Babyloniens, 1957. *F. Weissbach* in Reallexikon der Assyriologie I, 1932, 369–384. *H.W.F. Saggs* The greatness that was Babylon, 1962.

Bacchanal(ia). Bacchische Geheimriten – Zweig einer damals in der ganzen Mittelmeerwelt verbreiteten mystischen Bewegung – waren vom griech. Unteritalien her, und zwar, falls Liv. 39,8ff. recht hat, über Etrurien nach Rom gekommen. Ursprüngl. ein reiner Frauenkult, soll die Priesterin Annia Paculla zuerst Männer eingeweiht und die Riten nachts und fünfmal monatlich begangen haben. Ort der Feier war der *lucus Stimulae* (*Similae* Liv., *Semelae Stimulaene* Ov. fast. 6,503). Die Abneigung der Behörden gegen geheime Vereinigungen traf sich mit schauerlichen Gerüchten (von Liv. als Tatsachen hingestellt) über Ekstasen, Ausschweifungen, Verbrechen. Dennoch entschloß man sich, im J. 186, zum Vorgehen erst, als die Zahl der Eingeweihten das Maß überstieg und der Kult den Staat zu bedrohen schien. Durch ein *Senatus consultum de Bacchanalibus* – erhalten ist die in Erz eingravierte Ausfertigung mit Anweisungen der Consuln für den *ager Teuranus* in Bruttium CIL I² 581 – wurden unter Todesstrafe alle B. (selbstverständlich nicht der öffentliche Kult des Gottes!) und die entsprechenden Vereinigungen für die Zukunft in ganz Italien verboten und die Kultstätten zerstört. (Nach Liv. wurden in Rom 7000 Eingeweihte jetzt nachträglich für Verbrechen beim B.-Kult bestraft, die meisten mit dem Tode.) Ausnahmen wurden nur aus religiösen Gründen unter erschwerten Bedingungen und mit besonderer Erlaubnis zugelassen. Die Ausrottung scheint vollständig gelungen zu sein, obwohl es natürlich weiterhin orgiastische Kulte gab. W. E.

Gelzer, H 71, 1936, 275ff. *Méautis* REA 42, 1940, 476ff. *Bruhl* Liber pater, Paris 1953, 82ff. *Festugière* Mél. écol. franç. Rome 66, 1954, 79ff. *Nilsson* Dionysiac Mysteries, Lund 1957, 14ff. *Latte* RRelG 270ff. *Bömer* Rel. der Sklaven 3 (Ak. Mainz 1961, 4), 132ff.

Bacenis silva. Großes im Inneren Germaniens gelegenes Waldgebiet, das nach Caes. Gall. 6,10,5 zwischen Sueben und Cheruskern gelegen war, vielleicht die Rhön bei Fulda (ma. *Boconia Buohhunnia*, vgl. Ebert, s.v. Germanen § 5). Nach Zeuss der Harz, dessen kelt. Name *τὸ Μηλίβοκον ὄρος* (Ptol. 2,11,7) lautete. H.C.

Baculum s. Stock

Bacurius. Prinz (König?) der n. von Armenien wohnenden Iberer, kämpfte 378 als röm. Offizier bei Adrianopel (Rufin. hist. eccl. 1,10 Amm. 31,12,16). Urspr. Heide (Lib. epist. 1060), dann Christ, war er befreundet mit Rufinus (Rufin a.O.) und verehrte Libanius (Lib. epist. 1043/44). Zum *comes domesticorum* des Theodosius befördert, zeichnete sich B. 394 in der Schlacht am Frigidus aus (Rufin. hist. eccl. 2,33. Zos. 4,57,3. 58,3). A.L.

Baebius, plebeischer Gentilname, nach Schulze Eigenn. 133 identisch mit etr. *paipnas* (*pepnas*), hervorgetreten seit dem 2. Pun. Krieg, bedeutendste Familie der Republik: Tamphili.

I. Republikanische Zeit: **1.** B., brachte die lex Baebia durch, nach der 4 bzw. 6 Praetoren im Jahreswechsel gewählt werden sollten (RE XII 2336), wohl 180 oder kurz vorher; vielleicht identisch mit dem Praetor von 192 (Nr. 16). **2.** B., von Cic. Att. 9,14,2 im J. 49 erwähnt. Ein anderer B. als Nachbar des Atticus im J. 44 (Att. 13,45,1). **3.** B., Offizier, wohl *legatus* unter Vatinius 45/44 in Illyrien, wurde mit 5 Cohorten aufgerieben. Appian. Illyr. 13. Broughton Mag. 2,311. **4.** A. B. 167 röm. Kommandant von Demetrias, Liv. 45,28,7. 31,2. **5.** C. B., Volkstribun 111, wurde von Iugurtha bestochen (Sall. Iug. 33,2) und hinderte diesen an der Aussage gegen röm. Feldherrn (34,1). **6.** C. B., übernahm 90 von Sex. Iulius Caesar vor Asculum den Oberbefehl. Appian. civ. 1,41. **7.** L. B., 169 Mitglied einer Gesandtschaft nach Makedonien, Liv. 44,18,6. **8.** M. B., Senator im J. 74, † vor 66, Cic. Cluent. 47.53. **9.** Q. B., Volkstribun 200 (Gegner des Maked. Krieges). **10.** L. B. Dives, *legatus* unter Scipio 203 (Polyb. 15,4,1), *praetor* 189 mit der Provinz Hispania ulterior, von den Lusitanern überfallen und verwundet, starb in Massilia. Liv. 37,47,8. 50,8. 11. 57,1f. **11.** Q. B. Herennius, Volkstribun 216, setzte sich für die Wahl des C. Terentius Varro zum *cos.* ein. Liv. 22,34,3ff. **12.** Q. B. Sulca, Praetor 175 (Broughton 1,402), Gesandter 173 nach Makedonien u. Alexandria. **13.** (Baebius) Tamp(hilus), Münzmeister um 155 bis 150 (*Syd.* LVIII,37f.), sonst früher datiert. **14.** Cn. B. Tamphilus, Sohn von Nr. 18, Volkstribun 204 (203?), Pleb. Aedil 200, Praetor 199 (Ariminum), von den Insubrern geschlagen. *IIIvir col. deduc.* (Verstärkung von Sipontum u. Buxentum) 186. Consul 182 zusammen mit L. Aemilius Paullus, zeigte sich als guter Personalpolitiker (Münzer Adelsp. 195f.). Als Proconsul 181 in Pisa. **15.** Cn. B. Tamphilus, Praetor (urbanus) 168, *legatus* zur Ordnung von Illyricum 167. Vielleicht der B., der als *praetorius* plötzlich starb (Plin. nat. 7,182). **16.** M. B. Tamphilus, Sohn von Nr. 18, Bruder von Nr. 14. 194 Volkstribun (?), s. Broughton Mag. 1,344. 194 *IIIvir col. deduc.* (Sipontum).

192 Praetor (Hispania citerior, dann Bruttium). 191 Propraetor in Epirus, Verhandlungen mit Philipp V. 185/84 Gesandter bei Philipp u. Eumenes. 181 Consul (mit Provinz Ligurien), verpflanzte 181 als Proconsul die Ligures Apuani nach Samnium (Gemeinde Ligures Baebiani). **17.** M. B. Tamphilus, Münzmeister 125–120. BROUGHTON 2,433. **18.** Q. B. Tamphilus, 219–218 Gesandter (Karthago), Vater von Nr. 14. 16. H. G. G.

II. Kaiserzeit: **1.** [. . . B.], im 2. Jh. nach der Prätur procos. Baeticae, CIL VI 1361. **2.** C. B. Atticus. Procurator des Claudius in Noricum, CIL V 1838. **3.** L. B. Avitus. Procurator Vespasians in Lusitanien, unter die Prätorier aufgenommen, CIL VI 1359. H. G. PFLAUM Carrières procurat. éq. 1²,100 ff. Nr. 42. **4.** L. B. Aurelius Iuncinus. Nach Prokuraturen (CIL X 7580) praefectus Aegypti 213/14, Pap. Oxy. 12,408. Pap. Giss. 40 II, 12–15, s. H. G. PFLAUM a. O. 2,678–683 Nr. 251. A. STEIN Praef. Aegypt. 115 f. **5.** L. B. Caecilianus. Legatus Augustorum pr. pr. Pannoniae inf. im J. 199, CIL III 3706. 3733. DESS. 9155 s. J. SZILÁGYI Intercisa 322 Nr. 324; 325. **6.** B. Hispanus, Freund des jüngeren Plinius, epist. 1,24. 6,25. **7.** L. B. Honoratus. Procos. Macedoniae, AE 1900, 130. Cos. suff. vor 85, CIL XII 3637. **8.** P. B. Italicus. Quaestor Cypri, Volkstribun, Legat des Procos. in der Narbonensis, IGR III 551. Ausgezeichnet im Germanenkrieg Domitians 83, IGR III 552, Legatus Domitiani Aug. pr. pr. Lyciae et Pamphyliae im J. 85, IGR III 548. Cos. suff. 90, AE 1949, 23,17 (Fast. Potent.). Umstritten ist seine Autorschaft an der Ilias Latina, E. KALINKA PhW 1932, 38 ff.; dagegen L. HERRMANN Ant. Class. 1947, 241 ff. **9.** Q. B. Macer. Curator viae Appiae im J. 95, Martial. 10,17,5. Procos. Baeticae 100/01, Martial. 12,98,7. Cos. design. 103, Plin. epist. 3,5. 4,9,16 f. 12,4. Cos. suff. 103, L. VIDMAN Fast. Ostiens. p. 18. Praefectus urbi 117, H. A. vit. Hadr. 5,5; vom Praetorianerpräfekten Attianus angezeigt, doch am Leben gelassen. **10.** B. Macer, Praetorianerpräfekt 258, H. A. vit. Aurel. 13,1. **11.** B. Marcellinus. Curul. Aedil, ca. 205 vom Senat verurteilt und hingerichtet, Cass. Dio 76,8, 6 f. 9,1 f. G. BARBIERI Alb. senat. 26 Nr. 86. **12.** B. Massa. Als Prokurator in Afrika verriet er den Procos. L. Calpurnius Piso im J. 69, Tac. hist. 4,50, 2. Delator, Iuv. 1,35. Procos. Baeticae; die Provinz verklagte ihn, vertreten vom jüngeren Plinius *de repetundis*; im J. 93 verurteilt, Plin. epist. 3,4, 4 ff. 7,33,4–8. Tac. Agr. 45,1, s. H. G. PFLAUM, a. O. 1²,98 f. Nr. 41. **13.** B. Probus. Als Helfer bei den Schandtaten des Caecilius Classicus in der Baetica (etwa 97/98) für 5 J. relegiert, Plin. epist. 3,9, 12–17. **14.** L. B. Tullus. Cos. suff. 95, Inscr. It. XIII 1,194 f. Procos. Asiae um 110/11, IGR IV 1412, D. MAGIE Roman Rule in Asia Minor 2, 1583. R. SYME, JRS 43, 1953, 158. **15.** Baebia Galla T. f., Gattin des Prokurators Aug. Q. Licinius Silvanus Granianus (RE XIII 459 Nr. 158), flaminica p(rov.) H(ispan.) c(it.), AE 1929, 232 = AE 1961, 329. R. H.

Bäckerei. Die B. bezweckt, die im Getreidemehl enthaltene Stärke durch Erhitzung unter Zumischung von Wasser in haltbarer, auch kalt genießbarer Form dem Menschen verdaulich zu machen. Da aber wahres Brot eine durch Säuerung erzielte Porosität voraussetzt, beschränkt sich die B. (neben dem im Altertum fast unbekannten Roggen) hauptsächlich auf die Nacktweizen (bes. »Brotweizen«, damals aber auch die weniger geeigneten »Hartweizen«), die allein das hierzu nötige Protein enthalten. (Für die alten Säuerungsmethoden – Kleie oder Hirse mit Most oder saurer Teig –, deren Mängel allein der Gegensatz zu der in Gallien üblichen Bierhefe vor Augen stellt, s. Plin. nat. 18,102–104, Geop. 2,33,1–3.) Diesbezüglich ist Brot, Kuchen usw. sowohl von der nur »gekneteten« Gersten-*μᾶζα* der Griechen wie von dem Spelzweizenbrei *(puls)* der frühen Römer zu unterscheiden, welche (wahrscheinlich weil die Nacktweizen teurer waren) lang das jeweilige Hauptnahrungsmittel des gewöhnlichen Volkes blieben. Brot (*ἄρτος*) war jedoch schon sehr früh bekannt, aber lang wohl nur innerhalb des Haushalts der Reichen. Doch gab es bereits im 5. (vielleicht sogar 6.) Jh. v. Chr. wenigstens in Athen auch eine gewerbsmäßige B., wie auch in Rom seit ca. 170 v. Chr. die vorher von Privatköchen betriebene B. teilweise von öffentlichen → *pistores* übernommen wurde (Plin. nat. 18,107). Über die B. sind wir, obgleich Beschreibungen fast gänzlich fehlen (nur [Verg.] Mor. 43–51), durch Abbildungen auf griech. Vasen und Figurinen und auf röm. Reliefs (BLÜMNER Techn. 1²,26 ff.), am besten aber durch Ausgrabungen (bes. Pompeii, aber auch Olynthus, Athen usw.) einigermaßen unterrichtet. Danach steht fest, daß, wie heute, große Sorgfalt dem Kneten des Teiges (manchmal zur Flöte: BLÜMNER, Abb. 25) galt, welches später auch in einer »Maschine« (nach Vitr. 10,5,2 sogar durch Wasser getrieben) vorgenommen wurde. Das Backen selbst fand im pompejanischen Großbetrieb in geräumigen, von innen geheizten Backöfen statt, in denen die Ausgräber noch Brote fanden, in Griechenland aber, sogar im Gewerbebetrieb, in kleinen, oft tragbaren, von außen geheizten Öfen, welche, obgleich oft als *ἰπνοί* bezeichnet, wohl eher *κρίβανοι* (*κλ-*) geheißen haben und auch später noch ein weniger als *panis furnaceus* geschätztes Brot lieferten. (Der *ἰπνός* war wahrscheinlich eine Art Kamin). Daneben blieben aber auch primitivere Methoden der B. (auf Asche, unter irdenen Gefäßen oder in Pfannen) lange bestehen (z. B. [Verg.] a. O.), wie auch Kuchen oft gebacken und nach Backweise, Zutaten oder Örtlichkeit mannigfaltige Brotsorten unterschieden wurden. Auch das beste Brot des Altertums muß jedoch dem modernen weit nachgestanden haben, was aber vielleicht weniger auf technische Mängel als auf einen Vorzug für ein gut »füllendes« (also nicht allzu leicht verdauliches) Produkt zurückzuführen ist. L. A. M.

Blümner Techn. 1^2, 58–95. *B. A. Sparkes*, JHS 82, 1962, 121–137.

Baecula, bei h. Bailén (Prov. Jaén) nach AD. SCHULTEN (Font. Hisp. Ant. III 122. IV 114 [Barc. 1935. 1937]). Der Name ist keltisch (HOLDER, 1, 326). Die Stadt wird erwähnt von Polyb. 10,38,7. 11,20,5. Liv. 27,18,1 (209 v. Chr.). 28,13,5 (206 v. Chr.). App. Ib. 24 (*Βαιτύκη*). 65 (*Βαικόρ*). Steph. Byz. s. v. Ptol. 2,6,69. Plin. nat. 3,23, in späterer Zeit nicht mehr. R. G.

Bäder s. Thermen

Bär, *ἄρκτος*, ursus (häufiger ursa), bis in die Kaiserzeit in allen mittelmeerischen und mitteleuropäischen Ländern verbreitet. Vom gemeinen (braunen) B. unterschied man den libyschen (Atlas-) B. und den gelblichen »syrischen« B. (in Thrakien). Hauptstellen der ant. Zoologie: Aristot. hist. an. 6,579 a 19ff. 8,594 b 5ff. 599 b 30ff. Plin. nat. 8, 126ff. Ail. nat. 6,3 (überall Fabelhaftes neben viel Richtigem). Die Monographie des Sostratos (1. Jh. v. Chr.) *περὶ ἄρκτων* (Schol. Theokr. 1,115) ist verloren. Die Zahl bildlicher Darstellungen auf Wandgemälden, Mosaiken usw., z. B. in Pompeji, Palestrina, Piazza Armerina (Sizilien), Rades (Afrika), ist erheblich. Bei Homer nur einmal (Od. 11,611), bei Hesiod nirgends, in den hom. Hymnen mehrfach erwähnt, tritt er als Jagdbeute, gezähmtes Wild und schließlich als Kampftier des Zirkus immer mehr in den Vordergrund. Nach der Legende besaß schon Pythagoras einen gezähmten B. (Porph. vita Pyth. 60; vgl. Isokr. 15,213. Apul. met. 11,7. Dig. 21,1,40 über B. in Privatbesitz). Die mit Netzen und Fallgruben gefangenen B. (eigene *ursarii* in röm. Legionen in Germanien: CIL XIII 5243. 8639. vgl. 12048) wurden in röm. Zeit massenhaft nach Rom transportiert (wohl zuerst 169 v. Chr.: Liv. 44,18,8), seit Caesar zu Tausenden in Zirkusspielen abgeschlachtet (FRIEDLÄNDER Sittengesch. 2^9,78ff.) und dadurch weithin dezimiert. Der B.-Import aus Asien unterlag nach Symm. ep. 5,62 einem Zoll, von dem senatorische Spielveranstalter befreit waren. – Das Fleisch des B. (außer der Milz) wurde gegessen, das Fell für Schutzkleidung und Reitsättel verwendet, Fett, Galle, Blut, Hoden teils gegen verschiedene Krankheiten, teils in der Landwirtschaft gegen Raupen, Läuse und Frostschäden angewendet. Als Traumerscheinung bedeutete der B. Unglück. Eine nicht immer durchsichtige kultisch-mytholog. Bedeutung hat der B. im Orient vielerorts; bei den Griechen ist sie beschränkt (WILAMOWITZ, Gl. d. Hell. 1^2,142); am wichtigsten ist seine Beziehung zu Zeus (COOK Zeus 1,112. 2,227ff.; über den thrakischen Zalmoxis im B.-Fell [Porph. v. Pyth. 14] auch HEHN Kulturpfl. ^{7}544) und zu Artemis Brauronia und Munichia (Aristoph. Lys. 645 m. Sch.; NILSSON GgrR 1^2,214. 285f. gg. DEUBNER Att. Feste 206), in deren Kult kleine Mädchen als *ἄρκτοι* tätig waren. Der Westen kennt keine Analogie dazu. – Über das Sternbild des B. → Sternbilder. W. R.

O. Keller Thiere des cl. Altert., 1887, 106ff.; *ders.* Ant. Tierwelt, 1909, 175ff. *Bachofen* Der B. in den Religionen des Altert., 1863.

Baetasii (Plin. nat. 4,106. Tac. hist. 4,56). Völkerschaft in Germ. inf., die sich am Aufstand des I. Civilis beteiligte. Der Umfang des Stammesgebietes, das der col. Ulpia Traiana = (h. Xanten am Niederrhein) attribuiert war, ist nicht genau bekannt, doch dürften die Wohnsitze w. zwischen Niers und Maas gelegen haben. H. C.

H. v. Petrikovits Das röm. Rheinland. Arch. Forsch. seit 1945, 101.

Baeterrae. Stadt der Volcae Arecomici in Gallia Narbonensis (h. Béziers), zuerst oppidum, wahrscheinlich iberischen Ursprungs, dann seit Caesar röm. Kolonie, gegründet mit Veteranen der legio VII a; ihr vollständiger Name ist *colonia V(ictrix?) Iulia Septimanorum Baeterrae*. Plin. nat. 3,36. Mela 2,75 *Beterrae*. Tab. Peut. *Beterae*. Itin. Ant. 552 *Biterrae*. Strab. 4,182 *Βαίτερα*. Ptol. 2,10,6 *Βαιτιραί*. Nach Mela 2,5 zu den *urbes opulentissimae* von Gallia Narb. gehörig. Griech. Rhetoren unterrichteten dort: CIG XII 2516. Nur wenige antike Reste sind erhalten. FOR X HERAULT, p. 30, nr. 98. M. L.

Baetis, der heutige Guadalquivir. An alten Namen findet sich noch Tartessos (Stesich. bei Strab. 3,2,11. Avien. or. m. 225. 284. Aristot. meteor. 350 b, 2. Nach der Seestadt benannt), Perkes (Steph. Byz. s. Baitis), Certis (Liv. 28,22,1). Der Verlauf des Flusses war derselbe wie heute, mit einer Ausnahme: er hatte 4 Mündungsarme (Avien. or. m. 288ff.), später nur noch 2 (Strab. 3,1,9. 2,11), heute nur einen, doch sind die andern noch erkennbar (AD. SCHULTEN Iber. Landesk. 1, 329ff.; Tartessos^2 159ff.). Sein Wasserreichtum scheint unverändert zu sein: große Seeschiffe gingen bis Hispalis, kleine bis Ilipa, Flußschiffe bis Corduba (Strab. 3,2,3). R. G.

Schulten a. O. noch RE IV A 2446 (Tartessos).

Baetulo. Kleiner Fluß (heute Besos) und *municipium* (heute Badalona) im Gebiet der Lacetani an der spanischen Ostküste (Mela 2,90. Plin. nat. 3,22. Ptol. 2,6,18. CIL II 4606–4608. 4611). R. G.

Ad. Schulten Iber. Landesk. 1, 305.

Baeturia s. Hispania

Bagacum, Hauptstadt der Nervii in Gallia Belgica, heute Bavai. Altertümer: E. WILL Bavai cité gallo-rom. (1957). P. W.

Bagai. Stadt in Numidien, h. Ksar Baghai (S. GSELL, Atl. Arch. Alg. Fe 28, Aïn-Beïda 68; römische Gemeinde im 2. Jh. n. Chr. CIL VIII 2275. 18068 (b. 32). B. hatte einen christlichen Bischof seit dem J. 250 und wurde ein Hauptzentrum des Donatismus (Aug. in Psalm. 21. Enarr. 2,26). Ein donatistisches Konzil fand dort im J. 394 statt. In dem antidonatistischen Streit wurde die Stadt zerstört und die Byzantiner fanden sie im J. 539 verlassen (Prok. 2,19). Sie errichteten dort eine mächtige Festung. M. L.

Über die Ruinen: *Graillot* et *Gsell*, MEFR 14, 1894, 43. Inschriften: CIL VIII 2275–2292. 17731.

Bagaios s. Zeus

Bagaudes. Kelt. Wort, Vagabunden, Flüchtlinge bezeichnend nach JULLIAN HG; nach Salv. De gub. Dei 5,6, Bauern, die durch die Forderungen des Fiscus und der reichen Grundbesitzer zum Aufstand getrieben wurden. DOTTIN La langue gauloise, 1920, 230 meint, daß es sich zuerst um Räuber handelte, denen sich in der Folge Aufständische anschlossen. Jedenfalls bezeichnet sie Paneg. 5,14 als Landarbeiter und Hirten, die aus Not Soldaten zu Fuß und zu Pferd geworden sind. Ihr Name erscheint seit dem gall. Aufstand gegen Carinus im J. 283–284 (Paneg. 2,4. 3,5). Um ihr Räuberunwesen zu beseitigen, ernannte Diocletian Maximian zum Caesar, was die erste Etappe zur Bildung der Tetrarchie war: Paneg. 4, 8. 10,4. Eutr. 9,20, der ihnen zwei Führer, Aelianus und Amandus, zuteilt; ebenso Zon. 12,21. Oros. 7, 25. Die Räubereien hören im J. 286 auf und leben dann wieder auf. In der Mitte des 5. Jh. bilden die B. noch ein Gemeinwesen. Salv. 5,5,22. M. L.

Jullian HG 8,3–98. *Seston* Dioclétien et la Tétrarchie. *Hatt* Hist. Gaule Rom. 239.

Bagistana. Am Choaspes (h. Kerḫah) gelegener alter Ort Mediens (Steph. Byz.). Er wird zuerst in Verbindung gebracht mit der Königin Semiramis (um 800 v. Chr.), die dort Gärten anlegen und am Berge *Βαγ.* ihr Bild in Fels einmeißeln ließ (Diod. 2,13). Kurz vor seinem Tode (324) besuchte Alexander d. Gr. diese Stätte (Diod. 17, 110,5; hier *Βαγιστάνη θεοπρεπεστάτη χώρα* genannt). Obwohl liter. wenig bezeugt, war B. in Wahrheit ein »Götterplatz« *(baga-stana)* und ist identisch mit dem h. Bisotun (Atl. of the World II, Lond. 1959, Plate 32: Iran [Persia]), wo in der Nähe am heiligen Berge *Βαγίσταvον* Dareios I. seine Taten in einer Inschrift festhielt, die durch ihre dreisprachige Form wesentlich zur Entzifferung des Textes und überhaupt zur Keilschriftforschung beigetragen hat (die sog. Behistuninschrift). H. T.

RE II 2769 ff. Gr. Hist. Weltatl. I S. 17a, 1954.

Bagoas (*Βαγώας*), Name mehrerer Eunuchen, daher auch in der Literatur für Eunuchen und Haremswächter üblich. Bekannt sind:

1. Ein persischer Hofmann *τόλμῃ καὶ παρανομίᾳ διαφέρων* (Diod.), der das Vertrauen des Artaxerxes Ochos genoß. **2.** Ein Günstling Alexanders d. Gr. (Plut.). J. D.-G.

Bagradas, h. Medjerda. Hauptfluß des n.ö. Africa, in Wirklichkeit aus 2 Wasserläufen bestehend, dem eigentlichen B. und dem *Muthul* (Oued Mellègue). Der erstere entspringt bei Thubursicu Numidarum (Khamissa), wie es richtig Iul. Honor. Cosmogr. 47, GLM 52 Riese, angegeben hat, trotz einer Verwechslung bei Ptol. Er verläuft von WSW nach ONO und mündet bei Utica in das Meer. Die griech. Schriftsteller nennen ihn *Βαγράδας*, die lateinischen *Bagrada*. Er fließt sehr langsam, in zahlreichen Windungen, was einen unregelmäßigen Lauf zur Folge hat, durch ein fruchtbares Tal (Sil. Pun. 6,140), in dem zu röm. Zeit zahlreiche Ortschaften angelegt wurden, u. a. Thagaste, Simitthu, Bulla Regia, Thuburbo minus, Utica. M. L.

Baiae (NISSEN It. Ldk. 2,731 ff.). Alter Hafen von Cumae (Athen. 2,43 B. Strab. 5,245), am Baianus sinus (Plin. nat. 2,227), nach dem Gefährten (Strab. a. O. Serv. Aen. 3,441. 6,107. auct. 9,707) oder Steuermann (Lykophr. 694) des Odysseus benannt, berühmt durch seine Quellen (Liv. 41, 16,3): Lucr. 6,748. Ov. met. 15,713. Hor. epist. 1,15, 6 u. a. (bis Cassiod. var. 9,6); üppiges Badeleben (Varro sat. 44 B. Cic. Cael. 35; Att. 1,16,10; fam. 9,12,1 u. a.; vgl. FRIEDLÄNDER-WISS. 2,102 ff.) und rege Bautätigkeit (Suet. Ner. 31 u. a.). B. blieb politisch abhängig von Cumae (BELOCH Campanien 180 ff.); Lage: je 3 mp von Cumae und Misenum (It. Ant. 123,6); reiche Funde. G. R.

Baiovarii. Germ. Völkerschaft, die erstmals im 6. Jh. n. Chr. an Donau und Lech bezeugt wird (Iord. Get. 55,280 p. 13 MOMMSEN). Zuvor in Böhmen seßhaft, sind sie die Nachfolger der Marcomannen und werden um 534 n. Chr., zusammen mit den Thüringern, von den Franken unterworfen. Ihre territorialen Besitzverhältnisse für das 6. Jh. n. Chr. sind noch ungeklärt. H. C.

Baiton (*Βαίτων*), Bematist im Heere Alexanders. Aus einem unter seinem Namen bekannten Werke (*σταθμοὶ τῆς Ἀλεξάνδρου πορείας* ?) entnehmen Strabo und Plinius nat. geogr. Angaben, welchen offensichtlich die im Dienste Alexanders gesammelten Notizen zugrunde liegen. FGrH 119. G. Wi.

Berve Alexanderreich II, 198.

Baitylia (*βαιτύλια, βαίτυλοι*), nach Phil. Bybl. frg. 2 JAC. (Eus. pr. ev. 1,10,23) »beseelte Steine« (*λίθοι ἔμψυχοι*), von → Uranos ersonnen ([7],27. CUMONT [4]260,44) – eine myth. Paraphrase ihrer Meteoritennatur, welche die übrigen Testimonien bestätigen: die B. bewegen sich, vom Himmel kommend, sprungartig durch die Luft (Damasc. v. Is. 348); sie treten einzeln und in Schwärmen auf (a. O. 342). Von verschiedenartiger, z. T. auch wechselnder Farbe, bergen sie in ihrer kugelförmigen Hülle einen astralen Kern (Plin. nat. 37,134). Manche besitzen mag. Gewalt sowie die Gabe der Prophetie, sind also Sitz überirdischer Kräfte (Plin. a. O. 135. [4],181); ihren Verkündungen liegt die Autorität großer Götter (Zeus, Kronos, Helios) zugrunde (Damasc. 348. [3],195. TH. HOPFNER Griech.-äg. Offenbarungszauber 1, 1921, 220. 2, 1924, 143. Der Baetyl entspricht somit dem *σιδηρίτης* der orph. Lithika (v. 360 ff.: *λίθος αὐδήεις ἔμπνους θεούδης* [9], 181,45). Er rückt damit in den großen Kreis der ἀργοὶ λίθοι,, der anikon. Steinidole. Das pun. Äquivalent Abaddir (= βαίτυλος Aug. ep. 1,17,2. Prisc. 6,45. ALex 1, 1884, 435f. [8],936) beleuchtet mit der Etymologie von F. W. H. GESENIUS Monumenta Phoenic., 1837, 384 ('äb 'äddīr »pater potens«, gegen S. BOCHART Phaleg et Canaan 2,2, 1692, 708: 'eben dir »lapis sphaericus«), die Art der Vorstellung von der Numinosität der Aërolithen und zugleich ihr Verbreitungsgebiet. Während Relikte des → Steinkults im gesamten Mittelmeerraum nicht selten sind (NILSSON GgrR ^{2}1,186ff.), entstammen die Zeugnisse für spezielle Baetylolatrie zunächst der Sphäre semit. Volkstums ([6],163ff. Vgl. H. V. HERRMANN, Orbis Ant. 13, 1959, 26ff.): noch die Spätzeit kennt hier außer dem vorislam. Würfelidol der Kaʿba zu Mekka (R. KLINKE-ROSENBERGER Das Götzenbuch, 1942, 32ff.) den schwarzen Kubus des Dusares im nabatäischen Petra (Sud. s. Θευσάρης. J. WELLHAUSEN Reste arab. Heidentums, 1897^{2}, 49ff. R. DUSSAUD La pénétration des Arabes en Syrie, 1955, 41f. [3], 188f.) und den omphalosförmigen λίθος διοπετής des Elagabal-Ammudates von Emesa (Herodian. 5,3,5. A. v. SALLET, ZfN 17, 1890, 242, T. IV 9. J. H. MORDTMANN, ZDMG 31, 1877, 91ff. E. MERKEL Wb. der Myth. 1,424f. [1],81,1). Die diesen Kultobjekten geltenden Umwicklungs- bzw. Bekleidungsriten (R. EISLER, Ph 68, 1909, 118ff. GAUDEFROY-DEMOMBYNES, RHR 77, 1918, 318ff. [4],180) stellen einen Ansatz zur Anthropomorphisierung dar, die mythol. durchgeführt ist sowohl in der Figur der Χααβου (= arab. kaʿba »Würfel«), der jungfräulichen Mutter des Dusares (Epiphan. pan. haer. 51,22,8ff. EISLER a. O. 122f. D. SOURDEL Les cultes de Hauran, 1952, 61f. 67. [3],189), als auch in dem Uranossohn Βαίτυλος, dem Bruder des El-Kronos (Phil. Bybl. a.O. = Eus. pr. ev. 1,10, 16. [7],25. A. EVANS, JHS 21, 1901, 118). Inschr. aus Dura-Europos (Excavations at Dura-Europos, 4. Prel. Rep. 1933, 68ff. [8],890) und Kafr Nebo (M. LIDZBARSKI Ephemeris für sem. Epigraphik 2, 1903/07, 323f. L. JALABERT-R. MOUTERDE Inscript. Grecques et Latines de la Syrie 2, 1939, Nr. 376) sichern für Syrien die Verehrung eines Ζεύς Βέτυλος bzw. eines Συμβέτυλος (vgl. R. KITTEL, JBL 44, 1925, 128. [5],57ff.). Das Verhältnis zwischen Βαίτυλος, den B. und dem aus dem Vertrag Assarhadons mit Baal von Tyros (R. BORGER, AOF Beih. 9, 1956, 109. SCHRADER-ZIMMERN KAT ^{3}437f. [3],196), den Elephantine-Papyri (A. E. COWLEY Aramaic Papyri of the 5. Century, 1923, XVIIIf. W. F. ALBRIGHT, AJSL 41, 1925, 92ff. A. VINCENT La rel. des Judéo-Araméens d'Elephantine, 1937, 562ff.), vielleicht auch dem AT (I. LÉVY, Rev. Ét. Juiv. 63, 1912, 177ff. DUSSAUD Les origins cananéens du sacrifice israelite, 1921, 231ff.; anders KITTEL a.O. 132ff.; s. aber zu Sach. 7,2 J. P. HYATT, JBL 56, 1937, 387ff.) erschließbaren jüd.-aram. Gott Bethel (O. EISSFELDT, ARW 28, 1930, 1ff. HYATT, JAOS 59, 1939, 81ff.) ist problematisch (KITTEL a.O. 129; s. aber KAT ^{3}438. DUSSAUD, RHR 104, 1931, 360. Vgl. W. RÖLLIG Wb. der Myth. 1,274) und hat Kontroversen hervorgerufen ([9],172ff.). Die Rückführung der 3 Bezeichnungen auf aram. bēṯ'ēl »Haus des Gottes« (W. MUSS-ARNOLT, TAPhA 23, 1893, 51f. ED. MEYER Myth. Lex. 1,1224; Kl. Schr. 2, 1924, 12. [5],61) betrachtet G. ZUNTZ als Interpretatio semitica eines mediterranen Substratwortes ([9],188ff.). Damit fällt der Blick auf Kleinasien und Kreta: der schwarze Meteor der Ma-Kybele von Pessinus (Herodian. 1,11,1. EISLER a.O. 125. Gruppe Gr. Myth. 773,5) rückt neben den Stein der kret. Rhea, der von Kronos verschlungen und wieder ausgespien, in Delphi, wo er angeblich zur Erde kam, gesalbt und mit Binden umwickelt wurde (Hes. theog. 497ff. Paus. 10,24,5. HERRMANN a.O. 29f.): R. PETTAZZONI La rel. dans la Grèce antique, 1953, 42. Dieser wird ausdrücklich βαίτυλος genannt (Hesych. s.v. Anecd. Bekk. 1,224,10. [1],80f. [9], 182ff.); ein Vergleich mit den bekleideten syr. B. (Damasc. 348. Vgl. Orph. Lith. 369ff.) scheint unabweisbar (vgl. Etym. m. 192,56. Apostol. 9,24. [1],83f.). Den hinter der Legende vom Kronosstein stehenden Kult eines anikon. Zeus Κρηταγενής unter der Form eines keraunischen Baetyls (Porphyr. v. P. 17) bestätigt die Lykophronstelle vom Zeus Δίσκος (v. 400) mit dem zugehörigen Tzetzesscholion ([2],202. [9],183). Den Aërolithen des Zeus Καππῶτας im lakon. Gythion (Paus. 3, 22,1. S. WIDE Lakon. Kulte, 1893, 21. V. PISANI, Acme 1, 1948, 86. [8],939. [9],184f.) und den konischen Fetisch des Zeus Κάσιος bzw. Κεραύνιος im syr. Seleukia (HEAD HN^{2} 783. [1],59. [6],163, T. XXXII 4a; vgl. App. Syr. 58) darf man vergleichen. Über mögliche Beziehungen zum ḫurr. Kumarbi-Ullikummi-Epos (H. G. GÜTERBOCK The Song of Ullikummi, 1952) zuletzt H. SCHWABL Élém. orient. dans la rel. grecque anc., 1960, 51f. 56,1. W. F.

1. *M. W. de Visser* Die nicht menschengestalt. Götter der Griechen, 1903. 2. *G. F. Moore*, AJA 7, 1903, 198ff. 3. *M. J. Lagrange* Études sur les rel. sémitiques, 1905^{2}, 187ff. 4. *F. C. Conybaere* The Baetyl in Damascius, Trans. 3. Int. Congr. Hist. Rel. 2, 1908, 177ff. 4. *Ed. Meyer* Der Papyrusfund von Elephantine, 1912, 57ff. 6. *S. Ronzevalle* Mél. Univ. St. Joseph 15,4, 1930/31, 161ff. (Bildmat.). 7. *C. Clemen*, MVAG 42,3, 1939. 8. *A. B. Cook* Zeus 3, 1940. 9. *G. Zuntz*, CeM 8, 1946, 169ff.

Bakchai, Bakcheion, Bakchos s. Dionysos

Bakcheios aus Tanagra, Arzt um 200 v. Chr., Herophileer. B. war Hippokrateskommentator und verfaßte das erste und für die folgenden beispielhafte Hippokratesglossar; gegen ihn polemisierte sein ehemaliger Schulgenosse Philinos v. Kos, der Begründer der → Empirikerschule, in einer ἑξάβιβλος πραγματεία. Bei seinen Erklärungen soll sich B. vor allem auf Aristophanes v. Byzanz bezogen haben (für die Nachrichten über seine lexikographisch-kommentatorische

Tätigkeit → Erotianos). Ferner wissen wir noch von einer biographischen Schrift *ἀπομνημονεύματα Ἡροφίλου τε καὶ τῶν ἀπὸ τῆς οἰκίας αὐτοῦ.* F.K.

Bakchiadai. Ein sich auf die Herakliden zurückführendes korinth. Adelsgeschlecht, das seit seinem Eponymen Bakchis, dem 5. König Korinths (Diod. 7,9,4. Paus. 2,4,4), dort die Königswürde innehatte. Den letzten König aus diesem Hause, Telestes, sollen, nach ant., wohl in etwa zutreffender Tradition, 748 v. Chr., seine Verwandten ermordet haben, um dem Geschlecht in seiner Gesamtheit die Macht zu verschaffen. Die B., über 200 Köpfe stark, übten hierauf fast ein Jh. lang eine exklusive oligarchische Herrschaft aus (Hdt. 5,92), wählten aus ihrer Mitte ein jährlich wechselndes Staatsoberhaupt mit dem Titel »Basileus« (Diod. 7,9,3) oder wohl richtiger »Prytanis« (Diod. 7,9,6. Paus. 2,2,4), behandelten etwa die Zolleinnahmen aus dem damals schon lebhaften Handelsverkehr Korinths wie Privateinkünfte (Strab. 8, 378, wohl nach Ephoros; vgl. J. HASEBROEK Staat und Handel im alten Griechenland, 1928, 20) und nahmen auch sonst Charakteristika der späteren Tyrannis vorweg (hierzu Aristot. Pol. 1292 b 4 ff.; O'NEILL a.O. 97.136 f.). Die übrigen heraklid. Geschlechter Korinths mußten zumindest teilweise auswandern (VITALIS a.O. 28 ff.): Das führte zur Gründung des mit Korinth von Anfang an verfeindeten Korkyra durch Chersikrates (Strab. 6, 269) und von Syrakus durch Archias (Thuk. 6,4,3), 2 Herakliden (TH. LENSCHAU, RE Suppl. IV, 1013). In seiner Bearbeitung der Heraklidensage in der 2. Hälfte des 8. Jh. hob der Dichter Eumelos, ein B., die Eigenständigkeit Korinths gegenüber Argos und dem »Los des Temenos« hervor (VITALIS a.O. 32 ff.). Auch wirtschaftlich erlebte die Stadt unter den B. einen steilen Aufstieg (Ailian. var. 1,19. G. GLOTZ La cité grecque, ^{2}1953, 82). Unter ihnen wurden die ersten Trieren gebaut (Thuk. 1,13). Wenn auch der Diolkos über den Isthmos erst nach 600 unter Periandros angelegt worden sein dürfte (N. VERDELIS, AM 71, 1956, 57 ff.), wurde Korinth doch schon unter den B. ein Handelszentrum. Durch enge Verbindung mit den Kykladen und Thera (H. PAYNE Necrocorinthia, 1931, 4 f.) erhielt sein in der protokorinth. Stilphase aufblühendes Kunstgewerbe (dazu A. NEWHALL, AJA 35, 1931, 10 ff. S. WEINBERG in: Corinth 7,1, 1943, 33 ff. A. STILLWELL, ebd. 15,1, 1948, 6 ff.) seine orientalisierenden Motive, die es dann weitervermittelte bis in das Gebiet der südalpinen Situlenkunst. Durch ihre Brutalität und Grausamkeit machten sich die B. beim Volk freilich immer verhaßter (Nikol. Dam., FGrH 90 F 57). Eine Niederlage gegen Korkyra um 660, in der ersten Seeschlacht der griech. Geschichte, scheint das Ansehen der B. erschüttert zu haben, so daß Kypselos an der Spitze der unteren Volksschichten die Herrschaft des dorischen Adelsgeschlechtes 657 v. Chr. stürzen konnte. Der B. Demaratos soll daraufhin nach Tarquinii ausgewandert und dort Vater des Tarquinius Priscus geworden sein sowie den griech. Einfluß auf die etr. Kultur sehr gefördert haben (Pol. 6,2,10. Dion. Hal. ant. rom. 3,46. Strab. 8,378; Cic. rep. 2,34. A. Blakeway, JRS, 25, 1935, 129 ff. F. ALTHEIM Der Ursprung der Etrusker, 1950, 29 f.). Fr. Kie.

P. N. Ure The Origin of Tyranny, 1922. *L. Whibley* Greek Oligarchies, 1896. *J. G. O'Neill* Ancient Corinth, 1930. *G. Vitalis* Die Entwicklung der Sage von der Rückkehr der Herakliden, Diss. Greifswald 1930.

Bakchides. B. verwaltete als »Freund« (zur Frühgesch. dieses Titels H. DONNER, ZAW 73, 1961, 269–277) des → Antiochos IV. Epiphanes Mesopotamien, setzte 162 v. Chr. für Demetrios I. Soter den Alkimos als Hohenpriester ein, besiegte den Judas Makkabäus und hielt die seleukidische Herrschaft über Palästina streng aufrecht (1. Makk. 7–9. Ios. ant. 12,10.11). C. C.

Bakchylides (*Βακχυλίδης*). Griech. Chorlyriker, an 6. Stelle des alexandrin. Lyriker-Kanons, nach Pindar (s. auch Anth. Pal. 9,184.571), bald nach 520 (518/17: SEVERYNS 516: KÖRTE) in Iulis auf Keos geb., Sohn eines Meidon (Meidylos), Enkel des *ἀθλητής* B. Seine musische Bildung wird B. durch Simonides, seinen Oheim und Landsmann, gewonnen haben. Beide hielten sich vorübergehend bei Hieron in Syrakus auf: Ail. var. 4,15; schol. Pind. O 2,154; Nem. 3,143; dazu CRUSIUS 2794 f. Zur unsicheren Datierungsfrage s. SEVERYNS 69–96. Von Keos aus feierte B. (Epin. 5,10) den Wagensieg Hierons 476 (Olympia); ihn zu besingen war Pindar beauftragt (Ol. 1), der in dem jüngern B. und in Simonides Rivalen sah und sie mit Krähen, sich selbst mit einem Adler verglich; Stellen bei SNELL^5 117 f. Der Grund zur Verbannung aus Keos ist unbekannt, wohl aber auf polit. Gebiet zu suchen; zwischen 462 und 452 scheint sich B. in der Peloponnes aufgehalten zu haben (s. Plut. de ex. 14,605 c). Besuche des B. in Thessalien, Makedonien, Athen und Aigina sind wahrscheinlich, doch nicht sicher bestimmbar (SEVERYNS 30–69). Seine Dichtung, die ihn der panhellenischen Öffentlichkeit zuführte, ergibt nur wenige biographische Anhaltspunkte, soweit sie sich auf datierbare Siegeslieder beziehen: nicht nach 485 wird das Epinikion 13 für den Aigineten Pytheas fallen (dem gleichen nemeischen Sieg gilt Pind. N. 5); zu Epin. 5 (476) s.o. Das Enkomion Frg. 20 C (SNELL^5 98) wendet sich 475/74 an Hieron; seinem delph. Wagensieg 470 (wie Pind. P. 1) gilt Epin. 4, das 3. dem von Olympia 468. Um 456 ist Epin. 1 f. auf den isthm. Sieg des jungen Argeios aus Keos zu datieren, 452 Epin. 6 f. auf den Knaben Lachon; s. SNELL^5 36.38. Weitere Daten zum Leben des B. fehlen auch jetzt, nachdem die genauere Kenntnis seiner Dichtung durch das Auftauchen der Reste einiger Papyrusrollen (1. bis 3. Jh.), die sich seit 1896 im Brit. Mus. von London befinden, ermöglicht wurde; s. KÖRTE 58–63, SNELL^5 6*–14*, R. A. PACK The greek and latin literary Texts (Ann Arbor 1952) Nr. 109–112. Diese Papyri haben aus allen wichtigen Dichtungsgebieten des B. Belege verschiedensten Umfangs (bis zu 230 Versen) gerettet, die erstmals eine Vorstellung von seinem Gesamtschaffen vermitteln und seine Beurteilung als eines bedeutenden, wenn auch Pindar nicht gewachsenen Vertreters der chor. Lyrik zulassen. Ihren größten Gewinn bilden die 14, uns in Bruchstücken, den Alexandrinern noch heil überkommenen Epinikien (SNELL^5 1–57), die nicht wie die Pindarischen nach Festspielorten geordnet waren und heute nur noch vereinzelt einst vorhandene Überschriften tragen. Gebaut sind sie mit geringer Ausnahme (Nr. 4 und 6) in epodischer Strophenform und gelten wohl meist auf Bestellung hin Siegern in den olymp. (3.5–7), pyth. (4.11), isthm. (1.2.10) und nem. (9.12f.) Spielen. Wie Pindar stellt B. in die Mitte seiner Epinikien mythische oder sagenhafte Erzählungen, deren nähere Beziehung zum Anlaß oder zur besungenen Person den Zeitgenossen verständlicher als der Nachwelt gewesen sein mag (Entrückung des Kroisos, Epin. 3; Herakles-Meleagros, 5; Proitos-Töchter, 11). Der Charakter der Epinikien ist durchaus ernst gehalten, besonders in den populärphilos. Sentenzen, die der Allgemeinheit sittlich-religiöse Lebensweisheit verständlich übermitteln. Dieser Stimmung wird die Melodik der kitharodischen oder aulodischen Musik entsprochen haben, die auch die Alexandriner nicht mehr kannten.

Unter dem Namen Dithyramboi kamen einige chorische, strophisch angelegte Dichtungen auf uns, denen diese Bezeichnung im eigentlichen Sinn nicht durchweg zukommt (SNELL^5 Nr. 15–21). Ihre Anordnung läßt sich nach den Titelschlagworten als alphabetisch erkennen (Antenoridai, *Ἡρακλῆς*, *Ἠίθεοι Θησεύς*). An 1. Stelle das Frg. »Die Antenoriden oder Helenas Rückforderung«: an der Papyrusrolle Oxy. 8,1091 fand sich einer der wenigen erhaltenen Sillyboi mit dem genannten Titel, der jedoch in die Gesamtüberschrift »*Βακχυλίδου Διθύραμβοι*« umgeändert wurde. Nr. 16 führt im Kern die Deianeira-Sage, 17 (*Ἠίθεοι ἢ Θησεύς*) die berühmt gewordene Seefahrt des Theseus, der im Streit mit Minos ins Meer taucht und von Amphitrite beschenkt heil wieder das Schiff erreicht; 18 (*Θησεύς*) überliefert in 4 epodenlosen Strophen den fragmentarischen Dialog zwischen König Aigeus und Chor, in dem das Nahen des noch ungenannten Theseus mit dramatischer Spannung geschildert wird.

Von allen andern Dichtungsarten des B. blieb nur wenig, nichts vollständig erhalten, so auch nur als Bruchstück der Paian, der in seinem Kern das Glück des Friedens preist und jetzt (außer durch Stob. Flor. 4,14.3) um etwas erweitert im Oxy. Pap. 3,426 zu lesen ist (SNELL^5 82–85). Die geringen Reste von Prosodia werden Stobaios verdankt; zu bedauern bleibt, daß die 7 Kolumnen von Pap. Oxy. 11,1361 fast nur fragmentierte Verse der zur Barbitos gesungenen Enkomia bewahrt haben, doch fand die durch Athen. (Epit. 2,10) bekannte Schilderung der Wirkungen des Weins auf den Trinker Ergänzung durch den Papyrus: Enkomion an Alexander I. von Makedonien (noch vor 490 verfaßt; SEVERYNS 37–40); s. SNELL^5 95 (Nr. 20 B). Wenig ergeben die neuen Fragmente für Hymnen, Hyporcheme, Erotika, deren Anordnung in den antiken Ausgaben sich nicht feststellen läßt, selbst die Zahlangaben für die einzelnen Bücher fehlen. Aber Didymos schrieb ein Hypomnema zu den Epinikien, und von einem Ptolemaios (um die Zeitwende) hatte man Scholien zu B. (so zu Enk. 20 A, SNELL^5 92–94). Von den beiden B. zugeschriebenen Epigrammen scheint Anth. Pal. 6,313 echt zu sein (s. SEVERYNS 32,10), 6,53 unecht (SNELL^5 49,*114).

Um Untersuchung der Sprache des B. haben sich die alten Grammatiker nicht sehr bemüht. Er verschreibt sich keinem bestimmten Dialekt, doch durchsetzt er seine gehobene Rede mit Dorismen; Aiolismen läßt er neben homerischen Endungen zu; s. SNELL^5 14*–16*. Seine gepflegte, nicht allzu komplizierte Verskunst bevorzugt daktyloepitritische Maße, so in den Epinikien (außer 2 und 4), im Dithyrambos, auch sonst in triadischen Liedern (Strophe, Antistrophe, Epodos); daneben begegnen aiolische Metra, Glykoneen verschiedener Form; s. SNELL^5 28*–30*; hier auch S. 25* zur Geltung der von P. MAAS aufgestellten »Lex Maasiana« (Philol. 63, 1904, 297–309), KÖRTE 67. K. P.

Erstausgabe: *Fr. G. Kenyon* The Poems of B., Lond. 1897, dazu Facsimile of Pap. 733 in the Brit. Museum, 1897. *O. Crusius*, RE II 2793–2801, ergänzt von *A. Körte* Suppl. IV 58–67. *A. Severyns* Bacchylide, Liège 1933. Gesamtliteratur bei *Br. Snell* Bacchylidis carmina cum fragmentis, Lpz. 1934^5, 1961^8).

Bakis s. Orakel

Baktrien. I. Quellen: Über das alte B. hat zuerst der den von ihm beschriebenen Ereignissen zeitlich am nächsten stehende Herodot berichtet; alle weitere Überlieferung ist sekundär, vor allem auch die auf die Epoche Alexanders d. Gr. bezüglichen Nachrichten des Arrian(an.) und Curtius, die auf Aristobul, Ptolemaios und Kleitarchos zurückgehen. Zusammenhängende Sonderdarstellungen B.s liefern Strab. 11,11 und Ptol 6,11 N. Dazu kommt eine ganze Reihe verstreuter, doch nicht unwichtiger Berichte (bei Ailianos, Aischylos, Aristoteles, Diodor, Plinius nat., Polybios, Theophrast und in Xenophons Cyr.), und schließlich treten als Zeugnisse des Bodens noch einige wichtige Funde hervor.

II. Grenzen, Land: *Βακτρία* und *Βακτριανή* (*Bactriana regio* bzw. *terra*) waren die Ausdrücke für das Land B., *Βάκτριοι* und *Βακτριανοί* (Bactriani) für seine Bewohner, und häufig war auch der Gebrauch von *Βάκτρα* für das Land B. (s.u. IV: Siedl.). B. entspricht etwa dem h. n. Afghanistan. Es war das Land zu beiden Seiten des oberen und z.T. auch des mittleren Oxos (h. Amudarja). Die Südgrenze von B. ist durch das Gebirge Kuh-i-Baba, die Westgrenze annähernd durch den Fluß Margos (h. Murgab) bestimmt. Die Natur des im ind. Kaukasos (h. Hindukusch) entspringenden Oxos ist ausführlich von Arrian. an. 3,29,2ff. geschildert. Der wichtigste s. Nebenfluß des Oxos war der Baktros (Curt. 7,4,31 u.a.), der h. Balchâb. An ihm lag die Hauptstadt B.s, Baktra. An Flüssen nennt Aristot. met. 1,13,16 noch den Araxes (= Oxos) und den Choaspes (h. Kûnar). Das Land war von Natur reich begünstigt. Getreidekörner, ausgereift, erreichten angeblich die Größe von Olivenkernen (Theophr. hist. plant. 8,4,5). Der Anbau von Reis war bedeutend (Strab. 15,1,18). Auch das Gedeihen der Tiere wird für B. gerühmt (Ail. nat. hist. 4,55). Goldvorkommen bezeugt gleichfalls Ail. 4,25. 15,8, und *Bactrianorum smaragdi* werden von Plin. nat. 37,65 erwähnt.

III. Geschichtlicher Überblick: B. ist ein uralter Kulturboden. Zeugen der Vorgeschichte von der älteren bis zur jüngeren Steinzeit (Fundort Baissun im n. B.; s. A. VARAGNAC Der Mensch der Urzeit, bei Diederichs, 1960, 273ff.) erweisen Beziehungen zum Iran, die sich noch in der Frühgeschichte B.s in dem Verhältnis zu Assyrien (Semiramis) und Persien (Kyros d. Gr.) auswirkten (Xenoph. Cyr. 1,1,4 u.a. Diod. 2,5–7). Einen Höhepunkt rel.-gesch. Entwicklung erlebte B. in Zoroaster (Zarathustra), der seit 600 in B. wirkte (ALTHEIM-STIEHL Supplementum Aramaicum; das Jahr Zarathustras, Baden-Baden 1957). Seit Dareios I. gehörte B. dem 12. Steuerbezirk an (Hdt. 3,92. 9,113). Dem Xerxes stellte B. 480–479 ein Kontingent aus Fußvolk und Reiterei (Hdt. 7,64.66.86. 8,113.9,31). Unter Alexander d. Gr. beginnt die eigentliche Periode einer ununterbrochenen griech. Beherrschung bzw. kulturellen Beeinflussung B.s, die 2 Jh. dauerte. Aus der Verfolgung des baktr. Satrapen Bessos durch Alexander ergab sich damals das Vordringen in den n.ö. Iran und das Betreten B.s, zugleich auch der Beginn schwerster Kämpfe. 329 überschritt Alexander den Oxos. An den Grenzen B.s entstanden Alexandreia Oxiana und *Ἀλεξάνδρεια πρὸς Καυκάσῳ* (h. Charikar). Das folgende Zeitalter des Hellenismus krönte noch den griech. Einfluß. Seleukos I. Nikator sicherte (300) und Antiochos I. Soter erneuerte die Erhaltung B.s in Verträgen mit indischen Fürsten (Tschandragupta). Aus dem Drängen der hellenischen Satrapen B.s Diodotos' I. und II. nach Unabhängigkeit von den Seleukiden erwuchs ein eigenes baktrisches Königtum. 206 v.Chr. erkannte Antiochos III. d. Gr. die Herrschaft des Euthydemos, eines Griechen aus Magnesia, über B. an. Euthydemos und sein Sohn Demetrios schufen das hellenobaktrische Reich, das nach Vorderindien übergriff (180), wo Demetrios seinem Vater zu Ehren die Stadt Euthydemeia im Fünfstromland (h. Sänglawala-Tiba) gründete. Die *ἀρχή* B.s soll um 170 v. Chr. bis zu den Serern gereicht haben (Strab. 11,11,1). Um 140 v. Chr. begann der Einbruch fremder Völker. Saken und Skythen traten zuerst auf, die dann von den Yüe-tschi (Tocharer) vertrieben wurden (100 n. Chr.). Noch waren die Baktrier ihrer Selbständigkeit nicht ganz beraubt, als sie z.Z. Hadrians eine Gesandtschaft nach Rom schickten. 450 drangen die Hephthaliten (Yeftal) in B. ein, die ein Jh. darauf (567) von den mit den Persern (Chosrau I.) verbündeten Turkoi vernichtet wurden. Das Auftreten der im Zeichen des Islams in B. einfallenden Araber bereitete dort um 642 jeglicher eigenen politischen Regung ein Ende. 3 Jh. baktr. Geschichte (500–200 v. Chr.) spiegeln sich in besonderen Funden wider (Oxusschatz), kunsthandwerklichen Objekten pers., griech. und skyth. Herkunft (EBERT, RdV 9,321ff.). Von besonderer Bedeutung wurde eine gerade von dem hellenistischen B. ausgehende kulturelle Bewegung, die nach Nordwestindien übergriff (Gandhara-Kunst; seit 155 v. Chr.). Trotz Beeinflussung vom W. bewahrten die B. manche Eigenheiten, die ihr primitives, z.T. durch die Lehren Zoroasters gelenktes Dasein erwiesen, so in der Preisgabe der durch Alter und Krankheit Geschwächten an die Hunde oder der Einschließung der 70jährigen zum Hungertod (Strab. 11,11,3).

IV. Siedlung, Verkehr: *Βάκτρα* war eine der ältesten Städte Vorderasiens. Doch betraf dieser Name ursprüngl. nur das Land B., wie mehrfach berichtet ist (Arr. 3,19,1. Curt. 3,10,5. 4,5,4. Steph. Byz. s. *Ἀλεξάνδρεια κατὰ Βάκτρα* u.a.). Nicht *Βάκτρα*, sondern *Ζαρίασπα* (Arr. 4,1,5. 7,1. Polyb. 10,49. Bei Plin. nat. 6,48 Zariastes gen.) war der ältere Name der Hauptstadt von B. Neben *Βάκτρα / Ζαρίασπα* erscheinen ferner als nennenswerte Plätze *Δράψακα* (h. Anderâb) und *Ἄορνος*. B. lag äußerst verkehrsgünstig. Die Metropole B. wurde von der Seidenstraße geschnitten. Ein anderer Weg folgte dem Laufe des Oxos und einem alten Arm dieses Flusses w. zum Kaspischen Meer (Strab. 11,7,3) als Vermittler eines Warenverkehrs von Indien bis zum Schwarzen Meer. S. von B. fand eine Straße den Anschluß zum Khaiber-Paß in das Tal des Kabul (Kophen) nach Vorderindien. Über dortige Wegverbindungen in spätröm. Zeit unterrichtet K. MILLER: Itin. Rom. 626 mit Skizze Nr. 201. H. T.

Fr. Altheim Weltgesch. Asiens im griech. Zeitalter, Halle 1947. *H. Berve:* Griech. Geschichte II, Freiburg 1953. *W. W. Tarn* The Greeks in Bactria and India, Cambridge 1951, Monogr. *Waldschmidt, Alsdorf* u.a. Gesch. Asiens, München 1950. *U. Wilcken* Griech. Gesch., München 1951. – Karten 1. Hist.: Gr. Hist. Weltatl. I, S. 11b. 12b. 17a. 20a–b. 21b–c. 22a und 38b, München 1954. 2. Phys.-pol.: Atlas of the World II, Plate 31: Pakistan, Kashmir, Afghanistan, London 1959.

Βάκτρος. **1.** Einwohner der Stadt Baktra oder des Landes Baktrien (dafür gewöhnlich *ὁ Βάκτριος* und *Βακτριανός*), s. Dion. Per. 736 (GGM II p.150 M.). Nonn. Dion. 25,374 u.ö. Strab. 11,11,3 u.a. **2.** S. Nebenfluß des Oxos (Amu-darja), h. Balchâb (Curt. 7,4,31. Plin. nat. 6,48. Strab. 11,11,2 u.a.), identisch mit dem Araxes bei Aristot. meteor. 1,13,16 und Ps.-Plut. de fluv. 23, der nach Plin. nat. 6,52 bei dem Transport indischer Waren auf dem Wasser- und Landwege w. bis zum Schwarzen Meer benutzt wurde (s. Strab. 11,7,3). Vgl. o. Art. Baktrien und Baktros in RE II 2814. H. T.

Balakros (*Βάλακρος*). Die verschiedenen Träger des Namens sind schwer gegeneinander abzugrenzen: **1.** Sohn des Nikanor, verheiratet mit Phila, Tochter des Antipatros, seit 333 Statthalter Kilikiens, fiel im Kampf mit den dortigen Bergvölkern. **2.** Sohn des Amyntas, wurde 331 als *στρατηγός* in Äg. zurückgelassen. **3.** Führer einer Taxis der Pezhetairen (Arrian. anab. 4,24,10). **4.** Führer der leichten Truppen (Arrian. anab. 3,13,16. 4,4,6. Curt. 8,11,22). **5.** Sonst unbekannter Feldherr, der 332 das 333 von den Persern besetzte Milet zurückeroberte. G. Wi.

H. Berve Alexanderreich 2, Nr. 101.

Balantion s. Geldbeutel

Βαλαντιοτόμοι. Beutelschneider (Taschendiebe) wurden in Athen auf Grund des *νόμος τῶν κακούργων* mit der → *ἀπαγωγή* verfolgt und mit dem Tode bestraft. E. B.

G. Busolt GStK. 1107.

Balari (*Βαλαροί*, nach Paus. 10,17,5 korsisches Wort = *φυγάδες*). Paus. a.O. berichtet, daß es libysche oder iberische Flüchtlinge aus dem karthagischen Söldnerheer waren, die sich in dem sardinischen Bergland niederließen und dort im wesentlichen von Räubereien lebten (Strab. 5,225). Eine Empörung gegen die röm. Herrschaft im J. 178 v.Chr. im Bunde mit den Iliensern wurde von dem Consul Ti. Sempronius Gracchus niedergeworfen (Liv. 41,6,6. 12,5). W. S.

Balatro, bezeichnet bei Lucr. 3,954 schlechthin einen Narren, bei Hor. s. 1,2,2 einen berufsmäßigen Possenreißer; s. 2,8,21. 64 verwendet Hor. B. als Beinamen für einen gewissen Servilius, der dadurch als Possenreißer charakterisiert werden soll. C. F.

Balbillus. Sohn des → Thrasyllus, Astrologe der Kaiser Claudius, Nero, Vespasian (s. Suet. Nero 36). Aus seinen Astrologuma hat F. Cumont im CCA G 8, 4, 233 ff. ein Excerpt. herausgeg. S. auch F. H. Cramer Astrology in Roman Law and Politics 1954, 112 ff. E. Bo.

Balbinus. 1. Erwähnt von Cic. Att. 13,21,3 (im J. 45) offenbar ein Anhänger Caesars. **2.** Consuln mit dem Beinamen B.: L. Saenius B. cos. suff. 30 v.Chr., P. Coelius B. Vibellius Pius 137 n.Chr., L. Valerius Poplicola B. 256 n.Chr. **3.** Balbinus, der Kaiser, → Caelius. W. S.

Balbis. Gewöhnlich im Plural, *balbides;* Pfosten, an denen Seile befestigt waren, welche am Start und am Ziel die Rennstrecke absperrten; Aristoph. Equ. 1159. Ebenso die Plattform zum Diskuswerfen; Philostr. Im. 1,24. Von B. sprach man gewöhnlich im Zusammenhang mit Rennen, Poll. 2,147, die Bezeichnung wurde aber auch auf jeden Start- oder Zielpunkt angewendet. Antiphon Soph. 69. Eur. Herc. 867; Med. 1245. O. W. R.

Balbus. 1. Röm. Feldmesser unter Domitian oder (eher) Traian, da er nach eigenem Zeugnis an einem Dakerzug teilnahm. Erhalten ist der Anfang seiner *ad Celsum expositio et ratio omnium formarum* (Schriften der röm. Feldm. 1,91–107 Lachm., fälschlich auch unter dem Namen Frontins oder Frontos überliefert), einer auf Heron fußenden Geometrie für Feldmesser. Der Umfang und etwaige weitere Inhalt der Schrift, ihr Verhältnis zum gleichfalls dem Balbus zugeschriebenen *liber coloniarum*, die Einordnung und Bewertung von Zitaten späterer Autoren sind kontrovers. Nicht von B. stammt der im 16. Jh. unter seinem Namen publizierte *liber de asse.* H. Ch.

Stein PIR I^2 350 Nr. 40. *Schanz-Hos.* 2^4, 802 f.

2. Beiname mehrerer Consuln: 1. L. Corn. I. f. B., cos. suff. 40 v.Chr. 2. L. Corn. P. f. B., cos. suff. 32 v.Chr. 3. D. Laelius D. f. D. n. B., cos. 6 v.Chr. 4. L. Norbanus C. f. B., cos. 19 n.Chr. 5. Q. Iulius B., cos. suff. 85 n.Chr. 6. Q. Iulius B., cos. suff. 129 n.Chr. **3.** → Lucilius. Caecilius. W. S.

Baletium (Nissen It. Ldk. 2,880 zieht *Valesium* vor). Kalabr. Küstenstadt (11 mp s.ö. Brindisi: It. Burd. 609,8) in der 2. Reg. (Plin. nat. 3,101). Für die Namensform B. sprechen der Fluß Baletus (Plin. nat. 3,72) und inschr. *baletias, baleϑas, baletϑihi* (Haas Messap. Stud. 105.112.158); *valeϑas* (Haas 158), *Valetium* (Mela 2,66) u.a. zeugen von vulgärer Aussprache wie *Varia* neben *Barium.* G. R.

Baliares, später Baleares, sind die heutigen Balearen. Die Griechen nannten sie Gymnesiai (*Γυμνήσιαι*), weil die Bewohner im Sommer nackt gingen. Seltene Namen sind Aphrodisiades, Hyasousai (*Ὑασοῦσαι*), Choirades (über die Namen s. [1.], 251–253). Die beiden Hauptinseln werden insula maior, i. minor genannt. Die Formen Maiorica und Minorica, heute Mallorca und Minorca, finden sich erst seit dem 3. Jh. n.Chr. (Georg. Cypr. ed. Gelzer p. 108,673). Plin. nat. 3,78 nennt außer diesen beiden noch Capraria, Triquadra und parva (sc. insula) Hannibalis, außerdem Menariae. Man kann sie wohl identifizieren mit den heutigen Inseln Cabrera, Porrasa, Sech und der Gruppe Las Isletas ([1.], 256). Von den Inselstädten waren Bocchori und Guium auf der größeren, Mago und Jamo auf der kleineren Insel wohl phoinikische bzw. karthagische, Palma und Pollentia auf der größeren Insel röm. Gründungen. Sanisera auf der kleineren trägt nach Holder Altcelt. Sprachsch. 2, 1349 einen keltischen Namen, Tuci auf der größeren wird wohl nur von

Plin. nat. 3,77 genannt. Die Einwohner erscheinen als unzivilisiert (Diod. 5,17), produzierten aber in röm. Zeit Wein und Weizen von anerkannter Güte (Plin. nat. 14,71. 18,67). Im ganzen Altertum werden sie als tapfere und geschickte Schleuderer gerühmt; ihre Technik wird beschrieben von Strab. 3,5,1 mit Glosse, s. dazu [3] Bd. II 88. Im folgenden seien die überlieferten Daten wichtiger Ereignisse angeführt: 206/05 v. Chr. Mago, der Bruder Hannibals, besetzt die kleinere Insel (Liv. 28,37,3–10. 46,7. Zon. 9,10,8) – 123/22. Q. Caecilius Metellus (später Balearicus) erobert die Inseln (Liv. per. 60. Flor. 1,43. Oros. 5,13,1. Strab. 3,5,1.) – 47 v. Chr. Cn. Pompeius besetzt die B. (bell. Afr. 23,3. Cass. Dio 43,29,2). – Im 1. Jh. n. Chr. waren die Inseln Verbannungsort (Tac. ann. 13,43,5. Suet. Galba 10, 1). – Unter Augustus Hungersnot infolge Kaninchenplage, so daß die Bewohner um militärische Hilfe baten (Plin. nat. 8,217f. Strab. 3,2,6). – 411 n. Chr. Erster Angriff der Vandalen (Hydat. p. 21, 86). – 416(?) Judenverfolgung auf Minorica (Sever. v. Minorca, Migne L. 20,732). – 467 gehörten die B. zum Vandalenreiche, 534 kehrten sie zum byz. Reiche zurück, 768 kamen sie unter die Herrschaft der Araber ([3] Bd. IX, p. 97.102.234.409f. 412). R. G.

1. *Ad. Schulten* Iber. Landesk. 1957. 2. RE II 2823. 3. Alle Quellenstellen sind gesammelt in Font. Hisp. Ant. Bd. I^2 bis IX, Barcel. 1925–1959, s. die Indices.

Balios (*Βάλιος*, *Βαλίος*) und **Xanthos.** Windschnelle Rosse Achills, aus der Verbindung des Zephyros mit der Harpyie Podarge entsprossen, ein Hochzeitsgeschenk Poseidons an Peleus. Hom. Il. 16,148ff. 19,400ff. Apollod, 3,13,5. Xanthos prophezeit Achill den Tod. Als er stirbt, wollen sie den Bereich der Menschen verlassen, aber die Götter bestimmen ihnen noch die Aufgabe, Achills Sohn Neoptolemos zu dienen und ihn später ins Elysium zu tragen. Qu. Smyrn. 3,743. H. v. G.

W. Kullmann Die Quellen der Ilias H (ES 14) 233.

Βαλλητύς s. Eleusinia

Ballista. Wohl Beiname des Kallistos, des Praetorianerpraefekten des Valerian, H. A. trig. tyr. 12,1, dann des Macrian, vit. Gall. 3,2. Er besiegte als Praefectus equitum die Perser, Zon. 12, 23, ließ 261 die Söhne des Macrian, Macrianus und Quietus zu Kaisern ausrufen, gab aber im Kampf um Emesa Quietus preis; doch wurde B. bald von Odoenathus getötet, Zon. 12,24. Vit. Gall. 3,1f. A. Alföldi Berytus 4,65. CAH XII 724. R. H.

Ballspiel war bei Griechen und Römern ein beliebter Amateursport. Nausikaa und ihre Freundinnen spielten Fangball; eine der jungen Phäakinnen warf den Ball hoch in die Luft und eine andere mußte ihn fangen, Od. 8,370. Auf einem Relief in der themistokleischen Mauer in Athen sieht man zwei Spielergruppen zu je dreien bei einem Ballspiel, das später *phaeninda* genannt wird; beschrieben von Athen. 1,14 F und Gal. Scripta Minora 1, p. 93. Ein Spieler ist im Begriff, einen kleinen, harten Ball einem Partner zuzuwerfen. Ein Gegner hält sich bereit, den Wurf zu verhindern, ein anderer deckt den mutmaßlichen Empfänger, während die Spieler 5 und 6 mit allerlei Ablenkungsmanövern den Ball abzufangen bzw. ihn in andere Richtung zu lenken versuchen. Bei den Römern hieß das Spiel *harpasta*, Martial. 4,19,6. 7,32,10. 7,67,4. 14.48. *Σφαιρομαχία* Sen. epist. 80,1–3, war entweder das gleiche Spiel oder eine härtere, fußballähnliche Abwandlung davon. Von vornehmen Römern wurde vor dem Bad gerne *trigon* gespielt; 3 Spieler bildeten ein Dreieck und warfen oder schlugen ganz schnell mit der rechten oder linken Hand den Ball einander zu, Hor. s. 1,6,126. 1,5,48f. Martial. 7,72,9. Petron. 27,3. Spielfelder, *σφαιριστήρια* haben sich in Gymnasien gefunden, z. B. für Delphi im 4. Jh. v. Chr., in der röm. *palaestra* und sogar auf privaten Besitzungen, Theophr. *χαρ.* 5,9. Plin. epist. 2,17, 12. Martial unterscheidet zwischen *pila paganica*, die mit Federn gestopft waren, *follis*, großen, mit Luft gefüllten Bällen, sowie *pila trigonalis* und dem *harpasta*, wahrscheinlich Haar enthaltend. O. W. R.

Balsam. Der aromatische Harzsaft *βάλσαμον* (auch *ὀποβάλσαμον*, *ξυλοβάλσαμον*), den Strab., Theophr., Tac. u. a. von Äg. und Arabien kennenlernten, stammt von der Burseracee Commiphora (= Balsamodendron) opobalsamum (incl. gileadensis), dem syrischen, Gilead- oder Mekka-Balsambaum, das auch schon im alten Äg. ähnlich verwendete »bdellium«, arab. kataf, kafal von C. africana, C. kataf u. a.; die erst in der Neuzeit aus Südamerika eingeführten Balsame von der Rutacee Amyris balsamifera und Leguminosen. H. G.

Balteus, war das Wehrgehänge überhaupt (Varro 1.1 5,116. Tac. hist. 2,88), im besonderen der über die linke Schulter laufende Riemen, mit dem der *gladius* im Felde – wahrscheinlich seit Caesar – befestigt war (Caes. Gall. 5,44,7. Fest. 3 M). Der Riemen bestand aus Leder und war mit Nägeln beschlagen (Varro 1.1. 5,116. Tac. hist. 1,57). A. N.

Dar.-Sagl. 1, 664. *P. Couissin* Les armes rom., Par. 1926, 232ff. u. ö.

Bambyke. Stadt Syriens (B. = Baumwollstadt), erstmalig von Strab. 16,2,7 bezeugt, auch *Ἱεράπολις* (Strab. 16.1.27. Ptol. 5,14,10 M. u. ö.) genannt (h. el Manbēdsch). Nach Ptol. (a. O.) gehörte B.-Hier. der *Κυρρηστική* an (s. Comm. p. 969–970), einem Untergebiet der Euphratensis Syria (s. u.). In den röm. Itin. (K. Miller Itin. Rom. S. 776 mit Skizze Nr. 246, S. 755) erscheint B. an der Straße von Antiocheia (Orontes) nach Mesopotamien. B. gelangte seit dem 4. Jh. n. Chr. als Hauptstadt der Euphratensis zu großer Bedeutung (Amm. Marc. 23,2,6: Hierapolis), verlor jedoch um 500 diese völlig. S. Gr. Hist. Weltatl. I, S. 20a (München 1954). H. T.

Banasa. Stadt in MauretaniaTingitana (h.Sidi-Ali-Bou-Djenoun, 30 km von der Atlantischen Küste entfernt, am linken Ufer des O. Sebou, röm. Kolonie unter Augustus (Plin. nat. 5,1,5. Ptol. 4, 1,7. R. THOUVENOT Une colonie romaine de Maur. Ting. Valentia Banasa, Paris 1941). Wichtige Ruinen: Forum, Capitol, Tempel, Gebäude. Zahlreiche Skulpturen und Bronzen, Patronatstafel (75 n. Chr.) und Militärdiplome. Neuere Ausgrabungen haben 6 Wohnschichten vom 2. Jh. v. Chr. bis zum 3. Jh. n. Chr. zutage gefördert. Bull. Comité 1956, 223. 1957, 54. M. L.

Bandusia (NISSEN It. Ldk. 2,831,1). Name einer von Hor. c. 3,13,1 genannten Quelle, die von Ps.-Acro z. St. und Porph. Hor. epist. 1,16,12 im Digentiatal lokalisiert wird. Der Name nach Bulle des Papstes Paschalis II. (1103 n. Chr.) bei UGHETTI Italia sacra 7, 30f. *(in Bandusino fonte apud Venusiam)* auch in der Umgebung von Venusia bezeugt. B. kann namentlich mit Pandosia (lukan. Stadt) identisch (FICK Vorgriech. Ortsnamen 85) oder vom Namen Bantia (KRAHE Die alten balkanillyr. geogr. Namen 82) abgeleitet sein (zur stimmhaften Aussprache stimmloser mutae vgl. Brundisium neben *Βρεντέσιον*). G. R.

Bankwesen. Miet- u. Rententransaktionen, Deposit, Naturalanleihen mit und ohne Pfand oder Sicherung beginnen spätestens in der semitohamitischen (ca. 7000 v. Chr.), urindogerm. (ca. 3000 v. Chr.), uralaltaischen u. ostmongolischen Vorgesch., wie Etymologien beweisen. Im Alten Orient sind alle Bankgeschäftsformen, Bankgesetzgebung und einfache Bankbuchführung im wesentlichen bekannt, im Keilschriftmesopotamien des 2. Jt. sogar Inhaberpapiere. Die myken. Linear B Dokumente sind dem Wirtschaftsstand der Hethiter in Kleinasien leicht unterlegen. Kapitalzusammenballung u. Wirtschaftslenkung sind in bürokratischen Staatszentralen mit Schatzhäusern, daneben Tempeln u. Adelsoiken zusammengefaßt. Private Darlehensgeber existieren, aber keine privaten Bankunternehmer.

Homer hat die myken. Schatzhäuser nicht vergessen, gibt aber bankmäßigen Geschäften von meistens Adligen den Vorzug. Hesiod und die Lyriker des 7. u. 6. Jh. sowie Drakon u. Solon beziehen Kleinbauern, Söldner u. Handwerker ein. Die Erfindung des Münzgeldes (von 600 v. Chr.) u. bes. des Silberkleingeldes (von 570 v. Chr.) verstärken u. verfeinern dann die Geschäftsintensität, Gesetzgebung und Sprachterminologie. Tempel (Ephesos) werden zu Kapitalzentren für gesicherte Depositen und Darlehen. Das Sortengeschäft, riskantere Depositen und Anleihen, Pfandgeschäft, Seedarlehen und gelegentlich Kapitalinvestition werden die Domäne von Privatleuten. Die frühesten Zeugnisse für solche Münzgeldtransaktionen von Tempeln und Privaten reichen in die Zeit bis Solon zurück.

Berufliche Privatbanken in Hellas erscheinen um 524 v. Chr. in Byzanz, in Keilschriftbabylonien im 6. (Egibi und Söhne) und 5. Jh. v. Chr. (Murashshu und Söhne), wo aber Investierung in Agrarerschließung die Hauptrolle spielt. Von Kroisos von Lydien bis zum Tode Philipps II. von Maked. intensiviert sich das Bankgeschäft der Tempelschatzhäuser, aber nur wenig in den Geschäftsformen. Das sog. Klearchosdekret der Zeit des Perikles oder nur wenig später, sowie die att. Redner des 4. Jh. v. Chr. zeigen aber, daß das Attische Recht verfeinerte Formen der Schuldeintreibung, Kreditgewährung, Pfandrechts-, Buchführungs- und Seedarlehensbestimmungen für Staats-, Tempel-, Berufsbankiers- und Privatgeschäfte ausreichend entwickelt hatte. Geschlossene Deposita und das Depositum Irregulare konnten an jeden Beliebigen ausgezahlt werden, der das richtige Symbolon vorweisen konnte. Das Sortengeschäft von Poleis und Privatbankiers bedurfte bereits besonderer Münzprüfer als spezialistischer Angestellter. Der Zinsfuß war ca. 10% für griech. gesicherte Tempelanleihen des 5. u. 4. Jh., der att. Hypothekenzinsfuß des 4. Jh. 8% für städtische und ca. 6–8% für landwirtschaftliche Grundstücke. Produktivdarlehen im att. Bereich beliefen sich auf 10–33%, Seedarlehen auf 20 bis 33%. Att. Privatbankiers (→Pasion, Phormion usw.) sind geschäftsgeschichtlich eingehend erforscht.

Erst z. Z. des Hellenismus und der späteren röm. Republik gibt es m. E. Giroverkehr und Bankbuchführung mit mehr als Spaltentrennung für Einnahmen und Ausgaben. Außerdem erscheinen jetzt wieder Inhaberpapiere im ptolemäischen und röm. Imperium, m. E. unabhängig von der Keilschriftentwicklung. Die Monopolbank des ptolemäischen Äg. wird mit ihrem Filialennetz zum größten Bankinstitut der Antike überhaupt. Privatbankiers, ob Griechen oder röm. Ritter, verbinden gerne Großgüter mit Bankgeschäft. In Rom beginnen die Zeugnisse für den → *trapezita*, später → *argentarius* mit Plautus vor 200. Für das Depositengeschäft der röm. Privatbankiers sind die → *tesserae nummulariae* bezeichnend, auf denen unter anderem auch der Name des Bankiergroßvaters des Augustus erscheint, für Bankgeschäfte des 1. Jh. v. Chr. überhaupt die Verrinen und Briefe Ciceros. Ein Zinsbeschränkungsgesetz von 50 v. Chr. mit 12% per annum schließt diese Periode ab.

Die röm. Prinzipatszeit bringt einen allmählichen Rückgang der Intensität und der Geschäftsformen des Bankwesens, aber gleichzeitig seine Ausbreitung über weite Provinzialgebiete und eine vorbildliche Normierung in der klass.-röm. Rechtsentwicklung. Hier und im Parther- und Sassanidenreich erscheinen spezialisierte Makler häufiger als zuvor. Als Folge der katastrophalen Denarinflation des 3. Jh. n. Chr. werden Naturaldarlehen mit sehr hohem Zinsfuß häufig, ein Strukturrückgang, der seit Diokletian durch eine neue Geldwirtschaft, vor allem im Ostmittelmeergebiet, Italien und dem Sassanidenreich allmählich wieder ausgeglichen wird. Zunftkollektivismus und Staatsreglementierung sind jetzt in einem mehr und mehr für das spätant. Bankwesen erfolgreichen Konflikt. Im späteren 6. Jh. erscheinen schließlich wieder die seit dem 1. Jh. n. Chr. verschwundenen Inhaberpapiere, zuerst im Sassanidenreich und im talmudischen Judentum, genau wie das normierte Bankrecht der Dig. des Justinian I. Grundlagen ma. und moderner Bankentwicklung. F. M. H.

Siehe Agio. Anleihen und die weiteren mit dem B. zusammenhängenden Einzelartikel, ferner die zahlreichen Einzelartikel der RE, bes. der Suppl.Bde. IV. VI. VII. VIII. – *E. Ebeling-Br. Meißner*, Reallex. d. Assyr. s. Bankhaus, *F. M. Heichelheim* Wirtschaftsgesch. d. Alt., 1938; *Ders.* An Ancient Economic History I f., 1958 f. passim mit voller Bibliogr.; *Ders.* HWB. d. Sozialwiss. s. Geld- u. Münzgeschichte (I).

Bantia (NISSEN It. Ldk. 2,907). Apulische (Liv. 27,25,13. Ps.-Acro. Porph. Hor. c. 3,4,15) oder lukanische Stadt der 3. Region (Plin. nat. 3,98), wofür die osk. Sprache der bei Oppido gefundenen sog. *tab. Bantina* (VETTER HB Nr. 2 *Bansa*) spricht; in den dortigen Wäldern fiel Marcellus 208 v. Chr. (Liv. 27,27,7. Plut. Marc. 29). Lage: s.ö. Venosa; h. S. Maria di Banzi. G. R.

Baphyras (*Βαφύρας*), Fluß in der Landschaft Pieria (Makedonien), entspringt am Olympos und trägt anfänglich den Namen Helikon. Nach 75 Stadien verschwindet er unter der Erde, nach 22 Stadien kommt er wieder auf die Erdoberfläche und mündet als schiffbarer B. bei Dion in den Thermaischen Golf. (Der unterirdische Lauf des B. trägt den slav. Namen Potóki = Bach, Strom.) Nach EDSON B. = h. Hatera. Chr. D.

Edson Strepsa, CPh. L, 1955, 181.

Baptai s. Kottyto

Baptisterium (*βαπτιστήριον*). Urspr. das Badebecken im Frigidarium des röm. Bades (→ Piscina), wird B. seit dem 3. Jh. Bezeichnung des chr. Taufbeckens bzw. Taufbaues. Ritus und Bedeutung der Taufe führten seit dem 3. Jh. (Tert. coron. 3,2) zur Errichtung besonderer Taufräume und Taufkirchen, baulich verbunden mit der (meist bischöflichen) Hauptkirche oder in deren unmittelbarer Nähe. Bauten auf rechteckigem oder quadratischem Grundriß überwiegen, doch ist auch der zentrale Nischenrundbau mit rundem oder oktogonalem Grundriß des Hauptraums häufig. Die Piscina liegt meist in der Mitte (Zentralachse), seltener in einer Apsis. Liste erhaltener frühchr. B.: [4], 1161 ff. W. H. G.

1. *H. Koethe* Der frühchr. Nischenrundbau, Diss. Marburg 1928. 2. *F. J. Dölger* Antike und Christentum, 4, 1934, 153 ff. 3. *Th. Klauser* Pisciculi F. J. Dölger dargebracht, 1939, 157 ff. 4. *F. W. Deichmann*, RACh 1, 1950, 1157 ff. 5. *E. Coche de la Ferté-G. Matthieu* Enciclopedia dell'arte antica 2, 1959, 19 ff.

Baquates. Berberischer Stamm *(gens Baquatium)*, erwähnt von Ptol. 4,1,5. Itin. Anton. 1,1. Liber generationis GLM 166 RIESE, die ihn mit den Macenites verbinden. Die B. besiedelten den Nordteil des Mittleren Atlas, in der Nähe von Volubilis. Sie standen unter einem Häuptling oder einem König und waren ein aufrührerisches Volk. Rom hat sie als Verbündete behandelt und ihnen ihre Unabhängigkeit gelassen. Mehrere Inschr. handeln von ihren Beziehungen zu Rom im 2. bis 3. Jh. n. Chr. M. L.

E. Frézouls Bull. Arch. Maroc. 2, 1957, 65 (Bibliographie).

Βάραθρον war eine Richtstätte bei Athen (zuerst eine Grube, später eine Schlucht), in die die zum Tode Verurteilten durch den Henker herabgestürzt wurden. E. B.

Barba Jovis und Impia bezeichnet bei Plin. u. a. 2 ganz verschiedene Pflanzen: Hauswurz-Arten (*Sempervivum tectorum* u. a., *ἀείζωον* bei Theophr., Diosk. u. a., B. J. von Visiani als Untergattung für gelb blühende Arten) und den strauchigen Wundklee Anthyllis barba-Jovis der Mittelmeerküsten. H. Ga.

Barba. 1. Röm. Beiname bei den Cassii, Lucretii, Sulpicii u. a. W. S.

2. s. Bart

Barbaria. Küstengebiet O.-Afrikas am S.-Rand des Golfs von Aden (*Βαρβαρικὸν πέλαγος* Steph. Byz. s. *Βάρβαρος*), entspricht einem Teil des h. Somalilandes bis nach Abessinien hinein. Die Stadt Berbera, das alte *Μαλαὼ ἐμπόριον* (Ptol. 4,7,3 M.), bewahrt den ant. Namen. B. wird zuerst im Anon. Per. Mar. Erythr. 5 und 7 (GGM I p. 261 und 263: *ἐμπόρια Βαρβαρικά*) erwähnt. Gewiß hat die B. in ö. Erstreckung einen kleinen Abschnitt der O.-Küste Afrikas s. des Kaps Guardafui (*Ἀρώματα ἄκρον*) berührt, aber ihren Namen niemals weiter s. auf den meist → Azania genannten Landstreifen ausgedehnt, wie Ptol. 4,7,4 und Steph. Byz. s. *Ῥάπτα* fälschlich annahmen, und auch über den Golf von Aden dehnte man zu Unrecht den Namen *Βαρβαρικὸν πέλαγος* als *Βαρβαρικὸς κόλπος* aus. Vgl. RE II 2855 f. H. T.

Barbaroi s. Nachtr. am Schluß des Bandes

Barbatius. Eigenname, auch inschriftlich überliefert (SCHULZE Eigenn. 349), uns seit dem 1. Jh. v. Chr. faßbar; nicht häufig. **1.** M. B. Philippus, *quaestor pro praetore* 41 v., fiel von Antonius ab. Vgl. Ulp. Dig. 1,14,3. Praetor in unbestimmter Zeit (BROUGHTON Mag. 2,462). **2.** M. B. Pollio, curul. Aedil unter Augustus, Stifter d. Puteal d. Iuturna auf dem Forum. H. G. G.

Barbatus. Röm. Beiname bei den Cornelii, Horatii, Quinctii, Valerii u. a. W. S.

Barbier (*κουρεύς*, *tonsor*), war in frühen Zeiten unbekannt. Die erste B.-Stube in Italien *(tonstrina)* soll um 300 v. auf P. Ticinius Mena zurückgehen (Varro rust. 2,11). Tägliche Rasur, oft Selbstrasur (Plut. Anton. 1), führte P. Corn. Scipio Africanus ein (Plin. nat. 7,59). Zur Tätigkeit des

B. gehörten Haarschneiden, Rasieren, Nagelpflege; Instrumente dafür waren: Messer = *ξυρόν, novacula*; Schere = *ψαλίς, forfex*; Kamm = *κτείς pecten*; Spiegel = *κάτοπτρον, speculum* u.a. In Rom gehörte zu jeder größeren Sklavenfamilie ein B. (Plaut. Capt. 266; Amph. 1013; Asin. 343. CIL VI 6366ff.). B.-Stuben waren beliebte Zusammenkunftsorte für Gespräche und Verhandlungen (Lys. 23,3. 24,30. Hor. s. 1,7,3. Plin. nat. 35,37, »Philogelos« 17). G. Sch.

Barbitos (*ὁ* und *ἡ βάρβιτος*, später auch *τὸ βάρβιτον*, Name nicht griech.). Saiteninstrument asiat. Herkunft, *πολύχορδος* genannt von Theokr. 16,45, *ἀντίφθογγος* (»respondierend«) der hohen *πηκτίς* nach Pind. frg. 125 (b. Athen. 14,635 d), also tiefer Tonlage und somit größer als die übliche Lyra und Kithara, nach Pind. a. O. von → Terpander, nach Neanthes von Kyzikos (b. Athen. 4,175 e) von → Anakreon »erfunden«, d.h. in Hellas eingeführt, in der lesb. und ion. Lyrik viel verwendet, seit dem 4. Jh. außer Gebrauch. Die Versuche, es auf att. Vasenbildern zu rekognoszieren, sind nach übereinstimmender Meinung der neueren Forschung durchaus hypothetisch. K. Z.

RE II 4 *(v. Jan)*. I A 1764 *(Abert)*. *Curt Sachs* Reallex. d. Musikinstrumente, 1913,31. *Ders.* Die Musik der Antike (= Hdb. d. Mus.-Wiss. 6) 1929,24. *Guido Adler* Hdb. d. Mus.-Gesch. 1961,47.

Barbius. M. B. Aemilianus. Cos. suff. im J. 140, H. G. PFLAUM, Rév. arch. 41, 1953, 72ff. R.H.

Barbosthenes (*Βαρβοσθένης*). Ein nicht näher bestimmbarer Berg der w. Vorhöhen des Parnon im Bereich der Straße Tegea-Sparta, etwa 7,5 km n. von Sparta, nur Liv. 35,27,13. 30,9 genannt. E. M.

Barbukalos (syrischer Name?), Johannes, Epigrammatiker aus dem Kyklos des Agathias, nach der Überschrift zu Anth. Pal. 9,628 Grammatiker. Seine Epigramme (etwa 11; 7,555 u. 9, 628.629 zweifelhaft) behandeln überwiegend in der Spätantike übliche Themen wie Bäder und Porträts. Durch Pathos zeichnen sich die auf die Zerstörung von Berytos (551) aus (9,425–427); 426,1 läßt den Einfluß der Dion. des Nonnos (Buch 41) erkennen. R. K.

Barbula, Cognomen bei den Aemilii. Ferner: Barbula (*Βαρβούλας*), bei Aktium Heerführer des Antonius, wurde auf Veranlassung eines Marcus, den er bei den Proskriptionen gerettet hatte, von Octavian begnadigt. Appian. civ. 4,210–214. H. G. G.

Barcino(na), Barcilo(na), in der Spätzeit Barcelona. Der Name nach HOLDER Altcelt. Sprachsch. 1, 346 punisch, in Wirklichkeit aber wohl iberisch, s. [2], Bd. VIII 381. Die vorrömische Stadt lag südlich von Montjuich an der Stelle des Castell del Port [2], Bd. I^2 136). Die röm. Stadt wird in der Lit. selten erwähnt. Doch scheint sie, nach Inschr. (CIL II p. 599) und Baudenkmälern (Encicl. Univ. Ilustr. VII p. 759) zu urteilen, im 2. Jh. n. Chr. einen Aufschwung genommen zu haben. In westgot. Zeit war sie Münzstätte und Bischofsstadt [2], Bd. IX Ind.). R. G.

1. RE. III 7. 2. Font. Hisp. Ant. Bd. I^2–IX, Barcel. 1925 bis 1959.

Bardesanes (*Βαρδεσάνης*) (154–222). Ein am Hof Abgars IX. von Edessa lebender Theolog, gründete in Auseinandersetzung mit Marcion (Eus. h. e. 4,30,1) und ohne Verbindung mit den orthodoxen Paulitianern eine eigene Gemeinde mit eigener »Schrift« (→ Diatessaron, Paulus, B.' 150 Psalmen) und eigener Lehre (doketische Christologie, Ablehnung des Dualismus Marcions, Astrologie, Zweck der Schöpfung ist die Läuterung der Seelen, Schicksalsglauben). Im 4. Jh. werden die Bardesaniten etwa von Ephraem als gnostische Ketzer bekämpft. Von den Werken des B. sind in der syr. Ursprache ein »Buch der Gesetze der Länder« und Frg. der 150 Psalmen sowie eines Buches über die Inder erhalten. Kl. W.

Ed. *F. Nau* in: Patrologia Syriaca 1,2, 1907, 490ff. *H. H. Schaeder* B. von Edessa in der Überlief. der griech. und syr. Kirche (ZKG 51, 1932, 21–73). *W. Bauer* Rechtgläubigkeit und Ketzerei im ältesten Christentum, 1934, 6f. 34ff. *Altaner* 106. *Quasten* 1,264.

Bardi (*Βάρδοι*). Kelt. Wort, mit dem die Gallier ihre Dichter und Sänger benannten, die die Taten ihrer Helden nach deren Tode besangen (Lucan. 1,449ff. und Comment zu d. St.). Das Instrument, auf dem sie die Lieder begleiteten, war eine Art Lyra (Diod. 5,31 *B., μετ' ὀργάνων ταῖς λύραις ὁμοίων ᾄδοντες*). Amm. Marc. 15,9,8 *B. fortia virorum illustrium facta heroicis composita versibus cum dulcibus lyrae modulis cantitarunt.* Erstmalig erwähnt von Poseidonios bei Athen. 6, 246 d und Strab. 4,197. HOLDER s. Bardos. W. S.

Barditus. Das Wort hat im Anschluß an Tac. Germ. 3 *(sunt illis haec quoque carmina, quorum relatu, quem barditum vocant, accendunt animos futuraeque pugnae fortunam ipso cantu augurantur)* die verschiedensten Erklärungen gefunden: Schildgesang, zusammenhängend mit germ. *bord* = Schild, oder Bartgesang in Verbindung mit dem anord. *skeggrod* = Bartrede, das von dem Unwetter gebraucht wird, das der Gott Thor gegen die Feinde sendet. In der späteren Lit. (Amm. 16,12, 43. 26,7,17. 21,13,15. 31,7,11. Veg. 3,18) taucht das Wort *barritus* auf, das von Veg. 3,24 als Elefantengebrüll *(elephanti barritus)* bezeichnet wird. Aber ob *barditus* mit *barritus* gleichgesetzt werden darf, ist aus sprachlichen wie besonders sachlichen Gründen höchst fraglich. Bei Tac. handelt es sich um den Vortrag *(relatus)* von *carmina* und um einen *cantus*, dessen Lautstärke und Zusammenklang *(concentus)* die eigene Kampfmoral stärken und die feindliche erschüttern soll, also um etwas ganz anderes, als um ein Schlachtgebrüll. Auch unterscheidet Tac. 2 Arten von *carmina*, Heldenlieder bei dem Marsch in die Schlacht und um

Kampflieder vor der Schlacht *(futurae pugnae)*, bei denen der grelle Ton und das stoßweise Dröhnen durch das Vorhalten des Schildes verstärkt wird. Sind so die bisherigen Erklärungsversuche unbefriedigend, wird es geraten sein, das Wort b. zu den zahlreichen Einzelheiten zu stellen, die nur in der Germania überliefert sind und sich einer sprachlichen Erklärung entziehen. W. S.

R. Much Die Germ. des Tac., Heidelb. 1937, 49ff.

Bardylis. 1. König der Illyrier, wohl Dynastiegründer. Er lebte in der 1. H. des 4. Jh. v. Chr. und fiel 358 im Kampf gegen Philipp II. von Makedonien. Theopomp. frg. 35 = Cic. off. 2,40 u. a. **2.** B., vielleicht Enkel von Nr. 1, Schwiegervater des Pyrrhos von Epiros. H. G. G.

Barea Soranus. S. unter seinem jetzt eindeutigen vollen Namen Q. Marcius B. S. R. H.

Bargala (*Βάργαλα*). Städtische Siedlung beim h. Dorfe Karbinzi, Kr. Štip (Jugoslavien). Neuerliche Ausgrabungen: Teil der antiken Siedlung und ihrer Nekropole (thrak. Gepräge wie auch die Onomastik der Inschr.). Chr. D.

I. Venedikov Bargala (bulg.), 1. Bd. Ausgrabungen und Forschungen, hrsg. vom Archaeol. Nat. Museum, Sofia, 1, 1948, 83. *Detschew* Thrak. Sprachreste, 42.

Bargylia (*Βαργύλια*). Alte Küstenstadt im S. Kleinasiens, spez. Karien angehörig, deren alter Name sich im h. Warwulieh bei Güllük erhalten hat (Atlas of the World II, Plate 36: Turkey West, 1959). B. befand sich zwischen dem Kap *Ποσείδιον* und der Stadt *Μύνδος* (Pol. 16,12,1; vgl. Strab. 13,1,59. 14,2,20) und berührte den *Βαργυλιητικὸς κόλπος* (Pol. a. O. Steph. Byz.: *Βαργυλιακὸς κόλπος*. Liv. 37,13,3: *Bargylieticus sinus*), von Mela 1,16 und Plin. nat. 5,107 als *sinus Iasius* bezeichnet. Urspr. Glied des delisch-attischen Seebundes, trat B. erst wieder hervor, als es von Philipp V. eingenommen (Pol. 16,24ff.), dann von den Römern erobert (Pol. 18,50) und für frei erklärt wurde (Pol. 18,48,1. Plut. Flam. 12. Liv. 32,33,6. 33,30 u. a.). Später wird B. von Ptol. 5,2,7 M. und im Anon. Stad. M. M. 286. 288 (GGM I p. 500 bis 501) erwähnt, in beiden Quellen ebenfalls als karisch bezeichnet. H. T.

»Les Guides Bleus«, Turquie, Paris 1958, 344. RE III 15–16.

Baria. Stadt der Bastetani, zur Baetica gehörig (Plin. nat. 3,19. Ptol. 2,4,8), hatte eine Citadelle und einen Aphroditetempel. Sie wurde 209 oder 208 v. Chr. von Scipio erobert (Plut. Apophth. Scip. mai. 3,2,67 Bern. Val. Max. 3,7,1 a. Gell. 6,1,8–11). Sie wird noch 245 n. Chr. (CIL II Suppl. I 5947), ferner Ravennat. Cosmogr. 305,2. 343,9 Schnetz erwähnt. HÜBNER (RE III 16) und die Encicl. Univ. Ilustr. 67,1337 identifizieren sie mit Vera, SIRET (Villaricos, Madrid 1908) und AD. SCHULTEN (Font. Hisp. Ant. III 119) richtiger mit dem an der Küste gelegenen Villaricos s.ö. von Cartagena. R. G.

Βᾶρις ὄρος. Der antike Name für den höchsten Berg Armeniens, den Ararat (5165 m). Die quellenmäßige Grundlage hierfür ist Nikolaos von Damaskos (bei Ios. ant. Iud. I, p. 95; S. 18, NIESE). Das *B. ὄρ.* gehörte der armenischen Landschaft *Μινυάς* an (h. Gau Manauziu) und befand sich s.w. des alten Artaxaxata (h. Artashat). Vgl. Atlas of the World II, Plate 37: Dardanelles, Bosporus, Turkey East, London 1959. H. T.

Barium (NISSEN It. Ldk. 2,859). Hafenstadt (Liv. 40,18,8) der Peuketier (Strab. 5,283. Ptol. 3, 1,15) der 2. Region (Plin. nat. 3,102); Münzlegende *Βαρίνων* (HEAD HN² 45). Seit 89 v. Chr. *municipium* (Tac. ann. 16,9) der trib. Claudia (KUBITSCHEK Imp. Rom. trib. discr. 38) am Kreuzungspunkt der v. Traiana mit der Küstenstraße (It. Ant. 117,2. 119,2; dort vulgäre Namensform *Varia*); h. Bari. Der Name bedeutet Haus oder Stadt (Steph. Byz. s. *Βάρις* ... *οἰκία* ... *καί ἡ συνοικία*; vgl. HAAS Messap. Stud. 160). G. R.

Barkas s. Hamilkar

Barke (*Βάρκη*). Stadt der Cyrenaica, gegründet um die Mitte des 6. Jh. v. Chr. in einer sehr reichen Ebene (Getreide, Silphium) durch unzufriedene Cyrenäer unter der Führung der Brüder des Königs Arkesilas II. Sie wurde sofort eine wichtige und aufblühende Stadt mit eigenen Behörden und eigener Münzprägung (Hdt. 3,91. 4,160–204. Diod. 1,68,2. Ptol. 4,4,11. Sil. 2,62. 3,251. Die Eroberung von Äg. durch Kambyses, dann die von Kyrene, die aus diesem eine pers. Satrapie, unter der Leitung von Battos IV. machte, ließen B. eine gewisse Autonomie, die um das J. 483 durch eine pers. Unternehmung aufgehoben wurde. B. wurde eingenommen und geplündert. Es erhob sich dann wieder und wurde eine der drei großen griech. Niederlassungen der Cyrenaica. Unter den Ptolemäern wurde B. eingeholt durch die Gründung von Ptolemais, mit dem man es manchmal verwechselt. Strab. 17,837. Plin. nat. 5,32. In der röm. Zeit war B. ein bescheidenes, heruntergekommenes Dorf. M. L.

F. Chamoux Cyrène sous la monarchie des Battiades, 1953. *P. Romanelli* La Cirenaica Romana, 1943.

Barnabas. Urchr. Missionar, Paulus nahestehend, doch selbständig bis zum Gegensatz (Gal 2,13). Quellen: Apg, Gal. Hebr ist trotz Tert. pud. 20 nicht von B., ebensowenig der sog. B.-Brief. Als apostolisch (Clem. Al. Strom. 2,6ff. 5,8ff.), als inspirierte *καθολικὴ ἐπιστολή* (Orig. princ. 3,2, 4. Cels. 1,63) hochgeschätzt, enthält der trotz sprachlicher Unebenheiten einheitliche [1] B.-Brief eine judenfeindlich-allegorisierende Auslegung des A. T. (1–17) sowie die aus Did. 1–6 bekannte Zweiwegelehre (18–21) in eigenständiger Fassung [3]. J. Wi.

Ausg.: RACh s. v. Komm.: *Ph. Haeuser*, 1912. *H. Windisch*, HNT, 1920. – 1. *J. Muilenburg* The Literary Relations of the Ep. of B. and the Teaching of the Twelve Apostles, 1929. 2. *R. H. Connolly*, JThSt 33, 1932, 237 bis 253. 3. *J. A. Robinson*, JThSt 35, 1934, 113–146. 225–248. 4. *P. Meinhold*, ZKG 59, 1940, 255–305. 5. *J. D. Burger*,

MH 3, 1946, 180–193. 6. *C. Andry* Introduction to the Ep. of B., Diss. 1950. 7. *P. Palazzini* Euntes Docete II, 1958, 260–273. 8. *L.W. Barnard*, AThR 41, 1959, 177 bis 190. 9. *R.A. Kraft*, JBL 79, 1960, 336–350.

Barsaentes (*Βαρσαέντης*). Satrap von Arachosien und der Drangiana (Arr. an. 3,8,4. Curt. 6.6,36) nahm an der Schlacht von Gaugamela teil. Als Dareiosmörder mußte er vor Alexander zu den Indern fliehen, die ihn jedoch auslieferten. Alexander ließ ihn hinrichten (Arr. an. 3.25,8). G. W.

Barsch. 1. *Λάβραξ*, *lupus marinus*, Meerbarsch oder Wolfsbarsch, einer der wichtigsten Mittelmeerfische, an Flußmündungen, wo er sich gern aufhält und laicht, im ganzen Alt. massenhaft gefangen. Zusammenhängende Behandlung in der ant. Lit. fehlt bis zu Athen. 7,310eff.; häufige Nennung bei Arist. hist. an. passim; weiteres bei Plin. nat. 9,162ff. und Opp. Hal. Viele gute Darstellungen auf Vasenbildern und Mosaiken aller Epochen (einige bei Keller Ant. Tierwelt 2,350.392.493), u. a. auf einem Pompejan. Mosaik (Neapel, Mus. Naz. Nr. 9997). Der B. galt als gefräßig (Opp. 2,130 mit Sch. Sch. Aristoph. Eq. 391. Colum. 8,17,8) und schlau (Ov. bei Plin. 32,11. Opp. 3,121ff. Plut. soll. an. 977 F); man kannte sein scharfes Gehör (Aristot. 534 a 9), seine Feindschaft mit der Meeräsche (ebd. 610 b 10 u. a.) und die des Heuschreckenkrebses gegen ihn (Ail. 1,30. Opp. 2,128). Als Speisefisch hochgeschätzt (bes. von der milesischen Küste: Athen. 7,310ff., und von der Mündung der Cloaca Maxima in den Tiber: Hor. sat. 2,2,31. Colum. 8,16,4), wurde er in der Kaiserzeit auch in künstlichen Becken an felsigem Strand gezogen (Colum. 8,16f.). Über Verwendung in der Medizin Marc. Sid. *ἰατρ. περὶ ἰχθ. ν.* 9. **2.** *Πέρκη*, *lupus fluviatilis*, ein Süßwasserfisch (zuerst bei Epich. 47.48 genannt), der besonders in Rhein und Donau (Oribas. 1,127. Ail. nat. 14,23.26), aber auch in balkanischen und italischen Flüssen gefangen wurde. Über Laichzeit und Winterschlaf Aristot. 508 b 17. 599 b 8. Als Speisefisch seit dem 1. Jh. v. Chr. durch schmackhaftere Fische verdrängt (Colum. 8,16,3, vgl. Varro rust. 3,3,1). W. R.

Barsine (*Βαρσίνη*), Tochter des Artabazos, geb. um 360, Gattin Mentors, dann Memnons, von welchen sie mehrere Kinder hatte. In Damaskus Ende 333 gefangen (Curt. 3,12,14), wurde sie auf Rat Parmenions, der einen Erben des Königs wünschte, Alexanders Geliebte und gebar ihm 327 (Diod. 20,7) einen Sohn Herakles. Später lebte sie in Pergamon, wurde jedoch in die Wirren der Diadochenzeit hineingezogen und durch Polyperchon ermordet (309). Tarn hält die Gestalt der B. für spätere Fiktion. G. Wi.

Berve Alexanderreich 2, 306. *Tarn* Alexander the Great 2, 330.

Bart. Während die minoischen Kreter den B. rasieren, tragen in Griechenland und Italien die erwachsenen Männer den B. lang. Für die Zeit der homerischen Gedichte ist das Rasiermesser, *ξυρόν*, literarisch bezeugt, Hom. Il. 10,173 (Funde schon früher), vornehmlich wohl zur Rasur der Oberlippe, was für die ganze archaische Zeit als immer wieder auftauchende Mode durch die Bildwerke bestätigt wird. Die Ausdrücke Homers für den B.-Wuchs, *γένειον*, *γενειάς*, *ὑπήνη* deuten nur auf das Kinn. Ausdrücklich bezeugt ist die Sitte, keinen Schnurr-B. zu tragen, für Sparta, Plut. Kleom. 9., doch muß diese Sitte dort schon in klassischer Zeit abgekommen sein, Antiphanes CAF 2,28. In archaischer Zeit trägt man den B. glatt gekämmt; Schnurr-B. (*μύσταξ*, *ὑπορρίνιον*, *προπωγώνιον*), B. unter der Unterlippe (*πάππος*) und Backen- und Kinn-B. (meist spitz zugeschnitten, *σφηνοπώγων*) werden deutlich getrennt. In klassischer Zeit sind die beiden letzteren Trennungen nicht mehr deutlich, der B. wird meist unter dem Kinn kürzer und rund geschnitten. Der Mode bleibt ein weiter Spielraum, vgl. etwa die Porträts des Perikles, Platon, Sophokles. Daneben gab es immer den Gebrauch des Rasiermessers, Aristoph. Thesm. 218; Scheren des B. ist Trauerzeichen. Bartlosigkeit als Mode wird durch Alexander d. Gr. eingeführt; einzelne dagegen erlassene Gesetze (Rhodos, Byzanz; Athen. 13,565 c.d) blieben erfolglos. Seit etwa 300 v. Chr. trägt der Mann der vita activa keinen B. mehr, von vereinzelten und kurzfristigen Ausnahmen abgesehen, während die Philosophen, Grammatiker usw. immer am B. festhalten.

Die Etrusker scheinen wesentlich die griech. Sitte mitgemacht zu haben. Auch die Römer trugen zunächst den Voll-B.; nach Varro rust. 2,11,10 kamen im Jahre 300 v. Chr. die ersten Barbiere nach Italien, danach setzt sich die Rasur durch, doch blieb tägliche Rasur immer eine Ausnahme (Scipio, Augustus). Von kurzfristigen, modisch bedingten Ausnahmen abgesehen, wird die Bartlosigkeit seit dem 3. Jh. so allgemein, daß die *depositio barbae*, die Weihung des ersten abgeschnittenen B.-Haares als Zeichen des Eintritts ins Mannesalter feierlich begangen werden konnte. Jünger als 300 muß auch die Sitte sein, den B. zum Zeichen der Trauer lang wachsen zu lassen (*barbam promittere*), was auch Angeklagte (*barba reorum*, Martial. 2,36,3) und Verurteilte taten. Bartlosigkeit bleibt mindestens unter den Vornehmen Mode bis in den Beginn des 2. Jh. n. Chr. Damals führt Hadrian den Voll-B. wieder ein. Seitdem tragen die Kaiser und mit ihnen die Menge der Männer den B. fast 200 Jahre lang (Ausnahmen: Caracalla und Elagabalus). Konstantin d. Gr. führt dann wieder die Bartlosigkeit ein, die bis in byzantinische Zeit (Ausnahme: Iulianus) herrschend bleibt. → Barbier. W. H. G.

Matz Kreta, Mykene, Troja, 1956. *Hermann-Blümner* Lehrbuch der griech. Privataltertümer, 1882, 208f. *Marq.-Mau* 598ff. *Hekler* Bildniskunst der Griechen und Römer, 1912.

Barygaza. Meeresnahe Stadt Vorderindiens (h. Broach; s. Atl. of the World II, Plate 29: India North) beherrschte die Küste mit dem nach ihr benannten *κόλπος Βαρυγαζηνός* (Ptol. 7,1,5), dem h. Golf von Kambay. B., erst spät erwähnt (Peripl. Mar. Erythr. 14,21,31 u.ö. Ptol. 7,1,62: *B. ἐμπόριον*. Bewohner: *Βαρυγαζηνοί*, Steph. Byz.), gewann als Handelsplatz große Bedeutung und war an ein ausgedehntes, bis Ostasien reichendes Verkehrsnetz geknüpft (Per. Mar. Erythr. a. O.). H. T.

Βάσανοι. Das griech. Fremdwort (»Prüfsteine«) war in Athen der t.t. für die Folter. Sie wurde durch private Personen oder durch den Scharfrichter regelmäßig bereits in der Voruntersuchung vorgenommen. Als Folterwerkzeuge dienten vor allem das Rad und die Leiter. Die *β.* waren nur gegen freie Nichtbürger (bei Staatsverbrechen und in Blutprozessen) sowie allgemein gegen Sklaven (als Strafe, zur Strafverschärfung und zur Erzielung einer – ebenfalls *β.* genannten – Zeugenaussage) zulässig. E. B.

G. *Busolt* GStK. 982.

Basileides. Um 130/140 chr.-gnost. Lehrer in Alexandrien, hat in seinem Hauptwerk, einer Auslegung »des Evangeliums« in 24 B., das wie seine Oden verloren ist, Traditionen aus Christentum, Judentum und philosophisch-kosmologischer Spekulation verarbeitet. Seine Lehre trägt stark spekulative Züge, die besonders seine Kosmologie und seine Heilslehre bestimmen. Anhänger des B. gab es bis ins 4. Jh. Die auf uns gekommenen Frg. seiner Schriften finden sich vor allem bei dem von ihm beeinflußten Clemens von Alexandrien und bei Origenes. Kl. W.

1. *W. Völker* Quellen z. Gesch. der chr. Gnosis, 1932. 2. *W. Bousset* Hauptprobleme der Gnosis, 1907. 3. *H. Leisegang* Die Gnosis ^{4}1955, 196ff. 4. RGG^3 1,909f. 5. *G. Quispel* L'homme gnostique (La doctrine de B.), Eranos Jb. 16, 1948, 89–139.

Basileios. 1. Aus Spanien (Zos. 5,40,2), proconsul (Phot. bibl. 165 p. 108 b 1), comes sacr. largitionum 379–383 unter Gratian (Symm. rel. 34,6. Cod. Theod. 4,20,1. 11,30,40. 12,1,101), praefectus urbis Romae 395 (Cod. Theod. 7,24: wahrsch. schon Herbst 394: H. P. KOHNS Versorgungskrisen im spätant. Rom 1961, 191 f.), Senatsgesandter an Honorius während der Belagerung Roms 408 (Zos. a.O.). A. CHASTAGNOL La préfecture urbaine à Rome sous Bas-Empire 1960, 443 f. **2.** Flavius Basilius Iunior (auch Anicius Faustus Albinus B.), aus Rom, letzter privatus, der das Konsulat erhielt (541). STEIN Gesch. 2,462 u. 788. **3.** Als Nachfolger des Marcellus war B. von 336–360 Bischof seiner Heimatstadt Ankyra (Galatien). Führender Theologe der Zeit Constantius' II. (Epiphanios, Panarion 71/73) zählte er mit Eustathios v. Sebastia und Georgios v. Laodicea zu den Häuptern der Homöusianer (Semiarianer), die um 358 (Synode v. Ankyra) im Osten vorherrschten, 360 (Synode von Konstantinopel) aber von den vereinten Gegnern stark bedrängt wurden; B. wurde 360 nach Illyricum verbannt (vgl. Sokr., Soz., Philostorgios). Von B. stammt wahrsch. eine B. d. Gr. zugeschriebene Schrift über die Jungfräulichkeit (Migne G 30, 669/809). – ALTANER Patrologie ^{5}1958, 258. J. QUASTEN Patrology 3, 1960, 201/03. **4.** B. d. Gr., Bischof von Caesarea (Kappadokien), bedeutendster der 3 großen Kappadokier (neben B., sein jüngerer Bruder Gregor von Nyssa und Gregor v. Nazianz); Hauptquelle für B.' Leben ist neben seinen Briefen die Gedächtnisrede Gregors v. Naz. (or. 43, Migne G 36,509 ff.). Der um 330 (wahrsch. in Caesarea) geborene B. stammte aus einer schon in der diokletianischen Verfolgungszeit christlichen, hochgebildeten und zur Magnatenschicht zählenden Familie (8,7 ff.). B. wuchs in Neocaesarea (Pontos) auf, wo sein Vater als angesehener Rhetor wirkte, Mutter (Eumelia) und Großmutter (Makrina) waren um die Erziehung zu christlicher Frömmigkeit bemüht. Eine langjährige Studienzeit verbrachte. B in Caesarea (Kapp.), Konstantinopel und Athen. In Athen schloß B. (um 350) enge Freundschaft mit Gregor v. Naz. Eine intensive Schulung in der profanen Rhetorik blieb bei B., der u.a. auch mit Libanios in Verbindung trat (dazu: 1,222 f., P. PETIT Les étudiants de Libanius 1957, 40 f. 126 f.) stets unverkennbar. In seinem Traktat an die Jugend über den nützlichen Gebrauch der heidnischen Literatur (*πρὸς νέους*: Migne G 31, 563/90), warnt B. zwar vor sittlichen Gefahren, erkennt aber einer in richtiger Auswahl getroffenen Lektüre (bes. Homer, Hesiod, Solon, Euripides, Platon) hohen propädeutischen Wert zu. Die Schrift ist von grundlegender Bedeutung für die Stellung der Kirche zur antiken Bildung.

Nachdem B. um 356 in die Heimat zurückgekehrt war, ließ er sich taufen und entschloß sich bald, wohl besonders durch seine Schwester Makrina angeregt (Greg. Nyss. Vita S. Macr. p. 377 ed. WOODS CALLAHAN), zu einem asketischen Dasein (ep. 23). Mit Gleichgesinnten lebte er in der Einöde bei Neocaesarea (vgl. die Schilderung in ep. 14). Seit etwa 364 wirkte er, einem Ruf des Bischofs Eusebios folgend, als Presbyter in Caesarea. 370 wurde der nicht nur fromme und in kirchlicher Verwaltung bereits bewährte, sondern zugleich aufgrund der Herkunft im Umgang mit der Führungsschicht erfahrene B. zum Bischof von Caesarea und damit zum Metropoliten von Kappadokien gewählt. B. erreichte, daß die vor allem 371 durch den von 369–377 als praef. praet. Orientis amtierenden → Modestus unternommenen Versuche des Kaisers Valens, seine antiorthodoxe Kirchenpolitik auch in Kappadokien durchzusetzen, scheiterten (Greg. Nyss. c. Eunomium 1,120 ff.; Greg. Naz. or. 34,48 ff.; B. epist. 79 u.a.). Während seiner Amtszeit als Bischof entfaltete der bereits 379 gestorbene B. eine rege literarische Tätigkeit und führte eine umfassende (vgl. B. epist. 204), historisch und theologisch teils bedeutsame Korrespondenz.

B. hat keineswegs nur die Orthodoxie in einem begrenzten Raum mannhaft verteidigt; ähnlich wie Ambrosius im W. hat er u. a. im O. besonders deutlich die Grenzen zwischen Imperium und Sacerdotium abgesteckt (dazu 2,45,54ff. u. ö.). Ein Brief an Damasus (epist. 70) zeugt von seinem Bemühen um die Einheit der Kirche. Als Theologe erwarb sich B. vor allem Verdienste um den Ausbau der Lehre vom Hl. Geist (Migne G 32,67/217) und schuf mit den in den Asketika zusammengefaßten Schriften (Migne G 31, 620/1428) die Grundlagen der Ordnung des (koinobitischen) östl. Mönchtums. Wie weit die an verschiedenen Tagen heute im O. noch gebräuchliche Basiliusliturgie auf B. zurückgeht, ist ebensowenig gesichert, wie etwa seine Autorschaft bei Teilen der Asketika, unumstritten ist heute B.' hohes Ansehen in der gesamten christlichen Kirche.

Gesamtwerk: Migne G 29–32. Briefe: ed. *Deferrari* 1926/1939 (Loeb; in Vol. 4,249ff. die Mahnworte an die Jugend); weitere Spezialausgaben bei *Quasten*. – 1. *Quasten* Patrology 3, 1960, 204/36. 2. *G.F. Reilly* Imperium and Sacerdotium acc. to St.B. 1945. 3. *D. Amand* L'ascése monastique de S.B. 1949. 4. *L. Vischer* B. d. Gr. 1953. 5. *H. v. Campenhausen* Griech. Kirchenväter 1955. 6. *H. Dörries* De spiritu sanctu 1956. 7. *Altaner* Patrologie [5]1958, 258ff. 8. *B. Treuker* Politische und sozialgesch. Studien zu den B.-Briefen 1961.

5. B., ca. 435–ca. 468 Bischof (Metropolit) von Seleucia (Isaurien), nahm in den monophysitischen Streitigkeiten zunächst eine schwankende Haltung ein, stand aber seit 451 (Konzil von Chalcedon) stets auf seiten der Orthodoxie. Vielleicht stammen von ihm die Bücher über das Leben der Märtyrerin Thekla (die Heldin trägt zum Teil Züge einer heidn. Göttin). A. L.

Schriften bei Migne G 85, 27ff. *Fr. Fenner* De B. Seleucensi quaestiones selectae, Diss. Marburg 1912. *Christ-Schmid* 1186f. *E. Honigmann* Patristic Studies 1953, 182f. *Altaner* Patrologie[5] 1958, 301.

Βασιλεύς. Nach Debrunner (RLV IV 2, 1926, 526) ein Lehnwort aus einer »ägäischen«, »vorgriechischen« Sprache, entgegen früheren etym. Deutungsversuchen (vgl. RE III 55). Was man für gewöhnlich mit König, König sein und Königtum übersetzt, muß hist. streng differenziert werden, da die verschiedenen Zeitalter der griech. Gesch. den *β.*-Begriff in bezug auf politische, rechtliche, religiöse, kulturelle, soziale Funktionen ganz verschieden fassen und ein und dasselbe Wort die gesamte Entwicklungsgeschichte von Staat und Gesellschaft bei den Griechen widerspiegelt.

Mykenische Zeit: Man hat das in Linear B vorkommende *pa_2 – si – re – u* mit *β.* in Zusammenhang gebracht (Knossos: Ventris-Chadwick Documents in Mycenaean Greek, 1958, 172 Nr. 39;

Pylos: 358 Nr. 258); *pa_2 – si – re – wi – ja* (Knossos: a.O. 330 Nr. 232; Pylos: 216 Nr. 91) wurde als *basilēwiā-*, *[pa_2] – si – re – wi – jo – te* (Pylos: a.O. 176 Nr. 43) als *basilewjontes* gedeutet. Das eigentliche Wort für König ist aber *wa – na – ka*, cypr. *wa – na – xe*, (a.O. 411) und *pa_2 – si – re – u* ist von untergeordneter Bedeutung. S. Denys L. Page History and the Homeric Iliad, 1959, 186. Leonard R. Palmer Mycenaeans and Minoans, 1961, 103. Die Gleichung: *pa_2 – si – re – u* = *β.* = König in dem von Homer gebrauchten Sinne, darf also trotz vermuteter Wortidentität nicht aufgestellt werden.

Stammesstaatliche Periode. Inwieweit die hom. Epen staatliche Zustände der myken. Zeit widerspiegeln, ist umstritten. M.P. Nilsson will aus den Andeutungen Homers die politisch-sozialen Verhältnisse der feudalen Gesellschaftsordnung myk. Zeit erschließen (Hist. 3, 1954/55, 261, anders M.I. Finley Hist. 6, 1957, 159), er spricht von einer »losen feudalen Staatsordnung, die nur für den Krieg zugeschnitten war«. Dem würde entsprechen, was Aristot. pol. 3,1285a 1ff. 1285b 4ff. ausführt. Nach Busolt-Swoboda GStk 317ff. ist der hom. *β.* souveräner Monarch, dem keiner übergeordnet ist, der aber durch ungeschriebene Gesetze und die Mitwirkung des Adelsrats beschränkt sein kann (anders v. Wilamowitz Staat und Gesellschaft der Griechen und Römer, 53ff. und Finsler Das hom. Königtum in NJb. f. d. kl. Alt. 9, 1906, 313ff. 393ff.; Homer, 1908, 374ff.). Die lebendige Wirklichkeit des hom. Königtums ist aber mit modernen staatsrechtlichen Definitionen nicht so leicht zu fassen. Tatsache ist, daß der *β.* in zweifacher Brechung erscheint, einmal als *ἄναξ ἀνδρῶν*, dem von Zeus *σκῆπτρον* und *θέμιστες* verliehen sind (Il. 9,98, dazu Erik Wolf Griech. Rechtsdenken 1, 1950, 73). Er berät sich zwar mit den *γέροντες* oder beruft die *ἀγορά* ein, ist aber an Weisungen Dritter nicht gebunden und vereint als Abbild des obersten Gottes höchste religiöse, militärische und richterliche Funktionen. Aber wie neben Zeus die andern Götter stehen, so neben dem »Oberkönig« die *βασιλῆες*, ebenfalls »zeusentsprossen«, und religiöse, militärische, richterliche Funktionen ausübend. Aus diesem Nebeneinander ergeben sich Konflikte, schon in der Ilias zwischen Agamemnon und Achill, in der Odyssee vermehrt, so daß der Oberkönig nur noch als primus inter pares erscheint. Die lokalen Herren gewinnen schließlich, bes. kraft ihrer richterlichen Gewalt, eine Macht, die, wenn sie mit *βία* und *ὕβρις* gepaart ist (vgl. die *ἄνδρες δωροφάγοι* Hesiods), nach einer übergeordneten Instanz verlangen läßt. Dieses Übergeordnete liegt im göttlichen Bereich des Rechts (*Δίκη*). Hesiod prägt den Begriff *τὸ δίκαιον* (erg. 216/17. 225/26. 280/81), der zusammen mit dem *νόμος* von größter Bedeutung für die Entwicklung des griech. Staats und damit der *β.*-Funktion wird.

Zeitalter der Polis. Der durch Erbfolge berufene lebenslängliche β. mit seiner militärischen, religiösen, richterlichen Obergewalt wird in Griechenland – anders als in Rom – nicht revolutionär beseitigt, sondern seine Kompetenzen werden evolutionär auf Standesgenossen übertragen, die sich in die Herrschaft teilen, in Athen so, daß der β. nur noch kultisch-religiöse Aufgaben erfüllt, der πολέμαρχος das militärische Kommando, der ἄρχων das politische Führungsamt erhält. Dieser evolutionäre Prozeß ist bei Aristot. Ath. pol. 3 durch die urspr. lebenslängliche, dann zehnjährige Amtszeit angedeutet, eine Angabe, die man nicht pressen darf (dazu C. Hignett A History of the Athenian Constitution, 1958², 38ff.). Wesentlich ist, daß durch Annuität und Kollegialität eine Magistratur entsteht, die den Amtsträger einem κόσμος einordnet, der nicht mehr patriarchalisch von der Person des charismatischen β. getragen ist, sondern auf der Konzentration der Adelsgesellschaft in der Stadt, einem Adelsrat und logosgemäßer Bestimmung der Machtverhältnisse beruht. Der adlige Ständestaat ist zwar noch nicht πόλις im Sinne einer übergreifenden politischen Ordnung, die alle Schichten am κοινόν beteiligt, aber er ist ein Weg, der von den Blutsbanden weg zur politischen Verbindung der Bürger führt. Die zunehmende Konzentration der Bevölkerung in der Stadt und ihre politische und vor allem wirtschaftliche Erstarkung war eine der Hauptursachen für den Niedergang der Monarchie und die allmähliche Auflösung der Geschlechterherrschaft, so bei Ehrenberg Der Staat der Griechen 1,16. In Athen zeigt sich die vordrakonische und die drakonische Verfassung noch als Aristokratie, weil der alte Adelsrat der Areopagiten φύλαξ τῶν νόμων war, d.h. oberrichterliche Instanz, die auch über Magistratsentscheidungen stand und deshalb oberste Autorität im Staate besaß (so schon K. Fr. Hermann Über Gesetz, Gesetzgebung und gesetzgebende Gewalt, 59f.). Dagegen begründet die solonische Verfassung die athenische Demokratie, weil man sich jetzt statt an den Areopag mit einer ἔφεσις an die ἡλιαία wenden kann und κύριος... ὢν ὁ δῆμος τῆς ψήφου κύριος γίγνεται τῆς πολιτείας (Aristot. Ath. pol. 9). Die Ständekämpfe enden mit dem Sieg des Polisstaats, der die Führungsämter (auch den β.) unumschränkt dem gemeinsamen θεσμός, dem νόμος (ob mehr oligarchisch oder demokratisch ist nicht entscheidend), unterwirft. Jetzt ist der νόμος β.; statt eines Menschen (oder einer Adelsgesellschaft) herrscht das Gesetz, und wer es in letzter Instanz auslegen darf, ist führend im Staat, Machtspruch ohne Rechtfertigung aus dem Gesetz wird nicht mehr toleriert. Denn der νόμος selber ist δεσπότης, sagt Demaratos zu Xerxes, und die Lakedaimonier fürchten ihn mehr als die Perser den Großkönig (Hdt. 7,104). Aristot. pol. 3,1285b,20ff. unterscheidet 4 Arten der βασιλεία, 1. die der Heroenzeit, in der der β. στρατηγός, δικαστής, κύριος πρὸς τοὺς θεούς und der Gehorsam gegen den König ein freiwilliger war; 2. die der Barbaren, bei denen die Herrschaft ἐκ γένους ἀρχὴ δεσποτικὴ κατὰ νόμον ist; 3. die Aisymnetie als selbstgewählte Tyrannis; 4. die lakonische, die nichts weiter ist als eine στρατηγία κατὰ γένος ἀΐδιος. Dazu kommt eine παμβασιλεία, die über alles κύριος ist, analog der οἰκονομικὴ βασιλεία, der »Hausherrnschaft«; diese βασιλεία erscheint naturwidrig, weil Gleiche gerechterweise abwechselnd Herrscher und Beherrschte sein sollen (pol. 3,1287a,10ff.). Aber Aristoteles erkennt, daß, wenn ein γένος oder ein Einzelner alle andern zusammengenommen an ἀρετή überragt, es τὸ δίκαιον sei, ihnen die königliche Würde und die souveräne Gewalt in die Hand zu geben (1288a,15ff.). Ein Einzelner soll also κύριος sein, wenn sich ihm gegenüber die andern wie Teile zum Ganzen verhalten; damit ist der Rahmen der Polis als Staat gesprengt, weil der νόμος, selber zu königlicher Größe erwachsen, den Menschen (auch den Tüchtigsten) sich unterordnet. Die Denkvoraussetzung für die hellenistischen Monarchien, die nach K. Fr. Stroheker schon in der Sophistik liegt (Zu den Anfängen der monarchischen Theorie in der Sophistik, Hist. 2, 1953/54, 381ff.), ist damit gegeben. Vgl. die Verfassungsdebatte bei Hdt. 3,80ff. über Demokratie, Oligarchie und Monarchie.

Hellenismus. Der reale Ausgangspunkt der hellenist. βασιλεία war das Alexanderreich mit dem in Alexander sich verbindenden makedonischen Volkskönigtum und dem Groß- und Gottkönigtum der orientalischen Monarchien. Volkssouveränität und absolute Monarchie haben sich gegenseitig beeinflußt und durchdrungen, so daß die makedonische Heeresversammlung, fiktiv im jeweiligen Heer bzw. der hauptstädtischen Garnison der Diadochen anwesend, und die menschlichem Zugriff entzogene Gnadenmacht orientalischen Herrschertums den neuen Staat bilden helfen. Die überschaubare Bürgergemeinde weitet sich zum monarchisch regierten Territorialstaat, der β. hört auf, rechenschaftspflichtiger Beamter unter einem abstrakt formulierten νόμος zu sein, er hat eine ἀνυπεύθυνος ἀρχή, in seiner Person verkörpert sich der νόμος, er ist der νόμος ἔμψυχος. Seleukos I. spricht von einem κοινὸς νόμος für seine Makedonen, demzufolge das vom König Befohlene immer δίκαιον ist (App. Syr. 61,25); also auch das »lebendige Gesetz« ist mit dem δίκαιον verknüpft, sonst wäre der β. Tyrann. Der β. vermeidet es allerdings, νόμοι zu statuieren; er schreibt Briefe (ἐπιστολή) an seine Statthalter und die griech. Städte; διάγραμμα, πρόγραμμα, διαγραφή, πρόσταγμα, ἐπίταγμα u.a. sind Bezeichnungen für Verordnungen, Erlasse, Entscheidungen, Gesetze, die natürlich auch in Briefform gegeben sein können (vgl. UPZ II Index; C. Bradford Welles Royal Correspondence in the Hellenistic Period, 1934, dazu Ad. Wilhelm Griech. Königsbriefe, Klio Bh. 48, 1943), ihr persönlicher Charakter zeigt, daß Offiziere und Beamte nur Exekutivorgane waren (Ehrenberg a.O. II 25). Es ist übrigens nicht mehr der alte makedon. Adel, die *ἑταῖροι*, der den *β.* umgibt, sondern das persönliche Verhältnis zur monarchischen Spitze wird entscheidend (*συγγενεῖς*, *φίλοι* des Königs) und schafft eine neue höfische Aristokratie. Der *βασιλεύς* verkörpert den Staat nicht nur kraft seiner menschlichen Leistung, sondern kraft seiner besonderen göttlichen Natur. Königskult, den die Griechenstädte freiwillig, die Nichtgriechen auf Befehl des Herrschers (oft in Anknüpfung an heimische Traditionen) ausüben, ist das einigende religiös-politische Band, das die heterogenen Elemente der hellenistischen Staaten zusammenhält. Mag Staatsklugheit schon bei Alexander, der über die Ammonssohnschaft zum Gott aufstieg (auf Münzen erscheint er als Herakles, Dionysos), mitgespielt haben, der »Soter« (Ptolemaios I., Ptol. IX., Antiochos I., Seleukos III., Demetrios I., Attalos I., Eumenes II.), der »Euergetes« (Ptol. III., Ptol. VIII.), der »Epiphanes« (Ptol. V., Antioch. IV., Antioch. VI., Seleukos VI., Antioch. I. von Kommagene) spiegeln nicht nur Regierungsprogramme, sondern auch Heilserwartungen der Untertanen, die schließlich, weil sie im staatlich-politischen Raum nicht voll befriedigt werden können, an ein Reich, das »nicht von dieser Welt« ist, anknüpfen. Die hellenist. Monarchien, die Rom zum Opfer fallen, beeinflussen als Idee Caesar und die röm. Kaiser; wenn *β.* in der Kaiserzeit den röm. Herrscher meint, so kann der Begriff nicht mehr rein griech. gefaßt werden, sondern der *rex*-, der *imperator*-, der Caesar-, der Augustusbegriff u.a. müssen klären helfen, was das griech. Wort nunmehr zum Inhalt hat. Das gleiche gilt für das byzant. Reich. A. M.

Lit. (außer der schon genannten): *Chester G. Starr* The Decline of the Early Greek Kings, Hist. 10, 1961, 129ff. *Sp. N. Marinatos* *ΔΙΟΓΕΝΕΙΣ ΒΑΣΙΛΗΕΣ*, Stud. pres. to D.M. Robinson I 1951, 126ff. *G. Jachmann* Das hom. Königtum, Maia 6, 1953. *Kurt Stegmann v. Pritzwald* Zur Gesch. der Herrscherbezeichnungen von Homer bis Plato, 1930. *F. A. Adcock* Greek and Macedonian Kingship, Proc. Brit. Acad. 39, 1954. *Fr. Leifer* Stud. z. ant. Ämterwesen, Klio Bh. 23, 1931. *H.E. Stier* *Νόμος βασιλεύς*, Philol. 83, 1928, 225ff. *M. Gigante* Nomos Basileus, 1956. *P. R. Franke* Alt-Epirus und das Königtum der Molosser, 1955. *Fr. Taeger* Charisma I 1957. *C.J. Gadd* Ideas of Divine Rule in the Anc. East, 1948. *Chr. Habicht* Gottmenschentum und griech. Städte, 1956. *A. Heuss* Stadt und Herrscher des Hellenismus, 1937; *Ders.* Alex. d. Gr. und die polit. Ideol. d. Altert., Ant. und Abendl. 4, 1954, 65ff. *E. R. Goodenough* The Political Philosophy of the Hellenistic Kingship, Yale Class. Stud. 1, 1938. *R. Andreotti* Peruna critica dell'ideologia di Aless. Magno, Hist. 5, 1956, 257ff. *M. Rostovtzev* Soc. a. Ec. Hell. W. (dtsch. 1955–1956) u.a.

Basilica. Das Wort B., dessen genauer Zusammenhang mit *βασιλικός* umstritten ist ([2], 160f. [12]), bezeichnet zunächst einen in Italien beheimateten, bisher aus ö. Vorbildern nicht ableitbaren ([9] [12], anders z.B. [4]) Bautypus, eine überdeckte, meist mehrschiffige, seltener peristyle Halle mit ausgeprägter Längsachse, anfangs oft ohne geschlossene äußere Längswände, deren Mittelschiff in der Regel breiter ist als die Seitenschiffe. Im Laufe der Kaiserzeit wandelt sich der Typus; das Mittelschiff kann überhöht werden, Emporen, Obergaden, Tribunalia, Apsiden können zugefügt werden, schließlich kommen Gewölbebauten auf Pfeilern oder ganz ohne tragende Stützen vor. Diese B. tritt zu Beginn des 2. Jh. v. Chr. unserer Kenntnis nach in Rom erstmals und dann alsbald mehrfach auf (B. Porcia, 184. B. des M. Fulvius Nobilior, später B. Aemilia, 179. B. Sempronia ([7]) 169; an ihrer Stelle seit 46 die B. Iulia. B. Opimia, 121). Sie diente als eine Art Börse für den röm. Kapital- und Produktengroßhandel ([12]), dagegen nur ganz ausnahmsweise für Gerichtszwecke ([10]). Die älteste erhaltene B. (Ende 2. Jh. v. Chr.) steht in Pompei ([6]), eine der prächtigsten war die von Traian auf seinem Forum in Rom erbaute B. Ulpia ([11]). Beispiele finden sich im W. des röm. Reiches überall, dagegen im O. nur spärlich und spät ([1]). Die Markt-B. ist eines der großen Themen der röm. Architektur, ihr Charakter ist, von der Herleitung unabhängig, rein röm.

Neben der Markt-B. kennt die Kaiserzeit auch gelegentlich B. genannte (Vitr. 6,5,2), b.-ähnliche Räume in größeren Häusern und, seit den Flaviern nachweisbar ([2]), in den Kaiserpalästen. Unklar ist nach wie vor der Zusammenhang mit den gelegentlich für Mysterienkulte verwendeten B. und die Entwicklung (?) von der Markt- und Palast-B. zu dem B. benannten chr. Kirchenbau, dessen Typus wir seit Konstantin d. Gr. im Gesamtbereich des Imperium antreffen (wenn auch anschließend im O. die B. allmählich vom Zentralbau verdrängt wird). Name und – trotz zweckbedingten Unterschieden – Raumform verbinden die chr. B. fest mit der profanen B. Die chr. B. ist als Gemeindekirche und für die von Provinz zu Provinz leicht wechselnden liturgischen Bedürfnisse eingerichtet ([5] 1255f. [3]). In ihren Anfängen ist sie von dem Märtyrerkult geweihten Memorialbau (vielfach einem Zentralbau) streng geschieden; viele B. setzen sich jedoch an einen älteren Memorialbau an, so daß die Unterschiede sich mit der Zeit verwischen. Die chr. B. stellt eine der bedeutendsten spätantiken Architekturschöpfungen dar, deren Wirkungen im W. bis in die Gegenwart reichen. W. H. G.

1. *R. Schultze* Basilika 1928. 2. *Giovannoni* Saggi sull'architettura, 1940, 85ff. 3. *Schneider*, NAG 1949, 45ff. 4. *Langlotz*, RAC 1, 1950, 1225ff. Festschr. für H. Jantzen, 1951, 30ff. 5. *Deichmann*, RAC 1, 1950, 1249ff. 6. *Maiuri*, NSA 1951, 225ff. *Krischen* Architectura 1, 1933, 46ff.

7. Zum Datum *Broughton* The Magistrates of the Roman Republic 1, 1951, 423f. 8. *Schneider*, NAG 1952, 153ff. 9. *v. Gerkan*, RQA 48, 1953, 129ff. = Von ant. Architektur und Topographie, 1959, 447ff. 10. *Welin* Studien zur Topographie des Forum Romanum, 1953, 111ff. *v. Gerkan*, G 62, 1955, 277. 11. *Nash* 1,450ff. 12. *Fuchs*, BJ 161, 1961, 39ff.

Βασιλικοὶ παῖδες. Korps königlicher Pagen, seit Philipp II. in Makedonien nachweisbar (Arr. an. 4. 13,1). Aus Söhnen des Adels bestehend, begleitete es Alexander auf dem Feldzug und bildete eine natürliche Pflanzschule für den Offiziersnachwuchs. Die in Sonderfällen als geschlossene Einheit (Arr. an. 4. 16,6) eingesetzten Knaben taten als Leibwächter und Ordonnanzen Alexanders Dienst und scheinen planmäßige, umfassende Ausbildung genossen zu haben, einer ihrer Lehrer war der Historiker Kallisthenes. G. W.

Berve Alexanderreich I, 37–39.

Basilikos (*Βασιλικός*). **1.** Rhetor des 2. Jh. n. Chr. in Nikomedeia, Lehrer des Apsines (Suda s. *'Αψίνης*), Vf. verschiedener theoretischer Schriften (u. a. *περὶ ἰδεῶν*; vgl. Suda B.) und Demosth.-Komm., die verloren sind. H. Gä.

2. Gnostischer Theolog aus der Schule Marcions um 180 n. Chr., der in einer Streitschrift des Rhodon (Eus. hist. 5,13,3) zusammen mit einem gewissen Potitus als Vertreter einer dem Marcion nahestehenden dualistischen Lehre genannt wird. B. ist wahrscheinlich mit dem von Theodoret von Kyros genannten *Βλάστος* (fab. 1,25) identisch. Kl. W.

A. v. Harnack Marcion, ²1924 (Nachdr. 1960), 163f. 321. 371.

Βασιλίνδα. Ein Spiel, bei dem ein Kind durch das Los zum König gewählt wird und die Spielkameraden die Rollen übernehmen müssen, die er ihnen zuweist. Poll. 9,110. Das Königsspiel des Kyros deckte sich nicht mit diesem Spiel (Hdt. 1,114). Es ist auch zu unterscheiden von dem Ballspiel, bei dem der Beste *βασιλεύς* und der Schlechteste *ὄνος* wurde; ebenso von dem Spiel, auf das sich Hor. epist. 1,1,59–60 bezieht. O. W. R.

Basilisk (*βασιλίσκος, regulus;* erkl. bei Isid. orig. 12,4,6), im Alt. reines Fabeltier. Dem Aristot. noch unbekannt, taucht es zuerst bei »Demokritos« (= Bolos von Mendes *περὶ θαυμασίων*?) auf, der es gesehen zu haben behauptet (Ael. Promotus bei E. ROHDE Kl. Schr. 1,397. DIELS Vors.⁶ 2,214); ähnlich bei Apollod. Alex. (Nik. Ther. 396ff.). Plin. nat. 8,78. Galen. 12,250. Isid. a. O. u. a. Danach zählte der B. zu den Schlangen; Länge ½ oder 1 Elle, spitzer Kopf mit weißem Fleck (Königszeichen), weiße Flecken auch am Leib; Fortbewegung wie bei der Spannerraupe. Als Heimat galt Libyen, bes. die Kyrenaïka. Das Tier war verrufen wegen seines unfehlbaren und schnell wirkenden Giftes (Gegenmittel nach Ps. Diosk. 2,91 Bibergeil und Mohnsaft), Atems (Plin. 29,66) und Blickes (Plin. Galen. 14,233. Amm. 28, 1,41). Seine Feinde sind das Wiesel (Bolos. Plin. Isid.) und der Hahn, dessen Krähen ihn tötet (Ail. nat. 3,31. 5,50). – Die Eidechsenart der Leguan-Familie hat nur den Namen mit ihm gemein. W. R.

Basiliskos. Jan. 475–Aug. 476 oström. Kaiser; 468 hatte B., gefördert durch seine Schwester → Verina, die Frau → Leos I., als Oberbefehlshaber im Feldzug gegen die Wandalen in Afrika versagt (Prok. 3,6). Gegen Verinas Willen wurde B., verbündet mit den Generalen → Illus und → Theoderich Strabo, Kaiser (Candid. frg. 1, FHG 4,136). Rasch wurde B. allseits unbeliebt. Sein Versuch, eine aus eigener Machtvollkommenheit erlassene, gegen die Beschlüsse von Chalcedon (451) gerichtete Glaubensformel durchzusetzen, scheiterte bes. am Widerstand des Patriarchen Akakios von Konst. (Euagrios hist. eccl. 3,4). A. L.

Enßlin RE VIII A 1547f. *Courtois* Les Vandales et l'Afrique 1955, 201f. *R. Haacke* in Grillmeier-Bacht, Chalcedon 2, 1952, 112f. *Stein* Gesch. 1,363f.

Basis s. Säule

Bassaeus. M. B. Rufus, arbeitete sich über Prokuraturen (s. H. G. PFLAUM Carrières procurat. éq. 1²,384–392 Nr. 162) vom Primipilus bis zum Praefectus vigilum im J. 168 empor, CIL XIV 4500, wurde Praefectus Aegypti (A. STEIN Praef. Aegypt. 93ff.), Praefectus praetorio von 169 an, CIL IX 2438, erhielt hohe Auszeichnungen in den letzten Jahren Marc Aurels, CIL VI 1599. R. H.

Bassarai, Bassareus s. Dionysos

Bassianus. 1. Beiname des Caracalla, s. d. **2.** Cognomen des M. Iulius Gessius Bassus, des späteren Kaisers M. Aurelius Severus Alexander. **3.** Gemahl der Anastasia, der Schwester Constantins d. Gr.; gegen diesen ließ er sich zu einem Aufstand hinreißen und wurde getötet, Anon. Vales. 5,14ff. **4.** Antiochener, Verwandter des Libanios (epist. 541), trat unter Iulianus Apostata in den Staatsdienst (epist. 592), wurde 371 in einen Hochverratsprozeß verwickelt und zu Güterkonfiskation verurteilt, Amm. 29,2,3. R. H.

Bassus. 1. Der Procos. Lyciae et Pamphyliae von CIL VI 31696 ist C. Pomponius Bassus Terentianus. **2.** Freund des Septimius Severus, 193 praefectus urbi, vit. Sever. 8,8. Aurel. Vict. epit. Caes. 20,6. **3.** Jambendichter, Freund Ovids (trist. 4,10,47) und des Properz, der an ihn 1,4 gerichtet hat; wohl auch Freund des Horaz, c. 1,36,14. **4.** Centurio oder Militärtribun bei dem Praef. Aegypt. A. Avillius Flaccus um 35 n. Chr., Philo in Flacc. 11,92 p. 136f. R. **5.** Freund Martials, 3,47.58. **6.** Der Epistratege von Pelusium und der Thebais (Pap. Oxy 2,237 col. 7,22) und Prokurator von Iudaea (DESS. 9506) ist identisch mit M. Aemilius Bassus, s. H. G. PFLAUM Carrières procurat. éq. 1²,238–240 Nr. 103. R. H.

Bastarnae. Größere germ. Völkerschaft, die nach Aufgabe ihrer Wohnsitze an der oberen Weichsel, zu Beginn des 2. Jh. im h. Bessarabien, an Dnjstr, Pruth, Bug bis zur Donaumündung siedelte. König Philipp von Makedonien suchte sie 182 v.Chr. zur Weiterwanderung an die N.-Grenze seines Reiches zu veranlassen. 179 v.Chr. überschreiten die B. die Donau und fallen in Thrakien ein. Als Verbündete des Königs Mithridates von Pontus erscheinen sie 88 v.Chr. im Kampf gegen die Römer; deren Heer unter dem Prokonsul C. Antonius wird im Jahre 61 v.Chr. von den B. bei Istros geschlagen. Einige Jahre in dakischer Botmäßigkeit, erlangen die B. um 45 v.Chr. ihre Unabhängigkeit zurück. In der Interessensphäre Roms werden sie 29/28 v.Chr. durch die Römer unter Licinius Crassus besiegt und hinter die Donau zurückgedrängt. Ihr König Deldo fällt im Kampf. Ein Teilstamm der B. wird 14 v.Chr. von M. Vinicius niedergerungen. Dem Druck von O. heranziehender Goten ausweichend, unternehmen sie um 170 einen Zug gegen das lydische Thyatira. Gegen E. des 3.Jh. treten sie auf röm. Gebiet über und werden unter Kaiser Probus in Thrakien angesiedelt. H.C.

E.Petersen Die B. und Skiren in Reinerth, Vorgesch. d.Dt. Stämme 3, 867.

Bastetani, Bastuli, Stamm an der spanischen Südküste, wohl identisch mit dem alten Volke der Massieni (RE XIV 2153). Wenn Ptolem. (2,4,6) und Strabo (3,1,7.3,4,1.3,2,1.3,4,12.14) B. und Bastuli unterscheiden, so ist das wohl so zu erklären: der Stamm kam von Westen und besetzte die Küste von Gades bis Calpe, wo er Bastuli, dann dehnte sich ein Teil nach Osten bis Cartagena aus, wo er B. genannt wurde (Font.Hisp.Antiquae VI, Barcel. 1952, 144). Eine geschichtliche Rolle scheinen sie nicht gespielt zu haben.Strab. 3,3,7 beschreibt einen Tanz der Männer und Frauen (Labor del Servicio de Investigaciones Prehistoricas, Valencia 1934, lám.7. Font.Hisp.Ant. VI 216). S. auch Varro rust. 2,10,4. R.G.

Batalos. Ein durch Weichlichkeit und Lasterhaftigkeit in seiner Lebensführung und seiner Kunst sprichwörtlicher Aulet des 4.Jh., von der Komödie verspottet; Spottname des Demosthenes nach Aischin.1,126 (m. Sch.). 131.164.2,99. Plut.Demosth. 4,5. K.Z.

Batanaia (-nea, -nis). Der Name geht (wegen des t über eine aramaisierte Form) auf das alttest. bāšān zurück (daneben über *ὁ/ἡ Βασάν* direkte Ableitung *Βασανῖτις*) und bezeichnet in griech.-röm. Zeit eine Hochebene, die am ehesten der heutigen nuqra(t el-ḫaurān), d.h. »Senke (des Hauran)«, entspricht. Sie wird im W vom Gebirge ǧōlān (= *Γαυλανῖτις* nach der Freistadt gōlān Dt. 4,43; Ios. 20,8) längs des Jordan und Sees Genezareth, im NW vom ǧebel eš-šēḫ (AT: ḥärmōn) und im O vom ǧebel ḫaurān (=*Αὐρανῖτις*⟨ḥawrān⟩ Ez. 47,16.18) mit der sich n.n.w. anschließenden leǧa (= *Τραχωνῖτις* »die Steinige«) begrenzt; die Nordgrenze war offen, die Südgrenze verlief etwa längs der šerīʿat el-menāḍire (⟨= talmud. jarmūk⟩ Hieromykes) über ihre Nebenwadis nach ṣalḫad (nicht = salkah im AT!). Das alte bāšān umfaßte alle diese Gebiete mit, weshalb auch B. gelegentlich in diesem weiteren Sinne gebraucht werden kann; außerdem konnten Namen einzelner Teillandschaften füreinander eintreten.

Das ganze Gebiet (zur Vor- und Frühgeschichte vgl. [6],233–240) war seit der Landnahme zwischen Israeliten und Aramäern umstritten; nach einer ersten Hellenisierung wurde es im 1.Jh. z.T. von den Nabatäern beherrscht und auch nach der röm. Eroberung durch Pompeius ständig von ihnen durchsetzt. Durch den damaligen Hauptort von B., h. derʿa (AT *ädräʿī*, lat. *Adraa*) wurde die Römerstraße von Cäsarea am Meer nach Bostra gelegt. Augustus überließ B. (im weiteren Sinne) Herodes dem Gr., von dem es sein Sohn Philippus erbte; unter beiden wuchs die Hellenisierung zu voller Blüte. Spätestens seit der Zeit des Kaisers Philippus Arabs, der aus šahba im ḫaurān stammte, gibt es christliche Gemeinden in B. Die Vorfahren der Mandäer wohnten auf ihrer Wanderung nach Mesopotamien eine Zeitlang dort. Unter den byzant. Kaisern, endgültig bestätigt durch Anastasios, hatten hier die aus Südarabien eingewanderten, später Ġassāniden genannten Araber, die mit der Grenzverteidigung beauftragt waren, eines ihrer Zentren; sie waren Monophysiten, doch lebten unter ihnen auch viele Orthodoxe. Nach einer sassanidischen Zwischenherrschaft (613–629) unterwarf Kalif ʿOmar 636 das ganze Gebiet. Unter dem Islam siedelte sich hier die Drusensekte an, die bis heute namentlich dem ḫaurān-Gebirge das Gepräge (und den Namen ǧebel drūz) gibt. – B. war neben Äg. eine Hauptkornkammer Roms; in ḫaurān-Ebene und -Gebirge haben die genannten und noch andere Kulturen und religiöse Gruppen, die hier immer wieder ein Rückzugsgebiet fanden, ihre Häuser, Weidezäune, Bäder, Aquädukte, Tempel, Theater, Triumphbögen, Heiligtümer, Kirchen und Inschr. in überwältigender Fülle zurückgelassen, im Gebirge in der ihm eigentümlichen, völlig holzlosen Basaltarchitektur. Ganze »tote Städte«, erst in jüngster Zeit wieder schwach besiedelt, bewahren so, ohne einen Spatenstich zu fordern, ein faszinierendes Bild des ausgehenden Altertums. C.C.

1. *H. Fischer* Karte des Hauran (mit hist. Erläuterungen S. 248–302), ZDPV 12, 1889. 2. Dict. de la Bible 1, 1253 bis 1258. 1486–1490. 3. DACL 2,615–620. 6,2067–2102 (ältere Lit.). 4. *M. Dunand*, Syria 7, 1926, 326–335. 5. *J. Mascle* Le Djebel Druze, Beyrouth [2]1936. 6. *A. Beaulieu*, Syria 24, 1944/45, 232–250. 7. *J. Lassus* Sanctuaires Chrétiens de Syrie, Paris 1947. 8. *J. Nasrallah* Syria 27, 1950, 314–331. 9. *D. Sourdel* Les Cultes de Hauran à l'époque Romaine, Paris 1952.

Batava (castra). Gegenüber von Boiodurum (Innstadt bei Passau, norische Zollstation), auf raetischem Gebiet gelegenes Standlager am Zusammenfluß von Inn und Donau, h. Passau. (Not.

dign. occ. 35, 24. Eugippus, Vita s. Severini 19, 1: *Batavis appellatur oppidum inter utraque flumina, Henum videlicet atque Danuvium, constitutum.*) Zunächst Benifiziarierposten der Leg. II italica, wird anläßlich der Errichtung des obergerm.-raet. Limes die coh. IX Batavorum seit der Mitte des 2. Jh. n. Chr. hier stationiert. Neben dem Lager entstand eine bürgerliche Ansiedlung, die bei günstiger Verkehrslage einen blühenden Aufschwung nahm. Lager und Siedlung, nach der Batavercohorte benannt, wurden später aufgelassen und die verbliebene Bevölkerung suchte Schutz im Bereich des Altstadthügels. Der hl. Severin, †482, soll während seines Wirkens in Noricum in Passau ein Kloster begründet haben. H. C.

Bathykles von Magnesia (da er ein Bild der Artemis Leukophryene schuf [Paus. 3, 18, 9] aus Magnesia am Mäander), Bildhauer und Architekt um 530 v. Chr. Paus. a.O. beschreibt ausführlich den »Thron« des Apollon zu Amyklai von B. Von seinem reichen Bildschmuck ist nichts erhalten. Die Ornamente der eigenartigen Bauglieder ergeben das Datum. A. R.

Overbeck Die ant. Schriftquellen Nr. 360f. JDAI 33, 1918, 107ff. *(Fiechter).* AM. 52, 1927, 1ff. *(Buschor* und *von Massow).* HB Arch. III 1 (5. Lfg. 1950) 55f. *(Lippold).* Enc. Arte Class. Or. II 17f. *(Amorelli).*

Bathyllos s. Anakreon und Pantomimus.

Batieia, Bateia (*Βατίεια, Βάτεια*). Ein Hügel vor dem skaiischen Tore Troias zwischen Skamander und Simoeis, auf dem die Troer sich zur Schlacht ordneten, in der Sprache der Götter (also wohl vornehmer, altertümlicher) »Grabmal der springgewandten Myrine« genannt; wegen des Beiworts sah man in ihr eine Amazone. Il. 2,811 ff. Strab. 12,573. 13,597.623. Lykophr. 243 nennt den Ort Myrine. B. war angeblich eine alte Landeskönigin, Tochter des Teukros, Gemahlin des Dardanos, Dion. Hal. ant. 1,62. Hellanikos FGH 1,63, 130. Diod. 4,75. Apollod. 3,12,1,3. H. v. G.

Illyrisch: *Heubeck W. J.* 4,202. *Wilam.* Ilias 279.

Batis (*Βάτις*, Betis Curt. 4. 6,7). Kommandant von Gaza, der 332 Alexander 2 Monate hindurch Widerstand leistete. Alexander ließ ihn aus unbekannten Gründen hinrichten, was Historiographie und philosophisch orientierte Alexanderbetrachtung früh zu allerhand Ausmalungen angeregt zu haben scheint (Hegesias v. Magnesia FGrH 142/ frg. 5). G. W.

Ed. Meyer Kl. Schr. 1,286. *Berve* Alexanderreich II Nr. 209. *Tarn* Alexander the Great 2,265–270.

Bato. 1. Häuptling der Dardaner, schloß sich 200 v. Chr. im Krieg gegen Philipp von Makedonien den Römern an, Liv. 31,28,1 f. **2.** Pannonier, Häuptling der Breuker, die sich 6 n. Chr. dem Aufstand der Desidiaten gegen die Römer anschlossen und Sirmium belagerten, doch vom Statthalter Moesiens, Caecina Severus, zurückgeschlagen wurden. B. verband sich mit dem Desidiaten B. Cass. Dio 55,29,3. Im J. 7 griff er von der Fruška Gora aus bei den Volcaeischen Sümpfen an, Cass. Dio 55,32,3. Vell. 2,112,4–6. Nach der Waffenstreckung der Aufständischen im J. 8 lieferte B. den pannonischen Anführer Pinnes, der weiterkämpfen wollte, den Römern aus; dafür wurde er in seiner Stellung belassen, doch der Desidiate Bato nahm ihn gefangen und tötete ihn, Dass. Dio 55,34,4f. **3.** Führer der Desidiaten (um Sarajewo). Er begann 6 n. Chr. die Erhebung der Dalmater, als die Römer Aushebungen für den Markommannenkrieg begannen, Cass. Dio 55,29,2. B. belagerte Salona, erlitt aber an der Küste durch Messalla Messalinus eine Niederlage, Vell. 2,112. Er verband sich mit dem Breuker B., beide bezogen Stellungen auf dem Alma mons (Fruška Gora), Cass. Din 55,30; von dort erfolgten Angriffe im J. 7, Cass. Dio 55, 32. Doch durch Hunger und Krankheiten zermürbt, streckten sie im August 8 die Waffen, Cass. Dio 55,33,1. Nach der Hinrichtung des Breukers B. durch B. flammte der Aufstand wieder auf, im J. 9 ergab sich B. dem Tiberius, Cass. Dio 55,33. 2f. Vell. 2,114. Im Triumph aufgeführt, wurde B. in Ravenna festgesetzt, Ovid. Pont. 2,1,45ff. R. H.

E. Köstermann Der pannon.-dalmat. Krieg 6–9 n. Chr., H 81, 1953, 345–378.

Baton (*Βάτων*). Wagenlenker des Amphiaraos, wie dieser aus dem Geschlecht des Melampus, mit ihm in der Schlacht von Theben von der Erde verschlungen, mit ihm in Argos als Heros verehrt. Apollod. 3,77. Paus. 2,23,2. Die Argiver weihten den Wagen des Amphiaraos mit der Statue des B. nach Delphoi. H. v. G.

Batrachomyomachia (auch Batrachomachia, Myomachia usw.). Klein-Epos, Parodie auf die Ilias (und die Odyssee): Ausgabe mit einigen Testimonia von Th. W. Allen Homeri Opera 5, Oxf. 1912 ([2]1946), 161–183 (daneben unentbehrlich die Ausg. von A. Ludwich, Lpz. 1896, mit Sch. und Paraphrase). Plutarch (T 1f.) scheint unser Klein-Epos zu meinen und bezeichnet es als ein Werk des Karers → Pigres, (so auch die Suda, T 3). Martial (T 4), Statius (T 5) u. die Tradition der Homerviten sehen in der B. ein Werk 'Homers'.

Aus der Fab. Aes. 302 Hausr. (»Maus und Frosch«: ~ B. 9–83) ist ein Klein-Epos entwickelt, in dem der durch einen Frosch verschuldete Tod einer Maus durch einen 'iliadischen' Kampf der Mäuse und Frösche gerächt wird (zweifache Einführung der Götter: 168–197. 268–293). Das Ganze ist stark itp. u. durch Korruptelen entstellt. Die zeitl. Fixierung ist schwierig: der Text rechtfertigt am ehesten einen Ansatz auf geraume Zeit nach Kallimachos, der (s. F 1.177) mehrfach benutzt zu sein scheint (s. R. Pfeiffer Callimachus 2, 1953, 129b). H. J. M.

Battos (*Βάττος*). **1.** Messenischer Hirt im Dienste des Pyliers Neleus. Er sah, wie Hermes die Apollon gestohlenen Rinder vorbeitrieb, und gelobte ihm gegen das Geschenk einer Kuh eidlich

Schweigen gegen jedermann; »eher wird der Stein dort es verraten«. Um ihn auf die Probe zu stellen, kam Hermes bald in anderer Gestalt und versprach ihm einen Stier, wenn er ihm die Rinder weise. B. brach seinen Schwur und wurde zur Strafe in einen Fels verwandelt. Ant. Lib. 23. Ov. met. 2,676–707. Eine Volkssage, die sich mit spielerischer Etymologie (*βαττολογεῖν* plappern) an die *Βάττου σκοπιαί*, vielleicht eine durch ein Echo ausgezeichnete Örtlichkeit, knüpfte. Hom. h. 3,87f. 185ff. ist ein nicht genannter Greis aus Onchestos der Verräter. **2.** Herrscher von Melite (Malta), der Didos Schwester Anna auf der Flucht aufnahm. Ov. fast. 3,570. H. v. G.

Baubo (*Βαυβώ*). Gattin des Dysaules, Mutter der → Mise (Asklep. Tragil. frg. 4 JAC. A. DIETERICH Kl. Schr., 1911, 126), Figur der altorph. Demetersage (Orph. frg. 52. L. MALTEN, ARW 12, 1909, 428.438. [4],135), der Iambe des Hom. Hymnus entsprechend (Hom. h. 5,202f. F. WEHRLI, ARW 31, 1934, 78ff.). Während Iambe den Brauch des *τωθασμός* in den eleusin. Mysterien verkörpert (Etym. m. 463,23. Hesych. s. *Ἰάμβη* [3],24f.), gibt die Episode von der die trauernde Deo-Demeter erheiternden Entblößung der B. das Aition für eine bestimmte Form kult. Exhibition (M. DELCOURT Hermaphrodite, 1958, 49), die einen dem Iambismos analogen Sinn gehabt haben muß ([3],28. Vgl. C. SITTL Die Gebärden der Griechen und Römer, 1890, 104). Nach S. REINACH Cultes, Mythes et Religions 4, 1912, 116ff., und WEHRLI a.O. 81 wäre er apotropäisch; dagegen wollte CH. PICARD, RHR 95, 1927, 220ff. (zustimmend M.J. LAGRANGE, Rev. Bibl. 38, 1929, 76ff. und A. LOISY Les mystères paiens et le mystère chretien, 1930², 68,1), gestützt auf die Glossen *βαυβώ· κοιλία* (Emp. frg. 153 D. [1],10. K. KERÉNYI Niobe, 1949, 74) und *βαυβῶν = ὄλισβος* (Herond. 6,19. W. HEADLAM Herodas, 1922, 288f.) die Beziehung eines mit Iambe-Iambos vergleichbaren Paares B.-Baubon zu den angeblichen Sexualsymbolen *κίστη* und *κάλαθος* der zentralen eleusin. Kulthandlung herstellen. Vgl. J. DEY *Παλιγγενεσία*, NTA 17,5, 1937, 41ff. 49ff. Für sprachlichen Zusammenhang zwischen B. und *βαυβῶν* auch DIETERICH a.O. 127 und L. RADERMACHER, RhM 59, 1904, 312f. gegen ROHDE Psyche 2,408, dessen Ableitung von dem Schallwort *βαύ* gleichwohl von RADERMACHER a.O. 311f. akzeptiert wird. Wie ROHDE und R. EISLER, Ph 68, 1909, 136,71, sieht er in B. einen zum Typ der Mormo, Gello, Gorgo gehörigen, ursprüngl. hundegestaltigen weiblichen Schreckdämon (vgl. Orph. frg. 53. TH. HOPFNER Griech.-äg. Offenbarungszauber, 1, 1921, 51) aus dem nächtlichen Gefolge der → Hekate, mit der spätorph. Tradition sie übrigens gleichsetzt (Hymn. Mag. 3,2. E. ABEL Orphica, 1885, 289. Vgl. O. KERN, AM 16, 1891, 7,2. DIETERICH a.O. 128). Die Sexualsymbolik von *βαυβώ-βαυβῶν* wird durch den Hinweis auf *κύων· αἰδοῖον* (Phot. Hesych.

Eust. 1822, 13ff.) damit in Einklang gebracht. Andererseits hat die Variante *Βαβώ*, außer in dem bei Michael Psellos erhaltenen Orph. frg. 53 und einem kaiserzeitlichen epigraph. Zeugnis aus Galatien (CIG 4142) noch durch die Inschrift von Paros (IG XII 5,227. KERN a.O. 6f. DIETERICH Nekyia, 1893, 87,3) belegt, im Hinblick auf die Rolle der B. als Amme der Demeter (Hesych.) zu der Deutung »die (dämon.) alte Frau« (Baba-Boba) geführt (E. DE MARTINO, SM 10, 1934, 68f.), für die man volkskundliche Parallelen zur Verfügung hat (W. MANNHARDT Mythol. Forschungen, 1884, 299ff. FRAZER GB 5,1,144f. 5,2,332f.). – Die Paros-Inschrift nennt B. zusammen mit den Hauptgottheiten von Eleusis Demeter Thesmophoros, Kore und Zeus Eubuleus ([1],9f.); das spricht für alte, vororph. Zugehörigkeit zum eleusin. Kultverein. Geographisch weist sie neben CIG 4142, der theban. Maenade B. zu Magnesia (KERN, AM 15, 1890, 332. Inschr. von Magnesia, 1900, 215a 32. [1],14) und der B.-Tochter Mise auf den anatol. Raum (Gruppe Gr. Myth. 1437,2. [4],135f.). Ihm entstammt auch die Gespensterherrin Hekate-Brimo; ihr Konnex zum Kreis der Demeter als deren ehemalige Konkurrentin ist im hom. Hymnus noch faßbar (WEHRLI a.O. 82f.). B. dürfte demnach eine selbständige Form der in die Demeterreligion eingedrungenen kleinasiatischen Göttin gewesen sein, deren nächtlich-schreckensvolle Natur zum derb-komischen Gebaren eines häßlichen alten Weibes verharmlost wurde. Für den Sinn des obszönen Gestus ist die Version wichtig, nach der Demeter selbst ihn ausführt (Greg. Naz. or. 4. Migne G 35,653. KERN Orph. F. 129. LAGRANGE a.O. 78f. [5],300ff.). Er gehörte also der großen Göttin, deren freundliche, segenspendende Seite durch Demeter-B. (DE MARTINO a.O. 75f. Vgl. K. PRUEMM Der christliche Glaube und die altheidnische Welt 1, 1935, 350), deren düstere durch Hekate-B. vertreten wird (PESTALOZZA, Acme 5, 1952, 539f. [5],304. Vgl. A. B. COOK Zeus 2, 1925, 131.32). Der Situs des *ἀνάσυρμα* hat dementsprechend gleich der Aischrologie der Gephyrismen apotropäisch-schreckende (vgl. Plut. mor. 248b. W. DEONNA, RHR 69, 1914, 193ff.) wie protreptisch-fruchtbarkeitsfördernde Funktion ([1],12f. [2],43. [3],29f. [5],305. PICARD a.O. 238). Im Zusammenhang damit ist das von E. HAHN Demeter und B., 1896, 54ff. zusammengestellte folklorist. Material über kult. *αἰσχρολογία* und *αἰσχρουργία* von Interesse; ebenso, mit Rücksicht auf die Verbindung von *τωθασμός* und *ἀνάσυρμα* bei den Frauen von Bubastis (Hdt. 2,60. A. WIEDEMANN Herodots 2. Buch, 1890, 256), die von I. LÉVY Mél. F. Cumont, 1936, 819ff. herangezogene äg. Überlieferung über rituelle Exhibition und rituelles Lachen (vgl. J. CAPART, BAB 17, 1931, 421), ohne daß man daraus mit P. FOUCART Les mystères d'Eleusis, 1914, 467ff. A. KOERTE, ARW 18, 1915, 120 und LÉVY a.O. 832f. eine Übernahme der B.-Gestalt aus Äg. folgern dürfte. Der

Typus der ϑεὰ ἀνασυρομένη, wie ihn die gastrokephalen Statuetten von Priene (Th. Wiegand-H. Schrader Priene, 1904, 161 ff. S. Reinach, RA 10, 1907, 166f. [1],10f.) und die bekannte ital. Terrakotte der auf dem Schwein reitenden Dea impudica (Cook a.O. Abb. 79) zeigen, findet sich von der ägäisch-anatolischen Welt bis zum Nildelta verbreitet (D. G. Hogarth, JHS 25, 1905, 128f. Picard a.O. 248f. ErJb 6, 1938, 100 ff. Pestalozza a.O. 540. [2],41 ff. [5],6.57.297f.302f.). Die personifizierte Vulva (βαυβώ [1],12f. [2],42f.), drastischer Ausdruck der positiven und negativen maternalen Potenz, ist wie ihr Pendent, der verlebendigte Phallos (Bes-Akephalos: Picard a.O. 250 ff.) Symbol der großen lebengebenden Gottheit, von deren ursprüngl. zweigeschlechtlicher Natur neben Mise-Mida auch B.-Orthobaubo (F. G. Kenyon Greek Papyri in the Brit. Museum, 1893, 79) eine Spur bewahrt hat (de Martino a.O. 72f.). W. F.

1. *H. Diels* Arcana Cerealia, Miscellanea A. Salinas, 1907, 3 ff. 2. *P. Perdrizet* Bronzes grecs d'Égypte, 1911. 3. *H. Fluck* Skurrile Riten in griech. Kulten, 1931. 4. *W.K.C. Guthrie* Orpheus and Greek Religion, 1952[2], 135 ff. 5. *U. Pestalozza* Rel. Mediterranea, 1952.

Bauernstand. Der B. entwickelt sich aus prähistorischen Pflanzer- und Viehzüchterkulturen, vielleicht öfters durch Überlagerung. Die Dorfkultur erscheint als vollendet im Ausgrabungsbefund von Jericho (7. Jt. v. Chr.) und Jarmo im Irak (5. Jt.) und breitet sich schnell über den Vorderen Orient und Äg., seit dem 6. Jt. gelegentlich nach Thessalien, seit dem späteren 4. Jt. ausgeprägt nach Hellas, Italien und nach ca. 3000 auf fast das ganze Europa aus. Im Alten Orient der Bronzezeit einschließlich der kret.-myken. Kultur werden die Bauern weitgehend von Königs-, Adels- und Tempeloiken abhängig, obwohl unverändert Freibauern in chronol. wechselnder Zahl von China bis Kleinasien und anscheinend auch in Linear B erscheinen. Die Eisenzeit macht danach viele Stämme kriegerischer Freibauern den Planmonarchien der Bronzezeit kulturell gleichberechtigt und militärisch überlegen, vor allem Aramäer, Israeliten, Phryger, Lydier, Armenier, Indo-Iranier, Dorier, dorisch beeinflußte Hellenen, Latiner, Umbro-Sabeller, Illyrier und die Hallstattstämme.

Im archaischen Hellas und im Rom der Königszeit sind die kleinen Freibauern noch den adligen Großbesitzern unterlegen und oft von ihnen abhängig, wie aus Hom., Hes. und Archil. eindeutig hervorgeht. Das Aufkommen der Hoplitenphalanx (nach 700 v. Chr.), die Münzgeldwirtschaft mit Großgeld (von 600 v. Chr.) und vor allem mit Kleinsilbergeld (seit ca. 570 v. Chr.) zwingen dann die Adligen, den Kleinbauern polit.-ökonom. Konzessionen zu machen, die dazu landwirtschaftliche Kleinüberschüsse leicht in Kleingeldersparnisse für schlechte Erntejahre auf den neuen Polismärkten umwandeln konnten. Wo der Demos nicht rechtzeitig Konzessionen erhielt, nahm er sich gewappnet, was ihm gebührte.

Die mit der Entwicklung zur Polisdemokratie unabwendbar verknüpfte hellenische Geschäftssklaverei ermöglichte es seit etwa Solons Gesetzgebung gegen Bauernverschuldung und Leibeigenschaft (594 v. Chr.) dem Politenbauern, einige Sklaven in seine Kleinlandwirtschaft einzugliedern, seit etwa dem 5. Jh. ein allgemein hellenischer Befund, der bereits früh zur Privatzuteilung von Heloten, an Spartiatenkleroi führte und spätestens seit 400 v. Chr. auf das nichthellenische Vorderasien, S.-Rußland, Italien und N.-Afrika übergriff. Die Geldwirtschaft des klass. Hellas machte Agrarkredit möglich, der vor allem in den Horoi Attikas zum Ausdruck kommt. Im allgemeinen blieben 90–95% der hellenischen Produktion agrarwirtschaftlich, vielleicht mit Ausnahme von Athen, Korinth, Olynth, Syrakus und anderen Zentren des Handels, Handwerks oder Bergbaus.

Die hellenistische Entwicklung (und die Roms seit ca. 201 v. Chr.) ist dem kleinen Freibauern ausgesprochen ungünstig. Die Agrarverfeinerung von Zentralasien bis N.-Afrika und Spanien ist jetzt auf marktwirtschaftlicher Großlandwirtschaft basiert, die im O.-Mittelmeergebiet und Orient mehr zu freier Eingeborenen-, in Karthago und Rom mehr zu Sklavenausbeutung tendierte. Die Siedler Alexanders d. Gr. und seiner Diadochen in meist neuen Poleis sind entweder bereits sofort Großbesitzer oder entwickeln sich im Seleukidenreich und seinen Nachfolgestaaten zu Großlandwirten, genau wie karthag., röm. und sogar kelt. Oberschichten im W.-Mittelmeergebiet und Zentraleuropa. Das ptolemäische Äg. kann als ein riesiges Großgut verstanden werden, das Eingeborenenausbeutung und griech. Technik kombinierte. Gegenbewegungen, die zum vorhellenistischen, althellenischen und altröm. Freibauerntum zurückzuführen suchten, scheiterten im Sparta von Agis, Kleomenes und Nabis, im Äg. von Ptolemaios III. bis Kleopatra VII., im Partherreich und Pergamon. Sie hatten im Makkabäerstaat und im Imperium Romanum von Tiberius Gracchus bis Caesar nur kurzlebigen Erfolg.

In der Prinzipatszeit werden die mit jetzt zu wertvollen Sklaven bewirtschafteten Latifundien von Spanien und Britannien bis Kleinasien und die mit freien Eingeborenen bewirtschafteten Großgüter von Syrien bis Kleinasien zu hauptsächlich mit langfristigen Pächtern und Pächterdörfern bewirtschafteten *patrocinia* von *coloni* und ihren iran.-armen. Äquivalenten. Am Fürstenhofe einflußreiche Großbesitzer machten sich dazu auch zu Oberherren von bisherigen Freibauernarealen in nicht zur marktwirtschaftlichen Nutzung geeigneten Gebieten Italiens, der röm. Provinzen und im Partherreich. Von Hadrian bis ins 4. Jh. n. Chr. wird aus dem Kolonat eine verschleierte Leibeigenschaft.

Als schwache, aber zukunftsträchtige Gegenbewegungen finden wir Experimente mit Freibauernzusammenschlüssen ohne Sklaven, die uns im 1. Jh. n. Chr. in Qumrân am Toten Meer, in der frühchr. Kirchengemeinschaft und anscheinend bereits unter Caesar und Augustus in schlecht bezeugten Neupythagoreer-Experimenten faßbar werden. Die chr. Klösterentwicklung nimmt diese Versuche seit dem 3. Jh. als religiöse Arbeitspflicht wieder auf, greift seit dem 6. Jh. auch auf den Laiensektor von Ostrom, nur wenig früher durch die mazdakistische Revolution und Gegenrevolution auf das Sassanidenreich und unter Papst Gregor I. kurzlebig auch auf das Bauerntum Italiens über.

Im byzant. O., in der Welt des Islams und der griech.-orthod. Slawenwelt finden wir infolgedessen vom ca. 7. bis zum 11. Jh. n. Chr. ein Vorwiegen von Freibauernkollektiven, insbesondere Dörfer der byzant. Themata und der südslawischen Zadruga. Im W.-Mittelmeergebiet führt dagegen die Völkerwanderungsrevolution zur Leibeigenschaft des Mittelalters trotz donatistischen Aufständen in N.-Afrika, Bagaudenunruhen in Gallien und nicht abreißenden Bauernrevolten des w. Mittelalters. F. M. H.

Oxford Class. Dict. Agriculture, RAChr. Domäne, s. ferner die weiteren mit dem B. zusammenhängenden Einzelartikel, auch die der RE, bes. der Suppl.Bde. III. IV, VI. – *F. M. Heichelheim*, Wirtschaftsgesch. Alt. 1938. *Ders.* Ancient Economic History I f., 1958 f. passim mit voller Bibliogr.

Baukis (*Βαῦκις*, »die Zärtliche«). Eine fromme phrygische Alte, Frau des → Philemon. Das Paar nahm die als müde Wanderer in ihre Hütte einkehrenden Götter Zeus und Hermes (vgl. Plaut. Amph.; Paulus und Barnabas in Lystra, Act. apost. 14,11 ff.), denen die Bewohner der Gegend die Türen verschlossen, herzlich auf. Während zur Strafe die ganze Gegend durch eine Wassersflut vernichtet wurde, verwandelten die Götter die ärmliche Hütte in einen prächtigen Tempel, in dem die beiden als Priester walteten und bei ihrem gleichzeitigen Tode in Eiche und Linde verwandelt wurden, von den Umwohnern kultisch verehrt. Wir kennen diese phrygische Volkssage aus Ov. met. 8,620 bis 724, der sie gewiß aus einer hellenist. Quelle übernommen, aber mit vielen liebenswürdigen Zügen ausgestattet hat. H. v. G.

L. Malten, H 74, 1939, 176 ff. 75, 1940, 168 ff. *J. E. Fontenrose* CPh 1945, 93. *Nilsson*, GgrR 1, 194 ff.

Bauli (Nissen It. Ldk. 2,733), s. Villenvorort von Baiae, dessen Name von Ställen abgeleitet wird, in denen Hercules die Rinder aufbewahrte (Serv. Aen. 6,107 u. a.). In B. Villen des Pompeius (Cic. fam. 8,1,4), Hortensius (Varro rust. 3,17,5 u. a.; dort Cic. ac. 1,2,9.125); bekannt durch die Ermordung Agrippinas (Tac. ann. 14,4 f. Suet. Nero 34). Von hier Schiffsbrücke des Caligula nach Puteoli (Suet. Cal. 19,1). G. R.

Baumwolle wird seit vorgeschichtlicher Zeit im tropischen Asien, Ostafrika, Süd- und Mittelamerika aus den Samenhaaren ausdauernder bis baumförmiger und einjähriger Arten der meist zu den Malvaceen, besser zu den Bombacaceen gestellten Gattung Gossypium gewonnen. Die von Herodot und Strabon aus Indien, von Plin. von der Insel Tylos im Roten Meer und Oberägypten als *gossympini* (wohl von arab. goz = seidig) genannte Baumwolle ist wohl G. arboreum, die heute meist gebaute einjährige G. herbaceum. H. G.

Bauto, Flavius. Heidnischer Franke, tüchtiger Offizier, unter Gratian zum *mag. mil.* aufgestiegen (Zos. 4,33,1), wurde 383 *mag. peditum praesentalis* und maßgeblicher Ratgeber des Kaisers am Hof Valentinians II. (Ambros. epist. 24,4. 8. 18, 1. 57, 3). Bald nach seinem Konsulat im J. 385 (dazu Panegyricus Augustis-Aug. confess. 6,6; contra Petill. 3,25) starb B. Seine Tochter → Eudoxia wurde später die Frau des → Arcadius (Philost. 11, 6). An B. gerichtet: Symm. epist. 4,15 f. A. L.

Enßlin Klio 24, 132 f. *Stein* Gesch. I 202 ff.

Bauwesen. Der griech. Staat greift nur selten reglementierend in das private B. ein, etwa wenn Balkons usw. über öffentlichem Grund errichtet sind, Aristot. oec. 2,2,4. Polyain. 3,9,30, auch wenn andere öffentliche Interessen im Spiel sind ([5], 48 ff.). Das öffentliche B. ist dagegen ganz in die Kompetenz der Gemeinde (Volksversammlung) gestellt, mit Ausnahme der Befestigungsbauten, die bei Verlust der vollen Autonomie Vorrecht des Stärkeren (Athen im Seebund; der König; Rom. [6], 2, 32 ff.) werden. Der Staat regelt sowohl die notwendigen Ingenieurbauten (Kanalisation, öffentliche Zisternen und Brunnen, Straßen, Befestigungen usw.) als auch die Errichtung sakraler oder profaner Bauten aus Mitteln des Demos (Tempel, Hallen, Dienstgebäude, Gymnasien usw.). Auch die Aufsicht über bereits vorhandene Bauwerke dieser Art, Behebung von Schäden usw. obliegt dem Staat, der seit der Klassik durch eine gewählte Behörde (meist die Astynomoi; für die Straßen die Hodopoioi) tätig wird; ein oder mehrere Architekten können die Astynomoi dabei unterstützen ([5], 69 f.). Für die Errichtung von Neubauten hat sich ein kompliziertes Verfahren eingebürgert, das mit größeren oder geringeren Unterschieden wohl in allen Poleis praktiziert wurde. Die Volksversammlung beschließt auf Vorschlag einen Bau, legt den Platz dafür fest und regelt die Finanzierung; ihr ist (bei größeren Vorhaben am Ende jeden Jahres) Rechenschaft abzulegen. Die Volksversammlung wählt sodann eine Baukommission, die je nach Ort und Bauvorhaben verschieden heißen kann: Naopoioi, Hieropoioi, Teichopoioi, Epistatai. Der leitende Architekt wird entweder ebenfalls gewählt oder von der Kommission beigezogen. Die Kommission entwirft in Zusammenarbeit mit dem (den) Architekten Bauanweisungen und Kostenvoranschläge, die meist der Rat genehmigen muß und die dann die Grundlage der öffentlichen Ausschreibung (συγγραφή) bilden, deren Bedingungen sich der oder die Unternehmer zu unterwerfen haben. Die technischen Details des zu errichtenden Bauwerks sind vom Architekten bis ins einzelne fixiert, wenn auch nicht immer so weitgehend wie in der Arsenalinschrift IG II² 1668. In älterer Zeit war die συγγραφή eine Mindestforderung, der Unternehmer konnte auf eigene Kosten besser oder teurer arbeiten lassen, wie es die Alkmaioniden in Delphi taten, Hdt. 5,62,3. Der Abschluß der Verträge mit den Unternehmern lag in Athen beim Rat (Busolt GStk. 1052f. [6],2,41), anderwärts bei der Kommission. Letztere überwacht die Ausführung der Arbeiten und ist für die Abnahme sowie, in Zusammenarbeit mit der Finanzbehörde, für die Bezahlung zuständig. Die Unternehmer müssen Bürgen stellen, die Termine genau einhalten und sich den Anweisungen der Baukommission fügen, andernfalls sie Konventionalstrafen oder gerichtliche Weiterungen zu tragen haben. Daß Kommissionsmitglieder (wie Demosthenes: Aischin. c. Ctesiph. 17) aus eigenem Vermögen zuzahlten, um das Werk besser werden zu lassen, war wohl in älterer Zeit nicht selten.

Auch in Rom sind Eingriffe des Staates in das private B. selten und auf etwa die gleichen Anlässe begrenzt wie in Griechenland. Das öffentliche B. unterstand in der Republik vornehmlich den Censoren, später den Kaisern. Den Censoren wurde zu Beginn ihres Amtes ein Etat bewilligt, aus dem sie sowohl alle Reparaturarbeiten an Stadtmauern, Straßen, Wasserleitungen, Kloaken, öffentlichen Gebäuden und Tempeln sowie Instandhaltung und Neubauten bestreiten mußten. Das Bauprogramm ([7]) war zu Beginn der Censurperiode aufzustellen und unterlag der Zustimmung des Senats (Abweichungen wurden vermerkt: Liv. 41,27,5ff.). Die Zuständigkeit der Censoren für das röm. Gebiet außerhalb der Stadt Rom wurde schon im 2. Jh. v. Chr. abgelöst durch diejenige der entsprechenden munizipalen Amtsträger, der Duoviri Quinquennales. Abweichungen vom Herkommen sind in Rom selten, etwa der Bau von Straßen durch Consuln ([1],87,5). Nur Tempelneubauten unterstehen nicht den Censoren, sondern werden durch Feldherrn aus ihrer Kriegsbeute, durch die Aedilen aus den von ihnen eingebrachten Strafgeldern oder durch den Senat direkt beschlossen, vergeben und abgenommen ([1],88). Seit Augustus sind die Kaiser die Bauherren, für die Stadt Rom und Italien durch eine Vielzahl von *curatores* vertreten ([1],90ff. [4], 129ff.). Die Censoren (Duovirn, Kaiser) schreiben das jeweilige Bauvorhaben mit genauen Angaben öffentlich aus und vergeben die Ausführung *(locare)*, wobei der Unternehmer *(redemptor, conductor operis)* Bürgen und Kaution stellen und die Einhaltung der Termine und der Kalkulation garantieren muß. Die Duoviri (und Censores?) können sich bei ihrer Tätigkeit durch ein *consilium* beraten lassen ([2],682f.). Der Vertrag mit dem *conductor (redemptor)* wird in aller Regel als schriftlicher Kontrakt abgeschlossen. Dann haben die Censoren usw. die Bauausführung zu überwachen und schließlich das fertige Werk abzunehmen *(probare)* und für die Schlußzahlung zu sorgen. Das röm. Verfahren ist durch die größere Kompetenz des verantwortlichen Magistrats, der nach erfolgter Billigung seines Programms durch den Senat an die Mitwirkung anderer Behörden nicht gebunden ist, einfacher als das griech., während die technische Durchführung im einzelnen verwandt ist. Dagegen läßt sich in beiden Fällen eine genauere Beschreibung der Rolle des leitenden Architekten nicht geben, solange keine zuverlässige Vorstellung von dem Aussehen der Entwürfe gewonnen werden kann, auf Grund deren die Volksversammlung bzw. der Magistrat ihre Entschlüsse faßten bzw. ihre Kostenvoranschläge machten. Daß es mit letzteren ähnlich erging wie noch heute, zeigt Vitr. 10 praef. 1. W. H. G.

1. *Marqu.* RStV 2,87ff. 2. *Wiegand*, JbPhPäd 20. Suppl. 1894, 661ff. 3. *Lattermann* Griech. Bauinschriften, 1908. 4. *Homo* Rome Impériale et l'urbanisme dans l'antiquité. 1951. 5. *Martin* L'urbanisme dans la Grèce antique, 1956. 6. *F.G. Maier* Griech. Mauerbauinschriften, 1959/61. 7. *Richter*, RhM 104, 1961, 257ff.

Bavares. Berberischer Stamm *(gens Bavarum)*, erwähnt im Liber generationis GLM 53,129 Riese. Nach R. Thouvenot, PSAM 7, 1945, 166 waren es Nomaden der Hochebenen, nach G. Camps, Rev. Afr. 99, 1955, 241, waren sie seßhaft und in 2 Gruppen geteilt, die eine in Klein-Kabylien, die andere im W. Oranien. M. L.

M. Bavius. Röm. Dichter, Widersacher Vergils (ecl. 3,90). Er und Mevius kritisierten den von Vergil (ecl. 5,36) verwendeten Plural *hordea* (Serv. georg. 1,210. S. RE IV 1628ff.). B. starb im Jahre 35 v. Chr. (Hier. chron. zu Abr. 1982); Biographisches bei Philarg. Verg. ecl. 3,90. M. F.

Bax(e)a. Eine aus Palmblättern, Weiden, Strohgeflecht oder ähnlichem Material hergestellte, aus Äg. nach Rom eingeführte Art billiger Sandalen für Männer und Frauen (zuerst Plaut. Men. 391 erwähnt). In der Kaiserzeit scheint es auch Luxusausführungen gegeben zu haben, Tert. de pall. 4; de idol. 8. W. H. G.

Βεβαίωσις bedeutet in Rechtsgeschäften, durch die der Besitz einer Sache übertragen wurde, also in Kaufverträgen, Gebrauchsüberlassungsverträgen (μισθώσεις) ([4],141) und mit παράδοσις verbundenen Arrhalverträgen, die Zusage des bisherigen Besitzers gegenüber dem Erwerber, den übertragenen Besitz nicht zu stören (in den Pap.-Urkunden: μὴ ἐπελεύσεσθαι) sowie ihn gegen Angriffe Dritter zu verteidigen ([2],357.360.444). Gegen Verletzung dieses Versprechens war der Erwerber durch die δίκη βεβαιώσεως geschützt (Harp. Poll. 8,34f.). Wollte der Erwerber seinen Besitz im Rechtsstreit nicht selbst verteidigen (αὐ-

τομαχεῖν), so händigte er die Sache dem Vorbesitzer aus und überließ diesem die Verteidigung. Im Falle der Ablehnung der Verteidigung oder des Prozeßverlustes mußte der Veräußerer wegen der Gewährschaftsverletzung eine Strafe bezahlen ([3], 18. [4],716f.), deren Höhe in den griech. und ptolemäischen gesetzlichen und vertraglichen Regelungen schwankte. In Kaufverträgen wurde die Stellung des Käufers verstärkt, wenn er auf Vormänner seines Verkäufers als Eviktionsgaranten (*βεβαιωτῆρες*) zurückgreifen konnte([2],432). E.B.

1. *J. Partsch*, GGA 1911, 713ff. 2. *F. Pringsheim* The Greek Law of Sale, 1950. 3. *M. Talamanca* L'arra della compravendità in diritto greco, 1953, 17f. 4. *H.J. Wolff* Beiträge zur Rechtsgeschichte Altgriechenlands und des hellenist.-röm. Äg., 1961, 139ff.

Bebrykes. 1. Früh untergegangenes Volk in Bithynien, nur in der Sage von den → Argonautai fortlebend, in der → Polydeukes ihren König → Amykos im Faustkampf besiegt. K. Z.

2. Rohes keltisches Hirtenvolk, das anscheinend nie eine geschichtliche Rolle gespielt hat. Sie sind identisch mit den Berybraces, die nach Avien. or. m. 483ff. im westlichen Teile der spanischen Meseta wohnten. Steph. Byz. s. v. Ephor. b. Skymn. 199f. Aber ein Teil von ihnen muß nördlich der Pyrenäen gesessen haben, s. Cass. Dio 1,187 Boiss. Zonar. 8,21. Tzetz. zu Lykophr. v. 1305. R. G.

Ad. Schulten Num. 1,91f. Font. Hisp. Ant., Barcel. 1925ff., I² 133. II 61f. III 21.

Bedriacum s. Betriacum

Bedürfnisanstalten. Sieht man von dem wassergespülten Abort des minoischen Palastes von Knossos ab, so ist die B. eine späte, rein städt. Erscheinung. Noch im klass. Athen herrscht vor, was althochdt. »feldgang« heißt. Die Bez. des ortsfesten *ἀπόπατος* (*ἄφοδος*) als *κοπρών* (selten *ἰπνός*) ist deutlich, und selbst den scheint nicht jedes athen. Haus besessen zu haben, wenn man Eubulos trauen darf, Athen. 10,417d. Im übrigen benützt man zu Haus entsprechende Gefäße, *ἀμίς*, als Nachtstuhl *λάσανον* od. plur. *λάσανα* (woher lat. *lasanum*), für den im 3. Jh. v. Chr. ein eigener Sklave *λασανοφόρος* Plut. mor. 2,182c = 360d bezeugt ist. Ein eigener Raum dafür im Haus ist noch im 4. Jh. v. Chr. so selten, daß in einem Erbpachtvertrag *τὸ οἰκημάτιον τὸ ἐπὶ τοῦ κοπρῶνος* ausdrücklich erwähnt wird, Sylloge³ 1216,11. Öffentliche B. begegnen erst im Hellenismus, in den Gymnasien. Erst die Kaiserzeit bringt mit röm. städt. Gewohnheiten zahlreichere B. (Side, Philippi usw.). In Italien sind am Ende der Republik B. im Haus (nur im Erdgeschoß gelegentlich mit Wasserspülung) häufig. Bewohner von Mietswohnungen waren jedoch auf die Benützung des *lasanum* (der *matella*, der *sella pertusa*) angewiesen, deren Inhalt in ein *dolium* im Stiegenhaus oder auf einen Misthaufen zu leeren war, wenn er nicht einfach von oben auf die Straße gegossen wurde (Dig. 9,3.44,7,5,5). Sehr viele benützten gegen geringe Gebühr die oft kostbar (Marmorsitze!) ausgestatteten öffentlichen B. (*latrina*, *forica*), die es zahlreich gab, oft mit Anschluß an die *cloaca* (erhalten z. B. in Ostia, Rom, Pompei, Timgad usw.); unter der Aufsicht eines Pächters (*foricarius*, *conductor foricae*) dienten sie zahlreichen Benützern, vgl. die köstliche Anekdote Suet. Lucan. (p. 299,16ff. Roth). Viele benützten auch die vor den Betrieben der Tuchwalker (die dafür seit Vespasian eine Steuer zahlten, Suet. Vesp. 23,3) aufgestellten Fässer oder einfach die Hauswände, an denen in Pompei oft außen angeschrieben steht: *cacator cave malum!* W. H. G.

Befestigung s. Poliorketik

Behistuninschrift s. Achaimenidai, Bagistana, Dareios.

Beifall s. Plausus

Beifuß s. Artemisia

Belagerung s. Poliorketik

Belenus (Belinus). Keltischer Gott; nach Tert. apol. 24,8 und ad nat. 2,8,5 Provinzgott von Noricum. Doch die Inschriften zeigen, daß B. am Ausgang der Antike im ganzen Ostalpengebiet verehrt wurde, besonders in Aquileia: Dort soll der Gott bei der Verteidigung der Stadt gegen Maximinus im J. 238 kämpfend in der Luft gesehen worden sein. Die Ausbreitung von dieser damals hochbedeutenden Stadt aus wäre gut verständlich. (Anders Ihm, RE III 200.) In der genannten Erzählung und auf mehreren Inschriften wird B. mit Apollon identifiziert, wohl nicht nur deshalb, weil er auch Gott einer Heilquelle war (anders Wissowa Rel.² 297). Ist Auson. prof. 4,9 und 10,24 mehr als gelehrte Spielerei (so Wissowa), hätten wir auch ein Zeugnis für die Verehrung im südl. Gallien (Burdigala). W. E.

Wissowa Myth. Lex. 1,755f. *Holder* 1,370ff.

Beleuchtung von Innenräumen geschah seit ältester Zeit tags durch die Tür, nachts mittels Herdfeuer. Später kommen für die B. bei Tage auch die → Fenster in Betracht, die jedoch bei Tempeln selten sind und im vorwiegend zum Innenhof geöffneten Haus erst verhältnismäßig spät eine größere Rolle spielen [2]. [3]. Schon früh gibt es Kienspäne und -fackeln; sie haben sich in einfachen Verhältnissen und im Kult lang gehalten (→ Fackeln, Lampadedromia). Homer kennt neben Leuchtpfannen auch Leuchter, von deren Aussehen wir nichts wissen. Schon die Kreter minoischer Zeit kennen → Lampen für Talg oder Öl, wohl nach äg. Vorbild. Lampen verschiedenster Form blieben immer das Hauptgerät zur B., daneben kommt in Italien die Wachskerze, *candela*, auf, für die eigens ein Ständer, *candelabrum*, geschaffen wird. Dieser Kerzenständer kann wie der griechische Ständer (*λυχνία*, *λυχνεῖον*, *λυχνοῦχος*) für Lampen, oft für eine größere Zahl, benutzt werden. Zum Schutz gegen Luftzug gibt es seit klassischer Zeit die → Laterne als B.-Gerät, seit dem Hellenismus für sakralen und sepulkralen

Gebrauch auch Lichthäuschen [4]. Laternen werden nicht nur im Haus und an lichtlosen Arbeitsplätzen wie Bergwerken, sondern vor allem im Freien, bei der Schiffahrt oder auf der Straße, verwandt. Bei Dunkelheit mußte unterwegs jeder für die nötige B. selbst sorgen. Wer es sich leisten konnte, ließ sich die Wege durch einen vorausgehenden Sklaven mit Fackel oder Laterne erhellen; nur die Armen und die Spartaner gingen nachts ohne Leuchte (z.B. Plut. Pericl. 5,2. Epicharm. apud Athen. 6,236a. Val. Max. 6,8,1. Suet. Aug. 29. Plut. Lycurg. 12. Xen. Lac. pol. 5,7). B.-Geräte wurden möglichst an brennendem Feuer entzündet; nur erloschenes Herdfeuer wurde, wenn Glut aus dem Nachbarhaus nicht zu erhalten war, mittels des *πυρεῖον* [5] entfacht. Das *πυρεῖον* bestand aus einer *ἐσχάρα* in Weichholz und dem darin gedrehten *τρύπανον* in Hartholz, deren Reibung den in der Eschara befindlichen Zunder zum Glimmen brachte. – In Rom werden seit der späten Republik nicht nur im Kult und bei Festen große Mengen von Lampen zur B. verwandt, sondern sogar Theater (Suet. Cal. 18. Tac. ann. 14,21), Amphitheater (Suet. Dom. 4. Stat. silv. 1,6,85ff.), Thermen (in den kleinen Thermen von Pompeii fanden sich über tausend Lampen, Overbeck-Mau Pompeji [4]203), ja ganze Plätze (Lucil. sat. 1,23) erleuchtet. Zur B. der Straßen gibt es eine Sonderform in Pompeii: Winzige Fensterchen mit Glasscheiben, durch welche eine im Inneren des Gebäudes aufgestellte Lampe Garten oder Straße erhellte ([2],37,7). Über anderweitige Verbreitung dieser Vorkehrung wissen wir nichts. W. H. G.

1. *L. M. Miller* Die B. im Altertum, Pr. Würzburg 1885/1886. Reallexikon d. Vorgesch. 1, 1924, s. v. B. 2. *R. Herbig* Das Fenster in der Architektur des Altertums, Diss. Heidelberg 1925, 1929. 3. *R. Herbig*, JDAI 44, 1929, 224ff. RM. 44, 1929, 260ff. 4. *S. Loeschcke*, BJ 118, 1910, 370ff. 5. *Blümner*, Techn. 2,354.

Belgae (*Βέλγαι, Βελγικοί*, Caes. Gall. 1,1, Strab. 176f. Plin. nat. 4,105. Ptol. 2,7,1) nach Caes. der dritte Teil der gallischen Bevölkerung, die im Gebiet zwischen Seine, Marne, Rhein und Nordsee siedelte. Die bereits im 6. Jh. v. Chr. einsetzenden Wanderungen kelt. Völkerschaften aus dem sw.-deutschen Raum zwischen Mosel und Donau, als Folge der von NO. vordringenden Germanen, erfaßten noch vor der Mitte des 5. Jh. v. Chr. O.- und N.-Frankreich sowie S.-England. Diese Kelten sind die Träger der La-Tène-Kultur, die besonders im Marnegebiet eine kulturelle Hochblüte erlebt (Marnekultur). Während im Mittel-La-Tène Wanderzüge kelt. Stämme die Balkanhalbinsel, Thrakien und Anatolien erreichen, führen andere Züge nach N.-Spanien (Keltiberer). Aus den der bodenständischen Marnekultur angehörenden Kelten und den nach W. über den Mittel- und Niederrhein vorstoßenden Germanen bildet sich im 3. Jh. v. Chr. jene Gruppe von Stämmen heraus, die als B. zu bezeichnen sind. Um 75 v. Chr. nach W. vorstoßend, besetzen die B. weite Gebiete S.-Englands (2. Invasion), denen in den Jahren der caesarischen Eroberung Galliens weitere Schübe belg. Stämme folgen und unter Führung der Catuvellauni dem Versuch der Römer, England zu erobern, heftigen Widerstand entgegensetzen.

Die auf dem Festland verbliebenen belg. Stämme geben nach Niederwerfung des Aufstands unter Vercingetorix und Unterwerfung der Bellovaker allgemein jeden organisierten Widerstand auf und werden romanisiert. Auch bei den Inselbelgen bricht der organisierte Widerstand nach dem Tode des Cunobellinus auseinander, und es gelingt den Römern unter Claudius, auf der Insel Fuß zu fassen. Ab 43 n. Chr. werden die Inselvölker bis zum Firth of Clyde unterworfen. Nach Caes. zeichneten sich die B. vor den übrigen gall. Stämmen durch besondere Tapferkeit aus, eine Tugend, die ihnen im dauernden Kampf mit den Germ. aufgezwungen worden war. Während Caes. die Remi, Bellovaci, Nervii, Suessiones, Atrebates, Ambiani, Morini, Menapii, Caleti, Veliocasses, Viromandui, Aduatuci, Condrusi, Eburones und Segni als B. benennt, ist der genaue Umfang des von B. besiedelten Gebiets nicht sicher zu umgrenzen, da z. B. auch die Treverer mit stärkerem germ. Anteil dieser Gruppe zuzuzählen sind. Strab. 4,196 gibt die Zahl der Stämme mit 15 an, ohne sie einzeln aufzuführen. Plinius bietet eine um 14 Stämme erweiterte Liste.

Unter Augustus erfolgte die Einrichtung der kaiserl. Provincia Belgica, die bis zum Rhein sich erstreckte und die unter Domitian abgetrennten Provinzen Germ. superior und inferior umfaßte. Zunächst gemeinsam von einem Prokurator verwaltet, ist Durocortorum – Reims Sitz des Statthalters. Die Dioecesis Galliarum der diocletianischen Neuordnung zeigt für das frühere Gebiet der B. die Belgica prima et secunda und die Germania prima et secunda.

Die romanisierte belg. Bevölkerung, deren wirtschaftliche und kulturelle Blüte in das 2. und 3. Jh. fällt, überlebt die Wirren der Völkerwanderung und rettet altes Sprach- und Kulturgut in die Zeit der fränkischen Herrschaft hinüber. H. C.

R. G. Collingwood Roman Britain and the English settlements. *F. Cumont* Comment la Belgique fut romanisée. *Ch. Hawkes - G. C. Dunning* The Belgae of Gaul and Britain. Arch. Journ. 87, 1930, 150, und 21. Ber. RGK 1931, 86. *J. Steinhausen* Arch. Siedlungskde. der Rheinlande.

Belisarios, General Justinians I., * gegen 505 in Germania an der thrak.-illyr. Grenze (Prok. 1,12.3,11). Als Gardeoffizier des damaligen *mag. mil.* Justinian bewährt, wurde B. 526 *dux Mesopotamiae*. Obwohl B. an der pers. Grenze ziemlich erfolglos wirkte, ernannte man ihn 529 zum *mag. mil. Orientis*. Nach einem Sieg bei Daras 530 (Prok. 1,13f.), verlief der weitere Feldzug unglücklich (gegenüber dem B. günstigen Bericht bei Prok. 1,18ff. vgl. Malal. 461ff.). Nach Konstantinopel zurückberufen, war B. 532 maßgeblich an der brutalen Niederwerfung des Nikaaufstandes beteiligt (Prok. 1,24. Malal. 473f.). 532 heiratete B. die bes. auch durch ihre Freundschaft mit der Kaiserin Theodora höchst einflußreiche Antonina (Prok. Anecdota 1–5). Noch 532 erhielt B. den Auftrag für die Invasion in das von inneren Streitigkeiten erschütterte nordafrik. Wandalenreich. Am 15. 9. 533 zog B. nach einem Sieg bei Decimum in Karthago ein. Die Lage in Afrika war zwar auch nach der Zerschlagung der wandal. Hauptmacht (Dez. 533 bei Tricamarum) noch lange nicht stabilisiert, doch kehrte B. Ende 534 nach Konstantinopel zurück. Dort ließ der Kaiser B. einen prächtigen Triumph (den ersten eines Nichtkaisers seit 19 v. Chr.) feiern (Prok. 2,10–4,9). 535 wurde B., abermals als *στρατηγὸς αὐτοκράτωρ*, mit dem Krieg gegen die Ostgoten in Italien betraut. Kerntruppe einer relativ schwachen Armee waren, wie schon in Afrika, die bucellarii, B.' aus eigenen Mitteln unterhaltene Leibgarde. Nach längerem Aufenthalt auf Sizilien und raschem Siegeszug durch Unteritalien, zog B. am 10. Dez. 536 in Rom ein. Seine persönliche Tapferkeit bewährte B. bes. 537/38 während der Belagerung Roms durch die weit überlegenen Goten (Prok. 5,8ff.). Wohl auf Drängen der Kaiserin ersetzte B. damals den Papst Silverius durch den zum Kompromiß mit den → Monophysiten bereiten → Vigilius (Lib. pontific. vita Silv.). Als die Goten durch Verpflegungsschwierigkeiten zur Aufgabe der Belagerung gezwungen waren, stieß B. nach N. vor (Prok. 6, 6ff.). Numerische Unterlegenheit seiner Armee, Uneinigkeit mit → Narses u.a. röm. Generalen und eine Invasion der Franken unter Theodebert ließen B. erst im Winter 539/40 zu bedeutenderen Erfolgen gelangen. Mißtrauen gegenüber B., aber auch das Bevorstehen eines neuen Krieges mit den Persern, bewogen Justinian 540 zur Rückberufung B.' (Prok. 6,16ff.). Im Frühjahr 541 traf der nun zum Befehlshaber der Orientarmee ernannte B. in Mesopotamien ein. Mängel bei der Armee und Intrigen am Hof wirkten lähmend auf B.' Kriegsführung ein. B. verfiel schließlich (542) in völlige Ungnade des Kaisers (Prok. 2,16ff. Anecdota 2–4). Doch schon 544 benötigte man B. erneut als Generalissimus, diesmal wieder gegen die Ostgoten. Abermals reichten Energie und militärisches Genie eines B. nicht aus, alle Widrigkeiten zu überwinden. Nach nur mäßigen Erfolgen kehrte B. 548 nach Konstantinopel zurück (Prok. 7,10–30.35; Anecd. 5). Dort lebte er bis zu seinem Tode im März 565. B., der vor allem auch durch Initiative seiner Frau unermeßlichen Reichtum angesammelt hatte und höchstes Ansehen genoß, trat nur noch gelegentlich stärker hervor (z.B. Abwehr der Hunnen 559). Amtlich nahm er die hohen Stellungen eines *mag. mil. per. Orientem* und dann eines *comes domesticorum* ein. Unter dem (falschen) Verdacht, an einer Verschwörung gegen Justinian beteiligt zu sein, wurde B. 562/63 vorübergehend seiner Würden enthoben (Prok. 7,35. Malal. 490ff. Agathias 5,15ff.). Hauptquelle für B. ist → Prokopios, der von 527–540 (vor allem als iuristischer Berater) in B.' Stab wirkte. Wird B., bei Kritik in Einzelheiten, in Prokops' bella als Feldherr glorifiziert, so erscheint er in den Anecdota als Pantoffelheld seiner von Prokop grimmig gehaßten Frau Antonina (zu B. bei Prok. vgl. den Kommentar bei RUBIN RE XXIII 361ff. STEIN Gesch. 2,719f.). Vieles spricht dafür, daß B., der hervorragendste General seiner Epoche, seinem Kaiser fast bedingungslos treu war. Man wird der (oft tendenziösen) Überlieferung auch darin folgen, daß seine weitgehende Indifferenz in politischen Fragen dazu führte, daß B. auf diesem Gebiet allzu leicht beeinflußbar war und Antonina hierbei eine überragende Rolle spielte. A. L.

L. M. Chassin Belisaire 1957. *B. Rubin* Justinian 1, 1960. *L. Schmidt* Gesch. d. Wandalen 1942. *Stein* Gesch. II.

Bellerophontes, Bellerophon (*Βελλεροφόντης, Βελλεροφῶν*). Korinthischer Sagenheld, Sohn des Glaukos und der Eurymede (Eurynome), Enkel des Sisyphos. Hom. Il. 6,155. Apollod. 1,85; Poseidon als Vater nennt Pind. O. 13,69. Hyg. fab. 57. B.s Aufenthalt bei König Proitos in Tiryns wird durch Flucht wegen eines Totschlages erklärt, Sch. Il. zur St; Apollod. 2,30, oder durch Werbung um Aithra, Paus. 2,31,9. Die Gattin des Proitos (bei Hom. Anteia, sonst Stheneboia) entbrennt in Leidenschaft zu B., wird abgewiesen und verleumdet ihn bei ihrem Gatten, er habe ihr nachgestellt. Proitos will nicht selbst Hand an den Gast legen, er schickt ihn zu seinem Schwiegervater, König Iobates von Lykien, und gibt ihm einen Brief mit, der die Weisung enthält, den Überbringer zu töten. Iobates stellt B. 3 gefährliche Aufgaben, um ihn zu vernichten; alle löst B. glänzend: er vernichtet das Ungetüm → Chimaira, das mit seinem feurigen Atem das Land verwüstete, mit Hilfe seines Flügelrosses → Pegasos, besiegt die kriegerischen Solymer und kämpft mit den Amazonen. Aber erst nachdem B. mit den besten Lykiern, die dem Zurückkehrenden auflauerten, gründlich aufgeräumt hat, erkennt Iobates seine göttliche Abkunft (Il. 6,191), gibt ihm seine Tochter zur Frau und die Hälfte des Reiches. Von B.s 3 Kindern gebiert Laodameia dem Zeus den Sarpedon, Isandros fällt im Kriege, Hippolochos setzt die Reihe der lykischen Könige fort. Spätere erzählten von B.s Rückkehr nach Tiryns, um Stheneboia zu bestrafen; er verlockt sie zu einem gemeinsamen Ritt auf dem Pegasos und stürzt sie bei Melos ins Meer, Hyg. fab. 57 (sie tötet sich selbst, fab. 243). Von seinem Ende berichtet Homer nur, er sei den Göttern verhaßt geworden und trübsinnig auf dem Aleïschen Feld umhergeirrt. Das besagt aber nicht, daß er den Mythos von dem Himmelsflug auf dem Pegasos und dem Absturz, wie Hesiod und Pindar (I. 7,44ff.) ihn erzählen, nicht kannte, J. FORSDYKE

Greece before Homer, Lond. 1956, 90. W. MARG Festschrift für F. Jacoby, 1956, 16ff. W. KULLMANN Quellen der Ilias, H(ES 14) 187,3. Schon Pind. faßte Sturz und Wahnsinn als Strafe für Überhebung auf; vgl. Hor.c. 4,11,26. Eurip. brachte den Himmelsstürmer aus Forschungsdrang auf die Bühne; er scheitert, aber stirbt, von Zweifel und Krankheit geheilt, mit den Göttern versöhnt. ARNIM Suppl. Eur., 1913, 43ff. Über Eur.' Stheneboia L. RADERMACHER Mythos und Sage bei den Griechen, ²1938, 113f.

Verehrt wurde der Heros vor allem in Korinth und in Lykien; von beiden Mittelpunkten strahlte der Kult in die Umgegend aus. Vielerorts wurden dort Münzen mit dem Pegasusreiter oder mit dem Kampf gegen die Chimaira geprägt. Ursprüngl. war B. eine göttliche Gestalt. Seine Abstammung, ein lykisches Märchen von einer durch ihn bewirkten Überschwemmung, eine Abbildung mit dem Dreizack (K. SCHAUENBURG, s.u.) weisen ihn dem Reich Poseidons zu, der Pegasus läßt ihn mehr als Himmelsgott erscheinen, L. MALTEN, H 79, 1944, 1–12. L. RADERMACHER (s.o.) 111ff. sucht beides in Einklang zu bringen. Der Name B. wird von MAX MÜLLER als »in den Wolken erscheinend«, gewöhnlich als »Bellerostöter« gedeutet, Sch.Il. 6,155. VÖLKER, PhW 1931, 1070 (Belleros = Schlange). P. KRETSCHMER, Gl 31, 1948, 92 (Belleros ein vorgriech. Unhold). BECHTEL Lexilogus 53. Nach Kretschmer sind Chimaira und Pegasos erst in Lykien auf den aus Griechenland stammenden Heros übertragen worden, während E. BETHE, RE III 241ff., sie als unzertrennlich von seinem Wesen betrachtet. Bei der Ausdeutung des Mythos schiebt F. SCHACHERMEYR Poseidon, 1950, 174ff. die geschichtlichen Verhältnisse in den Vordergrund. Er sieht in B. eine Art fahrenden Ritters der spätmyken. Zeit. Jedenfalls spiegeln sich in dem Mythos Beziehungen der Argolis zu kleinasiat. Fürstenhöfen wider. JOS. WIESNER Olympos, 1960, 125ff. sieht in B. den Wandel der Vorstellung vom ritterlichen Helden ausgeprägt, der sich seit der spätmyken. Zeit bis ins 8.Jh. vollzog, den Übergang vom Wagenkämpfer zum Reiterkrieger. Die Ausgestaltung des Mythos durch novellistische Züge, wie das Potiphar- und Uriasmotiv, ist leicht ersichtlich. Aitiol. Dichtung sah in dem Sternbild des Fuhrmanns B.

B. auf dem Pegasos und sein Kampf mit der Chimaira waren seit der protokorinth. Vasenmalerei beliebte Gegenstände künstlerischer Darstellung. Erst in der unterital. Vasenmalerei wurden auch andere Episoden behandelt, wie die Verleumdung durch Stheneboia, die Aussendung nach Lykien, offenbar unter der Nachwirkung der Tragödie. Hervorzuheben sind die lykischen Reliefs vom Heroon von Gjölbaschi-Trysa (BENNDORF-NIEMANN, Wien 1889), die Bronzestatue der Chimaira aus Arezzo im Archäolog. Mus. Florenz. H. v. G.

Robert Der antike Sarkophag 3,45, Tafel 8.9. *F. Brommer* B., Marburger Winckelmannsprogr. 1954. *K. Schauenburg*, JDAI 71, 1956, 59ff.; AA 73, 1958, 21. *Levi*, ASAA 33/34, 1955/56, Abb. 57. *E. Will* Korinthiaka passim. *T. J. Dunbabin* in Robinson Studies 2,1164ff.

Belli. Ein keltiberischer Stamm mit keltischem Namen im Tale des Jalón. Sie gaben 153 Anlaß zu dem keltiberischen Kriege, nach 146 werden sie nicht mehr erwähnt: Polyb. 35,2,3.11. App. Ib. 44. 48.50.63.66. R. G.

Ad. Schulten Numantia 1,118.139.346.353; Font. Hisp. Ant. III 22. IV 7.18.109.116, Barc. 1935.1937. *Holder* 1,387. *H. Simon* Roms Kriege in Span., Frankf. 1962, 200.

Bellicius. **1.** C.B. Calpurnius Torquatus. Cos. ord. 148, CIL XVI 95. Inscr. It. XIII 1,206f. U. WILCKEN Chrest. I 212. **2.** C.B. Natalis. Cos. suff. 68, CIL VI 471. 30469. XVI 7–9. **3.** C.B. Natalis Tebanianus. Cos. suff. 87, AE 1949, 23,5. CIL VI 2065. XVvir sacris fac., CIL XI 1430. **4.** C.B. Tebanianus, Sohn von Nr. 3, Cos. suff. 118, CIL XVI 166. H. NESSELHAUF Epigraphica 12, 1950, 40. **5.** L.B. Flacc[us] Torquatus Tebanianus, Bruder von Nr. 4, Cos. ord. 124, CIL XIV 51. XII 169. 1853. **6.** C.B. Torquatus, Sohn von Nr. 5, Cos. ord. II 143, C. WESSELY Stud. z. Palaeogr. 14, 1914, 8. IGR I 698. **7.** L.B. Sollers. Kam durch Adoption in die Familie der B., CIL V 3337. Procur. Aug. in Dalmatien, CIL III 13250 (H.G. PFLAUM Carrières proc. éq. I² 160ff. Nr. 68). Prätorier, Plin. epist. 5,4,1. Cos. suff. wohl 106, CIL V 3338. R. H.

Bellienus (inschr. *Billienus*), Eigenname (vgl. SCHULZE Eigenn. 430). **1.** B., richtiger wohl Bellinus, wurde als Praetor im J. 68 v. Chr. von den Seeräubern gefangen. Plut. Pomp. 24,6. BROUGHTON Mag. 2,138. **2.** s. Art. Annius Nr. 10, außer ihm ein L. Annius Bellienus bekannt. **3.** C. Billienus C.f., Quaestor vor 110, dann Legatus, Praetor um 107, Promagistrat (Proconsul) in Asia (?) 106. CIL I² 2,815. BROUGHTON Mag. 2,475.482. Wohl identisch mit dem von Cic. Brut. 175 genannten redegewandten B. und dem Onkel Catilinas, der 81 auf Seiten Sullas stand und 64 verurteilt wurde. **4.** B. Demetrius, Freigelassener, im Briefwechsel Ciceros erwähnt (z.B. fam. 16,22,2). H. G. G.

Bellona. Ältere Form Duellona (→ bellum). Sie ist eine Gottheit des Krieges, und zwar insbes. seiner blutigen, schrecklichen Seite, während Mars auch andere Züge aufweist. B. wird vielfach, doch kaum zu Recht, als »Verselbständigung der Haupteigenschaft und Hauptwirksamkeit des Mars« angesehen (WISSOWA Rel.² 151; vgl. BÖMER Ov. Fasten 2,348). Daß B. aus etr. oder griech. Vorstellungen gestaltet wurde, ist nicht unwahrscheinlich: Man denke an Ἐνυώ, die zwar für die griech. Religion nicht mehr bedeutet als B. für die röm., die aber doch in Athen im Arestempel ein Bild von der Hand der Praxitelessöhne (Paus. 1,8, 4) und in Erythrai zusammen mit Enyalios einen Kult hatte (WILAM. GldH 1,103). Der schlangenhaarige Kopf einer jungen Frau auf der Schale CIL 1[2] 441 mit der Umschrift *Belolai Pocolom* scheint B. darzustellen. (Zweifel sind kaum berechtigt: Verschreibungen noch schwererer Art auf den Gefäßen dieser Reihe sind häufig; die anderen Darstellungen haben allerdings mit den entsprechenden Umschriften kaum etwas zu tun.) Die Schale ist aus dem 3. Jh. v. Chr. und stammt wohl aus dem s. Etrurien.

B. erscheint in der Formel der → devotio der P. Decii Mures und, zuverlässiger, in dem Bericht, daß App. Claudius Caecus im Kampf gegen die verbündeten Samniten und Etrusker im Jahre 296 einen Tempel gelobt hat (Liv. 10,19,17. CIL I[2] S. 192; bei Plin. nat. 35,12, wo von App. Claudius Sabinus, cos. 495 die Rede ist, liegt eine Verwechslung vor). Erbaut wurde er einige Jahre danach unweit des Marsfeldes, wahrscheinlich im NO. des (späteren) Circus Flaminius (1938 gefundene Bruchstücke gelten jetzt nicht mehr als Reste dieses Tempels: s. E. Nash I 202 [hier auch Lit.]). Als Stiftungstag galt der 3. Juni. Der Tempel lag also außerhalb des Pomeriums; daher fanden dort öfter solche Senatssitzungen statt, die *extra pomerium* gehalten werden mußten (vgl. Mommsen RStR 3,930). Hier stand auch die *columna bellica*, ein fiktiver Grenzstein, von dem aus die → Fetialen zur Kriegserklärung die Lanze in durch Rechtsfiktion zu Feindesland erklärten Boden schleuderten.

Die größte Wandlung hat B. durchgemacht, als man sie gegen Ende der Rep. mit der → Mâ von Kommana identifizierte. Der Weg ging wahrschl. über die griech. Enyo, die ebenfalls der Mâ gleichgesetzt wurde (Strab. 12,535). Außer der o. erwähnten beziehen sich sämtliche erhaltenen Inschriften höchstwahrscheinlich auf Mâ-B. W. E.

Jordan Index lect. Königsb. 1885, 14ff.; *Ders.* Krit. Beitr. z. Gesch. d. lat. Sprache 7. *Wissowa* Rel.[2] 151f. *Latte* RRelG 235.

Bellovaci. Das mächtigste und tapferste Volk der Gallia Belgica, dessen Hauptstadt Caesaromagus, h. Beauvais, war: Caes. Gall. 2,4,5. 15,1. In den J. 57, 52, 51 nahmen sie kräftig am Krieg gegen Caesar teil, und im J. 46 wagten sie noch eine Empörung: Liv. ep. 108. 114. P. W.

Bellovesus, Gestalt der Gallischen Wanderlegende, Neffe des Königs Ambigatus. Er soll auf göttlichen Befehl nach Italien gezogen sein und dort Mediolanum gegründet haben. Liv. 5,34,3ff. 35,1. H. G. G.

Bellum. Ältere Form duellum (zunächst konsonantisch *du̯-*, seit Enn. vok. *dŭ-*: Sommer HB 223. *duellum* »Zweikampf« erst ma.: Deneffe NJb. 19, 1916, 427ff.). Von den augusteischen Dichtern an gelegentlich personifiziert und als Kriegsdämon gesehen. Wohl Übernahme aus dem Griech., wo πόλεμος gelegentlich personifiziert wird (s. Liddell-Scott s. v.). Augustus stellte ein Bild des B. mit auf den Rücken gebundenen Händen und triumphierendem Alexander auf dem Forum auf (Plin. nat. 35,93. 35,27. Serv. Aen. 1,294). Für eine solche Darstellung waren natürlich weder Ares noch Enyalios oder Enyo geeignet. W. E.

Belos s. Baal

Bema. »Schritt«, als Maß von 2½ Fuß erst E. des 1. Jh. n. Chr. belegt, aber sicher schon früh verwendet (→ Bematistai). Das B. bildete wohl seit eh und je 1/240 des jeweiligen Stadion-Maßes und stellte somit eine (der tatsächlichen Schrittlänge allerdings nicht immer entsprechende) Größe von 0,66–0,88 m dar. → Πούς. H. Ch.

Hultsch Metrologie[2] 37. 52ff. 60ff. 607ff.

Bematistai, Wegmesser (durch Abschreiten) im Heer Alexanders, führten das nach Ländern geordnete sog. B.-Journal. Neben den Meßergebnissen bot es Eintragungen über Flora, Fauna, Geschichte. Bekannt sind die B. → Baiton, → Diognetos, → Philonides. B. hatte auch Seleukos I. H. Ch.

Sylloge[3] 303. FGrH Nr. 119–121. *Berve* Alexanderreich 1, 51f. 2 Nr. 198. 271. 800. *Tarn* Alexander 2, 39.

Benacus lacus (Nissen It. Ldk. 1,190). Größter Alpensee, vom Mincius durchflossen (Plin. nat. 2,224. 3,131. Strab. 209). Länge (500 Stadien) bei Pol. 34,10,19 (Strab.) entspricht der Länge der ö. Uferstraße (am W.-Ufer Gau der *Benacenses* CIL V p. 507). Der See war durch seine Größe stürmisch wie das Meer (Verg. georg. 2,160). B. als Gottheit personifiziert bei Verg. Aen. 10,205 als Vater des Mincius (Weihung CIL V 3998); h. Gardasee. G. R.

Bendis (Βενδῖς). Thrak. Göttin (Hippon. frg. 120 B. Herodian 2,761 L. Liv. 38,41,1), mit Artemis (Hdt. 4,33. 5,7. Palaiphat. 31. Hesych.), Hekate (Hesych. s. Ἀδμήτου κόρη) und Persephone (Orph. frg. 200) geglichen. Der Name nach Kretschmer Einleitung 236. H. Güntert Der ar. Weltkönig, 1923, 155. A. Carnoy Dict. Ét. Proto-Indo-Européen, 1955, 16 zu idg. *bhendh-* »binden«, daher von W. Tomaschek Die alten Thraker 2,1, 1893, 47 als Ζυγία gedeutet ([5],51). Die Ikonographie ([1],4ff. [2],96f. [4],25ff.) weist jedoch für B. den Charakter einer Jagdgottheit aus; ihr Epitheton δίλογχος (Kratin. frg. 80 K.) erhellt die bithyn. Münze Nikomedes' I. (Head HN[2] 519), die sie mit Doppellanze und Dolch abbildet. Der ihr verbundene Gott Deloptes (J. Demargne, BCH 23, 1899, 371. A. Wilhelm, JÖAI 5, 1902, 131. [5],129) könnte dem thrak. Heros verwandt sein (vgl. Th. Wiegand, AM 25, 1900, 172), dem B. auch sonst nahesteht (L. Ogenowa, BIAB 22, 1959, 81ff.). Man wollte ihn in dem neben B. auf dem Piraeus-Relief erscheinenden → Asklepios erkennen (Demargne a.O. 373. D. Detschew, BIAB 3, 1925, 161ff. [2],98. Vgl. P. Perdrizet, REA 2, 1900, 267. W. S. Ferguson, Hesp. Suppl. 8, 1949, 150,52. [3],169f.). Der B.-Kult wurde von dort ansässigen Thrakern um 430 v. Chr. in Athen eingeführt (Nilsson Greek Popular Rel., 1947[2], 92) und aus politischen Gründen staatlich gefördert (Nilsson Cults, Myths, Oracles, 1951, 45ff. [3],175ff.), wie u.a. aus den Stelenfragmenten von Munychia hervorgeht (N. Pappadakis, EA 1937, 808ff. W. Peek, AM 66, 1941, 207ff. Ferguson a.O. 131ff. [3],183ff.). Ihr dortiges Sanktum (Xen. hell. 2,4, 11. Wilhelm a.O. 134f.) und das Fest der *Βενδίδεια* mit Prozession, Pannychis und Fackellauf (Plat. pol. 327a. L. Deubner Att. Feste, 1932/56, 219f.) unterstanden der Aufsicht eines thrak. Orgeonenkollegiums (L. Ziehen Leges Graec. Sacr. 41.42. Ferguson a.O. 152ff. HThR 37, 1944, 96ff. [2],99). Die offizielle Protektion des Fremdkultes mit seinem angeblich orgiastischen Gepräge (Prokl. in Tim. 20e) weckte ein entsprechendes Echo in der attischen Komödie (Strab. 10,471). W. F.

1. *P. Hartwig* B., 1897. 2. *P. Foucart* Mél. Perrot, 1903, 95ff. 3. *M.P. Nilsson* Coll. Ny Carlsberg Glypt. 3, 1942, 169ff. 4. *Ch. Picard* Serta Kazarowiana 1, 1950, 25ff. 5. *D. Detschew* Thrak. Sprachreste, 1957.

Benedictus von Nursia, * etwa 480, † 547, aus edler Familie, gab die Studien in Rom auf, um als Einsiedler in den Sabinerbergen zu leben. In Sublacum am Anio gründete er dann eine Klostergemeinschaft nach dem Vorbild des Pachomios, die er aber nach Zwistigkeiten verließ. Nach üblicher Datierung um 529 stiftete er das Kloster auf dem Berg bei Casinum (Montecassino). Für dieses und die Tochterklöster verfaßte er seine Regula monachorum (ed. Rud. Hanslik, 1960, CSEL 75). Die Tätigkeit, die er von den Mönchen fordert, teilt er (48,1ff.) ausgewogen auf in *labor manuum* und *lectio* aus den Codices der Bibliothek; diesem von → Cassiodor zu allgemeiner Pflege der Wissenschaften ausgebauten Grundsatz wird die Rettung der antiken Lit. in den ma. Klöstern verdankt. Das umstrittene Verhältnis der Regula Benedicti zum ähnlichen Text der sog. Regula magistri scheint am ehesten zu erklären aus Abhängigkeit von einer gemeinsamen Quelle, vielleicht der verlorenen Regel des Inselklosters Lero (Lérins bei Cannes). Spürbar ist in der Regula B. auch der Einfluß von → Cassianus und der Regula des → Caesarius von Arelate. Der Archetypus der Regula B. wurde vor der 1. Zerstörung Montecassinos 577 nach Rom gerettet. Im 8. Jh. kam die Hs. nach Montecassino zurück, wo Karl d. Gr. sie sah und eine Abschrift für die Aachener Bibl. besorgen ließ. Der Archetypus ging etwa 886 durch Brand zugrunde. Von dem ebenfalls verlorenen Aachener Exemplar stammt die Hauptths. des reinen Textes (Sangall. 914; 9. Jh.). Für den praktischen Gebrauch interpolierte Fassungen waren seit E. 6. Jh. besonders in Gallien verbreitet [4.]. Eine legendäre Biographie gibt Papst → Gregor I. im 2. B. der Dialogi (ed. Umberto Moricca, 1924). O. H.

1. *Basilius Steidle* Die Regel St. B., 1952. 2. *Ders.* Commentationes in Regulam S.B., 1957 (Studia Anselmiana 42). 3. *Ludw. Traube* Textgeschichte der Regula B., ^{2}1910 (Abh. Bayer. Ak. 25,2). 4. *Theresia Payr* Der Magistertext in der Überlieferungsgeschichte der Benediktinerregel, 1959 (Studia Anselmiana 44). 5. Philologischer Komm.: *Benno Linderbauer*, 1922. 6. Ikonographie: *Elisab. Dubler* Das Bild des hl. B., 1953. 7. Bibliogr.: *Altaner* 444ff.

Beneficiarii, waren von *munera* befreite Soldaten (Veg. 2,7), die schon Caes. civ. 1,75 bezeugt. Erst die Kaiserzeit kennt sie als dem *officium* der höheren Offiziere zum Kanzleidienst zugeteilte Unteroffiziere. *B. consularis* und *b. procuratoris* hatten das Kommando von Straßengendarmerieposten inne (CIL). A. N.

Westd. Ztschr. 21, 158ff. 210f. BJ 117, 2ff. 125, 9ff. JÖAI XXXV, Beibl. 138.

Beneficium. Die allgemeine Bedeutung von b. ist schillernd. In der Hauptsache bezeichnen die Römer meist ausnahmsweise zugewandte Rechtswohltaten so; weiters erscheint der Erlaß von Rechtsnachteilen als b. Für die im späteren Kirchenrecht wichtige Bezeichnung von Amtsvermögen als b. finden sich nur wenige Ansätze.

Meistens steht die Gewährung eines b. in enger Verbindung mit gesatztem Recht. Nachweise für ein *b. ex lege lata descendens* bietet das Voc. Iur. Rom. 1, 572,4ff.; daneben stehen b. a auf Grund von Senatskonsulten und von Kaisergesetzen. Allen diesen Rechtswohltaten sind einige Grundsätze gemeinsam: So *invito beneficium non datur* (D 50, 17, 69) oder *beneficia principalia ipsi principes solent interpretari* (D 28,6,43 pr.). Im einzelnen unterscheidet man – in z.T. nachröm. – Terminologie folgende b.a:

b. abstinendi als prätorische Rechtswohltat für Hauserben, einer Haftung für die Erblasserschulden durch völliges Sich-Fernhalten von der Erbschaft zu entgehen.

b. aetatis als ausnahmsweise Zulassung eines noch nicht 25jährigen zum Rechtsverkehr ohne Kuratel.

b. cedendarum actionum, b. divisionis und *b. excussionis* als jüngere Bürgenbenefizien (während die älteren auf den *leges Furia de sponsu, Apuleia* und *Cicereia* beruhten): Sie ermöglichten Abtretung der Forderung gegen den Hauptschuldner an den Bürgen, Teilung der Schuld unter mehreren Bürgen und Einrede der Vorausklage gegen den Hauptschuldner.

b. competentiae als Rechtswohltat des Notbedarfs, die dem von einer Exekution bedrohten Schuldner genug läßt, *ne egeat;* diese Rechtswohltat entwickelte sich erst spät aus der Beschränkung der *condemnatio* auf das *quod facere potest* und bildet die Grundlage eines mittelalterlichen Klerikalprivilegs, auf dem wiederum die modernen Pfändungsgrenzen beruhen.

b. inventarii beschränkt seit Justinian die Haftung von Erben – wohl gegenständlich – auf ¾ des Nachlasses, wenn ein Inventar errichtet wurde; ist das unterblieben, haftet der Erbe ohne jede Beschränkung.

b. separationis dient den Interessen der Gläubiger des Erblassers, wenn sie Überschuldung des Erben befürchten (vgl. D. 42,6). Th. M.-M.

R. Orestano La durata della validità dei privilegia e beneficia nel diritto romano classico, Studi Riccobono 3, 1936, 471 ff. – *A. Levet* Le bénéfice de compétence, 1927.

Beneventum (NISSEN It. Ldk. 2,811 ff.), samnit. (Ptol. 3,1,67; auson.: Paul. Fest. 16,24 L.). Stadt der Hirpiner (Plin. nat. 3,105: 2. Region) am Zusammenfluß von Calore und Sabato. B. legt *boni ominis gratia* (Plin.) den illyr. (vgl. Gründung durch Diomedes: Solin. 2,10 u. a.) Namen *Maluentum* (Liv. 9,27,14. Fest. 458,36. Paul. Fest. 31,17 ff. u. a.) = »Bergstadt« (KRAHE Spr. d. Illyr. 1,110) bei Gründung der Kolonie latin. Rechts 268 v. Chr. (Vell. 1,14,5) ab; auf Mz. *MALIES* (= **maliŏs* wie *Πύξις* = **buxiŏs* für Buxentum), *BENVENTOD* (HEAD HN^2 27). Im hannibal. Kriege Rom treu (Liv. 22,13,1 u. a.); 89 v. Chr. *municipium* (CIL IX 1632.1634) der trib. Stellatina (KUBITSCHEK Imp. Rom. trib. discr. 38), 42 v. Chr. Militärkolonie der Triumvirn (App. civ. 4,3), später *Colonia Iulia Concordia Augusta Felix B.* (CIL IX 2165). Straßenknotenpunkt 164 mp von Rom (porta Capena) auf Meilensteinen mit Doppelzählung (DESS. ILS 5875: 169/5. 172/8. NSA 1929, 221: 174/10): nach Capua (It. Ant. 111,6), Telesia (122,3. 304,4), Sepinum (Tab. Peut. 6,4), Forum novum (112,1. 610,11: v. Traiana beginnt beim arcus Traiani [CIL IX 1558]; vgl. ASHBY-GARDNER PBSR 8, 1916), Aeclanum (Strab. 5,282: *via Minucia*), Abellinum (Tab. Peut. 6,5). Bedeutende Festung bis zur Gotenzeit (Prok. Got. 1,15). G. R.

Beredsamkeit s. Rhetorik

Berekyntes (*Βερέκυντες*). Großphryg. Volk der Frühzeit (Strab. 10,3,2. Hesych. 522 p. 324. LATTE), karischen Ursprungs, also eine vorgriech. Bevölkerung, mit ausgedehnter Verbreitung. Nach Plin. nat. 5,108 durch Nennung eines *tractus Berecyntius* zusammen mit Nysa u. a. Orten am ob. und mittl. Maiandros (h. Menderez) anzusetzen. Waren sie doch nach Serv. (Verg. Aen. 6,784: *Berecyntos . . . castellum . . . iuxta Sangarium*; Steph. Byz. s. *Βερέκυντος πόλις*) auch am Sangarius (h. Sakarja) wohnhaft. Zu beachten ist der kulturgesch. Hintergrund, die Verehrung der → Kybele (Rhea; Verg. Aen. 6,784–785 *Berecyntia mater*; 9,82 *Genetrix Berecyntia*: 9,619–620 *Buxus Berecyntia Matris Idaeae*; Hor. c. 4,1,12: *Tibia Berecyntia*) an verschiedenen Plätzen. So ist auf die B. auch der Berg auf Kreta, *Βερέκυνθος* (Diod. 5,64,5), wahrscheinlich mit dem kret. Ida-Gebirge identisch, zu beziehen, welcher der gerade auf dieser Insel besonders verehrten Kybele heilig gewesen sein wird, zugleich aber ein Zeugnis für die Verbreitung der B. auch auf dieser Insel. H. T.

Berenike (*Βερενίκη*) **1.** Tochter eines Magas (Sch. Theokr. 17,34), zweite Gemahlin des Ptolemaios I. Soter. Ihrem ersten Mann Philipp gebar B. den Magas, den späteren König von Kyrene, und Antigone, die Pyrrhos 298 in Alexandreia heiratete. Plut. Pyrrh. 4. Paus. 1,6,8. 7,1. Nach Äg. kam B. als Witwe mit Eurydike, der Tochter des Antipatros, die Ptolemaios heiratete, und wurde etwa 317 die Lieblingsfrau des Ptolemaios, die ihm 316 Arsinoe II., 308 Ptolemaios II. (Theokr. 17,60 f.) sowie Philotera und Theoxene gebar. Ihretwegen erhob Ptolemaios ihren Sohn Ptolemaios II. zum Nachfolger, nachdem Eurydike 286 mit ihrem übergangenen Sohn Ptolemaios Keraunos Äg. verlassen hatte. Nach ihrem Tode 279 wurde B. in dem Kult der Theoi Soteres mit Ptolemaios I. verehrt. Diesen Kult schloß Ptolemaios IV. Philopator dem eponymen Alexanderkult 215/4 an. Münzen mit dem Bild der Theoi B. und Ptolemaios bei HEAD HN^2 851, Abb. 376. In Epirus und am Roten Meer wurden Städte nach B. benannt. Steph. Byz. *Βερενῖκαι*. Plin. nat. 6,168. G. H. MACURDY Hellenistic queens, 1932, 105 ff. – **2.** Tochter des Ptolemaios II. Philadelphos und der Arsinoe I., wurde, um den 253 geschlossenen Frieden des 2. syr. Krieges zu sichern, 252 mit Antiochos II. vermählt, der sich von seiner Gemahlin Laodike trennte. Hier. in Dan. 11,6 ff. P. Cairo Zenon 2, 59242.59251. Da er aber letztwillig Seleukos II., einen Sohn der Laodike, zum Thronfolger bestimmt hatte, entfesselte B. 246 für das Erbrecht ihres Söhnchens den sog. Laodikekrieg. Inschr. v. Priene 37,134. Trotz der Hilfe, die Ptolemaios III. seiner Schwester B. nach Antiocheia brachte, wurden sie und ihr Kind 246 ermordet. Val. Max. 9,10 ext. 1. Iust. 27,1,4 ff. App. Syr. 65. Polyain. 8,50. FGrH 160 (Bulletin des Ptolemaios III.). W. OTTO ABAW 34,1, 1928, 48 ff. – **3.** II., Tochter des Magas von Kyrene und der Apama (→ 3), wurde mit Ptolemaios III. verlobt, um Kyrene wieder mit Äg. zu verbinden. Iust. 26,3,2. Nach dem Tode des Magas wollte ihre Mutter B. mit Demetrios dem Schönen, dem Bruder des Antigonos Gonatas, vermählen. B. ließ aber in einem Volksaufstand Demetrios töten. Iust. 26,3. 246 heiratete B. Ptolemaios III. Als dieser unmittelbar darauf in den Laodikekrieg nach Syrien zog, weihte B. für seine glückliche Heimkehr ihre Locke, deren Verschwinden aus dem Tempel und deren Verwandlung in ein Sternbild Kallimachos in der »Locke der Berenike« verherrlichte. 21 Originalverse des Gedichtes sowie die lateinische Übersetzung des Catull (66) sind erhalten. R. PFEIFFER Callimachos, 1949, 112 ff., n. 110. B., die ihren Gatten beherrschte (Ail. var. 14,43), führte den Titel »Schwester und Frau des Königs«. Sylloge^3 463. OGIS 60.61.64.65. Bereits zu Lebzeiten wurden Ptolemaios III. und B. als Theoi Euergetai verehrt. Die Erweiterung dieses Kultes schildert das Dekret von Kanopos, der Beschluß der Priestersynode von 239/8. OGIS 56. Verzeichnis weiterer erhaltener Kopien des Kanoposdekretes bei F. DAUMAS Les moyens d'expression du Grec et de l'Egyptien dans les décrets de Canope, 1952, 273. Der Kult wurde in der griech. Form von Athen und Itanos (Kreta) übernommen.

Sylloge³ 463. IG II² 4676. Ferner wurde B. mit Isis und Aphrodite gleichgesetzt. W. Otto und H. Bengtson ABAW 17, 1938, 77ff. B. hatte vier Kinder, Ptolemaios, Arsinoe, Berenike, die 238 starb, und Magas. Als Witwe erhob sie 221 wohl Anspruch auf Mitregentschaft mit dem jungen regierenden Ptolemaios IV. Philopator, jedenfalls ließ dieser sie und ihren Sohn Magas ermorden. Pol. 5,36,1. 15,25,2. Iust. 30,1,1 f. Zenob. 3,94. Vielleicht aus Reue führte Ptolemaios IV. 211/10 als zweites eponymes weibliches Priesteramt die *ἀθλοφόρος Βερενίκης Εὐεργετίδος* ein. Nach B. wurden drei Städte am Roten Meer benannt. Strab. 16,771. Plin. nat. 6,170. H. Kortenbeutel Der äg. Süd- und Osthandel, 1931, 35f. Zu den Münzen der B. in Kyrene und Äg. U. Kahrstedt Klio 10, 1910, 262.268. – **4.** Tochter des Ptolemaios III. Euergetes und der Berenike II., starb etwa achtjährig 239/8. Obwohl sie nicht regiert hatte, führte sie den Titel *βασίλισσα.* Für Festtag und Form ihrer im gleichen Jahre erfolgten Apotheose, die eingehend in dem Dekret von Kanopos, dem Beschluß der Priestersynode desselben Jahres, geschildert wird, gab bezeichnenderweise eine äg. Gottheit das Vorbild, da B. in demselben Monat Tybi wie Tafne, die von ihrem Vater geliebte Tochter des Helios (Ra), zu den Göttern einging. U. a. sollte eine goldene Statue der »Fürstin der Jungfrauen« in den Tempeln der ersten und zweiten Ordnung aufgestellt und wie die übrigen Götterbilder bei Prozessionen mitgeführt werden. Für die Feiern sollten Hymnen gedichtet und in die heiligen Bücher eingetragen werden. Das für die Priesterfrauen bestimmte Brot erhielt den Namen »Berenikebrot«. Die Beschlüsse sollten inschriftlich in dreifacher Version, hieroglyphisch, demotisch und griechisch verewigt werden. OGIS 56. H. V.

Bergbau. Echter B. beginnt mit dem Mesolithikum. Er wird seit etwa 3000 v. Chr. in den bronzezeitl. Stadtkulturen von Kreta bis China und den bronzezeitl. Dorfkulturen Europas und Asiens des 2. Jt. v. Chr. entscheidend wichtig, vor allem für Kupfer, Zinn, Silber und Gold. Die Eisenzeit macht dann Eisenerzgewinnung in fast allen Landschaften der Alten Welt lebenswichtig. Die Hethiter, Indo-Arier, Phöniker, Illyrier und Etrusker erscheinen unter den ältesten Vertretern eisenzeitl. B., der bereits für die Phönikerkolonisation entscheidend war. Mit Phönikerhilfe entwickelten Salomon von Israel den Kupferbergbau am Golf von Akaba, die Hellenen etwas später Kupferbergbau auf Kypros, Goldgewinnung auf Thasos, und vielleicht den Eisenerzbergbau von Tainaron in Lakonien.

Unabhängiger griech. B. auf Gold und Silber mit Eisen als Nebenprodukt beginnt anscheinend auf Siphnos, greift im 7. Jh. mit neuen Methoden z. Z. des Dichters Archilochos auf Thasos und seine thrak. Gegenküste über und erfaßt bald danach das gesamte nordägäische Küstengebiet einschließlich Makedoniens. Archil. frg. 97 (1958 ed. Lasserre-Bonnard) spricht bereits von einem »goldrush« und anderswo von einem Eroberungskrieg von Naxos gegen die Goldbergwerke von Thasos.

Spätestens im 6. Jh. beginnt dann der Silberbergbau von Laureion in Attika. Hier ist der archäol. Befund besser erforscht und durch Schriftstellernachrichten und zahlreiche Inschr. illuminiert als irgendwo sonst im Alt. Politisch ist Laureion für die Peistratidenmacht, den Flottenbau des Themistokles, die att. Arché des 5. Jh., die Kriegslust Athens unter Demosthenes gegen den auch als Bergherrn konkurrierenden Philipp II. von Mak. und für die Sonderstellung Athens unter der röm. Republik vom 2. Mak. Kriege bis Sulla als wichtige Wirtschaftsgrundlage zu buchen.

Laureion, anfangs peisistratidische Domäne, wurde durch die att. Demokratie auf Grund wohldurchdachter Berggesetzgebung an große und kleine Einzelunternehmer als Polisbesitz verpachtet. Tag- und Grubenbau mit Ventilation, Fahrung, Beleuchtung, Wetterwirtschaft und Wasserhaltung waren mit Verhüttungsanlagen verbunden, die interessante Aufbereitungsmethoden und Schmelzöfen benutzten. Sklavenarbeit wog vor, war aber nicht von der Arbeit freier Kleinunternehmer grundsätzlich verschieden. Klassisch-hellenische und hellenistische Technik fanden Anwendung, wo immer sie Profit versprachen. Die Förderungsintensität war vom Weltsilberpreis abhängig. Von Peisistratos oder Themistokles bis Demosthenes intensiv, geht sie von Alexander d. Gr. bis etwa 220 v. Chr. als Folge eines Silberpreissturzes fast ein, belebt sich noch einmal bis zu einem neuen Preissturz unter Sulla, geht danach wieder fast zum Nullpunkt zurück, um sich mit den hohen Silberpreisen der Spätantike trotz Erzmangel noch einmal leicht zu beleben. Die heiß umstrittene Zahl der Bergarbeiter von Laureion belief sich im 5. Jh. m. E. auf 10000–30000, im 4. Jh. auf 5000–22000, im 2. Jh. v. Chr. auf 5000–10000. Bergwerkssklaven kosteten zwischen ½ Mine und 1 Talent, je nach Spezialvorbildung. Im 5. Jh. bildete sich der Sonderberuf eines Vermieters von Bergwerkssklaven aus, die wichtigste Wirtschaftsgrundlage für den anscheinend hier bes. erfolgreichen Politiker Nikias.

Außerhalb von Attika sind unsere Quellen über Bergbau fragmentarisch. Die Existenz zahlreicher Bergwerke von der klass. Zeit bis zur Spätant., von Iran bis Britannien steht durch Schriftquellen und Archäologie fest. Etwas mehr hören wir über ptolemäische Goldbergwerke in Nubien mit 300 Verhüttungsanlagen bei Assuan, die mit gesundheitsschädlicher Verwendung von Kriegsgefangenen arbeiteten. Eine Geschichte des span. B. von der Zeit der Karthager im 3. Jh. v. Chr. bis zur Spätant. muß aus Schriftquellen (zwei wichtige röm. Berggesetze) und dem archäol. Befund noch kompiliert werden. Archäol. Spezialforschung könnte auch für Elba, Sardinien, Norikum, gewisse Karpathen- und Balkangebiete, Kleinasien und südkaspische Bergzüge zu überraschenden Resultaten führen. Im ganzen bringt die Zeit von Alexander bis Caesar eine intensive Bergwerksausbeutung von Britannien bis Indien und Zentralasien, die Prinzipatszeit eine bürokratische Reichsbergwerksverwaltung im Imp. Rom., zugleich trotz Neuerschließung in Britannien, Norikum und Dakien einen allmählichen Rückgang. In der Spätant. verlagern sich die Neuerschließungen nach Zentraleuropa, Abessinien und dem Hindukusch. Zunftartige Vereinigungen freier, aber vom Staat kontrollierter und oft an ihren Beruf gebundener Bergarbeiter charakterisieren das Imp. Rom., die die Sklaven und oft barbarischen Lohnarbeiter des vorhergehenden Jt. ersetzten. F.M.H.

Oxford Class. Dict. Gold, Iron, Laurium, Lead, Mines, Silver, Tin. S. auch die zugehörigen Einzelartikel der RE, bes. in den Suppl.Bd.en IV. V. VI. – *F.M. Heichelheim* Wirtschaftsgesch. des Alt. (1938); An Anc. Economic Hist. I f. (1958 f.). Cap. III Anm. 34, 56; IV Anm. 38; V Anm. 3. 22. 61; VI Anm. 45; VII Anm. 50; VIII Anm. 45; IX Anm. 50 mit voller Bibliogr.

Bergistani. Ein Stamm in Hispania Tarraconensis. Er wird nur 195 v. Chr. erwähnt: Liv. 34, 16,9. 17,5. 21,1. 2.6 (*Vergium castrum, Vergestani*). Der Name ist nach HOLDER 1,404 keltisch; AD. SCHULTEN hält ihn für ligurisch; erhalten hat er sich wohl im h. Berga (Prov. Barcelona). R. G.

Ad. Schulten Font. Hisp. Ant. III, Barc. 1935, 189; *Ders.* Numantia 1,65. Encicl. Univ. Ilustr. 8,229.

Bergkristall s. Edelstein

Bergomum (NISSEN It. Ldk. 2,189), Stadt der Cenomanen (Ptol. 3,1,31. Iust. 20,5,8) in der 8. Region (Plin. nat. 3,124 f.), nach Cato HRR 40 am Platze der Orobovierstadt Parra; später *municipium* der trib. Voturia (KUBITSCHEK Imp. Rom. trib. discr. 118); h. Bergamo. G. R.

Bergulae (*Βεργούλη*; später Arcadiopolis), h. Lülé-Burgas in türkisch Thrakien zwischen Burtudisos und Druzipara. Alte städtische Siedlung der Thraker am Fluß Ergines (h. Erghene). Die ant. Itinerarien, Ptol. 3,1,17. It. Ant. 137,6 u. a. vermerken die Stadt B. mit ihrem alten Namen, nach Theophanes Arcadiopolis an Stelle von B. im J. 395 von Arkadios, nach Cedrenus z. Z. des Theodosius errichtet. Chr. D.

Früheres Schrifttum über B.: *V. Velkov* Die thrak. und dak. Stadt in der Spätantike. *Detschew* Die thrak. Sprachreste, 52.

Bericus. Britanne, soll, von seinen Landsleuten vertrieben, Claudius im J. 43 überredet haben, Britannien zu besetzen, Cass. Dio 60,19,1. R. H.

Berisades (*Βηρισάδης*). Thrakischer Fürst, der 359 v. Chr. nach dem Tode des Odrysenkönigs Kotys dessen Sohn Kersobleptes die Herrschaft streitig machte. Unterstützt durch den mit ihm verschwägerten athen. Söldnerführer → Athenodoros erzwang er 359/58 eine Reichsteilung, wobei er den an Makedonien angrenzenden w. Reichsteil erhielt. Dort starb er 357/56, bedrängt von Philipp II. von Mak., der damals das in B.' Gebiet gelegene griech. Krenides als makedon. Stützpunkt ausbaute. Fr. Kie.

Bermion (*Βέρμιον*). Berg im s. Teil Makedoniens, genauer im Gebiete der Briges, d. h. Bryges (Phryges), am linken Ufer des unteren Haliakmon (h. Bistritza) und w. der Stadt Beroia. B. entspricht dem h. Doxagebirge (Hdt. 8,138. Strab. 7, frg. 25. 14,5,28. Conon. narr. 1). Chr. D.

Detschew Die thrak. Sprachreste, 53. *Vl. Georgiev* La toponymie ancienne de la péninsule balkanique et la thèse méditerranéenne, Sofia 1961, 25. *Ad. Struck* Makedon. Fahrten, die makedon. Niederlande, Sarajevo 1908, 26 ff.

Bernstein. B. (nach der Brennbarkeit) oder Succinit, gr. *ἤλεκτρον* (schon bei Thales, Pytheas, Aristot., Theophr.), lat. *sucinum* bei Tac., Plin., der als it. Namen *thium* und als german. *glaesum* nennt und, wie schon vor ihm Aristot. und Theophr., die Herkunft als Coniferenharz erkennt (37, 42): *nascitur autem defluente medulla pinei generis arboribus, ut cummis in cerasis, resina in pinis.* Nach Farbe und Durchsichtigkeit kennt er mehrere Sorten und viele Legenden über ihre Herkunft (z. B. als Tränen Phaethons oder, nach Sophokles, indischer Perlhühner). Theophr. und Plin. wußten auch schon, daß B. nicht nur an der Ostsee, sondern auch in Nordafrika, Sicilien, Ligurien und Scythien gefunden wird (der rumänische »Rumelit« ist gleich alt wie der baltische B., der sicilische »Simetit« jünger). Die Hauptmenge des schon im Neolithicum und bes. in der Bronzezeit über ganz Europa als Schmuck (Halsketten, Amulette) auf Land- und Seewegen verbreiteten B. stammt von der Ostseeküste, vor allem, wie schon Dion. Hal. und wenig später Tac. wußten, vom Land der Aestyi, d. h. dem Samland, wo das von obereozänen Coniferen stammende Harz in die oligozäne »blaue Erde« umgelagert ist und in Tagbau gewonnen wird. Umgelagerter B. (dän. rav) ist auch im dän. Altquartär angereichert. Daß geriebener B., *ἤλεκτρον*, Anziehungskraft entwickelt – die später danach benannte Elektrizität –, wußte schon Thales. Als heilkräftiger Schmuck wurde B. auch als »gelbe Ambra« mit der grauen A., einem Produkt des Pottwals, verglichen. Die richtige Deutung des B. und seiner »Inclusen« kam im Mittelalter in Vergessenheit und wurde erst wieder um 1750 durch Linné und Lomonossow zu allgemeiner Anerkennung gebracht. H. G.

Beroe (*Βερόη*). **1.** Eponymin der makedon. Stadt Beroia nach Theagenes FHG 4,509. **2.** Eponymin der phoinik. Stadt Berytos, Tochter der Aphrodite und des Adonis, die sich auf dem Libanon trafen. Dionysos und Poseidon warben um sie, Zeus bestimmte Poseidon zu ihrem Gemahl, Nonn. Dion. 41–43. **3.** Amme der Semele, in deren

Gestalt Hera diese zu der verhängnisvollen Bitte an Zeus überredete, Ov. met. 3,278. Hyg. fab. 167. 179. **4.** Gattin des Doryclus, in deren Gestalt Iris die Troerinnen in Sizilien veranlaßte, die Schiffe zu verbrennen, Verg. Aen. 5,618. H. v. G.

Beroia (*Βέροια*) **1.** Stadt in der makedon. Landschaft Bottiaia (u. nicht Emathia wie die meisten Forscher), links vom Unterlauf des Haliakmon auf dem ö. Abhang des Bermion; h. Verria. B. besaß große militärische Bedeutung, die bereits bei Thuk. 1,61,4 sich widerzuspiegeln scheint. B. war die erste Stadt, die nach Pydna sich den Römern ergab. Zahlreiche jüdische Gemeinde. Daher auch die Predigertätigkeit des Apostels Paulus hier. In der Kaiserzeit auch mit einer starken röm. Gemeinde. Zur Etymologie s. DETSCHEW Thrak. Sprachreste 53 ff. F. PAPAZOGLU Die maked. Städte in der Römerzeit (serb.). Skopije 1957, 108 ff. u. 115 ff.

Ad. Struck Makedon. Fahrten, die Makedon. Niederlande, Sarajevo 1908, 27 ff. 34 ff. *J.M.R. Cormack* Inscr. from B., ABSA 41, 105 ff. Arch. Jahrb. 57, 1942, 170 ff.

2. Stadt in Thrakien zwischen der Gebirgskette des Haimos (Balkangeb.) u. dem Hebros- (h. Maritza)-tal, am Kreuzungspunkt der röm. Straßen von Philippopolis nach Anchialos u. von Hadrianopolis nach Nicopolis ad Istrum. B. lag in einer sehr fruchtbaren Ebene, die noch heute als Getreidespeicher Bulgariens gilt. Ihrem ersten Namen nach wird die Stadt noch in vorröm., vielleicht makedon. Zeit bestanden haben (aus dieser Zeit bis heute keine Denkmäler; über Münzen aus vorröm. Zeit (?), s. M.-Ber. Berl. Akad. 1881, 446). Alle Untersuchungen aus neuerer Zeit haben erwiesen, daß B. identisch ist mit der bedeutenden Stadt, die in der röm. Kaiserzeit auf Inschr. *Τραιανέων πόλις* u. auf den Münzen *Αὐγούστη Τραιανή (Aug. Traiana)* genannt wird. Über den Trümmern v. B.-Aug. Tr. ist die heutige bulgarische Stadt Stara Zagora erbaut. Die Überreste der antiken Stadt kommen besonders in den letzten Jahren immer mehr zum Vorschein. Chr. D.

Dimitrov Bemerk. über die ant. Geogr. und Ethnogr. von der Umgebung Stara-Zagoras (bulg. mit deutsch. Résumé). Bull. Soc. Hist. Bulg. 13, 1933, 1–7; *Ders.* Mon. archéol. et épigraph. de Stara Zagora et ses environs, Jb. d. Arch. Nat. Mus. Plovdiv 2, 1950, 201 ff.

3. Stadt im n. Syrien (h. Haleb oder Aleppo) am h. Flusse Kuweik, von hohem Alter (2. Makk. 13,4), später hellenisiert (Seleukos Nikator), in der klass. Lit. spät bezeugt (App. Syr. 57. Ios. ant. 12, 9,7 u. ö.; Strab. 16,2,7. Ptol. 5,14,10 M. mit Comm. Steph. Byz.). Weitere Belegstellen s. RE Beroia Nr. 5. Beroeenses heißen die Bewohner bei Plin. nat. 5,82. B. war in das röm. Straßennetz einbezogen (K. MILLER Itin. Rom. 775 mit Skizze Nr. 246, 755: *Beria*, *Berya*). Trotz mancher Schicksalsschläge hat sich B. immer wieder dank guter Verkehrslage und Fruchtbarkeit der Umgebung erholt (Aleppo: 370000 E.). – Inschr. H. T.

Gr. Hist. Weltatl. I, 20a. – Atl. of the World II, Plate 34: Iraq, Syria, Lebanon.

Berones. Ein keltischer (nach HÜBNER, RE III 308, iberischer) Stamm am oberen Ebro, wo die Ortschaft Briones bei Logroño den alten Namen bewahrt hat. 76 v. Chr.: Liv. frg. l. 91. 48 v. Chr.: Bell. Alex. 53,1. Außerdem: Strab. 3,4,5.12. Ptol. 2,6,54.55. R. G.

Ad. Schulten Numantia 1,102. Font. Hisp. Ant. IV, Barc. 1937, 189. V, 1940, 83. VI, 1952, 229.247. *Holder* 1,407.

Berossos s. Nachtr. am Schluß des Bandes.

Bersabe (LXX außer Gen. und Am. 5,5 *Βηρσαβεε* für hebr. beʾēr šābaʿ »Siebenbrunn«, später volksetym. »Schwurbrunnen«), im Negeb. B. war schon im Chalkolithikum besiedelt und dann ein numinoser Ort für die Kanaanäer, den später die bei B. seßhaft gewordenen Träger der Isaaküberlieferung in ihren Sagenkreis aufnahmen. Bis ins 8. Jh. v. Chr. blieb B. als Wallfahrtsort für Israel und Juda bedeutend, wurde im 6. Jh. edomitisch, dann nabatäisch, Ende des 1. Jh. n. Chr. röm. Garnison (Hieron. Onom. s. v.), vom 4.–7. Jh. Hauptort der Palästina tertia und Bischofssitz. Im 14. Jh. zerstört, Anfang des 20. Jh. wieder besiedelt (1957: 26000 Einwohner); Ausgrabungen seit 1952. C. C.

Lit. seit RGG^3 I, 956 f.: *H. de Contenson*, Isr. Expl. Journ. 6, 1956, 163–179.226–238. *H. Haag* Sacra Pagina 1, 1959, 335–345. *M. Dothan*, *E. Yeivin*, *D. V. Zaitschek*, *S. Angress*, ʿAtiqot 2, 1959, 1–71. *J. Perrot*, Syria 36, 1959, 8–19. *Ders.* Compt. Rend. Acad. Inscr. et Bell. Lettr. 1959, 133 bis 141.

Berufsvereine. Vor der Spätant. dienen B. nicht direkt den Berufszwecken, sondern sind Zusammenschlüsse sozialer, religiöser und gelegentlich politischer Natur oder sie sichern nichtgeschäftliche Privilegien für Verein und Mitglieder. Als Ausnahme finden wir Getreideimporteure (Sitopolai) im Athen von Lys. XXII, die die att. Getreidepreise zeitweise in die Höhe treiben. Fernhandelskaufleute von Delos (2. Jh. v. Chr.) haben einige Vereinshäuser vielleicht als Warenbörsen verwandt. Karawanen (Synhodiai) des röm. Syriens, bes. von Palmyra, waren vermutlich für Kollektivgeschäfte und die Unterhaltung von Karawansereien verantwortlich. Im ptolemäisch. und röm. Äg. werden Berufsvereine zu Lieferungen mit vorgeschriebenen Preisen staatlich gezwungen, aber auch zugleich vom Staat monopolistisch geschützt.

B. kennt bereits Aristot. eth. Nic. 1160a 28. Collegia sind für die frühröm. Republik bezeugt. Die überwältigende Masse, vor allem die ohne Berufserwerbszweck, gehört aber der Zeit von Alexander d. Gr. bis Carinus an. Kaufleute, Handwerker, Bauern, Fischer, vielleicht Jäger, Ärzte, Gelehrte, Steuerpächter, Subalternbeamte, Soldaten und die hochangesehenen Künstlerklubs der Techniten erscheinen in größter Zahl in meistens epigr. und papyr. Quellen.

Die Organisation dieser Zusammenschlüsse, einschließlich der latein. Collegia war der der Hellenenpoleis oder der *municipia* nachgebildet. Die Mehrheit der Mitgliederversammlung entschied. Sklaven wurden gelegentlich Mitglieder. Die Beamten wurden entweder durch Wahl oder das Los eingesetzt. Strafen konnten auferlegt werden. Die Vereinsvermögen waren oft beträchtlich. Sie wurden vor allem für Begräbnis- und Religionsfeierlichkeiten verwandt. Reiche Bürger wurden als Patrone für die Vereinszwecke sozial ausgenutzt. Die Oberaufsicht stand den Stadtgemeinden, Diadochenstaaten und Behörden des Imp. Rom. zu.

Seit etwa der Zeit von Hadrian werden die B. des Imp. Rom. für vom Staat auferlegte Arbeitsleistungen und Warenlieferungen zu Staatspreisen mehr und mehr eingespannt, oft mit Privilegien als Entschädigung. Diese Entwicklung beginnt außerhalb des ptolemäisch-röm. Äg. anscheinend mit den Schiffsbesitzern und Bäckern. Seit Diokletian und Konstantin I. werden fast alle Handwerker zu regional untergeteilten Zwangszünften zusammengefaßt, die außer Steuern vom Staate auferlegte Lieferungen und Dienste zu leisten hatten. Schon im 4. Jh. n. Chr. wissen aber diese spätröm. Collegia ihre Monopolstellung zugunsten ihrer Mitglieder trotz energischen Widerstandes der Staatsmaschine durch Kartellbildung voll auszunutzen. Angestrebt werden Zunftmonopole für jede Region, Minimalpreise für Zunftprodukte, eingeschränkte Konkurrenz zwischen Zunftgenossen, Kollektiveinkauf von Rohstoffen, regionaler Zunftzwang den Zunftgesetzen zu gehorchen, Niederlassungsbeschränkung für zuwandernde Handwerker und Beschränkung der Arbeiterzahl jeder Werkstatt.

Der Cod. Theod., die Dig. und andere Quellen der spätröm. Zeit werden dann im 10. Jh. n. Chr. durch das vieldiskutierte Präfektenbuch von Byzanz ergänzt, nach dem die älteren Bestrebungen sich schließlich unabwendbar durchgesetzt haben. Die islamische futuwa ist zumindest in Syrien spätantik. Im Gebiet von Venedig hatte möglicherweise das byzant. Zunftwesen direkten Einfluß. Unter Papst Gregor d. Gr., d. h. um 599 n. Chr., gab es in Neapel noch ein Collegium der Seifensieder, in Rom eines der Färber. Ob aber die ältesten frühma. Zünfte der Lombardei im 10. Jh. oder gar spätere Zünfte Italiens und W.-Europas spätant. Verbindungen haben, ist höchst unsicher. F. M. H.

Oxford Class. Dict. Clubs (Greek, Roman). RE Berufsvereine (Suppl. IV) und die dortigen weiteren zugehörigen Art. *F. M. Heichelheim* Wirtschaftsgesch. des Alt. (1938), Cap. IX Anm. 42 (mit Bibliogr.). *M. San Nicolò* Zur Vereinsgerichtsbarkeit im hellenist. Äg. Epitymbion Swoboda 1929, 255f. *E. H. Freshfield* Byzantine Guilds (1938). *R. S. Lopez* Silk Industry in the Byzantine Empire. Speculum 20, 1945, 3f.; *Ders.* Byz. Law in the Seventh Century. Byzantion 16, 1942/43, 456f. *F. M. De Robertis* Il diritto associativo Romano dai Collegi della republica allo Corporazioni del Basso Impero (1938). *G. Ostrogorski*, Gesch. des byz. Staates^2 1952, 174. 203f. *W. H. Butler* A Trade Union Pact of the Fifth Century. Stud. D. M. Robinson 2, 1953, 980f. *E. Frances* L'état et les métiers à Byzance. Byzantinoslavica 28, 1962, 231f. *R. Mendl* Les corporations byzantines. ebd. 22, 1960, 302f. *L. L. Massignon* La Futuwa. NClio 4, 1952, 171f.

Beryllos s. Edelstein

Berytos (*Βηρυτός*). Erstmalig im Peripl. des Skyl. 104 (GGM I p. 78, M.) bezeugter Hafenplatz im n. Phoinikien (h. Nahr Beirût), später syrisch, war in phoinik. Zeit bedeutend (vgl. Steph. Byz.). *Στενὰ περὶ Βηρυτόν* in einem Feldzug Antiochos' III. d. Gr. nach Koilesyrien (218 v. Chr.) bei Polyb. 5,61. Um 140 v. Chr. zerstört, wurde B. von den Römern unter dem Namen Colonia Iulia Augusta Felix Berytus (vgl. Plin. nat. 5,78) wieder aufgebaut und später neben Tyros Mittelpunkt eines Seidenhandels. Entfernungsmaße für Wegstrecken von und nach B. finden sich bei Strab. 14,6,3. 16,2,20. 22. Anschluß an das röm. Straßennetz bekunden die Itinerarien (s. K. Miller Itin. Rom. S. 806–807 mit Skizze Nr. 259; hier: *Berizto* oder *Berithon*). Weitere Quellen s. in RE III 321 bis 323. H. T.

Archeological Studies of the Museum of Archeology, Beirût 1934/61, vol. I–XIV. Gr. Hist. Weltatl. I, 29a; Atlas of the World II, Plate 34: Iraq, Syria, Lebanon.

Beschreibstoffe s. Diptychon, Papyrus, Pergament.

Beschwörung s. Zauber

Bessapara (*Βεσσαπάρα*). H. das Dorf Sinitowo, Kr. Pazardžik in Südbulgarien, in der Antike an der Straße von Serdica nach Philippopolis. Fundort zahlreicher griech. Inschr. und Weihreliefs verschiedener Gottheiten aus der röm. Kaiserzeit. Zur Zeit Iustinians I. befestigt. Itin. Ant. 136. Itin. Hier. 136. Prok. de aed. 4,2. Chr. D.

1. *Zončev*, WDI (Westnik Drewnej Istorii, russ. Zeitschr. für Alte Geschichte), 1960, 3,142ff. 2. *V. Velkov* Die thrak. und die dak. Stadt in der Spätantike, bulg. mit dt. Zusammenfassung, Sofia 1959, 109 (Bibliographie).

Bessas. Gote aus Thrakien, Teilnehmer an den Kriegen gegen Perser (530–32) und Goten (535 bis 546) wurde 550 *mag. mil. per Armeniam.* Zuerst erfolgreich, wurde B. 554 der Pflichtvergessenheit angeklagt und verbannt. A. L.

Rubin RE XXIII 378ff. zu Prok. 1,21. 5,16–19. 6,69f. 7,19f. 8,9–12 u. a. *Stein* Gesch. 2,506ff. u. a.

Bessoi (*Βεσσοί*). Zahlreicher, kriegerischer Thrakerstamm, hauptsächlich am mittleren u. teilweise oberen Hebroslauf sowie in einigen Rhodopegegenden und im Haimos. In der Römerzeit bildete der Kern des Stammesgebietes der B. die Strategie Bessica, die an die Maedica u. Serdica grenzte. Sie erstreckte sich auf die heutigen Bezirke von Plovdiv (Philippopolis) u. Pazardžik. Berühmt war der Aufstand der B. gegen die Römer

13 v. Chr. Ihr Stammeszentrum hieß Bessapara u. lag 22 km von Philippopolis. Chr. D.
Detschew Thrakische Sprachreste 57ff. *Kazarow* Trakijskite besi (bulg.). Die thrak. Besser, Bull. Soc. Hist. bulg. 6, 1924, 31–47.

Bessos (*Βῆσσος*). Satrap von Baktriane, Befehlshaber in des Dareios Heer in der Schlacht bei Gaugamela. Trat dann als persischer Großkönig auf und legte sich den Namen Artaxerxes bei. In die Hände des Ptolemaios gefallen, wurde er nach Baktra gesandt, wo über ihn als Hochverräter das Todesurteil ausgesprochen wurde (Arrian. Curt.). J. D.-G.

Bestattung, das nach bestimmten sakr. Regeln vorgenommene Zurichten und Beisetzen eines Verstorbenen durch die Mitglieder des Sozialverbandes (Familie, Stamm, Gemeinde), ist rel.-geschichtlich ein Teil des Totenkults; sie fehlt auch auf primitiver Stufe rel. Lebens nicht (E. O. JAMES Beginnings of Rel., 1951, 116ff.) und reicht bis in die Prähistorie zurück (H. KÜHN Das Erwachen der Menschheit, 1954, 70ff. JAMES Myth and Ritual, 1958, 31ff.). Ihre spezif. Formen und Verrichtungen sind bestimmt von den diversen myth. Vorstellungen über das Schicksal der Abgeschiedenen (KÜHN 154ff. W. DEONNA, RHR 119, 1939, 53ff.), von der sozialen Einstellung zu den Toten (Einbeziehung oder Ausschluß aus der Gemeinschaft der Lebenden [6],163ff.) und dem verbindlichen Einfluß mag.-rel. Brauchtums (C. CLEMEN, NJb 1926, 19ff. G. GOURY, RHR 118, 1938, 33ff.), wie ihn die Antike etwa in der Maskierung des Leichnams (G. WILKE, Mannus 7, 1915, 13), seiner Orientation (Plut. Sol. 10. H. J. ROSE, CR 34, 1920, 141ff.), der rit. Umkreisung (Hom. Il. 23,13f. W. PAX, WuS 18, 1937, 44ff.) oder im Opfer- und Ordalritus der Leichenspiele (Il. 23,257ff. L. MALTEN, RM 38/39, 1923/24, 337ff. K. MEULI, A 17, 1941, 189ff.) erkennen läßt. Letztlich sind (da das persönliche Empfinden weithin in ihnen aufgeht) unter den erwähnten Gesichtspunkten sämtliche seit Homer dem Altertum vertrauten B.-Gepflogenheiten zu beurteilen (vgl. E. BICKEL Hom. Seelenglaube, 1926, 22ff.), d. h. nicht nur das präliminarische Waschen, Salben, Schmücken und Bekleiden des *νεκρός* (Il. 18,343ff.), seine öffentliche Aufbahrung (*πρόθεσις* 19,212), die gemeinschaftliche Totenklage (*γόος* 18,314ff.354ff.23,9ff. E. REINER Rit. Totenklage, 1938, 18ff.35ff.; vgl. W. BURKERT, RhM 105, 1962, 45ff.), sondern auch das eigentliche Leichenbegängnis (*ἐκφορά* 23, 127ff.) mit Totenmahl und Blutguß, Haarschur und Schlachtopfern (23,30ff.140ff.165ff. MALTEN 300f.303. PAX 50f. [6],124f.160ff.), vor allem die funerale Behandlung des Leichnams selbst (Erd-B.: Hdt. 4,190. Plut. a. O.; Brand-B. mit Weinspende für die *ψυχή*; Sammlung der Gebeine in einer *φιάλη*: Il. 23,216ff.240ff. [1],116ff.; zu den *τύμβοι* G. PATRONI, RIGI 4, 1920, 106ff.), seine Versorgung mit Beigaben ([6],168ff.), schließlich Anlage, Dekoration und Kultus der Grabstätte ([6],46ff.101ff.127ff.). – Die Archäologie des Mittelmeerraumes lehrt, daß seit dem Neolithikum die B.-Sitten durch eine gewisse Zwiespältigkeit des Verhältnisses zu den Toten geprägt sind: einerseits erkennt man deren Fortexistenz an, respektiert ihre Ansprüche und sucht sich ihrer segenspendenden Kräfte durch Beisetzung im Bannkreis der Siedlung zu versichern (Haus-B.en in Erimi [Kypros], Aphiona [Kerkyra], Malthi [Messenien], Eutresis [Boiotien]: [6],48.55f.163ff.180), andererseits fürchtet man ihre Nähe (H. NAUMANN Primitive Gemeinschaftskultur, 1921, 8. W. F. OTTO Die Manen, 1958², 102ff.) und sucht rächende oder schadende Heimsuchung durch sie zu verhindern (B. außerhalb des menschlichen Wohnbereichs: [6],47.57.67.165f.; Kompromißlösung: Khirokitia [Kypros] [6],46.164). Hinter dem Bemühen, ihnen im Grab eine Wohnstatt zu schaffen, die durch Vorrat an Nahrung, Kleidung, Gerät, Waffen, Schmuck das Fernsein von der Sphäre der Lebenden vergessen läßt (Höhlengräber von Hagia Photia und Palaikastro [Kreta]; Totenkammern von Zygouries [Argolis], Chalkis [Euboia] und Krasi Pediados [Kreta]: [6],50ff.), steht oft die Angst vor ihrer möglichen Rückkehr, zu folgern aus Vorkehrungen wie dem kreisrunden Steingehege (PAX 47f.), dem hermetischen Verschluß im Grabhaus oder Sepulkralgefäß ([6],166), der megalith. Bedeckung (A. W. PERSSON Asine, 1938, 119, Abb. 95. [6],179f. [8],257,4), dem Fesseln des Kadavers ([1],22,2. A. D. KERAMOPOULLOS *Ὁ Ἀποτυμπανισμός*, 1923) und vereinzelt dem barbarischen Usus des *μασχαλίζειν* (E. B. TYLOR Primitive Culture 1, 1903⁴, 451ff. ROHDE Psyche 1,322ff. Vgl. Aischyl. Choeph. 439. Soph. frg. 623 P.). Nach ethnolog. Urteil (L. MACKENSEN, ZfE 55, 1923, 47ff.) ist der den Körper zerstörende Leichenbrand seinem Ursprung nach die radikalste Form derartiger apotropäischer Maßnahmen, im hom. Totenglauben durch den altruistischen Gedanken einer Freisetzung der Hauchseele (Il. 23,100f. H. SCHREUER, ZRW 33, 1916, 396ff. [4],236) nur überdeckt. Ganz allgemein läuft in der mittleren und späten Bronzezeit (MM II bis SM I), von Kreta ausgehend (Sarkophag von Hagia Triada: R. PARIBENI, MA 19, 1908, 1ff. [6], 193ff.), der Verfeinerung der Sitten ein Verschleiern der primitiv-egoistischen Furcht vor dem »lebenden Leichnam« zugunsten sublimerer Vorstellungen parallel. Macht und Wohlstand verstärken den Wunsch nach Verewigung der Diesseitssituation; das erklärt den bes. bei der myken. Adelsschicht zu außerordentlichem Gepränge sich steigernden Aufwand an funeralen Zeremonien und Additamenten, in der Kultivierung des Grabmilieus, in Sepulkralbauten von oft monumentaler Größe (PERSSON Royal Tombs at Dendra, 1931. J. B. WACE Archaeologia 82, 1932. [6],184ff.). Die reich ausgestatteten kret. Nekropolen von Mavro

Spelio und Zafer Papura (J. FORSDYKE, ABSA 28, 1926/27, 243ff. A. EVANS Archaeologia 59, 1906, 1ff.), die riesigen myken. Schachtgräber (G. KARO Schachtgräber von Mykene, 1930), die tholosförmigen Kuppelbauten Kretas (M. ROBERTSON, JHS 59, 1939, 203ff.) und des Festlandes (Menidi, Orchomenos, Vaphio, Mykenai; A. EVANS Shaft Graves and Beehive Tombs, 1929. [8],102f.202f. 261f.) dokumentieren das Verlangen nach individueller Immortalität, im Sonderfall den Anspruch auf Deifikation als gedeihenwirkender Heros ([6], 188f.204f.). Bei dem verstärkten Bemühen um Erhaltung der Leiblichkeit scheinen die Gesichtsmasken aus Edelmetall (O. BENNDORF Antike Gesichtshelme und Sepulkralmasken, 1878) im Verein mit dem Schachtgräberprinzip auf balkanischidg. Einfluß zu weisen (vgl. B. FILOW Die arch. Nekropole von Trebenischte, 1927, 4ff.13 Taf. 1), die nur vereinzelt vorkommende Mumifikation (*ταρίχευσις* Hdt. 9,120. Vgl. H. SCHLIEMANN Mykenae, 1878, 339ff.) auf orientalischen, ähnlich wie die Konservierung in Honig bei den Gefäß-B. der ägäischen Substratbevölkerung (PERSSON 350f. [7],9ff. [8],257. Vgl. Hdt. 1,198. M. MAYER, BPhW 29, 1909, 153f.). Zauberkräftige Amulette sollen den Toten stärken (S. XANTHUDIDES Vaulted Tombs of Mesara, 1924. [6],135), Libationen von Blut, Wein und Öl, durch vasenförmige Röhren zugeführt (Aischyl. Choeph. 92ff. S. FERRI Divinità Ignote, 1929, 11ff.), ihn nähren; die Mitgabe von Miniaturidolen der lebengebenden weiblichen Gottheit (CH. DAWSON Age of the Gods, 1933, 101ff. V. DUMITRESCU, Ipek 8, 1932/33, 66ff. 70f. [6],172ff.190ff.) soll die Wiedergeburt gewährleisten (vgl. Il. 3,243. [5],175), auf die wohl auch der Embryonalsitus der Hocker-B. im Vorratsgefäß hindeutet ([7],12ff.; skeptisch NILSSON, Gn 15, 1939, 79). Entsprechend dieser Idee fehlt die Brand-B. praktisch der gesamten min.-myken. Epoche. Ihre submyken. und protogeometr. Vorläufer (10./9. Jh.: Vrokastro und Muliana [Kreta], Athen, Salamis, Ialysos [Rhodos], Assarlik [Karien]: [5], 161ff.) erweisen das mit dem Leichenbrand verknüpfte Bild der ohnmächtigen, schattenhaften Totenseele bei Homer ([1],111f. [5],175) als Ausfluß eines früheisenzeitlichen Umbruchs in Jenseitsdenken und B.-Sitte. Daneben deuten Rudimente einer konservierenden B. des »lebenden Leichnams« ([6],210ff.) mit dem Ausdruck *ταρχύειν τύμβῳ τε στήλῃ τε* (Il. 16,456f.) auf das Einwirken der bodenständigen kleinasiat. Fürsten-B. eines *tarχu* (R. BLÜMEL, Gl 15, 1926, 78ff. KRETSCHMER, Gl 28, 1940, 103ff. [4],236) mit monumentalem Tumulus (Assarlik, Gordion: F. SCHACHERMEYR, AM 41, 1916, 381ff.; Etr. Frühgeschichte, 1929, 107ff.) und Grabstein, in dem sich ursprüngl. der Tote opferheischend manifestierte (*κολοσσός*: [5],171. [6],91.205). Das Vorbild der myken. Kuppelgräber (M. N. VALMIN Corolla Archäol., 1932, 216ff. NILSSON, ARW 33, 1936, 91) haben diese Tumuli mit den Tholoi der etr. Nekropolen gemeinsam (G. PATRONI, StE 7, 1933, 39ff. G. CULTRERA, StE 11, 1937, 59ff. A. MINTO, Palladio 3, 1939, 1ff.); umgekehrt haben die Totenberge von Vetulonia, Castellina und Cerveteri, die Grabcippen von Palermo und die mit Motiven des Leichenagons ausgemalten Tomben von Corneto und Chiusi (F. WEEGE Etr. Malerei, 1921. MALTEN 301ff.) zu Recht an die heroische B.-Gesinnung des hom. Epos erinnert (O. W. VON VACANO Die Etrusker in der Welt der Antike, 1957, 80f. 85). W. F.

1. *J. Zehetmaier* Leichenverbrennung und Leichenbestattung im alten Hellas, 1907. 2. *G. Sergi* ERE 4,472ff. 3. *J. de Mot* La cremation et le séjour des morts chez les Grecs, 1909. 4. *O. Gruppe*, Burs. 186, 1921, 235ff. (Lit.). 5. *H.L. Lorimer*, JHS 53, 1933, 161ff. 6. *J. Wiesner* Grab und Jenseits, RVV 26, 1938. 7. *A. W. Persson* Rel. of Greece in prehist. times, 1942. 8. *Ch. Picard* Les rel. préhelléniques, 1948.

Bestia s. Calpurnius

Bestiarii, Personen, die im Circus und im Amphitheater mit wilden Tieren kämpften. Man unterschied zwischen berufsmäßigen *(venator)*, die mit Waffen, Schlingen und Netzen für Geld kämpften und durch ihre Kleidung geschützt waren. Sie wurden geringer eingeschätzt als der Gladiator, Cic. Vatin. 17. Petron. 45, als der Verbrecher oder Kriegsgefangene, die unbewaffnet kämpften. Cic. Sest. 64. In Rom bestanden Schulen zur Ausbildung der Erstgenannten. Tert. Apol. 9.35. O. W. R.

Bethania. 1. beth ᶜanijjāh oder ᶜanjā (wohl ⟨ᶜanānjāh Neh. 11,32, für uns farbloser benjaminitischer Eigenname), Flecken am SO.-Hang des Ölbergs der Wüste zu, 2,5 km vor dem Jerusalemer Tempelplatz, h. el-ᶜāzarīje (= Lazarusdorf, wegen Joh. 11,1–45. 12,1–11). Das biblische B. (vgl. noch Mk. 11,1–12 par.; 14,3 par.; Lk. 24, 50) lag n.w. des vom 4. Jh. bis h. gezeigten Lazarusgrabes. Ausgrabungen der Franziskaner 1949 bis 1953 führten auf eine dreischiffige Basilika aus dem 4. Jh. (erwähnt von Hieron. Onom. 59,17f. K), die nach Zerstörung durch Erdbeben zuerst im 6. Jh. (Apsis 13 m ö. der vorigen) und von den Kreuzfahrern im 12. Jh. (mit Benediktinerinnen Abtei) wiedererrichtet wurde. Wichtige Mosaiken in allen 3 Schichten. **2.** Taufort des Johannes ö. des Jordan (Joh. 1,28; 3,26), bisher nicht identifiziert. C. C.

Zu 1 außer in RGG³ 1,1095 und *Bauer* Wb⁵ s.v.: 1. *W.F. Albright*, AASO 1922/23, 158–160 und BASO 9, 1923, 8–10 (B. im AT). 2. *G. Dalman* Jerusalem und sein Gelände, 1930, Reg. 3. *S. Saller* Cath. Bibl. Quart. 12, 1950, 400–404. 4. *Ders.*, Liber annuus (apud Aedem Flagellationis, Jerus.) 1, 1950/51, 191–226; 2, 1951/52, 119–162; 3, 1952/53, 5–36. 5. *Ch. F. Nesbitt* J. Bible Relig. 29, 1961, 119–124 (B. in den Evgg.). – Zu 2: 1. *G. Dalman* Orte und Wege Jesu³, 1924, 95–102. 2. *D. Buzy* Rech. de Sc. rel. 21, 1931, 444–462.

Bethel, 17 km n. Jerusalem. Seit dem späten Neolithikum (E. 6. Jt.) sakraler Ort, in dessen Menhir ein Totengeist den Besuchern Offenbarungsträume schenkte. Wohl in der späten Bronzezeit (Mitte 2. Jt.) übernahmen die Kanaanäer den Platz als Inkubationsheiligtum, und der Stein wurde zum Haus *(bēth)* ihres Hochgottes El. Dabei konnte der Name des Steines auch zum Gottesnamen B. (z.B. Jer. 48,13) werden; der Gott B. ist dann als Hypostase Els zu betrachten. In einem Vertrage zwischen Asarhaddon (681–668 v.Chr.) und Baᶜal von Tyrus wird er als Fluchvollstrecker angerufen und ist dann vielleicht keilschriftlich in westsemit. theophoren Personennamen bis zu Dareios I., etwas sicherer in Götter-Doppelnamen der Elephantine-Papyri (5. Jh.) bezeugt. Heilige Steine, die B. heißen, erscheinen in der aram. Pluralform *btj ʾlhjʾ* im 8. Jh. v. Chr. im Staatsvertrag zwischen Bargaʾjā von KTK und Matiᶜʾilu von Arpad (Stele II von Sfīre bei Aleppo, C 1–3.6f. 8–10); sie müssen als Repräsentanten der göttlichen Garanten des Vertrages gelten, welche in der Inschr. gegenwärtig sind, die sich auf den 3 Stelen von Sfīre, eben den *btj ʾlhjʾ*, befindet.

Die Ableitung der → Baitylia und des Gottes Baitylos von B. gewinnt dadurch an Wahrscheinlichkeit ([5],69f.). – Nach den ersten Kanaanäern siedelten die Vorgänger der israelitischen Ephraimiten ihre Jakobs-Überlieferung in B. an, so daß in der ephraimitischen Kultlegende der Erzvater Jakob zum ersten Traum-Empfänger und Stifter der rituellen Mazzeben-Salbung wurde; das *numen* war nunmehr der »Gott Jakobs«. Dieser wurde nach 1200 v. Chr. im Laufe des Einzugs der ägyptosinaitischen Stämme mit dem von ihnen verehrten Jahwe identifiziert, der in der at. Form der Kultlegende von B. (Gen. 28,10–22) auch schon als »Gott Abrahams und Isaaks« (→ Bersabe) erscheint und im übrigen El als Beinamen erhält (Gen. 35,7 u.ö.). Seinem Kultus unterstellte sich nun auch der des »Gottes Jakobs«. In israelitischer Zeit nahm auch die 1 km n.w. benachbarte, wohl seit der frühen Bronzezeit (3. Jt.) besiedelte und im 13. Jh. (durch die Israeliten?) schon einmal niedergebrannte Stadt *lūz* den Namen des Heiligtums an. Im 10. Jh. erhob Jerobeam B. zum Hauptheiligtum des Nordstaates (1. Kön. 12,25–13,32), die Verehrung seines Jungstierbildes wird im 8. Jh. von Amos und Hosea (der verunstaltende Namensersatz *bēth ʾāwän* »Sündenhaus« Hos. 4,15. 5,8. 10,5 lebt vielleicht im h. arab. Namen der Stadt *bētīn* weiter) angegriffen und im 7. Jh. von König Josia unterbunden (2. Kön. 23,15–18). Im 6. Jh. blühte B. wieder auf, in der Makkabäerzeit war es zeitweise seleukidische Festung, Vespasian eroberte es 68 n. Chr. Aus byzantin. Zeit sind ein urspr. wohl synkretistisches Abrahamsheiligtum *(burǧ bētīn)* und die Jakobskirche *(ḫirbet el-maqāṭir)* bemerkenswert. Die bis h. andauernde Besiedlung hat die amerikan. Grabungen der J. 1927, '34, '54, '57 und '60 noch nicht zur vollen Klärung der Archäologie von Stadt und Heiligtum B. kommen lassen. C. C.

Lit. seit und außer RGG³ I 1095f.: 1. *A. M. Schneider* B. und seine altchr. Heiligtümer, ZDPV 57, 1934, 186–190. 2. *J.L. Kelso*, BASO 151, 1958, 3–8; 164, 1961, 5–19 (3. und 4. Kampagne). 3. *C.A. Keller*, ZAW 67, 1955, 162–168. 4. *V. Maag* in: Kulturgesch. des Alten Orient, hrsg. von H. Schmökel, 1961, 569f. 5. *H. Donner*, ZAW 74, 1962, 68–70 (zu Gen. 28).

Bethsaida (*aram. bēṯ ṣajdā* »Haus des Fanges« oder »der Beute«). Ortschaft in der → Gaulanitis am See Genezareth (in der h. Ebene *el-ibṭeḥa*) ö. der Einmündung des Jordan; vom Tetrarchen → Herodes Philippus 3 v. Chr. zur Stadt ausgebaut und nach → Augustus' Tochter *Julias* genannt (Ios. ant. 18,2,1; bell. 2,9,1; wohl nur das 2 km landeinwärts gelegene heutige *et-tell*), doch in allen 4 Evangelien weiter mit aram. Namen erwähnt (wohl nur die Fischersiedlung am See, h. *ḫirbet el-ᶜarağ*). Von Nero dem Königreich → Herodes Agrippas II. zugeteilt (Ios. ant. 20,8,4; bell. 2,13,2), wohl im 7. Jh. zerstört, gelegentlich von Beduinen wiederbesiedelt. C. C.

Lit. seit RGG³ 1,1098 und BHH 1,234: 1. *Cl. Kopp* Die heiligen Stätten der Evangelien, 1959, 230–243. 2. *D. Baldi* Liber annuus 10, 1959/60, 120–146. 3. *J. O'Hara* Two Bethsaidas or One? Scripture 15, 1963, 24–27.

Bethlehem. Urspr. »Haus der (kanaanäischen Göttin) Laḥama« (O. Schröder, OLZ 18, 1915, 294f.), doch schon bald volksetym. als »Brothaus« gedeutet, Ort 8 km s. Jerusalem, einmal in den Amarna-Texten (14. Jh.) bezeugt, doch erst seit David (1. Hälfte des 10. Jh.) hist. greifbar, Festung unter Rehabeam (2 Chr 11,6), aber schon zur Zeit der Prophezeiung des Micha (5,1) (2. Hälfte des 8. Jh.) unbedeutend. In der von da an lebendigen messianologischen Tradition stehen die Nachrichten von der Geburt Jesu in B. (Mt 2,1; Lk 2,4; Joh 7,42), die mit der Nazarethüberlieferung konkurrieren. Im 2. Jh. gewinnt die B.-Tradition die Oberhand, so daß die hl. Höhle wohl schon unter Hadrian profaniert wurde und danach vielleicht einen → Adonis-Kult (Hier. ep. 58,3 ad Paulinum; umstritten, Orig. Cels. 1,51 und Eus. Dem. ev. 7,2 wissen nichts davon) an sich zog. Mit der Pilgerfahrt der Kaiserin Helena (vor 330) beginnt die vor allem an der Baugeschichte der Geburtskirche und in Kreuzfahrerchroniken zu verfolgende christliche Epoche von B., die bis heute andauert (19000 meist chr. Einwohner). C.C.

Lit. außer in und seit RACh 2,224–228. RGG³ 1,1097f. BHH 1,233: 1. *W. Foerster*, ZDPV 57, 1934, 1–7. 2. *A. Rücker* Or. Chr. 35, 1938, 224–238. 3. *J. Michl*, MThZ 1956, 115–119. 4. *H. Stern* Cah. Arch. 3, 1948, 82–105 und 9, 1957, 141–145. 5. *Cl. Kopp* Die heiligen Stätten der Evangelien, 1959, 10–85.

Betriacum (Nissen It. Ldk. 2,201). Dorf zwischen Cremona und Hostilia (Schol. Iuv. 2,106) kurz w. des Oglioüberganges (nach Pomp. Planta bei Schol. Iuv. 2,99 20 mp, nach Tab. Peut. 4,3 22 mp von Cremona), bekannt durch 2 Schlachten (vgl. Plin. nat. 10,135 *Bedriacensibus bellis civilibus*) des J. 69 n. Chr. zwischen Otho und Vitellius (vgl. HANSLIK WST 74, 1961, 113 ff.) sowie Vitellius und den Truppen Vespasians (Suet. Vit. 10, 15. Plut. Oth. 8.11.13. Tac. hist. 2,23.39. 3,15 u.a.). Unterschiedliche Namensschreibung: *Bedriacum* bei Tac. a. O. *Bebriacum* bei Iuv. 2,106. *Φǫηγδιάκον* b. Ios. b. Iud. 4,9,9. G. R.

Betten s. lectus

Bevölkerungswesen. Die ant. und modernen Versuche, die Bevölkerung ant. Gebiete zu bestimmen, sind nach den Gesichtspunkten wissenschaftlicher Statistik ungenügend. Sparta hatte eine Vollbürgerschicht, die sich unter Lykurg auf 9000–10000 Kleruchen belaufen haben soll, danach ständig als Folge der rassenschädlichen spartanischen Wehrverfassung zurückging, z. Z. der Perserkriege auf 7000, um 418 v. Chr. auf 2100–2500, vor der Schlacht von Leuktra (371 v. Chr.) auf 1400, danach auf 1000, 339 v. Chr. auf 900, im 3. Jh. v. Chr. auf ca. 700!

Die Bevölkerungszahlen von Attika im 5./4. Jh. v. Chr. sind heiß umstritten. Die Schätzungen schwanken zwischen 20000 und 35000 wehrfähigen Politen, ca. 10000 wehrfähigen Metoikoi, d. h. einer freien Bevölkerung von ca. 90000–105000 Seelen und einer Sklavenbevölkerung von eher 100000 als 400000 Köpfen.

Die Zensuszahlen röm. männlicher Bürger sind dagegen seit ca. 294/93 v. Chr. mit 262000 als verläßlich zu betrachten. Am Ende des 2. Pun. Krieges (204/03) ist die Zensuszahl auf 214000 gesunken, steigt aber bis 142 v. Chr. auf fast 329000 an. Nach einem überraschenden Rückgang führen vermutlich die Reformen der Gracchen zu einem Anstieg auf fast 395000, der 86/85 auf 463000, 70/69 auf 910000 und unter Augustus auf fast 5 Millionen sich erhöht.

Das Bevölkerungsproblem der Stadt Rom ist erst seit 1940 durch v. GERKAN auf von H. G. WELLS bereits geforderter archäol.-topogr. Grundlage geklärt worden. Danach kann Rom in der Zeit der späten Republik niemals mehr als 624000 Einwohner, das kaiserliche Rom niemals mehr als 698000 Einwohner gehabt haben. Die hellenist.-röm. Städte des O. waren kleiner, vielleicht mit Ausnahme von Alexandria. Die Bevölkerung des Imperium Romanum wird auf zwischen 50 und 70 Millionen geschätzt. In der Spätantike sinkt die Bevölkerung von Rom bis auf 15000 im 6. Jh. n. Chr. Konstantinopel stieg gleichzeitig auf ca. 600000 Einwohner unter Justinian I. an, erreichte aber niemals 1 Million vor 1453. F. M. H.

Attika: Vgl. *F. M. Heichelheim* An Anc. Economic Hist. 2, 1964, Cap. VI Anm. 17 mit voller Bibliogr. Rom: *T. Frank* An Economic Survey of Anc. Rome. Index Vol. (1940), Census Statistics, Population. *H. G. Wells* Anticipations[2] 1914, p. 34 note 1. *A. v. Gerkan*, Röm. Mitt. 55, 1940, 149f. 58, 1943, 213f.; BJ 149, 1949, 5f. *G. Lugli*, RPAA 18, 1941/42, 191f. *J. G. Calza-G. Lugli* in Bull. Comm. Arch. di Roma 69, 1941, 142f. *D. van Berchem* Les distributions de blé 1939, 57f. *F. G. Meyer*, Hist. 2, 1954, 318 f. Allgemein: *A. E. R. Boak* Manpower Shortage and the Fall of the Roman Empire in the West (1955). *Gl. Downey*, in TAPhA 89 1960, 84f. *Heichelheim* op. cit., a. o. *J. C. Russell* Late Ancient and Medieval Population. TPhS N. S. 48, 3 (1958). RE Sitos (Suppl. VI 838), Sklaverei (Suppl. VI 905f.), Theten.

Bewaffnung. 1. Griechen: In der Zeit des 2. Jt. bis zum 6. Jh. v. Chr., die zunächst durch die Einzelkämpfe der schwergerüsteten Krieger, der Edlen, gekennzeichnet war, bestand die B. aus dem hohen, stark gewölbten Turmschild (→ aspis), der ledernen, gefütterten, mit Metallplatten oder Eberzähnen besetzten Sturmhaube, dem 11 Ellen (5 m) langen Stoß- und Wurfspeer und dem langen, zweischneidigen Hiebschwert aus Bronze. Dazu kamen manchmal 2 kürzere und leichtere Speere und eine Streitaxt (Hom. Il. 13,612). Beim Turmschild, der den Mann ziemlich deckte, waren Ledergamaschen und ein lederner, metallbeschlagener Leibgurt für den Körperschutz ausreichend. Das Gefolge führte neben Schwert und Speer einen Bogen als Angriffswaffen und Tierfelle an Stelle des Schildes. Die schwerfälligen Einzelkämpfe der vollgerüsteten Krieger wurden durch Verwendung leichterer Waffen, vor allem kleinerer Schilde, von denen der Rundschild die letzte Entwicklungsstufe darstellte, zusehends beweglicher. Dazu kam, daß man die Kampfentscheidung durch stärkeren Einsatz der Masse zu erreichen suchte. So bildete sich der taktische Körper, eine Entwicklung, die bei den Spartanern am frühesten zum Durchbruch kam. Mit dem Rundschild wurden Panzer und Beinschienen erforderlich. Dazu führten die spartan. Hopliten eine lange Stoßlanze und ein bloß zum Schlag verwendbares Schwert (Tyrt. frg. 11, 30). Während aber bei ihnen der Panzer noch aus Metall bestand, trugen die athenischen Hopliten einen Leder- oder Leinenpanzer, der bloß mit Metall beschlagen war. Der Helm hatte Nasen- und Stirnschutz, einen kurzen Nackenschirm und 2 bewegliche Wangenstücke. Das Schwert war zum Hieb und zum Stich geeignet. Die athen. Kavallerie trug noch den schweren Metallpanzer, doch durchweg keinen Schild. Mit der Einigung Griechenlands durch Makedonien wurde auch die Uniformierung der Bewaffnung der Kleinstaaten, die im einzelnen sehr verschieden war, eingeleitet und in der hellenist. Zeit zum Abschluß gebracht (Liv. 38,7. Polyb. 2,65. 4,69. 11,9,6. 15,6. Plut. Kleom. 11; Philop. 8,11. Paus. 8,50,1. Polyain. 6,4,3). Kennzeichnend für den makedon. Phalangiten war ein kleiner Schild von 60 cm im Dm., der mittels 2 Handhaben für Hand und Arm getragen und geführt wurde und dessen Größe durch die Länge der Sarisse (Polyain. 4,2,10), die mit beiden Händen gefaßt werden mußte, bedingt war. Sie betrug zur Zeit Alexanders d. Gr. 12 Ellen (5,5 m). Dazu trug die schwere Infanterie (Pezetären) Helm, Beinschienen, den leichten, bloß mit Metall beschlagenen Lederpanzer und vermutlich ein Schwert. Der schwere, vollständig aus Metall bestehende Panzer blieb für die schwere Reiterei, die Hetären, charakteristisch. Die Hypaspisten, die leichte, makedonische Infanterie, führten eine kurze Lanze und einen Schild und waren mit einem Chiton und barettartigen Filzhut (Kausia) bekleidet. Die Sarissophoren, die leichte Reiterei, hatten lange Stoßlanzen, Lederhose, Lederpanzer mit Lederstreifen und einen Helm. Die makedon.-hellenist. Zeit ist ferner durch Torsionsgeschütze charakterisiert, die auch in römisch. Zeit weniger als Feldgeschütze, sondern hauptsächlich im Festungskrieg verwendet wurden.

2. Römer: Die B. der Legion in der Frühzeit des Milizheeres ist ziemlich unbekannt. Sicher ist bloß, daß die Stoßlanze *(hasta)* die Hauptwaffe des Phalangiten darstellte. Bezeugt sind ferner der Rundschild *(clipeus)*, der große, rechteckige, flach gewölbte *(scutum)* und Beinschienen *(ocreae)*. Die Kavallerie war schwer gerüstet, und die Leichtbewaffneten führten bloß Wurfspieß und Schleuder. In der Zeit der Manipulartaktik (Polyb. 6,22 f.) wurde bei der schweren Infanterie die Lanze allmählich durch den Wurspieß *(pilum)*, und zwar einen schweren, dann leichten ersetzt, und damit gewann das Schwert *(gladius)* an Bedeutung. Der Helm bestand aus starkem Bronzeblech, der Panzer *(lorica)* aus Sohlenleder. Beinschienen wurden nicht mehr getragen. Als Schild setzte sich das *scutum* allgemein durch, und zum Lederwamspanzer der Kavallerie kam noch ein Kettenhemd (Polyb. 6,25). Diese Waffengattung hatte ferner *clipeus*, *cassis*, doch keinen Schild, und eine Lanze mit beiderseitiger Spitze *(hasta, tragula)*. Die Leichtbewaffneten trugen Lederkappe, Rundschild *(parma)*, Schwert und einen leichten Wurfspieß *(iaculum)*. Diese Entwicklung schloß die Zeit der Kohortentaktik durch eine annähernd gleichmäßige B. der gesamten Linieninfanterie ab. Das *pilum* ersetzte man durch einen noch leichteren Typ und steigerte seine Wirksamkeit durch konstruktive Verbesserungen. Beinschienen wurden wieder getragen, doch allein vom *centurio*. Die Hilfstruppen verwendeten teilweise nationale Waffen, teilweise wurden sie den Legionen angeglichen. Im stehenden Heere der frühen Kaiserzeit kam der schon früher vorkommende Metallpanzer und Dolch *(pugio)* bei der Infanterie allgemein zur Einführung (Ios. bell. Iud. 3,5,5). Die steigende Bedeutung der Fernkampfwaffen und der Kavallerie seit dem 1. Jh. v. Chr. bewirkte bald eine Änderung der B. Ein Teil der Legionäre wurde mit Lanzen *(lancea, hasta, λόγχη)* und Rundschilden *(cetra)* ausgerüstet (Ios. bell. Iud. 3,5,5. 6,2. 5,2,1. Cass. Dio 49,30), an Stelle von *gladius* und *pugio* traten das Langschwert *(spatha)* u. *semispathium* (Veg. mil. 2,15). Auch Wurflanzen mit dreikantiger Eisenspitze *(spiculum, vericulum*, Veg. mil. 2,14 f.) und bleivergossene Pfeile *(plumbata*, Veg. mil. 1,17. 2,15) kamen zur Einführung. Die B. der Legion nahm, je mehr sie zur Ergänzung Ausländer anwerben mußte, an Mannigfaltigkeit zu und wurde so für das spätröm. Heer besonders charakteristisch. A. N.

Krom.-Veith 629.633. *Burs.* 248, 1935, 186 ff., 274, 1941, 84 ff. u. ö. Philol. Suppl. Bd. 23, H. 2,21 ff. *A. Bruhn-Hoffmeyer* Antikens artilleri. Kobenhavn 1958.

Bezereos. Im s. Tunesien, s.ö. des Chott-el-Djerid, Station, angeführt im Itin. Anton. und in Not. Dign. Occ., auf dem Tripolitanischen *limes*, h. Sidi Mohamed Ben Aïssa. Das *castellum* wurde unter Commodus angelegt und von Septimius Severus befestigt; es war mit einer *vexillatio* der *legio III*[a] *Augusta* belegt. M. L.

Atl. Arch. Tun. 1/100.000[2] *Tamezred* 8. *A. Merlin*, CRA 1921, 236. ILAfr. 26–29. ILT 56–59.

Bia (*Βία*). Personifikation der Gewalt bei Hes. theog. 385. Zelos, Nike, Kratos und B. sind Kinder des Titanensohnes Pallas und der Styx, die sich beim Kampf zwischen Kronos und Zeus mit ihren Kindern auf des letzteren Seite stellt und bei ihm dauernd Wohnung nimmt. Dieser Symbolik folgend, läßt Aischyl. Prom. 12 den Titanen durch Kratos und B. an den Felsen schmieden. Bei Plut. Them. 21 spricht Themistokles den Andriern gegenüber von seinen Göttinnen Peitho und B. (diese statt der in seiner Quelle, Hdt. 8,111, genannten Ananke). Ein gemeinsames Heiligtum hatten B. und Ananke beim Aufstieg zu Akrokorinth, Paus. 2,4,6. H. v. G.

Βιαίων δίκη. Mit dieser Privatklage konnte in Athen der Raub, die Notzucht einer freien Person (also auch der Ehebruch unter Anwendung von Gewalt) sowie die Entführung einer freien Person zum Zwecke der Unzucht verfolgt werden. Solon hatte hierfür eine Geldbuße festgesetzt, später trat zu der Buße an den Verletzten noch eine Strafe in gleicher Höhe an den Staat (öffentliches Interesse!). E. B.

G. Busolt GStK. 535 f.

Bianor. 1. Myth. Gründer von Mantua, Sohn des Tiberis und der Manto, nach der er die Stadt benannte; eigentlich hieß er Ognus (Aucnus), Verg. Aen. 10,198. Serv. ebd. gibt eine andere Genealogie und macht ihn zum Gründer von Felsina (Bononia = Bologna). Sein Grab erwähnt Verg. ecl. 9,60. Vgl. Sil. 5,7. 6,109. H. v. G.

2. (*Βιάνωρ*). Ein Epigrammdichter des Philipposkranzes (Anth. 4,2,11), Bithyner (7,49.396), lebte z. Z. des Erdbebens von Sardes 17 n. Chr. (9,432). Für 19 Gedichte, meist Anekdoten und Genrebilder ohne hervorstechende Stilmerkmale, ist die Zuweisung sicher; 7,644.671. 9,252 bleibt sie fraglich. Mit Antiphilos bzw. Apollonidas rivalisieren 7,396. 9,223.273. G. Schm.

Bias (*Βίας*). **1.** Sohn des Amythaon und der Eidomene, Bruder des Sehers Melampus, der ihm bei der gefahrvollen Werbung um Pero, die Tochter des Neleus, beistand. Hom. Od. 15,237. 11,287.

Apollod. 1,96ff. Aus Pylos stammend, gewann B. mit Hilfe seines Bruders ein Drittel von Argos und wurde Stammvater eines der 3 dort angesessenen vornehmsten Fürstengeschlechter, der Biantiden. Hes. frg. 52ff. •Hdt. 9,34. Diod. 4,68,4. Paus. 2, 18,4. H. v. G.

Bethe Theb. Heldenlieder 43 ff. 173 ff.

2. Der Sohn des Teutames, der einem der sich als kadmeisch bezeichnenden führenden Geschlechter Prienes entstammte. Er galt schon E. des 6. Jh. als die Verkörperung eines weisen Staatslenkers und Richters und wurde ebenso wie Thales, Pittakos und Solon stets zu den 7 Weisen gerechnet. Als historisch kann sein von Hdt. 1,170, wohl nach Hekataios, überlieferter Vorschlag auf der Ionerversammlung im Panionion 546 v. Chr. betrachtet werden, die Ioner sollten sich der pers. Herrschaft dadurch entziehen, daß sie sich, zu einer einzigen Polis zusammengeschlossen, auf Sardinien niederließen. Hist. Hintergrund könnten auch die Erzählungen haben, daß er eine langdauernde Fehde zwischen Priene und Samos durch vernünftige Vorschläge beigelegt (Plut. mor. 296 A) und König Alyattes von Lydien, als dieser Priene belagerte, listig über die in der Stadt vorhandenen Vorräte getäuscht habe, so daß dieser die Belagerung aufgab (Diog. Laert. 1,83). Legendär ist sicherlich sein Kontakt mit Amasis von Äg. (Plut. mor. 38 B), chronologisch überdies unmöglich sein angebliches Wirken im 2. Messen. Krieg (Diog. Laert. 1,82). B. war zu seiner Zeit zweifellos der führende Mann in Priene und wirkte noch ganz in altion. Sinne als Richter und Schiedsrichter, nicht in besonderer amtlicher Eigenschaft. Hierdurch berühmt geworden, soll er von den Bürgern Prienes nach seinem Tod heroische Ehren erhalten haben. Meist in novellistischer Umrahmung wurden ihm später zahlreiche weise Aussprüche in den Mund gelegt und sicher unechte Verse zugeschrieben (Diog. Laert. 1,85), darunter ein großes Gedicht, in dem er dargelegt haben soll, wie Ionien aufblühen könnte. Fr. Kie.

A. Lesky GGrL 1958, 149.

Bibaculus s. Furius. Sextius

Bibel. 1. Der Name B. kommt vom mittellat. sing. fem. *biblia*. Damit wurde der griech. plur. neutr. *βιβλία* wiedergegeben; so heißen z. T. schon seit Origenes, einheitlicher seit Johannes Chrysostomos die »Bücher«, die in der von den Christen seit Paulus (2. Kor. 3,14) *ἡ παλαιὰ διαθήκη* = *vetus testamentum* genannten Slg. israelitisch-jüdischer Offenbarungsurkunden und in der nach und nach unter verschiedenen Bezeichnungen und in wechselnden Gruppierungen (→ 3) hinzuwachsenden Slg. chr. Schr. vereinigt sind. Der sing. von *βιβλία* ist seinerseits urspr. ein Deminutiv von *ἡ βίβλος* und *ἡ βύβλος*; mit beiden Formen, unbekannt warum fem., benannten die Griechen urspr. den für Flechtwerk und Schriftrollen verwertbaren Papyros, und zwar nach der phönik. Hafenstadt *Βύβλος*, wo er, aus Äg. kommend, umgeschlagen wurde, und wo sie ihn seit dem Ende des 12. Jh. v. Chr. (B.L. Ullman, AJA 31, 1927, 324 bis 327) kennenlernten. In dem Namen *Βύβλος* ist ein dem damals noch gesprochenen Labiovelar ähnlicher Laut zu B geworden (zum Lautgesetz vgl. Schwyzer Griech. Gramm. 1,293–296), den wir in den älteren Formen *gbl* (ugaritisch), *gubla* (Amarnatafeln) und *kpn(j)* (äg., z. B. Pap. Ebers 1550 v. Chr.) wiedererkennen. Falls dieser Name eine appellativische Bedeutung hatte, ist sie unbekannt; denn sollte bei der phön. und hebr. Wiedergabe *g^{e}bal*, deren Schwa hinter dem *ι* in der Form *βίβλος* steht (P. Kretschmer, KZ 57, 1930, 253), > heute arab. *ǧbēl*, an »Bergen« o. ä. gedacht worden sein (so zuletzt Köhler Hebr. WB s. v.), so wäre das eine semitische Volksetymologie. 2. Von den Schriften des späteren chr. AT., welche die Juden *Tenak̠* nannten (die Konsonanten sind die Anfangsbuchstaben von *torah* = Gesetz, *n^{e}biʾim* = Propheten und *k^{e}tubim* = Schriften), wurde der → Pentateuch (= *torah*) wohl Anfang des 4. Jh. v. Chr. fertig von Esra aus Babylonien nach Palästina mitgebracht. Neben ihm wurden in den Synagogen die nach der babylonischen Gefangenschaft noch erhaltenen hist. und prophet. Schriften gelesen; sie zeichneten sich bis etwa 200 v. Chr. als Gruppe der *n^{e}biʾim* ab, als deren »frühere« seit dem 2. Jh. n. Chr. die vermeintlich von Propheten verfaßten 4 Geschichtsbücher (Josua, Richter, 1./2. Samuel, 1./2. Könige) und als deren »spätere« die 4 prophetischen Bücher (Jesaja, Jeremia, Ezechiel, Zwölfprophetenbuch) galten. An »Schriften«, die es nicht zum Rang regelmäßig im Gottesdienst gelesener Texte gebracht hatten, die aber teils in die mosaische oder salomonische Zeit datiert wurden, teils als Festlegenden oder Berichte der nachexilischen Restauration fest eingewurzelt waren, gab es noch Psalmen, Hiob, Proverbien, die 5 Megilloth (»Festrollen« Ruth, Hoheslied, Prediger, Klagelieder, Esther), Daniel Esra/Nehemia und 1./2. Chronik. Sie wurden schließlich ebenso wie *torah* und *n^{e}biʾim*, zuletzt wohl von der rabbinischen Synode von Jabne (Jamnia) um 90 n. Chr., als kanonisch anerkannt. Alle anderen Bücher, denen die Qualifikation der »Schriften« nicht zuerkannt wurde, und von denen auch nach heutigem Urteil einige jüdisch-hellenistischen Ursprungs und erst bei der Übers. ins Griechische (→ Bibelübersetzungen 2) hinzugefügt sind, wurden ausgeschieden und fanden später in die einzelnen chr. Kirchen mit verschiedenen Übers., wechselnder Ordnung und Anzahl und unterschiedlicher Wertung, meist als Apokryphen, Eingang (vor allem 3. Esra, 1.–3. Makkabäer, Tobit, Judith, Manassegebet, 5 Zusätze zu Daniel und 9 Zusätze zu Esther, Baruch, Jeremiabrief, Jesus Sirach, Weisheit Salomos, ferner einzelne Pseudepigraphen). → Judentum. 3. Die chr. Gemeinde entnahm zunächst ihre *γραφαί* (1. Kor.

15,3 f.; Röm. 15,4; Mt. 21,42; Lk. 24,27) diesem Bestande, betrachtete daneben auch schon größere Gruppen aus ihm als Einheit (γραφή Gal. 3,8.22. Joh. 2,22.10,35.1. Petr. 2,6. 2.Petr. 1,20). Hinzu sammelte sie dann bis Mitte des 2.Jh. Paulusbriefe und Evangelienschriften; als Marcion daraus für seine Gemeinden einen Kanon aus »Evangelium« (emendierter Lukas) und »Apostel« (10 verkürzte Paulusbriefe ohne die Pastoralen) schuf, suchte auch die Großkirche nach einem Weg zu einem abgeschlossenen Kanon: denn mittlerweile hatte jede Kirchenprovinz sich ihre eigene Lit., namentlich Evangelien und Apostelakten, geschaffen, und auch Briefe und Apokalypsen wurden neu verfaßt oder nachgeahmt. Über die Stadien der Kanonbildung ist nicht viel Sicheres bekannt. Die normative Slg. der Evangelien ist bei den Alogern um 170 (sie verwerfen das Johannesevangelium als gnostisch) noch nicht und bei Clemens Alexandrinus wohl gerade beendet. Der Apostelteil erscheint bei den Scilitanischen Märtyrern um 180 auf Paulusbriefe beschränkt, enthält bei Clemens aber auch noch 1. Clemens- und Barnabasbrief und umfaßt im Muratorischen Fragment (Ende 2.Jh.) als kanonisch die Apostelgeschichte, 13 Paulusbriefe, 2 Johannesbriefe und Judasbrief. Kurz darauf muß sich der 1. Petrusbrief durchgesetzt haben, während über Hebräer-, Jakobus-, 2.Petrus- und 3.Johannesbrief und mehrere der dann faktisch apokryph gebliebenen Schriften bei den Gemeinden und Kirchenvätern des 3.Jh. Unsicherheit herrscht. Die Anerkennung der Offenbarung des Johannes stand seit ihrer Hochschätzung durch Justin nicht mehr ernstlich in Frage, wohl aber die der anderen Apokalypsen (am bekanntesten 5. und 6. Esra = Kap. 1 und 2 sowie 15 und 16 des jüdischen 4. Esra in der Vulgata, Petrusapokalypse, Hirte des → Hermas). 367 legte Athanasius in seinem 39. Osterfestbrief das NT. auf seinen heutigen Umfang von 27 Schriften fest, und Augustin übernahm diesen Kanon. Griech. und Lat. Kirche hielten seit dem E. des 4.Jh. de facto an ihm fest; doch wurden autoritative Entscheidungen, denen sich diese Kirchen gemeinsam unterworfen hätten, nie getroffen, und in der w. Kirche wurde die Normativität des Kanons oft relativiert (im Katholizismus durch Hoch- oder gar Höherschätzung der Tradition, im Protestantismus durch kanonkritische Überlegungen). Über Abweichungen in den orientalischen Kirchen → Bibelüberssetzungen. C. C.

Näheres, bes. zur Entstehung der einzelnen βιβλία selbst, in den Einl. ins AT. von *O. Eißfeldt, A. Weiser, E. Sellin,* und in den Einl. ins NT. von *P. Feine-J.Behm-W.G. Kümmel, A. Jülicher-E. Fascher, W. Michaelis* (alle mit weiterführender Lit.) sowie in den zahllosen Bibellexika, am ausführlichsten im Dictionnaire de la Bible, 1895–1912, Suppl. seit 1928 und 1955.

Bibelübersetzungen. 1. Das Aramäische, das von den Achämeniden innerhalb ihres Reiches, zu dem seit Kyros II. auch die jüdische Diaspora und Palästina gehörte, als Kanzleisprache verwendet wurde und als lingua franca des Vorderen Orients ohnehin weite Verbreitung gewonnen hatte, schränkte die Kenntnis des Hebräischen allmählich soweit ein, daß seit dem 4.Jh. v.Chr. aramäische Übers.en der heiligen Schriften des → Judentums (→ Bibel 2) nötig wurden. Sie entstanden als deutende Paraphrasen für den Bedarf des Gottesdienstes. Man nennt sie Targume. Ihre älteste Textschicht ist im alten, sog. Palästinischen Pentateuchtargum (Reste bei P. KAHLE Masoreten des Westens I. II, BWANT II 9. III 14, 1927/30) erhalten, aber neben Jüngerem auch im Targum Jeruschalmi I oder Pseudo-Jonathan (ed. M. GINSBURGER 1903) und im Targum Jeruschalmi II oder Fragmententargum (ed. M. GINSBURGER 1899; neuerdings im Codex Neofiti I vollständig aufgefunden, aber bis Ende 1963 noch nicht ediert) bewahrt. Gegen diese, die wie das Genesis-Apokryphon von Qumran (ed. N. AVIGAD-Y. YADIN 1956) den Text relativ frei paraphrasierten und oft midraschartig erweiterten, sollte vom 2. bis 5.Jh. n.Chr. von Babylonien aus das Pentateuch-Targum Onkelos (ed. A. SPERBER 1959) eine offizielle wörtlichere Version durchsetzen, die in Babylonien wie in Palästina verständlich sein mußte. Daß dies gelang, steht durch die Weiterverwendung des palästinischen Targums bis ins 9.Jh. n.Chr. (Kairo-Geniza!) in Frage, ist aber angesichts der Feststellung, daß Mischna und beide Talmude nur ein Targum für das ganze Judentum voraussetzen und die jüngeren Textschichten in den uns erhaltenen palästinischen Targumfassungen auch nach der Entstehung des Onkelos an einzelnen Stellen für den Gottesdienst eingefügt sein können, weiterhin diskutabel. Analog verhalten sich die von P. DE LAGARDE nach dem Codex Reuchlinianus 1872 edierten Prophetae Chaldaice zum offiziellen prophetischen Targum Jonathan (ed. A. SPERBER 1959 und 1962), bei welchem die jemenitische (südarabische) Überlieferung auch für sich interessant ist (Josua und Richter ed. F. PRAETORIUS 1899 und 1900. Jesaja ed. J.F. STENNING 1949. Jeremia ed. L. WOLFSOHN 1902. Ezechiel ed. S. SILBERMANN 1902). Anders liegt das Problem (vgl. P. KAHLE Masoreten des Ostens, BWANT 15, 1913) bei dem Verhältnis der älteren jemenitischen Tradition der Targume zu den »Schriften« (Prediger ed. A. LEVY 1905. Hoheslied ed. R.H. MELAMED, Diss. Philadelphia 1921) zum textus receptus bei P. DE LAGARDE Hagiographa Chaldaice 1873 (wichtig vorher Chronik ed. D. WILKINS 1715 nach der Cambridger und der Erfurter Hs.). – Der hebräische → Pentateuch der Samaritaner (ed. A. v. GALL 1914 bis 1918) diente zur Grundlage eines weiteren, des samaritanischen Targums (ed. J.H. PETERMANN-K. VOLLERS 1872–1891), das sprachlich und sachlich für sich steht. – Die Bedeutung der Targume ist kaum zu überschätzen. Ihr Einfluß reicht in die griech. und syr. Übers.en bis hin zur Peschitta und damit auch in deren Tochterübers.en und wird z.Z. im einzelnen diskutiert.

2. Ebenso wie bei den Targumen muß man sich teilweise die Anf. der griech. Übers.en vorstellen, als im hellenist. Diasporajudentum das Griech. die Kenntnis des Hebräischen verdrängte. Daneben muß bei einer Sprache, die mit dem Hebräischen nicht verwandt ist wie das Aramäische, die Notwendigkeit einer möglichst einheitlichen und treuen Übers. bestanden haben, so daß die Bemühung um die Wiedergewinnung von Grundrezensionen gerechtfertigt ist. Dieser Alternative trägt: Septuaginta. Vetus Testamentum Graecum Auctoritate Societatis Litterarum Gottingensis editum (seit 1922; Handausgabe von A. Rahlfs 1935) Rechnung. Septuaginta (LXX) nennt man diese Übersetzung nach den 72, abgerundet 70 Übersetzern in der Legende des → Aristeasbriefes. In Unteräg. begann man mit der Übers. des Pentateuch in der 1. Hälfte des 3. Jh v. Chr. und kam bis zum Anfang des 1. Jh. v. Chr., nicht ohne zeitweilige verschieden starke Anlehnung an Targume, mit den »Propheten«, »Schriften« und den später vom rabbinischen Judentum verworfenen, also apokryph gebliebenen Schriften (→ Bibel 2; von ihnen wurden Sapientia, Sirach, Tobit und Judith 1672 von einem Konzil zu Jerusalem kanonisiert) zu Ende. Da die Christen die LXX als Hl. Schrift annahmen, konnten sie ihr ihre eigenen, gleich in griech. Sprache verfaßten Schriften (→ Bibel 3) hinzufügen, so daß nun namentlich die 4 großen Majuskeln (Codex Sinaiticus und Vaticanus, 4. Jh.; Alexandrinus und Ephraemi rescriptus, 5. Jh.) im Prinzip die ganze griech. Bibel enthalten.

Die Rezeption der LXX durch die Christen als AT. diskreditierte diese bei den Juden und veranlaßte sie, neue griech. Übers.-en zu schaffen. Von ihnen sind uns in Zitaten und Bruchstücken die des Aquila (um 130, namensgleich mit dem Onkelos des Targums und wohl mit diesem Text verwandt, sklavisch wörtlich; Fragmente außer in der Hexapla ed. F. C. Burkitt 1897. C. Taylor 1900), des Theodotion (E. 2. Jh., in Art und Namen zum Targum Jonathan gehörig, vielleicht Revision der LXX und diese im B. Daniel fast völlig verdrängend) und des ebionitischen Christen Symmachos (um 170, vielleicht Beziehungen zum samaritanischen Targum, daher vielleicht Epiphanios' Angabe, er sei samaritanischer Proselyt) bekannt.

Um Verwechslungen zwischen den verschiedenen Versionen zu vermeiden und den LXX-Text genauer auf den hebräischen Text abzustimmen, stellte Origenes zwischen 230 und 240 eine Hexapla her (eine Tetrapla, die nur die griech. Versionen enthielt, ist entweder eine Vorarbeit dazu oder ein Auszug daraus). Ihre 6 Kolumnen enthalten den Urtext in hebr. Schrift und griech. Umschrift, Aquila, Symmachos, LXX und Theodotion (ed. Fr. Field 1871–1875). Außer von Origenes wurde der LXX-Text von dem antiochenischen Presbyter Lukian († 312) bearbeitet (Lesarten erscheinen in der Göttinger LXX; P. de Lagarde Librorum Veteris Testamenti Canonicorum pars prior, 1883, ist lukianisch nur von Ruth 4,11 an, anders RE III 396, und hätte nach den Hss. erst im 2., nicht erschienenen Band Lukiantext bieten können).

Schließlich ist auch der samaritanische Pentateuch als *Σαμαρειτικόν* unter Heranziehung der LXX ins Griechische übersetzt worden. Es erscheint für uns in Anm. zur Hexapla (Reste einzeln ed. P. Glaue-A. Rahlfs 1911).

3. Im lat. Sprachgebiet, namentlich N.-Afrika, begann man spätestens in d. 2. H. des 2. Jh. im Gottesdienst aus der LXX und dem NT. ins Lateinische zu übersetzen, an jedem Orte anders u. unter geringer Beachtung einer sich alsbald ausbreitenden schriftlichen Fassung. Für diese Vetus Latina, die man nach einer ihrer Formen auch nicht ganz richtig Itala nennt, sind neben Kirchenväterzitaten – den sichersten Anhalt geben die bei Cyprian († 258) – in ungewöhnlichem Ausmaß Palimpseste auszuwerten. Nach P. Sabatier 1743–1749, ²1751 und A. Jülicher-W. Matzkow 1938 ff. (nur Evangelien) wird sie seit 1949 von der Erzabtei Beuron herausgegeben.

Im Auftrage des Papstes Damasus revidierte Hieronymus († 420) seit 383 die altlat. Evangelien nach dem griech. Urtext, die danach in die Vulgata eingingen, und mehrere altlat. alttestamentliche Texte nach der hexaplarischen LXX, bis er seit 390 das AT. aus dem Hebräischen in ein nicht mehr interlineares, sondern dem klassischen angenähertes Latein übersetzte. Gegen den hebräischen Kanon behielt er auch die Apokryphen der LXX bei; was im NT. außerhalb der Evangelien auf Hieronymus zurückgeht, ist umstritten. Diese neue lat. Version setzte sich, nicht ohne gelegentliche Beeinflussung durch die Vetus Latina, bis zum 8. Jh. als Vulgata durch und wurde in der Ausgabe Alkuins († 804) vereinheitlicht (im Psalter gab er der Revision nach der hexaplarischen LXX den Vorzug vor der Übers. aus dem Hebräischen). Ihr folgte im MA. der Text der Pariser Universität und diesem wieder die ersten Drucke, deren Text nach der Kanonisierung der Vulgata durch Sessio IV des Tridentinums 1546 revidiert wurde. Doch näherte Sixtus V. die Revision nicht immer ganz glücklich wieder dem Pariser Text an. Deshalb setzte Clemens VIII. an die Stelle dieser Sixtina von 1590 die Sixto-Clementina (1592, seitdem viele Ausg., am bekanntesten M. Hetzenauer 1906 und 1922), die den Hieronymus-Text ziemlich genau wiederherstellt und bis heute die offizielle Bibel der kath. Kirche geblieben ist. 1945 trat neben ihren Psalter eine neue Übers. des Päpstlichen Bibelinstituts.

4. Im syrischen Sprachgebiet gab es wohl schon in vorchristlicher Zeit (A. Baumstark) eine Übersetzung des AT., die unter Verwertung der LXX

und (im Pentateuch) des palästinischen Targums hergestellt worden sein muß, wahrscheinlich in der → Adiabene (P. Kahle). Im NT. wurde um 170 die Evangelienharmonie διὰ τεσσάρων (Eus. hist. eccl. 4,29,6) des ostsyr. Theologen Tatian, in die auch apokryphe Stoffe aufgenommen sind, ins Syrische übersetzt (falls ein 1933 gefundenes Pergament und ein 1937 gefundener Pap. mit griech. Tatiantext für griech. Abfassung sprechen) oder sogleich auf Syrisch verfaßt (Ausg., auch der zahlreichen Tochterübers.en, bei Vogels 111–115). Die Harmonie wurde wieder aufgelöst im »Evangelium der Getrennten« (*Evangelion da m^{e}p̄arrěšē*), dessen älteste uns bekannte Form (Hs. des 5. Jh.) 1892 in der unteren Schrift eines Sinaipalimpsestes bekannt wurde (daher Sinaisyrer, edd. R. L. Bensly-J. R. Harris-F. C. Burkitt 1894 und in den Noten F. C. Burkitt 1904, als Haupttext A. Smith Lewis 1910, photogr. A. Hjelt 1930), aber auch in den 1842 in Koptenklöstern der nitrischen Wüste gefundenen 82½ Pergamentblättern des 5. Jh. gut bewahrt ist (ed. F. C. Burkitt 1904 und vorher W. Cureton 1858, daher Curetonscher Syrer). Heftig umstritten ist das Verhältnis dieser Vetus Syra zu der späteren »Einfachen«, der Peschitta, in welcher auch die übrigen B., aber ohne 2. Petr., 2. und 3. Joh., Judas und Apokalypse, hinzugekommen sind (bisher nur unkritische Ausgaben, nach jakobitischer Überlieferung AT. von S. Lee 1823/24. Psalter von W. E. Barnes 1904; nach nestorianischer Überlieferung AT. in Urmia 1852, ganze Bibel in Mossul 1887 bis 1891. Evangelien nach w.- und o.-syrischer Überlieferung von P. E. Pusey und G. H. Gwilliam 1901, ganze Bibel Beyrouth 1951). Diese ist am ehesten im 4. Jh. an verschiedenen Orten als Revision der Vetus Syra entstanden (A. Vööbus), während man früher annahm, die Peschitta zum NT. sei im 5. Jh. von Bischof Rabbula von Edessa neu geschaffen worden. 508 beauftragte dann Bischof Philoxenos von Mabbug seinen Chorbischof Polykarp mit der Übers. des NT. ins Syrische, die dieser in relativ kurzer Zeit, jetzt auch einschließlich der in der Peschitta noch fehlenden 4 kath. Briefe und der Apokalypse, hergestellt haben muß (Philoxeniana, ed. E. Pococke 1630. J. H. Hall 1886. Apokalypse ed. J. Gwynn 1897); sie ist von der lukianischen Rezension beeinflußt. 616 wurde sie von Thomas von Herakleia nach griech. Codices überarbeitet (Harclensis, ed. J. White 1778 bis 1803, im Titel fälschlich als Philoxeniana bezeichnet; Apokalypse ed. L. de Dieu 1627). Sehr genau übersetzte gleichzeitig (612–618) Bischof Paulus von Tella die hexaplarische LXX, deren Original uns bis auf Fragmente verlorengegangen ist und von hier aus rekonstruiert werden muß, ins Syrische (Syrohexaplaris, Propheten und Hagiographen im Codex Ambrosianus C. 313, Mailand 9. Jh., photogr. ed. A. M. Ceriani 1874). Völlig für sich steht die in der melkitischen Kirche geschaffene, von der Hexapla und noch mehr vom palästinischen Targum stark beeinflußte syropalästinische Übers., die sprachlich dem älteren galiläischen Aramäisch am nächsten steht und deshalb besonders wichtig ist (Evangeliar ed. P. de Lagarde 1892 und A. S. Lewis-D. Gibson 1899. Bruchstücke aus Pentateuch, Acta und Paulusbriefen ed. A. S. Lewis-E. Nestle-D. Gibson 1897. Codex Climaci rescriptus, 6. Jh., Text nach Th. Nöldeke entstanden im 4. Jh., ed. A. S. Lewis 1909). Mehr bei A. Baumstark Gesch. der syr. Lit., 1922, § 4.

5. Verworren und unsicher sind die Grundlagen und Entstehungsverhältnisse der übrigen orientkirchlichen Übers.en. Auf der Peschitta und der LXX bzw. dem NT., vielleicht unter Verwendung eines armen. Diatessarons nach Tatian, fußt die armenische Übers. des 5. Jh. (ed. J. Zohrab 1805. Psalmen London 1883. NT. ed. A. Amirchaniantz 1882. Evangelien ed. F. Macler 1920. Apokalypse ed. F. C. Conybeare 1907). Auf denselben Grundlagen oder aber bereits auf der armen. Übers. fußt die georgische Übers., ebenfalls noch im 5. Jh. (Ausg. bei F. Zorell Grammatik zur altgeorgischen Bibelübers., 1930, 9f.; dazu Evgg. ed. J. A. Djavakhishvili 1922/23. Acta ed. G. Garitte 1955). Seit dem 5. Jh. wurde die Peschitta auch in mitteliranische Dialekte übersetzt (dazu C. Peters, Or. Chr. 33, 1936, 153–162), und zwar den s.w. (Pahlavi-Psalter) und den n.ö. (chr.-sogdisch, Frg. aus Mt., Lk., Joh., 1. Kor., Gal. ed. F. W. K. Müller, SPAW 1907, 260–270 und APAW 1912. Apokryphes ed. E. Sachau, SPAW 1905, 973–978 und W. Lentz, SPAW 1934, 513 bis 520.528–534). Sehr gute und deshalb textkritisch brauchbare Übers.en der LXX bzw. des griech. NT. sind die koptischen, zunächst im Dialekt von Oberäg., wo das Griechische nicht so bekannt war wie in Unteräg. (sahidisch, Hss. seit dem 4. Jh.; Reste von Dtn., Jona, Acta und Apk. ed. F. A. Wallis Budge 1912. Psalmen ed. A. Rahlfs 1901. Proverbien ed. G. P. G. Sobhy 1927 und W. H. Worrell 1931. NT. ed. G. W. Horner 1911–1924. Acta und Paulus ed. H. Thompson 1932), dann im unteräg. Dialekt (bohairisch, Pentateuch ed. P. de Lagarde 1867. Hiob ed. H. Tattam 1846. NT. ed. G. W. Horner 1898–1905. Joh. und Gen. 1,1–4,2 ed. R. Kasser 1958), schließlich in mitteläg. Dialekten (achmimisch oder fayyumisch, Kleine Propheten ed. W. Till 1927. Psalmen ed. W. H. Worell 1916. Proverbien ed. A. Böhlig 1958) und in Mischformen (sahidisch-achmimisch, Kleine Propheten ed. W. H. Grossouw 1938. Johannesevg. ed. H. Thompson 1924). Die verschiedensten griech. Versionen wurden für die zwischen sklavischer Wiedergabe und freier Paraphrase schwankende äthiopische Übers. verwendet (AT. mit Apokryphen ed. A. Dillmann 1853–1894. Psalmen ed. H. Ludolf 1701. Daniel ed. O. Löfgren 1927. Ascensio Jesajae und Jubi-

läen ed. A. DILLMANN 1877 und 1859. Henoch ed. J. FLEMMING 1902. NT. ROM 1548–1549. Evangelien und Briefe ed. J.L. KRAPF 1874 und 1878. Apokryphen – Hermas, 1./2. Clemens, Apostolische Konstitutionen gehören zum Kanon! – ed. E.A. WALLIS BUDGE 1899–1901. E. GOODSPEED 1901). Ins Arabische schließlich wurde aus dem Hebräischen, Samaritanischen, der LXX bzw. dem griech. NT., der Peschitta, der Philoxeniana, dem Koptischen und dem Lat. übersetzt (Hss. und Ausg. bei G. GRAF Gesch. der chr.-arab. Lit. 1, 1944, 85–195). C. C.

1. *E. Würthwein* Der Text des A.T.s, 1952. 2. *A. Vööbus* Early Versions of the New Testament, 1954. 3. *H.J. Vogels* HB der Textkritik des N.T.s, ²1955. 4. *P. Kahle* The Cairo Geniza, ²1959. Ferner die unter → Bibel genannten Werke.

Biber (*κάστωρ*, *fiber*; altlat. *feber*); bei Aristot. hist. an. 8,5,594 b 31 neben *κάστωρ* auch *σαθέριον*, *σατύριον* (interpol.?) und *λάταξ* (dies vielleicht die eigentliche griech. Bezeichnung; vgl. v. AUBERT-WIMMER Aristot. Tierk. 1,70). Ant. Verbreitungsgebiete: Spanien, Gallien, Mittel- und Osteuropa (Hdt. 4,109 Pripetsümpfe?), Kleinasien, Afrika; in Griechenland wohl frühzeitig ausgerottet, in Italien namenkundlich und literarisch nachweisbar (Plaut. bei Paul. Fest. 90 M. Varro l. L. 5,79). Beschreibung bei Aristot. a. O. Plin. nat. 8,109. Ail. nat. 6,34 u.a. Er zählte zu den Amphibien, die nachts aus dem Wasser kommen (Aristot. Ail.). Man jagte ihn mit Fallen (prähist. Biberfalle von der mittleren Donau!). Das Fell diente vielfach als Kleidung, bei den »Skythen« auch als Schuhwerk (Hdt. a. O. Plin. 32,110. Timon von Gaza Herm. 3,28; vgl. noch Edict. Diocl. 8); im späten Alt. wurden B.-Haare verwebt (Ambros. dign. sacerd. 4). Wichtiger war noch die Gewinnung des B.-Geils (*καστόριον*, *castoreum*), eines wachsähnlichen, stark riechenden, bitter schmekkenden Sekrets einer neben den Genitalien liegenden Drüse, das besonders seit Herakleides v. Tarent (1. Jh. v. Chr.) als Universalmittel innerlich und äußerlich gegen zahllose Leiden angewendet wurde (Einzelheiten bei WELLMANN, RE III 401 f.); besonders geschätzt war pontisches *castoreum* (Verg. georg. 1,50 mit Serv. Plin. 32,26). Archigenes v. Apameia (unter Traian) schrieb ein Buch *Περὶ καστορίου χρήσεως*. Der Sitz der Drüse war wohl der hellenist. Medizin, sicher dem Sextius Niger (august. Zeit) bekannt (Plin. a. O. Diosk. 2,26); trotzdem behauptete sich die Fabel, sie sei mit den Hoden identisch, weshalb der B. bei Verfolgung sich selbst kastriere (*castrare* nicht von *κάστωρ* abzuleiten: WALDEHOF.³ 1,179), weil er den Zweck der Jagd kenne (Cic. bei Isid. orig. 12,2, 21. Schol. Nik. Ther. 565. Plin. 8,109. Galen. 14,41 u.a.). Den Urin des B. verwendete man als Gegengift (Plin. 32,132), die Asche des Felles geg. Brandwunden und Nasenbluten (Plin. 32,119.124). W.R.

Keller Ant. Tierwelt 1,185 ff. *Wellmann*, H 24,538 f.

Bibliothek(en). *Βιβλιοθήκη*, *bibliotheca*, urspr. *βυβλ.* und *bybl.* auf Inschr., Pap. (FR. PREISIGKE WB. der gr. Papyrusurkunden 1,267 f. 279 f. 3,97 f.; Thes. l.l. 2, 1955–1958). Behältnis oder Räumlichkeit für Bücher jeder Art, schon bei Kratinos (4. Jh. v. Chr.), Büchersammlung, Archiv (nur im Griech.), als Buchtitel (Diod. Sic., Ps. Apollodoros), chr. »Bibel« bei Hier. De viris ill. 75 u.a. Im griech. Kulturkreis fehlte es schon seit dem 6. Jh. v. Chr. nicht an Büchersammlern. Herrscher, wie Polykrates, die Peisistratiden, werden als Besitzer von B. angeführt; Euripides, Euthydemos, Eukleides u.a. erscheinen als Sammler; die B. zählte zum Bestand der Bildungsmittel für den literar. und wissenschaftlich Wirkenden. Wie von allen frühen B. läßt sich auch über Inhalt, Umfang und Ordnung der wohl systematisch angelegten aristotel. B. nichts Näheres aussagen, dagegen ihr Wanderschicksal über verschiedene Besitzer bis Sulla aufzeigen (WENDEL 60–62.112).

Unter den hellenist. Regenten gewann die erst werdende B. weitwirkenden Aufschwung und in der Überlieferung festere Gestalt mit der Gründung der beiden Slg.-en von Alexandreia, wo Ptolemaios Soter (305–285) die große B. im Raum des Museion, der Akademie, innerhalb des Königspalastes einrichtete, beraten vom Peripatetiker Demetrios aus der Schule des Aristoteles. Größen der Wissenschaft wurden Mitarbeiter und Leiter der B. (Liste in POxy 10,1241) und katalogisierten die gewaltigen Bestände, die Kallimachos in 6 Sachgruppen für Dichtung und in 5 für Prosa einteilte; mit seinen Pinakes schuf er das grundlegende Katalogwerk der griech. Lit. Die Gesamtzahl der Volumina steht auch h. nicht einwandfrei fest; vor dem Brand der B. (47 v. Chr.) besaß sie nach Gellius (7,17,3) gegen 700000 Pap.-Rollen, während Tzetzes der kleinern B. des Serapeions nur an 43000 zuspricht. Beide B. waren nicht in selbständigen Bauten verwahrt, sondern in Räumen, die mit den Heiligtümern der Musen (Museion) und des Reichsgottes (Serapeion) zusammenhingen; der Benutzung dienten vorgelagerte Säulenhallen, den Zusammenkünften der Gelehrten ein großer Saal (Oikos). Wie diese einst weltberühmten B. ist auch eine kleinere, von Augustus mit einem Tempel des Divus Iulius 12 v. Chr. nach Alexandreia gestiftete B. verschwunden (Philo Leg. ad Gaium 151).

In Pergamon erstand als Gründung der ersten Attaliden (Attalos I., Eumenes II., 241–159) eine der B. des Museion ähnliche Slg., deren Anlage sich nach den deutschen Grabungen rekonstruieren läßt (CALLMER 148. WENDEL 82–88): auch sie war eine baulich nebengeordnete Zutat im Tempelbezirk (Athene Polias). In 3 einer Stoa angeschlossenen Räumen waren die Pap. und Pergamente in Holzregalen untergebracht; ein 4., mit Statuen (Athene, Dichter) versehener Oikos galt wohl Sitzungszwecken; die nach S. offene Stoa

(10×7 m) diente als Arbeits- und Lesezimmer. Auch die Kataloge entsprachen den alexandrin. Pinakes. Ihre Bearbeiter blieben unbekannt; zu den Rekonstruktionen s. Callmer 148–153. Wendel 82–88. Nach diesem Typ waren wohl auch andere hellenist. B. ausgerichtet wie die von Pella, Gründung des Antigonos Gonatas (283–239), die Aemilius Paullus 168 v.Chr. nach Rom überführte (Plut. Aem. P. 28), wohin auch Lucullus (70 v. Chr.) die B. des Mithridates VI. von Pontos brachte. Von der B., mit der Antiochos d. Gr. seine Residenz am Orontes versah, weiß die Suda (*Εὐφορίων*), daß sie öffentlich war und vom gelehrten Dichter Euphorion geleitet wurde.

Daß die Gymnasia größerer Orte über Bücher verfügten, erscheint nur natürlich, und viele dieser B. werden nach Bedürfnis und Mitteln über den Charakter einfacher Schulbüchereien hinausgegangen sein. Zu den bedeutenderen mag man die inschr. oder literar. erwähnten zählen, so die dem Ptolemaion in Athen angegliederte (275 v. Chr.), die jährlich von den Epheben mit 100 Volumina zu vermehren war (Wendel 96,3). Stiftungen sind aus dem 2. Jh. v. Chr. bekannt für die B. der Gymnasia von Kos, Rhodos (mit Katalogfrg.) und Pergamon; aus späterer Zeit hört man von solchen Büchereien in Delphi, Halikarnaß, Korinth; die zu Nysa (Karien) wird durch bauliche Reste, auch durch Iulius Africanus bezeugt (Callmer 172. Wendel 98). Einzelheiten zu diesen und andern gymnasialen B. wie Mylasa, Teos bei Wendel 95 bis 99. Callmer 154.

Unerläßlich wurden B. für höhere Fachschulen. Die alte B. der Ärzteschule von Kos (4. Jh. v. Chr.) fand durch den Hofarzt des Claudius, C. Stertinius, Erneuerung, der im 3. Jh. eine weitere folgte (mit Bauresten); auch dem pergamen. Asklepieion fehlte schon unter den Attaliden die B. nicht (Plan bei Callmer 175); inschr. erwiesen wird die medizin. B. von Karthago. Rechtsschulen wie die von Berytos, Caesarea (Galilaea) und Byzanz müssen alle B. geführt haben, auch wenn sie nur zufällig erwähnt werden, so die röm. in der B. des Apollotempels von Rom (Schol. Iuv. 1,128).

Unter den B. der ant. Hochschulen wurde die athen., von Hadrian mit dem Museion gestiftete (131/32), hoch bewundert als *b. miri operis* (Eus. Chron. 227, Ol. XVI): ihre Lage im Anschluß an die O.-Seite der 100säuligen Stoa ließ sich an den noch erhaltenen Büchernischen (50 cm tief, 122 x 283) feststellen (Callmer 173. Wendel 104). Wenn eine in dieser Gegend gefundene (1933) Inschr. von einer B. weiß, die T. Flavius Pantaenus um 100 stiftete, so blieb sie unbestimmbar, überraschte aber durch Bestimmung des Ausleihverbots und der Öffnungszeit (Wendel 109). Mehr wurde bekannt zur B. von Ephesos, in der man die der Hochschule erkennen darf. Nach Resten rekonstruierbar, vertritt sie den Typ des monumentalen Baues einer B., der sich unter Traian und Hadrian durchsetzte. Wie schon die nur literar. nachweisbare B. von Prusa (Plin. epist. 10,81,7), Stiftung des Dion Chrysostomos, als Familienheroon diente, war unter der ephes. B. der Vater des Stifters Ti. Iulius Aquila Polemaeanus beigesetzt (vor 117). Der einst 16 m hohe Bau enthielt einen Saal (16,5×11 m) mit dreifach übereinander eingelassenen, holzgefütterten Wandnischen (50 cm tief, 280×100) zur Aufbewahrung der Bestände; 30 an Zahl faßten sie 14400 Rollen. Der Zugang zur B. führte über eine Freitreppe durch eine Säulenreihe zu einer Vorhalle und 3 Türen der ö. orientierten Breitseite mit Durchblick auf eine Apsis mit Götterbild. Ein Luft- und Laufraum (1 m) schied die B. von einer Mauer zum Schutz gegen Feuchtigkeit (Wendel 106,1; Abb. bei Callmer 168 f.). Ähnlich selbständige Anlage zeigt die Ruine der in Nysa (s. oben Sp. 893) festgestellten B. mit 2 Obergeschossen und je 3 übereinander ausgesparten Rollennischen, und auch der »Dianatempel« von Nemausus (Nîmes) aus Hadrians Zeit hat als freistehende B. zu gelten: an einer Längswand des Saales (9,55x14,52 m) legen 4 Nischen (0,60 m tief, 1,60x2,60) ihre Bestimmung als *armaria* (Callmer 178) nahe. Dagegen erinnert der Grundriß einer B. am Forum zu Philippoi, 4 nischenlose, einst mit Holzregalen versehene Räume hinter einer zweischiffigen Stoa (Plan bei Callmer 179) an die pergamen. B. (Wendel 109). Für Dyrrhachion ließ der Stadtkommandant unter Traian ein Grundstück mit einer B. bebauen, die er mit einem Gladiatorenkampfspiel einweihte (CIL III 607; Wendel 109). Als gut erhaltene Anlage einer monumentalen B. röm. Charakters ragt die B. von Timgad (200–250) in N.-Afrika hervor. Ihr Hauptraum (24 qm) ist in eine geräumige Apsis verlegt, zu ihren beiden Seiten 2 rechteckige Zimmer, an die sich je 2 kleinere Räume anschließen. In die Eingangswand der Apsis waren 4 Nischen zur Bewahrung der Volumina eingelassen, der auch die Nebenzimmer dienen mochten. Die B., ein Prachtbau, vermutlich mit Halbkuppel, war Stiftung eines M. Iulius Rogatianus (Callmer 108 f. mit Abb.). Nur literar. lassen sich die Spuren der von Konstantios gegründeten B. von Byzanz verfolgen. Iulianos vermehrte sie mit seiner eigenen Slg. (362), und Valens versah sie mit 4 griech. und 3 lat. schreibkundigen Beamten. Ihr Gebäude wurde mit 120000 Codices im J. 475 zerstört, doch wieder hergestellt, bis Hochschule und B. durch Leo den Isaurier 726 ihr Ende fanden.

In Rom wurde Caesars Plan einer griech.-lat. öffentlichen B. durch seine Ermordung vereitelt (Suet. Iul. 44), aber schon 39 v. Chr. von C. Asinius Pollio verwirklicht, ohne daß über diese Gründung im Atrium Libertatis mehr als die bedeutende Tatsache berichtet würde. Sie trat wohl hinter der von Augustus dem Apollotempel angeschlossenen B. Palatina 628 v. Chr.) zurück, die vom Grammatiker Pompeius Macer, dann von C. Iulius Hyginus betreut wurde (Suet. Iul. 56; de gramm. 20). Reste lassen 2 aneinanderstoßende Gebäude oder Zimmer mit Apsiden und Nischen für die Pap. der griech. und lat. Slg. erkennen (CALLMER 157), die nach verschiedenen Schicksalen den Brand von 363 nicht überdauerte. Eine 2. griech.-lat. B. verdankte Rom Augustus, der sie nach 23 v. Chr. mit der Porticus Octaviae auf dem Marsfeld verband; auch sie, von C. Melissus geleitet, hatte unter Bränden zu leiden (CALLMER 159f.). Dem Tempel des divus Augustus gab Tiberius eine B. bei, die er mit einer großen Apollostatue aus Syrakus auszeichnete (Plin. nat. 34,43. Suet. Tib. 74); aber wie von ihr, wird auch von der B. im Palast des Tiberius, die Gellius (13,20,1) und Fronto (ep. 4,5) bezeugen, nichts Näheres berichtet, während sich ein Zimmer in Neros Domus aurea durch den Befund in situ als einstige Hausb. erweist (CALLMER 160f., Plan 8). Mit dem Templum Pacis verband Vespasian in den J. 71–75 eine Doppelb. so, daß der griech. Saal vom lat. (den Gellius besuchte; s. 16, 8,2) durch den Tempelraum geschieden wurde, aber das Band dieser den röm. B. eigentümlichen Abteilungen löste Traians Architekt, Apollodoros von Damaskus, völlig, als er sie am Forum Traiani in 2 Gebäuden zu beiden Seiten eines Hofes (mit der Traianssäule) erstellte (Plan bei CALLMER 163). Neuere Grabungen konnten über die s. gelegene B. aufklärend orientieren (CALLMER Abb. 10). Die B. templi Traiani (Gell. 11,17,1) oder B. Ulpia, die vielleicht mit der B. des von Hadrian (134) gestifteten Athenäums identisch ist (WENDEL 105), wurde einmal vorübergehend in die Diokletiansthermen verlegt. Daß sich auch im Anschluß an Thermen B. befanden, bezeugen Inschr. (s. CIL VI 8679) wie bauliche Reste (Caracalla, Traian: CALLMER 14f.). Wenn die Überlieferung für nicht wenige der 28 öffentlichen B. Roms, die sich nach der Regionenbeschreibung zu Konstantins Zeit in der Stadt befanden, den Nachweis schuldig bleibt, irrt man doch kaum mit der Annahme, daß es sich bei ihnen nicht um bedeutende Sammlungen handelte.

Waren schon die öffentlichen B. der Vergänglichkeit unterworfen, galt das noch weit mehr von den zahllosen privaten Büchersammlungen der Antike. Nicht wenige von ihnen konnten sich aber aus besonderen Ursachen, durch Bedeutung, Geschichte oder berühmte Besitzer in der literar. Erwähnung erhalten, wie die des Apellikon, der Teile der aristotel. und theophrast. B. erworben hatte, oder die des Lucullus; man hört von den B. Ciceros, seines Bruders, des Atticus, Persius, der 700 Volumina hinterließ, während Serenus Sammonicus seinem kaiserlichen Schüler Gordian II. über 60000 vermachte, und reich gewordene Leute Tausende von Büchern, *tot milia librorum* (Sen. dial. 9,9,6) aufkauften, nur um als gebildet zu gelten. Eine einzige B. ist auf die Nachwelt gekommen, wenn auch in fragwürdiger Verfassung: die der Pisonenvilla von Herculaneum mit etwa 2000 überwiegend griech. Pap. philosoph. Inhalts, die ihren karbonisierten Zustand der Vesuvkatastrophe vom J. 79 n. Chr. verdanken. Ihr Fundort in der Villa suburbana war ein kleiner Raum (3x3 m) mit hölzernen Wandregalen und einem Doppelgestell inmitten des Zimmers (1,80 m hoch). Die vielen literar. Funde aus äg. Boden sprechen aufs deutlichste für Herkunft aus privaten oder öffentlichen Sammlungen, obwohl die Ausgrabungen noch nicht auf nachweisbare Reste von B. gestoßen sind. Doch haben sich Bruchstücke von Bücherkatalogen gefunden, die auf einstige B. hinweisen; s. HB. der Bibl.-Wiss. 1, 1952, 231 (PREISENDANZ); zu einer B. von Oxy. s. Journ. Eg. Arch. 8, 1922, 129–138 (KENYON). K. P.

Die wichtigsten Arbeiten aus dem unübersehbaren Schrifttum zu den ant. B. sind genannt und benützt von *Christian Callmer* Ant. Bibliotheken: Acta Instituti Romani regni Sueciae 10. Opusc. archaeol. 3, 1944, 145–193; s. *C. Wendel* Zentralbl. für Bibliothekswesen 63, 1949, 407 bis 428. *Carl Wendel–Willi Göber:* HB d. Bibl.-Wiss. 3,1, 1955. Das griech.-röm. Alt. 51–128 [danach hier zitiert]. *C. Wendel,* RAC 2, 1954, Sp. 230–274. *V. Burr* HB d. Bibl. Wiss. 3,1, 1955, 147–187 (Der byzantin. Kulturkreis).

Bibliothekswesen. Da sich keine bibliothekskundliche Schrift aus der Antike erhalten hat, beschränkt sich die Kenntnis von Praxis und Verwaltung der B. auf literar. und inschr. Notizen. Über Zutritt und Bedingungen zum Besuch öffentlicher B. scheint nichts bekannt. Innerhalb sachlicher Abteilungen der Kataloge erleichterte alphabet. Anordnung der Autoren das Ermitteln gesuchter Werke, die in der B. selbst zu benutzen waren. Wie in der athen. B. des Pantainos bestand wohl überall das vom verantwortlichen Leiter beschworene Verbot, Pap. auszuleihen (Ausnahmen sind überliefert). Herbei- und Zurückbringen der mit Sillyboi (Tituli), nicht mit Signatur versehenen Schriftrollen aus den Wandschränken oder Gestellen kam dem Personal zu, nicht dem Besucher, für den bestimmte Öffnungszeiten (6 Morgenstunden in Athen) galten. Die B. unterstand dem wissenschaftl. Bibliothekar, *procurator* oder *bibliothecarius* (Front. ep. 4,5), der oft auch *vilicus a bybliotheca (latina, graeca)* und ἐπίτροπος heißt; ihm mit seinen Gehilfen kam die Erledigung fachlicher und technischer Aufgaben zu, wie Anschaffung *(comparare)*, Bestimmung *(designare)*, Ergänzung, Ersatz *(supplere, commutare)*, Ausbesserung *(glutinare)* u.a. Zu größerem Personal konnte ein *medicus a bybliothecis* gehören (CIL VI 8907). Da sich oft die Notwendigkeit ergab, Texte zu kopieren oder, späterhin, aus Rollen in codices zu übertragen, bedurften die B. latein. und griech. Schreiber, wie unter Valens in Byzanz außer *condicionales* (Dienern) 7 solcher *antiquarii* eingestellt waren. Die bauliche Form der öffentlichen B. erfuhr im Zeitenlauf starke Veränderung: urspr. Zubehör sakraler Gebäude, verfügte sie über aneinander stoßende Räume im Anschluß an eine Stoa; mit ihrem fundamentalen Zweck als Forschungsinstitut (Alexandreia, Pergamon) verlor sie den Oikos, Sitzungssaal der Gelehrten, wahrte aber noch den kultischen Zusammenhang *(templum Apollinis,* Rom*)*, bis ihr ein selbständiges Gebäude eingeräumt wurde (Ephesos, Timgad). Trennung in eine lat. und griech. Abteilung scheint nur für stadtröm. B. nachweisbar. Ausstattung mit Statuen von Gottheiten, Schriftstellern, Kaisern und Stiftern geht in frühe Zeiten der B. zurück.

Gewiß bestünde über das ant. Bibliothekswesen mehr Klarheit, wäre die einst vorhandene Fachlit. noch erhalten. Sie behandelte die zeitgemäß wichtige Einrichtung der B. mit besonderer Rücksicht auf Anschaffungen, wie sie dem Bedürfnis des Jh. entsprachen. Aus dem 1. Jh. v. Chr. blieben die buchkundlichen Schriften von Artemon und Telephos (Pergamon) bekannt, aus Hadrians Zeit 12 B. des Herennios Philon über Einrichtung und Technik der B.; etwas später schrieb der Bithynier Damophilos einen »Bücherfreund«, doch am meisten wird man den Verlust von M. Terentius Varros Werk De bibliothecis bedauern, den Caesar mit der Organisation der von ihm geplanten ersten öffentlichen B. in Rom beauftragt hatte. K. P.

C. Wendel Die Bibliotheksverwaltung im Altertum: HB d. Bibl.-Wiss. 3,1, 1955, 139–145.

Bibracte. Oppidum der Haedui in Gallia Celtica, h. Mont-Beuvray (Nièvre) Schauplatz des Sieges Caesars über die Helvetier: Caes. Gall. 1,23. 7,55.63. B. wurde von den Römern nach Augustodunum verlegt. Der *Dea Bibractis* wurden drei Inschriften geweiht: CIL XIII 2651–3. P. W.

Bibrax. Stadt der Remer im belgischen Gallien (Caes. Gall. 2,6), entweder das h. Vieux-Laon oder Beaurieux (Dép. Aisne). W. S.

Desjardins 2,454.627.

Bibulus s. Calpurnius. Publicius

Bidens. 1. Da bei den Wiederkäuern die beiden mittleren Schneidezähne des Unterkiefers zuerst, und zwar durch bes. große ersetzt werden, hießen Tiere, die nur dieses Paar gewechselt hatten *b.*: d. s. 1¼–2jährige. Durch Bedeutungsverengung wurden fast nur noch Schafe so genannt (andererseits durch Bedeutungsübertragung oder falsche Etymologie [*bid-ennis*] andere 2jährige Tiere). Sie galten als gute Opfertiere, da ihr Fleisch bes. wohlschmeckend ist.

Nehring Jb. f. Cl. Phil., 1893, 64ff. *Norden* Verg. Aen. VI S. 132.

2. Sehr fraglich ist, ob THULIN Die etr. Disciplin 1, Göteb. 1906, 96, recht hat, *b.* könne »das etr. Wort des Blitzes in lat. Übersetzung« sein: → bidental. W. E.

Bidental. Hatte ein Blitz eingeschlagen, wurde die Stelle durch ein → puteal eingeschlossen und der Blitz »bestattet« (Inschr.: *fulgur conditum*); die Stelle hieß *b.* Obwohl die antiken Erklärer behaupten, die Bezeichnung komme von dem Opfer, das gebracht wurde (→ bidens), hat USENER, RhM 60, 1905, 22 (vgl. THULIN Die etr. Disciplin 1,96f.) gezeigt, daß sie vom Zweizack als altem Blitzsymbol abgeleitet sein muß (so jetzt auch [1], 517,2). → Iuppiter, Dius Fidius, Summanus, fulgur. Der Ritus wird vollzogen von *sacerdotes bidentales* (Inschr. – Wohl erst kaiserzeitl.) oder den Haruspices (lit. Zeugnisse. Aber die H. vertreten die etr. Disciplin; über etr. und röm. Blitzsühnungen s. THULIN a. O. 92ff.). W. E.

1. *Wissowa* Rel. ²122.131.478.517,2. 2. *Marquardt* RStV 3,262f.

Biene. Bienenzucht. Schon im alten Äg. und in Mesopotamien war Honig bekannt, seine Verwendung wird auch in der Bibel, in germanischen Göttersagen und im Koran erwähnt. So wird bereits in ältesten Zeiten der Menschheitsgeschichte B.-Zucht betrieben worden sein. Nach den Quellen zu schließen, widmeten sich jedoch erst Griechen und Römer auch der Theorie der B.-Zucht.

Die klassischen Völker verstanden unter *δάρδα, μέλισσα, apis* die Honig- und Arbeitsbiene, unter *ἀνθρήνη, κηφήν, θρῶναξ, fucus* die Drohne, unter *βασιλεύς, ἡγεμών, rex, dux, imperator* die Königin. In Griechenland war die einfarbige, dunkelbraune B. (apis Cecropia) verbreitet, in Italien vorwiegend die 2 gelbrote Hinterleibsringe tragende B. (apis Ligustica).

Im Bestreben, die B. genau kennenzulernen, haben antike Autoren B. und B.-Zucht oft behandelt. So wird die Physiognomie der B. im allgemeinen richtig beschrieben. Dagegen weichen antike Meinungen über die Zoologie der B. stark von der Wirklichkeit ab, z. B. zur Anatomie (sie besäßen kein Blut: Plin. nat. 11,2,1; sie atmeten nicht: Aristot. hist. an. 1,1,7; sie hätten eine Zunge zum Aufsaugen des Blütensaftes: Aristot. a. O. 5,22,5) oder zur Fortpflanzung (man ließ sie ihre Brut von Blüten aufsammeln: Theophr. c. plant. 17,9; sprach ihnen das Geschlecht ab: Aug. civ. 15,27,4; leugnete ihre Fortpflanzung überhaupt: Verg. georg. 4,197f.; man behauptete, B. entstünden aus verwesenden Rindern: Varro rust. 3,16,4 oder aus toten Pferden: Serv. Aen. 1,435).

Sehr zahlreich sind praktische Hinweise über B.-Zucht. Aus der Kenntnis wildlebender B. (in hohlen Bäumen: Hes. erg. 232. Verg. georg. 2,452 oder in Felsenhöhlen: Hom. Il. 2,87; Od. 13,103) werden Hinweise über den Bau des B.-Stocks gegeben *σίμβλος, σμῆνος, κυψέλη, ὕρον, γαῦλος, μελίσσειον, alvus, alvarium, apiarium*, ihn z. B. aus Korkeichenrinde oder aus Brettern herzustellen (Varro rust. 3,16,15. Colum. 9,6,1). Der B.-Züchter (*ἑσμοφύλαξ, μελισσεύς, μελισσοτρόφος, μελιττουργός, σμηνουργός, apiarius, mellarius*) erhält Ratschläge über die Wartung der B., u. a. Reinigung der Stöcke (Verg. georg. 4,256. Colum. 9,15,10), Schutz vor Temperaturschwankungen (Verg. georg. 4,35. Pallad. 1,38,2), vor Ungeziefer (Ail. nat. 1,58. Colum. 9,7,5), vor Krankheiten (Plin. nat. 11,20). Der Züchter wird belehrt über Einbringung der Honigernte (Verg. georg. 4, 231. Varro rust. 3,16,33. Colum. 11,250. Plin. nat. 11,15).

Bei steigendem Bedarf war Honigerzeugung ein lohnendes Geschäft, so daß B.-Zucht sogar für Ödland empfohlen wird (Verg. georg. 4,125 ff.). Der Jahresertrag pro Stock lag zwischen 1 und 3 χόες (Aristot. hist. an. 9,40,24; 1 χοῦς = 3,28 l). Varro (rust. 3,16,10) verkaufte Honig jährlich für 10000 Sesterzen, Wachs dagegen wurde schlecht bezahlt (Colum. 9,16,1). Allgemein galt B.-Zucht als organischer Bestandteil der Landwirtschaft (Cic. Cato 56).

In der Verwendung des Honigs steht die Ernährung im Mittelpunkt: er vertrat die Stelle des Zuckers, diente zur Herstellung von Gebäck (Cato agr. 76,3. 77), als Zusatz zum Wein (Plin. nat. 14,20) oder zum Essig (Plin. nat. 14,21). Aus Honig wurden auch Heilmittel erzeugt (Plin. nat. 7,57,6. 36, 27,2). Im Kult spielte Honig bei unblutigen Opfern eine Rolle (Liv. 9,30. Ov. fast. 6,645) und war ein brauchbares Mittel zur Leichenkonservierung (Plut. Agesil. 40,4).

Aus weitgehender Unkenntnis der Zoologie der B. resultiert, daß man ihnen menschliche Eigenschaften zuschrieb: sie seien fleißig, tapfer, keusch, einträchtig, sauber, mit Verstand und Kunstsinn begabt (Ail. nat. 5,11. Varro rust. 3,16,7. Sen. epist. 121,22. Plin. nat. 11,10,4), sie lebten wie der Mensch in Gemeinschaft (Cic. off. 1,157), hätten sich einen Staat geschaffen (Varro rust. 3,16,4; Plin. nat. 11,4, 1) und eine Verfassung gegeben (Verg. georg. 4, 158. Plot. 3,4,2).

B. spielen in Folklore, Religion und Mythologie des Altertums eine bedeutende Rolle. Die Äg. gebrauchten das Bild der B. für das Wort König. B. hätten dem jungen Zeus in Kreta die Nahrung gebracht (Verg. georg. 4,152). Mit ihrem vermeintlichen Kunstsinn wurden B. als Vögel der Musen bezeichnet (Aristoph. eccl. 974. Varro rust. 3,16,7). Deshalb galten Dichter, Redner, Philosophen bisweilen als B., u.a. Sophokles (Hesych. FHG 4, 175), Pindar (Pind. frg. 117). Wegen ihrer Keuschheit und Sauberkeit wurden Göttinnen und Priesterinnen öfters B. genannt (allg.: Pind. frg. 123; Artemis: Aristoph. ran. 1273; Demeter: Kall. h. 110; die Pythia: Pind. P. 4,60). So suchten die Alten ihr eigenes Leben in enge Verbindung mit dem der B. zu bringen.

In Prodigien verkünden B.-Schwärme selten glückliche Vorzeichen (Cic. div. 1,73. Plin. nat. 11, 18. Iust. 23,4,7), z.B. daß willkommene Freunde erscheinen werden (Verg. Aen. 7,64 ff.), B. hätten den Joniern den Weg gewiesen zur Ansiedlung in Griechenland (Philostr. 2,8,5). Meist jedoch wurden B.-Schwärme als Unglückszeichen gedeutet (Liv. 21,46,2 u.ö. Cic. har. 25. Val. Max. 1,6,13. Lucan. 7,161. Plut. Dion 24. Tac. ann. 12,64. Cass. Dio 41,61. 42,26 u.ö. Amm. 18,3,1. Obseq. passim). Dasselbe trifft ebenso für Wespenschwärme zu (Liv. 35,9,4). B.-Schwärme wurden auch als wirksame Waffe zur Vertreibung der Feinde eingesetzt (App. Mithr. 78). G. Sch.

J. Klek Bienenkunde des Altert., Lpz. 1919–1921.

Bier, älteste Erwähnung des B. auf Inschrift der Sakkara-Pyramide (4. Jt. v. Chr.). Autoren nennen den äg. Gott Osiris als Erfinder des B. (Hekat. b. Athen. 10,418e. Hdt. 2,77. Diod. 1,20.34. Strab. 17,14. Plin. nat. 14,29). Unter den Ptolemäern erlangt das B.-Monopol große Bedeutung (Pap. Anastasi 4). Die Forschung wies B. für das 3. Jt. in Babylon nach, sehr alt ist es auch in Armenien (Xen. an. 4,5,26). Als B. im griech. Raum (ζῦθος) um 700 v. Chr. bekannt war (Aischyl. u. Soph. b. Athen. 10,447b–c. Theophr. c. plant. 6,11,2), verbreitete es sich bald ins westl. Mittelmeergebiet *(zythum, camum, cerevisia)*: Illyrier (Amm. 26,8, 2), Pannonier (Cass. Dio 49,36), Skythen (Verg. georg. 3,376), Römer (Colum. 10,116. Ulp. Dig. 33,6,9. CIL XIII 10018,7. Ed. Diocl. 2,11: Preis für ½ l nach Qualität 2–8 Denare), Iberier (Flor. 2,18. Oros. 5,7), Gallier (Plin. nat. 22,82), Germanen (Tac. Germ. 23) u.a.

Grundstoff zur Herstellung des B. war meist Gerste, Spelt und Weizen, seltener Hirse, Obst und Brot mit Hefe. B. wurde im Orient als Genußmittel verwendet, in Griechenland und Rom aber vorwiegend als Heilmittel gegen Drüsen, Würmer, Husten u.a. Krankheiten, wobei dem B. Malz, Kräuter, Salz, Honig usw. zugesetzt wurden (Gal. 11,882. CIL XII 372,6). Hopfen als Grundstoff ist erst im 8. Jh. n. Chr. nachweisbar. G. Sch.

A. Neuburger Die Technik des Altertums, Lpz. 1920, 102 ff.

Bigae, zusammengezogen aus *biiugae*, urspr. zwei unter einem Joch gehende Tiere, aber gewöhnlich beschränkt sich die Bedeutung auf den leichten, zweirädrigen, von zwei Pferden bei den Circusrennen gezogenen Wagen und den bei den Prozessionen, z.B. bei Triumphzügen, mitgeführten ähnlichen Schauwagen. Wir kennen seine Konstruktion von vielen antiken Darstellungen. Die Räder haben 4 Speichen (seltener 6 oder 8). Die Räder waren niedrig und die Achse verhältnismäßig lang (ungefähr 2.10 m), um Standfestigkeit zu gewährleisten. Der Boden ruhte auf der Achse und war von einer geschwungenen niederen Umrandung aus Holz oder Metall eingefaßt. Das Joch war an der Deichsel befestigt und lag auf dem Widerrist der Pferde. Es war gewöhnlich aus Leder oder Flechtwerk. O.W.R.

Bigati (sc. nummi) oder argentum bigatum, also Silbermünzen mit dem Bild eines Zweigespanns, erscheinen zuerst bei Liv. 23,15,15 zum Jahre 216. Gemeint sind Denare mit dem Rs.-Typ: Diana, Luna, Victoria, Hercules usw. in Biga, die heute jedoch meist erst ab 150 datiert werden. → Denar. H. Ch.

Schrötter WBMzK s.v. *Thomsen* Early Rom. Coin. 1, 1957, 42 f. 235. 241 ff. *Syd.* 312 ff.

Bigerriones. Kleines Volk in Gallia Aquitanica, an den Pyrenäen, dessen Gebiet h. le Bigorre ist. Plin. nat. 4,108 nennt sie Begerri, andere Bigerri. Im J. 56 ergaben sie sich Crassus: Caes. Gall. 3,27. Inschriften: CIL XIII 383–96. 11014–7. P.W.

Bilbilis, Ibererstadt (Mon. ling. Iber. 85: Münzen mit der Aufschrift *plpls*). Ruinen befinden sich auf dem Cerro de Bambola (AD. SCHULTEN Bilbilis, Deutsche Zeit. f. Span., Barcel. 1932). Er wird bespült von dem Salo (heute Jalón) und seinem Nebenflusse Birbilis (Iust. 44,3,8), heute Ribota. S. AD. SCHULTEN RE I A 1992; Num. 1, 178. B. war bedeutend 1. durch seine Metallindustrie Mart. 1,49,4. 4,55,11. 12,18,9), 2. durch seine noch heute beliebte Schwefelquelle (Mart. 1,49, 9. RE II 297,19), 3. als die von ihm gepriesene Heimat Martials. R. G.

(Ahnen-) **Bild** s. Eikon. Imago

Bildhauerkunst s. Plastik

Bildung s. Paideia

Bilsenkraut. Die Solanaceen-Gattung Hyoscyamus L. als ὑοσκύαμος (weil angeblich Schweine vom Genuß des giftigen Krauts Krämpfe bekommen) schon bei Hippokr. u. a. Diosk. IV 68 unterscheidet bereits alle 4 in Hellas vertretenen Arten: *H.niger* (*ὑ. μέλας*, neugr. *γέροντας, γέροντος*) als die in Europa verbreitetste Art, *H.albus* (*ὑ. λευκός*, neugr. *γέρος*) und die selteneren *aureus* (*μηλοειδής*) und *reticulatus*. Da die Heilkräfte Herakles und Apollo zugeschrieben wurden, wurde *H.albus* auch *herculica herba* und *apollinaris* genannt. H. G.

Bimater s. Dionysos

Bimsstein (*κίσσηρις, pumex*), weicheres Produkt vulkanischer Eruptionen (auch das härtere Lavagestein selbst) oder auch poröser Tropfstein. B. wurde in verschiedener Weise verwendet, als Baumaterial, in der Kosmetik (zum Glätten der Haut, vgl. Plin. nat. 36,139.154), pulverisiert zum Zähneputzen (Plin. a. O. 156, ebd. auch einiges Abergläubische über den B.) und zu medizinischen Zwecken (vgl. Diosk. 5,108 = 3, 78,16 ff. Wellm.). F. K.

Bingium (Tac. hist. 4,70; Meilenstein von Tongern), h. Bingen. Strategisch wichtiger Ort im Vangionengebiet am Übergang der Rheinstraße Mainz–Köln über die Nahe und dem Abzweig der Straße Mainz–Trier. Im 1. Jh. Kohortenkastell, wird die Örtlichkeit nach Zurücknahme des Limes und Zerstörung beim Alamanneneinfall von 355 n. Chr. mit einer festen Mauer umgeben (Auson. Mosella 1). H. C.

Behrens Bingen. Katal. West- und Süddt. Altertumssamml. 4. RE s. v. B. und Vincum.

Binsen. Als deutsch Binsen und Simsen, lat. *iuncus*, griech. *σχοῖνος*, werden seit dem Altertum bis heute viele Scheingräser mit teils flachen, teils stielrunden Blättern aus den Familien Juncaceae (bes. Juncus) und Cyperaceae (Schoenus, Scirpus, incl. Schoenoplectus und Holoschoenus, Cyperus u. a.) zusammengefaßt, so auch schon im alten und heutigen Äg. Viele Arten fanden und finden technische, einzelne auch Speiseverwendung, vor allem *Cyperus papyrus* (→ Byblos) und *esculentus*. H.G.

Biographie (*βίος, vita; βιογραφία* erst seit dem 6. Jh. n. Chr.), die Lebensbeschreibung der bedeutenden Persönlichkeit (des Staatsmannes, Gesetzgebers und Feldherrn; des Philosophen, Dichters und Literaten); sollte entweder literar. Ansprüchen genügen (Agricola des Tacitus, Plutarch) oder diente wissenschaftlichen Zwecken (als Erklärungsmaterial eines dichterischen Werkes, einer philosophischen Lehre usw.). Zu einer eigentlichen literar. Gattung, für die bestimmte formale und stilistische Gesetze maßgeblich gewesen wären, hat sich die B. offenbar nicht ausgebildet; jedenfalls reichen die im Verhältnis zur gesamten Produktion sehr kümmerlichen und disparaten Überbleibsel für eine formgeschichtliche Betrachtung nicht aus. Der kühne Rekonstruktionsversuch von LEO [2] gilt daher mit Recht als abgetan; s. [7.9]. Die B. unterscheidet sich allerdings vom → Enkomion: ihr Gegenstand ist das Leben des Individuums selbst, nicht die durch dieses Leben verwirklichte Leistung (etwa die politische oder geistige Tat, das erfüllte sittliche Ideal). Sie unterscheidet sich weiterhin vom literar. Porträt, von der Charakteristik; zwar suchen gerade die besten B.n über das Faktische des Lebensablaufes hinaus ein Bild vom Wesen der dargestellten Persönlichkeit zu vermitteln; hierzu dient aber das als Einheit aufgefaßte Leben selbst, während sich das literar. Porträt mit der Aufzählung von Eigenschaften, einigen charakteristischen Anekdoten usw. begnügen kann.

Die B. setzt voraus, daß die Individualität in ihrer unverwechselbaren Einmaligkeit entdeckt ist und daß man das Individuelle für mitteilenswert hält; diese Voraussetzungen waren erst im Athen des ausgehenden 5. Jh. gegeben, als sich das Individuum von den bis dahin allein gültigen politisch-sozialen Ordnungen zu emanzipieren begann. Zumal an Sokrates, der zum ersten Male ein gänzlich den Geboten individueller Sittlichkeit unterworfenes Leben geführt hatte, entzündete sich das biograph. Interesse (Platons Apologie. Weitere Vorstufen der B.: Isokrates, Euagoras; Xenophon, Agesilaos und Nekrolog auf Kyros, An. 1,9 u. ä.). Die eigentliche B. ist eine Leistung des Peripatos; sie beruht auf der aristotelischen Ethik, auf den Lehren vom *ἦθος* und *πάθος*, von den Lebensformen und Charaktertypen: erst diese aus der Empirie abgeleiteten Begriffe ermöglichten eine differenzierte Darstellung der Persönlichkeit. Peripatetisch war und blieb fernerhin die Grundeinstellung der antiken B., ihre rationale und moralisierende Tendenz; hiernach konstituierte sich die Persönlichkeit, ihr Charakter und ihr Wert, im wesentlichen durch freie sittliche Willensentscheidungen; determinierende Faktoren wie Anlage und Milieu blieben fast gänzlich außer Betracht.

Die vielfältige, in ihrer Qualität sehr unterschiedliche biographische Produktion der Peripatetiker (→ Aristoxenos, Chamaileon, Neanthes, Hermippos) ist bis auf geringe Reste (→ Antigonos von Karystos, Satyros) verloren. Die alexandrin. Grammatiker knüpften an die peripatetische B. an; sie beschränkten sich jedoch im wesentlichen auf literar. Persönlichkeiten. Auf ihre kritischen Forschungen gehen letztlich die in den Hss. erhaltenen Dichter-Viten zurück. Oft vereinigte man die B.n von Personen bestimmter Kategorien (Dichter, Gesetzgeber, Tyrannen usw.) zu Slg.en; auch die Verbindung mehrerer derartiger Kategorien zu Werken *Περὶ ἐνδόξων ἀνδρῶν (De viris illustribus)* war seit hellenistischer Zeit üblich (bes. bei den Römern: Varro, Cornelius Nepos, Iulius Hyginus, Sueton). Die B.n der Philosophen pflegte man nach dem Prinzip der Folge von Schulen und Schulvorständen (Diadoche) zu verbinden (→ Hippobotos, Sotion, Herakleides Lembos); von der umfangreichen Schriftstellerei dieser Art ist nur erhalten, was durch mehrfache Vermittlung in die späte Kompilation des → Diogenes Laertios einging. Die Römer übernahmen die biograph. Formen des Hellenismus (nationalröm. Komponenten wie *tituli, laudatio funebris* z.B. in Varros Imagines, im Agricola des Tacitus); in den Slg.en konfrontierte man seit spätrepublikanischer Zeit wiederholt Griechen und Römer (Varro, Cornelius Nepos. Ebenso Plutarch). Seit Suetons Caesares machte die politische B. dem annalistischen Geschichtswerk Konkurrenz (→ Marius Maximus, Historia Augusta, Aurelius Victor. Sachbedingte biograph. Tendenzen bereits in der hellenistischen Historiographie; Einflüsse der B. auch bei Sallust und Tacitus). Aus der Spätzeit bes. Einzelviten über Philosophen (Plotin von Porphyrios; Proklos von Marinos) sowie die Slg. *Βίοι σοφιστῶν* des → Philostrat erhalten (fortgesetzt von → Eunapios). Das nach Gattungen geordnete Sammelwerk des → Hesychios Illustrios wurde im Suidas-Lexikon und von Photios verwendet. Die christlichen Schriftsteller setzten einerseits das Überkommene fort (panegyrische B. Konstantins von Eusebios, De vir. ill. von Hieronymus. B. in Dialogform: Palladios, Sulpicius Severus); andererseits brachten sie mit der Heiligenvita einen biograph. Typus eigener Art hervor (Antonius von Athanasios; Martin von Sulpicius Severus).

Eine bes. Gattung der Autob. hat es in der Antike nicht gegeben; allenfalls könnte man die Memoirenliteratur (→ Hypomnemata, Commentarii) dafür ansehen, die in Griechenland seit Alexander d.Gr., in Rom seit gracchischer Zeit aufkam (Ptolemaios I., Antigonos Gonatas, Demetrios von Phaleron u.a.; Aemilius Scaurus, Sulla, Cicero, Augustus, Tiberius u.a.). Oft dienten wirklich gehaltene oder fingierte Gerichtsreden als Anlaß oder Mittel rechtfertigender Selbstdarstellung (Antiphon, Andokides, Lysias, bes. Isokrates *Περὶ ἀντιδόσεως*; Cicero, Apuleius). Historiker äußerten sich über ihre eigene Person gewöhnlich nur, soweit sie in der von ihnen dargestellten Zeit selbst handelnd aufgetreten waren (Thukydides, Xenophon, Polybios, Ammianus Marcellinus), ferner in den Proömien (Sallust, Tacitus). Die Dichter pflegten sich seit hellenistischer Zeit in Epigrammen oder Elegien, in einleitenden Gedichten oder einer abschließenden → Sphragis über sich selbst mitzuteilen. Nach Form und Inhalt einzigartige autob. Dokumente sind der 7. Brief Platons, die Bildungsgeschichte Ciceros (Brut. 304ff.) sowie die *Res gestae* des Augustus. In der Kaiserzeit berichtete man in zunehmendem Maße von inneren Erfahrungen, von philosophischen und religiösen Einsichten, Wandlungen und Erleuchtungen (Ansätze in den Briefen Ciceros und den Episteln Senecas; Dion von Prusa, Epiktet, Marc Aurel, Aelius Aristides, Libanios). Diese Richtung setzte sich in der bedeutenden autob. Literatur der Christen fort (Gregor von Nazianz; Iustinus Martyr, Hilarius und bes. Augustin; ferner Ennodius, Patricius). M. F.

1. *I. Bruns* Das literar. Porträt der Griechen im 5. und 4. Jh. v. Chr., 1896. 2. *F. Leo* Die griech.-röm. B. nach ihrer literar. Form, 1901. 3. *Ders.* NGG, 1912, 273ff. 4. *D. R. Stuart* Epochs of Greek and Roman Biography, 1928. 5. *G. Misch* Gesch. der Autob. 1, 1–2, ³1949/50. 6. *Sizoo* RAChr. 1,1050ff. (Art. Autobiographie). 7. *W. Steidle* Sueton und die ant. B., Zet. 1, 1951. 8. *Gerstinger* RAChr 2,386ff. (Art. B.). 9. *A. Dihle* Stud. zur griech. B., AAG 3,37, 1956. 10. *P. Courcelle*, RPh 31, 1957, 23ff. (über autob. Konfessionen). Weitere Lit. → Plutarch, Sueton.

Bion 1. *ὁ Βορυσθενίτης*. Wanderprediger und Philosoph; Lebenszeit 3. Jh. v. Chr. B. geriet nach einer Verurteilung seines Vaters in die Sklaverei, wurde aber von seinem Herrn freigelassen, rhetorisch ausgebildet und endlich zum Erben eingesetzt; vgl. Diog. Laert. 4,46. Die Nachrichten über B.s Studium in Athen sind verwirrt; eine hübsche Anekdote bei Diog. Laert. 4,10 bringt B. mit → Xenokrates in Verbindung. Vor allem trat B. mit den Kynikern in Verbindung; und wenn er auch mit dem Kyrenaiker → Theodoros und mit dem Peripatetiker → Theophrast in Verbindung kam, so hat er doch seine eigentliche Prägung vom Kynismos her erfahren. Er vermochte vor großen Zuhörerscharen philosoph. Probleme zu behandeln, wobei er selbstverständlich vereinfachte und vergröberte, ja sogar (so Strab. 1,2,2) die Philosophie in ein Modegewand kleidete; andere freilich ließen die Philosophie Bions in Lumpen gehen, wozu recht witzig Homer Od. 18,74 variiert wurde.

Die vor allem im Vortrag wirksamen → *διατριβαί* wurden indes auch niedergeschrieben und so verbreitet. Die Nachwirkung war jedenfalls ungemein stark: B. hat den sog. Diatriben-Stil begründet, den nachmals jeder anwandte, der einen philosoph. Gegenstand einem größeren Hörer- oder Leserkreise nahebringen wollte. Kennzeichnend für diesen Stil sind die vom Redner selbst, als wären sie Zwischenrufe, eingefügten Einwände, die der Diatribe etwas Dialogisches geben, die Verwendung von Beispielen aus der Alltags- oder aus der erotischen Sphäre, endlich die Parodie von Dichterstellen. Hiermit hat B. nachhaltig auf die Erzählform des → Menippos eingewirkt. Stark von B. abhängig ist → Teles; in seiner Nachfolge stehen vor allem → Horaz, vgl. ep. 2, 2, 60, besonders → Seneca, ferner Epiktet und Plutarch. Viele Apophthegmen des B. in der vita des Diog. Laert. 4, 46–57 u. bei Stobaios; Zusammenstellung im index B.eus von W. HENSE Teletis reliquiae 88f., vgl. H. WACHSMUTH Sillographorum Gr. reliquiae 73–77.

2. B., von Abdera, Schüler des → Demokritos, Philosoph und Mathematiker. Aus der Beobachtung der Tageslänge in verschiedenen geogr. Breiten schloß er als erster (Diog. Laert. 4,58) *εἶναί τινας οἰκήσεις, ἔνθα γίνεσθαι ἓξ μηνῶν τὴν νύκτα καὶ ἓξ τὴν ἡμέραν*. B. hatte also eine Vorstellung vom Zusammenhang des Sonnenstandes mit den Jahreszeiten, die das Bewußtsein der Kugelgestalt der Erde voraussetzt. Neben dieser Nachricht ist eine zweite von geringerer Bedeutung: B. untersuchte den Zusammenhang von Windrichtung und Klima, so Strab. 1,1,21. Außer diesen beiden Nachrichten – Vorsokr. 2,251,1–15 – ist über B. nichts bekannt. H. D.

3. Der letzte uns noch namentlich bekannte griech. Bukoliker, lebte gegen E. des 2. Jh. v. Chr. (BÜCHELER, RhM 30, 1887, 40). Geburtsort ist das Landgut Phlossa (Suda *Θεόκριτος*) bei Smyrna (Stob. ecl. 3,29,52. 4,20,57). Weitere sichere Nachrichten über die Lebensumstände (Auswanderung nach Sizilien) fehlen; ob B. an Gift starb (Andeutung Epitaph. Bionis 120, Gow Buc. Gr. p. 140), ist fraglich.

Der Adonis (*Ἐπιτάφιος Ἀδώνιδος*), anon. überliefert (in einem Teil der Theokr.-Hss.), von Camerarius auf Grund von Epitaph. Bionis 69f. 85.126ff. mit Sicherheit B. zugeschrieben, ist durch Theokr. Adoniaz. angeregt, vertraut aber viel stärker auf die Vorstellungskraft des Hörers. Die »Kultwirklichkeit des Adonisbettes wird nicht gleich anfangs fest hingestellt. Vielmehr entsteht sie auf eine halb irrationale und emotionale Art« (P. FRIEDLÄNDER in: D. Problem des Klassischen und die Antike, 1931, 36). Der Dichter, in der Erzählerrolle, teilt die Geschehenselemente nicht in chronolog. Nacheinander mit, sondern gibt sie eigenwillig geordnet, in ständiger Mischung mit eigenen mitfühlenden Auslegungen (KÖRTE-HÄNDEL Die hellenist. Dichtung, 1960, 301). Daß die Stimmung trotz Wechsels der Bilder (schlafende Aphrodite, Adonis tot im Bergwald, Verzweiflung der Aphrodite, Aufbahrung des Leichnams) stets zum Grundton der Klage zurückkehrt, wird durch die Refrainwirkung immer wiederholter (allerdings vielfältig abgewandelter) Wendungen und Verse erreicht (WILAM. 303). Der Schaltvers ist (wie dor. Dialekt und sorgfältige Verstechnik) aus Theokr. übernommen, formt jedoch auch den wirklichen Ablauf der Totenklage nach (E. REINER Die rit. Totenklage bei den Griechen, Tübingen 1938, 32f.). – Die Zuweisung des *Ἐπιθαλάμιος Ἀχιλλέως καὶ Δηιδαμείας* (Heldensage vorgetragen in Wechselrede zweier Hirten) an B. durch Ursinus ist abgetan, Autor ein Nachahmer B.s (WILAM. Textgesch. der griech. Bukol., 79). Den von OELLACHER veröffentlichten Wiener Bukoliker-Pap. Rainer 29801 möchte B. zuschreiben C. GALLAVOTTI, RFIC 1941, 233ff. Rest eines Hyakinthosgedichtes ist frg. 1 (Einfluß auf Ovid: I. CAZZANIGA, PP 1958, 159ff.); weitere Dichtungen versuchte aus Epit. Bionis F. SKUTSCH zu erschließen (Aus Vergils Frühzeit, Lpz. 1901, 56ff.); gegen Annahme eines Orpheus WILAM. a. O. 243. – Die sonstigen Frg., von Stob. aus einer Slg. *Βουκολικά* zitiert, sind meist erotischen Inhalts; in 10 heißen diese Gedichte *ἐρωτύλα*; Eros (bei B. auch Eroten in Mehrzahl) tritt als Lehrer erotischer Dichtung auf, eine Abwandlung des aus Hes. und Kall. bekannten Typs der Berufungsgeschichte (vgl. Amor b. Prop. 2,13,3. Ov. am. 1,1,3. 2,18,15). G. Schm.

Ausg.: Bucolici Graeci rec. *Gow* Oxf. 1952; rec. *Wilam.*, Oxf. ^{2}1911; Bucol. Grecs ed. *Legrand*, ^{4}Paris 1954; Theocr. ... rec. *Gallavotti*, Rom 1946. Übers. und Erläut. des Adonis: *Wilam.* Red. und Vortr. I, Bln. ^{4}1925, 292ff. Zu den frg.: *W. Arland*, Nachtheokritische Bukolik, Diss. Lpz. 1937, 40–53.

Biotos. Tragiker: Zitat aus einer Medeia Stob. Flor. 78,3. FTG^{2} S. 825; vielleicht gleichzusetzen mit dem Komiker Biottos, der 168/67 aufführte (IG. II^{2} 2323, col. IV). WILAMOWITZ, H 34, 1899, 609. F. St.

Bipalium. Der Spaten, der tiefer als die gewöhnliche *palla* in den Boden drang, hatte ein unten gerundetes Blatt und am Stiel darüber eine Querleiste zum Aufsetzen des Fußes. Er diente zum Aufgraben des Bodens für Baumpflanzung, Wein- und Gemüsebau usw. B. bezeichnet dann auch ein Maß für die Tiefe der Aufgrabung: Colum. 2,11,17 *ad b., cui est altitudo duorum pedum.* W. H. G.

Bipennis (*ἀξίνη*). Die Doppelaxt als Waffe kennt Hom. Il. 13,612. 15,711; in der Kunst tragen sie barbarische und mythische Völker (Amazonen). Als Werkzeug für Holzarbeit dient die B. von Hom. Od. 5,234f. bis in die Spätantike, das Edict. Diocl. 7,36 setzt den Preis für das Schleifen der B. fest. Als religiöses Symbol gehört die B. in das vorgriech. Kreta und nach Kleinasien, bei Gottheiten von dort ist die B. Attribut bis in die Kaiserzeit (z. B. Iuppiter Dolichenus; Zeus von Labraynda). Als Werkzeug des dionysischen Stieropfers wurde die B. auch Attribut des Dionysos und seines Kreises, von dort gelangt sie auch auf die Münzen (z. B. Tenedos). W. H. G.

Blümner Techn. 2,201. *Io. Schäfer* De Iove apud Caros culto, Diss. Halle 1912. *Schweitzer* Herakles 1922, 21ff. *Foucart*, MPiot 18,147ff. *Waites*, AJA 27, 1923, 26ff. *A.B. Cook* Zeus 2, 1925, 513ff. *Willetts* Cretan cults and festivals, 1962. *Buchholz* Zur Herkunft der kretischen Doppelaxt, 1959.

Biremis. a) Zweiruderiges Fahrzeug (*δίκωπος*, Lucan. 8,565) b) Zweireihenschiff (*διήρης*), bei dem die beiden Ruderreihen seitlich des Schiffes herausragten und 2 Schlagreihen zeigten (*δίκροτος*). Jeder Riemen wurde von je einem Mann bedient (Caes. civ. 3,40,4). Die Zweireihenschiffe waren bereits den Phönikern um 700 v.Chr. bekannt. A.N.

Dar.-Sagl. 1, 712. *A. Neuburger* Die Technik des Altert., Lpz. 1919, 503ff. *A. Köster* Das antike Seewesen, Berl. 1923, 98. *Krom.-Veith* 179.

Birke. Von den ungefähr 65 Arten der Baum- und Strauchgattung Betula L. (lat. *betulla*, auch *betulus*, erst bei späteren Autoren *betula*, neugr. *σημύδα*, das dt. Birke, schwed. björk, slav. bereza usw. von idg. *bhereg*) haben je 4–5 Arten die Alpen und den Kaukasus, aber nur 3 (darunter die auf dem Ätna endemische B. aetnensis) Italien und von diesen einzig die Hängebirke (B. pendula = verrucosa) auch die Berge Griechenlands und der Krim besiedelt. H. G.

Birkhahn s. Auerhahn

Birnbaum. Die Kernobstgattung Pyrus L. (Birnen, lat. *pirus, pirum*) umfaßt nach Ausschluß der früher dazu gerechneten Gattungen Malus (→ Apfel), Sorbus (Mehl- und Vogelbeeren) u.a. etwa 20 von Ostasien bis um das Schwarze und Mittelmeer verbreitete Wildarten (gr. *ἀχράς, ἄχερδος*) und viele aus diesen seit dem Neolithicum zumeist aus Kreuzungen von P. achras, nivalis, salicifolia, serotina u.a. hervorgegangene Kulturformen (gr. *ὄγχνη*, schon bei Hom., *ἄπιος*), von denen viele aus Vorderasien nach Griechenland gekommen und besonders in der Peloponnes angebaut worden sind, die nach Athenaios und Plutarch nach ihnen *Ἀπία* genannt wurde. Birnen waren der Hera, Aphrodite, Venus und Pomona geweiht, aus Birnholz nach Paus. 2,17 die Herabilder von Tiryns und Mykene geschnitzt. Bis ins Mittelalter wurden die Birnen weniger als Obst denn zur Mostbereitung geschätzt, doch überstieg die Zahl der Birnensorten die der Äpfel. Schon Theophrast, Cato und Columella kannten gegen 10, Plin. über 40. Im 16. Jh. erreichte ihre Zahl in Deutschland etwa 50, in Frankreich im 17. Jh. gegen 300, im 18. Jh. gegen 400 und ist im 19. Jh. auf gegen 1000, im 20. Jh. in der Alten und Neuen Welt auf gegen 5000 gestiegen. Schon in der Antike wurden Namen für Birnen wie für Äpfel auch auf Arten anderer Gattungen und selbst Familien (z.B. Lauraceen) mit ähnlich geformten Früchten übertragen. H. G.

Birrus (*byrrus, burrus, πυρρός*, davon abgeleitet französ. *bure* »Grobes Gewand«), ein mit Kapuze versehener Überwurf nicht näher bekannter Form aus steifem, rauhem Wollstoff. Es gibt daneben vereinzelt auch feinere B. W. H. G.

Bisaltai (*Βισάλται*). Thrak. Volksstamm, w. vom unteren Strymon, von Amphipolis u. Argilos bis Heraclea Sintica. Später erstreckten sich die B. auch w. vom Strymon bis zum Unterlauf des Nestos. Die B. wohnten auch auf der Halbinsel Akte, wo sie zweisprachig waren. S. den Konflikt zwischen den B. u. Xerxes (Hdt. 8,116). Chr. D.

Münzen HN[2] 199. Zur Etymologie *Detschew* 70ff. *Kazarow* Kăm starata istorija na dolnostrumskata oblast (bulg.: Zur alten Gesch. d. unteren Strymongebietes) Jb. bibliogr. Inst. Sofia, 1947, 16–22.

Bisaltes (*Βισάλτης*). **1.** Sohn des Helios und der Ge, Steph. Byz., Eponymos der makedon. Stadt und Landschaft Bisaltia, FHG 3,583 (Favorinos). **2.** Vater der schönen Theophane (Bisaltis Ov. met. 6,117), mit der Poseidon den goldvliesenen Widder zeugte, der Phrixos nach Kolchis trug. Hyg. fab. 188. H. v. G.

Bisanthe (*Βισάνθη*) oder Rhaedestos, h. Rodosto. Griech. Stadt in Südostthrakien an der Küste der Propontis, gegründet von Samiern (Mela 2,24). Alkibiades errichtete sich dort ein festes Schloß. B. wurde später zur Zeit Justinians befestigt. Im J. 400 v. Chr. war sie im Besitz des Thrakerfürsten Seuthes II. (Xen. an. 7,2,38. 5,8). Wichtiges Handelszentrum. Chr. D.

Head HN[2] 266. *Detschew* Thrak. Sprachreste 71. *J. Hatzfeld* Alcibiade, [2]Paris 1951. *L. Robert* Hellenica V, 55.

Bison s. Wisent

Bissula s. Ausonius

Bistones (*Βίστονες*). Bedeutender thrakischer Volksstamm am Ägäischen Meer und am Strandsee Bistonis (h. Burugöl). Sein Stammesgebiet lag zwischen dem der Kikonen und der Sapäer, nicht weit entfernt die Stadt Abdera. Die B. waren nahe verwandt mit den Kikonen, Odomanten und Edonen, worauf auch die genealogischen Erzählungen über die nahen Beziehungen ihres Stammesherrn Biston mit jenen Stämmen weisen. In der Geschichte spielten sie anscheinend eine gewisse Rolle zur Zeit des Xerxeszuges durch Thrakien (Hdt. 7,110). Sie galten als sehr kriegerisch. Chr. D.

Zur Etymologie *Detschew* Thrak. Sprachreste 72.

Bithynia. Wie einen Verbindungsarm streckt Kleinasien dem thrakisch-europäischen Raum die kleine bithynische Landbrücke entgegen. Sie liegt im NW. Kleinasiens und ist von Europa nur durch die »Kuh-Furt«, den Bosporos, geschieden, der seinen Namen in Erinnerung an die in eine Kuh verwandelte unglückliche Königstochter Io erhalten haben soll, die hier ihren Weg von Europa nach Asien suchte. Der Furtcharakter des Bosporos war allerdings schon »in der zweiten Würmvereisung« beendet; doch hat auch die spätere reißende Strömung des Bosporos dem Hin- und Herüberwandern der Völker in vorgeschichtlicher und historischer Zeit keine besonderen Schwierigkeiten gemacht.

Die bithyn. Halbinsel ist das eigentliche Kerngebiet des späteren Königreichs und der röm. Provinz B. Sie wird im N. vom Pontos Euxeinos und im S. vom astakenischen Meerbusen begrenzt und reichte ursprüngl. nach O. nicht weiter als bis zum Fluß Hypios (h. Melençay), bevor die bithyn. Könige ihr Gebiet systematisch erweiterten (vgl. Strab. 12,543.563). Bisher liegen nur wenige Zeugnisse über die Bevölkerung aus vorgeschichtlicher Zeit vor. Die hist. Berichte erweisen jedoch, daß auf beiden Seiten des Bosporos thrakische Stämme gesessen haben. Bei den Schriftstellern des 5. und 4. Jh. wird von den Bewohnern oft ganz allgemein als den »Thrakern in Asien« gesprochen (vgl. z. B. Hdt. 3,90: *Θρήικες οἱ ἐν τῇ 'Ασίῃ*), sie werden zuweilen auch als die thrakischen *Θυνοί* oder *Βιθυνοί* bezeichnet (vgl. z. B. Hdt. 1,28). Daß der im Innern der bithyn. Halbinsel entspringende und bei Psillion (h. Ağva) in den Pontos Euxeinos einmündende Psillis (h. Göksu) einst Grenzfluß zwischen Thynern und Bithynern gewesen sei, berichtet Steph. Byz. s. v. *Ψίλιον*, eine Nachricht, die leider zu unsicher ist, als daß man hist. Schlüsse daraus ziehen könnte. Da nach den Angaben von Xenophon die Thyner in Europa, die Bithyner aber auf der asiatischen Seite des Bosporos gesessen haben, ist die Vermutung nicht von der Hand zu weisen, daß wir es bei Thynern und Bithynern vielleicht mit identischen Stämmen zu tun haben. Jedenfalls verschwindet der Name der Thyner allmählich zugunsten der Bithyner, nach denen die ganze Landschaft im NW. Kleinasiens ihren Namen erhält. Allein das kleine Eiland Thynias, h. Kefken Adası, die einzige der bithyn. Schwarzmeerküste vorgeschobene Insel, trägt noch eine Zeitlang ihren an die Thyner erinnernden Namen.

Eine Reihe von Götter- und Eigennamen sowie geographische Bezeichnungen illustrieren anschaulich die thrakische Herkunft der bithyn. Bevölkerung. Durch Neufunde von Inschr. ist endlich auch das alte Mißverständnis aus dem Wege geräumt, daß Priapos in Bithynien die Sonderstellung eines *δαίμων πολεμιστής* eingenommen habe. Viele gelehrte Theorien sind durch die Neufunde hinfällig geworden. Nach Inschr. und Denkmälern ist nicht Priapos, sondern Preietos der Name des kriegerischen bithyn. Gottes, von dem Lukian. de salt. 21 berichtet, daß er der Lehrer des Ares im Tanz und der Hoplomachia gewesen sei. Zu Ehren dieser Gottheit, deren Weihinschriften sich auch in der röm. Kaiserzeit bisher nur im bithyn. Kerngebiet aufgefunden haben, ist der 9. Monat im bithyn. Kalender Preieteios, gefolgt von dem Monat Areios, wohl um der Vorrangstellung der alten bithynischen Gottheit sichtbaren Ausdruck zu verleihen (vgl. F. K. DÖRNER Inschr. und Denkm. aus B., Berlin 1941, 37 ff.).

Im bithyn. Kerngebiet gründeten die Griechen, und zwar die Megarer, Chalkedon-Chrysopolis am Bosporos und Astakos in der S.-Ecke des nach der Stadt benannten Golfes. Von dem Verhältnis der Bithyner zu den Griechen weiß Xen. an. 6,4 nichts Gutes zu berichten. Wie ihre thrakischen Stammesbrüder hatten sie in zahlreichen Kämpfen ihre Unabhängigkeit zu verteidigen. Zur Zeit des pelop. Krieges kam es unter dem Stammesfürsten Doidalses zu einem ersten größeren Zusammenschluß im bithyn. Raum. Bei Memnon 20 ist uns die Liste seiner Nachfolger überliefert (JACOBY FGrH 434 F 12). In den Wirren der Diadochenkämpfe stabilisierte Zipoites durch strategisches und politisches Geschick Bithynien als neue Macht, nach außen hin charakterisiert durch Annahme des Königstitels im J. 297 v. Chr.

Einverleibung der in Händen der Griechen befindlichen Hafenplätze, Erweiterung und Abrundung des bithyn. Gebietes auf Kosten der angrenzenden mysischen, phrygischen und paphlagonischen Nachbarn waren die Ziele von Zipoites und seinen Nachfolgern Nikomedes I. (280 bis etwa 255), Ziaëlas (255–235) und Prusias I. (235–183). Bithynien erstreckte sich jetzt im W. bis zum Unterlauf des Rhyndakos und im O. bis zum Parthenios (h. Bartinsu); es reichte im S. bis zum Oberlauf des Sangarios (h. Sakarya) und dem bithyn. Olympos (h. Uludağ) und wird Ausgangspunkt bzw. Durchzugsgebiet der großen Straßen nach dem O., die immer größere Bedeutung erlangten.

Auf der Suche nach Bundesgenossen bei seinen nach allen Seiten zu führenden Kämpfen faßte Nikomedes I. den verhängnisvollen Entschluß, die Galater (Kelten) nach Kleinasien zu rufen, für ihn selbst eine wirkungsvolle, militärische Unterstützung, aber eine Geißel für das den Kelten ausgelieferte Kleinasien. Fester Mittelpunkt von B. wurde die nach ihrem Gründer genannte Hauptstadt Nikomedia (h. İzmit), teilweise mit griech. Bewohnern des zerstörten Astakos besiedelt (um 264 v. Chr.). Hier manifestierte sich die neue Macht, deren betont hellenistische Tendenzen ihrer Herrscher einen scharfen Kontrast zur Vergangenheit bildeten. Planmäßig wurden von den Königen die Landwirtschaft entwickelt, die reichen Waldbestände ausgebeutet und die günstige Verkehrslage ausgenützt. Im 2. Jh. v. Chr. war es das Bestreben der bithyn. Herrscher Prusias I. und II., das von ihren Vorgängern Erreichte zu erhalten, wenn sie auch in den gegen Pergamon geführten Kriegen einige Einbußen zu verzeichnen hatten. Als Nikomedes IV. Philopator im J. 74 v. Chr. starb, setzte er Rom zum Erben ein. Von Pompeius wurde unter Einbeziehung von pontischem Gebiet die Provinz Pontus et B. konstituiert. Sie gehörte von 27 v. Chr. bis zur Zeit von Marcus Aurelius (mit Unterbrechungen unter Claudius und Nero) zu den senatorischen Provinzen. Durch ein glückliches Geschick ist uns der Briefwechsel erhalten geblieben, den Plinius d. J. als Bevollmächtigter des Kaisers Traianus *(legatus Augusti consulari potestate)* mit seinem Herrscher geführt hat und durch den uns eine Fülle von wichtigen Einzelheiten zur allgemeinen Provinzialverwaltung und von B. im besonderen überliefert sind. Wir ersehen daraus ebenfalls, wie das Christentum schon am Ende des 1. Jh. n. Chr. in B. festen Fuß gefaßt hat (vgl. epist. 10,96 und 97). Die Entscheidungen schließlich, die auf bithyn. Boden bei dem 1. Ökumenischen Konzil in Nikaia (Nicaea) im J. 325 über die Wesenseinheit (ὁμοουσία) von Vater und Sohn gefällt worden sind, haben das Gesicht unserer christlichen Welt bis heute bestimmt. F. K. D.

Jacoby FGrH III C S. 548ff. Bithynien: Nr. 697–702. G. *Vitucci* Il Regno di Bitinia, Rom 1953. *J. Keil* Pontus et Bithynia, in CAH 11,575ff. *D. Magie* Roman Rule in Asia Minor 1,302ff., Princeton, N.Y., 1950.

Bitias. 1. B. und Pandarus sind Söhne des Alcanor, von Iaera erzogen; Gefährten des Aeneas; von Turnus getötet (Verg. Aen. 9,672ff. und Spätere). **2.** Ein Mann im Gefolge Didos (Verg. Aen. 1,738 und Spätere). Nach Serv. z. St., der sich auf Livius beruft, ist er Kommandant der punischen Flotte. W. E.

Biton s. Kleobis

Bitterklee. Bitterklee oder Fieberklee, lat. Trifolium fibrinum (so in den Kräuterbüchern des 16. und 17. Jh.) ist kein Klee, sondern die in Sumpfwiesen weitverbreitete Gentianacee Menyanthes trifoliata L., die wegen ihres Gehalts an Bitterstoffen als Digestivum, Stomachicum, Antipyreticum und Anthelminthicum gebraucht wird, aber den antiken Autoren wohl unbekannt war, da sie s. nur bis in wenige Bergsümpfe der Apenninen, Albaniens und Makedoniens reicht und μηνυάνθης bei Theophr. und Diosk. 3,23 nicht diese Pflanze, sondern ebenso wie ἀσφάλτιον den Harz- oder Asphaltklee, Psoralea bituminosa L. bezeichnet. H. G.

Bittersüß. Bittersüß (Solanum dulcamara L., gr. γλυκύπικρον, lat. und it. *dulcamara*, *amaradulcis*, *dolcamera*) ist eine der wenigen in Europa alteinheimischen Solanaceen und heißt so wegen des Gehalts der roten, leicht giftigen Beeren sowohl an Bitterstoffen (Dulcamarin) wie Süßstoffen (Dulcarin). Volksmedizinisch werden weniger die leicht narkotisch wirkenden Beeren (daher bei Diosk. στρύχνος ὑπνωτικός) als Abkochungen der Zweige verwendet, die schweißtreibend wirken. H. G.

Bituitus. König der Arverner (Namen nach der Liviustradition [perioch. 61. Eutrop. 4,22 u. a.]; Fast. triumph. a. 120 *Betulto*). Er wurde am 8. August 121 v. Chr. zusammen mit den Allobrogern von dem *cos.* Q. Fabius Maximus im Mündungsgebiet der Isère in die Rhône geschlagen. Vgl. RE V 1323. VI 1795. H. G. G.

Bitumen s. Pech

Bituriges. Großes Volk in Gallia Celtica, später Aquitanica. Nach Liv. 5,34 hatten sie im 6. Jh. die Vorherrschaft unter dem König Ambigat und führten den Feldzug nach Italien an. Dann bildeten sie 2 Stämme: **1.** Der vornehmere hieß Cubi

(Hauptstadt Avaricum, h. Bourges). Sie besaßen Äcker, Eisenwerke und Manufakturen: Caes. Gall. 7,22. 8,2. Strab. 4,190. Plin. nat. 34,162. In den J. 52–51 verteidigten sie sich tapfer gegen Caesar. **2.** Die Viuisci wohnten an der Mündung der Garumna, um Burdigala, h. Bordeaux. Plin. nat. 4, 108. 14,27 bezeichnet sie als *liberi* und rühmt ihren Weinbau. In beiden Gebieten wurden viele Altertümer gefunden. P. W.

Biviae. Göttinnen der »Zweiwege« auf kaiserzeitl. Inschriften Germaniens, der Donauprovinzen und Dalmatiens. Stets mit den Triviae und den (wichtigeren) → Quadriviae verbunden. (Vielleicht nur Konstruktion nach Triv. und Quadr. Anders DOMASZEWSKI, Westd. Ztschr. 1902, 208). W. E.

Ihm, Myth. Lex. 4,1ff. *Weinreich*, Myth. Lex. 5, 1213f. RE XXIV Art. Quadriviae.

Bizone (Βιζώνη) h. Kawarna. Bedeutende, ursprüngl. thrakische, später hellenisierte städtische Siedlung an der W.-Küste des Pontos Euxeinos. Die ionisch gefärbte Sprache der griech. Inschr. weisen auf den starken Einfluß von Histria, Tomi, Dionysopolis und Odessos. Nach Skymn. 760 war es strittig, ob B. eine Ansiedlung der Barbaren (d. h. der Thraker) oder eine Gründung des benachbarten (megar.) Mesambria war, was durch Inschriften widerlegt wird. Nach Strab. 1,3,10. 7,6, 1 (auf Demetrios von Kallatis beruhend) wurde B. durch ein Erdbeben zerstört und vom Meer überflutet. Chr. D.

Chr. Danoff, RE Supplbd. IX 1039.1078ff. *Detschew* Die thrak. Sprachreste, 61.

Bizye (Βιζύη). h. Vizeh. Städt. Binnensiedlung Thrakiens, die in der röm. Kaiserzeit und später eine bedeutende Rolle spielte. Spätestens seit dem 3. Jh. v. Chr. die Stammeshauptstadt der Astai (Strab. 7,331). Autonome und kaiserzeitliche Münzprägung. Daß die Stadt auch in der späthellenistischen Zeit eine ἀκμή erlebte, beweisen die Grabungen des türkischen Forschers A. M. MANSEL. Chr. D.

A. M. Mansel Grabhügelforschung in Ostthrakien, Iswestija (Bulletin) Bulg. Arch. Inst 13, 1939, 154–189.

Βλάβης δίκη war im griechischen Recht eine Strafklage wegen allgemeiner, absichtlicher oder unabsichtlicher, Vermögensschädigung. Bei absichtlicher Schädigung hatte der Verurteilte den vom Kläger in der Klageschrift geschätzten Schaden doppelt zu ersetzen. Die *β. δ.* dürfte ursprünglich auf Grund des Gesetzes nur bei Verletzung des Nachbarrechts zuständig gewesen sein. Erst die Rechtsprechung mag den engen Tatbestand auch auf andere Fälle der Vermögensschädigung ausgedehnt haben. In dieser Deliktsklage ist der Ursprung des griechischen Vertragsrechts zu erblicken. E. B.

H. J. Wolff ZRG 74,50,67.

Blaesus. 1. Cognomen in der Gens Iunia, Pedia, Sempronia. **2.** Blaisos von Kapreai, Dichter wahrscheinlich von Menippeischen Satiren,

Steph. Byz. p. 337,1. Athen. 3,111c. 11,487c. Lydus de mag. 1,41. **3.** P. Sallustius B., cos. suff. Mai-August 89, N. ALFIERI Ath. 26, 1948, 110f. = AE 1949, 23,12. **4.** Erblasser, Freund des Atedius Melior, Martial. 8,38. Stat. silv. 2,1,191f. **5.** Röm. Jurist, anscheinend Schüler des Trebatius, Dig. 33,2,31, s. W. KUNKEL Herkunft . . . der röm. Juristen 115f. R. H.

Blandus. Ein aus Tibur stammender Ritter wohl der Großvater des von Tacitus (ann. 6,27,1) erwähnten C. Rubellius Blandus. Er gab als erster freigeborener Römer rhetor. Unterricht (Sen. contr. 2 praef. 5). Wie die vom älteren Seneca mitgeteilten Proben seiner Beredsamkeit zeigen, suchte er sich durch spitzfindige Antithesen und kurze Sentenzen hervorzutun (suas. 5,7; contr. 1,7,6. 2,2, 4. 2,6,2–3 u. ö.). M. F.

Βλαύτη (Demin. *βλαυτίον*). Sandalenartige Fußbekleidung (Poll. 7,87.89. Athen. 3,98a. 8, 338a. Aristoph. Equ. 889) aus Leder, von Männern vor allem bei festlichen Anlässen (Symposion) getragen, z. B. Plat. symp. 174a. Weiße *β*. erwähnt Hermipp. ap. Athen. 15,668a, luxuriös mit goldenem Zierrat am Oberleder über dem Hacken geschmückte *β*. nennt Athen. 12,543f. W. H. G.

K. Erbacher Griech. Schuhwerk, Diss. Würzburg 1914, 4f.

Blei (*μόλυβδος, plumbum nigrum*), wurde in allen Silberbergwerken als Nebenprodukt gewonnen; es gab besondere *metalla plumbaria* (Plin. nat. 33,119). B. wurde weniger zu künstlerischen Zwecken als zur Herstellung von Gefäßen und Gerätschaften aller Art verwendet (viele archäolog. Funde). Eine eigentümliche Rolle spielte es mitsamt seinen Nebenprodukten in der Medizin (vgl. Diosk. 5,81 = 3,53,6ff. Wellm.), wohl unter Einfluß des Aberglaubens; so berichtet Gal. 12,232 K., daß B.-Platten, auf den Leib gelegt, Sportler von nächtlichen Pollutionen befreien. An Nebenprodukten sind B.-Glätte (*μολυβδῖτις*), B.-Glanz (*μολύβδαινα, galena*) und B.-Weiß (*ψιμύθιον, cerussa*, als Malerfarbe und Schminke gebraucht) zu nennen. F. K.

Bleitafeln s. Fluchtafeln

Blem(m)yes. Ein nomadisches Volk in Unternubien, kopt. Belehmu (Balnemowi), die »Blinden«. Es wohnte nach Strab. 17,786 auf dem rechten Nilufer gegenüber den Nubai, und war als Räuber gefürchtet. Unter Decius belästigten sie die äg. Grenzen, Probus mußte sie aus Koptos und Ptolemais vertreiben (H. A. Prob. 17.19). Diokletian trat ihnen den Dodekaschoinos ab und öffnete ihnen den Tempel von Philae, den erst Narses endgültig schloß. Noch im 6. Jh. waren die B. Heiden und als Plünderer der Klöster gefürchtet. 431 überfielen sie die Oase Chargeh (Euagr. Hist. eccl. 1,7); 451 wurden sie erneut besiegt. Eine Identifizierung der B. mit nubischen Stämmen der pharaonischen Zeit ist bisher nicht gelungen. W. H.

Blossius. Italisch-oskischer Gentilname (SCHULZE Eigenn. 423). Cic. leg. agr. 2,93 erwähnt eine angesehene Familie B. aus Campanien. Als Praenomen bei Bl. Dracontius (RE V 1635ff.). **1.** C. Bl. aus Cumae, Stoiker, Schüler des Antipatros von Tarsos, Lehrer und Freund des Ti. Gracchus (tr. pl. 133), auf den er großen Einfluß hatte. Nach dessen Scheitern wurde er verhört (Plut. Ti. Gr. 20. Cic. Lael. 11,37), setzte sich dann aber nach Asia ab zu Aristonikos, nach dessen Niederlage er durch Selbstmord endete. ZELLER PhdGr 3,1,553f. H. VON RIMSCHA D. Gracchen, 1947, 157f. **2.** Marius Bl., *praetor Campanus* im J. 216 v. Chr. Liv. 23,7,8f. – *Blossii fratres* in Capua 210 als Verschwörer hingerichtet (Liv. 27,3,4f.). **3.** → Dracontius H. G. G.

Boagrios (*Βοάγριος*). Schon bei Homer Il. 2,533 genannter Hauptfluß des epiknemidischen Lokris, in geschichtlicher Zeit Manes, bei Thronion aus dem Gebirge tretend, Strab. 9,4,4 p. 426. 1,3,20 p. 60. Ptol. 3,14,10. Ein moderner Name ist nicht bekannt. E. M.

Boarium forum. Platz zwischen den Abhängen des Kapitols, des Palatium und dem Tiberufer (h. Piazza Bocca della Verita); er diente schon vor der Trockenlegung des For. Rom. den Ansiedlern auf dem Palatium als Markt und später bis in die Kaiserzeit dem Großhandel in Vieh (CIL VI 1035). Erhalten sind h. noch der Fortunatempel und ein Rundtempel (gewöhnlich Vestatempel genannt), der Ianus quadrifrons und der Arcus argentariorum. Uralt war dort ein Kult des Hercules (Ov. fast. 1,576. Tac. ann. 12,24. 15,41). Das B. f. lag inmitten eines volkreichen Viertels, das schon vor dem 2. Pun. Krieg dreistöckige Häuser hatte. 264 v. Chr. fand dort das 1. Gladiatorenspiel statt. In Notzeiten wurden sogar noch in der Kaiserzeit hier Menschen lebendig begraben (Plin. nat. 28,12. Liv. 22,57,6. Oros. 4,13). Mit dem rechten Tiberufer war das B. f. durch den p. sublicius und den p. Aemilius verbunden. Rud. G.

Jord. Top. 1,2,474–487.

Bocchus, afrikanischer Eigenname. Auch als Cognomen (DESS. ILS 2920f. SCHULZE Eigenn. 439), z. B. bei dem Historiker L. Cornelius Bocchus (SCHANZ-HOS. 2,646f.). **1.** B. I., König von Mauretanien, um 110–80. Im Jugurthin. Krieg zunächst neutral, dann Verbündeter seines Schwiegersohns Iugurtha (Sall. Iug. 80ff.), den er verriet und schließlich an Sulla auslieferte (105–113 u. a.). Um 105 Freundschaftsvertrag mit Rom (Plut. Mar. 32) und wahrscheinlich Vergrößerung seines Gebietes. **2.** B. II., König von Mauretanien um 50 bis 33, zunächst zusammen mit Bogud, den er jedoch nach Caesars Ermordung vertrieb († 31). H. G. G.

Bockshornklee. Trigonella foenum-graecum L., gr. *βούκερας, αἰγόκερας, τῆλις* (so bei Theophr. und Diosk.), lat. *foenum-graecum* (so bei Cato, Colum., Varro, Plin.) ist eine einjährige, herb duftende Kulturrasse, nicht, wie früher angenommen wurde, der im Mittelmeergebiet weitverbreiteten Tr. gladiata, sondern der mesopotamischen, wohl schon im Neolithicum in Kultur genommenen Unterart Tr. Haussknechtii. Die alte Kultur in Babylonien und Äg. (äg. *šbt*, arab. *helbeh*) wird u.a. durch Samenfunde um 3000 v. Chr. bei Kairo bezeugt, von wo sie über Kreta nach Hellas und Italien gekommen ist. Die Samen werden wie Leinsamen als erweichend und purgierend, das Kraut als Motten vertreibend und konservierend verwendet. H. G.

Boedromion (*Βοηδρομιών*). Monatsname des ionischen Kalenders, in Athen der Herbstmonat zwischen dem Metageitnion und dem Pyanopsion, urspr. der 3., später der 1. Monat des athen. J. Der Name hängt zusammen mit dem Fest der Boedromia, das dem → Apollon Boedromios als dem Helfer des Theseus im Kampf gegen die Amazonen (Plut. Thes. 27) oder auch des Erechtheus gegen die Eleusinier (Paus. 7,1,2) gefeiert wurde. W. S.

Boethius, Anicius Manlius Severinus, * um 480, auf Befehl Theoderichs d. Gr. hingerichtet Ende 524. B. gehörte dem Kreis röm. Vornehmer an, die sich wohl als Verwaltungsbeamte dem König Theoderich zur Verfügung stellten, aber doch die Wiederherstellung der (ost)röm. Herrschaft in Italien wünschten. Anfangs wurde B. hoch geehrt; er war auch erfolgreich in dem Bemühen, ganze Provinzen oder einzelne Personen vor Bedrückung durch ostgotische Mächtige zu schützen. Als sich B. indes für den Consular Albinus einsetzte, wurde die gegen diesen erhobene Beschuldigung auf B. ausgedehnt, er habe *libertatem Romanam* wiederherstellen wollen, d.h. er habe mit Ostrom konspiriert. B. wurde nach langer Kerkerhaft ungehört verurteilt.

Werke: a) Handbücher. B. hat alle 4 Fächer des Quadrivium bearbeitet; erhalten: 2 B. *institutio arithmetica*, 5 B. *de institutione musica*.

b) Die geplante vollständige Aristoteles-Übersetzung wurde nur in folgenden Teilen fertig: 4 B. Kategorien mit Kommentar *de interpretatione* = *περὶ ἑρμηνείας* mit 2 Kommentaren (für Anfänger und Fortgeschrittene).

c) Kommentare zur *εἰσαγωγή* des → Porphyrios; den ersten verfaßte B. auf der Basis der Übersetzung von Marius Victorinus; dann übersetzte er den griech. Text selbst und verfaßte einen zweiten Kommentar dazu.

d) Unvollständig erhalten ist ein Kommentar zur Topik → Ciceros.

e) Das meist gelesene Werk ist die *consolatio philosophiae*, die B. in der Kerkerhaft schrieb; sie ist in die Form eines → Dialoges gekleidet, den B. mit der Frau Philosophia führt. Zugleich ist die Form der menippischen Satire für einen ernsten Zweck genutzt; 39 Gedichte in verschiedenen Metren sind dem Prosatext eingefügt. Hier zeigt sich B. als wohl vertrauter Kenner des antiken Bildungs-Erbes und in seiner Handhabung als gründlich geschulter Neuplatoniker.

f) Vier kleine theologische Abhandlungen: *de S. Trinitate, utrum Pater et Filius et Spiritus S: de divinitate substatialiter praedicentur; quomodo substantiae in eo quod sint bonae sint, cum non sint substantialia bona; liber contra Eutychen et Nestorium.* Diese opuscula enthalten eine Synthese neuplatonischer Ontologie mit chr. Dogmatik. H. D.

Ausgaben: PL 63 und 64. B.i comment. in Arist. *περὶ ἑρμηνείας* ed. *C. Maiser* 1877. 1880. B.i comment. in Porphyrium ed. *S. Brandt* CSEL 48, 1906. B.i consolatio philosophiae; grundlegend die Ausgabe von *R. Peiper* 1871 (eine 2. Aufl. blieb ungedruckt). *H.F. Stuart* und *E.K. Rand* 1918, Loeb. Class. Library, (mit den opusc. theologica). *A. Fortescue* 1925. *W. Weinberger*, CSEL 57, 1934. *E. Gothein* lat. und dt., 1931. 1950. *K. Büchner* 1947. *L. Bieler*, CCL 94,1, 1957 mit reicher Bibliographie.

Boethos. 1. Von Sidon, der Stoiker. Schüler des → Diogenes von Babylon. Er gehört zusammen mit → Panaitios zu den Vertretern der mittleren Stoa, die den ursprüngl. Lehr-Gehalt der Stoa erheblich modifizierten. Wohl blieb B. durchaus Materialist; indes leugnete er gegen die ältere Stoa die Weltverbrennung und erklärte sich für den ewigen Bestand der Welt; er scheint auch an der altstoischen, pantheistischen Gottesvorstellung erhebliche Korrekturen angebracht zu haben. Es sind nur 11 Fragmente erhalten; diese gesammelt in SVF 3,265–267. Vgl. ferner M. Pohlenz Stoa 1, 185 ff. **2.** B. von Marathon, Sohn des Hermagoras, akademischer Philosoph, † 118 v. Chr., jüngerer Zeit- und Schulgenosse des → Karneades. B. wird in einer gewissen Breite erwähnt im Index academicus col. 28 und 29, ed. S. Mekler 98/99. Diese Nennung ist der Chronik des → Apollodor entnommen. **3.** B. von Sidon, der Peripatetiker. B. war Schüler des → Andronikos von Rhodos und Studiengenosse → Strabons (vgl. Geogr. 16,2,24). B. setzte das von Andronikos begonnene Werk, die Werke des → Aristoteles zu edieren und zu kommentieren, fort. Seine eigene philosophische Leistung wird vor allem in der Diskussion der Kategorienlehre kenntlich; hier wich er in mehreren Punkten von seinem Lehrer Andronikos ab. B. arbeitete auf eine Harmonisierung mit dem → Platonismus hin, indem er die Ideen mit den Gattungsbegriffen identifizierte.

Die Fragmente sind noch nicht gesammelt. Gute Zusammenfassung der Lehre durch K. Praechter bei Überweg 1^{13},559/60. H. D.

4. Name mehrerer Künstler, zusammengestellt und geschieden JÖAI 39, 1952, 86 ff., vgl. auch Enc. Arte Class. Or. II 118 ff. (Laurenzi).

1. Des Apollodoros Sohn aus Karthago, Bronzebildner des 3. Jh. v. Chr. Seine Signatur auf einer Basis in Ephesos, zu der wahrscheinlich die Kopie des »Knaben mit der Fuchsgans« gehört. Paus. 5,17,4 nennt von ihm eine vergoldete Kinderfigur im Heraion zu Olympia. Ihm, dem Karthager, wird man auch die von Cic. Verr. 4,32 erwähnte Bronzehydria in Lilybaion zuweisen.

2. Des Athanaion Sohn aus Kalchedon, Bronzebildner des 2. Jh. v. Chr. Von ihm signiert der Sockel einer Statue des Antiochos Epiphanes auf Delos, eine Basis in Lindos, auf der wahrscheinlich das von Plin. nat. 33,155 erwähnte Werk stand, und eine Bronzeherme, auf die sich ein Flügelknabe stützt, aus dem Meer bei Tunis. (Karthago III 1951/2, 81 ff. [Ch. Picard].) Ob das von Plin. nat. 34, 84 erwähnte Kind, das eine Gans würgt, von diesem oder einem anderen B. stammt, ist ungewiß. Die von Otfr. Müller mit der Pliniusstelle verbundene, in mehreren Kopien erhaltene Gruppe paßt stilistisch zu keinem der uns bekannten Boethoi.

3. Des Diodotos Sohn (aus Nikomedeia?), Bildhauer des 3. Jh. v. Chr. Seine (unvollständige) Signatur auf dem Marmorthron mit dem Relief der Tyrannenmörder aus Athen in Broomhall (JHS 67, 1947 Taf. 6–8). Die Heimat läßt sich aus zwei verschollenen Inschriften erschließen, auf denen sich zwei Bildhauer, Menodotos und Diodotos aus Nikomedeia, als Söhne eines B. bezeichnen.

4. Bildhauer um 100 v. Chr., signierte zusammen mit Theodosios eine Ehrenstatue in Delos.

5. Bildhauer unbekannter Zeit (vielleicht identisch mit einem der genannten) signierte nach einer verschollenen Inschrift eine Statue des Asklepios als Kind, Weihung eines Arztes Nikomedes aus Smyrna.

6. Gemmenschneider des 2. Jh. v. Chr. signierte einen Cameo (Furtwängler Die ant. Gemmen 3. 158) mit dem verwundeten Philoktet. A. R.

Bogen s. Arcus und *Τόξον*

Boges. Vornehmer Perser, Kommandant von Eïon am Strymon, das er 476/75 heldenhaft gegen Kimon verteidigte. Als sich die Festung infolge von Aushungerung ergeben mußte, beging B. Selbstmord. Seine Nachkommen standen deshalb beim Großkönig in hohen Ehren (Hdt. 7,107). Fr. Kie.

Boghazköi, türk. Dorf in Kleinasien etwa 150 km ö. von Ankara. Fundort des berühmten Archivs der hethitischen Könige mit den staatlichen Annalen, Gesetzessammlungen, Verträgen mit anderen Staaten, diplomatischen Aktenstücken, wirtschaftlichen Urkunden u. a. An der Stelle von B. lag die Hauptstadt des Hethiterreiches Chattušaš. Diese wichtigen Funde sind das Ergebnis der deutschen Ausgrabungen unter Leitung Hugo Wincklers (1907–1912). Der Fund des Staatsarchivs in Chattušaš gewann an Bedeutung durch die Entdeckung des čechischen Sprachforschers B. Hrozný, der 1915 die indogerman. Struktur der hethitischen Sprache erkannte. Chr. D.

H. Bossert Altanatolien, Bln. 1942, Indices s. v. Bogazköy, Yazilikaya u. Yozgat. *A. Goetze* Kleinasien, Münch. 1957, 67 ff., 82 ff. *E. Akurgal* Die Kunst Anatoliens von Homer bis Alexander, Berlin, 1961.

Bogud(es) (auch Bogos u. a.). **1.** Bogud(es), Sohn des Bocchus, Königs von Mauretanien, unterstützte 81 v. Chr. Pompeius gegen den Numiderkönig Hiarbas (Oros. 5,21, vgl. CAH IX 279) und wurde später (wohl 80) Nachfolger seines Vaters. **2.** Bogud(es), König von Mauretanien, um 50 bis um 44, zunächst zusammen mit (seinem Bruder?) Bocchus II., wobei er den w. Teil des Reiches beherrschte (Plin. nat. 5,19). 49 anerkannte Caesar die Könige, B. blieb weiterhin Anhänger Caesars. Nach Caesars Tod schlug er sich auf die Seite des Antonius und wurde von Bocchus (Anhänger Octavians) vertrieben. 31 war er Offizier des Antonius u. fand den Tod bei der Eroberung von Methone durch Agrippa. H. G. G.

Bohnen. Hülsenfrüchte *(legumina)*, besonders Erbsen (*πίσον*, *pisum*), Kicher (*ἐρέβινθος*, *cicer*) und Linsen (*φακός*, *lens*) sind als Kulturpflanzen mindestens so alt wie Getreide (in Vorderasien und Nordafrika seit mindestens 6000 J.); von ihnen abgeleitete Spottnamen sind zu angesehenen Familiennamen geworden (Fabius, Lentulus, Cicero). Die um das Mittelmeer auch schon vor über 4000 J., n. der Alpen erst seit der Bronzezeit gebauten Bohnen (gr. *κύαμος*, *πύανος*, lat. *faba*, slav. *bob*) waren zunächst kleinsamige Formen (var. celticanana und pliniana) von Vicia faba L., von denen die großsamigen Sau- oder Pferdebohnen (var. equina) und Groß- oder Puffbohnen (var. maior, schon in Pompeji) abstammen. Wegen ihrer blähenden, aphrodisischen Wirkung galten sie besonders bei den Priestern Äg. als unrein, spielten aber auch in den Dionysos- und Apollo-Mysterien (Pyanepsia) eine Rolle und wurden (nach Plin. 18, 117) selbst zu Brotmehl vermahlen. Der von Aristoph., Diosk. u. a. genannte *φασίολος* oder *φασήολος* ist keine der größtenteils erst im 16. Jh. aus Amerika eingeführten Phaseolus-Arten (Gartenbohnen, Fisolen), sondern ebenso wie *δόλιχος* bei Theophr. sehr wahrscheinlich die aus Südasien auch schon im Altertum nach Nordafrika und Südeuropa gebrachte Vigna sinensis, z. T. vielleicht auch V. nilotica und die äg. Faselbohne, Dolichos lablab. Als Bohnen wurden und werden aber auch zahlreiche andere Leguminosenfrüchte, wie Lupinen und Soja (→ Abrus u. Anagyris), sowie bohnenähnliche Samen aus andern Familien, wie vom äg. Lotos (*κύαμος αἰγύπτιος*), Kaffee- und Kakaobaum bezeichnet. H. G.

Boi (Boii, bei den Griechen *Βοῖοι*, *Βόϊοι*, *Βοιοί*), gehören zu den bedeutendsten Stämmen der Kelten. Sie wanderten aus Gallien über den Poeninus in die Po-Ebene, besetzten – nachdem sie die dort ansässigen Etrusker und Umbrer zurückgedrängt hatten –, die h. Romagna und machten das einstige etrusk. Felsina unter dem Namen Bononia zu ihrer Residenz (Pol. 2,17,7. Strab. 4,195. 5,216. Liv. 33,37. 37,57. Plin. nat. 3,115). Sie kämpften 283/82 an der Seite der Etrusker und kelt. Volksstämme u. 238–224 gegen Rom. 193 errangen die Römer bei Mutina einen endgültigen Sieg über die B. und eroberten auch Bononia. Die besiegten

B. zogen über die Alpen (Strab. 5,213,216) und ließen sich im h. Böhmen nieder, das nach ihnen Boiohaemum genannt wurde. Um 80–60 verließen sie – wahrscheinlich von den benachbarten germ. Volksstämmen bedrängt – das Land. Ein Teil der B. wanderte westwärts und schloß sich den Helvetiern an, während ein anderer Teil sich im w. Grenzgebiet des Karpatenbeckens ansiedelte, n. von der Mur, die Kleine Ungarische Tiefebene mit inbegriffen. Die Daker, die die B. bis zur Theiß zurückgedrängt hatten, besiegten die B. um 40 v. Chr. unter ihrem König Burebista und entrissen ihnen das Land n. der Donau (S.-Slowakei), mit ihrem Stammsitz, der vermutlich in der Umgebung von Preßburg lag. Durch die enormen Verluste geschwächt, traten sie den Römern, die Pannonien eroberten, nicht entgegen und nahmen auch am großen pannon.-dalmatin. Aufstand (6–9) gegen Rom nicht teil. Ihre Romanisierung erfolgte schnell. Anfangs standen sie unter der militärischen Aufsicht eines *praefectus ripae Danuvii* (CIL IX 5363), der gleichzeitig auch Praefekt der *civitas Boiorum et Azaliorum* war. Später erhielt die *civitas*, die sich auf einen bedeutenden Teil ihres Stammesgebietes erstreckte und die an Carnuntum attribuiert wurde, die übliche beschränkte Selbständigkeit. J. F.

Boiai (*Βοιαί*). Spartanische Perioikenstadt an der W.-Küste der Parnonhalbinsel an der Bucht von Vatika mit unbedeutenden Resten beim h. Neapolis, bes. Paus. 3,22,11–13. E. M.

1. IGV 1,179ff. Nr. 952–960. 2. *Head* HN^2 433. 3. RE III A 1317,1ff. 4. *F.W. Hasluck*, ABSA 14, 1907/08, 168ff. 5. *H. Waterhouse-R. Hope Simpson*, ABSA 56, 1961, 142ff.

Boibe (*Βοίβη*, *Βοιβηὶς λίμνη*). Schon bei Hom. Il. 2,711f. genannte Stadt im SO. Thessaliens und der danach genannte See (auch Boibias oder Boibia), bes. Strab. 9,5,15 p. 436. 5,2 p. 430 u. ö. (weitere Quellenstellen RE III 628f.), der h. Karlasee, der in stark wechselnder Ausdehnung durch einen Zufluß des Peneios und die sonstigen Bäche der Ebene gespeist den O. der ostthessalischen Ebene am W.-Fuß des Pelion einnimmt, prähist. und im Altertum sehr viel ausgedehnter als h. und wegen seines Fischreichtums bes. in neolith. Zeit an dem flachen W.-Ufer dicht mit Siedlungen besetzt. Der Ort B. lag beim h. Kanalja an der SO.-Ecke des Sees und gehörte später zu Demetrias. E. M.

1. *Fr. Stählin* Das hellenische Thessalien 1924, 58ff. 2. *Philipps.-Kirs*. 1,119ff. mit der Karte »Siedlungsgeschichte«.

Boio (*Βοιώ*), **Boios** (*Βοῖος*). Boio war nach Paus. 10,5,8 Delpherin, Verfasserin eines Hymnus. Clem. Alex. strom. 1,132,3 nennt sie *χρησμολόγος*, doch zweifelt Jacoby [2],582 diese Angabe an. Eine Ehe kennt Suda *Παλαίφατος*. Wilam. Hellenist. Dicht. 1,104,4 leitete den Namen vom Ort Boion ab; Widerspruch bei [2],477. – Boios ist bei Athen. 9,393e und Anton. Liber. angeblicher Autor einer *Ὀρνιθογονία* (Quelle für Ovid). Da schon Philoch. (frg. 214 Jac.) zwischen Boios und Boio schwankt, scheint es, das Gedicht sei zunächst Boio zugeschrieben und der Name dann gewandelt worden. Doch ist die (späthellenist.: [2],478) Tradition höchst unsicher. G. Schm.

Frg.: Collectanea Alex. ed. *Powell*, Oxf. 1925, 23–25. Lit.: 1. *Knaack* RE III 633f. 2. FGrH IIIb (Suppl.) 1 p. 581–583, 2 p. 477f.

Boiohaemum (Vell. 2,109), heute Böhmen. Stammland der kelt. Boier, die um 60 v. Chr. das Land verlassen. Um 8 v. Chr. wird das Gebiet von den Markomannen erobert, von denen sich im 6. Jh. n. Chr. die Baiovarii als selbständiger Stamm trennen und in die Gebiete zwischen Donau, Lech und Inn auswandern. H. C.

Boiorix. König der Kimbern, der im J. 101 v. Chr. in Oberitalien offensichtlich die militär. Bewegungen leitete und bei Vercellae fiel. Plut. Mar. 24,4ff. Flor. 1,37. Oros. 5,16,20. H. G. G.

H. Gundel Unters. z. Taktik u. Strat. d. Germ. Diss. Marburg 1937, 65f. *F. Miltner*, Klio 33, 1940, 289ff.

Boiotia (*Βοιωτία*). Die nach dem Stamm der Boiotoi genannte Hauptlandschaft Mittelgriechenlands, etwa 2500 qkm groß. B. grenzt im W. an Phokis, im S. an den korinth. Golf und weiter an die Megaris und Attika, wobei im O. der Kithairon die Grenze bildete und die Grenze gegen Attika sich mehrfach verschob. Im N. grenzte das ö. (opuntische) Lokris an B. und im O. bildete der Sund von Euboia die Grenze. B. besteht geographisch aus 5 Gebieten. Den SW. nimmt der Helikon mit seinen Vorbergen ein, die z.T. Sondernamen tragen (Laphystion, Tilphossion, Leibethrion), den NW. bildet das Tal des in den Kopaissees mündenden Kephisos und das große Becken des heute trockengelegten Kopaissees mit seinen Randlandschaften, der sowohl jahreszeitlich wie im Laufe der Jahrhunderte von stark wechselnder Größe war. Nach O. schließt sich bis zur Küste des Sundes von Euboia ein aufgelöstes Gebirgsland an, dessen einzelne Ketten besondere Namen tragen, Ptoon, Phoinikion, Phikion, Hypaton, Messapion. Darin liegen die beiden wie der Kopaissee abflußlosen Seen Hylike (h. Likeri) und Trephia (h. Paralimni). S. dieses Berglandes erstreckt sich die Hauptebene B.s, die in ihrem W.-Teil »tenerische«, im O.-Teil »aonische Ebene« hieß. Sie ist ebenfalls abflußlos und entwässert zur Hauptsache in den See Hylike. An ihrem S.-Rand liegt Theben. Eine niedrige Schwelle trennt sie von der südboiotischen Ebene, die vom Asopos durchflossen wird. Die wichtigen Städte lagen stets im Inneren, obwohl beide Küstenstrecken gute Häfen aufweisen. Im ganzen blieb B. binnenländisches Agrarland, und die Boioter galten als plump und ohne feinere Lebensart, ein wohl vor allem von Athen bestimmtes Urteil. Demgegenüber genügt es, auf Namen wie Hesiod, Pindar, Korinna, Plutarch und Epameinondas hinzuweisen, während B. in der bildenden Kunst allerdings keine große Rolle spielte.

Hier ist als berühmterer Name nur der Bildhauer Kalamis zu nennen. Die Verkehrslage B.s im Herzen Griechenlands brachte es mit sich, daß ein Großteil der Schlachten der griech. Geschichte in B. stattfanden.

Älteste menschliche Siedlungsspuren beginnen in der älteren Steinzeit in Höhlen am Kopaissee, dessen Ufer auch in der jüngeren Steinzeit und Bronzezeit dicht besiedelt waren. In S.-Boiotien ist Eutresis der wichtigste Ausgrabungsplatz der Zeit. In mykenischer Zeit waren Theben mit seinen Palastresten und Orchomenos mit seinem großartigen Kuppelgrab Sitz bedeutender Herrscherdynastien, wozu die große Fluchtburg Gla (Arne?) am S.-Ufer des Kopaissees kommt. Der Kopaissee muß damals vielleicht durch künstliche Nachhilfe einen Tiefstand aufgewiesen haben, wogegen große Überflutungen am Ende der frühhelladischen und mykenischen Zeit mehrere Orte zerstörten.

Der Name der Boiotoi erscheint bei Homer (Il. 2,494 ff. noch ohne Orchomenos und Aspledon am NW.-Ende des Kopaissees, und 15,330). Der boiotische Dialekt ist dem thessalischen nächst verwandt, wohin auch sonst kultische und andere Beziehungen weisen und woher die ant. Tradition die Boioter kommen läßt. N.w.-griech.-dor. Formen erweisen wohl eine Zuwanderung in der dor. Wanderung, wie auch der Name Boiotoi n.w.-griech. ist (Thesprotoi, Apodotoi, Buthroton) und vielleicht vom Gebirge Boion, dem Grenzgebirge zwischen Makedonien und Epeiros, abgeleitet ist. In hist. Zeit besteht B. aus einzelnen Städten, schon im Schiffskatalog 30. Der Stammeszusammenhang erhielt sich außer im Namen in den gemeinsamen Heiligtümern des Poseidon von Onchestos am Kopaissee und der Athena Itonia bei Koroneia mit dem Fest der Pamboiotia. Ein erster Städtebund des 6. Jh. v. Chr. wurde wegen der perserfreundlichen Haltung Thebens nach dem Perserkrieg aufgelöst. Der wiederhergestellte Bund stand im »hellenischen Krieg« auf seiten Spartas, geriet dann unter athenische Herrschaft, die mit dem Sieg bei Koroneia 447 v. Chr. abgeschüttelt werden konnte. Der Bund wurde nun straffer organisiert als Bundesstaat mit einer Einteilung in 11 Kreise mit proportionaler Vertretung in allen Bundesorganen, wobei auf Theben mit den inzwischen davon abhängig gewordenen Städten 4 entfielen. Im peloponnes. Krieg stand B. auf seiten Spartas. Zerwürfnisse nach dem Krieg führten zur Beteiligung B.s am Korinthischen Krieg gegen Sparta. Im Antalkidasfrieden mußte der Bund aufgelöst werden, doch konnte Theben ihn nach seiner Befreiung durch Pelopidas nach der spartan. Besetzung (379 v. Chr.) neu und mit verstärkter eigener Vormachtstellung wiederherstellen. Mehrere Städte wurden von Theben abhängig oder wie Orchomenos zerstört. Von den jetzt 7 Boiotarchen stellte Theben 4. Nach Chaironeia verlor Theben seine Vormachtstellung, zerstörte Städte wurden wieder aufgebaut, Theben selbst 335 v. Chr. beim Aufstand gegen Alexander völlig zerstört, aber 316 durch Kassander wiederhergestellt. In den Kämpfen der hellenistischen Zeit vermochte der boiotische Bund sich zu behaupten, wenn auch zeitweise unter makedonischer Herrschaft, nachher zumeist im Bündnis mit Makedonien und daneben auch vorübergehend mit dem aitolischen und dem achaiischen Bund. Für kürzere oder längere Zeit gehörten sogar Chalkis und Eretria, das lokrische Opus und Larymna, Megara und das stets mit Athen umstrittene Oropos zu B. Das Bündnis mit Makedonien führte im 2. und 3. makedon. Krieg zu schweren Erschütterungen, röm. Eingreifen und Zerstörung mehrerer Städte, ebenso nach dem achaiischen Aufstand, an dem B. beteiligt war. Der 146 v. Chr. aufgelöste Bund konnte aber wie andere Landschaftsbünde neu gebildet werden und bestand mit hauptsächlich kultischen Funktionen bis in die spätere Kaiserzeit. E. M.

1. Antike Beschreibungen bes. Strab. 9,2. Paus. 9. Dikaiarch (GGM I 97 ff.) 6–25. FGrH III B Nr. 376 ff. 2. Inschriften IG VII. 3. Münzen *Head* HN² 343 ff. 4. *Philipps-Kirst.* 1,430 ff. 645 ff. 5. *C. Bursian* Geographie von Griechenland 1, 1862, 194 ff. 6. *J. G. Frazer* Pausanias 5, 1898, 1 ff. 7. *P. Guillon* La Béotie antique 1948. 8. *W. Rhys Roberts* The ancient Boeotians, their character and culture and their reputation, 1895. 9. *G. Busolt-H. Swoboda* Griech. Staatskunde, 1926, 1409 ff. 10. *W. Gomme* The topography of Boeotia, ABSA 18, 1911/12, 189 ff. 11. *D. Fimmen* Die kretisch-mykenische Kultur 1924, 5 f. 12. *Fr. Schachermeyr* Prähistorische Kulturen Griechenlands, RE XXII, bes. 1382 f. 1431 f. 1457. 13. *G. Karo* Mykenische Kultur, RE Suppl. VI 609. 14. *D. Fimmen* Die Besiedlung Boeotiens bis in frühgriech. Zeit NJb 15, 1912, 521 ff. 15. *S. Lauffer*, AA 55, 1940, 184 ff. 16. *W. A. Heurtley* Notes on the harbours of S. Boeotia and sea-trade between Boeotia and Corinth in prehistoric times, ABSA 26, 1923/25, 38 ff. 17. *L. Moretti* Ricerche sulle leghe Greche, 1962, 97 ff., La federazione beotica fino al 422 A. C. 18. *P. Salmon* Les districts béotiens, REA 58, 1956, 51 ff. 19. *Ders.* L'armée fédérale des Béotiens, AC 22, 1953, 347 ff. 20. *J. A. O. Larsen* Orchomenos and the formation of the Boeotian confederacy in 447 b. C., CPh 55, 1960, 9 ff. 21. *M. Feyel* Polybe et l'histoire de Béotie au IIIe siècle avant notre ère, 1942. 22. *P. M. Fraser-T. Rönne* Boeotian and West-Greek tombstones, 1957. 23. *Chr. Barratt* The chronology of the eponymous archons of Boeotia, JHS 52, 1932, 72 ff. 24. *Nic. G. Svoronos* Le cadastre de Thèbes BCH 83, 1959, 1 ff. 800 f.

Boiotos (*Βοιωτός*). Eponymos der Boioter: **1.** Sohn des Poseidon und der Arne. Die schwangere Arne floh vor ihrem strengen Vater Aiolos nach Metapont; hier gebar sie die Zwillinge B. und → Aiolos (Nr. 3). Diese töteten später ihre Pflegemutter und flohen übers Meer, B. nach Aiolis, wo der Großvater ihn adoptierte und ihm seine Herrschaft, Arne umbenannt, übergab. Seine Waffengefährten nannte er Boioter. Diod. 4,67 u.a.

2. Sohn des Poseidon und der → Melanippe, auch Tochter des Aiolos. Ihre Zwillinge, auch B. und Aiolos genannt, wurden vom König Metapontos in Ikaria aufgezogen. Nach mannigfachen Schicksalen befreiten sie ihre vom Großvater gefangengehaltene Mutter. Berühmt waren die beiden Melanippe-Tragödien des Euripides, Suppl. Eur. 25 ff. 28 ff. ARNIM. Hyg. fab. 186. Bei Diod. 19,53 ist B. König von Boiotien. **3.** Sohn des Itonos und der Melanippe, nach Paus. 9,1,1 Eponymos der Boioter. H. v. G.

Bokchoris. Einziger König der 24. äg. Dynastie, 720–715, Sohn des Tefnachte von Sais. Er versuchte, Äg. nach der Eroberung durch den Nubier Pianchi wieder zu einen, wurde aber von dessen Nachfolger Schabako geschlagen und lebendig verbrannt. B. galt den Griechen als einer der 6 großen Gesetzgeber der Äg. (Diod. 1,65.79.94). W. H.

Bola s. Bovianum und Bovillae

Bolbe (*Βόλβη*). See in der makedon. Landschaft Mygdonia in unmittelbarer Nachbarschaft von Thrakien, j. Besik-göl; zur Etymologie DETSCHEW Thrak. Sprachreste 79. Sumpfig u. schilfreich. Der Bolbesee wird durch ein Tal und einen kleinen Fluß in den Strymon. Golf entwässert. Einige von seinen Zuflüssen galten im Altertum als sehr fischreich. Chr. D.

Casson Macedonia, Thrace and Illyria 26 u. ö.

Bolbos. Gr. *βολβός*, lat. *bulbus* bezeichnet unterirdische Speicherorgane, wie Zwiebeln und Knollen verschiedenster Pflanzen, doch in erster Linie der Allium-Arten (Lauch, *πράσον*), wie A. cepa (Küchenzwiebel, *κρόμμυον*, neugr. *κρομμύδι*), A. scorodoprasum (Knoblauch, *σκόροδον*), A. schoenoprasum (Schnittlauch, *σχοινόπρασον*) u. a. Eine Bolbe soll in der gleichnamigen makedonischen Stadt dem Herakles den Olynthos geboren haben, ein Kromos, Gründer der Stadt Krommyon, ein Sohn des Poseidon gewesen sein. Breitblättrige Allium-Arten sind das Zauberkraut *μῶλυ* der Odyssee, dessen Blätter Theophr. mit denen der *σκίλλα* (Meerzwiebel, Urginea maritima) vergleicht, und die gleichfalls zu magischen Zwecken verwendete Siegwurz (A. victorialis). Knollengemüse, die zu den ältesten Kulturpflanzen Eurasiens zählen, sind die Aracee Colocasia antiquorum (qolqas, taro, → Aron) und das Zypergras Cyperus esculentus, *μαλιναθάλλη* bei Theophr., arab. habb-el-aziz, in Äg. seit mindestens 6000 J. gebaut, u. a. zur Herstellung des besonders in Spanien sehr geschätzten Getränks Chufa. H.G.

Boletum, vielleicht = h. Boltaña (Prov. Huesca), das nach Encicl. Univ. Ilustr. 8,1504 röm. Ruinen und Gräber enthält. Der Name ist wohl keltisch (HOLDER 1,476: *Boletanus*). Er ist uns nur durch 2 Inschr. (CIL II Suppl. 5843.5845: *Boletanus*, s. auch p. 939) überliefert. R. G.

Bolis (*Βῶλις*). Aus Kreta, tüchtiger Offizier des Ptolemaios IV. Philopator, sollte den ägypterfreundlichen König Achaios (→ 3) aus dem belagerten Sardes befreien, lockte ihn aber mit kretischer Hinterlist aus der Burg und lieferte ihn Antiochos III. aus. Pol. 8,17–22. H. V.

Bolos. Ein Schriftsteller, der seine Werke unter dem Namen Demokrits herausgab. Aus Mendes im Delta, lebte im 3. vorchr. Jh. W. H.

Bombyx s. Seidenwurm

Bomiēs (*Βωμιῆς*). Gau der aitolischen Ophioneer am Oberlauf des Euenos, Thuk. 3,96,3. Strab. 10,2,5 p. 451. E. M.

Bomilkar. 1. Karthager, Neffe des Hamilkar (312 verurteilt), zusammen mit Hanno 310 Befehlshaber gegen Agathokles, bei Tunes besiegt. 308 versuchte er einen Staatsstreich und wurde hingerichtet. Diod. 20,10 ff. Iustin. 22,7,7 f. **2.** B., Karthager, der um 308 als Gesandter nach Athen geschickt wurde. **3.** B., karthag. Flottenbefehlshaber im 2. Pun. Krieg, der zu den J. 215, 214 (Syrakus), 212 und später erwähnt wird. Liv. 25,41,10. 24,36,3 f. u. a. **4.** B., Freund u. Vertrauter des Jugurtha, ermordete 110 Massiva in Rom, war 108 Befehlshaber in der Schlacht am Muthul und wurde 108 nach einem mißglückten Anschlag auf Iugurtha hingerichtet. Sall. Iug. 35,4 f. 72,1 u. a. H. G. G.

Βωμός s. Altar

Bona. In der stark schwankenden Terminologie der Römer bei der Bezeichnung von Rechtsobjekten kommt dem Ausdruck b. besondere Bedeutung zu. Man bezeichnet vor allem jenes Vermögen, das als Ganzes einem bestimmten rechtlichen Schicksal unterworfen wird, so, und das insbesondere im prätorischen Recht und im zivilen Erbrecht. Durch seine Funktion in der prätorischen Ordnung erlangte der Ausdruck auch für den nur honorarrechtlich geschützten Einzelerwerb größte Bedeutung. So bezeichnet Gai. 2,40 das *dominium ex iure Quiritium* und das *in bonis habere* als die 2 Erscheinungsformen des Eigentums *(dominium duplex)*.

Von der Bezeichnung ganzer Vermögen leiten sich die Rechtsfiguren *b. caduca*, *b. ereptoria* und *b. vacantia* her. *Caducum* ist, was mangels Erwerbsfähigkeit des Erben nicht erworben wird. Dies wirkt sich insbesondere nach Verstößen gegen die augusteischen Ehegesetze aus; kann das Verfallene nicht an *heredes patres* oder *heredes legatarii* zugeteilt werden, so kommt es zu einer *caducorum vindicatio* durch den *fiscus*. – Liegt nicht Erwerbsunfähigkeit, sondern auf Grund von Verfehlungen (vor allem gegen den Erblasser) Erbunwürdigkeit vor, wird das an sich erworbene Gut zugunsten des *aerarium*, später des *fiscus*, entrissen (*eripitur*, vgl. D. 49,14,49). – Fand ein Nachlaß weder nach Zivil- noch nach Honorarrecht einen Erben, so fielen solche *b. vacantia* seit Augustus an das *aerarium*, seit Tiberius an den *fiscus*. Verwertet wurden alle diese b. durch Versteigerung *(sectio bonorum)*.

Auch außerhalb des Erbrechts werden Vermögen als *b.* bezeichnet, wenn sie als Ganzes übergehen. So verfallen alle Güter des mit einer Kapitalstrafe Verurteilten als *b. damnati* dem Staat. Die *interdictio bonorum* untersagt (z. B. Verschwendern) die Verfügung über das eigene Vermögen.

Das Eingreifen der Prätoren in das erbrechtliche Schicksal von *b.* kulminiert in der Figur der *bonorum possessio*. Diese besteht in einer Erbrechtsposition mit prätor. Schutz und hat sich wohl aus der Rollenverteilung beim Prozeß entwickelt. Auf ihr beruht die prätor. Ordnung der Intestaterbfolge sowie das Testament mit Zeugensiegeln.

Der prätor. Erbe heißt demnach *bonorum possessor*, sein wichtigster Rechtsschutz ist das *interdictum quorum bonorum*. Dringt er mit diesem sogar gegen den Zivilerben durch, ist seine *bonorum possessio cum re*, sonst *sine re*.

Häufiger als in der Gegenwart erfaßt der röm. Zivilprozeß ein Vermögen als Ganzes. Da es lange keine Spezialexekution gab, führte fast jede Vollstreckung zum Konkurs. Dieser erfolgt grundsätzlich durch *venditio bonorum*. Der beste Bieter wird dann als *bonorum emptor* Rechtsnachfolger des Gemeinschuldners. Aber sogar schon in früheren Stadien eines Verfahrens, vor allem bei Prozeßungehorsam, konnte plötzlich das Gesamtvermögen durch eine *missio in bona* betroffen werden.

In bonis esse (bzw. *habere*) begegnet dann auch für jene Fälle von Einzelerwerb, in denen der Prätor eine dingliche Klage gegen jedermann gewährt. Dies ist insbesondere der Fall, wenn die *exceptio dominii* gegenüber der *actio Publiciana* versagt.

Um Teilvermögen geht es bei der *collatio bonorum*. Ausgangsfall war die prätor. Berufung eines Emanzipierten neben *sui heredes*, später trat die *collatio dotis* hinzu. In beiden Fällen geht es um die Anrechnung von Vorempfängen bzw. Vorverdiensten auf die Erbquote. Th. M.-M.

Bonfante Scritti giuridici 2,370ff. *Kaser*, ZRG 78, 1961, 177ff.

Bona Dea, Frauengottheit, von deren Kult und Tempel Männer ausgeschlossen waren. Die nächtlichen Geheimfeiern fanden Anfang Dezember unter Beteiligung der Vestalinnen bei der Frau eines Beamten *cum imperio*, der selbst außer Haus zu sein hatte, statt. (Der bekannte Clodius-Skandal vom Jahre 62!) Es war eine staatliche Feier *pro populo*. Der Raum war mit Weinlaub geschmückt (Myrten waren verbannt), geopfert wurde eine *porca*; Wein, Musik und Tanz müssen eine Rolle gespielt haben. Es gab noch andere Formen der Verehrung, wie schon dadurch gezeigt wird, daß die überwiegende Mehrzahl der Weihungen von Sklavinnen stammt, obwohl diese natürlich von der genannten Feier ausgeschlossen waren. Ein Tempel stand am Aventin, unterhalb des Saxum (daher Beinn. *Subsaxana*); Ovids Behauptung (fast. 5,155), eine (Vestalin) Claudia habe ihn dediziert, gilt als Verwechslung mit einer *aedicula*, die eine Vestalin Licinia 123 geweiht hat, aber von den Pontifices nicht anerkannt wurde, und zwar als Gegenmaßnahme gegen die »Ausbreitung des sklavischen Elements« im Kult der Göttin (Bömer 155). Da der Tempel von Livia wiederhergestellt wurde (woran aber Bömer nicht glaubt; zweifelnd Latte), vor 123 aber nicht bestanden haben kann, gehört seine Dedikation ins 1. Jh. Inschr. zeigen, daß entweder in Trastevere ein anderes Heiligtum bestand oder daß sich B. D. als Heilgöttin an den Aesculap-Kult auf der Tiberinsel angeschlossen hat. Im Tempel auf dem Aventin wurden Schlangen gehalten und Heilkräuter aufbewahrt. Für die Einführung des Kultes kommt man aus verschiedenen Gründen ins 3. Jh. Früher und neuerdings wieder (Latte 228 f.) hielt man B. D. für eine aus Griechenland übernommene Gottheit (Ἀγαθὴ Θεός auf einem att. Relief IG II², 4589), während andere das »echt italische Wesen« zu erkennen glaubten (Peter 795). Man kommt aber kaum um die Annahme herum, daß es sich urspr. um zwei Gottheiten, oder vielmehr Kulte handelt, einen ital. und einen griech. Das Griechische hat das Italische so überlagert, daß eine saubere Scheidung nicht mehr möglich ist. Nach Paul. Fest. wäre diese griech. Göttin → Damia: Aber was er sonst dazu sagt, erschüttert auch diese Aussage. Der allgemeine Name B. D. gab zu allen möglichen Identifikationen Anlaß (bes. Fauna, auch Ops, Maia u. a.), ja der Name konnte geradezu als Appellativum beigelegt werden. In Mittelitalien finden sich zahlreiche Kultstätten; wieweit Altitalisches oder griech. Import vorliegt, läßt sich nicht einmal mehr vermuten. Gelegentlich ist sie nur lokale Schutzgottheit. Andere Namen: *Fauna*, *Fatua*, *Fenta Fatua*, *Fenta Fauna*.

Die Legende ist aus dem Kult herausgesponnen: Sie ist Frau des → Faunus, die so keusch war, daß sie nie ihr Gemach verließ und ihr Name nie genannt wurde; als sie sich heimlich berauschte, prügelte ihr Gatte sie mit Myrtenruten zu Tode, erhob sie dann aber bereuend zur Göttin. Oder sie ist Tochter des Faunus, der ihr nachstellt; sie aber widersteht ihm, so daß er sie mit Myrtenzweigen schlägt; erst als er sich in eine Schlange verwandelt, kann er ihr beiwohnen. Außerdem erzählte man, dem durch Italien ziehenden Hercules sei von den das Fest der B. D. feiernden Frauen ein Trank verwehrt worden, weshalb er Frauen von seinem Opfer an der Ara maxima ausschloß. W. E.

Wissowa Rel.² 216ff. *Peter* Myth. Lex. 1,789ff. *Saglio* bei Dar.-Sagl. 1,725f. *Marquardt* RStV 3,345f. *Jord.* Top. 3, 181ff. *Bömer* AAMz 1957,7,154ff. *Latte* RRel. 60. 228ff.

Bona Fides s. Fides

Bonifatius. 1. Röm. Feldherr, 422–432, zunächst ohne Rechtstitel, dann als *comes* in Afrika. B. stand in persönlichem Verkehr mit Augustinus (Aug. epist. 185.189.220.229 f.). Umstritten ist, ob B. die Wandalen nach Afrika gerufen hat (tendenziös Prok. 3,3). Treu ergeben war B. der Kaiserin → Placidia, die ihn 432 zum Patricius erhob. B. konnte 432 im Kampf um die Macht → Aetius besiegen, starb jedoch 3 Monate später (Marcell. ad 432).

Courtois Les Vandales et l'Afrique 1955, 156ff. *De Lepper* De rebus gestis Bonifacii 1941. *F. G. Maier* Augustin 1954, 199f.

2. B. I., Papst 418–422, konnte sich dank staatlicher Hilfe gegen den von einer Minorität gewählten Eulalius durchsetzen; B. gelang es, Roms Autorität nach dem schwachen Pontifikat des Zosimos neu zu stärken.

Briefe bei Migne L 20,745ff. *Caspar* Gesch. d. Papsttums 1,360ff.

3. B. II., Papst 530–532, romanisierter Gote, wahrte den röm. Jurisdiktionsanspruch über Illyricum. A. L.

A. v. Harnack Der erste deutsche Papst SPrAW 1924. *Caspar* Gesch. d. Papsttums 2,193ff.

Bonna (*Βόννα*; Tac. hist. 4, 19. HOLDER), Ansiedlung der Ubier, seit augustischer Zeit. Festungsanlagen (Auxiliarkastell in Resten am Minoritenplatz festgestellt), seit Claudius Legionslager. Ältere Holzbauten, nach der Zerstörung im Bataveraufstand durch Steinbauten ersetzt und wiederholt umgebaut, sichern die Belegung bis in die Spätantike. Bei Grabungen unter dem Münster wurde ein dicht belegter Friedhof mit einer aus Spolien eines Matronenheiligtums gebauten Cella memoriae der Zeit wenig nach 260 n. Chr. aufgefunden. Christliche Bestattungen und Reste einer um 400 n. Chr. errichteten Saalkirche mit rechteckigem Grundriß wurden bei gleicher Gelegenheit beobachtet.

Zu den Funden vgl. die Berichte in den Bonn. Jb. H. C.

Bononia 1. (NISSEN It. Ldk. 2,262f. P. DUCATI Storia di Bologna. A. GRENIER Bologne villanovienne et étrusque). Seit Beginn der Villanovazeit bewohnte (PITTIONI RE Suppl. IX 292ff.) Stadt am Renus; etr. Siedler (*Ocnus:* Serv. Aen. 10,198. Sil. 8,600; alter Stadtname *Felsina:* Plin. nat. 3,115) werden von gall. Boiern vertrieben (Liv. 33,37,4; seitdem wohl B., kelt. Name wie der des Renus). Seit 189 v. Chr. röm. Kolonie (Liv. 37,57,7. Vell. 1,15,2), durch die v. Aemilia (187 v. Chr.) mit Placentia und Ariminum sowie durch eine Straße des Flaminius (187 v. Chr. Liv. 39,2,6) mit Arretium verbunden; wegen der Bedeutung der Straße in den Itin. oft genannt (je nach Usobrücke 76 oder 77 mp von Ariminum). Seit 89 v. Chr. *municipium* (Paul. Fest. 155,18 L.) der trib. Lemonia (KUBITSCHEK Imp. Rom. trib. discr. 95 in der 8. Region [Plin.]), wichtig 43 v. Chr. (Cic. fam. 12, 5,2. App. civ. 3,69), erhält Kolonisten durch Antonius (Cass. Dio 50,6), erneut durch Augustus (Suet. Aug. 17. CIL XI 720 *parens coloniae*); nach Brand im J. 53 n. Chr. durch Claudius unterstützt (Tac. ann. 12,58. Suet. Ner. 7); h. Bologna. G. R.

2. Römisches Kastell, am rechten Ufer der unteren Donau, in Moesia Superior (später Dacia Ripensis, h. Widin in Bulgarien). B. hatte eine günstige strategische Lage. Seine Hauptblüte fällt in das 2. und 3. Jh. n. Chr. B. war Standort eines *cuneus equitum Dalmatarum Fortensium.* Die Umgegend war nicht nur von Thrakern, sondern auch von Kelten besiedelt, daher auch der keltische Name. Bei den Hunnenüberfällen zerstört (441 bis 442), wurde es unter Justinian neu befestigt. Kürzlich stieß man auf die antike Siedlung: einen Teil der Mauer, der Turmanlagen, zahlreiche Keramikfunde (terra sigillata) u. a. Bisher liegen keine Inschriften von B. vor. Reiche Museumssammlung, dessen Inventar größtenteils noch unveröffentlicht ist. Imposante mittelalterliche Festung, die zum größten Teil an der Stelle des Kastells errichtet ist. Chr. D.

3. s. Gesoriacum

Bonosus. 1. Flottenkommandant in Köln, rebellierte im J. 281, von Probus vernichtet, Eutr. 9,17,1. Aurel. Vict. Caes. 37,3. Seine vita SHA Quadr. tyr. 14–15 (II 232f. HOHL). Mz. bei MATTINGLY RIC V 2,592. A. CALDERINI I Severi 217f. G. VITUCCI L'imp. Probo 66ff. **2.** Flavius B., cos. 344, CIL X 478; magister equitum 347, Cod. Theod. 5,6,1. **3.** Hoher Beamter bei Symm. epist. 4,70. 5,76. R. H.

2. B., Flavius Sallustius, der 344 n. Chr. nur in Italien anerkannter Consul war (CIL X 478. DIEHL, ILCV 3227. 3797); wohl identisch mit dem zu 347 erwähnten *mag. equ.* B. (Cod. Theod. 5,4,1). **3.** Hofbeamter, zweimal als *praeses* Provinzstatthalter, überprüfte 387 Bauarbeiten in Rom (Symm. ep. 4,70. 5,76). A. L.

Bonus Eventus. Urspr. Gott der gut aufgehenden Saat (Varro rust. 1,1,6). Davon ist aber schon auf Münzen der rep. Zeit nichts mehr zu bemerken. Er ist vielmehr, wie auch die Inschr. zeigen, zum Gott des guten Erfolges überhaupt geworden. Einen Tempel aus unbekannter Zeit hatte er auf dem Marsfeld bei den Thermen des Agrippa. Es gab mehrere Statuen, die z. T. aber Umbenennungen griech. Gottheiten waren; eine davon, die zusammen mit einer Bona Fortuna auf dem Capitol stand, soll von Praxiteles gewesen sein (Plin. nat. 36,23). Attribute sind Ähren, Opferschale, gelegentlich Füllhorn. W. E.

Wissowa, Myth. Lex. 1,795ff. *Wissowa* Rel.[2] 267. *W. Koehler* Personifikationen abstrakter Begriffe auf röm. Münzen, Diss. Königsberg 1910, 58ff.

Bootes (*Βοώτης*, »Ochsentreiber« im Zusammenhang mit dem Sternbild des »Wagens«), auch Arktophylax oder Arkturos »Bärenhüter« (bei Auffassung desselben Sternbildes als Bärin) genannt, wurde auf mehrere mythol. Gestalten zurückgeführt: 1. → Arkas, Sohn des Zeus und der Kallisto, der eine Bärin verfolgte, nicht wissend, daß es seine Mutter war. Zeus versetzt beide nachbarlich an den Himmel, Eratosth. katast. 8. Ov.

met. 2,496 ff.; fast. 2,181 ff. 2. Ikarios, der im alten Attika die Menschen mit der neuen Gabe des Dionysos bekannt machen wollte und von berauschten Hirten, im Glauben, daß er sie vergiftet habe, erschlagen wurde. Dionysos oder Zeus setzte den Weinkarren als Wagen und Ikarios als Ochsentreiber an den Himmel. Eratosth. katast. rec. ROBERT 39 ff. 77 ff. MAASS Analecta Eratosth. (PhU. 6) 60. 100. 120. Hyg. fab. 130. 3. Philomelos, Sohn der Demeter und des Iasion, Bruder des Plutos, der ihn verarmen lassen wollte. Ph. aber wußte sich zu helfen und erfand Pflug und Wagen. Voller Bewunderung versetzte Demeter Ph. als Wagenlenker unter die Gestirne. NILSSON, GgrR 1,199. S. a. Sternbilder. H. v. G.

Borbetomagus (Borbitomagus, Meilenstein v. Tongern), Örtlichkeit am Rhein in Germ. superior, h. Worms. Am Ausgang der Kaiserslauterner Senke, einem alten Rheinübergang und an der Rheintalstraße Straßburg–Mainz, ist B. spätestens seit dem Ende des 1. Jh. Vorort der *civitas Vangionum*. Im Gebiet des Domplatzes wurde in frühröm. Zeit ein Reiterkastell errichtet. Nach Aufgabe des Limes wurde B. durch eine feste Mauer geschützt. Burgunder, Hunnen und Alamannen lösen sich im Besitz des Landes ab, das seit 496 n. Chr. in fränkischer Hand ist. H. C.

Bordelle. Die im Altertum früh und weit verbreitete gewerbliche, käufliche Liebe fand, da Tempelprostitution selten war (Korinth, Strab. 8,378. Eryx? Strab. 6,272) und freie Hetären oft sehr kostspielig, ihre Hauptstätte in den B., die es seit der Klassik in allen größeren Orten, vor allem natürlich in Häfen, aber auch in ländlichen Gegenden und in röm. Zeit auf größeren Gütern gab. Die Sitte begünstigte die → Prostitution und damit die B. eher, als sie sie verurteilte (Anth. Pal. 7,403, 7. Diog. Laert. 2,69. Hor. s. 1,2,31 ff. mit Porph. und Ps.-Acro), bis die spätere Stoa und die Kirchenväter langsam einen Wandel herbeiführten. Die B.-Dirnen, meist Sklavinnen, aber auch Freie auf Vertrag, standen unter der Aufsicht des *πορνοβοσκός (leno)*; sie stammten aus dem Gesamtgebiet des Mittelmeers, solche aus Lydien, Syrien, Phönikien, Thrakien genossen zeitweise einen besonderen Ruf. Die B. waren durch Aushängeschilder gekennzeichnet, die Zellen (die oft nicht verschließbar, sondern nur zugehängt waren), trugen einen Anschlag mit Namen und Preis, der im voraus an den *leno* bzw. dessen Beauftragten zu zahlen war und naturgemäß nach Ort und Anspruch sehr variierte (vom Obol, selten einem chalkus bis zu mehreren Drachmen, von einem As, selten einem quadrans, zu mehreren Denaren). Bes. teuer war die Miete (mittels Kontrakt) einer Hetäre für längere Zeit. Der Ruf der Dirnen und der B.-Besitzer war denkbar schlecht, weshalb es mancher vorzog, ein B. durch einen Beauftragten zu betreiben, um selber als *honestus* dastehen zu können. Der Staat zog eine Steuer vom *leno* ein. In Griechenland galten die Dirnen als ehrlos, in Rom als infam; sie waren rechtlichen Beschränkungen unterworfen, doch verloren Freie ihre Bürgereigenschaft nicht. W. H. G.

H. Herter, RACh 3,1154 ff. JbAC 3, 1960, 70 ff.

Boreas. *Βορέαι δὲ οἱ ἀπὸ ἄρκτου* (Aristot. p. 394 b 20) werden in älterer Zeit die aus den n. Gegenden zwischen den Sonnenauf- und Untergangspunkten des Sommersolstizes wehenden Winde genannt, s. RE VIII A 2332 ff. Fig. 7.15.23. Bei Entwicklung der Windrose im 5. Jh. wurden den ö. Nachbarn – NNO und NO – des reinen N.-Windes (→ Aparktias) vorzugsweise der Name B. gegeben, besonders auf den Denkmälern, wo er mit dem röm. Namen Aquilo wechselt, vgl. aber p. 363 b 14: *βορέας δὲ καὶ ἀπαρκτίας ἀπὸ τοῦ Η* (N.-Punkt der Rose). Er ist der König der Winde, Pind. Pyth. 4,181, von wilder Kraft, Kälte, Finsternis und Schnee bringend. Oft ist er vorstellungsgleich mit den Etesien = *βορέαι συνεχεῖς* p. 362 a 11, oder Ptolem. Phas.-Kal. Epiphi 20. Hipp.: *βορέαι ἄρχονται*, und wird deren phys. Charakter nach beschrieben: wellenzerstäubend, den Aether aufheiternd, Gesundheit fördernd, A. PHILIPPSON Gr. Landsch. 4, 1959, 35. Als Ursprungsland bezeichnete man Thrakien, Skythien, sogar den Kaukasus. Ps.-Aristot. p. 973 a 1 ff. nennt eine Reihe Lokalnamen für den B.: in Mallos heiße er »Pagreus«, in Kaunos »Meses«, in Rhodos »Kaunias«, in Olbia »Idyreus«, in Lyrnaia *αὐτὸς ὁ Βορρᾶς*. Über seine Personifikation, seinen genuin ionischen Kult und Mythos und dessen Übertragung nach Attika vgl. die Art. in RE und Myth. Lex. 1,803 ff. Als Roß erscheint er bei Hom. Il. 20,223 f., und entsprechend erscheinen die weiblichen Winddämonen in Pferdegestalt, so die von ihm geraubte »Nereide« Oreithyia (vgl. EVA FRANK RE XVIII 952,60) – die »Windsbraut« nach GRIMM Myth. 1,526 a – (eine Personifikation des auf den Firnfeldern aufgewirbelten Schnees) oder die von ihm befruchteten Wogenrosse, Töchter des Poseidon (Erechtheus). Später nach Eindringen des Kultes in Attika nahmen diese myth. Figuren Menschengestalt an. Auf dem Turm der Winde in Athen ist er als geflügelter Mann mit wildem Bart und Haar dargestellt, in der Hand die Muscheltrompete. B. hatte eine zahlreiche Familie: seine Brüder sind die Winde der Himmelsgegenden Zephyros, Euros, Notos (vgl. Aristot. p. 394 b 19–21. 364 a 19–21), seine Kinder vermögen auf des Kornes und des Meeres Wellen dahinzueilen, ein oft behandelter mythischer Zug (RE III 723,50 ff.). Oreithyia gebiert ihm Zetes und Kalais, die als Verkörperung der einzelnen Nordstürme gelten, RE XVIII 955,40, ferner die Tochter Chione. Nach anderer Sage wird die Chione-Tochter des Arkturos von B. geraubt – Mutter dreier riesenhafter Söhne, RE III 2284,38. R. B.

Borghesischer Fechter, die von → Agasias signierte, seit ca. 1610 in Villa Borghese, seit 1808 im Louvre befindliche Statue, die auf die Künstler des 17. u. 18. Jh. eine große Wirkung ausübte. A.R. *Löwy* Inschr. griech. Bildhauer Nr. 292. *H. Ladendorf* Antikenstudium und Antikenkopie (Abh. sächs. Ak. 46,2) 1953, 171. *Winter* Kunstgesch. in Bildern² 382, 3.

Bormos (*Βῶρμος*). Ein schöner junger Mariandyner (Bithynien), der beim Wasserholen für die Schnitter seines Vaters plötzlich verschwand (von Nymphen geraubt, Hesych.) oder, Sohn des Titias, Bruder des Priolas und Mariandynos, auf der Jagd umkam. So Nymphis und Kallistratos, Lokalgeschichtsschreiber des den Mariandynern benachbarten Herakleia, FGrH. 4,432f. (Athen. 14,619f.620a. Sch. Apoll. Rhod. 2,780. Poll. 1,55. 4,54, hier mit verderbten Eigennamen). Die Mariandyner riefen nach ihm im Hochsommer in melodischen, schwermütigen Klageliedern. Offenbar ist die Bezeichnung einer Trauerweise auf einen Vegetationsgott, der alljährlich nach Vollendung der Ernte dahinschwand, zu einer myth. Person geworden, wie bei Hylas, Priolas, → Adonis. Von den Klageliedern der Mariandyner wußte schon Aischyl. Pers. 937ff. H. v. G.
Mannhardt Mythol. Forschungen 16.55f. *P. Kretschmer*, Gl 14,33. *Nilsson* Griech. Feste 430; GgrR 1,234.

Borsippa. In sekundärer Überlieferung zuerst von Strab. 16,1,7 bezeugte Stadt Babyloniens. *Βορσιππεῖς* erscheinen bei Steph. Byz., und als *Βόρσιππος* tritt B. bei Berossos auf (in Ios. contr. Ap. 1,20). B. (Ruinen auf der O.-Seite des Euphrat zwischen dem alten Babylon und dem h. Al Kufah, s. Atl. of the World II, Plate 34: Iraq, Syria, Lebanon) mit dem ursprüngl. Namen Barzip. Funde aus spätbabylon. Zeit (7.–6. Jh.) und sogar aus der sumer.-akkad. Periode, mit dem *Βάρσιπα* (var. *Βάρσιτα*) des Ptol. 5,19 M. Comm. p. 1021 und 8,20,28 N. identisch. H. T.
Gr. Hist. Weltatl. I, 10a–b.

Borysthenes (*Βορυσθένης*). H. Dnjepr, einer der größten Flüsse im Skythenlande, von dem die griech. Seefahrer und Kaufleute ziemlich früh Kunde hatten. Die erste Beschreibung des B. in der griech. Lit. rührt von Herodot. Der B., später Danapris, woher auch sein heutiger Name stammt, mündet an der skyth. Küste in den Pont. Eux. zusammen mit dem Hypanis (Bug), und zwar in denselben Liman, an dem die miles. Kolonie Olbia lag, die auch B. hieß. Die Beschreibung des B. von Hdt. (4,53) enthält beträchtliche Ungenauigkeiten und Unvollkommenheiten, wie auch die bei Strab. 2,1,14–18. Chr. D.
W.F. Gajdukewič Die ant. Städte am N.-Gestade des Schwarzen Meeres (russ.) 1955, 31ff.

Bosporanum regnum an der N.-Küste des Pont. Eux. Es gehört zu den Staatenbildungen, die an d. Peripherie der hellenischen u. später d. hellenistischen Welt entstanden sind. Eine solche hellenistischen Typs war auch das Pont. Reich an der S.-Küste des Schwarzen Meeres. Den Kern, um den das Bosporan. Reich entstand, bildeten die griech. Poleis auf beiden Seiten der Meerenge von Kerč. Diese hieß im Altertum Kimmerischer B., zum Unterschied vom Thrakischen B. In den 80er Jahren des 5. Jh. v. Chr. wurden diese Poleis von den erblichen Archonten der Stadt → Pantikapaion (h. Kerč) geeint, die dem miles. Adelsgeschlecht der Archeanaktiden angehörten. Die Einigung, von der auch mehrere einheimische Stämme erfaßt wurden, erfolgte aus strategischen u. wirtschaftspolitischen Gründen. Nur auf diese Weise konnte dem Vordringen der Barbarenstämme Halt geboten und dem Getreidehandel eine stabile Organisationsform verliehen werden. Durch diese nicht immer friedlich erfolgte Einigung entstand ein bedeutendes Staatsgebilde, das nicht nur mehrere griech. Poleis (ausgenommen Olbia u. die Taurische Chersonesos) umfaßte, sondern auch umfangreiche, von den einheimischen skyth. u. maeot. Stämmen besiedelte Gebiete umschloß. Besonders erweitert wurde das Bosporan. Reich nach dem Sturz der Archeanaktiden (438 v. Chr.) und der Machtübernahme durch die Spartokiden (wahrscheinlich einheimische, stark hellenisierte Herrscher thrak. Herkunft). Die Spartokiden und besonders Leukon I. (389–349) sowie sein Sohn Pairisades (349–310) (gestützt auf ein zahlreiches Söldnerheer) konnten die Grenzen des R.B. noch erweitern. Zur Zeit des Pairisades I. umfaßte das Reich den Raum »von den Taurern bis zu den Grenzen des kaukas. Landes« wie es in der Inschrift Latyschev IOSPE 2,9 heißt. In zeitgenössischen Begriffen ausgedrückt bedeutet das, daß das Reich von Feodosija bis zum heutigen Novorosijsk reichte. Im N. grenzte das R.B. an die Donmündungen, wo die bedeutende Handelsstadt Tanais lag. Innerhalb dieser Grenzen lagen die Halbinseln Taman u. Kerć, ferner Theodosia, die Sindike und mehrere Gebiete, die von einheimischen Stämmen wie Toreaten, Dandariern, Psessen u.a. besiedelt waren. Die Hauptbeschäftigung der nichtgriech. Bevölkerung war der Ackerbau, die Tierzucht und die Fischerei. Die bosporan. Städte waren wichtige Produktionszentren von berühmten, künstlerisch hergestellten Gefäßen aus Ton und Metall. Ganz hervorragend sind auch die Erzeugnisse der bosporan. Ziseleure, Juweliere und Toreuten. Diese Städte trieben einen lebhaften Handel mit Athen und mit anderen Städten in Griechenland. Die Hauptposten in der bosporan. Ausfuhr nach Athen bildeten die Zerealien, Salzfische, Pökelfleisch, Sklaven u.a. Aus Athen bezogen die bospor. Städte Stoffe, Olivenöl, Wein, Gefäße, Luxusgegenstände, Hausgeräte, Werkzeuge u. Waffen, Bücher, Arzneimittel u.a.

In der 2. Hälfte des 3. Jh. v. Chr. begann die wirtschaftliche Schwächung des R.B., was natürlich auch auf die militärische Stärke des Staates sich ungünstig auswirkte. Der Kampf gegen die Nomadenüberfälle wurde schwierig, ja unmöglich. Die Skythengefahr für das Bestehen des R.B.

wurde so groß, daß Pairisades auf seinen Thron verzichtete und die Macht Mithradates VI. Eupator v. Pontos anbot. Diese Kapitulationspolitik der letzten Spartokiden rief einen Aufstand in den niederen Volksschichten hervor, worunter auch zahlreiche Sklaven waren, die mit den Skythen gemeinsame Sache machten. An der Spitze dieser Volksbewegung stand die skyth. Bevölkerung von Pantikapaion unter der Anführung des Sklaven Saumakos. Pairisades wurde von den Aufständischen getötet, aber der Aufstand wurde von den Truppen des Mithradates niedergeworfen, wobei der Bosporan. Staat in das Pontische Reich einverleibt wurde. Als der Macht des Mithradates VI. im J. 63 von den Römern ein Ende gesetzt wurde, geriet das R.B. in Abhängigkeit von Rom. Die neue Blüte des Bosporan. Staates gehört erst in das 2. u. 3. Jh. n. Chr. Dieser wirtschaftliche Aufschwung steht in Zusammenhang mit der Stärkung der Handelsbeziehungen zu Kleinasien und zu den skyth. Stämmen. Zugleich nimmt auch der Zudrang der Sarmaten in die bosporan. Städte zu. Man kann in dieser Zeit von einer »Sarmatisierung« des materiellen u. geistigen Lebens sprechen. Die geistige Kultur stand im R. B. auf einem hohen Niveau, wobei auch die Kultur der nichtgriech. Bevölkerung eine Rolle spielte. Bedeutende Errungenschaften erreichten die bosporan. Baumeister u. Architekten, s. den sog. Goldenen u. Königskurgan aus dem 4. Jh. v. Chr., ferner die bosporan. Tempelbauten, die Privatwohnungen u.a. Bedeutendes haben die dortigen Maler auf dem Gebiete der Portrait- und Juwelierkunst, auch der dekorativen Wandmalerei geleistet. Die Trümmer der antiken Siedlungen auf dem Gebiete des ehemaligen R.B. bilden einen Hauptposten der archaeolog. Schätze der Sowjetunion. Chr. D.

W.F. Gajdukewič Bosporanskoje Zarstwo (russ.). Das bosporanische Reich, 1949 (grundlegend). *S.A. Žebelev* Sewernoje Pričernomorije (russ.). Die n. Schwarzmeerküste, 1953. *W.D. Blawatskij*, Zemledelije w antičnyich gosudarstwach sewernogo Pričernomorija (russ.). Der Ackerbau in den ant. Staaten am Nordgestade des Sch. M. 1953; *Ders.* Očerki wojennogo dela w antičnyich gosudarstwach sewernogo Pričernomorija (russ.). Umrisse des Kriegswesens in den antik. Staaten am Nordgestade des Sch. M. 1954; *Ders.* Iskusstwo sewernogo Pričernomorija antičnoj epochi (russ.). Die Kunst am Nordgestade des Schwarzen Meeres in der Antike, 1947. Russ. Bosporan. Städte II (russ.), Sammelbd. *W.F. Gajdukewič – T.N. Knipowič* in Mater. u. Forsch. über die Archäol. d. UdSSR (Nr. 85) 1958. Von der älteren Literatur *Rostowtzew* Skythien u. der Bosporus.

Bosporos (*Βόσπορος*). **1.** Die Meerenge zwischen Schwarzem Meer und Marmarameer, auch Thrakischer und angeblich auch Mysischer B. genannt, urspr. ein ins Schwarze Meer ziehendes tertiäres Flußtal, das im Diluvium durch Senkung unter den Meeresspiegel geriet und zur Meerenge wurde. Seine Länge beträgt 31,7 km, seine Breite an der schmalsten Stelle bei Rumeli Hisar 550 m, an der breitesten Stelle bei Büyükdere 3,3 km, bei einer Tiefe von zumeist 30–70 m, an der tiefsten Stelle 120 m. Durch den B. zieht ein reißender, mehrfach von einem Ufer zum andern wechselnder Oberflächenstrom vom Schwarzen Meer zum Marmarameer, der an der engsten Stelle eine Geschwindigkeit bis zu 9 km/h hat und der Schiffahrt unter den früheren Verhältnissen große Schwierigkeiten bereitete. Ihm entspricht eine Unterströmung salzigen Wassers in der umgekehrten Richtung.

Der wohl thrak. Name, urspr. von der Übergangsstelle zwischen Byzanz und Chalkedon ausgehend, wurde von den Griechen allgemein als »Rinderfurt« gedeutet und zumeist davon abgeleitet, daß Io den B. als Kuh durchschwommen haben sollte, doch gab es auch andere Erklärungen für diesen Namen. Als Handelsstraße zu dem für die Ernährung Griechenlands so wichtigen Schwarzen Meer mit seinen Küstenländern besaß der B. große Bedeutung, wozu noch der reiche Thunfischfang in der Gegend von Byzanz kam. Antike Beschreibungen bes. Hdt. 4,83–87. Pol. 4, 38–44. Strab. 7,6,1 f. p. 319 und der ausführliche *Ἀνάπλους Βοσπόρου* des Attizisten Dionysios von Byzanz aus dem 2. Jh. n. Chr. An größeren Orten lagen im Altertum nur Byzanz und Chalkedon am B., doch waren beide Ufer gesäumt von einer großen Anzahl von Heiligtümern besonders an den vorspringenden Küstenpunkten. Die antike Längenangabe für den B. 120 Stadien (ca. 21,5 km) ist kürzer, da der B. nur bis zur letzten Enge ohne die Ausmündung ins Schwarze Meer gerechnet wurde, die Breitenangabe für die engste Stelle mit 4 Stadien (ca. 710,5 m) etwas zu groß. Die Schiffsbrücke des Dareios für seinen Skythenzug befand sich etwa an der schmalsten Stelle bei Rumeli Hisar. Vor dem Ausgang zum Schwarzen Meer liegen die 2 kleinen Felseninseln Kyaneai, die Symplegaden der Argonautensage. E. M.

1. Dionysii Byzantii Anaplus Bospori ed. *Rud. Güngerich*, 1927. 2. *Oberhummer*, RE III 741 ff. 3. *Alfr. Philippson* Geogr. Zeitschr. 4, 1898, 16 ff. 4. *W. Penck* Grundzüge der Geologie des B., 1919. 5. *V. Burr* Nostrum mare, 1932, 22 ff. 6. *L. Malten* RhM 93, 1949, 71 ff. 7. *B. W. Labaree* How the Greeks sailed into the Black Sea, AJA 61, 1957, 29 ff.

2. B. *Κιμμέριος* oder *Κιμμερικός*, auch *Σκυθικός*, öfters nur *B.*, wo der Zusammenhang klar ist, hieß die Meerenge zwischen Maiotis (Asowsches Meer) und Euxeinos Pontos, die h. Straße von Kertsch. Zuerst bezeugt bei Hdt. 4,12 u. ö., war sie den Griechen seit Beginn der Kolonisierung der Küsten des Pont. Eux. bekannt. K. Z.

Bostar, karthagischer Name (auch *Βώστωρ*, *Βώσταρος* u. a.). **1.** B., Karthager, 256 zusammen mit Hasdrubal Feldherr gegen Regulus; wohl identisch mit Bodostor, um 243 Unterfeldherr des Hamilkar auf Sicilien. **2.** B., Unterfeldherr Hasdrubals in Spanien, stand Anfang 216 bei Sagunt. **3.** B., Gesandter Hannibals an Philipp V. von Makedonien im J. 215, von den Römern gefangen. Liv. 23,34,2. **4.** B., Punier aus Sardinien, der ermordet wurde; als Täter wurde M. Aemilius Scaurus angeklagt, und von Cic. verteidigt (pro Scaur. frg. 1,8f.; im J. 54). H. G. G.

Bostra (so lat. u. griech., z.B. Ptol. 5,17,7; auch *Βόσσορα* 1. Makk. 5,26 < westsem. *boṣra* »Festung«). Urspr. arab. Siedlung im Hauran (→ Batanaia), nach 144 v. Chr. nabatäisch und ebenso bedeutend wie Petra. B. wurde nach der Einziehung des Nabatäerreiches 105/06 n. Chr. von Traian oder Septimius Severus zur Hauptstadt der röm. Provinz Arabia gemacht, in der seitdem auch eine eigene bostrenische Ära in Gebrauch war. Die z.T. von den Römern ausgebauten Handelsstraßen Nildelta–Arsinoe–Petra–Philadelphia–B. u. Cäsarea am Meer–Skythopolis–Adraa–B. führten von hier nach Nordsyrien, Mesopotamien und dem pers. Golf weiter. Im 3. Jh. nahm B. als Kultur- und Karawanenhandelszentrum einen mächtigen Aufschwung. Damals schrieb hier der erste uns bekannte chr. Araberbischof Beryll die Didaskalia, und Origenes nahm an mehreren wichtigen Synoden in B. teil (Pap. Tura). Nach Vergrößerung und Teilung der Provinz, spätestens 297, war B. Hauptstadt der N.-Hälfte Arabia Augusta Libanensis. Zur Zeit Julians Apostata (!) schrieb Bischof Titus von B. gegen die Manichäer. Die Ġassāniden hatten in B. eins ihrer Zentren. Im 7. Jh. wurde nach der Legende der Prophet Mohammed von dem chr. Mönch Bahira in B., wo sein Haus noch gezeigt wird, unterrichtet und anerkannt. In islam. Zeit blühte B. zunächst jahrhundertelang weiter, verfiel aber unter den Osmanen und beherbergt h. in seinen Ruinen relativ wenige Mohammedaner-, Christen- und Drusenfamilien. Architektonisch bedeutsam: sehr viel Römisches, die 1. Kathedralkirche (kein Martyrion!) als Zentralbau aus der Zeit Justinians und die ins röm. Theater hineingebaute, jüngst herauspräparierte Aijubidenzitadelle. H. Name: *boṣra eski schām.* C. C.

Die griech. u. lat. Inschr. (bisher *Le Bas-Waddington* III 1906–1958. CIG 4644–4653. CIL III 89–107) sollen in Jalabert-Mouterde IGLS VII neu ediert werden. Nabat. Inschr.: *E. Littmann,* PAES IV A, 1914, Nr. 69–91. Lit.: 1. DACL 2, 1910, 1093–1096. 2. DHGE 9, 1937, 1399–1405. 3. *R. Mouterde* Mél. Univ. S. Joseph Beyrouth 25, 1942 bis 1943, 50–56. 4. *A. Alt,* ZDPV (= BBLAK) 68, 1946/51, 235–245. 5. *G. Kretschmar,* ZThK 50, 1953, 258–279. 6. Annales archéol. Syrie, Damascus, 1, 1951, 107–110; 6, 1956, 95–138.

Botenszenen. Die Struktur des Dramas erfordert, daß Ereignisse, die sich zwar außerhalb des Bühnenraumes, aber innerhalb der Zeit der Handlung begeben, zur Kenntnis gebracht werden. Das kann geschehen a) durch Mitteilung an den Chor oder andere Acteure (z.B. Aischyl. Hik. 600. Soph. Trach. 335) oder b) durch Monolog nur für die Zuschauer (z.B. Men. Epit. 558). Die Funktion des Berichterstatters kann 1. von einer Hauptperson (z.B. Eurip. Heraclid. 389), 2. von einer Nebenfigur (z.B. Soph. El. 660), 3. von einer Gestalt ohne Namen, die nur zum Zweck der Meldungserstattung in die Handlung eingeführt ist (z.B. Aischyl. Pers. 249), ausgeübt werden. Diese namenlosen Boten werden als *ἄγγελος, ἐξάγγελος* (wenn die Meldung aus dem Gebäude heraus erfolgt), sehr selten als *κῆρυξ* (Aisch. Ag. 489. Aristoph. Av. 1271) bezeichnet. Spezialuntersuchungen berücksichtigen gewöhnlich nur diese B. im engeren Sinne. (B. mit Meldungen müssen von den häufigen Szenen der ebenfalls meist namenlosen Herolde, *κήρυκες,* mit Willensäußerungen und Befehlen geschieden werden). B. bedeuten für die Tragödie viel mehr als für die Komödie, weil diese strebt, auch Mitteilungen in Handlung aufzulösen. In der *Νέα* fehlt die Personenbezeichnung *ἄγγελος* überhaupt, ebenso bei den lat. Nachdichtern *nuntius.* Alle Personen können als Boten fungieren (z.B. Men. Dysk. 666; Epit. 254; Georg. 43). Extremfall des Sklaven als Boten der »Rennende Sklave« (z.B. Men. Dysk. 81), bei den lat. Komikern *servus currens.* Die röm. Tragiker haben B. wie die griech., auch Seneca, dieser freilich in verhältnismäßig geringerer Anzahl. F. St.

H. Fischl De nuntiis tragicis, Diss. Phil. Vindob. X 1, 1910. *Ed. Fraenkel* Plautin. im Plautus, Bln. 1922, 349ff. *M. Johnston* Exits and Entrances in Roman Comedy, Geneva, N.J., 1933, 144ff. *G.E. Duckworth* The dramatic function of the servus currens in Roman Comedy, Classical Studies pres. to E. Capps, Princeton 1936, 93ff. *A. Svensson* Ein epischer Stilzug in den Botenberichten des Euripides, *Δρᾶγμα* M.P. Nilsson, 1939, 449ff. *G. Murray* Euripides and his Age, 2 Oxf. 1946, 141ff. *G.E. Duckworth* The Nature of Roman Comedy, Princeton 1952, 127ff. *J. Keller* Struktur und dramatische Funktion des Botenberichtes bei Aischylos und Sophokles, Diss. Tüb. 1959 (daktyl.).

Botres (*Βότρης*). Sohn des Thebaners Eumelos. Als dieser dem Apollon opfern wollte, verzehrte B. das Hirn des Opfertiers, ehe es auf den Altar gelegt wurde. Der Vater schlug ihn mit einem Feuerbrande tot. Um den Unglücklichen zu trösten, verwandelte Apollon den Knaben in den schönen Vogel Aëropos (Spint, Bienenfresser). Anton. Lib. 18. H. v. G.

Botrys. Zuerst von Polyb. 5,68 genannte (aber viel ältere) Stadt im n. Phoinikien (h. Batrûn) mit einem Hafen, auch später bezeugt (Mela 1,67. Plin. nat. 5,78. Ios. ant. 8,13,2. Ptol. 5,14,3 M. u. a.). B. war in die Kämpfe Antiochos' III. d. Gr. gegen Äg. (218 v. Chr.) verwickelt (s. Polyb. a. O.) und Stützpunkt eines Bergvolkes aus dem Libanon (Strab. 16,2,18). An das röm. Wegnetz angeschlossen, erscheint B. unter d. Namen *Botrus* (K. Miller Itin. Rom. S. 805 mit Skizze Nr. 259). H.T.

Bottiaia (*Βοττιαία*), Landschaft im alten Makedonien. B. erstreckte sich auf den mittleren

Teil Untermazedoniens. Im S. grenzte es an Pieria und Elimeia, im W. stieß es an Eordaia, im N. reichte es an Almopia und im O. an die Amphaxitis. Chr. D.

Papazoglu Makedonski gradowi u rimsko doba (serb.) 109–125 u. passim.

Boudicca. B. war die Gemahlin des britann. Icenerfürsten Prasutagus, der neben seinen beiden Töchtern auch den röm. Kaiser zum Erben eingesetzt hatte, um dadurch sein Reich und seine Familie gegen Übergriffe der röm. Besatzung zu schützen. Aber diese hauste in seinem Lande wie in einem eroberten Gebiet, und B. wurde mißhandelt, ihre beiden Töchter geschändet. Dies führte im J. 61 v.Chr., als der Statthalter Suetonius Paulinus sich auf einem Kriegszug nach der Insel Mona befand, zu einem Aufstand, an dem sich die Trinobanten und andere britann. Völkerschaften beteiligten. Nach der Eroberung der Städte Camulodunum, Verulamium und Londinium sowie nach einer schweren Niederlage des Legaten Petilius Cerialis schlug der zurückgekehrte Suetonius die Britannier vernichtend. B. beging bald darauf Selbstmord (so Tac. 14,37,2: durch Gift) oder starb an einer Krankheit (so Cass. Dio 61,12). Quellen: Tac. ann. 14,31–37; Agr. 15.16. Cass. Dio 42,1–12. W. S.

Bovianum (Nissen It. Ldk. 2,791.793). **1.** *Vetus* (Plin. nat. 3,107: 4. Region), samnit. (Ptol. 3,1, 67), nicht karaken. (Mommsen Unterit. Dial. 173) Stadt; 298 v.Chr. von den Römern zerstört (Liv. 10,12,9); *municipium* der trib. Voltinia (Kubitschek Imp. Rom. trib. discr. 57), j. Pietrabbondante. Obwohl die samnit. Wanderlegende (Strab. 5,250) B. nicht nennt, verbinden Mommsen a.O. Nissen 1,528. Altheim Gesch. der lat. Sprache 27 den Namen mit dem Stier des Mars, der den Sabinern im Lande der Opiker einen Siedlungsplatz anwies; nach Schulze Eigenn. 551 zur *gens Bovia*; osk. *búvaianúd* (Vetter HB Nr. 150) paßt eher zu messap. *baoaihi (⟨*bhŏu̯ai̯i)* bei Haas Mess. Stud. 137 und *βoϝεον (⟨*bhŏuaĭĭon)* ebd. 67 zu **bhŏu̯-* »*bauen*« in illyr. Lautgebung. **2.** B. *Undecimanorum* (Plin. 3,107) nach der leg. XI Claudia (CIL IX 2564), Hauptort der samnit. Pentrer (Liv. 9,31,4; Region und trib. wie 1.) an der Straße Aesernia–Sepinum (It. Anton. 102,5 verschrieben: *Bononiano*), j. Boiano (vgl. Strab. 250: *Βοιανόν*). Im Samniterkrieg (Liv. 9,28,3. 31,4,44,6.14; vgl. Diod. 20,90: *Βῶλα* mit Altheim Röm. Religionsgesch. 1, 1951, 304), 212 v.Chr. (Liv. 25,13,8. Sil. 8,566), 89 v.Chr. (App. civ. 1,51 *Βουάνον*) genannt. Ob B. bei Liv. 10,41,11.43,15 als 1 (Nissen 2,789) oder 2 (Hülsen RE III 798) zu gelten hat, ist ungewiß. G. R.

Bovillae. Latin. Bundesstadt (Dion. Hal. ant. 5,61; bestritten von Nissen It. Ldk. 2,586, der *Βωλανῶν* statt *Βοιαλανῶν* liest) der 1. Region (Plin. nat. 3,63) an der v. Appia (Pflaster im J. 293 v.Chr.: Liv. 10,47,4), 100 Stad. vom Zentrum Roms (Plut. Cor. 29,1), d.h. 11 mp. (Schol. Pers. 6,55) von der porta Capena (Tab. Peut. 5,5 wegen Ausdehnung nach Rom zu durch Villen 10 mp; vgl. Prop. 4,1,33. Ov. fast. 3,667). Name nach einem beim Opfer entlaufenen Stiere (Schol. Pers. a.O.) oder dessen Eingeweiden (Non. p. 122 M.: *Bohillae*). Sakrale Nachfolge Alba Longas (*virgines Albanae:* Ascon. Mil. 17; vgl. CIL XIV 2410); vgl. jul. Gentilkult (CIL I² 1439. Tac. ann. 2,41. 15,23). B. galt als Kolonie Albas (Diod. 7 frg. 4 *Boilum quam nonnulli Bolam dicunt*); häufige Verwechslung zwischen B. und Bola (im oberen Saccotale: Liv. 4,49,3. 6,2,14. Diod. 13,42. 14,117. Verg. Aen. 6,775): Nach Cic. Planc. 23 nimmt B. am Albaneropfer teil, nach Plin. 69 *Bolani*; Coriolan erobert B. (Dion. 8,20. Plut. Cor. 20) wie Bola (Dion. 18. Plut. 28). Bei B. fand die *pugna Bovillana* (Cic. Att. 5,13,1) zwischen Clodius und Milo statt (Cic. Mil. 17. App. civ. 2,21). Einwohner: *Albani Longani Bovillenses* (CIL XIV 2405f.); Ruinen bei Fratocchie. G. R.

Boxen (*πυγμή*, *pugilatus*), die Kunst des Faustkampfs, von Göttern, Heroen und homerischen Helden geübt. Paus. 5,7,4. Theokr. 24,113. Hom. Il. 23,691. Boxen stellte sowohl einen Teil des Fünfkampfes dar, als auch eine besondere Disziplin bei den großen Spielen. Es war ein Teil jenes besonderen Kampfes, des Pankration, der zugleich Ringen, Treten und Verdrehen der Hände des Gegners in sich vereinte. Der griech. Boxer kämpfte unbekleidet, mit Lederbandagen um die Hand und den Unterarm, die jedoch gestatteten, die Finger und den Daumen zur Faust zu ballen und die Schläge heftiger machten. Gefährlicher waren Bandagen mit Metallknöpfen, *σφαῖϱαι*, mit gepolsterten Überzügen versehene Eisenkugeln, Plat. leg. 8, 830b, und die ihnen ähnlichen röm. *caestus.* Es wurde nach festen Regeln geboxt. Der Kampf galt erst als beendet, wenn ein Partner die Hand hob und damit anzeigte, daß er sich geschlagen gab (Paus. 6,10,1). In Italien wurde schon in frühester Zeit geboxt, Liv. 1,35, und das B. war während der ganzen kaiserlichen Zeit beliebt (Suet. Aug. 45). O. W. R.

Βϱαβεῖον, βϱαβευτής. *Βϱαβεῖον* war der Siegespreis bei einem Wettkampf, Men. Mon. 653,1 Epist. Cor. 9,24. IG II² XIV 748 (Neapel, 171/72), der durch den *βϱαβευτής*, den Kampfrichter oder Schiedsrichter, vergeben wurde; im allgemeinen der Mann, der auch den Wettkampf (*ἀγών*) veranstaltete und ihm vorstand (genauer der *ἀγωνοθέτης*, womit der Begriff *ἀθλοθέτης*, der die Preise beschafft, gleichbedeutend wurde).

Gewöhnlich wird mit *ἆθλον* der Siegespreis bezeichnet. *Βϱαβευτής* wird der genannt, *qui palmas dat*, CGlL IV 590,36. Der Preis konnte aus irgendwelchen Gegenständen, aus landwirtschaftlichen Produkten oder aus Geld bestehen. *Βϱαβευτής* war auch der Titel der assistierenden Schiedsrichter, Suet. Nero 53. O. W. R.

Bracata, das s.ö. Gallien (später togata oder Narbonensis), nach der barbarischen Hosentracht genannt: Mela 2,74. Plin.nat.3,31. Dagegen hieß das übrige Gallien comata. P.W.

Braccae s. Ἀναξυρίδες

Brachmanes (Βραχμᾶνες, üblichste Form seit dem indischen Feldzuge Alexanders; daneben Βραχμᾶναι, etc.). Kurzweg auch mit σοφοί, γυμνοσοφισταί, etc. bezeichnet, Kollektivname der indischen Priesterkaste. Im Sanskrit bedeutet *bráhman* n. »Andacht, Gebet« und *brahmán* m. »Beter, Priester«; dazu *brāhmaṇá* m. »Brahmane, Angehöriger des Priesterstandes«. Vier Hauptstadien umfaßte das Leben eines indischen Priesters. Zuerst war er Schüler, *brahmacārin*, dann Hausvater, *gṛhastha*, dann Asket und Einsiedler im Walde, *vānaprastha* (ὑλόβιος), endlich *saṅyāsin* »Ableger aller Neigungen«. Sicher bezeichnen die Gymnosophistai der griech. Berichte die letzten 2 Stadien. J. D.-G.

Brachylles (Βραχύλλης) wurde als Haupt der makedonischen Partei in Böotien von Antigonos Doson 222 zum Epistates des eroberten Sparta gemacht. Pol.20,5,12. Bei Kynoskephalai kämpfte er 197 auf der Seite Philipps V. Pol.18,1,2. Liv. 33,27,8. Von Flamininus freigelassen, wurde B. zum Böotarchen gewählt, aber von der Römerpartei unter Duldung des Flamininus ermordet. Pol.18,43,1ff. Liv.33,27,5ff. H.V.

Branchos s. Orakel

Brasidas. Sohn des Tellis, eines angesehenen Spartiaten, der 421 beim Abschluß des Nikiasfriedens mitwirkte (Thuk. 5,19.24). 431 rettete B. die Küstenstadt Methone in Messenien vor einem Handstreich der athen. Flotte (Thuk. 2,25). Obwohl noch ein junger Mann (Diod. 12,43,2), war er dann 431/30 eponymer Ephor. 429 und 427 wirkte er als Berater der spartan. Nauarchen im Ionischen Meer, 425 zeichnete er sich im Kampf um die athen. Stellungen bei Pylos aus (Thuk. 4,11f.). Gegen den Widerstand einflußreicher Kreise in Sparta, die sich nach der Gefangennahme zahlreicher Spartiaten aus vornehmen Familien (Plut. Nik.10) durch die Athener auf Sphakteria mit Athen verständigen wollten (Thuk. 4,108,7.117,2), erreichte der mit der bisherigen Kriegführung unzufriedene B. 424, daß sich Sparta zu einer energischen Aktion im chalkidisch-thrakischen Raum, dem einzigen auf dem Landweg erreichbaren Teil des »attischen Reiches«, entschloß. Von Sparta nur wenig unterstützt, rüstete er in Korinth und Sikyon ein Korps von Heloten und peloponnes. Söldnern – etwa 1700 Mann – aus, mit dem er zunächst einen Handstreich der Athener auf Megara vereitelte (Thuk. 4,70ff.) und das er dann im Herbst 424 nach Makedonien führte, dessen König Perdikkas II. (vgl. F. Geyer Makedonien bis zur Thronbesteigung Philipps II., 1930, 66ff.) sich ihm ebenso anschloß wie die seit 432 gegen Athen aufständischen Chalkidier. Anfangs unterstützte B. ersteren gegen den Lynkestenfürsten Arrabaios, dann aber wandte er sich gegen die attischen Seebundsstädte, in welchen die Chalkidier bereits antiathen. Parteien organisiert hatten, gewann dort zunächst Akanthos und Stageiros (Thuk. 4, 84ff.) und veranlaßte sodann im Winter 424/23 Amphipolis zur Kapitulation (Thuk. 4,103f.); nur dessen Hafenstadt Eion konnte der dortige athen. Stratege, der Historiker Thukydides, behaupten. Von B., der entsprechend dem offiziellen Kriegsziel Spartas überall als Bringer der Freiheit von der Unterdrückung durch Athen auftrat, trotz einem einjährigen Waffenstillstand zwischen Athen und Sparta 423/22 gefördert, griff der Abfall vom Seebund immer weiter um sich. Auf einem neuerlichen gemeinsamen Feldzug gegen Arrabaios (Thuk. 4,124ff.) überwarf sich B. freilich mit Perdikkas II., der sich hierauf an Athen anschloß und B. den Nachschub abschnitt (Thuk. 4,132). Im Sommer 422 erschienen athen. Verstärkungen unter Kleon auf dem Kriegsschauplatz (Thuk. 5,3ff.). Dieser erzielte auch einige Erfolge und festigte Athens Position in Thrakien (West und Meritt, AJA 29, 1925, 59ff.; einschränkend nunmehr P. Roussel in: Serta Kazaroviana [Sofia 1950] 257ff.), wurde jedoch Ende Oktober beim Angriff auf Amphipolis von B. überrumpelt und geschlagen. Beide Feldherrn fielen. B. wurde in Amphipolis bestattet und erhielt von dessen Bevölkerung die heroischen Ehren eines Stadtgründers (Thuk. 5, 6ff.). Seine Tapferkeit ist lange sprichwörtlich geblieben. Direkte Nachkommen des B. lebten noch in augusteischer Zeit (Plut.mor. 207 F). Fr. Kie.

Brattea (später auch *bractea*, griech. πέταλον). Urspr. eine Metallfolie, auch dünnes Holzfurnier (Plin.nat.16,232), bezeichnet b. in der Regel das Blattgold zum Vergolden von Wänden, Decken, Möbeln, Statuen, Teilen silberner Gefäße, gelegentlich auch der Hörner der Opfertiere. Das Gegenstück, dickere Plättchen, heißen *laminae*. Zu den b. rechnen auch die Blätter der Goldkränze und Goldornamente, welche als Grabbeigaben dienten. Der Handwerker heißt *(aurifex) brattiarius*, auch *brattiarius inaurator*, vgl. die Darstellung bei W. Amelung Die Sculpturen des Vaticanischen Museums 2, 1908, 444f. Nr. 262a Taf. 52. Übertragen verwendet bei Martial. 9,61,4 und als *b. eloquentiae* Solin.praef. 2. W. H. G.

Blümner Techn. 4,307ff. *W. Theobald* Die Herstellung des Blattmetalls im Altertum, 1912. *E. A. Smith* Journal Inst. Metals 44, 1930, 175ff.

Bratuspantium. Stadt der Bellovaci in Gallia Belgica. Ihre Lage bleibt ungewiß (Jullian HG 3,258): vielleicht später zu Caesaromagus (Beauvais) geworden; aber bei Kiepert Atl. Ant. = Breteuil (Oise). Caes. Gall.2,13. M. L.

Brauron (Βραυρών). Ort an der O.-Küste von Attika an der kleinen Bucht von Vraona, die sich in dem wasserreichen und z.T. versumpften, vom Fluß Erasinos durchzogenen Tal Livadi fortsetzt.

Der ant. Name lebt in den beiden landeinwärts gelegenen Klostergehöften Ano- und Kato Vraona weiter. Strab. 9,1,22 p. 399. 8,6,8 p. 371. Paus. 1,33,1. 23,7. Nach Philochoros bei Strab. 9,1,20 p. 397 (FGrH III B Nr. 328 frg. 94) gehörte es zu den alten 12 Städten Attikas. In der Tat liegen auf dem isolierten, etwa 40 m hohen Hügel am S.-Rand der Ebene an der Küste die Reste einer bedeutenden mittelhelladischen und mykenischen Siedlung mit Siedlungsspuren bereits seit neolithischer Zeit. Auch Gräber der Zeit sind gefunden. Am NW.-Fuß dieses Hügels sind neben der Kapelle des Hg. Georgios seit 1948 die Reste des Heiligtums der Artemis Brauronia ausgegraben und z.T. wieder aufgerichtet. Am Bergfuß stand auf besonderer Terrasse ein kleiner dorischer Tempel klass. Zeit (19.90 : 10,35 m) über Resten eines Tempels des 6. Jh., daran schloß sich s.ö. ein besonderes Heiligtum mit dem »Grab« der Iphigeneia an (Eur. Iph. T. 1462 ff.), urspr. Name der Göttin, die hier als Schützerin der Geburt und der Gebärenden verehrt wurde, daneben ein weiteres Gebäude. Diese Gebäude bildeten die S.-Seite eines Hofes, der von einer dreiseitigen Säulenhalle des 5. Jh. umgeben war, die an der N.-Seite die Aufenthaltsräume für die »Arktoi« enthielt, die 5–10jährigen Mädchen im Dienst der Göttin (»Parthenon«). Dem N.-Flügel der Halle ist eine weitere Halle vorgelagert. Sie wurde schon im 4. Jh. v. Chr. durch den Erasinos zerstört. Unter den vielen Einzelfunden an Plastik, Keramik und Inschr. befinden sich eine Anzahl von Marmorstatuen von »Arktoi«. Etwas weiter ö. entspringt eine starke Quelle. Siedlungsspuren gegenüber am N.-Rand der Ebene und Bucht bezeichnen vielleicht die Siedlung hist. Zeit. Etwa 500 m w. ist eine große chr. Basilika des 6. Jh. n. Chr. ausgegraben und z.T. restauriert.

In B. wurde das (penteterische) Frauenfest der Brauronia mit rhapsodischen Agonen gefeiert, angeblich auch ein orgiastisches Dionysosfest (Aristoph. Pax 874 mit Schol.). Auf der Akropolis von Athen lag ein Filialheiligtum am S.-Rand gleich s.ö. der Propylaeen. Aus B. stammte Peisistratos, wohl deshalb wurde B. in der kleisthenischen Demenordnung nicht zu einem eigenen Demos, sondern gehörte zum Demos Philaidai (Schol. Aristoph. Av. 873). E. M.

1. RE III 822 ff. 2. *J.G. Frazer* Pausanias 2, 1898, 445 ff. mit der älteren Lit. 3. *E. Curtius-Kaupert* Karten von Attika Bl. X mit A. *Milchhoefer* Text Heft III–VI, 7. 4. *Philipps.-Kirst.* 1,819. 5. *D. Fimmen* Die kret.-myken. Kultur 1924, 7 (mit Karte). 6. Die neuen Ausgrabungen *Πρακτικά* seit 1948. BCH seit 73, 1949 (hier 85, 1961, 644 Abb. 12 neuester Plan). G 68, 1961, 214 ff. 7. *W. Judeich* Topographie von Athen² 1931, 244 f. 8. *Severin Solders* Die außerstädtischen Kulte und die Einigung Attikas 1931, 27 ff. 108 ff. 125 u.ö. 9. *L. Deubner* Attische Feste, 207 f.

Bremenium. Wohl kelt. Name einer weitgehend erforschten röm. Militärsiedlung beim h. High-Rochester am Hadrianswall in Northumberland. Die wichtigsten Bauperioden des großen Kohortenkastells fallen unter Agricola, Lollius Urbicus und die Severenkaiser. F. M. H.

Vgl. jetzt mit sehr vollständiger Biogr. *E. Birley* Research on Hadrian's Wall, 1961, 242/4 und Ind. s.v. High Rochester. RE. Art. Bremenium (Hübner). *R.P. Wright* Roman Inscriptions of Britain (im Druck), Nr. 1262–1296.

Bremse (*οἶστρος*, *tabanus bovinus*, wofür Verg. georg. 3,147 das später veraltete [Sen. ep. 58,2] *asilus* setzt und erklärt; s. RICHTER z. St.). In älterer Zeit wurde die B. meist mit dem *μύωψ*, der hell summenden Blindfliege, vermengt (vgl. Aisch. Suppl. 511 und 308; Prom. 567 und 675), von Aristot. hist. an. 490 a 20. 596 b 14 von ihr zwar unterschieden, aber nicht beschrieben; so läßt noch Plin. nat. 11,113 den *tabanus* aus Holz entstehen wie Aristot. 552 a 30 den *μύωψ*. Genaue Bestimmung zuerst durch Sostratos (August. Zeit), vgl. WELLMANN, H 26,344. Die B. verfolgt die Kühe bis zur Raserei (Hom. Od. 22,300. Verg. a. O. Varro rust. 2,5,14); so verfolgt sie in der Sage auf Geheiß der Hera die in eine Kuh verwandelte → Io. Das Wort *οἶστρος* wird zur Metapher für jede quälende und wahnsinnig machende Leidenschaft (z. B. Eur. H. F. 862; Iph. T. 1456, vgl. Soph. Tr. 1254) und für die Qual selbst (Hdt. 2,93. Eur. Hipp. 1300). Nur in der bildenden Kunst führte dies zu Personifikation, so auf der Münchener Medeavase (FURTWÄNGLER-REICHH. Tafel 90. Text 2,163 ff.); vgl. J. SCHMIDT, RE XVII 2286 f. W. R.

Brennus (*Βρέννος*), keltischer Name (kein Titel, HOLDER 517 f.). **1.** B., Fürst der Senonen, Führer der Gallier beim Vorstoß auf Rom, belagerte Clusium (Chiusi), siegte am 18. Juli 387 v. Chr. an der Allia, nahm Rom, nicht aber das Capitol, warf beim Abwiegen des Lösegeldes sein Schwert auf die Waagschale (*vae victis!*) und zog nach angeblich 7monatigem Aufenthalt in Rom infolge eines Einfalls der Veneter in Oberitalien wieder ab. Liv. 5,38,3. 48,8 f. Plut. Cam. 28 f. u.a. Der Name ist nicht bei Polyb. u. Diod., doch in der jüngeren Überlieferung seit Liv. erhalten und wurde vielleicht in Analogie zu Nr. 2 erdichtet. MOMMSEN RF 2,303. VOGT RRep. 56 f. J. MOREAU D. Welt d. Kelten, 1958, 32 f. **2.** B., Fürst der Prauser (Strab. 4,187 f.) und Heerführer. Er griff 280 v. Chr. die Paionier an und zog 279 nach Makedonien und anschließend durch Thessalien nach Griechenland. An den Thermopylen gelang ihm die Umgehung der von den Griechen verteidigten Stellung. Dann überfiel er mit einer Vorausabteilung Delphi, ohne jedoch wahrscheinlich in das Heiligtum eindringen zu können. Bei den Kämpfen wurde er schwer verwundet, bestimmte seinen Mitführer Akichorios, der mit der Hauptmacht folgte, zu seinem Nachfolger und tötete sich selbst. Iustin. 24,6. Paus. 10,19,8 f. u.a. BENGTSON GG² 391 f. H. G. G.

Brettspiele. Allerlei Spiele, wozu man verschiedene Spielbretter verwendete (einschließlich Glücksspiele mit Würfeln, die hier ausgenommen sind), auf welchen Figuren (*πεσσοί*, *calculi*) entsprechend den Spielregeln möglichst geschickt zu verschieben waren, manchmal mußte dazu gewürfelt werden. Die Spielbretter (*tabula lusoria*) trugen verschiedene Namen, *τηλία*, *ἄβαξ*, *πλινθίον*, *tabula*, *abacus*, *alveus*. In unseren Quellen finden sich zahlreiche Hinweise, für eine Rekonstruktion im einzelnen sind sie aber nicht ausführlich genug. Verhältnismäßig genauere Anmerkungen bei Eust. zu Homer, bes. Il. 1290,2. Od. 1397,45.

Griechische Spiele. *Πεσσεία* wurde mit Spielmarken gespielt, *ψῆφοι*, *πεσσοί*, Plat. rep. 6, 487 B, und war unserem Dame oder Puffspiel offenbar ähnlich. Nur bei Hesych findet sich ein Hinweis, daß dazu vielleicht Würfel benützt worden sind: *πεττεία· διὰ κύβων παιδιά*.

ε' γραμμαί, 5 Linien, die mittlere wurde *ἱερὰ γραμμή* genannt. Nach Poll. 9,97 gab es zwei Spieler mit 5 *πεσσοί*. Man würfelte, und entsprechend wurden die *πεσσοί* gesetzt.

Πόλις oder *πόλεις*. Es scheint 2 Felder gegeben zu haben und Steine, *κύνες*, mit 2 verschiedenen Farben. Das Spiel bestand darin, die Steine der anderen Farbe zu nehmen. *Διαγραμμισμός* oder *γραμμαί*. Es ist nicht klar, ob dieses Spiel ähnlich ist wie das Fünflinienspiel oder das Städtespiel, wie Poll. 9,99 behauptet; ob die einzelnen Züge durch Würfeln bestimmt wurden, Eust. Il. 6,169, oder nicht.

Römische Spiele. *Ludus latrunculorum*, Soldatenspiel. Es wurde auf einem Brett mit 2 Feldern gespielt und bestand darin, die Figuren des Gegners zu nehmen oder zu verhindern, daß er mit ihnen ziehen konnte, *ad incitos redigere*. Wie beim Schach gab es Figuren, mit denen gleichmäßig gezogen werden durfte, *calculi ordinarii*; bei anderen war es in verschiedenen Richtungen möglich, *calculi vagi*; Varr. l.l. 10,22. Ov. ars 2,207.

Bei *Duodecim scripta* mußte man Glück haben und geschickt sein. Zwei Spieler spielten auf einem Feld, in das 12 senkrechte Linien eingezeichnet waren, mit je 15 Figuren und zogen sie vorwärts, *calculum dare*, *promovere*, oder rückwärts, *calculum reducere*. Die einzelnen Züge wurden durch Würfeln bestimmt (Cic. de or. 1,217. Quint. inst. 11,2,38). Auf ein Spiel zu dritt mit unbekanntem Namen bezieht sich Ov. ars 3,364–365 und trist. 2,481. O. W. R.

Breuci. Ein illyr. Stamm, im SW der Provinz Pann. inf., längs der Save, w. von Sirmium. An ihrer ö. Grenze lagen die Städte Mursa und Cibalae. Ihre Namengebung war rein illyr. Im Anschluß an den Aufstand 6–9 n. Chr. wurden sie sehr stark zum Militärdienst herangezogen: 8 *cohortes B.* Noch in der 1. Hälfte des 3. Jh. lieferte die *coh. VII.* B. als »Arbeitstruppe« Ziegelbaumaterial. J. Sz.

Breuni. Volk im s. Vindelicien an der n. Abdachung der Berge zwischen Inn und Etsch, die seinen Namen bewahrt haben (Brenner). Strab. 4, 206. Als Wächter des Gebirgspasses, eines historischen Überganges, waren sie berühmt durch ihre Behendigkeit. Hor. c. 4,14 (*veloces*). Ptol. 2,12,3. Sie treten in Erscheinung unter den besiegten Alpenvölkern der Inschr. von Tropaea Augusti (La Turbie) bei Plin. nat. 3,20,136. Vgl. CIL V 7817. Flor. 2,22. Fortunat. carm. praef. 4. Cassiod. var. 1,11. M. L.

Breviarium Alaricianum s. Lex Rom. Wisigoth.

Briareos (*Βριάρεως*). Eins der 3 von Uranos und Gaia gezeugten Ungetüme mit 50 Köpfen und 100 Händen, → Hekatoncheiren, die vom eigenen Vater gefesselt, aber von Zeus befreit wurden, ihm gegen die Titanen beistanden und nach deren Niederwerfung zu ihren Wächtern bestellt wurden, Hes. theog. 147 und sonst. Apollod. 1,1. In der Ilias und auch anderwärts erscheint B. als Einzelwesen. Als Zeus von den übrigen Göttern bedroht wurde, hat Thetis ihm B. als Befreier geschickt, Il. 1,104. Hier ist B. als Meeresriese zu denken, wie Ov. met. 2,10; nach der kyklischen Titanomachie (Eumelos) ist er ein Sohn des Pontos und der Ge; nach Hes. theog. 817 heiratet er eine Tochter Poseidons. Nach der obigen Iliasstelle nannten die Götter ihn → Aigaion. Als solcher wurde er nur in Karystos auf Euboia und bei Kyzikos am Rhyndakos verehrt. Sonst ist der Name B. herrschend; Hes. theog. 617. 734 heißt er Obriareos (vgl. *ὄβριμος* neben *βριαρός* in gleicher Bedeutung). *Βριάρεω στῆλαι* ist der ältere Name der Säulen des Herakles, Ail. var. 5,3 (nach Aristot.); *Βριάρεω παλάμαι* nannte man die 100 Quellen, die an seinem Grabmal am Rhyndakos hervorsprudelten, Sch. Apoll. Rhod. 1,1165. B. entschied den Streit zwischen Poseidon und Helios um das korinthische Land, indem er diesem Akrokorinth, jenem den Isthmos zusprach, Paus. 2,1,6. Die ursprüngl. als monströs gedachte Gestalt des B. wich allmählich dem Typus der Giganten. Als solchen versetzte Kallim. h. Del. 143 ihn unter den Ätna. Plut. Marcell. 17 nennt Archimedes den *B.* der → Geometrie. H. v. G.

Brief s. Epistolographie

Brigantes (*Βρίγαντες*). Mächtiger Stamm Mittelenglands, der bei Ankunft der Römer im Gebiet zwischen Humbermündung–Liverpool bis zum Firth of Clyde siedelte. In mehreren Expeditionszügen unterworfen (48 n. Chr. Tac. ann. 12, 32; 57 n. Chr. Tac. ann. 12,40 und 69 n. Chr. Tac. hist. 3,45), werden die B. erst mit Vorverlegung des Grenzwalles bis zum Firth of Forth (Antoninswall) unter Lollius Urbicus um 142 n. Chr. vollständig bezwungen. Stammesvorort ist Isurium Brigantum, h. Aldborough, während röm. Legionen in Eburacum-York und Deva-Chester stationiert, die innere Ruhe sichern. H. C.

Brigantinus lacus, h. der Bodensee. Von Strab. 4,192 ohne eigenen Namen erwähnt, Mela unterscheidet bereits den Ober- und Untersee *(Venetum et Acronum)*. Plin. nat. 9,63 benennt ihn erstmals Br. l. Eine ausführlichere Beschreibung bietet Amm. 15,4. Anwohner des Sees sind Stämme der Helvetier, Raeter und Vindeliker. Anläßlich der Unterwerfung der Alpenvölker und Sicherung des Alpenvorlandes 15 v. Chr. (Drusus und Tiberius) wird das n. des Br. l. gelegene Gebiet erobert. Größere Ansiedlungen am Br. l. Confluentes, h. Rheineck, Arbona-Arbor felix, h. Arbon, Constantia, heute Konstanz. H. C.

Brigantium, h. Bregenz. Vorort der Brigantii im vindelikischen Gebiet. Der vorröm. Ort auf dem Hügel der Oberstadt wurde in röm. Zeit nach W. über die anschließende Terrasse des Ölrains erweitert. Kleineres Fischer- und Schifferdorf am Ufer des Br. l. (Reste spätant. Töpfereien). An einer wichtigen, von Oberitalien und aus dem Rhonetal nach Cambodunum-Kempten führenden Straße gelegen, blühte Br. schnell auf. Die spätant. Siedlung wurde auf das Gebiet der vorröm. Anlage zurückgenommen und befestigt (Reste der Mauerbefestigung erhalten). In Rheineck oder Bregenz *(Confluentes sive Bracantia)*, das wie das übrige Bodenseegebiet von ad Fines nach O. ab dem Dux Raetiae Primae et Secundae unterstand, war nach Not. Dign. ein Numerus Barcariorum stationiert. H. C.

RE s. v. *F. Hertlein* Die Römer in Württemberg.

Brigetio (Bregetio, Brigaition), Legionslager u. städtische Siedlung zur Römerzeit (1.–4. Jh. n. Chr.) ö. der Ortschaften Szöny-Komárom am rechten Ufer der Donau (Pannonia). Im Namen steckt die kelt. Wurzel *brig* (berg) bzw. *briga* (Burg). Seit Ende des 1. Jh. stationierte dort eine Legion (am längsten die I adiutrix). B. mag eine Handelsstadt gewesen sein; Altarstein »*genio commercii*«. Freilegungen in B. unter der Leitung von István Járdányi-Paulovics, dann Aladár Radnóti, kürzlich unter László Barkóczi weit fortgeschritten. Ausgegraben: Kommandantenhaus (im Lager), Torbauten, Teile des Befestigungsringes, Wasserleitungen (17,5 km Länge festgestellt), Nekropolen, Dolichenum usw. J. Sz.

Brilessos s. Nachtr. am Schluß des Bandes.

Brimo s. Hekate, Demeter

Brisa s. Dionysos

Brisae (*Βρῖσαι*). Thrak. Volksstamm in dem gebirgigen Raum zwischen dem Unterlauf von Nestos und Strymon sowie ö. davon an den Hängen der Rhodopen. Dies geht aus Plin. nat. 4,40 hervor (wo für *Brigas* jetzt *Brisas* zu schreiben ist), nach einer neugefundenen lat. Inschrift aus der Stadt Diana Veteranorum (h. Zana in Algerien) zu Ehren des Senators M. Valerius Maximianus aus Poetovio, des Procurators von Niedermoesien z. Z. des M. Aurelius und des Commodus *adeptus procurationem . . . praeposito vexillationibus et ad detrahendam Briseorum latronum manum* in *confinio Macedoni(ae) et Thrac(iae) ab imperatore misso* . . . wird die Richtigkeit der Lesung Tomascheks *Brisas* gegen die Korrektur *Brigas* bzw. *Brygas* von Sieglin, Detlefsen und Mayhoff in den letzten Plin.-Ausg. bestätigt. Chr. D.

Tomaschek Die alten Thraker 1,72.2,2,17. *H. G. Pflaum* Libyca: Archéol., Épigr. 3, premier sémestre, 1955, 135–154; Rev. Arch. Année épigr., 1956, Nr. 124. *H. Bengtson* Neues z. Gesch. der Naristen, Hist. 8, 1959, 213 bis 221.

Brisai (*Βρῖσαι*). Nymphen auf Keos, die → Aristaios die Bienenzucht lehrten, Aristot. *Κείων πολ.* frg. 511. Schon die Alten brachten sie mit dem lesbischen Dionysos Briseus zusammen; Dionysos war auch Schützer der Bienenzucht. Eine Nymphe Brisa soll ihn genährt haben. Pers. sat. 1,76 mit Sch. H. v. G.

Prell.-Rob. 1,676,2.

Brisaios (*Βρισαῖος*). Epiklesis des Dionysos, als solcher auf dem lesbischen Vorgebirge Brisa verehrt, Steph. Byz. *Brisaeus* Pers. sat. 1,76. → Briseus 2 und Brisai. H. v. G.

Briseis (*Βρισηΐς*). Die schöne Kriegsgefangene, die Achill als Ehrengabe des Heeres erhielt. Aus der *κούρη Βρισηΐς*, dem Mädchen aus dem lesbischen Brisa, das Achill erobert hatte (Sch. Il. 1,366) – nach Il. 9,131.274 war sie Lesbierin – wurde die *κούρη Βρισῆος* (→ Briseus) Il. 1,392. 9,132, dann wurde B. Eigenname (19,282); schließlich erfand man als eigentlichen Namen Hippodameia (Sch. Il. 1,392). Nach Il. 2,689 ff. 19,291 ff. erbeutete Achill sie in Lyrnessos in Mysien, der Stadt des Mynes, nachdem er ihren Mann und 3 Brüder erschlagen hatte; daß Mynes ihr Mann war, ist nur eine Vermutung (Sch. Il. 2,692). Nach den Kyprien stammte sie aus Pedasos in Troas (Sch. Il. 16,57). Ihre Wegnahme durch Agamemnon bildete den Grund für Achills Groll; bei der Rückgabe schwor jener, sie nicht berührt zu haben, Il. 19,258 ff. Sie trauerte herzlich um Patroklos (19,287 ff.); sie hoffte nicht ohne Grund, Achills Ehefrau zu werden (19,297 ff.). Die röm. Dichtung erwähnte sie häufig. Die bildende Kunst stellte sie oft dar: Polygnot in Delphoi (Paus. 10,25,4); Iliupersisvase des Brygos; Hieronvase, pompejanisches Wandgemälde. H. v. G.

Briseus, auch **Brises** (*Βρισεύς, Βρίσης*). **1.** Vater der → Briseis, wohnhaft zu Lyrnessos (Hom. Il. 1,392. 9,132. 2,689) oder in Pedasos (so in den Kyprien, Sch. Il. 16,57). **2.** Epiklesis des Dionysos in Smyrna nach Ausweis der Inschriften. Aristid. 1,49 Dind. *Nilsson* Ggr. Rel. 2,327 u. H. v. G.

Britannia. 1. Etym. wird B. von a. ir. *brit-*, Cambr. *breith-* abzuleiten sein, einer Wurzel, die in hist. Zeit »taettowiert« bedeutet. Der älteste Namenshinweis ist jedoch in einem demot. Pap. des frühen 1. Jt. v. Chr. zu finden. Hier ist *pretan* der Name für Zinn, das damals vermutlich von Cornwall nach Äg. eingeführt wurde. »Albion«

und Irland sind geogr. in Avienus' Ora Maritima bekannt, einem Werk, für das ein griech. Periplus des 6./5. Jh. v. Chr. in spätant. Lateinisch übersetzt wurde, sowie ausführlicher in allen Autoren, die auf Pytheas von Massilia (c. 300 v. Chr.) zurückgehen. Die Ausgrabungen in B. sind grundlegend für die Vorgesch. Europas vom frühen Paläolithikum bis zur Eisenzeit, indirekt sogar für die von Asien und Afrika. Die Einwohner sprachen während der Jungstein- und Bronzezeit unbekannte und h. aufgegebene Sprachen, waren aber von vorgesch. Wandlungen auf dem seit etwa 10000 v. Chr. von B. völlig abgetrennten europäischen Kontinent unverändert stark beeinflußt. Um 500 v. Chr. (wohl nicht bereits um 1500 v. Chr.) schlagen seit La Tène kelt. Einwanderungswellen in wachsendem Ausmaße nach B. hinein, die letzte, vom Gebiet der Belgae kommend, erst im 1. Jh. v. Chr. B. wurde allmählich fast völlig keltisiert. Nach Caesars Invasion ist das im wesentlichen belgische Südengland nominell ein röm. Bundesgenossengebiet, bis diese, vor allem durch Mz. bekannten, Kleinstaaten seit Claudius bis und über die spätere schott. Grenze hinaus der neuen röm. Provinz B. eingegliedert wurden. F. M. H.

R.J.C. Atkinson Stonehenge, 1960. *N.Chadwick* Celtic Britain, 1963. *R.E.Clarke* East Anglia, 1960. *F.Haverfield–Sir G.Macdonald* The Roman Occupation of Britain, 1924. *Chr. and J.Hawkes* Prehist. Britain, ²1948. *F.M. Heichelheim* An Ancient Economic History 1, 1958, 298f. 327. *T.Rice Holmes* Ancient Britain and the Invasions of Iulius Caesar, 1907. *T.D.Kendrick–Chr.Hawkes* Archaeology in England and Wales 1914–1931, 1932. *R.Munro* Prehist. Britain, 1913. *St.Piggott* Prehist. Britain, 1913. *Ders.* The Prehist. Peoples of Scotland, 1962. *S.E. Winbolt* Britain B.C., 1943.

2. Die römische Provinz Britannia. Die nach der Eroberung von Gallia transalpina immer notwendiger werdende Eroberung auch von Britannien – *omnibus fere Gallicis bellis hostibus nostris inde subministrata auxilia* (Caes. Gall. 4,20,1) – schon von Caesar 55 und 54 v. Chr. im kleinen Maßstab versucht, von Augustus 34 und 26 v. Chr. und von Caligula 40 n. Chr. geplant, wurde unter Claudius teilweise verwirklicht. Ein Expeditionscorps von 4 Legionen unter A. Plautius eroberte das Gebiet der Belgae in Süd-England (Cass. Dio 60,19ff.), das als die römische Provinz Britannia organisiert und dessen erster Statthalter A. Plautius wurde. Die Regna der Nachbarschaft wurden als eine Art von Klientelstaat unter *Cogidubnus r(ex?) legatus Augusti in Britannia* (CIL VII 11) belassen. Dasselbe galt auch für andere Nachbarstämme; jedoch wurden sie nach dem Tode der in ihren Rechten belassenen Könige der Provinz einverleibt, daher der Aufruhr der Iceni unter Boudicca, der Witwe des im J. 61 verstorbenen Königs Prasutagus (Tac. ann. 14,31ff., Cass. Dio 62,1ff.). Die weiteren Eroberungen der flavischen Zeit, die unter verschiedenen Statthaltern, wie Q. Petillius

Cerialis, Sex. Iulius Frontinus, Cn. Iulius Agricola zur Erreichung einer kürzeren Nordgrenze vollzogen wurden, reichten am Ende des 1. Jh. bis an die Linie der Ströme Clyde und Forth, wurden aber nach dem Aufruhr 118–119 von Hadrianus n. des Verlaufs seiner 127 fertiggestellten Mauer (Carlisle – Newcastle) aufgegeben. Zwar wurde im Anfang der Regierung des Antoninus Pius dieses Gebiet wiedererobert und durch eine Mauer zwischen Firth of Clyde und Firth of Forth geschützt, aber Septimius Severus hat es wiederum aufgegeben und die hadrianische Mauer verbessern lassen. Um 259–268 gehörte B. zum gallischen Reich des Postumus und bildete 286–297 unter Carausius und seinem Nachfolger Allectus ein britannisches Sonderreich, von Constantius Chlorus wiedererobert. Im 4. Jh. wurden die britannischen Provinzen zahlreichen Einbrüchen von Picten, Scoten, Sachsen und Franken ausgesetzt, bis Honorius ihnen im J. 410 mitteilte, Rom könne ihnen nicht mehr helfen (Zos. 6,10). Vielleicht ist aber B. noch einmal vorübergehend ein Teil des röm. Reiches gewesen (Zusammenfassung der Diskussion [1], 292ff.). – Die Statthalter von Britannien (verzeichnet von Donald Atkinson, JRS 12, 1922, 60ff., eine ausführliche Studie wird von Eric Birley vorbereitet) waren consularische *legati Augusti pro praetore*, da die Provinz eine Besatzung von anfangs 4, später 3 Legionen (nebst *auxilia*) hatte, die im 2. Jh. in Caerleon (*Isca Silurum:* II. Augusta), York (*Eburacum:* IX. Hispana, von Hadrianus an VI. Victrix), Chester (*Deva*: XX. Valeria Victrix) ihre Lager hatten (RE → legio). Die Residenz der Statthalter war Colchester (*Camulodunum)*, auch das religiöse Zentrum der Provinz mit einem großen Claudius-Tempel. Für die Iurisdiction sorgte ein *legatus Augusti iuridicus*, für die Finanzverwaltung ein *procurator*. Unter Septimius Severus wurde die Provinz zweigeteilt (Herodian. 3,8,2), so daß Eburacum (CIL VIII 5180) zu B. inferior, dem ruhigen s.ö. Teil der Insel, Deva (CIL VIII 2080) und, wahrscheinlich, Isca Silurum zum schwerbewältigten B. superior gehörten; vermutlich war der Legat von B. superior noch consularisch, der von B. inferior, wenn er unter sich nur eine Legion hatte, praetorisch. In diocletianisch-constantinischer Zeit wurde B. in 4 Provinzen geteilt: B. prima unter einem *praeses*, B. secunda ebenfalls, Maxima Caesariensis u.e. *consularis*, Flavia Caesariensis u.e. *praeses*. Dazu kam im J. 369 die Valentia u.e. *consularis* (Amm. 28,3,7. Not. dign. occ. 1,77). B. E. T.

1. *R.G. Collingwood–J.N.L. Myres* Roman Britain and the English settlements, 1937² (auch Neudrucke). 2. *R.G. Collingwood* Roman Britain. [An economic survey of ancient Rome, ed. by Tenney Frank, vol. 3, 1937, p. 1 bis 118.] 3–4. CAH 10, 790–802. 11,150–158. 511–525.

Britannicus. Voller Name erst Ti. Claudius Caes. Germanicus (Suet. Claud. 27,1); nach dem J. 43 gestattete Claudius, daß dem zweijährigen

Kind der Beiname B. gegeben werde, Cass. Dio 60,12,2.5. Eutr. 7,13,3. * am 12. Februar 41 als Sohn (2. Kind) des Claudius und dessen 3. Gattin Valeria Messalina, Suet. Claud. 27,2. Erzogen wurde B. durch Sosibios (RE III A 1152 Nr. 6), Tac. ann. 11,4,3, s. E. R. PARKER, AJPh 1946, 29 bis 50. An den Säkularfeiern des J. 47 nahm er beim Trojaspiel teil, Tac. ann. 11,11,2. Im Spätherbst 48 verlor er seine Mutter, die ihn wie anfangs auch Claudius (Suet. Claud. 27,2) zärtlich geliebt hatte. Schon im J. 50 wurde B. vor dem von Claudius adoptierten Sohn der Agrippina (Nero) zurückgesetzt, Tac. ann. 12,26,2, was sich 51 zeigte, als B. bei den Spielen, die anläßlich der Anlegung der Toga virilis durch Nero stattfanden, nur in der Knabentoga, Nero im Triumphalgewand teilnahm, Tac. ann. 12,41,2. Die Erzieher des B. und seine sonstige Umgebung wurden auf Veranlassung der Agrippina ausgewechselt, Tac. 13,15,3. Suet. Ner. 7,1. Dio 60,32,1; 5f.; sie versuchte, B. als blödsinnigen Epileptiker hinzustellen, Tac. ann. 12,26, 2. 13,16,3. Claudius duldete alles, erst im J. 54 schien er sich B. wieder zu nähern, Suet. Claud. 43,2. Dio 60,34,1. Ios. ant. 20,151. Bei Neros Thronübernahme wurde B. von Agrippina im Zimmer festgehalten, Tac. ann. 12,68,2. Sie schürte dann Neros Haß gegen B., Tac. ann. 13,14,2f. Zon. 11,12. Vor dem 12. Februar 55, B.s Geburtstag, ließ Nero ihn durch Locusta und den Tribunen Iulius Pollio durch Gift töten, Tac. ann. 13,15–17. Suet. Ner. 33,2f. Ios. ant. 20,153. Schon am nächsten Tag wurde seine Asche im Mausoleum Augusti beigesetzt, Dio 61,7,4. Ps.-Sen. Octavia 166 bis 173. Über das Verhältnis von Senecas De clementia zum Tod des B. s. F. GIANCOTTI, RAL Ser. 8⁰, 9, 1954, 587–609; 11, 1956, 3–13. Bildnisse bei J. BERNOULLI Röm. Ikonogr. 2,1,364ff. Taf. XXXIV 16. V. H. POULSEN Act. arch. 22, 1951, 129–133, fig. 19–23; 17, 1946, 40ff. H. MATTINGLY Coins Brit. Mus. I 196 Nr. 226; 199 Nr. 241. J. BABELON Numismat. de B., Hommages L. Herrmann, 1960, 124–137. Inschr. außer den PIR II² 186 Nr. 820 angeführten AE 1959, 224 (Magnesia). R. H.

Brittomaris. Fürst der keltischen Senonen in Oberitalien. Im J. 283 wurde er von dem *cos.* P. Cornelius Dolabella besiegt und dann als Sühne für die Ermordung röm. Gesandten getötet (Einzelheiten vielleicht Erfindung d. jüng. Annalistik). Appian. Celt. 11 u. a. RE IV 1299. H. G. G.

Brixellum (NISSEN It. Ldk. 2,267). Colonia der 8. Region (Plin. nat. 3,115) der tribus Arnensis (KUBITSCHEK Imp. Rom. trib. discr. 96), s. des Po (nach It. Ant. 283,4 32 mp von Cremona und 12 mp von Regium entfernt), war Hauptquartier Othos, wo er Selbstmord beging (Plut. Oth. 18. Tac. hist. 2,54. Suet. Oth. 9), h. Brescello. Die Po-Schiffer wechselten hier die Mannschaft (Apoll. Sid. ep. 1,5,5). Der Name ist keltisch (vgl. Brixia u. a.). G. R.

Brixia (NISSEN It. Ldk. 2,196). Hauptort (Liv. 32,30,6) der gall. Cenomanen (Liv. 5,35,1. Iust. 20,5,8. Strab. 5,213. Ptol. 3,1,31) in der 10. Region (Plin. nat. 3,130) am Mellabache (Philarg. georg. 4,278), Mutterstadt Veronas (Catull. 67,34), röm. Stützpunkt 218 v. Chr. (Liv. 21,25,14); seit 49 v. Chr. *municipium* der trib. Fabia (KUBITSCHEK Imp. Rom. trib. discr. 108), seit 27 v. Chr. *colonia civica Augusta* (CIL V 4212); liegt an der Straße Bergomum–Verona (It. Ant. 127,11. Burd. 558,8). Name (〈**brig-(ĕ)s-i̯ā* zu kelt. *brig* »Berg«) zu dem der Brixentes (Plin. nat. 3,137) und von Brixellum (Plin. nat. 3,115. Ptol. 3,1,46); h. Brescia. G. R.

Brizo (*Βριζώ*). Von den delischen Frauen verehrte Beschützerin der Schiffe. Sie brachten ihr Weihgaben in Form kleiner Nachen, die mit verschiedenen Eßwaren gefüllt waren, aber keine Fische enthalten durften, und erwarteten von ihr prophetische Träume, Semos von Delos, Athen. 8,335 a. b (FHG 4,493), er leitet den Namen von *βρίζειν* »schlummern« ab; USENER erklärt B. demgemäß als d. Windstillende, Götternamen 147. Hypostase der Artemis, vgl. Britomartis. H. v. G.

Brogitarus. Ein von Cic. Sest. 56; har. resp. 28f.; dom. 129; ad Qu. fratr. 2,7,2 erwähnter Galater (Galatograecus), Schwiegersohn des Königs Deiotarus. P. Clodius verkaufte ihm *(grandi pecunia)* das Priesteramt der Mater Magna zu Pessinus sowie den Königstitel, den er ihm durch das Volk *(lege tribunicia)* verleihen ließ. W. S.

Brombeerstrauch. Von der artenreichen Gattung Rubus (Brombeere, gr. *βάτος*, *μόρον*, *μορέα*, neugr. *μουριά*) sind im Mittelmeergebiet R. ulmifolius und tomentosus am verbreitetsten (nicht die Himbeere, R. idaeus, die s. nur bis zu den Bergen Makedoniens und Thessalien reicht und dem Ida fehlt). Wegen der Ähnlichkeit der Brombeeren mit Maulbeeren, besonders der um 400 v. Chr. aus dem Kaukasus nach Hellas gebrachten Morus nigra (gr. *μορέα*, *μορέη*, deren dunkle Farbe Ov. met. 4,126f. auf Schwärzung mit dem Blut des Pyramus zurückführt, wurden Namen wie *μόρον*, lat. *morus* usw. auf diese übertragen, ebenso die der zur gleichen Familie wie Morus gehörenden Sykomore (Ficus sycomorus L., gr. *συκόμορος*, *συκάμινος*, äg. *neh*), die das meist (u. a. zu Mumiensärgen) gebrauchte Nutzholz Äg., Arabiens und Syriens liefert. H. G.

Bromios s. Dionysos

Brongos (*Βρόγγος*, *Βάργος*, *Μάργος*, h. Morava). Fluß in Dardanien und Obermoesien, der dem ö. Abhang des Skardos-Geb. (h. Sar-planina) entspringt und oberhalb von Viminacium sich in den Ister (Donau) ergießt. Hdt. 4,49. Strab. 7,5,12. Ptol. 3,9,3. Eutrop. 9,13. Chr. D.

Detschew Die thrak. Sprachreste, 90. *Vl. Georgiev* La toponymie ancienne de la péninsule Balkanique et la thèse méditerranéenne, Sofia 1961, 33.

Βροντεῖον. Nach Sch. Aristoph. Nub. 292 auch *ἠχεῖον* genannt, war im ant. Theater eine

Vorrichtung zur Nachahmung von Donner. Nach Poll. 4,130 waren es mit Steinen gefüllte gegen Metalltafeln geschlagene Schläuche, nach Suda (Sch. Aristoph. Nub. 294) eherne Gefäße, in denen Steine geschüttelt wurden. Etwas anders Heron de autom. 263: ἀγγεῖα ἀποσχάζονται βάρη ἔχοντα, ἵνα φερόμενα ἐπὶ διφθέρας ξηρᾶς καί περιτεταμένης τῆς βύρσης καθάπερ ἐν τυμπάνοις τὸν ἦχον ἀποτελῇ. – Die einfachere röm. Art *(cum clavi et lapides in labrum aeneum coicerentur)* in nicht näher beschriebener Art von Claudius Pulcher verbessert (vgl. Fest. 57,10 M.: *Claudiana tonitrua*). C. F.

Brontes (*Βρόντης*). Einer der 3 von Uranos und Gaia stammenden→ Kyklopen, die Zeus Blitz und Donner lieferten. Hes. theog. 139ff.502ff. Apollod. 1,1. Verg. Aen. 8,425. Ov. met. 1,259. Sch. Eur. Alk. 1.5. H. v. G.

Bronze (*χαλκός*, *aes*). Metallegierung aus 90% Kupfer und 10% Zinn. Als Gewinnung und Verarbeitung von Metall, meist Kupfer, bekannt geworden war, erwies sich bald der Vorzug einer Beimischung von Zinn zum Kupfer: B. ist härter und spröder, besitzt eine niedrigere Schmelztemperatur, hat bessere Gießeigenschaften als Kupfer und ist kaum der Korrosion ausgesetzt, da Grünspan (*ἰὸς χαλκοῦς*, *aerugo*) das Metall nicht zerfrißt und daher als Edelrost gilt. – Das Metallzeitalter beginnt erst am E. des 4. Jt. mit dem Kennenlernen des Schmelzprozesses: B.-Gegenstände in Äg. in Gräbern der 1. Dynastie (Erzgruben auf Sinai E. 4. Jt.), in Mesopotamien Dynastien von Ur, Lagasch, Umma und Uruk Anf. 3. Jt.; in Indien läßt sich die B. nach den Funden von Harappa und Mohendschodaro im Industal auf die Mitte des 3. Jt. datieren; das Aufkommen der B. im alten China (Gebiet des Hwangho) liegt in der Shang-Yin-Dynastie in der 1. Hälfte des 2. Jt. Seltenheit von reichen und mühelos abzubauenden Erzlagern und Unvollkommenheit der damaligen Metallurgie sind die Ursachen dafür, daß die B. den Stein nur sehr langsam aus der Produktion von Waffen und Werkzeugen verdrängen konnte.

In Europa umfaßt die B.-Zeit im wesentlichen das 2. Jt.: im ägäischen Raum die kret.-myken., in Italien die Terramare-, auf Sardinien die Nuraghen-, in Mitteleuropa die Aunjetitzer und Lausitzer Kultur. Auch nach Bekanntwerden des Eisens im 1. Jt. v. Chr. wurde die B. infolge der ungleich größeren Schwierigkeiten bei der Gewinnung und der dadurch bedingten Seltenheit des neuen Metalls noch sehr viel verwendet. Deshalb sind bei Homer die meisten Waffen und Geräte noch aus B. (Il. 2,417.578. 4,420. 18,349. 19,222. Od. 2,338. 8,426.507. 10,360 u.a.). Reiche Erzlager, bes. Korinth, Aigina und Delos (Cic. Verr. 2,83. Martial. 9,59,11. 14,172. Plin. nat. 34,3–5), führten zur allgemeinen Verwendung der B., so zur Herstellung von Ackergeräten (Hes. erg. 150), Werkzeugen (Hom. Il. 13,180), Gefäßen (Soph. El.

758) sowie von Plastiken und Statuen (Plin. nat. 34,12,2). In Italien entwickelten vor allem die Etrusker eine hochstehende B.-Technik mit weitreichendem Export schon in früher Zeit (Cassiod. var. 7,15), wobei der etr. Einfluß auf das röm. Metallgewerbe bes. hervorzuheben ist; dies findet seinen Ausdruck in der mythischen Gestalt des etr. B.-Gießers → Mamurius Veturius. Trotz diesem Einfluß seitens der Etrusker und auch der Griechen hat Rom nicht die Bedeutung in der B.-Verarbeitung erlangt wie seine Lehrmeister, es bereicherte sich vielmehr an den Schätzen besiegter Völker: die Römer haben 294 v. Chr. die Stadt Volsinii wegen ihres Reichtums an 2000 B.-Statuen erobert (Plin. nat. 34,16,2); M. Fulvius ließ 187 v. Chr. beim Triumph über Aitolien 785 Statuen mitführen (Liv. 39,5,15). M. Scaurus ließ 123 v. Chr. in dem von ihm errichteten Theater 3000 erbeutete B.-Statuen aufstellen (Plin. nat. 34,17, 1). G. Sch.

N. Aberg Bronzezeitliche und Früheisenzeitliche Chronologie, Stockholm 1930. *Ch. Singer* A History of Technology, Tom. I, Oxf. 1956, 558ff. Weltgeschichte, red. *I. P. Franzew*, Bd. I, Bln. 1961, 163ff. 307ff.

Bronzezeit s. Minoische, Mykenische, Praehistorische Kulturen.

Brot s. Bäckerei

Broteas (*Βροτέας*). **1.** Sohn des Tantalos und der Euryanassa, Bruder des Pelops und der Niobe, Vater des jüngeren Tantalos, des ersten Gemahls der Klytaimestra, Sch. Eur. Or. 5. Paus. 2,22,3. Er galt als Verfertiger der ältesten Felsskulptur der Göttermutter bei Magnesia am Sipylos, Paus. 3, 22,4. HUMANN AM 13, 1888, 28 Taf. 1. Im Wahne, das Feuer könne ihm nichts anhaben, endete er durch Selbstverbrennung, Apollod. epit. 2,2. **2.** Sohn des Zeus (oder des Hephaistos), von ihm wegen seiner Häßlichkeit geblendet, stürzte sich aus Lebensüberdruß ins Feuer, Ov. Ib. 517 mit Sch. H. v. G.

Brücke, Brückenbau s. Pons

Bructeri (*Βρούκτεροι*). Germanischer Stamm an der Ems, Friesen und Chaucen benachbart. 12 v. Chr. von Drusus in einer Schlacht auf der Ems besiegt, sind sie später am Kampf gegen Varus und am Bataveraufstand beteiligt. Um 100 n. Chr. dringen sie über die Lippe vor und erscheinen am Rhein (Tab. Peut. *Burcturi* zw. Köln und Koblenz am r. Rheinufer), wo sie 310 n. Chr. von Constantin besiegt werden. H. C.

Brundisium (NISSEN It. Ldk. 2,875ff. H. RIX, Beitr. z. Namenforsch. 5, 1954, 115ff. Mz. HEAD HN^2 52). Hafen (Enn. ann. 488 V. Strab. 5, 282) der Messapier (Skymn. 364) Kalabriens (Ptol. 3,1,14. It. Burd. 497,4) *in agro Sallentino* (Liv. ep. 19); Name nach messap. *βρένδος* »Hirsch« (Hesych. s.v.) ⟨**bhrentŏ-* (KRAHE WJ 1, 1946, 225. ALTHEIM Gesch. der lat. Sprache 266,6) mit messap. *nt*⟩ *nd* (HAAS Messap. Stud. 182), was noch nicht vollzogen war, als Hdt. 4,99 den Namen hörte und die literarische Überlieferung (Pol. 2,11,7. 3,69,1 u.a. Strab.; vgl. Inschr. Syll. ^{3}268) *Βρεντέσιον* bestimmte, oder *⟨*bhrendhŏ* (Bonfante, Emerita 2, 1934, 110), was im Messap. zu *brendŏ-*, im Sikal. zu *brentŏ-* wurde; alte einheimische Inschr. IGI 672 hat *Βρενδεσῖνοι*, was auch die Römer *(u⟨i⟨e?)* übernahmen (*brunda* bei Isid. or. 15,1,49. Schol. Lucan. 2,690 erst nach Stadtnamen); dichterisch *Brenda* (Paul. Fest. 30,7 L.)? Als Gründer Diomedes (Iust. 12, 2,7), Brentos (Steph. Byz.), Theseus oder Iapyx (Strab. Schol. Lucan. a.O.) genannt, Phalanthos in B. begraben (Strab.). Seit 244 v. Chr. (Vell. 1, 14,7) Kolonie latin. Rechts und Flottenbasis (Pol. a.O. Liv. 23,48,3. 24,10,4 u.a.), nach 89 v. Chr. *municipium* der trib. Maecia (Kubitschek Imp. Rom. trib. discr. 39. Plin. nat. 3, 101: 2. Region); Steuerfreiheit durch Sulla (App. civ. 1,79; Einwohner *Βρεντέσιοι*); wichtige Rolle 49 v. Chr. (Caes. civ. 1,24ff.). Straßenverbindung (Ziel des iter Brundisinum Hor. s. 1,5 des J. 37 v. Chr. Entfernung von Rom 360 mp. Strab. 5,283. Plin. nat. 2,244) nach Gnatia (It. Ant. 315,6), Hydruntum (118,2), Tarentum (119,1) und Seereise nach Dyrrachium (317,5), Aulona (323,9); vgl. Cic. Phil. 1, 7. Tac. ann. 3,1. Todesort Vergils (vit. Donat.); h. Brindisi. G. R.

Bruttedius Niger. Röm. Rhetor der frühen Kaiserzeit, Schüler des Apollodoros von Pergamon (sen. contr. 2,1,36), betätigte sich auch als Historiker (Frg. bei Sen. suas. 6,20f. = HRR 2, S. 90f.). Er ist wohl mit dem Aedilen des Jahres 22 n. Chr., einem der Ankläger des C. Iunius Silanus, identisch (Tac. ann. 3,66). Iuvenal deutet an, daß er als Anhänger Seians verurteilt wurde (10,82f.). M. F.

Bruttiani sind die zu niedrigsten Diensten in den Provinzen *(servilia officia)* verwendeten → *apparitores* der röm. Beamten. Weil sich die Bruttier als erste Hannibal angeschlossen und bis zu dessen Abzug aus Italien auf seiner Seite gestanden hatten, wurden sie seit dem 2. pun. Krieg von den Römern weder als Soldaten ausgehoben noch als Bundesgenossen behandelt (Fest. p. 31,12. App. Hann. 61). W. S.

Mommsen, RStR I^{3},333f.

Bruttii (Nissen It. Ldk. 1,535ff. Beloch GG 2,591. Sanctis StR 1,105ff. Whatmough Foundations 37ff. H. Rix, Beitr. z. Namenforsch. 5, 1954, 115ff. Devoto Ant. It.^{2} 298f. De Franciscis-Parlangèli Gli Italici del Bruzio nei documenti epigrafici 9ff.). Ital. Stamm (Steph. Byz. s. v.: Brettos, Sohn des Herakles) lukanischer Herkunft (Iust. 23,1,5.13) im alten »Italia« s. der Linie Laus-Metapont (Strab. 5,254). Name B. (*Βρέττιοι*) soll in osk. Sprache »Sklaven« bedeuten (Diod. 16,15. Strab. 255); da Konsonantengemination vor *i̯* (vgl. *mamerttiais*) und *pr⟩br* (vgl. *embratur*) belegt sind, träte **prĕt-i̯ŏ-* »Sklavensöhne« zu **prĕt-* »leisten« in lat. *interpres* (Verbindung mit Hesych. *Βρέντιοι* trotz Krahe, Spr. d. Ill. 140 unmöglich, was Volksetymologie sein könnte; Vokalisation *e⟩i⟩u* (Mommsen Unterital. Dial. 253). Ephor. (Strab. 5,255) und Theopomp (Iust. 23,1, 3ff.) bezeugen Armut und Härte; B. leben als Hirten (Iust. 23,1,8) und Köhler (Pech der B. von Aristoph. bei Steph. Byz. erwähnt; vgl. Dion. Hal. ant. 20,15. Plin. nat. 14,127 u.a.) oder von Räubereien (Liv. 28,12,8. 29,6,2). Mitte 5. Jh. v. Chr. verjagen sie sybarit. Flüchtlinge vom Traeis (Diod. 12,22); 356 v. Chr. trennen sie sich von den Lukanern, erobern Terina und Hipponion (Diod. 16, 15. Strab. 255); sie erwehren sich siegreich des von Tarent gerufenen (Iust. 12,2,1. Liv. 8,24,2) Alexander von Epeiros (Iust. 23,1,15. Strab. 5,256) wie später des Agathokles (Iust. 23,1,3). Mz. mit Legende *Βρεττίων* (Head HN^{2} 91f.) aus dieser Zeit. B. kämpfen mit Pyrrhos gegen die Römer, die 278–272 sechsmal über sie triumphieren und ihnen Land abnehmen (Dion. Hal. a.O. Cic. Brut. 85); 216 v. Chr. fallen sie zu Hannibal ab (Liv. 22,61, 12), dessen letzte Zuflucht sie sind (Liv. 28,12,6). Nach dem röm. Siege (umfangreiche Versklavungen 213 v. Chr. bei Liv. 25,1,4) werden B. hart gestraft (Gell. 10,3,19. Paul. Fest. 28,19ff. L.), verschwören sich erneut (Liv. 32,1,7); Entsendung röm. Kolonien nach Tempsa und Croton 194 v. Chr. (Liv. 34,45,4), latin. Kolonien 193 v. Chr. nach Copia (*castrum Frentinum*: Liv. 35,9,7) und 192 v. Chr. nach Vibo (Liv. 35,40,5). Erschließung durch Straßen des T. Annius wohl bis zum Metaurus (Meilenstein bei Degrassi Inscr. Lat. lib. reip. Nr. 454a) und eines Popilius (CIL I^{2} 638) bis Columna (It. Ant. 107,1) Mitte des 2. Jh. v. Chr. Das Land gehört zur 3. Region (Plin. nat. 3,71). G. R.

Bruttius, italischer Eigenname, vgl. Bruttium. Schulze Eigenn. 423.524. gr. *Βρύττιος* (= Brittius). Zahlreich auf Inschr., bes. in Süditalien (z. B. Pompeii, Venusia).

I. Republikanische Zeit: **1.** L. B., *eques Romanus*, von Cic. fam. 13,38 im J. 46 empfohlen. **2.** Q. B. Sura, Legat unter C. Sentius in Makedonien, siegte 88 in einer Seeschlacht und kämpfte im Winter 88/87 drei Tage lang erfolgreich bei Chaironeia (Mithridat. Krieg). IG IX 2,613. Plut. Sull. 11,4. Appian. Mithr. 29. Münze: Head HN^{2} 241. Broughton Mag. 2,15. H. G. G.

II. Kaiserzeit: **1.** L. B. Crispinus, S. von Nr. 9, cos. ord. 224, CIL XI 2702. IX 338 1,14; Polyonymos, falls er mit dem AE 1939, 124 Genannten identisch ist, G. Barbieri L'alb. senat. 198 Nr. 969. **2.** L. B. Maximus, procos Cypri im J. 80, JHS 66, 1946, 40ff. **3.** (B.) Praesens, Lukaner, Plin. epist. 7,3. **4.** B. Praesens, pontifex maior CIL VI 2153. Nach CIL X 468 war er im 3./4. Jh. corrector (Lucaniae et Bruttiae). **5.** C. B. Praesens L. Fulvius Rusticus. Sohn von Nr. 2. Nach AE 1950, 66 (= G. Picard Rév. Afr. 94, 1950, 25ff.; Karthago 1951, 91ff.) und J. M. Reynold-J. B. Ward. Perkins Inscr. Rom. Tripolit. war er triumvir capitalis, tribun. laticl. leg. I Minervae, Quaestor prov.

Hispaniae Baeticae ult., Volkstribun, Praetor, um 114 als legatus leg. VI Ferrat. im Partherkrieg ausgezeichnet, curator viae Latinae, legat. pr.pr. prov. Ciliciae noch unter Traian, cos. suff. um 120, legat. pr.pr. prov. Cappadociae unter Hadrian, legat. prov. Moesiae inf., curator aedium sacr. operumque public., XVvir sacris fac., ca. 135/36 procos. prov. Africae. Nach AE 1938, 137 war er in Syrien, eher in Sonderauftrag, denn als Statthalter tätig. Cos. II ord. 139, CIL III 411. VI 401. Seine Gattin CIL VIII 110. **6.** L. Fulvius [Rusticus] C. B. Praesens, Sohn von Nr. 5. Tribun. milit. leg. III Gallicae, quaestor Aug., p[raetor candidatus], cos. ord. 153 (CIL IX 4512. AE 1951, 184), pr[aefectus urbi], comes impp. Ant[onini et Commodi Augg], Schwiegervater des Commodus, CIL X 408. Cos. II ord. 180, AE 1953, 79. CIL VI 7582. Act. mart. Scilit. 1,2. **7.** C. B. Praesens, Sohn von Nr. 9. Salius Palatinus im J. 199, CIL VI 1982. 1983, cos. ord. 217, CIL VI 1984. **8.** C. B. Praesens, cos. ord. 246, CIL XVI 151, Sohn von Nr. 7. **9.** L. B. Quintius Crispinus, Sohn von Nr. 6, cos. ord. 187, CIL X 1784. **10.** Bruttia Crispina = Crispina Augusta, Tochter (CIL X 408) von Nr. 6. Gattin des Commodus seit 178, SHA vit. Marci 27,8. Cass. Dio 71,33,1; seither hieß sie Crispina Augusta, CIL III 12487. Inschr. PIR I[2] 374 Nr. 170. Mz. bei Mattingly, RIC III 398–400. 442 bis 444. R. H.

Brutulus s. Papius

Brutus. Ursprüngl. Spitzname (»Dummkopf«, RE III A S. 1829), dann bekanntes Cognomen bei den Iunii. Die plebeischen Bruti gewinnen am Ende des 4. Jh. v. Chr. mit Nr. 17 und bes. 14 den Übergang zur Nobilität; seit um 100 stehen die Namensträger, deren Familientradition inzwischen auf den legendären Brutus Nr. 2 zurückgeführt wurde, in höchstem Ansehen. Drumann [2]4,1 ff. Münzer Adelspart. 158 ff. u. ö. Quellen jetzt bes. bei Broughton Mag. I. II.

1. D. Iunius B. (um 120 bis nach 63). 100 Gegner des Saturninus, später Anhänger Sullas, Praetor um 80, Consul 77. Cic. Brut. 175 *homo et Graecis doctus litteris et Latinis*. Verh. mit Sempronia, die 63 den Catilinariern sein Haus zur Zusammenkunft mit den Gesandten der Allobroger zur Verfügung stellte. **2.** L. Iunius B., legendärer Begründer der Republik und des Consulats im J. 509, steht an der Spitze der Consularfasten, vgl. Tac. ann. 1,1,1 *libertatem et consulatum L. Brutus instituit*. Wahrscheinlich ohne hist. Kern, wird er durch spätere Konstruktion zum fiktiven patrizischen Ahnherrn der B. und zu einer »der lebendigsten Gestalten der röm. Legende« (RE Suppl. V 369). Schichten der Legendenbildung: a) Befreiung (stellt sich blödsinnig, wird nach Delphi geschickt, richtige Auslegung des Orakels, Lucretia-Legende, vertreibt den letzten König Tarquinius Superbus zusammen mit Collatinus, wird mit diesem Consul). b) Staatsrechtliche Legende (Einholung der

Auspicien vor Amtsantritt, Übertragung der lex curiata auf die coss., Abwechslung der fasces, Erweiterung des Senats auf 300 Mitglieder, Einrichtung des Opferkönigtums, Weihung des Heiligtums der Carna auf dem Coelius). c) Motiv der Härte gegen die eigene Familie (läßt Söhne hinrichten). d) Glorreicher Tod im Zweikampf mit seinem Vetter Aruns Tarquinius; erstes funus publicum. Statue auf dem Capitol; angeblich Bronzekopf (Musei Capitolini). Accius schrieb fabula praetexta B. (s. Nr. 14). Heuss RG 536 f. **3.** L. Iunius B., spät erfundener Doppelgänger von Nr. 2: als Volkstribun treibende Kraft der secessio plebis im J. 493. **4.** M. Iunius B., Volkstribun 195, pleb. Aedil 193 (?), Praetor (urbanus et peregrinus) 191: Weihung des Tempels der Magna Mater auf dem Palatin, dabei Aufführung des Pseudolus des Plautus. Mitglied einer Zehnerkommission in Kleinasien 189–188. Consul 178, kämpfte 177 gegen Istrer. In diplomatischen Missionen noch 172 und 164 genannt. **5.** M. Iunius B., trat politisch nicht hervor (Aed. cur.? 146? Praetor 140?), wurde aber einer der Begründer der röm. Rechtswissenschaft (Cic. off. 2,50) und schrieb 3 B. *de iure civili*. **6.** M. Iunius B., S. v. Nr. 5 und Enkel von Nr. 4, Altersgenosse des C. Gracchus, als Ankläger nach 114 bekannt geworden. **7.** M. Iunius B., Praetor 88, gegen Sulla eingestellt, geächtet, kehrte 87 nach Rom zurück, schied 82 bei Corsura freiwillig aus dem Leben. **8.** M. Iunius B., Volkstribun 83, gründete eine Kolonie in Capua. 78 sammelte er in Oberitalien ein Heer, wurde 77 nach Übergabe von Mutina von Pompeius getötet. Verheiratet mit Servilia, der Halbschwester des jüngeren Cato, Vater des Caesarmörders. **9.** M. Iunius B. (nach der Adoption durch seinen Onkel: Q. Servilius Caepio B.), der Caesarmörder (85–42). Nach dem frühen Tod des Vaters (Nr. 8) bestimmte der Onkel M. Porcius Cato (Uticensis) seine gediegene Ausbildung, u. a. in Athen, und seine Haltung. In der Politik begann er seine Laufbahn als Münzmeister (um 60); 59 wurde er in der Vettiusaffäre genannt, aber von Caesar (den ein boshaftes Gerücht zu seinem Vater machte) geschützt. 58–56 war er mit Cato auf Kypern tätig, wobei er sich eine Klientel aufzubauen begann (dabei auch Zinswucher, Salamis). Anschließend verheiratete er sich mit Claudia und ging 53 als Quaestor mit seinem Schwiegervater Ap. Claudius Pulcher nach Kilikien. 52 trat er in Rom publizistisch gegen Pompeius und für Milo auf und betätigte sich als Anwalt; Atticus vermittelte die Bekanntschaft mit Cicero. ca. 51 Pontifex. Grundsätzliche Erwägungen führten ihn im Bürgerkrieg auf die Seite des Pompeius, des Mörders seines Vaters; 49 stand er als Legat in Kilikien, begab sich später nach Makedonien und kämpfte bei Pharsalus (48) mit, wurde dann aber von Caesar begnadigt und in dessen Freundeskreis aufgenommen. Wieder in Kilikien, vermittelte er die Begnadigung seines Schwagers C. Cassius und trat dann erfolgreich für König Deiotarus ein. Nach einem Aufenthalt in Italien (Güter bei Tusculum und Cumae) zeichnete ihn Caesar mit Gallia Cisalpina aus, die er nach vortrefflicher Verwaltung (46 bis Ende März 45) an C. Vibius Pansa übergab. In Rom ließ er sich von Claudia scheiden und heiratete seine Cousine Porcia, Witwe des M. Bibulus. Als Caesar aus Africa zurückkehrte, reiste er ihm (anders als Cicero) entgegen und schien sich mit der neuen Lage abgefunden zu haben. Caesar zeichnete ihn für 44 mit der städtischen Prätur aus und sah ihn als Consul für 41 vor. Die entscheidende Wendung gegen Caesar dürfte mit der Übertragung der Dictatur auf Lebenszeit an diesen (vor dem 15. Februar 44) zusammenhängen: Einzelheiten, auch des Zusammenfindens mit den Verschwörern, sind unklar; sein Ansehen machte ihn zum Führer, in der Ausführung an den Iden des März 44 sah er legitimistische Notwehr. Anschließend aber hatte er – vor allem Antonius und Octavian gegenüber – nicht die Kraft konstruktiven Aufbaus: Mitte April 44 ging er auf seine Güter, in der 2. Augusthälfte nach Athen, zumal ihm für 43 Kreta als Provinz zugewiesen war. Am 28. November praktisch zum *hostis* erklärt, sammelte er Truppen (Ciceros Sohn Legat, Horaz Kriegstribun), gewann dann Makedonien und Illyrien, erhielt Anfang 43 ein *imperium maius* vom Senat (am 27. April auf den ganzen O. ausgedehnt), kämpfte erfolgreich gegen die Besser (*imperator*, Münzen mit seinem Bild), erfuhr am Hellespont vom Umschwung in Rom (August 43) und seiner Verurteilung, rüstete weiter, vereinigte sich Mitte 42 mit Cassius bei Sardes, von wo man mit 80000 Mann (19 Legionen) in den Raum Philippi marschierte. In der 2. Schlacht bei Philippi, etwa Mitte November 42, wurde B. von Antonius besiegt, entkam, gab sich jedoch am folgenden Tag den Tod. Als Schriftsteller war er vielseitig, akademische Abhandlungen (*de officiis, de patientia, de virtute*), Auszüge aus Historikern, Gedichte, Reden, Briefe (Schanz-Hosius 1,394–397). Biographie: Plut. Brut. **10.** P. Iunius B., Volkstribun 195, curul. Aedil 192, Praetor 190 (in Ligurien), 189–188 in Hispania ulterior. **11.** D. Iunius B. Albinus (um 81–43), S. v. Nr. 1, adoptiert von einem Postumius Albinus. Treuer Anhänger Caesars, zeichnete sich in Gallien 56 gegen die Veneter aus und 52 gegen Vercingetorix. Quaestor 51 oder 50. 49 Legat und Flottenbefehlshaber vor Massilia, 48–46 (als pr. pr.?) Verwaltung der Gallia Comata, Praetor wohl 45. Anfang 44 mit der Verwaltung der Gallia Cisalpina beauftragt, für 42 zum cos. designiert. Dann wechselte er zu den Verschwörern über und holte Caesar am 15. März 44 zur Senatssitzung ab. Mitte April ging er in die Cisalpina, wo er ab Dezember 44 von Antonius in Mutina (bellum Mutinense) belagert, aber am 21. April 43 entsetzt wurde (Hirtius, Pansa, Octavian). B. wußte die Lage nicht zu nutzen, verlor auf dem Marsch nach W. seine Truppen und wurde schließlich bei dem Versuch eines Entkommens nach Makedonien von dem Kelten Camulos dem Antonius übergeben, der ihn töten ließ. **12.** C. Iunius Bubulcus B., bedeutendste Gestalt des Geschlechts im ausgehenden 4. Jh., dreimal cos. (I 317, II 313, III 311, davon I und III zusammen mit Q. Aemilius Barbula Nr. 5), 312 dict. oder mag. equ., 310 mag. equ., triumphierte (311) *de Samnitibus*. 307 Censor (mit M. Valerius Maximus), Baubeginn des von ihm gelobten Tempels der Salus auf dem Quirinal (geweiht 302). 302 Dictator mit dem Reiterführer M. Titinius, Einzelheiten zweifelhaft. **13.** C. Iunius B. Bubulcus, Consul I 291, II 277, triumphierte über Lucaner und Bruttier. **14.** D. Iunius B. Callaicus, jüngerer Bruder von Nr. 5, Consul 138 v., verwaltete das jenseitige Spanien (Ansiedlung der Anhänger des Viriatus), war im Raum Lusitanien erfolgreich, besiegte als procos. 137 die Callaiker (Cognomen!) und Brakarer, erlitt aber 136 einen schweren Rückschlag. Nach der Rückkehr triumphierte er und erbaute einen Marstempel auf dem Marsfeld. 129 war er als Legat (?) in Illyrien erfolgreich, 121 unterstützte er den cos. L. Opimius gegen die Anhänger des C. Gracchus auf dem Aventin. Literarisch hochgebildet, mit Accius befreundet (vgl. Nr. 2), Philhellene, als Redner bekannt; verheiratet mit Clodia, Vater von Nr. 1. Augur von vor 129 bis zu seinem Tod. **15.** L. Iunius B. Damasippus, Anhänger des Marius, 89 (?) und 83 Legat, 82 Praetor (urbanus), wurde bei Porta Collina am 1. November gefangen und hingerichtet. **16.** D. Iunius B. Pera. Nach seinem Tod im J. 264 wurden ihm zu Ehren die ersten Gladiatorenspiele in Rom veranstaltet, Val. Max. 2,4,7 (*in foro boario*). **17.** D. Iunius B. Scaeva, 339 mag. equ. des dict. Q. Publilius Philo, 325 Consul (mit Furius Camillus), wirkte 313 als IIIvir col. deduc. bei der Gründung der latin. Colonie Saticula mit. Er gehörte zu den bedeutenden Männern der damaligen Plebeier. **18.** D. Iunius B. Scaeva, S. v. Nr. 16, Legat 293, Consul 292 (mit Q. Fabius Maximus Gurges); mit dem Bericht über seine Wahl endet die 1. Dekade des Liv. Er unterwarf die Falisker und schüchterte damit die Etrusker ein. H. G. G.

Bryaxis von Athen, einer der bedeutenden Bildhauer des 4. Jh. v. Chr. Seine Signatur steht auf einer Dreifußbasis in Athen; ein mattes Werk (Jugendwerk oder Werkstattarbeit?).

Als einen der vier Künstler, die das Maussolleion zu Halikarnass schmückten, nennen ihn Vitr. 7 praef. 13 und Plin. nat. 36,30; letzterer gibt ihm die Nordseite. An den Friesen mit Amazonenkämpfen ließen sich vier verschiedene Hände scheiden. Eine Einigkeit über die Zuteilung an die Meister ist bisher nicht erzielt, doch hat die Zuweisung der bei den Grabungen 1857 in der NO.-Ecke des Denkmals gefundenen sog. Newtonschen Platten (Brunns 3. Serie) an B. durch Neugebauer am meisten für sich.

Beim Baubeginn des Maussolleion (351) muß B. schon berühmt gewesen sein, mindestens 20 Jahre später machte er das Bild des Seleukos. Ob ein vergoldetes Bild mit Holzkern (chryselephantin?) des Apollon in Daphne bei Antiocheia am Orontes später dorthin überführt wurde, oder nach Gründung der Stadt (317: Antigoneia, 302: Antiocheia) gefertigt ist, läßt sich nicht sagen.

Auch sonstige Namen von Werken sagen uns wenig. Überliefert sind: Zeus und Apollon in Patara (auch dem Pheidias zugeschrieben), Dionysos in Knidos, Asklepios und Hygieia in Megara, fünf Statuen in Rhodos und eine Pasiphae.

Eine Rolle für sich spielt das kolossale Kultbild des Sarapis in Alexandreia aus Edelsteinen und verschiedenen Metallen; nicht einmal über den Zeitpunkt seiner Aufstellung in Alexandreia besteht Einigkeit, noch weniger über die Entstehungszeit. Clemens von Alexandreia erzählt nach verschiedenen Gewährsmännern krause Märchen. Eine seiner Quellen (Athenodotos, Sohn des Sandon) nennt Bryaxis als Meister, den er aber ausdrücklich von dem Athener scheidet, da das Bild aus der Zeit des Sesostris stamme. Verschiedene verkleinerte Nachbildungen des Sarapis machen eine Entstehung desselben im 4. Jh. wahrscheinlich. Ob sie für die stilistische Zuweisung anderer Werke (z. B. Zeus von Otricoli) an B. ausreichen, bleibt fraglich. Eine späte Inschrift aus Rom lehrt, daß es dort Kopien nach Werken des B. gab. A. R.

Brunn Gesch. der griech. Künstler, 1,383ff. *Overbeck* Die ant. Schriftquellen Nr. 1316–1327. *Löwy* Inschr. griech. Bildhauer Nr. 492. Ausonia 3, 1908, 115 *(Amelung)*. NJb. 1942, 63 *(Neugebauer)*. HB Arch. III 1 (5. Lfg. 1950) 257 *(Lippold)*. Enc. Arte Class. Or. I 217. II 196ff. *(Vlad Borelli)*.

Bryges (*Βρύγες, Βρῦγαι, Βρύγοι, Βρίγες*). Bruchteile eines ursprüngl. thrak. Stammes bzw. Stammverbandes. Ein Teil der B. verblieb in Illyrien und Westmazedonien (vielleicht im Beckengebiet des Flusses Erigon, h. Cerna reka), während ihre Hauptmasse unter dem Druck der Makedonen gegen O. abzog. Skymn. 434ff. Strab. 7,7,8. 9. Hdt. 4,45. 7,185.73. Chr. D.

Detschew Die thrak. Sprachreste, 91ff.

Brygos. Attischer Töpfer um 500 v. Chr. Es sind von B. 13 Signaturen erhalten. In seiner Werkstatt malten mindestens fünf verschiedene Maler, deren Namen unbekannt sind; den bedeutendsten unter ihnen nennt man den Brygos-Maler. A. R.

Beazley Att. Red-Fig. Vase-Painters, Oxford 1942, 245 bis 263. *G. M. A. Richter* in Charites (Festschrift Langlotz) 140ff. *Beazley-Caskey* Attic Vase Paintings II, Boston 1954, 100. Enc. Arte Class. Or. II 199ff. *(Stucchi)*.

Bryson. Sohn des Historikers Herodoros aus Herakleia am Pontos; ant. Tradition läßt ihn Schüler des → Eukleides von Megara, Lehrer des → Pyrrhon sein. Nach Theopomp bei Athen. 11, 508d war er Verfasser von Diatriben, die Platon ausgeschrieben haben soll. Die ant. Nachrichten, erhalten bei Diog. Laert. 9,61 und im Suda s. v. *Σωκράτης*, sind sehr verwirrt. H. D.

Bubastis. Stadt im ö. Mitteldelta, Hauptstadt des 18. u. äg. Gaus, j. tell basta, altäg. Pr-Bꜣst.t, d. h. »Tempel der Bastet«, einer ursprünglich ein kosmetisches Öl verkörpernden Göttin, die alt als Löwin, später als Katze dargestellt wurde und als Herrin der Fröhlichkeit und Liebe galt. Hdt. 2,59 nennt sie Artemis und schildert ihr Fest. B. war Herkunftsort der 22. und 23. Dynastie libyscher Könige. W. H.

Buccherovasen s. Vasen

Bucco s. Atellana fabula

Bucellarii. Mit den kaiserl. *protectores* (H. A. Carac. 5,8) fand das german. Gefolgswesen im 3. Jh. n. Chr. Eingang im römischen Heer. Die ursprüngliche Benennung *comites* wich der um 400 n. Chr. aufkommenden als b. (Olympiodor. frg. 7). Außer ihr gab es noch andere, so *δορυφόροι* und *ὑπασπισταί*, zugleich zwei verschiedene Rangklassen. Erstere waren meistens Offiziere, die mehrere hundert *ὑπασπισταί* kommandierten. Die b., die eng an ihren Herrn gebunden waren, bildeten den Kern der Heere des 5. und 6. Jh. n. Chr. Die Erstarkung des Staatsgedankens führte im 7. Jh. n. Chr. zum Ende des Gefolgschaftswesens im byzantin. Reich. Die b. wurden nun reguläre Truppenteile. A. N.

R. Grosse Röm. Militärgesch., Berl. 1920, 283ff.

Buche. Als Buche im engsten Sinn oder Rotbuche gelten die im Mittelmeergebiet auf höhere Berge beschränkten Fagus silvatica und orientalis (gr. *φηγός*), deren german. und slav. Namen mit anderen idg. Baumnamen (u. a. für Ulmen und Hollunder) verwandt sein sollen, im weiteren Sinn auch die Hain- oder Weißbuchen (Carpinus, neugr. *γαῦρος*) und Hopfenbuchen (Ostrya, neugr. *ὀστρυά, μεράντζα*). Mehrere Angaben Homers, Herodots, Aristoph. u. a. über *φηγός*, wie die dem Zeus geweihte von Dodona, dürften sich aber nicht auf diese, sondern auf Eichen (gr. *δρῦς*) beziehen, besonders Quercus aegilops und die Speiseeiche Qu. ilex var. ballota (lat. *aesculus*). H. G.

Buchhandel. Dem ant. B. kommt bleibende Bedeutung insofern zu, als die Verbreitung literar. Texte und damit deren Tradierung ins MA. hinüber zu weiten Teilen in seinen Händen lag. Daß der Verkauf von Büchern erst bei dem Kom.-dichter Eupolis (um 430 v. Chr.) bezeugt ist, kann ein Zufall sein; das Vorhandensein von Büchern darf schon für die hom. Zeit vorausgesetzt werden, und ihre Benützung im Schulunterricht zeigt eine Schale des Malers Duris (5. Jh. v. Chr.). Die Bezeichnung Buchhändler (*βιβλιοπώλης*) begegnet bei 2 Zeitgenossen des Eupolis. Daß man auf der Agora in Athen Schriften von Philosophen billig erwerben konnte, sagt Sokrates in der Apologie (26 D). Da er es andererseits bemerkenswert fand, wenn jemand alle Gesänge Homers besaß, ist anzunehmen, daß das Sammeln von Büchern um 400 noch nicht allgemein verbreitet war. Die Bibliothek eines Lehrers um die Mitte des 4. Jh. lernen wir bei dem Kom.-dichter Alexis kennen (CAF frg. 135). Als der erste, der Bücher planmäßig gesammelt habe, wird (Strab. 13,608) Aristoteles genannt, dessen Schüler und Nachfolger Theophrast auch die äg. Könige dafür beriet. Inwieweit bei der Verbreitung plat. Schriften durch att. Buchhändler der Text popularisiert wurde, ist eine in der Textgesch. diskutierte Frage. Die Gründung so großer Bibliotheken wie der zu Alexandreia im 3. Jh. hat einen entfalteten B. zur Voraussetzung, wie die Revision von Texten durch die alex. Gelehrten für die Überlieferungsgesch. bedeutsam wurde. Über die Verbreitung von Büchern in der hellenist. Welt erlauben die Papyrusfunde in Äg. Rückschlüsse. Für den B. in Rom haben wir erst um die Mitte des 1. Jh. v. Chr. Zeugnisse; über schlechte Qualität der Abschriften griech. Texte wird ebenso geklagt, wie dies Cic. für lat. Texte tat, bis er an Atticus einen Verleger fand, der durch die Herstellung fehlerfreier Texte berühmt war. In der augusteischen Zeit begegnen u. a. die Sosii als Verleger des Hor., später Trypho als Verleger von Martial und Quint. Wenn Hor. berichtet, sein Buch reise über das Meer, Ov. sich in der Einsamkeit seiner Verbannung am Schwarzen Meer damit tröstet, »in der ganzen Welt gelesen« zu werden, Martial zu rühmen weiß, seine Bücher habe »jeder in der Hand«, so beweist dies die Leistungsfähigkeit des röm. B., der schon zu jener Zeit auch die entlegensten Provinzen belieferte. Bezüglich der Buchherstellung in der Antike, der Auflagenhöhe, der Honorare und Bücherpreise erlauben die wenigen Nachrichten kein umfassendes Bild. Soviel erkennen wir, daß im Alt. weder ein Urheber- noch ein Verlagsrecht existierte. (Über Bücherzensur → Zensur.) H. W.

Die frühere Lit. in RE III 939.973–985 Art. Buchhandel; die neuere Lit. bei *Hans Widmann* Gesch. des Buchhandels auf Grund der Darstellung von *E. Kuhnert*, Wiesb. 1952, 3–16 (vgl. Hdb. der Bibl.-Wiss.² 1, 1952, 849–866). Über »Verbreitung des Buches« knapp *Herb. Hunger* in: Gesch. der Textüberlieferung 1. Zürich 1961, 59–61; vgl. auch die Beiträge von *H. Erbse* und *K. Büchner*, ebd. 207 ff. – *B. A. v. Groningen:* Ἔκδοσις, in: Mnemos. IV 16, 1963, 1–17.

Buchsbaum. Die Gattung Buxus (Buchs, gr. πύξος schon bei Hom., Theophr. u. a.) umfaßt mehrere immergrüne Sträucher, von denen B. sempervirens in den Macchien und Bergwäldern Südeuropas (am Olymp bis 2200 m) am verbreitetsten ist und ähnlich wie die Zypresse (Cupressus sempervirens) und Eibe (Taxus) von der Antike bis heute besonders auf Friedhöfen gepflanzt wird. Das harte Holz wird gleich dem der Eibe zu Schnitzereien geschätzt, so zu den nach ihm benannten Büchsen (πυξίς), nach Homer zu Jöchern des Priamos, zum Apollobild von Olympia, nach Columella zu Käsereifen, nach Ovid zu Flöten, nach Vergil zu Kreiseln (*volubile buxum*) usw. H. G.

Buchwesen s. Bibliotheken

Bucilianus. Einer der Mörder Caesars, der ihm nach App. b. c. 2,113.117 eine Wunde im Rücken beibrachte. Im Juli 44 bereitete er zusammen mit Brutus und anderen *luculenta navigia* zur Flucht vor (Cic. Att. 16,4,4). W. S.

Bucina, war ein stierhornartiges Instrument, dessen Signale den Lagerdienst regelten (Pol. 6,35. 14,3. Liv. 7,36. Frontin. strat. 5,17. Tac. ann. 15,30. Veg. mil. 2,22. 3,5). *Bucinatores* gab es ausschließlich bei den *vigiles*, sonst mit den anderen, zahlreicheren *cornicines* und *tubicines* zusammen. Die bs. umfaßten Unteroffiziere und Chargenlose und bildeten unter allen Musikern die niedrigste Rangstufe. In der Zeit des differenzierten Heeres der röm. Kaiserzeit zählte der br. zu der untersten Stufe der *officiales* (ed. Anast.), in byzantin. Zeit gab es zwei verschiedene b. und bs. (Leo Takt. 11). A. N.

Dar.-Sagl. 1, 753 f. BJ 117, 13 f. 24.44.51.58. MZ 7, 36 ff., 8–9, 17. *Krom.-Veith* 323.516.519. *R. Grosse* Röm. Militärgesch., Berl. 1920, 138.

Budeia (Βούδεια). Heroine, durch den Namen (βοῦς δεῖν) als Erfinderin des Pflügens gekennzeichnet, Gattin des Klymenos, Mutter des Erginos, Sch. Il. 16,572. Sie hieß auch Buzyge, Tochter des Lykos, Sch. Apoll. Rh. 1,185. B. ist auch thessalische Epiklese der Athene, Lykophr. 359. H. v. G.

Budinoi (Βουδῖνοι). Zahlreicher Volksstamm in den n.-skyth. Ländern. Die Hauptnachrichten (teils fabulose, teils wirkliche) über die B. bei Hdt. 4,21.102.108.119. Die meisten modernen Forscher sind geneigt, in den B. Volksstämme an der mittleren Wolga und an der Oka, darunter die Mordwa (Wolgafinnen) und die Ugrier des Obgebietes zu sehen. Chr. D.

Udaltzov Osnownyije woprossyi etnogenesyi slawjan (russ.). Die Grundfragen der Ethnogenese der Slawen, Sowjet. Etnografija, 1947, Lief. VI u. VII; *Niederle* Manuel de l'antiquité slave, 2 Bde, Paris, 1923–1926.

Budoron (Βούδορον). Der n.w. Ausläufer der Insel Salamis gegen Megara mit gleichnamigem Kap und athenischer Festung, Thuk. 2,93,5. 94,3. 3,51,2. Diod. 12,49,3. Strab. 10,1,5 p. 446. E. M.

Philipps.-Kirst. 1,868.

Büffel, βοῦς ἄγριος, lat. *bubalus* (gr. βούβαλος = Gazelle!). In Südasien beheimatet, im Altertum den Mittelmeerländern fremd; Hiob. 39, 9 ff. (bei Luther irrtümlich »Einhorn«) ist wohl der dem B. verwandte assyr. Wildochse gemeint, der auch auf assyr. Reliefs begegnet. Die Griechen der Alexanderzeit fanden den B. in Arachosien (Afghanistan) vor; daher stammt die kurze Beschreibung Aristot. hist. an. 2,1,499 a 4 ff.; vgl. Plin. nat. 8,38 *vituli . . . cervique quadam similitudine*, nach unbekannter Quelle. Die Einführung des B.

in Italien 596 n. Chr. unter Agilulf bezeugt Paul. Diac. h. Lang. 4,11. Verg. georg. 2,374 kann also nicht den B. meinen. W. R.

Keller Thiere des cl. Alt. 63f. *Hehn* Kulturpfl.[8] 476ff.

Bürgerkriege (Rom). Das Jh. der röm. Revolution (133–30) wird auch das der B. genannt *(bella civilia, ἐμφύλια)*. Eigentlich heben sich nur 3 Abschnitte heraus: 1. **88-82** Machtkämpfe zwischen Optimaten und Popularen. In der 1. Phase dieses B. nahm Sulla Rom und stellte die Herrschaft der Optimaten wieder her (88–87); als er nach dem O. abgerückt war, folgte die Gewaltherrschaft der Popularen unter Marius († 86) und Cinna († 84). In der 2. Phase warf Sulla die Popularen nieder (Siege bei Sacriportus und Porta Collina 82): Dictatur Sullas (82–79) mit Hinrichtungen und Proskriptionen, Fortsetzung der Kämpfe gegen die Marianer im Sertorianischen Krieg (80 bis 72). 2. **49-45** Kämpfe Caesars gegen Pompeius bzw. die Pompeianer. 49–8 B. gegen Pompeius: Caesar gewann zunächst Italien, dann Spanien (Ilerda), kämpfte erfolglos bei Dyrrhachium und besiegte Pompeius bei Pharsalos in Thessalien (9. Aug. 48). – 46: Caesar besiegte die Pompeianer in Africa bei Thapsus (Cato Uticensis), 45 die Pompeiussöhne Cn. und S. bei Munda (Spanien). 3. Kämpfe um Caesars Erbe (**44-30**), verschiedene Phasen: 44–43 Mutinensischer Krieg (gegen Antonius) der zum 2. Triumvirat (Octavian, Antonius, Lepidus) 43 führte und zu den Proskriptionen (Cicero). 43–42 Krieg gegen die Caesarmörder, Schl. bei Philippi (42). 41–40 Perusinischer Krieg (Octavian gegen L. Antonius und Fulvia), Höhepunkt des B., der durch den Vertrag von Brundisium (40) eine Unterbrechung erfährt. 36 Niederwerfung des S. Pompeius (bellum Siculum). 32 bis 30 B. zwischen Octavian und Antonius (offiziell: bellum Ptolemaicum), Entscheidung bei Actium (2. Sept. 31). Ende der B. mit dem Selbstmord des Antonius 30 v. Chr. H. G. G.

Bürgerrecht s. Civitas

Bürgschaft s. Ἐγγύη. Vadimonium

Bugenes (*Βουγενής*). Unter diesem Namen, der auf die alte Stiergestalt des Gottes hinweist, rief man unter Versenkung eines Lammes für Pluton und unter Trompetenstößen Dionysos aus dem Alkyonischen See bei Lerna empor. Hier hatte er Semele aus der Unterwelt heraufgeholt. Plut. Is. et Osir. 35, p. 365a. Paus. 2,37,5f. macht nur Andeutungen über die nächtlichen *δρώμενα*. H. v. G.

Prell.-Rob. 1,691,3.713f. *Nilsson* GgrR 1,337.

Bukephala. Mehrfach (Strab. 15,1,29: *Βουκεφαλία*. Arr. an. 5,19,4. Ptol. 7,1,46. Curt. 9,3, 23: *Bucephalum*. Plin. nat. 6,77: *Bucephala Alexandri*) erwähnter Ort Vorderindiens (h. Jalalpur) am rechten (w.) Ufer des Hydaspes (h. Dschilam), von Alexander d. Gr. gegründet und nach seinem Streitroß Bukephalos benannt. In den röm. Itinerarien erscheint B. als Alexandria Bucephalos (K. Miller Itin. Rom., S. 800–801 mit Skizze Nr. 254, S. 786). H. T.

Aurel Stein The site of Alexanders passage of the Hydaspes and the battle with Poros. The Geogr. Journ., vol. 80, Lond. 1932, 43–44. Gr. Hist. Weltatl. I, 17a.

Bukephalos (*Βουκέφαλος*), Lieblingsroß Alexanders (vgl. Diod. 17,56,5), von diesem selbst zugeritten. Es starb vor der Schlacht am Hydaspes an Altersschwäche (Arr. an. 5,14,19) an der Stelle, wo Alexander später die Stadt Bukephala gründete (Plin. nat. 8,154. Plut. Al. 6. Curt. 6,5,18. Gell. 5,2. Strab. 15,698). G. W.

Bukolik. Als lit. Gattung ist B. erst bei → Theokrit nachweisbar. Sprecher und Handlungsträger innerhalb der einen Umfang von 150 Hexametern ([Theokr.] 8,33–60 Disticha) kaum überschreitenden Gedichte sind Rinder- und Ziegenhirten. Wettgesänge und Lieder sind z. T. von Rahmenhandlung umgeben. Ziemlich konstant bleiben im Laufe der Gattungsgeschichte die Hirtennamen ([14], [15],133). Musizierende Hirten erwähnt schon Hom. Il. 18,525f. Die ant. Theorie übergeht Volkskundliches wie den sizil. Hirtensang (Diod. 4,84) und leitet die B. statt dessen von einem angebl. Aufenthalt Orests in Tyndaris oder aus dem Kult der Artemis Karyatis ab (Proleg. schol. Theocr., Diom. 486 K., Probus Verg. ecl. 2,8 K., Serv. ecl. praef.). Als die *βουκόλοι* des Dionysos-Kults entdeckt waren, wollte [11] die B. von dort her erklären. Schon vorher hatte man einen »koischen Dichterbund« als Träger der bukol. Dichtform postuliert (z. B. [9], [7]). Beide Auffassungen sind heute weithin überwunden (Widerruf [15], VII); auch die Annahme »bukol. Maskerade« geht zurück, vgl. [19]. Dagegen schließt volkstümliche Grundlage (eindrucksvoll [17], vgl. [18],41ff.) lit. Vorgänger Theokrits nicht aus. Für Stesichoros bezeugen Parthenios 29 und Ail. var. 10,18 Einführung des Hirten → Daphnis in die Lit. (aber nicht, wie [16] meint, voll ausgebildete B.). Hermesianax (frg. 2.3) besang Daphnis und Menalkas, Epicharmos (frg. 4 K.) erwähnte Diomos (wie Diod. 4,84 Daphnis) als Erfinder des *βουκολιασμός*. Bukol. Kolorit zeigten Epigramme der Anyte, ein Dithyrambos des Lykophronides (Athen. 15,670c) und die Polyphem-Dichtungen (J. Mewaldt Anz. Ak. Wiss. Wien 83, 1946, 269ff.). Wie weit all diese Lit. Theokrit vorgearbeitet hatte, bleibt ungewiß.

Für → Theokrit. selbst ist bezeichnend die frische, ungeschminkte Darstellung des Hirtenlebens. Gewiß mag Sehnsucht nach »einfachem Leben« Triebfeder seines Dichtens gewesen sein, doch gehört sentimentalische Idealisierung (der an Theokr. orientierte Begriff »idyllisch« modern!) erst in nachtheokr. Zeit. Wir kennen deren B. durch Frg. von → Moschos, → Bion und nichttheokr. Stücke des Theokr.-Corpus wie [Theokr.] 8. 9 (vgl. [23]), die namentlich bekannten Dichtern bisher ebensowenig zuzuweisen waren wie

Pap. Rainer 19801 ([20], [1], [4]; [22] denkt an Bion).

Den röm. Dichtern (B. vor Verg.: Messalla [griech.]; bei Gallus wie später bei Tibull u. Properz wohl nur einzelne bukol. Elemente) lag die hellenist. B. bereits in Slg. vor. WILAM. [15] nahm eine auch Nachtheokritisches umfassende Slg. des Artemidoros (s. Anth. 9,205) und eine kleinere des Theon (um 40 v. Chr.) an. Verg. benutzt [Theokr.] 8, doch wohl weil seine Theokr.-Ausg. dieses Gedicht bereits enthielt. Doch brachten die Pap. nur Reste *echter* Theokr.-Gedichte, die entgegen [15] in der Hauptüberlieferung also lange unvermischt blieben. → Vergil, der sich in den ecl. anfangs eng, später nur lose an Theokr. anschloß (vgl. z. B. [25], [28]), weitete das γένος so, daß auch ecl. 4 sowie 1.9 darin Aufnahme finden konnten. Der Realismus Theokrits tritt zugunsten klarer Linien der Gefühlsentwicklung zurück, Wirklichkeit und Wunschvorstellung verfließen ineinander. Als Schauplatz wird teils Oberitalien, teils Arkadien vorausgesetzt. Die angebliche Verwandtschaft von Arkadern und Italikern mag dabei mitspielen ([8], 183,9, [33],308, [34], [43],129). Doch ist die Frage, warum gerade Arkadien zum Land der B. wurde, schwierig. Man meinte, Verg. kenne diese Vorstellung aus einem Theokr.-Komm. ([15], 111,1, [33],308) oder aus Pol. 4,20 (E. KAPP bei [46], [31]), doch konnten [29] und bes. [35] die Existenz älterer griech. Arkadien-B. zumindest wahrscheinlich machen; ausschlaggebend die (von [15],111,1, [30], [31],372,1 freilich geleugnete) Abhängigkeit der ecl. 7,4 von Anth. 6,96. (Andere Arkadien-Hypothesen: [8],183,9, [32].)

Belebung der B. brachte die Zeit Neros. → T. Calpurnius Siculus und die → Einsiedler Gedichte besangen die Wiederkehr des Goldenen Zeitalters. Im 4. Jh. dichtete → Nemesianus. Im griech. Sprachbereich wurde die traditionelle B. kaum fortgesetzt, doch beeinflußte sie den Roman (→ Longos; vgl. [38]). Viele Spekulationen löste das Vorkommen bukol. Motive im chr. Bereich aus (z. B. Verkündigung an die Hirten bei Lukas; Frage der sog. sakralen Bukolik, [40], [41]). Ähnlichkeiten der 4. ecl. mit Jüd.-Christlichem erklären sich aus der Benutzung von Sibyllensprüchen durch Verg. ([27], unrichtig [39]). Über B. bei späteren chr. Autoren vgl. [41]–[43], über die weitere Nachwirkung [44]–[49]). G. Schm.

a) Ausg. (außer Verg.): 1. Buc. Graeci ed. *Gow*, 1952. 2. ed. *Wilam.*, ^{2}1911. 3. Buc. Grecs ed. *Legrand*, ^{4}1954. 4. Theocr. ed. *Gallavotti*, 1946. 5. Calpurnii et Nemesiani Buc. ed. *Giarratano*, ^{3}1951. 6. T. Calp. Siculi ... Buc. et Einsidl. quae dicuntur carm. ed. *Verdière*, 1954. b) Hellenist. B.: 7. RE III 998–1012. 8. *Christ-Schmid* 2,1,181–196. 9. *Wilam.* Greifsw. ind. lect. 1883/84. 10. *Ders.* NGG 1894, 182–199. 11. *R. Reitzenstein* Epigr. und Skolion, 1893, 193–284. 12. *R. Helm*, N. Jahrbuch 1896, 457–472. 13. *Ph. E. Legrand* Étude sur Théocr., 1898. 14. *C. Wendel* De nominibus buc., JbPhPäd Suppl. 26,1, 1900. 15. *Wilam.* Textgesch. d. griech. Bukol., 1906. 16. *E. della Valle* Il canto buc. in Sicilia e nella Magna Grecia, 1927. 17. *R. Merkelbach*, RhM 99, 1956, 97–133. 18. *M. Sanchez-Wildberger* Theokr.-Interpr., Diss. Zürich 1955. 19. *J.-H. Kühn*, H 86, 1958, 40–79. 20. *H. Oellacher* Mitt. aus d. Pap. d. Nat.-Bibl. Wien NS. 1 und 3, 1932/39. 21. *Ders.* Mnem NS. 12, 1944, 1–33. 22. *C. Gallavotti*, RFIC 69, 1941, 233 bis 258. 23. *W. Arland* Nachtheokr. B. bis an die Schwelle der lat. B., Diss. Lpz. 1937. c) Verg. und Arkadien-Frage: 24. *A. Cartault* Étude sur les Buc. de Virg., 1897. 25. *G. Rohde* De Vergili ecl. forma et indole, Bln. 1925 (vgl. Gn 3, 1927). 26. *J. Hubaux* Les thèmes buc. dans la poésie lat., 1930. 27. *F. Dornseiff* Verschmähtes zu Verg., Hor. und Prop., Ber. Sächs. Ak. Wiss. 97,6, 1951, 26–45. 28. *F. Klingner*, Entr. Fond. Hardt 2, 1956, 131–155. 29. *H. Wendel* Arkadien im Umkreis buk. Dichtung, Diss. Gießen 1933. 30. *F. Magnus* Arkadien, Diss. Hamburg 1945 (m.-schr.). 31. *B. Snell* Arkadien, Entd. des Geistes, ^{3}1955, 371 bis 400. 32. *H. Dahlmann*, Philol. 97, 1948, 349–351. 33. *E. Bickel*, RhM 94, 1951, 308–310. 34. *W. Schmid*, Roman. Forsch. 69, 1951, 400f. 35. *G. Jachmann*, Maia NS. 5, 1952, 161–174. d) Kaiserzeit, Christliches, Nachwirkung: 36. *E. Cesareo* La poesia di Calpurnio Siculo, 1931. 37. *W. Schmid*, BJ 153, 1953, 63–96. 38. *G. Rohde*, RhM 86, 1937, 23–49. 39. *J. Geffcken*, H 49, 1914, 321–351. 40. *G. Erdmann* Die Vorgesch. des Lukas- und Matth.-Ev., 1932. 41. RAChr 2,786–800. 42. *W. Schmid*, RhM 96, 1953, 101–165. 43. *Ders.* in: Convivium (Festschr. Ziegler), 1954, 121–130. 44. *W. Weisbach*, A 6, 1930, 127–145. 45. *E. Carrara* La poesia pastorale, ^{2}1936. 46. *E. Panofsky* in: Philos. and History (Festschr. Cassirer), 1936, 224ff. 47. *E. R. Curtius* Europ. Lit. und lat. MA., 1948, s. Reg. 48. *H. Petriconi*, AuA 3, 1948, 187–200. 49. *W. Theiler* in: Stud. zur Textgesch. und Textkr., 1959, 279–284.

Bukoloi (*Βουκόλοι*). Sakrale Beamte im Dienst des Dionysos, vereinzelt auch anderer Götter. Der Name erinnert an den ursprüngl. stiergestaltigen Gott, dessen Gläubige sich seinem Wesen anglichen. Älteste Erwähnungen bei Kratinos (Komödientitel B.), Eurip. und Aristoph. Inschr. kommen sie im Mutterland spärlich vor, häufiger in Ionien, Thrakien, Pontos, aber erst in der Kaiserzeit. Man unterschied 3 Grade: *β.*, *β*, *ἱεροί* und *ἀρχιβούκολοι*. Zu Unrecht sind die B. von E. MAASS (s. u.) für die orphischen Gemeinden in Anspruch genommen worden, wenn auch in den orph. Hymnen B. der Kureten und der Hekate angeredet werden (31,7. 1,10). Von den Funktionen der B. wissen wir wenig. In Eur. Antiope haben sie den Säulenfetisch des Dionysos in Theben zu bekränzen, die »Kreter« rühmen ihre strenge Lebensführung Lukian. salt. 79 bezeugt sie als Tänzer. Ob das Bukoleion in Athen ihr Amtslokal war, ist fraglich. H. v. G.

Wichtig die Iobakcheninschr. in Athen IG II 1368 = Sylloge^3 1109 und die Inschr. der dionys. Mysterien in Tusculum AJA 37, 1933, 215 ff. *Nilsson* GgrR 1,539ff. 2,343 ff. *E. Maass* Orpheus, 1895, passim.

Bularchos hat nach Plin. nat. 35,55 ein Bild mit dem Kampf der Magneten gemalt, das der lydische König Kandaules mit Gold aufwog. Danach setzt ihn Plinius in die Zeit des Romulus; der ganze Abschnitt ist mythistorisch. A.R.

Overbeck Die ant. Schriftquellen Nr. 377. *Jex-Blake/Sellers* The Elder Pliny's Chapters on the History of Art 100. *Pfuhl* Malerei und Zchg. 1,490.496.498. Encicl. Arte Class. Or. II 152 *(Guerrini)*.

Bule (*βουλή*, *βουλά* Sylloge^3 1254, *βωλά* SGDI 1157. Demosth. 18,90, *βολλά* SGDI 215), der Rat, eine neben der Volksversammlung regierende Behörde (*ἀρχή*) in griech. Gemeinden. Im Wandel der Verfassungen änderte sich das politische Gewicht der B. Dem Beirat der Alten (*βουλὴ γερόντων* Hom. Il. 2,53), den in hom. Zeit der König berief, folgte im Adelsstaat der Rat der Geschlechtshäupter, der die Staatsgewalt ausübte. In den Oligarchien umfaßte die B. meist die gewesenen Beamten auf Lebenszeit, in Athen der Areiopag die ehemaligen Archonten, in Kreta die B. die gewesenen Kosmoi (Aristot. pol. 2,1272a 8.35). Wo der Adelsrat groß war, wurde aus ihm ein regierender Ausschuß gewählt. So standen in Korinth neben den 80 Mitgliedern der B. 8 Probuloi als vorberatende Behörde wie später in Athen der demokratische Rat neben der Ekklesia (FGrH 90,60). Im Zuge der Demokratisierung trat neben die alte B., die entmachtet aus sakralen Gründen beibehalten wurde, eine neue, deren Amtszeit befristet und deren Zusammensetzung durch Wahl oder Los bestimmt wurde. Diese Entwicklung ist für Chios um 600 in dem Volksrat (*βολὴ ἡ δημοσίη* Tod IGH 1) und für Athen in dem Nebeneinander des Rats auf dem Areiopag und des Rats der 500 greifbar. Wie die einzelne Polis hatten die Staatenbünde, der aitolische, der achaiische u.a., eine bisweilen Synedrion genannte B. Da in ihr die Bundesglieder proportional durch ihre Ratsherren vertreten waren, sieht Larsen in dieser B. einen Ansatz zu der modernen Repräsentativverfassung, zu der die Ant. über die Urversammlung der Bürger nicht gekommen ist. In hellenist.-röm. Zeit behielten die Städte nach dem Verlust der staatlichen Unabhängigkeit die B. als bedeutendes Organ kommunaler Selbstverwaltung. Der Besitz einer B. war das Rangzeichen der echten Polis gegenüber der Kome, dem Dorf. Daher bestürmten die Alexandriner Augustus und Claudius um die Wiedereinrichtung der ihnen genommenen B. Septimius Severus verlieh 200 n.Chr. Alexandreia und den dörflichen Gauvororten in Äg. mit der Zulassung einer B. die Stadtverwaltung, um durch den Rat den Steuereinzug zu sichern (H.A. Musurillo The acts of the pagan martyrs, 1954, 83.109. E.G. Turner, JRS 45, 1955, 119f.).

Die bruchstückartig überlieferten Einzelheiten über Zahl und Zusammensetzung der Ratsmitglieder und ihre Kompetenz in der Vielzahl der Gemeinden verzeichnet Busolt. In Athen stellte Solon 594/93 neben den Areiopag-Rat eine B. mit 400 aus den ersten 3 Schatzungsklassen für 1 Jahr gewählten Mitgliedern, Plut. Sol. 19,1. Kleisthenes ersetzte sie durch den Rat der 500 mit je 50 aus den 10 Phylen gelosten Ratsherrn (Mindestalter 30 J.). Jeder Bürger durfte nur zweimal Ratsherr sein, Aristot. Ath. pol. 62,3. Nachdem der Areiopag 462 auf die Blutgerichtsbarkeit und sakralen Angelegenheiten beschränkt worden war, erhielten die 500 Ratsherren seit 461 auf Antrag des Perikles täglich 2, später 5 Obolen. Jede Erhöhung der Phylenzahl vermehrte den Rat, so ergab 307 der Zuwachs von 2 Phylen die B. von 600, Plut. Demetr. 10,6. Bei dem oligarchischen Umsturz 411 wurde kurzfristig eine B. von 400 Mitgliedern mit umfassender Regierungsgewalt konstituiert und ein Rat vorgesehen, dessen 4 Sektionen im Turnus die Geschäfte führen sollten, Aristot. Ath. pol. 30. Doch amtierte 410 wieder der alte Rat der 500. Seine Sitzungen fanden täglich statt. Die 50 Ratsherren je einer Phyle führten als Prytanen jeweils 36 Tage die Geschäfte und den Vorsitz, ein Drittel der Prytanen war auch nachts im Prytaneion. Nach den Prytanien wurde unabhängig von dem bürgerlichen Jahr das Prytanienjahr als Ratsjahr gerechnet (E. Bickerman Chronologie, ^{2}1963, 17). Die B. hatte alle Anträge an die Ekklesia vorher zu beraten und mit oder ohne Empfehlung als Vorbeschlüsse (*προβουλεύματα*) an sie zu leiten; daher lautete der Eingang des Volksbeschlusses *ἔδοξεν τῇ βουλῇ καὶ τῷ δήμῳ*. Die Volksversammlung konnte auch von sich aus ein Probuleuma des Rats in einer bestimmten Angelegenheit anfordern (Tod, JGH 154. G. Klaffenbach Griech. Epigraphik 1957, 71ff.). Die B. überwachte alle Zweige der Staatsverwaltung, verhandelte mit Gesandten fremder Staaten, war beim Empfang der Bündnertribute zugegen, prüfte die Qualifikation der künftigen Archonten und Ratsherren (*δοκιμασία*) und die Berichte der Beamten, sorgte für die Flotte, beaufsichtigte die Finanzen, die Verpachtung der Zölle und Abgaben und die Staatsschuldner und nahm Anzeigen wegen Verrat und Verschwörung an. Sie hatte die Volksbeschlüsse auszuführen und hierzu die Beamten anzuweisen. Um Beachtung ihrer Anordnungen zu erzwingen, hatte die B. eine Strafgewalt bis zu 500 Drachmen [Demosth.] 47,43. IG I^2 114. Aus ihrer Mitte bestellte sie den Ratsschreiber (*γραμματεὺς τῆς βουλῆς*), dessen Wechsel Jahr um Jahr in der offiziellen Reihenfolge der Phylen es ermöglicht, die Archontenliste der hellenist. Zeit zu rekonstruieren (sog. Ferguson-Gesetz, Bickerman 41). Die durch Amtseid verpflichteten Ratsherren waren während des Amtsjahres frei von Kriegsdienst, hatten Ehrenplätze im Theater, wurden, wenn sie Prytanen waren, auf Staatskosten im Prytaneion nahe bei dem Rathaus (*βουλευτήριον*) gespeist, und nach ordentlicher Amtsführung auf Volksbeschluß bekränzt. Listen von Ratsherren IG II^2 1697f. 1700. H. V.

Busolt GStK. *U. Kahrstedt* Unters. zur Magistratur in

Athen 1936. *C. Hignett* A history of the Athenian constitution to the end of the fifth century b.C. 1952. *J.A.O. Larsen* Representative government in Greek and Roman history 1955 (dazu *W. Schmitthenner*, G 65, 1956, 566f.). *V. Ehrenberg* Der Staat der Griechen, 1957, 44ff.

Βουλεύσεως γραφή. **1.** Es ist nicht wahrscheinlich, daß es seit dem 4. Jh. v. Chr. in Athen eine eigene öffentliche Klage wegen vorbedachten Beschließens (Versuch, Anstiftung und mittelbare Täterschaft) einer Tötung (Aristot. Ath. pol. 57,3) gegeben hat. Aristoteles hat offenbar nur die Begehungsart im Auge. Für diese setzte schon Drakon die gleiche Strafe wie für die eigenhändige Tat fest (IG I^2 115,12f. Vgl. Andok. 1,94). **2.** Öffentliche Klage gegen einen Beamten wegen Unterlassung der Löschung nach Bezahlung einer Schuld (IG II^2 1631 C 394/5). Trotz dem verschiedenen Tatbestand war die – wohl unvollständige – Bezeichnung der Klage die gleiche wie zu 1., weil auch hier das *βουλεύειν*, nämlich der mit der unterlassenen Eintragung als erwiesen angenommene Versuch einer Unterschlagung dem eigenhändig vollendeten Delikt gleichgestellt wurde. E. B.

1. *E. Berneker* Festschr. f. E. Rabel 2,68f. 2. *G. Busolt* GStK. 1098.

Bulgaroi (eigentlich die sog. Protobulgaren), ein zahlreicher Volksstamm turanischer (türkischer) Herkunft, der zu den Grundelementen des heutigen bulgar. Volkes gehört. Im 2. Jh. n. Chr. begannen die B. aus Mittelasien nach Europa einzudringen. Im SO. Europas erscheinen sie 480 als Verbündete von Byzanz gegen die Ostgoten. Zu dieser Zeit bewohnten die B. das Flachlandgebiet n. vom Kaukasus, u. zwar die Steppen um das Asowsche Meer. Sie betrieben hauptsächlich Tierzucht, aber kannten auch schon den Ackerbau. Gegen Ende des 6. Jh. wurden die protobulg. Stämme vom Khan Kubrat geeint; so entstand der Stammesverband »Großbulgarien«, der nach dem Tode Kubrats in die Brüche ging. Ein Teil von diesen Bulg. unter der Führung Asparuchs drang nach dem S. vor, erreichte die Donaumündung und ließ sich in der »Ongal« genannten Ortschaft nieder. Von hier aus unternahmen sie Angriffe auf das Byzant. Reich. Im J. 610 schlugen sie die Truppen des byz. Kaisers Konstantin IV., gingen über die Donau und bildeten zusammen mit den slawischen Stämmen in Moesien den slawisch-bulg. Staat. Chr. D.

Bulla. Jeder wassertropfenförmig gestaltete Zierat kann b. heißen, doch bezeichnet das Wort vor allem die diskus-, herz- oder (seltener) halbmondähnlich geformten Amulettkapseln aus Metallblech oder Leder, die in Rom von freigeborenen Kindern (Val. Max. 5,6,8. Schol. Iuv. 5,164) bis zur Ablegung der praetexta bzw. bis zur Ehe getragen wurden. Der Brauch kommt aus Etrurien. Dort trugen auch Erwachsene die b., woher sie auf die Tracht der röm. Triumphatoren überging. Die b. der röm. Kinder bleibt bis in die Spätantike erhalten und wird noch von Christen, mit dem Christogramm versehen, getragen. Der Zweck war stets deutlich apotropäisch. W. H. G.

Blümner, PrAlt. 305f. *Dölger* Antike und Christentum 3, 1932, 253ff. *Deubner* H 69, 1934, 322f. *Gerstinger*, RACh 2,800f. *West* Röm. Porträtplastik 1, 1933, Abb. 285; 2, 1941, Abb. 111. *Giglioli* L'arte Etrusca, 1935, Taf. 286,1. 287. 314,3. 368,1 u. 4. 374, 19–21. 377,14–16. *Becatti* Oreficerie antiche, 1955, Abb. 316. 363–365. 506–507.

Bulla Regia. Stadt in Africa Proconsularis, h. Hammam Daradji, im Tal des Bagradas, alte Eingeborenensiedlung. Dolmen sind dort gefunden worden (L. Carton L'Anthropologie 1891. Bull. comité 1892, 71). *Oppidum liberum* am Anfang der Regierung des Augustus, *colonia* unter Hadrian (*Colonia Aelia Hadriana Augusta.* CIL VIII 25522). Sehr wichtige Ruinen: Forum, Capitol, Tempel, Thermen, Theater und Amphitheater, Bogen, Nymphaeum, Häuser, Kirchen, byzant. Festung. Atl. Arch. Tun. Fe 26, Fernana 137. Über die neuen Ausgrabungen: P. Quoniam, CRA 1952, 460. Apollon war der Hauptgott: *deus patrius et genius coloniae Bullensium Regiorum.* A. Merlin Le Temple d'Apollon à B. R. 1908. Man verehrte auch Juppiter, Caelestis (Karthago 4, 1953, 139), Diana, Saturnus. CIL VIII 10577.14467–14544.25510–25623. IL Afr. 449–463. ILT 1242–1252. M. L.

Bundesgenossenkrieg (91–89: bellum Marsicum). Grund: Die aus den Strukturänderungen verständliche Forderung der Italiker nach dem röm. Vollbürgerrecht (Gleichberechtigung). Anlaß: 1. Ermordung des reformfreundlichen Volkstrib. M. Livius Drusus (91), 2. Ermordung von Römern in Asculum, 3. maiestas-Gesetz des Q. Varius Hybrida. Vorbereitungen im Winter 91/90. Organisation der Italiker in einem Bund, Hauptstadt Corfinium (Italica), Senat, 2 meddices, 12 praetores; Münzen (mit propagandist. Prägung), latein. und osk. Amtssprache. Zwei Gruppen: Mittelitalien (Marser u.a.), Süditalien (Samniten u.a.). Verlauf: 90 Niederlagen der Römer, die 14 Legionen aufgeboten hatten, bes. bei Aesernia und am Fluß Tolenus (11. Juni); trotzdem Ende 90 Gleichgewichtszustand. Geschicktes Einlenken: durch lex Iulia wurde den treu gebliebenen Italikern das Bürgerrecht verliehen. 89 lex Plautia Papiria (Amnestie nach Kapitulation, vgl. RE XII 2402) führte zur Spaltung der Bündner, weil die Nordgruppe sich fügte. Röm. Siege in Apulien und Campanien (Sulla, Pompeji, Nola) schwächten die Südgruppe (Hauptstadt Aesernia, Kontakt mit Mithridates von Pontos) so, daß nach Herbst 89 nur noch Splittergruppen in den Bergen (z.T. länger) weiterkämpften. Bedeutung: alle Italiker s. des Po erhielten röm. Bürgerrecht (Einheitsstaat). H. G. G.

A. v. Domaszewski, SB Akad. Wien 201, 1924, 1. *W. Schur* Zeitalter d. Marius, 1942, 114ff. *J. Haug* Würzb. Jb. 1947, 106ff. *Syd.* 89ff. *H. D. Meyer*, Historia 7, 1958, 74ff. *H. H. Scullard* From the Gracchi to Nero, 1959, 66ff.

Buntweberei. Seit mythischer Zeit erwähnt, im Original nur weniges aus dem Gebiet n. des Pontos und der syrischen Wüste erhalten, zahlreiche Proben aus Äg. (meistens Spätzeit, »koptische« Gewebe). Dafür besitzen wir Darstellungen in der Malerei. Die B. zeitweise von starkem Einfluß auf andere Kunstzweige, namentlich im Ornament. A.R.

Buschor Beiträge zur griech. Textilkunst, Diss. Münch. 1912. RM. 50, 1935, 60 Anm. 4 *(Alföldi)*. EA 1937, 325ff. *(Apostolaki)*. RM 52, 1937, 165ff. *(von Lorentz)*. [*Schlunk*] Kunst der Spätantike, Berlin 1939, Taf. 79ff. *Pfister* Textiles de Palmyra, Paris 1940. *Lehmann-Hartleben/Olsen* Dionysiac Sarcophagi, Baltimore 1942 Abb. 37. HB Arch. IV 1 (6. Lfg. 1953) 13 Anm. 1. *Itoji Muto* und *Kunisuke Akashi* Coptic Textiles, Kyoto 1955. *Tamara Talbot Rice* The Scythians, London 1957, Abb. 35–38. *G.M.A. Richter* Handb. Greek Art 1959, 369ff. Encicl. Arte Class. Or. I 978 s.v. Barbaricarius *(Calabi Limetani)*. II 820 Arte testile *(Guerrini)*.

Bupalos von Chios, Sohn des → Archermos, Bruder des → Athenis. Bildhauer des 6. Jh. v. Chr., auch als Architekt genannt (Paus. 4,30,6), von Hipponax angegriffen (Frg. 1.13.20.70. II 4. VI 18 D.), dessen Karikatur B. mit Athenis geschaffen hätte. Von beiden Brüdern verschiedene Werke erwähnt, so eine Artemis in Delos, die den Betrachter traurig oder heiter anblickte. Von B. allein die Tyche in Smyrna. Auch in nachklass. Zeit waren Werke des B. beliebt: Chariten in Pergamon (eine unvollständige Inschrift eines Bildhauers von Chios bezieht man auf B.), Werke im palatinischen Apollotempel zu Rom (Augustus schätzte Arbeiten des B.) und ein Werk in Konstantinopel (wohl aus Rom dorthin gebracht). A.R.

Brunn Gesch. der griech. Künstler, 1,38ff. 2,344. *Overbeck* Die ant. Schriftquellen Nr. 314–319.1506. AA 1936, 52ff. HB Arch. III 1 (5. Lfg. 1950) 62 *(Lippold)*. Encicl. Arte Class. Or. II 156 *(Catteruccia)*.

Buphagos (*Βουφάγος*). **1.** Ein rechtsseitiger Zufluß des Alpheios und dessen Eponym, ein Sohn des Iapetos. In Pheneos nahm er den verwundeten Bruder des Herakles, Iphikles, auf und bestattete den Verstorbenen. Auf dem Berge Pholoe wurde er von Artemis, der er nachstellte, getötet. Paus. 5,7,1. 8,14,9.26,8.27,17. **2.** Kultname des Herakles, der einen ganzen Stier verzehren konnte, z.B. beim Lapithen → Koronos, der gleichfalls B. genannt wurde (Pind. frg. 168. Orph. Arg. 138), im Wettstreit mit Lepreos (Paus. 5,5,4) und in der Geschichte mit → Theiodamas (Apollod. 2,118.153). In dem rhodischen Lindos hatte er den gleichbedeutenden Namen *Βουθοίνας*. H. v. G.

Bura (*Βοῦρα*). Eine der 12 Städte Achaias. Soll 373 v. Chr. durch Erdbeben zerstört worden sein, bestand aber weiter. Sehr geringe Reste beim h. Dorf Kastro über Diakofto. E. M.

1. *Oberhummer* RE III 1059 (mit der älteren unrichtigen Lokalisierung). 2. *Ernst Meyer* Peloponnesische Wanderungen 1939, 133ff. Neue peloponnesische Wanderungen 1957, 81ff. RE Suppl. IX 18f. 3. *Head* HN[2] 413.

Burdigala. Stadt des keltischen Galliens, später Aquitaniens, am Unterlauf der Garumna, h. Bordeaux (Strab. 4,2,1. Plin. nat. 4,19,108. Ptol. 2,7,7. Tab. Peut. Itin. Ant. Auson. 19,128–168). Hauptstadt der Bituriges Vivisci. Umschlagsplatz für Zinn, gegründet um das 3. Jh. v. Chr., Hafen und Handelsplatz. B. wurde röm. im J. 56 durch Caesars Legaten P. Crassus; Vorort der *civitas Biturigum Viviscorum* seit Augustus, aber ohne Vorrechte: sie ist tributpflichtige Gemeinde, verwaltet von einem Prätor (CIL XIII 596–600), Municipium vielleicht seit der flavischen Zeit. B. wird Hauptstadt von Aquitanien im 2. Jh., wichtig als Straßenknotenpunkt, Mittelpunkt lebhaften Handels und Fremdenzustroms aus dem Orient, Griechenland, Spanien und Germanien, berühmt durch seine Weingebiete und sein Handwerk. B. ist geschmückt mit großartigen Bauwerken: Forum, Amphitheater (fälschlich Palais Galliens genannt), Tempel, Triumphbogen usw. Der Einfall vom J. 276 veranlaßt es, sich hinter den Lagerwall zurückzuziehen. Im 4. Jh. wird B. Hauptstadt von Aquitania secunda, Amtssitz des Statthalters der provincia Aquitanica, berühmt durch seine Universität, verherrlicht durch Ausonius, den Lehrer des Kaisers Gratianus. Das Christentum erscheint dort in der Mitte des 3. Jh.; der 1. Bischof ist ein Orientale. Ein Konzil findet im J. 384 statt. Inschr. CIL XIII 566–908.11032. M. L.

C. Jullian Inscr. rom. de Bordeaux, Bord. 1887. *Ders.* Histoire de Bordeaux depuis les origines jusqu'en 1895, Bord. 1895. *R. Etienne* Bordeaux antique, Bord. 1962.

Burebista(s) (*Βυρεβίστας*, *Βοιρεβίστας*). König der Daker. Ihm gelang es, im J. 60 v. Chr. ein großes dak. Reich zu gründen, das jedoch nur von kurzer Dauer war (60–44 v. Chr.). Unterstützt von dem Oberpriester Dekaineos, führte B. tiefgreifende Reformen auf sittlich-religiösem und auf wirtschaftlichem Gebiet durch. Beim Zusammenstoß mit seinen Cisdanubischen Nachbarn wurden diese von B. geschlagen. Seine Angriffe auf thrak. Gebiet entlang der w. Pontosküste führten zur Zerstörung und Plünderung der dortigen Griechenkolonien. In Thrakien drang B. bis Apollonia vor, aber seine Erfolge s. der unteren Donau waren von kurzer Dauer. Pompeius verhandelte mit B. im J. 48, um von ihm militärisch unterstützt zu werden. Caesar traf im J. 44 Vorbereitungen, um gegen B. zu ziehen, aber B. fiel fast gleichzeitig mit Caesar einer Verschwörung zum Opfer. Sein Reich, das keinen festen inneren Halt besaß, fiel nach seinem Tode in einige (Sonder)fürstentümer auseinander. Strab. 7,5,3. 16,2,39. 7,3,12. Sylloge[3] 762. Chr. D.

Kalinka Ant. Denkm. in Bulg., Wien, 1906, 227 = Seure, Rev. Arch. 1911, 2,423ff. *Mihailov*, IGB 1,323. *Pârvan* Getica, Bukarest 1926, 77–83 u.ö.; Istoria Romîniei, 1, Bukarest 1960, 281–289.294ff. 317ff. u.ö. *Danoff* Zur ant.

Wirtschaftsgesch. der w. Pontusküste bis zu sung der Römer, Bull. Inst. Arch. Bulg. 12, 1 240ff. *Patsch* Beitr. z. Völkerkde. von Südos SAWW. 214,1. Abh., 1932, 42–51 u.s. *Alföld* 1936, 80ff.

Burgundiones. O.-Germ. Stamm der Spät-La-Tène-Zeit in stetigem Zug Strommündungen zwischen Oder und oberen Main vordringt. Erstmals 279 Kampf gegen die Römer bezeugt. Auf der Suche nach Siedlungsland gelingt es ihnen am Ende des 4. Jh. die Alamannen aus dem hessischen Raum zwischen Neckar und Taunus zu verdrängen. 406/07 n. Chr. dringen sie über den Rhein und werden von Constantin III. als Föderaten aufgenommen. Unter Honorius erhalten sie 413 n. Chr. Teile des an den Rhein grenzenden Galliens (Reich von Worms. Burgundergräber bei Worms und Mainz). 443 n. Chr. von Aetius in der Sapaudia (Savoyen) angesiedelt. Das unter Chilperich nach S. vergrößerte Burgunderreich (Kernland die h. Bourgogne), wird in langanhaltenden Kämpfen gegen Alamannen und Goten derart geschwächt, daß es 534 n. Chr. den Franken unterliegt und aufgeteilt wird. H. C.

Reinerth, Vorgesch. d. Dt. Stämme 3, 1033.

Burgus. Germanisches, allen germ. Stämmen gemeinsames Wort, das die Römer entlehnten. Nach Veg. mil. 4, 10: *castellum parvulum, quem burgum vocant.*; kleinere befestigte Anlage im Gegensatz zu den größeren Lagern. Zum Schutze der Grenzen wie auch der Straßen haben die B., nur mit kleineren Truppendetachements besetzt, die Funktion befestigter Warten. H. C.

Buri (-ii). O.-Germ. Volk, das nach Tac. Germ. 43 zusammen mit Marsignern, Cotinern und Osen, den Markomannen und Quaden benachbart ist und seine Wohnsitze an der Weichselquelle hat. Im 2. Jh. im Marchtal vorrückend, unterhalten sie zunächst gute Beziehungen zu Rom, erscheinen dann aber im Verein mit den Völkern des Markomannenkrieges im Kampf gegen Rom. H. C.

Burnum. Legionslager und Stadt zur Römerzeit an der Krka, Ruinenstätte Šuplja crkva, Trajanski grad, bei Kistanje, w. von Knin, Vorort des liburnischen Volksstammes Burnistae, ein Glied der Festungskette am SW.-Abhang der Dinarischen Alpen, die den früh romanisierten Küstenstrich Dalmatiens schützte. Um das Lager bildete sich eine Veteranensiedlung *(canabae)* in Ivoševci. Die legio XI Claudia stationierte hier bis zum J. 69 n. Chr., dann hatte die ganze Provinz Dalmatia als ständige Besatzung nur Auxiliarmilitär. Mehrere Straßen teilten sich bei diesem wichtigen Punkte. Das Ruinenfeld von B. ist archäologisch erforscht: Amphitheater, Tempel, mehrere Bogen, Wasserleitung, Straßen sind freigelegt. B. hatte gewiß das Stadtrecht *(municipium)*, *πόλις* wurde die Stadt von Prokop meritorisch genannt. Sehr viele Funde von B. befinden sich im Museum zu Knin. Der Streukreis der Inschr. von B. ist breit, was die Bedeutung der Stadt kennzeichnet. J. Sz.

Burrus s. Afranius

Busiris. Altäg. Pr-Wśjr (assyr. Umschrift Pusiri), »Tempel des Osiris«, ist Name mehrerer äg. Orte, die einen Osiristempel besaßen. Der wichtigste war das alte Ḏdw, Hauptort des 9. u. äg. Gaues im Mitteldelta, j. Abusir, am linken Ufer des Nilarms von Damiette, der deshalb auch Busirites hieß. Historisch tritt B. nicht hervor; in der Zeit der Assyrer war es ein eigenes Fürstentum. Dafür spielte es als Geburtsort des Totengottes Osiris in der Mythe eine um so bedeutendere Rolle. Hier wurde die Trauer um den Tod des Osiris feierlich begangen (Hdt. 2,59.61), wenn auch zu Hdt.'s Zeit der Haupttempel schon der Isis geweiht war. Die griech. Sage vom König Busiris, der Fremde opfert und von Herakles erschlagen wird, wird auf die in der Spätzeit wieder aufgenommene Sitte zurückgehen, daß man »rote«, d. h. hellhäutige Fremde als Verkörperung des Osirisfeindes Seth dem Osiris geopfert hat, da Rot die Farbe des Bösen ist. – Einen anderen Ort namens B. nennt Plin. nat. 36,76 bei den Pyramiden von Giza. Es handelt sich dabei um ein Dorf, das aus der alten Tempelanlage des Osiris von R3-śṯ3w, d. h. des Friedhofs von Giza, entstanden ist. W. H.

Büste s. Plastik

Bustum. Paul. Fest. s. v. und Serv. auct. Aen. 11,201 behaupten, daß *b.* im eigentlichen Sinne die Stätte genannt wird, wo ein Leichnam verbrannt und die Asche bestattet ist, während die Brandstätte allein *ustrina* heiße. Doch wird *b.* auch für »Scheiterhaufen« und am häufigsten für »Grabhügel« gebraucht; vgl. Busta Gallica. W. E.

Thes. l. L. s. v. *Marqu.-Mau* 380f.

Butades von Sikyon soll nach einer etwas märchenhaften Novelle (Plin. nat. 35,151) das Tonrelief, außerdem (ebd. 152) plastische Stirnziegel erfunden haben. A. R.

Overbeck Die ant. Schriftquellen Nr. 259. HB Arch. III 1 (5. Lfg. 1950) 24 *(Lippold)*. Encicl. Arte Class. Or. II 156f. *(Guerrini)*.

Buteo. Cognomen bei den Fabiern, vielleicht in Anlehnung an einen Vogel (als Wappentier?), vgl. RE VI 1759ff. SCHULZE Eigenn. 421,1. Als Familienname: B., Schulredner *(declamator)* in der 2. H. des 1. Jh. v. Chr., Gründer einer Schule, in deren Leitung ihm Gargonius folgte. Proben seiner *declamationes* bei Sen. contr. (z. B. 1,1,20) erhalten. TEUFFEL-KR.-SK. 2,169. H. G. G.

Butes (*Βούτης*). Eine altattisch-ionische Sagengestalt mit verschiedenen Genealogien: **1.** Ahnherr des athenischen Adelsgeschlechts der Eteobutaden, die das Priestertum des Poseidon-Erechtheus im Erechtheion besaßen, während ihre Frauen Priesterinnen der auch im Erechtheion verehrten Athene Polias waren, Plut. vit. X orat. 841ff. Aischin. 2,147 mit Sch. B. galt ursprüngl. als Sohn des Poseidon-Erechtheus selbst (Hes. frg.

124 Rz), dessen Hypostase er ist, später als Sohn des Pandion und der Zeuxippe (Apollod. 3,14,8,1). Nun wurde ein zweiter Erechtheus sein älterer Bruder; er erbte das Königtum, während B. Priester blieb. Dieser heiratete Chthonia, eine Tochter des Erechtheus, Apollod. 3,15,1.3. Ein Altar des B. und ein Stammbaum des Geschlechts befanden sich in der Eingangshalle des Erechtheions. Paus. 1,26,5. **2.** Sohn des Teleon und der Zeuxippe, aus Attika stammend, Apoll. Rhod. 1,95, in Sizilien lokalisiert. Als einziger Argonaute widerstand er nicht den Lockungen der Seirenen, er stürzte ins Meer, wurde aber von Aphrodite nach Lilybaeum gerettet. Beider Sohn Eryx errichtete den berühmten Aphroditetempel auf dem Berge Eryx. Apollod. 1,135. Apoll. Rhod. 4,912ff. Hyg. fab. 260. Diod. 4,83. Wilam. Her. 2,1,32. **3.** Sohn des Boreas und Stiefbruder des Lykurgos, Gemahl der Chthonia. Wegen eines Anschlags auf den Stiefbruder wurde er verbannt. In der Phthiotis vergriff er sich an Koronis, einer der *τροφοί* des Dionysos. Dieser machte ihn wahnsinnig, durch Sprung in einen Brunnen fand er sein Ende. Diod. 5,50.

E. Maass H 23, 1888, 73. H. v. G.

4. B., Sohn des Glykon aus Phlya, attischer Bildhauer des 4. Jh. v. Chr., von ihm wird eine Porträtstatue des Isokrates erwähnt. A. R.

FGrIIIH B, 116, Philochoros 59. Zum Bildnis des Isokrates: *J. J. Bernoulli* Griech. Ikonographie 2, Münch. 1901, 14ff. *Schefold* Die Bildnisse der ant. Dichter, Redner und Denker, Basel 1943, 160.

Buthoinas → Buphagos.

Buthroton (*Βουθρωτόν*). Stadt in Epeiros, bereits vorgeschichtlich besiedelt, in röm. Zeit Kolonie und bis in die Neuzeit bedeutend (Butrinto). Ausgedehnte Ruinen einschließlich sehr gut erhaltenen Theaters auf einer Halbinsel am Ausgang des Sees von Butrinto gegenüber Korfu. E. M.

1. *Oberhummer* RE III 1084f. XIX 373f. (Pelodes). 2. *L. M. Ugolini* Albania antica III 1942, L'acropoli di Butrinto. 3. *Ders.* Il teatro di Butrinto, Rendic. Pontif. Accad. di arch. 11, 1935, 81ff. 4. RAL VIII,VI 1951, 330ff. 5. *Philipps.-Kirst.* 2,68 und Nachtrag. 666 Nr. 47. 6. *A. de Franciscis* Isrizioni di Butrinto, Rendic. R. Accad. di arch. di Napoli 21, 1941, 273ff. 7. *Head* HN² 320. 8. *M. Grant* From imperium to auctoritas 1946, 269ff. 9. Sonstige Literatur RAL VIII,VI, 1951, 337.

Buto. Stadt in Unteräg., im Westdelta (6. u. äg. Gau) gelegen, jetzt tell el-fara'ine. Der Name geht auf pr-W3ḏj.t, »Tempel der Schlangengöttin Uto«, zurück, die in klassischer Zeit in B. verehrt wurde; die Griechen nannten sie fälschlich auch Buto. Der Ort ist frühgeschichtlich belegt; er war aus den Dörfern Dp, Ḏb'w.t (mit einem Reihergott) und einer kgl. Palastanlage P (»Sitz des harpunierenden Horus«) zusammengewachsen. B. war schon vorgeschichtlich Zentrum der Deltakultur, aus der u.a. ein kgl. Begräbnisritual in die geschichtliche Kultur übernommen wurde. In den religiösen Texten ist B. die Stadt Unteräg., jedoch darf daraus nicht gefolgert werden, B. sei Hauptstadt eines vorgeschichtlichen Reiches gewesen (Wilson JNES 14,209ff.). In griech. Zeit war B. Hauptort des Phthenotes (Pteneto) genannten Gaus. Geschichtlich spielte B. keine Rolle, um so mehr in der Mythe. Hier hatte im Sumpf Chemmis die Uto das Horuskind, bzw. in Gestalt eines Ichneumons Sonne und Mond als zwei Vögel aufgezogen (Hdt. 2,155f.); daher identifizierten die Griechen sie mit Leto als Mutter von Artemis und Apollon und verehrten in B. neben dem Sperber (Horus) auch die Spitzmaus. Spät galt das Orakel von B. als besonders sicher. – Ein zweites Buto ist mit altäg. Im.t, j. Nebesheh im Ostdelta (19. u. äg. Gau) gleichzusetzen (Hdt. 2,75), wo ebenfalls Uto als Schützerin der Weinberge verehrt wurde. W. H.

Butter (*βούτυρον*, *butyrum*, wahrsch. = »Kuhkäse«, vgl. »Milchöl«, Hekat. b. Athen. 10, 447d) war Griechen u. Römern zwar bekannt (s. bes. Hdt. 4,2, Plin. nat. 28,133–34), blieb aber – schon wegen der Unbeliebtheit der Kuhmilch, aus welcher sie, wie heute, gewöhnlich hergestellt wurde – als Nahrungsmittel durchaus (trotz ihrer Erwähnung in Diokletians Maximaltarif 4,50) auf jene, auch »biertrinkenden«, Gegenden beschränkt, wo kein Olivenöl zu haben war; bes. Thrakien (»Butteresser«), Skythien, Gallien, aber auch Lusitanien, Aethiopien und Teile Indiens und Arabiens. Ihre Herstellung ist von Plin. a. O., wenn auch mangelhaft, beschrieben. Allein in der Medizin wurde sie, bes. bei Schwellungen, vielfach verwendet; z. B. Gal. 6,683. 12,274, Plin. nat. 11, 239. L. A. M.

Butunti (Nissen It. Ldk. 2,857). Kalabrische Stadt der 2. Region (Plin. nat. 3,105 *Butuntinenses*) an der via Traiana zwischen Rubi und Barium (It. Ant. 117,1. Burd. 609,16. Tab. Peut. 6,5); prägte um 300 v. Chr. Münzen (Head HN² 46 *Βυτοντίνων*), galt in der Kaiserzeit als verbauert (Martial. 2,48,7. 4,55,29); h. Bitonto. G. R.

Buxentum (Nissen It. Ldk. 2,897). Lukan. (Ptol. 3,1,8) Stadt der 3. Region (Plin. nat. 3,72) am Golf von Policastro, die nach Münzen des 6. Jh. (Head HN² 83f. *Πυξόες*) schon vor der Neugründung durch Mikythos von Messene 467 v. Chr. (Strab. 5,253. Diod. 11,59) bestand (griech. Name *Πυξοῦς* oder *Πύξις* nach Steph. Byz.; vielleicht = **buxiṓs*?). Röm. Kolonie seit 194 v. Chr. (Liv. 34,45,2. Vell. 1,15,3), erneuert 186 v. Chr. (Liv. 39, 22,4); seit 89 v. Chr. *municipium* der tribus Pomptina (CIL X 1 p. 51; Einwohner *Buxentini* nach CIL IX 453.482; *Buxantia* Mela 2,69). G. R.

Buzes. 1. Thraker, kämpfte in den ersten Jahren Kaiser Justinians als Offizier gegen die Perser und in Armenien (Prok. bell. 1,13.19.21. 2,3); von etwa 539 an neben → Belisar *mag. mil. Orientis*, bewährte er sich im Perserfeldzug von 540/42 wenig (Prok. bell. 2,6.13.20); 542 des Hochverrates bezichtigt, wurde B. von der Kaiserin Theodora eingekerkert (Prok. anecd. 4,1ff.).

554 befehligte er (vielleicht auch Nr. 2) mit Bessas und Martinus ein Heer in Kolchis (Agathias 2, 18f.).

Stein Gesch. II 364. 487 u.ö.

2. Befehlshaber der Hilfstruppen, die Justinian 549 den Langobarden sandte (Prok. bell. 7, 32. 34). Die Identität von Nr. 1 und 2 ist durch STEIN II 530f. nicht erwiesen. A. L.

Buzyges (*Βουζύγης*, »Stieranspanner«). **1.** Athen. Heros, Ahnherr des Geschlechts der Buzygai. Ihm schrieb man die Einführung des Ackerbaus, die Erfindung des Stiergespanns sowie die Rechtsordnung der agrarischen Verhältnisse zu, deren Übertretung mit den *βουζύγειοι ἀραί* belegt war. Sein Pflug ruhte als Weihgeschenk auf der Burg, die heiligen Pflügungen des der Burggöttin geweihten Ackerstreifens unterhalb der Burg wurden alljährlich festlich begangen. Eupolis *Δῆμοι*. Sch. Soph. Ant. 255. Sch. Aischin. 2,78. Varro r. r. 2,5,4. Cic. off. 3,55. Der Eigenname des B. soll Epimenides gewesen sein, Aristot. frg. 342. So wurden der athen. Ackerpriester und der kretische Wundermann vielfach identifiziert. **2.** Beiname des Herakles (Suda). Lact. div. inst. 1,21, 31ff. erzählt das Aition eines Heraklesfestes in Lindos: *duo iuncti boves* werden an einem *βούζυγον* genannten Altar geopfert. H. v. G.

NILSSON Gr. Feste 451.

Buzygai (*Βουζύγαι*). Eines der vornehmsten athen. Priestergeschlechter, das sich auf → Buzyges zurückführte und dem Xanthippos, Sieger von Mykale, und Perikles angehörten. Außer der Sorge für die 3. heilige Pflügung oblag nach Ausweis mehrerer Inschriften den B. auch das erbliche Priestertum des Zeus Teleios und des Zeus am Palladion. H. v. G.

Byblis (*Βυβλίς, Βιβλίς*). Tochter des kretischen Auswanderers Miletos und der Tochter des karischen Königs, Eidothea, oder der Kyanee, der Tochter des Maiandros. Ihre leidenschaftliche Liebe zu ihrem Bruder Kaunos trieb diesen in die Fremde und sie selbst in den Tod. Ihr Ende wird verschieden erzählt: Sie erhängt sich oder löst sich infolge ihrer Tränen in eine Quelle auf oder stürzt sich von einem Felsen und wird dabei von den Nymphen in eine Hamadryade verwandelt; dem Fels aber entspringt eine Quelle, die die Anwohner Träne der B. nennen. Anton. Lib. 30 nach Nikander. Parthenios 11. Konon 2. Ov. met. 9,451–665. Nach Steph. Byz. ist B. Eponymin der phoinik. Stadt Byblos. H. v. G.

Byblos 1. (*βύβλος*), schon bei Homer, bezeichnet ursprünglich die 3–4 (- 6½) m hohen Halme der aus den Sümpfen des tropischen Afrika nach Funden von Hierakonpolis und Abydos spätestens um 5000 v. Chr. nach Äg. gebrachten Papyrusstaude (Cyperus papyrus L., Papyrus antiquorum Willd., *πάπυρος* zuerst bei Theophr., altäg. *twfy*, kopt. *djouf*, arab. *bardi* usw.). Über ihre vielseitige Verwendung zu Schreibmaterial

(vom Neolithikum bis ins 13. Jh.), zu Speise, Schmuck u. a. berichten unzählige Denkmäler, Herod., Theophr., Diosk. u. a. Von Äg. wurde Papyrus wiederholt nach Vorderasien und Südeuropa gebracht und besonders in Sizilien vollkommen eingebürgert. Während die Papyreta von Syrakus (am Anapos und in der Arethusaquelle) noch bestehen, wurden die wohl noch früher gepflanzten von Palermo 1591 durch Rodung vernichtet. H. G.

2. In der klassischen Überlieferung zuerst von Strab. 16,2,18 (sekundär) genannte Stadt im n. Phoinikien (h. Dschebeil) unweit des Meeres auf einem Plateau, mit einem Hafen. B. erwähnen noch Mela 1,67. Plin. nat. 5,78. 6,213. Ptol. 5,14,3 mit Comm. und die röm. Itin., diese in der Form *Biblo* (K. MILLER Itin. Rom. S. 805 mit Skizze Nr. 259). Als Gebal bestand B. schon in bibl. Zeit (Hesek. 27,9). 332 v. Chr. fiel es Alexander d. Gr. zu (Arr. an. 2,15,6) und wurde bald darauf hellenisiert. Weitere Quellen s. RE Byblos Nr. 1. Inschriften. B. war reich an antiken Bauwerken, s. M. DUNANT Fouilles de Byblos, Paris 1939. 1958. Knappe, treffliche Schilderung von B. in »Les Guides Bleus« (Méditerranée Orientale) Paris 1953, 273ff. H. T.

Bylazora (*Βυλάζωρα*). Die größte Stadt Paeoniens, die den Zugang von Macedonien von N. her beherrschte (h. Titov Weles am Wardar). Daher wollten die letzten makedon. Könige sie in ihre Hand bekommen. Sie diente ihnen als Bollwerk gegen die Dardaner. Die wichtige strategische Lage der Stadt am Axios ist geschildert von Polyb. 5,97) Chr. D.

Zur Etymologie *Detschew* 95ff. *Papazoglu* Die makedon. Städte zur röm. Zeit (serb.) 1947, 68. 231ff.

Byllis (*Βυλλίς*). Hauptort der illyr. Bylliones (oder ähnlich) am Unterlauf des Aoos (Vojusa) in S.-Albanien, in röm. Zeit Kolonie. Stadtmauerring und andere Reste auf dem Bergrücken Gradica (Gradista) bei Hekalj. E. M.

1. *C. Praschniker*, JOEAI 21/22, 1922/24, Beibl. 68ff. mit Plan. 2. *C. P. Sestieri* Riv. d'Albania 3, 1942, 157ff. 4, 1943, 35ff. 3. *Head* HN² 314f.

Byrsa s. Karthago

Byssos (*βύσσος*) bezeichnet verschiedene pflanzliche und tierische Fasern, *βύσσινος, βύσσινον πέπλωμα* usw. aus solchen gefertigte Gewebe und Kleidungsstücke, in erster Linie wohl aus den Stengelfasern von Linum (*λίνον*, Lein, Flachs), später (anscheinend schon bei Hdt.) auch aus den Samenhaaren der Baumwolle (s. d.), nach Heldreich vielleicht auch denen der aus Afrika eingebürgerten Asclepiadacee Gomphocarpus fruticosus; ferner auch strangförmige Pilze und Flechten. Kaum jünger als die Bezeichnung für Leinfasern dürfte die für die bis heute Byssus genannten Haftfasern festsitzender Meeresmuscheln, besonders der im Mittelmeer verbreiteten Pinna nobilis sein, aus deren 3–8 cm langen Fasern seit dem Altertum Stricke, Strümpfe, Handschuhe u. a. hergestellt werden. Byssolith ist das fasrige Gestein Asbest. H. G.

Byzacium. Landstrich in Africa zwischen Neapolis (Nabeul) und Hadrumetum (Sousse), Sahel mit der Ebene von Kairouan vereinigend (GSELL Hist. anc. Af. N. 2,140), berühmt durch seine Fruchtbarkeit seit der punischen Zeit (Pol. 3,23,2, der ihn *Βυσσάτις* nennt; Ps. Skyl. 110. MÜLLER GGM 1,88). Hannibal landete dort im J. 203 und versorgte sich mit Getreide (App. Lib. 33). Varro rust. 1,44. Plin. nat. 5,24. Sil. 9,204 geben Getreideerträge von 100 Prozent und Plin. nat. 17, 41.18,94 von 150 Prozent an. Die Angaben sind genau, aber gelten nur für besondere Jahre und für beschränkte Flächen. Denn die Regenmenge ist im allgemeinen gering, unregelmäßig und dem Anbau von Getreide wenig günstig (J. DESPOIS Mél. Gautier 1937, 186). Schon in der punischen Zeit ist B. ein Olivengebiet (GSELL · Hist. anc. Af. N. 4,27) und bleibt in der röm. Zeit ein Hauptproduzent von Öl. Bell. Afr. 97,3. Plut. Caes. 55. M. L.

Byzantinische Kultur. Wie wir die Kultur des ant. Römerreichs nach seiner Hauptstadt kurz als röm. K. bezeichnen, so verstehen wir unter byz. K. jenes Geisteserbe, welches das oström. Kaiserreich, dessen Hauptstadt Byzanz war, in einer mehr als tausendjährigen Geschichtsepoche hinterlassen hat. Die schicksalhafte Verknüpfung beider Reichsmetropolen entstand, als Kaiser Konstantin I. durch die Translatio Imperii des J. 330 den Thron der röm. Cäsaren von der alten Roma am Tiber in das »Neue Rom« am Bosporus versetzte, das fortan den Namen seines Gründers trug: »Stadt des Konstantin«, Konstantinopel. Hist. Kontinuität involviert jedoch keine kulturgesch. Gleichrichtung. Vergleicht man die kulturelle Entwicklung in Alt- und Neurom, zeigt sich vielmehr – 2 gegeneinander geöffneten Halbkugeln vergleichbar – ein Polaritätsverhältnis aufschlußreicher Art: Die K. Altroms, im engen Mauerring einer Stadtgemeinde erwachsen, erfährt das Schicksal, sich im Gefolge kriegerischer Expansion ihrer Träger immer größeren Räumen adaptieren, immer neue geistige Impulse der unterworfenen Kulturvölker in sich aufnehmen und endlich – nach Erringung der Weltherrschaft – jene universale Vielschichtigkeit annehmen zu müssen, die nur noch von der Weite des Imperiums und längst nicht mehr von der geistigen Originalität ihrer Begründer zehrt. Die byz. K. begleitet einen genau umgekehrten Geschichtsverlauf. Sie beginnt auf einem Höhepunkt imperialer Macht, büßt mit dem militär. Verlust immer weiterer Reichsteile einen geistigen Verbündeten nach dem anderen ein und sinkt zum Schluß ihrerseits auf den geistigen Umkreis eines städt. Mauerrings zurück, mit dessen Erstürmung durch die türk. Eroberer (1453) sie erlischt. Altrom hatte die höher zivilisierten Völker des ö. Mittelmeerraums zwar zu unterwerfen, nicht aber geistig zu beherrschen vermocht.

Neurom verwaltet dagegen von Anbeginn das geistige Erbe des O., mit dem es auch die hochmütige Verachtung des den W. repräsentierenden *agreste Latium* teilt. Altrom hatte die Welt unter den Auspizien seiner Stadtgötter erobert, Neurom verdankt seine Existenz gerade dem geistigen Widerstand gegen die alten Heidengötter, ist es doch bei seiner Gründung die 1. vollst. chr. Stadt der Welt.

Aus dieser dreifachen polaren Spannung zwischen Alt- und Neurom ergeben sich 3 Hauptaspekte des byz. Kulturphänomens: 1. Die byz. K. erwächst nicht organisch aus eigener Wurzel. Sie ist der letzte – durch ein chr. Pfropfreis strukturell veränderte – Trieb der sterbenden hellenist. Weltkultur, deren heidnisches Erbe sie überwinden muß, um die eigene Form zu gewinnen. 2. Die byz. K. basiert zwar auf den jurist. und polit. Fundamenten röm. Reichstradition, wird in ihrem übrigen Erscheinungsbild aber bestimmt durch das Wechsel- bzw. Zusammenspiel griech. und oriental. Traditionselemente. 3. Die byz. K. lebt aus dem schöpferischen Impuls des von ihr zuerst rezipierten und geistig assimilierten Christentums. Das Signum der byz. Form besteht darin, daß die vom chr. Glauben inspirierte und vom chr. Weltkaiser als Stellvertreter Christi auf Erden überwachte künstlerische Bemühung nie einen anderen Anspruch erhoben hat als den, der geistigen Wegbereitung des verheißenen Gottesreiches auf Erden zu dienen.

Theologie und Geisteswissenschaften wetteifern um die Definition und Erläuterung des rechten Glaubens, der »Orthodoxia«, das Recht erscheint als »Geschenk Gottes« und selbst die Naturwissenschaften erblicken ihre Funktion im Preis der Werke Gottes. Die sakrale Architektur entwickelt aus der Idee des Zentralbaues den Bautypus der Kreuzkuppelkirche, mit ihrer von monumentaler Malerei überzogenen Innenschale, aus deren höchstem Kuppelrund Christus Pantokrator auf die Gläubigen herabschaut, idealer Kultraum der irdischen Liturgie und Abbild des himmlischen Jerusalem zugleich. Vorab dem liturgischen Gebrauch dient auch das zu höchster Meisterschaft entwickelte Kunsthandwerk: Reliquiare in Schmelz- und Emailtechnik, kombiniert mit Gold, Perlen und Edelsteinen, heilige Geräte mit feinster Gold- und Silbergeschirrdekoration, Meß- und Prunkgewänder mit unnachahmlichen Stick-, Web- und Farbmustern, prunkvoll verzierte Buchdeckel, kostbare Purpurcodices und Miniaturhandschriften, zierliche Elfenbeinarbeiten, Kapitellmuster und Fayencen bilden einen festen byz. Typenschatz, der Jh. lang das bewunderte und unerreichte Vorbild für nachschaffende Künstler der westeurop. und slav. Völkerwelt darstellt. Die sakrale Ikonographie, mit schriftgleicher Autorität ausgestattet und gleichfalls auf einem kanonischen Formenschatz beruhend, beeinflußt die westeurop. Maler bis an die Schwelle der italienischen Renaissance und zeitigt in Rußland vom 14. bis zum 16. Jh. eine Nachblüte von höchster Ausdruckskraft. Gegenüber solcher Geschlossenheit der byz. Form verschlägt es wenig, daß die Stilmittel in früh-, mittel- und spätbyz. Zeit je nach Zeit- und Modeströmung wechseln. Gemeinsam bleibt allen Epochen die unverwechselbare byz. Tendenz zur Entstofflichung, Verhüllung und Spiritualisierung der »Materie« zugunsten eines transzendentalen Bezuges.

Innerhalb der großen Weltkulturen bezeichnet die byz. K. das Musterbeispiel der Prägekraft einer religiösen Reichsidee, erwachsen aus dem Selbstverständnis ihrer Träger als »Corpus christianum mysticum«. J. Sch.

L. Bréhier Vie et Mort de Byzance, Paris 1948 ff. *P. Kukules* Vie et Civilisation Byzantines (griech.), Athen 1948 ff. *N. H. Baynes–H. Moss* Byzantium, Oxf. 1949. *J. M. Hussey* Die Byz. Welt, Stuttg. 1958. *H. Hunger* Byz. Geisteswelt, Baden-Baden 1958. *H.-W. Haussig* Kulturgesch. von Byzanz, Stuttg. 1959.

Byzantion (*Βυζάντιον*) (später → Constantinopolis, h. Istanbul), griech. Stadt, die in der s.ö. Ecke Thrakiens auf dem Thrak. Bosporos entstanden ist. B. wurde von Megara etwa im J. 660 v. Chr. gegründet. Der Name ist sicher thrak. Herkunft (D. DETSCHEW Die thrak. Sprachreste 94). Schon seit frühester Zeit verfügte die Stadt über ausgezeichnete Hafenanlagen. Ihre günstige Lage am Eingang zum Pont. Eux. erleichterte die Entwicklung des Handels, dessen Hauptposten die Ausfuhr von großen Mengen Pökelfisch war. Außerdem hatte B. eine Schlüsselstellung bei der Aus- und Einfuhr der pontischen Länder. Die Lage an der Brücke zwischen zwei Kontinenten war auch von strategisch-politischer Bedeutung. B. wurde von Anfang an zum Schutz gegen die benachbarten thrakischen Stämme befestigt. Die Verfassung scheint ursprünglich gleich der der Mutterstadt Megara oligarchisch gewesen zu sein. Nach der vorübergehenden Perserherrschaft wurde die Tyrannis abgeschafft. Es wechselten einige oligarchische Regierungen, bis im J. 476 Kimon die Stadt für Athen gewann und auch hier eine Demokratie errichtet wurde. B. behielt die staatlichen Einrichtungen, die für die megarischen Kolonien charakteristisch sind: die Gliederung der Bürgerschaft in Phylen und in Abteilungen (Hekatostyes). Als Eponymos fungierte hier der Hieromnamon. Auf Inschriften ist die Rede von *βουλά* und *δᾶμος*, denen zur Seite die Strategen standen. Auch der

βασιλεύς, der für die megarischen Kolonien typisch ist, kommt vor. Von der übrigen Beamtenschaft spielte der geschäftsführende Ratsausschuß eine leitende Rolle, »Fünfzehnrat« genannt. Auch an den Kulten, die B. von seiner Mutterstadt übernommen hatte, hielt es fest. Es kamen später im Pantheon starke thrak. Einflüsse zur Geltung. Megarisch war auch der Dialekt u. Kalender. Die Stadt war Mitglied des delisch-attischen Bundes, empörte sich aber gleichzeitig mit Samos und ging gegen Ende des Pelopon. Krieges zu den Spartanern über. Thrasybulos zwang B., dem 2. attischen Bunde beizutreten (390), 356 fiel es ab, aber 340 rief es wiederum Athen zu Hilfe, als es von Philipp II. v. Maked. belagert wurde. Den Galliern (Kelten von Tyle) mußte B. 279 Tribut zahlen. Im Krieg gegen Antiochos stand B. auf seiten der Römer u. wurde von ihnen zur *civitas libera et foederata* erklärt. Einverleibt wurde B. von Vespasian u. von Severus zur Strafe wegen des Bündnisses mit Pescennius Niger zerstört (196). Caracalla sorgte für die Wiedererrichtung der Stadt. Angegriffen von den Goten zur Zeit des Claudius II. (268–270). 330 verlegte Konstantin die Reichshauptstadt nach B. u. gab ihr seinen Namen, wobei er es mit zahlreichen Denkmälern ausschmückte. Das Gebiet (*χώρα*) umfaßte große Landstriche in Thrakien u. Kleinasien. Chr. D.

Hanell Megarische Studien, Lund, 1934. *W. Newskaija*, Wizantij w klassičeskuju i ellinističeskuju epochi (russ.). B. in klass. u. hellenist. Zeit, 1953.

Byzantinistik. Unter B. verstehen wir die im Gefolge der Wiederbelebung der klass. Altertumswissenschaft im Zeitalter des Humanismus entstandene Beschäftigung mit der Gesch. und Kultur des oström. Kaiserreichs (330–1453), die durch K. KRUMBACHER Ende des 19. Jh. zum Rang einer selbständigen wissenschaftlichen Disziplin erhoben wurde. J. Sch.

Byzes von Naxos. Paus. 5,10,3 schloß aus einem Epigramm von Euergos, dem Sohn des B., daß B. als erster aus Marmor Dachziegel schnitt. Ein Dachziegel aus naxischem Marmor auf der Akropolis trägt eingemeißelt die Buchstaben CY, das ist im naxischen Alphabet BY, man erschloß daraus eine Signatur des B. A. R.

Brunn Gesch. der griech. Künstler, 1,42. *Overbeck* Die ant. Schriftquellen Nr. 320. *Th. Wiegand* Die archaische Porosarchitektur, Cassel 1904, 180. HB Arch. III 1 (5. Lfg. 1950) 43 *(Lippold)*. Encicl. Arte Class. Or. II 236 *(Carrettoni)*.

C

C = Abkürzung des Praenomens *Gaius* (Quint. inst. 1,7,28), älter als die Einführung des Buchstabens *G* in das lat. Alphabet, d.h. vor Ap. → Claudius Caecus Nr. 4, vgl. RE XVI 1661. Herkunft des Namens unbekannt, WALDE-HOF.^{3} 1,577. H. G. G.

Cabillonum. Stadt der Häduer am Arar in Gallia Lugdunensis; h. Châlon-sur-Saône. Caes. Gall. 7,42.90. Strab. 4,192. Ptol. 2,8,12. Itin. Ant. 360 *(Cavilunno)*. Cod. Theod. 9,40,2 *(Cabilluno)*. Amm. 14,10,3. 15,11,11 *(Cabillona)*. Sidon. 4,25. Greg. Tur. *(Cabillonum, Cavillonnum)*. In späterer Zeit wurde sie Station einer *classis Ararica* (Not. Dign. occ. 42,21). Auch Eumen. pan. Constant. Aug. d. 18. M. L.

Desjardins 2,466. *Longnon* Géogr. Gaule 216ff. *Espér.* Rec. III 1, Nr. 2129ff.

Cacus, Caca. Altes, verschollenes Götterpaar. An den Namen erinnern das Atrium Caci (Lokalisation unsicher) und die Scalae Caci, die vom Palatin zum Forum boarium und zur Ara maxima führten. An diesen Herculesaltar und den Tempel des Hercules Invictus auf dem Forum boarium sowie den in der Nähe gelegenen Altar des Iuppiter Inventor (und vielleicht einen des Euander) knüpften sich aitiologische Sagen von des Cacus Diebstahl der Rinder des Hercules: Verg. Aen. 8,190ff. Ov. fast. 1,543ff., auch Prop. 4,9,1ff.; ohne alles Übernatürliche Liv. 1,7,3ff., Dion. Hal. 1,39 und Orig. g. R. 6 (vgl. Verr. Flacc. bei Serv. Aen. 8,203) (Diodor 4,21,2 und Cn. Gellius frg. 7 PETER ohne Rinderdiebstahl). Einen Kult des Cacus gab es nicht mehr, seine Höhle zeigte man am Aventin, wohl aber wurde Caca mit ewigem Feuer verehrt (Serv. Aen. 8,190. Lact. inst. 1,20,36). Z.T. sehr weitgehende, aber haltlose Spekulationen aus neuerer Zeit; beachtlich nur MULLER und ALTHEIM: Der (bei Verg.) feuerspeiende C. gehöre sprachlich zu dem Vulcanussohn → Caeculus. W. E.

F. Münzer C. der Rinderdieb, Progr. Basel 1911. *Wissowa* Rel.^{2} 161.282f. *R. Peter* Myth. Lex. 1,2270ff. *J. Bayet* Les origines de l'Hercule Romain, Paris 1926, 203ff. *Latte* RRel 60,3.221. *Muller* Mn 58, 1930, 89ff. 434ff. *Altheim* RVV 22,1,176ff. *Ders.* RRelG 1951, 1,127ff.

Cadius. L. Rufus. Nach Mz. bei BABELON-REINACH Recueil gén. monn. grecq. d'Asie Min. I 2 p. 236 Nr. 6 u.a. im J. 47/48 Procos. von Bithynien; er wurde von den Provinzialen de repetundis angeklagt und verurteilt, Tac. ann. 12,22,3, erhielt aber von Otho den *latus clavus* wieder, Tac. hist. 1,77,3. R. H.

Caduceus (od. -eum). Aus griech.-dor. *καρύκειον* (über *ρ* > d s. Dict. étym.^{4} 82). Mit → Mercurius als dessen Attribut nach Rom gekommen; erscheint schon auf dem ältesten Geld, dem aes signatum (→ am Schluß des Bandes), gilt als Abzeichen des Handels und wie das → *κηρύκ(ε)ιον* als Friedenszeichen. Auf kaiserzeitlichen Münzen zusammen mit dem doppelten Füllhorn statt S.C. An der Schwelle des Concordiatempels war ein bronzener c. eingelassen. W. E.

Cadurci. Volk in Gallia Aquitania, Nachbarn der Ruteni und der Nitiobriges; die h. Landschaft Quercy. Caes. Gall. 7,4.5.7.64.75 · 8,30.32.34. Strab. 4,190.191. Plin. nat. 4,109.19,8.13. Frontin. 3,7,2. Ptol. 2,7,9. Tab. Peut. Sidon. 9,281. Die hauptsächlichen Städte sind Uxellodunum (Hirt. b. g. 8,32), Diolindum (Tab. Peut.), Divona (Ptol. 2,7,9) später Cadurci genannt (h. Cahors). M. L.

Desjardins 422. *Longnon* Géogr. Gaule 522.

Caecilia via. Durch Bauinschrift sullanischer Zeit (CIL I^{2} 808) bekannte und durch Meilenstein CXIX (CIL I^{2} 661) des L. Caecilius Metellus (cos. 117 v. Chr.) bei S. Omero s.ö. Ascoli Piceno nachgewiesene röm. Straße. Die Entfernungsangabe rechnet von der latin.-sabin. Grenze bei Nomentum über die spätere via Salaria bis Asculum (von dort bis S. Omero 15mp); vgl. RADKE Philol. 103, 1959, 314,2 (Linienführung bei HÜLSEN, RE III 1174 unbeweisbar). G. R.

Caecilianus. 1. Verschiedentlich bei Martial (z.B. 1,20.65) fingierter Name. **2.** Bei Tac. ann. 6,7,1 lautet der Name des Senators nicht C., sondern Caesilianus, R. SYME, JRS 39, 1949, 10. **3.** Cognomen verschiedener gentes, s. STEIN, PIR II^{2} p. 2 Nr. 12. R. H.

4. C., praefectus annonae um 397 (Symm. epist. 3,36.9,58); 402–404 vicarius urbi (Symm. epist. 9, 50. Cod. Iust. 1,51,4). Als einer der Gesandten des röm. Senates erreichte er Anfang 409 nicht, Honorius zum Frieden mit → Alarich zu bewegen, anschließend war er kurz praef. praet. Italiae (Zos. 5,44. Cod. Theod. 9,2,5f. 3,7. 11,8,1). Nach Scheitern der Usurpation des Heraclianus im J. 414 war er gemeinsam mit Nicomachus Flavianus als außerordentlicher Richter in Africa (Cod. Theod. 7,4,33) und trat dort den Donatisten entgegen (Aug. epist. 86.151). **5.** C., vormals Archidiakon, wurde 312 zum Bischof von Karthago gewählt und durch Felix von Aptungi geweiht. Eine Synode von 70 rigoristischen Bischöfen erklärte ohne Rechtsgrundlage die Wahl des der *traditio* bezichtigten C. für ungültig und wählte Maiorinus, dem 313 Donatus folgte. Unter dem Einfluß stadtröm. Kreise und des Ossius von Cordova ergriff Kaiser Konstantin die Partei des von der romanisierten Schicht gestützten C. (vgl. bes. Konstantins Brief bei Eus. KG. 10,9). Der Streit mit → Donatus wurde auf den Synoden von Rom (313) und Arles (314) zugunsten des C. entschieden. Trotz mehrfacher Eingriffe der Staatsgewalt (vor allem 315/321, ferner 330 und 336) konnte C., der bis 340 im Amt blieb, ein weiteres Erstarken der gegnerischen Kräfte nicht verhindern. A. L.

W.H. Frend The Donatist church, 1952. *E.L. Grasmück* Coercitio, 1963, 20ff.

Caecilius. Name eines plebeischen Geschlechts, das seit dem 5.Jh. v.Chr. hist. bezeugt ist, aber erst in der Zeit der Nobilitätsherrschaft seit dem 3.Jh. mit seiner berühmtesten Familie, den → Metelli, hervortritt. Die ältere Namensform ist *Caicilios*, griech. *Καικίλιος*, *Κεκίλιος*. Späte Konstruktion (Fest.ep. 44) führte den Namen auf Caeculus, den sagenhaften Gründer von Praeneste, oder auf Caecas, einen Gefährten des Aeneas, zurück.

I. Republikanische Zeit. **1.** C., Quaestor 59 v.Chr. (Cic.Att. 2,9,1). **2.** A.C., plebeischer Aedil 189. **3.** A.C., Münzmeister zwischen 150 bis 133, also nicht mit Nr. 2 identisch, vgl. Broughton Mag. 2,433; der Vorname A. sonst nur bei Freigelassenen, z.B. CIL VI 2247. **4.** M.C., Legat 200 v.Chr., möglicherweise Erfindung des Val. Antias (so Münzer). **5.** M.C., 173 Xvir agris dividundis, 172 zum Einkauf von Getreide in Unteritalien. **6.** Q.C., Volkstribun 439, Anhänger des Sp. Maelius, Liv. 4,16,5. **7.** Q.C., röm. Ritter, der mit einer Schwester des L. Catilina verheiratet war, wurde von Sulla proskribiert und von seinem Schwager umgebracht, Q.Cic. de petit.cons.9. **8.** Q.C., röm. Ritter mit großem Vermögen, das er bei seinem Tode 58 seinem Neffen T. Pomponius Atticus, den er adoptiert hatte, hinterließ. Er war mit L. Lucullus befreundet und stand mit Cicero in Beziehung. Beerdigt wurde er am 5. Meilenstein der Via Appia. **9.** T.C, fiel 49 bei Ilerda als *primi pili centurio* im Heer der Pompeianer. **10.** Q.C. Bassus, röm. Ritter und Abenteurer, im Bürgerkrieg auf seiten des Pompeius, dann in Tyros. Dort erregte er 47 einen Aufruhr. Von Sex. Caesar, einem jungen Verwandten des Dictators, zunächst besiegt, zog er dessen Truppen – die ihren Führer ermordeten – an sich und hielt sich längere Zeit in Apameia, auch gegen Belagerungen. Erst als C. Cassius Ende 44 als Propraetor in Syrien erschien, gingen die Truppen des C. zu diesem über, C. selbst wurde ungekränkt entlassen, Cass. Dio 47,26,3–28,4. Nach der (unwahrscheinlichen) Überlieferung bei App.civ. 3,77.4,58 war C. vor 47 ein Offizier Caesars. **11.** C.C. Cornutus, Volkstribun 61, Praetor 57, Promagistrat in Bithynien 56. Anhänger der Senatspartei, trat 57 für Ciceros Rückberufung ein. **12.** M.C. Cornutus, war als Praetorier Legat im Bundesgenossenkrieg; als Anhänger Sullas wurde er 87 durch die List seiner Sklaven, die ihn für tot ausgaben, vor Marius und Cinna gerettet. **13.** M.C. Cornutus, Praetor urbanus 43, vertrat die beiden Konsuln während deren Feldzug gegen Antonius und nach ihrem Tod; als Octavian heranrückte, verübte er Selbstmord. Broughton Mag. 2,338. **14.** L.C. Denter, 182 Praetor und Statthalter in Sicilia. **15.** M.C. Denter, wohl Bruder von Nr. 14, 173 Gesandter nach Makedonien und Griechenland. **16.** Q.C. Dio aus Halaesa (Sicilien) erhielt von Q.C. Metellus Creticus das Bürgerrecht, Cic. Verr. 2,19ff. **17.** C. Metellus, Cognomen der berühmtesten Familie der C., eine der bedeutendsten in Rom im 2. und 1.Jh. v.Chr. Einzelpersonen → Metellus. **18.** Q.C. Niger, gebürtiger Sicilier, Quaestor in Sicilien 72, beteiligte sich an den Erpressungen des Verres. Als er 70 gegen Verres als Ankläger auftrat, sprach Cicero gegen ihn (divinatio in Q. Caecilium), um ihn als völlig ungeeigneten Ankläger zu erweisen. Schanz-Hos. 1,411f. **19.** L.C. Rufus, über seine Mutter Halbbruder des P. Cornelius Sulla, Quaestor etwa 66 (Broughton Mag. 2,153. Dess. ILS 880), Volkstribun 63 – als solcher dem Senat und Cicero zugeneigt –, Praetor 57 (trat für die Rückberufung Ciceros ein, wurde von den Banden des Clodius in seinem Hause belagert). Als Proconsul verwaltete er eine Provinz (Sicilien?, 56), unterstützte 54 die Klage gegen A. Gabinius, stand im Bürgerkrieg auf der Seite des Pompeius, fiel bei Corfinium in Caesars Hände, der ihn begnadigte (Caes.civ. 1,23,2); er starb wohl erst unter Augustus, Grabinschrift und elogium CIL I^2 2,761. **20.** Gaia Caecilia, nach einigen Quellen Gemahlin des Tarquinius Priscus, nach anderen Name der Tanaquil in Rom. Die mit C. verbundenen Anekdoten dienen der Ätiologie von Gebräuchen bei der röm. Eheschließung. H. G. G.

II. Kaiserzeit: **1.** C. Aemilianus, Statthalter der Baetica, auf Befehl Caracallas getötet, Cass. Dio 77,20,4; er ist wohl identisch mit dem CIL VIII 25367 genannten legat. pr.pr.prov. Africae Sex. C. Aemilianus. **2.** C. Agricola mußte sich nach dem Sturz Plautians die Adern öffnen, Cass. Dio 76,5,6. **3.** Q.C. Avitus, cos. suff. 164, CIL XVI 185. **4.** C. Capella, Christenverfolger, 196 in Byzanz umgekommen, Tert. Scap. 3. **5.** C. Celer sollte nach Domitians Tod den M. Aquilius Regulus mit dem jüngeren Plinius versöhnen, epist. 1,5,8. **6.** C. Classicus, procos. prov. Hispaniae Baeticae wohl 98/99, Plin.epist. 3,4,2.9,2f. Er starb, bevor der Repetundenprozeß gegen ihn eröffnet wurde, ebd. 3,9,5; trotzdem wurde dieser durch Plinius und Lucceius Albinus durchgeführt, ebd. 3,4,2–8; 3,9, 7–17. **7.** M.C. Cornutus, frater Arvalis 21 und 22 v.Chr., CIL VI 32338, vielleicht Adressat von Tibull 2,2, Cichorius Röm.Stud. 264. **8.** M.C. Cornutus, Sohn von Nr. 7, frater Arvalis 14 n.Chr., 20 n.Chr., CIL VI 2023 a. 32340. AE 1947, 52. Curator locorum publicorum iudicandorum, CIL VI 1267 a. b. Als Prätorier wurde er in einen von Vibius Serenus angestrengten Prozeß verwickelt und tötete sich selbst, Tac.ann. 4,28,2. 30,2. **9.** Q.C. Dentilianus. Cos. suff. 167, CIL XVI 123,22. **10.** A.C. Faustinus. Cos. suff. 99, CIL

XVI 44.45. Leg. Aug. pr.pr.prov. Moesiae inf. im J. 105, CIL XVI 50 (A. STEIN Legat. Moes. 62). Procos. Africae ca. 115/16, CIL VIII 11798 (B. THOMASSON Statth. Afr. 2,60). **11.** C. Macrinus. Freund des Plinius, epist. 3,4. **12.** C. Metelli, s. Metellus. **13.** C. Plinius, s. Plinius. **14.** Q. C. Rufinus Creperianus. Cos. suff. ann. inc., leg. Aug. pr.pr. Pannoniae inf. ca. 205–208, CIL III 10407. 10415. **15.** C. Secundus leistete im Sarmaterkrieg Domitians Militärdienste. Martial schickte ihm das Buch VII, s. 7,84. **16.** Cn. C. Simplex, Procos. Sardiniae 67/68 n. Chr., CIL X 7852. Cos. suff. 69. Tac. hist. 2,60,2.3,68,2. Cass. Dio 65,17,1f. **17.** C. C. Strabo. Frater Arvalis 101 (CIL VI 2074) u. 105 (ebd. 2075), als cos. des. im J. 104 (Plin. epist. 4, 12,4) beklagte er Corellia Hispulla, Plin. epist. 4, 17,1–4.11. Cos. suff. 105, Inscr. It. XIII 1,196f. AE 1945, 34. † im J. 117, CIL VI 2078 = 32374 II 34f. **18.** (Caecilia) Iunia. Tochter des Q. C. Metellus Creticus Silanus; sie verlobte sich mit Nero, dem ältesten Sohn des Germanicus, Tac. ann. 2, 43,2. † vor 20 n. Chr., CIL VI 914. R. H.

III. Literarische Persönlichkeiten: **1.** C. Statius, Palliatendichter. Insubrer, vielleicht aus Mediolanum (Hier. chron. 1838), wurde (nach seiner Gefangennahme während des Feldzugs 223–222 v. Chr. gegen die Insubrer?) Sklave mit dem Namen Statius, der dann zu seinem cognomen wurde, als er bei seiner Freilassung den Gentilnamen seines Patrons annahm (Gell. 4,20, 13). Höhepunkt seines Schaffens 179, Tod 168 (so Hier. a. O.), obwohl die wahrscheinlich legendäre Notiz, daß Terenz die Andria seinem Urteil unterwerfen mußte (Suet. Ter. 3), vorauszusetzen scheint, daß er 166 noch lebte. Er war *contubernalis* des Ennius (Hier. a. O.; vgl. I. VAHLEN Enn. poes. rell.² XVIII,4). Seinen anfangs nicht erfolgreichen Komödien verhalf der noch junge Ambivius Turpio zum Erfolg (Ter. Hec. 11ff.).

Erhalten sind weniger als 300 Verse, oder Versfragmente, und die Titel von etwa 40 Palliaten, häufiger griech. als lat. Der gleichen Komödie sind sicher die griech. und lat. Titel *Obolostates*, *Fenerator* bzw. *Hypobolimaeus* und *Subditivos* zuzuweisen (der *Hypob.* muß mit dem *Hypob. Chaerestratus* und vielleicht mit dem *Hypob. Rastraria* identisch sein, schwerlich mit dem *Hypob. Aeschinus;* vgl. RIBBECK CRF² 54ff.). Bevorzugte Quelle war Menander, wie Gell. 2,23,5ff. und 3,16,3ff. für das *Plocium* und Cicero opt. gen. 18 und fin. 1,4 für die *Synephebi* bezeugen; weitere gemeinsame Titel kommen bestätigend hinzu (Verzeichnis s. [3],316f).

Zeitlich zwischen Plautus und Terenz stehend, zeigt C. eine Wesensverwandtschaft des Geschmacks und der Technik mit Plautus in der freien Bearbeitung des menandrischen *Πλόκιον*, die wir, dank Gell. 2,23 und 3,16,3ff., nachprüfen können (vgl. zuletzt A. TRAINA Atti Ist. Ven. 116, 1957–1958, sc. mor. 385ff.): bemerkenswert die reiche Polymetrie, die Klangfiguren, der sententiöse Anfang der Monodie (142f. R.), das Bestreben, die Komik handgreiflicher zu machen, unmittelbarer verständlich (diese Wirkung erzielt auch die selbstironische Exposition 151ff.) und sogar vulgärer (159ff.). Doch ist ein vorterenzisches Element bei C., abgesehen von dem reichen Gebrauch griech. Titel (die übrigens schon bei Naevius häufig vorkommen), die Vorliebe für Menander; dagegen bleibt die These, daß er sich der contaminatio enthielt und im Festhalten an seinen Vorbildern über Terenz hinausging, unbewiesen (H. HAFFTER, MH 10, 1953, 5ff.).

Hoher Wertschätzung erfreute sich C. in älterer Zeit (vgl. Quint. inst. 10,1,99): für Volcac. frg. 1,5 Mor. (wo trotz LEO [2],225,3 *comicam* zu lesen ist) und für Cic. opt. gen. 2 *(fortasse)* war er der größte lat. Komiker, den andern überlegen *in argumentis* für Varro Men. 399, der an ihm auch die Fähigkeit, die *πάθη* zu erregen, schätzte (bei Charis. GrL 1,241,28f.), wie die von Hor. epist. 2,1,59 zitierten *critici* (wahrscheinlich aus der Schule Varros) seine *gravitas*. Die Zurückhaltung Ciceros hängt vielleicht von seinem negativen Urteil über die »urbane« Korrektheit der Sprache des C. ab (Brut. 258; vgl. Att. 7,3,10). In späterer Zeit wurde er weniger geschätzt und weniger gelesen (vgl. das Zitat bei Apul. apol. 5). Die Kritik, der ihn Gell. 2,23 in der *σύγκρισις* mit Menander unterwirft, ist von attizist. Geschmack beeinflußt. Sc. M.

Frg.: CRF³ 40ff. *Warmington* Remains of Old Latin I², 468ff. 564. *A. Traina* Comoedia, Padova 1960, 87ff. (Auswahl mit Komm.). 1. *F. Skutsch*, RE III 1189ff. 2. *F. Leo* Gesch. der röm. Lit. 1,217ff. 3. *P. Faider* Mus. Belge 12, 1908, 269ff. 13, 1909, 5ff.

2. C., von Kale Akte (Sizilien). Griech. Rhetor und Literaturkritiker der augusteischen Zeit, wahrscheinlich ein Schüler des Apollodoros von Pergamon (Quint. inst. 9,1,12), begründete mit dem etwa gleichaltrigen Gesinnungsgenossen Dionysius von Halikarnass den literarischen Attizismus. Er verfaßte zahlreiche Schriften rhetorisch-technologischen, kritisch-ästhetischen und lexikographischen Inhalts; da hiervon nur wenige Zitate erhalten blieben, ist daß Maß seines Einflusses auf die spätere Zeit sehr umstritten. Die beiden sicheren Fragmente der *τέχνη* (frg. 6.31) lassen ihn als pedantischen Tüftler in Fragen des Lehrsystems erscheinen; denselben Eindruck erwecken die mannigfachen subtilen Neuerungen, die seine in späterer Zeit viel benutzte Monographie *περὶ σχημάτων* (frg. 50ff.) enthielt. Von dieser Basis aus bestimmt sich wohl am besten der Inhalt seiner Schrift *περὶ ὕψους*, die als der heftig befehdete Widerpart des Anonymus *περὶ ὕψους* bekannt ist. Hiernach hätte der Anonymus durchaus nicht, wie früher meist behauptet wurde, die Substanz seiner Lehren aus der gleichnamigen Schrift des C. übernommen; C. wäre vielmehr der oberflächliche Pedant gewesen, als den der Anonymus ihn darstellt (sublim. 1,1–2. 8). Zu dieser neuerdings vertretenen Ansicht (s. [2.5]) stimmt auch der extreme Attizismus, der C. veranlaßte, Lysias über Platon zu stellen (frg. 150). Von dem großen stilanalytischen Werk *περὶ τοῦ χαρακτῆρος τῶν δέκα ῥητόρων* weiß nur Suda (s. v. *Καικίλιος*). Man hat es mit der Entstehung des Kanons der 10 attischen Redner in Zusammenhang gebracht: C. habe den Kanon entweder selbst aufgestellt oder bestätigt und verbreitet. Auch dieser These wurde neuerdings mit guten Gründen widersprochen (s. [6]); die des öfteren zitierten Schriften über Antiphon, Demosthenes und Lysias wären also wie die beiden Synkrisis-Traktate (Demosthenes-Cicero; D.-Aischines) Monographien, nicht Teile eines Werkes über sämtliche Redner gewesen.

Ta. *Ofenloch* C. Calactini Fragmenta, 1907 (unkritische Materialsammlung). 1. *W. Rhys Roberts* AJPh 18, 1897, 302ff. 2. *H. Mutschmann* Tendenz, Aufbau und Quellen der Schrift vom Erhabenen, 1913. 3. *J.W.H. Atkins* Literary Criticism in Antiquity, 2, 1934, 106ff. 216ff. 4. *W. Kroll* RE Suppl. VII 1105ff. 5. *A. Rostagni* Scr. min. 1, 1955, 447ff. 6. *A.E. Douglas* Mn Ser. 4,9, 1956, 30ff.

3. Q. Caecilius Epirota. Lat. Grammatiker der augusteischen Zeit, aus Tusculum, Freigelassener des Atticus. Er soll in seiner Schule als erster Vergil und andere zeitgenössische Dichter erklärt haben; s. Suet. gramm. 16 = test. 49, S. XXIII Fun. GrRF. M. F.

Caecina. Etr. Familienname (*Ceicna*, vgl. Schulze Eigenn. 285.567), dessen Träger in Volaterrae hochangesehen waren (vgl. Cic. fam. 6,6,9), wo sie in mehreren Zweigen und durch z. T. reich ausgestattete Gräber nachweisbar sind. In Rom tritt das Geschlecht seit dem 1. Jh. v. Chr. hervor, dürfte jedoch die Bindung zur Heimat nicht verloren haben (Cognomen Tuscus, Villa des Stadtpraefecten von 414 bei h. Volterra), wo sich der Name auch in Fluß und Ort Cecina gehalten hat.

I. Republikanische Zeit. **1.** C., Anhänger des Pompeius, von Caesar nach Thapsus 46 begnadigt. **2.** C. (Volaterranus), Vertrauter Octavians, 43 an Cicero, 41 an Antonius geschickt. **3.** A. C. aus Volaterrae wurde 69 v. Chr. von Cicero, mit dem er noch später befreundet war, in einem Erbschaftsprozeß anscheinend erfolgreich vertreten. Zur erhaltenen Rede vgl. Schanz-Hos. 1,414f. **4.** A. C., Sohn von Nr. 3, wurde von seinem Vater in der Etrusca disciplina unterrichtet und war seit seiner Jugend dem Cicero bekannt, in dessen Briefen die wichtigste Quelle für das Leben des C. vorliegt (fam. 6,6.7.9 u. ö.). Um 57 war er in Asia und prophezeite Cic. die Rückkehr, von seiner Kunst völlig überzeugt. Im Bürgerkrieg war er Anhänger des Pompeius und schrieb eine Schmähschrift gegen Caesar (Suet. Caes. 75,5 u. a.). 46 und 45 konnte er – trotz dem Eintreten Ciceros und anderer Freunde – eine Begnadigung durch Caesar nicht erreichen. Er war als Redner begabt und ist einer der wichtigsten Schriftsteller der Etruskischen Disziplin, bes. der Blitzlehre, gewesen, vgl. Schanz-Hos. 1,602. H. G. G.

II. Kaiserzeit: **1.** A. C. Alienus. * in Vicentia, Tac. hist. 3,8,1. Im J. 68 Quaestor in der Baetica, von Galba zum Legionskommandanten bestellt, doch wegen Veruntreuung von Geldern belangt, ebd. 1,53,1. Ende 68/Anfang 69 half er als Legat der leg. IV Macedonica bei der Erhebung des Vitellius mit (RE XII 1554), von dem er das Kommando über alle Truppen in Germania sup. erhielt, die er nach Oberitalien führte, Tac. hist. 1,61. Er besiegte die Helvetier (ebd. 1,67f.) und kam nach Verona, um die Polinie zu besetzen, ebd. 2,24ff. Plut. Otho 7. Bei Bedriacum gewannen die vereinigten Vitellianer die Entscheidungsschlacht am 14. April 69, Tac. hist. 2,41–45. Plut. Otho 11 bis 13. In Lugdunum und bald in Rom verlieh Vitellius dem C. Auszeichnungen, Tac. hist. 2,59,3; cos. suff. im September und Oktober 69 mit Fabius Valens, Cass. Dio 65,10,4. Vitellius ernannte C. zum Oberbefehlshaber über das Heer gegen die Flavianer, Tac. hist. 2,99,1. Cass. Dio 65,10,1. Beim Versuch, dieses Vespasian zuzuführen, wurde er von seinen Soldaten gefangengenommen, Tac. hist. 2,99–101, nach der Schlacht von Cremona von Antonius Primus zu Vespasian geschickt, ebd. 3,31,4, der ihn freundlich aufnahm, Ios. bell. 4,644. Dio 66,16,3f. Trotzdem beteiligte er sich um 79 an einer Verschwörung gegen Vespasian, wofür ihn Titus töten ließ, Suet. Tit. 6,2. Dio 66,16,3. **2.** A. C. Largus. Cos. suff. 13 n. Chr., Inscr. It. XIII 1,303. A. E. und J. S. Gordon, AJPh 72, 1951, 283–292. **3.** C. C. Largus. Frater Arvalis seit 38, CIL VI 2028 d, cos. ord. (ganzjährig), Inscr. It. XIII 1,150f. 324f. Cass. Dio 60,10,1. Freund des Claudius, begleitete ihn von Ostia nach Rom, um Messalina zu bestrafen, Tac. ann. 11,33f. Sein Haus lag auf dem Palatium, Plin. nat. 17,5. † vor 57 (in CIL VI 2039 nicht mehr in den Arvalakten). R. H.

Caecina fluvius (Nissen It. Ldk. 1,306. 2,300). Fluß Etruriens, der bei Vada Volaterrana (It. Anton. 292,6. Tab. Peut. 4,2) ins tyrrhen. Meer mündet (Plin. nat. 3,50. Mela 2,72); zur Betonung (kurze Paenultima!) vgl. Schulze Eigennamen 285,3. G. R.

Caecubus ager (Nissen It. Ldk. 2,659). Sumpfige, mit Pappeln bestandene (Plin. nat. 16,173. 17, 31) Küstenebene Latiums am *sinus Amyclanus* zwischen Tarracina, Fundi (Vitr. 8,3,12) und Spelunca, in der berühmter Wein gedieh (Plin. 14,61: später vernachlässigt; Strab. 5,231.234. Colum. 3,8,5; vgl. Hor. epod. 9,36; c. 1,20,9 u. a. Martial. 2,40,5 u. a.). G. R.

Caeculus. Mythischer Gründer von Praeneste. Die Gründungssage enthält typische Züge: C. wurde durch eine vom Herd gesprungene Kohle empfangen, ausgesetzt und von wasserholenden Jungfrauen neben einem Feuer gefunden (deshalb und wegen seiner Empfängnis galt er als Sohn des

Vulcanus [dieser ist allerdings kein Gott des Herdes!]) und von Hirten, den fratres Digidii (Solin. 2,9 beruft sich auf Praenestini libri, d.h. Stadtgeschichte) oder Dipidii (Schol. Veron. Aen. 7,681 nach Varro; die Geschichte nach Cato Orig.) aufgezogen. Wegen seiner infolge des Rauches zusammengezogenen Augen C. genannt und bei der Stadtgründung durch Feuerzeichen von Vulcanus als Sohn bestätigt. Er gilt auch als Ahnherr der gens Caecilia. – Urspr. etr. Gentilgottheit. – WISSOWA (Ges. Abh. 318) und W. F. OTTO erkannten, daß der in den Indigitamenta vorkommende Gott mit jenem identisch ist und erst durch falsche Etymologie Varros zum Gott *qui oculos sensu exanimet* (Tert. nat. 2,15,2; unter Totengottheiten) wurde. → Cacus. W. E.

Wissowa Myth. Lex. 1,843 f. *Ders.* Rel.^{2} 33,3.231. *W. F. Otto* RhM 64, 1909, 453 f. *Schulze* Eigenn. 75.579. *Altheim*, RVV 22,1,176 f. 194 f. *F. Muller* Mn 58, 1930, 89 ff. 434 ff.

Caecus. Individualcognomen, → Claudius Nr. 4.

Caedicius. Name eines plebeischen Geschlechts, das seit dem 5. Jh. v. Chr. nachweisbar ist und im 3. Jh. zum Konsulat gelangte. **1.** C. C. war in der Schlacht bei Aquilonia 293 v. Chr. zusammen mit T. Trebonius Befehlshaber der Reiterei und dürfte zur Entscheidung Wesentliches beigetragen haben (überlieferte Einzelheiten jedoch übertrieben, Liv. 10,40,7. 41,8, vgl. BASANOFF Latomus 9, 1950, 265 ff.). **2.** L. C., Volkstribun 475 v. Chr., zusammen mit L. Statius. **3.** M. C. trat vor dem Galliereinfall (um 390) als Warner auf; an der Stelle, an der er eine göttliche Stimme gehört hatte, wurde später das Heiligtum des → Aius Locutius errichtet, Einzelheiten s. dort. **4.** Q. C. ein Centurio, der nach der Schlacht an der Allia von den nach Veii geflüchteten Römern zum Führer gewählt wurde und einen etr. Angriff zurückschlug. Im Zusammenhang mit Camillus wurde seine Gestalt von der späten Tradition ausgeschmückt. **5.** Q. C. zeichnete sich 258 v. Chr. als Kriegstribun aus (Cato orig. 4,7); andere nennen diesen »römischen Leonidas« jedoch Calpurnius Flamma. **6.** Q. C., Consul 256, zusammen mit L. Manlius Vulso Longus, starb im Amt. **7.** Q. C. Noctua, wahrscheinlich Vater von Nr. 6 und somit nach dessen Filiation Q. f., Consul 289 v. Chr. (zusammen mit M. Valerius Maximus Corvinus) und Censor 283, legte als solcher aus unbekannten Gründen sein Amt nieder (vgl. DEGRASSI, FCap. 40 f. 428 f.). H. G. G.

Caelemontana porta. Das der porta Esquilina zunächst gelegene Tor der Serv. Mauer, nach LUGLI an der Kreuzung der via di S. Giovanni in Laterano und der via di S. Stefano Rotondo, nach LANCIANI etwas weiter w. bei der Kirche SS. Quattro Coronati. Die C. p. wird erwähnt bei Cic. Pis. 55 und Liv. 35,9,3. Rud. G.

Lugli I monumenti antichi di Roma, Bd. 2, p. 131.

Caelemontium. Der innerhalb der Serv. Mauer gelegene Teil des Caelius, bestehend aus 3 Erhebungen, dem eigentlichen Caelius, zwischen SS Giovanni e Paolo und Sa. Maria Domnica, dem nach N. abfallenden Vorsprung, Caeliolus, bei SS. Quattro Coronati, und dem dazwischen liegenden pagus Sucusanus oder Sucusa, deren Namen LUGLI von Subura herleitet. Der Caelius war mit den benachbarten Hügeln durch ein dichtes Netz von Straßen verbunden, die vom Gipfel strahlenförmig ausgingen. Rud. G.

Lugli I monumenti antichi di Roma, Bd. 3, p. 527,532.

Caeles Vibenna. Nach der Überlieferung (Varro l. l. 5,46. Dion. Hal. 2,36,50. Fest. 44,355. Tac. ann. 4,65) ein etrusk. Feldherr, der den Römern gegen das Heer eines etrusk. Königs zu Hilfe gekommen und dafür mit seinen Scharen den nach ihm benannten Caelius zum Wohnsitz erhalten haben soll. Die Überlieferung ist historisch nicht haltbar. Rud. G.

Lugli M 2,525

Caelestis. Röm. Name für die Stadtgöttin von Karthago → Tanit; auch → Virgo C., Dea C. genannt. In der Lit. wird sie öfter mit Iuno identifiziert. Nach Serv. Aen. 12,841 und Macr. Sat. 3,9,7 ist sie nach Rom durch *evocatio* bei der Eroberung Karthagos gelangt. Doch hat WISSOWA (zustimmend LATTE) geltend gemacht, daß diese (offizielle) Lesart nicht stimmen kann: Der Kult ist außerhalb Afrikas nicht vor dem in Afrika geborenen Septimius Severus bezeugt, das Heiligtum liegt innerhalb des Pomeriums. Von da an stand der Kult an der Spitze der Fremdkulte. Mz. des Septimius Severus und des Caracalla zeigen Dea C. auf einem Löwen sitzend (MATTINGLY RIC); diese Mz. nehmen auf die Karthagische Göttin Bezug. Ein Heiligtum befand sich auf dem n. Capitol in der Nähe des Tempels der Iuno Moneta. Der Name der Kirche S. Maria in Araceli hat damit nichts zu tun: CH. HUELSEN J. Brit. Arch. Soc. Rome 4, 1907, 46, vgl. Topogr. e urban. di Roma, 298. Über den afrikan. Kult → Tanit. Orgiast. Kulthandlungen für C. gab es auch in Rom. Astrolog. Identifizierung mit dem Sternbild der Jungfrau über den Umweg Virgo C. = Virgo Astraea. Nicht zu verwechseln mit dem Adjekt. *caelestis*, das Gottheiten häufig beigelegt wird. W. E.

Wissowa, Rel.^{2} 373 f. *Latte*, RRel 346 f. *Eisenhut*, RE IX A 198 ff. s.v. Virgo Caelestis.

Caelia (NISSEN It. Ldk. 2,857). Station der via Minucia (so auch PUTZGER, Hist. Weltaltlas ^{80}22) s. Bari (h. Ceglie del Campo) auf der Tab. Peut. 6,5. Nach Ptol. 3,1,73 peuketisch; sonst Strab. 5, 282. Im 3. Jh. v. Chr. prägte C. Münzen (HEAD HN^2 46). G. R.

Caelibatus. Die röm. Kultur steht im Zeichen eines radikalen Wandels der Einstellung zur Ehelosigkeit. Zunächst wird sie durchaus negativ beurteilt. Bes. deutlich zeigt dies eine 131 v. Chr. gehaltene Rede des Censor Q. Metellus Numidicus, auf die sich Augustus berief (Suet. Aug. 89), als er seine Ehegesetze einbrachte. Diese führten eine staatliche Ehepflicht ein, die durch erb- und ämterrechtliche Nachteile sanktioniert war. Die lex Iulia de maritandis ordinibus (18 v. Chr.) bedrohte unverheiratete Männer zwischen 25 und 60 Lebensjahren, Frauen zwischen 20 und 50 mit Inkapazität (Unfähigkeit, testamentarisch Hinterlassenes zu erwerben). Seitens der Christen wurden die augusteischen Ehegesetze heftig kritisiert; Tertullian PL 1,336 spricht von *vacuissimae leges*. Doch der Abbau der augusteischen Gesetze vollzog sich nur langsam, z.T. auch ohne chr. Einfluß. Die Kaduzität hatte formell bis 534 (Cod. Iust. 6,51,1) Bestand. Die soziale Wertung der Ehelosigkeit war schon seit 200 Jahren ständig gestiegen. Th. M.-M.

P. Jörs Die Ehegesetze des Augustus, 1893. *Castello* In tema di matrimonio e concubinato, 1940, 73 ff. *B. Biondi* Il diritto romano cristiano 3, 1954, 139 ff.

Caelius. Plebeischer Familienname (vgl. *caelum*, in Hss. auch *Coelius*), seit dem 2. Jh., bes. aber seit dem 1. Jh. v. Chr. bezeugt.

I. Republikanische Zeit. **1.** C., Bankier z.Z. Ciceros (Att. 7,3,11 u.a.). **2.** C. C., 90 v. Chr. Statthalter von Gallia Cisalpina, vielleicht ein Nachkomme des C. C., Senator 129 (vgl. BROUGHTON Mag. 2,488). **3.** C. C., Volkstribun 51, trat für Caesar ein. **4.** M. Caelius, Volkstribun z.Z. Catos, vielleicht 184 v. Chr. (so BROUGHTON Mag.); Cato hielt gegen ihn eine Rede (ORF H. MALCOVATI 1,47–50.182 ff.). **5.** M. C., röm. Ritter, 71 in Lilybaeum, vielleicht identisch mit einem 59 erwähnten Steuerpächter (Cic. Flacc. 11). **6.** P. C., im Bürgerkrieg 87 Kommandant von Placentia, nach dessen Fall er sich töten ließ. **7.** Q. C., 43 als Freund des Antonius faßbar. **8.** T. C. aus Tarracina, wo er 80 ermordet wurde; in einem anschließenden Verfahren wurden seine Söhne freigesprochen. **9.** M. C. Rufus (Sohn eines gleichnamigen Vaters) * wohl vor 84, wurde von Cicero ausgebildet, stand 63 dem Catilina nahe, ging 62 nach Africa und trat 59 als Ankläger auf. Nach Catull war er etwa 2 J. mit Clodia befreundet. 57 wieder Ankläger, wurde er 56 selbst angeklagt und – von M. Crassus und Cicero, dessen Rede für ihn erhalten ist, verteidigt – freigesprochen. Als Volkstribun 52 unterstützte er Milo. 51 klagte er erfolgreich den Q. Pompeius Rufus *de vi* an. Briefwechsel mit Cic. (fam. 8). 50 Aedil, zog 49 mit Caesar, war 48 Praetor, sann dann auf Umsturz und wurde bei Thurii getötet, wohl im März 48. TEUFFEL-KR.-SK. § 206, 5 ff. SCHANZ-HOS. 1,398 f. H. G. G.

II. Kaiserzeit: **1.** C. Calvinus. Cos. suff., Statthalter von Kappadokien 184/85, CIL III 6052. Vater des Folgenden. **2.** D. C. (Calvinus) Balbinus = imp. Caes. D. C. Calvinus Balbinus. * 178, Zon. 12,17. Salius Palatinus bald nach 191, CIL VI 1981. Er war in der Verwaltung verschiedener Provinzen tätig, Herodian. 7,10,4. Cos. suff. in unbekanntem Jahr, cos. II ord. 213, CIL VI 269. Procos. Asiae ca. 201/02, AE 1909, 175. Im J. 238 wählte ihn der Senat unter die XXviri rei public. curandae (CIL XIV 3902), die Italien gegen den aus Gallien anrückenden Maximian schützen sollten, Zos. 1,14,2. vit. Gord. 10,1 f. (s. A. THEODORIDES Latom. 1947, 31 ff.). Als Gordian und sein Sohn getötet worden waren, erhob der Senat C. und Pupienus zu gleichberechtigten Kaisern, die im März 238 den 13jährigen Gordian (III.) als Caesar nehmen mußten, Herodian. 7,10. Als beide Kaiser in Zwietracht gerieten, wurden sie nach 99tägiger Regierung bei den Capitolinischen Spielen von der Garde getötet, Herodian. 8,8,6–8. Eutrop. 9,2,2. Aur. Vict. Caes. 27,6. vit. Max. et Balb. 14,5 f. Bildnisse bei BERNOULLI II 3,128. Zum J. 238 s. G. VITUCCI, RFIC 32, 1954, 372 ff. P. W. TOWNSEND Yale Class. Stud. 14, 1955, 49–105. R. DELBRÜCK Münzbildnisse 69, Taf. 2, C 1–3. R. A. G. CARSON The Coinage and the Chronol. of A. D. 238, Centenn. Publ. Amer. Numism. Soc. 1958, 181 ff. **3.** C. Cursor. Röm. Ritter, im J. 21 n. Chr. verurteilt, Tac. ann. 3,37,1. **4.** C. Felix, cos. suff., um 190 getötet, vit. Commod. 7,6. **5.** Q. C. Honoratus. Cos. suff. 105, L. VIDMAN Fast. Ostiens. 18. 56. AE 1945, 34. **6.** C. C. (Rufus?). Cos. suff. 4 v. Chr., Inscr. It. XIII 1,284. 289. **7.** C. C. Rufus. Praetor aerarii im J. 13 n. Chr, CIL VI 32270. Cos. suff. 17, CIL X 6639. Inscr. It. XIII 1,184. Tac. ann. 2,41,2. Cass. Dio 57,17,1. R. H.

8. C., von den Humanisten erschlossener Name für den Vf. des röm., stark von griech. Terminologie durchsetzten Kochbuches (De re coquinaria libri X). Die Hss. schreiben das Erzeugnis einem Apicius zu, d.h. dem bekannten Schwelger der augusteisch-tiberianischen Zeit, der eigentlich M. Gavius hieß und den Beinamen von einem Vorgänger, einem Apicius aus der Zeit der Cimbernkriege, erhielt (Athen. 4,168 D. Über Apicius = M. Gavius Sen. cons. ad Helv. 10,8 f. Tac. ann. 4,1, 2. Cass. Dio 57,19,5. Athen. 1,7 A). Die überlieferte Fassung des nach Sachgruppen geordneten Büchleins scheint dem 4. Jh. n. Chr. zu entstammen. Die Autorschaft des Apicius ist wohl fingiert. Die Hss., darunter der Vat. Urb. 1146 (10. Jh.) und der Cheltenham Philipp. 275 (9. Jh.), stammen von einem verlorenen Fuldensis ab. M. F.

Erstausg. Mailand 1498. Ta. *Giarratano-Vollmer* Apicii ll. X de re coqu., 1922. 1. *F. Vollmer* Stud. z. röm. Kochbuche von Apicius, SBAW 1920, 6. 2. *Friedländer-Wiss.* 2,275 f. (über M. Gavius).

Caelius Aurelianus. Arzt aus Numidien im 5. Jh. n. Chr., war vor allem als Übersetzer griech. Mediziner tätig. Besonders wichtig für die Medizingeschichte sind seine Celerum sive acutarum passionum ll. 3 und Tardarum sive chronicarum passionum ll. 5, da ihnen das im Original verlorene berühmte Werk des → Soran über akute und chronische Krankheiten zugrunde liegt. Ferner sind erhalten Bruchstücke seiner Responsiones medicinales (ed. Rose Anecd. gr. et gr.-lat. 2, 174ff.); zahlreiche andere Schriften sind verloren. F. K.

Ed. *J.C. Amman*, Amsterdam 1709 (= Venedig 1757; noch wichtig wegen Index verborum); ed. and transl. I. *E. Drabkin*, Chicago 1950. *G. Bendz* Emendationen zu C.A., Lund 1954.

Caelius Mons. Der s.ö. der 7 Hügel Roms bildet ein etwa 2 km langes, 400–500 m breites und 40–49 m hohes Plateau. Was die Alten über seine Urgeschichte (Liv. 1,30,33. Cic. rep. 2,18. Tac. ann. 4,65) und die Etymologie des Namens berichten (Varro 1.1.5,45. Dion. Hal. 2,36. Tac. ann. 4,65), hält histor. Kritik nicht stand. In das Stadtgebiet wurde der C. erst in der 1. Hälfte des 4. Jh. einbezogen; die damals gebaute sog. Serv. Mauer schloß jedoch nur die w. Hälfte ein. In späterer rep. Zeit war hier ein stark bevölkertes Viertel mit vielen Mietskasernen (Cic. off. 3,66. Val. Max. 8,21). Augustus bildete aus diesem Stadtteil seine 2. Region. Im J. 27 n.Chr. wurde ein großer Teil des Berges durch Feuer verwüstet. Nach dem Wiederaufbau (Suet. Tib. 48. Tac. ann. 4,64) wurde er bevorzugtes Wohngebiet der Nobilität. Dort standen u.a. der Palast von Marc Aurels Großvater, Annius Verus (H.A. Marc. 1), die domus Vectiliana, in der Commodus ermordet wurde (H.A. Commod. 16), der Palast der Laterani (Iuv. 10,18) und das Haus des Symmachus (epist. 3,12,88).

Von öffentlichen Gebäuden und Kultusstätten auf dem Caelius nennen die Quellen: aus rep. Zeit die sacella der Dea Carna und der Minerva Capta, die templa Herculis Victoris und Honoris et Virtutis; aus kaiserlicher Zeit den Tempel des Divus Claudius, das Macellum Magnum und das Paedagogium ad Caput Africae, die Castra Peregrina und außerhalb der Serv. Mauer das Amphitheatrum Castrense, das rätselhafte Sessorium und die Thermen der Helena. Noch keine völlige Gewißheit besteht über die Lokalitäten Mica aurea, antrum Cyclopis und arbor sancta. Rud. G.

Lugli I monumenti antichi di Roma, Bd. 1, p. 222ff.; Bd. 3, p. 525–547.

Caelus (-um). Übersetzung d. griech. *Οὐρανός* (schon Enn.). Genealogie folglich nach Hes., doch gelegentlich Varianten. Auch in der u.a. bei Cic. nat. B. 3 vorliegenden Theologie (vgl. Hirzel Ber. sächs. Ges. Wiss. 48, 1896, 277ff. Pease z. St. mit Lit.) wird er → Uranos gleichgesetzt. Da C. in Rom keinen Kult hatte, bezieht man auch solche Inschr., die sonst keinen Hinweis auf einen Fremdkult (bes. Mithras) geben, auf Fremdkulte. W. E.

Caenina (Nissen It. Ldk. 2,560). Latin. Stadt in nächster Nähe Roms, die durch Romulus zerstört wurde; ihr König Acro im Zweikampf getötet *(spolia opima)*; vgl. CIL I² p. 43. 189. Liv. 1,10, 2ff. Dion. Hal. ant. 2,32ff. u.a.; bes. Fest. p. 202, 14ff. L. Die Stadt verschwand spurlos (Plin. nat. 3,68); ihre *sacra* kamen nach Rom, wo *sacerdotes Caeninenses* für sie sorgten (Wissowa Rel.² 520. Latte RRel 405). G. R.

Caepio. 1. Siehe Servilii. **2.** A. C. Crispinus. Nach Tac. ann. 1,74,1 Quaestor in Bithynien; seinen vorgesetzten Prätor Granius Marcellus verklagte er im J. 15 n.Chr. wegen *maiestas*. In seinem und seiner Nachkommen Grab am Tiber bieten Urnen seinen Namen, CIL VI 31762. 31765. **3.** A. C. Crispinus. Cos. suff. nach 96, MDAI(R), 1886, 128. **4.** Ti. C. Hispo, s. Eppuleius. R. H.

Caere (Nissen It. Ldk. 2,347. L. Banti Die Welt der Etrusker 29ff. M. Pallotino-H. v. Heintze Necropoli di Cerveteri. F. Schachermeyr Etrusk. Frühgesch. 134ff.), Stadt S.-Etruriens, deren »pelasgischer« Name Agylla (Dion. Hal. ant. 1,20. Steph. Byz. s.v. Strab. 5,220. Plin. nat. 3,51. Serv. Aen. 7,652. 8,479.597. 10,183) von den etrusk. Eroberern in C. oder *Cisra* (Verrius i. d. Veron. Schol. Aen. 10,183) umbenannt wurde (wegen des Ethnikons *Caeretanus* wohl aus **kairete* wie *Nepete;* vgl. Dion. Hal. 3,58 *Καίρητα*). Etrusk. Besiedelung begann nach Schachermeyr 200 schon im 10. Jh. v.Chr.; sagenhafter König Mezentius (Liv. 1,2,3). Niedermetzelung der gestrandeten Phokaier nach der Schlacht von Alalia (ca. 540 v.Chr.) und Sühnfest für die strafende Pest (Hdt. 1,167). Schatzhaus in Delphi (Strab.). C. nimmt die vertriebenen Tarquinier auf (Liv. 1,60,2), aber auch die vor den Galliern bewahrten *sacra Vestae* (CIL I² p. 191. Liv. 5,40,10. Val. Max. 1,1,10), unterwirft sich Rom im J. 353 (Cass. Dio frg. 30 Melber. Liv. 7,20) mit den Rechten einer »Halbbürgergemeinde« (Mommsen RStR 3³, 583f.): *tabulae Caeritum* (Gell. 16,3,7. Fest. 262,13. Paul. Fest. 155,15 L. u.a.). Erziehung röm. Knaben in C. (Liv. 9,36,3 für 310 v.Chr.). C. verliert später jede Bedeutung, so daß selbst die Tribus unbekannt ist; 7. Region (Plin.). Bedeutende Nekropole (Pallottino) bei dem h. Cervetri. G. R.

Caerellius. 1. Q. C. Reicher Ritter aus der Provinz, dem Censorinus im J. 238 de natali widmete, 1,1.15,4–6. **2.** C. C. Fufidius Annius Ravus Pollittianus, Sohn von Nr. 3. Quaestor candidatus des Caracalla, CIL VI 1365. Procos. Macedoniae, ebd. 1367. **3.** C. C. Sabinus. Legatus Aug. leg. XIII geminae zwischen 182–185 nach Weiheinschr. CIL III 1111. 1074–1076 und III 1092. Sein Sohn könnte der Kohortenpräfekt C. C. 206 von AE 1952, 238 sein. **4.** Caerellia, zwischen Baiae und Bauli ertrunken, Mart. 4,63. R. H.

Caesar. Cognomen in der berühmtesten Familie der Gens Iulia, hist. bezeugt seit der 2. H. des 3. Jh. v.Chr., später Name (bis Caligula), dann Titel der röm. Kaiser überhaupt und (seit Hadrian) der designierten Thronfolger, griech. *Καῖσαρ* (vgl. Kaiser, Zar). Das Cognomen ist vielleicht nicht lat. Ursprungs (Walde-Hofm.³ 1,133) und wird verschieden erklärt: a. von *caesa*, der einheimischen Bezeichnung eines Elephanten, den der 1. Träger des Cognomens (im 1. Pun. Kriege?) erlegt habe, H.A. Ver. 2,3. Serv.Aen.1,286 u.a., vgl. RE X 464f. (sprachlich jedoch wenig wahrscheinlich, s. RE X 182). b. von *caesius*, »blaugrau«: H.A. Ver. 2,4 (der 1. C. sei benannt worden, *quod oculis caesiis et ultra humanum morem viguerit;* wenig befriedigend). c. von *caesaries*, »Haupthaar«, »Haar«: (Verr.Flacc.? bei) Fest. ep. 57. Isid.orig. 9,3.12 u.a.: *Caesar a caesarie dictus est, qui scilicet cum caesarie natus est.* d. nach der Schnittentbindung: *primus Caesarum a caeso matris utero dictus* (Plin.nat.7,47 u.a., vgl. A.Esser Cäsar und die jul.-claud. Kaiser im biol.-ärztl. Blickfeld, 1958, 8).

I. Namensträger von geringerer Bedeutung. **1.** C. Iulius C., S. eines C. und einer Marcia, Vater des Dictators (Nr.12). Er war Quaestor vor 100, Praetor um 92, Statthalter in Asia um 91 (Broughton Mag. 2,22. Suppl. 29f. Inschr. von Priene und Samos, Statue auf Delos); Schwager des Marius, verheiratet mit Aurelia (1 Sohn, 2 Töchter), † 85 in Pisae als Praetorier. **2.** C. Iulius C. Strabo (Vopiscus), S. d. L. und der Popilia, Onkel von Nr.1, Bruder von Nr.3. Er bekleidete folgende Ämter: Xvir agris dandis attribuendis iudicandis um 100, Quaestor um 96, curul. Aedil 90, Pontifex von vor 99 bis zu seinem Tod 87. 88 bewarb er sich, ohne die Praetur innegehabt zu haben, um das Consulat, geriet damit in weitreichende Konflikte und wurde 87 von den Marianern getötet. Hervorgetreten ist er seit 103 als Redner *(pro Sardis, oratio, qua Sulpicio respondit* 88), wobei ihn Gefälligkeit und Humor ausgezeichnet haben müssen (Cic.Brut.177), aber auch als Tragödiendichter. TRF 263. Schanz-Hos.1,127f. **3.** L. Iulius C., Sohn des L., Enkel des Sex., Bruder von Nr.2. Wie seine Verwandten (Cic.Rab.perd. 21 *omnes Iulii*) wird er sich 100 am Kampf gegen Saturninus beteiligt haben, bewarb sich dann erfolglos um die Quaestur, wurde 95 Praetor, Statthalter mit consular. Imperium 94 in Macedonia (Inschr. auf Samothrake), war 90 Consul (mit P. Rutilius Lupus), focht gegen die Bundesgenossen (Aesernia, Campanien, Acerrae; Imperatortitel) und brachte die l. Iulia über die Bürgerrechtsverleihung an treugebliebene Italiker und Bundesgenossen ein (Cic.Balb. 21 u.a., RE X 468). 89 war er Censor (mit P. Licinius Crassus) und leitete die Verteilung der Neubürger auf die Tribus. 87 wurde er von den Marianern erschlagen, sein Kopf und der seines Bruders auf den *rostra* ausgestellt. Seine Frau war Fulvia, seine Kinder L. (Nr.4) und Iulia. **4.** L. Iulius C., Sohn von Nr.3. Münzmeister um 90 (Broughton Mag. 2,442), Quaestor 77, Praetor um 67, Consul 64 (mit C. Marcius Figulus), Duumvir perduellionis 63 (forderte am 5. Dezember die Todesstrafe für seinen Schwager, den Catilinarier P. Lentulus Sura), Legatus 52–49 (bei Caesar in Gallien, Caes.7,65,1 [Schutz der Narbonensis übernommen]; noch 49 erwähnt, Caes.civ.1,8,2), Stadtpraefect 47. Nach Caesars Ermordung distanzierte er sich von seinem Neffen Antonius; im März 43 war er für eine (nicht durchgeführte) Gesandtschaft an Antonius vorgesehen, stand E. 43 an 2. Stelle auf der Proskriptionsliste, wurde aber auf Fürsprache seiner Schwester Iulia von Antonius begnadigt. Er gehörte seit 88 oder 80 bis zu seinem Tode im J. 40 zum Augurenkollegium und schrieb über Auguralrecht (Huschke Iurispr. Antehadr.1,46f.). **5.** L. Iulius C., Sohn von Nr.4, im Gegensatz zu seinem Vater Anhänger des Pompeius, Legatus 49, Praefectus classis 49–48, Proquaestor in Africa 47 (?), 46, wo er mit Cato Utica verteidigte; anschließend von Caesar begnadigt, doch bald beseitigt. **6.** Sex. Iulius C., 1. bekannter Träger des Cognomens, Praetor in Sicilien 208 v. Chr. (Liv. 27,21,5 u.a.). **7.** Sex. Iulius C., Tribunus militum 181 (doch fraglich!), Gesandter 170 (nach dem O.), curul. Aedil 165, Praetor um 160, Consul 157 (mit L. Aurelius Orestes) – als 1. seiner Familie –. 147 stand er an der Spitze einer Gesandtschaft in die Peloponnes. Vater von Nr.8 und einem L. Iulius (C.?), Senator 129 v.Chr. **8.** Sex. Iulius C., Praetor urbanus 123. **9.** Sex. Iulius C., Münzmeister um 125–120, Broughton Mag. 2, 442. **10.** Sex. Iulius C., Sohn des C., Enkel eines L.(?), wohl Bruder von Nr.1. Praetor um 94, Consul 91 (mit L. Marcius Philippus), trat damals nicht hervor und starb 90 als Proconsul nach Erfolgen im Bundesgenossenkrieg in Picenum (in der Tradition öfters mit dem Consul von 90, Nr.3, verwechselt). **11.** Sex. Iulius C., diente 49 (als Tribunus militum?) unter Caesar in Spanien (Caes. civ. 2,20,7), war 48 Quaestor, stand 47–46 als Proquaestor (propraetore?) in Syrien und wurde dort ermordet. Nach Broughton Mag. 2,575 ist er zugleich der Flamen Quirinalis und Pontifex, den Cic.har.resp.12 im J. 57 erwähnt, und den man sonst (RE X 477) als eigene Person von ihm trennt.

II. Berühmte Namensträger. **12.** C. Iulius C. (13.Juli 100–15.März 44), der Staatsmann, Feldherr und Schriftsteller; Sohn von Nr.1 und der Aurelia, Neffe des Marius (Gatte der Iulia, Vatersschwester C.s). Seine frühe Jugend dürfte in der üblichen Weise verlaufen sein, bestimmt vor allem durch seine Mutter († 54). Sein Lehrer wurde M.Antonius Gnipho (s.o. S. 412 Nr.12); bei ihm erlernte er die Grundlagen der sprachlichen Ausdrucksfähigkeit, die er sodann auf dem Forum weiter ausbildete. Verwandtschaftliche Bindungen führten ihn früh während des Bürgerkrieges in das Lager der Popularen. Ein J. nach dem Tod seines Vaters übernahm er 84 das Amt eines Flamen Dialis und vermählte sich, 16jährig, mit Cornelia, der Tochter Cinnas, des damaligen Machthabers; 83 wurde die Tochter Iulia geboren († 54). 82 geriet er nach der Rückkehr Sullas in höchste Gefahr, verweigerte jedoch die von ihm verlangte Scheidung von Cornelia († 69) und wurde schließlich von Sulla begnadigt (»Hütet euch vor dem schlechtgegürteten Knaben; in dem stecken viele

Mariusse«). C. begab sich 81 als Offizier in den Stab des Praetors M. Minucius Thermus nach Asia, wurde von diesem in diplomatischer Mission zu König Nikomedes von Bithynien geschickt, zeichnete sich bei der Einnahme von Mytilene auf Lesbos aus und erhielt die *corona civica*. 78 ging er zu dem Proconsul P. Servilius Vatia nach Kilikien (Kampf gegen Seeräuber), kehrte aber nach dem Tod Sullas nach Rom zurück. Dort trat er als Gerichtsredner in Erscheinung (77 Klage gegen Cn. Cornelius Dolabella, 76 gegen C. Antonius, beide wegen Erpressungen), hielt sich aber aus der unmittelbaren Politik heraus. 75 begab er sich zu weiterer Ausbildung nach Rhodos zu Molon, wobei er unterwegs in die Hände von Seeräubern fiel, für 50 Talente Lösegeld freigelassen wurde, Schiffe sammelte, die Piraten überwältigte und schließlich kreuzigen ließ (der hist. Kern ist anekdotenhaft ausgeschmückt). Seine rhetor. Studien unterbrach er 74, um aus eigenem Entschluß Städte in der Provinz Asia gegen Mithridates zu verteidigen. 73 trat er in Rom sein Amt als Pontifex (Nachfolger seines Onkels Aurelius Cotta) an und wurde Militärtribun. – Es folgte nun der politische Aufstieg bis zum Consulat (59). 68 bekleidete er die Quaestur und diente unter Antistius Vetus, dem Statthalter von S.-Spanien (Datierung nach Drumann 3,135f. Groebe RE X 189. 69–68 nach Broughton Mag. 2,132). 65 veranstaltete er als curul. Aedil prunkvolle Spiele, 64 war er Untersuchungsrichter *(iudex quaestorius)* und wurde 63 in die bedeutsame Stelle des Pontifex maximus (Vorsitzender des Priesterkollegiums) gewählt, die er bis zu seinem Tode innehatte. Am 5. Dezember 63 beantragte C., die gefangenen Catilinarier mit Haft zu bestrafen (vgl. Sall. Cat. 50,5ff.), konnte sich jedoch gegenüber Cato nicht durchsetzen. 62 bekleidete er die Praetur, steigerte die Nervosität unter den Optimaten, wurde Ende des J. in den von → P. Clodius verursachten Skandal hineingezogen und ließ sich von seiner (3.) Gemahlin → Pompeia scheiden. Gegen die energischen Ansprüche seiner Gläubiger half ihm → Crassus mit einer Bürgschaft (830 Talente) aus, so daß C. 62–61 seine Statthalterschaft als Propraetor in Hispania ulterior ausüben konnte; er hatte Erfolge gegen Lusitaner und Gallaecer (Imperatortitel), führte Reformen des Schuldwesens durch und fand Gelegenheit, seine eigenen ungeheuren Schulden zu zahlen. Ungefähr im Juni 60 kehrte er nach Italien zurück und verzichtete auf einen Triumph, um sich in Rom um das Consulat bewerben zu können; er wurde gewählt zusammen mit M. Calpurnius Bibulus, der bereits als Aedil und Praetor sein College gewesen war und nunmehr von den Optimaten ihm entgegengestellt wurde. E. 60 (oder sogar erst Anf. 59, Gelzer C. 62) gelang es C., die mächtigsten Männer im damaligen Rom, → Pompeius und Crassus, zu versöhnen und zu einem Bündnis mit ihm zu veranlassen (Liv. per. 103 *conspiratio inter tres civitatis principes*), demzufolge man in der Politik nichts unternehmen wollte, was einer der 3 mißbillige (Suet. C. 19,2). Dieses »Dreihaupt« (*Τρικάρανος*, Varro bei App. civ. 2,9,33), d.h. der geheime Zusammenschluß von Privatleuten, den man (in Analogie zu den IIIviri reipublicae constituendae vom J. 43) erst in der Neuzeit oft – unzutreffend – das 1. Triumvirat nennt, wurde zu einem bestimmenden Machtfaktor in der Politik der folgenden J. Als Consul 59 brachte C. gegen die Opposition des Bibulus, der sich schließlich ganz von seinen Amtsgeschäften zurückzog, das nach ihm benannte Ackergesetz durch (l. Iulia, vgl. RE XII 1184), durch das Veteranen (bes. des Pompeius!) und kinderreiche Bürger (zunächst etwa 20000 Personen) Siedlungsland vorwiegend aus Staatsländereien *(ager Campanus)* zugewiesen erhielten. Den Rittern wurde ⅓ der Zollpacht erlassen. Für Pompeius erwirkte er die bis dahin immer noch nicht erfolgte Bestätigung seiner Anordnungen in Asien und verheiratete ihn mit seiner Tochter Iulia (er selbst heiratete in 4. und letzter Ehe Calpurnia). Ferner war er Urheber einer *l. Iulia de pecuniis repetundis*, das letzte republik. Gesetz seiner Art (RE XII 2389f.). Der als treuer Gefolgsmann hinter C. stehende Volkstribun P. Vatinius brachte die *l. de imperio C. Caesaris* ein, durch die C. vom Volk Gallia Cisalpina und Illyricum mit 3 Legionen auf 5 J. als Provinz erhielt; der Senat fügte Gallia Transalpina mit 1 Legion für den gleichen Zeitraum hinzu. Dieses Imperium ist auf Grund der Besprechungen Luca (5. von April 56) und mit Unterstützung Ciceros (prov.) 55 verlängert worden. – Damit war die Grundlage für die nächste Etappe in der Entwicklung C.s gelegt, die zum Erwerb einer bis dahin in der Hand eines Politikers nicht üblichen Macht führte, eine für die spätere Entwicklung Europas entscheidende Phase einleitete und C. zum großen Feldherrn (und Schriftsteller) machte: in den J. 58–51 eroberte C. als Proconsul von Gallia Narbonensis aus ganz Gallien bis zum Rhein und hielt es. 58 gelang ihm die Festsetzung im s.ö. Gallien durch die Feldzüge gegen die Helvetier (Sieg bei Bibracte) und die Sueben unter Ariovist (Sieg im Oberelsaß), 57 eroberte er Belgien (Siege an der Axona und Sabis/Sambre) und gewann das Gebiet der h. Normandie und Bretagne, in dem er jedoch im J. 56 Aufstände niederwerfen mußte (Veneter und Moriner). Mit der Eroberung des s.w. Raumes (Aquitanien, 56) war die Ausgangslage für die aus Gallien hinausführenden Unternehmungen des J. 55 gewonnen: 1. Rheinübergang (im Raum Andernach) und 1. Zug nach Britannien, Aufklärungsvorstöße zur Demonstration röm. Macht, ohne territorialen Gewinn, aber mit großer stimmungsmäßiger Wirkung in Rom. 54 folgte der 2. Britannienzug mit Kämpfen gegen Cassivellaunus und lockerem Bündnis, bald darauf aber eine Aufstandsbewegung im belgischen Gebiet (Ambiorix), in deren

Verlauf der Legat Q. Cicero belagert, aber von C. entsetzt wurde und Labienus gegen die Treverer zog. 53 führte er zunächst einige Strafaktionen gegen Aufständische durch, ging zum 2. Mal über den Rhein (Neuwieder Becken) und vernichtete das Eburonenvolk. 52 brachte die schwere Krise durch den großen Aufstand unter der Führung des → Vercingetorix (Eroberung von Avaricum, vergebliche Belagerung von Gergovia, Sieg im Raum Dijon, Belagerung von Alesia, Übergabe des Vercingetorix), 51 die Unterwerfung der restlichen Aufständischen (Bellovacer, Uxellodunum) – und zugleich die Publikation von C.s 7 B. de bello Gallico. Ganz Gallien war nunmehr fest in röm. Hand, C. konnte sich 50 der Organisation der neuen Teile (Gallia comata) widmen, zog aber dann nach Gallia Cisalpina, um die inneren Verhältnisse in Rom besser beobachten zu können. Denn, wenn auch C. durch seine Freunde und Mittelsmänner in Rom stets vertreten und der Dreibund 56 in Luca erneuert worden war sowie Pompeius und Crassus 55 zum 2. Mal das Consulat bekleideten, so hatte sich doch durch den Tod des Crassus bei Carrhae (53), durch die Wahl des Pompeius zum Consul sine collega am 25. Februar 52 und durch die 51 und 50 immer stärker werdenden Bemühungen der Optimaten, C. vorzeitig aus seiner Provinz abzuberufen, um ihn gerichtlich zu belangen, schließlich durch C.s in Gallien erworbene Machtstellung die Lage so entwickelt, daß eine Auseinandersetzung zwischen C. und seinen Gegnern, auf deren Seite nunmehr auch Pompeius stand, zu erwarten war. – Nach dem Proconsulat folgte als nächste und letzte Etappe C.s tatsächlich der Kampf um die Herrschaft, der mit dem Sieg C.s endete, sodann aber zu seiner Katastrophe führte. C. hatte zwar 52 durch Plebiscit die Erlaubnis erhalten, sich im J. 49 auch abwesend um das Consulat für 48 bewerben zu können. Die Verhältnisse spitzten sich aber so zu, daß der Senat am 7. Januar 49 beschloß, C. habe sein (kampferprobtes, nunmehr 10 Legionen starkes und an seinem Feldherrn hängendes) Heer bis zu einem bestimmten Termin zu entlassen; Pompeius und den übrigen Amtsträgern wurde zugleich, obwohl Volkstribunen intercedierten, dictatorische Vollmacht übertragen. Da ergriff C. die Initiative; in der Nacht des 10. Januar 49 überschritt er den Rubico. Es begann der Bürgerkrieg (49–45), der zunächst (49–48) gegen Pompeius, später gegen dessen Anhänger zu führen war. C. hatte 49 zuerst im NO. Italiens zu kämpfen; doch nachdem Corfinium am 21. Februar kapituliert hatte, gewann er Italien, so daß Pompeius am 17. März nach der Balkanhalbinsel übersetzte. C. folgte ihm jedoch noch nicht, sondern machte sich durch einen Zug nach dem W. zunächst den Rücken frei: durch seinen Sieg bei Ilerda (2. August) schaltete er die 7 Legionen des Pompeius unter Afranius und Petreius aus, gewann die beiden Provinzen Spanien, den eigentlichen Rückhalt des Pompeius (während sein eigener Legat Curio in Nordafrica am Bagradas von Iuba von Numidien besiegt wurde); auch Massilia fiel nach halbjähriger Belagerung. Inzwischen war er in Rom durch den Praetor M. Aemilius Lepidus zum Dictator ernannt worden. In Rom übte er dieses Amt dann 11 Tage aus (Wahlen – er selbst wurde Consul für 48 –, Stabilisierung des Geldmarktes), rüstete im übrigen gegen Pompeius, wobei er auch noch weiter an eine Vermittlung dachte. Am 5. Januar 48 landete er in Epirus (mit ca. 20000 Mann), wurde aber bei Dyrrhachion in einen langwierigen Stellungskrieg verwickelt, der erst nach einem Durchbruchserfolg des Pompeius im Juli nach dem O. verlagert werden konnte: am 9. August 48 besiegte er bei Pharsalos den Pompeius, den er bis nach Äg. verfolgte (wo dieser am 28. September noch vor der Ankunfts C.s ermordet wurde). Er besetzte Alexandria, entschied den ptolemäischen Thronstreit für Kleopatra, wurde aber sodann mit seinen wenigen Truppen während des Winters 48/47 in der Burg von den Anhängern des Ptolemaios belagert; nach dem Eintreffen von Verstärkungen aus Kleinasien siegte C. am 27. März 47 am Nil, setzte Kleopatra (die bald darauf Mutter des Kaisarion wurde) als Königin ein und verließ Äg. Anfang Juni. In Kleinasien schlug er dann bei Zela den Pharnakes von Pontos *(veni, vidi, vici)* und kehrte Anfang Oktober 47 nach Rom zurück, wo er nach dem Sieg bei Pharsalos für 1 J. zum Dictator ernannt worden war und nun sein 3. Consulat für 46 erhielt. Da aber die Optimaten seit 48 in der Provinz Africa ein starkes Heer gesammelt hatten, bereitete er nunmehr den Schlag gegen sie vor, landete am 28. Dezember 47 in Africa und warf am 6. April 46 bei Thapsus seine Gegner nieder. Er kehrte am 25. Juli 46 nach Rom zurück, feierte nunmehr seinen Triumph über Gallien, Äg., Pontos und Africa, empfing Ehrungen und die Dictatur (für 10 J.) und widmete sich der inneren Organisation (u.a. Kalenderreform [→ Sosigenes]). Doch der von den Pompeiussöhnen in Spanien erneuerte Krieg führte ihn bereits Anfang November wieder von Rom weg: am 17. März 45 siegte er (als *cos. IV*) bei Munda. C. war nun Alleinherrscher im Imperium. Bei seiner Rückkehr nach Rom (Oktober) empfing er überschwengliche Ehrungen (Dictatur auf Lebenszeit, göttliche Verehrung) und plante einen Partherfeldzug für 44. Als er am 15. Februar 44 am Lupercalienfest als *dict. perp.* in altröm. Königstracht mit goldenem Kranz erschien, aber das ihm von M. Antonius angebotene Diadem ablehnte, war für die Opposition das Zeichen zum Handeln gegeben: rund 60 Republikaner vereinigten sich zum Tyrannenmord und erdolchten C. an den Iden des März im Saal des Pompeiustheaters. – C. ist auch als Schriftsteller unsterblich geworden; erhalten sind die 7 B. *commentarii de bello Gallico* (B. 8 durch A. → Hirtius hinzugefügt) und die 3 B. *de bello civili*, ausgezeichnet durch Klarheit des Stils und Konsequenz der Gedankenführung. Verloren sind die 2 B. *de analogia* und die 2 B. *Anticato*. Biogr. von Suet. und Plut.

Ed. Meyer C.s Monarchie und das Principat des Pompeius[3] 1922. *H. Strasburger* C.s Eintritt in die Gesch., 1938. *G. Walter* C., 1955. *H. Oppermann* C., Wegbereiter Europas, 1958. *M. Gelzer* C., der Politiker und Staatsmann[6], 1960. *F.E. Adcock* C. als Schriftsteller, 1957. In diesen Werken jeweils weitere Literaturhinweise.

13. C. Iulius C., später Imp. Caesar Divi f. Augustus (63 v.–14. n. Chr.), erhielt mit der Adoption 45 v. Chr. den Namen seines Adoptivvaters, → Augustus. **14.** C. (→ Iulius) Caesar, 20 v.–4 n. Chr., ältester Sohn des Tiberius und der Iulia. **15.** C. (Iulius) Caesar Germanicus (12–41 n. Chr.), der letzte Agnat C.s (Nr. 12), → Caligula. **16.** Germanicus Iulius Caesar (15 v.–19 n. Chr.), → Germanicus. **17.** L. → (Iulius) Caesar, 17 v.–2 n. Chr. H. G. G.

Caesaraugusta, h. Zaragoza. An dieser Stelle lag früher die iberische Siedlung Salduba (Plin. nat. 3,24. HOLDER 2,1305). Die röm. Stadt, deren Plan sich im h. Z. noch erkennen läßt, war zweifellos eine Koloniegründung des Augustus und wird in der Kaiserzeit öfters bezeugt, z. B. Strab. 3,2,15. 3,4,10.13. Mela 2,88. Plin. nat. 3,24. Auson. p. 280,88. 303,232 PEIPER (s. [1] VIII 381). Inschriften: CIL II Suppl. p. 1141. Münzen: ANT. VIVES La Moneda Hispánica 4, Madrid 1924,71 ff.

Bedeutung scheint C. erst in chr. Zeit gewonnen zu haben. Anscheinend schon um 250 war es Sitz eines Bischofs; 380, 592, 691 tagten hier Concilien ([1] VIII 82. IX 219.363), die Bischöfe finden sich regelmäßig in den Concilsakten ([1] VIII p. VIII. IX 444 f.), Prud. feiert es als Stadt der 18 Märtyrer (Peristeph. 4). In westgotischer Zeit war es dauernd Münzstätte ([1] IX 191.233.237.242.253.281. 288.297.358.372.377 f.). In arabischer Zeit ohne Bedeutung, erlebte C. nach der reconquista neuen Aufstieg als Hauptstadt von Aragón (Encicl. Univ. Ilustr. 70,1082). R. G.

Font. Hisp. Ant., Barc. 1925 ff.

Caesarea 1. H. Cherchel, 96 km w. von Algier. Alter punischer Handelsplatz *(Iol)*, erwähnt von Skyl. 111, GGM 1,90. Dann Hauptstadt des Königreiches Mauretanien (Solin. 25,16); Juba II. (25 vor bis 23 n. Chr.) gab ihr den Namen *Caesarea*: Strab. 17,3,12. Mela 1,6,30. Plin. nat. 5,2,20. Eutr. 7,10,3. Er machte es zu einer großen Stadt mit einem wichtigen Hafen und zu einem Mittelpunkt des Hellenismus. Als Caligula den König Ptolemaeus im J. 40 n. Chr. ermorden ließ, wurde C. die Hauptstadt der neuen Provinz Mauretania Caesariensis und Colonie unter Claudius: Plin. nat. 5,2,20.

In der Kaiserzeit ist C. eine der größten Städte von Nordafrika; sie hat einen Umfang von 7 km und bedeckt eine Fläche von 370 ha. Gewaltige Bauwerke: ein Theater, umgewandelt in Arena im 4. Jh., ein Amphitheater von 120 x 70 m, einen Circus (lokalisiert, aber nicht ausgegraben), Thermen. Mehrere Tempel und reiche Villen mit kostbaren Mosaiks sind dort kürzlich entdeckt worden; ebenso auf der Insel Joinville ein Leuchtturm, dessen Anlage an den des Leuchtturms von Alexandreia erinnert und der wahrscheinlich sich von Iuba II. herschreibt. Zahlreiche Statuen und Mosaiks im Museum.

Das Christentum wurde früh eingeführt, seit dem 2. Jh. Es gab dort viele Märtyrer, bes. unter Diocletian; man kennt die passio der Marciana (A. S. 9 Jan., I, 569) und die des *vexillifer* Fabius (A. Boll. 9, 1890, 123). Der Donatismus entwickelte sich in C. und der heilige Augustinus kam dorthin im J. 418, um sich gegen den Bischof Emeritus zu wenden. Possidius, Vita August. 14. Aug. De gest. cum Emerito.

Eingenommen von dem Empörer Firmus im J. 371–372, wurde C. in Brand gesteckt. Die Byzantiner machten C. zur Hauptstadt von Mauretania secunda. Prok. 2,20,31. Dann verfiel es. M. L.

S. Gsell Cherchel, antique Iol-Caesarea, 2e ed. revue par M. Leglay, Alger 1952. Atl. Arch. Alg. f[e] IV, Nr. 16. *P. Gauckler* Musée de Cherchel, Paris 1895. *M. Durry* Musée de Cherchel, suppl. ,Paris 1924. *P. M. Duval* Cherchel et Tipasa. Recherches sur deux villes fortes de l'Afrique romaine, Paris 1946. Über die neuen Ausgrabungen s. Libyca 1953 und ff.

2. C., Stadt am südlichen Abhang des Hermon (→ Batanaia) an einer der Hauptquellen des Jordan. Die früheste Erwähnung (Pol. 16,18,2.28, 1,3: hier 200 v. Chr. Sieg Antiochos' III. über die Ptolemäer, durch den er Coelesyrien und Palästina gewann) kennt Ort und Berg unter dem Namen *Πάνιον*, also als bereits hellenisierte Stätte eines Baal (Pan). Unter Zenodoros hieß auch die Landschaft *Πανιάς* (Plin. nat. 5,16,74); nach dessen Tode schenkte sie Augustus Herodes dem Gr., dessen Sohn Philippos den Ort zur Hauptstadt seiner Tetrarchie ausbaute und zu Ehren des Augustus (Ios. ant. 18,2,1) oder des Tiberius (Ios. bell. 2,9,1) *Καισάρεια* nannte. Ios. bell. 3,9,7. 7,2,1; Mk. 8,27 par. nennen sie zur Unterscheidung von anderen *K. ἡ Φιλίππου*. → Herodes Agrippa II. nannte sie Nero zu Ehren *Νερωνιάς* (Ios. ant. 20, 9,4). Im 4. Jh. Bischofsstadt (mehr und mehr wieder unter dem alten Namen), im 7. Jh. von den Arabern erobert, in den Kreuzzügen vorübergehend lat. Bistum, 1165 endgültig arab.; h. ein Dorf bānyās.

Dict. de la Bible 2,450–456.

3. C. am Meer (*K. ἡ παράλιος* oder *ἐπὶ τῇ θαλάσσῃ*). Urspr. wohl eine phönik. Burg (in der Saronebene), die ihren Namen nach einem der letzten Könige Sidons getragen haben muß; griech. mit *Στράτωνος πύργος* wiedergegeben. → Alexander Iannaios gewann die Stadt von einem Tyrannen Zoilos für die Juden, die sie an Pompeius verloren und von Augustus wiedererhielten. Ihm zu Ehren nannte Herodes d. Gr. sie *Καισάρεια* und ließ sie zu einer prächtigen Hafenstadt ausbauen (Ios. bell. 1,21,5–8). Seit 6 n. Chr. wählten sie die röm. Prokuratoren zu ihrem Sitz und zur Hauptgarnisonstadt (1961 im Theater Auffindung der bisher einzigen Pontius-Pilatus-Inschr., ed. A. FROVA, RIL 95, 1961, 419–434). Vespasian wurde hier zum Kaiser ausgerufen und erhob die Stadt zur röm. Kolonie (Plin. nat. 5,14,69). Ende des 2. Jh. wurde sie Bischofssitz, im 3. Jh. berühmt durch Origenes und seine Schule. Die reiche Bibliothek, von Pamphilos geordnet, diente im 3./4. Jh. Bischof Eusebios und im 6. Jh. Prokopios von C. bei ihren histor. Arbeiten und wurde im 7. Jh. im Arabersturm vernichtet. Die Stadt, 1001 von den Kreuzfahrern erobert, war kurzfristig lat. Erzbistum und wurde 1265 zerstört; Ausgrabungen seit 1956. C. C.

1. Dict. de la Bible 2,456–465. 2. RGG³ 1,1581 (Lit.). 3. BHH 1,296. 4. Israel Explor. Journ. 1, 1950, 20–32; 6, 1956, 260f.; 13, 1963, 146ff. 5. Rabinowitz Bull. 3, 1960, 44–48. 6. *M. Weippert*, ZDPV 79 (1963) 172 (Lit.).

Caesaris forum. Am Abhang des Kapitols hinter der Senatskurie, von Julius Caesar zur Entlastung des F. R. auf eigene Kosten erbaut und 46 v. Chr., am letzten Tage seines vierfachen Triumphes, noch unvollendet eingeweiht, von Augustus vollendet. Das Forum (160x75 m) war von einer Mauer aus Tuffblöcken und einer in Resten noch erhaltenen doppelten Säulenhalle umgeben; nach dem Kapitol zu befanden sich zahlreiche tabernae. Am W.-Ende des Platzes erhob sich auf hohem Podium ein korinth. Pyknostylos (Vitr. 3,3,2) mit 8 Säulen an der Front, den Caesar während der Schlacht von Pharsalos der Venus genetrix, der Stammutter seines Geschlechts, gelobt hatte (App. civ. 2,68,102. 3,28). 3 Säulen der SW.-Seite wurden während der Ausgrabung des Forums durch Riccardo Ricci (1930–1933 NSA 1932, 188ff.) wiederaufgerichtet; sie stammen aber von einem Neubau, den Domitian begann und Traian 113 n. Chr. vollendete (Aur. Vict. Trai. 13,5). In der Apsis des Tempels stand eine Statue der Venus von Arkesilas (Plin. nat. 35,156), in der Cella eine goldene Statue der Kleopatra; in der Mitte des Forums erhob sich die Reiterstatue des Diktators (Stat. 1,1,84. Suet. Caes. 61). Die Säulenhalle enthielt u. a. 2 Gemälde des berühmten zeitgenössischen Malers → Timomachos (Aias unter der getöteten Herde und Medea vor der Ermordung ihrer Kinder), ein Porträt der Kleopatra, eine *statua loricata* Caesars und 6 *dactylothecae* mit kostbaren geschnittenen Steinen. Rud. G.

Lugli M Suppl. p. 15–34. *Curtius-Nawrath-Nash* Das ant. Rom, p. 41f.

Caesaris horti. Auf dem r. Tiberufer an den Abhängen des Quartiere Monteverde, dem Monte Testaccio gegenüber, gelegen, von Caesar testamentarisch dem röm. Volk vermacht. Die Lage ergibt sich aus der Nachricht, daß unter Tiberius in den Gärten Caesars ein Fortunatempel an der Stelle eines gleichen, älteren Heiligtums geweiht wurde (Tac. ann. 2,41), dessen Lage wir einigermaßen bestimmen können. Rud. G.

RE III 1297.

Caesarius 1. Aus Antiochia (Liban. epist. 1399), Bruder des → Alypios (Iul. epist. 29), gebot um 362 über Phrygien (Lib. epist. 764). Nach dem Tode Iulians wurde er comes rer. privat. (Cod. Iust. 10,1,8 von 364) u. gewann großen Einfluß am Hof (Lib. epist. 1449.1456). 365 wurde C. als praef. urbis Constantinopolis durch den Usurpator → Prokopios gefangen und eingekerkert (Amm. 26,7, 4. Zos. 4,6,2. Themist. or. 7,92c). **2.** C. aus Nazianz (Kappadokien), Bruder des → Gregorios von Nazianz, der später sein Andenken durch eine Leichenrede (or. 7 Migne PG 35,755; Sonderausg. von F. BOULENGER Paris 1908) und Epitaphia (6 bis 23. Migne PG 38,13ff.) ehrte. C., der in Alexandria Geometrie, Astronomie und Medizin studiert hatte, wurde nach 356 von Constantius II. als Archiatros und Comes an den Hof berufen. Von Iulian nach einem vergeblichen Bekehrungsversuch entlassen, genoß C. als Bekenner großes Ansehen. 368 wurde er comes sacrarum largitionum; vermutlich starb er noch 368. Die seit Photios (Bibl. Cod. 210) immer wieder C. zugewiesenen Dialoge bei Migne PG 38,851ff. gehören erst in das 6. Jh. (vgl. U. RIEDINGER Die hl. Schrift im Kampf der griech. Kirche gegen die Astrologie, 1956, 45). **3.** Flavius C., cos. 397; unter dem Namen Typhon erscheint er als Vertreter des bösen Prinzips (Charakter daher wohl verzeichnet) in Synesios' Aigyptioi. Verschiedene Provinzialämter bekleidete C. schon unter Iulian und Valens. 387/389 war er mag. officiorum. 387 erwirkte er Theodosius' Gnade für die aufständischen Antiochener (Liban. or. 1,678ff. P. PETIT Libanius 1955, 238ff.). 395/98 praef. praet. Orientis (Cod. Theod. 10,6,1. 16,2,32 u. ö.), 399 in den Sturz Eutrops verwickelt, übernahm der dem Arianismus zuneigende und den Germanen freundliche C. 400 die führende Stellung beim Kaiser. Ende 401 gestürzt, erlangte er durch seinen Bruder → Aurelianus Nr. 3 Begnadigung (vgl. bes. Synes. a. O. 110ff.). A. L.

4. C., Erzbischof von Arelate (Arles), * um das Jahr 470 in Cabillonum (Châlon s. Saône), † 542 (543?) in Arelate. Aus dem Inselkloster Lerinum, einer Pflegestätte augustinischen Geistes, kam C. E. 5. Jh. nach Arelate, wurde Schüler des chr. Rhetors → Pomerius und Abt eines Klosters, für das er eine Mönchsregel schrieb. Seit 503 hatte C. den Metropolitanstuhl von Arelate inne, dessen in Gallien führende Stellung er unter der wechselnden Herrschaft der Westgoten (bis 507), Ostgoten (508 bis 537) und Franken wahrte und stärkte. Mehrere gallische Concilien unter seiner Leitung stellten kirchenrechtliche Satzungen auf; das Concil von Arausio faßte 529 sogar eine dogmatische Entscheidung gegen die Überbetonung der Willensfreiheit im Verhältnis zur Gnade. Dieses von Papst Bonifaz II. bestätigte Dogma sicherte das Fortwirken von Augustins Lehre in gemäßigter Form. C. förderte sehr das Klosterwesen in Gallien, bes. durch die Nonnenregel, die er dem von seiner Schwester Caesaria geleiteten Johanneskloster von Arelate gab. In den Predigten sucht C. einen volksnahen, aber nicht vulgären Ton; der Kampf gegen Relikte des Heidentums macht sie zu wertvollen Quellen für die Volkskunde. Häufig verwendet C. Stücke aus bekannten Predigten anderer, z.B. Aug., Faustus Reiensis, und seine Texte wurden ebenfalls wieder benutzt. Die Verfasserschaft ist daher oft verdunkelt; manche Predigten sind unter mehreren Namen überliefert. MORIN hat in seiner Slg. von 238 sermones die Zuweisung an C. vielfach nur auf innere und stilistische Gründe gestützt, die nicht durchwegs sicher sind. Authentisch ist das Testament des C. Die erhaltene Vita (2 B.) ist bald nach seinem Tode verfaßt worden. O. H.

Ta.: *Germain Morin*, 1937–1942; Teildruck (Sermones), ^{2}1953 in CChr 103/04. *Carl F. Arnold* C. von A. und die gall. Kirche seiner Zeit, 1894. *A. Malnory* Saint Césaire, ^{2}1934. *Bardenhewer* GAL 5,345 ff. *Altaner* 439 f. (Bibliogr.). Clavis patrum (Sacris erudiri 3) ^{2}1961, Nr. 1008 ff.

Caesellius Vindex. 2. Jh. n. Chr., Grammatiker, Verf. einer alphabetisch angelegten Schrift *Stromateus sive lectiones antiquae.* Bei Cassiodorius liegen 2 Exzerpte vor, das eine mit der Überschrift *Ex orthographo Caesellio ista collecta sunt* (GLK VII 202,18–206,15), das andere *Ex Lucio Caecilio Vindice ista deflorata sunt* (ebd. 206,16–207,12). Beide scheinen auf 2 verschiedene Ausgaben der Excerpta aus unserem Grammatiker zurückzugehen, wobei Cassiodorius dies wohl nicht bemerkt haben wird. Benutzt hat der Verfasser hauptsächlich Varro und Cornutus. W. Str.

Goetz, RE III 1305 f. vgl. *Strzelecki* ebd. XVIII 1472.

Caesena (NISSEN It. Ldk. 2,258). Station der via Aemilia (It. Anton. 100,3. 126,10. 286,8. Burdig. 615,8. Gadit. 92. Tab. Peut. 5,1) beim Savioübergang (Strab. 5,217); zuerst von Cic. fam. 16, 27,2 genannt; heißt bei Plin. nat. 3,116 *oppidum*, CIL XI 558 *municipium;* größere Rolle in der Gotenzeit (Prok. Got. 1,1. 2,11. 19. 29 u.a.); j. Cesena. G. R.

Caesennius. 1. L. C. Antoninus. Cos. suff. 128, Inscr. It. XIII 1,204 f. AE 1945, 36. **2.** A. C. Gallus. Unterwarf als Legat der leg. XII fulminata im J. 66 Galilaea, Ios. bell. 2,510–513. Cos. suff. vor 82, CIL III 312. Statthalter von Galatien, Kappadokien, Pontus im J. 82, AE 1955, 7. Anatol. Stud. 4, 1954, 111–120 Nr. 8. D. MAGIE Rom. Rule in Asia Min. 2, 1435 f. **3.** L. C. Paetus. Cos. ord. 61, Tac. ann. 14,29,1. Er wurde im selben Jahr als leg. Aug. pr. pr. nach Kappadokien geschickt, um Armenien zu schützen, Cass. Dio 62,20,4, im J. 62 in Rhandeia zur Kapitulation gezwungen, Tac. ann. 15,7 ff., und abberufen, Dio 62,22,4. Im J. 71/72 besiegte er als Statthalter von Syrien (seit 70) den Antiochus von Kommagene, Ios. bell. 7,219 ff. **4.** L. Iunius C. Paetus. Cos. suff. 79, AE 1950, 31 b. Procos. Asiae gegen 94, Mz. im PIR II^2 34 Nr. 174. R. H.

Caesernius. 1. T. C. Statius Quinctius Macedo. Im J. 107 procurat. prov. Mauretaniae Caesar., CIL III 10224. H. G. PFLAUM Carr. Proc. équ. I^2 158 Nr. 67. **2.** T. C. Statius Quinctius Macedo Quinctianus. Seine Laufbahn vom IIIvir a. a. a. f. f. bis zum curator viae Appiae gibt CIL V 865. Cos. suff. CIL XIV 2253. **3.** T. C. Statius Quintius Statianus Memmius Macrinus. Er stieg vom XVvir stlit. iud. bis zum legat. Aug. pr. pr. prov. Africae im J. 140/41 (AE 1957, 135; 1954, 150. 1950, 60) und zum Suffektkonsul im J. 141 (CIL VIII 7036), schließlich zum Statthalter von Germania sup. im J. 150 empor, CIL XIII 5609. B. THOMASSON Statth. Nordafr. 2,171 ff. R. H.

Caesia silva. Waldgebiet im rechtsrheinischen Germanien, das nur Tac. ann. 1,50 erwähnt wird, als Germanicus im J. 14 n. Chr. von Vetera castra-Xanten aus den Rhein überschritt und den im Marsergebiet gelegenen Walddistrikt durchzog. H. C.

v. Veith Bonner Jbb. 84, 1887, 6.

Caesius. Röm. Geschlechtsname, seit dem 3. Jh. v. Chr. belegt, seit dem 1. Jh. v. Chr. auch außerhalb von Rom.

I. Republikanische Zeit. **1.** L. C., Münzmeister um 103 v. Chr., BROUGHTON Mag. 2,434. **2.** L. C. C. f., Municipalbeamter in Pompeii z. Z. Sullas. **3.** L. C., begleitete Cicero nach Asien 60 v. Chr., vielleicht identisch mit einem im J. 54 erwähnten C. **4.** M. C., Praetor urbanus 75 v. Chr. (Cic. Verr. 2,1,130). **5.** M. C., Sicilischer Steuerpächter unter Verres 72. **6.** M. C., Aedil in Arpinum und Freund Ciceros. **7.** P. C., röm. Ritter aus Ravenna, der von Cn. Pompeius Strabo die *civitas* erhalten hatte. Cicero stand mit ihm in Verbindung (Empfehlungsbrief fam. 13,51) und erwähnte ihn noch 56. **8.** S. C., Steuerpächter in Asien. H. G. G.

II. Kaiserzeit. **1.** Schlechter Dichter nach Cat. 14,18. **2.** C. Cordus, procos. Cretae Cyrenarum, 21 wegen Erpressung und Majestätsverletzung angeklagt, Tac. ann. 3,38,1; wegen ersteren Delikts 22 verurteilt, ebd. 3,70,1. **3.** Ti. Catius Caesius Fronto s. Catius. **4.** L. C. Martialis. Cos. suff. 57, CIL IV 3340,34. 40. VI 268. **5.** C. Nasica, Legionslegat in Britannien zwischen 52/53–57/58, Tac. ann. 12,40,4. **6.** P. C. Phosphorus, Freigelassener, für den Plin. ad Tr. 11,2 das Bürgerrecht erbittet. Redelehrer in Karthago, Tert. adv. Valentin. 8. **7.** C. C. Sabinus, Freund Martials 7,97. 9,60,5. Inschr. aus Sassina CIL XI 6489–6492. R. H.

8. C. Bassus. Röm. Dichter der neronischen Zeit, fand angeblich hochbetagt durch den Vesuvausbruch (79 n. Chr.) den Tod (Schol. zu Pers. 6,1). Quintilian nennt ihn neben Horaz als einzigen lesenswerten lat. Lyriker (inst. 10,1,96), und auch der jüngere Freund Persius, dessen dichterischen Nachlaß er herausgab (vit. Pers. 5), preist zu Beginn der ihm gewidmeten 6. Satire seine dichterischen Fähigkeiten. Der einzige von ihm erhaltene Hexameter bei KEIL GrL 2, S. 557,16 = MOREL FPL S. 126. Über seine Identität mit dem gleichnamigen Metriker s. d. Folg. SCHANZ-HOS. 2, ^{4}1935, 484 ff. M. F.

9. C. Bassus, wohl identisch mit dem obigen Dichter und Herausg. der Satiren des Persius. Sein *liber de metris* war dem Kaiser Nero zugeeignet (also vor dem J. 68 n. Chr.). C. ist Vertreter der sog. Derivationstheorie, die aus 2 metrischen Grundformen (daktylischer Hexameter und iambischer Trimeter) durch adiectio, detractio, permutatio, concinnatio alle anderen Metra abzuleiten versuchte. C. knüpft an Varro an; derselben Lehre verdanken die sog. polymetrischen Cantica in 2 Tragödien Senecas ihre Entstehung, es läßt sich aber kaum entscheiden, ob Seneca dem C. oder einem anderen Vertreter dieser Lehre folgte. W. Str.

Fragmentum de metris: GLK VI 243 ff. *Mazzarino* GRFr 127 ff., vgl. RE III 1313 ff.

Caesonius. Als röm. Familienname seit dem 1. Jh. v. Chr. belegt.

I. Republikanische Zeit. M. C., Richter und Politiker. Richter war er im 1. Prozeß des A. Cluentius Habitus 74 v. Chr., wobei seine Unbestechlichkeit hervorgehoben wurde, sodann im Verres-Prozeß 70. Als pleb. Aedil amtierte er 69 zusammen mit Cicero (Cic. Verr. 1,29, weitere Quellen bei BROUGHTON Mag. 2,132); die Praetur bekleidete er höchstwahrscheinlich 66, da er zusammen mit Cicero als Bewerber für das Consulat des J. 63 genannt wurde. Vielleicht ist er identisch mit dem im J. 46 von Cic. Att. 12,11 genannten C. H. G. G.

II. Kaiserzeit: L. C. Lucillus Macer Rufinianus. Seinen cursus honor. bietet CIL XIV 3902; er war 238 einer der XXviri, die Italien gegen Maximinus schützen sollten, dann procos. prov. Africae und praefectus urbi zwischen 239/255, B. THOMASSON Statth. Nordafr. 2,121 f. **2.** C. C. Macer Rufinianus. Nach CIL XIV 3900 cos. suff. und procos. prov. Africae zu Anfang des 3. Jh. B. THOMASSON a. O. 2,116 ff. R. H.

Caestus (*μειλίχη, ἱμὰς ὀξύς, μύρμηξ, σφαῖρα*). In der frühen Form Lederriemen, die mehrmals um die Fingerknöchel gewunden wurden, und Bandagen um das Handgelenk und den Unterarm des Faustkämpfers. In röm. Zeit ein halbgerundeter, gefütterter Lederhandschuh, der die Fingerenden und den Daumen frei ließ. In der Kaiserzeit war der Boxhandschuh mit Metall beschwert. Nur Verg. Aen. 5,404, Val. Fl. 1,420 und Stat. 6,732 erwähnen die Verwendung von Metall beim c. Einige Darstellungen zeigen einen halbkugeligen c., ganz aus Metall, der den Handrücken und 4 Finger bedeckt, mit zwei- oder dreizackigen Vorsprüngen versehen und mit Lederriemen befestigt war. Ein zottiger, riemenumwundener Ärmel umhüllte das Handgelenk und den Unterarm. S. RE Suppl. Bd. IX Pygme. O. W. R.

Caiatia (NISSEN It. Ldk. 2,800). Stadt der 1. Region (Plin. nat. 3,63 emendiert) im großen Volturnusbogen, im J. 306 v. Chr. in röm. Hand, von Samnitern erobert (Liv. 9,43,1. Diod. 20,80). Nach Mz. des 3. Jh. v. Chr. (HEAD HN^2 31) vielleicht im Besitz der *civitas sine suffragio* (NISSEN nach Mommsen RMW 330); im pun. Kriege Rom treu (Liv. 22,13,6. 23,14,13. 26,4,4), in der Kaiserzeit *municipium* (CIL X 7570 u. a.). Name in den Hss. oft mit Calatia verwechselt; j. Caiazzo. G. R.

Caieta (Verg. Aen. 6,900 u. a.; Plin. nat. 3,59: *Caieta portus;* Diod. 4,56: *Αἰήτην νὸν τῦν Καιήτην*. Lykophr. 1274: *Αἰήτην*). Portus (NISSEN It. Ldk. 2,600), günstiger (Cic. imp. Pomp. 33: *portum Caietae celeberrimum ac plenissimum navium*) Hafen ca. 5 mp (Strab. 5,233) w. Formiae mit Apollotempel (Liv. 40,2,1); nicht städtisch organisiert, aber beliebter Sommeraufenthalt (Cic. de or. 2,22. Iuv. 14,87 u. a.; Villa Ciceros Cic. Att. 1,3,2. 4,3. Plut. Cic. 47). Name angeblich nach Amme des Aeneas (Verg. Aen. 7,1 f.) oder vom Verbrennen der Schiffe (Serv. Aen. 7,1. 10,36). C. gewann erst nach der Zerstörung von Formiae durch die Sarazenen im J. 847 an Bedeutung; j. Gaeta. C. promonturium, Landspitze, die den C. portus abschließt (Dion. Hal. ant. 1,53. Strab. 5,233) mit Grabmal des L. Munatius Plancus, cos. 42 v. Chr. (CIL X 6087 = DESSAU 886); j. Torre d'Orlando (R. FELLMANN Das Grab des Lucius Munatius Plancus usw., Basel 1957, 10). G. R.

Călăbria (NISSEN It. Ldk. 1,539 ff. 2,861 ff. M. MAYER Apulien 368 ff.). Dem ion. Meere zugekehrte Küste der im SO. Italiens gelegenen Halbinsel (Strab. 5,277) oder diese insgesamt (Strab. 5,282. Plin. nat. 3,99. Mela 2,66. Ptol. 3,1,77). Name C. erstmals für Rhinthon (Hesych. s. *Καλαβρίαν*), ca. 300 v. Chr. bezeugt (*Καλαβροί* zuerst bei Pol. 10,1,3), den Römern aber während der Eroberung (Triumphe über Sallentiner und Messapier 280. 267. 266) noch nicht geläufig. Verbindung mit (Steph. Byz. s. *Σηλυμβρία*: thrak.) *βρία* »Stadt« oder mit illyr. *Γαλάβριοι* (KRAHE Die alten balkanill. geogr. Namen 112) ungewiß; *Καλαυρία* b. Eust. Dion. Per. 378 späte Umformung. Inschr. in der Landessprache (»messapisch«) bei O. HAAS Messap. Studien, 1962. Das Land ist wasserarm, aber durch sorgfältige Pflege (von Tarent: NISSEN 2,862) reich an Weiden und Baumbestand (Strab. 5,281); berühmte Wollfabrikation (Serv. georg. 4,335); Olivenwälder (Theophr. h. plant. 4,14,9), Weinbau (Athen. 27 c) und Bienenzucht (Strab. 5,282. Hor. c. 2,6,14. Macr. Sat. 3,16,12); NISSEN 863 vergleicht Landschaft und Produkte mit Attika. Durch Kriege verödet (Strab. 5,281); Teil der 2. Region (Plin. nat. 3,105). Name C. im 7. Jh. n. Chr. durch byzant. Verwaltung auf Bruttium ausgedehnt, wo er nach Verlust C.s an die Langobarden bis heute verblieb. G. R.

Calagurris. Der Name ist iberisch (Holder 1,687f.). 2 Städte der Vascones. **1.** C. Fibularensis (Beiname unerklärt), unbedeutend, vielleicht h. Loarre (Plin. nat. 3,24, wohl auch Caes. civ. 1,60,1). Vielleicht war sie um 306 vorübergehend Bistum (P.B. Gams Kirchengesch. von Span. 2,1,13. [1] VIII 59). **2.** C. Iulia Nasica (2. Beiname unerklärt), h. Calahorra, bedeutende Stadt am Iberus, Heimat des Redners Quintilian. Die literarischen Quellen s. [1] III 204. IV 251. V 207. VI 72/73. VIII 452; die Inschr. CIL II Suppl. p. 1141; Münzen Ant. Vives La Moneda Hispánica, Madrid 1924, 2,138f. 4,96ff. In westgotischer Zeit war sie Bischofstadt und Münzstätte ([1] IX 444). Ihre späteren Schicksale s. Encicl. Univ. Ilustr. 10,523 s. Calahorra. R. G.

1. Font. Hisp. Ant., Barc. 1925ff. 2. *Ád. Schulten* Numantia 1,393.

Calama. Stadt in Africa proconsularis, h. Guelma, 122 km ö. von Constantine. Iul. Honorius GLM p. 38: *Calama oppidum*. Ihre Verfassung war nicht röm. mit Suffeten und Princeps bis Traian, dann wurde sie *municipium* und *colonia*, frühestens im J. 283. CIL VIII 5332. Kaiserliche Domänen in dem Gebiet CIL 5383ff. Mehrere bekannte Bischöfe, bes. Possidius, der Biograph des heiligen Augustinus. Ruinen: Thermen, Theater, Cisternen, usw. M. L.

S. Gsell Atl. Arch. Alg. f^e 9, Nr. 146.

Calata comitia. Sie sind nur von sakraler Bedeutung, die Einberufung erfolgte durch die Pontifices (zur sakralen Funktion von *calare* → calatores), entweder nach Curien, durch einen *lictor curiatius*, oder nach Centurien durch Hornisten (Gründe für die eine oder andere Form unklar). In histor. Zeit sind sie nur noch für die Inauguration des *rex sacrorum* (als sakral. Nachfolger des Königs) und der Flamines von (unpolit.) Bedeutung. Ihre bes. wegen Gell. 15,27 meist behauptete Mitwirkung bei der Adrogation *(detestatio sacrorum)* und bei der Testamentserrichtung wird von Karlowa 2,97f. mit guten Gründen bestritten. (Weil letztere nach Gaius zweimal jährlich erfolgte, nahm Mommsen für c.c. den 24. März und den 24. Mai in Anspruch, da nur an diesen Tagen in den Fasti *QRCF* [*quando rex comitiavit fas*] steht: Bessere Deutung des *QRCF* z.B. Bömer Ov. Die Fasten Bd. 1, 36f.) Mitwirkung an Adrogation und Testamentserrichtung ist aber Sache der → Comitia curiata; es müßte sich bei c.c. also um einen anderen, sakralen Namen für diese handeln (darauf läuft, nach Änderung früherer Meinung, Mommsens Ansicht RStR hinaus). Der Annahme, an jedem 1. eines Monats hätten zur Bekanntgabe der Nonen und an den Nonen zur Bekanntgabe der Feste des Monats c.c. stattgefunden, fehlen die Zeugnisse (anders Kübler, RE III 1332). W. E.

Mommsen, RStR 2,9.34.37f. 3,307.318ff. *Marquardt*, RStV 3,306f. 322f. *Lange*, RA 1^3,177f. 357.398ff.

Calatia (Nissen It. Ldk. 2,716. Beloch Campanien 370ff.). Kampan. Stadt an der Straße von Capua nach Beneventum (Strab. 5,249. 283. Tab. Peut. 6,4), im J. 313 v. Chr. von den Römern erobert (Liv. 9,28,6); Mz.: Head HN^2 31. Empörung gegen Rom im 2. pun. Kriege zusammen mit Capua (Liv. 22,61,11), schwer bestraft (26,16,5. 34,6. 27,3,7). Wiederherstellung der Mauern durch die Censoren des J. 174 v. Chr. (Liv. 41,27,10), *municipium* der trib. Falerna (CIL X 3893); Veteranenkolonie im J. 59 v. Chr., ergreift im J. 44 Partei für den jungen Caesar (Vell. 2,61, Cic. Att. 16, 8,1). Häufige Namensverwechslung mit Caiatia; j. Kirche S. Giacomo alle Gallazze. G. R.

Calatores. Von *calare* »rufen«. **1.** Sklaven, die Befehle übermittelten, oder = *nomenclator* (Enk zu Plaut. Merc. 852, der sich, nur teilweise zu Recht, auf Marx zu Plaut. Rud. 335 bezieht). **2.** Bes. Untergebene der höheren Priester, fast ausschließlich Freigelassene. Neben kultischen Hilfsdiensten haben sie durch Rufen den Weg zu bahnen und dafür zu sorgen, daß der Priester nicht mit Dingen, die ihm verboten sind, oder daß er vor Opfern mit bösen Omina in Berührung kommt. W. E.

Marquardt RStV 3,226f. *Mommsen* RStR 1,359. *Ruggiero* Diz. Epigr. s. v. *Latte* RRel 408f.

Calavius. Campanischer Familienname, dessen Träger in Capua hoch angesehen waren. **1.** Calavii wurden 210 v. Chr. als Brandstifter in Rom hingerichtet (Liv. 26,27). **2.** Novius und Ovius C. waren 314 Führer einer Verschwörung gegen die Römer in Capua und begingen nach deren Aufdeckung Selbstmord (Liv. 9,26,7). **3.** Ofilius C., 321 in Capua genannt, war vielleicht ihr Vater. **4.** Pacuvius C. war – mit den Claudiern und Liviern verschwägert – 217 Führer der karthagerfreundlichen Partei in Capua und oberster Beamter *(meddix tuticus)*, während sein Sohn auf der Seite Roms stand und nach dem Fall Capuas von dem Vater nur mit Mühe von einem Anschlag auf Hannibal abgebracht werden konnte, Liv. 23, 2,1ff. 5. 8,2ff. 13. H. G. G.

Calceus. Der zur *vestis forensis* des röm. Bürgers gehörige Lederschuh (unpassende Beschuhung wird gerügt) mit weichem Oberleder, der über die Knöchel hinaufreichte und einen von einer Lederlasche verdeckten Schlitz zum Hineinschlüpfen *(induere c.)* an der Innenseite hatte. Männer tragen ihn wohl naturlederfarbig, Frauen ihre *calceoli* in verschiedenen Farben. Die vorn schnabelartig hochgebogenen *calceoli repandi*, Frauentracht alter Zeit, sind aus Etrurien übernommen. Senatoren tragen den *c. senatorius* als Standeszeichen (*mutare c.*, Cic. Phil. 13,3). Dieser war in älterer Zeit rot, später wohl schwarz, und zeichnet sich durch sohlenparallel geführte Riemen bis zur halben Wadenhöhe aus; von 2 Knüpfstellen über dem Schienbein hängen 4 Riemenenden herab *(corrigiae; lora patricia)*, vgl. etwa die Reiterstatue Marc Aurels auf dem Kapitol in Rom. Patrizier (später nicht nur diese) trugen über dem Knöchel, wohl an einer der Knüpfstellen eines c. hängend, eine elfenbeinerne, halbmondförmige Agraffe *(luna, lunula)*; ob dies der einzige Unterschied zwischen den schon im Altertum nicht immer sauber getrennten Arten des *c. senatorius* und des *c. patricius* ist, läßt sich nicht mehr sicher ausmachen. Triumphatoren trugen den aus der alten Königstracht stammenden roten, mit hoher Sohle versehenen *c. mulleus*. W. H. G.

L. Heuzey, Dar.-Sagl. 1,815ff. *Rumpf*, AA 1935, 394ff. und BJ 155/56, 1955/56, 115f.

Calceus Herculis. Oase, s.w. von Aurès und N. von Biskra. Wichtiger Waffenplatz des numidischen Limes (Tab. Peut.: *ad Calceum Herculis*). J. Baradez Fossatum Africae. Recherches aériennes sur l'organisation des confins sahariens à l'époque rom., Paris 1949, 229. Seit dem 2. Jh. (Antoninus oder Marc. Aurelius?) Garnison von Bogenschützen und Meharisten von Emesa und Palmyra, die ihre Götter einführen. M. L.

L. Leschi Libyca 2, 1954, 178 (Bibliographie). *H. Marrou* MEFR 45, 1933, 42. Atl. Arch. Alg. f^e 37, Nr. 52.

Calcidius übersetzte kurz nach 400 n. Chr. → Platons Timaios ins Lateinische und verfaßte einen Kommentar dazu. C. hatte noch Zugang zu den Schriften vor-neuplatonischer Philosophen (→ Adrastos, → Numenios), ist aber zugleich nachhaltig von → Porphyrios beeinflußt. Beide Werke wurden im MA viel benutzt. H. D.

Textausgabe (macht alle früheren entbehrlich): Plato Latinus IV: Timaeus a Calcidio translatus commentarioque instructus ed. *J. H. Waszink*, 1962.

Calculi s. Abacus. Brettspiele

Caldarium s. Thermen

Caldis. Kastell im NW. von Constantine, an den Grenzen des Rhummel, w. des h. Mechta Nahar. Spuren einer Umwallung, ein Tor und Bruchstücke von Kunstbauten. Zahlreiche Inschr.: ILAlg. II 3442–3569. Behauene Stelen, geweiht dem Gott Saturnus. M. L.

S. Gsell Atl. Arch. Alg. f^e 8, Nr. 173.

Caledonii. Mit Dicalidones, Vecturiones, Maeates Bewohner des n. Britannien jenseits von Hadrians- und Antoninuswall, erstmals bei Plin. nat. 4,102 genannt. Nach der Eroberung Britanniens bis zum Firth of Forth und Clyde kam Agricola 83 n. Chr. erstmals mit den C. in Berührung, deren vereinigtes Aufgebot er im Spätsommer 84 n. Chr. vernichtend am mons Graupius (genaue Lage unbekannt) schlug, ohne daß eine Unterwerfung und Besetzung des restlichen n. Britannien erfolgte. Mit Agricolas Abberufung 85 n. Chr. verbleiben die C. außerhalb des von den Römern besetzten Gebiets und bedrängen unter Commodus, Septimius Severus (Cass. Dio 76,12,1–4) und später, als Picti bezeugt, so unter Constantius 306 n. Chr. die röm. Grenzbefestigungen. H. C.

RE III 1347ff. XX 1198ff. *Collingwood-Myres* Roman Britain, ^{2}1937, 114.

Calenus. Cognomen (wohl zur Bezeichnung der Herkunft aus → Cales, in der Form *Calenius* als Name [für Freigelassene?, Varro l.l. 8,83] inschr. [CIL X 5441], Schulze Eigenn. 526) in der Gens Fufia hist. im 1. Jh. v. Chr. mehrfach bezeugt (RE VII 204ff.). Der wichtigste Namensträger: Q. Fufius Q. f. C. n. Calenus. Er begann seine Laufbahn als Münzmeister um 70–68 (Belege bei Broughton Mag. 2,440), wurde 61 Volkstribun (wobei er den Freispruch des wegen Religionsfrevels [Bona Dea] angeklagten → P. Clodius Nr. 8 erwirkte, Cic. fam. 5,6,1; Att. 1,14,15. 16,2), 59 Praetor *(lex iudiciaria*, Cass. Dio 38,8,1, Mommsen StrR 445,5), befand sich 51–49 als Legatus bei Caesar in Gallien (Uxellodunum, Hirt. Gall. 8,39, 4), focht in Spanien (Caes. civ. 1,87,4) und 49/48 zur See vor Illyrien, nahm 48 Griechenland (Plut. Caes. 56,1 ff.; Ehrenstatuen in Olympia und Oropos). 47 wurde er Consul (zusammen mit Vatinius, Quellen bei Degr. I 13,56 f. 498 f.). Nach Caesars Tod und dem seines Schwiegersohns C. Vibius Pansa 43 stand er auf der Seite des M. Antonius, rettete den proskribierten M. Terentius Varro (App. civ. 4,47,203). 42 kommandierte er 2 Legionen in Italien, 41 verwaltete er Gallia Narbonensis, wo er 40 starb; sein gleichnamiger Sohn übergab das dortige Heer von 11 Legionen dem Octavian. H. G. G.

Cales (Nissen It. Ldk. 2,694), aurunk. (Verg. Aen. 7,728) Stadt 7 mp (Tab. Peut. 6,3) n. Casilinum; die Namensformen *Calenum* (Plin. nat. 3,63) und *Καλησία* (Steph. Byz. s. v.) führen auf alten s-Stamm (s. Callicula), der in die gemischte (als Pluraletantum Genitiv *Calium*) oder e-Deklination (Tab. Peut.; *Cale;* griech. Acc. *Calen:* Sil. 12, 525) überging. Wertlose Herleitung des Namens von Calais als Gründer (Sil. 8,514). Triumph des M. Valerius Corvus über C. im J. 335 v. Chr. (Liv. 8,16,11); latin. Kolonie im J. 334 v. Chr. (Liv. 8, 16,14. Vell. 1,14,3) und Sitz des Quaestors für S.-Italien (Tac. ann. 4,27. Mommsen RStR 2^3,571); Mz.: Head HN^2 31. Im 2. pun. Kriege war C. zuerst röm. Hauptquartier (Liv. 26,14ff.), fiel im J. 209 v. Chr. jedoch ab (27,9) und wurde bestraft (29,15). Seit dem J. 90 v. Chr. *municipium* der trib. Publilia (Kubitschek Imp. Rom. trib. discr. 14); Wohlstand (Strab. 5,237), Weinbau (Strab. 5,243. Hor. 1,20,9 u. a. Plin. nat. 14,65), Tonwarenindustrie (Cato agr. 135); j. Calvi. G. R.

Calestrius. 1. Maximus s. Servilius. **2.** C. Tiro. Freund des jüngeren Plinius, epist. 7,16. Quaestor Caesaris 88, trib. pleb. 91, Praetor 94. Procos. prov. Baeticae 107, ebd. 6,22,7. 9,5. **3.** C. Tiro. Leg. Aug. pr. pr. von Lycien und Pamphylien, 118/19 (D. Magie Rom. Rule 1599), IGR III 704. I 6 f.; cos. suff. 122, CIL XVI 169 (auch XVI 84); s. H. Nesselhauf, Epigraphica 12, 1950, 37. R. H.

Calidius. Plebeischer Familienname; Träger sind seit etwa 100 v. Chr. im politischen Leben Roms faßbar. **1.** C. überbrachte 82 dem Murena einen Senatsbefehl (App. Mithr. 65). **2.** Cn. C., Sohn eines gleichnamigen Ritters, Senator 73–71 v. Chr. **3.** M. C., Münzmeister um 106 v. Chr. (vgl. BROUGHTON Mag. 2,434), auf den vielleicht auch IGS I 18 zu beziehen ist. **4.** M. C. klagte 64 den (von Cic. verteidigten) Q. Gallius an, stimmte als Praetor 57 für die Rückkehr Ciceros, sprach – wahrscheinlich damals – *de domo Ciceronis* und trat auch später mehrfach als Redner auf. 51 und 50 bewarb er sich erfolglos um das Consulat, trat Anfang 49 für Caesar ein, der ihm Gallia Cisalpina übertrug, wo er bald darauf starb (Placentia). Als Redner schloß er sich Apollodoros von Pergamon an (s. o. S. 439), war in Rom ein Bahnbrecher der attizistischen Richtung und wurde von Cic. Brut. 274–278 als bedeutender Redner charakterisiert (SCHANZ-HOS. 1,391 f.). **5.** Q. C., Volkstribun 98 v. Chr. (zur Datierung BROUGHTON Mag. 2,5), Praetor 79, verwaltete als Propraetor Hispania citerior 78 und wurde nach seiner Rückkehr verurteilt. H. G. G.

Caliga. Der genagelte schwere Schuh des röm. Soldaten, der danach *caligatus* heißt. Wir kennen verschiedene Formen: a) Sohle mit Oberleder, das aus einem Stück besteht, aber über dem Rist riemenartig zerschnitten ist; b) Die Sohle ist durch 8 Lederstreifen am Fuß befestigt, deren 4 dicht aneinander über den Rist laufen, während einer unter, 3 über dem Knöchel den Fuß umfassen; sie sind durch einen Längsriemen auf dem Rist verbunden. Die Spätantike kennt auch *c.* für Bauern, Reiter und Frauen. W. H. G.

Caligo. Personifizierte Finsternis, entspricht → *Ἔρεβος* und → *Σκότος*. Nach Hyg. fab. praef. 1 Mutter des Chaos, durch diesen Mutter von Nox, Dies, Erebos, Aether. W. E.

Caligula. C. Iulius Caesar Germanicus, Sohn des → Germanicus und der Vipsania Agrippina, Suet. Cal. 1,1. Iulius ist er nie genannt, Caligula hießen ihn die Soldaten nach dem Schuhzeug, Sen. dial. 2,18,4. Urenkel mütterlicherseits des Augustus, väterlicherseits des Antonius. * 31. August 12 n. Chr. wohl in Antium, Suet. Cal. 8,1–3. Vom 18. Mai 14 an in Germanien, ebd. 8,4. Er nahm am 26. Mai 17 am Triumph des Vaters in Rom teil, Tac. ann. 2,41,3. Im Herbst 17 war er im Orient, Suet. Cal. 10,1, Rückreise am 10. Oktober 19, Tac. ann. 2,75,1, anfangs 20 Landung in Brundisium, Tac. ann. 3,1,4. Er übersiedelte im J. 28 zur Großmutter Livia, Suet. Cal. 10,1, hielt ihr 29 die Leichenrede, Tac. ann. 5,1,4, kam in das Haus der Großmutter Antonia minor, Suet. 10,1. Den Nachstellungen Seians entging er, Tac. ann. 6,3,4; vom J. 31 an zog ihn Tiberius an sich, Cass. Dio 58,8,1. Er erhielt den Augurat (Suet. 12,1) und Pontifikat (CIL XII 1848). Als Quaestor 33 heiratete er die Iunia Claudilla (Tac. ann. 6,20,1), die Ende 36 starb. Nachdem C. und sein Vetter Tiberius Gemellus 37 von Tiberius zu Erben eingesetzt worden waren, gewann C. die Gunst des Gardepräfekten Macro, Tac. ann. 6,45,3. Dieser verhalf ihm am 18. März 37 auf den Thron, Cass. Dio 59,1,2 ff. IG VII 2711. C. war vom 1. Juli 37 bis 31. August cos. suff. (Dio 59,6,7), erhob seine Schwestern Drusilla, Iulia, Agrippina zu Vestalinnen (Suet. 15,3) und begann seine Regierung maßvoll, Dio 59,5,2. Nach schwerer Erkrankung im Oktober 37 schlug sein Verhalten in despotische Willkür um (A. ESSER Caesar und die jul.-claud. Kaiser im biolog.-ärztl. Blickfeld 132 ff.). Eine Reihe von Verwandten trieb er in den Tod, Dio 59,8,4–7, auch den Macro, Suet. 26,1. Nach dem Tod der Drusilla am 12. Juni 38, mit der er nach Art der Ptolemäer eine Geschwisterehe hatte eingehen wollen, ließ er jedes Maß der Trauer vermissen, Sen. dial. 11,17,4. Den leer werdenden Staatsschatz füllte er durch Erpressungen und Majestätsklagen, Dio 59,18,1–5. Nach einjähriger Ehe mit Lollia Paulina suchte er nach Kriegsruhm.

Im Oktober 39 zog er nach Germanien, Dio 59, 21 ff. Bald danach brach eine Militärrevolte und ein Senatorenaufstand aus, an dem auch die zwei Schwestern C.s beteiligt waren, Dio 59,22,5 ff.; C. konfiszierte die Güter der Verurteilten, Dio 59,21, 4, heiratete die Milonia Caesonia, ebd. 59,23,7. Nach Überwinterung in Lyon zog er an den Ärmelkanal; außer der Erbauung eines Leuchtturmes bei Boulogne geschah nichts, Suet. Cal. 48,1. Rückkehr im Mai 40; eine jüdische Delegation aus Alexandria unter Philon versuchte vergeblich die Aufhebung der Verordnung, ein Kaiserbild in der Synagoge aufzustellen, zu erreichen, Philon, legat. ad Gaium, vor allem § 349–367. SCHÜRER 1^2,495 ff. Auch sonst verlangte C. göttliche Verehrung im ganzen Reich, Dio 59,28,1 f., auch in Jerusalem, wo P. Petronius die Statue des C. im Tempel aufstellen sollte, Ios. bell. Iud. 2,186 ff. In Rom wurde C. Staatsgott (Dio 59,28,2) mit eigenem Tempel, Suet. 22,4. Drückende Gewerbesteuern führten zur 2. Verschwörung im Herbst 40 (Suet. 26,3) trotz der Erwerbung Mauretaniens. Erst einer solchen der Prätorianeroffiziere und des einflußreichen Freigelassenen Callistus fiel C. am 24. Januar 41 zum Opfer, Suet. 50,1. Ios. ant. 19,105–114. – Mz. bei MATTINGLY 1,146–163; MATTINGLY, RIC 1, 115–120. Bildnisse: V. POULSEN Portraits of C., Acta Arch. 29, 1958, 175–190. S. LASER Zur Ikonogr., AA 1954, 241–251. R. H.

P. V. D. Baldson The emperor Gaius, 1934. *A. Momigliano* La personalità di C., Annal. R. Scuol. Sup. di Pisa ser. II 1, 1932. *Dessau* Gesch. röm. Kaiserzeit 2, 1926, 104 bis 136. *H. Willrich* C., Klio 3, 1903, 85–118.

Callaici waren ein großer keltischer ([1] IV 123. VI 200) Stamm in der Landschaft Callaecia, im Spätlatein und h. Gal(l)icia genannt, aus den Provinzen La Coruña, Lugo, Orense, Pontevedra bestehend. Ihr heutiger Dialekt, »gallego«, ist mit dem Portugiesischen verwandt und zeigt, wie dieses, keltische Eigenart. Zum erstenmal werden sie 139 v. Chr. genannt (App. Ib. 70,300). Strab. 3,3,2 rühmt mit Recht ihre Kriegstüchtigkeit: 138 bis 136 v. Chr. mußte Brutus Callaicus, 60 Caesar 29–19 Augustus (sie waren mit den Asturern und Cantabrern verbündet) mit ihnen kämpfen (alle literarischen Quellen über diese Ereignisse sind gesammelt in [1] IV–VI. VIII, s. Indices. Die Inschriften: CIL II Suppl. p. 1145). Die verwaltungspolitischen Änderungen ihres Landes s. RE III 1356. Nach 411 n. Chr. gerieten sie unter die Herrschaft der Sueben, 585 wurde ihr Land westgotische Provinz (alle Quellen in [1] IX 454 s. suevos). Die Maurenherrschaft über sie dauerte nur etwa 100 Jahre, dann gehörten sie zu dem christlichen Königreich Asturien. R. G.

1. Font. Hisp. Ant., Barc. 1925 ff. 2. *Ad. Schulten* Los Cántabros y Astures, Madrid 1943, 208. 3. Über ihre Lebensweise und ihre religiösen Gebräuche: *Friedr. Bleiching* Span. Landes- und Volkskunde bei Sil. It., Erl. Diss. 1928, 23–32.

Calleva Atrebatum. Hauptort der im Gefolge der caesarischen Eroberung Galliens nach dem s. Britannien ausgewanderten Atrebaten, h. Silchester. Knotenpunkt an den Straßen von London nach Salisbury und Southampton nach Bath, blühte C., das schon auf Münzen des Atrebatenkönigs Eppillus (Ende 1. Jh. v. Chr.) genannt wird, schnell auf. Die Ansiedlung (100 Morgen Flächenausdehnung) mit rechtwinkligem Straßennetz, erfuhr ihren Ausbau unter den Flaviern und bestand bis in die Zeit der angelsächsischen Invasion. Neben öffentlichen Bauten (Forum, Thermen, Tempel, Amphitheater) wurden bei den langjährigen Grabungen auch die Privatquartiere mit ihren einfachen Holz- und aufwendigeren Steinbauten freigelegt. Eine nicht genauer datierte Kirche, in der Nähe des Forums, ist vielleicht für eine frühe Christianisierung in Anspruch zu nehmen. H. C.

Ch. Hawkes - G. C. Dunning The Belgae of Gaul and Britain, Arch. Journal 1930, 87. Die Grabungsberichte seit 1891 in Archaeologia.

Callicula (NISSEN It. Ldk. 2,688). Paßhöhe bei Cales, die durch Kriegslist Hannibals (Liv. 22,15, 3.16,5) bekannt wurde. (Name zu Cales: C. < **kăl*[*ĕ*]*siqlā*). G. R.

Calliopius s. Terentius

Callistratus. Wohl aus dem griech. O. des Reiches stammender Jurist der Severenzeit. Seine Werke berücksichtigen schon stark das öffentliche Recht (4 Bücher de iure fisci et populi) und den Cognitionsprozeß (6 Bücher de cognitionibus). Stil und Methode weisen bisweilen schon auf die nachklassische Ära. Sehr hart das Urteil MOMMSENS, daß C. das Lateinische nur mehr stammle. Th. M.-M.

Th. Mommsen Ges. Schr. 2,161. *P. Krüger* Gesch. d. Quellen und Lit. des röm. Rechts, 1912, 225 f. *W. Kunkel* Herkunft und soziale Stellung der röm. Juristen, 1952, 235.

Calones. Zum röm. Heer zählte eine unbestimmte Zahl von Knechten, c., denen besonders die Sorge um das Gepäck oblag. Nach Veg. mil. 3,6 (Frontin, Klio, NF 9, Beih. 44) waren je 200 brauchbare und erfahrene c. unter einem *vexillum* vereinigt. Die c. trugen keine Waffen, sondern Knüppel (Serv. Aen. 6,1). Dar.-Sagl. 1,2,852 f., BJ 111/12, 1900, 16.26.46.56 f.59. Abb. besonders auf den Reitergrabsteinen, z. B. Sonderschrift des Österr. Arch. Inst. 10, 1923, 169 f.174.179.202. A. N.

Calpe s. Kalpe

Calpetanus. 1. Arzt, Plin. nat. 29,7. **2.** C. C. Rantius Sedatus Metronius (?). Sohn von Nr. 3 (?), curator tabulariorum publ. im J. 46, CIL VI 916 = 31201, cos. suff. um 50; leg. Aug. pro pr. Dalmatiae zwischen 54–63, RITTERLING Vjesnik 47/48, 1924, 21, s. A. JAGENTEUFEL Statth. Dalmat. 38 ff. **3.** C. C. Statius Rufus. Curator locorum public. iudic. um 2 n. Chr., CIL VI 1266, prätor. curator riparum et alvei Tiberis bald nach 16, CIL VI 1237. 31544 b. **4.** C. C. Rantius Quirinalis Valerius Festus s. Valerius. R. H.

Calpurnius. Name eines plebeischen Geschlechts in Rom, das seit dem 3. Jh. v. Chr. bezeugt ist und politisch bes. mit der Familie der Pisones im 1. Jh. v. Chr. hervorgetreten ist. Spät erfunden ist die Genealogie, an deren Spitze Calpus, einer der 4 Söhne des Numa steht; seit dem Münzmeister Cn. C. Piso zeigen daher Münzen den Kopf des Numa.

I. Republikanische Zeit. **1.** C. C. wurde 216 bei Cannae gefangen und ausgelöst, Liv. 22,61,6; vielleicht identisch mit C. Piso, Praetor 211. **2.** Cn. Calp(urnius), Münzmeister um 150–146, vgl. BROUGHTON Mag. 2,434. **3.** L. C., Gesandter 198 an den Achaiischen Bund, Liv. 22,19,11. **4.** P. C., Münzmeister um 135–126, BROUGHTON Mag. 2, 434. **5.** L. C. Bestia, Volkstribun 121, Consul 111 mit der Provinz Numidien und damit dem Oberbefehl gegen Iugurtha; nach einem Bündnis mit Leptis (Sall. Iug. 77,2 f.) war er zunächst in der Kriegführung energisch, ließ sich jedoch dann von Iugurtha bestechen und bewilligte ihm einen vorteilhaften Frieden, Sall. Iug. 27,4–29,7. In Rom, wohin er sich zu den Wahlen wieder begab, war man erbittert, zog ihn zur Verantwortung (Antrag des Tr. pl. C. Mamilius Limetanus) und verurteilte ihn. Wahrscheinlich identisch mit dem Bestia, der 91 freiwillig in die Verbannung ging, App. civ. 1, 167. **6.** L. C. Bestia. 63 sympathisierte er mit den Catilinariern; als designierter Volkstribun für 62 (Sall. Cat. 17,3) sollte er Cicero anklagen und damit die Revolution auslösen (43,1); er wurde nicht bestraft, trat sein Amt am 10. Dezember 63 an (zusammen mit Q. Caecilius → Metellus Nepos) und unterstützte Nepos im scharfen Angriff gegen Cicero wegen dessen Vorgehen gegen die Catilinarier, Cic. Sull. 31 u. a. **7.** L. C. Bestia, pleb. Aedil um 57, befreundet mit M. Caelius Rufus,

Cicero und P. Sestius. 56 wurde er *de ambitu* verurteilt, obwohl er von Cicero verteidigt wurde, Cic. ad Q.fr. 2,3,6. 43 stand er auf der Seite des Antonius, Cic.Phil.11,11 u.a. **8.** L.C. Bibulus, 3. Sohn des M.C. Bibulus Nr.9 und der Porcia; er wurde erfolglos vom Vater 50 zum Augur, vom Stiefvater M. Iunius Brutus 44 zum Pontifex vorgeschlagen. 45 studierte er in Athen, schloß sich 43 an Brutus an, kämpfte 42 bei Philippi mit und trat dann zu Antonius über, bei dem er 36 Praefectus classis wurde. 36 wurde er Praetor designatus und war etwa 34–32 als Statthalter in Syrien, wo er starb. Um zwischen Antonius und Octavian zu vermitteln, war er 35 in Rom. Vermählt war er wahrscheinlich mit einer Domitia (CIL VI 5876 u.a.). – Hor. s. 1,10,86 nennt C. als seinen gelehrten Freund. Nach Plut.Brut.13 schrieb er ein Büchlein ἀπομνημονεύματα des Brutus, Schanz-Hos.1,395. **9.** M.C. Bibulus, Kollege Caesars als Aedil 65, Praetor 62 und Consul 59, Schwiegersohn des jüngeren Cato. Die Spannung zu Caesar, die sich allmählich steigerte, 60 aber noch einmal überbrückt wurde, schlug 59 in erbitterte Feindschaft um. Nach erfolglosem Widerstand gegen Caesars Ackergesetz (Suet.Caes. 20 u.a.) ging er zur Obstruktion über: er zog sich von den Amtsgeschäften zurück, erklärte, er werde an Comitialtagen eine Himmelsschau durchführen, und erließ bissige Edikte, konnte aber auch dadurch nur bestätigen, daß Caesar 59 praktisch allein regierte. In den folgenden J. war er im Senat nicht ohne Bedeutung, 56 beantragte er, den König Ptolemaios Auletes durch Gesandte nach Äg. zurückbringen zu lassen, stimmte – als 1. des Senats befragt – für die Einsetzung des Pompeius als alleiniger Consul (52 v.Chr.) und wies entsprechende Ansprüche Caesars zurück. 51 war er Statthalter in Syrien und so Nachbar Ciceros. Nach seiner Rückkehr nach Italien im März 49 ging er zu Pompeius, wurde Oberbefehlshaber der Flotte (Caes.civ. 3,5,4 u.a.), wählte Corcyra zum Hauptquartier, konnte Caesars Übergang nach Epirus zwar nicht verhindern, riegelte ihn aber dann weitgehend von Italien ab. Er starb noch vor den Kämpfen bei Dyrrhachion, Caes.civ. 3,18,1. Cic. Brut. 267 schildert ihn als Redner. Sein Charakterbild schwankt im Lichte der Parteien zwischen gehässiger Ablehnung und Anerkennung. Als Politiker war er seinem großen Gegner Caesar weit unterlegen. **10.** C. Crassus, Legat unter Regulus in Africa 256. **11.** M.C. Flamma, Militärtribun im J. 258 v.Chr. Durch die Aufopferung seiner 300 Mann – er allein soll schwerverwundet gerettet worden sein – befreite er als »röm. Leonidas« das bei Camarina in einen Hinterhalt geratene Heer des Konsuls A.Atilius Caiatinus. Varianten seines Namens sind → Caedicius und → Laberius (vgl. Broughton Mag.1,207). Liv. 22,60,11. Frontin. strat.1,5,15.4,5,10. **12.** P.C. Lanarius schlug 81 den Sertorius-Anhänger Iulius Salinator, der die

Pyrenäenpässe besetzt hielt, und wurde in einem Prozeß von M. Porcius Cato erfolgreich verteidigt. **13.** C.C. Piso. Praetor urbanus 211 v.Chr. Beim Anmarsch Hannibals übernahm er die Verteidigung von Capitol und Arx und beantragte die Erneuerung der ludi Apollinares (daher Apollo-Kopf auf Münzen der Pisones Frugi). Als Propraetor (210, 209) war er in Etrurien, Capua und wieder in Etrurien. **14.** C.C. Piso, Praetor 186 mit Hispania ulterior als Provinz. Dort siegte er 185 am Tajo und triumphierte 184. 181 IIIvir coloniis deducendis, 180 Consul, starb kurz nach dem Amtsantritt. **15.** C.C. Piso, 76 Richter im Prozeß des Schauspielers Roscius, 69 Verteidiger des S.Aebutius. Praetor um 70 (Broughton Mag. 2,127), Consul 67, jeweils zusammen mit M. Acilius Glabrio. Als überzeugter Optimat bekämpfte er die Übertragung einer Ausnahmegewalt an Pompeius (gegen die Seeräuber, *lex Gabinia*), setzte sich auch sonst ohne Rücksicht auf seine Person ein und brachte die nach ihm benannte *lex Calpurnia de ambitu* durch (RE XII 2338f.). 66 und 65 war er als Statthalter in Gallia Narbonensis gegen die Allobroger erfolgreich. 63 wurde er in einem durch Caesar veranlaßten Prozeß von Cicero verteidigt und freigesprochen, billigte im übrigen das Vorgehen Ciceros gegen die Catilinarier. 61 befragte man ihn im Senat vor Cicero (Att.1,13,2), 59 suchte er zwischen Caesar und Bibulus zu vermitteln. Als Redner war er talentiert (Cic.Brut. 239). **16.** C.C. Piso, Historiker, den Plut.Mar. 45,8 für den Tod des Marius nennt (Peter HRF 374); vielleicht wurde sein Werk von Nr.15 fortgesetzt (so Münzer). **17.** Cn.C. Piso, Consul 139 v.Chr. Praetor war er demnach um 142 (Praenomen Cn. nach Fast.Ant. Degr. XIII 1,160f. und Cassiod. bei Broughton Mag.1,481). **18.** Q.C. Piso,Praetor um 138, Consul 135 (ergebnislose Kämpfe vor Numantia). **19.** L.C. Piso Caesoninus, wahrscheinlich aus der gens Caesonia adoptiert. Praetor 154 und Statthalter in Hispania ulterior, wo die Lusitaner ihn besiegten. Als Consul 148 kommandierte er in Africa nicht ohne Verluste das Landheer. **20.** L.C. Piso Caesoninus, wohl Sohn von Nr.19, Consul 112, Legat in Gallien 107, wo er (zusammen mit dem Consul L.Cassius) gegen die Tiguriner fiel. **21.** L.C. Piso Caesoninus, Sohn von Nr. 20, Quaestor um 100, sorgte für Getreideankäufe (Mz.: Grueber Coins 1,170f.). Während des Bundesgenossenkrieges leitete er die Waffenfabrikation (Cic.Pis. 87). Verheiratet war er mit der Tochter des Galliers Calventius **22.** L.C. Piso Caesoninus, Sohn von Nr. 21. Seine Ämterlaufbahn: Quaestor um 70, Aedil 64 (?), Praetor um 61, Consul 58 (zusammen mit A. Gabinius), Proconsul in Macedonia 57–55, Censor 50, Legat in diplomatischer Mission 49 und 43 (zweimal). C. war ein Mann, der auf dem Boden des überkommenen Römertums stand, ohne griech. Bildung abzulehnen. In der Politik dem Extremen abhold, stand er wesensmäßig zwischen den Parteien und neigte zur Vermittlung, zu der er sich bes. 49 und 44 anbot. Seine Laufbahn wird teilweise (Consulat und wohl auch Censur) erklärt durch seine Beziehungen zu seinem Schwiegersohn Caesar, dessen politische Entwicklung er im übrigen keinesfalls kritiklos verfolgte. Im öffentlichen Leben war er nicht ohne Einfluß, in der Verwaltungspraxis dürfte er dem guten Durchschnitt der damaligen röm. Führungsschicht entsprochen haben, war aber anscheinend nicht frei von Habgier. Im übrigen ist das Bild, das wir quellenmäßig von ihm gewinnen können, verzerrt durch den Haß, mit dem Cicero ihn als seinen persönlichen Feind in den J. zwischen 58 und 50 gezeichnet hat. Bes. genannt seien die Reden Ciceros nach seiner Rückkehr 57 *(p. red. in sen.; dom.; Sest.; har.)* und die Reden, in denen Cic. (z.T. von seiner Warte als Verbannter in Thessalonike und Dyrrhachion) über die Provinzialverwaltung des Piso spricht: *prov.* (56 v.Chr.) – auf die C. 55 mit einer Schmährede auf Cic. vor dem Senat geantwortet hat – und die grobe, von Schimpfworten wimmelnde Invektive Pis. (55). C. antwortete mit einer Flugschrift, wurde selbst aber weder gerichtlich belangt noch verurteilt (was man nach Cic. hätte erwarten müssen). – 50 stieß er Sallust aus dem Senat. 44 leitete er die Bestattungsfeierlichkeiten für seinen ermordeten Schwiegersohn, trat auf gegen radikale Richtungen (seitens des Antonius August 44, seitens Ciceros Januar 43) und begab sich in der Hoffnung auf Ausgleich 43 in das Lager vor Mutina; vielleicht bald darauf ist er gestorben. **23.** C. C. Piso Frugi, Sohn von Nr. 26, der Schwiegersohn Ciceros (Verlobung mit Tullia 67). Seine politische Laufbahn begann er als IIIvir monetalis um 64 (Broughton Mag. 2,434), war 59 in die Vettius-Affaire verwickelt und trat 58 als Quaestor eifrig für seinen Schwiegervater ein, auch mit Gesuchen an seinen Verwandten Nr. 22. 57 starb er plötzlich. **24.** Cn.C. Piso (Frugi), wohl Sohn des Cn.C. Piso, der 66/65 führend zur 1. Catilinar. Verschwörung gehörte und 65/64 Quaestor pro praetore in Spanien war. Überzeugter Republikaner, 49 (?) Proquaestor des Pompeius im jenseitigen Spanien, 46 als Legatus oder Praefectus equitum in Africa – vielleicht identisch mit dem Quaestor von Sicilia oder Offizier unter Sex. Pompeius Cn.C. Piso Frugi, vgl. Broughton Mag 2,479 – und schließlich cos.suff. 23. Möglicherweise ist er der Piso, an den und an dessen beide Söhne Cn. (Consul 7) und L. (Consul 1) Horaz die ars poetica richtete, Lit. bei Schanz-Hos. 2,133. **25.** L.C. Piso Frugi, Sohn des Annalisten und Consuls von 133, wurde im Sklavenkrieg 133 unter seinem Vater mit einer *corona aurea* ausgezeichnet und fiel 112 als Praetor in Hispania ulterior. **26.** L.C. Piso Frugi, Sohn von Nr. 25, Münzmeister um 90 (Broughton Mag. 2,434), Volkstribun 89 (Antrag auf Einrichtung von 2 neuen Tribus und Bürgerrechtsverleihung an Soldaten), Ankläger des P. Gabinius, dann Praetor 74, zusammen mit Verres, gegen den er häufig opponierte. Wohl identisch mit dem von Cic.Caec. 35 als Freund genannten L.C., dessen Sohn (Nr. 23) die Tochter Ciceros heiratete. **27.** M. (C.) Piso Frugi, Münzmeister um 68, Broughton Mag. 2,434. **28.** Calpurnia, T. von Nr. 22, seit 59 v.Chr. 4.Gemahlin Caesars, der etwa 23 J. älter war als sie. Der Ehe, die kinderlos blieb, drohte 52 eine Scheidung aus politischen Gründen (solche waren auch für ihr Zustandekommen ausschlaggebend). Am 15. März 44 versuchte sie aus Angst vor Gerüchten und Träumen vergeblich, Caesar vom Besuch der Senatssitzung zurückzuhalten, Suet.Caes. 81,3f. u.a. Nach seiner Ermordung übergab sie dessen Papiere dem M.Antonius, vgl. o. S. 411. H.G.G.

II. Kaiserzeit: **1.** C.C. Agricola. Cos.suff. 159, CIL XVI 110, leg.Aug.pr.pr. Britanniae 162/63, SHA. vit. Marci 8,8; CIL VII 225.758.773. 774. Als leg.Aug. nahm er am Markomannenkrieg 167/68 teil, EE 9,1381. **2.** P.C Atilianus Atticus Rufus. Cos.ord.135, CIL VI 31125. XVI 82. Leg.Aug.pr.pr. Syriae Palaestinae 139, CIL XVI 87, Hüttl Ant. Pius 2,162. **3.** C.C. Aviola. Cos. suff. 24, CIL I^2 p.71. Inscr. It. XIII 1,298 (fast. Arval.). Procos. Asiae wohl 37/38, Mz. Br. Mus. Ionia 269 Nr. 269–278. **4.** C. (C.) Bibulus, Ädil 22, Tac.ann. 3,52,2. **5.** C.C. Piso Crassus Frugi Licinianus, cos.suff. 87, CIL VI 2065,64. AE 1949, 23,5, zettelte gegen Nerva eine Verschwörung an; nach Tarent verwiesen, Cass.Dio 68,3,2; epit. Caes.12,6. Nach Verschwörung gegen Traian wurde er auf eine Insel verbannt, Dio 68,16,2. Hadrian tat ihm nichts, doch ein Procurator tötete ihn, als er die Insel verlassen wollte, SHA, vit. Hadr. 5,5–6. Sein Name eradiert in CIL VI 31724. **6.** Ser. C. Domitius Dexter: Cos.ord. 225, CIL X 6422. VI 1368. **7.** C.C. Fabatus. Aus Comum gebürtig, Plin.epist. 5,11,2. Großvater der Calpurnia Hispulla, der 3. Frau des Plinius (epist. 4,1,1), der an ihn 9 Briefe gerichtet hat. Seine ritterliche Karriere CIL V 5267. Im J. 65 entging er der Verurteilung wegen Mitwisserschaft am Inzest der Iunia Lepida, Tac.ann.16,8,3. † 112, Plin. ad Tr. 120,2. **8.** C.C. Flaccus. Cos.suff. unter Hadrian, CIL VI 10241. **9.** C.Galerianus, s. Nr.12. **10.** P.C. Macer Caulius. Cos.suff. ca. 108 (?), CIL XVI 58, leg. Aug.pr.pr. Moesiae inf. im J. 112, A.Stein Legat. Moesien, 63, CIL III 777. Plin. ad Tr. 42.61,5.62. 77,1. Adressat von Plin.epist.5,18. **11.** (C.) Piso, dem Horaz die ars poetica schickte, s. Nr.16. **12.** C.C. Piso. Haupt der Pison. Verschwörung, verwandt mit Roms höchstem Adel, Tac.ann.15, 48. Er heiratete Livia Orestilla ca. 38, Suet.Cal. 25,1. Von 38–40 war C. in Rom, act. Arval. CIL VI 2028.2030.32347. Etwa 40 von Caligula, der ihm Orestilla wegnahm, mit dieser verbannt, Cass. Dio 59,8,7f. Von Claudius zurückgeholt (Schol. Iuv.5,109), bekleidete er den Suffektkonsulat wohl im J. 41, paneg. in Pison. 68ff. 2. Ehe mit Atria Galla, von ihr stammte der Sohn Nr. 9. Im Arvalkollegium war er in den J. 57–60, CIL VI 2039 bis 2042. 32353 und im J. 63, ebd. 2043. Schon im J. 62 der Verschwörung verdächtigt (Tac. ann. 14,65), begann er sie im J. 65, Tac. ann. 15,48–58. Sie wurde am Tag des geplanten Anschlages (19.4.) verraten, C. öffnete sich die Adern, Tac. ann. 15, 59,4. Er war als Redner (Tac. ann. 15,48,3) und Deklamator (paneg. 84–96) bedeutend, dichtete (paneg. 163–165), Verfasser der 2 Bukolika PLM Bährens 3,60–64 – und sang in tragischem Aufzug, Tac. ann. 15,65. Ihm zu Ehren verfaßte ein Unbekannter die *laus Pisonis*. **13.** C. C. Piso: cos. ord. 111, Inscr. It. XIII 1,200f., CIL VI 222. **14.** Cn. C. Piso. Cos. 23 v. Chr., Fast. Cap. I^2 p. 28. Um 55 v. Chr. sprach er bei einer Klage gegen Manilius Crispus wider Pompeius, Val. Max. 6,2,4. Er kämpfte 46 v. Chr. gegen Caesar in Afrika, bell. Afr. 3,1. 18,1. Obwohl er Brutus und Cassius folgte, bot ihm Augustus den Konsulat 23 v. Chr. an, Tac. ann. 2,43,2, s. Inscr. It. XIII 1,58f. Ihm übergab der schwerkranke Princeps einen Rechenschaftsbericht über das Reich, Cass. Dio 53,30,2. **15.** Cn. C. Piso: Cos. 7 v. Chr., Sohn von Nr. 14, Tac. ann. 2,43,2. IIIvir a. a. a. f. f. ca. 23 v. Chr. Mattingly Br. Mus. I 29 Nr. 134–137. Cos. ord. 7 v. Chr., Dio 57,20,2. Leg. Aug. pr. pr. Hispaniae cit., Tac. ann. 3,13,1. Procos. Africae zwischen 6 v. und 12 n. Chr., AE 1948, 9. Sen. de ira 1,19,3, Strab. 2,33, s. B. Thomasson Statth. Nordafr. II 17. Befreundet mit Augustus, Tac. ann. 3,12,1 (vgl. 1,13,3), und Tiberius, ebd. 3,16,4. Im J. 17 Statthalter von Syrien, Tac. ann. 2,43,2; Suet. Tib. 52,3. Der hochmütige Mann kam dort in Konflikt mit Germanicus, der ein außerordentliches Kommando im Orient hatte, Tac. ann. 2,55–71. Die Ursache seiner Erkrankung sah Germanicus im Gift, das ihm C. gegeben hätte, Tac. ebd. 2,69–71; C. verließ mit seiner Gattin Munatia Plancina die Provinz, Suet. Cal. 3,3. Tac. ann. 2,70,2. Nach dem Tod des Germanicus am 10. 10. 19 versuchte C., Syrien wieder in Besitz zu nehmen, Tac. ann. 2,76 bis 79. 3,12–14. Als dies mißlang, reiste er im J. 20 nach Rom, Tac. ann. 2,81,3. 3,8–9. Sofort angeklagt (Tac. ann. 3,11–15), schied er freiwillig aus dem Leben, Tac. ann. 3,15,3. **16.** L. C. Piso pontifex. Cos. 15 v. Chr., Sohn des L. C. Piso Caesonius, cos. 58 v. Chr.; * 48 v. Chr., Tac. ann. 6,10,3. Vielleicht ist C. der procos. der Transpadana (Suet. de rhet. 30,6), der um 16/13 von Augustus gegen die Vindeliker geschickt wurde, Oros. 6,21, 22. Cos. ord. 15 v. Chr., CIL XI 1182. Inscr. It. XIII 1,274f., Zippel Röm. Herrschaft in Illyrien 262. 14/13 war C. in Pamphylien tätig, vielleicht als Legat des Agrippa, Cass. Dio 54,34,6 (s. J. Keil-A. Wilhelm JOEAI 18, 1915, Beibl. 51, dagegen R. Syme, Klio 27, 1934, 127ff.). Wohl procos. Macedoniae und leg. Aug. (Vell. 2,98,2) zugleich, führte er 12–10 den Krieg gegen die Besser

in Thrakien, Cass. Dio 54,34,5–7, Sen. epist. 83,14 (s. Demitsa *Μακεδονία* 1896, 70 Nr. 58). C. erhielt die *triumphalia ornamenta*, Tac. ann. 6,10,3. Procos. Asiae 3/2 v. Chr., Anth. Pal. 10,25. IGR IV 410. 411 (Cichorius Röm. Stud. 326f.). Leg. Aug. pr. pr. Syriae ca. 4–1 v. Chr., JOEAI 18, 1915, Beibl. 51 (R. Syme, Klio 27,127ff.). Praefectus urbi von 13–32 n. Chr., Tac. ann. 6,11,3, Vell. 2,98,1. Plin. nat. 14,145; seine hervorragende Amtsführung anerkannte Tiberius, Sen. ep. 83,14f. Suet. Tib. 42,1. † im J. 32, erhielt Staatsbegräbnis, Tac. ann. 6,11,3, Dio 58,19,5. Pontifex und Arvalbruder, CIL VI 2023a. 2024. Selbst Dichter (Anth. Pal. 11,424) wurde er in Gedichten des Antipater von Thessalonike gefeiert (Anth. Pal. 6,241. 249. 335. 9,93 u. a.). Horaz widmete ihm die ars poetica, Porph. p. 344 Meyer. Zu seinen Söhnen sind Nr. 18 und M. Licinius Crassus Frugi cos. 27 zu rechnen, eine Tochter Calpurnia war Gattin des L. Nonius Asprenas, cos. 6 n. Chr. Seine Schwester war Caesars Gattin Calpurnia. **17.** L. C. Piso augur: Sohn von Nr. 14. Cos. ord. 1 v. Chr., Cass. Dio ind. 55. Augur, CIL V 3257. VI 10395. Inscr. It. XIII 1 p. 284. 295. 297. Procos. Asiae ca. 6 n. Chr., IGR IV 94. Sprach im J. 16 im Senat gegen die Korruption u. belangte gerichtlich Urgulania, die Freundin der Livia, Tac. ann. 2,34,2. Verteidigte im J. 20 seinen Bruder Nr. 15, Tac. ann. 3,11. Im J. 24 wegen *maiestas* angeklagt, starb er vor dem Prozeß, Tac. ann. 4,21. **18.** L. (Calp.) Piso: Sohn von Nr. 16, cos. suff. 21 oder 22 n. Chr., leg. Aug. pr. pr. provinciae Hispaniae cit. im J. 25, von einem Termestiner getötet, Tac. ann. 4,45,2. **19.** L. C. Piso: Cos. 27 n. Chr.; bis zum J. 20 hieß er Cn. (Tac. ann. 3,17,4). Sohn von Nr. 16. Cos. ord. 27 n. Chr., Plin. epist. 3,7,12. CIL II 2633. V 4919. VI 251. Praefectus urbi 36/37. Ios. ant. 18,169. 235. Procos. Africae 39/40, Cass. Dio 59,20,7, s. B. Thomasson Statth. Nordafr. 2, 30. Legat. Aug. pr. pr. Dalmatiae, CIL III 12794, s. J. Jagenteufel Statth. Dalm. 28ff. **20.** L. C. Piso: Sohn von Nr. 19. Cos. ord. 57, Tac. ann. 13,28. CIL VI 845. Frater Arvalis, 57/63 nachweisbar, CIL VI 2039 bis 2043. Curator aquarum 60–63, Frontin. aq. 102. Im J. 62 in Kommission zur Regelung von Steuern, Tac. ann. 15,18,3. Procos. Africae 69/70, Tac. hist. 4,38,1. B. Thomasson Statth. Nordafr. 2,44f. Im J. 70 auf Befehl des Legionslegaten Valerius Festus in Karthago ermordet, Tac. hist. 4, 48–50. Plin. epist. 3,7,12. **21.** L. C. Piso: Cos. ord. 175, CIL VI 30865. IGRom IV 521. Bruder von Nr. 25. Ihm scheint gewidmet Ps.-Galen *περὶ θηριακῆς* (14,210ff. K.) und Ps.-Plut. *περὶ εἱμαρμένης*. **22.** M. (C.) Piso: Sohn von Nr. 15, riet dem Vater im J. 19 ab, wieder nach Syrien zurückzukehren, Tac. ann. 2,76,2f.; 3,16,3. Er wurde von diesem im J. 20 nach Rom vorausgeschickt, ebd. 3,8,1. Tiberius bewahrte ihn vor einer Verurteilung, Tac. ann. 3,17,1. 18,1. **23.** L. C. Piso Frugi Licinianus: * 38 (Tac. hist. 1,48,1) als

Sohn des M. Licinius Crassus Frugi cos. 27, Tac. hist. 1,14,2. Von Galba lange als Erbe und Adoptivsohn in Aussicht genommen (Suet. Galba 17), doch von Nero verbannt, Tac. hist. 1,21,1. Im J. 68 von Galba zurückgeholt (ebd. 38,1) und am 10. 1. 69 adoptiert (CIL VI 2051 I 24.27) und zum Caesar erhoben, Tac. hist. 1,14–19. Plut. Galb. 23, am 15. 1. schon ermordet, Tac. hist. 1,43. Seine und seiner Gattin Verania (ebd. 1,47,2) Grabinschrift CIL VI 31723. **24.** L. C. Proculus: Procos. von Achaia, IGRom III 180, s. E. Groag Statth. Achaia 72f. leg. Aug. pr. pr. provinciae Belgicae, JRS 14, 1924, 177,3. Wohl cos. suff. und procos. Asiae im 3. Jh. IGRom IV 1365. **25.** Ser. C. Scipio Orfitus: Cos. ord 172, CIL XIV 3643. Abs. **26.** Calpurnia: Vornehme Frau, durch Agrippina verbannt (Tac. ann. 12,22,3), von Nero im J. 59 wieder zurückgerufen, ebd. 14,12,3. **27.** Calpurnia: Zweite Frau des jüngeren Plinius, Enkelin von Nr. 7, Plin. epist. 6,4. 7. 7,5, begleitete ihn nach Bithynien, ad Tr. 120. 121. **28.** C. Hispulla: Tante von Nr. 27, Tochter von Nr. 7, Plin. ep. 4,19. 8,11. R. H.

III. Literarische Persönlichkeiten: **1.** L. C. Piso Frugi. Röm. Annalist der Gracchenzeit (Volkstribun 149, Consul 133, Censor wahrscheinlich 120 v. Chr.). Er schrieb ein Annales betiteltes Geschichtswerk in 7 B., das von der Aeneassage (frg. 2) bis mindestens zum Jahre 146 (frg. 39) reichte. Er suchte die Chronikform mit catonischem Geist zu erfüllen; seine Darstellung sollte der korrupten Gegenwart (zeitkritisch Frg. 34. 38. 40) das wahre Römertum von einst vorführen. Hierbei gefiel er sich indes in flachem Rationalismus (frg. 5. 6. 44), und die aus seinem Werk überlieferten Anekdoten zeigen einen starken Hang zu schulmeisterlichem Moralisieren (frg. 8. 25 u. ö.). Sein Werk wurde von Livius, Dionys und Plinius benutzt; Gellius, der seine simple Darstellungsweise schätzte, hat zwei längere Zitate bewahrt (frg. 8. 27).

Ta. der Fragmente HRR 1, S. 120ff. 1. *F. Klingner* Röm. Geisteswelt, ^{4}1961, 77f. 2. *U. Knoche* NJb 2, 1939, 204f. 3. *F. Bömer* Hist. 2, 1953/54, 203ff. 4. *K. Latte* Der Historiker L. Calp Frugi, SB Berlin, Kl. f. Sprachen, Lit. und Kunst, 1960, 7.

2. C. Flaccus. Lat. Rhetor der Kaiserzeit (wohl des 2. Jh.), dessen Deklamationen wie die Controversien des älteren Seneca für Schulzwecke exzerpiert wurden. Hiervon hat sich eine aus 53 Stücken bestehende Slg. erhalten. Die krasse Phantastik der Themen (Entführung, Vergewaltigung, Tyrannenmord usw.) entspricht dem Bild, das sich aus Seneca und Quintilian vom Deklamationsbetrieb der Kaiserzeit ergibt. Überlieferung: 2 Hss. des 15. Jh. und ein Cod. mut. des 10. Jh. (Montepess. 126).

Erstausg. *Pithou*, 1580. Ta. *Lehnert*, 1903. *Schanz-Hos.* 3, ^{3}1922, 153f.

3. T. C. Siculus. Röm. Dichter der neronischen Zeit. Die 7 von ihm verfaßten Eklogen sind in den Hss. mit den 4 gleichartigen Gedichten des → Nemesianus vereinigt; erst Haupt sonderte das Eigentum der beiden Poeten; s. [1]. Die Gedichte des C. bilden eine sorgfältig komponierte Sammlung: die Stücke 2,3,5 und 6 enthalten die üblichen Stoffe der Hirtenpoesie; das erste, mittlere und letzte Gedicht verwenden die bukolische Szenerie für Herrscherpanegyrik. Die 1., 3., 5. und 7. Ekloge bestehen hauptsächlich oder ganz aus einem Einzelvortrag; die 2., 4. und 6. enthalten Wechselgesänge. Der Preis der Gedichte 1, 4 und 7 gilt dem jungen Kaiser Nero (unzweideutige Anspielungen bes. 1,42ff. 69ff.); die verheißene Wiederkehr des goldenen Zeitalters (1,42ff. 4,5ff.) drückt mit ähnlicher Symbolik dieselben Friedenserwartungen aus wie das Preislied der Apocolocyntosis Senecas (Kap. 4) und das 2. Einsiedler Gedicht. Unter der Maske des den Kaiser verherrlichenden Corydon hat man C. selbst erkannt. Ein Meliboeus genannter Gönner soll Nero die Preislieder übermitteln (1,94. 4,157ff.) und dem Dichter, nachdem er ihn bereits vor schlimmer Not bewahrt hat (4,31ff.), ein Landgut schenken (4,152ff.). Man hat diesen neuen Maecenas mit C. Calpurnius Piso, dem nachmaligen Haupt der pisonischen Verschwörung, mit Seneca und anderen zu identifizieren gesucht. Manchen Forschern gilt C. auch als Vf. des Gedichtes De laude Pisonis; hingegen steht fest, daß ihm die der gleichen Zeit entstammenden carmina Einsidlensia nicht gehören. Die Hss. gliedern sich in eine reinere (Neapolit. V A 8, 14./15. Jh.; Gaddianus Laur. plut. 90,12 inf., 15. Jh.) und eine stark interpolierte Klasse (über 20 Repräsentanten). M. F.

Erstausg. Rom 1471. Ta. *Schenkl* C. et Nemesiani Bucolica, 1885. *Giarratano* C. et Nemes. Bucolica, ^{3}1951. Bibliogr.: *R. Verdière* T. Calpurnii Siculi De laude Pisonis et Bucolica etc., 1954, 5ff. 1. *M. Haupt* De carminibus bucolicis Calpurnii et Nemesiani, 1854 = Opusc. 1, 1875, 358ff. 2. *C. Morelli* Athen. 2, 1914, 117ff. 3. *J. Hubaux* Les thèmes bucoliques dans la poésie latine, Mém. de l'Ac. de Belg., 2e Sér., 29,1, 1930. 4. *E. Cesareo* La poesia di Calpurnio Siculo. 5. *H. Bardon* Les empereurs et les lettres latines, 1940, 221ff. 6. *A. Salvatore* RFIC 27, 1949, 177ff. 7. *M. Paladini* Latom. 15, 1956, 330ff. 521ff.

Calvinus. 1. L. C. (nicht Calvisius, wie Gell. 18,10,3 angibt) Taurus. Vertreter des mittleren Platonismus, aus Berytos. Lehrer des Gellius und Herodes Atticus, Gell. 18,10,3; Freund des Plutarch, ebd. 1,26,4. Ehreninschr. für ihn vom J. 163 Sylloge^{3} 868 a. Er schrieb Kommentare zum Gorgias (Gell. 7,14,5), Timaios (Philop. de aetat. mundi 6,8) u. a. s. Überw.-Prächt. 546. RE V A 58 (Prächter). **2.** Freund Juvenals, sat. 13,5, * 67 n. Chr. (V. 16f.). **3.** Calvina, Verwandte des Plinius min. epist. 2,4. R. H.

Calvisius. Röm. Familienname, dessen Träger seit dem 1. Jh. v. Chr. hervortraten.

I. Republikanische Zeit: C. C. Sabinus wurde 48 von Caesar als Legat nach Aetolien geschickt (civ. 3,34,2), bekleidete die Praetur wohl

46, verwaltete 45 die Provinz Africa Vetus, war an den Iden des März 44 in Rom und hielt an der Leiche Caesars treu aus, ging nicht in die ihm von Antonius wieder verliehene bisherige Provinz. 39 Consul (zusammen mit L. Marcius Censorinus), 38 Befehlshaber der Flotte gegen Sex. Pompeius, lieferte die unentschiedene Seeschlacht bei Mylae, wurde 37 abgesetzt. 36–35 war er als Promagistrat (Praefect?, vgl. BROUGHTON Mag. 2,401) zur Wiederherstellung der Ordnung in Italien eingesetzt, verwaltete 31 (?)–28 Spanien und triumphierte 28. H. G. G.

II. Kaiserzeit: **1.** C., als Ankläger der Agrippina im J. 55 verbannt (Tac. ann. 13,19,3f. 21,2. 22,2), 59 amnestiert, Tac. ann. 14,12,4. **2.** C. C. Rufus aus Comum, Freund des Plinius, epist. 2,20 u. a. **3.** P. C. Ruso Iulius Frontinus, cos. suff. 79, CIL VI 597. IGR I 420. AE 1950, 31 b. Er war procos. Asiae um 93/94, JRS 3, 1913, 302, s. tab. 15,35,3. AE 1934, 94. D. MAGIE Rom. Rule in Asia min. 2,1442. 1459. Schließlich legat. Aug. pr. pr. Traians in Kappadokien und Galatien, Recueil I[2] p. 141 Nr. 1, R. K. SHERK Legat. Galat. 55f. **4.** C. Sabinus, wegen seiner Unwissenheit verspottet von Sen. epist. 27,5–8. **5.** C. C. Sabinus. Eroberte für Caesar im J. 48 v. Chr. Aitolien, Caes. civ. 3,34. Procos. Africae 45/44, Cic. Phil. 3,10,26. Nach längerem Streit um die Provinz ging er 43 nach Rom, Cic. fam. 12,25,1f. Er war cos. 39 v. Chr., Inscr. It. XIII 1,282; 38 und 37 bekriegte er als Flottenkommandant den Sex. Pompeius, App. civ. 5,338. 342–388. Cass. Dio 46,5–48. Procos. Hispaniae cit. 29/28, Triumph 26. Mai 28, Inscr. It. XIII 1, p. 344f. **6.** C. C. Sabinus, cos. ord. 4 v. Chr., CIL VI 456. **7.** C. C. Sabinus. Cos. ord. 26 n. Chr., CIL VI 1963; 32 wegen maiestas angeklagt, aber freigesprochen, Tac. ann. 6,9,3; legat. Aug. pr. pr. Pannoniae 37–39, Cass. Dio 59,18,4; mit seiner Gattin Cornelia angeklagt, töteten sich beide, Cass. Dio 59,18,4. W. REIDINGER Statthalt. Pannon. 34f. **8.** P. C. Tullius Ruso. Cos. ord. 109. Inscr. It. XIII 1, p. 154f. 198f. Sohn von Nr. 3. Durch seine Tochter Domitia Calvilla Großvater des Kaisers Marcus, Front. ad M. Caes. 3,2 (p. 37,7 van den Hout). Aus SHA vit. Marci 1,3 geht nicht hervor, daß er cos. II war, R. SYME, JRS 43, 1953, 156. R. H.

Calvius. I. Republikanische Zeit: C. C. Cicero, Volkstribun 454 v. Chr., klagte den gewesenen Konsul Romilius an, Liv. 3,31,5f. s. T. R. BROUGHTON Magistrates 1,43.

II. Kaiserzeit: Calvia Crispinilla Freundin Neros Cass. Dio 63,12,4; suchte nach seinem Tod Clodius Macer zum Aufruhr zu bewegen und die Getreidezufuhr nach Rom zu verhindern, Tac. hist. 1 73. R. H.

Calvus. Cognomen, »Glatzkopf« (vgl. WALDE-HOF.[3] 1,144), individueller Spitzname (RE III A 1828) bei den Caecilii Metelli und Cornelii Scipiones (Nr. 76), bei den Licinii Calvi als Familienname, vgl. A. DEGRASSI Fasti Capitolini, 1954, 143. H. G. G.

Calx. Die weiße Ziellinie der Rennbahnen; eine Furche, die mit pulverisiertem Kalk oder mit Kreide ausgefüllt wurde (daher auch *creta* genannt, Plin. nat. 35,199, Sen. epist. 108). Die Stelle, wo sich die c. im Circus befand, ist nirgends genau angegeben. Cassiod. var. 3,51,7 wurde verschieden interpretiert. Am wahrscheinlichsten ist die Erklärung, daß die Wettkämpfer, nachdem sie siebenmal den äußeren Wendepunkt *(meta)* umrundet hatten, die c. in genügender Entfernung von den *carceres* überquerten, damit die Pferde, nach der Höchstgeschwindigkeit, die sie bei der c. erreicht hatten, das Tempo verlangsamen konnten. Eine andere Deutung verlegt die c. auf die rechte Bahn, was bedeutet, daß mehr als 7 Runden gelaufen wurden. – C. wird auch bildlich gebraucht zur Bezeichnung irgendeines Zieles, Cic. Cato 83. Lucr. 6,92, ebenso wie *carceres* als Ausgangspunkt schlechthin. O. W. R.

Camara (*καμάρα*). Was an Stelle von *camera* (Dict. étym. s. v.) die richtige Wortform ist, urverwandt mit lat. *camurus* = gekrümmt, bezeichnet die Wölbung eines Zimmers oder einer Barke und diese selbst. Solche gewölbten c. waren nach Strab. 11,495f. Tac. hist. 3,47,3 an der NO.-Küste des Schwarzen Meeres, hauptsächlich für den Seeraub, in Gebrauch. Nach Tac. waren es Barken mit einwärts geneigten Seitenwänden und mit rundem, ohne Metallklammern zusammengefügtem Bauch, mit denen man im Kreise trudeln *(volvere)* und, ohne zu wenden, in entgegengesetzter Richtung fahren konnte und deren Seitenwände bei hohem Seegang so erhöht wurden, daß sich ein geschlossenes Verdeck bildete. Nach Strab. a. O. faßten sie 25–30 Personen und konnten landeinwärts getragen werden. W. S.

Cambodunum 1. (*Καμβόδουνον* Strab. 4,205. Ptol. 2,12,3). Röm., unter Tiberius begründeter Marktort in Raetien, mit Forum, Thermen und Tempelbezirk, h. Kempten. Als Nachfolgesiedlung eines links der Iller gelegenen Vorortes der Estionen (wahrscheinlich auf dem Burghaldehügel), wurde C. bei den Alamanneneinfällen des 3. Jh. zerstört. Die spätröm. Siedlung wurde in das Gebiet der vorröm. Befestigung verlegt.

W. Krämer Cambodunumforschungen 1 und 2 in Materialhefte zur bayr. Vorgesch. 9 und 10.

2. C. nach It. Ant. 468,6 Siedlung der Briganten in N.-England an der Römerstraße Deva-Eburacum. H. C.

Camboricum. Station an der Römerstraße London–Lindum (It. Ant. 474,7) im Gebiet der Icener, h. Cambridge. H. C.

Cameen s. Gemmen

Camēnae. Röm. Quellgottheiten, seit Liv. Andron. mit den Musen identifiziert (nach dem Musenquell Hippokrene und wegen des Anklangs an *carmen?*). Ältere Form *Casm-* (dagegen ERN.-M.

Vielleicht etr.). Falsche antike Etym.: zu *carmen* (es soll auch Carm- gegeben haben) oder gar *castae mentis praesides* (Paul. Fest.). Sie wurden in einem Hain vor der Porta Capena zusammen mit → Egeria durch Wasser- und Milchspenden verehrt. In den fasti Ant. (NSA 1921) zum 13. August steht Camenis (Opfer: LATTE; Tempelweihe: WISSOWA H 58, 1923, 387). Die Vestalinnen schöpften im Hain Quellwasser für den Vestatempel. Sage: Auf Rat der Egeria weihte Numa den Hain und eine *aedicula aenea*. Später aber wurde der heilige Bezirk säkularisiert. Durch die Identifizierung mit den Musen erlischt der Kult der C.; die wenigen Inschr. mit dem Namen C. gelten den Musen. W.E.

Wissowa Myth. Lex. 1,846ff. *Ders.* Rel.² 219f. *Latte* RRelG 77. *Bömer* zu Ov. fast. 1,462.

Cameria (NISSEN It. Ldk. 2,563). Latin. Stadt unbekannter Lage, während der Königszeit erwähnt (Liv. 1,38. Plut. Rom. 33. Dion. Hal. ant. 2,50. 3,51; Kolonie von Alba Longa: Diod. 7,4), im J. 502 v. Chr. von den Römern erobert (Dion. Hal. 5,21.40.49) und zerstört (Plin. nat. 3,68 *Camerium*); *Camerini* nach Cato b. Fest. 268,9 L. gehört nicht hierher. Der Name geht auf **Cămăs-ĭā* (Plut. a.O. Steph. Byz. s.v. *Καμαρία*) zurück und ist nicht von *Καμασήνη* (= *Cămăsīna;* Lyd. mens. 4,2. Serv. auct. Aen. 8,330), *Καμίση* (= *Cămīsa;* Athen. p. 692 E. Macr. Sat. 1,7,19) zu trennen. G. R.

Camerinum (NISSEN It. Ldk. 2,388. M. MARIANI Intorno agli antichi Camerti Umbri, 1900, 11). Umbr. (Strab. 5,227: *Καμέρτης*. Ptol. 3,1,53) Stadt der 6. Region (Plin. nat. 3,113: *Camertes*) im Quellgebiet von Potenza und Chienti an der Völkerstraße über Plestia (Vernichtung der Reiter des Centenius im J. 217 v. Chr.), der wohl auch die via Flaminia des J. 220 v. Chr. folgte (RADKE, RE Suppl. IX 1795). Vermutlich nach älterer Freundschaft (vielleicht ist in dem von den Senonen im J. 390 v. Chr. belagerten Clusium C. zu sehen; RADKE, G 71, 1964 im Satz) seit 310 v. Chr. im Militärbündnis mit Rom (Liv. 9,36,8. Frontin. strat. 1,2,2). Im J. 295 v. Chr. wurde bei C. eine röm. Legion vernichtet (Pol. 2,19,5), die Niederlage durch den Sieg bei Sentinum ausgeglichen (Liv. 10,26,7ff. verlegt irrig die Niederlage nach Clusium, dessen alter Name Camars war; vgl. Liv. 10, 25, 11). Waffenhilfe für Rom im J. 205 v. Chr. (Liv. 28,45,20 u. a.) und *foedus aequum* (Cic. Balb. 47ff. MOMMSEN RStR III³ 664f.), erneuert 210 n. Chr.: CIL XI 5631, was vorherige Zugehörigkeit (Cato b. Fest. 268,9 L.: *Camerini cives nostri*) zur trib. Cornelia (KUBITSCHEK Imp. Rom. trib. discr. 70) nicht ausschließt (RADKE, G 71, 1964 im Satz). Bürgerrechtsverleihung an Soldaten der camertischen Kohorte durch Marius (Cic. Balb. 46. Val. Max. 5,2,8. Plut. Mar. 28) kann abhängigen Umbrern der Umgebung gegolten haben. C. wird im Zusammenhang der katilinarischen Verschwörung (Cic. Sulla 53. Sall. Cat. 27), des Bürgerkrieges (Caes. civ. 1,15,5. Cic. Att. 8,12 B,2), des perusinischen Krieges (App. civ. 5,50) erwähnt. Der Name C. stellt Ableitung mit *-īnŏ-* neben Cameria, Camasina usw. dar (= *Cămăsīnŏ-*): **căm-* »Fels« mit s-Suffix; vgl. auch Camunni. G. R.

Camerinus. 1. Epischer Dichter, Ov. Pont. 4,16,19, s. Q. Sulpicius C., cos. 9 n. Chr.

2. s. Pomponius, Scribonianus, Sulpicius. R. H.

Camilla. Bei Verg. Aen. 11,532ff. 7,803ff. Tochter des Volskerkönigs Metabus und der Casmilla. Nach dem Tod der Mutter und der Vertreibung des Vaters Diana geweiht und mit dem Vater durch Wunder gerettet; mit Stutenmilch genährt. Jungfräuliche Jägerin. Sie verrichtet auf seiten des Turnus Heldentaten und wird von Arruns getötet. Von Vergil (auf Grund einer Lokalsage?) dem → Harpalyke-Mythos nachgebildet (vgl. auch den Penthesilea-Mythos). W. E.

R. Ehwald Philol. 53, 1894, 744. *Wissowa* Myth. Lex. 1, 848f. *C. Saunders* TAPhA 58, 1927, 92ff. *P. Faider* Mus. Belge 34, 1930, 59ff.

Camillus. Cognomen in der Gens Furia (nach SCHULZE Eigenn. 290. 322 halbetr., auf jeden Fall als etr. Name inschr. belegt). Der berühmteste Namensträger: M. Furius Camillus, der größte Mann seiner Gens und der Zeit zwischen 400–370, der erste Römer, für den man durch eine komplizierte und dichte Sagentradition hindurch noch geschichtlichen Kern und Bedeutung erkennen kann. Nach den Fast. Capit. war er Sohn eines L., Enkel eines Sp. Er begann seine Ämterlaufbahn mit der Censur 403; möglicherweise war er im gleichen Jahr Konsulartribun (Liv. 5,1,2, vgl. BROUGHTON Mag. 1,82). Zuverlässig überliefert sind die 6 Konsulartribunate (d. h. die höchste für einen Römer genannte Zahl der Iterationen) in den J. 401, 398, 394 und dann nach einer Unterbrechung 386, 384, 381. Umstritten sind die 5 Dictaturen (396, 390, 389, 368, 367) und die mit ihnen zusammenhängenden 4 Triumphe (396, 390, 389, 367), von denen die über die Kelten (390, 367) wohl spätere Zutaten sind; hist. sind wohl die 2 Dictaturen und Triumphe von 396 (über Veii) und 389 (über die auswärtigen Feinde: Volsker, Aequer, Etrusker), sowie die Unterbrechung der Laufbahn durch ein Exil. Gefälscht sind wohl die Interregna (396, 391, 389). Seine Bedeutung beruhte auf der Eroberung Veiis 396 und auf der Abwehr der nach dem Kelteneinbruch (neuere Datierung: 387) vordringenden Nachbarn. Zu halten ist wohl auch, daß er nach 396 ein Weihgeschenk in Delphi aufstellen ließ und (später) durch eine Bronzestatue an den Rostra geehrt wurde, umstritten ist seine Gründung des Tempels der Iuno Regina auf dem Aventin 392, zweifelhaft die des Concordiatempels 367. Geschichte, frühe Volkssage, spätere – teilweise poetische – Ausgestaltung verwirren sich zu einem Gesamtbild, bei dem C. als größter Held Roms und *parens patriae conditorque alter urbis* (Liv. 7,1,10) erscheint. Quellen: Diod. Liv. 5.6. Elogium v. Augustusforum (DES-

SAU ILS 52), Plut., Biogr. des C. In der »verlogensten aller röm. Legenden« (MOMMSEN StrR 1018,2) sind erfunden: Friede mit Falerii 394 (Verrat des Schulmeisters, Liv. 5,26), Einzelheiten des ihm 391 wegen angeblicher ungerechter Verteilung bzw. teilweiser Unterschlagung der Beute aus Veii gemachten Prozesses, seiner Verurteilung zu hoher Geldstrafe und Exil (in Ardea, Liv. 5,43,6 ff. Cic. rep. 1,6), Rückkehr bzw. Rückberufung in der Galliernot, Siege über die Gallier (auch 367) und Rückgewinnung des Lösegeldes, Verhinderung einer Neugründung Roms in Veii, Siege der J. 386, 384, 381, polit. Haltung 368, Einzelheiten seines Todes, angeblich an der Pest 365 (Liv. 7,1,8; ebd. 9 f. schöner Nachruf auf ihn). H. G. G.

Beste Analyse der Überlieferung bei *Münzer*, RE VII 324 bis 348, vgl. *Mommsen* RG 1,330.334. *H.H. Scullard* A Hist. of the Rom. World 753–146, 1951, 73 f. 78 ff. 94 f. *E. Kornemann* RG 1^4, 1960, 98 f. 106. *A. Heuss* RG 1960, 14.

Campana via. 1. Straße von Rom zu den Salzfeldern *(campi)* n. des Tiber (Suet. Aug. 94,7. CIL VI 1610). **2.** Straße bei Falerii (Vitr. 8,3,17). **3.** Straße bei Amiternum (CIL I^2 1847). G. R.

Campania (BELOCH Campanien ²1890. NISSEN It. Ldk. 2,680 ff. SOGLIANO, RAL 5,21, 1912, 206 ff. BOETHIUS Symbolae Danielsson, 1932, 1 ff. DEVOTO Gli ant. Ital. ²137 ff. 285 ff. 313 ff. HEURGON Recherches sur l'hist., la rel. et la civil. de Capoue prérom. 1942. MAIURI Passeggiata Campana³, Florenz 1957. ALTHEIM Gesch. der lat. Sprache 260 ff.). Junger Name (griech. zuerst Skyl. 10; lat.: Varro rust. 1,10,1.20,4.2,6,5) der Ebene zwischen Massicus-Sinuessa und Lactarius-Surrentum, hergeleitet wohl aus dem ihrer bedeutendsten Stadt Capua (vgl. *Combulteria* Liv. 23,39,6 neben *Cubulterini* Plin. nat. 3,63). Der vulkan. Boden förderte die bes. Fruchtbarkeit des Landes (vgl. Pol. 3,91,2 *πεδία τὰ κατὰ Καπύην ἐπιφανέστατα*. Strab. 5,242 *εὐδαιμονέστατον*. Plin. nat. 3,60 *summum Liberi patris cum Cerere certamen*. Flor. 1,11 *toto orbe terrarum pulcherrimus* u. a.). Die *terra pulla* (Cato agr. 34,2. 135,2. 151,2. Plin. nat. 17,25) C.s war bes. geeignet für Ackerbau (Cic. leg. agr. 2,76. Verg. georg. 2, 217 ff.) und gestattete 3–4 Ernten (Strab. 5,243). Spelt (Varro rust. 1,2,6. Plin. nat. 18,110 ff.), Weizen (18,86), Hirse (18,100), Gemüse und Obst (15, 94. 103. 19,67), Weinbau (14,10. 34 u. a. Athen. 26 f.) bes. am mons Massicus und im ager Falernus sowie Ölbau (bes. in Venafrum: Hor. c. 2,6,16). Beschreibungen des Landes: Pol. 3,91. Strab. 5, 242 ff. Mela 2,70. Plin. nat. 3,60 ff. Ptol. 3,1,6 f. 68 f. Grenzangaben schwanken, da wohl nach 90 v. Chr. das Gebiet zwischen Liris und Volturnus zu Latium kam (Pol. 3,91,4 rechnet Sinuessa zu C., für Plin. nat. 3,59 ist es *extremum in adiecto Latio;* Grenze bei Sinuessa durch Station Ad medias auf v. Appia 53: 106 mp bezeugt; s. o. Sp. 465) und von der gleichen Zeit ab die Picentini zwischen Salernum und Silarus zu C. gehören (Pol. 3,91,4 f. kennt Nuceria und Nola als Grenzstädte nach S.); ungewiß die Zugehörigkeit des Landes im Volturnusbogen (Venafrum, Combulteria, Trebula, Caiatia). Die Flüsse Liris und Volturnus entspringen außerhalb C.s, Savo, Clanius, Veseris und Sarnus in C. Die Kalkberge des Massicus und Lactarius, die ehemaligen Vulkane Rocca Monfina und Vesuv sind die wichtigsten Gebirge; die vulkanischen *campi Phlegraei* w. Neapel spielen in der Mythologie eine Rolle (Zugang zur Unterwelt: Aeneas). Ephoros b. Skymn. 244 ff. kennt außer Kyme *ἐν Ὀπικοῖς* (236. Dion. Hal. ant. 7,3,1. Thuk. 6,4,5 *ἐν Ὀπικίᾳ*) Samniten, Ausoner, Lukaner, Kampaner, Oinotrier, vermengt also ihrer Zeit nach inkongruente Völkernamen. Strab. 5,242 stellt folgende Völkerdiadoche (VETTER, RE XVIII 1546. RADKE, RE IX A 802; vgl. Plin. nat. 3,60) auf: Ausoner und Opiker, die er nach Antiochos (FGrH 555 F 7) identifiziert (Verwechslung mit Aurunci-Osci, die nicht mit Opikern identisch; vgl. DEVOTO 139), Sidikiner (*Ὄσκων τι ἔθνος*), die Herrschaft Kymes (Gründung im 8. Jh. v. Chr.; Tochterstädte: Dikaiarcheia, Neapolis), Etrusker, Samniten, Römer. Während sich im S. (Nola: Hekat. FGrH 1 F 61) Ausoner bis E. 6. Jh. v. Chr. halten, kommt der N. schon früher in die Hand der Opiker (Kyme: Thuk. a. O.). Sidikiner und Daunier (HEURGON 281) gehören zu der Völkerwelle, die 524 v. Chr. (Dion. ant. 7,3) Kyme angreift (RADKE 803 f.; die bei Plin. genannten *Umbri* sind Volsker). Mit Neugründung Capuas 471 v. Chr. (Cato b. Vell. 1,7,3 f.) beginnt etr. Herrschaft (Pol. 2,17,1), der die samnit. Invasion und der Zusammentritt des *ἔθνος τῶν Καμπανῶν* 438 v. Chr. (Diod. 12,31, ALTHEIM 261) ein Ende (im S. kennt Skyl. 10 noch im 4. Jh. Tyrrhener) setzen (Name lebt fort: die nach 268 v. Chr. gegründete Stadt Pikentia heißt irrig bei Steph. Byz. s. v. tyrrhenisch). Im J. 340 triumphiert T. Manlius *de Latineis Campaneis Sidicineis Aurunceis;* 338 schließt sich → Capua Rom an, das 334 eine Kolonie nach Cales sendet, 318 trib. Falerna einrichtet. Damals lenkt den kampan. Bund ein *meddikk. túvtik. kapv.* (VETTER HB Nr. 88 A). Im J. 211 wurde der → Campanus ager gebildet (vgl. *magistri Campani* NSA 1956, 369). Die Hellenisierung (Kalender, Kulte, Münzlegenden; Amtssprache in Neapel noch im 1. Jh. n. Chr. griech.: NISSEN 749) wirkt länger als der etr. Einfluß (inschr.). Nach Cales röm. Bürgerkolonien: Volturnum, Liternum, Puteoli, Salernum 194 v. Chr.; Sulla: Nola, Pompei, Urbana; 59 v. Chr.: Capua, Casilinum, Calatia; Triumvirn: Nuceria. C. gehört zur 1. Reg. (Plin. mat. 3,60 ff.), deren Name später auf Latium ausgedehnt wurde (Feldm. 221; vgl. Schol. Iuv. 3,219. 226. Serv. Aen. 8,9,564). G. R.

Campanus ager (Cic. leg. agr. 2,76 *orbis terrae pulcherrimus*). Gebiet der → Stadt Capua, das nach deren Abfall zu Hannibal und Rückgewinnung im J. 211 v. Chr. von Rom enteignet und zum *ager publicus populi Romani* gemacht wurde (Liv.

26,16,7 ff.). Schon im folgenden J. wurden die Gewinne eingezogen (Liv. 27,3,1), 209 v. Chr. Verpachtung durch die Censoren angeordnet (Liv. 27,11,8 *ut agrum C. fruendum locarent*). 205 v. Chr. wurde aus Geldnot das Gebiet von der *fossa Graeca* (Beloch Campanien 149. Nissen It. Ldk. 2,715) nach Cumae bis ans Meer (Liv. 28,46,4), 199 v. Chr. das Gelände *sub Tifatis* (Liv. 32,7,3) verkauft. 194 v. Chr. wurden die Kolonien Liternum und Volturnum auf C. ager angelegt (Liv. 34,45,2). Doch bald mußten die Besitzverhältnisse zwischen *ager publicus* und *privatus* geklärt werden (SC. d. J. 173 v. Chr.: Liv. 42,1,6); ein tribun. Gesetz erneuerte 172 den Pachtauftrag an die Censoren (Liv. 42,19,1 f.). Die Übergriffe machten erneuten Aufkauf nötig (Gran. Licin. p. 15. Cic. leg. agr. 2, 81 f.). Versuche zur Aufteilung des C. ager: 133 durch Tib. Gracchus (Plut. Tib. Gracch. 8. Cic. a.O. 82); 83 durch Brutus (Cic. 92 f.); 63 durch Servilius Rullus (Cic. a.O.); 59 durch Caesar (Plut. Cat. min. 33. Cass. Dio 38,1,4) durch eine 20-Männer-Kommission (Varro rust. 1,2,10); Abschnitte aus der diesbezüglichen Gesetzgebung Feldm. 263 ff. G. R.

Campus Martius. Ursprüngl. wohl die ganze zwischen dem Tiber und den Westabhängen des Pincius, Quirinalis und Capitolinus gelegene Ebene, nach der Erweiterung des Pomeriums das Gelände vom Tiber bis zur Via lata im O. und der Serv. Mauer im SO. Das Marsfeld war seit alten Zeiten Staatseigentum und blieb bis zur ausgehenden Republik Zwecken der Administration, des Sports und des Exerzierens vorbehalten. Von den berühmten Ehrengräbern der rep. Zeit ist nur das des Bibulus (hinter dem Victor-Emanuel-Denkmal) erhalten (CIL VI 13,19). Eine Bebauung in größerem Stil setzte erst unter Flaminius, Pompeius und Caesar ein (Circus Flaminius, Saepta Iulia). Eine anschauliche Darstellung des C. M. zur Zeit des Augustus findet sich bei Strabon (5,3,8), für die Mitte des 6. Jh. in der Notitia regionum urbis. Rud. G.

Jordan Topographie der Stadt Rom. *Kiepert-Huelsen* Forma Urbis Romae ant., 1912.

Campus Raudius s. Vercellae

Camulodunum (Καμουλόδουνον) an der Straße von Venta Icenorum nach Londinium, h. Colchester. Benannt nach dem gall.-brit. Mars Camulus, ist das Gebiet der Ansiedlung mit größeren Erdwerken versehen, die den Vorort der Trinobanten schützend umgeben. Nach Abzug der caesarischen Truppen von den belgischen Catuvellauni besetzt, wird C. unter Cunobellinus Hauptort der vereinigten belgischen Stämme des s.ö. Britannien. Nach der Besetzung und teilweisen Zerstörung durch röm. Truppen im J. 43 n. Chr. begründet der Legat Ostorius Scapula 51 n. Chr. in C. eine Veteranenkolonie, die, nicht befestigt, im Boudiccaaufstand in die Hand der Feinde fällt und zerstört wird. Bis 70 n. Chr. Standquartier der Legio 14, erhält C. im 3. Jh. eine Münzprägestätte. Inschr. CIL VII 33–36. H. C.

C. Hawkes–M. R. Hull Camulodunum, 1947. JRS IX 139 ff.

Camunni (Nissen It. Ldk. 2,197. Mommsen, CIL V p. 440. 519). Alpenvolk (Strab. 4,206) in der Val Camonica (Oglio-Tal), im J. 16 v. Chr. unterworfen (Cass. Dio 54,20); vgl. das *tropaeum Alpium* (Plin. nat. 3,136). Zu den Felsbildern bei Capo di Ponte und Boario Terme vgl. E. Süss Le incisioni rupestri della Valcamonica 1958. E. Anati La civilisation du Val Camonica 1960; zu den Felsinschriften Altheim-Trautmann W. u. S. 19, 1938, 12 ff.; Vom Ursprung der Runen, 1939, 9 ff. Altheim Gesch. d. lat. Spr., 1951, 92 ff.; Röm. Religionsgesch. 2, 1956, 149 ff.; Unters. zur röm. Gesch. 1, 1961, 3 ff. G. Radke, G 69, 1962, 497 ff. G. R.

Canabae. Mit c. bezeichneten die Römer die Lagerkneipen und das Budendorf der Marketender, Händler und käuflichen Frauen neben dem Lager (Caes. Gall. 6,37). Solche Personen folgten seit jeher den Truppen (Val. Max. 2,7,1. App. Ib. 85. Sall. Iug. 45. Tac. ann. 2,62. 14,35. Cass. Dio 56,20. Iust. 38,10,2) und sorgten vor allem für persönliche Bedürfnisse. In der frühen Kaiserzeit erfuhren die c. (*c. legionis* bei den Legionsstandlagern, *vici* bei den Auxiliarkastellen) eine Neugestaltung. Sie umfaßten Peregrine und römische Bürger, vor allem Veteranen (CIL III 6166,7474. Germ. 10, 1926, 31 ff.). Dabei handelte es sich auch um Großhändler, Landwirte, Handwerker usw. Kurz, in den c. dieser Zeit war alles konzentriert, was für die Bewirtschaftung des Lagerterritoriums und für die Bedürfnisse der Besatzung erforderlich war. Die quasimunizipale Verwaltung – es gab *decuriones, magistri* (auch *quinquennales*), *aediles* und *quaestores* – stand wie das Lagerterritorium so weitgehend unter militärischer Aufsicht, daß nicht nur Form und Bauweise der nun aus Stein bestehenden Bauten vorgeschrieben war, sondern in jedem 5. Jahr auch eine Bestandsaufnahme erfolgte. So verschwanden, wenn die Lager aufgelassen wurden, auch die c., und Landstädte wie Munizipien und Kolonien konnten aus ihnen nicht entstehen. In der späten Kaiserzeit ist die Entwicklung der c. nicht bekannt. Den durch Grabungen und Inschriften nachgewiesenen c. sind nun auch die von Vindobona (Archeologia, Warschau 11, 1959/60, 44 ff.) hinzuzufügen. A. N.

H 7, 1873, 279 ff. Germ. 10, 1926, 25 ff. AAWW 1951, 18, 206 ff. *E. Swoboda* Carnuntum, seine Geschichte und Denkmäler, Graz-Köln 1958, 155 ff., 244 Anm. 28. *H. v. Petrikovits* Das röm. Rheinland, Archäol. Forsch. seit 1945, Köln und Opladen 1960, 55 ff.

Cancellarius ist hergeleitet von den *cancelli* (Gerichtsschranken), an welchen der seit Mitte des 4. Jh. als Subalternbeamter nachweisbare c. die weiterzureichenden Schriftstücke annahm (Lyd. mag. 3,37). Vermutlich hatten alle Oberbeamten mit Gerichtsfunktion (Statthalter usw.) einen c. Zunächst niedrigen Ranges (Not. dign. occ. 9,15), hatten sie doch große Macht, weil sie von den Vorgesetzten nach eigenem Gutdünken ernannt (einschränkend Cod. Theod. 1,35,3 von 423) und so persönliche Vertraute waren. Im Lauf der Zeit wuchsen die Kompetenzen. Im 6. Jh. erhielten die c. der Praetorianerpraefekten senatorischen Rang (Cassiod. var. 11,6.10). A. L.

E. Stein Unters. über das officium der Praetorianerpraefektur, 1922, 34ff.

Candela s. Beleuchtung

Candelabrum s. Beleuchtung

Candidatus wird in erster Linie der Bewerber um eine Magistratur genannt. Er trägt während seiner Wahlwerbung die *toga candida*, die durch Bestreichen mit Kreide strahlend weiße Farbe erhält (*toga candida eademque cretata*, Isid. orig. 19, 24; *ambitio cretata*, Pers. sat. 5,177). Ein Volksgesetz des Jahres 432 v. Chr. hat nach Liv. 4,25,13 den Bewerbern um ein öffentliches Amt das Tragen solcher geweißter Gewänder verboten, es ist jedoch wie viele spätere gesetzgeberische Maßnahmen gegen unerlaubten Stimmfang *(ambitus)* wirkungslos geblieben, vgl. nur Ciceros Rede *in toga candida* und den Hinweis Liv. 39,39, daß sich ausnahmsweise ein c. *sine toga candida* bewarb. Der c. tritt im Verlaufe seiner Wahlwerbung mit einem Gefolge von Freunden und Sklaven in der Öffentlichkeit auf und bemüht sich persönlich um die Stimmen der Wähler. Einem seiner Sklaven fällt dabei die wichtige Aufgabe zu, als *nomenclator* seinem Herrn die Namen einflußreicher Persönlichkeiten ins Gedächtnis zu rufen. Durch *professio* meldet der c. seine Amtsbewerbung dem wahlleitenden Magistrat (Konsul, Prätor, Volkstribun). Falls dieser die Kandidatur annimmt, setzt er den Namen des c. auf die Liste, die vor der Wahl öffentlich verlesen wird. Der Magistrat kann die Zulassung verweigern, wenn ihm der c. ungeeignet erscheint (anfangs nach freiem Ermessen, später nur aus bestimmten Gründen). Eine lex Pompeia des J. 52 v. Chr. hat den c. verpflichtet, zur Zeit der Wahl in Rom anwesend zu sein. – C. principis (Caesaris, Augusti) ist der vom Kaiser empfohlene Amtsanwärter *(suffragatio, commendatio*, vgl. die lex de imperio Vespasiani CIL VI 930,10ff.), dessen nachfolgende Wahl (seit Tiberius 14 n. Chr. durch den Senat) zur bloßen Formalität wird *(sine repulsa et ambitu designandos*, Tac. ann. 1,15). Nach Quint. inst. 6,3,62 wird *Caesaris candidatus* sprichwörtlich gebraucht für jemanden, der seines Erfolges sicher sein kann. Die Empfehlung des Princeps wird als Auszeichnung verstanden und im cursus honorum ausdrücklich angeführt (in zahlreichen Inschr. überliefert, vgl. etwa CIL XIV 3610). Zwei *quaestores candidati principis* oder *quaestores Augusti* fungieren als Privatsekretäre des Kaisers. Sie verlesen seine Reden im Senat (Dig. 1,10,4. Symm. ep. 2,80). – C. wird auch der Anwärter auf den militärischen Zenturionat genannt (Veg. mil. 2, 7). – C.-i als Corps kaiserlicher Leibwächter unter dem Befehl des *magister officiorum* finden wir erstmals um 350 erwähnt (Amm. 15,5,16). – Im religiösen Bereich gibt es c.-i als Kultbeamte des Iuppiter Dolichenus in Rom (CIL VI 406.409.431) und der Venus Victrix in Savaria (CIL III 4152). H. Ha.

Mommsen RStR 2,917ff. *Paolo Frezza* Studi Albertario 2, 1953, 633ff.

Candidianae (früher vielleicht *Nigrinianae*; Itin. *Nigrinianis*). Röm. Station und Kastell an der Donauuferstraße in Niedermoesien, w. von Durostorum (Silistra), h. Kadyköjsko Gradište (Kr. Silistra), unmittelbar s.w. vom Hafen Malăk Preslavetz. Durch Grabungen sind festgestellt eine röm. (kaiserzeitl.) und eine spätröm. Periode. Das röm. C. wurde wahrscheinlich am E. des 3. Jh. n. Chr. durch die Goten zerstört, unter Diokletian neu aufgebaut. Im 2. u. bes. 3. Jh. (unter den Severern) scheint C. bes. geblüht zu haben; bis zur Mitte dieses Jh. Standort der Cohors I Lusitanorum Maximiniana. Die Zerstörung wird von Prok. de aed. 4,7,9 erwähnt. Chr. D.

V. Velkov Prinos kăm antičnata geografija na Misija (Nigrinianis – Candidiana), bulg. Beitrag zur ant. Geogr. Moesiens (N.-C.), Archeologija, Ztschr. 1959, I, Fasc. 1–2, 24–29; *Ders.* Zur Gesch. eines Donaukastells in Bulg., Klio 39, 1961, 215ff.

Candidus. 1. Anhänger des Gnostikers Valentinianus, disputierte um 230 öffentlich mit Origenes, der ihm nachträgliche Fälschung des Protokolls vorwirft (Rufin. apol. Orig. epil. [Migne G 17, 625]. Hier. adv. Rufin. 2,19 [Migne L 23,442f.]). HARNACK [1] vermutet kaum zu Recht seine Identität mit dem Eus. hist. 5,27 genannten Vf. einer Schrift über den Schöpfungsbericht zur Zeit des Septimius Severus.

1. *Adolf Harnack* Geschichte der altchr. Lit. 1, 1893, 759. 2. *Bardenhewer* GAL 1,395–397. 2,166.

2. Arianischer Korrespondent des → Marius Victorinus. **3.** Griech. Historiker aus Isauria Tracheia, schrieb die Geschichte der Kaiser Leon I. und Zenon (457–491). Einen Auszug überliefert Phot. bibl. cod. 79 (FGH 4,135–137). O. H.

4. C., fingierter Name, genannt bei Martial. 2,24,43. 3,26.46. 12,38. **5.** Der CIL VI 15847 Genannte ist T. Iulius Marius Celsus, cos. suff. Mai bis August 86 n. Chr., s. Iulius. **6.** C. schlug als Kommandant der Fußtruppen um 167 n. Chr. die Langobarden und Obier an der unteren Donau zurück, Petrus Patr. (aus Cass. Dio) FGH 4,186. s. L. SCHMIDT Gesch. der deutschen Stämme, Ostgermanen[2] 572.

7. s. Claudius; Haterius; Iulius; Marius; Papinius; Vespronius. R. H.

Canicula s. Sternbilder

Canidius. Röm. Familienname. **1.** C., Begleiter des Cato in Cypern 57 v. Chr., wohl kaum identisch mit Nr. 2. **2.** P. Canidius Crassus, erscheint zuerst als Legatus unter Lepidus in Gallien 43 v. Chr. (Cic. fam. 10,21,4), wird eifriger Anhänger des Antonius, auf dessen Seite er im bellum Perusinum steht, vielleicht als Promagistrat (BROUGHTON Mag. 2,373), wurde Ende 40 Consul suff., drang 36 bis zum Kaukasus vor. Vor Aktium befehligte er 31 das Landheer, das er in der Nacht nach der Seeschlacht verließ. 30 ließ ihn Octavian hinrichten (Vell. 2,85,2. 87,3 u. a.). **3.** Canidia, eine Frau mit schlechtem Leumund, die Hor. mehrfach wegen ihrer Zauberkünste und Giftmischereien scharf angreift (epod. 3,8. 5,15. 17,6. s. 1,8,24. 48. 2,1,48. 8,95), nach Porphyrio eigentlich eine Salbenhändlerin Gratidia aus Neapel. H. G. G.

Caninius. Name einer röm. plebeischen Familie, seit dem 2. Jh. v. Chr. bezeugt. **1.** L. C. Gallus, Volkstribun 56, wollte die Wiedereinsetzung des Ptolemaios Auletes in Äg. von Pompeius durchführen lassen, jedoch ohne Erfolg. 56 wurde er von Cicero verteidigt (fam. 7,1,4), war 51 in Athen häufig mit ihm zusammen, besuchte ihn 46 in Baiae und korrespondierte mit ihm. Er starb 44. **2.** L. C. Gallus, Sohn von Nr. 1, Consul 37 v. Chr. mit Agrippa (Quellen bei BROUGHTON Mag. 2,395). **3.** (C.) Rebilus, rettete sich 43, als er proskribiert war, nach Sicilien. **4.** C. C. Rebilus, 171 Praetor und Statthalter von Sicilia. **5.** C. C. Rebilus nahm 52 als Legat Caesars in Gallien an den Kämpfen gegen Vercingetorix teil (Caes. Gall. 7,83,3); in seinem Winterquartier im Raum der Rutener hatte er zunächst eine, dann 2 Legionen (7,90,6. 8,24,2). 51 entsetzte er den in Limo (Poitiers) eingeschlossenen Duratius (Fürst der Pictonen), 8,26 f., verfolgte die Feinde nach Uxellodunum, rieb sie größtenteils auf und belagerte Uxellodunum bis zum Eintreffen Caesars (8,30,2. 32 f. 34–37. 39 f.). 49 versuchte Caesar durch ihn eine Versöhnung mit Pompeius (Caes. civ. 1,26,3). Dann ging C. mit Curio nach Africa, wo er sich aus der Katastrophe retten konnte. Im bellum Africanum 46 hatte er ein proconsularisches Imperium inne (vielleicht war er 48 Praetor, vgl. BROUGHTON Mag. 2,273) und belagerte Thapsus bis zur Übergabe (b. Afr. 86,3. 93,3). Während des spanischen Feldzuges 45 war er Kommandant von Hispalis (b. Hisp. 35), während man in Rom gerüchtweise wissen wollte, er habe Schiffbruch erlitten (Cic. Att. 12,37,4. 44,4). Nach dem Tod des Q. Fabius Maximus am 25. Dezember 45 wurde er von Caesar für den letzten Tag des J. 45 zum cos. suff. ernannt; dies wurde seit Cic. fam. 7,30,1 häufig vom röm. Witz erwähnt. **6.** M. C. Rebilus, wohl Bruder von Nr. 4, wurde 170 nach Makedonien und 167 in diplomatischer Mission nach Thrakien geschickt. **7.** A. C. Satrius, Bruder des P. Varius, 65 mit Cicero befreundet. **8.** C. Celer, griech. Rhetor und Lehrer der späteren Kaiser M. Aurelius und L. Verus, H.A. Marc. 2,4; Ver. 2,5. H. G. G.

Canis s. Sternbilder

Canistrum (*κάνεον, κανοῦν, κάναστρον, κάνι(σ)τρον*). Aus Rohr oder Weide geflochtener Korb (gelegentlich auch in Metall ausgeführt), vor allem als Brotkorb und Opfergerät erwähnt. Als Opferkörbe sind c. rund, fast tellerartig, mit niedrigem, senkrechtem oder sehr steilem Rand. *C. siccaria* sind (silberne) Untersätze für Trinkgefäße, Serv. Aen. 1,706. W. H. G.

Canius. C. Rufus, Freund Martials aus Gades, 1,61,9. 7,69,1 u. a., s. SCHANZ-HOS. 2,545. R. H.

Cannae (NISSEN It. Ldk. 2,852; vgl. F. CORNELIUS Cannae. Das militärische und das literarische Problem. Klio Beiheft 1932; Neudruck 1963). Ort auf dem S.-Ufer des Aufidus; h. Canne. Berühmt durch die röm. Niederlage (Plin. nat. 3,105 *nobiles clade Romana Cannenses*) 216 v. Chr. (Pol. 3,107 ff. Liv. 22, 43 ff. App. Hann. 17 ff. For. 1,22. Strab. 5, 285 u. a.), deren genaue Lokalisierung unsicher bleibt. C. war zeitweilig *municipium* (Plin. a. O. App. civ. 1,52). G. R.

Cannenefates. Germ. Völkerschaft im h. Kennemerland und der s. gelegenen *insula Batavorum* (Plin. nat. 4,101. Tac. hist. 4,15), von Tiberius (Vell. 2,105) unterworfen und dem röm. Reiche einverleibt. H. C.

Cannophori. »Rohrträger« (*κάννα* Rohr), spielten im Kult der Mater Magna eine Rolle. Das Prozessionsfest am 15. März hieß *canna intrat* (CIL I^2 S. 260; vgl. Lyd. mens. 105 Wünsch). Das Fest dürfte an die Auffindung des Attis durch Cybele erinnern. Es wurde zusammen mit den anderen Märzfesten der Göttin durch Claudius eingeführt (CARCOPINO, MEFR 40, 1923, 135 ff. [4]). Die C. bildeten kultische Genossenschaften (zugleich Begräbnisvereine). W. E.

1. *Mommsen* CIL I^2 S. 312. 2. *Wissowa* Rel.^{2} 321. 322,5. 3. *H. Graillot* Le culte de Cybèle, Paris 1912, 117 f. 4. *Cumont* 1959^4, 51 f.

Cannutius. Familienname, seit dem 1. Jh. v. Chr. bezeugt. **1.** C., Grieche, Schauspieler 44 v. Chr. **2.** P. C., Redner z. Z. Ciceros, schrieb Reden für andere, trat selbst vor Gericht auf und war nicht unbedeutend (Cic. Brut. 205. Tac. dial. 21). **3.** Ti. C., Volkstribun 44, Gegner des Antonius und Parteigänger Ciceros. Nach dem Triumvirat 43 auch Gegner Octavians, gegen den er im Perusinischen Krieg kämpfte. Nach Kriegsende wurde er hingerichtet. **4.** Cannutia Crescentina wurde als Vestalin von Caracalla verurteilt und verübte Selbstmord, Cass. Dio 77,16,3. H. G. G.

Canobus s. Sternbilder

Canones. Den Apostol. Konstitutionen (AK) angehängtes (lib. 8,47) Korpus kirchlicher Rechtssätze, Wahl usw. der Kleriker betreffend, z. T. Wiederholung von Konzilskanones und der AK selber in Form von Synodalbeschlüssen. Zweck der C. ist die nt. Beglaubigung des damaligen kirchlichen Gewohnheitsrechts; eine Liste der kanonischen Bücher (C. 85) nennt u. a. die AK. Der Vf. verbirgt sich hinter der Behauptung apostol. Ursprungs der C. und ihrer Vermittlung durch Clem.

Romanus. Während der O. auf dem 2. Trullanum 692 alle 85 C. als apostol. anerkannte, haben im W. nur 50 von Dion. Exiguus übersetzte C. Eingang gefunden (vgl. E. SCHWARTZ Über die pseudoapostol. Kirchenordnungen, Schriften der wissenschaftlichen Ges. in Straßbg. 6, 1910, 15). J. Wi.

Text: Enchiridion fontium Historiae ecclesiasticae antiquae coll. *C. Kirch*, 1941, 692–706. 1. *F.X. Funk* Die Apostol. Constitutionen, 1891, bes. 180ff.243ff. (Lit.). 2. *C.H. Turner*, JThS 16, 1914/15, 523ff. 3. *A. Strewe* (ed.) Die Canonessammlung des Dion. Exiguus, 1931. 4. *G. Graf* Geschichte der chr. arabischen Lit., 1, 1944, 572ff.

Cantabri. HOLDER 1,737 vermutet, daß sie Iberer waren, doch spricht manches dafür, daß sie ligurische Elemente enthielten (Sen. dial. 12,7,9, dazu [3] VIII 147. [1] 49). Sie bewohnten den mittleren Teil der spanischen N.-Küste und der Gebirge, welche die Pyrenäen fortsetzen, wo h. noch die Sierra de Cantabria und das Mar Cantábrico den alten Namen bewahren. Genaue Abgrenzung s. [1] 29ff. Sie waren kein Stamm, sondern eine Gemeinschaft von Stämmen, den Gigurri, Paesici, Saeleni, Superatii, Amaci, Tiburi, Cabarci, Penii, die wieder in Clane, Sippen, zerfielen ([1] 95ff.). Allgemein wird von ihrer Tapferkeit, aber auch von ihrer Wildheit und Unkultur berichtet (Strab. 3,3,8. 3,4,16–18. S. [1] 38ff. [4] 6ff.). Augustus konnte sie erst nach schweren Kämpfen, 26–19 v. Chr., unterwerfen [1]. R. G.

1. *Ad. Schulten* Los Cántabros y Astures y su guerra con Roma, Madrid 1943. 2. *Ders.* Numantia 1,396 (s. Kantabrer). 3. Alle literarischen Quellen sind gesammelt in: Font. Hisp. Ant. III–VI. VIII. IX (s. Indices!). 4. *Friedr. Bleiching* Span. Landes- und Volkskunde bei Sil. It., Erl. Diss. 1928, 5ff. 5. CIL II Suppl. p. 1141.

Canticum. So bezeichnete die antike Philologie die Gesangstücke innerhalb des altlat. Dramas, uns vor allem kenntlich in den Komödien des Plautus, in denen die cantica einen sehr breiten Raum einnehmen. Nur die Szenen in iambischen Senaren, in den palatinischen Hss. des Plautus – denen Angaben in Donats Terenzkommentar bestätigend zur Seite treten – mit *DV = diverbium* bezeichnet, wurden einfach deklamiert; die iambischen oder trochäischen Langverse (Septenare und Oktonare), als *C = Canticum* bezeichnet, wurden mit Flötenbegleitung melodramatisch vorgetragen, die eigentlichen Gesangstücke (Arien und Duette, nur selten Chöre) in lyrischen Versmaßen, mit *MMC = mutatis modis canticum* bezeichnet, wurden, wohl mit vollerer Instrumentalbegleitung, gesungen, zuweilen von einem besonderen *cantor*, während dem *actor*, dem Darsteller der Rolle, nur das Gebärdenspiel zufiel. Der starke Anteil der Musik, der die Palliata auf weite Strecken zum Singspiel macht, bedeutet den wesentlichsten Unterschied, die einschneidendste Neuerung gegenüber dem griech. Vorbild, der neuen att. Komödie, in der die Musik auf gelegentliche Zwischenspiele (*χοροῦ*) beschränkt war, die wahrscheinlich mit dem Drama selbst keinen eigentlichen Zusammenhang hatten und deren Text nicht von dem Dichter des Stückes geliefert war. Die Liebe und Begabung auch schon des damaligen Volkes Italiens für die Musik spricht sich darin aus, daß seine Dichter das griech. Sprechdrama, das sie übersetzten, in solchem Maße musikalisch ausgestaltet haben. – Unter den (natürlich aus dem Griech. übernommenen) Versformen der C. treten die Anapäste, Bakcheen und Kretiker besonders hervor, daneben einige Kurzverse, für die keine eigentlichen griech. Vorbilder bekannt und die also vielleicht aus der lat. Sprache heraus geformt sind. – Die Musik der C. schließt (soweit wir das erkennen können) nicht an die ältere griech. Musik an (in der allerdings beim späten Euripides und in der altatt. Komödie die Monodie, die nicht strophisch gebaute Arie, schon vorgeformt ist), sondern, nahe liegend, an die gleichzeitige Liedkunst, die uns freilich (außer den Namen Hilarodie, Magodie, Lysiodie, Simodie, die ihre Vielfältigkeit bezeugen) ziemlich wenig bekannt ist. Nicht die Form des C. als solche ist also wohl originale italische Leistung, sondern ihre Verschmelzung mit dem griech. Sprechdrama, nahe gelegt durch die Nachbarschaft mit Großgriechenland, wo die Kabarettkunst von alters her besondere Pflege genoß. K. Z.

Reisch RE III 1495 (Canticum). *Körte* XV 753 (Menandros). *Maas* III A 159 (Simodie). *F. Marx* Plautus Rudens, 1928, 102. *Fr. Leo* Plautin. Forschungen 240; Die plautin. Cantica und die hellenist. Lyrik. *Ed. Fränkel* Plautin. im Plautus, 321. *E. Bickel* Lehrb. der röm. Literatur, 470.

Cantium promontorium. Name des am weitesten nach O. vorspringenden Teiles von Britannien, h. Cap Paperness der Landschaft Kent. Schon bei Pytheas erwähnt (Diod. 5,2,3. Strab. 1, 63. 4,193), wurde C. als wichtiger geograph. Meßpunkt zur Rhein- und Seinemündung ausgewertet und war zugleich Landeplatz der von Gallien nach Britannien geführten Schiffe (Caes. Gall. 5,13,1. 14,1. 22,1). H. C.

Canuleius. Name eines plebeischen Geschlechts, seit dem 5. Jh. v. Chr. bezeugt. **1.** C. C., Volkstribun 445, der die nach ihm benannte *lex Canuleia* (s. RE XII 2339) einbrachte, die eine Ehereform durchführte und als bedeutsame Etappe im sog. Ständekampf den Plebeiern das → *conubium* mit den Patriziern gewährte. Cic. rep. 2,63. Liv. 4,1,1–6,4. Flor. 1,17. Ampel. 25,3. **2.** C. C., Volkstribun 99. **3.** C. C. aus Capua, Soldat Caesars (7. Leg.) und später wohl unter Octavian; seine und seines Bruders Q. C. Grabinschrift (CIL X 3886) nennt Auszeichnungen und (als älteste erhaltene) eine bestimmte Legion. **4.** L. C., durch seine Briefe aus Syrakus (72 v. Chr.) wichtiger Zeuge gegen Verres. **5.** M. C., Volkstribun 420 und Ankläger des C. → Sempronius Atratinus, Liv. 4,44,6f. **6.** L. C. Dives, 174 Gesandter nach Anatolien, sodann (zur Identifizierung BROUGHTON Mag. 1,405) Praetor 171. Während seiner Verwaltung der beiden spanischen Provinzen richtete er die Colonie Carteia ein (Liv. 43,2,3 u.ö.). **7.** Canuleia, nach Plut. Num. 10,1 eine der ersten von Numa eingesetzten Vestalinnen. H. G. G.

8. M. Canuleius Zosimus. Silberschmied des 1. Jh. n. Chr. Auf seiner Grabschrift (Dess. ILS II 2,7695) genannt als trefflicher Künstler in der *caelatura Clodiana* (vgl. Plin. nat. 33,139). A. R.

Encicl. Arte Class. Or. II 318 *(Arias)*.

Canus. 1. Berühmter Flötenspieler, den Galba beschenkte, Suet. Galba 12,3. Plut. Galba 16,1. Martial. 4,5,8. Er soll auf Rhodos eine Unterredung mit Apollonios von Tyana gehabt haben, Philostr. vit. Apoll. 5,21. **2.** Kanus Iunius Niger, cos. ord. 138, CIL XVI 83. R. H.

Canusium (Nissen It. Ldk. 2,853). Daunische (Plin. nat. 3,104. Ptol. 3,1,72) Stadt der 2. Region am Aufidus (ebd. 102), angeblich Gründung des Diomedes (Strab. 5,283. Hor. s. 1,5,92. Serv. Aen. 11,246) an der via Traiana; prägt auch nach der Unterwerfung unter Rom 318 v. Chr. (Liv. 9,20. Diod. 19,10) noch Münzen (Head HN^2 46) in griech. Schrift; Zweisprachigkeit bei Hor. s. 1,10, 30 mit Schol. C. bot den Trümmern des röm. Heeres nach der Niederlage bei Cannae Zuflucht (Liv. 22,52ff. u. a.); die Bedeutung der einst ansehnlichen Stadt (Strab.) nahm in röm. Zeit ab; später *municipium* der *tribus Oufentina* (CIL IX p. 35). Dem Trinkwassermangel (Hor. s. 1,5,91) hilft erst ein Aquaedukt des Herodes Atticus ab (Philostr. v. soph. 2,5), nachdem C. *colonia Aurelia Augusta Pia* geworden war (CIL IV 344). Umfangreiche Wollfabrikation (Plin. nat. 8,190f. Martial. 14,127. Athen. 97e u. a.); h. Canosa. G. R.

Capella s. Martianus

Capellianus. Legat. Maximini Aug. pr. pr. prov. Numidiae; er hat 238 die Vernichtung der beiden Gordiane bewerkstelligt, Herodian. 7,9,1. SHA vit. Maximin. 19.20,7, s. E. Birley, JRS 40, 1950, 64. G. Barbieri L'albo senat. p. 617. R. H.

Capena (Nissen It. Ldk. 2,371. Bormann CIL XI p. 571). Stadt S.-Etruriens s. des Soracte, nach Cato b. Serv. auct. Aen. 7,697 von Vejentern mit Hilfe des Königs Propertius gegründet (P. umbr. Name!), mit Veii verbündet (Liv. 5,8ff.). Nach Unterwerfung durch Rom *tribus Stellatina* (Liv. 6,5,8. Fest. 464,15f. L.). Später wird nur der *ager Capenas* genannt (Liv. 27,4,14. Cic. Verr. 2,31 u. a.), dessen Bewohner *(Capenates)* ein *municipium* der 7. Region bilden (Plin. nat. 3,52); nach Feldm. 216 *colonia Capys* (= Capis?). Lokalisierung schwankt zwischen Leprignano (h. Capena) und eher Civitucola b. S. Martino. Name kaum nach etr. gens *capna* (Schulze Eigennamen 571), sondern wie *Tellēnae*, *Fidēnae*, *Fregēnae* und *Lirēnas* aus **kapěs-na*, wovon etr. *capsna* (Schulze 145,2) erst synkopiert ist. Der Name der porta C. in Rom hängt nicht unmittelbar mit dem der Stadt zusammen. G. R.

Capena porta. Tor der sog. Serv. Mauer, am Abhang des Caelius nach dem Tal der Camenae zu gelegen (Serv. Aen. 7,697. Ov. fast. 6,192), in der Nähe der Kirche S. Gregorio al Celio. Der Name ist noch nicht erklärt. Domitian ließ das Tor in Verbindung mit dem Straßenübergang der Aqua Marcia wiederherstellen. Es war noch im MA. als *arcus stillans* bekannt. Von hier nahm die v. Appia ihren Ausgang. Rud. G.

RE III 1506. *Lugli* M 1,408ff.

Capidava. Röm. Kastell auf dem r. Donauufer, ca. 20 km von dem h. Černavoda, gegenüber dem Dorfe Kallaköj, auf einer dak.-moes. Siedlung erbaut, wie der Name zeigt (Hierokl. 637, 10. Const. Porph. de them. 3, 47, 15. Itin. Ant. 224, 3. Tab. Peut. 8, 3. CIL III 12, 491. Chr. D.

Detschew Thrak. Sprachreste 226. *Gr. Florescu* Fouill. et rech. arch. à Callachioi (Capidava), Dacia III–IV (1927 bis 1932), 483ff. *Florescu* Capidava (Monogr. arch. I, Bucur. 1958.)

Capitale. Kapital nennen die Römer jedes Verbrechen, jeden Strafprozeß und jede Strafe, bei denen Todesstrafe, Verlust der Freiheit oder Verlust des röm. Bürgerrechtes vorgesehen sind. → crimen, iudicium, supplicium. Th. M.-M.

Levy Die röm. Kapitalstrafe, SHAW, 1931.

Capitatio. Die c. bezeichnet ein reichseinheitliches Steuersystem Diocletians, das den Menschen als Repräsentanten wirtschaftlicher Werte, bes. landwirtschaftlich einsatzfähiger Arbeitskraft erfaßte. Daher werden einem Mann 2 *mulieres* gleichgehalten, Alte und Kranke fallen nicht unter die c. Außer dem Menschen wurde auch das Tier als Maß der c. gebraucht. Vor Diocletian kam es nur in einigen Reichsteilen zu solcher Kopfsteuer. Auch war die vordiocletianische c. auf die unteren Schichten beschränkt *(c. plebeia)*. Th. M.-M.

F. Leo Die c. plebeia und die c. humana, 1903. *A. Piganiol* L'impôt de la c., 1916. *C. Bellieni* C. plebeia e c. humana, 1931. *A. Deleage* La capitatio du Bas-Empire, 1945.

Capite censi. Nach der insoweit verläßlichen Angabe von Gell. 16,10,10 bezeichnete man jene am unteren Ende der Centurienverfassung eingeordneten Bürger als *capite censi, qui vero nullo aut perquam parvo aere censebantur*. Sie unterfielen also schon immer einer Kopfsteuer. Große Teile des stadtröm. Proletariats werden in diese Gruppe gefallen und so von wirksamer Ausübung ihres Stimmrechts ausgeschlossen worden sein. Th. M.-M.

Gabba Athenaeum 27, 1949, 198ff. *F. De Martino* Storia della costituzione romana 1, 1958, 161f.

Capitis deminutio. Die dreiteilige Schichtung der Rechtspersönlichkeit im röm. Recht *(status libertatis, status civitatis, status familiae)* brachte es mit sich, daß es 3 Erscheinungsformen des Verlustes der Rechtspersönlichkeit gab. Wohl nach dem Verlust eines Hauptes aus Haus oder Sippe bezeichnen die Römer jede Veränderung in einem *status* als c. d. und teilen sie schulmäßig in *c.d.maxima* (Freiheitsverlust), *media* (Bürgerrechtsverlust) und *minima* (Entlassung aus oder Eintritt *in patria potestas* oder *manus*) ein, Gai. inst. 1,159 ff. Nach ius civile unterbrach die c.d. alle bisherigen Rechtsbeziehungen, der Praetor sorgte aber durch Wiedereinsetzungen in den vorigen Stand *(in integrum restitutio)* für im Verkehrsinteresse gelegene Rechtskontinuität. Th. M.-M.

Desserteaux Études sur la formation historique de la c. d., 3 Bde., 1909–1928.

Capitium. Nur von Ptol. 3,4,12 und Cic. Verr. 3,104 *(Capitina civitas)* erwähntes Städtchen Siciliens hoch in den monti Nebrodi nahe der Quelle des Simeto (Troina); h. Capizzi. CIL X 7462. K.Z.

Capito. 1. Rhetor, Freund des älteren Seneca, contr. 10 pr. 12,7,2,5–7. 9,2,9–10; er ist wohl identisch mit Q. Hostius C., CIL XIV 4201, s. F. Bücheler Kl. Schr. 3,384. **2.** Dec. C. Aelianus, jüngerer Sohn Seians, 31 ermordet, Tac. ann. 5,9,1. L. Vidman Fast. Ostiens p. 13. **3.** Praefectus praetorio unter Probus 276, SHA vit. Probi 10,6.
4. s. Fonteius, Neranius, Tullius u.a. R. H.
5. Gaius Ateius C. Jurist aus einer wohl unter Sulla zu Ansehen gelangten Familie, der vor allem unter Augustus und Tiberius wirkte und anders als Labeo die Prinzipatsverfassung begrüßte. An seinen Schriften haben Pontifikalrecht und Verfassungsfragen großen Anteil, die Coniectanea bezeugen aber auch privatrechtliche Aktivität. Während er bei Lebzeiten wohl ebensoviel Ansehen genoß wie Labeo, blieb seine Wirkung auf spätere Generationen gering; immerhin führen manche die sabinianische Schultradition bis auf ihn zurück. Th. M.-M.

L. Strzelecki De A. Capitone, 1947. *Kunkel* Herkunft und soziale Stellung der röm. Juristen, 1952, 114. *Honoré* Gaius 1962, 18 ff.

Capitolinus. Cognomen, meist nach dem Wohnsitz des namengebenden Familienmitgliedes RE XXIV 1010. In republikan. Zeit bei den Maelii, Manlii, Quinctii, Tarpei (vgl. auch A. Degrassi Fasti Capit., 1954, 143), in der Kaiserzeit bei den Flavii, Iulii, Mamilii, Sestii. H. G. G.

Capitolinus Clivus. Der vom Forum Romanum auf den Mons Capitolinus führende Fahrweg. Er begann an der Nordecke der Basilica Iulia und führte um den Saturntempel und die *porticus deorum consentium* zur Senke zwischen den beiden Höhen des Capitols (Steigung 1:8,7 = 23:200 m). Von dort führte er in 2 weiteren Windungen (Steigung 1:10 = 15:150 m) zum Eingang in den Hof des Iuppitertempels. Seit 174 v. Chr. hatte der Weg ein Lavapflaster und war vom Saturntempel aus von Säulenhallen flankiert (Liv. 51,27. Tac. hist. 3,71). Rud. G.

Jordan, Top. 1,2,62.78.120.

Capitolium. Der aus 2 Kuppen bestehende, zwischen Velabrum und Campus Martius gelegene Hügel, dessen Name vielleicht auf ein sabinisches Wort zurückgeht (Lugli, Bd. 3, p. 295), bildete einst den sw. Ausläufer des Quirinals. Der Name Capitolium gebührte offiziell nur der s., 46 m hohen Anhöhe; die n. (49 m), auf der heute die Kirche Ara Coeli steht, hieß *arx* und war nach der Vereinigung der Septimontialstadt mit der sabinischen Ansiedlung auf dem Quirinal die stark befestigte Zitadelle Roms. Dort befanden sich der Tempel der Iuno Moneta, die Münzstätte (seit 269 v. Chr.) und das *Auguraculum.* Die Senke (h. piazza del Campidoglio, 36 m) wurde großenteils von Privatbauten eingenommen (Liv. 5,50. Tac. hist. 3,71), dort waren auch das Asyl des Romulus und am Nordrande das von Q. Lutatius Catulus erbaute *Tabularium.* Der Überlieferung nach standen auf der s., ebenfalls stark befestigten Anhöhe ursprüngl. einige *sacella* (Ov. fast. 2,605. Liv. 1,55. 5,54,7. Aug. civ. 4,23), bevor unter den beiden Tarquiniern der große Tempel für die Göttertrias Iuppiter Optimus Maximus, Iuno und Minerva errichtet wurde (Cic. rep. 2,36. Liv. 1,38,55. Tac. hist. 4,72). Dieser Tempel brannte im J. 83 v. Chr. vollständig nieder (Cic. Catil. 3,4,9. Sall. Cat. 47,2. Tac. hist. 3,72). Der durch Sulla veranlaßte Neubau, dessen Vollendung der Diktator nicht mehr erlebte, wurde 69 v. Chr. von Q. Lutatius Catulus eingeweiht. Während der Kämpfe des J. 69 n. Chr. ging der Tempel wieder in Flammen auf (Tac. hist. 3,72). Der Neubau Vespasians wurde im J. 80 durch einen neuen Brand beschädigt und von Titus und Domitian wiederhergestellt. Das wegen seiner Pracht gerühmte Heiligtum stand dann noch bis zum 6. Jh. Obwohl Stilicho (Zos. 5,38) die vergoldeten Bronzetüren, Geiserich (Prok. Vand. 1,5) die vergoldeten Bronzeziegel des Daches raubte, konnte Cassiodor (var. 7,6) noch urteilen: *Capitolia celsa conscendere hoc est ingenia humana superata vidisse.*

Im Mittelalter wurde der Tempel so gründlich zerstört, daß sogar sein Name in Vergessenheit geriet (Jord. Top. 1,2,32 f.). Erhalten sind nur Teile der Stereobatmauern (Jord. Top. 1,64 ff.), Reste der ö. Cellamauer im 1. Stock des Palazzo Caffarelli und einige Fragmente der Säulen aus pentelischem Marmor (Jord. Top. 1,2,72). Für die Rekonstruktion sind wir im übrigen auf die antiken Autoren und auf Relief- und Münzdarstellungen angewiesen.

Der Tempel war in etruskischem Stil erbaut. Die Hälfte der fast quadratischen Grundfläche (3300 m²) nahm die Vorhalle ein, mit 3 Reihen von je 6 Säulen, hinter denen sich die 3 Cellen (in der Mitte Iuppiter, links Iuno, rechts Minerva) öffneten, umgeben von einer Säulenreihe. Die Kultbilder und der ornamentale Schmuck waren ursprüngl. ziemlich sicher aus Terracotta, am Giebel hingen seit 193 v. Chr. vergoldete *clipei* (Liv. 35,10,12), die Cella erhielt nach dem 3. pun. Krieg einen Marmorboden (Plin. nat. 36,185), die Kassettendecke wurde 142 v. Chr. vergoldet (Plin. nat. 33,57). Sulla verwendete für seinen Neubau die Säulen des Olympieions in Athen; das Kultbild wurde, wie es scheint, dem olymp. Zeus des Phidias nachgebildet.

Das Plateau, auf dem der Tempel stand, die area Capitolina, ruhte auf gewaltigen Substruktionen und umfaßte 1,5 ha, so daß noch genug Raum blieb für Altäre, Statuen und kleinere Heiligtümer. Die Überlieferung nennt u. a. die Tempel der Fides, des Mars Ultor und des Iuppiter Tonans, die casa Romuli und das atrium publicum (vgl. das vollständige Verzeichnis bei JORDAN). Umgeben war der heilige Bezirk von einer Säulenhalle an der Umfassungsmauer. Der Haupteingang vom Clivus Capitolinus her war mit Toren verschlossen (Tac. hist. 3,71. JORD. Top. 1,2,37), die stets offene porta Pandana führte zur rupes Tarpeia.

Capitolia gab es noch in zahlreichen Städten im W. des Imperiums, z. B. in Capua, Karthago und Narbo. Anderswo hat sich der Name an Kirchen erhalten, z. B. S. Maria in Capitolio in Köln (O. KUHFELDT De Capitoliis imperii Romani, Berolini 1883). Rud. G.

Jordan-Huelsen Topographie Roms. *Lugli* I monumenti antichi di Roma, Bd. 1, p. 3 ff.; Bd. 2, p. 100 ff. und 115 ff.: Suppl. p. 3–13.

Capitolium vetus. Eine Anhöhe in der NO.-Ecke des Quirinalgartens, die unter Urban VIII. abgetragen wurde, mit einem Heiligtum des Iuppiter, das nach der Überlieferung älter gewesen sein soll als der kapitolinische Tempel (Varro l. l. 5,158; Martial. 5,22. 7,43. CIL VI 30925 ff.), was von der modernen Forschung allerdings bestritten wird. Capitolium ist vielleicht ein sabinisches Wort und bezeichnete die Akropolis der sab. Ansiedlung auf dem Quirinal. Rud. G.

Lugli M 3,295 f.

Capitulum (in der Vulg., bei Aug. und später: *capitellum*, griech.: κεφαλή, κεφαλίς, κιονόκρανον, inschr.: κιόκρανον und ἐπίκρανον). Der Säulenkopf zwischen dem Gebälk und dem Säulenschaft. Vitr. nennt 3 Arten: 1. das dorische: ein Echinus, früh weitausladend, in der Folgezeit sich immer mehr straffend, trägt die Deckplatte (Plinthos oder Abacus). 2. Das ionische. Aus manchen frühen Spielarten bilden sich A) das samische; die Zwickelpalmetten greifen nicht auf das Kymation (Eierstab): die Grundform der att.-ion. Ordnung. B) Das ephesische: Zwickelpalmetten auf dem Eierstab. Das wird die klassische Form des 4. Jh. v. Chr. (jüngeres Artemision zu Ephesos, Priene, Maussolleion) und die hermogenische, welche Vitr. beschreibt. C) Sonderform in Phigaleia, Voluten an allen Seiten (Diagonalkapitell), auch später verwendet. 3. Das Korinthische, mit Akanthos und Voluten, frühestes Beispiel Phigaleia, um 420 v. Chr.; klassische Form an der Tholos in Epidauros (4. Jh.), namentlich in röm. Zeit beliebt – nicht bei Vitr. 4. Das aiolische (besser lesbische), 2 Voluten wachsen senkrecht aus einem Blätterkelch; in der Baukunst nur archaisch, später an Möbeln u. dgl. 5. Das Palmenkapitell: auf Kreta (7. Jh.), an 2 delphischen Schatzhäusern (6. Jh.), im 2. Jh. an Hallen der pergamen. Könige (Athenabezirk Pergamon, Stoen des Eumenes und Attalos in Athen). 6. Das in der 2. Hälfte des 1. Jh. n. Chr. aufkommende sog. Composita-Kapitell: korinth. Akanthos und ion. Voluten. 7. Die Fülle der Figuralkapitelle. A. R.

Encicl. Arte Class. Or. II 324 ff. *(Matthiae)*. *Durm* Baukunst der Griech.³, 1910, 242 ff. ÖJh. 37, 1948, 53 *(Wotschitzky)*. *Kähler* Die röm. Kapitelle d. Rheingeb., Bln. 1939. Festschr. Schweitzer, Stuttgart 1954, 71 *(v. Gerkan)*. *de La Coste-Messelière* Au musée de Delphes, Paris 1936, 254 und 455 ff. *v. Mercklin* Ant. Figuralkapitelle, Bln. 1962.

Caprōtīna. N a m e. Beiname der Iuno. Der Name (JACOBSOHN Charites für Leo, 425 ff. [1], 849 f.) muß »mit Bocks- oder Ziegenfell bekleidet« heißen (vgl. Ziege und Ziegenfell im Iuno-Kult, z. B. →Iuno von Lanuvium). F e s t. Am 7. Juli fand ein Fest der Frauen einschließlich der dabei in histor. Zeit (nicht urspr.: [3], 187. 188. [4]) eine bes. Rolle spielenden Sklavinnen *(ancillarum feriae)* mit Opfer, bei dem die Milch des Feigenbaumes verwendet wurde, und Festschmaus unter einem wilden Feigenbaum *(caprificus)* außerhalb des Pomeriums statt. Es hieß *Nonae Caprotinae* (auch *Capratinae;* s. Thes. l. l. Onom. s. v.) und gehörte wohl zu den ältesten Festen (das Fehlen auf den Steinkalendern erklärt sich daraus, daß die Bezeichnungen Kalendae, Nonae, Idus die Festnamen verdrängten). Dabei führten die Sklavinnen (obszöne) Spottreden, forderten Gaben, wurden bewirtet, schlugen mit Ruten vom Feigenbaum und warfen mit Steinen. Die obszöne Bedeutung der Feige mit Beziehung auf den weiblichen Geschlechtsteil, Ziege und Bock als Symbole der Fruchtbarkeit und das Schlagen mit Ruten als Fruchtbarkeitsritus (»Schlagen mit der Segensrute« [4]) sind bekannt (→ Lupercalia), dagegen ist der Sinn des Steinwerfens ganz unklar (Ablösung einer Tötung oder ritueller Scheinkampf, wozu dann jedoch auch die Rutenschläge gehörten: Dies erforderte aber seinerseits eine Deutung. [7] 190,44). Der Sinn des Festes war längst nicht mehr bekannt. In der Überlieferung, der sich Neuere anschlossen, werden die N. C. (was vom Kult her gesehen falsch ist: [8] 94 f.) mit den → Poplifugia am 5. Juli (weil hier der »Ziegensumpf« eine Rolle spielt; gelegentlich die Poplifugia sogar als am 7. Juli stattfindend angegeben) und der → Vitulatio am 8. Juli in Verbindung gebracht (s. u.); Plutarch vermischt sogar Poplifugia und N. C. L e g e n d e: Alle Nachrichten (Hauptstellen Macr. Sat. 1,11, 36 ff. Plut. Rom. 29; Camill. 33) gehen auf eine an den N. C. aufgeführte fabula praetexta eines unbekannten Autors zurück: Nach Abzug der Gallier wandten sich unter Führung des Dictators von Fidenae, Livius Postumius, die Nachbarn gegen Rom und verlangten die Auslieferung von Frauen und Jungfrauen. Eine Sklavin, Philotis oder Tutulula (ob in dem Namen ein bes. Sinn steckt, ist umstritten), ging mit anderen Sklavinnen in derTracht von Freien ins feindliche Lager. Dort wurde auf ihre Anregung hin ein Gelage veranstaltet. Von einem wilden Feigenbaum aus gab sie dann ein Fackelzeichen, worauf die Römer das trunkene und schlafende Heer überwältigten. Zum Dank wurden die Sklavinnen freigelassen, belohnt und durften die Tracht der Freigeborenen beibehalten. Die Verbindung (s.o.) wird von manchen ([7] 186) so hergestellt, daß die Poplifugia an die Flucht des *populus* erinnerten und die Vitulatio an die Siegesfeier (vgl. Piso bei Macr. Sat. 3,2,14 [wo jedoch *pridie* falsch ist]. Varro l.l. 6,18). W. E.

1. *St. Weinstock*, RE XVII 849ff. (mit Lit.). 2. *Wissowa* Rel.^{2} 184f. 3. *Franz Bömer* AbhAk Mainz, 1961, 4,186ff. 4. *Latte*, RRel 106. 5. *Roscher* Myth. Lex. 2,598ff. 6. *Thulin*, RE X 1117. 7. *W. Otto* Philol. 64, 1905, 185ff. 8. *Carl Koch* Frankf. Stud. 14, 1937, 93ff.

Capra s. Sternbilder

Capricornus s. Sternbilder

Capreae (Nissen It. Ldk. 2,770). Insel (Umfang 11 mp Plin. nat. 3,83) w. Sorrent (ca. 5 km, nach Tac. ann. 4,67: 3 mp), deren (griech.?) Bewohner schon Hekat. FGrH 1 F 63 bekannt waren; die Sage nennt Sirenen (Serv. Aen. 5,864), Teleboer (Tac. a.O.) oder einen unbekannten Capreus (Serv. Aen. 7,735). Die urspr. 2 Siedlungen wurden zusammengelegt (Strab. 5,248). Im J. 29 v. Chr. kaufte Augustus C. den Neapolitanern ab (Suet. Aug. 92. Cass. Dio 52,43); Tiberius erbaute 12 Villen (Suet. Tib. 65: *villa Iovis* läßt auf entsprechende Benennungen der anderen schließen) und verlebte dort 10 Jahre (Suet. Tib. 40.60.62.73f. u.a.). Später Verbannungsort der Crispina und Lucilla (Cass. Dio 72,4). Zahlreiche griech. Inschr. G. R.

Capsa. Stadt mit Oase Africas, im S. von Tunesien, an der Straße von Tacape (Gabès) nach Theveste (Tébessa) h. Gafsa. Wichtig seit der numidischen Zeit als Knotenpunkt natürlicher Straßen; bei Sall. Iug. 89,4 gute Beschreibung. Sie wurde von Marius im Krieg mit Iugurtha eingenommen und in Brand gesteckt (Sall. Iug. 91,6. Strab. XVII 3,12), im Kaiserreich wieder aufgebaut: Gemeinde mit Suffeten unter Traian CIL VIII 22796; dann *municipium* und *colonia*, befestigt durch Solomon um 540. Spuren einer Arkade und von Thermen. Mosaik mit Circusspielen. M. L.

Atl. Arch. Tun. f^e Gafsa, Nr. 23. *Tissot* Géograph. compar. 2,664. *Gauckler* Inv. mos. Gaule, Afrique II, p. 108. CIL VIII S. 22 und 1172. ILT 290–297.

Captivitas heißt Kriegsgefangenschaft. Sie bedeutet in der Antike regelmäßig den Verlust der Freiheit, also *capitis deminutio maxima*. Die Römer behandelten nicht bloß die von ihnen gemachten Gefangenen als Sklaven, sie anerkannten es auch, daß ihre in Gefangenschaft geratenen Mitbürger ihre Freiheit verloren. Darauf beruht die *fictio legis Corneliae*, kraft der ein Römer als im Moment der Gefangennahme verstorben galt, und das *ius* → *postliminii*, kraft dessen alle Rechte eines Heimkehrers bis auf Ehe und Besitz wieder auflebten. Die Gefangennahme durch Räuber *(latrones)* berührte dagegen den status nicht. Die chr. Kaiser gestatten die Wiederheirat der Frauen von Gefangenen nur, wenn seit der Gefangennahme 5 J. verstrichen sind und das Fortleben des Gefangenen zweifelhaft wurde. Th. M.-M.

L. Amirante Captivitas e postliminium, 1950.

Capua (Nissen It. Ldk. 2,696ff. Beloch Campanien ^{2}295ff. Devoto Gli ant. Italici^2 143ff. 257ff. Heurgon Recherches sur l'hist., la rel. et la civil. de Capoue prérom. 1942). Wichtigste Stadt des n. Campaniens, angeblich von dem Troianer Kapys gegründet (Hekat. FGrH 1 F 62. Dion. Hal. ant. 1,73. Serv. Aen. 10,145); alter (?) Name (Heurgon 136ff.) *Volturnum* (Liv. 4,37,1. Serv. a.O.) unwahrscheinlich (Übers. von *falco-κάπυς* »Geier«; vgl. Paul. Fest. 38,9ff. L.), dgl. illyr. Herkunft (Bonfante Reie 2,113f. Borgeaud Les Illyriens en Grèce et en Italie 101ff.). Gründung 800 v. Chr. zusammen mit Nola durch Etrusker (Vell. 1,7,2 ist durch Mißverständnis von Pol. 2,17,1 [etr. Herrschaft im 5. Jh.] entstanden [Datum gehört zu Timaios' Ansetzung der Gründung Roms. Dion. Hal. ant. 1,74]); Liv. a.O. sagt nur, daß C. 424 v. Chr. etrusk. war; Strab. 5,242 gibt Etrusker in der Diadoche der → Campania beherrschenden Völker. Daher ist Catos (Vell. a.O. 3f.) Ansetzung der etrusk. (Neu-) Gründung auf 471 v. Chr. plausibel (anders Heurgon 59ff.). Etrusk. Herrschaft bricht bei Zusammentritt des kampan. Volkes 438 v. Chr. (Diod. 12,31) zusammen; C. wird samnit. 424 (Liv. a.O.), vermag sich aber gegen Andringen der Bergsamniten nur bis 343 zu halten; in diesem J. ruft es Roms Hilfe an (Liv. 7,31,4 fraglich, da 340 an Grundbesitz gestraft [Liv. 8,1,12f.], während treugebliebene *equites* röm. Bürgerrecht erhalten [ebd. 16]). Liv. 8,14,10. Vell. 1,14,3 behaupten, C. habe 338 v. Chr. *civitas sine suffragio* erhalten (Mommsen RStR 3^3,574), was zweifelhaft ist, da erst 318 v. Chr. sowohl die tribus Falerna eingerichtet (Liv. 9,20,6) wie *praefecti Capuam* (Mommsen RStR 2^2,608ff.) gewählt werden (ebd. 5) und sich C. noch 314 unzuverlässig zeigt (9,25,2). Erst nach Überwindung letzter samnit. Vorstöße 295 (Liv. 10,31,5) bis in den ager Stellas kann die → Appia v. bis C. geführt werden (vorher Verbindung über die v. Latina; jedoch fraglich, ob porta Capena nach C. heißt, wie Nissen 698 meint). C. als Verkehrsknotenpunkt (5 Straßen) auf Tab. Peut. 6,4 kenntlich (It. Ant. 109,1. 111,6. Burd. 610,14). Osk. Titulatur der Verwaltungsbeamten: *meddikk. túvtik. kapv.* (Vetter HB Nr. 88 Au.a.); Mz. kleinerer Werte mit osk. (Vetter HB Nr. 200 A 2), größerer mit lat. Aufschrift (Head HN^2 32f.). Wirtschaftliche Blüte (Flor. 1,11 *caput urbium*). C. fordert im 2. pun. Kriege, daß einer der röm. Consuln aus C. stammen soll (Liv.23,6,6. Cic.leg.agr.2,95), was abgeschlagen wird; C. tritt auf Hannibals Seite (23,7), dessen Truppen durch Winterquartier in C. verweichlicht werden (23,18. Strab.5,250. Diod. 26,14 u.a.). 215 erhalten 300 treue *equites* die *civitas Romana* in Cumae (Liv.23,31,10). C. nach langer Belagerung 211 v.Chr. von den Römern erobert (26,11. App.Hann.43) und hart gestraft (Cic.leg.agr.1,19.2,88. Liv.26,16. Vell.2,44): Auflösung der Gemeinde, Enteignung und Einrichtung des → Campanus ager. Organisation der verbleibenden Bewohner in *pagi* (CIL X p. 367). Weiterbestehen reger Industrie, bes. Parfumerie (Plin.nat.18,111), so daß der Name des Marktes Seplasia dafür typisch wurde. Bronzegerät aus C. von Cato agr.135 empfohlen, Gefäße von Caesars Kolonisten aus Nekropolen ausgegraben (Suet. Caes.81). Sprichwörtlich *Campana arrogantia* (Cic.leg.agr.2,91. Liv.9,6,5. Gell.1,24,2). Gladiatorenschulen (Strab.5,250). Errichtung einer Kolonie durch Caesar 59 (Vell.2,44. Suet.Caes.20. App.civ.2,10), Antonius 43 (Cic.Phil.2,39f.) und den jungen Caesar 36 v.Chr. (Vell.2,81. Cass.Dio 49,14). 456 durch Vandaler zerstört (Paul.Diac. hist.Rom.14,17), spielt aber im 6.Jh. wieder eine Rolle (Prok.Goth.1,14 u.a.). 840 durch Sarazenen zerstört, 856 durch Bischof Landulf in Casilinum neuerrichtet (Const.Porphyrog. de adm.imp.27). Lage der *porta Romana* (Liv.40,45,3) ungewiß; auch über die *aedes alba* (Liv.32,9.40,45,3) wissen wir nichts. Tiberius errichtete in C. ein Capitolium (Suet.Tib.40) mit Iuppitertempel (Tac.ann.4,57). Unter den baulichen Resten im h. S. Maria di C. vetere sind Amphitheater, Theater und Thermen besonders wichtig; zu den Funden der osk. Nekropole s. Heurgon 29ff., 124ff. u.a.; die sog. *iúvila*-Inschr. bei Vetter HB 67ff. G. R.

Caracalla (Spitzname nach seinem kelt. Gewand seit 213; urspr. hieß er Bassianus, Cass.Dio 78,9,3) = M.Aurelius Antoninus Caes. = Imp. Caes. (seit 6. April 196) = M.Aurelius Severus Antoninus Aug. (seit 2.Juni 198). * 4. April 186 als ältester Sohn des Septimius Severus und der Iulia Domna in Lyon, BGU 1,362. Vict.epit.21,1. Bald kam er nach Rom und erhielt dort eine sorgfältige Bildung, Cass.Dio 77,11,2–4. Von 194 an war er mit dem Vater im Orient. Am 6. April 196 zum Caesar erhoben, CIL X 1651. C. ging erst nach Pannonien, CIL VIII 7062, dann nach Rom, wo er princeps iuventutis (CIL VIII 10569), pontifex (CIL VI 1074), sodalis Augustalis (ebd. 1984,2, 10) wurde und die *signa imperatoria* vom Senat erhielt, SHA vit.Sev.14,3. CIL VIII 5699. Im Herbst 197 begleitete er Septimius Severus auf dessen Partherfeldzug, blieb erst in Antiochia und siegte über die aufständischen Juden (vit.Sev. 16,7). Nahm am Partherfeldzug teil und wurde vor dem 19. Oktober 198 Augustus, CIL VI 1052, erhielt 199 den Siegernamen Parthicus max., CIL VIII 884, 201 die *toga virilis* (Sev.16,8) und wurde cos.design. (CIL VI 1030), cos.ord.202, CIL VI 862. Er mußte gegen seinen Willen (Herodian.3, 10,8) Plautians Tochter Fulvia Plautilla heiraten, Dio 76,1f., s. Hasebroek Sept.Sev.161. Cos. II 205, CIL VI 228 (cos. III 208; cos. IV 213). Immer mehr verschärfte sich der Haß des C. auf seinen jüngeren Bruder Geta, Herodian. 3,10,3–4. Den Plautian ließ C. ermorden, Cass.Dio 76,2–5,2, dessen Tochter nach Lipara verbannen (ebd. 76,6, 3). Cos. III 208, CIL VI 210. Er und Geta begleiteten den Vater nach Britannien, Dio 76,11,1. AE 1962, 260. Nach dem Tod des Septimius Severus am 4. Februar 211 trat C. die Samtherrschaft mit Geta an; gemeinsame Inschr. bei G.J. Murphy Reign of Emp. L. Sept. Sev., 1945, 104f. C. schloß mit den Britannen Frieden, Dio 77,1,1. Plautilla und andere tötete er, Herodian. 4,6,3. Dio 76,6,3, Ende 212 seinen Bruder Geta, Dio 77,2,2–6, mit ihm sollen 20000 Anhänger getötet worden sein, ebd. 77,4,1, darunter C.s Vetter, ferner der Sohn des Pertinax, die Schwester des Commodus (Herodian. 4,6,3) und Aemilius Papinianus (Dio 77,4, 1–2). Die constitutio Antoniniana vom 11.Juli (Pap. Gießen 40) erteilte fast allen Reichsangehörigen das röm. Bürgerrecht, C. erhielt dadurch reiche Einnahmen aus der Erbschaftssteuer, Dio 77,9,5, s. J.F. Gilliam, AJPh 73, 1952, 397ff. Ch. Sasse Die Const. Anton., 1958. Cos. IV 213 (CIL VI 269). Im Frühjahr 213 brach C. zum Alemannenkrieg auf, Herodian. 4,7,1–2. Dio 77,13,4ff.; eine Inschr. bei W. Schleiermacher Germania 36, 1958, 158ff. Der röm. Limes in Deutschland, 1959. Er besiegte sie am Main, Vict.Caes. 21,2. CIL VIII 4202. Eine Niederlage erlitt er durch die Cennen (Chatten) (Dio 77,14,2), triumphierte aber doch am 6. Oktober 213. Am rät. Limes wurden die Palisaden durch eine Steinmauer ersetzt. Im Frühjahr 214 fanden Kämpfe an der mittleren Donau gegen die Karpen statt; Inschr. bei M. Macrea Studi si cercet. de Ist. veche 8, 1957, 215–251. Dem reich besoldeten Soldatenstand galt C.s ganze Vorliebe. Immer stärker wurde seine Vorstellung, ein 2. Alexander zu sein (Dio 77,7,1. Herodian 4,8, 1f.), dessen Reich er wieder in ganzem Umfang errichten wollte. Dazu war die Unterwerfung Armeniens notwendig. Abgar IX. von Edessa und der Armenierkönig (Dio 77,12,1f.) Artabanos wurden im Frühjahr 214 nach Rom eingeladen und dort gefangengesetzt (s. A. Maricq Syria 34, 1957, 297ff.). Dann brach C. selbst nach dem O. auf, s. P. Magie Rom. Rule in Asia Min. 684–686.1550 bis 1554. In Rom ließ er zur Finanzierung des geplanten Partherkrieges eine wertlosere Silbermünze, den Antoninianus, prägen, s. T. Pekáry Hist. 8, 1959, 479ff. Er überwinterte in Nicomedia, Dio 77,18,1. 215 ging er nach Antiochia (Herodian. 4,8,6). Er verhandelte mit dem Parther Vologaeses III., um dessen Tochter zur Frau zu bekommen und so das makedon. Großreich verwirklichen zu können, s. J. Vogt, Satura, Festschr.

O. Weinreich, 1952, 163 ff. Zunächst zog C. nach Äg., wo Unruhen in Alexandrien blutig unterdrückt wurden, Dio 77,22,1–23,4, dann nach Antiochia (Herodian. 4,9,8) und begann im Frühjahr 216 nach der Absage des Vologaeses den Krieg, den er gründlich vorbereitete (s. Forderung nach Elephanten an die mauret. Gemeinde Banasa, AE 1948, 109 = R. Thouvenot, CRAI 1946, 548 ff.; syr. Münzprägung s. A. R. Bellinger Num. Stud. 3, 1940, 6 ff.). C. zog 216 durch Adiabene und überwinterte in Edessa, SHA vit. Car. 6,6. Am 8. April 217 wurde er bei seinem Vormarsch nach Carrhae auf Veranlassung des Gardepräfekten Opellius Macrinus getötet, Dio 78,4–5, s. E. Hohl Das Ende C.s, Miscell. Acad. Berol. 1950, 276–293. C. ging scharf gegen die Senatorenklasse vor, nahm viele Ritter in den Senat auf und suchte die unteren Schichten für sich zu gewinnen; für sie baute er seine Thermen in Rom. Mz.: Mattingly, RIC 4,212–308, Nr. 1–577. Bildnisse: Bernoulli 2,3, 47 f. R. H.

O. T. Schulz Der röm. Kaiser C., 1909. *F. Altheim* Soldatenkaiser, 1939, 221 ff. *A. Calderini* I Severi, 1949, 87 bis 98. *W. Reusch* Der hist. Wert der C.-Vita in SHA, Klio Beih. 24, 1931.

Caraceni (Nissen It. Ldk. 2,789 f.). Mittelital. Volk zwischen Frentanern und Samniten (Ptol. 3, 1,66 f.) in der 4. Region (Plin. nat. 3,106); eine ihrer Städte 269 v. Chr. unter schwierigen Bedingungen von den Römern erobert (Cass. Dio frg. 41 Melber bei Zonar. 8,7); vgl. auch Tac. hist. 4,5. G. R.

Carales (inschr. ist der Plural besser als der Singular bezeugt; vgl. die Meilensteine CIL X 799. 8000. 8001. 8006. 8011 u. a.). Bedeutendste Stadt Sardiniens (Barreca Studi Sardi 16, 1958/59, 741 ff.) im S. der Insel; vielleicht (vgl. *Κάραλις* in Libyen bei Steph. Byz. s. v.) karthag. Gründung (Paus. 10,17,9) oder erbaut von König Aristaeus (Solin. 4,2). Rolle im 2. pun. Kriege (Liv. 23,40,2. 27,6,14. 30,39,3); Aufstand im J. 177 v. Chr. (Flor. 1,2). Als *oppidum civium Romanorum* (Plin. nat. 3,85) gehörte C. zur tribus Quirina (Kubitschek Imp. Rom. trib. discr. 126). Später Kriegshafen gegen Vandaler (Prok. Vand. 1,23.25) und Gothen (Goth. 4,24); j. Cagliari. G. R.

Caratacus. Sohn des in Camulodunum residierenden Königs der Catuvellauni, Cunobellinus. Durch A. Plautius 43 n. Chr. besiegt, flüchtet C. zu den Siluren, die er 51 n. Chr. gegen die Römer zum Aufstand führt. Abermals besiegt, sucht C. Schutz bei der Königin der Briganten, Cartimandua, die ihn den Römern ausliefert. In Rom im Triumphzug mitgeführt, wird er von Kaiser Claudius begnadigt (Tac. ann. XII 33 ff.). H. C.

Collingwood-Myres Roman Britain, 75–96.

Carausius. M. Aurelius Mausaeus Valerius (286–293 n. Chr.). Von Geburt Menapier, hatte sich C. im Bagaudenkrieg durch besondere Tapferkeit im röm. Heere ausgezeichnet und wurde von Kaiser Maximian beauftragt, mit einer größeren Flotte den seeräuberischen Franken und Sachsen von Bononia (= Boulogne-sur-mer) aus zu wehren, um die Sicherheit des Handelsverkehrs wiederherzustellen. Wegen des Verdachts, Kriegsbeute unterschlagen zu haben, erging Befehl, C. zu töten, worauf sich C. zum Kaiser ausrufen ließ und mit seiner Flotte nach Britannien übersetzte, wo er allgemein anerkannt wurde. Eine Strafexpedition 289 n. Chr. wurde durch Sturm und die Überlegenheit des C. vereitelt und führte zu einem Abkommen, das den Usurpator in der Herrschaft über Britannien bestätigte und ihm den Schutz des Meeres gegen die Seeräuber übertrug. H. C.

P. H. Webb Reign and Coinage of C., 1907. *Jullian*, HG VII 75 ff. *Stein* I 97. 116. *Collingwood-Myres* Roman Britain, 276 f. *C. H. V. Sutherland* Coinage of Roman Britain.

Carbasus (*κάρπασος, καρπήσιον*) sind nach Strabo u. a. phönizische, ursprüngl. wohl indische Bezeichnungen für Baumwolle, ähnlich wie Byssos (s. d.) für feines Linnen, wie das von Tarracon in Spanien. Der gleiche Name wurde aber auch für als Gegengift verwendete Pflanzen, angeblich Arten von Helleborus und Valeriana, gebraucht. H. G.

Carbo. Cognomen des wichtigsten Zweiges der plebeischen Papirii, vgl. Cic. fam. 9,21,2. Namensträger traten im 2. und 1. Jh. v. Chr. hervor, RE XVIII, 2. H., 1014–1034, mit Stammbaum. **1.** C. Papirius C., Praetor 168, fungierte als Fremdenpraetor, Liv. 44,17,5. 45,13,8. **2.** C. Papirius C., vielleicht Sohn von Nr. 1; gleichaltrig und befreundet mit Ti. Gracchus, ebenso wie dieser rednerisch sehr begabt (Cic. Brut. 103 f.; de or. 1,154) und später als Redner aufgetreten, Cic. Cael. 96; de or. 2,106 u. a. Schanz-Hos. 1,220 f. Polit. trat er hervor zunächst als Volkstribun 131 oder 130 (Broughton Mag. 1,502), wobei er ein Gesetz über geheime Abstimmung in Gesetzescomitien durchbrachte, Val. Max. 6,2,3. Cic. leg. 3,35. Von 130 bis 119 (?) war er Mitglied der Gracchischen Ackeranweisungskommission (Grenzstein Dessau ILS 25). 129 und später wurde er als einer der Mörder des Scipio Africanus verdächtigt. Praetor war er um 123, ab 121 als Triumvir agr. dand. (? Stein in Karthago) tätig, ging zu den Optimaten über, war 120 Consul, wobei er den L. Opinius verteidigte. 119 wurde er als Revolutionär angeklagt (von L. Crassus) und gab sich nach seiner Verurteilung den Tod, Cic. Brut. 103. Drumann[2] 4,72 f. **3.** C. Papirius C., Sohn des Cn. Nr. 5, tr. pl. 89, Praetor 81 (nachdem er zu Sulla übergegangen war), wurde als Legatus 80 gesteinigt. **4.** C. Papirius C., tr. pl. um 67, klagte dann Cotta an (→ Aurelius Nr. 17), war 62 Praetor und anschließend 61–59 Statthalter in Bithynien und Pontos (Mz.), wurde dann wegen Erpressungen verurteilt, Val. Max. 5,4,4. **5.** Cn. Papirius C., Bruder von Nr. 2, Sohn von Nr. 1. Praetor um 115, Consul 113

(Quellen bei Broughton Mag. 1,535), überfiel die Kimbern, von denen er sodann bei Noreia völlig geschlagen wurde (App. Celt. 13. Strab. 5,214. Tac. Germ. 37,2); er wurde 112 von M. Antonius angeklagt und verschwand (Selbstmord?). **6.** Cn. Papirius C., der bekannteste Vertreter des Zweiges, Sohn von Nr. 5, tr. pl. 92, Praetor (Erfolge in Lucania) etwa 89, 88 wohl Anhänger des Sulpicius, 87 Anhänger des Cinna, milit. Führer (Liv. epit. 79f.), sodann mehrfach Consul: App. civ. 1,85. 2,84. 3,82. Dazwischen rüstete er auch als Proconsul 83 in Italien zum Krieg gegen Sulla (dabei Brand des Capitol. Iuppitertempels). 82 kämpfte C. in Norditalien zäh, aber erfolglos gegen Metellus und Pompeius, wurde u.a. bei Faventia und Fidentia geschlagen und ging schließlich nach Africa (App. civ. 1,87–92. Sein Name stand als erster auf der Proscriptionsliste (Oros. 5,21,3). Auf der Insel Kossura wurde er Anfang 81 von Pompeius gefangen und in Lilybaeum hingerichtet, Cic. fam. 9,21,3. Plut. Pomp. 10,4–6. Drumann² 4, 337f. M. Gelzer Pompeius, 1949, 34–40. **7.** M. Papirius C., Münzmeister um 137–134 (zu trennen von einem gleichzeitigen Münzmeister (Papirius) C., vgl. Broughton Mag. 2,448), Praetor und Statthalter von Sicilien um 114, wurde nach seiner Rückkehr verurteilt, Cic. fam. 9,21,3. **8.** C. Papirius C. Arvina, Sohn von Nr. 2, dessen Ankläger Crassus er 94 nach Gallia folgte (ohne dabei Material für einen gegen diesen beabsichtigten Prozeß beschaffen zu können, Vall Max. 3,7,6). Nach dem Tod seiner polit. Gegner Crassus und M. Livius Drusus (91, vgl. FPR 276: *postquam Crassus carbo factus, Carbo crassus factus est*) wurde er tr. pl. (90, Niccolini. I Fasti dei Tribuni della Plebe 223), wobei er als Redner auftrat (Cic. Brut. 305) und Gesetze einbrachte, darunter die berühmte lex Plautia-Papiria über die Bürgerrechtsverleihung an die Bundesgenossen (vgl. RE XVIII, 2. H., 1033). Während des Bürgerkrieges stand er zwar mit Nr. 6 auf seiten Cinnas, war aber gemäßigt und schließlich verdächtig, so daß er 82 während der Entscheidungsschlacht auf Befehl des jüngeren Marius durch den Prätor L. Brutus Damasippus hingerichtet wurde (Cic. de or. 3,10; fam. 9,21,3 u.a.). H. G. G.

Carcer. C. heißt Gefängnis. Varr. l.l. 5,151 leitet die Bezeichnung von *coercere* ab *(carcer a coercendo quod exire prohibentur)*. Der Römer sieht die Haft lange Zeit noch nicht als Strafe, sondern bloß als Sicherungsmittel. So sagt der Spätklassiker Ulpian Dig. 48,19,8,9: *carcer ad continendos homines, non ad puniendos haberi debet*. Daher ist die Anhaltung im c. bald ein Mittel magistratischer *coercitio*, bald wirkt sie als Untersuchungshaft *(custodia reorum)*, bald dient sie dazu, einen schon Verurteilten während der Zeit bis zur Vollstreckung der Strafe unterzubringen. Bei der Erdrosselung wurde der c. sogar Hinrichtungsort *(strangulare in carcere*, vgl. Liv. 29,19). Die Prinzipatszeit bringt Ansätze zur Strafhaft, sei sie nun lebenslang (*vincula perpetua:* Dig. 48,19,28,14) oder befristet (*temporaria vincula:* Dig. 11,5,1,4); diese Ansätze gewinnen aber keine größere Bedeutung, so daß die Haft als Strafe nicht ins gemeine Recht überging, sondern erst in der Neuzeit (und zwar in Holland) wiederentdeckt wurde.

Neben dem Staat unterhielten auch Private einen c. Dieser diente lange der Personalvollstreckung gegen mit der *actio iudicati* verurteilte Schuldner, späterhin nur noch der Vollstreckung der *poena vinculorum* an Sklaven, die ihrem Eigentümer zur Bestrafung zurückgegeben wurden. In diesen Fällen fungierte das *ergastulum* als c. Th. M.-M.

Grand La prison et la notion d'emprisonnement, Rev. hist. de droit français et étranger 19, 1940, 58ff. *Mayer-Maly* Studia et Documenta Historiae et Iuris 23, 1957, 323ff.

Carceres. Die überwölbten Stände im Circus, wo sich die Rennwagen mit den Gespannen zum Start aufstellten, gewöhnlich eine gerade Zahl (ursprüngl. 4, später 6 im Circus Maximus) zu beiden Seiten des Eingangstores (Porta Pompae). Sie bildeten eine leicht nach außen gekrümmte Kurve, um für die verschiedenen Kämpfer gleiche Bedingungen zu schaffen, die ihre c. auslosten. Beim Startzeichen wurden die zweiflügeligen Gittertüren gleichzeitig durch einen nicht völlig geklärten Mechanismus geöffnet, Dion. Hal. ant. 3,68. Die Stirnseite zwischen den einzelnen Ständen war mit Hermen geschmückt. O. W. R.

Cardea. Galt früher als in den → Indigitamenta vorkommende Göttin der Türangeln, die Ov. fast. 6,101ff. mit → Carna durcheinandergebracht habe (bei Ov. erscheint C. nicht), bis Otto [1] darlegte, daß sie nie existierte. Die Stellen mit diesem Namen (Tert. idol. 15 und bei Aug. civ. 4,8. 6,7 die meisten Hss. vgl. Thes.l.L. Onom. 201. [4] [5]) verdanken dem Anklang an *cardo* ihr Entstehen (zustimmend [2] 107,3 und [3]). W. E.

1. *W.F. Otto* RhM 64, 1909, 459ff. 2. *Wissowa* Rel.² 107. 236. 3. *Latte* RRel 58,1.71. 4. *Aust* RE III 1586f. 5. *R. Peter* Myth. Lex. 2,193ff.

Cardo. Wendepunkt, Angel, ist t.t. der röm. Bodenvermessung (→ Limitation). In jedem aufzuteilenden Territorium wurde zunächst mit Hilfe des Visiergeräts (→ Groma) ein Koordinatenkreuz errichtet. Seine (weniger bedeutende) X-Achse hieß *cardo* (oder *kardo*) *maximus* (Sigle: KM), seine (wichtigere) Y-Achse *decumanus maximus* (= DM). Parallel zu ihnen wurden weitere Linien *(limites)* gezogen, *cardines* bzw. *decumani* genannt, bis ein Gradnetz das ganze Gebiet umfaßte. Von den Hauptlinien aus zählend, waren sie als 1., 2. etc. *cardo* bzw. *decumanus* bezeichnet. Was rechts vom *decumanus* lag, hieß *dextra decumanum* (= DD), z.B. *dextra dec. quintum* (= DD V), was links war, *sinistra dec.* (= SD), was oberhalb der »X-Achse«, *ultra kardinem* (= VK), was unterhalb, *citra* bzw. *kitra kard.* (= KK). Dadurch war die Lage jeder Parzelle genau anzugeben. Der KM war als Weg von 12–20 Fuß Breite ausgebaut, jeder 5. C. *(quintarius)* maß 8–12 Fuß, während die übrigen oft nur als Linien markiert waren. → Decumanus und Limitatio. H. Ch.

E. Fabricius, RE XIII 672ff.

Carfulenus. Sehr seltener Familienname. D. C. wird im Alexandrinischen Krieg 47 erwähnt (b. Alex. 31,3), schloß sich nach den Iden des März 44 an Octavian an, wurde am 28. November 44 aus dem Senat ausgewiesen, vielleicht weil er Volkstribun war (BROUGHTON Mag. 2,324), und im April 43 nach Mutina geschickt, wo er zusammen mit dem Konsul Pansa von Antonius überfallen wurde und nach siegreichem Kampf seines Flügels wahrscheinlich gefallen ist, Cic. fam. 10,33,4. H. G. G.

Carinae. Der Westabhang des Esquilin. Seine Ausläufer, die zur Velia hin abfielen und durch Erosionssenken voneinander getrennt waren, konnten nach LUGLI mit Schiffskielen verglichen werden und gaben der Gegend den Namen. Zu Varros Zeit (l.l.5,48) war noch ein Rest der vorserv. Mauer erhalten. In der Nähe eines Tellustempels (Liv. 2,41,12. Cic. dom. 38) stand das Haus des Pompeius (Vell. 2,77. Suet. Tib. 15). Rud. G.

Lugli I monumenti antichi di Roma, Bd. 3, p. 391,404.

Carinus. Röm. Kaiser, s. Aurelius Nr. 7

Carisius. Seltener Familienname. **1.** P. C., *leg(atus) Augusti pro pr(aetore)* in Spanien, besiegte 25 die Asturer, eroberte die Festung Lancia und siedelte Veteranen in der colonia Emerita an. 22 schlug er einen Aufstand der Asturer nieder, Hauptquelle Cass. Dio 53,25,8. 54,5,1–3. **2.** T. Carisius, Münzmeister um 45, Nachweise bei BROUGHTON Mag. 2,434. H. G. G.

Caristianus. 1. C. C. Fronto, legatus pr. pr. Ponti et Bithyniae, Legionskommando unter Vespasian über die leg. IX. Hispana in Britannien, 81 leg. Aug. pr. pr. Pamphyliae et Lyciae, DESS. 9485, cos. suff. 90, AE 1949, 23,17 (Potentia). **2.** C. C. Iulianus procos. Achaiae zwischen 98/102, AE 1932, 87; Colin. Fouill. de Delphes 3,4,71 Nr. 47. GROAG Statth. Achaia 51f. R. H.

Caristia, auch *cara cognatio.* Röm. Familienfest am 22. Februar (am Tag vorher waren die Feralia, ein Totenfest). Die Teilnehmer steuerten Speise und Trank bei. Es wurde schließlich Totenfest, das auch Vereinigungen ohne verwandtschaftliche Beziehungen begingen. Im Christentum als Fest der Cathedra Petri gefeiert. W. E.

Bömer zu Ov. fast. 2,617. *Schneider* ARW 20, 1920/21, 385f. *Mommsen* CIL I² S. 310. *Latte* RRel 274,3. 339,2. *Usener* Weihnachtsfest 274.

Carmen arvale. Uraltes Lied, das die → Arvales fratres am 2. Festtag der Dea Dia, dem Haupttag, zu einem Tanz im Dreischritt sangen. Bekannt aus den Akten des J. 218 (Text u. a. bei HENZEN, NACINOVICH, PASOLI (→ Arvales), CEpigr 1,1. CIL I² 2. DESSILS 5039). Wahrscheinlich aus stark zerstörter Vorlage kopiert (BERNARDINI Stud. class. e orient. 5, 1955, 79ff. und FERRI meinen sogar, es seien Regieanweisungen im Text; dagegen halten NORDEN 116 und MENTZ 209 das c. a. für im wesentlichen gut erhalten) und in histor. Zeit (Reform des Augustus!) nicht mehr verstanden (HAMMARSTRÖM Arctos 1, 1930, 241ff. LATTE RRel 1,1). W. E.

S. zu Arvales fratres. Seit *Nacinovich*, der alles Frühere durchgearbeitet hat, und *Norden* bes.: *F. Mentz*, KZ 70, 1952, 209ff. *S. Ferri* Latomus 13, 1954, 390ff. *Ders.* Stud. class. e orient. 5, 1955, 87ff. (magischer bäuerlicher Tanz). *A. García Calvo* Emerita 25, 1957, 387ff. (Lied zu Kriegstanz). *R. G. Tanner*, CQ 11, 1961, 209ff. (rhythm. Analyse; Tanzlied).

Carmen famosum. Das Schmähgedicht, von Paul. sent. 5,4,6 verwendete Bezeichnung für das *malum carmen* der 12–Tafeln, das dort wahrscheinlich mit Todesstrafe bedroht war (tab. 8,1a, nach Plin. nat. 28,17f. Vgl. tab. 8,1b und 8,8). Die literarischen Zeugnisse (Arnob. adv. nat. 4,34. Porph. Hor. s. 2,1,81 u. ö.) deuten das c. f. oder *c. malum* meist als Verbalinjurie; die Bestimmung der 12–Tafeln hat sich jedoch wahrscheinlich gegen Schadenzauber gerichtet. Die moderne Forschung hat vor allem die Frage erörtert, ob die gleichfalls für die 12–Tafeln bezeugte → *occentatio* (tab. 8,1b = Aug. civ. 2,9 = Cic. rep. 4,12) mit dem c. f. identifiziert werden dürfe. M. F.

Bibliogr.: Font. iur. Rom. Anteiust. 1, ²1941, S. 54f. (XII-Tab. z. St.). 1. *F. Beckmann* Zauberei und Recht in Roms Frühzeit, Diss. Münster 1923. 2. *E. Fraenkel* Gn 1, 1925, 187ff. 3. *Chr. Brecht* RE XVII 1752ff. 4. *M. Kaser* Das altröm. Ius, 1949, 44f.

Carmen de ponderibus et mensuris. Ein aus 208 Hexametern bestehendes lat. Lehrgedicht aus dem 4. oder beginnenden 5. Jh. n. Chr. Der sachkundige, formgewandte Vf. (er hieß vielleicht Remmius Flavianus) behandelt zunächst die Gewichte und Maße der Griechen und Römer; ferner gibt er Anweisungen, wie man das spezifische Gewicht von Flüssigkeiten und das Mischungsverhältnis bei Gold-Silber-Legierungen ermittelt. Überlieferung: Vindobonensis 16 (8. Jh.) sowie unvollständige, einer Familie zugehörige Hss. des 9. und 10. Jh. M. F.

Ta.: Metrolog. script. rell. *Hultsch* 2, 1866, S. 88ff. PLM *Baehrens* 5, S. 71ff. *Schanz-Hos.* 4,2, 1920, 37f.

Carmenta oder häufiger (Thes. l. L. Onom. s. v.) Carmentis ist eine altröm. Gottheit, deren Wesen schon z. Z. Varros fast unbekannt war. Sie hatte aber sogar einen eigenen Flamen und ein zweitägiges Fest, die Carmentalia, die am 11. und 15. Januar gefeiert wurden (zu dem dreitägigen Zwischenraum WISSOWA Ges. Abh. 163. [4],117f.). Die ant. Beziehungen des Namens (»vielleicht etr.« WALDE-HOF.³) auf *carmen* oder *carpentum* sind Volksetymologien. Letztere diente zur Erklärung des zweitägigen Festes: Die Matronen protestierten gegen das Verbot, daß auch sie nicht im

Wagen in der Stadt fahren durften, indem sie sich versagten; das 2. Fest war dann das Versöhnungsfest (nach erteilter Erlaubnis, die erst in der Kaiserzeit entzogen wurde). Die Fasti Praen. behaupten jedoch, es sei für die Einnahme von Fidenae eingesetzt: Da der Name des Siegers zerstört ist, ist unbekannt, welche der verschiedenen Einnahmen gemeint ist. Durch die Anlehnung an *carmen* wurde C. poet. zur Göttin der *carmina*. Sogar von *carere mente* (= seherische Verzückung) wurde der Name abgeleitet. Tatsächlich spielt sie in der Lit. als Prophetin eine große Rolle, wird zur Mutter (oder Gattin) → Euanders (noch nicht bei Varro) und identifiziert mit Themis, Nikostrate (oder Tiburs). Sie erfindet das lat. Alphabet (Hyg., Isid.). Die Beinamen Ante- u. Postverta(-vorta) wurden auf ihre Gabe, Vergangenes und Künftiges zu sehen, bezogen (oder als Begleiterinnen oder Schwestern C.s erklärt). Die Gabe der Weissagung könnte auf eine Quellnymphe hinweisen. Sicherer ist, daß sie eine Gottheit der Frauen, bes. der gebärenden, war. Ihre Beinamen Prorsa (oder Porrima oder Antevorta) und Postverta deutete man auf die Lage des Kindes im Mutterleib (Schwierigkeit: 1. sprachliche Bedenken [5],137; 2. nicht polare Ausdrucksweise, sondern Regel und Ausnahme [4],113). PETTAZZONIS Deutung, C. sei urspr. Mondgöttin, wozu ihn seine Erklärung von Münzen brachte und wozu die Rolle als Frauengottheit passen würde (die Beinamen deutet er auf *luna crescens* und *decrescens*), ist ansprechend, leider aber nicht sicher genug (ablehnend [5],136,7).

Das *fanum* bzw. *sacellum* lag nahe der danach benannten Porta Carmentalis (1 oder 2 [*duabus Carmentalibus*, also der Prorsa und Postverta] Altäre, von dem *fanum* verschieden?). Dedikationstag: 15. Jan. Im Kult darf kein Leder (von totem Tier!) und kein *omen morticinum* vorkommen: Gegensatz von Geburt und Tod. W. E.

1. *Mommsen* CIL I² S. 307. 2. *Wissowa* Rel.² 220f. 3. *Wissowa* Myth. Lex. 1,851 ff. 4. *Pettazzoni* Studies in the Hist. of Rel. 1, 1954, 110ff. (= Studi e Mat. Stor. Rel. 17,1941, 1 ff.) 5. *Latte* RRel 136f. 6. *Platner-Ashby* 101.

Carmentalis porta. Tor in der Serv. Mauer, zwischen forum boarium und forum holitorium, ungefähr dort, wo sich h. die via della Consolazione und die via Teatro Marcello kreuzen, benannt nach einem in der Nähe gelegenen Altar oder Heiligtum der → Carmenta (Liv. 24,47,15. 27,37,11. Ov. fast. 2,201. Fest. 285. epit. 334). Rud. G.

Jordan Top. 1,1,239. *Lugli* 2,115f. 3,11.

Carminius. 1. (M.?) C. Athenagoras, Senator Ende des 2. Jh., CIG 2782, Procos. von Lykien, Pamphylien und Isaurien; Bull. hell. 11, 1887, 348, 5, Cos. suff., CIG 2783. Seine Söhne M. Fl(avius) C. Athenagoras Livianus und C. [Claudianus], sein Enkel C. Claudianus; seine Tochter C. Liviana CIG II 2782. Seine Enkelin wohl C. Liviana Diotima, CIL XI 3832, BARBIERI L'albo senat. 32 Nr. 113. **2.** M. Ul(pius) C. Claudianus, Sohn des C. Claudianus, der ἀρχιερεὺς Ἀσίας war, Vater von Nr. 1. Er lebte nach IMHOOF-BLUMER Kleinasiat. Münzen 1,126,14. BABELON Coll. Wadd. 2268 unter Antoninus Pius und Marc Aurel. MAGIE Rom. Rule I. p. 587.657. **3.** L. Calventius Vetus Carminius, leg. Aug. pr. pr. prov. Lusitaniae ca. 44/45. Cos. suff. 51 (RE XVII 1432 Nr. 129 = DESS. 5161 g), vielleicht procos. Africae? CIL VI 1544, B. E. THOMASSON II 136. **4.** L. C. Lusitanicus, Cos. suff. 81, CIL VI 2060 (32.364). **5.** S[ex. C.] Vetus, cos. suff. zwischen 81/83, CIL XIV 4725, procos. Asiae 96/97 Oest. Jahresh. 2, 1899, Beibl. 71 ff. **6.** Sex. C. Vetus, cos. ord. 116, CIL VI 31149, Inscr. It. XIII 1, p. 202f. (Ostia). **7.** Sex. C. Vetus, cos. ord. 150, CIL XVI 98. II 3718. R. H.

Carmo, heute Carmona in Andalusien, ist wohl eine etruskische Gründung (SCHULZE Eigennamen, 270.573,5. AD. SCHULTEN Die Etrusker in Spanien, Lpz. 1930, 408). In den Kämpfen zwischen 206 und 48 wird sie öfters als feste Stadt (Caes. civ. 2,19,4) erwähnt (Font. Hisp. Ant., Barc. 1925 ff., III 142.175. IV 102. V 64.86. S. auch VI 155). In der Kaiserzeit anscheinend ohne Bedeutung, wird sie in westgotischer Zeit nie genannt, von den Arabern aber wieder stark befestigt (Encicl. Univ. Ilustr. 11,1141). R. G.

1. Inschr.: CIL II Suppl. p. 1141. 2. Mz.: *Ant. Vives* La Moneda Hispánica 3, Madrid 1924, 68 ff.

Carna. Alte Göttin mit angeblich von M. Iunius Brutus gegründetem Heiligtum auf dem Caelius. Zu den Carnaria am 1. Juni wurde Bohnenbrei mit Spelt und Speck gegessen (weshalb der 1. Juni *Kalendae fabariae* heißt): Die Einfachheit alter Lebensweise spiegelt sich im Kult (richtig Ov. fast. 6,171. Weil C. Schützerin der Leibesfunktionen war: Macr. Sat. 1,12,31 ff. Ov. a. O. 181 f.). In der Kaiserzeit fanden auch kleinere Circusspiele statt. Nach Ov. fast. 6,101 ff. und Neueren ist C. Göttin der Türangeln (→ Cardea) und Abwehrerin der *striges* von den Häusern. Ov. erzählt eine fast verschollene Geschichte: Die jungfräuliche C. (urspr. Crane) konnte dem doppelgesichtigen Ianus nicht entrinnen. Sie bekam als Lohn die Herrschaft über die Türangeln und den Übel abwehrenden Weißdorn. So hat sie den durch *striges* gequälten Sohn des Porca geschützt. W. E.

Lit. → Cardea.

Carni (NISSEN It. Ldk. 2,225 ff. HOLDER 1,791 f.), kelt. Volk zwischen Tagliamento und *Ocra mons*, den Venetern, Norikern, Istrern und Iapuden benachbart (Strab. 4,206 f. 5,216. 7,292. 314. Plin. nat. 3,38.127.130.133.146. Ptol. 3,1,22). Vielleicht treffen sie 186 v. Chr. dort ein (Liv. 39,22,6 f. 45,6. 54,2 ff.); sicher ist ihre Beschwerde über den Konsul C. Cassius 170 v. Chr. (Liv. 43,5,3); Triumph des M. Aemilius Scaurus 115 v. Chr. (CIL I² p. 49); Überfall auf Tergeste 52 v. Chr. (Caes. Gall. 8,24) und Unterwerfung 35 v. Chr. (App. Ill. 16,47). Nach ihnen sind die Alpes Carnicae benannt. G. R.

Carnifex. Als c. bezeichnete man im großen und ganzen alle jene, die heute Henker genannt werden. Es handelte sich vor allem um Staatssklaven, die eigens zu Hinrichtungen und Folterungen angelernt wurden und den *tresviri capitales* unterstanden. Wie bei allen Völkern, so galt auch den Römern die Arbeit des Henkers als verächtlich. Der c. darf daher nicht in der *urbs* wohnen (Cic. pro Rabir. 15) und wird wie ein Selbstmörder begraben. In der Kaiserzeit mußten Soldaten in immer zunehmendem Ausmaß Aufgaben eines c. erfüllen. Th. M.-M.

Th. Mommsen RStrR., 915.

Carnuntum. Röm. Militärlager an der Donau zwischen Petronell und Deutschaltenburg in Pannonien, an der Kreuzung der beiden wichtigen Handelsstraßen, von denen die eine Italien mit der Ostsee verband, die andere das Donautal entlang führte. Der Namen der Stadt ist illyr. Ursprungs und steht wahrscheinlich mit den in der Umgegend wohnenden Karnern in Zusammenhang. Seit der 2. Hälfte des 1. Jh. v. Chr. bis zur Eroberung des Landes durch die Römer befand sich das wichtige Zentrum der kelt. Boien in Braunsberg, unweit von Hainburg. C., das ursprüngl. *locus Norici regni* war (Vell. 2, 109,3), wurde bereits unter Tiberius Pannonien angeschlossen. Im J. 15 n. Chr. wurde die *legio XV Apollinaris* aus Emona nach C. versetzt. Die Legion erbaute ihr ungefähr 500×400 m großes Lager zwischen Petronell und Deutschaltenburg, zu beiden Seiten des 42. Meilensteines, wahrscheinlich bereits unter Tiberius aus Stein. Im J. 62 zog die Legion nach dem Orient; an ihre Stelle kam in den J. 63–68 die *legio X gemina;* 68/69 die *legio VII Galbiana* (und möglicherweise auch die *legio XXII Primigenia*). Die *legio XV Apollinaris* kehrte im J. 71 nach C. zurück, wo sie bis 105/06 verblieb. Dann übergab sie das Lager endgültig der *legio XIV gemina.* Das Lager und die daneben entstandene Bürgerstadt erlangten seit Beginn des 2. Jh. große Bedeutung. Nach der Neuregelung wurde C. 106 zur Hauptstadt von Pannonia superior. Hadrianus verlieh der Bürgerstadt den Munizipalrang, so daß sie von da der *Sergia tribus* angehörte. In den letzten J. des 2. Jh. erhob sie Septimius Severus, der hier 193 zum Kaiser ausgerufen worden war, zu einer Colonia *(Colonia Septimia C.)*. Es war dies die Epoche der großen Bautätigkeit nach den Verwüstungen der Markomannenkriege (möglicherweise ist auch der unter dem Namen »Heidentor« bekannte Triumphbogen ein Denkmal dieser Zeiten). Um 260 ist C. eins der Zentren der Regalianus-Usurpation, wo der Gegenkaiser auch ein Münzamt errichten ließ. 307 war die Stadt der Schauplatz einer kaiserlichen Zusammenkunft (CIL III 4413). In der 2. Hälfte des Jh. beginnt der rasche Verfall. Valentinianus fand 375 eine verlassene und verwahrloste Stadt (Amm. 30,5,2). Nach dem germ. Einfall im J. 395 läßt sich das Schicksal des Lagers und der Stadt nicht mehr verfolgen. Die Ausgrabungen, die seit 1885 im Gange sind, haben 4/5 des Lagers freigelegt; die Erforschung der Bürgerstadt ist noch nicht so weit fortgeschritten. J. F.

E. Swoboda C., seine Geschichte und seine Denkmäler, Wien [2]1953. *E. Vorbeck* Militärinschr. aus C., Wien 1954. Carnuntum Jb. 1955ff.

Carnutes. Volk in Gallia Lugdunensis, zwischen Seine und Loire. Strab. 4,191.193. Tib. 1,7, 12. Ptol. 2,8,10. Nachbarn der Senones, unterworfen von Caesar nach lebhaftem Widerstand. Gall. 2,35.5,25.29.56. 6,2ff.13.44. 7,2.3.11.75. 8,4.5.31. 38.46. Plut. Caes. 25. Flor. 1,45,21. Plin. nat. 4,107 nennt sie *Carnuti foederati.* Ihre hauptsächlichsten Städte waren Cenabum (Orléans) und Autricum (Chartres). M. L.

Desjardins 2,476. *Longnon* Géogr. Gaule 323.

Carpentum s. Wagen

Carpetani. Der Name ist wohl iberisch, eine Nebenform lautet Carpesii (Holder 1,806f.). Ihr Gebiet lag s. vom Kastilischen Scheidegebirge (Plin. nat. 3,6: *iuga Carpetana.* Strab. 3,1,6.3,3,1. 3,4,12). Ihre Hauptstadt war Toletum (Plin. nat. 3,25. Ptol. 2,6,56). Zwischen 218 und 133 v. Chr. werden sie oft erwähnt ([1] III 24. IV 252. VIII 452). Die letzte Nachricht über sie gibt Greg. Tur. (Hist. Franc. 6,33.44, s. [1] IX 166.169): ihr Land wurde, etwa 579–584 n. Chr., durch Heuschrecken völlig verwüstet. R. G.

Font. Hisp. Ant., Barc. 1925ff.

Carpi (*Κάρποι*). Zahlreicher Dakerstamm, bei Skymn. 841ff. als *Καρπίδαι* erwähnt. Von ihrem ursprüngl. Siedlungsgebiet (zwischen den Tälern des Seret und des Prut) ausgehend, unternahmen die C. im 3. Jh. n. Chr. gemeinsam mit anderen Barbarenstämmen, darunter an erster Stelle mit den Goten, zahlreiche Einfälle in Dakien und später in Moesien und Thrakien. Ein beträchtlicher Teil der C. wurde gegen Ende des 3. Jh. auf dem Reichsgebiet angesiedelt (vgl. den *vicus Carporum* in der Nähe von Carsium [h. Hîrşova] am rechten Donauufer). Diese und andere Wechselfälle sowie die blutigen Verluste, die sie erlitten, untergruben ihre Macht zugunsten der Westgoten. Chr. D.

Detschew Die thrak. Sprachreste, 230ff.; Die kollektive Istoria Romîniei, 1, 1960, Bukarest, 637ff. 646ff. (Verf. B. *Mitrea*); *Patsch* Die Völkerbewegung an der unteren Donau in der Zeit von Diokletian bis Heraklius, Beiträge zur Völkerkunde von SO.-Europa III, Wien 1928, passim. B. Mitrea L'incursion des C. en Dacie sous le règne de Philippe l'Arabe, Nouv. étud. d'hist. Bucarest 1955, 1–12 (Sonderdruck). Ders. Le trésor de Rusi-Sibin et l'action des C. etc. rumän. mit frz. Zusammenf.), Studi şi cercetări de Istorie Veche (SCIV), IV, 1953, 611–640.

Carpis. Stadt in Africa proconsularis, an dem Cap Bon, aber noch nicht sicher identifiziert. Plin. nat. 5,4,24, Ptol. 4,3,4 setzen sie zwischen Maxula und Missua an; Geogr. Ravenn. 349,3 zwischen Maxula und Gummi. Auf alle Fälle kann man sie in der Gegend von Hr. Maraïssa ansetzen (Atl. Arch. Tun. f^{e} La Goulette, Nr. 15). Röm. Colonie: *col. Iulia Carpitana* CIL VIII 25417. Amphitheater. Inschr. CIL VIII S. 130.1283. M. L.

Carrhae s. Karrhae

Carrinas. Name einer röm. Familie, seit dem 1. Jh. v. Chr. bezeugt, auch inschr. (z. B. CIL VI 14433 ff.).

I. Republikanische Zeit. **1.** C. C., 83 v. Chr. im Bürgerkrieg als Marianer gegen Pompeius in Picenum vorgehend, 82 Praetor und Unterfeldherr des Konsuls Cn. Papirius Carbo; mehrfach geschlagen, vereinigte er die Reste seiner Truppen mit den Samniten, kämpfte am 1. November in der Schlacht bei Porta Collina mit, entkam, wurde jedoch ergriffen und auf Befehl Sullas hingerichtet. **2.** C. C., Sohn von Nr. 1 und um 54 Erbe des Metellus Nepos. Praetor 46 (?, vgl. Broughton Mag. 2,295), 45 Statthalter in Hispania ulterior (ohne besondere Erfolge gegen die Pompeianer, App. civ. 4,83 f.). Nach dem Triumvirat cos. suff. für November und Dezember 43 mit P. Ventidius. 41 Promagistrat in Spanien (wahrscheinlich Hisp. ulterior, für Octavian), wo er gegen Bogud von Mauretanien Verteidigung bezog. 39 in Rom, besetzte 36 im Krieg gegen Sex. Pompeius Lipara, war 30 als Proconsul von Gallia erfolgreich gegen Moriner und Sueben und triumphierte 28. **3.** T. C., von Cic. Att. 13,33,4 im J. 45 erwähnt. H. G. G.

II. Kaiserzeit: **1.** C. Celer, Senator, 54 von einem Sklaven vergeblich angeklagt, Tac. ann. 13, 10,2. **2.** C. Secundus, Rhetor; als er gegen Tyrannen deklamierte, wurde er 39 von Caligula verbannt, Cass. Dio 59,20,6; er ging nach Athen und verübte dort aus Not Selbstmord, Iuv. 7,204 f. **3.** C. Secundus, von Nero 64 nach Achaia geschickt, um die Tempel zu plündern, Tac. ann. 15, 45,2. Er ist wohl identisch mit dem athen. Archon und Priester des Drusus, IG IV/1^2, 83.84 und II/3^2, 4188. R. H.

Carruca, Carrus s. Wagen

Carsidius Sacerdos wurde 23 von der Anklage, Tacfarinas mit Getreide unterstützt zu haben, freigesprochen, Tac. ann. 4,13,2. Praetor urbanus 27, Inscr. It. XIII 1, p. 289 f.; 37 wegen Umganges mit Albucilla auf eine Insel verbannt, Tac. ann. 6,48,4. R. H.

Carsioli (Nissen It. Ldk. 2,460). Stadt der Aequiculi (Liv. 10,13,1) an der späteren via Valeria 23 (Tab. Peut. 6,1) bzw. 22 mp. (It. Ant. 309,2) von Tibur; latin. (Strab. 5,238) Kolonie 302 (Vell. 1,14. Liv. 10,3,2) oder 298 v. Chr. (Liv. 10,13,1), verweigert 209 Mannschaft (Liv. 27,9,7. 29,15,5). Seit 89 v. Chr. *municipium* der tribus Aniensis (Kubitschek Imp. Rom. trib. discr. 49). Lage am oberen Tolenus; Trümmer beim h. Piano del Cavaliere n. Arsoli (NSA 1951, 169 ff.). Herkunftsort des Aitions für den Cerealienbrauch am 19. April (Ov. fast. 4,679 ff.). G. R.

Carsium (h. Hîrşova) in der Dobrudscha am rechten Donauufer. Station und Kastell an der Straße, die entlang der Donau lief. Errichtet wahrscheinlich im J. 103 an der Stelle einer getischen Siedlung. C. war eine der wichtigsten Furten an der unteren Donau gegenüber der Einmündung der Jalomitza und Garnisonsort einiger Auxiliareinheiten. Chr. D.

Vulpe Histoire ancienne de la Dobroudja, Bukarest 1938. Istoria Romîniei, 1, 1960, 485 ff.

Carsulae (Nissen It. Ldk. 2,398). Umbr. (Strab. 5,227) Stadt der 6. Region (Plin. nat. 3,113) ca. 4 km n. San Gemini an dem jüngeren Teilstück der via Flaminia zwischen Narnia und Ad Martis bei der Kirche S. Damiano. C. war *municipium* der tribus Clustumina (Kubitschek Imp. Rom. trib. discr. 70). Erwähnt 70 n. Chr. (Tac. hist. 3,60). G. R.

Carteia. Spanische Lokalforschung will den Ort mit Cieza (Prov. Murcia) identifizieren (Encicl. Univ. Ilustr. 11,1461). Zweifellos sind aber Hübner (RE III 1619) und Ad. Schulten (Forschungen in Span., AA 1940, I/2,97) im Recht, wenn sie auf Grund erhaltener Reste die Stadt zwischen Gibraltar und Algeciras suchen. Schulten leitet den Namen trotz Hübners begründetem Zweifel von phoinikisch *Kart* = Stadt ab und vermutet in ihr eine phoinikische Gründung (a.O.). In der Kriegsgeschichte wird die Stadt 206 v. Chr. genannt (Liv. 28,30,3), dann wieder 45 v. Chr. (Bell. Hisp. 32,6). 171 v. Chr. wurde sie *colonia civium Latinorum et libertinorum* (Liv. 43,3,1–4). Über die Bedeutung ihrer Fischerei s. Strab. 3,2,7. Plin. nat. 9,89–93. 31,94. Im Spätaltertum anscheinend heruntergekommen, wird die Stadt in westgotischer Zeit nicht mehr erwähnt. R. G.

Die literarischen Quellen s. in Font. Hisp. Ant., Barc. 1925 ff., II 91/92. 154. III 158.228. IV 108 f. V 118. VI (Strabo. Beachte S. 144 f.). VIII 453.

Inschr.: CIL II Suppl. p. 1142. Mz.: *Ant. Vives* La Moneda Hispánica 4, Madrid 1924, 18 ff.

Cartennae. Stadt in Mauretania Caesariensis, 200 km w. von Algier; h. Ténès; erwähnt von Mela 1,6,31. Plin. nat. 5,2,20. Ptol. 4,2,2. Itin. Ant. Iul. Honor. GLM p. 47. Geogr. Rav. p. 156.345. Aug. ep. 43,20.21.22 u. ö. Punische Niederlassung an der Mündung des oued Allalah, dann Veteranenkolonie, von Augustus gegründet um 30 v. Chr. Es spielte eine wichtige Rolle als Hafen für die Landung u. als Operationsbasis der Legions-*vexillationes*, die von Germanien und Pannonien gegen die Mauren unter Antoninus herbeigerufen wurden. J. Baradez Libyca 2, 1954, 127. Blühende Stadt in einer Gegend mit großen Domänen; reiche Villen mit Mosaiks; Reste von Bauten; Inschr. CIL VIII 9649. 21502. Im J. 1936 wurde ein großer Schatz mit goldenem Schmuck aus dem 4. bis 6. Jh. entdeckt. J. Heurgon Le trésor de Ténès. Paris 1958. M. L.

S. Gsell Atl. Arch. Alg. f^{e} 12, Nr. 20. Libyca II, 1954. III 1955. IV 1956.

Carthago s. Karthago

Carthago Nova = heutigem Cartagena. An ihrer Stelle lag vorher die Ibererstadt Massia (Avien. o.m. 449ff. Theop. [1] II 52. Pol. 3,24,2). C.N. wurde 221 v.Chr. von Hasdrubal gegründet (Diod. 25,12. Pol. 2,13,1) und zu einem karthag. Machtzentrum ausgebaut ([1] III 16. [2] 4ff.). Trotz ihrer schwer angreifbaren Lage wurde sie 209 von dem älteren P. Scipio Africanus durch überraschenden Angriff erobert (Pol. 10,7,6ff. Liv. 26,42,2ff. KROMAYER-VEITH Schlachtenatlas, Röm. Abt. Bl. 3, S.16 und die hier angeführte Lit. [1] III 98ff.). Vielleicht schon von Caesar, spätestens von Augustus, wurde die Stadt zur *colonia* erhoben und hieß nun »*Colonia Iulia Victrix N.C.*« (Inschr., Mz.). 425 n.Chr. wurde die Stadt von den Vandalen zerstört (Hydat. [Chron. Min. II p. 21] 86. [1] IX 40), seit 516 erscheint sie aber als Bischofstadt (MANSI 8,543. [1] IX 115.139). Als etwa 552 die Byzantiner den w. Teil der Halbinsel besetzten ([1] IX 137f.141), gehörte zweifellos C.N. zu ihrem Gebiet ([1] IX 151. Georg. Cypr. ed. GELZER p. XXXIII–XXXVIII). Aber etwa 615 zwang der Westgotenkönig Sisebut die Stadt zur Übergabe ([1] IX 248ff.) und ließ sie in sinnloser Weise zerstören (Isid. Etym. 15,1,67), ein Schlag, von dem sie sich lange nicht erholen konnte (Encicl. Univ. Ilustr. 11,1431). Die Stadt verdankt ihre Bedeutung: 1. ihrem Hafen (KROMAYER-VEITH, a.O.), 2. den benachbarten Silbergruben ([1] VI 182), 3. der Fruchtbarkeit ihrer Umgebung, besonders ihrem Reichtum an dem zu Tauen verarbeiteten Spartgras, weshalb sie später *C. Spartaria* genannt wurde ([1] VI 240. VIII 98.155.189. 191f.194), 4. dem Fischfang und der Fischindustrie ([1] VI 230. VIII 198. Zu alledem s. auch [2] und [3] 50ff.). R. G.

1. Alle literarischen Quellen gesammelt in Font. Hisp. Ant., Barc. 1925ff. 2. *Ad. Schulten* Cartagena im Altertum. Deutsche Ztg. für Span., XX, 1935, Nr. 461. 3. *Friedrich Bleiching* Span. Landes- und Volkskunde bei Sil. It. Erl. Diss. 1928. Inschr.: CIL II Suppl. p. 1142. Mz.: *Ant. Vives* La Moneda Hispánica 4, Madrid 1924, 28ff.

Cartima, das h. Cártama (Prov. Málaga). Der Name ist wohl iberisch (keltiberisch nach HOLDER 3,1126). Unsicher ist, ob die Stadt mit dem Liv. 40,47,2 erwähnten Certima identisch ist. Nachgewiesen ist sie durch die Inschr. CIL II 1949 bis 1962. Nach 1953 (Erwähnung eines *decemvir*) war sie 53/54 n.Chr. eine *civitas libera*, nach 1956 und Suppl. 5488 wurde sie unter Vespasian *municipium civium Latinorum*. Später verschwindet sie aus den Quellen, scheint aber nach den Inschr. und den erhaltenen Resten (CIL II p. 248. Suppl. p. 876) wohlhabend gewesen zu sein. R. G.

Cartimandua. Königin der Briganten, lieferte Caratacus, der nach der Niederlage der Silurer bei ihr Schutz gesucht hatte, 51 n.Chr. an die Römer aus (Tac. ann. 12,36), was ihr einen bedeutenden Gebietszuwachs und die Gunst der Römer einbrachte. Auch bei einem Aufstandsversuch ihres Mannes Venutius erfreute sie sich des Schutzes und der Unterstützung der röm. Truppen (Tac. ann. 12,40). Eine nochmalige Erhebung des Venutius im J. 69 n.Chr., der fast den ganzen Stamm der Briganten gegen die Königin aufbrachte, wurde zwar niedergeschlagen, doch verhinderten die Römer ihr weiteres Verbleiben auf dem Throne. H. C.

RE III 1627. I. A. Richmond JRSI, 44,1954,43.

Carus. 1. Freund des Ovid, Pont. 4,13, Lehrer der Söhne des Germanicus (v. 48), Verfasser einer Heracleis (v. 11f., vgl. 4,16,7). **2.** Dichter, im certamen Albanum wohl des J. 94 gekrönt, Mart. 9, 23.24.

3. S. Aurelius, imp. Caes. M. Aurelius C. Aug. (Nr. 8), Iunius, Popilius, Salvius, Seius. R. H.

Carventum. Früh zerstörte Stadt Latiums (Steph. Byz. s. v. Dion. Hal. ant. 5,61); die *arx Carventana* (Liv. 4,53.55) wird am Algidus gesucht (NISSEN It. Ldk. 2,595). Der Name gehört zu *Casuentus;* Rhotazismus aus dem Cognomen *Carventanus* (Fast. Cap. zum J. 458 v.Chr.) übertragen. G. R.

Carvilius. Name einer plebeischen Familie, seit dem Beginn des 3. Jh. v.Chr. bezeugt (der Quaestor und Zeuge im Camillusprozeß 391 Sp. C. dürfte später erfunden sein [doch vgl. BROUGHTON Mag. 1,93]); auch ein Britenhäuptling hieß C., Caes. Gall. 5,22,1. **1.** L.C., Volkstribun 212 zusammen mit Sp.C., vielleicht seinem Bruder. **2.** Sp.C., Freigelassener des Sp.C. Maximus Ruga (Nr. 5) leitete um 240 (bzw. um 254–234) in Rom eine Schreibschule, in der die Verwendung der gutturalen Media (G) zumindest erfolgreich gelehrt wurde, vgl. SCHANZ-HOS. 1,42. **3.** Sp.C. Maximus, curul. Aedil 299 nach Piso frg. 8 HRR PETER. Gegen die auf MOMMSEN, RF 1,102 gestützten Zweifel MÜNZERS an der Geschichtlichkeit der Person vgl. nun BROUGHTON Mag. 1,173f. **4.** Sp. C. Maximus, Sohn und Enkel eines C.C., cos. I 293 zusammen mit L. Papirius Cursor; er erstürmte Amiternum und später Cominium in Samnium sowie weitere 3 Städte, hatte aber auch gegen die Etrusker Erfolge, erzwang von den Faliskern einen Waffenstillstand und triumphierte dann *de Samnitibus*, Liv. 10,39f.43f.46. Die reiche Beute wurde u.a. für die Errichtung eines Tempels der Fors Fortuna und für den Guß einer kolossalen Iuppiterstatue (Capitol) verwendet. 292 zog er als Legatus erneut gegen die Falisker, 289 (?) war er Censor und bekleidete 272 ein 2. Consulat, in dem er am Ausgang des Tarentinischen Krieges die italischen Bundesgenossen Tarents niederwarf; er triumphierte, wahrscheinlich zusammen mit seinem Amtsgenossen L. Papirius Cursor, über Samniten, Lucaner, Bruttier und Tarentiner. Vell. 2, 128,2 sagt von ihm, daß er ebenso wie Cato und Mummius aus dem Ritterstand stammte und die höchsten öffentlichen Ehrenstellen erreicht habe.

5. Sp. C. Maximus Ruga, trotz der Filiation *Sp.f. C.n.* vielleicht kein Sohn von Nr. 4, cos. I 234, zog gegen Corsen und Sarden und feierte einen Triumph. cos. II 228 mit Q. Fabius Maximus Verrucosus (dem späteren Cunctator). Nach Cannae 216 stieß sein Vorschlag auf Senatsergänzung durch Latiner auf entrüstete Ablehnung, Liv. 23,22,4ff. Er starb als Augur 211, Liv. 26,23,7. Mit seinem Namen ist der 1. Fall einer Ehescheidung in Rom (235 oder 231) verbunden, für die Kinderlosigkeit der Frau als Grund angegeben wurde, Gell. 4,3,2 u. a. H. G. G.

Casae. Stadt in Numidien, n. von Aurès, n.ö. von Lambèse; h. El Mahder. Zuerst einfacher Weiler, dann Stadt, Municipium zweifellos unter den Severern CIL VIII 4327. Eine Abteilung der *leg. III Aug.* befand sich dort (CIL 18527). Bischofssitz im 5. Jh. Toulotte Géogr. Afr. Chrét. Numidie, p. 82. Unter den Ruinen ein byzant. Fort. M. L.

S. Gsell Atl. Arch. Alg. f^{e} 27, Nr. 141.

Casae Calbenti. Station in Mauretania Caesariensis, nach Itin. Ant. 15 Meilen von Tipasa und 33 von Icosium (Algier). Man lokalisiert sie teils mit Bérard, teils eher mit Castiglione. M. L.

S. Gsell Atl. Arch. Alg. f^{e} 4, Nr. 48 u. 50.

Casca s. Servilius

Cascellius, Aulus C. Spätrepublikanischer Jurist, wohl Zeitgenossen von Cicero und Servius Sulpicius. 73 v. Chr. tritt er als Senatsmitglied auf (SC de Oropiis, Syll.^{3} 747,13), ein von Augustus angebotenes Consulat schlug er aus. Von seinen Werken war zur Zeit des Pomponius (Dig. 1,2,2,45) nur mehr ein *liber bene dictorum* erhalten; der wichtigste Mittler der Ansichten des C. ist Labeo. Nach C. nannte man das *iudicium Cascellianum*, das im Interdictenprozeß den Zwischenbesitzer zu Sachrestitution anhielt (Gai. inst. 4,166a). Daß C. dieses *iudicium* als Praetor eingeführt habe, ist nicht sicher; er mag es auch als privater Konsulent eines Praetors diesem angeraten haben. Th. M.-M.

Kunkel Herkunft und soziale Stellung der röm. Juristen, 1952, 25ff.

Casia (*cassia, κασία, κασσία*) sind zunächst alte Namen für Cinnamomum-Arten, besonders C. zeylanicum (Zimt, *κιννάμωμον* bei Hdt.) und C. cassia (aus S.-China), aber auch schon seit dem Altertum für Arten der h. Leguminosengattung Cassia, besonders die schwarzen, wegen ihres eßbaren, purgierend wirkenden Marks über Alexandria eingeführten Hülsen von C. fistula (C. solutiva, *κασσία μέλαινα, γλυκυκάλαμος*). Die Cassia coronaria der Römer ist als Labiate (Lavandula oder Rosmarinus?), aber auch als Thymelaeacee gedeutet worden. Die C. monspeliaca von C. Bauhin ist Coris (→ Alum gallicum). H. G.

Casilinum (Nissen It. Ldk. 2,711. Mommsen CIL X p. 369). Stadt an der Grenze zwischen *ager Falernus* und *Campanus* 3mp (Tab. Peut. 6,3) = 24 stad. (Strab. 5,237 falsch XVIIII statt XXIIII; Dion. Hal. ant. 15,4 rechnet 1mp = 10stad.) n. Capua, beherrscht die Brücke über den Volturnus; bedeutsam 216 v. Chr. gegen Hannibal (Liv. 23, 17ff.). Seit Wiedereroberung 214 v. Chr. (Liv. 24, 19) *praefectura* (Fest. 262,10 L.), verliert jedoch bald an Bedeutung (Plin. nat. 3,70: *morientes Casilini reliquiae*). Seit 856 n. Chr. Platz des von Bischof Landulf neugegründeten Capua (Constant. Porph. de adm. imp. 27). G. R.

Casinum (Nissen It. Ldk. 2,677). Volskische (Radke RE IX A 823f.), dann samnitische (Varro l.l. 7,29) Stadt in *Latium adiectum* an der via Latina (nach Itin. Ant. 303,5 87mp von Rom; die alte Route: 95mp). Erst *praefectura* (CIL X 5193), dann *municipium* der trib. Teretina (Kubitschek Imp. Rom. trib. discr. 16); Bedeutung im 2. pun. Kriege (Liv. 22,13,5f.); Ölgärten (Macr. Sat. 3,16, 12). Hoch über C. das Kloster Montecassino auf einem ehemaligen Apollotempel (Paul. Diac. 1,26). Name kann nicht zu *cascus* (Varro: *Forum vetus*) gehören (Radke a.O.), sondern erfordert wegen des erhaltenen *s *Casu̯īnŏ-*. G. R.

Casperius. 1. Centurio, der in den Streitigkeiten des J. 51 in Armenien zwischen Pharasmanes und Mithridates zu vermitteln suchte, Tac. ann. 12,45,2ff. 46,3. Im J. 62 schickte ihn Domitius Corbulo zum Partherkönig Vologaeses nach Nisibis mit dem Auftrag, ihn zu veranlassen, die Bedrohung Armeniens aufzugeben, Tac. ann. 15,5, 2ff. **2.** C. Aelianus. Begleitete als Militärtribun Vespasian nach Äg., Philostr. vit. Apoll. 7,18. Praefectus praetorio unter Domitian (ebd. 7,16–22) und Nerva, gegen den er 97 einen Militäraufstand erregte, weshalb ihn 98 Traian tötete, Cass. Dio 68,5, 4. **3.** C. Niger. Soldat, in Rom von den Vitellianern getötet, Tac. hist. 3,73,2. R. H.

Caspii montes. In dieser Form von Mela 1,109, als *Caspius (mons)* von Plin. nat. 5,99 und bei den griech. Autoren (Strab. 2,1,39. 11,8,9. Ptol. 5,12,1. 3 M.) als *Κάσπιον ὄρος* bezeichnetes Gebirge. Eratosthenes (bei Strab. 11,2,15) läßt das *Κάσπ. ὄρ.* als einheimischen Namen für den *Καύκασος* erkennen. Nach den späteren Quellen (Mela, Plin.) bedeuteten die Casp. m. ein selbständiges Gebirge neben dem Kaukasos, vielleicht einmal das gesamte Elburs-Gebirge mit dem Demawend (5670 m), auf das nach seiner Lage die Bezeichnung Casp. m. anzuwenden ebenso berechtigt gewesen wäre. Amm. 23,6,74 betrachtete die Casp. m. als die n. Grenze des Perserreichs am Kaspischen Meer. – Vgl. RE X 2275 Art. Kaspios. H. T.

Cassi. Völkerschaft im s. Britannien, die sich beim 2. britannischen Zuge Caesars den Römern unterwarf, 54 v. Chr. (Caes. Gall. 5,21,1). H. C.

Cassia via (Martinori Via Cassia, 1930, 3ff.). Röm. Straße über Forum Cassi (44mp; h. S. Maria Forcassi b. Vetralla) bis Fines Clusinorum (CIL XI 6668 und 2 Meilensteine der via nova Traiana, Martinori 103f.) 12mp vor Clusium (nach Strab. 226 100mp von Rom; Fines Cl. also

88 mp); so aus Tab. Peut. 5,1, dem Brückennamen Pte. Nono (d.h. 9 mp hinter Volsinii) und dem Meilenstein 83 (Martinori 91: LXXXVI) zu rekonstruieren, während die via Clodia (Itin. Ant. 285,6 ff.) über Beturbon-Viterbo (Geogr. Rav.) und die Trajansstraße zählt. Erbaut nach Einnahme Faleriis, da über falisk. Gebiet; zuerst bei Cic. Phil. 12,22 f. erwähnt (Paul. Fest. 41,24 L.). G. R.

Cassiani. Als C. bezeichnen Plin. ep. 7,24,8 und mehrere Juristen die sonst meist Sabiniani genannte Rechtschule, die nach Plinius auf Cassius, nach einigen Juristen sogar auf Sabinus und Capito zurückgeht. Das anfängliche Schwanken der Bezeichnung der Schule wird damit zu erklären sein, daß diese Gruppierung innerhalb der röm. Jurisprudenz dieser nur allmählich bewußt wurde. Das Eigentümliche der Cassiani lag wohl im Aufbau eines organisierten Elementarunterrichts. Th. M.-M.

Honoré Gaius, 1962, 19.

Cassianius. Imp. Caes. M. Cassianius Latinus Postumus Aug. s. Postumus

Cassianus, Iohannes. Lat. Kirchenschriftsteller, * um 360 wahrscheinlich in Scythia minor (Dobrudscha). C. trat in ein Kloster in Bethlehem ein, von wo aus er Äg. bereiste und 10 J. das Leben der Wüstenmönche kennenlernte. Als Abgesandter für Iohannes Chrysostomos kam er um 405 aus Constantinopel nach Rom und kehrte, als dieser im Exil gestorben war, nicht mehr in den Orient zurück. Um 415 gründete C. in Massilia je ein Männer- und ein Frauenkloster und wirkte durch seine Schriften für die Ausbreitung des monastisch-asketischen Ideals im Abendlande. † nach 430. Von den 12 B. De institutis coenobiorum et de octo principalium vitiorum remediis behandeln B. 1–4 das 1. Thema (äg. Klosterleben), 5–12 das 2., ebenfalls im Hinblick auf die innere Vervollkommnung des Mönchs. Die 24 B. Collationes bieten Erbauung in der Form von Gesprächen mit äg. Mönchsvätern. Die 7 B. gegen Nestorius über die Menschwerdung Christi verfaßte C. auf Bitten des späteren Papstes Leo I. Besonders die Collationes galten fortan als ein Fundament der Mönchslit.; sie haben u. a. in der Regel des → Benedictus nachgewirkt; von griech. Übersetzungen sind Exc. erhalten. Indessen wurde die Überbewertung der Willensfreiheit im Verhältnis zur Gnade, wie C. sie im 13. B. in Widerspruch zur Gnadenlehre des Aug. vertrat, sogleich von → Prosper Aquitanus angegriffen und durch → Caesarius von Arelate auf dem Concil von Arausio 529 ohne Nennung des Namens Cassians verurteilt. O. H.

Ta.: *Michael Petschenig*, 1886–1888 (CSEL 13.17). Conlat.: *E. Pichery*, 1955–1959. *Bardenhewer* GAL 4,558 ff. *Altaner* 416 f. (Bibliogr.).

Cassiodorus. Flavius Magnus Aurelius C. Senator, * um 485, † gegen 580, entstammte einer, wie die Beziehung des Namens auf den Berg Kasion zeigt, urspr. syrischen Familie des senatorischen Hochadels, die bei Scylaceum (Squillace) nahe der Meerenge von Messina in Italien ansässig war. Von älteren Trägern des Namens berichtet C. var. 1,4: Sein Urgroßvater hielt 455 den Vandalenkönig Geiserich von Bruttii und Sizilien fern. Der Großvater war als junger Mann von Aëtius mit dessen Sohn zu Attila geschickt worden und hatte glücklich mit dem Hunnenkönig verhandelt. Der Vater (an ihn var. 1,3) war früh von Odoaker zu Theoderich übergegangen und hatte dem westgotischen Sieger Sizilien kampflos zugeführt. Er wurde zum Praefectus praetorio und Patricius erhoben. C. diente seinem Vater als Consiliarius. Ein nicht erhaltener Panegyricus auf Theoderich bewog den König, C. 506/07 zum Quaestor zu ernennen mit dem Auftrag, die königlichen Verfügungen in elegantem Latein zu redigieren. Weitere Stufen seiner Laufbahn sind: Consulat 514, Corrector Lucaniae et Bruttiorum, Magister officiorum 523–527, Praefectus praetorio und Patricius 533–537. Die von ihm 507–537 abgefaßten amtlichen Schreiben und Formulare vereinigte C. in den 12 B. der Slg. Variae [1], die als Muster des hohen Kanzleistils fortwirkten. Seine Stellung nutzte C., um Goten und Römer in gemeinsamer Sorge für das Wohl Italiens zu verbinden und die Ehrfurcht vor der alten Größe Roms wachzuhalten (z. B. var. 7,13 Schutz der Monumente Roms; 7,15 städtebauliche Planung). Von den *orationes* sind nur Frg. zweier Lobreden auf Eutharich (518/19?) und Witigis (536) erhalten (ed. Traube [1,457–484]), von einer Familiengeschichte Ordo generis Cassiodororum kleine exc. [1, V f.]. Die Chronica, eine Jahrliste von Adam an, sehr bald in die röm. Consulliste übergehend, enden mit dem J. 519, sind also wohl Eutharich, dem Schwiegersohn Theoderichs, zu seinem Consulat gewidmet [2,109–161]; Hauptquellen sind Hier. chron., Prosper chron., Victorius Aquitanus Paschale; überdies nennt C. den Liv. und Aufidius Bassus. Schon hier sind Nachrichten aus der Gotengeschichte eingefügt. Die 526–533 in 12 B. verfaßte Historia Gothorum ist nur im 551 entstandenen Auszug des → Iordanes erhalten. Als der Niedergang der Gotenherrschaft klar erkennbar wurde, zog C. sich 538 aus der Politik zurück. Sein erstes theologisches Werk aus dieser Zeit, De anima, fügte er als 13. B. an die Variae an [3]. Schon 535 hatte er mit Papst Agapetos I. versucht, in Rom eine Gelehrtenschule einzurichten. Jetzt gründete er 555 auf seinen Gütern bei Scylaceum die 2 Klöster Vivarium, deren Bibliothek er zum ersten Bildungszentrum Italiens machte. In den Institutiones gab er den Mönchen einen Studienführer, B. 1 für die geistliche Lektüre, B. 2 für die 7 artes liberales. Die Titel der eigenen Schriften aus der Zeit nach 540 stellte C. in der Einleitung des B. De orthographia [4], das er im Alter von 93 J. schrieb, in chronol. Folge zusammen: Psalmen-Komm. [5]. Institutiones [6]. Bearbeitung des Römerbrief-Komm.

des Pelagius, dessen häretische Sätze C. tilgte. Der Text ist unter dem Namen des Primasius überliefert [7]. Eine Slg., welche Grammatik (= Donat mit Komm.), Etymologie und Figurenlehre (= Sacerdos) umschloß; sie ist in dieser Form nicht erhalten. Ein lib. memorialis (Inhaltsangaben zur Bibel), nicht erhalten. Kurze Erklärungen zu Apostelbriefen, Apostelgeschichte und Apokalypse [8]. Die nicht theologischen Werke dienten vor allem dem Zweck, die Mönche zu lehren, gute Abschriften herzustellen, ein Eifer, dessen Fortwirken in den Klöstern die antike Lit. ihre Erhaltung verdankt. Zahlreich sind die Werke, zu denen C. seine Schüler (Bellator, Epiphanios, Mutianus) anregte, z. B.: Bearbeitung des Pelagius nach dem für den Römerbrief gegebenen Muster [7]. Von Epiphanios übersetzt: 12 B. Historia ecclesiastica tripartita (aus Sokrates, Sozomenos, Theodoretos) [9]; Didymos des Blinden Komm. zu den katholischen Briefen des NT [10]; Komm. des Epiphanios von Karpasia zum Hohenlied [11]. Von Mutianus übersetzt: Hebräerbriefhomilien des Iohannes Chrysostomos [12]. Unbekannt die Übersetzer von Flavius Iosephus Antiquitates [13] und Contra Apionem [14]; Adumbrationes des Clemens zu Briefen des NT (Petr. 1, Joh. 1.2., Jak.) [15]. O. H.

Ta.: 1. *Theod. Mommsen* MGAA 12, 1894. 2. Chronica minora 2 ed. *Theod. Mommsen* MGAA 11, 1893. 3. *James W. Halporn* in Traditio 16, 1960, 39–109. 4. *Keil* GrL 7, 143–210. 5. Expositiones psalmorum ed. *M. Adriaen*, CChr 97/98, 1958. 6. *R. A. B Mynors* ²1961. 7. Migne L 68, 413–686; vgl. Pelagius ed. *Alex. Souter*, 1926. 8. Migne L 70,1279–1308. 9. *Walter Jacob - Rud. Hanslik* CSEL 71, 1952. 10. *Friedr. Zoepfl*, 1914. 11. *Foggini*, 1750. 12. Migne G 63,257–546. 13. *Franz Blatt* The latin Josephus 1, 1958 (B. 1–5, Rest ed. *Froben* 1524). 14. *Carl Boysen* CSEL 37, 1898. 15. *Otto Stählin* Clemens Alexandrinus 3, 1909, 203–215. *Rud. Helm* RAChr 2,915 ff. *Manitius* 1,36 ff. *Bardenhewer* GAL 5,264–277. *Schanz-Hos.* 4,2,92 ff. Bibliogr.: *Altaner* 450–452. Clavis patrum (Sacris erudiri 3) ²1961 Nr. 896 ff.

Cassius. Name einer plebeischen Gens (Tac. ann. 6,15,1), deren Träger seit der Mitte des 3. Jh. v. Chr. hist. faßbar sind. Wichtigste Familie: Longini. Praenomina: C. L. Q. – Ein patrizischer C. (um 500 v. Chr., Nr. 25) ist singulär.

I. Republikanische Zeit. **1.** C., Sohn des Caesarmörders Nr. 15, erhielt an den Iden des März 44 die *toga virilis*. **2.** C. C., Praetor (BROUGHTON Mag. 2,26,89) 90 v. Chr., Statthalter der Provinz Asia, wobei er den Nikomedes von Bithynien zum Angriff auf Mithridates veranlaßte. Er mußte sodann vor dem siegreichen Mithridates nach Phrygien, Apameia, schließlich nach Rhodos zurückgehen, Sylloge³ 741. Liv. per. 77 f. App. Mithr. 17.19.24. Er soll von Mithridates gefangen und erst bei Kriegsende entlassen worden sein; jedoch ist diese Nachricht bei App. Mithr. 112 suspekt. **3.** L. C., Volkstribun 89, trieb das Volk zur Ermordung des Praetors A. Sempronius Asellio, Val. Max. 9,7,4. **4.** L. C., Richter 70 v. Chr., Kriegstribun für 69. Cic. Verr. 1,30 *(ex familia cum ad ceteras res tum ad iudicandum severissima*, vgl. Nr. 22). **5.** L. C., ergab sich 48 v. Chr. im Hellespont als Kommandeur von 10 Schiffen dem ihm in diesem Augenblick weit unterlegenen Caesar, App. civ. 2, 88,370. Vielleicht war er legatus oder praefectus classis, vgl. BROUGHTON Mag. 2,283. **6.** L. C., Sohn von Nr. 18, Neffe von Nr. 15, stand 43 mit einer Legion in Syrien und fiel 42 bei Philippi. **7.** M. C., Senator 73 und Praetor vor 73, aus der Tribus Pomptina, gehörte wohl nicht zu dem bekannten Geschlecht. **8.** Q. C., der älteste bekannte Namensträger, 252 Kriegstribun unter dem Consul Aurelius Cotta. Da er entgegen dem ihm erteilten Auftrag die Stadt Lipara bestürmte und verlustreich abgewiesen wurde, wurde er vom Consul degradiert, Zon. 8,14. **9.** Q. C., legatus in Spanien 48, vielleicht Praetor 44, war sodann von Antonius zur Übernahme einer spanischen Provinz bestimmt, Cic. Phil. 3,26. **10.** L. C. Caedicianus, Münzmeister um 93–91, vgl. BROUGHTON Mag. 2,435. **11.** C. C. Longinus, der 1. bekannte Träger dieses Cognomens und zugleich die bedeutendste Persönlichkeit der Familie im 2. Jh. v. Chr. Ämterlaufbahn: Tribunus militum 178, Praetor urbanus 174, Xvir agris dandis assignandis 173, Consul (mit P. Licinius Crassus) 171 – mit dem Amtsbereich Italien –, Kriegstribun in Makedonien 170 bis 168 (3. Makedon. Krieg gegen Perseus), Censor mit M. Valerius Messala 154. Er war nicht frei von Eigenmächtigkeiten (bes. 171 gegen Kelten u. a.), scheint Cato gerichtlich belangt zu haben (Gell. 10,14,3) und trat als Censor für den Bau eines festen Theaters ein, was jedoch P. Scipio Nasica durch Senatsbeschluß verhindern ließ. **12.** C. C. Longinus, Consul 124. **13.** C. C. Longinus, Münzmeister um 119–110 (BROUGHTON Mag. 2, 435), bewarb sich dann erfolglos um das Volkstribunat, war Praetor 99, Consul 96 (mit Cn. Domitius Ahenobarbus) und sollte 87 vertretungsweise ein (proconsularisches?) Kommando gegen die Marianer erhalten. **14.** C. C. Longinus, Sohn eines L., Münzmeister um 83, Praetor um 76, Consul 73 (mit Terentius Varro Lucullus; von beiden stammt ein Getreidegesetz), Proconsul in Gallia Cisalpina 72, wobei er bei Mutina gegen Spartacus eine Niederlage erlitt. 70 war er Zeuge gegen Verres, 66 unterstützte er den Antrag des Manilius (Cic. Manil. 68). **15.** C. Cassius Longinus, vielleicht Sohn von Nr. 14, der Caesarmörder. Als Quaestor nahm er im J. 53 in der Stellung eines Legaten am Partherfeldzug des Consuls M. Licinius Crassus teil, bei Carrhae befehligte er einen Flügel, entkam aus der Katastrophe und hielt anschließend Syrien (Plut. Crass. 18–29. Cass. Dio 40,25–29. Ios. ant. Iud. 14,119–122 u. a.). Als Proquaestor in Syrien 52–51 verteidigte er die Provinz gegen parthische Angriffe und besiegte 51 den Osaces (Cic. Att. 5, 20); in diesen J. erwarb er sich den bleibenden Ruf eines hervorragenden Militärs, ließ jedoch auch eine rücksichtslose Habsucht erkennen. 49 nahm er als Volkstribun am Bürgerkrieg auf der Seite des Pompeius teil, nachdem er bereits im Januar 49 Rom mit Aufträgen an die Consuln verlassen hatte. 49–48 war er Praefect der pompeianischen Flotte (Caes. civ. 3,5), mit der er 48 in mehrfachem erfolgreichen Einsatz bei Sicilien stand, vor Messana allerdings nur mit knapper Not der Gefangenschaft entging. Nach Pharsalos wurde er von Caesar begnadigt und als legatus (47–46) aufgenommen, ohne in den Kriegen Verwendung zu finden. Innerlich aber war er nicht gewonnen: Jahre der Untätigkeit und wohl auch der Einfluß philos. Vorlesungen, die er bei Cicero hörte (fam. 7,33), stärkten seine Verbitterung und Widerstandsstimmung, die auch nicht mehr durch die ihm von Caesar für 44 verliehene Praetur *(inter peregrinos)* behoben werden konnten (zugleich wurde ihm für 43 Syrien mit proconsularischem Imperium bestimmt). Nach Plut. Brut. 8–10. App. civ. 2,113 war C. der Anstifter der Verschwörung gegen Caesar, nach Cass. Dio 44,14 war es Brutus, der Schwager des C. Auch wenn C. den Brutus erst gewonnen haben sollte, so verlor er doch bald an ihn die führende Rolle unter den Verschwörern. Diese sind an den Iden des März 44 in seinem Hause zusammengekommen; dann nahmen sie zunächst an einer Amtshandlung des C. und des Brutus als Praetoren teil und führten anschließend in der Senatssitzung das Attentat auf Caesar durch, bei dem C. den Caesar im Gesicht verwundet haben soll (Nic. Damasc. 25. App. civ. 2,117); eine von C. erwogene Ermordung des Antonius unterblieb infolge des Widerspruchs des Brutus *(consilio puerili* nach der Beurteilung des Cic. Att. 14, 21,3). An den nächsten Tagen trat C. nicht bes. in Erscheinung, sprach nur am 18., dem Tage der Amnestieerklärung für die zunächst auf das Capitol geflüchteten Attentäter, gegen eine Leichenfeier für Caesar, wieder ohne Erfolg. Mitte April verließ er Rom und hielt sich in Latium und Campanien auf; die für ihn vorgesehene Provinz wurde ihm entzogen; am 5. Juni erhielt er den Auftrag, in Sicilien Getreide aufzukaufen, am 1. August wurde ihm die Cyrenaica als Provinz zugesprochen. Im September begab er sich nicht in die ihm zugewiesene Provinz, sondern nach Syrien, das der Consul Dolabella übernehmen sollte. Er gewann die Provinz und ein schlagfertiges Heer, erhielt im Frühjahr 43 (nach dem Sieg über Antonius bei Mutina) vom Senat die Bestätigung und zugleich den Auftrag zum Krieg gegen Dolabella, den er mit der Einnahme von Laodicea beendete. Nach dem Abschluß des Triumvirats vereinigte er sich etwa im November 43 mit Brutus in Smyrna, um nach seinem Vorschlag anschließend Rhodos zu nehmen und die Provinz Asia von Gegnern zu säubern. Anfang 42 traf er mit Brutus in Sardes zusammen, wo beide die imperatorische Akklamation vom Heer erhielten. Gemeinsam ging man über den Hellespont, musterte die Truppen am Meerbusen Melas und marschierte in den Raum von Philippi (App. civ. 4,88–105), wo man in günstiger Stellung den Antonius erwartete. Der Kampfverlauf ist bei App. 4,169 mit besonderer Rücksicht auf C. und den ihm gegenüber stehenden Antonius geschildert, bei Plut. Brut. 40 ff. auf die Gegner Brutus-Octavian. Antonius trat nach umfangreichen Vorbereitungen zum Sturm auf das Lager des C. an und eroberte es; C. entkam auf einen Hügel bei Philippi, völlig im unklaren über den Kampfverlauf auf dem anderen Flügel, von dem aus Brutus inzwischen das Lager des Octavian erobert hatte. Überstürzt gab er am Abend seinem Freigelassenen Pindarus den Befehl, ihn zu töten; als dieser verschwand, nahm er sich selbst das Leben (Plut. Brut. 43; Anton. 22. Cass. Dio 47,46. Vell. 2,76. Val. Max. 6,8,4 mit z. T. abweichenden Versionen). Brutus soll den toten C. den letzten Römer genannt und auf Thasos haben beisetzen lassen. Man scheint C. bes. wegen seiner soldatischen Fähigkeiten – die jedoch später (42) offensichtlich nachgelassen haben – bewundert und auch charakterlich positiv bewertet zu haben. Drumann dürfte mit seiner Beurteilung, »unbefriedigter Ehrgeiz habe ihn zum Meuchelmörder gemacht«, Wesentliches gesagt haben. Zu konstruktivem Aufbau nach den Iden des März scheint C. nicht die Kraft gehabt zu haben. **16.** L. C. Longinus, Praetor 111, holte Iugurtha als Zeugen gegen röm. Offiziere nach Rom (Sall. Iug. 32,1 ff.). Consul 107 (mit C. Marius); er erhielt Gallia Narbonensis zur Provinz, erzielte zunächst gewisse Erfolge gegen die Volcae, wurde dann aber von den Tigurinern (im Raum des Genfer Sees?) völlig geschlagen und fiel. Caes. Gall. 1,7,4. 12,7. 14,7. Tac. Germ. 37,4 u. a. **17.** L. C. Longinus, Volkstribun 104, vgl. Broughton Mag. 2,559. **18.** L. C. Longinus, Münzmeister um 76, Praetor 66 (verhinderte nach Ascon. Cornel. 59 f. widerrechtlich die Verhandlung im Prozeß des C. Cornelius). 64 bewarb er sich (mit Cicero) erfolglos um das Consulat, schloß sich dann dem Catilina an, verhandelte 63 mit den Allobrogern (Cic. Cat. 3,9), verließ jedoch noch vor diesen Rom; später wurde er abwesend zum Tode verurteilt, Sall. Cat. 50,4. **19.** L. C. Longinus, Bruder des Caesarmörders Nr. 15. 54 war er einer der Ankläger des Cn. Plancius, Cic. Planc. 58 ff. Als Münzmeister um 52 (Broughton Mag. 2,435) ließ er Denare prägen mit der Legende *Longin(us) IIIv(ir)*. Im gleichen J. war er Mitankläger des M. Saufeius, eines Genossen des Milo. Im Bürgerkrieg stand er – anders als sein Bruder – auf der Seite Caesars, wurde 48 mit proconsularischem Imperium an der Spitze einer neu aufgestellten Legion nach Thessalien geschickt, wo er sich aus fester Stellung am Ossa vor Metellus Scipio nach S. zurückziehen mußte, dann aber das w. Mittelgriechenland gewann

(Caes. civ. 3,36,2–8,55,1). 44 war er Volkstribun, stand der Verschwörung fern, wurde jedoch an den Apollinarspielen 44 als Bruder des C. beifällig begrüßt und damit dem M. Antonius verdächtig, der ihm den Besuch der Senatssitzung am 28. November verbot. Erst Ende 43 ging er nach Asien, nahm an keinen Kampfhandlungen teil und wurde 41 von Antonius in Ephesos begnadigt. Vielleicht ist auf ihn die *lex Cassia* zurückzuführen, die Caesar die Patriziatsverleihung ermöglichte (Mommsen, RF 1,175,12. RE XII 2340). **20.** Q. C. Longinus, praetor urbanus 167 (brachte den König Perseus nach Alba), Consul 164, starb im Amt. **21.** Q. C. Longinus, vielleicht Vetter des C. Nr. 15. Münzmeister um 57, Quaestor unter Pompeius in Spanien, um 52 (verhaßt durch Härte und Raubsucht, Attentat auf ihn), Volkstribun 49, auf seiten Caesars, verließ Rom am 7. Januar, Propraetor in Spanien 49–47 (bell. Alex. 48–64 u.a. Imperatortitel, Erpressungen, Verschwörungen gegen ihn und Meutereien). 47 fand er den Tod durch Schiffbruch in der Ebromündung. Er war Augur um 57–47. **22.** L. C. Longinus Ravilla (so nach der grauen Farbe seiner Augen). Volkstribun 137 (2. *lex tabellaria*, schriftliche Abstimmung bei Gerichtsverfahren). Consul 127, Censor 125 (mit Cn. Servilius Caepio), führte die aqua Tepula nach Rom. Außerordentlicher Richter im Vestalinnen-Prozeß 113 (vgl. RE VIII A 1748). Ausgezeichneter Richter (stete Frage: *cui bono?*). **23.** C. C. Parmesis, einer der Caesarmörder, anschließend auf der Seite des Brutus und C. (Nr. 15). Quaestor 43, Proquaestor 42, sammelte nach Philippi die restlichen Truppen, ging zu Sex. Pompeius und 36 zu Antonius über, focht bei Actium mit und wurde dann hingerichtet. Er war auch Dichter (Hor. epist. 1,4, 3) von Satiren, Elegien und Epigrammen. Schanz-Hos. 1,315. **24.** C. Sabaco, Freund des C. Marius, wurde 115 (Broughton Mag. 1,531) aus dem Senat gestoßen, Plut. Mar. 5,3 ff. **25.** C. Scaeva, Centurio Caesars, zeichnete sich vor Dyrrhachion 48 aus (Caes. civ. 3,53,4 ff. Val. Max. 3,2,23 u.a.); nach einem Schleuderblei aus Perusia war er um 43 Primipilus der 12. Legion. **26.** Sp. C. Vecellinus, der einzige Patrizier des Namens C., cos. I 502, II 493 (Weihe des Ceres-Tempels), III 486 v. Chr. Die Einzelheiten der Tradition (Feldzüge gegen Sabiner, Volsker, Hernicer, z.B. Liv. 2,41; Haltung bei der *secessio plebis* und der Ackerverteilung; Streben nach dem Königtum) sind späte Konstruktion, nicht unverdächtig die Triumphe. Festzustehen scheint, daß er hingerichtet wurde und daß die plebeischen Cassier später ihren Stammbaum mit ihm in Verbindung brachten. Mit seinem Namen verbunden sind a. das *foedus Cassianum* (von 493), in dem das Verhältnis zwischen Rom und den Latinern grundlegend geregelt worden sein soll (Cic. Balb. 53. Liv. 2,33,9; vgl. RE VI 2820; nach der Tradition das älteste bekannte *foedus*, aber sehr problematisch, Heuss

RG 14) und b) die *lex Cassia* (von 486) als ältestes bekanntes Agrargesetz Roms, das jedoch späte Erfindung sein dürfte, Dionys. Hal. 8,69,4. 71,5 u.a. Vgl. RE XII 1154. H. G. G.

II. Kaiserzeit: **1.** Von großer Körperkraft, tötete den Faenius Rufus, Tac. ann. 15,66. **2.** Adressat eines Reskripts des Kaisers Alexander Severus vom J. 223, Cod. Iust. 6,58,1. **3.** L. Cassius, im 2. Jh. cos. suff. und procos. Africae, CIL VIII 17329. **4.** [Ca]ssius Agri[ppa], cos. suff. 130, CIL VI 2083, vielleicht identisch mit AE 1950, 251. **5.** M. C. Apollinaris, cos. suff. 150, CIL XVI 99, leg. Aug. pr. pr. prov. Cappadociae ca. 151/53, IGR III 130. Ca. 154/56 leg. Aug. pro pr. prov. Syriae, Hüttl Antoninus Pius 2,69 ff. 158. **6.** M'. C. Apronianus, Vater des Cassius Dio; vor 182 procos. Lydiae et Pamphyliae (IGR III 654), leg. Aug. pr. pr. Ciliciae, Cass. Dio 69,1,3. Cos. suff. unter Marcus oder Commodus; ca. 185 leg. Aug. pr. pr. Dalmatiae, J. Jagenteufel Statt. Dalmat. p. 84 Nr. 27. **7.** C. Asclepiodotus, reicher Mann aus Nikaia, Freund des Barea Soranus, 66 von Nero verbannt, Tac. ann. 16,33,1; von Galba zurückberufen, Cass. Dio 62,26,2. **8.** C. Chaerea, als Centurio im german. Heer, widersetzte sich 14 den Aufständischen, Tac. ann. 1,32,2. Als Tribun der Praetorianerkohorte verspottete ihn Caligula ständig, Suet. Cal. 56,2. Ios. ant. 19,24 ff. 29–31. Aus Rache tötete ihn C. am 24. Januar 41, Cass. Dio 59,29. Sen. de const. 18,3. Ios. ant. 19,84–126. Auf seine Veranlassung wurden auch Caligulas Gattin Milonia Caesonia und seine kleine Tochter getötet, Ios. 19,190–200. Gegen seinen Willen erhoben die cohortes urbanae den Claudius auf den Thron (Ios. 19,254–262), der C. hinrichten ließ, Ios. 19, 268–272. Dio 60,3,4 f. **9.** C. Clemens, Senator, als Parteigänger des Pescennius Niger angeklagt, doch von Septimius Severus freigesprochen; er nahm ihm allerdings die Hälfte seines Besitzes, Cass. Dio 74,9,1–4. **10.** P. C. Dexter Augustanus Alpinus Bellicius Sollers Metilius ..... us Rutilianus: Sohn von Nr. 19, stieg vom Xvir stlitib. iud. zum Quaestor im J. 138 (CIL VIII 23246), später zum leg. Aug. pr. pr. prov. Ciliciae auf, CIL III 12116; als solchen richtete Pius ein Reskript an ihn, Dig. 42,1,31 (s. auch Dig. 36,1,17,17. 40,5,30,6). Cos. suff. ca. 155, CIL III 12116. Gemahl der Annia Q. f. Rufina, CIL IX 330. **11.** C. Dion, Sohn des Historikers, cos. ord. 291. **12.** L. C. Iuvenalis, Cos. suff. zwischen 151–160, CIL XVI 112. 113. **13.** C. C. Longinus, cos. suff. 30 n. Chr. Nachkomme des gleichnamigen Caesarmörders, Tac. ann. 16,7,2. Sohn von Nr. 14, Bruder von Nr. 15; Praetor urbanus ca. 27 n. Chr., Dig. 29,2,99. Cos. suff. 30, Inscr. It. XIII 1,260 f. CIL X 1233, 40/41 procos. Asiae, Cass. Dio 59,29,3. Er wäre fast dem Argwohn Caligulas zum Opfer gefallen, doch dieser wurde ermordet. Suet. Cal. 57,3. Leg. Aug. pr. pr. prov. Syriae ca. 45–49, Ios. ant. 15,406. 20,1. 7,11 bis 14. Tac. ann. 12,11,3. Im J. 58 sollte er Streitigkeiten der Bürger von Puteoli schlichten, trat aber selbst von dieser cura zurück, Tac. ann. 13,48. Als 61 der Stadtpräfekt Pedanius Secundus ermordet wurde, setzte sich C. dafür ein, daß seine 400 Sklaven getötet wurden, Tac. ann. 14,42–45. Wie L. Iunius Silanus, den C. bei sich aufgezogen hatte, wurde auch C. der Teilnahme an der pison. Verschwörung 65 beschuldigt, Tac. ann. 16,7f. und trotz Erblindung (Suet. Ner. 37,1) nach Sardinien in die Verbannung geschickt, Tac. ann. 16,9,1. Vespasian holte ihn zurück, Pompon. Dig. 1,2,2, 51f., bald nachher starb er. Reichtum und Sittenstrenge zeichneten ihn aus, Tac. ann. 16,7,1. Verheiratet mit Iunia Lepida, der Urenkelin des Augustus, Tac. ann. 16,8,2. Er war ein bedeutender Rechtsgelehrter, Schüler des Masurius Sabinus, Dig. 4,8,19,2; er hatte das *ius respondendi* und verfaßte *libri iuris civilis* (Dig. 7,1,70 pr.), die Frg. bei Lenel Palingen. 1,109–126. Wenger Quellen röm. Rechts 502. **14.** L. C. Longinus, Vater von Nr. 13 und 15, cos. suff. 11 n. Chr., CIL I^2 p. 29. **15.** L. C. Longinus, cos. ord. 30 n. Chr., Sohn von Nr. 14, Tac. ann. 6,15,1. XV vir sacr. fac.; unter Tiberius kaiserlicher Statthalter in unbekannter Provinz, AE 1930, 70. Cos. ord. 30 n. Chr., Inscr. It. XIII 1, p. 260f. 299. Sprach im Senat gegen den Sohn des Germanicus, Drusus (Cass. Dio 58,3,8), und seine Frau (Tac. ann. 6,2,2); Trotzdem heiratete er 33 die Drusilla (Tac. ann. 6,15,1), die ihm Caligula nahm, Suet. Cal. 24,1. **16.** L. C. (Pius) Marcellinus, XV-vir sacr. fac. und quaest. des. 204, CIL VI 32327. Praeses prov. Pannoniae inf. vor 214, cos. des., CIL III 10470. Anfangs 215 Statthalter von Dalmatien, AE 1961, 37. J. Fitz, RE Suppl. IX 19f. Nr. 84. **17.** C. Maximus, procos. Achaiae ca. 116/17, IG IX 1,61. **18.** C. Maximus, s. Maximos von Tyros. **19.** P. C. Secundus, legatus Aug. pr. pr. des Heeres in Afrika vor 138, CIL VIII 19132. 2534. Cos. suff. 138, CIL VIII 11451. AE 1934, 146. R. H.

III. Literarische Persönlichkeiten: **1.** C. Etruscus. Ein von Horaz (s. 1,10,61ff.) verspotteter, sonst unbekannter Schnelldichter; Porphyrio (z. St.) identifiziert ihn zu Unrecht mit Cassius Parmensis (Hor. epist. 1,4,3).

2. L. C. Hemina. Röm. Annalist (Mitte des 2. Jh. v. Chr.), verfaßte ein Annales betiteltes Werk in mindestens 4 B., das die gesamte röm. Geschichte von der Aeneassage bis zur eigenen Zeit behandelte. Wie Calpurnius Piso zeigt sich C. stark von den Origines Catos beeinflußt; die Fragmente enthalten vor allem antiquarische Nachrichten (Gründung italischer Städte: frg. 2.3. Religionsgeschichtliches: frg. 1.4.6.12f. u.ö. Kulturhistorisches, Kuriositäten: 14f. 18.23 u.ö.). Das Werk hat auf die spätere Historiographie keinen nennenswerten Einfluß ausgeübt; erst seit Plinius wurde es für antiquarische und grammatische Zwecke ausgebeutet (längere wörtliche Zitate frg. 13.37).

Ta. der Fragmente HRR 1, S. 98ff. *F. Klingner* Röm. Geisteswelt, ^{4}1961, 76.

3. C. Severus. Einer der bekanntesten Prozeßredner der augusteischen Zeit. Wie → T. Labienus mit der bestehenden Ordnung unzufrieden (Sen. contr. 10, praef. 8), ließ er seiner oppositionellen Gesinnung in Schmähschriften freien Lauf, bis er durch Senatsurteil nach Kreta relegiert (Tac. ann. 1,72,3) und, hierdurch nicht eingeschüchtert, unter Tiberius mit Vermögenseinziehung bestraft und nach Seriphos deportiert wurde (ebd. 4,21,3). Seine gedrängte, schlagfertige und sarkastische Art machte großen Eindruck auf Zeitgenossen und Nachwelt (Sen. contr. 3, praef. 1ff. Suet. bei Hieron. Ol. 202,4 = frg. 69 Reifferscheid: *orator egregius;* ähnlich Plin. nat. 7,55). Man kritisierte jedoch seinen abgehackten Stil (Sen. contr. 3, praef. 18) und warf ihm hauptsächlich vor, aus bitterer Schmähsucht Würde und Anstand verletzt zu haben (Tac. dial. 26,5. Quint. inst. 10,1,116f.). Die moderne, »asianische« Richtung der Kaiserzeit sah in ihm ihren Wegbereiter (Aper bei Tac. dial. 19). Tacitus läßt ihn dagegen durch Messalla zutreffend als Übergangserscheinung charakterisieren (dial. 26,4–6). Denn in der Heftigkeit seiner Angriffe sowie in der scharfen Ablehnung der Schuldeklamationen (Sen. contr. 3, praef. 12ff.) setzt sich spätrepublikanische Mentalität fort; zugleich ist seine pointenhaschende und schroffe Redeweise stark von dem Geschmack der Zeit geprägt. M. F.

1. *H. Bornecque* Les déclamations et les déclamateurs d'après Sénèque le père, 1902, 157ff. 2. *R. Helm* Philol. Suppl. 21,2, 1929, 75f. 3. *S. F. Bonner* Roman Declamation in the Late Republic and Early Empire, 1949.

4. C. Dio Cocceianus (PIR II^2 115ff.), der Historiker, gibt über sein Leben die wichtigsten Daten selbst. Er stammte aus Nikaia in Bithynien (75,15,3) und bekleidete wie schon sein Vater Apronianus hohe Reichsämter. Unter Commodus trat er in den Senat ein (72,16,3 u.ö.), wurde von Pertinax zum Praetor designiert (73,12,2) und wohl unter Septimius Severus Cos. suff. (76,16,4). Unter Severus Alexander leitete er die Provinzen Africa, Dalmatien, Oberpannonien (49,36,4. 80,1,2–3), doch machte ihn seine Strenge gegen die Soldaten den Praetorianern verhaßt, so daß er sein 2. Konsulat als Kollege des Kaisers (229) nur außerhalb Roms führen durfte; er ging danach in seine Heimat Bithynien zurück (80,4,2–5,3).

Seine literar. Tätigkeit begann er unter Septimius Severus mit einer Schrift über die Träume und Vorzeichen, die dessen Herrschaft ankündigten, behandelte dann den Bürgerkrieg von Commodus' Tode an und erweiterte endlich den Plan zu einer Gesamtgeschichte Roms, der er die früheren Schriften auszugsweise einfügte (72,23. 74,3). Außerdem schrieb er eine Biographie Arrians (Suda s.v., weitere Titel dort sind unsicher bzw. falsch). Von dem Hauptwerk Ῥωμαϊκὴ ἱστορία oder 'Ρωμαϊκά, urspr. 80 B., sind erhalten (am Anfang und Schluß verstümmelt) B. 36–60 mit der Schilderung der Ereignisse 68 v. Chr. bis 47 n. Chr., dazu größere Reste aus B. 78–79. Für die verlorenen Teile treten die Auszüge des Ioannes Xiphilinos und Zonaras, ferner vor allem die konstantin. Exzerpte ein.

Als Quelle zumal für die Kaiserzeit ist C'. Geschichtswerk unschätzbar, obwohl sein literar. Anliegen oft diesen Wert mindert. So ist der Aufbau zwar annalistisch, doch wirken daneben – was zu chronologischen Unklarheiten führt – sachliche Ordnungsprinzipien ein, die auf griech. historiographische Theorie zurückweisen (s. [1], [5]). Ihr entstammt auch das von C. selbst gern betonte Zurückdrängen des Details. Dafür hat er die Schilderung mit den Mitteln der griech. Rhetorik ausgeschmückt, der Tendenz seiner Zeit folgend (die Kritik von [1] ist daher zu scharf). Bes. die eingelegten Reden sind für C'. Stilanliegen bezeichnend. Sie enthalten eigene Gedanken, so läßt er 52,14ff. Maecenas ein Regierungsprogramm entwickeln, das Züge der späteren Monarchie trägt, doch gegen die Praxis der Severerkaiser wohl bewußt die Stellung des Senats betont (s. [9]). Das ganze Werk war in Dekaden gegliedert: B. 1–40 behandelten die Zeit von Aeneas bis zu Caesars Übergang über den Rubicon, in B. 41–50 folgen die Bürgerkriege, B. 51 beginnt mit Octavians Sieg bei Actium ausdrücklich die Monarchie; B. 60 schloß offenbar mit Claudius' Tod, B. 80 mit C'. eigenem 2. Konsulat, mit dem er aus dem polit. Leben schied. Die Quellenfrage ist zumal für den 1. Teil schwierig, wo laut [1] C. zunächst annalist. Werke (vgl. [3]), erst nach dem 2. pun. Krieg Polybios, erst von B. 36 an sicher Livius benutzt hat. Für die Kaiserzeit scheint C. sein Tiberiusbild nicht Tacitus, sondern früheren Autoren zu verdanken (zur Diskussion vgl. R. Syme Tacitus, Oxf. 1958, 271ff. 688ff.). Am wertvollsten ist die Darstellung der selbst miterlebten Zeit nach Marc Aurel, für deren Ausführlichkeit sich C. einmal (72,18,3f.) förmlich entschuldigt.

Maßgebende Ta. von *Boissevain*, 5 Bde., 1895–1931 (Bd. 1–4, ohne Wortindex, in Neudr. 1955). Daneben *J. Melber*, 3 Bde., 1890–1928 und *E. Cary*, 9 Bde., 1914–1927 (Loeb). – 1. *Ed. Schwartz*, RE III 1684ff. (= *E.S.*, Griech. Geschichtschreiber, 1957, 394ff.). 2. *H. T. F. Duckworth* A commentary on the 53rd book of Dio C.' Roman History (Univ. of Toronto Studies, Philol. Series) 1916. 3. *A. Klotz*, RhM 85, 1936, 68ff. 4. *E. Gabba* Riv. Stor. Ital. 67, 1955, 289ff. 5. *C. Questa* Studi Urbinati di Storia, Filos. e Lett. 31, 1957, 37ff. 6. *F. B. Bender* Hist. commentary on C. Dio 54, Diss. Univ. of Pennsylvania 1961 (Mikrof.; vgl. Diss. Abstracts 22, 1961, 1165). 7. *F. Millar* Some speeches in C. Dio, MH 18, 1961, 11ff. 8. *G. B. Townend*, H 89, 1961, 227ff. 9. *J. Bleicken*, H 90, 1962, 444ff.

5. C. Dionysius aus Utica übersetzte → Magos Werk über die Landwirtschaft ins Griech. (Widmung an den Praetor Sextilius 88 v. Chr.; Varro rust. 1,1,10). Ferner schrieb er 'Ριζοτομικά, die u.a. bei Plin. nat. benutzt sind. K. St.

Cassius Felix. Afrikanischer Arzt aus dem 5. Jh. n. Chr., Zeitgenosse des → Caelius Aurelianus und wie dieser Übersetzer griech. medizinischer Werke. Wir haben von ihm De medicina ex Graecis logicae sectae auctoribus liber translatus sub Artabure et Calepio consulibus (447 n. Chr.) in 82 Kapiteln; als seine Hauptquellen bezeichnet er Hippokrates, Galen und Vindicianus. Das Werk ist auch linguistisch (volks- und fremdsprachliche Einsprengsel) interessant. F. K.

Ed. *Val. Rose*, Lpz. 1879. *H. Orth* Der Afrikaner C.F. – ein methodischer Arzt? Sudh. Arch. 44, 1960, 193–217 (mit weiterer Literatur).

Cassius (*Κάσσιος*) **Iatrosophistes.** Arzt von unbekannter Lebenszeit, Vf. von *ἰατρικαὶ ἀπορίαι καὶ προβλήματα φυσικά*. Dieses Werk ist den ps. aristotel. Problemata und den ps. galen. Definitiones medicae sehr ähnlich und enthält in der Hauptsache Lehrgut der → pneumatischen Schule; vielleicht gehört es ins 2. oder 3. Jh. n. Chr. F. K.

Ed. *Ideler* Phys. et med. gr. min. 1, 1842, 144–167. *R. Fuchs* in: Hdb. d. Gesch. d. Med. 1, 1902, 371.

Cassivellaunus. Oberkönig der Catuvellauni und der in der Landschaft Kent wohnenden Völker, Anführer des Widerstandes gegen Caesar 54 v. Chr. Nach wechselvollen, auch für die Römer recht gefährlichen Kämpfen wurde ein Friedensvertrag ausgehandelt, der den zu den Römern abgefallenen Trinobanten, die früher von den Catuvellauni unterworfen worden waren, Unabhängigkeit zusicherte (Caes. Gall. 5,11,8. 18,1ff.). H. C.

Collingwood-Myres Roman Britain, 46–51.

Castellum. 1. Nach Veg. mil. 3,8,85,20f.: *Nam a castris diminutivo vocabulo sunt nuncupata castella*, handelt es sich bei den c. um kleinere Lager, die mit den Auxiliarlagern nicht verwechselt werden dürfen (RE XIII 576. A. Schulten Masada, ZDPV 56,162. W. Schleiermacher Der röm. Limes in Deutschland, Bln. 1959, 20). In dem von Veg. mil. 3,8,85,12ff. erwähnten Fall handelt es sich um c. zur Sicherung der Verproviantierung. Dabei werden *c. murata* und *c. tumultuaria* unterschieden. Die Besatzung bildeten wenige Soldaten (Veg. mil. 3,8,85,21ff.). An einer anderen Stelle (Veg. mil. 4,10,135,10ff.), wo von der Sicherung der Versorgung mit Wasser die Rede ist, wird c. mit *burgus* identifiziert. Solche c., die verschiedene Aufgaben zu erfüllen hatten, gab es beim ausgebildeten Grenzschutz sehr viele (Grosse 67) und in spätröm. Zeit sind auch ihre Besatzungen wie alle Grenzsoldaten eine Miliz seßhafter Bauern (→ limitanei). **2.** C. als städt. Gemeinden lassen sich bereits in der lex Rubria (CIL I 205) nachweisen. Urspr. rechtlich unselbständig (Isid. orig. 15,2,11) wie die *pagi* und *vici* kam es allmählich auch bei ihnen zu einer quasistädt. Organisation.

So sind z.B. *magistri* (CIL VIII 9006), *magistri quinquennales kastelli* (CIL VIII 9317), *seniores kastelli* (CIL VIII p.1615f.) und *decuriones* bekannt. Die Einwohner werden bald als *populus* (CIL VIII 9317), als *cives* (CIL II 427), als *coloni* (CIL VIII 8426) oder als *kastellani* (CIL V 7749) wie die Besatzungen der militär. Anlagen (GROSSE 66f.) in spätröm. Zeit bezeichnet. Andererseits sind c. mit quasistädt. Verwaltung auch dadurch entstanden, daß sich die Landbevölkerung nach Abzug der militär. Besatzung in c. konzentrierte, wie z.B. in Sitifis Anf. des 3.Jh. n.Chr.

R.Grosse Röm. Militärgesch., Bln. 1920, 63ff. RE XIII 576f.603f. *Rostovtzeff*, GuW 2,137ff.307.385. AAWW 1949, Nr. I. *H. v. Petrikovits* Das Fortleben röm. Städte an Rhein und Donau. Vortr. und Forsch. hg. von Th. Mayer IV, 1958, 63ff.

3. C. als Wasserreservoir bezeugt Fest.p.10 *dividicula antiqui dicebant, quae nunc sunt castella, ex quibus a rivo communi acquam quisque in suum fundum duxit.* RUGGIERO Diz. epigr. 2,132. **4.** C. kommt auch als Ortsname vor, z.B. in Oberitalien in der Nähe des h. Marradi (Itin.Ant. 283). A. N.

Castigatio. C. ist schon dem Wortsinn nach Reinigung durch Strafe. Der Strafzweck zielt also primär auf Erziehung, nicht auf Abschreckung und wohl auch nicht auf bloße Vergeltung. Daher dominiert die c. im Bereich der Strafgewalt des Hausvaters gegenüber dem vindikativen *ius vitae necisque*. Auch dem Lehrherrn steht eine analoge Strafgewalt zu (vgl. Sen. de ir. 2,37,3: *castigatio parentum et magistrorum*), doch waren schon die Hochklassiker der Ansicht, daß *levis dumtaxat castigatio concessa est docenti* (Dig. 9,2,5,3 und Dig. 19,2,13, 4; vgl. dazu PSI 1449). Neben Schlägen galt auch die bloße Ermahnung als c. (vgl. Cic.Tusc. 3,64. Sen.ep. 5,6,19). Die c. hatte auch als von staatlicher Autorität verhängte Strafe (gegen Sklaven als *flagellatio*, gegen Freie als *fustigatio*) Bedeutung. Sie traf als selbständige Strafe den *libertus inofficiosus* sowie jugendliche Delinquenten und wegen einer fahrlässigen Tat Verurteilte. Nebenstrafe ist sie bei vielen Kapitalstrafen (vgl. Dig. 47,18,2), schließlich kann sie Ersatzstrafe bei Uneinbringlichkeit von Geldstrafen sein (Dig. 47,19, 9). Th. M.-M.

Brasiello La repressione penale in diritto romano, 1937, 388ff.

Castorius. Nur innerhalb der röm. Itin. genannter Autor des späteren Alt. (4.Jh. n.Chr.), wesentliche Quelle des Geographus Ravennas (7.Jh.n.Chr.), von diesem vielfach zitiert (Ravenn. Anon.Cosmogr. II,3 p. 45.4 p. 49,6 p. 55 u.ö., Pinder-Parthey 1860/1962). C. ist nicht identisch mit dem Verf. der Tab.Peut., die also nicht als »Weltkarte des Castorius« bezeichnet werden darf, wie es K. MILLER (Itin.Rom., 1916, Vorrede u.ö.), fast alleinstehend in diesem Urteil, angenommen hat. Allenfalls kann C. die gemeinsame Quelle der Tab.Peut. und des Geogr.Rav. gewesen sein. Aber auch das ist unwahrscheinlich. J. PARTSCH Die Weltkarte des C. genannt die Peutingersche Tafel; DLZ 1888, 1532/33. H. T.

Schanz-Hos. 333. RE I A 307ff. Art. Rav. Geogr.

Castra. 1. C. bezeichnete im röm. Heer das täglich während des Feldzuges oder übungsweise aufgeschlagene Marschlager, so daß dieser Ausdruck auch den Tagesmarsch bedeutete (Liv. 21, 31,4,28,33,1). War es für mehr als einen Tag berechnet, so hieß es *c. stativa* (Liv. 33,36,7.39,30,5) und, falls anstatt der Zelte Baracken errichtet wurden, *c. hiberna* (Liv. 5,2,1). Eine Vorstellung vom Lager des röm. Milizheeres im 2. Jh. v.Chr. gibt Pol. 6,26–32. Er unterscheidet 3 Typen (BJ 143/44, 62ff.), das Mobilmachungslager für 2 Legionen und 2 *alae sociorum*, das Mobilmachungslager für die doppelte Zahl der Truppen und schließlich das Marschlager für die Hälfte davon. Dieses Schema konnte beliebig modifiziert und erweitert werden, was bes. die Ausgrabungen in Numantia zeigten. Polybios behandelt vor allem das Marschlager. Die Wahl des Platzes dafür erfolgte durch einen Vermessungstrupp (Pol. 6,41,1), wobei niedrige, feindwärts sanft abfallende und nach allen Seiten Ausblick gewährende Hügel bevorzugt wurden. Außerdem mußte die Versorgung mit Wasser, Holz und Grünfutter gewährleistet sein. Nach Festlegung der Lage des Kommandos *(praetorium)* und der Frontrichtung wurden mittels der achtstrahligen *groma*, eines Visierinstrumentes (RE XIII 690), die verschiedenen Teile des Lagers bestimmt und vermessen, seine innere Gliederung durch eingesteckte Speere und die Hauptpunkte durch Fahnen verschiedener Farbe angegeben. Die einmarschierenden Truppen konnten daher unverzüglich mit dem Lagerschlag beginnen, d.h. mit der aus einem Graben *(fossa)*, einem Wall *(agger)* und einer diesem aufgesetzten Palissade bestehenden Umfassung und mit der Aufstellung der Inneneinrichtung. Dieses Marschlager war ebenso quadratisch wie das für die gleiche Truppenzahl berechnete Mobilmachungslager. Doch bestand zwischen beiden der wesentliche Unterschied, daß sich im Marschlager *praetorium*, *quaestorium* und *forum* hintereinander ([10], 143/44, Taf. 22) zwischen den Lagerbereichen der beiden Legionen in der durch das Vorder- *(porta praetoria)* und Hintertor *(porta decumana)* gegebenen Richtung befanden, im Mobilmachungslager dagegen nebeneinander ([10], 143/44, Taf. 21). Und zwar im Vorderteil an der durch das linke *(porta principalis sinistra)* und rechte Lagerhaupttor *(porta princidalis dextra)* bestimmten Linie. Als 3. Lagertyp führt Pol. 6,32,6 das ein Rechteck bildende Mobilmachungslager für 2 konsular. Heere an, das aus 2 einfachen, quadrat. bestand, die an der Prätorialfront aneinanderstießen ([10], 143/44, Abb.3). Umfassung und innere Anlage waren in allen Lagern durch eine breite Straße *(intervallum)* getrennt, die zu allen anderen wie diese zueinander in einem rechten Winkel stand. Die quadrat. Form des Lagers ist die älteste röm., welche sich von der röm. Ackerzenturie ableitet ([10],69ff.). In der Folge wurde dieses Lagerschema nur unwesentlich verändert, so daß sich die Entwicklung zum Marschlager der Kaiserzeit, das Hyg. Grom. de mun. castr. beschreibt ([11],65ff.), zwanglos ergibt ([1],417ff. 540ff.). Hygin, der die Rechteckform bevorzugt, doch auch das Quadrat nicht ausschließt, bezieht sein Lager auf 42050 Mann, darunter 3 Legionen zu 5280 Mann. Abgesehen davon, daß im Lager Hygins die Legionen am Wall lagern und nicht wie bei Polybios der Mitte zu, liegt der Hauptunterschied nur darin, daß der auf e i n e n Mann entfallende Raum wesentlich kleiner ist, d.h. bei Polybios rund zweieinachtelmal größer als bei Hygin ([6],5. [1],540ff.). Das stehende Heer und der Grenzschutz bedingten das Standlager, als dessen Vorläufer das Winterlager *(c. hiberna)* zu bezeichnen ist. Diese c. beziehungsweise *praesidia* – seltener *castella* (*φρούρια*) genannt –, die anfangs für Legionen und → *auxilia* bestimmt waren, wurden bald vermehrt und die Hilfstruppen in eigenen kleineren c. untergebracht. Gegenüber dem Marschlager nahmen im Standlager Anlagen wie *valetudinarium*, *veterinarium*, *fabricae* einen weitaus größeren Raum ein, wozu noch Bauten wie *horrea*, *scholae*, ein Bad u.a. kamen. Außerdem enthielt das Zentralgebäude *(principia*, früher *praetorium)* nicht mehr auch die Wohnräume des Kommandanten ([9],75ff. 89ff.), sondern dieser hatte dafür einen eigenen, nahe dabei befindlichen Bau (Legatenpalast, *praetorium*). An die hohe, wuchtige, zinnenbekrönte Lagermauer waren überragende, doch wenig oder überhaupt nicht über sie vorspringende Eck- und Zwischentürme wie Plattformen für die Geschütze und ein von Mauern gestützter Erdwall angesetzt. Die 3–4 Doppelhaupttore flankierten je 2 Türme, die höher und wuchtiger waren als alle anderen. Auch das Lagerterritorium mit der Festungsvorstadt (→ canabae) bot durch seine verschiedenen Einrichtungen wie Amphitheater, Bad, Töpferöfen u.a. ein weitaus mannigfacheres Bild. Wie die Ausgrabungen zeigten, wurde auch bei den Standlagern der oblonge Grundriß bevorzugt. Verschiedene Gründe führten im Laufe der Jh. zu Veränderungen der urspr. Anlage, bes. in spätröm. Zeit. Die Auxiliarlager z.B. zeigen nicht mehr das alte, im wesentlichen polybian. Lagerschema, sondern die verschiedenen, an die Lagermauer angereihten Bauten umrahmen einen Binnenhof. Die häufig nur durch ein Tor unterbrochene Umgürtung ist durch stark vorspringende Türme, die den defensiven Charakter bes. unterstreichen, gekennzeichnet (RE XIII 578. BRGK 10,155ff. JÖAI 25,205ff.).

1. *Krom.-Veith* 338ff.417ff.540ff.593ff. 2. RE XIII 576ff. 3. BursJb 200, 1924, 32ff. 218, 1928, 91ff. 248, 1935, 180ff. 274, 1941, 136ff. 4. *W. Schleiermacher* Der röm. Limes in Deutschland, Bln. 1959. 5. *H. v. Petrikovits* Das röm. Rheinland, Arch. Forsch. seit 1945, Köln-Opladen 1960. 6. *W. Fischer* Das röm. Lager, Lpz. 1914. 7. *A. Schulten* Numantia; Masada, ZDPV 56, 1933. 8. Germania Rom. I^2, Die Bauten des röm. Heeres, Bamberg 1924. 9. *R. Fellmann* Die Principia des Legionslagers Vindonissa und das Zentralgebäude der röm. Lager und Kastelle, Brugg 1958, 75ff. 10. BJ 143/44, 1938, 47ff. 11. Saalburg Jb. 9, 1939, 65ff. BRGK 10, 1917, 86ff. 11. JÖAI 25, 1929, 190ff.214ff. 12. *H. v. Petrikovits* Das Fortleben röm. Städte an Rhein und Donau, Vortr. und Forsch. (hg. von Th. Mayer) IV, 1958, 63ff.

2. C. ist auch vielfach Ortsname, bezeugt allein (z.B. C. an der Straße Salona–Servilium, Itin. Ant. 269) oder in Verbindung mit Beinamen (z.B. C. Aelia am Ebro beim ant. Contrebia, Liv. frg. 1, XCI oder C. Germanorum w. von Caesarea in Mauretanien, Ptol. 4,2,4). S. die Aufzählung RE III 1766f. A. N.

3. C. Inui (NISSEN It. Ldk. 2,579). Alter Platz in Latium zwischen Tibermündung und Antium (Verg. Aen. 6,775 mit Serv. Ov. met. 15,727. Sil. 8, 359. Martial. 4,60,1), von Rutil. Nam. 1,227 mit → Castrum novum verwechselt. Vielleicht bewahrt der Fosso d'Incastro den Namen.

4. C. Minervae (NISSEN It. Ldk. 2,884). Hafenstadt der Sallentiner mit altem Athenatempel (Strab. 5,281), von Idomeneus gegründet (Varro b. Prob. Verg. ecl. 6,31). Hier soll Aeneas zuerst den Boden Italiens betreten haben (Dion. Hal. ant. 1,40). Tab. Peut. 7,2 sichert die Gleichsetzung mit h. Castro s. Otranto.

5. C. Novum. a. (NISSEN It. Ldk. 2,334). Hafenplatz an der tyrrhen. Küste, 5 (It. Ant. 291,2) bzw. 4 mp (Tab. Peut. 5,2) auf der via Aurelia s. Centumcellae *municipium* in der 7. Region (Plin. nat. 3,51). Die Einwohner fordern 191 v. Chr. *vacatio* von der Kriegsleistung (Liv. 36,3,6); Neudeducierung durch Caesar (CIL XI 3576ff.); h. Chiaruccia bei S. Marinella. b. (NISSEN It. Ldk. 2,430). Piken. Küstenplatz (Strab. 5,241), seit 264 v. Chr. (Vell. 1,14,7; nach Liv. epit. 11 früher) röm. Kolonie (Plin. nat. 3,110: 5. Region); Endpunkt der Straße des Calatinus (RADKE Philol. 103, 1959, 314) und wichtige Station der Küstenstraße (It. Ant. 101,4. 308,2. 313,4 u.a.); h. Giulianova.

6. C. Truentinum s. Truentum G. R.

Castratio. Zur Entmannung kam es in der Antike vor allem bei Sklaven, die Frauen bedienen oder bewachen sollten, dann bei Priestern einiger Kulte (Ov. met. 4,386), bisweilen auch bei Angehörigen des Hofstaates von Despoten (Hdt. 3,77). Die ant. Tradition sah Semiramis als Erfinderin der c. an (Amm. 14,6,17). In Rom stößt man erst im letzten Jh. der Republik auf Eunuchen. Wie schon das mosaische Recht (Vulg. Deut. 23,1) untersagte die Kaisergesetzgebung seit Domitian (Sueton, Domitian 7) die c. Hadrian bezog das Verbot ausdrücklich auch auf den, der in die c. einwilligte (Dig. 48,8,4,2). Trotz der Androhung von Kapitalstrafen, auch gegen den beteiligten

Arzt, blieb die c. häufig; immer wieder wurden Verbotsgesetze nötig (Cod. Iust. 4,42), nicht zuletzt, weil viele Kaiser mit schlechtem Beispiel vorangingen. Der Import von Eunuchen gewann beträchtliche Bedeutung; so hohe Beamte wie der *praepositus sacri cubiculi* waren meist Eunuchen. Iustinian, Nov. 142, drohte für c. sogar Talion an. Th. M.-M.

Hug RE Suppl. III 449ff.

Castricius. Seltener röm. Familienname, seit dem 1. Jh. v. Chr. bezeugt.

I. Republikanische Zeit. **1.** C. deckte 22 v. Chr. dem Augustus die Verschwörung des Licinius Murena und Fannius Caepio auf, Suet. Aug. 56,4. **2.** M. C. als oberster Magistrat in Placentia 85 v. Chr. erwähnt. **3.** M. C., 72 Kaufmann in Sicilien; bei Cic. werden außerdem wohl 2 weitere C. genannt. H. G. G.

II. Kaiserzeit: **1.** Verfasser von *Κηπουρικά*, die Plin. nat. 1,19 index benutzt haben will. **2.** Verriet dem Augustus die Verschwörung des A. Terentius Varro Murena, wofür er frei ging, Suet. Aug. 56,4. **3.** T. C., Rhetoriklehrer in Rom, Lehrer des Gellius, 13,22; Front. ad am. 2,2 p. 179,31 van den Hout. **4.** C. Firmus, Neuplatoniker, Freund des Porphyrios, der ihm de abstinentia widmete. Er stand im J. 269 Plotin bei, als er in Campanien starb, Porph. vit. Plotin. 2,7. R. H.

Castulo. Stadt der Oretani bei h. Linares (Prov. Jaén). Der Name ist iberisch ([2] 1,836. 3,1142), AD. SCHULTEN hat die von ihm vertretene Auffassung etrusk. Ursprungs später aufgegeben (vgl. »Die Etrusk. in Span.« Klio 23, 1930, 410 und [1] VI 159). Die Stadt verdankt ihre Bedeutung, wie auch Linares, den benachbarten Bergwerken (Pol. 10,38,7. Strab. 3,2,10). Sie stand vor 218 v. Chr. unter pun. Herrschaft, ging aber 214 zu den Römern über (Liv. 24,41,7). 211 fiel sie wieder zu den Karthagern ab (Liv. 28,19,2), um 206 endgültig röm. zu werden (Liv. 28,20,8–12). Sie war später ein *oppidum Latii veteris* mit dem Beinamen *Caesarini Iuvenales* (Venales? Plin. nat. 3,25, dazu MOMMSEN, CIL II p. 440).

In christlicher Zeit war sie schon Anfang des 4. Jh. bedeutend als Bischofstadt ([1] VIII 59.66), in westgotischer Zeit auch als Münzstätte ([1] IX 216.291.305.314.317. Mz.: 289.294). Im MA. verödete die Stadt; an sie erinnern nur noch Ruinen und der Name Cazlona, den einige Örtlichkeiten (Kapelle, Mühle, Wirtshaus) führen (Encicl. Univ. Ilustr. 12,412). R. G.

1. Font. Hisp. Ant., Barc. 1925ff., II–IV. VI. VIII. IX (Indices!). 2. *Holder* Altcelt. Sprachsch. Mz.: *Ant. Vives* La Moneda Hispánica 2, Madrid 1924, 174. Inschr.: CIL II Suppl. p. 1142. Eine Sammlung aller Belegstellen in [2] 3,1142.

Casuentus. Fluß in Lukanien (Plin. nat. 3,97); vgl. den Namen der umbr. Casuentillani (Plin. nat. 3,113) und der latin. Stadt Carventum. G. R.

Catacombae s. Katakomben

Catalauni Campi in der Champagne, besiedelt von dem gallischen Volk der Catalauni, bei Chalons-sur-Marne. Der Kaiser Aurelianus besiegte dort den gallischen Kaiser Tetricus im J. 273 n. Chr.: H. A. Aurelian. 32,3. Eutrop. 9,13. Amm. 15,11,10. 27,2,4. Hieron. chron. a. Abr. 2289. Im J. 394 schlug der Feldherr Iovinus ein germanisches Heer. Aber besonders sind die C. C. dadurch bekannt, daß dort im J. 451 die berühmte Schlacht stattfand, in der Attila und die Hunnen von Aetius geschlagen wurden mit Hilfe des Merovaeus und des Theoderich, wahrscheinlich im S. von Chalons: Iordan. Get. 36. Die Not. Gall. 6,3 (Belgica secunda) erwähnt die *civitas Catalaunorum.* M. L.

J. J. Hatt Hist. Gaule rom., 1959, 226.365.

Catalepton s. Vergilius

Catania s. Katane

Cataractonium. Militärposten und Zivilsiedlung im Gebiet der Briganten im n. Britannien, an der Straße von Eburacum zum Hadrianswall, h. Catterick mit einer Brücke über die Swale. H. C.

Catenae nennt man eine um 500 aufkommende, im MA. häufig vertretene Gattung von Bibelkommentaren, die sich bei der Erklärung der Bibeltexte im wesentlichen mit einer Aneinanderreihung von Exzerpten aus der exegetischen Literatur der Kirchenväter begnügt. Von Rand-C. redet man, wenn die Erklärungen auf dem Rand um den Text herum angeordnet sind, von Breit-C., wenn der Kommentar sich an die Texte anschließt. Dem gelehrten Sammelfleiß der Vf. der C. verdanken wir häufig die einzige Kenntnis verschollener Schriften der Kirchenväter. Eine Herausgabe von Schriften der Kirchenväter ohne Kenntnis der C. ist nicht mehr möglich. Kl. W.

Altaner 464ff. (Lit.), Dict. de la Bible, Suppl. 1, 1928, 1084ff. *G. Karo–H. Lietzmann* Catenarum Graecarum Catalogus (NGG 1902 H. 1.3.5.). *K. Staab* Der gegenwärtige Stand der Katenenforschung (Biblica 5, 1924, 296 bis 353).

Catilina. Cognomen des L. Sergius Catilina (um 108–62 v. Chr.). C. stammte aus einem alten patrizischen Geschlecht, dessen Angehörige jedoch in den Generationen vor ihm im politischen Leben nicht stärker hervorgetreten waren. Die äußeren Stationen seiner Ämterlaufbahn könnten vermuten lassen, daß mit ihm seine Gens wieder einen neuen Aufstieg hätte erleben können: Legatus 82 v. Chr., Praetor 68, Propraetor in der Provinz Africa 67–66; es fehlt hier nur das Consulat. Wesensstruktur, Entwicklung, Umwelteinflüsse und politische Lage haben ihn jedoch auf den Weg zum Verbrechen und zur Revolution gedrängt, auf dem er im Putsch seinen Untergang gefunden hat. Geprägt durch die Wirren und Probleme seiner Zeit, persönlich tapfer und ausdauernd, charakterlich voller Schwächen, beladen mit Schuld und oft finanziell verschuldet, hat er – wenn auch als abschreckendes Beispiel – eine unverdiente Berühmtheit erlangt durch Ciceros Catilinarische Reden und die 20 J. nach der Revolte von Sall. verfaßte *coniuratio Catilinae*. Erstmals erscheint C. für uns – vielleicht als Legionstribun oder Praefect von Hilfstruppen – im J. 89 unter dem Consul Cn. Pompeius Strabo, der als Militär und »Hauptbahnbrecher der militärrevolutionären Epoche« (GELZER) auf C. großen Einfluß gehabt haben mag. Als berüchtigter Scherge Sullas (seit 82) tötete er seinen Bruder, den M. Marius Gratidianus und seinen Schwager Q. Caecilius und bereicherte sich an den Proskriptionen. 73 war er in einen Vestalinnenprozeß verwickelt. 67/66 sanierte er in Africa skrupellos sein heruntergekommenes Vermögen und wurde 66 wegen eines drohenden Repetundenverfahrens (in dem er 65 freigesprochen wurde!) nicht zur Bewerbung um das Consulat zugelassen, das von da an zum Ziel seiner Handlungen wurde. Ende 66 beteiligte er sich an der sog. 1. Catilinar. Verschwörung, einem Putschplan, den man später vertuschte. 64 fiel er nach heftigem Wahlkampf um das Consulat für 63 durch, obwohl Crassus und Caesar hinter ihm standen, und 63 wiederholte sich nach einer mit schärfster Propaganda geführten Vorbereitung (in der C. sich zum Wortführer heruntergekommener Elemente machte) dieser Ausgang. C., der seine Person als Maß setzte, sah in seinem Streben nach der Macht im Staate jetzt nur noch den Weg der Gewalt. Die Ermordung des Consuls Cicero sollte das Signal für den – mangelhaft vorbereiteten – Staatsstreich sein. Cicero jedoch gelang schrittweise die Aufdeckung der Umsturzpläne: am 21. Oktober 63 bevollmächtigte der Senat die Consuln zu Notstandsmaßnahmen *(s.c.u.)*, am 7. November (Catil. 1) veranlaßte Cicero den C. nach Bekanntwerden eines neuen Mordtermins zum Verlassen des Senats und Roms, am 15. November wurde C. zum *hostis* erklärt, am 2./3. Dezember wurden am pons Milvius der Gesandtschaft der Allobroger die belastenden Briefe abgenommen, was zur Unterdrückung der in Rom verbliebenen Catilinarier und am 5. Dezember zu Hinrichtungen führte. C. mochte mit seinem Putschistenheer in Etrurien noch gewisse Hoffnungen auf das kommende J. setzen, wurde jedoch im Januar 62 bei Pistoria zum Kampf gestellt und fiel. H. G. G.

Drumann ²5,412ff. *Gelzer*, RE II A 1693ff. *J. Vogt*, RRep. 266ff. *R. Syme* D. röm. Rev., 1957, 25.66. *W. Hoffmann*, G 66, 1959, 459ff. *A. Heuss* RG 1960, 181f.

Catilius. 1. Cn. C. Severus, frater Arvalis 213 und 218, CIL VI 2086. 2104 (vol. 32388). Wohl procos. Asiae, IGR IV 1281. Verwandt mit Alexander Severus, vit. Alex. 68,1. **2.** L. C. Severus Iulianus Claudius Reginus, seine Laufbahn CIL X 8291. Cos. suff. 110, Inscr. It. XIII 1, p. 200f. CIL XVI 163. 164. Als Statthalter von Kappadokien und Armenien spielte er eine Rolle in Traians Partherkrieg, Cass. Dio 75,9,6. Statthalter von Syrien 117 bis 119, SHA vit. Hadr. 5,10; cos. II ord. 120,

CAGNAT-MERLIN Inscr. d'Afr. 43. Vit. Pii 2,9. Procos. Africae ca. 125/26, Praefectus urbi noch 138, dann abgesetzt, vit. Hadr. 24,6–8. – B. E. THOMASSON Statthalter Nordafrikas 2,63ff. **3.** Freund des Plinius, epist. 1,22. 3,12. R. H.

Catillus. Als Gründer von Tibur öfter erwähnt. Nach Cato (orig. 56 [Solin. 2,7]) ist er Arkader und Flottenbefehlshaber des Euander. Nach einem nicht weiter bekannten Sextius (Solin. a. O.) Argiver. Er ist Sohn des → Amphiaraos; er zieht mit einem *ver sacrum* nach Italien. Die 3 Söhne des C., Tiburtus (Tiburnus, Tiburs), Coras und Catillus (oder T. allein) vertreiben die Sikaner aus ihrer Stadt, die sie nun Tibur nennen (Solin. 2,8. Verg. Aen. 7,670 [dazu Serv.]. 11,640). W. E.

R. Peter Myth. Lex. 1,856f. *St. Weinstock* RE VI A 816ff. *B. Rehm* Philol. Suppl. 24,2,94f.

Catina s. Katane

Catinus (-num), catillus (-um). **1.** Schüssel für Speisen und Opfergaben, vornehmlich aus Ton, später auch aus Metall. Zum Essen wurde der c. mitten auf den Tisch gestellt, worauf sich alle mit Fingern oder Löffeln aus ihm bedienten. **2.** Der Schmelztiegel der an die Bergwerke angeschlossenen Metallbetriebe. **3.** Ein Röhrenteil (?) in der Pumpe des Ktesibios, Vitr. 10,7,1–3. W. H. G.

Catius. Plebeischer Familienname. I. Republikanische Zeit. **1.** Q. C., 210 v. Chr. plebeischer Aedil, 207 Legat des Consuls C. Claudius Nero, 205 Gesandter nach Delphi. Liv. 27,6,19. 43, 12. 28,45,12. **2.** C. C. Vestinus, tribunus militum unter Antonius 43 im bellum Mutinense, wurde von Plancus gefangen. Cic. fam. 10,23,5. H. G. G.

II. Kaiserzeit: **1.** Ti. Catius Caesius Fronto, s. Caesius. **2.** Sex. C. Clementinus Priscillianus, als Knabe Teilnehmer an den Säkularspielen 204, NSA 1931, 345,86. Cos. ord. 230, CIL XVI 144. Leg. Aug. pr. pr. consularis von Germania sup., DESS. 9179. CIL XIII 6608. Statthalter von Kappadokien zwischen 235–238, CIL III 6924. **3.** C. Lepidus, Freund des Plinius, epist. 4,7. **4.** C. C. Marcellus, cos. suff. 153, CIL XVI 102. Inscr. It. XIII 1, p. 208f. **5.** P. C. Sabinus, Praetor CIL VI 313, Statthalter von Noricum ca. 207, CIL III 5727. Cass. Dio 76,9,2. Cos. suff. vor 210, CIL VI 864. 31128; cos. II ord., CIL XVI 137. R. H.

Cato. Cognomen vielleicht kelt. Herkunft und dem Etr. nicht fernstehend (SCHULZE Eigenn. 39,7, sonst 310,11.418), vgl. *catus*, »scharfsinnig«, »gewitzigt« (WALDE-HOF.³ 1,183). Es tritt – hist. faßbar seit dem 3. Jh. v. Chr. – entgegen bei den Hostilii (RE VIII 2505 Nr. 10–12), Porcii (RE XXII 105ff. Nr. 5–16, vgl. allgem. Gell. 13,20), Valerii (RE VII A 2348 Nr. 117). Zu Dionysius Cato als angeblichem Verf. der → dicta Catonis vgl. RE V 363. XXII 165. Bei P. Vettius Scato tritt C. als Variante des Cognomens auf, vgl. RE VIII A 1854 Nr. 16. Inschr. wird ein *(Aldius?)* Cato genannt, RE Suppl. I 279. Am berühmtesten sind die Träger des Cognomens aus der Gens Porcia, nach deren Vorbild gelegentlich (z.B. Phaedr. 4,7,21) ein sittenstrenger Mann allgemein C. genannt wird. **1.** C. Porcius C., Sohn des Licinianus C., Enkel des Censorius. Münzmeister um 137–134, Praetor um 117, Consul 114, legatus um 110. Infolge Bestechung durch Iugurtha mußte er ins Exil gehen, Sall. Iug. 40,1 f. **2.** C. Porcius C., Freund des Clodius, Volkstribun 56. **3.** L. Porcius C., Onkel des Uticensis, Praetor um 92, Propraetor 90 (Sieg über die Etr.), Consul 89, fiel am Fuciner See. **4.** M. Porcius C. (Censorius), 234–149 v. Chr. aus Tusculum, Politiker und Schriftsteller, die am besten bekannte Persönlichkeit Roms aus dem 2. Jh. v. Chr. Als Beinamen erscheinen *priscus*, *superior* u.a., vor allem aber *Censorius* (CIL I^2 p. 202 el. 43. Tac. ann. 3,66 u.a.). Im Hannibal. Krieg bewährte er sich seit etwa 216 als Soldat, war seit 214 Kriegstribun in Sicilien und zeichnete sich 207 in der Schlacht bei Sena Gallica aus. In der Ämterlaufbahn, zu der er von L. Valerius Flaccus ermuntert wurde, erreichte er als *homo novus* die höchsten Ehren: 204 war er Quaestor (bei Scipio in Africa; auf der Rückreise nahm er von Sardinien den Dichter Q. Ennius mit), 199 plebeischer Aedil, 198 Praetor (auf Sardinien, Einschreiten gegen Wucherer), 195 Consul mit seinem patrizischen Förderer L. Valerius Flaccus, (Spanien, Erfolge im Ebroraum), 194 Proconsul (Spanien, nach Rückkehr in Rom Triumph, Broughton Mag. 1,344), 191 tribunus militum (im Krieg gegen Antiochos III. in diplomatischer Mission in Hellas; führte die entscheidende Umgehung an den Thermopylen durch), 189 Gesandter (Senatsweisungen für den Consul nach Epirus), 184 Censor mit L. Valerius Flaccus (strenge Amtsführung, Ausstoßung von 7 Senatoren, Musterung der Ritter, Nutzbauten). Nach diesem Höhepunkt trat er auch weiter im öffentlichen Leben in Erscheinung: 171 als Mitglied einer Untersuchungskommission wegen Erpressungen in Spanien, 153 als Gesandter (nach Africa zur Intervention im Streit zwischen Karthago und Massinissa [oder 152?, Gelzer, RE XXII 139]) und – von einem ungewissen Zeitpunkt – bis zu seinem Tod (149) als Augur. Im übrigen schaltete er sich bei nahezu allen wichtigen politischen Fragen mit seinen Reden ein (vgl. sein berühmtes *ceterum censeo Carthaginem esse delendam* [Cic. Cato 18 u.a.], wobei ihm bes. P. Scipio Nasica opponierte). Er war ein sehr streitbarer Politiker – er mußte sich in 44 Prozessen verteidigen und wurde stets freigesprochen –, kämpfte für die altröm. *virtus* und gegen alle Verfallserscheinungen der Nobilitätsherrschaft und lehnte in reaktionärer, die wahre Entwicklung nicht erkennender Weise die fortschreitende Bekanntschaft Roms mit der hellenist. Kultur radikal ab (Ablehnung der Philosophengesandtschaft 155 u.a. – obwohl er selbst die griech. Sprache und Lit. kannte). Aus dieser Haltung heraus wurde C. aber der Begründer eines lat. Prosastils. Sein Hauptwerk, die 7 B. *origines*, ein Geschichtswerk von den Anfängen (die Gründung Roms setzt er ins J. 751) bis auf seine Zeit, ist verloren (HRR 51) und ebenso andere Werke, von denen nur die Titel oder darüber hinaus einige Frg. bekannt sind (z. B. *praecepta ad filium*, *carmen de moribus*, *orationes*, *dicta*); um so bedeutsamer ist es, daß die fachwissenschaftliche Spezialschrift *de agri cultura*, die älteste Prosaschrift der lat. Lit., erhalten ist. Zahlreiche Sentenzen von ihm waren bekannt (z.B. *rem tene*, *verba sequentur*, frg. 15), später gesammelt in den sog. Disticha Catonis. Biogr.: Nep., Plut., vgl. ferner Cic. Cato.

Schanz-Hos. 1,178 ff. *D. Kienast* C. der Zensor, 1954.

5. M. Porcius C. (Licinianus), ältester Sohn des Censorius, stand 173 in Ligurien, war 168 legatus (Teilnahme an der Schlacht bei Pydna) und starb als praetor designatus um 152. Er war bekannt als Jurist in Wort und Schrift (daraus die sog. regula Catoniana, vgl. Schanz-Hos. 1,237). **6.** M. Porcius C., Sohn des Licinianus, Praetor um 121, Consul 118, starb auf einer Reise in Africa. **7.** M. Porcius C., Sohn des Vorigen, curul. Aedil um 94, Praetor um 92, Statthalter in Gallia Narbonensis um 91, wo er starb. **8.** M. Porcius C., Sohn des C. Salonianus (jüngerer Sohn des Censorius), Vater des Uticensis, Volkstribun 99; befreundet mit Sulla, verheiratet mit Livia, Schwester des M. Livius Drusus, vor dessen Tod (91) er starb. **9.** M. (Porcius) C., Münzmeister um 93–91. **10.** M. Porcius C. (Uticensis), Urenkel des Censoriers (Nr. 4), 95–46 v. Chr. Überzeugter Republikaner als Vertreter der Senatsaristokratie, Feind Caesars, Stoiker, für Cic. Mur. 3 *gravissimus atque integerrimus vir* und auch sonst *exemplum* für Charakter und Sittenstrenge einer untergegangenen Zeit. Seine Ämterlaufbahn: tribunus militum 67–66 (unter Rubrius in Macedonia), legatus 67 (mit Kommando in der Propontis, vgl. Broughton Mag. 2,149), Quaestor 64 (hervorragende und erfolgreiche Amtsführung, zur Datierung Broughton Mag. Suppl. 49 f.), tribunus plebis 62 (Antrag auf Hinrichtung der schuldigen Catilinarier, Zerwürfnis mit Caesar und Pompeius), Quaestor pro praetore 58–56 (Einziehung Cyperns, Rückführung Verbannter nach Byzanz), Praetor 54 (*quaestio de repetundis*, Vorsitz im Prozeß des Scaurus [o. S. 94, Nr. 29] und des Gabinius), Promagistrat (Propraetor?) in Sicilien und Griechenland während des Bürgerkrieges 49/48 auf der Seite des Pompeius. Propraetor in Africa 47/46, XVvir sacris faciundis vor 64–46. Diese Etappen wurden eingeleitet durch freiwillige Teilnahme am Kampf gegen Spartacus 72, gefüllt durch die Tätigkeit C.s im Senat (61 bis 58; 53 bis Februar 49) und abgeschlossen durch Kriegsteilnahme (Truppenführer vor Dyrrhachion Herbst 49–August 48; Stadtkommandant von Utica Frühjahr 47–April 46) und den Freitod durch eigene Hand in Utica. Haltung und Tod haben ihn unsterblich gemacht; er verschmähte die Begnadigung durch Caesar, der ihm deshalb zürnte (Cass. Dio 42,12,1), während Cicero im Herbst 46 und bald darauf auch M. Brutus eine Lobschrift auf C. veröffentlichten, worauf wiederum Caesar mit seinem Anticato antwortete. Begabung, Fähigkeiten, Lauterkeit einer in den Gedankengängen der Stoa gefestigten und auf dem Boden der röm. Tradition stehenden Persönlichkeit haben ihn bei Mitwelt (vgl. auch z.B. Sall. Cat. 54,5) und Nachwelt zum Vorkämpfer der *libera res publica* gemacht, Lucan. 1,128: *victrix causa deis placuit, sed victa Catoni.* Biogr. des Plut. Bronzebüste des C. (1943/44 in Volubilis [Marokko] ausgegraben). Matthias Gelzer, Kl. Schriften 2, 1963, 257–285. **11.** M. Porcius C., suchte 46 seinen durch eigene Hand schwerverwundeten Vater Nr. 10 vergeblich am Leben zu erhalten, Plut. Cato 68ff. Von Caesar begnadigt, befand er sich 43–42 als legatus (oder Praefect?) bei Brutus und fiel bei Philippi 42. Mit ihm erlosch wohl die Familie. **12.** Valerius C., Lehrer, Grammatiker, Dichter im 1. Jh. v. Chr., führender Vertreter der → Neoteriker. Aufgewachsen in Gallia Cisalpina in dürftigen Verhältnissen, verbrachte er auch sein Alter in Armut. Als Lehrer nannte man ihn die lat. Sirene, als Schriftsteller trat er in Prosa und Poesie hervor (Gedichte Lydia und Diana [bzw. Dictynna] in alexandrin. Manier). Suet. gramm. 11 P. H. G. G.

Morel FPL. *Schanz*-Hos. 1,287.

Catualda. Ein Gote aus vornehmem Geschlecht, der, von → Maroboduus vertrieben, später dessen ungünstige Lage auszunützen suchte, um sich zu rächen. Er fiel in das Land der Marcomannen ein und zwang Maroboduus, dessen Residenz erstürmt wurde, zur Flucht über die Donau zu den Römern, von denen Maroboduus nach Ravenna gebracht wurde. Jedoch wurde C. bald darauf von den Hermunduren unter der Führung des Vibellius vertrieben und floh gleichfalls zu den Römern, von denen ihm Forum Iulium als Wohnsitz angewiesen wurde (Tac. ann. 2,63f.). W. S.

Catugnatus. Fürst der Allobroger, behauptete sich im J. 61 v. Chr. erfolgreich gegen die Römer und rettete sich, als die Stadt Solonium (h. vermutlich Salagnon im Dép. Isère) mit der ganzen Besatzung in die Hände der Römer fiel (Cass. Dio 37,47,3ff. Liv. ep. 103). W. S.

Catullus. C. Valerius. I. Leben: C. (der Vorname ist nur durch Apul. apol. 10 und Hier. chron. zum J. 1930 bezeugt) stammte aus Verona. Lebensdaten sowie Lebensablauf bleiben im übrigen unsicher. Nach Hier. lebte er 30 J., und zwar von 87 bis 57 v. Chr. (vgl. bes. R. Helm, Philol. Suppl. 21, 2, 1929, 39; die »sicheren« Daten: H. J. Mette, Gn 28, 1956, 34f.); da aber C. nach c. 11 und 113 das J. 55 noch erlebte, setzt man seine Geburt meist ins J. 84 bzw. 82 ([13],22) oder ([5],89: XXX ist aus XXXX verschrieben:) den Tod ins J. 47 (L. Herrmann Latomus 15, 1956, 310: 77–47). Der Vater, keltischer ([5],106) oder italischer Herkunft ([15],52), vermögend, angesehen, mit Metellus (s. u.) und mit Caesar bekannt, sandte C. früh nach Rom. Ohne politischen Ehrgeiz, verkehrte C. dort im Kreis der → Neoteriker. Zum Schicksal wurde ihm die Begegnung mit »Lesbia«, nach Apul. a. O. einer »Clodia«; zumeist sieht man darin die Frau des Metellus (s. o.), seltener → Clodia, die geschiedene Frau des Lucullus (P. Maas, CQ 36, 1942, 79ff.) oder eine uns unbekannte Clodia (Herrmann a. O.). Das Pseudonym ist eine dichterische Huldigung (Sappho aus Lesbos: [16], 93). Glück und Leid dieser Liebe wurden (vielleicht schon durch einen 2. Aufenthalt in Verona: [8],244f., dann aber) durch die Reise nach Bithynien (R. J. M. Lindsay, CPh 43, 1948, 42ff.) unterbrochen. Über die Troas, am Grab seines Bruders vorbei (c. 101.65.68), kehrt er heim (c. 46.31.4). Wieder in Rom, nimmt er die (wohl kühlere: Lindsay a. O.) Verbindung mit Lesbia nochmals auf – bis zum Bruch im J. 55 (c. 11). Damals griff er Caesar und Gefolge aus persönl., nicht polit. Gründen heftig an. Nach Suet. Iul. 73 söhnte sich C. mit Caesar aus. Nach dem J. 54 fehlen alle Lebenszeichen.

II. Werk: Unser Liber Catulli enthält weniger als das Alt. kannte ([8],43ff.). Ob die Ausgabe von C. oder einem Späteren (Nepos: [8],15ff.) gemacht wurde, ist umstritten: auffallend die B.-länge (2300 Zeilen gegen sonst ca. 800), die Anordnung (Polymetra, carmina docta, Epigramme) und der Kontrast des Inhalts ([5],6ff.). Bisher gefundene Ordnungsprinzipien – wie: a) metr.: nach der Kall.-Ausgabe (Mette a. O.); Umrahmung: 1–60 : 61–68 : 69–116 = 61–63 : 64 : 65–68 (K. Barwick, WJ 2, 1947, 14); Isolierung seltener Maße (O. Weinreich, H 87, 1959, 85ff.); b) inhaltlich: Bezüge zwischen den Kurz- (Barwick, Philol. 102, 1958, 312) oder Langgedichten (G. Lieberg, RIFC 36, 1958, 23); Engreihung oder Trennung stoffgleicher Gedichte (Kroll Komm.; Weinreich a. O.) – überzeugen nicht. Weiters: die Nepos gewidmeten (c. 1) nugae, die schwerlich ein Epos (c. 64) einschließen können, sind mit unserem liber kaum identisch. Somit wurde wohl, was C. herausgegeben hatte, postum gesammelt, erweitert und (unter metr. Interessen) geordnet ([8],101). – C. fordert jugend-kühn die Autonomie des Geistes ([11],38) und durchpulst mit seinen Gefühlen alle Gedichte, auch die großen (U. Knoche, G 65, 1958, 153. A. La Penna, Maia 8, 1956, 148). Doch verleugnet er nie den poeta doctus ([14],220) mit griech. (Sappho, Archil., Apoll. Rhod.; Kall. u. a.) und röm. (Enn.; Lucil.; Lucr.: doch vgl. [8], 22; Herrmann a. O. 465) Vorstufen. Die Subjektivierung von Lied und Elegie fordert Neuerungen wie Selbstanrede, fiktive *adhortatio*, Wendung an Götter (E. Paludan, C & M 4, 1941, 212). Polymetra (Iamben, Phaläceen, sapph. Strophe, äol. Verse) und Epigramme haben gleiche Stoffe: Lieder auf Lesbia (c. 11:76; 8. 60:107), auf Knabenliebe (c. 15.21.21:81.99.106), an Dirnen (c. 32.41 bis 43:83.110.111), an Freunde (30.39:73.77), über Lit.-Fragen (c. 14.22.36:95.96.105), bes. Aischrologisches gibt es da und dort, aber der Stil des Epigramms bedingt Unterschiede ([6]; [5],45 LA PENNA a. O. J. SVENNUNG C.s Bildersprache, 1945, 21 ff.). Carmina docta: die Epithalamien 61 (mimetisch: A. L. WHEELER, AJPh 51, 1930, 205) und 62 (Wechselgesang, nicht lokalisierbar: E. FRAENKEL, JRS 45, 1955, 1); c. 63 ,das Attisgedicht, nach lit. Vorlage (Kall.: METTE a. O.) als Reaktion gegen ö. Kulte (O. WEINREICH, Mél. Cumont 1936, 463), kaum auf Initiation C.s beruhend ([13],85); das neoterische Hauptwerk c. 64, Peleus-Hochzeit und Ariadne-Klage zur Einheit verwoben ([14]); c. 65, die 1. röm. Elegie (L. ALFONSI Gedenkschrift Rohde, 1960, 12); c. 66, Die Locke der Berenike, nicht »Übersetzung«, sondern Herausforderung an Kall. ([11],10); c. 67, ein sarkastisches Paraklausithyron; in c. 68 vereinigt C. 3 Themen (Freundschaft, Trauer, Liebe) mit dem das eigene Fühlen erhöhenden Mythos (H. BARDON L'art de composition chez C., 1943, 36; [16],152; J. WOHLBERG, CPh 50, 1955, 42–46).

III. Nachleben: In Sprache, Stil und Komposition nicht vollendet, ist C. doch bahnbrechend für die Klassik, bes. die Elegie. Nie Schulautor, aber bis Martial viel gelesen, bis Isidor von Sevilla öfters zitiert, geht er für uns unter, bis im 10. Jh. in Verona Bischof Rather C. in einem Codex liest, von dem vielleicht unsere 3 Hss. des 14. Jh. stammen, der Oxon. Bodl. Can. Lat. 30, der Sangerman. Paris 14137 und der Ottobon. Lat. 1829; schon im 9. Jh. zweigte aus gleichem Stamm der Thuaneus ab (nur c. 62 enthaltend). Seit dem 13. Jh. (B. L. ULLMANN Studies in the Italien Renaissance, 1955) beginnt das (bisher nur teilweise erfaßte) Nachwirken C.s (O. WEINREICH Übers. 178 ff.) als eines Vorbildes impulsiver Lyrik ([11], 37), bes. in Deutschland und England. Vertonungen gibt es von Hofhaimer (16. Jh.) bis C. Orff, Catulli Carmina 1931, Trionfo di Afrodite 1951. TH. WILDER Die Iden des März, 1948, zeichnet C.s Charakter vortrefflich. K. V.

Lit.: BursJb 183.212. *R.G.C. Levens* 50 Years of Class. schol. 1954. *H.J.Leon*, CW 53, 1959/60, 104.141.173.281 (gut orientierend). In den Ausgaben von *Kroll*, *Schuster*, *Eisenhut*, *Weinreich*.

I. Ausg.: Erstausgabe 1472 Venedig. *L. Schwabe*, Lpz. 1886. *E.Cazzaniga* Turin 1956. *M.Schuster-W.Eisenhut* Lpz. 1958^{2}. *R.A.B. Mynors* Oxf. 1958.

II. Komm.: *B.Ellis*, Oxf. 1889^{2}. *G.Friedrich*, Lpz. 1908. *W.Kroll*, Lpz. 1959^{3}. *M.Lenchantin de Gubernatis*, Turin 1958^{4} (= 1928). *C.J. Fordyce*, Oxf. 1961 (Ausw.). Index von *M.N. Wetmore*, Hildesheim 1961 (= New Haven 1912).

III. Übers.: *O. Weinreich*, Hamburg 1961. *W.Eisenhut*, München 1961.

IV: 1. *M.Schuster*, RE VII A 2353–2410. 2. *L.Schwabe* Quaest. Catullianae, 1862. 3. *v. Wilamowitz* Hellenist. Dichtung 2, 1924, 277–310. 4. *O.Weinreich* Die Distichen des C., 1926. 5. *A.L. Wheeler* C. and the Tradition of Ancient Poetry, 1934. 6. *I.Schnelle* Unters. zu C.s dichterischer Form, Philol.Suppl. 25,3, 1933. 7. *E.H. Havelock* The Lyrik Genius of C., 1939. 8. *F.Della Corte* Due studi catulliani, 1951. 9. *H.Heusch* Das Archaische in der Sprache C.s, 1954. 10. *L.Ferrero* Interpretazione di C., 1955. 11. *J.Bayet* Catulle, Fond. Hardt II, 1956. 12. *Fr. Klingner*, C.s Peleus-Epos, SBAW 1956. 13. *E.V. Marmorale* L'ultimo C., 1957^{2}. 14. *Fr.Klingner* C. in: Röm. Geisteswelt, 1960^{4}. 15. *G.Luck* Die röm. Liebeselegie, 1961. 16. *G.Lieberg* Puella divina, 1962. 17. *E.Sh. Duckett* C. in English Poetry, 1925. 18. *K.P. Harrington* C. and his Influence, 1928.

Caturiges. Gallisches Volk in den Cottischen Alpen, im Tal der Haute-Durance, in der Gegend von Chorges (Caturigomagus). Nicht in den Graischen Alpen, wie Ptol. 3,1,35 sagt. Caes. Gall. 1,10 nennt sie zusammen mit den Ceutrones und Graioceli. Strab. 4,204 lokalisiert sie irrtümlich neben den Salassi. Sie erscheinen unter den von Augustus unterworfenen Völkern auf dem Triumphbogen von Susa CIL V 7231 und in der Inschr. auf dem Tropaeum Alpium bei Plin. nat. 3,137 = CIL V 7817. Die Hauptstadt war Eburodunum (Embrun). Ihr Gebiet war ein Teil der Provinz Alpes Cottiae und wurde im 3. Jh. n. Chr. mit der Provinz Alpes maritimae vereinigt, mit Eburodunum als Hauptstadt. M. L.

Desjardins 2,95. *D'Arbois de Jubainville* Les noms gaulois,21.

Catuvellauni. Gallische, nach dem S. Britanniens übergesiedelte Völkerschaft mit dem Verwaltungszentrum Verulamium (Tac. ann. 14,33: *municipium*), später, nach Unterwerfung der Trinobanten unter Cunobellinus, nach Camulodunum = Colchester verlegt. Bereits von Caesar 54 v. Chr. besiegt, ergeben sich die C. bei der Eroberung Britanniens durch A. Plautius im J. 43 n. Chr. den Römern (Cass. Dio 60,20,2). H. C.

Catuvolcus. Ein Teilfürst der Eburonen. Er nahm, ohne besonders hervorzutreten, an dem Aufstand des Ambiorix gegen die Römer im J. 54 v. Chr. teil, der von Caesar in den J. 53–51 niedergeschlagen wurde (Caes. Gall. 5,24,3 ff.). Während Ambiorix entrinnen konnte, beging C., der bereits alt und körperlich geschwächt war, Selbstmord durch Gift (*taxo se exanimavit*, Caes. Gall. 6,31,5). W. S.

Cauca = Coca (Prov. Segovia). Keltiberische Stadt, der Name ist wohl iberisch (HOLDER 1,865). Sie wurde 151 v. Chr. von L. Licinius Lucullus treulos und grausam fast ausgemordet, 134 von P. Corn. Scipio human behandelt (App. Ib. 216 bis 221.386. [1] IV 24 f. 73). Später selten erwähnt (z. B. Plin. nat. 3,26. CIL II 2729), wurde sie bekannt als Geburtsort des Kaisers Theodosius I. ([1] VIII 66 ff.). Zuletzt wird sie 527 erwähnt ([1] IX 123), über das spätere Coca s. Encicl. Univ. Ilustr. 13,1099. [3] 5 ff. R. G.

1. Font. Hisp. Ant. IV.VIII.IX, Barc. 1937. 1959. 1947. 2. *Ad. Schulten* Numantia 1,394. 3. Cauca, Deutsche Zeit. für Span. vom 10. April. 27, Barc.

Caucasus (*Καύκασος*). Mächtige Gebirgskette, die vom NW. in s.ö. Richtung zwischen dem Pontos Euxeinos und dem Kaspischen Meer sich erstreckt. Nach den Griechen nur im O. (Pylae Albanicae, h. Derbent-Paß) überschreitbar. Die Römer wurden erst gegen Ende des 2. Jh. v. Chr. mit dem C. näher bekannt. Erstmals wurde der C. von Pompeius z. Z. des mithradatischen Krieges passiert. Hdt. 1,203 ff. Strab. 9,2,14. Ptol. 5,9,15. Chr. D.

Lit. K. V. *Trever* Očerki po istorii i kul'turyi kavkazskoj Albanii IV w. do n. e. – VII w. n. e., russ. Grundriß der Gesch. u. Krlt. des kaukari. Albanien vom 4. Jh. v. Chr. bis zum 7. Jh. n. Chr., M.-L., 1959, 267-287.

Caudex. Cognomen, → Claudius Nr. 5

Caudium (NISSEN It. Ldk. 2,807. DEVOTO Gli ant. Italici[2] 288 f.). Stadt der Caudini (Liv. 23,41, 13. Plin. nat. 3,105), Station der via Appia (Hor. s. 1,5,51. Strab. 5,249.283. It. Ant. 111,9. Burd. 610,11), *municipium* der tribus Falerna (KUBITSCHEK Imp. Rom. trib. discr. 40); h. Montesarchio. Bei Ptol. 3,1,67 heißt es *Καύδιον ἢ Κλούσιον*, was auf die *furculae Caudinae* (Liv. 9,2,6. 3,6; bei Lucan. 2,137 *furcae C.*; bei Sil. 8,567 *fauces C.*), den Platz der Niederlage des röm. Heeres 321 v. Chr., weist (Liv. a.O. Flor. 1,16. Eutrop. 2,9 u. a.). Die Ortsbeschreibung bei Liv. reicht nicht zur Lokalisierung aus, so daß man nicht sicher ist, ob die Forche Caudine bei Arpaja seit dem MA zu Recht diesen Namen tragen. G. R.

Caulonia s. Kaulonia

Caupona bezeichnet bis tief in die Kaiserzeit eine Unterkunft (Hotel) mit Schankbetrieb, auch den Schankbetrieb allein; erst im 2. Jh. werden die Grenzen zu *popina* »Garküche mit Schenke« verwischt. Der Inhaber heißt *caupo*. Im Lauf der Zeit gewinnt die Bedeutung »Schankwirt« die Oberhand, von da das dt. »Kauf«mann. In Pompeii sind die Wirtschaft zu ebener Erde, die Schlafräume vielfach im Oberstock angeordnet. In einfachen c. aß und trank man sitzend, in vornehmeren liegend. Die c. waren öfter mit Bordellbetrieb verbunden, ihr Ruf (und der ihres Personals) war sehr schlecht: Es galt als geschmacklos und deklassierend, wenn ein Senator in einer c. eine Mahlzeit einnahm. W. H. G.

Kleeberg, Hôtels restaurants et cabarets dans l'antiquité Romaine, 1957.

Caurus. Latinisierung des griech. *Χῶρος*, ein aus der Richtung 30° von W. auf N. wehender Wind der lat. Strichrose, ungestüm und reißend. RE VIII A 2294,45 ff. 2352 Fig. 14. 2356,16: CHORUS (sic). 2373 Fig. 26: Windstern des Vitruv, Verteilung der Lautvarianten Corus und Caurus auf 2 nebeneinander liegende Windstriche. 2375 Fig. 27 Corus auf der Windrose des Plinius. R. B.

Causa. So häufig und wichtig das Wort c. in der röm. Rechtssprache ist, so stark schillert seine Bedeutung. C. bezeichnet die Ursache eines äußeren Ereignisses, das Motiv und auch den Zweck menschlichen Handelns, daran anschließend den ausreichenden Rechtsgrund und das Motiv von Rechtsgeschäften, das Geschäft selbst, Zustände und Situationen (*pristina causa:* Dig. 43,16,1,31), alle Lasten und Vorteile eines Rechtsobjekts, schließlich das Wesen, die Art und natürlich schlicht den Fall (z. B. *causa Curiana*). Die Vielfalt der Bedeutungen bereitet den Versuchen, eine einheitliche Grundkonzeption der c. aufzudecken, größte Schwierigkeiten. Wir beschränken uns auf eine Musterung der Verwendungsweisen:

Als Rechtsgrund des Habens bildet die c. einen Angelpunkt der Ordnung der *condictio*. Diese steht zu, wenn einer *sine causa* das durch *datio* Erlangte vorenthält, wenn die Zweckvereinbarung sittenwidrig war *(causa turpis)* oder der Leistungszweck durch Änderung der Umstände vereitelt wurde (sog. *condictio causa data causa non secuta*). Die Bedeutung der c. für den Bereich der *condictiones* dürfte damit zusammenhängen, daß man bei der *legis actio per condictionem* den Verpflichtungsgrund nicht nennen mußte. Als ungenannt bleibenden Rechtsgrund sieht man auch bei *mancipatio* und *in iure cessio* die c. an. Noch heute nennt man Rechtsgeschäfte, bei denen es auf die wirtschaftliche Gegenleistung oder sonst einen Rechtsgrund ankommt, kausal, die anderen abstrakt. Bei den Römern waren insbesondere *mancipatio*, *in iure cessio* und *stipulatio* abstrakt. Verpflichtete ein Kauf zur Übereignung einer Sache und wurde deshalb eine *mancipatio* vorgenommen, so blieb die *mancipatio* auch dann wirksam, wenn der Kauf ungültig war. Der Eigentumserwerb durch *traditio* dagegen setzte eine *iusta causa traditionis* voraus. Eine zunächst unbestrittene und später wenigstens herrschend gebliebene Meinung (Ulp. Dig. 12,1,18) verstand darunter, daß das der Übergabe zugrunde gelegte Rechtsverhältnis gültig bestehe. Iulian (Dig. 41,1,36) allerdings begnügte sich mit der Einigung darüber, daß Eigentum übertragen werden solle.

Auch beim Eigentumserwerb durch Ersitzung *(usucapio)* kam es zu Auseinandersetzungen über das Verständnis der *causa*, hier der *iusta causa usucapionis*, die man meist als an sich zum Eigentumserwerb ausreichenden Umstand umschreibt. Es ging da insbesondere um den sog. Putativtitel, also um Anerkennung eines irrtümlich angenommenen Zuwendungsverhältnisses als ausreichende c. Der Hochklassiker Celsus (Dig. 41,3,27) und diokletianische Konstitutionen lehnen so weitherzige Interpretation des *causa*-Erfordernisses strikt ab, Neratius (Dig. 41,10,5) und Iulian (Dig. 41,4,11) ließen bei *iusta causa erroris* die *usucapio* zu.

Neben dem Eigentumserwerb ist auch der bloße Besitz mit einer c. verbunden. Dies äußert sich zum einen bei der Passivlegitimation zur *heredi-*

tatis petitio (pro herede oder *pro possessore possidere)*, zum andern im Verbot des *sibi ipse causam possessionis mutare* (Dig. 41,5,2,1). Der Rechtsgrund des Habens gehört zum ältesten Bestand des röm. Rechts. Gai. 4,16 berichtet, daß in der frühröm. *legis actio sacramento in rem* der Kläger die Frage stellte: *Postulo, anne dicas, qua ex causa vindicaveris.* Th. M.-M.

V.A. Georgescu Le mot c. dans le latin juridique, 1936 (wieder abgedruckt 1939 in: Études de philologie juridique). *P.J. Miniconi* C. et ses dérivés, 1951. *F. Schwarz* Die Grundlage der condictio, 1952, 120ff. *Kaser*, BIDR 64, 1961, 86ff. *Mayer-Maly* Das Putativtitelproblem bei der usucapio, 1962.

Causidicus. Der c. wird von Cicero (or. 30; de or. 1,202) als Gerichtsredner unter die *clamatores* gereiht, die nur auf praktische Bewährung Wert legten und als schlechte Redner galten. Sie standen den → *advocati* gegenüber auf einer minderen Stufe. Während es die Aufgabe der Rechtsgelehrten war, Parteien und Gerichtsredner zu beraten, Rechtsgutachten zu verfassen, fanden die in früher Kaiserzeit in Standesgruppen (Privilegien, Auswahlprinzip, Iust. Inst. 2,7,11,1. Nov. Val. 2,2, 2. 31,8) zusammengefaßten Gerichtsredner im Plädieren ihre Hauptbetätigung. Gegen E. des 3. Jh. ist der c. nach Untergang der klass. Juristenschule – das *ius respondendi* verschwand unter Diokletian – als Ersatz für die *iurisconsulti* vor Gericht aufgetreten (Lact. de mort. pers. c. 22: *causidici sublati, iureconsulti aut relegati aut necati;* vgl. auch Nov. Val. 34,2). F. R.

Bethmann-Hollweg Der röm. Zivilprozeß 3, 1866 (1959), 161ff. *L. Wenger* Institutionen des röm. Zivilprozeßrechts 1925, 312. *W. Neuhauser* Patronus und orator, 1958, 202.

Cautio. C. heißt jedes in Stipulationsform abgegebene Versprechen, mit dem jemand eine Leistung, besonders einen Schadenersatz, für den Fall zusichert, daß künftig ein Nachteil eintritt. Ohne Sicherung durch Bürgen oder Pfänder sprechen die Quellen (Dig. 5,1,2,6) von einer *c. pura;* die c. mit Bürgenstellung heißt *satisdatio* (Dig. 2,8,1). Untechnisch wird bisweilen eine Urkunde, namentlich eine Schuldurkunde, c. genannt.

Den Römern ist die c. eines der beliebtesten Instrumente vorsorglicher Interessenwahrung. *Cavere* rechnet ja neben *respondere* zu den Hauptaufgaben eines *iuris peritus* (»Kautelarjurisprudenz«). Von den *cautiones* des klassischen Rechts seien genannt:

1. Die *c. damni infecti* sichert gegen »ungeschehenen Schaden«: Droht von einem Nachbargrund Schaden, so trägt der Prätor dem Nachbarn Sicherheitsleistung auf. Unterläßt der Nachbar die c., kann der Prätor zunächst in die Innehabung und dann ins bonitarische Eigentum am Nachbargrund einweisen. 2. Mit der *c. legatorum servandorum causa* sichert der Prätor den Legatar (eines bedingten oder befristeten Damnationslegates) gegen Insolvenz des Erben (Dig. 36,3). 3. Die *c. Muciana* wurde von Q. Mucius Scaevola erfunden und ermöglicht sofortigen Erwerb von Zuwendungen unter negativen Potestativbedingungen (z. B. Wiederverheiratung). 4. Durch die *c. pro praedio litis et vindiciarum* wird der in einem Sponsionsverfahren Beklagte gehalten, im Falle des Unterliegens die Sache zu restituieren. 5. Die *c. rei uxoriae* sichert die Herausgabe der *dos* nach Auflösung der Ehe (vgl. Gell. 4,3,2). 6. Die c. (auch: *satisdatio) rem pupilli salvam fore* erfaßt die Haftung des Vormundes für alles, *quod ex tutela dari fieri oportet;* sie mag den Ansatz für die Ausbildung der *actio tutelae* gebildet haben. 7. Die *c. usufructuaria* ist vom Nießbraucher vor Empfang der Sache zu leisten. Der Usufruktuar hat zu versprechen, daß er den Nießbrauch *boni viri arbitratu* ausüben werde und daß er die Sache termingerecht zurückgeben werde.

Das Verfahrensrecht sieht eine Fülle anderer *cautiones* mit ebenfalls großer Bedeutung vor. Sie hängen insbesondere mit der unvollkommenen Ausbildung der prozessualen Stellvertretung zusammen. *Die c. iudicatum solvi* ist von dem zu leisten, der einen *cognitor* bestellt; da das Urteil für und gegen den *cognitor* ergeht, ist Schutz gegen dessen Insolvenz geboten. Die *c. dominum rem ratam habiturum* wird vom *procurator* gefordert; sie sichert die Genehmigung der Prozeßführung durch den Vertretenen; außerdem hat auch der *procurator* eine *c. iudicatum solvi* zu leisten. Die *c. iudicio sisti* schließlich ist ein Gestellungsversprechen des justinianischen Rechts, das die Folgepflicht der Prozeßparteien sanktioniert. Th. M.-M.

A. Mozillo Contributi allo studio delle stipulationes praetoriae, 1960. *Negro* La cauzione per le spese, 1954. *A. Palermo* Il procedimento cauzionale nel diritto romano, 1942. *A. Steinwenter* Stud. z. röm. Versäumnisverfahren, 1914, 162ff.

Cavea. Höhlung. **1.** Tierkäfig, Bienenstock. **2.** Konisches Gittergestell, von Walkern über Kohlenpfanne gestellt, um Zeug zu trocknen. **3.** Terrassenförmig aufsteigender Sitzraum in Theatern und Amphitheatern; in größeren Anlagen horizontal durch Umgänge in *prima*, *media*, *summa c.* geteilt, die verschiedenen Personengruppen zugeteilt waren. → cuneus. Auch Zuschauer und das ganze Theater. C. F.

Cebenna mons. Gebirge in Gallien, das die Arverner von den Helviern trennt, h. die Cevennen. Caes. Gall. 7,8.56 beschreibt es als mit 6 Fuß Schnee bedeckt; erwähnt auch von Strab. 2,128. 3,146. 4, 176–178.182.185.187.189.191.208. Mela 2,74.80. Lucan. 1,435. Plin. nat. 3,31.4,105. Suet. Caes. 25. Ptol. 2,8,4.11. Avien. or. mar. 622. Auson. ord. urb. nob. 102.114. Ruric. epist. 1,11,1. M. L.

Desjardins 1,104ff.

Cediae. Stadt in Numidien, w.s.w. von Lambaesis; h. Hr. Ounkif. *Res publica Cediensium*, mit *ordo* und *duumviri* unter Diocletian: CIL VIII 17655. Mehrere Bischöfe, einer von ihnen vielleicht Donatist, sind bekannt. S. GSELL Atl. Arch. Alg. f[e] 39, Nr. 43 und Add. Wichtige Ruinen: chr. Kirche, byzant. Fort, Reste von Kunstbauten; Inschr. CIL VIII 10727.17655. M. L.

Cedrus (κέδρος, Zeder). Die von den nächstverwandten Coniferengattungen Pinus und Larix u. a. durch zerfallende Zapfen verschiedene, in der Kreide- und Tertiärzeit über einen Großteil der N.-Hemisphäre verbreitete Gattung C. ist in Europa in der vorletzten Eiszeit ausgestorben und nur noch im Himalaya (C. deodara), Libanon (noch ca. 500 Bäume) und Kleinasien (C. libani = libanotica, im Taurus und Antitaurus), auf Cypern (C. brevifolia) und im Atlas (C. atlantica, bis 2700 m) durch nah verwandte Arten oder Unterarten vertreten. Das als Bau- und Möbelholz hochgeschätzte aromatische Zedernholz wurde schon um 2750 v. Chr. und später in großen Mengen vom Taurus und Libanon nach Äg. gebracht zu Bauten, Mumiensärgen u. a., das Harz zum Räuchern und Einbalsamieren, ebenso nach Palästina für die Tempel und Paläste Davids und Salomos. Die Zedernwälder des Taurus erwähnen Herodot, Theophr., Strabo u. a.; dagegen ist mit κέδρος bei Homer u. a. wohl nicht C., sondern ein Wacholder gemeint. H. G.

Ceionius. 1. M. C. Civica Barbarus. Sohn von Nr. 3. Cos. ord. 157, CIL VI 376. VIII 14584. AE 1927, 180. Philostr. vit. soph. 1,25, 7p. 50 K. Im J. 164 begleitete er die Lucilla nach Syrien zu L. Verus, dessen Oheim C. war, H. A. v. Marci 9,4. R. SYME Tacitus 2,794. **2.** L. C. Commodus. Vater von Nr. 3. Er stammte aus Etrurien, H. A. v. Veri 1,9. Cos. ord. 78, CIL XIII 11967. Leg. Aug. pr. pr. Syriae 79/80, IGR III 1356, s. HARRER Stud. hist. Syria 13f. **3.** L. C. Commodus. Cos. ord. 106, Inscr. It. XIII 1, p. 196f. Vater von Nr. 1 und Nr. 4. **4.** L. C. Commodus = L. Aelius Caesar. Adoptivsohn Hadrians, Vater des L. Verus. Praetor 130, H. A. v. Veri 1,8. Cos. I ord. 136, CIL VI 975a, etwa gegen Ende 136 (sicher nach dem 19. Juni, CIL VI 10242) von Hadrian adoptiert, zum Caesar designiert, CIL XI 5957 (s. E. KORNEMANN Doppelprinzipat 72ff.), Cass. Dio 69,17,1. H. A. v. Hadr. 23,10–12, so daß nicht Hadrians Sohn, sondern C. als Thronfolger erkoren war; doch die Söhne des C. sollten nicht seine Nachfolger sein. Sofort nach der Adoption erhielt C. als Statthalter beide Pannonien, v. Hadr. 23,13 (W. REIDINGER Statth. Pannon. 72ff. A. MÓCSY, RE Suppl. IX 590), die er gut verwaltete, v. Ael. 3,2ff. Cos. II ord. 137, CIL III 1933. 4366. Ende 137 kehrte er nach Rom zurück, starb aber am 1. Januar 138 an Blutsturz, Cass. Dio 69,20,1. Er wurde 139 im Mausoleum Hadriani beigesetzt, CIL VI 985. Mz. bei MATTINGLY RIC 2 p. 391–393.470.480–483, s. P. STRACK Unters. zur röm. Reichsprägung 2, p. 166–174; Nr. 388–404.499.854.880–896. **5.** L. C. Commodus, s. Verus. **6.** C. Iulianus Camenius. Bruder von Nr. 8 (?). Praefectus Aegypti, Socr. hist. eccl. 3,3,21, praefectus praetorio des Licinius 316–324; trotzdem stand C. nach dessen Sturz bei Konstantin in Ehren, Liban. or. 1,524; cos. 325 (A. DEGRASSI Fast. consol. p. 79). Praefectus urbi 10. Mai 333 bis 26. April 334, Chron. min. I 68 Momms. Er ist nicht über eine Tochter (Basilina) Großvater des Iulianus Apostata, s. J. BIDEZ, Mélang. P. Thomas 57; sein Sohn Alfenius C. Iulianus Camenius bekleidete 374 hohe heidnische Priesterämter, AE 1953, 238. **7.** C. Rufius Albinus. Sohn von Nr. 8. Cos. ord. 335, DE ROSSI Inscr. christ. urb. Rom. 41 = A. SILVAGNI Inscr. christ. urb. Rom I 2721. Athan. apol. c. Ar. 75. Cos. II ord. 345 (A. DEGRASSI FImp. 81). Praefectus urbi 30. Dezember bis 9. März 337, Chron. min. I 68 Momms. Ehrenhalber erhielt er eine Quadriga, O. SEECK H 19, 1884, 186ff. Er schrieb auch Bücher über Dialektik und Geometrie, Boeth. Comm. in Aristot. περὶ ἑρμην². I 1. **8.** C. C. Rufius Volusianus. Corrector Campaniae wohl 282 und 283, CIL X 1655; 8 J. hindurch Corrector Italiae, CIL VI 1707 = DESS. 1213. Procos. Africae, AE 1949, 59. Praefectus Praetorio des Maxentius 311, besiegte den Usurpator Alexander, Aur. Vict. 40,18, erhielt dafür 311 den Consulat, CIL VI 1708. Vorübergehend nach 312 seiner Ehren verlustig, machte ihn Konstantin wieder zum Cos. II 314 und zum praefectus urbi vom 8. Dezember 313 bis 20. August 315, CIL VI 1140. Cod. Iust. 12,1,2; 321 wieder praefectus praetorio Italiae, Cod. Theod. 13,3,1. **9.** C. Rufius Volusianus, Stadtpraefect vom 28. Oktober 310 bis 27. Oktober 311, Chron. min. I 67 Momms. **10.** C. C. Rufius Volusianus Lampadius. Enkel von Nr. 8. Praefectus praetorio Italiae 355, Amm. 27,3,5ff. Zos. 2,55,3; er war an der Usurpation der Herrschaft durch Silvanus mitbeteiligt, Amm. 15,5,4ff. Praefectus urbi 365, Cod. Theod. 1,6,5. Er errichtete viele Bauten (Amm. 27,3,7–11, CIL VI 1170–1174.3866), auch in Ostia, H. RUHRMANN Epigraph. 3, 1941, 103–109; H. BLOCH NSA 1953, 272. Ein Sohn Lollianus wurde wegen Zauberei hingerichtet, Amm. 28,1,26. Ein 2. Sohn Nr. 12. Seine Gattin war Caecinia Lolliana, Symm. rel. 30. **11.** Publilius C. Iulianus, Großvater mütterlicherseits des Kaisers Iulianus, erst Christ, Theodor. hist. eccl. 3,11,5ff., Amm. 23,1,4. Um 355 hatte er vielleicht die cura statuarum inne, CIL VI 1159. Zwischen 361/63 Comes Orientis, Cod. Theod. 3,1,3. Damals fiel er vom Christentum ab, Philostorg. 7,10. Soz. hist. eccl. 5,7,9–8,3 (p. 203,9–204,5 Bidez-Hansen), und wurde zum fanatischen Christenhasser. Die Schuld am Brande eines Apollontempels im J. 362 schob er auf die Christen, Amm. 22,13,1f. Theodor. hist. eccl. 3,11,5; er schloß die Kirche von Antiochia, ließ den Verwalter des Kirchenschatzes foltern (Ioh. Chrys. de S. Babyla c. Julian. 17, p. 564 AC) und schändete die heiligen Geräte, Soz. 5,7,9f. Im Frühjahr 363 starb er nach 40tägiger Krankheit, Iul. misop. 365 C. Theodor. hist. eccl. 3,13. **12.**

Publilius C. Caecina Albinus. Sohn von Nr. 10, Altersgenosse und Freund des Symmachus, epist. 8,25. Eine der Hauptpersonen bei Macr. Sat. Um 365 Consularis Numidiae, CIL VIII 2242. 2388 u. a. Seine Frau war Christin, auch seine Tochter Laeta, Hieron. epist. 107,1 (CSEL 55/52, 290ff.). Sein Sohn Nr. 15, sein Enkel Nr. 16. **13.** Alfenius C. Iulianus Camenius. Enkel von Nr. 6. Um 371 mit seinem Bruder Tarracius Bassus vor Gericht gezogen, aber freigesprochen, Amm. 28,1,27. Consularis Numidiae, Vicarius Africae 381, Cod. Theod. 12,1,84. † 385, Dess. 1264. CIL VI 1675. **14.** C. Rufius Albinus. Sohn von Nr. 10. Praefectus urbis Romae 389–391, Cod. Theod. 2,8,19. Cod. Iust. 6,1,8. Dess. 789. Mitunterredner bei Macr. Sat. Im J. 416 lebte er noch, Rutil. Namat. 1,168. – A. Chastagnol, REA 58, 1956, 247f. **15.** C. Caecina Decius Albinus. Sohn von Nr. 12, Macr. Sat. 1,2,3. Consularis Numidiae, CIL VIII 7034. Procos. Campaniae 398, Symm. epist. 7,40 (s. 7,38). 6,23. Quaestor sacri Palatii 399–401, praefectus urbi 401–402, Dess. 796. Adressat von Symmach. epist. 7,35–52. 9,103. **16.** Flavius C. Caecina Decius Aginatius Albinus. Wohl Sohn von Nr. 15. Um 414 (nicht mehr am 27. Dezember 414) in jugendlichem Alter praefectus urbi, Rutil. Namat. 1,466ff. Cod. Theod. 13,5,38. CIL VI 1659. Praefectus praetorio Italiae 443–448, Cos. 444, Patricius seit 446, Nov. Val. 2,3. 12ff. 17f. 20–25. **17.** C. Rufius Antonius Agrypnius Volusianus. Sohn von Nr. 14, Rutil. Namat. 1,168. * ca. 392; im jugendlichen Alter Procos. Africae. Seine christliche Mutter suchte ihn zu bekehren, Aug. epist. 123. 136 (CSEL 44, p. 79ff.); doch er spottete erst der christlichen Religion, s. seinen Brief an Augustinus, epist. 135 (CSEL 44, p. 89ff.). Quaestor sacri Palatii; praefectus urbis Romae 415 (Rutil. Namat. 1,167ff. CIL VI 1194. 1661) und 421 (nach einem Reskript Constans III. an ihn bei C. Haenel, Corpus legum 240 B–241 A); A. Chastagnol, REA 58, 1956, 241–246 glaubt nur an *eine* Stadtpraefectur des C. im J. 417; mit Recht zurückgewiesen von I. Lana Rutilio Namaziano, 1961, 17ff. Praefectus praetorio Italiae 428/29, Cod. Theod. 1,10,8. Cod. Iust. 11,71,5. Gegen Ende seines Lebens bekehrte er sich zum Christentum, Geront. v. S. Melaniae 53 bis 55 (ed M. Rampolla 1904); † ca. 437. R. H.

Celadus. Kaiserlicher Freigelassener august. Zeit, Suet. Aug. 67,1. Er entlarvte ca. 7–4 v. Chr. den angeblichen Sohn des Herodes, den falschen Alexander, Ios. ant. 17,332; bell. 2,106–110. Vielleicht CIL VI 23338 und XIV 3524 genannt. R. H.

Celeia. Stadt in Noricum (Plin. nat. 3,146. Ptol. 2,13,3. Tab. Peut. Itin. Anton. 129, Itin. Hier. 560); wo jetzt Celje (Cilli) liegt, war ursprüngl. eine kelt.-illyr. Siedlung. Sie verdankt ihre frühe und rasche Entwicklung ihrer Lage an der bedeutsamen Bernsteinstraße. Schon unter Claudius war C. eine Munizipalstadt (CIL III 5143. 5227). Es ist anzunehmen, daß sie der Tribus Claudia angehörte (CIL VI 2382). Inschr. werden folgende Magistratsbeamte erwähnt: *duoviri iure dicundo* (CIL III 5116), *aediles* (5145, 5225), *quaestores* (5143) u. a. m. Die antike Stadt liegt unter der h. Siedlung, so daß uns ihre Top. nur zum Teil bekannt ist. Im 1. Jh. war sie vermutlich noch nicht befestigt: die Wehranlagen wurden erst z. Z. der Markomannenkriege errichtet. Im 4. Jh. war C. bereits eine bischöfliche Residenzstadt. J. F.

B. Saria JÖAI 39, 1952, 77ff.

Celer. Cognomen, zur Entstehung vgl. die Anekdote bei Plut. Coriol. 11. Als eine Art Spitzname (RE III A 1829) häufiger. In der Gens Caecilia, → Metellus. H. G. G.

Kaiserzeit: **1.** Cognomen, z. B. Arruntius, Asinius, Attius, Avidius u. a. **2.** Militärtribun in Iudaea, der bei Streitigkeiten zwischen Juden und Samaritern eingreifen mußte und dafür im J. 52 zur Verantwortung nach Rom geschickt, zum Tod verurteilt und in Jerusalem enthauptet wurde, Ios. ant. 20,132–136; bell. 2,244–246. **3.** Nach Mart. 7,52,3f. legat. Aug. pr. pr. Hispaniae cit. oder legatus iuridicus vor dem J. 92. **4.** Röm. Ritter, der wegen des Verdachtes, die Vestalin Cornelia geschändet zu haben, auf Befehl Domitians getötet wurde, Plin. epist. 4,11,10. Suet. Dom. 8,4. **5.** Architekt Neros, der mit Severus die Parkanlagen der domus aurea schuf, Tac. ann. 15,42,1. **6.** Verfasser einer Rhetorik, Sekretär Hadrians, Philostr. vit. soph. 1,22,3, wohl identisch mit Caninius Celer, dem Lehrer des Marcus und Verus, H. A. v. Marci 2,4. **7.** Praefectus praetorio unter Gordian III., Cod. Iust. 1,54,3. **8.** Procos. Africae im J. 429, Cod. Theod. 11,1,34. Augustin. epist. 56. 57 (CSEL 34/2, 213ff.) suchte seinen Sohn vom Donatismus abzubringen. **9.** P. C. röm. Ritter, Verwalter der kaiserlichen Besitzungen in Asien, vergiftete auf Veranlassung Agrippinas im J. 54 den Statthalter M. Iunius Silanus, Tac. ann. 13,1,2. Ehreninschr. in Ephesos bei J. Keil Forsch. Eph. 3,43. 44. Im J. 57 erhoben die Provinzialen Klage. Er starb vor der Verurteilung, Tac. ann. 13,33,1. R. H.

Celerinus. 1. Präfekt von Äg., der 283 die von den Soldaten angebotene Kaiserwürde ablehnte, Claudian. epithal. Palladii et Celerinae 25,70–82. A. Stein Präfekt. Äg. 154. **2.** Röm. Bekenner, Lector in Karthago, Gegner des Novatian, Euseb. hist. eccl. 6,43,6. Ein Brief von ihm bei Cyprian epist. 21,1 (CSEL III 2, p. 529ff.); die Antwort an C. 21,2. R. H.

Cella. Jeder kleinere Raum im Haus kann als c. bezeichnet werden, bes. die Wohnräume der Sklaven. Reiche richteten sich nach Sen. epist. 2,6 (18),7; 16,5(100),6. Martial. 3,48 eine *c. pauperis* ein, um dort neue Lust am Luxus zu schöpfen. Aber auch die Räume der Dirnen heißen c. (→ Bordell), und die Abteilungen der röm. → Thermen können c. (*c. caldaria* usw.) genannt werden. Meist wird jedoch c. zur Bezeichnung von (ant.

Bauweise gemäß nur selten unterirdisch angelegten) Vorratsräumen verwandt. Diese c. lagen in älterer Zeit immer nahe der Küche. Man unterschied c., *c. penaria* und *c. promptuaria*, doch haben die von den Grammatikern dafür angegebenen Unterschiede (Varro l.l. 5,162. Serv. Aen. 1,703. Isid. orig. 15,5,7. Vgl. Gell. 4,1,17), wonach in der *c. penaria* Vorräte für längere Fristen, in der c. die für wenige Tage bestimmten aufbewahrt würden, mehr Kuriositätswert. Denn die Getreidevorräte für die Verpflegung des röm. Statthalters in der Provinz (und für seine *cohors amicorum* und die Truppen?) wurden in die c. des Statthalters geliefert, Cic. Verr. 2,3,188 u.ö., und die Getreidemagazine *(horrea)* konnten in c. für die einzelnen Getreidesorten eingeteilt sein. Dem Vorratsraum des Hauses für beliebige feste oder flüssige, eßbare oder anderweitige Vorräte, c. oder *cellarium*, entsprach im griech. Haus das *ταμιεῖον*. Übertragen kann Cato bei Cic. Verr. 2,2,5 Sizilien die *c. penaria reipublicae nostrae* nennen; auch weniger geschmackvolle Vergleiche waren möglich, Tert. resurr. carn. 27. – Unter den c. des röm. Hauses und Gutsbetriebs werden 2 Vorratsräume bes. hervorgehoben, die *c. vinaria* und die *c. olearia*. Letztere dient zur Aufbewahrung, in kleineren Städten sowie ländlichen Villen und Betrieben auch zur Zubereitung des im *torcularium* gepreßten Öls; über die Einrichtung der *c. olearia* spricht Cato agr. 13,2. Die *c. vinaria*, im Großstadthaus neben der *apotheca* zur Lagerung des Weins bestimmt, diente urspr. (in ländlichen Verhältnissen immer) auch zum Austreten, manchmal auch zum maschinellen Auspressen der Trauben sowie zur Gärlagerung; sie entspricht also dem griech. *οἰνών* (*οἰνοθήκη*) und dem *πιθ(ε)ών*. Die Lagerung erfolgte in älterer Zeit und bei einfacheren Weinen immer im Faß, später – schon 2. Jh. v. Chr. – für feinere Weine auch in kleineren Gefäßen. Für den Bau von *c. vinariae* stehen genaue Vorschriften bei den Agrarschriftstellern. – Aus Ausgrabungen ist bekannt, daß der Wein in Räumen, die wohl *c. vinariae* waren, oft in hohen Amphoren gelagert wurde, die entweder in einem Holzgestell aufgestellt oder z.T. in die Erde eingegraben waren und Angaben über den Inhalt trugen (→ Amphora 1). Hier wie in den *horrea* ist oft der Zusammenhang der großen *c. vinariae* bzw. c. mit dem urspr. kleinen Raum nicht mehr augenfällig. W. H. G.

Celsus. 1. Cognomen zu den Gentilnamen Aelius, Apuleius, Aemilius, Albinovanus, Arrius, Arruntius, Aurelius, Clodius, Cornelius, Curtius, Flavius, Iulius, Iuventius, Marius, Messius, Munatius, Publilius, Publius, Ragonius, Sempronius. **2.** Freund des Ovid und des M. Aurelius Cotta Maximus Messalinus. S. Ov. Pont. 1,9. **3.** Iulius C., Tribun einer cohors urbana, der im J. 32 wegen Teilnahme an der Verschwörung des Seian angeklagt wurde und im Gefängnis Selbstmord verübte, Tac. ann. 6,14,1. **4.** C. erscheint historisch unrichtig als Verschwörer gegen Antoninus Pius in dem fingierten Brief SHA vit. Avid. Cass. 10,1. **5.** Erfundener Usurpator gegen Gallienus in SHA vit. trig. tyr. 29. Claud. 7,4. **6.** C. Aelianus erscheint als cos. suff. 238 in dem unechten Brief bei SHA vit. Maximi et Balb. 17,2. **7.** C. Plancianus cos. suff. zwischen 161 und 168, CIL XVI 124. R.H.

8. A. Cornelius Celsus. Röm. Enzyklopädist zur Zeit des Tiberius; von seinem Leben wissen wir nichts. Er hat ein Werk »Artes« verfaßt, über dessen Aufbau und Umfang wir nicht genau orientiert sind; möglicherweise umfaßte es neben der Medizin auch Landwirtschaft, Rhetorik, Kriegskunst und Philosophie. Erhalten sind nur 8 B. De medicina von recht erheblichem Umfang, was im Hinblick auf den Gesamtumfang der »Artes« immerhin auffällig ist. Das medizin. Werk behandelt im wesentlichen Diätetik, innere Erkrankungen, Pharmakologie und sonstige Therapie, äußere Krankheiten, Chirurgie. War C. Arzt oder medizin. Laie? Dieses Problem hängt eng mit der Frage nach seinen Quellen zusammen. Die Ein-Quellen-Theorien (genannt wurden Cassius, Aufidius Siculus, Tib. Claudius Menecrates) ließen sich nicht aufrechterhalten, da C. auf keine einzelne Schule (→ Dogmatiker, Empiriker, Methodiker) festzulegen ist. Man neigt immer mehr dazu, C. für durchaus selbständig zu halten. Eine umfassende Sammlung aller griech. Parallelen könnte vielleicht zur Lösung dieses Problems beitragen. Das Werk ist jedenfalls eine unschätzbare medizinhistorische Quelle, insbesondere für die ersten beiden vorchr. Jh., für die uns sonst kaum Nachrichten zur Verfügung stehen (vgl. etwa die alexandrinische → Chirurgie). Der Text des C. ist, trotz der großen Ausgabe von MARX, bis jetzt nicht voll befriedigend konstituiert; daran hängt auch die Frage nach seinem Stil, welcher sicher der Umgangssprache etwas nähersteht, als man im allgemeinen seit MARX noch immer annimmt. F. K.

CML I, Lpz. 1915, ed. *Friedr. Marx*. A. Corn. C., Über die Arzneiwissenschaft, übers. und erklärt von *Scheller-Frieboes*, Braunschweig 1906. *G. Baader* Überlieferungsprobleme des A. Corn. C., FuF 34, 1960, 215–218 (beste Zusammenfassung aller C.-Probleme, mit reicher Literatur).

Celsus s. auch Kelsos

Celtae s. Galli

Celtianis. Castellum Celtianum, n. von Constantine; h. El Meraba des Beni Ouelbane. Dieses Kastell gehörte zum Gebiet von Cirta. Die *res publica* von C. hatte einen Gemeinderat *(consilium decurionum)* unter Marc. Aurelius: CIL VIII 19689–90. Zahlreiche Inschr. ILAlg. II 2084–3398, die Aufschluß über die Bevölkerung geben: H.G. PFLAUM Carnuntina 3, 1956, 126. Ruinen: Platz mit Steinplatten (forum?), Statuen, Reste von Bauten, Begräbnisstätte. M. L.

S. Gsell Atl. Arch. Alg. f[e] 8, Nr. 91.

Celtiberi. Nach früherer allgemeiner Ansicht bedeutet der Name »iberische Kelten«, d.h. Kelten, die in iberisches Gebiet eingewandert sind (zuerst bei Strab. 3,4,5, dazu [2] VI 228/29). Demgegenüber hat AD. SCHULTEN neuerdings die Ansicht verfochten, sie seien »keltische Iberer«, d.h. Iberer, die von der O.-Küste in keltisches Gebiet eingedrungen sind. Sicherheit ist nicht zu gewinnen ([1] 108. [3] 21. [4] 316). Sie waren die Bewohner eines großen Teiles des Tafellandes, der Meseta. Nie bildeten sie eine politische Einheit. Bezeichnend ist, daß sie keinen Eigennamen hatten, C. ist griech. Sie zerfielen in die Stämme der Arevaci, Lusones, Belli, Titti, Pelendones ([1] 122–142. Ihre Grenzen, soweit festzustellen, 119). Auch diese hatten keine politische Organisation, sondern gliederten sich nur in Familien, Sippen, Gemeinden ([1] 228ff.).

Sie erscheinen als wildes, rohes Volk. Eine Schrift hatten sie, doch wurde sie wenig gebraucht; bekannt ist die Bronzetafel von Luzaga (HÜBNER Mon. Ling. Ib. p. 171. [1] 335). Nie hatten sie eine originelle Münzprägung (ANT. VIVES La Moneda Hispánica 1.2, Madrid 1926. 1924. [1] 242f.). Ekelhaft war ihre Sitte, sich Körper und Zähne mit altem Urin zu reinigen (Diodor. 5,33. Catull. 37.39). Über ihre Religion ist wenig bekannt: Mondkultus, Menschenopfer. Die im Kriege Gefallenen ließen sie von Geiern zerfleischen ([1] 196 bis 199. Sil. 3,340–343. [3] 21). Doch gewannen sie Gold aus den Flüssen, hatten Silber- und Eisenbergwerke ([1] 173f.), Töpferei ([1] 192/93). Ihre Waffenfabrikation war so vorzüglich, daß die Römer das Schwert (Pol. frg. 96) und das *pilum* (RE XX 1333) von ihnen übernahmen. Ihre Kriegstüchtigkeit war so hervorragend, daß Rom von 181–133 mit ihnen verlustreiche Kriege führen mußte. Nach dem Fall von Numantia war ihre Kraft gebrochen, aber bis 44 v. Chr. folgten noch einzelne Aufstände ([1] 263ff. und die S. 290 angeführte Lit. Die Quellen gesammelt in [2] III–V). Noch eine kriegerische Tat wird von ihnen berichtet, als sie 104 v. Chr. den Einfall der Cimbern zurückschlugen (Liv. per. 67. [2] IV 147). Dann verschwinden sie aus der Geschichte, einzelne Erwähnungen s. [2] VIII 453. [1] 120f. 386ff. R. G.

1. *Ad. Schulten* Numantia 1. 2. Font. Hisp. Ant., Barc. 1925ff., I^2–VI. VIII. IX (s. Indices!). 3. *Friedr. Bleiching* Span. Landes- und Volkskunde bei Sil. It., Erl. Diss. 1928. 4. *L. Pericot* La España primitiva, Barc. 1950. 5. *Holder* Altcelt. Sprachsch. 1,959ff. 3,1194ff.

Cemenelum. Stadt der Vediantii, oberhalb Nizza, h. Cimiez. Oppidum der Ligurer, dann röm. Niederlassung, gegründet durch Augustus (Diod. 29,28 *ἡ πόλις Κεμελετῶν*. Ptol. 3,1,39 *Κεμενέλεον*. Plin. nat. 3,47 *Cemenilo*. Tab. Peut. *Gemenello*. Itin. Ant. 296 *Cemenelo*. Not. Gall. 17,7 *Civitas Cemenelensium*. Hauptstadt der kleinen Provinz Alpes Maritimae, blüht sie auf im 2.–3. Jh. Als Diocletian die Alpes Cottiae mit ihr verbindet, wird C. von Eburodunum überflügelt. Dann beginnt der Niedergang. Ruinen: Wasserleitungen, Thermen (Gallia 4, 1946, 93. 18, 1960, 322), Amphitheater, chr. Basilica und Baptisterium (Gallia 14, 1956, 234). M. L.

Cempsi werden nur von Avien. (or. m. 182. 195.200.257.301) und von Dion. Per. 338 erwähnt. Sie waren wahrscheinlich ein keltischer (anders HOLDER 1,978) Stamm, der ursprüngl. auf der Insel Cartare (wohl das Mündungsgebiet des Baetis) lebte, dann s. des Tagus und im Tal des Anas. Später werden sie nicht mehr erwähnt; vielleicht identisch mit den oft genannten Celtici. R. G.

1. Font. Hisp. Ant. I^2, Barc. 1955, 104f. 112. 2. RE Suppl. VIII s. Sefes.

Cena. Die Hauptmahlzeit der Römer wurde in älterer Zeit mittags eingenommen. Später gab es mittags das → *prandium*, die c. am späten Nachmittag. Urspr. bestand die c. aus 2 Gängen, Hauptspeise (meist *puls*, Brei aus Dinkelmehl, mit Gemüsen) und *mensa secunda* (Nachtisch), später wurden es 3 bis zu 7 Gängen, *fercula*, *missus*. Die Regel waren Vorspeise, *gustus*, → gustatio, Hauptgang mit Fleisch als *caput cenae*, Nachtisch. Die bei Martial. 10,48; 11,52. Iuv. 11,64ff. geschilderten Menus sind kaum typisch. Zu Beginn Anrufung der Götter, dann und zwischen den Gängen Händewaschen (Essen mit der Hand!), vor dem Nachtisch wurde den Laren, dem *genius* des Hausherrn, später auch des Kaisers geopfert. Bei Festen gab es danach die → comissatio. W. H. G.

Cenabum. Hauptstadt der Carnuten, an der Loire (Caes. Gall. 7 und 8 schwankt zwischen *Genabum* und *Cenabum*. Strab. 4,191 und Ptol. 2, 8,10 *Κήναβον*. Tab. Peut. *Cenabo*. Itin. Ant. 367 *Canabum*). Man hat die Frage der Lokalisierung von C. erörtert: Orléans oder Gien (G. CHEVALLIER Genabum, Orléans ou Gien? Orléans 1944). Es ist begründet, an Orléans zu denken, nach dem späteren Namen *Aureliani*, *Aurelianensis urbs*. DESJARDINS 2,476ff. Über neue Entdeckungen s. Gallia 4, 1946, 334. 6, 1948, 248. 16, 1958, 469. M. L.

Cenaculum. Ursprüngl. »Speiseraum«, bezeichnet in der lat. Literatur jeden beliebigen Raum im Oberstock des Hauses, auch den Oberstock als Ganzes, Varro 1.1.5,162. Fest. 47,12 L. und sonst. Die c. dienten zur Unterbringung von Gästen minderen Ranges und Sklaven, konnten auch abvermietet werden und bezeichnen geradezu die Wohnung der ärmeren Schichten in der Stadt. W. H. G.

Cenomanni. 1. Volk im s. Gallien (Plin. nat. 3,130 *Cenomanos iuxta Massiliam habitasse in Volcis*. **2.** Stamm der Aulerci, wohnhaft in der Gegend des h. Maine zwischen Loire und Seine. Die Hauptstadt war *Civitas Cenomanorum*, h. Le Mans (Not. Gall. 3,3. DESJARDINS 2,206.497. LONGNON Géogr. 294ff.). **3.** Zweig der Aulerci des Maine, ausgewandert um 400 v. Chr. in das n. Italien. Pol. 2,12 (*Γονομάνοι*). Liv. 5,34. Strab. 5,216 (*Κενομάνοι*). Ihr Gebiet scheint zwischen Oglio, Etsch und Po zu liegen. Ihre hauptsächlichen Städte:

Brixia und Verona nach Liv. 5,35. Brixia und Cremona nach Plin. 3,130; nach Ptol. 3,1,31 erstreckte sich ihr Gebiet bis Bergamo, Mantua und Trient. Treue Verbündete Roms während des 2. pun. Krieges (Liv. 21,55,4). Aber sie erhoben sich am E. des Krieges und wurden von dem Konsul C. Cornelius Cethegus im J. 197 geschlagen. Liv. 32, 30. 33,23. Diod. 29,14. Sie erhielten das Bürgerrecht durch die lex Iulia vom J. 49 (Cass. Dio 41, 36). M. L.

Censores. Die Zensur wurde im J. 366 v. Chr. durch Gesetz (lex Aemilia, Liv. 9,34,24) von der Höchstmagistratur abgespalten. Sie ist als Produkt der politischen Übereinkunft zwischen Patriziat und Plebs des J. 367 v. Chr. zu verstehen, die Datierung durch Liv. 4,8,1.2 (443 v. Chr.) kann keine dauernde Einrichtung erweisen, sondern lediglich ausnahmsweise Betrauung der Konsuln des Vorjahres mit der Aufgabe des *census* (vgl. später die Vermehrung der Konsulartribunen um 2 Mann in Zensusjahren). 339 v. Chr. (lex Publilia Philonis) wird die Zensur auch Plebejern zugänglich.

Die Zensur ist wie der Konsulat ein Doppelamt. Das Kollegialitätsprinzip ist hier stärker als bei anderen Magistraturen entwickelt: Die c. üben ihre Tätigkeit grundsätzlich gemeinsam aus (Residenzpflicht in Rom). Scheidet ein c. durch Tod oder Amtsniederlegung aus, so ist auch der Kollege zum Rücktritt gezwungen. Wie bei anderen Magistraten gilt das Recht kollegialer Interzession.

Die Zensur ist ein nichtselbständiges Amt: Eine Hauptaufgabe der c. ist ja die Vermögensschätzung und Musterung der Bürger *(census)*, die nur alle 5 J. stattfindet. Die Amtszeit der c. ist mit 18 Monaten bemessen, in der Zwischenzeit werden die sonstigen Funktionen der c. von den Höchstmagistraten (Konsuln) ausgeübt.

Den c. obliegt in erster Linie die Aufstellung der Bürgerlisten nach *tribus* zum Zwecke der Vermögenseinschätzung und Einweisung der Bürger in *centuriae*. In Zusammenhang damit üben die c. eine Art Sittengerichtsbarkeit hinsichtlich Verletzungen der *mores maiorum* aus. Dieses zensorische *regimen morum (cura morum)* ahndet rechtlich zulässiges, sittlich aber mißbilligtes Verhalten (etwa im Familienleben gegenüber Kindern, Klienten, Sklaven; ferner luxuriöse Lebenshaltung, Amtsmißbrauch usw., vgl. Val. Max. 2,9). Der Verurteilung, die häufig auch kumulativ zu gerichtlichen Strafen hinzutritt, geht meist eine Untersuchung voraus. In einem solchen *iudicium de moribus*, einem formfreien Kognitionsverfahren, entscheiden die c. nach Billigkeit. Sie können sich auf bloße *admonitio* beschränken, durch höhere Vermögenseinschätzung die Steuer hinaufsetzen, oder aber mittels der gefürchteten *nota censoria* (Rüge, die in der Bürgerliste angemerkt wird) Ausstoßung aus dem Ritterstand *(vende equum)* oder Versetzung in eine schlechtere tribus *(tribu movere)* verfügen, etwa unter die Grundbesitzlosen *(aerarium facere)*, womit urspr. Ausschluß von Wehrdienst und Stimmrecht verbunden war. Die *nota* hat Ehrenminderung *(ignominia)* zur Folge.

Mit der lex Ovinia (312 v. Chr.?) erfährt das zensorische *regimen morum* eine Abrundung auf Kosten der konsularischen Amtsgewalt: Den c. wird das Recht der Senatorenernennung eingeräumt *(lectio senatus)*; gleichzeitig erlangen sie die Befugnis, Senatoren von der Liste zu streichen *(senatu movere)*, die gegen die guten Sitten verstoßen haben.

Weitere wichtige Aufgaben der c. räumen ihnen entscheidenden Einfluß auf den Staatshaushalt ein: Sie verpachten die Einkünfte aus Steuern, Zöllen, Bergwerken, Staatsländereien *(agri vectigales)* usw. an meistbietende Privatunternehmer. Auch öffentliche Bauten und Arbeiten *(ultro tributa)* werden durch die c. vertraglich an Private vergeben. Wie alle zensorischen Maßnahmen bleiben auch diese Verträge nur bis zum nächsten census in Kraft.

Die c. werden in den *comitia centuriata* gewählt und ergreifen dort durch eine *lex de potestate* ihre Amtsgewalt. Sie hatten wohl kein *imperium* (erklärlich aus ihrem Spezialauftrag; anders freilich neuestens CANCELLI, [4] und [5]). Da sie jedoch keinem Imperiumsträger untergeordnet sind und auch die Volkstribunen gegen *census* und *lustrum* (den feierlichen religiösen Schlußakt des *census*) nicht interzedieren dürfen, üben die c. innerhalb ihres Amtsbereiches praktisch diktatorische Befugnisse aus. – Die c. genießen höchstes Ansehen, gewöhnlich werden nur gewesene Konsuln zu c. gewählt. Als Insignien stehen ihnen *toga praetexta* und *sella curulis* (aber keine Liktoren) zu. Sie stellen im Senat die oberste Rangklasse. – Gegen Ende der Republik verfällt die Zensur und stirbt sodann zu Beginn des Prinzipats als selbständige Magistratur ab. Die ersten Kaiser lassen sich noch gelegentlich zu c. wählen, üben zumeist aber den Inhalt der republikanischen Zensur kraft ihres *imperium consulare* aus. Zuletzt nimmt Domitian 84 n. Chr. den Titel eines *censor perpetuus* an. H. Ha.

1. *Eberhard Schmähling* Die Sittenaufsicht der Censoren, 1938. 2. *A. Calderini* La censura in Roma antica, 1944. 3. *Heinr. Siber* Festschrift Schulz 1, 1951, 466ff 4. *Filippo Cancelli* Studi sui censores, 1957. 5. *Ders.* Labeo 6, 1960, 225ff.

Censorinus. 1. Einer der sog. 30 Tyrannen, Usurpator unter Claudius Gothicus, senator. Standes, der schon nach 7 Tagen getötet wurde, H. A., trig. tyr. 31,12.32,8.33. G. BARBIERI L'albo senat. p. 403 Nr. 11. **2.** C. Caelius C. Cos. suff. in der Zeit Konstantins; u. a. consularis Campaniae zwischen 313–337, CIL X 3732. **3.** Caelius C. Consularis Numidiae zwischen 375/78, CIL VIII 2216, s. Symmach. epist. 8,27. 6,9. 6,11. R. H.

4. C., Röm. Grammatiker des 3. Jh. n. Chr. (vgl. Prisc. GLK 2,4,17), Vf. einer Schrift de die natali, die auf uns gekommen ist, im J. 238 zur Ehrung eines gewissen Q. Caerellius geschrieben. Das Büchlein zerfällt in 2 Teile: der 1. behandelt das menschliche Leben, der 2. ist eine Auseinandersetzung über Zeit und Zeitenteilung. Der Wert des Büchleins beruht auf den von C. benutzten, guten Quellen, denen der Vf. treu folgt. Den Ansichten des C. scheinen hauptsächlich Varro (ant. rer. hum. und einige logistorici) sowie Sueton (de anno Romanorum) zugrunde zu liegen.

Zusammen mit der Schrift de die natali ist eine Anzahl unechter Traktate auf uns gekommen (fragmentum Censorini), die zuerst von L. Carrion für unecht erklärt wurden. Besondere Beachtung verdient darunter der Traktat de metris (GLK 6,605ff.), der die älteste, allem Anschein nach auf Varro zurückgehende Darstellung der röm. Metrik enthält.

Verlorengegangen ist die Schrift des C. de accentibus (zitiert bei Priscian und Cassiodor). W. Str.

Epochemachend war die Ausg. von *L. Carrion*, Paris 1583; krit. Ausg. von *O. Jahn*, Bln. 1843; *Fr. Hultsch*, Lpz. 1867. *Wissowa* RE III 1908ff. *Schanz-Hos.*², 219ff.

Censorius. C. C. Niger. Procurator in Mauretania Tingitana zwischen 130–140, CIL XVI 176, procurator von Noricum, CIL III 5174. 5181, s. H. G. Pflaum Carrières procurat. II p. 226ff. Nr. 97. Freund Frontos, ad Ant. Pium 3 (p. 157 van den Hout), doch den Prätorianerpräfekten M. Gavius Maximus beleidigte er noch in seinem Testament, Ant. Pium 4 (p. 159 H.). R. H.

Censuales sind Beamte des *praefectus urbi* in Rom und Konstantinopel, denen seit Konstantin d. Gr. 312/13 der senatorische *census*, bes. die Schätzung der senatorischen Sondersteuer *(collatio glebalis)* obliegt. Der *magister census* geht urspr. aus dem Ritterstand hervor *(vir perfectissimus*, Cod. Iust. 1,3,31) und steigt 496 in Konstantinopel (in Rom wohl schon früher) zu senatorischem Rang empor *(vir clarissimus*, Cod. Iust. 8,53,32). Er hat das *ius actorum conficiendorum* (Cod. Theod. 8,12,8) und führt insbesondere ein Register der von auswärts in die Hauptstadt kommenden Studenten. Er ist mit der Überwachung ihrer Studienmoral und Freizeitgestaltung beauftragt und hat Disziplinverstöße mit öffentlicher Auspeitschung und schimpflicher Abschiebung an den Heimatort zu ahnden (Cod. Theod. 14,8,1). Weitere Funktionen der c. erinnern an den Aufgabenkreis der republikanischen *aediles*: Sie veranstalten Spiele (bzw. bestimmen die dazu geeigneten Prätoren Cod. Theod. 6,4,26f.) und üben in Zusammenhang damit eine umfassende Polizeitätigkeit aus. – In der Munizipalverwaltung sind seit 364 (Cod. Theod. 8,4,8,1) c. niedrigen Ranges bezeugt. Sie werden hinter den *tabularii*, *scribae* und *logographi* angeführt (Cod. Iust. 10,71) und sind mit der Führung der Steuerlisten betraut.

Mommsen RStR 1,370. H. Ha.

Census bedeutet Aufstellung von Bürgerlisten zum Zwecke der Vermögensschätzung und Musterung. Seit 366 v. Chr. sind jeweils 2 *censores* als ordentliche Magistrate mit dieser Aufgabe betraut; ihre Amtszeit dauert 18 Monate, ihre Verfügungen gelten bis zum nächsten c. (alle 5 J.). Anläßlich des c. hat jeder mündige gewaltfreie Bürger auf dem Marsfeld vor den Zensoren zu erscheinen und unter Eid Auskunft über seine Familien- und Vermögensverhältnisse zu geben *(professio censualis)*. In einem vorher verkündeten Edikt *(lex censui censendo)* formulieren die Zensoren die Grundsätze, nach denen sie das einbekannte Vermögen besteuern (direkte Besteuerung existiert in Italien bis 167 v. Chr.) sowie die Richtlinien, nach denen sie ihre Sittengerichtsbarkeit auszuüben gedenken. Der c. war ja urspr. zugleich Heerschau und forderte deshalb auch Entscheidungen über die Wehrwürdigkeit der einzelnen Bürger. Die Zensoren erstellten die Bürgerlisten nach *tribus* und wiesen die wehr- und stimmberechtigten Bürger in *centuriae* ein, in denen sie sowohl ihre Wehrpflicht erfüllen als auch von ihrem politischen Stimmrecht in der Volksversammlung Gebrauch machen sollten. Die Vermögensschätzung erstreckt sich auch auf Frauen und Kinder, sie bleibt auch erhalten, nachdem die Heeresaushebung nicht mehr nach Vermögensklassen stattfindet (Marius) und keine Vermögenssteuer mehr eingehoben wird. Der c. beginnt als allgemeiner Bürgerzensus mit Einteilung der Bürger in 5 Vermögensklassen. Anschließend erfolgt der Reiterzensus, bei dem wegen der Pflicht zur Pferdhaltung die militärische Musterung länger bestehen bleibt. Den Schlußakt bildet ein feierliches Sühneopfer *(lustrum)*, durch das der c. rechtswirksam wird. Jeder c. ist in erster Linie *recensus*, d. h. Überprüfung und Berichtigung der Listen des vorangegangenen c. Dies gilt insbesondere auch für die zensorische *lectio senatus*. – Ein Provinzialzensus wird vornehmlich bei Einrichtung neuer Provinzen (z. B. Iudaea 6 n. Chr., von Lukas 2,2 irrtümlich auf das ganze Reich bezogen) zwecks Vermögenserhebung veranstaltet. Später erfolgt ein solcher c. nicht in regelmäßigen Abständen, sondern je nach Bedarf. H. Ha.

Mommsen RStR 2,331ff. *O. Leuze* Zur Geschichte der röm. Zensur, 1912. *E. Cavaignac* RPh 60, 1934, 72ff. *Bourne* CW 45, 1951/52, 152ff.

Centesima ist ein Zins- oder Steuersatz von einem Prozent pro Monat. – *Centesimae usurae* bürgern sich in der späten Republik als Höchstsatz vertraglich zulässiger bzw. vom Richter zugesprochener Zinsen ein (vgl. Cic. Att. 5,21,11). Die *c. rerum venalium* ist eine von Augustus 6 n. Chr. eingeführte, recht unpopuläre Auktionssteuer (Tac. ann. 1,78); Tiberius hat sie 17 n. Chr. auf die Hälfte reduziert (*ducentesima*, Tac. ann. 2,42), Caligula für Italien ganz aufgehoben, Nero als c. wieder eingeführt. – In der lex metalli Vipascensis (CIL II 5181) heißt die Versteigerungstaxe *c. argentariae stipulationis*. H. Ha.

R. Cagnat Et. hist. sur les impôts indirects à Rome, 1882,

227. *Gustav Billeter* Gesch. des Zinsfußes im griech.-röm. Alt., 1898. *Vittorio de Villa* Usurae ex pacto, 1937.

Centho. Cognomen in der Gens Claudia, Nr. 6f., Spitzname, *cento* (Lumpenkleid u.ä., WALDE-HOF.[3] 1,200) nicht fernstehend, griech. *Κέντων*, vgl. SCHULZE Eigenn. 149.403 (*Cento* inschr.). H. G. G.

Cento (*κέντρων*). Flickgedicht, ein aus Versen und Versteilen bekannter Dichtungen (bes. Homers und Vergils) zusammengesetztes Poem. Die meist spielerischen oder parodischen Absichten dienende Gattung scheint der hellenistischen Zeit zu entstammen. In lat. Sprache wurde sie seit dem 2. Jh. n. Chr. gepflegt. Griech. Beispiele EpGr. 998f. 1009. Anth. Pal. 9,381 f. Lat. Beispiele PLM BAEHRENS 4, S. 191 ff. sowie der *c. nuptialis* des Ausonius (ebd. in der praef. die Regeln, denen sich die Spätzeit beim Abfassen eines c. unterwarf); ferner → Hosidius Geta. Die christlichen c.nes (Proba, Eudokia) hatten Leben und Lehre Christi zum Inhalt. M. F.

1. *F. Ermini* Il centone di Proba e la poesia centonaria latina, 1909. 2. *U. Moricca* Storia della letteratura christiana 2,2, 1928, 842ff. 3. *K. H. Schelkle* RAChr 2, 1954, 972f.

Centobriga. Die Stadt wird nur erwähnt in einer Anekdote von der Milde des Q. Caecil. Metellus gegen die Belagerten (Val. Max. 5,1,5. Liv. Pap. Oxy. ROSSBACH 161.143 v. Chr.). Der Name ist keltisch (HOLDER 1,989); sie lag vermutlich im Tale des Jalón. R. G.

1. Font. Hisp. Ant. IV, Barc. 1937, 33f. 2. *Ad. Schulten* Numantia 1,354.

Centumcellae (NISSEN It. Ldk. 2,332f.). Von Traian 106/07 n. Chr. (Plin. epist. 6,31,1) angelegter Hafenplatz an der tyrrhen. Küste n. Pyrgoi. Die günstige Lage (It. mar. 498,4f.) beschreiben Plin. a.O. 16ff. Rutil. Nam. 1,237ff. C. liegt an der via Aurelia 5 mp (It. Ant. 291,2) hinter Castrum novum (= 13 mp hinter Pyrgoi; Tab. Peut. 5,2 teilt in 9 und 4 mp). Noch im 6. Jh. fester Platz (Prok. Goth. 2,7 u.a.). Nicht identisch mit *Τραϊανὸς λιμήν* bei Ptol. 3,1,4; h. Civitavecchia. G. R.

Centumviri. Die c. fungierten als Sondergerichtshof insbesondere für Eigentums- und Erbschaftsprozesse von höherem Streitwert (Allgemeininteresse). Die Entstehungszeit der Institution ist umstritten. Unsere erste Nachricht stammt von Cicero und bezieht sich auf Prozesse der marianisch-sullanischen Zeit (Cic. de or. 2,98). Die ältere Lit. plädiert für hohes Alter (Königszeit; vgl. zuletzt VOIGT [1]). Seit WLASSAK ([2], 1935) wird jüngerer Ursprung angenommen (149 v. Chr. wegen Verwandtschaft mit den damals eingerichteten *quaestiones publicae*). Zu Recht geben jedoch BOZZA [3], LUZZATO [5] und zuletzt LA ROSA [6] zu bedenken, daß die Verfahrensart (*legis actio sacramento*, Verwendung der uralten *hasta*, dazu gleich u.) wohl auf Entstehung nicht zu knapp vor der lex Aebutia (1. Hälfte 2. Jh. v. Chr.) hinweisen, LA ROSA knüpft sogar wieder an die Hundertzahl des ältesten Senats an und bezieht die Notiz des Festus (LINDSAY 47) *Centumviralia iudicia a centumviris sunt dicta. nam cum essent Romae triginta et quinque tribus, quae et curiae sunt dictae, terni ex singulis tribubus sunt electi ad iudicandum, qui centumviri appellati sunt: et, licet quinque amplius quam centum fuerint, tamen quo facilius nominarentur, centumviri sunt dicti* auf eine spätere Reorganisation des Tribunals. In der Republik wird die Richterliste durch magistratische *lectio* (wohl seitens des *praetor urbanus*) auf der Basis 3 Bürger aus jeder der 35 *tribus* gebildet, in der Kaiserzeit erfolgt Auslosung der unter Traian auf 180 angewachsenen Richterstellen. Augustus überträgt (ob erstmals oder neuerdings ist in der Lit. kontrovers) den *decemviri stlitibus iudicandis* den Vorsitz des Zentumviralgerichts, seit Tiberius ist die Oberleitung eines *praetor hastarius* überliefert. Das Gericht tagt in Kammern (*consilia, iudicia, tribunalia*), von denen zur Zeit des Plinius (ep. 6,33,3) 4 existieren.

Die Kompetenz der c. erfaßt alle privatrechtlichen Vindikationen, insbesondere Eigentums- und Erbschaftsprozesse. Cic. de or. 1,38,173 *in quibus usucapionum, tutelarum, gentilitatum, agnationum, alluvionum, circumluvionum, nexorum, mancipiorum, parietum, luminum, stillicidiorum, testamentorum ruptorum aut ratorum ceterarumque rerum innumerabilium iura versentur* ist nicht als Zuständigkeitsabgrenzung, sondern lediglich als beispielsweise Aufzählung von Rechtsfragen aufzufassen, die vor dem Zentumviralgericht zur Sprache kommen konnten. Faktisch wurde das Gericht überwiegend in Erbschaftsangelegenheiten in Anspruch genommen, vor allem mit der *querela inofficiosi testamenti*. Die Zuständigkeit der c. konkuriert in diesen Fällen mit der des Einzelrichters, vgl. Quint. inst. 5,10,115: *alia apud centumviros alia apud privatum iudicem in iisdem quaestionibus ratio*.

Als Verfahrensart des Zentumviralgerichts bleibt die *legis actio sacramento* auch nach obligatorischer Einführung des Formularprozesses erhalten. Eine *sponsio praeiudicialis*, die den Anspruch formuliert und zum Gegenstand einer Wette macht, geht der *legis actio* voraus und wird mit letzterer eingeklagt. Eine republikanische lex Crepereia ungewissen Datums setzt dafür eine Sponsionssumme von 125 Sesterzen fest. *In iure*, d.h. vor dem Prätor, meldet der Kläger sein Begehren an und unterwirft sich der Zentumviralgerichtsbarkeit. Die Notwendigkeit einer vertraglichen Mitwirkung des Beklagten ist trotz Plin. ep. 5,1,7 *subscribere centumvirale iudicium cum adversario* zweifelhaft. Sicherlich hatte der Gerichtsmagistrat entscheidenden Einfluß darauf, ob eine Streitsache an den *iudex unus* oder an die c. verwiesen werden sollte (Streitwert, Kosten, öffentliches Interesse). Die Verhandlung und Beweisaufnahme vor den c.

erfolgt öffentlich und mündlich vor aufgepflanzter Lanze als Machtsymbol (*hasta* wird häufig auch als Bezeichnung des Gerichtes selbst gebraucht, vgl. Dig. 1,2,2,29). Die Parteien bedienen sich in der Regel des Beistandes gewandter Redner, denen angesichts der Bedeutung der verhandelten Fälle (vgl. etwa die berühmte causa Curiana, Cic. de orat. 1,39,180) von zahlreichen Zuhörern lebhaftes Interesse entgegengebracht wird. Über Einzelheiten ist aus den Quellen vielfach kein genauer Aufschluß zu erlangen. Das Verfahren stirbt im 3. Jh. n. Chr. ab, letzte sichere Belege sind Ulp. Dig. 5, 2,8,14 u. Paul. Dig. 5,2,17 pr. sowie 34,3, 30. H.Ha.

1. *M. Voigt* Studi Fadda 1, 1906, 147ff. 2. *M. Wlassak* RE III 1935ff. 3. *Francesca Bozza* Sulla competenza dei Centumviri, 1928. 4. *P. Koschaker*, ZRG 50, 1930, 679ff. 5. *Luzzato* Procedura civile romana 2, 1948, 243ff. 6. *Franca La Rosa* Labeo 4, 1958, 24ff.

Centuria. Centurio. 1. Dem König Servius Tullius wird die Zenturienordnung, eine militärische und politische Einteilung der röm. Bürgerschaft, zugeschrieben. Sie war das Ergebnis einer längeren Entwicklung (RE VII A 812). Die c. stellte eine Einheit von ursprüngl. 100 Mann (Fest. p. 53) dar, eine Zahl, die bald nur eine Sollstärke bildete (Dion. Hal. ant. 4,21). Der anfänglich rein militärische Zweck dieser Gliederung lag in der Feststellung, wo und in welcher Form jeder Bürger seiner Wehrpflicht nachkommen müßte. Erst später wurde daraus eine Stimmordnung geschaffen. Die Zenturienordnung umfaßte wahrscheinlich insgesamt 193 c. (Cic. rep. 2,39. Dion. Hal. ant. 4,18,19. 10,17), die sich auf folgende Gruppen verteilten: 18 c. auf die 1. Kl., deren Zensus um 100000 *aeris* lag, wozu noch eine *c. fabrum tignariorum* und eine *c. fabrum aeriariorum* kamen, auf die 2. Kl., 20 c. mit dem Zensusansatz von 75000 *aeris*, auf die 3. Kl. 20 c. mit bis zu 50000 *aeris*, auf die 4. Kl. 20 c. mit bis zu 25000 *aeris* und auf die 5. Kl. 30 c. mit bis zu 11000 *aeris*. Dazu kamen noch je eine *c. tibicinum, cornicinum* und *accensorum velatorum*. Als die Zahl der tribus auf 35 stieg, erfolgte in den J. 241–218 v. Chr. eine Reform der Zenturienverfassung. Die Zahl der tribus wurde verdoppelt (Liv. 1,43,12), die Abstimmung erfolgte nach Kl. (Cic. Phil. 2,82), und die Ritterzenturien verloren das Vorstimmrecht (RE Suppl. VIII 567ff.). Die c. erhielten sich in veränderter Form bis in die Kaiserzeit (CIL VI 200,198), waren jedoch ohne politische Bedeutung und nur Basis für die Getreideverteilung. RE III 1952ff. Suppl. VIII 567ff. AJPh 78,337ff. Friezer De ordening van Servius Tullius. Diss. Amst. 1957. **2.** Die Agenden einer centuria als militärische Einheit führte ein centurio (Pol. 6,24). In der Zeit der Manipulartaktik hatte er auch das taktische Kommando inne, wenn er der rangälteste c. des aus 2 Zenturien bestehenden Manipels war (Liv. 43,34). Die Rangordnung und das Avancemunt der 60 Zenturionen, die eine Legion bis zur hadrian. Heeresreform zählte, ist nicht geklärt. Doch mußten keinesfalls alle 60 Stellen durchlaufen werden, um die ranghöchste eines *primuspilus* zu erreichen (Krom.-Veith 322.400f.). Z. Z. der Kohortentaktik führte der *c. prior* des Triariermanipels das taktische Kommando der Kohorte, und seit der hadrian. Reform, durch die die centuria taktische Einheit wurde (Klio, Beiheft XXII 18), war jeder c. zugleich auch ihr taktischer Kommandant. Insgesamt gab es nun 50 Zenturionen (Klio, a. O. 12f.) in jeder Legion. Der c. war das Bindeglied zwischen Offizieren und Mannschaft und hervorragendster Träger des berufsmilitärischen Geistes. Zenturionen gab es in der Kaiserzeit auch bei den hauptstädtischen Truppen (BJ 117,99ff.), bei der Flotte (BJ 117,105ff.) und in außerordentlicher Verwendung, z. B. als *praepositi vexillationum* (CIL III 7514,12048), als *exercitatores* (CIL VI 226), ferner in den Armeestäben (BJ 117,97f.), bei der Verwaltung des *territorium legionis* (CIL III 12566) und für militärische Bauten (CIL III 1980). Von Anfang an bekam der c. einen höheren Sold als der *miles*, und zwar den doppelten in der Republik (Pol. 6,39), der in der Kaiserzeit noch auf ein mehrfaches stieg (Krom.-Veith 526). Als Zeichen seiner Disziplinargewalt trug der c. stets einen Rebstock und bis E. des 2. Jh. n. Chr. einen quergestellten Helmbusch (RA 27,303). Seit der frühen Kaiserzeit war der c. allein durch Beinschienen gekennzeichnet, ferner durch einen Goldring (BJ 117,81), bis ihn Septimius Severus allen *principales* verlieh, und die ranghöchsten c. durch das Recht, bei Paraden wie die Offiziere ritterlicher Herkunft im weißen Kleide zu erscheinen (Tac. 2,89). Anf. des 4. Jh. n. Chr. wurde der c. durch den *centenarius* ersetzt (Krom.-Veith 585). A. N.

Dar.-Sagl. 1,2,1015ff. RE III 1962ff. Suppl. VIII 628ff. *Krom.-Veith* 317ff. 633 (Ausrüstung). 639 (Sold). BJ 117, 80ff. 268f. JRS 16,45ff. Byz. 8,379ff. RA 27,303. *R. Grosse* Röm. Militärgesch. Bln. 1920, 340, s. auch Lit. zu ala, auxilia, cohors etc.

Cepheus s. Sternbilder

Cercina. Name der großen Insel Kerkena (île Chergui) an der tunes. Küste zwischen Sfax und Kriba, h. Bordj el Marsa, zweifellos eine Gründung der Phönizier, die dort den Öl- und Weinbau einführten, erwähnt von Hdt. 4,195. Indessen sind die Lebensbedingungen dort schwierig (J. Despois La Tunisie orientale 1940, 546). C. wurde nach dem Fall von Carthago *urbs libera* (Plin. nat. 5,41), kam in die Einflußzone der Könige von Numidien und wurde erst unter Caesar röm. (Caes. bell. Afr. 8,3. 34,1–3). Unter Augustus war C. Verbannungsort (Tac. ann. 1,53. 4,13). Über Verfassung von C. L. Teutsch D. röm. Städtewesen in N.-Africa 1962, 12, 138. Archäolog. Forschungen haben nicht stattgefunden; unbedeutende Ruinen. Vgl. aber Tissot Géogr. comp. 1,184–189. In der chr. Zeit war C. Bischofssitz (Mesnage L'Afrique chrét. 95. Feuille, D. H. G. 12, 1953, 160. M. L.

Ceres. Etym. zu *creare, crescere* (WALDE-HOF.^{3}. ERN.-M. Dict. étym.^{4}). C. war altital.-röm. Gottheit der Feldfrucht, deren urspr. Wesen einerseits durch die alte und naheliegende Verbindung mit → Tellus (LE BONNIEC verficht die urspr. Identität [und den chthon. Charakter] von C. und Tellus) andererseits durch die Identifizierung mit → Demeter verdunkelt wurde. WAGENVOORT dagegen hält **cerus, -eris* wie Venus für Neutrum, das »Wachstum, Triebkraft« bedeute (später machte man daraus den Gott Cerus). Von einem adj. *cerēs* (»Wachstum fördernd«) sei über »Tellus *ceres*« die Verselbständigung erfolgt. – Während Tellus das Saatkorn im Schoße birgt, ist C. die Göttin des Wachstums, weshalb den Frevler an der Feldfrucht die XII-Tab. *suspensum Cereri necari iubebant.* Vor der Aussaat wurde Tellus und C. durch den flamen Cerialis ein Opfer dargebracht, wobei der flamen 12 Götter für die einzelnen Landarbeiten anrief (Fab. Pict. bei Serv. georg. 1,21). Nach beendeter Saat wurden C. und Tellus im Januar Spelt und eine trächtige Sau geopfert: *feriae sementivae* (2 durch eine Woche getrennte Tage: WISSOWA mit Lyd. mens.; dagegen LE BONNIEC). Vor Beginn der Ernte erhielt C. eine *porca praecidanea* (Cato agr. 134. Gell. 4,6. Dagegen »Vor-Opfer«: Gell. vgl. Paul. Fest.). Doch wird auch berichtet, das sei Sühneopfer, falls jemand einen Toten nicht recht bestattet habe (Paul. Fest. 223. Mar. Vict. KEIL GrL 6,25. Varro bei Non. 163 an C. und Tellus gemeinsam). Auch mit dem ersten Kosten der neuen Frucht wird dieses Opfer in Zusammenhang gebracht (Paul. Fest. a. O.). Die 3 Handlungen sind wahrscheinlich zu trennen ([3],69). Beim Tode wird C. eine *porca praesentanea* dargebracht (»sofortiges« Opfer im Gegensatz zu dem nach 8 Tagen: LATTE 101 gegen Veranius bei Fest. 250 und Mar. Vict. a. O., wo »in Gegenwart des Toten« erklärt wird). Wenn Fest. 142 eine Unterweltsöffnung »*mundus Cereris*« nennt, deutet das auf chthon. wie auf fruchtbergenden Charakter der C.

Der Kult erfuhr eine Umgestaltung und die Göttin eine Spezialisierung auf Getreidebau und -einfuhr durch griech. Einfluß: Anläßlich einer Hungersnot gelobte auf Weisung der sibyllin. B. der Dictator A. Postumius im J. 496 für C., → Liber und Libera Tempel (Dion. Hal. 6,17,2–4: Plural! vgl. [9],218ff.). Diese Verbindung gilt als Übertragung der griech. Trias Demeter, Dionysos und Kore, was eine gewaltsame Deutung der beiden letzteren voraussetzt, weshalb LE BONNIEC 277ff. die Trias für älter u. für ital. hält (»chthon«. und plebei. Gegenstück zur kapitolin. Trias. vgl. SABBATUCCI, SMSR 24/25, 1953/54, 76ff.). Herkunftsort ist Unteritalien (Cumae: WILAM. GldH 2,334 vgl. [11],120; dgg. Lavinium: R. BLOCH CRAI 1954, 203 nicht überzeugend; s. auch [9], 218ff.). Die Priesterinnen kamen aus Unteritalien. Die Römer scheinen später das Demeterheiligtum zu Enna auf Sizilien als Ausgangspunkt des C.-Kultes angesehen zu haben (Val. Max. 1,1,1. vgl. Cic. Verr. 2,4,108). Ein Tempel mit 3 Cellae wurde zwischen Circus maximus und Aventin erbaut (unter Sta. Maria in Cosmedin: [9],266ff. [11],112. NASH 1,227) und 493 ([9],254ff.) durch den cos. Spurius Cassius geweiht (Kultbild einige J. später: Plin. nat. 34,15. Liv. 2,41,10). 31 v. Chr. wurde er durch Feuer zerstört, von Augustus wiederhergestellt und von Tiberius 17 dediziert. Der Grundriß war noch etr., der Schmuck aber von den Griechen Damophilos und Gorgasos. Als Stiftungstag galt der 19. April, der Haupttag der → Cerialia. Der Vorsteher dieses für die Getreideversorgung (Markt wurde dort gehalten) und für die Plebs so wichtigen Tempels wird städtischer Beamter; und so werden die → Aediles (denen die *cura annonae* zustand) entstanden sein ([1],1975f. LATTE NGG 1, 1934/36,73ff. ERNST MEYER RStaat^2 43. 170 mit Lit.). Diese »aedes Cereris« war sakraler Mittelpunkt der Plebs. Sie hatte Asylrecht. Hier befanden sich Archiv und Kasse. Wer sich gegen Volkstribunen verging, dessen Gut wurde beim Tempel verkauft, sein Leben war Iuppiter (!) verfallen (v. FRITZ Stud. Robinson 2, 1953, 893ff. P. FREZZA BullIstDirRom 59/60, 1956, 55ff.).

Der Kult wurde weiter gräzisiert: Zwischen 249 und 218 ([9],390ff. [11],126) wurde C. ein Jahresfest im Hochsommer nach griech. Ritus als Geheimfeier eingerichtet. (Es habe aber viel frühere Mysterien gegeben: [10,119ff. gegen [9],381ff.) Enthaltsamkeit von Wein und Brot und wohl auch im Sexuellen war für die Festzeit Gebot. Name des Festes: *initia* (»Mysterien«) *Cereris*. Dagegen [10],12ff. [12]: »Anfang des Wachstums«, vielleicht erst das Fest im April so genannt, dann der Name übertragen. Ein anderes griech. gefeiertes C.-Fest, das *ieiunium Cereris* wurde 191 wegen Prodigien durch die sibyllin. B. angeordnet; von 4jährlichem (Liv. 36,37,4) wurde es zum Jahresfest (fast. Amit. zum 4. Oktober). C. ist bei einem → *lectisternium* zum erstenmal bei dem großen von 217 (zusammen mit Mercurius) beteiligt, später wurde ihr am 13. Dezember zusammen mit Tellus ein eigenes eingerichtet (MOMMSEN, CIL I^2 S. 336f.). Am 21. Dezember fand an sie und Hercules ein Opfer statt ([1],1978).

In der Kaiserzeit blieb die Verehrung lebendig, wenn auch nur sehr wenige Inschr. aus Rom stammen (RUGGIERO Diz. Epigr. – Der Plur. *Cereres*, der häufig auf afrikan. Inschr. erscheint, wird C. und Proserpina bedeuten: [1],1978f.). Die Mz. zeigen C. neben der personifizierten Annona (die schließlich zur selbständigen Gottheit wurde). W.E.

1. *Wissowa*, RE III 1970ff. 2. *Ders.* Rel.^{2} 192ff. 297ff. 3. *Latte* RRel 68.101.161f. 4. *Birt* Myth. Lex. 1,859ff. 5. *Altheim* RRelG 1956, 1,56. 2,16f. 18. 35f. 37. 6. *J. Bayet* Les Cerialia RBPh 29, 1951, 5ff. 341ff. 7. *Bömer* zu Ov. fast. 4,393ff. (Fuchshetze 4,679ff.) 8. *Ders.* WS 69, 1956, 372ff. (Fuchshetze). 9. *H. Le Bonniec* Le Culte de Cérès à

Rome (= Ét. et Comm. 27), Paris 1958. 10. *H. Wagenvoort* Initia Cereris. Meded. K. Vlaamse Akad. Wet. 10,4 (engl. in: Stud. in Roman Lit., Culture and Rel., Leiden 1956, 150ff.). 11. *Ders.*, Mn. 13, 1960, 111ff. 14. *Ders.* Historia mundi 3,499.

Cerfennia (Nissen It. Ldk. 2,455). Station der v. Valeria (It. Ant. 309,4: 13 mp ö. Alba Fucens), Beginn der → v. Claudia Valeria (CIL IX 5973 *viam Claudiam Valeriam a Cerfennia Ostia Aterni munit*); h. S. Felicità in Cerfenna bei Collarmele. G. R.

Cerialia. Steht im Festkalender zum 19. April, mit je 3 Tagen Zwischenraum (Bedeutung: Wissowa Ges. Abh. 162ff.) zwischen Fordicidia (15. April) und Vinalia (23. April). Spätestens seit E. des 3. Jh. v. Chr. wurden *ludi* von den *aediles plebei* gegeben, offenbar unter Verlängerung 12. bis 19. April (CIL 1^2 S. 315). Am 19. waren Circusspiele. In der Kaiserzeit gab es auch szen. Aufführungen. Nüsse scheinen verstreut worden zu sein. Wir haben Nachricht (aber nur Ov. fast. 4,681 ff!), daß Füchse, die mit brennendem Werg umhüllt waren (im Circus?), gehetzt wurden. Das gilt als »rituelle Fortscheuchung der Sonnenglut« (Deubner Neue JbPhPäd 27, 1911, 328 mit Wissowa Rel.^{2} 197. Latte RRel 68; ganz anders Bömer WS 69, 1956, 372ff., der die Fuchshetze für eine Erfindung Ovids hält. W. E.

Lit.: → Ceres.

Cerialis. **1.** [Velius?] C., Freund des Plinius, epist. 2,19. **2.** Cos. ord. 106, s. Sex. Vettulenius Civica C. **3.** S. Anicius, Caesius, Iulius, Munatius, Naeratius, Petilius, Tuccius, Tullius, Vettulenus. **4.** Bruder der Iustina, der Gattin des Valentinian I., Amm. 28,2,10. Tribunus stabuli, Amm. 30,5,19. Im J. 375 half er seinem Neffen Valentinianus II. auf den Thron, Amm. 30,10,5. **5.** Dux Libyarum im J. 405, der sich einem Einfall der Maketai in die Provinz nicht gewachsen zeigte, Synes. epist. 130. 132. 133. **6.** Bischof von Castellum Ripense in Mauretania Caesariensis, Verf. eines libellus contra Maximinum Arianum, Gennad. vir. ill. 93, PL 58 p. 757–768, s. O. Bardenhewer, GAL 4,548f. R. H.

Cermalus. Der n.w. Teil des Palatium nach dem vicus Tuscus und dem Velabrum zu (Fest. 341. Paul. Fest. 55. Liv. 33,26,9). Die Erwähnung in der Argeerurkunde (Varro l. l. 5,54) und die Tatsache, daß die Bewohner des C. am Fest des Septimontium teilnahmen, weisen auf ein hohes Alter des Namens hin, der noch auf einer Inschr. aus dem Anfang der Kaiserzeit erscheint. Rud. G.

RE III 1982.

Cerretani. Ihr Name, der sich in der h. Cerdaña (Cerdagne) und in Puigcerdá erhalten hat, und das Volk sind wahrscheinlich iberisch (Holder 1,994. [1] VI 246). Sie werden schon von Avien. or. m. 550 *(Ceretes)* genannt, bewohnten die Pyrenäen (Plin. nat. 3,22), waren 39 v. Chr. aufständisch (Cass. Dio 48,41,7. 42,1), erhielten trotzdem von Caesar oder Augustus das *ius Latinum* und die Beinamen *Iuliani Augustani* (Plin. nat. 3,23). Ihre Gegend war, wie noch heute, durch gute Schinken berühmt (Strab. 3,4,11. Martial. 13, 54). R. G.

1. Font. Hisp. Ant., Barc. 1925 ff. I^2.V.VI.VIII (Indices!). 2. *Ad. Schulten* Ib. Landesk. 1, Strasbourg/Kehl 1955, 179f.

Cerrinius. Osk. Gentilname, in Pompeii häufig bezeugt. **1.** Minnius und Herennius Cerrinii wurden als erste Männer von ihrer Mutter (Dionysospriesterin) in die Bacchanalien eingeführt. Nach der Aufdeckung 186 v. Chr. wurde Minnius als führender Anhänger in Ardea in Haft gehalten. Liv. 39,13,9. 17,6. 19,2. Latte RRel. 270. H. G. G.

Cervidius s. Scaevola

Cessetani. 218 v. Chr. wird die Stadt Cissa erwähnt, die n. vom Ebro bei Tarraco gelegen haben muß (Pol. 3,76,5. Liv. 21,60,7. Font. Hisp. Ant. III, Barc. 1935, 57.60). Der Name ist iberisch (Holder 1,1032), und sie findet sich als *Ces(s)e* auf vielen iberischen Münzen (Ant. Vives La Moneda Hispánica 2, Madrid 1924, 83f. Vgl. 65–78). Zweifellos heißt nach ihr die *regio Cessetania* (Plin. nat. 3,21). Über die Form *Kossetanoi* (Ptol. 2,6,17) s. RE III 1995. R. G.

Cessio heißt Abtretung. Im Recht hat sie Bedeutung als Eigentumsübertragung durch Nachformung eines Rechtsstreites *(in iure cessio)*, als Abtretung eines überschuldeten Vermögens an die Gläubiger *(cessio bonorum)* und als Übertragung einer Forderung auf einen neuen Gläubiger (*cessio* schlechthin).

Bei der *in iure cessio* vollzog sich die Eigentumsübertragung durch Unterlassung der *contravindicatio* des Schein-Beklagten. Die prätorische *addictio* begründete das Recht des Klägers (= Erwerbers). Übertragen auf die Verfügung über eine ganze *hereditas*, gab sie als *in iure cessio hereditatis* dem berufenen *adgnatus proximus* die Möglichkeit, die Erbenstellung selbst zu übertragen.

Die *lex Iulia de cessione bonorum* ersparte unverschuldet in Notlage geratenen Schuldnern die Gefahr einer Personalexekution, wenn sie ihr Vermögen den Gläubigern freiwillig abtraten. Der so begünstigte Schuldner erhielt für die Zukunft die Rechtswohltat des Notbedarfs, sog. *beneficium competentiae*, so daß ihm ein Existenzminimum gesichert blieb.

Eine Übertragung von Forderungen war den Römern zunächst unbekannt, da sie in der *obligatio* eine ganz persönliche Bindung sahen und daher die Forderung auch *nomen* nannten. Als 1. Form des Gläubigerwechsels diente die *delegatio nominis;* sie war novierender Verbalkontrakt und daher an die Mitwirkung des Schuldners *(debitor cessus)* gebunden. Weigerte sich dieser, so versagte die Aktivdelegation.

Bei dem aus der Prozeßvertretung gewonnenen *mandatum ad agendum in rem suam* war man auf den Schuldner nicht mehr angewiesen. Der Zessionar (Neugläubiger) trat als *procurator* oder *cognitor* des Zedenten auf, durfte aber das vom Schuldner Eingetriebene behalten. Die Widerruflichkeit jedes Auftrages und sein Erlöschen durch Tod machten jedoch auch diese Formen unbefriedigend.

Erstmals bei einem Erbschaftskauf, alsbald auch bei Dotalforderungen und Forderungsvermächtnissen, gab man (den Anfang macht Antoninus Pius, Dig. 2,14,16 pr.) dem Zessionar eine *actio utilis*. Nun konnte er aus eigenem Recht klagen. Reskripte aus dem 3.Jh. (Cod.Iust. 8,41,3 pr.) rauben dann dem Schuldner die Möglichkeit, nach *denuntiatio* der Zession befreiend an den Zedenten zu zahlen.

Die Haftung des Zedenten gegenüber dem Zessionar geht nur auf Richtigkeit, nicht auch auf Einbringlichkeit der Forderung (*nomen verum esse*, nicht *nomen bonum esse*). Ein Versuch des Kaisers Anastasius (Cod.Iust. 4,35,22, aus 506 n.Chr.), den Zessionswucher durch das Verbot, beim Schuldner mehr als das dem Zedenten Bezahlte einzutreiben, zu bekämpfen, blieb wegen seiner Lebensfremdheit ziemlich wirkungslos.

Die Anerkennung der Zession wirkte sich im Bürgschaftsrecht durch die Entstehung eines *beneficium cedendarum actionum* aus, das dem zahlenden Bürger einen Anspruch auf Abtretung der Klagen gegen den Hauptschuldner gab. Th. M.-M.

G.H. Maier Festschr. Rabel 2, 1954, 205ff. *W.-D. Gehrich* Kognitur und Prokuratur in rem suam als Zessionsformen des klassischen röm. Rechts, 1963.

Cestius. Plebeischer Familienname, seit dem 1.Jh. v.Chr. bezeugt, auch in Praeneste vorkommend.

I. Republikanische Zeit. **1.** C., Erbauer des pons Cestius zwischen r. Tiberufer und Tiberinsel in Rom; er war zwischen 62 und 27 curator viarum (identisch mit Nr.4?). **2.** C.C., röm. Ritter in Asien, den Cicero 62 und wohl auch 51 v.Chr. erwähnt. **3.** C.C., Praetor 44, 43 wahrscheinlich proskribiert (Selbstmord). **4.** L.C., Praetor 44 oder 43 und Münzmeister. **5.** C. Cestius Epulo, berühmt vor allem durch sein Grabmal, die C.-Pyramide in Rom (vgl. z.B. E. Nash Bildlex. zur Topogr. des ant. Rom 2, 1962, 321ff.), war nach der Inschr. der Pyramide (CIL VI 1374) Praetor, Volkstribun und VIIvir epulonum, wahrscheinlich in spätrepublik. Zeit (Broughton Mag. 2,463. 468.486), möglicherweise aber auch in frühaugusteischer Zeit. Einer seiner Erben war M. Agrippa († 12 v.Chr.). **6.** C. Macedonicus, Perusiner, der sich das Cognomen als Kriegsteilnehmer in Macedonia beigelegt hatte. Nach dem Fall seiner Vaterstadt im J. 40 zündete er als *princeps* von Perusia sein Haus an, verursachte dadurch den Brand der Stadt und tötete sich selbst (Vell. 2,74). H. G. G.

II. Kaiserzeit: **1.** C.C., dessen Grabaufschrift die Cestiuspyramide an der porta Ostiensis in Rom trägt, war tr.pl. und Prätor in august. Zeit, CIL VI 1374; sein Bruder L.Cestius CIL VI 1375. **2.** N.C. war cos.suff. seit 1. März 55 an Stelle Neros, CIL IV 5513. **3.** C.C. Gallus. Zog im J. 21 als Senator eine Annia Rufilla vor Gericht, Tac.ann. 3,36,2f. Im J. 32 erhob er auf Veranlassung des Tiberius Majestätsklage gegen Q.Servaeus und Minucius Thermus, Tac.ann.6,7,2. Cos. ord.35, CIL VI 33950. IGR I 495. Plin.nat.10,124. Tac.ann. 6,31,1. **4.** C.C. Gallus. Sohn von Nr.3, cos.suff.42, CIL VI 2015 (= Inscr.It. XIII 1, p. 150f.), Consular, Plin.nat.34,48. Im J. 63 leg.Aug. pr.pr. Syriae, während zunächst die Truppen noch Domitius Corbulo unterstellt blieben, Tac.ann. 15,25,3. Mz. aus Antiochia bei Mionnet 5,169. 189–191. Er geriet 66 in die Streitigkeiten, die der Procurator von Iudaea, Gessius Florus, mit den Juden hatte, Ios.bell.2,333–335.499–538. Tac. hist. 5,10. Sie führten zu einer großen militärischen Aktion gegen Jerusalem, C. mußte die Belagerung jedoch abbrechen und sich unter Verlusten zurückziehen. Im J. 67 starb er in Syrien, und die Kriegführung gegen die Juden wurde Vespasian übertragen, Tac.hist.5,10,1. E. Schürer Gesch.jüd. Volk 1³,604ff. R. H.

5. L. C. Pius. Aus Smyrna, wirkte während der Herrschaft des Augustus in Rom als überaus erfolgreicher lat. Deklamator; er wird im Werk des älteren Seneca ungefähr ebenso oft zitiert wie M. Porcius Latro. Als Mann der Schulstube hatte er sich völlig von der praktischen Beredsamkeit abgewandt; charakteristischerweise fingierte er Erwiderungen auf Reden Ciceros (Sen.contr. 3, praef.14ff.). Er war streitsüchtig und von maßloser Eitelkeit (Sen.suas.7,12f.); sein Stil zeigt alle Eigentümlichkeiten eines bedingungslos nach der Gunst des Publikums haschenden Asianismus (s. das Selbstbekenntnis Sen.contr. 9,6,12. Längere Proben seiner Kunst ebd.1,1,7.1,2,7; suas.7,2 u. ö. S. die Indices der Ausg. von Kiessling und H.J. Müller). M. F.

S.F. Bonner Roman Declamation in the Late Republic and Early Empire, 1949.

Cethegus. Cognomen eines Zweiges der patriz. Cornelii (RE IV 1276–1281), seit dem 3.Jh. v.Chr. bezeugt; auch *Cetegus* (Cic.or.160); griech. Κέθηγος (angeblich weil die Familie die Tunica zu tragen ablehnte, Porph.Hor. ars 50). C. kommt auch als Familienname inschr. vor (vgl. Schulze Eigenn. 293), allerdings haben diese Namensträger keine hist. Bedeutung. Übersicht über die Ämter hier nicht aufgeführter Personen bei Broughton Mag.2,551, Stammbaum bei Drumann² 2, 475. Die kaiserzeitlichen Namensträger hängen vielleicht mit den republikanischen nicht zusammen.

I. Republikanische Zeit: **1.** C. Cornelius C. war als Proconsul in Spanien 200 erfolgreich (Liv. 31,49,7), 199 Aedil, 197 Consul (Degr. I 13,48f. 121.452f.), wobei er nach einem Sieg über Insubrer und Cenomanen triumphierte, Pol. 18,11,2. 12,1. Liv. 33,22,1–23,8. 194 Censor, 193 Gesandtschaftsmitglied in Africa, Liv. 34,62,16. Elogium CIL I^2 p. 341, dazu DEGRASSI Bull. Com. 67, 1939, 5 ff. **2.** C. Cornelius C., Catilinarier, Senator 63, blieb nach der Abreise Catilinas aus Rom dort als (fähigster und gefährlichster) Führer zurück, wollte Cicero ermorden (Cic. Cat. 4,13. Sall. Cat. 43,2), wurde nach Haussuchung (Waffenfunde) und Belastung durch die Allobrogerbriefe verhaftet und am 5. Dezember 63 im Tullianum hingerichtet, Cic. Sulla 70. Sall. Cat. 55,6. Zu seiner Person: Sall. 43,4. **3.** M. Cornelius C., der 1. bedeutende Namensträger. Flamen bis um 223?, Pontifex 213 bis 196, Aedil 213, Praetor 211 (Ordnung im ö. Sicilien), Censor 209, 204 Consul (mit P. Sempronius Tuditanus), 203 Proconsul in Oberitalien, Sieg über Mago (Liv. 30,18,1–15), starb 196. Als Redner bereits von Enn. frg. 9,4,304 (Cic. Brut. 57 ff.) gepriesen, vgl. TEUFFEL-KR.-SK. 1, § 123,3. **4.** P. Cornelius C., Consul 181, blieb bekannt, weil unter ihm und seinem Collegen M. Baebius Tamphilus das 1. Kriminalgesetz *de ambitu* herauskam. **5.** P. Cornelius C., Münzmeister um 104, 88 von Sulla geächtet, versöhnte sich später mit ihm und war in den siebziger Jahren sehr einflußreich; 66 war er tot, Cic. Cluent. 84 f. H. G. G.

II. Kaiserzeit: **1.** Ser. Cornelius C. Cos. ord. 24 n. Chr., Inscr. It. XIII 1, p. 298. CIL VI 10051. Tac. ann. 4,17,1. Cass. Dio ind. 57. Frontin. aq. 102. Zwischen 30–35 oder 40/41 war er procos. Africae, CIL VIII 23264. B. THOMASSON Statth. Nordafr. 2,30 f. **2.** M. (Gavius) Cornelius C. Legat seines Vaters M. Gavius Squilla Gallicanus um 165, Forsch. Ephes. 2, 1903, 178 Nr. 68. Lukian. Demon. 30. Cos. ord. 170, CIL VI 1978, s. A. STEIN-A. VOGLIANO, AJA 37, 1933, 223. **3.** Cornelius C. Salius Palatinus, der um 180 aus dem Collegium ausschied, CIL VI 1979,16. **4.** C., Salius Palatinus, * nach 191, CIL VI 1981. R. H.

5. Cethegus, Rufius Petronius Nicomachus, Consul 504; patricius, mag. off., princeps senatus; während der Belagerung Roms durch Totila im J. 545 des Verrates bezichtigt, mußte er Rom verlassen und ging nach Konstantinopel (Lib. pont. vit. Vigil. 7. Prok. 7,13); 552/53 verhandelte er für Iustinian mit Papst Vigilius (MANSI 9,50.346). A. L.
Stein II 306. 578/81.

Cetius mons (*Κέτιον ὄρος*). Laut Ptol. ein Gebirgszug an der O.-Grenze Noricums (2,13,285) und der W.-Grenze Pannoniens (2,14,289). Im N. erreichte das Gebirge die Donau zwischen Vindobona und Cetium, das Südende ist zwischen Poetovio und den Karavanken zu suchen. J. F.
O. Cuntz Die Geogr. des Ptol., 1923, 167. *A. Graf*, Diss. Pann. I/5, 1936, 22–24.

Cetrius. C. Severus, Tribun der Prätorianer im J. 69 n. Chr., der nach der Erhebung Othos zusammen mit Subrius Dexter und Pomponius Longinus erfolglos für Galba einzutreten versuchte (Tac. hist. 1,31). Vermutlich ist er identisch mit dem CIL 6343 (Inschr. von Pisaurum) genannten beneficiarius des Prätorianerpräfekten Lusius Geta. W. S.

Cetus s. Ketos

Ceutrones. 1. Kleines Volk in Belgien, Klienten der Nervier. Caes. Gall. 5,39. **2.** Alpenvolk. Caes. Gall. 1,10. Strab. 4,204. Die Straße von Italien nach Lugudunum führt durch ihr Gebiet (Itin. Ant. 344). Sie erhielten das Bürgerrecht unter Claudius, Plin. nat. 3,135. Ptol. 3,1,33 setzt sie in den Graiischen Alpen an. Sie siedelten in Wirklichkeit an den Ufern der Isère in dem Tal von Tarentaise. Die Hauptstadt war *civitas Ceutronum Darantasia*, heute Moutiers, im 4. Jh. n. Chr. M. L.

Cevennus s. Cebenna mons

Ceylon s. Taprobene

Chabrias (*Χαβρίας*). Hervorragender athen. Feldherr und prominenter Condottiere des 4. Jh. v. Chr. 389/88 errang er als Nachfolger des Iphikrates mit den athen. Söldnern auf der Peloponnes kleinere Erfolge über die Spartaner, 387/86 unterstützte er an der Spitze athen. Streitkräfte den König Euagoras bei der Eroberung von fast ganz Cypern. Nach dem Antalkidasfrieden (386) schützte Ch. als Söldnerführer der Pharaonen Hakoris und dann Nektanebis I. das Nildelta erfolgreich gegen alle pers. Angriffe. 380 auf pers. Druck hin von Athen zurückgeholt, bildete er 378 als Befehlshaber der athen. Hilfstruppen für Theben gegen → Agesilaos II. von Sparta die Taktik der starren Phalanx weiter aus (Nep. Chabr. 1). Im Herbst 376 schlug Ch. Spartas Flotte in der großen Seeschlacht bei Naxos (Xen. hell. 5,4,61. Diod. 15, 34 f.), wodurch er zahlreiche Inseln zum Anschluß an den 2. Att. Seebund veranlaßte (Demosth. 20, 77), ebenso wie mehrere Städte an der thrak. Küste durch Erfolge über die Triballer 375 v. Chr. 367/66 von einer Anklage wegen Landesverrats zugunsten Boiotiens freigesprochen, ging er 361 auf eigene Faust wie Agesilaos II. zu König Tachos nach Äg. und übernahm für den geplanten Vorderasienfeldzug das Kommando von dessen Flotte. Nach Tachos' Sturz 359 nach Athen zurückgekehrt, fiel Ch. 357 im Bundesgenossenkrieg als Trierarch unter → Chares im Hafen von Chios (Nep. Chabr. 4). Fr. Kie.
H. W. Parke Greek Mercenary Soldiers, 1933. *F. K. Kienitz* Die polit. Gesch. Äg., 1953, 84–89. 96–97. *A. G. Woodhead* Phoenix 16, 1962, 258–266. *J. K. Anderson* The Statue of Chabrias. AJA 67, 1963, 411 ff.

Chaireas. 1. Sohn des Archestratos, Athener, 411 v. Chr. mit der → Paralos von Samos nach Athen gesandt, Thuk. 8,74; 410 Stratege bei Kyzikos (Diod. 13,49–51). **2.** Ptolemäischer Admiral, besiegt 88 v. Chr. bei Kypros den vertriebenen Ptolemaios X. Alexandros I. **3.** Historiker des Hannibalkrieges, wird von Pol. 3,20,5 zusammen mit → Sosylos wegen einer nach rhetorischer Manier erfundenen Senatsdebatte getadelt. FGrH II B 906 Nr. 177. **4.** Ch. von Athen, landwirtschaftlicher Schriftsteller unbestimmter Zeit, Varro rust. 1,1,8 u. a. K. St.

Chairedemos. Bruder des→Epikur, Mitglied seines Freundeskreises. Als er starb, verfaßte Epikur zu seinem Gedächtnis eine »Ch.« betitelte Schrift; vgl. Diog. Laert. 10,3; Suda s. v. Epikuros; H. USENER Epicurea 130. H. D.

Chairemon 1. Dramatiker, *τραγικός*, (Suda *κωμικός*). 9 Titel bekannt: 1. *Ἀχιλλεὺς Θερσιτοκτόνος*. 2. *Ἀλφεσίβοια*. 3. *Διόνυσος* 4. *Θυέστης*. 5. *Ἰώ*. 6. *Κένταυρος*. 7. *Μινύαι*. 8. *Ὀδυσσεύς*. 9. *Οἰνεύς*; davon Satyrspiele 1.?, 2., 3.?, 4., 5.?, 6.?, 8.?, 9.?. 43 Fragmente, ca. 75 Verse TGF² 781 ff. 1. vor 350 aufgeführt, apulische Vase (Boston 03.804, SÉCHAN 528, fig. 156, J. M. PATON, AJA 12, 1908, 406 ff. Pl. XIX); wiederaufgeführt an den Naia in Dodona im 3. Jh. (IG² V 2,118). Neues Fragment auf Papyrus von 9. vielleicht Hibeh Pap. I, Nr. 4, MILNE, Brit. Mus. Cat. Nr. 80, PAGE Greek Lit. Pap. Nr. 28. 6. Mischung verschiedener Versmaße. C. auch sonst in der Metrik Neuerer (vgl. Agathon), seine Werke zum Lesen bestimmt. Aristot. Poet. 1447 B 20 ff., 1460 a 2; Rhet. 1413 b 12 ff. Athen. 13,608 a ff., Suda s.v. F. St.

Webster, H 82, 1954, 302. *Gudeman* zu Aristot. Poet. 1, 1447b 20. *Séchan* Ét. sur la Tragédie grecque, 1926, 529. *Herzog* Philol. 60, 1901, 440 ff.

2. Ch., stoischer Philosoph und äg. Priester, lebte im 1. Jh. n. Chr.; wahrscheinlich war er nach → Apion und vor Dionysios Glaukou Vorsteher des → Museion zu Alexandreia. Nach 49 n. Chr. wurde er zusammen mit Alexandros von Aigai zum Erzieher des jungen Nero berufen. Er verfaßte *Αἰγυπτιακά*, ein astrologisches Werk und Untersuchungen zur Grammatik. Die *Αἰγυπτιακά* sind mehr als Mythos denn als Geschichtswerk aufzufassen; in ihm stellte Ch. dar, wie sich das Ideal des stoischen Weisen in der altäg. Priesterschaft verwirklicht habe. H. D.

Monographische Behandlung und Sammlung der Frg.: *H. R. Schwyzer* Ch., Diss. phil. Bonn 1932. FGrH 618.

Chairephon. Von Athen, aus dem Demos Sphettos, Freund und eifriger Bewunderer des → Sokrates. Er ging 404 während der Herrschaft der Dreißig in die Verbannung und kehrte 403 zurück. Beim Prozeß des Sokrates war er nicht mehr am Leben. Ch. befragte das Orakel zu Delphi, wer der Weiseste sei, so Plat. apol. 21 A und Xen. apol. 14. Antike Kontroverse hierüber wird sichtbar bei Plut. adv. Col. 17; 1116 ef. Athen. 5,218 e und im Sch. zu Aristoph. Nub. 144, dort auch der Wortlaut. Ch. war von untadeligem Ruf; darum weisen beide Apologien auf ihn hin, um zu beweisen, daß der Umgang mit Sokrates nicht den Charakter verderbe. Weitere Zeugnisse: Xen. mem. 1,2,48. 2,3. Plat. Charm. 153 B; Gorg. 447 B–D. 458 C; Aristophan., Nub. 104. 501; Vesp. 1408–1413; Av. 1296. 1564. 1570. H. D.

Chairis (*Χαῖρις*). Alexandrinischer Grammatiker aus der Schule des Aristarchos. Spuren seiner Beschäftigung mit Homer, Pindar und Aristophanes sowie der Titel einer Schrift *περὶ γραμματικῆς* (mindestens 2 B.) sind noch faßbar. H. Gä.

Susemihl 2,166 f. *R. Berndt* Charetis Chaeridisque fragmenta, Progr. Königsberg 1902.

Chairon (*Χαίρων*). **1.** Sohn des Apollon und der Thero, Hes. große Ehoien frg. 154 Rz. (Paus. 9,40,5) und Hellanikos (FHG IV 338), Stadtgründer von Chaironeia. Nach ihm nannte Plut., bei dem C.s Mutter Thuro heißt, Sull. 17, einen früh verstorbenen Sohn, cons. ad ux. 609 D. H. v. G.

2. Ch. fiel 403 als Polemarch der Spartaner beim Angriff des Pausanias II. auf den Piräus. Sein Grab wurde auf dem Kerameikos in Athen gefunden. Xen. hell. 2,4.33. Lys. epit. 63. G. KARO, AA 45, 1930, 90 f. Abb. 5. **3.** C. wandte sich als Führer der 188 von den Achaeern verbannten Spartaner 183 in Rom an den Senat, erlangte die Rückkehr in die Heimat und wurde 182 nach Aufnahme Spartas in den achaeischen Bund nach Rom geschickt. Pol. 23,4,5. 18,4. Als Demagoge verteilte C. den Grundbesitz Verbannter an Arme und begann die letzte soziale Revolution in Sparta. Da C. einen Untersuchungsbeamten ermorden ließ, wurde er 181 durch den Strategen des achaeischen Bundes ins Gefängnis geworfen und wohl hingerichtet. Pol. 24,7. R. v. PÖHLMANN Gesch. der sozialen Frage und des Sozialismus in der antiken Welt³ 1, 1925, 392. **4.** C. aus Pellene, Schüler des Platon und Xenokrates, berühmter Ringkämpfer mit u. a. 4 olymp. Siegen. Paus. 7,27,7. Er wurde 332/31 von Alexander d. Gr. durch den makedon. Söldnerführer Korragos als Tyrann in seiner Heimat eingesetzt, vertrieb vornehme Bürger, überantwortete ihr Geld und ihre Frauen den Sklaven und wollte bei Megara eine Siedlung Chaironeia gründen. Unter ihm beteiligte sich Pellene weder am Agiskrieg 332/31 noch am Lamischen Krieg 323. [Dem.] 17,10. Athen. 11,509 b. Academ. philos. index Hercul. (ed. S. MEKLER) 1902, 28 ff. H. V.

Chaironeia. Die westlichste Stadt Boiotiens beim h. Kapraena, nach der Legende von den einwandernden Boiotern zuerst besetzt. N. der Stadt am Kephisos liegt eine von der jüngeren Steinzeit bis vormykenisch besiedelte Magula (D. FIMMEN Die kret.-myken. Kultur 5). Geschichtlich wird Ch. zuerst 447 v. Chr. erwähnt (Thuk. 1,113,1. Diod. 12,6,1). Es gehörte damals und noch 424 v. Chr. zu Orchomenos (dazu J. A. O. LARSEN, CPh 55, 1960, 12 ff. 18,5). Später selbständig stellte es zum boiot. Bund des 4. Jh. abwechselnd mit Akraiphia und Kopai einen Boiotarchen (Hell. Oxy. 16 [11] 3). Berühmt ist Ch. durch den entscheidenden Sieg Philipps II. über die Thebaner und Athener 338 v. Chr. Über dem Massengrab von 254 Toten, nach Paus. 9,40,10 Grab der Thebaner, erhebt sich heute wieder das Löwendenkmal. 86 v. Chr. vernichtete Sulla bei Ch. das Heer des Mithridates. Ch. ist Heimat Plutarchs, der über Geschichte und Denkmäler seiner Heimat manches mitteilt (bes. Sulla 16–19; Kim. 1f.; Thes. 27,6; Lys. 29,3; Alex. 9,2; Demosth. 19,2; mor. 267 D. 515 C). Ch. wird noch Hierokl. synecd. 643,11 genannt und wurde 551 n.Chr. durch Erdbeben zerstört (Prok. b. Goth. 4,25,16f.). An ant. Resten sind bes. Teile der Stadtmauer und ein kleines Theater erhalten. Inschr. IG VII Nr. 3287–3465. Suppl. ep. Gr. III 367–369. Mz. HEAD HN^{2} 344. E. M.

1. Strab. 9,2,37 p. 414. Paus. 9,40,5–41,7. 2. *J.G. Frazer* Pausanias 5, 1898, 205ff. 3. *Philipps.-Kirst.* 1,431f. 4. Encicl. dell'arte antica 2, 1959, 545f. 5. *Joh. Kromayer* Ant. Schlachtf. 1,158ff. 2,370ff. 6. *Kromayer-Veith* Schlachtenatlas zur ant. Kriegsgesch. I Bl. 5, Text 36ff. 7. *G. Sotiriades*, MDAIA 28, 1903, 301ff. 30, 1905, 113ff. 8. *N.G.L. Hammond* The two battles of Chaeronea, Klio 31, 1938, 186ff. 9. *Eg. Braun* Zur Schlacht bei Ch. JOEAI 37, 1948, 81ff. 9. *W. Kendrick Pritchett* Observations on Ch. AJA 62, 1958, 307ff.

Chalastra (*Χαλάστρα*). **1.** Stadt in Makedonien an der Mündung des Axios. Bei Hekataios wird Ch. noch zu Thrakien gerechnet. Von Kassandros wurde die Bevölkerung von Ch. beim *συνοικισμός* von Thessalonike herangezogen. Hekat. FGrH 1,146. Hdt. 7,123. Strab. 7,330 frg. 20.23.

St. Casson Macedonia, Thrace and Illyria, Oxf. 1926, 70ff. 189. *F. Papazoglu* Makedonski gradovi u rimsko doba, serb. Die makedon. Städte in der röm. Zeit, Skopije 1957, 149.

2. Gleichnamiger See bei der obigen Stadt, dessen Wasser Natron-Laugensalz (*νίτρον*) ausschied; daraus wurde Waschseife zubereitet. Hdt. 7,124. Plat. rep. 4,430a. Steph. Byz. Et. M. Hesych. Moer. Alkiphr. 3,61. Chr. D.

Chalcedon s. Kalchedon

Chalcidius s. Calcidius

Chaldaia, -oi. Das Land Kaldu (akkadisch mât Kaldi) ist im 1. Jt. v. Chr. ein Teil des s. Babyloniens. Die Bewohner hießen Kaldâya. Diese Namensform liegt griech. *Χαλδαῖος* und *Χαλδαία*, sc. *χαλδαία χώρα*, zugrunde. Herkunft und Etymologie des Namens sind unbekannt; er hat nichts mit kassitisch Kar(an)duniasch zu tun, wie früher erwogen wurde. Obwohl der Zusammenhang mit hebr. *Kaśdîm*, bibl.-aram. *Kaśdâya*, außer Frage steht, läßt sich der Wechsel von *l* und *ś* noch nicht endgültig erklären. Die Ch. sind ein Großstamm der semitischen Aramäer. Sie zerfallen in Unterstämme, genannt *bît NN* »Haus des NN«, z.B. *bît Jakîn*. Siedlungs- und schwer zugängliches Rückzugsgebiet waren vor allem die Sumpfgebiete S.-Babyloniens (die h. Hôrs des Iraq). Die Ch. nahmen wie auch sonst die Aramäer Mesopotamiens Schrift- und Verwaltungssprache der Akkader an und rezipierten weitgehend das akkad. Onomastikon. Die Ch. bildeten in Babylonien eines der wichtigsten Elemente des Widerstandes gegen die assyr. Oberherrschaft. Sie werden in den Inschriften, Briefen und Orakelanfragen der assyr. Könige Assurnasirpal II. (883–859), Salmanassar III. (858–824), Tiglatpilesar III. (745–727), Sargon II. (721–705), Sanherib (704–681) und Assurbanipal (668–626) erwähnt. Die Ch. nahmen an dem in Babylonien allezeit beliebten Spiel wechselnder Koalitionen teil und waren öfters mit Elam verbündet. Assyrien war den Scheichs der Ch. (in den assyr. Inschr. *scharrâni* »Könige«, daneben aramaisierend *ra'schâni* »Häupter« und *malkê* »Fürsten«) im Wege bei deren politischen Ambitionen. Ukînzêr (732–730), Mardukapaliddina (721–711) und Muschêzibmarduk (Kurzname dazu Schûzubu, 692–689) usurpierten den Königsthron in Babylon. Die eigentliche Ch.-Dynastie tritt mit Nabopolassar (625–605), Nebukadnezar (604–552) und ihren Nachfolgern auf. Ihr Großreich verhalf dem Namen der Chaldäer zu weltweiter Geltung. Die griech. und in ihrem Gefolge die röm. Quellen meinen mit Ch.-a (Chaldaea) gewöhnlich Babylonien (z.B. Plin. nat. 5,90), nur mißverständlich Assyrien (z.B. Hesych. s. *ἡ Χαλδαϊκή*). Die im Original nicht erhaltenen 3 B. des nach Kos emigrierten Babyloniers → Berossos sind teils als *Βαβυλωνιακά*, teils als *Χαλδαϊκά* überliefert. Die Geographen (z.B. Strab., Ptol.) betonen dagegen, daß Ch.-a von der Landschaft um Babylon zu trennen sei, und bezeichnen es als ein Gebiet im tiefen S. Babyloniens. Der Bedeutungswandel von Ch.-oi (Chaldaei) ist eines der vielen Beispiele für die Übertragung des Ethnikon auf eine Berufsklasse. War zunächst »Chaldäer« zu »Babylonier« verallgemeinert worden, so meinte »Chaldäer« dann speziell die Priesterschaft babylon. Städte, die sich durch hervorragende Kenntnisse in Magie, Wahrsagekunst, Astrologie und Astronomie auszeichnete (Näheres, bes. zur Abwertung des Begriffes infolge der Praxis orientalischer Schwärmer und Hochstapler, s. RE III 2045ff.). Bereits Hdt. (1,181.183) nennt die Priester des Zeus Belos von Babylon Ch.-oi. Der gleiche Bedeutungswandel liegt im Sprachgebrauch des Buches Daniel (1,4.2,2.4) vor, während die übrigen Bücher des AT. mit Kaśdîm die Babylonier als Volk meinen. D. O. E.

Chalke (auch *Χάλκεια*, *Χαλκία*). Kleine Insel an der N.-Küste von Rhodos (29 qkm) mit gleichnamiger Stadt und Apollonheiligtum, im att. Seebund, später zu Rhodos (Kamiros) gehörend. E. M.

1. IG XII, 1,158ff. Nr. 956–976. 2. *L. Roß* Inselreisen 3, 1845, 114ff. 3. *Philipps.-Kirst.* 4,307f.

Chalkidike (*Χαλκιδική*). Der s. Ansatz Makedoniens, der in die 3 schmalen fingerartigen Landzungen Pallene, Sithonia und Akte ausgeht. Die Bevölkerung bestand aus Chalkidiern u. Bottiaiern (die höchstwahrscheinlich thrak. Herkunft waren) und aus hellen. Siedlern, die hauptsächlich von Euboia (Chalkis und Eretria) herkamen. Der hellen. Siedlerstrom war während des 7. und 6. Jh. am stärksten. Wichtigste Poleis waren hier Poteideia und Olynthos, sowie Mende und Skione auf der Halbinsel Pallene; auf der Sithonia lagen Torone und Singos, während auf der Akte Sane, Olophyxos und Kleonai zu erwähnen sind. Hauptsächliche Ausfuhrposten im lebhaften Handel mit Griechenland waren Bau- und Brennholz, Holzkohle und Pech. Einige Chalkidische Städte führten auch Wein aus.

Um sich gegen Makedonien zu schützen, traten die dortigen griech. Poleis nach den Perserkriegen der att.-del. Symmachie bei. 424 fielen einige Poleis, mit Olynthos an der Spitze, von Athen ab. 404, gleichfalls unter der Führung von Olynthos, traten die Poleis dem Chalkidischen Bund bei, der sich dann dem 2. Attischen Seebund anschloß, aber bald nachher sich davon löste. Dadurch erleichterte der Chalkidische Bund das Spiel Makedoniens unter Philipp II. auf der Ch. Viele seiner Einwohner wurden ausgesiedelt und durch makedonische Veteranen ersetzt. Chr. D.

E. Harrison Chalkidike, CQ. 6, 1912, 93ff. 165. *H.B. West* History of the Chalcidian League, Madison, USA, 1919. *D. W. Bradeen* The Chalcidians in Thrace, AJPH 73, 1952, 356–380. Zu Olynthos: *D.M. Robinson* Excavations at Olynthus, 1929–1938 (I–XIV).

Chalkiope (Χαλκιόπη). **1.** Tochter des → Chalkodon Nr. 1, zweite Frau des Aigeus. **2.** Tochter des Aietes von Kolchis und der Idyia, Schwester der Medeia, Gattin des Phrixos. Apoll. Rh. 2, 1147. 3, 248 und s. Apollod. 1, 83. Hyg. fab. 3. 14. 21. **3.** Tochter des Königs → Eurypylos von Kos, durch Herakles Mutter des Thettalos. Kall. h. 4, 161. Apollod. 2, 166. Hyg. fab. 254. H. v. G.

Nilsson Griech. Feste 451.

Chalkis. 1. Bedeutendste Stadt Euboias am Euripos, der engsten Stelle der Meerenge von Euboia, in verkehrspolitisch wichtigster Lage. Siedlungen in der Nähe bereits seit der frühen Bronzezeit. Die ältere Stadt Ch. lag anscheinend etwas s. der h. auf der Höhe über der Quelle → Arethusa. Die Hauptbedeutung von Ch. lag in der archaischen Zeit. Ch. verfügte über ein ausgedehntes Landgebiet von z. T. üppiger Fruchtbarkeit wie die mit Eretria umstrittene lelantische Ebene im S. (lelantischer Krieg), ferner war die Fischerei auch auf Purpurschnecken von Bedeutung und Handwerkszweige wie Töpferei und bes. Metallhandwerk (K.A. Neugebauer, MDAIR 38/39, 1923/24, 393ff.). Größere Erzvorkommen in der Nähe scheinen aber zu fehlen (Strab. 10, 1, 9 p. 447. C. Neumann-J. Partsch Physikal. Geographie von Griechenland, 229. 233. 4. 604). Von Ch. gingen viele griech. Kolonien im O. und W. aus (z. B. die n. Sporaden, Chalkidike, Kyme, Neapolis und Rhegion in Italien, Naxos, Leontinoi, Katane, Zankle-Messana, Himera in Sizilien). Ob aber insbesondere das chalkidische Alphabet Vorbild des etrusk. und damit der ital. war, ist zweifelhaft.

Etwa um 530 v. Chr. beginnt die Münzprägung von Ch. In klassischer Zeit war seine Macht gebrochen. Die Niederlage von 506 v. Chr. gegen Athen führte zur Ansiedlung von 4000 att. Siedlern in der lelantischen Ebene, die aber 490 v. Chr. zurückkehrten. Dann gehörte Ch. zum att. Seebund und wurde nach dem Aufstand von 446 v. Chr. wieder unterworfen, was den Sturz der herrschenden Aristokratie der Hippobotai zur Folge hatte. Der neue Abfall von Athen im J. 411 veranlaßte den Bau eines befestigten Dammes mit Brücke über den Euripos. Im 4. Jh. v. Chr. stand Ch. teils im Bund mit Athen, so im 2. Seebund, teils bei seinen Gegnern. In der Zeit Alexanders wurde die Stadtbefestigung unter Einbeziehung der Höhe Kanethos (Kara Baba) auf dem Festland verstärkt. In hellenist. Zeit war Ch. eine der stärksten Festungen Griechenlands und zumeist unter makedon. Herrschaft mit makedon. Besatzung, daher in den Kriegen vielfach umkämpft. Eine Beschreibung der Euriposbrücke noch bei Prok. de aedif. 4, 3, 19. Ch. blieb durch das ganze MA. und Neuzeit wichtig, bes. als venezianische Festung; ant. Reste fehlen daher fast völlig. Ant. Beschreibungen bes. Herakleides 27–30 (GGM I 105). Strab. 9, 2, 2 p. 400. 2, 8 p. 403. 10, 1, 8 f. p. 446 f. 1, 11 p. 448. Liv. 28, 6, 8–12. 7, 2. 31, 23, 4–12. Inschr. IG XII 9 Nr. 898–1185. 1276–1278. XII Suppl. 644–683. Mz. Head HN[2] 357ff.

1. Testimonia und Lit.: IG XII 9, 165ff. 2. *E. Oberhummer*, RE III 2078ff. mit Planskizzen. 3. *Fr. Geyer* Topographie und Geschichte der Insel Euboia, 1903, 33ff. 4. *Philipps.-Kirst.* 1, 602ff. 5. Enciclop. dell'arte ant. 2, 1959, 259ff. 6. *H. Chantraine* Zur Münzprägung von Chalkis im 6./5. Jh., Jahrb. f. Numism. u. Geldgesch. 9, 1958, 7ff. 7. *Ders.* Literaturüberblicke d. griech. Numism., Euboea, a. O. 21ff. 8. *J. Boardman* Early Euboean pottery and history, ABSA 52, 1957, 1ff.

2. Stadt an der aitol. Küste am O.-Fuß des gewaltigen gleichnamigen Berges, h. Varassova (917 m), mit schöner hellenist. Fluchtburg an der steilen Südflanke des Berges, schon bei Hom. Il. 2, 640 genannt, in histor. Zeit korinthisch. E. M.

1. *Bürchner*, RE III 2089 Nr. 5 und 6. 2. *W. J. Woodhouse* Aetolia, 1897, 106f. 3. *F. Noack*, AA 1916, 237f. 4. *Philipps.-Kirst.* 2, 347f. 354.

Chalkodon (Χαλκώδων, »erzreich« Prodikos in Sch. Hom. Il.; aus *χαλκοάδων Maass). **1.** Sohn des Abas, König der Abanten auf Euboia, Vater des Elephenor und der Chalkiope N. 1, Hom. Il. 2, 536. Apollod. 3, 130. Athen. 13, 556 F (nach Istros). Nach ihm hieß Euboia Χαλκωδοντίς. Er beherrscht auch Theben, bis der aus Tiryns flüchtige Amphitryon ihn besiegt und tötet. Paus. 8, 15, 6. 9. 17, 3. 19, 3. Plut. amat. narr. 3. Grabmal in Athen, Plut. Thes. 27. **2.** Sohn des Poseidonsohnes Eurypylos und der Klytia, König auf Kos, wo er wohl das chalkidisch-euboiische Volkselement vertritt. Er vermag Felsen zu spalten und Quellen aus ihnen sprudeln zu lassen. Über die Quelle

Burina stellt er sein ehernes Standbild, Theokr. 7, 5, der ihn Chalkon nennt. Er verwundet Herakles, Apollod. 2, 138. H.v.G.

Chalkon (*Χάλκων*) = Chalkodon Nr. 2.

Chalkus (*χαλκοῦς*). Bezeichnet teils allgemein eine Bronzemünze, meist aber speziell das in der Regel kleinste und nur als Scheidemünze ausgebrachte Nominal in den Prägungen der griech. Städte und hellenist. Monarchien. In Athen war er $^1/_8$ Obol, anderswo $^1/_{12}$ oder $^1/_{16}$. Gelegentlich finden sich auch halbe Chalkoi, → Kollybos. H. Ch.

Schrötter WbMzk s.v. *M.N. Tod*, NC 1945, 108ff. 1946, 47ff. 1955, 125ff.

Chalybes (*Χάλυβες*). Zahlreicher Volksstamm in Kleinasien, der das s.ö. Küstengebiet des Pontos Euxeinos bewohnte. Die Ch. waren seit alters als geschickte Metallgewinner und Metallbearbeiter berühmt. Sie sollen vor allem die Eisenbearbeitung entdeckt haben. Aischyl. Prom. 714. Hdt. 1,28. Xen. an. 5,5,1.28. Strab. 9,14,5. 12,3,20. 14,3,23. Chr. D.

M. Maximowa Antičnyije goroda jugo-wostočnogo Pričernomorija, russ. Die antiken Städte an der sö. Schwarzmeerküste, Moskau-Leningrad 1956, 25–31 und passim.

Chamaeleon (*χαμαιλέων*). Chamaeleo vulgaris, der Reptilienfamilie der Wurmzüngler angehörend, zuerst bei Aristot. part. an. 692 a 20 erwähnt; eingehende, auf Sektion beruhende Beschreibung hist. an. 2,503 a 15 – b 28 (fremder Einschub), im wesentlichen danach Plin. nat. 8,120ff.; Auszüge aus Theophrast (?) *π. τῶν μεταβαλλόντων τὰς χρόας* (Diog. L. 5,43) bei Plut. soll. an. 27,6 und Phot. bibl. 278. – Vorkommen in Indien und Äg.: Plin. 11,188. Seine Gestalt, Scheu, Blutarmut, riesige Lunge, Ernährung angeblich nur mit Luft erregten Verwunderung, am meisten seine Verfärbung. Diese erklärt Aristot. part. an. aus Angst als Folge der Blutarmut, (Aristot.) hist. an. aus der Luftmenge beim Aufblähen, Theophr. (?) bei Plut. aus Angst und der wandelbaren Natur der Luft, Theophr. (?) bei Phot. (vgl. Antigon. mir. 25 = Aristot. frg. 371 Rose) als Anpassung an die Umwelt, ebenso Plin. (zur Problematik der Theophr.-Überlief. s. Regenbogen, RE Suppl. VII 1428f. 1433f.), Sen. nat. 1,5,7 aus Erregung oder dem Einfallswinkel des Lichtes. Sprichwörtliche Übertragung auf menschliche Charaktere: Aristot. EN 1100 b 6. Plut. Alcib. 23; de adul. et. an. 9. – Verwendung der Galle gegen Augenkrankheiten Plin. 28,117. Marcell. med. 8,67. Wüsten Aberglauben über Sympathiewirkung vieler C.-Organe bot vor allem Ps. Demokritos (= Bolos v. Mendes) de vi et nat. cham. (Gell. 10,12,1. Plin. 28, 112ff.). – Traumerscheinung des C. bedeutete Unglück: Artemid. oneir. 2,13). W. R.

Aubert-Wimmer Aristot. Thierk. 1,120. *Keller* Ant. Tierwelt 2,281ff.

Chamaileon. Von Herakleia, Peripatetiker um 300 v. Chr. Von seinen Lebensumständen wird

nur ein Faktum überliefert: eine mutige Antwort an den König → Seleukos I. (Photios, bibl. cod. 224; 226 a 18 = FGrH 434 F 6). An philosophischen Werken werden kenntlich *περὶ θεῶν, περὶ ἡδονῆς, περὶ μέθης, προτρεπτικος* = Frg. 2 bis 13 Wehrli; breiten Raum nahmen Monographien über Homer und über die Dichter des 6. Jh. ein, so über → Alkman, → Sappho, → Stesichoros u.a. bis herab auf → Aischylos. Ersichtlich setzt Ch. die von → Aristoteles begonnene Richtung fort, den Stoff für künftige Forschung in Monographien zusammenzutragen. Leider ist Ch. dabei unkritisch, ja sorglos verfahren; er hat viel Unbeglaubigtes, ja offensichtlich Falsches zusammengetragen (z.B. zur → Sappho); so gehen viele literarische Legenden der späteren Zeit auf Ch. zurück. H. D.

Frg.: *F. Wehrli* Die Schule des Aristoteles 9, 1957.

Chamaimelon (*χαμαίμηλον*, neugr. *χαμομηλέα*, lat. *chamomilla*, dt. Kamille) ist in erster Linie die Composite Matricaria chamomilla L., nach Funden in Schweizer Pfahlbauten schon seit dem Neolithikum als Heilkraut gebaut. Plin. nat. 22,53 erklärt den Namen, der sich wohl auf den halbkugligen Blütenboden bezieht, mit *quod odorem mali habeat*, und unterscheidet noch eine 2., größere Art, wohl die röm. Kamille, Anthemis nobilis L., auf die Miller 1754 eine Gattung Chamaemelum begründet hat. H. G.

Chamavi. Germ. Völkerschaft, nach Tac. ann. 13,55 am Niederrhein, im früher von Tubanten und Usipern bewohnten Gebiet. Nach Tab. Peut. im Land der Franken, mit denen zusammen sie auch Auson. Mos. 434 erwähnt. Während einzelne Gruppen der C. nach Gallien verpflanzt wurden (*pagus Chamavorum* am s. Vogesenhang), wurden andere, die über den Rhein vorgestoßen waren, von Julian zurückgeworfen (Amm. Marc. 17,8,5) oder zum Heeresdienst gezwungen (Not. dign. or. 31,61). Ihr Name lebt im Gaunamen Hamaland bei Deventer fort. H. C.

Channe (*χάννη, χάννα*). Ein Seefisch der Percidenfamilie, bei Keller Ant. Tierwelt 2,354 als Sägebarsch (Serranus cabrilla) bestimmt (vgl. ebd. Abb. 124); reiner Fleischfresser: Aristot. hist. an. 8,598 a 13. 591 a 10. Er fiel durch sein großes Maul und eine rot-schwarze Zeichnung auf (Athen. 7,327 F) und galt als zarter Speisefisch (ebd. 8,355 C). Die Alten kannten keine Männchen, glaubten daher an Selbstbefruchtung der Weibchen (Aristot. a.O. 4,538 a 19. Ov. hal. 108. Plin. nat. 9,56. 32, 153). Über böse Traumbedeutung Artemid. oneir. 1,14. W. R.

Chaones, Chaonia. Der nördlichste und einer der führenden Stämme der Epeiroten, an der alban. Küste n. von Korfu bis zur h. griech.-alban. Grenze mit Hauptsiedlungsgebiet im Becken von Delvina, dichterisch auch für Epirus. Thuk. 2,80,5. Skyl. 28. Strab. 7,7,5. p. 323f. Steph. Byz. E. M.

1. *C. Klotzsch* Epirot. Gesch. 1911, 8ff. 2. *M.P. Nilsson*

Studien z. Gesch. des alten Epeiros, Acta Univ. Lundensis N.F. Afd. I Bd. 6,4, 1909, 51f. 3. *P. R. Franke* Alt-Epirus und das Königtum der Molosser 1955 passim. 4. *Philipps.-Kirst*. 2,56ff. 61ff. 211ff.

Chaos (*Χάος*). a) Als präkosmischer Status der »gähnende« Urgrund ([4],399f.; zum Vergleich mit germ. *ginnunga gap* A. DYROFF, ARW 31, 1934, 107. [5],22). Bei Hes. theog. 116 primäre Potenz (zum Ausdruck *Χάος γένετο* U. BIANCHI *ΔΙΟΣ ΑΙΣΑ*, 1953, 148. [5],23) einer mythisch-genealogisch verkleideten Kosmogonie, jedoch ohne eigentliche schöpferische Funktion ([4],398); es bildet den »Raum« für die Entfaltung der positiv-schaffenden Gewalten → Gaia und → Eros ([3], 2f.), bringt, selbst negativ, nur die ihrerseits negativen Dunkelmächte Erebos und Nyx hervor (v. 123. H. DILLER, Antike und Abendland 2, 1946, 144f. H. FRAENKEL Dichtung und Philosophie des frühen Griechentums, 1962², 112. [1],32ff.). Entsprechende Konstellation von Ch., Erebos und Nyx in der Parodie der orph. Weltschöpfungslehre Aristoph. Av. 693ff. (GUTHRIE Orpheus and Greek Religion, 1952², 92ff.). Doch setzen die orph. Theogonien durchweg das Ch., dem Chronos nachgeordnet, an die 2. Stelle neben den → Aither (Orph. frg. 54.60. [1],76ff. GUTHRIE 79f. 83f.). Uranfänglich ist hingegen das grenzenlose, von Wind (*πνεῦμα*) erfüllte *χάος θολερόν, ἐρεβῶδες* bei Sanchunjathon (Eus. pr. ev. 1,10,1. [4],393ff. M. ELIADE RGG³ 1,1640). Die Ähnlichkeit mit der Ch.-Szenerie der Genesis (*tōhū wa bōhū, tehōm, ḥōšäk, rūaḥ*; zu *bōhū* vgl. *Baav* = Nyx Eus. 1,10,6. W. CASPARI, MVAG 22, 1918, 14ff.) wurde längst erkannt (O. EISSFELDT, FuF 16, 1940, 1ff.). Überdies scheint der Phönizier, stärker als Hesiod (R. MONDOLFO L'Infinito nel pensiero dei Greci, 1934, 208ff. F. SOLMSEN, SIFC 24, 1950, 235ff.), mit den Begriffen des *ἄπειρον* und der *σύγκρασις* auf vorsokrat. Konzeptionen (Anaximander, Demokrit) eingewirkt zu haben (EISSFELDT Éléments orientaux dans la rel. grecque, 1960, 1ff.). Die uns geläufige, von Ov. met. 1,5ff. (FRAENKEL Ovid, 1956², 209,6) verwendete Auffassung des Ch. als *σύγχυσις στοιχείων* geht, unter Berücksichtigung stoischer Etymologie (von *χέω* Zen. frg. 104 ARN. F. M. CORNFORD Principium Sapientiae, 1952, 195), auf Anaxagoras zurück (frg. 4 D).. Auch sonst hat sich philos. Spekulation der nicht eindeutig bestimmten Ch.-Vorstellung der kosmogon. Mythen bemächtigt: Eur. frg. 448 N. Aristot. phys. 208 b 28ff. S. Emp. Pyrrh. Hyp. 3,121. [2],253ff.; vgl. F. SCHWENN Die Theogonie des Hesiod, 1934, 107,1. b) Gegenüber dem fertigen Kosmos behauptet das Ch. seinen Platz ([3],3) als unermeßlich klaffender Weltraum im Unterschied zu Himmel und Erde (Hes. theog. 700. Ibyk. frg. 28. Bakchyl. 5,27. Aristoph. Av. 1218. [4],399f. gegen SCHWENN 106f. CORNFORD 194f. O. GIGON Ursprung der griech. Philos., 1945, 29. [5],22) oder als finsterer Abgrund der Unterwelt (Hes. theog. 814. Verg. Aen. 6,265. Ov. met. 14,404; fast. 4,600. J. FONTENROSE Python, 1959, 224; Vgl. SOLMSEN 239ff.). W. F.

1. *Th. Gompertz* Griech. Denker 1, 1922⁴. 2. *F. Börtzler*, ARW 28, 1930, 253ff. 3. *H. Fraenkel* Festschr. R. Reitzenstein, 1931, 1ff. (= Wege und Formen frühgriech. Denkens, 1960², 316ff.). 4. *U. Hölscher*, H 81, 1953, 391ff. 5. *W. Jäger* Die Theologie der frühen griech. Denker, 1953. 6. *J. Ternus*, RAChr 2,1031ff. 7. *A. F. Lossew*, Meander 9, 1957, 283ff. (poln.).

Charadra. 1. Hauptfluß des n. Attika, entspringt am NO.-Fuß des Parnes, umfließt n. den Pentelikon und mündet in der Ebene von Marathon, heute den großen Stausee für die Trinkwasserversorgung Athens bildend. Sprichwörtlich für jemand, der sich aus Eigennutz selber Schaden zufügt, da die Oinaier durch Ableitung des Flusses statt des erhofften Nutzens schweren Schaden erlitten. Suda. Hesych. Phot. s. *Οἰναῖοι* (*Οἰνόη*) *τὴν χαράδραν*.

Philipps.-Kirst. 1,784f. 787.

2. Stadt in Phokis n.w. von Lilaia beim h. Mariolata, 480 und wieder 346 v. Chr. zerstört. Paus. 10,33,6.

1. *J. G. Frazer* Pausanias 5, 1898, 415ff. (mit Plan). 2. *L.B. Tillard*, ABSA 17, 1910/11, 60ff. (mit Abb.). 3. *Fr. Schober* Phokis 1924, 26.

3. Nur bei Strab. 8,4,4 p. 360 erwähnter Ort an der O.-Küste des messen. Golfs in der Nähe von Thalamai, genaue Lage unbekannt.

4. Ort an der N.- oder W.-Seite des ambrakischen Golfs, genaue Lage unbekannt, Polyb. 4,63,4. 21,26 (22,9) 7. Enn. hedyphaget. 3. E. M.

1. *K. Bursian* Geogr. von Griechenland 1,36. 2. *Eug. Oberhummer* Akarnanien, Ambrakia, Amphilochien, Leukas im Alt., 1887, 26. 3. *Petsas*, EA 1950/51, *παρά*. 40f. 4. *Philipps.-Kirst*. 2,113 A. 1.

Χαραδριός. Wasservogel, in Erdlöchern und Klippen nistend und bei Tage selten zu sehen (Aristoph. av. 266), ein Allesfresser und wegen seiner Gefräßigkeit sprichwörtlich (ebd. 1140f. Aristot. hist. an. 10,615 a 1. 9,593 b 17. Plat. Gorg. 494 B). Es handelt sich um eine Regenpfeifer-Art (AUBERT-WIMMER Aristot. Thierk. 1,111.115. LINDENMAYER Vögel Griechenlands 132. KELLER Ant. Tierwelt 2,179). Sein Anblick sollte Gelbsucht heilen, weshalb er verhüllt zum Kauf angeboten wurde (Sch. Plat. a. O. Plut. symp. 5,7,2. Heliodor 3,8 u. a.). In die späte Latinität durch Übersetzungen eingegangen, spielt er als *caradrius* eine Rolle im Aberglauben des MA. (WACKERNAGEL Altd. Leseb. 1,166). W. R.

Charakene (*ἡ Χαρακηνή*) nennen Plin. nat. 6,136 und Ptol. 6,3,3 die zwischen dem Zusammenfluß von Euphrat und Tigris und ihrer Mündung gelegene südbabylonische Landschaft, die neben diesem politischen auch den urspr. geograph. oder ethnolog. Namen *Μεσήνη* führte. Hauptstadt war Charax (< aram. *karkā* »Stadt«), an der Stelle des von Antiochos IV. 166 (165) v. Chr. gegründeten Antiocheia gelegen, das seinerseits auf den Trümmern des von Alexander 324 errichteten, später durch eine Sturmflut vernichteten Alexandreia erbaut worden war. Das Land war von Aramäern bewohnt, nicht, wie die Schriftsteller meist angeben, von Arabern; die Ungenauigkeit wird sich daraus erklären, daß schon früh Araber in großer Zahl sich mit der einheimischen Bevölkerung vermischt hatten. Der Gründer des mesenischen Staates, Hyspaosines, war iranischer, wahrscheinlich baktrischer Herkunft; zunächst von Antiochos 165 als Eparch eingesetzt, regierte er seit etwa 140 als unabhängiger König und konnte um 128 sogar vorübergehend ganz Babylonien besetzen. Es läßt sich eine chronologisch im einzelnen nicht gesicherte Liste von 23 Königen aufstellen, deren letzter, Abinergaos III., 222 n. Chr. von dem Sasaniden Ardašīr besiegt wurde. Die sichere Grundlage unserer Kenntnis der Ch. bilden im wesentlichen die Münzen mit den Herrschernamen: unter diesen sind die meisten iranisch, einige babylonisch oder aramäisch. Das Land blühte durch den Indienhandel und galt als sehr reich. Der ständige Kampf um die Unabhängigkeit von den Arsakiden führte es oft an die Seite Roms, vor allem unter Traian, der 116 Charax besuchte. A. D.

Sheldon Arthur Nodelman A Preliminary History of Characene: Berytus 13, 1959–1960, 83–121.

Charakteres s. Zauber

Charax von Pergamon, Priester (Suda s.v.) und Historiker. Seine Zeit ist unbestimmt (1.–6. Jh. n. Chr.). Er schrieb eine Universalgeschichte in 40 B., die noch Neros Nachfolger erwähnte (Suda), und *Χρονικά* (Steph. Byz., u. U. ein Auszug des ersten Werks). Die erhaltenen Reste (FGrH II A 482ff. Nr. 103, Komm. ebd. C 312ff.) behandeln zumeist die mythische Zeit, da Ch. den Byzantinern wegen seiner pragmatischen Mythendeutung wichtig war; nur wenige Frg. haben hist. Inhalt. K. St.

Chares 1. Den Demokraten nahestehender athen. Feldherr (ca. 395–324), ein Condottieretyp, von kraftvollem Körperbau, kühn und persönlich tapfer, aber auch unzuverlässig. 358 v. Chr. ruinierte er durch Unterstützung der Oligarchen auf Korkyra Athens Einfluß im Ionischen Meer, 357 brachte er die Chersones bis auf Kardia vertraglich zum Anschluß an den 2. Att. Seebund. Im Bundesgenossenkrieg bei Chios 357 und 356 besiegt, erhielt er 356 trotzdem den Oberbefehl. Um Sold für seine Truppen zu erlangen, verbündete er sich mit dem aufständischen Satrapen Pharnabazos, schlug ein Heer des Großkönigs (Diod. 16, 21 f.) und eroberte Lampsakos und Sigeion. Über letzteres übte er eine persönliche Herrschaft aus und lebte dort bis 334 in Friedenszeiten. Nachdem Artaxerxes III. Athen 355 zur Strafe gezwungen hatte, seinen 2. Seebund bis auf Reste verloren zu geben, besiegte Ch. 353 ein makedon. Söldnerheer in Thrakien und eroberte Sestos zurück, das athen. Kleruchen erhielt (Diod. 16,34). Zum Parteigänger des → Demosthenes geworden, kommandierte Ch. 348 ein den Olynthiern zu spät zu Hilfe gesandtes athen. Bürgerheer. 338 von Philipp II. bei Amphissa geschlagen, nahm er 337 an der Schlacht bei Chaironeia teil. 335 wich er vor Alexander d. Gr. aus Athen, 334 unterwarf er sich ihm in Ilion, 333 trat er in pers. Dienste, kapitulierte aber 332 in Mytilene gegen freien Abzug vor den Makedonen. Seine Aktivität in seinen letzten Lebensjahren ist undurchsichtig u. zeitigte keine Ergebnisse. Fr. Kie.

H. Berve Alexanderreich II Nr. 819. *H. W. Parke* Greek Mercenary Soldiers, 1933.

2. Ch. von Mytilene, war Teilnehmer an Alexanders Zug, hatte bei ihm nach Einführung des pers. Hofzeremoniells das Amt eines Audienzmeisters (*εἰσαγγελεύς*) inne (Plut. Alex. 46). Man versteht so, warum sein verlorenes Werk über Alexander (in mindestens 10 B.) offenbar weniger die militärischen Ereignisse als des Königs Person und Hof heraushob (FGrH II B 657ff. Nr. 125, dazu Komm. D 432ff.). Es gab vor allem interessantes Detail im Stil des → Ktesias, war auch nicht frei von romanhafter Ausschmückung; die Liebesgeschichte des Zariadres und der Odatis (a. O. F 5 = Athen. 13,35) zeugt dafür. K. St.

Lionel Pearson The lost histories of Alexander the Great, Phil. Monographs publ. by the Am. Phil. Ass. 20, 1960, 50ff.

3. Verfasser eines paraenetischen Gedichtes in jambischen Trimetern um die Wende des 4./3. Jh. v. Chr. Anlehnung an Euripides, Einfluß der Philosophen des 4. Jh v. Chr. Text: Pap. Heidelberg. 434, ed. G. A. Gerhard *Χάρητος γνῶμαι* SHAW 1912, 13. Abh. Stob. Flor. 3,17,3 (Parallelüberlieferung notiert bei TGF² 826). 3,33,4. 3,38,3. Lyd. mens. 4,113. F. St.

v. Wilamowitz H 34, 1899, 608f. *G. A. Gerhard* a. O. *R. Philippson*, PhW 1914, 801f. *O. Hense* Chares und Verwandtes, RhM 72, 1917/18, 14ff.

4. Ch. von Lindos. Bildhauer um 300 v. Chr., Schüler des → Lysippos, erhielt nach Plin. nat. 34, 41.44 nach 304 den Auftrag für das eherne, 70 Ellen hohe Standbild des Helios, das als Koloß von Rhodos zu den 7 Weltwundern gerechnet wurde. Es wurde 290 vollendet und durch das Erdbeben von 224 umgestürzt.

Brunn Gesch. griech. Künstler I 415. *Overbeck* Schriftquellen Nr. 1539ff. HB Arch III 1 (5. Lfg. 1950) 297 *(Lippold)*. Encicl. Arte Class. Or. II 534 *(Amorelli)*.

5. Korinthischer Vasenmaler der 1. Hälfte des 6. Jh. v. Chr., signierte eine äußerst kümmerliche Pyxis. A. R.

Encicl. Arte Class. Or. II 534 *(Banti)*.

Charidemos (*Χαρίδημος*). **1.** Mitglied einer athen. Gesandtschaft, die 359 v. Chr. um die Hilfe Philipps II. gegen Amphipolis nachsuchte. **2.** Söldnerführer aus Oreos, der seiner militär. Leistungen wegen das athen. Bürgerrecht erhielt. 360 v. Chr. trat er in die Dienste des Thrakerfürsten Kotys, dessen Tochter er später heiratete. Nach Kotys'

Ermordung 360/59 schützte Ch. dessen Sohn Kersobleptes gegen andere Thronprätendenten, mußte jedoch nach Interventionen Athens unter → Athenodoros und → Chares in eine Teilung des Odrysenreiches und die Herausgabe der Chersones einwilligen. Später war Ch. wieder athen. Stratege. Als Gegner Makedoniens floh er 335 vor Alexander d. Gr. ins Perserreich; dort wurde er 333 von Dareios III. wegen allzu freimütiger Kritik an dessen militär. Maßnahmen hingerichtet (Diod. 17, 30). Fr. Kie.

H. Berve Alexanderreich II Nr. 823.

Charidotes (Χαριδώτης »Spender der Anmut«). Epiklesis des Hermes, vgl. Hom. h. 18. Od. 15,320. Auf Samos feierte man ihm ein Fest, bei dem es in Erinnerung an frühere Kulturzustände erlaubt war, zu stehlen, Plut. quaest. Gr. 55 (303 D). H. v. G.

Nilsson Griech. Feste 393.

Charikles (Χαρικλῆς). **1.** Athener, zunächst Demokrat, 415 v. Chr. Mitglied der Untersuchungskommission zur Aufklärung der Hermenverstümmelung (Andok. 1,36. Plut. Nik. 4). 413 operierte er als Stratege an der Küste der Peloponnes (Thuk. 7,20.26). 404 gehörte er dann den Dreißig an, wobei er infolge enger Beziehungen zu Kritias eine einflußreiche Stellung einnahm (Xen. hell. 2,3,2; mem. 1,2,31. Lys. 12,55. Aristot. pol. 1305 b 26); nach ihrem Sturz 403 verbannt, konnte C. jedoch bald wieder nach Athen zurückkehren (Isokr. 16,42). **2.** Athener, Schwiegersohn Phokions, wegen seines Anschlusses an Harpalos 324 v. Chr. vor Gericht gestellt (Plut. Phok. 21 f.). 319 zusammen mit Phokion zum Tode verurteilt, konnte er sich durch Flucht retten (Plut. Phok. 33. 35). Fr. Kie.

Chariklo (Χαρικλώ, Kurzform f. Χαρίκλεια). **1.** Naiade, als Tochter des Apollon, Okeanos oder Perseus bezeichnet, Frau des → Chiron. Sch. Pind. P. 4,181. Auf der Françoisvase Teilnehmerin an der Hochzeit von Peleus und Thetis. BAUM. Denkm. 1883 Taf. 74. **2.** Nymphe, Genossin der Athena in Boiotien, durch Eueres Mutter des → Teiresias, für den sie nach seiner Blendung die Gabe, Vogelstimmen zu vernehmen, erwirkt. Apollod. 3,70 (Pherekyd.). Kall. h. 5,57 ff. H. v. G.

Charillos (Χάριλλος). König von Sparta, aus dem Haus der Eurypontiden, Sohn des Polydektes (Plut. Lyk. 1. Paus. 2,36,4) oder – nach einer anderen Version der Lykurglegende – des Eunomos (Hdt. 8,131). Die ihn mit Lykurg verbindenden Erzählungen – daß Lykurg sein Vormund gewesen sei oder ihn als Tyrannen gestürzt habe, jedenfalls Lykurgs Gesetzgebung in seine Zeit falle (Plut. Lyk. 5) – besitzen keinerlei hist. Wert. Nach Paus. 3,2,5. 8,5,9 soll er zusammen mit seinem Kollegen Archelaos Aigys erobert haben. Seine daran angeschlossene Niederlage gegen die Tegeaten ist sicherlich eine Dublette jener, die die Spartaner gegen die Tegeaten zu Beginn des 6. Jh. erlitten (Hdt. 1,65). Nach Sosibios (FgrH 595 F 2) regierte C. 874–811 v. Chr. Fr. Kie.

Charinos (Χαρῖνος). **1.** Athener, Parteigänger des Perikles, beantragte 431 v. Chr. nach der Ermordung des athen. Herolds Anthemokritos ewigen Krieg gegen Megara, jährlich zweimaligen Einfall in dessen Gebiet und Tötung jedes in att. Gebiet angetroffenen Megarers (Plut. Per. 30; mor. 812 D). **2.** Promakedon. Athener, daher Gegner des Demosthenes (Ps.-Dem. 58,37 f.). Fr. Kie.

3. Ch. aus Laodikeia. Bildhauer des 1. Jh. v. Chr., nur bekannt aus Signaturen auf 4 Statuenbasen (2 aus Rhodos, 2 aus Lindos) und vielleicht einer weiteren aus Attika.

Encicl. Arte Class. Or. II 535 *(Guerrini)*.

4. Attischer Töpfer um 500 v. Chr. Seine Signatur auf 4 ausgezeichnet modellierten Kopfgefäßen (eines fragmentiert), einer bescheidenen weißgrundigen Oinochoe und auf dem Boden eines Skyphos. A. R.

Beazley Attic Red-Fig. Vase-Painters, Oxford 1942. *Ders.* Attic Black-Fig. Vase-Painters, Oxford 1956. BCH 76, 1952, 204 Abb. 3. *Rodenwaldt* Prop. Kunstgesch. Taf. 10.

Charisios (Χαρίσιος). Att. Redner und Logograph um 300 v. Chr. Seine stilist. an Lysias orientierten Reden lagen noch im 1. Jh. n. Chr. vor (Quint. 10,1,70) und standen in hohem Ansehen (sie wurden gelegentlich Menander zugeschrieben). Erhalten sind nur 3 Stellen in lat. Übersetzung (Rutil. Lupus 1,10. 2,6.16). H. Gä.

Blass, AttBereds. 3,2², 351 f.

Charisius 1. Aurelius Arcadius Ch., einer der wenigen uns namentlich bekannten Juristen der nachklassischen Zeit. Gentile und Cognomen sind der klassischen Ära fremd; über seine Herkunft wissen wir nichts. In Justinians Digesten ist er mit Monographien über *munera*, über Zeugen und über die *officia* des *praefectus praetorio* vertreten. Th. M.-M.

2. Um 431 Presbyter in Philadelphia, der auf dem ökumenischen Konzil zu Ephesus 431 um die Anerkennung der Rechtgläubigkeit seines von seinen Gegnern für häretisch erklärten Bekenntnisses kämpft und das seiner Gegner für ketzerisch erklären lassen will. Kl. W.

Beide Bekenntnisse bei *Hahn* Bibliothek der Symbole ²1877, 229 ff. 245. *Hefele* Conciliengeschichte ²2,206 ff.

3. Flavius Sosipater Ch. (vgl. GLK VI 565,4 und 572,18) lat. Grammatiker um die Mitte des 4. Jh. n. Chr., Verfasser einer Ars grammatica. Seine Heimat läßt sich nicht näher bestimmen, obwohl viele Vermutungen in dieser Hinsicht ausgesprochen worden sind. Nicht unwahrscheinlich ist der Schluß, den man aus Hieronymus zu 358 gezogen hat (. . . *in cuius locum ex Africa Charistus adducitur*), indem man den Namen Charistus in Charisius verbesserte (so USENER). Diese Annahme scheint in der Vorrede des Ch. ihre Bestätigung zu finden (vgl. GLK I 11).

Die dem Sohn zugeeignete Ars grammatica des

Ch. bestand aus 5 B., die – freilich mit größeren Lücken in den B. 1, 4, 5 – auf uns gekommen sind; von dem Inhalt der verlorenen B. geben die Indices einen Begriff. In B. 1 besprach der Vf. grammat. Grundbegriffe *(vox, littera, syllaba, dictio)*, dann kam er auf das Geschlecht und den Wandel des Nomen zu sprechen; B. 2: Nomen, Pronomen, Verbum, Participium, Adverbium, Coniunctio, Praepositio, Interiectio; B. 3: Exkurs zur Lehre vom Verbum; B. 4: Vitia et virtutes orationis, Metrik; B. 5: Idiomata u.a.

Ch. ist kein Forscher; er ist vielmehr Kompilator oder eher einfacher Abschreiber. Oft – freilich nicht immer – nennt er ausdrücklich seine Gewährsmänner, denen er das Material verdankt. Aber die Ars des Ch. stellt auch in dieser Hinsicht viele, und zwar sehr schwierige Probleme vor die Forscher. Als Hauptquellen kommen in Betracht: Palaemon, Iulius Romanus, Cominianus. Viel Kopfzerbrechen haben die Cap. I,15 und I,17 hervorgerufen: nach mühevollen Forschungen gelangte man endlich zu der Überzeugung, daß Cap. I,15 aus 3 Teilen zusammengesetzt ist (Remmius Palaemon, Pansa, Flavius Caper, so BARWICK), was das Richtige getroffen zu haben scheint. Zwischen Ch. einerseits und Diomedes und Donatus bzw. Dositheus und Anonymus Bobiensis anderseits kommen manchmal enge Berührungspunkte vor, die aber keine Schlüsse auf gemeinsame Quellen gestatten.

Der Text des Ch. beruht auf dem Codex Neapolitanus IV A/8, 7./8. Jh. (fragmentum Parisinum cod. 7560 ist fast wertlos). W. Str.

Jeep Redeteile 2ff., *Goetz*, RE III 2147ff., *Barwick* Philol. Suppl. Bd. XV 2. Ausg.: *Keil* GrL. 1,1ff *Barwick* Lpz. 1925.

Charites (*Χάριτες*). Die »Holden, Freundlichen« (Erotian. 93,8ff. N. Corn. 15), Dreiverein segenspendender Göttinnen (Hes. theog. 907. Vgl. [2],291ff.298), ursprüngl. wohl ohne Individualnamen ([3],132.143f. [5],156. Vgl. Plut. mor. 301c), auch zahlenmäßig und funktional nicht fest abgegrenzt, was die Berührung mit wesensähnlichen weiblichen Genien der Natur (Nymphen, Musen, Horen, Agrauliden) erleichterte (Hes. theog. 64. Kypr. frg. 3.4 K. Hom. h. 2,194. Paus. 9,35,2. A. W. PERSSON Rel. of Greece in prehist. times, 1942, 151f. K. MARÓT, Fil. Közl. 4, 1958, 657f. [1],185. [3], 134ff.). Ihre att. Kulttitel Auxo, Thallo, Karpo (Paus. a.O.) erweisen frühe Fusion mit den → Horen ([3],143); das Schwanken in Benennung und Zahl bekräftigt der Ersatz von Karpo durch Hegemone im Ephebeneid der Stele von Acharnai (L. ROBERT Études épigraphiques, 1938, 296ff. Poll. 8,105f.). Die Grundfunktion des Schenkens vegetativer Fruchtbarkeit (PERSSON 152. H. J. ROSE Griech. Mythologie, 1955, 124) erhellt schon aus den Pflanzenattributen (Paus. 6,24,6. Thasos-Relief: A. MICHAELIS, AZ 25, 1867, 2ff.). Ein Mondbezug ([1],193) ist aber abzulehnen, auch die einer Lichtetymologie (zu ai. *haritas* »Sonnenrosse« [3],131f. [5],156ff.) folgende Deutung als ehemals hippomorphe Sinnbilder solarer Fertilität ([5],159ff. 162). Eher verdient die Zuordnung der Ch. zu dem unterweltlichen Charon bzw. der Charis Hegemone zu dem Seelengeleiter Hermes *Χθόνιος* Aufmerksamkeit ([4],158ff.). Ihr alter Kult in der Minyerstadt Orchomenos (Pind. O. 14,1ff.), der sich an 3 anikonische schwarze Meteorsteine knüpfte (Paus. 9,38,1), trägt jedenfalls Spuren agrarisch-chthonischer Ausrichtung (Ephor. frg. 152 JAC. Eust. Od. 1843, 25f. Vgl. WILAMOWITZ, PhU 1, 1880, 131. NILSSON Griech. Feste 413). Sein Mysteriencharakter ([4],158f.) und die Affinität der Ch. zum Kreis von Eleusis (ESCHER RE III 2157) verstärken den Eindruck einer Verwandtschaft mit den eleusin. *Πότνιαι*, zumal Pindar a.O. ihnen die Epitheta *βασίλειαι, σεμναί, πότνια(ι)* verleiht. Da offenbar erst die an den Bätylen orientierte Kultinstitution des Eteokles (Theokr. 16,104f. mit Schol. Strab. 9,414) die Trias für Orchomenos sanktioniert hat (Paus. 3,35,1.3), ist vielleicht der anderswo bezeugten Zweizahl (Paus. 3,18,6.9.9,35,1f.) Priorität zuzuerkennen ([1],192. [2],286f. [3],143f. [5],155f.), wodurch eine Gleichsetzung mit den Demeter-Kore-Hypostasen Damia und Auxesia (Hdt. 5,83. Paus. 2,32, 2) Rückhalt bekommt. Im übrigen deutet hier wie in Elis (Paus. 6,24,6) manches auf einen Konnex mit Dionysos (J. LAJTI, Eg. Fil. Közl. 1924, 1ff.), den das Gebet der elischen Frauen stiergestaltig mit den Ch. sich nahen heißt (Plut. mor. 299b. [1], 205. Abb. 53). – Der Anschluß an mächtige Fruchtbarkeitsgottheiten hat die Ch. in die Zweitrangigkeit elementarer Numina verwiesen. So konnte zu Athen die Aphrodite *Ἡγεμόνη τοῦ δήμου* zugleich mit der Ch.-Epiklese auch die Führerschaft des Dreivereins in der Kurotrophos-Aufgabe an den att. Epheben übernehmen (CIA IV,2,1161b. EM 220,50ff. A.G. LOLLINGK, *Ἀθηνᾶ* 3, 1891, 593ff.), was aus der tellurischen Wesensseite der großen Göttin verständlich wird ([4],160). Seit Homer haben die Ch. im Gefolge der Aphrodite (Od. 18,193f. Hes. op. 65.73. Paus. 6,2,7) zugleich mit ihrer Herrin die von Mythos und Poesie initiierte Wandlung zum Inbegriff der Anmut und des körperlichen Liebreizes durchgemacht (WILAMOWITZ, GGN 1895, 237f. Vgl. W. PÖTSCHER, WSt 72, 1959, 13); ästhetisch-dichterische Wertung der *χάρις* drückt sich in den von dort ausgehenden Benennungen Aglaia, Euphrosyne, Thalia aus (Hes. theog. 909. Pind. O. 14,14ff. Orph. h. 60,3. Paus. 9,35,5. [3],133). Gleich den *deae ornantes*, welche die etr. Kunst. der Turan-Aphrodite beigibt, erfüllen die hom. Ch. die Rolle dienender, schmückender, musizierender und tanzender Begleiterinnen der Liebesgöttin (Od. 8,364. Kypr. frg. 3.4. Hom. h. 6,61ff. Pind. O. 14,8ff. Nonn. Dion. 41,6f. Q. Smyrn. 4,140. ROSE 124f. [2],291). Ihre genealogische Einreihung unter die Töchter des Zeus (Hes. theog. 907f. Sapph. frg. 57. Thgn. 15) wirkt schematisch, die Zuweisung an die Sphäre der Eheschützerin Hera (Il. 14,267. Eur. Hipp. 1147 m. Sch. Paus. 2,17,3f.) konventionell. In spielerischer Freude am Kontrast gibt das Epos der hom. Charis einen Platz an der Seite des lahmen Künstlers Hephaistos (Il. 18,382f. Hes. theog. 945f. NILSSON GgrR^2 1,524), wo sie Aphrodite, die »erste der Ch.«, ersetzt (WILAMOWITZ a. O.). W. F.

1. *J. A. Harrison* Themis, 1912. 2. *Dies.* Prolegomena, 1921/61^3. 3. *H. Usener* Götternamen, 1948^3. 4. *Th. Zielinski*, CQ 18, 1924, 158ff. 5. *A. H. Krappe*, REG 45, 1932, 155ff.

Chariton (*Χαρίτων*) aus Aphrodisias. Verfaßte im 1. oder 2. Jh. n. Chr. einen Liebesroman *Τὰ περὶ Χαιρέαν καὶ Καλλιρρόην* in 8 B. Er beginnt mit der Hochzeit des liebenden Paares, das erst infolge der durch die früheren Freier der Kallirrhoe – Tochter des → Hermokrates von Syrakus – aufgestachelten Eifersucht des Chaireas den Launen von Aphrodite, Eros und Tyche ausgesetzt und schließlich durch Räuber getrennt wird. Während der Trennung hat Kallirrhoe gegenüber den im Rang sich bis zum Perserkönig Artaxerxes II. erhöhenden Bewerbern, ihre Treue zu bewähren, bis sie durch den Abfall Äg., wohin der König ins Feld ziehen muß, und durch den Sieg des zu den Äg. übergegangenen Chaireas von der Werbung des Königs befreit wird.

Der geradlinige, spannungslose Verlauf der Handlung mit seinem nicht immer sachrichtigen hist. Hintergrund weist den Roman der älteren Epoche griech. Romanschriftstellerei zu. Sprachliche Indizien lassen als Abfassungszeit auf das 2. Jh. n. Chr. schließen, und sachliche (das im 3. Jh. eingegangene Ephebeninstitut [1,6,5. 8,6,11] und die Feier der im J. 393 zum letzten Mal abgehaltenen Olymp. Spiele [6,2,1] werden als noch bestehend vorausgesetzt), geben einen Anhaltspunkt für die Abfassungszeit (LESKY hält sogar Ansatz im Späthellenismus für erwägenswert). Der Stil ist äußerlich bunt, innerlich steif. Im Anklang an die menippeische Satire sind Homerverse in die Reden der handelnden Personen und auch in die eigene Erzählung eingelegt. Aus Hdt., Thuk. Xen. finden sich Redewendungen. W. S.

Ta. und engl. Übersetzung von *W. E. Blake* 1938. Lit. *A. Calderini* Caritone di Afrodisia, 1913. *Ders.* Le aventure di Chereas e Calliroe, 1913. *E. Rohde* Roman 517ff. *R. Helm* Der antike Roman^2 34ff. *Christ-Schmid* 2,2,808f. *Lesky* GGrL 776ff.

Charixenos (*Χαρίξενος*). **1.** Aus Trichonion war 288/87, 281/80 und 270/69 Stratege des aitolischen Bundes. IG IX^2 5.14.54. **2.** Sohn des Kydrion, war 260 Hipparch (IG IX^2 18,18) und 255/254, 247/46, 241/40 und 234/33 Stratege des aitolischen Bundes. IG IX^2 3 B. Als solcher lud er 247/246 Athen, Chios, Tenos und andere Orte ein, das neu organisierte Fest der Soterien zu feiern. Sylloge^3 408 (zur Datierung C. PÉLÉKIDIS, BCH 85, 1961, 53ff.). 402. EDelph. 3,1,481. Er führte 240 einen Beutezug der Aitoler nach Lakonien. Pol. 4,34,9. In Delphi weihte er seine Reiterstatue und wurde in Athen geehrt. IG IX^2 181. R. FLACELIÈRE, BCH 51, 1927, 349. 53, 1929, 26,4.27,5. **3.** Archont in Delphi 277/76. SEG 15,337. **4.** Sohn des Proxenos, Agonothetes der Soterien 225. Sylloge^3 509. H. V.

Charmides. 1. Sohn des Glaukon aus Athen, Bruder der → Periktione, mithin ein Onkel → Platons. Dessen Dialog Ch., der im J. 422 spielt, schildert ihn als blühenden Epheben. Mithin ist Ch. um 440 v. Chr. geboren. Wie sein Vater und sein Neffe gehörte Ch. zum Freundes- und Schülerkreise des → Sokrates; vgl. Xen. mem. 3,6 und 7. Mit seinem Vetter → Kritias zusammen führte Ch. den Umsturz von 404 herbei; bei der Wiederherstellung der Demokratie fiel er im Frühjahr 403. Vgl. Xen. hell. 2,4,19. Aristot. Ath. pol. 38,1 und 39,6. **2.** Ein Schüler → Epikurs, nur bekannt aus einer Erwähnung → Philodems, vol. Herc. 5,2 frg. 49 = USENER Epicurea 151,16. Eine freundschaftliche Begegnung des Ch. mit → Arkesilaos erwähnt Cic. fin. 5,94. H. D.

Charmis (*Χάρμις*). Arzt, lebte zu Neros Zeit in Rom (Plin. nat. 29,10f.). Sein Ruhm beruhte vor allem auf streng durchgeführten Kaltwasserkuren (vgl. auch Sen. ep. 53.83). Er war einer der bestbezahlten Modeärzte seiner Zeit und hatte eine eigene Schule in Rom (Gal. 14,128,2 K.). F. K.

Charon 1. (*Χάρων*, Kurzform zu *χαροπός* »mit funkelnden Augen« WILAM. Unters. 225,23; etr. *charu, charun*). Fährmann, der die ihm von Hermes Psychopompos zugeführten Toten über die Unterweltsströme an das Tor des Hades bringt (*πορθμεύς, portitor*). Alte Gestalt des Volksglaubens, bei Hom. nicht bezeugt, zuerst im Epos Minyas vorkommend, danach von Polygnot im Gemälde der Nekyia in Delphoi dargestellt, Paus. 10,28,2. Nach RADERMACHER [1] führte C. die Toten urspr. über das große Wasser ins Jenseits. Die Etrusker stellten Ch. besonders häßlich, als rotäugigen, schlangenhaarigen, hammerschwingenden Würger dar: CLES-REDEN und DE RUYT [2. 3]; der Hammer in einem Mimus (Tertull. apol. 15,5). Bei Verg. Aen. 6,298ff. 392 ist im wesentlichen nur das Äußere abstoßend: struppig, unsauber, mürrisch, mit starren Blicken. Lebende darf Ch. nicht übersetzen; für die Überfahrt des Herakles lag er 1 Jahr an der Kette (Serv. z. d. St.); Aeneas bedurfte eines goldenen Zweiges 6,136ff. 406ff. (FAUTH [4]). SCHOLZ [5] versteht ihn als urspr. hundsgestaltig; jedoch wird Ch. nie durch Kerberos ersetzt, der vielmehr auf der andern Seite des Flusses sitzt. Nach ROSE [8] ist er urspr. nicht Diener des Totengottes, sondern selbständiger Totengott. Im neugriech. Volksglauben lebt er als Charos oder Charondas fort: SCHMIDT [6] und KYRIAZOPULU [7]. Voraussetzung für die Überfahrt war die Bestattung auf der Oberwelt und die Entrichtung des Fährlohns (*ναῦλον*, *πορθμήιον*). Man schob dem Toten einen Obolos unter die Zunge oder zwischen die Zähne; über Münzfunde in Gräbern H. Blümner Griech. Privatalt. 367f. Häufige Erwähnungen des Ch. in Grabepigrammen und in Lukians »Charon« und Totengesprächen. Darstellung auf Grablekythen. Metaphor. Gebrauch für »Tod« z.B. Apul. mag. 23.56. H. v. G.

1. *L. Radermacher* Das Jenseits im Mythos der Hellenen, Bonn 1903, 90ff.; Das Meer und die Toten, AAWW 86, 1949, 315ff. 2. *S. Cles-Reden* Das versunkene Volk, 1948, 48.70 (François-Grab). Taf. 69. 3. *F. de Ruyt* Charun Démon étrusque de la Mort, Brux. 1934. 4. *W. Fauth* Abh. Ak. Wiss., Mainz 1959, Nr. 8, 20f. 5. *C.H. Scholz* Der Hund in der griech.-röm. Magie und Religion. Diss. Berlin 1937, 33. 6. *B. Schmidt* Volksleben der Neugriechen 1,222ff. 7. *P. Kyriazopulu* Le Personnage de C. de la Grèce ancienne à la Grèce moderne, Thèse, Paris 1950. 8. *H.J. Rose* Griech. Mythol., Münch. 1955, 86f. 9. *Nilsson* GgrR 1,306.425. 2,525. 10. *Baum.* Denkm. 1,378. Abb. 414f.

2. Ch. der Zimmermann (*τέκτων*) wird von Archil. (frg. 22 Diehl) als Sprecher eines Gedichts eingeführt. **3.** Ch. von Lampsakos, Historiker. Da nach ihm Themistokles die Herrschaft über Lampsakos von Artaxerxes I. erhielt (Plut. Them. 27,1), schrieb Ch. nach dessen Regierungsantritt (465/64 v. Chr.). Er gilt gewöhnlich als Zeitgenosse Herodots; aus seiner umfangreichen Schriftenliste (Suda s.v.) hielt die moderne Forschung nur wenige Titel für echt, so die Lokalchronik von Lampsakos und etwa noch das Werk über den Perserkrieg. Dagegen rückt F. Jacoby Ch. in die Zeit des Thuk. und des Hellanikos von Lesbos: um des letzteren Schriftstellerei zu ergänzen, habe er auch Werke über Sparta, Kreta, Libyen u.a. verfaßt, sich aber ebenso mit universalhist. Aspekten beschäftigt ([2]; zu dem Verhältnis der Titel *Περσικά* und *Ἑλληνικά* ebd. 226ff. [= 193ff.]). Die von Ch. erhaltenen Reste (FGrH III A 1ff. Nr. 262, Komm. ebd. a 1ff.) zeigen ionischen Dialekt und einfachen Stil. Ihr Umfang ist jedoch zu gering, als daß sie den Streit um Ch.s literarisches Werk entscheiden könnten, zumal die meisten Frg. ohne Buchtitel überliefert sind.

1. *Lionel Pearson* Early Ionian historians, 1939, 139ff. 2. *F. Jacoby* Ch. von Lampsakos, SIFC 15, 1938, 207ff. (= Abh. zur griech. Geschichtschreibung, 1956, 178ff.). 3. *A. Hepperle* Ch. von Lampsakos, Festschr. Regenbogen 1956, 67ff. (Masch.). 4. *R.J. Lenardon* Ch., Thucydides and 'Themistocles', Phoenix 15, 1961, 28ff.

4. Ch. von Naukratis schrieb eine Chronik der Priester von Alexandreia und andere Werke über Äg. (Suda s.v.; FGrH III C 1,120 Nr. 612). Man hat ihm in neuerer Zeit oft Schriften beigelegt, die für Ch. von Lampsakos bezeugt sind, ebenso dem folgenden. K. St.

Charondas (*Χαρώνδας*). Einer der berühmten Gesetzgeber des archaischen Griechentums, aus Katane. Er ist spätestens in die 2. Hälfte des 6. Jh. zu datieren. Auf ihn wurden die Gesetze der chalkid. Kolonien Siziliens und S.-Italiens, bes. jene von Katane und Rhegion, zurückgeführt. Weder über Ch.' Leben noch über das urspr. Aussehen seiner Gesetze existiert eine zuverlässige Überlieferung. Nach Aristot. Pol. 1274b 6ff. 1297a23 sollen sie wenig originell und der Zeit entsprechend von aristokrat. Geist geprägt gewesen sein. Später scheinen die auf Ch. zurückgeführten Gesetze in manchen Städten auswendig gelernt und bei festlichen Anlässen vorgetragen worden zu sein. Diod. 12,12–21 (sekundär überarbeitete, von Legenden durchsetzte Darstellung). Fr. Kie.

F.E. Adcock Camb. Hist. Journ. 2, 1927, 95ff. *M. Mühl* Klio 22, 1929, 105ff. 432ff.

Charops (*Χάροψ*, auch *Χάροπος*). **1.** Alter Gott an der Kopais, später Epiklese des Herakles, unter der er nahe beim Zeusheiligtum am Laphystion in Boiotien verehrt wurde. Dort soll er den Kerberos aus der Unterwelt heraufgeholt haben. Paus. 9,34,5. Wilam. GldH 1,213,2. **2.** Thraker, Vater des Oiagros, Großvater des Orpheus, von Dionysos zum Nachfolger des Lykurgos eingesetzt, dessen nächtlichen Anschlag er dem Gott verraten hatte. Diod. 3,65,4f. **3.** Herrscher auf Syme, Vater des Nireus, Hom. Il. 2,672. Hyg. fab. 97.270. **4.** Sohn des Troers Hippasos, von Odysseus getötet. Hom. Il. 11,426. Ov. met. 13,260. H. v. G.

Charta s. Schriftwesen

Charybdis (*Χάρυβδις*). Gestalt eines Schiffermärchens, mit → Skylla zusammen wie die *Πλαγκταί* (Klappfelsen) als eine Art Doppelrachen zu denken, gewöhnlich bei Messana unter dem Vorgebirge Peloron lokalisiert, spät in die Mythologie aufgenommen: Tochter des Poseidon und der Ge, ein gefräßiges Weib, durch einen Blitzstrahl des Zeus ins Meer geschleudert. Odysseus passiert sie zweimal, Od. 12,73ff. 223ff. 426ff. Die Argonauten werden durch Thetis' Hilfe gerettet, Apoll. Rh. 4,787ff. Arg. Orph. 1251ff. Aeneas zog es vor, Sizilien zu umfahren, Aen. 3, 420ff. (Serv. z. St.). Ov. met. 7,62ff. 13,730ff. Vgl. Thuk. 4,24,5. Iustin. 4,1. Strab. 1,43. 6,268. 275 (syr. Ch. im Orontes). Apollod. 1,136. Hyg. fab. 125.199. Früh sprichwörtlich gebraucht. H. v. G.

K. Reinhardt Von Werken und Formen, Godesberg 1948, 70. *Waser* Skylla und Ch. in der Lit. und Kunst der Griechen und Römer, Diss. Zürich 1894.

Chasuarii. Germ. Volk, das nach Tac. Germ. 34 den Chamaven benachbart, nach Ptol. 2,11,11 s. von den Sueben und w. von den Chatten siedelte. Vielleicht Anwohner der Hase, eines Nebenflusses der Ems (Zeuss 113). In der Veroneser Völkertafel XV 6 (ed. Seeck) erscheinen sie als Casuarii. H. C.

Müllenh., DA 3,323. – *Riese* Rhein. Germanien 208.

Chatti. Den Cheruscern benachbarte mächtige germ. Völkerschaft im Gebiet zwischen Fulda und Eder. Später, nach 38 n. Chr., bis in das Gebiet der Ubier siedelnd. Erstmals Plin. nat. 4,14 bezeugt, der die Ch. zu den Hermionen rechnet. In der Varusschlacht und beim Bataveraufstand gegen Rom verbündet, verlieren sie 58 n. Chr. eine Schlacht gegen die Hermunduren, in der es um den Besitz eines Salzflusses ging, vielleicht die Werra. 83 n. Chr. von Domitian hart bedrängt, verlieren die Ch. das Gebiet der Wetterau, die röm. wird. 162 n. Chr. fallen die Ch. in Obergermanien und Raetien ein, 170 n. Chr. in die Belgica. 203 n. Chr. letztmalig erwähnt (Cass. Dio 77,4), tritt seit dem 6. Jh. n. Chr. der Name der Hassii, Hessi, Hessones im Chattenland auf, h. Hessen. H. C.

Chattuarii. Germ. Volk, älterer Seitenzweig der Chatti, die zusammen mit Cheruscern und Gambriviern bei Strab. 7,291 erwähnt werden. Ihre Wohnsitze, Bructerern und Cheruscern benachbart, sind für die Antike nicht genauer zu bestimmen. Im MA siedeln die Ch. an der unteren Ruhr und Lippe bis aufs linke Rheinufer. H. C.

Ebert 4,1 s. v. Germanen § 5.

Chauci (*Καῦκοι*, Vell. 2,106. Plin. nat. 16,2. Tac. Germ. 35), germ. Stamm zwischen unterer Ems und Elbe, n. von den Angrivariern an der Nordseeküste *Ch. minores* und *maiores* w. und ö. der Weser (Tac. ann. 11,19. Ptol. 2,11,7,2). Nach Unterwerfung der Friesen werden die Ch. 5 n. Chr. den Römern botmäßig, sind jedoch unter Tiberius wieder selbständig. 41 n. Chr. zieht der Statthalter P. Gabinius Secundus brandschatzend in ihr Gebiet, doch gelingt den Römern keine dauernde Unterwerfung, und 47 n. Chr. erscheinen die Ch. plündernd mit ihren Schiffen an den gall. Küsten. Nach W. und S. sich ausbreitend, sind sie in der Spätzeit Anwohner des ö. Rheinufers (Claudian. cons. Stilich. 1,225) und werden dann nicht mehr erwähnt. H. C.

RE III 2201. *Ebert* 4,1 s. v. Germanen § 5.

Chefren (*Χέφρην* Hdt. 2,127; bei Diod. 1,64 *Κέφρην*; Manetho *Σοῦφις*; Ps.-Erat. *Σαῶφις*). 4. König der 4. äg. Dynastie, äg. Ḫc.f-Rc (Rc-ḫc.f?), Erbauer der zweithöchsten Pyramide von Giza, deren Tempelanlagen gut erhalten sind; zu diesen gehörte auch die Sphinx von Giza. Ch. war Sohn des Cheops und Bruder seines Vorgängers Rc-ḏd.f (Ratoises). Auch er galt den Späteren wegen der Größe seines Grabmals als gottlos wie Cheops. Er nennt sich als erster »Sohn des Re« und gibt damit die Vorstellung vom Weltgottkönig auf. Bekannt sind seine Statuen aus dem Taltempel der Pyramide. Historisch ist von ihm nichts bekannt. Nach ihm scheinen dynastische Wirren eingetreten zu sein. W. H.

Cheilon s. Chilon

Cheirisophos (*Χειρίσοφος*). **1.** Spartiat (Xen. an. 4,6,14), der 401 v. Chr. bei Issos mit einem Hoplitenkorps zum Heer des jüngeren Kyros stieß und nach der Schlacht bei Kunaxa im Auftrage Klearchs dem Ariaios den Thron des Perserreiches anbot (Xen. an. 2,1,5). Nach der Ermordung Klearchs und seiner Mitfeldherrn erhielt er von den 10000 den Oberbefehl übertragen (Diod. 14,27,1) und leitete deren Rückmarsch ans Schwarze Meer, ein Sachverhalt, den Xenophon in seiner Anabasis zwecks Erhöhung seines eigenen Glanzes zu vertuschen versucht. Von Trapezunt aus nahm C. im J. 400 Verbindung mit dem spartan. Nauarchen Anaxibios in Byzanz auf und führte dann das Söldnerheer von Sinope ab an der N.-Küste Kleinasiens westwärts. Eine Meuterei in Herakleia bereitete freilich seinem Oberbefehl ein Ende (Xen. an. 6,1,18f. 2,6f. 13f.). Wenig später erlag C. im Hafen Kalpe einem Fieber. Fr. Kie.

2. Caelator augustischer Zeit. Von ihm signiert sind 2 in Hoby auf Laaland gefundene Silberbecher; einer mit Philoktet, einer mit Priamos vor Achill. Nach dem unterm Boden geritzten Namen Silius stammten sie wohl aus dem Besitz des C. Silius Caecina, cos. 13 n. Chr. Für die Wertschätzung des Ch. schon bei Lebzeiten sprechen drei Bruchstücke von Abformungen in Ton; Ch. ist ein Vertreter besten augustischen klassizistischen Stiles. So werden wir uns die *scyphi Homerici* (Suet. Nero 47) vorzustellen haben, nicht wie die jämmerlichen Tonbecher, welche die moderne Archäologie mit diesem Namen ehrt.

Nordiske Fortidsminder 2, 1923, 119ff. Acta Archaeologica 31, 1960, 185ff. *(K. Friis Johansen)*. *Rodenwaldt* Prop. Kunstgesch. 544f. (^{2}570f., ^{3}572f., ^{4}582f.). Encicl. Arte Class. Or. II 539 *(Guerrini)*.

3. Ch. von Kreta, arch. Bildhauer unbekannter Zeit. Paus. 8,53,7 erwähnt von ihm eine vergoldete Statue des Apollon in Tegea, daneben eine Marmorstatue des Ch. selbst. A. R.

Brunn Gesch. griech. Künstler I 51. Encicl. Arte Class. Or. II 539 *(Guerrini)*.

Cheiromanteia s. Weissagung

Cheiron s. Chiron

***Χειροτονία*.** Das Erheben der Hände war die gebräuchlichste Art des Abstimmens und Wählens in den Volksversammlungen (→ Ekklesia) und in staatl. Institutionen (→ *Ἄρχοντες*, Ephoren) in Griechenland, gehörte hist. zu den Hauptmerkmalen demokratischer Einrichtungen der *πόλεις* (Thuk. 3,49. Plat. leg. 2,659b. 6,755c. Xen. hell. 6,3,11. Aristoph. Ach. 573.582. Plut. Nik. 12. Phok. 34.35). Demnach ist der Vorgang des *χειροτονεῖν* mit dem *ψηφίζεσθαι* identisch: Resultat ist das *ψήφισμα*. Folglich ist der *χειροτονητός* der durch die Ch. gewählte (Aristot. pol. 2,10.12. Plut. Poplic. 1. Flam. 16. Marcell. 9), im Unterschied zu dem durch das Los bestimmten Beamten, dem *κληρωτός* (Xen. mem. 1,2,9. Aischin. Tim. 21. Ktes. 13.27). G. Sch.

Chelone. Im Belagerungskriege wurden *χελῶναι*, Schildkröten, d. h. fahrbare, gedeckte Gestelle verwendet, unter denen an 1. Stelle die an 3 Seiten geschlossenen *χ. χωστρίδες* und die an 2 Seiten offenen *χ. ὀρυκτίδες* stehen. Jene dienten zur Gangbarmachung des Geländes, z. B. durch

Zuschütten von Gräben, diese zum Untergraben von Mauern. A. N.

RE III 2229f. *Krom.-Veith* 224f. *W. Sackur* Vitruv und die Poliorketiker, Bln. 1925, 67ff.74ff.

Chemmis. 1. Nach Diod. 1,63 Erbauer der größten Pyramide von Giza, → Cheops. **2.** Bei Hdt. 2,91. Plut. de Is. 14 Stadt in Oberäg. (bei Diod. 1,18 *Χεμμώ*), altäg. Ḫntj-Min oder Ipw genannt, Hauptort des 9. oberäg. Gaues, j. Achmim. Nach dem Ortsgott, dem ithyphallischen Min, nannten die Griechen die Stadt Panospolis. Hdt. erklärt den Gott als Perseus und hielt das Ritual des »Kletterns für Min« für einen Wettkampf; ursprüngl. bedeutete es wohl das Aufschlagen der göttlichen Hütte. Nach Strab. 17,813 lebten in Ch. besonders Weber und Steinmetzen; Plin. nat. 5,11, 2 bezeichnet Ch. als wichtigste Stadt Äg.; Steph. Byz. beschreibt unter *Πανὸς πόλις* richtig eine Statue Gottes. In Ch. starb 447 n. Chr. der Bischof Nestorius. **3.** Ch. hieß nach Hdt. 2,156 eine schwimmende Insel bei Buto im Westdelta, auf der Isis Apollon und Artemis geboren habe. Die Göttin Buto habe als Amme des Horus die Insel zum Schwimmen gebracht, um ihn gegen Seth zu schützen. In äg. Texten versteckte Isis ihren Sohn Horus in einem ȝḫ-bjt genannten Dickicht. Eine ältere Sage von den »beiden Kindern des unteräg. Königs« läßt diese als Sonne und Mond (später als Schu und Tefnut = Apollon und Artemis erklärt) im Papyrussumpf von Buto geboren werden. Hdt.s Bericht geht also auf eine altäg. Mythe zurück. – Mit Ch. ist wohl auch der von Heliod. Aeth. 2,18 u.a. im NW. des Deltas genannte Ort gleichen Namens mit seiner Göttin Isias zu verbinden. W. H.

Cheops (so Hdt. 2,124; bei Diod. 1,63 Chemmis; von Manetho *Σοῦφις*, bei Pseudo-Erat. *Χνοῦβος* genannt), 2. König der 4. äg. Dynastie, äg. Ḫnmw-ḫw.f-wj, etwa 2553–2530, Erbauer der größten Pyramide von Giza, weshalb er zu Hdt.s Zeiten als Volksbedrücker galt. Historisch ist von ihm nichts bekannt. Inschriften auf dem Sinai und in nubischen Dioritbrüchen bezeugen eine rege Bautätigkeit, von der aber kaum Reste erhalten geblieben sind. So kennen wir z.B. keine Statuen von ihm, nur eine Elfenbeinstatuette ist erhalten. Wichtigster Fund aus seiner Zeit ist die Grabausrüstung seiner Mutter Ḥtp-ḥr.ś (Reisner-Smith Giza Necropolis II) und das Holzschiff, das s. der Pyramide des Ch. vermauert war. W. H.

Chersiphron von Knossos, Architekt des frühen 6. Jh. v. Chr., wird als Baumeister eines der archaischen Tempel der Artemis in Ephesos genannt; er verfaßte mit seinem Sohn Metagenes eine Schrift über diesen Bau. A. R.

Brunn Gesch. der griech. Künstler II 344ff. Encicl. Arte Class. Or. II 546 *(Guerrini)*.

Chersonesos. 1. Die sog. Thrak. Ch., die der h. Gallipolihalbinsel entspricht. Die Wichtigkeit der Thrak. Ch. bestand einerseits in ihrem

fruchtbaren Boden, der ausgezeichnete Zerealien hervorbrachte, und andererseits in ihrer geograph. Lage an dem Hauptübergang zwischen Europa und Asien. Die griech. Kolonisation (hauptsächlich Milesier und andere Ionier) setzte hier früh ein (bereits Ende 8. und Anfang 7. Jh.). Die bedeutendsten Poleis waren hier Kardia und Sestos. Dieses wurde Besitz des älteren Miltiades. Um es gegen die einheimische thrak. Bevölkerung schützen zu können, ließ Miltiades die Bulairlandenge befestigen, und so blieb die Ch. im Besitz des Miltiades und seiner Nachkommen bis 493, als der jüngere Miltiades, wie es scheint, sie dem König Dareios überließ. Nach den Perserkriegen zwangen die Athener die Thr. Ch., dem Attischen Seebund beizutreten. Es war kein Zufall, daß die Athener gerade in Kallipolis und Sestos ihre Kolonien anlegten (450). Die Macht der Spartaner auf der Thr. Ch. war von kurzer Dauer (404–386); nachher stellten die Athener ihre Kontrolle über die Thr. Ch. wieder her. Sie waren aber wiederholt nicht imstande, die Halbinsel gegen die thrak. Dynasten jener Zeit zu verteidigen. 338 mußten sie diese Philipp II. von Makedonien überlassen. Nachdem die Ch. eine Zeitlang der Spielball der Herrschaftsgelüste verschiedener hellen. Könige gewesen war, wurde ihr größter Teil eine Domäne der Attaliden von Pergamon (189). Im J. 133 wurde die Ch. von den Römern zum größten Teil in *ager publicus* verwandelt und wurde z. Z. des Augustus kaiserlicher Hausbesitz.

St. Casson Macedonia, Thrace and Illyria, Oxf. 1926, 210 bis 228. *C. Patsch* Beiträge zur Völkerkunde von SO.-Europa, V 1, Wien 1932, 8ff.26.38.147. Zu Miltiades und den Philaiden auf der Thr. Ch.: *Bengtson* GG., [2]1960, 134, 7. *H. T. Wade-Gery* Miltiades, in seinen »Essays in Greek history«, Oxf. 1958, 156ff.160ff.165.267ff.

2. Die Taurische Chersonesos (d.h. die Krimhalbinsel). Einer der Haupterwerbszweige auch für die griech. Siedler war der Fischfang im sog. Kimmerischen Bosporos (h. die Meerenge von Kerč), ferner das Getreideland im Innern der T. Ch. Es war bereits im 7. Jh. v. Chr. von ionischen Griechen, mit den Milesiern an der Spitze, besiedelt. Die Hauptstadt war Pantikapaion (h. Kerč). Wenige Jahre vor dem Ausbruch des Peloponnes. Krieges (438) gelangten in Ch. T. die Spartokiden zur Macht, die allem Anschein nach thrak. Herkunft waren; in ihrer Kultur aber waren sie ziemlich stark hellenisiert. Während ihrer Regierung erreichte die T. Ch. einen bemerkenswerten Aufschwung in wirtschaftlicher und in kultureller Beziehung.

W. F. Gajdukewič Bosporskoje Zarstwo, russ. Das Bosporanische Reich, Moskau 1949. Das Sammelwerk Antičnyije goroda sewernogo Pričernomorija, Očerki istorii i kul'turyi, I russ. Die antiken Städte am n. Schwarzmeergestade (Abrisse aus der Geschichte und Kultur, hrsg. von *W. F. Gajdukewič* und *M. Maximowa*, Moskau-Leningrad 1955, Das Sammelwerk »Bosporskije goroda« II, russ.

Bosporanische Städte, II, Moskau-Leningrad 1958, hg. von *Gajdukewič* und *Knipowič*.

3. Die Polis der T. Ch., die unweit vom h. Sewastopol in einer sehr ergiebigen Weingegend ursprüngl. als ein Emporion, dann aber als bedeutende Polis von megarischen Siedlern aus Herakleia Pontika angelegt war. Jahrhundertelang verstand es die T. Ch., ihre Selbständigkeit zu bewahren. Erst gegen Ende des 2. Jh. mußte die Stadt Schutz bei Mithradates VI. Eupator gegen die immer gefährlicher werdenden Skythenüberfälle suchen. Nach dem Tode des Mithradates verblieb die T. Ch. unter der Herrschaft seiner Nachkommen, die es als röm. Vasallen in ihrer Macht behielten. Unter Nero war in der T. Ch. eine röm. Besatzung. Z.Z. Hadrians wurde die Stadt durch eine Schutzmauer an der Krimlandenge geschützt. Der griech. Charakter der T. Ch. blieb bis in das späte Mittelalter erhalten. Chr. D.

G.D.Belov Chersones Tawričeskij, russ. Chers. T., Leningrad 1948. *A.I. Tijumenev* Chersoneskije etijudyi, russ., Chersonesische Studien, eine Etüdenreihe, erschienen in der WDI zwischen 1948–1955. *E.G. Surov* Chersones Tawričeskij, russ., Ch.T., Swerdlovsk 1961.

Cherusci (*Χηρουσκοι*). Germ. Volk n. von Harz und zwischen Weser und Elbe siedelnd, erstmals Caes. Gall. 6,10 erwähnt. Zeitweise von Drusus (12 und 9 v. Chr.) und Tiberius (4 n. Chr.) unterworfen, haben die Ch. unter Arminius, an der Spitze eines Völkerbundes in der Schlacht im Teutoburger Wald (9 n. Chr.) die röm. Macht in Germanien zerbrochen. Auch der Unterdrückung der germ. Völker durch Marbod leisteten sie erfolgreich Widerstand. Mit dem Tod des Arminius 19 n. Chr. wird die Einheit des Volkes durch innere Fehden zerstört. Im 1. Jh. n. Chr. von den Chatten unterworfen, verlieren sie jegliche Bedeutung und sind schon bei Tac. Germ. 36 zu einem unbedeutenden Volk herabgesunken. H. C.

Chesloimos. *Χέσλοιμος* nennt Ios. ant. Iud. 1,6,2 (§ 137 N.) den Eponymos jenes von den Äg. abstammenden Volkes, das in seiner Vorlage Gen. 10,14 und 1. Chr. 1,12 kasluḥīm (LXX *Χασλ-* und *Χασμωνι(ε)ιμ*, Vulg. *C(h)asluim*) heißt. Bei Ios. sind ihr Brudervolk die Philister, während diese nach der Vorlage früher im Land der k. wohnten. Falls hier die Glosse, die dies besagt, nicht zu den *kaptōrīm* zu stellen ist (vgl. Jer. 47,4 und Am. 9,7), wären die k. in jenen äg. Küstengebieten anzusiedeln, in welche im 12. Jh., direkt über See oder das palästinische Küstengebiet zunächst durchziehend, Seevölker einfielen. (Ob Ch. bzw. die k. auch ethnisch zu diesen gehörten, läßt sich nicht sagen.) Von den vorgeschlagenen Identifizierungen für Ch. (Nachweise in den hebr. WBB und Dict. de la Bible 1,614 f.) sind deshalb unter geograph. Gesichtspunkt die mit den Bewohnern der Kasiotis oder die mit den libyschen *Νασαμῶνες* (Hdt. 2,32. 4,172.182.190; bei der Amons-Oase nomadisierend) am diskutabelsten. C. C.

Chidibbia. Stadt von Africa proconsularis, im Tal der Medjerda; h. Slouguia. Einfache *civitas*, am Ende des 2. Jh. verwaltet von *undecimprimi* (CIL VIII 1327.14875), sie wurde *municipium* im 3. Jh. Ruinen: Mauern, Zisternen u. a. Inschr. CIL VIII S. 166.937.1447. Bull. Comité 1932–1933, p. 198. M. L.

Chiliarchos (*χιλίαρχος*). Der c. ist als Kommandant von 1000 Mann nicht nur in griech. Heeren (Arr. an. 5,23,7), sondern auch in pers., und zwar der 1000 *μηλοφόροι* zählenden Leibwache des Königs bekannt. Damit war ein besonders hohes Amt (Aischyl. Pers. 302) verbunden, das Alexander d. Gr. in seinen Hofstaat übernahm. Es bildete das bedeutendste bei den Diadochen (Arr. an. 3,27,4. 7,14,10. Diod. 18,48). A. N.

Chilon (*Χίλων*). **1.** Eponymer Ephor 556/55 v. Chr. Er soll die Macht der Ephoren gesteigert und sie als erster den Königen zur Seite gestellt (Diog. Laert. 1,68), sowie später zusammen mit König Anaxandridas Spartas tyrannenfeindliche Politik eingeleitet haben (FGrH 105 F 1). Obwohl eine histor. wenig greifbare Persönlichkeit, scheint mit seinem Wirken eine bedeutsame Veränderung in Sparta zusammenzuhängen: die Militarisierung und damit verbunden die kulturelle Verarmung, also die Entstehung des »klassischen« Sparta. Seit der Mitte des 6. Jh. sind die Spartaner ihren Nachbarn militärisch überlegen (Hdt. 1,82, 7.68,6), während Lakoniens Kunstgewerbe von da an verdorrt (E. A. Lane, BSA 34, 1933/34, 99 ff., bes. 150). Seit Platon hat Ch. seinen festen Platz unter den 7 Weisen. Da diese jedoch keine Heroa erhielten, erinnerte Ch.s Heroon in Sparta (Paus. 3,16,4) wohl an seine Reformtätigkeit. Aussprüche von ihm sind überliefert bei Hdt. 7,235. Plat. Protag. 343 A. Diog. Laert. 1,69 ff.

V. Ehrenberg Neugründer des Staates, 1925, 5 ff.; bes. 46 ff. *F. Kiechle* Lakonien und Sparta, 1963, 243 ff.

2. Schwiegervater des Königs Demaratos von Sparta (Hdt. 6,65). **3.** Lakedaimonier königlicher Herkunft, der 219/18 v. Chr. in Sparta mit einem sozialrevolutionären Programm einen mißglückten Putschversuch gegen den Staatschef Lykurgos unternahm (Polyb. 4,81). **4.** Spartan. Flottenbefehlshaber, der im Korinth. Krieg in einem Seetreffen besiegt wurde. Fr. Kie.

Chilonis (*Χιλωνίς*). **1.** Gattin des spartan. Königs Theopompos, befreite ihn im 1. messen. Krieg aus arkadischer Gefangenschaft. Polyain. 8,34. Quint. inst. 2,17,20. Plut. Lyk. 7,2; mor. 779 e. **2.** Mutter des Areus (→ 1). Sylloge^3 430. **3.** Tochter des Leotychidas, trieb durch ihr Verhältnis mit Akrotatos (→ 2) ihren bejahrten Gatten, den spartan. König Kleonymos, auf die Seite des Pyrrhos. Bei dessen Angriff 272 ersparte ihr die glückliche Verteidigung Spartas den Selbstmord, zu dem sie bereit war. Plut. Pyrrh. 26 ff. Parthen. erot. 23. Nach Beloch, GG 4^2,2,159 ist C. in Sylloge^3 430 erwähnt. **4.** Tochter des Königs Leonidas II.,

Gattin des Kleombrotos II., hielt gegen ihn zu ihrem durch Agis IV. verbannten Vater. Bei dessen Rückkehr 241 folgte sie Kleombrotos in die Verbannung. Plut. Agis 16ff. H. V.

Chimaira (*Χίμαιρα*). Dreigestaltiges Mischwesen der Vorwelt, nach Hes. th. 319ff. Kind des Typhaon und der Echidna, feuerschnaubend, schnellfüßig, mit den 3 Köpfen von Löwe, Schlange und Ziege; dann sind aber die Verse Hom. Il. 6,181f. eingeschwärzt, wonach sie vorn Löwe, hinten Schlange, in der Mitte Ziege ist. Hom. Il. 6,179ff. 16,328 erzählt die lykische Sage von ihrer Aufzucht durch Amisodaros und ihrer Vernichtung durch → Bellerophontes. Die Hilfe des Flügelrosses → Pegasos fehlt bei Hom. noch. Bildl. Darst. der Ch. sind nicht selten (BAUM. Denkm. 1, 301, Fig. 316). Hom. lokalisiert sie an der W.-Küste Lykiens nahe dem Xanthostal. In die Unterwelt versetzen sie Verg. Aen. 6,288 und Lukian. dial. mort. 30,1. Als Wappentier verwenden sie, z. T. mit Pegasos, Korinth, Sekyon, Kyzikos, Zeleia. Schon im Altertum wird Ch. rationalistisch als vulkan. Erscheinung gedeutet, Mela 1,15. Plin. nat. 2,236 u. a. Nach ihr sind verschiedene Berge, Schlünde, feste Plätze benannt: RE III 2281. H. v. G.

L. Malten, H 79, 1944, 1ff. sucht orientalischen Ursprung der Gestalt zu erweisen. *Wilam.* GldH. 1,119.

Chione (*Χιόνη* »Schneejungfrau«). **1.** Tochter des Boreas und der Oreithyia. Sie gebar dem Poseidon den Eumolpos und warf ihn ins Meer, um nicht bloßgestellt zu werden; Poseidon rettete ihn. Geschwister der Ch.: Kleopatra, Zetes, Kalais. Apollod. 3,199ff. Hyg. fab. 157. Paus. 1,38,2. **2.** Tochter des → Daidalion, gebar gleichzeitig dem Hermes den verschlagenen → Autolykos und dem Apollon den sangeskundigen → Philammon. Weil sie mit ihrer Schönheit prahlte, wurde sie von Artemis getötet, die den untröstlichen Vater in einen Habicht verwandelte. Hes. frg. 111f. Ov. met. 11,291ff. Der Name Ch. später typisch für ein schamloses Weib. Iuv. 3,136. H. v. G.

Chionides wird von Aristot. Poet. 1448a33 neben Magnes als ältester Dichter der att. Komödie genannt. Er war der erste, der sich nach der Aufnahme der Komödie in das offizielle Programm der städtischen Dionysien um den Preis bewarb. Nur das ist in den Worten der Suda s. *X.* gesagt: *ὃν καὶ λέγουσι πρῶτ⟨ον⟩ ἀγωνιστὴν γενέσθαι τῆς ἀρχαίας κωμῳδίας* (die leichte Ergänzung von WILAMOWITZ, GGA 1906, 620, ist trotz A. PICKARD-CAMBRIDGE The dramatic festivals of Athens, 1953, 83[4] nötig). Aber freilich kann man sich schwer denken, wie es überliefert war, wenn er nicht siegte, es sei denn, daß er als einziger aufführte. Vgl. auch A. WILHELM Urk. 108. KAIBEL und WILHELM ebd. 169.175. Das war *ἔτεσιν ὀκτὼ πρὸ τῶν Περσικῶν*, d.h. wenn man inclusive rechnet, 487/86. Die Suda gibt von 3 Stücken die Titel: *Ἥρωες, Πτωχοί, Πέρσαι ἢ Ἀσσύριοι*. Die *Πτωχοί* zitiert Athen. 4,137e und 14,638d als unterschoben; das Stück stammte aus der Zeit des peloponnes. Krieges (SCHMID-STÄHLIN 1,2,537); ebenso, wie es scheint (frg. 1), die *Ἥρωες*; von dem Stück mit dem unglaubhaften Doppeltitel *Πέρσαι ἢ Ἀσσύριοι* ist nichts erhalten. Zweifellos waren Ch.' Werke überhaupt nicht auf die Nachwelt gekommen. W. K.

Chios. Große Insel dicht vor der kleinasiatischen W.-Küste (858 qkm), im mehr gebirgigen N. im Pelinnaion (Prof. Elias) auf 1267 m ansteigend, im O. und SO. von üppiger Fruchtbarkeit und auch klimatisch begünstigt, besitzt mehrere Häfen und ist von kleineren Inseln und Klippen umgeben. Die gleichnamige Hauptstadt liegt in der Mitte der O.-Seite. Die Insel galt im Alt. als bes. reich und glücklich (»die reichsten Griechen« Thuk. 8,45,4). Unter den Erzeugnissen war bes. berühmt der Wein und das zu vielen Drogen verarbeitete Harz des Mastixstrauchs (Pistacia lentiscus), nach dem die Insel in den modernen oriental. Sprachen sogar heißt. Nach Bevölkerung und Sprache war die Insel ionisch. Im 5. Jh. gehörte Ch. zum att. Seebund, fiel 412 ab und konnte nicht zurückerobert werden. Nach dem peloponnes. Kriege zuerst spartan. Besatzung, dann die erste Stadt, die wieder mit Athen in Bund trat, 357 v. Chr. wieder Abfall, dann unter kar. und pers. Herrschaft. In hellenist. Zeit zumeist selbständig, 190 v. Chr. zu Rom übertretend, 86 v. Chr. auf seiten des Mithridates, durch Sulla zur *civitas libera* erklärt. Ch. war Heimat vieler bildender Künstler, Dichter und Schriftsteller. Die ant. Reste der Insel sind gering, an Ausgrabungsstätten jetzt wichtig das Heiligtum des Apollon Phanaios und die von der frühen Bronzezeit bis in spätröm. Zeit reichenden Siedlungen bei Emborio, beides im S. der Insel. E. M.

1. Strab. 14,1,35 p. 645. 2. *Ph. P. Argenti* Bibliography of Chios from classical times to 1936, 1940. 3. *Ph. Argenti-St. Kyriakidis* Ἡ Χίος παρὰ τοῖς γεωγράφοις καὶ περιηγηταῖς, 3 Bde., 1946. 4. *Bürchner*, RE III 2286ff. 5. *Philipps.-Kirst.* 4,245ff. 6. Enciclop. dell'arte ant. 2, 1959, 556f. 7. *F. Périlla* Chio, l'île heureuse, 1928. 8. *G. J. Zolotas-A. Saros* Ἱστορία τῆς Χίου, 5 Bde., 1921/28. 9. *K. A. Sguros* Ἱστορία τῆς νήσου Χίου 1937. 10. *A. Orlandos* Monuments byzantins de Chio, 2 Bde., 1930/31. 11. *G. J. Zolotas* Χιακῶν καὶ Ἐρυθραϊκῶν ἐπιγραφῶν συναγωγή, Ἀθηνᾶ 20, 1908. 12. *Head* HN[2] 599ff. 13. *D. W. S. Hunt* An archaeol. survey of the class. antiquities of the island of Chios, ABSA 41, 1940/45, 29ff. 14. *J. Boardman-J. K. Anderson* Excavation on the Kofina ridge, Chios, ABSA 49, 1954, 123ff. (mit Stadtplan). 15. *J. Boardman* Chian and early Jonian architecture, Antiquaries journal 39, 1959, 170ff. 16. *A. C. Smith* The architecture of Chios, 1962.

C. Chirius Fortunatianus (wahrscheinlich 4. Jh. n. Chr.), Vf. einer erhaltenen ars rhetorica (3 B., in Frage- und Antwortform). Die sehr ausführlich behandelte Status-Lehre geht hauptsächlich auf Hermogenes von Tarsos zurück. Überlieferung: Darmstad. 166 (7. Jh.) und je eine Hs. des 8. und 9. Jh. M. F.

Ta. von *Halm*, RLM S. 79ff. *D. Matthes* Lustrum 3, 1958, 77f.

Chirographum (χειρόγραφον), bezeichnet die subjektiv stilisierte Erklärung. Sie erfolgt oft in Briefform und kann sowohl Dispositiv- als auch bloße Beweisurkunde sein. Als eine Art Unterschrift unter einer Homologie wirkt das ch. regelmäßig dispositiv. Gai. 3,134 qualifiziert das ch. als Litteralkontrakt der Peregrinen. Th. M.-M.

L. Wenger Die Quellen des röm. Rechts, 1953, 736f. *Kaser* Röm. Privatrecht 2, 1959, 274.

Chiron (inschr. Χίρων, literar. meist Χείρων, Hypokoristikon zu Χειρίσοφος oder ähnl.). Von Haus aus Heilgott mit chthon. Zügen, am Pelion beheimatet. Hes. katal. frg. 38 K. Pind. P. 3 und 9. Eur. Iph. A. 705. Die Magneten brachten ihm als Arzt Gaben dar, Plut. qu. conv. 3,3; selbst Menschenopfer sind bezeugt. Ein Ärztegeschlecht der Gegend führte sich auf Ch. zurück, Dikaiarch frg. 60. Er galt als Sohn des Kronos, der der Nymphe Philyra in Roßgestalt beiwohnte. Apollod. 1,9. Verg. georg. 3,92. Gemahlin → Chariklo, Pind. P. 4,103. Seine Tochter Endeïs wurde Gattin des Aiakos und Mutter des Peleus, Apollod. 2,85. 119. Er gehört zu den → Kentauren, von denen er sich aber nicht nur durch seine Abstammung, sondern vor allem durch Gerechtigkeit, Milde und Frömmigkeit unterscheidet. Hom. Il. 4,219. 11,832. Er ist unsterblich; als Gott bezeichnen ihn Aischyl. Prom. 1027 und Soph. Tr. 714. Er ist Erzieher und Freund vieler Heroen, lehrt Heilkunde, Jägerei und Leierspiel, Plut. Per. 4. Ov. fast. 5,379ff. Die att. Komödiendichter spielen ihn gegen die moderne Musik aus. Es gab ὑποθῆκαι des Ch. an Achilleus unter Hesiods Namen. Gegen die alte Tradition, daß Ch. nach der Trennung der Thetis von Peleus die Erziehung Achills übernommen habe (Hes. frg. 96,49) führt Hom. Il. 11, 830 → Phoinix als Erzieher ein und beläßt Ch. nur die ärztliche Belehrung; s. o. Sp. 47,37ff. 45ff. Den Peleus hatte Ch. vor den Nachstellungen des → Akastos gerettet; Mannhardt Ant. Feld- und Waldkulte 58. Mannigfache Beziehungen zu andern Heilgöttern: Asklepios, Il. 4,219, Iason, Apoll. Rh. 1,554. Hes. th. 1001. Ein vergifteter Pfeil des Herakles bringt ihm ohne dessen Schuld eine unheilbare Wunde bei. Um nicht ewig hinzusiechen, tritt er seine Unsterblichkeit an Prometheus ab und geht freiwillig in den Hades, Apollod. a. O. Jüngerer Mythos versetzt ihn als Kentauren oder Schützen an den Himmel, Eratosth. katast. 40. Hyg. astr. 2,18.38. Ov. fast. a. O. Die bildende Kunst stellt ihn gern mit Peleus und Achilleus dar. H. v. G.

Prell.-Rob. 1,100ff. 144. *Usener* Göttern. 157. *Nilsson* GgrR 1,215. 306. *Wilam.*, GldH 1,193. *K. Kerenyi* Der göttl. Arzt, 1956, 58ff.

Chirurgie. »Volks«ch., d. h. Behandlung von Schuß-, Hieb- und Stichwunden durch Ausschneiden, Aussaugen des Blutes und Auflegen von (meist nicht mehr verifizierbaren) φάρμακα kommt schon in den hom. Gedichten vor (Gurlt 87–96); die geschilderten Verwundungen sind zahlreich und verschiedenartig. Die beiden berühmtesten Ärzte in der Ilias, → Podaleirios und Machaon, sind »Chirurgen« (vgl. auch Il. 11,514f.). Was die Entwicklung der wissenschaftlichen Ch. betrifft, so nimmt die Knochen- und orthopädische Ch. eine Sonderstellung ein [1]; sie gelangt schon früh zu ausgezeichneten Ergebnissen (→ Hippokrates περὶ ἀγμῶν – περὶ ἄρθρων ἐμβολῆς) in Diagnose und Therapie (Verbandstechnik) von Frakturen und Luxationen, unter Verwendung von auffällig wenigen und einfachen Instrumenten. Der Fortschritt in der allg. Ch. dagegen scheint erst durch die sprunghafte Vorwärtsentwicklung der → Anatomie von etwa 300 v. Chr. an ermöglicht worden zu sein; erst seit dieser Zeit werden wir eine systematische Beschäftigung beispielsweise mit Geschwülsten und deren chirurg. Behandlung voraussetzen dürfen (die unter Hippokrates' Namen überlieferte Schrift περὶ ἰητροῦ, die wesentlich chirurg. Inhalts ist, gehört wohl frühestens in diese Zeit, s. [1],331). Die beiden ersten Jh. v. Chr. müssen, anscheinend vor allem von Alexandreia aus, einen erheblichen Kenntniszuwachs gebracht haben ([2],115ff.); Celsus schildert in De medicina VII ausführlich diese Epoche. Auch an Instrumenten sind uns aus dieser Zeit eine Menge literarisch und durch Funde bekannt [3]. Der Höhepunkt der ant. Ch. lag zweifellos im 1. Jh. n. Chr. und konzentriert sich auf die pneumatischen Chirurgen ([2], → Antyllos, Heliodor, Leonides). Hier werden die gewagtesten Operationen, etwa bei Aneurysmen, Hypospadie, sogar Hydrocephalie, beschrieben und ausgeführt. Die spätant. medizinischen Kompilationen des → Oreibasios, Paulos von Aigina und Aetios von Amida, die uns einiges davon erhalten haben, vermittelten die chirurg. Kenntnisse an das MA weiter, wo diese, noch bis weit in die Renaissance hinein, autoritäre Geltung hatten. F. K.

E. Gurlt Geschichte der Ch., Bd. 1 Berlin 1898. 1. *F. Kudlien* Wissenschaftl. und instrument. Fortschritt in ihrer Wechselwirkung in der ant. Ch., Sudh. Arch. 45, 1961, 329–333. 2. *M. Wellmann* Die pneum. Schule, PhU 14, 1895, 72ff. 115ff. u. ö. 3. *H. Schöne* Zwei Listen chirurg. Instrumente, H 38, 1903, 284ff. *J. St. Milne* Surgical Instruments in Greek and Roman Times, Oxf. 1907; Instruments de ch. gréco-romains, Proprieté de la Fondation Hardt (Catalogue de vente, Genève 1961).

Chiton s. Tracht

Chlaina s. Tracht

Chlamys s. Tracht

Chlanis s. Tracht

Chloe (Χλόη, »grünend«). Beiname der → Demeter. Sie hatte ein Heiligtum in Athen am S.-

Hang der Akropolis nahe dem Eleusinion. Im Frühling wurden in Eleusis ihr und der Kore die Chloia, ein Fest heiteren Charakters, gefeiert, ebenso auf Mykonos. Athen. 14,618e. Cornutus 28. Sylloge³ 615. H. v. G.

IG II² 949. *Nilsson* Griech. Feste 328f. *Deubner* Att. Feste 67. *Prell.-Rob.* 1,262,1.766.

Chloris (*Χλωρίς, Χλῶρις*). **1.** Göttin der Vegetation, bes. der Blumen, daher Flora gleichgesetzt, Ov. fast. 5,195ff. Die Liebe des Zephyros zu ihr ist wohl ein hellenistisches Motiv. **2.** Tochter → Amphions und Niobes, als einzige von Artemis verschont, weil sie zu Leto betete, Apollod. 3,46. Hyg. fab. 9f. Die Sage, daß sie mit ihrem Bruder Amphion den Letotempel in Argos baute, Paus. 2,21,9, geht wohl darauf zurück, daß dort ihr Bild neben dem der Leto stand. **3.** Gattin des → Ampyx. **4.** Gattin des Pyliers → Neleus, Tochter des orchomen. Königs Amphion, Paus. 9,36,8. 10,29,5, auf dem Unterweltbilde Polygnots in Delphoi dargestellt. H. v. G.

Chnubis (*Χνοῦβις*). **1.** Bei Strab. 17,817 auch *Κνοῦφις*, äg. Gott mit Widderkopf (Ḫnmw), dessen Hörner im Gegensatz zu Amun waagrecht stehen (ovis longipes palaeoaeg.). Er wurde in Elephantine als Herr des 1. Katarakts, in Antinoe (Ḥr-wr in Mitteläg.) als Schöpfergott, der die Kinder auf der Drehscheibe schafft, verehrt; andere Kultstätten waren in Esneh und Hypselis. Er galt als Schutzgott des königlichen Kinderzimmers. Theologische Beziehungen wurden zu Re wie zu Osiris geknüpft (BONNET, RL 135). **2.** Nach Ptol. 4,5,73 Stadt in Oberäg., vielleicht ed-Der n.w. Esneh, wo noch CHAMPOLLION ein Chnum-Heiligtum sah; doch liegt ed-Der auf dem linken, und nicht mit Ptol. auf dem rechten Nilufer. W. H.

Choaspes. 1. In der ant. Lit. mehrfach genannter Fluß Vorderasiens (Hdt. 1,188. 5,49.52. Strab. 15,3,4.6. Plin. nat. 6,130. Geogr. Rav. 2,12 *Coaspes*), Quellen im s. Medien, Hauptfluß der Susiana, nach Aufnahme des Pasitigris (h. Khersan) Eulaios (einheim. Name *Ulai*) genannt, erreichte unmittelbar ö. der Tigrismündung den Pers. Golf. Der Ch., im Oberlauf h. dem Karkheh, im Unterlauf dem Kârûn entsprechend, war häufigen Veränderungen unterworfen, die ihn direkt mit dem Tigris verbanden oder auch den Pasitigris als eigenen vom Ch. getrennten Fluß erscheinen lassen (Strab. Plin. a.O., Gr. Hist. Weltatl. I, S. 20a, 21a, 29a). Wieder eine besondere Verteilung der dortigen Gewässer besteht gegenwärtig (Atlas of the World II, Plate 32: Iran [Persia]). Ausführlich ist dieses Flußproblem von WEISSBACH in RE Art. Eulaios Nr. 1 behandelt. Vgl. auch RE III 2354/55 Art. Choaspes Nr. 1. **2.** Nur innerhalb des Alexanderzuges genannter Fluß des s. Hindukusch (Aristot. met. 1,13,16. Aristobul bei Strab. 15,1,26), bei Arr. an. 4,23,2 und Suda (IV p. 812 ADLER) unter dem Namen *Χόης* (h. Kunar), n. Nebenfluß des *Κωφήν* (h. Kabul), in diesen bei *Πλημύριον* einmündend (Strab. a.O. Eustath. Comm. Dion. Per. 1140; GGM II p. 402), wird von Hesych p. 1559 (SCHM.) als ein Fluß Indiens bezeichnet. Vgl. Atlas of the World II, Plate 31: Pakistan, Kashmir, Afghanistan. RE Art. Choaspes Nr. 2. H.T.

Choba. Stadt in Mauretania Caesariensis, 50 km ö. von Bougie; h. Ziama, erwähnt von Ptol. 4,2,2. Itin. Ant. p. 7. Tab. Peut. Geogr. Rav. p. 154. *Municipium* unter Hadrian: *municipium Aelium Choba* Bull. Comité, 1948, p. 495. Ruinen: Thermen, Gebäude mit Apsis, Wall, Reste von Kunstbauten; Inschr. CIL VIII 8374.20214. M. L.

S. Gsell Atl. Arch. Alg. f^e 7, Nr. 68.

Choiak (*Χοιακ*). Name des 4. Monats im koptischen Jahr, auch neuäg. als kꜣ-ḥr-kꜣ belegt, womit ein uns unbekanntes Fest bezeichnet wird, das dem Monat den Namen gegeben hat. W. H.

Choinix (*ἡ χοῖνιξ*). Griech. Maß für Trockenes, $^1/_{48}$ des → Medimnos, ihrerseits = 4 → Kotylai. Es gab zahlreiche Normen. Die att. Ch. bestimmte HULTSCH zu 1,094 l, die aeginaeische zu 1,01 l, die lakonische zu 1,52 l. Nach NISSEN faßte die att. Ch. im solonischen System 1,08 l, später 1,228 l (nunmehr = 6 Kotylen). VIEDEBANTT errechnete 0,906 l. H. Ch.

F. Hultsch Metrologie² 104ff. 501ff. 572ff. 624f. 669f. RE III 2356ff. *H. Nissen* Metrologie² = HB Altertumswiss. I² 842ff. *O. Viedebantt* Abh. Sächs. Ges. Wiss. 34,3, 1917, 56ff. 137ff. *A. Oxé*, BJ 147, 1942, 91ff.

Choirilos (*Χοιρίλος*). **1.** Epiker, von Samos. Testimonia frg. in FGrH. 696 F 33/34, dazu die Bücherliste in Alexis' »Linos« frg. 135,5–7 (CAF II 345) und die frg. 7.9f. in EGF 1,270f. (von den dort weiterhin aufgeführten frg. gehören 8 der Hekale des Kallimachos, 238,22f. Pf., und 11f. dem Tragiker Choirilos, frg. 2f. p. 719 N.²).

Kenntnis der Verse des Choirilos vermitteln Aristoteles, Ephoros, Ktesias, Didymos, Josephos, Herodian, Simplikios, Sch. Apoll. Rhod., Stobaios, Diog. Laert. Platon und Krates von Pergamon schätzten ihn geringer ein als den Antimachos, im Gegensatz zu Euphorion. Der Peripatetiker Praxiphanes bezeichnete ihn in *Περὶ ἱστορίας* als Zeitgenossen u.a. des Komikers Platon und des Tragikers Agathon. Lysandros legte (ca. 404) Wert auf seine Anwesenheit in seinem Stabe (F 33c); er starb bald darauf am Hofe des Archelaos von Makedonien (F 33a; dazu Istros FGrH 334 F 61).

An Werken nennt die Bücherliste F 33d *Βαρβαρικά, Μηδικά, Περσ[ικά]*, die letzten auch F 34c Jac. und frg. 7 Kink.; in F 33a heißt es *ἡ Ἀθηναίων νίκη κατὰ Ξέρξου*; die hier weiterhin genannten *Λαμιακά* scheinen dem in FGrH 153 F 10 [dazu p. 883] aufgeführten Choirilos von Iasos zu gehören.

In F 34b liegen die beiden Anfangshexameter der *Περσικά* vor. Aus dem Prooimion stammt auch F 34a: Klage darüber, daß bereits »alle Wiesen abgeweidet seien, alle *τέχναι* ihr Endziel erreicht hätten, kein frisch eingeschirrtes Gespann mehr aufzufinden sei«. In F 34c–e werden die Völker geschildert, die Xerxes über die Brücke am Hellespont führt; frg. 9 K. scheint der bei Salamis geschlagene Xerxes zu sprechen, F 10 bietet die griech. Vorlage des ovidischen *gutta cavat lapidem* (Pont. 4,10,5). Die besondere Leistung des Ch. lag darin, daß er als erster über den herkömmlichen Stoffkreis (Götter- und Heldensage) hinaus einen bedeutenden historischen Stoff zum Inhalt eines Epos machte, womit er für die Epik bis ins späte Altertum (Claudian) beispielgebend geworden ist. H. J. M.

2. Ch. von Athen, Tragiker. Erste Aufführung Ol. 64 = 523/20; 160 (?) Stücke; 13 Siege; Ausgestaltung von Masken und Kostüm. Ol. 70 = 499/96 Agon mit Pratinas und Aischylos. Prosaschrift des Sophokles über den Chor gegen Thespis und C. gerichtet, daraus C. wohl fälschlich als Konkurrent des Sophokles erschlossen. Mustervers für Metrum Choirileum (aus Komiker) vielleicht auf C. zu beziehen. 1 Titel bekannt: Alope (Satyrspiel?), außerdem 3 Fragmente unbestimmter Einordnung. F. St.

Frg.: TGF^2 p. 719. *V. Steffen* Sat. Graec. Rel. p. 1 f. Test.: Suda s.v. C., Pratinas, Sophokles; Vit. Aesch. 16; Vit. Soph. 19; Plot. Sac. *Keil* GrL 6, p. 548. *Christ-Schmid* I 2, 1934, 169f. *A. Lesky* Die trag. Dichtung der Hellenen, 1956. 45. *A. Pickard-Cambridge* Dithyramb, Tragedy, Comedy, 2. Aufl. (Webster), Oxf. 1962, p. 68f.

3. Epiker aus Iasos in Karien (Steph. Byz. s. *Ἴασος*), einer der schmeichlerischen Hofdichter (Curt. 8,5,8) Alexanders d. Gr., von dem er nach der bei Hor. epist. 2,1,232 erzählten Anekdote (dazu auch a. p. 357f. und Porph. und Ps.-Acro z. d. St.) für jeden seiner *inculti versus et male nati* ein Goldstück erhielt. Er galt dem Altertum als der Typus des schlechten Dichters. Die Suda s. *Χοιρίλος* erwähnten *Λαμιακά* (Behandlung des lam. Krieges 323/22) sind wohl auch diesem Ch. zuzuschreiben. K. Z.

Crusius, RE III 2361ff.

Choiroboskos (*Χοιροβοσκός*). Georgios, Professor und Diakon des 6. oder 7. Jh. n. Chr. in Konstantinopel. Erhalten sind eine Reihe von Schülernachschriften seiner Vorlesungen über Werke älterer Grammatiker. Vollständig liegen die »Komm.« zu Theodosios' von Alexandreia Werk *περὶ κλίσεως ὀνομάτων καὶ ῥημάτων* vor, in Exzerpten die zu Dionysios Thrax und die Nachschriften von *περὶ ὀρθογραφίας*. Sein Hephaistion-Komm. ist anonym überliefert. Ein grammatischer Komm. zu den Psalmen dürfte trotz formaler Bedenken ebenfalls Ch. gehören, dazu die kleine Schrift *περὶ τρόπων ποιητικῶν*. Verloren sind seine Vorlesungen über Apollonios Dyskolos und Herodianos. Eine befriedigende Gesamtausgabe gibt es noch nicht. H. Gä.

TA: Komm. zu Theodosios: *A. Hilgard* Gramm. Gr. 4, 1–2, Lpz. 1889/94. Komm. zur *τέχνη* des Dion. Thrax: *A. Hilgard* Gramm. Gr. 1,3, Lpz. 1901, 67ff. *περὶ προσῳδίας*: Anecd. *Bekk.* 675ff. *περὶ ὀρθογραφίας*: *J. A. Cramer* Anecd. Oxon. 2, Oxford 1835, 167ff. *R. Schneider* Bodleiana, Lpz. 1887, 20ff. Heph.-Komm.: *M. Consbruch* Heph., Lpz. 1906, 177ff. Psalmen-Komm.: *Th. Gaisford* Georg. Ch. Dictata 3, Oxford 1842 *περὶ τρόπων ποιητικῶν*: *Spengel* Rhet. 3,244ff. Lit.: *Krumbacher* 583ff. *Christ-Schmid* 2,1079f. *B. A. Müller*, H 53, 1918, 345ff. *W. J. W. Koster*, Mn 59, 1932, 132ff.

Chomer oder auch Koros war ein syrisch-palästinensisches, wohl aus Babylonien stammendes Hohlmaß für Trockenes und Flüssiges. Es war in 2 Letekh oder Gomor (womit allerdings in der LXX das ganze Ch. wiedergegeben ist), 10 Bath oder Epha, 30 Sata, 60 Hin, 180 Kab und 720 Log unterteilt. Nach HULTSCH faßte es 364 l. OXÉ hält es, von der Bedeutung des Ch. als Kamelslast ausgehend, für ein Gewicht und berechnet es auf 195,696 kg. Der Rauminhalt variierte je nach gewogener Materie: bei Gerste = 326,16 l, bei Weizen = 260,928 l, bei Öl = 217,44 l, bei Wasser (Wein) = 195,696 l. H. Ch.

F. Hultsch Metrologie^2 415f. 448ff. 602. *A. Oxé*, BJ 147, 1942, 91–216.

Chondros (*χόνδρος, alica*). Getreidekorn oder -graupe; eine genaue Festlegung auf ein bestimmtes Getreide scheint nicht möglich. Bei den Ärzten (C. H., Celsus, Galen) wird unter Ch. ein Schleimsuppentrank von lindernder und nährender Wirkung und besonders leichter Bekömmlichkeit verstanden. Der Vf. der Schrift *περὶ παθῶν* (Hipp. Bd. VI 250 LITTRÉ) zählt *πτισάνη, κέγχρος, ἄλητον* u. Ch. als die wichtigsten *ῥοφήματα* auf. F. K.

Chorat. Name eines Baches, an dem sich nach 1. Kön. 17,3.5 der Prophet Elia verborgen hielt; hebr. *k^{e}rît*, LXX *Χορράθ*, Vulg. *Carith*, Euseb. Onom. ed. KLOSTERMANN, GCS Eus. III, 1, 1904, 174,16 *Χορρά*, Hieron. Onom. ebd. 175,16 Ch., Peregrinatio Aetheriae ed. P. GEYER, CSEL 39, 1898, 58f. *Corra;* ö. des Jordan, nicht lokalisierbar. E. Ku.

Joh. Döller Geogr. und ethnogr. Stud. z. III. und IV. Buch der Könige, 1904, 224ff. *N. Glueck*, AASO 25–28, 219.

Chor (*χορός*, vgl. *χόρτος*, lat. *hortus, cohors*. BOISACQ, WALDE-HOF.^{3}): *a)* der für Reigentänze hergerichtete Platz; *b)* die Gesamtheit der am Reigentanz und Gesang beteiligten Personen; *c)* der von diesen vorgetragene Gesang.

Zahl der Choreuten verschieden (bezeugt: 7,9, 10,12,15,50,100, gelegentlich andere Zahlen). – Ausführende: Männer, Jünglinge, Knaben, Frauen, Jungfrauen. – Begleitinstrumente: *a) κιθάρα* (*μάγαδις*), das Ursprüngliche. *b) αὐλός*. Spätere Dichter verwenden beide Instrumente (z. B. Pind. O. 7,12; N. 9,8; I. 5,27).

Anordnung d. Ch.: *a) κορυφαῖος, ἡγεμών, ἐξάρχων* Vorsänger, eine Art Dirigent (z. B. Ps. Aristot. mund. 399a 15ff.). *b)* Der Ch. selbst, geordnet entweder im Viereck, mit Einteilung in *στοῖχοι* und *ζυγά* oder im Kreis (*κύκλιος*: die Dithyramben).

Komposition und Vortrag: gewöhnlich mit Bewegung, eventuell Tanz verbunden. Zum Ch. gehört ein Ch.-Führer (ἐξάρχων, κορυφαῖος, ἡγεμών) mit jeweils größerer oder kleinerer Rolle. *a)* Einfachste, wohl ursprünglichste Form: Vortrag des ἐξάρχων, refrainartige Rufe, mit denen der Ch. antwortet. *b)* Komposition in einer Reihe gleicher Strophen (Alkm., oft Pind. und Bakchyl.). *c)* 2 Liedhälften je in verschiedenem Metrum (Alkm. Heph. p.74,17 Consbr.). *d)* Triad. Komposition: Strophe, Antistrophe, Epodos (a,a,b), vielleicht seit Stesichoros (Suda s.v.). *e)* Jedes Strophenpaar hat eigenes Metrum (meist in der Tragödie). *f)* Fortlaufende freie Komposition (seit Ende 5.Jh. v.Chr.). Fast jedes Ch.-Lied ist nach eigenem musikal. und metr. Schema komponiert.

Teilung des Ch. in Halbch. (Alkm. frg.1), in Drittelch. (Carm. Pop.17D². Poll. 4,107); Ch.-Teilung ergibt ein dramat. Element, aus dem sich Drama entwickeln konnte. Teil- und Doppelch. auch im Drama.

Stereotype Inhaltszüge: *a)* Mythos (im weitesten Sinn). *b)* Sentenzen. *c)* Persönliche Bemerkungen des Dichters (nur in nichtdramat. Ch.-Lyrik), bes. in der σφραγίς.

Geschichte der Ch.-Lyrik. Sie wurde anscheinend seit jeher in allen griech. Stämmen und Staaten gepflegt; je nach Gunst der Überlieferung treten im Zeitablauf einzelne Zentren hervor: *1.* Früheste Zeit: Ionien, aegaeische Inseln, vor Homer. Homer kennt: λίνος (Il.18,569ff.); ὑμέναιος (Il.18,493); παιήων, παιάν (Il.1,450ff. 22,391, h. Apoll. 500ff.); θρῆνος (Il. 24,720ff. Od. 24,60f., dazu Il.18,50f. 314–316); vielleicht auch ὑπορχήματα (Od. 8,262ff. 23,133f. 143f.) und παρθένεια (Od. 6,102ff.), obwohl die Namen nicht genannt werden. Außerhalb Homers bezeugt: ὕμνος (Delos: Olen; Hdt. 4,35,3; vgl. Hom. Il. 6,301f. h. Apoll. 156ff.); προσόδιον (8.Jh., Eumelos, Paus. 4,4,1. 33,2); διθύραμβος (sicher älter als Archil. frg. 77D²); ἐγκώμιον (anzunehmen für die Zeit vor Entwicklung der Epinikien). *2.* 7.Jh. v.Chr. Peloponnes, vor allem Sparta im Blickfeld. Nach Sparta strömten Ch.-Lyriker aus der ganzen griech. Welt (Ch.-Lyrik überall heimisch). Zwei einander folgende Katastaseis (Schulen) der Musik in Sparta (Ps.-Plut. Mus.9); Entwicklung der Ch.-Lyrik Hand in Hand mit der der Musik. 1. Katastasis: Terpandros aus Antissa (Lesbos), Sieger an den Karneen in Sparta, 1.H. 7.Jh. (Hellan. frg. 85), Begründer des Kitharod. Nomos (Ps.-Plut. Mus.5); nach ihm Klonas aus Tegea (Arkadien): aulod. Nomos. 2. Katastasis: Thaletas v. Gortyn, Xenodamos v. Kythera, Xenokritos v. Lokroi, Polymnastos v. Kolophon, Sakadas v. Argos.

Der für die Gesch. der Ch.-Lyrik bedeutendste Dichter des 7.Jh. war der in Sparta wirkende, vielleicht aus Sardes stammende → Alkman.

Entwicklung des im Dionysoskult heimischen Dithyrambos zu literar. Form: → Archilochos (frg. 77D²; Test.12 L.-B.); → Arion gab dem Dithyrambos diejenige literar. Form, aus der sich sowohl diese Ch.-Liedgattung weiterentwickelte als auch Tragödie und Satyrspiel herausbildeten; Heroensage als Inhalt (Hdt. 1,23. Suda s.v.).

3. 6.Jh., Zeit der Tyrannenherrschaften, des Erblühens des Dionysoskultes. Phallophorien, wohl überall im Griechentum geübter Brauch mit Ch.-Darbietungen (φαλλικά), aus denen Aristot. (poet. 4) die Komödie herleitet. Sparta verblaßt, andere Orte, bes. Athen, treten als Zentrum der Ch.-Lyrik hervor. In Sikyon richtete der Tyrann Kleisthenes ein Dionysosfest ein und stattete es mit τραγικοὶ χοροί aus, die er dem vorher üblichen Kult des Heros Adrastos wegnahm (Hdt. 5,67): Anlehnung an Periandros von Korinth und Arion; erstes Auftauchen der Bezeichnung τραγικοὶ χοροί, was immer damit gemeint ist. Sehr alt, vielleicht ins 6.Jh. gehörig, das Dionysoskultlied der Frauen in Elis (Plut. Qu. Gr. 36,299a.b), dessen Form archaisch: Verse der Vorsängerin, refrainartiger Ruf des Ch. Aus dem griech. W.: → Stesichoros von Himera und → Ibykos von Rhegion. Hauptzentrum der Ch.-Dichtung: Athen, Hof des Peisistratos. Ausgestaltung des Frühlingsfestes der großen Dionysien, hierbei der entscheidende Schritt in der Entwicklung des Dithyrambos zur Tragödie durch Thespis; dem Ch. trat der Einzelsprecher (ὑποκριτής) gegenüber, sei es als heterogene Erweiterung, sei es durch Verselbständigung des Ch.-Führers. Die Aufführungen von Tragödien an den großen Festen fanden als Wettkämpfe statt. Der 1. Sieg des → Thespis an den großen Dionysien wird für die 61. Ol. (536/33) beurkundet. Von nun an war der Ch. in der Tragödie nur mehr Bestandteil eines größeren Ganzen und verlor innerhalb dieser Kunstform immer mehr an Gewicht gegenüber den Partien der Einzelsprecher.

Der Dithyrambos seinerseits reifte gegen Ende des Jh. zu seiner höchsten Blüte heran. Er wurde in Athen als Κύκλιος χορός von 50 Männern oder Knaben gesungen und getanzt; Feste: vor allem große Dionysien, Thargelien, Prometheia, Hephaisteia. Die Dithyrambenaufführungen an den großen Dionysien fanden als Phylenwettkämpfe statt. Dichter → Lasos aus Hermione, → Simonides.

Im 6.Jh. wuchs auch die Bedeutung der Nationalfeste mit ihren Sportwettkämpfen; die Siegesfeiern brachten eine neue Gattung der Ch.-Lyrik zum Blühen: das Epinikion, als dessen Archeget Simonides galt.

4. Im 5.Jh. erreichte die Ch.-Dichtung ihre höchste Blüte und auch geogr. größte Verbreitung, sogar über griech. Gebiet hinaus. Simonides († 468), sein Neffe → Bakchylides und der Boioter → Pindaros (beide † bald nach Mitte des Jh.) repraesentieren für uns 2 Generationen von Ch.-Lyrikern; ihr Lebensgang und Lebenswerk ist sehr ähnlich: in verschiedenen Gattungen der Ch.-Lyrik wirken sie im Dienste der Mächtigen in allen Zentren des geistigen Lebens. Der Paian, urspr. dem Apollonkult, dann auch anderen Kulten zugehörig, fand Ende 5. Jh. zum erstenmal Anwendung auf einen Menschen: anonymer Paian auf Lysandros (Plut. Lys. 18,5). Hymnos → Telesilla von Argos. Der Dithyrambos erfuhr in Athen parallel mit der Entwicklung der Musik eine Wandlung zur Form des »Jungen Dithyrambos«. → Melanippides von Melos komponierte als erster längere Gedichte ohne antistroph. Responsion (ἀναβολαί; Aristot. rhet. 3,9,1409 b 26); → Diagoras von Melos; → Kinesias, Attiker (ca. 450 bis 390), → Philoxenos von Kythera (436–380).

In der Geschichte des Dramas läßt sich der Rückgang der Bedeutung des Ch. innerhalb der Gesamtkomposition verfolgen; in der Tragödie etwa von Aischyl. Hik., wo der Ch. noch der Held ist, bis Soph. und Eur., wo er oft nur lose mit den Hauptpersonen und der Haupthandlung zusammenhängt und kaum mehr als ein Viertel des Textes bestreitet. Unabhängig von diesem Rückgang stieg die Zahl der Choreuten von 12 (Aischyl.) auf 15 (Soph.; dessen Prosaschrift περὶ χοροῦ). Die Partien des Ch. in der Tragödie: Parodos, Stasimon, Kommos, Exodos. Gelegentlich mehr als e i n Chor verwendet (Aischyl. Hik., Eum. Eurip. Hipp.), oft der eine Ch. in Halb-Ch. geteilt (Aischyl. Hik., Hept.; Soph. Ai.); Hervortreten Einzelner aus dem Gesamtch. möglich (z. B. Aischyl. Ag. 1343 ff.). Der Satyrspielch. hatte gegen Ende des Jh. wahrscheinlich 12 Choreuten. In der Komödie Zahl der Choreuten 24; tragende Rolle des Ch. bis Ende des Jh.; möglich sowohl Ch.-Teilung (z. B. Aristoph. Lys.) wie Doppelch. (z. B. Aristoph. Ran.). Partien des Ch.: Parodos, Agon, Parabase, Stasimon. Exodos. Epirrhemat. Komposition in → Agon und → Parabase. Nach der Jh.-Wende: Aristoph. Eccl. (392) sehr bescheidene Rolle des Ch., Plut. (388) Rolle des Ch. fast auf nichts reduziert, Zwischenaktmusik bloß mit χοροῦ angegeben, ohne daß der Text des Liedes notiert wäre.

Im Drama agiert der Ch. in viereckiger Formation: in der Tragödie 5 Reihen mit je 3 Choreuten, in der Komödie 6 Reihen mit je 4 (Poll. 4,108 f.). Nur selten verläßt der Ch. die Bühne (z. B. Aischyl. Eum. 243. Soph. Ai. 866. Eur. Alc. 872). Sein Wiederauftreten: ἐπιπάροδος (Poll. 4,108). Dialoge mit Einzelsprechern bestritt der Ch.-Führer. Tanzen des Ch.: Poll. 4,103–105. Athen. 14,629 f. 1,21 e f.; Namen der Tänze: ἐμμέλεια (Tragödie); σίκιννις (Satyrspiel); κόρδαξ (Komödie; κόρδαξ ist Einzeltanz): Aristox. frg. 104 W. Poll. 4,99. Athen. 14,630 b–e.

Im 5. Jh. Ch.-Lyrik auch in Rom nachweisbar: → Arvales fratres; → Salii.

5. 4. Jh. Junger Dithyrambos: → Timotheos von Milet († ca. 360). Paian → Ariphron von Sikyon, → Philodamos von Skarpheia, → Demetrios von Phaleron, → Isyllos von Epidauros; der in Asklepiosheiligtümern gebräuchliche und inschr. aufgezeichnete Paion, älteste Fassung in Erythrai (der Text als solcher älter). Im Drama sind ἐμβόλιμα mehrfach bezeugt: χοροῦ (→ Agathon, → Astydamas), → Menandros (soweit wir sehen können, hat die Neue Kom. nur mehr solche Zwischenaktmusik des Ch.). Wissenschaftliche Beschäftigung: → Aristox. περὶ χορῶν (frg. 103 ff. W.).

6. 3. Jh. Paian: → Aristonoos von Korinth (vgl. Catull. 34); die inschr. delph. Paiane (→ Kleochares von Athen); Paian auf Seleukos (Erythrai). Ch.-Dichtung in Rom: → Livius Andronicus. Mitwirkung von Ch. bei den Vorträgen von Flöten- und Kitharaspielern in hellenist. Zeit allg. üblich (χοραύλης, χοροκιθαρεύς, χοροψάλτρια, χορικοὶ ἀγῶνες. Drama: Seit Livius Andronicus lat. Bearbeitungen griech. Tragödien aus klass. Zeit; unsicher, welche Rolle der Ch. spielte, ganz hat er nicht gefehlt (z. B. Liv. Andr.: Ino; Naev.: Lyc.; Enn.: Eum. Iphig.; Pacuv.: Antiopa, Penth., Perib., Niptra; Acc.: Bacch. Hell. Myrm. Phoen., Stas., Troad., Atr., Tel.). Wissenschaft: mit Aristoph. von Byzanz (ca. 260–184) beginnt die Slg., Fixierung und Edition der Texte.

7. 2. Jh.: Paian auf T. Quinctius Flamininus (Plut. Flam. 16); Limenios von Athen.

8. Spätere Jh.: In griech. Gebiet Ch.-Aufführungen bis in die Kaiserzeit (z. B. Plut. qu. conv. 1,10,628 a; CIA III 78–82). In Rom, 1. Jh. v. Chr.: Catull. 34.61.62 (Hymenaeen). Hor. c. s. 1. Jh. n. Chr.: Der Tragiker Seneca verwendet Ch. in Anlehnung an Soph. und Eur.; seine Lieder sind inhaltlich stark philosoph.-eth. gefärbt. F. St.

Spezialartikel in RE und Kl. P. Außerdem: *K. Latte* De saltationibus Graecorum, Gießen 1913. *J. Lammers* Die Doppel- und Halbchöre in der ant. Tragödie, Diss. Münster 1931. *W. Kranz* Stasimon, 1933. *Hans Färber* Die Lyrik in der Kunsttheorie der Antike, 1936. *Ed. Norden* Aus altröm. Priesterbüchern, 1939. *Ernst Diehl* »... fuerunt ante Homerum poetae«, RhM. 89, 81 ff. *H. Herter* Vom dionys. Tanz zum komischen Spiel, 1947. *F. Stoessl* Leben und Dichtung im Sparta des 7. Jh., Eumusia, Festschr. für E. Howald, 1947, 92 ff. *W. Beare* The Roman Stage, 1950. *A. Pickard-Cambridge* The Dramatic Festivals of Athens, 1953. *A. E. Harvey* The Classification of Greek Lyric Poetry. CQ N.S. 5, 1955, 157–175. *B. A. van Groningen* La composition litt. arch. Grecque. Verhandelingen der koninklijke nederlandse Akad. von Wetenschappen afd Letterkunde. LXV 2, 1958 (bes. S. 186 ff.). *H. Fränkel* Wege und Formen frühgriech. Denkens, ²1960. *G. Runchina* Tecnica dramatica e retorica nelle Tragedie di Seneca, Ann. delle Facoltà di Lettere, Filos. e Mag., Univ. di Cagliari, 28, 1960, 71 ff. *Th. Gelzer* Der epirrhematische Agon bei Aristophanes, Zetemata 23, München 1960. *C. M. Bowra* Greek Lyric Poetry, ²1961. *H. Patzer* Die Anfänge der griech. Tragödie, 1962. (bes. 89 ff.). *H. Fränkel*

Dichtung und Philosophie des frühen Griechentums, ^{2}1962. *A. Pickard-Cambridge* Dithyramb, Tragedy and Comedy (T.B.L. Webster), ^{2}1962. *A. Lesky* Gesch. der griech. Lit.^{2}, 1963.

Choragium. *Instrumentum scaenarum* (Fest. p. 52), alle zur Theaterausstattung erforderlichen Dinge (z.B. Plaut. Capt. 61). In der Kaiserzeit ein staatliches Magazin *(summum choragium)*, in der Nähe des flav. Amphitheaters gelegen, wo alles für die Bühnenspiele Nötige aufbewahrt wurde. F. St.

Choragus, gr. *χοραγός* (dor.!). Seine Funktion im röm. Theater betrifft nur einen kleinen Teil des griech. *χορηγός*: die Kostüme. Plaut. Persa 159; Trin. 858. Bei der Aufführung kann er auch etwa die Funktion eines Inspizienten ausüben: Don., Ter. Eun. 967. Plaut. Curc. 464ff füllt seine Rede an die Zuschauer ein Handlungsintervall. F. St.

Choregos (*χορηγός*, dor. *χοραγός*), wörtlich »Chorführer«. Speziell der zur *χορηγία* herangezogene Bürger. Pflicht: Zusammenbringung, Ernährung, Kleidung des Chors, Beistellung des Raums für die Einübung (*χορηγεῖον*). Lohn: Hauptehre des Sieges, bei Dramenwettkämpfen gleich dem Dichter (Siegerlisten, Weihgeschenke). Seit Ende 5. Jh. verschiedene Maßnahmen zur Erleichterung der finanziellen Last (z.B. *συγχορηγός*; Übernahme der Kosten durch den Staat, Bestellung eigener *ἀγωνοθέται*). F. St.

A. Pickard-Cambridge The Dramatic Festivals of Athens, 1953. *A. Brinck* Inscript. Graec. ad choregiam pertinentes, Diss. Halle 1886.

Chorikios (*Χορίκιος*). Aus Gaza, Sophist des 6. Jh. n. Chr., Schüler und Nachfolger des Prokopios von Gaza, mit dem er eng befreundet war und dem er auch die Grabrede hielt (or. 7, nach 526). Ch. verbrachte, wie es scheint, sein ganzes Leben in Gaza, das damals eine Blütezeit erlebte ([2], 1 ff. und [7]). Von seinen Schülern kennen wir nur vier namentlich, denen Ch. Epithalamien verfaßte (dial. 4, or. 5). Die erhaltenen Reden gehören dem epideiktischen Genus an. Neben Enkomien auf hochgestellte Persönlichkeiten (z.B. den Bischof Markianos von Gaza, or. 1 und 2; wichtig die in ihnen enthaltenen Kirchenbeschreibungen: vgl. [6] und [7], 12 ff.), Epithalamien und Epitaphien mit konkretem Bezug gibt es 11 *μελέται* über myth. (Priamos, decl. 2), hist. (Miltiades, decl. 4) und fingierte (z.B. *φιλάργυρος πρεσβύτης*, decl. 6, *τυραννοκτόνος*, decl. 7) Themen, denen jeweils eine kurze Einführung (*θεωρία*) vorausgeht. Weiterhin sind von ihm 25 *διαλέξεις* erhalten, z.T. in selbständiger Diatribenform popularphilosoph. Gegenständen gewidmet, teils nach der Art eines Prooemiums größeren Reden vorangestellt. Ch. ist ein sorgsamer Stilist (Hiatvermeidung) in attizist. Manier. Vorzügliche Kenntnis der klassischen Lit. befähigt ihn, seine Reden mit Zitaten und Anspielungen zu schmücken. Häufig finden sich Anlehnungen an Thuk., Plat., Demosth. und Ael. Aristid. ([3]). Bei den Byzantinern galt Ch. als Musterautor (WALZ Rhet. 3,572f.; vgl. Phot. bibl. 160). H. Gä.

TA: *R. Förster-E. Richtsteig*, Lpz. 1929 (dort S. XXXVf. weitere Lit.). Or. 3 und 8 mit Anm.: *Ch. Graux*, RPh 1, 1877, 55ff. 209ff. (= Oeuvres 2, Paris 1886, 1ff.).

Lit.: 1. *Christ-Schmid* 2,2,1031f. 2. *K. Seitz* Die Schule v. Gaza, Diss. Heidelb. 1892. 3. *K. Malchin* De Ch. Gaz. veterum Graec. script. studiis, Diss. Kiel 1884. 4. *C. Kirsten* Quaest. Choricianae, Bresl. Philol. Abh. 7, 1895. 5. *W. van Dis* De Ch. Gaz. genere dicendi, Diss. Utrecht 1897. 6. *R. W. Hamilton* Palest. Explor. Fund 1930, 178ff. 7. *F.-M. Abel* Rev. Biblique 40, 1931, 5ff.

Chorizontes (*Χωρίζοντες*). Antike Bezeichnung einer Gruppe von Grammatikern, die u.a. Homer die Odyssee absprachen. Aristarchos und seine Schüler bekämpften ihre Hauptvertreter Xenon und Hellanikos. Reste des Streites sind in den Hom.-Sch. erhalten. H. Gä.

Susemihl 2,149f. *J. W. Kohl* De Chorizontibus, Diss. Gießen 1912 (1917). *Ders.* NJb 47, 1921, 198ff.

Chosroes. 1. Arsakide (*Ὀρρόης* Cass. Dio, *Ὀσρόες* Lucian, *Osdroes* Hist. Aug., *Cosdroes* Aurel. Vict.), Bruder und Nachfolger des Pakoros II. als Herrscher des Partherreichs (106/07 bis 129). Er setzte im J. 113 an Stelle des Exedares dessen Bruder Parthamasiris als König in Armenien ein, wodurch er das Eingreifen Traians herausforderte. Bei der Eroberung seiner Hauptstadt Ktesiphon fielen seine Tochter und sein Thronsessel in die Hände Traians. Bei seiner 2. Orientreise lud Hadrian vergebens im J. 129 den Ch. zu einer persönlichen Zusammenkunft ein. **2.** König von Armenien zur Zeit der Gründung des neupersischen Reiches durch Artaschir, angeblich Bruder des letzten Partherkönigs Artaban. **3.** Ch. I. Anoschirvan (»mit der unsterblichen Seele«), einer der größten Sassanidenkönige (reg. 531–578). Nach der »kommunistischen« Mazdakitischen Krise unter seinem Vater Kavat stellte er den Staat und die (mazdaistische) Religion in Iran wieder her. Als die → Akademie in Athen von Justinian im J. 529 geschlossen wurde, fanden die letzten Philosophen, unter ihnen Damascius, Priscian der Lyder usw., am Hofe des Ch. zu Ktesiphon Unterkunft. Gegen Byzanz eroberte Ch. Antiocheia (540), wurde aber vom Heer des Belisarion zum Frieden gezwungen. **4.** Ch. II. Parvez, der letzte bedeutende Sassanidenkönig (590–627), heiratete eine Christin, war vielleicht (nach Eutychius) selbst Christ, mußte zuerst mit Hilfe von Kaiser Mauriz, unter Verzicht auf Armenien, seinen Thron gegen seinen General Behram Tschobin verteidigen. Nach des Kaisers Tod besetzte er Armenien wieder und stieß bis zum Bosporus vor. Dann eroberte er während Heraclius' Herrschaft Syrien, Palaestina (wo er sich des Heiligen Kreuzes bemächtigte) und Äg. und bedrohte Konstantinopel (615). Nach verschiedenen

Versuchen gelang es 627 Heraclius, bei Niniveh die Perser zu schlagen. Ch. wurde von seinem Sohn Kavat abgesetzt und im Gefängnis ermordet (628). J. D.-G.

Christensen L'Iran sous les Sassanides ^{2}1944.

Chreia (*Χρεία*). Knapp formulierte Anekdote mit lehrhafter Tendenz, die an einem historischen Beispiel den Inhalt einer *γνώμη* erläutert. Formale Berührung mit dem *ἀπόφθεγμα* und der Fabel ist nicht selten. Sammlungen gab es seit dem 4. Jh. v. Chr. (u.a. Demetrios von Phaleron) in großer Zahl. Sie fanden z. B. im rhetorischen Unterricht und im philosophischen Vortrag Verwendung. H. Gä.

G. v. Wartensleben Begriff der griech. Ch. und Beiträge zur Gesch. ihrer Form, Heidelb. 1901. *G. A. Gerhard* Phoinix von Kolophon, Lpz.-Bln. 1909, 247ff. 269ff. *H. Lausberg* HB der literar. Rhet., München 1960, 536ff.

Chremonides (*Χρεμωνίδης*). Sohn des Eteokles, Athener, Freund des Philosophen Zenon. Diog. Laert. 7,17. Er beantragte 267 das Bündnis Athens mit Areus (→ 1) von Sparta und dessen Bundesgenossen gegen Antigonos Gonatas. Sylloge^3 434/35. Nach ihm wurde der chremonideische Krieg (267–261) benannt. Hegesand. FHG 4,415. Nach dem Fall Athens fand er mit seinem Bruder Glaukon in Äg. als Ratgeber des Königs Ptolemaios II. Zuflucht. Teles *π. φυγῆς* 23 H^2. Als äg. Nauarch wurde C. 256 bei Ephesos von den Rhodiern besiegt. Polyain. 5,18. H.V.

A. Momigliano, CQ 44, 1950, 113.

Christentum s. Nachtr. am Schluß des Bandes.

Christenverfolgungen. Jesu Vorbereitung seiner Zeitgenossen auf das hereinbrechende Gottesreich mußte ihre innere Lösung aus den Bindungen der gegenwärtigen Weltzeit zur Folge haben; bei Aktualisierung dieser Konsequenz war grundsätzlich mit Verfolgungen durch die Umwelt zu rechnen (vgl. z. B. Mt 5,10). Daß solche Verfolgungen (*διωγμοί* im eschatol., nicht im jurist. Sinn) nach der Kreuzigung Jesu im jüd. wie im hellenist. Palästina tatsächlich stattfanden, läßt sich aus der Rezeption, Weiterbildung (Lk 6,22 Exkommunikation aus dem Synagogenverband) und Neubildung (Mk 13,9ff.) von Verfolgungsworten in der synopt. Tradition erschließen. Genaueres berichten erst die → Apostelgesch. und Hegesipp: Hinrichtung des Stephanus (Act. 7, 57ff.) und des Herrenbruders Jakobus (im J. 62, Eus. h.e. 2,23,4–19) wegen Gotteslästerung, Verfolgung der Urgemeinde zwischen 41 und 44 durch → Herodes Agrippa I. (Act. 12), wohl gegen Abweichung vom pharisäisch interpretierten Gesetz.

Für die röm. Obrigkeit war der Konflikt des chr. Messianismus mit dem jüd. Nationalismus zunächst eine innerjüd. Angelegenheit. Wo Unruhen, die als Folge dieses Konfliktes in den jüd. Gemeinden ausbrachen, niedergeschlagen wurden, liegt also Anwendung der regulären Strafgesetze oder ein Symptom des → Antisemitismus vor. Dies gilt auch noch für die Maßnahmen des Claudius, selbst wenn sie sich praktisch bereits christenfeindlich ausgewirkt haben sollten. Erst unter Nero unterschied man zwischen Juden und Christen. Die Christen glaubten wie die Juden nur an einen Gott, hatten sich aber niemals formell für ihren Glauben um den Status einer *religio licita* bemüht, wie ihn das → Judentum seit Caesar und Augustus de facto innehatte. Deshalb gerieten sie leicht in Gefahr, der Gehorsamsverweigerung, des *sacrilegium* und des Majestätsverbrechens bezichtigt zu werden, und dies desto mehr, je obligatorischer der Kaiserkult wurde. In den verschiedensten Dingen sahen die Behörden dann Anlässe, die → coercitio auszuüben, die sich schließlich zur → cognitio wandelte, die nicht einmal mehr extra ordinem vorgenommen wurde. Die Rechtsmaterie bedarf, namentlich für die Epoche vor Erlaß der Edikte, noch weiterer Untersuchung.

Nero legte den Brand Roms 64 den Christen zur Last (nur nach Tac. ann. 15,44!) und verhängte über sie die für Brandstifter üblichen Todesstrafen (Suet. Nero 16,2). Unter Domitian scheinen 96 eher einzelne Maßnahmen gegen die chr. Sekte in Rom und Kleinasien, begünstigt von der durch die verschärfte flav. Judenpolitik geschaffenen Atmosphäre, als regelrecht angeordnete Prozesse stattgefunden zu haben. Der Brief (10,96), in welchem der jüngere Plinius, damals Statthalter von Bithynien, um 111/12 bei Traian anfragt, wie er mit Christen verfahren soll, die sich lediglich Festhalten an ihrem Aberglauben, aber keinerlei aktive Insubordination hatten zuschulden kommen lassen, zeigt, daß Christen hingerichtet werden konnten, wenn die Statthalter durch ihr Vorhandensein die öffentliche Ordnung gefährdet sahen. Traian empfiehlt, nicht nach ihnen zu fahnden und sie nur (mit dem Tode) zu bestrafen, wenn namentlich gezeichnete Anzeigen gegen sie vorliegen und sie sich dann weigern, die röm. Götter anzurufen. Die damit geschaffene zweideutige Rechtslage war einerseits der Ausbreitung des Christentums günstig, führte aber anderseits zu Martyrien. Der Linie Traians folgten Hadrian und Antoninus Pius, während unter Marc Aurel und Commodus die lokalen Behörden, häufig provoziert durch die katastrophale Lage des Imperiums und den Kampf der Kirche gegen die heidenfreundliche gnost. Häresie in ihrer Mitte, jederlei Denunziation begünstigten und daraufhin so häufig wie möglich die Todesstrafe verhängten.

Erst Septimius Severus brach prinzipiell mit der Praxis der vereinzelten Christenprozesse, die von Traian bis Commodus befolgt worden war: angesichts der wachsenden Ausbreitung des Christentums verbot er es zusammen mit dem jüd. Proselytismus im J. 201/02 (H. A. Sev. 16,9). Während dieses Edikt zunächst nur vereinzelt angewandt worden zu sein scheint – Nachstellungen in Äg.

und N.-Afrika brachen eher als Folge von Denunziationen aus und verliefen ähnlich wie in der Epoche vor Erlaß der Edikte –, wurde seine Bedeutung verschärft durch die Constitutio Antoniana, mit der Caracalla 212 allen freien Untertanen im Reich das Bürgerrecht gewährte; die Christen wurden damit zwar nicht aus der nationalen Gemeinschaft ausgeschlossen, doch bestand von nun an leichter die Möglichkeit, ihr Bekenntnis, das nicht mehr überwiegend das von *peregrini* war, als *crimen maiestatis minutae* zu werten. Dies geschah, nach Maßnahmen gegen Kirchenhäupter und einer Verfolgung in Kappadokien unter Maximinus Thrax 235, in den Edikten des Decius 249, der seinem vielbeschäftigten illyr. Heer eine Zivilbevölkerung vorweisen mußte, die in angestrengter Konformität mitarbeitete und sich durch eine allgemeine *supplicatio* an die röm. Götter zur Reichseinheit bekannte. Erst von jetzt an kann man von Verfolgung im Sinne »der automatischen, darum ständigen polizeilichen und richterlichen Aktion« ([2],173) sprechen. Nun sahen sich die Christen überall zu Bekenntnis oder Verrat ihres Glaubens gezwungen; im ersten Fall wurden sie konsequent zu Tode gefoltert, im zweiten Falle überlebten sie, weil sie tatsächlich geopfert *(sacrificati)*, Weihrauch auf den Altar gestreut *(thurificati)* oder sich irgendwie eine Opferbescheinigung verschafft hatten *(libellatici)*. Der Zwist um die Wiederaufnahme dieser *lapsi* nach dem frühen Ende des Decius 251 führte in der Kirche zum novatian. Schisma. – 257 erließ Valerian ein Edikt, das vom Klerus ein Opfer an die Staatsgötter verlangte und chr. Gottesdienste und Begräbnisse verbot, und 258 eines, das für bekenntnistreue Kleriker, Senatoren und Ritter Todesstrafe und zuvor für die letzteren Amtsenthebung und Güterkonfiskation anordnete. Damit sollte den gegen Franken, Goten und Perser unterliegenden Heeren materielle Unterstützung zugeführt werden. Den inneren Frieden, der auf diese Weise nicht herzustellen war, versuchte Gallienus 260 durch zwei Toleranzedikte zu erreichen, welche die Anordnungen des Decius und Valerian praktisch aufhoben. Sie machten das Christentum nicht zu einer *religio licita*, sicherten ihm aber Duldung bis zum 19. Regierungsjahr des Diokletian. Dann beraubten 3 Edikte des J. 303, erlassen, um die innere Gefahr für die Reichseinheit endgültig auszurotten, die Christen ihrer Kirchen, heiligen Schriften, liturg. Geräte und bürgerlichen Rechte; brachten so viele Kleriker in den Kerker, daß man gewöhnliche Verbrecher freilassen mußte; und trieben Unzählige durch Opferzwang in Tod oder Abfall. Ein 4. Edikt von 304, hinter dem wohl der Caesar Galerius stand, erneuerte und verschärfte den Opferzwang im ganzen Reich und verordnete für Verweigerung Zwangsarbeit oder Tod. Die einzelnen Edikte wurden in den verschiedenen Reichsgebieten mit unterschiedlicher Härte angewandt,

in den Diokletian und Galerius unterstehenden Gebieten aber namentlich die ersten drei mit äußerster Grausamkeit.

In den Wirren nach dem Zusammenbruch der diokletian. Tetrarchie erneuerte 306 Maximinus Daia das 4. Edikt für die O.-Provinzen. Um die Christen gegen ihn für sich zu gewinnen, erreichte Licinius im April 311 von Galerius die Unterzeichnung des Toleranzedikts von Serdica. Obwohl damit das Christentum zur *religio licita* wurde, umging Daia das Edikt, wo er konnte, und z.T. mit neuartigen Maßnahmen (Schaffung einer Heidenkirche nach dem Muster der chr., Bittschriftenkampagnen gegen die letztere, bes. schreckliche Verstümmelungen vor oder statt der Hinrichtung). 313 wurde er in Thrazien von Licinius besiegt, der daraufhin in Mailand im Einvernehmen mit Konstantin das Edikt des Galerius erneuerte und durch mehrere für den O. erlassene Reskripte im prochr. Sinne erweiterte. Die innere Akzeptierung des Christentums wurde jedoch erst durch das Vorbild Konstantins d. Gr. eingeleitet, welcher die chr. Gemeinden zu Trägern körperschaftl. Rechte machte, im Kampf gegen Maxentius 312 und Licinius 324, der wieder zur Politik der C. zurückgekehrt war, die Rolle des staatlichen Beschützers übernahm und sich schließlich selbst taufen ließ. Die Stellung, die der chr. Kirche damit eröffnet wurde, war auch durch den Rückschlag unter Iulianus Apostata (361–363 Entzug aller Privilegien, aber keine Hinrichtungen) nicht mehr zu erschüttern; fortan vertrat sie die Staatsreligion und sah sich unvermeidlich immer wieder Problemen polit. Häresie konfrontiert, wie sie selbst sie den Sachwaltern der röm. Staatsgötter 3 Jh. lang gestellt hatte. C. C.

1. *J. Moreau* Die Christenverfolgung im röm. Reich, 1961 (S. 9 Bibliographien). 2. *Th. Klauser*, JbAC 4, 1961, 172 bis 174 (Rez. von 1).

Christodoros. Paniskos' Sohn, epischer Dichter aus Koptos, blühte unter Anastasios (491–518), schrieb ein Epos Isaurika, das die Unterwerfung der Isaurier durch Anastasios behandelte, in 6 Büchern, Patria (Stadtgeschichten) von Konstantinopel in 12, von Thessalonike in 25, von Nakle, Tralles, Aphrodisias, eine Beschreibung der Statuen im Zeuxippos und vieles andere (Suda). Vielleicht identisch ist der in der Suda noch genannte Ch. aus der Thebais, Illustris, der ein Lehrgedicht Ixeutika und »Wunder der Heiligen Kosmas und Damian« schrieb. Sch. A zu Hom. Il. 2,461 erwähnt Lydiaka, Lyd. mag. 3,26 ein Buch über die Schüler des Proklos, beide mit Zitat. Erhalten sind 2 Epigramme (Anth. Pal. 7,697 f.) und (Anth. Pal. B. 2) die Beschreibung von 80 Statuen im 532 zerstörten Bad Zeuxippos. Von einer anderen Beschreibung derselben liegt ein Rest bei Georg. Kedrenos p. 648 vor; vielleicht lehnte sich Ch. an sie an (Bruch in der Darstellung nach V. 319, Fehlen eines Prooemiums). Die Benennung ist z.

T. irrtümlich; die Beschreibung gibt nicht nur das Äußere wieder, sondern sucht die Dargestellten zu charakterisieren; sie verwendet bisweilen Motive des Epigramms. Der Stil und meist auch die Metrik sind nonnianisch. R. K.

P. Friedländer Johannes von Gaza, 1912, 94.

Chromios (*Χρομίος*). **1.** Sohn des Neleus und der Chloris, Bruder Nestors, Hom. Od. 11, 286. **2.** Waffengefährte Nestors, Hom. Il. 4, 295f. **3.** Sohn des Priamos, von Diomedes getötet, ebd. 5, 160ff. Apollod. 3, 153. **4.** Troer, von Teukros getötet, Il. 8, 275. **5.** Lykier, von Odysseus getötet, Il. 5, 677. **6.** = Chromis Nr. 1. H. v. G.

Chromis (*Χρόμις*). **1.** Myser, im Troerkatalog mit dem Hinweis aufgeführt, daß Achilleus ihn im Flußkampf bezwungen habe, Il. 2, 858. Noch 17, 218. 494. 534 wird er als Chromios erwähnt, dann aber bei der Darstellung des Flußkampfes entweder »vergessen« oder durch Asteropaios ersetzt. W. Kullmann H (ES 14) 174f. Wohl identisch mit Chromios, dem Sohne des Arsinoos, Apollod. epit. 3, 35. Diktys 2, 35. **2.** Der Name wird von Verg. ecl. 6, 13 für einen Satyrn, von Ov. met. 5, 103 für einen Gefährten des Phineus, met. 12, 333 für einen Kentauren verwendet. H. v. G.

Chronograph vom J. 354 wird ein illustrierter, mit zahlreichen Tabellen versehener Kalender, der als Nachschlagebuch für die Bewohner der Stadt Rom diente, genannt. Von ihm war eine Vielzahl, die Wünsche einzelner Besteller berücksichtigender Redaktionen vorhanden, von denen ein im J. 354 n. Chr. verfaßtes, später durch Zusätze erweitertes Exemplar in mehreren, einander ergänzenden Hss. erhalten ist. Der Besteller war ein gewisser Valentinus, der vielleicht mit dem bei Amm. 18, 3, 5 genannten, im Bereich von Illyricum 359 zum Dux beförderten Valentinus identisch ist. Die großen Prunkbuchstaben auf dem Titelblatt stammen von dem Kalligraphen → Philocalus. Nach diesem Titelblatt enthält der Kalender folgende Abschnitte: Abbildungen der 4 bedeutendsten Städte des röm. Reiches (allegor. Frauengestalten), eine Victoria, ein Verzeichnis von Kaisergeburtstagen, Abbildungen der 7 Planetengötter, die Zeichen des Tierkreises, einen Kalender mit Bildern der Monate (s. CIL I² p. 56) mit je einem vierzeiligen Epigramm, Bilder des Augustus Constantius und des Caesar Gallus, Fasten von der Gründung der Stadt bis zum J. 354, ein Verzeichnis der Ostertage für 312–411 n. Chr., ein Verzeichnis der röm. Stadtpräfekten von 254–354 n. Chr., Todestage und Begräbnisstätten heiliger Päpste, andere kirchliche Feste, ein Verzeichnis der röm. Bischöfe, ein Regionenverzeichnis Roms, eine lat. Übersetzung der Weltchronik des Hippolytos und schließlich eine kurze Stadtgeschichte Roms bis zum Tode des Licinius (325). Benutzt wurde der Chr. von Eutrop, Hieronymus und Isidorus. W. S.

Th. Mommsen Chron. min. 1, 13 ff. Abb. d. Titelbl. bei *Strzygowski*, JDAI 1, 1888. Taf. 14 *Mommsen* Ges. Schr. 7, 539.

Chronologie s. Zeitrechnung

Chronos (*Χρόνος*). Personifikation der Zeit, findet sich bei den Dichtern seit Solon fg. 24, 3 (K. Ziegler in Miscell. di Studi Alessandr. in mem. di A. Rostagni, 1963, 647). Pind. O. 2, 19 *ὁ πάντων πατήρ*. frg. 33. Simonides von Keos spricht vom Zahn der Zeit. Soph. sagt, Ch. sehe und höre alles, bringe alles ans Licht und verberge es wieder, er sei ein *εὐμαρὴς θεός*, El. 179. Eur. spricht vom Fuß (= Schritt) des Ch. und nennt ihn *λαιὸς πατὴρ ἁμερᾶν* Hik. 787, umgekehrt Bakchyl. 7, 1 den Tag Tochter des Ch. und der Nacht. Recht und Wahrheit sind Töchter des Ch.: Eur. frg. 223 N. Gell. 12, 11, 7. *Μοῖρα* und *Αἰὼν Χρόνου παῖς* werden Eur. Heraklid. 899 angesprochen. Mehr oder weniger beruhen diese Stellen auf philosoph. oder relig. Spekulation, wie sie sich (unter orientalischem, bes. iranischem Einfluß) bei Pherekydes, in der Orphik und später in den Mysterien ausbreitet. Diese Bewegungen sahen im Ch. mehr als ein Symbol des Werdens und Wechsels, nämlich einen der Urgötter des Kosmos; s. o. Fauth Aion. Sp. 185ff. → Aion. – Früh wurde Ch. mit Kronos vermischt, durch sprachlichen Anklang und durch die Deutung des Mythos von Kronos, der seine Kinder frißt, auf die schaffende und zerstörende Wirkung der Zeit. So wird inschr. Poseidon als Sohn des Ch. und umgekehrt Kronos als Vater der Wahrheit (Plut. qu. Rom. 11 f.; s. o. Gell.) bezeichnet. Bei Aristot. mund. 401 a 15 ist Zeus *Κρόνου καὶ* (= d. h.) *Χρόνου παῖς*. Plut. Is. 32. – Bildlich dargestellt ist Ch. in der sog. Apotheose Homers als geflügelter Genius mit Buchrollen in den Händen. H. v. G.

Mythol. Lex. 6, 474 ff. *Prell.-Rob.* 1, 511. *R. Eisler* Weltenmantel u. Himmelszelt. *Nilsson* GgrR 2, 478 ff. *Wilam.* Her. II² 174.

Chrysanthios aus Sardes. Neuplatoniker des 4. Jh., Schüler des → Aidesios, Lehrer des → Eunapios, der in den vit. soph. p. 107ff. Boiss. sein Leben beschreibt. Im J. 353 hörte der nachmalige Kaiser → Julian zu Pergamon die Vorträge des Chr.; vgl. Eunap. vit. soph. p. 89–90 Boiss. Zu einer 2. Begegnung des Chr. mit Julian kam es trotz zweimaliger dringlicher Einladung nicht. Von den – nach Eunap. p. 113 zahlreichen – Schriften des Ch. ist nichts erhalten; er wirkte auf seine Umgebung durch mystische Frömmigkeit und kathartische Askese. H. D.

Chrysaor, Chrysaor(i)os (*Χρυσάωρ*, schon Hes. th. 283 von *ἄορ* »Schwert« abgeleitet). **1.** Beiname des karischen Zeus mit der Doppelaxt, dessen Tempel bei Idrias das Bundesheiligtum der karischen Städte war. Strab. 14, 660. CIG 2720f. Prell.-Rob. 1, 141. **2.** Daraus wurde ein eponymer Heros von Karien, das auch *Χρυσαορίς* genannt wurde, konstruiert, Sohn des Sisyphiden Glaukos. Paus. 5, 21, 10. **3.** Dichterisches Beiwort verschiedener Götter: Apollon (Il. 5, 509. 15, 256 u. a.), Artemis (in einem Orakelspruch Hdt. 8, 77),

Demeter (Hom. h. 5,4), auch Orpheus (Pind. frg. 139,10). Prell.-Rob. 1,290.296. **4.** Selbständige Sagengestalt Hes. th. 278 ff. 979 ff. Apollod. 2,41. Hyg. fab. Paus. 1,35,7. Als Perseus der Medusa das Haupt abschlug, sprangen als Frucht ihres Umgangs mit Poseidon Ch. und Pegasos hervor. Ch. zeugte später mit einer Okeanide Geryoneus. H. v. G.

Gerhard Auserl. Vasenbilder 89,3.4. Über Ch. auf Korfu *H. Payne* Necrocorinthia, Oxf. 1930, 242f.

Chrysas. Fluß Siciliens, h. Dittaino. An seinem Oberlauf lag → Assoros mit Heiligtum und Bild des Flußgottes Ch., das Verres vergeblich rauben zu lassen versuchte, Cic. Verr. 4,96. K. Z.

Chryse (*Χρύση*, *Χρυσῆ*). **1.** In der Philoktetsage eine nordägäische Göttin, über die schon im Altertum 2 Auffassungen herrschten, Sch. Soph. Phil. 194. Nach der einen hatte Athena unter diesem Namen ein Kultbild auf der Insel Chryse bei Lemnos, nach der andern war sie eine Nymphe, die den Philoktet unglücklich liebte, verfluchte und ihm von ihrer Schlange den verhängnisvollen Biß beibringen ließ. Wahrscheinlich war Ch. eine Hypostase der Artemis: RE II 1355. Die Insel war im Jahre 78, als Lucullus dort kämpfte, verlassen (App. Mithr. 77) und z. Z. des Pausanias (8,33,4) infolge einer Hochflut verschwunden. Nach Apollod. epit. 3,26 lag der Altar der Ch. auf Tenedos, nach Hyg. fab. 102 (= Soph. Phil.) auf Lemnos. Hier mußte Philoktet den Achaiern den Altar zeigen, da ein Opfer an ihm für den Sieg notwendig war. Den Altar hatte Iason, der »Liebling der Ch.«, auf dem Argonautenzuge gestiftet, Anth. Pal. 15,26,5. Philostr. imag. 17. **2.** Auf Samothrake Tochter des Arkaders Pallas und Gattin des Dardanos, dem sie als Mitgift und Geschenk Athenas die Palladien und die Mysterien der großen Götter mitbrachte. Paus. 8,44,5. Dion. Hal. 1,68. H. v. G.

3. Name v. Inseln u. Städten (wegen Goldreichtums?), darunter 1. Insel bei Lemnos, s. Nr. 3. 2. Stadt an der S.-Spitze der Troas Strab. 13,604f. 613. Die alte Stadt, Sitz des Priesters → Chryses, Hom. Il. 1, lag in der Ebene von Thebe, an der Mündung des Aktschai, die jüngere in der halesischen Ebene, nahe dem Vorgebirge Lekton, auf felsiger Höhe über dem Meer; hier wurde ein Tempel des Apollon Smintheus wiedergefunden. H. v. G.

Chryseis (*Χρυσηίς*). »Mädchen aus → Chryse« oder »Tochter des → Chryses«. Als ihr Name wurde später Astynome erfunden, Sch. Hom. Il. 1,392. Achilleus hatte sie in Thebe erbeutet, wo sie nach dem Bericht der Kyprien zu Besuch war; die Ilias setzt diese Situation voraus, W. Kullmann H(ES 14), 288. 297f. Die Weigerung Agamemnons, dem sie als Sklavin zugesprochen war, sie herauszugeben, und dann die Forderung eines Ersatzes durch Briseis, die in Achills Besitz war, bringen die Handlung der Ilias ins Rollen. Eine spätere Sage läßt Ch. schwanger zu ihrem Vater zurückkehren und einem Knaben das Leben geben, → Chryses Nr. 2. H. v. G.

Chryses (*Χρύσης*). **1.** Priester des Apollon Smintheus in Chryse, Killa, Tenedos, der seine kriegsgefangene Tochter erst nach einer von Apollon gesandten Pest von den Achaiern zurückerhält. Hom. Il. 1. Apollod. epit. 4,1. Hyg. fab. 106. 121. Nach Diktys 2,47. 4,18 schickt Ch. die ihm zurückgebrachte Tochter aus Dankbarkeit an Agamemnon zurück und erweist den Achaiern weitere Dienste. **2.** Sein Enkel, Sohn von Agamemnon und Chryseis, wohnt mit dem Großvater auf der Insel Zminthe. Dort erscheinen auf der Flucht vor dem Kolcherkönig Thoas Orestes, Pylades und Iphigeneia mit dem geraubten Artemisbild. Nach der Erkennung töten Orestes und der jüngere Ch. den Thoas. Hyg. fab. 120f. (nach Sophokles »Chryses«). Eine andere Sage läßt ihn vor Klytaimestras Nachstellungen nach Chrysopolis in Bithynien fliehen, wo er stirbt und begraben wird. H. v. G.

Wilamowitz, H 18, 1883, 256ff.

Chrysippe (*Χρυσίππη*). Danaide, die ihren Bräutigam Chrysippos, Sohn des Aigyptos, tötet. Apollod. 2,18. Hyg. fab. 170. H. v. G.

Chrysippos (*Χρύσιππος*). **1.** → Chrysippe. **2.** Sohn des Pelops und einer Nymphe, vom Vater geliebt, von der Mutter Hippodameia gehaßt, weil sie fürchtet, Pelops werde ihm und nicht ihren Söhnen Atreus und Thyestes die Herrschaft über Pisa vererben. Sie veranlaßt diese, ihren Halbbruder zu ermorden. Pelops verflucht und verjagt sie; auch Hippodameia muß fliehen; sie tötet sich. Sch. Il. 2,105. Hellan. frg. 42. Thuk. 1,9. (Eine Variante ist die Sage von → Alkathoos Nr. 1.) Verbreiteter war die Sage vom Raube des schönen Ch. Nach Praxilla von Sekyon war Zeus der Entführer, Athen. 13,603a. Hyg. fab. 271. Gewöhnlich wird die Entführung dem Thebaner Laios zugeschrieben. Da die Thebaner den Frevel nicht strafen, sendet Hera ihnen die Sphinx und läßt Laios und sein Haus durch Oidipus' Schicksale vernichten. Ch. durchsticht sich aus Scham. Pelops flucht dem Schänder, er solle von der Hand seines eigenen Sohnes sterben. Die Sage wurde zuerst von dem ep. Dichter der Oidipodie geformt, später von Euripides im »Chrysippos« dargestellt. Prell.-Rob. 2,217. 883f. In Hyg. fab. 85 finden wir eine Verknüpfung der beiden Sagen: Ch. tötet sich nicht, er folgt Laios nach Theben, wird aber von Pelops gewaltsam zurückgeholt nach Pisa, wo er dann von seinen Halbbrüdern ermordet wird. H. v. G.

2. Sohn des Apollonios (oder Apollonides) aus Soloi in Kilikien; *281/77, † 208/04 v. Chr., stoischer Philosoph. Ch. kam um 260 nach Athen, wo er sich dem → Kleanthes als Hörer anschloß, zugleich aber viel bei → Arkesilaos hörte; daß er sich schon als Lernender von → Ariston von Chios distanziert habe (Sotion bei Diog. Laert. 7,182), wurde als Anekdote erzählt, die Ch.s spätere Entscheidung vorwegnimmt. – Als → Kleanthes 232/31 starb, wurde Ch. zum Schulhaupt der Stoa gewählt. Von seinen – vermutlich zahlreichen – Schülern lassen sich nur 2 mit Namen bezeichnen: → Zenon von Tarsos und → Diogenes von Babylon, die beide nachmals Nachfolger im Scholarchat wurden. Ch. hat entscheidend dazu beigetragen, daß sich die Stoa fest konsolidierte. Der Merkvers *εἰ μὴ γὰρ ἦν Χρύσιππος, οὐκ ἂν ἦν στοά* (Diog. Laert. 7,183) hält Ch.s eigentliches Verdienst um die Stoa durchaus zutreffend fest.

Sein Fleiß war in der Antike ebenso berühmt wie seine Belesenheit; freilich war von den 705 Schriften, die Chr. verfaßt haben soll, wohl keine zur Publikation bestimmt; sie waren teils als Gedächtnishilfe, teils als Beitrag zu Kontroversen innerhalb der Schule niedergeschrieben; darum waren sie vollgepfropft mit Belegen aus anderen Autoren, so daß sie oft Florilegien nahekamen; zugleich waren die Forderungen der Kunstprosa vernachlässigt, so daß Dionys von Halikarnass, comp. verb. 4, p. 31 Reiske zu vernichtendem Stilurteil kam. Leider ist das bei Diog. Laert. 7,198 angelegte Schriftenverzeichnis durch mechanischen Textverlust verstümmelt.

Chr. war bestrebt, die stoische Lehre in allen ihren Teilen systematisch durchzuarbeiten, dabei aber in jeder Teilfrage die Grundkonzeption der Lehre vor Augen zu haben; hier liegt wohl das eigentliche Motiv, warum er so viele Schriften abfaßte. Da seine Vorgänger das Studium der Logik kaum gepflegt hatten, nahm er sich ihrer besonders an. Auf diesem Gebiet sind seine Ergebnisse, lange mißverstanden (so noch Prantl Gesch. der Logik 1,401 ff.), erst in den letzten Jahrzehnten wieder richtig gewürdigt worden.

Neben der Logik hat Ch. die stoische Erkenntnistheorie gründlich durchgearbeitet; in beiden Richtungen kam es ihm zugute, daß er mit den skeptischen Lehren des → Arkesilaos vertraut war. Ch. gelangte weit über die rudimentäre Erkenntnistheorie des → Kleanthes hinaus, indem er als Momente des Erkenntnisvorganges nach der sinnlichen Wahrnehmung *φαντασία, καταληπτικὴ φαντασία, κατάληψις, συγκατάθεσις* unterschied; hierbei wurde – gegen die akademische Skepsis – bereits die *καταληπτικὴ φαντασία* als das *κριτήριον* bezeichnet, wobei »ein Zwiespalt zwischen Vorstellung und Logos undenkbar war« (Pohlenz Stoa 1,62).

Der Intellektualismus Chrysipps zog auf dem Gebiet der Affekten-Lehre Folgerungen nach sich, denen nachmals → Poseidonios entgegentrat; denn nach obiger Prämisse ist jeder Affekt ein Urteil – freilich ein verkehrtes, ein im Augenblick der Schwäche, ja der Zurechnungs-Unfähigkeit gefälltes; *πᾶς ἄφρων μαίνεται*. War Ch.s Lösung dieser Frage überscharf und darum angreifbar, so hat seine Lehre von der Willensfreiheit – *τὸ ἐφ' ἡμῖν* – darum so nachhaltig gewirkt, weil sie vom noch ungebrochenen *φύσις*-Begriff ausgeht: Wohl steht der Mensch *φύσει* im Kausalzusammenhang, so daß er durch äußere Ursachen vor Entscheidungen gestellt wird. Zugleich hat die Natur ihn mit solchen Anlagen ausgerüstet, daß er äußeren Einflüssen und inneren Verlockungen – *ὁρμαί* – zu widerstehen vermag. Hiergegen konnte erst polemisiert werden (→ Poseidonios), als der *φύσις*-Begriff in »Gut« und in »Böse« aufgespalten wurde.

Ch. hat nur vorsichtig geneuert; die eben skizzierten Korrekturen an → Zenons und an → Kleanthes' Lehre wurden als Erläuterungen gegeben. Viel stärker hat Chr. als der Bewahrer – wenn auch als ein ausgestaltender Bewahrer – gewirkt. Chr. ist der Begründer stoischer Orthodoxie; mit großer dialektischer Schärfe gelang es Ch., dieses Lehrgebäude gegen die Akademie, namentlich gegen → Karneades, zu verteidigen. H. D.

Frg.: *Io. ab Arnim*, SVF II und III. Lit.: *M. Pohlenz* Die Stoa, Gesch. einer geistigen Bewegung, 2 Bde. *E. Bréhier* Ch. [1]1910, [2]1953. *M. Pohlenz* Zenon und Ch., NGG 2,9, 1938. *A. Gercke* Chrysippea, Jahrbb. für Philol. Suppl. 14, 691 ff. *I. M. Bochenski* Formale Logik, 1956. *B. Mates* Stoic logic, 1953. *J. Mau* Stoische Logik, H 75, 1957, 147–158.

3. Ch. aus Kappadokien stammender jerusalemischer Presbyter († 479), von dessen Leben wir aus der Vita des Euthymios von Kyrillos von Skythopolis wissen. Von seinen rhetorische Bildung verratenden Schriften, sind nur noch 4 Enkomien auf den Märtyrer Theodor Teron, den Erzengel Michael, Maria und Johannes den Täufer erhalten, in denen der Vf. oft unangemessen seine Kenntnis der griech. Lit. und Mythologie zur Schau trägt. Kl. W.

Altaner 190.

4. Chr. (*Χρύσιππος*). Arzt, Lehrer des Erasistratos (Diog. Laert. 7,186). Ob dieser Chrysippos mit dem bei Diog. Laert. 8,87 erwähnten gleichnamigen Arzt und Reisebegleiter des jungen Eudoxos von Knidos oder mit dessen ebenfalls gleichnamigem Schüler, Sohn des Erineos (Diog. Laert. 8,89) identisch ist, wird sich kaum mehr endgültig klären lassen. Die ausführlichsten Nachrichten über den Lehrer des Erasistratos verdanken wir Galen (freilich hatte auch er keine Schriften des Ch. mehr zur Verfügung, vgl. 11,221 K.); danach lehnte er ebenso wie sein Schüler den Aderlaß ab und empfahl statt dessen Unterbindung der Glieder (Gal. a. O. 230). Auch definierte er wie dieser die Fieber als »Bewegungen der Arterien« (Gal. CMG 5,10, 2,2 p. 44, 14–16 Wenkebach). Wahrscheinlich war er auch in Anatomie und Pharmakologie bedeutend. Doch ist die Aufteilung aller entsprechenden Nachrichten auf die mehreren Ärzte namens Ch. und überhaupt deren Identifikation und chronologische Fixierung, wie gesagt, ganz unsicher. Das Probl. müßte noch einmal untersucht werden. F. K.

U. v. Wilamowitz Phil. Unters. 4, 1881, 324ff. *M. Wellmann*, H 35, 1900, 371ff.

Chrysogonus. Mit vollem Namen L. Cornelius Chr., bekannt aus Cic. S. Rosc., 80 v. Chr., einflußreicher Freigelassener Sullas, der sich bei den Proskriptionen sehr bereichert hatte. H. G. G.

Chrysokeras (das »Goldene Horn«) ist bei röm. Autoren die Benennung der Halbinsel, auf welcher Byzantion errichtet ist. Bei griech. Schriftstellern hingegen wurde mit Keras die Hafenbucht von Constantinopolis bezeichnet, die jetzt als »Goldenes Horn« geläufig ist. Plin. nat. 4,46. 9,50 und eine Reihe späterer röm. Schriftsteller. Chr. D.

R. Janin Constantinople Byzantine, Paris 1950, 269ff. 416ff. *R. Mayer* Byzantion, Konstantinopolis, Istanbul, Wien-Lpz. 1943, 38ff.

Χρυσόφρυς, auch Χρυσωπός (Plut. soll. anim. 26), *aurata*, Goldbrasse, meist die echte Dorade. Einer der beliebtesten Speise-Seefische (KELLER Ant. Tierwelt 2,369f. AUBERT-WIMMER Aristot. Thierk. 1,144), daher oft in Komödien erwähnt (Athen. 7,328 AB) und auf Geschirr, Mosaiken usw. abgebildet (KELLER a. O. Abb. 120.124.147). Aristot. erwähnt ihn häufig (s. BONITZ, Index); nach ihm lebt er in Küstennähe und Meertümpeln, laicht in Flüssen, hält Dauerschlaf im Sommer (nach Plin. nat. 9,58 60 Tage), ist Fleischfresser, wird mit dem Dreizack harpuniert oder im Schlaf gefangen; die Römer hielten ihn in Küstenzuchtbecken (Colum. 8,16,8; vgl. Varro r.r. 3,3 über → Sergius Orata), bes. im → Lucrinersee (Martial. 13,90), wo die Zucht- → Austern reiches Futter boten. Sein Genuß half gegen vergifteten Honig (Plin. 32,43). Über Zubereitung s. Archestratos b. Athen. a. O.); seine Größenangabe »zehn Ellen« ist starke dichterische Übertreibung (maximale Länge 60 cm). W. R.

Chrysorrhoas. Wasserlauf in Troizen, der auch bei langer Dürre nicht austrocknete, Paus. 2,31,10, der h. Potami genannte Bach oder eine seiner Quellen. E. M.

1. RE VII A 630,2ff. 2. *Gabr. Welter* Troizen und Kalaureia, 1941, 15q.

Chrysothemis (Χρυσόθεμις). **1.** Geliebte Apollons, dem sie die Parthenos gebar, die im Kindesalter starb und von Apollon verstirnt wurde, Hyg. astr. 2,25. Nach anderen gebar sie dem Apollon den Anios, und Parthenos war Tochter der Ch. und des Staphylos, Diod. 5,62,1. **2.** Tochter Agamemnons und Klytaimestras, Il. 9, 145.287. Ihre Schwestern sind bei Hom. Laodike und Iphianassa, bei Soph. El. 68.957 Elektra und Iphianassa, bei Eur. Or. 23 Elektra und Iphigeneia; so auch Apollod. epit. 2.16. **3.** Kret. Sühnepriester. Von ihm oder seinem Vater → Karmanor wird Apollon nach der Erlegung des pyth. Drachens entsühnt. Pind. P. hypoth. c. Paus. 2,7,7. NILSSON GgrR 1, 585. Angeblich Sieger im ersten pyth. Hymnenwettkampf. Paus. 10,7.2. MEYER GdA II § 373, 4. H. v. G.

Chthonische Götter (χθόνιοι θεοί, χθ. δαίμονες Aischyl. Ag. 89; Pers. 628), im Gegensatz zu den himmlischen Mächten des Olymp (Ὀλύμπιοι [θεοί]) Hom. Il. 1,399. ὕπατοι (θεοί) Ag. 89) die geheimnisvollen Gewalten der Erdtiefe (χθών), deren düsteres Wirken der Grieche, ihre μῆνις scheuend (Pind. P. 4,159), mit ehrfurchtsvollem Grauen anerkannte. Einer älteren, vorhom. Schicht entstammend, von meist furchterregender Erscheinung (Hunde- und Schlangengestalt: R. HERZOG, ARW 10, 1907, 212ff. 222ff.), bilden sie, getrennt von der lichten Welt der Olympier, ein besonderes Reich mit eigenen, urtümlichen Ordnungen, die nicht selten eine antagonistische Spannung zu den Superi aufklingen lassen (vgl. Hes. theog. 697. Aischyl. Eum. 299ff.). So steht dem Zeus Ὀλύμπιος der meist dem schatzhütenden Totenwächter → Hades-Pluton (Hes. theog. 767. Eur. Alk. 237; Andr. 544) geglichene Zeus (Κατα) χθόνιος gegenüber (Hom. Il. 9,457. Hes. op. 465. Soph. Oid. K. 1606. [1],207f.). Zusammen mit → Ge Χθονία (Eumolp. frg. 1 K.), der Mutter aller chthon. Kräfte (Aischyl. Pers. 629.639), genoß er Kult auf Mykonos (Sylloge³ 1024,26. [1],205ff.). Die Hades-Gattin → Persephone zählt schon als Tochter der Getreideherrin → Demeter zu den χθόνιαι θεαί (Hdt. 6,134. 7,153. [1],211f.). Beide sind Sonderformen der Erdgöttin, die in der Kosmologie des Pherekydes von Syros (frg. 1 D.) unter dem Namen Chthonie dem Himmelsgott Zas verbunden ist. Im sakralen Dreiverein mit Hades Klymenos treten Demeter Chthonia und Kore zu Hermione auf (Paus. 2,35,4ff. Vgl. Sylloge³ 1051,10. [1],209. [3],222ff.). An der stark ausgeprägten weiblichen Seite des Chthonischen vertreten sie den freundlichen Aspekt, Gestalten wie die Zauberin → Hekate (Aristoph. frg. 500. ROHDE Psyche 2, 80ff.) oder die → Erinyen (Soph. Oid. K. 1568) den schrecklichen. Rache- und Schadengeister der unterweltlichen Region (δαίμονες ἀλάστορες Aischyl. Ag. 1501.1508. Vgl. Pers. 354. ROHDE 2, 229ff.) stellt nach griech. Seelen- und Ahnenglauben ferner das Heer der oft zu venerierten ἥρωες aufgehöhten Toten ([1],228ff. 244,1); doch finden sich in der Schar der erdgebundenen Halbgötter auch nicht wenige Heiler und Orakelspender (→ Amphiaraos, Asklepios, Trophonios; [1],212. F. A. GARRISON, Ann. Med. Hist. 1917, 35ff.). – Manche großen Götter, die einen Sitz im Olymp errungen haben, tragen chthon. Züge, die je nach Entwicklung und Ausprägung der einzelnen Gestalt mehr oder weniger dominieren, so die Zeusgattin → Hera ([2],259ff.), der einst hippomorphe »Erdhalter« und -gatte (γαιήοχος) Poseidon, dem Hades in vielem verwandt ([3],195ff.); der Totengeleiter → Hermes (Aischyl. Choeph. 1.118. Soph. El. 111; Ai. 832. [1],238); Dionysos, Gott der sich erneuernden Vegetation, aber auch Herr der Seelen (Orph. h. 63,1. [1],237). Zuweilen läßt sich die Herkunft der chthon. Komponente aus prähellen.

Vorformen, die in der betr. Gottheit aufgegangen sind, erschließen: bei → Aphrodite z. B., deren erdhafter Charakter neben dem uranischen wiederholt herausgestellt wurde (A. DIETERICH Mutter Erde, 1925³, 71. W. SH. FOX, AJPh 41, 1920, 283 ff. J. H. OLIVER, Hesp. 4, 1935, 62 f. K. GANTAR, Živa Ant. 7, 1957, 236 ff.), treten in der minoischen »Herrin des Labyrinths« (Aphrodite Ariadne: C. GALLINI, Acme 12, 1959, 164 ff.) und der balkan. Göttin von Dupljaja (Aphrodite Zeirene: W. BRANDENSTEIN Festschr. J. F. Schütz, 1954, 54 ff. Carinthia 146, 1956, 419 ff. Vgl. V. PISANI, RhM 100, 1957, 391 f.) allein 2 Vorgängerinnen unterweltlicher Natur aus dem Bereich der mediterranen Religion entgegen. W. F.

1. *Rohde* Psyche 1,204 ff. 2. *S. Wide*, ARW 10, 1907, 257 ff. 3. O. *Kern* Rel. der Griechen 1, 1926, 27 ff. 156 ff. 194 ff. 4. *K. Deichgräber*, RGG ³1, 1819 (Lit.).

Chullu. Stadt in Numidien, an der Küste, w. von Philippeville, h. Collo, erwähnt von Ptol. 4, 3,2. Itin. Ant. p. 8. Tab. Peut. Geogr. Rav. p. 154. Iul. Honor. GLM p. 47. Punische Stadt, bezeugt durch Grabstätten und genannt von Solin. 26,1 wegen ihrer Purpur-Färbereien. Sie wurde *colonia Minervia Chullu* unter der Statthalterschaft von P. Sittius, dann im Bund mit Cirta. Bischöfe sind bekannt im J. 411: Migne PL XI, p. 1209.1339. Inschr. ILAlg. II 419–426. M. L.

S. Gsell Atl. Arch. Alg. f^{e} 8, Nr. 29.

Chus (*χοῦς*). **1.** Krug, Kanne, speziell ein griech. Maß für Flüssigkeiten, = $^{1}/_{12}$ des → Metretes und selbst in 12 → Kotylai und 72 → Kyathoi unterteilt. Je nach Landschaft war die Norm verschieden. Nach HULTSCH hielt der Ch. in Sparta 4,56 l, der aeginaeische 3,04 l, der attische 3,281 l. Letzterer faßte laut NISSEN im solonischen System 3,24 l, später 3,275 l, VIEDEBANTT und OXÉ geben ihm 2,718 l. Die Normen anderer Choes sind gleichfalls strittig. H. Ch.

F. Hultsch Metrologie² 101 ff. 500 ff. 534 ff. 624 ff. *H. Nissen* Metrologie² = HB Altertumswiss. I² 842 ff. O. *Viedebantt* Abh. Sächs. Ges. Wiss. 34,3, 1917, 43.56 ff. *A. Oxé*, BJ 147, 1942, 91 ff.

2. Mit *Χοῦς* gibt LXX den hebräischen Namen *kūš* in der sog. »Völkertafel« wieder, wo dieser den Sohn des Ham (*Χάμ*) als den fiktiven Stammvater des Landes Kusch bezeichnet (Gen 10,6–8; lChr 1,8–10; danach Ioann. Ant. frg. 4,1 FHG 4, 541. Ios. ant. 1,131: *Χουσαῖος*). Wo »Kusch« das Land s. von Äg. (vgl. Ez 29,10) zwischen dem 2. (bzw. 1.) und dem 4. Nilkatarakt (äg. *kꜣš*, bab. *kūšu*, assyr. *kūsi*, Amarna *kaši*, altpers. *kūšā*) meint, übersetzt LXX es stets mit *Αἰθιοπία* bzw. *Αἰθίοψ* (→ Nubien). E. Ku.

Cibalae lag in der Nähe von Volcaea palus (Victor, Cass. Dio 55,32,3), zwischen Drau und Save, h. Vinkovci (Itin. Anton. 261,1.268,4). Beschreibung: Zos. 2,18,4. Seit Hadrianus Municipium (CIL III 3267), seit dem 3. Jh. Colonia Aurelia C. (CIL VI 2833). Die Ausdehnung der mit Mauern bewehrten Stadt betrug 860 × 650 m, doch fanden sich Siedlungsreste auch außerhalb. Vor den Mauern wurde Licinius am 8. Oktober 314 von Constantinus besiegt (Eutr. 47,1). Geburtsort des Gratianus und Valentinianus (Amm. 30,7,2). J. F.

Cicereius. Seltener röm. Familienname. **1.** C. C., zunächst Schreiber des Scipio Africanus Maior, 173 (nach vorhergehender, freiwillig zurückgezogener Bewerbung) Praetor mit Sardinien als Provinz. Nach dem Sieg über die Corsen triumphierte er 172; 168 weihte er einen der Iuno Moneta gelobten Tempel *in monte Albano*. 168 Kommissionsmitglied zur Neuordnung von Illyrien. H. G. G.

Cicero, M. Tullius. C. ist der unbestrittene Meister der lat. Rede von säkularer stilprägender Kraft, als Politiker (aber als Antipode eines Caesar!) gescheitert, als Philosoph zu gering eingeschätzt von den Systematikern, in Wirklichkeit philosophischer als die Systematiker, weil er gegen das Dogma das Recht des Denkers behauptet hat.

Man wird ihm nicht gerecht, wenn man sein Werk in Fachgebiete aufgliedert – Reden, rhetor. Schriften, philos. Schriften. Vielmehr erwächst Tat und Schriftwerk aus dem Lebensganzen. Der Politiker, der Philosoph, der Theoretiker der Redekunst müssen als Einheit betrachtet und behandelt werden (so [56], der freilich »Philosophie« und »Rhetorik« erst einmal trennt, ehe er ihre Einheit erkennt). Zu unterscheiden sind Lebensphasen ([60], 1 ff.), und zwar die erste bis zum Konsulat, das Konsulat und seine Verteidigung, der Bürgerkrieg mit dem Scheitern und dem daraus entstehenden Werk, die Zeit nach Caesars Tod mit derselben Abfolge von Handeln, Scheitern und Werk.

C. ist 106 in Arpinum, der Heimat des Marius, als Angehöriger der Munizipalaristokratie geboren. Herkunft, Erziehung, Laufbahn, Gedankenwelt haben gewisse Ähnlichkeit mit Sallust, obwohl sie zu polit. Gegnern wurden. Die röm. Erziehung im Gefolge des Augurs Mucius Scaevola macht ihn mit der Gedankenwelt des Scipionenkreises vertraut [41]. Er bewundert die Sprache der Laelia, der Frau des Augur. Philo, als Emigrant in Rom weilend, gewinnt ihn für den Skeptizismus der jüngeren Akademie, dem er zeit seines Lebens treu bleibt. Sein auffallendes Sprachgenie macht ihn mit seinen Jugendgedichten ([30], 1236 u. [33]) zum bedeutendsten Dichter vor Lukrez und Catull (Plutarch). Nach dem Tode des Augur, dem Militärjahr unter Pompeius Strabo ([20] I 11,4), schließt er sich dem Pontifex Scaevola an. Seine Lehrer auf dem Forum sind Crassus und Antonius. Wie sie möchte er als Redner das Gemeinwesen mit in die Hand nehmen, noch ohne das feste Ziel des Konsulates (anders [30], 828). Daneben ging der Unterricht beim griech. Redelehrer einher. Die Verödung des Forum während der Herrschaft der Marianer vertieft seine Ausbildung. In dieser Zeit entsteht das Jugendwerk De inventione, über den 1. Teil der rhetor. Technik, die Stoffsuche. Es hat bis ins MA als Lehrbuch gewirkt, ist von C. aber später ausdrücklich durch das grundsätzliche Werk de oratore ersetzt worden. Die in der Überlieferung uns erhaltene Parallelschrift eines unbekannten Verfassers an Herennius, der sog. auctor ad Herennium, die Technik vollständig behandelnd und auf dieselbe Quelle zurückgehend – einen griech. Lehrvortrag –, zeigt das philosophische Interesse C.s. Die Proömien entwickeln schon seine klar erkannte Lebensaufgabe: in der Nachfolge röm. Redner wie Catos, der Gracchen, Scipios und Laelius' die Philosophie und die Redekunst wieder zu vereinen. Das zeitliche Verhältnis der beiden Schriften, scheint mir, ist im Sinne der Priorität Ciceros zu entscheiden (anders [30],1095). Fertig formulierte Quellen sind nicht zu erweisen.

Das J. 81 bringt nach Sullas Sieg sein erstes Auftreten in einer causa privata pro Quinctio, das nächste ist die causa publica pro S. Roscio aus Ameria (falsch auf 79 datiert von [22]). Beide Reden haben polit. Hintergrund. Das gefährliche Eintreten gegen polit. Unrecht von seiten des Sullagünstlings Chrysogonus stützt C. noch in spätester Zeit in seinem Selbstbewußtsein (de off.). C. kann Sulla gegenüber als jeder Parteinahme für Marius unverdächtig auftreten, weswegen das Gedicht Marius nicht vorausliegen kann. Der Ansicht, daß C. in gebrochener Linie zunächst popular gewesen wäre, um dann zur Nobilität überzuschwenken (Kauer), ist R. Heinze mit durchschlagendem Erfolge entgegengetreten [8]. In diesen frühen Reden lehnt sich C. noch eng an die rhetor. Lehre an, doch ist seine Stärke, die Leitmotiv- und Enthüllungstechnik schon voll ausgebildet. Unnötig zu betonen, daß C. als fertiger Jurist das Forum betritt. Er wird sein ganzes Leben auf der Notwendigkeit juristischen Wissens für den Redner bestehen. Der starke Erfolg dieser sicher veröffentlichten Reden hat ihm weitere Prozesse eingebracht, von denen wir eine Bürgerrechtssache für eine Frau aus Arezzo (pro Aretina) kennen.

Nicht polit. Ausweichen (so Plutarch, Cic.), sondern Sorge um seine Gesundheit ist es darum, wenn er 78/77 eine Reise nach dem O. mit dem Bruder Quintus unternimmt. Sie gilt dem Versuch, den affektischen, seiner Konstitution nicht gemäßen Redestil gegen einen anderen zu vertauschen. In Athen hört er die Philosophen, darunter vor allem Antiochos von Askalon, in Kleinasien besucht er in Smyrna den verbannten Rutilius Rufus, auf Rhodos findet er in Apollonios Molon den Redepädagogen, der die ernstlich gefährdete Laufbahn durch eine neue Technik rettet.

Nach der Heimkehr hat er in einem stilistischen Seitensprung den großen Rivalen Hortensius ein einziges Mal auf seinem Felde zu schlagen versucht, in der Rede pro Roscio comoedo (s. [43]).

Im übrigen ist die Zeit erfüllt von Prozeßarbeit und sonstiger Vorbereitung für die übliche Karriere. 75 ist er Quästor in Lilybaeum in W.-Sizilien gewesen, dem h. Marsala. Hier zeigten sich Uneigennützigkeit und Pflichtbewußtsein in musterhafter Amtsführung, die er für wesentlich für das Schicksal des Reiches hielt und später in Kilikien wieder zu bewähren Gelegenheit hatte. In Syrakus entdeckte er das vergessene Grab des Archimedes, Beweis für seine Kennerschaft auf allen Gebieten des Griechischen. Wie vor der Quästur hat C. noch nach ihr durch Patronatstätigkeit Stimmen für seine Wahlen zu gewinnen gesucht. Bekannt das Eintreten für Scamander gegen Cluentius nicht ohne Haschen nach »popularem Wind« ([30], 840ff.), was durchaus als erlaubt galt, und die Schadenersatzsache für M. Tullius, einen Gutsbesitzer aus der Gegend von Thurii. Die Philosophie und die sonstige Theorie schlug sich nicht in besonderen Werken nieder, aber, wie C. später sagte, er philosophierte, wenn es am wenigsten so schien. Die Gedanken der Hauptwerke der ersten Epoche (de or., de re p., de leg.) reifen in dieser Zeit und formulieren sich – ein Beweis für ihre Originalität und Lebensechtheit – allmählich in den Reden. So ist die div. in Caecilium ein de orat. im Kleinen. In dieser Rede mußte sich C. nach dem Repetundenverfahren das Recht, die Anklage gegen Verres zu führen, gegen dessen ehemaligen Quästor erkämpfen. Gegen seine Gewohnheit und Überzeugung übernahm C. hier eine Anklage, weil die Sizilier ihn als ihren Patron in Verbindung mit der Familie der Marceller um Hilfe gebeten hatten. Es gelang C. gegen die Verschleppungstaktik des Gegners – Hortensius an der Spitze – den gewissenlosen Ausplünderer der Provinz vor allem dadurch, daß er auf eine ausführliche Rede verzichtete (actio I), als eindeutig schuldig zu erweisen. Verres ging in die Verbannung nach Massilia. Die actio secunda, 5 nicht gehaltene Broschüren, eine unschätzbare Quelle für Provinzverwaltung und Kunstdenkmäler, sind stilistische Meisterwerke [44]. Popular sind auch sie nicht zu nennen ([30],850 nach [8]; [21],28). Eine polit. Tat sind sie insofern, als durchaus noch nicht ausgemacht war, ob Pompeius die Senatsgerichte abschaffen würde (gegen Mommsen: »er trat gegen die Senatsgerichte auf, als sie schon abgeschafft waren«), und als ihre saubere Gesinnung, die sich mit dem besseren Teil des Senates identifiziert und aus Sorge um ihn spricht, wahrscheinlich die Lex Aurelia mit beeinflußte, die dem Senat die Gerichte nicht ganz entzog ([30],847).

Die stolze Bilanz der Anstrengungen war, daß C. im J. 69 zum Ädilen, 66 zum Prätor, 63 zum Konsul jeweils suo anno und im 1. Wahlgang gewählt wurde. In der Ädilität konnte er mit den Spenden der zufriedenen Sizilier für billiges Getreide sorgen. Von den Reden bis zum Konsulat – 69 pro Fonteio Repetundenprozeß, pro P. Oppio (de rep.;

nur spärliche Frg.), 69/68 pro A. Caecina in Erbschaftssache; 68 pro D. Matrinio (nicht erh.); 66 pro A. Cluentio Habito (mit Andeutung der Politik der concordia ordinum: [30],995. [21],34.39.71, de imperio Cn. Pompei, contio über die von Sulla nicht an die Staatskasse abgeführten Gelder (nicht erh.), pro Q. Gallio, 66/65 pro C. Fundanio *(ambitus)*, 65 pro C. Cornelio (elegantes Lavieren zwischen den *populares* und den *pauci*), 64 in toga candida (gegen den Stimmenfang der *coitio* des Catilina und Antonius – sei die 1. Staatsrede für den Oberbefehl des Pompeius im Kriege gegen Mithridates (lex Manilia) hervorgehoben: als Prätor rühmt er den vom Volke und von ihm verehrten großen Mann, seiner Loyalität sicher, und stützt sich bei dieser polit. Manifestation, indem er sich in besonderer Weise an die Ratschläge der Redekunst hält. Die Rede ist für die Erkenntnis der höchsten röm. Werte wie *virtus, auctoritas, felicitas* eine Grundlage und Fundgrube.

Ergebnis unermüdlicher Anstrengungen vor allem des letzten Jahrfünfts und einer günstigen polit. Situation (darauf weist vor allem Sallust im Catilina hin) war die Wahl zum Konsul mit den Stimmen aller Zenturien, die Erfüllung höchsten Glückes und zugleich schicksalhaften Verhängnisses. C., ein Meister der Vernunft und selbstloser Tätigkeit für eine zur Einigung fähige Gemeinschaft, wurde zum polit. Handeln gezwungen in einer Lage, wo ernst zu nehmende und desperate Kräfte mit Hilfe einer entarteten Volksmasse nach der ganzen Macht griffen. Die bestehende Ordnung hätte nach Lage der Dinge zu ihrer Verteidigung adäquater realer Machtmittel bedurft. Dies bedacht, ist das Konsulat erstaunlich erfolgreich gewesen. Es ist C. gelungen, den genialen Griff Caesars nach der Macht mit Hilfe des Ackergesetzes des Rullus erstens zu durchschauen und zweitens vor dem Volke so in seinen Intentionen zu enthüllen, daß der Versuch vereitelt wurde. Und er hat den Putschversuch Catilinas entdeckt und mit der Hinrichtung der Catilinarier und der Vernichtung Catilinas geahndet ([28]). Es kann kein Zweifel sein, daß das im Ausnahmezustand (SCU) gegen die Catilinarier nach Geständnis und Überführung durch die höchste ausführende Instanz vollstreckte Todesurteil nach – eigentlich überflüssigem – Senatsbeschluß rechtens war (gegen Mommsen RStrR 173,1 »ebenso unpolitischem wie unmenschlichem Justizmord«, [30],890). Daß die popularen Politiker eben jetzt wieder – in dem Prozeß gegen Rabirius; pro R. perduellionis reo – dieses Senatsrecht, den Ausnahmezustand zu erklären, unterhöhlten, zeigt, daß es sich um polit.-existenzielle, nicht juristische Fragen handelt und daß Mommsen Recht und Politik verwechselt hat. C. ist nicht gescheitert, weil er im Konsulat keinen Erfolg gehabt hätte, weil er kein weitreichendes Sanierungsprogramm entwickelt hätte – das war in seiner Lage unmöglich –, weil er im gemeindestaatlichen Denken befangen gewesen wäre ([30], 890), sondern weil skrupellose Politiker ihre Hausmacht gegen den freien Staat ausspielten. Wie weit Usurpation sich durch größere Fruchtbarkeit gerechtfertigt hätte oder hat, wie weit eine Reformation Chancen gehabt hätte, sind irreale Gedankenspiele, deren Form von metaphysischen oder philos. Positionen bestimmt sind. Daß C. Überzeitlichem diente, als er die Freiheit des Väterstaates, das Prinzip der Demokratie, verteidigte, haben ihm alle bescheinigt, die in ihm die geistige Gegenmacht gegen Caesar sahen.

Von seinem Konsulat legte C. Rechenschaft ab, als er im J. 60 nach dem Vorbild der philippischen Reden des Demosthenes eine Ausgabe seiner 12 *orationes consulares* machte (Att. 2,1,3; leg. agr. I und II, de Othone, pro Rabirio, de proscriptorum filiis, über die Niederlegung seiner Provinz, in Catilinam I–IV, 2 kleinere Reden zum Ackergesetz. Die Reden zeigen eine erstaunliche Hellsichtigkeit in Hinsicht auf die Zukunft, sind aber leicht retuschiert worden. Die erhaltenen Reden aus dem Konsulat gehen wohl auf diese Ausgabe zurück außer der witzigen, ebenfalls während des Konsulats gehaltenen Rede für Murena, den designierten Nachfolger). Diese Ausgabe gehört wie anderes zur Verteidigung des Konsulates: die Reden, die freier in der Form werden und die eigene Person immer stärker ins Spiel bringen (62 pro Sulla, pro Archia poeta, 59 pro Flacco, verloren: 61 in Clodium et Curionem), der Wunsch, durch andere sein Konsulat verherrlichen zu lassen, die eigenen Versuche (*commentarii* in griech. und – wohl nicht vollendet – in lat. Sprache, [18],61–63, das Gedicht de consulatu suo, im J. 60 fertig – [30],1245. [33] –, sich zur Bestärkung geschrieben, augusteische Gedanken der Beziehung von Musenkunst und Politik vorausnehmend). Sie wollen letztlich alle die polit. Tat eindeutig in der *memoria* verankern, was nicht gelang, aber verständlich ist. Die Gegner sahen darin unerträgliche Ruhmredigkeit (Sall. in Cic.).

Die von der Person losgelöste Objektivierung seiner Erkenntnisse ist erst nach dem völligen Scheitern geglückt. Für das komplizierte Intrigenspiel, das schließlich zu C.s Selbstverbannung führte – E. Februar 58 bringt Clodius das Gesetz ein, geächtet solle sein, *qui civem Romanum indemnatum interemisset*, und zwar mit rückwirkender Kraft gegen den persönlichen Feind C. gerichtet – s. Gelzers meisterliche Darstellung. Verbannung (58/57), triumphale Rückkehr, Dankreden an Volk und Senat (or. cum senatui gratias egit; or. cum pop. gratias egit), Streit mit Clodius (57 de domo sua ad pontifices; 56 de haruspicum responso), Versuch, Lucceius zur Darstellung seiner Taten zu veranlassen (fam. 5,12,1; vom J. 56), sein Gedicht de temporibus suis, das 54 fertig ist (anders [30],1256), zeigen Verzweiflung und Überschwang auch über das Maß und helfen zu der schließlichen Erkenntnis, daß die wirkliche Macht bei den Männern liegt, die sich 56 erneut zum Dreibund zusammengeschlossen hatten. Von den polit. Reden dieser letzten Periode vor dem Bürgerkriege sind die Rede pro Sestio als Darstellung seiner polit. Gedankenwelt und die pro Milone als letzte Rede der freien *res publica* besonders wichtig (die übrigen erhaltenen Reden neben den großen Werken: 56 in Vatinium testem interrogatio; pro Caelio; de provinciis consularibus; pro L. Cornelio Balbo; 54 pro Cn. Plancio; pro M. Aemilio Scauro; pro C. Rabirio Postumo). In der Sestiana wird in einer Theorie des Handelns die Konzeption von de re p. vorweggenommen ([32]).

Die ganze Leistung der Rettung der Erkenntnisse aus dem Scheitern ins Geistige begreift man erst, wenn man die Tätigkeit auf dem Forum mitbedenkt. Es läßt sich nicht verkennen, daß die 3 zusammengehörenden ([58]) Werke der 1. philos. Epoche in einer bestimmten, sich später wiederholenden Sinnkurve verbunden sind: das Selbstbewußtsein findet sich zuerst in der Gewißheit der rednerisch-polit. Leistung, fragt dann nach dem Gesamtsinn des Gemeinwesens und wird schließlich vom Konkreten des Sachbereiches gefesselt.

De oratore (55), als Dialog ([5] u. [54]) im J. 91 vor dem Tode des Crassus spielend, ist als ein letztes Vermächtnis dieses Vorbildes C.s gedacht. Die 5 Teile der Redelehre liegen dem Werke zugrunde. Crassus spricht im 3. B. über die *elocutio* und die *pronuntiatio*, Antonius vorher über die 3 andern Teile. Crassus, der die These vertritt, daß der Redner der allseitig – philos., juristisch, hist. – gebildete Mensch sein müsse, behandelt also die Sprache, in der die ganzheitliche Leistung des Redners in der Gemeinschaft am offensten zutage liegt. Die neue Konzeption, die Philosophie und Redekunst nach Jahrhunderten der Trennung ([7], Einl.) wieder als Einheit begreift, ist der *actor veritatis*, der also, der im konkreten Meinungsstreit die Kraft hat, durch Repräsentation der Wahrheit den *consensus* auf sie zu erreichen ([24], [56], [61]).

Das außer dem immer bekannten Somnium Scipionis ([60], 148. [19]) durch den von A. Mai entdeckten und 1822 herausgegebenen Palimpsest bruchstückhaft erhaltene Werk de re publica (54 bis 51) ist die originalste Darstellung der Gedankenwelt C.s, als – von Rutilius Rufus in Smyrna angeblich gehörtes – Gespräch zwischen den Freunden des Scipionenkreises gegeben, allen voran Scipio Aemilianus und Laelius. Auch dieses Werk ist als letztes Vermächtnis des 129 verschiedenen Scipio konzipiert. Platonischer Geist, der in der Idee der Gerechtigkeit gipfelt, Polybios' Staatstheorie, Erkenntnisse des Aristoteles, des Dikaiarch, des Panaitios und der Stoa haben in verschiedenem Grade dazu beigetragen, den hist. Machtstaat des weltordnenden Rom ([25]) zu begreifen als Ausdruck der den Menschen als göttliche Aufgabe und höchstes Glück auferlegten und

in der Geschichte wirkenden Gerechtigkeit ([60], 110). Weit entfernt, Tagestendenzen zu dienen (wichtig [13]), will C. in der Krise des Verlustes, ohne Plato zu reproduzieren (so [27]), noch in Anlehnung an ein wahrscheinlich gar nicht existierendes Werk des Panaitios ([30],78. [47]) aufrufen, diese höchste Aufgabe, Gerechtigkeit zu verwirklichen, zu ergreifen (Proöm., Somnium Scipionis). In den 3 ersten Büchern versteht er die gemischte Verfassung in neuer Weise und Methode ([30],96) als Ausdruck des letzten Prinzips der Gerechtigkeit, die im *iuris consensus* und der *utilitatis communio*, so die »Staatsdefinition«, ihren Maßstab hat. Nachdem an diesem Punkt die Frage der Verfassungsformen, Hauptgegenstand der griech., vor allem nachplatonischen Theorie, relativiert worden ist, sind die letzten 3 Bücher dem Menschen, das 4. der sittlichen Ordnung der tragenden Gemeinschaft, das 5. der Gestalt des führenden Mannes, das 6. seinem Handeln in der Staatskrise gewidmet. Der lange Streit, ob C. Monarchist war, dürfte in dem Sinne entschieden sein, daß unter dem *princeps* oder *procurator rei publicae* eine Gattung Mensch, der Vertreter einer notwendig führenden Elite (vgl. die Weiterentwicklung dieser Gedanken in Senecas de clementia) zu verstehen ist ([13], [46], [60],108). Die Rettertat, die von Scipio in der Situation des Dialogs erhofft wird, besteht darin, daß er als *dictator rei p. constituendae*, nach Erfüllung der Aufgabe natürlich zurücktretend, kraft überragender *auctoritas* eine Ordnung wiederherstellt.

De legibus ist von C. selbst mit dem Vorbild der platonischen auf die Politeia folgenden Nomoi in Verbindung gebracht worden. Die Arbeit geht seit 52 neben der an de rep. einher. Nach stoischer Grundlegung des Naturrechts im 1. Buche, folgt im 2. eine Darstellung des Sakralrechts, im 3. die staatliche Organisation. Da C. davon überzeugt ist, daß die Idee des Staates im Staat der *maiores* nach dem Dezemvirat sich erfüllt hat und von da an immer wieder zu bewahren und zu realisieren war, kann seine Gesetzgebung eine röm. sein. Es ist die erste – hier literarische – Kodifikation des röm. Rechtes nach den XII Tafeln. Die Gesprächspartner sind C., Atticus und der Bruder Quintus. Im 3. Buch wird auf eine Untersuchung *de potestatum iure* hingewiesen, Macrobius kennt ein 5. Buch. Das Werk ist also nicht vollständig erhalten, und aus der Tatsache, daß es im Proöm. zum 2. B. von de div. nicht erwähnt wird, ist zu schließen, daß es erst postum veröffentlicht wurde. Sicher ist, daß die Hauptmasse des Werkes auf die Zeit vor 51 zurückgeht ([55] gegen Robinson).

Am 1. Mai 51 verließ C. Rom, um die Verwaltung der Provinz Kilikien nach der lex Pompeia vom Vorjahre gegen seine Wünsche in banger Zeit zu übernehmen. Nach musterhafter Provinzverwaltung, von seinen Truppen aufgrund eines Sieges zum *imperator* ausgerufen, brach er am 30. Juli auf, um am 4. Januar 49 vor Rom – als Triumphanwärter konnte er Rom nicht betreten – anzulangen und sich für die Erhaltung des Friedens zwischen Caesar und Pompeius und dem Senat einzusetzen. Ein solcher Mann ist zu entschiedener Parteinahme unfähig. So kam er ([30],993ff.) in peinliche Zweideutigkeiten, ging schließlich, wie er innerlich mußte, zu Pompeius, um sich von dessen Sache, angewidert auch von den dortigen Racheplänen und Zuständen, wieder zu lösen und nach längerem Aufenthalt in Dyrrhachium die Gnade des Siegers in Brundisium zu erwarten, die ihm spät – am 25. September 47 –, aber in nobler Form zuteil wurde.

Nach diesem 2. und tieferen Scheitern, das zugleich mit dem Ende der *res publica* verbunden war, hat er sich mit Hilfe des freundschaftlichen Rates des Freundes Atticus schließlich wieder im geistigen Werk gefangen. Sein Selbstbewußtsein baut sich wieder zuerst auf der Besinnung auf seine rednerische Leistung auf. Im Brutus (46) hat er mit Trauer über die *nox rei publicae*, in der das freie Wort keine Heimstätte mehr hat, die Gesch. der lat. Redekunst dargestellt und in heller Bewußtheit die Klassizität der eigenen Rede im freien Staate behauptet ([48]). Im orator (46) hat er wie vom 2. zum 3. B. von de rep. den Schritt von der gesch. Besinnung zur Erhellung des Wesens getan. Im Rhythmus hat er hier das Geheimnis der Wirkung des verwandelnden Wortes gesehen. C. kämpft gegen eine Verkümmerung des eigenen menschlichen Rednerideals in der Versachlichung des Attizisten, der auch Brutus zuzuneigen droht ([49]). In diesen Kampf gehören De optimo genere oratorum; ad C. Trebatium topica (Juli 44) ist eine weitere rhetor. Schrift über die Fundstätten der Beweise ([37]).

In dieser Zeit schweigt C., sucht aber die Trümmer der alten *res publica* zu sammeln. In ergreifender Weise öffnet er den Mund zu einer spontanen Danksagung an Caesar (46 pro Marcello), als dieser seinen alten Feind auf Bitten des Senates begnadigt. In dem Hören auf Rat sieht C. Hoffnung auf eine wie immer eingeschränkte *res publica* und sucht auch in den folgenden »caesarischen« Reden (46 pro Ligario, 45 pro rege Deiotaro) Caesar für die höchste *gloria* der Selbstüberwindung zu gewinnen.

C. täuschte sich bald nicht mehr, daß seine Hoffnungen unbegründet waren. Scheidung von seiner Gattin Terentia (46), Tod der Tochter Tullia (Februar 45) brachten persönliche schwere Erschütterungen ebenso wie die neue unglückliche Ehe mit Publilia, die nach kaum einjähriger Dauer nach dem Tode Tullias scheiterte.

Aus dieser Not erwächst die 2. Periode der Ciceronischen Philosophie, in der die Sprachmeisterschaft und unvergleichliche Belesenheit, aber auch seine Künstlerschaft und die Resultate eines langen Lebens der röm. Welt die griech. Philosophie

vermitteln. C. begann mit der Consolatio (45), in der er als erster, wie er sagt, sich selber getröstet habe ([50]). Außer in Frg. ist das Werk in den Tuskulanen zu fassen. – Der Hortensius hat darauf (45) in der Nachfolge des Protreptikos des Aristoteles den Sinn auf das Ewige und Jenseitige gerichtet ([40]. [51]). – Mit den Academici libri (3. endgültige Fassung 23.–28. Juni 45), von denen das 2. B. der 1. Fassung, der Lucullus, und umfangreiche Frg. der letzten erhalten sind, muß der Plan verknüpft sein, Philosophie im lat. Gewande darzustellen. Der Gedanke, daß das Glück des Weisen nicht darin bestehe, daß er die Wahrheit finde, sondern sie suche, ist im Anschluß an den Hortensius gesagt. Im übrigen begründet C. hier philos. seine Position, der er sein Leben lang treu geblieben ist, indem er im Dogmatismus nicht nur Anmaßung, *arrogantia*, sondern eine Verletzung der *verecundia*, der Achtung vor der Wahrheit des andern sieht.

De finibus bonorum et malorum in 5 B. bringt nach der grundlegenden Darstellung des skeptischen Standpunktes in den Akademica die Darstellung der Ethik. Das Werk faßt 3 fingierte Gespräche zusammen, im 1. B. entwickelt L. Manlius Torquatus die epikureische Theorie, die von C. im 2. B. widerlegt wird, im 3. stellt Cato die stoische Lehre dar, die C. im 4. bestreitet, das 5. B., in die Studienzeit zu Athen zurückführend, enthält die Güterlehre der alten Akademie, vor allem der Peripatetiker, durch Piso dargestellt; C. macht auf Widersprüche in der Ansicht des Antiochus aufmerksam ([31]. [45]), über die auch nicht hinwegtäuscht, daß Piso zum Schluß behauptet, Antiochus lehre praktisch dasselbe wie die Stoiker. Das Werk endet in der Aporie, doch tritt die Einheit der Persönlichkeit als ihr Glück hinter allem hervor. Als Quelle des 5. B. gilt allgemein ein Werk des Antiochus. Das andere ist umstritten ([30], 1138. [2]).

Tusculanae disputationes, Brutus gewidmet, praktische Ethik in 5 B., schließen sich noch in enger Verbindung mit der persönlichen Schicksalslage folgerecht an. In der Form der *schola* (von Karneades geübt, von C. in Deklamationsübungen mit Dolabella und Hirtius 46 aufgenommen) werden vom *D(iscipulus)* Thesen aufgestellt, die der *M(agister)* beantwortet. Die Gespräche sind gedacht in der Zeit vom 16. bis 20. Juni 46, wahrscheinlich vor der Vollendung von fin. (Ende Juni geplant, nach Abschluß von fin. begonnen, im Herbst 45 vollendet). Das 1. B. handelt *de contemnenda morte*, das 2. von der Überwindung des Schmerzes, das 3. von der Linderung des Kummers, das 4. von der Besiegung der Leidenschaften, das 5. von der Selbstgenügsamkeit der Persönlichkeit in Hinsicht auf das Glück. Quelle für das 2. B. ist wahrscheinlich ein sehr frei behandelter Brief des Panaitios an Tubero *de dolore patiendo*. Die Tusculanen mit dem Gebet an die Philosophie (5. Proöm.) und der »Eroica« des

Römertums bringen nach der Kritik an den Dogmen von fin. die lebendige Stimme röm. Lebenserfahrung.

Übersetzungen des Protagoras und Timaios fallen wohl in diese Zeit ([30],1149).

De natura deorum, Brutus gewidmet, gegen E. 45 fertig geworden, tut den Schritt in die Physik, C. muß also schon den Plan haben, die ganze Philosophie darzustellen. Ein Gespräch (fiktives Gesprächsdatum zwischen 77–75) zwischen dem Epikureer Velleius (1. B.), dem Stoiker Balbus (2. B.), dem pontifex Cotta, der im 1. B. kurz die epik. Götterlehre, im 3. die stoische seiner Kritik unterzieht. Die Figur des skeptischen Cotta, der an die überlieferten Götter glaubt, von den Philosophen aber Rechenschaft verlangt und ihre Thesen widerlegt, spielt schließlich alles auf die *conscientia* hinaus. Die Schrift ist eine Fundgrube für ant. Gottesvorstellungen, worüber man die spannende Dramatik und die ciceronische Erkenntnis nicht vergessen sollte [42]. Die Quellenfrage ist umstritten. Beispiel einer modernen Untersuchung: [59].

Cato maior de senectute, dem Atticus dargebracht, schiebt sich zwischen de natura deorum und de divinatione. Eines der schönsten Dichterwerke in Prosa, vermag das Werk mit dem Sinn für das Organische die Freude der Vergeistigung zu erschwingen. Selbst wenn die vierteilige Gliederung einmal auf eine Quelle zurückgeführt werden sollte, ist das Spiel der Leitmotive und der bewußte Anstieg zum Ewigen ganz C.s Kunst [14].

Daß C. bei seinem Plane, dem Römischen die griech. Philosophie zu erobern, ganz vom Sachzusammenhang gefesselt ist, zeigen die Schriften de divinatione, über die Weissagung, und de fato, über die Kausalität. De div. zeigt, lange vorher vorbereitet, die ersten Reflexe von Caesars Ermordung (C. wird es Atticus vor dem 7. April zur Veröffentlichung übergeben haben). Die Kritik an der Weissagung, der *divinatio naturalis* und *artificiosa*, ist viel schärfer als die gegen die Gottesvorstellungen. Sichere Quelle für das 1. B. sind die 5 B. περὶ προνοίας des Poseidonios. Eine unerschöpfliche Quelle für das ganze wichtige Gebiet ([11]. [12]. [16]. [34]). De fato, am Anfang und Schluß nicht vollständig erhalten, wird in de div. angekündigt (Vollendung und Veröffentlichung nach 17. Mai 44). Das Erhaltene erlaubt den Schluß, daß C. Spontaneität und Selbstverantwortlichkeit der Persönlichkeit und die Unberechenbarkeit der Zukunft betont und die Geschichtlichkeit der menschlichen Existenz wie in de re p. in den Vordergrund gerückt hat. Mit Recht betont PHILIPPSON ([30], 1162), man dürfe sich die Abhängigkeit von einer Quelle nicht zu groß vorstellen, weil C. praktisch alles zu diesem Thema kannte.

Von der strengen Gedankenarbeit über die verschiedenen Arten der chrysippischen Ursachen erholt sich C. im Laelius de amicitia, einem dem

Cato verwandten ins J. 129 nach Scipios Tod gelegten Dialoge. Theophrast (περὶ φιλίας) ist auf weite Strecken selbst mit seiner Konzilianz gegenüber Schwächen des Freundes herrschende Quelle (Gell. 1,9,11). Im Proömium und vor allem den § 26–43 wird alles auf den Gedanken zugespitzt, daß Freundschaft zwar aus Liebe entsteht, aber in ihr nie so weit gehen darf, daß man einem Freund folgt, der die *res publica* untergräbt. Diese Erkenntnis von der Antinomie von Pflicht und Neigung ist als späterer Einschub aus der Erfahrung zu erkennen, daß die Freunde des toten Caesar das Unternehmen der Befreiung von Caesar abermals scheitern ließen ([29]. [60],173.)57]). – Hier vollzieht sich ein 3. Mal jener Dreischritt von polit. Tat, Scheitern, Bewahrung im Geisteswerk, nur daß die Phasen zusammengedrängt sind und sich sogar überschneiden.

Die nicht erhaltenen 2 B. de gloria, die sich dem Laelius anschließen, sind gefährlich gewesen (Att. 16,2,6). Hier hat die große Gefahr für die *res publica*, Caesars Ruhm, eine Hauptrolle gespielt. – Dasselbe ist zu beobachten in dem Werk de officiis, vom 25. Oktober 44 (Att. 16,13,6) bis gegen E. des J. geschrieben (zuviel Panaitios sieht [23]). Die Erfahrung Caesar, Glanz und Dämonie der Macht mit ihren die Gemeinschaft und die Freiheit zerstörenden Folgen, haben hier das Werk des Panaitios περὶ τοῦ καθήκοντος, welches die Grenzen des rechten Handelns gemäß den Grundanlagen der menschlichen Natur absteckte und in der Schönheit der Harmonie begründete, erregend verwandelt. Panaitios liegt in den beiden ersten B. der Darstellung des *honestum* und des *utile*, zugrunde. Doch hat C. jeweils am E. eines B. Rezepte für die von Panaitios nicht behandelten, weil für seine kritische Zielsetzung nicht erheblichen Wertkonflikte für den Sohn Marcus, an den das Werk gerichtet ist, hinzugefügt. Das 3. B. erweist den scheinbaren Konflikt zwischen *honestum* und *utile* als Verkennung der ethischen Wirklichkeit. Panaitios hatte die Behandlung des Problems versprochen, aber nicht durchgeführt, so geht hier C. aufgrund bereitgestellter Referate selbständig vor. – De virtutibus, im Anschluß an de officiis geschrieben, bleibt schattenhaft.

Inzwischen war C. wieder in den Strudel der Ereignisse gerissen worden. Der Kampf gegen Antonius, den kleineren Tyrannen, hat sich in den 14 philipp. Reden niedergeschlagen, in denen in wuchtiger Konzentration die Motive seines Lebens wieder aufklingen. Am 21. April wird die 14. gehalten, um den Senat ein Dankfest für den Sieg des Hirtius vom 15. April beschließen zu lassen. Am selben Tage wurde Antonius von Hirtius und Pansa völlig geschlagen, aber Hirtius fiel in der Schlacht und Pansa erlag den Wunden. Es kam zur Versöhnung der sich streitenden Machthaber. Im Oktober schlossen Antonius, Octavianus und Lepidus das Triumvirat. Antonius rang Octavian die Ächtung seines großen Feindes ab. Am 7. Dezember 43 ist C. von Antonius' Häschern ermordet worden.

Wie er sich auch in der besonderen Lage verhalten haben mag: er hätte billigen Frieden machen können, ist aber seinem Ideal des freien Staates, für ihn der einzig menschenwürdigen Form des Daseins ([60], [116] u. [197]), bis zum Tode, dessen Drohung ihm bewußt war, treu geblieben. Er hat aus diesem Kampf des Lebens die grundlegenden Ideen des Gemeinwesens, der Freiheit, des Gewissens, des Dienstes, der Toleranz, der Verantwortung, der Initiative, der Gerechtigkeit entwickelt und dabei alle Bereiche menschlichen Wissens, vor allem der griech. Philosophie, dem Römertum erschlossen und ist so der große Mittler geworden, der allein uns große Teile der griech. Philosophie erhalten hat, und zwar dank seiner philos. Haltung nicht in Form des Dogmas, sondern des wissenschaftlichen Anliegens der Wahrheitssuche. Er hat das in einer Sprache getan, die alle seelischen Bereiche existentiell mobilisiert und in ihrer existentiellen Kraft immer wieder Renaissancen (Augustin, Petrarca, Erasmus: [10]) hervorgebracht hat ([26]. [52]). Diese Sprache ist nichts Anonymes (auf die Sprache an sich führt MOMMSEN den Ciceronianismus zurück), sondern sein Werk. Bis zu Goethe können wir keinen Menschen so intensiv kennenlernen wie C. Alles läßt sich vielleicht am ehesten in seinem zentralen Begriff der *humanitas* zusammenfassen ([36]. [39]. [58]). Sie faßt man besonders in der reichsten Quelle für sein Leben, den Briefen ([1] u. [30],1162; verfehlt [35]). C. ist ein unermüdlicher Briefschreiber gewesen ([6]). Die erhaltenen Briefsammlungen (16 B. ad familiares, 16 B. ad Atticum, 3 B. ad Quintum fratrem, der Briefwechsel ad M. Brutum) sind ein einmaliges Dokument für Sprache, Realien, Geschichte der Zeit und werden erst richtig gewürdigt, wenn man bedenkt, daß mehr noch verloren ist. C. selbst ist nur bei dem 13.B. ad fam., Empfehlungsbriefen, an der Sammlung beteiligt, im übrigen sind sie das Werk Tiros und noch späterer Zeit. Doch können hier weitere Fakten nicht angereiht werden: kein B., geschweige denn ein Lexikonartikel kann Reichhaltigkeit und Bedeutung dieses 2. Vaters des Abendlandes annähernd andeuten. Fassen wir darum die Summe ([15]) mit Augustus' Urteil zusammen: ein geistiger Mensch und ein Patriot, der sein Vaterland liebte ([17]. [38]. [53]). K. B.

1. *G.Boissier* C. et ses amis, Paris 1865 (immer wieder aufgelegt). 2. *N.Madvig* Komm. z. de finibus, Kopenhagen 1876^{3}. 3. *H.Merguet* Lex. zu den Reden des C., Jena 1877–1884. 4. *Ders.* Lex. zu den philos. Schr. C.s, Jena 1887–1894. 5. *R.Hirzel* Der Dialog, Lpz. 1895. 6. *R.J. Tyrrell* et *L.C. Purser* Correspondance, Lond. 1897–1898. 7. *H. v. Arnim* Leben und Werke des Dio von Prusa, Bln. 1898. 8. *R.Heinze* C. polit. Anfänge, SBAL 1909. 9. *J. Stroux* De Theophrasti virtutibus dicendi, Lpz. 1912. 10. *Th.Zielinski* C. im Wandel der Jahrhunderte, Lpz. 1912^{3}. 11. *A.St.Pease* De div. mit Komm., Illinois Stud. 1920/23. 12. *K.Reinhardt* Poseidonios 1922. 13. *R.Heinze* C.s Staat als polit. Tendenzschr., H 59, 1924, 73–94. 14. *R.A. Schröder* Cato maior, Münch. 1924. 15. *O.Plasberg* C. in seinen Werken und Briefen, Lpz. 1926. 16. *K. Reinhardt* Kosmos und Sympathie, Münch. 1926. 17. *Schanz-Hos.* 1, 1927^{4}, 400–550. 18. *S.Häfner* Die lit. Pläne C.s, Diss. Münch. 1928. 19. *R.Harder* Über C.s Somnium Scipionis, Ges. Halle 1929. 20. *E. Ciaceri* C. e i suoi tempi, Rom 1930 (I 1939^{2}). 21. *H.Strasburger* Concordia ordinum, Frankf./M. 1931. 22. *J.Carcopino* Sylla ou la monarchie manquée, Paris 1931. 23. *M.Pohlenz* Ant. Führertum: C., De officiis und das Lebensideal des Panaitios, Lpz. 1934. 24. *H.K. Schulte* Orator, Frankf./M. 1935. 25. *J.Vogt* C.s Glaube an Rom, Stuttg. 1935. 26. *L.Laurand* Études sur le style des discours de C., Paris 1936^{4}. 27. *V.Pöschl* Röm. Staat und griech. Staatsdenken bei C., Bln. 1936. 28. *J.Vogt* C. und Sallust über die catilinar. Verschwörung, Lpz. 1938. 29. *H.Dahlmann*, C. und Matius über Freundschaft und Staat, NJbb. 1938, 255ff. 30. M. Tullius Cicero RE VII A 1939 *(M.Gelzer, W.Kroll, R.Philippson, K.Büchner)*. 31. *A.-M. Lueder* Die philos. Persönlichkeit des Antiochos von Askalon, Diss. Gött. 1940. 32. *P.Boyancé* Cum dignitate otium, REA 1941, 172–191. 33. *E.Malcovati* C. e la poesia, Pavia 1943. 34. *W. Theiler* Tacitus und die ant. Schicksalslehre, Phyllobolia für P. von der Mühll, Basel 1945, 35–90. 35. *J. Carcopino* Les secrets de la correspondance de C., Paris 1947. 36. *F.Klingner* Humanität und Humanitas, Beitr. zur geistigen Überlieferung, Bonn 1947, 1ff. 37. *B. Riposati* Studi sui Topica di C., Mailand 1947. 38. *E.Bignone* Storia della letteratura latina, Bd. 3, Florenz 1950. 39. *J. Mayer* Humanitas bei C., Diss. Freiburg 1950. *W.Süß* De C.s Hortensio, Jbb. für das Bistum Mainz, 5, 1950, 293–304. 41. *P.Grimal* Le siècle des Scipions, Paris 1952. 42. *W.Süß* Die dramatische Kunst in den philos. Dialogen C.s, H 80, 1952, 419–435. 43. *F.Klingner* C.s Rede für den Schauspieler Roscius, SBAW 1953. 44. *O.Seel* C.: Wort, Staat, Welt, Stuttg. 1953. 45. *G.Luck* Der Akademiker Antiochus, Bern 1953. 46. *E.Lepore* Il princeps ciceroniano, e gli ideali della tarda republica, Neapel 1954. 47. *R. Stark* C.s Staatsdefinition, N Clio 6, 1954, 56–69. 48. *H.Fuchs* Nachträge in C.s Brutus, Navicula Chiloniensis, Leiden 1956, 123–143. 49. *A.Dihle* Analogie und Attizismus, H 85, 1957, 170–205. 50. *R.Kassel* Unters. z. griech. u. röm. Konsolationslit., Zet.18, 1958. 51. *M. Ruch* L'Hortensius de C., Paris 1958. 52. *M. Testard* Saint Augustin et C., Paris 1958 (mit erschöpfender Lit.). 53. *P. Boyancé* Rapport présenté au congrès de l'Association Guillaume-Budé, Lyon 1958 (Bibliogr. von 1939–1958). 54. *M.Ruch* Le Prooemium philos. chez C., Straßburg 1958. 55. *P.L. Schmidt* Interpretat. und chronol. Grundfragen zu C.s Werk »De legibus«, Diss. Freiburg 1959. 56. *A.Michel* Rhétorique et philosophie chez C., Paris 1960. 57. Laelius hg. von *M.Faltner*, Münch. 1961. 58. *F. Klingner* C. in Röm. Geisteswelt, Münch. 1961^{4}, 110–159. 59. *P.Boyancé* Les preuves stoiciennes de l'existence des dieux d'après C., H 90, 1962, 45–71. 60. *K.Büchner* Stud. z. röm. Lit. Bd. 2, Cicero, Wiesbaden 1962. 61. *K.Barwick* Das rednerische Bildungsideal C.s, Bln. 1963, SBAL.

Cichorie (κιχόριον, κιχόρη, κίχορα bei Theophr., Diosk. u.a., κιχόρεα bei Aristoph.; lat. *cichorium, cichoreum, cichora* (Hor. Verg. Plin. u.a.), ἐντύβιον, ἔντυβον (Sophokl., Geopon. u.a.), neugr. ἐντύβια, ἀντίδια, lat. *intybus, intubus* (Verg., Colum., Plin. u.a.), dt. Endivie usw. bezeichnen 2 nah verwandte, bes. um das Mittelmeer einheimische, längst im größten Teil der N.-Hemisphäre eingebürgerte Arten der Compositengattung Cichorium L.: die meist mehrjährige Wegwarte C. intybus L. mit bis über meterhohen, rauhhaarigen Sprossen und die ein- bis zweijährige, fast kahle Endivie C. endivia L., beide mit meist himmelblauen, zuweilen weißen Zungenblüten und seit dem Altertum vielfach zu Speise- und Heilzwecken verwendet. Die Wegwarte teilt viele Namen wegen des Standorts und der Verwendung ihres Safts zu Syrup, Destillat u.a. mit Wegerich (Plantago), wegen der der Sonne zugedrehten Köpfe mit der Sonnenblume (Helianthus) und dem Heliotrop (Heliotropium, solsequium); die nach Plin. nat. 21,52 zuerst in Äg. in Kultur genommene Endivie, deren Namen mit äg. *tubi*, Januar, in Zusammenhang gebracht worden sind, da ihre etiolierten Blätter bes. als Wintersalat gegessen werden. Die Blätter beider Arten waren schon im Altertum als Gemüse und Salat beliebt, aus ihnen und den Wurzeln bereiteter Saft als Heilmittel gegen Entzündungen, Verstopfung, Warzen, Würmer u.a. Die Wurzeln einer großen Kulturform von C. intybus sind ein bekannter Kaffee-Ersatz. H. G.

Cillae. Statio an der Straße von Philippopolis nach Hadrianopolis (beim h. Dorf Černa-Gora, nicht weit von der Stadt Čirpan). Itin. Ant. 136,5. Itin. Burd. 568,1,7. Chr. D.

G. Kazarow Contribution à la géogr. de l'anc. Thrace, Eos, 32, 1929, 143–144. Fontes Hist. Bulg. 2, Sofia 1958, 29.41.

Cilnius. Name eines bedeutenden Geschlechts in Arretium, 302 v. Chr. im Zwist mit den Bürgern (Liv. 10,3,2 u.a.). → Maecenas wurde von Augustus als Cilnier bezeichnet, was vermutlich nur für seine Vorfahren in weiblicher Linie gilt (Macrob. Sat. 2,4,12). H. G. G.

Kaiserzeit: C.C. Proculus. Aus Arretium, A. Stein Ritterstand 196,3. Cos. suff. 87, AE 1949, 23,6 (Potentia). CIL XV 4536. Legatus Aug. pr. pr. prov. Dalmatiae, zwischen 96/99, AE 1926, 123 (s. A. Jagenteuffel Statth. Dalmat.). Legat. Aug. pr. pr. Moesiae sup. im J. 100, CIL XVI 46, A. Stein Legat. Moes. 39 f. Im 1. Dakerkrieg Traians ausgezeichnet, AE 1926, 123. Noch unter Hadrian verwaltete er eine Provinz, CIL XI 1833. R. H.

Cilurnum. Größeres Kastell mit Brücke über den Tyne am Hadrianswall, h. Chesters in Northumberland. 79 n. Chr. begründet, im Gefolge des Aufstands des Clodius Albinus 196 n. Chr., zerstört und kurz darauf wieder aufgebaut. Die Not. dign. occ. 40,38 bezeugt einen *tribunus alae II Asturum Cilurno.* H. C.

R.C. Bruce The Roman Wall[10] 1947, 81. *R.P. Wright-I.A. Richmond* The roman inscribed and sculptured stones in the Grosvenor Museum, Chester 1955. *Collingwood-Myres* Roman Britain and the English settlements[2], 1937.

Cimbri. Germ. Völkerschaft, die nach Strab. 7,292 f. (aus Poseid.), durch eine Sturmflut veranlaßt, um 120 v. Chr. aus der cimbr. Chersones (Jütland) aufgebrochen, zusammen mit den Ambronen und Teutonen als die ersten Germanen die Römer bedrohten. Auf ihrem Zug elbaufwärts nach S. wurden die C. am hercynischen Waldgebirge von den Boiern zurückgeschlagen und wandten sich zu den Donaukelten und Helvetiern. In Erwartung großer Beute schlossen sich ihnen die Toygener und Tiguriner an. 113 erschienen die C. in Noricum und schlugen die Römer unter Cn. Papirius Carbo vernichtend bei Noreia (Liv. epit. 63). Weiter w. ziehend überschritten die C. den Rhein und fielen in Südgallien ein, wo sie 109 ein röm. Heer unter M. Iunius Silanus besiegten (Liv. epit. 65), nachdem ihr Antrag auf Zuweisung von Siedlungsland vom röm. Senat abgelehnt worden war. Wenig später, 107, besiegten die helvet. Tiguriner die Römer unter dem Consul L. Cassius Longinus im Gebiet der Allobroger bei Agen und führten einen Teil der Römer in die Gefangenschaft (Caes. Gall. 1,7.12.30. Liv. epit. 65). Im J. 105 gelang den eingefallenen C. ein Doppelsieg über die röm. Truppen des Legaten M. Aurelius Scaurus an der Rhône und des Consuls Cn. Mallius Maximus und des Proconsuls Q. Servilius Caepio bei Arausio. Während die Teutonen in Gallien verblieben, wanderten die C. weiter nach Spanien, kehrten jedoch schon im J. 103 nach S.-Gallien zurück, da durch den Widerstand der keltiber. Völker ihnen größere Erfolge versagt blieben. Unterdessen war der in N.-Afrika siegreiche Marius vom Senat ein 2. Mal zum Consul berufen und mit der Abwehr der drohenden Germanengefahr betraut worden. Die C. und Teutonen zogen plündernd durch Gallien, ohne auf ernsthaften Widerstand zu stoßen, nur den Belgen gelang eine Abwehr (Caes. Gall. 2,4). Unter Zurücklassung eines Heeres von 6000 Mann zur Bewachung der Beute, fielen die C. zusammen mit den Tigurinern 102, durch Noricum ziehend, in Oberitalien ein, während die Teutonen und Ambronen auf direktem Wege durch das röm. Gallien und über die Alpenpässe nach Oberitalien zu gelangen suchten. Marius, der mit seinem Heer ein festes Lager an der Rhône bezogen hatte, wurde 3 Tage lang von den Feinden belagert. Als sie endlich weiterzogen, folgten ihnen die Römer und brachten ihnen bei Aquae Sextiae eine vernichtende Niederlage bei (Liv. epit. 68). Die C. waren inzwischen trotz der verschneiten Alpenpässe durch das Etschtal nach Oberitalien gelangt und hatten den Consul Q. Lutatius Catulus zum Rückzug auf das rechte Po-Ufer gezwungen (102). Nach seinem Sieg über die Teutonen konnte Marius zum Entsatz herbeieilen. Der vereinigten

Truppenmacht des Marius und Catulus gelang am 30. Juli 101 ein vernichtender Sieg über die C. und deren Verbündete auf dem raudischen Feld bei Vercellae, der das Ende dieser Germanengefahr bedeutete. Die in der alten Heimat verbliebenen Reste der C. werden noch unter Augustus in Jütland bezeugt (Mon. Ancyr. 5,14), doch ist die Völkerschaft bei Tac. Germ. 37 schon zu vollständiger Bedeutungslosigkeit herabgesunken. H. C.

Ihm, RE III 2547. *Ebert* 4,276 s. v. Germanen § 4. *Sadee* BJ 118, 1909, 100.

Ciminius mons (Nissen It. Ldk. 2,335.356). Südetr. Gebirge vulkanischer Entstehung (Max. Höhe: 1056 m); seine Wildheit von Liv. 9,36ff. Flor. 1,17. Frontin. strat. 1,2,2 übertrieben, um den Eindruck der Leistungen des Q. Fabius Maximus 310 v. Chr. zu steigern. Am Südfuß der *C. lacus* (h. lago di Vico), ein Kratersee, dessen Entstehung mit Hercules verknüpft wird (Serv. Aen. 7,697) oder an dessen Platz eine Stadt untergegangen sein soll (Amm. 17,7,13). Er war fischreich (Strab. 5,226. Colum. 8,16,2). *C. via* verläßt die Cassia bei Sutrium und erreicht sie wieder bei Viterbo; *curatores* inschr. genannt (CIL II 1532. III 1458.6813 u. a.). G. R.

Cincinnatus, der »Lockenkopf«. Cognomen in der Gens Quinctia, bezeugt zwischen etwa 460 und etwa 360, urspr. gebraucht zur Unterscheidung der 2 Brüder L. Quinctius C. und T. Quinctius Capitolinus Barbatus, dann wohl in der Familie vererbt. Noch im 1. Jh. n. Chr. muß es einen patrizischen Namensträger C. gegeben haben (Suet. Cal. 35,1). **1.** L. Quinctius C., der sagenumwobene Dictator des J. 458 v. Chr. und berühmteste Quinctier der frühen Republik. In den Fast. Cap. erscheint er als cos. suff. im J. 460. In der Notlage von 458 wurde er zur Kriegführung gegen die Aequer vom Pflug weg (die *prata Quinctia* sollen nach Plin. nat. 18,20 *in Vaticano* gelegen haben) zum Dictator berufen, Liv. 3,26,8–12.27,1–29,7 u. a.; nach 16 Tagen legte er sein Amt wieder nieder. Alle Einzelheiten sind späte Konstruktion, aber aufschlußreich für das spätere Geschichtsbild. 439 soll er eine 2. Dictatur (zur Ausschaltung des Sp. Maelius) bekleidet haben, Liv. 4,13,12ff., die eine annalist. Erfindung sein dürfte. C., dessen Gestalt man einen hist. Kern zubilligen muß, gehört als Kleinbauer und als Verkörperung altröm. *virtus* in die Reihe der in späterer Zeit mit Liebe ausgestalteten *exempla maiorum.* **2.** L. Quinctius C., Sohn von Nr. 1, war in der 2. Hälfte des 5. Jh. mehrfach Consulartribun (438.425.420?), 437 Magister equitum und vielleicht Consul (427?). Auch sein Sohn und andere C. waren tribuni militum consulari potestate; 380 war ein T. Quinctius C. Capitolinus – RE Nr. 32 – Dictator. H. G. G.

Cincius. Name einer plebeischen Familie, die seit dem Hannibal. Krieg hervorgetreten ist. **1.** L. C. (Alimentus), Antiquar, der vielleicht vor Varro, vielleicht aber auch erst in Augusteischer Zeit geschrieben hat. Genannt wird er meist zusammen mit Aelius (Stilo), Varro und Santra, ohne daß damit für die Chronologie sichere Anhaltspunkte gegeben wären, benutzt ist er von Verrius Flaccus. Über diesen sind auch verschiedene Titel seiner Schriften bekannt (Fest. p. 173.214.241 M. u. a. Gell. 16,4,1f. Macr. 1,12,12. Lyd. mens. 4,144 p. 164 Wue. u. a.); sie haben offensichtlich antiquarische und staatsrechtliche Themen behandelt: *de fastis, de comitiis, de consulum potestate, de re militari, de officio iurisconsulti, de verbis priscis, Mystagogica.* Während man früher diesen C. oft (bes. seit Niebuhr) mit dem Annalisten (Nr. 2) identifizierte, betont die neuere Forschung (Peter, HRR CIII, Mommsen, RG 1,921, Wissowa, Cichorius u. a.) die Verschiedenheit beider Personen. Fragmente bei Bremer Iurisprud. antehadr. 1,252. Fun., GrRF 371. Vgl. Schanz-Hos. 1,176f. **2.** L. C. Alimentus, der Annalist. 210 stand er als Praetor mit 2 Legionen in Sicilia, wo er sich auch im nächsten J. (als Promagistrat) befand zum Schutz des neuerworbenen Gebietes von Syrakus (Liv. 27,7,12.16.8,16). 208 leitete er ergebnislos die Belagerung von Locris von See aus. Von Rom aus wurde er später im J. 208 mit anderen als Gesandter zu dem verwundeten Consul T. Quinctius Crispinus geschickt (Liv. 27,29,4, vgl. Broughton Mag. 1,293). Später (?) kam er in Hannibals Gefangenschaft. Dion. Hal. 1,74,1 nennt ihn Senator. Als Annalist ist C. neben Q. Fabius Pictor der älteste röm. Historiker. Er schrieb in griech. Sprache eine Geschichte, die von den ältesten Zeiten (als Gründungsjahr Roms nahm er 729/28 an) bis zu seiner Gegenwart führte. Da ihr nur 5 Frg. mit Sicherheit zuzuschreiben sind (HRR 40; Peter frg. 32), läßt sich kaum ein Bild des Werkes gewinnen, das an Bedeutung dem des Fabius Pictor offensichtlich nachstand. Seit M. Hertz De Luciis Cinciis etc. (1842) wird er von dem Antiquar (Nr. 1) getrennt. Vgl. Teuffel-Kr.-Sk. 1,63f. Schanz-Hos. 1,174ff. **3.** M. C. Alimentus, wohl Bruder von Nr. 2, ging als Volkstribun 204 mit einer Senatskommission zu P. Scipio nach Sicilien; er war der Urheber der von Fabius Cunctator unterstützten *lex Cincia de donis et muneribus*, durch die den *advocati* Honorare verboten und im übrigen außergewöhnliche Schenkungen eingeschränkt wurden (Cic. Cato 10 u. a. RE V 1535). 193 war er unter Minucius Thermus praefectus Pisis, also in Ligurien, Liv. 34,56,1. **4.** C. Faliscus, Schauspieler (wohl 2. Hälfte 2. Jh. v. Chr.), der bei Don. de com. p. 26 für die Einführung von Masken bei röm. Komödienaufführungen genannt wird. H. G. G.

Schanz-Hos. 1,148f.

Cinctus Gabinus. In der Frühzeit, da die Toga das einzige Gewandstück der Römer wie im Frieden (Gell. 7,12) so im Kriege (Fest. 77,3 M.) war, wurde diese im Kampf als Wulst um den Leib geschlungen (ähnlich bei den Griechen das Himation, z. B. Pfuhl Abb. 335.386.484), daher *classis procincta* = das Heer. In dieser Tracht wird Mars noch in der Kaiserzeit als Statuette (z.B. Sal. Reinach Répertoire de la statuaire II 180,7. 183,5) oder auf Münzen (Bernhart, HB Taf. 38) dargestellt. Eine besondere Form dieser Gürtung ist der c.G.: der Wulst wird über die linke Schulter geworfen, und darüber um die Hüften gegürtet (Serv.Aen.7,612); er bleibt üblich bei einer Reihe von Opfern (→ Ambarvalia, Öffnung des Ianustempels, Darbringung der spolia opima u.a.). Darstellung gibt es in Statuetten Opfernder ohne Tunica (AA. 1931, 342 Abb. 5), mit Tunica häufig Laren als Statuetten (z.B. Reinach a.O. 498,7.8. 499,1.3–5.7.8. 500,2.6.7) und auf Bildern (z.B. Marconi Pittura dei Romani, Abb.117. Mem. Amer. Acad. Rome XIV [1937] Taf. 30,2). Der c.G. gestattet nicht das Haupt zu bedecken, daher verdient die in den Hss. von Serv.Aen. 5,755 öfter überlieferte Lesart *ritu Sabino* den Vorzug vor *Gabino*. Die Erklärung des Namens bei Serv.Aen. 7,612 befriedigt kaum, eine bessere fehlt. A. R.

Amelung Die Gewandung der alten Griechen und Römer (Cybulski, Tabulae), Lpz. 1903, 48f.

Cingetorix. Stammesfürst der Treverer, der (Caes.Gall.5,56,3) gegen seinen Schwiegervater Indutiomar die Herrschaft zu erlangen suchte. 54 v.Chr. mit Caesar verbündet und von Rom in seiner Herrschaft bestätigt, erklärte Indutiomar ihn zum Landesfeind. Ein Aufstand zwang C., die Hilfe der Römer in Anspruch zu nehmen. Nach Niederwerfung der Treverer 53 wurde C. für seine Treue mit Krone und Herrschaft über die Treverer belohnt (Caes.Gall.6,8,9). H. C.

Cinginnia. Diese lusitanische Stadt unbekannter Lage wird nur einmal in einer Anekdote des Val.Max. vom J. 136 v.Chr. erwähnt (6,4, ext. 1, dazu Font.Hisp.Ant. IV, Barc. 1937, 138). Der Name ist keltisch (Holder 1,1019). R. G.

Cingius. (C.?) Severus. Cos.suff. vor 183; in diesem J. curator aedium sacrarum, CIL VI 36874. Als Procos. Africae, zeigte er den Christen gegenüber Nachsicht, Tert.Scap. 4. Beantragte nach der Ermordung des Commodus am 31. Dezember 192 dessen *damnatio memoriae*, H.A. v.Comm. 20,3–5. Auf Veranlassung des Septimius Severus getötet, v. Sever. 13,9. R. H.

B.E. Thomasson Statth. Nordafr. 2,89f.

Cingonius, C.Varro. Nach der Ermordung des Stadtpräfekten Pedanius Secundus im J. 61 stellte er vergeblich den Antrag im Senat, dessen Freigelassene aus Italien auszuweisen, Tac.ann. 14,45,2. Cos. designatus im J. 68; er setzte dem Nymphidius Sabinus, als er nach der Herrschaft strebte, eine Rede vor den Prätorianern auf; dafür ließ ihn Galba töten, Tac.hist.1,6,1. Plut.Galba 14. R. H.

Cingulum. Das c. militiae, ein metallbeschlagener, über die Hüften getragener Ledergürtel mit einem Schurz aus langen, metallbeschlagenen Lederriemen zum Schutze des Unterleibes, wurde im 1.Jh. n.Chr. als *insigne m. (cingi, discingi)* im röm. Heere eingeführt. Es war gallischer Herkunft und wurde von allen Soldaten getragen, doch nicht immer sichtbar, und diente meistens nicht zur Befestigung des Schwertes und Dolches. Anfang des 3.Jh. n.Chr. kam es offenbar außer Gebrauch, doch scheint es bis ins Mittelalter nachgelebt zu haben. A. N.

RE III 2561. *P. Couissin* Les armes Rom. Paris 1926, 458ff. 513.

Cingulum (Nissen It.Ldk.2,420). *Municipium* der 5.Region (Plin.nat.3,111) in der trib. Velina (Kubitschek Imp.Rom.trib.discr.63), 63 v.Chr. durch T. Labienus aus eigenen Mitteln gegründet (Caes.civ.1,15); kaum mit dem umbr. *Κίγγουλον ὄρος* bei Strab. 5,227 identisch; h. Cingoli. G. R.

Cinna. Lat. Cognomen, das bei einem Castrius C. (Procurator in Asia), vor allem aber in der gens Cornelia und bei den Helviern vorkommt. **1.** (Cornelius) C., Quaestor 44 (oder 43), sollte dem Dolabella nach Asien Reiter zuführen, Cic.Phil.10,13. Er ist vielleicht identisch mit L. Cornelius, dem cos.suff. von 32 (Broughton Mag. 2,417) und dem in den Arvalakten von 21/20 genannten L. C. **2.** L. Cornelius C., Consul 127. **3.** L. Cornelius C., der bedeutendste Träger des Namens C., der grausame Gegner Sullas. Er war Sohn eines L. (Nr. 2) und Enkel eines L. Seine Ämterlaufbahn ist für uns faßbar seit der Praetur (um 90). Im Bundesgenossenkrieg war er legatus (90? 89.88) und besiegte 88 zusammen mit Q. Caecilius Metellus Pius die Marser, Cic.Font. 43. Liv.epit.76. Obwohl er auf der Seite des soeben verbannten Marius stand, duldete Sulla, daß er für 87 zusammen mit Cn. Octavius zum Consul gewählt wurde. Anschließend war C. Jahr für Jahr Consul bis zum J. 84, in dem er in Ancona bei einer Meuterei den Tod fand. Das Wirken des C. ist bestimmt durch den politischen Kampf gegen seinen Geschlechtsvetter Sulla. Da er dabei als Populare durch eigenmächtige diktatorische Consulatsverlängerung für 86, 85 und 84 die geltende Verfassung praktisch außer Kraft setzte und einen bedenklichen Präzedenzfall zwischen den Bürgerkriegen schuf, konnte Cic.Brut. 227 von dem damaligen Staat nur urteilen, er sei »ohne Rechtsbasis und ohne irgendwelche Würde«. – Obwohl er 88 eidlich versprochen hatte, die Anordnungen Sullas nicht anzutasten, erklärte er sich daran nicht gebunden und begann 87 sofort den Kampf gegen seinen Collegen Cn. Octavius, in dessen Verlauf er aus Rom fliehen mußte. Er gewann die in Campanien stehenden Truppen, ferner Italiker und Sklaven, rief Marius aus Africa zurück und marschierte nach Rom, das bald kapitulierte. Es folgte die Schreckensherrschaft, der zahlreiche Optimaten zum Opfer fielen, bei der C. jedoch auch gegen zügellose Sklaven vorgehen mußte. Nach dem Tode des Marius (13.Januar 86) wählte sich C. den L.Valerius Flaccus, für 85 und 84 den Cn. Papirius Carbo zum Collegen. In dieser Zeit war C. effektiv Alleinherrscher (*tyrannus* Sall. hist. 1,64 Maur., *dominatio* Cic. Phil. 1,34 u. a.), sorgte zwar für Ruhe und Ordnung, war aber der Lage nicht gewachsen. Schon 85 rüstete er gegen den im O. erfolgreichen Sulla, dem die Soldaten bereits zuneigten und dessen Rache er nicht mehr erlebte. Sulla gegenüber war C. ein Mann ohne Format, wenn wir im übrigen auch feststellen müssen, daß seine Persönlichkeit in »auffallendes Dunkel« gehüllt ist (vgl. W. SCHUR Das Zeitalter des Marius und Sulla, 1942, 134ff. H. VOLKMANN Sullas Marsch auf Rom, 1958, 25ff.). **4.** L. Cornelius C., Sohn von Nr. 3, wie dieser Gegner Sullas, Schwager Caesars. Nach 78 bei Sertorius in Spanien, um 73 wieder in Rom, erst 44 Praetor; er gehörte nicht zu den Verschwörern, verhielt sich aber an den Iden des März 44 unmittelbar nach der Ermordung Caesars so taktlos, daß wenige Tage später das auf ihn wütende Volk den Volkstribunen C. Helvius C. mit ihm verwechselte und erschlug. Cicero lobt ihn noch im Dezember 44. Verheiratet war C. mit Pompeia, einer Tochter des Pompeius. **5.** Cn. Cornelius C. Magnus, Sohn von Nr. 4, kämpfte im Bürgerkrieg 32–30 gegen Octavian, wurde begnadigt, stiftete zwischen 16–13 eine Verschwörung an, wofür er wieder Verzeihung erhielt. Consul 5 n. Chr. Er starb vor 14 und setzte Augustus als Alleinerben ein. **6.** C. Helvius Cinna, neoterischer Dichter aus Oberitalien, Freund des Catull, mit dem er 57 in Bithynien war. Vielleicht identisch (so SCHANZ-HOS. 1,307) mit dem Volkstribun C., den die Volksmenge im März 44 mit L. Cornelius C. (Nr. 4) verwechselte und erschlug. Hauptwerk: Smyrna (nach alexandrin. Muster). Dann: Geleitgedicht (Propemptikon) für Asinius Pollio im J. 56. Ferner: erotische Gedichte, Choliamben, Epigramme. Frg.: FPR 323. H. G. G.

Cippus. Urspr. ein zugespitzter Pfahl, Caes. Gall. 7,73,4, bezeichnet c. die formähnlichen Grenzzeichen aus Holz oder Stein. Auf erhaltenen Stein-c. ist meist die Bestimmung angegeben, z. B. NSA 1918, 131f. 1913, 68. 1926, 436f. 1910, 554. 1930, 547. Bes. zur Angabe des Grabareals werden c. verwandt (vier: CIL 6,30016. Sieben: CIL 14, 3857. Zehn: CIL 10,4656), woher dann auch das Grab selbst c. heißen kann, Hor. s. 1,8,12. Pers. 1,37. Prud. Apoth. 293. Spätlat. bedeutet c. auch Fußfessel. Im archäolog. Sprachgebrauch bezeichnet c. etr. Grabmäler und -steine verschiedener Form sowie ihre Aufsätze, alle ohne inneren Hohlraum zur Aufnahme von Asche, vgl. z. B. v. VACANO Die Etrusker, 1955, Taf. 37, b. 38, b. 41–42. 44–46. 47, c–d. 48, a. W. H. G.

Circei (NISSEN It. Ldk. 2,636). Stadt am → Circeius mons (älterer Name *Cercei:* Cic. Att. 12, 19 u. a. Liv. 2,39,2 u. a. Plin. nat. 3,57ff. Diod. 14, 102; volksetymol. Angleichung an Kirke, nach der C. benannt sein soll: Theophr. h. plant. 5,8,3. Diod. 4,45. Eust. Dion. Per. 692. Schol. Apoll. Rhod. 3, 311), die 508 v. Chr. Rom unterstand (Pol. 3,22,11), 498 sich mit Latium gegen Rom verbündete (Dion. Hal. ant. 5,61), 393 durch Kolonie gesichert wurde (Diod. 14,102) und nach Rebellion 385/83 (Liv. 6,12,6 u. a.) seit der Mitte des 4. Jh. v. Chr. in röm. Hand war (Skyl. 8), sieht man von Gefolgschaftsverweigerung im 2. pun. Kriege ab (Liv. 27,9. 29, 15). Seit 89 v. Chr. *municipium* (Cic. fin. 4,7) der tribus Pomptina (KUBITSCHEK Imp. Rom. trib. discr. 17), blieb Kleinstadt (Strab. 5,232), in der man Tempel der Kirke (Cic. nat. deor. 3,48), Elpenors Grab und Trinkschale des Odysseus (Plin. nat. 15, 119. Theophr. Skyl. Strab.) zeigte, mit Villen (Cic. Att. 15,10 u. a.). Verbannungsort des Lepidus (Suet. Aug. 16); Austernfang (Hor. s. 2,4,33 u. a.). G. R.

Circeius mons (NISSEN It. Ldk. 2,635). Vorgebirge der latin. Küste w. Tarracina, ehemals Insel (Theophr. h. plant. 5,8,3. Varro b. Serv. Aen. 3,386; falsch Plin. nat. 3,58) von 80 Stadien Umfang (Theophr. Plin.). Verbindung mit Kirke → Circei. G. R.

Circius. Latinisierung des griech. Namens Κιρκίας für einen aus NNW vom Kap der Kirke nach Cumae wehenden Wind, welcher der phokaiischen Küstenfahrt von Sicilien nach Massalia hinderlich war. Ursprünglich als lokaler Wind des narbonensischen Galliens angesehen, ging er in die Reihe der Windrosenwinde ein. Die Zeugnisse der Lateiner lassen ihn bis Ostia auftreten. RE VIII A 2306ff. R. B.

Circulus lacteus s. Sternbilder

Circumcisio. Die jüdische Sitte der Beschneidung zählt der Spätklassiker Paulus zu den Verbrechen, die mit außerordentlicher Strafe bedroht sind, während die *castratio* von ihm und Modestinus unter die Mordrubrik gestellt wird (Dig. 48,8, 4,2 [Ulp. 7 off. proc.]). In früherer Zeit wurden auch nach jüd. Ritus lebende Nichtjuden der c. unterzogen, und erst Hadrian setzte eine Beschneidung von Juden, wahrscheinlich in Anwendung eines Verbotes Domitians, der *castratio* gleich und stellte sie unter Strafe. Der Nachfolger Hadrians, Antoninus Pius, gestattete neuerlich die c. der Juden, wenn sie einen Abstammungsnachweis erbringen konnten. Nichtjuden hatten die *poena castrantis* zu erwarten (Dig. 48,8,11, pr. [Mod. 6 reg.]). Paul. sent. 5,22,3,4 erwähnt als Strafe für den *civis* Konfiskation und Relegation. Dem durchführenden Arzt wird die Todesstrafe angedroht. F. R.

Mommsen RStrR 637f. *Louis Finkelstein* The jewish religion: its beliefs and practices; in: The Jews, their history, culture and religion 2, 1960, 1787f.

Circus. Die röm. Rennbahn *(arena)*, die sich in der Anlage vielleicht vom griech. Hippodrom herleitete. Er stellte ein in die Länge gezogenes Rechteck dar mit parallelen Längsseiten; das eine Ende beschloß ein Halbrund, das nur von einem Tor (porta triumphalis) unterbrochen war, durch welches die siegreichen Wagen die *arena* verließen; das andere Ende bestand aus den überwölbten, in einem Bogen angeordneten carceres; eine gerade Zahl (ursprüngl. 4, später 6, im C. Maximus) zu beiden Seiten des Eingangstores *(porta pompae)*. Rechts und links der carceres befanden sich Türme *(oppida)* und über ihnen lag die Loge für den Veranstalter der Spiele *(editor spectaculorum)*. Bestehende Anlagen werden vor 329 v. Chr. nicht erwähnt, Liv. 8,20. Eine niedere, schmale Mauer *(spina)*, mit Obelisken und Statuen geschmückt, teilte die Arena in die äußere und die Zielbahn. Jeweils am Ende der *spina*, deren Abstand von den *carceres* größer war, als von der gegenüberliegenden Seite, befanden sich, getrennt von der *spina*, auf einem halbrunden Sockel 3 Kegelsäulen, die Wendepunkte *(metae)*. Auf der Spina nahebei befanden sich auf einem säulengetragenen Gestell *(fala)* 7 bewegliche Marmoreier *(ova)* und 7 Delphine *(delphines)*, die Symbole der Dioscuren und des Neptun, der Schutzgötter der Pferde, Cass. Dio 49,43,2; von beiden wurde jeweils eines entfernt, um das Ende von jeder der 7 Runden anzuzeigen. Die Ziellinie *(→ calx)* befand sich am Ende der linken Bahn oder dort in der Nähe vor der Schiedsrichtertribüne *(tribunal iudicum)*. An den Längsseiten und an dem halbrunden Ende waren Sitzreihen übereinander angeordnet, gewöhnlich eine aus Stein und 3 aus Holz, wie im C. Maximus, ganz unten befand sich eine Tribüne *(podium)* mit Plätzen für prominente Zuschauer; davor war ein Schutzgitter *(cancelli)* aus Bronze angebracht.

Caesar ließ einen 3 m breiten Wassergraben um die Arena ziehen. Die Loge, die Augustus im C. Maximus für sich bauen ließ *(pulvinar)* Mon. Anc. 4,4, wurde zur ständigen Einrichtung. Die äußere Halle war einstöckig und enthielt außer den Eingängen Räumlichkeiten, die als Kneipen, Wahrsagerbuden und dgl. benützt wurden. Der C. Maximus faßte zur Zeit des Augustus 55000–60000 Zuschauer, und die Sitzreihen, die unter Traian und seinen Nachfolgern dazukamen, haben die Zahl um ca. weitere 20000 erhöht. Die Rennen wurden mit einer farbenprächtigen Prozession, einschließlich der Rennwagen, eröffnet. Sie betrat die *arena* durch die *porta pompae*, bewegte sich um die *spina*, wobei zur Darbringung von Opfern und vor der kaiserlichen Loge haltgemacht wurde. Zwischen 4 und 12 Wagen beteiligten sich an einem Wettrennen. Der c. war der Ort par excellence für Schaugepränge und Lustbarkeiten. Ovid empfiehlt ihn als geeigneten Platz, um hübsche Mädchen zu treffen, ars 1,96. Abgesehen von den Rennen und anderen *ludi circenses* fanden im c. religiöse Prozessionen und Triumphzüge statt; auch Volksversammlungen wurden dort abgehalten.

C. in Rom.

1. C. Maximus im Marranatal, zwischen Aventin und Palatin gelegen, soll aus der Zeit der Könige stammen, verschönert durch die Republik (Liv. 18,20,1. 33,27,4. 39,7.8. 40,21,1. 41,27,6); neuerbaut unter Caesar (Plin. nat. 36,102). Auf Grund der Reste aus der Kaiserzeit lassen sich folgende Maße berechnen: Gesamtlänge des c. 600 m, Breite 150 m; Länge der arena 550 m, Breite 80 m, durchschnittliche Tiefe der cavea 35 m. 2. C. Flaminius, erbaut unter C. Flaminius Nepos auf dem Marsfeld 221 v. Chr. 3. C. Gai et Neronis (Plin. nat. 36,74) oder Vaticanus (ibd. 16, 201) wurde unter Caligula auf dem rechten Tiberufer in den Gärten der Agrippina erbaut. 4. C. Varanius. 1959 wurde innerhalb der aurelianischen Mauer ö. von S. Croce in Gerusalemme das eine Ende eines c. entdeckt. Überreste eines Teils des ö. Endes waren schon früher ausgegraben worden. Der einzige literarische Hinweis für die Existenz eines c. an dieser Stelle findet sich in der Lebensbeschreibung des Elagabal (H. A. 13,14. 14,5). Seine Länge beträgt etwa 565 m, die Breite 125 m.

C. außerhalb Roms.

1. C. Maxentius an der Via Appia, 3,2 km von der Stadt entfernt, 309 n. Chr. geweiht, Dess. ILS 673, ist am besten erhalten. Seine Länge beträgt 520 m, seine Breite 108 m. Die *arena* ist 485 m lang und 84 m breit; die *spina* mißt 285 m.

2–4 C. sind bezeugt in Bovillae, Asisium, CIL XI 5390 und in Aquileia. Ausgezeichnete Aufnahmen von den Resten der c. in Rom und vollständige Bibliogr. bei E. Nash Pictorial Dictionary of Ancient Rome, Vol. I, 1961, 232ff. (– 241).

O. W. R.

Cirta. Stadt in Numidien, h. Constantine (S. Gsell Atl. Arch. Alg. f° 17.126 und Add.), zuerst pun. Stadt, schon im 3. Jh. v. Chr. bestehend (Liv. 29,32), Hauptstadt des Syphax, dann des Masinissa und seiner Nachfolger (Liv. 30,12.44. App. Lib. 27, 111. Mela 1,6,30. Strab. 17,3,13. Oros. 4,18,21. Zon. 9,13). Caesar setzte P. Sittius über das Gebiet von C. und machte C. zur colonia Latina (App. civ. 4,54). Über ihre Verfassung s. L. Teutsch Das röm. Städtewesen in N.-Africa, 1962, 65.176. Octavian machte C. zur röm. Kolonie: *colonia Iulia Iuvenalis Honoris et Virtutis C.* Wichtige Stadt, Mittelpunkt der *res publica quattuor coloniarum Cirtensium*. Erobert und zerstört von dem Usurpator Domitius Alexander (Aur. Vict. 40,28), wurde C. hergestellt durch Constantin, der der Stadt seinen Namen Constantina gab; seit 256 Bischofssitz. Über die pun. Anlagen s. A. Berthier - R. Charlier Le sanctuaire punique d'El Hofra à Constantine, Paris 1955; über die röm. Stadt und die jüngsten Ausgrabungen. A. Berthier, D. H. G. 12, 1953, 842f.; Rec. Const., Libyca. Inschr.: I. L. Alg. 2,40.

M. L.

Cisium s. Wagen

Cispius. Plebeischer Familienname, der nach später Konstruktion bereits mit C. Laevus auftritt, der während eines Krieges des Tullus Hostilius gegen Veii mit Truppen aus Anagnia den Teil des Esquilin in Rom besetzt habe, der dann nach ihm die Bezeichnung *Cispius mons* erhalten habe (Varro bei Fest. p. 351); hist. ist der Name seit dem 1. Jh. v. Chr. belegt. **1.** C., Schuldner Cicero's 45. **2.** L. C., Flottenbefehlshaber Caesars im bellum Africanum. **3.** M. C., Volkstribun 57, trat für Ciceros Rückberufung ein. Später wurde er, wegen *ambitus* angeklagt, von Cicero erfolglos verteidigt. **4.** C. Laevus, Legat in Gallien 43 v. Chr. **5.** C. C. aus Arretium, Fabrikant von Terra sigillata (Arretiner Ware). H. G. G.

Cista (*κίστη*). Korb beliebiger Form und Zweckbestimmung, griech. auch »Kasten«. **1.** Im Haushalt dient die c. zur Aufbewahrung von Speisen und verschiedenen Gegenständen; sie begegnet oft in Darstellungen des griech. Frauenlebens auf att. Vasen des 5. und 4. Jh. v. Chr., wo eine flache, runde, wohl aus Flechtmaterial hergestellte Form vorherrscht. **2.** Der ebenfalls geflochtene, cylinderförmige Korb (*c. mystica; κοίτη μυστική*) der eleus. Mysterien ist etwas höher und enthielt die *ἱερά* des Kultes; das Kultbild der Demeter zeigte die Göttin auf der c. sitzend [1]. Wohl von hier aus dringt die c. auch in die dionys. Mysterien ein, wo sie im Zug der Mysten von einem eigens dazu bestellten Priester, dem *κιστοφόρος* getragen wird. Die eleus. c. hat immer einen flachen, die der bacchischen Mysterien später meist einen gewölbten Deckel. In röm. Zeit ist infolge der riesigen Verbreitung der bacchischen Mysterien die c. geradezu allgemeines Mysterien-Symbol ([2],96). Zu den nach dem Bilde dieser c. benannten Münzen → Kistophoren. **3.** Eine private Kasse, Cic. Verr. 3,197. Don. ad Ter. Ad. 277, im Gegensatz zur öffentlichen Kasse, dem *fiscus*. **4.** Der moderne archäolog. Sprachgebrauch versteht unter c. 2 Gruppen meist bronzener cylindrischer Gefäße, die im Pogebiet *(c. a cordoni)* und in Etrurien und Latium (das Hauptwerk der Praenestiner c. stammt von Novius → Plautius) hergestellt wurden [3]. W. H. G.

1. *Pringsheim* Archäol. Beitr. z. Gesch. d. eleus. Kultes, 1905, 48ff. *Deubner* Att. Feste, 1932, 69ff. 2. *Nilsson* The Dionysiac Mysteries of the Hellenistic and Roman Times, 1957. 3. *Mansuelli*, Enciclopedia dell'Arte Antica 2,694ff.

Citrus (*κίτρος*). Die Rutaceengattung C. umfaßt im weiteren Sinn über 20, im engeren 7–8 Arten immergrüner Bäume und Sträucher des tropischen und subtropischen Asien, von denen h. mehrere als »Agrumi« um das Schwarze und Mittelmeer viel gebaut werden. Die Namen *citrus* (Verg., Plin. u.a.), *κίτρος, κίτριον* (Diosk. u. a.) bezeichneten ursprüngl. wie das stammverwandte *Cedrus* Coniferen mit aromatischem Holz (besonders Callitris articulata) und wurden erst nach den Alexanderzügen auf die aus S.-Asien stammende, schon lange in Medien und Persien gebaute Citrus medica (*μῆλον μηδικόν, κίτριον* bei Theophr. 4,4, *κεδρόμηλα* bei Diosk., *malum medicum, poma cedrina* bei Plin. u.a.), die Citronate oder Cedrate, übertragen, die bald auch als Topfpflanze nach Italien gebracht und besonders als Mottenschutz und Gegengift verwendet wurde; wogegen die süßfrüchtige Unterart (C. medica subsp. limonum = C. limon, die Limone oder Zitrone) wahrscheinlich erst im frühen MA. durch Araber nach S.-Europa gebracht worden ist. Die wohl zu Unrecht als Orangen gedeuteten »Äpfel der Hesperiden« (*μῆλα ἑσπερικά*), die Herakles dem Atlas geraubt und nach Hellas gebracht haben soll, waren wohl Äpfel oder Quitten. Bittere Orangen (C. aurantium amara, pers. nareng, arab. narang, byzant. *νεράντζιον*, daraus aurantium, arancio, Pomeranze usw.) sind wahrscheinlich erst im 10. Jh. ebenfalls durch Araber aus Indien nach N.-Afrika und Spanien gebracht worden, süße (C. auratium sinensis oder dulcis) aus China erst um 1550 durch Portugiesen, daher it. portogalli, neugr. *πορτογαλεά, πορτοκάλι*; erst im 19. Jh. C. decumana (Pampelmuse, grapefruit) und C. deliciosa (= nobilis, Mandarine) und deren Kreuzungen. H. G.

Cius (h. Hissarlăk in der Dobrudscha). Station und Kastell an der Donauuferstraße in Moesia Inf. zwischen Carsium (h. Hîrşova) und Troesmis (h. Iglitza). Standort von zwei *cunei equitum stablensium* (Not. dign. or. 39, 6 = 14). Einige Veteraneninschr. zeigen, daß C. bereits im 2. u. 3. Jh. n. Chr. besetzt war. Die einheimische thrak. Bevölkerung bewohnte den vicus bei C. Hier feierte Kaiser Valens seinen Sieg über den Gotenkönig Athanarich im J. 369, in dem C. neu befestigt wurde (CIL III 7494). Chr. D.

Vulpe Hist. anc. de la Dobroudja, Bucarest, 1938, passim s.v. und bes. 311ff.

Civilis s. Iulius Civilis

Civitas. Bedeutet zweierlei: I. Eine politisch organisierte Mehrheit von Menschen, also ein Staatswesen. Die Römer sprechen aber nur vereinzelt von *c. Romana* oder *nostra* (z. B. Pomp. Dig. 1,2,2,1), sondern hier meist von *populus Rom.* C. bezeichnet dagegen überwiegend einen fremden Staat *(c. peregrina)*. Dabei sind nach dem Verhältnis zu Rom zu unterscheiden: 1. *Civitates foederatae.* Sie sind mit Rom durch ein beschworenes Bündnis (→ *foedus*) verbunden und stehen relativ am besten: Sie haben Selbstverwaltung, eigenes Bürgerrecht und eigene Rechtsordnung. Unterschiede bestehen aber je nachdem, ob das *foedus aequum* (nur dann Souveränität) oder *iniquum* ist, vgl. Proc. Dig. 49,15,7,1. 2. *Civitates sine foedere.* Ihnen ist nur eine beschränkte Selbständigkeit eingeräumt, und auch diese nur durch einseitige, widerrufliche Gewährung. Häufig sind sie Rom gegenüber abgabenpflichtig *(c. stipendiaria)*; die wenigen hiervon befreiten Gemeinden heißen *civitates liberae et immunes.*

Ältere Lit. RE Suppl. I 300ff., dazu 1. *Ludw. Mitteis* Reichsrecht und Volksrecht, 1891, 85ff. 2. *Alfred Heuß*, Klio Bh. 31, 1933, 99f. 3. *Luigi Lombardi*, Archivio giur.

126, 1941, 193ff. 4. *Friedr. Vittinghoff*, ZRG 68, 1951, 472ff. 5. *Ulr. v. Lübtow* Das röm. Volk, 1955,635ff. 641. 651.663f.

II. *C. Romana*, die Stellung als *civis Romanus*, also das röm. Bürgerrecht, das nach dem die Antike beherrschenden Personalitätsprinzip über die Anwendbarkeit der röm. Rechtsordnung entscheidet. Die *c. Romana* wird erworben: 1. Durch Geburt von röm. Eltern, die in gültiger Ehe leben. Ist nur ein Elternteil Römer, oder ist die Ehe ungültig, so erhält das Kind gleichwohl bisweilen die *c. R.* ([4],241f.). 2. Durch Freilassung, doch bestehen hier Einschränkungen ([4],242.252ff.); auch gewährt die so erlangte *c.R.* nicht die vollen politischen Rechte. 3. Durch Einzel- oder Gruppenverleihung, so vor allem nach dem Bundesgenossenkrieg an alle Italiker. Besonders seit Caesar und Augustus nehmen solche Verleihungen ein erhebliches Ausmaß an. Den Abschluß bildet 212 n. Chr. die *constitutio Antoniniana*, die allen freien Reichsuntertanen (vielleicht mit einer die *dediticii* betreffenden Ausnahme; die Überlieferung der *const. Ant.* im Pap. Giss. 40 ist insoweit verstümmelt; dazu 5–7) die *c.R.* verlieh. 4. Automatisch auf Grund von Spezialgesetzen durch bestimmte Verdienste um die röm. Interessen. – Verloren wird die *c.R.* außer durch Tod auch durch Kriegsgefangenschaft (aber → ius postliminii) und in bestimmten Fällen ([4],242) durch Abwanderung oder Bestrafung. D. M.

RE Suppl. I 304ff., dazu 1. *A.N. Sherwin-White* The Rom. Citizenship, 1939. 2. *Friedr. Vittinghoff* Röm. Kolonisation und Bürgerrechtspolitik der Kaiserzeit, 1951. 3. *Ders.*, ZRG 68, 1951, 435ff. 4. *Max Kaser* Röm. PrivatR I, 1955, 26ff.190ff.241ff. 5. *Christoph Sasse* Die Const. Antoniniana, 1958. 6. *Hans J. Wolff*, ZRG 76, 1959, 575ff. (Rez. zu 5). 7. *Emil Kießling*, ZRG 78, 1961, 421ff.

Clanis (Nissen It. Ldk. 1,299). Toskan. Fluß, der s. Arezzo entspringt, sich bei Orvieto mit der Paglia vereinigt und bald darauf in den Tiber mündet; h. Chiana (Strab. 5,235. Plin. nat. 3,54). Plan zur Ableitung in den Arno 15 n. Chr. (Tac. ann. 1,76.79. Cass. Dio 57,14) zur Vermeidung der Versumpfung *(lacus Clusinus)*. G. R.

Clanius (Nissen It. Ldk. 2,713). Kampan. Fluß (bei Lykophr. 718. Dion. Hal. ant. 7,3 *Γλάνις*; osk. Namensform?), dessen Mündung im Alt. wohl bei Liternum lag; gefährdet durch Überschwemmungen Acerrae (Verg. georg. 2,225 mit Serv.). G. R.

Clarenna. Nach Tab. Peut. Örtlichkeit an der Straße Regina–Regensburg nach Sumelocenna–Rottenburg, zwischen Ad Lunam–Urspring und Grinario–Köngen. Nach Miller, Itin. Rom. 264 h. Weilheim oder Kirchheim unter Teck. H. C.

RE III 2627.

Classicum. Das c., das zu den ältesten Signalen des röm. Heeres zählte – wurden doch schon die Centuriatkomitien damit einberufen (Mommsen RStR 3,288) –, war in der Zeit der Manipulartaktik als der von den vereinigten Spielleuten geblasene Zapfenstreich bekannt (Pol. 14,3,6). Nach Veg. mil. 2,22 wurde das c. als *insigne imperii* betrachtet und kündigte die Anwesenheit des Feldherrn und die Hinrichtung von Soldaten an. Nach Liv. 7,36,9. Amm. 21,5,1 zeigte es die contio an, nach Liv. 2,59,6 den Aufbruch aus d. Lager. A. N.

RE III 2629f. *F. Behn* Musikleben im Altertum und frühen MA. Stuttgart 1962, IX.

Classis. 1. C., das von *calare*, *καλεῖν* (Quint. 1,6,33) oder von *κᾶλον*, *lignum* (Serv. Aen. 1,39) oder von *latere*, *κλητεύειν* abzuleiten ist, dürfte soviel wie Ladung, Aufgebot bedeuten. In der Frühzeit des röm. Milizheeres hieß die aus Bürgern mit einem Vermögen von mindestens 100000 bis 120000 As gebildete Hoplitenphalanx anfänglich allein c. (Fest. ep. 113. Gell. 6,13). Bei Fest. 56, 249 ist c. die Bezeichnung für das Gesamtheer. Als diese Bedeutung verlorenging, verstand man unter c. lediglich das Schiffsaufgebot, die Flotte (H 16,57f.) → centuria. **2.** Obwohl röm. Seeunternehmungen seit der Mitte des 5. Jh. v. Chr. bezeugt sind (Liv. 4,34,6. 8,14,8. 9,38.2. App. Samn. 7,1) und 311 v. Chr. *duoviri navales classis ornandae et reficiendae* (Liv. 9,30,4) eingesetzt wurden, führte erst der 1. pun. Krieg zur Aufstellung größerer röm. Streitkräfte. Nach Pol. 1,20 wurden 100 Fünfruderer und 20 Dreiruderer gebaut. Ihr Gefechtswert war aber gering und die Entscheidung wurde durch Enterbrücken (→ corvus) im Kampf von Mann zu Mann herbeigeführt, den der Legionsinfanterie entnommene *milites classici* austrugen. Nach J. Kromayer, Philol. 56,491 gab es auf den Quinqueremen dieser Zeit je 120 Seesoldaten und je 300 Rojer und Matrosen, während die Trieren etwa 80–90 *milites* an Bord hatten. Die Taktik, nautische Manöver zu vermeiden, und durch Erzwingung des Nahkampfes zwecklos zu machen, kennzeichnet auch später die röm. Seetaktik. Trotz größerer, selbständiger Aktionen, vor allem in den Kriegen gegen Karthago und den griech. Staaten erwies sich die röm. Flotte bloß für Transporte von Bedeutung. Erst Cn. Pompeius stellte zur Bekämpfung des zunehmenden Seeräubertums im Mittelmeer und später im Kampf gegen Caesar große Kampfflottenverbände auf, bei denen das nautisch tüchtigere Element überwog. Seit Sex. Pompeius eine eigene Seemacht begründet hatte, lag der Schwerpunkt der Kriegführung bis zum Ende der Republik auf dem Meer. So kam es zu einem starken Anwachsen an Flotten, die vor allem durch Großkampfschiffe bis zu 8–10 Riemenreihen mit Türmen und Schleudergeschützen charakterisiert waren. Und mit solchen Verbänden, zu denen noch zahlreiche, kleinere Schiffe kamen, wurde die Schlacht von Actium geschlagen, als deren Sieger M. Vipsanius Agrippa, der einzige große Admiral, den Rom jemals hervorbrachte, hervorging. Auf ihn geht der sogenannte *ἅρπαξ* zurück (App. civ. 5,118), ein mit einem eisernen Haken und mit Tauen versehener Anker, der durch eine Schleudermaschine auf das gegnerische Schiff geschossen wurde, um es heranzuschleppen und zum Nahkampf zu zwingen. Agrippa organisierte die kaiserliche Flotte als ständigen Teil des stehenden Heeres mit den Hauptstützpunkten in den Häfen von Ravenna und Misenum (Tac. ann. 4,5). In der späten Kaiserzeit kam dazu noch Aquileia. Ferner gab es Provinzflotten wie in Äg., Afrika und Britannien, Fluß- und Seeflottillen wie auf dem Rhein, der Donau, dem Euphrat, auf dem Boden-, Comer- und Neuenburgersee. Alle diese verschiedenen Flotten und Flottillen waren zum Schutze des Handels und der Küsten gegen Seeräuber und besonders für Transporte bestimmt. Dazu eigneten sich nur kleine, niedrige Schiffe mit geringem Riemenabstand, wie sie die Liburner verwendeten (App. Ill. 3) und wie sie im Mittelalter als Zenzile-Galeeren bekannt waren. Abgesehen von den Kommandanten der Hochseeflotten, den *praefecti classis praetoriae* (CIL IX 1582), die im Range eines Legionskommandanten standen (BJ 117, 150), und der der Fluß- und Binnenseeflottillen, waren die Befehlshaber von Flottenabteilungen *(nauarchi)* und die eines Einzelschiffes *(trierarchi)* wie die übrige Bemannung bis um die Mitte des 1. Jh. n. Chr. größtenteils Freigelassene und Sklaven. Erst seitdem gab es auch Freigeborene (WJ 4, 109, Anm. 1). Was die milites betrifft, so kamen sie zahlenmäßig einer *centuria* gleich und unterstanden einem *centurio*. Die Dienstzeit betrug anfangs 26, von der Wende vom 2. zum 3. Jh. n. Chr. an 28 J. A. N.

Dar.-Sagl. 1,2,1225ff. RE Suppl. V 886ff.904f. BursJb 274, 1941, 105ff. WJ 4, 1949/50, 100ff. *Starr, G. Chester* The roman imperial navy 31 BC-AD 324, Cambridge 1959^2.

Clastidium (Nissen It. Ldk. 2,271). Kelt. vicus der Feldmark Placentias (CIL V p. 828), bekannt durch den Sieg des M. Claudius Marcellus 222 v. Chr. (CIL I^2 p. 47. Pol. 2,69. Plut. Marcell. 6 u. a.), gab einer Praetextata des Naevius den Namen (Varro l. l. 7,107. 9,78). Lage an der via Postumia; h. Casteggio. G. R.

Claudia via. 1. (Nissen It. Ldk. 2,353. Martinori, Via Claudia), älteste Straße nach N., deren Lauf bis zum pons Mulvius mit der späteren v. Flaminia (Ov. Pont. 1,8,44), bis mil. VI mit der späteren v. Cassia (Fast. Praen. 25. April CIL I^2 p. 316f.) übereinstimmt und bei Careia ausdrücklich als v. C. (nicht: Clodia) bezeugt ist (Frontin. aqu. 71), erreichte nach 32 mp (It. Ant. 286,6. Tab. Peut. 5,2) Forum Claudii (so Ptol. 3,1,50. Plin. nat. 3,52 *praefectura Claudia Foroclodi.* It. Ant. a. O. *Foroclodi*), h. Oriolo. Die Weiterführung ist ungewiß. Da der 1. Teil der Straße falisk. Gebiet umgeht, dürfte sie vor 241 v. Chr. angelegt sein und vielleicht die Tiberbrücke bei Orta zum Ziel gehabt haben (Val. Max. 6,5,1: P. Claudius Pulcher cos. 249 v. Chr. *Amerinos sub hasta vendidit*), die 32 mp hinter Oriolo liegt. C. via ist nicht mit der v. Clodia identisch.

2. Claudia Valeria (Nissen It. Ldk. 2,436. Gardner Pap. Brit. School at Rome 9, 1920, 75ff.), Erweiterungsbau des Kaisers Claudius von Cerfennia bis zur Aternusmündung 48/49 n. Chr. (CIL IX 5973).

3. Claudia nova (Nissen It. Ldk. 2,436. R. Gardner, JRS 3,204f. Martinori Via Salaria 114ff.), von Kaiser Claudius 47 n. Chr. erbaute Verbindungsstraße von Foruli (an der Straße des Calatinus (vgl. Radke Philol. 103, 1959, 311ff.) zur C. Valeria in einer Länge von 47192 passus (CIL IX 5959). **4.** Claudia Augusta (Nissen It. Ldk. 2,210) von Altinum über den Reschenpaß (CIL V 8003) bis zur Donau erbaut 47 n. Chr. (CIL V 8002). G. R.

Claudianus. 1. Arzt, Freund des Galen, 12, 423 K. **2.** ... us C. Aus Xanthos, wurde nach seinem ritterlichen Militärdienst als 1. Lykier röm. Senator, dann Legat des Procos. von Achaia und Asia, legatus leg. II Traianae fortis, procos. prov. Macedoniae, TAM II 394,282. Er gehört in die traian. Zeit, H. G. Pflaum Carrières procurat. éq. 1, p. 181f. Nr. 84. **3.** C. Iulianus. Dig. 31,87,3 s. Claudius. **4.** s. Carminius, Flavius. R. H.

5. Cl. Claudianus (um 400 n. Chr.). Der letzte bedeutende Dichter des heidnischen Rom, aus Alexandria. Er schrieb während seiner Jugend, die er wohl in der Heimat verbrachte, griech. Gedichte (carm. min. 41,13f.); wahrscheinlich entstammt die *Γιγαντομαχία*, von der ein Stück erhalten ist, dieser Zeit (hierüber und über die Epigramme eines *Κλαυδιανός* s. [9]). Spätestens 394 kam C. nach Rom und fand Zugang zu führenden Familien; Anfang 395 trat er zum erstenmal mit einem lat. Werk vor die Öffentlichkeit, mit dem Panegyricus auf die Consuln Probinus und Olybrius. Der Erfolg verhalf ihm zur Karriere am Mailänder Hof; seither stand seine Dichtergabe vornehmlich im Dienst von Stilicho und dessen politischen Zielen. C. avancierte zum *tribunus et notarius;* etwa 401 (s. bell. Goth. praef. 7ff.) ließen die Kaiser Arcadius und Honorius ihm auf dem Trajansforum ein Standbild errichten, dessen Inschrift erhalten ist (CIL VI 1710 = Dess. ILS 2949). Die Zeitepen, die den Hauptteil seines Werkes ausmachen, entstanden sämtlich in den Jahren 396–404; sie sind teils panegyrischen Inhalts, teils Invektiven. Zur ersteren Gattung gehören die Gedichte auf das 3., 4. und 6. Consulat des Kaisers Honorius (396. 398. 404), die Feszenninen und ein Epithalamium, die für die Hochzeit des Honorius mit Maria, der Tochter Stilichos, verfaßt wurden (398), das unvollendete Epyllion über den erfolgreichen Krieg gegen den Aufrührer Gildo (398), der Preis des chr. Philosophen Mallius Theodorus, Consuls von 399, mit dem C. befreundet war, ferner das große Gedicht auf Stilichos Consulat (400) und schließlich die Verherrlichung von Stilichos Erfolgen gegen Alarich (De bello Gothico, 402). Invektiven richtete C. gegen führende Männer des Ostreiches, gegen Rufinus (396) und Eutropius (399). Außer diesen höfisch-politischen Dichtungen hinterließ C. rein mythologische Poesie (De raptu Proserpinae in 3 B., 395–397, unvollendet; ferner eine lat. Gigantomachie, von der nur der Anfang erhalten ist) und eine Anzahl kleinerer Gedichte vermischten Inhalts (Episteln, Idyllen, Epigramme), unter die mancherlei Unechtes geriet.

Das Werk des C. zeigt zwar auch Beziehungen zur zeitgenössischen griech. Epik, ist jedoch vor allem der lat. Tradition verpflichtet: C. hat sich mit der hellen Bewußtheit des Ausländers Sprache und Kunstgesinnung der augusteischen Zeit und der Dichter des 1. Jh. n. Chr., besonders des Statius, angeeignet und dieses reiche Erbe mit Glanz, Phantasie und Präzision fortzubilden gewußt. Auffäligstes Kennzeichen seiner Dichtung ist der mythologisch-allegorische »Apparat«, der trotz seines oft symbolischen Charakters, der Aufgabe, die zeitgeschichtliche Realität zu erhöhen, niemals schemenhaft wirkt; C. hat ein letztes Mal die Wunderbarkeit und Schönheit der heidnischen Götterwelt gestaltet. Sein Erzählungsstil beruht auf dem »Prinzip der isolierten Bilder« [6]; Beschreibungen, Reden und überhaupt einzelne Situationen dominieren gegenüber der in sparsamen Strichen angedeuteten verbindenden Handlung. Hauptthema der Zeitepik ist Rom, das *caput insuperabile rerum* (bell. Gild. 459); unermüdlich beschwört C. die große Vergangenheit, um die Gegenwart auf die ihr gestellten Aufgaben hinzuweisen. In seinem Glauben an die überlieferten Ideale trifft er sich ebenso mit dem Symmachus-Kreise (zu dem jedoch keine unmittelbare Beziehungen bestanden haben müssen) wie mit dem Mailänder Hof und vor allem mit Stilicho, der ihm die Erneuerung röm. Wesens verbürgt (s. bes. cons. Stil. 3,106 ff. Über Roms Weltmission ebd. 130–173). Die vielverhandelte Frage nach dem Christentum des C. ist mit dem Gedicht De salvatore (carm. min. 32) verknüpft; wenn man diese Verse für echt hält, so kann man sie plausibel als die Konzession eines Indifferenten erklären, die chr. Auftraggebern zu Gefallen gemacht wurde.

Die politischen Gedichte wurden (mit Ausnahme von cons. Prob. et Olybr.) bald nach dem Tode des C., vielleicht auf Veranlassung Stilichos, zu einer Slg. vereinigt, desgleichen die kleineren Gedichte. Beide Slg.en hatten seit dem frühen MA. als sog. C. maior eine gemeinsame Überlieferung, die hauptsächlich durch den Bruxell. 5380 (11. Jh.), den Vat. 2809 (12. Jh.) und den Parisin. 18552 (13. Jh.) repräsentiert wird; für die carmina minora kommen weitere Hss., insbesondere der Veronensis 163 (9. Jh.), hinzu. Die ältesten Hss. der gesondert tradierten Werke, des Preises auf Probinus und Olybrius sowie des C. minor genannten Raubes der Proserpina, entstammen dem 12. und 13. Jh. M. F.

Erstausg. *Celsanus*, 1482. Ta.: *Birt* MGAA 10, 1892. *Koch*, 1893. In Eutrop. *Fargues*, 1933. De bell. Goth. *Schroff*, Kl.-phil. Stud. 8, [2]1934. In Rufin. *Levy*, 1935. Bibliogr.: [10] 167. 1. *Th. Birt* Praef. der Ta. 2. *J.C. Rolfe* TAPhA 1, 1919, 135 ff. 3. *P. Fargues* Claudien, 1933. 4. *H. Steinbeiss* Das Geschichtsbild Claudians, Diss. Halle 1936. 5. *Th. Nissen* H 75, 1940, 198 ff. 6. *F. Mehmel* Vergil und Apollonios Rhodios, 1940, 106 ff. 7. *F. Klingner* Röm. Geisteswelt, [4]1961, 514 ff. 8. *U. Knoche* Symb. Colon. J. Kroll oblata, 1949, 143 ff. 9. *N. Martinelli* Miscellanea Galbiati 2, 1951, 47 ff. 10. *W. Schmid* RAChr 3, 152 ff. 11. *D. Romano* Claudiano, 1958. 12. *H.L. Levy* TAPhA 89, 1958, 336 ff.

6. Cl. (Mamertus). Rhetor und Philosoph (Gennadius de vir. ill. 83 f.), † um 474 als Presbyter in Vienne, befreundet mit Sidon., der ihn panegyrisch feiert (epist. 4,3). Hauptwerk: De statu animae. C verteidigt gegen Faustus von Reji die illocalitas und Quantitätslosigkeit der Seele. Als Mittler neuplaton. Seelenmetaphysik hat C. das MA. und noch Descartes beeinflußt. Wertvolles Zeitdokument ist ein Brief an den Rhetor Sapaudus, worin C. wider den Bildungsverfall zu klass. Studien aufruft. J. Wi.

Ausg.: CSEL 11, 1885 – 1. *H. Rönsch*, ZwTh 30, 1887, 480 ff. 2. *P. de la Broise* Mamerti C. vita eiusque doctrina de anima hominis, Diss. 1890. 3. *F. Zimmermann*, DivTh 1, 1914, 238 ff. 332 ff. 440 ff. 4. *F. Bömer* Der lat. Neuplatonismus ... und C. Mamertus, 1936. 5. *E. Hårleman* De C. Mamerto Gallicae latinitatis scriptore quaestiones, 1938.

Claudius. Name eines röm. Geschlechts (sabin. *Clausus*, Nebenform → *Clodius*, bes. im 1. Jh. v. Chr.). Die Claudii sind zu Beginn der Republik (504) angeblich aus der Sabinerstadt Regillum unter ihrem Ahnherrn Atta Clausus (→ Appius) in Rom eingewandert und sofort in den Kreis der *patricii* aufgenommen worden, vgl. die – später erfundenen – Cognomina Inregillensis (Nr. 9.10) und Sabinus (Nr. 35). Die nach ihnen benannte Tribus Claudia (n. von Rom, jenseits des Anio) wurde wahrscheinlich als 20. Tribus eingerichtet, die Gentilen gehörten später jedoch meist zur tr. Quirina oder Palatina. Die C. zählten mit den Aemiliern, Corneliern, Fabiern, Valeriern zu den großen Fürstenhäusern des republ. Rom. Die älteren Claudii, bes. aus dem 5. Jh. (Nr. 35.36.10.9), sind bei Liv. und Dion. Hal. ant. als typische Vertreter eines adelsstolzen und plebeierfeindlichen Junkertums gezeichnet (vgl. noch Tac. ann. 1,4,3 *vetere et insita Claudiae familiae superbia*), was jedoch auf später Konstruktion beruht. In der Gesch. der Gens (Übersicht bei Suet. Tib. 1,1 ff., vgl. Tac. ann. 12,25,2) tritt der patriz. Zweig um 300 mit dem Censor Ap. C. Caecus (Nr. 4) besonders hervor; auf ihn gehen die wichtigsten späteren Familien zurück: die Pulchri (Nr. 24–33), die im politischen Leben noch des 1. Jh. sehr bedeutsam waren, die Centhones (Nr. 7) und die Nerones (20–23, zum Cognomen [= der »Starke«] Suet. Tib. 1,2). Neben ihnen steht der urspr. mit dem patriz. verwandte (Cic. de or. 1,176) pleb. Zweig mit der Hauptlinie der Marcelli (11–19); sie sind im politischen Leben seit dem cos. von 331 (Nr. 14) faßbar, verdanken ihr hohes Ansehen dem Feldherrn des Hannibal. Krieges (Nr. 15) und erlöschen bald nach dem Bürgerkrieg mit M. Marcellus, dem Neffen des Augustus. Die C. zeigten klares Verständnis für Realitäten und Probleme ihrer jeweiligen Zeit und traten für Roms Größe ein. Nicht zu den großen Familien gehörte der Historiker Nr. 34. Nr. 23 wurde Stammvater des jul.-claud. Kaiserhauses (14–68 n. Chr.). Durch Bürgerrechtsverleihungen der Kaiser Claudius und Nero war der Name in der Kaiserzeit, auch in Griechenland, häufig (oft abgekürzt CL). Lex Claudia s. Nr. 3.

E. Lübbert De gentis Claudiae comm. domest. Progr., Kiel 1878. *Mommsen* RF 1,285ff. *Drumann*^{2} 2,140ff. *Münzer* Adelsp. (passim). *Broughton* Mag. 1.2. *Syd. H. H. Scullard* Rom. Politics, 1951, 220–150. *R. Syme* The Roman Revolution (1960; deutsche Ausg. 1957). PIR.

I. Republikanische Zeit: **1.** C. C., Kriegstribun 264 v. Chr., brachte verwegen und skrupellos Messana in röm. Hand und eröffnete damit den 1. Pun. Krieg: er unterstand dem Consul Ap. Claudius Caudex (Nr. 5). Pol. 1,11,4–13 u. a. **2.** M. C., als Client des Decemvirs Ap. (Nr. 10) Gestalt der röm. hist. Legende, Liv. 3,44,5ff. u. ö. **3.** Q. C., tr. pl. 218, brachte die 1. Claudia durch, nach der kein Senator ein Schiff mit mehr als 300 Amphoren Laderaum halten darf, Liv. 21,63,3 (Verbot von Handelsgeschäften!), vgl. RE XII 2340. **4.** Appius C. Caecus, der Censor von 312, der bedeutendste Römer der Zeit um 300, ein Mann »ohne jedes Vorurteil ... mit einem Blick für die Anforderungen der Gegenwart« (HEUSS RG 1960, 31). Seine im Elogium (CIL I^2 p. 192, X. DEGR. I 13,3, 79) genannte Ämterlaufbahn kann wie folgt zeitlich eingeordnet werden (vgl. BROUGHTON Mag. 1,156. 160ff.): Quaestor um 316, curul. Aedil um 313 (?), Censor 312, Consul 307, curul. Aedil II um 305 (?), Interrex 298, Praetor vor 297, Cos. II 296, Praet. II 295, Dictator zwischen 292 und 285. Berühmt vor allem durch seine Censur, die er vor anderen hohen Ämtern 312 bekleidete, Diod. 20,36, 1–6; er blieb länger als sein College C. Plautius Venox im Amt, um die Bauvorhaben zu beenden (Liv. 9,33,4ff. Frontin. aqu. 1,5. Vir. ill. 34,9): die Aqua Appia (→ Wasserleitungen) und die → Appia via. Religiöse Neuerungen: der Herculeskult an der ara maxima wurde den Potitiern genommen und Staatssklaven übertragen (Cic. Cael. 34f. u. a.); den tibicines wurde die Abhaltung ihres Festmahls im Iuppitertempel verboten (Liv. 9,30,5). Polit. Reformen trugen der tatsächlichen Lage Rechnung, wirkten aber nahezu revolutionär: er nahm Libertinensöhne in den Senat und Leute ohne Grundbesitz (dabei wohl viele Freigelassene) in beliebige Tribus auf (304 auf die 4 städt. Tribus beschränkt!). 304 ließ er durch seinen Sekretär Cn. Flavius einen Kalender der Gerichtstage und die bisher von den Pontifices tradierten Prozeßformeln (sog. ius Flavianum) veröffentlichen und schuf damit einen Ausgangspunkt für die röm. Jurisprudenz. 300 soll er gegen die lex Ogulnia (Zulassung der Plebeier zu den Priesterkollegien) opponiert haben, Liv. 10,7,1 (unwahrscheinlich). 296 und 295 nahm er am Krieg in Etrurien und Campanien teil (296 gelobte er als cos. II den Tempel der Bellona am Circus Flaminius, Ov. fast. 6,201). Nahezu weltgeschichtlich bedeutsam war die Rede, die der erblindete C. 280 im Senat gegen die von Kineas überbrachten Friedensvorschläge des → Pyrrhos hielt (Gedankengang bei Plut. Pyrrh. 19); sie ging als 1. lat. Rede in die Lit. ein (Cic. Brut. 61, Sen. epist. 19,5,13, Tac. dial. 18). Er verfaßte eine Spruchsammlung in Saturniern *(fabrum esse suae quemque fortunae)*, schrieb (vielleicht) über jurist. Fragen und reformierte die Rechtschreibung, Pomp. Dig. 1,2,2,36. Mart. Cap. 3,261. Drei seiner (4 ihn überlebenden) Söhne waren wahrscheinlich die Stammväter der Claudii Pulchri, Centhones und Nerones. **5.** Ap. C. Caudex, entgegen der Tradition (Gell. 17,21,40 u. a.) kein Bruder von Nr. 4, Consul 264. Im Rahmen seines Auftrags, den Mamertinern in Messana gegen Hieron Hilfe zu bringen, eröffnete er den 1. Pun. Krieg erfolgreich (vgl. o. Nr. 1; Enn. ann. 7,223. Pol. 1,10–12.15 u. a.), triumphierte jedoch nicht. **6.** Ap. C. Centho, Sohn von Nr. 7, curul. Aedil 179, Praetor im Hispania cit. 175, wo er 174 mit proconsular. Imperium blieb und die Keltiberer besiegte (Liv. 41,26,1ff. 28,1, Ovatio), Gesandter zur Ordnung der Verhältnisse in Thrakien 172, Legatus in Illyrien 170, wo er als Promagistrat 169 und 168 blieb. Als Gesandter tritt er noch 155 und 154 in Erscheinung. **7.** C. C. Centho, entsetzte 200 als Legat des cos. P. Sulpicius im 1. J. des 2. Maked. Krieges Athen und nahm Chalkis, Liv. 31,14,3. 22,5. 8–23,11. **8.** Ap. C. Crassus, Konsulartribun 424. **9.** Ap. C. Crassus Inregillensis (h. nicht mehr als identisch angesehen mit dem Konsulartribun von 403 Ap. C. Crassus, BROUGHTON Mag. 1,81f. 2,545), Enkel des Decemvir (Nr. 10) angeblich Gegner der leges Liciniae-Sextiae 368 (Liv. 6,40,1–42,2). 362 Dictator (möglicher Erfolg gegen die Herniker, Liv. 7,6,12. 7,3–8,7), 349 Consul, starb im Amt. **10.** Ap. C. Crassus Inregillensis Sabinus, der Decemvir. Die umfangreiche, aber späte und tendenziöse (C. als Gegner der Plebeier) Überlieferung (z. B. Liv. 2,56,5–58,1. 3, 33–58) läßt nur die folgende Ämterlaufbahn als hist. gesichert erkennen: Consul 471, Consul II (?) 451, Decemvir consulari imperio legibus scribendis 451–449. **11.** C. C. Marcellus, Praetor 80, Proconsul in Sicilia 79 (gerechte Verwaltung), Augur bis zu seinem Tod (44), von Cic. öfters erwähnt, Vater von Nr. 12. **12.** C. C. Marcellus, Consul 50 v. Chr. (nachdem er um 53 Praetor und wohl 56 curul. Aedil war) und als solcher Nachfolger seines Vetters M. (Nr. 19) und Vorgänger seines Vetters C. (Nr. 13). Gegner Caesars, obwohl er mit dessen

Großnichte Octavia seit vor 54 vermählt war; 49 ging er zu diesem über, trat aber politisch nicht mehr hervor. Vielleicht veranlaßte er den Atticus, die Gesch. der Familie zu schreiben, Nep. Att. 18,4; † Anfang 40. **13.** C.C. Marcellus, Aedil (?) 56, Praetor um 53, Consul 49 (zusammen mit L. Lentulus Crus), Gegner Caesars, verließ im Jan. 49 Rom, im März Italien, wird für 48 noch als Flottenbefehlshaber des Pompeius genannt (Caes. civ. 3,5,3), mag aber vor Pharsalos sein Ende gefunden haben. **14.** M.C. Marcellus, Consul 331, Dictator (zur Abhaltung der Wahlen) 327, der 1. pleb. Claudier, der zum Consulat aufstieg. **15.** M.C. Marcellus, der berühmteste Marceller (Biogr. von Plut.). Enkel des gleichnamigen Consuls von 287. Im 1. Pun. Krieg kämpfte er mit, curul. Aedil war er etwa 226, Praetor etwa 224. Als Consul 222 war er in Oberitalien gegen die Gallier erfolgreich (Sieg bei Clastidium [Pol. 2,34,2–35,1], Zweikampf mit Viridomarus, wobei er die→ spolia opima gewann, Triumph de Insubribus [Fast. triumph., vgl. Cic. Tusc. 4,49 u.a.], Tempel für Honos und Virtus gelobt [Liv. 27,25,7 u.a.]). Im Hannibal. Krieg trat er erst nach Cannae hervor: 216 stand er als Praetor II zunächst in Ostia, sicherte aber dann im Raum Canusium und Nola Rom nach SO. hin gegen Hannibal. 215 hatte er ein proconsular. Imperium inne (seine Wahl zum cos. II suff. wurde kassiert) und hielt sich weiterhin im Raum Nola (Liv. 23,41,13–46,7, z.T. übertrieben). Als Consul III 214 nahm er, zusammen mit seinem Collegen, dem Cunctator, Casilinum und wurde nach einer Erkrankung nach Sicilien geschickt. Dort erwarb er sich in der Zeit seines Oberbefehls (als Proconsul 213–211) höchsten Ruhm (Hauptquelle: Liv. 24f., vorwiegend aus Pol.); nach 214 nahm er Leontinoi und begann 213 die Belagerung von Syrakus, das nach tapferer Gegenwehr (→ Archimedes) 212 kapitulierte; es schied nach Plünderung und Fortführung der Kunstschätze nach Rom aus der Reihe der Großstädte aus. C. erhielt eine Ovatio und wurde für 210 Consul IV (Apulien und Samnium). Auch als Proconsul 209 und als Consul V 208 stand er in Unteritalien und fiel bei Petelia, in der Nähe von Venusia (Liv. 27,25,10ff. 27,12ff. Plut. 29), über 60 J. alt. Münzporträt z.B. LANGE Herrscherköpfe 89. **16.** M.C. Marcellus, Sohn von Nr. 15, für den er die Leichenrede hielt (Liv. 27,27,13), hatte als Kriegstribun unter dem Vater gedient, war tr. pl. 204, Aedil 200, Praetor (Sicilia) 198, Consul 196 (Triumph *de Gal*[*leis Ins*]*ubribus*), Gesandter 195, Legatus 193, Censor (mit T. Quinctius Flamininus) 189, Pontifex 196–177. **17.** M.C. Marcellus, tr. pl. 171, Praetor in Spanien 169 (und 168), Consul I 166, II 155, III 152, als Proconsul 151 wieder in Spanien. **18.** M.C. Marcellus zeichnete sich 102 bei Aquae Sextiae aus (Frontin. strat. 2,4,6 u.a.), war Legat im Bundesgenossenkrieg 90 und Praetor vor 73. **19.** M.C. Marcellus, Freund des jüngeren Cato. Quaestor 64, curul. Aedil? 56,

Praetor etwa 54, Consul 51, entschiedener Gegner Caesars; erst 46 nahm er Caesars Gnade in Anspruch, wurde aber im Piraeus 45 ermordet, noch bevor er nach Italien zurückgekehrt war. Grundzug seiner Persönlichkeit dürfte die *constantia* gewesen sein, Cic. Att. 13,10,3. **20.** Ap. C. Nero, 197 und 196 Legat bei Flamininus in Griechenland, 195 Praetor (Hispania ulterior), 189 Kommissionsmitglied für Asia. **21.** C.C. Nero (Sohn und Enkel eines Tib.), diente 214 als Legatus unter Marcellus (Nr. 15), war Praetor 212 (Suessula, Capua), stand als Propraetor 211 zunächst vor Capua, ging dann nach Spanien (211, 210), war Legatus 209 in Italien, wurde 207 Consul, schlug Hasdrubal am Metaurus (Liv. 27,43–51), bekleidete 204 die Censur (wieder – wie 207 – mit M. Livius Salinator) und trat 201–199 nochmals als Gesandter in Erscheinung. **22.** Ti.C. Nero, Consul 202, war der Aufgabe nicht gewachsen, Liv. 30,27,1–5. **23.** Ti. C. Nero, Gemahl der Livia und von ihr Vater des späteren Kaisers Tiberius und des Drusus. Quaestor 48, Proquaestor 47 (Alexandria), Legat oder Praefect zur Veteranenansiedlung in Gallia 46–45, Praetor 42, Propraetor 41–40 (nahm am bellum Perusinum gegen Octavian teil, wurde 39 begnadigt, mußte sich bald darauf von Livia scheiden → Augustus), Legat 35, Pontifex 46 bis zu seinem Tod 33. **24.** Ap.C. Pulcher, Sohn von Nr. 33, Enkel des Caecus (Nr. 4). Aedil 217, tr. mil. 216 (kämpfte bei Cannae mit, Liv. 22,53,2. 54,5), Praetor 215 (Sicilien), Propraetor 214–213. Consul 212 (Belagerung von Capua), Proconsul 211 (starb nach dem Fall von Capua infolge Verwundung). **25.** Ap.C. Pulcher, zeichnete sich unter Flamininus in Griechenland 195–194 aus und war einer der Sachkenner der dortigen Verhältnisse (Gesandtschaften 184/83. 174/73). Consul 185. **26.** Ap.C. Pulcher, Consul 143, Censor (und princeps senatus) 136. Schwiegervater des Ti. Gracchus, dessen Reformen er als IIIvir agris dividendis (133 bis 130) unterstützte. Der bedeutende und zielbewußte Mann war auch Salier und Augur und trat als Redner hervor (Cic. Brut. 108). **27.** Ap.C. Pulcher, Sohn des Vorigen, Quaestor 99, Aedil etwa 91, Praetor 89, Consul 79 (Anhänger Sullas), Interrex 78, Proconsul in Makedonien (Kämpfe gegen Skordisker) 77–76, wo er starb. **28.** Ap.C. Pulcher, Sohn von Nr. 27, wuchs unter bedrängten Verhältnissen auf, gelangte aber zu höchsten polit. Ämtern und ist als Zeitgenosse (und zeitweiliger Freund) Ciceros bekannt: Gesandter 72. 71–70, Praetor (de repetundis) 57. Promagistrat 56 (Sardinia), Consul 54, Proconsul 53–51 (Cilicia, Vorgänger Ciceros [fam. 3]), Censor 50 (stieß → Sallust aus dem Senat), Proconsul (Griechenland, als Anhänger des Pompeius), starb noch vor Pharsalos 48 auf Euböa. Ließ in Eleusis die kl. Propyläen erbauen. Augur seit 63, schrieb über Auguralrecht und ist bei Varro rust. 3 Dialogpartner. Sein Bruder war der berüchtigte → P. Clodius, sein Schwiegersohn M. Brutus. **29.** Ap. C. Pulcher, von Cic. mehrfach erwähnt und empfohlen (fam. 11,22), Consul 38, Promagistrat in Spanien (Triumph 32), errichtete in Herculaneum das Theater (CIL X 1423f.). **30.** Ap. C. Pulcher, Bruder des Vorigen, von seinem Oheim Nr. 28 adoptiert. Mit Nr. 29 Ankläger des Milo 52, vollendete den Propyläenbau in Eleusis. **31.** C. C. Pulcher, bedeutender Politiker und Feldherr: Praetor (suff. peregrin.) 180, Consul 177; in diesem und im folgenden J. kämpfte er in N.-Italien und Ligurien (Eroberung von Istrien, Sieg an der Scultenna, Triumph), tr. mil. gegen Perseus 171, Censor 169 (mit Ti. Sempronius Gracchus), Kommissionsmitglied zur Neuordnung von Makedonien 167. Augur 195–167, d.h. bis zu seinem Tod. **32.** C. C. Pulcher, Quaestor um 105, Münzmeister um 104, curul. Aedil 99, Richter, Praetor 95, Consul 92, vgl. Cic. Brut. 166. **33.** P. C. Pulcher, Sohn des Caecus (Nr. 4), curul. Aedil 253 (Meilenstein von der v. Appia CIL X 6838), Consul 249, erlitt mit seiner Flotte bei Drepana eine Niederlage (Pol. 1,49,3–51,12; soll vorher die heiligen Hühner ins Wasser haben werfen lassen [*ut biberent, quoniam esse nollent,* Cic. nat. 2,7]. Latte RRel 266); als er einen Dictator ernennen sollte, nahm er seinen Subalternbeamten M. C. Glicia, der sofort abgesetzt wurde. Bald nach Verurteilung wegen Hochverrat starb er. **34.** Q. C. Quadrigarius, bedeutender röm. Historiker (Annalist), Zeitgenosse von Sisenna und Valerius Antias (Vell. 2,9,6), nach 100 v. Chr. Seine *annales* (auch *historiae* genannt) führten in mindestens 23 B. von der Zerstörung Roms durch die Gallier (387 v. Chr.) bis in die Zeit Sullas oder sogar zum Kampf gegen Sertorius (78–72). Rhetor. Ausschmückungen, gelegentliche Übertreibungen, einfacher und klarer Stil. HRR 1,205–237. Benutzt besonders von Liv. und Oros. Schanz-Hos. 1, 316ff. **35.** Ap. C. Sabinus Inregillensis, Consul 495 v. Chr. Einzelheiten und Gegnerschaft zur Plebs später erfunden. Elogium CIL 1^2 p. 199. Degr. I 13,3,67. Liv. 2,21,5–27,13. **36.** C. C. Sabinus Inregillensis, Sohn des Vorigen, Consul 460; wohl Bruder des Decemvirs Nr. 10 (nicht – wie in der jüngeren Annalistik ausgemalt – sein Onkel). Unhist. seine Tendenz: Gegner der Plebs, aber vermittelnd.

37. Claudia, eine der (drei) Töchter des Caecus (Nr. 4), soll 246 gewünscht haben, ihr (toter) Bruder P. (Nr. 33) möchte – zur Verminderung des hauptstädt. Pöbels – noch eine Seeschlacht verlieren, wofür sie eine Geldstrafe erhielt (Liv. ep. 19. Val. Max. 8,1 damn. 4 u. a.). **38.** Claudia, T. von Nr. 26, Gemahlin des Tib. Gracchus. **39.** Claudia Quinta, wahrscheinlich Enkelin von Nr. 4, T. von Nr. 33, trat bei der Ankunft des heiligen Steines der Mater Magna in Rom 204 als Matrone in Erscheinung (Liv. 29,14,12 u. a.), ja sie soll (als Vestalin) das im Tiber festgefahrene Schiff wieder flottgemacht haben (Ov. fast. 4,305–344 u. a.); diese Szene war auch bildlich dargestellt, CIL VI 492 mit Relief (Mus. Capit., Helbig Führer 1^3,798. Cumont Oriental. Rel.^{3} Taf. I 5). E. Schmidt Kultübertragungen RVV 8,2, 1909, 1ff. Latte RRel 259. Th. Köves Hist. 12, 1963, 335ff.

H. G. G.

II. Kaiserzeit: **1.** (Ti.) C. Vater von Nr. 24. Nach dem Trostgedicht Stat. silv. 3,3,60 kam er aus Smyrna als Sklave nach Rom, wo Tiberius ihn freiließ (66ff.). Er begleitete Caligula nach Gallien (69), Claudius beförderte ihn (70ff.), Nero gab ihm das Amt a rationibus (86–105); Teilnehmer an Vespasians jüd. Triumph (138ff.), wurde er wohl 73/74 in den Ritterstand erhoben (143ff.). Von Domitian verbannt, bald zurückberufen (146–171), Martial. 6,83. † 90jährig ca. 92, Martial. 7,40,6, s. Friedländer-Wiss. 1,53f. **2.** Ti. C. Agrippinus. Sohn des Lykiarchen C. Dryantianus aus Patara. Senator im J. 145 und 149, IGR III 739. Cos. suff. nach 161, ebd. 674, Consular ebd. 500 II 65f. Frater Arvalis, CIL VI 2086. AE 1947, 59,6.18.22. **3.** C. Apollinaris. Im J. 69 Präfekt der misen. Flotte, Tac. hist. 3,57,1; er schloß sich Vespasian an und entkam aus Tarracina, ebd. 3,76f. **4.** Ti. C. M. Appius Atilius Bradua Regillus Atticus. Sohn des Herodes Atticus, Inschr. Olympia 623. Von Antoninus Pius in den Patriziat erhoben, Sylloge^3 858. IG XIV 1389,24ff. Vom Vater gering geachtet, wurde ihm nur das mütterliche Vermögen hinterlassen, Philostr. vit. soph. 2,1,10. Trotzdem war er cos. ord. 185, CIL VIII 14683, und Archon in Athen, IGR III 1145. **5.** Ti. C. Ariston. Tempelhüter in Ephesos im J. 75, Forsch. Ephes. 3,132,46.4,85,5. Num. Ztschr. 52, 1919, 117,2. 3. Er war dort Prytane, Forsch. Ephes. 1,203,1, Archiereus von Asien im J. 76, Inscr. Brit. Mus. 3, 498, γραμματεύς in Ephesos im J. 79. JOEAI 1, 1898, Beibl. 76. Ca. 106 von Ephesiern aus Neid angeklagt, sprach ihn Traian frei, Plin. epist. 6,31, 6. Als Asiarch ist er im J. 100 nachweisbar, JOEAI 8, 1905, Beibl. 67. **6.** Ti. C. Attalus Paternianus. Legat. Aug. pr. pr. Thraciae vor 184 nach Mz. aus Pautalia (Mionnet, Suppl. II 373 Nr. 1008) und Nikopolis (K. Regling Bl. für Münzfreunde, 1926, 476, tab. 321,3), A. Stein Reichsbeamte Thrak. 38 Nr. 29 (s. L. Ruzicka Num. Ztschr. 14, 1921, 195). Septimius Severus stieß C. 193/94 aus dem Senat, Caracalla nahm ihn wieder auf, Cass. Dio 79,3,5. Procos. Cypri 217/18, G. Hill Hist. Cyprus 1,236, 4. Mitford, JRS 29, 1939, 190 und ABSA 42, 1947, 230. Elagabal ließ C. wegen alter Beleidigungen dem Comazon gegenüber töten, Dio 79,4,3. AE 1960, 262. **7.** C. C. Attalus Paterculianus. Bruder von Nr. 6, wie dieser aus Pergamum. Cos. suff. unter Septimius Severus, IGR IV 415, legat. Aug. Ponti et Bithyniae, Dess. 8836. **8.** Ti. C. Atticus. Sohn von Nr. 26, Vater des Herodes Atticus, Großvater von Nr. 4, s. P. Graindor Hérode Att. 4.8. 29. Er soll durch Schatzfund ungeheuer reich geworden sein, Philostr. vit. soph. 2,1,2. Liban. or, 4,

7 p. 289 F. Er wurde in den Senat aufgenommen, AE 1919, 8. Statth. von Judaea 99/100–102/3, JRS 52, 1962, 131 ff. Cos. suff. unter Traian, IG VII 88. Sylloge^3 859 A. Nach Philostr. vit. soph. 2,1,1 p. 55 K. cos. suff. II unter Hadrian. Über C. handelt ein Brief des Procos. Asiae Ti. C. Sacerdos (Nr. 47) um 118, IG V 1,1147. C. war Patronom von Sparta, IG V 1,32 A, ἀρχιερεὺς τῶν Σεβαστῶν in Athen, IG II 3^2,3595 f., sicher zwischen 97/102, s. N. M. Verdelis, BCH 71/72, 1947/48, 42 ff. Im Dionysostheater steht sein Name auf einem Ehrensitz, IG II 3^2,5090. Ihm wurden zahlreiche Statuen und Denkmäler errichtet. † ca. 137. **9.** L. Vibullius Hipparchus Ti. C. Atticus Herodes, → Herodes Atticus. **10.** M. Aurelius C. Gothicus, → Aurelius Nr. 31. **11.** M. Aurelius C. Quintillus, → Quintillus. **12.** T. C. M. Aurelius Aristobulus. Praef. praet. unter Numerianus, Carinus und Diokletian, Aur. Vict. Caes. 39,14. Cos. ord. 285, Amm. 23,1,1. Procos. Africae ca. 290 (CIL VIII 4645) bis 294, CIL VIII 608. 11772. Ein Reskript an ihn vom J. 293 Cod. Iust. 2,13,1. Praef. urbi vom 11. Januar 295 bis 19. Februar 296, Chron. min. 1,66, s. P. Meloni Regno di Carino 158 f. 161. **13.** Ti. C. Balbillus. Praef. Aeg. 55–59, Tac. ann. 13,22,1. F. Preisigke Sammelb. 5797. 7462, s. A. Stein Praef. Aeg. 33 f. Forsch. Ephes. 3,127 ff. Nr. 41. 42. J. Schwartz Bull. Inst. Franç. d'Arch. Orient. 48, 1949, 45 ff. Nach Plin. nat. 19,3 kam er aus Sicilien nach Alexandria. Sen. nat. 4,2,13 rühmt seine Gelehrsamkeit. Schon C. Cichorius Röm. Stud. 39,3 hatte C. mit dem Astrologen Balbillus (Suet. Ner. 36,2. Cass. Dio 66,9,2) identifiziert; darüber D. Magie Roman Rule 2,1387 ff. H. G. Pflaum Carrières procurat. équ. 1,34–41. **14.** Ti. C. Caesar Britannicus → Britannicus. **15.** Ti. C. Candidus. Seine Laufbahn vom Kohortenpräfekten bis zum bedeutendsten Heerführer des Septimius Severus verzeichnet CIL II 4114. Als *dux exercitus Illyrici expeditione Asiana* besiegte er 194 bei Nikaia den Pescennius Niger, Cass. Dio 74,6,4–6. Im J. 195 kämpfte er anläßlich der Parth. Expedition des Severus; vielleicht 196 war er cos. suff., besiegte in Gallien den Clodius Albinus, focht als legat. Aug. pr. pr. Hispaniae cit. gegen Rebellen, dann in Asien und Noricum. **16.** Ti. C. Charax. Aus Pergamon, Th. Wiegand, ADAW 1932, Nr. 5,48,3. 51 f.,4. Er war legat. Aug. Ciliciae, Lycaoniae, Isauriae, AE 1961, 320. Cos. suff. 147, Inscr. It. XIII 1,206 f. AE 1946, 204,8. Er schrieb Hellenika in 40 B., FGrH II A p. 482–493 Nr. 103. Christ-Schmid 2,2,762 f. **17.** Ti. C. Claudianus. Afrikaner, CIL VIII 5349. Als candidatus Aug. (des Septimius Severus) war er ca. 193/94 praetor tutelarius, nach Bekleidung hoher Militärposten 196/97 und 198 (CIL III 3745. AE 1960, 57, Fitz, Epigraphica 23, 1961, 66) leg. Aug. pr. pr. Pannoniae inf.; ca. 199 cos. suff., ca. 200 leg. Aug. pr. pr. Pannoniae sup., CIL VIII 7977. 7978, s. W. Reidinger Statthalter ungeteilt. Pannoniens

und Oberpannoniens 100 ff. **18.** C. Diognetus. Procurator in Äg., 197–204 nachweisbar, s. H. G. Pflaum Carrières procurat. équ. 2,659–662. Er ist wohl der Adressat des Briefes an Diognetos, H.-I. Marrou Diognète (Sources Chrét. 33, 1951), 244 ff. 259 ff. **19.** C. Drusus. Sohn des späteren Kaisers Claudius Nr. 39. Als Kind im J. 20 der Tochter Seians zur Ehe bestimmt (Tac. ann. 3,29, 4), später verlobt (Cass. Dio 58,11,5) erstickte er an einer Birne, Suet. Claud. 27,1. **20.** Nero C. Drusus (= Drusus maior), urspr. Decimus C. Drusus, Sohn des Ti. C. Nero und der Livia Drusilla (die 3 Monate vor der Geburt des C. den späteren Kaiser Augustus heiratete), Stiefsohn des Augustus, jüngerer Bruder des Tiberius, Suet. Claud. 1,1, * 14. Januar 38, ebd. 11,3 (Cass. Dio 60,5,1). C. kam zu seinem Vater, nach dessen Tod 34/32 in die Tutel Octavians, Cass. Dio 48,44,4 f., in dessen Haus er erzogen wurde. 19 v. Chr. ließ Augustus durch Senatskonsult bestimmen, daß C. 5 J. vor der Normalzeit den cursus honorum beginnen konnte, Cass. Dio 54,10,4. Tac. ann. 3,19,1. Quaestor 18, Praetor 16 an Stelle seines Bruders Tiberius, der nach Gallien ging, Cass. Dio 54,19, 5 f. Im J. 15 führte er Krieg gegen die Raeter. Er durchzog das Tal der Etsch und der Eisack und besiegte sie zusammen mit Tiberius, Vell. 2,95,2. Hor. c. 4,4,1–28. 4,14,8–24. C. erhielt die *ornamenta praetoria*, Cass. Dio 54,22,1–3. Errichtung des Denkmals der Tropaea Augusti, Bildung der Provinz Raetia mit Vindelicia, Liv. per. 138. Im J. 13 war C. Statthalter der tres Galliae, Cass. Dio 54,25,1. Er hielt den Census, CIL XIII 1668 II 35 ff. und weihte am 1. August 12 in der Residenz Lugdunum die ara Romae et Augusti, Suet. Claud. 2,1. Angriffe der Germanen schlug er zurück und drang nach Anlegung der fossa Drusiana (Rhein-Nordsee, Tac. ann. 2,8,1) in das Gebiet der Usipeter, Friesen, Brukterer, Chauker, Cass. Dio 54, 32,2 f. Tac. ann. 4,72,1. Germ. 34. Ende 12 Rückkehr nach Rom. Im J. 11 praetor urbanus, Cass. Dio 54,34,1, zog er schon im Frühjahr 11 gegen die Usipeter, Sugambrer, Cherusker, Tenkterer und Chatten, Liv. per. 140. Plin. nat. 11,55. Tac. ann. 1,56,1. Cass. Dio 54,33,1–4, erhielt die *ornamenta triumphalia* und die Ovation und gegen Jahresende das *imperium proconsulare;* der Octavia hielt C. die Leichenrede, Cass. Dio 54,33,5. Das J. 10 verbrachte C. in Kämpfen gegen die Chatten, kehrte mit Augustus und Tiberius nach Rom zurück, Cass. Dio 54,36,3 f. Cos. ord. 9 v. Chr., CIL V 3109. Vell. 2,97,3. Augur, CIL IX 2443. AE 1926, 42. Wieder zog C. nach Germanien, besiegte die Chatten, Sueben, Marcomannen, verwüstete das Land der Cherusker bis zur Elbe, Cass. Dio 55,1,2. Die Rhein-Main-Weser-Maaslinie sicherte er durch Kastelle, Flor. 2,30, das Rheinufer durch einen Damm, Tac. ann. 13,53,2. Zwischen Rhein und Saale (Strab. 7,1,3 p. 291) brach er sich den Unterschenkel infolge eines Sturzes seines Pferdes (A. ESSER Caesar und die jul.-claud. Kaiser 108f.), der vom Kaiser von Pavia gesandte Tiberius traf ihn noch lebend an (Liv. per. 142. Consol. Liv. 89ff.), doch im September 9 v. Chr. starb er, Tac. ann. 3,5,1. CIL I^2 p. 248. Tiberius brachte den Leichnam nach Ticinum (Pavia), Cass. Dio 55,2,1, von dort mit Augustus nach Rom, Tac. ann. 3,5,1, wo er eingeäschert und im Mausoleum Augusti beigesetzt wurde, consol. Liv. 217 bis 266. Tief betrauert vom Volk (Suet. Claud. 1,4. Tac. ann. 1,33,2), hielten ihm Augustus und Tiberius die Leichenreden, Cass. Dio 55,2,2f. Der Kaiser verfaßte Elogia in Versen und Prosa; Inscr. It. XIII 3 Nr. 9. Er (und seine Nachkommen) erhielt das Cognomen Germanicus, Suet. Claud. 1,5, einen Ehrenbogen an der via Appia, ebd. 1,3, ein Kenotaph bei der ara Ubiorum (E. KORNEMANN Mausoleum 83), am Rhein (Cass. Dio 55,2, 3) u.a. Von seiner Gattin Antonia minor, der Tochter des M. Antonius, hatte C. als Kinder Germanicus (Germanicus Iulius Caesar, → Germanicus), Livilla und Claudius (späterer Kaiser). Porträts bei E. CURTIUS, Röm. Mitt. 50, 1935, 260. V. POULSEN Claudische Prinzen, 1960, 15–20. Mz. bei MATTINGLY 1,178f. 181f. 268f. 192–194. Unter Claudius: MATTINGLY RIC 1,128,58. 131; unter Titus RIC 2,145,225. MATTINGLY 2,288.292. K. CHRIST Drusus und Germanicus, 1956. **21.** Nero Drusus = Drusus Iulius Caesar, Sohn des Tiberius, → Drusus. **22.** Tib. C. Nero = Tib. Iulius Caesar = Tib. Caesar Augustus, → Tiberius. **23.** Nero Drusus Germanicus Caesar = Nero Caesar Augustus Germanicus, → Nero. **24.** C. Etruscus, Sohn von Nr. 1. An ihn ist Stat. silv. 3,3. Martial. 7,40 gerichtet. Von Vespasian in den Ritterstand aufgenommen (V. 145), Stifter eines Bades, Stat. silv. 1, pr. 1,5. Martial. 6,42. **25.** M. C. Fronto, bekleidete die Quaestur, Aedilität, Praetur unter Antoninus Pius und war unter Marcus und Verus im Partherkrieg 162/64 als Kommandant tätig, Lukian. quom. hist. conscr. 21 (D. MAGIE Rom. rule in As. min. II p. 1531). Cos. suff. 165, L. VIDMAN Fast. Ost. 24. 79. Curator operum locorumque publ.; 166 erhielt er hohe militär. Auszeichnungen. Legat. Aug. pr. pr. der tres Daciae und von Moesia sup. 166–170, CIL III 1457 (A. STEIN Legat. Moes. 46–48). Er fiel im Kampf gegen Germanen und Jazygen und erhielt eine Statue auf dem Forum Traiani; Inschr. davon CIL VI 1377, vgl. 31640. **26.** Ti. C. Hipparchus, Vater von Nr. 8; seine reichen Güter wurden unter Domitian konfisziert, Philostr. vit. soph. 2,1,2 p. 56 K. **27.** C. Iulianus, sorgte für ein Gladiatorenspiel Neros, Plin. nat. 37,45. Im J. 68 Praefekt der misen. Flotte. Im nächsten Jahr sollte er diese im Auftrag des Vitellius vom Abfall abhalten; der Versuch, zu Vespasian überzugehen, kostete ihn in Terracina das Leben, Tac. hist. 3,57,2. 76,1. 77,3. **28.** (C.? Iu)lianus, procos. Asiae, Sylloge^3 850, MIONNET 3,103,321. W. HÜTTL Ant. Pius 2,46f. **29.** Appius C. Iulianus, cos. suff., procos. Africae, CIL VIII 4845 (B. THOMASSON Statth. Nordafr. 2, 113). Cos. ord. 224, CIL XI 2702; wohl gleichzeitig praef. urbi, Dig. 31,87,3. **30.** Ti. C. Iulianus. Er war leg. pr. pr. Achaiae, AE 1905, 121 (E. GROAG Reichsbeamte Achaia 106f.) Praetor, cos. suff. 159, CIL XVI 110. Leg. Aug. pr. pr. Germaniae inf. 160, CIL XIII 8036, W. HÜTTL Ant. Pius 2,94f. Freund Frontos, ad am. 1,5.17.18. **31.** Ti. Iulius Aquilinus Castricius Saturnin(us) C. Livianus, praef. praet. Traians, CIL VI 1604, ging 101/102 mit Licinius Sura als Unterhändler zu Decebalus, Cass. Dio 68,9,2f. Freund Hadrians, vit. Hadr. 4,2. **32.** M. C. Marcellus. Sohn des C. C. Marcellus cos. 50 v. Chr. und der Octavia, der Schwester des Augustus, Plut. Ant. 87. Liv. per. 140. * 42 v. Chr., Prop. 4,18,15; 39 mit der Tochter des Sex. Pompeius verlobt, Cass. Dio 48,38,2; er ritt 29 beim Triumph wegen Actium zur Rechten Octavians, Suet. Tib. 6,4, begleitete Augustus in den kantabr. Krieg, Cass. Dio 53,26,1. Krinagoras, Anth. Pal. 6,161 (vgl. 9,545) und heiratete 25 Julia, Augustus' Tochter, Cass. Dio 53,27,5. Vell. 2,93,2. Mon. Anc. lat. 4,23. Im J. 24 Pontifex (Tac. ann. 1,3), wurde C. zum Aedil designiert mit dem Recht, unter den Praetoriern zu stimmen und sich 10 J. vor der Zeit um den Konsulat zu bewerben, Cass. Dio 53,28,3f. Er gab als Aedil 23 Spiele, Plin. nat. 19,24. Die Bevorzugung des C. führte zu Rivalitäten mit Agrippa (Vell. 2,93,2) und Tiberius (Tac. ann. 6,50,3), zumal C. beim Volk beliebt war, Tac. ann. 2,41,3. Er war Patron von Pompei (CIL X 832), Delphi (Sylloge^3 774 A), Tanagra (ebd. 774 B). Im September 23 † in Baiae; beim Staatsbegräbnis hielt Augustus die Leichenrede, Bestattung im Mausoleum des Augustus, Cass. Dio 53,30,4f. Prop. 3,18,1–10. AE 1928, 88. Verg. Aen. 6,860–886. Ihm zum Andenken wurde die bibliotheca Octavia (Plut. Marc. 30) und das theatrum Marcellum (Mon. Anc. 21 lat. 6,35 geweiht. **33.** M. C. Marcellus, cos. suff. 11 v. Chr. R. L. CALVERT Athen. 39, 1961, 11–23. **34.** M. C. Marcellus Aeserninus, Quaestor des Q. Cassius Longinus in Hispania ult. 48 v. Chr. bell. Alex. 57,4–64,1. Von Caesar verbannt, später wieder in Ansehen, Cass. Dio 42,15,2–16,2. Cos. ord. 22 v. Chr., Inscr. It. XIII 1 p. 273, 2. Div. ind. 1,54. XVvir sacris fac., magister bei den Saekularspielen 17 v. Chr., CIL VI 32323,151.168. **35.** M. C. Marcellus Aeserninus, Enkel von Nr. 34, Neffe mütterlicherseits des Asinius Pollio, Sen. contr. 4 praef. 3f. Im J. 16 n. Chr. curator riparum et alvei Tiberis, CIL VI 31544 a–c. Praetor peregrinus 19, Inscr. It. XIII 1, p. 298. Im J. 20 weigerte er sich, die Verteidigung des Cn. Piso zu übernehmen, Tac. ann. 3,11,2. Berühmter Redner, Sen. suas. 2,9 u.a. **36.** Ti. C. Marinus Pacatianus, cos. suff. vor 248. In diesem Jahr leg. Aug. (des Philippus) pr. pr. Moes. et Pann., zum Kaiser ausgerufen, Zos. 1,20,2. A. STEIN Legat. Moes. 56. Imperator 248/

249, Mattingly RCI 4/III p. 65.104f., bald von den Soldaten ermordet, Zos. 1,21,2. **37.** C. Maximus, cos. suff. ca. 144, leg. Aug. pr. pr. Pann. sup. 150–154. CIL XVI 99. 104. Procos. Africae ca. 160/61. Vor ihm verteidigte sich Apuleius, apol. 85 u.a., s. W. Hüttl Ant. Pius 2,24. W. Reidinger Statth. Pann. 78f. **38.** L.C. Modestus, cos. suff. 152, CIL IX 1574, frater Arvalis 155, CIL VI 2086. **39.** Ti. C. Nero Germanicus = Ti. Claudius Caesar Aug. Germanicus = Kaiser Claudius, Sohn von Nr. 19 und Antonia minor, CIL XIII 1668. VI 921. Enkel der Livia, Neffe des Tiberius. Urspr. hieß er Ti. C. Drusus (Suet. Claud. 2), seit 9 v. Chr. hatte er das Cognomen Germanicus (Cass. Dio 55,2,3), seit 4 n. Chr. nach dem Übertritt seines Bruders in die gens Iulia von diesem den Namen Nero (CIL X 6561). * 1. August 10 v. Chr. in Lugdunum, CIL X 6638. Suet. Claud. 2,1. Als Kind ständig krank (s. A. Esser Caesar und die jul-cl. Kaiser 154ff.), auch später geh- und sprechbehindert (Suet. 30, Sen. apocol. 5) wuchs er zurückgesetzt von Mutter und Großmutter (Suet. 3) auf, Cass. Dio 60,2,4f.; doch Herodes Agrippa (I.) war sein vornehmer Spielgefährte, Ios. ant. 18, 165. Regsamen Geistes betrieb er wissenschaftliche, vor allem hist. Studien (Suet. 3,1, Cass. Dio 60, 2,1). Die toga virilis erhielt er ohne feierliche Zeremonien (Suet. 2,2). Auf dem 7/8 n. Chr. in Ticinum (Pavia) errichteten Bogen hatte er den letzten Platz, CIL V 6416,10. Im J. 9 n. Chr. Augur CIL III 381. C. gehörte dem Ritterstand an, Suet. Cal. 15,2. Trotzdem wurde ihm ca. 6 n. Chr. die Großnichte des Augustus, Aemilia Lepida, verlobt. Geheiratet hat er als erste die Plautia Urgulanilla, von der er den Sohn Drusus Nr. 18 bekam. Im Testament von Augustus in 3. Linie mit einem Legat von 800000 Sesterzen bedacht, Suet. 4. Als Neffe des Tiberius wurde er 14 sodalis Augustalis, Suet. Cl. 6,2. CIL V 24. Der Kaiser gestand ihm zwar die *ornamenta consularia* zu, verweigerte ihm jedoch den Zutritt zum cursus honorum, Suet. 5,6,2. Im J. 20 ging er der Asche seines Bruders Germanicus bis Terracina entgegen, Tac. ann. 3, 2,3. Als der Senat den Angehörigen des Kaiserhauses nach dem Tod des Piso Dank sagte, vergaß man C. zunächst, Tac. ann. 3,18,3. Seian versuchte, den Sohn des C. mit seiner Tochter zu verloben und so in die Kaiserfamilie zu kommen, Tac. ann. 3,29,4. Er dankte 31 im Namen des Ritterstandes dem Senat für die Vernichtung Seians, Suet. 6,1, gratulierte 37 in gleicher Funktion seinem Neffen Caligula zur Übernahme der Herrschaft, Cass. Dio 59,6,6, und dieser erhob C. in den Senatorenstand. C. war cos. suff. vom 1. Juli bis 12. September 37, (CIL I^2 p. 71f. Arv.) (anders Cass. Dio 59,7,9). Doch schon 39 begannen für C. wieder die ärgsten Kränkungen von seiten des Caligula, Suet. 9,1f. Cass. Dio 59,23,2.28,5. Nach kurzer 2. Ehe mit Aelia Paetina heiratete C. um 39 Valeria Messalina, die ihm um 40 die Octavia und 41 den Britannicus (s. Nr. 14) gebar. Als Caligula am 24. Januar 41 umkam, wurde C. (als Sohn des Germanicus!) von den Praetorianern in ihrem Lager zum Imperator ausgerufen (Ios. ant. 162–164.212–226. Suet. 10), wogegen der Senat mit Hilfe der Stadtkohorten die Republik herstellen wollte. Seinen Widerstand überwand C. dank den Ratschlägen des Herodes Agrippa, Ios. ant. 19,166–189.227–266. Suet. 11,1. Er erließ eine Amnestie, Ios. ant. 19,268–273, auch für die meisten unter Caligula Verurteilten, Suet. 12. Mz. zu Ehren des Germanicus und Augustus (H. Kuethmann Jb. für Num. 10, 1959/60, 47–60) und Livia (Riv. It. Num. 60, 1958, 27–36) prägte C. zum Zeichen seines Einschwenkens auf die politische Linie des Augustus (gegenüber Caligula). Er errichtete deshalb anfangs 43 die ara Pietatis Augustae, Dess. 202, vgl. G. May La politique relig. de l'imp. C., Rev. hist. de droit franç. et étr., 1938, 1ff. Seine Tochter Octavia vermählte C. mit einem Urgroßenkel des Augustus, L. Iunius Torquatus Silanus. C. löste das kritisch gewordene Problem der Getreideversorgung Roms, Sen. brev. vit. 18,5. G. Vitucci Arch. class. 10, 1958, 310ff. Da die Kluft zwischen C. und dem Senat groß war, (vgl. Mc Alindon, AJPh 77, 1956, 113ff.) stützte er sich folgerichtig auf tüchtige, fachkundige Freigelassene, die wichtige Agenden des Kaisers zur Verwaltung erhielten: Narcissus *(ab epistulis)*, Pallas *(a rationibus)*, Callistus *(a libellis)*, Polybios *(a studiis)* u.a. Die Armee und die Konzentrierung der Herrschaft in diesen Ämtern waren die Stützen seiner Regierung, an denen auch Versuche von Senatoren, wie 42 des dalmatin. Statthalters L. Arruntius Furius Camillus Scribonianus, die Republik zu errichten, scheitern mußten. Tac. ann. 12,52,2. Auch in der Außenpolitik begann C. sehr erfolgreich; die Streitigkeiten zwischen Juden und Alexandrinern schlug er nieder und gab den Juden große Privilegien, Ios. ant. 19,279–285. (Über den Brief des C. s. H.I. Bell Jews and Christians in Egypt, 1924. H. Bardon Les empereurs et les lettres lat. p. 125–161). Dem Agrippa gab er Judaea und Samaria (Ios. ant. 19,274–277). Nach seinem Tod im J. 44 wurde das Land wieder röm. Provinz, Ios. ant. 19,343–352.360–363. Mithridates wurde in Armenien eingesetzt, Cass. Dio 60,8,1. Tac. ann. 11,8,1. P. Gabinius Secundus schlug die Chauker, Suet. 24,3. Cos. II im J. 42 (CIL I^2 p. 247 Fasti Antiates. XIII 590); pater patriae ab 12.1. (CIL VI 2032). Mauretanien wurde 42 durch C. Suetonius Paulinus erobert und in 2 Provinzen, Tingitana und Caesariensis, geteilt (Cass. Dio 60,9,1–5). Die Hafenanlage bei Ostia wurde geschaffen (Meiggs Ostia, 1960, 54f.) und der Fucinersee abgeleitet (Suet. 20,1). Cos. III 43 (CIL X 6638). A. Plautius Silvanus unternahm eine Offensive gegen Britannien und drang bis zur Themse vor; C. kam selbst, begleitet von Freunden auf die Insel (Friedländer-Wiss. 4,63ff. I.A. Richmond Rom. Britain, 1955, 22) und eroberte die Königsburg Camulodunum, Cass. Dio 60,19–23 (C. F. C. Hawkes-M. R. Hull Camulod., 1947). Anth. lat. 419–426 Riese (V. Tandoi Il trionfo di C., SIFC 34, fasc. 1, 1962, 83–129; fasc. 2, 1963, 137–168). 6 Monate war C. von Rom fern gewesen, davon 16 Tage auf der Insel, Cass. Dio 60,23,1. Suet. 17,2. Im J. 44 feierte C. seinen Triumph, Cass. Dio 60,23,1–5 (s. D. R. Dudley Univ. Birmingh. Hist. Journ. 7, 1959, 6–17). Doch die Kämpfe auf der Insel gingen in den nächsten Jahren weiter. Durch die Übernahme Thrakiens als procurator. Provinz wurde der ganze Raum s. der Donau Reichsprovinz, A. Stein Reichsbeamte Thrakien 1 ff. Cos. IV 47 n. Chr., CIL III 6024. Dem immer ärger werdenden Treiben der Messalina fiel zu Beginn des Jahres des C. Schwiegersohn nach seiner Tochter Antonia, Cn. Pompeius Magnus mit seinen Eltern, sowie Polybios zum Opfer. Nach dem Vorbild des Augustus hielt C. am 21. April ludi saeculares ab, Tac. ann. 11,11,1 f. Dann trat C. wie einst Augustus die Censur an, ebd. 11,13. Seiner am Rhein (K. Kraft Zur Rekrutierung der Alen und Koh. an Rhein und Donau, 1951) befolgten Politik, diese Linie zu halten, blieb C. auch treu, als er den Statthalter von Germania inf., Cn. Domitius Corbulo, nach Besiegung der Friesen am Unterrhein festhielt, Tac. ann. 11,18,1–20,2. Mehr Gefahr drohte am Mittel- und Oberrhein (F. Sprater Obergerman. z. Z. d. C., Epigraphica 9, 1947, 81 bis 89), wo daher Vindonissa neu gebaut und mit der 21. Legion belegt wurde. Die Donaugrenze wurde durch Anlegung von Kastellen und die Umwandlung des Königreiches Noricum in eine procurator. Provinz gesichert. Die lectio senatus und strenge Musterung der Ritterschaft im J. 48 (Suet. 16,1) waren der Erneuerung des Staates ebenso dienlich wie die Gewährung des vollen Bürgerrechtes an den gall. Adel (CIL XIII 1668. Tac. ann. 11,24. F. Vittinghoff H 82, 1954, 348–371. E. Schönbauer Jura 6, 1955, 160 ff.). Doch erschütterte ihn schwer die Affäre der Messalina mit C. Silius, die mit vielen anderen den Tod fand. Narcissus hat dabei C. Thron und Leben gerettet, Tac. ann. 11,26–38. Cass. Dio 60,31,3–5. Die gute Regierung des C. geriet nur durch sein Verhältnis zu den Frauen in die Katastrophe. Schon Anfang 49 heiratete er trotz des Widerspruchs des Narcissus seine Nichte Agrippina, die den Pallas gewonnen hatte, Tac. ann. 12,5–7. Ihr Sohn Domitius, dessen Erziehung der aus der Verbannung zurückgerufene Seneca (ebd. 11,8–12) übernahm, wurde mit C.' Tochter Octavia verlobt (ebd. 11,9). Am 25. Februar 50 adoptierte C. als cos. V nach dem Vorbild des Augustus den Stiefsohn, Tac. ann. 12, 25,1. CIL VI 2041, erhob Agrippina zur Augusta, ihre Geburtsstadt Köln zur Militärkolonie, Tac. ann. 12,27,1. H. Schmitz Colon. Cl. Ara Agrippinensium, 1956. Ein Rückschlag im O., wo es dem Partherkönig Vologaeses I. gelang, Armenien von Rom zu lösen und seinem Bruder Tiridates zu geben (Tac. ann. 12,44–48), wurde wettgemacht durch die Gefangennahme des Britannenkönigs Caratacus (ebd. 12,36–38). CIL VI 920.921. In Rom aber setzte ein erbittertes Ringen zwischen Agrippina und Narcissus ein, das erstere dadurch für sich und ihren Sohn entschied, daß sie C. am 13. Oktober 54 durch vergiftete Schwämme ums Leben brachte. Tac. ann. 12,66–69. Suet. 44 f. C. wurde konsekriert, Tac. ann. 12,69 (Parodie: Sen. Apocol. divi Claudii). C. hat zu Lebzeiten nicht wie Caligula religiöse Verehrung gefordert, sie aber von der nichtröm. Bevölkerung nicht ungern gesehen, IGR III 328. CIL X 1558. VI 2035. Dess. 5883; als Gott verehrt im Tempel von Camulodunum in Britannien, Sen. apocol. 8. M. P. Charlesworth, CR 39, 1925, 193 ff. Das Regime des C. war keine absolutist., sondern eine bürokrat. Monarchie. Unter ihm erhielten Fiskus, kaiserl. Prokuratoren, Getreideverteilung und Postwesen feste Formen. Das Gerichtswesen hatte einen hohen Stand. Er suchte das Ansehen der oberen Stände in Rom zu heben und führte ihnen durch die Bürgerrechtsverleihung an Provinziale neues Blut zu. Auf religiösem Gebiet begünstigte er altröm. Kulte und hemmte ö. Einfluß, trug aber der Entwicklung religiöser Bräuche infolge der Weitung des Imperiums Rechnung, zu der unter seiner Regierung Wesentliches beigetragen wurde.

Lit.-Schaffen: 41 B. Gesch. von 27 v. Chr. bis 14 n. Chr. (*Bücheler* Kl. Schr. 1,455). Verteidigung Ciceros gegen Asinius Gallus, Autobiogr. in 8 B. (Suet. 41). In griech. Sprache: 20 B. Etr. und 8 B. Karthag. Geschichte (Suet. 42). Grammat. Schr. (*Bücheler* Kl. Schr. 1,1 ff. *Schanz-Hosius* 2,2,11). Rede vor dem Senat vom J. 48 (vgl. Tac. ann. 11,24). CIL XIII 1668, s. *A. Momigliano* Claudius (engl. Ausg.) 6–19. *H. Bardon* Les empereurs et ses lettres lat., 1940, 125–161. *R. Syme*, Tacitus 2,703–710.

Lit.: *V. M. Scramuzza* The emperor Claudius, Harvard hist. stud. 44, 1940, 171. *A. Momigliano* Claudius (engl. Ausg.)², 1961. Mz.: *Mattingly*, RIC I p. 121 ff. *J. Vogt* Alexandr. Münzen I p. 23 ff. *H. V. Sutherland* Coinage in Rom. Imp. Policy 31 BC–AD 68, 1951, 123–147. Bild: *N. Bonacasa*, MDAI(R) 67, 1960, 126–132. *J. Bernoulli* Bildnisse röm. Kaiser 1,327 ff. *M. Stuart* The portraiture of C., 1938. *J. M. C. Toynbee*, ABSA 53/54, 1958/1959, 285 f. *M. P. Charlesworth* Documents illustr. the reigns of C. and Nero, 1939.

40. (Ti. C.) Parthenius, → Parthenius. **41.** Ti. C. Pollio, Contubernalis des jüngeren Plinius in Syrien, epist. 7,31. Seine Prokuraturen CIL VI 31032, H. G. Pflaum Carrières éq. proc. 1,124, Nr. 54. Verfaßte eine Biographie des L. Annius Bassus. **42.** Ti. C. Pompeianus, Sohn von Nr. 43, Tribun der leg. I Minerva 197, G. Alföldy Act. Ant. 8, 1959, 145 f. Vielleicht cos. ord. 209, von Caracalla nach 212 getötet, H. A. v. Carac. 3,8. Herodian. 4,6,3. Sein Sohn ist C. Pompeianus, cos. ord. 231, CIL VI 2108. **43.** Ti. C. Pompeianus, Syrer, cos. suff. vor 167, damals leg. Aug. pr. pr. Pann. inf.,

CIL XVI 123. Anfangs 169 Schwiegersohn des Marc Aurel durch Lucilla, die Witwe des Verus; Herodian. 1,8,3. H.A. v. Marci 10,7. Cos. II. ord. 173 CIL III 6176.3116. v. Marci 20,6. Generalstabschef des Marcus im Markomannenkrieg, H.A. v. Carac. 3,8. Seinem Rat, den Krieg fortzusetzen, folgte Commodus nicht, Herodian. 1,6,4 bis 7. Trotz der Hinrichtung von Gattin und Neffen (?) (Nr. 44) schonte der Kaiser C., Cass. Dio 72,4,2. Von Pertinax geehrt ebd. 73,3,2f. Die angetragene Kaiserwürde lehnte C. ab, H.A. v. Pert. 4,10, ebenso die von Didius Iulianus angetragene Mitherrschaft. v. Did. Iul. 8,3. – H.G. PFLAUM Journ. des Sav., 1961, 28ff. Wiederholt ist er auf den Reliefs der Marcussäule neben dem Kaiser zu sehen, E. PETERSEN Marcussäule, Text 43ff. W. ZWIKKER Stud. zur Marcussäule, 1941, 150ff., desgl. auf den Relieftafeln am Konstantinsbogen und im Konservatorenpalast. **44.** C. Pompeianus Quintianus, Neffe (?) von Nr. 43, heiratete die Tochter der Lucilla und des Verus, Cass. Dio 72, 4,4. Um 182 beteiligte er sich an der Verschwörung der Lucilla und des Ummidius Quadratus gegen Commodus und wurde hingerichtet, H.A. v. Comm. 4,3f. Herodian. 1,8,8. Sein Sohn war Ti. C. Aurelius Quintianus, cos. ord. 235, CIL VI 2009. X 3850. **45.** Ti. C. Quartinus war im Verlaufe seiner CIL XIII 1862 angegebenen Karriere 119 iuridicus prov. Hispaniae cit. Tarracon.; CIL II 2959. Cos. suff. 130, CIL VI 2083, cf. 32377. Im J. 134 leg. Aug. pr. pr. Germaniae sup. CIL XVI 80 (s. E. RITTERLING Fast. röm. Deutschl. 29). Ein Reskript Hadrians an C. vom J. 138, Dig. 48,18, 1,2. **46.** C. Restitutus, Senator, sprach 99 im Prozeß des Caecilius Classicus gegen Plinius, ep. 3,9, 16. An ihn gerichtet ep. 6,17 und Martial. 10,87. **47.** Ti. C. Sacerdos Iulianus, cos. suff. 100, CIL VI 451, Magister der Arvalbrüder 101, CIL VI 2074, Procos. Asiae ca. 117/18, IG V 1. 1147. **48.** Ti. C. Saturninus, leg. Aug. pr. pr. Galliae Belgicae gegen Ende der Regierung Hadrians, frg. Vat. 223, cos. suff. um 143, leg. Aug. pr. pr. Moesiae inf. im J. 145, AE 1916, 65 (A. STEIN Statth. Moes. 69). **49.** C. C. Severus, Peripatetiker, Lehrer des Marc Aurel, H.A. v. Marci 3,3, älterer Sohn von Nr. 50 (?). **50.** C. C. Severus, vornehmer Galater, leg. Aug. pr. pr. Arabiae 111–115, AE 1927, 151.147. In Abwesenheit war er 112 cos. suff., Inscr. It. XIII 1, p. 200f. (Ostia). Jüngerer Sohn (?) von Nr. 52, sein Enkel Nr. 51. **51.** C. C. Severus, Sohn von Nr. 52, aus Pompeiopolis in Paphlagonien, cos. suff. vor 163, Peripatetiker, Galen. 14 p. 613 K., Marc. Aur. εἰς ἑαυτὸν 1,14. Heiratete in 2. Ehe eine Tochter des Marc Aurel, Herodian 1,2,2. DESSAU 8832. Cass. Dio 79,5,4. Cos. II. ord. 173, IGR III 1446. IG II 3^2, 4780. CIL VI 2382. Er begleitete 176 Marcus nach Athen, Philostr. vit. soph. 2,10,4. Sein Sohn war Ti. C. Severus Proculus cos. ord. 200, CIL VI 1054, sein Enkel Cn. C. Severus cos. ord. 235, ebd. 2009. H. G. PFLAUM Journ. des Sav. 1961, 28ff. **52.** Cn. C. Severus Arabianus, cos. ord. 146, Inscr. It. XIII 1, p. 204f. (Ostia), CIL VI 678. An ihn gerichtet ist das Empfehlungsschreiben Fronto ann. 1,1 (164f. van den Hout). **53.** Imp. Caes. M. C. Tacitus Aug. → Tacitus.

54. Claudia, Tochter des P. Clodius Pulcher und der Fulvia, Suet. Aug. 62,1. Ende 43 wurde die etwa 10jährige mit Octavian verheiratet, Plut. Ant. 20. Cass. Dio 46, 56,3. 41 entließ er wegen des Zerwürfnisses mit Fulvia die C. unberührt, Cass. Dio 48,5,3. **55.** C. Augusta, Töchterchen Neros und der Poppaea Sabina, * anfangs 63, CIL VI 2043, I 18. Suet. Ner. 35,3, starb aber 4 Monate alt, Tac. ann. 15,23,1. Sie wurde konsekriert, COHEN I^2 315f. CIL VI 2044. XI 6955. **56.** C., Gattin des Statius, silv. 3,5, die aus 1. Ehe eine Tochter mitbrachte (V. 51ff.). **57.** C. Acte, Sklavin aus Asien, nach Rom verkauft, Cass. Dio 61,7,1, dort freigelassen. Sie wurde 55 die Geliebte Neros, Tac. ann. 13,12,1ff., deren sich Seneca bediente, um Nero dem Einfluß seiner Mutter zu entziehen, Tac. ann. 14,2,2. Erst wollte Nero sie sogar heiraten (Suet. Nero 28,1), dann gab er sie der Poppaea Sabina wegen auf. Sie half den Leichnam Neros bestatten, Suet. Nero 50. Sie besaß ausgedehnte Besitzungen, CIL XV 7835 in Italien und Sardinien, CIL XI 1414. X 8046,9. **58.** C. Marcella maior, * vor 40 v. Chr. (App. civ. 5,273) als Tochter des C. C. Marcellus und der Octavia, der Schwester Octavians. Sie war 28–21 Gattin des Agrippa, Cass. Dio 53,1,2. Plut. Ant. 87, dann mußte er sich von ihr scheiden lassen, Cass. Dio 54,6,5. Suet. Aug. 63,1. Sie ehelichte den Iullus Antonius, Vell. 2,100,4. **59.** C. Marcella minor, * im J. 40, Cass. Dio 48,31,3, Tochter des C. C. Marcellus und der Octavia, Schwester von Nr. 58, heiratete den Paullus Aemilius Lepidus, cos. 34 v. Chr. (CIL VI 9000. X 5981), nach dessen Tod den M. Valerius Messalla Barbatus Appianus, cos. 12 v. Chr., und wurde so Großmutter der Messalina, der Gattin des Kaisers Claudius, Suet. Claud. 26,2. Inschr. aus dem Grabmal ihres Gesindes CIL VI 4418–4880. **60.** C. Octavia → Octavia. **61.** C. Pulchra, Tante der älteren Agrippina, Großnichte des Augustus, Tac. ann. 4,52,1, Gattin des P. Quintilius Varus († 9 n. Chr.), von dem sie einen Sohn hatte, Tac. ann. 4,66,1. Im J. 26 n. Chr. wurde sie wegen Unzucht mit Furnius (ebd. 4,52,1) und maiestas verurteilt (ebd. 4,66,2. Cass. Dio 59,19,1).

R. H.

Clavus. 1. Liv. 7,3,5ff. berichtet, daß bei der Dedikation des kapitolin. Iuppitertempels eine *lex*, die auf der rechten Wand der *aedes Iovis*, zur *cella* der Minerva hin, angebracht gewesen sei, bestimmte, *ut qui praetor maximus sit, Idibus Septembribus* (Dedikationstag) *clavum pangat;* dem Minerva-Heiligtum *dicatam legem, quia numerus Minervae inventum sit*, denn die Nägel seien zur Jahreszählung verwendet worden. Der Bericht wird von vielen seit MOMMSEN als Mißverständnis späterer Antiquare abgetan. Unter Hinweis darauf, daß nur viermal das Einschlagen nachgewiesen werden kann (363,331,313,263; MOMMSEN kann seiner These eines Jahrhundertnagels zuliebe nur an 363 und 263 glauben) und daß es sich in jedem Fall sicher oder wahrscheinlich um Pestjahre gehandelt hat, wird die Zeremonie recht plausibel (vgl. bes. LATTES Hinweis [vgl. HANELL 134] auf das »Festnageln« eines Dämons im Aberglauben und auf die *defixiones*; s. auch KUHNERT, RE IV 2374; v. PREMERSTEIN, RE IV 3) als besonderes Sühnemittel (besser Defixionsmittel) verstanden, das wie vieles Derartige aus Etrurien kam: Im Tempel der Northia von Volsinii gab es ebenfalls solche Nägel (Liv. 7,3,7). Trotzdem ist der Widerspruch zur Aussage des Liv. bedenklich. Man muß unterscheiden zwischen der Tatsache und ihrer ätiolog. Deutung. Natürlich wäre bloße Jahrzählung bei der Eigenart des röm. Kalenders unbrauchbar. Aber was hindert, in dem Brauch zunächst eine alljährliche Abwehrzeremonie, wie es deren nicht wenige gab, zu sehen? Für die Zeremonie wurde in den genannten 4 J. ein *dictator clavi figendi causa* ernannt (313 in den Kapitol. Fasten jedoch *dictator rei gerundae causa*, Liv. 8, 18,12 *clavi fig. c.*; das J. war Seuchenjahr). Dies ist der Hauptgrund, weshalb die einen die alljährliche Nagelschlagung als Erfindung betrachten, während andere erklären, nur wegen der (magischen) Beendigung der Seuchen werde ein Dictator besonders erwähnt. Liv. 8,18,12 *in secessionibus quondam plebis* steht im Gegensatz zur o.zit. Stelle 7,3,5.

Dem im J. 2 v. Chr. geweihten Tempel des Mars Ultor verlieh Augustus das Recht des Nagel-Einschlags, der am Ende des Lustrums von den Censoren vorgenommen werden sollte (Defixion oder einfache Übertragung von Privilegien des Kapitol. Heiligtums auf diesen Tempel; solche Übertragungen s. WISSOWA Rel.² 78. LATTE 303). W. E.

Mommsen RChronol.² 176ff. *Unger* Philol. 32, 1873, 531ff. *Prell.-Jord.* 1,258ff. *Matzat* RChronol. 1,236ff. 251ff. *Soltau* Die röm. Amtsjahre, 49ff. *Dar.-Sagl.* 1, 1240f. *Wissowa* Rel.² 126.430. *Hanell* Skrift. Svenska Inst. i Rom 2, 1946, 125ff. *Latte* RRel 154.

2. s. Tracht

Clearchus (Klearchos). Thesproter, Heide (Liban. epist. 1179), hatte Verbindung zu Themistios und Libanios (Liban. epist. 67 f. 240 f.). C. war 359 consularis Europae, 360 vicarius Thraciarum, Ende 363 (–366) vicarius Asiae, 372/73 und 382/84 praefectus urbi Constant. Bis zu seinem Consulat (384) von großem Einfluß; † ca. 388. An C. sind 21 Briefe des Libanios gerichtet. A. L.

O. Seeck Die Briefe des Libanios, 1906, 108f.

Clemens. 1. Sklave des Agrippa Postumus. Er wollte diesen nach dem Tode des Augustus von Planasia zu den german. Heeren bringen. Als Agrippa tot war, gab er sich für diesen aus, wurde jedoch ergriffen und getötet, Tac. ann. 2,39–40. Suet. Tib. 25,1. Cass. Dio 57,16,3f. **2.** Adressat von Martial. 10,93. **3.** Dichter eines Alexanderepos, Freund des Apuleius, flor. 7,24. **4.** Tragödiendichter aus Byzanz, Sieger bei den Kapitolin. Spielen 193/95 in Rom, Philostr. vit. soph. 2,27,2 p. 115 K. **5.** Beliebtes Cognomen, z. B. Arretinus, Cassius, Claudius, Flavius, Helvius, Pactumeius, Tineius. R. H.

6. Titus Flavius Clemens von Alexandreia, der erste christl. Philosoph, * um 150 in Athen (?), hellenisch gebildet, wurde Christ und schloß sich nach weiten Reisen in Alexandreia dem Lehrer Pantainos an. Als dessen Nachfolger leitete er eine chr. Katechetenschule. Während der Verfolgung 202/03 floh er nach Kappadokien, wo er vor 215 starb. Nachfolger in der Schulleitung wurde → Origenes. Erhaltene Werke: Protreptikos (Mahnung, sich der chr. Wahrheit zuzuwenden); Paidagogos (3 B. über chr. Lebensführung); die Teppiche (τῶν κατὰ τὴν ἀληθῆ φιλοσοφίαν γνωστικῶν ὑπομνημάτων στρωματεῖς, 7 B. in bunter, unsystematischer Folge, das 8. wohl postum edierte Vorarbeiten); eine Predigt »Welcher Reiche wird gerettet?«; Stoffslg. (exc. aus dem valentinianischen Gnostiker Theodotos und Eclogae propheticae; Frg. der 8 B. Hypotyposeis (Bibelerklärungen, Stücke daraus lat.: → Cassiodorus [15]). In der griech. Philos., für die er uns durch reiche Zitate zur wichtigen Quelle wird, sieht C. eine Vorstufe der chr. Wahrheit. Wie der Christ von der Offenbarung, geht der Philos. von Axiomen aus. Die Philos. dient als Wegbereiterin, wenn der Christ von der Grundlage des Glaubens aufsteigen will zur vollen Erkenntnis des göttlichen Logos, der wahren Gnosis. Der Aufstieg geschieht durch Reinigung der Seele von den Affekten (stoisch), indem der Mensch mehr und mehr Gott ähnlich wird (platonisch). Mit Hilfe der Allegorie wird die Bibel philos. gedeutet.

Ta.: *Otto Stählin*, 1905–1936 (1 ²1936; 2 ³1960). Protreptikos: *Claude Montdésert*, 1949. Paidagogos 1: *Henri Irenée Marrou*, 1960. Stromateis 1–2: *C. Montdésert*, 1951–1954. Exc. ex Theodoto: *Franç. Sagnard*, 1948. *Max Pohlenz* GGN 1943; Stoa 1,414–423; Der hellenische Mensch, 1950, 706ff. *Walther Völker* Der wahre Gnostiker nach Kl. v. A., 1952. *E.F. Osborn* The philos. of C. of A., 1957. *Ludw. Früchtel* RAChr 3,182–188. *Christ-Schmid* 2,1310 bis 1317. *Altaner* 169–175 (Bibliogr.).

7. C., Bischof von Rom, gilt nach früher Überlieferung (Dionysios von Korinth bei Eus. hist. 4,23, 11) als Vf. eines Briefes der röm. Gemeinde an die Brüder in Korinth. Der Absetzung von Priestern wegen war dort Streit ausgebrochen. C. mahnt zur Eintracht und verteidigt die Unwiderruflichkeit des Priesteramtes. Die Worte der Einleitung deuten wohl auf die Verfolgung unter Domitian, woraus sich die Abfassungszeit E. 1. Jh. ergibt. Eine lat. Übersetzung des griech. Originals ist im 2. Jh.

entstanden; seit dem 5. Jh. sind koptische und syrische Fassungen überliefert. Unecht ist der sog. 2. C.-brief, eine Predigt etwa aus den J. 120–150. Im 3. Jh. wurde C. zum Helden des ersten chr. Romans, in welchem er seine Erlebnisse als Begleiter des Petrus und abenteuerliche Schicksale seiner Familie erzählt. Diese sog. Ps.-Clementinen sind in 2 Fassungen, den Homilien (griech.) und den Recognitiones (lat., von Rufinus aus dem Griech.) erhalten. O. H.

Ta.: *Carl Th. Schäfer*, 1941. *Karl Bihlmeyer* Die apostol. Väter 1, ²1956, 35–81. *Bernh. Rehm*, 1953 (Homilien). *E.G. Gersdorf*, 1838 (Recogn.). Komm.: *Rud. Knopf* HB zum NT, Ergänzungsbd., 1920. *Werner Jäger* Das frühe Christentum und die gr. Bildung, 1963, 9ff. *Bernh. Rehm* Ztschr. für nt. Wissenschaft 37, 1938, 77–184. *A. Stuiber–B. Rehm* RAChr 3, 188–206. *Bardenhewer* GAL 1,116ff. 487ff. 2,615ff. *Altaner* 79–85.

Clementia. Die C. Caesaris war berühmt (TREU, MH 5, 1948, 197ff.). Auf Senatsbeschluß wurde ein Tempel des Divus Iulius und der C. erbaut; sie reichen einander die Hände. Die Ehrung der C. der Kaiser wurde üblich, vielleicht schon seit Augustus (vgl. den goldenen Schild, Res gest. 34); Altar unter Tiberius, jährliche Opfer unter Caligula bereits nachweisbar. C. im Prinzipat: WICKERT, RE XXII 2234ff. In der Spätzeit bloße Kaisertitulatur.

Plin. nat. 2,14 zählt unter vergöttlichten abstrakten Begriffen u.a. C. auf. Noch anders sind die spekulativen Personifizierungen bei Stat. Theb. 12, 482 oder gar bei Claud. 17,166 *(soror Iustitiae)*; 22,6 *(custos mundi)*; 22,9 *(prima Chaos solvit)*. Mz.: Die Vs. eines Silberdenars zeigt den Tempel und die Schrift *Clementiae Caesaris* (GRUEBER 1, 4176f.). Mz.-Aufschriften mit C. seit Tiberius (Rücks. eines Erz-Dupondius mit Bild des Kaisers; MATTINGLY Coins REmp. Brit. Mus. 1,132; parallele Mz. »*Moderationi*«). Später C. in Verbindung mit Kaisern üblich. Verschiedene Darstellungen, am häufigsten stehende Frau mit *patera* und Szepter. Ab Gallienus (gelegentlich früher) tritt die *C. temporum* auf Mz.-Aufschriften auf; diese Mz. tragen häufig das Bild des von Iuppiter eine Kugel mit Victoria empfangenden Kaisers. W. E.

Wickert, RE XXII 2234ff. (mit Lit.!) *F. Quilling* Ztschr. f. Numism. 20, 1897, 210ff. *W. Koehler* Personifikationen abstrakter Begriffe auf röm. Münzen, Diss. Königsberg 1910, 63ff. *v. Schrötter* WBMzK s. v. Thes. Onom. 2, 487.

Cleopatra Selene. 1. Tochter des Mark Anton u. der Cleopatra, Plut. Ant. 36. Dio 49,32,4. 51, 21,8. * ca. 41/40 mit ihrem Zwillingsbruder Alexander, W. TARN, JRS 22, 1932, 145. Im J. 34 bekam sie Kyrene geschenkt, Dio 49,41,3; 30 geriet sie in die Gefangenschaft Octavians (Plut. Ant. 81) und wurde 29 im Triumph aufgeführt, Dio 51,21, 8. Mon. Anc. Lat. 1,27f. Der Sieger gab sie seiner Schwester Octavia zur Erziehung, Plut. Ant. 87. Als Lehrer hatte sie Nikolaos von Damaskos, FGH 90 I 2. Augustus verheiratete sie dem König Iuba von Mauretanien, Dio 51,15,6. Sud. p. 399 Adler. Suet. Aug. 17,5. Mz. bei L. MÜLLER Numism. de l'anc. Afrique 3,108–110, s. U. KAHRSTEDT Klio 10, 1910, 301. Auf ihren Tod Krinagoras Ant. Gr. 7,633. Ihre Kinder waren Ptolemaeus, König von Mauretanien, Suet. Cal. 26,1 und Drusilla (?), Tac. hist. 5,9,3. R. H.

2. s. Kleopatra

Clibanarii. Als Ersatz für die um die Mitte des 3. Jh. n. Chr. verschwundenen *catafracti* (ALTHEIM a.O. 154f.) wurden Anfang des 4. Jh. n. Chr., im röm. Heere die c. nach pers. Vorbild (H.A. Alex. Sev. 56,5) aufgestellt. Roß und Reiter waren in Eisen gehüllt (Amm. 16,16,8), und Lanze (Amm. 16,12,22) und Bogen (Not. dign. occ. 6,67) bildeten die Hauptwaffen. A. N.

P. Couissin Les armes Rom. Paris 1926, 513ff. *F. Altheim* Die Soldatenkaiser. Frankf./M. 1938, 154ff.

Clientes. Die Klientel ist ein gemeinital. Rechtsinstitut, das auch außerhalb der röm. Sphäre, so für den etr. und sabin. Rechtsbereich belegt ist. Die Ursprünge fallen in vorhist. Zeiten und müssen wohl in Zusammenhang mit dem *precarium* gesehen werden, einer jederzeit widerruflichen Landleihe des patriz. Großbauern an landarme oder landlose kleinbäuerliche Siedler. Diese treten damit in ein persönliches Abhängigkeitsverhältnis ein, das durch Unterwerfung des Klienten *(in fidem se dare)* und Aufnahme durch den Patron *(in fidem suscipere)* begründet wird. Der Klient wird Angehöriger des Geschlechtsverbandes seines Patrons und nimmt an dessen Opferkult teil. Er ist zur Gefolgschaft verpflichtet *(obsequium)*, bes. zu Kriegsdienst und Fronleistungen (auch zu Geldbeiträgen, etwa zur Dotierung der Tochter oder zum Lösegeld des gefangenen *patronus*). Dafür schuldet der Patron dem Klienten Schutz und Hilfe in allen Nöten. Die hörigkeitsähnliche Unterordnung des *cliens* unter die *potestas* des *patronus* schließt zwar gegenseitige Klageerhebung und Prozeßführung aus, doch wird jede Verletzung der Treuepflicht *(fides)* des Patrons als ein Verstoß gegen das Sakralrecht geahndet: Die 12 Tafeln stoßen den Täter als friedlos *(sacer)* aus der Rechtsgemeinschaft aus.

Mit Veränderung der Wirtschaftsstruktur (Verstädterung) nimmt die Klientel lediglich neue Formen an, ohne an Bedeutung einzubüßen: Sie muß im Gegenteil bis zum Ausgang der Republik als entscheidendes Strukturelement des polit. und sozialen Lebens betrachtet werden. Macht und Einfluß der großen Politiker beruhen zu einem guten Teil auf einem schlagkräftigen und einsatzfreudigen Anhang in den verschiedensten Bevölkerungsschichten, auf einer Klientel, bei der die *fides* gegenüber der *potestas* in den Vordergrund getreten ist und die deshalb einen weiteren Kreis von Verpflichtungsverhältnissen umfassen kann als die alte Hörigkeit. Der Patronat bleibt auch nicht auf Individuen beschränkt, er kann sich auf ganze Gemeinden und Provinzen erstrecken und diese als Klienten betreuen. Hauptaufgabe des Klienten ist es nunmehr, das gesellschaftliche Prestige seines Schutzherrn zu stärken und seinen polit. Ambitionen Nachdruck zu verleihen. Er erhält dafür seinerseits wirtschaftliche Vorteile und Rechtsschutz zugewendet (Vertretung bei Prozessen und Rechtsgeschäften), bzw. wird durch Verheißung oder Genuß solcher Begünstigungen überhaupt erst in das Lager eines mächtigen Patrons und seiner Adelspartei gezogen.

Mit dem Verfall der Nobilität unter dem Prinzipat sinkt auch die Klientel zu polit. Bedeutungslosigkeit ab und verschwindet aus dem öffentlichen Leben. Als gesellschaftlich-wirtschaftliche Institution besteht sie jedoch weiter. Über den Alltag des röm. Klienten der Kaiserzeit (Morgenempfang beim Patron, Rangordnung, Bekleidungsvorschrift, Geschenke, *sportula* [eine Art privater Arbeitslosenunterstützung], für die sich unter Traian als fester Tarif 6¼ Sesterzen pro Tag einbürgern) sind wir durch Martial und Iuvenal gut unterrichtet.

Klientelverhältnisse staats- oder völkerrechtlicher Natur werden durch *foedus iniquum* zwischen Rom und schwächeren Vertragspartnern begründet, die daraufhin zur Anerkennung der röm. Oberhoheit, bes. auch einseitiger Waffenhilfe verpflichtet sind. Selbst die völlige Unterwerfung kann Züge einer klientelähnlichen Schutzherrschaft tragen *(deditio in dicionem et fidem populi Romani)*. H.Ha.

C.W. Westrup, Rev. Internat. des Droits de l'Antiquité 1954, 451 ff. *M. Lemosse*, Rev. Internat. des Droits de l'Antiquité 1949, 46 ff. *M. Gelzer* Die Nobilität der röm. Republik, 1912, 49 ff. (= Kl. Schr. 1, 1962, 68 ff.). *Friedländer* Sittengesch. 1[10], 1922, 225 ff. *E. Badian* Foreign Clientelae, 1958.

Clipeus. Rundschild des röm. Milizheeres der Frühzeit (Krom.-Veith 278), entsprach der argolischen *ἀσπίς* und stand nach Funden bereits vor Servius Tullius (Dion. Hal. 4,16,2) in Gebrauch. Der etwa 90 cm große c. war aus Metall, hatte bloß einen Griff und wurde Ende des 5. Jh. v. Chr. vom *scutum* verdrängt. A. N.

Dar.-Sagl. 1,2,1248 ff. 1253 ff. *P. Couissin* Les armes Rom. Paris 1926, 70 ff. 237 ff.

Cliternia. 1. (Nissen It. Ldk. 2,462), *municipium* der trib. Claudia (CIL IX p. 394) zur 4. Reg. gehörig (Plin. nat. 3,107) im Gebiet der Aequiculi (Plin. Ptolem. 3,1,56); Inschr. b. Capradosso in Nebental des Salto. **2.** (Nissen 784), Ortschaft in Apulien (Plin. nat. 3,103; nicht frentanisch!) zur 2. Reg. gehörig (vgl. auch Mela 2,65 *Claternia*). G. R.

Clitumnus (Nissen It. Ldk. 2,402. Wissowa Rel.² 224). Wasserlauf Umbriens, dessen Quelle 4 mp s. Trebia (schol. Iuv. 12,13) bei der Station Sacraria (It. Burd. 613,9) liegt; dort Kult des gleichnamigen Gottes (Iuppiter C. nach Vib. Sequ. p. 148 Riese) und kleinerer Gottheiten mit Orakel (ausführliche Beschreibung bei Plin. epist. 8,8; vgl. Suet. Cal. 43); vgl. Yoshimura Italische Orakel La Nouvelle Clio 1957, 413. Die weißen Stiere gelobt: Verg. georg. 2,146 mit Serv. Prop. 2,19,25 u. a. G. R.

Clivus Publicius, auf dem Aventin. Der vicus portae Raudusculanae, die Fortsetzung der via Ostiensis, teilte sich in der Senke zwischen dem großen und dem kleinen Aventin; der linke Arm war der Cl. P. und führte, an den Thermae Suranae vorbei, zum Forum Boarium. Rud. G.

Lugli I monumenti antichi di Roma, Bd. 2 p. 241; Bd. 3 p. 553,563.

Cloaca maxima. Der älteste und bedeutendste der Abzugskanäle Roms, durch welche die sumpfigen Niederungen zwischen den Hügeln trockengelegt wurden. Die Überlieferung schreibt den Bau den beiden Tarquiniern zu (Liv. 1,38,6. 56,2); so, wie er heute noch erhalten ist, ist er jedoch das Ergebnis einer langen Entwicklung, die mit der Regulierung und teilweisen Überdeckung eines vom Esquilin zum Velabrum fließenden Wasserlaufs begann; die Einwölbung mit einem dreifachen Ring von Tuff- und Travertinblöcken ist nicht vor die Zeit Sullas anzusetzen. Die Cl. m. hatte ihren Ursprung hinter dem Augustusforum, lief unter dem Forum Romanum zum Velabrum und Forum Boarium und mündete unterhalb des pons Aemilius in den Tiber, wo ihre Mündung heute noch zu sehen ist. Siehe auch Kanalisation. Rud. G.

Lugli I monumenti antichi di Roma, Bd. 2 p. 322 ff.

Cloacina. Nach Plin. nat. 15,119 (daraus Serv. Aen. 1,720) Venus C. Ein (angeblich von Titus Tatius gegründetes) Heiligtum stand an der Stelle, wo die → Cloaca maxima das Forum erreicht. Man sah in der Zusammenstellung Venus C., wobei aus der selbständigen C. Beiname der Venus wurde, teils eine törichte Schreibtischerfindung (Wissowa), teils suchte man sie aus einer Ausweitung des Venus-Kultes zu verstehen (Koch, der an Libitina und Murcia und an Venus Mefitis erinnert). Latte dagegen hält C. lediglich für eine topographische Bezeichnung des dortigen Venus-Heiligtums.

Das Heiligtum mit 2 Bildnissen der Venus-Aphrodite mit Blume und Taube zeigen die Denare des L. Mussidius Longus aus dem J. 39 v. Chr. (große Reinigung der Cloaca maxima?). W.E.

C. Koch RE VIII A 868 f.; *Ders.* Religio (Erlg. Beitr. 7, 1960) 43 f. *Latte* RRel 186. *Wissowa* Rel.² 245. *Ders.* RE IV 60 f. – Mz.: *Grueber* Coins 1 Nr. 4242–4254. *Dressel* WSt 24, 1902, 418 ff.

Clodia via (Nissen It. Ldk. 2,353. Ashby, RM 22, 1907, 311 ff. Martinori Via Cassia 171 ff.). Nach N. führende jüngere Straße, die Tab. Peut. 5,5 und in Inschr. ihrer *curatores* (CIL VIII 2392. XI 6338. XIV 2164 u. a.) genannt ist; It. Ant. 284, 6 ff. beschreibt ihren Lauf bis Luca, der sich von

Rom bis Forum Cassi mit der → v. Cassia, von Volsinii bis *fines Clusinorum* mit der v. Traiana nova deckt; vielleicht führte sie über Forum Clodi zwischen Luca und Luna (Tab. Peut. 4,1) weiter. Nach Tab. Peut. 5,1 mündete sie bei Blera (dort mil. XLII CIL XI 6667) in einen sonst unbekannten Straßenzug (Miller Itin. Roman. 295 f.); über Forum Claudii bzw. Clodi der → Claudia via führte sie nach It. Ant. nicht. G. R.

Clodius. Volkssprachliche Nebenform des Gentilnamens → Claudius, im 1. Jh. v. Chr. von einigen Claudiern geführt (Nr. 8. 10), dann selbständiger Name (etr. *clute* [CIE 1649] vielleicht nicht fernstehend: Schulze Eigenn. 150).

I. Republikanische Zeit: **1.** C., verschiedene Personen, die zum J. 43 (Plut. Ant. 18,2) und 42 (Plut. Brut. 47,3 [Überläufer zu Brutus], wohl identisch mit dem C. bei App. civ. 5,2,5) genannt werden. **2.** A. C., Freund Caesars und Unterhändler bei Dyrrhachion 48, Caes. civ. 3,57,1 ff. **3.** C. C., 43/42 Anhänger und Praefect des M. Brutus, ermordete den → C. Antonius (Nr. 3). **4.** L. C., 51 *praefectus fabrum* in Cilicia (Cic. fam. 3,4,1 f. u. ö.). 43 Anhänger des Antonius, 42 tr. pl. (fraglich, ob tatsächlich amtiert, Broughton Mag. 2,359). **5.** Sex. C., wahrscheinlich Sohn eines Freigelassenen der Claudier, seit 58 wichtiger Vertrauter und Helfer des tr. pl. P. C. (Nr. 8), bei dessen Leichenbegräbnis (52) er den Pöbel anstachelte (Brand der Curie); anschließend verurteilt, kehrte er erst 44 nach Rom zurück; von Cic. (z. B. Cael. 78) haßerfüllt gezeichnet. **6.** C. Aesopus, trag. Schauspieler in Ciceronian. Zeit; das Gentile führt erst sein Sohn M. C. Aesopus in frühaugusteischer Zeit. Schanz-Hos. 1,149. **7.** C. Bithynicus, Anhänger des Antonius, 40 im bellum Perusinum gefangen und hingerichtet, App. civ. 5,49,207. **8.** P. C. Pulcher, der berüchtigte Volkstribun in den fünfziger J. des 1. Jh. v. Chr., Sohn des Claudius Nr. 27, Bruder des Claudius Nr. 28 und der C. Nr. 9–11; er änderte seinen Gentilnamen Claudius erst 59 v. Chr. aus polit. Gründen in die pleb. Form C. (Lindsay Lat. Sprache, 1897, 46). Schon als junger Mann zeigte er während seines Kriegsdienstes im O. (als Legatus?, 68–67, vgl. Broughton Mag. 2,140. 646) unter seinem Schwager Lucullus seine Neigung zu Aufruhr und Quertreibereien, nicht nur gegen diesen selbst, sondern auch – nach vorübergehender Gefangenschaft bei den Seeräubern – in Syrien (Plut. Luc. 34. Cass. Dio 36,14.17.19). In Rom trat er 65 erfolglos als Ankläger des Catilina auf (Cic. har. 42) und stand 63 – nach Rückkehr aus der Gallia Transalpina (wo er 64 als tr. mil. wirkte) – Cicero wohl nicht fern. In der Nacht vom 4. auf 5. Dezember 62 nahm er verkleidet am Fest der Bona Dea in skandalöser Weise im Haus Caesars teil (Cic. Att. 1,12,3 u. a.), wurde jedoch 61 in dem dadurch ausgelösten Prozeß wegen Religionsfrevels nach Richterbestechung freigesprochen. Es folgte seine Verfeindung mit Cic. (Att. 1,16), seine Quaestur 61–60 in Sicilien (Cic. Att. 2,1,5), 59 sein Übertritt zur Plebs, seine Wahl zum tr. pl. und der Antritt dieses Amtes am 10. Dezember 59. Er brachte 58 vier revolutionäre Gesetze durch (vgl. RE IV 84. XII 2341), gewann die Consuln Gabinius und Piso (Provinzverteilung!) und führte dann als Gefolgsmann Caesars den Schlag gegen Cicero (Verbannung) und Cato (Auftragserteilung im O.) durch, der beide Männer aus Rom entfernte, terrorisierte die Hauptstadt durch seine Banden und überwarf sich mit Pompeius. Im Streit um Ciceros Rückberufung 57 trat er gewalttätig gegen den Volkstribunen Milo (→ Annius Nr. 16) auf: es folgten die jahrelangen berüchtigten Bandenkämpfe in Rom. 56 war er Aedil, zog Milo (erfolglos) vor Gericht und veranstaltete in entweihender Form die megalesischen Spiele; Cic. (har.) mußte sich gegen ihn verteidigen und zeichnete ihn auch in den folgenden Jahren, in denen C. ruhiger blieb, als Schreckgespenst. Für 52 bewarb er sich um die Praetur, wurde aber noch während der Wahlkämpfe (20. Januar 52) vor Rom von der Bande des Milo verwundet und getötet; bei seiner Leichenfeier ging die Curia am Forum in Flammen auf, App. civ. 2,21 f. u. a. Drumann^2 172 ff. M. Gelzer Caesar; Pompeius (passim). J. Vogt RRep. 274 f. 279. **9.** C. C. Vestalis, Münzmeister etwa 39, Proconsul (Creta und Cyrene) in unbestimmter Zeit, Broughton Mag. 2,435. 480. **10.** Clodia, * etwa 94 als 2. Tochter des Claudius Nr. 27, ältere Schwester des C. Nr. 8. 63 war sie Gemahlin des Q. Metellus Celer († 59), ohne ihm treu zu sein. Durch ihren sittenlosen Lebenswandel war sie die berüchtigtste Dame der damaligen röm. Gesellschaft, Stadtklatsch wußte von (unwahrscheinlichen) Beziehungen zu Cic., der sie später (Cael.) mit glühendem Haß charakterisierte. Berühmt wurde sie als Geliebte des Catull (61–58), der sie als Lesbia besang (Apul. apol. 10), vgl. Teuffel-Kr.-Sk. 1,522 f. § 214,3. Nach dem Bruch ihres Verhältnisses zu → M. Caelius Rufus (Nr. 9) ließ sie diesen anklagen, der von Cic. verteidigt wurde. Man nannte sie *quadrantaria* (»Groschenhure«). Eine im J. 45 von Cic. genannte C. ist wohl nicht mit ihr identifizierbar, vgl. Drumann^2 2,314 f. K. Büchner, RLitG 1957, 228 ff. **11.** Clodia, 3. Tochter des Claudius Nr. 27, Schwester von Nr. 10, etwa 75 mit L. Licinius Lucullus vermählt, der sich von ihr 66 wegen ihrer Untreue schied (RE XIII 407) und 61 in einem Prozeß ihre Blutschande mit ihrem Bruder C. (Nr. 8) bezeugte. **12.** Clodia Tertia, die älteste Tochter des Claudius Nr. 27, Schwester von Nr. 8. 10, 11, verheiratet mit Q. Marcius Rex, Consul 68, blieb vom Stadtklatsch im Umkreis von Nr. 8 und 10 nicht verschont, Cic. fam. 1,9,15. H. G. G.

II. Kaiserzeit: **1.** Sex. C., Ritter, Schwiegersohn des L. Aelius Stilo; wegen eines Plagiates an diesem mußte er Rom verlassen, Suet. gramm. 3,2. Verfasser eines Index der echten Plautin. Komödien, Gell. 3,3,1. Cic.fam. 9,16,4, und eines glossograph. Werkes, Varro l.l. 7,66.70.106. Seine hinterlassenen Schriften schenkte Paetus dem Cicero, Att. 1,20,7. 2,1,12. SCHANZ-HOS. 1,585. H. BARDON Lit. lat. inconnue 1,298. **2.** D.C. Albinus = imp. Caes. D.C. Septimius Albinus. Wahrscheinlich Afrikaner aus Hadrumetum, vornehmer, reicher Familie entstammend, Herodian 2,15,1 f. Nach HASEBROEK Die Fälschung der Vita Nigrini und Vita Albini (1916) entbehren die meisten Angaben der Vita freilich jeder Zuverlässigkeit, so daß man über seinen Aufstieg nichts Sicheres sagen kann. Unter Commodus kämpfte er um 182/84 in Dakien, Dio 72,8,1. Zon. 12,4. Vor 193 war er cos. suff. und wurde in diesem J. Statthalter in Britannien, Herodian. 2,15,1. Dio 73,14,3. Septimius Severus trug ihm, um zunächst während seines Kampfes gegen Pescennius Niger den Rücken frei zu haben, den Caesarentitel an, Dio 73,15,1 f. (CIL VIII 1549.17726.26498) und adoptierte ihn. MOMMSEN RStR 2[3],1147. Er gab ihm das Recht, Mz. zu prägen, Herodian. 2,15,5. MATTINGLY, RIC 4/I p. 40–54. In Abwesenheit cos. II ord. 194, CIL VI 724. AE 1934, 280. Nach der Besiegung des Pescennius Niger änderte sich das Verhalten des Sept. Severus, Herodian. 3,5,2–6,1. Da strebte C. Ende 195 nach der Alleinherrschaft (Dio 75,4, 1 f.) und nannte sich Augustus, s. die Mz. von Lugdunum, MATTINGLY, RIC 4/I Nr. 13–49.64. Im Frühjahr 196 zum Staatsfeind erklärt (Herodian. 3,6,8), setzte er nach Gallien über (ebd. 3,7,1), dort besiegte C. den Virius Lupus, einen Feldherrn des Severus, Dio 76,6,2, doch am 19. Februar 197 (WILCKEN Chrest. 96) schlug Septimius Severus bei Lugdunum die Truppen des C. entscheidend, dieser selbst fiel am gleichen Tag auf der Flucht. Dio 75,5–7 Herodian. 3,7. Aurel. Vict. Caes. 20,8. – Bildnisse: J.J. BERNOULLI Bildnisse röm. Kaiser 2/3, 17–21, Taf. VIII a. b. IX. A. CALDERINI I Severi, 1949, 61 ff. **3.** C.C. Crispinus, cos. ord. 113, Inscr. It. XIII 1, p. 202 f. AE 1949, 23. **4.** T.C. Eprius Marcellus s. Eprius (AE 1956, 186). **5.** L. C. Macer, Kommandant der leg. III Augusta in Afrika im J. 68 n. Chr., der gegen Ende der Regierung Neros selbst daran dachte, die Herrschaft in Afrika im Namen des Senates an sich zu reißen, Plut. Galb. 6,1 f. Er ließ Mz. prägen, MATTINGLY, RIC 1,193–195, bildete neu die legio I Macriana, CAGNAT L'armée Rom. de l'Afr.[2] 141 ff. Auf Veranlassung der Calvia → Crispinilla hielt er nach Neros Tod (9. Juni 68) Getreideschiffe nach Rom zurück, Tac. hist. 1,73. Plut. Galba 13. Da er sich bei den Soldaten unbeliebt gemacht hatte, konnte ihn auf Galbas Befehl im September/Oktober 68 der Prokurator Trebonius Carutianus ermorden lassen, Tac. hist. 1,37,3. 4,49,4. Suet. Galb. 11. Plut. Galb. 15. **6.** C.C. Nummus. Stieg vom trib. leg. XIII geminae (CIL III 429) bis zum cos. suff. 114 auf, AE 1949, 23. R. SYME, JRS 48, 1958, 5 f. **7.** M.C. Pupienus Maximus, Kaiser 238. Vornehmer

Herkunft (CIL VI 31237), Herodian. 8,8,1.4.8; fast in allem unzuverlässig; SHA vit. Max. Balb. * ca. 164, Zon. 12,17. Im Hause seines Oheims Pinarius erzogen, wurde er wahrscheinlich von Septimius Severus unter die Tribunizier adlegiert und in den Patriziat aufgenommen, Herodian. 8,7,4. Durch Pescennia Marcellina erhielt er ein großes Vermögen, das ihm die Praetur und Statthalterschaften verschafft haben soll, vit. Balb. 5,5–9. Cos. suff. wohl schon bald nach 220, sicher legatus Aug. pr. pr. der beiden Germanien, Herodian. 8,6,6. 7,8 (RITTERLING Fast. 89). Procos. Asiae, DESSAU 8839 (D. MAGIE Roman rule 2,1561). Cos. II ord. 234, AE 1940, 147. CIL XIV 4562,7. VIII 10343. 22586. 22620 u.a. Zugleich war er wohl praefectus urbi, Herodian. 7,10,4. 8,8,4. Im J. 238 gehörte er zu den XXviri ex senatus consulto rei publicae curandae (CIL XIV 3902), die Italien gegen Maximinus verteidigen sollten, Vit. Maxim. 32,3. Zos. 1,14,2. Nach dem Tode der beiden Gordiane wählte der Senat C. und D. Caelius Calvinus Balbinus zu Kaisern (mit dem 14jährigen Gordianus III als Caesar), Herodian. 7,10,1 ff. C. zog gegen Maximin., der aber vor Aquileia ermordet wurde, Herodian. 8, 1–5. Nach 99 Tagen wurden beide Kaiser von den Praetorianern ermordet, Herodian. 8,8,6–8. Aur. Vict. Caes. 27,6. Zos. 1,16,2. C. hatte eine Tochter, CIL VI 31237 und einen Sohn T.C. Pupienus Pulcher M(aximus), CIL XIV 3593, der es zum Suffektkonsul brachte. Mz.: MATTINGLY, RIC 4/II p. 173–176 Nr. 1–25. Bildnisse: Forsch. Ephes. 1, 210. J.J. BERNOULLI Bildnisse röm. Kaiser 2/3, 124–127. Taf. XXXVI a. b. XXXVII. G. BARBIERI L'albo senato Nr. 1006. **9.** Q.C. Rufinus, legatus Aug. pr. pr. Numidiae im J. 191 oder 192, CIL VIII 4211. Er war magister fratrum Arvalium 193, CIL VI 2102. Im J. 197 von Septimius Severus getötet, vit. Sev. 13,5. **10.** T.C. Thrasea Paetus. Er stammte aus Patavium (Padua), Tac. ann. 16,21,1. Im J. 42 in Rom im Kreis der stoischen Opposition, Schwiegersohn des Caecina Paetus und der Arria, Plin. epist. 3,16,10; Vater der Fannia, die den Helvidius Priscus heiratete, ebd. 7,19,3. Tac. ann. 16,28,1 f. Mit Persius pflegte er ca. 53–62 enge Freundschaft, vit. Persii p. 65 (JAHN-BÜCH.-LEO[4]). Ende 56 cos. suff. CIL X 826. IV 3340 tab. cer. Pomp. Nr. XXV 24. Er wurde XVvir sacris fac., Tac. ann. 16,22,1. Im J. 56 sprach er im Repetundenprozeß des Cossutianus Capito gegen diesen, ebd. 16,21,2. Bald zeigte er seinen Unwillen über Neros Treiben. Als anläßlich der Ermordung der Agrippina für Nero noch Ehrenbeschlüsse gefaßt werden sollten, verließ er die Senatssitzung, ebd. 14,12,1. Dio 61,15,1. An den ludi iuvenales des J. 59, an denen Nero als Kitharoede auftrat, zeigte er demonstrativ geringe Teilnahme, Tac. ann. 16,21,1. Als 62 auf Anklage des rehabilitierten Cossutianus Capito der 1. Majestätsprozeß gegen den Praetor Antistius Sosianus abgehandelt wurde, sprach sich C. gegen die Todesstrafe aus, Tac. ann. 16,48,3 f. Bald ließ ihn Nero seinen Unwillen fühlen. Als er sich im J. 63 mit dem Senat nach Antium begab, um Nero zur Geburt seiner Tochter von Poppaea zu gratulieren, wurde er nicht empfangen, ebd. 15,23,4. Darauf betrat er die Kurie nicht mehr, Dio 62,26,3, auch nicht, als für Poppaea göttliche Ehren beschlossen wurden, an deren Leichenbegängnis er nicht teilgenommen hatte, Tac. ann. 16,21,2. Im J. 66 wurde er auf Anklage des Cossutianus Capito und Eprius Marcellus, die ihm vor allem die Absicht, die Kaiserherrschaft zu stürzen, vorwarfen (Tac. ann. 16, 22,4), verurteilt und ließ sich die Adern öffnen. Tac. ann. 16,21–29. 33–35 (Quelle: Arulenus Rusticus, laudatio des C., s. Tac. Agr. 2). Dio 62,26,1–4. Suet. Nero 37,1. Vf. einer Biographie des Cato Uticensis, Plut. Cat. min. 25.37 (Hauptquelle für Plutarch). Briefe des Tragikers P. Pomponius Secundus an C. bei Charis. p. 160 B (= 125f. K.) **11.** T. C. Vibius Varus, s. Vibius. R. H.

12. C. Clodius Licinus war Cos. suff. 4 n. Chr. (PIR II² 276), mit Hygin befreundet (Suet. de gramm. 20). Sein Geschichtswerk Rerum Romanarum libri ist bis auf wenige Fragmente verloren (HRR II 77f., vgl. ebd. CVIIf.). K. St.

Cloelius. Name eines röm. Patriziergeschlechts, das z. Z. des Tullus Hostilius aus Alba Longa, wo C. C. die Herrschaft hatte (Liv. 1,22,3f.), nach Rom gekommen ist, Liv. 1,30,2; auch Cluilius, aus Clovilius-Clovlius. Spätere Tradition leitete die Gens von einem Gefährten des Aeneas ab (Paul. p. 55) und gab ihm in der ältesten Republik ein besonderes Ansehen. – Die fossa Cluilia, ein Reinigungsgraben (Plin. nat. 15,119), die zwar von Liv. mit dem Albaner C. in Verbindung gebracht wird, hat mit C. nichts zu tun. **1.** C. Feldherr der Volsker 443, bei Ardea geschlagen und im Triumph aufgeführt, Liv. 4,9,12. **2.** Q. C. M. f. Quirina (tribu), Senator 39 v. Chr. BROUGHTON Mag. 2,489. **3.** T. C. (Cloulius), Münzmeister um 110, MOMMSEN RMW 562 Nr. 179. SYD. LX 63. Wahrscheinlich ein anderer T. C. war um 100 Münzmeister (BROUGHTON Mag. 2,436), der jedoch auch mit dem ersten identisch sein könnte (GRUEBER Coins 1,166). Möglicherweise Marianer im J. 82 (Plut. Pomp. 7,1). **4.** Tullus C., Gesandter an den Vejenterkönig Lars Tolumnius 438, Liv. 4,17,2. **5.** C. Gracchus, 458 Anführer der Aequer, Einzelheiten als Gegner des → Cincinnatus erfunden. **6.** P. C. Siculus, Konsulartribun 378. **7.** P. C. Siculus, *rex sacrorum* seit 180 (vielleicht identisch mit dem von Val. Max. 1,1,4 genannten, der seine Priesterwürde ablegen mußte). **8.** Q. C. Siculus, Consul 498 (zusammen mit T. Larcius Flavus, den er zum 1. Dictator ernannt haben soll). **9.** Q. C. Siculus, Censor 378. **10.** T. C. Siculus, tr. mil. cons. pot. 444, legte 442 in Ardea eine Colonie an (als IIIvir col. deduc.). **11.** Cloelia, Gestalt der röm. hist. Legende: als Geisel bei dem Etruskerkönig Porsenna (508 v. Chr.) entkam sie, schwamm durch den Tiber und rettete sich nach Rom; sie mußte dem König zurückgegeben werden, der sie jedoch in Anerkennung ihres Mutes freiließ und ihr einen Teil der Geiseln mitzunehmen gestattete. Liv. 2,13,6. Flor. 1,10,7 u. a. Eine Reiterstatue an der Sacra Via auf der Velia, die bis um 100 v. Chr. zu sehen gewesen sein mag, brachte man mit ihr in Verbindung; die ganze Legende kann als Aition für die Statue angesehen werden. Die Sage ist in verschiedenen Fassungen erhalten und wurde von der jüngeren Annalistik auch mit Valeria, der Tochter des Popicola, in Verbindung gebracht, vgl. RE XXII 321. VIII A 242. **12.** Cloelia, Sullas 3. Gemahlin (Plut. Sulla 6,16). H. G. G.

Cluentius. Italischer Familienname, bes. im 1. Jh. v. Chr. bezeugt. **1.** L. C., Italikerführer im → Bundesgenossenkrieg, wurde bei zweimaligem Versuch, Pompeii zu entsetzen, geschlagen und fiel (89). App. civ. 1,218ff. **2.** Num. C., Sohn von Nr. 6, röm. Ritter, 66 als Jüngling in Rom. **3.** A. C. Habitus, angesehener Einwohner von Larinum (Samnium), verheiratet mit Sassia (Kinder: Nr. 4. 6), starb 88 v. Chr. **4.** A. C. Habitus, Sohn von Nr. 3, * 103, röm. Ritter. Bekannt durch die im J. 66 von Cic. für ihn gehaltene Verteidigungsrede. C. verfeindete sich mit seinem Stiefvater Statius Albius Oppianicus, der ihn mit Hilfe des C. Fabricius und dessen Freigelassenen Scamander durch Giftmord beseitigen wollte; alle drei wurden auf Anklage des C. hin im J. 74 verurteilt (Cic. Cluent. 43–61). Doch ließen Bestechungen während des Prozesses das Urteil anfechtbar erscheinen: es folgten Richterverurteilungen und eine censor. Rüge für C. im J. 70. Als Oppianicus im Exil gestorben war, ließ die Mutter Sassia (s. o. Nr. 3) ihren Sohn C. wegen Giftmordes an seinem Stiefvater Oppianicus anklagen; der Kläger (der jüngere Oppianicus) wurde von T. Accius Pisaurensis, der Angeklagte von Cic. vertreten. C. wurde freigesprochen (Richter: Q. Voconius Naso). Die erhaltene Rede Cic. (vielleicht gekürzt, Plin. epist. 1,20,8) wendet sich vor allem gegen den Vorwurf der Richterbestechung im J. 74, nur mit einem Fünftel gegen den Anklagepunkt; der Anwalt schreckte nicht vor Verdunkelungen zurück (Quint. inst. 2,17,21). SCHANZ-HOS. 1,417f. **5.** Cluentia, Schwester von Nr. 3, verheiratet mit Statius Albius Oppianicus (s. o. Nr. 4), der sie vergiftete. **6.** Cluentia, Tochter von Nr. 3, nach 88 mit A. Aurius Melinus verheiratet, aber bald geschieden, Cic. Cluent. 11. H. G. G.

Clunia. Die bedeutenden Ruinen dieser Stadt liegen etwa 40 km n.w. von Uxama Argaela = h. Osma bei Coruña del Conde (CIL II p. 382). Der Name lautet auf Mz. der Zeit des Augustus *Clounioq*, später *Clunia* (ANT. VIVES La Moneda Hispánica 4, Madrid 1924, 111ff.) und ist wohl keltisch ([1] 131, anders HOLDER 1,1048). Die Stadt spielte eine Rolle in dem Aufstand des Sertorius (75 v. Chr.: Liv. per. 92. 72 v. Chr.: Exuperant. 8. Flor. 2,10,9 [lies *Clunia* für *Ulia*]), in dem des J. 55 v. Chr. (Cass. Dio 39,54) und in dem des Galba

(Suet. Galba 9,2. Plut. Galba 6,4). Daß C. damals von ihm den Beinamen *Sulpicia* empfing, beruht nur auf der Münze: Heiss Monn. ant. d'Espagne p. 449, deren Echtheit Ad. Schulten laut schriftlicher Mitteilung bezweifelte. Ebenso unsicher ist der Patronat Galbas laut CIL II 2779. Nach den Magistraten, genannt auf Mz. und Inschr., war sie *municipium* (s. auch Plin. nat. 3,18.26f.), spätestens unter Hadrian wurde sie *colonia* (CIL II 2780). Ihre Bevölkerung gehörte zum Stamme der Arevaci (Plin. nat. 3,27. Ptol. 2,6,55). In westgotischer Zeit nicht mehr genannt, verödete sie im Mittelalter ([1] 131. Encicl. Univ. Ilustr. 13,995). R. G.

1. *Ad. Schulten* Numantia 1. 2. Die Mehrheit der literarischen Quellen in Font. Hisp. Ant., Barc. 1925ff., IV 219. 243. V 16. VIII 16.19.23.

Clupea. Stadt in Africa proconsularis, auf dem Cap Bon im NO.; h. Kélibia. Stadiasm. 117 Mümmer GGM 1, p. 470. Strab. 17,3,17 nennen sie Ἀσπίς. Obgleich Ptol. 4,3,2 daraus 2 verschiedene Städte macht, ist die Lage zu bezeichnend und die Form dieser alten Insel, die sich an den Strand anschließt, weist zu gut auf einen Schild hin, als daß die beiden Namen Aspis und Clupea nicht die gleiche Stadt bezeichnen sollten. Auch App. Lib. 110,519. M. L.

Tissot Géogr. Comp. 2,135. Atl. Arch. Tun. f^{e} Kélibia, Nr. 67. CIL VIII S. 128. *C. Courtois* Karthago 5, 1954, 182.

Clusinius. 1. C. Figulus stand um 10 v. Chr. im Mittelpunkt eines berühmten Erbschaftsprozesses um die Erbmasse einer Urbinia, von der der Anwalt des C., T. Labienus, behauptete, sie sei seine Mutter gewesen, während der Vertreter der übrigen Erben, C. Asinius Pollio, ausführte, C. sei ein Sklave namens Sosipater, Quint. 7,2,4. 5.26. Tac. dial. 38,6. Charis. p. 98 B. (= 77 K). **2.** C. Gallus, Freund des jüngeren Plinius, der an ihn epist. 4,17 gerichtet hat. R. H.

Clusium (Nissen It. Ldk. 2,323. L. Banti Die Welt der Etrusker, 1960, 98ff. Bianchi Bandinelli Clusium 1925). Bedeutende Stadt Etruriens, h. Chiusi. Der angeblich (Liv. 10,25,11) ältere Name *Camars* weist auf urspr. umbr. Bevölkerung (Altheim Gesch. der lat. Sprache 204f.), aber inschr. *clevsinas, clevsinsl* (Banti a.O. Pallottino TLE 28) beweist einen ital. Namen **kleusịō-* vor Ablaut *eu* > *ou;* spätere Ankunft der Etrusker (zahlreiche Inschr. CIE 475–3306) auch nach den Bodenfunden (Schachermeyr Etrusk. Frühgesch. 171ff.). Bündnis mit Tarquinius Priscus (Dion. Hal. ant. 3,51); der etrusk. Söldnerführer, »König« von C., Porsenna (sein Grab: Plin. nat. 36,91) sucht Tarquinier zurückzuführen (Liv. 2,9ff. Dion. Hal. ant. 5,21 u. a.). C. war der Sage nach (Eingreifen röm. Gesandter in den Kampf) Ursache des Gallierüberfalls 390/87 v. Chr. (Liv. 5,33ff. u. a.), wohl Verwechslung mit → Camerinum-Camars, da gall. Einwanderung aus Richtung Sena Gallica ö. des Tibers erfolgte. Ende des 3. Jh. mit Rom im Bunde (Pol. 2,25. Liv. 28,45,18). Kämpfe im 1. Bürgerkrieg (Vell. 2,28. App. civ. 1,87 u. a.). C. gehört als *municipium* der Tribus Aniensis (Kubitschek Imp. Rom. trib. discr. 83) in der 7. Region (Plin. nat. 3,52) an. Entfernung von Rom auf Trakt der urspr. → Cassia v. 800 Stadien = 100 mp (Strab. 5, 226); It. Ant. 285,6 rechnet über Umweg zwischen Forum Cassii und Volsinii (über Viterbo) und über v. Traiana nova zwischen Volsinii und fines Clusinorum 102 mp. Fester Platz noch 540 n. Chr. (Prok. Goth. 2,11). G. R.

Clutorius Priscus. Röm. Ritter, Vf. eines Gedichtes auf den Tod des Germanicus, für das er mit Geld belohnt wurde. Als Drusus, der Sohn des Tiberius krank war, und C. sich rühmte, für den Fall seines Todes gleichfalls ein Gedicht bereit zu haben, ließ ihn der Kaiser 21 n. Chr. hinrichten, Tac. ann. 3,49–51. Dio 57,20,3. R. H.

Cluviae (Nissen It. Ldk. 2,789). Karakenische Stadt Samniums in fester Lage, im J. 311 v. Chr. umkämpft (Liv. 9,31,2f.); Lage unbekannt. Nach Augustus *municipium* und Heimat des Helvidius Priscus (Tac. hist. 4,5). G. R.

Cluvius. Ital. Familienname, in Campanien seit dem 3. Jh., in Rom für Plebeier seit dem 2. Jh. v. Chr. nachweisbar.

I. Republikanische Zeit: **1.** C. C., Legatus im 3. Maked. Krieg 168, Liv. 44,40,6. Vielleicht identisch mit dem Praetor der J. 178 und 173 und somit auch Träger des Cognomens Saxula (Broughton Mag. 1,395.408.431; Liv. 41,28,5.42,1,5). **2.** C. C. L. f., Praetor und wahrscheinlich Proconsul von Macedonia oder Asia um 104 v. Chr., wurde durch eine Statue auf Delos geehrt, Inscr. de Délos 4,1,1679. Broughton Mag. 1,560. **3.** C. C., Ritter und Prozeßrichter um 70, Cic. Q. Rosc. 42ff. 48ff. **4.** C. C. (Clovius) ließ 47/46 in Caesars Auftrag Kupfermünzen prägen und war 46–45 wohl ebenfalls als Praefect mit Landanweisungen in Gallia Cisalpina tätig. Grueber Coins 1,539. Cic. fam. 13,7. Vielleicht in einer Grabrede des J. 43 genannt (CIL VI 1527a 5.16.47. b9); eine Identifizierungsmöglichkeit mit dem cos. suff. L. Flavius (33 v. Chr., Näheres RE IV 120) h. nicht mehr vertretbar, Broughton Mag. 2,414. **5.** M. C. aus Puteoli, Bankier, befreundet mit Cic. (Att. 6,2,3; fam. 13,56), der 45 zu seinen Miterben gehörte (Att. 13,46,3. 14,9,1). **6.** Num. C. M'. f., Munizipalbeamter in Puteoli (dort der Name auch später!), Verwandter von Nr. 5, in Magnesia am Mäander geehrt. **7.** Sp. C. Praetor 172 (Sardinia). **7a.** C. C. Saxula s. Nr. 1. **8.** Cluvia Pacula, im Hannibal. Krieg Dirne in Capua, wo sie gefangene Römer versorgte, so daß sie nach 210 die Freiheit erhielt, Liv. 26,33,8. 34,1. Val. Max. 5,2,1. H. G. G.

II. Kaiserzeit: **1.** P. C. Maximus Paullinus, cos. suff. ca. 138, AE 1940, 99, s. A. Degrassi Epigraphica 1, 1939, 307ff. Sein Enkel wird der gleichnamige Salius Palatinus 181 gewesen sein, CIL VI 1979. **2.** C. Rufus, nach Ios. ant. 19,91 f. erfuhr ein Konsular dieses Namens (der also spätestens 39/40 cos. suff. gewesen sein müßte) am 24. Januar 41 von dem geplanten Anschlag auf Caligula und verriet ihn nicht. Daß dies der Historiker und Begleiter Neros gewesen sein sollte, ist schwer glaublich; vielleicht liegt ein Irrtum des Iosephus vor. C. war cos. suff. vor 65, da er als Konsular bei Neros öffentlichem Auftreten in Rom 65 und dann in Achaia 66/67 Heroldsdienste leistete, Suet. Nero 21,2. Dio 63,14,3. Trotz Stellung, Reichtum und Beredsamkeit brachte er niemandem Verderben, Tac. hist. 4,43,1. Wohl schon von Nero ernannt, bestätigte ihn Galba als legatus Aug. pr. pr. Hispaniae cit. 68/69, Tac. hist. 1,8,1. Nach Galbas Ende (15. Januar 69) neigte er Otho zu, Plut. Otho 3, ging aber bald zu Vitellius über, Tac. hist. 1,76,1, und machte den Prokurator Lucceius Albinus, einen Othonianer, unschädlich, Tac. hist. 2.58.59. Zur Klarstellung seiner Gesinnung begab er sich nach Gallien zu Vitellius, ebd. 2,65,1. C. und Silius Italicus waren im Dezember 69 Zeugen der Gespräche zwischen Vitellius und Flavius Sabinus, ebd. 3,65,2. Dann trat er nicht mehr hervor, lebte aber sicher noch unter Vespasian, Plin. epist. 9,19, 5. Er schrieb seine historiae, Plut. Otho 3; die frg. bei PETER 313f. Er ist als zuverlässige Quelle bei Tac. ann. 13,20,2. 14,2,1f. zitiert. Wenn Ioseph. ant. 19,17–200. 212–273 aus C. stammt, so reichte sein Werk vom Beginn der Regierung Caligulas bis zum J. 68. Vielleicht verfaßte er auch eine Schrift über das Theaterwesen, Plut. quaest. Rom. 107. – SCHANZ-HOS. 2,647ff. R. SYME Tacitus 1,287ff. C. QUESTA Studi sulle fonti degli Ann. di Tac. 1960, 146ff. R. H.

Cn = Abkürzung des Praenomens *Gnaeus* (altlat. *Gnaivod*, osk. *Gnaivs*, etr. *cneve*, vgl. WALDE-HOF.^{3} 1,613), vor 312 v. Chr. entstanden, → C. H. G. G.

Cneorum (*κνέωρον*). Unter *κνέωρος* (Theophr.) oder *κνέωρον* (Diosk.), *cneorum* (Plin., Verg.) wurden mehrere Kleinsträucher der Familie Thymelaeaceae verstanden, deren giftiger Saft kratzend wirkt (von *κνῆν*), besonders Thymelaea tartonraira und hirsuta (*Cneorum nigrum et candidum* bei Plin.), Daphne gnidium (*θυμελαία* bei Diosk.) und oleifolia (vielleicht das *cneorum* Galens), nicht aber D. cneorum L., die Mattioli und Clusius für das eigentliche Cneorum hielten, und auch nicht die anderen Familien angehörigen Cneorum tricoccum L. und Convolvulus cneorum L., die als w.-mediterrane Arten ö. nur bis W.-Italien reichen. H. G.

Coa vestis. Ein Luxusgewand aus ganz feinem Gewebe, das den Leib wie nackt durchscheinen ließ. Die C. v. wurde in Kos hergestellt und ist schon Aristot. hist. an. 5,19 bekannt, wird aber vor allem in der Kaiserzeit erwähnt. Das Gewebe wurde aus den Fäden des Bombyx hergestellt; Glanz, Verzierung mit Goldfäden und Purpurfarbe werden gerühmt. An Denkmälern ist die C. v. bislang nicht nachgewiesen. W. H. G.

Coabis. Ort in Palästina, nach Tab. Peut. *mutatio* 12 mp. s. von Skythopolis an der Straße von dort nach Jericho. E. Ku.

H. Guthe, MNDPV 1911, 69f.

Coactor Siehe Nachtrag am Schluß des Bandes.

Cocceianus s. Cassius Dio Cocceianus

Cocceius. 1. L. C. Auctus, Freigelassener, Architekt, CIL X 1614, der für Agrippa den Straßentunnel zwischen Avernersee und Cumae und den zwischen Puteoli und Neapel geschaffen hat, Strab. 5,245, s. H. BENARIO Class. Bull. 35, 1959, 40f. **2.** C. C. Balbus, cos. suff. 39 v. Chr., Inscr. It. XIII p. 282.291.278.135.506. T. R. BROUGHTON Magistrates 2,386. Als Anhänger des Marc Anton erhielt er in Asien den Imperatorentitel, IG II/III^2 4110. **3.** L. C. Nerva, cos. suff. 39 v. Chr., Urgroßvater des Kaisers, aus Narnia in Umbrien stammend, Aur. Vict. epit. Caes. 12,1. Wohl Sohn des C. bei Cic. Att. 12,13,2 u. a. Als Freund des Octavian sowohl wie des Marc Anton (App. civ. 5,251. 272) wurde er von ersterem mit Caecina im Sommer 41 zu Verhandlungen mit Marc Anton nach Syrien geschickt, App. civ. 5,251. Er begleitete diesen nach Italien und brachte mit anderen im Herbst 40 den Vertrag von Brundisium zustande, App. civ. 5,252–272. Im Frühjahr 37 reiste C. mit Maecenas wieder zu Verhandlungen mit Marc Anton nach Brundisium, Hor. sat. 1,5,27f. Sie bereiteten den Vertrag von Tarent vor. C. besaß eine Villa bei Caudium, Hor. sat. 1,5,56f. **4.** M. C. Nerva, cos. suff. 36 v. Chr., Bruder von Nr. 2. Nach Mz. aus dem J. 41 v. Chr. *pro q(uaestore) pr(aetoris)*? GRUEBER Coins 2,492,106–108. Im perusin. Krieg 41/40 stand er auf seiten des L. Antonius. Octavian begnadigte ihn mit Rücksicht auf seinen Bruder, App. civ. 5,256. Er kämpfte auf der Seite Marc Antons in Asien und wurde zum Imperator ausgerufen. SEG IV 604. DESSAU 8780. Bei der Saekularfeier des J. 17 v. Chr. war er als XVvir sacr. fac. anwesend, CIL VI 32323,151. **5.** M. C. Nerva, cos. suff. ca. 22 n. Chr., CIL VI 1539, curator aquarum 24–33, Frontin. aq. 102. Freund des Tiberius, Tac. ann. 6,26,1; begleitete ihn 26 nach Campanien, ebd. 4,58,1. Berühmter Jurist, Haupt der Prokulianer. W. KUNKEL Herkunft röm. Juristen 120. Frg. bei LENEL Palingen. 1,789. †33 n. Chr. Tac. ann. 6,26,1. **6.** M. C. Nerva, cos. suff. ca. 39/41, CIL VI 9005 (A. DEGRASSI Epigr. 8, 1946, 37f.). Bedeutender Jurist. Frg. bei LENEL Palingen. 1,791. W. KUNKEL Herkunft röm. Juristen 130. **7.** M. C. Nerva = imp. Nerva Caes. Aug., s. Nerva. **8.** Sex. C. Severianus Honorinus, legatus pr. pr. prov. Africae, Apul. flor. 2,9,40, cos. suff. 147, Inscr. It. XIII 1 p. 206f. Procos. Africae ca. 162/63, ST. GSELL Inscr. lat. Alg. I 1030. Apul. flor. 2,9,37–40. **9.** Sex. C. Vibianus, cos. suff. Ende 2./Anfang 3. Jh. CIL VIII 84. Procos. Afr. CIL VI 37065. Als XVvir sacr. fac. bei den Saekularspielen 204, CIL VI 32327,9.14. R. H.

Cocles. Einäugig (Enn. bei Varro l.l. 7,71. Plin. nat. 11,150), als Spitzname vorkommend, RE III A 1828. Cognomen (Ehrenname) bei → Horatius C., dem berühmten exemplum röm. virtus. H. G. G.

Cocytus s. Hades

Codex. Zunächst ein Scheit Holz, dann ein von Holzbrettchen umschlossener Beschreibstoff, verdrängte der c. schließlich als Band einzelner Seiten die Rolle und wurde zur führenden Buchform der Spätantike. Haltbarkeit und leichtere Möglichkeit des Nachschlagens machten ihn im häuslichen Rechnungswesen, bei oft gebrauchten religiösen Schriften und bei juristischen Texten unentbehrlich. Wenngleich es auch Papyrus-Codices gab, geht doch die Verdrängung der Rolle durch den Codex mit der Verdrängung des Papyrus durch das Pergament Hand in Hand.

Zum Hauswesen des Römers gehörte ein *c. accepti et expensi:* Cic. Verr. I 60. Insbesondere Darlehensauszahlungen und Eingänge aus Forderungen wurden hier vermerkt. Die Bedeutung der Eintragungen war so groß, daß sie sogar eine *litterarum obligatio* begründen konnten (Gai. 3,128 ff.).

Während der jüdischen religiösen Literatur ihre Form durch die Thora unabänderlich vorgegeben war, bevorzugte die chr. Literatur, wohl wegen der relativ niedrigen Kosten und der großen Strapazierfähigkeit, den Pergament-Codex, den wir schon im 2. Jh. n. Chr. in starker Verbreitung antreffen.

Die Hauptwerke der klassischen Jurisprudenz waren noch alle auf Rollen geschrieben. So kam es immer wieder zu schweren Literaturverlusten. Die ganz auf Aktualität angelegte Schaffensweise der großen Klassiker nahm daran keinen Anstoß. Als aber das Juristenrecht als in seiner Entwicklung abgeschlossenes, nun autoritatives *ius* gesehen wurde, mußte es zu einer umfassenden Umschrift der Rollenwerke kommen, die WIEACKER in den Anfang des 4. Jh. n. Chr. weist.

Bei der Sammlung von Kaisergesetzen war das Bedürfnis nach handlichen, strapazierfähigen Nachschlagewerken noch größer als bei den Juristenschriften. C. wird so rasch zum Gattungsbegriff der Konstitutionensammlungen. Die ältesten bezeugten »Kodifikationen« waren Privatarbeiten: Der Codex Gregorianus sammelte die seit Hadrian bis zum Mai 291 erlassenen Kaisergesetze. Sein Kompilator Gregorius gehörte wohl zur Zentralbürokratie. Er gliederte das Material in Bücher und Titel, innerhalb derer er chronologisch reihte. Die Sammlung ist uns nur indirekt überliefert; insbesondere die von der Lex Romana Visigothorum gebotenen Auszüge lassen ihren Charakter erschließen. Der Codex Hermogenianus, um dessen Überlieferung es nicht besser bestellt ist, war als Ergänzung zum Gregorianus gedacht. Mit den J. 293 und 294 erfaßt er den Löwenanteil der Reskriptenpraxis Diokletians.

Die 1. amtliche Konstitutionensammlung ist der Codex Theodosianus von 438. Er ist das Resultat eines zunächst ehrgeizigeren Vorhabens. Theodosius II. wollte eine gesetzeskräftige Kompilation aus Kaiserrecht und Juristenrecht schaffen, seine Kommission bewältigte jedoch diese Aufgabe nicht. So begnügte er sich schließlich mit 16 (in Titel gegliederten) Büchern, die nach 312 ergangene Gesetze enthielten. Durch Kürzungen, Änderungen und Trennungen ähnelt die Arbeitsweise der justinianischen. Unsere direkte Überlieferung ist unvollständig (Vat. reg. 886; Parisinus 9643; P. Oxy 15, 1913 u. a.) und bedarf der Ergänzung durch die westgotischen Sammlungen.

Justinian veranlaßte 2 amtliche Konstitutionensammlungen. Am 13. Februar 528 gab er mit der Konstitution *de novo codice componendo* den Auftrag, alle noch geltenden Kaisergesetze zusammenzufassen. Am 7. April 529 konnte dieser sog. *Codex vetus* publiziert werden; von ihm ist nur der Index der Titelrubriken und Inscriptionen von 1,11–16 erhalten (POxy 15, 1814). Nach Vollendung der Digestenkompilation wurde im November 534 ein neuer Codex promulgiert, der *Codex repetitae praelectionis*, den wir kurz Codex Iustinianus nennen. Seine 12 Bücher zerfallen in Titel, innerhalb derer die Fragmente chronologisch gereiht sind. Alle ihn überliefernden Handschriften sind fragmentarisch. Th. M.-M.

C. H. Roberts The Codex, Proceedings of the British Academy 1954, 169 ff. *F. Wieacker* Textstufen klassischer Juristen, 1960, 93 ff. *E. Schönbauer* Iura 12, 1961, 123 ff. Ausg. der Codices: *Jac. Gothofredus* C. Theodosianus, ed. Lpz. 1736. *G. Haenel* Corpus iuris anteiustiniani 2, 1837. *Mommsen* Theodosiani libri XVI, 1905. *P. Krüger* C. Theodosianus I–VIII, 1923/26. *Ders.* C. Iustinianus, 1877. Übersetzg.: *C. Pharr* The Theodosian Code, 1952. Sekundärlit.: *P. Krüger* Kritik des Justinianischen C., 1867. *G. Ferrari* Osservazioni sulla transmissione diplomatica del Cod. Theod. 1915. *Rotondi* Scritti giur. 1, 1922, 71 ff. *Scherillo* Studi Ratti, 1934, 247 ff.

Codicilli. Als Deminutiv von *codex* bezeichnet c. die minder förmliche, doch immerhin in einem Schriftstück enthaltene letztwillige Verfügung. Das plurale tantum leitet sich von den Wachstäfelchen des Briefes her, als der die c. meist stilisiert waren. Ihre rechtliche Anerkennung unter Augustus hängt wohl mit der Klagbarkeit von *fideicommissa* zusammen, die ja als Bitten gehalten waren.

Erbeinsetzungen und Enterbungen durften in c. nicht ausgesprochen werden. In einem Testament bestätigte Kodizille *(codicilli testamento confirmati)* galten als dessen Bestandteil und konnten daher alle übrigen letztwilligen Verfügungen enthalten. Intestatkodizille dagegen durften nur fideikommissarische Verfügungen enthalten. Die c. boten die Möglichkeit, ein Testament gegen die oft verwirrende Vielfalt von Unwirksamkeitsgründen zu schützen. Durch die sog. Kodizillarklausel wurde bestimmt, daß die als Testament wirkungslose Erklärung wenigstens als c. gelten sollte. Wir haben hier einen frühen Fall der Konversion vor uns.

Erst das nachklassische Recht stellte auch für c. Formvorschriften auf. Justinian forderte 5 Zeugen und ließ auch mündliche c. zu. Th. M.-M.

Scarlata-Fazio La successione codicillare, 1939. *Guarino* ZRG rom. Abt. 62, 1942, 209ff.

Coelius. Plebeischer Gentilname (auch *Coilius* [s. Nr. 3], nach SCHULZE Eigenn. 155 deminuierte Form zu *Coenia* [etr. *cuie*], vielleicht mit etr. *cvelne* [CIE 851] zusammengehörig, später inschr. auch *Quoelius*, *Quaelius*, *Quelius* geschrieben). Namensträger seit dem 2. Jh. v. Chr. bezeugt, meist zur Tribus Aemilia gehörig. DRUMANN^2 2,344ff.

I. Republikanische Zeit: **1.** C. C., Senator 129, aus der Tribus Arniensis. BROUGHTON Mag. 2,489. **2.** L. C., Legatus 170 in Illyrien, versuchte 170/169 vergeblich, die Stadt Uscana (RE IXA 1075) zu gewinnen, Liv. 43,21,1–3. **3.** L. C. (Coil[ius]), Münzmeister um 150–146. MOMMSEN RMW 509, Nr. 65. SYD. LXVIII, 40f., wohl nicht identisch mit Nr. 2 (BROUGHTON Mag. 2,436). **4.** P. C., 74 Praet. urb., zusammen mit Verres (Cic. Verr. 2,1,130). **5.** C. (C.) Antipater, Legatus (?) des Norbanus, 82 von P. Albinovanus ermordet, App. civ. 1.91,421. Das sonst in republ. Zeit nicht belegte Cognomen läßt Verwandtschaft mit Nr. 6 vermuten. **6.** L. C. Antipater, Historiker (Annalist), Begründer der hist. Monographie in Rom. * wohl zwischen 180–170, lebte und schrieb noch nach 121 (Tod des C. Gracchus); er war juristisch gebildet und trat als Lehrer der Beredsamkeit auf (sein berühmtester Schüler: L. Crassus [Nr. 1]*140, Cic. Brut. 102); vielleicht ein Freigelassenensohn. Verf. einer Darstellung des Hannibal. Krieges (nur bei Cic. or. 230 *bellum Punicum* genannt) in 7 B. In der Beschränkung auf einen kleineren Zeitabschnitt lag das Neue gegenüber der bis auf ihn üblichen röm. Geschichtsschreibung; sie ermöglichte ihm eingehenderes Quellenstudium (Fabius Pictor, Cato, Silenus, wohl auch Polybios, vgl. Cic. div. 1,24,49. Liv. 27,27,13. Gell. 10,24,7). Als Rhetor gab er eine in Aufbau und Stil lebendige und fesselnde Darstellung (Cic. de leg. 1,6; de or. 2,54 *addidit historiae maiorem sonum vocis* [→ Rhetorik, Asianismus]). Das Werk hatte eine lange Nachwirkung: Brutus fertigte eine Epitome an (Cic. Att. 13,8), Hadrian bewunderte es (H.A. Hadr. 16,6), ein Paulus kommentierte es (Charis. GLK 1,217,29) und als Quelle diente es für: Liv., Plut., Verg., Val. Max., Plin., Frontin. und wohl auch Cass. Dio. Fragmente (über 60) in HRR 1, 147ff. PETER HRFrg 98ff. SCHANZ-HOS. 1,200ff. K. BÜCHNER, RLitG 169f. (»ein Dichtwerk in Prosa«). J. VOGT Orbis, 1960, 132. **7.** C. C. Caldus gelangte als *homo novus* (Cic. de or. 1,117) gegen heftige Widerstände als erster der Familie in hohe Ämter: 107 tr. pl. (Anklage des P. Popillius Laenas wegen dessen Tigurinervertrages; lex tabellaria [Abstimmung mit Stimmtäfelchen auch in Perduellionsprozessen, Cic. leg. 3,36 u. a. vgl. CH. H. BRECHT Perduellio, 1938, 291f.]), vor 103 sprach er einen Angeklagten frei, der den Dichter C. Lucilius auf der Bühne beleidigt hatte (Rhet. Her. 2,19); etwa 99 Praetor (Hispania citerior, wo er wohl auch 98 als Propraetor stand, BROUGHTON Mag. 2,5) u. 94 Consul, zusammen mit L. Domitius Ahenobarbus (Quellen bei DEGR. I 13,54f. 164f. 478f.). Persönlichkeit (guter Durchschnitt): Cic. Brut. 165; de or. 1,117. Münzporträt: BERNOULLI Röm. Ikon. 1,85. SYD. H. A. SEABY Rom. Silver Coins, 1952, 28. **8.** C. C. Caldus, Münzmeister um 100 (BROUGHTON Mag. 2,436), später Augur, Xvir sacr. fac. und (um 69?) Statthalter im O., wo er den Imperatortitel erwarb. **9.** C. C. Caldus, Enkel von Nr. 7 (dessen Porträt er auf seinen Münzen prägen ließ), Neffe von Nr. 8, Münzmeister um 62 (so BROUGHTON Mag. 2,436), vgl. GRUEBER Coins 3833. Quaestor 50 (*qu. pro praetore* in Cilicia auch 49), übernahm die Provinz 50 von Cicero (fam. 2,15,4 u. ö.). Sein Vater war ein VIIvir epulonum L. C. Caldus. **10.** P. C. Caldus ließ sich 87 als Kommandant von Placentia den Tod geben, Plin. nat. 8,144. **11.** M. C. Vinicianus, Quaestor um 56, tr. pl. 53. Im Bürgerkrieg bei Caesar, Praetor um 48?, proconsular. Imperium wahrscheinlich in Bithynien und Pontus 47. Grabstein aus Tusculum CIL I 6141. DESS. ILS 883. H. G. G.

II. Kaiserzeit: **1.** P. C. Apollinaris, cos. suff. 111, Inscr. It. XIII 1 p. 200f. **2.** A. Aqu(illius?) P. C. Apollinaris, cos. suff. 169, CIL XIV 2408. III 14219,10. **3.** P. C. Balbinus Vibullius Pius, cos. ord. 137, Inscr. It. XIII 1, p. 312f.; sein curs. hon. CIL VI 1383. Sohn von Nr. 1. **4.** L. C. Festus, cos. suff. 148, Inscr. It. XIII 1 p. 206f., sein curs. honor. CIL XI 1183. **5.** L. C. Rufus, cos. suff. 119, CIL VI 2080 (32375) legatus Aug. pr. pr. Moesiae sup. 120, s. A. STEIN Legaten Moesiens 40f. R. H.

Coemptio. Urspr. realer Brautkauf, begegnet die c. in geschichtlicher Zeit als *conventio in manum* durch *mancipatio nummo uno*, Gaius 1,114. Anfänglich übertrug der Gewalthaber der Frau, später sie sich selbst in die *manus* des Mannes. War sie bisher gewaltfrei, bedurfte sie doch noch der *auctoritas patris* oder *tutoris*. Neben die *coemptio matrimonii causa* tritt in der jüngeren Republik eine *coemptio fiduciae causa*, die insbesondere der Vermeidung einer *tutela mulierum* dient (Gaius 1,115). Auch zur Befreiung von Sakrallasten gebrauchte man eine c. (Cic. Mur. 12, 27). Wird eine Ehe, bei der die *manus* durch c. begründet wurde, geschieden, so vollzieht man eine *remancipatio* als *actus contrarius*. Th. M.-M.

Kaser Jura 1, 1950, 64ff. *Kupiszweski*, ZRG 77, 1960, 155ff.

Coercitio. Unter c. verstand man im röm. Recht polizeiliche Maßnahmen der Magistrate (ausgenommen der *quaestores*), die von ihrer richterlichen Tätigkeit kaum getrennt waren und darauf abzielten, Ungehorsam zu beugen und Gehorsam zu erzwingen. Dieses In-die-Schranken-Weisen konnte mit Strafen aller Art verbunden sein (Dig. 50,16,200. Iul. 2 dig.). Als Zwangsmittel, die schwer von den Kriminalstrafen zu unterscheiden waren, kannte man: Todesstrafe (*supplicia*, Liv. 8,32–35), Verkauf in die Sklaverei, Verhaftung und Einsperrung (*prensio* und *vincula*), körperliche Züchtigung (*verbera;* jedoch für den *civis Romanus* durch die lex Porcia pro scapulis [198 v.Chr.?] verboten), Einziehung des Vermögens (*consecratio*), Vermögensbußen (*multae;* bes. scharfe Waffe, da hierdurch die vermögensrechtliche Existenz des Bürgers vernichtet werden konnte, fortgebildet in den Multengesetzen zwischen 454–430 v.Chr.), Pfändung (*pignoris capio*, wobei die Sachen zerstört [*pignora caedere*] und nicht verkauft wurden. In der Wahl der c.-Mittel war der Magistrat frei. Erst durch das tribunizische Interzessionsrecht (*ius provocationis*, 449 v.Chr.) wurde den Magistraten insoweit die Anwendung der c. verboten, als sie dadurch die Amtstätigkeit der Tribunen behinderten. Z.Z. der Republik entwickelte sich aus der c. der magistratisch-comitiale Strafprozeß. F.R.

H. Siber Röm. Verfassungsrecht, 1952, 81f.115.119f. *U. v. Lübtow* Das röm. Volk, 1955, 264.273. *F. De Martino* Storia della costituzione Romana, 1, 1958, 303ff. *Th. Mommsen* RStrR 35ff.897. *W. Rein* Kriminalrecht der Römer, 1962, 285.

Cognatio ist Blutsverwandtschaft (im Gegensatz zu der durch die Zugehörigkeit zu einem Gewaltverband vermittelten *agnatio*). Sie gewinnt im prätorischen Erbrecht (wegen der Klasse *unde cognati*) und im Familienrecht Bedeutung. So werden infamierende Klagen gegen *parentes* nicht zugelassen, ihre Verurteilung erfolgt nur *in id quod facere possunt.* Die Gradesnähe der cognatischen Verwandtschaft richtet sich nach der Zahl der Zeugungen, die die Verwandtschaft vermitteln. Geschwister sind daher im 2. Grad miteinander verwandt. Die prätorische Erbenklasse *unde cognati* erfaßt alle Blutsverwandten bis zum 6. Grad, vom 7. Grad noch die Kinder von Geschwisterenkeln (*sobrino nati*). Th. M.-M.

C. Castello Diritto familiare, 1942, 123ff.

Cognitio. Von cognoscere abgeleitet, bezeichnet c. jedes erkennende Verfahren in Rechtssachen. Die Aufnahme von Beweisen und oft auch die rechtliche Würdigung des Falles, bisweilen sogar seine Entscheidung unterfallen diesem weiten Sinn der *causae c.* Technisch gebraucht, bezeichnet *causae c.* seit der Ablösung des Legisaktionen – durch den Formularprozeß – die Erhebungen des Prätors, die der Gewährung einer *formula* vorangingen. Verhandlungsführung durch den Gerichtsherrn statt durch von ihm eingesetzte Geschworene wird aber bald auch in anderen Fällen als c. qualifiziert. So tritt seit Augustus neben den *ordo iudiciorum* die *cognitio extra ordinem*, bei der kein *iudex privatus* eingesetzt wird, sondern der Magistrat oder ein kaiserlicher Beamter selbst entscheidet. In diesem Verfahren prägten sich jene Grundsätze aus, die nach der Abschaffung der Schriftformeln (342 n.Chr., Cod. Iust. 2,57) den spätröm. Prozeß beherrschten. Auch im Strafprozeß trat eine neuere c. einem älteren Geschworenenprozeß, den *quaestiones*, an die Seite, um ihn schließlich zu verdrängen. Die Prozesse gegen Christen fanden schon zu Beginn des 2. Jh. als *cognitiones (de Christianis)* statt, ein Staatsbeamter war Richter und Urteiler (vgl. Plin. ad Trai. 96). Wurde der Kaiser selbst tätig, so sprach man in der Dominatszeit von *cognitio sacra.* Th. M.-M.

L. Wenger Institutionen des röm. Zivilprozeßrechts, 1925, 246ff. *M. Lemosse* Cognitio, 1944.

Cognomen. Dritter Name des Römers. Ein c. zu führen, war in der republikan. Zeit nur bei altadeligen Geschlechtern üblich. Das c. diente dann als erbliches Kennzeichen der einzelnen Zweige des Geschlechts. Als 2. soziale Schicht nahmen die Freigelassenen ein c. an; es trug wohl teils besitzanzeigenden, teils diskriminierenden Charakter. Zu Beginn der Kaiserzeit erfaßt die Sitte, 3 Namen zu führen, das ganze Volk. Nur bei seltenen Geschlechtsnamen, bei denen sich offenbar weniger Schwierigkeiten der Individualisierung ergaben, setzt sich das c. erst im 2. Jh. n. Chr. völlig durch. Die vielen neuen Beinamen waren nicht erblich, sondern individuell. Das c. des Vaters ging nur auf den ältesten Sohn über; ein jüngerer Sohn mußte sein c. dann vom Namen der Mutter oder anderswie ableiten. Die Einführung des c. konnte also bei größeren Familien die Individualisierungsschwierigkeit nicht ausräumen. Wohl schon deshalb stoßen wir bald auf vier- und mehrgliedrige Namen. Th. M.-M.

B. Doer Die röm. Namengebung, 1937. *W. Kunkel* Herkunft und soziale Stellung der röm. Juristen, 1952, 82ff.

Cohors. In der Frühzeit des röm. Milizheeres gliederten sich die Infanteriealen der socii in Kohorten unbekannter Stärke (Liv. 8,8,15). Die Notwendigkeit, größere Einheiten zur Verfügung zu haben, als es der Manipel war, führte in scipionischer Zeit zur fallweisen Zusammenfassung von je 3 Manipel zu einer Kohorte (Pol. 11,23,1), bis offenbar durch die marianische Reform die c. taktische Einheit wurde (KROM.-VEITH 376ff.). Eine Legion bestand nun aus 10 cs. mit einem Sollstand von je 600 Mann (Fest. ep. 336), deren Kommando der rangälteste Zenturio innerhalb jeder c. führte (KROM.-VEITH 318). Die politische Gleichstellung der socii mit den Römern nach dem Bundesgenossenkrieg brachte die Umwandlung der Infanteriealen in Legionen und damit auch die Gliederung in die gleiche Zahl von cs. Aus der schon vermutlich im 3. Jh. v. Chr. bestehenden *c. amicorum et praetoriae* der republikanischen Feldherrn (Fest. 223 M. KROM.-VEITH 311,477ff.), entwickelten sich die von Kaiser Augustus aufgestellten, kaiserlichen *cs. praetoriae.* Sie zählten ursprüngl. 9 cs., zu je

1000 Mann, und zwar 900 Fußsoldaten und 100 Reiter (Cass. Dio 74,1) und waren wie die *cs. urbanae*, die Stadtsoldaten und die *cs. vigilum*, die Feuerwehr und Nachtwächter, in und um Rom stationiert. Die *cs. amicorum*, die ihren militärischen Charakter völlig verloren, erhielten sich als engeres Gefolge der kaiserlichen Prinzen (Tac. ann. 1,29) und als *comites* des Kaisers (Suet. Cal. 19) und der Statthalter. Schon zur Zeit der *cs. sociorum* verwendeten die Römer in ihren Heeren ausländische Truppenkontingente, → auxilia, als Vertreter spezieller Waffengattungen. Sie gliederten sich außer in *alae* auch in *cs*. Diese waren 500 *(quingenariae)* oder 1000 Mann *(miliariae)* stark, bestanden entweder ausschließlich aus Infanterie *(peditatae)* oder aus Infanterie und Kavallerie *(equitatae)* und wurden von *praefecti* (Krom.-Veith 510) kommandiert. Ihre Benennung erfolgte nach der Bewaffnung *(sagittariorum)*, nach der Entstehung *(gemina)*, nach dem Alter *(veterana, nova)*, nach den Mannschaften *(classica, voluntariorum)*, nach geograph. Bezeichnungen *(Macedonica)*, nach Volksnamen *(Breucorum)*, nach männlichen Eigennamen *(c. Lepidiana)* und nach dem Namen des Kaisers. Dabei sind die älteren wie *Augusta* und *Claudia* als Auszeichnungen zu werten, die späteren, wie Ulpia, weisen auf den Kaiser hin, der sie aufstellte. Im 3. Jh. n. Chr. kamen Beinamen wie *Antoniniana*, *Severiana* auf, die den regierenden Kaiser anzeigen und die nicht nur von den *cs. auxiliorum*, sondern von allen Truppenkörpern des röm. Heeres geführt wurden. Reine Ehrenbeinamen waren *pia fidelis*, *victrix* usw. Die Bezeichnung *c(ivium) R(omanorum)* ist dahin zu verstehen, daß alle Angehörigen der betreffenden c. zu einem bestimmten Zeitpunkt aus irgendeinem Grunde, z. B. wegen einer hervorragenden Waffentat, das röm. Bürgerrecht erhielten. Die Bezifferung der einzelnen cs. war keine durchgehende und die Gesamtzahl ist selbst annähernd schwer zu ermitteln. Seit Traian standen die cs. im Gegensatz zu den nationalen *nummeri* und im 4. Jh. in dem zu den barb. *auxilia*. Sie waren nun bloß 500 Mann stark und wurden von *tribuni* oder *praepositi* kommandiert. A. N.

Dar.-Sagl. 1,2,1287ff. RE IV 231ff. 356f., *Krom.-Veith* 634. *A. Passerini* Le coorti pretorie. Roma 1939. *M. Durry* Les cohortes pretoriennes. Paris 1938, *P. K. Baillie Reynolds* The Vigiles of Imperial Rome. Oxford 1926. *Grosse* Röm. Militärgesch., Bln. 1920, 340. Weitere Lit. → auxilia.

Coitio heißt der Zusammenschluß zu einer societas (vgl. Dig. 17,2,70) oder zu einem *collegium* (*ius coeundi* Dig. 40,3,1. 50,6,6,12). In engerer Bedeutung ist c. unerlaubte Vereinsbildung, bes. Vereinigung zum Zwecke gemeinsamer Begehung eines Verbrechens (vgl. Dig. 4,9,1,1 u. ö.). C. wird als qualifizierter → *ambitus* bestraft, wenn sich mehrere Kandidaten verbünden, um in großem Maßstab Wählerstimmen zu kaufen *(crimen sodaliciorum)*. H. Ha.

A. M. Duff Personality in Roman Law, 1938, 94. *Mommsen* RStrR, 1899, 871f.

Collatia (Nissen It. Ldk. 2,563. Bormann Altlatin. Chorographie 186). Sabin. (Liv. 1,38,1 f.) oder latin. (Dion. Hal. ant. 3,50. Verg. Aen. 6,774) Stadt Latiums ca. 10 mp ö. Roms. Deutung des Namens von *conferre* (Paul. Fest. 33,18ff. L. Serv. Aen. 6, 772) irrig; genannt in der Lucretia-Geschichte (Liv. 1,57f. Hal. ant. 4,64. Ov. fast. 2,733.785). Das *oppidum* (Cic. leg. agr. 2,96) oder die κώμη (Strab. 5,230) war z. Z. des Plin. nat. 3,68 *sine vestigiis* verschwunden. Ziel der Collatina via (Frontin. aqu. 5,10) zwischen Anio und Praenestina via (Ashby Pap. Brit. School at Rome 1, 1902, 138ff.); h. Lunghezza. G. R.

Collatio legum Mosaicarum et Romanarum. Eine nachklassische Gegenüberstellung von Vorschriften des A.T. und auf den gleichen Gegenstand bezüglichen Texten des röm. Rechts (»*Lex Dei quam praecepit Dominus ad Moysem*«). Zitiert werden von den röm. Juristen Papinian, Ulpian, Paulus, Modestin und Gaius, aber auch unechte Slg.en, die in der Nachklassik unter diesen Namen umliefen, z. B. die Pauli sententiae. Zudem werden einige Kaisergesetze aus den Codices Gregorianus und Hermogenianus angeführt. Zweck des Werkes ist wohl, die Übereinstimmung von bibl. und röm. Recht zu erweisen. Entstehungszeit und Herkunft der C. sind umstritten. Am ehesten dürfte sie um die Mitte des 4. Jh. n. Chr. (das Gesetz von 390 in 5,3 ist vielleicht späterer Einschub) im W. entstanden sein; ob ihr Verfasser Jude oder Christ war und ob er das jüd. gegen das röm. Recht verteidigen wollte oder umgekehrt, ist ungewiß. Erhalten sind uns in 3 Hss. (Berlin, Wien, Vercelli) nur 16 Kapitel überwiegend strafrechtlichen Inhalts aus dem Werk, das wohl mehrere libri umfaßte. Erste Ausgabe von Petrus Pithoeus 1573, jetzt Riccobono-Baviera u. a., Fontes iuris rom. anteiustinani 2, 1940, 541ff. D. M.

Lit.: Überaus umfangreich, Zusammenstellungen bei *Leop. Wenger* Quellen des röm. Rechts, 1953, 546 und *Fritz Schulz* Hist. of Roman Legal Science², 1953, 344 LL (vgl. auch 311ff.).

Collatinus s. Tarquinius

Collega ist in erster Linie der Amtsgenosse. Es ist ein Grundsatz der Verfassungsordnung der röm. Republik, öffentliche Ämter mit mehreren gleichberechtigten Trägern zu besetzen. Motiv für diese Ämterbesetzung nach dem Kollegialitätsprinzip war nicht der Gedanke einer Geschäftslastverteilung, sondern das Bedürfnis nach Beschränkung der Allgewalt des magistrat. *imperium*. Kollegialität galt also bes. im gegenseitigen Verhältnis der republik. Höchstmagistrate, der beiden Konsuln. Umstritten ist, ob der kollegiale Doppelkonsulat unmittelbar an den Sturz des Königstums anschließt (510 v. Chr., so Kunkel [3],11 unter Berufung auf die fasti consulares) oder erst nach einer Übergangszeit (*praetor maximus*, *tribuni militum consulari potestate*, dazu DULCKEIT-SCHWARZ [4],22ff.) glaubhaft ist. Gesichert ist der Kollegialitätsgrundsatz jedenfalls seit den leges Liciniae Sextiae 367 v. Chr. Er bedeutet, daß ein Amt als eine Einheit aufgefaßt wurde, die von mehreren Amtsträgern verwaltet wird, und zwar so, daß jeder von ihnen allein den Gesamtinhalt der Amtsgewalt ausüben kann. Zustimmung des oder der Kollegen, einträchtiges Zusammenwirken bei Beschlußfassung und -ausführung sind in der Regel nicht erforderlich. Wohl aber existiert eine negative Schranke im Einspruchsrecht des Amtsgenossen *(ius prohibendi, intercedendi)*, womit dieser jede noch nicht vollzogene einseitige Amtshandlung seines Kollegen verhindern kann. In der Praxis führt diese Konstruktion der Kollegialität gelegentlich zu gemeinsamem Handeln: So wirken die Konsuln regelmäßig bei Anträgen an Senat oder Volk zusammen (ausgenommen freilich Wahlrogationen). Häufiger ist jedoch die interne Vereinbarung *(comparatio)*, notfalls Entscheidung durch Los *(sortitio)* über eine Aufteilung der zivilen Amtsgeschäfte *(imperium domi)* oder die Festlegung eines turnusmäßigen (meist monatlichen) Wechsels in der Oberleitung. Das *imperium militiae* kennt naturgemäß keine Interzession, sondern schlimmstenfalls täglichen Wechsel im Oberbefehl. Nicht selten werden jedoch getrennte militär. Operationsbereiche vereinbart. In Krisenzeiten können die Nachteile des Kollegialitätsprinzips in der Führung des höchsten Staatsamtes durch Suspendierung des Doppelkonsulats und Vereinigung aller Machtfülle auf einen *dictator* ausgeschaltet werden. Die Ernennung eines *dictator* kann jeder der beiden Konsuln vornehmen, der Amtskollege hat gegen diesen Akt kein Interzessionsrecht. Der Kollegialitätsgedanke findet sich selbstverständlich beim Höchstmagistrat am deutlichsten ausgeprägt. Eine Doppel- oder Mehrfachbesetzung anderer Magistraturen erscheint analog konzipiert, meist treffen wir dort jedoch konkretere Abgrenzungen der Amtsbereiche *(provinciae)*. Das gegenseitige Interzessionsrecht wird durch solche Geschäftsverteilung grundsätzlich nicht berührt. Eine besonders strenge Auffassung von Kollegialität liegt dem Zensorenamt zugrunde: Die beiden *censores* haben ihre Hauptaufgabe, nämlich Bürgerschätzung und Sittenaufsicht, in gemeinschaftlichem Zusammenwirken durchzuführen. Stark beschränkt ist hingegen der Kollegialitätsbegriff, der in der Bezeichnung des Prätors als *collega minor* der Konsuln anklingt. Er bedeutet dort ein Teilhaben am *imperium*, aber in Unterordnung unter die Konsuln. – C. heißt darüber hinaus das Mitglied eines beliebigen → *collegium*, bes. der Vereins- oder Zunftgenosse. Im Privatrecht werden Mitvormünder und Miterben als *collegae* bezeichnet. H. Ha.

P. Frezza Studi in onore di Siro Solazzi, 1948, 507ff. *K. v. Fritz* The Theory of the Mixed Constitution in Antiquity, 1954. *W. Kunkel* Röm. Rechtsgesch., [3]1960. *Dulckeit-Schwarz* Röm. Rechtsgesch., [3]1963.

Collegium s. Nachtr. am Schluß des Bandes.

Collina porta. Ein Tor in der Serv. Mauer, am n.ö. Ende des Quirinals. Als strategisch wichtiger Punkt spielte sie oft eine Rolle: so beim Galliereinfall (Liv. 5,41,4. Plut. Camill. 22), im Krieg gegen Hannibal (Liv. 26,10,1. Iuv. 6,290. Plin. nat. 15,76) und im Bürgerkrieg zwischen Marius und Sulla (App. civ. 1,58. Liv. epit. 88. Vell. 2, 27. Plut. Sulla 29. Lucan. 2,135). Überreste der C. p. wurden 1872 beim Bau des Finanzministeriums an der Ecke der Via XX Settembre und der Via Goito gefunden. Rud. G.

Lanciani Ancient Rome, 1887, 145.

Collina tribus. Die 4. der auf Servius Tullius zurückgehenden städtischen Tribus. Der Name kommt von den colles Viminalis und Quirinalis. Seit der Beschränkung nicht ansässiger Bürger und Freigelassener auf die 4 städtischen Tribus unter der Census des Q. Fabius Maximus, 304 v. Chr., sank das Ansehen der C. t. (vgl. Cic. Mil. 25) immer mehr; neu aufgenommene Bürgergemeinden wurden ihr nicht mehr zugewiesen. In der Kaiserzeit finden wir in ihr zahlreiche *spurii* und röm. Bürger griech. und asiat. Herkunft. Rud. G.

Mommsen, RStR 3,442. *Ruggiero* Dizion. epigr. 2,407ff.

Colonatus. Eine Form der zeitlich unbeschränkten, vererblichen Bodenpacht, die durch die Stellung des Pächters *(colonus)* zwischen Freiheit und Sklaverei charakterisiert ist. Ansätze hierzu gibt es schon unter dem Prinzipat ([12],97). Unter Diokletian entfaltet sich der c. zunächst auf den kaiserlichen Domänen ([8],21) und wird danach auch auf dem privaten Großgrundbesitz immer häufiger. Die Kaiser fördern seine Ausbreitung, um die Landflucht zu verhindern und das Steueraufkommen zu sichern, aber auch zur Versorgung der kleinen Landpächter. Dabei weist die rechtliche Ausgestaltung im O. und im W. Unterschiede auf ([8],28). Im O. bewirkt vor allem das Steuersystem die für den c. typische Bindung der *coloni* an den Boden; im W. steht der sich zur Rechtsmacht verdichtende wirtschaftliche Einfluß der Großgrundbesitzer im Vordergrund. Die *coloni* dürfen nicht vom Grundstück entfernt werden (Cod. Iust. 11,48,15); bei Veräußerung des Bodens wird der Erwerber an die Pachtverträge gebunden (vgl. Cod. Iust. 11,48,2). Andererseits dürfen aber auch die *coloni* das Pachtland nicht verlassen (Cod. Iust. 11,51,1); flüchtige hat der Statthalter zurückzuführen (Cod. Iust. 11,48,6); wer sie verbirgt, muß Strafe und Ersatz leisten (Cod. Iust. 11,53,1). Auch sonst wird der c. der Sklaverei immer ähnlicher. So sagt schon a. 393 Cod. Iust. 11,52,1,1: *licet condicione videantur ingenui, servi tamen terrae ipsius cui nati sunt aestimentur.* Zwar können sie neben dem Pachtgut auch persönliches Vermögen haben. Doch heißt dieses, wie beim Sklaven, *peculium*. Auch darf der *colonus* hiervon nichts ohne Zustimmung des Verpächters veräußern, weil es als Sicherheit für den meist in Naturalien zu leistenden (Cod. Iust. 11,48,5) Pachtzins *(reditus)* dient (Cod. Iust. 11,50,2,3). Im O. hat der Herr gegenüber den *adscripticii* (der Name erklärt sich daraus, daß die Pächter zusammen mit dem Boden in den Steuerlisten erfaßt sind) sogar ein Recht zu körperlicher Züchtigung und Eingriffen in die Ehe des *colonus* mit einer Freien (Cod. Iust. 7,24,1,1). Kinder aus einer Ehe unter *coloni* unterliegen dem c.; gehören die Eltern verschiedenen Herren, so werden die Kinder unter diese verteilt (vgl. Cod. Theod. 5,18,1,3. Nov. Iust. 162,3). D. M.

Ältere Lit. RE IV 484f., dazu 1. *Bernh. Kübler* Festschr. Vahlen, 1900, 561ff. 2. *Ders.*, RRG, 1925, 347ff. 3. *Mich. Rostovtzeff* Stud. zur Gesch. des röm. Kolonates (APF Beiheft 1), 1910. 4. *R. Clausing* The Roman Colonate, Diss. Columbia, 1925. 5. *Paul Collinet*, Rec. Soc. Bodin 2^2, 1959, 85ff. 6. *Ders.*, Atti V. Congr. Studi Bizantini 1, 1939, 600ff. 7. *Charles Saumagne*, Byz. 12, 1937, 487ff. 8. *Maurice Pallasse* Orient et Occident à propos du colonat rom., 1950. 9. *Ders.*, Revue hist. 33, 1955, 267ff. 10. *Jean de Malafosse*, Riv. dir. agrario 34, 1955, 45ff. 11. *Ernst Levy* Weström. VulgarR, Das ObligationenR, 1956, 252ff. 12. *Max Kaser* Röm. PrivatR 2, 1959, 97ff.

Colonia Agrippinensis (C. Claudia Ara Agrippinensium, Agrippina, C. ara und auch einfach Colonia), h. Köln am Rhein. Hauptort der im ehemaligen Eburonenland angesiedelten Ubier *(oppidum Ubiorum)*, der *civitas Ubiorum*. Kult. Mittelpunkt ein Altar des Augustus (*ara Ubiorum:* Tac. ann. 1,39.57). Standlager der Leg. I und der Leg. XX Valeria victrix, die später nach Bonn und Neuss verlegt wurden (W.-Begrenzung des Zweilegionenlagers festgestellt, vgl. Köln. Jb. 6, 1962/1963, 23). Zugleich Station der classis Germanica pia fidelis mit festem Kastell auf der »Alteburg« Köln-Bayental, und als solche wichtiges Verwaltungszentrum und Sitz des kaiserlichen Statthalters von Germania inferior. 15/16 n. Chr. wurde Agrippina, die spätere Gemahlin des Kaisers Claudius, hier geboren, auf deren Veranlassung hin (Tac. ann. 12,27) das *oppidum Ubiorum* im J. 50 n. Chr. durch Ansiedlung von Veteranen von Kaiser Claudius zur Colonia erhoben und mit dem Ius Italicum ausgestattet wurde (Dig. 50,15,18). Vitellius wurde in C. am 2. Januar 69 zum Kaiser ausgerufen (Tac. hist. 1,56). Traian übernahm hier als Imperator am 27. Januar 98 die Regierung (Eutr. 8,2). Seit 257 ist C. Sitz der von Viminacium verlegten Münze (Mz.-Zeichen *CCAA*). Von C. nimmt das gall. Sonderkaisertum seinen Ausgang. Kaiser Gallien hatte mit der Grenzsicherung und der Statthalterschaft den M. Cass. Latinius Postumus beauftragt, dem er gleichzeitig seinen minderjährigen Sohn Saloninus und dessen Berater Silvanus in der Residenz C. anvertraute. Als nach einem erfolgreichen Zug gegen die Franken Silvanus einen Teil der Beute von Postumus forderte, kam es zur Erhebung. Postumus wurde vom Heer zum Kaiser ausgerufen, belagerte C. und nahm die Stadt 259/60 ein. Saloninus, inzwischen gleichfalls zum Kaiser ausgerufen, wurde hingerichtet. Nach erfolgreichen Zügen gegen die Germanen (262) und Sicherung der Limeszone wurde Postumus 268 von seinen Soldaten bei Mainz erschlagen. Der Nachfolger M. Piaonius Victorinus (268–270) wurde in C. mit seinem Sohn bei einer Soldatenverschwörung ermordet. Eine Beruhigung und dauerhaftere Sicherung der Grenze brachte die konstantin. Zeit mit Errichtung eines festen Rheinübergangs und des Brückenkopfes Divitiacum–Köln/Deutz. Unter Constantius II. wurde die Stadt im Gefolge neuerlicher Unruhen von Franken und Alamannen überrannt und fast vollständig zerstört (353). Der Zusammenbruch der Limitanorganisation und der Abzug der röm. Truppen besiegelte den Untergang C.', das ab 456 n. Chr. in fränk. Hand ist. Die ant. Stadt, seit dem 1. Jh. mit einer festen Mauer bewehrt, hatte Kapitol, Prätorium und ein rechtwinklig angelegtes Straßennetz. Handwerksbetriebe, Töpfereien, Glas- und Lederfabrikanten und Händler sind durch Funde und Inschr. bezeugt. Größere *villae urbanae* und zahlreiche Gutshöfe im Randbezirk durch Grabungen nachgewiesen. Ein *vicus Lucretius* ist im n. Vorfeld der ant. Siedlung anzunehmen. Größere Gräberfelder mit heidn. und frühchr. Bestattungen bei den Kirchen St. Severin, St. Pantaleon, St. Gereon und an den Hauptausfallstraßen. H.C.

P. La Baume Colonia Agrippinensis, 1958. *H. Schmitz* Colonia Claudia Ara Agrippinensium, 1956. – Zu den Funden im Stadt- und Randbezirk vgl. BJ und Kölner Jb.

Coloniae. Siedlungen außerhalb des Mutterlandes, wie sie in der Antike, etwa auch durch die Griechen, häufig angelegt wurden. Zu betrachten sind hier die Koloniegründungen durch die Römer, und zwar entweder durch sie allein *(c. civium Romanorum*, unt. II) oder gemeinsam mit ihren latinischen Bundesgenossen (*c. Latinae*, unt. III).

I. Gemeinsam ist beiden Formen der gewöhnliche Anlaß (Gründungen von c. auf unbewohntem Gebiet kamen kaum vor): kriegerische Eroberung fremden Gebietes, das dann den Besiegten nur zum Teil zurückgegeben wird, während der andere Teil zur Ansiedlung von Römern oder Latinern dient. Damit können verschiedene Zwecke verfolgt werden: Oft sind die c. militärische Vorposten zur dauernden Niederhaltung des besiegten Feindes. Daneben spielen häufig auch Handelsinteressen eine Rolle. Später treten als Zwecke in den Vordergrund die Versorgung der eigenen Bevölkerung mit Land (etwa bei den Gründungen von c. durch die Gracchen) und, nachdem sich seit Marius stehende Heere gebildet hatten, die Ansiedlung verdienter Veteranen. Dabei beschränkte sich die Gründung von c. zunächst auf Italien; c. in den Provinzen treten im wesentlichen erst seit Caesar hervor. Insgesamt sind die c. das wichtigste Mittel zur Latinisierung des röm. Herrschaftsbereichs; die Zahl der uns bekannten Gründungen (Zusammenstellung bei KORNEMANN RE IV 514ff. 520ff.) beträgt schließlich über 400.

II. *C. civium Romanorum.* Diese Form der c. überwiegt in der Frühzeit der röm. Eroberungspolitik (damals zumeist an der Küste angelegt) und dann wieder seit dem E. des 3. Jh. v. Chr., als nämlich andere Bürgerrechte neben dem röm. ihren Wert fast ganz verloren hatten. Die Gründung erfolgt zunächst auf Grund eines *Senatus Consultum* durch eine *lex coloniae deducendae* oder *colonica.* Sie bestimmt die Einzelheiten und setzt zum Vollzug die *tresviri coloniae deducendae agroque dividundo* ein. Seit Marius werden c. auch ohne Gesetz durch den höchsten Träger staatlicher Macht gegründet. Die Zahl der Siedler (meist Freiwillige, aber bei Bedarf auch Ausgehobene) ist anfangs wegen der kleinen Bevölkerungszahl in Rom nur gering, wächst aber später auf einige Tausende. Diesen Siedlern wird durch das Los Land zugewiesen *(assignatio)*, und zwar in den c. auf italischem Boden stets zu quiritischem Eigentum *(ager optimo iure privatus)*, in den Provinzen dagegen bisweilen mit einer Abgabepflicht belastet *(ager privatus vectigalisque).* Diese Zuweisung erfaßt aber nur einen Teil des Gebietes der Kolonie (einige *iugera* je Siedler); der Rest bleibt *ager publicus.* Die Siedler behalten das röm. Bürgerrecht; ihnen bleiben auch die politischen Rechte in Rom. Sie können dort also an den Abstimmungen teilnehmen, wenn sie sich gerade dort aufhalten. Die *c. civium Rom.* sind also »ein Stück Rom in der Fremde«; sie werden auch, jedenfalls anfangs, von Rom aus mitverwaltet. Später bildet sich jedoch auch, besonders bei weiter Entfernung von Rom, eine beschränkte Selbstverwaltung aus. An ihr werden bisweilen auch die unterworfenen Einwohner des Bereiches der c. beteiligt, denen gegenüber die röm. Siedler eine Art Oberschicht bilden. Befreiungen der Siedler von der Militärdienstpflicht in Rom sind kein besonderes Privileg, sondern nur Äquivalent für die eigenen Verteidigungspflichten der c.

III. *C. Latinae.* Ihre Gründungen fallen hauptsächlich in die Zeit, in der die Ausbreitung der Macht Roms c. in großer Entfernung von der Hauptstadt erforderte, so daß die relative verwaltungsmäßige Unselbständigkeit der *c. civium Rom.* unzweckmäßig erschien, andererseits aber auch das röm. Bürgerrecht noch nicht jedes andere entwertet hatte. Wesentlichster Unterschied der *c. Lat.* gegenüber den *c. civium Rom.* ist, daß die Siedler, gleich ob Römer oder Altlatiner, ihr heimisches Bürgerrecht verlieren und statt dessen das der neugegründeten Kolonie erwerben. Diese wird mit dem Gründungsakt zum Bundesgenossen Roms und bleibt daher auch mit Rom rechtlich in Verbindung: Ihre Bürger sind den Latinern im wesentlichen gleichgestellt; sie heißen daher *Latini coloniarii*, und daher stammt auch der Name dieser Art von c. Insbesondere erwerben die Bürger der *c. Lat.* durch den Zuzug nach Rom das röm. Bürgerrecht *(ius migrandi)*; im übrigen aber haben sie *commercium* und *connubium* mit den Römern nur ausnahmsweise. Als formal selbständige Gemeinwesen haben die *c. Lat.* eine ausgeprägte Selbstverwaltung, die ihnen eine freiere Stellung gegenüber Rom verschafft; ihre Außenpolitik ist freilich stark beschränkt.

IV. Weitere Entwicklung. Sind also die c. ursprüngl. röm. oder latin. Inseln in einer fremden Umwelt, und geht ihre Gründung auf kriegerische Eroberung zurück, so konnte für sie nach Ausbreitung des röm. Bürgerrechts und nach Abschluß der kriegerischen Unterwerfung kein Raum mehr sein. Wenn sich dennoch selbst im späten Prinzipat noch Gründungen von c. finden, dann haben sie also ein anderes Gesicht: Sie sind entweder Veteranenkolonien, für die das nötige Land durch Kauf beschafft wird, oder sie sind zunehmend Titularkolonien (Titel und rechtliche Stellung einer Kolonie werden als Ehrung oder Belohnung verliehen, weil diese Stellung jetzt begehrter ist als die eines *municipium*). D. M.

Ältere Lit. RE IV 588, dazu 1. *Karlowa* 1,304ff. 2. *Ettore Pais* Storia della colonizzazione della Roma ant., 1923. 3. *Pietro De Francisci* Storia del dir. rom. $2,1^2$, 1938, 10ff. 397ff. 4. *Max Kaser* RRG, 1950, 48f. 81. 5. *Friedr. Vittinghoff* Röm. Kolonisation und Bürgerrechtspolitik der Kaiserzeit, 1951. 6. *Ders.*, ZRG 68, 1951, 440ff. 7. *Ernst Schönbauer*, AAWW 91, 1954, 13ff.

Colonus s. colonatus

Colosseum s. Flavium Amphitheatrum

Columbarium. Urspr. die Nische eines Taubenschlags (Varro rust. 3,7,4. 11. Colum. 8,8,3), bezeichnet c. auch den ganzen Taubenschlag (Pallad. 1,24. Dig. 10,2,8,1), dann verschiedene technische Öffnungen (Fest. 169a 8 M. Isid. orig. 19,2,3. Vitr. 4,2,4; 10,9,2), vor allem die Nischen für die Aufnahme von Aschenurnen in den großen röm. Grabmonumenten vom E. der Republik bis zu den Antoninen, im modernen Sprachgebrauch auch diese Monumente selbst. Diese c. sind die Grabstätten der kleinen Leute, wie die Gräber der Reichen an den Ausfallstraßen der Städte gelegen, teils einer einzigen Familie gehörig [2], teils einem *collegium.* In zahlreichen eng gereihten, kleinen, rechteckigen oder halbrunden Nischen werden je 2 Urnen beigesetzt; ein titulus nennt den Namen des Toten, u. U. Preis und Verkäufer des c. Die z. T. unterirdischen Anlagen haben bis zu 700 Gräber, erhebliche Ausdehnung und bis zu 7 m Höhe. Private c. tragen bei der Außentür den Namen des Besitzers und oft ein auf seinen Beruf bezügliches Reliefbild [3],247ff. Die Innendekoration der kammerartigen oder ringförmig um einen Mittelpfeiler geordneten Anlagen ist in der älteren Zeit einfach, selten mit kleinen szenischen Bildern [4]. Im 2. Jh. werden die Nischen gern als Aediculae mit Giebel oder Muschel gestaltet, Bodenmosaiken

([3,161 ff.]) und Stuckdecken ([5]) kommen vor. Mit dem Ende der Brandbestattung im 2. Jh. hören die c. auf; chr. c. gibt es nicht. W. H. G.

1. *Kollwitz*, RACh 3, 1957, 245 ff. *Lugli*, M 1, 1930, 439 ff. 446 ff. 2. *Ashby* Papers Brit. School Rome 5, 1910, 463 ff. 3. *Calza* La necropoli del Porto di Roma nell'Isola Sacra, 1940. 4. *Bendinelli* Le Pitture del Colombario di Villa Pamphili, 1941. 5. *Ghetti-Ferrua-Josi-Kirschbaum* Esplorazioni sotto la Confessione di S. Pietro in Vaticano, 1951.

Columella, L. Iunius Moderatus. Aus Gades, landwirtschaftlicher Schriftsteller der Zeit Senecas (r. r. 8,16,9. 3,3,3). Er war, wohl dem Vorbild eines von ihm verehrten Onkels folgend (r. r. 2,6,4. 5,5, 15 u. ö.), der Landwirtschaft mit Liebe zugetan und besaß Güter in Italien (r. r. 3,3,3. 3,9,2). Sein vollständig erhaltenes Hauptwerk in 12 B. (Rei rusticae libri) zeigt einen klaren Aufbau: B. 1 behandelt allgemeine Fragen, B. 2 den Ackerbau; die B. 3–4 widmen sich dem Weinbau und den Baumpflanzungen, die B. 6–9 der Viehzucht. Das 10., den Gartenbau darlegende B. ist in Hexametern abgefaßt; es sollte nach dem ursprüngl. Plane (1, praef. 25 ff. 10, praef. 1) das Werk beschließen. Auf die Bitten eines Freundes hin ließ C. noch eine Prosadarstellung des Gartenbaus folgen, der er die Erörterung der Pflichten des *villicus* vorausschickte (B. 11); schließlich fügte er noch ein B. über die Pflichten der *villica* hinzu. Von C. ist ferner das 2. B. eines kleineren, wahrscheinlich früheren Werkes über die Landwirtschaft erhalten, der sog. Liber de arboribus, der in der hsl. Überlieferung fälschlich das 3. B. des großen Werkes ausmacht. Für das Hauptwerk benutzte C. hauptsächlich Cornelius Celsus; er wußte sich indes dank seiner reichen Erfahrungen ein selbständiges Urteil zu bewahren (s. 2,2,9. 2,24. 10,18 u. ö. 1,1,15 f. erklärt C. selbst, daß ihm Erfahrung mehr gelte als alle Theorie). Die hohe Einschätzung der Landwirtschaft als ehrbarster Erwerbsquelle, die, wie C. bedauernd feststellt, von seiner verkommenen Zeit nicht geteilt werde, scheint durch das wohl unmittelbar benutzte Werk des älteren Cato inspiriert zu sein (vgl. Cato agr. praef. und Colum. r. r. 1, praef. 7 ff.). Da sich C. zudem einer klaren, präzisen und dabei durchaus nicht kunstlosen Ausdrucksweise befleißigt, gehört sein Werk zu den wertvollsten Hinterlassenschaften der röm. Fachschriftstellerei. Die Überlieferung beruht auf 2 Klassen, deren ältere durch einen Sangermanensis aus dem 9. Jh. (jetzt Leninopolit. clas. Lat. F. v. 1) und einen Ambrosianus (I 85 sup., 9./10. Jh.) repräsentiert wird. M. F.

Ta. Script. rei rust. vet. Lat. *Schneider* 2, 1794. Ferner *Lundström-Josephson*, 1897 ff. (noch unvollständig) und *Ash-Forster-Heffner*, 3 Bde, 1948–1955 *(Loeb)*. 1. *G. Nyström* Variatio sermonis hos C., Diss. Göteborg 1926. 2. *N. Dahllöf* Tempora och modi hos C., Diss. Göteborg 1931. 3. *R. Pomoell* Filologiska anteckningar till C.s språk och stil I, Act. Ac. Aboens., Human. 15,6, 1946. 4. *W. Richter* WJ 4, 1949/50, 71 ff. 5. *Ders.* H 80, 1952, 200 ff. 6. *Å. Josephson* Die C.-Hss., Upps. Univ. Årsskr. 8, 1955 (mit Bibliogr.). 7. *H. Weinold* Die dichterischen Quellen des L. Iunius Moderatus C., Diss. München 1959.

Cominianus s. Nachtr. am Schluß d. Bandes.

Cominium (Nissen It. Ldk. 2,669. Devoto Gli ant. Italici[2] 118). Im 3. Samniterkriege 293 v. Chr. von den Römern eroberte Kleinstadt n. Atina, ö. Alvito (Liv. 10,39 ff. Dion. Hal. ant. 17/8,5); h. vielleicht S. Donato Val di Comino. Nicht identisch mit dem samnit. C. Ocritum (Liv. 25,14, 14); beider Namen gehören zu dem der früh verschollenen Comini der Aequiculi (Plin. nat. 3,108). G. R.

Cominius. Ital. Familienname, seit dem 6. Jh. v. Chr. bezeugt. Neben den in Rom plebeischen Namensträgern steht singulär der Patricier C., Consul von 501 (Nr. 7).

I. Republikanische Zeit: **1.** C., Reiterpraefect 179 unter Gracchus in Spanien (App. Ib. 43, 175). **2.** L. (?) C., Volkstribun nach 313. **3.** C. C. aus Spoletium, röm. Ritter, trat als Ankläger 74 und 66 (erneut 65) – zusammen mit seinem Bruder P. C. – in Erscheinung, als Redner anscheinend nicht ungeschickt (Quint. inst. 4,4,8), zumal sein Gegner C. Cornelius von Cic. (vgl. Cornel. 1,8. 11–13) verteidigt wurde. **4.** L. C., tr. mil. 325 (Liv. 8,30,6). **5.** Pontius C., mutiger Römer, der in der Galliernot 387 als Melder den Tiber durchschwamm, das Capitol unbemerkt von den Galliern erstieg und ebenso zurückkehrte, Diod. 14,116,3 f. Plut. Cam. 25 f.; fort. Rom. 12, auch mit Variante (Liv. 5,46,8 ff.). **6.** Q. C., röm. Ritter, wurde als Anhänger Caesars 47 gefangen und vor der Schlacht bei Thapsus hingerichtet, Bell. Afr. 44,1. 46,3. **7.** Postumus C. Auruncus, Consul I 501, II 494 (in später Legende erwarb unter seinem Oberbefehl 494 Cn. Marcius das Cognomen Coriolanus). Nach Dion. Hal. ant. 6,1,4 hat er 497 den Saturntempel auf dem Forum geweiht (RE II A 219; krit. Erwägungen führen für die Gründung erst in die Zeit um 400, Latte RRel 254). Zu weiteren mit C. kombinierten Einzelheiten vgl. Mommsen RF 2,114.171. H. G. G.

II. Kaiserzeit: **1.** C. C., röm. Ritter, verfaßte ein Schmähgedicht auf Tiberius, wurde trotzdem auf Bitten seines Bruders (Nr. 4) im J. 24 freigesprochen, Tac. ann. 4,31,1. **2.** M. Aurelius C. Cassianus, legatus Aug. pr. pr. Numidiae und cos. design. 210/11, CIL VIII 2589. Cos. suff. 211 oder 212. **3.** P. C. Clemens, Ritter aus Concordia in Venetien, der in der 2. Hälfte des 2. Jh. n. Chr. zahlreiche Prokuraturen verwaltete, CIL V 8659, H. G. Pflaum Carrières proc. éq. 1,501 ff. Nr. 184. **4.** T. C. Proculus, wahrscheinlich der Bruder von Nr. 1, procos. Cypri unter Claudius, SEG 6,834. Mz. Brit. Mus. Cyprus 76,16. **5.** L. C. Vipsanius Salutaris. Ritter aus Rom, procurator alimentorum in S.-Italien, procurator in Sizilien und in der Baetica an der Wende 2./3. Jh., H. G. Pflaum a. O. 2,629 ff. Nr. 235. R. H.

Comitatenses. Die Zeit des differenzierten Heeres der röm. Kaiserzeit ist durch die von den Kaisern Diokletian und Konstantin bewirkte Aufstellung eines mobilen Feldheeres gekennzeichnet. Da es zum Gefolge *(comitatus)* des Kaisers zählte (CIL III 6194), kam die Bezeichnung c. auf. Es gliederte sich in *legiones*, Infanterie (Not. dign. or. 7,38) und *vexillationes*, Kavallerie (CIL III 405). Die Elitetruppen hießen *palatini* (Not. dign. or. 5, 27,41). Sie umfaßten auch die barbarischen *auxilia* (Not. dign. or. 5,48). Neben den c. gab es *pseudoc.*, deren Wesen umstritten ist. Die c. standen im Gegensatz zu den *limitanei*. A. N.

R. Grosse Röm. Militärgesch. Bln. 1920, 23 ff. 88 ff. *E. Stein* Gesch. des spätröm. Reiches. Wien 1928, 106 f. 188 ff., *Krom.-Veith*, 568 ff. *D. van Berchem* L'armée de Dioclétien et la reforme constantinienne. Paris 1952, Hist. 4, 1955, 284 ff.

Comes, -ites. In der Republik und im frühen Prinzipat ist c. noch untechnische Bezeichnung für einen (privaten) Begleiter bzw. Berater eines Magistrats oder Provinzstatthalters. Nach und nach erlangt dieser c. eine Art amtlicher Stellung, seit Claudius fungiert ein c. Augusti als Rechtsberater des Kaisers, wenn dieser auf Reisen geht. Unter Marc. Aurelius dürfte sich das Einzelamt in ein Beamtenkollegium gewandelt haben, der Aufgabenschwerpunkt hat sich vom jurist. Bereich auf den militär. verlagert (Generalstab). Zuletzt ist dieser *comitatus* unter Septimius Severus nachweisbar. Nach Wiederbelebung der Institution durch Konstantin d. Gr. begegnen uns c. in Gestalt von Vertrauten des Kaisers, die mit verschiedenen Sonderaufgaben beauftragt sind (bes. Inspektion von Provinzen; der mit ao. Vollmachten ausgestattete c. *Orientis* wird sogar zu einer festen Einrichtung und verdrängt seit Mitte des 4. Jh. den dortigen *vicarius*). Schließlich werden die Kompetenzen der c. fixiert, milit. und zivile c. sind im Hofbeamtenapparat wie in der Provinzialverwaltung anzutreffen. Sie werden in 3 Rangklassen eingeteilt, der Titel c. wird häufig auch ohne entsprechende Dienstverwendung als persönliche Auszeichnung verliehen und vermittelt die begehrte Befreiung von munizipalen Lasten (bes. Dekurionat). Einige c. haben als Inhaber höchster Hofämter starken Einfluß auf Kaiser und Reichsverwaltung. Zu diesen zählt etwa der *c. domesticorum* als Kommandant der kaiserl. Leibwache, ferner der *c. rerum privatarum* sowie der Inhaber des noch bedeutenderen Amtes eines *c. sacrarum largitionum*. Letzterer ist eine Art Finanzminister, er erhielt seinen Namen von der Verteilung von Geldgeschenken an die Soldaten. Er zieht die Einkünfte aus bestimmten Domänen ein *(annona)*, und hebt die Senatorensteuer *(collatio glebalis)*, Handelssteuer *(coll. lustralis)*, Zölle und andere Abgaben ein. Ihm obliegt die Münzprägung und er wird schließlich zum obersten Richter in Fiskalsachen. Der c. *rerum privatarum* dagegen befaßt sich mit der Verwaltung des kaiserl. Privatvermögens, bes. auch mit der Einziehung des Vermögens strafgerichtlich Verurteilter, Einziehung erbenloser Nachlässe und Konfiskationen aller Art. Auch er erlangt richterliche Entscheidungsbefugnis in einschlägigen Prozessen. Gegen E. des 5. Jh. wird von seinem Kompetenzbereich das Amt eines *c. sacri patrimonii* abgespalten, das damit für die Domänenverwaltung zuständig wird. Eine bestimmte Art kaiserl. Domänen (urspr. die in Kappadokien durch Konstantin eingezogenen heidn. Tempel) bleibt jedoch einem eigenen *c. domorum* unterstellt. – *C. consistoriani* sind Mitglieder des Staatsrates, mit bes. Privilegien ausgestattet (häufig als bloßer Ehrentitel verliehen). – *C. dispositionum* heißt der Vorsteher der kaiserl. Privatkanzlei; der. *c. sacri stabuli* ist kaiserl. Hofstallmeister; ein *c. sacrae vestis* verwaltet das Kleidermagazin des Hofes. – *C. commerciorum* führen die Aufsicht über den Grenzhandel. – Einige c. knüpfen offensichtlich an den Aufgabenbereich früherer *curatores* an, so der *c. formarum* (Instandhaltung der röm. Wasserleitungen) und der *c. portus* (Aufsicht über die röm. Häfen). – Der Titel eines *c. rei militaris* wird verdienten Truppenführern verschiedenen Ranges verliehen. Cod. Iust. 12,6. 12,10–14. H. Ha.

Seeck, RE IV 622 ff.

Comitia sind Versammlungen des populus Romanus (Gesamtvolk; davon zu unterscheiden die concilia plebis!) zwecks Entscheidung über Krieg und Frieden, Abstimmung über Gesetzesanträge, Wahlvorschläge und Strafanklagen. Dabei kann das Volk in verschiedenen Verbandsordnungen in Erscheinung treten. Von den drei Gliederungsformen des populus Romanus, die uns im Verfassungsleben der Republik begegnen, reicht die älteste noch in die Königszeit zurück: die *c. curiata*, die vom *rex*, *interrex*, dann vom republik. Höchstmagistrat, häufiger noch vom *pontifex maximus* auf dem Forum einberufen wurden *(calare comitia)*, um im wesentlichen sakrale, nicht polit. Funktionen auszuüben. Sie haben wohl auch keine Beschlüsse im eigentlichen Sinn gefaßt, sondern sich auf feierliche Bekräftigung gewisser Staatsakte beschränkt. So verliehen sie durch die *lex curiata de imperio* dem König und später den durch die *comitia centuriata* gewählten republik. Imperiumsträgern in einer zur leeren Formalität verblaßten Zeremonie die sakralrechtliche Bestätigung. Nach Vornahme der Auspizien erfolgte ohne Abstimmung die feierliche Amtseinführung *(inauguratio)* der Magistrate. Aber auch zur Vornahme familien- und erbrechtlicher Aufgaben, die in bes. Maße das öffentliche Interesse berührten, trat das Volk in 30 *curiae* gegliedert zusammen: zur *adrogatio* (Annahme an Sohnes statt) und zur Abfassung des *testamentum calatis comitiis* (Erbeinsetzung).

Offensichtlich militär. Ursprungs sind die *c. centuriata*. Sie beruhen auf der Gliederung des in

Zenturien auf dem Marsfeld angetretenen Hoplitenheeres (übernommen von den Etruskern, Entstehungszeit etwa 6./5. Jh., in den 12 Tafeln IX, 2 als *comitiatus maximus* erwähnt). In dieser neuen Wehrordnung wird das Fußvolk *(pedites)* in Schwerbewaffnete *(classis)* und Leichtbewaffnete *(infra classem)* eingeteilt und kommt selbst für seine Bewaffnung auf. Die Einteilung (Aushebung) erfolgt daher auf der Grundlage einer Vermögensschätzung (→ censor, census). In der uns bekannten Form der sog. Servianischen Verfassung (in der Überlieferung dem vorletzten König Servius Tullius zugeschrieben, jedoch sicher erst nach dem Latinerkrieg 340, vielleicht sogar erst nach dem letzten Samniterkrieg 290 entstanden) hat die Zenturienordnung nicht mehr überwiegend militär. Charakter, sondern ist primär zu einem Stimm- und Steuersystem geworden. Die Bürger werden nach Vermögen in 18 Reiterzenturien und 175 Zenturien Fußsoldaten eingeteilt. Letztere setzen sich aus einer 1. Klasse von 80 Zenturien, 2. bis 4. Klasse zu je 20 und einer 5. Klasse zu 30 Zenturien zusammen. Die restlichen 5 Zenturien nehmen Handwerker, Bläser und Besitzlose auf (*proletarii, capite censi*, die etwa ⅓ der Gesamtbevölkerung ausmachen). Die Zenturienzahl ist ohne Rücksicht auf Kopfstärke so auf die einzelnen Klassen verteilt, daß die Reichsten, nämlich *equites* und *classici* (1. Klasse Fußvolk) zusammen über die absolute Mehrheit verfügen. Nach Mehrheitsbildung innerhalb der einzelnen Zenturien gibt jede Zenturie eine einzige Stimme ab, die Abstimmung beginnt bei den *equites* und wird nach Erreichen der Mehrheit abgebrochen, d.h. daß die Klassen 2–5 häufig überhaupt nicht mehr befragt werden. In den *c. centuriata* fallen die wichtigeren polit. Entscheidungen (Krieg und Frieden, Wahl der höchsten Magistrate, Gesetzesbeschlüsse, Aburteilung von Staatsverbrechen).

Wesentlich geringere Bedeutung kommt einer 3. Organisationsform des Volkes zu, den *c. tributa*, die anläßlich einer Reform der Zenturienverfassung im J. 220 entstanden sind. Seit 241 zerfällt das röm. Staatsgebiet in 4 städt. und 31 ländl. Bezirke. Spätere Bürgerneueintragungen erfolgen nicht mehr nach Wohnsitz, sondern setzen die gesamte grundbesitzlose Bevölkerung auf die Listen der *tribus urbanae*. Damit bleibt das Übergewicht der in *tribus rusticae* begüterten Aristokratie gewahrt. Das Verfahren in den *c. tributa* bietet durch die geringere Zahl von Stimmkörpern und gleichzeitige Abstimmung den Vorteil rascherer Durchführbarkeit. Die Kompetenz der in dieser Form einberufenen Volksversammlung ist freilich zunächst auf die Wahl niederer Magistrate beschränkt, zieht dann jedoch in steigendem Maße die Gesetzgebung an sich.

Das Komitialverfahren wird in allen Stadien durch den Magistrat beherrscht, dessen *ius agendi cum populo* ihn ermächtigt, die Volksversammlung in der jeweils gebotenen Gliederung einzuberufen, dort Anträge zu stellen, die Abstimmung zu leiten und das Ergebnis zu verkünden bzw. auch das Verfahren vorzeitig abzubrechen. Der Versammlung selbst steht keinerlei Initiativrecht zu. Gesetzesanträge *(legislationes)* werden vom antragstellenden Magistrat mit Angabe von Zeit und Ort der Abstimmung auf dem *album* öffentlich ausgehängt *(promulgatio)*, während einer dreiwöchigen Frist *(trinundinum)* in *contiones* erläutert und diskutiert, am Abstimmungstag nach Einholung der *auspicia* in Form einer *rogatio* vorgetragen und ohne weitere Erörterungs-, Ergänzungs- oder Abänderungsmöglichkeit zur Abstimmung gestellt *(suffragium)*. Die Stimmabgabe erfolgte urspr. mündlich, seit der lex Papiria 131 v. Chr. jedoch geheim: Jeder Bürger erhält 2 Täfelchen *(tabellae)*, beschriftet mit *UR* (*uti rogas* = Zustimmung) und *A* (*antiquo* = Ablehnung), und wirft eines davon in die Urne *(cista)*. Der Magistrat verkündet das Ergebnis *(renuntiatio)*, kann die Verkündung aber auch verweigern, wie er auch das vorangehende Verfahren jederzeit abbrechen kann. Bei Beamtenwahlen, die nach ähnlichem Verfahren ablaufen, schreibt der Bürger selbst den Namen seines Kandidaten auf das Stimmtäfelchen. Im komitialen Strafprozeß *(c. centuriata)* erhebt ein Volkstribun nach 3 vorbereitenden *contiones* die Anklage in Fällen kapitaler Staatsverbrechen wie Hochverrat oder Amtsvergehen ehemal. Magistrate. Ädilen führen Multprozesse über Korn- und Zinswucher sowie über Sittlichkeitsvergehen durch. Die Urteilsfällung erfolgt wieder durch Abgabe von Täfelchen *(A = absolvo, C = condemno)*. Kein Zusammenhang ist zwischen dem Komitialprozeß und dem Provokationsrecht des röm. Bürgers gegen magistratische *coercitio* erweislich (so zuletzt KUNKEL gegen MOMMSEN).

Die Klassenstruktur der röm. Volksversammlungen trägt timokrat. Elemente in die Verfassung der röm. Republik, die urspr. allein auf den patriz. Grundadel zugeschnitten war. Eine neue patriz.-pleb. Amts- und Geldaristokratie beherrscht auf dieser Grundlage die röm. Politik bis in die Wirren der ausgehenden Republik. In der Prinzipatszeit führen die c. noch eine Zeitlang ein Schattendasein ohne jede praktische Bedeutung. H. Ha.

H. Siber, ZRG 57, 1937, 223ff. *G. Nocera* Il potere dei comizi, 1940. *P. de Francisci*, *St. Arangio-Ruiz* 1, 1952, 1ff. *F. Gallo* Stud. et doc. hist. et iur. 18, 1952, 127ff. *U. Coli* ebd. 21, 1955, 181ff. *G. Tibiletti* ebd. 25, 1959, 94ff. *L. Ross-Taylor* The Voting Districts of the Roman Republic, 1960. *W. Kunkel* Unters. zur Entw. des röm. Kriminalverf. in vorsull. Zeit, 1962.

Commeatus. 1. Mit der Entwicklung zum stehenden Heer der röm. Kaiserzeit mußte sich von selbst die Notwendigkeit ergeben, den Soldaten Urlaub, c., zu gewähren. Beispiele dafür liegen für das 3. und 2. Jh. v. Chr. (Liv. 21,21. 28,24) vor. Die oft freigebige Handhabung der Urlaubserteilung durch die Feldherrn (Liv. 43,11), führte zu unerquicklichen Mißständen (Liv. 33,29), die erst Augustus durch seine Heeresreform abschaffte, indem er das Urlaubswesen strengen Normen unterwarf (Veg. mil. 2,19. Dig. 49,16,9. 51,1,2,6). Die Sparsamkeit, Urlaub zu gewähren, mußte nach Diokletian erneut den Truppenkommandanten eingeschärft (cod. Iust. 12,42,1. cod. Theod. 8,12,1) werden. Urlaub wurde auch den kaiserlichen Beamten erteilt (Plin. ep. 3,4,2.10,8,9). Seit Diokletian konnten auch die kaiserlichen Hofbeamten, deren Stellungen nicht mehr wie bisher private waren, sondern als *militia* betrachtet wurden, in Urlaub gehen (H 34, 1899, 151 ff.). Für die Senatoren, die ihren Wohnsitz in Rom haben mußten (Bruns-Grad. 18), war Urlaub beim Verlassen Italiens unbedingt erforderlich. Er wurde ihnen in der Spätzeit der Republik durch eine *legatio libera* des Senates gewährt. In der Kaiserzeit konnte sich der Senator auch in Italien und Sizilien und seit Claudius auch in der Gallia Narbonensis (Cass. Dio 52,42) ohne Urlaubsschein aufhalten. Seit Claudius erteilte allein der Kaiser den Senatoren Urlaub (Suet. Claud. 23). **2.** Unter c. wurde auch der röm. Heeresproviant, d. h. alle Vorräte außer Korn, Waffen und Pferdefutter verstanden (Veg. mil. 3,3. Dig. 48,4,4). A. N.

Dar.-Sagl. 1,2,1402f. RE IV 718ff. *R. Grosse* Röm. Militärgesch., Bln. 1920, 115f. 246f.

Commendatio ist ein Wahlvorschlag des *princeps* an die Volksversammlung bzw. (seit Tiberius 14 n. Chr.) an den Senat hinsichtlich der von diesen Körperschaften zu besetzenden öffentlichen Ämter in Rom und in der Provinzialverwaltung. Die »Empfehlung« des *princeps* führt in aller Regel zur Wahl des Bewerbers (Tac. ann. 1,15 *sine repulsa et ambitu designandos*). Das von Augustus nur in beschränktem Maße beanspruchte Vorschlagsrecht erstreckt sich seit Nero auch auf Kandidaten für Prätur und Konsulat. In der lex de imperio Vespasiani (CIL VI 930,10) unterliegen alle durch Wahl zu besetzenden Ämter der kaiserlichen C. Da die *principes* von diesem Recht lange Zeit nur zurückhaltend Gebrauch machten, galt es als Ehre, ein Amt als → *candidatus principis* erlangt zu haben. Erst im 3. Jh. erscheint die c. als uneingeschränkt praktizierter kaiserlicher Ernennungsmodus. H. Ha.

Mommsen RStR 2,291 ff.

Commentarii (seltener der Singular), bedeutet entsprechend der Ableitung von *comminiscor* grundsätzlich Gedächtnishilfe; belegt ist c. seit Cicero (de or. 2,224. ThlL. III 1856).

a) C. als geschäftliche Aufzeichnung: Im Privatleben wurden als c. bezeichnet z. B. Aufzeichnungen und Entwürfe für Reden (Cic. 2,21. 54; Brut. 105. Quint. inst. 10,7), Aufzeichnungen der Grammatiker für den Unterricht (Suet. de gramm. 4), Notizen der Schüler (Quint. inst. 2,11, 7), gelegentlich auch die meist *tabulae* bzw. *codex*

accepti et expensi genannten Hausbücher (Cic. Att. 7,3,7). Oft wurde c. auch für Aufzeichnungen (Protokolle, Register u. ä.) im Bereich des öffentlichen Lebens gebraucht. Wir kennen 1.) c. der verschiedenen Priesterkollegien, wie z. B. der *pontifices* (Cic. dom. 116), der *augures* (Cic. div. 2,32; diese c. sind identisch mit den *libri pont.* bzw. *aug.*) oder der *XV viri sacris faciundis* (Cens. 17,9–11. CIL VI 32323); 2.) – von Ciceros Zeit bis ins 3. Jh. n. Chr. – die früher → *tabulae publicae* genannten Amtsbücher der Magistrate (Cic. Vatin. 34; Balb. 11): wichtig waren vor allem die *c. consulares* (Varro l. l. 6,88) und die c. der Provinzstatthalter (Cic. Verr. 1,5,54; Mitt.-Wilcken Grdz. Nr. 41; → a commentariis); 3.) *c. principis:* nach v. Premerstein (RE IV 735f.) sind bes. Commentarienrollen anzunehmen für die kaiserliche Rechtssprechung, die Erlasse nach verschiedenen Formen, die Gnadenakte oder auch die Tätigkeit des Kaisers als Pontifex maximus (vgl. z. B. Plin. epist. 10,65f. 95. 105. Dig. 4,32; die Existenz verschiedener c. geht vor allem aus den Zeugnissen über die Beamten → a commentariis hervor). Als spätrep. Erfindung sind die *c. regum* (Cic. Rab. perd. 15. Liv. 1,60,4) zu betrachten.

Die c. der Magistrate und Priester waren urspr. wohl nur dazu bestimmt, das Gedächtnis zu entlasten und einen Überblick über die vollzogenen Geschäfte zu gewähren. Ihre Herstellung war Privatsache, und sie blieben Privateigentum (Cic. Sull. 42). Erst gegen Ende der Republik kam es zur Aufbewahrung der Amtsbücher in Archiven. Auch jetzt bedurfte es zur Gültigkeit der Amtshandlung nicht der Aufzeichnung, doch sah man mit der Eintragung in die c. den vollen Beweis für die Vornahme des betreffenden Aktes erbracht (vgl. Sylloge³ 334,30f. von 73 v. Chr. Plin. epist. 10,66.95) und es war damit die Amtshandlung gegen formelle Anfechtung geschützt. Die amtlichen c. enthielten im Gegensatz zu den *acta*, in welchen nur die Amtshandlungen der buchführenden Behörde verzeichnet waren, oft alles, was für die Geschäftsführung einer Behörde von Bedeutung sein konnte (z. B. Verordnungen, Korrespondenz mit anderen Behörden). Häufig ging jedoch der Gebrauch von c. und *acta* praktisch ineinander über.

b) C. in der Literatur: Seit der spätrep. Zeit findet sich c. im Sinne der Erläuterungsschrift, doch erst im 4. Jh. werden solche c. (bes. von Grammatikern und Kirchenschriftstellern) zahlreicher. C. hießen z. B. dann auch die vermutlich aus Vorlesungen erwachsenen Institutionen des → Gaius (umstritten, ob ausgearbeitete Kollegnachschrift). Besondere Bedeutung erhielten in Rom c. autobiographischen Inhaltes. Sie waren der Form nach vom hellenist. → Hypomnema (das erste sicher bezeugte von Arat von Sikyon um 220; FGrH Nr. 231) beeinflußt, entscheidend aber dann geprägt von dem röm. Mentalität gemäßen Drang zur Selbstdarstellung von Taten (→ Biographie;

vgl. F. JACOBY, FGrH II D 539). Solche c. (erste Ansätze im Brief Scipios an Philipp V. FGrH Nr. 232) waren auch die 22 autobiogr. Bücher Sullas (genauer Titel nicht bekannt). Sulla und Cicero (in den griech. c. über sein Consulat, Att. 1,19,10) bewahrten wenigstens fiktiv den Grundsatz, daß c. (bzw. Hypomnemata) nur liter. nicht durchgeformte Slg. des Materials bzw. der Aufzeichnungen sein sollten (Lukian. de hist. conscr. 48). Selbständiges literar. Genos sind die c. dann in den c. Caesars, mit ihrem schlichten auf rhetorisches Beiwerk verzichtenden Stil (maßgebliches Urteil: Cic. Brut. 262; Hirt. Gall. 8 pr. 5).

c. de vita sua sind bezeugt u.a. von Tiberius (Suet. Tib. 61) und Agrippina (Mutter Neros. Tac. ann. 4,53). A. L.

H. Oppermann in Caesar b.c., erklärt von Kraner-Hofmann-Meusel, [12]1959, 379ff. *F. Bömer* Der Commentarius, H 81, 1953, 210ff. *L. Wenger* Die Quellen des röm. Rechtes, 1953, 417f.

A commentariis wird als Titel des Protokollführers in der röm. Kaiserzeit seit der Mitte des 2. Jh. bald fast völlig verdrängt durch *commentariensis*. A. c. bzw. c. hatten einmal unter Kontrolle der Bürovorstände die verschiedenen *commentarii principis* zu führen, zum andern finden sie sich z. B. bei den praefecti praetorio, zentralen Finanzstellen oder auch stadtröm. Baubehörden. Im 2. und 3. Jh. waren die mit der Führung der Amtsbücher der Statthalter beauftragten c. meist abkommandierte Legionssoldaten, die c. in der Finanzverwaltung der Provinzen in der Regel kaiserliche Freigelassene. Rangmäßig höherstehend (Ritterstand) waren die c. der Praetorianerpraefekten und die entsprechenden Beamten des praefectus Aegypti. – Vom Ende des 4. Jh. an erscheint der c. in den Rechtsquellen ausschließlich als Hilfsorgan der Strafrechtspflege. Der c. hat die Anklage zu Protokoll zu nehmen, für die Ausführung des Haftbefehls zu sorgen, das Verhandlungsprotokoll zu führen und u.a. auch am Strafvollzug teilzunehmen (Cod. Theod. 9,3,5–7. Lyd. mag. 3,8.18). In der Regel gab es im *officium* der praef. praetorio und der Statthalter einen, im Rang unter dem *cornicularius* stehenden, aber noch zu den *officiales litterati* zählenden c. Bes. Ansehen genossen die im 6. Jh. als höchste Kriminalbeamte geltenden c. der Praefekten (Lyd. a.O. ENSSLIN, RE XXII 2478ff.). A. L.

Commercium. C. bedeutet die gesetzliche Fähigkeit, rechtsgültige Kauf- und Verkaufstransaktionen unter röm. Recht abzuschließen, ein Privileg, das urspr. nur den Latinern in wirtschaftlichen Transaktionen mit Römern zustand. Erst seit dem 4. Jh. v. Chr. konnte das C. an andere nichtröm. Gemeinschaften und selbst an nichtröm. Einzelpersonen verliehen werden, eine Maßnahme, die im wachsenden Imperium Romanum bald fast allgemein durchgeführt wurde. *Res divini iuris* und *res communes omnium* waren andererseits zu allen

Zeiten vom C. der Römer und Nichtrömer ausgeschlossen. Selbst röm. Bürger konnten als Kriminalstrafe das C. verlieren. Wir haben hier altidg. Rechtsauffassungen vor uns, die im röm. Recht wie so oft klass. Formulierung gefunden haben. F. M. H.

Vgl. mit Bibliogr. *A. Berger* Encyclop. Dict. of Roman Law. Transact. Amer. Philos. Society. N. S. 43,2, 1953, s. v. commercium, ius commercii, res cuius commercium non est. Oxford Class. Dict. s. v. commercium, ius Latii, Latini. RE. s. v. commercium 2; *E. de Ruggiero* Dizionario epigr. di Antichità Rom., s. v. commercium (= Genius commercii); *A. N. Sherwin-White* Roman Citizenship, 1939, Ind. s. v. commercium. ThlL s. v. commercium (bes. B).

Comissatio. Nach der röm. → cena konnten Familie und Gäste noch zur c. beisammenbleiben, einem Umtrunk, der in vielem dem griech. → Symposion entsprach, an dem jedoch keine Ehefrauen und Kinder teilnahmen. Man trank, mit oder ohne Trinkspruch ([1],336), *more Graeco*, d. h. nach Vorschrift eines *magister*, *arbiter*, *rex* der Reihe nach herum eine vorbestimmte Anzahl Becher *(cyathi)* auf einen Zug aus. Dazwischen gab es Speisen und Unterhaltung durch Musik, Gaukler, Vorleser, Lieder, Würfelspiel. Man trank viel, wenn auch die bei Martial. usw. überlieferten Mengen nicht typisch sind ([1],335f.); das Ende konnten wüste Excesse sein (Phil. de vita contempl. 5. Lukian. conviv. 43ff.), oder nächtliches Umherschwärmen, *comissari*. W. H. G.

1. *Marqu.-Mau* 331ff. 2. *Mau*, RE IV 610ff.

Commius. Ein Atrebate, von Caesar als König eingesetzt nach der Unterwerfung seines Volkes im J. 57 (Caes. Gall. 4,21,7). Caesar schickte ihn nach Britannien vor der Expedition vom J. 55, um die dortigen Völkerschaften zur Anerkennung der röm. Oberherrschaft zu gewinnen; er wurde festgenommen, dann aber zu Caesar zurückgeschickt, dem er mit seinen Reitern viele Dienste leistete (Gall. 4,21,8. 27,2. 35,1). Zum Dank dafür gab Caesar den Atrebaten Vorrechte und Commius die Herrschaft über die Morini (Gall. 7,76,1). Aber im J. 52, bei der großen Erhebung Galliens, beteiligte er sich an ihr und versuchte Vercingetorix zu helfen, der in Alesia eingeschlossen war (Gall. 7, 75,5. 76,1. 79,1. Cass. Dio 40,42,1). Er wurde ein erbitterter Feind der Römer, die ihn vergebens meuchlerisch töten zu lassen versuchten (Gall. 8,23). Er nahm an der Erhebung der Bellovacer im J. 51 teil, und flüchtete dann zu den Germanen. Schließlich ergab er sich M. Antonius unter der Bedingung, nie einem Römer vor die Augen treten zu brauchen und sich in Frieden zurückziehen zu können (Gall. 8,47.48). Nach Frontin. 2,13 zog er sich nach Britannien zurück, wo er im SO. ein kleines Königreich begründete. M. L.

Commodianus ist uns lediglich durch seine libri instructionum (daraus die Angaben bei Gennad. de vir. ill. 15) und das sog. carmen apologeticum bekannt. Von den instructiones (insgesamt 80 akrostich. angelegte, in Hexametern abgefaßte Gedichte) hat B. 1 apologet. Charakter und ist zur Belehrung von Heiden und Juden bestimmt, während B. 2 in mahnender Form Anweisungen für die verschiedenen Lebensaufgaben des Christen erteilt. Das carm. apol. (1060 Hexameter) will Heiden und Juden zum rechten Glauben hinführen. Stark treten bei C. eschatolog. Gedanken hervor (apol. 805ff.; instr. 1,41.43–45). Aufgrund von instr. 2,16–19 und der Überschrift zu 2,35 *(nomen Gasei)* vermutete man die Herkunft aus Gaza. Doch ist dies ebenso wenig zu sichern wie die Ansichten, daß C. ein Landsmann Cyprians von Karthago gewesen sei oder seine geistige Prägung in Gallien erhalten habe. Sehr umstritten ist die Lebenszeit C's. Vor allem die Vermutung, daß carm. apol. 805ff. (vgl. dazu Oros. 7,39. Salvian. de gub. dei 6,7) auf die Einnahme Roms im J. 410 anspiele, spricht für einen Ansatz ins 5. Jh. (so Brewer, Brisson, Courcelle; L. Hermann Latomus 20, 1961, 314ff.). Doch hat man auch in neuerer Zeit (Martin; K. Thraede, Jb. für Ant. und Christentum 2, 1959, 90/111) C. wieder in das 3. Jh. datiert und ihn damit als ältesten latein. chr. Dichter bezeichnet. Für eine Datierung in die Mitte des 3. bzw. vor das Ende des 4. Jh. hat man unter anderem Bezüge auf die verlöschende jüd. Mission (instr. 1,12 und 37), den groben Chiliasmus (Ende der Welt 6000 J. nach der Erschaffung) und dogmat. Ansichten des theologisch jedenfalls nur mäßig gebildeten C. angeführt. C.' Sprache ist Vulgärlatein, seine Verse nicht mehr quantitierend, sondern accentuierend. A. L.

Ausg.: *B. Dombart* in CSEL XV 1897. *J. Martin* in Corpus Christ. Ser. lat. 128, 1960. – Lit. *H. Brewer* Die Frage um das Zeitalter C., 1910. *J. P. Brisson* Autonomisme et Christianisme dans l'Afrique Romaine, 1958, 378ff. *P. Courcelle*, REL 24, 1946, 227ff. *J. Martin* Traditio 13, 1957, 1ff.

Commodus = imp. Caes. M. Aurelius C. Antoninus Aug. = imp. Caes. L. Aelius Aurelius C. Aug. (so vom J. 191 an), röm. Kaiser vom 17. März 180 bis 31. Dezember 192. * 31. August 161 bei Lanuvium mit Zwillingsbruder Antoninus, Sohn des Antoninus Pius und der Annia Galeria Faustina, SHA vit. Comm. 1,2. IGR I 1509. Am 12. Oktober 166 zum Caesar ernannt, vit. 1,10. Mattingly, RIC 3,239,335f. Durch beste Lehrer geistig (Herodian. 1,2,1), von Galen (14,651ff. K.) körperlich umsorgt, erhielt er am 15. Oktober den Titel Germanicus (vit. 11,13) und wurde am 20. Januar 175 in alle Priesterämter aufgenommen, vit. 12,1 *princeps iuventutis*, vit. 2,1. Mattingly, RIC 3,336,1534–1536. Am 19. Mai 175 zog er mit dem Vater nach Germanien (vit. 12,2), 175/76 nach Syrien und Äg., vit. 2,3. Am 27. November 176 Imperator, triumphierte C. mit Pius am 23. Dezember 176, vit. 2,4. Cos. I ord. 177, CIL VI 631. 745. Mitregent durch Empfang der tribunicia potestas, die er später vom 27. November 176 an rechnete (Heer Philol. Suppl. 9,26ff.), Augustus und pater patriae CIL XVI 128. XIV 2856. Im J. 178 heiratete er Bruttia Crispina, Dio 71,33,1. Am 3. August 178 zogen C. und Pius nach Germanien, vit. 2,5. Cos. II (in Abwesenheit) 179, CIL VI 1979. Alleinherrscher am 17. März 180, Dio 71,33,4. Über seine weiteren Konsulate und zahlreichen Ehrentitel s. PIR II² p. 303. C. brach den Krieg mit den Markomannen und Quaden gegen Zugeständnis eines Klientelverhältnisses ab, Dio 72,2, 2f. Herodian. 1,6,1ff., wodurch bald Obergermanien und Dakien gefährdet waren, und zog im Oktober in Rom ein. Dort regierten bald die Gardepräfekten, der tüchtige Tarruntenus Paternus und der ehrgeizige Tigidius Perennis, sowie die Kämmerer, zunächst Saoterus. Das alles führte im Herbst 192 zur mißglückten Verschwörung der kaiserlichen Schwester Lucilla und ihres Vetters M. Ummidius Quadratus (J. Aymard, REA 57, 1955, 85ff.); im Zuge der Hinrichtungen fielen auch Paternus, ferner die Kaiserin wegen Ehebruchs, Dio 72,4,5–5,4. Haß des C. auf den Senat war eine weitere Folge, Herodian. 1,8,4–7, M. Rostovtzeff Gesellsch. und Wirtsch. 2,106ff. Unter dem Regiment des Perennis wurden 184/85 Aufstände in Mauretanien (182), in der Theißebene und Dakien (184), sowie in Britannien niedergeschlagen, doch schickte das über den Rückzug auf den Hadrianswall und das Regime des Perennis unzufriedene britann. Herr eine große Abordnung nach Rom, die diesen tötete, Dio 72, 9,2–4. Von 185 bis 189 beherrschte den C. und das Reich sein Kammerdiener und praefectus praetorio M. Aurelius Cleander, ein ehemaliger phryg. Sklave, der dann den Soldaten preisgegeben wurde (Dio 72,13,1f.), von 189 bis 192 der praef. praet. Eclectus, ein Äg. Sie trieben C. in einen religiösen Mystizismus (M. Rostovtzeff, JRS 13, 1923, 91ff.), durch den die Kulte der kleinasiat. Göttermutter, des Dolichenus, Mithras, des Serapis und der Isis sich ausbreiteten, wofür Juppiter zum *deus summus exsuperantissimus* (M. Grant Rom. annivers. Issues 111), C. zum *exsuperatorius* (Dio 72,15, 4) und *omnium virtutum exsuperantissimus* (CIL XIV 3449, L. Robert Hellenica 7,89ff.), gegen Lebensende zum Romanus Hercules (Herodian. 1,14,8. Dio 72,15,6.20,2f. J. Babelon, RN 15, 1953, 23ff.) wurde. Ständige Unruhen in Obergermanien (vit. Comm. 13,5), Aufstände in Gallien (durch Maternus, Herodian. 1,10), Afrika (seit 188, von P. Helvius Pertinax niedergeschlagen), die zur Schaffung einer afrikan. Getreideflotte zwangen (vit. Comm. 17,7), führten zum Ausbau der Limesanlagen (CIL III 3385). Doch mehr Geld ging für die Vorliebe des C. für Spiele und Wettkämpfe auf, sodaß große Geldnot entstand, Dio 72,16,1–3. C. trat selbst als Tierkämpfer und Gladiator öffentlich auf, Dio 72,17–19. Die senat. Opposition wurde so stark, daß man Spottmünzen auf ihn prägte, W. Derichs, RhM 95, 1952, 48ff. V. Pisani, ebd. 286f. Schließlich kam es zu einer Verschwörung des Gardepräfekten Q. Aemilius Laetus, des Kämmerers Eclectus und der Konkubine Marcia (Christin?), die C. durch den Athleten Narcissus am 31. Dezember 192 im Bade erwürgen ließen, Dio 72,22. Herodian. 1,16 f. vit. Comm. 17,1 f. Er wurde im Mausoleum Hadrians beigesetzt, Grabinschr. CIL VI 902. Doch verfiel er erst der *damnatio memoriae*, vit. Comm. 18 f. Dio 73,2,1–3, von Septimius Severus 197 konsekriert, vit. Comm. 17, 11. Mz.: Mattingly, RIC 3, 356–441. Bildnisse: J. J. Bernoulli Röm. Ikonogr. II 2,226–245. M. Wegner Herrscherbildnisse in antonin. Zeit, 1939, p. 252–274 Taf. 48–56.

J. M. Heer Der hist. Wert der vit. C., Philol. Suppl. 9, 1904. *W. Weber* Rom, Herrscher und Reich, 1937, 351 bis 406. *E. Hohl* Kaiser C. und Herodian, SDAW 1954, 1. *J. Ch. Traupman* The life and reign of C., Diss. Princeton Univ. 1956.

2. S. C. Julius Orfitianus, CIL III 6645. **3.** Beliebtes Cognomen, s. Ceionius, Iulius. R. H.

Communio. Die alte Gesamthandgemeinschaft in Form der *societas ercto non cito* verschwindet bereits in der mittleren Republik, an ihre Stelle tritt die c. Es handelt sich dabei um eine Gemeinschaft nach Bruchteilen, bei der mehrere Personen an einer einheitlichen Sache so berechtigt sind, daß jeder Gemeinschafter daran einen ideellen, rechnerischen Anteil hat (Dig. 31,66,2 [Pap. 17 quaest.] Dig. 50,16,25,1 [Paul. 21 ad ed.]). Bei dieser *c. pro indiviso* verfügt der Miteigentümer (auch bei Nichtvorhandensein einer Gesellschaft als *socius* bezeichnet) über einen Teil, der sich körperlich zwar auf die ganze Sache erstreckt, rechnerisch jedoch nur eine Quote erfaßt. Diese *pars pro indiviso* kann er belasten, verpfänden und veräußern. Zur Verfügung über die ganze Sache bedarf es der Zustimmung aller *socii*. Bei Widerspruch eines Miteigentümers kann im Wege der *actio communi dividundo* die Gemeinschaft aufgelöst werden. – Gegen E. der Republik entwickelte sich die Figur der später in der gemeinrechtlichen Lit. als *communio incidens* bezeichneten Gemeinschaft, wenn Miteigentum ohne Gesellschaftsvertrag vorhanden war, also bes. bei der Erbengemeinschaft, die die genossenschaftliche Verbandsform des *consortium* ablöste. Jeder Miterbe hat ein quotenmäßig begrenztes Recht an den einzelnen zur Erbschaft gehörigen Gegenständen. Auch hier kann im Klagewege mittels der *actio familiae erciscundae* die Erbteilung erreicht werden. Offenstehende Schulden und Forderungen werden dabei gegeneinander abgerechnet und die Saldi beglichen. – Bilden mehrere rechtlich selbständige Sachen eine zusammengesetzte Einheit, so spricht man von einer *c. pro diviso* (Dig. 27,9,5,16 [Ulp. 35 ad ed.]. Dig. 41,1,29 [Paul. 16 Sab.]). – Neben diesen Fällen findet sich die c. noch manchmal bei der Sachvermengung und der konsensualen *societas*, soweit ein Geschäftsvermögen vorhanden ist. Iustinian trennte die Gemeinschaft, die nicht mehr auf Gesellschaftsvertrag beruht, von der *societas* und reihte sie unter die Quasikontrakte (Inst. Iust. 3,27,3). F. R.

M. Kaser Das röm. Privatrecht 1, 1955, 323 f. 347 f. 605 f. 493 f. 2, 1959, 299. *F. Wieacker* Societas 1, 1936, 126 ff. *Gaudemet* Étude sur le regime juridique de l'indivision en droit romain, 1934, dazu *F. Wieacker*, ZRG 56, 1936, 294 ff. *E. Levy* West Roman Vulgar Law. The Law of Property, 1951, 67 ff.

Comparatio publica. So oder ähnlich *(comp. specierum, venalitium; synoneton)* heißt der Ankauf von Versorgungsgütern (vor allem Getreide und Öl) durch den röm. Staat oder die Gemeinden zur Erfüllung ihrer Versorgungsaufgaben gegenüber der Bevölkerung und dem Heer. Sie kommt schon in der Republik vor. Ihre Bedeutung wächst in der Zeit wirtschaftlichen Verfalls während des Dominates, weil die Versorgungsaufgaben zunehmen und die Neigung zum Verkauf gegen Geld wegen der Geldentwertung abnimmt. Daher wird die c. p. nach Diokletian mehrfach gesetzlich geregelt: Es werden Verkaufspflichten und Befreiungen hiervon sowie Termine für Berechnung und Bezahlung des Preises festgesetzt (Cod. Theod. 11, 15. Cod. Iust. 10,27). D. M.

Compensatio. Die gegenseitige Aufrechnung von Forderungsrechten war im klass. röm. Recht noch kein einheitliches Rechtsinstitut. Als prozessuales Phänomen fand die c. ihren Hauptanwendungsfall im *agere cum compensatione* des Bankiers: Der *argentarius* durfte seinen Anspruch nur nach Abzug der gleichartigen (d. i. auf vertretbare Sachen gerichteten), fälligen (Dig. 16,2,7 pr. [Ulp. 28 ad ed.]) Forderung seines Kunden geltend machen, anderenfalls er mit den Folgen der *pluris petitio* zu rechnen hatte. Ein verschiedener Schuldgrund *(ex dispari causa)* hinderte die c. nicht. Anders freilich war dies bei den Klagen *ex bona fide*. Hier konnte der Richter – als Ausfluß der in die Prozeßformel eingebauten *bona-fides*-Klausel – nach freiem Ermessen jeden Gegenanspruch des Beklagten gegen den Kläger verrechnen, wenn dieser *ex eadem causa* entstanden war. Gleichartigkeit der Forderung wurde nicht verlangt.

Der Erwerber einer Konkursmasse *(bonorum emptor)* konnte gegen einen Schuldner nur *cum deductione* klagen, d. h., er mußte sich dessen Forderung gegen den insolventen Gemeinschuldner aufrechnen lassen; ob voll oder quotal ist umstritten. Er unterlag dabei nicht den Folgen einer eventuellen *pluris petitio*, da die Deduktionsklausel nicht in die *intentio* sondern in die *condemnatio* eingefügt war.

Der spätklass. Kognitionsprozeß vereinheitlichte die c. weitgehend. Gleichartige, auch aus verschiedenen Schuldgründen bestehende Gegenforderungen mußte der Kläger abziehen, sonst wurde seine Klage wegen *pluris petitio* abgewiesen. Justinian gab der *pluris petitio* einen anderen Charakter, so daß bei Nichtabzug der Gegenforderung der Kläger automatisch nur den Saldo bekommen sollte (Cod. Iust. 4,31,14; Inst. Iust. 4,6,30).

C. bezeichnet auch den Ausgleich zwischen Parteien, die gegeneinander fahrlässig gehandelt haben (Dig. 16,2,10 pr. [Ulp. 63 ad ed.] gemeinrechtlich sog. Culpakompensation); weiters bezeichnet Cic. rep. 2,33 das Gegengewicht der polit. Gewalten als c.; ebenso findet sich dieser Ausdruck bei der Aufrechnung erbrechtlicher Ansprüche gegen erbrechtliche Lasten. F. R.

Biondi La compensazione nel dir. rom. (estr. APal. 12 [1929] 161 ff.). *Kunkel* Röm. Privatrecht, 1949, 201 ff. *Solazzi* La compensazione nel diritto romano, ^{2}1950. *Kreller* IURA 2, 1951, 82 ff. *d'Ors*, SHDI 19, 1953, 173 ff.

Comperendinatio. Unter c. verstand man im Legisaktionenprozeß die nach der Richterbestellung erfolgte Abrede der Parteien, in *diem tertium sive perendinum* vor dem *iudex* zu erscheinen (vgl. Gai. Inst. 4,15. Val. Prob. 4,9). Stipulationsform war für diese Abrede nicht nötig, da die nichterscheinende Partei ohnehin mit den Versäumnisfolgen zu rechnen hatte. Ob c. in iudicio als Verlegung der Gerichtsverhandlung im strengen Sinn aufzufassen war, daß nämlich der 3. Tag (nach röm. Zählung) als Verhandlungstermin angesetzt wurde, ist wegen der allgemeinen Verwendung des Wortes c. als Aufschub ungewiß. – Im comitialen Strafprozeß bedeutet c. den 2. Termin, der für den 3. Tag nach Abschluß des Beweisverfahrens angesetzt wurde (Cic. Verr. 1,9,26. 7,20. Gell. 14,2,1). F. R.

Wenger Instit. d. röm. Zivilprozeßrechts, 1925, 122. *Mommsen* Röm. Strafrecht, 1899/1955, 424 f.

Compitalia. Uraltes bäuerliches Winterfest *(feriae conceptivae)*, Ende Dezember/Anfang Januar; zunächst eintägig, wurde es ausgedehnt und in der späteren Kaiserzeit offiziell dreitägig. Es war ein → Laren-Fest, gefeiert an den *compita*, und zwar von den Anrainern eines *compitum* gemeinsam. Dem Hervortreten der Sklaven beim Larenkult entsprach auch deren beherrschende Rolle bei den C. Nur an diesen durfte der *vilicus* selbständig ein Opfer bringen (Cato agr. 5,3). Die C. wurden vom Fest der *familia* mit gemeinsamer Mahlzeit und Extraration Wein für das Gesinde nach der Urbanisierung der Bevölkerung zum Sklavenfest, bei dem der Herr nur störend war (Cic. Att. 7,7,3). Neben Opfern (die *familiae* gaben je einen Opferkuchen) fanden Spiele statt. In der Nacht vor (oder nach?) den C. wurden so viele Wollbälle, wie Sklaven, und so viele Wollpuppen, wie Freie zu den *familiae* gehörten, an den *compita* aufgehängt (Paul. Fest. 121.239. – Macr. Sat. 1,7,35 spricht jedoch von *capita alii et papaveris:* Irrtum? – Keine Masken, trotz Meuli a. O., vgl. Latte a. O. 91,2). Der Brauch ist nicht (obwohl schon im Alt. behauptet) Ablösung eines Menschenopfers (sie wurden für a l l e aufgehängt!), sondern eher ein Lustrationsritus (*purgatio aere*, Latte).

In der Stadt wurden die urspr. ländlichen (Bömer, AAMz 1961,4,191) C. ebenfalls gefeiert, und zwar an den Kreuzungspunkten der *insulae.* Die Ausrichtung bes. der Spiele besorgten die → *magistri vicorum.* Zu *collegia compitalicia* schlossen sich bes. Freigelassene und Sklaven zusammen. Diese *collegia* erlangten in der Bürgerkriegszeit polit. Bedeutung und erlebten die gleichen Verbote wie die anderen → collegia. Zur Augusteischen Neuorganisation → Lares und → vicus. Auch außerhalb Roms verbreiteten sich die C. W. E.

Wissowa Rel.^{2} 167 f. 171 f. 442. *Boehm*, RE XII 807 ff. *Latte* RRel 90 f. *Bömer* AAMz 1957,7,34 ff. 52 f. *Karl Meuli*, MH 12, 1955, 206 ff.

Complega. Keltiberische Stadt, nur genannt App. Ib. 42.43 (181–179 v. Chr.). Nach Hübner (RE IV 795) ist sie identisch mit Complutum, während Ad. Schulten (Numantia 1,136) sie richtig mit Contrebia (s. d.) identifiziert und C. für eine einheimische Nebenform des keltischen Contrebia hält. S. auch Encicl. Univ. Ilustr. 14,805 s. Complutica. R. G.

Complutum. Der Name dieser Stadt ist nach Holder 1,1087 wahrscheinlich iberisch, nach Hübner (RE IV 795) röm. (»Regenstadt«?). Die Bewohner waren Carpetaner (Ptol. 2,6,56). Die Lage, bei h. Alcalá de Henares, ist durch Ruinen und Inschr. festgestellt (CIL II p. 410. Suppl. p. 941), ihr Name wird im Altertum selten erwähnt (Plin. nat. 3,24. Itin. Ant. 436,2. 438,9. CIL II 4913 f.). Bedeutung gewann sie erst in christlicher Zeit (Paulin. von Nola c. 31,607. Prudent. peristeph. 4,41 ff. Mommsen Chron. Min. 3,648), besonders als Bischofstadt (Font. Hisp. Ant. IX, Barc. 1947, 444 [statt 394 lies 294]. S. auch Encicl. Univ. Ilustr. 14,805. R. G.

Compluvium heißt bei Varro l. l. 5,161 und Suet. Aug. 92 die Vertiefung zur Aufnahme des Regenwassers im Fußboden des → Atrium, welche bei Ter. Phorm. 707. Fest. Pauli 108,14 und Serv. Aen. 2,512 *impluvium* genannt wird. Vitr. 6,3 (p. 140 R) und Fest. a. O. nennen c. die Öffnung im Dach, welche bei Plaut. Amph. 1108; Mil. 159. 340. Varro a. O. u. Gell. 10,15,8 *impluvium* heißt. A. R.

Compsa (Nissen It. Ldk. 2,821). Hirpin. (Plin. nat. 3,105; irrig lukan., Ptol. 3,1,70 oder apul., Feldm. 210. 261) Stadt im Quellgebiet des Aufidus, fiel 216 v. Chr. in pun. Hand (Liv. 23,1) 214 zurückerobert (24,20,5); Todesort Milos (Caes. civ. 3,22,2. Vell. 2,68,2). C. wurde *municipium* (Cic. Verr. 5,158 ff.) der tribus Galeria (CIL IX p. 88. Kubitschek Imp. Rom. trib. discr. 40) der 2. Reg. (Plin.). Liv. 24,44,8 nennt ein *templum Iovis Vicilini.* Die Hss. bei Caes. und Vell. bieten *Cosa* (vgl. *Consanus* bei Cic.), so daß Hekat. FGrH 1 F 68 (*Κόσσα · πόλις Οἰνώτρων ἐν τῷ μεσογείῳ*) dazugehört (*σσ* bezeichnet stimmloses *s* aus *-nts-* in *Konsa* < *Komsa;* vgl. Sommer HB 244), da es C. *in agro* † *turino* (Caes.) nicht (Nissen 822) gibt; h. Conza di Campania. G. R.

Comum (NISSEN It. Ldk. 2,185. M. BERTOLONE Lombardia Romana, Milano 1939, 177ff.). Nach der Vertreibung der Etrusker (Iust. 20,5,8) von den orumbovischen Galliern (Cato frg. 40 Peter) gegründete Stadt am Comer See; Comenses 196 v. Chr. durch M. Claudius Marcellus besiegt (Liv. 33,36f.). Kolonie lat. Rechts durch Pompeius Strabo ca. 89 v. Chr., später verstärkt (Strab. 5, 213), Bürgerkolonie durch Caesar (ebd.); seitdem Novum Comum (Cic. Att. 5,11,2 u.a. Catull. 35. App. civ. 2,26), in august. Zeit als *C. municipium* (Plin. nat. 3,124.130f.). An einer Straße von Turin nach Brescia (Plin. 3,132. Tab. Peut. 4,2) Ausgangspunkt für verschiedene Alpenpässe; h. Como. G.R.

Concha *(conca)*. Muschel, Schnecke, bezeichnet Gefäße, die muschelförmig gebildet waren (für Salz, Salben, Öl), auch große Trinkschalen, Iuv. 6,304, und das schneckenförmige Tritonshorn, Verg. Aen. 6,171. Plin. nat. 9,9 u. ö. In der frühchristl. Lit. ist c. der obere, halbkuppelförmige Abschluß der → Apsis und das vor allem für Taufe und Bad verwandte Wasserbecken. W. H. G,

Conciliabulum. Versammlung oder Versammlungsort, etwa von Ketzern (z.B. Cod. Theod. 16,1,2,1). Technisch bedeutet c. eine Landgemeinde mit bestimmtem Gebiet. Sie hat nicht die vollen Verwaltungsbefugnisse eines *municipium*, ist aber auch nicht ganz ohne politische Bedeutung wie ein *vicus*; das c. steht also zwischen beiden. So hat es zwar einen Gemeinderat und Magistrate (lex Iulia munic. Z. 83ff. 108f. 126f. bei BRUNS-GRAD. 102ff.), auch wird dort Gericht gehalten (a.O. Z. 119). Die wichtigen Funktionen jedoch, wie auch die Judikatur, werden von staatlichen Präfekten ausgeübt. – Den c. sehr ähnlich sind die *fora*, kleine städtische Ansiedlungen. D. M.

Pietro De Francisci Storia del dir. rom. $2,1^2$, 1938, 26ff.

Concilium. Bedeutet allgemein jede Versammlung und technisch zweierlei: I. Die *concilia plebis (tributa)*, die Wahl- und Beschlußversammlungen der nach *tribus* geordneten *plebs*. Sie stehen im Gegensatz zu den *comitia (curiata, centuriata* oder *tributa)*, den Versammlungen des Gesamtvolkes, also unter Einschluß des Patriziates. Die *conc. pleb. trib.* sind zuständig für die Wahl der *tribuni* und *aediles plebis* und für die Gesetzgebung in Form der *plebiscita*. Diese banden zunächst nur die *plebs*, seit der lex Hortensia von 286 v. Chr. das Gesamtvolk. Seitdem haben die *plebiscita* stark an Bedeutung gewonnen und die anderen Formen der Gesetzgebung in den Hintergrund gedrängt. Diese Legislative der *conc. pleb. trib.* erhält sich bis zum Prinzipat; noch Augustus bedient sich ihrer vereinzelt. Jedoch ist die wahre Bedeutung seit Sulla verloren; schließlich geht die Gesetzgebung ganz auf den Senat mit starkem Einfluß des Kaisers über (→ senatus consulta). Einberufen und geleitet werden die *conc. pleb. trib.* von den *tribuni plebis*; dazu brauchen (anders als bei den *comitia*) keine Auspizien eingeholt zu werden.

1. *Heinr. Siber* Röm. Verfassungsrecht, 1952, 40f. 125. 2. *Ulr. v. Lübtow* Das röm. Volk, 1955, nach Ind. s.v. Konzilien, wo weitere Lit.

II. Die *concilia provinciarum*, die Provinziallandtage, im O. nach dem Muster der griech. *κοινά*, im W. wohl als röm. Neugründungen. Diese Gründungen fallen in den Beginn des Prinzipates und hängen wohl mit dem provinziellen Kaiserkult zusammen. Sitz dieser c.-a ist regelmäßig die Provinzhauptstadt. Zusammengesetzt sind sie aus *legati* der Gemeinden der betreffenden Provinz. Die Leitung hat der Priester an dem Provinzialtempel, wohl meist im Turnus aus den Gemeinden gewählt. Den *conc. prov.* obliegen vor allem der Kaiserkult und die Veranstaltung der damit zusammenhängenden Spiele. Dazu kommen aber auch profane Befugnisse; insbesondere scheint das c. Kontakte zum Kaiser unterhalten zu haben. So wissen wir von Antworten des Kaisers auf Anfragen eines c. (Dig. 47,14,1). Auch sind offenbar Beschwerden gegen den Statthalter erhoben worden (vgl. Tac. ann. 15,21f.). Seit Konstantin I. fallen die sakralen Befugnisse fort. Demgegenüber versuchen seit Diokletian die Kaiser, die *conc. prov.* zu einem Instrument der Reichsverwaltung zu machen und besonders zur Kontrolle der Statthalter zu verwenden (vgl. Cod. Theod. 12,12,12, verkürzt in Cod. Iust. 10,65,5). Doch gelingt das wohl nicht recht; gegen E. des 5. Jh. verfällt daher das *c. prov.* zugunsten der c.-a der christlichen Kirche. D. M.

Ältere Lit. RE IV 830 und Suppl. IV 941 (s.v. *κοινόν*), dazu zuletzt 1. *Tenney Frank*, CJ 14, 1918/19, 533ff. 2. *J. A. O. Larsen*, CPh 29, 1934, 209ff. 3. *Heinr. Siber* Röm. Verfassungsrecht, 1952, 252f.

Concordia. Vorgebildet in der griech. Personifizierung und Vergöttlichung der → *ὁμόνοια*. Wie der Begriff Schlagwort im polit. Kampf war (Stände-, Parteikämpfe; *c. ordinum*), so sind die Tempel für die Göttin C. nicht ohne polit. Hintergrund errichtet. Der erste soll von M. Furius Camillus nach dem Kampf um die Licinischen Gesetze an der NW.-Ecke des Forums erbaut worden sein: s. aber unten zum Tempel des Opimius! Ein ehernes kleines Heiligtum weihte *in Graecostasi* der Aedil Cn. Flavius im J. 304 (Liv. 9,46,6. Plin. nat. 33,19); wahrscheinlich bei der Erweiterung des großen Tempels zerstört. SKARD 105 glaubt nicht, daß dies bereits ein Tempel der »bürgerlichen Eintracht« war, sondern er sei »nach griech. Muster für Verhandlungen mit Griechen« errichtet worden. Während einer Meuterei in Gallien gelobte der Praetor L. Manlius 218 einen Tempel, der *in arce* erbaut und am 5. Februar 216 geweiht wurde (Liv. 22,33,7f. 23,21,7. Fast. Praen. 5. Februar. Fast. Ant. NSA 1921, 86). Im J. 121 weihte L. Opimius nach der blutigen Gracchen-Verfolgung ausgerechnet der C. einen Tempel (Plut. Gracch. 38. App. civ. 1, 120. Aug. civ. 3,25; wohl auch Cic. Sest. 140). Dieser wird gewöhnlich als Erneuerung des Tempels des Camillus gedeutet: Energischer Einspruch dagegen bei SKARD 102ff. (etwas vorsichtiger – von Skard unabhängig – MOMIGLIANO 115ff.): Nach dem Wortlaut der Quellen könne es sich nur um einen neuen Tempel handeln; die nur von Plut. Cam. 42 und Ov. fast. 1,639ff. (nicht Liv.!) angegebene Gründung durch Camillus sei eine spätere Frühdatierung. – Der Tempel wurde von Tiberius restauriert. Er war schon zu rep. Zeit mit zahlreichen Kunstschätzen geschmückt und wurde häufig zu Senatssitzungen verwendet. – Berichtet wird im J. 164 von einer C.-Statue des Censors Q. Marcius, die 154 der Censor C. Cassius in die Curie verlegte (Cic. dom. 130), sowie, daß Livia zum Andenken an ihre Ehe ein Heiligtum gestiftet habe (Ov. fast. 6,637ff.). Ob der vom Senat zu Ehren Caesars im J. 44 gelobte Tempel der C. Nova (Cass. Dio 44,4) erbaut wurde, ist unsicher.

C. ist bes. in der Kaiserzeit eine der meistverehrten Gottheiten Roms. Außerhalb Roms wurde sie vor allem in Spanien, Africa und Gallia cisalpina verehrt.

Mz.: Sehr zahlreich in verschiedenen Typen schon in rep. Zeit. In der Kaiserzeit meist *Concordia Aug(g)*. Daneben gibt es *C. equitum*, *C. militum* u.a. W. E.

E. Skard AbhAk Oslo 1931,2. *R. Peter* Myth. Lex. 1, 914ff. *Mommsen* H 9, 1875, 287ff. (Tempel). *v. Schrötter* WBMzK s.v. *Nash* 1,292f. *Platner-Ashby* 137ff. *Momigliano* Camillus and Concord, CQ 36, 1942, 111ff. Thes. Onom. 2,555ff.

Concubinatus. Der C. bestand im röm. Recht neben der Ehe als 2. Form der dauernden, monogamen Geschlechtsgemeinschaft. Bes. seit den aus sozialpolitischen Motiven – Bewahrung des röm. Kernlandes vor Entvölkerung durch Kampf gegen Ehescheu und Kinderlosigkeit, Aufrechterhaltung der Familiengesinnung und Stärkung der Moral – ergangenen Ehegesetzen des Augustus gewann der C. für alle freigeborenen Bürger, Senatoren und deren Nachkommen große Bedeutung. Da ihnen durch die beiden augusteischen Hauptgesetze, die lex Iulia de maritandis ordinibus (18 v. Chr.) und die lex Papia Poppaea (9 n. Chr.), die Ehe mit unehrbaren Frauen, wie Dirnen, Kupplerinnen, Schauspielerinnen, beim Ehebruch Ertappten und im *iudicium publicum* Verurteilten verboten war, suchten sie einen Ausweg im C. Sogar Kaiser gingen in späterer Zeit (Vespasian, Marc Aurel) mit einer Frau minderen Standes eine solche Geschlechtsgemeinschaft ein.

Die rechtlichen Wirkungen eines *matrimonium* fehlten dem C.; so genoß die Frau keinen *honor matrimonii* (Marc. 6 Dig. Dig. 23,2,41,1), und die Kinder waren den ehelichen nachgestellt. Sie kamen ebenso wie die außerehelichen Kinder nicht in die Gewalt des Vaters, wurden nicht in seine Familie aufgenommen, hatten ihm gegenüber kein Erbrecht, sondern folgten dem Personenstand der Mutter. In der Zeit des Dominats erfuhr der heidnische C. als Folge des Mailänder Edikts (313 n. Chr.), das auf dem Wege der allgemeinen Religionsfreiheit auch das Christentum zur *religio licita* machte, eine grundlegende Wandlung. Konstantin d. Gr. verbot jede Geschlechtsgemeinschaft außer der Ehe und stattete insbesondere den C. hoher Würdenträger mit Rechtsnachteilen wie Ehr- und Vermögensverlust aus.

Die Kinder werden nicht mehr den außerehelichen gleichgestellt (Gai. Inst. 1,64), was auch in der Bezeichnung – *liberi, filii naturales* zum Unterschied von *vulgo quaesiti, spurii* – zum Ausdruck kommt (Theodosius II. und Valentinian III., Cod. Theod. IV 6,7); durch nachfolgende Eheschließung der Eltern kamen ihnen die gleichen Rechte wie den ehelichen Kindern zu *(legitimatio per subsequens matrimonium)*; auch sonst bahnten sich Wege an, die den *liberi naturales* eine den ehelichen Kindern ähnliche Stellung sichern sollten. In spätröm. Zeit war der C. rechtlich erlaubt zwischen Mann und Frau, die auch für eine Ehe die gesetzlichen Voraussetzungen mit sich brachten und denen nur die *affectio maritalis* fehlte. Diese Form der dauernden, monogamen Geschlechtsgemeinschaft wurde bes. von Standesungleichen gewählt und als Ehe minderen Rechts anerkannt *(inaequale coniugium)*. Endgültig verboten wurde der C. unter starkem Einfluß der Kirche von Leo Philosophus (886–911). F. R.

P. M. Meyer Der röm. Konkubinat, 1895. *Ders.* Äg. Urkunden und das Eherecht der röm. Soldaten, ZRG 18, 44ff. *J. Plassard* Le concubinat rom. sous le Haut-Empire, 1921. *G. Castelli* Il concubinato e la legislazione Augustia, Scritti 1, 1923, 143. *C. Castello* In tema di matrimonio e concubinato nel mondo rom., 1940.

Concussio. Unter C. versteht man den im heutigen Sprachgebrauch verwendeten Begriff der Erpressung. Das ältere Strafrecht der Römer kennt die Einrichtung der c. nicht. Da das Delikt der unberechtigten Androhung eines künftigen bevorstehenden Nachteils sich schlecht im *crimen repetundarum*, im Verfahren *quod metus causa gestum erit* oder in den *actiones quod vi* geltend machen ließ, begann man in der mittleren Kaiserzeit (2. Jh. n. Chr.), die Einschüchterung und Erpressung in Form der c. als eigenes Delikt zu bestrafen.

Als Hauptfälle begegnet uns die c. a) durch Überschreitung und Mißbrauch der Amtsbefugnis; Dig. 47,13,1 (Ulp. 5 opin.) und b) durch Einschüchterung mittels unbegründet angedrohter Anklage; Dig. 47,13,2 (Macer 1 publ. ind.). Da sich in den Quellen keine Definition der c. findet, ist es unbestimmt, wie weit der Rahmen für dieses Delikt gespannt werden darf, das nicht im *iudicium publicum*, sondern in der *extraordinaria cognitio* geahndet wurde. In Pauli sent. V 25,12 ist eine exemplarische Strafe aufgezeigt: *Qui insignibus altioris ordinis utuntur militiamque confingunt, quo quem terreant vel concutiant, humiliores capite puniuntur, honestiores deportantur.* Sonst war das Ausmaß der Strafe dem freien Ermessen der Richter anheimgestellt, die meist auf Verbannung und Vermögenskonfiskation erkannten. F. R.

W. Rein Kriminalrecht der Römer; 1844 (1962), 343ff. *Th. Mommsen* RStrR 1899 (1955), 716f. 730f. *H.F. Hitzig,* RE IV 840.

Condatomagus. Stadt der Ruteni, beim Zusammenfluß von Tarn und Dourbie, h. La Graufesenque. Tab. Peut. *Condatomago.* Dort war im 1. Jh. eine der wichtigsten keramischen Werkstätten des röm. Reiches; in der Folge etwas vergessen, als es von Lezoux verdrängt wurde. Es bleibt indessen ein Mittelpunkt des Tauschhandels. Der Name kommt nach dem 3. Jh. nicht mehr vor. Man findet später den Namen *Aemiliavum,* woher Millau kommt. M. L.

FOR 9,40, p. 9. *A. Albenque* Les Rutènes, Rodez 1948. *F. Hermet* La Graufesenque (Condatomago), Vases sigillés et graffites, 1934. *L. Balsan* Gallia 8, 1950ff.

Condemnatio. Als ordentlicher Formelbestandteil war die c. mit Ausnahme der *praeiudicia* in allen Zivilklagen vorhanden. Jede Verurteilung lautete im Schriftformelverfahren grundsätzlich auf Geld (Gai. Inst. 4,48). Eine Ausnahme bildeten die sog. Noxalklagen, bei denen es dem Sklaven- oder Tierhalter freigestellt wird, entweder den Schaden gutzumachen oder den Schädiger auszuliefern (vgl. die von LENEL Ed. perp.[3] [1927/56] 195 rekonstruierte Formel der *actio de pauperie*). Die c. richtet sich nach dem Wortlaut der *intentio* und ist somit jeweils auf eine bestimmte *(c. certa)* oder unbestimmte *(c. incerta)* Geldsumme gerichtet. Ist der *iudex* bei *c. incerta* in der Festsetzung der Höhe des zu leistenden Geldes frei, so spricht man von einer *c. infinita,* wurde er vom Prätor beschränkt, von einer *c. cum taxatione.* Bei einigen Klagen geht die Verurteilung auf den zwei-, drei- oder vierfachen Wert des Streitgegenstandes. – Enthält die Klageformel die sog. Arbiträrklausel *(neque ea res arbitrio iudicis restituetur),* so konnte der Beklagte der Geldverurteilung entgehen und freigesprochen werden, wenn er nach dem Zwischenbeschluß des *iudex (arbitratus iudicis)* die Sache dem Kläger zurückgibt. Damit entgeht er den möglichen Folgen einer Verurteilung (Infamie, Verurteilung auf das Vielfache, *iusiurandum in litem*). F. R.

Wenger Instit. d. röm. Zivilprozeßrechts, 1925, 135ff. Ders. ZRG 59, 1939, 316ff. *Beretta* Studi Solazzi, 1948, 264ff. *Gioffredi* Stud. Dom. Hist. Jur. 12, 1946, 136ff. *v. Lübtow,* ZRG 68, 1951, 320ff.

Condicio. Unter »Bedingung« versteht man ein zukünftiges, ungewisses Ereignis, von dessen Eintritt eine Rechtswirkung abhängig gemacht wird. Grundsätzlich kann die c. jedem Rechtsgeschäft beigesetzt werden außer solchen, die der Begründung oder Übertragung absoluter Rechte dienen; bei Verstoß dagegen ist das jeweilige Rechtsgeschäft nichtig. Den bedingungsfeindlichen Rechtsgeschäften gleichgesetzt sind die *actus legitimi* (vgl. Dig. 50,17,55 [Pap. 28 quaest.]). – Während die aufschiebende Bedingung (Suspensivbedingung, der Eintritt des zukünftigen Ereignisses erzeugt erst die Wirkungen des Geschäfts) den Römern bekannt war, sahen sie in der auflösenden Bedingung (Resolutivbedingung, der Eintritt des zukünftigen Ereignisses beendet die bei Abschluß des Geschäftes erzeugten Wirkungen) in klass. Zeit noch keine selbständige Institution; diese wurde vielmehr als eine aufschiebend bedingte Aufhebungsabrede behandelt (bpw. Dig. 18,1,3), deren Anwendungsbereich jedoch begrenzt war. Liegt der Eintritt der Bedingung im Wirkungskreis dessen, der durch das Geschäft berechtigt werden soll, so spricht man von einer Potestativbedingung; soll der Berechtigte eine Handlung unterlassen, widrigenfalls er seiner Rechte verlustig geht, handelt es sich um eine negative Potestativbedingung. Unmögliche Bedingungen machten das Geschäft nichtig. Bei Vermächtnissen jedoch wurde die Bedingung von den Sabinianern gestrichen und das Vermächtnis als gültig betrachtet. Unsittliches und Rechtswidriges konnte bei einer Bedingung in klass. Zeit nur durch prätor. Rechtsbehelfe geltend gemacht werden. Iustinian behandelte solche Bedingungen gleich den unmöglichen. Im übrigen kehrte Iustinian vom stark verwischten nachklass. Bedingungsbegriff wieder zum klass. zurück, wobei er vorhandene Ansätze ausbaute. F. R.

E.F. Bruck Bedingungsfeindl. Rechtsgeschäfte, 1904. *Mitteis* Röm. Privatrecht 1, 1908, 167ff. *Flume* Tijdschrift 14, 1936, 19ff. *Cooper* Tulane Law Review 16, 1942, 433ff. *Monier* Manuel élément. de droit rom. 2, 1948, 291ff. *Rabel* Grundzüge röm. Privatrechts, [2]1955, 500ff. *Kaser* Röm. Privatrecht 1, 1955, 219ff. 2, 1959, 64f.

Condictio. Wird das quirit. Eigentum an einer bestimmten Sache oder Geldsumme ohne rechtl. anerkannten Grund übertragen und weigert sich der auf diese Weise Bereicherte grundlos *(sine causa),* das Empfangene zurückzugeben, so hat der Geber zur Durchsetzung seines Anspruches eine c. Z. Z. des Legisaktionenprozesses stellte die *legis actio per condictionem* (Gai. Inst. 4,17b – 20) eine eigene Verfahrensart dar; sie bildete gegenüber der *lga. per iudicis postulationem* insoweit einen Fortschritt, als ohne Rücksicht auf die *causa* ein *certum* eingeklagt werden konnte. Im Formularprozeß war die c. das Muster einer strengrechtlichen zivilen Klage. Wurde *certa res* eingeklagt, so hieß die Klage *c. triticaria,* war *certa pecunia* gefordert, *c. certae creditae pecuniae.* Wegen der abstrakten Formulierung der *intentio* (der Klaggrund, die *causa,* wird nicht genannt), fand die c. gleichermaßen für ungerechtfertigte Bereicherung wie für Darlehen, Litteralkontrakt, Stipulation und auch Diebstahl Anwendung. Gegenstand der c. war nicht die noch vorhandene Bereicherung, sondern das tatsächlich Gegebene. Als häufigen

Anwendungsfall nennen die Quellen die Erfüllung einer nichtgeschuldeten Leistung (*indebitum solutum;* Dig. 12,6,26,3; der Ausdruck *c. indebiti* ist unklass.).

Umstritten ist, inwieweit es in der Klassik bereits eine c. auf ein *incertum* gegeben hat (Gai. Inst. 4,5). Möglicherweise wurde diese durch *actiones in factum* ersetzt, deren Formeln in der c. ein Vorbild hatten.

Trotz der Vielzahl der Anwendungsfälle war die c. im klass. röm. Recht ein einheitl. Rechtsinstitut; ihre verschiedenen Arten – in Ansätzen allerdings schon früh vorhanden – wurden erst von der nachklass. Doktrin und später von Justinian ausgebaut.

Die *c. indebiti* diente der Rückforderung einer Geldsumme, die wegen Irrtums über das Bestehen einer Verpflichtung gezahlt wurde. Erbrachte man die Leistung im Hinblick auf einen bestimmten Erfolg, der dann jedoch nicht eintrat, so konnte das Geld mittels der gemeinrechtl. sog. *c. ob causam datam causam non secutam* zurückverlangt werden. Stellte die Annahme der Leistung einen Verstoß gegen die Rechtsordnung oder gegen die guten Sitten dar (die Hingabe einer Geldsumme, um eine in Verwahrung gegebene Sache wiederzuerlangen), so fand die *c. ob turpem vel iniustam causam* Anwendung (Dig. 24,1,6; s. a. Dig. 12,5,6); dies jedoch auch nur dann, wenn nicht die Leistung selbst in der Absicht erbracht wurde, einen unsittl. Zweck damit zu erreichen. In die justinian. *c. sine causa* (Dig. 12,7) fielen wahrscheinlich alle jene Ansprüche, die unter den eben genannten c.nes nicht unterzubringen waren. Zu nennen ist hier u. a. die *c. ob causam finitam*, mit der eine Leistung zurückgefordert werden konnte, die auf Grund einer Verpflichtung erbracht wurde, die urspr. zwar bestanden hatte, später jedoch weggefallen war. Weitere justinian. Typen waren die *c. ex lege* (Dig. 13,2) und die sogenannte *c. generalis* (Dig. 12,1,9), mittels derer jeder Anspruch auf ein *certum* aus Kontrakt, Quasikontrakt oder Delikt durchgesetzt werden konnte. F. R.

R. v. Mayr Die c. des röm. Privatr., 1900. *v. Koschembahr-Lyskowski* Die c. als Bereicherungsklage, 2 Bde., 1903/07. *F. de Visscher* La c. et le système de la procéd. formul., 1923. *U. v. Lübtow* Beiträge z. Lehre von der c. nach röm. und heutigem Recht, 1952. *F. Schwarz* Die Grundlage der c. im klass. röm. Recht, 1952. *H. Niederländer* Die Bereicherungshaftung im klass. röm. Recht, 1953.

Condrusi. Germ. Völkerschaft, bei Caes. Gall. 2,4,10 zusammen mit den Eburones, Caerosi und Paemani zu den Germani cisrhenani gerechnet. Unter dem Schutz der Treverer (Caes. Gall. 4,6,4) wohnten die C. zwischen Eburonen und Treverern. An die C. erinnert die Landschaft Condroz (in ma. Urkunden *pagus Condrustus*) an der Maas von Namur bis Lüttich. H. C.

CIL VII 1073. 1234. *Zeuss* 212. *Holder* s. v.

Confarreatio. Die c. stellte eine der 3 Möglichkeiten dar, durch die im röm. Recht eine *manus*-Ehe begründet werden konnte (Gai. Inst. 1,110 *Olim itaque tribus modis in manum conveniebant: usu, farreo, coemptione*). Bei dem feierlichen, sakralen Ritus, der die privatrechtliche Wirkung von Eheschließung und Manusbegründung hervorbrachte, waren die beiden obersten Priester und 10 Zeugen anwesend. Aus der Mitwirkungspflicht von *pontifex maximus* und *flamen dialis* schließt man, daß diese Art der Eheschließung nur einem begrenzten Kreis der Bevölkerung, vielleicht dem Patriziat, zugänglich war. Die Brautleute opferten dabei Speltbrot (*panis farreus;* Gai. Inst. 1,112) und sprachen feierliche Worte, die jedoch nicht überliefert sind. Eine Scheidung konfarreirter Ehen erfolgte durch *diffareatio*. Quellenmäßig bezeugt ist die c. bis gegen das E. des 2. Jh., tatsächlich wird sie jedoch länger bestanden haben. F. R.

Brassloff Studi Bonfante 2, 1930, 363 ff. *Westrup* Recherches sur les formes du mariage dans l'ancien droit rom., 1943. *Köstler*, ZRG 65, 1947, 43 ff. *Kaser* Das altröm. Ius, 1949, 342 ff.

Confessio. I. Das als formelle Parteierklärung abgegebene Geständnis wurde im röm. Zivilprozeßrecht unterschiedlich behandelt.

a) C. in iure bedeutete z. Z. des Legisaktionenprozesses bei Klagen mit Einlassungszwang (*actiones in personam*) die Anerkennung einer gegnerischen Behauptung. Dies hatte zur Folge, daß der Beklagte wie ein Verurteilter behandelt wurde, gegen ihn also bei einem *aes confessum* (tab. III der XII-Tafeln) sofort mittels Personalexekution vorgegangen werden konnte. Bei einer c. in einem dinglichen Rechtsstreit (*actiones in rem*) wurde die Sache gleich *in iure* durch *addictio* des Prätors dem Kläger übergeben (Gai. Inst. 2,24; vgl. auch den daraus entstandenen Eigentumübertragungsakt der *in iure cessio*). – Z. Z. des Formularprozesses galt ebenfalls der Grundsatz, daß die c. einer bestimmten, in der Klage geforderten Geldsumme dem Urteil gleichzusetzen sei. Die Anerkennung einer Forderung bloß dem Grunde nach (*c. incerti*, Dig. 42,2,6 pr.) konnte vom Kläger durch die sogenannte *actio confessoria* geltend gemacht werden; es kam danach zu einem eigenen Schätzungsverfahren, in dem der *iudex* nur mehr die Höhe des Anspruches zu ermitteln hatte (Dig. 9,2,25,2).

b) Die Anerkennung von Tatsachen *in iudicio*, selbst die c. des gesamten Anspruches hatte der *iudex* nur als Beweis zu werten; es enthob ihn nicht von der Pflicht der Urteilsfällung.

Das staatlich autorisierte, ungeteilte Kognitionsverfahren kannte die Unterscheidung *c. in iure – c. in iudicio* nicht mehr. Ein Tatsachengeständnis erzeugte wiederum nur die Wirkung eines Beweises. Ob ein Anspruchsgeständnis urteilsersetzende Wirkung hatte, ist umstritten.

II. Die c. im Strafprozeß ist notwendige Voraussetzung zur Verurteilung beim Verbrechen des Nächstenmordes (Suet. Aug. 33). Sonst wirkt das Geständnis als Beweis, den der Richter wohl an

1. Stelle zu würdigen hatte. Eine Überprüfung des Geständnisses auf seine materielle Wahrheit war den Römern bereits bekannt (Dig. 48,18,1,17.23. 27). Einem Geständigen gleichgestellt ist derjenige, der entweder bei einem todeswürdigen Verbrechen auf frischer Tat ertappt wurde oder als Angeklagter eines solchen sich das Leben nahm; ebenso derjenige, der bei Kapitalanklage versucht hat, seinen Kläger zu bestechen. F. R.

W. Püschel Confessus pro iudicato est, 1924. *Wlassak* Confessio in iure, SBAW H. 8, 1934. *Wenger* Instit. des röm. Zivilprozeßrechts, 1925, 106ff. 274f.. *Ders.*, ZRG 59, 1939, 369ff. *Pflüger*, ZRG 64, 1944, 360ff. *S. di Paola* Confessio in iure 1, 1952. *Mommsen* RStrR. 1889/1955, 437ff.

Confluentes. 1. Koblenz (*ad Confluentes;* Suet. Gai. 8. Itin. Anton. 371. Tab. Peut. in MILLER Itin. Rom. 47. Meilenstein von Tongern, in MILLER a.O. LXXII), am Zusammenfluß von Mosel und Rhein. Auxiliarlager spättiber.-frühclaud. Zeit (BJ 160, 1960, 168) am Übergang der Rheintalstraße Mainz–Köln über die Mosel, wo die Pfahlgründung einer Brücke beobachtet wurde (BJ 42, 1867, 1. Kunstdenkm. der Rheinprovinz, Die Kunstdenkmäler der Stadt Koblenz, 1954, 2). Nach Errichtung des Limes und Auflassung des Lagers konnte C. seine Bedeutung als Straßenknotenpunkt der beiden von Trier über den Hunsrück und das Maifeld zum Rhein führenden Straßen behaupten. Zugleich war es Handelshafen der Schiffahrt auf Rhein und Mosel. In den Germaneneinfällen 259/60 wurde C. zerstört und nach Zurücknahme des Limes an den Rhein auf eine Fläche von 5,8 ha als unregelmäßiges Viereck mit einer turmbewehrten Mauer umgeben, die im J. 354 noch stand (Amm. 16,3,1). Nach Not. dign. occ. 41 war eine Abteilung der *milites defensores* unter einem *praefectus* in C. stationiert. Seit der Mitte des 5. Jh. in fränk. Hand. Größere, schon vorröm. Siedlung mit Tempel für Merkur und Rosmerta im Koblenzer Stadtwald (Mz. von Augustus bis Theodosius II. vgl. Westd. Ztschr. 19,1). Gräberfelder an den Straßen vor Lager und Siedlung. **2.** In Raetien. Nach Not. dign. occ. 35 ein *praefectus numeri barcariorum Confluentibus sive Brecantia* bezeugt, h. Koblenz am Zusammenfluß von Aare und Rhein. F. STAEHELIN (Die Schweiz in röm. Zeit, 1948, 313) vermutet die Örtlichkeit an der Einmündung des Obersees in den Untersee b. Konstanz, nach TH. BERGK (Zur Gesch. und Topogr. der Rheinlande, 1882, 98 an der Mündung des Rheins in den Bodensee, h. Rheineck. **3.** Am Zusammenfluß von Arar und Rhodanus, h. Lyon, → Lugudunum. **4.** Station an der v. Aemilia zwischen Caesena und Ariminium. MILLER Itin. Rom. 210. **5.** Nach Ptol. 2,6,55 Stadt der Arevaker in Hispania citerior (*Κομφλόεντα*). Genaue Lage bisher nicht ermittelt. **6.** Station an der Einmündung der Save in die Donau, gegenüber Singidunum–Belgrad. MILLER Itin. Rom. 436. 448. 499. **7.** Station in Armenia an der Einmündung des Pasin-Su in den Aras, h. Köprü Köi. MILLER Itin. Rom. 677. H. C.

RE IV 871f.

Conger, *γόγγρος*, selten *γρύλλος* (Nik. frg. 122 Schn., vgl. Diphil. Siphn. b. Athen. 8,356 A). Meeraal; wie der → Aal ein beliebter und teuerer Speisefisch (Plaut. mil. 760; Persa 110; ferner die bei Athen. 7,288 C ff. gesammelten Zeugnisse), bes. von den Küsten von Sikyon und S.-Spanien (Strab. 3,145); bei Philemon frg. 79,23 (2,500 K. = 3,39 EDM.) serviert ihn Poseidon den Göttern. Die zahlreichen und verstreuten Notizen bei Aristot. (s. BONITZ Index) und Plin. nat. 9 konstatieren u.a. ungewöhnliche Länge, Dicke und Glätte, großen Magen, talgartiges Fett; er frißt Fische und Polypen, aber auch Artgenossen, wird von Muränen gefressen, von Krabben überwältigt. Aristot. unterscheidet eine weiße, in der Hochsee lebende, und eine schwarze, auch an Küsten lebende Art. Über seinen Dauerschlaf Aristot. 599 b 6; über die schwer erkennbare Trächtigkeit des Weibchens ebd. 571 a 28. W. R.

Aubert-Wimmer Aristot. Thierk. 1,126. *Keller* Ant. Tierwelt 2,360.

Congiarium. Urspr. eine bestimmte Menge Wein oder Öl, die in der röm. Republik von einem Beamten (Candidaten für ein Amt) als private Spende an das Volk gegeben wurde, oft als Zugabe zum *frumentum* (Isid. orig. 16,26,7–8. Liv. 25,2,8. 37,57. Plin. nat. 15,1,2. 14,96. Cic. Phil. 2,45), auch Spende des Statthalters an *cohors* und Legionen. Schon früh konnte die Naturalgabe durch eine Geldspende ersetzt werden (Cato b. Front. ad Ant. 1,2. Cic. Att. 16,8,2. Vgl. [3]). Seit Augustus immer eine außerordentliche Geldspende, vom Kaiser selbst im eigenen Namen oder für einen Angehörigen der Dynastie gegeben, gehört das c. zur *liberalitas* des Kaisers ([4],141 ff.). Anlässe sind glückliche Ereignisse für Staat oder *domus Augusta* (Antritt der Herrschaft, Sieg, Triumph, Adoption, Einführung des Erben in das öffentliche Leben usw.). Obwohl theoretisch eine freiwillige Spende, glaubte das Volk, gewisse Ansprüche an das c. zu haben (Suet. Aug. 42,2. [1],876). Empfänger waren die zum *frumentum* Berechtigten und jeweils bes. genannte, in die entsprechenden Listen Eingetragene ([4],85 f.). Oft wird nicht Geld direkt verteilt, sondern werden Berechtigungsmarken in Bronze oder Blei ausgegeben (→ Tessera), die von Beamten der *frumentatio* in Geld umgetauscht werden. Die Verteilung des c. beginnt, soweit möglich, der Kaiser selbst, wohl auf dem Forum Romanum, die Fortsetzung erfolgt durch Beamte. Die Summen stiegen im Lauf der Kaiserzeit beträchtlich an. W. H. G.

1. *Rostowzew*, RE IV 875ff. 2. *Ders.* Röm. Bleitesserae, Klio Bh. 3, 1905. *Regling*, RE V A 851ff. 3. *Mommsen* RStR [3]1,300f. 4. *Strack* Reichsprägung z. Z. des Traian, 1931, 84ff. 141ff.

Congius. Röm. Hohlmaß für Flüssiges = $^1/_8$→ *amphora*, seinerseits 6 → *sextarii*, 12 → *heminae*, 24 → *quartarii*, 72 *cyathi* (→ Kyathos) enthaltend. Da die Amphora auf 80 röm. Pfund zu 327,45 g normiert war, wog der C. bei Wasser- (Wein-) Füllung 10 röm. Pfund oder 3,275 kg. Demgemäß trägt der sog. farnesische C. DESS. ILS 8628 die Angabe *p(ondo)* X u. faßt 3,265 l. → Chus. H. Ch.

F. Hultsch Metrologie^2 113 ff. 506 f. *H. Chantraine*, RE XXIV s. Quadrantal.

Consabura. Der Name ist vielleicht keltisch (HOLDER 1,1105) und hat sich, wie auch die Stadt, erhalten in dem h. Consuegra, s. von Toledo (CIL II p. 431. Font. Hisp. Ant. IV, Barc. 1937, 177). Geschichtlich hat sie nur einmal, 78 v. Chr., eine Rolle gespielt (Frontin. strateg. 4,5,19). Sonstige Zeugnisse: Plin. nat. 3,25. Ptol. 2,6,57. Itin. Anton. 446,6. Rav. Geogr. 313,15. CIL II 2166.4211. S. auch Encicl. Univ. Ilustr. 14,1361. R. G.

Consanguinei. Unter c. verstand man im röm. Recht zum Unterschied von den *uterini* die Geschwister mit einem gemeinsamen Vater. In klass. Zeit war die Frauenerbfolge dadurch beschränkt *(Voconia ratione)*, daß nur *c. ae*, das sind die vom gleichen Vater abstammenden Schwestern, berufen werden konnten (Gai. Inst. 3,14.23. 29). Nach dem SC Tertullianum aus der Zeit Hadrians (Inst. Iust. 3,3,2) wurde die Mutter, die das *ius trium vel quattuor liberorum* hatte, hinter den Brüdern (c.) in der Klasse *unde legitimi* des prätor. Rechts zur Erbfolge berufen. Waren Schwestern vorhanden, so mußte sie mit ihnen die Erbschaft teilen (Dig. 38,17. Inst. Iust. 3,3,3). Iustinian läßt die Mutter zur zivilen Erbfolge auch dann zu, wenn sie das *ius liberorum* nicht hatte; der c.us schließt sie wie früher vom Intestaterbrecht aus. Die Beschränkung der weiblichen Agnaten auf c.ae hebt Iustinian auf und stellt die Erbberechtigung der Frauen der der Männer gleich. F. R.

Nallino Raccolta di scritti editi e inediti 4, 1942, 467. *D'Ors* St. De Francisci 2, 1956, 451 ff. *Yaron* Tijdschr. 25, 1957, 389 ff.

Conscripti sind nach herrschender Lehre (vgl. zuletzt KUNKEL [3] und H. J. WOLFF [4]) die zum urspr. rein patriz. Senat *(patres)* »dazugeschriebenen« pleb. Senatoren. C. wird als substantiviertes Partizip verstanden, asyndetisch neben *patres* gesetzt. Nach derselben Lehre wären 2 der staatspolitisch wichtigsten Akte dem aristokrat. Senatsteil, den *patres* vorbehalten geblieben: die Bestätigung von Volksbeschlüssen (Gesetze, Beamtenwahlen) durch Erteilung der *auctoritas patrum*, sowie die interimistische Ausübung der Regierungsgewalt bei Tod oder Amtsniederlegung aller Imperiumsträger *(interregnum)*. Gegen diese Deutung machen jedoch v. LÜBTOW [2] und neuestens DULCKEIT-SCHWARZ [1] berechtigte Bedenken geltend. Eine so schroffe Betonung des Ständegegensatzes wäre, nachdem den Plebeiern einmal Sitz und Stimme im Senat eingeräumt worden war

(Mitte 4. Jh.), von diesen kaum hingenommen worden. C. wird eher als partizipiales Adjektiv gelesen werden müssen: *patres conscripti* sind die in die Senatsliste »eingeschriebenen« *patres*. Die Anrede des Senats als *patres conscripti* stammt aus der Zeit eines rein patriz. Senats, wird aber nach Aufnahme pleb. Senatoren nicht auf die patriz. Senatoren beschränkt, sondern als Bezeichnung des Gesamtsenats beibehalten. H. Ha.

1. *Dulckeit-Schwarz* Röm. Rechtsgesch., ^{3}1963, 81. 2. *U. v. Lübtow* Das röm. Volk, 1955, 145 f. 3. *W. Kunkel* Röm. Rechtsgesch., ^{3}1960, 16. 4. *H. J. Wolff*, Bullettino dell' Istituto di Diritto Romano 64, 1961, 3 f. 5. *A. Biscardi*, Bullettino dell'Istituto di Diritto Romano 48, 1941, 403 ff.

Consecratio. 1. Übergabe einer Sache an eine Gottheit unter Mitwirkung des Staates, der die Verpflichtung für Bewahrung und Instandhaltung übernimmt. Üblicherweise ist ein Pontifex als Sachverständiger (nicht Vertreter der Gottheit; anders MARQUARDT 270) beteiligt. Die Sache wird zur *res sacra* (der gelegentliche Gebrauch des Wortes c. für einen privaten Weiheakt ist unkorrekt; eine solche Sache wird nur *res religiosa*). Möglich ist c. nur *in agro Italico*. Der Akt selbst heißt → *dedicatio* (beide Bezeichnungen manchmal vertauscht). C. staatl. Eigentums ist den Beamten *cum imperio* kraft ihres Amtes möglich, sonst bedarf es eines Volksbeschlusses. Später übte der Kaiser das Recht aus; er kann es jedoch delegieren.

2. C. einer Person und deren Habe war einst die Loslösung (z. B. eines Frevlers gegen die *res publica*) von menschlichem Recht und Übereignung an die Gottheit (→ Ceres); nur noch in Verwünschungsformeln gebräuchlich (weshalb c. manchmal = Zauberformel). Bestehen blieb die *c. bonorum* als Folge eines Kapitalverbrechens. Sie ist auch Coercitionsakt des Volkstribunen.

3. Schließlich heißt c. die Übernahme eines Gottes unter die Staatsgötter; in der Kaiserzeit wird folgerichtig die Apotheose des Kaisers oder eines kaiserlichen Familienmitgliedes so bezeichnet. Diese c. steht seit alters dem Senat zu. Symbol kaiserlicher c. auf Mz. ist der Adler, bei Frauen der Pfau (da aus dem Scheiterhaufen des Augustus ein Adler aufgestiegen sein sollte, ließ man später immer einen auffliegen). Im Gegensatz zum Anfang wird es üblich, daß die c. sofort bei der Bestattung erfolgt (→ Apotheosis). W. E.

Marqu., RStV 3,269 ff. *Mommsen*, RStR 2,60.755 f. 817 f. 833.886; 3,734. *Ders.* RStrR 49 f. 900 ff.

Consensus. C. bezeichnet die den Vertrag tragende Einigung. Das Verhältnis zwischen dem psycholog. Vorgang des Sich-Einigens *(convenire)* und dem c. als Ergebnis solcher Einigung ist strittig. Sogar apsycholog. Charakter des c. wurde behauptet (WIEACKER). Demnach bestünde das Wesen des c. in der objektiven Konvergenz von Willenserklärungen. Insbesondere aus Dig. 2,14,13 (Pedius-Ulpian) geht aber hervor, daß die Klassiker den c. nicht stärker von der materialen Einigung abgehoben haben. Sie fordern auch beim Real-, Verbal- und Litteralkontrakt wirksame Einigung, beim Konsensualkontrakt begnügen sie sich mit dieser. Von den übrigen Rechtsinstituten steht die Ehe ganz im Zeichen des c.: *consensus facit nuptias* (Dig. 35,1,15) – der Ehewille, nicht der *concubitus* der Gatten begründet das matrimonium. Th. M.-M.

G. Grosso Il sistema rom. dei contratti, [3]1963, 53ff. *F. Wieacker* Societas, 1936, 80ff.

Consentes Dei (Partizip zu *con-sum*, später zu *consentire* und *consilium* gestellt). Zwölfgötterkreis, nach griech. Vorbild in Rom eingeführt (→ *lectisternium* im J. 217 [2. Pun. Krieg!]). Die Porticus Deorum Consentium, an der SW.-Ecke des Forums, wurde im 2. oder 3. Jh. erbaut, in Flavischer Zeit durch Neubau ersetzt, der im J. 367 n. Chr. von dem *praef. urbi* Vettius Praetextatus restauriert wurde, der auch die vergoldeten Bildsäulen der C. D. wieder aufstellte. Die porticus wurde 1834 ausgegraben und 1858 aufgerichtet. – C. D. spielen auch im etr. Fulguralsystem eine Rolle; sie sind da aber nicht die höchsten (verborgenen) sondern niedrigere Gottheiten, Berater Iuppiters in bestimmten Fällen. W. E.

Wissowa Rel.[2] 61; *Ders.* Myth. Lex. 1,922f. Thes. l. L. Onom. 2, 565. *Prell.-Jord.* 1,66ff. *Nash* 2,241.

Consentia (NISSEN It. Ldk. 2,931). KIRSTEN Vie di Magna Grecia, Neapel 1963, 150ff.). Hauptstadt der Bruttier (Strab. 5,256: *μητρόπολις*. Ptol. 3,1,74) an der Einmündung des Basentus in den Crathis, Station der v. Popilia (CIL I[2] 638. It. Ant. 105,4. 110,7. Tab. Peut. 7,1) der 3. Region (Plin. nat. 3,72), im 2. pun. Kriege hart umkämpft (Liv. 23,30,5. 25,1,2. 28,11,13. 29,38,1. 30,19,10. App. Hann. 56); Obst- (Varro rust. 1,7,6) und Weinbau (Plin. nat. 16,69). Der Name gehört zu dem von → Compsa und Cosilinum. In C. fanden Alexander von Epeiros (Strab. Liv. 8,24,14.16) 330 v. Chr. und Alarich (Iord. Get. 30) 410 n. Chr. ihr Grab; h. Cosenza. G. R.

Consentius. Aus Narbo, Inhaber der *cura palatii* unter Avitus (455/56 n. Chr.), Dichter und Freund des Sidonius Apollinaris; an ihn und über ihn Sidon. c. 23. M. F.

Considius. Ital. Eigenname, bezeugt seit dem 1. Jh. v. Chr., wenn man von dem (als hist. Gestalt verdächtigen) Volkstribunen von 476 (Nr. 4) absieht.

I. Republikanische Zeit: **1.** C. *quaesitor de vi* im Prozeß gegen M. Saufeius, Ascon. Mil. 55 C, vielleicht Praetor, vgl. BROUGHTON Mag. 2,237. 240,3. **2.** L. C. nach 83 in Capua, Cic. leg. agr. 2,92f. **3.** P. C. bewährte sich trotz vorhandener Kriegserfahrung 58 unter Caesar gegen die Helvetier nicht, Caes. Gall. 1,21,4. 22,2.4. **4.** Q. C., tr. pleb. 476. Nach späterer Tradition soll er mit seinem Collegen T. Genucius ein Ackergesetz beantragt und einen Prozeß gegen T. Menenius, den Consul des Vorjahres, angestrengt haben, Liv. 2,52. Dion. Hal. ant. 9,37,2. Ob jedoch auch nur der Name zum hist. Kern gehört (vgl. MÜNZER Aldelsp. 4) scheint mir zweifelhaft, vgl. RE VI A 2458f. **5.** Q. C., 74 Richter im Prozeß des → Albius Oppianicus (Nr. 4), im Verresprozeß 70 als Richter ausgeschlossen (Cic. Verr. 1,18). Er besaß großen Reichtum (Cic. Att. 1,12,1) und gewährte Darlehen, die er in der Krise von 63 nicht kündigte, wodurch er die Lage nicht weiter verschärfte und sich den Dank des Senats verdiente (Val. Max. 4,8,3). Als Senator (seit 74, BROUGHTON Mag. 2, 489) trat er 59 unerschrocken dem damaligen Consul → Caesar entgegen und klärte ihn über die Stimmung der Senatoren auf, Cic. Att. 2,24,4. Plut. Caes. 14,6. **6.** C. C. Longus, Praetor etwa 58 oder 52, anschließend Promagistrat in Africa (bis 50), bewarb sich 50 erfolglos um das Consulat (Cic. Lig. 2), ging 49 als Anhänger des Pompeius nach Africa, wo er als *legatus pro praetore* u. a. gegen Curio kämpfte (Caes. civ. 2,23,4), sich 46 in Hadrumetum und Acylla hielt, aber nach der Schlacht bei Thapsus von Gaetulern erschlagen wurde (Bell. Afr. 3,1.4,1ff. 93,1f.). **7.** C. C. Nonianus, Münzmeister um 63 (BROUGHTON Mag. 2,436). **8.** M. C. Nonianus, Praetor etwa 54 oder 50 (BROUGHTON Mag.), sollte 49 als Propraetor die Gallia Cisalpina von Caesar übernehmen, stand aber als Anhänger des Pompeius in Campanien, Cic. Att. 8,11 B,2; fam. 16,12,2. **9.** C. C. Paetus, Sohn von Nr. 6, Anhänger des Pompeius, 46 von Caesar begnadigt (Bell. Afr. 89,2), Münzmeister 45, BROUGHTON Mag. 2,436. H. G. G.

II. Kaiserzeit: **1.** Praetorier, der 31 n. Chr. den P. Pomponius Secundus wegen maiestas anklagte, Tac. ann. 5,8,1. **2.** C. Aequus, röm. Ritter, der im J. 21 den Praetor Magius Caecilianus fälschlich des Majestätsverbrechens bezichtigte und deshalb von Tiberius bestraft wurde, Tac. ann. 3,37,1. **3.** C. Proculus wurde von P. Pomponius Secundus im J. 33 wegen Majestätsverbrechen angeklagt (s. Nr. 1) und hingerichtet, seine Schwester Sancia verbannt, Tac. ann. 6,18,1. R. H.

Consilium. Das beratende Organ, das nicht unbedingt auf einen bestimmten Personenkreis beschränkt war, sondern oft je nach dem zu beratenden Gegenstand verschieden zusammentrat, nannte man im röm. Recht c. Sollte in der Familie eine Kapitalstrafe verhängt werden, so berief der *pater familias* ein c. ein (Val. Max. 5,9,1. Sen. clem. 1,15), an dessen Spruch er sich meistens hielt, da er sonst die Gefahr einer zensor. Rüge auf sich nahm (Cic. rep. 4,6).

Neben dem *c. principis* fungierte der Senat an der Seite des jeweiligen Imperiumträgers als *c. publicum* (Liv. 2,23,11. Cic. Sest. 42). Durch die Umwandlung dieses c. in einen Rat der ehemaligen Magistrate – anfänglich nur der Konsuln und Prätoren –, die auf Lebenszeit Senatsmitglieder waren, gewann das c. großen polit. Einfluß. – Die c. der einzelnen Magistrate bestanden, da die Beamten selbst oft nur Politiker waren, zumeist aus Rechtsgelehrten. Sie wurden bald über das Amtsjahr des jeweiligen Magistrates hinaus zur ständigen Einrichtung. So verfaßten Prätoren und Ädilen ihre Edikte unter der Mitwirkung eines c. von Fachjuristen, die auf diese Weise zu den eigentlichen Schöpfern des *ius honorarium* wurden. – Hadrian errichtete einen eigenen Staatsrat, in dem seit Commodus auch ritterliche *consiliarii* mit festem Gehalt angestellt waren. Dieses Organ wurde jedoch nur mehr in Rechtsfragen zu Rate gezogen und hatte weniger polit. Bedeutung. Seit Diokletian war der Einfluß der Juristen auch auf die Rechtsentwicklung nur mehr mittelbar durch ihre Tätigkeit im c. möglich. Dort jedoch waren regelmäßig die bedeutendsten vertreten. – Neben diesen Begriffen wurde c. noch als Bezeichnung für eine Art Gemeinderat verwendet. F. R.

Last AnPal. 15, 1936, 253ff. *Orestano* Il potere normativo degli imperatori, 1937, 51. *Volterra* Riv. ital. per le scienze giurdiche 85, 1948, 112ff. *J. Grook* Consilium principis, 1955.

Consistere. Bedeutet neben anderem (vgl. HEUMANN-SECKEL s. v.) technisch den von der *origo* zu unterscheidenden Aufenthaltsort einer Person und besonders die Niederlassung eines Händlers: Ulp. Dig. 5,1,19,2 *at si quo constitit, non dico iure domicilii, sed tabernulam pergulam horreum armarium officinam conduxit ibique distraxit egit.* Dort ist dann ein Gerichtsstand begründet. C. bedeutet also mehr als den ständigen Wohnort *(domicilium)*; zudem wird es auch in bezug auf Vereine gesagt. Als *Consistentes* treten in vielen Inschriften (LUDWIG MITTEIS Reichsrecht und Volksrecht, 1891, 144f.) vor allem die in den Provinzstädten lebenden röm. Gewerbetreibenden auf, die sich oft zusammenschließen (→ conventus). D. M.

Consistorium. Der Kronrat des Kaisers. Der Name (seit Diokletian, vgl. die inscriptio von Cod. Iust. 9,47,12) stammt vielleicht daher, daß die Ratsmitglieder den sitzenden Kaiser umstehen (Cod. Theod. 11,39,5). Vorläufer des c. ist das zunächst nur locker organisierte, seit Augustus bestehende *consilium principis*, dem anfangs nur Senatoren, später auch Ritter angehörten (WOLFGANG KUNKEL Herkunft und soziale Stellung der röm. Jur., 1952, 296ff.). In der Dominatszeit entsteht daraus das c. als Versammlung höchster Reichsbeamter (speziell der *comites consistoriani*) unter Vorsitz des Kaisers zur Beratung der wichtigsten Fragen. Es heißt auch *sacrum c.*, *sacrarium* oder *θεῖον συνέδριον*. Ständige Mitglieder sind der *magister officiorum* (Vorsteher der kaiserlichen Kanzleien), der *quaestor sacri palatii* (hoher Justizbeamter), der *comes sacrarum largitionum* (Schatzmeister), der *comes rerum privatarum* (Verwalter des kaiserlichen Vermögens) und noch andere, niedere Beamte; dazu kommen nichtständige Mitglieder. Sie alle genießen bestimmte Vorrechte (Cod. Iust. 12,10). Im c. haben sie aber nur beratende Funktion; die Entscheidung trifft der Kaiser (Nov. Iust. 62,1). Auch der Geschäftskreis des c. wird vom Kaiser nach seinem Gutdünken bestimmt; häufig ist die Beratung von Gesetzen und Urteilen. D. M.

1. *Karlowa* 1,848ff. 2. *Max Kaser* Röm. Rechtsgesch., 1950, 189f.

Consolatio ad Liviam. Ein aus 237 elegischen Distichen bestehendes Gedicht auf den Tod des Drusus (9 v. Chr.); es gliedert sich in einen threnetischen (1–328) und einen paramythetischen Teil (329–474) und ist der in der Konsolationslit. gebräuchlichen Topik stark verpflichtet; s. [4]. Die Hss. bezeichnen es fälschlich als Werk des Ovid; es ist von mittelmäßiger Qualität und wird von Ovid selbst nirgends erwähnt (vor allem nicht in der Aufzählung eigener Werke trist. 2,547ff.). Die Situation des Gedichtes, das sich bald nach dem Tod des Sohnes an Livia wendet, läßt gleichzeitige Entstehung vermuten. Indes gilt wegen zahlreicher Berührungen nicht nur mit früheren ovidischen Werken, sondern auch mit den Tristien und den Briefen ex Ponto vielfach das J. 13 n. Chr. als terminus post quem. Andere behaupten sogar Abhängigkeit von den Trostschriften Senecas; s. [3]. Die Identität des Vf. mit dem Dichter der pseudovergilischen Maecenas-Elegien ist oft befürwortet, aber auch mit guten Gründen bestritten worden; s. [2.3.5]. Überlieferung: Ovid- und Miszellanhss. des 15. und 16. Jh. M. F.

Erstausg. Rom 1471 (Werke des Ovid). Ta.: PLM *Baehrens* 1, S. 97ff. *Vollmer* 2,2, S. 15ff. *Witlox* C. ad L., Diss. Groningen 1934 (mit Kommentar). *Baligan* Appendix Ovidiana, 1955, 93ff. 1. *Schanz-Hos.* 2, ^{4}1935, 254ff. 2. *A. Copray* C. ad L., Eleg. in Maec., Diss. Nymwegen 1940. 3. *E. Bickel* RhM 93, 1950, 193ff. 4. *R. Kassel* Unt. zur griech. und röm. Konsolationslit., Zet. 18, 1958, 43. 5. *K. Büchner* RE VIII A 1168f.

Constans. 1. C., jüngster Sohn Constantins d. Gr. und der Fausta, * 320, wurde 335 Caesar und am 9. Sept. 337 Augustus. Als Verwaltungssprengel hatte C. 335 Afrika, Italien und Illyricum erhalten (Eus. vita Const. 4,51; epit. de Caes. 41, 20). Nach 337 setzte sich C. bald gegen den die Vormundschaft beanspruchenden Bruder → Constantin II., der schließlich 340 bei Aquileia besiegt wurde, durch (Zon. 13,5. Eutr. 10,9). C., dem nun auch noch der W. des Reiches zufiel, unternahm zahlreiche Reisen durch sein Herrschaftsgebiet (Zon. a. O. Athanas. apol. ad Const. 3f. u. a.); 341/342 bekämpfte er mit Erfolg die Franken (Sokr. 2,10. Liban. or. 59,127f.). C., schon bald getauft, beschenkte die Kirchen und begünstigte den Klerus (Athan. a. O. 7. Cod. Theod. 16,2,8). Er ging gegen Heiden (Cod. Theod. 16,10,2f.) und Juden vor (Cod. Theod. 16,8,1.6. 9,2, vgl. SEECK Reg. 187). Im arian. Glaubensstreit nahm C. Partei für Athanasius, was bes. anläßlich des Konzils von Serdica im J. 343 deutlich wurde (Athan. a. O. 2–5. Sokr. 2,20.22. Soz. 3,20. Philostorg. 3,12). Seinem

Bemühen um die Einheit der Kirche entsprach es, wenn C. seit 347 in Afrika hart gegen die Donatisten vorging (Optatus Mil. 3,3. MANSI 3,144), ohne freilich deren Widerstand völlig brechen zu können (W. FREND The Donatist Church, 1952, 169ff.). Strenge gegenüber den Soldaten, harte Finanzpolitik und Ausschweifungen führten dazu, daß der anfangs beliebte C. durch die Erhebung des → Magnentius (am 18. Januar 350 in Autun) gestürzt wurde. Auf der Flucht wurde C. am N.-Rand der Pyrenäen von → Gaiso eingeholt und getötet (Zos. 2,41 f. Zon. 13,5f. Aur. Vict. de Caes. 41,23f.).

K. Kraft Jb. für Numism. und Geldgesch. 9, 1958, 141ff. *J. Moreau* Jb. für Ant. und Christ. 2, 1959, 179ff. *Stein* 1^2,131ff.

2. C. sollte im J. 409 für den Usurpator Attalus Afrika erobern, wurde aber dort durch den comes Africae Heraclianus getötet (Zos. 6,7,6.9,1. Soz. 9,8). **3.** C., Sohn des Usurpators → Constantin III, anfangs Mönch, im J. 408 zum Caesar erhoben, eroberte Spanien für seinen Vater. 409 an den Hof berufen, übertrug er den Oberbefehl → Gerontius und den Schutz der Pyrenäenpässe der barbarischen Hilfstruppe der Honoriaci. Die Hon. begünstigten bald darauf das Eindringen von Germanen. 410 zum Augustus erhoben, wollte C. wieder nach Spanien, wurde aber von Gerontius geschlagen, nach Gallien verfolgt und in Vienna ermordet (Oros. 7,40,7ff. 42,4. Olymp. frg. 16. Zos. 6,4f.). Mz.: COHEN emp. VIII^2 200. **4.** C., 412 mag. mil. per Thracias, 414 Consul in Constantinopel (Cod. Theod. 7,17. Olymp. frg. 23). A. L.

Constantia. 1. Flavia Iulia Constantia (DESS. ILS 711), Tochter von Kaiser Constantius I. und Theodora (Eutr. 9,22), Stiefschwester Constantins d. Gr.; C. wurde 313 mit Licinius verheiratet (Lact. de mort. pers. 43.45. Zos. 2,17). In ihrer Residenz Nikomedia wurde C. durch den Einfluß des Bischofs → Eusebios von N. Anhängerin des Arius (Hier. epist. 133,4. Soz. 1,15). Nach der Niederlage des Licinius bei Chrysopolis im J, 324 vermittelte C. ihrem Gemahl den Frieden mit Constantin (exc. Vales. 5,28. Zon. 13,1). Auf dem Konzil von Nicaea versuchte C. arian. Freunde zur Annahme der Bekenntnisformel zu bewegen (Philostorg. 1,9). Bis zu ihrem Tode (um 330; bald nach dem Tode Helenas) blieb C., als *nobilissima femina*, von bedeutendem Einfluß. Constantin ließ Gedenkmünzen prägen (Bronzesesterz bei R. DELBRÜCK Spätant. Kaiserporträts 1933, T. 11) und benannte die Stadt Maiuma (Hafen von Gaza) nach C. (Eus. vita 4,38; anders Soz. 5,3). – Zum Porträt vgl. auch das Medaillon von Nantes mit Constantin I., Helena, Constantin II., Constans und C. (J. LAFAURIE Rev. numism. 17, 1955, 227ff.), ferner DELBRÜCK a.O. 170f. **2.** C. (diese Namensform ist besser als Constantina), * ca. 320, Tochter Constantins d. Gr. und der Fausta, war um 335 ihrem Vetter → Hannibalianus (ermordet 337) vermählt worden und hatte den Titel Augusta erhalten. Im J. 350, nach der Usurpation des → Magnentius, bewog C. in Sirmium Vetranio, den Purpur zu nehmen (Philostorg. 3,22). 351 heiratete sie den zum Caesar ernannten → Gallus (Artemii passio 12). C. – *Megaera quaedam mortalis* (Amm. 14,1,2) – galt als Haupturheberin der Schandtaten des Gallus in Antiochia. Auf der Reise zu ihrem Bruder Constantius II. nach Italien starb C. 354 in Bithynien (Amm. 14,11,6. Zon. 13,9). Beigesetzt wurde C. in dem um 350 errichteten Rundbau an der Via Nomentana – h. S. Costanza – bei Rom (FR. W. DEICHMANN Frühchristliche Kirchen in Rom, 1948, 25ff. Abb. 5ff.); der Porphyrsarkophag (mit Eroten bei der Weinlese) ist h. im Vatikan (G. LIPPOLD Die Skulpturen des Vatican. Mus. III 1, 1936, 165ff.). **3.** C., Tochter Constantius' II., *361/62 wurde im J. 374 zur Vermählung mit Kaiser Gratian nach Gallien geschickt (Amm. 21,15,6. 29,6,7). † vor 383 (im J. 383 heiratete Gratian nochmals) und wurde in Constantinopel begraben (Chron. min. 1,244). A. L.

Constantianus. 1. Bruder der Kaiserin Iustina, nahm 363 am Perserfeldzug Iulians teil, wurde um 370 (als tribunus stabuli) in Gallien erschlagen (Amm. 23,2,9. 28,2,10). **2.** Comes sacri stabuli, vertrieb im J. 536 die Goten aus Dalmatien (Prok. 5,7,26ff.), kam 540 nach Ravenna (Prok. 6,30). Nach Totilas Wahl zum König nahm C. am erfolglosen Zug der Römer gegen Verona teil (Prok. 7,3). Nachdem er dem Kaiser erklärt hatte, den Gotenkrieg nicht mehr erfolgreich weiterführen zu können (Prok. 7,9), kehrte C. nach Konstantinopel zurück. 549 kämpfte er gegen die Gepiden, 551 war er an der Niederlage gegen die Sklavinen beteiligt (Prok. 7,34 und 40,34ff.). A. L.

Constantine s. Cirta

Constantinopolis (s.a. Byzantion). Der geläufigste Name der von Konstantin d. Gr. gegründeten Hauptstadt des oström. Reiches. Dank seiner unvergleichlichen Lage am Eingang des Pontos Euxeinos und an der Grenze zwischen Orient und Okzident hat C. (wie vorher auch Byzantion) eine sehr wichtige Rolle wie im wirtschaftlichen so auch im kulturellen und politischen Leben des Altertums gespielt. In der Krisenzeit am Anfang des 3. Jh. n. Chr. besonders z. Z. der Kämpfe, die Septimius Severus gegen andere Thronbewerber zu bestehen hatte, wurde C. nach dem Sieg des Severus streng gemaßregelt, weil es die Partei des Pescennius Niger ergriffen hatte (196). Im J. 324 hat Crispus (der Sohn Konstantins d. Gr. aus 1. Ehe) einen entscheidenden Sieg über die Streitkräfte des Licinius erfochten. Es kann kaum ein Zufall sein, daß Konstantin, der um diese Zeit auf der Suche einer neuen Hauptstadt war, eben Byzantion dazu erkoren hat. Die Bauarbeiten zur Errichtung des »neuen Rom« wurden bereits im J. 324 begonnen, aber sie konnten erst 330 zum Abschluß gebracht werden. Die neue Hauptstadt (der ö. Reichshälfte) war mit Baudenkmälern prächtig ausgestattet. Ebenso große Sorgfalt wurde den Vorstadtvierteln (*προάστεια*) zuteil.

Der hier neugeschaffene Senat sollte den in Rom mattsetzen. Das Heidentum war in der neuen Hauptstadt lediglich toleriert, da die Politik ihres Gründers zum Hauptzweck hatte, in C. eine christliche Metropole zu gründen. Die Rolle, die man C. auch als Verwaltungszentrum zudachte, tritt in der damaligen Reichsprägung besonders klar zum Vorschein. Auf den zeitgenössischen Münzen wird die »Tyche Anthusa« (die blühende Tyche) von C. neben der von Rom öfters dargestellt. Spezielle Prägungen von Münzen aus C., auf deren Rs. die Victoria auf einem Schiffsvorderteil oder die capitolinische Wölfin mit den Zwillingen dargestellt sind, sollten die alte und die neue Reichshauptstadt nebeneinander verherrlichen. Während aber das weström. Reich dem unaufhaltsamen Niedergang verfallen war, stieg die Bedeutung der Hauptstadt des O.-Reiches immer mehr. Trotz allen Wechselfällen des Lebens, denen das O.-Reich ausgesetzt war (z.B. die Überfälle der Bulgaren und Slawen), prallten alle diese Schläge jahrhundertelang an der Festungsmauer von C. zurück. Erst als die Venezianer und Genuesen allmählich die ehemalige Handelssuprematie von C. untergruben, wurde auch ihr politischer Niedergang unaufhaltsam beschleunigt.

Obwohl der grundsätzlich christliche Charakter von C. nicht zu leugnen ist (er kommt übrigens auch auf den Baudenkmälern und der Münzprägung stark zum Ausdruck), konnte der Patriarch von C. nie die Rolle des Papstes (in Rom) spielen. Er hatte sich stets mit einer Stellung im Schatten des Kaisers zu begnügen.

In C. zählte man 7 Hügel und 14 Regionen auf. Die Befestigungsanlagen von C. sind durch die starke doppelte Festungsmauer charakterisiert. Von den zahlreichen Vorstadtvierteln von C. seien hier nur Chrysokeras und Sykai erwähnt. Eine der Hauptverkehrsadern in der Stadt war die Mesosstraße. Von den öffentlichen Bauten, die auch im politischen Leben eine wichtige Rolle spielten, ist an 1. Stelle der Hippodromos zu erwähnen. Er diente zur Abhaltung von Pferderennen und auch von politischen Demonstrationen. Von den Kirchenbauten waren besonders berühmt *Ἡ ἁγία Σοφία*, die in der Zeit Justinians I. im J. 532 erbaut wurde; ferner sind *οἱ Ἅγιοι Ἀπόστολοι* und die *Ἁγία Θεοτόκος τῶν Βλαχερνῶν* zu erwähnen.

Die Bevölkerung von C. (mit einem betonten Überwiegen des griechischsprachigen Elementes), betrug in späteren Jahrhunderten mehr als 500000 Menschenseelen. Als Mittelpunkt eines Staates (wie das spätröm. Reich), der an 1. Stelle in wirtschaftlicher, kultureller und politischer Hinsicht bestand, war C. besonders geeignet, eine überaus große Rolle in der Entwicklung aller Nachbarländer und Völker zu spielen, vor allem in der der Balkanslawen. Chr. D.

R. Janin Constantinople Byzantine, Paris 1950. *E. Gren* Kleinasien und der Ostbalkan in der röm. Kaiserzeit, Uppsala-Lpz. 1941, 156–164. *Ch. Diehl* Constantinople, Paris 1924. *V. Schultze* Altchr. Städte, 1, passim. *E. Gren* Zu den Legenden von der Gründung Konstantinopels, Eranos, Uppsala, 45, 1947, 153–164. *L.B.Moss* the History of the Byzant. Empire, Sammelwerk Byzantium, An introd. to east Rom. civil., hg. von *Baynes* and *Moss* 1–33. (Oxf. 1961); D.J. *Georgakas* The names of C., TAPhA 78, 1947, 347ff. A. *Erzen* über die Gründung u. den Namen der Stadt Istanbul, Akten des XI. Internat. Byzantinistenkongr., Münch. 1958, 144–149.

Constantinus. 1. C. d. Gr., röm. Kaiser, * ca. 280, † 337. – a) Quellen: Sehr wichtig ist die sog. Vita Constantini (= VC; Ausg.: I.A. Heikl, GCS 7, 1902). Die Autorschaft → des Eusebios von Caesarea und die Entstehungszeit der panegyrisch gefärbten VC waren lange sehr umstritten, doch spricht immer mehr dafür, daß sie um 337 von Eusebios verfaßt wurde und bes. die eingelegten Urkunden echt sind (vgl. Fr. Vittinghoff, RhM 96, 1953. F. Winkelmann, Klio 40, 1962, 187ff.); für spätere Entstehung bzw. starke Interpolation: H. Gregoire, Byzantion 13, 1938, 561ff., F. Scheidweiler, ByzZ 49, 1956, 1ff.; übertriebenes Vertrauen zur VC z.B. bei P. Franci de Cavalieri, Studi e Testi 171, 1953, 17ff. Hauptquellen sind ferner: Lact. de mort. pers.; Euseb. hist. eccl. 8–10; Paneg. Lat. 6–10. Zos. 2,7–39 (heidnisch; gegen C.)

b) Vita: Bald nach 280 wurde C. als Sohn des → Constantius (Nr. 1) und der → Helena am 27. Februar in Naissus geb. C. wuchs am Hof Diokletians auf. Als dieser abdankte (1. Mai 305), kehrte C. zu seinem Vater zurück. Nach Constantius' Tod in Eboracum (York) wurde C. am 25. Juli 306 vom Heer zum Augustus ausgerufen. Er festigte nun seine Stellung in Britannien und Gallien und verstärkte seine Armee. C., seit 307 mit → Fausta, der Tochter → Maximians (Herculius), vermählt, ließ sich von Maximian nicht zu an den Realitäten der Machtverteilung vorbeigehenden Unternehmen gegen andere Mitherrscher hinreißen. Nach Maximians Tod im J. 310 wandte sich C., der nun Spanien besetzte (Stein I² 87), von den Herculiern ab: an Stelle des Hercules wurde Sol Invictus zum Schutzgott C.s (Mz. mit *Soli Invicto*). 311 einigte sich C. mit → Licinius und konnte daher gegen Maxentius vorgehen, den er am 28. Oktober 312 an der milvischen Brücke vor den Toren Roms besiegte (Lact. de mort. pers. 44; Paneg. 9,17. Zos. 2,15f. u.a.). Hist. Kern der zeitgenössischen Legenden um die Vision des Kaisers vor der Schlacht (Lact. a.O.; VC 1,26ff.) ist wohl, daß sich C. nun von der stärkeren Segenskraft des Christengottes überzeugt fühlte. Das Unterlassen des Ganges auf das Capitol nach dem Einzug in Rom (dazu Straub, Hist. 4, 1955, 297ff.) und christenfreundliche Maßnahmen von 312/13 sind gewichtige Indizien dafür, daß C., der schon vorher den Christen keine Schwierigkeiten bereitet hatte, 312 die Wendung zum Christentum vollzog. Dagegen spricht auch nicht die Fortdauer der Solprägungen (bis 322). C., jetzt auch Herr über Italien und Afrika, bekräftigte den Bund mit Licinius durch Verheiratung seiner Schwester → Constantia (Nr. 1), geriet aber doch bald in Konflikt mit ihm (wahrscheinlich 316 [HABICHT H 86, 1958, 360ff.] nicht schon 314). C. siegte bei Cibalae und gewann Illyricum. Am 1.3.317 wurden C.' Söhne Constantin (Nr. 2) und Crispus und Licinius' Bastard Licinius Caesares. Vor allem Licinius' Schikanen gegen die Christen (Eus. hist. eccl. 18,8.10ff.) – seit 320 – gaben C., der von 317 an meist in Serdica residierte, Anlaß, den Kampf erneut aufzunehmen. Mit den Siegen bei Adrianopel und Chrysopolis errang C. im J. 324 die Alleinherrschaft (Zos. 2,21 ff.; exc. Vales. 23ff.). Seine Mutter Helena, die schon seit 306 bedeutsamen Einfluß ausübte, erhielt nun den Augustanamen.

Stand für 325 das am 20. Mai durch C. eröffnete Konzil von Nicaea (VC 3,10ff.; VOGT in RAChr 3,338f.) im Mittelpunkt, so wurde das Jahr 326 durch die Hinrichtungen an Crispus und Fausta überschattet (Amm. 14,11,20. Zos. 2,29; epit. de Caes. 41,11 f.). 326 wurde Byzanz als → Constantinopolis neugegründet, 330 diese neue Reichshauptstadt eingeweiht. 332 wurden an der unteren Donau die Goten (vgl. Constantinus Nr. 2), 334 die Sarmaten besiegt; 300000 Sarmaten – die Zahl ist übertrieben – sollen in das Reichsgebiet umgesiedelt worden sein (exc. Vales. 31 ff.). Neben den Söhnen Constantinus, Constantius und Constans erhob C. 335 noch den Neffen Dalmatius zum Caesar und unterstellte jedem Caesar einen Sprengel des Reiches. Auf dem Weg zum Krieg gegen den Perserkönig Schapur (Sapor II.) erkrankte C. Ostern 337; Pfingsten 337 starb er, nachdem er noch kurz zuvor die Taufe empfangen hatte, bei Nikomedia (VC 4,61 ff.). Beigesetzt wurde C. in der Apostelkirche zu Constantinopel (VC 4,66ff. A. KANIUTH Die Beisetzung C.' d. Gr., 1941. VOGT H 81, 1953, 111 ff.).

c) C. als Herrscher: C., nach chr. und heidnischer Vorstellung Kaiser von Gottes Gnaden (vgl. W. ENSSLIN Gottkaiser und Kaiser von Gottes Gnaden, 1943, 53ff.), fühlte sich auch nach seiner Hinwendung zum Christentum als ἐπίσκοπος τῶν ἐκτός (VC 4,24; dazu STRAUB in Studia Patristica 1, 1957, 678ff.) für Christen und Heiden gleich verantwortlich. C. begünstigte daher zwar die Kirche (z. B. Cod. Theod. 16,2,1.4), verlieh Gesetzen chr. Prägung (vgl. A. EHRHARDT, ZRG Rom. Abt. 72, 1955, 127ff.), förderte den chr. Einfluß im öffentlichen Leben oder drängte heidnisches Brauchtum zurück, doch vermied er es, gegenüber der immer noch vorwiegend heidnischen Reichsbevölkerung Zwang anzuwenden

(vgl. VC 1,24) und sie so zur Staatsfeindschaft zu treiben. Seinem Bemühen, im Bund mit der dem Staatsganzen eingegliederten Kirche (durch Eingliederung der Bischöfe in die allg. Rangordnung, Teilnahme der Bischöfe an der Gerichtsbarkeit, Anpassung der Kirchenverfassung an die Provinzeinteilung usw.) das Reich innerlich zu festigen und zu erneuern (vgl. Constantins Brief bei VC 2,65), standen von Beginn an mit regionalen und völkischen Gegensätzen belastete innerkirchliche Streitigkeiten (→ Arianismus; → Donatus) im Wege. Erschwerend wurde, daß C. mit den komplizierten theolog. Fragen nur wenig vertraut war und sich daher allzuleicht beeinflussen ließ, sei es durch Bischöfe wie Eusebios von Nicaea oder Eusebios von Caesarea, sei es durch Damen des Hofes wie die Mutter Helena oder die Stiefschwester Constantia. C. wirkte auf religiösem Gebiet revolutionär und scheute auch sonst vor Neuerungen nicht zurück, doch setzte er bei der Reorganisation des Reiches im wesentlichen nur das Reformwerk fort, das entscheidend durch Diocletianus (s. ENSSLIN, RE VII A 2419ff.) geprägt worden war. Vollendet wurde unter C. die seit Mitte des 3. Jh. angebahnte Trennung der militär. von der zivilen Gewalt. Entscheidend gefördert wurde die Scheidung zwischen Grenztruppen *(limitanei)* und Feldarmee *(comitatenses;* an der Spitze 2 Heermeister, *mag. equitum* bzw. *peditum)*, ebenso das Vordringen des german. Elementes in der Armee. Weiter ausgestaltet hat C. schließlich unter anderem die strenge Rangordnung am Hofe und die Neugliederung des Reiches: um 337 gab es die 4 Praefekturen Oriens, Illyricum, Italia und Gallia, unterteilt in 14 Diözesen und 117 Provinzen. In den Bereich innerer Neugestaltung gehört auch etwa die von C. angeregte umfangreiche Bautätigkeit (bes. Kirchen), nicht nur in Constantinopel, sondern auch z. B. in Rom, Palästina oder Trier. Außenpolitisch gelang es C., durch erfolgreiche Kämpfe gegen Franken, Alamannen, Goten und Sarmaten die Grenzen des Reiches zu verteidigen und neu zu festigen, doch konnte er die ständige Bedrohung nicht beseitigen.

Der Verklärung C.' durch Eusebios von Caesarea steht vernichtende Kritik etwa J. BURCKHARDTS, gegenüber. Kritik an einzelnen Maßnahmen und Eigenschaften C.', ja selbst an dem ganzen von ihm fortgesetzten Reformwerk, ist berechtigt, doch darf der von seinem Sendungsbewußtsein durchdrungene Herrscher als einer der Großen der Weltgeschichte gelten, als »ein gewaltiger Mann, der sich daran machte, alles zu verwirklichen, was er sich im Geist vorgesetzt hatte« (Eutrop. 10,5).

K. Aland Stud. Patrist., 1957 (Forschungsber.); *A. Alföldi* The Conversion of C. and Pagan Rome 1948. *M. R. Alföldi* Die Constantinische Goldprägung, 1963. *J. Burckhardt* Die Zeit C.' d. Gr., 1853 (versch. Neudrucke). *S. Calderone* Costantino Bd. I, 1962. *H. Doerries* Das Selbstzeugnis Kaiser Konstantins. *Ders.* Konstantin d. Gr., 1958. *J. Gaudemet* L'Église dans l'Empire Romain (IVe–Ve siècle), 1958. *E.L. Grasmück* Coercitio (Staat und Kirche im Donatistenstreit), 1964. *H. Kraft* Kaiser Konstantins rel. Entwicklung, 1955. *H. Lietzmann* Der Glaube Konstantins d. Gr., SPrAW 1937. *S. Mazzarino* Aspetti sociali del quarto secolo, 1951. *A. Piganiol* L'empereur C., 1932. – *J. Straub* Vom Herrscherideal in der Spätant., 1939. *D. van Berchem* L'armée de Dioclétien et la réforme constantinienne, 1952. *J. Vogt* C. d. Gr., ^{2}1960. *Ders.* Art. C. in RAChr. 3, 1957.

2. C. II., röm. Kaiser, Sohn Constantins d. Gr., * 316 (317?) in Arelate, † 340 bei Aquileia. C. seit 317 Caesar, schlug im J. 332 an der unteren Donau die Goten (Chron. Min. 1,234; exc. Vales. 31). 335 wurde ihm die gall. Praefektur (Gallien, Britannien, Spanien) unterstellt, er residierte in Trier (exc. Vales. 35; Athanas. apol. c. Ar. 87). Der Versuch, als Augustus (seit 337) eine Art Vormundschaft über seinen Bruder → Constans (Nr. 1) auszuüben, scheiterte bald (vgl. A. Piganiol Hist. Romaine IV 2, 1947, 75). Im Bestreben, Italien und Afrika an sich zu reißen, marschierte C. im J. 340 in Italien ein. Anfang April fiel er im Kampf gegen die Vorhuten des Constans (Zon. 13,5. Zos. 2,41, epit. de Caes. 41,20 f.). Lit.: Moreau im Jb. f. Ant. und Christent. 2, 1959, 160 f. **3.** C. III. wurde 407 vom Heer in Britannien zum Augustus erhoben und auch in Gallien anerkannt. C. zwang den von Stilicho gegen ihn entsandten Goten Sarus zum Rückzug und besiegte german. Invasoren (Zos. 6,2 f., Oros. 7,40,4). Spanien ließ C. im J. 408 durch seinen Sohn Constans (Nr. 3) erobern. Honorius erkannte C. in der Notlage von 409 an, schickte aber 411 → Constantius (Nr. 6) und Ulfilas gegen ihn. Nach der Niederlage seines Feldherrn → Edobicus kapitulierte C. in seiner Residenz Arelate. Honorius ließ ihn töten (Soz. 9,13 bis 15. Olympiodor frg. 16. Greg. Tur. 2,9). Mz.: Cohen emp. VIII^{2} 198; Lit. Stein I^{2},251 ff. **4.** C., Consul 457, Patricius, praef. praet. 447, 456 und 459, baute 447 die durch Erdbeben zerstörten Mauern von Constantinopel wieder auf (Dess. ILS 823) und ging 464 als Gesandter zum Perserkönig (Priskos frg. 31–33). **5.** C., Thraker, diente unter Belisar und zeichnete sich 535–537 im Kampf gegen die Goten in Italien aus. Nach einem Attentatsversuch auf Belisar (537/38) ließ dieser ihn verhaften und umbringen (Prok. 5,5. 5,16 f. 6,1 und 8; anecd. 1,24 f.). **6.** C. VII. (*Κωνσταντῖνος Πορφυρογέννητος*), byz. Kaiser 912–959, als Staatsmann schwach (dazu G. Ostrogorsky Gesch. des byz. Staates^{2}, 1952, 224 ff.), förderte in hohem Maß die Wissenschaften. Von C. selbst stammen auch für die Kenntnis früherer (bes. des 6.) Jh. wichtige Werke wie das HB. zum Zeremonienwesen am byz. Hof (de caeremoniis), 2 B. über die Verteilung der Heere in den Provinzen mit geograph. und statist. Angaben (de thematibus) und eine Schrift über die Staatsverwaltung (de administrando imperio). Ohne persönliche Mitwirkung entstanden auf sein Geheiß noch Sammelwerke verschiedener Art: die Basiliken, das unter Basilius I. begonnene Gesetzbuch, die Auszüge aus älteren Werken über Landwirtschaft (Geoponika) und Tierarzneikunde (Hippiatrika), die hist. Exzerptensammlung (53 B., davon 4 erhalten), in welcher bedeutsame Reste sonst verlorener Bücher ant. Historiker erhalten sind (wichtig für Pol., Diod., Cass. Dio u. a.). A. L.

Ta.: Excerpta (*De Boor, Büttner-Wobst* u. a., 1903 ff.); de admin. imp. (mit Komm.: *Moravcsik-Jenkins*, 2 Bde. 1949/1962); de caerim. (*Reiske* 1829/30; mit Komm. – noch nicht vollendet – *A. Vogt-R. Guilland* 1940 ff.); de themat. (*Pertusi* 1952). Lit.: *G. Moravcsik* Byzantinoturcica I^{2}, 1958, 356 ff.

Constantius. 1. C. I., röm. Kaiser 293–306, * ca. 250, war von niedriger Herkunft; erst nach 306 konstruierte man die Verwandtschaft mit Kaiser Claudius Gothicus (Paneg. 8,2. Eus. h. e. 10,8, 4. HA Claudius 13,2). C. war vermutlich tribunus, als ihm die Gastwirtin Helena ca. 280 in Naissus → Constantinus (Nr. 1) gebar. Spätestens 289 heiratete er Theodora, die Stieftochter Maximinians; von ihr 3 Kinder, Dalmatius, Constantius (Nr. 3), Constantia (Nr. 1). Am 1. März 293 wurde C. von Maximinian adoptiert – daher Herculius – und zum Caesar ernannt. Er verwaltete Gallien und Britannien, errang zahlreiche Siege über Usurpatoren in Britannien, Franken (Paneg. 5,7 ff.), Alamannen, Picten und Scoten. 305 wurde C. Augustus, 306 starb er nach einem Sieg über die Picten in Eboracum (Paneg. 7,7. Exc. Vales. 4). C., dessen maßvolle Steuerpolitik und Milde gelobt wurden (Eutr. 10,1), zeigte sich monotheistisch beeinflußt, ohne jedoch Christ zu sein (tendenziös Eus., v. Const. 1,13 ff.). Von 303 an scheint es in seinem Bereich zwar zum Abbruch von Kirchen gekommen zu sein (Lact. mort. pers. 15,7), doch ließ C. andere Verfolgungsedikte Diokletians offenbar nicht durchführen.

Stein I^{2},67 ff. *Moreau* Jb für Ant. und Christent. 1, 1959, 158/60.

2. Flavius Iulius C. II., röm. Kaiser, * 7. August 317 als Sohn Constantins d. Gr. und der Fausta, Caesar seit 324, Augustus von 337 (9. 9.) bis 361. Gegen Iulian (epist. ad Athen. 270 C), Zos. (2,40) u. a. hat C., Herr der praefectura Orientis, den Massenmord an den Verwandten – nach dem Tod des Vaters in Constantinopel – nicht angestiftet, aber doch geduldet (Eutr. 10,9). Der 338 ausgebrochene und über 12 J. ergebnislos geführte Krieg gegen die Perser (Iul. or. 1/2. Liban. or. 1 und 3. Zon. 13,7) fesselte C. und zwang ihn hinzunehmen, daß Constans die Herrschaft über das übrige Reichsgebiet gewann, ebenso, daß der W. im J. 350 Magnentius, der sich gegen Constans erhoben und durchgesetzt hatte, zufiel. Am 22. September 351 siegte C. in der Schlacht bei Mursa (Pannonien), durch welche die Wehrkraft des Reiches empfindlich geschwächt wurde, über Magnentius (Eutr. 10,12. Zon. 13,8. Zos. 2,50f.), der sich aber dann noch bis Sommer 353 (zuletzt nur in Gallien) hielt.

Die Zeit der Alleinherrschaft, in der sich C. immer mißtrauischer und despotischer zeigte (Quellen meist tendenziös gegen C.), war zunächst getrübt durch das Zerwürfnis mit Gallus (= Constantius Nr. 5). Ferner mußten die gegen Magnentius zu Hilfe gerufenen Rheingermanen wieder gebändigt und die Erhebung des Franken Silvanus (am 11. August 355 in Köln) niedergeschlagen werden (Amm. 14,10. 15,5). Ende 355 setzte C. seinen Neffen Iulianus als Caesar in Gallien ein. Nach Kämpfen an der Donau (357/58: Amm. 16, 10. 17,12f.) mußte C. 360 erneut zum Perserkrieg aufbrechen. Erst im Herbst 361 konnte er sich gegen den im Frühjahr 360 zum Augustus erhobenen Iulian wenden. Auf dem Marsch starb C. am 3. November 361 in Tarsos.

Wie der Vater, erst auf dem Totenbett getauft, fühlte sich C., der erste »byzantinische« Kaiser, stets als Christ. Dem Arianismus zuneigend, hatte er von 338 an schwere Auseinandersetzungen mit → Athanasios u.a. zu führen. 345/46 zum Nachgeben gezwungen, übte C. von 351 an, bes. durch den Bischof Valens von Mursa (RE VII A 2141ff.) beeinflußt, wachsenden Druck auf die Bekenner des Nicaenums aus. Bestrebt, als von Gott gesandter Herrscher (vgl. auch den Paneg. des Heiden Themistios von 350: or. 3) auch die Kirche zu lenken, erzwang C. nach teils heftigem Widerstand 359 auf den Konzilien von Ariminum (w. Bischöfe) und Seleucia (ö. Bischöfe) die Annahme eines von ihm diktierten Glaubenssymbols (Sokr. 2,37ff. Soz. 4,16ff.). Die so erreichte kirchliche Einheit konnte keinen Bestand haben. Gegen die Heiden war C. – bes. seit 353 – scharf vorgegangen, doch lockerte er diese Politik nach seinem Rombesuch (dazu Amm. 16,10. Symm. rel. 3) 356, bei dem er sich vom alten Glanz tief beeindruckt zeigte.

J. Bidez Julien^5, 1947. *Downey* Hist. 4, 1955, 199ff. *Lietzmann*, AK Bd. 3 *J. Moreau* Jb. für Ant. und Christent. 2, 1959, 162ff. *Stein* I^2,131ff. *J. Straub* Vom Herrscherideal in der Spätant., 1939.

3. C. praefectus praet. Orientis 324/27 (Cod. Theod. 2,24,2. 12,1,11. 15,14,1), Consul 327. **4.** Iulius C., Halbbruder Constantins d. Gr., durch die Stiefmutter Helena lange vom Hof ferngehalten (Liban. or. 1,434), 335 Consul. Er wurde 337 nach Constantins Tod umgebracht, sein Vermögen durch Constantius II. beschlagnahmt (Iulian. epist. ad Athen. 270.273). **5.** C. Gallus, * 325/26 als Sohn des C. Nr. 3, mit seinem Halbbruder Iulianus chr. erzogen, ab 351 Caesar für den Orient. C., verheiratet mit → Constantia (Nr. 2), nahm Residenz in Antiochia. Dort führte er zahlreiche Hochverrats- bzw. Zaubereiprozesse und übte ein grausames Regiment aus (Amm. 14,1ff., tendenziös). Constantius II., eine Erhebung befürchtend, lockte Gallus an den Hof und ließ ihn Ende 354 hinrichten (Amm. 14,11. Zos. 2,55). **6.** Flavius C., aus Naissus, Consul 414, 417 und 420, 417 vermählt mit → Galla Placidia, Augustus 421, hatte sich als tüchtiger Soldat hochgedient, besiegte als comes et mag. mil. → Constantin III., zwang 415 die Goten zum Rückzug über die Pyrenäen (vgl. Oros. 7,42f. Olymp. frg. 23.34.39). Schon 421 starb der um die Stabilisierung im W. des Reiches nach 410 hochverdiente C. in Ravenna (Sokr. 7,24. Soz. 9,16). A. L.

Stein I^2 262ff.

7. Presbyter in Antiocheia, Anf. 5. Jh., Freund des → Iohannes Chrysostomos, in dessen Briefslg. sich 5 Briefe des C. finden.

Migne G 52, 741–746 Nr. 237–241. RE IV 1103, 41ff.

8. Presbyter in Lugdunum, Freund und Korrespondent des → Sidonius Apollinaris, der ihm die ersten 7 B. seiner epist. und zusätzlich das 8. B. widmete. Um 480 schrieb C. eine Vita des Bischofs Germanus von Autissiodurum (Auxerre) mit 2 Begleitbriefen an die Bischöfe Patiens von Lugdunum und Censurius von Autissiodurum. O. H.

W. Levison MGH Script. rerum Merov. 7, 1, 1919, 225 bis 283 (Ta.). *Gust. Bardy* in Saint Germain d'Auxerre et son temps, 1950, 89–108.

Constitutiones. C. sind in technischer Terminologie die Kaisergesetze; freierer Sprachgebrauch erfaßt aber auch die Festsetzung von Rechtsregeln durch Juristen (vgl. *constitutio veterum* in Dig. 45,1,91,3). In allmählich sich festigender Systematik gliedern die Klassiker die c. in *edicta* (generelle Anordnungen an die Allgemeinheit), *mandata* (generelle Anordnungen für Beamte), *decreta* (Urteile, die Sachlage und Rechtsfrage entscheiden) und *rescripta* (Entscheidungen von Rechtsfragen bei unterstelltem Sachverhalt). Die Rechtsgeltung aller dieser c. leitet Gaius (Inst. 1,5) aus der *lex (curiata) de imperio* ab. Ulpians Institutionen verallgemeinern dies zur Maxime *quod principi placuit legis habet vigorem* (Dig. 1,4,1 pr). So zerfällt in der Dominatszeit der Rechtsstoff in 2 Teile, das *ius* (die Autorität bewahrenden Juristenschriften) und die *leges*, eben die c. Ihrer Kodifikation gelten *codices*, da diese Buchform das häufige Nachschlagen erleichtert. Th. M.-M.

J. Gaudemet La formation du droit séculier et du droit de l'église aux IVe et V^e sèicles, 1957, 26ff. *G. Gualandi* Legislazione imperiale e giurisprudenza, 2 Bde, 1963.

Constitutiones apostolorum sind eine 8 Bücher umfassende kirchenrechtlich-liturgische Sammlung verschiedener mehr oder weniger überarbeiteter Quellen, die um 380 in Syrien oder Konstantinopel entstanden ist. Der arianische Vf. bietet in den Büchern 1–6 eine redigierte Form der sog. Didaskalia, einer Kirchenordnung des 3. Jh., im Buch 7 unter anderem eine jüdische Gebetssammlung und Unterrichtsvorschriften für Katechumenen und im Buch 8 als wichtigste Teile die Kirchenordnung Hippolyts und die älteste vollständig erhaltene Meßliturgie. Von diesem 8. Buch ist noch eine 2. Fassung bekannt, die Constitutiones per Hippolytum bezeichnet wird. 692 wurde der größte Teil der Schrift für häretisch erklärt. Kl. W.

Text bei *F.X. Funk* Didascalia et Constitutiones Apostolorum 2, 1905, 72–96. *Altaner* 49f. (Lit.). *Bardenhewer*, GAL 4, 1924, 262ff. (Lit.).

Consualia. So hießen 2 Feste, am 21. August (Ernte ist geborgen) und 15. Dezember (Saat ist im Erdboden oder Sorge um Wintervorräte), die noch in der Kaiserzeit begangen wurden. (Serv. Aen. 8,636 März: Verwechslung mit den Equirria?) Der unterirdische Altar des → Consus, an den s. *metae* des Circus Maximus gelegen, wurde geöffnet: In ältester Zeit wurde das Getreide in Gruben aufbewahrt; der Gott ist im geborgenen Getreide. Unter Leitung der Pontifices fanden Rennen statt (Pferde- und Wagenrennen Dion. Hal. ant. 2,31,2. Serv. a. O.; Maultiere, das älteste Zugvieh, Paul. Fest. 148 M.). Pferde und Maultiere wurden mit Blumen bekränzt, der *rex sacrorum* ritt auf einem Pferd (fasti Praen. zum 15. Dezember). – Nach dreitägigem Zwischenraum, der die Verbindung bezeugt (Wissowa Ges. Abh. 159ff.), am 25. August (»Opiconsivia«!) und 19. Dezember, folgten Feste der → Ops. W. E.

Lit. → Consus.

Consul. C. heißt der Höchstmagistrat der röm. Republik. Ob der kollegiale Doppelkonsulat zeitlich unmittelbar an den Sturz des Königtums anschließt, ist umstritten (→ Collega). Die konsular. Machtbefugnisse knüpfen wohl an die unumschränkte Königsgewalt an. Als Trägern der höchsten Staatsgewalt, des *imperium*, steht den beiden Konsuln die Oberleitung der Staatsgeschäfte zu. Zu ihrem Kompetenzbereich zählt die gesamte Militär- und Zivilverwaltung, die Gerichtshoheit, das Recht der Senatorenernennung, das Recht, den Senat und die Volksversammlung einzuberufen *(ius agendi cum patribus, cum populo)*, diese Versammlungen zu leiten, Gesetzesanträge zu stellen und Wahlen abzuhalten. Über uneingeschränkte Befehls- und Strafgewalt verfügen die Konsuln freilich nur außerhalb Roms *(imperium militiae)*. Innerhalb der Stadt *(imperium domi)* unterliegt bes. die polizeiliche Strafgewalt *(coercitio)* der Konsuln gewissen Beschränkungen (Provokationsrecht des röm. Bürgers). In Krisenzeiten hat der Senat zuweilen mittels *senatus consultum ultimum* den Belagerungszustand verhängt und damit die Einschränkungen des konsular. *imperium domi* suspendiert. Faktische Einengung erleidet das grundsätzlich allumfassende konsular. *imperium* einmal durch mannigfache Bindungen an den Senat (bes. in Außenpolitik und Finanzverwaltung) und das Volk (Möglichkeit tribuniz. Interzession), sodann aber durch schrittweise Ausgliederung neuer Ämter aus dem urspr. Zuständigkeitsbereich des Höchstmagistrats (367 Übertragung der ordentlichen Gerichtsbarkeit an den Prätor, dem Konsul verbleiben Aufgaben der Strafrechtspflege sowie eine *extraordinaria cognitio;* 366 durch Abspaltung der Zensur Verlust des *census*, 312 auch Abgabe der *lectio senatus*). Allen untergeordneten Magistraten gegenüber bleibt den Konsuln jedoch ein *ius intercedendi* gegen deren noch nicht vollzogene Amtshandlungen gewahrt. Über das Verhältnis der beiden Konsuln zueinander → collega. Neben dem Kollegialitätsprinzip darf der Grundsatz der Annuität als entscheidende Schranke gegen unerwünschte konsular. Machtanhäufung angesehen werden. Die schädlichen Auswirkungen jährlichen Wechsels in der obersten Staatsführung konnten im Bereich des *imperium militiae* durch Amtsverlängerung *(prorogatio imperii)* gemildert werden. Iterationsbeschränkungen (zuletzt Forderung eines zehnjährigen Intervalls vor Wiederbekleidung des Konsulats) wurden in der frühen Republik nicht für nötig erachtet. Die Wahl der Konsuln erfolgt in den *comitia centuriata* (→ Creatio). Seit 367 v. Chr. steht auch den Plebeiern der Zugang zum Höchstamt offen, aber erst seit 342 ist regelmäßig einer der beiden Konsuln Plebeier. Spezielle Wählbarkeitsvoraussetzung ist nach Fixierung des *cursus honorum* in der *lex Villia annalis* 180 v. Chr. die vorherige Bekleidung der Prätur sowie ein daraufolgendes Intervall von 2 J.; Cicero bezeichnet 43 J. als gesetzliches Mindestalter. Bei Tod eines c. während des Amtsjahres erfolgt eine Nachwahl *(c. suffectus)*. Als Insignien ihrer Würde und Amtsgewalt führen die Konsuln 12 Liktoren mit *fasces* und Beilen, *sella curulis, toga praetexta.* Die röm. Jahrzählung erfolgt nach den Namen der jährlich wechselnden Konsulnpaare *(fasti consulares)*. – Die Amtsgewalt des Princeps baut nicht auf dem republik. Konsulat auf, sondern stützt sich auf ein prokonsular. *imperium maius.* Die Kaiser bekleiden zwar noch häufig selbst den Konsulat, dieser aber entwickelt sich mehr und mehr zum bloßen Ehrenamt. Als »politisches« Recht verbleibt dem c. lediglich die Befugnis zur Einberufung und Leitung des Senats. Dafür werden jedoch seine Rechtsprechungskompetenzen erweitert. Die Amtszeit wird auf 4, im 2. Jh. sogar auf 2 Monate verkürzt, damit einer größeren Zahl von Bewerbern diese ehrenvolle Auszeichnung zuteil werden kann. Das 1. Konsulnpaar, nach dem das Jahr benannt wird, genießt als *consules ordinarii* höheres Ansehen als die nachfolgenden *consules suffecti.* Den Konsuln der Dominatszeit fehlen Amtsbefugnisse beinahe völlig (vgl. Dig. 1,10 und CJ 12,3). Zuweilen werden neben den »amtierenden« Konsuln noch *consules honorarii* ernannt. H. Ha.

Mommsen RStR 2,74ff. *F. Leifer* Stud. zum ant. Ämterwesen I: Zur Vorgesch. des röm. Führeramts (Klio Bh. 23) 1931. *A. Heuß*, ZRG 64, 1944, 57ff. *G. Wesenberg*, ZRG 65, 1947, 319ff. *E. Meyer* Röm. Staat und Staatsgedanke, [2]1961. *R. Werner* Der Beginn der röm. Republik, 1963.

Consularis. C. oder vir c. ist ein Mann, der den Konsulat bekleidet hat. Die ehemaligen Konsuln nehmen unter den Senatoren den höchsten Rang ein und geben im Senat als erste ihre Stimme ab. Rang und Ehrenrechte eines c. können aber auch ohne vorhergehende Amtsführung als Konsul verliehen werden (*adlectio inter consulares* einerseits, bloße Bewilligung der *ornamenta consularia* andererseits). Einige Staatsämter (etwa die Zensur und bestimmte Provinzstatthalterschaften) sind nur Konsularen zugänglich. Unter Hadrian wurde Italien in 4 Gerichtsbez. eingeteilt, in denen je ein c. mit der Rechtsprechung beauftr. war. H. Ha.

Mommsen RStR 2,244ff.

Consultatio. Seit der Erstedition der seitdem verschollenen Hs. durch Cuiacius (1577) führt die anonyme Sammlung den Titel *C. veteris cuiusdam iurisconsulti*. Sie enthält Antworten auf Fragen entweder eines Studenten oder eines *causidicus* an einen Juristen; die Belegstellen stammen zumeist aus den Paulussentenzen und dem Codex Hermogenianus. Es ist wahrscheinlich, daß die Sammlung im 5. Jh. n. Chr. im W., vielleicht in Autun, entstanden ist und für den Elementarunterricht bestimmt war. Th. M.-M.

K.-H. Schindler, in: Labeo 1962, 16ff. *E. Volterra* Acta Congr. Iur. Int. 2, Rom 1935, 399ff.

Consus (zu *condere*: WALDE-HOF.^{3}, ablehnend ERN.-M.) ist Gott der geborgenen Feldfrucht. Da an den → Consualia Rennen stattfanden, wurde er mit → *Ποσειδῶν Ἵππιος* identifiziert. Weil man C. etym. falsch zu *consilium* stellte, nannte man ihn *deus consiliorum* und behauptete, schon Romulus habe das Fest gefeiert, um die Sabiner nach Rom zu locken. C. hatte einen unterirdischen Altar (→ Consualia), außerdem wurde im J. 272 vom Consul L. Papirius Cursor ein Tempel gelobt und auf dem Aventin erbaut; dediziert nach fasti Vall. am 21. August, nach f. Amit. am 12. Dezember (nach Restauration durch Augustus verlegt?). Angebliche Inschr. auf dem Altar im Circus (Tert. spect. 5,7, wohl nach Sueton): *Consus consilio, Mars duello, Lares † coillo potentes* (spät, wenn überhaupt je vorhanden: LATTE). W. E.

Wissowa Myth. Lex. 1,924ff. *Ders.* Rel.^{2} 201ff *Prell.-Jord.* 2,23ff. 124. *Jord.-Huelsen* Top. 114. 163. *Mommsen*, CIL I^{2} S. 326ff. *Stehouwer* Et. sur Ops et Consus, Proefschrift, Utrecht 1956. *Bömer* zu Ov. fast. 3,199. *Latte* RRel 72.

Contarius. Im 1. Jh. n. Chr. wurde die den Sarmaten eigene Waffengattung der c., *κοντοφόροι* (Arr. tact. 44,1), *contati* (Veg. mil. 3,9,16.17) im röm. Heere eingeführt (Ios. bell. Iud. 2,20,7). Doch scheint der *contus*, eine sehr lange Lanze, im Gegensatz zu COUISSIN 479 nicht die einzige Waffe gewesen zu sein. Dafür spricht Ios. a.O., dagegen ein Grabstein aus Tipasa (CIL VIII 9291. Dar.-Sagl. 1,2, fig. 1923). Andererseits hätte der Verlust des *contus* seinen Träger wehrlos gemacht. Eine mit dem contus ausgerüstete Einheit war die *ala I Ulpia contariorum c. R.* A. N.

Dar.-Sagl. 1,2,1495. *P. Couissin* Les armes Rom. Paris 1926, 479, Philol. Supplbd. 23, 1931, H. 2,26ff., *W. Wagner* Die Dislokation der röm. Auxiliarformationen Bln. 1938, 30ff.

Contestani(a). Landschaft und Stamm zwischen Cartagena und dem Júcar, in den Provinzen Murcia und Valencia. Der Name scheint keltisch zu sein (HOLDER 1,1107). C. wird einmal im sertorianischen Kriege erwähnt (Liv. frg. lib. 91), außerdem Plin. nat. 3,19f. Ptol. 2,6,14.61. S. auch Font. Hisp. Ant. I^{2} 131. VI 222, Barc. 1955. 1952. R. G.

Contio. C. ist eine formlose, nicht gegliederte und nicht beschließende Versammlung des Volkes. Sie wird von einem Magistrat einberufen und geleitet, der dem Volk Mitteilung über wichtige Angelegenheiten machen will (etwa Nachrichten von den Kriegsschauplätzen oder Verkündung eines vom Magistrat erlassenen Edikts). Bes. aber dient die c. der vorbereitenden Diskussion von Agenden, die durch die Komitien beschlossen werden sollen. Derart werden Gesetzesvorlagen, Wahlvorschläge und Strafanträge vom antragstellenden Magistrat begründet und gegen Opposition aus dem anwesenden Volk verteidigt. Diese Beratung in der c. sollte wohl verhindern, daß die stimmberechtigten Bürger sich in ihren polit. Entscheidungen von Augenblicksgefühlen leiten ließen. Die Abstimmung blieb den gesondert einberufenen Komitien vorbehalten, in denen keine Debatte zulässig war. – Für die *anquisitio* des komitialen Strafprozesses waren 3 aufeinanderfolgende c.-es vorgeschrieben, die eine gründliche Vorbereitung des magistratischen Strafantrags an die Komitien gewährleisten sollten. – Von den Volkstribunen wurden c.-es häufig auch ohne jurist. Anlaß zum Zwecke polit. Agitation abgehalten. H. Ha.

G. W. Botsford The Roman Assemblies, 1909, 139ff. *Ch. Brecht*, ZRG 59, 1939, 271ff.

Contorniaten sind münzähnliche Medaillen in Bronze oder Messing (vereinzelt auch mit Silber ausgelegt), benannt nach der dem Rande entlang laufenden, nachträglich eingedrehten tiefen Furche (*contorno*). Sie tragen meist latein., selten griech. Legenden und sind bis auf 3 sämtlich in Rom hergestellt. Es lassen sich 3 Gruppen scheiden: eine frühe aus den Jahren 356–394, die C. sind durchweg geprägt und 30–43 mm groß, eine mittlere von gegossenen Stücken (oft ohne Furche), in die J. 395–410 gehörend und 31,5–39 mm messend, und eine späte von wieder geprägten Exemplaren, aus der Zeit von 410–472, die Größe schwankt zwischen 33 und 50 mm. Die Vs. zeigen vor allem den Kopf Alexanders d. Gr., den des Augustus, Nero, Traian (beide überaus häufig), Caracalla (für M. Aurel gehalten), Julian Apostata und von Theodosius I. an zunächst sporadisch, ab Valentinian III. ausschließlich, das Portrait des regierenden Kaisers. Vereinzelt stehen die Bilder von Literaten: Homer, Horaz, Sallust u. a. Die Rs. stellen die Alexander-Sage oder Szenen aus der heidnischen Religion dar, bringen Bilder der öffentlichen Spiele und des Circus und feiern die Sieghaftigkeit der Kaiser. Gelegentlich sind sie auch bildlos. Die anfängliche Fülle an Typen schwindet bald, ab Valentinian III. werden nur noch die Spiele dargestellt. Parallel geht der stilistische Verfall. Auf den C. erscheinen meist Beizeichen, so ein aus den Buchstaben PE gebildetes Monogramm, das ALFÖLDI nach anderen als Ligatur von *P(raemia FEL(iciter))* versteht, ein Palmzweig, ein herzförmiges Blatt usw., Zeichen, die nachträglich angebracht sind und den Besitzern der Stücke Glück bringen sollen. Während Frühere die C. wegen der Rs.-Darstellungen als Eintrittsmarken zu den Spielen oder auf Grund der Form als Steine für Brettspiele deuteten, sieht ALFÖLDI in ihnen Neujahrsgeschenke der heidnischen stadtröm. Aristokratie mit eindeutig nichtchr. Propagandagehalt, Nachfahren der zu gleichem Zweck verwendeten Münzen und Medaillons mit aufgehämmertem Rand. H. Ch.

A. Alföldi Die Kontorniaten, 1943. *J. Vogt*, Gn 21, 1949, 27ff.

Contra ist Bezeichnung von Orten, die äg. Städten am Nil gegenüber liegen: 1. C. Apollonos gegenüber Edfu (Itin. Ant. 165); 2. C. Copto gegenüber Koptos (Itin. Ant. 159); 3. C. Lato gegenüber Esneh (Itin. Ant. 165); C. Ombos gegenüber Kom Ombo (Itin. Ant. 160); 5. C. Pselcis gegenüber dem nubischen Ort Dakkeh (Kuban) (Itin. Ant. 164); 6. C. Syene gegenüber Assuan (Itin. Ant. 167); 7. C. Tafis gegenüber dem nubischen Tafeh (Itin. Ant. 164); 8. C. Talmis gegenüber dem nubischen Kalabscheh (Itin. Ant. 164); 9. C. Thumuis gegenüber einer noch nicht aufgefundenen Stadt zwischen Edfu und C. Ombos (Itin. Ant. 160). W. H.

Contractus. C. ist der klagbare Vertrag. Für die Wahl des Partners und die quantitative Bestimmung des Inhalts gilt seit jeher Vertragsfreiheit, die qualitativen Inhaltsmerkmale unterlagen dagegen bis ins justin. Recht dem Typenzwang. Sollte eine *obligatio ex contractu* entstehen, mußte die Einigung einem der von der Rechtsordnung festgelegten Kontraktstypen gelten. Nur die Klagbarkeit mancher *pacta* und in der Spätzeit die Gewährung einer *actio praescriptis verbis* aus Innominatrealkontrakten lockerte den Typenzwang etwas auf. Diese Orientierung an einer geschlossenen Zahl von Kontraktstypen legte ihre schulmäßige Gliederung nahe. Sie erfolgte durch Gaius (Inst. 3,89), der Real-, Verbal-, Litteral- und Konsensualkontrakte unterschied. Die Besonderheit der Realkontrakte (Darlehen – *mutuum*, Verwahrung – *depositum*, Leihe – *commodatum*, Faustpfand – *pignus datum*) lag in der Verpflichtung durch Sachhingabe, die der Verbalkontrakte (vor allem des feierlichen Versprechens – *stipulatio*) in der Bindung an eine Wortform, die der Litteralkontrakte (der röm. wie der peregrinen) in der Relevanz von Skripturakten, die der Konsensualkontrakte in der auf Kauf *(emptio venditio)*, Miete *(locatio conductio)*, Gesellschaft *(societas)* und Auftrag *(mandatum)* beschränkten Verpflichtung durch formlose Einigung. Nicht von diesen Kontraktstypen erfaßte Gebilde lösten in klass. Zeit höchstens eine *actio in factum concepta aus.* Das Schema der Gaius-Institutionen war aber doch so lückenhaft, daß spätestens in frühnachklass. Zeit die *res cottidianae* (Dig. 44,7,1 pr.) die Sammelgattung der *variae causarum figurae* bildeten, die Justinian in Quasikontrakte und Quasidelikte zerlegte. Th. M.-M.

G. Grosso Il sistema rom. dei contratti, ^{3}1963. *P. Voci* La dottrina rom. del contratto, 1946.

Contrebia. Der Name der Stadt ist keltisch und bedeutet »gemeinsame Wohnung« (HOLDER 1,1109); sie war die Fluchtburg der keltiberischen Lusones ([1] 136). Ihre Lage läßt sich nicht genau bestimmen; sie ist wohl nicht identisch mit h. Daroca, lag aber in der Nähe, im Tale des Jiloca s.w. von Zaragoza (vgl. [1] 136 und [2] III 212. S. auch die Vermutungen in Encicl. Univ. Ilustr. 15,247). Inschr. fehlen fast gänzlich (nur CIL II 4935?), dagegen fanden sich Mz. mit iberischer Legende (ANT. VIVES La Moneda Hispánica 2, Madrid 1924, 93). In der Geschichte der Keltiberrerkriege wird die Stadt öfters erwähnt. 181 v. Chr. Liv. 40,33. App. Ib. 42 *(Complega* wohl = *Contrebia)*. Diod. 29,28. 33,24 *(Kemelon* wohl = *Complega* = *Contrebia)*. 143 v. Chr.: Victor De vir. ill. 61. Val. Max. 7,4,5. 2,7,10. Ampel. 18,14. Vell. 2,5,2. Flor. 1,33,10. 77 v. Chr.: Liv. frg. l. 91. Die Quellen finden sich fast alle in [2] III 212–214. IV 34f. 181. Nachher verschwindet C. aus der Geschichte; es hatte wohl nur militärische Bedeutung s. o. Complega.

Zu unterscheiden ist von dieser Stadt Contrebia Leucada, nur erwähnt im J. 76 v. Chr. (Liv. frg. l. 91). Der Beiname ist keltisch (HOLDER 2,192). Über die Lage der Stadt, n. von Numantia, s. [2] IV 189. [1] 128. R. G.

1. *Ad. Schulten* Numantia 1. 2. Font. Hisp. Ant., Barc. 1925ff.

Contubernium. C., das jede Art von Zelt-, Haus- oder Lebensgemeinschaft (Suet. Tib. 14. Veg. mil. 2,10. Cod. Theod. 11,69,1) bedeutete, bezog sich auch auf das Lagerzelt (Caes. civ. 2,29) und die darin befindlichen Soldaten. Seit der Heeresreorganisation des Kaisers Hadrian, die die Auflösung der alten Einteilung in Manipeln (2 Zenturien) mit sich brachte (Klio a.O.), zählte das c. 10 Mann und einen *decanus* als Kommandanten (Veg. mil. 2,8,13) und wurde auch *manipulus* (Veg. mil. 2,13. H.A. Hadr. 10,2) oder *commanipulatio* (H.A. Pesc. Nig. 10,5) genannt. In der Zeit Leo des Taktikers (tact. 20,194) zählte das c. 16 Mann. A. N.

Dar.-Sagl. 1,2,1489. Klio, NF 9. Beih. 18f. *R. Grosse* Röm. Militärgesch. Bln. 1920, 110.

Contumacia. Unter c. versteht man den Ungehorsam gegen Befehle, bes. gegen Ladungen (Dig. 42,1,53 [Hermog. 1 iur. epit.]) eines zur *vocatio* befugten Magistrates. Das Nichtbefolgen der *in ius vocatio* oder das Nichterscheinen *in iure* an einem durch *vadimonium* festgestellten Termin ist wegen des privaten Charakters beider Aufforderungen keine c. Nur im einzelrichterlichen Kognitionsprozeß konnte das Kontumazialverfahren eingeleitet werden. Es bedurfte dazu in der Regel dreier Edikte, in denen der Beklagte (an den Kläger ergeht keine magistrat. Aufforderung; bei seiner Abwesenheit wird der Termin aufgehoben; Dig. 5,1,73, 1.2 [Ulp. 4 de omn. trib.]) zum Erscheinen vor dem kompetenten Gericht ordnungsgemäß aufgefordert wurde (vgl. frg. Vat. 162): Ein erstes, in dem der Beklagte zum Kommen schlechthin aufgefordert wird; war dieses erfolglos, so erging *per intervallum non minus decem dierum* (Dig. 5,1, 69 [Ulp. 4 de omn. trib.] eine 2. Ladung; erst die 3. Ladung *(peremptorium edictum)* enthielt die Androhung der Verhandlung *in absentia*. Jedoch auch bei dieser Verhandlung war das Vorbringen des Klägers wegen des Prinzips der materiellen Wahrheitsfindung beweispflichtig; der Richter hatte sogar, wenn der abwesende Beklagte *bonam causam habet*, diesen freizusprechen. Andernfalls gilt bei einem Urteil nach einem ordnungsgemäßen Verfahren der Satz *contumax non appellat* (vgl. Pauli sent. 5, 5a, 6a).

Bei Ärialprozeß und in Sachen der *fideicommissaria libertas* ist das Kontumazialurteil bis ins 1. Jh. n. Chr. zurückzuverfolgen.

Das Kontumazialverfahren, das sich an eine vergebliche *litis denuntiatio* anschließt, unterscheidet sich nicht von dem z. Z. des Kognitionsprozesses. – Die Grundzüge des Kontumazialverfahrens gegen den Beklagten blieben auch unter Justinian dieselben. Die Versäumnisfolgen des Klägers dürften denen des Beklagten nachgebildet worden sein. F. R.

Petot Le défaut in iudicio, 1912. *Steinwenter* Studien zum röm. Versäumnisverfahren, 1914. *Volterra* Bull. int. dir. rom. 38, 1930, 121 ff. *Aru* Il processo civile contumaciale, 1934. *Schima* Die Versäumnis im Zivilprozeß, 1928, 25 ff.

Conubium. Unter c. versteht man die Fähigkeit, mit einer bestimmten Person eine nach ius civile anerkannte Ehe einzugehen. Seine Bedeutung verdankt das c. den bürgerrechtlichen Folgen, die sich an seine Existenz knüpften. Der Verlust des c. (vor allem bei Kriegsgefangenschaft oder sonstigem Freiheits- oder Bürgerrechtsverlust) bildete einen Eheauflösungsgrund.

Im frühröm. Recht kam das c. neben den *cives Romani* anfänglich wohl nur den Latinern des latin. Bundes zu. Latiner der späteren Zeit und andere Peregrine, bes. die Bürger der ital. Gemeinden *sine suffragio* (diese vermutlich bis zum sog. Bundesgenossenkrieg 91–89 v. Chr.), konnten das c. kraft Verleihung erhalten. Eine lex Canuleia aus dem J. 445 v. Chr. ermöglichte für Ehen zwischen Patriziern und Plebejern das c. Dieses fehlte bei Ehen zwischen Rechtsungleichen, also bei einer Lebensgemeinschaft mit Sklaven (Tituli ex corpore Ulpiani 5,5; ihre Lebensgemeinschaft wurde als eine Art faktische Eheverbindung, als *contubernium*, anerkannt; Pauli sent. 2,19,6) und anfangs auch gegenüber den *libertini*. Eine lex Papia Poppaea aus dem J. 9 n. Chr. (vgl. Dig. 23,2,23 [Cels. 30 dig.]) hob die Schranke für Freigelassene auf. Die Ehe mit Freigelassenen wurde nur sittlich und gesellschaftlich mißbilligt, rechtlich blieb sie anerkannt (Cic. Sest. 52,110). Augustus stellte das Verbot der Ehe mit Freigelassenen für Personen senator. Standes wieder her. Häufig erteilten die Kaiser des 1. und 2. Jh. ihren Veteranen, die *cives Romani* waren oder mit dem Ausscheiden aus dem Militärdienst wurden, das c. mit einer beliebigen Peregrinen (Gai. Inst. 1,57). Durch ein SC. (unter Augustus?) wurde der irrtümliche Glaube an ein c. geschützt: Für die in einer Ehe geborenen Kinder konnten nach einer *erroris causae probatio* alle oder einzelne Wirkungen der vollgültigen Ehe erreicht werden (Gai. Inst. 1,67 ff.; Tituli ex corpore Ulpiani 7,4).

In den klass. Quellen wird dieses relative Eheerfordernis zwar noch erwähnt, hat aber sehr an Bedeutung verloren. Mit der Constitutio Antoniniana aus dem J. 212 tritt es ganz in den Hintergrund. – Im nachklass. Recht verschwindet der herkömmliche Begriff des c.; c. bezeichnet jetzt die Ehe selbst. F. R.

Costanzi Sul divieto di c. fra patrizi e plebei, Atti dei Congressi Nazionali di Studi Romani 2, 1929. *Kunkel*, RE XIV 2262 ff. *Nardi* La reciproca posizione successoria dei coniugi privi di c., 1938. *De Visscher*, AHDO – RIDA 1, 1952, 405 ff. *Volterra* Studi Albertario 2, 1953, 347 ff. *de la Chevalerie*, RIDA[3] 1, 1954, 271 ff.

Conventus. Bedeutet allgemein ein Zusammenkommen einer Mehrzahl von Menschen und technisch zweierlei: I. Die von den Provinzstatthaltern mit ihrem *consilium* periodisch, meist im Winter, an bestimmten Orten abgehaltenen Gerichtstage. Dort können die Bewohner des Einzugsbereiches dieser Orte (der dann auch selbst als *c. [iuridicus]*, Gerichtssprengel, bezeichnet wird; Übersicht bei KORNEMANN RE IV 1175 ff.) klagen und verklagt werden. Ihnen bleiben so die oft weiten Wege zu den ständigen Gerichtssitzen erspart. Auch ist der c. gegenüber den einheimischen Gerichten allein zuständig, wo Gemeinden oder röm. Bürger Partei sind, doch scheinen auch Prozesse zwischen Einheimischen oft vor dem c. ausgetragen worden zu sein. So wird der c. zu einem Mittel zur Durchsetzung des röm. Rechtes gegenüber den einheimischen Rechten. Mit dem c. verbindet sich häufig eine Art Messe, zu der Händler und viel Volk zusammenströmen. Auch zu Sklavenfreilassungen ist der c. geeignet (Gai. 1,20).

1. *Ludwig Mitteis* Reichsrecht und Volksrecht, 1891, 91ff. 130f. 2. *Aldo Checchini* Studi sull' ordinamento proc. rom. e germ. I, Studi Cagliari 14,2, 1923/24, 1ff. = Scritti Checchini 2, 1958, 107ff. 3. *Leop. Wenger* Inst. des röm. Zivilprozeßrechts, 1925, 73f. 4. *J. Coroi* Le conventus iuridicus en Égypte aux trois premiers siècles de l'Empire rom., 1935.

II. *C. civium Romanorum.* So heißen die Zusammenschlüsse der außerhalb Roms ansässigen (→ *consistere*) Römer und Latiner; Personen anderer Zugehörigkeit tauchen nur ganz vereinzelt als Mitglieder auf. Die Bezirke, für die solche Zusammenschlüsse erfolgten, sind wahrscheinlich nicht mit den *c. iuridici* identisch, sondern kleiner (Übersicht bei KORNEMANN RE IV 1183ff.). Die c. entstehen in der hohen Republik, wohl zunächst zur Götterverehrung; ihre Organisation in dieser frühen Zeit ist dunkel. Seit dem Prinzipat beteiligen sie sich am Kaiserkult und erhalten zunehmend auch staatliche Aufgaben; insbesondere werden die Geschworenenlisten regelmäßig aus ihren Mitgliedern zusammengestellt. Die c. stehen jetzt unter der Leitung eines *curator.* Man wird in ihnen ein Mittel der Romanisierung vermuten dürfen. Folglich verschwinden sie auch, sobald dieses Ziel erreicht ist, und insbesondere mit der Ausbreitung des röm. Bürgerrechts (→ civitas II). D. M.

Zusammenstellung RE IV 1200.

Convivium. Das c. ist eine gemeinsame Mahlzeit mit anschließend gemeinsamem Trinken, zu der notwendig Gäste gehören (Isid. orig. 20,1,3). Die Zeit ist die der *cena,* um die 9. oder 10. Stunde beginnend und sich oft tief in die Nacht hineinziehend. Neben den offiziellen c. der Priesterschaften, *collegia,* Volksspeisungen stehen die privaten c., zu denen aus Anlaß von Familienfesten, Gedenktagen, gesellschaftlichen Verpflichtungen eingeladen wird. In Griechenland durften die Ehefrauen nur an den c. bei Familienfesten teilnehmen, in Rom immer dann, wenn nicht der Kreis Frauen definitorisch ausschloß (*cena pontificalis,* usw.). In Griechenland war die Zahl der Teilnehmer oft groß, 36 Personen und mehr, in Rom in der Kaiserzeit meist gering, 6,9,12 Personen (9 Teilnehmer faßte das → Triclinium, 6–8 das → Sigma); 14 Personen speisen bei Trimalchio, 18 bei der *cena pontificalis* Macr. Sat. 3,13,11. Kaiserliche c. unterliegen natürlich anderen Bedingungen, aber die 600 Gäste des Claudius, Suet. Claud. 32, waren wohl eine Ausnahme nach dem persönlichen Geschmack des Kaisers. Eingeladene Gäste konnten ihrerseits weitere Gäste mitbringen; die Sitte der → Parasitoi kommt ebenso aus Griechenland wie die der ἐπίκλητοι (so heißen die Gäste der Gäste); in Rom nennt man sie Schatten, *umbrae,* und es war wohl üblich, sie nur nach ausdrücklicher Ermächtigung mitzubringen, oder man stellte die Zahl der *umbrae* frei, erbat aber vorherige Mitteilung, Hor. epist. 1,5,28ff. In Rom lag man auf den hufeisenförmig angeordneten Triclinien, bei mehr als 9 Teilnehmern wurden mehr Triclinia aufgestellt, privat wie bei den Volksspeisungen auf dem Forum (Liv. 39,46,2. Plut. Caes. 55); in kleineren Orten wie Pompei sind Speisezimmer für mehr als ein Triclinium selten. Wies nicht der Wirt die Plätze an, so tat es der Nomenclator. In Rom wird auf Beachtung des Ranges und entsprechende Reihenfolge der Plätze großer Wert gelegt; Diskussion und Ratschläge dazu, Plut. quaest. conv. 1,2.3. Über die Lage der Ehrenplätze → Triclinium, Sigma. Vor dem c. badete man und zog sich um, selbst Sokrates legte Schuhe an, Plat. Symp. 174a. Die Römer trugen *cenatoria* und statt der *calcei* gern Sandalen, *soleae;* das *cenatorium* der fratres Arvales war weiß. Unter Nero und den Flaviern ist als Bezeichnung der *cenatoria* → Synthesis, synthesina überliefert. Dem Gast werden nach der Ankunft die Sandalen (bzw. die *calcei,* wenn er solche trug, Plin. epist. 9,17,3) abgenommen. Meist tut das ein vom Gast mitgebrachter Sklave, der während des c. seinen Platz an der Rückseite des Sofas, *ad pedes,* hat; dieser nahm dann auch die dem Gast zum Mitnehmen nach Hause überlassenen Speisen und Geschenke (→ Apophoreta) in einer Serviette mit. Über den weiteren Verlauf des c. → Cena, Comissatio, Deipnon, Symposion. W. H. G.

Cooptatio. C. ist der techn. Ausdruck für die Selbstergänzung einer Körperschaft, die bereits vorhanden ist, bei der jedoch nicht alle Stellen besetzt sind. In weitem Umfange wurde die c. zur Ergänzung der *collegia sacerdotum* angewendet. Ausnahmen bildeten hier nur die kleineren Priestertümer *(flamines, rex sacrorum, virgines Vestales),* die im pontifikalen Amtskreis der *captio* durch den *pontifex maximus* unterlagen, und die *sacerdotia equestraria* der Kaiserzeit. Der c. voraus ging die *nominatio,* durch die von einem Priester der Würdigste genannt wird. Die c. selbst bildete sodann die rechtsverbindliche, feierliche Verkündigung des Ergebnisses der *nominatio.* Wesentlich beeinflußt wurde die c. in späterer Zeit durch das kaiserliche Kommendationsrecht. Während die c. früher das Ergebnis einer unter Anwesenden mündlichen, unter Abwesenden schriftlichen Abstimmung darstellte, wurde seit Caligula häufig ein Schreiben des Kaisers verlesen, das die c. einer bestimmten Person enthielt; die eigentliche c. erfolgte hierauf wohl ohne weitere Abstimmung durch den *magister.*

Neben der Anwendung im Sakralrecht hatte die c. bes. bei den Volkstribunen Bedeutung: Nichtbesetzte oder vakante Stellen wurden durch Zuwahl seitens der rechtmäßig bestellten Tribunen ergänzt. Seit einem Plebiszit (lex Trebonia aus dem J. 448?) ist die c. aus dem magistrat. Bereich verschwunden. – Im untechn. Sinne findet sich c. noch für die Ergänzung des Senates (Cic. leg. 3,27. div. 2,23). F. R.

Mommsen RStR. II/1, [4]1952 (Nachdr.), 24. *Siber* Röm.

Verfassungsrecht, 1952, 60.76.113.118. *v. Lübtow* Das Röm. Volk, 1955, 140. *De Martino* Storia delle Costituzione Rom. 1,1958, 294f.

Copa s. Vergilius

Copia s. Thurioi

Copia. Personifikation der Fülle (schon Plaut. Pseud. 736), vorgestellt mit Füllhorn. Dieses ist wahrscheinlich Übertragung des *κέρας* → *Ἀμαλθείας*. Oft ist unsicher, ob Appellativum oder Name gemeint ist (*cornu copiae* oder *cornu C.* Plaut. Pseud. 671). Später auch *cornucopia*. C. wird durch Abundantia und Fortuna verdrängt. Der Name der im J. 193 v. Chr. nach Thurii entsandten Colonie Copia, die auf ihre Mz. ein Füllhorn prägte (HEAD HN[2] 88), und der Name der im J. 43 gegründeten Colonia Copia Claud. Aug. Lugudunum (vgl. HIRSCHFELD CIL XIII S. 248) lassen auf eine Verehrung (nicht unbedingt Staatskult) schließen (etwas anders WISSOWA). Ein Kult in Avignon wäre durch CIL XII 1023 bezeugt, wenn es sicher wäre, daß es nicht der lat. Name einer Lokalgottheit ist (so WISSOWA). – Legende (Hauptstelle Ov. met. 9,85ff.): Die Najaden füllten das von Hercules dem → Archeloos abgebrochene Horn mit Früchten und Blumen und gaben es C. W. E.

Wissowa Rel.[2] 332. Thes. l. L. Onom. 2,586. *R. Peter.* Myth. Lex. 1,927ff.

Coponius. Als röm. Familienname seit dem 1. Jh. v. Chr. bezeugt.

I. Republikanische Zeit: **1.** C. C. Die Brüder T. u. C. C., Enkel von Nr. 4, werden im J. 56 v. Cic. (Cael. 24. Balb. 53) als gut gebildet charakterisiert; einer von ihnen war 53 im Heer des Crassus. Der jüngere, C., war 49 Praetor, 48 Flottenbefehlshaber unter Pompeius (verlor seine Schiffe durch Seesturm, RE VIII A 2275). 43 wurde er geächtet, aber nach Aufopferung seiner Gattin begnadigt (App. civ. 4,170, ohne Vorname!). 32 von Vell. 2, 83,3 als *vir e praetoriis gravissimus* und Gegner des Antonius genannt. **2.** L. C., Sohn eines L., aus der Tribus Collatina, Senator um 134 v. Chr. (BROUGHTON Mag. 2,489), Zeuge beim Bündnis mit Hyrkanos I., Ios. ant. Iud. 14,145. **3.** M. C. wurde vor 91 von Q. Scaevola in einem Erbschaftsprozeß verteidigt (Cic. de or. 1,180 u. ö.). → Curius Nr. 3. **4.** T. C. aus Tibur, Großvater von Nr. 1, erhielt das röm. Bürgerrecht. Auch andere Namensträger in Tibur bezeugt. H. G. G.

II. Kaiserzeit: Röm. Ritter als praefectus cum iure gladii im J. 6 n. Chr. von Augustus nach Judaea geschickt, dem Statthalter von Syrien, P. Sulpicius Quirinius unterstellt, Ios. bell. Iud. 2, 117f.; ant. 18,2.29–31. R. H.

Sonstige: Bildhauer 1. Jh. v. Chr., fertigte nach Plin. nat. 36,41 die Statuen von 14 *nationes* am Pompeiustheater in Rom. A. R.

Encicl. Arte Class. Or. II 810 *(Amorelli)*.

Cora (NISSEN It. Ldk. 2,643). Latin. (Verg. Aen. 7,776. Strab. 5,237) Stadt am NW.-Hang der *montes Lepini*, angeblich von Coras (Serv. Aen. 7, 670ff.) oder Dardanus (Plin. nat. 3,63) gegründet 498 v. Chr. Mitglied des Bundes gegen Rom (Dion. Hal. ant. 5,61), damals unsicher trotz Koloniegründung (Liv. 2,16,8. 22,2), im 4. Jh. Rom treu (Zerstörung durch Privernaten 330: Liv. 8,19,5). Mz. aus der 1. Hälfte des 3. Jh. bei HEAD HN[2] 26; dann bald (spätestens 211: Liv. 26,8,10) *municipium* der trib. Papiria (KUBITSCHEK Imp. Rom. trib. discr. 17). Dreifache Polygonalmauer; sog. Herculestempel (DELBRUECK Hellenist. Bauten in Latium 2, 1912, 23ff.) auf der Burg (CIL X 6517), in der Oberstadt Dioskurentempel (6506); spätrepubl. Ponte della catena, h. Cori. G. R.

Corbio 1. (NISSEN It. Ldk. 2,596). Latin. (nach Steph. Byz. s. v. zeitweilig aequische) Stadt am O.-Hang der Albanerberge, hart umkämpft in den Kriegen zwischen Rom, Volskern und Aequern (Liv. 2,39,4 u. a.), 498 im Bund gegen Rom (Dion. Hal. ant. 5,61), 457 zerstört (Liv. 3,30,8); Identifikation mit h. Rocca Priora unsicher. G. R.

2. Eine Stadt der Suessetani, also in der Gegend von Tarraco (Font. Hisp. Ant. III, Barc. 1935, 51.209. RE IV A 588 s. Suessetaner). Sie wird nur einmal erwähnt: 184 v. Chr. wurde sie von A. Terent. Varro erobert und zerstört (Liv. 39,42,1). Ihre Lage ist unbekannt, Vermutungen darüber s. Encicl. Univ. Ilustr. 15,504. Der Name ist keltisch nach HOLDER 1,1117. R. G.

Corbulo s. Domitius

Corcyra nigra (*Κόρκυρα μέλαινα*). Insel Curzola, Korcula an der dalmat. Küste. Am w. E. der Insel hatten Seefahrer aus Knidos im 6.–4. Jh. v. Chr. eine Kolonie gegründet. Eine zutage gekommene Inschr. bezeugt, daß sich im 4. Jh. v. Chr. in der Umgebung von Lumbarda Issaier niedergelassen hatten. Ausgrabungen bestätigen die Kontinuität der Siedlung vom 4. Jh. v. Chr. bis zum 2. Jh. n. Chr. Die Einwohner der Insel wurden wegen Freibeuterei von Augustus bestraft. Die römerzeitlichen Inschr. sind: CIL III 3065. 3073. 10088–91. J. F.

Corduba, h. Córdoba. Der Name ist iberisch (HOLDER 1,1119), und somit war es zweifellos auch der ursprüngl. Ort, bis hier M. Claudius Marcellus 152 v. Chr. eine röm. Stadt gründete (Pol. 35,2,2. Strab. 3,2,1). Seit Augustus erscheint als Name *colonia Patricia*, so auf vielen Inschr. (CIL II Suppl. p. 1143) und Mz. (Mon. ling. Ib. nr. 124c. d. ANT. VIVES La Moneda Hispánica 3, Madrid 1924, 115).

In der Kriegsgeschichte wird sie erwähnt 152 v. Chr. (s. o.), 144–143 (App. Ib. 65.66. S. auch [1] IV 134), 112 ([1] IV 145), 77–76 (Sall. hist. 2,28 M., s. [1] IV 182. Eine große Rolle spielte C. in den span. Feldzügen Caesars (49–45 v. Chr.). Die Quellen (Caes. civ., Cicero, Bell. Alex., Bell. Hisp., Cassius Dio, Appian usw.) finden sich mit Kommentar in [1] V 64–173, dazu VIII 3. 549–568 n. Chr. behauptete sich C., zweifellos mit byz. Hilfe, gegen die Westgotenkönige Agila und Athanagild

(Isid. Hist. Goth., Chron. Min. [MOMMSEN] 2 p. 285, 45. Chron. Caesaraug. ebd. p. 223), wurde 572 von Leovigild erobert (Joh. Biclar. Chron. ebd. p. 213), schloß sich dem aufständischen Hermenigild an, und wurde 584 von L. zurückerobert ([1] IX 186.193). In christlicher Zeit spielte es eine Rolle als Bischofstadt ([1] IX 216f.223.252.287. 293.304.314.353.362), Bischof Osius von C. († 357 n. Chr.) war eine der prominentesten Persönlichkeiten der Kirche ([1] VIII 56ff.).

C. erlebte seine Glanzzeit im 10. Jh. n. Chr., war aber zu allen Zeiten von großer wirtschaftlicher Bedeutung (Strab. 3,2,1, dazu [1] VI 153f.). Erwähnt werden die Schiffbarkeit des Baetis (Strab. 3,2,1), die Kupfergruben ([1] VIII 7. Fraglich ist die Goldgewinnung, s. VIII 232), der Artischokkenbau (Plin. nat. 19,152), die Schafzucht (Colum. r. r. 7,2,4, vgl. Martial. 5,37,7, Iuv. s. 12,40), Ölexport (Martial. 12,63,1). In westgotischer Zeit war sie dauernd Münzstätte ([1] IX 281.288f.294.297. 308.323.341.358.372.377f.).

Auch war die Stadt nicht ohne geistige Bedeutung: die beiden Seneca und Lucanus waren hier geboren, öfters ist von ihren Dichtern und Rednern die Rede (Cic. Arch. 26. Sen. suas. 6,27. Martial. 1,61,8. 12,63). R. G.

1. Font. Hisp. Ant. IV–VI. VIII. IX, Barc. 1937ff. Beachte Indices! 2. Über die wirtschaftliche Bedeutung s. auch *Ad. Schulten* Jb. Landesk. 2,503. *Friedr. Bleiching* Span. Landes- und Volkskunde bei Sil. It., Erl. Diss. 1928, 69. 3. Über ihre späteren Schicksale: Encicl. Univ. Ilustr. 15, 593ff.

Corellius. 1. C. Pansa, cos. ord. 122, CIL VI 10048. **2.** Q. C. Rufus. * ca. 31 n. Chr., cos. suff. ca. 78, CIL XIV 4276. Legatus Aug. pr. pr. Germaniae sup. im J. 82, CIL XIV 28. Nerva beauftragte ihn mit der *cura agrorum emendorum et dividendorum*, Plin. epist. 7,31,4. † ca. 98, Plin. epist. 1,12,1. Seine Schwester war Corellia, ebd. 7,11,3f. (vgl. 7,14), seine Gattin Hispulla, ebd. 1,12,9, seine Tochter Corellia Hispulla, ebd. 3,3,1. R. H.

Corfinium (NISSEN It. Ldk. 2,447). Pälign. Stadt (Strab. 5,241: μητρόπολις) im Aternustal, die im Bundesgenossenkriege zur Hauptstadt Italiens gegen Rom gewählt wurde (Strab. Vell. 2,16,3: Umbenennung in *Italica* bzw. *Italia* nach Mz. bei VETTER HB Nr. 200 G 1 *víteliú*); *municipium* der trib. Sergia (KUBITSCHEK Imp. Rom. trib. discr. 53). C. war umkämpft im Bürgerkriege (Caes. civ. 1, 15ff. App. civ. 2,38. Vell. 2,50 u. a.). C. liegt an der → v. Claudia-Valeria (It. Ant. 310,1) in der 4. Region (Plin. nat. 3,106) zwischen Pentima (h. Corfinio) und dem Kloster S. Pelino, wo monumentale Reste. G. R.

Coriarius s. Gerberei

Corinthium aes. Eine bes. geschätzte Art von Bronze, deren Legierung (Zusatz von Gold und Silber) geheim blieb. Daher spannen sich an deren zufällige Entstehung (Feuersbrunst) mannigfache Erzählungen und Fabeln (alle Stellen zum C. a. MAU, RE IV 1233). Von Cicero bis Martial war es eine kostspielige Liebhaberei von Snobs, darum gab es auch Fälschungen. Nur kleine Gegenstände (Gefäße und Statuetten) bestanden aus C. a.; unter den erhaltenen Bronzen ist es nicht nachgewiesen. Keine Erwähnung ist älter als Cicero. Bei den ehernen Tellern *τῶν Κορινθίων κατασκευασμάτων* (Athen. 4,128 D: Lynkeus beschreibt die Hochzeit des Karanos um 300 v. Chr.) ist nicht das Material, sondern die Verarbeitung gemeint. Seit dem 2. Jh. n. Chr. ist die Bedeutung abgeblaßt, und es wird C. a. offenbar in weiterem Sinne für Bronze gebraucht (CIL VI 8686). Die in den Inschr. als *corinthiarii* oder *a corinthiis* erwähnten, meist kaiserlichen, Sklaven waren wohl mit Obhut und Pflege des kostbaren Geschirrs betraut. A. R.

Encicl. Arte Class. Or. II 838 *(Calabi Limentani)*.

Coriolanus. Cognomen des Cn. Marcius C. Eine der großen Gestalten der röm. hist. Legende, die in der 2. H. des 4. Jh. entstanden sein mag und im wesentlichen von der Annalistik übernommen wurde (so das Ergebnis der kritischen Unters. der Überlieferung durch NIEBUHR, SCHWEGLER, MOMMSEN RF 2,113ff. 136ff. W. IHNE RG I^2 150. SCHUR RE Suppl. Bd. V 653ff.); C. kann nur als Pseudopatrizier und unechter Consul (nur ein Teil der Überlieferung nennt ihn cos.) angesehen werden, auf den sich die späteren pleb. Marcier aus zeitbedingten Gründen als Ahnherrn berufen wollten. Auch wenn ein hist. Kern (auch bei dem Cognomen als Ehrenname für die Eroberung von Corioli) überhaupt nicht vorhanden ist, bleibt doch der menschlich-dramatische und zugleich röm.-polit. Wert der Legende (vgl. Shakespeare!). Nach ihr (s. bes. Liv. 2,33–35.37–40.52.54. Plut. Coriolanbiogr.) stammte C. von Ancus Marcius ab (Dion. Hal. ant. 7,50,3), war Sohn der Veturia (RE VIII A 1898), Gatte der Volumnia (RE IX A 882) und Vater von 2 Söhnen. 493 eroberte er die Volskerstadt Corioli; 491 geriet er als Vorkämpfer des Patriziats mit der Plebs in Konflikt und wurde verbannt. 489 und 488 kämpfte er an der Spitze des Volskerheeres gegen seine Heimatstadt. Nur auf Bitten einer Frauengesandtschaft unter seiner Mutter und Gattin gab er alle Erfolge auf und ging ins Exil zurück, wo er von seinem volsk. Gastfreund Attius Tullus ermordet wurde. H. G. G.

Corioli (NISSEN It. Ldk. 2,631). Latin. Stadt s. der Albanerberge, 498 v. Chr. im Bunde gegen Rom (Dion. Hal. ant. 5,61), wird volsk., 493 von dem danach benannten Coriolanus zurückerobert (Liv. 2,33), bald wieder volsk. (Liv. 2,39), nach Plin. nat. 3,69 *sine vestigiis* verschwunden; Grenzstreit zwischen Ardea und Aricia um Land *(finium Coriolanorum)* 446 (Liv. 3,71,7). Genaue Lokalisierung nicht möglich. G. R.

Corippus, Flavius Cresconius. Aus Africa, röm. Epiker des 6. Jh. Sein fast vollständig erhaltenes Hauptwerk Iohannis in 8 B. schildert die Niederwerfung der Mauren durch Justinians Feldherrn Johannes (546–548 n. Chr.). Da sich C. um größte Genauigkeit bemüht hat, ist das Epos nicht nur ein repräsentatives Literaturdenkmal jener Zeit, sondern vor allem eine ergiebige und zuverlässige Geschichtsquelle. Ihm steht das zweite Gedicht, das um 567 n. Chr. veröffentlichte Preislied auf Kaiser Justin (In laudem Iustini, in 4 B.), erheblich nach. Die Sprache des C. bezeugt gründliche Vertrautheit mit der gesamten lat. Dichtung seit Lukrez. Überlieferung: einzige Hs. der Iohannis ist der Trivult. (Mailand), 14. Jh., einzige Hs. der Laus der Matrit. 14,22, 15. Jh. M. F.

Erstausg.: *Mazzucchelli*, 1820 (Iohannis); *Ruiz Azagra*, 1581 (Laus). Ta.: *Partsch* MGAA 3,2, 1879. *Petschenig*, Berl. St. f. Klass. Phil. 4,2, 1886. 1. *Manitius* 1, 1911, 168ff. 2. *Schanz-Hos.* 4,2, 1920, 78ff 3. *D. R. Shackleton Bailey* CPh 50, 1955, 119ff.

Cornelianus. 1. Adressat von Plin. epist. 6, 31. **2.** Griech. Sekretär der kaiserlichen Kanzlei aus der Zeit des Marc Aurel oder Commodus, der bei Phryn. p. 1; 225. 379. 418 Loeb. gepriesen wird; er ist vielleicht identisch mit dem Redner Cornelianus, dem Vater des Sophisten Metrophanes, s. Sud. p. 1010 Adler. **3.** Cos. suff. zwischen 180/82, CIL VIII 10570, voller Name wohl L. Attidius C. R. H.

Cornelius. Name eines der bekanntesten Patriziergeschlechter Roms, in der röm. Republik die größte und weitestverzweigte Gens. (Zur Endung *-ius* vgl. RE XVI 1652, zur Quantität Cornēlius SCHULZE Eigenn. 445). Die patriz. *stirpes* haben sich wohl von den im 5. Jh. v. Chr. häufig bezeugten Maluginenses (Nr. 52f.) abgezweigt, und zwar wahrscheinlich in der folgenden zeitlichen Reihe: Cossi (Nr. 17–20, seit 5. Jh.), Scipiones (61 bis 85, seit frühem 4. Jh.), Rufini (58. 4. Jh.), Lentuli (28–51, 4. Jh.), Dolabellae (21–26, 3. Jh.), Blasiones (10–12), Cethegi (14), Merulae (55–57). Die Zugehörigkeit zu den patriz. Familien ist zweifelhaft bei den Cinnae (Nr. 16), Mammulae, Sisennae (86). Die wichtigste Umbenennung erfolgte bei den Rufini in Sullae (Nr. 87–91). Plebeisch waren die Balbi (Nr. 8f.) und alle Cornelii, die das Bürgerrecht durch Sulla oder später erhielten (Nr. 1), z. B. die Galli und die Nepotes. Die C. bildeten mit den Aemilii, Claudii, Fabii, Valerii in der Republik eine Art Fürstenstand (MÜNZER Adelsp. 98). Sie feierten eigene Feste (Macr. Sat. 1,16,7) und pflegten die Totenbestattung (Cic. leg. 2,56f.), wie das Scipionengrab an der Via Appia in Rom erweist; Sulla (Nr. 91) ließ sich als erster verbrennen. Der in der Breitenwirkung wichtigste Zweig war wohl der der Lentuli, der berühmteste der der Scipiones. Die Bedeutung der patriz. Gens wird aus der Feststellung deutlich, daß je ein Viertel der bekannten Principes senatus und Pontifices maximi in der Republik Cornelier waren. Moderne Übersichten über die hist. bedeutenden Namensträger bei BROUGHTON Mag. 2,550–557 (Republik), PIR (Kaiserzeit). Stammbäume RE IV 1290. 1359f. 1387. 1429f. 1515, vgl. ferner DRUMANN[2] 2.3. MÜNZER Adelsp. (passim). M. GELZER Kl. Schr. 1,41. 51 u. ö. R. SYME The Roman Revolution, 1960, passim.

I. Republikanische Zeit: **1.** Cornelii, die Freigelassenen Sullas, ehemals Sklaven der Proskribierten, die von Sulla das röm. Bürgerrecht erhielten, angeblich über 10000. App. civ. 1,100,469. 104,489, vgl. DESSAU ILS 871 (als Collegium organisiert). **2.** A. C., Quaestor 459, wohl ungeschichtlich. **3.** C. C., Quaestor etwa 71, tr. pl. 67. Durch seine Gesetzesanträge wollte er Mißstände beheben (Verbot von Anleihen an fremde *nationes*, gegen *ambitus*, Dispensation von Gesetzen nur durch Volksversammlung [modifiziert angenommen] *ut praetores ex edictis suis perpetuis ius dicerent*), wodurch er sich mit den Oligarchen verfeindete. Ein maiestas-Prozeß gegen ihn wurde 66 für nichtig erklärt, aber 65 durchgeführt, wobei C. durch Cicero erfolgreich verteidigt wurde (die Frg. der verlorenen Rede pro Cornelio und der Auszug des Ascon. bilden die Hauptquelle für C.). DRUMANN[2] 526ff. SCHANZ-HOS. 1,444. **4.** C. C., röm. Ritter, Catilinarier, wollte Cic. 63 ermorden helfen, blieb – wohl zum Lohn für Denunziationen – straflos. **5.** C. C., Weissager, der 48 den Ausgang der Schlacht bei Pharsalos vorausgesagt haben soll, Gell. 15,18,1–3. **6.** P. Cornelius, einer der ersten röm. Flottenoffiziere 310, Liv. 9,30,3. 38,2f. **7.** P. C. Arvina, Consul 306, siegte über die Samniten (Liv. 9,43,1–22). 304 Censor, 288 cos. II. **8.** L. C. Balbus, Consul suff. 40, Promagistrat (?) in Spanien 40. Er stammte aus Gades, erhielt auf Grund seiner Verdienste im Kampf gegen Sertorius von Pompeius das röm. Bürgerrecht und wurde als erster Ausländer Consul. Er wurde Ritter und diente unter Caesar 61 als praefectus fabrum; in Rom bemühte er sich um das Zustandekommen des sog. Triumvirats (ließ sich dabei von Theophanes von Mytilene, einem Freund des Pompeius, adoptieren), stand mit Cic. in gutem Verhältnis und diente dann vorübergehend bei Caesar in Gallien wieder als praef. fabr. 56 wurde er wegen widerrechtlicher Anmaßung des Bürgerrechts angeklagt und von Cic. Balb. (vgl. SCHANZ-HOS. 1, 433. GELZER, RE VII A 947) erfolgreich verteidigt. Anschließend wirkte er in Rom für Caesar, suchte 50/49 Cicero für diesen zu gewinnen, nahm nicht an den Kämpfen teil und setzte sich später erfolgreich für Aussöhnungen ein. 48 war er mit Oppius eine Art Stellvertreter Caesars in Rom und hatte auch später größten Einfluß; wegen seines Reichtums wurde er oft beneidet. Nach dem Tod Caesars schloß er sich Octavian an, der ihn – sicher mit Rücksicht auf geleistete Dienste – zum cos. (40) machte. Er war Patron von Gades und Capua und lebte noch 32. Er war mit Cic. und Varro befreundet und veranlaßte Hirtius zur Herausgabe des 8. B. de bello Gall. – Man hat seine Stellung bei Caesar mit der des Maecenas bei Augustus verglichen. Jullien De L. Cornelio Balbo maiore, Paris 1886. **9.** L.C. Balbus d.J., Neffe von Nr. 8, wie dieser aus Gades und seit 72 röm. Bürger. Seit 49 befand er sich bei Caesar (oft in diplomatischer Mission), 47 in Alexandria, 45 in Spanien. 43 war er Quaestor in Hispania ult. 40 stand er wieder als Promagistrat (Propraetor?) in Spanien. 21/20 Proconsul in Africa (Sieg über Garamanten). 19 triumphierte er als erster, der bei seiner Geburt noch nicht Römer war, und zugleich als letzter Privatmann. 13 weihte er in Rom ein von ihm erbautes steinernes Theater ein. C. dichtete eine Praetexta u. verfaßte *'Εξηγητικά*, Teuffel-Kr.-Sk. 1 § 20,9 4. **10.** Cn.C. Blasio, Consul 270, Censor 265, cos. II 257. **11.** Cn.C. Blasio, Proconsul im diesseitigen Spanien 199–196, Praetor (Sicilien) 194. **12.** P.C. Blasio, Münzmeister zwischen 150–133, Broughton Mag. 2,436. **13.** P.C. Calussa, pontifex maximus um 332. **14.** Cornelii Cethegi → Cethegus. **15.** L.C. Chrysogonus → Chrysogonus. **16.** Cornelii Cinnae → Cinna Nr. 1–5. **17.** A.C. Cossus, Consul 428, Consulartribun 426. Berühmt durch seinen Zweikampf mit dem Veienterkönig Lars Tolumnius (RE VI A 1693 f.), dessen Rüstung er als *spolia opima* dem Iuppiter Feretrius darbrachte, Liv. 4,19 f.; das Jahr der Tat (wohl 428) ist nicht eindeutig genannt. Vgl. Romulus und Claudius Marcellus Nr. 15. **18.** A.C. Cossus, besiegte 385 als Dictator die Volsker im pomptin. Gebiet und triumphierte, Liv. 6,11,10–13. Anschließend soll er die pleb. Unruhen durch Verhaftung des M. Manlius Capitolinus unterdrückt haben. **19.** P.C. Cossus, Consulartribun 408; auch andere Cossi werden als trib. mil. cos. pot. genannt. **20.** A.C. Cossus Arvina, 353 und 349 magister equitum, 343 Consul (soll im 1. Samnitenkrieg durch Aufopferung des P. Decius Mus gerettet worden sein, einen Sieg errungen und triumphiert haben, Liv. 7,32.34.36 f.; vielleicht alles annalist. Erfindung), 332 cos. II, 322 Dictator (Sieg und Triumph über die Samniten, unhist.), 320 Fetialis. **21.** Cn.C. Dolabella, Aedil 165, Praetor um 162, Consul 159 (Gesetz de ambitu). **22.** Cn.C. Dolabella, Anhänger Sullas, tr. pl. (?) 89, legatus 83–82 (riet vom Angriff auf Rom ab), Consul 81, Proconsul in Macedonia 80–78, Triumph, anschließend Erpressungsanklage durch den jungen Caesar (Tac. dial. 34, Vell. 2,43,3 u. a.), Freispruch nach Verteidigung durch Cotta und Hortensius. **23.** Cn.C. Dolabella, Praetor 81 (ungerechtes Urteil gegen P. Quinctius), Proconsul in Cilicia 80–79, nach Rückkehr Verurteilung wegen Erpressungen (Belastung durch Verres). **24.** L.C. Dolabella, Praetor um 100, Statthalter in Spanien 99–98, Triumph über die Lusitaner. **25.** P.C. Dolabella, Consul 283 (Sieg am Vadimon. See über Boier und Etrusker, Triumph), Gesandter an Pyrrhos 279 (mit Fabricius). **26.** P.C. Dolabella,

der Schwiegersohn Ciceros, → Dolabella. **27.** C. Epicadus, Freigelassener Sullas, vielleicht sein Bibliothekar, vollendete dessen Memoiren und schrieb *de cognominibus*, *de metris* und wohl auch ein antiquarisches Werk. Schanz-Hos. 1,581. **28 ff.** C. Lentuli, bedeutender Zweig der patriz. Cornelii (vom Linsenbau, *lentes*), seit der 2. H. des 4. Jh. v. Chr. bezeugt. Stammbaum RE IV 1359 f. Personen, die hier nicht zu finden sind, → Lentulus. **28.** C. Lentulus, 137 Statthalter in Sizilien (Praetor?), wurde von Sklaven unter → Eunus erschlagen. **29.** Cn.C. Lentulus nahm als trib. mil. an der Schlacht bei Cannae teil, 212 Quaestor in Lucanien, 205 Aedil, 201 Consul (Kommando über Flotte bei Sizilien), 199 IIIvir col. deduc. (Narnia), Mitglied der Zehnerkommission in Griechenland 196–195. Augur vor 217–183. **30.** Cn.C. Lentulus, 161 Gesandter in Kyrene, 146 Consul. **31.** L.C. Lentulus, der älteste Vertreter des Zweiges (C.C. Lentulus, Consul 478, ist wohl ungeschichtlich!), Consul 327 (gegen Samniten), soll nach Liv. 9,4, 7 ff. bei Caudium 321 zur Kapitulation geraten haben (erfunden), Dictator 320. Entgegen früheren Ansichten trug er das Cognomen Caudinus nicht. **32.** L.C. Lentulus, erhielt als Privatmann den Oberbefehl in Spanien 206, 205 mit seinem Bruder Nr. 29 Aedil, blieb aber in diesem und den nächsten J. in Spanien, feierte 200 eine Ovatio. 199 Consul (Degr. I 13,1,48 f. 452 f.), unbedeutende Kämpfe in Oberitalien (bis 198). 196 ging er als Gesandter zu Antiochos nach Syrien, Pol. 18,49 ff. **33.** L.C. Lentulus überbrachte 168 die Siegesmeldung von Pydna nach Rom. Wohl identisch mit dem Praetor von 140. **34.** L.C. Lentulus, Praetor um 86, Proconsul (Asia?) 83, bekannt aus der Inschr. von Rhodos IG XII 1,48 = Sylloge 745, in der auch Sulla genannt ist, vgl. Broughton Mag. 2,73,5. **35.** P.C. Lentulus, Praetor 214 (in W.-Sizilien bis 211), soll 201 gegen das Friedensgesuch der Karthager gesprochen haben, App. Lib. 62–65 (wohl erfunden). **36.** P.C. Lentulus, Gegner der Gracchen, → Lentulus. **37.** Ser.C. Lentulus, 172 Gesandter nach Griechenland, 169 Praetor (Sizilien); er ist nicht identisch mit dem Inscr. de Délos 4,1,1845 Genannten. **38.** C. (C.) Lentulus Batiatus (oder Vatia), Besitzer einer Gladiatorenschule in Capua, in der 73 der Sklavenkrieg des Spartacus begann, Plut. Crass. 8,2. **39.** L.C. Lentulus Caudinus, Consul 275, kämpfte, während sein Kollege Curius (Nr. 7) den Pyrrhos besiegte, offensichtlich erfolgreich gegen die Samniten (Ehrenname Caudinus; vgl. seine Söhne Nr. 40. 41) u. triumphierte. **40.** L.C. Lentulus Caudinus, Consul 237, Censor 236, Princeps senatus wohl 220, Pontifex vor 221 bis 213, Pontifex maximus 221–213. **41.** P.C. Lentulus Caudinus, 236 Consul, triumphierte über die Ligurer. **42.** P.C. Lentulus Caudinus, wohl Sohn von Nr. 41, 210 unter Scipio in Spanien, Aedil 209, Praetor (Sardinia) 203, ging als Propraetor 202 von dort mit seinen Schiffen nach Africa. Mitglied von Zehnerkommissionen 196 (nach Griechenland und Kleinasien) und 189–188 (Kleinasien, aber verdächtig, doch vgl. Broughton Mag. 2,364,6). **43.** Cn. C. Lentulus Clodianus, trib. pl. (daher vor seiner Adoption Plebeier!), 82 im Gefolge Sullas (Cic. Brut. 308.311), Praetor um 75, Consul 72 (Gesetz über die Gültigkeit der Bürgerrechtsverleihungen des Pompeius, Einschreiten gegen die Provinzverwaltung des Verres, schwere Niederlage gegen Spartacus), Censor 70 mit seinem Collegen im Consulat L. Gellius Poplicola (64 Senatoren ausgestoßen!). 67 Legat des Pompeius im Seeräuberkrieg (Seegebiet um Italien); 66 unterstützte er die Rogation des Manilius (Cic. Manil. 68). Patron von Oropos und Temnos, als Redner nicht unbegabt, Cic. Brut. 230.234. **44.** Cn. C. Lentulus Clodianus, Gesandter 60 (nach Gallien), Praetor 59 (de maiestate?), Sohn von Nr. 43. **45.** L. C. Lentulus Crus, Gegner Caesars, → Lentulus. **46.** L. C. Lentulus Lupus, Aedil (cur.) 163, Gesandter 162–161 (nach Griechenland), Praetor um 159 (SC de Tiburtibus, Dess. ILS 19), Consul 156, 154 Verurteilung wegen Erpressungen, trotzdem 147 Censor, Xvir sacris fac. 143, Princeps senatus 130 bis vor 125, Redner und Gegner Catos (Cic. Brut. 79; Tusc. 3,51). S. Büste vielleicht: Bernoulli Röm. Ikon. 1,70.290. **47.** Cn. C. Lentulus Marcellinus, Münzmeister um 87 (Broughton Mag. 2,437), Quaestor 74, Legatus pro praetore unter Pompeius im Seeräuberkrieg (Küste Africas), 60 Praetor, Propraetor in Syrien 59–58. 56 Consul, zeigte sich als Förderer Ciceros, Gegner des Clodius (wie schon 61), Wortführer der Optimaten, auch im Widerstand gegen die Triumvirn. Dann zog er sich zurück und starb wohl bald. Er war auch VIIvir epulonum. Aus der Familie der Marceller (sein Vorfahre war Claudius Marc. Nr. 15) trat wohl schon sein Vater in die der Lentuli über. **48.** L. C. Lentulus Niger, Flamen Martialis, wohl schon vor 69 (vgl. Macr. Sat. 3,13,1) bis zu seinem Tod im J. 56, Praetor um 61, bewarb sich erfolglos um das Consulat für 58, war 56 Richter im Sestius-Prozeß. **49.** L. C. Lentulus Spinther (so wegen der Ähnlichkeit mit einem Schauspieler gleichen Namens), Anhänger des Pompeius. Quaestor um 73, Aedil (cur.) 63 (unterstützte Cicero gegen die Catilinarier), Praetor 60, Statthalter in Hispania cit. 59, mit Unterstützung Caesars (dem er wohl auch den Pontificat um 60 verdankte) Consul 57 (setzte Ciceros Rückberufung durch, Cic. Sest. 144 u. o., Gesetz über potestas rei frumentariae für Pompeius), Proconsul in Cilicia 56–54 (Imperator, Triumph 51), war 53 bis 51 in Italien *cum imperio*, kämpfte 49 gegen Caesar, von dem er bei Corfinium gefangen und begnadigt wurde, ging wieder zu Pompeius, kämpfte 48 bei Pharsalos mit, war 47 in Rhodos und starb wohl bald. Drumann[2] 2,455 ff. **50.** P. C. Lentulus Spinther, Sohn von Nr. 49, seit 57 Augur, schloß sich nach den Iden des März den Cäsarmördern an, wurde Quaestor 44, stand 43 als Proquaestor pro praetore in Asia (Cic. fam. 12,14.15; Mz.), war 43–42 Legatus unter Cassius (Unternehmungen gegen Rhodos und Myra) und fand bald nach Philippi 42 sein Ende. **51.** P. Cornelius Lentulus Sura, der Catilinarier, → Lentulus. **52 f.** C. Maluginenses, patriz. Zweig, vorwiegend im 5. Jh. v. Chr., Übersicht bei Broughton Mag. 2,554, dabei Consuln von: 485, 459 (Nr. 53), 436, 393, ein Censor 392, ein Decemvir legibus scrib. 450, mehrere Konsulartribunen: 404, 397, 390, 386 (Nr. 52), 369. **52.** Ser. C. Maluginensis, Tr. mil. consulari potestate 386 (und dann bis 368 noch sechsmal), Magister equitum des Dictators T. Quinctius 361. **53.** L. C. Maluginensis Uritinus, Consul 459 (Triumph *de Volsceis* [*A*]*ntiatib*[*us*]), soll 449 das Decemviralkollegium gestützt haben. **54.** Ser. C. Merenda, zeichnete sich 275 bei der Einnahme von Caudium aus, Consul 274. **55.** Cn. C. Merula, 162 Gesandtschaftsmitglied nach Kreta, Kyrene und Alexandreia zur Vermittlung im Bruderzwist der Ptolemäer, führte 154 eine ähnliche Gesandtschaft in den O. **56.** L. C. Merula, Praetor 198 (unterdrückte einen lokalen Sklavenaufstand), 194 Triumvir coloniae deducendae, 193 Consul (schlug die Gallier bei Mutina, durfte aber nicht triumphieren). **57.** L. C. Merula, Flamen Dialis, Praetor um 90, Cos. suff. 87, legte nach Rückkehr der Popularen dieses Amt und die Priesterwürde (die dann 75 J. unbesetzt blieb) nieder und ging vor dem gerichtlichen Verfahren gegen ihn in den Freitod. **58.** P. C. Rufinus, wohl der Sohn des gleichnamigen Dictators von 333, Consul I 290, beendete mit seinem Kollegen Curius Dentatus (Nr. 7) den Samnitenkrieg (Triumph), dann – vor 285 – Dictator, cos. II 277 (eroberte Kroton), berüchtigt wegen seiner Habgier, wurde er 275 durch Fabricius aus dem Senat gestoßen (weil er 10 Pfund silbernes Tafelgeschirr besaß). **59.** P. C. Rutilus Cossus, Dictator 408, Consulartribun 406. **60.** P. C. Scapula, Consul 328, Liv. 8,22,1, vgl. Broughton Mag. 1,145. **61 ff.** Cornelii Scipiones, der berühmteste Zweig der Gens, der seine Glanzzeit im Zeitalter der Pun. Kriege hatte und am Ende der Republik ausstarb; er ging wahrscheinlich auf die Maluginenses (s. o. Nr. 52 f.) zurück. Einzelheiten und vor allem die großen Personen → Scipio. **61.** C. Scipio, nur aus einem Saturnierfragment aus den Scipionengräbern an der Via Appia in Rom (jetzt beste Übersicht bei E. Nash Bildlexikon zur Topogr. des ant. Rom 2 [1962] 352 ff.), Dess. ILS 9. CEpigr. 1,8,10 bekannt. **62.** L. C. Scipio, Aedil vor 259, Consul 259 (Eroberung von Aleria auf Corsica, nahm Sardinien ohne das von Karthagern tapfer verteidigte Olbia, Triumph), Censor 258, Weihung des Tempels der Tempestas. Ältestes poet. Elogium aus den Scipionengräbern, CIL VI 1286 f. Dess. ILS 2.3 (jetzt beide im Vatican, Abb. bei Nash 2, Abb. 1130). **63.** L. C. Scipio Tr. mil. um 168, Quaestor 167 (offizieller Betreuer des Königs Prusias in Rom). Nach der Grabschr. DESS. ILS 5 starb er im Alter von 33 J. **64.** L.C. Scipio, Sohn des Africanus, geriet 192 in Gefangenschaft des Antiochos, der ihn 190 nach ehrenvoller Behandlung entließ (Einzelheiten unklar, Liv. 37,34.36.37). 174 Praetor. **65.** L.C. Scipio, starb um 154 im Alter von 20 J., wie seine poet. Grabinschr. (DESS. ILS 7) erweist. **66.** P.C.Scipio, der 1. Träger des Individualcognomens (weil er seinem erblindeten Vater als Stab diente, Macr. Sat. 1,6,26). Nach der Tradition war er Konsulartribun 395 (und 394) und Interrex 391, 389. Unsicher ist der gleichnamige praef. equitum von 350 und auch die Annahme, er sei der Bruder des Consuls L.C. Scipio von 350 und mit diesem zusammen 340 Censor gewesen. **67.** P.C. Scipio, Consul 218, fiel 211 in Spanien, → Scipio. **68.** P.C. Scipio, ältester Sohn des Africanus, 180 Augur, adoptierte vor 168 den späteren Africanus Minor. Infolge schwacher Konstitution war er nicht politisch, wohl aber literarisch tätig, Cic. Brut. 77. SCHANZ-HOS. 1,176. Auf ihn die Scipioneninschr. CIL 1,10 bezogen (dann war er auch Flamen Dialis). **69.** P. C. Scipio Aemilianus Africanus (d.J.) → Scipio. **70.** P.C. Scipio Africanus (maior) → Scipio. **71.** L.C. Scipio Asiagenus, jüngerer Bruder von Nr. 70, → Scipio. **72.** L.C. Scipio Asiagenus, Consul 83, → Scipio. **73.** L.C. Scipio Asina (unbefriedigende Erklärung des 2. Cognomens bei Macr. Sat. 1,6, 29), Consul 260 (bei Lipara von den Karthagern gefangen, später ausgetauscht), Consul II 254 (Erfolge in Sizilien, Einnahme von Panormos), Triumph 253. **74.** P.C. Scipio Asina, wohl Sohn von Nr. 73, Consul 221 (Unterwerfung der Histrer), Interrex 217, lebte 211 noch in Rom. **75.** P.C. Scipio Barbatus, der älteste im Erbbegräbnis beigesetzte Namensträger, der wohl als Stammvater galt (Peperinsarkophag h. im Vatikan, CIL I 29f. DESS. ILS 1. NASH Bildlex. 2, Abb. 1131). Aedil 301?, Consul 298 (Erfolge in Lucanien und Etrurien), Legatus 297, 295?, Propraetor 295, Legatus 293, Censor etwa 280, Pontifex max. von vor 304 bis nach 280, *vir fortis sapiensque* nach dem (späteren!) Elogium. **76.** Cn.C. Scipio Calvus, Consul 222, fiel in Spanien 211, → Scipio. **77.** Cn.C. Scipio Hispallus, Sohn von Nr. 76, Pontifex 199, Legatus 190, Praetor 179, Consul 176. **78.** Cn.C. Scipio Hispanus, Sohn von Nr. 77, Decemvir stlit. iud. vor 150, Quaestor etwa 150, Tr. mil. vor 150 und 149, Aedil 141?, Praetor 139 (Ausweisung der Astrologen), Xvir sacr. fac. 139. **79.** M.C. Scipio Maluginensis, Praetor 176 (Hisp. ult., blieb jedoch in Rom!), Censor. Rüge 174. **80.** P.C. Scipio Nasica, Consul 191, → Scipio. **81.** P.C. Scipio Nasica, Praetor 93 (Hispania), verheiratet mit Licinia, der Tochter des Redners Crassus; sein gleichnamiger Sohn wurde um 64 von Q. Caecilius Metellus Pius adoptiert. **82.** P.C. Scipio Nasica Corculum, Sohn von Nr. 80, Consul 162, → Scipio. **83.** P.C. Scipio Nasica Serapio, Sohn von Nr. 82,

Consul 138, → Scipio. **84.** P.C. Scipio Nasica Serapio, Sohn von Nr. 83, Praetor um 114, Consul 111 (Italien), starb im Amt, liebenswürdige Persönlichkeit, Cic. off. 1,109; Brut. 128. **85.** C. Scipio Pomponianus Salvitto (aus der Gens Pomponia adoptiert, mit Spottnamen), 47 von Caesar aus propagandistischen Gründen herangezogen (Suet. Caes. 59, *despectissimum quendam*). **86.** L.C. Sisenna, Praetor 78, der Historiker, → Sisenna. **87ff.** Cornelii Sullae (Cognomen von roten Gesichtsflecken oder aus einer Kürzung von Sibylle), Stammbaum RE IV 1515. **87.** Faustus C. Sulla, Sohn des Dictators und der Caecilia Metella, vor 86 geb., Tribunus mil. 63 bei Pompeius (Erstürmung des Tempels in Jerusalem), Münzmeister um 62 (BROUGHTON Mag. 2,437), gab 60 prächtige Spiele zu Ehren seines Vaters, Augur vor 57, Quaestor 54, Bauauftrag für die Curia Hostilia 52. Er war mit der Tochter des Pompeius verheiratet und stark verschuldet, stand 49–47 als Proquaestor pro praetore auf der Seite des Pompeius, entkam aus den Schlachten von Pharsalos und Thapsus (46), wurde dann von Soldaten Caesars getötet. **88.** P.C. Sulla, 1. Träger des Cognomens, Flamen Dialis um 250. **89.** P.C. Sulla, Praetor 212, hielt erstmals die Ludi Apollinares ab, Liv. 25,12,3–15. 27,23,5. **90.** P.C. Sulla, Cos. des. für 65, von Cicero 62 verteidigt, → Sulla. **91.** L.C. Sulla Felix, der Dictator, → Sulla.

92. Cornelia, jüngere Tochter des Scipio Africanus (maior) und der Aemilia Tertia, Mutter der Gracchen, 2. Jh. v. Chr. Nach dem Tod ihres Gatten Tib. Sempronius Gracchus (153) ging sie keine neue Ehe ein (trotz Werbung des späteren Königs Ptolemaios VIII. Euergetes II.), sondern widmete sich ausschließlich der Erziehung ihrer (urspr. 12) Kinder, von denen nur 3 am Leben blieben, die beiden tr. pl. von 133 und 123 und Sempronia (später Gemahlin des Scipio Aemilianus). Die Söhne sollen ihre hervorragende Rednergabe und ihren Ehrgeiz z.T. ihrer hochgebildeten Mutter verdankt haben (Cic. Brut. 104.211. Tac. dial. 28). C. soll die von den Söhnen verfochtene Sache, nicht aber ihre Methoden gebilligt haben. Nach dem Tod des Tib. zog sie sich nach Misenum zurück; 2 Brieffrgm. von ihr aus dem J. 124 an C. sind wohl echt (Nep.-Ausgaben, FrgHR Peter 222, vgl. TEUFFEL-KR.-SK. 1, § 123,6), übrigens die einzige vorhandene Prosa einer röm. Frau. Mit Seelengröße trug sie den Tod des C. 121. Als Muster einer Römerin lebte sie fort. Basis einer Sitzstatue aus der Porticus Metelli CIL VI 31610, vgl. E. KORNEMANN Große Frauen des Alt., 1942, 177. **93.** Cornelia, Tochter Sullas u. s. 1. Gattin Ilia, Gemahlin des Q. Pompeius Rufus (Consul 88), Mutter von 2 Kindern, habgierig, erwarb die Villa des Marius bei Misenum und verkaufte sie mit Gewinn an Lucullus. **94.** Cornelia, Tochter des Cinna Nr. 3, seit um 85 Gattin Caesars, Mutter der Iulia, starb 68. **95.** Cornelia, 55 Gattin des jüngeren P. Licinius Crassus († 53), 52 in 2. Ehe verheiratet mit dem bedeutend älteren Cn. Pompeius, befand sich seit 49 auf Lesbos, ging 48 mit Pompeios nach Äg., wo sie dessen Ermordung beobachten mußte. Plut. Pomp. 74f. Lucan. 8,577ff. **96.** Cornelia Fausta, Tochter des Dictators Sulla, verheiratet mit C. Memmius (geschieden 54), dann mit T. Annius Milo, eine der sittenlosesten Frauen ihrer Zeit.

Verweisungen:
RE 141 = Kl. P. 26 → Dolabella
RE 202 = Kl. P. 36 → Lentulus
RE 218 = Kl. P. 45 → Lentulus
RE 240 = Kl. P. 51 → Lentulus
RE 330 = Kl. P. 67 → Scipio
RE 335–338 = Kl. P. 69–72 → Scipio
RE 345 = Kl. P. 76 → Scipio
RE 386 = Kl. P. 90 → Sulla
RE 392 = Kl. P. 91 → Sulla
RE 374 = Kl. P. 86 → Sisenna H. G. G.

II. Kaiserzeit: **1.** C., Bischof von Rom, 251 bis 253. Im April gewählt, hatte er sich sofort mit dem Problem der *lapsi*, der unter der Verfolgung des Decius Abgefallenen zu befassen. C. ließ Milde walten; das führte zur Wahl eines rigorosen Gegenbischofs, des Novatian. C. gewann vor allem Cyprian von Karthago (CSEL 3/2 epist. Nr. 44 bis 52), 252 nach Centumcellae verbannt, † Juni 253, als Märtyrer verehrt. In der Kallistuskatakombe beigesetzt, P. Styger Die röm. Katakomben, 1933, 28f. H. Leclercq Diction. d'archéol. chrét. 3/2, 1948, 2968ff. **2.** Ankläger des Scaurus Mamercus im J. 34 n. Chr., Tac. ann. 6,29,3, bald selbst verbannt, ebd. 6,30,1. **3.** Q. C. Annianus, cos. suff. 116, Inscr. Ital. XIII 1, p. 116. **4.** P. C. Anullinus, cos. II 199. Spanier. Sein curs. honor. CIL II 5506. Cos. suff. vor 176, legat. Aug. pr. pr. Germaniae sup. CIL XIII 6542f. ca. 177. Procos. Africae 193/94, CIL VIII 1170. Er besiegte als Heerführer des Septimius Severus den Pescennius Niger, Dio 74,7,4–8. Im J. 195 nahm er am Feldzug gegen Adiabene und Osrhoene teil, Dio 75,3, 2. Cos. II ord. 199 (CIL VI 1352) und wohl 199 bis 203 praefectus urbi (CIL II 5506). **5.** P. C. Anullinus, cos. ord. 216, CIL XIV 137, Sohn von Nr. 4. **6.** Ser. C. Cethegus, cos. ord. 24 n. Chr., Dio ind. 1,57. Frontin. aq. 102. CIL VI 10051. Procos. Africae zwischen 30/35 oder 40/41 (?), CIL VIII 23264, B. Thomasson Statth. N.-Afr. 2,30. **7.** M. Gavius C. Cethegus, cos. 170, s. Gavius. **8.** L. C. Cinna, quaestor des cos. 44 v. Chr., P. Dolabella Plut. Brut. 25. Cic. Phil. 10,6,13. Cos. suff. 32 v. Chr., Inscr. It. XIII 1, p. 255. 183. CIL VI 10286/287. T. R. Broughton Magistrates 2, p. 417. **9.** Cn. C. Cinna Magnus, cos. ord. 5 n. Chr. Enkel des Pompeius durch dessen Tochter, Sen. clem. 1,9,3. In den J. 32/30 stand er auf seiten seines Onkels Sex. Pompeius, doch begnadigte ihn Octavian, Sen. clem. 1,9,8. Trotzdem versuchte C. ca. 16/13 eine Verschwörung anzuzetteln. Livia setzte sich für ihn ein, Sen. clem. 1,9,2. Dio 55,14–22, Augustus verlieh ihm sogar den Konsulat, AE 1949, 215,10. Sen. benef. 4,30,2. Cos. ord. 5 n. Chr. Inscr. It. XIII 1 p. 60f. 293. CIL VI 851. 10294. Er hinterließ Augustus als alleinigen Erben, Sen. clem. 1,9,12. **10.** Sex. C. Clemens, cos. suff. vor 170, CIL III 7505, in den J. 170/72 dux trium Daciarum, Dio 71,12,1f. **11.** Cn. Pinarius C. Clemens, s. Pinarius. **12.** C. Dolabella, er verriet 30 v. Chr. in Alexandria der Kleopatra, sie würde nach Rom geschickt werden, worauf sie sich tötete, Plut. Ant. 84. Freund des Augustus, Quint. inst. 6,3,79. **13.** Cn. C. Dolabella, Verwandter des Galba, daher riet man diesem zu Beginn des J. 69, C. zum Nachfolger zu nehmen, Plut. Galb. 23; doch dieser unterließ das aus Eifersucht, Suet. Galb. 12,2. Otho setzte C. in Aquinum fest (Tac. hist. 1,88,1), Vitellius, der früher mit der Gattin des C., Petronia, verheiratet gewesen war, ließ ihn nach Interamna bringen, auf dem Weg dahin wurde C. ermordet (Tac. hist. 2,63–64,1). **14.** P. C. Dolabella, Sohn von Nr. 12. Cos. ord. 10 n. Chr., Inscr. It. XIII 1, p. 303. CIL VI 1384. Beim Tod des Augustus war er legatus Aug. pr. pr. Illyrici, CIL III 1741. Vell. 2,125,5; er hatte diese Statthalterschaft von 14 bis 19 oder 20 inne, CIL III 2908. 3200. 10159. Im J. 21 und 22 sprach er im Senat in Rom, Tac. ann. 3,47,3. 69,1. Procos. Africae 23/24. Er besiegte Tacfarinas (AE 1961, 107), erhielt aber trotzdem die Triumphalinsignien nicht, Tac. ann. 4,23–26. Im J. 27 trat er als Mitkläger gegen Quintilius Varus auf, Tac. ann. 4,66,2. **15.** Ser. C. Dolabella Metilianus Pompeius Marcellus, cos. suff. 113, Inscr. It. XIII 1, p. 202f.; AE 1949, 23. Sein curs. honor. auf der Inschr. von Corfinium, wo er ein Bad hatte bauen lassen, CIL IX 3151–3154. **16.** Ser. C. Dolabella Petronianus, cos. ord. 86, Inscr. It. XIII 1 p. 192f.; AE 1949, 23. **17.** M. C. Fronto, s. Fronto. **18.** C. Fuscus. Nach Aufgabe des Senatorenstandes verlieh ihm Galba 68 eine Prokuratur in Pannonien, Tac. hist. 2,86,3f. Er schloß sich Vespasian an, wurde Präfekt der Flotte von Ravenna, ebd. 3,12,3, kämpfte gegen die Vitellianer, ebd. 3,42,1, erhielt die *ornamenta praetoria*, ebd. 4,4,2. Unter Domitian praefectus praetorio. Er fiel 86/87 als Heerführer gegen die Daker, Suet. Dom. 6,1. Grabgedicht auf C. bei Martial. 6,76. H. G. Pflaum Carrières proc. éq. 1,77–80. **19.** C. C. Gallicanus, Statthalter von Gallia Lugdunensis 83, CIL XII 2602; cos. suff. 84, CIL XVI 30. Inscr. It. XIII 1 p. 192f. Curator rei alimentariae zwischen 98/102, CIL XI 1147,2,37. **20.** C. C. Gallus. * 70/69 v. Chr. in Forum Iulii (Fréjus) s. R. Syme, CQ 1938, 39ff. In Rom Mitschüler Vergils, Ps.-Prob. Verg. ecl. praef. p. 328 Hagen. Im J. 43 in Rom (Cic. fam. 10,32,5) wurde er 42 als triumvir agris dividundis (Bayet, REL 6, 1928, 271ff.) nach Oberitalien geschickt und rettete Vergil seinen Besitz bei Mantua, ecl. 10,6.64f., dazu Serv. auct.; doch in Verg. georg. B. 4 ersetzte das Aristäus-Finale

(V. 315ff.) nicht ein urspr. Lob des Gallus, s. F. Klingner Vergils Georgica, 1963, 193ff. Mit Augustus befreundet war er im J. 30 einer der Heerführer gegen Antonius im alexandrin. Krieg, Dio 51,9f. Plut. Ant. 79. Im J. 30 1. Praefekt von Äg., Suet. Aug. 66,1 (A. Stein Praef. Aegypt. 14–16). Schon am 15. April 29 ließ er auf der Insel Philae die dreisprachige Inschr. über seine Taten anbringen, CIL III 14147,5 = Dess. 8995; dasselbe tat er auf Pyramiden, Dio 53,23,5 und auch auf dem Obelisken auf dem Petersplatz in Rom hatte er sich verewigt. Seine Überheblichkeit drohte gefährlich zu werden. Im J. 26 angeklagt und verurteilt, tötete er sich selbst, Dio 53,23,6f. 24,1. Suet. Aug. 66,2. Er gehörte zu den bedeutendsten Dichtern von Liebeselegien (auf Cytheris-Lykoris, Ov. am. 1,15,29f.; trist. 2,445. Prop. 2,34,91) in der Art des Euphorion; Serv. Verg. ecl. 10,1 kennt 4 B. solcher Elegien. Nach Quint. inst. or. 10,1,93 war er *durior* als Tibull und Properz, s. G. Luck Röm. Liebeselegie, 1961, 47ff. L. Winneczuk Eos 50, 1959/60, 127–145. Schanz-Hos. 2[4],169–172. **21.** C. Labeo, Sakralschriftsteller, wahrscheinlich aus dem 2./3. Jh. n. Chr., da er doch schon dem Neuplatonismus nahesteht. Gegen ihn polemisiert vor allem Arnobius (2,15), wiederholt auch Augustinus (civ. Dei 2,11. 9,19). Er schrieb de oraculo Apollinis Clarii, Macrob. sat. 1,18,21; de diis animalibus (aus Menschenseelen hervorgegangene Götter), Serv. Verg. Aen. 8,168; de dis Penatibus Macrob. 3,4,6. Fasti ebd. 1,16,29; kaum echt de disciplina Etrusca, Schanz-Hos. 3,181–183. **22.** C. Laco, aus niedriger Stellung erhob ihn Galba 68 zum Praefectus praetorio, Plut. Galb. 13. Tac. hist. 1,13,1. Er gehörte zu den 3 einflußreichsten Ratgebern Galbas, Suet. Galba 14,2. Er veranlaßte die Adoption des L. Calpurnius Piso Licinianus, Tac. hist. 1,14,1. Nach Galbas Ermordung auf Befehl Othos hingerichtet, ebd. 1,46,5. **23.** Imp. Caes. Ulpius C. Laelianus Aug. s. Laelianus. **24.** Cn. C. Lentulus, cos. ord. 18 v. Chr., Inscr. It. XIII 1, p. 284. 291. Mon. Anc. lat. 1,18. **25.** Cn. C. Lentulus (augur, Tert. pall. 4) cos. ord. 14 v. Chr. Verarmt hat ihm Augustus emporgeholfen, Sen. benef. 2,27,2. Nach dem Konsulat (Inscr. It. XIII 1, p. 284f.) erhielt er 2/1 v. Chr. den Prokonsulat von Asia, Sylloge[3] 781. Als Statthalter von Illyricum (R. Syme, JRS 24, 1934, 133ff.) bekam er wegen erfolgreicher Kämpfe ca. 1–4 n. Chr. gegen die Daker und Sarmaten (Flor. 2,28f.) die *ornamenta triumphalia*, Tac. ann. 4,44,1. Im J. 14 n. Chr. begleitete er Drusus nach Illyricum, um Soldatenunruhen zu beschwichtigen, Tac. ann. 1,27,1. Im J. 16 (ebd. 2,32,1) und 22 (ebd. 3,68,2) sprach er im Senat, 24 unschuldig in einen Majestätsprozeß hineingezogen, starb er 25 n. Chr. (Tac. ann. 4,29, 1.44,1). Sein Vermögen erbte Tiberius, Suet. Tib. 49,1. **26.** Cossus C. Lentulus. Cos. ord. 1 v. Chr. Er begann als IIIvir monetalis ca. 12 v. Chr., Mattingly 1,25,121ff. Nach seinem Konsulat (Inscr.

It. XIII 1 p. 284f. 294f. 297 war er 5/7 oder 6/8 procos. Africae, Vell. 2,116,2; für die Besiegung der Gaetuler (AE 1940, 68) und Musulamier erhielt er die *ornamenta triumphalia*, Dio 55,28,3f. Im J. 31 sprach er im Senat, Dig. 48,2,12 pr., 33 ernannte ihn Tiberius zum praefectus urbi, Sen. epist. 83,15. **27.** Cossus C. Lentulus, cos. ord. 25 n. Chr., Inscr. It. XIII 1, p. 298. CIL XI 3613. Sohn von Nr. 26, Vater des gleichnamigen cos. ord. 60 n. Chr. CIL IV 3340, VI 396. **28.** L. C. Lentulus, cos. ord. 3 v. Chr. CIL VI 31772. Auch er begann als IIIvir monetalis, ca. 15 v. Chr. Mattingly 1,26,124f. Er ist in Afrika gestorben, Instit. Iust. 2,25 pr. **29.** Cn. C. Lentulus Gaetulicus, cos. ord. 26 n. Chr. Sohn von Nr. 26, Vell. 2,116,2. Praetor peregrinus 23, Inscr. It. XIII 1 p. 298. Nach seinem Konsulat (CIL VI 343) war er ca. 30–39 n. Chr. Legat des Heeres von Germania sup., Dio 59,22,5. Auch verwandtschaftliche Beziehungen zu Seian schadeten ihm nicht, Tac. ann. 6,30,2. 4. Da er gegen Caligula in eine Verschwörung verwickelt war (Suet. Claud. 9,1), wurde er getötet, Dio 59, 22,5. CIL VI 2029. Er verfaßte erot. Epigramme auf seine Gattin Apronia Caesennia, Plin. epist. 5,3,5. Martial. praef. lib. 1. Sidon. epist. 2,10,6. Schanz-Hos. 2,555f. Sein gleichnamiger Sohn war cos. suff. 55, CIL IV 3340. **30.** Ser. C. Lentulus Maluginensis. Cos. suff. 10 n. Chr., Inscr. It. XIII 1, p. 303. CIL VI 20606. Obwohl flamen Dialis (Inscr. It. XIII 1, p. 63), beanspruchte er im J. 22 den Prokonsulat von Asia, Tac. ann. 3,58,1, wurde aber abgewiesen, ebd. 71,2. † im J. 23, ebd. 4,16,1. **31.** P. C. Lentulus Marcellinus, cos. 18 v. Chr., Inscr. It. XIII 1, p. 284. 291. Dio ind. 1,54. **32.** P. C. Lentulus Scipio, cos. suff. 2 n. Chr., Inscr. It. XIII 1, p. 60f. **33.** P. C. Lentulus Scipio, cos. suff. 24 n. Chr.; er kämpfte als Legat der legio VIII Hispana (CIL V 4329) in den J. 21–22 n. Chr. in Afrika gegen Tacfarinas, Tac. ann. 3,74,2. 4,23,1. Nach dem Konsulat (Inscr. It. XIII 1, p. 298) war er ca. 38/39 procos. Asiae, IGR IV 1409. Zweiter Gemahl der Poppaea Sabina (Mutter von Neros gleichnamiger Gattin), bei deren Ehebruchsprozeß im J. 47 C. sich taktvoll benahm, Tac. ann. 11,4,3. Ein Sohn aus dieser Ehe P. C. Scipio Asiaticus cos. 68; aus einer früheren P. C. Scipio, cos. ord. 56 (CIL X 1574. Tac. ann. 12,53,2). **34.** C. Lupus, cos. suff. 42, Gai. inst. 3,63. Freund des Claudius, trotzdem von diesem ca. 47 getötet, Tac. ann. 13,43,2. **35.** C. C. Minicianus, aus Bergamum (CIL V 5126), Adressat von Plin. epist. 3,9.4, 11.8,12. **36.** A. C. Palma Frontonianus, aus Volsinii (CIL XI 2697) cos. I ord. 99, BGU 7, 1961, 14. CIL VI 2186. 101/02 Statthalter von Hispania cit., Martial. 12,9,1. Ca. 104/08 Statthalter von Syrien, IGR III 1291; SEG VII 969. 979. 1143. 1148. Dio 68,14,5; als solcher bezwang er 105 oder 106 (C. Préaux, Phoibos 5, 1950/51, 130) Arabia Petraea und machte es zur röm. Provinz. Er erhielt die *ornamenta triumphalia* und eine Statue auf dem Augustusforum, DESS. 1023. Dio 68,16,2. Cos. II ord. 109, Inscr. It. XIII 1, p. 198f. (Ostia). Hadrian ließ ihn 118 (in Tarracina) mit der übrigen traianischen Generalsgarnitur töten, Dio 69,2,5f. vit. Hadr. 7,2f. **37.** L. (?) C. Priscus. Cos. suff. wohl 104, sprach als Konsular 106 im Prozeß des Varenus Rufus, Plin. epist. 5,20,7 (Adressat von epist. 3,21). Procos. Asiae 120/21, Sylloge[3] 833. **38.** C. Proculus, cos. suff. um 124, legatus Aug. pr. pr. Pannoniae sup. um 133, CIL XVI 76.77. W. REIDINGER Statthalter Pann. 71f. **39.** Cn. Arrius C. Proculus. Statthalter von Lykien-Pamphylien 139/41, IGR III 700.739 (VII c. 28 u.a.). Cos. suff. 145, CIL VI 32379. **40.** Cn. C. Proculus (Polyonymus) cos. suff. 146, Inscr. It. XIII 1, p. 204f. Procos. Asiae ca. 161/62, CIL VI 1387. **41.** L. C. Pusio, cos. suff. 90, AE 1949, 23. **42.** L. C. Pusio Annius Messalla, seine militär. Laufbahn CIL VI 31706. Cos. suff. unter Vespasian, procos., AE 1915, 60. **43.** Q. C. Quadratus, cos. suff. 147, Inscr. It. XIII 1, p. 206f. (Ostia), Bruder Frontos, ad Ver. imp. 7,4 (p. 127, 22ff. Hout). **44.** P. C. Scipio, cos. ord. 16 v. Chr., Inscr. It. XIII 1, p. 273. 284. 291. Procos. Asiae ca. 8/7 v. Chr., IGR IV 1211, s. K. ATKINSON Hist. 7, 1958, 326. **45.** P. C. Scipio Asiaticus, cos. ord. 56 n. Chr. CIL VI 471. X 1401.1574. XVI 7–9. Phlegon, FGrH 257 F 36,27. **46.** P. C. (Scipio Salvidienus?) Orfitus, cos. ord. 51, CIL VI 353. Tac. ann. 12,41,1. Procos. Africae, 61/62 oder 62/63, IRT 341 (B. THOMASSON Statthalter N.-Afr. 2,41f.). Im J. 65 sprach er im Senat, Tac. ann. 16,12,2. Wohl 66 von Nero auf Klage des Regulus, Tac. hist. 4,42,1 getötet, Suet. Nero 37,1. Dio 62,27,1. **47.** (Ser.) C. (Scipio) Salvidienus Orfitus. Cos. suff. 93, AE 1949, 23. Im selben Jahr der Verschwörung bezichtigt und auf eine Insel verbannt, Philostr. vit. Apoll. 7,8.33; dort getötet, Suet. Dom. 10,2. **48.** Ser. (C.) Scipio Salvidienus Orfitus, cos. ord. 149, Sylloge[3] 852. IGR III 705. Procos. Africae 163, IRT 232. AE 1917/18, 63. Apul. flor. 17 (B. THOMASSON Statthalter N.-Afr. 2,80). Sein Sohn war der gleichnamige cos. ord. 178, BRUNS-GRADENWITZ Font. iur. Rom. 764. **49.** C. Severus. Epischer Dichter, Freund des Ovid, Pont. 4,2, dessen günstiges Urteil Quint. inst. 10,1,89 korrigiert. Gesichert ist das bellum Siculum (Krieg gegen Sext. Pompeius), Sen. epist. 79,5, wohl identisch mit den bei GLK 4,268,16 zitierten rerum Romanarum libri. Ob davon das bei Ov. Pont. 4,16,9 zitierte carmen regale verschieden ist, kann nicht beurteilt werden. – H. BARDON Lit. inconn. 2,61f. **50.** Cn. Pinarius C. Severus, cos. suff. 112, CIL XIV 3604. Inscr. It. XIII 1, p. 200f. **51.** L. C. Sulla, cos. ord. 5 v. Chr., CIL VI 1390. X 2381. Plin. nat. 7,60. **52.** Faustus C. Sulla, cos. suff. 31 n. Chr., Inscr. It. XIII 1, p. 186f. 261. **53.** Faustus C. Sulla Felix, cos. ord. 52 n. Chr., Bruder der Messalina, der Gattin des Claudius, Zon. 11,9. Claudius verheiratete ihm seine Tochter Antonia, Suet. Claud. 27,2. Tac. ann. 13,23,1. Den Konsulat hatte C. das ganze Jahr hindurch inne, CIL XVI 1. Schon im J. 55 verdächtigt (Tac. ann. 13,23,1), wurde er 58 nach Massilia verbannt, Tac. ann. 13,47,3, dort auf Befehl Neros 62 getötet, Tac. ann. 14,57,4. 59,4. **54.** L. C. Sulla Felix, praetor peregrinus 29, cos. ord. 33 n. Chr., Inscr. It. XIII 1, p. 188f., Schwiegersohn des Germanicus, AE 1927, 172. **55.** P. C. Tacitus, s. Tacitus.

56. Cornelia, Tochter der Scribonia und des P. C. Scipio, cos. 38 v. Chr., Gattin des Paullus Aemilius Lepidus, Schwester des P. C. Scipio, Nr. 44, unter dessen Konsulat im J. 16 v. Chr. sie starb, Prop. 4,11. **57.** Cornelia, Gattin des C. Calvisius Sabinus, tötete sich mit diesem selbst auf eine Anklage hin, Tac. hist. 1,48,2. Dio 59,18, 4. **58.** Cornelia, Vestalin, im J. 91 des Inzestes angeklagt und lebendig begraben, Plin. epist. 4, 11,6–13. Suet. Dom. 8,4. **59.** Cornelia Orestina, wurde dem C. Calpurnius nach der Hochzeit 37 oder 38 von Caligula genommen und 2 J. nachher mit diesem verbannt, Suet. Cal. 25,1. Dio 59,8,7. **60.** Cornelia Salonina, s. Salonina. R. H.

Weitere C.: **1.** P. C. Philomusus. Maler des 2. Jh. n. Chr., wird CIL VI 2,9794 als *pictor scaenarius* erwähnt.

Encicl. Arte Class. Or. II 855 *(Guerrini)*.

2. Pinus. Maler des 1. Jh. n. Chr., malte nach Plin. nat. 35,120 zusammen mit Attius Priscus unter Vespasian den Tempel des Honos und der Virtus aus. Offenbar ein Vertreter des 4. (flavischen) Stiles im Gegensatz zu Priscus, der *antiquis similior*, also Klassizist war. A. R.

Brunn Gesch. griech. Künstler II 307. *Pfuhl* Mal. und Zchg. II 830. Encicl. Arte Class. Or. II 855 *(Cressedi)*.

Cornicines. Bei den c., die schon das röm. Milizheer der Frühzeit kennt (Liv. 1,43,7, Gell. 15,27), handelte es sich nach Veg. mil. 2,7 um die Bläser des *cornu*, eines kreisförmig gebogenen Hornes (MZ a.O.) etruskischer Herkunft mit Quergriff. Die c. befanden sich stets bei den Feldzeichen, deren Stellung sie regelten (Veg. mil. 2,22). Mit den Tubabläsern zusammen gaben sie das Zeichen zum Kampf (Veg. mil. 2,22). In der Kaiserzeit waren die c. durch ein von der Schulter herabhängendes Fell besonders gekennzeichnet. A. N.

Dar.-Sagl. 1,2,1512ff. MZ 7, 1912, 41ff. BJ 117, 1908, 269. Rendiconti 4, 1926, 217ff.

Corniculum. Cornicularii. 1. Unter den *dona militaria*, die die Inschrift des Cn. Pompeius Strabo aus der Zeit des Bundesgenossenkrieges (CIL I 709, p. 714.726) erwähnt, ist auch das c. oder *corniculum*. Im Gegensatz zu P. STEINER (BJ 114/15,6) setzt es A. BÜTTNER (BJ 157.177ff.) mit dem bei Pol. 6,39 genannten γαῖσος gleich, den der erhielt, der einen Feind in einem nicht anbefohlenen Kampf verwundete. Abweichend von FIEBIGER RE IV 1,1604f. betrachtet BÜTTNER a.O. 179 c. als Deminutiv von *cornus*, Kornellkirsche,

so daß c. ursprüngl. ein kleiner Speer aus Holz, später aus Metall gewesen sein dürfte. Doch sind Abbildungen nicht bekannt. BJ 157, 1957, 128f. 177ff. **2.** Das c. lebte in den cornicularii weiter. Es waren Gefreite und Unteroffiziere, die schon in der Republik dem *officium* der höheren Offiziere zu Ordonnanz- und Schreiberdiensten zugeteilt und endlich die Chefs ihrer Kanzleien wurden. In der späten Kaiserzeit fanden sie mehr in zivilen als in militärisch. *officia* Verwendung. A.N.
Dar.-Sagl. 1,2,1509. BJ 117, 1908, 73.269. *R. Grosse* Röm. Militärgesch. Bln. 1920, 133.

Cornificius (auf Mz. auch *Cornuficius*), pleb. Gentilname (urspr. Gewerbebezeichnung, vgl. SCHULZE Eigenn. 417), seit dem 1. Jh. v. Chr. hist. bezeugt. H. G. G.

1. C. überbrachte 43 dem Cic. einen Brief, fam. 12,25,1. **2.** L. C. Senator trat 52 als Ankläger, u. a. des Milo, auf. **3.** L. C., wohl Sohn von Nr. 3, klagte 43 als tr. pl. den Brutus wegen Ermordung Caesars an (Plut. Brut. 27,2), führte 38 als Legatus oder Flottenbefehlshaber die Schiffe von Ravenna nach Tarent, hatte bei Messina Teilerfolge (App. civ. 5,80.86), zeichnete sich 36 auf Sicilien aus (Cass. Dio 49,5,4–7 u. a.), war 35 Consul (Quellen bei BROUGHTON Mag. 2,406), erhielt dann Africa als Provinz und triumphierte 32 *ex Africa* (Fast. Barb., DEGR. I 13,342f. 570). Er erneuerte den Dianatempel auf dem Aventin (hinfort Benennung nach ihm, CIL VI 4305 *Dianae Cornif(iciae)*). **4.** Q. C., tr. pl. 69, Praetor um 66, bewarb sich als homo novus mit Cic. für 63 erfolglos um das Consulat, bewachte 63 den Catilinarier Cethegus (Sall. Cat. 47,4), berichtete 62 im Senat über den Skandal des → Clodius Nr. 8 (Cic. Att. 1,13,3). **5.** Q. C., Sohn von Nr. 5, 48 Quaestor (mit propr. Imperium von Caesar nach Illyricum geschickt, wo er sich bis 47 auszeichnete), 46 in Cilicien, 45? Praetor, 44–42 als Promagistrat in Africa (Vetus), fiel bei Utica gegen T. Sextius, den Feldherrn der Triumvirn. Er war Redner (Cic. fam. 12,18,1, wohl Atticist, fam. 12,17,2) und Dichter (Catull. 38. Ov. trist. 2,436). SCHANZ-HOS. 1,308f. (589: nicht Verf. der Rhet. Her.). **6.** C. Longus, nach 44 Verf. eines Werkes über Etymologie in 3 B. (Macrob. Sat. 1, 9,11. Serv. Aen. 3,332 u. a.). TEUFFEL-KR.-SK. 1 § 209,2. **7.** Cornificia, mehrfach um 45 genannt, (Tochter eines Q., Nr. 5?), vielleicht mehrere Personen. H. G. G.

Cornus. 1. Stadt an der W.-Küste Sardiniens (Ptol. 3,3,7), besaß im 2. pun. Kriege Bedeutung (Liv. 23,40f.). Gehört später zur trib. Quirina (CIL X 7915); genannt auf Meilenstein. CIL X 8009; nach It. Ant. 84,1 in der Gegend von S. Catarina de' Pitinnuri. G. R.

2. C., Name einer Strauchgattung (*cornus* bei Varro, Cato, Plinius u. a., *κράνον, κρά νεια* bei Homer, Theophr. u. a., *κύρνος* bei Hesych.) umfaßt 40 Arten, von denen nur 2 in S.- und Mitteleuropa verbreitet sind, die vor der Be-

laubung blühende C. mas (*cornus mascula* bei Plin.) mit roten, wohlschmeckenden Steinfrüchten (*corniola*, daraus Kornellen, Kornelkirschen, Gurnellen, Herlitzen, Arlitzen, Dirlitzen) und die im Sommer blühende C. sanguinea (*c. femina* bei Plin., *θηλυκράνεια* bei Theophr.) mit schwarzen, ungenießbaren Früchten. Besonders das harte Holz von C. mas (Hartriegel, Beinholz) wird seit der Antike zu Stöcken, Speerschäften, Hammerstielen usw. geschätzt. Nach einer von Paus. 3,13,5 überlieferten Sage sei aus ihm vor Troia das hölzerne Pferd gebaut worden, nach Verg. Aen. 3,22ff. mit einem Speer daraus Polydoros getötet und von aus ihm sprossenden Wurzelschößlingen umwachsen worden. Von *κράνεια* und *cornetum* sind viele Orts- und Flurnamen abgeleitet, von *κύρνος* (angeblich ein Sohn des Herakles) ein alter Name der Insel Korsika. H. G.

Cornutus. 1. Freund des Tibull, 2,2. **2.** C. Aquila, legatus Aug. pr. pr. Galatiae 6 v. Chr., CIL III 6974. **3.** S. Annaeus, Caecilius, Fuficius, Iulius, Manilius, Servenius. R. H.

Corona. 1. Der Kranz, in späterer Zeit bes. als Auszeichnung oder Schmuck empfunden, nimmt seinen Ursprung aus der magischen und apotropäischen Bedeutung des Kreises und bestimmter Pflanzen. Seit alters trugen ihn Priester und jeder Opfernde. Nach Plin. nat. 16,9.21,11 stand er anfangs nur der Gottheit zu. Götterbilder, Tempel, heilige Stätten (auch Grenzsteine usw.), Opfertiere (gelegentlich auch andere Tiere → Consualia), sogar Häuser wurden bekränzt. Als apotropäisch galt die c. noch lange einerseits als Totenkranz und auf Gräbern, andererseits bei Geburtstag, Hochzeit u. ä. Bei Gastmählern bekränzten sich die Teilnehmer.

Im öffentlichen Bereich war die c. bes. Auszeichnung sowohl in militär. Kämpfen (s. u.), hervorgegangen aus der »kathartischen Bedeutung« (DIELS Sibyll. Blätter 120), wie im friedlichen Wettstreit. Schon die XII-Tab. 10,7 sprechen davon, daß sogar ins Grab diese c. mitgegeben werden durfte. Das Material, Eiche, Olive, Myrte usw. (erst später Metall) war entweder der betreffenden Gottheit heilig oder es hatte magische Kraft.

Künstler, bes. Schauspieler, wurden durch c. (meist *corolla* oder *corollarium* genannt) ausgezeichnet: aus gefärbtem Horn oder versilbertem oder vergoldetem oder mit Ochsengalle goldartig gefärbtem Kupferblech. Diese c. wurden immer wertvoller, so daß der goldene oder silberne Kranz eine Zugabe zur Entlohnung wurde. Von großer Bedeutung (Dichterkrönungen im MA und in der Renaissance!) wurde der von Domitian im J. 86 gestiftete, vierjährliche Capitolinische Agon: u. a. Preis in griech. und röm. Beredsamkeit (entfiel später) und griech. und lat. Poesie; der Lohn war ein Eichenkranz. Andere Agone s. o. S. 138f.

Die Strahlenkrone, das Zeichen der Vergottung, erscheint auf Senatsmünzen seit Nero, die Kaiser trugen sie aber frühestens im 3. Jh. Dagegen hatten die Kaiser immer das Recht auf den Lorbeerkranz, das in rep. Zeit der *vir triumphalis*, jedoch nur zu Festen und Schauspielen, hatte.

Die chr. Schriftsteller bekämpften die Sitte des Toten- und Grabkranzes. Doch erhielt sich wenigstens der Grabkranz. – Zum Brauch, Kriegsgefangene *sub corona vendere* s. BÖMER Abh. Ak. Mainz 1961, 4, S. 76,9 Kranzflechter, *coronarius* bzw. *-a*, war bei dem großen Bedarf ein einträglicher Beruf. W. E.

Köchling De coronarum apud antiquos vi atque usu, RVV 14,2. *Friedlaender-Wiss.* 2, 142. 230f. *Mommsen* RStR 1, 426ff. *Blümner* Techn. 1^2,308ff.

2. Unabhängig von den Griechen haben die Römer vermutlich unter etrusk. Einfluß c., Kränze für militärische Verdienste verliehen. Pol. 6,39 erwähnt die *c. civica* und *c. muralis*. Letztere wurde für die Erstersteigung der Mauer einer feindlichen Stadt verliehen, die spätere *c. vallaris* (Zon. 21) dagegen für das Zuersteindringen in ein feindliches Lager. Die *c. civica* war für die Errettung eines röm. Bürgers allein vorbehalten, die *c. obsidionalis* (Plin. nat. 22,6) für die mehrerer (Fest. 193 M). Ferner ist die *c. navalis* (Gell. 5,6) für das Ersthinüberspringen auf ein feindliches Schiff zu erwähnen. Diese c., zu denen noch die verschiedenen *c. triumphales* zu rechnen sind (Plin. nat. 32,6) und die in der Kaiserzeit noch durch eine neue *c. aurea* (dagegen A. BÜTTNER, BJ 157,158) und durch die *c. exploratoria* (Suet. Cal. 45) für hervorragende Kundschafterdienste vermehrt wurden, bestanden anfangs aus natürlichen Lorbeerblättern, bloß bei der *c. civica* aus Eichenlaub und bei der *c. obsidionalis* aus Gras. Sie wurden später in Metall nachgebildet und unterschieden sich durch verschiedene Details wie *rostra* bei der *c. navalis* und Mauerdarstellungen bei der *c. muralis* und *vallaris* voneinander. Ferner hielt man sich in der Kaiserzeit allgemein nicht mehr an die ursprünglichen, strengen Verleihungsbedingungen. Auch bei den sportlichen Veranstaltungen erhielten die Sieger *c. donaticae* (Fest. ep. 69) verschiedener Art. Die Bedeutung von c. in dem Ausdruck *sub c. vendere* (Tac. ann. 13,39) war schon im Altertum unsicher (Gell. 6,4,3ff. Fest. 306). A. N.

Dar.-Sagl. 1,2,1520ff. BJ 114/15, 1906, 31ff. 117, 1908, 69. 78. 110f. 117f. 137ff. 184. Beiträge zur älteren, europäischen Kulturgeschichte II (R. Eggerfestschrift), Klagenfurt 1953, 265ff. BJ 157, 1956, 136ff. 155ff. *R. Grosse* Röm. Militärgesch., Bln. 1920, 239f. RE Suppl. VII 96f.

3. s. Sternbilder

Corpus iuris. C. I. civilis nennt man seit dem 16. Jh. die 4 hauptsächlichen Ergebnisse der Legislative Iustinians, also die der Einführung von Studenten gewidmeten *Institutiones*, die das Juristenrecht autoritativ dokumentierenden *Digesta*, den das Recht der Kaiserkonstitutionen zusammenfassenden *Codex repetitae praelectionis* (vom *Codex vetus* ist uns nur wenig überliefert) und endlich die von Justinian selbst nicht mehr amtlich gesammelten Novellen. Th. M.-M.

Corrector. Um in den freien Städten des Reiches Ordnung zu schaffen, hat Traian zunächst ad hoc außerordentliche kaiserl. Kommissäre *ad corrigendum statum liberarum civitatium* entsandt. Diese hatten den Rang von *legati Augusti pro praetore* und waren zur Vornahme von Verwaltungsreformen auf Grund des dem Princeps zustehenden *imperium maius* beauftragt. Ihr Kompetenzbereich war wohl nicht (wie gelegentlich behauptet wird) auf die Finanzaufsicht beschränkt, für die Traian angesichts der zerrütteten Finanzlage der ital. Gemeinden eigene *curatores rei publicae* bestellt hat. Für Caracalla ist bezeugt, daß er die gesamte Verwaltung einzelner Gebiete in die Hände von c.-es gelegt hat, unter Diokletian wird aus dieser Praxis eine ständige und allgemeine Einrichtung. Ganz Italien wird in feste Regierungsbezirke unter kaiserl. c.-es eingeteilt. C. wird in der diokletianischen Verfassungsreform zur Bezeichnung einer von mehreren Rangklassen des Provinzstatthalters. Dieser ist nunmehr reiner Zivilbeamter (Verwaltungstätigkeit sowie Gerichtsbarkeit als *iudex ordinarius*) ohne militär. Befehlsgewalt. H. Ha.

W. Liebenam Städteverwaltung im röm. Kaiserreiche, 1900, 482f. Enßlin RE VII A 2456ff.

Corsica (POLI La Corse dans l'antiquité etc., Paris 1907. OBERMAIER in RLV VII 52. MILLER It. Rom. 411f.). Bedeutende Insel des w. Mittelmeerbeckens zwischen der ligur. Küste und Sardinien (Diod. 5,13f. Strab. 5,224. Plin. nat. 3,80. Ptol. 3,2,1ff. Eust. Dion. Per. 459. Sen. dial. 7,8. 9,1). Der Name geht auf *kors-* (nach Eust. »Baumkrone«; eher **kr̥sā* »Kopf«) der Einwohner (Diod. Eust.) zurück, das die Römer mit Suffix *-ĭqa*, die Phokaier mit Suffix *-nos* und der dem Ion. eigenen (THUMB-SCHERER HB II § 311) Verdumpfung von *ŏ* > *u* als *Κύρνος* benannten. Die Einwohner – Hirten nach Diod. – sollen ligur. Herkunft gewesen sein (Solin. 3,3. Isid. orig. 14,6, 41; PHILIPP RE I A 1153), wofür der Flußname *Ῥότανος* (Ptol. 3,2,6) spricht; Sen. dial. 12,7,9 fand die Sprache der der Cantabrer ähnlich. Brauch der Couvade (Diod. 5,14). Hdt. 7,165 nennt Corsen als karthag. Söldner. Phokaier gründeten an der O.-Küste C.s 564 v. Chr. Alalia-Aleria (Hdt. 1,165f.), wurden aber von den Etruskern vertrieben (Diod.). Verbindung zwischen C. und der gegenüberliegenden Küste bei Populonia bestätigen die im einzelnen unklaren Angaben bei Serv. Aen. 10,172 (SCHACHERMEYR Etr. Frühgesch. 210). C. und Aleria wurden 259 v. Chr. durch L. Cornelius Scipio (CIL I^2 9) erobert, kamen aber erst 238 in röm. Hand (Fest. 430,17 L.); über eine Rebellion im J. 231 hielt Papirius Maso den ersten Triumph *in monte Albano* (Val. Max. 3,6,5 u. a., dgl. C. Cicereius 172 v. Chr. nach Liv. 42,21,7). Seneca wurde nach C. verbannt. Die Insel ist gebirgig und stark bewaldet (Theophr. h. plant. 5,8), liefert Bauholz (Plin. nat. 16,197) sowie Teer, Wachs, Honig (Diod. 5,13,4. 11,88,5 als Tribut an die Etrusker). Nur eine Kunststraße an der O.-Küste (It. Ant. 85,4 ff.). Corsen in Sardinien (Paus. 10,17,8 f. Ptol. 3,3,6). G. R.

Cortona 1. (NISSEN It. Ldk. 2,318. A. NEPPI MODONA Cortona Etr. e Romana, Florenz 1925. SCHACHERMEYR Etr. Frühgesch. 260 f.), »pelasgische« (Hdt. 1,57. Dion. Hal. ant. 1,29,3) Stadt n. des trasimen. Sees, angeblich von Korythos, dem Vater des Dardanos, gegründet (Verg. Aen. 3, 167 ff. 7,206 ff.), Ort des Todes des Odysseus (Theopomp. FGrH 115 F 354), fiel in etr. Hand (Hellanik. FGrH 4 F 4) und spielte mit Arretium und Perusia eine wichtige Rolle (310 v. Chr. nach Liv. 9,37,12 *capita Etruriae populorum;* Frieden mit Rom). C. gehört später in der 7. Region (Plin. nat. 3,52) zur tribus Stellatina (KUBITSCHEK Imp. Rom. trib. discr. 83). Bei griech. Autoren *Κρότων* (Dion. Hal. Diod. 20,35), *Κυρτώνιον* (Pol. 3,82,9). *Κόρτωνα* (Ptol. 3,1,48), *Γορτυναία* (Theopomp.). Erhebliche Mauerreste; h. Cortona. G. R.

2. Plinius (nat. 3,24) nennt unter den *stipendiarii* des *conventus Caesaraugustanus* die Cortonenses; also war C. eine peregrine Gemeinde. Wahrscheinlich wird sie noch einmal von Steph. Byz. erwähnt, wenn statt *Κρότων 'Ιταλίας* zu lesen ist *Κόρτων 'Ιβηρίας* (Font. Hisp. Ant. VIII, Barc. 1959, 431). Da der Name identisch mit dem der alten Etruskerstadt ist, hält AD. SCHULTEN sie für eine etruskische Gründung (Die Etrusker in Span., Sonderdr. aus Klio 23, 1930, 374). Die Lage ist unbekannt; man könnte an h. Cardona (F.H.A. a.O.) oder an Odón, Prov. Teruel (Encicl. Univ. Ilustr. 15,1062) denken. R. G.

Coruncanius. Ital., in Rom pleb. Familienname, dessen Träger aus Tusculum (Cic. Planc. 20) stammten und dorthin vielleicht aus Cameria gekommen waren (Tac. ann. 11,24,2); seit dem 3. Jh. v. Chr. hist. bezeugt, aber selten.

1. 2. C. und L. Coruncanii wurden 230 als Gesandte zu der Königin Teuta nach Illyrien geschickt; da der jüngere (L.?) von ihnen eine provozierende Antwort der Königin entsprechend quittierte, wurde er bei der Abfahrt ermordet. Dies war der Anlaß zum sog. 1. illyr. Krieg (229). Pol. 2,8,3. 6–12 u. a. H. G. G.

Niese St. 2,281 f. *Broughton* Mag. 1,227. *Heuss* RG 70.

Corvinus. 1. Freund Juvenals, sat. 12 (1.93). **2.** Verarmter Adeliger, Iuv. sat. 1,108. **3.** C. Celer, Quaestor von Oea, Apul. apol. 101. **4.** S. Statilius, Valerius. R. H.

Corvus. 1. Der c. bestand im Prinzip aus einem Balken mit spitzen, schnabelartigen Eisenhaken an einem Ende. Nach Pol. 1,22 handelte es sich bei dem in der Schlacht bei Mylae (260 v. Chr.) von den Römern verwendeten um eine 24 Fuß lange und ¾ Fuß breite Enterbrücke, die an einem Pfahl drehbar angebracht war. A. N.

Dar.-Sagl. 1,2,1540. *Krom.-Veith* 616. *E. S. Mac Cartney* Figurative uses of animal names in latin and their application to military devises. Diss. Penns. Lancaster.

2. s. Sternbilder

Cosa (NISSEN It. Ldk. 2,310), seit 273 v. Chr. latin. Kolonie röm. Deduktion (Plin. nat. 3,51. Vell. 1,14,6) in fester Lage hoch über dem Meere (Strab. 5,222), ö. des Mte. Argentario; Verstärkung 196 v. Chr. (Liv. 32,2,7. 33,24,8). Unterhalb des Stadtberges liegt die Station Succosa (Tab. Peut. 4,4) der v. Aurelia (It. Ant. 292,1 *Cosa*). Im 5. Jh. n. Chr. verödet (Rutil. Nam. 1,285 ff.: Einwohner durch Mäuse vertrieben). Turmbewehrte Stadtmauer erhalten. Seit dem 9. Jh. hieß der Ort Ansedonia. G. R.

Cosconius. Pleb. Familienname, seit dem 3. Jh. v. Chr. bezeugt.

I. Republikanische Zeit: **1.** C., Viocurus (pleb. Aedil?), erbaute den clivus Cosconius, Varro l.l. 5,158. **2.** C. C., kämpfte 89 im Bundesgenossenkrieg in Apulien erfolgreich (als Legatus oder Praetor?), Liv. epit. 75, bewährte sich als Proconsul in Illyrien 78–76, Cic. Cluent. 97 u. a., und war vielleicht der von Val. Max. 8,1, abs. 8 genannte C. C. **3.** C. C., 63 Praetor (Protokollführer im Catilinarierprozeß, Cic. Sull. 42), war 62 Statthalter im diesseitigen Spanien, † 59 als XXvir zur Durchführung von Caesars Ackergesetzgebung. **4.** C. C., Freund Ciceros, 59 tr. pl. 57 Aedil, 56 Richter (im Prozeß des P. Sestius), Praetor um 54 (BROUGHTON Mag. 2,221), Proconsul (in Macedonia?, um 53–52?), wahrscheinlich der C., der 47 von Veteranen Caesars erschlagen wurde, Plut. Caes. 51,1. **5.** L. C., Münzmeister um 112–108 (so SYD. LX, 65), BROUGHTON Mag. 2,437. **6.** M. C. fiel als Kriegstribun 203. **7.** M. C., Praetor 135, Statthalter in Makedonien (auch 134–132), kämpfte gegen die Skordisker (Liv. epit. 56) und wird auch inschr. genannt. **8.** M. C., Senator 129, BROUGHTON Mag. 2,490, vielleicht identisch mit Nr. 7. **9.** Q. C., Gewährsmann für den Tod des Dichters Terentius 159 bei einem Seesturm (Suet. Ter. 32,13 R.), wohl identisch mit dem von Varro l.l. 6,36. 89 (und Solin. 2,12 [?]) genannten Grammatiker. SCHANZ-HOS. 1,104. 584 f. H. G. G.

II. Kaiserzeit: C. Gentianus. Nach Mz. aus Nikopolis Statthalter von Moesia inf. 197/98, A. STEIN Legat. Moes. 84. R. H.

Cosilinum (NISSEN It. Ldk. 2,904). Station der v. Popilia (Tab. Peut. 7,1), nach der h. Sala Consilina heißt (Identifikation bei MILLER Itin. Rom. 368 unwahrscheinlich; nach NISSEN: Padula; vielleicht bei Carrarola), wo alte Siedlungen (ADAMESTEANU in Vie di Magna Grecia Neapel, 1963, 57). Zum Namen s. Compsa. G. R.

Cossinius. Ital. Eigenname (mit und ohne Gemination des *s* inschr. bezeugt, SCHULZE Eigenn. 159). **1.** L. C. aus Tibur erhielt in Sullan. Zeit das röm. Bürgerrecht, Cic. Balb. 53 f. **2.** L. C., 73 vielleicht Praetor (BROUGHTON Mag. 2,110), fiel gegen Spartacus, Sall.hist. 3,94 M. Plut.Crass. 9,4f. **3.** L.C. spricht als Dialogpartner bei Varro rust. 2 über Ziegenzucht, Hirten und Milch, wohl identisch mit einem zwischen 60 und 45 von Cic. (z.B. Att.1,19,11.13,46,4) mehrfach genannten L.C., der auch mit Atticus befreundet war und einen Freigelassenen hatte (L.C. Anchialus, Cic. fam.13,23). H. G. G.

Cossura. Kleine Insel im Mittelmeer, zwischen Sizilien und Africa. Pol. 3,96,13. Strab. 17,3, 16. Liv.ep. 89. Mela 2,7,120. Ptol. 4,3,47 setzen dort ein *oppidum* an. *Cosyra* nach Plin.nat. 3,92. Ov.fast. 3,567. Die Triumphalfasten CIL I^2 p. 47 erwähnen einen Triumph über die *Cossurenses* im J. 254 v.Chr. Eine Inschr. CIL X 7512. M. L.

Cossus. 1. Cognomen, vielleicht etr. Herkunft (SCHULZE Eigenn. 158), dem Empfinden nach aber sicher mit »Holzwurm, Eingeweidewurm« (WALDE-HOF.^{3} 1,281) als Spitzname in Verbindung gebracht, als Familienname → Cornelius Nr. 16–20, 59 (Übersicht über weitere Cornelii Cossi bei BROUGHTON Mag. 2,551), ferner bei dem helvet. Gesandten Claudius Cossus (RE III 2696, Nr. 120). Als Praenomen im Anfang der Kaiserzeit bei den Corneliern (RE IV 1364ff., Nr. 182–185). H. G. G.

2. C. Fingierter Name, Iuv. 3,184.8,21.10,202. R. H.

Cossutianus. C. Capito. Schon 47 n.Chr. im Senat, Tac.ann. 11,6. Im J. 57 wegen Erpressung verurteilt, ebd. 13,33,2. 16,21,3. Iuv. 8,92ff. Als Schwiegersohn des Tigellinus begnadigt; im J. 62 brachte er den Antistius Sosianus, 66 den Thrasea Paetus wegen maiestas vor Gericht, ebd. 16,21,1. 22,1f.26,1f.28,1.33,2. R. H.

Cossutius. I. Röm. Familienname, seit dem 1.Jh. v.Chr. bezeugt. **1.** M.C., Anwalt, von Verres 72 ausgezeichnet (Cic.Verr. 3,55.185). **2.** C.C. Maridianus, 44 Münzmeister, SYD. LXVf. 44. BROUGHTON Mag. 2,437; seine Denare trugen das Bild Caesars. **3.** L.C. Sabula, Münzmeister um 72 (so SYD. LXIII). MOMMSEN RMW 638, Nr. 282. **4.** Cossutia, 1. Verlobte Caesars (zur Hochzeit kam es nicht). Suet.Caes. 1,1 *familia equestri, sed admodum dives.* H. G. G.

II. Künstler: Dem Geschlecht der Cossutii gehören eine Reihe von Künstlern an. **1.** Vitr. 7, praef. 15 und 17 (R.p. 160,22 und 161,18) nennt den *civis Romanus* C. einen berühmten Architekten, der für Antiochos Epiphanes (175–164) den Ausbau des Olympion zu Athen in korinthischer Ordnung aufnahm. Auf ihn bezieht man wohl mit Recht die beim Olympion gefundene Basis einer Ehrenstatue für *Δέκμος Κοσσούτιος Ποπλίου Ῥωμαῖος*. **2.** *Μάαρκος Κοσσούτιος Ἀφροδισιεύς*. Bildhauer, bekannt durch eine auf Paros gefundene Inschr. der 1. Hälfte des 1.Jh. v. Chr. **3.** *Μάαρκος Κοσσούτιος Μάαρκου ἀπελεύθερος Κέρδων*. Bildhauer um Christi Geburt, signierte 2 klassizistische Statuen des jugendlichen Pan aus Lanuvium im Britischen Museum. **4.** *M. Κοσσούτιος Μενέλαος*. Seine Künstlerinschr. auf dem h. verschollenen Bruchstück einer Statue; vielleicht identisch mit → Menelaos, dem Schüler des → Stephanos. A. R.

JDAI 50, 1935, 55ff. (*Rubensohn*). Encicl. Arte Class. Or. II 870f. (*Giuliano, Floriani Squarciapino* und *Cressedi*). *Brunn-Bruckm.* 47. Brit. Mus. Cat. Sculpt. III, 1904, Nr. 1666/67 Taf. 7.

Cotini. Kelt. Stamm, der zwischen Quaden und Markomannen im mähr. Bergland n. der Thaya bis in die Gegend von Brünn siedelte und Eisenerzabbau betrieb (Ptol. 2,11,11 *σιδηρωρυχεῖα*; Tac. Germ. 43). Im Markomannenkrieg 171 Bündner der Römer (Cass.Dio 71,12), werden die C. später zwischen Donau und Drau angesiedelt (*cives C. ex provincia Pannonia inferiore*). H. C.

Petersen-v. Domaszewski-Calderini Die Marcus-Säule, 1896, 113.120. *A. Gnirs* Die röm. Schutzbezirke an der oberen Donau, 1929, 10.

Cotiso. König im unteren Donauraum um 40 v.Chr., nach Flor. 2,28 über die Daker (nach Suet. Aug. 63,2 über die Geten). Aus Hor.c. 3,8,18 wissen wir, daß er eine Niederlage erlitt, die man mit KIESSLING-HEINZE z.St., ins J. 29 datieren kann. Aus der Luft gegriffen sind wohl die von Suet. a.O. genannten Angaben des Antonius über frühere Pläne des Octavian über eine familiäre Bindung mit C., vgl. MOMMSEN RG 5,10.12f. H. G. G.

Cotta. Cognomen in der Gens → Aurelia Nr. 4 bis 18. H. G. G.

Cottiae (NISSEN It.Ldk. 2,176. MILLER Itin. Rom. 226), mutatio der Straße zwischen Ticinum und Augusta Taurinorum (It.Ant. 340,3. Burd. 557,5). Bei C. (Tab.Peut. 4,1 *Cutias*) zweigt eine Straße nach Vercellae ab. Ca. 1 mp w. C. Meilenstein CIL V 8063 mit Entfernungsangabe 58 von Aug.Taur.; h. Cozzo. G. R.

Cottius. 1. S.Vestricius. **2.** Cottia, Gattin des Vestricius Spurinna, Plin.epist. 3,10. R. H.

Covinnus. C., der britannische Streitwagen (Tac.Agr. 35) war offenbar mit *essedum* (Caes. Gall. 4,33) identisch. Ohne Sicheln und ungedeckt (Arr.tact. 19) diente er bloß der Annäherung an den Feind und der Entfernung aus dem zu Fuß ausgetragenen Kampf. C. ist ferner die Bezeichnung für einen Reise- (Martial. 12,24,9) und einen Rennwagen (Sidon.carm. 23,251). A. N.

Dar.-Sagl. 1,2,1551f. RE IV 1679f.

Crassus. Cognomen, zunächst Individualbeiname zur Bezeichnung abnormer Körperstärke (Spitznamen, RE III A 1828), gelegentlich wohl mit Anklang an die übertragene Bedeutung »grob, derb, plump« (WALDE-HOF.^{3} 1,285), bald auch als Familienname, in republikan. Zeit bei den Calpurnii (Nr. 10), Canidii (Nr. 2), Claudii (Nr. 8–10), Licinii, Otacilii, Papirii, Veturii (vgl. A. DEGRASSI Fasti Cap., 1954, 144), in der Kaiserzeit bei den Galerii, Iulii, Sulpicii; vgl. diese Art. – Die wichtigsten Namensträger gehören zu den pleb. → Licinii Crassi, der bedeutendsten stirps dieser gens, die seit dem Hannibalkrieg hervorgetreten ist, vgl. Drumann^2 4,60ff. 602ff. RE XIII 245–350 (Stammbaum 247). Broughton Mag. 2,579f. Nur einige von ihnen werden hier genannt: **1.** L. Licinius Crassus, 140–91 v. Chr., der bedeutendste röm. Redner seiner Zeit (neben M. Antonius Nr. 7). Er war Schüler des Coelius Antipater (Nr. 6). Im öffentlichen Leben erreichte er die höchsten Stellen: 118 gründete er als IIIvir col. deduc. Narbo, etwa 109 Quaestor, 107 tr. pl., ca. 100 Aedil, ca. 98 Praetor, 95 Consul (zusammen mit seinem Schwiegervater Q. Mucius Scaevola: lex Licinia Mucia de civibus redigendis), 94 Proconsul in Gallia Cisalpina, 92 Censor (mit Cn. Domitius Ahenobarbus, gegen den er eine berühmte Rede hielt; Edikt gegen die rhetores Latini). Er war seit ca. 106 ausgeprägter Optimat. Als Redner zeichneten ihn umfassende Bildung *(humanitas)*, sorgfältig ausgearbeiteter Stil, Würde, Schlagfertigkeit, iurist. Kenntnisse und Witz aus (*dicendi Latine prima maturitas*, Cic. Brut. 161 von der Rede für die lex iudiciaria des Q. Servilius Caepio, 106 v. Chr.); berühmt waren auch seine Gerichtsrede in der causa Curiana 93 (→ Curius Nr. 3) und seine Invektive gegen den Consul Philippus 91. Charakteristik: Cic. Brut. 160–164. Dialogpartner bei Cic. de or. 3,37–212. Schüler: P. Sulpicius Rufus. Drumann^2 4,72ff. RE XIII 252–257. Schanz-Hos. 1, 224ff. **2.** M. Licinius C. Dives, der »Triumvir«, 115–53 v. Chr. Hauptquellen: Plut. Biogr. d. C., Cass. Dio 37–39. 40,12–27. Er war zunächst unter seinem gleichnamigen Vater (Consul 97) militär., wohl auch im Bundesgenossenkrieg tätig, bildete sich aber auch als Redner aus. 85 rettete er sich vor der Revolutionsregierung, der sein Vater und sein Bruder zum Opfer gefallen waren, aus Rom nach Spanien, stieß 83 mit einer Freischar zu Sulla und sammelte (als Legat oder Praefect?) weitere Truppen. In den Kämpfen 82 und vor allem in der Schlacht an der porta Collina zeichnete er sich aus. Aus Proskribiertengut und Konjunkturkäufen brachte er gewissenlos ein riesiges Vermögen zusammen; Sulla, der ihn urspr. begünstigte, stellte ihn daraufhin polit. kalt. Er machte sich nun zum führenden Großkapitalisten (Grundbesitz, Silbergruben, Hausbesitz) und zum betriebsamen und einflußreichen Patronatsherrn. Praetor war er 73 und erhielt 72 ein proconsularisches Imperium (als Nachfolger der amtierenden Konsuln) zur Beendigung des Sklavenkrieges; in 6 Monaten vernichtete er Spartacus und seine Anhänger (6000 Sklaven an der via Appia gekreuzigt) und feierte eine Ovatio. Er einigte sich 71 mit Pompeius und war mit diesem 70 Consul (er wirkte bei der Wiederherstellung der Rechte der Volkstribunen mit, half also die Sullan. Restaurationsperiode überwinden, blieb aber sonst passiv), entfremdete sich ihm aber wieder in den folgenden J. 65 war er mit Q. Lutatius Catulus Censor. Den Catilinariern stand er, bes. 63, wohl nicht fern (Belastung durch L. Tarquinius, Sall. Cat. 47,4). 62 reiste er nach Asia und schloß sich dann aus Neid auf Pompeius 60 Caesar an, dem die Aussöhnung beider Männer und der Abschluß des sog. Triumvirats (→ Caesar) gelang. Damit ging der Wunsch des C. nach einer führenden Stellung im Staat in Erfüllung. 59 wurde er in die Kommission zur Ausführung von Caesars Ackergesetz gewählt (Cass. Dio 37,1,7), verhielt sich 58/57 Cicero gegenüber zweideutig und überwarf sich mit Pompeius. Im April 56 führte Caesar in Luca beide Männer wieder zusammen: C. und Pompeius wurden Consuln 55 (Wahlvorbereitungen 56 in der Hand des C., 55: Provinzverteilungen, Lex Licinia de sodaliciis [gegen organisierte Wählerbestechung], Vorbereitungen für Syrien). C. erhielt als Proconsul die Provinz Syria (54–53) für 5 J. und die Erlaubnis zum Partherfeldzug. Im Winter 55/54 ging er bereits nach dem O., marschierte 55 von Syrien aus über den Euphrat (ohne Kriegserklärung an Orodes), besetzte einige Städte und wurde zum Imperator ausgerufen. Im Winter 55/54 rüstete er in Syrien, gewann den Armenierkönig Artavasdes zum Mitwirken und zog 53 mit 7 Legionen, etwa 4000 Reitern und Auxiliartruppen wieder über den Euphrat, wurde etwa 30 km s. von Carrhae von den Parthern (unter Führung des Surenas) geschlagen, zog sich nach Carrhae zurück und wurde beim Versuch, seine Truppen nach Syrien zurückzuführen, überfallen und nach Verrat getötet. Sein Kopf und seine Hand wurden dem Orodes während einer Aufführung der Bakchen des Euripides bei der Verlobung des Kronprinzen mit einer armen. Prinzessin überbracht. Die von den Parthern erbeuteten Feldzeichen erhielt Augustus 19 v. Chr. auf diplomat. Weg zurück. Die Katastrophe beendete das Leben eines Mannes, der »geistig und moralisch den Ansprüchen, die sein Ehrgeiz stellte, weder als Politiker noch als Militär jemals gewachsen war« (Gelzer RE XIII 331). Drumann^2 4,84–127. Neuere Detailliteratur bei Broughton Mag. 2, 506. 511. 513. 520; Suppl. 76 nachgewiesen. **3.** M. Licinius C., älterer Sohn des Triumvirn, Quaestor 54, bei Caesar in Gallien, zeichnete sich 53 gegen die Menapier aus (Caes. Gall. 6,6,1), 49 Legatus Caesars in Oberitalien, starb bald. Verheiratet mit Caecilia Metella (deren Grabmal an der Via Appia). **4.** P. Licinius C., jüngerer Sohn von Nr. 2, von Jugend auf mit Cic. verbunden, 58 als praef. equitum bei Caesar in Gallien (Schlacht gegen Ariovist!), 57 als Legatus der 7. Legion (Normandie, Bretagne), unterwarf 56 Aquitanien, verheiratete sich 55 mit Cornelia (später Gemahlin des Pompeius), war Münzmeister und vielleicht Quaestor (Broughton Mag. 2,443), wurde Augur und ging dann Ende 54 mit 1000 Reitern zu seinem Vater nach Syrien. Am 9. Juni 53 fiel er s. von Carrhae.

H. G. G.

Crastinus. Familienname, auch inschr. belegt (CIL XI 4988, SCHULZE Eigenn. 173). Hist. erwähnenswert nur C. C., tapferer Subalternoffizier in der 10. Legion Caesars (49 als Primus pilus, 48 als Evocatus), zeichnete sich bei Pharsalus aus und fiel, Caes. civ. 3,91,1–3.99,1 f. u. a. KROM.-VEITH 318. H. G. G.

Crathis (NISSEN It. Ldk. 1,336. 2,917), Fluß in Bruttium, dessen Quelle nahe Consentia, dessen Mündung bei Thurii liegt (Hdt. 5,45. Skyl. 13. Strab. 6,263. Plin. nat. 3,97 u. a.). Der Name stammt von einem Flusse in Achaia (Hdt. 1,145 u. a.). Das Wasser des C. soll die Eigenschaft haben, Haare blond zu färben (Eur. Tro. 228. Tim. b. Antig. hist. mir. 134) bei Tieren (Theophr. b. Ail. nat. 12,36) und Menschen (Aristot. mir. ausc. 169). Nach C. Tempel der Ἀθηναίῃ Κραθίῃ benannt (Hdt. 5,45); h. Crati. G. R.

Creatio. C. ist die Bestellung eines Beamten oder Priesters durch Wahl oder Ernennung. Die Magistrate der röm. Republik wurden seit dem polit. Ausgleich des J. 367 v. Chr. *(lex Licinia Sextia)* in zunehmendem Maße statt durch Ernennung durch Volkswahl berufen: *magistratus maiores* (Zensoren sowie Imperiumsträger mit *auspicia maiora*, d. h. Konsuln und Prätoren) in den *comitia centuriata*, *magistratus minores* (die kein *imperium* und bloß *auspicia minora* haben, d. h. kurul. Ädilen, Quästoren, *tresviri capitales* u. die Amtsträger des Vigintisexvirats) sowie Kriegstribunen in den *comitia tributa*. Pleb. Magistrate (Volkstribunen, pleb. Ädilen) wurden durch *concilia plebis* gewählt. Versuche, auch die Priesterbestellung, die in der Regel durch Kooptation erfolgte, an das Volk zu übertragen, haben sich mit Ausnahme der Volkswahl von *pontifices*, *augures*, *quindecimviri sacris faciundis* und *epulones* (besonderes Wahlverfahren) nicht durchzusetzen vermocht. Beispiele für Beamtenernennung sind die Bestellung des *dictator* durch den *consul*, des *magister equitum* durch den *dictator* und eines Teiles der militär. Befehlshaber durch den Feldherrn. Die Beamtenwahl erfolgt im normalen Komitialverfahren (→ Comitia). Wählbarkeitsvoraussetzungen sind röm. Vollbürgerrecht, Ingenuität (auch des Vaters), männliches Geschlecht, Geschlechtsreife; ferner nach Amt und Zeit wechselnde Bestimmungen bezüglich Geburtsstand (patriz. Ämter waren urspr. Plebeiern verschlossen, die pleb. Ädilität blieb den Patriziern unzugänglich), Ehre, Vermögen (seit Augustus 1 Mill. Sesterzen), Ableistung der Militärpflicht, Ämterfolge (festgelegter *cursus honorum*), Mindestalter, Intervall seit Bekleiden desselben oder eines anderen Amtes, Kumulationsverbot für ordentliche Magistraturen. Zur Wahlvorbereitung → Candidatus und Commendatio. Die Wahlleitung obliegt für patriz. Magistraturen vom Quästor aufwärts dem Konsul, für Ämter unter der Quästur dem Stadtprätor. Die Wahl der pleb. Magistrate leitet ein Volkstribun. Auf das Wahlverfahren, das mit *renuntiatio* des Ergebnisses durch den Wahlleiter abgeschlossen ist, folgt bei patriz. Magistraturen ein förmlicher Amtsantritt mit *auspicatio* und Ergreifen der Amtsgewalt durch *lex de imperio* oder *de potestate* vor den *comitia curiata* (bei Zensoren vor den Zenturiatskomitien). Gegen Ende der Republik räumt eine *lex Titia* den Triumvirn das Recht der Beamtenernennung ein. Caesar darf als *dictator* für die Hälfte der zu besetzenden Magistraturen (mit Ausnahme des Konsulats) bindende Vorschläge machen. Einen weitergehenden Antrag, der ihm ein generelles Ernennungsrecht eingeräumt hätte, hat Caesar von sich aus zurückgewiesen. Augustus stellt zunächst 28 v. Chr. das Wahlrecht der Komitien wieder her. Im J. 5 n. Chr. wird das Wahlverfahren für Prätoren und Konsuln neu geregelt: Ein aus Senatoren und Rittern gebildeter Wahlkörper soll in einer Vorwahl geeignete Kandidaten aufstellen *(destinatio magistratuum)*. Unter Tiberius 14 n. Chr. hat die Zahl der Destinierten der Zahl der freien Stellen zu entsprechen (Einkandidatenvorschläge). Die nachfolgende Bestätigung durch Volkswahl ist schon durch Augustus zur bloßen Formalität geworden, der Kandidaten teils bindend empfiehlt *(commendatio)*, teils ohne Bindung vorschlägt *(suffragatio)*. Seit Nero wird auch für Konsuln und Prätoren wieder *commendatio* geübt. Im 2. Jh. fällt selbst die formale Abstimmung der Volksversammlung weg, seit dem 3. Jh. ist *commendatio* ausschließlicher kaiserlicher Ernennungsmodus. H. Ha.

P. de Francisci Mélanges H. Lévy-Bruhl, 1959, 119ff. *G. Tibiletti* Principe e magistrati republicani, 1953. *E. Schönbauer*, RIDA 1951, 191ff.

Creditor. Als Gläubiger bezeichnete man im röm. Recht nicht nur diejenigen, die Geld geborgt haben, sondern alle, denen *ex qualibet causa debetur* (Dig. 50,16,11 [Gaius 1 ad ed. prov.]). Im engeren Sinn verstand man unter c. den Darlehensgläubiger; jedoch auch bes. Pfandgläubiger (Dig. 50,17,158 [Gaius 26 ad ed. prov.]) und Erbschaftsgläubiger (Dig. 35,2,3,1 [Paul. lib. sing. ad leg. Falc.]; Gai. Inst. 2,35,3,85) heißen einfach c. F. R.

F. Schwarz Die Grundlage der condictio im klass. röm. Recht, 1952, 282ff. *d'Ors* Stud. et doc. hist. et iur. 19, 1953, 137ff. *v. Lübtow* Die Lehre von der Condictio im röm. und geltenden Recht, 1952, 116. 129.

Crematio. Der Feuertod ist eine der ältesten Todesstrafen. Nach Gaius Dig. 47,9,9 (Gai. 4 ad leg. duod. tab.) zählte in den XII-Tafeln – wohl aus dem Gedanken der Wiedervergeltung – die vorsätzliche Brandstiftuug zu den mit c. bestraften Verbrechen (tab. 8,10) Jedoch schon in republ. Zeit findet sich die c. auch als Strafe für polit. Verbrechen (Verrat an der Plebs). Sie gilt ferner als militär. Strafe bei Überläufern und Verrätern Dig. 48,19,8,2 [Ulp. 9 de off. procons.]). In der Kaiserzeit wird die c. neben *decollatio* und *crux* unter den *summa supplicia* angeführt; sie gilt als die schwerste aller Todesstrafen, die häufig nur Unfreien oder Freien niedrigeren Standes *(humiliores)* angedroht wird, während für die *honestiores* die einfache Kapitalstrafe gilt (Pauli sent. 5,29, 1; Dig. 48,19,28,11 [Callistr. 6 de cogn.]). Die Anwendung der Strafe des Feuertodes ist – von den Christenprozessen abgesehen – verhältnismäßig wenig bezeugt. Seitdem die Kreuzigung unter Konstantin als Strafe verschwand, gewann die c. große Bedeutung. Die Kirchenväter erblickten gerade in ihr eine Strafe von besonderer Ungerechtigkeit (Tert. ad Scap. 4. Lact. de mort. pers. 11.15). F. R.

Mommsen RStrR. 1889/1955, 923. *Rein* Das Kriminalrecht der Römer, 1844/1962, 914. *Condanari-Michler* Scr. Ferrini 3, 1948, 74. *Mayer-Maly*, RE IX A 497. *Kunkel* Unters. zur Entwicklung des röm. Kriminalverfahrens in vorsullan. Zeit, 1962, 39,42f.

Cremera (Nissen It. Ldk. 2,357), Bach, der von Baccano her an Veii vorbeifließt und ca. 8 mp n. Rom in den Tiber mündet; bekannt durch den Tod der 306 Fabier (Liv. 2,49f. Dion. Hal. ant. 9,15. Ov. fast. 2,205f. u. a.) am 18. Juli (Liv. 6,1,11; am 13. Februar nach Ov. fast. 2,195); h. unterhalb Veiis Fossa di Valca (daneben andere Namen je nach Gebiet). G. R.

Cremona (Nissen It. Ldk. 2,199f. Gualazzini Archiv. Stor. Lombardo 8/9, 1959, 55ff.). 218 v. Chr. im Gebiet der Cenomanen n. des Po gegründete Kolonie latin. Rechts (Pol. 3,40,5. Vell. 1,14,7. Tac. hist. 3,34 *propugnaculum adversus Gallos*), die sich im 2. pun. Kriege bewährte (Liv. 21,25,2. 27,10,8. App. Hann. 7 u. a.), erhielt im J. 190 neue Siedler (Liv. 37,46f.), seit 90 v. Chr. *municipium* der trib. Aniensis (Kubitschek Imp. Rom. trib. discr. 110. 268), nach Landanweisung an Veteranen 41 v. Chr. (Donat. v. Verg. 62 S. 578 Götte-Bayer. Serv. ebd. S. 584 u. a. Prob. S. 327 Hagen; Serv. ecl. 9,28) *colonia* (Plin. nat. 3,130. Ptol. 3,1, 31) der 10. Region. C. wurde 70 n. Chr. zerstört (Tac. hist. 2,100. 3,15ff.), aber bald wieder aufgebaut (letzte Zerstörung 605 durch Langobarden Paul. Diac. hist. Lang. 4,21). Herbstmesse viel besucht (Tac. hist. 3,30). C. liegt an der via Postumia zwischen Placentia und Mantua sowie an einer Straße, die Acerrae u. Mutina verbindet (Tab. Peut. 4,3. It. Ant. 283,3). Größtes Amphitheater. G. R.

Cremonis iugum (Nissen It. Ldk. 1,147). Gebirgsstock (h. Mt. Cramont), n. des Tales der Dora di La Thuile am Kleinen St. Bernhard, den nach Coel. Antipater frg. 14 Peter Hannibal benutzt haben soll. G. R.

A. Cremutius Cordus. Röm. Geschichtsschreiber der augusteischen Zeit, durch seine republikanische, gegen den Prinzipat opponierende Gesinnung ein Vorgänger des Tacitus; s. [2]. Er zog sich Seians Haß zu und wurde 25 n. Chr. vor dem Senat angeklagt, weil er in seinen Annales die Caesarmörder Brutus und Cassius verherrlicht habe; er nahm sich nach freimütiger Verteidigung durch Hunger das Leben. Sein Werk wurde konfisziert und vernichtet; ein verheimlichtes Exemplar ermöglichte der Tochter Marcia, der Adressatin von Senecas Trostschrift, eine Neuausgabe unter Caligula. S. Sen. cons. ad Marc. 1,2–4. 22,4–8. Tac. ann. 4,34f. Suet. Tib. 61,3. Cass. Dio 57,24,2–5. Sein Werk stellte die Bürgerkriege (seit Caesars Tod?) und mindestens die Anfänge der Herrschaft des Augustus dar; die spärlichen Fragmente, darunter ein Stück aus der Schilderung von Ciceros Tod, in den HRR 2, S. 87ff. Die Nachwelt hob besonders den Freimut seines Urteils hervor; s. Quint. inst. 10,1,104. M. F.

1. *Schanz-Hos.* 2, ^{4}1935, 643f. 2. *F. Klingner* MH 15, 1958, 197f.

Creperius. 1. M. C., Senator und Richter im Verres-Prozeß 70 v. Chr., Cic. Verr. 1,30. **2.** C. Gallus, Vertrauter der jüngeren Agrippina; 59 n. Chr. †, Tac. ann. 14,5. **3.** C. Pollio, Verschwender bei Iuv. 9,6f. 11,43. R. H.

Crepundia. Kleine Kinder trugen in Rom an einer Halskette neben der → Bulla oft kleine, meist metallene Gegenstände als Amulett, Plaut. Rud. 1154ff. Plin. nat. 11,270. Eine Knabenstatue im Vatikan (Lippold Skulpturen d. Vatican. Mus. III 2 [1956] 192 Taf. 91 Nr. 52) trägt die c. an einem schräg über die Brust verlaufenden Bande, was wohl einem in Italien verbreiteten Brauch entspricht. W. H. G.

Crescens. 1. Freigelassener Neros, der in Karthago aus Freude über Othos Erhebung dem Volk ein Mahl gab, Tac. hist. 1,76,3. **2.** Kyniker, Ankläger des Iustinus martyr, Iustin. Apol. 2,3. **3.** S. Iulius, Mevius, Sattius. R. H.

Creticus. Cognomen des Q. Caecilius → Metellus C., Consul 69 v. Chr., u. des Antonius Nr. 8. H. G. G.

Crimen. Während delictum den zivilrechtlichen Unrechtstatbestand darstellte, der durch private actio geltend gemacht wurde, war c. – jedoch nur im strengen Sprachgebrauch – das nach öffentlicher Anklage *(accusatio)* mit öffentlicher Strafe geahndete Unrecht. Von *κρίνειν*, *cernere* in der Bedeutung scheiden, unterscheiden abgeleitet, bedeutet es zunächst den Tatbestand, der einem Richter zur Entscheidung vorgelegt wurde. Es umspannte einerseits ebenso wie *iudicium* oder *legis actio* das Rechtsgebiet überhaupt (Pauli sent. 5,17,14. Dig. 3,2,21 [Paul. 2 resp.]. 37,10,13 [Paul. 11 resp.]) und bezeichnete manchmal sogar die Klagen auf öffentliche Strafe (Dig. 29,5,21 pr. [Pap. 6 resp.]). Erst allmählich nahm c. ethische Färbung an und wurde zur Anschuldigung eines Verbrechens (*c. committere*, *contrahere*, *eruere* u. a.; vgl. Dig. 48,5,30,5 [Ulp. 4 de adult.]. 48,2,22 [Pap. 16 resp.]). Die Bedeutung von Schuld hat es in *criminis capax*, *in crimine esse* (Dig. 9,2,30,3 [Paul. 22 ad ed.]).

Die vom Magistrat de plano (nicht an ordentlicher Gerichtsstelle) entschiedenen Verbrechen nannte man *crimina leviora* (geringe Verbrechen), die *pro tribunali* entschiedenen *crimina atrocia* (schwere Verbrechen). Wohl die wichtigste Unterscheidung ist die in *crimina publica* und *crimina extraordinaria.* Alle dolos begangenen Verbrechen, seien sie vom Verletzten selbst oder *cuivis ex populo* formgerecht angeklagt, werden von den Schwurgerichten *(iudicia publica)* im ordentlichen Verfahren abgeurteilt. Dieses läuft nach bestimmten *leges iudiciorum publicorum* (etwa lex Cornelia de sicariis et veneficis, lex Pompeia de parricidiis) ab, in denen genau bezeichnete Verbrechenstatbestände mit fester Strafe belegt sind. Senatusconsulta aus der Kaiserzeit ergänzten vielfach die gesetzlichen Tatbestände. Die unter Augustus erlassene lex Iulia iudiciorum publicorum enthielt allgemeine Verfahrensbestimmungen. Im Verfahren extra ordinem werden jene Verbrechen abgeurteilt, die wegen der Beschaffenheit der Strafe, des Delikts oder wegen der außerordentlichen Zusammensetzung der Behörden nicht vor den *ordo iudiciorum publicorum* gebracht werden können. Es handelte sich dabei meist um Fälle, in denen die in Volksbeschlüssen für bestimmte Verbrechenstatbestände festgelegten Strafen umgewandelt werden (meist Geld- in Freiheitsstrafen) und um Aburteilung von Verbrechen, die in Gesetzen nicht angeführt sind, aber nach späterer Androhung oder nach späterem Gebrauche mit Strafe bedroht sind. Als bes. bedeutsames *c. extraordinarium* sei das *c. expilatae hereditatis* genannt: Urspr. konnte eine Erbschaft durch *usucapio pro herede* nach den Regeln der Ersitzung erworben werden; seit einem Senatusconsultum unter Hadrian war dies jedoch verboten, und Kaiser Marcus stellte die unberechtigte Aneignung von Erbschaftssachen als *c. expilatae hereditatis* unter Strafe. *C. inter sicarios* war der gewaltsame Mord, *c. laesae Romanae religionis* die Verfehlung gegen den röm. Glauben; *c. maiestatis imminutae* stellte das gegen das Gemeinwesen als solches gerichtete Verbrechen dar.

Mit dem Untergang der Schwurgerichte verwischt sich auch der Unterschied zwischen *crimina publica* und *crimina extraordinaria;* die Verfahrensvorschriften werden nicht mehr streng getrennt. Doch noch unter Justinian behalten die *crimina extraordinaria* eine gewisse Sonderstellung: Bei ihnen hat der Richter etwa in der Strafbemessung größere Freiheit, auch konnte in leichteren Fällen auf die *sollemnia accusationis* verzichtet werden. F. R.

Mommsen RStrR. 9f. 193. 529. 537. 596. 779. *Albertario* Delictum e crimen, 1924. *Brecht* Perduellio, 1938. *Lauria* Stud. doc. hist. et iur. 4, 1938, 188. *Kunkel* Unt. zur Entwicklung des röm. Kriminalverfahrens in vorsullan. Zeit, 1962. *Brasiello,* Novissimo Digesto Italiano 5, 1960, 1 ff.

Crispinus. Cognomen: »Kraushaar, Krauskopf«, Spitzname (RE III A 1828,35), im 3. Jh. v. Chr. wohl auch Kennzeichen der damals neuen bartlosen Haarmode (RE VII 2145,51 ff., vgl. MÜNZER Adelsp. 116). In zahlreichen Familien Beiname (RE IV 1719), bei den Quinctiern Familienname (RE XXIV 1033 ff.), bestimmt seit dem 3. Jh. v. Chr. H. G. G.

1. C., ein Centurio, der im Jahre 68 den Legaten von Germania inf., Fonteius Capito getötet hatte, 69 durch Vitellius hingerichtet, Tac. hist. 1,58,2. **2.** Äg. Sklave, der unter Domitian hoch emporkam, vielleicht bis zum praefectus praetorio, wofür er verhöhnt wird bei Iuv. 1,26–30. 4,1–33. 108. An ihn gerichtet: Martial. 7,99 (s. 8,48). **3.** S. Bruttius, Caepio, Clodius, Novius, Quinctius. R. H.

Crispus. 1. Rhetor bei Sen. contr. 7,4,9. **2.** Freund des Philosophen Seneca, Anth. Lat. 405 R (s. C. Sallustius C. Passienus). **3.** Ältester Sohn Constantius I., s. Krispus. **4.** S. Sallustius, Passienus, Tarquitius, Vibius. R. H.

Crocus s. Safran

Croton s. Kroton

Crumerum. Militärlager am s. Donauufer, 18 mp ö. von Brigetio und 42 mp n. w. von Aquincum (Itin. Anton. 242,1. 266,8), dort, wo sich h. die Gemeinde Nyergesújfalu befindet. Im 2./3. Jh. stand als Besatzung die *cohors V Callaecorum Lucensium* in C. (CIL III 3662–3664), die bereits in einem Militärdiplom des J. 163 hier erwähnt wurde (L. BARKÓCZI Acta Arch. Hung. 9, 1958, 419). Ausgrabungen haben bis jetzt weder im Lager noch in den *canabae* stattgefunden. Wir wissen nur von einem *castellum* auf einem Hügel, unmittelbar bei Nyergeújfalu. Es handelt sich möglicherweise um ein Befestigungswerk aus dem 4. Jh., dessen Garnison die *equites promoti* stellten (Not. dign. occ. XXXIII 9 = 30). J. F.

A. Graf, Diss. Pann. I/5, 1936, 94.

Crus. Spitzname nach der Besonderheit der Beine (RE III A 1828. WALDE-HOF.[3] 1,295), vgl. Cael. Cic. fam. 8,4,1, Cognomen bei den Corneliern (Nr. 45), → Lentulus. H. G. G.

Crustae heißen in der Architektur die Mauerschalen am Gußwerk (Vitr. 2,8,7), vor allem aber die Verkleidung von Fußböden, Decken und Wänden mit Stuck, Marmorplatten oder Mosaik. An Gefäßen sind c. die Umhüllung des eigentlichen Gefäßes mit reliefgeschmückten Mänteln aus Gold, Bernstein (Iuv. 5,38) oder Silber. A. R.

RM. 54, 1939, 14 ff. *(Otfried Deubner)* – *Pernice/Winter* Hildesheimer Silberfund, 16. Nordiske Fortidsminder II 1923, 121 *(K. Friis Johansen). Maiuri* Casa di Menandro 258.

Crustumerium (NISSEN It. Ldk. 2,561), Stadt der Etrusker (Paul. Fest. 48,12 L.) oder der Prisci Latini (Liv. 1,38,4. Dion. Hal. ant. 2,36. 3,49. Liv. 1,9,8 werden C., Caenina und Antemnae durch *etiam* von den Sabinern unterschieden) n. Roms, die um 500 v. Chr. unterworfen wurde (Liv. 2,19,1); ihr Gebiet wurde vor 495 v. Chr. zur tribus Crustumina (KUBITSCHEK, RE IV 117), die an der v. Salaria (Varro rust. 1,14,3) unter den *montes Clustumini* (Liv. 5,37,7) im Sabinischen (Liv. 42,34,2) liegt, in denen die Allia entspringt. C. war bald verlassen und vergessen (Plin. nat. 3,68). Der Name erinnert an den umbr. Fluß Crustumium (Plin. nat. 3,115). G. R.

Crux. Die Kreuzigung, die die Römer von den Puniern übernommen haben dürften, zählte neben der *crematio* und der *decollatio* zu den grausamsten Todesstrafen (*summa supplicia;* Pauli sent. 5,17,2 [3]. 21,4. Dig. 48,19,28 pr. [Callistr. 6 de cogn.]). Während ihre Anwendung in der Königszeit und auch noch z.Z. der XII-Tafeln umstritten ist (Sklaven wurden bei *furtum manifestum* in den XII-Tafeln mit dem Sturz vom tarpeischen Felsen bestraft), wird die c. bereits in republikanischer Zeit als schwere Strafe für Sklaven (*servile supplicium;* Tac. hist. 4,11) und für freie Nichtrömer genannt. Bei Anstiftung zum Aufruhr, Tötung, Raub, Überlaufen zum Feind, Hochverrat war die c. auch Freien angedroht. Sehr häufig kam sie in Christenprozessen vor. – Konstantin hat ebenso wie die *crematio* auch die c. abgeschafft (nach dem J. 314). An ihre Stelle trat nach den Quellen der Galgen *(furca)*.

Der Vollzug dieser Todesstrafe war nicht einheitlich: Kreuztragen, Entkleiden, Festbinden der Arme am Querbalken *(patibulo bracchia explicare)* und Hochziehen an einem Pfahl, Geißelung, Zerschlagen der Schenkel *(crura frangere)*, Pfählen *(acuta crux)* und ans Kreuz nageln sind nicht überall u. immer notwendige Elemente der c. F.R.

Mommsen RStrR 918ff. *Blinzler* Der Prozeß Jesu, ^{3}1960.

Crypta (griech. κρύπτη). So heißt auf dem Nilschiff Ptolemaios' IV. ein mit Wänden geschlossener, durch Fenster belichteter Wandelgang (Athen. 5,205 a). Ebenso oberirdisch, aber gemauert und eingewölbt sind die beiden erhaltenen und inschr. gesicherten c. in Pompeii: die im großen Theater und die im sog. Gebäude der Eumachia. Belichtet, also mindestens halb oberirdisch, war die c., in der Caligula (Suet. Cal. 58) ermordet wurde (wahrscheinlich die sog. *cryptoporticus* auf dem Palatin), da dort Theaterproben abgehalten wurden. Nur mit Fackeln war der, c. genannte, 710 m lange Tunnel zwischen Neapel und Puteoli (Sen. epist. 57,1.2) zu erleuchten. Vitr. 6,8 (p. 145, 19 R.) meint mit c. wohl Keller, Iuv. 5,106 die gewölbten Gänge der Cloaca maxima. In Ostia heißt c. inschr. ein *spelaeum* des Mithras (CIL XIV 66). So wird c. allmählich t.t. für unterirdische eingewölbte Kult- oder Grabanlagen, namentlich auch für die Katakomben. A. R.

JDAI 31, 1916, 26 *(Caspari)*. *Mau* Pompeji in Leben und Kunst^{2}, Lpz. 1908, 107.148. Encicl. Arte Class. Or. II 936 *(Matthiae)*.

Cubicularius. C. heißt der Kammerdiener, bes. des kaiserl. Haushalts. Die c.-ii unterstehen der Aufsicht eines Oberkämmerers, der den Titel *a cubiculo* führt. Während die c.-ii regelmäßig Sklaven sind, wird das Amt *a cubiculo* meist von Freigelassenen versehen. Im Dominat heißt der Oberkämmerer *praepositus sacri cubiculi.* Er wird als oberster Hofbeamter unter die höchsten Würdenträger des Reiches eingereiht. Der ständige Umgang mit dem Kaiser verleiht ihm meist großen persönlichen Einfluß. Im 5. Jh. erhält auch die Kaiserin einen *praepositus sacri cubiculi.* Als c.-ii und deren Vorgesetzte werden häufig Eunuchen verwendet. Über ihre zahlreichen Privilegien s. Cod. Iust. 12,5. H. Ha.

J.E. Dunlap Univ. Michigan Studies, Human. Ser. 14, 1924, 182. Enßlin RE Suppl. VIII 556ff.

Cubitus. Ellenbogen, der Unterarm bis zur Spitze des Mittelfingers, »Elle«, bezeichnet ein röm. Maß im Betrag von 1½ Fuß = 444 mm. Angaben nach C. finden sich nur, wo ein Vergleich mit der Armlänge sich anbietet oder Übersetzung des griech. πῆχυς vorliegt. Sonst wird durchweg nach *pedes* gerechnet. → Pes. H. Ch.

F. Hultsch Metrologie^{2} 76f. 98. *H. Nissen* Metrologie^{2} = HB Altertumswiss. I^{2} 838.865. *A. Oxé*, BJ 131, 1926, 223ff. 233ff.

Cubulteria (Nissen It. Ldk. 2,800. Liv. 23,39,6 *Cumbulteria.* 24,20,5 *Conpulteria*), samnit. Stadt an der kampan. Grenze mit Mz. aus der Mitte des 3. Jh. v. Chr. (Head HN^{2} 35). Später *municipium* in der 1. Region (Plin. nat. 3,63); h. S. Maria di Covultere bei Alvignano im Volturnoknie. G. R.

Cugerni s. Sugambri

Cuicul. Stadt in Numidien, zwischen Cirta und Sétif; h. Djémila. Itin. Ant. 11 *Cuiculi.* Tab. Peut. *Culchul.* Geogr. Rav. 3,6. *Chulchul.* Ptol. 4, 3,7 *Κούλκουα.* Berberischer Ort. Unter Nerva Gründung einer röm. Veteranenkolonie, gegenüber Kabylie des Babors (CIL VIII 20713. Bull. Comité 1915, 130), eingetragen in die *tribus Papiria.* Erwähnt werden Ädilen, Quaestoren, Duumvirn, *praefecti pro IIviris.* Die Stadt entwickelt sich im 2.–3. Jh. von N. nach S.: unter den Severen wird ein 2. Forum (Forum Novum) errichtet, dann im 4. Jh. ein chr. Stadtviertel. Bischöfe sind seit 256 bekannt, im Konzil von Carthago (Sent. episc. p. 457, Nr. 71). Die Stadt nimmt im 5. Jh. ab, aber ein Bischof nimmt am Konzil von Constantinopel im J. 553 teil. Sehr bedeutende Ruinen: 2 Fora, von Gebäuden umgeben. Basilica civilis, CIL VIII 8318–8319. Basilica vestiaria erbaut um das J. 365, CIL 20156. Basilica Valentinians, errichtet auf dem Platz des Tempels des Frugifer, CRAI 1943, 376.387. Tempel der Venus Genetrix, des Frugifer, der Gens Septimia, des Liber. Marktplatz des Cosinius, CRAI 1915, 316. Caracalla-Bogen, CIL 8321 = 20137. Bogen des C. Iulius Crescens Bull. Comité 1946–1949, 338. Theater, Thermen. Häuser mit bemerkenswerten Mosaiken (Entführung der Europa; Asinus Nica; Toilette der Venus). Öffentlicher Brunnen. Industrieviertel Libyca II 1954, 343. Chr. Viertel mit Kirchen, Baptisterium, Bischofssitz: L. Leschi Atti del IV. Congr. int. Arch. Crist. 1938. Museum mit Skulpturen und Mosaiken (Dionysische Szenen: L. Leschi Mon. Piot 1936). M. L.

S.Gsell Atl. Arch. Alg. f[e] 16, Nr. 233. *Y.Allais* Djémila. Paris 1938. *L.Leschi* Djemila, antique Cuicul. Alger 1953. *P. Monceaux* Cuicul chrétien, 1923. Neue Ausgrabungen: Libyca, seit 1953.

Cularo. Stadt in Gallia Narbonnensis, in dem Land der Allobroger. Cic. fam. 10,23,7. Tab. Peut. *(Culabone)*. Geogr. Rav. 4,27 *(Curarore)*; mit einer Umwallung umgeben, neue Ausgrabungen unter Diocletian und Maximian. Unter Gratian wird es Gratianopolis, woher der jetzige Name Grenoble (Not. Gall. 11,5. Aug. civ. 21,7. Sidon. ep. 3,14,1). Zollstation der *quadragesima Galliarum* (CIL XII 2252). Über die genaue Lokalisierung CR Acad. Delph. 1946, p. CXXX. Neue Ausgrabungen in Saint-Laurent: Cah. d'Hist. 6, 1961, 155. M. L.

Culina. Eine Küche als eigenen Raum kennt das griech. Epos noch nicht, und in einfachen Verhältnissen wurde immer im Hauptraum gekocht. In der klass. und hellenist. Zeit sind kleine c. mit fester Herdstelle und Kamin (oft mit Bad oder Abtritt zu einem architekton. Komplex verbunden) im Erdgeschoß belegt, möglichst nahe der Zisterne; Wasserabfluß ist häufig vorhanden([1]). Ausstattung: Sparkes-Talcott Pots and Pans, 1958, Abb. 33–46. Im röm. Italien wird in ältester Zeit im Atrium gekocht; der Brauch hat sich auf dem Lande gehalten, wo der Hauptwohnraum c. heißt, Varro rust. 1,13,2. Vitr. 6,9,1 f. Ein Beispiel für Colum. 1,6 bei Boscoreale: [2] Raum a. In einfacheren Stadtwohnungen, vor allem in den Mietwohnungen der oberen Stockwerke wird vielfach nicht in einer eigenen c., sondern im Hauptraum auf einem transportablen Ofen gekocht, vgl. den Herd [3],442. In besseren Häusern liegt die kleine, mit gemauertem Herd versehene c. (ohne Kamin; Rauchabzug durchs Fenster, wie vielfach auch in Gasthäusern, Sidon. epist. 8,11,3,43 ff. Darin oft Larenbilder. Abtritt vielfach in der Küche, sonst daneben) am Peristyl, seltener am Atrium ([3],278. [4],258 Abb. 282) oder Nebenatrium ([4],438 Abb. 493). In Rom gab es natürlich größere c. Ausstattung der c. in Pompei: [3],441 ff. C. bei Tempeln dienten den Opferschmäusen, bei Gräbern dem Totenmahl. Aus der c. beim Prytaneion (Tholos) an der Agora in Athen wurden die Prytanen verpflegt. W. H. G.

1. *Graham* Hesp. 23, 1954, 320 ff.; 27, 1958, 318 ff. *Svoronos-Hadjimichalis*, BCH 80, 1956, 483 ff. *Exploration* archéol. de Délos VIII 1922, 180 f. 2. *Mau*, RM 9, 1894, 350 Abb. 1. 3. *Overbeck-Mau* Pompeji, [4]1884. 4. *Spinazzola* Pompei 1953.

Culleus, pl. *cullea.* 1. Der große Sack oder Schlauch (griech. ἀσκός), meist aus Rindsfell oder -haut, im Gegensatz zum kleinen Schlauch, *uter*, aus Bocksfell, diente zum Transport (Plin. nat. 7,82) von Flüssigkeiten (Wasser Nep. Eum. 8,7. Wein Cato agr. 154. Öl Plaut. Pseud. 212). Dabei werden für Wasser die Haare des Fells nach außen gewandt, für Wein nach innen und meist mit Harz oder Pech bestrichen. Bei Erneuerung des Inhalts war bes. sorgfältige Reinigung notwendig. Ein c. faßte gemäß dem nach ihm benannten Maß (s. u. 2) bis etwa 5 hl und war somit nur für Wagentransport geeignet. W. H. G.

Culpa. C. bezeichnet jene Art des Verschuldens, die man h. als Fahrlässigkeit bewertet. Allerdings deckt sich der ant. Begriffsgehalt nur zum Teil mit dem modernen; auch spielten in die röm. Lehre von der c. ebenso wie in die moderne Dogmatik der Fahrlässigkeit objektive Momente herein, die einen Zusammenhang mit dem Rechtswidrigkeitsurteil vermitteln.

Als Maßstab für die Haftung aus Verträgen zeichnet sich die c. durch besondere Elastizität aus. Was dem einen Schuldner schon als c. angerechnet wird, steht dem anderen noch frei. Die Intensität der Haftung hängt bes. von der Möglichkeit, aus dem Rechtsverhältnis Vorteile zu ziehen, ab. So haftet nach klass. Recht der unentgeltliche Verwahrer wohl überhaupt nur für *dolus* und nicht auch für c. Dagegen haftet der Entleiher über c. hinaus auch für *custodia.* Nur allmählich setzen sich schematische Abstufungen der c. durch; sie stehen in engem Zusammenhang mit der rationalen Legitimation der Haftungsgrade durch das sog. Utilitätsprinzip. Immerhin werden (entgegen einer lange herrschenden Meinung) nicht alle Texte, die der *c. lata* eine Sonderstellung zuweisen, unklass. sein. Das Wesen dieser groben Fahrlässigkeit besteht darin, das, was alle erkennen, nicht zu erkennen (Dig. 50,16,213,2). Sie ist also mehr Wissens- als Willensfehler; dennoch wird sie dem *dolus* gleichgehalten (Dig. 16,3,32). Auch nach unten kann differenziert werden: Für den Bereich der lex Aquilia bejaht Ulpian Dig. 9,2,44 pr. eine Haftung für *c. levissima.* Klass. Grundlagen werden auch für die sog. *c. in concreto* anzunehmen sein: Die in eigenen Angelegenheiten angewandte Sorgfalt bildet den Maßstab der Haftung von *socii* untereinander. Th. M.-M.

Arangio-Ruiz Responsabilità contrattuale, [2]1956. *D. Nörr* ZRG 73, 1956, 68 ff.

Culter, *μάχαιρα.* Antike Messer mit zunächst bronzener, dann eiserner Klinge sind (vor allem die Griffe) zahlreich erhalten. Neben den seltenen Klappmessern stehen die c. mit festem Griff, teils aus einem Stück mit diesem, teils der Griff in eine Tülle eingesetzt, meist die Klinge mittels Dorn in den oft bronzenen Griff eingelassen. Die Griffe sind häufig figürlich verziert oder ganz als Figuren gestaltet. Neben den c. des röm. Opfers [2], der Schlachter und Köche *(c. coquinaris)* und dem Jagdmesser *(c. venatorius*, Hirschfänger) sind vor allem die Tischmesser zu nennen, mit denen in der Kaiserzeit Luxus getrieben wurde (Elfenbeingriffe, Versilberung usw.), sowie die → Rasiermesser und die c. der Ärzte. W. H. G.

1. *Dar.-Sagl.* 1,1582 ff. 2. *v. Schaewen* Röm. Opfergeräte, 1940. 3. *Davidson* The minor objects (Corinth. Results of excavations 12, 1952) Index v. knives.

Cumae s. Kyme

Cuneus. Keil. **1.** Keilförmige Schlachtordnung. **2.** Griech. *κερκίς*, keilförmige Abschnitte, in die der Sitzraum im Theater und Amphitheater vertikal durch die radial geführten Treppen geteilt war. Zahl der c. im röm. Theater gerade, im griech. meist ungerade. Vgl. Vitr. 5,6,3 (117,15); 5,7,2 (120,21). In größeren Theatern wurde die Zahl der c. über den horizontalen Umgängen durch eingeschobene Treppen verdoppelt. – In röm. Theatern waren manche c. bestimmten Personengruppen zugeteilt. So gab Augustus (Suet. Aug. 44) den *praetextati* einen eigenen c., daneben den Pädagogen. In der *media cavea* durften keine armen Leute Platz nehmen. → cavea. **3.** Streifen zwischen den gemalten Feldern der Wände. C. F.

Cuniculi (*ὑπόνομοι, λαῦραι*). Nach den Kaninchengängen benannte natürliche oder künstliche unterirdische Passagen verschiedenster Größe wie Kanäle, Bergwerksstollen und bes. Minen zur Belagerung befestigter Orte, auch Tunnels für Wasserleitungen und gelegentlich Heizungszüge. Bildlich wird c. bei Cic. leg. agr. 1,1,1 verwandt, wo es von den Belagerungs-c. herkommt. W. H. G.

Cunobellinus (Suet. Cal. 44. Oros. 7,5,5. Cass. Dio 60,20). König der Catuvellauni, der die Trinobanten unterwarf, sein Herrschaftsgebiet wesentlich erweiterte (etwa zwischen 10–43 n. Chr.) und die Residenz von Verulamium nach Camulodunum verlegte (Münzprägestätte: J. Evans The coins of ancient Britons, 1864, 284). H. C.
Collingwood-Myres Roman Britain and the English settlements, ^{2}1937, 58.

Cupido s. Eros

Cupra maritima (Nissen It. Ldk. 2,425), picen. Stadt der 5. Region (Plin. nat. 3,111) an der adriat. Küste (Strab. 5,241. Ptol. 3,1,21) mit Tempel der Cupra (Sil. 8,434); h. Cupramarittima n. Grottammare. G. R.

Cupra montana (Nissen It. Ldk. 2,419), picen. Stadt der 5. Region (Plin. nat. 3,111) oberhalb des Esinotales sw. Iesi (Ptol. 3,1,52); h. Cupramontana. G. R.

Cura, -tores s. Nachtr. am Schluß d. Bandes

Cura. Personifikation der Sorge: Hor. c. 3,1,40 u. ö. (Thes. l. L. Onom. 2,753). *ultrices Curae* am Eingang zum Orcus: Verg. Aen. 6,274; vgl. Sil. 13,583. – Hyg. fab. 220: Der Mensch ist von C. aus Erde gebildet, von Iuppiter belebt. Daher heißt er *homo (humus!)*, nach dem Tode gehört er Iuppiter, im Leben der C. Unsicher CIL I^2 442 (verschwundener Becher etr. Herkunft): *Coera pocolo.* W. E.
Bernays Ges. Abh. 2,316ff.

Cures (Nissen It. Ldk. 2,478 f. Ashby Pap. Brit. School at Rome 3,1906, 34ff.), bekannteste Stadt der Sabiner n. Roms (ihr Gebiet *ager Sabinus* b. Cic. leg. agr. 2,66), gegründet von Modius Fabidius (Dion. Hal. ant. 2,48). T. Tatius, König von C., erbaut die Siedlung auf dem Quirinal (Varro l. l. 5,51. Liv. 1,13. Dion. 2,36ff.). Aus C. stammt Numa Pompilius (Cic. rep. 2,25. Liv. 1,18 u. a.). Da C. nicht zur trib. Quirina, sondern Sergia (Kubitschek Imp. Rom. trib. discr. 55) gehört, dürfte es schon vor 290 v. Chr. röm. gewesen sein (Nissen). Später in der 4. Region (Plin. nat. 3,107) unbedeutend (Strab. 5,228 *κώμιον*). Einwohner *Curenses* (Ov. fast. 3,94. Paul. Fest. 59,15 L.), nicht *Quirites* (Varro). Ruinen bei agli arci nahe Correse. G. R.

Curia s. Nachtr. am Schluß des Bandes

Curia via (Nissen It. Ldk. 2,475). Nach der sicheren Konjektur Bunsens (aus *Ἰουρίας ὁδοῦ*) bei Dion. Hal. ant. 1,14 nach M.' Curius Dentatus benannte Straße zwischen Reate und Interamna (kaum in der Censur erbaut). G. R.

Curiata lex. Die in Kurien gegliederten Volksversammlungen der Römer *(comitia curiata)* bestanden in alter Zeit aus der Gesamtheit der wehr- und stimmfähigen röm. Bürger. Wohl aus der engen Verbindung von Volksversammlung und Heer erklärt es sich, daß die *comitia curiata* dem bereits gewählten Imperiumsträger in Form der c. l. das Recht zur Ausübung seiner Gewalt übertrug. Ob diese c. l. auf den Gedanken zurückgeht, daß Heergemeinde und Führer sich in alter Zeit durch gegenseitigen Schwur aneinander zu binden pflegten, oder ob etwa die Macht, die dem Ersten des Volkes übertragen wurde, urspr. beim Volke selbst lag, läßt sich nicht mit Sicherheit feststellen (vgl. Dig. 1,4,1 pr. [Ulp. 1 inst.]). Ein Vergleich der *auctoritas patrum* bei Livius (1,17,8. 22,1) und bei Dion. Hal. ant. 2,60 mit dem Begriff der l. c. de imperio des Cicero (Cic. rep. 2,25) könnte darüber nähere Einsichten vermitteln. Z. Z. der Republik verblaßte die polit. Bedeutung der Kuriatkomitien stark, weshalb auch die c. l., die zwar verfassungsrechtlich unabdingbar war, polit. jedes Inhaltes entbehrte. Sie wurde zu einer reinen Formalität. Das mag auch dazu geführt haben, daß Cicero (leg. agr. 2,29) die Frage aufwarf, ob gewählte Beamte, denen die l. c. nicht erteilt wurde, den Magistraten *optima lege* gleichzustellen seien. Zumeist jedoch ließen sich die gewählten Imperiumsträger auch von der Kurienversammlung bestätigen, um so Beamte *optima lege, optimo iure* zu sein. Außer für die Bewilligung des *imperium* bedurfte es auch bei Magistraten mit *potestas* – so bes. bei Zensoren (vgl. aber auch Gell. 13,15,4) – zur Übertragung der Macht einer l. c. – Eine bestimmte Frist, innerhalb derer die l. c. eingeholt werden mußte, bestand nicht. In der Regel jedoch wurde der Antrag unmittelbar nach dem Amtsantritt gestellt (Liv. 3,27,1. 4,14,1), da die Ausübung gewisser Funktionen an die l. c. gebunden war.

Als literar. Zeugnis ist uns die sog. lex de imperio Vespasiani aus dem J. 69/70 erhalten (CIL VI, I, Nr. 930, p. 167 f.), ein Zwitter zwischen Senatusconsultum und Volksgesetz, worin dem Kaiser Vespasian den augusteischen gleiche Prinzipatsrechte übertragen werden. F. R.

Hellmens L. de imperio Vespasiani, 1902 (Diss. Americanae, Nr. 1, Chicago). *Dulckeit-Schwarz* Röm. Rechtsgeschichte, ^{3}1963, 28.77.84f. *Heuß*, ZRG 64, 1944, 57ff. 70. *Magdelain* Auctoritas principis, 1947, 90.

Curiatius. Ital. Familienname, in Rom – mit einer Ausnahme (Nr. 4) – plebeisch, seit dem 5. Jh. bezeugt (später auch inschr., SCHULZE Eigenn. 355). Nach Liv. 1,30,2. Dion. Hal. ant. 3,29,7 gehörte das Geschlecht zu den aus Alba Longa nach Rom gekommenen und dort patriz. gewordenen Geschlechtern, MÜNZER Adelsp. 133f. Die Sage vom Kampf der Horatier gegen die Drillingsbrüder der Curiatier, die Alba Longa vertraten, unter Tullus Hostilius (Liv. 1,24,1 u. a.), stützt diese Auffassung und erlebte ihre Ausgestaltung vielleicht in Anlehnung an den Altar des Ianus Curiatius (RE Suppl. III 1178).

Republikanische Zeit: **1.** C., Philologe (Worterklärungen), Näheres unbekannt. SCHANZ-HOS. 1,586. **2.** C. C., tr. pl. 138, Cic. leg. 3,20. Val. Max. 3,7,3. **3.** P. C., tr. pl. 401, Liv. 5,11,4ff., BROUGHTON Mag. 1,84. **4.** P. C. Fistus Trigeminus, Consul 453 (zusammen mit Sex. Quinctilius, Liv. 3,32.1. Fast. Cap.), *decemvir consulari imperio legibus scribundis* 451 (allein Dion. Hal. ant. 10,56,1 f. nennt für beide J. nicht C., sondern Horatius); mit ihm ist eine patriz. Linie faßbar, die bald ausgestorben ist, auf die (und deren Ahnen) sich aber die späteren Plebeier zurückführten. **5.** C. C. Trigeminus *(C. CVR. TRIGE.)* 2 Münzmeister, der ältere (vielleicht identisch mit Nr. 2) im Amt um 135–134, der Sohn zwischen 133–126, Belege bei SYD. LIX 51ff. BROUGHTON Mag. 2,438. H. G. G.

Curictae. Veglia – Krk – Insel an der dalmat. Küste. Die eine der beiden Städte der Insel – Curicum oder Curictae – lag am W.-E. der Insel, wo sich h. die Siedlung befindet, während Fertinates oder Fulfinium vermutlich im n. Teil der Insel, in der Nähe von Omisalj lag, oder s. bei Baska nova, wo Inschr. gefunden sind. Die Stadt wurde bereits gegen E. der Republik romanisiert. C. Antonius, der illyr. Statthalter Caesars, konnte die Festung mit 2 Legionen nicht halten. Die beiden Städte erhielten das röm. Recht *(ius Italicum)*. Es sind uns Namen von Decurionen und Duumvirn bekannt. J. F.

Curio. Cognomen in der Gens Scribonia, in der Familie C. erblich seit C. Scribonius C., der 174 als 2. Plebeier die geistliche Würde des curio max. erreichte, vgl. MÜNZER Adelsp. 69f.

1. C. Scribonius Curio, ca. 125–53, Gegner Caesars. Sohn eines gleichnamigen Redners und Altersgenossen des C. Gracchus (wohl Praetor 121), trat nach 90 als Redner auf, war 90 tr. pl., ging 88 mit Sulla nach dem O., erzwang als Legatus 86 die Kapitulation der Akropolis in Athen, war 85/84 in Kleinasien, kehrte mit Sulla nach Italien zurück (erwarb aus Proskriptionsvermögen ein Gut in Campanien), war wohl 80 Praetor, 76 Consul, ging nach dem Balkan, wo er auch als Proconsul 75–74 blieb, gegen die Dardaner kämpfte und als 1. Römer die untere Donau erreichte. Nach der Rückkehr triumphierte er, trat 66 für Pompeius ein, unterstützte 63 Cicero bei der Bestrafung der Catilinarier, beschützte 61 Clodius und war seit 60/59 scharfer Gegner Caesars, gegen den er um 55 eine Streitschrift verfaßte. Censor war er vielleicht 61 (BROUGHTON Mag. 2,179), Pontifex seit ca. 60 bis zu seinem Tod 53. Charakterfeste Persönlichkeit mit natürlicher Rednergabe, Cic. Brut. 216–220 u. ö. SCHANZ-HOS. 1,351.397. **2.** C. Scribonius C., Sohn von Nr. 1, ca. 84–49, befreundet mit M. Antonius, sollte 59 von L. Vettius für ein angebliches Attentat auf Pompeius gewonnen werden, vertrat die gleiche polit. Linie wie sein Vater. 54 war er Quaestor und stand als Proquaestor anschließend in Asia. Bei den prächtigen Leichenspielen für seinen Vater errichtete er ein drehbares Doppeltheater aus Holz, heiratete nach 52 die Witwe seines Freundes Clodius. 51 wurde er Pontifex und tr. pl. für 50. Da gewann ihn Caesar *ingenti mercede* (Suet. Caes. 29,1) für sich; C. vertrat nun Caesars Interessen äußerst geschickt und war in den Verhandlungen unmittelbar vor dem Bürgerkrieg zweifellos führend (M. GELZER Caesar^6 162ff.). 49 war er als Legatus oder Praefect Caesars bei der Einnahme von Iguvium führend beteiligt und erhielt dann ein propraetorisches Imperium für Sizilien, das er kampflos gewann, und den Kampf in Africa. Dort siegte er zwar bei Utica, fiel aber am 20. August 49 bei einem gewagten Vorstoß im Kampf gegen das Entsatzheer unter Iuba, Caes. civ. 2,23,1–44,3. KROM.-VEITH Ant. Schlachtfelder 3,2,730ff. Vell. 2,48,3 charakterisierte ihn als genialen Taugenichts *(ingeniosissime nequam)*. Cic. Brut. 280f. würdigte den ehemaligen Freund. Vgl. MOMMSEN RG 3,405. Auch er war ein begabter Redner (Plin. nat. 7,133) und sehr schlagfertig. SCHANZ-HOS. 1,398f. H. G. G.

3. C., s. Nachtr. am Schluß des Bandes

Curiosum urbis Romae *regionum XIIII cum breviariis suis* (Jord. Top. II 541ff. Prolegom. zur Forma Urbis Romae mit Text), Beschreibung der Stadt Rom aus der Zeit nach 374 n. Chr. (Obelisk des Constantius erwähnt) und vor 400. G. R.

Curius. Plebeischer Gentilname, seit dem Anfang des 3. Jh. v. Chr. hist. bezeugt (hsl. oft mit Curtius verwechselt).

I. Republikan. Zeit: **1.** C. sonst unbekannter Proconsul zwischen 47 und 45, Cic. fam. 13,49. **2.** M'. C., tr. pl. 198, erhob Einspruch gegen die Wahl des Flamininus zum Consul, Liv. 32,7,8. J. BLEICKEN D. Volkstribunat 84. **3.** M'. C., bekannt durch einen Erbschaftsprozeß gegen Coponius kurz vor 91, bei dem er durch L. Licinius Crassus erfolgreich vertreten wurde, Cic. inv. 2,122 u. ö. **4.** M'. C., angesehener röm. Kaufmann in Patrae, bei dem Cicero 50 zu Gast war. **5.** Q. C., Quaestor um 71, aus dem Senat gestoßen *(notissimus aleator)*, später Anhänger des Catilina, verriet 63 über seine Geliebte Fulvia dem Cicero die Verschwörung, Sall. Cat. 23,2ff. 26,3. 28,2. **6.** Vibius C., Offizier Caesars 49, Caes. civ. 1,24,3 (Führer des Vortrabs in Latium). **7.** M'. C. Dentatus, der berühmteste Namensträger (Cognomen, weil er mit Zähnen zur Welt kam, Plin. nat. 7,68). Als homo novus begann er seinen Weg: tr. pl. 298 (?, vgl. Broughton Mag. 1,174; angebliche Opposition gegen Ap. Claudius Caecus), Consul 290, Praetor suff. (?) 283, Consul II 275, III 273, Censor 272, *duumvir aquae perducendae* 270. Diese beachtliche Ämterfolge des aus der Fremde nach Rom Zugezogenen (vgl. Münzer Adelsp. 61f.) erklärt sich z. T. aus seinen kriegerischen Erfolgen: 290 führte er nach einem Sieg das Ende des Samnitenkrieges herbei, bezwang die Sabiner und triumphierte über beide Völker (Cic. Cato 55. Val. Max. 2,9,4 u. ö.). Im Sabinerland leitete er Ackerverteilungen ein und ließ durch Ableitung des Velinersees das Becken von Reate trocken legen und meliorisieren, Cic. Att. 4,15,5 u. ö. 283 folgte er dem gefallenen Praetor L. Caecilius Metellus Denter im Amt nach (Datierung und Amt nach Broughton Mag. 1,188; sonst wird er als cos. suff. 284 angesehen!), vernichtete die Senonen und gründete die Colonie Sena Gallica, Pol. 2,19,9–12. Vor 281 scheint er eine Ovatio de Lucanis erhalten zu haben, Vir. ill. 33,3. 275 leitete er die Aushebungen mit Strenge und besiegte Pyrrhos auf den Arusin. Feldern (nicht bei Malventum-Beneventum); in dem glänzenden Triumph ([*de Sa*]*mnitib. et rege Pyrrho*, Act. triumph.) wurden erstmals Elefanten aufgeführt, Flor. 1,13,28. 272 leitete er den Bau der zweitältesten Wasserleitung, des Anio vetus, ein, starb jedoch 270 noch vor der Vollendung, an der er noch amtlich beteiligt war, Frontin. aq. 1,6. An seine Person knüpften sich zahlreiche Anekdoten (z. B. Antwort an Samniten, die ihn bestechen wollten: er brauche kein Geld, da ihm für das Essen Tongeschirr genüge, und er wolle lieber über Leute herrschen, die Gold besäßen, als es selbst besitzen, Cic. rep. 3,40 u. ö.). Späteren galt er als Idealtyp des schlichten und armen Römers, Enn. ann. 220 V. *quem nemo ferro potuit superare nec auro;* bes. für den älteren Cato diente er als (teilweise von diesem ausgestaltetes!) Vorbild, das lange unter den exempla maiorum nachwirkte (Cic., Varro, der jüngere Cato, Val. Max. 4,3,5). H. G. G.

II. Kaiserzeit: T. C. Cilto, cos. suff. 56 n. Chr., AE 1960, 61. R. H.

Cursor. Cognomen leicht ersichtlicher Herkunft in der Gens Papiria, vgl. ferner den röm. Ritter Caelius Cursor, 21 n. Chr., s. Caelius RE III Nr. 22. H. G. G.

Cursus honorum (oder certus ordo magistratuum) ist die feststehende Reihenfolge, in der

ein röm. Bürger für öffentliche Ämter kandidieren kann. Die Bekleidung des jeweils rangniedrigeren Amtes bürgerte sich nach ständiger Übung als Voraussetzung für die Wählbarkeit zum jeweils höheren Amt ein. Gesetzliche Normen über Ämterfolge, Mindestalter und Intervall zwischen der Bekleidung zweier Magistraturen (2. J.) enthielt erstmals die lex Villia annalis 180 v. Chr. (Liv. 40, 44,1). Die Ämterlaufbahn begann mit der Quästur und führte über Ädilität oder Volkstribunat zur Prätur und gipfelte schließlich im Konsulat. Als Mindestalter galten für den Konsul 43, für den Prätor 40, für den kurul. Ädil 37 J. Für den Quästor wurde durch Sullas lex Cornelia de magistratibus (81 v. Chr.) ein Mindestalter von 31 J. gefordert. Eine Wiederbekleidung des Konsulats war in dieser lex nur nach zehnjähriger Zwischenzeit gestattet, ein zehnjähriger Heeresdienst sollte Vorbedingung für den Eintritt in die Ämterlaufbahn sein.

Nicht in den c. h. eingeschlossen sind Ämter wie Zensur, Diktatur usw. Censor oder Dictator werden in der Regel nur ehemalige Konsuln, der *magister equitum* geht meist aus den Prätoriern hervor. Der Prinzipat unterwarf den c. h. mannigfachen Neuregelungen. Die Laufbahn begann mit einer der niedrigen Beamtenstellen des Zivildienstes (Vigintisexvirat), darauf folgte ein Jahr Militärtribunat. Das Mindestalter für den darauffolgenden Eintritt in die Quästur wurde auf 25 J. herabgesetzt. Der urspr. festgefügte c. h. wurde immer häufiger durchbrochen, die Kaiser verliehen nach Belieben Titel und Ämter auch ohne vorangehende Dienstleistung des Bewerbers in entsprechend niedrigeren Positionen der normalen Ämterlaufbahn (→ adlectio). H. Ha.

G. Nicolini I fasti dei tribuni della plebe, 1934, 120ff. *T. R. Broughton* The Magistrates of the Roman Republic I und II, 1951/52. *U. Coli*, St. Arangio-Ruiz 4, 1953, 395ff.

Cursus publicus. Der c. ist wie alle älteren Formen des griech.-röm. Postwesens letztlich von der ausgezeichnet organisierten, ausschließlich staatlichen Zwecken dienenden Post der persischen Großkönige (→ Angarium) abgeleitet. Im vorhellenist. Griechenland wird alle Post durch Schnelläufer, ἡμεροδρόμοι (δρομοκήρυκες) befördert, zur See hat der Staat Athen eigene Avisoschiffe. Die pers. Post wird durch Antigonos I. für Griechenland reorganisiert; das System der βιβλιαφόροι ist uns am besten aus dem ptolem. Äg. bekannt, wo die Boten reiten, laufen oder Nilschiffe benützen [3]. Sie sind nur für den Staat eingesetzt. Fraglich bleibt, inwieweit der Botendienst Leiturgie war und u. U. durch die Abgabe ἀνιππίας abgelöst werden konnte. In der röm. Republik mußten Magistrate und Private ihre Post durch eigene Diener, *tabellarii*, befördern lassen [7], die auch in der Kaiserzeit streng vom c. p. getrennt bleiben. Postdienst war so gering geachtet, daß er den zu Hannibal abgefallenen S.-

Italikern von Rom als Strafe, statt Militärdienstes, diktiert wurde, Strab. 5,4,13 a. E., und so unsicher, daß winters oft keine Postverbindung war, Cic. fam. 2,14. Für amtliche Depeschen (später auch für die Beförderung von Magistraten) richtete Augustus den c.p. ein, Suet. Aug. 49, der Caesars (civ. 3,101. Bell. Hisp. 2) rein militärische *equites* und *tabellarii dispositi* durch eine zweckmäßige, vielfach freilich auf Requisition beruhende Organisation ablöste. Die Boten, z.T. zu Fuß, z.T. mit Wagen reisend, fanden in regelmäßigen Abständen Stationen für Pferdewechsel (später *mutationes* genannt) und für Übernachtung *(mansiones)* vor. Ein Bote machte die ganze Strecke, konnte gegebenenfalls also auch mündlich berichten. Für Personenbeförderung benötigte auch der Magistrat ein *diploma* (später *evectio*) der kaiserlichen Kanzlei, das immer nur sehr sparsam ausgegeben wurde. Schon bald scheint auch die Güterbeförderung für den Staat und die Truppe Aufgabe des c.p. geworden zu sein; diese Organisation mit Trennung von langsamem und schnellem Transport kennen wir vor allem aus der Spätantike (→ Angaria). Obwohl die Kaiser mehrfach versucht haben, die drückende Last der Gestellung von Tieren, Menschen und Wagen für den c.p. durch Übernahme auf Staatskosten zu erleichtern ([10] I 67; II 99), blieb Zwangsrequisition immer die Regel; von der Haltung der Gemeinden dazu berichten Akten des 3. Jh. [12]. In die Provinzen ging der Postverkehr von Rom möglichst über See, freilich nur im Sommer. Die Leistungen des c.p. waren für ihre Zeit vorzüglich: [9],1010ff. In dringenden Fällen kamen Eilnachrichten mit einer Geschwindigkeit von mehr als 150 km je Tag durch; der Kurier mit der Meldung von der Ermordung des Maximinus schaffte im Tagesdurchschnitt sogar 150 röm. Meilen. W. H. G.

1. *Seeck*, RE IV 1846ff. 2. *Rostowzew*, Klio 6, 1906, 249ff. 3. *Preisigke*, Klio 7, 1907, 241ff. 4. *Hirschfeld*, VB 190ff. 5. *Ramsay*, JRS 10, 1920, 79ff.; 15, 1925, 60ff. 6. *Holmberg* Zur Gesch. des c.p., Diss. Uppsala 1933. 7. *Schroff*, RE IV A 1844ff. 8. *Reincke*, RE XVI 1523ff. 9. *Kornemann*, RE XXII 988ff. 10. *Rostovčev*, GuW. 11. *Pflaum* Mémoires Acad. Inscr. 14, 1940. 12. *Frend*, JRS 46, 1956, 46ff.

Curtilius. Röm. Familienname, auch inschr. bezeugt (SCHULZE Eigenn. 586,78).

I. Republikanische Zeit: **1.** C. Anhänger Caesars, von Cic. Att. 14,6,1. 10,2 im J. 44 als Kriegsgewinnler genannt. **2.** T.C. Mancia, 55 n. Chr. Consul suff., ab 56 Legatus in Germania superior, nahm 58 am Zug des L. Duvius Avitus vom Niederrhein aus teil, Tac. ann. 13,56,2. Sein Schwiegersohn war Cn. Domitius Lucanus, den er haßte, Plin. epist. 8,18,4. H. G. G.

II. Kaiserzeit: T.C. Mancia, cos. suff. 55 n. Chr., CIL VI 32352. Plin. epist. 8,18,4. Legatus Aug. pr. pr. exercitus Germaniae inf. 56 (FGH 257 F 36,27) bis 58, Tac. ann. 13,56,2, s. RITTERLING Fast. Deutschl. 17. R. H.

Curtisius. T.C., Soldat, der im J. 24 n. Chr. einen bald niedergeschlagenen Sklavenaufstand in Brundisium anzettelte, Tac. ann. 4,27,1. R. H.

Curtius. Lat. Gentilname, möglicherweise patriz. (5. Jh. v. Chr.), später nur plebeisch (1. Jh. v. Chr.); *Κόρτιος*, inschr. auch *Qurtius* (vgl. SCHULZE Eigenn. 78).

I. Republikanische Zeit: **1.** C., Ankläger, der den Proskriptionen Sullas zum Opfer fiel. **2.** C.C., reicher röm. Ritter und Steuerpächter, der nach 100 in einem Prozeß freigesprochen wurde und mit Rabiria verheiratet war, Cic. Rab. perd. 8. **3.** C.C., Sohn von Nr. 1, von Sulla proskribiert, kam erst nach 49 in den Senat und sollte 46 sein Landgut bei Volaterrae verlieren (Veteranenansiedlung!), wobei sich Cic. (fam. 13,5) für ihn einsetzte. **4.** M.C., Gestalt der röm. Volkssage zum J. 362: als sich auf dem Forum ein tiefer Spalt bildete, besagte ein Orakel, er werde sich nur nach dem Opfer dessen, was Roms höchstes Gut sei, wieder schließen; C. deutete dies auf den Mut des Kriegers und stürzte sich bewaffnet auf seinen Pferd in den Spalt. Sein Opfertod hatte Erfolg. Varro l.l. 5,148ff. Liv. 7,6,1–6. Drei Versionen der Sage sind vorhanden (vgl. Nr. 5.7), ätiologisch für den Lacus Lurtius, der vielleicht gar nichts mit dem röm. Familiennamen zu tun hat. An der Stelle später eine Grube für Opfergaben *(mundus)* und ein Altar (Ovid. fast. 6,403. Suda). Ein späteres Relief, das den Sprung des C. in den Spalt darstellt, im Museo Nuovo Capitolino. RE IV 1892. E. NASH Bildlex. zur Topogr. des ant. Rom 1, 1961, 542ff. **5.** Mettius C., sagenhafter Feldherr der Sabiner, der als Gegner des Romulus im Forumsumpf eingebrochen sei; der lacus Curtius (s. Nr. 4) sei nach ihm benannt. Piso frg. 6 HRR. Liv. 1,12,2.8–10. 13,5. Wohl von der Annalistik erfunden. **6.** Q.C., Münzmeister 108–107 v. Chr., BROUGHTON Mag. 2,438. **7.** C.C. Chilo, Consul 445. Nach Liv. 4,1ff. opponierte er mit seinem Collegen M. Genucius Augurinus gegen die Canuleische Rogation (*conubium* → Canuleius Nr. 1) und leitete die 1. Konsulartribunenwahlen (4,7,3). Da der Name nicht sicher überliefert ist (BROUGHTON Mag. 1,52: *C.* [bzw. *Agripp.*] *C. Philo* [bzw. *Chilo*]), kann man die Person als unhist. ansehen (MOMMSEN RF 1,111. MÜNZER RE IV 1866), zumal er der einzige patriz. C. ist. Auch mit ihm brachte Varro l.l. 5,150 später den lacus C. (s.o. Nr. 4) in Verbindung: er habe ein Blitzmal *(puteal)* dort einfriedigen lassen. **8.** C. Nicias aus Kos, um 50 v. Chr., guter Bekannter Ciceros (z.B. fam. 9, 10,1. Att. 12,26,2), geistvoller Gesellschafter und Philologe, Suet. gramm. 14. Das röm. Bürgerrecht erhielt er wohl durch Pompeius oder C. Memmius. SCHANZ-HOS. 1,581f. (C. Nicia). R. HERZOG Hist. Ztschr. 125,189–216. **9.** M'. (oder C.) C. Peducaeanus, tr. pl. 57, Praetor 50, Bekannter Ciceros (ad Q. fr. 1,4,3 u.a.). **10.** M.C. Postumus, tr. mil. bei Caesar 54, von Cic. (ad Q. fr. 2,13,3) empfohlen, suchte 49 Cic. und Att. für Caes. zu gewinnen, war Praetor 47 oder 46. 44 gab er für Octavian die noch von Caesar gelobten Spiele. **11.** C.C. Salassus, 41 Praefect bei Antonius, wurde bei Steuereintreibungen in → Arados lebendig verbrannt. H. G. G.

II. Kaiserzeit: **1.** Ritter august. Zeit, Macr. sat. 2,4,22. **2.** Advokat bei Iuvenal. 11,34. **3.** Praefectus praetorio Italiae 407 und 408, Cod. Theod. 120,1. **4.** C. Atticus, Ritter, Begleiter des Tiberius im J. 26, Tac. ann. 4,58,1; durch Seian getötet, ebd. 6,10,2. **5.** Senator aus der Zeit des Commodus, CIL VI 32321. **6.** C.C. Iustus. Sein curs. honor. dürfte CIL V 5809 stehen. Statthalter von Dacia sup. ca. 150, CIL III 1458 (A. Stein Reichsbeamte Dakien 23f.). Cos. suff. wahrscheinlich im J. 151, AE 1932, 135, ca. 158/59 legatus Aug. pr. pr. Moesiae sup., CIL III 8110, A. Stein Legat. Moes. 42f. **7.** C. Montanus, setzte sich im J. 70 für die Ehrung des Andenkens des Piso Licinianus ein, Tac. hist. 4,40,1 und sprach gegen Aquilius Regulus, ebd. 4,42,2. 43,1. **8.** C. Montanus, er war wegen satir. Gedichte im J. 66 angeklagt, wurde aber seinem Vater (Nr. 7) zuliebe nicht verurteilt Tac. ann. 16,28,1. 29,2. **9.** C. Rufus, von niedrigster Herkunft, gelang es ihm, die Quaestur und als candidatus principis die Praetur zu erhalten, Tac. ann. 11,21,1 ff. Cos. suff. spätestens 45 (Ios. ant. 20, 14). Im J. 47 legatus Aug. pr. pr. Germaniae sup., mit den Triumphalornamenten ausgezeichnet, Tac. ann. 11,20,4; zu Ende der Regierung des Claudius oder Anfang der des Nero war C. procos. Africae, Tac. ann. 11,21,3, und starb in der Provinz, Plin. epist. 7,27,2. **10.** C. Severus, praefectus equitum in Syrien, kämpfte im J. 52 nicht glücklich gegen aufständische Kieten, Tac. ann. 12,55,2. R.H.

11. Lit. Persönlichkeit: Q. C. Rufus, Verf. der einzigen erhaltenen lat. Alexandermonographie. Überliefert sind von den 10 Büchern 9–10 mit Lücken, III teilweise (ab Zug durch Phrygien). Seiner Stoffökonomie nach wird das Werk auch die Jugend Alexanders behandelt haben, Buch 10 enthält noch die Anfänge der Diadochenstreitigkeiten. Hinter der selbst für antike Verhältnisse äußerst farbenprächtigen Darstellung tritt die sonst übliche philosophisch-moralisierende Alexanderbetrachtung zurück. So lassen sich Elemente peripatetisch-kleitarchischer (s. [1]. E. Schwartz RE IV 1873–1874), ebenso wie solche sachlich besserer Tradition feststellen, ohne daß Sonderung möglich wäre: Hinweise auf bestimmte Autoren (9,5,21. 9,15) besagen als Quellenindiz wenig, die Sachkritik war C. ohnehin gleichgültig (9,1,34). Die Hauptereignisse aus Alexanders Leben (Gordischer Knoten, Klimax, Ammonszug, Philotas- und Kallisthenesprozeß, Kleitosmord, Entwicklung zum Persischen, Verhältnis zu Orient und Okzident) sind ähnlich wie militärische Unternehmungen und Schlachten dem hier besonders ausgeprägten Streben nach ἡδονή und μίμησις entsprechend romanhaft geschildert, die überaus zahlreichen Reden als bewußt gestaltete Glanzpunkte der Darstellung enthalten zwar Anklänge an die einschlägige Topik, müssen aber als ureigenstes Werk des C. selbst gelten. Auffallend scheint ein bei anderen ant. Historikern in diesem Maße sonst kaum feststellbares psychologisches Interesse.

Unbekannt ist die Lebenszeit des C., Datierungsversuche (Zusammenstellung s. [5], 4–14) haben bisher zu keinem brauchbaren Ergebnis geführt. C. schrieb in der Kaiserzeit (10,9,1–17), mehr indes läßt sich mit Sicherheit kaum sagen, alle scheinbar zeitgebundenen Bemerkungen und Hinweise können als Topoi, Reminiszenzen, Manieriertheit oder bloße Metaphorik verstanden werden, Elemente, die bei seiner Neigung zu stilistischer Brillanz naheliegen. Kenntnis der Alexandergeschichte des Ptolemaios, wohl erst nach dessen Renaissance durch Arrian, sowie Anklänge an dessen Indike lassen etwa auf die Mitte des 2. Jh. als terminus post quem schließen, ein Ansatz, für welchen auch Konsequenz in der Satzkonstruktion nach klauselrhythmischen Erwägungen und der zur silbernen Latinität gehörende Stil im allgemeinen paßt. Erhalten ist das Werk in 70 Handschriften, die in zwei Gruppen (Par. 5710 zusammen mit einigen über ganz Europa verstreuten Auszügen und Bern. 451, Laur. 64) gegliedert sind und auf einen bereits verstümmelten Archetyp des 9. Jh. zurückgehen. G.W.

1. *A. Ruegg* Beiträge zur Erforschung der Quellenverhältnisse der A.-Gesch. des Q. C. R., Diss. Basel 1906. 2. *J. Stroux* Die Zeit des C., Philol. 84, 1929, 233–251. 3. *H. Lindgren* Studia Curtiana, Upsala 1935. 4. *W. Tarn* A. the Great II, Cambridge 1950, 80–115. 5. *D. Korzeniewski*. Die Zeit des Q. C. R., Diss. Köln 1959.

Curtius lacus. In der Mitte des Forum Romanum, wahrscheinlich ein Überrest jener stagnierenden Gewässer, die ursprüngl. das ganze Forum bedeckten. Über seine Entstehung gibt Varro (l. l. 5,148–150) 3 Versionen, die sich auf den Sabiner Mettius → Curtius, den Opfertod des M. Curtius im J. 362 v. Chr. und auf den Consul des J. 445 v. Chr., C. Curtius, beziehen. Rud. G.

RE IV 1892. *Lugli* I monumenti antichi di Roma, Bd. 2. p. 264.269.

Curubis. Stadt in Africa proconsularis: *colonia Iulia Curubis;* h. Korba, an der O.-Küste von Cap Bon (CIL VIII 980.12452. 24100). Chr. Inschr. Bull. Comité 1930–1931, 386. Spuren einer Wasserleitung über mehrere Kilometer, Felsgrab, röm. Statue. M. L.

Tissot Géogr. comp. 2,134.809. Atl. Arch. Tun. f[e] Nabeul, Nr. 61. Bull. Comité 1919, CLV.

Curulische Ämter s. Cursus honorum

Cuspius. L. C. Pactumeius Rufinus. Cos. ord. 142, aus Pergamum, IGR IV 424.425. Dort erfuhr er Ehrungen, zumal er den Aeskulaptempel erbaut hatte, Gal. de anatom. admin. 1.2 (2,224f. K).

Aristid. (mit dem C. befreundet war) or. 50,28 p. 432 K., s. HEPDING Philol. 88, 1933, 90–103. 241 ff. Sein Sohn oder Enkel war L. C. Rufinus, cos. ord. 197, CIL XIII 1754. R. H.

Cusus. Einer der n. Nebenflüsse der Donau, bildete die Grenze des Reiches, das Vannius im J. 19 n. Chr. gegründet hatte. Bei Tac. ann. 2, 63 heißt es: *inter Marum et Cusum*. Einige Forscher identifizierten ihn mit Flüssen ö. der March (Waag, Eipel). R. HANSLIK, RE VIII A 346 A. MÓCSY, RE Suppl. IX 549, andere wiederum mit einem der Flüsse w. der March: B. SARIA, RE VIII A 338, A. ALFÖLDI, SüOF 15, 1956, 48 ff. Die Frage blieb unentschieden. J. F.

Custodia-Custos. Die c.-Haftung stellt vermutlich einen Rest der alten Erfolgshaftung dar; sie ist eine noch unentwickelte Form der Verschuldenshaftung, bei der nicht auf subjektive Momente, sondern auf bestimmte Kriterien objektiver Verantwortlichkeit abgestellt wurde. Das Verschulden wurde nicht nach den Einzelfällen beurteilt, sondern nach bestimmten typ. Tatbestandsmerkmalen. Erst das nachklass. und vor allem das justinian. Recht haben diese typisierte Verschuldenshaftung in eine reine Verschuldenshaftung umgewandelt.

Im techn. Sinne verstand man im klass. röm. Recht unter c. die über die culpa-Haftung hinausgehende Haftung, die sich auch auf die Fälle des niederen Zufalls erstreckt, von dem eine *res custodiri solita* (vgl. Gai. Dig. 13,6,18 pr. Ulp. Dig. 50, 17,23) getroffen wurde und der durch besondere Bewachung der Sache hätte abgewendet werden können. Diese Bewachungspflicht trifft den Schuldner bestimmter schuldrechtlicher Verhältnisse, bei denen er eine Sache im eigenen Interesse in Verwahrung hatte, so bes. den Entleiher (Gai. Inst. 3,206. Paul. sent. 2,4,3), unter den Werkunternehmern den Walker und Flickschneider (Gai. Inst. 3,206), den *nauta*, *caupo* und *stabularius* (Gai. Dig. 4,9,5 pr.), den eigennützigen Inspektor einer Sache, den Speichervermieter, den Faustpfandgläubiger (Ulp. Dig. 13,7,13,1), den Nießbraucher (Paul. Dig. 7,9,2), wahrscheinlich auch den Sachmieter (Ulp. Dig. 13,6,5,15), den sich anbietenden Depositar (Ulp. Dig. 16,3,1,35) und noch einige andere Sonderfälle. Haftungsbefreiend wirken nur typ. Entlastungsgründe, die in der Terminologie der Klassiker vielleicht, im Gegensatz zur c.-Haftung, als qualifizierter Zufall *(vis maior)* zusammengefaßt wurden. Ergibt sich der Schade aus der Sache selbst (Materialfehler, Ulp. Dig. 9,2,27,29. 19,2,13,5) oder sollte bzw. durfte der Schuldner die Sache in Gefahr bringen, wie etwa bei Seefracht oder sonstigem Transport (Gai. Dig. 19,2,25,7), so entfällt die Haftung.

Außerdem scheint c. in den Quellen im untechn. Sinne auf und bedeutet dort die normale, tatsächliche Tätigkeit des Bewachens (vgl. Paul. Dig. 41,2,3,13. Iavol. Dig. 41,2,51. Paul. Dig. 39,2,

38 pr.). Das *corpus possessionis* konnte dadurch erworben werden, daß man die c. über eine Sache erlangte. Neben dieser Verwendung findet sich c. noch im Erbrecht: Der *familiae emptor* hatte über die anvertrauten Sachen die c. (Gai. inst. 2, 104).

Außer dem *carcer* als strenge Form der Strafhaft gab es im röm. Recht noch das vom Magistrat im Rahmen seiner *coercitio* angeordnete Festhalten in einem Privathause. Diese *c. libera* (Liv. 24, 45,8.10. 39,14. Tac. ann. 3,22. 6,3.23; Cic. Catil. 3, 14) war ein Mittelding zwischen der Freiheit und der *c. carceralis* (*c. publica*, Callistr. Dig. 4,6,9), die bes. auf Personen höheren Standes angewendet wurde. Ihr nahe verwandt ist das *persona fideiussoribus committere*, bei dem der Angeklagte, ähnlich einem Gestellungsbürgen, in das Haus des Bürgen kommt. – Aus der Kaiserzeit ist uns die *c. militaris* überliefert (Ulp. Dig. 48,3,1. 2,11,4,1. Tac. ann. 14,60,5. 2,68. Suet. Aug. 65), die sich der »freien Haft« sehr näherte und gleich dieser wenig drückend und auch nicht entehrend war. Hier wird der Angeklagte durch einen oder mehrere Soldaten bewacht, die dafür einzustehen haben, daß der *reus* jederzeit vor Gericht gebracht werden kann. Das Ausbrechen aus der Haft wurde als Kapitalverbrechen bestraft (Ulp. Dig. 47,18,1 pr.).

C. bezeichnet neben Bewachung ebenso den Bewachenden wie den Bewachten, Angeklagten (vgl. *custodias audire* Ulp. Dig. 1,16,6 pr. Paul. Dig. 48, 18,10. Mod. Dig. 48,1,12). – Custos ist der Wächter, Hüter, Aufseher. In diesem Sinne ist wohl auch Ciceros Bezeichnung des Prätors als *c. iuris civilis* zu verstehen. *C. urbis* steht oft für *praefectus urbi;* meist für den kaiserlichen, seltener für den republikanischen. Über *custodes aedium* vgl. Arcadius Charis. Dig. 50,4,18,10. F. R.

Luzzatto, NNDI 5, 1960, 93 f. *Mommsen* RStrR. 1889/1955, 317. *Kaser* Das röm. Privatrecht 1, 1955, 425 f. 2, 1959, 256.

Cutilia (NISSEN It. Ldk. 2,475), Stadt der → Aboriginer 70 Stadien (Varro b. Dion. Hal. ant. 1,15) hinter Reate; bekannt durch die → Aquae C. und den lacus Cutiliae (Plin. nat. 3,109) mit seiner schwimmenden Insel; h. ausgetrocknet. G. R.

Cutius. C. Lupus, warf als Quaestor des J. 24 n. Chr. einen in Brundisium aufkeimenden Sklavenaufstand nieder, Tac. ann. 4,27,2. R. H.

Cyathus, griech. κύαθος, Trinkgefäß, Schöpfkelle, bezeichnet speziell ein röm. Hohlmaß für Trockenes und Flüssiges im Betrag von 0,0455 l. Als 1/12 des Sextarius wird der C. in der Zechersprache auch *uncia* genannt. Unterteilungen: ½ = *ligula* und ¼ = *cochlear*, begegnen, doch ist die Terminologie nicht einhellig überliefert. H. Ch.

Hultsch Metrologie[2] 116 ff. 638.

Cybele s. Kybele. Mater Magna

Cypresse. Die Coniferengattung Cupressus (zuerst bei Ennius, κυπάρισσος schon bei Homer, aus wohl voridg. Sprache) umfaßt 14 Arten, von denen nur Cupressus sempervirens L. mit der Wildform var. horizontalis (it. cipresso femmina) bis SO.-Europa reicht. Noch öfter als diese wird die alte Kulturform var. pyramidalis (it. cipresso maschio) seit der Antike im ganzen Mittelmeerraum besonders um Kultstätten und Gräber gebaut, vielleicht wegen der Flammenform dem Lichtgott Apollon heilig, der nach Vergil einen Jüngling *Κυπάρισσος* aus Keos, der einen heiligen Hirsch erlegt, nach anderer Überlieferung vor Apoll geflohen sei, in eine Zypresse verwandelt habe, aber auch dem Asklepios und besonders den Erdgöttinnen Kybele, Artemis, Eurynome, Persephone, Aphrodite melaina, auch der Hera und Athene sowie der phönikischen Beroth auf Zypern heilig. U.a. seien auch die Töchter des Eteokles von Orchomenos in Zypressen verwandelt worden. De Gubernatis (Mythologie des plantes 1882) nennt daher die Zypresse das ehrwürdigste und allgemeinste Symbol der weiblichen Gottheit in ihrer zwiefachen Beziehung zu Zeugung und Tod. Viele Götterbilder wurden aus dem dauerhaften, duftenden Z.-holz geschnitzt. H. G.

Cyprianus. 1. Thascius Caecilius C., Rhetor in Karthago, wurde 246 Christ, 248 Bischof. Während der Verfolgung durch Decius (250) leitete C. die Gemeinde versteckt aus der Nähe Karthagos; unter Valerianus I. erlitt er 258 den Märtyrertod. In De ecclesiae unitate [Ta. 2,96–123] und De lapsis trat C. dafür ein, in der Verfolgung Abgefallene nach strenger Buße wieder in die Kirche aufzunehmen, gegen Felicissimus von Karthago, dem die Fürsprache der Bekenner genügte, und → Novatianus, der die Wiederaufnahme strikt ablehnte. Auf den 255/56 abgehaltenen Synoden von Karthago verfocht C. die Ungültigkeit der von Häretikern gespendeten Taufe (Slg. Sententiae episcoporum). Die Briefslg. enthält 65 Briefe des C. und 16 an ihn gerichtete; die Traktate zeigen C. als Seelsorger. Unechtes ist unter dem Namen C. zahlreich überliefert, z.B. die Predigt adversus aleatores. Vom Märtyrerprozeß des C. geben die Acta proconsularia einen Protokollbericht; die Vita des Diakons Pontius dagegen ist historisch wenig zuverlässig.

1. *Wilh. Hartel*, 1868–1871 (CSEL 3, Ta., 3 Bde). 2. *Maurice Bévenot* The tradition of manuscripts, 1961. 3. *Bardenhewer* GAL 2,442–517. *Schanz-Hos.* 3,333–392. *Altaner* 152–161.

2. C. Gallus, Dichter aus Gallien, brachte Anfang 5. Jh. die historischen B. des Alten Testaments in Hexameter. Erhalten sind die ersten 7 B. des Epos (Heptateuchos). O. H.

Ta.: *Rud. Peiper*, 1891 (CSEL 23). *Schanz-Hos.* 4,1,212ff. *L. Krestan* RAChr 3,477–481.

Cyprus s. Kypros

Cyrillus s. Kyrillos

Cyrus s. Kyros

D

D = Abbreviatur des alten Praenomens → Decimus, schon früh entstanden, vgl. RE XVI 1661 (d.h. wohl vor der Reform der lat. Rechtschreibung durch Ap. → Claudius Caecus [Nr. 4]). Allg. RE II A 2312. H. G. G.

Daai (*Δάαι, Δάοι, Dahae*). Zahlreiche nomadisierende Stämme im asiatischen Skythien, die den Raum ö. vom Kaspischen See bewohnten (etwa die h. Turkmenische Sozialistische Sowjetrepublik in der UdSSR). Die D. waren verwandt mit den Sakai und treten öfters auch unter deren Namen in der Überlieferung auf. Eine besonders aktive Rolle spielten sie z.Z. Alexanders d. Gr., wobei sie im Kampf der Volksstämme Mittelasiens gegen die makedonischen Eroberer mit Dareios (nachher auch mit Spitamenes) verbündet waren. Nach der Unterdrückung des sogdianischen Aufstandes stellten sie dem Alexander Reiter für den indischen Feldzug. Die D. waren vorzügliche berittene Bogenschützen. Tätig waren sie auch als Verbündete Antiochos' III. gegen die Römer. Aus dem Bergland der D. gewann man Türkis. Hdt. 1,125. Polyb. 5,79. Chr. D.

M. Dijakonov Očerk istorii drewnego Irana, russ., Abriß der Geschichte des alten Iran, Moskau 1961, 66.180.222. Großer hist. Weltatlas von *Bengtson-Milojčić*, München 1958, S. 17. *Junge* Saka-Studien, Der Ferne Nordosten im Weltbild der Antike, Klio Bh. 41 (N.F. H. 28). *Berve* Alex. II 151. 323.

Dachinabades. Nur im Peripl. Maris Erythr. 50–51 (GGM I p. 294 M.) genanntes Land Vorderindiens. *Δαχιναβάδης*, dessen Name in dem h. Dekhan bewahrt ist, bedeutet »Südland«. *Daxin' âpatha* heißt eigentlich »der Weg nach Süden« (Lassen Ind. Altertumskde 1,78ff.). Die Ausdehnung des D. deckt sich nicht ganz mit dem h. Dekhan. Der Schwerpunkt des alten Dekhan lag wohl mehr im W., wie aus der Position der zum D. gehörigen Städte Plithana (s. RE s.v., h. Prathistana) am oberen Godavari im Hinterland von Bombay und Tagara (s. RE s.v.) bei Kalberga hervorgeht (vgl. GGM. Tabulae, tab. XI). H. T.

Dachs. Dieser kelt. (vgl. Isid. orig. 20,2,24) Name erscheint nur in den Ableitungen *taxeus* und *taxoninus* (Afran. 284 Rib. Marc. med. 36, beide Male vom medizin. verwendeten D.-Fett). Das lat.

Wort ist *meles* (Varro rust. 3,12,3. Ser. Samm. med. 890; vgl. *pellis melina* im Preis-Edikt Diokletians; SCHRADER bei HEHN Kulturpfl.[9] 621); doch denkt WELLMANN (RE IV 1948) eher an den Marder. Ein gr. Wort scheint es nicht gegeben zu haben; *τρόχος* (Aristot. gen. an. 757a) als »D.« wird von WELLMANN angezweifelt, von KELLER (Ant. Tierwelt 1,174) bestritten; im Edict. Diocl. wird *pellis melina* mit *δέρμα μελίνης* übersetzt. Auch *ἀρκόμυς* (aus einer vat. Glosse des 10. Jh., von KELLER a. O. empfohlen) ist ganz unsicher und im Alt. nicht nachgewiesen. Bekanntschaft der Griechen mit dem D. darf also bezweifelt werden. W. R.

Dacia. Röm. Provinz, die sich auf Siebenbürgen, den ö. Teil des Banats und auf Oltenien erstreckte. Die wichtigeren Etappen der vorgeschichtlichen Zeit vor der röm. Eroberung sind: a) vorskythische Periode, 11.–7. Jh., b) skythische Periode, 7.–4. Jh., c) keltische Periode, 3.–2. Jh., d) dakische Periode, 2. Jh. v. Chr. bis 1. Jh. n. Chr. Die spätere Provinz D. erlangte erst unter den Dakern eine hist. Bedeutung. Die aus O. und W. siegreich eingedrungenen Eroberer – Skythen und Kelten – prägten die Lebensart und Zivilisation dieses thrak. Volksstammes, doch gelangten auch griech. Einflüsse zur Geltung. Erst um die Mitte des 1. Jh. v. Chr. kam es zu der Vereinigung des von mehreren Fürsten beherrschten Volkes, das dann unter Burebista alle Nachbarvölker, darunter auch die Boier besiegte und zurückdrängte. Nach der Ermordung von Burebista um 40 v. Chr. zerfiel das Reich wieder und wurde erst ein Jh. später – unter → Decebalus – zu einem gefährlichen Gegner des röm. Reiches. Der 1., von Domitianus geführte Feldzug gegen D. fällt auf die J. 85–88; Traianus eroberte in seinem 1. dak. Krieg 101/02 Banat und Oltenien, im 2. Krieg 105/06 ganz D. und machte 106 das Land zu einer röm. Provinz. Der 1. Statthalter der Provinz mit 3 Legionen war D. Terentius Scaurianus im Range eines Consuls. D. grenzte nur im S. an das Imperium. Die Anrainervölker: Jazygen, die freien Daker, Carpen, Bastarner, Geten und Roxolanen erschwerten durch häufige Einfälle die Entwicklung der Provinz. Um dem im J. 118 erfolgten Angriff der Jazygen und Roxolanen wirksam begegnen zu können, wurde die Provinz vorübergehend zusammen mit Pannonia inferior von Q. Marcius Turbo verwaltet. 118/19 kam es im Zuge einer militärischen Reorganisierung zur Teilung der Provinz in D. inferior mit Oltenien und dem ö. Gebiet des Banats, das von einem *procurator Augusti vice praesidis* verwaltet wurde, der dem Legaten mit dem Rang eines Praetors unterstand, der die übrigen Teile Siebenbürgens – D. superior – befehligte. Wiederholte Angriffe der *Daci liberi* führten zu einer 2. Neuordnung der Provinz im J. 158/59. D. Porolissensis umfaßte die Umgegend von Porolissum unter einem *procurator vice praesidis*. Der s. Teil Siebenbürgens mit der Residenz Apulum gehörte zu D. Apulensis und wurde von einem Statthalter im Range eines Prätors befehligt. Der 3. Provinz, D. Malvensis genannt, gehörte Oltenien oder dem Banat an, die ein *procurator vice praesidis* leitete. Die 2 Provinzen, an deren Spitze *procuratores* standen, waren nicht selbständig, sondern unterstanden dem Legaten. Die letzte Reorganisierung erfolgte in den bedrohlichen Zeiten vor Ausbruch der Markomannenkriege, als die 3 Provinzen, in die zur Verstärkung noch eine 2. Legion entsandt wurde – unter dem Namen *provincia trium Daciarum* – unter einem *legatus consularis* wieder vereinigt wurden. Nach den verheerenden Verwüstungen der Markomannenkriege siedelte Commodus im J. 180 12000 freie Daker in der Provinz an. Nach den friedlichen Jahrzehnten der Severus-Zeit gefährdete der seit 235 erneut einsetzende Ansturm der benachbarten Barbaren immer stärker die Provinz. Nach der verheerenden Invasion der Carpen im J. 248 konnte sich die Provinz nicht mehr erholen. Sie wurde um 271/72 unter Aurelianus endgültig aufgegeben.

In Apulum, dem dortigen Verteidigungszentrum, lag die *legio XIII gemina*. Mit Ausnahme des 1. Jahrzehntes, als auch die *legio I adiutrix* und die *IV Flavia* einige J. den Streitkräften der Provinz angehörte, erhielt D. erst 166/67 als 2. Legion die *legio V Macedonica*, die in Potaissa, gleichfalls im Inneren der Provinz, garnisonierte. In den Militärlagern längs der Grenzen standen Hilfstruppen, denen der Schutz der Grenzen oblag. Im J. 110 waren es 2 *alae* und 10 *cohortes*, doch wurde ihre Zahl ständig erhöht. Unter Caracalla waren es bereits 4 *alae*, 15 *cohortes* und 13 *numeri*, so daß sich die Streitmacht von D. auf 30000 Mann belief. Einen regelrechten Limes gab es nur längs des Olt, den sog. *limes Alutanus* aus der Zeit des Kaisers Hadrianus und den *limes Transalutanus*, 10–50 km ö. von dem 1. Grenzwall, aus der Severus-Zeit. An den anderen Grenzen sicherten weniger zusammenhängende Befestigungsanlagen den Schutz der Grenzen, u. a. um Apulum und Potaissa in der Umgebung von Porolissum, in den Tälern des Someş und Mureş (Germisara, Micia), im Banat (Tibiscum-Lederata).

Apulum war auch der Knotenpunkt des dacischen Straßennetzes. Die wichtigsten Straßenzüge waren: Lederata–Tibiscum, Dierna–Tibiscum, Tibiscum–Sarmizegetusa – Aquae – Germisara – Apulum – Potaissa – Napoca – Porolissum, Sucidava – Romula – Caput Stenarum, von wo der Weg ostwärts nach Angustia, westwärts aber nach Apulum führte, und Drobeta–Pelendava–Romula.

Das Tiefland (Oltenia und Banat) war naturgemäß dichter bevölkert als die Gebirgsgegenden, wo die Romanisierung der armen Bevölkerung viel langsamer vor sich ging, als in den s., stärker kolonisierten Gegenden. Das Namenmaterial der Inschr. und die zahlreichen frühzeitlichen Städtegründungen verweisen auf eine starke Besiedlung. Von den Städten der Provinz war Sarmizegetusa vermutlich schon 107/08 *colonia*. Die eine der beiden Apulum-Siedlungen war schon unter Traianus *colonia*, während die andere im 2. Jh. nur *municipium* war. Dierna war *municipium* (CIL III 14468), während Ulpianus die Stadt als *colonia* bezeichnet. Drobeta (unter Hadrianus *municipium*, später *colonia*), Napoca (*municipium*, später *colonia*), Porolissum (unter Septimius Severus *municipium*), Potaissa (*municipium*, dann *colonia*); Romula (*municipium*, später *colonia*); es ist anzunehmen, daß auch die Siedlungen Ampelum, Malva, Tibiscum zum *municipium* erhoben wurden. Außerdem werden noch zahlreiche *pagi* und *vici* erwähnt: Salinae, Aquae, Alburnus maior, Micia, Germisara, Brucla usw. – Im wirtschaftlichen Leben kam dem Bergbau eine besondere Bedeutung zu. Erwähnenswert sind: der Goldgrubenbau (administrative Zentren Brucla und Ampelum), Silber, Blei und Eisen (Hunedoara, Turda) und die Salzwerke. Doch entwickelte sich kein nennenswertes Gewerbe. Bedeutendere Gewerbezentren waren: Apulum, Sarmizegetusa, Napoca u. a., wo kleinere Betriebe Holz und Eisen aufarbeiteten; es gab auch lokale Töpfereien und Steinmetzwerkstätten. Wo Mureş und Olt schiffbar waren, entwickelte sich ein reger Binnen- und Außenhandel mit den angrenzenden und entfernteren Provinzen und mit den benachbarten Barbaren. Im Handel waren hauptsächlich Orientalen tätig. D. gehörte zu dem Portorium Illyricum; Zollstationen waren im Banat, längs des Olt, und in Drobeta und Sucidava an der Donau. – Auf dem Gebiet der Kunst und Religion bot D. das gleiche Bild, wie die anderen donauländischen Provinzen.

Nach der Aufgabe der Provinz z. Z. Aurelians wurden die Einwohner nach D. Ripensis (Hauptstadt Ratiara) und nach D. Mediterranea umgesiedelt. Die am l. Donauufer gelegenen dacischen Militärlager: Dierna, Drobeta, Romula, Sucidava blieben bis zum Angriff der Hunnen auch weiterhin in röm. Besitz. Constantinus ließ einen bedeutenden Teil der Militärlager neu errichten. Unter Iustinianus wurde die Verteidigungslinie noch einmal wiederhergestellt und befestigt. J. F.

C. Daicoviciu La Transylvanie dans l'antiquité, Bucarest 1938, 95. *D. Tudor* Oltenia romana, Bucuresti 1958, 530.

Dacicus. Siegerbeiname des Kaisers → Traian seit 102, des Maximinus und seines Sohnes Maximus seit 236, des Decius, der sich seit 250 *Dacicus maximus* nannte (CIL II 4949), ebenso Gallienus seit 257. Auf den bloßen Titel D. griff zurück Aurelian im J. 273. R. H.

Dadastana (τὰ Δαδάστανα). Ort in Bithynien. Die Lage ist völlig unsicher, aber nach den Itinerarien im bithyn.-galat. Grenzgebiet zu suchen. In der Tab. Peut. wird D. bei der Streckenführung von Nikaia nach Ankyra erwähnt (Segm. IX,3; vgl. Miller It. Rom. 658). In D. starb Kaiser Iovianus nach der Rückkehr von seinem Perserfeldzug am 17. Februar 364 (Amm. 25,10,12. 26,8,5). F. K. D.

Dadikai. Ein Volk des persischen Reiches, das nach der Steuereinteilung des Dareios zusammen mit den Sattagydai, Aparytai und Gandarioi den siebten Steuerbezirk bildete, Hdt. 3,91; im Heere des Xerxes hatten sie, gleichwie die Gandarioi und die übrigen Völker des NO., eine den Baktrioi konforme Bewaffnung, Hdt. 7,66. Aus dieser Zusammenstellung ergibt sich die Zuweisung der D. zu den ostiran. Stämmen an der W.-Seite der indischen Gandhara. Ihr Name läßt sich nicht deuten: die von Spiegel Eran. Altert. 2,380 vorgelegte Verknüpfung mit awest. *Daidhika* ist falsch, da es jenes awest. Wort nicht gibt. In der Folgezeit mangelt jede Spur von ihnen. J. D.-G.

Daduchos s. Eleusis

Dadeira s. Eleusinia

Daesitiates (Desidias, Daisitiatai, Desidiates). Ein um Sarajevo wohnhafter Volksstamm der idg. Illyrier. Die Wohnstätten der D. sind kürzlich durch einen in Breza (22 km von Sarajevo) gefundenen beschrifteten Stein sichergestellt. In den Personennamen der D. treten uns noch reine Illyrioi entgegen. Als Bewohner des dalmatinischen Binnenlandes wurden sie durch Octavianus im J. 34 (35?) bekämpft, aber die röm. Obrigkeit war nur nominell anerkannt. Unter der röm. Herrschaft wurde der tapfere und große Volksstamm dem Stadtbezirk von Narona (Vid bei Metković) zugeschlagen und wohl in mehrere Teile zersplittert. Infolge der Erhebung neuer Steuern und der Durchführung der Rekrutierung flammte im J. 6 n. Chr. ein schwerer Aufstand auf, der die übrigen Volksstämme von Dalmatia und Pannonia unter der Führung des D. Bato mitriß. Nach dem Siege der Römer (9 n. Chr.) wurde das Gebiet der D. durch Anlage von Veteranenkolonien (z. B. im fruchtbaren Becken von Ljubuški) und von befestigten Lagern befriedigt. Aus den Küstenstädten bzw. aus Italien kamen röm. Kolonisten als Unternehmer und Händler in das neu befriedete Land. Die D. bildeten 103 Dekurien; ihr Stammesbezirk wurde spätestens am Anfang des 2. Jh. in eine Stadtgemeinde umgewandelt. J. Sz.

Dagalaifus. Heide, 361 von Julian zum comes domesticorum und 364 von Jovian zum magister equitum ernannt, war einflußreich bei der Wahl Jovians und Valentinians I. (Amm. 25,5,2. Philostorg. 8,8). 365/66 kämpfte D. als mag. mil. gegen die Alamannen, 366 Consul (Amm. 26,5,9. 27, 2,1). A. L.

Enßlin, Klio 24, 1930, 118 ff.

Dagisthaios. Röm. Heerführer, vermutlich Gote; 548 (549?) belagerte er erfolglos Petra in Lazika (Prok. 2,29). Ungeachtet einiger mit Unterstützung der Lazen 549 gegen die Perser erzielten Erfolge (am Phasis und am Hippis: Prok. 2,30. 8,8 f.) ließ Justinian D. auf Klage der Lazen verhaften (Prok. 8,9). 551/52 aus der Haft entlassen (Prok. 8,26,13) nahm D. 552 an der Entscheidungsschlacht gegen Totila teil und eroberte Rom (Prok. 8,31.33). A. L.

B. Rubin Das Zeitalter Justinians 1, 1960, 346ff. *Stein* II 505f.

Dagon (*Δαγών*, akkad. *dagān*, hebr. *dagōn*). Hauptgott der Semiten am mittleren Euphrat, von 2500 v. Chr. an bezeugt, mit Terḳa bei Mari als wichtigstem Kultort (dort um 1750 Kultpropheten des D.); auch in Babylonien und Assyrien verehrt. Im W. hatte D. in Ugarit zwar einen Tempel, tritt aber in den Mythen gegenüber Baal zurück, als dessen Vater er dort gilt (bei Philo von Byblos Euseb. praep. ev. 1,10,16 ist D. Bruder des El/Kronos, im Etym. m. mit diesem identifiziert). Der theophore Name eines südpaläst. Stadtfürsten Dagan-takala (VAB II Nr. 317.318) sowie der Ortsname *bēt-dagōn* in Juda, Asser (Jos 15,41.19,27) und als *bjt dkn* in einer äg. Ortsliste um 1200 zeigen, daß D. schon vor der israelit. Landnahme in Palästina verehrt wurde. Das AT kennt D. als Hauptgott der Philister (Jdc 16,23ff.) mit einem Tempel in Asdod (1Sam 5,1–7; vgl. 1Chr 10,10; 147 v. Chr. von Jonathan zerstört: 1Makk 10,83f. 11,4). – Mit dem babylon. Berg- und Wettergott Enlil oder mit dem Wettergott Adad gleichgesetzt, ist D. im W. in 1. Linie Fruchtbarkeitsgott. Der Name hängt nicht mit hebr. *dāg* »Fisch« zusammen und ist wohl erst sekundär mit ugarit. und hebr. *dāgān* »Getreide« in Verbindung gebracht. E. Ku.

H. Schmökel Der Gott D. (Diss.), 1928. *Ders.* RLA 2,99ff. *E. Dhorme* RHR 138, 1950, 129–144. *F. J. Montalbano* CBQ 13, 1951, 381–397. *J. Fontenrose* Oriens 10, 1957, 277–279. *H. W. Haussig* Wb. d. Mythol. I/1,49f. *(D. O. Edzard)*. 276ff. *(M. H. Pope)*.

Daia s. Maximinus

Daidala s. Hera

Daidala (*Δαίδαλα*). **1.** Mehrfach genannter Ort (Kastell) Lykiens an der Grenze Kariens, gegenüber Rhodos und diesem zeitweilig als *Δαίδαλα τόπος* (= Gebiet) und Teil der rhod. *Περαία* (RE s. Peraia Bd. XIX 566 Nr. 2) untertan. D. lag n.w. des bekannteren → Telmessos. Quellen: Liv. 37,22. Strab. 14,651.664. Ptol. 5,3,2 u.a. (vgl. RE IV 1990–1991). D. (Ruinen beim h. Assar) spielte hist. eine passive Rolle. Ihm vorgelagert waren die [*insulae*] *Daedaleon duae* (Plin. nat. 5,131). Im Hinterland von D. lag das *ὄρος Δαίδαλα* (Strab. 14,664f. Steph. Byz. p. 216), der h. Gök Tepe (2407 m). **2.** Stadt auf Kreta (Steph. Byz. a. O.) von unbestimmter Lage, aber durch ihren Namen bemerkenswert als Zeugnis alter Beziehungen zwischen Kreta und Kleinasien (s. Art. Berekyntes o. Sp. 863).

W. Sieglin: Schulatlas zur Geschichte des Altertums, S. 10 bis 11. Atlas of the World II, Plate 36: Turkey West.

3. Von Curt. 8,10,19 als *Daedala regio* und von Iust. 12,7 als *montes Daedali* bezeichnete Gebiete

im Rahmen der Feldzüge Alexanders d. Gr., beide am Unterlauf des Choaspes (h. Kunar) unweit des Flusses *Κωφήν* (h. Kabul). **4.** Nur bei Ptol. 7,1,49 N. erwähnt, im Lande der *Κασπειραῖοι*, im Bereich des h. (Neu-)Delhi gelegen, vielleicht mit dem h. Dudhâl identisch. H. T.

Daidalion (*Δαιδαλίων*). Sohn des Heosphoros (Lucifer), Bruder des Keyx, Vater der → Chione (Nr. 2). Aus Trauer über den Tod der Tochter sprang er vom Gipfel des Parnassos; Apollon rettete ihn durch Verwandlung in einen Falken. Ov. met. 11,291ff. Hyg. fab. 200. H. v. G.

Daidalos (*Δαίδαλος*, kunstreich). **1.** Ahnherr und Schutzpatron der athen. Handwerker, aus dem Stamm des Erechtheus; auch Sokrates betrachtete ihn als seinen Ahnherrn, Plat. Euthyphr. 11c. Alk. 1,121a. Aus Künstlerneid stürzte D. seinen Neffen → Talos (Kalos Paus. 1,21,4.26,4; Perdix Soph. frg. 300. Ov. met. 8,237), der die Säge (auch Töpferscheibe und Zirkel) erfunden hatte, von der Akropolis und floh über den att. Demos → Daidalidai nach Kreta. Das älteste Zeugnis für D.' kret. Aufenthalt ist Hom. Il. 18,590: er fertigt für → Ariadne einen *χορός*, was wohl nicht eine plastische oder Reliefgruppe von Tänzern, sondern einen Tanzplatz bedeutet. Weil er Ariadne das Wollknäuel zur Rettung des Theseus gab (Apollod. epit. 1,126) oder weil er durch die Verfertigung einer hölzernen Kuh der Gattin des Minos die Befriedigung ihrer widernatürlichen Leidenschaft ermöglichte (Eurip. »Kreter«; Diod. 4,77), sperrte Minos ihn in das von ihm selbst (nach äg. Muster Diod. 1,97,5) gebaute → Labyrinth (Apollod. 3,15,8,6). Dort stellte er für sich und seinen Sohn → Ikaros aus Federn, Fäden und Wachs künstliche Flügel her, und sie entflohen auf dem Luftwege. Ovids Erzählung (ars 2,21ff. und met. 8,183ff.) folgt einem alexandrin. Muster, Knaack H 37, 1902, 558. Übrigens deutete man den Flug auch rationalistisch in eine Seefahrt um, Plut. Thes. 19. Nach anderer Darstellung nahm Theseus nach Erlegung des Minotaurus D. gleich mit nach Athen zurück, Hyg. fab. 40. Eine Fassung der Sage läßt ihn in Kyme (Italien) landen, wo er dem Apollon einen Tempel baut (und an ihm seine Erlebnisse bildnerisch darstellt, Verg. Aen. 6,14). Nach der herrschenden Version ist Sizilien das Ziel der Flucht. König Kokalos nimmt ihn in Kamikos auf, und dessen Töchter ersticken den verfolgenden Minos im Bade, Soph. *Κάμικοι*. Hdt. 7,170. Apollod. epit. 1,12ff. Paus. 7,4,6. Diod. 4, 79. Man schrieb D. außer dem Labyrinth großartige Bauanlagen auf Sizilien und Sardinien zu, Diod. 4,30. Vorzugsweise aber galt er, vielleicht schon im 6. Jh., jedenfalls seit der Sophistik als Erfinder und Meister einer archaischen Statuenplastik, die im Gegensatz zu der altäg. die steife Haltung löste, die Arme abwinkelte, die Beine auseinanderstellte und die Augen öffnete, Diod. 4, 76ff. Paus. 7,5,5 unterscheidet die daidalische Art auch noch von einer sog. aiginetischen und zählt 9, 40,3f. Beispiele alter Statuen auf, die D. zugeschrieben wurden. Die ältesten bekannten Künstlernamen setzte man in einen Zusammenhang der Abstammung oder der Lehre mit D., wie Endoios, Skyllis, Dipoinos Paus. 2,15,1. Auf dieser ant. Auffassung fußend, bezeichnet man noch heute die griech. Plastik des 7. Jh. als daedalisch. Diese ist stark von Kreta beherrscht. Der Schwerpunkt der Arbeit des D. lag ja auch in Kreta, und man hat den Eindruck, als ob die Athener, wenn sie D. als einen der Ihrigen darstellten, die künstlerische Leistung Kretas für Attika in Anspruch nehmen wollten. H. v. G.

Holland Die Sage v. D. und Ikaros. 1902. *H. Herter* RhM 85, 1936, 241. *K. Kerenyi* Labyrinthstudien, 1941. *C. Robert* Archäol. Märchen. *R. J. H. Jenkins* Dedalica, Cambridge 1936. *P. Demargne* La Crète dédalique, Paris 1946. *J. Wiesner* Olympos, 1960, 51f. *Burkert*, G 69, 1962, 68f. Darstellungen des D. in der ant. Kunst: *Baum.* Denkm. 1,403f. Taf. 22 (S. 896).

2. D. von Sikyon. Sohn und Schüler des Patrokles. Bildhauer der 1. Hälfte des 4. Jh. v. Chr. Pausanias nennt eine Reihe von Werken des D. in Olympia und Delphi, Plinius Statuen von Knaben, die sich schaben. Inschr. aus Olympia, Halikarnaß und Delphi sind erhalten. Vgl. → Doidalsas.

HB Arch III 1 (5. Lfg. 1950) 217 *(Lippold)*. Encicl. Arte Class. Or. II 989 *(Cressedi)*.

3. D., Gemmenschneider um 200 v. Chr. Ein von ihm signierter Stein mit Porträtkopf ist erhalten. A. R.

Encicl. Arte Class. Or. II 990 *(Guerrini)*.

Daimachos (*Δαίμαχος*). **1.** Wohl aus Plataiai, griech. Historiker des 4. Jh. v. Chr., Vf. einer Zeitgeschichte, von der vielleicht in den sog. Hellenika Oxyrhynchia (FGrH 66; an Thuk. anschließend) größere Stücke erhalten sind.

FGrH 65. *F. Jacoby*, GGN 1924, 13ff. *Ders.* CQ 44, 1950, 1ff.

2. Aus Plataiai, griech. Historiker des 3. Jh. v. Chr., Vf. von *Ἰνδικά* (mindestens 2 B., nach einer Gesandtschaft im Auftrag von Antiochos I. entstanden). Weiter sind *Πολιορκητικά* und eine Schrift *περὶ εὐσεβείας* für ihn bezeugt. H. Gä.

FGrH 716.

Δαίμων. Etym. zu *δαίομαι* (Frisk 340f., vgl. [4],1). W. Porzig, IF 41, 1923, 169ff. deutet *δ.* als »Zerreißer, Fresser der Leichen«, Wilam. GldH. 1,363 als »Zuteiler«. Trotz Bedenken ([1],218, [3],9) wegen der Bedeutung *δαίεσθαι* »teilen«, nicht so sehr »zuteilen«, ist durch das Mittelglied *δαιτρός* (Zerteiler, Zuteiler) an der Grundbedeutung »Zuteiler«, »der die *μοῖρα* (s. *μέρος*) Aktualisierende« festzuhalten. Dies wird durch die innere Beziehung zum Schicksal ([1], 217f., [3],331ff., [4],22ff., P. Ramat, SIFC 32, 1960, 215ff.), die aber auch den Göttern eignet (W. Pötscher, WS 71, 1958, 5ff., WS 73, 1960, 5ff.), bestätigt. Der Person-Charakter von *δ.* ist umstritten (Mario Untersteiner, AeR 41, 1939, 93ff. Ulr. Bianchi *Διὸς αἶσα*, 1953, 115ff. [1], 217ff., [5] u.a.); da *δ.* weitgehend synonym zu *θεός* (z. B. Hom. Il. 17,98ff., [3],337), bes. zu *θεοί* ([3],336,3) gebraucht wird, drückt *δ.* zumindest eine personale Funktion aus. Die größere Unbestimmtheit ([2],118 u.a. vgl. auch die *δ.* bei Thales) läßt *δ.* der Kraft (orenda) entfernt verwandt erscheinen (vgl. Adj. *δαιμόνιος*, Hom. Il. 6,407, wo das supranormale *μένος* Anlaß ist, *δαιμόνιος* zu sein), ohne mit ihr (auch nicht wie [1],221 meint) identisch zu sein. Aktion und Wirkung stehen im Vordergrund, doch als Aktion von Persönlichem: der Götter, des *ἦθος* (Herakl. Frg. 119 D–K), des *τρόπος* (Epich. Frg. 248 K). Gerade die Persönlichkeit ist Ausdruck unbestimmter Möglichkeiten und daher geheimnisvoll, manchmal auch gefährlich. Gelegentlich heißen Götter *δ.* (z. B. Hom. Il. 3,420. Od. 12,295). Zur Gebrauchsweise von *δ.* [2] bes. 327ff. Hes. bahnt mit der Bezeichnung *δ.* für die Abgeschiedenen des goldenen Zeitalters (erg. 122; theog. 991) eine Entwicklung an, die über Pind. und Plat. durch die Spekulation von der substantiellen Mittelstellung der *δ.* zwischen Gottheit und Menschen bis in späte philosoph. Systeme führt. Dort ist zwischen guten und schlechten *δ.* streng unterschieden (vgl. Theophr. *π. εὐσεβείας*, hg. von W. Pötscher Philos. Antiqua 11, 1964, 92ff.). Z. T. dadurch und durch den Charakter des Gefährlichen konnte das Wort *δ.* dann die Bedeutung Dämon ausdrücken. – *τὸ δαιμόνιον* und *τὸ θεῖον* sehr ähnlich oder völlig synonym ([3], 32, vgl. Theophr. *π. εὐσ.*, Frg. 7,53 zu 8,10); *δαιμόνιος* charakterisiert den so Bezeichneten als im Wirkfeld des *δ.* (vgl. H. Joach. Newiger, Gn 31, 1959, 107) stehend. Oft aber heißt das Wort nur »merkwürdig« u.ä. ([1],218, [2],87, [4],35). – Zu *Ἀγαθὸς δ.* vgl. Nilsson GgrR 2,202ff., [4], 48ff. W. P.

1. *Nilsson* GgrR 1^2,216ff. (vgl. 2,199ff.). 2. *E. Brunius-Nilsson* *Δαιμόνιε*, Diss. Uppsala 1955. 3. *Gilb. François* Le polythéisme et l'emploi au singulier des mots *ΘΕΟΣ, ΔΑΙΜΩΝ*, 1957 (mit viel Lit.). 4. *Herbert Nowak* Zur Entwicklungsgesch. des Begriffes D., Diss. Bonn 1960. 5. *G. Patroni*, RAL 1940 (= RAI 1), 99ff.

Daiphantos. Phokischer Reiterführer, der in den Kämpfen zwischen den Phokern und den Thessalern, die sich vor den Perserkriegen abspielten (Hdt. 8,27ff.), einen glänzenden Sieg über die Thessaler errang, den die Hyampoliten noch in der Kaiserzeit beim Fest der Elaphebolien in Erinnerung hielten (Plut. Mul. virt. 244 B–D). Fr. Kie.

Daisios (*Δαίσιος*). Monatsname des alten, vor Augustus über einen großen Teil des hellenisierten O. (z. B. Pergamon, Sardeis) verbreiteten, makedon. Kalenders, in dem der D. die 8. Stelle, entsprechend dem att. Thargelion (= Mai/Juni), einnahm. Mit der Einführung eines neuen, dem julian. Sonnenjahr nachgebildeten, Kalenders unter Augustus für die Provinz Asia, der die Namen der Monate beibehielt, wurde der D. 31tägig und umfaßte die Zeit vom 23. April bis zum 23. Mai. Der Name hängt mit dem in zahlreichen griech. Kalendern auftretenden Monat Theodaisios, in dem das Fest der Göttermahlzeit (Theodaisia) stattfindet, zusammen. W. S.

Daktyloi Idaioi (*Δάκτυλοι Ἰδαῖοι*, »Fingermännchen, Däumlinge vom Ida«). Schmiedekobolde aus dem Gefolge der Großen Göttin (Kybele, Rhea, Adresteia), durchaus nicht immer als klein vorgestellt. Als ihre Heimat galt Phrygien, Sch. Apoll. Rh. 1,1129 (Verse aus dem alten Epos Phoronis). Häufig werden sie auf Kreta angesetzt, wo es auch ein Idagebirge gab. Ihnen übergab Rhea die Bewachung des Zeuskindes; Paus. 5,7,6 setzt sie mit den Kureten gleich. Alt sind sie auch in Olympia, wo als ihr Führer der idäische → Herakles erscheint, Paus. 8,31,3. 5,14,7. Auf Kypros scheinen sie die alte metallurgische Bedeutung behalten zu haben. Auf Samothrake sollen sie durch ihre Kenntnis von Zauber und Weihen Aufsehen erregt haben: ein Beispiel für die später allgemeine Vermengung der D. mit Kureten, Korybanten, Kabiren u. a. unter dem Einfluß der Mysterien und der Orphik. Die Römer identifizierten sie sogar mit Faunus und Picus oder mit den Laren, Plut. Num. 15. Arnob. 3,41. Unsere Hauptquellen Diod. 5,64f. und Strab. 10,473 gehen auf Apollodors »Schiffskatalog« zurück, Bethe H 24, 1889, 411. Als ihr Vater galt Daktylos, als ihre Mutter die Nymphe → Anchiale. – Zahl und Namen: Die Phoronis kennt 3, Kelmis (»Heizer«?), → Damnameneus (»Hämmerer«), → Akmon (Nr. 2) (»Ambos«), Soph. im Satyrspiel *Κωφοί* 5 männliche und 5 weibliche, Pherekydes (Sch. Apoll. Rh. a. O.) 32 »linke«, die verzaubern, und 20 »rechte«, die den Zauber lösen konnten. Die Namen wurden als magische Formeln auswendig gelernt, Plut. prof. in virt. 7, p. 266. Apoll. Rh. 1, 1126 identifiziert Tities und Kyllenos, als *πάρεδροι* der großen Mutter Phrygiens, mit den kretischen D. H. v. G.

Prell.-Rob. 1,567f. *Rohde* Roman 506. *Bücher* Arbeit und Rhythmus, ^{2}1899, 29.112.325. *J. Wiesner* Olympos, 1960, 226. *G. Kaibel*, GGN 1901, 488ff. (phallische Deutung).

Daktylos, lat. *digitus*, die Fingerbreite. Der D. bildet ein (wie viele andere von den Gliedern des menschlichen Körpers abgeleitetes) Längenmaß im Betrag von 1/4 → *παλαιστή* oder *palmus* (Handbreite), 1/12 → *σπιθαμή* (Spanne, im röm. System fehlend), 1/16 → *πούς* oder *pes*. Seine Größe bestimmt sich durch die des letzteren. Da der Fuß je nach Ort 296 mm (so z. B. in Rom) bis 350 mm mißt, kommt der D. auf 18,5 bis 22 mm zu stehen. Kleinere Strecken werden in Bruchteilen des D. gegeben, bei Frontin, de aqu. 1,39ff. bis zum → scripulum herab. Quadrat- und Kubikd. haben keine prakt. Bedeutung gehabt. H. Ch.

Hultsch Metrologie^{2} passim. RE IV 2020f. V 544.

Dalmatica, *δελματική*. Die mit langen Ärmeln versehene lange Tunica (im Gegensatz zum *colobium*), seit etwa 200 n. Chr. bekannt und schon im 3. Jh. in die liturg. Gewandung der chr. Diakone und Priester übernommen, wird als Obergewand über einer langärmligen, eng anliegenden Tunica angezogen; darüber kann ein Überwurf (Mantel) getragen werden. Die urspr. wohl aus Dalmatien stammende D. war aus Wolle, Leinen, Halbseide oder Seide, oft weiß mit 2 roten, von den Schultern bis an den unteren Saum reichenden Streifen. Die D. wurde von Männern (im Dienst mit *cingulum militiae*) und Frauen getragen und war u. U. prächtig verziert. Als liturg. Gewand hat die D. starke Veränderungen in Schnitt und Verzierung erfahren. W. H. G.

Braun Die liturg. Gewandung, 1907, 247ff. *Delbrueck* Die Consulardiptychen, 1929, 32f.

Dalmatae, -ia (Delmatae). Ein Teil vom Illyricum, NW.-Ecke der Balkanhalbinsel, wo 3 ethnische Schichten sich seit der Urzeit gegenseitig durchdrangen und überlagerten: Thraker, Illyrier, Kelten. Das Gebiet war also immer bewohnt; von der Umgebung von Sinj (Mitteldalmatien) sind Pfahlbauten bekannt. Zweieinhalb Jahrtausende menschlicher Kulturarbeit lagerten ihre Spuren in D. ab. Die gewaltige Alpenkette des Dinara und Triglav, die bis zu 1900 m aufsteigen, bildete im Altertum mehr eine trennende Grenze zwischen der Meeresküste und dem Hinterland. Der schmale Küstenstrich konnte also eine Geschichte haben, die vom Hinterlande völlig gesondert war. Trau (Trogir) als Tragurium, Epetium (bei Stobreč) und andere Küstenstädte sind von griech.-sizilischen Kolonisten im 4. Jh. v. Chr. gegründet worden. Im Durchbruchstal des unteren Narenta (bei Metković) waren ebenfalls Griechen seit dem 4. Jh. v. Chr. in Faktoreien angesiedelt.

Die Bewohner von D. im Altertum waren keine rein illyr. Völkerschaft, sondern von Kelten überschichtet; Orts- und Personennamen verraten kelt. bzw. thrak. Ursprung. Sie waren ein starker Volksstamm und beutegierige Seefahrer, und lebten in der Urzeit in patriarchalischer Stammesverfassung, wohl in hochgelegenen Siedlungen mit Holzbauten; vor der Römerherrschaft haben sie im Gebiet von Salona eine ansehnliche Kultur geschaffen, wovon große künstliche Erdhügel zeugen.

Die D.-ae erschienen zuerst in einem losen Abhängigkeitsverhältnis zu dem Ardiaierreiche von Scodra. Dieses wurde um 200 v. Chr. durch die Römer erobert; zu gleicher Zeit bildeten die D. eine lose Eidgenossenschaft und neben dem rechtmäßigen Handel betrieben sie Seeraub, was Rom auf die Dauer nicht dulden konnte. Als im J. 158 v. Chr. auch die Pferde den Gesandten des Senats gewaltsam weggenommen wurden, begannen die Kämpfe mit den D., die mit Unterbrechungen mehr als 160 J. dauerten. Der Vorort der D. (bei Županjac) wurde von den Römern im J. 156 genommen und damit mußte die Eidgenossenschaft der D. Roms Oberhoheit anerkennen. Im J. 119

v. Chr. kam es im Bunde mit den Scordiskern zu einem neuen Aufstande der D. gegen die röm. Oberhoheit. Im J. 78 v. Chr. brach abermals ein Aufstand aus. Im J. 50 v. Chr. und im Winter 48/47 wurde ein röm. Heer durch die aufständischen D. völlig vernichtet. Als sich aber Iul. Caesar gegen die Parther und Daker rüstete, boten die D. ihre Unterwerfung an, stellten Geiseln und mußten Tribute bezahlen. Unter den Wirren nach Caesars Ermordung vernichteten die D. im J. 44 wiederum ein röm. Heer.

Im J. 34 v. Chr. führte Octavianus selbst ein Heer gegen die D., schlug 3 Abteilungen der D. und eroberte damit das Gebiet der späteren Provinz D. Die unterworfenen D. stellten 700 Knaben als Geiseln und zahlten den auferlegten Tribut. Der italische Kaufmann löste den griech. in den Küstenorten und im Hinterlande ab, Kolonisten aus Italien drangen als Händler, Bauern und Unternehmer über die gesicherten Linien vor. Unter dem Druck schwerer Steuern und der Rekrutierungen brachen weitere Aufstände aus; in den J. 11–10 v. Chr. kämpfte Tiberius gegen die dalmat. Aufständischen. Die schwerste Empörung wurde aber durch die Schikanen bei Aushebungen und Steuererhebungen in den J. 6–9 n. Chr. hervorgerufen, als die Volksstämme der Provinzen D. und Pannonia zum letztenmal versuchten, ihre Freiheit wieder zu gewinnen. Das Heer der Aufständischen wurde auf 200000 Mann zu Fuß und 9000 Reiter geschätzt. Nach Niederringung dieser gefährlichsten Erhebung zerfiel Illyricum in 2 gesonderte Provinzen: »Oberes I.« (= Dalmatia); »Unteres I.« (= Pannonia); dann setzte eine systematische Befriedung des Landes ein.

Eine Kette von Festungen schloß D. längs des W.-Abfalles der Dinarischen Alpen gegen das Binnenland ab (die Linie Burnum an der Krka-Bigeste wurde seit dem Ende der Republik in mehreren Etappen ausgebaut). Legionen stationierten in Burnum und Tilurium (Gardun); von der Flavierzeit ab bestand aber die Garnison der Provinz D. nur aus einigen Hilfstruppen, ferner aus den Militärangestellten des Statthalters und der Provinzverwaltung, sowie aus der Marinemannschaft der Flottenstation von Salona. In den Stab der Kanzlei des Statthalters wurden von den Legionen Pannoniens und Moesiens Legionare entsandt. Anderes Befriedungsmittel war der Bau der das Land aufschließenden Straßen, die im wesentlichen bereits die h. Hauptrouten vorzeichnen. Die große Küstenstraße führte von Iadera nach Narona und Scodra. Eine Binnenlandroute zog von Tersatico über den Velebit nach Salona. Von hier zweigte eine wichtige Verbindungsstraße nach den Donauländern ab. Von den 3 Straßen, die aus Salona ostwärts führten, war die südlichste die, welche über die Cetina bei Pons Tiluri (Trilj) führte. Der Bau der Verkehrsstraßen erfolgte in größerem Umfang unter Tiberius.

Zur Sicherstellung der röm. Herrschaft dienten auch die Veteranensiedlungen. Durch die Anlage von befestigten Militärlagern, Städten und Straßen machte die Befriedung und Romanisierung rasche Fortschritte. Dieses Land gehörte in der Folge zu den friedlichsten Teilen des Römerreiches und blieb von den kriegerischen Verwicklungen bis auf Honorius fast unberührt. Eine unbedeutende Ausnahme bildete die Tat des Statthalters Fur. Camillus Scribonianus, der sich mit seinen Truppen im J. 42 n. Chr. gegen Claudius auflehnte; der Aufstand wurde innerhalb von 5 Tagen niedergeworfen. Die Aushebung der »Räuber v. D.« durch Marc Aurel erklärt sich als Schlußakt eines Aufstandes in D. z. Z. der großen Kriege gegen die Sarmaten. Die D. lieferten dem Heere des Römerreiches ausgezeichnete Soldaten und eine Reihe tüchtiger Kaiser: M. Aur. Claudius; Aurelian; Probus; Carus; Diocletianus; Maxentius; Constantinus d. Gr.; Constantius; Iulianus; Iustinianus. Berühmte Schriftsteller lebten in D.: der Historiker Ascanius (9 v. Chr. bis 76 n. Chr.); Kirchenvater Hieronymus (347–420). Im J. 183 kam in Caius ein Dalmatiner auf den Thron des heiligen Petrus.

Den frühesten urkundlichen Beleg für D. bildet eine Grabsteininschrift (RA. 22, 1913, 450 n. 193) des Sohnes eines Freigelassenen des Tiberius. Die röm. Provinz D. umfaßte das Küstenland vom Flüßchen Arsia (Raša) bis Lissus (Leš), Bosnien und Herzegowina, das w. Serbien, im W. stieß es an den NO.-Zipfel Italiens, im N. an Pannonien, im O. an Mösien und im S. an Makedonien. Die n. Grenze von D. läßt sich nur ungefähr bezeichnen: zu Pannonien gehörte ein noch durchschnittlich 20 mp breites Gebiet s. der Save. Die ö. Grenze erreichte die Save zwischen Mitrovitza und Belgrad, machte eine Ausbuchtung zum Margus-Fluß (Morawa), verlief weiter entlang des Drilon (alban. Drin), bog beim Scardus-mons (Šar -planina) nach W. und erreichte die Adriaküste s. Lissus.

Als selbständige Provinz unter eigenem Statthalter fiel bei der Teilung der Provinzen dem Senat zu, wurde ihm aber später wieder abgenommen und einem kaiserlichen Legaten übertragen. Zur Römerzeit wurden die Stämme der D. zersplittert; die größeren Ortschaften wurden in die Ebene verlegt, die alten Siedlungen schrumpften manchmal zu Gehöften zusammen, welche die Bewirtschaftung hochgelegener Weiden und Äcker erleichterten. Die Landbevölkerung blieb in der Rechtstellung von *peregrini*. Viele dieser *incolae* traten allmählich in ein Pachtverhältnis zu den wohlhabenden Bürgern (Grundbesitzern), die in den Städten lebten. An der Spitze der einzelnen *civitates* (Stammesbezirke) bzw. *pagi* (Dorfgemeinschaften) standen im allgemeinen angesehene Einheimische, oft auch ortsansässige röm. Bürger, mit den Titeln: *praefectus*, *princeps*, *praepositus*. Von besonderer Bedeutung waren in D. die Bergwerke. Die reichen

Eisenbergwerke wurden von Unternehmern unter der Oberaufsicht kaiserlicher Prokuratoren betrieben. Die Arbeitskräfte lieferten die einheimischen Stämme (Sklaven). Die Ausbeutung der einzelnen Gruben wurde auch an Kleinpächter vergeben. Für die Rechtsprechung war D. in 3 Gerichtssprengel geteilt; Vororte: Scardona, Salona, Narona. In Salona, der Hauptstadt der Provinz, residierte auch der Finanzverwalter *(procurator)*.

Die röm.-ital. Kolonisierung erfolgte in mehreren starken Wellen, die in den Orten der Niederung ein breites Betätigungsfeld fanden. Die Ansiedlung von D. in Dacien diente bes. zur Ausbeutung der Bergschätze. Die wichtigsten frühen Kolonien der röm. Bürger wurden in Iadera (Zadar, Zara), Salona, Narona (Vid Metković), Epidaurum (Ragusa vecchia) gegründet. Rein röm. Anlagen waren u. a. Aequum (Čitluk bei Sinj), Novae (Runović bei Imotski). Die Stützpunkte der röm. Macht während der Kämpfe gegen die D. bildeten die Küstenstädte, die dann gleich röm. Stadtrecht erhielten. Rom förderte aber auch die Urbanisierung des Landes als ein Mittel der Befriedung; auch die *civitates* (Stammesbezirke) wurden bis zu Beginn des 2. Jh. in Stadtgebiete aufgelöst (Riditae, Setuia usw.). Die bedeutsamste Stadt von D. war Salona (Spalato, Split), der Sitz des Landtages und des Statthalters usw.

Unter der Herrschaft der Römer blühte das Land verhältnismäßig auf. Die Romanisierung beherrschte dann die ganze Küste, aber blieb im Lande oberflächlich. Die Provinz lag auf der Grenze der lat. und griech. Reichshälfte; in Istrien und Dalmatien haben wir in der Mehrheit Denkmäler des w. Formenkreises. Das Volk im Hinterlande konnte in seiner Masse dem nationalen Wesen und dem alten Glauben treu bleiben. Die Kolonisten aus den übrigen Teilen des Weltreiches bauten Villen in den Niederungen. Die frühesten Formen ihrer Tätigkeit: Holzhandel und Weidewirtschaft, später auch Getreidebau und Anlegung von Wein- und Ölkulturen. Eisen, Holz und Käse waren noch im 4. Jh. n. Chr. Ausfuhrartikel. Berühmt als beliebtes Getränk der D. war das Sabaium, eine Biersorte. Als Stützpunkte des Handels dienten Scodra, Salona, Tragurium, Epetion. Handelsbeziehungen bestanden vor allem mit Africa. Die Pächter der Bergwerke und Angehörige anderer Berufe schlossen sich in Verbänden zusammen.

D. wurde ein geschätztes Reiseland, in dem die Majestät des Peristyls von Split, die gewaltigen Stadtmauern Asserias und Varrariars, die Bögen des Legionslagers von Burnum (Šupljaja) vor allem berühmt sind. Der Dom in Split entstand aus dem Mausoleum Diocletians. Gegenüber dem Haupteingang des Kaiserpalastes (Porta aurea) führt eine Straße nach dem Peristyl, dem h. Domplatz. In Asseria (Podgragje) ist auch vom Tore alles Wichtige freigelegt. Archäologisch erforscht sind z. B. das Lager von Burnum (Ruinenstätte Šuplja crkva), dann das von Humac, von Metković usw. In Zadar (Iadera) enthält die Kirche San Donato das archäol. Museum; hier steht die Domgruppe auf der Stelle eines römerzeitlichen Tempels, der Livia Augusta geweiht war. Der wichtigste altchr. Sarkophag in Salona stellt »den guten Hirten« dar. Altchr. Basiliken sind freigelegt in Split, Crikvina usw. J. Sz.

Dalmatius. 1. D., Consul 333, Sohn → Constantius' I. und der Theodora. Die Stiefmutter Helena scheint dafür gesorgt zu haben, daß D. fern der hohen Politik lebte (Liban. or. 1,434. Auson. prof. Burd. 17,11.18,9). Schon daher ist er kaum mit dem in einem Edikt von 311/12 genannten D. identisch (so EGGER AAWW 1949, 1; anders STEIN I² 90,130). Ein höheres Amt versah D. 324 (Cod. Theod. 12,17,1), wahrscheinlich Praetor (ENSSLIN, RhM 78, 1929, 210 f.). 333 leitete er als Censor die Untersuchung gegen Athanasius (Athan. apol. c. Ar. 65. ENSSLIN, a. O. 205 f.), 335 urteilte er Calocaerus ab, der sich 334 auf Cypern zum Kaiser erhoben hatte (Philistorg. p. 207 Bidez). 337 wurde D. mit seinen Söhnen Dalmatius (Nr. 2) und Hannibalianus ermordet (→ Constantius Nr. 2), nach späterer Legende, weil er seinen Halbbruder Constantin vergiftet hatte (Philistorg. Zon. 13,4). **2.** Flavius D., Caesar 335–337 (DESS. ILS 718/20), Sohn von D. Nr. 1, erzogen in Narbo durch den Rhetor Exsuperius (Auson. prof. Burd. 18,9). Am 18. September 335 wurde D. Caesar, als künftiger Herrschaftsbereich wurde ihm Thrakien, Makedonien und Achaia zugewiesen (Aur. Vict. epit. 41,15,30. Eutr. 10,9,1). 337 wurde D. mit seinem Vater umgebracht. **3.** Ehemaliger Offizier, Gegner der Nestorianer, war um 431 als Archimandrit und Presbyter einflußreich am Hof und beim Volk von Constantinopel (vgl. MIGNE PG 85, 1797/1802); nicht identisch mit dem Bischof D. von Kyzikos, Teilnehmer am Konzil von Ephesos (a. 431). A. L.

Damagetos. Epigrammatiker des Meleagerkranzes (Anth. Pal. 4,1,21), wahrscheinlich Peloponnesier, lebte um die Zeit des Bundesgenossenkrieges (220–217). Seine Epigramme (12 in der Anthologie, dazu wahrscheinlich PEEK Versinschr. 749) sind zumeist echte Aufschriften, die Sympathie für die Achaier und Sparta bekunden und einen an Tyrtaios gemahnenden Ton anschlagen. R. K.

Wilam. Hell. Dicht. 1,223. *Friedländer*, AJPh 63, 1942, 78.

Damania. Der Name dieser Stadt ist iberisch (Mz., Mon. ling. Ib. Nr. 86: *dmaniu*). Sie war nach Plin. nat. 3,24 ein *oppidum stipendiarium* des Bezirks von Caesaraugusta, zum Stamme der Sedetani oder (nach Ptol. 2,6,62) zu dem der Edetani gehörig. HÜBNER vermutet hier 2 verschiedene Stämme, während AD. SCHULTEN und ROB. GROSSE beide identifizieren (vgl. RE IV 2029 und Font. Hisp. Ant. VIII, Barc. 1959, 229). Trotz den

Inschriften CIL II 2960.3990.4249 läßt sich die Lage nicht genauer feststellen. Spanische Lokalforscher haben sie mit heutigem Mediana (Prov. Zaragoza), andere mit Domeño (Prov. Valencia) identifiziert (Encicl. Univ. Ilustr. 17,859). R. G.

Damaratos (*Δαμάρατος*). Spartan. König aus dem Haus der Eurypontiden, Sohn des Ariston aus dessen 3. Ehe. Seinen Namen soll er erhalten haben wegen des Flehens des Volkes zu den Göttern, es möchte doch endlich ein Thronfolger geboren werden (Hdt. 6,63). Ein 506 v. Chr. von ihm zusammen mit Kleomenes bis Eleusis vorgetragener Angriff der Peloponnesier auf Athen scheiterte schließlich infolge von Meinungsverschiedenheiten zwischen beiden Königen. Seitdem waren beide miteinander verfeindet, und als D. des Kleomenes Einschreiten gegen Aigina vereitelte (Hdt. 6,50f.), erreichte dieser 491 mit Hilfe der Ephoren und durch Bestechung der Pythia, daß D. als illegitim abgesetzt wurde (Hdt. 6,61ff. H.W. PARKE, CQ 39, 1945, 108f.). Infolge einer persönlichen Kränkung durch Kleomenes soll D. bald nachher zu den Persern geflüchtet sein (Hdt. 6,70), wo er von Dareios I. in Mysien Pergamon, Theutrania, Halisarna und wohl auch Gambreion als Herrschaft erhielt (Xen. hell. 3,1,6. Athen. 1,29 F), die seine Nachkommen bis in die Zeit der Diadochen innehatten (E. BABELON Les Perses Achéménides, 1893, LXIXff.). Legende ist wohl, daß er die Griechen vor dem Angriff des Xerxes gewarnt habe (Hdt. 7,239. C. HIGNETT Xerxes' Invasion of Greece, 1963, 440). Auf dem Feldzug gegen Hellas spielte er dann in dessen Gefolge gemäß der mündlichen, verklärenden Tradition, die Herodot über ihn in Kleinasien erhielt (F. JACOBY, RE Suppl. II 404. 476), die Rolle eines ehrlichen Freundes des Xerxes, dessen gute Ratschläge jedoch nicht befolgt wurden. Fr. Kie.

Damarete. 1. Tochter des Theron von Akragas, Gemahlin des Tyrannen Gelon von Syrakus. Für ihre Friedensvermittlungstätigkeit nach der Schlacht bei Himera 480 v. Chr. erhielt sie von den Karthagern einen goldenen Kranz. Die Ausmünzung von dessen Gegenwert in Silber war der Anlaß zur Prägung der prachtvollen, nach ihr → Damarateion genannten Dekadrachmen, die als Erinnerung an den Sieg von Himera gedacht waren. Nach dem Tode Gelons vermählte sich D. mit dessen Bruder Polyzalos. **2.** Tochter König Hierons II. von Syrakus, die in den auf dessen Tod folgenden inneren Kämpfen in dieser Stadt 215 v. Chr. ermordet wurde (Liv. 24,22–25). Fr. Kie.

Damareteion. Dem wohl zutreffenden Hauptbericht Diod. 11,26,3 zufolge kam nach der Schlacht am Himeras der Friede zwischen den Karthagern und den sizil. Griechen vor allem durch Vermittlung der → Damarete, der Gemahlin Gelons von Syrakus, zustande. Daher schenkten ihr die Karthager einen Goldkranz im Gewicht von 100 Talenten. Sie verwandte ihn zur Prägung von Silbermünzen im Wert von 50 → Litren, d.h. → Dekadrachmen, eben den D. Zur Zeit sind 17 Exemplare bekannt, die zwischen 42,07 g und 44,42 g wiegen. Die Vorderseite zeigt ein Viergespann r., darüber, in gleicher Richtung fliegend, die Siegesgöttin (Nike), das 3. (?) Pferd bekränzend, darunter im Abschnitt einen r. stürmenden Löwen, wohl eine Anspielung auf die Stadt Leontinoi, die am Kampf beteiligt war, die Rückseite den Kopf der Stadtgöttin Artemis-Arethusa (wohl kaum mit den Zügen der Damarete) mit einem Olivenkranz, umgeben von 4 Delphinen und der Legende *ΣΥΡΑΚΟΣΙΟΝ*. H. Ch.

E. Boehringer Die Münzen von Syrakus, 1929, 36ff. 184ff. *Schwabacher* Das Demareteion, 1958.

Damas. 1. Heros von Aulis, der mit Arkesilaos nach Troia fuhr und dort von Aineias getötet wurde. **2.** Myth. eponymer Gründer von Damaskos in Syrien. **3.** Reicher Syrakusaner, der nach dem Tode Timoleons als Stratege den jungen Agathokles förderte und seine Ernennung zum Chiliarchen veranlaßte. Nach D.' Tod heiratete Agathokles dessen Witwe und wurde hierdurch einer der reichsten Männer von Syrakus (Diod. 19,3. Iust. 22,1,12f.).

H. Berve Die Herrschaft des Agathokles, SB München, Phil.-hist. Kl. 1952, H. 5, 22f.

4. Griech. Rhetor der augusteischen Zeit. Fr. Kie.

5. D. (*Δαμᾶς; Δάμασος* Strab. 14,649). Griech. Rhetor augusteischer Zeit aus Tralles, mit dem Beinamen *ὁ σκόμβρος*. Sen. (contr. 2,6,12. 10,5,21 u.ö.) kritisiert seine asianischen Sentenzen. H. Gä.

Buschmann Charakteristik der griech. Rhetoren beim Rhet. Sen., Progr. Parchim 1878, 14. *H. Bornecque* Les déclamations et les déclamateurs d'après Sén. le père, Lille 1902, 164f.

Damasias. Athen. Archon, der nach Ablauf seines Amtsjahres 582/81 das Archontat widerrechtlich 581/80 und in den beiden ersten Monaten von 580/79 weiterführte, bis er gewaltsam gestürzt wurde, also offenbar eine Tyrannis zu begründen versuchte. Welche polit. Kräfte hinter ihm standen und welche ihn stürzten, ist nicht sicher festzulegen. Fr. Kie.

C. Hignett A History of the Athenian Constitution, [2]1958, 319ff.

Damasichthon (*Δαμασίχθων*). **1.** Sohn Niobes, Apollod. 3,45. Hyg. fab. 11. Seinen Tod durch Apollon erzählt Ov. met. 6,254ff. **2.** Sohn des Atheners Kodros, Führer ionischer Kolonisten in Kolophon mit seinem Bruder Promethos, der ihn später erschlug, Paus. 7,3,3. H. v. G.,

Damasistratos (*Δαμασίστρατος*). König von Plataiai, der den von Oidipus erschlagenen Laios in der Schiste (Paus. 10,5,4) oder bei Plataiai (Apollod. 3,52) begrub. H. v. G.

Prell.-Rob. 1,891.

Damasithymos. Fürst von Kalynda in Karien, nahm 480 v. Chr. in der Flotte des Xerxes am Zug gegen Hellas teil (Hdt. 7,98). In der Seeschlacht bei Salamis fand er den Tod, als die Fürstin Artemisia von Halikarnass sein Schiff versenkte, um sich hierdurch vor der Verfolgung durch die Athener zu retten (Hdt. 8,87 ff.). Fr. Kie.

Damaskios. Neuplatoniker, letztes Schulhaupt der Akademie zu Athen. * um 458 in Damaskos. Nach ausgedehnten Studien in Alexandreia, wo er die Platoniker Isidoros und Ammonios Hermeiou hörte, wandte er sich nach Athen, wo Marinos und Zenodotos seine Lehrer wurden; Proklos, † 485, scheint er nicht mehr gehört zu haben. Nach erneutem Aufenthalt in Alexandreia wurde D. (unbestimmt wann) als Schulhaupt in die Akademie berufen. Als der Kaiser Iustinian im J. 529 die Akademie schloß und ihren Besitz einzog, mußte D. weichen; er begab sich 531 zum König Chosroes von Persien, wo er vergebens dem Platonismus eine Stätte zu schaffen versuchte. Indes kehrte er kurz nach 533 ins Röm. Reich zurück, wo ihm ungestörtes Philosophieren zugesagt war.

Schriften: 1. *βίος Ἰσιδώρου*, erhalten nur durch Photios, bibl. cod. 181 und 242. Wie in der Akademie üblich, würdigte D. das Lebenswerk seines Vorgängers Isidoros. 2. Sammlung von Nachrichten über okkulte Geschehnisse, erhalten durch Photios, bibl. cod. 130. 3. *περὶ ἀρχῶν*, erhalten im cod. Marc. Gr. 246, hg. von Ruelle 1889. 4. Kommentar zum Parmenides, hg. von Ruelle aus derselben Hs. 5. Überzeugend hat L. G. Westerink nachgewiesen, daß der irrig dem Olympiodor zugeschriebene Kommentar (richtig: eine Scholiensammlung) zum Philebos Platons von D. verfaßt ist: Ausg. D., lectures on the Philebos, 1959. Weitere Schriften (ein Kommentar zum Timaios, eine Vorlesung über die chaldäischen Orakel, eine Schrift über Zahl, Raum und Zeit, ein Kommentar zum Alkibiades I) werden in der neuplatonischen Literatur zitiert, sind aber nicht erhalten. Ein Grabepigramm des D. auf eine Sklavin ist in der AP. 7,553 erhalten. Einerseits hat D. die Einteilungen des Transzendenten, weit über Proklos hinausgehend, bis zur letzten Verfeinerung vorangetrieben, andererseits ist bei ihm die Erkenntnis angelegt, daß alle diese Unterteilungen Denkhilfen sind, deren menschlicher Intellekt bedarf; ihre objektive Gültigkeit ist also in Frage gestellt. H. D.

Damaskos. I. Vorhellen. Zeit: (hebr. *dammäśäq*, in 1.2. Chron. *darmäśäq*, äg. *tjmsqw*, akkad. *dimašqa*, *timašgi* u.ä., *Δαμασκός*), h. *(dimašq) eš-šam*, seit alters wichtige Handelsstadt (Ez. 27,18) in wasserreicher Oase (2. Kön. 5,12) ö. des Hermon am W.-Rand der syr. Wüste. Seit ca. 1470 v. Chr. in äg. Städtelisten genannt; in den innersyr. Auseinandersetzungen der Amarnazeit (14. Jh.) blieb D. Äg. treu. Gegen E. des 1. Jt. wurde D. Zentrum eines Aramäerstaates, der im 10. Jh. von David in dessen Großreich eingegliedert wurde (2. Sam. 8,5 f.), aber bereits unter Salomo seine Unabhängigkeit wiedererlangte (1. Kön. 11, 23 ff.). In der Folge gewann D. die Oberhoheit über einige kleinere Staaten des s. Syrien und erschien als Rivale von Hamath in Mittel- und N.-Syrien. Seine Macht bekam im 9. Jh. in wechselvollen Kämpfen auch das Königreich Israel zu spüren (1. Kön. 15,18 ff. 20,1 ff. 22,2 ff. 2. Kön. 6,8 ff. 24 ff. 8,28 ff. 10,32 f. 12,18 f. 13,4 f. 22 f.). Nach dem ersten Zusammenstoß mit dem nach Syrien vordringenden Assyrerreich 853 bei Qarqar wiederholt von den Assyrern unter Salmanassar III. und Adadnirari III. unmittelbar bedroht, erlitt D. um 760 gegen das unter Jerobeam II. wieder erstarkte Israel Gebietsverluste (2. Kön. 14,25. Am. 6,13 f.). Trotz eines Bündnisses mit Israel von Tiglatpileser III. 732 erobert, wurde D. Hauptstadt einer assyr. Provinz. Ein Aufstand in Koalition mit Samaria, Hamath u.a. 720 wurde von Sargon II. niedergeschlagen. In der Perserzeit war D. wieder eine blühende Stadt. E. Ku.

C. Watzinger–K. Wulzinger D., die ant. Stadt, 1921. Reallex. d. Assyriol. 2,104. *A. Jepsen* Israel und D. (AfO 14, 1941/44, 153–172). *F. M. Unger* Israel and the Aramaeans of D., 1957. RGG³ 2,22 ff.

II. Hellen. Zeit: 332 eroberte Alexander Syrien, D. wurde makedon., nach Alexanders Tod seleukid. An Bedeutung wurde es jetzt freilich von dem neugegründeten Antiocheia am Orontes übertroffen. Seit 85 v. Chr. stand D. unter der Herrschaft der Nabataier (Ios. ant. Iud. 13,392; bell. Iud. 1,103), 66 v. Chr. ließ Pompeius die Stadt durch Lollius und Metellus besetzen (ant. Iud. 14, 29; bell. Iud. 1,127) und schlug sie zur Provinz Syrien. Eine Zeitlang gehörte D. dem Städtebund der → Dekapolis an (Plin. nat. 5,74). 2. Kor. 11,32 f. bezeugt einen Ethnarchen des Nabataierkönigs Aretas IV. Seit 62 n. Chr. ist D. wieder unmittelbar unter röm. Verwaltung.

Zahlreich war die Judenschaft von D. Ios. berichtet bell. Iud. 2,561 (vgl. 7,368) von einer Verfolgung, bei der 10000 Juden den Tod gefunden haben sollen. Mehrere Synagogen setzt Act. 9,2 voraus. Die 1896 von S. Schechter entdeckte »Damaskusschrift« (neue frg. unter den Schriftrollen vom Toten Meer) redet von einer Emigration einer heterodoxen jüd. Gruppe in das »Land D.« Indessen ist »D.« hier vielleicht nur allegor. gemeint. Eine besondere Rolle spielte die Stadt in der Gesch. des Urchristentums. Vor den Toren von D. wurde Paulus zum chr. Glauben bekehrt und zum Heidenapostel berufen (Act. 9,1 ff.).

Seit dem 2. Jh. erlebte D. eine neue Blüte. 130 n. Chr. verlieh Hadrian der Stadt den Titel *μητρόπολις*, Severus Alexander machte sie zur Colonia. In der 2. Hälfte des 3. Jh. wurde der Tempel des Iuppiter Damascenus vollendet, nach 400 in eine chr. Basilica (Johannes d. Täufer geweiht) verwandelt. Seit dem 4. Jh. ist D. Bischofssitz. 635 öffnete die Stadt ihre Tore dem arab. Eroberer Châlid, ein Jahr darauf fiel sie endgültig in die

Hände der Araber. Die Herrschaft der Omaijaden brachte eine Zeit neuen Glanzes, bes. seit das Kalifat von Medina nach D. verlegt war. El-Walid I. annektierte 705 die Johannesbasilica und ließ sie zur berühmten Omaijadenmoschee umbauen. D. wurde in dieser Zeit Zentrum islam. Kultur. Seit 750 ging die Bedeutung von D. wieder zurück. Im 12. Jh. war es noch einmal für kurze Zeit Vorort des Islams. 1260 eroberten die Mongolen die Stadt, 1516 kam sie in die Hände der Türken und blieb bis 1918 unter osman. Herrschaft. 1945 wurde D. von den Franzosen geräumt und zur Hauptstadt der Republik Syrien ausgerufen. K. N.

C. Watzinger und *K. Wulzinger* D., die ant. Stadt, 1921. *Dies.* D., die islam. Stadt, 1924. Enzyklop. des Islam, 1, 1913, 941 ff. *Munajed* Bibliogr. Damasquaine, Oriens 5, 1952, 168–173. RGG³ 2,22 ff. Zur D.-Schrift: *S. Schechter* Doc. of Jewish Sectaries, Vol. I, 1910. *M. Burrows* The Dead See Scrolls, 1955, 349 ff. RGG³ 2,24 f.

Damastes (*Δαμάστης*). Sohn des Dioxippos (Suda *Δαμάστης*) aus Sigeion, griech. Geograph und Historiker des 5. Jh. v. Chr. Er erscheint nach Hellanikos im Geographenkatalog Agathem. 1,1 (GGM 2,471). Die Tradition macht ihn zum Schüler des Hellanikos, wahrscheinlich nur wegen der zeitlichen Nähe zu ihm. Im Anschluß an seine neue Erdkarte (Agathem. a. O.) verfaßte D. ein geogr.-ethnogr. Werk (Titel steht nicht fest: *περὶ ἐθνῶν, ἐθνῶν κατάλογος καὶ πόλεων* oder *περίπλους*). Weitere Titel verlorener Werke sind umstritten: *περὶ τῶν ἐν Ἑλλάδι γενομένων* bezeichnet vielleicht ebenfalls das große Werk; *περὶ γονέων καὶ προγόνων τῶν εἰς Ἴλιον στρατευσαμένων* ähnelt zu sehr einem dem Gorgiasschüler Polos zugeschriebenen Buch, um über jeden Zweifel erhaben zu sein. Eine Chronik *περὶ ποιητῶν καὶ σοφιστῶν* ist völlig verlorengegangen. H. Gä.

FGrH 5.

Damasus. Röm. Papst 366–384, * um 305 (Hier. vir. ill. 103); seine vom Liber pontificalis behauptete span. Herkunft. ist zweifelhaft. Das Pontifikat des D. begann unter blutigen Kämpfen mit den Anhängern des Gegenpapstes Ursinus. Der Streit dauerte, solange D. lebte. In 2 Prozessen wurde D. angeklagt; Kaiser und Synoden entschieden zu seinen Gunsten. Im J. 382 beauftragte D. den → Hieronymus mit der Revision des lat. Bibeltextes (→ Bibelübersetzungen 3). Eifrig betrieb D. die Suche nach den röm. Märtyrergräbern und schmückte sie würdig mit seinen eigenen Epigrammen. Die meisten Gedichte sind in Hexametern abgefaßt und borgen oft von Vergil. Manche sind durch Abschriften früher Rompilger erhalten. Die Reste der Original-Inschr. sind an der Schrift des Kalligraphen → Philocalus sogleich zu erkennen. 59 der D. zugeschriebenen Gedichte sieht FERRUA als echt an. O. H.

Ta.: *Max. Ihm*, 1895. *Ant. Ferrua*, 1942, mit Komm. Bibliogr.: *Altaner* 318 f. *Erich Caspar* Gesch. des Papsttums 1, 1930, 196–256.

Dameas 1. Von Kroton. Bildhauer des 6. Jh. v. Chr. Pausanias (6,14,5) nennt ihn als Künstler einer Statue des Milon von Kroton in Olympia. Reste einer Basis sind wahrscheinlich auf dieses Werk zu beziehen.

Löwy Die Inschr. der griech. Bildhauer Nr. 414. HB Arch III 1 (5. Lfg. 1950) 92 *(Lippold)*. Encicl. Arte Class. Or. II 996 *(Guerrini)*.

2. Von Kleitor. Bildhauer des späten 5. Jh. v. Chr., Schüler des Polyklet (Plin. nat. 34,50), verfertigte im Weihgeschenk für Aigospotamoi in Delphi die Statuen der Artemis, des Poseidon und des Lysander (Paus. 10,9,8). A. R.

HB Arch. III 1 (5. Lfg. 1950) 216 *(Lippold)*. Encicl. Arte Class. Or. II 996 *(Guerrini)*.

Damia s. Charites. Demeter

Damippos. Lakedaimonier im Dienste König Hierons II. von Syrakus und seines Enkels Hieronymus, der 215 v. Chr. dafür eintrat, am Bündnis mit Rom festzuhalten. Als er 212 als Gesandter nach Makedonien gehen sollte, fiel er in die Hände der Römer. Die wegen seiner Auslösung geführten Verhandlungen gaben den Anstoß zu dem erfolgreichen Handstreich der Römer auf Epipolai (Liv. 25,23,8 ff.). Fr. Kie.

Damnatio memoriae. Bestimmten Organisationsformen der menschlichen Gemeinschaft ist es eigentümlich, daß nach dem Tod einer mit Führermacht ausgestatteten Person indifferente Pietät ausgeschlossen bleibt und nur Verehrung mit religiösen Zügen oder Verwerfung zur Wahl stehen. Dieses der Gegenwart an der sog. Entstalinisierung erfahrbare Phänomen konnte im röm. Prinzipat nicht ausbleiben, sobald die Kaiser für sich einen Bezug zur Überwelt in Anspruch nahmen. So war es möglich, daß jeder princeps das Risiko lief, nach seinem Tod durch einen senator. Strafprozeß zum Landesfeind erklärt zu werden – dies, obwohl es gegen Tote keine ordentlichen Strafprozesse gab. Solcher d. m. fielen Nero (68), Julian (193) und Maximin (238) anheim. An die d. m. schloß sich die Beseitigung von Statuen, die Tilgung des Namens aus Inschr. und Mz., vor allem aber die Vernichtung der persönlichen Regierungshandlungen durch *rescissio actorum* an. Th. M.-M.

Vittinghoff Der Staatsfeind in der röm. Kaiserzeit, 1936.

Damnum. D. bezeichnet in der klass. Rechtssprache den Schaden. Ausgangspunkt dieser Bedeutung ist wohl der Nachteil, den ein Täter mit der Verfolgung erleidet, nicht das, was er angerichtet hat; vgl. die gängigen Rekonstruktionsversuche zu XII tab. 8,16. Neben der dort angesprochenen *actio furti* verlieh dann die *actio legis Aquiliae* dem Begriff die große rechtliche Bedeutung, ja das von dieser Klage zu ahndende Delikt gewinnt den Namen *d. iniuria datum*. Dabei vollzieht sich ein langfristiger Prozeß der Ablösung des Schadenersatzes von der Privatstrafe.

Was als Schaden anzusehen sei, ist bis ins Zivilrecht der Gegenwart strittig geblieben. Die Differenztheorie behauptet für die Fälle des Schadenersatzes wegen Nichterfüllung eines Vertrages, daß jener Betrag, um den der Wert der unmöglich gewordenen Leistung den der eigenen, nun ersparten Gegenleistung übersteige, den Schaden ausmache. Daß diese Formel sich nicht völlig durchsetzen konnte, liegt unter anderem daran, daß schon die klass. Juristen jede Entscheidung für ein bestimmtes Schema der Schadensberechnung vermieden haben. Von *actio* zu *actio* stoßen wir auf anderen Befund.

Auch zur gleichfalls bis in die Gegenwart offenen Frage, ob entgangener Gewinn *(lucrum cessans)* mit zum Schaden zähle, oder ob sich dieser auf *d. emergens* beschränke, fehlt eine strikte klass. Regel; die Einbeziehung des entgangenen Gewinns blieb auf Falltypen beschränkt. Justinian Cod. Iust. 7,47 ließ eine Berücksichtigung von *lucrum cessans* bis zum *duplum* der vertraglich geschuldeten Leistung zu. Th. M.-M.

D. Daube On the use of the Term »Damnum«, Studi Solazzi 1948, 93 ff. *E. Levy* Privatstrafe und Schadenersatz im klass. röm. Recht, 1915. *D. Medicus* Id quod interest, 1962. *K.-H. Below* Die Haftung für lucrum cessans im röm. Recht, 1964.

Damocharis (Δαμόχαρις). Aus Kos, Grammatiker des 6. Jh. n. Chr., Schüler des Agathias. Erhalten sind von ihm 4 Epigramme (Anth. Pal. 6,93. 7,206. 9,633. 16,310). Ein Gedicht auf seinen Tod von Paul. Silent. steht a. O. 7,588. H. Gä.

Damokles. Höfling am Hofe Dionysios' II. von Syrakus. Mit seinem Namen ist die Anekdote verbunden, nach der er das Glück des Tyrannen so sehr gepriesen habe, daß ihm Dionysios ein prächtiges Mahl bereiten, aber zu Beginn des Essens über ihm ein Schwert an einem dünnen Faden habe aufhängen lassen (»Damoklesschwert«), damit er dieses Glück so recht kennenlerne. Und D. soll auch im Zustand höchster Angst bei Tisch gelegen haben (Cic. Tusc. 5,61). Fr. Kie.

Damokrates (Dem.) Servilius, aus Athen, Freigelassener und Arzt in der 1. Hälfte des 1. Jh. n. Chr. Plinius (nat.) und Galen erwähnen ihn häufiger als einen guten Pflanzenkenner und berühmten Pharmakologen. Er hat seine Rezepte in Gedichtform geschrieben, und zwar in iambischen Trimetern; dieses Metrum hatten der Grammatiker Apollodor und Ps. Skymnos in die Gattung des Lehrgedichts eingeführt (für das medizin.-naturwissenschaftl. Lehrgedicht wurde es noch in Byzanz, von Manuel Philes, verwendet). Die Fragmente des D. – das meiste steht bei Galen, z. B. in der Schrift περὶ ἀντιδότων (14,115 ff.) – sammelte Bussemaker in der ed. Didotiana der Poetae bucolici et didactici, Paris 1851. F. K.

Damokritos. Von Sikyon, Bildhauer. Nach Paus. 6,3,5 Schüler des → Kritios im 5. Glied, also um 390 anzusetzen. Paus. a. O. nennt eine Siegerstatue in Olympia, Plin. nat. 34,87 Philosophenstatuen. Eine Inschr. aus Thespiai ist erhalten. Ob er mit den als Demokritos überlieferten Bildhauern identisch ist, läßt sich nicht beweisen. A. R.

HB Arch III 1 (5. Lfg. 1950) 247 *(Lippold)*. Encicl. Arte Class. Or. II 998 *(Guerrini)*.

Damon (Δάμων). **1.** Fürst der → Telchinen, Ahnherr des Miletos. Während die Telchinen wegen Vergiftung der Feldfrüchte vom Blitz erschlagen werden, wird er mit seiner Familie zum Dank für erwiesene Gastfreundschaft verschont. Nikand. im Sch. Ov. Ib. 473. H. v. G.

2. D. (Δάμων mit kurzem α). Sohn des Damonides, Athener, bedeutender Sophist, zum Kreise des Prodikos gehörig (Plat. Lach. 197 d), in der Musik Schüler des Agathokles (so Plat. Lach. 180 d) oder von dessen Schüler Lamprokles (Sch. Plat. Lach. 118 c), Lehrer des Perikles in der Musik und – ohne selbst als Politiker hervorzutreten – sein polit. Ratgeber (der ihn bes. zur Einführung des Richtersoldes und der anderen Diäten dieser Art veranlaßte), was die Ostrakisierung D.s, wohl zwischen 450 und 440, zur Folge hatte: Aristot. Ath. pol. 27,4. Plut. Per. 4,1–4. 9,2; Aristid. 1,7; Nik. 6,1. Isokr. 15,236. Eine Scherbe ist erhalten: Brückner, MDAI(A) 40, 1915, 21. Hesp. Suppl. 8, 1949, 409. Diog. Laert. 2,19 nennt auch Sokrates Schüler D.s. Platon spricht an mehreren Stellen mit großer Hochachtung von D., ebenso noch Cicero, Galen, Athenaios, Aristeides Quintilianus und Martianus Capella. Einige frg. bei Philodem de musica deuten auf eine Schrift D.s, die sich als Rede an die Areopagiten gibt und thematisch zu dem paßt, was vor allem einige Partien des platon. Staates zeigen, daß D. nämlich die innige Verwandtschaft der Musik mit den Regungen der Seele lehrte und sie für die Jugenderziehung nutzbar machen wollte, ferner daß er die Grundelemente der Musik, die verschiedenen Rhythmen und Tonarten und ihren ethischen Wert oder Unwert, behandelte. Die ohne Zweifel bedeutende Leistung des D. genauer zu erfassen und sie gegen das, was die auf ihn folgenden Musiker (mit Platon beginnend) hinzugetan haben, abgrenzen zu wollen, ist bei dem trümmerhaften Material ein aussichtsloses Beginnen und die noch über Deiters hinausgehende überkühne Konstruktion Lasserres mit größter Vorsicht aufzunehmen. Gewiß ist, daß D. in der pythagoreischen Tradition steht, wie ja auch sein Lehrer Agathokles als Schüler des Pythagoreers Pythokleides bezeichnet wird. Was die nach Ps.-Plut. de mus. 16 von D. erfundene ἐπανειμένη λυδιστὶ (ἁρμονία) war, wissen wir nicht; ganz hypothetisch die Erklärung v. Jans. K. Z.

Diels-Kranz Vorsokr.[5] 1,381. *Wilam.* Griech. Verskunst 59 ff. *H. Deiters* De Aristid. Quint. doctrinae harmonicae fontibus, Progr. Düren 1870. *v. Jan*, RE IV 2072. *R. Schäfke* Arist. Quint., 1937, 66. 102. 111. *A. Busse*, RhM 77, 1928, 34 ff. *Fr. Lasserre* Plutarque de la musique, 1954, 53 ff. *I. Düring*, Gn 27, 1955, 431 ff. *M. Wegner* in Die Musik in Gesch. und Gegenw. II 1952, 1880. *Riemann* Musiklex. Personenteil I 1959, 363. *H. Abert* Die Lehre vom Ethos in der griech. Musik, 1899.

3. Pythagoreer aus Syrakus, bekannt als Freund des Phintias. Diesen soll Dionysios II., um die Freundestreue der Pythagoreer zu erproben, als angeblichen Attentäter zum Tode verurteilt und dann für eine bestimmte Frist freigelassen haben, wobei D. als Bürge für Phintias' Rückkehr fungierte. Als dieser zum allgemeinem Erstaunen kurz vor Ablauf der Frist zurückkehrte, soll der Tyrann beide freigelassen und um Aufnahme in ihren Freundesbund gebeten haben, wozu sie aber nicht bereit waren (Iambl. v. Pythag. 233 ff., nach Aristoxenos, der die Geschichte von Dionysios II. persönlich erfahren haben will; Diod. 10,4,3–6). Cicero (off. 3,45. Tusc. 5,63. fin. 2,79) übertrug den Vorgang oberflächlicherweise in die Zeit Dionysios' I. Hygin (fab. 257), dem Schiller in seiner Ballade folgte, berichtet ganz Ähnliches von Moiros und Selinuntios. Fr. Kie.

Damophilos. 1. Ein reicher Emporkömmling aus Henna, der durch grausame Behandlung seiner Sklaven und Unvorsichtigkeit 136 v. Chr. den Anstoß zum 1. sizil. Sklavenkrieg gab. Als die Empörer Henna besetzt hatten, brachten sie ihn dort im Theater um (Diod. 34,2,10 ff. Athen. 12, 542 B). Fr. Kie.

J. Vogt Struktur der ant. Sklavenkriege, Abh. Ak. Mainz 1957 Nr. 1, 14 f.

2. D., schmückte nach Plin. nat. 35,154 zusammen mit Gorgasos den Tempel der Ceres in Rom (geweiht 493 v. Chr.) mit Terrakottastatuen und Gemälden. Ob er mit Demophilos von Himera, den Plin. nat. 35,61 als Lehrer des → Zeuxis nennt, zu verbinden ist, bleibt zweifelhaft. A. R.

Encicl. Arte Class. Or. II 999 *(Pace/Guerrini)*, III 74 *(Forti)*.

Damophon von Messene, Bildhauer. Pausanias nennt von ihm eine Reihe von Götterbildern, teils in Marmor, teils als Akrolithe. Er besserte auch das Goldelfenbeinbild des Zeus von Pheidias in Olympia aus (Paus. 4,31,6). Erhalten sind nur Fragmente der Kultbilder im Heiligtum der Despoina von Lykosura in Arkadien: Demeter und Despoina thronend sind von Artemis und dem Titanen Anytos flankiert. Nach dem Stil gehört D. zur Richtung des »Asianismus«, der ca. 120–60 v. Chr. herrschte. Aus stilist. Gründen ist ihm das Reliefporträt des Historikers Polybios aus Kleitor in Arkadien zugeschrieben worden. A. R.

Overbeck Die ant. Schriftquellen Nr. 1557–1564. HB Arch III 1 (5. Lfg. 1950) 350 *(Lippold)*. Ber. Sächs. Ges.-Wiss. LXIII 1911, 3 *(Studniczka)*. Encicl. Arte Class. Or. II 999 *(Mustilli)*; III 80. *G. M. Richter* The Sulpture and Sculptors of the Greeks^2, New Haven, 1930, 296.

Damostratos (bei Ail. Δημ. geschrieben). Wohl 2. Hälfte des 1. Jh. v. Chr., von Ail. nat. an. 15,19 als röm. Senator bezeichnet, verfaßte nach der Suda: a) 10 B. *ἁλιευτικά*, b) ein Werk *π. τῆς ἐνύδρου μαντικῆς*, c) *σύμμικτα ἐχόμενα ἱστορίας*. Spuren finden sich nur vom 1. Werk, das Sextius Niger kritisiert, Ailian sehr lobt und exzerpiert (13,21. 15,4. 9 [hier ein wörtliches Frg.] 19. Epil.) und noch Sopatros von Apamea (um 500) benützt (Phot. cod. 161). Nach Plin. nat. 37, 34. 58 f.) könnte er auch ein Buch *π. λίθων* verfaßt haben. W. R.

Wellmann, H 30, 1896, 176. *Christ-Schmid* 2,1,449.

Damoxenos. Dichter der Neuen Komödie, nach seinem Namen vermutlich kein Athener (doch vgl. → Damon, → Anaxilas), erscheint, wenn Wilhelm Urk. 118 richtig ergänzt, mit 1 Dionysiensieg auf IG II^2 2325. Seine Zeit ist dadurch bestimmt, daß in frg. 2 (Ath. 101 f) ein Koch sich rühmt, bei Epikur in die Schule gegangen zu sein. Wenn in frg. 1 ein Soldat prahlt, ein Trinkgefäß von Adaios, dem Söldnerführer Philipps II., der 353 bei Kypsela gefallen war, erhalten zu haben, soll die chronolog. Unmöglichkeit ihn eben als Lügner entlarven. W. K.

T.B.L. Webster Studies in Later Greek Comedy, Manchester 1953, 111.116. *H. Dohm* Mageiros, München 1964, 161–169.

Dan (*Δάν*, Jos. auch *Δάνα*, *Δάνος*, hebr. *dān*). **1.** Israelit. Stamm. Nach vergeblichem Versuch, in dem Hügelland w. Jerusalem zu siedeln (Jdc 1,34. 18,2. 13,2. Jos. 19,47) ließen sich die Daniten, nach Eroberung der Stadt Lais (s. D. Nr. 2), im Bereich des oberen Jordangrabens nieder. → Stämme Israels.

M. Noth HAT I/7, ^{2}1953, 121 f. *E. Täubler* Bibl. Stud., 1958, 43–99. *Z. Kallai-Kleinmann* VT 8, 1958, 134–160. *B. Mazar* IEJ 10, 1960, 65–77.

2. Kanaan. Stadt mit Namen Lais (Jdc 18,27–29, vgl. Jos 19,47), in äg. Texten des 18. und 15. Jh. aufgeführt, von den Daniten (s. D. Nr. 1) in D. umbenannt, nördlichste Stadt in Israel (vgl. Jdc 20,1. 1Sam 3,20 u. ö.), der h. *tell el-ḳāḍi* an der Quelle des »kleinen Jordan«. Ort eines danit. Heiligtums (Jdc 18,27–31), seit Jerobeam I. neben Bethel Reichsheiligtum des N.-Reiches Israel mit einem Stierbild (1Kön 12,29 f. 2Kön 10,29) in Konkurrenz zum Jerusalemer Tempel (1Kön 12,26 ff., vgl. Am 8,14). E. Ku.

Abel Géogr. 2,302.

Danae (*Δανάη*, »Danaerin«). Tochter des Argivers → Akrisios und der Aganippe (Eurydike). Um sie von jedem Verkehr abzuschließen, sperrte ihr Vater sie in einen ehernen Turm (oder Gewölbe). Sie gebar dort als Frucht des goldenen Regens, in dem Zeus sie besuchte, den → Perseus. Akrisios, der nicht an die Vaterschaft des Zeus glaubte, gab sie und ihr Kind in einem Kasten dem Meere preis. Sie landen in Seriphos und werden von Diktys, dem Halbbruder des Königs Polydektes, aufgenommen. Da D. die Ehe mit dem König ablehnt, sucht dieser den Perseus, als er herangewachsen, zu verderben und schickt ihn auf die Suche nach dem Medusenhaupt. Zurückgekehrt, versteint Perseus den König und geht mit der Mutter nach Argos. Älteste Erwähnungen Hom. Il. 14,

319. Hes. asp. 216. Pind. P. 12,11 ff. (hier muß sie dem König zu Willen sein; vgl. Hyg. fab. 63). Rührend ist das Klagelied, das Simonides der D. in den Mund legt. Von Aischylos haben wir jetzt größere Reste des Satyrspiels »Die Netzflicker«, H. J. METTE G 62, 1955, 402. Auch Soph. und Eur. behandelten den Mythos. Hauptstellen: Apollod. 2,34–36.45.47. Diod. 4,9,1. Strab. 10,487. Paus. 2, 23,7. 10,5,11. Hyg. fab. 155.224. – Dramen von Liv. Andron. und Naev.; Ter. Eun. 584. Hor. c. 3,16,1. Ov. met. 4,611. – Verg. Aen. 7,410 ff. folgt einer Version, nach der D. nach Latium verschlagen wird, Ardea gründet, König Pilumnus heiratet und die Ahnfrau des Turnus wird. – Die Kunst liebte den D.-Mythos. Erhaltene Darstellungen auf rf. Vasen, pompejan. Wandgemälden, Mosaik in Palermo. BAUM. Denkm. 1,405 ff. Abb. 447 f. – Ähnliche Mythen: Auge und Telephos, Semele und Dionysos. H. v. G.

Danaïdes (Δαναΐδες). Die 50 Töchter des → Danaos von 10 verschiedenen Müttern; Namenliste Apollod. 2,16–20, Hyg. fab. 170. Auch Δανααί, bei Ov., z. B. met. 4,462, wegen des Verses nach ihrem Großvater Belides genannt. Danaos verloste sie an die 50 Söhne des Aigyptos, die gewaltsam die Heirat verlangten, gab ihnen aber Dolche mit, mit denen sie sie in der Hochzeitsnacht ermorden sollten. Hypermestra, die den Auftrag nicht ausführte (Motiv: Aischyl. Prom. 865. Hor. c. 3, 11,33. Ov. her. 14), wurde gefangengesetzt, auf Fürsprache Aphrodites aber freigesprochen. Während die D. nun nach der einen Fassung der Sage von Athene und Hermes entsühnt und später verheiratet werden (Apollod. 2,21), sterben sie nach der bekannten Sage unvermählt und haben in der Unterwelt, wie die Ungeweihten und die Verächter der Mysterien (so noch auf dem Unterweltsgemälde Polygnots in Delphoi, Paus. 10,31,9.11), die sprichwörtlich gewordene Aufgabe, Wasser in ein Gefäß ohne Boden zu schöpfen; zuerst belegt Ps.-Plat. Axioch. 371 e und auf apulischen Vasen des 4. Jh. In orph. Sinne wurde das als Strafe für den Gattenmord aufgefaßt. Der Sinn der Strafe liegt aber darin, daß sie sich ewig vergeblich bemühen, das auf Erden versäumte bräutliche Reinigungsbad (vielleicht auch das Bad der Reinigung von Blutschuld) nachzuholen, weil sie durch eigene Schuld ἄγαμοι geblieben sind. Eine Brücke zu der Verbindung der D. mit der Mysterienlehre ist die Bemerkung Hdt. 2,171, sie hätten die Weihen der Demeter aus Äg. mitgebracht. Naturdeutung sieht in der Tätigkeit der D. ein Symbol dafür, daß die Erde durch das befruchtende Naß immer wieder zu neuer Zeugung angeregt wird. Es lassen sich auch Argumente dafür beibringen, daß die D. z. T. Quellnymphen waren, in dem wasserlosen Argos besonders geschätzt: mehrere Brunnen waren ihnen heilig; → Amymone. In Dichtung und bildender Kunst wurde das Schicksal der D. häufig behandelt. Erhalten die Hiketiden des Aischyl. (nach dem Chor der D. benannt). Verg. Aen. 10, 497 ff. H. v. G.

Rohde Psyche[2] 1,327. *Kuhnert* JADI 8, 1893, 111. *H. J. Rose* Griech. Myth. 77. *Megas* H 68, 1933, 415. *A. B. Cook* Zeus 3, 1940, 355 ff. *Baum.* Denkm. 3, Abb. 2040 ff.

Danake (δανάκη). Von pers. *danak*, bezeichnet eine pers. Silbermünze im Werte von etwas mehr als einem Obol. Daher findet sie sich gleich diesem als Charonspfennig verwendet. Sowohl über die Stellung der D. im pers. Währungssystem wie auch über eine mögliche Bedeutung als syr. Lokalkurant sind nur Vermutungen anzustellen. Neben der D. wird noch ihre Hälfte, das ἡμιδανάκιον genannt. H. Ch.

Hultsch, RE IV 2092 f. *Schrötter*, WBMzK s. v.

Danaoi (Δαναοί). Name eines verschollenen peloponnes. (ursprüngl. thessal.?) griech. Volksstammes, von Hom. und späteren Dichtern ohne Beziehung auf eine bestimmte Landschaft ebenso wie Ἀργεῖοι (Argivi) und vor allem Ἀχαιοί (Achivi) als Gesamtname aller vor Troia stehenden Griechen verwendet. Die Auffassung der D. als »Leute (Nachkommen) des Danaos« gehört einem späteren Stadium an, als man Stammesheroen erfand. Nach Eur. Archel. frg. 230 (Strab. 5,221) hat Danaos die Pelasgioten in D. umgenannt (vgl. Hdt. 7,94); Eur. Or. 933 Δαναΐδαι (Sen. Tro. 757.607 *Danaidae*). Pind. P. 4,48 versteht unter D. die ehemaligen Bewohner Spartas, Mykenes und der Argolis, Paus. 7,1,7 nur die letzteren. Sprichwörtlich waren »Geschenke der D.«, Verg. Aen. 2,49. Vielleicht sind die D. mit den *Danauna*, die als eines der »Seevölker« um 1180 in Äg. einfielen, verwandt. H. v. G.

Meyer GdA 1,317. 2,121.186.210.

Danaos (Δαναός). Stammesheros der → Danaoi, eponym wie seine Ururenkelin → Danae. Sohn des → Belos und der Anchinoe, Tochter des Neilos, Zwillingsbruder des → Aigyptos. Apollod. 2,11 ff. Beide galten (z. B. Hdt. 2,91. Isokr. 10,68. Plat. Menex. 245 d) als Äg.; Manethos suchte sie sogar als Personen der äg. Geschichte nachzuweisen, Ios. c. Ap. 1,15.26. Ursprünglicher ist wohl die Tradition, wonach die Brüder Söhne der argiv. Io, der Tochter des Inachos, sind. D., der 50 Töchter hatte, vertrieb den Bruder, dem 50 Söhne beschieden waren, aus Neid und Furcht. Dieser ging in das Land, dem er den Namen gab, kehrte aber, als die Söhne herangewachsen waren, nach Argos zurück, wo die Bluthochzeit der → Danaiden und Aigyptiaden erfolgte. Der allein gerettete Lynkeus ermordete D. mit allen Töchtern, Sch. Eur. Hek. 886. Das alte Epos → »Danais« (oder »Danaides«) verlegte aber die Haupthandlung nach Äg. D. von Libyen aus und Aigyptos von Arabien aus geraten in Streit um die Herrschaft. Aus Furcht vor der Übermacht (oder vor der Erfüllung eines Orakels, Sch. Eur. Or. 872) flieht D. auf einem mit Hilfe Athenes erbauten Fünfzigruderer mit den Töchtern nach Argos. Sch. Hom. Il. 1,42. Marm.

Par. 15. Aischyl. Hik. 318ff. Diod. 5,58,1. Auf der Flucht landet D. auf Rhodos und errichtet der Athena Lindia ein Standbild und den berühmten Tempel, Hdt. 2,182. Strab. 14,655. In Argos entschied das Volk gegen den bisherigen Herrscher → Gelanor (in Aischyl. Hik. → Pelasgos) zugunsten des D. Es hatte den Einbruch eines Wolfes in eine Herde und die Überwältigung des Stieres durch den Wolf als Vorbedeutung genommen, und D. errichtete dem Apollon Lykios einen Tempel, Paus. 2,19,3f. Auf D. wurden die Anlagen zur künstlichen Bewässerung des Landes zurückgeführt, Strab. 1,23. Die Söhne des Aigyptos wurden auf D.' Geheiß von seinen Töchtern ermordet. Lynkeus wurde von Hypermestra verschont. Deren Vermählung gestattete D. später; → Amymone wurde Poseidons Geliebte. Den übrigen 48 (Pind. P. 9,112ff.) gab D. Männer nach der Entscheidung eines von ihm veranstalteten Wettlaufs, Paus. 3, 12,2. Seinen Schild weihte er in den Tempel der argiv. Hera, → Abas. Sein Grab, Palinthos genannt, wurde noch spät auf dem Markt in Argos gezeigt, Paus. 2,20,6. Strab. 8,371. H. v. G.

Prell.-Rob. 1,254,1. *G.A. Megas*, H 68, 1933, 415ff.

Dandamis (*Δάνδαμις*). Einer der indischen Asketen oder Gymnosophisten, die die Makedonier in Taxila kennenlernten, Arrian, Plut., Strab. (bei Strab. wird er Mandanis genannt). Die Erzählungen über den Inhalt seiner Reden sind verschieden und tragen zum Teil das Gepräge griech. Philosophie, am entschiedensten der ausführliche Bericht, den Onesikritos von seiner Unterredung mit D. gegeben hat, der uns bei Strab. 15,715 im Auszuge erhalten ist; hier spricht der kynische Philosoph im Gewande des indischen Büßers. Anders, allerdings auch als eine Parallele zu der Weisheit des Kynikers Diogenes, ist der Inhalt der Rede wiedergegeben bei Arr. an. 7,2,2ff. J. D.-G.

Daneion s. Darlehen

Danthaletai (*Δανθαλῆται, Δενθελῆται, Dantheleti*). Zahlreicher und mächtiger Thrakerstamm, der das obere Strymontal vom Osogovo- und Rujen-Geb. aufwärts bis zum Skomios (h. Witoša)-Geb. und dem h. Znepolje bewohnte. Die D. treten schon im 4. Jh. v. Chr. auf, aber besonders aktiv sind sie im 3., 2. und 1. Jh. v. Chr., als sie mit Makedonien und etwas später mit den Römern zusammenstießen. Öfters begegnet man ihnen auch auf den Inschriften aus der röm. Kaiserzeit. Das Land der D. bildete zur Römerzeit eine der *στρατηγίαι* von Thrakien. Theopomp. frg. 221 (Jac.). Polyb. 24,6. Cic. Pis. 34. Chr. D.

Bengtson Die Strategie II, Münch. 1944, 313. *Detschew* Die thrak. Sprachreste, 215ff. *Gerov* Unt. über die westthrak. Länder in röm. Zeit, bulg. mit dt. Zusammenf. Annuaire Univ. de Sofia, Fak. Phil. 54,3, Sofia 1961, 74ff. *Danoff* RE Suppl. IX (Art. Pautalia) 807ff. und passim.

Danuvius s. Ister

Daoi. Eine nomadische Tribus der Perser, Hdt. 1,125; etymologisch ebenso zu deuten wie die → Daai, Dahae, jedoch bezüglich der Wohnsitze auf die eigentliche Persis zu beschränken. J. D.-G.

Daphitas (*Δαφίτας*). Griech. Grammatiker (»Sophist« nennt ihn Val. Max. 1,8 ext. 8) wohl des 3. Jh. v. Chr. Als Heimat wird Telmessos in Karien angegeben, aber wahrscheinlicher ist, daß er der D. von IG VII,3167 (= OGIS 316) aus Alexandreia Troas ist. Das würde zu der Überlieferung passen, nach der er wegen eines Angriffs auf Attalos (I.?) von Pergamon (vgl. das Epigramm Strab. 14,647) mit dem Tode bestraft wurde. In der Tradition wurde seine Hinrichtung anekdotisch ausgeschmückt (2 Varianten: Strab. a. O. und u. a. Val. Max. a. O.): Der Spötter (von »kynischer Grundhaltung« spricht Wilam.) fällt einer Strafe zum Opfer, die ein von ihm verlachtes und falsch interpretiertes Orakel verkündete.

Suda *Δαφίδας* erwähnt ein Werk *περὶ Ὁμήρου*. D. scheint darin die Glaubwürdigkeit Homers in Frage gestellt zu haben. H. Gä.

Wilam. Comm. gramm. 3, Gött. 1889, 11f. (= Kl. Schr. 4,631f.).

Daphnai (*Δάφναι*, Steph. Byz. *Δάφνη*. A.T. תַּחְפַּנְחֵס LXX *Τάφναι*), j. Tell Tefenne 19 km NO. es-Salihije (das alte Phakusa) am Rand des Ostdeltas, Anlage der Grenzbefestigung. Darauf weist auch der Stadtname hin, der »Nubierhaus« (t3 ḥw.t-(n) p3 nḥśj) bedeutet (Ann. Serv. 40,444) als Standort nubischer Söldner. Die Anlage bestand bereits in ramessidischer Zeit, wurde aber von Psammetich I. stark ausgebaut (Petrie, Tanis II, Nebesheh and Defenneh). Er verlegte seine griech. und karischen Söldner dorthin (Hdt. 2,30. 107). W. H.

Daphnaios 1. Syrakusan. Feldherr, der 406 v. Chr. das von den Karthagern belagerte Akragas befreien sollte, was ihm jedoch trotz einiger Anfangserfolge nicht gelang (Diod. 13,86,4ff. 88. Polyain. Strateg. 5,7). Sein Mißerfolg führte zur Machtergreifung Dionysios' I., der ihn bereits 406/405 als polit. Gegner beseitigen ließ (Diod. 13,96,3). Fr. Kie.

2. Beiname Apollons. Berühmt sein Heiligtum in Daphne, der Vorstadt von Antiocheia (Nr. 1). K.Z.

Daphne (*δάφνη*). **1.** Dieser Name bezeichnete in der Ant. nicht die h. so genannte Gattung der Thymelaeaceen (→ Cneorum), sondern ausschließlich den dem Apollo und der Artemis geweihten, einer ganz anderen Familie angehörigen → Lorbeer (Laurus nobilis L.). H. G.

Daphne (*Δάφνη* »Lorbeer«). **2.** Geliebte Apollons, die sich seiner Liebe durch die Flucht entzieht und in einen Lorbeerbaum verwandelt wird. In der älteren Sage ist sie Tochter des Flußgottes Ladon und der Ge, die die Flehende aufnimmt und an ihrer Statt einen Lorbeerbaum sprießen läßt. Palaiph. 50 (Mythogr. Gr. 309 Westerm.). Paus. 10,7,8. Nonn. Dion. 42,387ff. Hellenist. Geschmack verrät die Erzählung bei

Paus. 8,20,2ff. und Parthen. erot. 15 (nach Diodor von Elaia und Phylarch, FHG 1,342,33); Plut. Ag. 9. Leukippos, Sohn des pisatischen Königs Oinomaos, liebt die spröde Jungfrau, die hier als Tochter des Königs Amyklas erscheint, und da er sich ihr sonst nicht nähern kann, bietet er sich ihr in lang gewachsenem Haar und in weiblicher Kleidung als Jagdgenoß an. Der eifersüchtige Apollon veranlaßt aber, daß sein Geschlecht entdeckt und er von den Gefährtinnen der D. getötet wird. Hieran schließt Parthen. die Flucht vor Apollon und ihre Verwandlung durch Zeus. Paus. a. O. erwähnt, daß die Geschichte auch in Syrien lokalisiert wurde, wo es in der Vorstadt Antiocheias D. (Nr. 4) das berühmte Heiligtum des Apollon Daphnaios gab. Bekannt ist die Darstellung Ovids met. 1,452ff. Er beginnt mit einem Geplänkel zwischen Apollon und Cupido, der dann auf D., hier Tochter des Peneios, einen bleibeschwerten, also wirkungslosen Pfeil abschießt; dadurch ist Apollon vor der Unehre bewahrt, die Liebe des Mädchens nicht gewinnen zu können. Hyg. fab. 203. Hellenist. Geschmack zeigen auch die pompejan. Wandgemälde. Der Mythos ist deutlich ätiologisch; er soll die überragende Bedeutung des Lorbeers im Apollonkult erklären, die auch in Beinamen des Gottes (Daphnaios, Daphnephoros, Daphnites) zutage tritt. **2.** Tochter des Teiresias = Manto (s. d.). H. v. G.

Prell.-Rob. 1,292. *Mannhardt* Wald- und Feldkulte, 1,297. *R. Heinze*, BSG 71, 1919, 103. *W. Stechow* Apollon und D., 1932.

3. Ortslage (Ios. bell. IV,1,1 [§ 3]; vgl. Num 34,11 Targ. Vulg.) 3 km s. des *tell el-ḳāḍi* (→ Dan Nr. 2), h. *chirbet dafne.* E. Ku.

Abel Géogr. 1,444.

4. Vorstadt von → Antiocheia 1 mit berühmtem Heiligtum des Apollon Daphneios. K.Z.

Daphnephoria (*Δαφνηφορία*). Ennaeter. Fest in Boiotien mit Eiresione-Charakter (NILSSON GgrR² 1,125f.), dem theban. Apollon Ismenios gewidmet. Mittelpunkt der von einem *παῖς ἀμφιθαλής* (A. OEPKE, ARW 31, 1934, 42ff. 46) angeführten *πομπή* war ein von dessen nächstem Verwandten getragenes Fruchtbarkeitssymbol, das, dem Maibaum ähnlich ([3],123), in einer mit Blumen, bunten Bändern und Lorbeerzweigen aufgeputzten Stange aus Olivenholz (*κωπώ*) bestand ([1],165. J. K. SCHOENBERGER, Gl 29, 1941, 87ff.). An ihrem oberen Teil waren mehrere Metallkugeln angebracht (zu der sekundären astralen Ausdeutung bei Proklos [Phot. bibl. 321 BEKK. [2],438]. NILSSON Hommages Bidez-Cumont, 1949, 221f.), der untere war von safranfarbenen Tüchern umhüllt (Maipuppe? [3],123f. SCHOENBERGER 88). Es folgte, außer einem Jungfrauenchor mit geweihten Zweigen, der bekränzte, prächtig gewandete jugendliche Priester des Gottes, den Lorbeer der *κωπώ* berührend. Sein Kulttitel *δαφνηφόρος* (Paus. 9,10,4) entsprach einer dem Apollon vielerorts eigenen Epiklese (Plut. Them. 15. Ath. 10,424f. *Ἀρχ. Δελτ.* 1889, 104. E. MAASS, GGA 1889, 814f. M. B. OGLE, AJPh 31, 1910, 287ff. 305). W. F.

1. *Nilsson* Griech. Feste, 1906, 164f. 2. *J. E. Harrison* Themis, 1912, 437f. 3. *W. R. Halliday* Folklore Studies, 1924, 122ff. 4. *F. Sbordone*, Ath. 18, 1940, 26ff.

Daphnis (*Δάφνις*). **1.** Myth.-poet. Gestalt eines sizilischen Hirten, der als Erfinder der → bukolischen Dichtung galt. Die ältere Form der Sage, wie sie Timaios unter Berufung auf Stesichoros dargestellt hat, läßt sich aus Parthen. erot. 29. Diod. 4,84. Ail. var. 10,18 rekonstruieren. D. ist Sohn des Hermes und einer Nymphe, die ihn in einem Lorbeergebüsch am Flusse Himeras aussetzt. Hirten finden, Nymphen erziehen ihn, Pan lehrt ihn das Syrinxspiel. Er weidet seine Herde und jagt mit Artemis. Die Nymphe Echenais schenkt ihm ihre Gunst gegen den Schwur, sich keinem Weibe zu nahen. Er bricht sein Wort und wird geblendet. Nach seinem Tode entrückt Hermes ihn in den Olymp. Eine lokale Tradition läßt ihn in einen Stein verwandelt werden, Ov. met. 4,277. Ganz anders ist der D., dessen Leiden und Sterben Theokr. id. 1,64–128 besingt. Der Hirt vom Aetna verzehrt sich in unglücklicher Liebe, gegen die er vergeblich ringt, beklagt von den Tieren, umsonst von Hermes getröstet; er flucht der triumphierenden Aphrodite, die ihn in diese innere Zerrissenheit gestürzt hat, nimmt Abschied von der Welt und übergibt Pan seine Syrinx. Nonn. Dion. 15,308ff. Bei Verg. erscheint D. in verschiedenen Gestalten: als Hirtenknabe, dem Menalkas den Bogen zerbricht (ecl. 3), als ungetreuer Liebhaber, der durch Zauber zurückbeschworen werden soll (ecl. 8), als ein zweiter Bacchus, um den die ganze Natur trauert, dessen Einzug in den Olymp aber das goldene Zeitalter heraufführt (ecl. 5). – Eine eigenartige Gestaltung fand das D.-motiv in einem Satyrspiel des Sositheos (3. Jh.): D. findet seine Geliebte bei dem Unhold → Lityerses. Züge aus dieser Fabel kehren in → Longos' Hirtenroman D. und Chloe wieder. **2.** Bergnymphe, von Ge als Prophetin ihres alten Orakels in Delphoi eingesetzt, Paus. 10,5,5. H. v. G.

Welcker Kl. Schriften 1,188ff. *Reitzenstein* Epigr. und Skol., 1893, 197ff. *Wendel* De nominibus bucolicis, L. 1900, 23ff. *Wilam.* Reden und Vortr., 1,259ff. *W. Wili* Vergil, 1930, 31ff.

3. D., Architekt. Nach Vitr. 7 praef. 16 *instituerunt* → Paionios von Ephesos und D. aus Milet den Apollontempel in → Didyma. Paionios hatte vorher am Artemistempel in Ephesos mitgearbeitet. Beide Architekten gehören wohl in die spätere klass. Zeit [2], etwa das E. des 4. Jh v. Chr. (anders [1]), wenigstens scheint der Baubefund in Didyma [3] keine andere Annahme zuzulassen; *instituerunt* braucht freilich nicht mehr zu sagen als Lieferung eines schriftlichen Entwurfs [4]. Vorläufig kann man weder den Anteil der beiden Architekten voneinander scheiden noch eine begründete Vorstellung von den künstlerischen und technischen Qualitäten des D. gewinnen. W. H. G.

1. *Fabricius*, RE IV 2147 Nr. 7; XVIII 2413. *Thiersch*, in: *Thieme-Becker* Allg. Lex. d. bild. Künstler 8, 1913, 390. *Mansuelli* Enciclop. Arte Class. 3, 1960, 8. 2. *Dinsmoor* Architecture of ancient Greece, 1950, 229. *Berve-Gruben* Griech. Tempel und Heiligtümer, 1961, 249ff. 3. *Knackfuß* Didyma I, 1941. 4. *Weickert*, in: *Thieme-Becker* (s. [1]) 26, 1932, 149ff.

Daphnoides. *Δαφνοιδής* und *Χαμαιδάφνη* bei Diosk. bezeichnet Daphne-Arten mit lorbeerähnlichem, immergrünem Laub, vor allem Daphne laureola L. (it. laureola, als Daphnoides noch bei Lobel und Bauhin), im Gegensatz zu den kleinblättrigen Arten (D. gnidium, cneorum u.a., *χαμήλαια, θυμέλαια, κνέωρον*) und dem sommergrünen Seidelbast (D. mezereum L., mezereum von arab. mazarjum zuerst bei Simon Januensis). H. G.

Daphnus. Hafenstadt an der Küste des ö. Lokris, Euboia gegenüber, gehörte in klass. Zeit zu Phokis und trennte damals das epiknemid. vom opunt. Lokris. Nach dem 3. Heil. Krieg wieder zu Lokris. Zur Zeit Strabos zerstört. Geringe Reste bei Hg. Konstantinos. Strab. 9,3,1 p. 416. 9,3,17 p. 424f. E. M.

1. RE Suppl. III 326f. 2. *Fr. Schober* Phokis, 1924, 26f.

Dara. 1. Eine vom Partherkönig Arsakes I. *in monte Apaortenon* gegründete Stadt, rings umgeben von steilen Felsen, überdies mit ergiebigem Boden und einer Fülle von Quellen, Iust. 41,5,2; *Dareium fertilitatis inclutae locus in regione Apavortene*, Plin. nat. 6,46. Mit der letztgenannten Landschaft, Apavarktike des Isidoros, Abîward, Bâward des Mittelalters, stimmt vielleicht die von arabischen und persischen Schriftquellen geschilderte Feste Kalât überein (37° N. 59° 46′ O.). J. D.-G.

2. D., Stadt im n. Mesopotamien, auch *Δαραί* (Steph. Byz. p. 219), w.n.w. Nisibis (h. Nesibin), sehr alten Ursprungs (Gr. Hist. Weltatl. I, S. 10a), dann lange unbedeutend, erstand erst wieder am Anfang des 6. Jh. n. Chr. und galt als eine Neugründung des byz. Kaisers Anastasios I. (491–518) unter dem Namen Anastasiupolis (Steph. Byz. a. O.). D. war oft in Kriege mit dem neupers. Reich verwickelt. In den röm. Itinerarien erscheint D. unter dem Namen Daras (K. Miller Itin. Rom., S. 741 mit Skizze Nr. 240). Es erlag später dem Islam. In späteren Quellen mehrfach genannt, u.a. von Prokop (vgl. RE IV 2150); mit dem h. Dârâ oder, nach Miller (a. O.), mit Bura identisch. H. T.

Daras 1. (Darat, Daradus). Fluß an der W.-Küste Afrikas, h. oued Draa (Plin. nat. 5,9. Ptol. 4,6,2.3.4. Vitr. 8,2,6, wo vielleicht *Dyris* durch *Daras* zu ersetzen ist. Er entspringt im S. von Mauretania Tingitana im Atlas, den die Alten *Δύρις* nennen (Strab. 17,825 = Dj. Deren bei

Idrisi). Derselbe Fluß heißt *Λίξος* im Periplus Hannos *Λιξιών* bei Skyl. 112. M. L.

R. Roget Le Maroc chez les auteurs anciens, 1924.

2. Von Ptol. 6,8,4 N. und Marc. Heracl. Peripl. Mar. Ext. (GGM I p. 531 M.), von diesem im Verlauf einer von W. nach O. gerichteten Küstendarstellung genannter, in den pers. Golf mündender Fluß (h. Daryâb, auch Dargabind gen.). Der D. wird v. Ptol. zur Landschaft Karmanien gerechnet. H.T.

C. Müller Tabulae in GGM I T. XXVIII. *Andrées* Allg. Handatlas 1924/25, S. 154/55.

Dardae (*Δάρδαι*). Sekundär erstmalig von Strab. 15,700 (aus Megasthenes) in der Form *Δέρδαι* erwähntes Volk N.-Indiens, von Plin. nat. 6, 67 *Dardae*, von Ptol. 7,1,42 N. *Δαράδραι*, von Dion. Per. 1138 (GGM II 173 und Eustath. Comm. 402) *Δαρδανέες* und von Steph. Byz. s. v. *Δάρδαι* genannt, poetisch verwendet in den Dionysiaka des Nonnos (26,61: *Δάρδαι*). Trotz mythenhafter Züge ein durchaus geschichtl Volk, dem W. durch den Alexanderzug oder spätestens in frühhellenist. Zeit bekannt, in Wahrheit viel älter. Strab.-Megasth. (a. O.) schildert die *Δ*. als ein großes Volk der ö. Bergbewohner Indiens. Ihren Reichtum an Gold hebt Plin. a. O. hervor. Name und Wohnsitze haben sich h. in dem Volk der Darden im Lande Dardistan erhalten. S. auch RE IV 2153–2154 und RE s. *Ζάβιοι*. H. T.

***Δαρδανέες*. 1.** Altes, schon von Hdt. 1,189 erwähntes Volk am Oberlauf des Gyndes (h. Diyāla; s. Atlas of the World II, Plate 34, an der Grenze Assyriens gegen Medien), vielleicht ein Zweigstamm der *Καρδοῦχοι*, der h. Kurden. **2.** Andere Namensform für die nordind. → *Δάρδαι*. H. T.

Dardani (Dardania). Schon bei Homer erwähnt. Seit jeher ausgesprochene Gegner der Makedonen. Das starke illyr. Volk, das im O. auch thrak. Elemente aufnahm, führte wiederholt erfolgreiche Plünderungszüge nach S. aus. Es wurde von Makedonien um 335 v. Chr. unterworfen. Durch Sosthenes aus Makedonien verdrängt, zogen die Kelten im J. 279 v. Chr. ins Land der D. In der Zeit der Abwesenheit des Pyrrhos dehnte sich die Macht der D. bis an die Adria aus. Ein scharfer Gegner der D. war das illyr. Reich der Ardiaier (um 250 v. Chr.). Im J. 229 v. Chr. schlugen die D. Demetrios II. Philipp V. siedelte im J. 217 v. Chr. Teile von ihnen um Pella, Edessa und Beroia an. Unter der Römerherrschaft seit der Mitte des 1. Jh. n. Chr. (?) wurden bei den D. befestigte Lager, Veteranenkolonien angelegt. Scupi (Skoplje = Üsküb) entwickelte sich zur Metropole Dardaniens. Das Gebiet der D. bildete einen Teil der Provinz Moesia. Ihr anderes Städtchen Ulpiana wurde von Traian gegründet. Die besondere Härte der D. hebt Strab. 7,315f. hervor. Dardanische »Räuberstämme« waren noch unter der Römerherrschaft berüchtigt. Ihre Aushebung zum röm. Militärdienst bildete den Schlußakt eines Aufstandes unter der Regierung Marc Aurels. Antikes Sprichwort spricht von den »schmutzigen Dardanern«. Reste des Eisen-, Blei- und Silberbergbaues sind vorhanden. Eine Provinz Dardania, die den s. Teil von Jugoslawien (bis zur Morawa bzw. Kruševac und Niš und Višegrad) umfaßte, bestand seit Diocletian. J. Sz.

Dardaniai pylai (*Δαρδάνιαι πύλαι*). Hom. Il. 5,789. 21,194.413, → Troia. H. v. G.

Dardanidai (*Δαρδανίδαι*). Die Nachkommen des → Dardanos. Den Stammbaum gibt Hom. Il. 20,215 durch den Mund des Aineias:

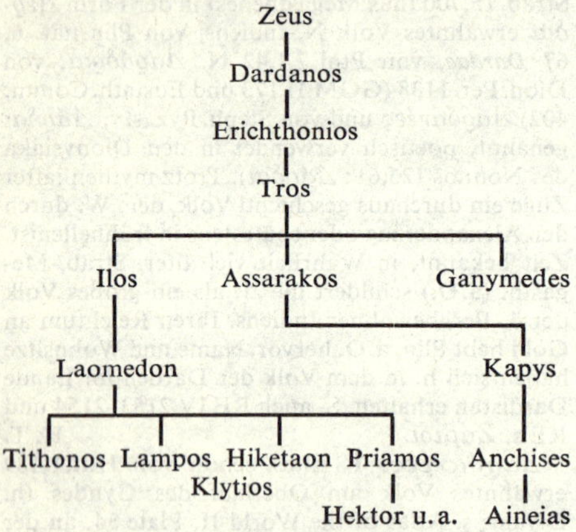

Das Schicksal des seit Tros in 2 Zweigen fortlebenden Geschlechts wird von Poseidon Il. 20,302 und von Aphrodite Hom. h. 4,196 geweissagt: der ältere Zweig wird zugrunde gehen, der jüngere alsdann zur Herrschaft gelangen. Die Iliu Persis ließ nach dem Untergang Laokoons Aineias mit den Seinen und mit dem echten Palladion ins Idagebirge ziehen, wo die Aineaden noch später bezeugt sind. »Die Aioler haben die Nachkommen des Aineias nicht vertrieben« Sch. Il. 20,307. Auch die Wandersage des Aineias hat die Überlieferung von dem Fortbestand troischer Aineaden nicht unterdrückt, wenn man auch den Vers zugunsten Roms folgendermaßen änderte: *νῦν δὲ δὴ Αἰνείω γενεὴ πάντεσσιν ἀνάξει*. Übrigens blieb den jüngeren Epen und den Mythographen die Aufgabe, die bei Hom. fehlenden Ahnfrauen zu benennen. Soweit es von Bedeutung ist, sind diese Namen bei den einzelnen Artikeln angegeben. H. v. G.

Dardanoi (*Δάρδανοι*, auch *Δαρδάνιοι*, *Δαρδανίωνες*, fem. *Δαρδανίδες*, Hom.). Der mit den Troern eng verbündete Volksstamm, am Idagebirge, wahrscheinlich thrak. Herkunft, als dessen Ahnherr → Dardanos galt. Ein besonderes dardan. Aufgebot erscheint nur im Verzeichnis der troischen Streitkräfte Il. 2,820; als Führer wird Aineias genannt, dem, wie 12,99 f., 2 Söhne Antenors zur Seite stehen. Sonst bilden Troer und Dardaner in der Ilias eine Einheit. Das Adjektiv *Δάρδανος* 16,807 und 2,701 ist mit *Τρώιος* gleichbedeutend. G. Jachmann Der hom. Schiffskatalog und die Ilias, 1958, 259 ff. Für D. tritt auch das Patronymikon *Δαρδανίδαι* ein, und wie die Dichter Troia die Stadt des Dardanos oder Dardania nennen, so wird auch der Name D. ebenso wie der des Teukrerstammes gleichbedeutend mit den Troern (Trojanern) verwendet. Vgl. → Dardani. H. v. G. *A. Alföldi* Die trojan. Urahnen der Römer, Basel 1957.

Dardanos 1. Urspr. Eponym des wahrscheinl. thrak., bei Hom. mit den Troern eine Einheit bildenden Stammes der Dardaner am Fuße des dortigen Idagebirges, wurde schon im Epos der Ahnherr eines mächtigen Fürstengeschlechts, später, der griech. Heldensage eingegliedert, aus einem Autochthonen der Troas ein Zuwanderer, schließlich von den Römern in Anspruch genommen. Dem späteren Herrschergeschlecht der Dardaner zuliebe hat der Sänger einen Stammbaum des Aineias in die Ilias eingelegt, 20,215 ff. Der Ahnherr D., Sohn des Zeus und einer sterblichen Frau (20, 304), gründete lange vor Troias Entstehen Dardanië. Sein Sohn ist der rossereiche Erichthonios, sein Enkel Tros, schon als Herrscher der Troer (im weiteren Sinne) bezeichnet, seine Urenkel sind Ilos, Assarakos und Ganymedes. Ilos gründet Troia (hom. Ilios), sein Grab liegt zwischen der Stadt und dem Meere, 11,166. Aber erst Ilos' Sohn Laomedon läßt die Stadt durch Poseidon und Apollon ummauern, 7,452. 21,443. Laomedons Sohn ist Priamos, während Anchises, der Vater des Aineias, über Kapys von Assarakos abstammt. Die Iliu Persis wußte von dem → Palladion als Geschenk des Zeus an D. und als Unterpfand der Herrschaft. Hellanik. berichtete, Troia sei ein verwunschener Platz (*Ἄτης λόφος* Apollod. 3,12, 3,2) gewesen und deshalb von D. gemieden worden, auch Ilos sei noch vom Orakel gewarnt worden, den Platz zu besiedeln, aber vergeblich. Bei Hellan. beginnt die Verknüpfung D.s mit Samothrake, Kreta und Arkadien. Wenn D. kein Autochthone im troischen Gebiet war, mußte ein älterer Stammeskönig vorhanden sein. Dafür benutzte man den Namen eines anderen dortigen Stammes, der bei Hom. nicht erwähnten Teukrer (Hdt. 5,122. 7,20). Kallinos (Strab. 13,604) ließ sie aus Kreta eingewandert sein; das Gebirge s. von Troia hätten sie nach dem heimischen Ida benannt. → Teukros, Sohn des Flußgottes Skamandros, wurde nun Schwiegervater des aus der Fremde gekommenen D., Apollod. 3,138. Die Volksnamen Teukrer und Dardaner werden später durcheinander gebraucht. Als Mutter gab man D. früh eine der Atlastöchter, Elektra; Strab. 8,346 erwähnt eine Höhle in arkad. Gebiet, an die die Sage die Geburt des D. knüpfe. Nach Hellanik. frg. 129 f. heißt sie Elektryone; sie gebiert dem Zeus auf Samothrake 3 Kinder, D., → Iasion und Harmonia. Diese wird von Kadmos nach Theben entführt, Iasion büßt eine Versündigung an Demeter (oder ihrem Bilde) unter Zeus' Blitzstrahl; D. siedelt in die Troas über und gewinnt durch die Hand der Teukrostochter Bateia, → Batieia, das Königtum. Diese Konstruktion soll wohl die Übertragung des Kabirenkults aus Samothrake in die Troas bezeugen; kaum ist anzunehmen, daß die beiden samothrak. Götterpaare hier in den Heroen »verkappt« sind (Prell.-Rob. 1,854ff.).

Die D.-Sage ist in der hellenist. Zeit weiter ausgestaltet u. von Varro übernommen worden; sie liegt uns bei Diod. 4,75. 5,48f. Dion. Hal. ant. 1,61 f. 68 f. Apollod. 3,138ff. vor. Elektra gebiert in Arkadien von Zeus Iasion (Iasios) und D. Dieser freit Chryse, Tochter des Pallas, und zeugt mit ihr Deimas und Idaios. Infolge einer Überschwemmung – die man später zu einer 3. allgemeinen Flut steigerte, aus der sich D. durch Zusammennähen von Schläuchen gerettet habe, → Deukalion – und einer Hungersnot wandert D. unter Mitnahme der ihm als Mitgift zugebrachten 2 Palladien und anderer Götterbilder mit Idaios aus, zuerst nach Samothrake, wo er die Mysterien gründet, und weiter nach Troas, wo er die Küstenstadt D. erbaut und nach Chryses Tod Bateia heiratet, während Idaios der Göttermutter auf dem Ida Tempel und Weihen stiftet. D.' Nachkomme Aineias bringt die Palladien nach Latium. Aus der Ankunft des Aineias in Latium machte man in der augusteischen Zeit eine Rückkehr in den Ursitz des Geschlechts, Verg. Aen. 7,206ff. 3,170. In Aineias kehrt D., der »vom tyrrhenischen Sitze des Corythus« nach Samothrake und Troia ausgezogen war, in die alte Heimat zurück. Den Sitz des Corythus suchte man in Cortona in Etrurien oder in Cora in Latium, Serv. Aen. 1,380. Plin. nat. 3,163. Korythos und Elektra sind die Eltern des Iasion, der also Halbbruder des D. ist. Sie haben natürlich die heimischen Penaten mit auf die Reise genommen, und diese sind es, die Aineias in die Urheimat zurückbringt. So richtig Serv. Aen. 3,15, während Verg. Aen. 2,747. 3,148 inkonsequent von teukrischen oder phrygischen Penaten spricht. – Später wurde D., der als Begründer der samothrakischen Mysterien galt, zu den großen Magiern gerechnet. Demokrit soll seine Schriften in seinem Grabe aufgestöbert und erläutert haben, Plin. nat. H. v. G.

2. Griechische Stadt im westlichen Kleinasien (Troas). D., an der Küste des Hellespontos zwischen Abydos und Ilion gelegen, angeblich von aiolischen Siedlern gegründet, befand sich auf dem h. Mal-tepé (türkisch »Schatz-hügel«) genannten Hügel. Dieser Hügel liegt etwa 10 km s.w. von der h. Festung Čanák-Kalé an den Dardanellen, die nach der Stadt D. genannt wurden. D. war Mitglied des attischen Seebundes. Bei Dardanos fand eine große Seeschlacht während des Peloponnesischen Krieges statt (411 v. Chr.; Thuk. 8, 104,2). Hier wurde der Friede zwischen Sulla und Mithradates VI. geschlossen, der dem 1. Mithradatischen Krieg ein Ende machte (85 v. Chr.). D. wurde nach seinem mythischen Eponymos Dardanos benannt, der als eingeborener Herrscher der Troas galt (App. civ. 1,76ff. Strab. 13,1,28). Chr. D.

Ruge RE VII A 525ff. und bes. 550 und 574 (Kartenskizze). *W. Leaf* Strabo on the Troad, Cambr. 1913. *Detschew* Die thrak. Sprachreste, 117ff. *Vl. Georgiev* Bulgarska etimologija i onomastika, bulg. Bulg. Etymologie und Onomastik, Sofia 1960, 94.122.

3. D. Claudius Postumus, Consularis Viennensis, mag. libellorum, quaestor sacri palatii, praefectus praetorio Galliarum, Patricius (Dessils 1279). Als praef. praet. Gall. 412/13 bewegte er den Westgotenkönig Athaulf, den Usurpator Jovinus zu bekämpfen (Chron. Gall. = MGAA IX 654); 418 abermals praef. praet. Gall. (Hieron. epist. 129). A. L.

Stein I 264,47.

Dareikos. Der Δαρ(ε)ικός (sc. στατήρ) stellt das Ganzstück (Stater) der pers. Goldwährung dar. Der Name stammt von den Griechen, die Ableitung von Dareios (I). darf nunmehr als gesichert gelten. Gelegentlich finden sich inkorrekt auch Δ. Φιλίππειοι und ἀργυροῖ Δ. genannt. Der D. ersetzte gegen 515 v. Chr. den bis dahin weitergeprägten Kroiseios (→ Κροίσειος στατήρ). Die Vorderseite der ältesten bekannten D. zeigt den Perserkönig bogenschießend (bis jetzt 4 Exemplare). Darauf folgt der gängige Typ: der Perserkönig im sog. Knielaufschema mit Bogen und Lanze, dem gegen Ende des 5. Jh. die Variante mit Bogen und Dolch zur Seite tritt (der D. daher auch τοξότης genannt). Die Rückseite trägt eine oblonge bildlose und nur selten unterteilte Vertiefung. Die Stücke sind meist bohnenförmig. – D. wurden bis zum E. des Perserreichs in großen Quantitäten ausgebracht und bildeten, ehe Philipp II. zu prägen begann (→ Philippeios), die maßgebende Goldwährung. Die seltenen Doppeld. gehören wohl mit einzelnen verwandten D. erst in die frühe Alexanderzeit. Als Teilstücke begegnen hin und wieder 1/12 und 1/54 (? = 1/60?). Die Feinheit beträgt $980^0/_{00}$ und mehr, das Gewicht 8,41 g. Dieses bildet 1/60 (Schekel) einer Mine von ca. 505 g. Bei einem Wertverhältnis von Gold zu Silber wie $1:13^1/_3$ entsprachen einem D. 20 → Sigloi von 5,60 g. H. Ch.

Head, HN^2 825ff. *Schrötter*, WBMzK s. v. *E. S. G. Robinson*, NC 1958, 187ff. 1961, 115f.

Dareios (Δαρεῖος, abgekürzt aus Δαρειαῖος, Vocativ Δαρειάν bei Aeschyl. Pers.) altpers. *Dârayava(h)uš*, eigentlich »das Gute aufrecht haltend«. Name mehrerer persischer Könige und Prinzen. **1.** Pers. König, Sohn des Hystaspes (altpers. *Vištâspa*), Enkel des Arsames, aus dem Geschlechte der Achaimeniden. Gegenüber dem Usurpator Gaumâta (→ Smerdis) verschwor sich D. mit 6 der höchsten Adligen zu dessen Sturz (Inschr. zu Behistun § 13. Hdt. 3,68ff.) und tötete ihn (29. September 522). Dies führte zu gefährlichen Erschütterungen, in welchen sich die hervorragende Tüchtigkeit des neuen Herrschers bewährte. Die Verwaltungseinrichtung des D. hat bis zum Ende des Perserreiches bestanden und fand in den hellenist. Staaten des Orients Fortsetzung. Sie bestand aus: einem regelmäßigen Jahressteuer, Gliederung des gesamten Reiches, mit Ausnahme des Stammlandes der Persis, in 20 »Satrapien«, Einführung einer Reichswährung und einer Reichspost, Umbildung des Heeres.

Im J. 513 unternahm D. einen Zug gegen die Skythen in Süd-Rußland; er nahm den Weg von der Kleinasiatischen Küste über den Bosporos nach Thrakien gegen den Ister; die Schiffbrücke baute Mandrokles aus Samos, die griechischen Städte Kleinasiens stellten eine Flotte von 600 Schiffen. Doch mißlang die Expedition vollständig. Die Hellenen gewöhnten sich daran, Persien als eine Macht anzusehen, deren Einmischung in ihre Angelegenheiten bevorstand. Der endliche Zusammenstoß wurde durch den großen Aufstand der ionischen Städte Kleinasiens (499) hinausgeschoben (einzige Quelle Hdt. 5,23ff.); erst im J. 493 wurden die Städte von den Persern wiedergenommen und samt den Tempeln in Brand gesteckt. D. ging daran, seinen Plan der Unterwerfung von Hellas zur Ausführung zu bringen. Schon im Frühjahr 492 brach sein Schwiegersohn Mardonios mit einer Flotte und einem Landheer gegen Griechenland auf; als er aber das Vorgebirge des Athos umschiffen wollte, überfiel ihn ein heftiger Sturm, der den größten Teil seiner Schiffe vernichtete. Doch hatte der Zug den Erfolg, daß alles Land im N. bis Thessalien eine persische Satrapie wurde. Im nächsten Jahr erhielten an Stelle des in Ungnade gefallenen Mardonios Artaphernes und Datis den Oberbefehl. In Euboia angekommen, berannten die Perser Karystos und Eretria und nahmen beide Städte; dann landeten sie in der Ebene von Marathon. Da die erbetene Hilfe von den Spartanern ausblieb, wurden die Athener nur durch die wenigen Platäer verstärkt; trotzdem errangen sie durch ihre Tapferkeit und die geniale Führung des Miltiades in der Schlacht von Marathon einen vollständigen Sieg. D. ordnete neue Rüstungen an. Im 4. J. aber (486) erhob sich Äg. gegen die persische Herrschaft. Während D. sich rüstete, um gegen die Aufrührer zu ziehen, starb er. Ob er ein großer Feldherr war, bleibt zweifelhaft; dagegen war er ein geborener Herrscher, einer der größten Organisatoren der Weltgeschichte überhaupt und im Altertum der bedeutendste bis auf Alexander d. Gr. In einer unlängst vollständig entzifferten Inschrift *(Naqsh i Rustam* B) hat D. uns ein Selbst-Porträt gelassen. »Durch Auramazdas willen bin ich von solcher Art: Was recht ist, liebe ich, Unrecht hasse ich. Nicht ist mein Gefallen, daß der Niedere des Hohen wegen Unrecht leide.« Darüber hinaus war er »ein guter Krieger, guter Reiter, guter Bogner, guter Lanzenwerfer«. Er war ungemein klug und tolerant gegen die unterworfenen Nationen und schonte besonders deren religiöses Empfinden. Sein Brief an Gadatas in Magnesia zeugt von seiner Verehrung Apollons (Dittenberger Sylloge^3 22; vgl. Hdt. 6,97,118). **2.** D. II., persischer König, einer der 17 unechten Söhne des Artaxerxes I. Er hieß vor der Thronbesteigung (423) Ochos und war Satrap von Hyrkanien, vermählt mit seiner Schwester Parysatis. Seine Regierung bezeichnet den tiefsten Verfall des persischen Reiches. Trotzdem errangen die Perser an der W.-Küste Kleinasiens ungeahnte Erfolge, welche sie dem Zwiste der griech. Hauptmächte und der Befähigung zweier Satrapen, des Tissaphernes und des Pharnabazos, verdankten. Die Spartaner entschieden sich unter Alkibiades' Einfluß für Tissaphernes. Später, als Athen die Oberhand im Kriege bekam, nahm der persische Hof entschieden für Sparta Partei. Kyros d. Jüngere, der Lieblingssohn von Parysatis, wurde im Frühjahr 408 ausgesandt, die Spartaner zu unterstützen. Durch dieses Eintreten Persiens gewann Sparta die Oberhand über Athen. Im J. 405 erkrankte D. auf einem Feldzug gegen die Karduchen und starb 404 in Babylon. **3.** D. III., persischer König, Sohn des Arsames, eines Bruders des Artaxerxes II., Enkel des Ostanes. Den Beinamen Codomannus, der recht zweifelhaft ist, gibt ihm allein Iust. 10,3,3ff. Zur Zeit des Regierungsantritts Alexanders erhob Bagoas, der Artaxerxes Ochos und dessen Sohn ermordet hatte, D. auf den Thron. Durch den Tod seines Feldherrn Memnon sah D. sich genötigt, den Oberbefehl gegen Alexander zu übernehmen. In der Schlacht von Issos, dann in der bei Gaugamela gab er selbst das Zeichen zur Flucht. Von Alexander verfolgt, wurde er von Verschworenen ermordet. **4.** D., der älteste Sohn des Xerxes. **5.** D., der älteste Sohn des Artaxerxes II. und der Stateira. J. D.-G.

P. J. Junge Dareios I., 1944. *A. Pagliaro* Alessandro Magno 1961.

Dares (*Δάρης*). **1.** Troischer Hephaistospriester, dessen Söhne Phegeus und Idaios den Kampf gegen Diomedes eröffnen, Il. 5,9ff. **2.** Troischer Faustkämpfer, Genosse des Aeneas, bei den Leichenspielen für Anchises wider Erwarten von Entellus besiegt, Verg. Aen. 5,362–484. Die Darstellung ist dem Faustkampf des Epeios und Euryalos Hom. Il. 23,665ff. frei nachgebildet, Hyg. fab. 273. **3.** Dem D. Nr. 1 als angeblichem Berater Hektors wurde eine »phrygische Ilias« untergeschoben, deren Existenz Ail. var. 11,2 (im 2. Jh. n. Chr.) bezeugt. Eine latein. Bearbeitung unter dem Titel *Historia de excidio Troiae*, angeblich von Corn. Nepos stammend und Sallustius Crispus gewidmet, in Wirklichkeit frühestens im 5. Jh. n. Chr. angefertigt, ist in vielen Hss. erhalten und hat dem MA. den Stoff zu seinen trojanischen Rittergeschichten geliefert (Bénoît de Sainte-More, Konrad von Würzburg, Herbort von Fritzlar). Das Werk des angeblichen Augenzeugen ist griechenfeindlich und stellt sich in bewußten Gegensatz zu Homer. Patroklos fällt z. B. lange vor dem Zorn Achills, der durch dessen Werbung um Polyxena ausgelöst wird. Troia fällt durch den Verrat des Aeneas u.a. An Gefallenen sind es bei den Griechen 886000, den Troern 676000! H.v.G.

Ed. *F. Meister*, 1873. *Schissel v. Fleschenburg* Daresstudien 1908. – Vgl. → Diktys.

Dargamanes. Fluß in Baktriane, der im Paropanisos entspringt und sich w. vom Zariaspes (Balch-âb) dem Ochos anschließen soll, um mit diesem vereint in den Oxos zu münden. Faktisch aber gab es 2 verschiedene, von Ptolem. verwechselte Flüsse namens Ochos: einer ist der Zariaspes (Balch-âb), der 2. ist der Harêrud. Nur der 1. kann gemeint sein, mit dem der Oxos sich vereinigt, nachdem letzterer den Dargamanes oder Qunduz-Fluß (Arab. Nahr al dharghâm) empfangen hat. Ptolem. (oder sein Vorgänger Marinos) irrte sich weiter, indem er diesen D. mit einem homonymen Kanal bei Marakanda (Samarqand) verwechselte. J. D.-G.

J. Markwart Wehrot und Arang, 1938.

Dargoidos. Fluß in Baktriane, der im Paropanisos entspringt und in nordwärts gerichtetem Lauf ö. vom Zariaspes dem Oxos zufließt, der vorher das Gebiet von Choana (jetzt Qunduz) bewässert hat. Offenbar der h. Ab i Chulm, der n. von der Bamiânclause entspringt, an der alten Feste Rûî vorüberfließt und in Kanäle sich auflöst; die Passage von Andarâb (im Altert. *Darapsa*) nach Balch verläßt bei dem Orte Baghlân (früher Bagolango, h. Surkh Kotal) den Qunduz-Fluß (Dargamanes), erreicht in 3 Tagemärschen gegen W. das Flußtal des Ab i Chulm (Dargoidos) und hält sich 2 Tage lang bis Chulm (Tashkurghan) an dieses Tal, von wo aus 2 Tage westwärts bis Balch zurückzulegen sind. J. D.-G.

W. Henning, BSOAS 1956, 366f. und 1960, 47f.

Darioritum. Hauptort der Veneter, in Gallia Lugdunensis, h. Vannes (Morbihan). Ptol. 2,8,6. Tab. Peut. *(Dartoritum)*. Not. Gall. 3,8 *(civitas Venetum)*. Zum Teil überbaut durch die moderne Stadt, s. den Plan der gall.-röm. Reste mit der Umfassungsmauer aus spätröm. Zeit bei J. André Contribution à l'étude du site de D., Ogam XIII, 1961, 569ff. pl. CVII–CVIII. Die Stadt lag wahrscheinlich zu beiden Seiten des Meeresarmes: im O. die Stadt aus röm. Zeit, im W. das Lager aus spätröm. Zeit. Inschr. CIL XIII 3140ff. M. L.

Darlehen. D. sind so alt wie die menschliche Gesellschaft, also bereits für die Zeit der Australopithecinae, des Pithecanthropus und des Neandertalers anzunehmen. Innerhalb derselben Gruppengemeinschaft waren D. urspr. zinslos, mit Ausnahme von Saat- oder Vieh- und vielleicht von Pfeilspitzen-D. Erst mit den altoriental. Stadtkulturen der Bronzezeit von Kreta, Mykene und Äg. bis China wurden Zins-D. allgemein und für Handel, Handwerk, Fischfang, Landwirtschaft und Bergbau produktionswichtig. Wir finden jetzt ungesicherte Zins-D., Pfand-D., Hypotheken und das Depositum Irregulare, d.h. ein Gelddeposit, das der Aufbewahrer nutzbringend für eigene Rechnung verwerten durfte. In Babylonien entwickelten sich sogar primitive Inhaberpapyri aus D.-Urkunden. Hellas übernahm in der frühen Eisenzeit alle bronzezeitlichen Formen der D. mit Ausnahme des Inhaberpapiers. Die persönliche Freiheit des Schuldners konnte verpfändet werden, eine Sicherungspraxis, die im 6. Jh. v. Chr. seit Solon allmählich fast überall ungesetzlich wurde, in Rom erst ca. 326 v. Chr. mit der Lex Poetelia Papiria. In den klass. Jh. verfeinerte sich das Recht der D., zumal jetzt Bankiers und Wucherer im Hauptberuf von der Geldleihe lebten, See-D. und gelegentlich Staats-D. neu aufkamen. In der Z. von Alexander bis Aktium erscheinen wieder Inhaberpapiere in der urkundlichen Form von D., weiter Giro. Das att. D.-Recht wird im Ptolemäerrecht verfeinert, schließlich im Recht der späten röm. Republik von störenden Ritualien und rechtsfremden Philosophenprinzipien weitgehend befreit und logisch umgewandelt. Die Prinzipatszeit macht dieses röm. Recht von Britannien bis zum Euphrat zum Hauptrecht und verfeinert es in der unübertroffenen »klassischen« Entwicklung der Severenzeit. Die Dominatszeit ist wenigstens im O.-Reich trotz gelegentlicher Rückschläge imstande, zum Standard der Prinzipatszeit zurückzukehren. Sie kodifiziert mit Tribonian unter Iustinian I. das röm. D.-Recht im Corpus Iuris und hat seitdem die ma. und moderne Rechtsentwicklung von Amerika und Australien bis Sibirien einschließlich selbst der Welt des Islam tiefgreifend beeinflußt. S. a. *'Εγγύη*-vadimonium. Zins. F. M. H.

Vgl. mit Spezialbibliogr. *F. M. Heichelheim* An Ancient Economic History 1, 1958, 363f. 388f., 444f., 505f. II, 1964, 193f. *Ders.* Wirtschaftsgesch. des Altertums 2, 1938, 1090f. 1155f. 1214f.

Dasius. Messap. Name in lat. Form, vgl. Schulze Familiennamen 39.44. Mommsen Unterital. Dial. 71f. Hochangesehene Namensträger in Apulien (bes. in Arpi und Salapia) waren noch im Hannibal. Krieg romfeindlich.

1. D. aus Brundisium, lieferte 218 als Kommandant von Clastidium (*praefectus* der Bundesgenossen, Broughton Mag. 1,239) nach der Schlacht am Ticinus die Stadt und ihre Vorratslager an Hannibal aus, Pol. 3,69,1. Liv. 21,48,9f. **2.** D., Führer der karthag. Partei in Salapia, verdächtigte 210 seinen Rivalen Blattius erfolglos bei Hannibal, schloß sich dann diesem an und ermöglichte die Einnahme der Stadt durch Marcellus (→ Claudius Nr. 15), Liv. 26,38,6ff. **3.** D., Arzt und Badeinhaber, von Martial. 2,52. 6,70,6 erwähnt. **4.** D. Altinius, führte seine Ahnenreihe auf Diomedes zurück. 216 verriet er als angesehenster und reichster Bürger von Arpi diese Stadt an Hannibal. Als er 213 wegen des Übertritts der Stadt auf röm. Seite verhandeln wollte, wurde er in Cales inhaftiert; die Karthager rächten sich grausam an seinen Angehörigen. Liv. 24,45,1 ff. 47,10. H. G. G.

Daskusa. Platz in Kappadokien (Plin. nat. 5,84. 6,27. Oros. 1,2 § 23) und röm. Festung nahe der O.-Grenze des Imperiums (Not. dign. p. 84,22: *Ala Auriana, Dascusa*). Am Oberlauf des (w.) Euphrat (h. Bati Firat). Ebenso rechnet Ptol., bei dem der Ort als *Δάγουσα* auftritt (5,6,19. 21 M.), D. zu den Plätzen *παρὰ τὸν Εὐφράτην ποταμόν* n. von *Μελιτηνή* (h. Malatya). In den röm. Itin. wird D. auch *Vascuso* oder *Daseusa* genannt (K. MILLER Itin. Rom. S. 682 mit Skizze Nr. 223, S. 680). Im gleichen Flußtal wurde beim h. Pingan eine Inschr. mit dem Namen *Dascusa* gefunden (CIL, Inscr. Or. et Illyr. Lat. Suppl. 1902, p. 1233 III, Nr. 6743), ohne daß in Pingan selbst das alte D. erblickt werden muß. C. MÜLLER Comm. Ptol. p. 884. MILLER a. O. RUGE, RE IV 2219. Vgl. auch STIELERS Hand-Atlas, S. 63: Kleinasien. Atlas of the World II, Plate 37: Turkey East. H. T.

Daskyleion. Steph. Byz. s. v. zitiert 5 Orte in Kleinasien unter diesem Namen. Wieweit es sich hierbei um wirklich existierende Städte gehandelt hat, ist schwer zu entscheiden. Die meisten Bemühungen galten bisher der Festlegung der Residenz des pers. Satrapen Kleinphrygiens an einem See gleichen Namens (*Δασκυλῖτις λίμνη*), berühmt durch einen Jagdpark (*παράδεισος*), von dem wir die lebendige Schilderung Xenophons besitzen (hell. 1,15). Lokalisiert wurde dieses D. früher bei Eşkel Liman, ö. vom Rhyndakos an der Küste des Marmarameeres (vgl. R. KIEPERT Klio 5, 1905, 241 ff.). Gegen diesen Ansatz sprach vor allem die Tatsache, daß in keiner ant. Quelle die Lage des Satrapensitzes an der Küste erwähnt, dagegen ausdrücklich die Nähe eines Sees bezeugt wird (Zusammenstellung und Diskussion der ant. Quellen bei J. A. R. MUNRO, JHS 32, 1912, 57 ff.).

Andererseits aber hat es zweifellos eine Stadt D., die am Meere lag, gegeben, zeitweise Mitglied des del.-att. Seebundes – allerdings mit dem sehr geringen Beitrag von 500 Drachmen (vgl. B. D. MERITT, H. T. WADE-GERY, M. F. MCGREGOR Ath. Trib. Lists 1,258 f. 479 f. 3,20. 4,30 f. s. v.). Damit wird die Vermutung von MEYER GdA[4] 4,1, 500 Anm. 2, daß sich der Satrap »losgekauft« habe, hinfällig.

Das Problem scheint jetzt durch die gleichzeitig im J. 1952, aber unabhängig voneinander geführten Unters. von K. BITTEL und E. AKURGAL gelöst. BITTEL zeigte auf, daß in Eşkel Liman eine verderbte Namensform von D. fortlebt, aber diese Stadt, Mitglied des Seebundes und später noch Bischofsitz, mit der Satrapenresidenz nicht identisch sei (AA 68, 1963, 9 ff.).

BITTEL und AKURGAL kamen beide zu demselben Schluß, den Satrapensitz mit dem Hisartepe w. von Ergili in der Nähe vom Manyas Gölü (also *Δασκυλῖτις λίμνη*) ö. vom Karasu zu identifizieren. Hier hat Akurgal seit 1953 mehrere Grabungskampagnen durchgeführt, deren bisherige Ergebnisse für die Richtigkeit der Identifikation zu sprechen scheinen; vgl. die Berichte Anatolia 1, 1956, 20 ff. (AKURGAL) und 4, 1959, 123 ff. (Publ. von K. BALKAN der von 1953 bis 1955 aufgefundenen altpersisch und aramäisch beschrifteten Bullen). F. K. D.

Daskylos (*Δάσκυλος*). **1.** Sohn des Tantalos, Vater des Lykos, König der Mariandyner in Bithynien. Er nahm Herakles auf seinem Zuge zu den Amazonen freundlich auf, und dieser half ihm, die benachbarten Völker zu unterwerfen. Apoll. Rh. 2,775 ff. Apollod. 2,108. **2.** Der gleichnamige Enkel, den sein Vater Lykos den Argonauten als Wegführer mitgab. Apoll. Rh. 2,802 ff. → Daskyleion. **3.** Vater des → Gyges, Hdt. 1,8. Paus. 4,21,5. Anth. Pal. 7,709 (*Δασκύλης*). H. v. G.

Dassaretia (*Δασσαρῆτις*). Das Land der Dassareten (*Δασσαρήτιοι, Δασσαρῆται, Dassaretae*) lag in S.-Illyrien, an der W.-Grenze Makedoniens (Liv. 42,36). Es reichte von der Stadt Lychnidos (Ochrida) bis Antipatria (Berat) am unteren Apsos (Pol. 5,108). Die Dassareten gehörten zu den bedeutendsten Volksstämme Illyriens. Ihnen wurden auch die n. von ihrem Siedlungsgebiet am Drin wohnhaften Volksstämme der Pirusten und Penesten angeschlossen. Wir haben Kenntnis von mehreren, dort gelegenen Städten, die aber nicht genauer bestimmt werden können. Im J. 217 v. Chr. wurde das Land von Skerdilaidas verwüstet. Als der Konsul Sulpicius im J. 200 gegen Philipp zog, passierten seine Truppen Dassaretia (Liv. 31,33. 45,26. Plin. nat. 3,145. 4,3. Mela 2,55). J. F.

Dasumius. 1. Erblasser des testamentum Dasumianum vom J. 108, in dem als Erben berühmte Männer der traian. Zeit eingesetzt sind, darunter Plinius und Tacitus, CIL VI 10229 = BRUNS-GRADENWITZ[7] Nr. 117. **2.** L. D. Procos. Asiae ca. 116/17, CIG 2876. **3.** P. D. Rusticus. Cos. ord. 119, nach B. SARIA, JOEAI 26, 1930, 68 ff. (= AE 1931, 72) Adoptivsohn von Nr. 1, vielleicht leiblicher Sohn des P. Tullius Varro, CIL XI 3366. Wohl Schöpfer des senat. cons. Dasumianum de fidei commissariis libertatibus, Dig. 40,5,36 pr. **4.** L. D. Tullius Tuscus. Cos. suff. 152. Sohn von Nr. 3. Seinen cursus honorum verzeichnet CIL XI 3365; sein Konsulat scheint auch Inscr. It. XIII 1, p. 207 auf. Nachher war er 153/54 curator operum publ., ca. 160/61 legatus Aug. pr. pr. Germaniae sup.; ca. 162–166 legatus Augg. Pannoniae sup., CIL III 4117. Im Markomannenkrieg comes des Marcus, CIL XI 3365. W. REIDINGER Statth. Pannon. 83 f. R. H.

Datames. Persischer Satrap, Sohn des Karers Kamisares und der Paphlagonerin Skythissa, diente in seiner Jugend unter der Palastgarde des Artaxerxes II. Mnemon und zeichnete sich zuerst im Kriege gegen die Kadusier (um 384 v. Chr.) aus. Nachdem der Vater in diesem Kriege gefallen war, wurde D. mit dessen Provinz, dem s. Kappadokien, belehnt (Corn. Nep. Dat. 1.2,1). Danach hat er ganz Kappadokien als Statthalterschaft erhalten. Im Anfang der siebziger Jahre finden wir D. mit der Unterwerfung Paphlagoniens beschäftigt. Den Fürsten Thuys führte er gefangen an den Hof. Zur Belohnung sandte ihn der Großkönig als Feldherrn zu dem sich damals gegen Äg. sammelnden Heer. Später (um 375) erhielt er sogar den Oberbefehl. Aber noch ehe er gegen Äg. aufbrach, wurde er beauftragt, den Dynasten von Kataonien, Aspis, zum Gehorsam zu zwingen. Auch das leistete er rasch. Trotzdem veranlaßten ihn Verdächtigungen und Intrigen seiner Feinde am Hofe, das Heer zu verlassen und sich in seine Provinz zu begeben. Er besetzte Paphlagonien, griff Sinope an und nahm, entgegen dem Befehl des Artaxerxes, die Stadt ein.

Als erster in dem großen Satrapenaufstande des 4. Jh. v. Chr. erhob er um 370 die Fahne der Empörung, bis es endlich nach mehreren vergeblichen Versuchen dem Großkönig gelang, um 362 D. durch Mord zu beseitigen. Das Andenken des D. hat sich lange in seiner Provinz gehalten. J. D.-G.

Dataphernes. Ein Baktrier, gehörte zu der nächsten Umgebung des Bessos, verließ diesen aber in Gemeinschaft mit dem Sogdianer Spitamenes im J. 329 v. Chr., beteiligte sich dann am Aufstande des Spitamenes und fiel nach dessen Tode in die Hände Alexanders d. Gr. J. D.-G.

Δατηταί. »Verteiler«, von den Parteien gewählte private Schiedsrichter, die die Auseinandersetzung unter Miterben durchzuführen hatten. Das Verfahren wurde durch eine Privatklage, *δίκη εἰς δατητῶν αἵρησιν* (Aristot. Ath. pol. 56,6), gegen den Miterben eingeleitet, der sich einer Auseinandersetzung widersetzte. Für die Annahme der Klage war gewöhnlich der Archon zuständig, ausnahmsweise der Polemarchos, wenn die Klage sich gegen einen Metoikos richtete. Über die Vornahme oder Ablehnung der Teilung entschied der Gerichtshof. Die Ausbildung eines Teilungsprozeßverfahrens blieb auf Athen beschränkt. Später wurde die Klage wohl auch auf die Teilung eines nicht auf Erbschaft beruhenden Miteigentums erstreckt (Harpokr. s. v. *δατεῖσθαι*). E. B.

1. *J. H. Lipsius* Das Att. Recht und Rechtsverfahren, 1912, 576ff. 2. *W. G. Becker* Platons Gesetze und das griech. Familienrecht, 1932, 279f.

Datianus. Aus Antiochia, befreundet mit Libanios (Lib. epist. 114,409.441.1259f. u. a.), durch Constantius' II. Gunst Patricius und 358 Consul. 346 suchte D. Athanasius zur Rückkehr nach Alexandria zu bewegen (Athan. hist. ad mon. 22), 351 war er in der Kommission, die über die Ketzerei des Photinos zu urteilen hatte, 364 war er im

Gefolge Kaiser Iovians (Philostorg. 8,8). Seine Heimatstadt schmückte D. mit prächtigen Bauten. A. L.

O. *Seeck* Die Briefe des Libanios, 1906, 113ff.

Datis, Persischer Feldherr. Er wurde mit Artaphernes, dem Neffen des Dareios, von letzterem an die Spitze des Heeres und der Flotte gestellt, welche 490 ausgesandt wurde, um Griechenland zu unterjochen. Im Frühjahr sammelte sich das Heer in Kilikien und schiffte sich dort ein; von da fuhr die Flotte (600 Schiffe) nach Ionien und dann quer durch das ägäische Meer. Dann hielt die Flotte bei Delos, wo D. im Auftrag des Königs die Einwohner schonte und Apollon ein großartiges Rauchopfer darbrachte. Dann nahm D. von den Inseln Truppen und Geiseln auf und richtete die Fahrt gegen Euboia. Der Hauptangriff richtete sich gegen Eretria, das nach einer Berennung von 7 Tagen durch Verrat fiel und verbrannt wurde. Dann wandte sich D. gegen Athen. Das persische Heer, in dessen Hauptquartier sich der vertriebene Tyrann Hippias befand, landete auf dessen Rat in der Ebene von Marathon.

Nach ihrer Niederlage gelang es den Persern, die Einschiffung ihres Heeres zu bewerkstelligen. Inzwischen waren die Athener in die Stadt zurückgekehrt. D. fuhr darauf auf demselben Wege, auf dem er gekommen war, nach Asien zurück. Der Feldzug hatte den Erfolg, daß die Kykladen den Persern unterworfen wurden; die gefangen genommenen Einwohner von Eretria wurden nach Susa gebracht und von Dareios im kissischen Lande angesiedelt (Hdt. 6,94–119). J. D.-G.

Daton (*Δάτον*, *Δάτος*). Landschaft in O.-Makedonien, die ursprüngl. thrak. war und ö. von Pangaion lag. Hier entstand später die gleichnamige Stadt, die von thrak. Siedlern gegründet wurde und auch den Namen Krenides führte. Der Reichtum D.s an Goldgruben und Wäldern war sprichwörtlich. Von D. aus wurden die Goldbergwerke des Pangaion ausgebeutet. Im J. 358 v. Chr. von Philipp II. von Makedonien eingenommen und nach ihm in → Philippoi umgenannt. Chr. D.

Casson Macedonia, Thrace and Illyria, Oxf. 1926, 67ff. *P. Collart* Philippes, ville de Macédoine, Paris 1937, 42ff. 43ff. 134ff.

Daulis (Dauleia, Daulia). Schon bei Hom. Il. 2,520 gen. Stadt in Phokis, nach der älteren Sage Heimat des Tereus, in sehr fester Lage auf einem Ausläufer des Parnaß beim h. Davlia, z. T. gut erhaltene Stadtmauer. 480 v. Chr. zerstört (Hdt. 8, 35,1), 395 theban. Angriff (Hell. Oxy. 18 [13], 5), 346 v. Chr. zerstört (Paus. 10,3,1), 220 v. Chr. Angriff der Aitoler (Pol. 4,25,2), 198 von Flamininus durch Kriegslist genommen (Liv. 32,18,7f.), spätantik Bischofssitz (Hierokl. synecd. 643,10). Strab. 9,3,13 p. 423. Paus. 10,4,7ff. IG IX 1,61–73. E. M.

1. *J. G. Frazer* Pausanias 5,222ff. 2. *Fr. Schober* Phokis, 1924, 27f. 3. BCH 59, 1935, 200ff. (Inschr.). 4. *J. van den*

Gheyn Le siège épiscopal de Diaulia en Phocide, ByzZ 6, 1897, 92ff. 5. *A. Papadopulos-Kerameus* ByzZ 7, 1898, 50ff.

Daunia (Nissen It. Ldk. 1,541. 2,839.845), in der 2. Region (Plin. nat. 3,99) der nördlichste Teil Apuliens zwischen Fertor und Aufidus mit den Städten Luceria (nach Strab. 5,284 ehedem bedeutend), Vibonium, Arpi (Pol. 3,88,4), Gerunium (Pol. 5,108,9), Salapia, Sipontum, Uria, Teanum, Larinum, Cliternia (Plin. 3,103), Herdoniae, Canusium (Ptol. 3,1,72), wozu in august. Zeit (vgl. Hor. s. 2,1,34) Venusia (Plin. 3,104) kam; vgl. Ptol. 3,1, 16f. Strab. 5,283ff. Mela 2,65. Name der Daunier, Teiles der Iapyges (Pol. 3,88,4), nach illyr. König Daunus (Paul. Fest. 60,15ff. L.); seit v. Blumenthal Hesychstud. 38 von **dhau̯-* »würgen« hergeleitet (Hermansen Stud. üb. d. ital. und d. röm. Mars 132) und als »die zu dem Wolfe Gehörigen« (Altheim RRelG. 2, 1932, 81. 1, 1951, 131ff. Gesch. der lat. Sprache 27. Ernst Meyer Röm. Staat und Staatsged.^{2} 15) mit Frentani, Hirpini, Itali und Picentes verglichen. Das Nebeneinander von *Δαμνιοτειχῖται* (IG I^2 198,4.199,23.205, 38.214,14) und *Δαυνιοτειχῖται* (ebd. 193,29. 200,27.202,3 u.a.), von Samnites und *Σαυνῖται*, lat. *amnis* und sabin. *aunom* (Vetter HB Nr. 227 *atrno aunom* bei Amiternum), **Cis-amnia* wie Interamnia und Cisauna (CIL I^2 7) macht jedoch Hinweis auf die in der transadriat. Heimat der Daunier liegende Stadt *Epi-damnos* erforderlich. Die august. Dichter benutzen den Namen D. häufig; das älteste Zeugnis: Lykophr. 1063. G. R.

Daunos (*Δαῦνος*). **1.** Mythischer Eponym der Daunier (→ Daunia). D. soll von Illyrien eingewandert sein. Man (schon Lykos von Rhegion? vgl. FGrH 570 F 3, Hauptstelle Nikand. frg. 47 Sch.) machte ihn zum Sohn des → Lykaon (Nr. 3), der mit seinen Brüdern Iapyx und Peuketios nach Italien auswanderte; sie gaben den betr. ital. Stämmen ihre Namen. D. wurde von Diomedes gegen die Messapier unterstützt und gab ihm einen Teil des Landes und seine Tochter zur Frau. Tzetz. Lykophr. 603ff.: D. tötet nach einem Streit den Diomedes. **2.** Bei Verg. Aen. ist Daunus Vater des Turnus und der Iuturna, König von Ardea. → Faunus. W. E.

Bömer zu Ov. fast. 4,76. *Altheim* RRelG 1, 1951, 131ff. *Bethe*, RE V 820ff.

Daversi (Daorsi, Duersi, Darsioi). Ein illyr. Volksstamm in Dalmatien, der ö. von der unteren Narenta saß, bis zur Nähe des h. Ragusa. Der Clan der D., der dem Einflusse der Altgriechen besonders zugänglich gewesen zu sein scheint, erreichte nicht die Küste der Adria. Die D. besaßen allein unter den Stämmen von Dalmatien eigene Münzprägung: Kupfermünzen nach griech. Fuß, mit griech. Aufschrift *ΔΑΟΡΣΩΝ* und dem Bilde des Hermes (nach 168 v. Chr. geprägt). Die D. mußten im J. 167 v. Chr. die Oberhoheit der Römer anerkennen, obgleich sie im J. zuvor im Kampfe zwischen den Illyriern und Römern zu diesen übergetreten waren. Sie erhielten zum Lohn Steuerfreiheit. Als röm. Untertanen wurden sie bald eine röm. Gaugemeinde, die sie noch im 2. Jh. n. Chr. bildeten, wo sie von Ptolemaios noch unter den Stämmen von Dalmatia aufgeführt wurden. Der Stamm der D. enthielt noch zur Römerzeit thrak. Elemente; z. B. 2 Thraker aus diesem Stamme, geben als ihre Heimat das Gebiet einer Stadt an, die an der Stelle des h. Stolac gelegen war, was inschr. (CIL XIII 7507; III D. XVI = XXIII) erwiesen wird. Die D. hielten ziemlich zähe an ihren alten religiösen Gebräuchen, auch unter der röm. Herrschaft fest und haben ihre Lokalgötter auch weiterhin verehrt. J. Sz.

David. Christlicher Neuplatoniker, aus Armenien stammend, gehörte im 6. Jh. der platonischen Schule zu Alexandreia an. Griech. nur in Bruchstücken, aber vollständig auf armenisch, ist erhalten des D.-Kommentar zu den Kategorien des Aristoteles (unediert); dagegen liegt die Einführung in die Philosophie (Prolegomena) und ein Kommentar des D. zur Eisagoge des Porphyrios auf griech. vollständig vor, hg. von Ad. Busse, CAG 18,2. Weitere, nur armenisch erhaltene Schriften scheinen unecht zu sein. H. D.

Dea Augusta Vocontiorum. Bedeutende Stadt der Vocontier, eines der beiden religiösen Zentren mit *Lucus Augusti* (Luc-en-Diois), h. Die (*Colonia Dea Augusta Vocontiorum* CIL XII 690. *Dea Bocontiorum* Itin. Ant. Tab. Peut. *Civitas Dea Vocontiorum* Itin. Hier. *Civitas Deensium* Not. Gall. und CIL XII 1590). Ruinen: Wall mit Toren, runde, viereckige und vieleckige Türme auf 1940 m Länge, Bogen, Sculpturen, Mosaiks, Inschr. FOR 11 (Drôme) 1957, p. 44, Nr. 76, Plan. Über die Wasserleitungen s. A. Grenier Manuel . . . 4,1, 106. M. L.

Dea Dia. In der Lit. nie genannte, von den → Arvales fratres verehrte Gottheit. Identifizierung mit Ceres von Altheim RVV 22,2,129ff. mit Recht abgelehnt. Seine Deutung als Mondgöttin ist jedoch nicht überzeugend. Deubner ARW 33, 1936, 109). W. E.

Dea Syria (*Συρία θεός*), die »Syrische Göttin« (CIL VI 116. CIG 7041). Bezeichnung des griech.-röm. Hellenismus (R. Mouterde, Mél. Un. Beyrut 25, 1942/43, 135ff.) für die, meist gemeinsam mit dem westsem. Wettergott → Baal-Hadad, in Baalbek (Macr. Sat. 1,23,18. [6],52ff.), Damaskos (EM 247,19. Iustin. 36,2), Palmyra (M. Rostovtzeff, AJA 37, 1933, 58ff. [6],92ff.), Dura Europos (Excavations at D. E., 3. Prel. Rep. 1932, 22ff. 100ff. [6],121ff. Taf. XI), Hatra (F. Safar, Sumer 8, 1952, 13ff. 9, 1953, 16ff.), bes. aber in Hierapolis-Bambyke s. von Karkemish am Euphrat (Lukian. dea Syr. 1. Strab. 16,748. D. G. Hogarth, ABSA 14, 1907/08, 183ff. [7],3ff. Münzen des ʿAbd Hadad: [1],27. [5],7ff. 16ff.) sowie im philist. Askalon (Diod. 2,4,2. O. Eissfeldt, AO 34,3,

1936, 37) verehrte Atargatis-Derketo (Tertull. ad nat. 2,8. Cumont^4 94f.; Ikonographie: [5],19ff.). Den griech. Varianten Ἀταργάτις (Isid. Char. GGM 1,249), Ἀτταγάθη (Hesych. Th. Noeldeke, ZDMG 24, 1870, 109), Ἀταράτη (Simpl. in Aristot. phys. 641,33f. P. de Lagarde Ges. Abh., 1866, 238), Ἀταργάτη (Kefr Hawar: Ch. Fossey, BCH 21, 1897, 59f.) entspricht syr. ʻAṯarʻaṯ(t)ā (עתרעתה CIS II 3927. W. H. Waddington, Rev. Num. 6, 1861, 9ff. J. Six Num. Chron. 18, 1878, 105), apokop. Tarʻaṯā (Doctrina Addai p. 24 Ph. Talmud Babli, Aboda Zara 11 b p. 85 Ew.), woraus griech. Δερκετώ (Ktes. Pers. frg. 5 p. 17 Dindf. Plin. nat. 5,81. W. Muss-Arnolt, TAPhA 23, 1892, 47.49. [4],41. [5],11ff.); es bedeutet entweder »die ʻAštart des ʻAṯē« (Ed. Meyer, ZDMG 31, 1877, 731f. GdA 1^3,680.730f. Cumont RE II 1896. J. Przyluski, RHR 122, 1940, 97. [2],2. Vgl. [9], 259f.) oder »die ʻAštart-ʻAttā [d.i. ʻAnat] (W. F. Albright, AJSL 41, 1924/25. 88f.100f. A. Dupont-Sommer, RHR 120, 1939, 146ff. [5],43ff.). Vgl. die ʻAṯi von Ḫadjab-Adiabene, Ps. Melito Corp. Apol. Christ. 9,426.505 Otto. Mit dem Problem der Namensdeutung (Six 106ff. L. B. Paton ERE 2, 164ff.[5],26ff. [7],57ff.) hängt die Frage zusammen, inwieweit angesichts der unleugbaren Wesensähnlichkeit mit der phöniz. → Aphrodite-Astarte (= Ἀθάρη Xanth. Lyd. FHG 4,628f. Strab. 16,785. Vgl. für Askalon Hdt. 1,105. Paus. 1,14,6. R. Dussaud, CRA 1947/48, 201ff. 222) und der kleinasiat. → Rhea-Kybele (Lukian. 15.32. Eus. pr. ev. 6,10,44. Apul. met. 9,10. E. O. James Cult of the Mothergoddess, 1959, 185f. [2],3) die Syzygie der D.S. mit einem Junggott des → Adonis-Attis-Typs (ʻAṯē-Attes: M. J. Lagrange Études sur les rel. semit., 1905^2, 132) primär ist. Meistens erscheint der Hochgott Hadad-Ἄδαδος als ihr einziger Parhedros (s. jed. zur Verb. mit Adonis [6],121ff. 147. [9],261.274ff.), so z.B. auf Delos (A. Hauvette-Besnault, BCH 6, 1882, 495ff.) oder in den nabat. und phöniz. Kultfilialen Ḫirbet et Tannūr (N. Glueck, AJA 41, 1937, 366ff.) und Ptolemais-ʻAkkā (M. Avi-Yonah, IEJ 9, 1959, 1ff.). In Bambyke, dessen berühmten, von Wohlgeruch erfüllten Tempel (W. Deonna, Genava 17, 1939, 173) Lukian genau beschreibt ([3],1ff.), werden Adad und Atargatis, in der lukian. Monographie über die D.S. ([7],16ff.) Zeus und Hera genannt (31. [4],42. [7],65ff. [9],260ff.), anscheinend durch die rätselhafte Gottheit → Sim(i)a-Seimios (Σημήιον Lukian. 33. [4],42f. [8],141. H. Zimmern, Islamica 2, 1926, 577. Meyer GdA 1^3, 731), nach Mesnil du Buisson, Rev. Arts Asiat. 11, 1937, 75ff. das deifizierte Vexillum in einer Aedicula, zur Trias ergänzt (Dussaud, RA 1904, 257ff. Syria 19, 1938, 368. REA 42, 1940, 131ff. R. Egger, WSt 54, 1936, 184f. [1],26. [3],13ff.); doch hat sich kürzlich Widerspruch erhoben (H. Seyrig, Syria 37, 1960, 233ff.). Immerhin reflektieren Figuren der hierapolit. Kultgeschichte wie

Attis, Dionysos oder → Kombabos (Lukian. 15ff. [7],22f.) die Gestalt des *deus inferior* noch zur Genüge. Die Stratonike-Kombabos-Novelle (17ff. [7],35f.) mit ihren weitreichenden Bezügen (E. Benveniste Mél. R. Dussaud 1, 1939, 250ff.) zeigt im Kastrationsmotiv Einflüsse des → Kybele-Dienstes ([4],37ff. [7],40ff.), daneben den oriental. Hetären-Charakter der Atargatis-Astarte (26. [4], 39. [7],45ff.), wie er auch der Derketo-Semiramis von Askalon eigen ist (Athenag. leg. pro Christ. 30. J. Geffcken Zwei griech. Apologeten, 1907, 149). Er ist mythol. Ausweis der großen Fruchtbarkeitsgöttin (Goldplakette von Karak Nūḫ: Ronzevalle, Mél. Un. Beyrut 12, 1927, 173ff.), welcher der Junggott sterbend verfällt (W. Fauth, AMAW 1959, 8,56ff.). Schleier und Blumenattribut ([5],25f. Ph. K. Hitti History of Syria, 1951, 173f.), Omphalossymbol (Cumont, Aréthuse 7, 1930, 41ff. P. Perdrizet, Syria 12, 1931, 267ff.), Seeprozession, Hydrophorie, Lavatio, Baumverbrennung (*Πυρά*), ekstat. Tanz, Eviration und Phallolatrie geben die kult. Bestätigung (Lukian. 13.16.28f.47ff. [2],17ff. [3],23ff.29ff.35ff. [4],53. [7],40f. W. Mannhardt Ant. Wald- und Feldkulte, 1877, 261ff. Frazer GB 4,269ff. Vgl. C. Clemen Pisciculi Doelger, 1939, 67ff.). Wie die phöniz. Astarte ist die D.S. zunächst Ortsnumen, Herrin der Stadt (Baalat, *Κυρία*) mit der Mauerkrone der → Magna Mater (32. [4],41. W. Deonna, Genava 18, 1940, 154ff.), doch auch mit deren Löwengefolge neben den Stieren des Adad (31). Als *Πότνια θηρῶν* gehört ihr der Paradeisos von Bambyke (41. B. Schweitzer, Gn 4, 1928, 188) und der See der heiligen Fische zu Askalon (45ff. [4],47f.). In dieser Eigenschaft greift sie auf den universalen Bereich aus: die aetiol. Legenden vom Sprung in den See und der Fischverwandlung der Derketo (Diod. 2,4,2. Athen. 8,346 d. Eratosth. 38. L. B. Lawler, CPh 36, 1941, 146. [3],33f. [8], 132ff.), von der durch Fische und Tauben geförderten Eigeburt aus dem Euphrat (Nigid. Fig. frg. 38. Ampel. 2,12, Hygin. fab. 197) und der Taubenmetamorphose der → Semiramis (Lukian. 14. Corn. 6. Ov. met. 4,44ff. W. H. Roscher Nektar und Ambrosia, 1883, 79f. Perdrizet, RHR 105, 1932, 193ff.) dienen nicht nur der Erklärung rel. Fakten, wie des kult. Ichthyomorphismus (Mesnil du Buisson, BSAF 1943/44, 317ff.) bzw. des Fisch- oder Taubenattributs der D.S. (M. Schaar-Schloessinger, IEJ 1, 1950/51, 84ff. 6, 1956, 51ff. Perdrizet Mél. F. Cumont, 1936, 889ff. Abb. 3). Der syr. Tierkult mit seinen tabuist. Reglements (Lukian. 14.54. Xen. an. 1,4,9. Eus. 8,14, 64. F. J. Doelger Ἰχθύς 1, 1928, 130ff. [9],262f.) stellt mit Taube und Fisch 2 erstrangige Exponenten animal. Fruchtbarkeit heraus ([7],61ff.) und betont so die segenbringende Gewalt der D.S. über Luft und Wasser (Mannhardt 261. [8],147). Ihr Anspruch auf Herrschaft im caelestischen und limnisch-maritimen Bereich resultiert aus der Teilhabe an Wesenselementen sowohl der mesopot. Fischgottheit Nina-Ištar (DOELGER 425ff. A. LAUMONIER Les cultes indigènes en Carie, 1958, 481. [7],48ff. [9],263) als auch der westsem. Taubenherrin Semiramis-Astarte Urania (H. GRESSMANN, ARW 20, 1921, 332ff. [8],136ff.), faßbar noch im Ninos-Roman und in später armen. Überlieferung (U. WILCKEN, H 28, 1893, 187f. N. ADONTZ Mél. Cumont 501ff.). Er begründet ihre mit fortschreitender räumlicher Ausbreitung ([2],3ff. [7], 95ff.136ff. [9],258.263ff. G. VAGGI, Aegyptus 17, 1937, 35ff.) und weitgehender synkretist. Akkomodation (PERDRIZET 885ff. [7],139f.) immer deutlicher werdende Aufhöhung zur allerschaffenden Welt- und Muttergottheit (Lukian. 32. Plut. Crass. 17. Apul. 8,25). Im syrophöniz. Küstengebiet hat sie die Nachfolge der ugarit. »Ašerat des Meeres« (DUSSAUD, RHR 105,255.275), auf Delos, anscheinend mit dem uranischen Emblem der Strahlenkrone (RONZEVALLE, Mél. Un. Beyrut 22, 1939, 111ff Vgl. aber H. GRÉGOIRE, Byz. 13, 1938, 181f.), das Erbe der mediterranen Erd- und Himmelsgöttin → Aphrodite-Ariadne angetreten (P. ROUSSEL Délos, 1916, 252ff.261. J. MEERDINK Ariadne, 1939, 20,8.21. [7],97f. [9],271f.), mit der ihr der zauberkräftige κεστὸς ἱμάς gemeinsam ist (Lukian. 32. C. BONNER, AJPh 70, 1949, 1ff.). Über Sizilien (Flor. 2,7) und die ital. Hafenstädte (CIL IX 4187.6099. X 1554) gelangte sie in das kaiserzeitliche Rom (Suet. Nero 56. P. GAUCKLER Le sanctuaire syrien du Janicule, 1912, 209ff. LATTE RRel 345f.), mit den röm. Legionären oriental. Herkunft bis an die n. Grenzen des Reiches (CIL III 7864.10393. VII 272.758f. V. KUZSINSZKY Aquincum, 1934, 99 Abb. 47. EGGER 183ff.). In Edessa, Ḫarrān und Nisibis bot ihr Kult dem Christentum lange Widerstand (Moses Chor. 2,27. FHG 5,326. Jacob. Sarug. bei MARTIN, ZDMG 29, 1875, 132). Gegen seine blutigen Praktiken mußte König Abgar Ukkāmā von Edessa (W. CURETON Spicilegium Syriacum, 1855, 31f.), später Bischof Rabbūlā (411–436 n. Chr.), der bekannte Initiator der Pešittā-Revision, einschreiten (Rabulae Episc. Edess. praecepta et mon. ad sacerd. p. 221 OVERBECK). Nach dem »Tierbuch« des Dschahiz war in Ḫarrān die Selbstentmannung noch im 9. Jh. nicht völlig geschwunden (NOELDEKE, ARW 10, 1907, 150ff.). W. F.

1. *H.A. Strong–J. Garstang* The Syrian Goddess, 1913. 2. *U. Wilcken* Festgabe A. Deissmann, 1927, 1ff. 3. *H. Stocks*, Berytus 4, 1937, 1ff. 4. *C. Clemen*, AO 37, 3/4, 1938. 5. *S. Ronzevalle*, Mél. Un. Beyrut 23, 1940, 3ff. 6. *O. Eissfeldt*, AO 40, 1941. 7. *G. Goossens* Hiérapolis de Syrie, 1943 (Lit.). 8. *J. Fontenrose* White Goddess and Syrian Goddess, Univ. Calif. Publ. Sem. Phil. 11, 1951, 125ff. 9. *P. Lambrechts–P. Noyen*, NClio 6, 1954, 258ff. 10. *Ch. Dunant*, MH 13, 1956, 216ff.

Debitor (zu *debere* = etwas schuldig sein, zu etwas verpflichtet sein) → Obligatio. *D.is ductio* ist die Personalexekution durch Wegführung des Schuldners in die Gewahrsame des Gläubigers. Nach der Lex XII tab. (tab. III. Gell. 15,13,11) muß der Gläubiger den Schuldner, der binnen 30 Tagen nach Verurteilung bzw. *confessio in iure* (→ Confessio) nicht leistete, vor den Praetor führen, um dort die formale → *manus iniectio* zu vollziehen. Wenn kein *vindex* zugunsten des Schuldners das *manum depellere* vornimmt (spätere Gesetze gestatten diesem in bestimmten Fällen *manum sibi depellere*), kann der Gläubiger nach *addictio* seitens des Praetors den Verhafteten mit sich führen und 60 Tage lang gefesselt gefangen halten, wobei er ihn notfalls auch mit 1 Pfund Mehl pro Tag verköstigen muß. An den letzten 3 Markttagen der Haftzeit muß der Schuldner auf die Gerichtsstätte geführt und die Summe verkündet werden, für die er haftet. Findet sich niemand, der ihn löst, darf der Gläubiger ihn am 3. Markttag töten, oder *trans Tiberim* verkaufen. Bald nach den XII tab. werden diese Härten gemildert, an Stelle von Verkauf oder Tötung tritt die Schuldknechtschaft, der Haftende erleidet keine → *capitis deminutio* mehr und muß lediglich die Schuld beim Gläubiger abarbeiten (dies wurde durch die lex Poetelia, 326 v. Chr. [?], näher geregelt). Im Formularverfahren beruht die Personalexekution, die neben der Vermögensvollstreckung an Bedeutung verliert, weiterhin auf gemildertem XII tab.-Recht; sie geschieht durch Ermächtigung des Gläubigers von seiten des Praetors, den Schuldner als Schuldknecht wegzuführen *(duci iubere)*. Im nachklass. röm. Recht wird sie noch weiter eingeschränkt. H. St.

Kaser Das Röm. Privatrecht 1,134ff. 2,241f.; mit weiterer Lit. *Ders.* Röm. Privatrecht, Ein Studienbuch[3] 1964, §§ 81 III 1.32 II 4.85 II 2a.87 III 1.

Decanus. Durch die Heeresreorganisation des Kaisers Hadrian wurde die alte Manipularordnung aufgehoben, die Zenturie taktische Einheit und in *manipuli* zu je 10 Mann gegliedert, unter dem Kommando je eines d., der in spätröm. Zeit *caput contubernii* (Veg. mil. 2,8,13. Klio 18ff.) hieß. Unter d. wurde auch der Flottenoffizier verstanden, der das Kommando über eine δεκανία, ein Geschwader von 10 Schiffen (Pol. 24,6,1. CIL X 3340) innehatte. In der spätröm. Kaiserzeit bildete *d.* auch die Bezeichnung für die niedrigste Klasse der Hofbeamten (Ambr. epist. 20,4), die vor allem im Dienst der kaiserl. Frauen als Türhüter und Boten (Cod. Iust. XII 59) Verwendung fanden. An ihrer Spitze standen 4 *primicerii*, die dem *magister officiorum* (Cod. Iust. XII 26,2) unterstellt waren und 2 J. im Amt blieben (Cod. Theod. VI 33). A. N.

Dar.-Sagl. 2,1,30. RE IV 2245ff. Klio 22. Bh. 1930, 18ff. *R. Grosse* Röm. Militärgesch., Bln. 1920, 110.

Decebalus (Δεκέβαλος) war der letzte große König der Daker, der nach dem Tode Burebistas das in Stämme zerfallene Volk wieder in einem Staatsverband vereinigte. Anfangs ließ er der Verbreitung der röm. Zivilisation freien Lauf, geriet aber infolge seiner Expansionsgelüste auf Kosten der Grenzstaaten und der Unterwerfung von benachbarten Völkern in Widerspruch mit Rom, das in D. einen seiner gefährlichsten Feinde erkannte. Die Daker fielen im J. 85/86 in Mösien ein und schlugen C. Oppius Sabinus, später auch dessen Nachfolger, den *praefectus praetorio* Cornelius Fuscus. Tettius Iulianus besiegte D. bei Tapae; doch konnte Domitianus die Vorteile dieses Sieges nicht benutzen, weil es inzwischen zum Krieg gegen die Sueben gekommen war. Im Sinne des Friedensvertrages anerkannte D. die Oberherrschaft Roms und erhielt – wie die Klientelstaaten – eine Jahresrente. D. brach alsbald den Vertrag: nachdem er seine Herrschaft gestärkt und Befestigungswerke gebaut hatte, bereitete er einen neuen Angriff gegen Rom vor. Die Feindseligkeiten brachen nach der Thronbesteigung von Traianus aus, der dann im J. 101/02 seinen Feldzug gegen Dakien führte, um die ständig wachsende dakische Bedrohung endgültig zu liquidieren. Damals endigte der Krieg mit der Eroberung von Oltenien und Banat; D. sollte sich demütigen. Doch kam es infolge der feindlichen Haltung des D. im J. 105 erneut zu einem Krieg, der bis zur vollständigen Niederwerfung der Daker geführt wurde. Die Bitte des D. um Frieden wurde nicht gewährt; seine Verteidigung brach zusammen und er starb den Freitod. Sein Haupt wurde im Triumphzug in Rom mitgeführt. Traianus gelang es auch, die Schätze des Königs, die dieser in Berghöhlen und im Flußbett der Sargetia verborgen hatte, aufzufinden (Cass. Dio 68,10–14). J. F.

December. D. ist der 10. und letzte Monat des urspr. röm. Mondjahres von 304 Tagen, das mit dem Martius begann und in dem der D. 30 Tage hatte. In dem späteren, nach der Überlieferung von Numa oder Tarquinius eingeführten, Mondsonnenjahr von 355 Tagen waren dem D. die beiden Monate Jan. und Febr. angehängt, wobei die 51 zusätzlichen Tage, um volle 2 Monate zu erhalten, dadurch gewonnen wurden, daß den hohlen, d.h. den 6 Monaten mit bisher 30 Tagen, je 1 Tag weggenommen und der D. zu 29 Tagen gerechnet wurde. Mit der Kalenderreform Caesars im J. 46 v. Chr. und der Berechnung des Sonnenjahres auf 365¼ Tage erhielt der D. wieder 30 Tage. W. S.

Decempeda (von *decem* und *pes*) bezeichnet eine Meßstange *(pertica)* von 10 Fuß Länge = 2,96 m. Da dies die Norm war, wird D. auch einfach für Meßlatte verwendet. Die D. stellt 1/12 des → Actus dar und als Flächenmaß: *d. quadrata*, die kleinste Bodeneinheit, das → *scripulum iugeri* = 1/288 des röm. Morgens. Meßstangen anderer Größen, die jedoch nicht d. heißen, kommen vor.

Hultsch Metrologie^2 78.83. *Schulten*, RE IV 2253. H.Ch.

Decemviri. 1. Mit der Zwölftafelgesetzgebung (→ s. XII Tab.) durch die *D. legibus scribundis* hat der kaum begonnene Ständekampf einen wichtigen Abschnitt erreicht, der meist als Erfolg der Plebs betrachtet wird. Nach der Überlieferung sollen die D. des J. 451 v. Chr. 10, die des folgenden J. 2 tabulae verfaßt haben; das 1. Kollegium habe nur aus Patriziern, das 2. auch aus Plebejern bestanden (anders Liv.: nur Patr.); letzteres sei entgegen dem Annuitätsprinzip über 1 J. im Amt gewesen und 449 durch eine Plebsrevolte gestürzt worden (so z. T. auch die mod. Lehre; die angeblichen Greuel der 2. D., vor allem des Appius Claudius, sind unglaubwürdig; ein einziges Xvirat nehmen an [3],286f. 289f. mit weiterer Literatur, [4],282f.; zur Chronol.: [4],291). Die Wahl der D. war in den Zenturiatkomitien erfolgt; ob die XII Taf. auch von diesen genehmigt werden mußten, wie die ant. Tradition will, ist umstritten *(lex data* oder *lex rogata?)*. Während der Amtsdauer dieser außerordentlichen Magistratur waren die ordentlichen Magistrate und der Volkstribunat suspendiert. Die D. hatten das *summum imperium (imp. consulare)*; ein Mitglied des Kollegiums führte, täglich wechselnd, die Geschäfte (Berufung des Senats, Jurisdiktion, Oberbefehl im Krieg etc.). Diesem jeweiligen *praefectus decemvirorum* wurden 12 Fasces vorangetragen. Die *provocatio ad populum* war nach der Überlieferung aufgehoben; die D. hatten jedoch gegenseitig das Interzessionsrecht. **2.** Die *D. (st)litibus iudicandis* entschieden in der Republik Prozesse über den *status libertatis (causae liberales)*. Als magistrat. Richterkollegium (sie sind *in iudicio* zuständig, während *in iure* vor dem Prätor verhandelt wird) waren sie eine Ausnahme vom Grundsatz des *iudex privatus*. Mit anderen *magistratus minores* faßte man sie unter dem Begriff der *vigintisexviri* (seit Augustus: *vigintiviri*) zusammen. Die Wahl der *D. lit. iud.* erfolgte vermutlich in den Tributkomitien. Augustus hat ihnen die Zuständigkeit in Statussachen genommen und sie zu Vorsitzenden der *hastae centumvirales*, d.i. der Ausschüsse des Hundertmännergerichtes (→ Centumviri. Hasta), bestellt. – Ungeklärt ist die Beziehung zwischen den *D. stl. iud.* und den plebejischen *iudices d.*, die durch eine der leges Valeriae-Horatiae (449 v. Chr.) sakrosankt erklärt wurden (Liv. 3,55,7; sie entschieden vermutlich Streitigkeiten zwischen Plebejern; [3],102 und [4],282 vermuten, daß durch die XII Taf. die *iud. d.* obsolet wurden; viele lesen *iudicibus* und *decemviris* bei Liv. getrennt). **3.** Die *D. agris dandis adsignandis* waren außerordentliche Magistrate, die auf Grund Gesetzes oder Senatsbeschlusses Landzuweisungen aus dem *ager publicus* vorzunehmen hatten (andere Kollegien: *Triumviri agr. d. ads.* u. a. m.). **4.** Die *D. sacris faciundis* sind Priestertümer (zu ihren Funktionen → Quindecimviri sacr. fac.). H. St.

U. Coli, s. Decemviri, Noviss. Digesto ital., V, 245 ff. *Siber* Röm. Verfassungsr. 43 ff. 203 u. ö. *v. Lübtow* Das röm. Volk 102. 286 ff. u. ö. *R. Werner* Der Beginn d. röm. Rep. 280 ff. 291 u. ö. *G. Francisci*, Labeo 9, 1963, 163 ff.

Decemprimi. In Rom wurden seit alters zu bes. Anlässen, z.B. zu Friedensverhandlungen, meist zehnköpfige Senatskommissionen gebildet. Techn. wird die Bezeichnung d. aber nicht für diese verwendet, sondern für die ranghöchsten 10 Mitglieder der *curiae* in den *municipia (d. curiales)*, die auch *decaproti* genannt werden. Sie genießen mehrere Sonderrechte, so bei Abstimmungen und gegenüber körperlicher Bestrafung (Cod. Theod. 9,35,2). Andererseits schulden sie aber höhere Geldstrafen (Cod. Theod. 16,5,54,4). Auch haften sie für Unregelmäßigkeiten ihrer *curia* (vgl. Cod. Theod. 16,2,39). Bes. werden sie Befugnisse und Pflichten im Zusammenhang mit der Eintreibung der Steuern gehabt haben (Arc. Char. Dig. 50,4,18,26). – Im militär. Bereich erscheint d. auch zur Bezeichnung der Obersten der kaiserlichen Haustruppe, der *domestici*. D. M.

Decennalia. Fest der zehnjährigen Regierung eines Kaisers, zuerst unter Augustus gefeiert, der 27 v. Chr. den Principat für 10 J. übernommen hatte. Üblich mindestens seit Antoninus Pius (unregelmäßig seit Tiberius). Den D. pflegten Gelübde vorauszugehen, die zu Anfang dieser Frist von Magistraten und Priestern (→ Arvales fratres) abgelegt wurden: *vota decennalia pro salute et incolumitate imperatoris.* Vorbild in der Republik: *si in decem annos res publica eodem stetisset statu...* (Liv. 21,62,10; ähnlich 42,28,8). Gefeiert wurden die D. mit Opfern und Spielen. Verbunden wurden sie mit neuen *vota* für das nächste Decennium (Inschr., Münzen). Vom 3. Jh. an sagte man statt *D. altera* auch *Vicennalia* (selbst *Tricennalia* kommt vor). – *vota* für Jahrfünft: → Quinquennalia. → vota. W. E.

Mommsen RStR 2,811. *Marquardt* RStV 3,268. *E. Babélon* Dar.-Sagl. 2,33 f. *Latte* RRel 314.

Decennovius (scil. *fluvius:* Prok. b. Got. 1,11; *Decennovium* scil. *iter:* Cassiod. var. 2,32 f.), Treidelkanal (Strab. 5,233. Hor. s. 1,5,11 ff. mit Porph.) längs der v. Appia; beginnt (Cassiod. 31) bei Tripontium (nach CIL X 6820 39 mp von der p. Capena, d.h. 40 mp vom Forum) und verläuft an Forum Appii (43/44 mp) vorbei bis zum Ufens, durch dessen Mündung der D. sich ins Meer ergießt (Prok. a. O.), 4 mp vor Tarracina (nach It. Burd. 611,10 ff. 62 mp von der p. Capena, d.h. 63 mp vom Forum). Die Länge des D. (von mil. 39 bis mil. 58) · entspricht also dem Namen; vgl. Radke, G 71, 1964, 207,19. G. R.

Decentius. 1. Magnus, Caesar 350–353 (Dess. ILS 745/47), Vetter (oder Bruder?) des Usurpators → Magnus Magnentius (Aur. Vict. epit. 42,2. Zon. 8,8), der ihn E. 350, als die von → Constantius II. dazu veranlaßten Germanen in Gallien eingefallen waren (Liban. or. 1,533.540), zum Caesar ernannte. D. hatte nur unzureichende Kräfte zur Verfügung, mußte große Verwüstungen zulassen und verlor eine Schlacht gegen den Alamannenkönig Chnodomar (Liban. a. O. Iulian. or. 1,35 A. Amm. 16, 12,4 f.). Als er von Magnentius' Tod erfuhr, beging D. am 18. August 353 Selbstmord in Sens (Eutr. 10,12,2. Aur. Vict. 42,8. Chron. Min. 1,630). – Mz. Cohen emp. VIII² 2. **2.** Tribunus et notarius am Hof Constantius' II. (Amm. 20,4,2.11.8,4), einflußreich unter Valens (vgl. Liban. epist. 1482, 1504 f. u.a.). A. L.

Decetia. Stadt der Haeduer (Caes. Gall. 7,33), Straßenkreuzung Itin. Ant. 367 *Decetia.* 460 *Decidae.* Tab. Peut. *Degetia.* Geogr. Rav. 4,26 *Dizezeia;* h. Decize (Dép. de la Nièvre). CIL XIII, p. 432. M. L.

Decianus. 1. Cognomen; zur Ableitung vom Nomen Decius vgl. RE IV 228. XVI 1662. Es findet sich bei Appuleius (RE Nr. 21.22), Attius (RE Nr. 15), Catus, Macrinius, C. Plautius D. (vgl. A. Degrassi Fasti Capit. [1954] 144), Pompeius Senecio, Roscius Coelius, Satrius, Silius, Valerius Trebicius. Schulze Eigennamen 415. H. G. G.

2. D., Freund und Landsmann (aus Emerita stammend, Martial. 1,61,10) Martials, 1,8 u.a., der ihm das B. II der Epigramme widmete, 2 praef. Er war Jurist, 2, 5, 6, selbst literarisch tätig, 1, 61, und nach Martial. 1, 2, 4 ein echter Anhänger der stoischen Lehre, zugleich ein treuer, bescheidener, hervorragend gebildeter und geistvoller Mensch. R. H.

Deciates. Ligurisches Volk, Nachbarn der Oxybier, an der O.-Küste von Gallia Narbonensis, w. des Varus-Flusses (Strab. 4,202. Plin. nat. 3,35. 47. Ptol. 2,10,5). Weil diese beiden Völker Antipolis und Nikaia bedrohten, riefen die Massalioten die Römer zu Hilfe, die unter dem Befehl des Q. Opimius im J. 154 n. Chr. die D. und die Oxybier besiegten (Pol. 32,10.11. Liv. ep. 47. Flor. 1,18). Dies war das 1. Eingreifen der Römer im jenseitigen Gallien. M. L.

Desjardins 2,270.

Decidius. Italischer Eigenname, im 1. Jh. v. Chr. histor. bezeugt. Zu *Decitius, Deceitius* vgl. Schulze Eigennamen 413.428.

1. Cn. D. Samnis, ein Samnite, der 82 von Sulla proskribiert und wahrscheinlich später von Caesar verteidigt wurde (Tac. dial. 21, hsl. *pro Decio Samnite*). **2.** D. Saxa, stand im J. 40 als Quaestor seines Bruders (Nr. 3) in Syrien und hielt sich in Apameia gegen die Parther; erst nach dem Tod seines Bruders ergab er sich dem Labienus. Cass. Dio 48,25,2. Broughton Mag. 2,381. **3.** L. D. Saxa, erhielt als gebürtiger Spanier 45 das Bürgerrecht. Er hatte zuvor unter Caesar 49 gegen die Pompeianer in Spanien (Caes. civ. 1,66,3) und wahrscheinlich 45 gegen die Pompeiussöhne gefochten. 44 war er tr. pl. und schloß sich nach Caesars Tod dem Antonius an, war VII vir agr. divid. (?, 44), befand sich im bellum Mutinense bei Antonius, kommandierte 42 mit L. Norbanus die Vorhut des Heeres der Triumvirn zunächst in Thrakien und dann ostwärts von Philippi (Absetzen nach Amphipolis) und folgte nach der Entscheidung dem Antonius in den O., wo er 41 Statthalter von Syrien wurde (als legatus, wohl pro pr.?, mit Imperium, vgl. BROUGHTON Mag. 2,376). Seit Ende 41 hatte er gegen die Parther unter Labienus zu kämpfen, wurde im Raum von Antiochia geschlagen und fand 40 in Kilikien den Tod, wo ihn Labienus eingeholt hatte. Liv. per. 127. Flor. 2,19, 4. Iustin. 42,4,7. Cass. Dio 48,25. Porphyr. zu Hor. c. 3,6.9. H. G. G.

Decimatio. Brach im Heer eine Meuterei aus, so bestimmte der Oberbefehlshaber durch Los jeden 10. Mann der meuternden Gruppe zur Hinrichtung. Für die übrigen Aufwiegler waren schlechtere Rationen die Strafe. Häufig wurden die dem Tode Verfallenen, um die Schande zu vergrößern, nicht mit dem Beil (→ decollatio), sondern mit Knüppeln getötet (Tac. ann. 3,21). F. R.

Decimius. Röm. Familienname (ältere Form *Decumius* inschr. [CIL VI 16771. XIV 2855 u. ö.] und gelegentlich hsl., vgl. SCHULZE Eigennamen 159), der von *Decimus (Decumus)* abgeleitet ist und zur Gruppe der alten Gentilnamen gehört, RE XVI 1656. 1670. Namensträger sind seit dem Hannibal. Krieg histor. faßbar.

1. C. D., 171 Gesandter nach Kreta, 169 Fremdenpraetor (Liv. 43,11,7. 15,3. 44,16,7), 168 zusammen mit C. Popillius Laenas Gesandter nach Äg., BROUGHTON Mag. 1,430. BENGTSON, GG 1960, 478. **2.** L. D. war 171 vor Ausbruch des 3. Maked. Krieges Gesandter zu Genthios von Illyrien, Liv. 42,37,1 f. (aus Pol.). Entstellt ist Liv. 42,19,7 mit einem M. D. als Gesandten im J. 172. **3.** M. Decumius, Aedil in Tusculum zur Zeit Ciceros (CIL I 1125). **4.** Num. D., führender Mann in Bovianum (Samnium), brachte 217 bei Gereonium mit einem Kontingent der Bundesgenossen dem von Hannibal schwer bedrängten mag. equ. Q. Minucius rechtzeitige Hilfe, Liv. 22,24,11–14. Zon. 8,26. **5.** C. D. Flavus, praetor urbanus 184, Liv. 39,32,14, starb im Amt. Ein gleichnamiger tr. mil. unter Marcellus 209 ist erfunden (Liv. 27,14,8). H. G. G.

Decimus. Röm. Praenomen, das zu den 18 in histor. Zeit gebräuchlichen Vornamen gehört und urspr. als Ordinalzahl die Reihenfolge der Geburt bezeichnete, vgl. RE XVI 1660. 1669. Sigle: D. Abgeleitet ist *Decimius* (eigt.: Sohn eines D.). Es erscheint z. B. in der Familie der Iunii Bruti (→ Brutus Nr. 1.11.14.16–18), der Iunii Silani, bei D. Laelius Balbus. Später wird es auch als Cognomen gebraucht (Aurelius, Flavius, Pacarius) und wird damit beinahe zum Nomen (dazu s. Martial. 5, 21,1). H. G. G.

Decius. Pleb. Gentilname, seit dem 5. Jh. v. Chr. histor. bezeugt, durch den Opfertod einiger Namensträger (bes. Nr. 6) unter den exempla maiorum berühmt. Ob der Kaiser D. (249–251) mit der republikan. Familie D. zusammenhängt, ist nicht erweisbar. Im sabell. Bereich ist D. *(Dekis)* gewöhnlich Praenomen (vgl. D. Vibellius, den Führer der campan. Söldner in Rhegion 280, RE VIII A 1941 f.), SCHULZE Eigennamen 519.

I. Republikanische Zeit: **1.** M. Decius, soll 494 während der 1. secessio plebis Gesandter an den Senat gewesen sein, Dion. Hal. 6,88,4; wohl dem gleichen legendären D. dichtete man später die Anklage gegen Cn. Marcius → Coriolanus im J. 491 an. **2.** M. Decius, tr. pl. 311 (Plebiszit über die Wahl der Duumviri navales durch das Volk), Liv. 9,30,4. NICCOLINI Fast. tr. pl. 73. **3.** P. D., tr. pl. 120, klagte L. Opimius (cos. 121) wegen der gewaltsamen Unterdrückung des C. Gracchus erfolglos an, Cic. de or. 2,132.134 f. Brut. 108. 115 war er Praetor (Konflikt mit M. Aemilius Scaurus Nr. 28), BROUGHTON Mag. 1,532. **4.** P. D., Anhänger des M. Antonius im J. 43, Cic. Phil. 11,13. 13,27. **5.** P. D. Mus (Ursprung des Cognomens unbekannt), der älteste der 3 Mures. 352 war er einer der *quinqueviri mensarum*, einer Kommission zur Erleichterung der wirtschaftlichen Notlage der Plebeier, Liv. 7,21,6. MÜNZER Adelsp. 38. 343 war er Kriegstribun und soll das Heer des cos. A. Cornelius Cossus Arvina (Nr. 20) gegen die Samniten gerettet haben, Liv. 7,34,3–36,13 (Doublette zur Tat des M. → Calpurnius Flamma Nr. 11). 340 wurde er – als erster aus seiner Familie – Consul, zusammen mit T. Manlius Torquatus (BROUGHTON Mag. 1,135), und sicherte den röm. Sieg über die Latiner durch seine freiwillige Selbstaufopferung *(devotio)* im Kampf bei Veseris in Kampanien, Liv. 8,6.9–11; auf jeden Fall fiel er, wenn auch vielleicht die Devotion von der späteren seines Sohnes (Nr. 6) sekundär erst auch auf ihn übertragen wurde, vgl. RE V 277 ff. **6.** P. D. Mus, Sohn von Nr. 5, cos. I 312, II 308, Kämpfe gegen die Etrusker, Abschluß eines Waffenstillstandes. 306 magister equitum des für die Wahlen eingesetzten Dictators P. Scipio Barbatus. DEGR. I. 13,38 f. 422 f. 304 Censor mit Q. Fabius Maximus Rullianus, der die Bürgerverteilungsreform des Ap. Claudius Caecus (Nr. 4) teilweise rückgängig machte. 300 soll er für die lex Ogulnia eingetreten sein und dann unter den ersten Plebeiern zum Pontifex gewählt worden sein. Liv. 10,7.9,2. 297 war er cos. III (zusammen – wie 308 und 295 – mit Fabius Rullianus), mit dem er nach Samnium zog und bei Malventum über die Apuler siegte; auch 296 blieb er mit prorogiertem Imperium im Samnitengebiet erfolgreich, Liv. 10,17,1–12. 295 war er cos. IV. Liv. 10, 22, BROUGHTON Mag. 1,177. Beide Consuln gingen nach Etrurien, um der schweren Gefahr, die für Rom durch die Vereinigung von Etruskern und Kelten drohte, Herr zu werden. Dies gelang in der entscheidenden Schlacht bei Sentinum in Umbrien (RE II A 1508 f.); D. führte den linken röm. Flügel gegen die Gallier, weihte in höchster Bedrängnis sich und die Feinde dem Tode (*devotio*, s. Nr. 5), fiel und trug damit zweifellos zum röm. Sieg bei. Duris bei Diod. 21,6,1. Liv. 10,26 bis 30. Pol. 2,19,5 f. u. a. L. Accius bearbeitete den

Stoff in einem Drama (*Aeneades sive D.*, TRF 1, 326–328) und später wurde er oft wiederholt. Vgl. MOMMSEN RG 1^9 379f. K. LATTE RRel 125. **7.** P. D. M., Sohn von Nr. 6, Consul 279, wurde mit seinem Kollegen P. Sulpicius Saverrio von Pyrrhos bei Ausculum besiegt, Plut. Pyrrh. 21. Nach Cass. Dio frg. 40,38. Zon. 8,5 soll er vor der Schlacht dem Gedanken der Devotion (vgl. Nr. 6) nähergetreten sein, nach Cic. fin. 2,61. Tusc. 1,89 habe er sich tatsächlich geweiht und sei gefallen. Eine sehr verdächtige Tradition nennt ihn als cos. suff. im J. 265. Vir. ill. 36,2. J. BELOCH RG 440f. 459. DEGRASSI I 13,115. **8.** P. D. Subulo, III vir col. deduc. 169 (Verstärkung von Aquileia). H. G. G.

II. Kaiserzeit: **1.** C. Messius Quintus Traianus Decius, röm. Kaiser 249–251. * zwischen 190/200 in Sirmium (Vict. Caes. 29,1) oder Budalia in Pannon. inf. (Eutr. 9,4); er war illyr., aber auch ital. (etr.) Blutes, vermählt mit Herennia Etruscilla, AE 1951, 142. Nach Ioh. Antioch. FHG 4,597ff. Nr. 148 vornehmer Abkunft. B. GEROV, Klio 39, 1961, 222–226 hält ihn wie BORGHESI 4,289 und WITTIG, RE XV 1251 für identisch mit C. Messius Decius Valerinus; das scheint nicht möglich, s. G. BARBIERI Festschr. (Omagiu lui) Daicović 11–13. D. war cos. suff. vor 249. Kaiser Philippus übertrug ihm in diesem Jahr den Oberbefehl über Moesien und Pannonien, Zos. 1,21,2; A. STEIN Legat. Moes. 57f. Im Juni 249 wurde er in Viminacium von den Truppen zum Kaiser ausgerufen, Zos. 1, 21,3; er versuchte trotzdem zuerst, Philippus gegenüber loyal zu bleiben, s. L. FRONZA Adventus Augusti, Annal. Triest. Sez. Ia, 21, 1951, 227 bis 243. Er besiegte im Herbst bei Verona den Philippus, Zon. 12,19 p. 131f. Dind. Seither überall außer in Emesa, wo sich Uranius Antoninus hielt, anerkannt, hat er den Beginn seiner trib. pot. I auf Juni 249 zurückdatiert, nachdem er in Rom eingezogen war. Nach Ausweis der Mz. wollte er ein friedliches Regime führen, baute in Rom Thermen und suchte vor allem in den Donauländern Ruhe (*pax provinciae* als Mz.-Aufschr.) und Ordnung zu halten, wozu er den späteren Kaiser Valerianus heranzog, Zon. 12,20. Doch schon im Herbst 249 begann D. durch einen Opferbefehl die große → Christenverfolgung, Eus. h. e. 6,41,9f. Lact. mort. pers. 4,2, die durch das starke Anwachsen der Christen in Rom unter Papst Fabian, in Karthago unter Cyprian, in Alexandreia unter Origenes, andererseits in der Christenfeindlichkeit der mösisch-pannon. Heere ihren Grund hatte (L. FRONZA Problemi di politica interna, Annal. Triest. 23, 1953, 311–333), sowie in der röm. Erneuerungspolitik des D., K. GROSS, RAC 3, 1957, 611–629. Die Verfolgung dauerte bis zum Tod des D. Cos. II 250, trib. II ab Juni 250, AE 1942, 113. D. erhob seine Söhne Herennius und Hostilianus zu Caesares, CIL XIII 9123. Im Krieg gegen die Goten unter Kniva und die Karpen erlitt D. eine Niederlage bei Berola, Lact. mort. pers. 4,3. Iordan. 18. Die Goten eroberten Philippopolis, Amm. 31,5,17. Trib. pot. III ab 10. Dez. 250; cos. III 251, trib. pot. IV ab Mai 251, als Herennius zum Augustus ernannt wurde. Im Frühjahr 251 erhob sich Iulius Valens Licinianus in Rom zum Gegenkaiser, Vict. Caes. 29, 2–3. Anfang Juni 251 fielen Herennius u. D. bei Abrittus (Dobrudscha) im Kampf gegen die Goten, Zos. 1,23. Iord. 18,101–103; Zon. 12,20. Er wurde divinisiert, H. MATTINGLY, NC 6,9, 1949, 75–82. Mz.: MATTINGLY, RIC 4/III p. 107–149. Bildnisse: B. FELETTI MAJ. Iconogr. Rom. imp., 1958, p. 187–191, Taf. XXVIII 91. 92. Taf. XXIX. **2.** C. Messius Quintus Decius Valerinus, wohl Bruder von Nr. 1, cos. suff. vor 234, legatus Aug. pr. pr. Moesiae inf. 234, CIL III 12519, von Hispania cit. 238, CIL II 4756 u. a., s. G. BERSANETTI Stud. sull'imp. Massimo il Trace, 1940, 43f. **3.** D. Mundus. Röm. Ritter, der mit Hilfe der Isispriester im J. 19 n. Chr. Paulina, die Gattin des Sentius Saturninus verführte; er wurde verbannt, Ios. ant. 18, 66–80 (Tac. ann. 2,85,4). **4.** Aelius D. Triccianus. Er brachte es vom Soldaten im pannon. Heer zum Praefekten der leg. II Parthicae, begleitete im J. 217 Caracalla in den Orient; Mitwisser von dessen geplanter Ermordung (8. April 217). Von Macrinus zum legat. Aug. pr. pr. Pannoniae inf. ernannt (Cass. Dio 78,13,4, CIL III 3720 u. a.), von Elagabal im J. 219 getötet, Cass. Dio 79,4,3. R. H.

Declamationes. Übungsreden als höchste Stufe der rhetor. Ausbildung, die in der Behandlung von fingierten oder realen Musterfällen (Suet. gramm. 25,9) auf die *pugna forensis* (Quint. inst. 5, 12,17) vorbereiten sollten, praktiziert in der Rhetorenschule griech. Provenienz, die sich in Rom seit dem Anfang des 1. Jh. v. Chr. einbürgerte; die Bezeichnung (griech. *μελέται*) ist späteren Datums (Cic. Tusc. 1,7. Sen. contr. 1, praef. 12). Die d. bleiben bis in die Spätantike bestimmendes Element der höheren Erziehung, andererseits reizt bei der beschränkten politisch-oratorischen Wirkungsmöglichkeit der Kaiserzeit diese Form auch den artistischen Ehrgeiz der Redelehrer. Den Suasorien *(genus deliberativum)* und Controversien *(genus iudiciale)* legte man hist. Themen sowie ein festes Repertoire mehr oder minder fabelhafter Begebenheiten (Giftmord, Piraterie, Enterbung usw.) zugrunde. Ein anschauliches Bild dieses Virtuosenbetriebes vermittelt die Blütenlese des älteren Seneca. Trotz Kritik der Auswüchse beurteilt Quintilian die pädagog. Möglichkeiten der d. positiver (vgl. [3], 82) als etwa Messalla (Tac. dial. 35), der vom republikanischen Bildungsideal ausgeht.

Aus dem Schulbetrieb sind unter dem Namen → Quintilians 2 Sammlungen, außerdem Exzerpte der d. eines → Calpurnius Flaccus erhalten.

P. L. Sch.

1. *H. Bornecque* Les Déclamations et les Déclamateurs, 1902. 2. *W. Hofrichter* Stud. z. Entwicklungsgesch. der Deklamation, 1935. 3. *S. F. Bonner* Roman Declamation, 1949. 4. *H.-I. Marrou* Gesch. der Erziehung im Klass.

Altertum, 1957, 298ff. 4. *D.L. Clark* Rhetoric in Greco-Roman Education, 1957, 213ff.

Decollatio. Als einfache Todesstrafe für Personen höheren Standes *(honestiores)* und Freie diente die Enthauptung den Römern seit ältester Zeit zur Sühnung der verschiedensten Kapitalverbrechen wie etwa Mord, Menschenraub, Ehebruch und Paederastie, Majestätsverbrechen (vgl. Pauli sent. 5,23,1.21,3. Cod. Iust. 9,9,29.30.9,20, 16. H.A. Carac. 4,1). Sie wurde im Rahmen der magistrat. Exekution von Soldaten niederen Ranges (*speculatores,* Tac. ann. 15,68) unter Aufsicht eines Offiziers anfänglich mit dem Beil, unter dem Prinzipat mit dem Schwert vollzogen. In klass. Zeit wird die d. mit dem Beil ausdrücklich verboten (Ulp. Dig. 48,19,8,1). Soldaten waren es auch, bei denen die d. zunächst am häufigsten angewendet wurde (Paul. Dig. 48,19,38,11). Der Verurteilte, dessen Hände auf den Rücken gebunden waren, wurde vor der d. entkleidet, an einen Pfahl gefesselt und gegeißelt (*lictores nudatos virgis caedunt securique feriunt,* Liv. 2,5.59.9,24.10,1). F. R.

Mommsen RStrR. 1899/1955, 916f. 923f.

Decretum. Eine Entscheidung, ein Beschluß. Technisch bezeichnet d. vor allem eine Entscheidung im Rahmen eines Gerichtsverfahrens (unt. I) oder den Beschluß einer Personenmehrheit (unt. II).

I. D. im 1. Sinne heißt nur der Rechtsentscheid einer Amtsperson, nicht aber das Urteil des *iudex privatus* im röm. Formularprozeß. Als solche dekretierenden Amtspersonen kommen in Betracht die Gerichtsmagistrate und der Kaiser.

1. Die Gerichtsmagistrate (Prätor und kurulische Ädilen) regeln durch d-a, die mündlich *in publico* (vgl. Ulp. Dig. 49,4,1,9) ergehen, insbes. das 1. Stadium *(in iure)* des Formularprozesses. Sie können durch d. den unzulässigen oder nicht schutzwürdigen Antrag des Klägers von vornherein zurückweisen *(denegare actionem).* Sie können auch, wenn der Beklagte sich gegen eine persönliche Klage nicht verteidigt, den Kläger durch d. in das Vermögen des Beklagten einweisen *(missio in bona).* Tritt beides nicht ein, so begründen sie durch d. den 2. Verfahrensabschnitt vor dem *iudex privatus (apud iudicem).* Dieses d. enthält den Judikationsbefehl (*»Lucius Titius iudex esto«*) und als Prozeßprogramm die *formula* mit den Anweisungen an den *iudex* über Verurteilung und Freisprechung. Dieses für das weitere Verfahren grundlegende d. lassen die Parteien in der *litis contestatio* bezeugen (GÜNTHER JAHR Litis Contestatio, 1960; dazu THEO MAYER-MALY, ZRG 78, 1961, 493ff.). Damit wechselt der Prozeß bis zum Urteil in die Zuständigkeit des *iudex privatus.* Erst im Stadium der Zwangsvollstreckung gelangt er wieder an den Gerichtsmagistrat. Dann ist Anlaß zu weiteren d-a, insbes. zur Beschlagnahme des Schuldnervermögens durch d. Auch in Spezialverfahren, etwa bei den *interdicta,* ergehen die hauptsächlichen Entscheidungen des Gerichtsmagistrats durch d. Besonders häufig sind d-a in Vormundschafts- und Pflegschaftssachen, vgl. Cod. Iust. 5,72. – Auch von ihrer Strafgewalt machen die Magistrate durch d-a Gebrauch. Vgl. allgemein EMIL JOBBÉ-DUVAL Les decreta des magistrats pourvus de la iurisdictio contentiosa inter privatos, Studi Bonfante 3, 1930, 163ff.

2. Als d-a des Kaisers werden bisweilen alle seine Verfügungen bezeichnet (= *constitutiones principis;* vgl. ULR. V. LÜBTOW Das röm. Volk, 1955, 465). Technisch bedeutet *d. principis* jedoch nur die kaiserliche Entscheidung eines Rechtsstreites *causa cognita,* d.h. nach Sachprüfung. Den Gegensatz zum d. in diesem Sinne bildet das *rescriptum principis:* eine Rechtsauskunft des Kaisers auf Anfrage eines Beteiligten, die nur unter dem Vorbehalt der Richtigkeit des ungeprüften Sachvortrages erteilt wird. Grundlage für die Fähigkeit des Kaisers zur Prozeßentscheidung durch d. ist die aus seinem umfassenden *imperium* fließende Befugnis, jeden Zivil- oder Strafprozeß auf Anregung einer Partei oder eines Beamten an sich zu ziehen. Überdies kann eine Sache auch durch *appellatio* an den Kaiser gelangen. Bei der Untersuchung und Entscheidung unterstützt den Kaiser sein aus Fachjuristen bestehendes *consilium.* Diese kaiserliche Gerichtsbarkeit *(extraordinaria cognitio)* wird seit der Festlegung des prätorischen Edikts unter Hadrian, womit die prätorische Rechtsfortbildung unterbunden ist, zu einem wichtigen Mittel der Rechtsentwicklung. Denn die *d-a principis* entscheiden zwar zunächst nur einen bestimmten Einzelfall, wirken aber durch die Autorität des Kaisers und seines *consilium* mehr und mehr als bindendes Präjudiz. Schon Gaius (1,5) sagt von ihnen *legis vicem optinent,* Ulpian (Dig. 1,4,1,1) bezeichnet sie als *lex,* und Papinian rechnet sie sogar zum *ius civile* (Dig. 1,1,7 pr.). Die Kritik V. LÜBTOWS (Das röm. Volk, 1955, 461ff.; dort weitere Lit.) an diesen Texten ist wohl übertrieben. – Gesammelt wurden die kaiserlichen d-a im Archiv; dort konnten sie eingesehen werden. Bisweilen sind sie in den Juristenschriften verwertet. Dagegen fehlen literarische Sammlungen fast ganz; wir wissen nur von den Decreta Frontiniana des Titius Aristo, und auch von ihnen haben wir nur ein einziges Zitat (Pomp. Dig. 29,2,99). Die libri sex imperialium sententiarum in cognitionibus prolatarum (oder decretorum libri tres) des Paulus dagegen enthalten freie Prozeßberichte (zu den Sammlungen FRITZ SCHULZ Gesch. der röm. Rechtswiss., 1961, 180ff.). – An einzelnen d-a ist bekannt geworden das *decretum divi Marci* gegen den, der sich ohne Gerichtshilfe eigenmächtig Recht verschafft (Call. Dig. 48,7,7).

II. D. als Beschluß eines Kollegiums bezeichnet keinen einheitlichen Gegenstand. Denn das Zustandekommen wie die Wirkung eines solchen Beschlusses hängen von Art und Zuständigkeit des jeweils beschließenden Gremiums ab. Besonders zu erwähnen sind:

1. *D-a sacerdotum*, und zwar der *pontifices*, der Auguren und der Fetialen. Für die frühe Rechtsentwicklung wichtig sind die Gutachten des Priesterkollegiums zu Rechtsfragen. Sie haben entweder kautelaren Charakter, wenn sie über die sakralrechtliche Zulässigkeit eines Geschäfts und die nötige Form beraten, oder judiziellen, wenn sie zu einem konkreten Sachverhalt Stellung nehmen. Dazu FRITZ SCHULZ a.O. 1961, 19ff.

2. *D-a senatus*. Sie sind von der gewöhnlichen Form der Senatsentscheidungen, den → *senatus consulta*, kaum zu trennen; ob überhaupt ein sachlicher Unterschied besteht, erscheint zweifelhaft.

3. *D-a decurionum*, die Beschlüsse des *ordo decurionum* zur Ordnung der Gemeindeangelegenheiten. Gültigkeitsvoraussetzung ist ein Beschluß mit der vorgeschriebenen Stimmenzahl (Marcian. Dig. 50,9,2); eine spätere Aufhebung ist regelmäßig unmöglich (Call. Dig. 50,9,5). Vgl. allgemein Dig. 50,9; Cod. Iust. 10,47.

Die Wirkung der d-a anderer Personenmehrheiten *(concilium, collegium, gens, tribuni plebis)* ergibt sich aus dem unter diesen Stichwörtern über die Befugnisse jener Gremien Gesagten. D. M.

Decrius. 1. Verteidiger eines Kastells am Flusse Pagyda in Afrika, das im J. 20 Tacfarinas eroberte, wobei D. fiel, Tac. ann. 3,20,1 f. **2.** L. D., Gatte der Paconia Agrippina, von den Rhodiern geehrt, IGR IV 1126. **3.** D. Calpurnianus, praefectus vigilium, im J. 48 wegen eines Verhältnisses mit Messalina getötet, Tac. ann. 11,35,3. R. H.

Decula. Cognomen des Q. Tullius D., Consul 81 v. Chr., vgl. DEGRASSI FCap, 1954, 144. H. G. G.

Decuma (= decima sc. pars). Rechtliche Bedeutung hat dieser 10. Teil durch die Ehegesetze des Augustus: Sie beschränkten den Erwerb von Todes wegen zwischen Ehegatten auf ein Zehntel des Nachlasses, jedoch mit Zuschlägen für Kinder. Diese Beschränkung ist im J. 410 aufgehoben worden (Cod. Iust. 8,57,2) und daher nur außerhalb der just. Kodifikation ziemlich unklar in Ulp. 15,1–4 überliefert. – Auch sonst kommt der Zehnte vor: als Gegenstand eines Gelübdes an die Gottheit (Varro l.l. 6,54), einer *pollicitatio* (Ulp. Dig. 50,12,2,2) und vor allem – nach dem Vorbild von Karthago und Syrakus – als Abgabe eines Zehntels der Bodenerträge von Provinzialland, die an Rom abzuführen war (MAX KASER, ZRG 62, 1942, 61 f.). D. M.

Decumanus. D. bezeichnet im rechtwinklig angelegten röm. Vermessungssystem die senkrecht verlaufenden Linien *(limites)*; die waagerechten hießen → *cardines*. Der d. maximus (DM) bildete die Y-Achse. Bei einer Orientation der Vermessung nach Himmelsrichtungen war sein Verlauf namengebend, bei Anpassung ans Gelände wurde er dort verlegt, wo das Gebiet die größte Ausdehnung hatte, oder lehnte er sich an eine wichtige vorbeiziehende Straße an. Er war stets als Straße ausgebaut und durchweg doppelt so breit wie der *cardo maximus*. Von den übrigen bildete nur der je 5. D. einen öffentlichen Weg, die anderen allenfalls Feldwege. → Cardo, Groma und Limitation. H. Ch.

Fabricius, RE XIII 672ff.

Decumates agri (so die richtige Wortstellung) ist eine der zahlreichen nur in der Germ. des Tacitus (Cap. 29) erhaltenen Einzelheiten, mit der das Gebiet in der SW.-Ecke Germaniens zwischen Rhein, Main und Neckar diesseits des Limes bezeichnet wird. Über die topograph. Frage dieser D. a. ist man sich im klaren, weithin auch über die in dem Cap. 29 berichteten histor. Vorgänge (nach NORDEN-HESSELMEYER [1],142 »in einem Satz zusammengedrängt die ganze Vorgeschichte des Landes bis zu seiner Einverleibung in das röm. Reich, eine Geschichte von mehreren Jahrhunderten«, wobei NORDEN 4 Perioden: die Frühzeit, die Zeit des *dubiae possessionis solum*, die gall. Okkupation und die röm. Besitzergreifung, unterscheidet, d. h. die (bereits bei Tac. Cap. 28 angedeutete) kelt. Ausdehnung im Zusammenhang mit dem großen Keltenzug im 5./4. Jh., sodann die Räumung S.-Deutschlands durch die Kelten unter dem Druck der Germanen im 2./1. Jh. (»Helvetiereinöde«), die erneute gall. Okkupation und schließlich die Einverleibung in das Imperium.

Über die Erklärung des Namens D. a. ist vie geschrieben worden. Die Auseinandersetzungen haben sich im wesentlichen auf die Frage »Zehntland« oder »Zehnland«, im steuertechnischen oder verwaltungsrechtlichem Sinne, konzentriert, ohne daß ein sicheres Ergebnis erzielt worden wäre (Näheres s. RE Suppl. VII 1 ff.). Die Zehnlandtheorie (kelt. kantonale Flureinteilung) hat dabei die größere Wahrscheinlichkeit gewonnen, wobei der kelt. Name vermutlich über eine griech. Quelle (*Δεκούματες ἀγροί, Poseidonios?) dem Tac. zugekommen ist. W. S.

1. *Ed. Norden* Altgermanien, 1934, 137ff. *E. Hesselmeyer*, Klio 19, 1925, 253ff. 20, 1926, 344ff. 24, 1930, 1ff. *R. Much* Die Germ. des Tac. 276ff. *R. Rau* Germ. 12, 1928, 143ff. *Ders.* Wttbg. Vierteljahrsh. für Landesgesch. 37, 1932, 51ff.

Decuria. Im röm. Heer war die Reiterei in Dekurien zu je 10 Reiter gegliedert (Varro l.l. 5, 91. Fest. p. 355. Isid. orig. 9,3,5). Auch im Senat bildete die d. das Einteilungsprinzip. Die ursprüngl. 100 Mitglieder desselben waren in 10 Dekurien geteilt (Isid. orig. 9,4,11), die je 30 Senatoren umfaßten, als die Zahl der Senatoren auf 300 gestiegen war. In Dekurien gliederten sich auch die Richter. Seit 70 v. Chr. gab es 3 Richterdekurien, je eine der Senatoren, Ritter und Aerartribunen. Im J. 45 v. Chr. strich Caesar davon die letzteren, doch ließ er insgesamt 3 Dekurien bestehen. Augustus bildete eine 4. d. aus Personen, die mindestens die Hälfte des Rittercensus hatten, für Bagatellsachen. Dagegen blieben die 3 anderen Dekurien ausschließlich den Rittern vorbehalten (Suet. Aug. 52). Unter Caligula (Suet. Gai. 16) ist die Einführung einer 5. zu verzeichnen. Die Dekurieneinteilung findet sich ferner bei allen Korporationen, bes. den Zünften. Die Existenz dieser Einteilung läßt sich bis ins 6. Jh. n. Chr. nachweisen. A. N.

Dar.-Sagl. 2,1,39f. RE IV 2316ff.

Decuriales sind die Mitglieder der im Vereinswesen als Unterabteilungen der Kollegien häufig auftretenden *decuriae* (→ Decuria, Collegium), bes. aber die Mitglieder der Apparitorenkorporationen (→ Apparitores). Denn die Körperschaften der Subalternbeamten (der *scribae*, *viatores*, *lictores* etc.) heißen in ganz spezieller Verwendung *decuriae*, auch wenn sie nicht in Unterabteilungen gegliedert sind. Durch die korporative Organisation heben sich die D. (= *apparitores*) als Stand *(ordo decuriarum)* von den *ministri*, der niederen, nicht organisierten Dienerschaft, ab. Das Wort D. kommt auch in verschiedenen Verbindungen vor: z. B. sind *D. aedilicii* den Ädilen unterstellte Apparitoren. H. St.

A. H. M. Jones Stud. in Rom. governm. and law, 1960, 151 ff. *De Ruggiero*, Art. Decurialis, Dizion. epigraf. II/2, 1910, 1513.

Decurio. 1. So heißen vor allem die Mitglieder des Stadtrates *(ordo decurionum*, *ordo*, griech. *βουλή*; in der Republik und z. T. noch darüber hinaus auch *senatus*, in der späten Kaiserzeit *curia)* in den Städten röm. und latin. Rechts (Munizipien, Kolonien etc.), den Senatoren der Hauptstadt Rom vergleichbar (ältere Namen für *d.-nes* auch: *senatores*, *conscripti*, *patres;* griech. *βουλευταί*; in der Spätzeit *curiales*).

a) Urspr. war die Zugehörigkeit zum Stadtrat begehrt und begehrenswert; die D.-nen bildeten mit ihren Familien den *ordo splendidissimus* der Landstädte, durch eine Reihe von Vorrechten waren sie ausgezeichnet (Purpurstreif an der Toga, Vorzugsanteil bei der Verteilung von Sporteln etc.; seit Beginn der Kaiserzeit waren sie als *honestiores* von bestimmten Strafen eximiert: Kreuzigung, Zwangsarbeit u. a. m.; erst nach Anfrage beim Kaiser durfte der Statthalter sie zum Tod verurteilen). Zwar standen auch in dieser Periode den Vergünstigungen Lasten (→ munus) gegenüber, wie sie teils die gesamte Bürgerschaft, teils die D.-nen allein zu tragen hatten, doch wurden sie noch nicht als zu drückend empfunden. Die Gesamtzahl der D.-nen betrug regelmäßig 100 (auch geringere Zahlen kamen vor). In den Ordo gelangten in erster Linie die gewesenen Beamten und Priester. Definitiv erhielten sie die Ratswürde erst mit der förmlichen Aufnahme *(lectio)*, die von den *duoviri quinquennales* (Oberbeamten mit zensor. Funktion) alle 5 J. vorgenommen wurde; schon vorher hatten sie jedoch kraft ihres Amtes Sitz und Stimme im Rat. Nach dem bekleideten Amt richtete sich der Rang, mit dem die D.-nen bei der *lectio* im → Album verzeichnet, und die Reihenfolge, in der sie in den Ratssitzungen zur Meinungsäußerung zugelassen wurden. Bürger der Stadt, die kein Amt bekleidet hatten, konnten unter gleichzeitiger Verleihung einer dieser Rangklassen vom Ordo hinzugewählt werden (z. B. *adlectio inter quinquennales*); geschah die → adlectio hingegen ohne Rangverleihung, hießen die Hinzugewählten *pedani*, weil sie lediglich an der Abstimmung durch Platzwechsel teilnehmen, im Gegensatz zu jenen aber ihr Votum nicht begründen durften. Für die Erlangung des Dekurionats war vor allem Bedingung: Unbescholtenheit, freie Geburt (eine Lex Visellia von 24 n. Chr. hat von Caesar geschaffene Ausnahmebestimmungen wieder aufgehoben), hinreichendes Vermögen (in Comum z. B. 100000 Sesterzen), meist Zahlung eines Eintrittsgeldes; die Altersgrenzen variieren (die Pandektenjuristen nennen eine Unter- bzw. Obergrenze von 25 und 55 J.). Die bloßen *ornamenta decurionalia* konnten verliehen werden, wenn eine dieser Voraussetzungen mangelte. Die Ratswürde wurde normalerweise lebenslänglich bekleidet (wegen strafbarer Handlungen konnte jedoch Ausschluß auf Dauer oder auf Zeit erfolgen). Zur Beschlußfähigkeit des Ordo war die Anwesenheit einer bestimmten Mitgliederzahl erforderlich (oft z. B. 2 Drittel); die Beschlüsse wurden meist mit absoluter Mehrheit der anwesenden D.-nen gefaßt. Die Kompetenz des Rates umfaßte die Angelegenheiten der Gemeindeverwaltung, die Vertretung der Bürgerschaft nach außen u. a. m. Aus einer anfänglich vor allem beratenden Versammlung entwickelte er sich alsbald zur höchsten Instanz der Gemeinde; an seine Beschlüsse waren die Oberbeamten gebunden, doch konnte er nur auf Initiative der Duovirn tätig werden, die ihn einberiefen und seine Verhandlungen leiteten.

b) In der 1. Hälfte des 3. Jh. n. Chr. begann die Veränderung zum Schlechteren, die bald dazu führte, daß die D.-nen zu einem der bedrücktesten Stände des Staates wurden. Zwar bleiben ihnen die oben erwähnten Privilegien im wesentlichen erhalten, doch zählen diese wenig gegenüber den harten Belastungen, die sie dulden müssen. Der wirtschaftliche Niedergang der Städte trifft sie am schwersten, da sie für das der Gemeinde auferlegte Steuersoll persönlich (und bis Konstantin auch solidarisch) verantwortlich gemacht werden und meist kostspielige Zwangsdienste *(munera*, *λειτουργίαι)* gegenüber Stadt und Staat zu erbringen haben. Selbst die früheren Ehrenämter werden zum *munus*, das den D.-nen aufgebürdet ist: nicht mehr die Bekleidung der Magistratur berechtigt zum Dekurionat, sondern der Dekurionat, nun ein erblicher Zwangsstand, verpflichtet zur Übernahme der Magistratur; vom 18. Lebensj. an, das (seit Konstantin) die Untergrenze zum Eintritt in die Kurie (als Institution) gibt, soll der *origine curiali natus (ordinibus natus*, *originalis*, griech.

πατρόβουλος) zur Übernahme von *munera* nominiert werden. Zahlreiche Konstitutionen stellen die Versuche unter Strafe, sich den kurialen Verpflichtungen zu entziehen, sei es z.B. durch Eintritt in den geistlichen Stand oder die Armee, sei es durch Verlegung des Domizils in eine andere Stadt oder auf das Land. Die Freizügigkeit und freie Verfügungsgewalt der D.-nen über ihr Vermögen wird empfindlich eingeschränkt. Da der Erbzwang allein nicht ausreicht, können, um den Ordo zu ergänzen, besitzende Plebejer ihm zwangsweise einverleibt werden; gewisse Stände sind allerdings befreit. Selbst als »Strafanstalt« wird die Kurie mißbraucht (z.B. steckte Maxentius die Christen, Justinian Juden und Ketzer in den Ordo), doch haben die so Bestraften oft nur an den Lasten, nicht an den Vorrechten teil. Leo Sapiens schafft die Kurien schließlich ab.

2. D.-nes sind ferner die Vorsteher der *decuriae* (→ decuria), d.h. der Unterabteilungen der Vereine (→ collegium); sämtliche D.-nen eines *collegium* bilden oft einen *ordo d.*, wie überhaupt die Vereinsverfassungen den Munizipalverfassungen häufig nachgebildet sind. – S.a. consistorium. H. St.

F. Grelle s. Decuriones, Noviss. Digesto ital., 5, 1960, 309ff. *A. Ormanni* s. Curia, Curiali, ebd. 5,61ff.; beide mit ausführlichen Lit.-Angaben. *F. M. de Robertis* s. Collegium, ebd. 3, 1959, 485. *B. Kübler* Gesch. des röm. Rechts, 1925, 119.232ff.341ff.

3. Eine *turma* hatte in der Frühzeit des röm. Milizheeres 3 *d.-es*, und zwar je einen für je 10 Mann der 30 Reiter umfassenden *turma*, d.h. darin waren auch die 3 d.-es inbegriffen (Krom.-Veith 270). Der rangälteste *d.* kommandierte die gesamte *turma* (Pol. 6,25,1 f. Marqu. RStV 2,348). Erst mit der Heeresreorganisation des Kaisers Hadrian, durch die die Legion wieder Kavallerie erhielt, wurde die *turma* 33 Reiter stark, d.h. in dieser Zahl waren die 3 Führer, ein *sesquiplicarius*, ein *duplicarius* und der *d.* inbegriffen (Klio 21). Jeder *d.*, δεκουρίων (CIG 5087) oder δεκάδαρχος (Arr. takt. 42,1) hatte nach Hyg. grom. 16,3 3 Dienstpferde. Dieser Vermerk bezieht sich zunächst auf die Kavallerie der Hilfstruppen, da zu Hygins Zeit die Legion in ihrem Verband keine Kavallerie hatte. Er dürfte aber auch auf die Legionskavallerie zumindest seit Hadrian zutreffen, da die neue Stärke der *turmae* von den *alae* übernommen zu sein scheint (Klio 21). Seit Gallienus gab es keine eigene Legionskavallerie mehr. Nach Hygin. grom. 16 hatten die *alae miliariae* je 24, die *quingenariae* je 16, *d.-es alares* (CIL II 14865), d.h. die *turma* der *alae* zählte je 30 Mann oder mehr Reiter. Was die Rangordnung des *d.* der Alenturme betrifft (BJ 117,53 f.), so stand er unter dem *centurio legionis* (CIL VIII 18025) und über dem *beneficiarius consularis* und dem *centurio cohortis*. Dieser stand wieder über dem *beneficiarius consularis* und *beneficiarius procuratoris*, doch unter dem *d. alae* (BJ 117,57). *D.-es* hatten ferner die *equites singulares imperatoris* (BJ 117,50) und die *numeri equitum* (BJ 117,60). Eine *schola decurionum* ist durch CIL III 7626 bezeugt. Der *d.* konnte auch ein Sonderkommando erhalten, wie z.B. das einer *cohors quingenaria* als *praepositus* (CIL VIII 21560). A. N.

Dar.-Sagl. 2,1,40f. BJ 117, 1908, 269. Klio 22. Bh. 1930,21.

Decursio. *Decurrere* und *ambulare* sind in gewissem Sinn synonyme Begriffe, beide können sowohl marschieren wie exerzieren bedeuten (Class. Phil. 157, Anm. 3), doch wird *decurrere* in erster Linie für exerzieren und *ambulare* für marschieren (Tert. 3: *in armis deambulare, campum decurrendo*) angewendet. So ist *d.* (Suet. Galba 6) oder *decursus* (Gell. 6,3,52) der Ausdruck für exerzieren bzw. das Manöver (Liv. 24,48,11.40.47. Veg. mil. 1,3.2,22). Es ist so alt wie jedes Heer überhaupt. Vom Verlauf des Manövers gibt Veg. mil. 1,27 eine ungefähre Vorstellung. Es handelte sich hier um die Felddienstübung (Class. Phil. 170 f.) bei dem Abschluß der Rekrutenausbildung (Class. Phil. 157 ff.). Dabei scheint offenbar alles in Anwendung gekommen zu sein, was der Rekrut während seiner Ausbildung gelernt hatte, also Marschieren, Bildung von Formationen, Laufen, Springen, Lagerschlagen, Schwimmen, regelrechte Kampfszenen unter Einsatz vermutlich aller Waffen. Die Berechnung auf den Ernstfall lag auch den Manövern der länger ausgebildeten Soldaten zugrunde (CIL VIII 5232. Tac. ann. 12.17. Ios. bell. Iud. 3,5). Die Manöver wurden von den Kommandeuren durch Zeichen mit dem Schild geleitet (Suet. Nero 7; Galba 6). Mit *d.* wurde auch die Parade bezeichnet (J. Sulser 37 f.). Sie fand bes. als Abschluß der Manöver, bei Totenehrungen und anderen festlichen Veranstaltungen, z.B. bei Empfängen, statt, wo es sich in der Regel um einen Aufmarsch handelte, wie z.B. bei der Soldauszahlung (Ios. bell. Iud. V 9,1). Die *d.* als Felddienstübung hielt sich bis in die Spätantike (Class. Phil. 173), sicher in veränderter Form, und als Parade erfolgte sie seit Gallienus (Grosse 12 f.) als *albata*, d.h. alle Soldaten trugen dabei den weißen Mantel. A. N.

RE IV 2353ff. *J. Sulser* Disciplina, Basel 1920, 35ff. *R. Grosse* Röm. Militärgesch., Bln. 1920, 12f. Class. Phil. 43, 1948, 157ff.

Decussis (oder auch *decus*) ist durchsichtig gebildet und bezeichnet einen Betrag oder Wert von 10 Assen, allgemeiner auch den Zehner als Zahl. Die → Kleingeldrechnung verwendet D. als Ausdruck für $^5/_8$ des als Einheit verstandenen Denars von 16 Assen. Die übliche Sigle für D. war X. Dieser Gestalt wegen diente D. als t. t. für 2 sich rechtwinklig kreuzende Linien (*decussare*, → Groma). Die moderne Numismatik nennt zur Unterscheidung vom → Denar und wohl in Übereinstimmung mit der ant. Terminologie die allein in der postsemilibralen Stufe der röm. Janus-Prora-Serie vorkommenden gegossenen Zehnasstücke mit dem Zeichen X D. Die Vorderseite zeigt den

Kopf der Roma (oder Diana) r., die Rückseite die Prora l. Nur 2 Exemplare im Gewicht von 1106,6 und 652,28 g sind bekannt. H. Ch.

Hultsch, RE IV 2354ff. *Haeberlin* Aes grave, 1910, 117. *Schrötter* WBMzK s.v. *Thomsen* Early Rom. Coinage 2, 1961, 37ff.

Dedicatio heißt der Vollzug der Übergabe einer Sache an eine Gottheit. Voran geht häufig ein entsprechendes Votum. Die Sache wird *res sacra*. Im staatlichen Bereich vollzieht ein Magistrat *cum imperio* oder auf Volksbeschluß eine andere Person unter Assistenz eines Priesters, meist des pontifex maximus, die Handlung (→ consecratio). Auch bei privater d. ist die Zustimmung der Gemeinde, schon wegen der auf sie übergehenden Kosten, erforderlich. Am wichtigsten ist die d. von Tempeln. Der Tag galt dann als *natalis templi*. Häufig wird das Gelübde von einem Magistrat in der Amtszeit getan, nach Fertigstellung weiht er den Tempel. Hat er zu dieser Zeit kein Amt mit *imperium*, pflegt ein Volksbeschluß zu erfolgen, wobei üblicherweise *IIviri aedi dedicandae* gewählt werden, unter denen der Gelobende (oder nach seinem Tod sein Sohn) ist. Über die d., deren Gründe, den Weihenden und das (Tempel-) Statut (*lex*. Auf die *lex arae Dianae in Aventino* wird für die allg. Bestimmungen verwiesen) geben die Urkunden Auskunft. Die Pontifices geben auf Grund ihrer Akten Gutachten über die Zulässigkeit einer d. ab, Auskunft über die zu erstellende Urkunde, sprechen die feierlichen Worte vor und berühren zusammen mit dem Weihenden einen Türpfosten des neuen Tempels (rechtlich, ähnlich wie das Vorsprechen der Worte, als Vormachen der richtigen Geste zu deuten: Wissowa [1], anders Marquardt [3]. W. E.

1. *Wissowa*, RE IV 2356ff. 2. *Ders.* Rel. [2]385. 3. *Marqu.* RStV 3,269ff. 4. *Mommsen* RStR, bes. 2,618ff.

Dediticii. 1. Darunter versteht man die auf Grund mil. Kapitulation *(deditio) in dicionem populi Romani* gelangten, jedoch nicht zu Sklaven gemachten Angehörigen »einer ehemals korporativen Gemeinschaft . . ., die infolge der Dedition aufgehoben worden war« ([1],96). Die D. sind frei, aber *nullius civitatis cives* und privatrechtsfähig nur nach *ius gentium*. Es liegt im Belieben Roms, ihnen mit der Zeit das Bürgerrecht zu gewähren, ihr früheres Staatswesen wiederherzustellen usw.

2. Neben diese sog. *peregrini d.* (Gai. 1,14) stellte die *lex Aelia Sentia* (4 n. Chr.) eine Kategorie von gewissen *libertini*, die mit der Freilassung weder *cives Romani* noch *Latini (Iuniani)* wurden, sondern *dediticiorum numero* sind (ungenau werden sie bloß d. genannt, seit dem 3./4. Jh. sogar überwiegend so). Sie waren vom Erwerb des röm. Bürgerrechts überhaupt ausgeschlossen, mußten sich mindestens 100 Meilen von Rom fern halten etc. Justinian hat 530 die *dediticia libertas* aufgehoben.

3. Der Ausdruck *barbari d.* ist nicht quellenmäßig; man nennt so eine in der Kaiserzeit ausgeprägte Untergruppe der *peregrini d.*: unterworfene Barbaren, die teils Land assigniert erhalten, teils als Hilfstruppen dienen.

4. Die Constitutio Antoniniana (212 n. Chr.) hat den d. (mit Ausnahme der Aeliani) wahrscheinlich auch die röm. Civität verliehen (umstritten ist der Passus χωϱ[ὶς] τῶν [δεδ]ειτικίων in Pap. Giss. 40 I,9; welche D. sind von was ausgenommen?). H. St.

Chr. Sasse Die Const. Antonin., 1958, 68ff. *Ders.*, Journ. of jur. Pap. 14, 1962, 109ff. *E. Schönbauer*, IURA 14/1, 1963, 71ff. *A. H. M. Jones* Stud. in Rom. governm. and law, 1960, 129ff. *A. Heuss* Die völkerr. Grundl. der röm. Außenpol. etc. = Klio Bh. 31, 1933, 71ff.. *E. Volterra* Studi Paoli, 1955, 702ff. *M. Kaser* Das Röm. Privatr. 1, 1955, 179f. 193f. 243. 255f. 2, 1959, 37[37]. 81f. 88[11]. 94. *H. Siber* Röm. Verfassungsr., 1952, 69f. 179f. 255ff.

Deductio hat im röm. Privatrecht die verschiedensten Bedeutungen. Von *d. in domum (hortos)* spricht man, wenn der Mann die Frau zu Beginn der Ehe feierlich in sein Haus führt (Ulp. Dig. 13,6,5,10. Pomp. Dig. 23,2,5. Scaev. Dig. 24,1, 66,1). Im klass. Zivilprozeß bedeutet *rem s. litem in iudicium deducere* eine Rechtssache klagbar, gerichtlich anhängig machen; *res in iudicium deducta* kommt daher sehr oft der *lis contestata* gleich (vgl. *exceptio rei in iudicium decuctae*). Schließlich wird d. noch im Sinne von Abzug verwendet; d. etwa von Aufwendungen (*d. impensarum*, Iav. Dig. 31,41,1), ferner die Abzugspflicht des Käufers einer Erbmasse *(bonorum emptor)*, der seine Forderungen nur nach Abzug der jeweiligen Gegenforderung des Schuldners einklagen kann *(agere cum deductione;* Gai. Inst. 4,65.66). In der Bedeutung teilen, zerlegen wird d. in Wendungen wie *in tres partes hereditatem deducere* verwendet (Iul. Dig. 37,4,13,3). F. R.

Defensor. Aus der allg. Bedeutung als Verteidiger, Beschützer haben sich 3 techn. Verwendungen des Wortes herausgebildet: I. Im Zivilprozeß ist d. der Vertreter eines anderen, meist des Beklagten, vor Gericht. Typischerweise handelt es sich einmal um die Vertretung von Korporationen (*defensores, quos Graeci syndicos appellant*, Arc. Char. Dig. 50,4,18,13), darunter auch öffentlich-rechtlicher Verbände *(res publica, municipium)*. Zum anderen ist d. der Vertreter einer Privatperson, meist einer abwesenden; der d. handelt dann, im Gegensatz zum *procurator*, ohne Auftrag. Vgl. Dig. 3,3 und Otto Lenel Edictum Perpetuum, 1927[3], 98f. II. Im Staatsrecht haben Bedeutung: 1. Der d. senatus. Sein Amt wird 361 geschaffen, um die in ihrem Range erhöhten Mitglieder des Senates von Konstantinopel vor Übergriffen bei der Steuerveranlagung und -eintreibung zu schützen. Schon 364 wird die Befugnis zur Bestellung den Senatoren selbst verliehen. Bes. sollen ohne Anwesenheit des d.s. keine Steuerveranlagungen von Senatoren stattfinden. Vgl. Cod. Theod. 1,28. Gegen Anf. des 5. Jh. verschwindet der d.s. jedoch.

2. Der *d. civitatis (plebis)*. Dieses Amt ist wohl das ältere und dürfte schon am Anf. des 4. Jh. n. Chr. entstanden sein; Cod. Theod. 1,29,1 ist wohl nur die 1. gesetzliche Regelung für Illyrien, bezeichnet aber nicht die Einführung des Amtes überhaupt. Der d. c. soll vor allem das Volk gegen die *potentiores* vor Bedrückung und Ausbeutung schützen. Diese drohte zumal von den *decuriones*, die für die Steuern persönlich hafteten und sie daher mit allen Mitteln einzutreiben suchten. Zudem erhält der d. c. allmählich weitere, spezielle Funktionen: Beglaubigung von Rechtsgeschäften, Mitwirkung bei der Bestellung von Vormündern und eine Jurisdiktion in Bagatellsachen. Der d. c. wird zunächst vom *praefectus praetorio* ernannt, später von den oberen Ständen unter Mitwirkung des Klerus gewählt. Bevorzugt werden unbescholtene Personen, die schon ein hohes Amt bekleidet haben; *decuriones* sind ausgeschlossen. Die Bestellung erfolgt anfangs auf Lebenszeit, bald aber nur noch für 5 J. – Später verfällt das Amt des d. c., weil seine Träger entweder nicht die nötige Macht haben oder diese aus Gewinnsucht zu eigennützigen Zwecken mißbrauchen. Diese Mißstände schildert Justinian in Nov. 15 pr.; wieweit ihm Abhilfe gelungen ist (durch die Regelung im Fortgang von Nov. 15), erscheint aber zweifelhaft. Weit mehr Einfluß kommt jedenfalls hinfort den Bischöfen zu. – Vgl. außer Nov. 15 auch Cod. Theod. 1,29. Cod. Iust. 1,55. D. M.

Lit. zum d. c.: Alte RE IV 2371, dazu 1. *Mitt.-Wilcken* Grdz. 1,80ff. 2,31f. 2. *Bernh. Kübler* Gesch. des röm. Rechts, 1925, 338f.

Deferunda → Adolenda.

Defixio. Schon im frühen Alt. weit verbreitete Art des Schadenzaubers, der den von Verfluchung Betroffenen an jeder Tätigkeit hindern, ja vernichten sollte. Oft begegnet *defigere* als Terminus magicus (festheften, bannen) in Lit. und Zaubertexten (s. Thes. l.l. 5,1. 342 [E] 31–41); *defixio (defisio)* scheint nicht vor dem 6. Jh. n. Chr. belegbar (S. Neto Humanitas 2, 1949, 77. Thes. l.l. 5,1. 356.82). D. ist bereits den homer. Epen bekannt, wo Götter, auch Moira und Ate Bindung und Blendung erwirken (δεῖν, πεδᾶν, θέλγειν); s. Il. 14,73. 4,517. 19,94. 13,435 u. a. Die D. erfolgt hier fast immer durch die Kraft des göttlichen Willens, ohne das Mittel der Verfluchung, doch auch auf menschliches Fluchgebet hin von Göttern ausgeführt (Il. 9,454–457. 568–572). Platon weiß von Ärzten, Sehern, Zeichendeutern, auch Privatleuten, die durch καταδέσεις und sympathet. Wachsfiguren andere defigieren (Leg. 933 A bis E; Pol. 364 C); s. S. Eitrem Symb. Osl. 21, 1941, 51–53. D. vollzog man durch mündliche, schriftliche und figurale Verfluchung beliebiger Wesen, wobei man schon früh zu ihrer Schädigung oder Vernichtung unter mag. »Handlungen« (πράξεις) unterweltliche, göttliche und dämon. Gewalten herbeizwang. Zur schriftlichen Formulierung der seit dem 5. Jh. v. Chr. nachweisbaren D. dienten überwiegend Bleilamellen, auf die der Fluch vom einfachen Namen an bis zu beliebiger Länge, oft von Sympathiebildern begleitet, geritzt wurde. Die Veranlassungen zur D. entsprachen den zahllosen Nöten und schlimmen Wünschen aller Klassen der griech. und röm. Bevölkerung, die zu jeder Zeit an die Macht der D. glaubte und sie gebrauchte. In besonders großer Menge haben sich D. mit Verfluchung von Prozeßgegnern und Konkurrenten von Rennfahrern und ihren Pferden gefunden; daneben führen die Motive der übrigen Masse von D. in buntestem Wechsel tief ins tägliche Leben der Ant. hinein. Ihre Hersteller fanden ihre Vorlagen in den Formularsammlungen der Zauberpap., die genaue Muster für alle Bedürfnisse der angewandten Magie überliefern und in verschiedenen Exemplaren von Papyrusrollen und -codices (1.–5. Jh.) auf uns kamen und sich in den Zauberbüchern des MA. fortsetzten. K. P.

R. Wünsch Defix. tab. Att. (CIG III 3 App. 1897). *A. Audollent* Defix. tab., Par. 1904. *K. Preisendanz* Die griech. und lat. Zaubertafeln (Arch. für Papyrusforsch. 9, 1930, 119–154. 11, 1935, 153–164, Bibliographie); die späteren Funde bei *P. Moraux* Une défixion judiciaire au Musée d'Istanbul (Mémoires de l'Ac. roy. de Belgique 54, 1960). *K. Preisendanz* Pap. graec. mag. 1, 1928. 2, 1931. *A. Delatte* Anecd. Athen., Liège 1927.

Defrutum s. Vinum

Deïaneira (Δηιάνειρα »den Mann vernichtend« Frisk). **1.** Tochter des Königs Oineus im aitol. Kalydon (Pleuron Soph. Trach. 7) und der Althaia (→ Nr. 1); nach andern war Dionysos ihr Vater, Apollod. 1,64. Durch ein Gespräch mit ihrem Bruder Meleagros in der Unterwelt veranlaßt (Bakchyl. 5,165ff.), freit Herakles, nachdem er Megara dem Iolaos überlassen hat, um D. als Nebenbuhler des Acheloos. Herakles besiegt in hartem Ringen den auch in Schlangen- und Stiergestalt kämpfenden Stromgott – über bildliche Darstellungen dieses Kampfes s. o. S. 44 → Acheloos Nr. 2 (dort ist zu verbessern: Paus. 6,19,12. 3,8,12), ausführlicher RE IV 2380f. – und gewinnt die Göttin. Auf den ältesten Sohn des Paares, Hyllos, führte sich die vornehmste der 3 dor. Phylen (Ὑλλεῖς) zurück; über den Opfertod der Tochter Makaria Paus. 1,32,6. Auf dem Heimweg, am aitolischen Fluß Euenos (oder Lykormas, Bakchyl. 15,34) angekommen, übergibt Herakles D. dem Kentauren → Nessos, damit er sie hinübertrage. Der will sich an ihr vergreifen und wird auf ihre Hilferufe von Herakles durch einen Giftpfeil getötet. Sterbend hat er noch tückischerweise D. veranlaßt, das Blut aus seiner Wunde aufzufangen und aufzubewahren, als Liebeszauber, wenn Herakles ihr einmal abtrünnig werden sollte; diese Erzählung ist schon für Archilochos bezeugt, M. Treu Archil., 1959, 246. Soph. Trach. 38 motiviert die Übersiedlung des Herakles von Tiryns nach Trachis am Oitegebirge mit der Ermordung des Iphitos. Von dort aus zieht er gegen Eurytos in Oichalia (Euboia) zu Felde. Er verliebt sich in dessen Tochter, die kriegsgefangene Iole, und will sie mit nach Trachis nehmen. Da wird D. eifersüchtig und bestreicht das Opferfestgewand, das sie durch Lichas ihrem Gatten schickt, mit dem vermeintlichen Liebeszauber des Nessos. Wie Herakles das Gewand angelegt hat, wird er von furchtbaren Schmerzen gequält, die ihn schließlich in den Tod treiben; er läßt sich auf der Oite einen Scheiterhaufen errichten. Die verzweifelte D. macht ihrem Leben durch Erhängen (Apollod.) oder mit dem Schwerte (Soph.) ein Ende. Ihr Grab wurde in Herakleia an der Oite, aber auch in Argos gezeigt, Paus. 2,23,5. Zusammenhängende Darstellungen Apollod. 2,148ff. Ov. met. 9,1ff. Hyg. fab. 33ff. Sen. Herc. Oet. Zu einer lebendigen Gestalt voll Sanftmut und Liebe, Torheit und Eifersucht und Verzweiflung war D. erst durch Soph'. nach dem Mädchenchor benannte Tragödie »Trachinierinnen« geworden. **2.** Tochter des Königs Dexamenos im achaiischen Olenos. Herakles, bei Dexamenos zu Besuch, hat Umgang mit ihr gepflogen und ihr die Ehe versprochen. Nach seinem Weggang wirbt der Kentaur Eurytion um sie. Dexamenos wagt nicht, ihn abzuweisen. Aber am Hochzeitstage kommt Herakles zurück und erschlägt den Kentauren. Hyg. fab. 31. Andere Fassungen → Dexamenos. H. v. G.

Deïdameia (*Δηιδάμεια*). **1.** Tochter des Königs Lykomedes auf Skyros, Mutter des Neoptolemos (Pyrrhos) von Achilleus, der die Insel eroberte und D. heiratete; o. Sp. 48,3. Nach einer späteren (Sch. Hom. Il. 9,668) Sagenfassung brachte Thetis ihren Sohn vor dem Ausbruch des Krieges um Troia nach Skyros in Sicherheit, wo er in Mädchenkleidung mit den Töchtern des Lykomedes aufgezogen wurde. Kalchas offenbarte sein Versteck, und Odysseus, als Kaufmann verkleidet, entdeckte ihn, indem er neben weiblichem Schmuck auch Waffen anbot, die der Junge gierig ergriff; o. Sp. 47,57. Ein volkstümliches Motiv, von Odysseus auf Achilleus übertragen, W. Kullmann H (ES 14) 191,3. Apollod. 3,174. Ov. met. 13,162ff. Stat. Ach. I. Nach den Kyprien kommt Achilleus erst nach der Abfahrt von Teuthranien nach Skyros, o. Sp. 48,27. Nach dem Fall von Troia gibt Neoptolemos D. dem Helenos als Gattin, Apollod. epit. 6,13. Nicht erhalten sind des Soph. und Eur. *Σκύριοι*. **2.** Tochter des Bellerophon, von Zeus (oder Euandros) Mutter des Sarpedon, Diod. 5,79,3. Sonst Laodameia genannt, Hom. Il. 6,197. H. v. G.

Deïleon (*Δηιλέων*). Sohn des Deïmachos aus Trikka, nahm mit seinen Brüdern → Autolykos und Phlogios an dem Amazonenzug des Herakles teil. Sie blieben in Sinope und kehrten später mit den Argonauten nach Thessalien zurück. Apoll. Rh. 2,955ff. Val. Fl. 5,113ff. Bei Plut. Luc. 23 und Hyg. fab. 14 heißt er Demoleon. H. v. G.

Δειλίας γραφή. Eine »Klage wegen Feigheit« wird zwar von Aischin. 3,175. And. 1,74. Aristoph. Ach. 1129; Equ. 368, nicht aber von Platon (leg.) und von Poll. in seinem ausführlichen Katalog der militärischen Verbrechen erwähnt. So scheint es, daß das attische Militärstrafgesetz neben den Tatbeständen der Verweigerung der Gestellung (*ἀστρατεία* bzw. *ἀναυμάχιον*), der Desertion (*λείπειν τὴν τάξιν* bzw. *λιποναύτιον*) und des Wegwerfens des Schildes (*ἀποβάλλειν τὴν ἀσπίδα*) zusätzlich einen allgemeinen Tatbestand der *δειλία* nicht gekannt hat. Gerichtsvorstand war der Strategos. Die Richter wurden aus den Bürgern, die den betr. Feldzug mitgemacht hatten, genommen. Als Strafe war bei den obigen Militärverbrechen der Verlust der bürgerlichen Ehrenrechte vorgesehen. E. B.

I. *J. H. Lipsius* Das Att. Recht und Rechtsverfahren, 1905, 453.

Δεῖμα (vgl. Paus. 2,7,7. 2,3,7). Unpersönliche Schreckerscheinung, die als dingliche Objektivation (z. B. als Schild) Furcht bannen bzw. erzeugen soll. Daneben stehen → *Δεῖμος*, *Φόβος* als personale Vorstellungen. Eine Mittelstellung nimmt die Erscheinung des *δ.* in der äußeren Gestalt einer Frau ein. W. P.

L. Radermacher Mythos und Sage bei den Griechen, 1938[2], 230ff.

Deïmachos → Deileon.

Deimos (*Δεῖμος*). Gewöhnlich mit *Φόβος* verbunden: Furcht und Flucht. Beide Personifikationen gehören schon Hom. Il. 4,440 zum dämonischen Gefolge des Ares; sie schirren ihm die Rosse 15,119. Hes. theog. 934 erscheinen sie als Söhne des Ares und der Kythereia (Aphrodite), nachdem Phobos schon Il. 13,299 als sein lieber Sohn bezeichnet ist. Antimachos nahm sie als Rosse des Ares, die von der *Θύελλα* ‚Windsbraut' abstammten; vgl. Val. Flacc. 3,89 Terror und Pavor. Semos FHG 4,495, frg. 18a macht D. zum Vater der Skylla. Wie D. und Phobos neben der Gorgo auf der Aigis Athenas dargestellt sind, Hom. Il. 5,739, so auch auf dem Schilde Agamemnons, 11,37. Beide stehen auf dem Heraklesschild Ps. Hesiods; der löwenköpfige Phobos schmückt Agamemnons Schild auf der Kypseloslade, Paus. 5, 19,4. So kommen sie auch auf erhaltenen Vasen vor. Ob Phobos Kultname des Ares in Selinus war, ist fraglich. Vgl. bei den Römern Pallor und Pavor Liv. 1,27. Metus und Terror Apul. met. 10,31. H. v. G.

Deubner Ath. Mitt. 27,253. *Nilsson* GgrR 1,488. *Usener* Götternamen 365.367. *Prell.-Rob.* 1,338,4. *W. Schadewaldt* Hellas und Hesperien 346ff.

Deinarchos (*Δείναρχος*). **1.** D., der Redner. Alle biogr. Angaben hängen von Dion. Hal. De Din. (verstümmelt überliefert) ab, der die inzwischen verlorene Rede *κατὰ Προξένου* und eigene, methodisch zwar richtige, aber im einzelnen nicht gesicherte Berechnungen benutzte. Davon letztlich abhängig [Plut.] mor. 850 B ff., Phot. bibl. 247 und Suda *Δ*. D., * gegen 360 v. Chr. in Korinth als Sohn des Sostratos, kam früh nach Athen, wo er bald in Verbindung mit Peripatetikern stand (Theophrast, Demetrios v. Phaleron). Da ihm als Metöken eigenes politisches Auftreten versagt war, betätigte er sich als Logograph (nach Dion. Hal. etwa seit 336/35). Erst nach dem Tode Alexanders d. Gr., vor allem unter Demetrios v. Phaleron, scheint er eine größere Rolle gespielt und ein nicht unbeträchtliches Vermögen erworben zu haben. Nach 307 ging er nach Chalkis ins Exil, aus dem er erst 15 J. später zurückkehren durfte. Kurz darauf trat er das einzige Mal in seinem Leben selbst vor Gericht als Kläger gegen seinen ehemaligen Freund Proxenos auf, der ihn angeblich um eine größere Summe Geldes gebracht hatte. Über den Rest seines Lebens ist nichts bekannt.

D. wurde an letzter Stelle in den Kanon der att. Redner aufgenommen. Unter seinem Namen liefen in der Ant. zahllose Reden um. Dion. Hal. sonderte 60 echte aus, nach ihm Kaikilios von Kale Akte 64 ([2]). Genaues war bereits im 1. Jh. v. Chr. nicht mehr zu ermitteln, weil auch die Kataloge der großen Bibliotheken widersprüchliche Angaben boten. Erhalten sind 3 Reden, aus den Harpalosprozessen (gegen Demosthenes, Aristogeiton und Philokles), die beiden kürzeren vielleicht nicht einmal vollständig. Da wir in allen Stücken auf die von Dion. Hal. entwickelten Kriterien angewiesen sind, läßt sich die Echtheit, die jedoch aufgrund der hsl. Zuweisung allgemein angenommen wird, weder beweisen noch überzeugend widerlegen.

D. galt im Altertum als Nachahmer der älteren Redner Lysias, Aischines und vor allem des Demosthenes (vgl. *ὁ κρίθινος Δημοσθένης* Hermog. Id. 2,11 p. 399 R.). Die 3 erhaltenen Reden versuchen sich in Demosth.-Imitation, allerdings ohne die sprachliche Überlegenheit des Musters zu erreichen. Die Syntax ist schwerfällig (Häufung von Partizipialkonstruktionen), die Rhythmisierung unbeholfen. Beispiellos ist die unsystematische Anlage aller dieser Produkte, einer Kette kaum miteinander verbundener Episoden. Auch die zahlreichen Beschimpfungen vermögen nicht darüber hinwegzutäuschen, daß D. die demosthenische *δεινότης* nicht erreicht. H. Gä.

Ta.: *Th. Thalheim*, Berlin 1887. *F. Blass*, Lpz. ^{2}1888. Komm.: *E. Maetzner*, Berlin 1842. Frg.: *Baiter-Sauppe* Or. Att. 2,321 ff. Index: *L.L. Forman*, Oxford 1897. Lit.: 1. *Blass* AttBereds. ^{3}3,2,289 ff. 2. *L. Radermacher* Philol. 58, 1899, 161 ff. 3. *J.F. Lockwood*, CQ 23, 1929, 180 ff.

2. Redner aus Korinth, Anhänger des Antipatros, von diesem zum Epimeletes der Peloponnes ernannt und nach dessen Tode als Freund Phokions 318 auf Befehl Polyperchons getötet (Suda s. v. *Δ*. Plut. Phok. 33). Vielleicht identisch mit dem Ankläger des Demades bei Kassandros 319, wohl kaum jedoch mit dem gleichnamigen Genossen des Timoleon. Fr. Kie.

Deinias. Wohl aus Argos, Vf. von *Ἀργολικά* in wenigstens 9 B., die die myth. Zeit sehr ausführlich behandelten und abwärts bis zur Schlacht bei Kleonai führten, in der → Aratos von Sikyon um 235 den Tyrannen → Aristippos von Argos schlug. Identität mit dem D., der den Tyrannen → Abantidas von Sikyon tötete (Plut. Arat. 3,4), ist wahrscheinlich, aber nicht erweislich. K. Z.

FGrH 306 (Bd. IIIb 10–13) mit ausführlichem Komm.

Deinokrates (*Δεινοκράτης*). **1.** Syrakusaner, als Freund des Agathokles unter dessen Tyrannis 316 geschont, kämpfte später als Führer der syrakusanischen Verbannten mit den Karthagern gegen Agathokles, zog mit Hamilkar 309 gegen Syrakus und bildete nach dessen Tode als Feldherr der Verbannten und der übrigen Griechen mit einem starken Heer die 3. Macht neben Agathokles und den Karthagern. Diod. 19,8,6. 103–104,2. 20,29,5. 31,2. Nach dem mißlungenen Afrikazuge bot Agathokles 307 die Aufgabe der Tyrannis und die Heimkehr der Verbannten an, doch verlangte D., Agathokles solle Sizilien verlassen. Nach dem Frieden zwischen Karthago und Agathokles 306 und einer Niederlage ergab sich D. 304 und lieferte die von ihm besetzten Plätze aus. Agathokles verwandte D. als Strategen zur Einnahme von Leontinoi. Diod. 20,57,1. 61,5. 63,7. 77,3. 79,1 ff. 89 f. Polyain. 5,3,2. **2.** Messenier, bat den seit dem Krieg gegen Nabis 195 mit ihm befreundeten T. Quinctius Flamininus 183 in Rom um Hilfe zum Abfall von dem achaiischen Bunde. Pol. 23,5,2. Plut. Flam. 17. Den folgenden Angriff des Bundes wehrte D. ab und ließ den gefangenen Philopoimen hinrichten. Liv. 39,49,12. Plut. Phil. 18 ff. Paus. 4,29,11. 8,51,7. Nach dem erfolgreichen Vergeltungszuge des Lykortas beging D. 182 Selbstmord. Pol. 23,16. Plut. Phil. 21,2. Seinen von Pol. betonten unausgeglichenen Charakter kennzeichnet sein Tanz in Frauenkleidern vor Flamininus. Pol. 23,5,10 f. Plut. Flam. 17,6. H. V.

3. D., vermutlich aus Rhodos stammend, Baumeister Alexanders des Großen. Die Namensschreibung macht Schwierigkeiten, sowohl die erste als die 2. Hälfte des Namens wird verdorben von den verschiedenen Quellen überliefert. Glaubwürdig bezeugt ist nur leitende Teilnahme am Bau Alexandreias in Äg. (Vitr. 2,4). Anscheinend wurde D. sehr früh mit allem in Verbindung gebracht (Strab. 14,641: Scheiterhaufen Hephaistions, Vitr. 2,2: Plan einer Modellierung des Athos als Alexanderbüste), was sichtbar auf das Überdimensionale an dem Phänomen Alexander hinwies, und dabei blieb es in der Folgezeit. Sein Verhältnis zu Alexander wurde sicher früh durch feindliche Lit. verzeichnet, die diesen gerne zum Magalomanen stempelte (Vitr. 2,1). Auch für die romanhafte Lit. wird die Gestalt eines Deinokrates wichtig gewesen sein, um das Großartige, alles Umfassende an Alexanders Taten und Plänen sichtbar zu machen. Überdies ist das Kolossale auch gerade das Kennzeichen rhodischer Baukunst. G. W.

Berve Alexanderreich II nr. 249.

Deinomache (*Δεινομάχη*). Tochter von Kleisthenes' Sohn Megakles, Gemahlin des Kleinias und Mutter des berühmten Alkibiades (Plat. Alk. 105d. 123c. Athen. 5,219c). Fr. Kie.

Deinomachos. Akademischer (?) Philosoph vermutlich des 2. Jh., nur von Cic. fin. 5,21; Tusc. 5,85; off. 3,119 und von Klemens Al., Strom. 2, 127,3 genannt, oft in Verbindung mit dem ebenfalls sonst unbekannten Kalliphon. D. trug zur Diskussion der Telos-Formel bei, indem er die *εὐδαιμονία* als Verbindung von *ἡδονή* und *ἀρετή* definierte. H. D.

Deinomenes (*Δεινομένης*). **1.** Aus Gela, Vater der Tyrannen Gelon, Hieron, Polyzalos und Thrasybulos. Pind. P. 1,79. 2,18. Hdt. 7,145. FGrH 566 F 97. Diod. 11,67,2. Sylloge³ 34f. **2.** Sohn des Tyrannen Hieron I. aus erster Ehe mit der Tochter des Nikokles. FGrH 566 F 97. Er wurde als Knabe zum König des von Hieron gegründeten Aitna unter Vormundschaft von Hierons Schwägern Chromios und Aristonus eingesetzt. Pind. P. 1,58ff. Sch. Pind. P. 1,118. D. ließ 467 ein Weihgeschenk des verstorbenen Vaters in Olympia aufstellen. Paus. 6,12,1. 8,42,9. Um 451 wurde D. ermordet. Diod. 11,91,1. Beloch, GG II² 170. H. Berve Studies pr. to D. M. Robinson 2, 1953, 545. **3.** Syrakusaner, 214 an der Ermordung des Tyrannen Hieronymos beteiligt und von den Syrakusanern zum Strategen gewählt, versuchte den Römerfeind Hippokrates zu ermorden, wurde aber auf dessen Betreiben vom Volk getötet. Liv. 24,7, 4ff. 23,3. 30,6. 31,10. Paus. 6,12,4. H. V. **4.** D., Bildhauer der 2. Hälfte des 5. Jh. v. Chr., fertigte Statuen der Io, der Kallisto, eines Ringers, einer päon. Königin. Den bei Plin. nat. 34,76 genannten Protesilaos glaubt man mit hoher Wahrscheinlichkeit in Kopien zu New York und London (Torso aus Kyzikos) zu erkennen.

Ob alle genannten Statuen auf diesen D. zu beziehen sind, ist ungewiß, da auf der Akropolis die Künstlerinschr. eines D. aus dem 2. Jh. v. Chr. gefunden ist. A. R.

Overbeck Die ant. Schriftquellen Nr. 922–926. *Löwy* Inschr. griech. Bildhauer Nr. 233. HB Arch III 1 (5. Lfg. 1950) 203 *(Lippold)*. Encicl. Arte Class. Or. III 22f. *(Guerrini)*.

Deinostratos. In dem Mathematikerverzeichnis des Eudemos, welches Proklos (in I. Eucl. elem. lib. p. 67,11 Friedl.) aus Geminos entlehnt, wird D. als Bruder des → Menaichmos – nach Platon und Eudoxos – erwähnt. Die Lebenszeit des D. wäre also auf die Mitte des 4. Jh. v. Chr. anzusetzen. Bei Pappos coll. IV c. 30, p. 250ff. Hu. wird die Rektifikation des Kreises durch Hippias von Elis mittels der Kreisteilungs-Hilfskurve besprochen (s. Fig.), vgl. RE VIII 1711,18. D. entdeckte nämlich in einem disjunktiv-apagogischen

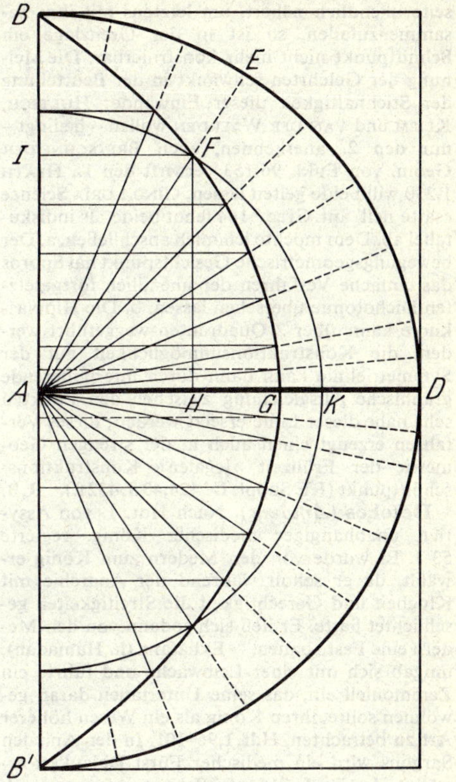

Beweisverfahren die Beziehung BD : AD = AD : AG, Heath Gesch. Math. 1,226. van der Waerden Erw. Wiss. 314ff.: er muß auch von einem – dem archim. mens. circ. prop. 1 ähnlichen – Satz gewußt haben; Kreisfläche = Dreieckfläche mit Basis gleich dem Umfang und Höhe gleich dem Radius, was aus dem Namen *τετραγωνίζουσα* »Quadratrix« zu schließen ist. Da nach Behauptung die Proportion $\widehat{BD} : AD = AD : AG$ gilt, also $\widehat{BD} = AD^2 : AG$, und andererseits $\frac{4\,BD \cdot AD}{2}$ = Kreisfläche = $\frac{4\,AD^2}{2\,AG}$, so ist $\pi = \frac{2\,AD}{AG}$, was die Zeichnung bestätigt. → Sporos, Ende 3. Jh. v. Chr., hat 2 Einwände gegen das D.-Verfahren erhoben (Kliem, RE III A 1881. Heath 1,229): a. Der Synchronismus der Bewegung zweier Punkte von B bis A und B bis D kann nur dann als Prämisse eingeführt werden, wenn man von vornherein die beiden gleichförmigen Geschwindigkeiten kennt, d.h. die Länge der durchlaufenen Strecken; b. Wenn der Radiusvektor sich der unteren Quadratseite unendlich nähert, um letztens mit ihm zusammenzufallen, so ist in der Grenzlage ein Schnittpunkt nicht mehr konstruierbar. Die Meinung der Gelehrten schwankt in der Beurteilung der Stichhaltigkeit dieser Einwände: HULTSCH, KLIEM und VAN DER WAERDEN wollen – bedingt – nur den 2. anerkennen, auch BRETSCHNEIDER Geom. von Eukl. 96.153 verwirft den 1., HEATH 1,230 will beide gelten lassen, GINO LORIA Science esatte nell' ant. Grec.^{2} 164 lehnt beide als indiskutabel ab. Dem möchte ich mich anschließen. a. Der bewegungsgeometrische Gesichtspunkt hat Sporos das einfache Verfahren der unendlich fortgesetzten Dichotomie übersehen lassen. b. Die Hippiaskurve kann über 2 Quadranten weggeführt werden, die Konstruktionsunmöglichkeit auf der Symmetrielinie kann dann durch interpolierende graphische Ausgleichung zwischen den Punkten sehr nahe dieser Linie ersetzt werden; dieses Verfahren erzeugt einen auch in der strengen Geometrie der Frühzeit »legalen« Konstruktionsschnittpunkt (RE Suppl. IX 424,43ff. 432f.). R.B.

Deïokes (*Δηιόκης*). Nach Hdt. 1. von Assyrien unabhängiger medischer König, regierte 53 J. Er wurde von den Medern zum König erwählt, da er schon während der Anarchie mit Klugheit und Gerechtigkeit die Streitigkeiten geschlichtet hatte. Er ließ sich sodann von den Medern eine Feste bauen, → Ekbatana (h. Hamadan), umgab sich mit einer Leibwache und führte ein Zeremoniell ein, das seine Untertanen daran gewöhnen sollte, ihren König als ein Wesen höherer Art zu betrachten, Hdt. 1,96–101. In den Annalen Sargons wird ein medischer Fürst Dajaukku erwähnt, der im J. 715 von Sargon gefangen nach Hamath verpflanzt wurde. J. D.-G.

F. W. König Die älteste Geschichte der Meder und Perser (Der Alte Orient, 33).

Deïon(eus) (*Δηιών, Δηιονεύς*). **1.** Sohn des Aiolos (Nr. 1) und der Enarete, König von Phokis, heiratet Diomede, Tochter des Xuthos. Die Namen ihrer Kinder, wie → Kephalos und → Phylakos, zeigen ebenso wie Xuthos Beziehungen zu Attika. Apollod. 1,51.86. Hyg. fab. 189. Strab. 10, 456. Kallim. h. 3,209. **2.** Häufig verschrieben für Eioneus, Vater der → Dia. H. v. G.

Deioneus s. Ixion

Deiopeia (*Δηιόπεια*). Nymphe aus dem Kreise der Kyrene, die in der Tiefe des Peneios wohnt, Verg. georg. 4,443 (Beiwort Asia = lydisch). Hera verspricht sie dem Aiolos zur Ehe, Verg. Aen. 1,71. H. v. G.

Deïopites (*Δηιοπίτης*). Troer, von Odysseus verwundet, Il. 11,420; von Agamemnon getötet, Diktys 3,7. Sohn des Priamos nach Apollod. 3,12, 5. Hyg. fab. 90. H. v. G.

Deiotaros (*Δηιόταϱος Φιλοϱώμαιος*, so in der Grabinschrift des Sohnes, R. O. ARIK und J. COUPRY, RA 1935, 133ff.). Sohn des Sinorix (IG II^2 3429), Tetrarch der Tolistobogier, zuletzt König der vereinigten Galater. Strab. 12,567. Einem Anschlag des Mithradates VI. 86 entkommen, half D. in den mithradatischen Kriegen Sulla, Murena, Lucullus und Pompeius. Cic. div. 1,26; Phil. 11,33f. Liv. per. 94. App. Mithr. 46.75. Plut. mor. 259a. Pompeius erkannte 63 D. als Tetrarchen der Tolistobogier mit dem Königstitel an und gab ihm am Pontos, w. von Amisos, die Gazelonitis und ö. den Küstenstreifen bis Kolchis mit Pharnakeia und Trapezunt. Strab. 12,547. Cic. Deiot. 10. App. Mithr. 114. Die Zuweisung wurde 59 durch Caesar und 58 durch Clodius bestätigt, obwohl D. seinen Schwiegersohn Brogitaros, den Tetrarchen der Trokmer, aus Pessinus vertrieb. Cic. dom. 129; har. 28ff.; Sest. 56. Bell. Alex. 68. Nach dessen Tode um 52 sprach der Senat D. die Tetrarchie der Trokmer und Kleinarmenien zu. Cic. div. 2,79; Phil. 2,94. Bell. Alex. 67. Eutr. 6,14,1. F. E. ADCOCK, JRS 27, 1937, 12ff. D. stellte 51 dem Prokonsul Cicero in Kilikien sein Heer zur Verfügung. Cic. fam. 8,10,1f. 15,1,6. 2,2. 4,5ff.; Att. 5,18,2. 20,9. 21,2. 6,1,14; Deiot. 39; Phil. 11,34. Bei Pharsalos unterstützte D. Pompeius und begleitete seine Flucht bis Lesbos. Cic. Deiot. 9ff. Caes. civ. 3,4,3. App. civ. 2,71. Cass. Dio 41,63,1. Nachdem D. dem Legaten Caesars Domitius Calvinus gegen Pharnakes geholfen hatte, entschuldigte er 47 beim Eintreffen Caesars in Kleinasien demütig sein Eintreten für Pompeius. Caesar ließ ihm und seinem Sohne die Königswürde, gab aber trotz der Fürsprache des Brutus die Trokmertetrarchie dem Mithradates von Pergamon. Bell. Alex. 34.67f. 78. Cic. Deiot. 14.36. Strab. 13,625. Cass. Dio 42,45f. Um sie nach dessen Tode wieder zu erhalten, schickte D. 45 zu Caesar nach Tarraco, wurde aber in Rom von seinem Enkel Kastor wegen der Freundschaft mit Pompeius und Anschlägen auf Caesar vor diesem angeklagt und von Cicero verteidigt. Cic. fam. 9,12,2; Deiot. Nach der Ermordung Caesars besetzte D. das Trokmergebiet, die Grabschrift des gleichnamigen, 43 verstorbenen Sohnes und Mitregenten nennt D. Tetrarch der Tolistobogier und Trokmer. Antonius bestätigte die Eroberung. Cic. Phil. 2,93ff.; Att. 14,12,1. 19,2. 16,3,6. D. ermordete dann seinen Schwiegersohn Kastor, eignete sich dessen Tetrarchie der Tektosagen an und beherrschte ganz Galatien. Cic. div. 2,79. Strab. 12,568. Suda s. v. *Κάστωϱ Ῥόδιος*. Im Bürgerkrieg unterstützte D. die Caesarmörder, ging nach Philippi zu den Triumvirn über, behielt sein Königtum und starb 40. App. civ. 4,88. Cass. Dio 47,24,3. 48,2. 48,33,5. HEAD HN^2 746. D., Typ des hellenisierten Kleinfürsten, Freund Athens, förderte Städtebau und Landwirtschaft; aus dem röm. organisierten Heer stammt die XXII. Deiotariana der Kaiserzeit. IG II^2 3429. Plut. Crass. 17,2. Varro rust. 1,1,10. H. V.

Deïphobe. Name der cumäischen → Sibylle, Verg. Aen. 6,35, wohl vom Dichter erfunden. H. v. G.

Deïphobos (Δηίφοβος). Sohn des Priamos und der Hekabe, nach Hektor einer der besten troischen Helden, mit diesem und mit Paris besonders verbunden. Er zeichnet sich beim Kampf vor den Schiffen aus, wird von Meriones verwundet. Il. 12 und 13. In D.' Gestalt hetzt Athena Hektor gegen Achilleus auf, um ihn in falsche Sicherheit zu wiegen, 22,227.294. Bei dem Treffen des Achilleus mit Polyxene (o. Sp. 49,23) drückt D. heuchlerisch Achilleus an die Brust, um Paris den heimtückischen Schuß zu ermöglichen, Hyg. fab. 110. Diktys 4,11. Nach Paris' Tod heiratet D. (mit Gewaltanwendung Eur. Tro. 959) Helene, Kl. Ilias: Diktys 4,22. Er liebt sie schon zu Paris' Lebzeiten, Hom. Od. 4,276. Apollod. epit. 5,9 (nach den Lyrikern). Bei der Zerstörung Troias wird sein Haus zuerst verbrannt, er selbst von Menelaos schrecklich verstümmelt, Od. 8,517. Diktys 5,12. Quint. Sm. 13,354. In dieser Verstümmelung erscheint er Aineias, der ihm bei Troia ein Kenotaph errichtet hat, in der Unterwelt und erzählt ihm, daß Helene selbst ihn den Gegnern in die Hände geliefert habe. Verg. Aen. 6,494.505. Hyg. fab. 240. Bei Leichenspielen für den vermeintlich toten Paris (vor dem troischen Krieg) tritt dieser auf und besiegt D., der deshalb Paris bedroht und ihn nötigt, am Zeusaltar Zuflucht zu suchen. Hyg. fab. 91.273. Diese Szene ist auf mehreren etr. Aschenkisten dargestellt. H. v. G.

Deïphontes (Δηιφόντης). Gestalt aus der Herakleidensage. Ururenkel des Herakles, heiratete er Hyrnetho, Tochter des Herakleiden Temenos, der Argos beherrschte. Temenos wurde von seinen Söhnen, die sich gegenüber dem Schwager zurückgesetzt fühlten, tödlich verwundet. Sterbend übergab er D. die Herrschaft, und das Heer erkannte ihn an. Aber die Temeniden gaben ihre Ansprüche nicht auf. So hielt D. es für geraten, nach Epidauros zu ziehen, dessen König kampflos das Land räumte. Nun suchten die Temeniden Hyrnetho zu entführen; bei dem sich entspinnenden Kampfe wurde sie getötet. Ihr Grab wurde bei Epidauros und in Argos gezeigt. Apollod. 2,179. Paus. 2,19,1.23,3.26,1 f. 28,3–7. Diod. 7,13. Strab. 8,389 a. E. Eur. schrieb *Τήμενος* und *Τημενίδαι*. Über den histor. Kern MEYER GdA 2,270 f. H. v. G.

Deipnon (δεῖπνον). Urspr. jede Mahlzeit ohne Rücksicht auf die Tageszeit, ist D. spätestens seit der Klassik die griech. Hauptmahlzeit, die vor Sonnenuntergang eingenommen wird. Zum Gang des D. → Convivium. Eine griech. Besonderheit ist seit frühester Zeit die gesellige Mahlzeit der Männer auf gemeinsame Kosten, die schon Hes. erg. 722 f. als sparsam und erfreulich preist. Diese Form des D. heißt *ἔρανος* (seit Hom. Od. 1,226 → Eranos. Die Teilnehmer: *ἐρανισταί*) oder D. *ἀπὸ συμβολῶν* Athen. 8,365 d bzw. nach dem Korb, in dem die (oft nach Art eines Vereins zusammengeschlossenen) Teilnehmer ihren Anteil mitbrachten, D. *ἀπὸ σπυρίδος*, Athen. 8,365 a. Die Beiträge konnten auch durch Geld abgegolten werden. Davon sind streng zu trennen die öffentlichen Opferschmäuse an Festtagen, *ἑστιάσεις*, *δημοθοινίαι*, die es auch in Rom gab, und die vor allem im dor. Bereich verbreiteten gemeinsamen Mahlzeiten sämtlicher männlicher Bürger einer Gemeinde, → Syssitia. W. H. G.

Deipyle (Δηιπύλη). Tochter des → Adrastos (Nr. 1) und der Amphithea, wird mit → Tydeus verheiratet. Apollod. 1,103. 3,59. Hyg. fab. 69.97. H. v. G.

Prell.-Rob. 2,907.927. *Baum* Denkm. 1,17: chalkidische Vase 6. Jh.

Deipylos (Δηίπυλος). Sohn des thrak. Königs → Polymestor und der → Ilione. Die Mutter vertauschte ihn mit ihrem jüngsten Bruder → Polydoros, den ihr der Vater Priamos zur Aufziehung übergeben hatte. Nach dem Falle Troias ließ sich Polymestor von den Achaiern bewegen, den letzten Priamiden aus dem Wege zu räumen, und so tötete er ahnungslos seinen eigenen Sohn. Als später der richtige Polydoros die Wahrheit erfuhr, brachte er Polymestor um. Hyg. fab. 109.240. H. v. G.

Hoi Deka (οἱ δέκα), die Zehn, die oligarch. Regierung in Athen von Mai bis Oktober 403. Nach der Eroberung des Piraeus durch Thrasybulos stürzte die Versammlung der 3000, auf die das Bürgerrecht beschränkt worden war, in Athen die »Dreißig« und setzte die Regierung der Zehn ein, Oligarchen gemäßigter Richtung, wie sie vorher Theramenes vertreten hatte. Xen. hell. 2,4,23. Lys. 12,55. Aristot. Ath. pol. 38,1. Diod. 14,33,5. Harpokr. s. v. Deka: FGrH 324 F 10. Zu ihnen gehörten als Führer Rhinon von Paiania und Phayllos von Acherdus (Aristot. Ath. pol. 38,3. Isokr. 18,6), ferner Hippokles und Epichares (Lys. 12,55), von den Dreißig nur Pheidon (Xen. hell. 2,3,2). Die Zehn baten Sparta um Hilfe gegen die Demokraten, borgten sich dort 100 Talente zum Kampf gegen Thrasybulos und setzten sich mit Hilfe des spartan. Harmosten Kallibios, der die Akropolis besetzt hielt, und eines Teils der athen. Hippeis zunächst durch Gewalt wie die Hinrichtung des Demaretos durch. Xen. hell. 2,4,28. Aristot. 38,2. Lysander blockierte die Demokraten im Piraeus, aber der Spartanerkönig Pausanias entschied sich als Gegner des übermächtig gewordenen Lysander für die Demokraten und vermittelte Oktober 403 den Frieden zwischen den athen. Parteien. Nach der Friedensurkunde bei Aristot. Ath. pol. 39,6 wären die Zehn von der Generalamnestie ausgenommen worden. Diese Angabe ist ebenso eine Fälschung wie die von Aristot. erzählte Einsetzung eines 2. gemäßigteren Zehnerkollegiums, das sonst nirgends in den Quellen auftaucht. Nach E. MEYER GdA[4] 5, 1958, 35,3 hat Aristot. oder nach F. JACOBY Kommentar zu FGrH 324 F 10/11 schon Androtion es erfunden und an seine Spitze Rhinon und Phayllos gestellt, um nicht zuzugeben, daß die Zehn und mit ihnen Rhinon und Phayllos zu Anfang ebenso unversöhnlich waren wie die Dreißig. Nach dem Einzug der Demokraten in Athen am 12. Boedromion 403 gaben die Zehn Rechenschaft über ihre Tätigkeit und wurden belobt, Rhinon wurde sogar zum Strategen gewählt. Aristot. Ath. pol. 38,4. A. FUKS, Mnem. 4,6, 1953, 198ff. U. HACKL Die oligarchische Bewegung in Athen am Ausgang des 5. Jh. v. Chr., Diss. München 1960, 124ff. H. V.

Dekadarchiai (*Δεκαδαρχίαι*). **1.** Da Sparta die Parole der Freiheit und Autonomie der griech. Poleis, für die es in den Peloponnes. Krieg gezogen war, nach seinem Sieg über Athen nicht über Bord werfen konnte, formale Bündnisverträge aber keine ausreichende Grundlage für seine neue Machtstellung bildeten, brachte Lysandros 404/403 v. Chr. sozusagen als Kitt vor allem im Bereich des ehemaligen att. Seebundes Oligarchien an die Macht, und zwar teilweise in der konzentrierten Form von D., Zehnmännerausschüssen ähnlich den Dreißig in Athen (Diod. 14,13,1). Sympathien zu dem ebenfalls von einer kleinen Gruppe oligarch. Familien beherrschten Sparta (dazu F. KIECHLE Lakonien und Sparta, 1963, 256) und der Selbsterhaltungstrieb veranlaßten diese formell unabhängigen Regime zu enger Zusammenarbeit mit ihrer Schutzmacht und nötigenfalls zu der Bitte um spartan. Garnisonen und Harmosten. Die – sonderbarerweise auch – in den griech. Poleis Kleinasiens installierten D. (Xen. hell. 3,4,2) dürften sich auf Truppen Kyros' d. J. gestützt haben. Unbekannt ist, wie die D. – bei Xen. hell. 2,3,6 und Plut. Lys. 13,5 *ἄρχοντες* genannt – verfassungsmäßig verankert waren. Jedenfalls werden sie weiterhin bestehende reguläre Ämter mit zuverlässigen Genossen besetzt und die Volksversammlung weitestgehend ausgeschaltet haben. Da die D. nach Lysandros' Sturz 403 überall verschwanden und er sie 396 in Kleinasien wiederherzustellen versuchte, dürfen sie als seine persönliche Schöpfung im Rahmen von Spartas Herrschaftssystem betrachtet werden.

D. Lotze Lysander und der Peloponnes. Krieg. ASAW, phil.-hist. Kl. 57,1, 1964, 68f.

2. Um seine Machtstellung in Thessalien auszubauen, richtete Philipp II. von Mak. dort nach einem erfolgreichen Feldzug 344 v. Chr. eine D. ein (Demosth. 6,22), worunter vielleicht ein Koinon der 10 wichtigsten Städte zu verstehen ist. Als er dann 342 Thessalien in Tetrarchien organisierte, wurde diese D. aufgehoben. Fr. Kie.

F. Wüst Philipp II. von Mak. und Griechenland, 1938, 99–101.

Dekadrachmon. Moderne Wortschöpfung für eine Silbermünze von 10 → Drachmen. D. wurden selten und aus besonderen Anlässen geprägt, so in Syrakus nach der Schlacht am Himeras (→ Damareteion), in Athen nach Salamis und Plataiai, wieder in Syrakus nach Abwehr der Athener, aber möglicherweise auch als Festmünzen allgemeineren Charakters wie in Akragas (→ Euainetos, Kimon 12), in den letzten Jahren Alexanders (Kampf mit Poros, aber auch normaler Münztyp). Alle diese Prägungen stehen auf att. Fuß und wiegen normal 43,66 g. Auf den leichteren sog. phoinik. Fuß ausgebracht, finden sich D. der Berenike II. und Arsinoe II., auf einen etwas schwereren die karthag. des 3. Jh. Möglicherweise stellt das *Βερενίκειον νόμισμα* von ca. 43 g ein goldenes D. dar. H. Ch.

Schrötter, WBMzK s. v. *Liegle* Euainetos, 1941. *Kraay*, NC 1956, 43ff. *Christ* Jahrb. Num. u. Geldgesch. 5/6, 1954/55, 208ff. G 64, 1957, 505ff. *Kaiser*, JDAI 77, 1962, 227ff.

Dekalitron (*δεκάλιτρον* oder *δεκάλιτρος στατήρ*) stellt eine Silbermünze im Wert von 10 → litrai = sizil. Kupferpfunden im Gewicht von 109,15 g (= ⅓ röm. Pfd.) dar. D. ist durch die Stückelung bedingte lokale Bezeichnung des unter korinth. Einfluß in Sizilien häufigen Didrachmons euboö.-att. Fußes zu 8,73 g Normalgewicht, das auf der auch sonst gängigen Wertrelation Silber zu Kupfer wie 1:125 beruht. H. Ch.

Hultsch, RE IV 2413f. *Chantraine*, RE IX A 614ff.

Dekanummion (*δεκανουμμίον*). Das Wort begegnet als Münzsorte in sich widersprechenden spätant. und byzantin. Angaben zweifelhaften Wertes und scheint die durch die Kupfergeldreform des Anastasios eingeführte Münze zu 10 Einheiten (*νουμμία*) zu bezeichnen. Die Stücke kommen bis Constantin IV. (668/85) vor und sind durch die Zahl X oder I auf der Rückseite als Zehner ausgewiesen. H. Ch.

Schrötter WBMzK s. v. und Noummion.

Dekapolis (*ἡ δεκάπολις*, das Gebiet der 10 Städte), ein Verband hellenist. Städte mit jüd. Minorität im O.-Jordanland, *αἱ ἐν τῇ Συρίᾳ δέκα πόλεις* Ios. vita 342f., vgl. 410. Die Gründung des Städtebundes hängt mit der Politik des Pompeius zusammen, der bei der Neuordnung der Verhältnisse in Syrien und Palästina den hellenist. Städten die unter den Hasmonäern verlorene Freiheit zurückgab (Ios. ant. Iud. 14,74ff.; bell. Iud. 1, 155ff. 164f.). Damals schlossen sich 10 Städte des O.-Jordanlandes (nur Skythopolis liegt w. des Jordan) zu einem Verband zusammen. Sie unterstanden der Provinz Syrien, hatten aber wenigstens z. T. freie kommunale Selbstverwaltung. Die erste Erwähnung der D. findet sich Mt. 4,25. Mk. 5, 20. 7,3.

Die Zahl der Mitglieder war nicht konstant (Plin. nat. 5,74). Plin. (a. O.) nennt: Damaskus, Philadelpheia (= Amman), Raphana, Skythopolis (= Beth Sean), Gadara, Hippos, Dion, Pella, Gerasa, Kanatha (am Hauran), doch scheint Damaskus erst später dem Bund beigetreten zu sein. Nach CIG 4501 gehörte auch Abila zur D. Eine von Plin. abweichende Liste findet sich bei Ptol. 5,14,

18. Die Zahl stieg später auf 14 Städte an (Steph. Byz. s. Gerasa). Hauptort war anfangs Gadara, hernach Damaskus. Ios. bell. Iud. 3,446 nennt Skythopolis die *μεγίστη τῆς δεκαπόλεως*. Obwohl einige Städte vorübergehend unter jüd. Herrschaft kamen, Damaskus an die Nabatäer, Philadelpheia und Gerasa an die Provinz Arabia verlorengingen, blieb der Bund bis tief ins 2. Jh. bestehen. K. N.

Schürer 2,37ff.148ff. *H. Guthe* Die griech.-röm. Städte des O.-Jordanlandes, Das Land der Bibel 2, 1918, 5. *E. Wechßler* Hellas im Evangelium, 1936, 162ff. RGG^3 2,72.

Dekaprotoi (*Δεκάπρωτοι*). Kollegium von 10 städtischen Beamten, für viele Gemeinden im O. des röm. Reiches durch Inschriften und Papyri bezeugt, zuerst 66 n. Chr. (OGJS 621, zum Datum TURNER 12,3) in Gerasa (Arabien), zuletzt in Sizilien unter Konstantin (DESS. ILS 8843). In Äg. begegnen D. erst nach der Einführung der Ratsverfassung in den Gaumetropolen durch Septimius Severus 202 und werden zuletzt 302 genannt. L. AMUNDSEN Ostraca Michigan 1935, 499. Bei der langen, örtlich verschiedenen Entwicklung des Amtes sind die Einzelheiten der Wahl, der Amtszeit, des Ranges und der Funktion nicht völlig geklärt. Seit dem 2. Jh. waren die D. als Träger einer regulären Liturgie zum Einzug der Steuern unter persönlicher Haftung verpflichtet; in Äg. waren sie für das Einsammeln und die Lagerung des abzuliefernden Getreides verantwortlich. Sie waren meist Mitglieder des Gemeinderates, doch waren Leute unter 25 Jahren wählbar. Dig. 50,4,3, 10. In Äg. erfolgte 299 die Wahl durch den Rat auf Grund der Nominierung durch den abtretenden Amtsinhaber. POxy 1204. Neben lebenslänglicher Amtszeit kommt eine ein-, drei- oder fünfjährige vor; auch wurde es mehrmals bekleidet. Die Einrichtung hat den wirtschaftlichen Ruin des Bürgertums gefördert. H. V.

E. G. Turner, JEA 22, 1936, 7ff. *E. P. Wegener* Symbolae van Oven, 1946, 167ff. *Z. Aly*, JJP 4, 1950, 305f. *D. Magie* Roman rule 1950, 1516f.

Δεκάς. In den griech. Heeren hieß die unter einem *δεκάδαρχος* stehende Rotte *δ.* (Xen. hipp. 2,2ff.). Teile der Rotte waren je 2 *πεμπάδες* mit den *πεμπάδαρχοι* (Xen. hell. VII 2,6; hipp. 4,9. Frontin. 4,1,6). Die Zahl von je 10 bzw. je 5 Mann bildete jedoch nur die Norm, die nicht immer eingehalten (Xen. hell. 3,4,13. Pol. 12.18,3) wurde. A. N.

RE IV 2422. *Krom.-Veith* 90f.

Δεκασμοῦ γραφή. In Athen Klage wegen Richterbestechung (Poll. 8,42. Ungenau Harpokr.). Sie betraf das Anbieten oder Gewähren von Vorteilen an ein Mitglied eines Gerichtsvorstandes, eines Geschworenengerichtes, des Rates oder der Volksversammlung in der Absicht, eine Rechtssache, deren Leitung oder Entscheidung ihm oblag, zugunsten oder zum Nachteil eines Beteiligten zu leiten oder zu entscheiden. Der Tatbestand erstreckte sich m. E. nicht auch auf die Richterbestechlichkeit → *Δώρων γραφή*; denn der volkstümliche Ausdruck *δεκασμός* hängt mit *δεκάζειν* »in die Zehnergruppe« (*δεκάς*), scil. *Λύκου*, also des unheilvollen Gerichtsdaimon in Wolfsgestalt, d. h. »in die Zahl der bestechlichen Richter einreihen« zusammen. Für die Klage waren die Thesmothetai zuständig. Strafe: der Tod. E. B.

1. *J. H. Lipsius* Das Att. Recht und Rechtsverfahren, 1905, 402f. 2. *Busolt-Swob.* GStk. 1098. 3. *Oldfather* RE XIII 2398f.

Dekate (*Δεκάτη*), der Zehnte. 1. Steuer vom Ernteertrag in: Attika, von Peisistratos erhoben. Aristot. Ath. pol. 16,4.6. Diog. Laert. 1,53 (zum Widerspruch mit Thuk. 6,54,5 A. ANDREADES Gesch. der griech. Staatswirtschaft 1, 1931, 130,4); Krannon (Thessalien), Polyain. 12,34; Delos IG XI 2,199,19; Telmessos, OGIS 55,18; Sizilien (lex Hieronica), Cic. Verr. 3,20. H. BERVE König Hieron II., 1959, 46,14.67ff.; Pergamon, C. B. WELLES Royal corresp., 1934, 51,17; Ägypten, C. Préaux, L'économie royale des Lagides, 1939, 302. – 2. Gebäudesteuer in: Delos, IG XI 2,161,26; Ägypten, P. Tebt. 2,281. ANDREADES 164. – 3. Zoll: in Babylonien während der Perserzeit, [Aristot.] oec. 2,1345b 33. 1364a 3. 1352b 28. B. A. VAN GRONINGEN Aristote le second livre de l'économique, 1933, 36; am Bosporus 410 durch Alkibiades eingeführt (Xen. hell. 1,1,22. Pol. 4,44. Diod. 13,64,2), 390 wieder von Thrasybulos (Xen. hell. 4,8,27.31. Demosth. 20,60), später von Byzanz erhoben. Pol. 3,2,5. 4,46. – 4. Weihung an Götter: vom Beuteanteil durch Xenophon an Apollon und Artemis. Xen. an. 5,3,4ff. 13 (Steleninschr. nachgeahmt in Ithaka IG IX 654); an Asklepios vom Erlös eines Warenverkaufs IG IV^2 123,23.29. In Athen an Athene IG I^2 529. Demosth. 24,120.128. Aus der D. beschaffte Weihegeschenke nennt Paus. 1,28,2 *Δεκάται*. Vermögensabgabe für kultische Zwecke in Syrakus, Demon FGrH 327 F 14. Zu dem Beschluß 480, die perserfreundlichen Griechen dem Apollon zu verzehnten (Hdt. 7,132,2) und dem Menschenzehnten nach Vernichtung von Mykenai (Diod. 11,65,5) F. BÖMER Unters. über die Religion der Sklaven 3, 1961, 10ff.34ff. – 5. Der Tag, an dem in Athen das Kind feierlich den Namen erhielt. Aristoph. Av. 922f. [Demosth.] 39,20.22. Anecd. Bekk. 1,237,26. H. V.

Dekeleia. Att. Demos der Hippothontis, 120 Stadien (Thuk. 7,19,2) = 20 km n. von Athen im Park des königl. Schlosses Tatoi, galt als eine der 12 alten Städte Attikas (Strab. 9,1,20 p. 397). S. des ant. Orts auf dem Palaeokastro legten die Spartaner 413 v. Chr. die Festung an, nach der der »dekeleische Krieg« heißt und deren Ringmauer erhalten ist. Aus D. stammt die wichtige Inschr. der Phratrie der Demotioniden, die dort Mittelpunkt und Kult hatte. Hdt. 9,73. Thuk. 6,91,6. 7,18f. 27,3ff. E. M.

1. *A. Milchhöfer* in *Curtius-Kaupert* Karten von Attika, Text VII 1895, 2ff. 2. *Th. Arvanitopulu* *Δεκέλεια*, Athen

1958. 3. Demotionideninschr. IG II^{2} 1237. Sylloge III^{3} 921.

Dekonkion s. Dextans

Delatio nominis. *Nomen alicuius deferre* bedeutet »jemanden anzeigen«. Im älteren → *iudicium publicum* (auch → *quaestio*) kommt dem *delator* keine Parteirolle zu; das Strafverfahren wird auf die Anzeige hin vielmehr *ex officio* des zuständigen Magistrates eingeleitet und durchgeführt. Vgl. hierzu Plaut. Aul. 416 (ältester Beleg der d. n.). Im nachgracch. und kaiserzeitlichen Quästionenverfahren ist der *delator* Partei (Ankläger), die d. n. der Akt der Anklageerhebung, nämlich der an den Vorsitzenden der zuständigen *quaestio* gerichtete Antrag auf Zulassung der Sache zur Verhandlung vor den Geschworenen (→ receptio nominis). Anfangs erfolgte die d. n. mündlich, in der Kaiserzeit durch Überreichung einer Anklageschrift *(libellus inscriptionis, accusatorius)*, welche gewissen inhaltlichen Erfordernissen genügen mußte (vgl. Paul. Dig. 48,2,3). Untechnisch steht d. n., dem Wortsinn entsprechend, auch für die 1. Anzeige des Verbrechens, die den Antrag auf öffentliche Ladung des Beschuldigten und Erteilung der Anklagebefugnis enthält (hierfür technisch *postulare reum, criminis* etc.; diese Ausdrücke können andererseits auch die Anklageerhebung – d. n. im prägnanten Sinn – bezeichnen). Teilakte des Delationsverfahrens sind die *inscriptio* (im älteren Sinn: Eintragung der Sache in die *tabulae publicae*) und die *subscriptio*, welche das dem Beschuldigten angelastete *crimen* präzisiert; beide Termini stehen bisweilen für die d. n. H. St.

Kunkel Unters. zur Entw. des röm. Kriminalverf. in vorsullan. Zeit, 1962. *Ders.* Art. quaestio 1, RE XXIV 732 ff. 755 ff. 775. *Ders.* Röm. Rechtsgesch., ^{4}1964, 66 f. *Leifer* Art. postulatio, RE XXII 882 ff. *Humbert* Art. delator, Dar.-Sagl.

Delator ist jeder, der ein *(fisco) deferre, prodere, publicare* ausübt, demnach, wer Tatsachen aufdeckt, die ärar. und fiskal. Ansprüche begründen (z. B. *bona vacantia, caduca*); ferner der Anzeiger oder Ankläger von *crimina publica*. Negativen Beigeschmack hat das Wort, sofern an d.es gedacht ist, die aus Geldgier das *deferre* gleichsam als Gewerbe betreiben. Denn wer den Finanzbehörden als d. zu Einnahmen verhalf, wurde seit Nero mit einem Viertel, vorher wohl mit einem größeren Anteil des erzielten Betrages belohnt (Suet. Ner. 10: *praemia delatorum Papiae legis ad quartas redegit*). Auch die Strafgesetze verhießen nicht selten dem siegreichen Ankläger beachtliche Prämien, bei kapitaler Verurteilung sogar einen Bruchteil vom Vermögen des Angeklagten. Diesen Vorteilen der d.-es standen Nachteile gegenüber; bei der kriminellen Delation: das Tragen der Beweislast; die Verpflichtung, den Prozeß ordentlich zu betreiben, widrigenfalls dem d. eine Bestrafung wegen → *tergiversatio* droht; die Gefahr der Kalumnienstrafe (→ Calumnia) bei Freispruch des Angeklagten, sofern sich die Anklage als mutwillig erweisen sollte, u. a. m. Grundlose fiskal. Delation wird oft mit Verbannung bestraft, selbst einen erfolgreichen d. trifft, wenn er dieses Geschäft gewerbsmäßig betreibt, Infamie. H. St.

Humbert Art. Delator, Dar.-Sagl. *Solazzi*, Scritti di dir. rom. 4, 1963, 692 ff. = Bull. dell'Istit. di dir. rom. 49/50, 1947, 405 ff.

Delegatio. Die d. des röm. Privatrechts entspricht der Anweisung des geltenden Rechts, ist also zunächst eine zweifache Ermächtigung. Dieser weite Delegationsbegriff liegt zugrunde, wenn Ulp. Dig. 46,2,17 sagt, man könne *scriptura vel nutu, ubi fari non potest*, delegieren. Die Anweisung ermächtigt entweder zu einer Zahlung oder zur Eingehung einer Verbindlichkeit. Sie beruht dabei auf der einseitigen, formfreien Erklärung, daß man die Handlung eines anderen gegen sich gelten lassen werde (lat.: *iussum*, modern: Ermächtigung), und war so eines der wichtigsten Geschäfte des röm. Bank- und Kreditwesens. Durch die Zahlungsanweisung ermächtigt ein Gläubiger seinen Schuldner zur Leistung an einen Dritten, wobei dann diese Leistung als die des Gläubigers an den Dritten gilt und zugleich als Erfüllung der Verpflichtung des angewiesenen Schuldners an seinen Gläubiger wirkt. Darauf beruht die Parömie *qui delegat solvit*, deren julian. Ansatz in Dig. 46,1,18 freilich nur die Regreßmöglichkeit vor Augen hat.

Neben der aus formfreien Ermächtigungen zusammengesetzten d. begegnet in den Quellen aber auch die an die Stipulationsform gebundene d. Von ihr sagt Ulp. Dig. 46,2,11,1: *Fit autem delegatio vel per stipulationem vel per litis contestationem.* Es ist dies die Ausführung einer Anweisung, die in Stipulationsform oder durch Prozeßbegründung eine Forderungsabtretung *(delegatio nominis)* oder eine Schuldübernahme *(delegatio debiti)* bewirkt. Die Gleichstellung von *stipulatio* und *litis contestatio* entstammt dem Versuch des Gaius (inst. 3,180 ff.), die privatrechtlichen Konsequenzen von Prozeßbegründung und Urteil im *iudicium legitimum* als Ergebnis von Neuerungsverträgen *(novationes necessariae)* zu erklären. Von der d. nominis nahm die Ausbildung der Zession ihren Ausgang.

Im öffentlichen Recht begegnet die d. als Übertragung von Amtsgewalt, bes. von Gerichtsbarkeit (vgl. Cod. Iust. 3,1,5). In speziellerem Sprachgebrauch bezeichnet d. seit dem 4. Jh. n. Chr. die vom Kaiser eigenhändig vollzogene Urkunde, durch welche der jährliche Steuerbetrag festgesetzt und der Auftrag zu seiner Einhebung gegeben wird (vgl. Cod. Theod. 1,28,1). Die Anweisung, auf Grund deren ein Truppenteil seine Naturalverpflegung von den Provinzialen zu erhalten hatte, hieß *delegatoria*. Th. M.-M.

G. Hubrecht Observations sur la nature de la délégation, Bordeaux 1931. *W. Endemann* Der Begriff der d. im klass. röm. Recht, Marburg 1959.

Delia, Deliades, Deliastai s. Delios

Deliciae, delicia. Die lat. Lit. bevorzugt die Form *deliciae*, nur Sen. epist. 12,3 hat *deliciolum;* die Inschr. und Plut. Anton. 59 geben pl. *delicia.* – Reiche röm. Familien hielten sich zum Zeitvertreib kleine Kinder, an denen Geschwätzigkeit und vorlautes Wesen geschätzt wurde. Das älteste bekannte Beispiel ist Lesbias *pupulus* Catull. 56,5. Augustus angeblich *undique requirebat* und soll maur. und syr. d. bevorzugt haben, Suet. Aug. 83. Als kleinere Kinder waren die amorettenähnlichen d. Spielzeug vor allem der Damen. Der Übergang zu den älteren *delicati*, jugendlichen Pagen zur Bedienung (bes. bei Tisch) und als Lieblingsknaben ist fließend. In den zahlreichen röm. Grabinschr. sind jedoch vielfach beide Ausdrücke nicht techn. gebraucht, sondern bezeichnen bes. geschätzte Sklaven und Diener. Unter d. im weiteren Sinne sind auch die Zwerge und Mißgestalten zu verstehen *(nani, pumili, pumiliones)*, die man sich zur Belustigung hielt, sowie die Blödsinnigen und Narren *(fatui, fatuae, moriones)* und die Possenreißer, *scurrae*, Hor. s. 1,5,52ff., wohl auch die *copreae*, von denen wir nur bei Suet. Tib. 61,6. Claud. 8 (vgl. Cass. Dio 50,28,5) hören. Die d. entsprechen den Amoretten und Psychen der bildenden Kunst, die Zwerge den Pygmäen; an einer wechselnden Beeinflussung zwischen der Vorliebe für d. und den zahlreichen Darstellungen von Kindern als Amor (Psyche) wird kaum gezweifelt werden können. W. H. G.

Delictum. Das moderne Schadensersatzrecht ist aus einem Privatstrafrecht der Römer erwachsen; dessen Zentralbegriff war das d. Eine Rechtsverletzung wurde nur, wenn sie wie Mord oder Hochverrat als *crimen* galt, von Staats wegen verfolgt. Ein d. zu verfolgen, war Sache des Verletzten oder seiner Erben, über deren Strafklagen *(actiones poenales)* im *ordo iudiciorum* entschieden wurde. Solche *delicta* waren Diebstahl (*furtum*), Raub (*rapina*), Beleidigung (*iniuria*), Sachbeschädigung (*damnum iniuria datum*). In der Gruppierung der Obligationen steht das d. in der *summa divisio* des Gaius (Inst. 3,88) den *contractus* gegenüber, bei Justinian wird die Nebenkategorie der Quasidelikte assoziiert (Inst. Iust. 4,5). Allen Deliktsobligationen gemeinsam ist die passive Unvererblichkeit der Strafklagen, die Noxalität bei Taten Gewaltunterworfener, die kumulative Klagenkonkurrenz bei Mittäterschaft und die (wenigstens urspr.) Unmöglichkeit von fideiussio und novatio. Th. M.-M.

M. Kaser Röm. Privatrecht, 1, 1955, 509ff. 2, 1959, 308ff.

Delion. Häufiger Name von Heiligtümern des del. Apollon, bes. **1.** Heiligtum an der boiot. O.-Küste im Gebiet von Tanagra, das die Athener 424 v. Chr. als Stützpunkt gegen die Boioter befestigten mit der anschließenden Niederlage des athen. Heeres, an der Sokrates und Alkibiades teilnahmen, später anscheinend auch kleine Ortschaft und Hafen, genaue Lage nicht bekannt, meistens bei Dilesi angesetzt. Hdt. 6,118,2f. Thuk. 4,76,4f. 89,1–101,2. Strab. 9,2,7 p. 403. Paus. 9,20 1. Liv. 35,61. Plat. apol. 28 E.; conv. 221 E.; Lach. 181 B.

1. *Bursian*, GG 1,218. 2. RE IV 2443 Nr. 5. 3. *Philipps.-Kirst.* 1,516. 4. *R. M. Burrows*, ABSA 11, 1904/05, 153ff. 5. *A. C. B. Brown*, ABSA 12, 1905/06, 93ff.

2. Bei Paus. Epidelion, Heiligtum an der O.-Küste der Parnonhalbinsel s. von Monemvasia, genaue Lage unsicher. Strab. 8,6,1 p. 368. Paus. 3,32,2f. E. M.

1. *J. G. Frazer* Pausanias 3,387. 2. *Hasluck*, ABSA 14, 1907/08, 175ff.

Delios (*Δήλιος*). Kultepiklese des → Apollon (Thuk. 1,13. Soph. Ai. 703f. [1],436f.) von seiner Geburtsinsel → Delos (Kall. h. 4,269. Simon. frg. 26), wo er mit seiner Mutter → Leto (Bakchyl. 11,15f. Sn. [2],221) und seiner Schwester → Artemis (*Δηλία* Sylloge² 588,75. [2],215ff.) von alters her hohe Verehrung genoß (Hom. h. 3,158f. [2], 206f.). Die Ursprünge, örtlich im Bannkreis des Kynthos (Hom. h. 3,26.141) an die heilige Palme (Eur. Hec. 458ff. M. Claesen, BIBR 19, 1938, 83ff.) und den Keratonaltar geknüpft (Hom. Od. 6,162ff. Kall. h. 2,60ff. E. Cahen, REG 36, 1923, 14ff. E. Bethe, H 72, 1937, 190ff. [5],83f. 88), weisen mit dem Einfluß min. Dendrolatrie (Kall. 4,321ff.) und lyk. Hyperboreertradition (Hdt. 4,35. Bakchyl. 3,58f. Kall. 4,291ff. R. Vallois, BCH 48, 1924, 435ff. [1],442f.) sowie dem Kult einer altmediterranen Vogelgöttin (Geranos-Tanz für Leto-Ortygia: Plut. Thes. 21. Kall. 4,312ff. [5],84f.) auf die lelegisch-kar. Vorbevölkerung der Insel zurück (Wil. GldH 1,320f. A. Goetze Kleinasien, 1957, 180. M. L. und H. Erlenmeyer Orientalia 29, 1960, 257ff.). Doch zeigt schon der hom. Apollonhymnos die eindeutige rel. Prägung des D. durch das Ioniertum ([5],85ff.) und seinen Vorrang vor den älteren weiblichen Kultpartnern ([1],434. [5],88ff.). Die panion. Delia, das große penteterische Fest der del. Amphiktyonie ([1],444ff. [5],90ff.) im Monat Hieros (= → Anthesterion C. Robert, H 21, 1886, 161ff. [4],453), zu dem die beteiligten Inselstaaten Gesandtschaften (*θεωρίαι*) abordneten, trugen mit Prozession, Prachtopfer, Kultmahl, mus. und gymn. Agon (Hom. h. 3,147ff. Thuk. 3,104. [5],105ff.) den hellen. Charakter glanzvoller Heiterkeit ([1],435), wenn auch die Reigentänze der del. Mädchen (*Δηλιάδες* Hom. h. 3,157ff. Kall. 4,255ff. [5],114) noch an den rätselhaften Geranos erinnerten ([4],454f.). Nachdem Athen, das seit Solon seine Theoren (*Δηλιασταί* Lykurg. frg. 80. J. Toepffer, H 23, 1888, 321ff.) zu den jährlichen (kleinen) Apollonien im heiligen Schiff nach Delos sandte (Plat. Phaid. 58 a ff. Xen. mem. 4,8,2. [2],208ff.), im Zeichen der legendären Stiftung der Delien durch Theseus (Plat. Plut. a. O. Kall. 4,316f.) mit der Restitution des penteter. Festes nach der 2. Katharsis der Insel im J. 426

v. Chr. (Thuk. a. O.) auch dessen Gestaltung praktisch usurpiert hatte (Aristot. Ath. pol. 54.56. Plut. Nik. 2f. [1],445f. [2],207f.), dienten bis auf die Tage des Demetrios Phalereus (Plut. Thes. 23) die offiziellen Huldigungen an den D. mehr und mehr der äußeren Wahrung eines kulturpolitischen Prestiges. W. F.

1. *A. Mommsen*, Ph 66, 1907, 433 ff. 2. *P. Roussel* Délos, Colonie Athénienne, 1916. 3. *P. K. Visoukidis* Περὶ τῶν Δηλίων, 1921. 4. *I. R. Arnold*, AJA 37, 1933, 452 ff. 5. *E. Bethe*, A 14, 1938, 81 ff.

Delkos (Δέλκος, aber auch Derkos). Ein fischreicher See (h. Derkossee) in der s. Ecke der w. Pontosküste mit gleichnamiger Siedlung *(oppidum)*, wohl thrak. Herkunft. Chr. D.

Devedjan Pêche et pêcheries en Turquie, Constantinople, 1926, 82 ff. *Danoff* RE Supplbd. IX 1040.

Dellius. Seltener röm. Familienname. – Hervorgetreten ist nur Q. Dellius, der von Messala Corvinus »Verräter« genannt wurde (bei Sen. suas. 1,7 *desultorem bellorum civilium*), weil er im J. 43 von Dolabella zu Cassius, 42 zu Antonius und kurz vor Actium 31 zu Octavian übergegangen ist. Antonius ließ durch ihn Kleopatra nach Tarsos vorladen (41) und gab ihm später mehrfach (39. 35.34.31, vgl. Broughton Mag. 2,559) diplomat. Aufträge, z. T. in Palästina, z. T. während des Partherfeldzuges (vgl. H. Buchheim D. Orientpolitik des Triumvirn M. Antonius, 1960, 23f. 90f.). Er schrieb ein histor. Werk über die Partherzüge des Antonius (Strab. 11,13,3 p. 523 C. Plut. Ant. 59. HRR 2,53. Schanz-Hos. 2,327f.). Bei Augustus stand er in Ansehen. Hor. widmete ihm c. 2,3 *(aequam memento rebus in arduis servare mentem)*. H. G. G.

Delmatoi s. Dalmati

Delmaticus. Cognomen (Siegername, vgl. RE IV 227), des L. Caecilius → Metellus D., Consul 119 v. Chr. H. G. G.

Delminium (Delminum, Dalmion, Delminion). Fester, hochgelegener Vorort der Dalmatae, mit der in der Duvnoebene bei Županjac freigelegten röm. Siedlung gleichgesetzt. Die Stadt wurde unter der Römerherrschaft von der Spitze des Hügels in die Ebene verlegt. Die Hypothese Th. Mommsens (CIL III 280): Delminium = Gardun, mit einem Legionslager ist nicht mehr haltbar. D. als Vorort der Dalmatae wurde im J. 155 v. Chr. durch Brandgeschosse der Römer zum großen Teil eingeäschert, dann genommen. Seitdem lebte die Stadt unter der Oberhoheit von Rom. Als im J. 117 v. Chr. (?) Illyrien als eigene Provinz organisiert wurde, gehörte D. nur nominell zum Römerreich, tatsächlich unterwarf D. Octavianus im J. 33 v. Chr. Unter dem großen Aufstand gegen die Römer (i. d. J. 6–9 n. Chr.) spielte D. noch einmal eine entscheidende strategische Rolle (neben Splonum und Andetrium). Zur Römerzeit hatte D. einen Stadtrang und erschien noch als Municipium auf einer Inschr. vom J. 184 n. Chr. In Županjac wurden bedeutende Gebäudereste von D. ausgegraben. Die mit öffentlichen Anlagen ausgestattete Siedlung unter der Römerherrschaft zeigte ein städtischeres Gepräge als die ehemalige Wallburg aus der vorröm. Zeit mit ihren hochgelegenen Holzbauten. Sicher wurde hier eine Veteranenkolonie angesiedelt, um die Befriedung des Volksstammes und die röm. Herrschaft zu sichern. J. Sz.

Delos. Die kleine Insel im Mittelpunkt der eigentlichen Kykladen mit dem berühmten Apollonheiligtum, länglicher Felsrücken aus Gneis und Granit, von N. nach S. 5 km lang und bis zu 1,3 km breit mit einem Flächeninhalt von 3½ qkm, im 113 m hohen Kynthos gipfelnd, kahl und baumlos, h. nur von den Wächtern der Ausgrabungen bewohnt. Vom Kynthos zieht in nw.. Richtung das h. wasserlose Tal des Inopos hinab in die einzige z. T. versumpfte Ebene mit dem heiligen See an der W.-Seite der Insel.

Auf dem Gipfel des Kynthos lag am Ende des 3. Jt. v. Chr. eine Siedlung der Kykladenkultur, die dann verlassen wurde. Statt dessen lag nun eine ausgedehntere Siedlung in der Ebene an der Stelle des späteren Heiligtums in mehreren Häusergruppen mit Blüte in spätmyken. Zeit, 2. Hälfte des 2. Jt. v. Chr., nach schwachen Spuren aber schon älter. Sie setzt sich zusammenhängend in die historische Zeit fort mit weiterer Ausdehnung vor allem nach S. Zwischen den Häusergruppen lagen schon in myken. Zeit mehrere kleine Heiligtümer. Hauptgöttin der Insel war die später mit Artemis gleichgesetzte große Vegetations- und Fruchtbarkeitsgöttin, umgeben von einer Schar wesensähnlicher Göttinnen und anscheinend auch schon einem männlichen Gott ähnlichen Wesens. Sie besaß schon in myken. Zeit einen kleinen Kultbau, an dessen Stelle um 700 v. Chr. ein neuer Tempel trat, bis zum letzten Neubau um 179–171 v. Chr. Myken. oder schon vormyken. ist auch der Kult an den »Gräbern der hyperboreischen Jungfrauen«, der »Theke« der Arge und Opis vor der späteren Antigonoshalle und dem »Sema« der Hyperoche und Laodike im Artemision (Hdt. 4,33 ff.). Apollon ist auch auf D. erst später, anscheinend um 1000 v. Chr., als Gott der ionischen Griechen eingezogen, genannt schon Od. 6,162 ff. Nach der Legende gebar Leto nach langer Irrfahrt Artemis und Apollon auf D., das bisher schwimmend war und erst jetzt fest wurde (Hom. h. 2 und Spätere). Das große Jahresfest der ion. Griechen mit gymn. und mus. Agonen und Tänzen, bes. dem urtümlichen »Kranichtanz« (Geranos) am Hörneralter soll Theseus gestiftet haben (Plut. Thes. 21; Beschreibung des Festes außer im Hymnus auch Thuk. 3,104). Apollon drängte alle anderen Gottheiten in den Hintergrund. Die ersten ansehnlicheren Tempel entstanden um 700 v. Chr., aber zuerst für Artemis (s. o.) und für Hera am Kynthos. In der Frühzeit spielte Naxos die Hauptrolle im Ausbau und der Ausstattung des Heiligtums, Oikos der Naxier, Stoa der Naxier, große Apollonstatue, viele Weihgeschenke, Kuroi und Korai für Artemis und Apollon. Apollon erhielt erst in der 2. Hälfte des 6. Jh. v. Chr. mit dem »Porostempel« den 1. Tempel, an den sich weitere Bauten anschlossen, gleichzeitig etwa mit dem Tempel der Leto. Einschneidend war die 1. »Säuberung« der Insel durch Peisistratos mit der Entfernung aller Gräber außer den bereits kult. verehrten in der Nähe des Heiligtums (Hdt. 1,64. Thuk. 3,104,1), woran sich bald die Schenkung der Insel Rheneia durch Polykrates anschloß (Thuk. 1,13,6. 3,104,2).

D. wurde dann Mittelpunkt des del.-att. Seebundes und Sitz der Bundeskasse bis zu ihrer Verlegung auf die Akropolis 454 v. Chr. Damit kam das Heiligtum unter athenische Verwaltung. Athen nahm 426/25 v. Chr. eine zweite »Säuberung« vor mit Entfernung aller weiteren Gräber und Verbot künftiger Bestattungen auf der Insel, die nur noch auf der Nachbarinsel Rheneia stattfinden durften. Daran anschließend Stiftung des penteter. Festes der Delia. Die Vertreibung der Delier 422 v. Chr. wurde im Jahr darauf rückgängig gemacht (Thuk. 5,1. 32,1). 314 v. Chr. endete die athen. Herrschaft, D. wurde unabhängig und Mittelpunkt des »Bundes der Inselgriechen«. 166 v. Chr. wurde die Insel durch Rom zum Zollfreihafen erklärt und wieder an Athen gegeben. Die Bewohner wurden ein 2. Mal vertrieben und fanden im achaiischen Bund Aufnahme (Pol. 30,21 [18]. 32,17). An ihre Stelle traten att. Siedler. Folge war ein gewaltiger Aufschwung der Stadt, in der viele fremde Kaufmannsgruppen sich ansiedelten und ihre z. T. großartigen Vereinshäuser bauten, äg. und syr. Götter ihren Einzug hielten und die Wohnstadt sich zu der Wohlhabenheit entwickelte, die die Ruinen zeigen (s. bes. Strab. 10,5,2 p. 485. 4 p. 486. 14,5,2 p. 668). 88 v. Chr. wurde D. durch die Flotte des Mithridates VI. von Pontos schwer verwüstet, wobei angeblich 20000 Menschen, vor allem Italiker umkamen (App. Mithr. 28. Paus. 3,23,3 ff.; zur Bevölkerungszahl s. auch BCH 55, 1931, 441 ff.), und ein 2. Mal nach teilweisem Wiederaufbau 69 v. Chr. durch mit Mithridates verbündete Seeräuber (Phlegon FGrH II Nr. 257 fg. 12,13). Beide Ereignisse bedeuteten das eigentliche Ende von D., das auch durch den Bau einer Mauer um Stadt und Heiligtum durch den Legaten des Lucullus, C. Valerius Triarius, nicht aufgehalten wurde (RE VIII A 232 ff. Nr. 363. BCH 74, 1950, 364 ff.). D. verlor auch wegen der veränderten polit. Verhältnisse seine Handelsbedeutung völlig und wurde von seinen Bewohnern fast ganz verlassen; Paus. 8,33,2 nennt sie menschenleer. Später setzte eine gewisse Neubelebung ein. Es sind nicht weniger als 6 kleine Kirchen bekannt, und genannt ist D. noch bei Hierokl. synecd. 646,4. Der angebliche Bischof Sabinus auf dem Konzil von Chalkedon (Mansi VI 572) ist aber nur falsche Emendation für Adulis (Ed. Schwartz Acta conc. II, III 33 Nr. 141. Philol. 91, 1936, 355 ff.). Verlassen wurde D. seit dem 7. Jh. zur Hauptsache und seit dem 14. Jh. ganz ([18]. [12], 22 ff.).

Die franz. Ausgrabungen begannen 1873 und werden noch jetzt fortgesetzt. Der Kern von D., das Apollonheiligtum, liegt in der oben erwähnten Ebene im N.-Teil an der W.-Seite der Insel an dem offenen, aber durch Molen geschützten heiligen Hafen. Die Benennung der vielen ausgegrabenen und meist sehr zerstörten Gebäude ist oft unsicher, da wir keine ant. Beschreibung von D. besitzen. Haupteingang war im S., außerhalb von 2 Säulenhallen flankiert, beide hellenist., die w. von Philipp V. von Makedonien. Der älteste Teil auch mit den ältesten Weihgeschenken befindet sich im SW., nach S. und W. durch die Stoa der Naxier abgeschlossen, hier lag wohl auch der berühmte, später von einem Gebäude geschützte Hörneraltar aus Ziegenhörnern, zumeist in dem großen, etwa quadratischen Gebäude an der N.-Seite des Platzes vermutet. N. der Stoa stand das »Haus der Naxier« (7. Jh. v. Chr.), ein Versammlungshaus mit Vorhalle und einer inneren Säulenreihe, daran die Basis der etwa 8½ m hohen Statue des Apollon der Naxier. Statt eines Monumentaltempels besaß Apollon 3 kleine Tempel nebeneinander, den älteren Porostempel des 6. Jh. mit dem Kultbild des Tektaios und Angelion, s. daneben den Haupttempel, 1. Hälfte 5. Jh., den einzigen Peripteraltempel, nie ganz vollendet (13,70 : 29,80 m mit 6 : 13 Säulen) und zwischen beiden seit 426 v. Chr. den »Tempel der Athener« (sechssäuliger dor. Amphiprostylos). Nach N. und O. lagen im Bogen 5 sog. »Schatzhäuser« (6. und 5. Jh. v. Chr.), ihre Fortsetzung nach S. bildet ein als Buleuterion angesehenes längliches Gebäude. Nach NW. schließt an das Apollonheiligtum das hellenist. von Säulenhallen abgeschlossene Artemision an mit Tempel des 2. Jh. v. Chr. über älterem des 7. Jh. und noch älterem myken. In hellenist. Zeit wurde der heilige Bezirk nach O. und N. bedeutend erweitert. Um 300 v. Chr. entstand im O. die sog. »Stierhalle«, ein langes Gebäude anscheinend zur Aufnahme eines Schiffs als Weihgeschenk, meist Demetrios Poliorketes zugeschrieben ([23] – [25]), den n. Abschluß bildete nun die 120 m lange Säulenhalle des Antigonos Gonatas (um 250 v. Chr.). N.w. außerhalb des Hieron die mit zahlreichen Weihgeschenken geschmückte »Agora des Theophrast« (nach dem Erbauer, 126/25 v. Chr.), n. davon eine große hypostyle Halle als Versammlungshalle (208 v. Chr., im Alt. nach einem kleinen Poseidonheiligtum an ihrer S.-Seite benannt). N. hinter der Antigonoshalle lag das Brunnenhaus Minoa, weiter n.w. der kleine Tempel der Leto (6. Jh. v. Chr.), zu dem urspr. das ganze Gebiet n. des Hieron gehörte mit dem heiligen See und der Terrasse mit den 9 Figuren sitzender Löwen aus dem 7. Jh., die den Weg vom n. Skardanahafen her flankieren. Hier erhoben sich hellenist. die großen Häuser der fremden Kaufmannsgruppen, die Agora der Italiker (das größte Gebäude in D. mit Außenmaßen von ca. 100 : 115 m), das Haus der Poseidoniasten von Berytos, mehrere große Privathäuser, 2 Palästren, weitere Gebäude und Heiligtümer. Gegen die NO.-Seite der Insel lag der Hippodrom, Gymnasion und Stadion und nach 88 v. Chr. eine Synagoge ([29]).

S.ö. des Heiligtums an dieses anstoßend lag der Staats- und Handelsmarkt der Stadt D. und die Amtsgebäude (Prytaneion), hier auch weitere kleine Heiligtümer (Dionysos u.a.). Nach S. und SO. schloß sich an den Hängen des Kynthos die Wohnstadt an mit ihren engen Straßen und reichen hellenist. Häusern, meist zweistöckig mit Peristyl und Zisterne darunter und oft schönen Mosaiken. Am oberen Ende der »Theaterstraße« das Theater des 3. Jh. v. Chr., davor eine große Zisterne und dabei Heiligtümer des Dionysos u.a., etwas n. ein Heiligtum der Aphrodite. Beiderseits des Inopostals auf verschiedenen Terrassen Heiligtümer der oriental. Götter, ein Kabirion, 3 Sarapisheiligtümer, Heiligtum der syr. Götter u.a. Etwas höher der Tempel der Hera (Antentempel 7 : 13 m, 6. Jh. v. Chr. über älterem des 7. Jh.), hoch in der W.-Flanke des Kynthos eine ausgebaute Grotte, erst 3. Jh. v. Chr., vielleicht ein Kabirion (Rubensohn AA 46, 1931, 375 ff.). Auf dem Gipfel des Kynthos das Heiligtum des Zeus Kynthios und der Athena Kynthia, ausgebaut im 3. Jh., aber mit Kultspuren seit dem 7. Jh. v. Chr.). An verschiedenen Stellen des Kynthos weitere Kulte, Artemis Locheia, Zeus Hypsistos u.a., an der W.-Küste s. der Wohnstadt ausgedehnte Lagergebäude des Hafens und vereinzelte Heiligtümer der Dioskuren und des Asklepios. E. M.

1. Exploration archéologique de D., 1902 ff., bis 1961 25 Bde., unvollendet. 2. *P. Roussel* Délos, 1925 (kurzer Führer). 3. *N. M. Kondoleon* Ὁδηγὸς τῆς Δήλου, 1950. 4. Enciclopedia dell'arte classica 3, 1960, 45 ff. 5. *E. Kirsten-W. Kraiker* Griechenlandkunde[4], 1962, 489 ff. 6. *Philipps.-Kirst.* 4, 110 ff. 7. *A. Champdor* D., l'île d'Apollon, 1960. 8. *W. A. Laidlaw* A history of D., 1933. 9. *P. Roussel* D., colonie athénienne, 1916. 10. *R. Vallois* L'architecture hellénique et hellénistique à D. jusqu'à l'éviction des Déliens (166 av. J.-C.) I Les monuments, 1944. II Les constructions antiques de D., 1953. 11. *H. Gallet de Santerre* D. primitive et archaïque, 1958, 12. *W. Déonna* La vie privée des Déliens, 1948. 13. *M. Bulard* La religion domestique dans la colonie italienne de D. d'après les peintures murales et les autels historiés, 1926. 14. *P. Roussel* Les cultes égypt. à D. du IIIe au I^e siècle av. J.-C., 1916. 15. *Th. Homolle* Les archives de l'intendance sacrée à D., 315–166 av. J.-C., 1886. 16. *E. Bethe* Das archaische D. A 14, 1938, 81 ff. 17. *J. Hatzfeld* Les Italiens résidant à D. mentionnés dans les inscriptions de l'île BCH 36, 1912, 5 ff. 18. *A. C. Orlandos* D. chrétienne BCH 60, 1936, 68 ff. 19. *F. Courby* Notes topograph. et chronolog. sur le sanctuaire d'Apollon délien, BCH 45, 1921, 174 ff. 20. *Ch. Picard-J. Replat* Recherches sur la topographie du hiéron délien, BCH 48, 1924, 217 ff. 21. *R. Vallois* Topographie délienne I, BCH 48, 1924, 411 ff. II, 53, 1929, 185 ff. 22. *J. Paris* Les établissements maritimes de D., BCH 40, 1916, 5 ff. 23. *P. L. Couchoud-J. Svoronos* Le monument des «taureaux» à D., BCH 45, 1921, 270 ff. 24. *W. W. Tarn* Le monument dit «des taureaux» à D.: a note, BCH 46, 1922, 473 ff. 25. *J. Marcadé* Les sculptures décoratives du monument des taureaux à D., BCH 75, 1951, 55 ff. 26. *F. Robert* Inscription métrique trouvée au Dioscourion délien, BCH 58, 1934, 184 ff. 27. *E. Will* Le sanctuaire syrien de D., Annales archéolog. de Syrie 1, 1951, 59 ff. 28. *F. Robert* Le sanctuaire de l'archégète Anios à D., RA 41, 1953, 8 ff. 29. *A. Plassart* La synagogue juive de D., Mélanges Holleaux, 1913, 201 ff. = Rev. bibl. 11, 1914, 523 ff. 30. *J. Chamonard* Fouilles à D. (Haus der Masken), BCH 57, 1933, 98 ff. 31. *J. Delorme* La maison dite de l'Hermès à D., BCH 77, 1953, 444 ff.

32. Inschr.: IG XI 2; 4, 1912/14 (nicht mehr erschienen). 33. *F. Durrbach-P. Roussel-M. Launey-A. Plassart* Inscr. de D., 3 Bde. 1926/1950. 34. *F. Durrbach* Choix d'inscr. de D. avec traduction et commentaire, I Textes histor., 1921/1923. 35. Zahlreiche weitere Aufsätze und Grabungsberichte bes. im BCH. 36. Bibliographie *H. Philippart* Rev. belge de philol. 1, 1912, 784 ff. *Rostovtzeff* CAH 8, 1930, 792 f. 37. Hauptplan [10] II pl. I.

Delphica. Dreifüßige Tische aus den verschiedensten Materialien (Marmor Cic. Verr. 2,4, 131. Citrusholz Cass. Dio 61,10,3. Bronze CIL 14, 2215,4), bes. zum Aufstellen des Trinkgeschirrs, heißen D. nach dem delph. Dreifuß. Sie rechnen unter die *supellex*, Dig. 33,10,3. W. H. G.

Delphin (*δελφίς* und *δελφίν*, *delphinus* und *delphin*). **1.** Der in allen Meeren der n. Halbkugel lebende gemeine D., der Lieblings-»Fisch« der Griechen, von den Römern weniger beachtet. Hauptstellen: *1.* Aristot. hist. an. 9,48,631 ab; *2.* Plin. nat. 9,24–33; *3.* Ail. nat. an. 2,6–8; *4.* ebd. 11, 12; *5.* ebd. 12,45; *6.* Plut. sollert. an. 36; *7.* Plut. sept. sap. conv. 18–20; *8.* Lukian. dial. mar. 8. – Aristot. erkannte richtig die Zugehörigkeit zu den Walen (hist. an. 489 ab al.) mit Lungenatmung (536 a. 589 b al.) und Knochen (516 b). Man bewunderte seine sprichwörtliche (Paroem. 1,65.67) Schnelligkeit und Geschicklichkeit (Arion 7 f. Aristot. 591 b al. *1. 2. 4.*) und hielt ihn für den König der Seetiere (Aisop. fab. 150 H. Opp. hal. 1,643 al. Ail. 15,17); Vorkommen in Flüssen Indiens (Strab. 15,719. Curt. 8,9,9) und im Nil (Plin. nat. 8,91. Sen. nat. 4,2,13: gefährlicher Gegner der Krokodile). Gefangen und gegessen wurde er nur von den Barbaren am Schwarzmeer (Opp. hal. 5, 519. Xen. an. 5,4,27. Strab. 12,549); den Griechen war er heilig (*7.* Athen. 7,18. Opp. a.o.); über mediz. Verwendung schreibt nur Plin. nat. 32,83–137. – Seine Zutraulichkeit gegen den Menschen (*1. 2. 3. 6.* Paus. 3,25,7) führte zu fabulösen Vorstellungen über seine Entstehung (Hom. h. 7,52. Opp. hal. 1,648), wunderbare Hilfeleistungen (*2. 3.* Opp. hal. 5,425. Lucan. 5,552), menschenartige Klugheit

(*4. 6. 7.* cert. Hom. et Hes. 232), seiner Liebe zur Musik (Arion 8. Eurip. El. 435. Aristoph. Ran. 1317. *2. 4. 5. 6. 7. 8.*) und zu schönen Knaben, deren Tod er oft nicht überleben will (*1. 2. 4. 6.* Opp. a. o. Gell. 7,8; weiteres bei Diez 669). Er gehört zum Gefolge Poseidons, dem er die Gattin Amphitrite zuführt (Od. 12,96. Aristoph. equ. 560. Bakchyl. 17,97. Ov. fast. 2,81), hat aber auch Beziehungen zu Apollon (Dölger 5,278; »Delphinios« Strab. 4,179. 6), Dionysos (Hom. h. 7. Hyg. fab. 134. Ov. met. 3,629 ff.), Aphrodite (Anakr. 55, 24. Gell. 6 (7), 8. Nonn. Dion. 13,439) und anderen Gottheiten. Verbreitet ist das Motiv vom D.-Reiter; vgl. → Arion, → Phalantos, → Taras, → Melikertes, → Eikadios, → Enalos, → Koiranos. – Für helfende Dienste wird der D. von Poseidon oder Zeus oder Dionysos zum Sternbild erhoben, dem »signum Musicum« mit 9 Sternen nahe dem Wendekreis des Steinbocks (Boll-Gundel in Myth. Lex. 6,926). – Künstlerische Darstellungen des D. begegnen schon auf Fresken und Gefäßen in Kreta, dann in riesiger Zahl auf gr. Reliefs, Vasen (u. a. Exekias-Schale in München), Münzen, Gemmen, Lampen usw. aus allen Zeiten und Gegenden, ferner auf röm. Mosaiken (u. a. Piazza Armerina, vgl. Gentili Itinerari dei Musei 87, 1954, 75) und Grabsteinen (Cumont Recherches sur le symbolisme . . . 1942, Index). – Eine Besonderheit waren die über der Spina des röm. Zirkus aufgesetzten 7 Delphine (vgl. Dar.-Sagl. 1,2, 1190 f.), die der Zählung der Umläufe bei Rennen dienten, nach Cass. Dio 49,43 seit 33 v. Chr., vielleicht zum Ersatz der 174 eingeführten »Eier« (Liv. 41,27, dazu Richter Rh. Mus. 104, 1961, 257). W. R.

Biedermann Der D. in der dichtenden und bildenden Phantasie der Gr. und R., Progr. Halle 1881. *Keller* Thiere des cl. Altert., 1887, 211 ff. 416 ff. *Ders.* Ant. Tierwelt 1, 1909, 408 f. *Burr-Stebbins* The Delphin in the Lit. and Art of Gr. and R., 1929. *Rabinovitch* Der D. in Sage und Mythos der Gr., 1947. *Dölger* *ΙΧΘΥΣ* I–V, 1910–1943. *Rumpf* Die ant. Sagenreliefs 5,1 1939. *Brommer* D.-Reiter, Arch. Anz. 1942, 65 ff. *Lesky* Thalatta 1947, 105 f. *Séchan* Légendes gr. de la mer, Bull. Assoc. Budé, Suppl. 14, 1955, 22. *Leclercq* Art. »D.«, Dict. Arch. cret. et lit. 4,1, 1920, 283. *Diez* Art. »D.«, RACh 3, 1957, 667.

2. s. a. Sternbilder

3. D. (*delphinus.* *δελφίν, δελφίς*). Im Kampfe mit Kriegsschiffen benützten bes. Handelsschiffe D. (Thuk. 7,41. Diod. 13,78). Von einem Krahn (Pol. 22,10) aus wurde ein an ihm befestigtes Objekt aus Stein oder Eisen oder ein Bleiklumpen auf das feindliche Schiff fallen gelassen, um es zu durchschlagen. Kriegsschiffe verwendeten dieses Mittel nur ausnahmsweise (Poll. 1,86). A. N.

Dar.-Sagl. 2,1,62. RE IV 2511.

Delphine. Um den Zuschauern anzuzeigen, wieviel Umläufe beim Rennen noch ausstanden, waren im Circus auf der Spina auf der der inneren Meta zugewandten Seite auf einem von 2 Säulen getragenen Balken weithin sichtbar 7 Delphine aufgestellt, von denen nach jedem Umlauf einer abgenommen (oder umgedreht?) wurde. Vielleicht dienten sie auch gleichzeitig als Wasserspeier für den Wasserkanal (Euripus). Ob diese Einrichtung, wie Cass. Dio 49,43 berichtet, von Agrippa (33 v. Chr.) geschaffen oder nur erneuert wurde, ist ungewiß. Man wählte Delphine, weil sie zu Neptun, dem Schirmherrn der Circusspiele und Schöpfer des Rosses, Beziehung hatten und als schnellste Lebewesen galten. – Im Hippodrom in Olympia war auf einem Balken an der Ablaufstelle nur ein Delphin aufgestellt, der als Zeichen des Rennbeginns herunterfiel (Paus. 6,20,10). C. F.

H. Kähler Rom und seine Welt, München 1930, 340 und Taf. 237.

Delphinios s. Apollon

Delphinium. Die Ranunculaceengattung Delphinium (*δελφίνιον* bei Diosk. med. 3,73 wahrscheinlich für D. ajacis L., neugr. *καπουτσῖνος*, wegen der an Delphine oder Pferdchen erinnernden Nektarien im Honigsporn, Rittersporn) umfaßt im weiteren Sinn (einschließlich Consolida) gegen 200, in Hellas und Italien 8 Arten, darunter als bes. häufiges Ackerunkraut D. staphisagria L. (*στάφις ἀγρία* bei Diosk. 4, 152, neugr. *ψειρόχορτο, ψειροβότανο*, lat. *astaphis agria* bei Plin. nat. 23,13, *herba pedicularis, passula mutula, granum capitis, rosa regis, pituitaria*, deutsch Lauswurz, Barfüßersamen usw.), deren viele Namen sich darauf beziehen, daß die schwarzen giftigen Samen mit Korinthen (*στάφις*) verglichen und zum Vertreiben von Läusen, Flöhen und Mäusen, sowie gegen Zahn- und Kopfweh verwendet worden sind (zerriebene Blüten in Wein auch gegen Vergiftung durch Schlangen). H. G.

Delphoi, einheimisch Dalphoi, die phok. Stadt am S.-Abhang des Parnaß mit dem Heiligtum des Apollon, das den Sondernamen *Pythō* trägt, Sitz der pylaeisch-delphischen Amphiktyonie. D. liegt etwa 500 m hoch auf steiler Schieferterrasse über der tiefen Schlucht des Pleistos und unter den 200 bis 300 m hohen fast senkrechten Kalkwänden der Phaidriaden amphitheatralisch (Strab. 9,3,2–12 p. 418 ff.) um den Geländeeinschnitt, den der aus der Felsschlucht der Phaidriaden kommende Bach in die Schieferterrassen eingekerbt hat. Im obersten w. Teil der Stadt liegt das Heiligtum gesondert ummauert. Nach W. wird D. abgeschlossen von einem Felsriegel, über den die Stadtmauer lief und jenseits dessen die Gräber lagen und das h. Dorf Delphi. Auf der Stelle des Heiligtums lag bis ins 19. Jh. das Dorf Kastri, französ. Ausgrabung 1892 bis 1903 mit laufenden Nachgrabungen seit 1920.

Schon im 2. Jt. v. Chr. lag im NO.-Teil des späteren Heiligtums eine Siedlung, nach O. über den heiligen Bezirk hinausreichend, nach S. bis zum Athenerschatzhaus, mit Kult an den beiden Hauptstätten der klass. Zeit beim Hauptaltar des Apollon und im Bezirk der Athena Pronaia ([19] [20]).

Inhaberin der Kultstätte war eine weibliche Gottheit, Ge, die auch später noch Kult in D. hat. Apollon, der nach der Legende hier den Drachen Python erschlug (im hom. Hymnus 2,300ff. weiblich und namenlos), wurde nach den Funden (männliche Terrakotten) seit dem 9./8.Jh. verehrt. Das sich ausdehnende Heiligtum verdrängte das Dorf. Reste des 548/47 v.Chr. verbrannten Tempels des 7.Jh. v.Chr. (Orthostaten, Teile dor. Säulen) sind in den Fundamenten des späteren Tempels und der Umgebung verbaut. Es ist wohl der bei Hom.Il. 9,404f. Od. 8,80 h. 2,285ff. genannte. An die Stelle trat ein Neubau ganz in Stein mit marmorner O.-Fassade und O.-Giebel, dessen Bau die athen. Alkmeoniden übernahmen (BCH 70, 1946, 271ff.). Auch dieser Tempel verbrannte 373/72 v.Chr. und wurde auf den Fundamenten des bisherigen in den gleichen Ausmaßen durch den Tempel ersetzt, der bis ans Ende des Alt. blieb. Schon der älteste Tempel stand in einer Peribolosmauer kleineren Umfangs in kleinpolygonaler Bauart, innerhalb derer sich außer dem Tempel mehrere Schatzhäuser und weitere Bauten und Kultstätten befanden ([10],4ff.63ff. BCH 70, 1946, 280ff.). Beim Neubau des Tempels zu Ende des 6.Jh. v.Chr. wurde auch das Temenos stark umgestaltet und auf den späteren Umfang erweitert einschließlich des Baus der großen Polygonalmauer, wobei viele ältere Bauten abgebrochen wurden.

Der heilige Bezirk der klass. Zeit bildet ein ungefähres Trapez mit gerader O.-, W.- und N.-Seite und geschweifter S.-Seite mit einfacher Umfassungsmauer und 4 bzw. 5 Eingängen in Form einfacher Mauerdurchlässe in der O.- und W.-Mauer. Ausdehnung WO. etwa 130 m, NS. etwa 200 m, von 539 m Höhe am Eingang auf 602 m an der N.-Mauer ansteigend; der Tempel liegt beherrschend in der Mitte auf 573 m. Höhe. Haupteingang war in der SO.-Ecke von der Stadt und der Kastalia her, vor dem Eingang ein Platz mit Marktgebäuden röm. Zeit. Vom Haupteingang steigt die heilige Straße in Serpentinen zum Tempel, deren Pflaster aber neuzeitlich ist. Pausanias' Beschreibung von D. ist leider sehr knapp, sehr unvollständig und oft unklar (10,5,5–32,1).

Der Apollontempel ist ein dor. Peripteros aus Kalkstein von 23,80 zu 60,30 m mit 6 zu 15 Säulen. Im Pronaos waren die Sprüche der Sieben Weisen aufgestellt und befand sich das oft erwähnte berühmte E. Im Inneren befanden sich Altäre des Poseidon und der Hestia ([2] Nr. 206. 209), stand der Omphalos und lag das für Besucher unzugängliche Adyton, in dem die Pythia auf dem Dreifuß weissagte, doch ist das Innere derart zerstört, daß nichts Genaueres mehr zu erkennen ist. An den O.-Metopen hingen die vom älteren Tempel übertragenen goldenen Schilde aus der Perserbeute der Athener und am Gebälk der W.- und S.-Seite von den Aitolern gestiftete gall. Waffen. Vor

der O.-Front des Tempels erhob sich der von Chios gestiftete, teilweise wieder aufgebaute große Altar (Plan Nr. 31. [2] Nr.125). Charakteristisch für D. sind die Schatzhäuser (etwa 20) und die gewaltige Menge der staatl. Weihgeschenke griech. Staaten, die die heilige Straße umsäumten und den Platz um den Tempel füllten. Fast alle großen Ereignisse der griech. Gesch. sind in z.T. großen und figurenreichen Denkmälern vertreten und machen D. zur »Ruhmeshalle Griechenlands«. Von den Schatzhäusern sind sicher oder wahrscheinlich bestimmt: am unteren Teilstück der heiligen Straße Sikyon (III.[2] Nr.26. [10] 19ff.), das bes. reich mit Skulpturenschmuck ausgestattete ion. Schatzhaus von Siphnos (IV. [2] Nr. 29. [10] 237ff.) und Theben (VI.[2] Nr. 31), an der 1. Biegung das wieder aufgebaute Schatzhaus von Athen (XI. [2] Nr.40 bis 42 um 510 v.Chr. [22]), Poteidaia (VIII. [2] Nr. 38) und gegenüber vom Athenerschatzhaus das fast völlig zerstörte von Syrakus ([24]), am 2. Teilstück der heiligen Straße das älteste von allen, Korinth (XXIV. [2] Nr.74. [23], um 650 v.Chr.), in dem auch die Weihgeschenke des phryg. Königs Midas und der lyd. Könige Gyges und Kroisos standen, fast völlig zerstört; etwas abseits Knidos (XXV. [2] Nr. 48.35. [10] 275ff.468f.) und Kyrene (XIII. [2] Nr.100). Von den Weihgeschenken seien genannt am untersten Abschnitt der heiligen Straße das große Siegesdenkmal Lysanders (Plan Nr. 4. [2] Nr. 5), gegenüber nicht erhalten das wohl kimon. Denkmal für Marathon (Plan Nr. 6. [2] Nr.7), dann die argiv. Denkmäler, die »Sieben gegen Theben« (Plan Nr.7. [2] Nr.11.11a, wahrscheinlich für den Sieg von Oinoe 460 v.Chr.), die »Epigonen« (Plan Nr. 8. [2] Nr.12, Anfang 5.Jh. v.Chr.) und das große Halbrund der »Könige von Argos« (Plan Nr.9. [2] Nr.13, aus Anlaß der Befreiung Messeniens 369 v.Chr.), ö. neben dem obersten Teilstück der heiligen Straße der goldene Dreifuß auf der dreifachen bronzenen Schlange, das Weihgeschenk der Griechen nach den Perserkriegen (Plan Nr. 27. [2] Nr.107), Basis an Ort und Stelle, die Schlangensäule in Konstantinopel, der Dreifuß schon im 3. Heiligen Krieg eingeschmolzen, auf dem Tempelvorplatz die Dreifüße der Deinomeniden von Syrakus (Plan Nr. 36. [2] Nr.133–136), die 15½ m hohe Bronzefigur des Apollon Sitalkas (Plan Nr. 35. [2] Nr.146, phok. Weihgeschenk wahrscheinlich nach dem 2. Heiligen Krieg 457–446 v.Chr.), der vergoldete bronzene Palmbaum der Athener aus der Beute des Sieges am Eurymedon ca. 470 v.Chr. ([2] Nr. 157. [27]) unmittelbar anstoßend an den h. wieder aufgebauten Pfeiler mit der Reiterstatue des bithyn. Königs Prusias II. (Plan Nr. 33. [2] Nr.153), gleich s.ö. des Tempels auf der Zwischenterrasse der urspr. für den letzten König von Makedonien, Perseus, errichtete Pfeiler, auf den sein Besieger Aemilius Paullus seine eigene Reiterstatue setzen ließ, mit Reliefs der Schlacht von Pydna 168 v.

Chr. (Plan Nr. 26. [2] Nr. 166), n.ö. des Tempels in einem besonderen Bau die Statuengruppe der Familie des thessal. Adligen Daochos aus dem 4. Jh. v. Chr. (Plan Nr. 40. [2] Nr. 222) und schließlich der n. des Tempels gefundene bronzene Wagenlenker von dem Weihgeschenk des Polyzalos, des Bruders Hierons I. von Syrakus.

An weiteren Denkmälern seien erwähnt, die Halōs (»Tenne«), als Festplatz und Kultplatz dienende Erweiterung des mittleren Abschnitts der heiligen Straße ([2] Nr. 50). N.w. darüber liegt ein zumeist im urspr. Zustand belassener Raum mit bes. alten Kultstätten, Drachenhöhle, Heiligtum der Ge, Heiligtum der Musen, Felsen der Sibylle, Säule der Naxier mit Sphinx u.a. ([2] Nr. 79–83). Hier lag auch ein Heiligtum des Asklepios ([2] Nr. 90. 90A). Dieser alte Bezirk ist durchschnitten durch die mit zahllosen Inschr. übersäte große Polygonalmauer ([2] Nr. 101; 84 m lang), die im W. und O. umbiegt und eine Zwischenterrasse stützt. An die Polygonalmauer angebaut ist die schmale offene Halle der Athener, urspr. bestimmt für die 479 v. Chr. in Sestos erbeuteten Reste der Schiffsbrücke des Xerxes ([2] Nr. 52. [25]). An der N.-Seite des Tempels soll eine lange Stützmauer (Ischegaon) den Tempel vor den in D. so häufigen Erdrutschen und Bergstürzen schützen ([2] Nr. 123). An ihrem W.-Ende liegt der große Nischenbau mit der Figurengruppe der Alexanderjagd des Krateros ([2] Nr. 226). Zuoberst in der NW.-Ecke des heiligen Bezirks liegt das Theater des 4. Jh. mit Umbauten bis in röm. Zeit ([2] Nr. 229. [26]. BCH 75, 1951, 136f.) und an der N.-Mauer das stark zerstörte geschlossene Gebäude der Halle der Knidier ([2] Nr. 235) mit den von Pausanias (10,25,2 bis 31,12) ausführlich beschriebenen Wandgemälden Polygnots, die Eroberung Troias und die Unterwelt darstellend. Zum heiligen Bezirk gehörte auch die heilige Quelle Kassotis mit einem Brunnenhaus im N.-Teil des Heiligtums ö. des Theaters, kaum noch erkennbar, deren Wasser unter dem Adyton des Tempels hindurchgeleitet wurde und s. des Tempels im Heiligtum der Musen in einer unterird. Anlage wieder gefaßt wurde ([2] Nr. 80. 93. 233).

Vom Theater aus gelangt man in w. Richtung außerhalb des heiligen Bezirks an der Quelle Kerna vorbei, die schon ein ant. Brunnenhaus speiste (vielleicht die nur bei Steph. Byz. *Δελφοί* erwähnte Delphussa) zum 30 m höher gelegenen Stadion unmittelbar unter den Felswänden, dessen Sitzstufen bergwärts aus dem Fels geschlagen sind, im jetzigen Zustand erst Neubau des Herodes Atticus im 2. Jh. n. Chr. ([2] Suppl. V 151f.). Am Ausgang der oben erwähnten Felsschlucht entsprang die 2. heilige Quelle Kastalia, bisher nur aus dem späten Brunnenhaus in der ö. Felswand des Schluchtausgangs bekannt, das Brunnenhaus der klass. Zeit 1957 tiefer unten beim Straßenbau gefunden ([28]). Weiter ö. und tiefer liegt auf 2 Terrassen das Gymnasion ([2] Suppl. V 149ff.), noch weiter ö. gleich innerhalb der ant. Stadtmauer der gesondert ummauerte Bezirk der Athena Pronaia mit einem schon im 4. Jh. v. Chr. durch Erdbeben zerstörten Tempel des 6. Jh. über Resten eines Tempels des 7. Jh. v. Chr. und einem jüngeren Tempel des 4. Jh; zwischen ihnen liegt die h. z. T. aufgerichtete Tholos der Zeit um 400 v. Chr. unbekannter Bestimmung und 2 von Pausanias als Tempel bezeichnete marmorne Schatzhäuser, das w. »äolische« wahrscheinlich von Massalia (ca. 535–510 v. Chr. [2] Suppl. V 141ff. [9] 59ff. BCH 82, 1958, 360ff.). Der Hippodrom, in dem noch im 5. Jh. auch die gymn. Agone stattfanden, lag in der Ebene von Krisa.

Aus der Gesch. Delphis ist zu erwähnen der Angriff einer pers. Schar im J. 480 v. Chr., der durch Wundererscheinungen und Bergsturz abgewehrt wurde (Hdt. 8,35ff. Diod. 11,14,3f. Hesp. 16, 1947, 58ff.). Im 3. Heiligen Kriege (356–346 v. Chr.) wurden während der phok. Besetzung alle kostbaren Weihgeschenke eingeschmolzen. Viele ältere Weihinschr. wurden nach dem Kriege erneuert. Das nächste berühmte Ereignis ist der Angriff der Gallier 279 v. Chr. auf D., das von einer kleinen Schar Phoker und Aitoler verteidigt wurde und zu dessen Schutz außer Erdbeben, Bergstürzen und Schneestürmen auch Apollon selber und die Heroen von D. eingegriffen haben sollten (Paus. 10,23,1–10. Iust. 24,6,4ff. Kallim. h. 4,172ff. Sylloge I³ 398). Zur Erinnerung daran wurde das Fest der Soterien gestiftet. Die spätesten röm. Kaiserstatuen stammen von Konstantin und seinen Söhnen, Julian, Valentinian und Valens ([2] Nr. 62. 156. Hesp. 16, 1947, 61f. BCH 86, 1962, 229ff.). Das Verbot jedes heidnischen Kultes durch Theodosius I. brachte auch für das delph. Heiligtum das Ende, als Stadt ist es noch bei Hierokl. synecd. 643,13 genannt. Spuren des Christentums sind nicht selten, darunter viele Architekturteile einer Basilika des 5. Jh. n. Chr. Neuerdings ausgegraben sind eine Kirche mit Mosaik etwa 100 m ö. des Museums (Hg. Georgios) und eine dreischiffige Basilika im h. Dorf mit reicherem Mosaik das jetzt auf der Terrasse vor dem Museum verlegt ist ([30] [31]. BCH 84, 1960, 752ff.). E. M.

1. Fouilles de Delphes, 1902ff. noch unvollendet, Bd. I (noch nicht erschienen) Gesch., Bd. II Topogr. et archit., Bd. III Epigr., Bd. IV Monum. fig. Sculpt., Bd. V Monum. fig. Petits bronzes, terres cuites, antiquités diverses, Bd. II–IV in vielen Einzelfaszikeln mit Tafelbänden. Dazu als Anhang zu Bd. III: *G. Daux* Chronologie delphique, 1943. 2. *A. Philippson-Fr. Hiller von Gärtringen-H. Pomtow*, RE IV 2517ff. (Lage, Gesch., Chronol.), *H. Pomtow*, RE Suppl. IV 1189ff. (Denkmäler Nr. 1–119); *Fr. Schober*, RE Suppl. V 61ff. (Denkmäler Nr. 120–235 und außerhalb des Hieron). 3. *Em. Bourguet* Les ruines de D. 1914, neu 1951. 4. *A. Keramopulos* Τοπογφαφία τῶν Δελφῶν I, 1917. 5. *Fr. Poulsen* Delphi, 1920. 6. *W. Wunderer* Delphi (Berühmte Kunststätten 81), 1933. 7. *P. de la Coste-Messe-*

lière-G. Miré Delphes, 1943 (Tafelwerk, neu 1957, dt. von G. und V. Daux). 8. Enciclopedia dell'arte classica 3, 1960, 27ff. (mit Bibliogr.). 9. *G. Daux* Pausanias à D., 1936. 10. *P. de la Coste-Messelière* Au Musée de D., 1936. 11. *J. Pouilloux-G. Roux* Enigmes à D., 1963. 12. *Ch. Picard-P. de la Coste-Messelière* Les sculptures grecques à D., 1929. 13. *Em. Bourguet* L'administration financière du sanctuaire pythique au IV. siècle avant J.-C., 1905. 14. *R. Flacelière* Les Aitoliens à D., 1937. 15. *G. Daux* D. au IIe et au I^e^ siècle, 1936. 16. *J. Fontenrose* Python. A study of Delphic myth and its origins, 1959. 17. *J. Fontenrose* The cult and myth of Pyrros at D., 1960. 18. *P. Birot* Géomorphologie de la région de D., BCH 83, 1959, 258ff. 19. *P. Perdrizet* Die Hauptergebnisse der Ausgrabungen in D., JbPhPäd 21, 1908, 22ff. 20. *L. Lerat* Fouilles de D. (1934 bis 1935), RA 12, 1938, 183ff. 21. *W.B. Dinsmoor* Studies of the Delphian treasuries, BCH 36, 1912, 439ff. 37, 1913, 5ff. 22. *W.B. Dinsmoor* The Athenian treasury as dated by its ornament, AJA 50, 1946, 86ff. 23. *Em. Bourguet* Le trésor de Corinthe, BCH 36, 1912, 642ff. 24. *J. Bousquet* Le trésor de Syracuse à D., BCH 64/65, 1940/41, 128ff. 25. *P. Amandry* Le portique des Athéniens à D., BCH 70, 1946, 1ff. 26. *P. Lévèque* La date de la frise du théâtre de D., BCH 75, 1951, 247ff. 27. *P. Amandry* Le palmier de bronze de l'Eurymédon, BCH 78, 1954, 295ff. 28. *A. Orlandos* La fontaine découverte à D., BCH 84, 1960, 148ff. 29. *J. Bousquet* La destination de la Tholos de D., Rev. hist. 223, 1960, 287ff. 30. *J. Laurent* D. chrétien, BCH 23, 1899, 206ff. DACI 4, 1916, 569ff. 31. *Em. Goffinet* L'église Saint-Georges à D., BCH 86, 1962, 242ff. 32. Inschr.: SGDI II 1683–1993. Sylloge[3] 230–254 und oft. SEG I 144ff. II 254ff. III 378ff. und seit Bd. XII in jedem Band. – 33. Pläne: RE Suppl. IV 1199ff. und jetzt maßgebend [10] pl. I = [9] pl. VIII (danach die Ziffern im Text). 34. Sonstige Grabungsber. und Aufsätze fast in jedem Band des BCH.

Delphisches Orakel s. Pythia

Delphos ($\Delta\varepsilon\lambda\varphi\acute{o}\varsigma$). Eponym von Delphoi, herrschte über das Land am Parnassos, als Apollon in Delphoi einzog, Aischyl. Eum. 16. Sein Bild 60 Stadien von Delphoi, Paus. 10,32,2. Als sein Vater werden Apollon und Poseidon, als Mutter u.a. Melaina und Thyia, Töchter des Kephisos, genannt, Paus. 10,6,3f. Ov. met. 6,120. Hdt. 7,178. D. erscheint als Führer der nach Phokis gekommenen Kreter, die sich nach ihm nannten, Sch. Veron. Verg. Aen. 4,146. Auf seine Kinder Pythes oder Pythis wurde der Name Pytho zurückgeführt, Sch. Apoll. Rh. 4,1405. Paus. 10,6,5. H. v. G.

Delta. Mit D. bezeichneten Griechen und Römer seiner dreieckigen Form wegen das Gebiet zwischen dem *Μέγας ποταμός* im W. und dem Bubastidischen Arm des Nil im O., die sich n. des alten Memphis teilten (vgl. bes. Hdt. 2,13–18). Auch ein Ort an der Stelle der Gabelung hieß nach Strab. 17,788 so. W. H.

Delubrum (häufig Pl. in sing. Bedeutung). In hist. Zeit soviel wie »Heiligtum, Tempel«, vorzugsweise an Stellen höheren Stils vorkommend. Zur Feststellung der Grundbedeutung versuchte schon die Ant. z. T. recht sonderbare etym. Ableitungen, s. WISSOWA RE s. v. Thes. l. L. V 1,471). Ebensowenig verbindlich sind die Versuche Späterer (Thes. a. O.), einen Bedeutungsunterschied von d. gegenüber *templum*, *aedes*, *fanum* festzulegen. Heute denkt man an eine Ableitung von *deluere* »abwaschen«; es soll die Wasserstelle beim Heiligtum bezeichnen, wo die erforderlichen Waschungen vorgenommen werden konnten (WISSOWA Rel.[2] 469. WALDE-HOF.[3] s. v. Zweifelnd ERN.-M. Dict. étym.). Der älteste Beleg, die Argeerurkunde (Varro l. l. 5,52), verwendet d. aber etwa im Sinn von *sacellum*. W. E.

Jordan, H 14, 1879, 578ff.

Demades ($\Delta\eta\mu\acute{\alpha}\delta\eta\varsigma$). Sohn des Demeas aus dem att. Demos Paiania, der Redner. Seine Biographie muß aus einer äußerst konfusen Suda-Vita und den Andeutungen der zeitgenössischen Redner rekonstruiert werden. Hinzukommt einiges epigraph. Material (gesammelt von [4]).

D., * wohl gegen 380 v. Chr., war wie sein Vater zuerst Schiffsbauer und Seemann. Zu einem nicht genau bestimmbaren Zeitpunkt begann er sich, anfangs auf seiten des Demosthenes, politisch zu betätigen (Plut. Demosth. 8,7). Nach seiner Gefangennahme bei Chaironeia (338) wurde D. von Philippos ausersehen, den Frieden zwischen Makedonien und Athen (»D.-Frieden«) zu vermitteln. Seitdem war D. einer der Führer der makedon. Partei in Athen. Seinem Eingreifen war es zu danken, daß Alexander d. Gr. nach der Zerstörung Thebens (335) mit Athen glimpflich verfuhr. 323 führten sein Antrag, Alexander göttliche Ehren zuzuerkennen, weiterhin seine Verwicklung in die Harpalosaffäre für eine Weile zu seiner Verbannung, aber bereits 322 wurde er wieder von der Stadt bei den Friedensverhandlungen mit Antipatros eingesetzt. Auf sein Betreiben hin kam es zum Tode von Demosth. und Hypereides. 319 wurde er zusammen mit seinem Sohne Demeas von Kassandros wegen verräterischer Beziehungen zu Perdikkas getötet.

D. war ein Naturtalent. Im Unterschied etwa zu seinem Gegenspieler Demosth. konnte er jederzeit improvisieren. Wenn überhaupt jemals eine seiner Reden aufgezeichnet wurde, so war jedenfalls im 1. Jh. v. Chr. keine mehr erhalten (Cic. Brut. 36). Nicht einmal die Titel sind einhellig auf uns gekommen (ausführliche Diskussion über *Ἀπολογισμὸς πρὸς Ὀλυμπιάδα* bei [2] und [5]). D. beeindruckte die Zeitgenossen durch seine Fähigkeit, treffende und brillante Formulierungen zu finden. Ziemlich früh scheint (in peripatet. Kreisen? so [3],106) eine Slg. seiner besten *dicta* entstanden zu sein, und der Begriff *Δημάδειον* wurde geradezu terminus für eine Sorte Apophthegma. Im Laufe der Zeit drang eine große Zahl ähnlicher fremder Aussprüche in die Slg. ein, so daß die Scheidung des Authentischen vom Falschen nahezu aussichtslos ist. Die unter D.' Namen überlieferte »Rede« ὑπὲρ τῆς δωδεκαετίας, ein dürftiges Machwerk, das aus Wendungen anderer Redner zusammengestückt ist, darf keine Echtheit beanspruchen. Die zwielichtige Gestalt des D., gegen den die Zeitgenossen die Vorwürfe der Bestechlichkeit und des Opportunismus sicher zu Recht erhoben, wurde ein beliebter Gegenstand rhet. Deklamationen. Man fingierte ganze Reden oder ließ ihn in Dialogen mit Demosth. auftreten. Umfangreiche Proben solcher späten Produkte sind auf Papyri erhalten. H. Gä.

Fragm. bei *V. de Falco*, Napoli ^{2}1954. Lit.: 1. *Blass* Att-Bereds. ^{3}3,2,266ff. 2. FGrH 227 mit Komm. 3. *P. Treves*, Ath. N.S. 11, 1933, 105ff. 4. *A.N. Oikonomides* Platon 8, 1956, 105ff. 5. *P. Treves*, RIL 92, 1958, 327ff.

Demainetos (Δημαίνετος). **1.** Beiwort des Asklepios in Elis nach dem Namen des Kultstifters, Paus. 6,21,4, urspr. wohl Heilgott, der dann mit Asklepios identifiziert wurde. **2.** Wurde nach dem Genuß von Menschenfleisch beim Opfer des Zeus Lykaios in einen Wolf verwandelt; im 10. Jahr wieder Mensch geworden, siegte D. in Olympia im Faustkampf. Varro bei Aug. civ. 18,7. Plin. nat. 8,82. **3.** Athener, schlug den spartan. Flottenführer Chilon im korinth. Krieg (Aischin. 2,78), besiegte 388 Gorgopas in Aigina und operierte 387 im Hellespont. Xen. hell. 5,1,10.26. **4.** Klagte in Syrakus Timoleon an. Plut. Tim. 37,1ff. **5.** Demagoge in Ptolemais, Feind des Ptolemaios IX. Ios. ant. Iud. 13,330. H. V.

Demaratos (Δημάρατος). **1.** Athen. Stratege 415/14 v. Chr. (Thuk. 6,105,2). **2.** Aus Heraia, war 520 v. Chr. der 1. olymp. Sieger in der neuen Disziplin des Waffenlaufs und siegte in dieser Sportart auch noch 516 v. Chr. Auch sein Sohn Theopompos, wohl ein Schwiegersohn des messen. Freiheitshelden Aristomenes (Paus. 4,24,1), und sein Enkel waren Olympioniken (Paus. 6,10,4). **3.** Korinther, Gastfreund des makedon. Königshauses und Führer der makedon. Partei in Korinth (Demosth. 18,295). Alexanders berühmtes Pferd Bukephalos war ein Geschenk von D., der auch 337/36 Philipp II. bewog, sich wieder mit Alexander zu versöhnen (Plut. Alex. 9), wofür ihn Alexander d. Gr. später zu einem seiner Hetairoi erhob. Trotz hohen Alters nahm er 334 an dessen Seite an der Schlacht am Granikos und 331 an dessen Aufenthalt in Susa teil. Er blieb dann bei Alexander bis zu seinem Tod kurz vor dessen Aufbruch nach Indien (Plut. Alex. 56).

H. Berve Alexanderreich II Nr. 253.

4. Rhodier, der auf Alexanders Befehl verhaftet und nach Sardeis gebracht, jedoch später auf Fürbitte Phokions wieder freigelassen wurde (Plut. Phok. 18). Im 1. Krieg der Diadochen 321 v. Chr. zeichnete er sich dann als rhodischer Nauarch aus.

H. Berve Alexanderreich II Nr. 254.

5. Athen. Gesandter, der 169 v. Chr. im Rahmen einer Friedensvermittlungsaktion zu Antiochos IV. Epiphanes nach Äg. ging (Polyb. 28, 19/20). Fr. Kie.

6. s. a. Damaratos

Demarchoi (Δήμαρχοι). 1. In Attika die jährlich wechselnden Vorsteher der Demoi (→ 1). Mit dem Namen des Demarchos wurde mitunter neben dem des Archonten ein Demenbeschluß datiert. IG II^2 2498. Im 4. Jh. wurde der D. aus dem Kreis der Demoten durchs Los bestimmt, z. T. vielleicht gewählt, IG II^2 1172,12ff. Demosth. 44,39. 57,25. Is. 7,28, der Demarchos des Piraeus und der von Oropos als Staatsbeamte »aus allen Athenern« bestellt. Aristot. Ath. pol. 54,8. Als 1. Amtshandlung vollzog der D. mit dem Logisten, Euthynos und einer Anzahl dazu gewählter Demoten die Rechenschaftsablegung des Vorgängers. IG II^2 1183. Er berief und leitete die Gemeindeversammlung, vereidigte sie bei Abstimmungen über die Anerkennung des Bürgerrechts (διαψήφισις) und führte die Beschlüsse des Demos aus. Aristot. Ath. pol. 42,1. Demosth. 57,9. IG II^2 1183. Er betreute die Bürgerliste des Demos (ληξιαρχικὸν γραμματεῖον), die er in seinem Hause verwahrte (Demosth. 44,37. 57,60), die Grund- und Flurbücher, zog die Pachtgelder ein und sorgte für die Heiligtümer, das Theater, die Feste und Opfer, die er als Vertreter der Gemeinde darbrachte. IG II^2 1176.1183. Von der Ernte erhob er die Erstlingsgaben an Gerste und Weizen für die eleusin. Göttinnen. Sylloge^3 83,10. Er stellte die Liste der für Heer und Flotte auszuhebenden Demoten auf. Demosth. 50,6. Is. 2,42. Bei Pfändungen hatte er den Gläubiger in das Haus des Schuldners zu begleiten. In Prozessen vor dem athen. Volksgericht vertrat er seinen Demos. Im Gemeindebereich gefundene Tote hatte er bei einer Bußandrohung von 1000 Drachmen zu begraben. Demosth. 43,58. Bei Staatsfesten erschien er an der Spitze der Demoten, verteilte das Opferfleisch und die Theorikengelder an sie und hatte das Ehrenrecht der Proedrie. [Demosth.] 44,37. IG II^2 334,25f. 1176. BUSOLT-SWOB. GStK. 966ff. – 2. Urspr. höchster Staatsbeamter im ital. Neapolis, hatte er nach Einführung der röm. Munizipalverfassung nur sakrale Funktionen. Die Kaiser Titus und Hadrian bekleideten das Amt, das bis in die konstantin. Zeit bezeugt ist. Strab. 5,246. H. A. v. Hadr. 19. IG XIV 716.729 (Titus). 737.741.749. Add. 756b. CIL X 1491f. – 3. In Chios Staatsbeamter im 6. Jh. neben den Basileis. Tod IGH 1. – 4. Griech. Bezeichnung des röm. *tribunus plebis*, davon ἡ δημαρχικὴ οὐσία für *tribunicia potestas*. D. MAGIE De Romanorum iuris publici sacri vocabulis sollemnibus in Graecorum sermonem conversis, 1905. H. V.

Demarchos (Δήμαρχος). **1.** Lykier, der wegen seiner Verdienste um verbannte Samier und König Demetrios Poliorketes' Gemahlin Phila wohl 305/304 mit dem sam. Bürgerrecht ausgezeichnet wurde. **2.** Syrakusan. Stratege, der 411 v. Chr. als einer der Nachfolger des verbannten Hermokrates ein Kommando im syrakusan. Flottenkontingent in der Ägäis innehatte und 405/04 von Dionys I. als polit.

Gegner beseitigt wurde (Thuk. 8,85,3. Xen. hell. 1,1,29. Diod. 13,96,3). Fr. Kie.

Demeter (Δημήτηρ, Δήμητρα Suda s. v. K. Buresch Aus Lydien, 1898, 69. Vgl. P. Kretschmer, KZ 29, 1887, 470. F. Sommer, ABAW 27, 1948, 147; dor.-boiot. Δαμάτηρ, Δάματρα SGDI 560.861.1201; thessal. Δάμματρι (Dat.) IG IX 2, 1235. Hoffmann Griech. Dial. 2,278.484; aiol. Δωμάτηρ Hoffmann 2,108.374; messap. *damatira, damatura* F. Ribezzo, RIGI 11, 1927, 295f. 12, 1928, 221. H. Krahe, Gl 20, 1932, 189. Sprache 1, 1949, 38f.). Griech. Göttin der Agrikultur und des Getreides (Δημήτηρος ἀκτή Hom. Il. 13,322. 21,76. Hes. op. 597.805. [2],224f.), deren mütterlich-nährende Wesenheit im 2. Bestandteil ihres Namens Ausdruck findet (vgl. Schwyzer Griech. Gramm. 1,567f.). Schon die Antike erkannte ihn als Kompositum, dessen 1. Element bisher nicht einhellig erklärt ist ([1],366ff. [2],281ff. [3],29f.): D. = δημομήτηρ (»Landesmutter«) EM 265,54. Etym. Gud. 141,22. J. Baunack, RhM 37, 1882, 474ff. mit Hinweis auf die Kurzform Δημώ (EM 264,8); Δωμάτηρ ⟨*Δωμαμάτηρ (»Hausmutter« (Fick-B. PN 439, entsprechend Δαμάτηρ ⟨*Δασμάτηρ gleicher Bedeutung H. Ehrlich Unt. über die Natur der griech. Betonung, 1912, 82ff.; beides neuerdings aufgegriffen von E. Fraenkel, Lexis 3, 1952, 50ff.; analoge Interpretation des von D. nicht zu trennenden Δαμ(ο)ία (Hdt. 5,82. IG V 1,363.1314) durch E. Danielsson, Er 1, 1896, 79f. Dagegen verteidigt nach G. F. Welcker Griech. Götterlehre 1, 1857, 385ff. und Preller-Robert 1^{4},747,6 vor allem P. Kretschmer (WSt 24, 1902, 523ff. Gl 1, 1909, 27f.) die antike, u. a. in orph. Kreisen betonte Gleichung D. = γῆ μήτηρ (Orph. frg. 302. Cic. nat. 2,67. Theodoret. Gr. Aff. 3,44. Vgl. Pease Cic. De nat. deor. p. 722 mit Belegen und Lit.) im Hinblick auf das Hypokoristikon Δηώ (Hom. h. D. 47. Aristoph. Plut. 515) und mit Rückgriff auf ein wohl vorgriech. Lallwort δᾶ »Erde« (Aischyl. Eum. 835 m. Sch. Eur. Phoen. 1296. Vgl. L. Deroy Mél. I. Lévy, 1953, 97). Zum gleichen Ergebnis gelangen auf anderem etymol. Wege A. Carnoy (Mél. Bidez, 1934, 71ff.) sowie V. Pisani (RAL 5, 1929, 209f. IF 52, 1935, 30.38) und V. Georgiev (Urgriechen und Urillyrier, 1937, 9ff.20ff.). Vgl. Kretschmer, Gl 27, 1939, 30f. W. Merlingen Μνήμης χάριν. Gedenkschr. Kretschmer 2, 1957, 54,11. Pisanis Verknüpfung von Δώς (= D. Hom. h. D. 122. F. Bechtel, GGN 1890, 29f.) mit illyr. *Δω- (= χθών. Vgl. Δωδώ(νη) Soph. Trach. 172. Simm. Rhod. frg. 10 Pow.) fordert für die Herrin des thessal. Δώτιον πεδίον (Kall. h. 6,24. Meister Griech. Dial. 1,75) eine allgemeine tellurische Disposition nordgriech.-balkan. Gepräges. Demgegenüber befürwortet Nilsson die Ableitung von kret. δηαί· κριθαί (EM 264,12f.), da er die umfassende Funktion der »Erdmutter« für D. leugnet und sie auf den Bereich der Korngöttin festlegen will ([9], 101ff. [10],24.50f. Vgl. [1],317. [2],292ff.). Richtiger wird man in ihr eine den agrar. Aspekt stark betonende Sonderform der Erdgottheit sehen, die deshalb aus dem Kreis der → chthon. Götter nicht gelöst werden darf (vgl. Eur. Bacch. 275f. Phil. decal. 54. Plot. 4,4,30. Firm. Mat. 17,3). Mannigfache Kulttitel (G. Wentzel Ἐπικλήσεις, 1890, 49f.), z. B. Χλόη, »Förderin der grünen Saat« in Athen (Eupolis frg. 183 K. Semos Del. frg. 23 Jac. [3],33f.), Καρποφόρος, »Spenderin der Feldfrucht«, in Kleinasien und auf den Inseln (Ph. E. Legrand, BCH 17, 1893, 540. CIG III 4026,5. II add. 2384f.), Ἱμαλίς oder Σιτώ, »Mehlfrau«, in Sizilien (Polemon frg. 74 Pr. [4],195), und noch zahlreichere poet. Epitheta (C. Bruchmann Epitheta deorum, 1893, 73ff.) wie εὔχλοος (Soph. Oid. K. 1600), ἐπόγμιος (Anth. Pal. 6,258) oder σωρῖτις (Orph. h. 40,5) lassen an der Präponderanz der Getreidespenderin keinen Zweifel. Das Korn, die Frucht der D. (Δήμητρος καρπός Hdt. 1,193. Xen. hell. 6,3,6), ist das Geschenk der milden Göttin (Ἀνησιδώρα Paus. 1,31,4. Ἀναξιδώρα Soph. frg. 1010 P.) an die Menschheit, das sie im Zorn versagen kann (h. D. 305ff.469). Darum gilt ihr das Gebet des Bauern und Schnitters (Hes. op. 465ff. Theokr. 10,42f.); er verrichtet ihre Werke (ἔργα Δημήτηρος op. 393), sie lacht ihm dafür als ἀλωΐς im Erntesegen mit ihren Attributen, Ährenbündel und Mohn, in den Händen (Theokr. 7,155ff. m. Sch. [2],235f.). Ernten hieß daher auf Kypros »der D. huldigen« (δαματρίζειν Hesych. H. L. Ahrens Kl. Schr. 1, 1891, 195). Schon die Ilias kennt die menschenfreundliche Herrin der Tenne mit dem weizenblonden Haar (ξανθή), wie sie den worfelnden Männern helfend im Winde Spreu und Körner scheidet (5,499ff.), und der hom. Hymnos hebt sie deutlich von den ihre friedliche Sphäre bedrohenden unterweltlichen Mächten ab (8ff. [3],39ff.). Andererseits sind Wesensseiten der D., für die der Bereich der Korngöttin keine Kapazität mehr hat, nicht einfach beiseite zu schieben. In Thessalien, wahrscheinlich einer Ursprungszelle ihrer komplexen Gestalt (O. Kern Rel. der Griechen 1, 1926, 210ff.; anders [7],330ff.), war die dotische D., die den Baumfrevler → Erysichthon mit Heißhunger strafte (Kall. h. 6,24ff.), schreckensmächtige Eignerin eines heiligen Hains (vgl. Strab. 9,435. Picard, RHR 122, 1940, 110). Ihre Verwandtschaft mit der chthon. Urgöttin der Pelasger Dōs → Pheraia läßt sich kaum abweisen (P. Philippson Thessal. Mythologie, 1944, 81ff.). In Kreta, einem weiteren Zentrum der D.-Rel. (J. P. Lagrange, Rev. Bibl. 16, 1919, 169f.), greift die Sage von ihrem Hieros Gamos mit Iasion-Iasios auf dem »dreimalgefurchten Brachfeld« Κρήτης ἐν πίονι δήμῳ (Hes. theog. 969ff. Hom. Od. 5,125ff. [8],93.102f.) ebenfalls über das rein Agrarische hinaus: weder Iasion noch → Plutos, die Frucht dieser Verbindung, sind Korndämonen, der erstere vielmehr ein alter chthon. Heilheros

(H. Usener Götternamen, 1948[3], 156), der letztere Personifikation jeglichen von der Erde geschenkten Reichtums (theog. 972 ff.). Demgemäß tritt bei Diodor (5,77) an die Stelle der D. die von Iasion »besäte« Erde. Die hier aufscheinende Beziehung zwischen tellur. Fruchtbarkeit und menschlicher Sexualsphäre verknüpft diese kret. D. mit der att. → Thesmophoros (S. M. Poplawsky, Eos 29, 1926, 112 f.), die neben den Feldfrüchten auch das Frauenleben unter ihrer Aufsicht hatte (Aristoph. Thesm. 1148 ff. Lukian. dial. mer. 2,1 m. Sch. 7,4 [11],220 ff.). In Theben saß sie auf der Burg Kadmeia (Xen. hell. 5,2,29. Paus. 9,16,5), gemäß dem Nachweis von Y. Béquignon, RA 1958, 2,149 ff., daß die Hüterin der dot. Ebene und des rarischen Feldes (Kall. h. 6,450. Paus. 1,38,6) außer in Thessalien (Ἀντρῶν πετρήεις h. D. 491. Il. 2,697 m. Sch.), → Eleusis (h. D. 270 ff. J. Travlos, Hesp. 18, 1949, 138 ff.) und Theben auch sonst durchaus die Höhenverehrung liebt. Mit einem theban., an den schlangenleibigen Gründer Kadmos geknüpften Palastkult verträgt sich ohne weiteres das nur bis zur Brust sichtbare D.-Idol (Paus. a. O.) vom Typ der mit Schlangen und Ähren dem Boden entsteigenden Erdgöttin att. Monumente (Roscher Myth. Lex. 2,1359 f. [11],253 Abb. 27). Der hier wirksame min. Einfluß ([11],249 ff.) gilt erst recht für die Amme des Erd- und Orakeldämons → Trophonios, die auf einer Anhöhe seßhafte D. Εὐρώπη des benachbarten Lebadeia (Paus. 9,39,4 f. [3],30), eine festländische Variante der min. Vegetationsgöttin → Europa (Nilsson Mycenean Origin 33. P. de la Coste-Messelière Au musée de Delphes, 1936, 92 ff. [6],304 f. [7],350), deren Namen W. Aly chthonisch gedeutet hat (Gl 5, 1914, 63 ff. Vgl. F. Solmsen Idg. Eigennamen, 1922, 29), nicht minder für die Stierreiterin D. Ταυροπόλος von Kopai (CIG III 2793. W. Technau, JDAI 52, 1937, 76 ff. Philippson 80. U. Pestalozza Rel. Mediterranea, 1952, 172 f. 181). Die von den att. Gephyraiern verehrte D. Ἀχαιία (Hdt. 5,57.61. Plut. mor. 378 e), dem gleichen, über Kreta und Euboia zugewanderten kadmeisch-boiot. Clanverband gehörig ([11],123 f. Welcker 358 ff.), als Deo Γεφυραία in Tanagra (Steph. Byz. F. Focke Festschr. F. Zucker, 1954, 159 f.), als Ἀχαία (in Thespiai und Marathon begegnend ([3],323 f.), auf Delos in die Sphäre der → Hyperboreerinnen einbezogen (Hymnos des Olen: Paus. 5,7,8), ist nach P. B. S. Andrews, RHA 13, 1955, 15 ff., das dem alten thessal.-achaiischen Kernland entstammende, min. geprägte Numen des Reiches Mykene (vgl. L. Ziehen, ARW 24, 1926, 45 ff.). Wenn auch der Beleg für die myken. D. im Pantheon von Pylos (*da-ma-te* PY En 609.1. L. A. Stella, Numen 5, 1958, 32 f. T. B. L. Webster, BICS 1, 1954, 13. Latom. 28, 1957, 531) problematisch bleibt (S. Luria Minos 5, 1957, 47. J. Chadwick ebd. 124. M. Lejeune ebd. 137), scheint es doch gelungen, ihre Verflechtung mit den frühen chthon. Lokalkulten der Peloponnes und ihre Gemeinschaft mit dem hippischen → Poseidon, dem Protektor des myken. Ritteradels, im Sinne dieser tellurisch-imperialen Funktion neu zu beleuchten (C. Gallavotti, PP 12, 1957, 241 ff. G. Pugliese Carratelli ebd. 352 ff.). In Elis, Arkadien und der Argolis, den Reservaten epichor. Rel., mag die D. Πελασγίς von Argos (Paus. 2,22,1. M. P. Lévêque Pyrrhos, 1957, 628. [7],355 ff.), bei Herodot (2,171) Exponent der aus Äg. einfließenden D.-Mission der Danaiden ([11],132), die Ἐπωπίς von Sikyon (Hesych. C. H. Skalet Ancient Sicyon, 1928, 163 f.), die Χθονία und die quellenhütende Θερμασία von Hermione (Paus. 2,34.6.12.35,4 ff. A. H. Krappe, RhM 84, 1935, 276 ff. J. H. Croon Herdsman of the Dead, 1952, 84 ff.), ferner die Χαμύνη von Olympia (Paus. 6,21,1. R. Vallois, REA 28, 1926, 305 ff. [7],356 ff.) ebenso örtliche Erscheinungen der Erdmutter aufgesogen haben wie die thelpus. D. Ἐρινύς in Onkeion (Paus. 8,25,4 ff. B. C. Dietrich, H 90, 1962, 129 ff.), von Poseidon Ἵππιος Mutter des Pferdes Areion (→ Erinys), und die roßköpfige, höhlenbewohnende D. Μέλαινα von Phigaleia (Paus. 8,5,8.42,1 ff.): ein grundsätzlicher chthon. Bezug ist dafür die mindeste Voraussetzung (Philippson, Symb. Osl. Suppl. 9,55 f. gegen [2],244 ff.). So steht die Göttin mit dem unterweltlichen Epithet ἁγνή schon bei Hesiod (op. 465) neben dem Zeus Χθόνιος, und im myken. Pylos bezeugt die Trias *vanosoi posedaone* (PY Tn 316. Ventris-Chadwick Documents 172), daß D. im Dual der Mutter-Tochter-Konstellation (ϝανάσσω Carratelli 353 f. PP 14, 1959, 404 ff.) an der Seite des Erdgatten Poseidon als Landesherrin den achaiischen ϝάναξ beschirmte (J. Puhvel Festschr Sundwall, 1958, 331 ff.). Das relativ hohe Alter des Phänomens der διώνυμοι θεαί ([8], 108 f.) im Bannkreis der Γῆ (Eur. Phoen. 682 ff.) u. des Γαιήοχος halten nicht nur die thelpus. und phigal. Mythen von der Geburt der D.-Poseidontochter Despoina, einer Göttin, der in Lykosura Früchte und verstümmelte Tiere geopfert wurden (Paus. 8,37,1 ff. S. Reinach Cultes 3,210 ff.), in Erinnerung, sondern auch die Sage der arkad. Pheneaten, wie D., die Kore suchend (Kon. 15), von Poseidon verfolgt, stutengestaltig das Wasser der Styxquelle schwarz färbte (Phot. bibl. 190 p. 148 Bekk.). Ruhte der Kult der D. Ἐλευσινία von Pheneos (J. Baker-Penoyre, JHS 22, 1902, 228 ff.) mit seinen δρώμενα (Paus. 8,15,1 ff.) auf einem älteren Substrat, das sich in der hocharchaischen Priestermaskierung und dem Schlagen der ὑποχθόνιοι bei der τελετή der D. Κιδαρία erhalten hatte, so gilt Ähnliches für die att. → Eleusinia, die ihrerseits gerade nach Arkadien stark hinübergewirkt haben. Ihre Göttin war urspr. eine Ἐλευσία-Ἐλευθία (R. Weil, AM 1, 1876, 162. Sylloge[2] 252), der kret. → Eileithyia namens- und wesensgleich, die Frucht des menschlichen Mutterleibes wie die des Ackers fördernd ([4],199. [7],

340f.). Die kret.-min. Abkunft der eleus. D. (h. D. 123) ist allgemein zugegeben ([6],306ff. [7],337ff. [8],91ff. NILSSON Minoan-Mycenean Rel., 1950^2, 447ff.), wenngleich offen bleibt, wie groß jeweils die Anteile der von den kadmeischen (Boiotien) und den pelasgisch-krokonidischen Stammesgruppen (Argolis, Arkadien) getragenen rel. Tradition beim Zusammentreffen der beiden Wellen des ägäischen D.-Kultes in Attika und der Wandlung der eleus. Thesmophoros zur Trägerin eines Menschheitsmysteriums gewesen sind ([11],132). In der Gestalt des Eumolpos konkretisierte thrak. Einflüsse (Paus. 1,38,2) erklären die Hereinnahme des → Dionysos-Iakchos (Aristoph. Ran. 324ff. Soph. Ant. 1119ff.); sie prägten vielleicht auch die unterweltliche Hypostase Brimo (Clem. Al. protr. 2,15,1. → Hekate), unter deren Maske die maternale *Πότνια* von Eleusis den *Κοῦρος*, d.h. den im Ährensymbol vorgestellten Reichtum der Erde (Plutos) gebar ([9],97ff.). In dem Doppelaspekt der Mutter-Tochter (J. PRZYLUSKI La Grande Déesse, 1950, 162f.) empfing die kret. *Ἐπίασσα* (Hesych. [8],91f.) durch die Lande ziehend die Huldigung der Menschen, die von den unbenannten *τὼ θεώ* (And. de myst. 125) oder dem volk- und nahrungerhaltenden Paar Damia [Amaia]-Azesia[Auxesia] (Paus. 2,32,2. Zenob. 4,20. DANIELSSON 76ff. FRAENKEL 58ff.) das alljährliche Gedeihen erflehten ([3],113). Mit der trauernden Mutter beklagte von Eleusis bis Henna, dem alten Sitz der D.-Rel. Siziliens (Cic. Verr. 2,4,106f. 5,72.187. [4], 187ff. T.J. DUNBABIN The Western Greeks, 1948, 176ff.), antike Frömmigkeit das Hinschwinden der in dem göttlichen Mädchen → Kore-Persephone vorgestellten Pflanzenwelt (W.C. GREENE, CPh 41, 1946, 105ff.). Myst. Ineinssetzen des Kreislaufs der Vegetation mit dem menschlichen Schicksal führte zum symbolischen Nachvollzug exemplarischer Akte, wie dem Trinken des D.-Kykeon (h. D. 210) in Eleusis oder dem Sammeln der Kore-Blumen (*Ἀνθεσφορία* Poll. 1,37.4,78) auf den sizil. Wiesen. Die daran geknüpfte rit. Unsterblichkeitshoffnung begründet sich aus dem Gleichgewicht chthon. und epichthon. Natur bei der Korn- und Unterweltsgöttin D. ([8],116f.). Der Umstand, daß außer den Körnern des Feldes auch die Scharen der Toten (*Δημήτριοι* Plut. mor. 943b. [7],349) zum myst. Saatgut der Lenkerin aller Wiedergeburt gehörten, rechtfertigt die Zusammensetzung ihres eleus. Gefolges aus Agrardämonen (Iambe, Dysaules), Kulturheroen (Eubuleus, → Triptolemos) und cunnisch-infernalischen Wesen (→ Baubo, Brimo, Daeira); er erklärt die Wiederbelebung altmediterraner Grundzüge (Diod. 5,77. KERN, ARW 26, 1928, 8) durch den Einschluß der D. in den Kreis der samothrak. → Kabiren und durch ihre Verschmelzung mit der → Magna Mater in der Theologie der → Orphik (vgl. Eur. Hel. 1301ff. H. DIELS Festschr. Th. Gompertz, 1902, 1ff. L. MALTEN, ARW 12, 1909, 419ff.). W. F.

1. *L. Preller* D. und Persephone, 1837. 2. *W. Mannhardt* Mythol. Forschungen, 1884. 3. *L. R. Farnell* Cults of the Greek States 3, 1907, 29ff. 4. *E. Ciaceri* Culti e miti nella storia dell'antica Sicilia, 1911. 5. *Frazer* GB 5,1, 1920, 35ff. 6. *A. W. Persson* ARW 21, 1922, 287ff. 7. *Ch. Picard*, REG 40, 1927, 320ff. 8. *Ders.* ErJb 6, 1938, 91ff. 9. *M. P. Nilsson*, ARW 32, 1935, 79ff. 10. *Ders.* Greek Popular Rel., 1947^2. 11. *G. Thomson* Prehistoric Aegean, 1949.

Demetrias. Von Demetrios Poliorketes als Hauptstadt seines Reiches bald nach 294 v. Chr. gegründet, teilweise auf der Stelle von Pagasai, dem h. Volo gegenüber. Fast die ganze Landschaft Magnesia wurde zum Gebiet der neuen Großstadt gemacht, die auch weiterhin stets Hauptstadt der Landschaft blieb, bedeutender Hafen, eine der wichtigsten Festungen Griechenlands und zweite Hauptstadt Makedoniens, solange Magnesia zu Makedonien gehörte. Erhalten sind vor allem große Strecken des 7,8 km langen Mauerrings mit besonders ummauerter Akropolis und 182, z.T. sehr großen Türmen am erhaltenen Teil der Mauer und mindestens 6 größeren Toren; Flächeninhalt 262,5 ha, die allerdings nur gut zur Hälfte bewohnt waren. Zum Befestigungssystem gehörte auch die Festung auf dem gegenüberliegenden Ufer, Goritsa, das antike Orminion, das man früher für Demetrias hielt. Die Stadt besaß 2 Häfen, Reste im Inneren gering, besonders 96 Pfeiler einer röm. Wasserleitung, Theater, Reste von öffentlichen und privaten Gebäuden und Teile der Friedhöfe ausgegraben. 192 v. Chr. setzten sich die Aetoler durch Überrumpelung in den Besitz von D., wo Antiochos III. seine Truppen landete. Der Mauerring wurde wiederhergestellt und vor allem mehrere Türme gewaltig vergrößert mit Einbau zahlreicher bemalter Grabstelen aus den nahen Friedhöfen. Auch in byzant.-ma. Zeit blieb D., wenn auch sehr verkleinert und mit einer neuen Stadtmauer, verhältnismäßig bedeutend und Bischofssitz und wurde erst um 1600 n. Chr. ganz verlassen. E. M.

1. *Friedr. Stählin–Ernst Meyer* Pagasai und Demetrias, 1934. 2. *Ernst Meyer*, RE Suppl. IX 24ff.

Demetrios (*Δημήτριος*).

I. Historische Persönlichkeiten:

A. Hellenistische Zeit. **1.** Makedone, Ilarch bei Arbela 331, Hipparch im indischen Zuge Alexanders d. Gr. Arr. an. 3,11,8.4,27,5.5,16,3.6, 8,2. **2.** Poliorketes (*Πολιορκητής* »Städtebelagerer«), Megas (N. KYPARISSIS und W. PEEK, AM 66, 1941, 227), Sohn des Antigonos (→ 1), wurde bei Gaza von Ptolemaios I. geschlagen, eroberte 307 Athen, wo er und der Vater als Theoi Soteres gefeiert wurden. Diod. 19,80ff. 20,45. Plut. Dem. 5.8. C. HABICHT Gottmenschentum und griech. Städte 1956, 44ff. Nach dem Seesieg bei Salamis (Kypros) über die äg. Flotte wurde D. 306 Mitregent mit dem Königstitel. Diod. 20,49ff. Plut. Dem. 16. Vergeblich berannte D. 305/04 Rhodos. Diod. 20,81ff. Plut. Dem. 21f. 303 drängte D. Kassandros aus Griechenland und erneuerte 302 den

Panhellenischen Bund von Korinth. IG IV^2 1,68. Bengtson, GG^2 368,4. Nach der Niederlage und dem Tod des Vaters bei Ipsos 301 suchte D. ein Reich in Griechenland zu gründen, eroberte 294 das 301 abgefallene Athen sowie 292 Böotien und 291 Theben, wurde 293–287 König von Makedonien und Thessalien und gründete → Demetrias. Strab. 9,436. Plut. Dem. 36f. Iust. 16,1. Durch Lysimachos, Seleukos, Ptolemaios und Pyrrhos vertrieben, ergab sich D. 286 Seleukos und starb 283 als Gefangener in Apameia (Orontes). Plut. Dem. 48ff. **3.** II., Mitregent des Vaters Antigonos (→ 2) seit 262, König von Makedonien 239–229, schlug 262 Alexander von Epeiros, kämpfte im »Demetrioskrieg« 238–229 gegen den aitolischen und achaeischen Bund und starb nach einer Niederlage gegen die Dardaner. Pol. 2,44.46. 20,5,3. Strab. 10,451. Iust. 28,3,9. IG II^2 1299. SEG 12, 314. Zur Heiratspolitik des D. Beloch GG^2 4,2, 137f. **4.** Sohn Philipps V. von Makedonien, 197 bis 191 und 184/83 Geisel in Rom, erregte als Romfreund den Argwohn Philipps, der D. 180 auf Anstiften des Perseus ermorden ließ. Pol. 18,39,5. 21,3,3. 23,1,5ff.7. Liv. 40,6ff.20ff.54. Iust. 32, 2, 3ff. P. Meloni Perseo 1953, 53ff. **5.** I. Soter, Sohn des Seleukos IV., König von Syrien 162–150. Als Geisel in Rom wies D. 164 beim Tode Antiochos' IV. den Senat vergebens auf sein Thronrecht hin, floh 162 mit Wissen des Polybios nach Syrien und beseitigte den von Rom anerkannten Antiochos V. Pol. 31,11ff. Diod. 31,18. Iust. 34,3,6. App. Syr. 47. Ios. ant. 12,389f. Den von Rom begünstigten Rebellen Timarchos von Babylon bezwang D. ebenso wie 160 die jüdischen Unruhen, in denen Judas Makkabaios fiel. Diod. 31,27a. App. Syr. 45. I. Makk. 7ff. II. Makk. 14ff. Ios. ant. 12,393ff. 13. In dem Krieg zwischen Ariarathes V. und Orophernes von Kappadokien half D. dem letzteren. Pol. 32,10. Diod. 31,32. Iust. 35,1. Gegen den trunksüchtigen, von Rom nie voll anerkannten D. stellten Attalos II. von Pergamon, Ariarathes und Ptolemaios VI. einen angeblichen Sohn des Antiochos IV., Alexander Balas, als Gegenkönig auf. Gegen ihn fiel D. 150 bei Antiocheia. Pol. 33,19. Diod. 31,20.32a. Ios. ant. 13,35ff.58ff. Iust. 35,1, 6ff. H. Volkmann, Klio 19, 1925, 373ff. **6.** II. Theos Nikator Philadelphos (SEG 13, 585), Sohn des vorigen, König von Syrien 145–139 und 129 bis 125. D. war in Rom als Geisel, dann in Knidos. Pol. 33,18,5. Iust. 35,2. Seit 147 kämpfte er in Syrien gegen Alexander Balas, 145 wurde er durch Ptolemaios VI. von Äg., dessen Tochter Kleopatra er heiratete, in Antiocheia als König eingesetzt. Diod. 32,9c. Ios. ant. 13,109ff.116. Iust. 35,2,3. I. Makk. 11,9ff. Nachdem Ptolemaios und D. den Alexander am Oinoparasfluß geschlagen hatten, starb der verwundete Ptolemaios. Die despotische Art des D. führte zu neuen Verwicklungen. Der Stratege Diodotos Tryphon rief den Sohn des Alexander als Antiochos VI. (→ 6) zum König aus und die Juden empörten sich, bis D. 142 den Hohenpriester Simon anerkannte, Steuerfreiheit und Räumung Jerusalems zugestand. Diod. 33,4a. Iust. 36,1.3,9. Gegen den Partherkönig Mithradates I. kämpfte D. zuerst siegreich, wurde aber 139 gefangen, ehrenvoll behandelt und mit Rhodogune, der Tochter des Mithradates, verheiratet. Ios. ant. 219. App. Syr. 67. I. Makk. 14,1ff. Iust. 38,9. Nach Fluchtversuchen wurde D. 129 von Phraates II. als Rivale gegen Antiochos VII. (→ 7) geschickt. Nach dessen Tode kam D. bei einem Angriff auf Äg. nur bis Pelusion, der von Ptolemaios VIII. aufgestellte Gegenkönig Alexander Zabinas schlug D. 126 bei Damaskos. Nach dem Abfall der syrischen Städte wurde D. bei Tyros getötet. Liv. per. 60. Iust. 39,1. App. Syr. 68. C. B. Welles Royal corresp. 1934, 71. **7.** III. Eukairos, 4. Sohn des Antiochos VIII. Grypos, wurde 95 von Ptolemaios IX. Lathyros, König von Kypros, in Damaskos als König eingesetzt und teilte Krone und Reich von Syrien mit dem älteren Bruder Philippos. Ios. ant. 13,370. D. half den Juden gegen Alexander Iannaios, kämpfte 88 gegen Philippos, wurde nach der Übergabe 87 dem Partherkönig Mithradates d. Gr. ausgeliefert und starb in ehrenvoller Haft. Ios. ant. 13,376ff.384ff. Münzen mit den Beinamen Theos Philopator Soter oder Philometor Euergetes Kallinikos bei Head HN^2 772. A. R. Bellinger Transactions of the Connecticut Acad. 38, 1949, 72ff. **8.** I., Sohn des Euthydemos, König von Baktrien und »der Inder« (Iust. 41,6, 4), war Gesandter seines Vaters bei Antiochos III. um 206. Pol. 11,34,8. Um 184 drang D. über den Hindukusch und durch das Panjab bis zum Ganges vor. Unter D. und seinen Söhnen Euthydemos III., Demetrios II., Pantaleon und Agathokles als Unterkönigen lebten Iranier, Griechen und Inder in gutem Einvernehmen. Münzen wurden nach att. Währung mit doppelsprachigen Legenden in Griech. und Prakrit geprägt. 175 fiel D. im Kampf gegen Eukratides, den Usurpator des baktrischen Reichsteiles. Strab. 11,516. Iust. a.O. W. W. Tarn The Greeks in Bactria and India^2 1951, 129ff. **9.** Von Byzanz beschrieb als zeitgenössischer Historiker den Übergang der Galater von Europa nach Asien (278/77) und den 1. syrischen Krieg (275–271). FGrH 162. H. V.

B. Römisch-republikanische Zeit. **10.** D. aus Gadara, einflußreicher Freigelassener des Pompeius, an dessen Zügen im Osten er teilnahm (64 sollte er in Antiocheia feierlich empfangen werden, Plut. Pomp. 40,1–3). Durch seinen Reichtum war er bekannt; er setzte sich für den Wiederaufbau seiner Heimatstadt ein, und ein Gerücht besagte, er habe den Bau des Pompeius-Theaters in Rom finanziert. 55 erscheint er in der Korrespondenz Cic. Att. 4,11,1. **11.** D., Freigelassener Caesars. 39 verwaltete er Cypern und ließ dort den Q. Labienus Parthicus ergreifen und töten, Cass. Dio 48,40,5f. H. G. G.

C. Kaiserzeit. **12.** Musiklehrer, einer der obtrectatores des Horaz, sat. 1,10,79. **13.** Sklave aus neron. Z., der in Capua die Preise für Salben hinauftrieb und deshalb von den Rossezüchtern Capuas angeklagt wurde, Plin. nat. 33,164. **14.** Vornehmer alexandrin. Jude, heiratete in 2. Ehe Mariamme, die Tochter des Agrippa I., die ihm den Agrippinus gebar, Ios. ant. 20,147. **15.** Delator aus neron. Zeit, Iuven. 1,33. **16.** Komödienspieler aus flavian. Z., Iuv. 3,99. Quint. inst. 11,3,178–180. **17.** Früh verstorbener Sklave Martials, 1,101. **18.** D. Kythras. Philosoph aus Alexandria, im J. 359 in Skythopolis angeklagt, gefoltert, doch freigesprochen, Amm. 19,12,12. **19.** Consularis Phoenices aus der Mitte des 4. Jh., der oft in den Briefen des Libanius erscheint und von ihm als der größte Redner der Zeit gefeiert wird, epist. 656. 521.

R. H.

II. Literarische Persönlichkeiten:

20. D. Aus Kallatis, griech. Historiker und Geograph gegen E. des 3. Jh. v. Chr., vielleicht identisch mit D. von Odessos (Steph. Byz. *'Οδησσός*; anders FGrH 85; vgl. 808). Diog. Laert. 5,83 erwähnt sein 20bändiges Werk *περὶ Εὐρώπης καὶ 'Ασίας*, das u.a. von Agatharchides benutzt wurde und vielleicht auch dessen Art der Darstellung beeinflußte (Universalgesch. nach geogr. Anordnungsprinzipien). Der Zeitraum, den das Werk umfaßte, steht nicht fest. Der Tod Hierons von Syrakus (216/15) war noch erwähnt. Dion. Hal. comp. 4 (p. 21 U.-R.) lehnt D.' Stil ab, woraus nur zu schließen ist, daß D. hellenistische Prosa schrieb. Frgm.: FGrH 85.

21. D. Hellenisierter Jude des 3. Jh. v. Chr., der ein Werk *περὶ τῶν ἐν τῇ 'Ιουδαίᾳ βασιλέων* (an die LXX anschließend) verfaßte. Bruchstücke sind durch Alex. Polyhistor erhalten.

FGrH 722. *J. Freudenthal* Alex. Polyhistor (Hellenist. Stud. I), Breslau 1875, 57ff. *A. v. Gutschmid* Kl. Schr. 2, Lpz. 1890, 186ff.

22. D. Aus Adramyttion in Mysien, mit dem Beinamen *'Ιξίων*, alexandrin. Grammatiker wohl des 2. Jh. v. Chr. aus der Schule Aristarchs. In späterer Zeit muß er Anhänger des Krates von Mallos in Pergamon geworden sein, wie seine gegen Aristarch gerichteten Schriften beweisen. Ein Teil seiner Werke befaßte sich in polemischer Weise mit Themen der Homerkritik und -exegese, z. B. *πρὸς τὰς ἐξηγήσεις* oder *πρὸς 'Αρίσταρχον* (mindestens 6 B.; Reste durch Vermittlung des Didymos in den Hom.-Sch. kenntlich) und *πρὸς τοὺς ἠθετημένους*. Sein Gegensatz zur alexandrin. Schule zeigt sich auch in den Beiträgen zur Aristophanesphilologie. Einen Hesiodkomm. erwähnt nur die Suda (s. *Δ.*). Nahezu restlos verloren sind seine Untersuchungen über die Sprache, in denen er der pergamenischen Lehre von der Anomalie folgte (z. B. *περὶ τῆς 'Αλεξανδρέων διαλέκτου; περὶ ἀντωνυμιῶν; περὶ τῶν εἰς $\overline{μι}$ ληγόντων ῥημάτων*).

T. Staesche De D. Ixione grammatico, Diss. Halle 1883. *A. Blau* De Aristarchi discipulis, Diss. Jena 1883.

23. D., gelehrter Antiquar aus Skepsis in der Troas, * gegen 205 v. Chr. (Strab. 13,594), aus reicher und vornehmer Familie. Er muß bis in die 2. Hälfte des 2. Jh. hinein gelebt haben, wenn er Metrodoros von Skepsis förderte (Diog. Laert. 5,84). Das Lebenswerk des D. war der *Τρωικὸς διάκοσμος* (30 B.), ein Komm. zu Hom. Il. 2,816–877, der aber überhaupt alle Nachrichten enthielt, die sich auf die Troas bezogen. Mit eindrucksvoller Belesenheit (Liste der zitierten Autoren bei E. SCHWARTZ, RE IV 2810f.) und unter Anwendung aller Regeln der wissenschaftlichen Kritik verfaßte D. so ein Standardwerk, von dessen hoher Qualität die umfangreichen Frg. (vor allem bei Strabon, der ihn für die Geogr. der Troas direkt benutzte [4], und Athenaios) eine ungefähre Vorstellung vermitteln. In der Folgezeit hatte der *διάκοσμος* große Wirkung, z. B. auf Apollodoros von Athen. In der frühen Kaiserzeit allerdings wurde das gewaltige Werk durch bequemere Kompendien ersetzt und geriet in Vergessenheit. Die Anlage des Komm. läßt sich nicht mehr übersehen, weil D. zahlreiche Exkurse einlegen mußte, um die Masse des geogr., ethn., hist. und myth. Materials zu bewältigen.

Frg.: *R. Gaede* Dem. Sceps. quae supersunt, Diss. Greifswald 1880. Lit.: 1. *Susemihl* 1,681ff. 2. *Christ-Schmid* 2,1, 245. 3. *F. Strenger* Strabons Erdk. v. Libyen, Bln. 1913, 131f. 4. *W. Leaf* ABSA 22, 1916/18, 23ff.

24. D., aus Magnesia, Grammatiker (»Polyhistor« Dion. Hal. Din. 1) des 1. Jh. v. Chr., Vf. einer Schrift *περὶ ὁμονοίας* (Atticus gewidmet: Cic. Att. 8,11,7 u.ö.), die Cic. im J. 49 für eine Denkschrift zum Frieden verwenden wollte. Aus dem Werk *περὶ ὁμωνύμων ποιητῶν καὶ συγγραφέων* (Diog. Laert. 1,112) ist ein längeres Stück über verschiedene Träger des Namens Deinarchos erhalten (Dion. Hal. a.O., der heftig gegen D. polemisiert). Soweit sich aus den Frg. ein Bild gewinnen läßt, enthielt das Werk in kritikloser Weise nebeneinander üblen Klatsch und gutes Material. Vieles ging in die Viten des Diog. Laert. ein (Homonymenlisten). Von einem 3. Titel *περὶ ὁμωνύμων πόλεων* geben einige Lemmata bei Steph. Byz. Zeugnis. H. Gä.

FHG 4,382 Anm. *E. Maass*, PhU 3,23ff. *v. Wilam.*, PhU 4,322ff. *Susemihl* 1,507f. *F. Leo* Röm.-griech. Biogr., Lpz. 1901, 39ff.

25. D. von Phaleron, * vor 344; Staatsmann und Philosoph; hörte bis 323 Aristoteles, war Freund des Theophrast; es war D. zu danken, daß dem Peripatos das Grundstück am Lykeion zugewiesen wurde. Von 317–307 war D. *προστάτης* (oder *ἐπιστάτης*) von Athen; als Anhänger des Peripatos war D. zugleich Anhänger der makedon. Partei; so regierte er Athen 10 J. lang als Vertrauensmann des Kassander. Im J. 307 vertrieb D. Poliorketes den D. aus dieser Stellung; D.

wandte sich erst nach Theben, dann nach Alexandreia, wo er das Vertrauen des Ptolemaios Lagu gewann; nach Ail.var. 3,17 gehörte D. der von Ptolemaios I. eingesetzten Gesetzgebungs-Kommission an. Dessen Nachfolger Ptolemaios II. Philaldelphos sah D.' Ratschläge zu Politik und Staatsrecht nicht als erwünscht, sondern als gefährlich an; D. wurde in Äg. »aufs Land« verbannt und starb dort, vielleicht durch Unfall (Diog. Laert. 5,78), vielleicht auf Veranlassung des Königs (Cic. Rab. Post. 23) durch den Biß einer Giftschlange. Ant. Zeugnisse über sein Leben gehen zum großen Teil auf das autobiographische Werk des D. zurück, vgl. FGrH. 228, frg. 3, das D. über seine Staatsführung verfaßte. Dem D. feindlich: Duris von Samos FGrH. 76, frg. 10. Demochares von Athen FGrH. 75, frg. 4. Hermippos dürfte bei Diog. Laert. 5,75–85 zugrunde liegen. Sammlung aller Testimonia und Fragmente bei F. Wehrli Die Schule des Aristoteles 4, 1949; vgl. FGrH. 228. Diog. Laert. 5,80 nennt 45 Titel; von ihnen durch Zitate kenntlich: an philosoph. Schriften *Σωκράτης* und *περὶ ὀνείρων*, hist. Darstellungen enthielt *περὶ τῆς δεκαετίας* über die 10 J. seiner Staatsführung; wichtig für die Chronologie wurde die Archontenliste des D.

D. verfaßte eine Rhetorik (frg. 156–173 Wehrli); aus seinen Reden sind Zitate erhalten; es gab Werke des D., die über Verfassungsgeschichte handelten (frg. 139–147), und philologische Zetemata, namentlich zu Homer. Die negativen ant. Urteile stammen durchweg von seinen politischen Gegnern. Es ist bewundernswert – und es war schon damals bei Staatsmännern eine viel bewunderte Ausnahme –, daß sich weit ausgedehnte liter. und philos. Bildung mit Geschick und Rechtlichkeit in der Staatslenkung verband.

26. D. von Byzantion, peripatet. Philosoph, lebte um die Mitte des 1. Jh. v. Chr. D. war mit Cato dem Jüngeren befreundet, so Plut. Cato min. 65 und 67 ff. Athenaios erwähnt dreimal das Werk *περὶ ποιημάτων*: 10,452d; 12,548d; 14,633a (alle Zitate aus dem 4. B.); im Pap. Hercul. 1012 sind zusammenhängende Stücke aus dem 2. B. erhalten.

27. D. Lakon, epikur. Philosoph vermutlich des 2. Jh.; nach Diog. Laert. 10,25 Scholarch nach Zenon von Sidon. Sextus Emp. erwähnt D. dreimal: adv. math. 8,348. 10,219. Pyrrh. Hyp. 3,137. An erstgenannter Stelle richtet sich D. mit einer Widerlegung skeptischer Einwände gegen Karneades. In Herculaneum wurden – leider unentzifferbare – Reste eines Papyrus gefunden, der Werke eines Epikureers D. enthielt.

28. D. Kynischer Philosoph des 1. Jh. n. Chr., der meist in Rom lehrte. Seneca rühmt mehrfach (vor allem epist. ad Lucil. 20,9; de benef. 7,1,3. 8,2. 7,11) seine kynische Bedürfnislosigkeit und den Freimut seiner Rede. Beim Tode des Paetus Thrasea war D. in Rom anwesend (Tac. ann. 16, 34), bald darauf aber wirkte er in Korinth (Lukian. adv. indoctum 19, bestätigend Philostr. vit. Apoll. 4,25), offenbar hat Nero ihn aus Rom verwiesen. Unter Vespasian kehrte er dorthin zurück (Tac. hist. 4,40); wegen seiner unausgesetzten Angriffe gegen den Kaiser traf ihn die *relegatio in insulam;* dazu eine Anekdote, die die *clementia principis* verherrlicht, bei Cass. Dio 66,13; vgl. Suet. Vesp. 13. Mehrfach liefen Aussprüche des D. um: Seneca (außer den genannten Stellen) de prov. 3,3. 5,5; epist. 67,14. 91,19. Epikt. diss. 1,25,22. H. D.

29. D., Bischof von Alexandreia 189–231/32. Unter ihm blühte die alexandrin. Katechetenschule, geleitet von Pantainos, Clemens und seit 202/03 von → Origenes, zum Zentrum theolog. Studien auf. Im J. 230 sandte D. den Origenes, den er im Stande eines Laien belassen hatte, nach Athen. Unterwegs empfing Origenes durch die Bischöfe von Caesarea und Jerusalem die Priesterweihe. D. ließ 231 deren Ungültigkeit feststellen und exkommunizierte Origenes, welcher nach Caesarea übersiedelte. Eus. KG. 6,8 unterstellt als Motiv, D. sei auf den Ruhm des großen Theologen neidisch gewesen; doch gab es objektive Gründe, aus denen auch der Nachfolger des D., ein Freund und Mitarbeiter des Origenes, das Urteil bestätigte. O. H.

Ad. Harnack Gesch. der altchr. Lit. 1, 1893, 330–332. *Bardenhewer*, GAL 2,194f. *Walter Bauer* Rechtgläubigkeit und Ketzerei, Beitr. zur hist. Theologie 10, 1934, 57–62.

III. Künstler, Ärzte:

30. D. von Alopeke, att. Bildhauer um 400 v. Chr. Seine realistischen Porträtstatuen (Quint. inst. 12,10,9. Lukian. Philops. 18 ff.) verhalfen ihm zum Beinamen *ὁ ἀνθρωποποιός*. Erwähnt werden Statuen des Hipparchen Simon, der Lysimache, die 64 J. Priesterin der Athene war, und des korinth. Strategen Pellichos. Keine der modernen Attributionen an D. ist sicher. Zwei Inschr. des frühen 4. Jh. bezieht man auf ihn und Bruchstücke einer älteren mit dem Demotikon. Eine weitere scheint der Sockel der Statuette der Lysimache gewesen zu sein. (Zahlreiche andere Bildhauer D. sind nur inschr. bekannt; man findet sie Encicl. Arte Class. or. III 70 f.)

Raubitschek Dedications from the Athenian Akropolis Nr. 143. *Löwy* Inschr. griech. Bildhauer Nr. 62–64. HB Arch III 1 (5. Lfg. 1950) 226 *(Lippold)*. Encicl. Arte Class. Or. III 68 *(Cressedi)*, 69 *(Guerrini)*.

31. D., Sohn des Seleukos. Maler des 2. Jh. v. Chr., tätig in Alexandria, später in Rom, wo er 164 v. Chr. dem landflüchtigen König Ptolemaios VI. Philometor Obdach gab. Er hatte den Beinamen *ὁ τοπογράφος*, war also Landschaftsmaler.

Overbeck Die ant. Schriftquellen Nr. 2141/42. HB Arch IV 1 (6. Lfg. 1953) 160. Encicl. Arte Class. Or. III 70 *(Guerrini)*.

32. D., Bildhauer des 2. Jh. n. Chr. Von ihm signiert die kopflose Statue des Mithra aus Emerita Augusta. A. R.

Leipoldt Religion des Mithra (*Haas* Bilderatlas zur Religionsgesch. 15). Abb. 28. Encicl. Arte Class. Or. III 71 (*Guerrini*).

33. Von Apameia, Arzt um 100 v.Chr., Herophileer. D. hatte sich auf ein bereits vom Vorbild seiner Schule, Herophilos, gepflegtes Gebiet, die Gynäkologie, spezialisiert. Entsprechende Nachrichten über ihn bietet → Soran (s. den Index zu CMG IV ed. Ilberg); danach klärte D. u.a. die Ursachen der Dystokie und erörterte die verschiedenen Arten des weiblichen Ausflusses. Ferner schrieb er *περὶ παθῶν* in mindestens 12 B. (s. Cael. Aurel. morb. acut. 2,141) und ein *σημειωτικόν* in 1 B. (Cael. Aurel. a.O. 3,179). F. K.

Δήμευσις. Vermögenseinziehung. 1. Im griechischen Strafrecht begegnet sie als Nebenstrafe neben der Todesstrafe ([4],131) und der lebenslänglichen Verbannung ([2],57) sowie neben den Strafen für eine Reihe anderer schwerer Verbrechen. Vereinzelt kommt sie auch als selbständige Strafe vor (vgl. Demosth. 47,44). Platon (leg. 855a) lehnte die Konfiskation, offenbar wegen der Ungerechtigkeit gegenüber den am Verbrechen unschuldigen Erben radikal ab. Die Einziehung des Gutes (»Frohnung«) erfolgte – wie schon der t.t. zeigt – immer zugunsten der Gemeinde, auch wenn die Summe ganz oder teilweise einem Tempel verfiel. Eine Vorstufe der späteren Konfiskation ist in Sylloge^3 527,124 erfaßbar ([3],143). Regelmäßig wurde das ganze Vermögen, nur ausnahmsweise einzelne Vermögensteile eingezogen ([1],465f.). 2. Im Vollstreckungsverfahren war die *δ.* die letzte Maßnahme gegenüber säumigen Staatsschuldnern, um die nach Fristversäumung verdoppelte Schuld aus dem Erlös des Vermögens beizutreiben. E. B.

1. *A. Böckh* Die Staatshaushaltung der Athener I^3, 1886, 462.465ff. 2. *P. Usteri* Ächtung und Verbannung im griech. Recht, 1903, 57f. 3. *K. Latte* Beiträge zum griech. Strafrecht. H 66, 1931, 129ff., insbes. 142. 4. *A. Meremetis* Verbrecher und Verbrechen, 1940, 131f.

Deminutio capitis bedeutet den Verlust der jeweiligen Rechtsstellung einer Person. Der Ausdruck ist uns erstmals bei Cicero (top. 4,18. 6,29) überliefert, er dürfte jedoch viel älter sein (XII-T.). Entsprechend den 3 Stufen der Rechtspersönlichkeit – *status libertatis, civitatis, familiae* – prägte die Schuljurisprudenz die Begriffe der *d.c. maxima, media (minor)* und *minima* (Gai. Inst. 1,159–163; reg. Ulp. 11,10–13), die dem Klassiker Paulus als solche noch nicht geläufig gewesen sein dürfte (Paul. Dig. 4,5,7,2.3, vgl. Paul. Dig. 4,5,11 itp.?). Verlor ein röm. Bürger seine Freiheit (etwa als öffentliche Strafe wegen schwerer Schädigung der Gemeinde, Zurückführung eines Freigelassenen in die Unfreiheit oder als Begleitstrafe z.Z. des Prinzipats), so kam dieser Verlust einem vollständigen Untergang seiner Rechtspersönlichkeit gleich (er verlor auch die Bürgerrechte und seine Familienzugehörigkeit; *d.c. maxima*). Eine Ausnahme stellte das *ius postliminii* dar, nach dem ein in Kriegsgefangenschaft geratener röm. Bürger seine Rechte, wenn er zurückkehrte, ebensowenig verlor wie ein heimgekehrter Auswanderer. *D.c. media (minor)* bedeutete den Verlust des Bürgerrechts. Nach alter Anschauung gehörten Freiheit und Bürgerrecht zusammen, weshalb auch der Verlust dieser Rechtsstellung in Ulp. Dig. 38,16,1,4. 38,1,1,8 und Call. Dig. 50,13,5,3 unter dem Begriff der *d.c. magna* zusammengefaßt war, dem die *d.c. minor* gegenüberstand. Später jedoch trennte man den Verlust des Bürgerrechts vom Freiheitsverlust und schuf so die *d.c. media*. Wahrscheinlich in Verbindung mit der *noxae datio* bildete sich die 3. Art, die *d.c. minima* aus. Sie bezeichnete weniger den Verlust der Familienzugehörigkeit als vielmehr eine *permutatio* des *status familiae*, da durch *emancipatio, adoptio, remancipatio* meist entweder in einen bereits geschaffenen oder in einen entstehenden Familienverband eingetreten wurde. Um einem Gläubiger die Möglichkeit zu geben, gegen seinen Schuldner selbst, der sich noch als Gewaltfreier aus Kontrakt verpflichtete, vorgehen zu können, gab der Praetor durch das Edikt *De capite minutis* (Gai. Inst. 3,84. 4,38. Dig. 4,5,2,1) vor allem bei *coemptio* einer Frau und bei *adrogatio* das *iudicium*, gleichsam als wäre die d.c. nicht eingetreten. – Die oström. Schule führte die Dreiteilung der d.c. allgemein durch, das w. Vulgarrecht hingegen schenkte der d.c. immer wen. Bedeutung. F.R.

Desserteaux Études sur la formation historique de la c. d. 3 Bde., 1908–1928, Bd. III = Tijdschr. 8, 1928, 129ff. *Kaser*, Iura 3, 1952, 48ff. *Lenel* Edictum perpetuum, ^{3}1927/1956, 116ff.

Δημιόπρατα. 1. Die zugunsten der Staatskasse öffentlich versteigerten Güter. Sie wurden zuerst im Wege der → *δήμευσις*, offenbar von den Anklägern des Hauptprozesses, eingezogen. Nachdem das Verzeichnis der eingezogenen Güter, *δημευόμενα*, in der Hauptversammlung des Volkes verlesen worden war, »damit jedermann über enteignetes Gut unterrichtet werde« (Aristot. Ath. pol. 43,4), wurde es an die Elfmänner weitergeleitet, unter deren Vorsitz ein Gerichtshof über die Einsprüche Dritter wegen Forderungen oder dinglicher Rechte (Poll. 8,61. Demosth. 49,45) entschied. Dann erst konnten die Güter durch die Poletai in Gegenwart des Rates öffentlich an den Meistbietenden versteigert werden (Aristot. Ath. pol. 47,3). Die Archonten bestätigten das Vollrecht, das sich auf die Publizität der Versteigerung und auf die Verwirkung des früheren, nicht rechtzeitig geltend gemachten Titels sowie auf den unmittelbaren Erwerb von der Stadt gründete. 2. Von den Poletai angelegte Verzeichnisse der öffentlich versteigerten Güter (Poll. 10,96). Beispiel eines solchen Verzeichnisses: IG II 328. E. B.

F. Pringsheim Gesammelte Abh. 2, 1961, 305.

Demiurgoi (*δημιοεργοί* Hom., *δημιουργοί* attisch, *δημιοργοί* jon., *δαμιοργοί* dor.). 1. Ob in myken. Zeit die »Besteller des Demoslandes«, fraglich. L.R. PALMER Achaeans and Indo-Europeans, 1955, 12f. K. MURAKAWA Hist. 6, 1957, 412ff. 2. Bei Hom. Od. 17,382f. 19,135 für Berufe wie Wahrsager, Ärzte, Sänger, Herolde und Baumeister. 3. In Attika soziale Gruppe aus befreiten Hektemoroi und Theten, stellte 580 zum Kollegium der 10 Archonten 2 Vertreter. Aristot. Ath. pol. 13,2. Plut. Thes. 25,3. F.R. WÜST, Hist. 8, 1959, 1ff. Später Handwerker schlechthin, dann philos. der Weltschöpfer. Plat. Tim. 41c.–42d. W. THEILER, RACh 3, 1957, 694ff. 4. Hohe Staatsbeamte, Aristot. Pol. 5,1310b 22; in Elis Thuk. 5, 47,9. E. SCHWYZER Dialectorum Graec. exempla epigr. 1923, 409.410.415 (Ϝισοδαμιοργός). Arkadien: Mantineia IG V 2, 261,9 (6. Jh.). Tegea: SCHWYZER 654. Kleitor: A.J. BEATTIE, CQ 41, 1947, 66ff. Argos: SEG 11,336 (9 D. im 7. Jh.). 314 (6 D. im 6. Jh.). N.G.L. HAMMOND, CQ 54, 1960, 33ff. Mykene: SCHWYZER 98. Westlokris: Oiantheia Tod IGH 34. Naupaktos: C.D. BUCK The Greek Dialects^3, 1955, 255ff. Delphi: C. VATIN, BCH 65, 1961, 236ff. Thessalien: Larissa Aristot. Pol. 3,1275b 26ff. Epirus: K. MURAKAWA 393f. Thera: IG XII 3,450. Kyrene: SEG 9,11ff. Unteritalien: Petelia, Crimisa, Caulonia V. ARANGIO RUIZ und A. OLIVIERI Inscr. gr. Sicil. et inf. Ital., 1925, 18ff. Eponyme D. in Kamiros, Knidos, Aspendos und Samos. C. VATIN 237,1. Zum Doppelsinn des Wortes D. und der gemeinsamen Grundbedeutung »Diener für die Allgemeinheit« K. MURAKAWA 385ff. H. V.

Demo (Δημώ, Kurzform eines Kompositums). **1.** Tochter des → Keleos, die mit ihren Schwestern der suchenden Demeter freundlich begegnet, Hom. h. 5,109. **2.** Name der kymäischen Sibylle, Paus. 10,12,8f. (nach dem Kymäer Hyperochos). Kurzform für Demophile, Lact. inst. 1,6, 10 (Varro). **3.** Beischrift auf einer rf. Vase AZ 43, 1885, Tafel 15. Prell.-Rob. 1,918. Kurzform für → Demonassa. **4.** Neben Deo Kurzform für Demeter, Suda. Etym. M. 264,8. H. v. G.

Demochares (Δημοχάρης). **1.** Wird als athenischer Gesandter und Parrhesiastes bei einem König Philipp von Sen. de ira 3,23,2 erwähnt, nach PA 3716 identisch mit → 3. **2.** Sohn des Demon, Athener (Παιανιεύς), Vetter des Vaters des Demosthenes, am Bündnis mit König Amyntas (370) beteiligt. Sylloge^3 157. Trierarch 356/55 IG II^2 1612,13. Demosth. 47,22.32.69,30. Athen. 13,539f. **3.** Sohn des Laches aus Leukonoe, Neffe des Demosthenes, Politiker, Redner und Historiker, sprach 322 gegen die Auslieferung attischer Patrioten an Antipatros (Plut. mor. 847d), beantragte 307/06 die Wiederherstellung der Mauern Athens und Rüstungen im »vierjährigen Krieg« (306–303), griff die Philosophenschulen an und bewirkte ein Bündnis mit Böotien. Plut. mor. 851d. IG II^2 463.468. Sylloge^3 334,34. F.G. MAIER Griech. Mauerbauinschriften 1, 1959, 48ff. Wegen seiner Kritik an dem Kult des Demetrios (→ 2) 303 verbannt, kam D. erst 286/85 zurück, einigte Eleusis mit Athen und vermittelte Geldspenden von Lysimachos, Antipatros und Ptolemaios. Plut. Dem. 24,11f.; mor. 851e. C. HABICHT Gottmenschentum und griech. Städte 1956, 213f. Für eine Statue des Demosthenes sorgte D. 280; er selbst erhielt eine solche 270 auf Antrag seines Sohnes Laches. Plut. mor. 874d. 851d. Reste seiner Zeitgeschichte FGrH 75, der Reden BAITER-SAUPPE Or. Att. 2. L.C. SMITH Hist. 11, 1962, 114ff. **4.** Flottenführer des Sex. Pompeius, bewährt bei Kyme 38 und Mylae 36, tötete sich bei Naulochos. App. civ. 5,83ff. 105f. Cass. Dio 49,2.4.7.8.10. Oros. 6, 18,26 nennt ihn mit Kurznamen Demochas, App. 5,104.106ff. Papias. Er hieß wohl als Freigelassener Papius Demochares. H. V.

Demodike (Δημοδίκη). Zweite Frau des → Athamas, Stiefmutter des Phrixos, den sie wegen unerwiderter Liebe verfolgt und zur Flucht zwingt, Pind. P. 4,162 mit Sch. und frg. 49. Nach anderer Version war sie Frau von Athamas' Bruder Kretheus; bei diesem verleumdet sie den Phrixos, und Kretheus verlangt von Athamas des Phrixos Tod; Nephele aber entrückt ihren Sohn. Hyg. astr. 2,20. H. v. G.

Demodokos (Δημόδοκος). **1.** Der hochgeachtete Sänger am Hofe der Phaiaken. Die Muse hat ihn des Augenlichts beraubt und ihm dafür die Gabe des Gesanges verliehen. Er singt, was sie ihm eingibt, zur Laute im Palast und auf dem Markte; hier spielt er auch zum Reigentanz der Jünglinge, wie der Sänger auf dem Schilde des Achilleus. Seine Lieder behandeln den Streit zwischen Odysseus und Achilleus, Bau und Einzug des hölzernen Rosses in Troia und den Ehebruch des Ares mit Aphrodite. Hom. Od. 8. Er beginnt, wie die Dichter der hom. Hymnen, mit Anrufung der Götter. Seine Blindheit, die er mit dem Dichter des Hymnos auf den delischen Apollon teilt, hat wohl die Vorstellung von dem blinden Homer beeinflußt. Auf dem amykläischen Thron war der Reigen der Phaiaken und der singende D. dargestellt. Paus. 3,18,11. Derselbe 1,2,3 vergleicht D.' Stellung bei Alkinoos mit der der griech. Dichter an Königs- und Tyrannenhöfen; Hom. selbst habe den dauernden Aufenthalt an einem Hofe verschmäht. **2.** D. wurde auch der Sänger, den Agamemnon beim Auszug nach Troia seiner Gattin als Mentor zurückließ und den sie unter dem Einfluß des Aigisthos auf eine verlassene Insel verbannte, Od. 3, 267, von findigen Mythographen genannt, die auch wußten, daß er in Mykene und Argos gelernt und in Delphoi im Sängerwettkampf gesiegt hatte und daß er ein Bruder des Sängers auf Ithaka, Phemios, war. Eust. z. St. H. v. G.

Demoi (Δῆμοι, dor. δᾶμοι). Urspr. zusammen angesiedelte Sippen (ai. *dām* = Sippe), dann die Dorfgemeinden als kleinste Verwaltungseinheiten unter einer Polis als Verwaltungsmittelpunkt bes. im ion.-att. Gebiet.

1. Die in Attika bereits vor Kleisthenes vorhandenen D. (A. RAUBITSCHEK Dedications from the Athenian Acropolis, 1949, 467ff.) wurden durch dessen D.-Ordnung 508/07 die Grundzellen des att. Staates. Kleisthenes faßte mehrere D. zu einer der je 10 Trittys des Küstenlandes, des Binnenlandes und der Stadt zusammen und wies je eine Trittys der 3 Zonen durchs Los den 10 neuen lokalen Phylen zu. Hdt. 5,69. Aristot. Ath. pol. 21,4f. Die geograph. Lage der D. und ihre Zugehörigkeit zu den Phylen zeigt im einzelnen E. KIRSTEN Der gegenwärtige Stand der Demenforschung, Atti del terzo congresso internaz. di epigrafia greca e latina 1959, 155ff. Karte Taf. 26. C. W. J. ELLIOT Coastal Demes of Attika 1962, Benannt wurden die D. nach Adelsfamilien (Philaidai), dem Hauptort (Eleusis), der Landschaft (Potamos), der Flora (Acherdus), dem Handwerk (Kerameis) oder einem Heros (Hekale). D. M. LEWIS Hist. 12, 1963, 26f. 30. Urspr. 100, vermehrten sie sich durch Teilungen, Strab. 9,396 zählt 174. Jeder Bürger wurde von Kleisthenes nach seinem Wohnsitz als Demotes in einen Demos eingeschrieben. Aristot. Ath. pol. 21, 4. Diese Gemeindeangehörigkeit vererbte sich auf die Nachkommen, Verlegung des Wohnsitzes veränderte sie nicht, wohl aber Adoption in eine andere Familie. Isokr. 2,14. [Demosth.] 44,21ff.35ff. Offiziell wurde der Bürger mit dem Demotikon, dem Namen seines Demos, benannt. Aristot. 21,4. RAUBITSCHEK 475ff. Mit dem Bürgerrecht beschenkte Fremde mußten sich in einen Demos nach eigener Wahl einschreiben. Über ihre Aufnahme und die der 18jährigen Söhne der Demoten in die Bürgerliste des Demos (*ληξιαρχικὸν γραμματεῖον*), die als Grundlage der Bürgerliste des gesamten att. Staates (*πίναξ ἐκκλησιαστικός*) diente, entschied die Mitgliederversammlung (*ἀγορά*) durch Abstimmung (*διαψήφισις*). Bei Ablehnung wegen nicht gesetzmäßiger Geburt war Appellation an das Volksgericht zulässig, vor dem 5 Demoten ihren Demos vertraten. Aristot. Ath. pol. 42,1f. In einem Demos ansässige Bürger eines anderen Demos und Metoiken wurden in einem Sonderregister geführt. Die Bürgerlisten der D., die für Aushebung, Umlage von Steuern und Beiträge zu Staatsfesten maßgebend waren, wurden bisweilen auf Beschluß der athen. Volksversammlung überprüft. Für die Bule stellte jeder Demos die seiner Größe entsprechende Zahl durchs Los bestimmter Vertreter, Acharnai z. B. 22, eine größere Gruppe der D. je 10–17, andere je 3–7, ein Teil nur je 1. Einzelnachweise dieser ersten in der Geschichte bekannten proportionalen Vertretung bei E. KIRSTEN Die griech. Landschaften 1,3, 1952, 1006f. J. A. O. LARSEN Representative government in Greek and Roman history, 1955, 6ff.; CPh 57, 1962, 104ff. Der Demos Halimus zählte mehr als 73, höchstens 90 Demoten und 3 Vertreter im Rat. Demosth. 57,9ff.15. Die Beschlußfähigkeit des Demos Hagnus, der 6 Vertreter im Rat hatte, erforderte die Anwesenheit von mindestens 30 Demoten. IG II^2 1183. Die Versammlungen waren regelmäßige (*κυρίαι* IG II^2 1202) oder außerordentliche, für letztere gab der→Demarchos die Tagesordnung (*πρόγραμμα*) bekannt. Beschlüsse der D. IG II^2 1172–1221. Neben dem Demarchos hatte jeder Demos einen Verwalter (*ταμίας*), Rechenschaftsbeamte (*εὔθυνοι*), Schreiber, Herolde sowie Priester und Priesterinnen für die jeweils eigenen Kulte und Tempel, bes. den Heros Eponymos. Der Gemeindebesitz an Feldern, Wein- und anderen Pflanzungen und Weideland wurde verpachtet. Zu den Pachtgeldern kamen als Einnahmen noch Strafgelder und Leiturgien. Mit ihnen wurden die Ausgaben für Opfer, Feste und Ehreninschr. bestritten. Ein Beschluß des Demos Plotheia rechnet um 400 mit 22000 Drachmen jährlicher Ausgaben. IG II^2 1172, 29. Die Angehörigen verschiedener D. wurden mit ihrem oft individuell geprägten Typus mitunter in der Komödie dargestellt, z. B. die Acharner von Aristoph., die Prospaltioi von Eupolis u. a. (V. EHRENBERG The people of Aristophanes^2, 1951, 214ff.).

2. Außerhalb Attikas werden D. meist nur inschr. genannt. Die Staaten, für deren Gliederung D. mit diesem Namen bezeugt sind, können hier nur ohne Anspruch auf Vollständigkeit aufgeführt werden. Im ion. Gebiet: Milet (5 D., TH. WIEGAND Didyma 2, 1958, 228f. 256f. 283). Histiaia (22 D., Sylloge^3 492. Strab. 10,445). Naxos (D. Aulon, Sylloge^3 520). Amorgos (D. Aigiale, IG XII 7,515,15). Im dor. Bereich auf Rhodos hat Lindos 12 Damoi, deren Demotika auch Frauen führen, in Ialysos ist nur der Demos *Ἐριναεῖς* bekannt, in Kamiros werden 11 *κτοῖναι* als Unterabteilungen durch Hesych. *κτῦναι ἢ κτοῖναι... ἢ δῆμος μεμερισμένος* erklärt. CHR. BLINKENBERG Lindos 2, Inscr. 1941, 20ff. Kos (7 D., Sylloge^3 568f. PATON-HICKS Inscr. of Cos, 1891, mit Karte. R. HERZOG Koische Forsch., 1899, 164ff.). Kalymna (4 D., SGDI 3573f.). Für Arkadien nennt Strab. 8,337 mehrere Orte als zusammengelegt aus D. (*συστήματα δήμων*): Mantineia aus 5 (Namen unbekannt), Tegea um 476 aus 9 (Namen bei Paus. 8,45,1), Heraia nach 371 aus 9. In Achaia entstand Patrai aus 7 D. (Strab. 8,337.386. Namen bei Paus. 7,18,2ff.), Dyme aus 8 (Strab. 8,337) und Aigion aus 7 oder 8 (Strab. 8,337). Nach den Perserkriegen wurden mehrere D. zu der Stadt Elis vereint. Strab. 8,336. Alexandreia in Äg. hatte 60 D. (P. HIBEH 28,10ff. J. SEYFARTH Aegyptus 35, 1955, 15. M. A. H. EL-ABBADI, JEA 48, 1962, 109ff.), nicht bekannt ist ihre Zahl in Ptolemais. OGIS 49,16. G. PLAUMANN Ptolemais in Oberägyp., 1910, 23f. H. V.

Demokedes aus Kroton. Berühmter Arzt im 6. Jh. v. Chr., zunächst in Aigina und Athen, dann am Hofe des Tyrannen Polykrates von Samos. Später trat er in die Dienste des Dareios und heilte diesen von einer Fußverrenkung und die Königin

Atossa von einem »Gewächs« an der Brust. D. gehörte ohne Zweifel zu den Pythagoreern und muß innerhalb der sog. w.-griech. Heilkunde eine bedeutende, heute freilich kaum mehr fixierbare Rolle gespielt haben. Am ausführlichsten berichtet Herodot (3,125. 129–138) über ihn, von dem, allenfalls außer Jamblich (vit. Pyth. 257ff.), alle späteren Nachrichten abhängen werden. D.s geschichtlich interessante Persönlichkeit hat sogar zu einem modernen Roman angeregt (SWERR »Arzt der Tyrannen«, München 1961 – geschrieben in der bekannten Manier eines fingierten Papyrusberichtes). F. K.

V. Pedicino Contributo per una migliore conoscenza della figura di D., Pag. Stor. Med. 5, 1961, 25–36.

Demokles (Δημοκλῆς). **1.** Athener mit dem Beinamen ὁ Καλός, der, nach Plut. Dem. 24 als παῖς ἄνηβος von Demetrios Poliorketes beim Bade sich vor dessen Wollust nur rettete, indem er in einen mit kochendem Wasser gefüllten Kessel sprang. **2.** Att. Redner aus der Schule des Theophrast, der die Söhne des Lykurgos gegen die Anklage des Moirokles und Menesaichmos verteidigte (Plut. vit. X orat. 842e). W. S.

Demokrates (Δημοκράτης). **1.** Redner des 4. Jh. v. Chr. aus Aphidnai, Anhänger der makedonenfreundlichen Partei in Athen (Hyp. 4,2f.). Aus seinen Reden sind nur wenige witzige Formulierungen erhalten. H. Gä.

Baiter-Sauppe Or. Att. 2,320. *Blass* AttBereds. ^{3}3,2,79.

2. s.a. Damokrates

Demokratia (Δημοκρατία). Volksherrschaft, zuerst erwähnt bei Hdt. 6,43,3 (Mardonios setzte in Ionien D. ein an Stelle der Tyrannis), aber wohl schon Aischyl. Hik. 604 bekannt. A. DEBRUNNER Δημοκρατία, Festschr. E. Tièche, 1947, 11ff. V. EHRENBERG Hist. 1, 1950/52, 515. H. SCHAEFER Probl. der Alten Gesch., 1963, 152. Erst in perikleischer Zeit wurde der Begriff auf die athen. Verfassung angewandt. SCHAEFER 220. Als Sinnbild der urtümlichen Verfassung wurde die D. zum Gemeinplatz der Redner (Isokr. 5,148) und in der Kunst dargestellt, auf dem Gemälde des Euphranor zusammen mit Theseus und → Demos und auf dem Relief über der Inschr. des Gesetzes des Eukrates 337 v. Chr. SEG 15,95. Auf dem Grabmal des Kritias zündete die Oligarchia mit der Fackel die D. an. Sch. Aischin. 1,39. Seit 332/31 v. Chr. hatte die D. in Athen einen Kult. Vor ihrer Statue brachten die Strategen im Boedromion ein Opfer dar. IG II² 1496. J.H. OLIVER Demokratia, 1960, 105f. Zur Basis der Statue A.E. RAUBITSCHEK Hesp. 31, 1962, 238ff. Der Priester der D. hatte im Dionysostheater seinen Platz rechts neben dem Priester des Demos und der Chariten. Ein gemeinsamer Rundaltar der Athena und der D. befand sich auf der Akropolis. IG II² 4992 (1. Jh. v. Chr.). A. E. RAUBITSCHEK Demokratia, in Akte des 4. internat. Kongr. für griech. und lat. Epigraphik, 1964, 332ff. H. V.

Demokritos. 1. Von Abdera, Schüler des → Leukippos, Hauptvertreter der → Atomistik. Geburts- und Todesdatum sind unsicher überliefert; nach Diog. Laert. 9,41 enthielt der μικρὸς διάκοσμος das Selbstzeugnis, D., sei ein junger Mann gewesen, als → Anaxagoras schon alt war; das würde auf ca. 460 als Geburtsjahr führen. Aristoteles hat D. anscheinend für älter als Sokrates gehalten (* 468). D. soll 90 J. alt geworden sein (Diog. Laert. 9,39 und 43), starb also zwischen 380 und 370. D. unternahm weite Reisen, nach einem bei Klemens Al. Strom. 1,69 erhaltenen Selbstzeugnis so weit wie kein anderer Mensch zu seiner Zeit; dabei lernte er Babylonien und Ägypten kennen. Diese Reisen dauerten 5 J.; danach kehrte D. nach Abdera zurück.

Ein Verzeichnis seiner Schriften wurde von → Kallimachos aufgestellt und (wohl später) tetralogisch geordnet; es umfaßt 60 Titel, dazu 9 außerhalb dieser Ordnung (Diog. Laert. 9,46ff.); in diesen Schriften wurden alle Gebiete der Philosophie behandelt; erhalten sind zahlreiche, aber spärliche Zitationen daraus. → Platon, der D. nie nennt, hat seine Atom-Lehre im Timaios stark berücksichtigt; → Aristoteles nennt D. oft mit Verehrung und zitiert ihn mehrfach; vgl. gen. et corr. A 2; 315 a 35. Die nachmalige tetralogische Ordnung der Schriften D.s läßt folgende Systematik erkennen: Tetr. 1 und 2 enthielten Schriften zur Ethik; Tetr. 3–6 zur Physik, einschl. Seelenlehre und Logik (!); hierher gehörten die beiden Werke μέγας und μικρὸς διάκοσμος = Tetr. 3,1 und 2. Tetr. 7–9 Schriften zur Mathematik und Astronomie; Tetr. 10 und 11 Schriften zur Dichtung und Musik; weitere 2 Tetr. enthielten Τεχνικά, darunter eine medizin. Tetralogie. Außerhalb der tetralogischen Ordnung blieben offenbar 9 B.

Von der Zeit des Hellenismus an schied man nicht mehr deutlich die Lehre des Leukippos von der des D.; dieser erschien als der Fortsetzer des Leukippos; bei der Lage der Bezeugung ist es nicht mehr möglich, den Anteil des D. daran klar zu bezeichnen.

Die beiden Prinzipien der Physik des Leukippos und des D. sind die Atome und das Leere. Treffliche Darstellung der Atomlehre – sicher aus gutem HB. – bei Cic. fin. 1,17 *ille atomos quas appellat id est corpora individua propter soliditatem, censet in infinito inani, in quo nihil nec summum nec infimum nec medium nec ultimum nec extremum sit, ita ferri, ut concursionibus inter se cohaerescant, ex quo efficiantur ea quae sint quaeque cernantur omnia; eumque motum atomorum nullo, sed ex aeterno tempore intellegi oportere.* Diese Bewegung der Atome ist Naturgesetz und notwendig (Aristot. gen. an. 789 b 2); sie ist das Prinzip der Welt-Entstehung, aber auch der Erkenntnis. Denn die Verbindung der Atome bewirkt die sekundären Qualitäten, und sie bewirkt die Möglichkeit der Wahrnehmung. Die Seele (vom Νοῦς nicht geschieden; vgl. Aristot. de an. A 2,404 a 27 und 405 a 5) ist stofflich; sie besteht aus feuerhaltiger, feinteiliger Mischung der Atome. Tritt diese durch die fünf Sinne in nur mittelbare Beziehung zum Wahrgenommenen (so Sext. Emp. adv. math. 7, 18), dann ist getrübte Erkenntnis die Folge (*γνώμη σκοτίη*), zu echter Erkenntnis (*γνώμη γνησίη*) gelangt man nur durch tiefer eindringende Forschung. Trotz Aristoteles' Notiz, gen. et corr. A 1, 315 b 6, Leukipp und D. hätten Wahrheit in den Erscheinungen vermutet, ist gerade bei D. das Mißtrauen gegen den Erkenntnisgehalt der sinnlichen Wahrnehmung angelegt. Da das Leere unendlich ist, muß mit der Möglichkeit vieler Welten gerechnet werden; daß diese in regelmäßigen Abständen angeordnet sind, ist unerweisbar – so muß das Referat des Hippolytos, ref. 1,13, Doxogr. 565 verstanden werden.

D. hat in erster Linie als Natur-Philosoph auf die Nachwelt gewirkt. Von seinen Entscheidungen zur Ethik kannte man im Grunde nur einige: D. hatte die Glückseligkeit des Menschen als *εὐθυμίη* und *ἀθαμβίη* (vgl. Cic. fin. 5,23) bezeichnet. Damit schienen die Forderungen → Epikurs vorweggenommen.

Deutlich werden in Physik und Ethik des D. die Züge deutlich, die auf → Epikur weisen; die ant. Doxographie hat sie immer hervorgehoben. Ungenügend erforscht ist, in welchem Maße Platon auf die Philosopheme des D. eingeht und zu ihnen Stellung nimmt.

Cicero lobt seinen Stil, den er mit dem Platons vergleicht, or. 67; de or. 1,49; im selben Sinne Plut. quaest. conv. 5,7,6; 683 a; Dion. Hal. comp. 24. – Der Beiname »der lachende Philosoph« erscheint zuerst bei Hor. epist. 2,1,194; vgl. Iuv. 10, 33. Sotion bei Stob. ecl. 3,20,53; III 550,8 Hense. Vermutlich ist dies ein Zug aus dem D.-Roman, der sich schon im 1. Jh. n. Chr. gebildet hatte (Phil. de prov. 2,13, p. 52 Aucher); im Roman oder in populär-philosoph. Betrachtung mochte es angemessen sein, den »lachenden Philosophen« (D.) dem »weinenden« (→ Herakleitos) entgegenzustellen. (Cicero vollzieht div. 2,133 die Antithese Herakleitos – D., was die Verständlichkeit beider anlangt: *valde Heraclitus obscurus, D. minime.*) Zu seinen Lebzeiten hatte D. den weit besser passenden Beinamen *σοφία*, so Suda s. v. D.

Frg.: Vorsokr. Nr. 68. *A. Dyroff* Demokrit-Studien, 1899. C. *Bailey* The Greek Atomistis and Epicurus, 1928. *E. Bréhier* Un système préscientifique: l'atomisme, Kl. Schr. 1955, 65–89. *P. Natrop* Die Ethika des D., 1893. *W. K. C. Guthrie* Greek Philosophy II, 1965. *H. Weiss* D.s theory of cognition, CQ 32, 1838, 47–56.

2. D. um 250 n. Chr. (bezeugt als Zeitgenosse des Kassios Longinos bei Porph. v. Plot. 20), von späterer Kritik, nämlich Syrian in Aristot. met. 892 b 31; p. 105,36 Kroll, mit Plutarch und Attikos als heterodoxer Platoniker zusammengestellt. Das bestätigt sich durch eine Notiz bei »Olympiodor« (richtig: Damaskios) in Plat. Phaed. 193,30 Norvin, wo Damaskios mit Plutarch in der Erklärung der *ἄνωθεν γῇ* Phaid. 108a C übereinstimmt. Ungedeutet ist eine Zahlenspielerei (bei Olympiod. in Plat. Alk. I, 105,17 Creuzer). Iamblich, bei Stob. ecl. 1,49; I 370,1 Wachsmuth, hat eine Notiz aus der Seelenlehre des D. in eine Doxographie eingearbeitet. Aus diesem allem wird wohl deutlich, daß dieser D. im Platonismus des 3. Jh. eine gewisse Rolle spielte; seine Eigenart zu bestimmen, reichen die knappen Notizen nicht aus. H. D.

Demoleon s. Deïleon.

Demon (*Δήμων*). **1.** Onkel des Redners Demosthenes, Vater seines Vormundes → Demophon. **2.** Enkel von 1, Sohn von Demosthenes Vetter → Demophon, von Plut. Dem. 27 irrig als dessen Neffe bezeichnet, vielleicht Vf. der 32. Rede des Demosthenes und jener D., dessen Auslieferung Alexander d. Gr. 335 forderte. D.' soll dann von Harpalos bestochen worden sein (Athen. 8,341). 323 beantragte er die Rückberufung des Demosthenes (Plut. Demosth. 27). Fr. Kie.

Demonassa, Demoanassa (*Δημώνασσα, Δημοάνασσα*). **1.** Tochter des Amphiaraos und der Eriphyle, Gattin des Thersandros, eines Sohnes des Polyneikes, Mutter des Tisamenos, Paus. 3,15,8. 9,5,15. Auf der Kypseloslade steht sie mit der Schwester Eurydike und dem Bruder Alkmaion neben der Eriphyle vor dem Hause des Amphiaraos, ebd. 5,17,7. Dieselbe Szene auf einem korinth. Krater in Berlin (Abschied des Amphiaraos) BAUM. Denkm. 1, S. 67. In den *Ἐπίγονοι* des Soph. war sie einzige Tochter. PRELL.-ROB. 1,918.958. 967. **2.** Gemahlin des Poias, Mutter des Philoktetes. Hyg. fab. 97.102. H. v. G.

Demonax. Kynischer Philosoph des 2. Jh. n. Chr., aus Kypros gebürtig. D. ist nur bekannt durch die verherrlichende Schilderung Lukians (II 195 ff. ed. Jacobitz). Danach war D. ein Populär-Philosoph, der in der Lebensführung → Diogenes von Sinope nachahmte, im übrigen aber viel der Stoa verdankte. Anscheinend fiel er durch schlagfertigen Witz auf; aber die Pointen, die Lukian mitteilt, sind zum guten Teil anderweit belegt, waren also nicht neu. D. soll im Alter von 100 J. seinem Leben durch freiwilligen Hungertod ein Ende gesetzt haben. H. D.

Demonstratio. Formelbestandteil, der an der Spitze der klass. Prozeßformel steht, wenn die Klage auf ein *incertum* geht. Die d. beginnt immer mit *quod* und umschreibt den Sachverhalt, auf den ein Begehren gestützt wird (z. B. *Quod Aulus Agerius apud Numerium Nigidium mensam argenteam deposuit* bei der *actio depositi*). Das Begehren selbst wird nicht in der d., sondern in der anschließenden *intentio* vorgetragen; daher kann eine verfehlte d. zwar zur Klagsabweisung, nicht aber zur künftigen klagenhemmenden Wirkung einer *pluris petitio* führen (vgl. Gai. inst. 4,58 ff.). Th. M.-M.

V. Arangio-Ruiz Le formule con d. e la loro origine, Studi

Economico-Giuridici IV, Cagliari 1912. *P. Koschaker,* ZRG, röm. Abt. 34, 1913, 433ff. 41, 1920, 334ff.

Demophile s. Sibylle

Demophilos (*Δημόφιλος*). **1.** Athener, der gegen Bestechung der Gerichte einschritt und 346/345 v. Chr. eine Überprüfung der Bürgerlisten forderte, um die Bürgerschaft von unlauteren Elementen zu reinigen. **2.** Ankläger des Aristoteles 323 (Diog. Laert. 5,5) und des Phokion 319 v. Chr., dessen Sohn sich dann an ihm rächte (Plut. Phok. 38). Fr. Kie.

3. Dichter der Neuen Komödie, dessen *'Ovαγός* Plautus in der Asinaria bearbeitet hat (Asin. 10–12). Sonst unbekannt. W. K.

T.B.L. Webster Studies in Later Greek Comedy, Manchester 1955, 233–237. *G. Rambelli* Dioniso 19, 1956, 45 bis 81.

4. D., sonst völlig unbekannter Vf. (oder Redaktor?) einer Sammlung gnomischer Lebensregeln in Vergleichsform, die im Cod. Vat. Gr. 743 überliefert ist. H. Gä.

Mullach Frg. Philos. Gr. 1,485ff. *A. Elter* Gnomica homoeomata, Univ.-Progr. Bonn 1900/04.

Demophon (*Δημοφῶν*). **1.** Jüngster Sohn des eleusin. Fürsten Keleos und der Metaneira, von Demeter, die sich als Wärterin verdingt hat, genährt, mit Ambrosia gesalbt, nachts im Feuer gestählt, um sein Sterbliches wegzubrennen (vgl. Thetis: Achilleus), bis die Mutter es bemerkte und aufschrie. Da setzt Demeter D. auf den Boden und droht den Eleusinien regelmäßig wiederkehrende Bürgerkriege an, Hom. h. 5, die auf rituelle Scheinkämpfe bei den Eleusinien gedeutet werden. Für D. tritt Ov. fast. 503ff., wo Keleos ein armer Bauer ist, D.s Bruder Triptolemos ein; ähnliche Fassungen Apollod. 1,31. Hyg. fab. 147. **2.** Sohn des Theseus und der Phaidra, Bruder des → Akamas. Bei der Entführung ihrer Großmutter Aithra – die Helenes Magd wurde – durch die Dioskuren waren die Brüder geflohen, Apollod. epit. 1,23. Deshalb nahmen sie am troischen Kriege teil (nach der att. Tragödie als selbständige Führer; Hom. nennt sie nicht) und befreiten Aithra nach Troias Fall. Die Befreiung ist auf einem Gemälde Polygnots (Paus. 10,25,7), auf mehreren rf. Vasen und auf der Tabula Iliaca dargestellt. Auf der Rückfahrt ereignete sich in Thrakien die Episode mit der Königstochter → Phyllis (hellenist. Erzeugnis). Die Aufnahme des D. in die att. Königsliste als Nachfolger des Menestheus erfolgte verhältnismäßig spät. Diod. 4,62. Hyg. fab. 48. Plut. Thes. 35. In einem Gefecht mit Leuten des Diomedes (oder Agamemnon), die in Attika landeten, erbeutete er das Palladion, wurde aber, weil er dabei einen Athener niedergeritten hatte, vor das Gericht *ἐπὶ παλλαδίῳ* gebracht, Paus. 1,28,9. Den flüchtigen Orestes nahm er zur Rechtsprechung durch den Areopag auf, unterwarf ihn aber bestimmten Beschränkungen. Durch die letztgenannten Legenden sollten gewisse gerichtliche und religiöse Gebräuche erklärt werden. MAASS GGA 1889, 819ff. In Eur. Herakliden schützt D. die vor Eurystheus flüchtigen Nachkommen des Herakles und gibt ihnen die marathonische Tetrapolis. Altäre der beiden Theseiden standen im Hafen Phaleron, Paus. 1,1,4. H. v. G.

3. Athen. Stratege 379/78, der zusammen mit → Chabrias dem König → Agesilaos II. v. Sparta bei Theben entgegentrat (Diod. 15,26,2. Sch. Aristeid. Panath. 173,11. SCHAEFER Demosthenes und seine Zeit 1^2,20,1). **4.** Sohn des → Demon, Vetter, Schwager und Vormund des Redners Demosthenes (Demosth. 27,4). Fr. Kie.

Demos (ion. att. *δῆμος*, sonst *δᾶμος*). Urspr. eine zusammen siedelnde Sippe (→ Demoi) und Unterabteilung eines Staates, dann in vielfältiger Bedeutung gebraucht für 1. die Gesamtgemeinde, das Volk, 2. die Volksversammlung (vgl. die Formel *ἔδοξεν τῇ βουλῇ καὶ τῷ δήμῳ*), 3. das gemeine Volk oder den Pöbel und schließlich 4. fast synonym für den Staat. Personifiziert erscheint der D. von Athen in den Equ. des Aristoph., auf Gemälden des Parrhasios und Aristolaos (Plin. nat. 35,69.137) und des Euphranor (in der Stoa des Zeus Eleutherios mit Theseus und der → Demokratia, Plin. nat. 35,129. Paus. 1,3,3. Plut. mor. 346A), im Relief als sitzender alter Mann, bekränzt von der Demokratia, über dem Gesetz des Eukrates (SEG 15,95. 337 v. Chr.), als Statue mit Zeus im Peiraeus von Leochares und im Buleuterion von Lyson dargestellt (Paus. 1,1,3.3,4). Er hatte zusammen mit den Chariten ein Temenos. IG II^2 844,39.41 (nach 217 v. Chr.). 908,20. 909,22. Der Priester des D. und der Chariten, in Epheben-inschr. genannt, saß im Dionysostheater l. neben dem Priester der Demokratia und war später zugleich Priester der Roma. IG II^2 1006,7. 1008,6. 1011,6. 1028,7. 5047. In Magnesia a. M. sind Weihungen an den D., in Hyllarima ein Priester *τοῦ Ῥοδίων δήμου* und in Kos Opfer an den D. bezeugt. NILSSON GgrR 2^2,144f. Viele kleinasiat. Städte zeigen in der Kaiserzeit auf Mz. ihren D. HEAD HN^2 911. Zum *Δῆμος Ῥωμαίων* auf alexandrin. Mz. unter Nero J. VOGT Die alexandrin. Münzen 1924, 1,28. 2,8f. H. V.

Demosioi (*Δημόσιοι*, sc. *οἰκέται*), Staatssklaven vieler Behörden in Athen. Aischin. 1,54. Harpokr. Anecd. Bekk. 1,234. Ein D. hütet die Urkunden im Metroon (Demosth. 19,129. IG II^2 463, 28f. 583), der des Rates das Verzeichnis der Pachtgelder (Aristot. Ath. pol. 47,5. 48,1), 3 andere die Normalmaße und Gewichte des Staates. IG II^2 1013. Aus D. bestand die Polizei der Skythen. U. KAHRSTEDT Unters. zur Magistratur in Athen, 1936, 317ff. H. V.

Demosthenes. 1. Bedeutender athen. Feldherr während des Peloponnes. Krieges, der sich, obwohl vielleicht Kleon nahestehend, bereits bewußt aus der Innenpolitik heraushielt und auf die militär. Aufgaben konzentrierte. Erstmalig 427/26 Stratege, drang er in Aitolien ein, um mit Hilfe der

Stämme des w. Mittelgriechenland schließlich von dieser Seite her Boiotien niederzuwerfen (Thuk. 3,95,1), scheiterte jedoch unter schweren Verlusten an der Taktik der aitol. Leichtbewaffneten. Doch rettete er 426 mit akarnan. Hilfe Naupaktos vor einem peloponnes. und aitol. Heer und errang dann als Privatmann an der Spitze akarnan. Truppen 2 Siege über die Peloponnesier und die mit ihnen verbündeten Ambrakioten (Thuk. 3,96–102), was eine persönliche Bindung der Akarnanen an ihn zur Folge hatte (Thuk. 7,57,10). Hierdurch rehabilitiert, setzte er sich 425 – einem um die Peloponnes fahrenden Geschwader beigegeben – am Vorgebirge Pylos-Koryphasion an der messen. Küste fest (Thuk. 4,3 ff.) und entwickelte dort erstmals die Strategie des Epiteichismos. Zunächst wurde er freilich zu Wasser und zu Lande von den Spartanern eingeschlossen, die auch auf die benachbarte Insel Sphakteria eine Besatzung legten. Doch schalteten athen. Verstärkungen im Golf von Pylos bald Spartas Flotte aus (Thuk. 4,13 ff.) und blockierten Sphakteria, freilich ohne hierdurch Fortschritte zu erzielen – bis schließlich Kleon der Oberbefehl aufgenötigt wurde. Dieser ordnete sich völlig der operativen Führung des D. unter, der nicht zuletzt durch die bei den Aitolern gelernte Verwendung leichter Truppen Erfolg hatte: 120 Spartiaten, z. T. aus vornehmen Familien und daher als Geiseln wertvoll (Plut. Nik. 10. Thuk. 4, 108,7), wurden auf der Insel gefangengenommen. 424 scheiterte ein mit den dortigen Demokraten abgesprochener Handstreich des D. auf Megara am unvermuteten Eingreifen des → Brasidas (Thuk. 4,66 ff.): nur Megaras Hafen Nisaia konnte D. behaupten. Bei dem konzentr. Angriff auf Boiotien Ende 424 sollte D. mit akarnan. Hilfe von Naupaktos aus vorrücken, blieb jedoch ohne Erfolge (Thuk. 4,89 ff.), was indirekt zur Niederlage der athen. Hauptstreitmacht bei Delion beitrug. Infolgedessen wurde D. erst 418/17 – wobei er in der Argolis operierte – und 414/13 wieder zum Strategen gewählt. Im Frühjahr 413 mußte er sich erst selber die Streitmacht zusammenstellen (Thuk. 7,17,1), die er als Hilfe für Nikias nach Syrakus führen sollte. Auf der Fahrt zog er noch weitere Verstärkungen an sich und kam mit 73 Schiffen, 5000 Hopliten und zahlreichen Leichtbewaffneten im Juli 413 an. Ein sogleich unternommener nächtlicher Sturm auf Epipolai führte zu einer athen. Niederlage (Thuk. 7,42 ff.). Die hierauf von D. vorgeschlagene Räumung Siziliens wurde jedoch von Nikias hinausgezögert, bis sie infolge der Katastrophe der athen. Flotte im Großen Hafen von Syrakus nicht mehr durchführbar war. Bei dem dann wohl anfangs Oktober 413 versuchten Rückzug ins Landesinnere kommandierte D. die Nachhut und wurde nach 6 Tagen von den Syrakusanern eingeschlossen, zur Kapitulation gezwungen und wenig später zusammen mit Nikias in Syrakus hingerichtet (Thuk. 7,86).

W. Vischer Kleine Schr. 1, 1877, 53 ff. *M. Treu* Hist. 5, 1956, 420 ff.

2. D., Sohn des D., aus dem Demos Paiania in Attika, der berühmteste Redner des Alt. (384–322 v. Chr.). Sein Vater besaß eine Waffenmanufaktur und sonstiges Vermögen, seine Mutter Kleobule soll skyth. Blut in den Adern gehabt haben, was D.' manchmal geradezu irrationale Leidenschaftlichkeit erklären könnte. 7 J. alt verlor er seinen Vater, und die zu Vormündern eingesetzten Verwandten verwirtschafteten sein Vermögen. Mit 23 J. konnte D. schließlich auf dem Prozeßweg [Reden gegen Aphobos (29) und Onetor (30)] Reste davon zurückgewinnen, nachdem er bei dem damals besten Fachanwalt für Erbschaftsprozesse, Isaios, Unterricht genommen hatte (Plut. D. 5). Daneben studierte er die Schriften Platons und Isokrates' und begeisterte sich an dem Bild athen. Größe im Werk des Thukydides, das der Nährboden seines romant. Glaubens an Athen wurde. Dann gab er selbst Unterricht in Rhetorik und war – vor allem bis 352 – als vielseitiger Logograph tätig. Die Reden 27–59 stammen aus Privatprozessen. Mindestens 15 hiervon sind echt, so etwa von den 8 Reden, die Prozesse betreffen, an welchen → Apollodoros beteiligt war, jene »für Phormion« (36), die einen Einblick in Athens Geschäftswelt um 350 gewährt. Sie war gegen Apollodoros geschrieben; als dieser jedoch als Makedonenfeind für D. polit. wichtig geworden war, schrieb er für ihn »gegen Stephanos« (45) und belieferte somit beide Seiten (Plut. D. 15). Durch rigoroses Training vermochte D. in dieser Zeit die urspr. Schwäche seiner Stimme zu überwinden und zumindest im vorbereiteten Vortrag – im unvorbereiteten soll er immer schwach geblieben sein – hohe Vollkommenheit zu erlangen. Im Gefolge des damals maßgeblichen Staatsmannes Eubulos trat er dann 355/354 mit mehreren Reden in polit. Prozessen in die Politik ein, darunter mit jener »gegen → Androtion« (22), der durch diese *γραφὴ παρανόμων* als Gegner des Kurses des Eubulos polit. ausgeschaltet werden sollte. Diesem Kurs entsprechend sich sowohl gegen leichtfertige Kriegstreiberei wie gegen Resignation wendend, hielt D. 354 seine 1. Rede vor der Volksversammlung »über die Symmorien« (14), in der er eine Reform der Marineverwaltung vorschlug. 352 forderte er dann in der Rede »für die Megalopoliten« (16) eine gegen Sparta gerichtete Interventionspolitik auf der Peloponnes.

Die entscheidende Wende in D.' polit. Haltung brachte der Olynth. Krieg. Obwohl sich Athen seit 357 mit Philipp II. von Mak. im Kriegszustand befand, hatte man diesen zunächst nicht ernst genommen. Noch 352 zwang ihn eine athen. Flottendemonstration an den Thermopylen zur Umkehr. Philipps offener Griff nach den Machtbasen Athens im N. der Ägäis war jedoch das Sturmzeichen für D. 349 hielt er seine 1. Philippika, mit ersten Vorschlägen zur Bekämpfung Philipps, und zwischen Herbst 349 und Frühjahr 348 die 3 Olynth. Reden, deren 1. den Ton der 1. Philippika weiterführte, während die 2. Philipp dem Volk als Schreckbild hinstellte und die 3. die Verwendung der Theatergelder für Rüstungen zur Debatte stellte, einen Gedanken, den → Apollodoros zu verwirklichen suchte. Doch wirksame Hilfe seitens Athen kam zu spät, 348 wurde Olynth zerstört. 346 schloß eine Gesandtschaft, der auch D. angehörte, unter Aischines und Philokrates den nach diesem benannten Frieden, für den damals auch D. in seiner »Friedensrede« (5) eintrat, da er keine Möglichkeit sah, die Machtstellung Philipps in N.- und Mittelgriechenland zu beseitigen. Isokrates schrieb damals seinen »Philippos« als Aufforderung an diesen, die Führung der Hellenen gegen Persien zu übernehmen, wozu Philipp vielleicht bereit war, da er hiermit automat. die ἡγεμονία über Hellas gewonnen hätte. Die athen. »Patrioten« steuerten jedoch ohne ernstliche Erkundung der Absichten Philipps Athen in einen Machtkampf mit ihm, bei dem die panhellen. Idee von beiden Seiten gleichermaßen mißbraucht wurde und an dessen Ende Philipp statt als Führer als Herr von Hellas dastand. In dem Bestreben, zunächst die promakedon. Partei in Athen zu stürzen, ließ D. schon 346 Aischines durch Timarchos der Bestechung und des Betruges anklagen. Aber der Strohmann war schlecht gewählt, denn Aischines konnte ihn durch einen Sittlichkeitsprozeß unmöglich machen. 344 versuchte D. erfolglos Philipps Einfluß auf der Peloponnes entgegenzuwirken, und beantwortete dessen Protest mit seiner 2. Philippika. 343 führte er dann mittels der Rede »über die Truggesandtschaft« (19) selbst Anklage gegen Aischines, der mit geringer Stimmenmehrheit freigesprochen wurde. Allmählich vermochte sein und Hypereides' konsequentes Bemühen der promakedon. Partei aber doch den Boden zu entziehen und eine neue Front gegen Philipp zustande zu bringen. Schon 341 stellte sich D. in seiner Chersonnes-Rede (8) schützend vor den athen. Söldnerführer → Diopeithes, der Philipp in Thrakien belästigte, und hielt dann seine 3. Philippika, mit einer Leidenschaft, die Eratosthenes mit der Besessenheit eines von Bakchos Ergriffenen verglichen hat (Plut. D.9), sowie die 4., in der er zum Zusammengehen der Athener und Perser gegen Makedonien riet. Als Philipp 340 Perinth und Byzantion angriff, brach der von D. ersehnte Krieg endlich aus. Nunmehr als »Führer des Demos« anerkannt, wurde D. 340 und 339 mit einem goldenen Kranz geehrt. Unter seiner Leitung rüstete Athen energisch – er selbst wurde Flottenkommissar –, und es gelang ihm, weithin Begeisterung für die Verteidigung der hellen. Autonomie zu erwecken: Die meisten Poleis traten auf Athens Seite, und daß er schließlich auch Theben zum Anschluß brachte, hielt er für die Krönung seiner Bemühungen. Doch

am 2. August 338 erlagen die vereinigten Athener und Boioter bei Chaironeia der makedon. Phalanx. D.' Epitaphios auf die Gefallenen klang aus in eine bittere Klage um die verlorene Größe Athens und die hingesunkene Blüte seiner Jugend. Schlimmer jedoch war, daß es D.' Politik dahin gebracht hatte, daß Philipps Entscheidungen nunmehr weitgehend von reinen Machtinteressen Makedoniens bestimmt wurden und er den panhellen. Gedanken zu einem Mittel der Legitimierung seiner errungenen Stellung degradierte. Die Mehrheit der Athener stand denn auch weiterhin hinter D. und wählte ihn in den Mauerbau-Ausschuß und zum Vorsteher der Theaterkasse. Weil er in beiden Ämtern eigene Gelder zu den öffentlichen zugeschossen hatte, und seiner allgemeinen patriot. Einstellung wegen, beantragte Ktesiphon 336 D.' Bekränzung an den Dionysien im Theater, wogegen Aischines die γραφὴ παρανόμων erhob. Der Prozeß kam erst 330 zur Verhandlung, wobei der 338 mit den Waffen entschiedene große Kampf im Geiste nochmals unt. glänzender Anerkennung von D.' Leistung durchgekämpft wurde. In der »Rede über den Kranz« gab er dabei eine gewaltige Rückschau auf das Gewollte als Rechtfertigung des von ihm beschrittenen Weges. In der aktuellen Politik war er jedoch in den Hintergrund getreten. 336 hatte Alexander d. Gr. von der zunächst geforderten Auslieferung des D. schließlich Abstand genommen. Dann warf die Harpalos-Affaire Schatten auf ihn. Dieser war 324 auf D.' Antrag nach Athen eingelassen worden. Alexanders Auslieferungsforderung umspielte D. dann durch den Antrag, Harpalos festzusetzen und sein Geld auf dem Parthenon zu deponieren. Doch Harpalos entkam und von seinem Geld fehlten bei der Nachkontrolle 370 Talente. Der auf D.' Antrag mit der Untersuchung beauftragte Areiopag erklärte ohne Begründung, D. habe für Beihilfe zu Harpalos' Flucht 20 Talente erhalten. Die radikalen Makedonenfeinde und die promakedon. Partei waren gleichermaßen an seinem Sturz interessiert. Obwohl die Angelegenheit unklar blieb, wurde D. zu 50 Talenten Geldstrafe verurteilt und kam, da er sie nicht bezahlen konnte, ins Gefängnis, aus dem er nach Troizen entwich. Nach Alexanders Tod unternahm er 323 eine Rundreise durch die Peloponnes, um eine allgemeine Erhebung gegen Makedonien auszulösen, und ließ sich dann von der in Athen an die Macht gekommenen Kriegspartei unter Hypereides ins Schlepptau nehmen: Er erhielt eine triumphale Rückkehr und seine Strafe wurde aus staatlichen Mitteln bezahlt. Infolgedessen erschien er als eines der Häupter der Kriegspartei und Antipatros verlangte nach Athens Niederlage im Lam. Krieg 322 auch seine Auslieferung. Man ermöglichte ihm zwar die Flucht aus Athen, aber im Poseidontempel auf Kalaureia konnte er sich der Festnahme nur noch durch Selbstmord entziehen (Plut. D. 29f. Vita X or. 846f.).

Die Reden des D. katalogisierte bereits Kallimachos in Alexandreia, und nachdem die Attizisten strenger Observanz, die Lysias vorzogen, nicht durchgedrungen waren, galt er seit dem 1. Jh. n. Chr. unbestritten als der größte Redner der Ant., ausgezeichnet durch die Verbindung echter Leidenschaft und Überzeugungskraft mit vollendeter, stets dem Inhalt angemessener Form, bei welcher der Rhythmus – Meidung der Abfolge von mehr als 2 kurzen Silben – bes. Erwähnung verdient. Von Kardinal Bessarion, der 1470 die erste Olynth. Rede lat. herausgab, um zum Kampf gegen die Türken zu treiben, über B. G. Niebuhr, der die 1. Philippika verdeutschte, um zum Widerstand gegen Napoleon anzufeuern, bis zu Clémenceaus Buch »Démosthène« (Paris 1924) wurde deshalb immer wieder versucht, aus D.' Glut Flammen zur Unterstützung aktueller polit. Bestrebungen zu schlagen. Fr. Kie.

Quellen: In 1. Linie die Reden des D. selbst, sodann Plutarchs Biogr. des D., der Abschnitt über D. in den Vit. X or. (844 A – 848 D), sowie die Vit. des Libanios und des Zosimos und einschlägige Angaben Diodors.

Ausg.: Teubner von *F. Blass* (3 Bde., 1888–1892), sowie von *C. Fuhr* und *J. Sykutris* (Bd. I, 1914; Bd. II 1, 1937). Ferner: *S. H. Butcher*, *W. Rennie*, 4 Bde., Oxf. 1903–1931). Doppelsprach. Ausg. u. a. in der Loeb Class. Libr. (*J. H. Vince*, *A. T. Murray* u. a., 7 Bde., zuletzt 1956). Die Schol. im 2. Bd. der Oratores Attici von *Baiter–Sauppe* (Zürich 1838–1850), sowie in der D.-Ausg. von *W. Dindorf*, 9 Bde, Oxf. 1846–1851.

Lit.: *H. Schaefer* D. und seine Zeit, 3 Bde., ^{2}1885–1887. *E. Pokorny* Stud. zur griech. Gesch. im 6. und 5. Jahrzehnt des 4. Jh., Diss. Greifsw. 1913. *E. Drerup* Aus einer alten Advokatenrepublik, Paderborn 1916. *F. Focke* D.-Stud. Tüb. Beitr. 5, 1929, 1. *P. Treves* D. e la libertà greca, Bari 1933. *W. Jaeger* D., Bln. 1939. *P. Cloché* D. et la fin de la démocratie athén., Par. 1957. *J. Luccioni* D. et le Panhellénisme, 1961 (dazu *U. Schindel*, Gn. 35, 1963, 151). *G. L. Cawkwell* D.' Policy after the Peace of Philocrates. CQ. 13, 1963, 200. Zur Sprache: *G. Ronnet* Étude sur le style de D. dans les discours polit., Paris 1951. *R. Chevallier* L'art oratoire de D. dans le discours sur la couronne. Bull. Budé 4, 1960, 200. Zum Nachleben: *E. Drerup* D. im Urteile des Alt., Würzb. 1923). *U. Schindel* D. im 18. Jh. (Zet. 31, 1963).

3. Berühmter Augenarzt z. Z. Neros; gehörte der Schule der Herophileer an. Sein Ὀφϑαλμικός (so wohl der richtige Titel), offenbar die beste Spezialschrift über → Augenheilkunde seit → Herophilos, hat die ophthalmologische Literatur maßgeblich beeinflußt; noch im MA wurde diese Schrift, in lat. Übersetzung, benutzt (Bruchstücke sind in griech. und lat. Fassung erhalten). Auch die von Herophilos begründete Pulslehre hatte D. in 3 B. περὶ σφυγμῶν behandelt. F. K.

M. Wellmann D. περὶ ὀφϑαλμῶν, H 38, 1903, 546–566. *J. Hirschberg* Die Bruchstücke der Augenheilkunde des D., Sudh. Arch. 11, 1919, 183–188.

4. D., aus Bithynien, schrieb wenigstens 10 B. *Βιϑυνιακά* in Hexametern, dazu in Prosa oder Versen *Κτίσεις*. Die spärlichen Fragmente (FGr H 699) lassen vom Inhalt kaum etwas erkennen. Zeit 2. oder 1. Jh. v. Chr. oder Kaiserzeit, nach der Glätte der Verse, die die weibliche Cäsur bevorzugen, vielleicht 2. Jh. n. Chr. R. K.

Demostratos (*Δημόστρατος*). **1.** Athener aus dem Geschlecht der Buzygen, radikaler Demagoge und Kriegspolitiker, der 415 v. Chr. als eifriger Verfechter des sizil. Unternehmens die Übertragung eines Kommandos mit besonderen Vollmachten an Alkibiades, Nikias und Lamachos beantragte (Plut. Nik. 12; Alk. 18. Aristoph. Lys. 390 ff. m. Sch. Thuk. 6,26,1). Fr. Kie.

2. D. Petilianus (?, s. E. HAULER, WS. 28,170); gegen eine Anklage des Asklepiodotos verteidigte ihn Fronto, ad Anton. imp. 2,4. ad Ver. 2,9 (= 130,6 van den Hout). Er ist nicht identisch mit C. Claudius Titianus Demostratus. R. H.

Demotionidai s. Phratrie

Denarius (sc. nummus), Zehner, röm. Silbermünze im Betrag von 10 (später 16) Assen, griech. *δηνάριον*. *Aureus d.* kommt auch vor, ist aber inkorrekt (→ Aureus). Der D. löste 209 v. Chr. den → Quadrigatus ab (so THOMSEN, 187 nach MATTINGLY-ROBINSON und SYD.), war bis zum Einsetzen der regulären Goldprägung unter Caesar die röm. Wertmünze schlechthin und bildete bis 215 n. Chr., als er im → Antoninian einen Konkurrenten erhielt, die Standardsilbermünze. Unter Elagabal und Severus Alexander nochmals führend, ward er mit Gordian und der nachfolgenden Inflation bedeutungslos und lebte, falls nicht eine der vielen namenlosen spätant. Münzsorten seinen Namen getragen haben sollte, nur noch als Rechenwert fort. Strittig ist, ob die seit Aurelian auf manchen Münzen vorkommenden Zahlen XI, XX, XXI, IA, KA, VSV sich auf D. beziehen.

Zunächst wog er 1/72 röm. Pfd. = 4,55 g und entsprach 10 sextantalen Assen (→ As) von nominell 54,6 g, so daß sich Silber und Aes in der üblichen Relation von 1:120 gegenüberstehen. Noch vor 200 (so THOMSEN, laut SYD. 155) war er bereits auf 1/84 r. Pfd. gefallen und wog 3,98 g, eine Norm, die 64 n. Chr. Nero auf 1/96 = 3,41 g senkte und die im 2. und 3. Jh. über 1/100 = 3,27 g auf 1/140 = 2,3 g sank. Der Durchmesser verringerte sich von 22 mm auf 18 mm. Gegen 130 v. Chr. war der D. zudem in ein neues Wertverhältnis zum mittlerweile auf unzialen und leichteren Fuß abgefallenen As gesetzt worden, indem er fortan gleich 16 Assen galt. Den alten Namen »Zehner« behielt er weiterhin bei, meist auch die Wertmarke X, wenn auch daneben kurzfristig XVI und ⁎ auftauchen. Seit 100 v. Chr. fehlt jedoch jegliche Wertangabe. Entsprechend verlief die Entwicklung bei den Teilstücken, der Hälfte (→ Quinarius) und dem Viertel (→ Sestertius). Bes. letzterer ist in der Republik recht selten. In der Kaiserzeit begegnen auch Mehrfache des D. (→ Antoninian, Medaillon), seine Viertel sind häufig, aber nunmehr aus Messing.

Bis 64 n.Chr. war der D. normalerweise aus wenig verunreinigtem Silber, wenn auch, sowohl in der Republik als auch in der Kaiserzeit, einzelne Serien einen hohen Prozentsatz an subaeraten Exemplaren aufweisen. Unter Septimius Severus ist er nur noch 50% fein, unter Gallienus nur noch eine Kupfermünze mit hauchdünnem, meist nicht mehr vorhandenem Silberüberzug.

Die Prägung besorgten in der Republik die Münzmeister *(triumviri monetales* oder *aere argento auro flando feriundo)*, gelegentlich auch Quaestoren oder Aedilen (dann aber mit dem Vermerk *ex s(enatus) c(onsulto))*. Sie fand auch außerhalb Roms statt. Daneben gab es wie beim → Aureus Emissionen der Feldherren. An diese knüpfen die Kaiser an. D. und Quinar sowie der nunmehr reguläre Aureus (= 25 D.) wurden, mit einem Intermezzo in den J. 20–10 v.Chr., ausschließlich vom Herrscher geprägt, zunächst im O., in Spanien, dann in Lyon, seit Caligula in Rom und, wie schon in den Wirren der J. 68/69, seit den Severern ständig in mehreren provinzialen Reichsmünzstätten.

Ähnlichem Wechsel war das Prägebild unterworfen. Urspr. trug die Vorderseite den behelmten Kopf der Roma (oder Diana) r., dahinter das Wertzeichen, die Rückseite zeigte die Dioskuren mit eingelegten Lanzen r. sprengend. Schon vor 200 v.Chr. (so Thomsen, nach Syd. erst gegen 155) erscheinen immer häufiger auf der Rückseite Diana (Luna) in Biga, Victoria in Biga, Iuppiter in Quadriga u.a. Gottheiten. Mars und andere Götter verdrängen gegen E. des Jh. auch den Romakopf der Vorderseite. Das 1.Jh. ist die hohe Zeit der Familienmünzen. Hatten die früheren Münzmeister, mit einem Symbol beginnend, fortschreitend ihren Namen als Monogramm, schließlich voll ausgeschrieben auf die Münzen gesetzt, spielte nunmehr meist die Darstellung der Rückseite, bald auch die der Vorderseite in immer direkteren Formen auf die Familiengeschichte der jeweiligen Monetales an – so stellte etwa Faustus Sulla, der Sohn des Dictators, die Gefangennahme Jugurthas durch seinen Vater dar (Syd. Nr. 879) –, bis im J. 58 M. Aemilius Scaurus auf eigene Taten, die Unterwerfung des Nabatäerkönigs Aretas, hinwies (Syd. Nr. 912ff.). Als im J. 44 Caesars Kopf auf der Vorderseite abgebildet wurde, war der Typ des kaiserzeitlichen D. geschaffen, mochten auch in der Triumviratsepoche und der ersten Zeit des Augustus noch Abweichungen vorkommen. Fortan schmückte die Vorderseite das meist belorbeerte Portrait des Herrschers oder einzelner seiner Verwandter, während die Rückseite mit ihren Göttergestalten, Personifikationen abstrakter Begriffe wie *Felicitas*, *Fortuna*, *Fortuna redux*, *Hilaritas*, *Libertas*, *Securitas*, *Fecunditas*, *Pudicitia*, Hinweisen auf den Thronfolger: *princeps iuventutis*, auf Taten der Milde: *Clementia*, *Liberalitas*, oder des Krieges: *Iudaea capta*, *Victoria*, auf Jubiläen: *vota decennalia* usw., die *Pietas* gegenüber den göttlichen Mächten und den dadurch erlangten Schutz, die Segnungen und Versprechungen des Regimes, die Sicherheit und das Ideal der Herrschaft vor Augen führten.

Der D. ist (meist unter der Bezeichnung → Drachme) von den Ärzten auch in das röm. Gewichtssystem eingefügt worden und bezeichnet entsprechend seinen Reduktionen gelegentlich 1/84 r. Pfd., meist aber 1/96, ein Gewicht, das dem der neuatt. Drachme gleichkam. In der → Kleingeldrechnung war er Einheit eines bes. Systems. Im 4.Jh. galt er 1/6000 des → Solidus (der in späterer Zeit gelegentlich auch *δηνάϱιον* hieß), im 6.Jh. war er auf 1/8750 gesunken. H. Ch.

Schrötter, WBMzK s.v. *Mattingly-Robinson* Welt als Gesch. 3, 1937, 69ff. 300ff. *Mattingly-Sydenham*, RIC. *Thomsen* Early Rom. Coinage I–III, 1957–1961. *Chantraine*, RE XXIV 879ff.

Dendrophoroi s. Mater Magna

Dentatus. Cognomen, entstanden, weil der Betreffende mit Zähnen zur Welt kam (Plin.nat. 7,68), RE IV 225. XVI 1828. → Curius Nr.7. H. G. G.

Denter. Cognomen (vgl. Dentatus), bei den Caecilii → Nr.14–15 und den → Livii, vgl. Degrassi FCap., 1954, 144. H. G. G.

Denthalioi (Dentheliatis). Lakonische Grenzlandschaft gegen Messenien am W.-Abhang des n. Taygetos um die Ursprungstäler des Nedon mit Heiligtum der Artemis Limnatis, zwischen Sparta und Messenien umstritten, unter Tiberius endgültig an Messenien gegeben. Steph.Byz. Tac.ann. 4,43. Strab. 8,4,9 p. 362. Paus. 4,4,2. 31,3. E. M.

1. *L. Roß* Reisen im Peloponnes, 1841, 1ff. 2. IG V 1 S.260f. Nr.1371–1378. 3. *Bölte*, RE III A 1312,67ff. 4. *N. Valmin* Études topographiques sur la Messénie ancienne, 1930, 189ff. 5. *A.Philippson* Die griech. Landschaften 3,423.

Dentifricium (*ὀδοντότϱιμμα*, – *σμηγμα*), Zahnputzpulver. D.-a scheinen bes. in der Kaiserzeit in Mode gekommen zu sein; viele Ärzte haben z.T. sehr komplizierte Rezepte erfunden (einige versifizierte des → Damokrates bei Gal. 12,890f. K.). Hauptingredienzien waren pflanzliche Bestandteile und Mehl als Bindemittel; die Wirkung sollte kosmetisch und gesundheitsfördernd sein. F. K.

Denuntiatio, *denuntiare* (gr. *παϱαγγελία*, *παϱαγγέλλειν*) kann in der Juristensprache jede in Verfolgung jurist. Zwecke abgegebene Erklärung an einen anderen bezeichnen, mag ihr Gegenstand eine Tatsachenmitteilung oder Rechtsbehauptung, ein Verbot oder eine Aufforderung sein, mag sie von Privaten an Private oder Behörden, von Behörden an Behörden oder Privatpersonen gerichtet sein. Die schriftliche Niederlegung einer solchen Erklärung heißt ebenfalls d., namentlich als Objekt eines *dare* (ähnlich *mittere*). D. wird zuweilen auch von Rechtssätzen und → leges contractus gesagt, nämlich daß sie ein Ge- oder Verbot »verkünden«. Folgende Formen der D. sind hervorzuheben: 1. *D. (ad) domum* ist die in der Wohnung des Adressaten an diesen selbst oder seine Hausgenossen bestellte d. (vorgeschrieben ist sie z.B. im Verfahren wegen *damnum infectum* [→ *damnum*, vgl. Dig. 39,2,4. 5 f.)]. 2. *D. ex auctoritate magistratus facta:* hierzu, sowie zu den Arten der »Streit(inhalts)verkündigung« → litis d. – Zur d. im Legisaktionenprozeß → comperendinatio, condictio. 3. Wichtige außergerichtliche d. – es sind die des Pfandgläubigers an den Schuldner vor Pfandverkauf (→ pignus), die des Zessionars an den *debitor cessus* (→ cessio) etc. 4. Im → *iudicium publicum* ist d. die dem Magistrat, später dem Ankläger zustehende Befugnis, Zeugen (z.T. nur in begrenzter Zahl) verpflichtend zu laden. 5. Als Anzeige bei der Obrigkeit: in Wendungen wie *denuntiare crimen*, *bona vacantia* etc. H. St.

Leonhard Art. Litis denuntiatio, RE XIII 780ff. *Kaser* Art. Testimonium, RE V A 1033. 1049f. *Ders.* Röm. Privatrecht 1,205. 547. 2,232. 234. 327 u.ö. *Heumann-Seckel*, s.v. Denuntiare.

Denuntiator ist im Strafprozeß der Ankläger, im Inquisitionsverfahren der späten Kaiserzeit der Polizeibeamte, der staatlich zu verfolgende Verbrechen zur Anzeige zu bringen hat. Die *lictores denuntiatores* sind Gehilfen der *curatores urbis Romae;* ferner heißen so Unterbeamte, die die von den *vicomagistri* zu veranstaltenden Spiele ankündigen. H. St.

Berger Encycl. Dictionary of Roman Law, s.v. D., D.-es (lictores d.-es).

Depas, δέπας. Bei Homer bez. D. ein Weingefäß zum Trinken, Spenden oder Schöpfen, aus Gold, kostbarem Metall mit Goldnägeln oder Holz, das mit einer oder beiden Händen gefaßt wird. Es ist zweihenklig, D. ἀμφικύπελλον; synonym werden ἄλεισον und κύπελλον gebraucht. Stesich. fr. 8 Bergk[4] bez. mit D. die Schale (Schüssel), in der Helios' Meerfahrt stattfindet, vgl. auch Pherekyd. fr. 18 (a) Jacoby. Danach hat man D. als zweihenkligen Becher aufgefaßt, etwa in der Form des späteren → Kantharos [1], oder im Zusammenhang mit den Tontafeln aus Pylos als bauchige Schüssel [2.4]. Einigkeit besteht heute darüber, daß der berühmte Nestorbecher, das D. mit den Tauben Hom. Il. 11, 628ff., nichts mit dem Goldbecher aus Mykene zu tun hat, mit dem ihn die ältere Forschung zusammenbrachte [3.4.], ebensowenig mit der von Schliemann so getauften Form der hohen zweihenkligen Becher aus Troia [5], 22.28 Taf. 4,1 (3. und früheres 2. Jt.). Eine sichere positive Lösung des Problems D. läßt sich derzeit noch nicht geben, Beziehung zum Kantharos bleibt wahrscheinlich. W. H. G.

1. *Brommer*, H 77, 1942, 356ff. 2. *Collinge*, BICS 4, 1957, 55ff. 3. *Furumark* Eranos 44, 1946, 41ff. *Hampe*, in: Vermächtnis d. ant. Kunst (hg. v. Herbig) 1950, 20ff. *Lorimer* Homer and the Monuments, 1950, 328ff. *Marinatos*, in: Neue Beiträge z. klass. Altertumswiss. (Festschr. B. Schweitzer), 1954, 11ff. 4. *Webster* From Mycenae to Homer, 1958, 112. 5. *Matz* Kreta Mykene Troia, 1956.

Deportatio. Der wahrscheinliche Ursprung der Verbannung liegt in der Z. der jüngeren Republik. Damals hatte man den wegen eines Kapitalverbrechens Verurteilten die Gelegenheit gegeben, ins Ausland zu flüchten. Meist wurden diese Verbrecher jedoch überdies durch einen Sakralakt aus der Bürgergemeinschaft ausgestoßen *(interdictio aqua et igni)*, wodurch ihnen die Möglichkeit der Rückkehr genommen war. Sulla hat die d. als Strafe in das röm. Recht eingeführt, als deren notwendige zivilrechtl. Folge uns seit Tiberius (23. n. Chr.) der Verlust des Bürgerrechts *(capitis deminutio media)* überliefert ist. Mit dem Verlust des Bürgerrechts parallel ging die urspr. getrennt davon verhängte Strafe der Konfiskation des Vermögens des Verurteilten. Nicht notwendige, doch regelmäßige Folge der d. war die Anweisung an den Verbannten, sich an einem bestimmten Ort aufzuhalten (→ relegatio). Je nach Wahl dieser Orte (beliebt waren Inseln wie Kreta, Zypern, Naxos, Rhodos, Sardinien oder Oasen in der Wüste; Ulp. Dig. 48,22,7,5. Tac. ann. 3,38. 85. 13, 43) konnte eine Abstufung der Härte der Strafe erreicht werden. Die grundsätzlich auf Lebenszeit verhängte Strafe der d. – sie wirkte sogar noch auf den Leichnam nach, der nur mit kaiserl. Zustimmung vom Verbannungsort weggebracht werden durfte – konnte nur durch kaiserl. Gnadenakt aufgehoben werden. Kehrte der Verurteilte zurück, so erlangte er durch das *ius postliminii* seine Rechte wieder. F. R.

Mommsen RStrR. 1889/1955, 957f. *Rein* Das Kriminalrecht der Römer, 1844/1962, 915. *Kaser* Das röm. Privatrecht 1, 1955, 242. *Brasiello* La repressione penale, 1937, 294. *G. Crifo* Ricerche sull' «exilium» nel periodo repubblicano, 1961. *Levy* Bull. Ist. Dir. Rom. 45, 1938, 75f.

Depositum. Unter d. verstand man im röm. Recht die unentgeltliche Aufbewahrung einer Sache. Bereits die XII-T. (8,19) gewähren bei der Unterschlagung hinterlegten Gutes eine Pönalklage, die auf den doppelten Wert der hinterlegten Sache ging. Ebenfalls auf das duplum ging in späterer Zeit die Klage aus dem nachröm. sog. *depositum miserabile* (Nothinterlegung bei *tumultus*, *incendium*, *ruina* und *naufragium*). Die *actio depositi* des Hinterlegers (Deponent) hat also einen delikt. Ursprung. In der jüngeren Republik vermutlich entstand eine *formula in factum concepta*, die als Anspruchsvoraussetzung ein doloses Verhalten des Verwahrers (Depositar) erforderte. Neben diese *in factum* konzipierte Formel trat eine *actio depositi in ius concepta.* Diese enthielt die sog. *bona-fides*-Klausel, in deren Folge der Verwahrer schon für grobe Fahrlässigkeit *(culpa lata)* gehaftet haben dürfte. Bei der gewöhnlichen Verwahrung erlangte der Depositar weder Eigentum noch Besitz an der hinterlegten Sache, er wurde bloßer Detentor (Inhaber). Wurde jedoch eine Sache von mehreren Personen zum Zwecke der Sicherstellung in Verwahrung gegeben – sog. Sequestration –, so genießt der Sequester Besitzesschutz. Häufig handelt es sich hierbei um die Hinterlegung einer Sache, über die ein Rechtsstreit anhängig ist (Dig. 16,3,17 [Florent. 7 inst.]). Mittels der *actio depositi sequestraria* (Dig. 16,3,12,2 [Pomp. 22 ad Sab.]) kann die obsiegende Partei die Sache nach Beendigung des Rechtsstreites herausverlangen.

Eine Sonderstellung nimmt die Hinterlegung von Geld ein. Ging das Geld in das Eigentum des Verwahrers über und mußte der Verwahrer nur die gleiche Menge und nicht dieselben Stücke zurückgeben, so kam dieses Rechtsgeschäft einem unentgeltlichen Darlehen sehr nahe. Ob dieses d. *irregulare* eine Neuschöpfung der Kompilatoren ist oder ob es schon in klass. Z. bestanden hat, ist umstritten. Erfolgte die Hingabe des Geldes im Interesse des Gebenden, so wird man wohl schon vor Justinian eine *actio depositi* und keine *condictio* gewährt haben (vgl. Dig. 16,3,25,1 [Pap. 3 resp.]. 16,3,28 [Scaev. 1 resp.]).

Der zur Rückgabe der Sache Verpflichtete hatte gegen die *actio depositi directa*, zumindest im justinian. Recht, kein Zurückbehaltungsrecht. Auch konnte er seine eigenen Forderungen gegen diese Klage nicht aufrechnen (Iust. C. 4,34,11; vgl. aber schon Paul. sent. 2,12,12, [klass.?]). Er mußte vielmehr die Schäden, die er aus der Verwahrung erlitten hat oder die Aufwendungen, die er auf die verwahrte Sache getätigt hat, mittels der *actio depositi contraria* geltend machen. F. R.

G. Rotondi Scritti giuridici 2, 1922, 1ff. *Sachers* Festschr. Koschaker 2, 1939, 100ff. *Kaser* Röm. Privatr. 1, 1955, 446ff. *J. Burillo*, Stud. Doc. Hist. Iur. 28, 1962, 233ff.

Derbe. 1. Binnenort im s. Kleinasien (Lykaonien), bes. bekannt durch die 1. und 2. Missionsreise des Apostels Paulus (Apg. 14,6. 16,1), ohne gesch. Bedeutung. Erstmalig wird D. durch Ciceros freundschaftliche Beziehung zu Antipatros von Derbe bekannt (46 v. Chr., fam. 73) und später von Strab. 12,1,4. 6,3 in Verbindung mit örtlichen polit. Kämpfen erwähnt. Zuletzt nennt Ptol. (5,6,16 M. mit Comm. p. 881) D. eine Stadt Kappadokiens στρατηγίας Ἀντιοχιανῆς (→ Antiocheia Nr. 7). Der kaum griech. Name weist auf frühes Bestehen hin. Wohl identisch mit den Ruinen bei Güdelissin. **2.** Befestigter Platz und Hafen Isauriens (Steph. Byz.) von unbestimmter Lage, oder mißverständlich für D. Nr. 1, das keinen Hafen besaß. Sieglin Schulatl. zur Gesch. des Alt., S. 9: Kleinasien in der Römerzeit. H. T.

Derbikes. Ein großes Volk im iran. O., das sich nach der persischen Variante der Kyrossage bei Ktesias gegen Kyros erhob. Kyros wurde verwundet und starb. Die von Herodot überlieferte medische Sage setzt für die D. die Massagetai unter ihrer heldenhaften Königin Tomyris ein, Berosos die Dahai. Bei Ktesias hat der Name D. auch die Formen *Derbikkai*, *Derbissoi* und *Terbissoi*. Nach Eratosthenes saßen sie an der Ostseite der Hyrkanoi, neben den Tapuroi. Die barbarischen Bräuche der D. schildert Strab. 11,520; gleich den Massagetai und Issedones sollen sie die nächsten Verwandten, wenn diese alt geworden waren, geschlachtet und das Fleisch verzehrt haben. J.D.-G.

Derdas (Δέρδας). Vielleicht Angehöriger des elymiotischen Fürstenhauses, wurde er 329 von Alexander zu den Skythen geschickt, diesen die Überschreitung des Iaxartes zu verbieten. Seinen Namen erwähnt nur Curtius, Arrian indes berichtet von einem Gesandten, der das Gebiet der Skythen auskundschaftete (an. 4,1) und mit reichen Geschenken zurückkam (an. 4,15). G. W.

Derkylidas (Δερκυλίδας). Ein bedeutender Heerführer Spartas auf dem kleinasiat. Kriegsschauplatz. 411 v. Chr. eroberte er von der Landseite her Abydos und Lampsakos (Thuk. 8,61 f.) und war dann Harmost in Abydos. 399 übernahm er als Nachfolger Thibrons das lakedaimon. Heer in Kleinasien, zu dem auch die Reste der Söldner Kyros' d. J. gehörten. Auch Xenophon unterstand ihm deshalb (Xen. hell. 3,2,7). Obwohl die Disziplinlosigkeit seiner Truppen sogar zu Mahnungen der Regierung in Sparta Anlaß gab, entriß D. infolge der Uneinigkeit der pers. Satrapen zunächst dem Pharnabazos die Troas und überwinterte dann, unterstützt vom Thrakerfürsten Seuthes, in Bithynien (Xen. hell. 3,1,16ff. Diod. 14,38,2ff. Isokr. 4,144). Während eines Waffenstillstandes mit den Satrapen Kleinasiens schützte er 398 die Chersones gegen die Thraker und ließ eine Mauer quer über die Halbinsel errichten; dann eroberte er Atarneus und machte es zu einem Stützpunkt für Plünderungszüge nach Mysien (Xen. hell. 3,2,6ff.). 397 führte die Neigung der Perser, den Krieg fortzusetzen, zu Kämpfen im Raum von Ephesos, auf die wiederum ein Waffenstillstand und Friedensverhandlungen folgten (Xen. hell. 3,2,12ff. Diod. 14,39,4ff.). Im Frühj. 396 löste König → Agesilaos II. den D. im Oberbefehl ab, der hierauf 395 nach Sparta zurückkehrte. Z. Z. der Seeschlacht bei Knidos 394 war D. wieder Harmost in Abydos und vermochte diese Stadt als einzige unter allen kleinasiat. Plätzen Sparta zu erhalten. Über sein weiteres Schicksal nach seiner Abberufung von dort um 390 ist nichts bekannt. Fr. Kie.

W. Judeich Kleinasiat. Stud., 1892, 45ff.

Derkylides. Platoniker, wohl des 1. Jh. n. Chr.; dieser Ansatz auf Grund von Albinos, prol. 4; 149,13 Hermann; dort wird D. mit → Thrasyllos zusammengestellt; beide empfahlen, die Platon-Lektüre mit der 1. Tetralogie beginnen zu lassen. D. verfaßte ein Werk περὶ τῆς Πλάτωνος φιλοσοφίας, aus dessen 11. Buch → Porphyrios den wichtigen Abriß des → Hermodoros über Platons Prinzipienlehre zitierte (bei Symplik. in Aristot. phys. p. 247,31 ff. Diels). Ein weiteres Exzerpt ist bei Theon Smyrn. p. 188,1 Hiller; es enthält eine Auslegung von Platon, Staat 10, 616 C ff., auf Staat 8, 545 D ff. weisen die Zitate des Prol. in remp. 2,24 und 25 Kroll. Es kann mithin *ὑπομνήματα* des D. zum Staat gegeben haben (beide Zitate sind astronom.-mathemat. Inhalts); das Zitierte kann aber auch in dem umfänglichen Werk *π.τ. Πλάτ. φιλ.* gestanden haben. Endlich ist aus Prokl. in Tim. 1,20,9 Diehl eine Ansicht des D. bekannt, der vierte, ungenannte Dialog-Partner des Timaios sei Platon selbst. H. D.

Derkylos (*Δερκύλος*). Athener, der 346 v. Chr. auf Antrag des Philokrates mit Demosthenes, Aischines und anderen als Gesandter zu Philipp II. nach Makedonien ging und vielleicht identisch ist mit dem gleichnamigem Mitfeldherrn Phokions 319. Fr. Kie.

Dermatikon s. Opfer

Dertona (Nissen It. Ldk. 2,158), bedeutende (Strab. 5,217: *ἀξιόλογος*) ligur. Stadt der 9. Region (Plin. nat. 3,49), zwischen 122 und 118 v. Chr. Kolonie (Vell. 1,15,5; vgl. Plin. a. O.), dann zur trib. Pomptina (Kubitschek Imp. Rom. trib. discr. 102) gehörig; seit 159 v. Chr. (s. o. S. 738) durch v. Fulvia (Tab. Peut. 3,5) mit Placentia, seit 148 durch v. Postumia (It. Ant. 288,6. 294,6), seit 109 durch v. Aemilia Scauri mit Vada Sabatia verbunden. Aufenthalt des D. Brutus nach Mutina (Cic. fam. 11,10); h. Tortona. G. R.

Dertosa. Holder 1,1269 vermutet iberische Herkunft des Namens, Ad. Schulten hält ihn für ligurisch (Numantia 1,63; [1] VI 233/34). Im 6. Jh. v. Chr. lag an der Ebromündung die reiche Handelsstadt Tyrichae (Avien. Or. Mar. 498–503). Dann wird erst 215 v. Chr. da wieder eine »sehr reiche« Stadt genannt: Hibera (Liv. 23,28,10). Sie ist zweifellos identisch mit der späteren Hibera Iulia Ilercavonia (über den Stamm der Ilercavones s. RE IX 1092) Dertosa. Hibera lag nach Liv. auf dem s. Ufer, was mit der strategischen Lage und mit vorhandenen Resten übereinstimmt ([1] III 79). Merkwürdigerweise wird sie auf Inschr. (CIL II Suppl. p. 1144) und auf Mz. des Augustus *colonia*, auf Mz. des Tiberius *municipium* genannt (Ant. Vives La moneda hispánica [Madrid 1926. 1924] 1, LXXXIX. 4,17. Atlas lám. 125). So müssen zwei Orte nebeneinander bestanden haben, vielleicht an verschiedenen Ufern, worauf hinweist, daß das h. Tortosa am Nordufer liegt (über diese Schwierigkeiten s. RE V 246 f.). S. auch Mela 2,90. Plin. nat. 3,23, ferner Strab. 3,4,6.9, wonach keine Brücke, sondern eine Furt über den Ebro führte. Rav. Geogr. 4,42 p. 304,2; 5,8 p. 342,9.

506 n. Chr. wurde D. von Alarich II. besetzt (Chron. Caesaraug., in Chron. Min. 2,222 Mommsen). Im 6. und 7. Jh. wird sie oft als Bistum erwähnt ([1] IX 446). König Reccared I. (586–601) hat hier Mz. geprägt (A. Heiss Monnaies des rois wisigoths d'Esp., Paris 1872, 90 und Pl. II). Spätere Schicksale s. Encicl. Univ. Ilustr. 62,1545 s. Tortosa. R. G.

Font. Hisp. Ant., Barc. 1925 ff.

Deserti agri sind jene unbebaut liegengelassenen Ländereien, um deren Rekultivierung sich die Kaisergesetzgebung des 4. und 5. Jh. n. Chr. zumeist erfolglos bemühte. Sie werden auch *desertae possessiones* und *deserta praedia* genannt, vgl. Cod. Iust. 11,59. Die Landflucht zählt zu den markantesten Symptomen der spätant. Wirtschaftskrise. War ein *colonus* trotz seiner Kulturpflicht, ja trotz seiner Schollengebundenheit in die Volksmasse einer Stadt entkommen und mißlang dem Eigentümer die Verpflichtung eines neuen Kolonen, so ließ er das Land eben verkommen. Ab 368 (Cod. Theod. 7,20,11) gab man dem *novus cultor* die Früchte, um 400 eröffnete man ihm einen neben der *usucapio* stehenden Zugang zum Recht an der Sache. Verwahrloster *ager publicus* konnte schon früher (vgl. Cod. Iust. 11,63,1 aus 319) seinem neuen Bebauer in sicherem Besitz belassen werden. Vorbild war gewiß die schon im Prinzipat (vgl. die lex Manciana) geläufige Zuweisung des *usus proprius* nach zehnjähriger Ödlandbewirtschaftung. Th. M.-M.

M. Weber Röm. Agrargesch., 1891, 209 ff. *Charvin* Les constitutions du Code Théod. sur les a. d., 1900. *E. Levy* West Roman Vulgar Law, 1951, 194 ff. *de Malafosse* Rivista di diritto agrario 34, 1955, 40 ff.

Desertor. Als *d.* wurde jeder betrachtet, der sich eigenmächtig vom Heere (Dig. 49,16,14) entfernte. Dazu rechnete man auch das Verlassen von Reih und Glied auf dem Marsche (H. A. Sev. Alex. 51,6), in der Schlacht (Ios. bell. Iud. 3,10,3) und des Postens überhaupt (Suet. Oct. 24; Otho 11). *D.* war aber auch der, der alle seine Waffen verkaufte (Dig. 49,16,317) oder seinen Vorgesetzten im Stich ließ (Dig. 49,16,3,6). Der *d.* erlitt in der Regel die Todesstrafe (Dig. 49,16,5. Amm. 21,12, 20. 29,5,22), Verstümmelung (H. A. Avid. 4,5. Amm. 29,5,22. 31.49), Verlust der Freiheit und Leibesstrafe (Frontin 4,1,20), auch Versetzung zu einer anderen Truppe oder Deportation (Dig. 49, 16,3,9). Milder wurden die Rekruten (Dig. 49,16, 3,9) und solche Militärpersonen behandelt, die nur desertierten, um zu einem anderen Truppenteil zu kommen (Isid. orig. 9,3,39). A. N.

Dar.-Sagl. 2,1,110 f. RE V 249 f. XV 1668 ff. *J. Sulser* Disciplina, Basel 1920, 56.58. *R. Grosse* Röm. Militärgesch., Bln. 1920, 237,317.

Δεσμωτήριον. In Athen gab es nur ein Gefängnis (Demosth. 24,208 f.), das seinen Namen den Fesseln, *δεσμά*, verdankte, die den Gefangenen gewöhnlich in Form von Ketten und Fußfesseln angelegt wurden, da die Verwahrungsorte nicht ausbruchsicher waren. Über die Art der Vollstrekkung der Haft (Fesselung, Besuchserlaubnis) entschied die Aufsichtsbehörde, in Athen die Elfmänner. Die Haft war immer Gemeinschaftshaft. Die Fesselung konnte durch schimpflichen Vollzug erschwert werden, nämlich durch Fesselung im Block, Halseisen und Joch. In Athen lag das Gefängnis wahrscheinlich am Markt. Es begegnet in allen griech. Staaten und in hellenistischer Zeit auch in Äg. (vgl. Pap. Tebt. 567: *δεσμευτήριον*). Andere Bezeichnungen sind *οἴκημα, ἀναγκαῖον, κέραμος* und – nur bei Platon – *σωφρονιστήριον*, Haus der Besinnung. Platon war auf dem Gebiete des Gefängniswesens insofern ein Neuerer, als er (leg. 908a ff.) eine Abstufung der Gefängnisse in 3 besondere auch äußerlich nach Lage und Bezeichnung verschiedene Gefängnistypen vorsah: das Verwahrungsgefängnis, das Zuchthaus und das Besserungshaus ([3],137f. [6],143f. [4],308f.). Gefängnishaft, die als Körperstrafe angesehen wurde (Demosth. 24,146), kam als Hauptstrafe in Griechenland ([2],34) und in hellenistischer Zeit in Äg. ([1],74) nur selten vor (vgl. Lys. 6,21f.), während Platon von dieser Strafart häufig Gebrauch macht In einzelnen Fällen begegnet die Haft als Strafschärfung (Demosth. 24,103.114), in anderen wieder als Ersatzstrafe für Staats- und Privatschuldner im Falle der Zahlungsunfähigkeit ([1],47). In den meisten Fällen diente die Haft dem Sicherungszweck, damit der Staatsschuldner sich nicht seiner Zahlungspflicht (Aristot. Ath. pol. 63,3) oder der Verbrecher der Strafe entziehe ([1],64. [5],107). Im Gefängnis wurde auch die Todesstrafe vollstreckt (Demosth. 25,52). Vor dem Prozeß war es jedoch streng verboten, einen Bürger, selbst wenn er eines schweren Verbrechens bezichtigt wurde, zu verhaften, wenn er 3 Bürgen stellen konnte. Ausgenommen waren nach dem Ratseid (Demosth. 24,144) die zahlungsunfähigen Staatspächter und die auf Hochverrat Angeklagten. Im ptol. Äg. wurde entgegen dem königlichen Erlaß zum Schutz der persönlichen Freiheit (Pap. Tebt. 5 Z 255–264) von den Polizeibehörden oft Personalhaft wegen *ἴδια ἀδικήματα* angeordnet ([1], 58f.). E. B.

1. *R. Taubenschlag* Das Strafrecht im Rechte der Papyri, 1916. 2. *I. Barkan* Imprisonment as a penalty in ancient Athens. CPh 31, 1936, 338f. 3. *A. Meremetis* Verbrecher und Verbrechen, 1940. 4. *E. A. Wyller* H 85, 1957, 308ff. 5. *U. E. Paoli* Zum att. Strafrecht und Strafprozeßrecht, in ZRG 76, 1959, 107f. 6. *W. Knoch* Die Strafbestimmungen in Platons Nomoi, 1960.

Despoina s. Artemis, Demeter, Persephone

Desultor (*μεταβάτης* Corp. gloss. lat. 2,46, 19), ist ein gewandter Reiter, der vorführt, wie man sich von einem galoppierenden Pferd auf ein damit zusammengekoppeltes zweites schwingt. Il. 15,679–84 wird erzählt, wie das Kunststück als Zuschauerbelustigung mit vier Pferden gemacht wurde. Liv. 23,29 berichtet, daß Hasdrubals numidische Reiter 216 v. Chr., ihrer Gewohnheit entsprechend, jeder mit zwei Pferden in die Schlacht zogen und sich mit voller Rüstung, wie *in modum d.* von dem müde gerittenen auf das noch frische Pferd schwangen. Es ist nicht unwahrscheinlich, daß der fremde militärische Brauch im röm. Circus Eingang fand, wo die *ars desultoria* beliebt war, wenn sie offenbar auch weniger Interesse erweckte, als die Wagenrennen der Viergespanne, Cic. pro Mur. 27. Als reguläre Vorführung wird sie zum erstenmal zusammen mit den Rennen der Viergespanne in Verbindung mit den Ereignissen von 169 v. Chr. erwähnt, Liv. 44,9. Jedes der beiden Rennen brauchte *vix unius horae tempus*, was für die Annahme spricht, daß die Rundenzahl für die *d.* und die Wagen die gleiche war. Die röm. *d.* ritten ungesattelte Pferde, Isid. orig. 18,39, und trugen Filzmützen, Hygin. fab. 80. So sind sie auf Münzen, auf einer Bronzelampe und auf Sarkophagen abgebildet; außerdem mit Peitsche und Zügeln. Zur Z. Caesars zeigten vornehme Jünglinge ihre reiterliche Kunst als *d.*, Suet. Iul. 39; vgl. Prop. 5,2,35. Varro. r. 2,7. Bis ins 6. Jh. bildete dieser Sport einen Bestandteil der circensischen Spiele, Cassiod. var. 51,6. Auch die Volksstämme an der unteren Donau beherrschten diese reiterliche Kunst, Val. Fl. 6,161. O. W. R.

Determinismus s. Prädistinationslehre

Detestatio sacrorum. Zum Übertritt eines gewaltfreien Bürgers in die *patria potestas* eines anderen, (→ adrogatio und → adoptio), gehört die d. s. (Gell. 15,27,3; vgl. 7,12,1. *alienatio sacrorum* Cic. or. 144; leg. 3,48) des aus einem Geschlecht und damit aus seinem bisherigen Sakralverband Ausscheidenden. d. s. ist also die feierliche Ablegung der bisherigen gentiliz. Zugehörigkeit und seiner *sacra*, angesichts der Wichtigkeit der → sacra privata ein einschneidender Akt. Gutachten der Pontifices und Zustimmung der Curien sind erforderlich. Polit. ist auch die *res publica* an dem eventuellen Zuwachs an Reichtum und Macht einer *gens* interessiert. – Die Formel der Frage an das Volk bei Gell. 5,19,9. W. E.

Mommsen RStR 3,38.318. *Marquardt* RStV 3,306f.. *Dar.-Sagl.* s. v. *Wissowa* Rel.² 401,8.512. *Karlowa* 2,97f. *M. Kaser*, AJ 342,39 (mit Lit.). *Ders.* RPrivatrecht 1,58 (Korrektur an Ansicht in AJ). *H. F. Jolowicz* Roman Law, Cambridge 1952, 119f. *P. Bonfante* St. del diritto Romano, Milano 1959, 1,92. *G. Grosso* St. del diritto Romano, Torino 1960⁴, 51.

Deukalion (*Δευκαλίων*). **1.** Sohn des Minos (und der Pasiphae, Apollod. 3,1,2,4), Vater des Idomeneus, der an 3 Stellen das verkürzte Patronymikon *Δευκαλίδης* bekommt, Hom. Il. 13,449ff. Odysseus gibt sich Od. 19,180 als 2. Sohn des D., Bruder des Idomeneus, aus. Kleidemos (Plut. Thes. 19) brachte ihn in Verbindung mit der att. Sage: D. fordert von Theseus die Auslieferung des nach Athen geflüchteten Daidalos; Theseus zieht gegen ihn zu Felde und tötet ihn, Paus. 1,17,6. Teilnehmer an der kalydon. Jagd und am Argonautenzug, Hyg. fab. 14,173. **2.** Der Heros der griech. Sintflut, thessal. Herkunft (Herrscher der Phthiotis), aber früh mit dem lokrischen → Leukarion verschmolzen. Er ist Sohn des Prometheus und der Klymene

(Hesione), seine Gattin → Pyrrha, Tochter des Epimetheus und der Pandora. Als Zeus beabsichtigte, wegen der Verderbnis der Menschen (wegen der Freveltaten Lykaons, Ov.met. 2,26ff.) das eherne Geschlecht zu vernichten und deshalb »die meisten Teile von Hellas« zu überschwemmen (Apollod. 1,47f.), baute D. die Arche, in der er mit Pyrrha 9 Tage auf den Fluten umhertrieb; das Motiv der Taube nur Plut. de sollert. anim. 968f. Nach dem Verrinnen der Flut landet er am Othrys in der heimischen Phthiotis (Hellanikos *Δευκαλιώνεια* Sch. Pind. O. 9,43) oder am Parnassos (Apollod. a.O., Lykoreia am Parnassos, Paus. 10, 6,2); vereinzelt werden auch Chalkidike (Pallene oder Athos, Val. Fl. 1,365. Serv. Verg. ecl. 6,41) und Aetna (Hyg. fab. 153) genannt. Nach einem Dankopfer an Zeus Phyxios erschaffen die Geretteten auf Zeus' Weisung oder auf ein Orakel der Themis (in Delphoi) ein neues Volk, indem sie verhüllten Hauptes, mit entgürteten Kleidern die »Gebeine der Mutter« (die Steine der Erde) hinter sich werfen; sie dürfen den Vollzug des Wunders nicht sehen. Aus den Steinen des D. entstehen Männer, aus denen der Pyrrha Frauen (so Ov.). Der Mythos vom Steinwurf beruht zwar auf einer Volksetymologie (*λᾶες*: *λαοί*; vgl. Hom. Il. 24,641. Ev. Matth. 3,9. Luk. 3,8, NILSSON GgrR 1,31), soll aber doch wohl auch die Härte oder Hartherzigkeit des Menschengeschlechts andeuten: Ov. met. 1,414 *Inde genus durum sumus ...*; vgl. Verg. georg. 1,63. Kallim. frg. 496 Pf. D. und Pyrrha machen sich im lokr. Opus oder in dessen Hafenstadt Kynos seßhaft (Pind. Hellan.); in Kynos zeigte man Pyrrhas Grab, Strab. 9,425, während das des D. sich in Athen befand, wo D. als Stifter des alten Heiligtums des olympischen Zeus galt und wo am Anthesterienfest der Opfer der deukalionischen Flut gedacht wurde, L. DEUBNER Att. Feste 113. Nach Dodone in Epeiros versetzt den D. Aristot. meteor. 1,14 p. 353 a 27ff., weil er infolge der Gleichsetzung der hom. *Σελλοί* mit den *Ἕλληνες* das alte Hellas, D.s Heimat, dort sucht. In Nonn. Dion. entfacht Zeus zur Strafe für die Zerstückelung des Dionysos-Zagreus durch die Titanen einen Weltbrand und löscht ihn durch eine Überschwemmung der Erde, die ihrerseits durch Poseidon beendet wird, der mit seinem Dreizack die Felsenmassen spaltet und so dem Wasser einen Abfluß durch das Tempetal schafft.

Die steingeborenen Leute wurden die Untertanen des Paares. Daneben erzielten sie auch eigenen Nachwuchs. Genannt werden u.a. die Söhne Hellen, Amphiktion und die Töchter Protogeneia, Thyia. Die Erzählung, D. sei aus Liebe zu Pyrrha vom leukadischen Felsen ins Meer hinabgesprungen, unversehrt geblieben und so von seiner Liebesglut geheilt worden (Ov. her. 15,165ff.), beruht wohl auf etymol. Studien alexandrinischer Mythographen oder Dichter über das Problem des Zusammenhangs der Namensformen D. und Leukarion. Die Sintflut des D. galt als die mittlere zwischen der des → Ogyges und der des → Dardanos, Sch. Plat. Tim. 23b. H. v. G.

Prell.-Rob. 1,84ff. *Usener* Sintflutsagen, 1899. *M. Winternitz* Die Flutsagen des Altert. und der Naturvölker, Wien 1901. *G. Gerland* Der Mythus von der Sintflut, 1912. *A. T. Clay* A Hebrew Deluge Story in Cuneiform, New Haven 1922. *J. Riem* Die Sintflut in Sage und Wissenschaft, [2]1925. *H. Gressmann* Altorient. Texte zu AT 2, 1926/27: Übers. der Keilschrifttexte.

Deultum (*Δεβελτός*). H. Develt (früher Jajkazlyi), etwa 20 km s.w. von Burgas. Ursprüngl. thrak. Siedlung, an deren Stelle in Vespasians Zeit, jedenfalls vor 77 n. Chr. die Colonia Flavia Pacis Deultensia von Veteranen der leg. VIII Augusta deduciert wurde (CIL VI 3828 = 31692), an dieser Stelle hauptsächlich aus militär.-strateg. Rücksichten gegründet; um die Verbindung zwischen den ö. Randgebieten Moesiens und den Küstengebieten der Ägäis zu sichern, aber auch die noch nicht »gebändigte« thrak. Bevölkerung des astaeischen Gebietes im Schach zu halten. D. lag an der Kreuzung zweier wichtiger Straßen, der Küstenstraße, die von Istros (Histria) über Odessos, Anchialos – D. Ostudizos (s. von Hadrianopolis beim h. Havsa) führte und sich mit der diagonalen Straße, von Singidunum (h. Belgrad) zum Marmaraküstengebiet verband, und der anderen, die von D. über den h. Paß von Karnobat führte mit der Abzweigung nach Apollonia. Daß gerade die Veteranen der leg. VIII Aug. in D. angesiedelt wurden, rührte davon her, daß sie in den J. 45–69 in Novae (Moesien) gedient haben.

Die ant. Siedlung hat die Form eines unregelmäßigen Rechteckes, mit einer Innenfläche von höchstens 8 ha. Fast keine Grabungen. Das Territorium von D. betrug etwa 700 km². Chr. D.

B. Gerov La propriété foncière en Mésie et en Thrace à l'époque rom., bulg. mit franz. Zusammenf. Annuaire Univ. Sofia, Fac. Philolog., L. 2, 1955, 35–40.

Deversorium s. Wirtshäuser

Deunx, von *de(esse)* und *uncia*, der As (von 12 *unciae*) weniger 1 Unze und somit 11 *unciae*, begegnet gleich dem → As als Gewicht (→ libra), Längenmaß (→ pes), Flächenmaß (→ iugerum), Hohlmaß (→ cyathus, sextarius), in der Zinsrechnung (→ fenus) und im Erbrecht, ist aber als Münzwert nicht verwendet worden. Die Sigle des D. ist S:·: H. Ch.

Hultsch, RE V 276f.

Δευτεραγωνιστής. Schauspieler, der die zweitwichtigste Charakterrolle spielte. Daß die rechts liegende Skenentür das *τοῦ δευτεραγωνιστοῦντος καταγώγιον* bezeichnete (Poll. 4, 124) ist sicher nur Verallgemeinerung eines Spezialfalles. Über die Rollenverteilung ist so gut wie nichts überliefert. Manchmal scheint der D. zum Protagonisten aufgestiegen zu sein. C. F.

Croiset Le second acteur chez Eschyle, 1894. *A. Müller* Lehrb. der griech. Bühnenaltertümer, 1886, 180.

Devotio. 1. Im Kampf konnte der röm. Feldherr sich oder einen Legionär zusammen mit dem feindlichen Heer den Unterirdischen weihen. Der Devovierte suchte den Tod im Kampf. Nehmen die Götter an, verpflichten sie sich als Gegenleistung zur Vernichtung des Feindes. Das Besondere ist, daß die Leistung im voraus dargebracht wird. – Die Formel Liv. 8,9,6–8 (Wortlaut nicht alt: LATTE 5,1.204,1) spricht der *pontifex maximus* vor, der Feldherr ist in der *toga praetexta*, mit verhülltem Haupt, die Hand unter der Toga am Kinn und auf einem Speer stehend. Die Bedeutung dieser Gesten ist nicht zufriedenstellend erklärt (LATTE 126 gegen DEUBNER und WAGENVOORT). Nach Anrufung bes. der schlachtenlenkenden Götter weiht er die Feinde zusammen mit sich selbst den *Dis manibus* und der *Tellus*. Nehmen die Götter das Opfer nicht an, bleibt der Feldherr zeitlebens zu sakralen Handlungen unfähig, im Falle eines devovierten Legionärs ist sein Bild von mindestens 7 Fuß in der Erde zu vergraben und ein Piacular-Opfer darzubringen. Der Platz ist *locus religiosus*. Geriet der Speer in Feindeshand, ist ein Suovetaurilien-Opfer zu leisten. Überliefert ist nur die d. der → Decii Mures: 340 Schlacht am Vesuv (Liv. 8,6,9ff. 8,9 und 10), 295 der Sohn bei Sentinum (Liv. 10,28), 279 der Enkel bei Ausculum (Cic. fin. 2,61; Tusc. 1,89. Liv. kennt mit der annalist. Tradition diese d. nicht). Hist. ist vielleicht nur die d. des Sohnes. Die d. kam außer Gebrauch. Die Piacularvorschriften sind wahrscheinlich nur vorbeugend ausgearbeitet (vgl. LATTE 204). – Livius' eigener Theorie widerspricht 5,41,2f., wo beim Galliereinfall die gewesenen curul. Magistrate sich devovierten; Liv. sagt allerdings »*sunt qui tradant*«. WISSOWA hält die Notiz für apokryph, WAGENVOORT vergleicht sie mit Liv. 26,10,9, wo – jedoch in ganz anderer Situation und aus Gründen, die 5,41 nicht zutreffen! – den ehemaligen höheren Magistraten das *imperium* gegeben worden ist. **2.** Macr. Sat. 3,9,10f. teilt eine Devotionsformel mit, die jedoch eine Verfluchung des feindlichen Gebietes und seines Heeres – nach *evocatio* der Götter! – ist. Daß die Formel für Karthago gegeben ist (und die Anrufung des griech. → Dis pater), verrät nach WISSOWA jüngeren Ursprung. Wahrscheinlich aber ist die Sache alt, die Formel jung. Es ist eine Fluchformel. (Nach WISSOWA ist es eine *consecratio;* WAGENVOORT: »every devotio is a consecratio«). Die Leistung der Menschen (nur 3 schwarze Schafe) wird nur versprochen. **3.** d. bedeutet, vor allem später, auch Verfluchung eines Menschen (s. o. zu 2.). **4.** In der Kaiserzeit wurde d. Phrase für Selbstdevotion für das Wohl des Herrschers. Caligula zwang iron.-makaber den P. Afranius Potitus, die d. tatsächlich einzulösen (Cass. Dio 59,8,3. Suet. Cal. 27,2). W. E.

Deubner, ARW 8, 1905, Bh., 66ff. *Wissowa* Rel.^{2} 384f. 237. *Wagenvoort* Rom. Dynamism 31ff. *Latte* RRel 125f. 204.

Dexamenos (*Δεξαμενός* der »Gastliche«). **1.** Alter Herrscher im elischen oder achaiisch. Olenos, Sohn des Oikeus, mit König Oineus von Kalydon verschwägert. Erscheint auf Vasenbildern des 5. Jh. und Sch. Kallim. h. 4,102 als Kentaur, der der Tochter des Oineus, Deïaneira, Gewalt antun will, aber von Herakles erschlagen wird. Eine andere Fassung der Sage setzt D. an die Stelle des Oineus, nennt seine Tochter Mnesimache, und als Kentaur erscheint Eurytion (Bakchyl. Apollod. 2,5,5). In einer 3. Fassung, vertreten auch auf einer Vase des 5. Jh., auf röm. Sarkophagen und Diod. 4,33, hat die Königstochter, die hier Hippolyte heißt, einen Verlobten, den Arkader Azan, und Herakles kommt diesem gegen Eurytion zu Hilfe. → Deïaneira Nr. 2. H. v. G.

2. D. von Chios, Gemmenschneider. Seine Signatur ist auf 4 Steinen erhalten, die unter die höchsten Leistungen d. Glyptik gerechnet werden. Nach dem Stil blühte er um 420–400 v. Chr. A. R.

Furtwängler Die ant. Gemmen 3,137. Encicl. Arte Class. Or. III 81 *(Vlad Borrelli)*. *G. M. A. Richter* Handb. Gr. Art, London 1959, 236.

Dexion s. Amynos. Sophokles

Dexippos (*Δέξιππος*). **1.** Lakedaimon. Söldnerführer, von Akragas 406 v. Chr. gegen die Karthager in Dienst genommen und dann des Verrats beschuldigt. Nachher von den Syrakusanern zum Befehlshaber in Gela ernannt, lehnte er es ab, sich Dionys I. zu unterstellen und kehrte deshalb 405 nach Hellas zurück. Vielleicht ist er identisch mit dem unerfreulichen Perioiken D. im Heer des jüngeren Kyros, den der spartan. Harmost Kleandros schließlich hinrichten ließ (Xen. an. 5,1,15. 6,1,32. 6,5ff.). Fr. Kie.

2. P. Herennius D., aus dem att. Demos Hermos, IG II/III^2 3669. * ca. 210 n. Chr. (BUSSE H 23, 1888, 402ff.), Historiker aus dem Geschlecht der Kerykes, 262 Agonothet bei den Panathenäen, dann Archon Eponymos. Im J. 267 warf er sich mit 2000 Mann den Herulern entgegen, die Athen überfielen, frg. 28. Synkell. p. 717,9. Zos. 1,39,1. Nach Phot. bibl. 82, p. 64 a 11–20 schrieb er *Χρονικά* ein Geschichtswerk von der Urzeit bis 269/70 in 12 B., fortgesetzt von Eunapios, eine Diadochengeschichte in 4 B., die ein verkürzter Auszug aus Arrian war, *Σκυθικά*, in denen die Germanenkriege 238–274 geschildert waren; durch Cassiodor vermitteltes Material aus ihnen übernahm Iordanes in den Gothica, wohl auch durch Vermittlung des Eunapios und andere für Zosimos. Zitate aus D. stehen auch in der H. A. (s. XXIII 13,6). Über die umstrittene Sprache des D. s. A. LESKY GGrL^2 907. Die Darstellung ist beeinflußt von Thukydides, F. J. STEIN D. et Herodianus quatenus Thucydidem secuti sint, Diss., Bonn 1957. Die Reste in FGrH II Nr. 100 p. 452–480; Kommentar von F. JACOBY, p. 304–311. R. H.

3. D. Neuplatoniker des 4. Jh., Schüler des → Iamblichos, verfaßte einen Kommentar zur Kategorienschrift des → Aristoteles, hg. von A. Busse, 1888, CAG IV 2. Die Absicht der Schrift ist, die Einwände Plotins (Enn. 6,1–3) gegen die Kategorien-Lehre des Aristoteles zu widerlegen; die Schrift argumentiert also im Sinne des → Porphyrios und des Iamblich. H. D.

4. D. aus Kos. Arzt, Schüler des → Hippokrates; beendete angeblich durch Heilung zweier Söhne des Karerkönigs Hekatomnos einen karisch-koischen Krieg (Suda s.v.). D. schrieb 2 (nicht erhaltene) B. *περὶ προγνώσεων*. Er war (wie z.B. auch Hippokrates *περὶ παθῶν* [knidisch]) Anhänger einer 2-Säfte-Lehre (Galle und Schleim) und führte die Krankheitsentstehung auf Veränderung dieser Säfte durch Nahrungsüberfluß zurück (Anon. Lond. XII 8ff.). Auch sonst neigte D., soweit nach den wenigen Nachrichten erkennbar, zu westgriech.-knidischen Anschauungen. F. K.

Dextans (von *de*[*esse*] und *sextans*). Ein As (von 12 *unciae*) weniger einen Sextans und somit 10 *unciae*. Gleich → Deunx findet sich der D. in allen Bereichen der Asrechnung (→ As), ist aber im Unterschied zu diesem auch als lokale Ausgleichsmünze sextantalen und leichteren Standards in Luceria (?) und einer mit ꟼ signierenden Münzstätte geprägt worden. Die griech. Entsprechung, Dekonkion, kommt vielleicht in späten Mz. von Katane, Kentoripa und Syrakus vor. Siglen sind S::, Δ und X. H. Ch.

Schrötter WBMzK s.v. und Dekonkion. *Syd.* Nr. 305. 308. *Thomsen* Early Rom. Coinage 1, 1957, 98.

Dexter. 1. D. findet sich als Cognomen bei den Gentilnamen Afranius, Calpurnius, Cassius, Cestius, Claudius, Cornelius, Domitius, Egnatius, Nummius, Pomponius, Subrius, Turpilius. R. H.

2. D., Sohn des Bischofs Pacianus von Barcelona. Ihm widmete Hieronymus das 392 entstandene Werk De viris illustribus, nachdem D. ihn angeregt hatte, nach Suetons Vorbild die chr. Schriftsteller zu behandeln. Die Cap. 132 erwähnte *omnimoda historia* des D. ist nicht erhalten. Wahrscheinlich ist D. identisch mit Nummius Aemilianus D., praef. praet. Italiae 395, dem die Provinz Asia in Barcelona eine Ehrenstatue mit Inschr. (CIL II 4512) errichtete. O. H.

RE V 297,10 und 33.

Dia (*Δῖα, Δία*). **1.** Eigentlich das »weibliche Gegenstück zu Zeus«. Durch Hera aus ihren Rechten verdrängt, blieb sie als Tochter mit Zeus verbunden, und zwar in Phleius und Sekyon in der Funktion der Ganymeda oder Hebe. Strab. 8,382. Paus. 2,12,4. 13,3f. Der Festname *Κισσοτόμοι* und der Efeukranz, der auf den phliasischen Münzen das *Φ* umgibt, deuten auf ein heiteres Fest. Nilsson Griech. Feste, 1957, 39f. **2.** Frau des → Ixion, der seinen Brautgeschenke fordernden Schwiegervater Eïoneus in eine mit glühenden Kohlen gefüllte Grube warf. Sch. Apoll. Rh. 3,62. Diod. 4,69,3 (Pherekydes). D.s und Ixions Sohn ist Peirithoos, Apollod. 1,68; doch gilt meist Zeus als Vater, Hom. Il. 2,741. 14,317f. Hyg. fab. 155. **3.** Tochter des Lykaon, von Apollon Mutter des → Dryops. Sch. Lykophr. 480. Sch. Apoll. Rh. 1,1213. H. v. G.

4. Name mehrerer kleiner Inseln der Aegaeis (Schol. Theokr. 2,45b. Steph. Byz.), bes. 1. Die Insel, auf der nach Hom. Od. 11,325 Artemis Ariadne tötete (oder zurückhielt), danach als älterer Name von Naxos oder als Nr. 2 erklärt. 2. Insel vor der N.-Küste Kretas vor Iraklion, h. mit gleichem Namen (oder Standia), unbewohnt. Strab. 10,5,1 p. 484. Stad. m.m. 348 (GGM I 514). Ptol. 3,15,8. Plin. nat. 4,61. Apoll. Rhod. 4,424. E. M.

1. *Bursian*, GG 2,560. 2. *M. Guarducci* Inscr. Cret. I 1935, 93f.

5. Bei den Küstenbeschreibungen des Schwarzen Meeres öfter genannte Örtlichkeit, wohl mit Diospolis (Ptol. 5,1) identisch. Der Ort lag w. von Herakleia am Pontos und ist wohl in und um Akçakoca (früher Akşehir) zu lokalisieren. In Akçakoca und Umgebung von W. Hoepfner und F. K. Dörner bei den in den J. 1961 und 1962 durchgeführten Forschungsreisen beobachtete Siedlungsreste, Kleinfunde und Inschr. werden in den Denkschr. der Öst. Ak. publiziert (vgl. Vorbericht Anz. Öst. Ak. ph.-h. Kl. 99, 1962, 31f.). F. K. D.

Diabateria s. Opfer

Diacira. Stadt Mesopotamiens an der Grenze Babyloniens am r. Euphratufer (var. *Δάκιρα*) mit dem gesch. Hintergrund der schweren Kämpfe Roms unter Julian (363 n. Chr.) an der O.-Grenze gegen das neupers. Reich. Amm. Marc. 24,2,3 und Zos. 3,15,2 berichten über eine reiche Beute, welche die Römer dort an Getreide und Asphaltpech in dem von Bewohnern entblößten Ort machten. Die genaue Lage von D. ist nicht sicher; vielleicht befand es sich unweit des h. Hit. Vgl. Atlas of the World II, Plate 34: Iraq, Syria, Lebanon. H. T.

Diadema. Urspr. heißt jede um den Kopf gewundene Binde D., bes. sofern sie auszeichnet, weiht oder schmückt, so z.B. die Binden der sportlichen Sieger und der Priester (→ Tainia). Später bezeichnet D. vor allem die Königsbinde, als solche angeblich von Dionysos erfunden, Diod. 4,4,4. Plin. nat. 7,191. Das D. der Perserkönige, ein Purpurband mit weißen Verzierungen, wurde um die Tiara getragen. Alexander übernahm es, doch ist das hellenist. Königs-D. eine weiße Binde mit Randverzierung; es wurde mit den (mit goldenen Fransen verzierten) Enden in den Nacken fallend um den bloßen Kopf getragen. Den Römern galt das weiße D. als Königszeichen. Da Caesar das ihm von Antonius dargebotene D. (mit Lorbeerkranz) zurückgewiesen hatte, trugen es die Kaiser bis Diocletian nicht. Ob der von den Ptolemaierköniginnen, in Rom später von Personifikationen, Göttinnen und (seit den Flaviern) Kaiserinnen getragene D.-Reifen mit erhöhtem Mittelteil D. genannt wurde, wissen wir nicht. Seit Constantin gehört das D. zum Ornat der Kaiser. Es kommt nur dem regierenden Augustus und der Augusta zu. Dies D. ist ein im Nacken mit Herculesknoten geschlungenes breites Purpurband, auf dem vorn ein großer gefaßter Edelstein sitzt, über dem sich ein Dreiblatt aus Perlen oder Steinen erheben kann. Das D. kann mit Juwelen besetzt sein (dazwischen Paare von Perlen), Juwelen-D., oder ist von Perlen gesäumt, zwischen denen eine Folge flacher Steine liegt (Perlen-D.). W. H. G.

Delbrueck, A 8, 1932, 1ff. Spätant. Kaiserporträts, 1933, 58ff. *Alföldi*, RM 50, 1935, 123f. 145ff.

Diadematus. Cognomen des L. Caecilius → Metellus D., Censor 115 v. Chr. H. G. G.

Διαδικασία bezeichnete in Athen eine gerichtliche Entscheidung in einem auf Gestaltung der Rechtslage abzielenden Verfahren, ohne eigentlichen Kläger und Beklagten. Dieses Verfahren wurde nicht im Wege der üblichen Privatklage (*δίκη*), sondern durch einen besonderen Antrag (*ἐπιδικάζεσθαι*) eingeleitet. Es fand in 2 Hauptgruppen von Fällen statt, nämlich in Streitigkeiten, in denen 2 oder mehrere Personen einen besseren Anspruch auf ein privates oder öffentliches Recht oder in solchen, in denen sie eine mindere Verpflichtung zu einer öffentlich-rechtlichen Leistung behaupteten. In der 1. Gruppe war der häufigste Fall der Anspruch mehrerer Personen auf eine Hinterlassenschaft in einem Erbstreit [3]. Gegenstand des Anspruchs konnte aber auch ein Nutzungsrecht (Dion. Hal. Din. 12), eine vom Staat ausgesetzte Belohnung (And. 1,27), ein vom Staat zu Unrecht eingezogenes Vermögen (Lys. 17) und das Anrecht auf eine Vormundschaft (Aristot. Ath. pol. 56,6) oder auf eine Beamten- oder Priesterstelle (Xen. Ath. pol. 3,4) sein. Zu der 2. Gruppe gehörten die Ansprüche über die Verpflichtung zur Ausrüstung eines Chores, eines Schiffes o. ä. Die Zuständigkeit des Gerichtes war je nach der Art der Sache verschieden. In Erbstreitigkeiten war der Archon Basileus zuständig. Die *δ.* ist auch außerhalb Athens in Besitzprozessen zwischen Privatpersonen und dem Staat bezeugt (Sylloge^{3} 279,20). E. B.

1. *J. H. Lipsius* Das att. Recht und Rechtsverfahren, 1912, 463. 2. *U. E. Paoli* Studi sul processo attico, 1933, 166. 172. 3. *Ders.* L'*ἀγχιστεία* nel diritto successorio attico in SDHI 2, 1936, 77ff.

Diadumenianus s. Macrinus

Diaeta. Das griech. *δίαιτα* bezeichnet neben der Lebensführung auch ein Wohnhaus oder einen Raum in einem solchen. Bei den Römern bezeichnet D. dann vor allem einen architekton. und/oder funktionell für sich bestehenden Teil einer Gesamtanlage. So heißen D. einzelne Räume oder Raumkomplexe innerhalb einer Villa oder eines größeren städt. Wohnhauses, wie in den Villenbeschreibungen des jüngeren Plinius (wo epist. 6, 16,14 ein *cubiculum* ausdrücklich als Bestandteil der D. genannt wird). Daher darf wohl die Verwalterwohnung im reichen Haus des Poppaeus in Pompei, die baulich für sich allein verstanden werden kann, D. genannt werden (Maiuri La casa del Menandro, 1932, 200ff.). Die Kaiserpaläste besaßen D. mit eigenen Namen, z. B. die D. Hermaeum Suet. Claud. 10,1. In der Spätzeit bezeichnet D. wohl auch einen einzelnen Raum, Sidon. ep. 2,2,11. D. heißen ferner aus der gleichen Grundkonzeption heraus die Wohnräume der Aufseher bei den Grabanlagen (CIL VI 10876), manchmal die Grabkammern selbst (CIL VIII 9433), und schließlich die Schiffskabinen. Die Aufsicht und Wartung der D. konnte eigenen Sklaven (Freigelassenen) anvertraut sein, dem *diaetarchus (diaetarcha)*; dieser kann auch *diaetarius* benannt werden, womit sonst oft eine Art Kammerdiener oder Steward bezeichnet wird. W. H. G.

Diätetik. Eine umfassende und ausgeformte Lehre von der gesunden *δίαιτα* (»Lebensführung«) ist spätestens bei den alten Pythagoreern, und bes. in der sog. westgriech. Heilkunde, rational begründet und entwickelt worden (→ Ikkos von Tarent; vgl. auch M. Michler Das Problem der westgriech. Heilkunde, Sudh. Arch. 46, 1962, 137–152). Sie ist urspr. eng verknüpft mit der Gymnastik und umfaßte, zumindest im 4. Jh. v. Chr., auch einiges von dem, was wir heute »Hygiene« nennen. Daß die D. in ihrer reifsten Form für Körper und Seele gleichermaßen zuständig war, beweisen Philosophen wie Platon (vor allem in den Staatsschriften) und Ärzte wie Hippokrates und die frühen Hippokratiker, aus deren Kreis etwa die bekannte Schrift *περὶ διαίτης* (zu der neuerdings s. H. Diller Der innere Zusammenhang der hipp. Schrift De victu, H 87, 1959, 39 bis 56) stammt. Schlafdauer, Tageseinteilung, Auswahl der Speisen und Getränke, Körperpflege (sogar Häufigkeit und günstigster Zeitpunkt des Geschlechtsverkehrs), gymnastische Übungen, aber auch Übungen des Geistes waren genau vorgeschrieben und geregelt, so genau, daß dieses Reglement für die Gesunden fast einer Zwangsjacke glich und die eigentliche Krankheitsd. dagegen an Bedeutung vielleicht zurücktrat. Als der führende Diätetiker des 4. Jh. v. Chr. darf wohl der – mit Platon und attischer Philosophie in engem Kontakt stehende – berühmte → Diokles von Karystos gelten; seine *Ὑγιεινά* haben anscheinend (darauf könnten auch andere seiner Schriftentitel wie etwa *περὶ λαχάνων* deuten) der im Hellenismus (→ Dieuches, Diphilos von Siphnos) vorrangig verbreiteten reinen Speised. vorgearbeitet. Die → Pneumatiker haben dann seit dem 1. Jh. v. Chr. (→ Athenaios von Attalia) wieder eine umfassende D. des Körpers und der Seele auf hippokratischer und platonischer Basis befürwortet (vgl. M. Wellmann Die pneumatische Schule [Bln. 1895] 201 ff.). Schließlich krönen Galens *Ὑγιεινά*, aus denen die reine Speised. herausgehalten ist (anderswo, z. B. in *περὶ τροφῶν δυνάμεων*, abgehandelt), die antike D. Diese klingt dann aus in spätant. sog. diätet. Briefen (gefälscht auf berühmte Ärztenamen, mit berühmten königlichen Adressaten), die auf die ma. »regimina sanitatis« vorausweisen. F. K.

L. Edelstein Antike D., Die Antike 7, 1931, 255–270.

Diagoras (*Διαγόρας*) **1.** Von Melos, zubenannt *ὁ ἄθεος*, Sohn des Teleklytos, lyr. Dichter, vor allem bekannt (und verspottet) als Leugner der Götter. Von den Dichtungen sind nur 3 Frg. = 7 V. erhalten. In Athen erregte D. Aufsehen und Anstoß; Aristophanes verspottet D. dreimal (Nub. 830; Av. 1073; Ran. 320). Es fand (415?) ein Asebie-Prozeß gegen D. statt; die Verurteilung zwang D., Athen zu verlassen; die Datierung des Prozesses ist strittig. Dem Atthidographen → Melanthios verdanken wir das Zeugnis (FGrH 326 F 3), daß ein hoher Kopfpreis auf D. ausgesetzt war, weil er die Mysterien zu Eleusis verspottet hatte; Aristoph. Av. 1073 stützt dieses Zeugnis. Nachmals bemächtigte sich die Philosophen-Legende des D.; er wurde zum Typ des Götterleugners; vgl. bes. Cic. nat. 1,2. 3,89, Ail. var. 2,31. Tatian. adv. Graec. 27; man fügte die erbauliche Geschichte hinzu, wie D. am Dasein der Götter irre wurde, weil ein Meineidiger unbestraft blieb (S. Emp. adv. math. 9,53: Sch. Aristoph. Nub. 830). – Vermutlich darf D. nicht mit den Sophisten seiner Zeit zusammengebracht werden; wohl ordnete die öffentliche Meinung in Athen jeden, an dem man Anstoß nahm (neben D. → Sokrates!) den sophist. Kritikern zu. Dadurch ist das wahre Wesen D.' völlig verdunkelt worden. H. D.

Frg.: *E. Diehl* Anth. lyr. 2,16 (p. 126). Dazu *v. Wilamowitz* Textgesch. der griech. Lyr. 80ff. *Ders.* Griech. Verskunst 426f. *F. Jacoby* D., *ὁ ἄθεος*, ADAW 1959, 3 [mit Slg. aller test.]; dazu Rez. *F. Wehrli* Gn 33, 1961, 123–126.

2. Rhod. Sportler, nach dem sich sein Geschlecht, die Eratiden, in Diagoriden umbenannte, Enkel (Hiller v. Gaertringen, IG V 2, XII; unrichtig Kirchner, RE V 310: Ururenkel) des messen. Freiheitshelden → Aristomenes. Er siegte 464 in Olympia im Faustkampf (Pind. O. 7), viermal bei den Isthmien und mehrfach bei den Pythien und Nemeen. Sein Sohn Dorieus übertraf ihn noch an sportlichem Ruhm und spielte im Peloponnes. Krieg sowie beim Synoikismos von Rhodos eine wichtige polit. Rolle. Fr. Kie.

F. Kiechle Messen. Studien, Kallmünz 1959, 128ff.

Διαγράφειν. 1. Im att. Prozeßrecht bedeutet *δ.* »die auf der Gerichtstafel verzeichnete Klage streichen«. Das Aktiv und Passiv bezeichnet die Streichung durch das Gericht (Aristoph. Nub. 774. Lys. 17,5. Demosth. 48,26), das Medium das Fallenlassen der Klage durch den Kläger (Lys. Frg. 195 S. Demosth. 20,145). 2. Gemeingriech. im Rahmen von Geldgeschäften: a) Zahlen; b) zur Zahlung anweisen, davon t. t. *διαγραφή*, Bankzahlung, Anweisung; c) im ptolemäischen Sprachgebrauch auch insbes. die Anweisung der Behörde an die Staatskasse, vom Versteigerungserwerber den Kaufpreis wie die zu errichtenden Steuern und Gebühren in Empfang zu nehmen ([2],163f.). 3. Im Rahmen der Pap. begegnet die *διαγραφή* im allgemeinen Sinne auch als Vertrag (Pap. Tebt. 88,9: 2. Jh. v. Chr.), insbes. als Girobankvertrag [1] und als bes. Urkundenart: Die *δ.* wurde im ptolemäischen Äg. im Falle des Versteigerungskaufes als Erwerbsurkunde verwendet und ersetzte dem Erwerber die Kaufurkunde des Privatrechts ([3],290f.). E. B.

1. *F. Preisigke* Girowesen im griech. Äg., 1910. 2. *B. Schwarz* Die öffentliche und private Urkunde im röm. Äg., 1920, 163f. 3. *F. Pringsheim* Der griech. Versteigerungskauf, Gesammelte Abh. 2, 1961, 262ff.

Diaios (*Δίαιος*). Romfeindlicher Katastrophenpolitiker aus Megalopolis, von Pol. 38,10,8ff. scharf verurteilt. D. ließ sich von dem Spartaner Menalkidas bestechen, trat 150/49 als Stratege des achaeischen Bundes gegen den Austritt Spartas aus dem Bunde auf und erwirkte die Verurteilung des Menalkidas und anderer Spartaner. 149 sprach D. für den Bund vor dem Senat in Rom gegen Menalkidas und leitete 148/47 wiederum als Stratege den Krieg gegen Sparta. Paus. 7,12,3ff. Den angesehenen Spartaner- und Römerfreund Philinos aus Korinth und dessen Söhne ließ D. foltern und hinrichten. Pol. 38,18,6f. Den anschließenden Krieg des Bundes gegen Rom führte D. nach dem Tode des Strategen Kritolaos mit allen Mitteln fort, besetzte Megara und ordnete die Aushebung von 12000 Sklaven an sowie Steuern. Pol. 38,15. Paus. 7,15,8. Die Friedensvorschläge des Metellus lehnte der von D. aufgestachelte Pöbel 146 in Korinth ab und verurteilte die Friedensfreunde zum Tode, doch rettete D. wiederum bestochen, zweien das Leben. Pol. 38, 17f. Nach der Niederlage bei Leukopetra auf dem Isthmos 146 floh D. nach Megalopolis, tötete seine Gattin, zündete sein Haus an und nahm Gift. Paus. 7,16,4ff. Den aus dem Vermögen des D. von den Römern ihm angebotenen Ehrensold lehnte Polybios ab. Pol. 39,4,1ff. H. V.

Diaitetai (*Διαιτηταί*). Schiedsrichter in Athen für Zivilprozesse. 1. Private, von den Parteien gewählt, ohne Appellation. Demosth. 27,1. Beispiel eines Schiedsspruches [Demosth.] 59,47. – 2. Öffentliche, für alle Klagen über 10 Drachmen, seit Mitte des 5. Jh. Zur Übernahme des Amtes für 1 Jahr war jeder Bürger mit dem 60. Lebensjahr bei Strafe der Atimie verpflichtet, seit 310 mit dem 50. Aristot. Ath. pol. 53,4f. Poll. 8,126. Suda s. v. *διαιτηταί*. Liste der D. in der Reihenfolge der Phylen des J. 325/24 IG II² 1926. Die Demenrichter wiesen die Klagen durchs Los den D. zu, die in festen Lokalen tagten, die der Oineis und Erechtheis in der Heliaia. [Demosth.] 47,12. Aristot. Ath. pol. 53,5. Bei Berufung übergab der Diaitet den unter Eid gefällten Schiedsspruch und die Beweismittel in 2 versiegelten Kapseln den Demenrichtern und der Heliaia. Aristot. Ath. pol. 53,2. Die D. erhielten vom Kläger als Gebühr eine Drachme. Poll. 8,39. 127. FGrH 228 F 7. 13. Bei Rechtsbeugung wurden sie von der Heliaia belangt und mit Atimie bestraft. Aristot. Ath. pol. 53,6 (mit Schreibfehler *διαιτητάς* statt *δικαστάς*). Demosth. 21,87. Bisweilen wurden sie vom Volk belobt und bekränzt. IG II² 1926. 2834. H. V.

Diakria. Als echte Landschaftsbezeichnung in Attika (»Bergland«) nicht nachweisbar, bei Hesych. das Gebiet vom Parnes bis Brauron, bei Anecd. Bekk. 242 ein Ort bei Brauron mit Demeterheiligtum, sonst Poll. 8,109. Steph. Byz. Schol. Aristoph. Lys. 58. Diakrioi die »demokratischen« Anhänger des Peisistratos, Aristot. pol. 13,4. Plut. Sol. 13,1. 29,1 u. a. (Hdt. 1,59 Hyperakrioi). E. M.

1. RE XIX 161,34ff. 2. *R.J. Hopper*, ABSA 56, 1961, 189ff. 193f.

Dialekte s. Nachträge zu Band II

Dialektiker (*διαλεκτικοί*). Der Name D., immer als ein Ehrenname verstanden, bezeichnet grundsätzlich solche Philosophen, welche die Wahrheit durch Frage u. Antwort (*διαλέγεσθαι*) zu ermitteln suchen; der Name D. bezeichnet die, die eine bestimmte Methode anwenden. Platon hat die Dialektik als die einzig legitime Methode für die Akademie in Anspruch genommen; später ist untersucht worden, ob bereits frühere Philosophen, etwa die Megariker, als D. bezeichnet werden können. Später ist Dialektik gern mit Logik gleichgesetzt worden; da die Schule Epikurs die Dialektik in diesem Sinne für unergiebig hielt, ist es verständlich, daß → Metrodoros gegen die D. polemisierte; vgl. Diog. Laert. 10,24. Schwerer ist zu sagen, gegen wen sich → Ariston von Chios wandte, als er eine Schrift *πρὸς τοὺς διαλεκτικούς* verfaßte. Die skeptische Akademie nahm den Namen D. vermutlich weiter als ehrende Bezeichnung in Anspruch; die Stoiker wurden von ihren Kritikern als D. bezeichnet; vgl. Cic. fin. 2, 17, wo die *dialecticae captiones* der Stoa gerügt werden; in Cic. philos. Fachsprache nimmt die Bezeichnung D. einen breiten Raum ein. Auch er versteht keine bestimmte Schule, sondern einen Stil des Philosophierens unter diesem Wort, einen Stil, von dem nur die Epikureer ausgeschlossen sind. H. D.

Dialogus s. Nachträge zu Band II

Diamant s. **Edelsteine**

Διαμαρτυρία. »Entscheidungszeugnis«, ein altertümlicher, von dem normalen Zeugenbeweis verschiedener, auf einen oder mehrere Zeugen gestützter Akt mit formell feststellenderKraft, der vor allem in einem Verwaltungsverfahren über die Erbenstellung zulässig war. In diesem Verfahren, das durch einen Antrag eines nicht zu den Hauserben zählenden Erbschaftsanwärters auf Zuweisung der Erbschaft eingeleitet wurde, konnte ein Hauserbe als Antragsgegner auftreten und seine Gegenbehauptung *μὴ ἐπίδικον εἶναι τὸν κλῆρον* durch die *δ.* unter Beweis stellen. Ausnahmsweise war hier auch ein Zeugnis in eigener Sache zulässig. Der Antrag des Antragstellers (*λῆξις*) wurde daraufhin ohne weiteres gestrichen. Eine positive *δ.*, nämlich eine solche des Antragstellers, ist in diesem Verfahren nicht bezeugt. Sie wird hier wahrscheinlich ausgeschlossen gewesen sein, weil offenbar nur dem Hauserben, dessen Recht auf Antritt der Erbschaft ohne behördlichen Zuspruch durch den Anspruch des hausfremden Erbschaftsanwärters verletzt worden war, die Beweiserleichterung der *δ.* zugestanden werden sollte. Eine Anfechtung der *δ.* war zwar mit der Klage wegen falschen Zeugnisses möglich, hatte aber im Falle des Unterliegens schwerwiegende Folgen (→ *ἐπωβελία*). In 2 Fällen ist die *δ.* auch außerhalb von Erbstreitigkeiten bezeugt (Isokr. 18,15 und Lys. 23,13ff., wo auch eine positive *δ.* vorkommt). E. B.

1. *U.E. Paoli* Studi sul processo attico, 1933, 143. 165. 2. *E. Schönbauer* Abh. Akad. Athen 18, 1954. 3. *E. Berneker* RE 23,1372ff.

Diamastigosis s. Artemis

Diana. I. Name. Urspr. *Dīāna; -ĭ-* seit Lucil. Zu *dīus* < **diu̯ios* gehörend. D. aus **Diviāna* (SOLMSEN Stud. zur lat. Lautgesch., 1894, 111.; aber Varro l. l. 5,68 *Diviana* ist erfunden: s. KRETSCHMER Glotta 13, 1924, 111 f.), vgl. etr. *Tiv* Mondgöttin. D. ist also die zum Mond **Divia* (Erleuchterin) gehörige (SOLMSEN a.O. KRETSCHMER a.O. WISSOWA Rel.² 247. WALDE-HOF.³ s.v.).

II. Herkunft. D. ist eine ital. Gottheit (anders ALTHEIM: s.u.). Zentren waren vor allem am Berg Tifata (bei Capua) und Aricia in der Nähe des Sees, an dessen Ufer das *nemus Dianae* (daher *D. Nemorensis*) stand, weshalb er *speculum* Dianae genannt wurde. Der Hain scheint eine Zeitlang kult. Mittelpunkt latin. Städte gewesen zu sein. In dem Bund fehlte neben anderen Rom, vielleicht war er sogar gegen Rom gerichtet (GELZER, RE XII 953). In dem Hain legte der Dic(t)ator des Bundes (*dicator* [zu *dicare*] die älteste Priscian-Hs., *dictator* die jüngeren: INSTINSKY, Klio 30, 1937, 118ff. mit RUDOLPH Stadt und Staat im röm. Italien, Lpz. 1935) Laevius Egerius aus Tusculum (um 500: GELZER a.O.; aber unter der Voraussetzung, daß *dictator* richtig, also das Königtum bereits abgeschafft sei, und daß z.Z. der röm. Schwäche am Ende der Königszeit die Vorherrschaft von der aventin. »wieder« auf die aricin. D. überging) die Bundesurkunde nieder (INSTINSKY a.O. z.T. gegen RUDOLPH a.O. 13ff.). Dieser Bund existiert später nicht mehr, der Kult der D. Aricina kam als der wohl älteste von auswärts übernommene bedeutendere Kult nach Rom. Das Heiligtum lag auf dem Aventin, das Tempelstatut (*lex arae Dianae in Aventino*, da urspr. nur eine *ara* entsprechend der alten Verehrung im Hain bestand) wurde exemplarisch für andere Tempelgründungen (→ dedicatio). Das Kultbild entsprach dem der Artemis von Massalia, die ihrerseits von der ephes. abstammt. Zeit der Aufstellung unbekannt (Altheim 136 tritt auf Grund seiner These vom rein griech. Charakter der D.-Artemis für Aufstellung schon bei der Tempelgründung ein: dagegen spricht aber die Notiz, es sei urspr. eine *ara* gewesen. Zum ganzen Problem s.u.). Als Stiftungstag des röm. wie des aric. Heiligtums galten die Iden des August. Die Bundesurkunde des von Rom geführten Bundes wurde im Aventin. Tempel aufbewahrt (Dion. Hal. ant. 4,26,5). Frauen zogen mit Fackeln nach Aricia zum Hain der D., die selbst fackeltragend dargestellt war (Mommsen CIL I^2 zum 13. Aug. Prop. 2,32,9f. Ov. fast. 3,263ff. Stat. silv. 3,1,55ff. Über das Heiligtum s. CIL XIV S. 204). Über Egeria u. Virbius im *nemus* der D.: s. d.

III. Wesen. Aus dem Zug der Frauen und aus den bei Nemi gefundenen Weihungen (Vulven, Phallen, Mütter mit Säuglingen) wird deutlich, daß D. Schützerin des weiblichen Lebens und seiner Funktionen war. Dazu stimmt, daß D. Mondgöttin ist. Als im Hain verehrte Göttin war sie Herrin und Schützerin des vegetativen Lebens, bes. des Wildes, und wurde schließlich Göttin der Jagd (die Römer waren anfangs keine Jäger).

Eine wichtige Erscheinung im Kult der D. Aricia ist m. E. noch nicht ausreichend erklärt (sie hat keine Parallele in Rom): Der Priester hieß *rex nemorensis* und war trotz des Titels ein entlaufener Sklave, der mit einem von einem bestimmten Baum gebrochenen Ast seinen Vorgänger im Zweikampf getötet hatte. Meist wird angenommen, es handle sich um eine »abgesunkene« Würde (Wissowa Rel.^{2} 248. Bömer zu Ov. fast. 3,271. Latte 171). Im Gefolge Frazers (GB I 1,1ff. und zu Ov. a. O.) verglich man (Morpurgo Hist. 7, 1933, 596. Wagenvoort Roman Dynamism 67) ihn mit den mag. Priesterkönigen der Primitiven, die getötet werden, wenn ihre »Macht« nachläßt. Doch der Zweikampf geht um die persönliche Kraft, nicht um Zauberkraft für den Stamm. Daß der *rex nemorensis* auf das alte latin. Königtum zurückgeht und dem *rex sacrorum* Roms verwandt ist (Bömer a. O), ist nicht wahrscheinlich (Altheim 144. H. J. Rose, JRS 19, 1929, 237. Latte 172), da der ital. König Heerkönig, nicht Priester ist (Latte a. O.). Servius (Aen. 2,116 [vgl. Hyg. fab. 261]. 6,136) sah in dem Zweikampf das Residuum eines Menschenopfers an die griech. Artemis (s. o. S. 618). An den Tempel der ephes. Artemis (die nach ihm Vorbild für die aricin. war) mit seinem Asylrecht für Verbrecher und entlaufene Sklaven denkt Altheim 144ff. Doch Asylrecht, das viele Tempel hatten, und Königspriesterwürde für den, der einen anderen Asyl Genießenden erschlug, sind nicht zu vereinen. Schwierigkeiten für die Deutung als »abgesunkener« Kultbrauch macht auch, daß der 13. Aug., der Gründungsfeiertag des Aventin. Tempels, ein Feiertag der Sklaven war. Weder läßt sich das (mit Wissowa) so erklären, daß in alter Zeit die Sklaven vorwiegend kriegsgefangene Latiner gewesen seien (vgl. Latte 173), noch befriedigt die Erklärung, es handle sich »um eine relativ junge Neuerung, möglicherweise unter dem Einfluß der Rolle, die Sklaven in Nemi spielten« (Latte 173). Das Fest der *D. Nemorensis* ist kein richtiges Sklavenfest, und »Sklaven« spielten auch in Nemi keine Rolle, mit Ausnahme des einen.

D. wurde sehr früh mit der griech. → Artemis identifiziert. Altheim (93ff., auch noch RRelG., Bln. 1956, 33) vertritt mit Energie sogar die urspr. Identität, d. h. griech. Herkunft der D.: s. aber A. E. Gordon, TAPhA 63, 1932, 177ff. Deubner, ARW 33, 1936, 105f. P. Mingazzini Mon. Ant. Lincei 37,2, 1938, 950ff. St. Weinstock RE VI A 935ff. Zugestehen muß man aber eine sehr frühe Gleichsetzung. Wie weit schon bei der ital. D. mediterranes Substrat (D. als die Große Herrin der Natur, vgl. o. S. 618f.) eingewirkt hat und welche Rolle die Etrusker spielten, muß vorerst offen bleiben. In hist. Zeit ist D. jungfräuliche Jägerin, Schützerin der Frauen bes. bei der Geburt, und wird → Latona, → Luna, → Trivia genannt, ist also von der griech. Artemis nicht verschieden. Unsere Zeugnisse sind so, daß in der Lit. die Trennung der ital. D. von der griech. Artemis nicht mehr durchführbar ist. Daß auch die röm. Diana eine Frauengöttin ist, darauf weist im Kult nur die Tatsache hin, daß am Gründungstag des Aventin. Tempels die Frauen Gesicht und Hände waschen (Plut. Qu. R. 287 E. Wissowa Rel.^{2} 250. Latte 173). D.-Heiligtümer waren bes. in Latium und den Nachbargebieten zahlreich. Neben Aricia stand das obengenannte Heiligtum der D. Tifatina immer in großem Ansehen. Sulla vergrößerte dessen Besitz im J. 83 nach seinem am Berg Tifata über C. Norbanus erfochtenen Sieg beträchtlich. Außer dem Aventin. Tempel gab es in Rom, abgesehen von privaten Verehrungsstätten, einen 187 von M. Aemilius Lepidus gelobten und am 23. Dez. 179 dedizierten Tempel beim Circus Flaminius (Fast. Ant., NSA 1921, 120f. Liv. 39,2. 40,52). Ein *sacellum* auf dem Caeliolus nennt Cic. har. 32 *maximum et sanctissimum*. Liv. 1,48,6 erwähnt beiläufig ein *Dianium* am Cyprius vicus in der Nähe des Esquilin. Plut. Qu. R. 264 C berichtet von einem D.-Heiligtum im vicus Patricius, zu dem (als einzigem) Männer keinen Zutritt hatten. – Der verbreitete Kult der Kaiserzeit galt der griech. Diana-Artemis. W. E.

Wissowa Rel.^{2} 247ff. *Birt* Myth. Lex. 1002ff. *Prell.-Jord.* 1,247ff. *P. Paris* Dar.-Sagl. s. v. *F. Altheim* Griech. Götter im alten Rom RVV 22,1,93ff. *A. E. Gordon*, TAPhA 63, 1932, 177ff. *Ders. Univ.* of Calif. Publ. in Cl. Arch. 21, 1934, 4ff. *Frazer* GB I 1,1ff. *L. Morpurgo* Nemus Aricinum, Mon. Ac. Linc. 13, 1903, 297ff. *Dies.* NSA 1931, 237ff. *L. Deubner*, ARW 33, 1936, 105f. *J. Heurgon* Recherches sur l'hist. de Capoue préromaine, Bibl. Éc. Fr. Ath. Rome 154, 1942, 299ff. *K. Hoenn* Artemis 1946. *Latte* RRel 169ff. *Platner-Ashby* 149f.

Diana Veteranorum. Stadt Numidiens, h. Zana (Itin. Ant. Tab. Peut. Ad Dianam), gegründet für Veteranen, zuerst einfaches Gemeinwesen mit einem Gemeinderat (CIL VIII 4587, J. 141 n. Chr.), 162 zum Municipium erhoben (CIL VIII 4589. 4599). Zahlreiche Inschr.: CIL VIII p. 1092 ff. Ausgedehnte Ruinen: Forum, Bogen des Macrinus, Häuser, Zisterne, Wasserleitung, Kirche, byzantinisches Fort. S. GSELL Atl. Arch. Alg. f^{e} 27, Batna, 62. Bull. Comité 1930–1931, 49. 1932–1933, 432.467. D. hatte einen Bischof seit der Mitte des 3. Jh. (Cypr. Ep. 34,1). M. L.

Διαψήφισις bedeutete wohl ursprüngl. das Durchstimmen verschiedener positiver Anträge ([2],1001) in den Versammlungen der Richter oder Archonten, des Rates oder ausnahmsweise auch des Volkes (Xen. hell. 1,7,9). Das Merkmal des Durchstimmens bestimmte auch noch später vorwiegend den Begriff der δ., wenn über eine ganze Reihe von Personen abgestimmt wurde, z. B. bei der Abstimmung der Demoten über die 1. Aufstellung der Bürgerlisten oder deren Wiederherstellung nach einem Verlust oder über die Bürgerrechtsqualität ihrer Demosgenossen (Demosth. 57, 60. Isai. 12) sowie bei dem außerordentlichen Durchstimmen der gesamten Bürgerschaft nach Demen zum Zweck der Reinigung des Staates von unrechtmäßigen Eindringlingen ins Bürgerrecht (s. Demosth. 57). In abgeschwächter allgemeiner Bedeutung begegnet δ. als geheime Abstimmung mit Stimmstein (Plat. leg. 855 d). E. B.

1. *J. H. Lipsius* Das att. Recht und Rechtsverfahren, 1905, 283.413. 2. *Busolt-Swob.* GStk 1001 ff.

Diarium. 1. Die tägliche Ration an Verpflegung oder Sold (dies nur im Pl.). **2.** Nur bei Sempronius Asellio (bei Gell. 5,18,8) und Isid. orig. 1, 44,1 belegt: Tagebuch, als Übersetzung des griech. ἐφημερίς. Gemeint sind wohl sowohl amtlich geführte, nicht zur Veröffentlichung bestimmte (?) Tagebücher (→ Ephemerides) wie private Tagesaufzeichnungen, letztere vom Haushaltungsbuch der Römer, dem *codex accepti et expensi*, zu unterscheiden. D. bezeichnet nicht die öffentlich ausgehängten amtlichen Tagesberichte (»Zeitungen«), die *acta diurna*. – Das offenbar ungebräuchlich gebliebene Wort ist vielleicht von dem Historiker Sempronius Asellio eingeführt worden. W. H. G.

Diatessaron. Weil schon früh der Verkündigungscharakter und die in den verschiedenen theologischen Ansätzen begründeten Unterschiede zwischen den kanonischen Evangelien nicht mehr verstanden wurden, kam es schon im 2. Jh. zu Harmonisierungsversuchen, deren bedeutendster das D. des Syrers Tatian ist, das in der syr. Kirche bis ins 5. Jh. anstelle der 4 kanon. Evangelien im Gottesdienst verwendet wurde. Hier ist der Inhalt der 4 kanon. Evangelien in freier Benützung der Vorlagen, unter Betonung asketischer Motive und unter Verwendung auch apokrypher Texte zu einer fortlaufenden Darstellung des Lebens Jesu verarbeitet. Der Name *διὰ τεσσάρων* [*εὐαγγέλιον*] stammt aus der Musik und wird am besten mit Harmonie übersetzt. Der griech. Urtext ist bis auf 1 Frg. (ed. C. H. KREALING Greek Frgm. of Tatian D. from Dura 1935) verloren. Auch der syr. Kommentar Ephraems (ca. 360) ist nur in armen. Übersetzung erhalten. Außerdem besitzen wir arab., ma. pers., lat., mittelniederländ., ma. italien. und mittelengl. Übersetzungen. Kl. W.

Zu den Ausg. s. *Altaner* (Lit.). *B. M. Metzger* Annotated Bibliography of the Textual Criticism of the NT, 1955, 73 ff. RGG^{3} 2,769 f. *A. v. Harnack*, TU 1,3, 1883. *Th. Zahn* Forsch. z. Gesch. des nt. Kanons I, Tatians D., 1881. *C. Peters* Das D. Tatians, seine Überlieferung und sein Nachwirken, 1939.

Διαθήκη. I. Wortbedeutung und Wesen. Von *διατίθεσθαι* = wegstellen, nämlich im persönlichen Eigentum des Erblassers stehende Gegenstände für solche Personen, die dem *οἶκος* nicht angehörten und daher keine gesetzlichen Erben sein konnten. Δ. bezeichnete sowohl das Verfügungsgeschäft als auch die darüber errichtete Urkunde. Sie bezweckte die nicht immer einseitige ([4],975) Ordnung vermögens- und familienrechtlicher Verhältnisse nach dem Tode des Erblassers ([7],189). II. Alter und Entstehungsgeschichte des griech. Testaments sind bestritten. Eine letztwillige Verfügung über einzelne Teile des Nachlasses (Vermächtnistest.) oder über den Nachlaß in seiner Gesamtheit (Erbeinsetzungstest.) ist frühestens mit der Entwicklung eines Individualeigentums denkbar. Diese Einrichtung dürfte schon vor dem 6. Jh. in Magna Graecia (Plat. leg. 922e f. [9],399) bestanden haben und bereits vor Solon aus dem W. nach Athen übernommen worden sein ([1],307, mit Angabe der gegenteiligen Ansichten). Solon hat bereits das Erbeinsetzungstest. vorgefunden und in seinem Test.-Gesetz (Demosth. 46,14) nur das Recht zur Errichtung eines solchen Test. bestätigt, aber neu 3 Bedingungen hinzugefügt, daß 1. Adoptivsöhne nicht testieren dürfen, 2. eine Test.-Errichtung nur beim Fehlen leiblicher Söhne statthaft sei und 3. die Test.-Errichtung freien Willens erfolgen müsse ([1],311). Die Willensklausel – von den Dreißig vorübergehend zur Entlastung der Volksgerichte von privaten Rechtsstreitigkeiten aus dem Test.-Gesetz entfernt (Aristot. Ath. pol. 31) – wurde in unterschiedlicher Formulierung ([4],971) zum festen Bestandteil des Test.-Formulars. In Sparta wurde die δ. durch eine Rhetra des Ephoren Epitadeus um 400 v. Chr. eingeführt (Plut. Agis 5. [5],267); dem Recht von Gortyn war sie unbekannt, denn es war auf der archaischen Stufe eines Ersatzinstituts, nämlich der Schenkung auf den Todesfall, stehengeblieben ([5],274). Platon erkennt das Test. mit Einschränkungen an ([5],268 f.). III. Überlieferung. Griech. Test. sind im Wortlaut zahlreich überliefert bei Diog. Laert. (die sog. Philosophentest.), in den Inschr. und in den Pap. (Einzelbelege s. [4],969. [3],190f.). IV. Testierfähigkeit und Testierfreiheit. Nur der Rechtsfähige konnte ein Test. errichten, also nicht ein Sklave, wohl aber ein Fremder. Die Testierfähigkeit begann mit der in den griech. Städten unterschiedlich geregelten Volljährigkeit. Sie fehlte dem infolge von Wahnsinn, Alter, Zaubermitteln, Krankheit oder Überredung durch eine Frau Geistesgestörten sowie dem in einer Zwangslage befindlichen Erblasser, bes. wenn er unter dem Druck der Personalexekution seiner Gläubiger ([1],311,13) testierte. Sie war beschränkt in Alexandreia bei Freigelassenen von Stadtbürgern ([4],973f.), in Attika allgemein bei der Frau, denn sie konnte nur bis zum Betrag eines Scheffels Gerste letztwillig verfügen (Isai. 10,10) und bedurfte im übrigen der Mitwirkung ihres *κύριος* ([8],307). Die Errichtung einer *δ.* war vorübergehend dem Rechenschaftspflichtigen bis zu seiner Entlastung untersagt (Aischin. 3,21). In Äg. war auch die Testierfähigkeit der Kinder aus schriftlicher Ehe insofern eingeschränkt, als sie bei Lebzeiten ihres Vaters nicht testieren durften (Meyer Jur. Pap. 89. [4],970). Die Willensfreiheit des Erblassers war in bezug auf seine Verfügungen lediglich durch das Noterbrecht der Kinder eingeschränkt ([8],197f.). – Die Fähigkeit, Erbe zu sein, hatten nur Freie, unter diesen nur Bürger (Frauen und Männer). Ungeborene und selbst ungezeugte Kinder konnten zu Erben eingesetzt werden ([8],310f.). Die Fähigkeit, Erbe zu sein, war bei Ehefrauen und Freigelassenen der Bürger von Alexandreia nach dem Gnomon des Idios Logos eingeschränkt ([4],973). V. Testamentsform. Eine bestimmte Form war in Griechenland nicht zwingend vorgeschrieben. Der letzte Wille wurde urspr. vom Erblasser persönlich vor Zeugen, deren Anzahl gesetzlich nicht festgelegt war, mündlich erklärt, doch wird es früh, vielleicht schon in solon. Zeit, üblich gewesen sein, den Willen schriftlich niederzulegen ([1],310). Eine eigenhändige Niederschrift oder die Unterzeichnung durch den Erblasser war gesetzlich nicht vorgesehen ([8],314). Die schriftliche Niederlegung diente der Beweissicherung und erleichterte auch die Geheimhaltung, denn die Zeugen, die in der Urkunde aufgeführt werden mußten, erfuhren in diesem Fall für gewöhnlich den Inhalt des Testamentes nicht (Isai. 4,13), hatten also nur die Tatsache der Errichtung des Testamentes zu bekunden. Der Verhinderung der Fälschung diente die Versiegelung der Urkunde durch den Erblasser. In Äg. mußte die *δ.* stets vor einem Notar durch mündliche Erklärung zur amtlichen Niederschrift oder durch Übergabe der Schrift errichtet werden ([3],190. [4],976). Sie hatte sich hier von einer schlichten Beweisurkunde zu einer Dispositivurkunde fortentwickelt ([8],315). VI. Verwahrung. Die versiegelte Test.-Urkunde wurde vom Erblasser in Athen einem Vertrauensmann (Isai.

9,5.6,7) oder einer Behörde, z.B. den Astynomen (Isai. 1,15), zur Verwahrung übergeben. In Äg. wurden die griech. Test. stets amtlich verwahrt. VII. Arten der Testamente. Das Erbeinsetzungstest., also das Test. mit Gesamtzuwendungen, steht in Griechenland am Anfang der Entwicklung (s.o. II). Erst im 3. Jh. begegnen Test. mit Einzelzuwendungen ([11],565). Eine Unterscheidung dieser beiden Arten von Verfügungen ist nur nach dem Test.-Inhalt zu treffen ([4],479). Ein sakral-familienrechtliches Test. in den Formen der Adoption (so [8],272. [10],96ff. [2],121f.) gab es nicht. Der Erblasser konnte in seinem Test. die nachträgliche Adoption des eingesetzten Erben anordnen und dieser konnte sich auch ohne entsprechende Bestimmung nachträglich in die Phratrie des verstorbenen Erblassers aufnehmen lassen, aber Adoption und Test. waren in jedem Fall verschiedene Rechtsgeschäfte ([1],308f.). Über Soldatentest. in ptolem. Zeit s. ([6],115. [8],12f.; 407). VIII. Die Anordnungen des Erblassers ([8], 342f.). Für die Einsetzung eines oder mehrerer Erben (*κληρονόμοι*) galten keine besonderen Vorschriften, bes. galt nicht das Erfordernis der Ausdrücklichkeit der Erbeinsetzungsklausel (z.B. *δίδωμι τὰ ἐμαυτοῦ πάντα τῷ δεῖνι* o.ä. Diog. Laert. 10,16). Möglich war auch die Ernennung eines Ersatzerben (Pap. Oxy. 490,5) und die Anordnung einer Nacherbschaft. Zwischen Erbeinsetzung und Vermächtnissen wurde nicht streng unterschieden; denn auch der Vermächtnisnehmer wird bisweilen als *κληρονόμος* bezeichnet. Gegenstände der Vermächtnisse konnten Einzelsachen, Sachgesamtheiten und Rechte sein, die dem Vermächtnisnehmer vom Erblasser unmittelbar anfielen. Der Unterschied zwischen Vindikations- und Damnationslegat war dem griech. Rechtskreis fremd. Auch Auflagen kommen vor, doch ist im att. Recht die Durchsetzung der Leistungspflicht nicht zu ersehen ([4],980), im griech.-äg. Recht konnte die Erfüllung der Auflagen durch Strafandrohung gesichert werden ([8],372). Schließlich begegnen noch in den griech. Testamenten Freilassungen, sowie Ernennungen von Vormündern und Testamentsvollstreckern. Das Test.-Formular ist von der att. Rednerzeit bis zum Ausgang der byz. Epoche von auffallender Gleichheit ([8], 337f.). IX. Die Testamentseröffnung. In Athen konnte der Erblasser jederzeit sein Test. aus der Verwahrung herausverlangen, eröffnen und wieder versiegeln ([11],570f.). Nach seinem Tode eröffnete der Verwahrer das Test. von sich aus oder auf Initiative eines der Beteiligten. Die im Zeitpunkt der Eröffnung noch lebenden Zeugen werden wohl zugezogen worden sein. In Äg. mußte der Erblasser ein besonderes Gesuch um Eröffnung an die zuständige Behörde richten, nach seinem Tode wurde sein Test. auf Gesuch eines Beteiligten in Gegenwart sämtlicher Beteiligter und der Mehrzahl der noch lebenden Zeugen, die ihre

Siegel anerkennen mußten, in einem amtlichen Termin verlesen, nach Abschriftnahme wieder versiegelt und im Archiv hinterlegt ([8],399 ff.). X. Änderung und Widerruf des Test. Der Erblasser konnte, auch ohne bes. testamentarischen Vorbehalt, sein Test. bis zu seinem Tode ändern oder aufheben ([4],982. [7],338 f.). Dagegen dürften wohl gemeinschaftliche Test.e, wie sie durch die Pap. bezeugt sind, einseitig nicht aufhebbar gewesen sein (vgl. Pap. Oxy. 75,15). Die Änderung oder Aufhebung des Test. geschah durch ein späteres Test., das aber die Aufhebung des früheren ausdrücklich aussprechen mußte, anderenfalls galten beide Test. nebeneinander. Außerdem konnte ein Test. sowohl im att. wie im griech.-äg. Recht durch Rücknahme aus der Verwahrung widerrufen werden. Über das Verfahren bei der Rücknahme nach dem Recht der Pap. s. ([8],392 f.). E. B.

1. *E. Ruschenbusch*, ZRG 79, 1962, 307–331. 2. *E. Gernet* Droit et société dans la Grèce ancienne, 1955, 121–149. 3. *R. Taubenschlag* The Law of Graeco-Roman Egypt, 1955, 190–204. 4. *B. Kübler*, RE V A 966–985. 5. *W. G. Becker* Platons Gesetze und das griech. Familienrecht, 1932, 263–277. 6. *F. E. Bruck* Totenteil und Seelgerät im griech. Recht, 1926. 7. *R. Maschke* Die Willenslehre im griech. Recht, 1926, 171 f. 8. *H. Kreller* Erbrechtl. Unters. auf Grund der graeco-äg. Papyrusurk., 1919. 9. *Th. Thalheim*, ZRG 31, 1910, 398 ff. 10. *F. E. Bruck* Schenkung auf den Todesfall, 1909. 11. *J. H. Lipsius* Das att. Recht und Rechtsverf., 1905–1915.

Diatribai s. Nachträge zu Band II

Diaulos (*δίαυλος*). Doppellauf bei den Wettrennen, zwischen dem Kurzstreckenlauf, *στάδιον*, und dem Langlauf, *δόλιχος*. Am Ende des Stadions umrundete jeder Läufer einen besonderen Wendepfosten (wie die Ausgrabungen von Olympia vermuten lassen) und kehrte auf seiner eigenen Bahn zum Ausgangspunkt (Ziel) zurück, Aischyl. Ag. 344. Paus. 5,17,6 vergleicht, wenn er *βουστροφηδόν* schreibt, mit dem D. Ein Bericht über den Ursprung des Laufs bei Philostr. gymn. 6. Seit der 14. Olympiade ein regulärer Bestandteil der Spiele in Olympia; bei Paus. 10,7,5 für die pythischen Spiele bezeugt; Panathenäische und andere Spiele für Knaben, Männer und Jünglinge: IG II² 958,1. 91.93. 2087,69–70. 2315,15. Abwandlungen des D.: mit Harnisch, Helm, Schild und Beinschienen, aber barfuß, wie bei anderen Wettläufen auch, Paus. 2,11,8 (→ *ὁπλίτης δρόμος*); *δ. ἅρματι*, IG II² 2314,40; *δ. ἵππῳ* IG II² 2316,38 und *δ. ἵππῳ πολεμιστεῖ*, IG II² 958,2,85, offenbar mit einem als Schlachtroß aufgezäumten Pferd. O. W. R.

Diazoma (*διάζωμα*, *praecinctio*, auch *balteus*) bezeichnet zuerst als t.t. bei Vitruv 5,6,7 (119,1 Rose) einen horizontalen Umgang, durch den der Theatersitzraum in Ränge eingeteilt wird. Diese etwa 1,80 m breiten Umgänge waren hinten durch eine etwa 0,90 m hohe Mauer abgeschlossen, über der sich der nächste Rang erhob. – Später auch Bezeichnung für den Rang selbst. C. F.

Dibon (*Δαιβών*, hebr. *dībōn*). Stadt 20 km ö. des Toten Meeres, 5 km n. des Arnon, der h. *tell dībān*. Moabitisch (Num 21,30), dann dem israelit. Stamm Gad gehörend (Num 32,34. 33,45, sekundär Ruben zugeschrieben Jos 13,17), nach mehrfachem Wechsel an Moab gefallen (vgl. die in D. gefundene Inschr. des moab. Königs Meša [um 840]; Jes 15,2. Jer 48,18.22). E. Ku.

Abel Géogr. 2,38.69. BASOR 125, 1952, 7–23. 133, 1954, 6–26. 138, 1955, 29–34. 163, 1961, 26–30. *A. H. van Zyl* The Moabites, 1960, 77 ff. (Lit.).

Dichalkon (*δίχαλκον*). Erzmünze im Betrag von 2 → Chalkoi. Je nach Stückelung war das D. ¼ (so in Athen), ¹/₆ oder ¹/₈ des → Obolos. *Δ* und Varianten begegnen als Münzaufschrift auf D. von Apollonia am Pontos, Antiochos' IV. und im kaiserzeitlichen Chios. H. Ch.

Head HN² 390 f. *Schrötter* WBMzK s. Chalkus.

ENDE DES ERSTEN BANDES

NACHTRÄGE

A. Abbreviatur des Cognomens Aulus, bereits vor dem Ende des 4.Jh. v.Chr. entstanden, vgl. RE XVI 1661. H. G. G.

Achilleus Tatios 1. Aus Alexandreia (*Τάτιος* nach dem äg. Gott Thot(h) = *Τάτ* [RE VI A 352]?), Vf. des Liebesromans »Leukippe und Kleitophon« (8 B.); die Suda schreibt ihm weitere Werke verschiedensten Inhalts zu. Nach Spätansätzen (3. bis 5.Jh.) jetzt von F. Altheim aufgrund hist. Indizien auf ca. 180 n.Chr. datiert (Lit. u. Ges. 1, 1948, 121 ff.), wozu neuere Papyrusfunde stimmen (2.Jh.! Lesky GGrL 788 Anm. 15). Somit ist nicht A.T. von → Heliodor, sondern Heliodor von A.T. (motivlich) beeinflußt. Der ziemlich geradlinig angelegte Roman verwendet zwar für den kaiserzeitlichen Prosaroman typische Motive (→ Roman), gibt aber auch Eigenes und ragt insgesamt aus der uns erhaltenen Produktion heraus. Stilistische Eigentümlichkeiten deuten auf »versteckte Ironisierung der Gattung« hin (O. Weinreich Nachwort z. Heliodor-Übers. Reymers, Zürich 1950, 333.347). Die Behauptung der Suda, A.T. sei Christ, ja Bischof gewesen (dasselbe sagt der Kirchenhistoriker Sokrates von Heliodor), geht auf spätantike Bemühungen zurück, die beiden meistgelesenen Romane durch nachträgliche Beziehung zu Christlichem zu legitimieren (H. Dörrie Philol. 93, 1938/39, 273 ff.). J.W.

Krit. Ausg.: *E. Vilborg* Stockholm 1955 (mit Überlief.-Geschichte u. Bibliogr.; Kommentar dazu Stockholm 1962. Ausg. mit engl. Übers.: *S. Gaselee* London 1917 (Neudr. 1947). *Loeb.-D. Sedelmeier* Studien zu A.T., WSt 72, 1959, 113 ff. (nach Diss. Wien über Erzählungstechnik des A.T.). 3. B. mit Einf., Komm., Vok., Ind.: *T.F. Carney*, Salisbury (Rhod.) 1960.

2. (*Ἀχιλλεὺς Τάτιος*), griech. Astronom (und Grammatiker?). Der Beiname erscheint nur Suda *Ἀχιλλεὺς Στάτιος* (Konfusion mit dem Romanschriftsteller) und wird durch Firm. 4,17,2 und die Tradition der Hss. nicht gestützt ([1], 17 f. [3], 10. 11. [2], 224). Die Lebenszeit des A. fällt wohl in das 3.Jh. n.Chr., weil Firm. a.O. ihn zitiert und A. selbst die Astronomen Ptolemaios (47,14 M.) und Adrastos (43,9. 46,30 f. M.) erwähnt. Herkunft und Lebensumstände sind unbekannt. Suda s.v. nennt folgende Werktitel: *περὶ σφαίρας*, *ἐτυμολογίαι*, *ἱστορία σύμμικτος*. Nur von dem ersten Werk sind Exzerpte erhalten, die zu einer Einführung in die *Φαινόμενα* des Aratos umgearbeitet wurden ([2], 222 f.). Indirekte Einflüsse von Poseidonios sind erwiesen ([1], 18 ff.). *Περὶ σφαίρας* ist stark in den Sch. zu Basileios' Hexahemeros benutzt worden ([2], 218 ff.). Ob der in einer byz. Grammatikerliste des Cod. Coisl. Gr. 387 genannte A. mit dem Astronomen identisch ist, bleibt unsicher ([2], 225). H. Gä.

Ernst Maass Commentariorum in Aratum reliquiae, Berlin ^{2}1958, 25 ff. 1. *Diels* Dox. Gr. 17 ff. 2. *Giorgio Pasquali* Doxographica aus Basiliussch., GGN 1910, 194 ff. 3. *Ernst Maass* Aratea PhU 12, 1892, 7 ff. 4. *Jean Martin* Histoire du texte des Phénomènes d'Aratos, Paris 1956, 130 ff.

Acidinus. Cognomen in der Familie der Manlier. A. Degrassi FCapit., 1954, 142. H.G.G.

Aemilianus (Aimilianus). Cognomen, durch das nach Adoption der urspr. Gentilname gekennzeichnet wird (vgl. RE IV 227), in republikan. Zeit bei den Cornelii (→ Cornelius Nr. 69), Fabii. Livii, vgl. Degr. I 13,1,593. H. G. G.

Aes signatum, mit einem Zeichen versehenes Erz, beprägtes Kupfergeld (Fest. 237 M. Plin. nat. 33,43), wird modern als t.t. für die mit Bildern versehenen italischen Kupferbarren mannigfachen Gewichts verwendet. Primitive Formen zeigen etwa einen Zweig oder Gräte und gehören in den Norden, die entwickelten werden meist an Rom gegeben. Es sind die Typen: Adler-Pegasus, ROMANOM, Zweig, ROM. – Ranke, ovaler Schild von außen – dass. von innen, Schwert – Scheide, Amphora – Speerspitze, Ähre – Dreifuß, Anker – Dreifuß, Dreizack – Caduceus, 2 Hühner – 2 Rostra, Stier r. – Stier l., Elephant – Schwein. Die Bilder wurden in der Neuzeit vielfach als Anspielungen auf damalige Ereignisse gedeutet, überzeugend scheint nur die Beziehung des Barrens: Elephant – Schwein zum Krieg gegen Pyrrhos. Die Aufeinanderfolge der Typen ist unklar. – Künstlerisch hochstehend, werden die röm. Barren nach Stil und Beifunden (frühes → a. grave) in den Anfang des 3.Jh. datiert. Morphologisch schließt das a.s. ans → a. rude an und wurde daher als Vorstufe zum → a. grave gedeutet. Metrologische Einordnung und Beziehungen zum a. grave und dem sog. röm.-campan. Silbergeld sind strittig. Letzteres wurde wohl gar nicht für internen Gebrauch geprägt, ersteres, sehr ungenau ausgebracht und anfangs im Typ schwankend, läßt vermuten, daß die Münze in Rom wie auch anderswo zunächst sozusagen halbamtlichen Charakter hatte und die Waage noch nicht völlig ausschaltete. Neben ihr gab es weiterhin Nutzgeld (Vieh etc.), dazu unsere Barren. Diese wurden jetzt gleich dem a. grave auf beiden Seiten mit Bildern versehen, doch gleich dem a. rude je nach Bedarf gestückelt: das a. s. begegnet meist fragmentiert. H. Ch.

Schrötter WBMzK. s. v. *Mattingly* Serta Hoffilleriana, 1940, 537ff. *Herbig* Röm. Mitt. 63, 1956, 1ff. *Thomsen* Early Rom. Coin. 1, 1957, 19ff. 55ff. 109ff.

Aëtios. 3. Aus Amida, Leibarzt unter Justinian, Verfasser einer erhaltenen medizinischen Kompilation in 16 B., die in den Quellenangaben und in der Wörtlichkeit der Exzerpte nicht so zu verlässig wie die des Oreib. ist. F. K.

Ausgaben: B. I–VIII ed. *A. Olivieri*, CMG VIII 1, 1935, u. VIII 2, 1950; B. IX ed. *S. Zervos*, Ἀθηνᾶ 23, 1911, 265 bis 392; B. XI ed. *Daremberg–Ruelle* Rufus d'Ephèse, Paris 1879, 85–126; B. XII ed. *G. A. Kostomiris*, Paris 1892; B. XIII ed. *S. Zervos*, Ἀθηνᾶ, 18, 1906, 241–302; B. XV ed. S. Zervos, Ἀθηνᾶ, 21, 1909, 3–144; B. XVI ed. S. Zervos, Lpz. 1901. Die CMG-Ausgabe, deren Weiterführung geplant ist, darf als die einzige auf textkritischer Grundlage gelten.

Agrippa Postumus. Im Herbst 12 v. Chr. nachgeborener Sohn des Agrippa von Iulia, daher sein offizieller Name A. Iulius Caesar (CIL X 405). Er wurde im J. 4 n. Chr. mit Tiberius von Augustus adoptiert, auf Betreiben der Livia 7 n. Chr. nach Sorrent (Suet. Aug. 65,1), dann verschärft nach Planasia (Pianosa bei Elba) verbannt; nach Cass. Dio 55,32,1 (Vell. 2,112,7) handelte der Princeps aus eigenem Antrieb, was E. Hohl, H 70, 1935, 350ff. B. Walker Ann. Tac. 1952, 35ff. irrtümlich glauben. Wenige Monate vor seinem Tod besuchte Augustus den A. und versöhnte sich mit ihm, Tac. ann. 1,5,1 ff. (im Testament konnte er ihn nicht bedenken, J. Béranger, REL 17, 1939, 174. A. Momigliano, JRS 34, 1944, 113); das war für Livia Grund, A. sofort nach dem Tod des Princeps ermorden zu lassen, Tac. ann. 1,6,1. An Mitwisserschaft des Tiberius glaubt M. L. Paladini Acme 7, 1954, 31ff. Eine Büste des A. im Capitol. Mus., s. Fr. Chamoux Rev. d'Arts 8, 1958, 155 bis 160. – R. Syme Tacitus 1,306f. R. H.

Ahala. Cognomen, das man für eine jüngere Form von *Axilla* hielt; Entstehungslegende bei Dion. Hal. 12,4,5. vgl. Mommsen, RF II 209f. Berühmt als Beiname von Servilii im 5. Jh. v. Chr., vgl. RE II A 1768ff. H. G. G.

Aigaiai (*Αἰγαιαί*, auch *Αἰγαί* und *Αἰγέαι*). Stadt in Kilikien am Ostrand der Ebene von Adana (FOA 8), ö. von → Mallos, nach Strab. 14,5,18 p. 676. Lucan. 3,227. Paus. 5,21,11. Stad. m. m. 147f. Ptol. 5,8,4 mit einem Hafen (*ὕφορμος*). A. war angeblich Gründung von Argos (Hiller, H 57, 1922, 155f.). Keil, Mitt. Ver. Kl. Phil. Wien, 2, 1925) dankt aber seinen Namen wohl eher den Seleukiden (Jones 198.201). Als *oppidum liberum* (nach Plin. nat. 5,22,91) tritt A., das seit dem 2. Jh. v. Chr. Münzen prägt, erst in röm. Zeit hervor (Aera ab 47 v. Chr., dank Caesars Gunst; Einnahme durch Dolabella 44: Cass. Dio 47,30; Besuch Corbulos: Tac. ann. 13,8), besonders durch die Lage an der Straße nach Syrien (Itin. Anton. 145,6 W. Tab. Peut. 400f. 428. CIL III 13616), doch auch noch als *ναυαρχίς* mit Leuchtturm (Münzen des Had. Gordian: BMC Lycaonia 116). A. nennt sich nacheinander Hadriane, Antoninupolis (Schweiz. Münzbl. 10, 1960, 33), Severiane, Makrinupolis (Magie). 256 wird sie, wohl vor einem Brückenbau Valerians über den → Pyramos (Münzen: Head HN² 716) durch den Perserkönig Sapor I. erobert (Res gestae Z. 28: (E. Honigmann–A. Maricq, Mém. Ac. Brux. Lettres 47,4, 1953, 14). A. war berühmt durch sein Heiligtum des Asklepios (Philostr. Ap. 1,7,1. Soph. 2,4,1, Tempel und Agon (auf Münzen), in dem auch Tempelschlaf geübt wurde (Eus. Const. 3,56 = GCS 1,103f.). Nach Eus. Soz. 2,5. Theoph. 24 Boor wurde das Heiligtum durch Konstantin zerstört (Schultze. F. Vittinghoff, Rh. Mus. 96, 1953, 363f.). Aber noch 355 ehrt eine Inschrift den Gott von A. in Epidauros (IG ²IV 1,438), und Liban. ep. 695,2 (vgl. Julian adv. Chr. 198,3 Neum.) verweist 362 auf die inschr. Heilberichte als Beweis der Macht des Gottes (B. Koetting Peregrinatio religiosa, 1950, 26.32) unter Julian wurde die Rückgabe der Tempelsäulen aus Taros verfügt (Zon. 13,12,30f.); schließlich wurden die hl. Thekla von Seleukeia, später Zenobios und Zenobia, dann die Arztheiligen (Anargyroi) Kosmas und Damianos die Erben des Heilgottes (Lucius. Koetting 1, 60; L. Deubner Kosmas 1907). Bereits 325 erscheint A. als Bischofssitz (Schultze); seine Kirchenruinen entstammen dem Mittelalter. Hierocl. 705,4. Georg. Cypr. 820 nennen A., dessen Name bis zum h. Ayas erhalten blieb. Die mittelalterliche Bedeutung dieses Ortes (Layas, Lajaccio) war der Erhaltung von antiken Resten bis auf hellenist. Felsgräber ungünstig (R. Heberdey-A. Wilhelm, DAWW 44, 1896, 6). E. K.

A. H. M. Jones Cities of the Eastern Roman Provinces, 1937 203ff. *D. Magie* Roman Rule in Asia minor, Princeton 1950, 274f. 410. 1150. 1540. 1557. *Imhoof-Blumer* Kleinasiat. Münzen (SÖ AJ 3, 1902). BMC Lycaonia, 1900, p. 420ff. 423ff. *V. Schultze* Altchr. Städte und Landsch. 2,2, 1926, 326f. *E. Lucius* Anfänge des Heiligenkultes, 1904, 259ff. *M. V. Seton-Williams*, Anat. Stud. 4, 1954, 149 (Funde).

Aigeira (*Αἴγειρα*). Stadt in Achaia gegenüber Oiantheia (Philipps.-Kirst. 1,371,711: bei Vitrinitsa) auf einer steil abfallenden Höhe, 7 Stadien von der Küste (Pol. 4,57,5), 12 Stadien Wegs vom gleichnamigen Hafen (Paus. 7,26,1), dem jetzigen Mavra Litharia (Lehmann-Hartleben Hafenanlagen 240), gelegen. Die Höhensiedlung nach BCH 82, 1958, 726f. seit spätestmykenischer Zeit bewohnt, hieß nach Paus. ursprünglich Hyperasia (Hom. Il. 2,573. Od. 15,254. V. Burr Neon Katalogos 51f.); das Aition für die erst nach 680 erfolgte Umbenennung (Bursian Geogr. 2,338) gibt Paus. Nach 350 (nach Ps. Skyl. 42) zogen auch die Bewohner der einst bedeutenden Stadt → Aigai (Paus. 7,25,12. 8,15,9), in → Achaia an der Krathis-Mündung beim jetzigen Akrata, nach A. (Strab. 8,7,4 p. 386, flüchtig ebd. § 5). Im Hellenismus (SEG XI 1105. XII 371) wird A. mit seiner Agora und dem Stadtmauerring bei Anlaß des Überfalls der Aitoler unter Dorimachos geschildert (Pol. 4,57f.), in der Kaiserzeit als blühende Stadt mit mehreren Heiligtümern, auch orientalischer Gottheiten, bei Paus. 7,26,1–9 (dazu Münzen bei HEAD HN² 412), in der Spätantike (wie in Plin. 4,5,12. Mela 2,53) als Straßenstation in Achaia genannt. Der archäologische Befund (auch mit kaiserzeitlichen Villen in der Nachbarschaft) stimmt für alle 3 Perioden zu diesen Angaben (auch der Fund einer Abschrift des Diokletiansedikts de pretiis: CIL III 2328). O. WALTER JÖAI 19/20, 1919, 1ff. und Beibl. 5ff.; 27, 1932, 146ff. und Beibl. 223f. (Theater, Arm und Kopf einer Zeus-Statue, Tempel des Asklepios). E. K.

U. Kahrstedt Das wirtschaftliche Gesicht Griechenlands 254. *Philipps.-Kirst.* 3, 170f.

Akarnania (*Ἀκαρνανία*). Die westlichste Landschaft Mittelgriechenlands zwischen dem Ion. Meer, dem Ambrakikos Kolpos und dem Golf von Patras mit dem Unterlauf des Acheloos von seinem Austritt aus dem Gebirge n. Stratos bis zur antiken Mündung als O.-Grenze, die mehrfach von den Aitolern nach W. zurückgedrängt wurde (PHILIPPS.-KIRST. 2,566. 577f.; zur Paracheloitis Strab. 10,2,19 mit RE). A. heißt nach dem nicht von Homer (vgl. FGrH 70 frg. 123f.), sondern zuerst in der Alkmaionis frg. 5 und bei Soph. frg. 249 N.² genannten Volksstamm (wohl mit illyr. Beimischung), der einen n.w.-griech. Dialekt sprach (BECHTEL 2,73ff. Liv. 31,14,7, KIRSTEN 302; vorgriech. und mittelhellad.-myken. Funde: PHILIPPS.-KIRST. 2,601ff., myth. Bewohner bei Aristot. frg. 474 (Kureten) und Strab. 7,7,2 und 7. 10,2,24f. 3,3ff. OBERHUMMER 40ff., ebd. 54f. zur karischen Großjahr-Rechnung in A.). Die Bewohner galten – im Gegensatz zu denen von Amphilochia – als Hellenen (Plut. Per. 17. Paus. 6,2,1, Sch. Pind. N. 3, 27). Die Einwanderung von O.- im Gegensatz zur WO.-Ausbreitung der myken. Funde – ist nicht datierbar. A. besteht aus 4 n.s. verlaufenden Senken: die östlichste (Stratikon oder Akarnanikon Pedion) am Acheloos vor den Lykovitsi-Höhen ist ein Teil des Aitol. Beckens, daher meist von den Aitolern beansprucht, die westlichste ein schmaler Isthmus nach Leukas hin, den die Korinther bei dessen Kolonisation durchstachen (PHILIPPS.-KIRST. 2,474.562). Die beiden mittleren werden vom Bumistos-Kalkgebirge als höchster Erhebung (1573 m) am stärksten geschieden; dies teilt sich nach S. (den SW.-Arm setzt die Insel Karnos, j. Kalamos, fort) und umschließt die Küstenkammer von Alyzia (Karte bei OBERHUMMER, Skizzen in IG² IX 1,2; KIRSTEN 305. FOA 15). In der W.-Senke lagen Thyrreion, Herakleia, Anaktorion, Palairos, Sollion, in der O.-Senke, dem »Akarnan. Binnental«, Euripos, Echinos, Medion, Torybeia, Phoitiai, Koronta und Astakos, an der O.-Grenze Argos Amphilochikon, vielleicht Akripos und Hyporeiai, sicher Limnaia, Stratos, Sauria, Metropolis, Oiniadai (PHILIPPS.-KIRST. 2,368ff. 578. 670f. mit Karte 2). Lagunen und Karstseen nahmen einen (im Altertum größeren) Teil der Niederungen ein: Landeplätze boten sich nur in Buchten mit Steilküsten, daher waren die Akarnanen trotz der langen Küste weniger Seefahrer als Bauern (Xen. hell. 4,6,4f. 13.7,1. Strab. 8,8,1 über Pferdezucht; doch *A. εὐλίμενος*: Ps. Skyl. 34). Die urtümliche Sitte, stets Waffen zu tragen, blieb bei ihnen lange erhalten (Thuk. 1,5,3; das Lob ihrer altväter. Rechtlichkeit stellt sie bewußt in Gegensatz zu Aitolia: Polyb. 4,30,1f. Liv. 33,16,2). Als karges Gebirgsland stellte A. früh leicht bewaffnete Söldner (Peltasten, Schleuderer, Speerschützen: Thuk. 7,31,5. Xen. an. 4,8,18). Die Bewohner des Binnenlandes standen in Gegensatz zu den Küstenorten mit andersstämmigen Einwohnern und schmolzen diese erst im 5. Jh. allmählich ein (KIRSTEN 305ff.). A. gewann an der griech. Kultur Anteil durch die (nicht genau datierte) korinth. Kolonisation (Sollion, Leukas, Anaktorion, diese beiden auch bei Plataiai 479 auf griech. Seite), dann den korinth. Handel; daher Verwendung des korinth. Alphabets: IG ²IX 1,214. 398f., der korinth. Münzbilder Pegasos und Athena – wie in den korinth. Kolonien – bei den Polis-Prägungen von 350–250 (BMC Corinth 58ff. 113ff.). Seit 454 kommt in Konkurrenz zu Korinth das Interesse Athens am Ausgang des Golfs von Patras und so an der Inselsiedlung Oiniadai hinzu (Gründung einer Siedlung Athenai und Duldung naupaktischer Angriffe: Thuk. 1,111. Paus. 4,25, Steph. Byz.). Spätestens 432 tritt A. in ein Symmachie-Verhältnis zu Athen (nicht in den Seebund) ein (Thuk. 2,68,8 mit Fasti 11. GOMME Comm. on Thuc. 2,416 datiert auf 448). Die Küstenstädte ergreifen 431 gegen Athen Partei, Astakos und Sollion werden dafür bestraft (Thuk. 2,9. 2,30,1. 2,82. 102,2). Im Binnenland werden die Athenerfeinde vertrieben, 428 und 426 sogar ein att. Befehlshaber erbeten (Thuk. 2,102. 3,7,1). Die befestigte Stadt Stratos weist 429 den Angriff von Ambrakia und Chaones unter Knemos ab, der den O.-Rand von Limnaia (j. Karvassaras-Amfilochia) bis Oiniadai durchzieht; ein att. Angriff auf Oin. wird 429 verschoben, bleibt 428 ohne Erfolg (Thuk. 2,80–2. 2,103,2. 3,7,4). Der Durchzug der Peloponnesier nach → Amphilochia 426 vermeidet den Hauptweg von S. nach N. (ebd. 3,106ff.). Dem Neutralitätsvertrag mit Ambrakia 426 folgt 425 die Einnahme von Anaktorion durch Athener und Akarnanen, 424 die von Oiniadai (BENGTSON Staatsverträge 175. Thuk. 4,49. 77,2. KIRSTEN 309ff.). So erstmals geeinigt, hielt A. weiterhin, auch bei der sizil. Expedition, treu zu Athen, auch 395–394 und 375 (Thuk. 7,31,3. Diod. 14,82,3. Xen.

hell. 4,2,17; Eintritt in den 2. Seebund nach Timotheos' Seesieg bei Alyzia: BENGTSON a.O. 251. 262). Dazwischen liegt indes 389 der selbständige Eintritt von A. in die Geschichte als Gegner der Kalydon besetzenden Achaier, 2 Strafaktionen des Agesilaos 389–388 und der so erzwungene Eintritt in den Peloponnes. Bund 388, in dem A. ab 382 den 8. Kreis bildet (Xen. hell. 4,6,1 f. 7,1 f. mit Landesschilderung, vgl. KIRSTEN; Paus. 3,10,2. Diod. 15,31,2). Es folgt ein Abfall zu Theben 370 und die Rückkehr zu Athen 342 (Fasti 16f.). In Außenpolitik und Krieg handelt der Stamm der A. damals (seit 424?) meist als Einheit unter der Leitung von Strategoi und eines Koinon = Bundesrats (Thuk. 3,107,2. Xen. hell. 4,6,4 mit BUSOLT-SWOBODA 1463,4; Aristot. frg. 474 schrieb eine Politeia von A.). Stratos ist πόλις μεγίστη (Thuk. 2,80,8) und nach der Namens-Etymologie der Platz des Aufgebots mit dem Zeus-Heiligtum (KIRSTEN-KRAIKER ^{4}758ff.). Es prägt nach 400 vereinzelt schon Münzen für A. (mit dem späteren Bundessymbol des Acheloos-Kopfes und einem Digamma, das sonst Anaktorion bezeichnet) und bildet mit Phoitiai einen Bundeskern (IG ^{2}IX 1,390. Fasti 17, 18; oder Bundeskreis nach boiot. Muster? Münzen: BMC Thessaly 168.191). Als landschaftliche, nicht politische Einheit erscheint A. in IG ^{2}IV 1,95 (mit 17 Poleis), bei Ps. Skyl. 34, aus Ephor. bei Ps. Skymn. 455ff. Dionys. Call. 46ff. Die Bundesangehörigen werden damals nach dem Stamm und dazu nach der Heimatstadt benannt (zuerst in IG II–III^{2} 266). Sonderpolitik treiben zeitweise Echinos, Thyrreion, Alyzia, Anaktorion, aber auch eine einzelne athenfreundliche Familie (ebd. 208. Xen. hell. 6,2,37. Sylloge ^{3}201; Phormion-Nachkommen: Fasti 17,85). Die Kampfesweise in eigenen Polis-Aufgeboten im Stammesheer und die selbständige Münzprägung in Alyzia, Amphilochia, Anaktorion, Astakos, Koronta, Medion, Metropolis, Thyrreion, vielleicht Echinos, Palairos ab 350 erklären sich aus der klaren naturräumlichen Aufgliederung von A. in Polisgebiete (BMC Cor. 114ff. PHILIPPS.-KIRST. 2,585f., Unterschied zu → Aitolia: KIRSTEN 312). Ein Polisgott, nach IG ^{2}IX 1,434 wohl Zeus Karaos, erhält nun in Astakos einen Tempel (E. KIRSTEN, AA 1941, 102). Am Lamischen Krieg 323 nehmen nur Alyzia und das 330 aitolisch gewordene Oiniadai teil (Diod. 18,11,1. Paus. 1,25,4). Mit Rücksicht auf die akarnan. Einfälle in Aitolien vor 322, 321, 314 bezieht Kassander A. 314–312 in seine Strategie gegen Aitolien und Epirus ein (Diod. 18,38,4. 19,67,3. 68,1. 74,3. 88,2. IG ^{2}IX 1,462). Mit seinem Rat zum Synoikismos in größeren Siedlungen beginnt die hellenist. Siedlungsgeschichte von A. und wohl auch die Organisation eines Koinon mit einem Synedrion der Poleis und 7 Strategen als Anführern der 1000 Hopliten (aus 7 Bundeskreisen?), die zugleich die Bundesversammlung bilden (Diod. 19, 67,5. IG IX^{2} 1,3. A). Dies Koinon übernimmt anfangs die (korinth.) Münztypen der Einzelstädte (BMC Cor. 113). In Stratos wird nun ein neuer Zeus-Tempel erbaut (um 258 noch nicht vollendet: KIRSTEN-KRAIKER 760 mit Plan und Lit.). 294 bis 283 und seit 281 steht A. als Koinon zu Epeiros und lieferte ihm Söldner (Plut. Pyrrh. 6. IG IX^{2} 1,207. PHILIPPS.-KIRST. 2,221). Nach einem Bündnis und Isopolitie-Vertrag mit Aitolien 263/62 führt A. Alexander II. auf den Thron von Epeiros zurück (IG ^{2}IX 1,3 A mit G. KLAFFENBACH Hist. 4, 1955, 46ff.). Bald nach 252 Teilung A.s zwischen Epeiros und Aitolien (Polyb. 9,34,7. Paus. 10,16,6. PHILIPPS.-KIRST. 2,577f.). Die östlichste Senke und der Mittelteil des Akarnan. Binnentals mit Phoitiai kommen an Aitolien, 239–231 auch Thyrreion (IG ^{2}IX 1,3 B). Aitolien beansprucht 231 auch Medion (Polyb. 2,2ff.); ein westakarnan. Hilferuf an Rom 239 ist unhistorisch (Iustin. 28,1 mit OOST 92ff.). Der Zusammenbruch des epeirot. Königtums gibt 230 W.-A. die Freiheit wieder, zugleich wird Leukas als letzte Küstenstadt einbezogen, aber auch zur Hauptstadt eines neuen Koinon gemacht (Liv. 33,14, zur Verfassung BUSOLT-SWOB. 1468f. RE IV A 1197ff., die Belege nun in IG^{2} IX 1,2, bes. 582f., dazu Liv. 32,16f.). An seiner Spitze stehen fortan nur ein Strategos (auch als Eponym, doch neben dem Hierapolos von Aktion), ein Hipparchos (wie bisher), ein Nauarch, mit einem Sekretär. Unter Leitung von Promnamones beraten die Vertreter der Poleis in einem Synedrion (auch βουλά genannt: 208, 582, ebenfalls mit einem Grammateus). Die Souveränität liegt bei den χίλιοι als dem Koinon (in 588,208f.). Der Bund verleiht Bürgerrecht und Proxenien mit Geltung für alle Poleis, aber auch diese erteilen die Proxenie weiter (IG ^{2}IX 1,391.243 wie schon 390), haben eigene Strategen und eine ἐκκλησία mit προστάτης (ebd. 244, Anaktorion eine ἁλία mit πρύτανις ebd. 212). Das Koinon prägt nun eigene Münzen (BMC Thessaly 168ff. HEAD HN^{2} 333f.; zum Beginn mit einer Goldprägung, noch zu hoch datiert: W. SCHWABACHER Studies to Robinson, St. Louis 1953, 2,218ff.). Die Poleis haben eigene Kulte (KEITZ und IG^{2} IX 1,2 p. 88), eigene Beziehungen zu Delphis Theoroi (Fasti 25), aber gemeinsamen Kalender. Ein Bündnis mit Teuta von Skodra und der Angriff auf Kerkyra macht A. 230/229 zum Gegner Roms (E. KIRSTEN Welt als Gesch. 8, 1942, 75ff.). Das Bündnis mit Antigonos Doson 224 leitet enge politische Beziehungen A.s zu Makedonien (bis 197 v. Chr.) ein (Polyb. 4,9,4; das Gesamtaufgebot kämpft 221 bei Sellasia mit: ebd. 2,65f.). Es ermöglicht die Abwehr aitol. Angriffe auf die N.-Küste (IG^{2} IX 1,298), die Rückgewinnung fast ganz A.s durch das Koinon und die Errichtung von steinernen Stadtmauern zur Sicherung von Fluchtburgen (zur Datierung PHILIPPS.-KIRST. 2,608ff., aber F. MAIER Griech. Mauerbauinschriften 2,96; Pläne nach den älteren Aufnahmen von F. NOACK in RE s.v. Oiniadai, Paianion,

Palairos, Phoitiai, dazu bei E. Kirsten Polis 58f. zu Thyrreion und Limnaia, Kirsten-Kraiker 760 zu Stratos, das bei wechselseitigen Aktionen jedoch aitol. blieb: Polyb. 5,96). Den makedon. Durchzügen 219 und 218 von NW. her und dem Gewinn von Oiniadai, das nun befestigt wird und selbst Kupfermünzen prägt, folgt 216–211 der Verlust von Thyrreion an die Aitoler (Polyb. 4,30,1.63ff. 5,5ff. Fasti 22f., Syll. num. Copenh. 400ff. Theaterbau in Oiniadai: A. v. Gerkan Ant. Archit. und Topogr., Stuttg. 1959, 170f.). In dieser Notzeit gewährt das Koinon der Stadt → Anaktorion Hilfe (IG^2 IX 1,583. SEG XVIII 261 mit Chr. Habicht, H 85, 1957, 86ff.). Der 211 im früher akarnan. Thyrreion geschlossene röm.-aitol. Vertrag *ut Acarnaniam Aetoli haberent* bringt A. mit dem 205 in Phoinike bestätigten Verlust von Oiniadai zum Verzweiflungskampf (Liv. 26,24f. IG^2 IX 1,241): 216 Überfall auf Arsinoe, vor 207 Rückgewinnung von Thyrreion. 208 erscheint ohne Wirkung eine karthag. Flotte an der W.-Küste (Liv. 28,7,18). Nach der blutigen Eroberung von Leukas 197 durch die Römer tritt A. 196 ins Bündnis mit Rom (Liv. 33,17,15. 36,12,1. Dion. Hal. 1,51. Fasti 26 gegen Oost 55f.). Antiochos III. dringt 191 über Medion nach Thyrreion vor (Liv. 36,11f. App. Syr. 16; seleukid. Münzsymbole: Schwabacher a.O. 222). Nach einem aitol. Einfall 189 erhält A. durch Rom Oiniadai, doch nicht Stratos (Liv. 38, 4f. 11,9. Polyb. 21,32,14). In den seit 197 faßbaren Parteiungen treten seit 170 Römerfreunde klar heraus (*principes* bei Liv. 33,16,3. 36,21,8. Polyb. 28,5. 30,13,4ff.). 167 wird Leukas von A. abgelöst, Thyrreion zur neuen Hauptstadt erhoben (Liv. 45, 31,12); dies prägt jedoch die bisherigen Bundesmünzen mit dem Bild des Apollon Aktios und des Acheloos nunmehr mit seinem eigenen Stadtnamen (Head HN^2 329.332.) Das Koinon wird also 167 umgeformt (zur Hegemonie einer Polis?), aber nicht aufgehoben (IG ^{2}IX 1,208.588. S. Accame Dominio romano in Grecia 214ff.). Bundesheiligtum ist nunmehr nur Aktion (wie vorher: IG ^{2}IX 1,3 A. 207ff.588). Thyrreion schließt 94 v. Chr. ein Bündnis mit Rom (IG ^{2}IX 1,242). Cicero besucht im November 50 dort einen Gastfreund (Cic. fam. 16,1ff.). 48 tritt A. auf Caesars Seite (Caes. civ. 3, 56,1. App. b.c. 2,291). Die Verwendung von Akarnanen als Söldnern in hellenist. Heeren reicht bis in diese Zeit (M. Launey Les armées hellénistiques 1,202ff.). Nach der Schlacht bei → Aktion werden alle Städte A.s zugunsten von Nikopolis entvölkert (Strab. 10,2,2,19.21, der Anaktorion, Palairos, Alyzia, Astakos, Oiniadai, aber auch Leukas, Argos Amphilochikon, Ambrakia und mit irrigem Ansatz Stratos zu A. rechnet. Anth. Pal. 9,553. Paus. 5,23,3; doch kennt Ptol. 3,13,48 noch Alyzia und Astakos, Tab. Peut. und Geogr. Rav. 5,13 ersteres). Grenze des Stadtgebietes von Nikopolis = altem A. und daher seit 67 n. Chr. der Provinz Epirus gegen Achaia ist der Acheloos (Philipps.-Kirst. 2,568.592). Aus der Kaiserzeit stammen nur die Inschr. 312.350.352 und wenige Villenreste, ein Heroon in Alyzia, vielleicht der Umbau des Theaters von Oiniadai, dann eine Kirche in Astakos (U. Kahrstedt Wirtsch. Ges. 35f., Philipps.-Kirst. 2,613ff., Gerkan a.O.). E. K.

E. Oberhummer A., Münch. 1887. *E. Kirsten* N. Jbb. Antike 1940, 298ff. und AA 1941, 99ff. Fasti in: JG ^{2}IX 1,2, Berlin 1957. *St. J. Oost* Roman Policy in Epirus and A., Dallas 1954. *J. v. Keitz* De Aet. et A. sacris, Diss. Halle 1911.

Akraiphiai (Ἀκραιφίαι, Ἀκραίφια, Ἀκραίφνιον). Boiot. Stadt am O.-Rand des Kopais-Sees, s. gegenüber dem h. Karditsa gelegen, so an Kopai grenzend (Strab. 9,2,26.34. Paus. 9,23, 5. IG VII 2792. Philipps.-Kirst. 1,488.671. Karte 6 und 7 Nr. 168 wie AA 1937, 16 und Westermann-Atlas 19, topogr. Plan bei Guillon 2 pl. 5). Als dor. Gründung seit dem 8. Jh. durch Nekropolen nachweisbar, prägte A. 550–480 und 456 bis 446 unabhängig von Theben Münzen (RE XXIII 1524f. 1570). Um 400 bildete es mit Chaironeia und Kopai einen boiot. Bundeskreis und stellte im Wechsel mit ihnen einen Boiotarchen (FGrH 66 frg. 11,2: Hell. Ox.). Das nahegelegene Apollon-Heiligtum auf dem → Ptoion wurde ihm durch Theben im 7. Jh. (?) weggenommen, 335 zurückgegeben (daher 7. Jh. – 335 Kult des Heros Ptoios als Apollon-Vorgängers in A.), die Verwaltung der Spiele jedoch erst 227 durch die delph. Amphiktionie ihm übertragen; seither Weihungen von A. im Rahmen des Kultbundes, später allein dorthin (Guillon 2,79.108.116ff. S. Lauffer, RE XXIII 1547ff. 1564ff.). Erwähnungen FGrH 70 frg. 229. 115 frg. 362. Plin. nat. 4,12,26. Ptol. 3,14,19. Aus den Diadochenkämpfen stammt die Eugnotos-Basis (W. Peck Griech. Versinschriften 1603), aus dem 3./2. Jh. Proxenie- und Ephebeninschr. wie in boiot. Städten üblich. Hellenist. Archontenliste Guillon 2,77; Untaten gegen röm. Soldaten 196: Liv. 33,29,6. Außer zahlreichen Gräbern (bis in röm. Zeit) sind nur Reste der Stadtmauern des 3. Jh. v. Chr. und vor der Stadt ein Tempel für eine Göttin, wohl Athena Pronaia, oberhalb des Ptoios-Heroons erhalten (Guillon La Béotie antique, Par. 1948, 5.11.32. BCH 60, 1936, 1ff. Guillon 2,200.97ff.). Bezeugt sind ein Theater, ein Gymnasion und Kultstätten für Dionysos, Zeus Soter mit Soteria-Fest an der Agora (Paus. 9,23,5. IG VII 2712.4148. BCH 24, 1900, 77. SEG XV 330. 332. RE XXIII 1525). Nach 146 v. Chr. war A. Hauptstadt des Boiot. Bundes, verfiel aber ab 86 (S. Accame Dominio romano 195f.; Niedergang schon SEG III 356ff.), zwischen der Ehrung für Lentulus 67 und der Stiftung des Kults für Claudius: SEG XV 330f.). Als Sitz von Grundherren wie Epameinondas blühte A. in der Kaiserzeit wieder auf, veranstaltete bis nach 200 n. Chr. die Ptoia und ehrte noch Kaiser Decius (Phil.-Kirst. 1,699. 726,71. U. Kahrstedt 82ff.). Dazwischen liegt ein vielleicht durch eine Kopais-Hochflut verursachter Rückschlag mit Verödung des Gebirges (Plut. mor. 411 F. 414 A. Deiche: PHILIPPS.-KIRST. 1,485. 717). Seit der Wiederbelebung durch Herodes Atticus ist das Ptoion, nicht A. Marktstätte (daher Diokletians Preisedikt dort aufgestellt). Hierokles kennt A. nicht mehr. Kirchenreste: P. PERDRIZET, BCH 22, 1898, 242f. E. K.

P. Guillon Les Trépieds du Ptoion, Bibl. Ec. franç. 153 und 153 bis, Paris 1943. *U. Kahrstedt* Wirtschaftl. Gesicht Griechenlands, Bern 1954, 77.82ff. Namen: *E. Meyer* Theopomps Hellenika 125. *M. Feyel*, BCH 60, 1936, 11. Inschriften: ebd. 14.79, 1955, 419ff.

Aktion (Ἄκτιον, Actium). Der von Strab. 7, 7,6 p. 325. 10,2,7 p. 451 beschriebene Dünenhügel auf der Akte (oder Akra, Paus. 8,8,12) von Akarnanien mit dem Tempel und hl. Hain des Apollon Aktios (Thuk. 1,29,3), j. Punta auf der S.-Seite der Einfahrt in den Ambrakikos Kolpos (Golf von Arta. OBERHUMMER 14,1. KIRSTEN, AA 1941, 107. KIRSTEN-KRAIKER [4]752). Die kor. Kolonisten von Anaktorion gründeten das Heiligtum vor 575, weihten dorthin Kuroi (j. im Louvre: E. BUSCHOR Frühgriech. Jünglinge, Münch. 1950, 43f.) und setzten das Bild des Inhabers auf ihre Münzen, auf Kleingeld auch das der Siegesgöttin mit Ἀκτίῳ, Ἀκτίο(υ), Ἀκτιάς (BMC Cor. 115. HEAD HN[2] 329); von da ging es spätestens um 230 auf die im nahen Leukas geprägten Bundesmünzen von → Akarnania und 167 auf die anschließenden von Thyrreion über. Kulte für Aphrodite Aineias von Leukas und für die Großen Götter von Samothrake kamen hinzu (Dion. Hal. ant. 1,50; Aeneas als Festgründer in A.: Verg. Aen. 3,280, wie sonst die Argonauten: Apoll. Rhod. 1,404). Jährlich wurden die Aktia (so der Name schon in SEG 15,400, dagegen Aktias in IG [2]IX 1,583) als στεφανίτης ἀγών, (später?) alle 3 J. mit Regatten gefeiert (Strab. Steph. Byz. Kallim. frg. 403 Pf.). Die Nähe der Küstenseen wie bei Anaktorion erklärt die Anrufung des Apollon von A. als Fliegenabwehrers (Herakl. Pont. frg. 153 WEHRLI = Clem. Alex. Protrept. 2,39,8. Ail. nat. 11,8. NILSSON GgrR 1,198). Den unter Aufsicht des schon bekannten ἱεραπόλος geübten Kultbrauch (die ἱεροὶ νόμοι) von A. schildert die neue Inschrift IG [2]IX 1,583 (mit HABICHT 86ff.). Faktisch schon im frühen 3. Jh. war A. Bundesheiligtum der Akarnanen und Platz der Aufstellung ihrer Beschlüsse (Polyb. 4, 63,4. IG[2] IX 1,3 A. 207ff.583.588). Doch wurde es mit der Fürsorge für das verfallende Heiligtum erst um 216 durch Anaktorion, das das Fest in Kriegszeiten mitunter in seine Stadt verlegt hatte, an das Koinon abgetreten bei Teilung der Einnahmen aus dem Festmarkt (Panegyris). Durch Perlenfischerei wichtig, wurde A. als Hafen 435, 219, von den Römern 169 v. Chr. benützt (Plin. nat. 9,115. Thuk. 1,29,3. Polyb. 4,63,4. Liv. 44,1,3; keine Hafenspuren infolge Hebung des Meeresspiegels). Cicero landete im Sommer 51 und im November 50 hier (Att. 5,9,1; fam. 16,6,2.9,1).

Piraten plünderten vor 67 v. Chr. das Heiligtum (Plut. Pomp. 24). Antonius errichtete 31 v. Chr. hier Befestigungen und sein Lager »auf weitem, ebenem Gelände« (Cass. Dio 50,12,8). Die Seeschlacht bei A. am 2. September 31 fand parallel zur Küste statt, der Octavians Flotte sich n. des Golfeingangs anlehnte (Plut. Anton. 65ff. Cass. Dio 50,31ff. 51,1.5. Flor. 2,21. Oros. 6,19,10ff. Vell. 2,85, nur erwähnt Strab. 7,7,6. Suet. Aug. 17, 2. Mon. Anc. 25. J. KROMAYER, H 34, 1899, 1ff. 68, 1933, 361ff.; Ant. Schlachtfelder 4, 1931, 662ff. RE XX 330ff. GAGÉ. W. TARN, JRS 28, 1938, 165ff., Plan in KROMAYER-VEITH Schlachtenatlas Röm. Abt. 24). Sie gab A. Eingang in die augusteische Dichtung: Hor. epod. 9 mit F. WURZEL, H 73, 1936, 361ff. Verg. Aen. 8,675ff. Prop. 4,6,25 u. a.: M. L. PALADINI A proposito della tradizione poetica su.. Azio, Rom 1958). Als Sieger weihte Octavian Proben von Schiffstypen ins Heiligtum, wo sie aber bald verbrannten (Strab. Tac. ann. 2, 53. Cass. Dio 51,1,2). Er vergrößerte den Tempel (Suet. Aug. 18,2. Cass. Dio a. O. mit deutlicher Unterscheidung von Nikopolis). Doch stellte seine Neugründung → Nikopolis A. (Örtlichkeit noch bei Ptol. 3,14,6) ganz in den Schatten. Nach der Aufhebung der Städte von → Akarnania (wie von A.: Anth. Pal. 6,251) übernahm sie die Fürsorge für A., wurde die neue Stätte des Kultes, der dazugehörigen Ἀκτιακὴ βουλή (Syll.[3] 813) und des Festes (nun stets als Aktia, gezählt ab 27 v. Chr.: L. MORETTI Iscrizioni agonistiche, Rom 1954, 205f.). N. erhielt zur Unterscheidung von anderen »Siegesstädten« den Namen Actia N., der danach oft Verwirrung stiftete (U. KAHRSTEDT, Hist. 1, 1950, 559). A. selbst war nie eine Polis (irrig Mela 2,54. Plin. nat. 4,5. Steph. Byz.; die Anwohner des Heiligtums heißen Ἄκτιοι, wenn dies in IG [2]IX 1,583,42. SEG 18,261 richtig ergänzt). Von den geringen, um 1820 beobachteten Resten blieb nichts erhalten (OBERHUMMER 29.287f., auch über die Ausgrabungen von 1885 mit der Feststellung von angeblich 3 Bauphasen). E. K.

E. Oberhummer Akarnanien, München 1887. *Philipps.-Kirst.* 2,381. *J. v. Keitz* De Aet. et Acarn. sacris, Diss. Halle 1911, 65ff. *J. Gagé* Mél. Arch. 53, 1936, 92ff. *Chr. Habicht*, H 85, 1957, 98ff. – Inschr.: IG[2] IX 1,207–211.583 (Parallelexemplar aus Olympia, *E. Kunze*, 7. Ol.-Bericht (1961) 207ff. SEG 17,194).

Alabanda. 1. Am l. Ufer des Marsyas (h. Tschina Tschai) gelegene Stadt im mittleren Karien (H. KIEPERT Atlas ant., tab. IV. W. SIEGLIN Schulatl. zur Gesch. des Alt., S. 11, vorübergehend Antiocheia genannt (Steph. Byz.), deren Bewohner (Ἀλαβανδεῖς) erstmalig von Hdt. 7,195 erwähnt werden, h. Arabhissar, von Strab. 14,2,26 beschrieben. Ohne größere hist. Bedeutung, aber ein von üppiger Kultur erfüllter Platz, war A. bis weit in die röm. Kaiserzeit hinein (Pol. 16,24,6. 30,5,15. Cass. Dio 48,26,4. Ptol. 5,2,15 M. Cic. nat. 3,15.19. 50. Liv. 33,18) wohlbekannt, wurde damals eine *urbs libera* (Plin. nat. 5,109), ist auch in die Wegmessungen Artemidors einbezogen (Strab. 14,2,29). Aus A. stammten die Redner → Apollonios ὁ μαλακός (s. Kl.) und Apollonios → Molon.

A. Forbiger HB der alten Geogr. 2,228–229. Les Guides Bleus, Turquie 340f.

2. Stadt in Phrygien (Hdt. 8,136), vermutlich identisch mit dem phryg. Ἀλάβαστρα des Steph. Byz. (66–67), der sich hierbei ausdrücklich auf Herodot beruft (STEIN zu Hdt. 8,136). H. T.

Alalkomenai. 1. Kleine Stadt in der Ebene am S.-Rand des Kopaissees in Boeotien beim h. Agoriani mit berühmtem Heiligtum der Athena (Alalkomenion), die dort geboren sein sollte. Zu Pausanias' Zeit in Ruinen, das Kultbild sollte Sulla fortgeführt haben. Hom. Il. 4,8. Strab. 9,2,26 p. 410. 2,27 p. 411. 2,36 p. 413. Paus. 9,33,5ff. Plut. mor. 301d. Ail. var. 12,57. Suda s. ἀπιθής. IG IX 1² 170 = Syll.³ 366,5.

1. *C. Bursian* Geogr. von Griechenland 1, 1862, 234f. 2. *S. Lauffer* AA 55, 1940, 186f. 3. *Philipps.-Kirst.* 1,471. 474. 741 Nr. 141.

2. Stadt auf dem »Isthmos« von Ithaka auf dem 380 m hohen Aetos, Strab. 10,2,16 p. 457. Steph. Byz. s. Ἀλκομεναί. E. M.

1. *Jos. Partsch* Kephallenia und Ithaka, Peterm. Mitteil. Erg.H. 98, 1890, 57f. 2. *Wilh. Vollgraff* BCH 29, 1905, 146ff. 3. *W. A. Heurtley* ABSA 33, 1932/33, 22ff. 43, 1948, 1ff. 48, 1953, 255ff. 4. *Fel. Jacoby* FGrH III B Suppl. 656 zu 334 frg. 58.

Albinianus. Cognomen in republikan. Zeit in der Familie der Sestii. H. G. G.

Alea. 3. Stadt im n.ö. Arkadien beim h. Bugiati, in der Kaiserzeit zur Argolis gerechnet, mit imposanter Stadtmauer hellenist. Zeit, Paus. 8,23, 1. Steph. Byz. Ethnikon Ἀλεός (IG I² 82 = Syll.³ 85. IX 1² 7) oder Ἀλειός (Inschr. Olympia 30 = SGDI I 1183. IG IX 1² 9 [?]), hellenist. Ἀλεάτης (Inschr. Magnesia 38 = Syll. II³ 559,65. IG VII 2112).

1. Testimonia IG V 2 S. 74. 2. Mz.: *Head* HN² 418.446. 3. *Ernst Meyer* Peloponnesische Wanderungen, 1939, 19ff. 4. *Philipps.-Kirst.* 3,239.

4. Bezirk s. von Tegea mit dem berühmten Heiligtum der Athena Alea, IG V 2 Nr. 3 = Prott-Ziehen Leges Graecorum sacrae 62. E. M.

1. *L. Ziehen* RhM 60, 1905, 454ff. 2. *Christ. Callmer* Stud. z. Gesch. Arkadiens, 1943, 114ff.

Alesion. Paus. 8,10,1. Der Gebirgszug ö. von Mantineia, h. Barberi, mit einem Hain der Demeter und an seinem Fuß einem Heiligtum des Poseidon Hippios. E. M.

1. *Ernst Curtius* Peloponnesos 1, 1851, 240ff. 2. *G. Fougères* Mantinée et l'Arcadie orientale 1898, 18.101ff. 264f. 3. RE XIV 1293,51ff.

Aliphe(i)ra. Stadt des w. Arkadien, auf steilem, etwa 700 m hohem Bergkegel s. des Alpheios und von Heraia gelegen, h. Kastro Nerovitsas, Pol. 4,77,10–78,13. Paus. 8,26,5ff. 27,4. Mz.: HEAD HN² 418. E. M.

1. *Ernst Curtius* Peloponnesos 1, 1851, 361ff. 2. *J. G. Frazer* Pausanias 4, 1898, 297ff. 3. *Anast. Orlandos* Ὀλυμπιακὸν ἀρχεῖον 2, 1934, 1ff. AA 1933, 232f. 1934, 156ff. 1935, 199. 1936, 136. 4. *Ernst Meyer* MH 14, 1957, 86ff.

Alkmaion (Ἀλκμαίων), von Kroton, von Diog. Laert. 8,83 als Schüler des → Pythagoras genannt. Favorin in der παντοδαπὴ ἱστορία schrieb dem A. eine Schrift περὶ φύσεως zu. Aristot. met. A 5,986 a 22 weiß von dieser Schülerschaft, aber auch von einer selbständigen Entscheidung in der Lehre von den Gegensätzen. Dank Theophrast de sens. 25 ist bekannt, daß A. sich der Erforschung der Sinnesorgane zuwandte; das Zustandekommen der Wahrnehmung erklärte er durch die Annahme von πόροι = Kanälen, durch die das Gehirn mit Ohr und Auge in Verbindung steht. Nach dem Zeugnis von Calcid. in Tim. 246, 256,1 Waszink wagte er Operationen am Auge.

Frg.: Vorsokr. 1,210–216. H. D.

Almopia (Ἀλμωπία). Das Stammgebiet der Almopen (Ἀλμῶπαι, Almopii), zwischen Eordaia und Pelagonia (genauer zwischen dem Oberlauf des Axios und des Ludias), den ant. Geographen mit dem Quellgebiet des Ludias identisch. A. trägt bis h. den slav. Namen Mogleno oder Moglena bzw. Meglensko (das »Nebelland«), den man auch bei den byzantin. Schriftstellern (τὰ Μογλενά) findet. Als Eponymos der Almopen galt der Gigant Almops. Thuk. 2,99. Steph. Byz. s. v. Ptol. 3,3,24. Plin. nat. 4,35. Chr. D.

Leake North Greece 3,444ff. *Casson* Macedonia and Illyria 161. *Geyer* Makedonien bis zur Thronbesteigung Philipps II., 10.26.39. *Papasoglu* Makedonski gradovi u rimsko doba, serb. = Die makedon. Städte in röm. Zeit, Skopije 1957, 129–130 u. ö.

Alopeke. Großer attischer Demos der Stadttrittys der Phyle Antiochis, etwa 2 km s.ö. von Athen beim h. Kutsopodi [3.]. [4.], Hdt. 5,63,4. Aischin. 1,99. Der ältere Ansatz bei Ambelokipi ([2] und ältere Literatur) ist überholt. E. M.

1. PA II 508ff. 2. RE I 1597, 8ff. 3. *W. Judeich* Topographie von Athen² (Müller HB. III, II, 2) 1931, 170.175. 4. *Philipps.-Kirst.* 1,812, 1.901,5. 1067 Nr. 93.

Alpheios. 1. Geographisch: Der größte und wasserreichste Fluß des Peloponnes, der mit seinen zahlreichen Zuflüssen den größten Teil Arkadiens entwässert. Er hat bis heute mit seiner starken und bei Hochwasser reißenden Strömung bis zur Mündung seinen Charakter als Wildwasser bewahrt. Bei gewöhnlichem Wasserstand ist er an den meisten Orten zu durchreiten. An Brücken ist im Altertum nur die Brücke bei Heraia sicher bezeugt (Pol. 4,77,5), bis in die Neuzeit gab es nur die berühmte mittelalterliche Brücke unter Karytaena, dazu dann die auch als Straßenbrücke benutzte Eisenbahnbrücke dicht oberhalb der Mündung, zu der an dieser Stelle in den allerletzten Jahren eine besondere Straßenbrücke gekommen ist. Die Quellen des A. liegen in der Ebene von Frangovrysis (Asea).

2. Mythologisch: Als größter Fluß des Peloponnes spielt der A. auch in Mythos und Sage eine große Rolle und besaß in Olympia, Heraia und anderen Orten Kult. Am bekanntesten ist die Sage von der Liebe des A. zur Artemis Alpheiaia, die an der Mündung ein Heiligtum hatte, und zur Nymphe Arethusa mit der in vielen Varianten erzählten Version, daß der A. das Mittelmeer durchfließe und bei der Quelle Arethusa in Syrakus wieder auftauche. Ebenso wurde der Oberlauf des A. verlängert, indem der h. Sarandapotamos s. von Tegea als sein Oberlauf erklärt wurde (Paus. 8,54, 1–3), was physikalisch unmöglich ist. Ebenso Phantasie ist die Vorstellung, daß A. und Eurotas aus der gleichen Quelle bei Asea stammten (Strab. Paus. Dion. Per. 412). Ant. Quellen bes. Strab. 6, 2,4 p. 270f. 2,9 p. 275. 8,3,12 p. 343 und öfters. Paus. 5,7,1–5. 8,44,3f. und öfters. Pol. 16,17,5ff. E. M.

1. RE I 1630ff. 2. *Ernst Curtius* Peloponnesos 1, 1851, 155f. und oft. 3. *Alfr. Philippson* Der Peloponnes 1892, 497 und oft. 4. *W.Loring* JHSt 15, 1895, 67ff. 5. *G.Fougères* Mantinée et l'Arcadie orientale 1898, 565ff. 6. *J.G. Frazer* Pausanias 4, 1898, 415ff. 443f. 7. *Philipps-Kirst.* 3,36ff. 256f. 267ff.

Alyzeia. Stadt an der W.-Küste Akarnaniens, etwa 2½ km einwärts der Vulkos-(Vurkos-)bucht beim h. Kandila, wohl korinth. Gründung. Hafen mit Heraklesheiligtum, Strab. 10,2,2 p. 450. 2,21 p. 459. E. M.

1. IG IX 1,2^2 S. 54f. 2. *L.Heuzey* Le mont Olympe et l'Acarnanie, 1860, 407ff. 3. *Eug. Oberhummer* Akarnanien, Ambrakia, Amphilochien, Leukas im Alt., 1887, 35f. u.ö. 4. *Philipps.*-Kirst. 2,389. 671 Nr. 79. 5. Inschr. IG IX 1,2^2 Nr. 444–450. 6. Mz.: *Head* HN^2 329.406. 7. Ausgrabungen: *K.A. Romaios* Πρακτικά, 1919, 47ff. 1921, 37f. EA 1930, 141ff.

Amarynthos. Demos von Eretria auf Euboea mit Heiligtum der Artemis Amarysia und großem Jahresfest. Strab. 10,1,10 p. 448 (mit falscher Entfernungsangabe). Liv. 35,38,3. Kult der Artemis Amarysia auch im att. Demos Athmonon, h. Marusi bei Athen, Paus. 1,31,5. Lage beim h. Vathia etwa 10 km ö. von Eretria. E. M.

1. IG XII 9 S. 30ff. Nr. 139–186. S. 161 und oft. XII Suppl. S. 176. Nr. 544–548. S. 179f. Nr. 553. 2. *Er. Ziebarth* Πρακτικὰ τῆς Ἀκαδημίας Ἀθηνῶν 10, 1935, 217ff. 3. *Philipps.-Kirst.* 1,608. 4. *W. Wallace* Hesp. 16, 1947, 116.119. 134.

Ambrakia. Heute Arta, etwas oberhalb des innersten Winkels des nach A. benannten Golfs des ionischen Meeres am Arachthosfluß an den letzten Ausläufern des Gebirges gelegen. Antike Reste gering, vor allem Stadtmauer, antiker Umfang nach Liv. a.O. 4½ km. Die ältere Namensform war sowohl bei Schriftstellern (Hdt. Thuk. Xen. an. 1,7,18 und vereinzelt bei Späteren) wie auf Münzen und Inschriften bis gegen die Mitte des 4. Jh. v. Chr. Ἀμπρακία, seitdem Ἀμβρακία (Xen. hell. 5,4,65ff. 6,2,3. Aristot. u.a., Münzen, Inschriften). Abgeleitet ist der Name offenbar von dem auch später noch genannten Kastell Ambrakos in den Lagunen s. der Stadt (Pol. 4,61,4ff. Steph. Byz., h. Fidokastro). A. gilt als der Anfang Griechenlands (Hdt. 8,47, Skyl. Dionys. Calliph.).

A. war korinthische Kolonie, z.Z. der Kypseliden gegründet und von diesen zunächst beherrscht, danach Demokratie. Beteiligte sich am Perserkrieg und am peloponnes. Krieg auf seiten Spartas, wobei es durch Athen bei Olpai eine schwere Niederlage erlitt. Später war es sowohl am 1. korinthischen Bund von 395 wie am korinthischen Bund Philipps beteiligt. Einen Versuch Philipps, im Frühjahr 342 v. Chr. A. zu besetzen, konnte Demosthenes verhindern. Trotzdem hatte A. bald darauf eine makedonische Besatzung. Pyrrhos machte A. zu seiner Hauptstadt und baute es groß aus. Seit 230/29 gehörte es zum aitolischen Bund und hatte unter der Eroberung durch M. Fulvius Nobilior 189 v. Chr. schwer zu leiden. Bei der Gründung von Nikopolis wurde es angeblich in dieses einverleibt, bestand aber im 2. Jh. n. Chr. trotzdem als Stadt (Le Bas 1061. CIG II 1801). Von einem sonst unbekannten Athanadas gab es ein Werk Ambrakika (FGrH III Nr. 303). Antike Beschreibungen bes. Strab. 7,7,6 p. 325. Skyl. 33. Dion. Calliph. 24ff. Dion. Hal. ant. 1,50. Liv. 38,4f. E. M.

1. *Will. M. Leake* Travels in Northern Greece 1, 1835, 206ff. 2. *Baker* Journ. of the R. geogr. Society 7, 1837, 84. 3. *Hirschfeld* RE I 1805ff. 4. *Eug. Oberhummer* Akarnanien, Ambrakia, Amphilochien, Leukas im Alt. 1887, 25f. 182ff. 287 und oft. 5. *Philipps.-Kirst.* 2,118ff. 208f. 243. 667 Nr. 109.110. 6. *C. Klotzsch* Epirotische Gesch. bis zum J. 280 v. Chr. 1911, 15ff. 176f. und oft. 7. Inschr.: CIG II 1797–1809. 8. *Phil. Le Bas* Voyage archéol., Inscriptions II 1057–1072. 9. *P.M. Fraser–T. Rönne* Boeotian and West Greek tombstones 1957, 113f. = SEG 17, 1960, Nr. 303–308. Mz.: 10. *Head* HN^2 319f. 406. 11. *D. Ravel* The «colts» of Ambrakia, Numism. notes and monographs 37, 1928. 12. *P.R. Franke* Die ant. Münzen von Epirus 1961, 323ff.

Amnisos. In minoischer Zeit Hafenort von Knosos an der N.-Küste Kretas, ca. 9 km ö. vom h. Iraklion an gleichnamigem Fluß, wahrscheinlich durch den Ausbruch des Vulkans von Thera und die nachfolgende Flutwelle um 1550 v. Chr. zerstört. Darüber in griech.-röm. Zeit ein Heiligtum. Oberhalb die schon bei Hom. Od. 19,188 erwähnte Höhle der Eileithyia mit Kultspuren von neolith. Zeit bis 5. Jh. n. Chr. In hist. Zeit werden nur noch Fluß und Heiligtum genannt. Strab. 10, 4,8 p. 476. Paus. 1,18,5. Apoll. Rhod. 3,877ff. Steph. Byz. Suda. E. M.

1. *Sp. Marinatos*, FF 10, 1934, 341ff. 2. *E. Kirsten*, RE Suppl. VII 26ff. 3. *M. Guarducci* Inscr. Cret. I 1935, 2. 4. *R.F. Willetts* Cretan cults and festivals, 1962, 143. 169. 172.

Amorgos. Größte Insel der ö. Kykladen, 32 km lang und 123 qkm groß, überwiegend gebirgig, bis 781 m hoch, mit steiler, hafenloser SO.-

Küste und buchtenreicher NW.-Küste, an der die 3 ant. Hauptorte der Insel lagen, von N. nach S. Aigiale, Minoa, Arkesine. Dichte Besiedlung bereits prähistorisch ([9–11]), Ansiedlung von Naxiern und Samiern, später im att. Seebund ([13]). Entscheidende Niederlage der athen. Flotte im lamischen Kriege im J. 322 v.Chr. (Plut. Dem. 11,3; mor. 338a. Marmor Parium B 9. Diod. 18,15,9. Beloch GG 4,72f.). In hellenist. Zeit im Nesiotenbund, dessen Schicksale sie teilt. In der Kaiserzeit als Verbannungsort benutzt (Tac. ann. 4,13.30). In klassischer Zeit waren feine Leinenchitone als *ἀμοργίδες*, *'Αμόργινα* berühmt (RE I 1875 und 1874 s. *'Αμόργεια*. REG 72, 1959, XIf.). Ob und wie diese Bezeichnung mit A. zusammenhängt, ist unklar. E. M.

1. Inschr., Gesch., Lit. IG XII 7. XII Suppl. S. 142ff. 2. RE I 1875f. 3. *L. Roß* Reisen auf den griech. Inseln, 1, 1840, 173ff. 2, 1843, 39ff. 4. *R. Weil* AM 1, 1876, 328ff. 5. *A. Miliarakis* *῾Υπομνήματα περιγραφικὰ τῶν Κυκλάδων. 'Αμοργός* 1884. 6. *H. Hauttecoeur* L'île d'A., Société Royale Belge de géogr., Bull. 23, 1899, 90ff. 145ff. 7. *Alfr. Philippson* Beitr. z. Kenntnis der griech. Inselwelt, Peterm. Mitteil. Erg.H. 134, 1901, 98ff. 8. *Philipps.-Kirst.* 4,148ff. 9. *Ferd. Duemmler* Reste vorgriech. Bevölkerung auf den Kykladen. MDAI(A) 11, 1886, 15ff. 10. *Fr. Schachermeyr* RE XXII 1399,30ff. 1425f. 11. *Dietr. Fimmen* Kretisch-mykenische Kultur, 1924, 14. 81ff. 12. *W. Ruppel* Zur Verfassung und Verwaltung der amorgin. Städte, Klio 21, 1927, 313ff. 13. *B. D. Meritt* The Athenian tribute lists 1, 1939, 228f. 14. Mz.: *Head* HN² 481.

Ampelos. 1. Kap im SO. Kretas, wohl das h. Pharmakokephalo, Ptol. 3,15,3, nach Plin. nat. 4, 59 auch Stadt. Reste ant. Ortschaften liegen am Kap selber und wenig n. beim h. Xerokampos, letztere wohl = A.

1. *J. D. S. Pendlebury* u.a. ABSA 33 1932/33, 99f. 2. *Marg. Guarducci* Inscript. Cret. III 1942, 1ff.

2. SW.-Kap von Samos, h. Domeniko, Strab. 14, 1,15 p. 637. Ptol. 5,2,19. Agathem. 18. Steph. Byz. Auch Name des Hauptgebirges von Samos.

Bürchner RE IA 2173.

3. Die noch h. so genannte SW.-Spitze der Halbinsel Sithonia der Chalkidike, Hdt. 7,122f. Ptol. 3,12,10. Steph. Byz. E. M.

Amphikaia. In späterer Zeit Amphikleia. Phokische Stadt mit spärlichen Resten beim h. Dadi; 480 v. Chr. beim Xerxeszug (Hdt. 8,33) und 346 v. Chr. nach dem 3. heiligen Krieg (Paus. 10,3, 2) zerstört. Heiligtum des Dionysos mit Orakel und Traumheilungen, Paus. 10,33,9ff. E. M.

1. IG IX 1 Nr. 218–221. 1065. 2. *J. G. Frazer* Pausanias 5, 1898, 420ff. 3. *Friedr. Schober* Phokis, 1924, 23.

Amphilochia, Amphilochoi. Landschaft und nichtgriech. Stamm am O.-Ufer des Golfs von Ambrakia (Arta) und n.ö. davon in den oberen Talstufen des Arachthos und seiner Nebenflüsse, von Strab. 7,7,1 p. 321. 7,8 p. 326 zu den Epeiroten gerechnet, dagen 9,5,1 p. 429 und sonst in der Lit. als bes. Stamm. Der SW.-Teil der Landschaft, die abgeschlossene Ebene am O.-Ufer des Golfs von Ambrakia, ist das Gebiet des früh von Ambrakia aus graecisierten Argos Amphilochikon, das als griech. Stadt daher oft gesondert genannt und zu Akarnanien gerechnet wird. Die A. schlossen sich in klassischer Zeit an die Akarnanen an, gehörten nur seit Pyrrhos für einige Zeit politisch zu Epeiros, seit dem Sturz des epeirotischen Königtums zum aetol. Bund und wurden 167 v. Chr. durch Rom von diesem abgetrennt und als selbständig erklärt. Hauptquellen: Thuk. 2,68. 3,105ff. Strab. 7,7,7f. p. 325f. 10,2,1 p. 449f. Das Epigramm CIG 1914 = Kaibel Ep. Gr. 183 jetzt W. Peek Griech. Versinschr. I Nr. 2017: Griech. Grabgedichte Nr. 469. E. M.

1. RE I 1936f. 2. *C. Bursian* Geographie von Griechenland, 1, 1862, 36ff. 3. *L. Heuzey* Le mont Olympe et l'Acarnanie, 1860, 281ff. 4. *Eug. Oberhummer* Akarnanien, Ambrakia, Amphilochien, Leukas im Alt. 1887, 4f. 26ff. 44ff. und oft. 5. *Philipps.-Kirst.* 2,116f. 192ff. 219. 246. 324f. 667 Nr. 105–108. 112–126. 6. *N. G. L. Hammond* ABSA 37, 1936/37, 128ff. 7. *E. Kirsten* AA 56, 1941, 103f.

Amphissa. Stadt der ozolischen Lokrer im innersten Winkel der krisaeischen Ebene etwa 15 km n.w. von Delphi an dem wichtigen Paßübergang von Gravia zwischen Pindos und Parnaß, das h. Salona mit beträchtlichen Resten der Stadtmauer und bes. der steilen Akropolis unter dem mittelalterlichen Kastell. Die Inbesitznahme von Ländereien des delph. Apoll in der krisaeischen Ebene führte zum 3. heiligen Kriege, nach dem A. zerstört wurde. Es wurde sofort wieder besiedelt, war in röm. Zeit *immunis* (Plin. nat. 4,8), nahm viele Aetoler auf, die nicht nach Nikopolis übersiedeln wollten, und betrachtete sich danach als aetolisch. Spätantik ist A. Bistum und im MA. Sitz der großen Baronie Salona. Bes. Strab. 9,3,4 p. 419. 4,7 p. 426f. Paus. 10,38,4ff. Inschr.: IG IX 1 Nr. 318–329. 1066–1072. CIL III 568. Mz.: Head HN² 337. E. M.

1. *J. G. Frazer* Pausanias 5, 1898, 463ff. 2. *A. Bon* BCH 61, 1937, 164ff. mit Plan. 3. *Philipps.-Kirst.* 1,381f. 4. *Lucien Lerat* Les Locriens de l'ouest 1, 1952, 15ff. 174ff. mit Plan. 2,133ff. 175ff.

Amyklai. 1. Bereits vorgriech. Dorf etwa 5 km s. von Sparta beim h. Tsausi und in histor. Zeit zugleich »Obe« von Sparta mit eigenen Ephoren und anderen Beamten. Siedlung auf und an den Hügeln mit der Kapelle der Hg. Kyriaki seit frühhelladischer Zeit und bis in die Kaiserzeit (Paus. IG V 1 Nr. 515). Seit spätmykenischer Zeit Heiligtum des Hyakinthos, der später Heroenkult besaß. Mit der spartanischen Eroberung trat an seine Stelle als Hauptgott Apollon. Das große, mehrere Tage dauernde Fest behielt aber den Namen Hyakinthien. Das Heiligtum war stets nur ein offener Bezirk ohne Tempel und mit bescheidener Ausstattung (*δάσκιον ἄλσος* IG V 1 Nr. 455). Berühmt der »Thron« des Apollon, von dem das Fundament und viele Einzelstücke gefunden sind.

Trotzdem und trotz der ausführlichen Beschreibung des Pausanias bleibt Form und Aufbau unklar. Mittelpunkt war das altarartige, reliefgeschmückte »Grab« des Hyakinthos mit seitlicher Opfernische, auf dem die 13 m hohe Kultstatue des Apollon stand, ein Bronzepfeiler, an dem nur Füße, Arme mit Lanze und Bogen und Kopf mit Helm ausgebildet waren. Um etwa 500 v. Chr. baute Bathykles von Magnesia den marmornen »Thron« um das Kultbild herum, ein etwa 4 m hohes, reich mit Säulen, Gesimsen und Reliefs geschmücktes Bauwerk. Ant. Quellen bes. Pol. 5,19,2f. Paus. 3, 18,6–19,6.

1. RE I 1996ff. III A 1328,59ff. 1456,52ff. XVII 1695,61ff. 1696,57ff. (Obai). 2. *J. G. Frazer* Pausanias 3, 1898, 348ff. (mit der älteren Lit.). 3. *E. Fiechter* Amyklae. Der Thron des Apollon, JDAI 33, 1918, 107ff. 4. *E. Buschor–W. von Massow* Vom Amyklaion, AM 52, 1927, 1ff. 5. *P. Wolters* Philol. 86, 1931, 419ff. 6. *H. Waterhouse–R. Hope Simpson* ABSA 55, 1960, 74ff. 7. AJA 61, 1957, 283. 8. Hesp. 28, 1959, 162ff. 9. *Machteld Mellink* Hyakinthos, Diss. Utrecht 1943, bes. 118ff. 10. *M. P. Nilsson* The Minoan-Mycenaean religion, ^{2}1950, 470f. 556ff.; GgrR 1,316f. 340. 11. *P. M. Nilsson* Griech. Feste 1906, 129ff. 12. RE IX 1f. 7ff. III A 1518,16ff. (Hyakinthien, Hyakinthos).

2. Ort an der S.-Küste von Kreta, Steph. Byz. Eust. Il. 2,584. Inscript. Cret. IV 1950, 235f. Nr. 172 = SGDI 5025. E. M.

Anaktorion. Korinthische und nach Thuk. 1, 55,1 auch kerkyraeische Kolonie am S.-Ufer des Sundes in den ambrakischen Golf, der bei Skyl. 34 *Ἀνακτορικὸς κόλπος* heißt. Stadtmauer und andere Reste beim h. Nea Kamarina w. von Vonitsa. A. war wie die Nachbarkolonien bei Plataeae mit einem Kontingent beteiligt (Hdt. 9,28,5. 31,4. Paus. 5,23,2f. Syll.^{3} 31,30) und wurde 425 v. Chr. von den Akarnanen durch Verrat genommen und neu besiedelt (Thuk. 4,49). Seitdem gehörte A. dauernd zu Akarnanien und teilte dessen Schicksale. Bei der Gründung von Nikopolis wurden die Bewohner nach dort verpflanzt, A. blieb aber als Emporion von Nikopolis erhalten (Strab. 10,2,2 p. 450). Inschr. IG IX 1^{2}, Nr. 212–237. 589–594. Mz.: Head HN^{2} 329. 406. E. M.

1. RE I 2051f. 2. *L. Heuzey* Le mont Olympe et l'Acarnanie, 1860, 383ff. 3. *Eug. Oberhummer* Akarnanien, Ambrakia, Amphilochien, Leukas im Altert. 1887, 28ff. und oft. 4. *Philipps.-Kirst.* 2,380. 671 Nr. 88. 5. *G. Klaffenbach* SPrAW 1935, 720. 6. *E. Kirsten* AA 56, 1941, 105.

Anaphe. Kleine gebirgige (bis 584 m) Kykladeninsel ö. von Thera mit Heiligtum des Apollon Asgelatas oder Aigletes am O.-Ende der Insel unter dem Kloster der Panagia Kalamiotissa. Nicht unbedeutende Reste der ant. Stadt. neben dem h. Ort hoch über der S.-Küste. A. war im 5. Jh. im att. Seebund. E. M.

1. Inschr. IG XII 3 Nr. 247–319a. 1264/65. Suppl. S. 279 Nr. 1287/88. XII Suppl. S. 83. 2. Mz.: *Head* HN^{2} 482. 3. *L. Roß* Reisen auf den griech. Inseln 1, 1840, 75ff.; Archaeologische Aufsätze 1, 1855, 48ff. 2, 1861, 486ff. Taf. XVI–XVIII. 4. RE I 2060f. 5. *Alfr. Philippson* Beitr. z. Kenntnis der griech. Inselwelt, Peterm. Mitt. Erg. H. 134, 1901, 107ff. 6. *Friedr. Hiller von Gärtringen* Thera 1, 1899, 351ff. 7. *Philipps.-Kirst.* 4,161ff. 8. *B. D. Meritt* The Athenian tribute lists 1, 1939, 230f. 2,79.

Anaphlystos. Großer att. Demos der Küstentrittys der Phyle Antiochis beim h. Anávyso, ein Hauptort des Bergwerksbezirks Laureion mit Festung und Hafen, Strab. 9,1,21 p. 398. Xen. vect. 4,43. Skyl. 57. E. M.

1. PA II 514ff. 2. RE I 2061. 3. *Philipps.-Kirst.* 1,831,2.832. 4. Hesp. 10, 1941, 29. 5. *Gisela Richter* Kuroi, 1960, 118f. Nr. 136.

Anapos. 1. Nur bei Thuk. 2,82 genannter, nicht näher zu bestimmender Fluß in Akarnanien, 80 Stadien von Stratos entfernt. E. M.

E. Oberhummer Akarnanien, 1887, 18f.

Andania. Alte Stadt (Paus. 4,1,1ff.; Steph. Byz. s. v. *Ἀνδανία*) in NO.-Messenien (M. Valmin Étud. topogr. sur la Messénie ancienne, 1930, 89ff.), berühmt durch ihr Mysterienheiligtum, das Pausanias an die 2. Stelle nach Eleusis setzt und das von dort seinen Kult herleitete (Paus. 4,1,5), der, in der Zeit der spartan. Herrschaft darniederliegend, zugleich mit der Freiheit Messeniens wiederhergestellt worden sein soll (Paus. 4,26,6ff. F. Kiechle Messen. Studien, Kallmünz 1959, 72ff.). Der Charakter dieses Kultes ist umstritten: Nach L. Ziehen, ARW 24, 1926, 29ff., wurde hier ursprüngl. Hagna (Kore?) verehrt, zu der dann Demeter trat, nach Wilam. GldH. 2, 1932, 536ff., die »Großen Götter«, nach Nilsson GgrR.^{2} 478 A. 5, die auch in W.-Arkadien erwähnten »Großen Göttinnen«. Sicherlich auf die Dorier geht der dortige Kult des Apollon Karneios zurück: Karneiasion hieß das Mysterienheiligtum (Ziehen, H 60, 1925, 345). In hellenist. Zeit verfiel Andania (vgl. Liv. 36,31,7), doch wurden die Mysterien 92 v. Chr. von dem Hierophanten Mnasistratos reformiert (Sylloge II^{3} 735/36) und dabei wohl – etwa durch Hinzufügung der »Großen Götter« (Dioskuren?) – verändert, jedenfalls zu neuer Blüte gebracht. Fr. Kie.

Andros. Nördlichste und zweitgrößte Kykladeninsel, 40 km lang, 16 km breit, 384 qkm, zumeist aus Glimmerschiefern bestehend und bis 1003 m ansteigend mit überwiegender Steilküste und nur kleinen Hafenbuchten. Der ant. Hauptort lag an der W.-Küste beim h. Palaeopolis mit geringen Resten bes. der Stadtmauer. Prähist. Funde noch fehlend. Kolonien Akanthos, Sane, Stageiros, Argilos (Thuk. 4,84,1. 88,2. 103,3. 109,2. 5,6,1. Plut. mor. 298 AB). 480 v. Chr. nach Salamis von den Griechen vergebens belagert, da A. Xerxes Schiffe gestellt hatte (Hdt. 8,66,2. 111. 121,1). Im att. Seebund mit einer Tributsumme von 6–15 Talenten (Thuk. 4,42,1. 7,57,4. 8,69,3. Plut. Them. 21,1. B. D. Meritt The Athenian tribute lists 1, 230f. 469 u. ö.). Athen. Kleruchie, Plut. Per. 11,5. Abfall 408 v. Chr., Xen. hell. 1,4,21. Diod. 13,69,4f.

Plut. Alk. 35,1. Mitglied des 2. Att. Seebundes (IG II² 43 = Syll. I² 147,112. IG II² 123. Aischin. 1,107. Th. Sauciuc, MDAIA 36, 1911, 1 ff.) 333 v. Chr. vorübergehend pers., Curt. 4,1,37. 308 v. Chr. von Ptolemaios I. besetzt, Diod. 20,37,1, dann im Nesiotenbund (W. König Der Bund der Nesioten, Diss. Halle 1910, 48 ff. 90 ff.) und später makedon. Seesieg des Antigonos Gonatas über die ptolemaiische Flotte bei A. um 245 v. Chr., Trog. prol. 27. Plut. Pel. 2,2. 200 v. Chr. von Attalos I. erobert (Liv. 31,15,8. 45,3 ff.) und anscheinend mit der attal. Erbschaft zur röm. Provinz Asia gezogen. Hauptgott der Insel Dionysos (Mz. Plin. nat. 2, 231. 31,16. Paus. 6,26,2. Philostr. imag. 1,25). Der große Isishymnos IG XII,5,739. W. Peek Der Isishymnos von Andros, 1930. IG XII,5 p. IX ff. Nr. 714–797. Head HN² 482. E. M.

1. *L. Roß* Reisen auf den griech. Inseln 2, 1843, 12 ff. 2. *Th. Sauciuc* Andros, 1914. 3. *Philipp.-Kirst.* 4,1959, 89 ff.

Anemurion. 1. Vorgebirge a) Schon den Küstenfahrern des frühen Alt. bekanntes Kap (h. Anamur) an der S.-Spitze Kilikiens (Skyl. 102. GGM 1, p. 76), von wo der kürzeste Seeweg zur Insel Zypern führte (Strab. 14,5,3. 6,3). A. lag nach Skyl. zwischen den Plätzen Charadrus (h. Charadran) und Nagidos (h. Boz Jozi). Vgl. Anon. Stad. Mar. M. 196–197. 233. 308 (GGM 1,486. 491. 503 mit Comm.). b) Ebenfalls von Strab. 14,5,5 genannte *ἄκρα* ö. von a. Dieses Kap A. ist unweit des h. Perchende sowie in der Nähe (s.ö.) des ant. *Κώρυκος* (h. Khorgos) zu suchen (s. Tab. in GGM tab. XXIV), o.s.ö. von Seleukeia (h. Selifke) und n. der Mündung des Kalykadnos (h. Gök-Su); es liegt auch bei Eustath. Sch. Dion. Per. 855 (GGM 2,367) vor. **2.** Stadt (h. Anamur), n. des Kaps A. a) und etwas w. des Flusses Orymagdos (h. Gozulche Tschai). Skyl. a. O. Ptol. 5,7,3. Ant. Theater, Nekropolen, Mz. H. T.

A. Forbiger HB der alten Geogr. 2,275. *W. Sieglin* Schulatlas zur Gesch. des Alt., S. 9. Atlas of the World II, Plate 36.

Antiochos. 17. A. von Athen, Astrologe vermutlich vom Ende des 1. Jh. n. Chr., aus dessen in Hexametern verfaßten Werk »*Θησαυροί, ἐπίλυσις καὶ διήγησις πάσης ἀστρονομικῆς τέχνης*«, von dem schon früh eine Prosaparaphrase verbreitet war, Hephaistion und → Rhetorios Auszüge erhalten haben. Größere Abschnitte hat F. Boll im CCAG 1, 140 ff. und 7, 107 ff. herausgegeben. E. Bo.

Antipatros. 11. von Kyrene, unmittelbarer Nachfolger des Aristippos (4), vgl. Diog. Laert. 2,86. Cic. Tusc. 5,112 erzählt von ihm eine Philosophen-Anekdote, wie er den Verlust der Sehkraft auch als Hedoniker ertrug.

12. von Tyros, stoischer Philosoph, aus der Nachfolge des Panaitios. Er führte den jüngeren Cato in die Philosophie ein: Plut. Cato 4; vgl. Strab. 16,757. Ind. Herc. col. 79. Cic. off. 2,86 erwähnt ihn als vor kurzem gestorben. Schriften: vermutlich *περὶ τοῦ καθήκοντος* (darauf weist Cic. off. 2,86); sicher 8 Bücher *περὶ κόσμου* Diog. Laert. 7,139. Weitere Zeugnisse bei Diog. Laert. und bei Stobaios lassen im Zweifel, ob A. von Tyros oder von Tarsos (9) gemeint ist.

13. von Hierapolis, Sophist, Hofmann, kaiserl. Sekretär und Prinzenerzieher unter Septimius Severus, fiel unter Caracalla in Ungnade und starb vermutlich freiwillig durch Hunger. Er verfaßte eine Geschichte von des Kaisers Septimius Taten und glänzte durch sophistische Reden (*Ὀλυμπικοί Παναθηναϊκοί*). Ausführliche Darstellung durch Philostr. vit. soph. 2,24 und 25,4. H. D.

Antiphon. 6. A., aus Athen, der Sophist (so z. B. Xen. mem. 1,6,1). Die Problematik der Zuweisung und Abtrennung ist bereits im vorangehenden Artikel angedeutet worden. Hier sollen nur die ihm zugeschriebenen Frg. kurz besprochen werden (zit. nach Diels Vorsokr. 87).

Ἀλήθεια (2 B.; vgl. frg. 1; die Einteilung vielleicht erst spät: [5], 133): Unter diesem Titel (bei den Sophisten nicht ungewöhnlich; vgl. Protagoras) behandelte A., wie es scheint, erkenntnistheoretische Fragen aus allen Gebieten. Die Frg. lassen math., physikal. und med. Themen erkennen. An eine Slg. verschiedener kurzer Abh.gen denkt [5], 134 (vgl. [6], 229). Die beiden längeren Bruchstücke (POxy 1364 und 1797 = frg. 44; unklar, ob aus B. 1: [2] 162 oder B. 2: [4]) haben den Widerstreit zwischen der Natur, deren Gesetzmäßigkeiten zu folgen für den Menschen förderlich (*ξυμφέρον*) ist, und den (willkürlich gesetzten) *νόμιμα* zum Gegenstand. In großer Breite, die auch den Stil bestimmt, wird an Beispielen gezeigt, daß die natürlichen Interessen fortwährend mit den Satzungen, die in der staatlichen Gemeinschaft gelten, kollidieren müssen. Der folgende Abschnitt dient dem Nachweis, daß die Gesetze keine Gerechtigkeit gewährleisten, weil jeder Akt von Gerechtigkeit für den einen eine Ungerechtigkeit gegenüber einem anderen einschließt. Wenn auch A. nicht als erster dieses Thema behandelt hat, so sind doch die Schärfe seiner Formulierungen und die Härte seiner Konsequenzen recht eindrucksvoll. Natürlich arbeitet er mit »sophistischen« Mitteln (z. B. Verschiebung der Bedeutung eines Begriffes, ohne diese zu definieren), um zu möglichst radikalen Ergebnissen kommen zu können. (Daher wohl das harte Urteil von Wilam. Platon⁴ 1, 61; vgl. H. Langerbeck Gn 21, 1949, 107 f.).

Περὶ ὁμονοίας: Die Frg. (vorwiegend bei Stob.) bieten schon stilistisch ein anderes Bild: Statt der breiten, nüchternen Beweisführung wird hier, zwar in stark pessimistischer Haltung, aber in farbigen Bildern und Vergleichen, das menschliche Leben betrachtet. Dabei hebt A. die Wichtigkeit einer guten Ausbildung (frg. 60) hervor, die dem Menschen zur *σωφροσύνη* verhilft. Wie die Verbindung dieser Bruchstücke zum (gut bezeugten) Titel war, ist nicht mehr ganz einsichtig. Wahrscheinlich wurde die *ὁμόνοια* als Mittel zur Erleichterung des Daseins empfohlen. Ansätze zu »kosmopolitischem« Denken scheinen vorzuliegen (so [4]). Der *Πολιτικός* und die Schrift über Traumdeutung sind so gut wie vollständig verschollen. H. Gä.

Frg.: *Diels* Vorsokr. 87. *A. Battegazzore - M. Untersteiner*, Sofisti 4, Firenze 1962, 1 ff. Lit. (Nur zusammenfassende Darstellungen, wo weitere Titel zu finden sind. Vgl. auch Lit. zu Nr. 5): 1. RE Suppl. IV 33 ff. 2. *Christ-Schmid* 1,3,157 ff. 3. *W. Aly*, Philol. Suppl. 21,3,105 ff. 4. *J. Mewaldt* Genethl. W. Schmid, Stuttg. 1929, 77 ff. 5. *F. Heinimann* Nomos und Physis, Basel 1945, 133 ff. 6. *M. Untersteiner*, The Sophists, Oxf. 1954, 228 ff. 7. *G. D. Andrutsopulos - G. Lukas* *Ἀ. ὁ σοφιστής*, Athen 1956. 8. *G. B. Kerferd* Proc. Cambr. Philol. Soc. N. S. 4, 1956/57, 26 ff. 9. *S. Zeppi* Riv. Crit. Stor. Filos. 13, 1958, 357 ff.

Aphrodisia. Aphroditia bei Thukyd. 4,56, 1. Aphrodisias bei Steph. Byz. Paus. 3,22,11. 8,12, 8. Kleine Stadt an der Bucht von Boiai (Vatika) im s.ö. Lakonien, die sich als Gründung des Aineias bezeichnete. Genaue Lage unbekannt. E. M.

RE IIIA 1317, 6 ff.

Aphrodisias (*Ἀφροδισίας*). **1.** Stadt Kariens (h. Geira), sehr alten Ursprungs, einst *Νινόη*, später auch *Μεγαλόπολις* genannt (Steph. Byz. s. *Νινόη*, p. 476), doch blühend erst in röm. Zeit. A. und Aphrodisienses erwähnen Strab. 12,8,13. 13,4,15. App. b.c. 1,97. Ptol. 5,2,15 M. Steph. Byz. p. 150. Tac. ann. 3,62. Die Einwohner waren seit dem 1. Jh. n. Chr. *liberi* (Plin. nat. 5,109). Bedeutende Reste: Tempel der Aphrodite, Thermen, Inschriften.

K. Baedeker Konstantinopel und Kleinasien, Lpz. 1905, 214. »Les Guides Bleus«, Turquie, Paris 1958, 354; Gr. Hist. Weltatl. I, S. 36.

2. Geschichtlich zuerst für die Frühzeit der Diadochen (Diod. 19,64,5) bezeugte Hafenstadt Kilikiens (Ruinen auf der Halbinsel Cavaliere), später für die Zeit des 1. Makedonischen Krieges (Liv. 33,20), sonst kulturell durch die Herrschaft der Römer in der Kaiserzeit geprägt (Ptol. 5,7,3 M. Anon. Stad. Mar. M. 184–189 in GGM I p. 483 bis 484 M. Steph. Byz. p. 150) und Station des röm. Straßennetzes (K. Miller Itin. Rom. S. 711 mit Skizze Nr. 231, S. 710), bei Plin. nat. 5,92 *oppidum Veneris*. **3.** Vorgebirge Kariens (Plin. nat. 5,104), bei Mela 1,84 *Aphrodisium*, unweit Knidos zu suchen, nicht genau zu bestimmen. **4.** Bewohnte Insel im Persicus sinus (Plin. nat. 6,111), vom 54. Längengrad geschnitten, h. Qeys (s. Atlas of the World II, Plate 32: Iran [Persia]). H. T.

Apollonis (*Ἀπολλωνίς*). Stadt im n. Lydien, benannt nach *Ἀπολλωνίς*, der Mutter Eumenes' II. und Attalos' II. Sie war mit 300 Stadien von Pergamon und Sardes gleich weit entfernt (Strab. 13,4,2. 4,4. 14,1,38). Reste bei dem h. Palamut (s. Atlas of the World II, Plate 36: Turkey West) unweit des alten Thyateira. A. wird außer

von Strab. nur in röm. Quellen erwähnt (Cic. Att. 5,13,2 u.a.), wie überhaupt A.s fernere günstige Entwicklung bis zum Beginn der christlichen Zeitrechnung durch die röm. Herrschaft wesentlich bestimmt war. Zugleich mit zahlreichen Städten im Umkreise 17 n. Chr. von einem schweren Erdbeben heimgesucht (Plin. nat. 2,200. Tac. ann. 2, 47), wurde A. bald wieder aufgebaut (Suet. Tib. 48). H. T.

»Les Guides Bleus«, Turquie, Paris 1958, 257. Vgl. RE II 163 und Apollonis Nr. 1.

Apostoli(o)s. Michael (ca. 1420–1480), Unionist, Prof. in Konstantinopel, türk. Kriegsgefangener (1453) und später freier Schriftsteller, Privatlehrer und Handschriftenkopist in Kreta. Befreundet mit Bessarion, dem er Laudatio funebris (Migne PG 161, Sp. 128–140) widmet. Schriften z. T. noch ungedruckt (Liste bei E. Legrand Biblio-
Parteinahme für den Westen im filioque-Streit (B.
graphie hellénique [Paris 1885] 1,66–70). Wichtig Laourdas *Κρητικὰ Χρονικά* 6, [1952], 51–58), Korrespondenz (H. Noiret Lettres inédites de Michel Apostolis, Paris 1889) und Sprichwörtersammlung (edd. Schneidewin/v. Leutsch im Corpus paroemiograph. Graec. II [1851], 233–744), der A. seinen Ruf als Paroimiograph verdankt. J. Sch.

L. Mohler Aus Bessarions Gelehrtenkreis, Paris 1942.

Appianus. Cognomen des M. Valerius (cos. 12 v. Chr.), hergeleitet von dem Praenomen seines natürlichen Vaters Ap. Claudius Pulcher (→ Claudius Nr. 29), vgl. Degr. I 13,1,139. H. G. G.

Argidava (*Ἀργίδαυα*). Stadt in Dakien. Früher suchte man A. zwischen dem Apusfl. und Centum putea beim h. Veršec (rumänisch Vărădia, Kr. Oravitsa im Banat). Vulpe will A. mit der bedeutenden antiken Siedlung Popeşti identifizieren. Sylloge³ 762 (aus Dionysopolis, h. Balčik, 48 v. Chr.) Z. 7; Ptol. 3,8,4; die Itinerare geben die Namensform Arcidava. Chr. D.

R. Vulpe Argidava, Festschr. für C. Daicoviciu, 1960, 557 bis 566, wo auch die früheren Ansätze diskutiert werden.

Arvina. Cognomen (»Schmerbauch«, Fest. p. 19 L. RE IV 226. III A 1828), vgl. → Cornelius Nr. 7 (und Degr. I 13,1,111). H. G. G.

Asellio. Cognomen bei den Sempronii, vgl. RE II A 1362 f. H. G. G.

Asiaticus. Cognomen (Siegerbeiname, vgl. RE IV 227), h. gewöhnlich in der älteren, inschr. (CIL I² 13) belegten Form *Asiagenus* gebraucht, vgl. Degr. I 13,1,122. → Cornelius Nr. 71. 72. H. G. G.

Asina. Cognomen, das zur Gruppe der mit Tiernamen identischen gehört (RE III A 1829), → Cornelius Nr. 73 (dort zu einer unbefriedigenden Erklärung). 74. H. G. G.

Assos (*Ἀσσός*). Stadt an der S.-Küste der Troas (Strab. 13,610. Ptol. 5,2,4. Paus. 5,4,9), etwa 1 km im Inneren des adramyttenischen Meerbusens, auf einem ca. 234 m hohen Trachytkegel in Terrassen erbaut, unfern des Flusses Tuzlaçay (Satnioeis) und in der Nähe des h. Dorfes Behramkale gelegen. Nach Strab. a.O. und Alex. Polyh. (frg. 137 Müller, FHG III 239 = FGrH III 118) war die Stadt von Methymna auf der benachbarten äolischen Insel Lesbos gegründet. Jedoch der Name (mit *ss*) und die Angabe Strabons, daß diese ganze Gegend von Lelegern bewohnt gewesen ist, deuten auf eine uralte kleinasiatische Siedlung (Clarke Pap. Arch. Inst. Amer. Class. Ser. 1,1882, 58f.). Die Stadt war in alten Zeiten Landungsplatz für Schiffe, die die starke s. Strömung an der W.-Küste der Troas und das Umfahren des Kaps Lekton vermeiden wollten (Magie Rom. Rule in Asia Minor 1,83. 2,904f. Anm. 123). Die hierher gebrachten Waren wurden auf Landstraßen, die Assos mit dem Skamandertal verbanden, nach N. befördert (W. Leaf Troy, a Study in Homeric Geography 260ff. 311ff.). Später mit der Entwicklung der Schiffahrt und der Blüte der benachbarten Stadt Alexandreia Troas verlor A. als Stapelplatz seine Bedeutung und erhielt einen landwirtschaftlichen Charakter (Wilamowitz SPrAW 1906, 77 Anm. 2; Kl. Schr. 5, 1,173f. Anm. 2).

Geschichte: Die älteste Geschichte liegt im Dunkeln. 560–549 v.Chr. lydische, 549–479 persische Herrschaft; von da bis 405 unter Einfluß von Athen; 405 Oligarchie. 366/65 wird hier der Satrap Ariobarzanes von Autophradates und Maussolos belagert (Xen. Ages. 2,26). 360 unter Eubulos' Herrschaft. Um 350 unter Hermeias (Boeckh Kl. Schr. 6,202ff.). 348–345 Aristoteles' Aufenthalt. 345–334 wieder unter pers. Herrschaft. 334 bis 241 unter Alexander und seinen Nachfolgern. 241–133 Teil des pergamenischen Reiches; damals führte die Stadt wahrscheinlich den Namen Apollonia (Plin. nat. 5,123). 133 v.Chr. bis 330 n.Chr. römisch. 264 und 269 Einfall der Goten. In byzantin. Zeit gehörte die Stadt zum Thema *καλ. Αἰγαῖον πέλαγος* und war Bischofssitz.

Monumente: Ausgegraben wurde die Stadt 1881–1883 von einer amerikan. Expedition. Hauptpublikation: Clarke-Bacon-Koldewey Investigations at A., 1902–1921 (zitiert Invest.). Die Geschichte zusammengefaßt in Invest. 1ff. Zusammenstellung der wichtigsten Reisewerke, ebd. 3f. Für die Stadtanlage: Martin L'urbanisme dans la Grèce antique, 37/38, Taf. VII, 3. Die Akropolis und die Unterstadt waren stark befestigt. Die unteren, in einer ausgezeichneten Orthogonaltechnik gebauten Mauern (urspr. gegen 19 m hoch) hatten einen Umfang von etwa 3 km und rechteckige oder vorn halbrunde Türme und Tore, von denen einige mit einem Hinterhof versehen sind. Die Mauer wird in das 4. Jh. v.Chr. datiert, an manchen Stellen sind jedoch Reste einer älteren, in Polygonaltechnik gebauten Mauer vorhanden (Invest. 189ff.). Wichtig der Tempel, auf der höchsten Stelle der Akropolis erbaut und wahrscheinlich Athena geweiht. Er bildet einen Peripteros dor. Ordnung (6x13 Säulen) mit Pronaos in antis und hinten geschlossener Cella (Invest. 139ff. 163ff.; vgl. noch

Weickert Typen der archaischen Architektur, 156f. und Romanelli in Encicl. dell'Arte ant. class. e orient. 1,741ff.). Beachtenswert sind die an beiden Fronten mit Reliefs geschmückten Metopen, sonderbar die mit Reliefs versehenen Architrave, die in der Hauptsache lose aneinander gereihte Szenen aus dem Heraklesmythus darstellen und stilistisch unter jonischem Einfluß stehen, obwohl in der Thematik Beziehungen zu Athen unleugbar sind. Zur Verteilung dieser Skulpturen: Sartiaux, RA 1913, II 1,389ff. 1915 I, 191ff. 381ff. Mendel Cat. d. Sculpt. II 1ff. Ch. Picard Manuel d'arch. gr. La Sculpture, 351ff. 379ff. 531f. Datiert wird der Tempel um 520 v.Chr.; spätere Restaurationen (Mosaikreste in der Cella) sind dem 4. Jh. v.Chr. zuzuschreiben. – In der Stadt s. der Akropolis sind zu erwähnen die Agora, ein unregelmäßiger Platz, der auf 2 Seiten von mehrgeschossigen Hallen umgeben war (Invest. 21ff. 75ff. Martin a.O. 155 und Recherches sur l'agora grecque 427ff. 486f. 400. 507), das Buleuterion, ein quadratischer Bau von 20 m Seitenlänge (Invest. 34.53.55.57.59; vgl. Krischen Antike Rathäuser, 19f. Taf. 21. 22. 25), das Theater, dessen Grundriß hufeisenförmig über den Halbkreis hinausgeht, mit rechteckigem Bühnenhaus und Proskenion (Invest. 121ff.), das Gymnasion, in dessen Palästra später eine chr. Basilika gesetzt wurde (Invest. 171ff.). Außerhalb der Stadtmauern liegt die ausgedehnte Nekropole mit zahlreichen Sarkophagen und Grabbauten (Invest. 221ff. 226ff.). – Inschr.: CIG II 3569–3573. Pap. of the Americ. Sch. Class. Stud. Athens 1, 1885, 1–87. Pap. Arch. Inst. Americ. Class. Ser. 1, 1882, 133ff. Invest. 64ff. – Mz.: Invest. 295ff. Head Hist. Num.[2] 448, E. Bosch Türkiyenin antik devirdeki meskûkâtina dair Bibliyografya (Publikat. der Türk. Hist. Gesellschaft), 114 (Bibliogr. bis 1949). Sylloge Deutschland, Heft 5, Taf. 46 Nr. 1494–1501. Sylloge Copenhagen, Taf. 6, Nr. 226–246. A. M. M.

Ataulfus. Vielleicht Sohn eines Ulfius (vgl. R. Egger Der hl. Hermagoras, 1949, 58f.), König der W.-Goten 410–415; 408, im Rang eines comes domesticorum, noch in Pannonien, 409 mit seinem Schwager → Alarich vereint (Soz. 9,8. Zos. 5,37,1; 45,5f.). Nach Alarichs Tod König, blieb A. zunächst noch in Italien (Iord. Get. 158f.). Seit 411 in Gallien plündernd, besiegte er dort 413, von → Dardanos überredet, im Dienst des Kaisers den Usurpator Iovinus. Der dennoch ausgebrochene Konflikt wurde auch durch die Hochzeit des A. mit Honorius' Schwester Galla Placidia (Jan. 414 in Narbo) nicht beigelegt. 415 zwang → Constantius (Nr. 6) A., nach Spanien abzuziehen. Noch 415 wurde A., dem man Aufgeschlossenheit für röm. Kultur nachsagte, ermordet (Phot. bibl. 58b/60a. Prosper Chron. 412ff. Oros. 7,43). A. L.

Atratinus. Cognomen, bes. bei einigen patriz. Semproniern im 5. Jh. v.Chr., vgl. RE II A 1364ff. H. G. G.

Attalus. Priscus, Usurpator 409 und 414; * ca. 350 im griech. O., Heide, lebte in Rom, Freund des Symmachus (Symm. epist. 7,15–25); 408 comes sacrarum larg., 409 praefectus urbi. Unter dem Druck → Alarichs erhob der Senat A. Ende 409 zum Kaiser. A. wurde zwar (arian.) Christ, doch weckte seine Erhebung Hoffnung bei den Heiden (Soz. 9,8f. Oros. 7,42,8). Vor allem die Weigerung, den Goten die Eroberung Afrikas anzuvertrauen, führte dazu, daß Alarich im Juli 410 A. absetzte. A., der bei den Goten blieb, erhielt 414 durch → Athaulf nochmals den Purpur. 415 geriet er in Gefangenschaft des → Constantius (Nr. 6), 416 wurde er nach Lipara verbannt. A. L.

A. Chastagnol Les fastes de la préfecture de Rome au Bas-Empire, 1962, 266f.

Augurinus. Cognomen (von *augur*), in republikan. Zeit bei den Genucii und Minucii bezeugt. Vgl. DEGRASSI FCap., 1954, 142. H. G. G.

Auruncus. Cognomen (Herkunftsbezeichnung), → Cominius Nr. 7. H. G. G.

Aviola. Cognomen, bes. bei den → Acilii. Vgl. DEGR. I 13,1,251. H. G. G.

Axilla. Cognomen nach körperlichen Merkmalen (? vgl. RE IV 225, doch vgl. die Legende bei Dion. Hal. 12,4,5), ältere Form von → Ahala, Beiname bei den Servilii. DEGR. I 13,1,90. H. G. G.

Balbus. Cognomen (»Stotterer«, vgl. RE III A 1828), in republikan. Zeit bei den Acilii (→ Nr. 7f.), Cornelii (→ Nr. 8f.) und Laelii. DEGRASSI FCap., 1954, 142. H. G. G.

Baliaricus. Cognomen, Siegerbeiname (RE IV 227) des Q. Caecilius → Metellus B., cos. 123, den er als Proconsul 121 erhielt, BROUGHTON Mag. 1,521. H. G. G.

Barbaren. Die Nicht-Griechen (→ Hellenen). Zur Etymologie von *βάρβαρος* – nach gängiger Meinung zuerst auf die Sprache bezogen: »Laller, Stammler, unverständlich redend« (Bezug auf die Sprache immer lebendig) –, daraus lat. *barbarus*, vgl. WALDE-HOF.³; Dict. étym. s.v. balbus, b.; FRISK s.v. *β.* (vgl. auch A. UNGNAD Ztschr. für Assyriologie NF 1, 1924, 1ff.); M. LEROY, AC 25, 1956, 207; M. MAYRHOFER Kurzgefaßtes etym. WB. des Altind. 2, 1963, 411f. (Lit.; zustimmend E. RISCH, brieflich). Es ist schwer, die Konnotationen von *β.* in ältester Zeit genauer zu fassen, da das Material spärlich ist: Hom. Il. II 867: *βαρβαρόφωνοι*, von den Karern (Sprache); Herakl. B 107 (DIELS Vorsokr. 22): *ψυχαὶ βάρβαροι* haben die Menschen, die die Zeichen der Sinne nicht zu deuten und zu verstehen wissen – also negative Wertung (vgl. H. FRÄNKEL Wege und Formen, 1960², 261). Die frühgr. Dichter, deren Aussagen über die fremden Völker erhalten sind, hatten meist engen Kontakt mit diesen und scheinen sie unvoreingenommen beurteilt zu haben. Wichtig für die Ausbildung der Antithese B.-Hellenen ist die ab 547 (? Kyros erobert Sardes) von seiten der Perser erwachsende Gefahr (Weltreichidee des Ostens); die Griechen heben sich von nun an sicher in anderer Weise als bisher gegen die »B.« als Gesamtheit ab (Hellenen-B. = Freiheit-Despotie usw.), die, im Perserreich zusammengefaßt, gewissermaßen die nichtgriech. Welt in ihrer Gesamtheit repräsentieren. Niederschlag dieser Antithese (Perserkriege) bes. bei Aischyl. Pers., → Hdt.; vgl. auch Pind. P. 1,71ff. (Kriege gegen die Westb.); doch auch wieder Überbrückung: Aischyl. a.O. 181ff. (die beiden Schwestern, die Griechin und die Barbarin, symbolisieren die gleiche Würde der Griechen und Perser im Rahmen der göttlichen Weltordnung); Hdt.: Weltoffenheit; übergreifende, alle Menschen umfassende Ordnung. Diese Antithese hat für die Griechen auch kulturelle Bedeutung: sie differenzieren sich von den B. in Sprache, Bildung (geistige Überlegenheit usw.; doch auch Aufgeschlossenheit dem Orient gegenüber: Übernahme von allerhand Errungenschaften), Gesinnung, Lebensweise usw. (Ausschluß der B. von Spielen, Mysterien); »barbarisch« impliziert oft »ungebildet, roh, feige, grausam, wild, gewalttätig, habgierig, treulos« (Mangel an Sophrosyne) usw. Im 5./4. Jh. hören wir, daß die B. die natürlichen Feinde (*φύσει πολέμιοι*) sind, die die Griechen gemeinsam bekämpfen, denen sie nicht dienen, sondern befehlen sollen (viele Sklaven waren B.): Eur. Iph. A. (1400ff. 1273ff. 1383ff. 1420: im Troiazug geht es um Rettung und Freiheit Griechenlands!) u.a.; Plat. rep. 469 b/471 b (vgl. Mx. 242 d; 245 c/d; polit. 262 d/e verwirft er aus *διαίρεσις*-Gründen die Einteilung der Menschheit in Griechen u. B.); Xen. Ag. 7,5; → Isokrates (Aufruf zum panhellen. Krieg gegen die B.; vgl. Epitaphioi, Olympikoi); Demosth. 3,24. 10,33; vgl. Aristot. pol. 1,2/7; Frg. 658 R³ (wie Alexander die B. behandeln soll). Wichtig für das Verhältnis Hellenen-B. sind ferner → Alexanders Eroberungszüge (mit anfänglicher panhellen. Symbolik), der → Hellenismus, Roms Aufstieg zur Weltmacht und Hellenisierung (Verhältnis Hellenen–Römer unter dem Aspekt der B.-Definition, → Polybios; Absetzung der Römer von den B.) usw. Für die philosoph. Ethik treten seit der Sophistenzeit (Antiph. B 44, B 2 [DIELS Vorsokr. 87]: Griechen und B. von Natur gleich geschaffen; Kosmopolit. bei Demokr. B 247 [DIELS Vorsokr. 68], Euripides; Vorstellung der Einheitlichkeit der Menschheit auch bedeutungsvoll für die Hippokratiker, Thuk.) die Unterschiede zwischen Hellenen und B., Freien und Sklaven usw. weithin zurück; an ihre Stelle setzt sich eher die neue Unterscheidung zwischen Weisen und Toren u.a. als die Idee der Einheit aller Menschen: Kyniker; Stoa; Eratosthenes (= Strab. 1 p. 66/7 C): Antithese *ἀρετή – κακία, ἀστεῖοι – κακοί* (über Alexanders Behandlung der B.), wozu vgl. Plut. mor. 329 A/D (Alexander als Vertreter kosmopolit. Ideen gefeiert; dort auch Aristot. frg. 658; Zeno, SVF 1,262); vgl. doch auch – vielbesprochen – Isokr. 4,50 (kulturelle Bedeutung von Ἕλληνες). Zu B. in nachklass. Zeit (Hellenismus, Kaiserzeit, Römer, Christen, Byzanz) vgl. die Überblicke in (2). (3). (5)/(8). (10). (11). Auch Idealisierung der B. (Mythos, Poesie, Ethnographie, Philosophie). W. Sp.

1. *A.Eichhorn* B. quid significaverit, Diss. Leipzig 1904 (Material; dazu *B.A. Müller*, WklPh 23, 1906, 66ff.). 2. *K.Münscher*, ThLL s.v.b. 3. *J.Jüthner* Hellenen und B., 1923 (Lit.). 4. *T.J. Haarhoff* The Stranger at the Gate, 1948. 5. *Jüthner*, B., RACh 1, 1950, 1173/76. 6. *W.Bauer* Griech.-Dt.Wörterbuch[5], 1958, 264. 7. *K.Christ* Römer und B. in der hohen Kaiserzeit, Saec. 10, 1959, 273ff. (Lit.; für das gesamte B.-Phänomen auch über Terminologie und Vorstellungsmäßiges hinaus wichtig). 8. *Bengtson*, GG[2] 97.292.350/51 (Lit.; p. 351 bes. die Arbeiten von *Andreotti* und *Badian*). 9. *H.H. Bacon* B. in Greek Tragedy, 1961. 10. Grecs et B., Entretiens Hardt 8, 1962. 11. N.A. DAHL B., Bibl.-Histor. Handwb. 1, 1962, 197/198 (Lit.). 12. *A.Bovon* La représentation des guerriers perses et la notion de B. dans la Ire moitié du Ve siècle, BCH 87, 1963, 579ff. (Lit.).

Barbula. Cognomen (vgl. RE III A 1828) bei den Aemilii (→ Nr. 2–5). H. G. G.

Battos (*Βάττος*). **1.** B. I., aus Thera, Oikist von Kyrene (ca. 632, vgl. Euseb. ad Abr. 1385, unklar ad Abr. 1258). Die Frage ob B. ein libyscher Herrschertitel oder ein griech. Namen (»Stotterer«) ist, läßt Hdt. 4,154ff. offen, Pind. P. 5,87 und Kall. h. 2,76 kennen den Oikistennamen Aristoteles. Die Wurzeln der Gründungssage (s. dazu Reminiszenz SEG 9, 1938–1944, 3) sind kaum mehr zu erkennen (Versionen bei Hdt., Verwischung von Theräern und Minyern Pind. P. 6,10), deutlich scheint jedoch Reminiszenz an das dor. Volkselement der 1. Besiedlung. *Mitis Battus* (Sil. 8,37) weist auf Tradition von einer allgemein als grausam gezeichneten Herrschaft der Battiaden hin. **2.** B. II. (ca. 583), Sohn → Arkesilaos' I. und Enkel von B. I., geriet infolge seines Aufrufes zum *γῆς ἀναδασμός*, dem bes. Peloponnesier folgten (Hdt. 4,161), in Konflikt mit Libyern und Äg. Sein Sieg über → Apries führte zu dessen Entthronung durch → Amasis (570) und hatte einen großen Aufschwung Kyrenes zur Folge (*ὁ εὐδαίμων*). **3.** B. III. (*ὁ χωλός*), Sohn → Arkesilaos' II. und der Eryxo, konnte sich nur mit deren und seines Oheims Learchos Hilfe gegen eine wohl aristokrat. Opposition halten (Hdt. 4,160–161. Plut. virt. mul. 29). Der infolge dieser Wirren von Delphi als Schiedsrichter geschickte Demonax aus Mantinea führte (um 550) eine Gliederung in 3 Phylen durch und beschränkte die Macht des Herrschers, was zu neuen Wirren unter dessen Nachfolger Arkesilaos III. führte. **4.** B. IV. (*ὁ καλός*), wohl Sohn → Arkesilaos' III., vorletzter Herrscher Kyrenes, Vater Arkesilaos' IV. Über seine Mz.-Prägung s. CHAMOUX 29–30.

H.Schaefer, RhM 95, 1952, 150. *F.Chamoux* Cyrène sous la monarchie des Battiades, Paris 1953. *Beloch* GG I[2],210–217.

5. B., Vater des → Kallimachos. G. W.

Beros(s)os (*Βηρωσ(σ)ός*, auch anders accentuiert) von Babylon. Bēlpriester, Pendant zu Manetho, erlebte schon Alexander d. Gr. Schrieb nach einheimischen Urkunden (Vergleich mit den orientalischen Quellen f. B. günstig) 3 B. *Βαβυλωνιακά* (auch *Χαλδαϊκά* u. ä. als Titel angegeben), → Antiochos I. Soter (Mitregent Seleukos' I. seit 293) gewidmet: B. 1, Geographie; Oannes bringt die Kultur; Kosmogonie, Anthropogonie; 2/3, die 10 Urkönige vor der Flut, Flut, Dynastien wohl bis Alexander d. Gr. Frg. (bes. Sagen- und neuassyr. Zeit) bei: Alexander Polyhistor, *Χαλδαϊκά* (Titel nicht ganz sicher), dessen wichtige B.-Auszüge in Eusebios' Chronik (armen. Fassung; vgl. Kyrillos, Synkellos, Mar Michael d. Gr. von Antiochia usw.) – wohl direkt – benutzt sind; → Juba (bei Tatian); Iosephos (vgl. Eus. chron., praep. ev.) u. a.; vgl. auch Ps. → Apollodor (schon bei Polyhistor zit. oder – wie auch wohl das Turmbausibyllinum F 4 (JACOBY, SPOERRI) – Einschub im Polyhistortext?); Abydenos (FGrH 685; nicht nur Derivat aus Polyhistor). GEFFCKENS These vom B.-Gut bes. in or. Sib. 3 (vgl. u. a. Paus. 10,12,9: *Βήροσος* Vater einer hebr., auch babylon., äg. → Sibylle) bekämpft SPOERRI (9). B. war interessant für Juden und Christen wegen der Berührungen mit dem AT. Die Nachrichten über den Astrologen B. (Vitruv, Seneca, Plin. d. Ä., Iosephos, Aetios, Kleomedes, Censorin u. a. [Poseidonios gern als Vermittler angesehen]: B. Gründer einer Astrologenschule in Kos und Vermittler babylon. Weisheit an die Griechen, Statue in Athen; Berechnung von Feuer- und Wassersintflut; Mondlehre) druckt JACOBY unter Ps. B. von Kos. W. Sp.

Frg.: FGrH 680; vgl. 244 F 83/84; 273 F 79/81; 275 F 4. Lit.: 1. *E.Schwartz*, RE III 309ff. (dazu Suppl. I 249). 2. *Christ-Schmid* 2,1,226/27. 3. *P.Schnabel* B. und die babylon.-hellenist. Lit., 1923 (mit Vorsicht zu benutzen; APh 1/2, 1924/27, s.v.B.). 4. *F.Hommel* Ethnologie und Geographie des Alten Orients, 1926, 419f. u.ö. 5. FGrH a.O., Komm.; und 137 F 10, Komm.; 273, Komm. p. 257. 269. 6. *C.F.Lehmann-Haupt* B., Reallex. der Assyriologie 2, 1938, 1ff. (Lit.). 7. *F.Cornelius* B. und die altoriental. Chronologie, Klio 35, 1942, 1ff.; dazu Arch. f. Orientforsch. 17, 1954/56, 294ff.; Journ. of Cuneiform Studies 12, 1958, 101ff. 8. *I.Lévy* Les inscriptions de Karatepe, NClio 2, 1950, 105ff. 9. *W.Spoerri* Unters. zur babylon. Urgesch. des B. und zu den Turmbausibyllina, Habil.-Schrift Hamburg 1961 (noch ungedr.). Zum Astrologen B.: *W.Lück* Die Quellenfrage im 5. und 6. B. des Lukrez, Diss. Breslau 1932, 64ff. *W.Gundel*, RE XVI 84. *W.* und *H.Gundel*, RE XX 2095f. 2148ff. *W.Spoerri* Späthellenist. Berichte, 1959, 105/07. 208/09 (Lit.).

Bubulcus. Cognomen, dem 1. Träger nach Plin. nat. 18,10 beigelegt, *quia bubus optime utebatur*, bei den Iunii, RE X 1027ff. H. G. G.

Bulbus. Cognomen (»Zwiebel«, vgl. RE III A 1827f.), → Atilius I Nr. 13f. H. G. G.

Buteo. Cognomen, der Herkunft nach nicht

ganz klar (nach Plin. nat. 10,21 von einem Vogel der Habichtsfamilie), in republikan. Zeit bei den Fabii verbreitet, vgl. RE VI 1760ff. H. G. G.

Christentum. 1. Zum Begriff; 2. Gesch. des C. a) Anfänge; b) 180–313; c) Die Reichskirche bis 754; 3. Ausbreitung des C.

1. Der Begriff C. (χριστιανισμός) findet sich zuerst bei Ignatius von Antiochien (Magn. 10,1–3) und bezeichnet dort die Glaubensnorm und Lebenshaltung der Christen. Wenn h. von C. geredet wird, meint man einen in aller Mannigfaltigkeit der Erscheinungsformen des Glaubens und der von ihm ausgehenden Prägungen einheitlich zu erfassenden Normbegriff. Deshalb ist die Gesch. des C. nicht einfach die Gesch. der Kirche, sondern die Gesch. des Glaubensverständnisses als krit. Unternehmen.

2. a) Welches ist der term. a quo des C.? Die Antwort auf diese Frage kann nicht von einem unbeteiligten Zuschauer gegeben werden, sondern setzt eine in der Offenheit gegenüber der Anrede des NT gründende Entscheidung im Blick auf das Verständnis des Grundphänomens des C. voraus. Dieses Verständnis dient in der Folge als krit. Instanz zur Beurteilung der divergierenden Aussagen des Glaubens im NT und der Gesch. des C. Ist dieses Grundphänomen, das das C. von Judentum und Hellenismus trennt, als radikale Gehorsamsforderung und Güte und Vergebung Gottes verstanden, dann ist Jesu Verkündigung der term. a quo des C. und Ostern die Wiedereinsetzung des Grundphänomens nach der Katastrophe des Kreuzes (Braun). Der Verkündiger ist freilich jetzt der Verkündigte, dessen Kreuz als Sühne für die Sünde der Welt verstanden wird und dessen erwartete Wiederkunft den Ernst der Forderung unterstreicht. Beim Übergang in die Welt des Hellenismus gewinnt das C. neue Ausdrucksmedien. Die Güte Gottes wird nun als Befreiung von feindlichen Geistmächten verkündigt. Jesus ist jetzt der κύριος und Gottessohn, der θεῖος ἀνήρ, die kult. verehrte Gottheit oder der gnost. Erlöser. Das Heil wird nicht mehr nur erwartet, sondern ist in den Sakramenten, die in die Nähe mysterienhaften Verständnisses kommen, gegenwärtig gedacht. »Die Einheit von radikaler Forderung und schrankenlosem Angenommenwerden modifiziert sich in einer Mannigfaltigkeit von Typen« (Braun). Der wichtigste ist das paulin. Schema vom Indikativ des Heils, den er jüd. und hellenist. darstellen kann, und vom Imperativ der Forderung. Hier ist jüd. Gesetzlichkeit und hellenist. Naturalismus abgewehrt und das Grundphänomen des C. in neuer Form bewahrt. Eng mit Paulus verwandt ist Johannes, der die chr. Botschaft allerdings in der Form eines »Lebens Jesu« darbietet.

b) Seit 180 n. Chr. steht das C. in schwerstem Kampf gegen die Gnosis, in dem es ihm gelingt, die Gefahr eines Aufgehens in dieser synkretist. Geistesbewegung zu bannen. Trotzdem entsteht kein radikaler Bruch zwischen C. und Hellenismus, sondern eine allmähliche Angleichung des C. Das verhinderten auch die kathol. Normen (Kanon hlg. Schr., monarch. Bischofsamt und *regula veritatis*) nicht. Zeichen für die Angleichung sind die zunehmende Sakramentalisierung von Taufe und Herrnmahl, die Anwendung der Logosspekulation auf Jesus, die enge Verbindung zwischen neuplaton. Philos. und C. bei Clem. Al. und Orig. (In Antiochien verbanden sich C. und aristot. Philos.) und der jetzt deutlich werdende Einfluß naturrechtlicher Gedanken der späten Stoa. Das Grundphänomen des C. wird durch diese Hellenisierung, bes. aber dadurch modifiziert, daß der Mensch jetzt nicht mehr als der radikal Angewiesene verstanden wird, sondern als der, der mit Hilfe eines stoisch oder jüd. gefärbten Gesetzes an seiner Rettung beteiligt ist.

c) Nach der Privilegierung des C. durch Konstantin ging die Hellenisierung durch die Assimilation von Elementen der Volksreligion weiter. Das Weichen des Drucks nach den Verfolgungen ließ außerdem Lehrunterschiede im C. bewußt werden, die das Problem der Einheit brennend erscheinen ließen. Dieses konnte trotz umfassender theol. Auseinandersetzungen über Trinität und Christologie, die weithin auf der Ebene philos. Spekulation ausgetragen wurden, und trotz polit. Gewaltmaßnahmen nicht gelöst werden. Das Ergebnis dieser Epoche ist im O. eine von Häresien umgebene Reichskirche, ein myst.-asket. Mönchtum, ein über die Kirche herrschendes Kaisertum. Das Grundphänomen ist hinter philos. Formeln und myst. Gedankengängen oft kaum noch erkennbar. Im W. steht neben den Sakramenten in stärkerem Maße als im O. das Wort Gottes in Predigt und Lehre. Seit Tert. betont der W. außerdem eth.-rechtliche Züge, droht allerdings damit den Gnadengedanken des NT durch eine durch Leistung zu verdienende Gnade zu verfälschen. Diese Gefahr wird durch Augustin gebannt, der in seiner Gnadenlehre das Grundphänomen wieder ans Licht bringt. Wichtig ist, daß das w. C. das Staatskirchenprinzip ablehnt und sich gemäß Aug. civ. dem Imperium übergeordnet weiß. Darin gründet sowohl die Reform von Cluny und der Investiturstreit, als auch die Proklamation des Widerstandsrechtes im MA. Zu einem Zeitpunkt, da das ö. C. durch den Islam starke Einbußen erleidet, geht das w. C., das sich in den Wirren der Völkerwanderung als Hort von Ordnung und Recht und als Verwalter des klass. Erbes bewiesen hatte, ein Bündnis mit den kath. Franken ein und leitet damit zu einer neuen Epoche des C. über, die durch die Germanisierung des C., die Weltherrschaft des Papstes, die kirchliche Universalwissenschaft der Scholastik, die Bewegung der Bettelorden und die Mystik wesentlich bestimmt ist. Dieser Epoche, die in der Renaissance, den vorreformator. Bewegungen und in den entstehenden w. Nationalstaaten ihre Gegenkräfte besaß, setzt Luther, der das Grundphänomen des C. wieder unverstellt aufzeigt, ein Ende.

3. Von Anfang an treibt das C. Mission. Nach kleinen Anfängen in Palästina und unter Juden und Proselyten in Syrien erwächst ihm in Paulus, der Vorgänger gehabt haben mag, der erste große Heidenmissionar, der Gemeinden in Kleinasien und Griechenland gründet. Um 180 finden sich in fast allen Provinzen des Reiches, bes. aber in Kleinasien und Griechenland, Gemeinden. Trotz der Verfolgungen war das C. um 300 eine überall bekannte Minderheit. Mit Konstantin beginnt eine Entwicklung, die das C. bald zur Mehrheit im Reich machte. Um 500 nennt sich die Mehrzahl der Reichsbevölkerung Christ, und außerhalb des Reiches (im O. bis hin nach Indien, im S. bis zum oberen Nil) lebt eine bedeutende chr. Minderheit. Kl. W.

Zu 1. *H.Braun* in RGG I^{3},1685ff. *R.Bultmann* Das Urc., 1949. *Fr.Gogarten* Was ist C.? 1956. Zu 2. Außer den Darstellungen der KG durch *G.Krüger* 4Bde. 1923–1931, *K.Müller*, *H.Lietzmann* Gesch. der Alten Kirche, 4Bde. 1961^{3,4}. *J.Lortz*, 1948^{14}. *K.D. Schmidt*, 1960^{3} und den Sammelwerken Gesch. der Kirche, hg. v. *L. Rogier* u.a. 1964ff. und Die Kirche in ihrer Gesch., hg. v. *K.D. Schmidt* und *E. Wolf*, 1962ff., vgl. *W.Bauer* Rechtgläubigkeit und Ketzerei, 1934. *R.Bultmann* Jesus, 1961^{5}. *Ders.* Theologie des NT, 1961^{4}. *H. v. Campenhausen* Kirchl. Amt und geistl. Vollmacht, 1953. *C.H. Dodd* The Apostolic Preaching and its Developments, 1936. *M.Goguel* La naissance du christianisme, 1946. *E.Meyer* Ursprung und Anfänge des C., 3Bde., 1921–1923. *M.Pohlenz* Die Ant. und das frühe C., in: Ant. und Abendland 1, 1945, 42–54. *H. Rahner* Kirche und Staat im frühen C., 1962. *K.H. Rengstorf* Ant. und C., 1954. *C. Schneider* Geistesgesch. des ant. C., 1954 (Lit.). *M. Werner* Die Entstehung des chr. Dogmas, 1954^{2}. RGG I^{3},1685–1705. Zu 3. *A. v. Harnack* Die Mission und Ausbreitung des C. in den ersten drei Jh., 1924^{4}. *K.S. Latourette* A History of the Expansion of Christianity 7Bde. 1937–1945. *Ders.* Gesch. der Ausbreitung des C., 1956. RGG I^{3}, 1705–1712 (Lit.).

Cloatius Verus, zitiert bei Gellius und Macrobius, wohl identisch mit dem bei Festus (d.h. Verrius Flaccus) mit dem bloßen Namen C. angeführten Grammatiker (also august. Zeitalter). Überliefert sind 2 Titel seiner Werke: Verborum a Graecis tractorum und Ordinatorum Graecorum. W. Str.

Frg. bei *Fun. GrRF* 1,467ff.; vergleiche *Goetz*, RE IV 61f.

Clodius. 13. Sex. C., 1.Jh. v.Chr., aus Sicilien, Rhetor und Lehrer des Triumvirn M. Antonius: Suet. de gramm. et rhet. 29. Cic.Phil.2,17, 11ff.42.3,42.

Brzoska, RE IV 66f.

14. C. Sabinus, augusteische Zeit, Rhetor; Sen. contr. 9,3,13f.

Stein, RE IV 99.

15. C. Tuscus, augusteische Zeit, Rhetor; Sen. contr. praef. 10,16. W. Str.

Brzoska, RE IV 103f.

Coactor. Das ant. Bankgeschäft kannte einen Sonderberuf, der bei öffentlichen Auktionen die Gelder als Kollektivagent mit Haftpflicht einzog. Vor allem das in Pompeji ausgegrabene Archiv des L.Caecilius Iucundus gibt uns hier Detailauskunft, z.B. über Kreditgewährung bis zur Zahlung. Auch der Vater des Dichters Horaz und der Großvater des Kaisers Vespasian waren c.-es. Der C. konnte auch mit der Einziehung und Kreditunterkellerung von Steuerschulden beauftragt werden. Sein Profit kam gewöhnlich von einem Abzug von je 1%, der sowohl vom Käufer wie vom Verkäufer erhoben wurde, außer diesen 2% von der bes. bei Steuerschuldnern sehr einträglichen privaten Schuldkonsolidierung. Das Forum Vinarium und der Portus Vinarius von Rom waren Coactorenzentren, was wohl darauf hinweist, daß Weinauktionen für den ital. C. geschäftlich von besonderer Wichtigkeit waren. F. M. H.

Vgl. mit Bibliogr. *A.Berger* Encyclop. Dict. of Roman Law. Transact. Amer. Philos. Society. N.S. 43,2, 1953, s.v.; *T.Frank* ESAR Ind. Bd., 1940, s.v.; RE. Art. Auction 2; *C. E. de Ruggiero* Dizionario epigr. di Antichità Rom., s.v. ThlL s.v. 1. coactor a).

Collatio (glebalis und lustralis). C. in Inschr. und Schriftstellern bedeutet urspr. jede Geldslg. für private oder staatliche Verwendung. Spätantik wird der Ausdruck bes. für 2 Steuern verwandt. Die C. glebalis, auch *aurum glebae*, *follis senatorius*, *gleba* oder *(glebalis) pensio* genannt, war urspr. in 3 Steuerklassen abgestuft und wohl bereits 312/13 n.Chr. seit der Eroberung von Rom durch Konstantin d.Gr. von Senatoren jährlich in Gold zu zahlen, urspr. von allen Senatoren, später nur von denen, die nicht Grundbesitzer, Ärzte, Lehrer, schließlich auch im kaiserlichen Dienst oder sonst privilegiert waren. Theodosius I. fügte eine vierte Steuerklasse hinzu. Für Italien und das Ostreich ist diese Steuer noch über Iustinianus I. hinaus bezeugt, wird aber allmählich seit Markian durch die *descriptio* und andere Auflagen ersetzt.

Die C. lustralis, auch als *auri lustralis collectio*, *aurum argentumque*, *aurum negotiatorum*, *(auraria) pensio*, *chrysargyrium*, *depensio*, *functio*, *pensio* oder *solutio* bezeichnet, war von allen Kaufleuten, Handwerkern, selbst Prostituierten, und vor Valentinian I. selbst von Bauern, die ihre Bodenprodukte und gelegentliche Handwerkserzeugnisse marktmäßig verkauften, alle 5 J. zuerst in beliebigem Geld, dann nur in Gold zu zahlen. Konstantin d.Gr. hat diese Steuer ebenfalls eingeführt, vielleicht bereits 314 n.Chr. Sie ist für Italien, Africa und Gallien nicht nur unter den Goten-, Vandalen- und andern Königen, sondern selbst noch unter Papst Gregor d.Gr. für das Westmittelmeergebiet und bes. Italien bezeugt, wurde aber im Ostreich bereits 498 n.Chr. aus ethisch-religiösen Gründen abgeschafft und durch eine Lizenzgebühr ersetzt. F. M. H.

Vgl. mit Bibliogr. *A. Berger* Encyclopedic Dict. of Roman Law. Transact. Amer. Philos. Society. N. S. 43,2, 1953, s. v. aurum argentumque, collationes, gleba, functio, pensio, solutio. Oxford Classical Dict. s. v. collatio lustralis. *E. de Ruggiero* Dizionario epigraphico di Antichità Romane, s. v. aere conlato, collatio. *L. Ruggini* Economia e società nell' »Italia Annonaria«, 1961, Ind. s. v. aurum glebae, collatio, crisargirio, follis; RE., s. v.; *Stein* I. II, Indices s. v. auri lustralis collatio, collatio glebalis, descriptio; ThlL, s. v. collatio 2; *A. H. M. Jones* The Later Roman Empire I–III, 1964, Index s. v. collatio glebalis, collatio lustralis, follis.

Collegium. C. ist die in den Quellen am häufigsten gebrauchte Bezeichnung der vielfältigen Erscheinungsformen des röm. Vereinswesens. Haupttypen sind Berufsvereinigungen, bes. der Handwerker und Kaufleute *(collegia opificum, mercatorum)*, Kultverbände (auch *sodalitates*, *socii cultores* genannt) und Begräbnisvereine *(collegia funeraticia)*. Allen gemeinsam ist ein gewisser öffentlich-rechtlicher Charakter, der aus der Betreuung öffentlicher bzw. sakraler Aufgaben herrührt. Vereine zur Verfolgung rein privater wirtschaftlicher oder ideeller Ziele sind nicht bekannt. Bes. ausgeprägt ist die öffentlich-rechtliche Funktion bei den alten Personenverbänden der Stadtviertel und Flurbezirke *(montani, vicani, pagani)*, dann auch bei den Beamtenvereinigungen *(decuriae apparitorum)*. Andererseits gehört aber auch die Pflege von Geselligkeit und gemeinsamem Vergnügen zum Aufgabenbereich jedes Vereines. Ein Verein entsteht durch Zusammenschluß der Gründungsmitglieder. Die Vereinsbildung ist urspr. frei, den XII Taf. zufolge (8,27) kann sich ein Verein jede Satzung geben, die nicht gesetzwidrig ist. Später kann der Senat die Gründung bestimmter Vereine verbieten und bestehende Vereine auflösen (vgl. das SC de Bacchanalibus 186 v. Chr.). Mißbräuche der Vereinsfreiheit führen zur Auflösung zahlreicher Vereine durch Caesar und Augustus. Eine lex Iulia regelt die Vereinsbildung neu, spätere *senatus consulta* und Kaiserkonstitutionen bringen Ergänzungen des Vereinsrechtes. Zwecks Verhinderung polit. Verschwörung bedürfen alle Vereine, deren Satzung Mitgliederversammlungen vorsieht, ausdrücklicher Genehmigung durch den Senat. Diese Erlaubnis wird jedoch für die ungefährlichen Vereine kleiner Leute *(collegia tenuiorum)* generell erteilt. Verbotswidrige Vereinstätigkeit führt zur Auflösung des *c. illicitum* seitens der Magistrate. Die Regelung seiner inneren Angelegenheiten bleibt dem Verein selbst überlassen. Er gibt sich eine Satzung *(lex collegii)*, die Bestimmungen über Ein- und Austritt der Mitglieder enthält sowie zwischen Verein und Mitgliedern Rechte und Pflichten statuiert. In der Mitgliedschaft zahlreicher Vereine finden wir auch Frauen und Sklaven. Sinkt die Mitgliederzahl unter drei, gilt der Verein als aufgelöst (vgl. Dig. 50,16,85 *Neratius Priscus tres facere existimat collegium*). Ansprüche aus dem Vereinsverhältnis können im Zivilprozeß nicht eingeklagt werden. Wohl aber tritt der Verein nach außen als Träger privater Rechte auf und hat im Zivilprozeß Parteistellung. Das Vereinsvermögen *(arca)* ist *res communis* der Mitglieder und von ihrem Privatvermögen streng getrennt (vgl. Dig. 3,4,7,1 *si quid universitati debetur, singulis non debetur: nec quod universitas debet, singuli debent*). Der Verein wird durch satzungsmäßig bestellte Organe *(magistri* oder *quinquennales, curator, quaestor* oder *arcarius)* vertreten, der Umfang der Vertretungsbefugnis dieser Organe ist jedoch unklar.

Über c. als Mehrheit von Amtsträgern (Priester, Magistrate) siehe → collega. H. Ha.

L. Schnorr v. Carolsfeld Gesch. der jurist. Person, 1933, 217ff. *F. M. de Robertis* Il diritto associativo romano, 1938. *Ders.* Il fenomeno associativo nel mondo romano, 1955. *M. Kaser* Röm. Privatrecht 1, 1955, 263ff.

Cominianus. Lat. Grammatiker, wahrscheinlich Anfang des 4. Jh. n. Chr., jedenfalls vor → Charisius, Vf. einer dem Schulunterricht geltenden, nicht auf uns gekommenen Grammatik. Außer Charisius beruft sich niemand auf ihn. In der Formenlehre folgte C. ziemlich treu den Ausführungen Varros. W. Str.

RE IV 606. *Barwick* Philol. Suppl.-Bd. 15,2, pass.

Consentius. Lat. Grammatiker, 5. Jh. n. Chr., wahrscheinlich aus Narbo. Jedenfalls war eine Familie der Consentii in dieser Zeit dort ansässig und berühmt (vgl. Sidon. c. 23,5,204; epist. 8,4,2. 9,15,1 v. 22). Auf die Herkunft des Grammatikers aus Narbo könnte auch die Nennung zweier gall. Städte in dessen ars hinweisen (Narbo 346,5. 348, 35 und Biterrae 348,33). C. ist Vf. einer freilich in unvollständiger Gestalt auf uns gekommenen ars de nomine et verbo und de barbarismis et metaplasmis. Zitiert werden bei C. einige grammat. Autoritäten ersten Ranges (z. B. Varro 351,9. 357, 23, Pansa 378,24, Asper 402,15), die aber für die Erforschung der von C. benutzten Quellen ohne Bedeutung sind. Pansas Ausführungen liegen der Auffassung des C. zugrunde, der aber wohl nur mittelbar auf den C. eingewirkt hat. Tatsache ist nur, daß die Ausführungen des C. sich mit denen des Charisius und Diomedes einerseits und Donatus anderseits aufs engste berühren, was auf Benutzung gemeinsamer Quellen zurückzuführen ist. W. Str.

Ta.: *Keil*, GL 5,338ff., Hss. (alle 10 Jh.): Monac. 14666, Bern. 432, Leid. Voss. 37,8 (vgl. *Keil* ebd. 329ff.). *Keil*, GL 5,333ff. *Jeep* Redeteile 68ff. *Goetz*, RE IV 911f. *Barwick* Philol. Suppl. 15,2, 1922, 4ff. 170ff.

Cornificius. 1. Ein von Quint. inst. orat. 3,1,21 erwähnter Rhetor und Vf. einer rhetor. ars *(scripsit de eadem materia* – gemeint ist Rhetorik – *non pauca Cornificius)*, wohl auch einer Schrift über den Gebrauch der Figuren (Quint. 9,3,89), lebte sicher vor Quintilian, aber es liegt kein Grund vor, ihn in die sullan. Z. zu setzen: er wird wohl ins august. Zeitalter gehört haben. Die von Quintilian zitierten Bruchstücke des C. weisen manchmal große, fast wörtliche Übereinstimmung mit den entsprechenden Stellen der Rhet. ad Her. auf. Infolgedessen vermutete man, C. sei deren Vf. gewesen (zuerst RAPH. REGIUS 1491; die These wurde dann mit den Mitteln strenger Kritik von C.L. KAYSER in seiner Ausg. der Rhet. ad Her., Lpz. 1854, verfochten). An die Autorschaft des C. glaubt heute niemand mehr; doch muß zugestanden werden, daß die Frage nach dem Vf. der Rhet. ad Her. bisher keine allg. anerkannte Lösung gefunden hat; es steht nur fest, daß der Vf. Anhänger der Volkspartei und des Marius gewesen ist und daß die Schrift zwischen 86 und 82 entstanden sein muß.

Fr. Marx Edit. Proleg., Lpz. 1894, 69ff. *Brzoska*, RE IV 1605ff.

2. C., Grammatiker, zitiert bei Festus, Arnobius, Servius Dan., Macrobius, Priscianus; bei allen diesen Gewährsmännern scheint dieselbe Persönlichkeit in Frage zu kommen. Das Cognomen Longus findet sich nur bei Serv. Dan. Aen. 3,332 (frg. 4). Überliefert ist der Titel seines Werkes: De etymis deorum: B. 1 wird von Priscian (frg. 1), B. 3 von Macrobius (frg. 2) zitiert; andere Frg. sind ohne Angabe des Werkes und der Buchzahl auf uns gekommen. Die Schrift entstand nach dem Anf. des J. 44 v. Chr. (Erscheinungsjahr von Cic. nat., im frg. 2 ausdrücklich erwähnt) und vor den B. des Verr. Flacc. de verborum significatu. Der Vf. ist vermutlich zu unterscheiden von dem Dichter C., der von Catull und Ovid zitiert wird; ob *C. Vergilii obtrectator* mit unserem G. identisch ist, muß unentschieden bleiben. W. Str.

Wissowa, RE IV 1630f. *Funaioli* GRFr. 1,473ff.

Cornutus. L. Annaeus C., Grammatiker und Philosoph (Stoiker) im 1. Jh. n. Chr., Lehrer und Freund des Persius (Sat. 5,21ff.). Nach dem Tode des Dichters verbesserte er dessen Satiren. Im J. 66 oder 68 wurde er von Nero aus Rom verbannt, scheint aber bald nach dessen Tode zurückgekehrt zu sein. Er schrieb *de enuntiatione vel orthographia* (ein Auszug liegt bei Cassiodorius GLK 7,147ff. vor); weitere Schr.: Comment. in Vergilium (wohl verschieden von den libri de Vergilio?), de figuris sententiarum libri, liber tabellarum ceratarum. Erhalten ist die *'Επιδρομὴ τῶν κατὰ τὴν 'Ελληνικὴν θεολογίαν παραδεδομένων*, eine kompilatorische Übersicht der stoischen allegorisierenden Mythendeutungen. Ta. OSANN 1844. C. LANG 1881. → Allegorische Dichtererklärung. W. Str.

Vgl. RE I 2225f. *Mazzarino* GRFr. 1,167ff. (Frg.-Slg. dort S. 171ff.).

Curatores. C. (im öffentlichen Recht) ist die Bezeichnung für außerordentliche Ämter, die zur Wahrnehmung verschiedenster Verwaltungsaufgaben im Bereich *domi* neben dem *certus ordo magistratuum* geschaffen wird. Es handelt sich dabei zunächst um Hilfsämter, die durch Spezialgesetze ins Leben gerufen werden. Die Wahl erfolgt in den comitia tributa. Die Amtsträger haben kein *imperium*, sondern lediglich eine *potestas* als spezif. Amtsgewalt. Anfangs wird bei der Besetzung dieser Ämter an den Prinzipien der Annuität und Kollegialität festgehalten, gegen Ende der Republik werden diese Beschränkungen jedoch fallengelassen. So vermittelt etwa eine *cura annonae* im J. 57 v. Chr. dem Pompeius als Einzelkurator nahezu unbegrenzte Machtfülle. Im Zuge der Neuordnung der Staatsverwaltung durch Augustus werden *curae* als ständige Ämter eingerichtet. Es obliegt ihnen die Aufsicht über öffentliche Einrichtungen, die in der Republik in den zensor., ädiliz. oder quästor. Amtsbereich gefallen sind. Sie werden in der Regel mit Männern prätor. oder konsular. Ranges kollegial besetzt. Die *curatores* werden mit Zustimmung des Senats *(ex auctoritate, consensu senatus)* vom Prinzeps ernannt, bald aber erfolgt ihre völlige Eingliederung in den kaiserlichen Beamtenapparat: schon Claudius verzichtet auf jede Mitwirkung des Senats. Die wichtigsten dieser Ämter sind neben der *c. annonae* (Lebensmittelversorgung der Hauptstadt) eine *c. viarum* (Beaufsichtigung und Instandhaltung öffentlicher Straßen), eine *c. aquarum* (Aquaedukte und Wasserversorgung), eine *c. operum publicorum* (Bau und Verwaltung öffentlicher Gebäude), sowie eine *c. alvei Tiberis* (Flußregulierung). – C. finden wir auch in der Gemeindeverwaltung in Funktionen, die den hauptstädt. Aufgabenbereichen nachgebildet sind. Darüber hinaus sind in den Gemeinden *curatores kalendarii* als Verwalter des städt. Schuldbuches tätig, *curatores rei publicae* fungieren als kaiserliche Regierungskommissäre zur Beaufsichtigung der Finanzverwaltung einer oder mehrerer Gemeinden. – Im Heeresdienst treffen wir c. im Unteroffiziersrang an. – Eine *c. morum et legum* ist dem Augustus zu wiederholten Malen vom Senat angetragen worden, der Princeps hat diesen Titel jedoch stets zurückgewiesen. H. Ha.

Hirschfeld, VB. *Mattingly* The Imperial Civil Service of Rome, 1910.

Curia. Die Ursprünge der in vorhist. Zeit zurückreichenden Kurieneinteilung des röm. Volkes sind nicht mit Sicherheit erkennbar. Auch die Etymologie des Wortes ist umstritten, die herrschende Meinung leitet c. von *co-viria* ab u. zieht Analogien zur griech. Phratrie. Die Gründungslegende läßt Romulus 30 *curiae* als Unterteilung der 3 ältesten *tribus* (Tities, Ramnes, Luceres) einrichten. Die c. dürfte auf territorialer Grundlage beruht haben (Ackergemeinschaft), ihr Zusammenhang mit der Gentilorganisation des röm. Volkes ist unklar. Auf der Kurienordnung beruht die älteste Heeresverfassung: Jede c. stellt urspr. eine Hundertschaft Fußvolk *(centuria)*, jede *tribus* außerdem eine oder mehrere Reiterschwadronen. Als polit. Organisationsform gibt die c. einen l. Hinweis auf eine Teilnahme des *populus* an der Regierung der *civitas*. Über den Aufgabenbereich der Kurienversammlung siehe → comitia (curiata). Die Kurien werden von den patriz. Geschlechtern beherrscht, in hist. Zeit sind jedoch auch die Plebeiier in die Kuriengliederung einbezogen. Mit Einführung der Zenturienordnung als militär.-polit. Organisationsform des *populus Romanus* wird die c. im wesentlichen auf ihre (gleichfalls alte) Funktion einer Kultgemeinschaft beschränkt. Die gemeinsame Kultstätte, die seit jeher als Versammlungsort dient, wird ebenfalls als c. bezeichnet.

Kurieneinteilung der Bürger findet sich neben anderen stadtröm. Einrichtungen auch in röm. Munizipien und Kolonien. Als c. wird auch der Munizipalsenat bezeichnet (→ ordo decurionum), sowie das Gebäude, in dem dieser seine Sitzungen abhält. H. Ha.

Lit. bei Ormanni s.v. curia im Novissimo Digesto Italiano 5, 1960, 56f.

Curio 3. Der Vorsteher einer → curia. Über seine verfassungsrechtliche Stellung ist wenig bekannt. Sein urspr. polit. und militär. Aufgabenbereich ist jedenfalls mit Einführung der Zenturiengliederung rasch verlorengegangen. Aus hist. Zeit ist nur mehr eine religiöse Funktion des c. überliefert. Es obliegt ihm die priesterliche Betreuung der *sacra curiarum*. In der Republik sind die c.-nes einem *c. maximus* unterstellt, den das Volk in den *comitia* wählt (nach Liv. 27,8,1 im J. 209 v. Chr. erstmals ein Plebeier). Die Kaiserzeit läßt die religiösen Kompetenzen des c. unangetastet. H. Ha.

Curtius. Literarische Persönlichkeiten: **2.** C., Valerianus, lat. Grammatiker (zwischen Papirianus und Cassiodorius, also wahrscheinlich 5. Jh. n. Chr.) Vf. eines der Orthographie gewidmeten B. (vgl. Cassiod. GLK 7,212,24); ein Auszug daraus liegt bei Cassiod. (GLK 7, 155,23 bis 158,8) unter dem Titel: *Ex Curtio Valeriano ista collecta sunt* vor. Der Auszug beruft sich auf keinen Gewährsmann, aber die Ausführungen des Vf.s berühren sich sehr oft mit den Lehren des Cornutus, Scaurus, Caesellius Vindex und Papirianus; als unmittelbare Quelle scheint jedoch lediglich Papirianus in Frage zu kommen, alles andere kennt der Vf. nur aus zweiter Hand. W. Str.

RE IV 1891f. XVIII 1479f.

CORRIGENDA

Spalte 4, 29	statt:	Vater	lies:	Schwiegervater
Spalte 5, 17	statt:	1, 1908, 117,12	lies:	2,1, 1906, 117
Spalte 8, 8	statt:	donati	lies:	Donati
Spalte 10, 37	statt:	sympathetischer	lies:	sympathischer
Spalte 22, 48	statt:	(FHG, 4,279–285)	lies:	(FGrH 685)
Spalte 44, 42	statt:	Paus. 3,18,6. 6,19,2	lies:	Paus. 6,19,12. 3,8,12.
Spalte 74, 52	statt:	Zeus 1	lies:	Zeus 2
Spalte 86, 21	statt:	Fuldza	lies:	Tulča
Spalte 96, 11		streiche		Innsbruck
Spalte 110, 26ff.		streiche		Africanus 3
Spalte 117, 36		der Artikel gehört zu Asklepiades (Spalte 643, 56)		
Spalte 120, 13	statt:	(FHG 4,290)	lies:	(FGrH 472)
Spalte 133, 7	statt:	v. Troia	lies:	vor Troia nächst Achill
Spalte 135, 26	statt:	358	lies:	658
Spalte 156, 31	statt:	Aigeie	lies:	Aigaia
Spalte 156, 52/53	statt:	Thalassa	lies:	Thalatta
Spalte 185, 22	statt:	11, 1949	lies:	4, 1949
Spalte 189, 44	statt:	17	lies:	217
Spalte 211, 24	statt:	*ἔριφο*	lies:	*ἔριφοι*
Spalte 224, 57	statt:	*Μολίονε*	lies:	*Μολίονες*
Spalte 241, 33	statt:	→ Elis	lies:	s. Nachträge am Schluß des 1. Bandes
Spalte 242, 22	statt:	RhM	lies:	RM
Spalte 250, 31	statt:	nach dessen Sieg	lies:	nach dessen Niederlage
Spalte 252, 59	statt:	FHG 206–244	lies:	FGrH 273
Spalte 257, 30	statt:	s. Kynuria	lies:	s. Nachträge am Schluß des 1. Bandes
Spalte 280, 52	statt:	RE I 333ff.	lies:	ERE 1,333ff.
Spalte 308, 45	statt:	s. Messenien	lies:	s. Nachträge am Schluß des 1. Bandes
Spalte 308, 46	statt:	s. Thebai	lies:	s. Nachträge am Schluß des 1. Bandes
Spalte 315, 33		streiche		gründet die Stadt Oite und

Corrigenda

Spalte 327, 50		streiche		Anakeion s. Athenai
Spalte 332, 59	statt:	s. Attika	lies:	s. Nachträge am Schluß des 1. Bandes
Spalte 414, 35 ff.		streiche Nr. 14. 15		(identisch mit S. 413, 13–25)
Spalte 483, 11	statt:	10,5	lies:	20,5
Spalte 617, 30	statt:	geb.	lies:	lebte um
Spalte 737, 56		füge am Schluß an		G. R.
Spalte 747, 56	statt:	den Senat	lies:	beim Senat
Spalte 783, 60/784,1			lies:	Mit den Legionen zusammen oder allein
Spalte 944, 24	statt:	1,104	lies:	4,404
Spalte 944, 29	statt:	Götter	lies:	Menschen
Spalte 1139, 57 f.		streiche		ebenso den folgenden
Spalte 1165, 60		ergänze die Lit.-Ang.		*H. Stern* Le Calendrier de 354. Étud. sur son texte et ses illustrations, Paris 1953.
Spalte 1166, 10 f.	statt:	*λαιός*	lies:	*παλαιός*
Spalte 1215, 11	statt:	Sohn von Nr. 19	lies:	Sohn von Nr. 20.

VERZEICHNIS DER MITARBEITER

von Albrecht, Prof. Dr. Michael, Heidelberg	M. v. A.
Bellen, Dr. Heinz, Düsseldorf	H. B.
Berneker, Prof. Dr. Erich, Würzburg	E. B.
Böker, Dr. Robert, Bad Homburg v. d. H.	R. B.
Boer, Dr. Emilie, Berlin	E. Bo.
Boetticher, Prof. Dr. Wolfgang, Göttingen	W. B.
Borger, Prof. Dr. Riekele, Göttingen	Ri. Bo.
Büchner, Prof. Dr. Karl, Freiburg	K. B.
Chantraine, Dr. H., Mainz	H. Ch.
Colpe, Prof. Dr. Dr. Carsten, Göttingen	C. C.
Cüppers, Dr. Heinz, Trier	H. C.
Danoff, Prof. Dr. Christo M., Sofia	Chr. D.
Dietrich, Prof. Dr. Albert, Göttingen	A. D.
Dörner, Prof. Dr. F. K., Münster	F. K. D.
Dörrie, Prof. Dr. Heinrich, Münster	H. D.
Duchesne-Guillemin, Prof. Dr. J., Liège	J. D.-G.
Edzard, Prof. Dr. Dietz Otto, München	D. O. E.
Eisenhut, Dr. Werner, Berlin	W. E.
Enking, Dr. Ragna, Rom	R. E.
Fauth, Dr. Wolfgang, Göttingen	W. F.
Fensterbusch, Dr. Curt, Gelsenkirchen	C. F.
Fitz, Dr. Jenö, Székesfehérvár	J. F.
Fuchs, Privatdozent Dr. Günter, Göttingen †	G. F.
Fuhrmann, Prof. Dr. Manfred, Kiel	M. F.
Gams, Univ.-Prof. Dr. Helmut, Innsbruck	H. G. (H. Ga.)
Gärtner, Dr. Hans, Göttingen	H. Gä.
von Geisau, Oberst.-Dir. Dr. Hans, Warburg/Westf.	H. v. G.
Groß, Oberstudienrat Rudolf, Stuttgart	Rud. G.
Groß, Prof. Dr. Walter Hatto, Göttingen	W. H. G.
Grosse, Prof. Dr. Robert, Hamburg	R. G.
Gundel, Prof. Dr. Hans Georg, Gießen	H. G. G.
Hanslik, Univ.-Prof. Dr. Rudolf, Wien	R. H.
Hausmaninger, Univ.-Dozent Dr. Herbert, Wien	H. Ha.

Heichelheim, Prof. Dr. Fritz M., Toronto	F. M. H.
Helck, Prof. Dr. Hans Wolfgang, Hamburg	W. H.
Hempel, Prof. D. Dr. Johannes, Göttingen	J. H.
Herter, Prof. Dr. Hans, Bonn	H. H.
Hiltbrunner, Prof. Dr. Otto, Münster	O. H.
Keydell, Prof. Dr. Rudolf, Berlin	R. K.
Kiechle, Univ.-Dozent Dr. Franz, Erlangen	Fr. Kie.
Kirsten, Prof. Dr. Ernst, Bonn	E. K.
Kraus, Univ.-Prof. Dr. Walther, Wien	W. K.
Kudlien, Privatdozent Dr. Fridolf, Kiel	F. K.
Kutsch, Univ.-Prof. Dr. Ernst, Wien	E. Ku.
Leglay, Prof. Dr. M., Lyon	M. L.
Lippold, Privatdozent Dr. Adolf, Bonn	A. L.
Mannebach, Oberregierungsrat Dr. Erich, Bonn	E. Ma.
Mannzmann, Dr. Anneliese, Münster	A. M.
Mansel, Prof. Dr. Arif Müfid, Istanbul	A. M. M.
Mariotti, Prof. Dr. Scevola, Rom	Sc. M.
Mau, Prof. Dr. Jürgen, Göttingen	J. M.
Mayer-Maly, Prof. Dr. Theo, Köln	Th. M.-M.
Medicus, Prof. Dr. Dieter, Hamburg	D. M.
Mehl, Prof. Dr. Erwin, Weidling/Wien	E. Me.
Mette, Prof. Dr. H., Hamburg	H. M. (H. J. M.)
Meyer, Prof. Dr. Ernst, Zürich	E. M.
Milobenski, Dr. Ernst, Wesel	E. Mi.
Moritz, Prof. Dr. L. A., Cardiff	L. A. M.
Neumann, Dr. Alfred Richard, Wien	A. N.
Neumann, Prof. Dr. Günther, Marburg	G. N.
Niederwimmer, Univ.-Dozent Dr. Kurt, Wien	K. N.
Nissen, Archivdirektor Dr. Walter, Göttingen	W. N.
Pittioni, Univ.-Prof. Dr. Richard, Wien	R. P.
Pötscher, Prof. Dr. Walter, Wien	W. P.
Preisendanz, Prof. Dr. Karl, Heidelberg	K. P.
Raber, Dr. Fritz, Köln	F. R.
Radke, Prof. Dr. Gerhard, Berlin	G. R.
Reinmuth, Prof. Dr. Oscar W., Austin/Texas	O. W. R.
Richter, Prof. Dr. Will, Göttingen	W. R.
Rumpf, Prof. Dr. Andreas, Köln	A. R.
Sauer, Dr. Hertha, Kiel	H. S.
Schachermeyr, Univ.-Prof. Dr. Fritz, Wien	F. Sch.

Scharf, Prof. Dr. Joachim, Münster	J. Sch.
Schmidt, Dozent Dr. Ernst Günther, Jena	G. Schm.
Schmidt, Dr. Peter L., Schulensee bei Kiel	P. L. Sch.
Schrot, Dr. Gerhard, Leipzig	G. Sch.
Sontheimer, Oberst.-Dir. Dr. Walther, Stuttgart	W. S.
Spoerri, Prof. Dr. W., Neuchâtel	W. Sp.
Stiegler, Dr. Herwig, Graz	H. St.
Stiewe, Dr. Klaus, Münster	K. St.
Stoeßl, Univ.-Prof. Dr. Franz, Graz	F. St.
Strzelecki, Prof. Dr. W., Kraków	W. Str.
Szilágyi, Dr. János, Budapest	J. Sz.
Thomasson, Dr. Bengt E., Rom	B. E. T.
Treidler, Dr. Hans, Berlin	H. T.
Vogt, Privatdozent Dr. Ernst, Bonn	E. V.
Volkmann, Prof. Dr. Hans, Köln	H. V.
Vretska, Dr. Helmuth, Mürzzuschlag	H. Vr.
Vretska, Univ.-Prof. Dr. Karl, Graz	K. V.
van der Waerden, Prof. Dr. B. L., Zürich	v. d. W.
Waldstein, Univ.-Dozent Dr. Wolfgang, Innsbruck	W. W.
Wegenast, Prof. Dr. Klaus, Lüneburg	Kl. W.
Werner, Dr. Jürgen, Leipzig	J. W.
Widmann, Prof. Dr. Hans, Oberbibliotheksrat, Tübingen	H. W.
Wirsching, Dr. theol. Johannes, Stuttgart	J. Wi.
Wirth, Stud.-Prof. Dr. Gerhard, Nürnberg	G. W.
Wuilleumier, Prof. Dr. P., Paris	P. W.
Ziegler, Prof. Dr. Dr. h. c. Konrat, Göttingen	K. Z.
Zschietzschmann, Prof. Dr. W., Gießen	W. Z.

dtv bibliothek

Literatur · Philosophie · Wissenschaft

6041 Theodor Fontane: Von Dreißig bis Achtzig. Sein Leben in seinen Briefen

6042 Norbert Hoerster/Dieter Birnbacher (Hrsg.): Texte zur Ethik

6043 Sören Kierkegaard: Entweder–Oder. Dünndruck-Ausgabe

6044 Joseph von Eichendorff: Sämtliche Gedichte. Dünndruck-Ausgabe

6045/ Gottfried Benn:
6052 Gesammelte Werke. 8 Bände

6053/ Theodor Mommsen:
6060 Römische Geschichte. 8 Bände

6061/ Conrad Ferdinand Meyer:
6062 Sämtliche Werke. 2 Bände. Dünndruck-Ausgabe

6063 Alexis de Tocqueville: Über die Demokratie in Amerika. Dünndruck-Ausgabe

6064 Sören Kierkegaard: Philosophische Brosamen und Unwissenschaftliche Nachschrift. Dünndruck-Ausgabe

6065 Johann Peter Eckermann: Gespräche mit Goethe in den letzten Jahren seines Lebens. Dünndruck-Ausgabe

6066 Aristophanes: Sämtliche Komödien. Dünndruck-Ausgabe

6067 Norbert Hoerster (Hrsg.): Klassische Texte der Staatsphilosophie

6068 Gottfried Benn: Der Dichter über sein Werk

6069 Clemens Brentano: Gedichte. Dünndruck-Ausgabe

6070 Sören Kierkegaard: Die Krankheit zum Tode und anderes. Dünndruck-Ausgabe

6071 Sophokles: Die Tragödien

6072 Karl Kraus: Briefe an Sidonie Nádherný von Borutin 1913–1936. 2 Bände

6073/ Theodor Fontane:
6074 Der Dichter über sein Werk. 2 Bände. Dünndruck-Ausgabe

6075/ Jacob Burckhardt:
6078 Griechische Kulturgeschichte. 4 Bände

dtv bibliothek

Literatur · Philosophie · Wissenschaft

6079 Friedrich Nietzsche: Umwertung aller Werte. Dünndruck-Ausgabe
6080 Sören Kierkegaard: Einübung im Christentum und anderes. Dünndruck-Ausgabe
6081 Franz Kafka: Der Dichter über sein Werk
6082 Aischylos: Sämtliche Tragödien
6083 Norbert Hoerster (Hrsg.): Recht und Moral. Texte zur Rechtsphilosophie
6084 Johann Wolfgang Goethe: Faust I und II
6085 Georg Heym: Das lyrische Werk. Sämtliche Gedichte 1910–1912. Mit einer Auswahl der frühen Gedichte 1899–1909. Dünndruck-Ausgabe
6086 Georg Agricola: Vom Berg- und Hüttenwesen (De re metallica) Dünndruck-Ausgabe
6087 Aurelius Augustinus: Vom Gottesstaat (De civitate dei) Buch 1 bis 10. Dünndruck-Ausgabe
6088 Aurelius Augustinus: Vom Gottesstaat (De civitate dei) Buch 11 bis 22. Dünndruck-Ausgabe
6089 Clemens Brentano: Der Dichter über sein Werk
6090 Alexis de Tocqueville: Der alte Staat und die Revolution
6092 Reinhard Dithmar (Hrsg.): Fabeln, Parabeln und Gleichnisse. Beispiele didaktischer Literatur. 5., erweiterte Auflage
6093 Shmuel Sambursky (Hrsg.): Der Weg der Physik. Dünndruck-Ausgabe
6094 Adam Smith: Der Wohlstand der Nationen. Dünndruck-Ausgabe
6095 Richard Wagner: Die Musikdramen. Dünndruck-Ausgabe
6096 Dante Alighieri: Die göttliche Komödie. Dünndruck-Ausgabe
5960 Ferdinand Gregorovius: Geschichte der Stadt Rom im Mittelalter. 7 Bände